劉瑾部

綜述

《明史》卷三〇四《劉瑾傳》　劉瑾，興平人。本談氏子，依中官劉姓者以進，冒其姓。孝宗時，坐法當死，得免。已，得侍武宗東宮。武宗即位，掌鍾鼓司，與馬永成、高鳳、羅祥、魏彬、丘聚、谷大用、張永並以舊恩得幸，人號「八虎」，而瑾尤狡狠。嘗慕王振之爲人，日進鷹犬、歌舞、角觝之戲，導帝微行。帝大歡樂之，漸信用瑾，進內官監，總督團營。孝宗遺詔罷中官監鎗及各城門監局，瑾皆格不行，而勸帝令內臣鎮守者各貢萬金。又奏置皇莊，漸增至三百餘所，畿內大擾。

外廷知八人誘帝游宴，大學士劉健、謝遷、李東陽驟諫，不聽。尚書張昇，給事中陶諧、胡煜、楊一瑛、張襘，御史王渙、趙佑，南京給事、御史李光翰、陸崑等，交章論諫，亦不聽。五官監候楊源以星變陳言，帝意頗動。健、遷等復連疏請誅瑾，户部尚書韓文率諸大臣繼之。帝不得已，使司禮太監陳寬、李榮、王岳至閣，議遣瑾等居南京。三反，健等執不可。尚書許進曰：「過激將有變。」健不從。王岳者，素謇直，與太監范亨、徐智心嫉八人，具以健等語告帝，且言閣臣議是。健等方約文及諸九卿詰朝伏闕面争，而吏部尚書焦芳馳白瑾。瑾大懼，夜率永成等伏帝前環泣。帝心動，瑾因曰：「害奴等者王岳。岳結閣臣欲制上出入，故先去所忌耳。且鷹犬何損萬幾。若司禮監得人，左班官安敢如是。」帝大怒，立命瑾掌司禮監，永成掌東廠，大用掌西廠，而夜收岳及亨、智充南京淨軍。旦日諸臣入朝，將伏闕，知事已變，於是健、遷、東陽皆求去。帝獨留東陽，而令焦芳入閣，追殺岳、亨於途，箠智折臂。時正德元年十月也。

瑾既得志，遂以事革韓文職，而杖責請留健、遷者給事中吕翀、劉蒞及南京給事中戴銑等六人，御史薄彦徽等十五人。守備南京武靖伯趙承慶、府尹陸珩、尚書林瀚，皆以傳翀、蒞疏得罪，珩、瀚勒致仕，削承慶半禄。南京副都御史陳壽，御史陳琳、王良臣，主事王守仁，復以救銑等謫杖有差。瑾勢日益張，毛舉官僚細過，散布校尉，遠近偵伺，使人救過不贍，因顓擅威福，悉遣黨閹分鎮各邊。敍大同功，遷擢官校至一千五百六十餘人，又傳旨授錦衣官數百員。《通鑑纂要》成，瑾誣諸翰林纂修官謄寫不謹，皆被譴，而命文華殿書辦官張駿等改謄，超拜官秩。駿由光禄卿擢禮部尚書，他授京卿者數人，裝潢匠役悉授官。創用枷法，給事中吉時，御史王時中，郎中劉繹、張瑋，尚寶卿顧璿，副使姚祥，參議吴廷舉等，並摭小過，枷瀕死，始釋而戍之，其餘枷死者無數，錦衣獄徽纆相屬。惡錦衣僉事牟斌善視獄囚，杖而錮之。府丞周璽、五官監候楊源杖至死。源初以星變陳言，罪瑾者也。瑾每奏事，必偵帝爲戲弄時。帝厭之，亟麾去曰：「吾用若何事？乃溷我。」自此遂專決，不復白。

二年三月，瑾召羣臣跪金水橋南，宣示奸黨，大臣則大學士劉健、謝遷，尚書則韓文、楊守隨、張敷華、林瀚，部曹則郎中李夢陽，主事王守仁、王綸、孫磐、黄昭，詞臣則檢討劉瑞，言路則給事中湯禮敬、陳霆、徐昂、陶諧、劉蒞、艾洪、吕翀、任惠、李光翰、戴銑、徐蕃、牧相、徐暹、張良弼、葛嵩、趙士賢，御史陳琳、貢安甫、史良佐、曹閔、王弘、任諾、李熙、王蕃、葛浩、陸崑、張鳴鳳、蕭乾元、姚學禮、黄昭道、蔣欽、薄彦徽、潘鏜、王良臣、趙佑、何天衢、徐珏、楊璋、熊卓、朱廷聲、劉玉等，皆海内號忠直者也。又令六科寅入酉出，使不得息，以困苦之。令文臣毋輒予封誥，痛繩文吏。寧王宸濠圖不軌，賂瑾求復護衛。瑾予之，濠反謀遂成。瑾不學，每批答章奏，皆持歸私第，與妹壻禮部司務孫聰、華亭大猾張文冕相參決，辭率鄙冗，焦芳爲潤色之，東陽頫首而已。

當是時，瑾權擅天下，威福任情。有罪人溺水死，乃坐御史匡翼之罪。嘗求學士吴儼賄，不得，又聽都御史劉宇讒，怒御史楊南金，乃以大計外吏奏中，落二人職。授播州土司楊斌爲四川按察使。令奴壻閻潔督山東學政。公侯勳戚以下，莫敢鈞禮，每私謁，相率跪拜。章奏先具紅揭投瑾，號紅本，然後上通政司，號白本，皆稱劉太監而不名。都察院奏讞誤名瑾，瑾怒詈之，都御史屠滽率屬跪謝乃已。遣使察覈邊倉，都御史周南、張鼒、馬中錫、湯全、劉憲，布政以下官孫禄、曹政、方矩、華福、金獻民、劉遜、郭緒、張翼，郎中劉繹、王蓋等，並以赦前罪下獄追補邊粟，憲至瘐死。又察鹽課，杖巡鹽御史王潤，逮前運使甯舉、楊奇等。察内甲字庫，謫尚書王佐以下百七十三人。復創罰米法，嘗忤瑾者，皆擿發輸邊。故尚書雍泰、馬文升、劉大夏、韓文、許進，都御史楊一清、李進、王忠，侍郎張縉，給事中趙士賢、任良弼，御史張津、陳順、喬恕、聶賢、曹來旬等數十人，悉破家，死者繫其妻孥。

其年夏，御道有匿名書詆瑾所行事，瑾矯旨召百官跪奉天門下。瑾立門左詰責，日暮收五品以下官盡下獄。明日，大學士李東陽申救，瑾亦微聞此書乃内臣所爲，始釋諸臣。而主事何釴、順天推官周臣、進士陸伸已暍死。是日酷暑，太監李榮以冰瓜啗羣臣，瑾惡之。太監黄偉憤甚，謂諸臣曰：「書所言皆爲國爲民事，挺身自承，雖死不失爲好男子，奈何枉累他人。」瑾怒，即日勒榮閒住，而逐偉南京。

時東廠、西廠緝事人四出，道路惶懼。瑾復立内行廠，尤酷烈，中人以微法，無得全者。又悉逐京師客傭，令寡婦盡嫁，喪不葬者焚之，輦下洶洶幾致亂。都給事中許天錫欲劾瑾，懼弗克，懷疏自縊。

瑾故急賄，凡入覲、出使官皆有厚獻。給事中周鑰勘事歸，以無金自殺。其黨張綵曰：「今天下所餽遺公者，非必皆私財，往往貸京師，而歸則以庫金償。公奈何斂怨貽患。」瑾然之。會御史歐陽雲等十餘人以故事入賂，瑾皆舉發致罪。乃遣給事、御史十四人分道盤察，有司爭厚斂以補帑。所遣人率阿瑾意，專務搏擊，劾尚書顧佐、侶鍾、韓文以下數十人。浙江鹽運使楊奇逋課死，至鬻其女孫。而給事中安奎、潘希曾，御史趙時中、阮吉、張彧、劉子厲，以無重劾下獄。奎、彧枷且死，李東陽疏救，始釋爲民。希曾等亦皆杖斥，忤意者謫斥有差。又矯旨籍故都御史錢鉞、禮部侍郎黄景、尚書秦紘家。凡瑾所逮捕，一家犯，鄰里皆坐，或瞰河居者，以河外居民坐之。屢起大獄，冤號遍道路。《孝宗實録》成，翰林預纂修者當遷秩，瑾惡翰林官素不下己，調侍講吴一鵬等十六人南京六部。

是時，内閣焦芳、劉宇，吏部尚書張綵，兵部尚書曹元，錦衣衛指揮楊玉、石文義，皆爲瑾腹心。變更舊制，令天下巡撫入京受敕，輸瑾賂。延綏巡撫劉宇不至，逮下獄。宣府巡撫陸完後至，幾得罪，既賂，乃令試職視事。都指揮以下求遷者，瑾第書片紙曰「某授某官」，兵部即奉行，不敢復奏。邊將失律，賂入，即不問，有反陞擢者。又遣其黨丈邊塞屯地，誅求苛刻。邊軍不堪，焚公廨，守臣諭之始定。給事中高淓丈滄州，所劾治六十一人，至劾其父高銓以媚瑾。又以謝遷故，令餘姚人毋授京官。以占城國使人亞劉謀逆獄，裁江西鄉試額五十名，仍禁授京秩如餘姚，以焦芳惡彭華故也。瑾又自增陝西鄉試額至百名，亦爲芳增河南額至九十五名，以優其鄉士。其年，帝大赦，瑾峻刑自如。刑部尚書劉璟無所彈劾，瑾詬之。璟懼，劾其屬王尚賓等三人，乃喜。給事中郗夔核榆林功，懼失瑾意，自縊死。給事中屈銓、祭酒王雲鳳請編瑾行事，著爲律令。

五年四月，安化王寘鐇反，檄數瑾罪。瑾始懼，匿其檄，而起都御史楊一清、太監張永爲總督，討之。初，與瑾同爲八虎者，當瑾專政時，有所請多不應，永成、大用等皆怨瑾。又欲逐永，永以譎免。及永出師還，欲因誅瑾，一清爲畫策，永意遂決。瑾好招致術士，有俞日明者，妄言瑾從孫二漢當大貴。兵仗局太監孫和數遺以甲仗，兩廣鎮監潘午、蔡昭又爲造弓弩，瑾皆藏於家。

永捷疏至，將以八月十五日獻俘，瑾使緩其期。永慮有變，遂先期入，獻俘畢，帝置酒勞永，瑾等皆侍。及夜，瑾退，永出寘鐇檄，因奏瑾不法十七事。帝已被酒，俛首曰：「瑾負我。」永曰：「此不可緩。」永成等亦助之。遂執瑾，繫於菜廠，分遣官校封其内外私第。次日晏朝後，帝出永奏示内閣，降瑾奉御，謫居鳳陽。帝親籍其家，得僞璽一，穿宫牌五百及衣甲、弓弩、衮衣、玉帶諸違禁物。又所常持扇，内藏利匕首二，始大怒曰：「奴果反。」趣付獄。獄具，詔磔於市，梟其首，榜獄詞處決圖示天下。族人、逆黨皆伏誅。張綵獄斃，磔其屍。閣臣焦芳、劉宇、曹元而下，尚書畢亨、朱恩等，共六十餘人，皆降謫。已，廷臣奏瑾所變法，吏部二十四事，户部三十餘事，兵部十八事，工部十三事，詔悉釐正如舊制。

焦竑《國朝獻徵録》卷一一七《劉瑾傳》 劉瑾，陝西人也。武廟初即位，瑾與馬永成、谷大用、張永、魏彬、羅（謹兵）〔祥、丘〕聚、張興等八人，以青宫舊侍，日導上畋獵、角抵爲樂，漸棄萬機。户部尚書韓文憂之，率九卿諸大臣上言，請誅瑾等。大學士劉健復上疏持之。於是上遣掌司禮者八人詣閣下，議將薄瑾等責，一日而往返三，健等復持不可。明日，有旨召文等詣左順門，太監李榮手諸大臣疏，傳上意曰：「諸先生言是。第奴輩事上久，不忍即置之法，幸少寬之，上自處耳。」於是瑾等益窘，自乞安置南京，而閣議猶持不可。司禮監中王岳者，剛直人也，惡其儕所爲，乃與其屬范亨、徐智等言於上，謂文等言忠讜，且衆議不可奪。上不得已，從之。會夜擬詔，且收瑾等。瑾等覺，趨至上前，伏地痛哭，訴岳等交通外臣，欲害己輩。上意動，瑾因進曰：「狗馬之樂，何損萬機？左班官敢譁而無忌者，以司禮監無人耳。有則惟上所欲，人不敢言矣。」上怒，是夜立命瑾掌司禮，收岳等充南京淨軍，尋殺之。

先是，瑾嘗言内閣盛權，賄及文臣，凌鑠武勳，至形於優伶，上素然之。及是去留大臣，惟視瑾所向背。瑾由是益肆立威箝衆，無復顧忌。給事中劉蒞以論瑾，吕翀以乞留瑾所惡輔臣劉健、謝遷，南科給事中戴銑以論瑾，御史薄彦徽以乞留健與遷，主事王守仁以救銑與彦徽，尚書韓文以論瑾，給事中徐昂以乞留文，欽天監監候楊源以天變疏侵瑾，源杖三十，戍陝蕭州，死於道，守仁杖五十，

謫貴州龍場驛丞，昂編民，餘並下獄，或免或斥。都御史艾璞、劉孟，尚寶卿崔濬，給事中安奎，御史張彧，郎中李夢陽，主事張偉俱以忤瑾，孟枷胆吏部門，奎、彧、濬、偉、祥枷胆東西長安門，濬、偉、祥仍戍，夢陽、璞下獄，夢陽免，璞編民海南。自舊制司禮掌章奏，然凡所擬旨必從閣臣，自瑾職司禮，送閣中既後，悉自擬於瑾私家，百官咨禀填牣其門，諸科若道若部諸司必跪以謁。一日都察院出囚牒，内書瑾傳奉四字者，每牒而是，瑾大怒，罵院中人，院長率其屬跪謝過，瑾愈數之，諸道不敢仰視。勾當外事官無問大小，陛辭已必辭瑾，還朝朝已亦必復之瑾。詔旨出納，閣中爲虚，惟瑾自疏題則稍以付閣中，然必極所稱許，以求媚悦。

成化間嘗遣閹鎮守諸省，或置或輟，至是業已復，諸閹遂請預刑政，其體統一視巡撫，瑾從之。諸閹遂悉簡市井惡少年爲爪牙，同察羅網，破人家如碎卵。事一入鎮守，即監臨大吏不敢問，海内魚□矣。瑾既虐甚，怨瑾者無所發。一日早朝，有一紙飄丹墀間，上命拾以進，則告瑾空名書也。瑾疑後列羣臣所爲，於是悉出五品以下官三百餘人跪午門道上。時天暑甚，至日中，有死者，曳以去，其不死者悉下錦衣獄。三年，諸道來朝，瑾索布政使入銀二萬兩，知無豫囊也，乃令貸於京師富人，歸則括諸民以償。其貪括諸類是者無算，郡邑騷然。而瑾於諸邊送銀，若商人報納之例，又悉請停止，於是諸邊北於内郡邑空乏尤甚。瑾憂之，問計於客，客曰：「國初屯田修備，故諸邊足自給。今否者，以屯田爲豪右所侵也。」瑾由是遣御史詣各邊括屯田。括寧夏者承風旨溢出屯田數百頃，令租税視其溢數，不行則嚴刑以迫之，將校妻妾有不免於刑者，人心憤怨。於是指揮何錦等遂挾安化王寘鐇乘間起寧夏，殺鎮巡守臣，僞鑄印章，以誅瑾爲名。上遣涇陽伯陳英、内監張永、都御史楊一清往討之。寧夏游擊將軍仇鉞襲執鐇父子，餘黨遂平。

瑾既素與永有隙，永欲傾之無會，及寧夏變由瑾所激，寧夏既平，乃與一清謀共誅瑾。永獻俘畢，與所善閹張雄、張忠乘間言於上曰：「瑾流毒海内，自知天怒人怨，頃者重以寧夏之變，心怏怏益不自安，與其黨陰謀不軌有日。宜乘其未發擒之。」上猶豫。永復進曰：「少遲我輩且虀粉矣，陛下安之乎？」上意乃決，即夜遣牌子頭召瑾。永復勸上親往瑾宅畔觀變。瑾方熟寢，牌子頭入傳上命，問曰：「上安在？」對曰：「在豹房。」瑾披衣謂家人曰：「事可疑矣。」出門別有牌子頭數人，執瑾就内獄。明日捽赴錦衣衛獄，坐謀反，凌遲處死，封三日始罷。諸怨家争啖其肉。家屬無少長悉誅。計所籍金以錠計爲萬者二十四，爲兩者復五萬七千八百。銀以元寶計者五百萬，以兩計者復一萬五十八萬三千六百。寶石以升計者二十。甲金者二，又胄與甲並金人爪龍者三十，盪鼓金者、銀者五百，印玉者一，琴玉者一，帶玉者四千一百六十，蟒衣者四百七十，衮龍者四，牌以牙爲櫝者二，牌名穿宫爲百者五。

劉瑾雖擅權，然不甚識文義，徒利口耳。中外奏疏處分，亦未嘗不送内閣，但秉筆者自爲觀望，本至，先問此事當云何，彼事當云何，皆逆探瑾意爲之。有事體大者，令堂後官至河下問之，然後下筆，故瑾益肆。使人人據理執正，牢不可奪，則彼亦不敢大肆其惡也。《震澤長語》

查繼佐《罪惟録》列傳卷二九下　劉瑾，陝西西安人。本姓談，景泰中鎮守劉順攜以歸，冒劉氏。幼奸黠有口辯，頗知書。憲廟時，爲鐘鼓司官，常毆殺市人，當抵。姻家曹元語刑部主事朱恩，減罪，杖一百，死復甦。弘治中，與張永皆給事太子家。太子即位，益親幸。瑾及永、馬永成、谷大用、魏彬、劉祥、丘聚、張興號八虎，與上卧起，日導帝犬馬鷹兔、舞唱角觝之好，宴遊亡度。言官交章論斥，上甯自引咎，昃瑾等不問。劉健、謝遷、李東陽皆顧命臣，持議欲誅之。健憤，至推案哭，遷贊之，獨東陽不言。户部尚書韓文復率諸大臣叩闕下，固請誅瑾。上遣太監李榮傳諭諸大臣幸少寬之。健等固請，瑾意窘，欲求南京安置。閣議堅持不肯下，上令八黨咸議閣，乞假，復不從。時司禮王岳者，青宫舊閹也，與范亨、徐智亦惡瑾等，佐文等，從中力贊之。上意稍屈，發詔捕瑾等下獄。瑾等急，並趨繞帝前號哭，首擢地出血。上爲所動，瑾曰：「害吾儕者岳也，岳常主使言官。」上乃移怒岳，立收岳貴瑾，以鐘鼓司而入司禮，瑾以前未有也。兼提督團營。丘聚、谷大用提督東西廠，永等並司營務，分據要害，主詷察。黨皆封其父都督，祭葬越制。閣臣健、遷皆罷免，竄岳及范亨、徐智於南京，追殺岳。

瑾每搆耀雜藝上前，俟上意酣，猝取章奏請省決。上曰：「用汝何爲？亟持去。」由是天下章奏皆瑾票旨，每持回私第。罷職孫聰、黜生張文冕輩，矯箝以上内閣，李東陽逡巡救正不暇也。瑾陰結同鄉文選郎張綵爲黨，驟陞綵吏部左侍郎，進尚書。更改先朝制令，悉事苛刻，動以微文中諸大臣。各邊都御史以下逮繫無虚日，稍不如意，輒荷校百五十斤門示。尚寶卿崔璿、按察使姚祥、主事張偉，坐擅驛荷校，日滿戍邊。逮留都臺諫戴銑、薄彦徽等二十餘人詔獄，杖爲民。尚書文別坐閑住，給事徐昂疏救文，坐削爲民。文子知州士聰、主事士奇，並坐削。尚書林瀚、主事王守仁疏救戴銑等，瀚罷官，守仁杖謫。南都御史陳壽疏救言官，奪職。以兵備吴廷學劾廣東鎮監潘忠，坐枉道回京，戍雁門。有遺匿名書

丹墀，數瑾亂政狀，帝令錦衣衛即按。瑾傳旨：五品以下官三百餘人，跪午門外烈日中，坐熱死陸紳等十餘人。時有太監黃偉匡勸得免各邸搜緝，又太監李榮擲冰瓜解暑，即刻皆坐閑住。凡法司奏讞章內，每稱瑾名傳奉，瑾見之輒嗔怒，都御史屠滽率羣屬泥首階下謝罪。公侯勛戚進謁，叩頭爲一拜禮，瑾踞受之。凡辭謝俱稱本銜，頂上頂上二字，從尚書朱恩始。

時復立內廠，瑾領之，兼詗東西二廠事。奏置皇莊於畿內，初止七所，後嘗至三百餘所。追革劉健、謝遷、馬文升、劉大夏、許進、韓文、王鏊、張泰以下誥勅，共六百七十五人。學士張芮、修撰何塘坐不阿瑾謫外。追恨代韓文屬草郎中李夢陽，逮詔獄，外謫。邊商以主者得罪，盡没其所已納。改運司納銀開中解部，解數似增，而邊需實匱。諸曹郎治榷，諸直指巡鹺，皆責入重賄，否輒別坐下獄。中貴四出鎮守，得預刑名民事，橫索外官錢無計，自四川鎮守羅鑰始。河南鎮守廖鎧、天津漁差畢真虜毒尤甚。兵科給事中周鑰貧，往貸淮安知府趙俊，計賄瑾，俊不與，鑰遂自刎死。工科給事中許天錫、郗夔並以苦無所賄瑾，自縊死。嘗修理莊田，侵天地壇，發墳塚二十，坼官民房舍千餘間。欲私其鄉里，增陝西舉子至九十五名。改舊制，南北中一卷，止分南北。探花戴大賓已聘妻高氏，未歸，瑾令棄□□其侄女。既有所聞，輕之，不果。傳奉閣臣焦芳子黄中爲庶吉士，不由館課。官員矯坐事，罰米動至數千石。凡朝覲官賄至二萬兩。又鉤致遠年故牘，錢糧虧損，非侵盜者，概加倍追賠，於邊差尤甚。創爲新例，罪無輕重，類決杖，永遠戍邊。或枷號發遣，枷數日輒死，數年死者數千人。或一家有犯，連坐左右鄰。有瞰河居無鄰者，以河外居民坐之。屢起大獄，枷三品以下官，及籍没已故致仕大臣，並其妻子謫戍，寃號之聲聞於道路。嘗恨潼關衛指揮姚鑑，誣坐縱鹵。又以刑科給事中沈炤奉勘不如瑾指，竟提殺鑑，而戍炤甯夏。受勳戚徐俌賄，强奪民田。以南巡撫文璞持正，逮笞死，久乃甦，遷其家。禮部尚書李傑、張昇不曲狥晉府表㮚郡王，王請咸罷免。榜示謝遷、劉大夏等五十餘人，曰朋黨。欽天監楊源以天文諫，涉瑾，杖戍之，道卒，妻斬，蘆荻瘞之。坐都御史雍泰遷官尚書不謝，罷去，仍察薦雍者，咸罰米有差。格沮文臣三品以上不得祭葬，擅請者獄戍。《大明會典》成，坐增例，改其書，盡奪供事加銜。借修舉屯田，奉遣者以增出地畝追完積逋爲能，否者罪之。出帑銀置米，民賠脚費不償。

時有經明行修之舉，內餘姚三人，指爲閣臣謝遷所私，送錦衣衛打問，硬招連謝，邊戍，免爲民。許御史張鳳鳴攜家眷霸州捕盜，偶赴石指揮飲，坐伶人歌舞，降鳳鳴徐州弓手。內官張忠與其侄茂，爲大盜窩主，忠伏法，而劉六、七等乃起作亂。瑾惡盈貫，而又矯飾，刦其同類以固寵。谷大用請設皇莊臨清，輒罪獻計者。馬永成欲私百户邵琪，瑾不可。丘聚主東廠，忤瑾，發其事，調留都。王琇請大內買積，寢其議。或曰楊廷和以狗瑾，遷南□書；兵部尚書許進不抗瑾，得遷吏部尚書。其尚書劉宇、內閣焦芳、侍郎張綵，俱百媚瑾用事。坐言官安奎、張彧稽考不明，及都御史劉孟赴任違限，咸荷校，晝夜暑雨。下御史徐貞獄，戍邊。逮總制三邊楊一清詔獄，尋釋之。以翰林學士張芮長揖不拜，矯旨謫鎮江同知。已故侍郎郝志義子序鄉榜，乞祭葬，坐違例，充軍。

甯夏指揮何錦等指瑾名，奉安化王馳檄弄兵，名清君側。瑾不省，疑張永軋己，伺間言上，調永南京。旨未下，即日逐永就道，榜門不得入永。永間趨御前訴瑾，廷毆之。帝令置酒，與永、瑾平，永終不懌。時授永兵往討甯夏，上戎服親送東安門，賜劍，許便宜行事。永中道聞賊已擒，即夏州撫餘黨，還入朝。上置酒勞永，瑾、永成等咸在座。酒既，瑾歸第。永言甯夏之變，瑾激之，出袖中疏瑾十七大罪，且白瑾欲反狀。時上已有酒，俛首曰：「瑾反欲何爲？」永曰：「欲爲天子。」上曰：「天子任爲之。」永曰：「瑾爲天子，陛下將安之？」遂命逮瑾。上乘騎至瑾所，已夜中，瑾披青蟒衣出，上罵拳□瑾收瑾，永等佯爲解縛，送內獄，並逮瑾黨張綵，□盡發李東陽比瑾事。東陽遂與永擬瑾大逆無道律，籍瑾家，得僞璽一、平天冠一、袞龍袍五、爪四、蟒衣四百七十八、玉帶四千一百六十五。餘金二十萬錠，又五萬七千八百兩，銀元(寶)五百萬錠，又一百五十八萬三千零，餘珍貝無計。又有藏刀扇，嘗攜出入宫殿者。上始大怒曰：「奴果反矣。」五年八月，磔瑾屍於市，都民有以一錢易一臠肉，坐啗之。斬瑾親屬劉傑等十五人。侄二漢，甫十歲，術士俞倫等謂當大貴，至是并論死。綵瘐死獄中，仍尸於市。初，瑾與尚書綵燕語，泣下。綵問故，瑾曰：「今中外怨積，當奈何？」綵曰：「今上未有太子，而興王世子生二歲，公能迎寘東宫，可以長富貴。」瑾嘆爲奇計，已而曰：「不如自爲之。」綵悚不敢應。瑾方啜茶，以杯擲其面。至是，綵不承，張永折之曰：「尚書猶憶擲杯之事乎？」綵語塞。時言官連章論劾諸所附瑾，永曰：「瑾用事時，我曹尚不敢言，乃責兩班文武？罪止瑾，諸可勿問。」於是閣臣李東陽、兵部尚書王敞、英國公張懋咸上書頌永功。或曰：綵亦有救正瑾一二事。

論曰：時有余曰仁者，以星相馳名京師。瑾出從子劉二漢示之，曰仁稱錦衣堂上，瑾搖手他顧。曰仁知不足，請細察，徐曰：「侯伯分券，不必言也。」瑾意

沉吟，曰仁急變曰：「運行某方，可至國公。」瑾又微引曰：「如斯而已乎？」曰仁復笑曰：「大貴人！大貴人！」瑾厚賞之。瑾敗，曰仁變姓名匿關外，後捕得曰仁，法死，顧僞承曰仁者而曰仁存。據此，與擲杯事及所籍違制，則懷逆有之，而迹未著。按匿名書，應天府上元縣狄元筆，有吏人謄寫於公生門下，瞽之，被執拷訊，轉輾攀染，不知其由。而丹墀所遺，又屬另案。據傳聞黔國公、魏國公合檄攻瑾，究亦無實。總之，庶人之議，非有道之世所宜見。

談遷《國榷》卷四八　劉瑾伏誅。瑾陝西興平人，本淡姓，幼冒投中官劉氏。鷙悍陰狡，有口辨。至怙寵竊威福，變易成憲，權震天下。寘鐇之變，首斥瑾，瑾不自安。術士余日明等，指瑾從孫二漢當大貴，遂謀不軌，匿災異勿奏。兵仗局太監孫和遺之衣甲，兩廣太監蔡昭遺弓弩，皆私貯之。法司奏反獄，磔三日，繪處決圖示中外。

高岱曰：瑾一閹竪耳，其流毒縉紳，貽禍宗社，古今所罕見，此其故何哉？蓋瑾青宮舊閹，武宗素所信狎，所以蠱惑其視聽而播知其意嚮者，豈一朝一夕之故哉！吾因是而有感于儲君之近侍不可不慎其選也。古人師保之訓，如太公、周、邵之于成王，尚矣。後世乃禮節繁多，尊卑闊絶，雖有宮僚之設，而接見不移時，進講不數語，啓沃雖良，亦將如何哉！其退而與居者，不過數閹耳。朱墨易染，鮑蘭殊臭，安得不與之俱化乎？

何喬遠曰：予傳劉瑾，而一時政事之兇忍，賢士大夫之僇酷，不以傷焉。觀其五年之間，威柄號令，一出其手，□天子矣。瑾寢處士大夫，若嚬笑報復闕也。彼何人斯，云法太祖乎？予讀瑾爰書，焦芳、劉宇炎熱之人耳，謂張綵變亂選法，故所坐獨重綵，胡名士也？予得見其弟繼家狀，嗚唔私憾，良有可信，其始託非也，予以是悲之。

雜録

備録

田藝蘅《留青日札》卷三五《劉瑾》　劉瑾，陝西西安興平人，景泰初，以淨身進。坐內臣李廣奸黨，充南京海子口軍，賁緣取用。乾清宮災，復發配，又召回僉書。正德元年十月掌司禮監事，提督團營，與馬永成、谷大用、張永、羅祥、魏彬、丘聚等爲八黨，肆惡無忌，僞傳詔旨，變亂成法，謀爲不軌。五年八月張永憾瑾，因征寧夏安化王歸，疏瑾大奸一十七罪，伏誅，籍没家産：

平天冠一項、衮龍袍四領、蟒衣四百七十襲、八爪金龍盔甲三十副、金甲二副、金鉤三千、金絲碧玉帶五條、玉帶四千一百六十條、玉印一顆、玉琴一張、寶石二斗、牙牌二櫃、穿宮牌五百面、金銀湯鼓五百件、金二十四萬錠、碎金五萬七千八百兩、銀元寶五百萬錠約計銀二十五千萬兩、零銀一百五十八萬三千六百兩，餘物不可勝計。

梁維樞《玉劍尊聞》卷九　寺人劉瑾，陝西人。毅皇帝初即位，瑾與馬永成、谷大用、張永、魏彬、羅謹、丘聚、張興八人以青官舊侍，日導上畋獵角抵爲樂。户部尚書韓文率諸臣上言請誅瑾等，大學士劉健復上疏持之。司禮監王岳，剛直人也，與其屬范亨、徐智言於上，謂文等言忠讜，且衆議不可奪，上從之，擬收瑾等。瑾等趨至上前，伏地痛哭，訴岳等交通外臣，欲害瑾等，上意動，立命瑾掌司禮，收岳等充淨軍，尋殺之。瑾由是立威箝衆，無復顧忌去留。編民下獄，杖戍，枷桎，諸臣惟視瑾所向背，旨悉自擬，百官跪謁咨稟，填塞其門。遣閹鐩守諸省，市井惡少年爲爪牙，伺察羅網，破人家如碎卵。一日早朝，有一紙飄丹墀間，拾以進，則告瑾空名書也。瑾疑羣臣所爲，悉出五品以下官三百餘人，跪午門道上，時天暑甚，至日中有死者。遣御史括屯田，人心憤怨。指揮何錦等遂挾安化王寘鐇起寧夏，以誅瑾爲名，殺鎮巡守臣。上遣涇陽伯陳英、內監張永、都御史楊一清往討之，寧夏遊擊仇鉞襲執鐇，餘黨遂平。寧夏既平，永與一清謀誅瑾，言於上曰：「瑾流毒海內，自知天怒人怨，陰謀不軌。」上意決，執瑾就獄，坐謀反死，計所籍金以錠計者二十四萬，銀以元寶計者五百萬，他物稱是。

楊一清部

綜述

《明史》卷一九八《楊一清傳》 楊一清，字應寧，其先雲南安寧人。父景，以化州同知致仕，攜之居巴陵。少能文，以奇童薦爲翰林秀才。憲宗命内閣擇師教之。年十四舉鄉試，登成化八年進士。父喪葬丹徒，遂家焉。

服除，授中書舍人。久之，遷山西按察僉事，以副使督學陝西。一清貌寢而性警敏，好談經濟大略。在陝八年，以其暇究邊事甚悉。入爲太常寺少卿，進南京太常寺卿。

弘治十五年用劉大夏薦，擢都察院左副都御史，督理陝西馬政。西番故饒馬，而仰給中國茶飲以去疾。太祖著令，以蜀茶易番馬資軍中用。久而寖弛，奸人多挾私茶闌出爲利，番馬不時至。一清嚴爲禁，盡籠茶利於官，以服致諸番，番馬大集。會寇大入花馬池，帝命一清巡撫陝西，仍督馬政。甫受事，寇已退。乃選卒練兵，創平虜、紅古二城以援固原，築垣瀕河以捍靖虜，劾罷貪庸總兵武安侯鄭宏，裁鎮守中官冗費，軍紀肅然。

武宗初立，寇數萬騎抵固原，總兵曹雄軍隔絶不相聞。一清帥輕騎自平涼晝夜行，抵雄軍爲之節度，多張疑兵脅寇，寇移犯隆德。一清夜發火礮，響應山谷間。寇疑大兵至，遁出塞。一清以延綏、寧夏、甘肅有警不相援，患無所統攝，請遣大臣兼領之。大夏請即命一清總制三鎮軍務。尋進右都御史。一清遂建議修邊，其略曰：

陝西各邊，延綏據險，寧夏、甘肅扼河山，惟花馬池至靈州地寬延，城堡復疏。寇毁牆入，則固原、慶陽、平涼、鞏昌皆受患。成化初，寧夏巡撫徐廷璋築邊牆綿亘二百餘里。在延綏者，余子俊修之甚固。由是，寇不入套二十餘年。後邊備疏，牆塹日夷。弘治末至今，寇連歲侵略。都御史史琳請於花馬池、韋州設營衛，總制尚書秦紘僅修四五小堡及靖虜至環慶治塹七百里，謂可無患。不一二年，寇復深入，是紘所修不足捍敵。臣久官陝西，頗諳形勢。寇動稱數萬，往來倏忽。未至徵兵多擾費，既至召援輒後時。欲戰則彼不來，持久則我師坐老。臣以爲防邊之策，大要有四：修濬牆塹，以固邊防；增設衛所，以壯邊兵；經理靈、夏，以安内附；整飭韋州，以遏外侵。

今河套即周朔方，漢定襄，赫連勃勃統萬城也。唐張仁愿築三受降城，置烽堠千八百所，突厥不敢踰山牧馬。古之舉大事者，未嘗不勞於先，逸於後。夫受降據三面險，當千里之蔽。國初舍受降而衛東勝，已失一面之險。其後又輟東勝以就延綏，則以一面而遮千餘里之衝，遂使河套沃壤爲寇巢穴。深山大河，勢乃在彼，而寧夏外險反南備河。此邊患所以相尋而不可解也。誠宜復守東勝，因河爲固，東接大同，西屬寧夏，使河套方千里之地，歸我耕牧，屯田數百萬畝，省内地轉輸，策之上也。如或不能，及今增築防邊，敵來有以待之，猶愈無策。

因條具便宜：延綏安邊營石澇池至横城三百里，宜設墩臺九百座，暖譙九百間，守軍四千五百人；石澇池至定邊營百六十三里，平衍宜牆者百三十一里，險崖峻阜可剷削者三十二里，宜爲墩臺，連接寧夏東路；花馬池無險，敵至仰客兵，宜置衛；興武營守禦所兵不足，宜召募；自環慶以西至寧州，宜增兵備一人；横城以北，黄河南岸有墩三十六，宜修復。帝可其議，大發帑金數十萬，使一清築牆。而劉瑾憾一清不附己，一清遂引疾歸。其成者，在要害間僅四十里。瑾誣一清冒破邊費，逮下錦衣獄。大學士李東陽、王鏊力救得解。仍致仕歸，先後罰米六百石。

安化王寘鐇反。詔起一清總制軍務，與總兵官神英西討，中官張永監其軍。未至，一清故部將仇鉞已捕執之。一清馳至鎮，宣布德意。張永旋亦至，一清與結納，相得甚歡。知永與瑾有隙，乘間扼腕言曰：「賴公力定反側。然此易除也，如國家内患何。」永曰：「何謂也？」一清遂促席畫掌作「瑾」字。永難之曰：「是家晨夕上前，枝附根據，耳目廣矣。」一清慷慨曰：「公亦上信臣，討賊不付他人而付公，意可知。今功成奏捷，請間論軍事，因發瑾奸，極陳海内愁怨，懼變起心腹。上英武，必聽公誅瑾。瑾誅，公益柄用，悉矯前弊，收天下心。吕强、張承業暨公，千載三人耳。」永曰：「脱不濟，奈何？」一清曰：「言出於公必濟。萬一不信，公頓首據地泣，請死上前，剖心以明不妄，上必爲公動。苟得請，即行事，毋須臾緩。」於是永勃然起曰：「嗟乎，老奴何惜餘年不以報主哉！」竟如一清策

誅瑾。永以是德一清，左右之，得召還，拜户部尚書。論功，加太子少保，賜金帑。尋改吏部。

一清於時政最通練，而性闊大。愛樂賢士大夫，與共功名。凡爲瑾所搆陷者，率見甄録。朝有所知，夕即登薦，門生徧天下。嘗再帥關中，起偏裨至大將封侯者，累累然不絶。饋謝有所入，緣手即散之。大盗蹦中原，一清疏請命將調兵。前後凡數上，皆報可。盗平，加少保、太子太保，廕錦衣百户。再推内閣，不用，用尚書靳貴，而進一清少傅、太子太傅。給事中王昂論選法弊，指一清植私黨，帝爲謫昂。一清更申救，優旨報聞。乾清宫災，詔求直言。一清上書言視朝太遲，享祀太慢，西内創梵宇，禁中宿邊兵，畿内皇店之害，江南織造之擾。因引疾乞歸，帝慰留之。大學士楊廷和憂去，命一清兼武英殿大學士入參機務。

張永尋得罪罷，而義子錢寧用事。寧故善一清，有搆之者因蓄怨。會災異，一清自劾，極陳時政，中有「狂言惑聖聽，匹夫摇國是，禁廷雜介胄之夫，京師無藩籬之託」語，譏切近倖，帝弗省。寧與江彬輩聞之，大怒，使優人於帝前爲蜚語，刺譏一清。時有考察罷官者，嗾武學生朱大周訐一清陰事，而以寧爲内主。給事御史周金、陳軾等交章劾大周妄言，請究主使，帝不聽。一清乃力請骸骨歸，賜敕褒諭，給夫廩如制。帝南征，幸一清第，樂飲兩晝夜，賦詩賡和以十數。一清從容諷止，帝遂不爲江、浙行。

世宗爲世子時，獻王嘗言楚有三傑，劉大夏、李東陽及一清也，心識之。及即位，廷臣交薦一清，乃遣官賜金帑存問，諭以宣召期，趣使有言。一清陳謝，特予一子官中書舍人。嘉靖三年十二月戊午詔一清以少傅、太子太傅改兵部尚書，左都御史，總制陝西三邊軍務。故相行邊，自一清始。温詔褒美，比之郭子儀。一清至是三爲總制，部曲皆踴躍喜。亦不剌竄西海，爲西寧洮河害，金獻民言撫便，獨一清請剿。土魯番求貢，陳九疇欲絶之，一清則請撫。時帥諸將肄習行陣，嘗曰：「無事時當如有事隄防，有事時當如無事鎮静。」

會張璁等力排費宏，御史吉棠因請還一清内閣。給事中章僑、御史侯秩等争之。帝謫秩官，召一清爲吏部尚書、武英殿大學士。既入見，加少師，仍兼太子太傅，非故事也。亡何，《獻皇帝實録》成，加太子太師、謹身殿大學士。一清以不預纂修辭，不許。王憲奏捷，推功一清，加特進左柱國、華蓋殿大學士。費宏已去，一清遂爲首輔。帝賜銀章二，曰「耆德忠正」，曰「繩愆糾違」，令密封言事。與張璁論張永前功，起爲提督團營。給事中陸粲請增築邊牆，推明一清曩時議，一清因力從臾之。帝爲發帑金，命侍郎王廷相往，然久之亦竟止。《明倫大典》成，加正一品俸。

初，「大禮」議起，一清方家居，見張璁疏，寓書門人喬宇曰：「張生此議，聖人復起，不能易也。」又勸席書早赴召，以定大議。璁等既驟顯，頗引一清。帝亦以一清老臣，恩禮加渥，免常朝日講侍班，朔望朝參，令晨初始入閣視事。御書、和章及金幣、牢醴之賜甚渥。所言邊事、國計，大小無不傾聽。

璁與桂萼既攻去費宏，意一清必援己，一清顧請召謝遷，心怨之。遷未至，璁已入内閣，多所更建。一清引故事稍裁抑，其黨積不平。錦衣聶能遷訐璁，璁欲置之死，一清不可。璁怒，上疏陰詆一清，又嗾黄綰排之甚力。一清疏辨，言璁以能遷故排己，且傍及璁他語，因乞骸骨。帝爲兩解之。一清又因災變請戒飭百官和衷，復乞宥議禮諸臣罪，璁益憾。桂萼入内閣，亦不相能。一清屢求去，且言：「今持論者尚紛更，臣獨主安静；尚刻覈，臣獨主寬平。用是多齟齬，願避賢者路。」帝復温旨褒之。而給事中王準、陸粲發璁、萼招權納賄狀，帝立罷璁、萼，且暴其罪。其黨霍韜攘臂曰：「張、桂行，勢且及我。」遂上疏力攻一清，言其受張永、蕭敬賄。一清再疏辨，乞罷。帝雖慰留之，而璁復召還，韜攻益急，且言法司承一清風指，搆成萼罪。帝果怒，令法司會廷臣雜議。出刑部尚書周倫於南京，以侍郎許讚代。讚乃實韜言，請削一清籍，帝令一清自陳。璁乃三上密疏，引一清贊禮功，乞賜寬假，實以堅帝意俾之去。帝果允致仕，馳驛歸，仍賜金幣。明年，璁等搆朱繼宗獄，坐一清受張永弟容金錢，爲永誌墓，又與容世錦衣指揮，遂落職閒住。一清大恨曰：「老矣，乃爲孺子所賣！」疽發背死。遺疏言身被污衊，死且不瞑，帝令釋贓罪不問。後數年復故官。久之，贈太保，謚文襄。

一清生而隱宫，貌寺人，無子。博學善權變，尤曉暢邊事。羽書旁午，一夕占十疏，悉中機宜。人或嘗己，反薦揚之。惟晚與璁、萼異，爲所軋，不獲以恩禮終。然其才一時無兩，或比之姚崇云。

王世貞《嘉靖以來内閣首輔傳》卷一《楊一清》 楊一清字應甯。其先世爲雲南之安甯州人。父景以化州同知致仕，攜之居巴陵。少而穎敏，能屬文。有司以奇童薦爲翰林秀才，憲廟俾内閣擇師教之，與李東陽前後登庶子黎淳門。十四鄉試高等，即以經術爲人師。十八成進士，明年父喪解官，卜葬於京口，遂家焉。定爲丹徒人。服除，授中書舍人。職務清簡，弟子日益進諸經，一清指授

者皆去取高第，爲大官，顯名朝廷。久之，遷山西按察僉事，提調學校。乃力祛宿弊，杜請托，一切以嚴繩之。士大夫始有譁者，久而服其明。丁母憂歸，服除，改提調陝西學校，尋進副使。一清乃益自振勵，創「正學書院」，選英儁其中而躬自教督之。所識拔李夢陽，以文學名天下，而狀元康海、吕柟與名士馬理、張璿輩皆與焉。

一清貌寢而佻，顧資警敏，甚能爲詩文與書，多慕效李東陽，其工力不如也。好談王霸經世大畧，材亦足發之。籠罩豪傑，以起聲譽。遂入爲太常寺少卿，進南京太常寺卿，遷都察院左副都御史，督理陝西馬政。西番故饒馬，而仰給中國茶飲，以去其羶酪疾。於是高帝著爲令，以蜀茶易番馬，資軍中用。久而寖弛，茶多闌出，爲奸人利，而番馬不時至。一清乃請重行太僕苑馬之官而嚴私通禁，盡籠茶利於官，以服致諸番，番馬大集，而屯牧之政修，軍用亦漸足。時李東陽在内閣而劉大夏長兵部，皆善一清而材之。

時花馬池告警，議遣將。大夏言「兵難隃度，即遣將以不時往，而一清在彼，可用也」。遂改巡撫陝西兼經畧邊務。一清即選精卒教演之使軍，而創城平虜、紅古二地，以爲固原援。築垣瀕河以捍靖敵，而劾貪庸總兵武安侯鄭宏及不職裨校數人，去之。尋敵數萬騎入甯夏，乘勝直搗固原，烽火通於内地。時總兵曹雄軍隔絶不相聞，一清慮其失筴，乃從帳下輕騎僅五十趣之。衆爲一清危，請毋往。一清不聽，乃以晝夜兼行，抵曹雄軍，爲之節度。而張疑兵以脅敵，敵移犯隆德，有一清所下火炮夜發之，響應山谷間。敵見以爲大兵至，遁出塞，所傷殺少。大夏乃請設都御史，總制陝西、延綏、甘肅、甯夏軍務，開府固原，而一清爲之。尋進右都御史。一清乃具疏極陳戰守之策，請修濬牆塹以固邊防，增設衛所以壯邊戍，經理甯夏以安内附，整戢韋州以遏外侵，俱報可。一清往來諸鎮，所至急于足兵食，嚴營陣，選將習射。每按部，旌旗戈甲耀原野，士飽馬騰，懽呼動地。敵聞俱遠徙，不敢入寇。而一清首所急者謂河套，即古朔方地。唐張仁愿築三受降城，自是無寇警。今因險而牆之，絡繹相應，可制敵而障全陝於數百里外。廷議以爲善，於是大發帑金數十萬，使一清治築。牆工未竟而中貴人瑾有所望之，一清不肯應，以是移疾歸。其成者在要害間僅四十里，邊人倚以重。而瑾再入譏語，以一清冒破邊費，逮之下錦衣詔獄。一清迫不能無居間瑾，而東陽偕其寮王鏊言之朝事乃解，仍致仕歸。

一清即京口治私第，得唐許刺史丁卯橋故地而圃之，以詩奕飲酒自娛，而名聲益盛。安化王寘鐇反甯夏，詔起一清提督軍務，與總兵官涇陽伯神英西討，而中貴人張永監其軍。甫入關而一清故部將仇鉞時亦從安化王，劫而事之，已乘間捕執之，悉誅，縛其首逆何錦、周昂等。一清馳之鎮，宣布德意，有所操舍，而張永旋亦馳至。時號令機宜皆出永，永雖尊貴甚，然亦能檢束其下，不爲騷擾，見一清而奇之，一清亦深自結納，兩人相得懽甚。永與中貴人瑾故侍東宮，至貴而争寵，不肯爲之下。時頒賞諸部曲百餘人人百金，獨不及瑾之姻族二人。一清固勸之，乃亦賞如例。而謂一清曰：「公不知耳，吾何畏瑾哉？」一清曰：「固也。今權臣内而大將外，公誠貴，天子誠重公，能保不從中變乎？」永曰：「然則奈何？」一清曰：「公宜亟歸，歸而乘天子之見，嚮聲瑾罪而誅之，此萬世一時也。」永悟，歸而悉發瑾反謀，其疏出諸袖，皆一清草也。上爲之誅瑾而進永柄司禮。永以是德一清，而一清視陝師之未幾，其吏士皆大悦。驛召還，拜户部尚書，以功加太子少保，賜金幣。尋改吏部。

一清於時政最稱爲通練，而性濶大，不甚飾邊幅，愛樂賢士大夫，與共功名，朝有所知，夕即登薦，以是桃李偏天下。嘗再帥關中，麾下自偏裨起而爲大將封侯佩印者累累然，亦不絶饋謝。有所入即關通貴勢，周遺交故，立散之人。時大盜起躪中原殆遍，一清疏請命將調兵前後凡數上，皆賜褒允，而司理貴人永時時密叩一清計爲進止機宜，有所傳旨，皆與兵法合，中外頗稱。永以是益心德一清。盜平，加少保、太子太保，廕子錦衣百户。再以推内閣，不用，用一清之門人尚書靳貴，而進一清少傅、太子太傅。時御史孟洋、張樸、劉天和、王廷相、成文、給事中竇明以言事及與鎮守中貴人交惡，繫詔獄。一清屢上書請寬之。上不能盡用，亦不忤也。給事中王昂論選法弊，於一清有所指摘。上爲謫昂，一清亦請寬之，優旨報聞。中貴人谷大用、陸誾欲援張永例封其兄弟伯爵，一清疏止之，不聽。乾清宫災，詔求直言。一清疏謂：「祖宗日昧爽視朝，今累數月而一朝，或日昃而始出。祖宗四時廟享必親莅事，今但聞遣官行禮。祖宗深居禁中，夜宿寢殿，今出無定期，止無常所。至於番僧戎種，豈宜置之宫闈？邊兵遠戍，豈宜雜之肘腋？」因引疾乞歸。上爲慰留而已，亦無所更正。義子錢甯故善一清，而中貴人永爲之主，一清得拜武英殿大學士，直内閣。永尋得罪罷，而錢甯忽中何人間而怨一清。一清盛置酒禮之，且用幣，甫得解而會有災異，一清乃自劾，因極陳時政得失，中有「狂言可以惑聖聽，匹夫得以摇國是。禁廷雜介胄之夫，京師無藩籬之託」。上弗省。而甯與江彬輩聞之，不善也，於是使所私優人臧賢

輩於上前爲蜚語，刺譏一清。俄而有故諸生朱大周奏許一清陰私事，其辭甚醜，乃力請骸骨歸。上賜敕諭褒累百言，給夫廩如例。

一清歸，其客日益進。當時目一清爲智囊，所摹畫朝事與自全筴，隃度無爽。臺司郡邑造問無虚月，而一清之居閒屬請亦如之，然不必盡私己。會武宗南征至京口，欲巡行江浙，幸其第爲樂飲者兩晝夜，賡詠篇什以十數。一清從容風止，上得不爲江浙行，而所捐進金帛不貲。上幾欲特用之，會晏駕乃止。世宗嗣大位，羣臣争上言一清可大用，至有比之姚崇者。乃詔遣官錫金幣存問，且諭以宣召期，趣使有言。一清陳謝，特予一子官中書舍人。時大禮議起，張璁疏欲考興獻王而母獻王妃。一清心知所謂，以書予其門人吏部尚書喬宇曰：「張生此言，聖人復起不易矣。」

久之，陝西三邊總制闕，詔一清以少傅、太子太傅改兵部尚書、左都御史，莅之。故相行邊自一清始。温詔褒美，比之郭子儀，所以賞賜有加。一清道洛中，謁故少師劉健。健出見，僅一揖曰：「汝不能甘澹薄而猥爲時所餌，今日戴兜鍪，異日何以復簪冠乎？今主上輕吾輩，自汝始。咄咄。」入不復顧。一清愧而秘之。馳之鎮，鎮人以一清凡再莅，有恩德，而又自台輔起，將士皆自飭勵，旌旗壁壘，色綵爲新，而漸以老不能大隃勝於舊時，時有所條請，無不報許。居一歲所，召入閣，而以兵部尚書王憲代。復爲吏部尚書、武英殿大學士。既入見，加少師，而所兼仍太子太傅，非故事也。亡何，《獻皇帝實録》成，加太子太師、謹身殿大學士。一清以不預纂修，辭，不許。時費宏小於一清十三歲而位其上，張璁等以言禮獲上知而貴猶未極，亟攻宏，且欲推一清，以見故助禮德。而上亦心重一清，宏既逐，一清代之。乃薦起弘治間故相謝遷居首。遷，耆宿，於望實皆重而官猶未極。時一清去陝二載餘矣，陝有俘馘功，大帥王憲僅加太子太保，而一清峻加特進、左柱國，華蓋殿大學士。遷至，遂位一清下，不能有所設施，墨墨遂乞歸。一清既以敏練見知，而璁等復推轂，上益重之，賜御書和章及金幣牢醴無虚日。一清所言邊事國計，大小上悉傾聽，而獨欲寬藩戚不爲京朝官例，自正德中已言之，至是復伸其説，而有司狥故典，莫敢從也。然一清自是頗作好而私其所親門生故吏，其納賄亦不貲。上嘗賜一清銀印記二，曰「耆德忠正」，曰「繩愆糾繆」。是歲也，張璁亦入閣而先被賜。

焦竑《國朝獻徵録》卷一五《特進光禄大人左柱國少師兼太子太師吏部尚書華蓋殿大學士贈太保謚文襄楊公一清行狀》 楊公一清，字應寧，號邃菴。先世雲南安寧州。州有石淙渡，公凡撰述，題識皆以石淙繫之，故時人稱爲石淙先生。父諱景，中永樂癸卯鄉試。初判霸州，改澧州，遷廣東化州同知。景泰甲戌十二月六日生公於化州。天順庚辰，父致仕，攜公便道訪前母劉氏，家於巴陵。公甫八九歲，穎悟絶倫，經書一覽不忘，文義一經指授即能成章。時岳州同知胡公昇大奇之，薦於湖藩。當道遂以奇童薦入翰林，讀中秘書。憲廟命内閣選師教之，受業於黎文僖公。年十四，中順天鄉試。時已抗顔爲人師，有文中子之風。壬辰，登進士。癸巳，以父艱解官。訪姊氏於丹徒。會公前室段氏繼卒，貧窶不任遠歸，乃葬丹徒，因家焉。

初授中書舍人，職務清簡，横經授徒，從者日益衆。以其教魁天下、魁兩京諸省登顯位者百餘人，詳見於《同門題名集》。成化乙巳，公年已壯，未有子。奉母命請於朝，歸雲南，會宗族。以堂兄績次子紹芳爲冢嗣。楊氏爲鎮江人，自此始出爲山西提學僉事。力袪宿弊，學政肅清。丁母張夫人憂，服闋，改陝西提學副使。創建正學書院，拔名學俊秀，會業於中，親爲督教，其大規先德行而後文藝，故院中士連魁天下爲狀元者二人。其以學行功業著聞者甚多，具見於《正學書院志》及《關西政教集》。入爲太常少卿，遷南京太常卿，用薦陞左副都御史，督理陝西茶馬。親歷邊荒，浚求利弊，條陳機宜累十餘疏，詔皆擬行。茶利大興，而馬大蕃盛，三邊仰給，詳具御史陳講所著《馬政志》中。會虜賊大舉，司馬劉大夏奏謂楊一清在彼，多才好問，有謀善斷，請勅改爲巡撫兼經畧邊務。勅下，公即率精兵阻遏。上疏具陳邊事，劾罷總兵武安侯及守備不職者數人。請釋緣事守備楊宏，使自効。裁抑鎮守太監支應，歲省數千兩。創城平虜、紅古二處，以援固原。築垣瀕河一帶，以捍靖虜，虜遂不敢渡河。乙丑冬，虜數萬入寧夏，乘勝直抵固原，遠近危疑。公率帳下五十餘人趨會總兵曹雄，議方略。衆遮道不可，參政安惟學曰：「公行何恃？」公曰：「以身狥國，成敗利鈍非所計也。」竟去。賊闖各馬營，見原選新兵，軍容甚整，賊駭之，又聞公且至，乃移侵隆德。夜薄城下，公先是已聚城中人，裹氊乘城，連發火炮，響應如數萬人。酋長疑我大兵至，遂掣衆北走。公發平涼，時道無行人，關中震恐，衆謂與郭子儀單騎見虜相類。

正德改元，朝廷以邊患方熾，兵權太分，命公總制全陝三邊軍馬，仍兼督馬政。公以寧夏花馬池係要害地，虜數由以入。公率官屬沿邊巡視，處方略，上疏極陳戰守之策。修濬牆塹以固邊防，增設衛所以壯邊兵，經理寧夏以安内附，整

飭韋州以遏外侵。又謂河套即古朔方地，唐張仁愿築三受降城，自是無寇，歲省億萬。上可其奏。公以三月興工築邊牆，刻期奏績。時劉瑾憾公，公遂乞休，工亦罷，僅築四十餘里，至今屹然巨障。後瑾羅織，公被逮，得致仕。慶藩寘鐇叛，起公復爲總制。寘鐇既就擒，仍留公爲總制。瑾素憾公，以事變不得已起用，既平，頗悔之。乃矯詔改公專在寧夏撫馭，實陰奪總制之權。亡何，瑾逆發伏誅，衆但知瑾之誅爲張永所發，不知永先受筭於公，以遂成之耳。其一切興革計處事宜，具見於《西征日録》中。徵爲户部尚書，改吏部。黜邪佑正，起廢拔幽，國是復定。江西盜久未平，公薦按察副使吴廷舉宜委用責成。山東盜日熾，公條陳戰守撫馭，賞罰機宜，下兵部檄諸鎮施行。渠魁劉七屯兵近畿，要朝廷宥罪。廷議將從之，公獨執不可，「中原百姓敢稱兵扇亂，罪在不赦。宜易將增兵，殄滅乃已」。七年羣盜平，内監谷大用、陸誾欲累功加陞弟姪，詔從進封伯爵。公疏謂：「三等之爵，必開疆拓土，削平僭亂始得之。今以赤子弄兵，調發官軍，合諸將之力，久乃成功。退□封爵，非關事也。」不報。御史孟洋劾大學士梁儲□及御史張璞忤太監梁裕，劉天和、王廷相忤太監廖堂，御史成文劾都御史張翼、僉事趙應名、許成文，並逮繫獄。公皆爲奏釋。給事中王昂摭拾選法數事，竇明以言事激切侵中貴。上震怒，公各爲連章力救。乾清宫災，公自劾罷黜。會詔求直言，公上疏謂：「祖宗之時，昧爽視朝，今累數月而一朝，或日昃而始出。四時廟享必親蒞祀事，今但聞遣官行禮。朝退深居禁中，夜宿寢殿，今出無定期，止無常所。至於佛氏本異端，番僧又非類，今皆置之左右。沿邊宿兵本爲禦戎，掣兵内討暫出權宜，今調邊伍以輪操，視禁旅爲無用，皆於成法有干。」疏入，上遣官慰留。

乙亥閏四月，詔兼武英殿大學士，入内閣辦事。固辭不允。上時多微行，公奏曰：「聖駕出宫經宿乃返，文武羣臣皆不與知。塵埃中萬一奸盜竊發，柰何？」疏入，上大驚，遣官釋諭。公以時事多乖，言不盡用，乃因災異自劾，曰：「近者紀綱縱弛，風俗傾頹，用舍違宜，宫府異體。官帑空虚，浮費冗食不能革；民力困敝，徵求病民不能除。賞功太濫，刑罰失中。讒言可以惑聖聽，匹夫得以摇國是。禁廷雜介胄之夫，京師無藩翰之託。一切弊政大異往年，是宜地震天鳴，日食星變，旱乾水溢，報無虚月。天心譴告，固以昭然；政事差忒，未聞修改。臣職任論思，參陪密勿，沃心造膝，調護莫施，承德弼違，難免扞格。有所論説，既多不行；有所擬議，或從中改。九卿執奏不能贊其從，言官納忠不能必其用，正類擯斥不能救，邪説横行不能止。冒輔導虚名，無斡旋實效。去年内閣缺人，誤蒙超格簡用。然言無所采，力無所施，徒使違心度時，靦顔在位，將安用之？伏乞早賜罷歸。」又不允。越數日，移疾堅卧，連上四疏。上乃勑允，累數百言，極盡褒嘉之美，月米人夫逾於常例。初公論列多中近倖，錢寧銜之，遂與優人臧賢密造不根之言，唆罷黜生員朱大用具奏，矯詔下吏部。上遂不問，而公得謝政歸矣。

武宗南征，特幸公第，宴飲賡歌兩晝夜。左右有導上幸江浙者，公從容婉諫，不果行。世宗即位，論薦起公者凡二十疏，詔待缺起用，特先遣官賫勑存問。嘉靖四年正月，起授兵部尚書兼都察院左都御史，提督陝西諸邊軍務。命巡撫都御史即家敦遣啟行。十一月召入閣。明年五月陛見，復公吏部尚書、武英殿大學士，加少師、兼太子太傅，御製詩一章賜公。《獻皇帝實録》成，加兼太子太師、謹身殿大學士，提督三邊。王憲報捷，謂公前年經畫有素，勑加特進左柱國，兼華蓋殿大學士，廕一子錦衣衛百户，世襲。初張、桂二臣恣肆著聞，上亦厭之，每降諭懲戒，言官多有論劾。八月十三日，給事中陸粲上疏，極陳其罪狀有浮於錢寧、江彬者。上怒，欲重罰二臣，又念議禮之功，革桂散官致仕，令張暫回家省過。十五日早，上忽降勑諭宣揚二臣罪惡於午門，百官聞之動容。公在家聞之，亦愕然驚訝。越二日，桂先行，次一日，張乃行。縉紳無一人餞於祖道，惟路人有揄揶之者。又一日，上問公曰：「璁可留乎？」公曰：「朝命方下，諭示初宣，未可遽變。且璁妻久亡，每欲歸葬。莫若待其回家葬畢，詔取回京，則公法私情兩無損矣。」於是璁深憾公不爲將順請留，又以陸粲之奏疑公所授，方二臣行時即私謀於霍韜，韜懼有齒寒之勢，遂上疏毁公於朝。宸聰尚未爲惑。次日降旨追還璁於道，公求退愈切。上屢降温旨慰留，至九月初，内閣無人辦事，公姑强出一二日，且將與璁暴白衷曲即引歸。霍懼公出不利於己，復上疏誣公，上始有投杼之疑矣。璁回京見公，悵然自負曰：「若吾在閣，韜敢有是言邪？」公笑不答，再疏乞歸。上乃俞允，命馳驛去。又遣中使賫賜白金五十兩，蟒衣四表裏。公行日，舉朝士大夫有祖於南郭門外者，有祖於五里亭、十里亭者，有追祖於張家灣者，冠蓋擁道，一時之盛，近未之有也。若夫萋斐貝錦，營營蒼蠅，豈暇與辯哉！

初張永起廢入直，適三宫皆進徽號，制應製寶。上以内帑金不精，命永州買金一千五百兩充用。永出，令門下人朱繼宗買備，止得金一千四百兩以進，蒙給

銀五千二百兩償其直。後上欲更製圭，以内帑玉不中度，又命永別買三塊以進。永暴卒，其弟容因取繼宗先所假居室。繼宗欲作爲己有，遂有怨言。仇者聞之，嗾令繼宗誣奏，謂永嘗令買金玉賂公薦用，永家人亦陳奏辯白。皇上省覺，下刑部問理。刑部請覆較數，惟少金百兩，主刑者陷公之心少沮。適《大學衍義》修完進呈，欲行賞典，當值者以先生去，去公名氏，若無預焉者。上怒曰：「修是書實肇於楊一清，又嘗序諸後，乃可獨遺乎？」命再補列，及遣官賫賞金帛於家。又方議分祀禮，紛紜不一。上軫念曰「□□放楊一清歸矣。若彼在，能無決乎？」而其言遂洩之于仇公者，懼再起公，日夜合謀，誣前所少金乃永□□侵尅，持慶公壽，又於奏詞外謂公作墓誌受金帛□□文致坐罪。舊例刑部獄具，必堂審，付大理評之，然後奏報。彼徑奏報，上亦未及審，遂依擬行。彼又恐公論不服，諷同年給事中趙廷瑞論劾，乃革公官。行巡按追金，尋亦罷追。衆謂當進辯，公曰：「吾心無媿，得失在彼，吾何辯哉？」飲酒奕棊如故。

公賦性燥熱，又多飲醇酒，故每病熱毒。至六月終，疽發，加泄瀉，越數日卒，無一言及後事。前半月嘗歎曰，「吾疾不起矣。使是疾早發，則吾得早歸林泉，使是疾後發，則吾得白心迹。今適當蒙昧之際而是疾乃發，嗟乎，人將以爲口實也。」卒之期爲嘉靖九年八月十四日夜四鼓矣。是夕，寒風颼颼，堂户閉皆洞開。有一卒過公之門，恍惚見公輿出，騎從旌幟甚盛。卒私念曰：「吾聞公病，今將何之？公病起耶？」及間出大市，又遇公如故。天明方聞公歿矣。於戲！公身雖歿而英靈洋洋在天地間，將復爲神而陰祐下民，是故嶽降生甫、説卒騎箕，古今一道也，又奚足訝哉。

鄧元錫《皇明書》卷一八　楊文襄公一清，字應寧，雲南安寧州人。父徙巴陵，已又徙丹徒。八歲以奇童薦。成化中進士，官中書舍人。文有名，出提學山西，改陝西。力袪宿弊，學政肅清，創正學書院，羣陝士高等者其中，親課之，吕柟、康海、李夢楊皆所取士也。弘治中，劉思宣言馬政廢壞，薦一清以副都御史督馬政。召詣闕，面受勅行。明年，並理茶馬鹽筴。陝西人素信一清賢，又官益高，才益展，條上茶鹽監牧事宜，及易置馬吏。奏上輒允，牧事有成。益開善水草地，起城堡廬舍河、隍、涼、固間，雲錦成羣。會虜入花馬池塞，勅經畧邊，兼巡撫陝西。時虜巨萬乘勝抵固原，關中無人行。一清方在平涼，從數十騎馳至瓦亭驛，會總兵曹雄勒師，雄大駭，士卒震奮，旌旗變色。虜夜薄隆德，我師火炮連發，響應如數萬人。虜疑大軍至，駭散去。於是劾罷總兵武安侯，抑裁鎮守中官支應，歲省數千金。創平虜、紅古二城以援固原，瀕河築垣以捍靖虜。虜自是不敢渡河。正德元年，改總制三邊。一清以寧夏花馬池地要害，虜數由以入，沿邊行視，得其要領，上方畧四事，曰綏士人、處額地、廣召募、溥賞賚。爲著令。已復經畧河套，上六事，事可績而閹禍作，奪官。語具《邊防》中。

五年，安化王反，瑾以事劇，大擇中外大臣可抗難者。閣學士李東陽曰：「非楊應寧莫能禦此難矣。」乃起一清總制，而寘鐇已擒，中悔之，矯旨專巡撫，實奪總制權，而一清業以與監軍張永畫大策誅瑾矣。瑾既誅，永力薦一清可大任，加太子少保，入户部爲尚書。疏急大本圖治安，語具《帝紀》中。六年，改吏部。中原盜起，疏十事，曰裕民、曰增軍、曰宥脅從、曰聯伍保、曰明賞、曰嚴罰、曰治退縮、曰察蒙蔽、曰禁奪功、曰防奔突。江西盜未平，薦按察副使吴廷舉可任，宜委任責成。渠魁劉七宿近圻，要朝廷招撫。廷議將從之，一清曰：「中原百姓敢行稱亂，罪在不赦。宜易將增兵，必殄滅乃已。」寇平，加少保。乾清宫災，疏五事：拒諫一，視朝太遲二，祀郊廟太慢三，創梵宇西内四，調邊兵禁地禍萌大五。皇莊、皇店織造皆害民。言切直，不報。進吏尚書。給事中王昂劾一清選法頗濫，坐謫外，一清疏救。御史孟洋劾内閣，坐謫。又疏救。鎮守太監誣奏巡按御史張璞、劉天和、王廷相，逮下獄。連疏救。十年，兼武英殿大學士，入内閣。奬拔士類，練達機宜，以災異自劾，言：「近紀綱縱弛，風俗傾頹。用舍違宜，宫府異體，賞濫刑僭。讒言可以惑聖聰，匹夫得以摇國是。禁廷雜介胄之夫，京府無藩翰之託。一切弊政至此而極。是宜地震天鳴，日食星變，旱乾水溢之洊至沓來也。臣靦顔在位，將安用之？」爲錢寧等所銜，避位去。

宸濠反，上南巡幸其第，游觀時左右有導上游西湖者，婉辭譎諫，事得止。嘉靖初，遣使存問。尋起提督陝西軍，已遂召入閣。上憐其老，朝朔望。内官張錦奏請遷顯陵。一清曰：「地道尚静，體魄宜安，山陵定已久，不可動。且大葬來，陛下自藩邸升爲天子，又吉壤不宜動，動恐有他虞。」大獄讞上，上欲置馬禄死，力救得戍邊。初議大禮時，一清家居，獨是張永嘉言，曰：「張生此論，聖人復起不能易也。」故張、桂力薦用，及一清入朝，乃首薦謝文正遷。又時時爲上言：「今日之務在省事，不在多事。在守法，不在變法。在安静，不在紛擾。在寬簡，不在煩苛。」皆時所深忌者。世廟成，章聖太后欲謁廟，一清對：「今制無母后謁廟之文，累朝亦無其事。」爲張、桂所持。時武定侯勛附大禮議爲驕横。一清諷御史趙堂首劾勛，奪後府團營。已計去張、桂，霍侍郎曰：「議大禮者獨

吾輩三伍人，張桂去，行及我矣。」急上疏列一清罪二十四事。上立召永嘉還內閣。俄朱繼宗獄起，坐一清受張容金錢，〔名〕請永誌，實與容世錦衣指揮。上終憐一清大臣老，不問。已乃削籍，明年疽發背卒。二十七年，繼孫元援詔請得贈太保，謚文襄。

始上在潛邸時，獻皇時時言：「吾楚有三傑，兵部尚書大夏、學士東陽與一清。」故恩禮終不衰。一清生而隱宮，類寺人。學博才雄，善機變濟務，尤暢曉邊事。羽檄旁午，一夕十疏，口占指授，悉中機宜。及好汲引人，人訾己顧揚薦之。世往往以一清私門生故吏，通賂遺爲疑。唐翰林順之曰：「世以多欲病公，然孰知公廉介者？故人餽寶珠千，受之。客方退，分賜立盡。門生有以貧歸者，發囊助給，率給十百金。夫爲天下用財而不以私蓄，即比干一介不取可也。」羅修撰洪先曰：「世亦以尚通病公，孰知其方介者？先君賓其塾，又門生爲武選八年，出守郡，不虞其抑也，曰『此地不可無此人』。又三轉備兵徐州，不虞其淹也，曰『此地不可無此人』。公卒，先君承訃泣連日，曰：『公固愛我，其忘抑與淹者，不以俗人視我也。夫爲天下用人而不以私惠，即比干一介不通可矣。」唐言大然已潤，如羅言信，觀其深矣。

何喬遠《名山藏》卷七二《臣林記楊一清》 楊一清，安寧石淙人也，字應寧。其父景，化州同知，生一清於州舍，從家于巴陵。正統中，以奇童薦入翰林院爲秀才。道黄河，河適一綫清，景遂以命之。年十四，中順天鄉試。成化八年，年十八，舉進士，授中書舍人。一清生而隱宮，貌類寺人。顧其文譽籍甚，海內名士皆來從遊。以父喪歸葬於京口，即家於丹徒。歷山西提學副使，凡提陜學八年，道德文藝隨能誘教。口授經傳，轉相傳說。其持法擊蒙，不少貸借。既去，陜人推其精鑒審別，爲國朝提學最。累陞南太常寺卿。

弘治中，擢左副都御史，督理陜西馬政。一清條上所宜及易置馬吏，輒得施行。益開水草善地，起城堡廬舍河、湟、涼、固間，馬大孳牧。十七年，北虜潛伏河套間，擁衆入寇寧夏，守臣失利，遂入犯環慶、固原，寧夏、陜西兩鎮守臣交章告急。兵部尚書劉大夏薦一清兼巡撫陜西經略防禦。一清創平虜、紅古二城，垣瀕河一帶以捍虜。其明年，虜數萬入寧夏，直抵固原。時總兵曹雄軍隔絶不相聞，一清從帳下輕騎五十餘，自平涼赴雄論計，軍爲之節度，而張疑兵以脅虜。虜移犯隆德。一清馳伏瓦亭，使士乘城裏壇，連發火炮，響如萬數。虜人以爲大軍至，掣衆北走。已延綏、寧夏諸將數與虜戰，輒復失利。本兵議以諸鎮撫無專制，不相爲援，以至於敗。復請設都御史總制陜西、延綏、甘肅、寧夏軍務，開府固原，命一清爲之。尋進右都御史，是爲正德元年。

一清至，詢訪當事與家居士大夫，皆云戎備廢弛，行伍消耗，倉廩空虛，軍食不繼。因以便宜□納易糴，邊務漸充。其冬虜復擁衆入套，烽火絡繹。一清揚兵耀武以待之，虜不敢犯。明春渡河北遁。一清因謂：「河套即古朔方地，唐張仁愿築三受降城以絶寇警，今宜因險而牆之。」上疏曰：「臣切見陜西諸道延綏堡據險，寧夏、甘肅阻於河山，虜或內犯，受敵止其境，無腹裏之驚。惟花馬池迤邐至靈州一路，地勢寬漫，城堡稀疎，虜或壞牆入，環慶、固原、平涼、鳳翔、臨洮、鞏昌諸州郡必皆受寇。是其中具漢土民，根本易摇，蕭牆或變，膏肓腹心，實在於此。伏見成化之初，邊牆未設，虜馳突河套亡忌。其後寧夏都御史子俊先後修濬河套，無虜垂二十年。世平人玩，牆日薄以卑，溝日淺以夷。弘治中虜壞牆入花馬，魚肉內郡，有輕邊之心，我軍連歲失利。至其末年，復自前道入寇，連及二冬，上厪先帝，使臣經略。臣雖闇劣，官陜有年，頗究邊陲之故。當今中原有空虛之憂，北虜無出没之常。未虜而徵士則先費，既虜而調兵則後虞。兵集而責事速則虜或止不來，虜不來而稽時俟之，則我以先老，是我終歲以虜自難而不得前。計臣聞防邊之策，莫危於戰，莫安於守。擇害莫如輕，較費莫如大。土木之害，輕於殺掠，勞費之役，大於軍興。河套蓋古朔方地，唐張仁愿築三受降城，置烽燧百餘所，突厥不敢踰山牧馬。其地據三面之險，當千里之蔽。明初棄以資虜，衛於東勝，失一面矣。其後復撤東勝，就保延綏，則復以一面之地遮千里之衝，遂使河套沃壤，棄爲虜巢。廣磧深山，勢顧在彼，寧夏外險，反南備河西，人所以苦虜，相尋莫之能解者也。夫守於東勝，因河爲固，東接大同，西連寧夏，使方千里之套得以耕牧屯田，其中策之上者也。力即不能，莫若於延綏，寧夏一路邊防，多方除繕，虜至有以禦之。數十年之後饋餉可省，兵革不試，東勝之議，或者可復。臣近行慶陽環縣，歷延綏、定邊、寧夏、花馬池、興武清水營，直抵靈州，已與所司目閱口議，似得便宜，幸今河套無虜，腹裏豐成，民稍可用，臣不敢偷一時安，遺虜他人，因條上延綏安邊營石澇池至寧夏横城三百里可設墩臺九百座，暖譙九百間，間守五軍，用守軍四千五百人。石澇池至寧塞營，西至定邊營，百六十三里三百四十八步，平衍宜牆者百三十一里三百四十九步，險崖峻嶁可剷削者三十二里三百五十六步，可就爲墩臺較聯。寧夏東路花馬池有守禦千户所，無險可恃，虜至仰客兵，可置衛。興武營有守禦千户所，兵不足額，可募充

材官。自環慶以西至寧州，要害也，而無備兵副使，可增設。韋州螺山有慶王家園，虜至撥掘奈何？可抽簡慶護衛守之。横城以北黄河東南岸有墩三十六瞭守，石觜暖泉可脩築如故，毋移入河西。河西黑山營可按伏重兵如故，毋移入平虜城。」上可其奏。一清興築克期而自巡功，自紅山横城，未竟五十里，邊匠苦寒，怨且潰；又劉瑾憾一清不先白己，阻尼之。其年告休家居。會朝廷分遣部使者覈邊。儲使者奉命過當，惟恐不甚。於是自委吏以上至於巡撫無不得罪者，而一清所貯芻粟充溢，因陳浥腐尤甚，亦坐是詔逮繫，賴王鏊、李東陽力捄免。

一清多才好問，有謀善斷，邊事旁午，羽檄一夕十許，疏占指授，悉中機宜。所居止時演習營陣曰「武侯衛公」，未嘗廢也。時告諭諸將：「無事時常如有事隄防，有事時常如無事鎮静。」故其總邊無所廢失，虜人皆聞一清名。一清貌類寺人，乃其眉間隱隱有蟲痕如竪目，虜人相戒毋犯三目楊公也。有御史劾奏一清徒取議論，無行伍之能。上使御史視軍中，一清方與虜戰，御史從行間持戈欲落，溲溺盡下。一清使卒夾掖御史，馬上指顧方略如平生。一清出遇二盜，發嚆矢鳴鏑來，相去百步許，使人謂曰：「楊使君謂君甚苦。初亦士耳，而何自暴爲？」二盜大駭去。一清曰：「此吾昔所視學時某生某生。吾黜之，今其人不得志，乃從萑葦間作亡賴子。」其洞捷如此。

安化王寘鐇反，徵拜陝西總制。與太監張永共出師，且至，寘鐇已就擒。道與永計誅劉瑾，語在瑾記。既行，視邊堡，從紅山横城閱舊築邊牆，嘆前志之未遂，感而賦詩，訪求營衛部領賢否，更置之。罷邊軍繁重科差，清革鎮守太監。若總兵而下所私役軍人軍將，所據草灘湖地，悉令還官。均其屯田之賦。凡有征調軍士，全隊而出無占隱者。又請調延綏、寧夏、陝西三鎮兵馬，分道而進，驅逐河西達賊出境，然後修沿邊舊守墩臺城堡，以圖久久。自劉瑾用邊糧浥爛罪先後守臣，守臣以故不復積貯，軍儲坐空。一清多方召糴，公私稍備。

尋召爲户部尚書，改吏部尚書。起廢拔幽，引用劉瑾所搆陷者。而給事中王昂劾奏一清結好中官，敗壞選法。一清上疏自劾，更爲昂申捄。十年，命入内閣，加少傅、太子太傅，大學士武英殿，尚書如故。以言不聽用，因災異自劾，曰：「近日紀綱縱弛，刑賞僭濫，宫府異體，用舍違宜。讒言可以惑聖聽，匹夫得以揺國是。禁庭雜介冑之流，京師無藩翰之托。一切弊政，大異往年。是宜地震天鳴，日食星變，旱乾水溢，報無虚日。譴告既以昭彰，政事未聞省改。臣調護莫施，扞格難免，覥顔在列，將安用之？」有告錢寧「匹夫讒言」楊公謂公也。一清乞骸骨，予致仕。得唐許刺史丁卯橋而圃之，詩奕琴酒其間。

久之，武宗南征，幸一清第，樂飲兩晝夜。一清作闌門之歌，有導幸浙江者，婉諫止焉。世宗嗣位，群臣争言一清可大用，至有比之姚崇者。詔遣官賜金幣存問，諭以宣召。期趣使有言，一清陳謝，特予一子官中書舍人。四年，虜大入關隴，即家拜兵部尚書，兼都察院左都御史，提督陝西三邊。温詔褒美，比之趙充國、馬援、郭子儀。故相行邊，自一清始也。大禮議起，張璁、桂萼疏論考所生，一清貽書吏部尚書喬宇曰：「張生此論，聖人復起不易矣。」時在朝群執人後之説，璁、萼勢方孤，附以一清語聞上，上心知一清也。相廷和、冕、紀以争禮去位，上召一清爲吏部尚書、武英殿大學士，加少師，兼太子太傅，入閣。上方勵精圖治，中外事一咨委焉。大學士費宏去位，一清薦起故相謝遷，從之。六年，套虜大入，提督尚書王憲大敗虜。上歸一清督邊先功，加特進、左柱國，兼華蓋殿大學士，餘官如故，兼支二俸，蔭一子錦衣百户世襲。疏辭，令兼二俸。居頃之，言：「臣出入中外，幾四十年，陝西最久。竊見甘肅一鎮，自蘭州渡河，所轄諸衛綿亘二千餘里。虜夾南北一綫之路通其中。肅州嘉峪關外，夷羌雜處，寇敚無時，自昔難守。今事勢又有異者，亦卜剌、阿爾秃斯二賊竊伏西海，始而殘害諸番，今則與番聯合，窺我莊涼，犯我洮河境矣。西域土魯番縱惡數世，先獨殘破哈密，後則沿邊王子莊等處，赤斤、罕東等番衛俱被蹂殘。遂敢稱兵扣關，犯我肅州，困我甘鎮矣。今行伍空虚，士卒疲憊，戰守之具徒支。目前先事預防，胡可後者？臣惟河西糧儲匱乏，士馬不振，内地所派不足外供，間抑朝廷給發内帑。其境内佈種不廣，别無輦致，不過糴所在之粟入所在之倉而已。所司往往散直衛所，軍餘令其市買，責限併督，穀價騰踴，日異月殊，衆口嗷嗷，怨聲載道矣。夫積處邊儲，不過糴買、召商二事。糴買既難，則召商最爲便法。宜自今開中鹽引，請令商人上納本色邊儲銀兩，除量留以備豐歲折放，亦當召商糴粟，稍優其直，而不苛其收，則應者自衆。至欲以所在之粟入所在之倉，非廣興屯種不可，而廣興屯種，又宜先補屯丁。夫先朝屯政修舉之時，正軍充伍，餘丁種屯，牛具種子都爲官物。屯軍老憊退選者，隨以田入官，法至嚴也。今有有軍無餘者，有有軍餘無力種者。屯地多侵没將領豪右之家，其貧丁以田假人，田隔遠磽瘠，無人假者，出身傭僱，終歲賠糧而不足。管屯之官至計十歲以下幼男充報屯丁，參兩朋合，謂之擡糧。屯事至此，邊困尚忍言哉？宜令清軍官，核實軍選健丁，

戶加軍餘一人，戶大族衆者二人，與俱詣邊使。其來則有親屬以爲侶，至則有田業以爲家，生理相依，逃亡自少。不則倣古募民實塞之意，召關隴民，開墾三稔以後，乃徵其賦。凡有徭役，一切復之。則利可資身，人爭向募矣。至於春種秋穫，令其約日竝作，大發士卒爲之守望，寇至舉烽收保。迨夫隴畝連雲，禾稼蔽野，則虜馬亦不能盡踐，虜退吾倉廩也。」上善之，下其議西邊。

居久之，給事中陸粲復請脩築三鎮邊牆如一清指。上命文武大臣各一人相度寧夏花馬池至靈州一帶。一清復上疏言：「臣先朝備員陝西，跋涉崎嶇，身經塞下，目見寧夏花馬池東至延綏西至黃河邊橫城堡一帶四百餘里，黃沙亘天，野草彌望。雖舊有邊牆，削狹不足障虜。虜衆入數十處，長驅二日，可至固原。西人耕作之外，畜牧爲業，固、平、秦、鞏、西、邠、鳳、隴間，每一虜至，田不得耕，畜不得牧。臣伏思制虜之道，來當有以限之，去當有以守之。因請高厚邊牆，深濶濠塹。方會吏興築，約起橫城四十餘里，爲劉瑾所沮，其事竟罷。夫凡民難與慮始，人臣艱於任事，今修築邊牆，臣竊聞戶部言臣與同朝士大夫皆議揹費。然計欲築邊牆，當得費太倉儲三四十萬。令向者臣志得遂，其時所費亡過二三十萬而已。而人民習耕牧之安，官軍省征戍之苦，朝廷減給發之令，屯田之收數萬，鹽池之課倍增。今試論正德以來二十年間，則發太倉儲幾何矣，領太僕馬價幾何矣？若及今不爲，將來有變，其費行倍。近歲議臣屢圖脩復，一謂套中有虜，版築難興。一謂腹裏無收，丁大難役，卒以不果。大要在外巡撫之臣計日而望內遷，在內卿佐之臣習安而憚外勢。任事之人誠難其任。臣以爲必得視國如家者乃可當幹濟，年力精强者乃可勝跋涉，器度紆宏者乃可計悠遠。資淺則稍優其秩，才充則加重其權。相度措置，續臣故脩牆塹，以漸而東。二月興工，以五月止；八月興工，以十月止。大虜在套則暫止，順時及勢，與之消息，勿併工於旬月，圖永佚於方來。僱募邊人習供畚鍤之役，孰聞虜賊之警者，使之受直贍家，遊擊將軍日一游徼其閒，量出兵車數百列輛，成營住宿，丁夫緩急可以斂守。歲修百里，三歲可畢；歲修百五十里，二歲可畢。五年爲期，大工可就矣。陝西三鎮，中原門戶也。三鎮安然後陝西安，陝西安而後中原安。臣自思念始發議，今二十年過矣。舊人凋喪，故案磨滅，承委大臣竊恐不得其要領。故敢爲陛下陳之。」書奏，上深納其言，使兵部右侍郎王廷相往董，然久亦竟止。

先是張璁、桂萼以議大禮進，爲廷臣所切齒。既附一清，語聞上，璁、萼遂得驟躐華要。一清爲相蓋璁、萼推輓之力，璁既攻去費宏，意一清必援己，而一清乃請起謝遷，心固銜之，久之，上亦命璁爲相。上以一清老臣，優禮殊在璁上。小人復從閒搆一清將謀去璁，璁內不能下。會錦衣衛指揮僉事聶能遷者，故附璁議禮，禮成不調，因怨璁，論其私庇故人指揮浩，浩失賊不問。事下內閣。璁欲置能遷死地，一清擬旨謫戍而已。因搆陷一清別訴上，詆毀之。一清謝病求去，上言所以，上優詔留焉。八年，直春日長星出，白氣亘天，元旦大風，晝晦。上以災異數見，問一清條畫消弭急務。一清具對：「伏見皇上嗣位以來，四方上災異，警厲引咎，一念誠敬，宜可上格，而尚爾迭見。漢臣所謂天心仁愛，人君也。臣竊謂此皆陰盛陽衰，民窮盜起，夷狄猾夏之兆。又伏而思之，無如戒飭百官，和衷共濟，毋持異說以揚己，勿務苛切以病人。而皇上尤宜嚴忠良邪正之辨，操威福予奪之柄。臣主同心專一，愛養民力，護持元氣。」因條奏四事，上嘉納焉。

璁與一清同相，意在振厲而一清意在安靜，論事固時相左，即一清災異之對若爲璁發者，璁稱病求退，上固留之。而其時桂萼亦爲相，給事中孫應奎因條論一清、璁、萼人品，請上爲去留之斷。上令璁協恭，萼洗飭舊質，惟以一清高年博學，練達政體，遣鴻臚寺諭留，令其展誠匡輔，以副委任之重。一清復請老求去，言：「臣歷事三朝，今年七十六歲，拜官五十八年，致仕之期過古大夫。同時縉紳多淪冢土，門生舊戚勍臣殆盡，臣尚偃然班行，多露之譏，誠所不免。臣素性踈直，難諧俗好。今持論者尚紛更，臣勸以安靜；行法者尚刻削，臣矯以寬平；變法臣謂不如守，生事臣謂不如靜；用人則謂才難當惜，斷獄則謂罪疑惟輕。凡此跡類平通而公是公非未嘗敢撓，因事納忠，有懷必盡，獨陛下知耳。君臣之間，恩猶父子。惟陛下矜臣愚，不録臣罪，憫臣老且恤臣私。」上曰：「卿謀身可矣，未見所以忠朕者。豈愛身勝愛朕耶？」一清惶恐出視事。頃之，給事中王準、陸粲劾璁、萼忮狠專恣，干權納賄狀，上大怒，令璁、萼還，更削萼散官，併下準、粲法司，謫之曰：「何今乃言？」遂下璁、萼罪，示廷臣，大逐其黨與，治所通賄私人。璁、萼行，公卿縉紳無祖餞者。一日，上念璁，問一清：「璁可留乎？」一清對曰：「陛下誠念璁，待其返舍更行召起之。今諭示方新。」詹事霍韜攘臂曰：「始議大禮者，吾輩三四人。張、桂去，且及我。」因亦列上一清賄狀。上心動，立召璁、萼，相如故。一清求去，不許，而上所命治璁、萼私人法司尚逮繫。霍韜曰：「萼今還相矣。」再上疏劾一清益急。上怒，使一清自劾。一清上疏曰：「臣猥以衰鈍之資，仰承天眷，解職邊陲，徵叨密勿，委任優崇，前世無比。

老詩負恩，不自矜持，交際之間，稍存形跡。人言有狀，國憲何辭？聖明不即顯戮，恕臣自劾，仁同天地，慈擬父母。伏惟寬斧鑕誅，賜臣未死年。」許之，賜金幣，予傳歸。上以優禮大臣，古人君道，大臣蒙優則不宜輕自點，故其進退璁、一清倏忽如此。其明年，坐受故安定伯張容金錢，爲其兄太監永墓誌，削籍。家居久之，疽發背卒。

先是永用一清計去劉瑾，一清數言永才而永亦才一清於武宗，得入內閣。以故一清爲永志墓。永有家人繼宗，容責治之。繼宗告容辭及一清，因坐獲罪，而一清悒悒死。一清凋達通敏，所搴畫朝事與其自計隃度無爽，時人目爲智囊。愛樂士大夫，與共功名，朝聞夕薦，故吏門生滿天下。一再帥陜，麾下自偏裨起爲大將列侯者累累，亦不絶其饋謝，然有所入，即關通貴勢，周遺交故，立散之。雖坐交際廢，士知一清非貪也。卒前數日爲疏，自白「身被污衊，死不瞑目」。上聞而憐之。十二年，以恩詔復官。二十七年，賜謚文襄，贈太保。

劉孟雷《聖朝名世考》卷二　楊一清，字應寧，雲南安寧州人。父徙巴陵，又徙丹徒。年八歲，以奇童薦入翰林，爲秀才。成化八年進士，爲中書舍人。結交海內名士，文章益有名。出爲提學。歷山西、陜西僉事、副使，陞提督四夷館太常少卿，南太常卿。弘治十五年，劉大夏言馬政廢壞，陞副都御史，督馬。召詣闕，面授勅行。明年，拜理茶馬鹽馬。陜西人素喜一清，一清官益高，才益展布。條上茶鹽監牧事宜及易置馬吏，奏請輒允。牧事有成，益開水草善地，起城堡廬舍，河、湟、涼、固間，雲錦成群。十七年，虜入花馬池塞。十八年，勅一清經畧邊務，兼巡撫陜西禦虜。虜遁去。正德元年，命一清總制陜西、延綏、寧夏、甘肅諸路軍務。一清以寧夏花馬池係要害地，虜數由以入，率官屬沿邊巡視，度方略，上四事，曰綏士人，曰處額地，曰廣招募，曰溥賞賚。邊士咸賴。一清復經略河套。河套者，周之朔方，漢之定襄，赫連勃勃所建統萬城也。唐築受降城在河套之北。正德以後，浸失其險，既舍受降，西衛東勝。又撤東勝而就延綏，河套爲虜甌脫，巢穴其中。冰堅入套，東寇宣大，西寇寧固，厥患無窮。乃上六事，其一脩築定邊營迤東邊牆。其二脩復寧遠塞邊迤西屯堡。其三增設花馬池及興武營衛所。其四防禦靈州土達。其五整飭韋州官軍。其六增修黑山鎮遠關墩臺。悉中機宜，上可其奏。一清築邊墻，刻期奏績。丁卯，以忤劉瑾不協，遂乞休。工亦罷，僅築四十餘里，至今屹然巨障。

瑾柄國，一清被逮詔獄，賴大學士李東陽救免，遂得致仕。五年，安化王反寧夏，召一清總制陜西、延綏、寧夏、甘涼各路軍務。同太監張永討賊。兵纔至陜，仇鉞已擒賊。一清謂永曰：「藩室亂易除，國家内變不可測。柰何？」永曰：「何謂？」一清曰：「公豈一日忘情？顧無能爲公畫策者。」遂促席手畫「瑾」字。永曰：「渠日夜在上傍，上一日不見渠不樂，今其枝附已成，耳目廣矣。柰何？」一清曰：「公亦天子信倖臣。今討賊不付他人，付公，上意可知。公試班師入京，詭言請上間語寧夏事，上必就公問。公於此時上寘鐇僞檄，并述渠亂政凶狡，謀不軌：海内愁怨，大亂將起。上英武，必悟，且大怒瑾。瑾誅，柄用公，益矯瑾行事，呂彊、張承業暨公千載三人耳。」永曰：「即不濟，柰何？」一清曰：「他人言濟不濟未可知，言出公必濟。顧公言時須有端緒，且委曲。上萬一不信，公頓首請死，願死上前，即退瑾，殺奴餵狗，又涕哭頓首。得請即行，事無緩。頃刻漏機事，禍不旋踵。」永勃然作曰：「老奴何惜餘年報主乎？」已而永入京請見，如一清策，竟誅瑾。永力薦一清才望，李東陽又薦一清。召入户部尚書，尋加太子太保。六年，改吏部尚書。

中原盜起，一清上平賊十一策。賊平，加少保，兼太子太保。一清右吏部時，給事中王昂劾吏部謫官。一清疏救。御史孟洋劾內閣謫官，一清疏救。雲南陜西鎮守太監誣奏巡按御史張璞、劉天和、王廷相，逮下詔獄，一清又疏救。十年，入內閣，加少傅、太子太傅，大學士武英殿，尚書如故。一清不屑曲謹，以故被劾去，歸丹徒。嘉靖初，遣使存問。

大禮議起，一清見張璁疏，曰：「張生此論，聖人復起，不能易也。」張、桂向用，力薦一清。嘉靖四年，虜大入塞，擾關隴。起一清兵部尚書，兼憲職，提督陜西軍務。未幾，召入內閣，首薦起謝遷，費宏遂請老。一清亦請老，尋加一清少師，改華蓋殿。上憐一清老，令朝朔望。一清復鋭意脩邊及選將練兵，屯田防虜。上亦用一清言，竟中止。一清惡武定侯郭勛橫驕，諷御史趙鏜劾勛，奪勛後府及團營。八年秋，一清請計去張、桂，霍韜曰：「議大禮者吾輩三四人，張、桂去且及我。」急上疏列一清罪二十四事。上立召張容內閣，俄朱繼宗獄起，坐一清受張容金錢名請求誌，又輒與容指揮世錦衣。上又憐一清大臣老，不問。言官劾，上削籍。明年疽發背，卒。贈太保，謚文襄。一清有社稷大功，第因張永與長沙薦，始柄大用，識者惜之。

查繼佐《罪惟録》列傳卷一一上　楊一清，字應寧，雲南安寧州或曰巴陵人。父景，以永樂鄉薦歷化州同知。一清七歲能文，心計精。取市廛日記，米鹽繁屑

多寡之數，一過輒舉無遺。於六經百氏無所不窺，本朝故事尤歷歷通曉。八歲，以奇童入翰林爲秀才。憲宗命内閣選師教之，受業於黎文僖淳，寓居丹徒。年十四，中順天鄉試。時已抗顔爲人師，有文中子之風矣。十八登成化壬辰進士，授中書舍人。二十三年，擢山西提學僉事，改陝西。所造士率魁天下，爲狀元者二，其以學行功業著聞者不勝數。久之，歷南太常卿。壬戌，鹵火篩入寇，以右副都御史督理茶馬，察出荒熟收地十二萬八千四百七十三頃，具奏准招商，自攜本，篦茶入轉進茶司，每一千斤價五十兩，大約計官銀萬兩。舊買馬不過千匹，此可三倍之。其利在官，與開中商茶不同，累朝以爲便。甲子，鹵火篩復大寇，遂以巡撫兼經略邊務。一清劾罷總兵武安侯鄭甲及兵備不職者數人，請釋緣事守備楊宏自劾。裁抑鎮守中官支應，歲省數千金。創城平鹵、紅古二處，以援固原。築牆瀕河一帶，以捍靖鹵，忤瑾不克竟。己丑，鹵數十萬入寧夏，乘勝直抵固原。一清輕身定平涼，會總兵曹雄議堵禦。鹵聞一清至，裹衆走。正德改元，命總制全陝三邊兵馬，上疏極陳戰守之策，凡十餘事，皆關要害。閹瑾以不先白己，内批罷一清官，歸休丹徒。復他搆，逮詔獄。大學士李東陽力救，免。

庚午，安化王寘鐇反寧夏，太監張永奉命討賊，復起一清總制。且發，一清謂永曰：「寧夏不足平，非久當有捷報。内變事非公莫與仗也。」永入陝，果聞仇鉞已擒賊。永還，遂謀去瑾力。靈川士人素苦漢官科虐，一清再釐飭之，毋事深刻，謂邊軍之困，由科差煩重，私役買閑，爲弊居多；屯軍地去糧存，逋逃萬數；而湖地草灘半爲將領所據，反私役採取，以自封殖。於是自鎮守太監及總兵以下，各退出役占有差。條陳地方急務十數事，其大者乞旌死節都指揮楊忠、李睿等，與逆瑾意忤。已延綏鎮巡奏請會兵搜河套零賊，一清建言邊城空虚，河西邊鹵屢肆搶攘，乃舍門庭侵犯之寇，尋伏藏逃難之嫌，得不償失。事止。

初寘鐇之變，監永聞一清内變之説，佯示不知。一清引永手畫「瑾」字，永曰：「識之。」問：「根幹連結，即言何自入？」一清曰：「爾時當獲有間，觀討賊不付他人，付公，上意可知矣。」袖出二奏，一言寧夏，一及内變，且囑永勿急，俟面數安化捷，上心傾公，乃屏人入此奏。永沉吟。一清曰：「公言無不濟。即否，公頓首請上，立詔瑾蹤跡之，無反狀，寧殺永謝瑾，繼之以哭泣，上必大警。瑾誅，公大用，益矯所爲，吕强、張承業暨公千載三人。但須得間即行，稍緩敗矣。」永勃然作曰：「老奴何惜餘年報主！」已而入京，竟如一清策。上覽奏，至「瑾侄劉二漢方面大耳，潛謀不軌」，輒頓足，立召瑾。瑾方應召，已有別旨，令永没其家矣。上既縛瑾下獄，猶疑未信，及登城，閱所抄兵器，露不絶，始吐舌，竟誅瑾等。永乃備言一清本謀，以才望召爲户部尚書，尋加太子少保，改吏部。起廢拔幽，凡爲逆瑾所搆陷，連茹以起。

時兩京、山東、河南盜賊蜂作，廷臣惑撫議，一清獨執不可，曰：「中原百姓敢稱兵熾亂，罪不赦。」時太監谷大用總督軍務，一清薦侍郎陸完爲提督，密示機宜。金山之捷，竟如所料云。寇平，加少保，尋簡入内閣。以時事多乖，言不盡用，稍示模棱，家人子弟頗爲奸利，時論貶之。乃因災異，上疏自劾。錢寧銜之，遂謝政家居。

宸濠變起，一清以田居議固京口，閲城設險，出粟賑軍，東南恃以無恐。後上南巡，信宿其第。時有導上幸浙者，一清從容諷諫，亦以梁儲等力勸，遂不果。嘉靖初，大禮議起，一清寓書冢宰喬宇：「張生此論，聖人復起，不能易也。」四年，再起兵部尚書，兼左都，總督三邊，陳急務四事。會張錦奏遷顯陵，一清曰：「地道尚静，體魄宜安，山陵既定，無故移徙，恐有他虞。況獻皇帝大葬之後，陛下自藩邸陟至尊，不謂之吉壤不可也。」乃不果遷。未幾，復吏部尚書，武英殿大學士，加少師，兼太子太傅。上製詩一章賜之。一清明於知人，仇鉞、王守仁、楊宏、伍文定、俞諫等，皆所振汲。而從學者尤多，丹徒靳貴同在内閣，太原喬宇爲冢宰，皆執弟子禮。於陝得三士：康海、吕柟、馬理，皆爲門人。其在靈州，每諭諸將曰：「無事嘗如有事提防，有事嘗如無事鎮静。」七年，以災異極陳脩省，上自引咎。同官張璁力排之，求去，不允。明年，以璁意薦永壽儒士葉幼學爲翰林待詔，會張、桂事相左，激忤，並落職，寧士靈韜以一清内主之，力詆上前，一清乃疾去，而璁、萼復職。尋以入餽爲張永志墓，坐閒住。九年，卒。時八月夜四皷，寒風颼颼，堂户閉，忽皆洞開。前一日，有卒過一清門，恍惚見騶輿出，騎從旌幟甚盛。卒私念曰：「吾聞楊公病，今將何之？」及間出大市，又遇楊公如故。已乃聞一清殁，以爲神去。

一清生而隱宫，貌類寺人，無子。學博才雄，善調停，應變濟務。尤曉暢邊事，羽檄旁午，一夕十疏，口占指授，悉中機宜。又好汲引人，人或訾己，顧揚薦之。一時俊達喜功名者争趨其門。晚稱石淙先生。二十七年，贈太保，謚文襄。

傅維鱗《明書》卷一二九《楊一清傳》 楊一清，字應甯，雲南安寧州人。父徙巴陵，又徙丹徒。年八歲以奇童薦入翰林爲秀才，憲宗命内閣選師教之，受業於黎淳。十四歲中順天鄉試，時已抗顔爲人師，有文中子之風矣。成化八年壬

辰進士，授中書舍人。交結海内名士，益有文名，從學者日衆。出爲山西提學僉事。丁憂服闋，補陝西提學副使。在陝八年，大作士類，士有博記誦者，修文辭者，專攻舉業者，所學不一，皆誘而進之。三邊學多士廣，歲必一試，其莅事愈久愈嚴，夏楚之用殆無虚日，士試懍懍守法。及去任，士追憶往事，凡中才以上可貢可舉者，未常一扑及之。性明知人，方進取日，或許以將來科第及冠世名世，必卒如其言。嘗語人曰：「陝有三奇士，康海、吕柟、馬理。」後皆爲聞人。故其造士五十餘年，猶用不盡。當是時雖宗室不能奪諸生之席，雖撫按不能撓課士之權，爲明提學第一。十一年召爲提督四夷館太常少卿。十四年進南太常卿。

弘治十五年，劉大夏言馬政廢壞，陞副都御史，督理茶馬鹽馬。陝西人素喜一清，一清官益高，才益展布。清牧地凡十二萬八千四百餘頃，條上茶鹽牧事宜及易置馬吏，奏請輒允，收事有成。益開水草善地，起城堡廬舍，河、湟、涼、固間雲錦成羣。又奏準招商自出資本買茶裝篦轉運，茶司每一千斤價五十兩，大約計官銀萬兩，舊買馬不過千匹，如此可得馬二千匹，官益而商不損，與開中不同，著以爲制。十七年敵入花馬池塞，十八年敕一清經略邊務兼巡撫陝西。一清條邊事，劾罷總兵武安侯及兵備不職者，裁折中官支應，歲省數千金。創城平敵、紅古以援固原，築垣瀕河以捍靖敵。敵入，聞一清至輒遁去。

正德元年改總制三邊兼理馬政，是年陞右都御史，疏言：「陝西各邊，延綏城堡據險，寧夏、甘肅河山阻隔，賊雖侵犯，爲患猶淺，惟花馬池至靈州，地里寬漫，城堡稀疎，兵力單弱，一或失守，敵衆拆牆而入，犯環慶，寇固原，踣平、鳳、臨、鞏，其間漢土雜處，倘兵連禍結，内變因之而作，根本動摇，誠非細故，此所謂膏肓之疾，腹心之害也。成化初年北敵在套，彼時未有邊牆，恣肆出入，已而得巡撫寧夏都御史徐廷璋修邊牆二百餘里，開濬溝塹，延綏地方邊牆壕塹又得巡撫都御史余子俊修濬完固，北敵不復入套者二十餘年。世平人玩，邊備漸疎，牆既日薄，溝又日淺。弘治十四年大敵由花馬池拆牆而入，戕破四郡。敵大得志，始蔑邊牆爲不足畏，連年擁衆拆入，我軍動輒失利。寧夏鎮巡屢奏築牆濬塹，提督軍務都御史史琳又乞於花馬池、韋州設立營衛，兵部奏下總制尚書陳紘，紘止添修四五小堡及於靖虜至環慶地方，挑空邊塹僅七百餘里，自謂可無敵患。弘治十七、十八年，各敵復大舉，仍自花馬池、清水營拆牆深入，紘所修邊塹營堡不能捍禦阻遏，攻陷清水營，殘破花馬池，上厪宸慮，敕臣經理。臣闇劣，歷官陝西有年，敵情邊事頗常究心。但今頻年旱荒，倉廪空虚，饋餉不繼，敵衆動號數萬，倏聚忽散。未至而廣徵士馬，則徒費芻糧；既至而調兵應援，則援不及事。縱使大兵既集，務速則彼或不來，持久則我師先老，恐終無以伐其深入之謀，沮其方張之勢。常聞防邊之計莫危於戰，莫安於守。臣恐坐談不如親見，自慶陽環縣、延綏定邊、寧夏花馬池、興武清水營直抵靈州一帶邊牆城堡墩臺，躬親閲視，廣集衆思，兼收羣策，參酌損益，始有定論。其大要有四：修濬牆塹以固邊防，增設衛所以壯邊兵，經理靈夏以安内附，整敕韋州以遏外侵。當務之急莫先於此。但陝西財匱民勞，修邊之役人多異議，然利害有輕重，關係有大小。大事可成，則小費不足計，遠效可圖，則近怨不足恤。此臣區區犬馬之忠也。今之河套即周之朔方，漢之定襄，赫連勃勃統萬城也。唐張仁愿築三受降城，置烽堠千八百所，自是突厥不敢踰山牧馬，朔方無寇，歲省費億計，減鎮兵數萬。受降遠在河外，古之舉大事者未嘗不一勞而後永佚類如此。受降援三面之險，當千里之蔽，正統以來浸失其險，舍受降而衛東勝，已失一面之險，又輟東勝以就延綏，則以一面之地遮千餘里之衝，遂使河套沃壤爲敵甌脱，巢穴其中。深山大河勢顧在彼，而寧夏外險反南備河，此陝西北敵之患所以相尋而莫之能解也。兹欲復守東勝，因河爲固，東接大同，西接寧夏，使河套方千里之地歸我耕牧，開屯田數百萬，用省内運，不然則陝西用兵殆無虚日，八郡之人疲於奔命，民窮盜起，禍將何極。及今將延綏、寧夏邊防設法整飭，賊來有以待之，雖非上計，猶愈於無策。敵衆聞知，或數十年未敢輕犯，我得休養生息，東勝之議未必終不可復也。世之論邊事者或專主戰伐，臣亦非敢忘戰者，方將蒐選官軍，策勵將士，備車馬，備器械，儲糗糧，明斥堠，今冬北敵若復侵犯，謹當獨率諸將恭行天討。成功在天，臣不敢必，凡所當爲，臣不敢避。今首以築牆挑塹爲言，宜必增兹多口，但受恩深重，自當爲國遠圖。今年套内無賊，腹裏有秋，人民稍安，正可有爲之日，伏望聖明，俯垂省覽。」下兵部議，敕一清便宜經理。二年，一清言：「臣即兼巡撫，已不能專力馬政，今冒總制，事益廢閣。乞仍遣巡茶御史兼馬政。」是年引疾東歸。閹瑾惡一清不已，又羅織逮詔獄，李東陽力救得釋。兵部疏言：「一清修邊方有端緒而去，凡糴餉費銀十餘萬兩，起户役銀十六萬兩及諸犒勞藥餌、辦運木石，皆一清精神運用，計慮周悉，今付之新任撫臣，意有異同，事無統紀，恐徒費財，靡益邊務。乞遣大臣專理。」議上兵部右侍郎文貴、右副都御史張鼐、陝西巡撫副都御史曹元乞簡用。瑾意不欲脩邊，内批罷役，銀鎔大鑼解京。事竟止。

五年安化王寘鐇反寧夏。召一清總制陝西、延綏、寧夏、甘涼軍務，同太監

張永討賊。兵纔至陝，仇鉞已擒賊。一清謂永曰：「藩室亂易除，國家内變不可測，奈何？」永曰：「何謂？」一清曰：「公豈一日忘情？顧無能爲公畫策者。」遂促席手畫「瑾」字。永曰：「瑾日夜在上傍，上一日不見瑾不樂，今其枝附已成，耳目廣矣，奈何？」一清曰：「公亦天子信幸臣，今討賊不付他人付公，上意可知。公試班師入京詭言請上間語寧夏事，上必就公問。公於此時上寘鐇僞檄，并述瑾亂政凶狡，謀不軌，海内愁怨，大亂將起。上英武，必悟，且大怒瑾。瑾誅，柄用公，益矯瑾行事，呂强、張承業暨公，千載三人耳。」永曰：「即不濟奈何？」一清曰：「他人言，濟不濟未可知，言出公必濟。顧公言時須有端緒，且委曲，上萬一不信，公頓首請死，願死上前，即退瑾，殺奴餵狗。又涕哭頓首。得請即行事，無緩頃刻。漏機事，禍不旋踵。」永勃然作曰：「老奴何惜餘年報主乎？」已而永入京請見，如一清策，竟誅瑾。

永力薦一清才望，上召爲户部尚書，尋加太子太保。六年改吏部尚書。中原盜起，上平賊十一策，金山之捷皆其貽書陸完指畫機宜，卒如所算。賊平，加少保。一清在吏部時，給事中王昂劾吏部，謫官，一清疏救。御史孟洋劾内閣，謫官，一清疏救。雲南、陝西鎮守太監誣奏巡按御史張璞、劉天和、王天相，逮下獄，一清又疏救。十年入内閣，加少傅、太子太傅、武英殿大學士，尚書如故。一清不屑曲謹，錢甯惡之，以災異自劾去，歸丹徒。宸濠變起，一清以鎮江爲江南首郡，此地有備則三吴無虞。乃親閲城設險，出粟賑軍，貽書調金山軍爲外援，設中軍營爲内應，故地方恃以無恐。武宗南征幸其第，宴飲賡歌兩書夜。有導上復南幸者，一清從容婉諫，遂不果。嘉靖初遣使存問，大禮議起，一清見張璁疏曰：「張生此論，聖人復起不能易也。」璁、萼向用，力薦之。

嘉靖四年，敵大入塞，擾關隴，起一清兵部尚書兼憲職，提督陝西軍務。未幾，召入内閣。首薦起大學士謝遷，費宏遂請老，一清亦請老，尋加少師，改華蓋殿。上憐其老，令朝朔望。一清復鋭意修邊，及選將練兵，屯田防敵。上亦用其言，竟中止。一清惡郭勛驕横，諷御史趙鏜劾勛，奪勛後府及團營。八年秋，一清計去璁、萼。霍韜曰：「議大禮者吾輩三四人，張、桂去，且及我。」急上疏列一清二十四罪，上立召璁還内閣。俄朱繼宗獄起，坐一清受張容金錢，名請永誌，又輒與容指揮世錦衣，上又憐一清老，有功不問。言官屢劾削籍。明年疽發背卒。繼孫元援詔請得復官。二十七年贈太保，謚文襄。

一清生而隱宫，貌類寺人，學博才雄，善調停，應變濟務，尤曉暢邊事，羽檄旁午，一夕十疏，口占指授，悉中機宜。又好汲引人，人或訾己，顧揚薦之。一時俊達喜功名者亦争趨其門。先是一清在靈州，日習演營陣，人多笑之。一清知之，曰：「予誠書生，不諳軍旅。嘗聞古人行必謹哨探，止必修戰備爲法。」每諭諸將曰「無事當如有事時隄防，有事當如無事時鎮静」。又念武侯、李靖未嘗廢營陣，世無岳武穆，豈可恃野戰以爲能耶？笑者服其識。一清明於知人，如拔仇鉞於列校，舉王守仁於庶僚，録楊宏於編戍而有功漕運，識伍文定而首倡義捷，用喬宇而捍禦留都，拔俞諫而總制江右，皆儲賢於無事之日，卒靖大變，有幹才，人多稱焉。

史官曰：韓魏公自謂才周四面，方是經綸好手。如楊一清之有猷有守，好尚既端，於邊防馬政，造士用人投之所向，無不卓然利今而法後，近代才相鮮能儷之。至於用寺人去寺人，肘腋大奸如距斯脱，劉、謝諸賢，不得不讓美矣。

陳仁錫《皇明世法録》卷八六《太保楊文襄公傳》　楊一清字應寧，雲南安寧州人。幼以奇童薦入翰林，憲廟命内閣選師教之，受業於黎文僖淳。年十四中順天鄉試，登成化八年壬辰進士，授中書舍人。二十三年擢山西提學僉事。丁憂服闋，補陝西提學副使。自弘治四年至十一年，凡八年在陝，大作士類。士有博記誦者，修文辭者，專攻舉業者，所學不一，皆誘而進之。三邊學多士廣，歲必一試，雖僻壞不遺也。其莅事愈久愈嚴，夏楚之用若無虚日。士試凛凛守法，莫敢左右顧。久乃召爲大常寺少卿。至十四年，轉南京太常卿。壬戌，虜火篩入寇，馬政廢弛，遷右副都御史，督理茶馬。十七年，清出荒熟牧地，凡十二萬八千四百七十三頃餘。奏准每年於陝西按察司揀用憲臣一員，于臨洮府駐劄，巡禁茶馬。又奏准選取都、布、按三司官三員，專候委任。及添注鞏昌、平涼府同知官，不時聽委。十八年又題准招商，自出資本，買茶裝篦，轉運茶司，每一千斤價五十兩，大約計官銀萬兩，舊買馬不過千匹，若此可得馬幾三千匹，其利在官，與開中商茶不同，至今以爲便。

甲子，虜賊大舉入花馬，劉大夏薦爲陝西巡撫兼經理邊務。一清上疏陳邊事，劾罷總兵武安侯及兵備不職者數人。請釋緣事守備楊宏，使自効；裁抑鎮守中官支應，歲省數千金。創城平虜、紅古二處以援固原，築垣頻河一帶以捍靖虜，虜遂不敢渡河。己丑冬，虜數十萬入寧夏，乘勝直抵固原。一清率帳下五十餘人趨會總兵曹雄，衆遮道争謂不可，以謂平涼一路，絶無行人，參政安惟學曰：「公行何恃？」一清不答，徑去。賊聞一清至，遂掣衆北走。在陝未踰年，百

務具舉。正德改元，朝廷以邊患方熾，兵權大分，命總制全陝三邊軍馬。一清以寧夏花馬池係要害地，虜數繇以入，率官屬沿邊巡視議處方略，上疏極陳戰守之策，脩濬垣塹以固邊防，增設衛所以壯邊兵，經理寧夏以安内附。又上四事，復上六事。丁卯，忤劉瑾，歸休丹徒。復逮詔獄，賴大學士李文正救免。

庚午，慶藩寘鐇叛，起爲總制。靈州士人素苦漢官科虐，一清昔時多所釐革，已復踵舊，至是紛相訴訐。一清以大亂之後但除其害，而不深究其人。閱舊築邊墻，自紅山横城高厚堅完，儼然巨障，念成功之甚難，歎前志之未遂，感而賦詩，有「老去寸心猶不死，仗誰經略了餘忠」。復入城訪求各營衛部領之賢否而更置之。謂邊軍之困本繇科差煩重而私役買閑，爲弊居多，屯軍地去糧存，逋逃萬數，而湖地草灘半爲將領所據，反役軍采取以自封殖。於是鎮守太監王弼及摠兵楊英、仇鉞、遊擊史鏞、監鎗少監馬良等各通出役占軍士，楊英又將所收草灘湖地呈退三之二，鉞以下各退有差。乃行巡撫，將本鎮馬步軍士稽查實數造冊在官，凡有征調，全隊以出，一切雜差，循次撥用，毋得脱者。又通行各城堡一體查處禁革，條陳地方急務十數事上奏，其大者如乞旌罵賊而死都指揮楊忠、李睿，逃難而殞百户張欽等門閭，仍廕其子，以勵臣節，皆與劉瑾意忤。一清又奏總兵楊英喪失之餘，士心不附，乞將英取回調用，薦副總兵仇鉞、參將保勳、游擊將軍史鏞。是時延綏鎮巡奏欲因燒荒會諸鎮兵搜索河套零賊，一清上疏以謂漢中流賊未平，調去沿邊官軍數多，邊城空虚，邊儲缺乏，而河西達賊屢肆搶攘，況河凍後達賊入套，各鎮兵馬正當蓄鋒養鋭以俟。今乃無故出境搜索，縱得數輩老弱殘敗餘寇，何補于事？而往回動經旬月，靡費糧料，傷損馬匹，所得不償所失。且舍門庭侵犯之虜，而尋伏藏逃難之賊，取笑外夷。又遺書當道，極論其事。竟寢不行。蓋瑾素憾一清，特以事變倉卒，不得已起用。既平復悔，乃矯詔改一清專在寧夏撫馭，實陰奪其總制之權也。無何瑾誅。衆但知瑾之誅爲張永所發，不知永實受算于一清，遂成之耳。

踰月，召爲户部尚書，尋加太子少保。辛未，順天、山東、河南盜起，一清疏上十一事，上嘉納。改吏部，起廢拔幽。凡爲逆瑾所搆陷，連茹以起。江西盜久未平，薦按察副使吴廷舉。山東盜日熾，又疏陳戰守撫馭賞罰機宜，下兵部檄諸鎮施行。及劉六、劉七等聚衆數千，充斥近圻，兵部尚書王敞束手無策。一清遂推用大將征討及文臣有才望者提督軍務，又著令有能擒斬盜賊三名顆者陞一級。大學士李東陽從中票旨，極其褒美，悉從所言施行。都御史馬中錫提督軍務，惠安伯張偉爲摠兵官，同征流賊。馬、張不知兵，專主招撫，賊盜放縱，大肆劫剽，渠魁劉七屯兵近圻，要請赦宥。廷請將從之，一清獨執不可。已命太監谷大用總督軍務，薦侍郎陸完爲提督。及賊至鎮江，貽書于完，願以拯溺救焚爲念，星馳前去，量帶西北勍兵數千人，半駐江北，以爲聲援；半渡江南，以備截殺。彭提督、仇總兵兵馬亦于南都以東隨便屯駐防遏，一以壯金陵之保障，一以爲瓜、真二壩之防。又思此賊出没無常，或奔淮陽通海二州，以赴山東。故淮鳳之兵不可撤，山東之地不宜虚。卒之金山之捷，竟如所料云。寇平，加少保。甲戌，簡入内閣。以時事多乖，言不盡用，乃因災異而上疏自劾。疏入，錢寧銜之，遂謝政。

正德己卯秋，宸濠變起。一清以鎮江爲江南首郡，此地有備則三吴無虞，乃親閲城設險，出粟賑軍，乃調金山鎮海官兵爲外援，設中軍營爲内應，故城内外恃以無恐。後武宗南征，幸其第，宴飲賡歌兩晝夜。有導上幸浙江者，一清從容婉轉，遂不果行。嘉靖四年，再起總督三邊，即以最急且切四事上疏，俱蒙擬行。及大學士楊廷和、蔣冕、毛紀去位，再召入閣。上以張錦奏遷顯陵事論一清，對曰：「地道尚静，體魄宜安，山陵既定，大事既襄，無故舉遷，恐有他虞。況獻皇帝大葬之後，陛下自藩邸升爲天子，不謂之吉壤不可也。」乃不果遷。初張孚敬、桂萼二臣，言官多有論列，疑一清所授。二臣既去，霍韜乃上疏毁一清，上疑之，遂乞歸。

雜録

備録

杜蔭棠《明人詩品》卷一　楊文襄一清，古詩原本韓蘇，近體一以陳簡齋、陸放翁爲師。李獻吉送徐昌穀詩曰「吾師崛起楊與李，力挽元化回千鈞。」初意楊非李敵，不過爲師同耳。及觀《石淙集》，實有高出李者。乃知文士以千秋自命，類不輕許人也。

李樂《見聞雜記》卷一　楊文襄一清公與太監張永西征也，嘆息泣謂永曰：

「藩室亂易除，國家內變不可測，奈何？」永曰：「何謂？」公曰：「公豈一日忘情，顧無能爲公畫策者？」遂促席手畫瑾字。永曰：「瑾日夜在上傍，上一日不見瑾，不樂。今其枝附已成，耳目廣矣，奈何？」公曰：「公亦天子信韋臣，今討賊不付他人，會公，上意可知。公試班師入京，詭言請上間語寧夏事，上必就公問，公於此時上寘鐇偽檄，並述瑾亂政凶狡謀不軌，海內悉怨，大亂將起。上英武，必悟，且大怒誅瑾。瑾誅，柄用公，益矯瑾行事，呂強、張承業暨公，千載三人耳。」永曰：「不濟奈何？」公曰：「他人言濟不濟未可知，言出公，必濟。顧公言時須有端緒且委曲，上萬一不信，頓首請死，願死上前，即退瑾殺奴餵狗。」又涕哭頓首，得清即行事，無緩頃刻，漏機事，禍不旋踵。」永勃然作曰：「老奴何惜餘年報王乎？」已而，永入京請見，如公策，竟誅瑾。

焦竑《玉堂叢語》卷二　楊一清巡邊，具疏極陳戰守之策，請修濬牆塹以固邊防，增設衛所以壯邊戍，經理寧夏以安內附，整戢韋州以遏外侵。俱報可。一清往來諸鎮，所至急於足兵食，嚴營陳，選將習射。每按部，旌旗戈甲耀原野，士飽馬騰，懽呼動地。虜聞，俱遠徙，不敢人寇。

安化王寘鐇反，張永奉命征之，會兵以捕，巡撫楊一清與有力焉。然永素貴，視巡撫蔑如也。一清有智數，永到，一清稱疾不出。密賂永左右，俱得其歡心。乃晨起直登永床，與語，談噱自若。永異之，乃漸與狎。永將械寘鐇歸，過一清辭，一清曰：「公今不得歸矣。」永驚問故，一清曰：「公試夜思之，明當奉告。」永思之不得，復往叩之，一清曰：「公與瑾，平時且相忌，況有功乎？此行至涿州，瑾聞之，必宣旨行勘，以稽留公。嫌隙一開，則事危矣。」永乃促席曰：「爲之奈何？」曰：「此易耳。公至涿州，瑾必馳使從大路止公，若相遇，夫誰敢違？宜至彼，密從他道直入京，與來使相左，彼固無辭以罪也。宜即見上，數瑾專權，誣以謀反誅之，此在公掌握中耳。」永深然之，陰爲之備。至涿州，瑾果詔永及所獲反者勿入城，聽行勘處。永知之，由他道宵進，直入城。見武宗，甚喜，賜酒餚，從問行間事。永因屏人，密奏瑾濁亂天下，陰圖不軌，請誅之。武宗遲疑不決，永懼禍及，乃馳見慈壽，具言狀，慈壽許之。時永已布壯士自隨，是夜三鼓，直至司祀監捕瑾，瑾方調旨進退諸大臣，見永，問曰：「何爲？」永曰：「奉旨捕公。」瑾大驚，遂就下錦衣獄。

焦竑《玉堂叢語》卷七　楊文襄幼穎異，日誦數千言。八歲以奇童薦，大宗伯姚夔獨器之，疏補翰林秀才，憲廟命內閣選師教之，受業於黎文僖公。成化戊子，年十四，中順天鄉試。時已抗顏爲人師，有文中子之風焉。謝純撰行略

李紹文《皇明世說新語》卷一　正德中，楊文襄當言，今日務在省事，不在多事。在守法，不在變法。在安靜，不在紛擾。在寬簡，不在煩苛。儲瓘答林待用云「平世用人，多循次格，感公意欲以積薪待僕，不知當路之見正如大倉之放陳也。

李紹文《皇明世說新語》卷二　世廟怒御史馬録，故入人罪，欲坐奸黨，律誅之。楊一清曰「録無當死之罪，律無可擬之條。」上從之。楊文襄總制全陜每諭諸將曰「無事常如有事時，隄防有事，還如無事時，鎮靜。」

李紹文《皇明世說新語》卷三　楊石淙云「數十年來大臣以直道去位爲時望歸者，兵部尚書河州王公，吏部尚書南李公，三原王公，不二三人。」

李紹文《皇明世說新語》卷四　楊文襄有故人餽寶珠一斗受之。客去分勞左右，立盡。有以貧歸者，發囊助給，率數十金。羅念菴曰「爲天下用，財不以私蓄，即比于一介不取可也。」

蘇茂相《皇明寶善類編》　楊邃菴在內閣時甚愛其鄉人孫育，以太學生援入文華殿供事。後邃菴爲霍渭崖所窘，猶欲根蔓其門下，育恐不免，條邃菴官中數十事於霍，以自解。數月後，育暴卒，喪還。邃菴易服往吊，其子跪泣曰「子固不敢言親過，但悖德者不祥，吾父負公而苑，天也。安敢辱吊？」邃菴曰「爾父豈負我者？我爲人所陷，波及汝父，輩汝父欲保全身家，萬不得已，姑借以紓禍耳。我若不諒，是我父負汝父矣。」成禮而出。列卿傳

張萱《西園聞見録》卷一〇〇　楊文襄公即罷歸，萋菲日久。初張永起廢入直，適三宮皆進徽號，制應製寶。上以內帑金不精，命永別買金一千五百兩充用。永出令，門下人朱繼宗買備，止得金一千四百兩以進，蒙給銀五千二百兩償其直。後上欲更製圭，以內帑玉不中度，又命永別買三塊以進。永暴卒，其弟容因取繼宗先所假居室，繼宗欲詐爲己有，遂有怨言。仇者聞之，嗾令繼宗誣奏，謂永嘗令買金玉賂公薦用，永家人亦陳奏辯白。皇上省覺，下刑部理。刑部請寶較數，惟少金百兩，主刑者陷公之心少沮。適《大學衍義》修完進呈，欲行賞典。當位者以公先去，去公名氏若無預焉者。上怒曰「修是書實肇于楊一清，又常序諸後，乃可獨遺乎？」命再補列及遺賚賞金帛于家。又方議分祀祀，紛紜不一，上軫念曰「朕誤放楊一清歸矣。若彼在，能無決乎？」而其言遂洩于外，仇公者懼再起公，日夜合謀誣前所少金乃永弟容侵尅持慶公壽，又于奏詞謂公作墓

誌受金帛若干，又致坐罪。舊例，刑部獄矣具必堂審，付大理評之，然奏報。彼徑奏報，上亦未及審，遂依擬行。彼又恐公論不服，諷同年給事中趙廷瑞論劾，乃革公官，行巡按追金，尋亦罷追。衆謂當進辯，公曰「吾心無媿，得失在彼，吾何辯哉！」飲食奕棋如故。公賦性燥熱，又多飲醇酒，故每病熱毒，至六月終，疽發如泄瀉，越數日卒，無一言及後事。前半月常歎曰「吾疾不起矣，使是疾早發則吾得早歸林泉，使是疾後發則吾得白心迹，今適當蒙昧之際而是疾乃發，嗟乎，人將以爲口實也。」卒之明年，公孫元援詔請，得復公官。

朱謀垔《續書史會要》　楊一清號邃菴，丹徒人。正德時官大學士，卒謚「文襄」。善行草。

徐開任《明名臣言行録》卷四一　公鋭意修邊及選將練兵，屯田防鹵，上亦用公言，意中止。公惡武定侯勛横驕，諷御史趙鏜劾勛，奪勛後府及團營。八年秋，公計去張、桂。霍韜曰「議大禮者吾輩三四人。張桂去且及吾。」急上疏列公罪二十四事。上立召永嘉還内閣。俄朱繼宗獄起，坐公受張容金錢，又與容指揮世錦衣。上又憐公大臣，老不問。言官劾上，削籍。明年疽發背卒。繼孫元援詔請得復公官。

公明於知人，若拔仇鉞于列校而寘鐇就擒，舉王守仁於庶僚而宸濠受誅，録楊宏於編戍而總兵漕運。至於伍文定之首倡義捷，喬宇之捍禦留都，俞諫之總制江右，是皆儲賢于無事之時，應用于有事之日。靖大變，正邦域，其有功于社稷大矣。

爲相時有餽美珠一斗者，公受之。即而諸邊將請謁，留詢邊事。隨出所受珠分勞之。投之地，頃刻立盡。門生有以貧歸者，發囊助給，率數十百金以爲常。其以天下財爲天下用而不爲私蓄如此。

公生而隱宫，貌類寺人。學博才雄，善調停，應普濟務，尤曉暢邊事。羽檄旁午，一夕十疏，口占指授，悉中幾宜。又好汲引人，人或訾巳，顧暢薦之。一時俊達喜功名者亦争爭趨其門。嘉靖二十七年，始得贈謚。

錢謙益《列朝詩集小傳》丙集上　一清，字應寧，雲南安寧人。父徙巴陵，又徙丹徒。年八歲，以奇童薦入翰林。成化八年進士，出中書舍人歷提舉副使，太常卿。弘治中，以副都御史，出理馬政。正德中，以右副都御史，再出總制陝西諸邊，入爲户、吏二部尚書，直内閣。嘉靖初，即家起兵部尚書，提督軍務陝西，召入内閣，罷歸，謚文襄。公生而隱宫，貌類寺人，才情敏給，汲引士類，海内争趨其門。提學陝西，賞識李獻吉，召置門下，故「石淙類稿」屬獻吉評點行世，而獻吉亦亟稱公之詩筆與長沙並駕，蓋當成、弘時長沙爲一世宗匠，獻吉並舉楊、李，不欲使專主齊盟，軒楊正所以輊李也。文章千古事，非一家私議，而獻吉之用心如此，於兩公則何所加損哉！

梁維樞《玉劍尊聞》卷五　一清字應寧，號邃庵，雲南安寧州人，七歲聰敏絶世，讀書過目成誦。嶽州同知胡昇薦遵以奇童，讀中秘書，年十四抗顔爲人師，登進士，授中書舍人，爲陝西提學。曰：「吾得三十，康海吕柟、馬理也。」後果爲聞人。一清多才好問，有謀善斷，尤曉暢邊事。督撫陝西，賊畏威倍，得士卒歡。歷官吏部尚書、華蓋殿大學士，謀去同列張孚敬、桂萼，不果。詹事霍韜極疏攻罷。一清嘗與太監張永等除閹人劉瑾，張永卒，一清受金爲作墓銘。至是珠繼宗獄起，事發，削職。卒復官，贈太保，謚文襄。一清生而隱宫，無嗣。家鎮江。武宗南征特幸其第，宴飲賡歌兩晝夜。安寧州有石淙渡，故時人稱爲石淙先生。

梁維樞《玉劍尊聞》卷五　霍文敏劾楊邃菴，削秩賜罷。霍猶欲根蔓楊門下士，一網打盡。楊鄉人太學生孫育受恩最久，恐遭斥逐，録楊居宫事數條，呈於文敏，以求自解。數日後，孫暴卒，楊易服弔其喪。孫之子跪泣曰：「悖德不祥，吾父負公而死，願公毋弔。」楊曰：「爾父豈負我者，我爲人陷，波及爾父，爾父欲保身家，姑借我免禍耳。我不能諒之，是我負爾父矣。」

孫之騄《二申野録》卷四　一清卒之夕，寒風颼颼，堂户閉者皆洞開，有一卒過其門，恍惚見一清與出，騎從旌旗甚盛，卒私念曰：「吾聞其病，今將何之？豈病起耶？」及問出大市，又遇之，天明方聞歿矣。

備論

廖道南《殿閣詞林記列傳》卷二　一清生而隱宫，貌類寺人。博學多術，善爲調停。久之，術窮數盡，譏邪交構，遂復乞休。歸卒。公所著有《石淙集》、《督府奏議》、《玉堂稿》。廖道南曰「予爲編修時，直邃菴柄國，見其獎拔善類，練達事幾，每奏報邊情，羽檄旁午，一夕十疏，口占指授，悉合神筭。有訾巳者，多從而揚之。然門生故吏，汲汲援引，布置穹顯，以故其門如市，而其心未必如水云。」贊曰「皤皤國老，萬夫之望，發跡於滇，楊靈於湘。首儲翰書，繼督學政。握

機御戎，振威宣令。三奏底定，兩都迴翔。國有筮龜，士有圭璋。政本絲綸，出而復入。嘉猷恒告，基命宥密。」

鄭曉《吾學編・皇明名臣記》卷三〇　公生而隱宮，貌類寺人，學博才雄，善調停，應變濟務，尤曉暢邊事，羽檄旁午，一夕十疏，口占指授，悉中機宜。又好汲引人，人或訾己，顧楊薦之，一時俊達喜功名者亦争趨其門。嘉靖二十七年贈太保謚文襄。

焦竑《玉堂叢語》卷三　楊一清於時政最稱爲通練，而性闊大，不甚飾邊幅，愛樂賢士大夫，與共功名，朝有所知，夕即登薦，以是桃李徧天下。

焦竑《玉堂叢語》卷五　羅念菴曰：「世以多欲病楊文襄，某獨知其廉介。」或曰：「何？」曰：「有故人餽寶珠一斗。受之客既退，分勞左右，投之地，頃刻立盡。一生有以貧歸者，發囊助給，率數十金爲常。夫爲天下用財而不以私蓄，即比於一介不取可也。非廉介乎？」念菴集

沈應魁《皇明名臣言行録新編》卷二三　公爭於進賢而明於知人，故若舉王守仁於庶僚而宸濠受誅，録楊宏於編戍而總兵漕運，至於伍文定之首倡議捷，喬公宇之捍禦留都，俞公諫之總制江右，是皆儲賢於無事之時，應用於有事之日。靖大變，正邦域，其有功於社稷亦大矣。公博學多術，所著有《石淙集》、《督府奏議》、《玉堂稿》，行於世。

今上皇帝在藩邸時，獻皇語之曰「吾楚有三傑，若知之乎？兵部尚書劉大夏、大學士李東陽、楊一清是也。」

竝行署

予爲編修時，值邃菴柄國，見其奬拔善類，練達事機，每奏報虜情，羽檄旁午，一夕十疏，口拈揹授，悉合神筭，有訾已者多從而楊之，然門生故吏汲汲援引，布置穹顯，以故其門如市，其心未必如水云。

贊曰「皤皤國老，萬夫之望。發跡於滇，楊靈於湘。首儲翰書，繼督學政。握機御戎，振威宣令。三奏底定，兩都迴翔。國有蓍龜，士有圭璋。政本絲綸，出而復入，嘉猷恒告，基命宥密。」

項篤壽《今獻備遺》卷四一　又輒與容指揮世錦衣上憐大臣且老不問言官劾上削籍明年疽發背卒嘉靖二十七年贈太保謚文襄論曰：邃菴以文學顯而明習邊事，曉暢軍務，有將相才。其所陳説修築牆堡詳哉乎其言之也。至于定謀誅瑾，有社稷功而煩言嘖嘖，烏能掩之？國初自徐太傅達出爲總兵在磁鍼軍，入爲中書右丞相，其出將者文襄而後若翟文懿巡九鎮，楊文敏三使寧夏甘肅，與寧遠西寧謀軍務，景泰中王毅愍、高文懿皆以賑濟行江。少師督察四川軍情，理儲餉行李，文正以次，輔祭孔廟，魚撰碑文，以闕里完故，重之也。

李贄《續藏書》卷一二　一清明於知人，若拔仇鉞于列校而寘鐇就擒，舉王守仁於庶僚而宸濠受誅，録楊宏於編戍而總兵漕運，至於伍文定之首倡義捷，喬宇之捍禦留都，俞諫之總制江右，是皆儲賢於無事之時，應用于有事之日，靖大變，正邦域，其有功于社稷大矣。

《制府雜録》云，公在靈州，人有笑其演營習陣者。公謂予誠書生，不諳軍旅。嘗以古人行秘謹哨探，止必修戰備爲法故每諭諸將曰「無事常如有事時隄防，有事常如無事時鎮靜。」又念武侯李靖未嘗廢營陣，世無嶽武我省，豈可恃野戰以爲能邪？

歐陽謝純撰公行狀曰「安寧州有石淙渡，公凡撰述題識皆以石淙繫之，故時人稱爲石淙先生父諱景是，永樂癸卯鄉試，初判霸州，改澧州，遷廣東化州同知景泰甲戌十二月初六日生公于化州天順庚辰，父乞致仕，携公便道訪前母劉氏家于巴陵壬辰，公登進士癸巳，以外難解官，訪姊氏于丹徒會公前室段氏繼卒，二喪不任遠歸，乃葬丹徒，因家焉公爲山西提學僉事、陝西提學副使，作興士類，連魁天下，爲狀元者二人其以學行功業著聞者甚多具見于《正學書院志》及《關西政教集》尋薦陞左副都御史，督理陝西茶馬親歷荒邊，孜求利弊

尹守衡《明史竊》卷六九　論曰，楊一清亦錚錚一邊閫重臣哉！當其鋭意邊牆，業已抵掌餘吾之北，一扼於瑾，再狃于時，駸駸乎且欲建格天之業，降城之外遂無復有飲河之馬矣。然以辨賁少年，日與比肩，嫌忌之地，不易居也。二三之口日呶呶人主之前，又所難調也。譏隙既開，徘徊寡斷，夫惟洛陽所稱進退由我，一清尚不能以此時自決，可恨也夫。

何喬遠《名山藏・臣林記》卷一九　郎曰：世言楊公以故相再行邊，道洛陽謁故少師劉健。健出揖曰「君不能甘澹泊，爲時所餌，令異日王上輕吾輩，自君始。」咄咄入第，使其子弟延款之。此自劉洛陽前輩風第，出將入相，裴晉公有之矣。宋家宰臣恒出爲使相。顧國家亟才，士大夫能應國家之亟否耳，若夫内閣傾軋之地，不早引退，至以賄蒙其身，恐於智囊未也。

唐鶴徵《皇明輔世編》卷三　太常氏曰：偏至之才非難也，□□□兼，圓機互用，闊達與細審並施，乃濟世之全具也。方文襄之□□侃侃正論，無所忠諱。

及其玩美張永於股掌之上，俾之傾心吐膽，不動聲色而大憝號誅，此其圓神默運，有鬼神莫得而測者，藉令漢唐諸人稍得其梗槩，何至有黨錮甘露之禍也？坐籌邊務，數千里、數百年皆在目中，而興利除姦，事事中矣。（署）其才品不減韓稚圭，論事不減陸□□。□拜黄麻猶未能大盡其用，惜哉。

查繼佐《罪惟録》列傳卷一一　論曰：時同朝有兩神童，東陽四歲能書，一清七歲能文。一則容瑾善其用，一則制瑾妙其用，皆旋轉乾坤之才，拘理者未可與語此。力贊璁議，以情合禮。三殿閟恤之説，似贊帝倦勤，恰亦不失遵祖。敬皇騎龍上天，邃菴旌空引，即失傳，吾謂文襄不死。有太學生孫育，以邃菴鄉人，蒙恩最渥。及霍文敏廷訐一清，育恐見及，録其逸□數十上之，冀自解。未幾，卒，一清往吊之。其子跪阻：「吾父負恩，愧煞地下。」一清曰：「無爲，彼借我免禍，我自宜諒之。」子泣謝，人稱雅量。規爲極大，不屑屑口舌争。顧正德九年之弭災五事：一視朝太遲，二郊祀太慢，三不宜創梵宇于西内，四不宜調邊兵于禁地，五皇莊皇店及織造等事害民已甚。明知不報，而不得不及之，意在圖得當，鶩羣吻，非其義，較之以苦口塞責者千里。

《明史》卷一九八　贊曰：楊一清、王瓊俱負才略，著績邊陲。有人倫鑒，鋤奸定難因以成功，亦俱任智數。然瓊，其權譎之尤歟！彭澤望甚偉，顧處置哈密，抑何舛也。

藝文

尤侗《西堂詩集・擬明史樂府・三目公》　三目楊公真丈夫，被甲上馬奮臂呼。御史行問便液下，乃公談笑好以暇。築邊直至花馬池，紅山回軍重賦詩。歸來丁卯橋頭臥，闌門又報官車過。卻因議禮附書生，再入中書柢角争。洛陽咄咄意不足，南海呶呶終見逐。出將入相功莫比，仕宦不止車生耳。我丈夫也似婦人，彼夫人兮猶處子。

嚴遂成《明史雜詠》卷三《楊文襄一清》　元戎三度入咸秦，遑計威儀壞閣臣。仇鉞奇功歸別將，江彬蜚語出優人。邊墻未筑投簪去，内患湏除晝掌陳。最喜南徐居要地，厭厭夜飲帝南巡。

一代姚崇未易才，行邊新色李臨淮。智囊隃度機奇中，獻廟雷仝議久諧。繞涿除非崔氏藝，隱宫長是太常齋。與金錢誌墓尋常事，抵死英雄恨不埋。

楊廷和部

綜述

《明史》卷一九〇《楊廷和傳》 楊廷和，字介夫，新都人。父春，湖廣提學僉事。廷和年十二舉於鄉。成化十四年，年十九，先其父成進士。改庶吉士，告歸娶，還朝授檢討。廷和爲人美風姿，性沉静詳審，爲文簡暢有法。好考究掌故、民瘼、邊事及一切法家言，鬱然負公輔望。

弘治二年進修撰。《憲宗實録》成，以預纂修進侍讀。改左春坊左中允，侍皇太子講讀。修《會典》成，超拜左春坊大學士，充日講官。正德二年由詹事入東閣，專典誥敕。以講筵指斥佞幸，忤劉瑾，傳旨改南京吏部左侍郎。五月遷南京户部尚書。又三月召還，進兼文淵閣大學士，參預機務。明年加少保兼太子太保。瑾摘《會典》小誤，奪廷和與大學士李東陽等俸二級。尋以成《孝宗實録》功還之。明年加光禄大夫、柱國，遷改吏部尚書、武英殿大學士。

時瑾横益甚，而焦芳、張綵爲中外媾。廷和與東陽委曲其間，小有劑救而已。安化王寘鐇反，以誅瑾爲名。廷和等草赦詔，請擢邊將仇鉞，以離賊黨。鉞果執寘鐇。會張永發瑾罪，瑾伏誅，廷和等乃復論功進少傅兼太子太傅、謹身殿大學士，予一子中書舍人。

流賊劉六、劉七、齊彦名反，楊一清薦馬中錫討之。廷和言：「中錫，文士也，不任此。」時業已行，果不能平賊。廷和請逮中錫下獄，以陸完代之，而斬故受賕縱賊者參將桑玉。已，又用學士陳霽言，調諸邊兵討河南賊趙鐩等，而薦彭澤爲總制。賊平論功，録廷和一子錦衣衛千户。辭，特加少師、太子太師、華蓋殿大學士。東陽致政，廷和遂爲首輔。

張永既去瑾而驕，捕得男子臂龍文者以爲功，援故太監劉永誠例，覬封侯。廷和言「永誠從子聚自以戰功封伯耳，且非永誠身受之也」，乃止。彭澤將西討鄢本恕，問計廷和。廷和曰：「以君才，賊不足平，所戒者班師早耳。」澤後破誅本恕等即班師，而餘黨復蝟起不可制。澤既發復留，乃歎曰：「楊公先見，吾不及也。」

乾清宫災，廷和請帝避殿，下詔罪己，求直言。因與其僚上疏，勸帝早朝晏罷，躬九廟祭祀，崇兩宫孝養，勤日講。復面奏開言路，達下情，還邊兵，革宫市，罷皇店，出西僧，省工作，減織造，凡十餘條，皆切至。帝不省。尋以父卒乞奔喪，不許。三請乃許，遣中官護行。旋復起之，三疏辭，始許。閣臣之得終父母喪者，自廷和始也。

服甫闋，即召至。帝方獵宣府，使使賜廷和羊酒、銀幣。廷和疏謝，因請迴鑾，不報。復與大學士蔣冕馳至居庸，欲身出塞請。帝令谷大用扼關門，乃歸。帝命迴鑾日羣臣各製旗帳迎，廷和曰：「此里俗以施之親舊耳。天子至尊，不敢瀆獻。」帝再使使諭意，執不從，乃已。

當廷和柄政，帝恒不視朝，恣游大同、宣府、延綏間，多失政。廷和未嘗不諫，俱不聽。廷和亦不能執奏。以是邑邑不自得，數移疾乞骸骨，帝亦不聽。中官谷大用、魏彬、張雄，義子錢寧、江彬輩，恣横甚。廷和雖不爲下，然亦不能有所裁禁，以是得稍自安。

御史蕭淮發寧王宸濠反謀，錢寧輩猶庇之，詆淮離間。廷和請如宣宗諭趙王故事，遣貴戚大臣齎敕往諭，收其護衛屯田。於是命中官賴義、駙馬都尉崔元等往，未至而宸濠反。帝欲帥師親征，廷和等力阻之。帝乃自稱總督軍務、威武大將軍、總兵官、後軍都督府、太師、鎮國公朱壽，統各京邊將士南討。而安邊伯許泰爲威武副將軍、左都督劉暉爲平賊將軍前驅，鎮守、撫、按悉聽節制。命廷和與大學士毛紀居守。以乾清、坤寧二宫工成，推恩録一子錦衣衛副千户，辭。時廷和當草大將軍征南敕諭，謝弗肯，帝心恚。會推南京吏部尚書劉春理東閣誥敕，以廷和私其鄉人，切責之。廷和謝罪，乞罷，不許。少師梁儲等請與俱罷，復不許。廷和方引疾不入，帝遂傳旨行之。時十四年八月也。

帝既南，兩更歲朔。廷和頗以鎮静持重，爲中外所推服。凡請迴鑾者數十疏，皆不復省。帝歸，駐蹕通州。廷和等舉故事，請帝還大内御殿受俘，然後正宸濠等誅，而帝已不豫，趣召廷和等至通州受事，即行在執宸濠等僇之，駕乃旋。

明年正月，帝郊祀，嘔血輿疾歸，逾月益篤。時帝無嗣，司禮中官魏彬等至閣言，國醫力竭矣，請捐萬金購之草澤。廷和心知所謂，不應，而微以倫序之説風之，彬等唯唯。三月十四日丙寅，谷大用、張永至閣，言帝崩於豹房，以皇太后命，移殯大内，且議所當立。廷和舉《皇明祖訓》示之曰：「兄終弟及，誰能瀆焉。

興獻王長子，憲宗之孫，孝宗之從子，大行皇帝之從弟，序當立。」梁儲、蔣冕、毛紀咸贊之，乃令中官入啓皇太后，廷和等候左順門下。頃之，中官奉遺詔及太后懿旨，宣諭羣臣，一如廷和請，事乃定。

廷和遂以遺詔令太監張永、武定侯郭勛、安邊伯許泰、尚書王憲選各營兵，分布皇城四門、京城九門及南北要害，廠衛御史以其屬扞掫。傳遺命罷威武營團練諸軍，各邊兵入衛者俱重賚散歸鎮，其皇店及軍門辦事官校悉還衛，哈密、土魯番、佛郎機諸貢使皆給賞遣還國，豹房番僧及少林僧、教坊樂人、南京快馬船、諸非常例者，一切罷遣。又以遺詔釋南京逮繫囚，放遣四方進獻女子，停京師不急工務，收宣府行宮金寶歸諸內庫。中外大悦。

時平虜伯江彬擁重兵在肘腋間，知天下惡之，心不自安。其黨都督僉事李琮尤狠黠，勸彬乘間以其家衆反，不勝則北走塞外。彬猶豫未決。於是廷和謀以皇太后旨捕誅彬，遂與同官蔣冕、毛紀及司禮中官温祥四人謀。張永伺知其意，亦密爲備。司禮魏彬者，故與彬有連，廷和以其弱可脅也，因題大行銘旌，與彬、祥及他中官張鋭、陳嚴等爲詳言江彬反狀，以危語怵之。彬心動，惟鋭力言江彬無罪，廷和面折之。冕曰：「今日必了此，乃臨。」嚴亦從旁贊決，因俾祥、彬等入白皇太后。良久未報，廷和、冕益自危。頃之，嚴至曰：「彬已擒矣。」彬既誅，中外相慶。

廷和總朝政幾四十日，興世子始入京師即帝位。廷和草上登極詔書，文書房宫忽至閣中，言欲去詔中不便者數事。廷和曰：「往者事齟齬，動稱上意。今亦新天子意耶？吾儕賀登極後，當面奏上，問誰欲削詔草者。」冕、紀亦相繼發危言，其人語塞。已而詔下，正德中蠹政釐抉且盡。所裁汰錦衣諸衛、内監局旗校工役爲數十四萬八千七百，減漕糧百五十三萬二千餘石，其中貴、義子、傳陞、乞陞一切恩倖得官者大半皆斥去。中外稱新天子聖人，且頌廷和功。而諸失職之徒銜廷和次骨，廷和入朝有挾白刃伺輿旁者。事聞，詔以營卒百人衛出入。帝御經筵，廷和知經筵事。修《武宗實録》，充總裁。廷和先已加特進，一品滿九載，兼支大學士俸，賜敕旌諭。至是加左柱國。帝召對者三，慰勞備至。廷和益欲有所發攄，引用正人，布列在位。

給事、御史交章論王瓊罪狀，下詔獄。瓊迫，疏訐廷和以自解。法司當瓊奸黨律論死，瓊力自辨，得減戍邊。或疑法司承廷和指者。會石珤自禮部尚書掌詹事府，改吏部，廷和復奏改之掌詹事司誥敕。人或謂廷和太專。然廷和以帝雖沖年，性英敏，自信可輔太平，事事有所持諍。錢寧、江彬雖伏誅，而張鋭、張忠、于經、許泰等獄久不決。廷和等言：「不誅此曹，則國法不正，公道不明，九廟之靈不安，萬姓之心不服，禍亂之機未息，太平之治未臻。」帝乃籍没其貲産。廷和復疏請敬天戒，法祖訓，隆孝道，保聖躬，務民義，勤學問，慎命令，明賞罰，專委任，納諫諍，親善人，節財用。語多剴切，皆優詔報可。及議「大禮」，廷和持論益不撓，卒以是忤帝意。

先是，武宗崩，廷和草遺詔。言皇考孝宗敬皇帝親弟興獻王長子某，倫序當立。遵奉《祖訓》兄終弟及之文，告於宗廟，請於慈壽皇太后，迎嗣皇帝位。既令禮官上禮儀狀，請由東安門入居文華殿。翼日，百官三上箋勸進，俟令旨俞允，擇日即位。其箋文皆循皇子嗣位故事。世宗覽禮部狀，謂：「遺詔以吾嗣皇帝位，非爲皇子也。」及至京，止城外。廷和固請如禮部所具儀，世宗不聽。乃御行殿受箋，由大明門直入，告大行几筵，日中即帝位。詔草言「奉皇兄遺詔入奉宗祧」，帝遲回久之，始報可。越三日，遣官往迎帝母興獻妃。未幾，命禮官議興獻王主祀稱號。廷和檢漢定陶王、宋濮王事授尚書毛澄曰：「是足爲據，宜尊孝宗曰皇考，稱獻王爲皇叔考興國大王，母妃爲皇叔母興國太妃，自稱姪皇帝名，别立益王次子崇仁王爲興王，奉獻王祀。有異議者即奸邪，當斬。」進士張璁與侍郎王瓚言，帝入繼大統，非爲人後。瓚微言之，廷和恐其撓議，改瓚官南京。

五月，澄會廷臣議上，如廷和言。帝不悦。然每召廷和從容賜茶慰諭，欲有所更定，廷和卒不肯順帝指。乃下廷臣再議。廷和偕蔣冕、毛紀奏言：「前代入繼之君，追崇所生者，皆不合典禮。惟宋儒程頤《濮議》最得義理之正，可爲萬世法。至興獻王祀，雖崇仁王主之，他日皇嗣繁衍，仍以第二子爲興獻王後，而改封崇仁王爲親王，則天理人情，兩全無失。」帝益不悦，命博考典禮，務求至當。廷和、冕、紀復言：「三代以前，聖莫如舜，未聞追崇其所生父瞽瞍也。三代以後，賢莫如漢光武，未聞追崇其所生父南頓君也。惟皇上取法二君，則聖德無累，聖孝有光矣。」澄等亦再三執奏。帝留中不下。

七月，張璁上疏謂當繼統，不繼嗣。帝遣司禮太監持示廷和，言此議遵祖訓，據古禮，宜從。廷和曰「秀才安知國家事體」，復持入。無何，帝御文華殿召廷和、冕、紀，授以手敕，令尊父母爲帝后。廷和退而上奏曰：「《禮》謂爲所後者爲父母，而以其所生者爲伯叔父母，蓋不惟降其服而又異其名也。臣不敢阿諛順旨。」仍封還手詔。羣臣亦皆執前議，帝不聽。

迨九月，母妃至京，帝自定儀由中門入，謁見太廟，復申諭欲加稱興獻帝、后爲皇。廷和言：「漢宣帝繼孝昭後，謚史皇孫、王夫人曰悼考、悼后，光武上繼元帝，鉅鹿、南頓君以上立廟章陵，皆未嘗追尊。今若加皇字，與孝廟、慈壽並，是忘所後而重本生，任私恩而棄大義，臣等不得辭其責。」因自請斥罷。廷臣諍者百餘人。帝不得已，乃以嘉靖元年詔稱孝宗爲皇考，慈壽皇太后爲聖母，興獻帝、后爲本生父母，不稱皇。

當是時，廷和先後封還御批者四，執奏幾三十疏，帝常忽忽有所恨。左右因乘間言廷和恣無人臣禮。言官史道、曹嘉遂交劾廷和。帝爲薄謫道，嘉以安廷和，然意内移矣。尋論定策功，封廷和、冕、紀伯爵，歲禄千石，廷和固辭。改廕錦衣衛指揮使，復辭。帝以賞太輕，加廕四品京職世襲，復辭。會滿四考，超拜太傅，復四辭而止。特賜敕旌異，錫宴於禮部，九卿皆與焉。

帝頗事齋醮。廷和力言不可，引梁武、宋徽爲喻，優旨報納。江左比歲不登，中官請遣官督織造。工部及給事、御史言之，皆不聽，趣内閣撰敕。廷和等不奉命，因極言民困財竭，請毋遣。帝趣愈急，且戒毋瀆擾執拗。廷和力争，言：「臣等與舉朝大臣、言官言之不聽，顧二三邪佞之言是聽，陛下能獨與二三邪佞共治祖宗天下哉？且陛下以織造爲累朝舊例，不知洪武以來何嘗有之，創自成化、弘治耳。憲宗、孝宗愛民節財美政非一，陛下不取法，獨法其不美者，何也？即位一詔，中官之倖路絀塞殆盡，天下方傳誦聖德，今忽有此，何以取信？」因請究擬旨者何人，疑有假御批以行其私者。帝爲謝不審，俾戒所遣官毋縱肆而已，不能止也。

廷和先累疏乞休，其後請益力。又以持考獻帝議不合，疏語露不平。三年正月，帝聽之去。責以因辭歸咎，非大臣道。然猶賜璽書，給輿廩鄒護如例，申前廕子錦衣衛指揮使之命。給事、御史請留廷和，皆不報。廷和去，始議稱孝宗爲皇伯考。於是，廷和子修撰慎率羣臣伏闕哭争，杖謫雲南。既而王邦奇誣訐廷和及其次子兵部主事惇、壻修撰金承勛、鄉人侍讀葉桂章與彭澤弟沖交關請屬，俱逮下詔獄。鞫治無狀，乃得解。

七年，《明倫大典》成，詔定議禮諸臣罪。言廷和謬主《濮議》，自詭門生天子、定策國老，法當僇市，姑削職爲民。明年六月卒，年七十一。居久之，帝問大學士李時太倉所積幾何，時對曰：「可支數年。由陛下初年詔書裁革宂員所致。」帝慨然曰：「此楊廷和功，不可没也。」隆慶初，復官，贈太保，謚文忠。

初，廷和入閣，東陽謂曰：「吾於文翰，頗有一日之長，若經濟事須歸介夫。」及武宗之終，卒安社稷者，廷和力也，人以東陽爲知言。

王世貞《嘉靖以來内閣首輔傳》卷一《楊廷和》 楊廷和，字介夫，蜀之新都人。十二舉於鄉，十九成進士，改翰林院庶吉士，始告歸娶。廷和爲人美風姿，性沉静詳審，爲文亦簡暢有法，而不好爲聲律華藻之學，惟以考究掌故、民瘼、邊事及一切法家言，蓋鬱然負公輔望云。授檢討，滿九載，進脩撰。《憲宗實録》成，以預纂修，進侍讀，改左春坊左中允，日侍皇太子講讀。主順天試。復且滿考而修《會典》成，優拜左春坊大學士兼翰林院侍讀學士。復主會試。皇太子即位，推恩進詹事府少詹事兼讀學如故，充經筵講官，爲《孝廟實録》副總裁。尋進詹事，專領内閣誥敕。當進講而所稱遠佞幸、戒遊逸，失中貴人瑾指，傳改南京吏部左侍郎。既行而有爲廷和解者，去詹事之五月而遷南京户部尚書。又三月，上問：「楊學士何在？」瑾以南京户部對，乃召入，進兼文淵閣大學士，參預機務。明年，加少保兼太子太保。時重修《會典》與《孝廟實録》先後成，諸纂修官屢當時遷，而瑾意有所修怨，屬廷和皆預總裁，於是先摘《會典》誤，「廷和與大學士李東陽等奪俸二級，而以《實録》功還之。明年，加光禄大夫、柱國，再遷改吏部尚書、武英殿大學士。時瑾横益甚，而大學士芳、吏部尚書綵爲中外媾，廷和與東陽委曲其間，小有所救劑而已。

尋安化王自夏州反，以誅瑾爲名。廷和等乃稍自舒吐，草赦詔且請擢邊將仇鉞以離賊黨，而鉞果乘間執安化王。會瑾繇中貴人張永發其罪伏誅，廷和等乃復論功進少傅兼太子太傅，謹身殿大學士，予一子中書舍人。流賊劉六、劉七、齊彦明反，左都御史馬中錫當帥師往討之。廷和言：「中錫，文士也，寧能當此寄？」時業已行，果不能平賊。廷和請逮中錫下獄，以侍郎陸完代之而斬故受賕縱賊者參將桑玉，已又薦都御史彭澤將諸邊兵討河南賊趙鐩等。時輔臣東陽病，多委計廷和。以是賊漸平，論功録廷和一子錦衣衛千户，辭，特加少師、太子太師、華蓋殿大學士。中貴人張永挾奇僇瑾而驕，諷得男子有龍文於臂者以爲功，援故中貴人劉永誠例，身欲得侯。廷和謂：「封永誠之從子聚伯耳，且自以戰功封，非永誠身受之也。」永意乃塞，亦不能爲廷和怨。彭澤將西討流賊鄢本恕等，入問計廷和。廷和曰：「以君才，賊何憂不平？所戒者班師早耳。」澤後破誅本恕等，奏班師而餘黨復蝟起不可制。澤既發而復留，乃歎曰：「楊公之先

見，吾所不及也」乾清宮災，廷和請上避殿，下詔罪己，求直言，因與其僚疏勸上早朝晏罷，深居簡出，躬九廟祭，崇兩宮孝養，勤日講。復面奏開言路、達下情、還邊兵、革禁市，罷皇店，出西僧、省工作、減織造十餘條，皆切至而上不省。尋以父春喪乞歸持服，不許，三請乃許奔喪，使中貴人護而行。起之，復三疏辭始許。閣臣之得終父母服自廷和始也。

服甫闋，即召入。時上出行邊，使使賜廷和羊酒楮幣。廷和疏謝，因請迴鑾，不報。復與大學士蔣冕馳至居庸，願得以身出塞，上乃遣中涓阻之歸。廷和之初奔喪，實首揆，而梁儲代之。儲故同舉進士，先貴而長於廷和十歲，累遷至少師，首殿矣。至是讓居下，時頗稱儲誼。當廷和之在事，上往往不視朝，尋周穆王之轍。廷和數上疏諫止，不聽；而他如復甯王護衛，貴諸義子，乃至自稱威武大將軍、鎮國公，與諸失政之大者，廷和亦强諫，俱不聽。以是邑邑不自得，數移疾乞骸骨，上不聽。當是時，上寬大好佚游，於章疏不甚省，而中貴人谷大用、魏彬、張雄，義子錢寧、江彬輩横甚。廷和雖不爲之下，然不能有所裁禁，以是得稍自安。

甯王宸濠反江西，事聞，上欲帥師親征，廷和等力阻之。上乃自詭總督軍務威武大將軍、總兵官、後軍都督府太師、鎮國公朱壽統各京邊將士南討，而安邊伯許泰爲威武副將軍，左都督劉暉爲平賊將軍前驅，鎮守撫按，悉聽節制，命廷和與大學士毛紀居守，以乾清、坤甯二宮將建，推恩録一子錦衣衛副千户，辭。時廷和當草大將軍南征敕諭，謝弗肯草。上已心恚，而會推南京吏部尚書劉春理東閣誥敕，以廷和私其鄉人，切責之。廷和謝罪乞罷，不許。少師梁儲等請與俱罷，復不許。是時廷和方闔門以病請而敕諭行矣。上既南，兩更歲朔，而廷和頗以鎮静持重爲中外所推服。凡請上迴轅者數十疏，皆不復省。

上歸而駐蹕通州，廷和等舉故事，請上還大內御殿受俘而後正宸濠等誅。上令趣召廷和等至通受事，即行在執宸濠等僇之，廷和不能争也。前是，兵部尚書王瓊材而險，與中貴人及錢甯、江彬等狎，相表裏，爲章奏，誅賞選陞，捷取中旨，不復關內閣，而瓊躐進亦至少師，與廷和、儲埒。其同居守又不自抑損，自侈益甚，廷和甚恨，莫能制也。至是與吏部尚書陸完皆發自張永云「與宸濠通私」，外議洶洶，以家且籍矣。瓊先驅至通，輸款上左右得免，而顧奪陸完位而居之，廷和以是益恨瓊。明年正月，上郊祀，伏而嘔血，輿疾歸，尋益甚，亡皇子，而司禮中貴人魏彬等至閣言「國醫力竭矣。捐萬金而購之草澤，或有人應」。廷和心知所謂，乃出榜諭購而微以倫序之説風之，彬等唯唯。又十日而谷大用、張永至閣來言，上晏駕於豹房矣。以皇太后命移殯大內，且議所當立。廷和業袖《皇明祖訓》出而示之曰：「兄終弟及，誰能瀆焉？以親以長，毋如興世子。」遂合策迎興世子，而王瓊率九卿突入左掖門，厲聲曰：「九卿之在廷，我爲長，今日誰當立者而不使聞？」廷和左右目，遂皆不對，乃薨然散去。而故事，內閣當一人與中貴、勳戚、大宗伯偕往。次爲梁儲，次蔣冕，而冕有志力，廷和欲倚以自輔，而是時，平虜伯江彬擁重兵在肘腋間，知天下之惡之，勢必反，廷和欲以太后旨捕誅彬，恐梁儲老不任迎而故與彬善，或泄之，冕去則益孤，乃佯惜儲憊，阻其行。儲奮曰：「事孰有大於迎天子者乎？而敢以憊辭。」儲奉金符往而冕留矣。

魏彬故與江彬有連而柄司禮。廷和知其稍文弱，乃爲詳言江彬反狀，以危語脅之。彬心動，因俾其入白皇太后而後具啟請太監張永、武定侯郭勛、安邊伯許泰、尚書王憲選各營兵分布皇城四門、京城九門及南北要害，廠衛御史以其屬嚴干掫，傳遺命，罷威武營團練諸軍，各邊兵入衛者俱重賚散歸鎮，其皇店官校及軍門名色辦事悉勒還衛，哈密、土魯番、佛郎機諸貢使皆給賞而遣之還國，豹房所供番僧及少林僧、諸技擊射生、櫂船黄頭郎、散樂工技一切罷遣。時江彬之黨都督僉事李琮尤狠黠，勸彬乘間以其家衆反，不勝則北走敵。彬猶豫未決，而與廷和合謀者，獨蔣冕、毛紀、司禮、中貴温祥凡四人，而魏亦不敢泄之。張永伺知其意，亦密爲備，乃誘江彬入安坤甯宮獸吻。行禮入西華門，過永所，永飯之，俾小緩以待彬，且行禮而逮。旨下，彬反走西華門，門閉，轉走北安門，內監羣追而縛之，因併縛都督神周及李琮下詔獄，籍其家，中外懽呼相慶。

興世子至都門，禮部具儀如皇太子即位禮，由東安門入居文華殿受箋，不許，遂從行殿受箋，由大明門直入，告大行皇帝几筵，御前殿即位。廷和具詔草上之，報可。始草上而司禮諸中貴以其關內政者數條，屬廷和削去，廷和曰：「往者吾儕之不得職，公等謂出上意，今者亦出新天子意耶？不然吾儕賀登極後，惟有一去且叩之上，以誰削詔草，必有當之者。」於是蔣冕及毛紀相繼發危言，諸中貴語塞。已而詔下，正德中蠹政釐革且盡，中外加額稱新天子聖人，而所革錦衣等諸衛、內監局旗校工役爲數十四萬八千七百，減漕糧百五十三萬二千餘石，其中貴、義子、傳陞、乞陞一切恩倖得官者殆盡矣。失職之

徒銜廷和切骨，入朝有挾白刃恫喝於輿旁者。事聞，詔以營卒百人爲廷和出入衛。

上御經筵，廷和知經筵事，修《武廟實録》充總裁。前是廷和已加特進，一品滿九載兼支大學士俸，賜勑旌諭。至是加左柱國。而給事御史交章論王瓊罪狀，下詔獄。瓊迫則疏訐廷和以自解，法司乃當瓊奸黨律，論死。瓊力自辯，得減邊戍而有以爲承望者。會石珤自禮部尚書掌詹事府，改吏部，廷和復奏改之掌府使，司誥敕。於是人或謂廷和太專，然廷和以上雖幼沖，然英睿不世出，益自信以可致天下太平，事事有所持諍。錢寧、江彬雖伏誅而張鋭、張忠、于經等獄久不決，賂於内亦減從戍。廷和等疏謂：「不誅此曹，則國法不正，公道不明，九廟之靈不安，萬姓之心不服，禍亂之機未息，太平之治未臻。」上乃籍没其貲産。廷和復疏請敬天戒，法祖訓，隆孝道，保聖躬，務民義，勤學問，慎命令，明賞罰，專委任，納諫諍，親善人，節財用，語多剴切，皆優詔報可。

而大禮之議起，時興獻王與母妃名號猶未定。上欲有所加隆，召廷和等從容賜茶慰諭，而廷和持以爲上當後孝宗，稱孝宗曰「皇考」而獻王爲「皇叔考」，爵曰「興國大王」，母妃曰「興國太妃」，而别立益王之次子崇仁王爲興王奉獻王祀。禮部因之以請，上弗悦。而進士張璁有窺見，遂上疏言上宜考獻王，母蔣妃，皆崇以帝后號，且持繼統不繼嗣之説甚晰，語見璁傳。自是廷和每召對，上必温旨諭之，而持不可者三，封還御批者四，前後執奏幾三十疏。上益忽忽有所恨，而左右得乘間言廷和恣，無人臣禮，言官史道、曹嘉等亦遂論劾廷和。上雖爲之薄謫以安之，而意内移矣。尋修定册功，封廷和、蔣冕、毛紀各伯爵，歲禄千石。固辭，改廕錦衣衛指揮使，復辭，上以賞太輕，加廕四品京職，各世襲，復辭。而會廷和滿四考，超拜太傅，復四辭而止，特賜敕旌異，錫宴於禮部，九卿皆與焉。

時上頗留意齋醮，廷和力言其不可，引梁武、宋徽爲喻，優旨報納。時江左比歲不登，而中貴人以御衣請遣官之蘇、杭二府督織造。工部及給事御史言之皆不聽，而趣内閣撰敕。廷和等不奉命，因極言民困財竭，請毋遣官。上仍趣撰敕，且戒以不得瀆擾執拗。廷和因力辯其非瀆擾執拗，且謂：「臣等與舉朝大臣言官言之不聽，而獨二三邪佞之言是聽，陛下獨能與二三邪佞共治祖宗天下哉？且陛下以織造爲累朝舊例，不知洪武以來何嘗有之？其創自成化、宏治始耳。憲、孝二聖恤民節財，美政非一，陛下不之法，而獨法其不美者，何也？即位一詔，中官之倖路絀塞殆盡，天下方傳誦聖德，而今忽有此，何以取信？」因請究擬旨者。上爲謝不審，俾戒所遣官毋縱肆，而已不能止也。廷和故已累疏乞休，其後請益力，而又以持稱考獻帝議不合，疏辭，露不平。上責以因辭歸咎非大臣道，然猶賜之璽書，給輿廩郵護如例，申前廕子錦衣衛指揮使之命。給事御史請留廷和，皆不報，而蔣冕代。

《國朝獻徵録》卷一五楊志仁《特進光禄大夫左柱國少師兼太子太師吏部尚書華蓋殿大學士贈太保謚文忠楊公廷和行狀》　公諱廷和，守介夫，別號石齋。生以天順己卯九月十九日，邑有火光之瑞。甫四歲，知聲律。七歲，日誦書數卷，習舉子業。辛卯，年十二，舉於鄉。壬辰會試下第，入國學。監丞眉山黄公明善奇其才，許妻焉。成化戊戌，舉進士，爲翰林庶吉士。時黄公督學雲南，公請假往迎黄夫人。鎮守太監錢能、黔國公沐廷章皆厚遺，公力卻不受。庚子，授檢討。弘治己酉考績，陞修撰。修《憲宗實録》，丘文莊公爲副總裁，公以纂修兼校正官，有大關係及大章奏、名臣傳，丘悉以屬公草成，丘不易一字，歎曰「良史才也」。辛亥，書成，陞侍讀。壬子，充經筵講官。乙卯，皇太子出閣，御史郭維奏選正人端國本，首薦公與姑蘇王公鏊等七人。公遷左春坊左中允。戊午，主試順天。所録多名士，刊文至今程之。己未四月，丁祖母葉孺人優，詔賜馳驛歸。辛酉夏服闋，冬北上復舊職。

壬戌三月，《大明會典》成，當遷官。吏部擬公左春坊大學士，上令中使至内閣問曰：「所擬廷和官豈誤耶？」李文正公對曰：「其人資望兩隆，且東宫侍講，啟沃有年。纂述之功亦異流輩，特擬此官酬之，非誤也。」中使以聞。上曰：「朕亦久知其人，豈吝此官乎？」旨下，士林驚喜。蓋是官輔臣居内閣之銜，不設者五十餘年矣。未幾爲日講官，闡經論政，孝皇重之，錫予多踰常禮。一日，上御膳罷，即以御前饌頒錫，宸翰親署器封。時謂有貞觀、慶曆之風焉。六月，上命大學士劉健、李東陽、謝遷編纂《通鑑綱目節要》，公爲纂修官，潤色論斷，多出公手。乙丑春，主會試。五月，孝宗賓天，武宗登極。七月，以從龍恩陞詹事府少詹事。

丙寅，正德改元，公爲講官，有白金綵幣帶履之賜。十月，脩《孝宗實録》，公爲副總裁。丁卯，陞詹事，入内閣知誥勅。時劉、謝二公去位，姦璫劉瑾用事。公侍講筵，惓惓以遠小人、戒遊逸爲言，左右讒之。又有陰結近侍者阻公，遂改南京吏部左侍郎，命下數日即行。瑾使邏者伺公，將中之。反報云：「楊初無怨

怒。」乃止。五月陞户部尚書。八月二十八日，上退朝思公，問曰：「楊學士何不在？」瑾對曰：「今爲南京户部尚書。」上曰：「楊廷和已入東閣矣，户部豈翰林官耶？」明日有勑取公内閣辦事，馳驛來京。改兼文淵閣大學士。往時劉仲質等以尚書任之，然不典機密。其後李賢、王文繼以尚書都御史入，景泰、天順間故事也。

時逆瑾擅權，每捃摭人細故輒成大獄，公隨事救正之。雲南夷奏蒙化土官不法事，瑾欲差人械繫來京。公曰：「荒服遠夷易於生變，土官世禄相傳已久，拘繫未必得，徒損威重。」於是止令鎮巡官勘報。未幾，分守金齒太監張辰以暴政激變地方，幾罹害。戊辰八月，加少保兼太子太保。己巳春，《大明會典》成。逆瑾怒功不自己出，乃矯詔摭總裁及纂修官，公革俸二級。十月《孝宗實録》成，復俸如故，有幣金乘馬之賜。旋授光禄大夫、柱國。庚午二月，改吏部尚書兼武英殿大學士。

四月慶陽有安化之變，公謂文正公曰：「宜請頒黄榜，開諭寧夏之人及慶府宗室。」或阻之曰：「黄河之舟盡爲寘鐇驅去，即有榜，誰與傳之？」公曰：「此事夏人不與者十八九。苦爲寘鐇所脅，無以慰之，得無爲寘鐇樹黨耶！」亟請於上，行之。又擬用仇鉞爲將，逆瑾云：「鉞已從寘鐇矣。」公曰：「鉞素稱謀勇，不幸在亂城中，未必從亂。朝廷用之，豈不幡然思奮，亦使寘鐇自生嫌疑，將内潰矣。」未幾，鉞果擒寘鐇以效焉。九月，叙績加少傅兼太子太傅、謹身殿大學士，廕子恒爲中書舍人，勑諭褒美。

辛未春，北畿流賊劉六、劉七、齊彦明陷郡邑殺良民，諸將莫能禦。朝議起馬中錫爲總制，公曰：「馬文士也，豈堪是任乎？」衆違其議用之，竟僨事。參將桑玉領大軍追劉七於村中，窘甚，將自經於民舍，其黨止之曰「路或可免」，乃投金樓下，桑受而縱之。公言於朝，下中錫獄，斬桑玉，以陸完代之，軍威大振。既而趙風子、邢老虎、劉三羣賊復起河之南北，衆數十萬，官軍屢敗。公意用邊軍勦之，衆議未協。翰林學士陳霽奏記於公曰：「内地腹心，邊圉四肢，役四肢以驅腹心之疾何不可？」公行其言，而以彭公澤爲總制，兩總制破賊，刻日可乎平豹房義子多與諸賊交通，有通事王永者，得幸左右。中秋日潛引齊彦明見上於豹房。事發，下永獄，杖殺之。義子黨訴於上，將罪原問主事張元電，公曰：「刑官知有《大明律》耳」。事得解。壬申，盗平。九月二十四日，上降手勑曰：「直隸、山東、河南盗賊平定，内閣運籌定議，致有成功，仍廕子姪一人爲錦衣世襲千户。」公疏辭不允，三辭，上令吏、兵二部會看以聞。得旨改廕六品文職，公又辭，不允，至三辭，上鑒其誠，切許之。十月，勑加少師兼太子太師，華蓋殿大學士。

癸酉，四川流賊鄢本恕、廖麻子作亂，彭公澤總制征之。將行，請授方畧。公曰：「君才平賊無難，但忌班師早也。」彭問其故，公曰：「往時福建鄧茂七、湖廣劉千斤二賊授首，餘黨復作，以班師太早耳。」彭至踰年而賊平。會變起西夏，朝廷復命彭以往，至漢中，内江胡小二等作亂。彭歎曰：「石齋真聖人也。」

甲戌正月十六日，乾清宫災。公請上素衣御左角門，下詔罪己，令諸司直言時政。上納其言，公即疏言：「皇上嗣登大寶十年於兹，邇來災異迭見，水旱頻仍，盗賊縱横，夷虜侵擾，五星失度，千里飛蝗，隕霜雨雹之非時，地震天鳴之相繼，軍民困苦，帑藏空虚，今乃復有此變，聖明何以致之？罪在臣等，願賜策免。尤望念皇天付託之重，祖宗創造之艱，生民朔戴之切，早朝晏罷，深居簡出，親九廟之祭，崇兩宫之養，勤日講之御，復面奏之規，開言路通下情，還邊兵革禁市，罷皇店出西僧，省工作以惜民力，減織造以節民財，任正直忠良，親老成持重，庶人心感悦，天意可回。」上深悔悟，而義子輩詠言蠱惑，意乃懈。是月寧府陰結近習，獻燈於内，又欲遣人張設。公語文書房官曰：「王府無獻燈之例，禁中非擅入之所，恐有奸謀，不可不防。」尋請復護衛，公極諫止，謂：「伊祖以謀逆而革，劉瑾復之。方革還豈可又從其請？」費公亦極言之。時寧(夏)〔王〕厚賂諸權要，錢寧輩主之，旨竟從中出焉。

乙亥正月二十二日，留耕少保公卒於家。訃聞，旨言：「輔臣丁憂留用事，例你該部查看來説。」公即疏言：「該部自能據禮覆奏，聖明必能以禮處臣，但憑棺之情，遠繫萬里，奔喪之念，切在一朝。用是不候吏部查奏，輒敢上瀆，乞俯察愚衷，使得盡慎終之禮。」得旨：「卿春官舊學，輔導年深，德望才猷，朝野推重，特遵先朝故事，爲國留卿任用。宜勉抑内顧私情，以副倚毗至意。」八日，上特遣文書房少監秦用宣諭玉音：「老先生輔導重臣，國家人事多有倚賴。先少保喪事已令該部查例留用，望老先生以禮節哀。」公再疏陳情，得旨：「再覽奏具悉，卿迫切至情，但内閣重任，方賴老成，共圖治理。卿宜以體國爲念，再勿固辭。」公又疏言：「臣爲先臣長子，理當主祭送終。人子大事，少缺不可復補。且臣形神俱喪，心志荒迷，萬一臨事眩惑，是國家兩負，忠孝俱失矣。」奉旨：「卿屢乞守制，情苦詞切。今暫准奔喪，寫勑給驛。葬畢即來供職。卿弟廷儀，也著馳驛去。」遣行人呂律送歸，禮部郎中祝鑾諭祭，工部郎中王孝忠治塋域。輔臣眷注

之隆未有過之者。公既歸，上每臨對左右言：「何如楊先生有主張？」八月，遣少監秦用齎奉璽書宣諭并勑四川鎮巡三司等官守促上道。公疏辭謝云：「啟行兩月而詔旨即下到家，三月而勑使又臨枕塊。而承自天之恩，越紼以拜如綸之命，戀闕之情雖切，陟岵之痛方深。況人生大倫，君父最重。輔臣舉措，風化所關。喪親不能自盡，不可以爲子，禮義或少有愆，不可以範俗。若以庸劣之才，藉故事爲口實，當太平之世，襲金革之變禮，已自内媿，人其謂何。」上批答曰：「朕以輔導元臣，忠勤久著，特令勑使，守取速來。卿宜體朕至意，即日就道，以慰人望，再不必辭。」公又疏言：「君臣之義固無所逃，而父子之恩終不可解。三年之愛，人子至情，三年之喪，古人中制。羸瘠之軀，遽難馳於道路；哀毀之狀，亦有靦於班行。徒戾禮經，無補風化。」上鑒其真切，乃批答云：「卿孝思純至，固乞終制，覽奏良用惻然。今勉從所請，差去内官先回，待卿服闋，還著鎮巡官催促馳驛前來供職，以副委任。」公乃得終喪於家。

丁丑六月六日服闋，朝廷先期遣行人劉翀至蜀，以服闋之明日，同鎮巡三司府縣官詣公家宣璽書。公權時事難爲，堅不欲起。詔使在門當道守候，府縣住俸同促就道。不獲已，於八月三日發新都，至東河驛，復欲辭疾。陝西當道請曰：「近聞聖駕出居庸關，人情皇皇，公不圖輯寧以報國乎？」舟進潞河，京師勳戚、府部、卿寺、部署及臺輿校役皆相率出迎，自崇文門接通州，車騎雲擁。上在邊聞公至，甚喜，遣内侍賜寶鏹羊酒。十月二十一日入閣，疏謝且請回鑾，不報。十二月二十八日，與蔣公至居庸請駕，有旨止之。時北狩將歸，先遣人諭内閣府部各爲旗帳奉迎。錢寧來逼公首倡。公曰：「旂常在國，銘功臣耳；旗帳施親，舊里俗也。君尊如天，敢有瀆獻乎？威武大將軍是何名號？」上復遣所幸通使張龍來云：「朝廷說楊閣老不肯作旗帳，他忘了往年一遣内臣，兩遣行人，取之恩典過他大臣十倍。今乃執拗，問他懼否？」公曰：「雷霆之下敢不震懼？但不敢以非禮事君耳。」戊寅正月七日，駕回，候迎皆不用帳。上素重公，亦不謂忤也。公知道不合，遂謝病乞休，得旨：「卿元臣碩德，望隆中外，復任以來，尤切倚注，不允辭。」二月十三日，會太皇太后之喪，義不容不出，即復卧病。再疏言：「臣復任四月，在告六旬，師保具瞻，豈素飡之地，樞機重任，非養病之官。」上批答曰：「多事之際，正宜盡心匡輔。」又不允。三疏辭，益切。上曰：「耆德去留，繫時輕重。卿既爲朕倚注，宜以身體國。」復不允。令鴻臚官至家催召。十八日内閣題太皇太后銘旌，公不與，賜公白金寶鏹綵幣。公疏辭。未幾復疏，言：「臣之在告且及半年，以高爵厚禄待衰病之士，隆恩殊禮，寵尸曠之官，是徒取具員而不責實效也。」不允。再疏亦如之。五月，上遣大醫院使盧志、施鑑更番診視，又遣鴻臚寺卿張昱至卧榻前致命催召。公疏辭謝，上留之益力。六月，遣鴻臚丞翟宗仁來驗病勢。公疏辭謝者三，皆不允。上降手勑曰：「朕親統六師，勦除寇虜。内閣運籌定議，協力成功，賜白金綵幣，廕子爲錦衣世襲正千户。」公屢疏辭，皆不允。

己卯正月七日，上北征還。兵部侍郎馮清奏捷，傳諭擬旨奬勵威武大將軍。公曰：「皇上親征破虜，禮宜稱賀，從征將士亦宜行賞，但不可奏捷。今馮清本内開有『總督軍務、威武大將軍、總兵官朱』字樣，是以臣率君也。豈敢輕易擬音，以犯無將之誅？」即以奏納還。中使旋出德勝門迎駕，大閹張鋭馳至行幕，授公前奏，擬旨，公曰：「本内所稱威武大將軍者何人？豈馮清所當奏捷？我輩所敢奬勵耶？」鋭曰：「朝廷在教場立待旨而後入。」公執不可，鋭去復來，公曰：「必欲擬旨，須馮清别具奏云『前大將軍號止奬勵該鎮守臣』乃可，不然決不敢擬也。」鋭去，偕錢寧來，泣而言曰：「朝廷疑鋭言之不明，又令寧來，請即擬票。」公曰：「此事關係至大，今日不言，誰執其咎？」寧回奏言：「楊廷和堅執不回。」上令回閣擬旨，公與蔣公具疏執奏如前，止擬奬勵馮清，不及威武大將軍一字。公復卧病乞休，疏再上，不允。

時上又欲南巡，杖言者舒芬、姜龍等於朝。公聞之亟出，謂司禮近侍曰：「爲廷和轉言於上，各官諫止南巡，皆一念忠愛，爲宗社計也。今聞有死於杖下者，何以傳示天下後世？皇上承九廟之祀，奉兩宫之養，國本未建，人心危疑。見今軍民困苦，盜賊縱横，聖駕欲南去，遠涉大江，應接皆腹裏人，不比胡虜易辨。儻有姦謀潛匿，圍舟縱火，倉卒何以應之？又有宗室窺伺，或僞稱奉迎，誘至深宫，進退不能，消息不達，噬臍無及矣。」時宸濠逆謀已成，人無敢言者，公語及此，聞者竦然。明日，公與同寅三公伏闕留止，三日不得命。張鋭出左順門，公以前語司禮者語之。鋭曰：「此無與鋭事，公當親奏豹房。」公曰：「我知有乾清宫，不知有豹房也。若等朝夕奏事豹房，所奏果何事耶？」鋭汗顔而退。

五月十日，御史蕭淮上言宸濠謀爲不軌，衆相視無敢言。公曰：「寧府之謀天下皆知而不敢言，御史獨言之，難矣。然反形尚未露，先年宣廟征漢府回，學士楊榮、陳山奏趙府嘗與連謀，請移兵討之。楊溥、楊士奇以爲不可，請命皇親大臣往諭之，趙府即謝罪獻還護衛，不煩兵而解。」中使以聞，上令公撰勑，遣太

監賴義、侍郎顏頤壽、駙馬崔元往諭宸濠獻還護衛屯田，且令勿令諸賊亡命出入府中，改護衛爲南昌左衛，并論撫按三司知之。時內外權倖多與宸濠交通，口語籍籍。少監盧明曰：「不日有六國索晁錯事。」公曰：「晁錯爲國家計，瑾敗削衛不聞索錯者，今索錯豈有主之者耶？」崔元輩遷延不進，至浙江，聞孫都御史燧、許副使逵遇害，乃奔回，至天津，王尚書瓊使人要於路曰：「復命時當云寧府本不反，因削護衛乃反。」三使者不以其言爲然。南京以變聞，瓊猶庇之，復奏云：「寧府既反，九江彭澤何乃無印信文書？」公曰：「來奏云賊破九江，彭澤印信被奪。寧有印信文書耶？」瓊又復奏：「事有可疑，中間未審端的。」又曰：「尤爲可疑，中間恐有別情。」意在陽阻官軍，陰助宸濠也。公與廷辨盡發其姦，而瓊甚怨公，百計誣陷。然公守正，卒不能中也。七月加特進，疏辭不允，有「清德正學，體國忠誠」之褒。

時上欲親征，羣小慫恿之，意益決。公屢疏諫止，終不納。十三日，命司禮監集百官議於左順門。公與同寅三公曰：「此但當命文武大臣督京營官軍討之耳。此賊得罪天地祖宗，且無政以懷其軍民者，若出黃榜諭以順逆，使之勤王誅首惡，寬脅從，即旬日變從下生，不煩天兵矣。昔永樂中北征，有皇太子居守；宣德中征漢府，有鄭王、襄王居守。今聖駕出征，居守重任付之何人乎？」明日親征旨徑下，不能止也。兵部請內閣護從，又乞載御寶行。公曰：「戰，危事也，倉卒草野中，易起奸心。往時四川賊藍五鄢老人掘□廢印，尚且惑衆，況國器乎？即有除拜號令，亦凱旋行之，御寶無所用焉。」由是御寶不行而梁公、蔣公護蹕。又明日，有中人傳旨欲寫調土兵及王府兵空勑。公曰：「土兵反覆，不必調，王府無兵可調也。」竟不進稿。又明日，傳命寫威武大將軍勑，公曰：「朝廷親征，奉行天討，誰敢云差遣？又誰敢稱威武大將軍耶？近聞逆濠僞檄，方以失政爲名，威武大將軍是何政令耶？假作孽者謂朝廷親征乃稱威武大將軍，是何人降爲此名號？何人寫勑？請先誅戮然後興兵問罪，則今日之憂不在宸濠，而在此勑矣。」中使覆奏。少頃，上命蕭敬等十人及谷大用、張永、錢寧至閣中，以阻撓軍機促勑。公曰：「朝廷命臣下行事，乃用勑親征，將勑誰乎？」敬曰：「上旨嚴切，今日無勑令，敬等自投金水河死，不容見也。」公曰：「公等不必死，朝廷止罪廷和一人耳，可以此言奏，再遲一年亦不敢異初議也。」張鋭、錢寧色怒曰：「上意決欲如此。」公曰：「天子有争臣，我輩意亦決欲如此。」蕭等去，未幾即來，相率跪拜花臺下，公曰：「諸公貴人也，以此相待，置我於何地？我所知者，祖宗之法『奉天承運皇帝』六字，傳之萬世，誰敢改稱爲此號耶？」蕭等知不可奪，乃去。八月十九日，上將出，會公薦劉尚書春知制誥，有旨責公引用鄉里，令回話。公出閣中，遂有寫勑進者。明日乘輿行矣。

庚辰十一月，上還自南征，住通州，召公至行在，令擬旨，先誅宸濠，然後入宮。」公曰：「宗室有罪，必先告廟，令文武羣臣議罪以聞，而後誅之。此先朝故事也。令於通州行之，臣不敢奉命。」上曰：「先生亦爲此言耶？朕嘗檢宸濠私簿，朝中大臣多受賄者，獨先生無之，故以此委托，若入京後恐我亦不得主張矣。」時上疾已篤，且無主嗣，又深疑左右倖臣。公知不必再執，遂擬旨進焉。辛巳三月四日，魏彬、張鋭傳旨言：「郊祀大禮未舉，朕心未安。」又言：「太醫院用藥無功，求草野醫人冀萬一。」公知上意有在，非求醫也，乃謂彬等曰：「若有大變，公輩禍福在反掌間。」彬曰：「何謂禍福？」公曰：「我輩與聞，處之如倫叙，天下以安，內外同福，反是公等先受禍，次及我輩矣。」彬曰：「聽老先生處分，彬等豈敢？」十四日早，少監陳嚴倉皇來報駕崩矣。公即語嚴曰：「急啟太后，取興長子來繼統。」少頃谷大用、張永、張鋭至閣中，授公一紙，乃太行皇帝遺命也。辭曰：「説與蘇進、陳敬，我這病則怕好不的，你每與張鋭叫司禮監來看我。我有些好歹，奏娘娘與閣下計較天下重事，要緊，不關你衆人事，是我誤天下事。」公讀罷，舉哀畢，曰「羣臣止哭」。遂取《皇明祖訓》示諸司禮曰：「大行皇帝未有後，當遵祖訓兄終弟及之文，急啟皇太后降懿旨，太行皇帝降勑旨，遣司禮監文武大臣各一人奉迎興長子來即皇帝位。」於是遣大學士梁公儲、司禮太監韋彬、谷大用，定國公徐光祚，駙馬崔元，禮部尚書毛公澄公持金牌信符授之。公意不欲遣韋、谷，倉卒防變，故不之更。

初聞變，公先命閉閣門。時權奸各欲立非次以貪功避罪，相求如市賈，皆不得入。王瓊聞閣門閉，大沮。議定，奉所擬懿旨及大行皇帝書，入啟畢，就左順門宣諭朝臣。衆皆躍然大呼曰：「天下事大定矣。」朝臣就閣中謁謝，且賀曰：「昔呂端鎖王繼恩，韓琦斥八大王，恃權專任重也。今無其權而事又獨難，然定策頃刻間，權姦拱手，外朝不知，加呂、韓數等矣。」公曰：「祖宗功德無疆之福，亦同官協力所致。予何力之有焉？」遂擬旨散豹房官軍，令太監張永、張忠、武定侯郭勛、安邊伯許泰、兵部尚書王憲提督優恤，揀選團營官軍分布皇城四門及京城九門防守，令威武團練營諸軍各回原營，各邊鎮守太監各回本鎮，革皇店官校并軍門辦事官旗、校尉俱回本衛。命哈密及土魯番諸處貢夷人當放回者，該

部照原擬賞之，差人送回，餘會同館館之，關防出入。佛朗機一差人回廣東。聽候豹房番僧及少林寺取來和尚，各歸本寺。南京馬快船隻常例聽候外，盡數發回各處。帶來各色匠役、樂工、水手等，各回原籍。命東廠錦衣衛及五城巡視御史嚴夜禁，捕盜賊。皆出公獨斷，而以先帝末命行之。或曰：「此等事何不少留待嗣君行？」公曰：「機會間不容髮，時權姦人人自危，若不急解之，倉卒有變，誰能制耶？」九門防守之命既下，許泰意若不怡，邀兵部王憲至閣，欲有所言。公問則徙倚不對，而私相誶語。公曰：「危疑之際，所仗在提兵諸公，報國正在今日，欲言則直言，何令我輩揣摩耶？」憲曰：「許總兵與江平虜同事西官廳，今用許防守而遺平虜，以此未安。」蓋爲彬地，且以脅公也。公曰：「團營根本，故留平虜主調發。」泰不應，以舌澤吻作怒色，且微語曰：「這箇賊。」公問：「賊誰？」泰曰「李琮」，又曰：「泰家止有三百人防護。」泰意又以琮脅公也。公曰：「今日忠臣義士無不奮力，琮欲何爲？自取滅族禍耶？」泰曰：「李琮兇狠，平虜腹心也，泰亦憂之。」公曰：「有諸公在，琮不足憂，亦無能爲也。許公必欲與平虜同事，可一言決之。」泰意不明，與江彬異同，欲持兩端以窺趨避耳。頃之提督張洪至，言彬可防。公曰：「君何疑江反耶？江征流賊回，豹房過隊，先帝見其耳帶箭鏃，喜其驍勇，因留置左右。既而護從巡狩，一時內外文武皆有之，不獨江也。江何罪而欲反耶？近年反者內有寘鐇、宸濠，外有劉七、藍五、鄢老人，皆隨起隨滅，江內親外衆，曾不比數賊，假欲萌非望，即顧盼間虀粉矣。誰肯同之，自取滅亡哉？若江能與諸公協力共濟，嗣君至日，閉門辭爵，不失富貴，何必自疑？人亦政不須疑之耳。諸公本兵安所出策，我書生握數寸管，無能爲也。」洪唯唯而退。洪蓋爲彬遊説以探公意，而公對之語有操縱，江聞之稍安。是夕京城市間人馬介然有聲，人心皇皇，以爲彬且反矣。又聞彬在家不成服齋宿、不哭臨。公深憂之，以一刺投彬曰：「謝江公，大事多賴鎮定。」彬喜，以爲楊公不我虞也，乃成服齋宿。

十七日朝臨罷，公告蔣公故，蔣公曰：「連日介介於懷者，正以此耳。」公曰：「彬手握重兵，發之須得機會。」是日坤寧宮安獸吻，彬入，吉服行禮而壽寧侯張鶴齡被勑之。安陸公偕蔣公入用璽，則大閹俱在。公命屏左右，謂魏彬曰：「大功已定，大患未除，未爲全美。」魏問其故，公以魏與江連姻不可徑言，先慰之曰：「古人大義滅親，周公誅管蔡，王導滅王敦，至今流芳青史。公雖與江爲親，乃勉奉大行命，非本意也。今外議紛，若不早請□太后擒之，恐彼不自安，將貽興嗣君以憂，未免爲大功之累也。」張銳疾言曰：「彬有何罪？」公曰：「如擅入邊軍，禁內擅立威武團練營，擅改團營爲西官廳，擅立鎮國府，所犯不一，死有餘戮在。」魏曰：「實然無所逃死。」銳猶極力爲辨，公曰：「不須回護，我輩言出禍隨，已委致身家。公雖無子孫，獨不念祖宗墳墓與兄弟耶？嗣君途中萬一聞變而驚，張公請保任其責也。」公辭色俱厲，陳嚴贊之曰：「且收得在，若嗣君或寬宥之。今亦擬旨監候耳。」蔣公曰：「了此然後哭臨。」銳曰：「何故太急？」公曰：「此事間不容髮，顧可緩耶？」即擬旨奏太后，與蔣公候於閣中。久未下，公曰：「權璫對我輩言，尚百計攔截，在宮闈豈肯贊成乎？若不捷，禍必先我二家。我輩豈可離此地？誠死此亦得死所矣。」蔣公曰：「天祚我明，必無此事。」頃有報宣候右順門者，久之，陳嚴來曰：「江彬已擒矣。」幾逸出，彬行禮畢，張永潛使人報之，遂奔西安門，以西官廳文□□□，中道折向北安門，當關者曰：「有旨留提督。」彬叱之曰：「皇帝何在，安所得旨乎？」手批門者，守門人□□追者至，縛之。時久旱，遂兩城中讙聲雷動，爲之謡曰：「拿了江彬，朝廷安穩。」蓋以吻爲穩也。頃之李琮亦自其家縛至，罵彬曰：「汝早聽我言，豈至於此？」彬曰：「悔不自斷。」其子恕、其母亦然。收捕者云：「彬已分布腹心於東西北安三門，衷甲裹糧，立馬以伺動息。」非公先以計安之，後出其不意而擒之，京師百萬流血，成敗猶未可知也。是舉也公之成算，而贊其決者蔣公也。彬之未擒也，或有密請於公者曰：「一力士之力耳。」公笑曰：「客談何易？安得此大力士耶？」其慎密如此。

嗣君將發安陸，左右猶以此爲疑。聞彬已擒，乃欣然啟行。四月二十一日，漏下二鼓，嗣君至行殿，召公及府部大臣宣諭，三上箋乃允。五鼓由正陽門入，議以明日大昕即位。自三月十四日至是，三十有八日也，公承虛扆總已，內外晏然。十六載弊政姦人皆，擬於即位詔除之。公日夜殫盡心力，草置函中。公侍行殿，蔣公先歸閣中，整理文書，詔條內若軍門，皇店，官校，豹房，番僧寫亦虎仙數事，公別書密緘之，不敢露草。蔣至公家，諭家童取去，人莫知何文書也。黎明時進稿，請嗣君批紅，出方鳴鼓。是日向辰，文書官來，言欲去關切中人者數條，公曰：「數年以來，事有齟齬，不曰西邊不可，則直稱朝廷不從。今嗣君至，便有此，乃知前日負大行多矣。即此廷和便當去，今日拜賀新天子，明日即跪奉天門前乞休，且問皇上初至，何人於左右欲更詔書？雖死亦甘心也。」蔣、毛二公皆力言之，文書房官知不可，乃持回。久之鳴鼓，批紅猶未下。公與三公亟趨華

蓋殿後，往來玉除間不見一人。乃復趨奉天殿下，見直殿者要文書官來相見，語之曰：「亟去。萬一悞事，我輩且有說。」或言：「批紅不下，明日開讀亦可。」公曰：「自古人君即位，雖草昧中亦須下詔改元，以新天下之耳目。今日若無詔書，不知所改是何年號？人心惶惑，恐有他虞，誰任其咎？」文書官懼，乃入奏。批紅出，改明年爲嘉靖元年，詔下，宿弊盡革。讀罷，滿朝士夫、京城老少皆踴躍歡慶曰：「真天子也。」二十四日，上召公及蔣、毛二公見於文華殿。公曰：「陛下順天應人，爲天下臣民之主。初至行宫，雨澤隨降；一登寶位，天日開明；可徵宗社萬年之慶。伏願敬天法祖，修德愛民，任賢納諫，講學勤政，永建太平之業。」上曰：「先生每說的是。」賜酒饌而退。

二十六日，科道交章劾内臣、武臣亂政，公擬旨盡下獄。明日，劾文臣王瓊等二十餘人，公擬旨俱令致仕，上不可，下内閣改擬，言：「内臣張鋭、張忠等，武臣許泰、錢安等俱擬下獄，文臣亦有朋姦亂政、罪惡顯著者，皆輕貸，何也？」公曰：「文臣亂政者誠有之，但所壞止一衙門，壞事者退則衙門復清矣，非如鋭、泰等蠱惑朝廷，移居豹房新寺，南北巡幸，離間宫闈以致國本中絶也。」中使曰：「王瓊先在兵部，頭戴爪刺，身著帖裏，親至豹房與朝廷飲酒，非蠱惑而何？」公曰：「此事外人都未知。」於是擬瓊冠帶閒住。不可，乃擬爲民。明日又發下，必欲下之獄。瓊危迫甚，捃摭誣奏，冀公引嫌迴避，將有庇之者。上覽奏怒甚，欲重治之，公復爲救解。時久旱，瓊既下獄，雨隨降。御史李獻等奏，比之烹桑弘羊云。

二十八日，召公及蔣、毛二公至文華殿慰諭，又命太監張佐傳諭上意，欲公發王瓊黨宸濠事。公曰：「外廷自有公議，刑官自有正法。廷和不與校也。」蓋瓊朋姦黨逆，罪惡昭彰，至如誣害彭澤而虎仙脱罪，因入豹房交結錢寧而臺諫章疏俱從改擬，皆朝臣所共知者，公故云然。二十九日，上復召公面諭曰：「先生每爲國勤勞，朕悉知之，宜安心辦事。」公頓首謝，賜齋而退。

自成化以來，朝廷所病者冗官冗食之費，臣下建議，未能裁省。劉忠宣公受知，孝皇上賓，太監劉瑾奏止之，東山以此怨謗叢集，身幾不免。正德中冒濫尤甚，十六年四月以前在京官軍、旗校、勇士、軍匠人等食糧之數共三十七萬二千七百餘員名，一歲支米三百九十八萬八千八百餘石，歲運四百萬石之數，除海運三十五萬石外，雖盡數至京，亦不能支。公深憂之。上即位詔革人數十四萬八千七百七十有餘，實支米二百四十五萬六千四百餘石，所省一百五十三萬二千四百餘石。國計雖紓，而大怨叢集，爲之謡曰：「終日想，想出一張殺人榜。」皆裁革之徒騰之也。公未辨色入朝，有持刃恐喝於道上者。上聞之，令兵部撥官軍百人護公入朝，名隨朝軍。時上在諒闇，居文華殿。公疏言：「陛下嗣登大寶，一月以來用人行政，無所不當。又聞視朝之暇，惟以觀書寫字爲事，堯舜之聖，可以復見。只今夏日書長，章奏多暇，敢請日講祖訓一二條，臣等躬候便殿，直説大義，以爲聖學萬一之助。」上嘉而行之。

先是錢寧與江彬有隙，彬發其黨宸濠事下獄。上即位兩月，法司方議其罪，寧平日厚遇士大夫，中外皆爲所餌。時有爲之彌縫者，鞫之不得其狀。公曰：「錢寧改易鎮守，進退大臣，受寧府賂遺，假以護衛屯田，罪同逆瑾，豈得輕貸？」會籍没江彬家，得取宸濠世子司香手勑，諸司禮令文書官持至閣中，謂是錢寧所爲。公曰：「寧罪惡至此，我輩在外豈得盡知？」於是擬旨，正其罪焉。張鋭、張忠于經許泰等十數人下獄，久未決。鋭等行賂中外，動以百萬，法司曲庇之。又賂内庭，得旨充軍而已。公發憤上疏曰：「科道官劾奏張鋭等罪，陛下震怒，下之法司，聞者交慶，謂是大有爲之君也。既而法司議上，命會官詳審。臣等擬票請呈亦從，上改竟至寬貸，聞者喪氣解體，以爲不誅此則國法不正，公道不明，九廟之靈不安，萬民之心不服，禍亂之機未息，太平之治未臻。自古帝王制刑三千餘條，曰元惡大憝不待教而誅。《大明律》首以十惡不待時而決，如鋭等所犯是也。此輩縱不皆誅而張鋭、張雄、張忠三人與錢寧、江彬同惡，決不可赦。今執奏者未已，陛下仍以有旨答之，令紛紛之議上及宫闈，下逮左右，可乎？願賜獨斷，追回此三人監候處決。」上令籍没其財。

元年壬午三月二十五日，上降手勑曰：「朕入繼大統，大學士楊廷和、蔣冕、毛紀首先定策，功尤顯著，俱進封伯爵，給與誥券，子孫世世承襲，食禄一千石。」公上疏辭，上批答曰：「卿累朝元老，德望隆重，當國勢危疑之際，首定大策，翊戴朕躬，計擒逆彬，潛消禍變，中外奠安，功在社稷。朕嗣統以來贊襄新政，釐革宿弊，罔顧利害，備竭忠誠，朕心嘉悦，特加殊典，以答元功，宜勉承恩命，副朕倚毗至意。」公再疏言：「有無妄之福，必致無妄之禍。臣因攀附得效涓埃，豈敢過有希望，以速無妄之禍哉？伏望聖慈特賜矜允，雖不敢自謂勞謙之有終，亦庶幾知足之不辱。」上復批答云：「卿在先朝隨事匡救，備竭忠悃，中外共知。朕繼大統，實卿定策迎立，既安宗社，又能除奸弭亂，寧一衆志，功勳顯著。前此所擬封爵之加，出自朕心，宜勉承恩命。」三疏四疏，上批答數百言益切。五

疏公辭，且言「不得請必求去」。上批答云：「朕以報功宜厚，已着定擬爵名，卿乃屢疏懇辭，決以去就，特允辭封，以全卿廉讓之節。」寫勑褒諭，賜宴禮部，仍廕一子爲錦衣衛指揮，永遠世襲。公又辭，上批答曰：「朕念國統未定，事勢危疑之際，卿三人能同心協謀，奮定大策。其時江彬稔惡負重，尚握重兵，心懷不軌，禍機難測。卿又能即擒獲，不動聲色，潛消大變。朕雍容入朝，中外宴然。考之前史，漢文帝、宣帝繼統之後，亦嘗加封丞相楊敞、蔡義等邑户。我太宗以尚書茹常有默相事機之功，亦進封忠勤伯。況《大明律》内明載出將入相，能除大患，盡忠報國者同開國功勳一體封拜。朕前日加封爵，義不爲過，重違卿雅志，已聽辭免。賜宴進階録廕，畧示報功之意，宜勉承之，不必過爲高潔，以傷朕懷。」公方欲疏辭，是時因公攀援爲錦衣者數十人，兵部上議處奏云：「定策之名，在臣下固不敢言；定難之功，在諸臣亦宜有別。武皇彌留之時，國祚安危之際，往日欺君悞國、竊弄威權、惡極罪大者，人思脱禍之門，朋奸附黨、各持兩端者坐幸非常之變，逆謀已形，事機頃刻。蓋廟堂之上幾事不密，姦雄之後得逞所欲，國家生民之禍固不忍言，而二三密勿大臣之家，不首罹虀粉之殃而無噍類乎？此等潛消禍變，再安宗社之功，尚不敢受封廕之報，況代來驟遷禁掖舊任者乎？宜加楊廷和以别樣恩典，以爲大臣忠勤之勸。」得旨：「楊廷和既准辭伯爵，朕心缺然。除廕子錦衣衛外，再廕一子四品文職，世世承襲。楊廷和本職上進二階。」公知上意堅不可回，乃上疏以疾求去。上温旨極褒美留之，令鴻臚來諭意。

公自新政以來，以身任天下之責，一事未善，輒憂於色，食爲之減。嘗密啟陳論，有大不得已，乃疏言之，如請崇聖孝，隆聖治。請拆毁保安諸寺，請毁石經祠宇，請慎命令以保新政，請慎始修德以隆治化。其目有敬天戒、法祖訓、隆孝道、保聖躬、勤民事、勤學問、慎命令、明賞罰、專委任、納諫諍、親善人、節財用，又請經筵日御及節省供應，上皆温旨答之。而必見於行，不徒言也，故新政翕然有堯舜喜起之風。科道論列亦稱公骨鯁如古社稷臣。公曰：「嘉謀入告，出不語人，我輩事也。顧古今異勢，宫府隔絶，特假章疏以達耳。以此爲我聲名，妖孽我孰甚哉？」十二月史道、閻宏、曹嘉因不得翰林官怨公，乃扶同誣奏，公疏求退。上批答曰：「卿以正學直道輔佐先帝，隨事匡救，備竭誠悃，力止護衛，諫止巡幸，以死自誓，不寫威武大將軍勑書綵帳，不附權倖，逼令回話。先年聞父訃音，旬日之内連章乞歸終制，忠孝大節，中外共知。及國勢危疑之際，又能計擒逆彬，俟朕從容嗣統，功在社稷。更化以來，除奸革弊，褒進忠賢，知無不言，罔顧利害，勳望隆重，朝野稱述，簡在朕心，方切倚毗。豈可偶因一人挾私怨望，譏佞排陷之言，輒求休退？鴻臚寺便往諭朕意，即日亟出供職，以副眷懷。所辭不允。」數日尚書彭澤，給事中鄭鵬、毛玉，御史陳講、劉廷簋，少卿楊一渶，郎中唐□先後奏道等挾私害君子，上覽之喜曰：「此朝官救□先生本也。」下道獄。公復爲救解，上又日遣中使促公出，禮意優隆，不得亟去。

先是大禮議起，公首執議，召對面言不可者三，封還御批者四，執奏三十餘次。司禮太監奉命來閣中講論者三十餘次，公執不可，用是左右得以間之。是後所言多不合。道士陳應楯、李雲容貴緣進用，蠱惑，公疏論唐虞三代之興，梁武、徽宗之亡，請行拿問，明正其罪。工部郎中葉寬因爲皇親陳萬言建第遲期下獄，公疏救之。又論谷大用混占産業，乾没官銀百萬之罪。江彬黨李琮行賂左右，臨刑將貸，公疏請急誅之。時上頗事齋醮，公疏言：「人君一身天下根本，欲出入起居，所行皆正事，在前後左右，所用皆正人。臣等於十六年四月以前啟請懿旨，凡尚衣、尚冠等執事，茶房、膳房、宫殿答應人員預選老成慎密之人以待陛下任使。又嘗極論異端邪説，宜早斥絶，齋醮祈禳，不可輕信。今無故不時設醮，賞賚之費，移之以賙窮困。又請止織造太監，并不寫勑，自是左右譖構益甚。甲申正月公上疏乞休，不許。再疏，上乃允之，寫勑馳驛行，月給米六石，歲役夫八名。又以前功廕子一人爲錦衣世襲指揮使。

時都給事中李學曾等上章留公曰：「以道事君，不可則止，在廷和則得矣。若人惟求舊，陛下未加之意乎？」御史涂相等言：「伏讀綸音，仰窺聖意，既云政理相關，連章具辭，則知爲謀議不合而去矣。」又曰：「前次有旨論功錫與世廕，則知其靖難王室不爲無勞矣。聖明未嘗不知廷和也，何遽准致仕而不勉留之乎？」給事中葛鴻言：「廷和不撰織造勑，爲陛下社稷謀也。何不鑒其忠而反厭其執拗耶？」南京給事中顧溱輩相繼言：「先帝賓天，禍在旦夕，廷和與諸老臣協心排難，翕息之間擒逆彬，剪羣黨，功不可誣。」御史范永鑾歷疏公翊運扶危，洗天浴日，功在社稷。嗣是臺諫章奏或特薦公，或連蔣、毛、喬、汪諸老者，不能悉足，覘公道之在人心也。

公歸絶口不及時事，日與親戚故人行田野，話桑麻，瑞虹司馬兄弟倡和爲樂，泊如也。戊子，朝廷下勑諭云：「楊廷和謬主濮議，指示禮官，爲罪之魁，革職爲民。」公聞之怡然。己丑五月，因子恒卒，慟悼過傷。六月公夢天門開，二幡委地，若神衛相迎者。二十一日，顔色温粹若平時，夕沐浴，端坐几上而逝。時

暑熾，忽霖雨，涼如深秋。長子慎以罪戍雲南，聞訃告於巡撫歐陽公子重，會黔國公沐紹勛、太監杜唐、御史劉臬奏請假回蜀襄事。嗚呼痛哉！

公少有大志而兆亦非常，嘗夢天門開，見綽楔題曰「際昌辰在」，童丱時勳業已定矣。天資孝友，器宇宏深，聲色無益之戲一無所好，端居讀書而不爲章句文辭之用，古今治亂始終，君子小人用舍留意甚篤。國朝自洪武迄今，輔臣之建白，部署之職掌，將帥之功罪，邊防之沿革，禮樂刑獄、水利學校、賑濟荒政，言其事若人，又詳其年若月，至於身所未經之地，言其山川里俗，若指掌不爽，此非盡得之書中也，賓筵偶語時罔不究心，意欲設施之耳。

正德中劉瑾亂政，錢寧、江彬繼之，又值寘鐇、宸濠兩宗室之變，公自守介然，不爲所汙。瑾賣官鬻獄，天下府庫財半入其門。既欲盡去官府簿書，以滅其跡。一日來閣中問曰：「諸司文卷無架閣處，部中議欲焚之。」公曰：「圖籍國家所重，可遂棄乎？貯之通積庫或千步廊可也。」瑾憮然。明日乃移之千步廊焉。或有怨於彭文思者，遂移之江西一省。會萬安舟子盜殺交趾貢夷，乃嗾瑾窮治其獄，并奏減江西科舉額數，禁江西人不得爲京官。又謂王安石禍宋，吳草廬事元，欲榜其罪於朝。瑾主其言，來閣中議之。公曰：「吳、王皆往事，盜賊處處有之，今偶因一時一事有此舉動，恐駭四方聽聞。」瑾怒曰：「出榜朝堂，前代亦有故事。」公曰：「非盛德事，可爲主上累耶？」事乃止。其從容服强禦有如此者。

錢寧氣焰薰灼一時，嘗置酒集公卿，寧自候公門，又令張龍輩請必往，公曰：「朝廷在外，豈我輩樂飲時耶？」竟不往。公丁憂歸，寧餽千金玉帶一束，不受。涿州人王豸臂有瘤形，類蜥蜴。張永羣校緝得之，曰：「此龍形也。將惑衆。」校尉輩皆陞錦衣官而永自欲封伯，旨徑下，公曰：「自古内臣封爵如五侯、童貫，非美事，亦不克終。若本朝則絶無也。誰敢爲此赤族事耶？」永曰：「劉馬兒太監封侯何謂無也？」衆無言，公曰：「劉馬兒族人有功受封，非其身也。其墓誌在岳蒙泉文集。」即命中書取《類博稿》來，手揭示之。永乃止。

自成化以來寫亦虎仙構土魯番，據哈密奪金印，爲邊害數十年。彭公澤嘗遺之諭土魯番，乃私許以厚賞。彭欲罪之，虎仙乃賂王瓊瑰玉重百三十斤祈免罪。瓊遂誣奏彭公而虎仙得脱，自是得近侍豹房，父子俱授錦衣指揮使。公慮虎仙外知邊方虛實，内覘朝廷事情，脱罪而歸，必將據哈密自立，大爲邊患，不止如宋元昊時事。乃擬就改元詔中擒之，不假兵革而邊患潛消。

迨正德末年，鑾輿四出，公居守在内而天下晏然。至受武宗遺命，定策之功尤偉。議者謂周室重熙，成康易代，猶陳虎賁以備應門，執干戈而衛翼室，書之顧命，以示後世。韓琦之立英宗皇子已在宫繼立，自有成序，史臣尚謂呼吸之際，有雷有風。未有如今日虚大位以四旬，迎嗣君於千里，抽戈思逞者近在蕭墻，擁兵助逆者匝環禁甬，以今較昔，豈止呼吸風雷而已？而公從容處之，略無劻勷，散積卒於紙上，擒首惡於掌中，則公功又倍韓琦矣。

正德中言官劾權倖，得公言解者數十人。其諫止巡幸，被廷杖者存亡皆厚卹焉。又請悉發正德中留中章奏以付史館。刑部主事宿進建言忤旨，刑部尚書林俊因執法被旨詰問，公皆力救之。所以獎直臣勵士氣者至矣。止裁革冗食，官軍雜校甚怨之，鬫其私，構之左右不得，相與咀呪於神，或卜公禄命，曰：「楊公何日死，我輩必復矣。」公明知其怨而爲國家任之不辭，裁抑恩倖尤力。然屢辭爵廕，正己以率之人，固無得訾公者。

居家儉素，食不兼味，衣自命服外及幃帳皆用布。教子極嚴，諸子科第相望，公不爲喜，曰：「讀書登科是第二事，修身齊家乃第一事也。」貴極人臣，門第如貧賤時。尤以濟物爲心，鄉有涸田萬頃，公視其水利，鑿渠灌溉，鄉人德之，名「學士堰」。又辭建坊銀，以修邑城，城成而賊至，旁縣避兵，賴以全者萬數。留耕公曰：「吾子相業，老夫不知，即此二事亦大功也。」又嘗置義田於縣城西，凡族之不能婚葬者咸資贍焉。嘗謂諸子曰：「吾立身四字『正直忠厚』。」又曰：「爲人不可不學道，但不可以道學立門户。汝輩觀我平日果有媿於道者乎？」

公嘉言善行不能殫述，在位天下仰之，去位天下惜之，既殁天下紀之。故太師李文正公曰：「文章我不敢辭，經濟大業須歸石齋。」太師梁文康公曰：「天下大事非石齋莫能濟。」公憂歸，虚位以待，服闋則請於上，遣行人促就道焉。少傅蔣公稱其：「忠誠而剛正，知有國家而不知有身。」少師費公稱其：「首定大策，備患防微，慮無遺算，不動聲色而措天下於泰山之安。」少保石公稱其：「竭股肱之力，安社稷以成維新之治。」冢宰喬公稱其：「身任天下之重，竭盡心力，卒成中興王業。」見素林公稱其：「受遺定策之功，狄梁公爲唐，司馬公爲宋，不是過。」司馬幸菴彭公稱其：「忘身與家，□□祖宗列聖教養簡任之恩，孔孟程朱講明授受之學，罔計利害死生者，惟石齋一人而已。」席文襄公與公議禮不合，其章奏亦曰：「楊廷和社稷臣，嘉靖一詔，千古不磨。」又曰：「楊廷和有大功，他日麒麟畫形。」凡此皆正人君子之論，公議之不容泯者也。

平生建白有《題奏録》、《辭謝録》、《視草餘録》、《新政日録》，文集詩集若干

卷。公上三世祖考皆贈封如公官，妣皆贈一品夫人。初娶黄氏，贈一品夫人。繼喻氏，封一品夫人。側室蔣氏，以子恒貴，封孺人。弟五人，廷平舉人；廷議兵部左侍郎；廷宣舉人，平、宣皆先卒。廷曆以公移廕爲國子生，大臣之廕弟，自公始也。廷中，學宫弟子。子四人，慎，辛未狀元，官修撰。議禮得罪，編戍雲南。惇，癸未進士，兵部職方主事。恒，承廕録爲中書舍人，陞大理寺副。忱，舉人。女二，長適翰林修撰余承勛，次適舉人劉大昌。【略】

公卒之年十二月二十二日，以庶人禮葬公於縣城西留耕公封塋墓側。丁卯，穆宗即位，科道文章奏公大節不虧，應得卹典。下禮部議，云：「楊廷和性格忠貞，才優經濟，相武廟於危疑之日而訏謨默定，克收旋轉之功；翊先皇於繼統之初而朝政一新，懋贊中興之烈。厚終正始，勳庸卓著於兩朝；直節高風，譽望尚流於四海。」上允其議，贈官太保，謚文忠，命中書舍人戢汝止治葬，遣四川布政司左參政楊成諭祭，凡九壇，廕一孫爲尚寶司丞，一孫入胄學。隆慶己巳正月二十七日乃改公墓，與黄夫人合葬。

《國朝獻徵録》卷一五趙貞吉《特進光禄大夫左柱國少師兼太子太師吏部尚書華蓋殿大學士贈太保楊文忠公廷和墓祠碑》

惟皇天篤我明之祐，間出哲臣，爲社稷隷，二百年間如仁和于公暨新都楊公，乘所遇時，力於隷事最著矣。蓋正統己巳，土木北狩；正德辛巳，威武南征。隕空沉陸，變起非常，非有握補天之器，挾移斗之能，安敢授手其間哉？于公已表於憲皇之世，楊公之没久矣，頃者恭遇我皇上，奉我世宗皇帝遺詔，復公之官，加贈太保，謚文忠，廕一孫爲尚寶司丞，一孫入監，遣官祭葬，恩數備至。嗚呼休哉，不忘臣下之勞，其國家有道，靈長之福乎？於是始皆談誦公行事矣。

公名廷和，字介夫，系出湖廣之麻城。五世祖避亂入蜀，居新都。以天順己卯九月十九日生公。幼以奇穎，舉於鄉。少年讀中秘書，才器恢廓。鄉先達司馬余肅敏夙重之，歸老之日獨持《大明律》與别，曰：「介夫當相天下，爲我熟此，以助他日謀斷。」蓋□□三十年，修文講讀，聲譽茂籍，時輩視之已若麟角鳳毛然。正德丁卯冬，自南户部尚書同長沙李公辦閣事。是時孽璫之熖毒蒸寰宇，數年内駭奔未息，南平北討，政府囂欲而長沙亦倦念去，欲令公代己也。嘗語人曰：「吾於文翰有一日之長，若經濟事須歸介夫。」夫余公識公於早歲，李相察公於同事，非楊氏之鮑叔哉！

壬申冬，李去，公始獨任。時公丁憂，朝議奪情，疏亟上，議得寢，惟令撫按官與坐守長隨刻服制日促上道，此起用輔臣之異數也。噫，公再進而時事益難爲矣。武皇帝匹馬捶居庸關，踰上谷，入雲中，望獵陰山，旋以威武南下，則九五位虚拱將踰歲矣。嗟嗟，自宸濠播亂，訛言載路，包藏禍心者可盡防禦，人心將涣，大勢將傾。仕者詠同車之招，居者懷恤緯之憂，此何景耶？公血誠隻影，周旋其間，遠奉綸音，近承慈旨，大合衆謀，小事獨斷，竟俾邊無鳴鏑，衢寡驚柝，安平且泰，俟上之回。嗚呼，可不謂公勞已乎？大駕至自通州，事勢愈急，四家鋭卒環布，□□□在側，磨牙啖舌，儻機事有一毫之纇，則禍不測，可忍言耶？嗚呼危哉！公外示安徐，密祈内旨，許其從事，始以一刺詒彬入賀獸吻，縛之按柙虎之機，此蕭、張擒信之智也。旋以優賞犒思歸官卒，令掃迹出關，成逐羊之勢，此周勃收軍之勇也。軍收而司農之印可不倒矣，信擒而郿塢之臍可不焚矣。嗚呼，可不謂公功已乎？然後清宫警道，迎真主，開明堂而治之，布明詔，與天下更始，而天下大定矣。嗚呼，可不謂公忠已乎？

當是時，公之勳名著矣，風烈高矣。尊親議起而事之大難處者亦隨至矣。遂以癸未冬去位，蓋公去而時事日異矣。公嘗嘆曰：「衆尤交責，吾何逃乎？義之尤我，命也；人之尤我，遇也；事之尤我，時也。吾惟有去已耳夫。」以公之圓機達識，豈不知詔者上之令也，不便雖十易之，孰禦？特以處君父骨肉情禮之間，身任兩宫之責，豈敢操一切徑情之説乎？必推心挈度，劑量而調適之，以和無體之，至禮保忘名之完名，俟泰陵掃官役作而徐圖其後，豈晝晚哉？然欲即以回執禮正名之論，則勢不可也，豈非命哉？公之決於去所以免義我尤也。往在漢廷博議，是者不以加秩，負者不以奪稍。據經研義，非擊摶之司，是當求裁，無滅異之厲。四子之於公，獨異是乎？豈非遇哉？公之決於去，所以免人我尤也。世復有不齊之論，出於意見之偏錮，於習聞之久，附聲和響，齟齬寔繁，徒致聖主懷怒，疑有諷嗾，罪且不測，豈非流俗未易卒變，時固然哉。公之決於去，以免事我尤也。夫以公之功勞靖忠而博此三去，惴惴焉，懼補過之無地，大臣之道豈易盡哉，悲夫！

傳稱公幼讀書日以卷計，長於學無不貫，惟以資經濟，故於當代典章、條格、人才、政績、邊防、阨塞、軍伍、錢穀，叢瑣遠邇，心計耳濡，如身親周旋而抵掌可述，酬答機務之際，殆裕如也。張永以東廠功乞封，已持内旨，引内官劉馬兒例要公。公曰：「劉以功封其族人，非封自身也。事載岳公《類博稿》。」中取示之乃已。其談笑解紛，易易如此，而不知由於宿昔之精博也。至當大事，智勇奮

溢，臨九死而不回，此則非人易及亦非可易測者矣。初輟草威武勑，已濱死，逮嗣君未至，承制專斷者廿七日，駕抑奸雄如泰如瓊，稍疎皆足以死。新詔裁革人數十四萬八千七百餘，歲省太倉粟一百五十三萬餘，怨聲洶洶，謡曰：「終日想，想出一張殺人榜。」於是公出入護以衛士，益岌岌鄰死矣。然而不死也者，才也，亦忠也，有默相也者耳。公閣僚廣東梁公之論曰：「天生斯人，以了今日之事。大匠之任不可代也。」于是虚閣中首席，俟公起復至而居之。斯則公未卒而論已定。公少時嘗夢天門開，遥瞻棹楔曰「際昌時」，而公顯。其老也復夢天門開，有二幡導公冉冉以去，而公卒。公殆天人，禀間氣而生者耶。

公在位一辭伯爵及太師、太傅，二辭錦衣衛千户廕，三辭文職四品世襲廕，居家儉素，食不兼味，衣自命服外皆布素，子弟科第相望不以爲喜，曰：「此末事也。謹言行，修身齊家，斯乃道之大者。」幼不好弄，比老而聲伎不一至於前。位極人臣而居處同於寒素，顧濟物之心則拳拳無時已也。公生宦遊，每歸則爲鄉人建一惠局。初通水利灌涸田萬頃，鄉人德之，號爲「學士堰」。次捐建坊費修縣城，城成而賊至，完生命萬計。次置義田於城西北以贍族人。蓋三歸而修創利物業三焉。若他言行之詳，當有如王巖叟、馬永卿輩書之，未易舉也。子慎，正德辛未科及第第一。惇，兵部主事。恒，中書舍人，先公卒。忱，舉人。公以嘉靖己丑六月二十一日卒於正寢，於時慎以議禮謫戍永昌，以撫臣議奏，許一奔喪。已而惇、忱亡而諸孫幼，公處淺土者四十年，紀綱家務以付其繼室黄氏云。氏遂寧黄尚書第二女，有才志，幾幾楊氏嬰臼矣，亦天以報公勤勞王家也。嗟乎，宣孟之忠，成季之勳，天之所以報公者，豈有既哉！

徐開任《明名臣言行録》卷四一　少師楊文忠公廷和，字介夫，新都人。成化戊戌進士，官至少師、吏部尚書、華蓋殿太學士，卒年七十□。隆慶初贈太保，謚文忠。年十二舉于鄉，十九成進士，改翰林庶吉士，始告歸娶。成化十六年，授簡討。弘治二年，歷修撰，陞侍讀。九年進左春坊左中允。十六年陞左春坊大學士兼翰林院侍講學士。十八年，命同太常寺卿，兼學士張元禎爲會試考官，取董玘等三百人。尋陞詹事府少詹事兼翰林院學士。正德元年進詹事，仍兼學士。

公爲詹事，與學士劉忠同侍經筵。故事：進講畢必獻規諫之語。是日二公直講罷，上謂劉瑾曰：「經筵講書何故添出許多説話？」瑾奏曰：「二人當打發南京去。」遂以公爲南京户部侍郎，劉公南京禮部侍郎。未幾，陞公南京户部尚書。不二年召入内閣，南京尚書入内閣自公始。

雲南奏蒙化土官不法事。瑾欲差人械繫來京，公曰：「荒服遠彝易于生變，土官世禄相傳已久，拘繫未必得，徒損威重。急之或逃避山澤，或賊害詔使，患將奈何？況貪淫暴虐，土官之常，但不爲亂足矣。」于是止令鎮巡官勘報。未幾分守金齒太監張辰以暴政激變地方，幾罹害人，咸服公料事之明。

庚午二月，改吏部兼武英殿大學士。四月，慶陽有安化之變，以誅瑾爲名。公謂李東陽曰：「宜請頒黄榜，開諭寧夏之人及慶府宗室。」或阻之曰：「黄河之舟盡爲寘鐇驅去，即有榜，誰與傳之？」公曰：「此事夏人不與者十八九，苦爲寘鐇所脅，無以慰之。得無爲寘鐇樹黨耶？」亟請于上而行之。寧夏人大悦。時已用楊英鎮守寧夏，又擬用仇鉞爲副將。尋聞仇鉞還寧夏，朝廷疑鉞已從寘鐇，欲追鉞勑。公曰：「鉞素稱謀勇，安知非故入爲内應，以待外兵之至耶？我故疑之，彼何以爲計？使其果與寘鐇合，何假于勑？追奪之徒堅其志耳，悔而改圖，朝廷用之豈不幡然思奮？不然亦使寘鐇自生嫌疑，以爲賣己而自誅之耶？」未幾鉞果擒寘鐇以效焉。

劉瑾既下獄，内外多連及，被逮者輒封其門，官校相望。越三日，諸司禮同至閣中。公言：「逆瑾亂政，挾天子之權，所謂狐假虎威，天下誰不畏之？況諸監局官同在禁内，朝夕相保，安得不曲意事之？若槩以爲交通，恐人人自危，肘腋之間不可不慮。果有顯惡罪著者，下法司鞫問，明正其罪而後籍其家，安能逃乎？」又言：「首惡既除，附麗之徒去其太甚者可耳！」諸司禮皆曰：「先生之言是也。」自是封門者少，人心稍安。

流賊劉六、劉七、齊彦明反，左都御史馬中錫當帥師往討之。廷和言：「中錫文士也，寧能當此寄？」時業已行，果不能平賊。廷和請逮中錫下獄，以侍郎陸完代之，而斬故受賕縱賊者參將桑玉。已又薦都御史彭澤將諸邊兵討河南賊趙鐩等。時輔臣東陽病，多委計公。以是賊漸平，論功録公一子錦衣衛千户，辭，特加少師、太子太師、華蓋殿大學士。

張永以東廠功乞封，已持内旨，引内官劉永誠例要公。公曰：「劉以功封其族人，非封自身也。事載岳公《類博稿》中。」取示之，乃已。

彭澤將西討流賊鄢本恕等，入問計公。公曰：「君才平賊無難，但戒班師早耳。」澤後破誅本恕等，奏班師而餘黨復蝟起，不可制。澤既發而復留，乃歎曰：「楊公之先見，吾所不及也。」

乾清宮災，公請上避殿，下詔罪己，求直言。因與其僚疏勸上早朝晏罷，深居簡出，躬九廟祭，崇兩宮孝養，勤日講，復面奏，開言路，達下情，還邊兵，革禁市，罷皇店，出西僧，省工作，減織造十餘條，皆切至而上不省。尋以父春喪乞歸持服，不許，三請，乃許奔喪。使中貴人護而行，到家三月勑使起之復。三疏辭，始許。閣臣之得終喪自公始也。

十二年十一月服闋，大學士梁儲請遣行人起公復入內閣，而已遜居其下。十二月，上巡邊。公言：「北虜不時出没，正統末年可爲明鑑。」不報。十三年六月，上復議北征。公諫萬乘不宜輕出。上又自稱「威武大將軍」，令內閣草勑。公等又諫，俱不聽。己卯夏六月，宸濠反。七月就擒矣，左右貪功者復導上親征。上既南幸，兩更歲朔，而公以鎮静持重爲中外所推服。凡請上迴鑾者數十疏，皆不省。上歸而駐蹕通州，公等舉故事請上還大內，御殿受俘而後正宸濠等誅。上令趣召公等至通受事，即行在執宸濠等僇之。公不能争也。

武皇南巡，倖臣竊柄，天下洶洶。有狂生上書數其過。公延禮狂生，泣下曰：「久當不負良意。」已而武皇崩于豹房，禁從兵悉屬江彬，安危俄頃。公密與張永謀啓太后，請旨誅彬。先傳令散軍士各就賞所。彬覺顧瞻無人，遂就擒。當彬之未擒也，先以一刺投彬曰：「謝江公，大事多賴鎮定。」彬喜，以爲楊公莫我虞也。乃入安坤寧宮獸吻行禮而逮旨下矣，因併縛都督神周及李琮，下詔獄，籍其家，中外懽呼相慶。

武宗崩，以皇太后命移殯大內，且議所當立。公袖《皇明祖訓》出而示之曰：「兄終弟及，誰能瀆焉？以親以長，無如興世子。」遂啓昭聖太后降懿旨，遣司禮監文武大臣迎興世子來繼大統，下詔改元，釐正國條，裁革傳陞及濫役，月省食糧一十六萬餘。

世廟將至京，公請由東安門，居文華殿，上箋勸進，擇日登極。上命從行殿受箋，由大明門入，日中登極。初儀制郎中具儀注途啓。上謂長史袁家皐曰：「遺詔以吾嗣皇帝，非爲太子，此所具儀何謂也？」會命議興獻王主祀稱號。尚書毛澄請之內閣。公簡《文獻通考》漢定陶王、宋濮王事授之，曰：「是足爲據，異論者即奸邪，當斬。」七月，進士張璁疏論繼統繼嗣不同，力詆朝議之非。上令送之內閣。公曰：「秀才焉知國家事體？」復持入。頃之召公等入諭曰「至親莫如父母」，因授以手勑曰：「卿等所言俱有理，但朕罔極之恩，無由得報。今尊父爲興獻皇帝，母爲興獻皇后，祖母邵氏爲康壽皇太后，以伸朕爲子之情。」公等退而上言：「禮謂所後者爲父母，而以其所生者爲伯叔父母。蓋不唯降其服而又異其名，臣等不敢阿諛順旨。」封還御批者四，前後抗疏者幾三十。上益怨忽有所恨，而左右得乘間言廷和恣無人臣禮。言官史道、曹嘉等亦遂論劾公，上雖爲之薄譴以安之，而意内移矣。尋修定册功，加伯爵，廕一子爲錦衣衛指揮使，辭免，仍加録廕。

時上頗留意齋醮，公力言其不可，引梁武、宋徽爲喻，優旨報納。時江左比歲不登，而中貴人以御衣請遣官之蘇、杭二府督織造。工部及給事御史言之皆不聽，而趣內閣撰勑。公等不奉命，因極言民困財竭，請毋遣官。上仍趣撰勑，且戒以不得瀆擾執拗。公因力辯其非瀆擾執拗，且謂：「臣等與舉朝大臣言官言之不聽，而獨二三邪佞之言是聽，陛下獨能與二三邪佞共治祖宗天下哉？且陛下以織造爲累朝舊例，不知洪武以來何嘗有之？其創自成化、弘治耳，憲、孝二聖恤民節財，美政非一，陛下不之法而獨法其不美者，何也？即位一詔，中官之倖路絀塞殆盡，天下方傳誦聖德，而今忽有此，何以取信？」因請究擬旨者。上爲謝不審，俾戒所遣官，毋縱肆而已，不能止也。公故已累疏乞休，其後請益力，而又以持稱考獻帝議不合，疏辭露不平。上責以因辭歸咎，非大臣道，然猶賜之璽書，績與廪郵護如例，申前廕子錦衣衛指揮使之命。給事御史請留公，皆不報。後削籍爲民。子慎，正德六年進士第一人，亦以論大禮杖闕下，謫戍雲南。

公家居儉素，食不兼味。衣自命服外及幃帳皆用布。教子極嚴，諸子科第相望，不爲喜，曰：「讀書登科是第二事，修身齊家乃第一事也。」貴極人臣，門第如貧賤時，尤以濟物爲心。鄉有涸田萬頃，公視其水利，鑿渠灌溉，鄉人德之，名「學士堰」。又辭建坊銀以修邑城，城成而賊至，旁縣避兵，賴以全者萬數。又嘗置義田于縣城西，以贍族人。

世廟即位之初，公入告之謀，從無所咈，引用忠良，布列廊廟。尚書吏部則石公珤，珤入閣繼之喬公宇。户部陶公琰，琰不起繼之孫公交。禮部毛公澄，澄致仕繼之汪公俊。兵部彭公澤，刑部林公俊，工部趙公璜，擥憲劉玉。皆一時重望碩德，維新之治，海内翹首。後皆相繼罷去，是有關于世道非小。

傅維鱗《明書》卷一二七　楊廷和字介夫，四川新都人。父春，進士，爲湖廣提學僉事。廷和成化十四年戊戌進士，改庶吉士，授檢討。弘治二年，歷修撰，陞侍讀。九年進左春坊左中允。十六年陞左春坊大學士兼侍講學士。十八年

陞少詹事兼學士。正德元年進詹事，仍兼學士。二年陞南京吏部右侍郎。初武宗御經筵，講書故事：講書義畢必獻規諫語。是日廷和同學士劉忠講罷，上謂閣瑾曰：「經筵講書，何故增若干支語？」瑾奏曰：「此二人當打發他南京去。」乃陞二人南京侍郎。是時南京無缺，皆添注。五月陞南京户部尚書。十月改户部尚書，兼文淵閣大學士，入閣辦事。三年八月加少保，兼太子太保。五年二月，改吏部尚書，進武英殿學士，尋加少傅，進謹身殿。七年加少師，進華蓋殿。九年正月奏請視朝，御經筵，及罷邊兵、西僧、市肆諸事。上以：「早朝深居在朕自處，經筵昔有成規，邊兵何必議罷？市肆常理，西僧舊制，俱不必動。」十年二月疏請重視朝，嚴宮禁。三月以憂去。十二年服闋。大學士梁儲請遣行人起廷和復入内閣，而已遜居其下。十二月上巡邊。廷和言：「北虜不時出没，正統末年，可爲明鑑。」不報。十三年六月，上復議北征，廷和諫萬乘不宜輕出。上又自稱「威武大將軍」，令内閣草敕。廷和等又諫，俱不聽。十五年，廷和同大學士毛紀上疏，謂：「大祀之禮行在正月，社稷之祀舉在仲春，孝貞皇后大祥在二月二日，禮應即時祔廟，今俱改卜至再。天下朝覲官員吏部考察上請，未奉定奪。各官離任既久，政務悉廢。殿試進士亦已踰期。自去秋聖駕南行，至今八月有餘，在京在外各衙門題奏俱未蒙發。伏望亟賜班師還京，舉行前項大禮并各衙門題奏文書。」不報。

十六年三月，武宗不豫。廷和等密請太后懿旨誅江彬，籍其家。會世宗將至京，廷和奏由東安門居文華殿，上箋勸擇日登極。上命從行殿受箋，由大明門入，日中登極。初儀制郎中具儀注途啓，上謂長史袁宗皋曰：「遺詔以吾嗣皇帝，非爲太子。此所具儀何謂也？」命議興獻王主祀稱號，尚書毛澄請之内閣。廷和檢漢定陶王、宋濮王事授之，曰：「是足爲據，異論者謂其爲姦邪，當斬。」七月進士張璁疏論繼嗣不同，力詆朝議之非。上令送至内閣。廷和曰：「秀才焉知國家事體？」復持入。頃之召廷和等入諭曰至親莫如父母。因授以手敕曰：「卿等所言俱有理，但朕罔極之恩無由得報。今尊父爲興獻皇帝，母爲興獻皇后，祖母邵氏爲康壽皇太后，以伸朕爲子之情。」廷和等退而上言：「禮謂所後者爲父母，而以其所生者爲伯叔父母，蓋不惟降其服，而又異其名。臣等不敢阿諛順旨。」仍封還手敕。既而御批復加興獻帝后皇字，廷和等復封還御批曰：「若加皇字，是忘所後而重本生，任私恩而棄大義。臣等不得辭其責矣，願罷歸。」上曰：「卿等所言皆大義，朕奉昊天至情，不必拘於史志，可勉録皇號。」廷和等倡九卿、翰林、科道連章劾張璁等邪説，乞罷斥。不報。嘉靖元年壬午春，以翊戴功加伯爵，廕一子爲錦衣衛指揮使。辭免，仍加録廕。二年二月加少師。十二年考滿，奉手敕：「楊廷和輔翊朕躬，勳勞懋著，特加太傅。」不拜。三年二月以議大禮忤旨致仕，後削籍爲民。

先是劉忠與廷和偕南，忠曰：「此行别瑾否？」廷和曰：「事已如此，再趨見，人必謂我輩交瑾矣。」忠不往，廷和以錦幣辭，後瑾乃厚廷和而疏忠，人謂其賣友。隆慶初詔復其官，賜祭葬，謚文忠。子慎，正德辛未廷試第一人，以議禮謫戍，自有傳在《文學》。

查繼佐《罪惟録》列傳卷一一上　楊廷和，字介夫，四川新都人。系本麻城，五世祖避亂入蜀。父春，湖廣提學僉事。廷和負奇穎，日讀書以卷計。嘗夢天門開，遥瞻卓楔，曰祭昌時。十二歲，舉於鄉。成化戊戌進士，授翰林院檢討。弘治中，歷詹事府少詹事，兼翰林院學士。正德元年，進詹事，仍兼學士。二年，侍經筵，例進規諫。上謂監瑾：「經筵畢，何復贅此？」瑾奏廷和與同講劉忠宜外謫，並出南京侍郎，皆添註。尋陞廷和户部尚書，入爲户部，兼文淵閣大學士。時孽璫毒蒸寰宇，數年内駭奔未息，南平北討，政府囂□。同官李東陽曰：「吾於文翰有一日之長，若經濟須介夫。」明年，加少保，兼太子太保。五年，進吏部尚書，兼武英殿，加少傅，兼謹身殿。七年，加少師，華蓋殿。屢疏視朝及御經筵、罷邊兵、嚴宮禁、西僧市肆等事，不聽。明年三月，以憂去。起復，上巡邊，廷和病，言北鹵不時出没，正統故事可爲明鑑。不報。來年六月，上復議北征，廷和復力争。上竟自稱威武大將軍，促内閣草勅。廷和等合諫，必不聽。

十五年，廷和及同官毛紀等上疏行在，謂大祀之禮在正月，社稷之祀並在仲春，孝貞皇后大祥在二月二日，禮宜即時祔廟，今俱改卜至再。朝覲官員，吏部考察上請，未奉定奪，離任既久，政務悉廢。殿試進士亦已踰期。自去秋聖駕南行，至今八月有餘，在京在外，各衙門題奏俱未蒙發。伏望即賜班師，以躬萬幾。不報。當是時，五位虚拱，宸濠播亂，訛言載路，包藏禍心者所在而是。廷和血誠隻影，周旋其間，遠奉綸音，近承慈旨，大合衆謀，小事獨斷，獲免非常。及大駕至自通州，事勢倉猝，四家鋭卒環布蕭密，伺一髮之類，禍且不測。廷和外示安徐，側身匡飭，蹕以無恐。時有狂生上書，數廷和過失。廷和延禮生，泣下曰：「久當不負良規。」已而駕晏豹房，安危俄頃。禁從兵悉屬江彬，廷和密與太

監張永謀，啓太后請旨誅彬。先傳令散軍士，各就賞所。彬覺，顧瞻無人，遂就擒。旋以優賞犒恩歸邊將，俾令掃迹出關，以免後禍。蓋承旨專制者廿有七日，乃定遣迎世廟禮。廷和請由東安門居文華殿，上箋勸進，擇日登極。上語長史袁宗皐：「遺詔以吾嗣皇帝，非爲太子。」命從行殿受箋，由大明門入，日中登極，下詔改元。廷和釐正國是，以新詔裁割冒濫職員十四萬八千四百餘人，省太倉粟歲二百五十餘萬。

大禮議起，廷和簡漢定陶王、宋濮王故事，授禮部尚書毛澄，且曰：「異議者以奸諛誅。」時有未選進士張璁詣禮部侍郎王瓚，言帝入繼大統，非爲人後，與漢哀、宋英殊。瓚故宣言於朝。廷和以其抗禮，嗾言官論瓚，調南京。於是尚書澄會公卿六十餘人上議，請考孝宗，而稱興獻爲叔父。益王子崇仁王後興獻，稱興王，爲考，而稱益王爲叔父。帝曰：「父母可互易若是耶？其更議。」廷和與冕、紀等持前議堅。争帝争皇，争入門，争謁廟，皆廷和爲之倡，一再封還手勅。及張璁作《大禮或問》，辨繼統繼嗣之異，以遺内閣，不聽。上惑之，廷和不獲已，乃草勅云：「奉慈壽皇太后懿旨，以朕本生興獻王稱興獻帝，母稱興獻后。憲廟貴妃邵氏實生興獻，稱皇太后。仰承慈命，不敢固違。」旋以火災，帝亦心動，勉稱孝宗爲皇考，慈壽皇太后爲聖母。廷和遂授旨，出璁爲南刑部主事，慰之曰：「南中非子所宜，奈何以大禮相厄也？」上諭興獻帝册文朕宜稱子，廷和不可。復諭宜稱長子，廷和令禮部侍郎賈詠題主，云興獻帝神主，不署考與叔，亦不稱子。遣成國公詣安陸，上尊號，并尊邵氏壽安皇太后。太后薨，廷和議哭靈一日，十三日除服。帝不從，必以二十七日。禮官請素服御西角門，上不可，勅禮部上尊號曰孝惠康肅温仁懿順協天佑聖皇太后。時遣内臣蘇、杭織造，廷和踵科部臣章僑等力諫，且曰：「蘇、杭諸府饑窘非常，正供不給，若更兼以織造，恐激他變，勅書必不敢草。」上怒其違抗，切責之。廷和遂移疾乞休，詔許之。科臣葛鴻奏乞慰留，不報。

久之，竟考興王，入太廟，事在《興王傳》。命費宏監修《大禮全書》，易名《明倫大典》。勅曰：「大學士楊廷和創主濮議；尚書毛澄不能執經據禮；蔣冕、毛紀轉相附和；林俊著論迎合；喬宇爲六卿之首，乃命九卿官交章妄執；汪俊繼爲禮部，仍主邪議；吏部郎中夏良勝，脅持庶官，必遂邪志；何孟春鼓舞朝臣，伏闕喧呼。姑從輕議，廷和爲罪之魁，以定策國老自居，門生天子視朕，法當僇市，特寬宥，削籍爲民。毛澄、林俊既病故，各奪生前官職。蔣冕、毛紀、喬宇、汪俊已致仕，各奪職閒住。何孟春情犯特重，夏良勝釀禍獨深，俱爲民。其餘姑不問。已正法典者，不再究。」廷和初以翊戴功，加伯爵，廕一子錦衣指揮使，辭免，仍加録廕，進太傅，不拜，三年，以議大禮盡革。及卒，復夢天門開，有二旛導之去。隆慶中，復其官，加贈太保，謚文忠，廕一孫尚寶司丞，一孫入監讀書，遣官祭葬。

廷和才器恢廓，鄉先達余肅敏子俊夙重之。歸老之日，獨持《大明律》與別，曰：「介夫當相天下，請熟此以助他日謀斷。」廷和於書無所不窺，取資經濟，故於當代典章、條格、人才、政績、邊防、阨塞、軍伍、錢役，叢瑣遠邇，心計耳濡，如身親周旋，而抵掌可述。酬答機務之際，殆裕如也。張永嘗以東廠功乞封，已持内旨，引内官劉馮兒例要廷和。廷和曰：「劉以功封其族人，非加諸其身也。」取故牒示之，乃已。其談笑解紛如此。至當大事，智勇奮溢，臨九死而不回。位極人臣，居處同於寒素。每官歸，必爲鄉人建一惠利。初通水利，灌泗田萬頃，號學士堰。次捐建坊牌費修城，城成而賊至，得完。次建義田，贍族人。廷和四子，長慎，字用修，號升庵。廷和得子遲，禱神，見夢五代夏魯奇至，曰武臣也，以《中庸》十八篇輔之，遂生慎。

雜録

備録

沈應魁《皇明名臣言行録新編》卷三七　楊廷和字介夫，四川新都人。成化戊戌進士，仕至少師、吏部尚書、華蓋殿大學士。公少神異，稱奇童。年十三舉鄉試，其第進士也先于父春。春仕至提學僉事。《皇明通紀》

公爲詹事，與學士劉公忠同侍經筵。故事：進講畢必獻規諫之語。是日，二公直講既罷，上謂劉瑾曰：「經筵講書耳，何添出書外許多説話？」瑾與二公皆舊東宮官，奏曰：「二人當打發南京去。」遂以公爲南京户部侍郎，劉公南京禮部侍郎。未幾陞公南京户部尚書。不二年召入内閣。南京尚書入閣自公始。《雙溪雜記》

何良俊《四友齋叢説》卷六　石齋當武皇大漸之時，其調度區畫取辦俄頃，命中書十餘人操牘以進，石齋一一口授，動中機宜，略無舛錯。此真有宰相之才，雖姚崇何以過之。

李樂《續見聞雜記》卷一一　大學士楊廷和，四川新都人，由南京户部入閣，與毛、蔣二公同時。時值江彬用事，武皇又多巡幸，武皇崩，邊將數十萬在京，内無皇儲，中外岌岌。公密奏張皇后散遣諸軍，擒江彬于厚載門，加族誅，議迎世宗皇帝禮，改元之詔，公手筆也。裁革傳奉，冒濫等役，月省食糧一十六萬餘，功亦偉矣。

焦竑《玉堂叢語》卷一　楊公廷和，生多宦遊，每歸，則爲鄉人建一惠局。初，通水利，灌澗田萬頃，鄉人德之，號爲「學士堰」。次，捐建坊費修縣城，城成賊至，生命以萬計。次，置義田於城西北，以贍族人。蓋三歸而修創利物業三焉。

世廟登極之日，御龍袍頗長，上俛視不已。大學士楊廷和奏云：「陛下垂衣裳而天下治。」上悦。

焦竑《玉堂叢語》卷二　彭澤將西討流賊鄢本恕等，入問計，楊公廷和曰：「以君才，賊何憂不平？所戒者班師早耳。」澤後破誅本恕等，奏班師，而餘黨復蝟起，不可制。澤既發而復留，乃歎曰：「楊公之先見，吾所不及也。」

《國琛集》云：楊廷和，新都人。久入閣，漫無所建白，人易之。武皇南巡，天下洶洶，倖臣竊國柄。有狂生上書數其過，公延禮生，泣下曰：「久當不負良意。」已而武皇崩於豹房，安危俄頃，禁從兵悉屬江彬。公密與太監張永謀，啟太后請旨勑彬。先傳令軍士，扈從南巡者就通州給賞，於是邊兵盡出。彬覺，顧瞻無人，遂就擒。乃定遣迎今上禮，下詔紀元，釐正國條，裁革傳乞陞及濫役，月省食糧一十六萬餘。

正德辛巳，嗣君未至，廷和承制專斷者二十七日，駕抑奸雄。新詔裁革人數十四萬八千七百餘，歲省太倉粟一百五十三萬餘，怨者洶洶。謡曰：「終日想，想出一張殺人榜。」于是公出入護以衛士，益岌岌隣死矣。然而不死也者，才也，亦忠也，有默相也者耳。

世廟初即位，廷和具詔草上之，報可。始草上，而司禮諸中貴以其關内政者數條屬廷和削去，廷和曰：「往者吾儕之不得職，公等謂出上意，今者亦出新天子意耶？不然，吾儕賀登極後，惟有一去。且叩之上，以誰削詔草，必有當之者。」於是蔣冕及毛紀相繼發危言，諸中貴語塞。已而詔下，正德中蠹政釐革且盡，中外加額，稱新天子聖人。而所革錦衣等諸衛、内監局旗校工役，爲數十四萬八千七百，減漕糧百五十三萬二千餘石，其中貴義子傳陞乞陞，一切恩倖得官者殆盡。失職之徒，銜廷和切骨，入朝有挾白刃伺喝於輿傍者。事聞，詔以營卒百人爲廷和出入衛。

焦竑《玉堂叢語》卷五　楊石齋久入閣，漫無建白，人易之。武皇南巡，倖臣竊柄，天下洶洶。在狂生上書數其過，公延禮生，泣下曰：「久當不負良意。」已而武宗崩於豹房，禁從兵悉屬江彬，安危俄頃，公密計擒之，始服公之才量。《國琛集》

焦竑《玉堂叢語》卷六　張永以東廠功乞封，已持内旨，引内官劉馬兒例，要楊公廷和，公曰：「劉以功封其族人，非封自身也。事載岳公《類博稿》中。」取示之，乃已。

焦竑《玉堂叢語》卷七　楊石齋廷和少神異，稱奇童，年十二舉鄉試。其第進士也，先於父春。《名世類苑》

劉孟雷《聖朝名世考》卷二　楊廷和，字介夫，新都人。成化十四年進士，除檢討。弘治、正德中，歷進少師、華蓋殿大學士。居内閣日久，漫無所建白，人易之。武皇南巡，天下洶洶，倖臣竊國柄，有狂生上書數其過，廷和廷生禮之，泣下曰：「久當不負良意。」已而，武皇崩，安危俄頃，禁從兵悉屬江彬。廷和密與太監張永謀，啓太后，請旨誅彬。先傳令散軍士，各就賞所。彬覺，顧瞻無人，遂就擒，乃定。遣迎世宗禮，下詔紀元，釐正國條，朝野肅清。上剌封廷和伯，辭不受。既而力諍大禮，去，削籍。子慎，正德六年進士第一人，亦以論大禮杖闕下，謫戍雲南。

李贄《續藏書》卷一二　《國琛集》云：武皇南巡，天下洶洶，倖臣竊國柄，有狂生上書數其過。公延禮狂生，泣下曰：「久當不負良規。」已而武皇崩於豹房，安危俄頃，禁從兵悉屬江彬。公密與太監張永謀，啓太后請旨誅彬。先傳令散軍士，各就賞所。彬覺，顧瞻無人，遂就擒。乃定遣迎今上禮，下詔紀元，釐正國條，裁革傳乞陞及濫役，月省食糧一十六萬餘。

永史云：戊申命禮官議崇祀興獻王。楊廷和出漢定陶王、宋濮王事授禮部尚書毛澄曰：「是禮良正，異議者以奸諛誅。」時有舉人張璁者，禮部侍郎王瓚同邑人也。詣瓚言：「帝入繼大統，非爲人後，與漢哀、宋英殊科。」瓚宣言於朝，廷

和惡之，睺言官論列，調南京，而以學士汪俊代之。又云：尚書毛澄會公卿等六十餘人上議，漢成帝立定陶王爲嗣，而以楚王孫後定陶，師丹善其合禮。今上宜以孝宗爲考而稱興獻王爲叔，又以益王子崇仁王後興獻稱考而顧稱益王爲叔。帝曰：「父母可互易若是邪？其更議。」大學士廷和、蔣冕、毛紀復言程頤《濮議》最爲得體，興國祀事暫屬崇仁王，俟皇次子生，復承王後，情理允愜。廷和復言：「舜不追崇瞽瞍，漢世祖不追崇南頓王，願皇上取法二君，以光聖德。」又云：聖母至通州，禮部議出東安門入。不聽。復議大明左門入，亦不聽。斷由中門入，謁太廟，舉朝以爲不可。帝命錦衣衛以母后儀駕及製太后法服以俟。聖母聞朝議欲考孝宗，恚曰：「安得以吾子爲人子？」詰從官曰：「爾儕已極顯榮，獨不爲獻王地乎？胡尊稱至今未定也？」因留通州不入。帝聞之涕泗號泣，啓慈壽皇太后願避位，奉母歸藩。羣臣惶懼不知所裁。又云：張璁作《大禮或問》辯繼統繼嗣之異以遺内閣，不聽，乃上之。兵部主事霍韜、同知馬時中、監生何淵，巡檢房濬各上言禮官持議之非，留中。廷和知勢不獲已，乃草敕云：「奉慈壽皇太后懿旨，以朕本生父興獻王稱興獻帝，母稱興獻后，憲廟貴妃邵氏稱皇太后。仰承慈命，不敢固違。」上允之。又云給事中熊浹疏言：「皇上貴爲天子，聖父聖母以諸王處之，于禮安乎？臣謂尊稱必以帝后而祀於列廟，則大統之義，本生之恩，庶爲兩全。」費宏以浹爲鄉人，恐廷和疑己，乃出爲湖廣參政。又云：帝下張璁所進《大禮或問》於禮部，廷和授旨吏部尚書喬宇選爲南京刑部四川司主事。諭之曰：「南中非子所宜，奈何以大禮相厄也？」尚書石珤語璁曰：「行矣，慎之。大禮議久當見用耳。」而楊一清亦云：「張生此論，聖人不易也。」又云：郊祀甫畢，清寧宮小室火。楊廷和言：「火發風迅，且迫清寧後殿，豈興獻帝后加稱，祖宗神靈或有未協者乎？」給事中鄧繼曾言：「五行于火主禮，火失其正，廢禮之應也。」主事高尚賢等亦各上疏，帝心動，乃勉從廷議，稱孝宗爲皇考，慈壽皇太后爲聖母，興獻帝后爲本生父母，不稱皇。又云：上諭「興獻帝册文朕宜稱子」，廷和曰不可。復諭宜稱孝子，廷和曰「宜稱長子」。廷和令禮部侍郎賈詠題主，題曰「興獻帝神主」，不稱考，亦不稱叔，不著子名。遣太監及成國公詣安陸上尊號。又云太后邵氏崩，后憲宗貴妃也，生興獻帝，尊爲壽安太后。楊廷和議哭臨一日，十三日除服，移文南京，不布詔。帝不从，命以二十七日。丙寅，禮官請素服御西角門。帝曰：「朕哀慕方切，安忍爲此？」十二月甲戌，帝勑禮部曰：「祖母壽安皇太后夙事皇祖，誕生興獻帝，肆致眇躬，入承大統，方隆帝號，期享遐齡，孝養未終，奄忽遣棄。追唯懿德，宜有尊稱。上尊號曰『孝惠康肅温仁懿順協天佑聖皇太后』。」又云帝遣内臣之蘇、杭織造。工部言地方饑饉，不必遣官。及科臣章僑等各諫止，不聽，命廷和撰勑，廷和疏言：「蘇、杭諸府四月以後亢陽爲虐，入秋以來霖雨不止，饑窘非常，正供不給。淮、揚、徐、邳，田廬漂没，幼稚計斤而鬻，母子墜水而死。若更重以織造，恐激他變，勑書必不敢草。」上怒其違抗，切責之。廷和遂移疾乞休，允之。科臣葛鴻奏乞慰留，不報。又云：帝命費宏監修《大禮全書》，已而易名《明倫大典》，以一清、璁等監修。至是書成，加璁少傅、太子太傅、吏部尚書、謹身殿大學士。久之，帝享太廟，數目璁，賜以御詩及肖衮衣，勑曰：「大學士楊廷和謬主濮議，尚書毛澄不能執經據理，蔣冕、毛紀轉相附和，林俊著論迎合。喬宇爲六卿之首，乃與九卿官交章妄執；汪俊繼爲禮部，仍主邪議；吏部郎中夏良勝脅持庶官，望遂邪志；何孟春以侍郎掌禮部，鼓舞朝臣伏闕喧呼。朕初見道未明，三更詔令而大禮始定，然不欲已甚，姑從輕議。廷和爲罪之魁，以定策國老自居，門生天子視朕，法當僇市，特寬宥，削籍爲民。毛澄、林俊既病故，各奪生前官職。蔣冕、毛紀、喬宇、汪俊已致仕，各奪職閑住。何孟春情犯特重，夏良勝釀禍獨深，俱爲民。其餘兩京各官附名入奏，或被人代署而已不與聞者，俱不問。其先已正法典、編戍爲民者，兹不再究。禮部大書，揭諸承天門，俾在位者，咸知警省。」

趙文肅曰：唯皇天篤我明之祜，間出哲臣，爲社稷隸。二百年間如仁和于公暨新都楊公，乘所遇時，力於隸事，最著矣。蓋正統己巳，土木北狩。正德辛巳，威武南征。隕空沉陸，變起非常。非有握補天之器，挾移斗之能，安敢授手其間哉？于公已表於憲皇之世，楊公之没久矣。頃者恭遇我皇上，奉我世宗皇帝遺詔，復公之官，加贈太保，謚文忠，廕一孫爲尚寶司丞，一孫入監，遣官祭葬，恩數備至。嗚呼休哉！不忘臣下之勞，其國家有道，靈長之福乎。於是始皆談誦公行事矣。【略】

支大綸曰：大禮之議肇於永嘉，而席、桂諸君子和之。倫序昭然，名義甚正，自無可疑。廷和上畏昭聖，下畏人言，力主濮議。諸卿佐復畏廷和之排擊，附和雷同，莫敢牴牾。其伏闕諸少年尚氣好名，以附廷和者爲守正，以附永嘉者爲干進，互相標榜，毒盈縉紳，皆當國者不善通融耳。然以沖齡之主，而舉朝元老卿輔至二百餘臣皆喧呼慟哭，卒不少動，聖孝天植，神武獨斷，萬古一君

而已。

李秃翁曰：世廟初入，據古執禮，公當其時：可謂正直不阿，卓然名世矣。是豈賂瑾賣友取容之人乎？此市井之談，愛憎之口，不待辯者。獨大禮議起，人皆是張、桂而非公。予謂公只是未脱見聞窠臼耳。若其一念唯恐陷主於非禮，則精忠貫日可掬也。故謂公之議有所未當則可，謂公之心有一毫不忠則不可。此趙文肅所以極力爲公表也。善乎鄭淡泉之論曰：康陵時，劉公鞠躬盡瘁以匡其始，楊公撥亂反正以扶其終。或去或不去，均之爲大臣。其言當矣。果如或者之説，於司直爲賣友，於劉瑾爲阿勢，則大禮之議，委曲扶同，公自優爲之矣。然公之議大禮也，可以許其忠而未敢以許其妙。若處康陵之朝，非但人不知其妙，而亦不能信其忠。蓋大忠者不見忠，至妙者人自然不知其妙也。是以當時知公者，僅僅有李文正、梁文康、費文憲數人耳。文正必得公而後敢以去，梁、費二公亦必得公而後敢即安，則公所係何如哉！予又怪其不能以事康陵者而事永陵也，豈其真挾定策之功？或恃世宗仁聖終能聽己也邪？不知之矣。

李紹文《皇明世説新語》卷一　世廟登極之日，御龍袍頗長，上俛視不已。大學士楊廷和奏云「陛下垂衣裳而天下治。」上悦。

李紹文《皇明世説新語》卷三　楊石齋在閣久，漫無建白。武皇南巡，有狂生上書，數其過。公延禮生，泣下，曰：「久當不負良意。」後密計擒江彬，衆始服公才量。

李紹文《皇明世説新語》卷八　楊廷和、劉忠陞南亞卿。忠曰：「此行别劉瑾否？」廷和曰：「不可，人知必以我輩交瑾矣。」忠然之。廷和密以錦幣辭瑾。瑾曰：「劉先生不足我耶？」遂厚廷和而疎忠。

陳仁錫《皇明世法録》卷八六《太保楊文忠公傳》　楊廷和字介夫，四川新都人。父春，湖廣提學僉事。廷和成化十四年戊戌進士，改庶吉士。十六年授翰林院簡討。弘治二年歷修撰，陞侍讀。九年進左春坊左中允。十六年陞左春坊大學士兼翰林院侍講學士。十八年命同太常寺卿兼學士張元禎爲會試考官，取董玘等三百人。尋陞詹事府少詹事兼翰林院學士。正德元年進詹事，仍兼學士。二年三月，陞南京吏部右侍郎。初武宗御經筵講書，故事，講書義畢必獻規諫之語，是日廷和同學士劉忠講罷，上謂劉瑾曰：「經筵講書，何故添出許多説話？」瑾奏曰：「此二人當打發他南京去。」乃陞二人南京侍郎，是時南京無缺，皆添註。五月陞南京户部尚書，十月改户部尚書，兼文淵閣大學士，入閣辦事。三年八月，加少保兼太子太保。五年二月，進吏部尚書，兼武英殿大學士。九月加少傅，兼謹身殿大學士。七年十月，進少師，華蓋殿大學士。九年正月，上疏請視朝，御經筵，罷邊兵，西僧市肆等項。奉旨：「早朝深居，朕自處治。經筵等項，已有成規。邊兵只照前旨，市肆常理，西僧舊制，俱不必動。」十年二月疏請重視朝，嚴宫禁。三月以憂去。

十二年十一月服闋。大學士梁儲請遣行人，起廷和復入内閣，而已遜居其下。十二月，上巡邊。廷和言：「北虜不時出没，正統末年可爲明鑑。」不報。十三年六月，上復議北征。廷和諫：「萬乘不宜輕出。」上又自稱威武大將軍，令内閣草勑。廷和等又諫，俱不聽。十五年，廷和同大學士毛紀上疏謂：「大祀之禮在正月，社稷之祀舉在仲春，孝貞皇后大祥在二月二日，禮應即時祔廟，今俱改卜至再。天下朝覲官員吏部考察上請，未奉定奪。各官離任既久，政務悉廢。殿試進士亦已踰期。自去秋聖駕南行至今八月有餘，在京在外各衙門題奏俱未蒙發。伏望亟賜班師還京，舉行前項大禮，并各衙門題奏文書。」不報。

十六年三月，武宗不豫，廷和等密請太后懿旨誅江彬，籍其家。會世廟將至京，廷和請繇東安門居文華殿，上箋勸進，擇日登極。上命從行殿受箋，繇大明門入，日中登極。初儀制郎中具儀注途啓，上謂長史袁宗皋曰：「遺詔以吾嗣皇帝，非爲太子，此所具儀何謂也？」會命議興獻王主祀稱號。尚書毛澄請之内閣，廷和簡《文獻通考》漢定陶王、宋濮王事授之，曰：「是足爲據，異論者即奸邪當斬。」七月進士張璁疏論繼統繼嗣不同，力詆朝議之非。上令送至内閣，廷和曰：「秀才焉知國家事體？」復持入。頃之，召廷和等入，諭曰：「至親莫如父母。」因授以手勑曰：「卿等所言俱有理，但朕罔極之恩，無繇得報。今尊父爲興獻皇帝，母爲興獻皇后，祖母邵氏爲康壽皇太后，以伸朕爲子之情。」廷和等退而上言：「禮謂所後者爲父母，而以其所生者爲伯叔，父母蓋不唯降其服而又異其名。臣等不敢阿諛順旨，仍封還手勑。」既而御批復加興獻帝后皇字，廷和等復封還御批曰：「若加皇字，是忘所後而重本生，任私恩而棄大義，臣等不得辭其責矣。願罷歸。」上曰：「卿等所言皆大義，朕奉昊天至情，不必拘于史志。且勉録皇號。」廷和等倡九卿翰林科道連章劾張璁邪説，乞罷斥。不報。嘉靖元年壬午春，以翊戴功加伯爵，廕一子爲錦衣衛指揮使。辭免，仍加録廕。二年二月，

以少師十二年考滿，奉手勑楊廷和輔翊朕躬，勳勞懋著，特加太傅。不拜。三年二月以議大禮忤旨致仕，後削籍爲民。

張萱《西園聞見録》卷二七　楊文忠公廷和正德二年以南京户部尚書召入内閣。先是公以詹事領内閣誥勑，爲日講官。時劉公健、謝公遷去位，姦璫劉瑾用事。公侍講筵，惓惓以遠小人、戒遊逸爲言，左右讒之。又有陰結近侍者阻公，遂改南京吏部左侍郎。命下數日即行。瑾使邏者伺公，將中之，反報云「楊初無怨」，乃止。一日上退朝思公，問曰：「楊學士何在？」瑾對曰：「今爲南京户部尚書。」上曰：「楊廷和已入東閣，户部豈翰林官耶？」明日有勑取公回，馳驛來京，改兼文淵閣大學士。往時劉仲質等以尚書任之，然不典機密。其後李賢、王文繼以尚書都御史入，景泰、天順間故事也。正德二年四月，慶府安化王之變自夏州反，以誅劉瑾爲名。公謂李文正公曰：「宜請頒黄榜，開論寧夏之人及慶府宗室。」或阻之曰：「黄河之舟盡爲寘鐇驅去，即有榜，誰與傳之？」公曰：「此事夏人不與者十八九，若爲寘鐇所脅，無以慰之，得無爲寘鐇樹黨耶？」亟請于上，行之。又擬用仇鉞爲將，或云「鉞已從寘鐇矣」，公曰：「鉞素稱謀勇，不幸在亂城中，未必從亂。朝廷用之，豈不幡然思奮？亦使寘鐇自生嫌疑，將内潰矣。」未幾鉞果擒寘鐇以自效焉。

錢謙益《列朝詩集小傳》丙集　廷和，字介夫，新都人。成化戊戌進士。正德三年，以南京户部尚書，入直東閣。嘉靖二年，晉太傅，不拜，以議大禮忤旨，力求去，令致仕，尋削籍。隆慶初，詔復故官，謚文忠。公博通經濟，相業巋然，具在《視草餘録》及子慎所撰行狀，事在國史，不具列焉。

備論

項篤壽《今獻備遺》卷一九　論曰：余聞之人云，辛壬之交，中外多故。楊公擁戴明聖，捧日虞淵。其所釐正，功亦偉矣。

尹守衡《明史竊》卷四七　論曰：正德之世，天子之駕北幸南巡，廷和日佐天子以理萬幾，格心無術。晚歲幾于坐視，彼相之謂何迨夫。龍馭上賓，獨能静鎮朝堂，戢除亂黨，虚大位以四旬，迎嗣君於千里，亦足以徵宰相之權度矣。身居定策國老而又遭逢真主，不謂有君有臣乎？乃以迂儒小見，上與明聖争衡，懷忠有餘，補過無地，終朝之褫，從自及己，可詫也哉！

查繼佐《罪惟録》列傳卷一一上　論曰：明時十二歲顯，大理卿朱奎，太常卿任道遠，兩以神童侍東宫，與介夫而三。子升菴，十一而工古文辭，二十四而狀元及第，可謂世早達莫侔也。論禮雖少變通，顧所持近正，不爲阿容。至南選張璁，似大有意，然已知璁口必不可捫，欲示畫一，而豈意帝夢不釋璁，又復有佐璁奪帝聽者，則介夫格心之學，尚缺講解。從衆從下，夫子亦或曲通。天子議禮，禮時爲大，亦更有其道矣。獨于正德時，不遠朱寧、張鋭等，爲逆濠復護衛。及太監張忠發濠隱，乃欲復革護衛以免後患。既又因御史蕭淮之疏剴切甚，意勸濠上護衛自贖。上命駙馬崔元奉上諭行，廷和意也，遂大索寧藩偵卒。介夫持禮極正，而猶不免初終牴牾，不一節乎？然與□尚書之□故自別。

胡世寧部

綜述

《明史》卷一九九《胡世寧傳》 胡世寧，字永清，仁和人。弘治六年進士。性剛直，不畏强禦，且知兵。除德安推官。岐王初就藩，從官驕，世寧裁之。他日復請湖田，持不可。遷南京刑部主事。應詔陳邊備十策，復上書極言時政闕失。時孝宗已不豫，猶頷之。再遷郎中。與李承勛、魏校、余祐善，時稱「南都四君子」。

遷廣西太平知府。太平知州李濬數殺掠吏民，世寧密檄龍英知州趙元瑤擒之。思明叛族黄文昌四世殺知府，占三州二十七村。副總兵康泰偕世寧入思明，執其兄弟三人。而泰畏文昌夜遁，委世寧空城中，危甚。諸土酋德世寧，發兵援，乃得還。文昌懼，歸所侵地降。土官承襲，長吏率要賄不時奏，以故諸酋怨叛。世寧令：「生子即聞府。應世及者，年十歲以上，朔望謁府。父兄有故，按籍請官於朝。」土官大悦。

母喪歸。服闋赴京，道滄州，流寇攻城急，世寧即馳入城，晝防守計。賊攻七日夜，不能拔，引去。再知寶慶府。岷王及鎮守中官王潤皆嚴憚之。遷江西副使。與都御史俞諫晝策擒盜，討平王浩八。以暇城廣昌、南豐、新城。

當是時，寧王宸濠驕横有異志，莫敢言，世寧憤甚。正德九年三月上疏曰：「江西之盜，剿撫二説相持，臣愚以爲無難決也。已撫者不誅，再叛者毋赦，初起者亟剿，如是而已。顧江西患非盜賊。寧府威日張，不逞之徒羣聚而導以非法，上下諸司承奉太過。數假火災奪民廛地，採辦擾旁郡，蹂籍偏窮鄉。臣恐良民不安，皆起爲盜。臣下畏禍，多懷二心，禮樂刑政漸不自朝廷出矣。請於都御史俞諫、任漢中專委一人，或別選公忠大臣鎮撫。敕王止治其國，毋撓有司，以靖亂源，銷意外變。」章下兵部。尚書陸完議，令諫往計賊情撫剿之宜，至所言違制擾民，疑出僞託，宜令王約束之。得旨報可。

宸濠聞，大怒，列世寧罪，徧賂權幸，必殺世寧。章下都察院，右都御史李士實，宸濠黨也，與左都御史石玠等上言，世寧狂率當治。命未下，宸濠奏復至，指世寧爲妖言。乃命錦衣官校逮捕世寧。世寧已遷福建按察使，取道還里。宸濠遂誣世寧逃，馳使令浙江巡按潘鵬執送江西。鵬盡繫世寧家人，索之急。李承勛爲按察使，保護之。世寧乃亡命抵京師，自投錦衣獄。獄中三上書言宸濠逆狀，卒不省。繫歲餘，言官程啓充、徐文華、蕭鳴鳳、邢寰等交章救，楊一清復以危言動錢寧，乃謫戍瀋陽。

居四年，宸濠果反。世寧起戍中爲湖廣按察使。尋擢右僉都御史巡撫四川。道聞世宗即位，疏以司馬光仁、明、武三言進，因薦魏校、何瑭、邵鋭可講官，林俊、楊一清、劉忠、林廷玉可輔弼，知府劉湙、徐鈺先爲諫官有直聲宜擢用。時韙其言。松潘所部熟番，將吏久不能制，率輸貨以假道。番殺官軍，憚不敢詰。官軍殺番，輒抵罪。世寧陳方略，請選將益兵，立賞罰格，嚴隱匿禁，修烽堠，時巡徼，以振軍威，通道路。詔悉行之。又劾罷副總兵張傑、中官趙欽。甫兩月，召爲吏部右侍郎。未上，以父憂歸。

既免喪家居，朝廷方議「大禮」，異議者多得罪。世寧意是張璁等，疏乞早定追崇「大禮」。未上，語聞京師。既有議遷顯陵祔天壽山者，世寧極言不可，乃並前疏上之。帝深嘉歎。無何，聞廷臣伏闕爭，有杖死者，馳疏言：「臣向以仁、明、武三言進，然尤以仁爲本。仁，生成之德，明，日月之臨，皆不可一日無。武則雷霆之威，但可一震而已。今廷臣忤旨，陛下赫然示威，辱以箠楚，體羸弱者輒斃。傳之天下，書之史册，謂鞭撲行殿陛，刑辱及士夫，非所以光聖德。新進一言偶合，後難保必當。舊德老成一事偶忤，後未必皆非。望陛下以三無私之心，照臨於上，無先存適莫於中。」帝雖不能從，亦不忤。

尋召爲兵部左侍郎。條戍邊時所見險塞利害二十五事以上。又請善保聖躬，毋輕餌藥物。獻《大學·秦誓》章、《洪範》「惟辟威福」、《繫辭·節初爻》講義，並乞留中。給事中余經遂劾世寧啓告密之漸。世寧乞罷，不許。「大禮」成，進秩一等。復陳用人二十事。工匠趙奎等五十四人以中官請，悉授職。世寧言賞過濫，不納。屢疏引疾。改南京吏部，就遷工部尚書。

已，復召爲左都御史，加太子少保。辭宫銜，許之。世寧故方嚴，及掌憲，務持大體，條上憲綱十餘條，末言：「近士習忌刻，一遭讒毁，則終身廢棄。僉事彭祺發豪强罪，受謗奪官。諸如此者，宜許大臣申理。」帝採其言，惟祺報寢。執政請禁私謁，世寧曰：「臣官以察爲名。人非接其貌，聽其言，無由悉其才行。」帝

以爲然，遂弗禁。俄改刑部尚書。每重獄，別白爲帝言之，帝輒感悟。中官剛聰誣漕卒掠御服，坐二千人，世寧劾其妄。已，聰情得抵罪，帝乃益信世寧。王瓊修郤陳九疇，將致之死。以世寧救，得成。

兵部尚書王時中罷，以世寧代，加太子太保。再辭不得命，乃陳兵政十事，曰定武略、崇憲職、重將權、增武備、更賞罰、馭士夷、足邊備、絶弊源、正謬誤、惜人才。所言多破常格，帝優旨答之。土魯番貢使乞歸哈密城，易降人牙木蘭。王瓊上其事。世寧言：「先朝不惜棄大寧、交阯，何有於哈密。況初封忠順爲我外藩，而自罕慎以來三爲土魯番所執，遂狎與戎比，以疲我中國，耗財老師，戎得挾以邀索。臣以爲此與國初所封元孽和順、寧順、安定三王等耳。安定在哈密內，近甘肅，今存亡不可知，我一切不問，獨重哈密何也？宜專守河西，謝絶哈密。牙木蘭本曲先衛人，反正歸順，非納降比，彼安得索之，唐悉怛謀事可鑑也。」張璁等皆主瓊議，格不用，獨留牙木蘭不遣。居兵部三月求去，帝不許，免朝參。世寧又上備邊三事。固稱疾篤，乃聽乘傳歸，給廩隸如制。歸數月，復起南京兵部尚書，固辭不拜。九年秋卒。贈少保，謚端敏。

世寧風格峻整，居官廉。疾惡若讐，而薦達賢士如不及。都御史馬昊、陳九疇坐累廢，副使施儒、楊必進考察被黜，御史李潤、副使范輅爲時所抑，連章薦之。與人語，吶不出口。及具疏，援据古今，洞中窾會。與李承勛善，而持議不苟合。承勛欲授隴勝官，復芒部故地，世寧言勝非隴氏子，芒氏不當復立。始以議禮與張璁、桂萼合，璁、萼德之，欲援以自助。世寧不肯附會，論事多牴牾。萼議欲銷兵，世寧力折之。昌化伯以他姓子冒封，下廷議。世寧言吾輩不得以厚賂故，誣朝廷，萼爲色變。萼方爲吏部，而世寧引疾，言：「天變人窮，盜賊滋起，咎在吏、户、兵三部不得人。兵部尤重，請避賢路。」又以哈密議，語侵璁。諸大臣皆忌之。帝始終優禮不替。

《國朝獻徵録》卷三九趙時春《兵部尚書胡端敏公世寧傳》　贈少保兵部尚書謚端敏胡公，名世寧，字永清。祖嵩，父瑢，世爲杭之仁和人。家貧，能以勤約自將。事瑢及母馮無乏子役。登弘治癸丑進士第，建坊資鎮守太監欲市恩，公恥干謁，竟不取。甲寅，授德安府推官。立屬役，平徭賦，法岐王。近倖臣欲困知府，需索旁出，公爲幹辦，迄不病。擊治孝感豪戴瓛。瓛力能訟公，公竟抵瓛法，刑獄以清。陞南京刑部主事，應詔上備邊十策，極言俗靡十惰，宜經武備。弘治求言急，公復陳十事，曰：「今以因循爲慎重，緘默爲老成。民力日匱而在位僭奢，崇流俗而憎忠直，宜汰冗費，重守令，引用英豪，輔養太子。」奏入，皆不報。遷員外郎。劉瑾已用事，機户侵官物累萬。公擬盡本法而御史有合瑾以庇姦者，劾公失入人罪。廷中議皆直公，御史以黨姦詘。內侍劉瑯爲守備，都官咸修謁，獨公與張嶺、余祐、查約、魏校弗肯往。已爲郎中，則與僚貳約，相規而勿效世俗頡頏猜嫌態。

擢知廣西太平府，召見土目，勞問其利病，即予舉廢，保送蔭子，亟趣部夷，賄毋入府，咸感激効用。遂討況對虜。其酋黄文昌，命龍英長令趙元瑶帥其師取太平州印，擒李璿來獻，治違命也。公度城將克，輟己爲郎中金紗衣犒元瑶，贖全城生命。大城壺關，條治蠻事上之。督軍多奏行者，政爲南徼最。行毋馮三年喪畢，來朝，道逢流賊，夜走滄州與共守，卒完城。再知寶慶府，約岷府毋受訟，請王禁太監横斂。王及中官王潤及諸宗裔反賢公，交從之，治如太平時。江西盜張甚，遷按察副使，備東鄉兵。降賊等畏誅，復叛，害兵備李情生，要參政吴廷舉爲質。公建謀待降者以信，服貳者以威，已招者必不殺，再叛者必不招。且別宜撫宜誅者主名，騰檄開諭。賊果奉吴參政以歸公，兵亦破滅。害兵備者贛賊寇廣昌，屠遊徼官，逼建昌，馳兵衛益王，大破賊衆，城二昌而還。念江西方殘破而寧王謀亂日甚，因發憤上疏曰：「江西可慮，不獨盜賊。鎮賊火燒萬家，使地悉歸王府，而王偵偏閭閻，三司受約束，而四隅漸騷擾，民不得安，盜何由息？欲望擇鯁骨臣撫循地方。勑王止治其國，勿撓有司，以靖亂原。」章下，兵部尚書彭澤，即請摘公奏以戒王。王迺抗章言其支庶選婚擾人，即重禁止，而胡世寧離間妖言，乞誅之以快忿。事下都察院，時都御史李士實方爲王造謀，行金間用事大臣，以故其奏得行，命巡按御史逮公。會公遷福建按察使，解兵備去，寧王遂以是譖公爲逃罪，卒得官校來捕，而公已間行歸□明，久繫錦衣獄。考治人憐其忠而衣，道官始交章論救，不能奪。公竟發戍遼東。

歲己卯秋，李士實卒，自爲太師挾王以叛，斬都御史孫燧，按察副使許逵死之，而三司官果盡降。宸濠既破南康、九江府，進圍安慶。守將張文錦、崔文力戰敗其先鋒，生得督將王綸。綸即江西僉事，譖公於宸濠者也。督南贛軍都御史王守仁帥師討賊，宸濠還兵大戰樵舍江中，擒斬數萬，俘宸濠及其妻子。朝廷方窮治助宸濠反者，凡夷戮死徙者數十族，獄至嘉靖初始竟。

王守仁者，餘姚大儒，始爲刑部郎，劾劉瑾，其言切至，瑾畏惡之甚，矯武皇帝旨廷杖四十，貶龍場驛丞。即日督發，意其必死。無何，聞守仁得活，更令衛

校追擒。校有哀守仁忠者，先馳至無錫告之，使善自爲計。守仁脱衣于江干，更着道服遁去，羣校以守仁投江白瑾乃已。守仁行乞靈隱寺，主僧識之，逐使去，而集徒告縣令曰：「伍子胥告我有忠臣入我水府，吾與之燕七日而出諸某江蘆灘，凶徒不救者，吾且命毒龍覆若寺。」縣使僧作無遮水會，至其期處於泗中，守仁持文憑赴滇南。瑾伏誅，起守仁爲吏部郎，遷鴻臚卿。道益高，名益重，大臣薦討江西賊，守仁外迫羣盜，内畏宸濠，慮其交至，而宸濠方散財招士，守仁迺使其徒冀元亨爲内間，詭説宸濠以萬全，使緩發。守仁得治兵盡平江西羣盜而宸濠終爲守仁所擒。有司坐冀元亨黨反者，罪至死。守仁力爭弗能得。諸權貴素交宸濠者，以守仁焚其文書，姦狀幸未露，反宣言守仁善兵策，得志非宸濠比也。諸與守仁起義者率利其功，或罷斥之。守仁纔得稱疾去而嬖倖論功封伯者數人，媒蘖守仁未已。武皇帝大怒曰：「若欲害平賊功臣，得無助賊反乎？」始窮治反黨，趣封守仁新建伯。守仁不敢受，而言者交章訟公寃及告反者功，皆不省。間一歲庚辰，迺復用公爲湖廣按察使。尋爲僉都御史，巡撫四川。

辛巳，公入川，聞今上即位，縉紳延頸以望治平。公即薦名儒魏校、何瑭、邵鋭充講官，大臣林俊、楊一清、劉忠、林廷玉爲輔弼，而以俊比宋璟，一清比姚崇。知府劉莅、徐鈺不任爲郡而莅爲給事，鈺爲御史時，孤忠敢言，宜采用其謀議。又薦布政方良永、副使胡文璧、參將桂勇等入川以自助。松潘舊治皆熟番，其後官軍不能制賂遺番以假道。番殺漢人，即匿不舉。軍或殺番，反坐抵命。公請選將更戍以振威，移遠餉就近糧以足食，立賞罰撫嚴隱匿之禁，修烽堠，謹巡望以通道路，頗施行矣。而總兵張傑、内臣張欽皆因公劾其貪虐罷免。蓋嘉靖新政，鑒正德宦官濁亂之弊，不復遣鎮守，天下翕然稱更生云。

召爲吏部右侍郎，至汴，丁父憂去。甲申免喪被召，即爲疏論追崇孝親之禮宜盡，宦官外戚之寵當削，畏衆口不敢上，然廷中已聞其説。事具《欽定明倫大典》中。魏校予公書言「違衆論以建事，恐成哀宋之弊」。屬以兵部左侍郎召公，而小人希寵，請遷陵寢，屬神路於太廟，其説紛紛。公具陳其不可，復以戍邊時所見邊塞利害二十五事爲疏以獻，又奏請大臣輔養聖躬，且講注《大學》秦誓章以戒娼嫉，《洪範》唯辟威福玉食章以戒柄下移，孔子繫《易・節》初九爻義以慎幾事。俱留中省覽。賞贊成大禮功陞俸一級。給事中余經、管律劾公，奏纍留中，且將開告密之端。公乞罷，不報。丙戌，公知武舉，薦李承勛、何孟春自代，詹事霍韜上官人資格，公申言用人二十事，屢引疾，乞改南秋。楊一清爲請，乃調南吏部左侍郎。時方考察京官，故用公。丁亥夏五月，陞南京工部尚書，竟辭免陞俸。秋七月，召爲左都御史，尋改刑部尚書。用霍韜言，仍爲左都御史，加太子少保。入見辭免少保，請虚心待物，毋以喜怒爲用舍。皆嘉納。

公素剛嚴，及總憲務，持大體，期清刑獄，裁憲綱十條上之，申理執法被誣者。復遷刑部尚書。戊子春，公懇辭求去，具陳昔爲宸濠陷害，長子憂死，次子純幼，門户無所託。上重哀大臣，特命送純入監録用。織造太監剛聰誣陷運兵二千人盜御服，公劾其妄，請從寬法。後剛舍人訐其詐，聰坐抵罪，而公益信。嘉靖初，大臣類能裁抑嬖倖如此，天下益仰賴。上德剛明，□言官因災變陳言校逮囚之害，公力贊施行。郎官或拘泥律例，有溺於詩文者，每諭以經濟爲務，然□方尚虚談，奕棋費日，亦不守律例爲詩文也。

土魯番自弘治以來挾哈密城印以要中國，而哈密回夷居甘肅城者相影響，至正德間遂招土魯番兵侵肅州約翻城。兵備副使陳九疇知其謀，以糧乏卻援兵悉索城中回夷，得衷甲者盡敲殺，磔以示番，募屬夷□番營而結瓦剌，使據哈密。九疇自搏戰，敗其兵。會總制彭澤經略哈密，奉勑逾速壇滿速兒火者他只丁還哈密城印，九疇留勑不與。土魯番計窮，陰遣間使寫亦虎仙以秘術干進，得與養子列。知兵部尚書王瓊與彭澤交惡，即誣奏澤、九疇罪，瓊覆奏，免九疇死辜，削澤仕籍。衆皆不平，故更化之初，言官首劾瓊，戍榆林，澤以太子太保爲兵部尚書，九疇以按察使起爲僉都御史，巡撫甘肅，連破番兵，斬火者他只丁，絶其貢□賜。番回唯啾賈利，既失奇貨，大困□。後瓊復召爲總制陜西軍，與用事，謀報怨，使王邦奇等訟之。時澤已爲民，執九疇於刑部獄，欲併罪澤，連及楊廷和，詔在廷議。公獨上疏，具論回夷姦狀，訟九疇功。上大悟曰：「今得胡世寧説，豈有殺我巡撫償回子命耶？」九疇免死戍遼東，獄得解。

隴西豪柳瓚誣巡鹽御史王朝用陰私，得旨逮治。公以爲傷憲體，奏直其事。江西言甘露，河南言河清，遣官禮謝天地，羣臣致齋。風霾大作，公自請黜以答天譴，不許。劾去郎官録囚不當者三人，建革律例，親屬犯姦者得減死。庶人在官應守法而不守者科在法贓論。冬十一月，轉兵部尚書加太子太保，再辭不許。乃先陳兵政曰：「定武略，崇憲職，重將權，增武備，更賞罰，御土夷，足邊儲，絶弊源，正謬誤，惜人才。」得請乃受官。大臣陰進銷兵計，公亟言太平不可忘戰。土魯番劫曲先衛人牙木蘭擁族帳内徙。土魯番遣使來求，而大臣即欲予之，以易哈密。公議以：「曲先衛本中國羈縻，牙木蘭反正歸順，非納叛比。而哈密空

城懸遠，無益事實。土魯番欲甘心牙木蘭以携貳我屬夷，而以哈密爲餌釣大利。故臣以陳九疇爲是，宜勅瓊爲國忠謀，先儘復爪沙羽翼之地，悉收亡失屬夷封殖。哈密永爲不侵不叛之臣而後請勅降印，庶不辱王命。且土魯番方恫喝中國，懸衡諸夷，但遠越流沙，烏合難久，我大震威略，以離其從，購賞義附，使相破滅，此伐交之術，正宜厚牙木蘭以風蠻夷。」並薦馬昊、施儒、楊必進及九疇爲將。不見用，公遂以己丑春力求致仕。命馳驛歸，賜月俸三石，歲給役四人。庚寅夏，復用爲南京兵部尚書，參贊機務。不能起，但請廣圖繼嗣，容直言，惜人才而已。竟以是歲秋九月晦卒，年六十幾，加贈祭葬。子純以公恩，今爲督府經歷。

貢曰：回夷即古西域漢唐時城郭連屬，亡能爲害。元以强兵耗散其從，而近世復亡赤蒙古、罕東、安定諸種，哈密、瓜沙之間，千里空虛，其爲河西患至微，患在雜胡西番耳。陳九疇策之忠矣。其人善賈多術巧，往往以珍奇貨射時貴，爲虛聲脅中國，至傾民力爲輦挽貨販，《詩》曰「大風有隧，貪人敗類，匪用其良，覆俾我悖。」嗚呼悲夫，端敏公之論卓然哉，故掇其大要列于傳。

《國朝獻徵録》卷三九雷禮《胡端敏傳》　少保胡公，諱世寧，字永清，别號静菴，杭仁和人也。家□□□資産不營，慨然思經濟天下。弱冠補昌化學生，受知吴提學伯通，有靈芝孤鳳之褒。弘治五年舉鄉試第二。故事，計偕者給路費百金，公以浙告，竟辭其半。明年第進士歸，例得枋其門，恥闟謁鎮守中貴人，棄之去。初除德安推官。時岐府開國，百需蝟集，羣從怙勢横甚，悉以法裁之，且語王曰：「此朝廷法，即殿下家法，某何敢不守？此朝廷民即殿下千百年立國根本，某何敢不恤？」王由是戢下，無敢作奸者。及請民間開墾湖田，充柴炭，撫巡業與之，公指畫利害，娓娓乃止。在郡屢平抑獄，民以不寃。其除苛賦，清里甲，諸條畫具可爲經久之法。

陞南京刑部主事，歷員外郎、郎中。帝城多能訟是非成敗人，公倜儻然不輒撓。西寧侯家訟久滯，更九司十三道不決，公一鞫即得其情，案遂判。顧金箔者，富翁也，被羅織致大辟。賴公雪白，每過門必稽顙而去。機户顧謙乾没官銀累萬，祈解罪于公，不能，干逆瑾，愬下南道。阿奉者疏出之，劾公爲枉瀆。後上直公，擬抵出者罪。兩應詔求言，甄邊於十事，并條勤學問，慎輔導，廣延納，重守令，公用人，汰冗費，俱探核本原，鑿如也。然其强果亢厲，人因以是賢之，而亦多詆忌。

積三考，出知廣西太平。郡陋甚，所隷率土官，習不庭參。至則推心羣夷，絶餽獻，或他出，過其營，單騎人坐帳中，縱閱騎射乃還。子弟廢保襲者輒爲任之，夷獠帖然孚格。于是思明黄文昌、□陽黄景明、李萬榮、全茗許榮高輩皆素桀驁，一呼即匍匐堦下。惟太平知州李璿負固，跳踉不已，乃密檄龍英州趙元瑶扼而執之，積禍頓息。又建置壺關，限隔北寇，屹然爲一方巨防，至今賴之。未幾以母喪解官，民惘惘然不忍失。

正德七年服闋，補寶慶。初住武岡，朝珉王，聞珉府受詞繫人取其財，下諭里老，奉有令旨必并其人送府驗遍實啓行，僞者弗貸。以故府人相戒毋犯。後王索民校急，公曰：「先王初封校尉，遍僉沙、衡、永、寶四府，今收回寶慶一府，他日子孫分封繁衍，其可支乎？」王曰：「御史奏得旨矣。」公曰：「御史奏錯，知府當改耳。」主器其直，無恨意。巨璫偕鎮守王潤以事至郡，摇吻於民難饜，公折以法，潤斂手，其從人以左道寓郡輒執之，恣射平民者又執之。潤銜公最深，而猶稱公好官。去其□□□糧則繁漫奸不可詰，乃類田均糧，一色徵之，民省歲供之半。闔境讙曰胡父活我矣。

踰年陞江西按察司副使，兵備東鄉。巖谷深阻，羣盜鼠穴其間，日肆抄掠，爲饒、信患。公□□□益喜截決□亂，如樂庚二、陳邦四等悉設計擒馘之，其革心如王賽一者，至爲□原其死既而遷縣峻城，經武療饑，民妥然安矣。公嘗調征桃源，擣賊巢，調征毛坊，援吴廷舉，調征建昌衛益府，皆冒矢石爲士卒先。又城廣昌城、南豐城、新城，迄今不被寇。其功竟爲督府所銜，不叙。會宸濠有反狀，人莫敢言。獨瘝憂，上疏曰：「江西之禍不止盜賊，可慮者寧王。自得衛兵成謀，日横騷擾閭閻，鈐束官吏，禮樂政令漸不出自朝廷。臣請勅王自治其國，勿撓有司，以防未然。」君子曰：「用胡公曲突之謀無患矣。」而當事者泄泄漫下其章，濠恚恨甚，賄用事者□欲殺公。構飛言誣爲離間親親，逮捕之。公已遷福建按察使，歸省，濠嗾其黨巡浙江御史潘鵬發卒襲公，公間行自投禁獄。被掠服無狀，復行江西會勘，欲則附他罪。于是給舍、御史交訟其寃不已，用事者迫人言，得減死論，謫戍遼東。

十四年六月，濠舉兵反。都御史王守仁倡義兵俘濠。廷議是役也，惟王公達機勘亂，亦惟胡公先幾伐謀，故□形潛匿，以致於殲滅若斯之亟也。特起成中，爲湖廣按察使，尋進左僉都御史，巡撫四川。今上更化，以忠直受知，益展盡底蘊無隱。首勸上取《大學衍義》一書，朝夕省覽以光聖德。及言：「内擒江彬，外擒宸濠，均當論功。昔附宸濠，今附江彬，均當論罪。武臣如指揮牟斌，執法

受罪，內臣如周儀，守正殺身。宜一體褒録，以示公平。」無不讜切當上心者。松潘內外熟番舊爲蜀藩衛，後漸背叛，止存東南二路通救援。緣守臣弛備，南路亦塞。乃疏安撫方略在用人才，添兵將，更賞罰，足財用。事下兵部，議行之。芒部隴氏者，自其祖父請分設長官司，近者兵備官議不可許。又疏：「隴氏裂地設官，雖稱衛彼，實爲筠、連等縣扼賊喉襟，從之便。」樞曹不用，令隴壽襲職，竟爲隴政所殺，人始服其識。

嘉靖元年，晉吏部右侍郎。未任奔父喪。三年，詔議睿皇帝尊號，廷臣設論多被朴除名。屬江淮薦饑，公免喪家居，其孝親保民一疏，乞定追崇大禮，肆赦羣臣小過，使各陳救荒弭亂之策，以成今日急務。又言：「新進議禮，一言適合，未必事事之皆是；老成執禮，一言過當，未必事事之皆非。聖明惟天地日月三無私心照臨於上可也。」凡數千言，不果上。既言者，欲遷顯藏於燕山，極論遷葬利害，乞嚴絶憸壬，君臣協恭，任賢保民爲務，并前疏並進，上嘉納之。四年，起兵部左侍郎。公前謫遼東，熟知京東一帶利病，進備邊二十五事。復憂時事，獻《三經講議》，引《大學》「泰誓好惡」之章以戒娼嫉，《尚書》「惟辟作福」之章以重威柄，《易大傳》「不出户庭」之章以慎幾微。辭多中羣忌，皆留中。大禮成，與加俸，辭以在廷議禮，臣時在家，欲極言治道於後，故僭言大禮於前。況屬論定之餘，不敢冒領。又進知人官人二十事，會言者劾公啓告密之漸，遂力求退。改南京吏部左侍郎。六年，晉南京工部尚書。甫二月，以左都御史徵，道改刑部尚書，尋用詹事霍韜言加太子少保，仍左都御史，掌院事。

公人持大體，申明□□，上疏勸上務執中之學，遇事當喜怒者則又□□慎察，其中節與否而後發。至於聽言用人，詞嚴義正，聞者壯之。執政請禁私謁，公言：「臣官以察爲名人，非接其貌，聽其言，無以察其心之邪正，才之短長，若屏絶士夫，徒按考語，則毀譽失真，而求激揚之當難矣。」上是其言，不禁。坐臺閱月，執政計改公刑部尚書，□□安之。於中外諸司結，要必究情比法於理，不可執議懇惻弗但。已大監剛聰與運舟爭道，有奥援誣官兵攘其織造貲，陷幾二千人。抗疏不宜廣追，驚遠近，得從寬決。至秋聰事敗伏罪，而公言益信。陳九疇者，故以兵備巡撫，有事甘肅，兩敗土魯番兵。於時總制西事尚書彭澤，秉政則大學士楊廷和也。土魯番據哈密城劫忠順王印，以要市中國，縱反間，傾九疇。當事者有憾於楊、彭二公，欲乘九疇事連坐之，嗾憸人王邦奇、聶能遷陳哈密淪陷，番達入寇，釁起九疇。於是下九疇獄，擬大辟。公昌言於朝曰：「使世寧司刑而殺一忠臣，寧先殺世寧。」執政持不可，乃密疏爲彭陳申理卜。上矍然大悟曰：「豈我巡撫都御史殺來償回子命耶？」九疇得不死戍邊，楊、彭亦免於逮。七年春，有司奏黄河清，甘露降。方告謝齋宿，忽風霾異常，公求黜應變，不聽，則上勤學恤民任官十事，俱報可。

八年，轉兵部尚書，加太子太保。公辭言：「甘肅之危可慮，四川蜀之危可慮，中原兵將錢穀無備可慮。臣才性不堪。」再辭，不允。則陳列兵政，曰定武略，崇憲職，重將權，增武備，更賞罰，御土夷，足邊儲，絶弊源，正謬誤，惜人才凡十條。詔許滋部，次第舉之，始拜。大臣建議銷兵，如潞城之賊，留不欲討，討者必治其罪。公援古榷今，力辯其非，議遂寢。職方左郎中數通邊將寵賂無數，且蔑視三司馬。公疏劾去而夙弊大好整刷□五。既芒部沙保一支逐官劫印，攻圍畢節。議者欲革流官，復隴氏之後，公言：「壽政讐殺二十年，今龍勝或非壽子，而驟復其土官，是階禍也。莫若降敕諭川貴各土官，賜之定命。其芒部原設四長官司，能守土安民，即不復立府。如願立府，土流惟彼所欲。有一人作亂者，三人共滅，分其地。」疏上，忤執政意，中沮之。會土魯番大將牙木蘭率衆來降，而土魯番誘瓦剌入寇，索其羈使，且求開貢。公言：「番夷變詐，非由起釁，今圖復哈密無益，而歲受土魯番之挾我爲奸利，則宜有覺而速改之。」且陳轉危爲安之策甚悉。喜功者有所軒輊，不盡用其策。公又疏請增武備，足備儲，薦馬昊、陳九疇、施儒、楊必進堪統軍旅。上爲起昊，將用之，他亦付所司議行矣。桂冢宰蕚詆公侵官格不用，公遂引疾求去，且以任人圖治之要上，極言之。然多違衆，求去益力。疏三上，乃許致仕，優賜輿人月廩。未幾再起南京兵部尚書，參贊機務。遂稱疾篤，猶力贊上圖廣嗣育，容受直言，愛惜人才云。九年以疾卒，壽六十二，贈少保，謚端敏。

公宏才遠慮，深識天下之務，遇事斤斤執典，不以禍患休沮，雖獨立寡諧，周旋□佐，不滿三期而神采英鋭，必欲贊匡至理，不肯苟且以竊官寵。至於清約自守，常如寒士，而恤宗人之孤獨與人之舊德當酬及鄉先進之裔有流落者，雖傾貲賙之不吝，豈没而可祭於社者非耶？平生所著有《大學衍義補膚見》二卷、《春秋志疑》八卷、《讀易私記》四卷、《奏議存稿》若干卷、《滄州退兵事略》一卷、《德安太平寶慶雜稿》共三卷、《姚源建昌征案》《東鄉撫案》共一十卷，詩文二卷，自叙年譜若干卷。

《國朝獻徵録》卷三九《維風編》　胡端敏公世寧，正德中，公由南刑部陞廣

西太平府知府，尋遷江西憲副。時宸濠潛謀不軌，吏於江西者勢怵利啗，惟其欲之是聽。間有稍知順逆者，不過循默自保，觀望規避，以脱虎口爲幸耳，孰有奮不顧身如胡公者哉？疏朝入而禍夕發，竟以脱身間走，得免灰滅。及械繫掖庭，備嘗百毒。朝之用事者悉受濠賂，幾陷不測矣。賴御史徐文華等申救減死，謫戍遼東。躬履行間，授徒以自業。嗣濠誅起官，累仕至兵部尚書、太子太保。

余惟己卯之變，孫忠烈嬰其難，王文成襄其勛，黯著然著矣。由公觀之，要皆焦頭爛額之儔也，若公者，其爲徙薪曲突之謀者乎？公爲主事時，嘗自贊云：「信而未孚者多言也，正而采諒者多戇也，周而若比者好稱人之善也，恕而若刻者多發人之奸也，過有甚於此者輕淺粗疎也。然則無一長可取歟？曰：瞞人之事弗爲，害人之心弗存，有利於國之事雖死不避，三者吾將持是以終身焉。而前數者氣質之偏則亦庶乎其有改也。」跡公生平，不愧其言矣。公幼極艱苦，寄食就學，卓有經濟之志，仕幾四十年，雖祿一品，被服飲食猶素士。

朱大韶《皇明臣墓銘》卷二三袁襄《榮祿大夫太子太保兵部尚書贈少保謚端敏胡公傳》 胡公名世寧，字永清，浙之仁和人也。幼有大志，數夢偕于少保立朝議軍國事。弘治壬子舉鄉試第二，癸丑舉進士，授德安府推官，以薦陞南京刑部主事。數辨疑獄，陳備邊十事，復應詔陳六事，奏入皆不報。遷員外郎。時逆瑾擅朝，劉瑯爲守備，都官咸修謁，公獨不往。機户侵官鏹累萬，公擬盡本法。御史阿瑾意劾公失入，廷中議皆直公，阿瑾者竟抵罪。進郎中，陞廣西太平府知府。郡邊荒，土官雅不庭參。公下令延見長吏，撫以恩信而絶其私饋。及因他出過其營，單騎直入，坐帳中縱閱騎射，良久乃還。子弟應嗣官者輒爲保任。由是民吏皆感悦。太平州土官李璿阻兵拒命，潛檄龍英州趙元瑶捕斬之。因大城壺關，條治蠻事上之。丁内艱，補知寶慶，約岷府毋受訟。中人横斂者悉裁以法，治如太平時。

擢江西副使，備東鄉兵，撫馭反側。征姚源賊王浩八及建昌毛坊盜，皆有功。因城廣昌、南豐、新城，三縣賴之。宸濠反有狀，莫敢言者。公發憤上疏，其畧曰：江西失火，延燒萬室，基地便利，盡歸王府，債負所責，遍及閭閻。莊田所侵，激民立寨。三司官多受鈐束，問刑參吏，舉奏成案。買辦漸行於遠府，騷擾遍逮於窮鄉。臣下多懷二心，禮樂政令漸不出自朝廷。寧王自討護衛以來，威勢日盛，乞戒諭止治其國内，毋撓有司。」有旨戒濠。濠乃行萬金間用事諸大臣，奏公離間親親，妖言誹謗，逮捕甚急。而公先已遷福建按察使，因間道走京師，投繫詔獄。刑訊逾年，數從獄中上書，皆不報。言官交章訟公冤，久之得減死戍遼東瀋陽中衛。躬履行間，授徒以自業。凡四載，濠反書聞，赦歸田里。

復湖廣按察使，擢僉都御史，巡撫四川。處松番軍餉，令近邊者輸租于邊，而縮其額，以所縮加徵内地，内地勿輸邊。復條奏安邊便宜四事。今皇帝登極，召爲吏部右侍郎。聞外艱去，既免喪，上疏乞早定追崇之禮，而赦群臣議禮不合之失。因言宦官外戚，不可假以威權，言官不可加罪，藩臬守令多不得其職。累數千言。召拜兵部左侍郎，進言保養聖躬在慎起居，節飲食，願慎用醫藥。又撰講義三章以進，一《大學》「惟仁人能愛人」章，一《洪範》「惟辟作福」章，一《易繫辭》「不出户庭」章。二疏皆留中。大禮成，陞俸一級。丙戌，知武舉，引疾改南京吏部左侍郎，進工部尚書，尋以左都御史召，道改刑部尚書。用議者言，加太子少保，仍左都御史，掌院事。入見，辭免宫保。上疏宜虚心以執中，使喜怒賞罰發皆中節，及論聽言用人之道，上嘉納焉。

既總憲務，持大體，奏上畫一之法，申明職掌凡十條，乞復執法被誣者官。詔付所司施行。而考察奪職枉者，始許言官論辨矣。改刑部尚書，凡中外諸司獄囚參讞務允，不以文法嫌怨禍福自沮。至罪在不測，衆莫敢言者，必奮身論救。正德中，土魯番謀奪甘肅，哈密入貢者爲之内應。副使陳九疇知其謀，大索甘州城中回夷衷甲者，悉敲殺之，而身自搏擊，敗土魯番兵。至是憸人聶能遷上書言哈密之不能興復者由陳九疇妄殺啓釁也。事連致仕兵部尚書彭公澤。時王瓊復總制陝西軍，瓊故與澤交惡，而大臣陰主瓊，遂捕九疇下獄，議坐極刑。公嘆曰：「使我典刑獄而殺一忠臣，吾寧先死。」乃抗章申理，願以數口保之。上大感悟，陳得減死戍遼東，彭編氓。隴西豪柳璜誣巡監御史王朝用陰事，有旨逮治。公奏恐傷憲體，事竟直焉。劾去郎官之録囚不當者。其因事建明得著爲令者三，翁姦子婦未成者減死一也，竊盜自首得減者免刺二也，庶人在官應守法而不守者並依枉法科三也。復因災異陳言勤聖學一事，恤民任官九事。

轉兵部尚書，加太子太保。陳兵政十事。土魯番刼曲先衛人牙木蘭以爲將，蘭擁族帳内徙。土魯番遣使求蘭，將甘心焉。大臣即欲予之，以易哈密。公言：「曲先本服屬中國，蘭反正歸順，非納叛比。而哈密空城縣遠，無益事實。正宜厚牙木蘭以風蠻夷，無爲土魯番所欺。請勑下王瓊，先儘復瓜沙之地，收合亡失屬夷，對殖哈密，永爲不侵不叛之臣以制番，使相破滅。此伐交之上謀也。」且請廣屯種，興鹽利，預收糴以足邊儲，而薦都御史馬昊、陳九疇、副使施儒、楊

必進堪統軍旅。吏部言諸人皆不可用，公遂引疾致仕。三疏始得請。居亡何，起爲南京兵部尚書，參贊機務。不拜，猶手疏勸廣嗣育，容直言，惜人才。未幾薨于家。賜謚端敏，贈少保。

公忠貞廉約，練暢世務，而尤愛惜人才。其憂國薦賢之心，老而益篤。初抗論逆藩，幽囚遠戍，間關九死。及遭聖明，益感知遇，危言正色，蹇蹇匪躬，朝野想其風采。雅志儉朴，位居端揆，布素如寒士，門無私謁，接引後進，談議世務，終日忘倦。嘗曰：「學貴經濟，不專在詩文也。」讀《衍義補》著《膚見》四卷。居遼陽著《春秋志疑》十八卷。幼精騎射，及遇盗于滄，敗楊虎、劉六羣賊，述《滄州退賊事畧》一卷，《德安行稿》、《太平寶慶雜稿》各二卷，《桃源建昌征案》《東昌撫案》共十卷，《撫蜀雜稿》一卷，《讀易私記》四卷，詩文二卷，自述年譜一十六卷，其奏議二十卷，已行于世。

鄭元錫《皇明書》卷二六《名臣下》 胡尚書世寧，浙江仁和人。幼艱苦寄食就學，而志節清峻，有經濟之志。舉進士，歷南刑曹郎。與李承勛、魏校、金祐相友善，切磨問學，時稱南都四君子。弘治末，應詔條十一事，言用人宜立賢無方。先朝李賢、薛瑄入内閣皆不由翰林，翰林胡儼、劉球皆不由庶吉士，年富以教官爲給事，王翱以大理寺正復爲御史，今一切歲轉專泥科條，故才廣抑塞，朋類引援，幸曠然一變其故。又言：「士風邪否係天下安危，今國家承平日久，朝士安於豢養，狃於因循，廉耻掃地，趨媚成風，以通達爲高致，以廉退爲矯激，以推姦避事爲老成，以黨惡和光爲忠厚。羣居言議所及，心志所向，不曰陞官，則曰成家。有語及國事民瘼當憂恤者，則衆共誹笑而擠之，目以生事好名，使無所容其身而後已。至於公差所過，則論有司奉迎遲速爲賢否；事竣還籍，則視官府囑托從違爲毁譽。士習如此，卒不可挽。宜曠然一變其習。」疏留中。會機户侵官鏹累萬，世寧力正其罪，乃賂瑾下南道勘實。御史阿瑾意，劾世寧枉誣，奏上而瑾忽中變，機户發配，阿意者抵罰，而世寧遷廣西太平知府。

太平遠惡，領土官，土官故相習爲驁戾，而守亦防猜不脱。世寧至，土官入謁，甲而入則接以禮，意有指諭輒中其機牙。土官縮汗，終不敢以貨産稱贄獻。翼日行巡，詣其營，與款洽久之。異時土官子弟應承襲者，轉展結勘，吏厭賄乃得。世寧令土官子自生齒而上輒聞府，年十歲則朔望及調集，皆携見，識年歲狀貌。父兄有故，立按籍爲請官於朝。土官大説，稱胡太守仁廉，畢效順諸，招麾惟命。檄創壺關，關費數萬，計旬日畢集。太平州李璿拒命，立擒討，誅之，不妄殺一人。其爲政大都興學校，均稅役，完城積穀，練兵實民，至今思之。補寶慶知府，節約廉公，藩府人畏慴不敢忤，盡平其役賦。

時川蜀江西盗起，陞按察副使，兵備江西，鋤强撫順，民以安。會首發逆濠釁，幾死，謫戍。事具帝紀中。及濠誅，起戍籍爲湖廣按察使，未上，以僉都御史撫四川。疏言：「四川爲土蕃所苦，餉道梗阻，宜令近邊民轉輸邊而縮其額，以所縮之額配内地，而内地毋輸邊。」又乞用人理財，增兵將，明賞罰，計處重□以安全蜀。甫四月，召爲吏侍郎。會大禮議起而江淮大饑，中外洶洶。世寧是議臣璁、蕚言，乞早定追崇之禮，而赦羣臣議禮不合之失，以簡賢圖治。會又聞羣臣伏闕争多得罪，又疏言：「羣臣者志欲效忠，辭乃過激。乞曠然開釋，消除疑阻，圖治安。」且言宦官外戚不可假以威權，言官不可數加嚴譴。累千言，皆切時弊。召爲兵侍郎。上京東邊儲二十五事，又上「仁人能好惡」、《洪範》「臣無有作福作威」、《易大傳》「不密失臣」講議三章。疏留中。言官因劾，世寧請下臣章宣示，因求去，不允，擢南工部尚書，尋以左都御史召。過沛，疏漕河事宜。

既至，首勸上虚心以執中，使喜怒賞罰發皆中節。及論聽言用人之道，申明憲務職掌凡十條，中外劇獄皆參訂，務當情。罪不以文法嫌怨自阻，雖獄要已成，必鋭身論救。數見優納。昌化伯琳卒，族人争嗣。世寧言：「上推恩必欲紹邵氏封者，蓋推皇考之所自出于孝惠太后，又推太后所自出于邵氏，欲富貴其子孫也。但琳子孫不幸中絶，今争者皆其旁枝。臣恐賜彼一代之爵而亂彼百代之宗。彼弟自弟，姪自姪，太后兄弟不得以之爲子，父母不得以之爲孫，他人富貴而本支告絶，幽明之間各生嫌隙，非所以彰皇上明倫之智，達孝之仁也。」事得寢。後尋轉兵尚書，力辭，言：「外虜方强，内憂日迫，天下之人闔然無忠義之氣。我朝尚書兵部者，臣鄉里所聞則方賓、于謙耳，目所逮則劉大夏、彭澤，忠力爲國，皆不得保全。其幸免者皆依阿軟媚，安禄養亂者也。」援姚崇、李綱故事，請定武畧，崇憲職，重將權，增武備，更賞罰，御土夷，足邊儲，絶弊源，正謀謨，惜人才十事要説。時學士桂蕚勸上銷兵興禮樂，又特疏論武略、人才二事。上知世寧忠鯁，趣任本兵。任不數月，夙弊大奸事利整刷十五六，議棄哈密與詹事霍韜不合。論芒部功，都御史王廷相以爲發其過，大不喜。疏薦賢才，吏部尚書桂蕚以爲侵官。而河西之議力言九疇有功，忠勇不可殺，誠殺之快奸回輕中國，語侵大學士張璁。昌化請嗣伯，下廷議。世寧言：「吾輩不以得厚賂故誣朝廷。」柄議者變色大沮。以故諸大臣皆忌之。自度不得行其志，遂決意辭疾去。逾

年，召南京兵尚書，辭不起。卒，贈少保，謚端敏。

何喬遠《名山藏》卷七四《臣林記・胡世寧》 胡世寧字永清，仁和人。家貧勤約，事父母無乏子役。慕古奇節偉行，非常之功。自中鄉貢士時，則辭計偕路資之半。既登第，除德安推官。岐王近倖欲困知府，需索旁出。世寧爲幹辦，迄不病。擊治其府中豪强。巡按御史知世寧，將疏薦之。世寧言及輒更端。陞南京刑部主事，歷員外、郎中。爲人强果亢厲，多詆世慨俗。弘治、正德中數言事，言今俗靡士惰，以因循爲慎重，緘默爲老成。民力日匱，而在位僭奢，宜汰宂費，重守令，經武備。南都多威與富，世寧治獄無所撓。機户侵官鏹累萬，世寧擬盡本法。有御史希劉瑾意反劾世寧失入人罪，廷議皆直世寧。御史以黨奸詘太監劉瑯守備南都，獨世寧與張嶺、余祐、查約、魏較不往脩謁。約僚貳動相規正，勿頡頏猜嫌如世俗態。

既，出爲太平知府。太平，廣西惡府也。所領十五州縣皆土官，異時守不利其貨賄即輕易擾亂之。土官故謁守，甲而入，不庭參。世寧絶其私賄，禮接之。土官俯伏堦下，如中州長吏也。暇過其營帳，縱閱騎射，則數教其民，譬之利害，民皆順治，不復附土官桀驁自固。土官子弟應承襲者使生歲以聞，既十歲，朔望攜入謁，俱識其年貌。土官死即與保襲，不復如異時請勘展轉，吏飽錢乃施行。思明叛族黄文昌等四世爲逆，殺其知府，累敗官軍。總兵康泰與世寧入思明城，執文昌兄弟三人。既泰恐見劫，率兵夜遁，委世寧空城中。而世寧所屬土官已預伏兵近山爲世寧防變，即日張旗建鼓，護世寧還。未幾以母喪去，諸土官泣送二日，彊之乃歸。

服除赴補，過滄州，流賊攻滄城。世寧問門者曰：「州有糧乎？」曰：「有。」「有水乎？」曰：「有。」「有薪乎？」曰：「苦乏耳。」世寧曰：「比屋皆薪也。」即見州守琦，勸其修城守。浙江有部軍器者至，世寧謂守琦曰：「納之，天幸也。」詰旦賊攻州西門，世寧令軍民商旅授兵登陴，軍容甚盛。適肇慶指揮聶瓛寓城中，率其徒持弓弩從，睥睨射賊，多死者，賊以退。除補寶慶。寶慶，岷王府在焉。約府毋受訟，請王禁太監横斂。王及諸宗裔若太監反賢世寧，皆從之。踰年陞江西按察副使。

時江西盜起，寧庶人宸濠威勢日盛，侵漁逋責，殃及閭閻。而庶人方外爲博學多才，延譽縉紳間，莫敢言其過失。世寧所駐劄東鄉叛賊王浩八等流劫廣信，世寧追勦之，擒獲首惡，撫順者。爲奏原遷縣浚城，經武療饑，民用妥帖。東鄉賊平，姚源賊復起，都御史俞諫調世寧犄角之。世寧意在招撫，與諫不合。疏論平賊三策，末言：「宸濠府中所爲最激盜端，竊恐禮樂政令漸不出朝廷，而江西益可慮。」庶人恚甚，諫亦忌世寧。庶人奏世寧妖言離間，行金中朝，必殺之。有旨下巡按御史逮。是時世寧已陞福建按察使，歸家待命。庶人挾朝旨，徧遣兇徒襲求。巡按浙江御史潘鵬，宸濠黨也，盡囚世寧家奴，索甚急。會李承勛爲浙江按察使，匿世寧官舍中。世寧遂變姓名，間道投詣詔獄。而宸濠必欲致之江西獄以困之。錢寧持旨下内閣，楊一清持不下。他日一清謂錢寧曰：「公何爲寧報復耶？」寧驚曰：「事何與寧？且豈寧得爲也？」一清曰：「欲公全胡耳。」世寧得不移獄江西。居一年，言官交章訟寃。久之，減死戍瀋陽。

又四年，庶人反，赦歸。薦除湖廣按察使。擢僉都御史，撫四川。世宗即位求言，世寧言：「自古帝王莫盛於堯，享國之永，亦莫過之。史言唐侯特起爲帝時年十六，其後享國百有一年。皇上起自興藩，入繼大統，即位之蹟、春秋之富皆與堯同，聰明仁孝、天性之美亦復類之。臣願陛下脩堯之德，致堯之治。臣聞人君大德有三，曰仁、曰明、曰武。昔宋臣司馬光以是告君。而孔子對魯君亦曰智仁勇。史稱堯仁如天，是其仁也。其知如神，是其明也。帝德廣運，而曰乃武，是其武也。臣願陛下舉斯三者，存養省察，用人行政，無不求合，更取真德秀《大學衍義》一書，命儒臣摘要以次進讀，而又講學充之。臣竊見先任郎中新任副使魏校，先任修撰後改同知何瑭，氣温學正；先任編修今陞僉事邵端，性醇行方，此三臣者可爲講學輔導之資。臣愚欲乞量依原級改置經筵，必能開導聰明，輔養聖德。臣竊惟賞罰，人主大柄，陛下即位之初舉措固已快人，尤願内外遠近，視爲一體。賞則幽隱不遺，罰者脅從罔治。如内擒江彬肘腋之患，此外擒宸濠背叛之功，事亦不易也，均當論叙。昔附宸濠以啓亂，今附江彬以取勢，罪尤深也，均當追究。文臣忠正者既褒録矣，武臣有指揮牟斌者，累執法以受罪。内臣有承奉周儀，有不從逆而被殺，妄意此類皆宜一體收録，以示平公。至於誅戮權奸，亦宜論平日，稍分差等，使得勢擅權者將來不敢大肆。臣竊惟陛下有堯舜之資，當得皐、夔、稷、契之賢而用之，不可必得，得如姚崇、宋璟，斯亦可矣。近日言官奏起舊臣如林俊、楊一清、劉忠、林廷玉者，皆其人也。俊雖執古，時俗或不之喜。守正則璟、一清，雖諧俗，士論或不之歸。濟變則崇臣，願陛下早用四臣，置之輔弼，或部臺要地，設施匡弼，必大有補。」世寧又言：「逆瑾竊權之日，死生呼吸一時，廷臣莫敢正言。故給事劉茝、監察御史徐鈺二人獨爲剴切。茝

奏傳聞，天下稱頌。鈺奏隱淪，人或未知。既而二臣皆以黨籍去位。瑾誅復用，又僅遷知府。菼任金華，值地方晏寧，惟以勸民善俗爲政。鈺任廬州，大盜充斥，保障功多，然而忠賢作郡，公正自持，撫字惟勤，送迎或簡，以致上司不悦，所志難行。鈺則屢奏乞休，得請致仕。菼又不幸遇逆臣潘鵬誣貪劾罷。臣平生與鈺相知，其人外和内剛，不異流俗。至於推賢樂善，物我無間，忠國愛民，生死不二，真君子也。菼雖昧平生，然金華士民稱其愛百姓如妻子，處同僚如弟兄，待羣吏如奴僕。臣愚妄，謂如菼鈺二臣，即不堪作郡，猶當改他職，而况仕則利民，去因簡上，不遺在野，誠望聖朝。」未幾召爲吏部左侍郎。聞父喪還。

世宗三年，詔議睿宗皇帝尊號，廷臣争論，多被杖除名。世寧既免喪家居，具疏乞休。因言：「臣久病痼，自分無生，每念古人有以屍諫，况臣未死，敢瀝餘忠。昔陛下踐祚之初，臣嘗引宋臣司馬光仁明武三言以獻。其時竊見陛下子惠元元，洞燭事體，仁矣明矣，武則未彰，是以臣工多玩，政化未隆。邇因羣臣執議大禮，陛下優容再三，而彼激烈愈甚，聖心斯怒，薄示威罰，朝野聞之，肅然震慄，聖武彰矣，三德備矣。然臣竊憂之。譬諸天地仁則雨露，明則日月，武則雷霆。雷霆之威時一震耳，震數而過則天褻而人踊。故仁或可過，明不可過也。明過則察。明猶可過，武決不可過也。武過則殘。臣願自今中外羣臣有罪下司寇問狀，輕重誅黜皆依律斷，奸不能惑，佞不能移，所謂武也。若乃廷辱箠撻則恐或有雷霆偶褻，日月遂傷。褻則壅仁，傷則闕忠。夫新進英特今雖一言有合，後難保其事事之皆是；舊任老臣今雖一事太過，後難逆其事事之皆非。臣願自今謹之。陛下親定大禮，追崇皇考，上尊聖母，其在陛下已無子臣父之失，其在皇考聖母亦無卑臨尊之嫌矣。正兩考，改皇伯，中外紛争，絮絮不已，臣非敢謂其不然也。竊見陛下入繼大統，雖云皇考遺體，倫序當立，而定策之初，朝議大協；擁翼之後，實昭聖太后功居多。既而即位以來，人心永戴，實承孝宗皇帝聖治之貽。臣知聖心純孝，皇伯之稱必有不忍，遽改者，但願是以此意止在廷之再言而消其嫉怨，亦以此意釋羣臣之固惑而宥其愚忠，要使兩宮二廟均享陛下之孝，親舊羣臣咸頌陛下之德。臣愚不能議禮，惟聞善法古者師其意不泥其事。如昔舜受天下於堯，廟雖宗堯，其父未嘗不尊爲天子也。雖尊其父爲天子，父而廟之，宗堯罔敢貳也。堯崩，百姓如喪考妣，四海遏密八音。是舜之宗堯非徒爲繼統之大義，亦順天下臣民之心也。孝宗之崩也，天下臣民如喪考妣。不幸一傳，權奸竊政，正德十有六年之間，天下凛凛，惟恐孝宗之業墜也。一旦得陛下入繼大統，親則猶子，德則同符，翕然歸戴，若見孝宗。今若如議者之言，遽改初稱，愚民不知又將翕然懷悲，遂謂孝宗無後。竊聞禮時爲大，順次之。聖王制禮，必因時宜，事之興革，常順人心。羣臣所執固欲爲禮，其實欲通天下之情也。惜其不能以忠信善道感孚陛下，至於激烈聚哭，已則非禮矣。昔盤庚遷殷，浮言胥動，再三誥諭，商道復興。今聞陛下宣諭羣臣不盡加罪，誠古聖王用心，若更擇其忠誠有識，平正不偏，一體信任，共圖民社，則萬世之孝也。」

世寧先復有疏，言大禮事，慮爲迎合，欲上不果。會有罷廢小臣請遷睿宗陵寢合葬京師者，世寧上疏陳駁，又慮下誠未孚，乃并上前疏，欲世宗知其將順之意。上悦，命病可趨朝。世寧辭，不許，召起兵部左侍郎。會上體違和，上疏問安，并言却病之方曰：「人臣愛君如父，不能自已，如蒙俯鑒，乞將臣奏留中。」居頃之，復上講義三章，其一《大學》秦誓「若有一個臣」章，其一《書》「維辟作福」章，其一《易》「不出户庭」章，具有規指，更乞留中省覽，不必批出。給事中余經、管律劾世寧若告密者，世宗以先有大禮疏，心喜之，經、律言不行。

世寧黑面巉顔，電眸獅鼻，顧身不踰中人，口則期期，而才長敷奏，亹亹論天下事，累帙連章，多先爲將順親愛之言，自結於上，後始引之正，上以是親之。論事雖多，輒報温旨。嘗言：「將順與逢迎不同。君行非而臣迎合，逢迎也；君行是而臣成就，將順也。孔子曰：『君子之事上也，進思盡忠，退思補過。將順其美，匡救其惡，故上下能相親也。』」平日愛惜人才，訪求推薦不遺餘力，若侍郎何孟春、霍韜，副都御史李承勛，都御史馬昊、陳九疇，唐龍、汪鋐，給事中孫懋、徐文溥，御史徐文華、程啓充、李潤、范輅，郎中姜潤，主事余録，副使施儒、楊必進，知州樂護，間或家居屏廢，或遷謫不叙，皆頻言於上，其言馬昊、陳九疇、施儒、楊必進尤切。上用吴、儒，必進、九疇竟罷。

世寧自巡撫四川召爲兵部左侍郎，繼陞南京吏部左侍郎，南京工部尚書，都察院左都御史，刑、兵二部尚書，加太子太保，在官首尾二年耳。素多痼疾，至兵部疾益甚，求致仕。復上言：「臣屢進瞽言，無益於用，蒙恩弗罪，累當知止。今病困之極，恐一朝亟死，終負聖慈。切惟天生才德異常之君，必使之遇天下難處異常之事。夫惟用人行政必如祖宗創業所爲，而後可保祖宗之天下。若僅如守成之君，惟用守常之人，則持禄固寵，天下殆矣。陛下才德超邁古今，然實遇天下難處異常之時也。初繼大統，欲尊所親，本爲正理，可一言定，乃以事稍異常，羣議横阻，因心衡慮，數歲始成。所以竟尊大倫，成此大孝者，陛下天性發于至

誠也。今天下民窮天變，禍基所伏，其事之難處百倍尊親，陛下必深念之矣。夫親親仁民，道本無二。陛下推昔日尊親成此大孝而爲今日必欲救民保此大業，則靡言不聽，靡才不用，靡善政不行矣。天之立君以爲民也，往惟一歲荒歉，今歲歲皆歉，此冬少雪，誠恐來歲又旱。陛下至仁憫惻，發帑出賑，貸民輸租，不知有司曾否奉行也？抑何日聞饑莩之多，又先不體上心爲之豫言豫處也？臣知陛下體天愛民，無不如古帝王，無不如我祖宗，所以致此，實繇臣等所用之人，所行之政不迨也。天下之事盡在六部，六部之中吏、户尤重。日見廷推所及，皆衰憊慎默徒保名位，有一輸忠爲國任事之人，衆且謗議，大則罪，小則斥矣。今天變民窮如此，一朝有事，有誰敢當？一有敢當必推之於外，阻之於内，使其掣肘難行，半途而廢，志不能遂，窮促死矣。繇是衆欺陛下曰：『如此之人不可用也。』今天下事有可一人一日了者，必使衆人牽滯，令其終年累月而不能了。有可一言一日決者，必使衆論牽纏，令其連篇累牘而不能決。此所以事日廢、民日窮也。天下者祖宗天下，陛下天下，天下之民陛下赤子也。猶昔追崇皇考聖母者，陛下父母也，言舉斯心加諸彼而已。臣又願諸爲大臣者皆以古語存心，曰：『見有禮於君者，如孝子之養父母也；見無禮於君者，如鷹鸇之逐鳥雀也。』繇是任賢去邪而天下大治矣。陛下試即臣世寧之任，召問當道曰：『此人居兵部稱否？天下有事可託之否？』彼如曰可，則應曰：『如此衰病如何可使？一朝身死誰可代之？』令其急求二三人以代，不可臨時倉卒，又用如臣者塞官也。祖宗開創以來百五十餘年於此，天下疆土田賦無加也，而内外用度比舊數十倍，歲豐猶且不足，歉歲又何能贍，必有通變才能之人，理國如家，然後可濟。今得户部善理財、吏部善用人，則生民自安，邊境自定，盜賊不憂起，夷狄不患侵矣。不幸盜賊起，夷狄侵，猶賴吏部所用之人以領兵，户部所蓄之財以贍軍，故吏、户二部重也。臣兵部仰二部者也，選將備武，兵部平時守邊責耳，若遇中原盜起，專命將帥，武人貪功嗜殺，必難猝定，而民命已殘。惟得文臣有方略者監統之，則相機度勢，撫捕兼施，然後脅從可散，首惡可擒也。陛下試問當道，今得如是幾人，儲養在京，緩急可用否。再以臣世寧昔所論建而試問之此人，言薦事果可行否，所薦之人果可用否。彼如曰不可，則曰：『言事不可用是不知事也，薦人不可用是不知人也。正當急求人易之耳。』是不惟保全臣，亦保全天下事也。夫賢者天下利器也，早得而用之一日即能早一日治天下事。陛下試一留神，則罷黜必無不當。用人當而後善政可行，民生可救，大業可保也。如臣衰憊之極，病弱膽小，恐誤天下事，誤陛下事。伏惟特賜昭斷，臣力病昧死上言。」再三留之，竟許謝病歸。頃之起南京兵部，參贊機務，不赴，卒。上聞訃，輟朝，贈少保，謚端敏，賜祭葬。

邵寶謂：「世寧疾惡如讐，好善猶己。」而席書稱之曰：「胡公立談似結舌，論事若懸河。」子純肇慶知府，有才行。繼，知兵，早夭。世寧調兵江西，方他出兵官領兵入見繼。繼曰：「是兵素不習，安能見我父哉？」兵官跪請繼指示進退離合之勢甚詳。既三日，世寧歸閱兵官所領兵，大異之，詰曰：「公等何以如此曉兵？」具實對。世寧嘆曰：「有子乃自失之也。」自是擊賊必從繼方畧。世寧十不失三，繼十不失一云。

傅維鱗《明書》卷一二九 胡世甯字永清，仁和人。弘治六年進士。世甯骨相奇古，家貧力學，志節清峻，長益韜戢，留心世務。初爲德安推官，陞南刑部主事，歷郎中，與李承勛、魏校、余祐友善，相切磨問學，時稱南都四君子。十八年春，詔求直言。世甯條上十事，其一言用人宜立賢無方。先朝李賢、薛瑄入内閣不由翰林，翰林如胡儼、劉球不由庶吉士，年富以教官爲給事中，王翺以大理左寺正復爲御史。今一切敘轉專泥科條，以故才賢抑塞，朋類引援，乏人佐理，其來有漸。出爲廣西太平知府。太平瘴鄉，多土官苗獠。世甯至，訪接示禮意，不擾一錢，翕然帖順。一檄創壺關，萬夫畢集，工費數千金，皆土官辦，閱數旬成。太平州酋豪李濬淫刑撓法，莫敢詰。世甯密受方略龍英土知州趙元瑶，元瑶擒濬來獻，散其兵四千人歸農。元瑶者，濬外兄也。土官世及，輒轉展結劫，索賂土夷。土夷以故怨叛，益輕中朝士人。世甯令土官生子即聞府，子弟應世及者，年且十歲，朔望或有事調集，皆攜之見太守。太守爲識年數狀貌，父兄有故，按籍爲請官於朝。土官大悦服，謂胡太守仁廉。内艱歸，士人走送者數萬。

服闋北上，過滄州，會流賊攻州。世甯入城爲州防守，賊攻城不能破，去。補寶慶知府。節約公廉有威，藩府人不敢忤，盡平其役賦。當是時川、蜀、江、浙盜起，陞江西按察副使，兵備東鄉。東鄉盜藪，初縣，世甯鋤强撫順，東鄉安戢。督戰裴源及廣昌，城三邑。時都御史俞諫用兵桃源，久無功。甯庶人有逆謀，世甯上平賊二策：「惟勦與撫。今素無定，恩威倒施，事多轉展，賊益無忌憚。惟舊撫者不勦，再叛者不撫，新起者必撲滅於微。持此三端，官有定守，民有定志。戢戰興農，救傷卹困，治安之效可尋，崩解之亂可息。不然民窮財盡，兵連禍結，後患未涯，殷憂方甚。又恐江西之患不止盜賊，最可憂者天旱日久，千里赤地，

水泉亦竭，田禾無收，麥種難下，來歲民饑，賑救無備。省城被火，延燒萬室，基地所便，盡歸王府。債負所責，閭閻破家。莊田所逼，村落結寨。三司官多被鈐束，錢穀刑名奉行府案。近者買辦漸行於外府，搔擾徧及於窮鄉。臣恐此不善處則良民不得安生，聚爲大盜。臣下懼有隱禍，多懷二心，禮樂政令漸不自朝廷出矣。甯王懿親多才，豈有毫髮過議？但內外臣僚輔導非法，自因逆瑾得復護兵以來，威勢日盛，上下官司承奉太過。伏乞聖明廣集羣臣及江西鄉土有識士夫，會議推舉才望服人，公忠體國，不避權勢，不惑浮議大臣一人，兼任提督巡撫之責。假以陳金、彭澤之權，使其統御將帥，調度兵食，激揚清濁，易置官吏，興革利弊，皆得便宜。其新舊盜賊，應撫應勦，或先或後，悉聽計畫萬全，奏聞區處。久困民窮，妙選循良，曲加撫綏，早期休養，務使安全。更乞温詔戒諭賢王，益崇謙順，遠避嫌疑，仰遵祖訓，止治國內官僚，江西藩臬郡縣，應有政務，遵事朝廷，奉持常憲，無得交私罔上廢法。該府更宜嚴戢官閹，恪守禁例。施舍已責，惠及貧民，莊田基址，悉還原業。再有稔惡不悛，及投充撥置者，法司提問如例。更乞嚴敕鎮撫以下官，欽奉太宗聖旨事例，凡遇王府發放事務，必須奏準，方許奉行。庶幾小民有再生之望，地方無意外之虞，宗室有盤石之固，九重舒南顧之憂。」疏上，宸濠大懼，徧賂權奸朱甯、蕭敬、張鋭等，及兵部尚書陸完、都御史石玠，坐世甯誹謗妖言離間罪，必欲殺世甯。世甯先已陞福建按察使，乞休未得，允歸抵家。宸濠徧遣兇徒，挾上旨襲世甯。巡浙江御史潘鵬附宸濠，盡囚其家人，索甚急。會李承勛爲浙按察使，匿世甯，變姓名，間道歸命京師，得不死，下錦衣獄。於獄中三上書，言江藩横逆，朝野皆聞。微臣贛愚，天日共鑒。兩京言官程啓充、徐文華輩並疏論救，諸奸亦懼後事未可知，得出獄謫戍瀋陽。

居四年，宸濠果反，釋世甯士伍，薦除湖廣按察使。未任，嘉靖初，擢僉都御史，巡撫四川。世甯疏勸修德講學，條上四川爲吐番所苦，餉道梗阻。乞用人理財，增兵將，明賞罰。未幾召爲吏部右侍郎。未至，外艱去。服闋乞休。時大禮議未決，世甯疏乞早定大禮，赦羣臣小過，簡賢求治。又聞羣臣伏闕争大禮得罪，復上疏言：「羣臣心欲效忠，詞乃過激。乞擴然開釋，消除疑沮，圖回治安。」召爲兵部左侍郎，上京東邊備二十五事。又上《大學》「仁人能好惡」、《洪範》「惟辟作威福，臣無得僭」、《易大傳》「不出户庭無咎」講議三章。疏入留中。言官因劾世甯告密。世甯乞下其章宣示，引罪求去，不允。又上知人官人疏。尋以病乞改南京吏部侍郎。未幾，擢南京工部尚書，以左都御史召。與李承勛同過沛，疏漕河事宜。改刑部尚書。霍韜言世甯廉直，宜總憲。加太子少保，仍右都御史提督團營。尋復爲刑部尚書。

張璁惡陳九疇，世甯力争九疇有功河西，忠勇，不可殺九疇快奸回，輕中國。九疇得不死。風霾，詔求直言。上勤學、恤民、任官十事。轉兵部尚書，加太子太保。力辭，疏言：「外敵方强，内憂日甚。天下之人奄然皆無忠義之氣。我朝尚書兵部者，臣鄉里所聞方賓、于謙，耳目所逮劉大夏、彭澤，忠勤爲國，不得保全。其幸免者依阿輭媚，坐視養亂者也。」援姚崇、李剛故事，上定武略，崇憲職，重將權，增武備，更賞罰，御士夷，定邊儲，絶弊源，正謀謨，惜人才十事。時桂萼倡言太平，勸上消兵興禮樂。世甯又特疏申論武略、人才二事。上知其忠梗，促上任。議行十事。又議棄哈密，不可勞中國奔命小夷；閉關絶貢使；芒部酋沙保木末誅矯誣請賞。力薦陳九疇、馬昊可任軍旅，唐龍可爲兵部侍郎相佐助。在告，又上武備、人材、邊儲三事。自度不得行其志，決意辭疾去。李承勛代爲尚書。逾年又召起南京參贊機務兵部尚書。辭不起。嘉靖九年九月，端坐而逝。贈少保，謚端敏。

世甯樸忠直諒，氣壯才雄。濟以學問，優於經濟。淡薄甯静，清素不淆。席書嘗稱其論事如結舌，草奏如懸河。邵銑曰：「胡公疾惡如讎，善則猶己。」余兩爲公屬吏，手畫勉余忠孝大節。公兵曹不數月，夙弊大奸利事整刷十五六。議哈密與方獻夫不合。論芒部功，王瓊以爲發其過，大不喜。薦賢才，桂萼以爲侵官，相壓亂政，發怒訴於朝。哈密吐魯番疏，制置極詳。吐魯番劫曲先衛人牙木蘭爲將，牙木蘭擁帳内徙歸我。吐魯番遣使來，而大臣即欲縛牙木蘭與之易哈密。乃議：「曲先衛本中國羈縻，牙木蘭反正歸順，非納叛比。而哈密空城懸遠，無益事實。吐魯番善賈多巧術，往往以珍奇啗時貴。自成化至於今，中國爲彼欺負。今欲甘心牙木蘭，以攜貳我屬夷，而以哈密爲餌釣大利。宜敕王瓊爲國忠謀，先儘復瓜沙羽翼之地，悉收亡失屬夷，封植哈密永爲不侵不叛之臣，而後請敕降印，庶不辱王命。且吐魯番方恫愒中國，懸衡諸夷，但遠越流沙，烏合難久。我大震威略，以離其黨，購賞義務使相破滅。此伐交之術，正宜厚牙木蘭以風蠻夷。」及薦馬昊、施儒、楊必進及九疇爲將，皆報聞。河西之議，語侵張璁、彭澤，陳九疇得免奇禍。昌化嗣伯，下廷議。世甯言吾輩不得以厚賂故誣朝廷。桂萼變色大沮。以故諸大臣皆忌之。賴上明聖，憐其忠梗，終始眷注焉。

集有奏議行於世，其危言正色，遠慮深憂，天性然也。子純，肇慶知府，有材

行。幼子繼，幼讀書，不大了了，父亦棄之。世甯調兵至江西，兵官以世甯出，見繼。繼曰：「兵素不習，安能見我父哉？」兵官請教。繼乃指示進退離合，勢甚詳。凡三日而世甯歸閱，大異之。顧兵官非能曉此者，以詰。不能諱，具實告。世甯嘆曰：「我有子自不識，何也？」自是擊賊必從繼方略。世甯十不失三，繼策十不失一也。世甯劾宸濠，繼跪曰：「疏入必得重禍，奈何？」世甯曰：「吾業以身許國。」疏入下詔獄。繼奔哭病死。世甯母獨不哭，曰：「此子在，當作賊，胡氏滅矣。」

袁袠《皇明獻實》卷三九　胡世寧字永清，浙江仁和人也。弘治壬子舉鄉試第二。癸丑舉進士，授湖廣德安府推官，以薦陞南京刑部陝西司主事。西寧侯家訟，更九司十三道，訟者老且貧矣，世寧一閱得其情，即日斷決。富翁顧金焰誣致大辟，爲辨出之。上疏言時政邊備十事，一曰嚴考覈以正士風，二曰崇節儉以制財用，三曰從權宜以足邊儲，四曰立簡便以收鹽利，五曰汰冗食以選將校，六曰閱軍實以脩武備，七曰廣收蓄以儲將材，八曰立經制以禦外侮，九曰重將權以責成效，十曰用間諜以覘虜情。復應詔陳言六事：勤學問，廣延納，公用人，汰冗費，重守令，慎輔導。乙丑，進山東司署員外郎。機户顧謙侵官鏹累萬，世寧力正其罪，謙乃干逆瑾，愬下南道。阿瑾者疏謙無罪，劾世寧爲枉牘。上仍如世寧所擬，謙發配，阿瑾者竟抵重罰，世寧以守正免禍焉。

正德丁卯，進署陝西司郎中。戊辰，陞廣西太平知府。郡邊荒，屬夷桀黠難制。世寧撫以恩信而絶其私餽，夷酋皆悦服。太平州土官李璿阻兵拒命，久不能討。潛檄龍英州趙元瑶捕縛之。思明府黄文昌兄弟作亂，大將徂征，駐師太平。世寧協贊方略，與有功。郡治三面阻江，惟北面無險，不可守。建築壺闗，至今賴之。

聞内艱去，辛未服除，復守湖廣寶慶府。中貴人以事至郡者，縣集夫數千，且括金伺餽。世寧悉罷之。鎮守王潤横索無厭，裁之以法。其從人以左道寓郡者執之，恣射平民者又執之。潤深銜世寧，然猶曰「胡太守好官也」。土田糧則繁漫，乃通計加折之價，均派田額，一色徵之。壬申，擢江西按察副使，備兵撫州東鄉。東鄉，賊巢也。世寧撫馭反側，甚有恩信。其怙亂者擒殺之，効順者爲奏原其死。遷縣築城，民賴以安。調征姚源大盗王浩八，力疾提兵深入，戰裴源山下，十日三捷。及征建昌毛坊盗，皆有功。因城廣西，又城南豐，又城新城，三縣遂免寇患。

宸濠反跡已著，人莫敢言。世寧發憤抗疏，首陳江西賊情，撫勦機宜，因言：「江西地方之禍不止盗賊，可慮者省城被火延燒萬室，地基所便，盡歸王府，債負所責，遍及閭閻。莊田所逼，民久立寨。三司官員多受鈐束，問刑參吏舉奉成案，買辦漸行於外府，騷擾遍及於窮鄉。此不善處則良民不得安生，皆起爲盗。臣下恐有隱禍，多懷二心，禮樂政令漸不出自朝廷，地方之事益有可慮者矣。」又言：「寧王自討護衛以來，威勢日甚，上下官司奉承太過，乞推選大臣兼任提督巡撫，假以便宜之權，悉聽區畫。更乞戒諭寧生，崇謙遠嫌，遵依祖訓。止治其國内官僚，三司以下政務不須干與。嚴戢下人，恪守禁例。庶幾小民有再生之望，地方無意外之虞，宗室有磐石之固，九重紓南顧之憂矣。」有旨令宸濠鈐束其下。自是世寧厨觧門逵本貫舊任，濠皆置人焉。久之無所得，乃摘前疏「禮樂政令不出朝廷」諸語爲離間親親，妖言誹謗，奏逮世寧。未下而世寧已陞福建按察使離任矣。臨發中毒，下血幾殆。巡按浙江御史潘鵬忽遣官挾寧府私卒數十人誘執世寧，世寧間道走京師，投繫詔獄。刑訊逾年，濠必欲殺世寧，潛賄諸用事者，而上章言世寧應死者三，即前所摭離間妖言毁謗也。世寧瀕死者數矣。又數從獄中上書，皆不報。言官論救不已，用事者迫於公議，得減死謫戍遼東瀋陽中衛。躬履行間，授徒以自業，撫鎮而下延致館穀皆不就。

凡四載，濠反。庚辰復湖廣按察使，擢僉都御史，勑撫四川。今皇帝登極，進吏部右侍郎。莅蜀甫兩月，首處松番軍餉，令近邊者輸租于邊而縮其額，以所縮之額加徵内地，内地勿輸邊。復條奏急處重邊，以安全蜀，要在用人才，添兵將，更賞罰，足財用四者而已。嘉靖元年壬午，聞外艱去。甲申服闋，被召上疏，乞早定追崇之禮而赦羣臣議禮不合之失。因言宦官外戚不可假以威權，言官不可加罪，藩臬守令不得其職，累數千言，切中時弊。皇上嘉納，亟命施行之。

乙酉召爲兵部左侍郎，進言保養聖躬在慎起居，節飲食而已。顧慎用醫藥。又撰講義三章以進，一《大學》「唯仁人能愛人」之章，一《洪範》「惟辟作福」之章，一《繫辭》「不出户庭」之章。二疏皆留中。大禮成，陞俸一級。丙戌，命知武舉。尋引疾，改南京吏部左侍郎，拜南京工部尚書。福建解料銀二萬兩，皆赦前已徵者也，所司以市價不讎，欲令加徵。世寧疏言：「各省未輸者盡聽蠲免，而此解至者反欲加徵乎？」得請勿市料，輸其銀于京師。是秋以左都御史召，道改刑部尚書，用議者言，特加太子少保，仍左都御史，掌院事。入見辭免宫保。首疏勸上虚心以執中，使喜怒賞罰發皆中節。及論聽言用人之道，上嘉納焉。

既總憲務，持大體，奏上畫一之法，申明職掌，凡十條，最後論執法被誣奪職者乞復其官。詔以所奏付中外遵行，而考察奪職者始許大臣言官論辨矣。改刑

部尚書，凡中外諸司要囚劇獄皆研慮參訂，務當情。罪不以文法嫌怨禍福自沮，至有獄械已成，罪在不測，衆莫敢言者，世寧必奮身論救。賴聖明感悟，數見優納。時刑官分録天下罪囚，事竣悉審别當否，品其勤怠不職者劾治之。其因事建明，得著爲令者三：翁姦子婦未成者減死，一也；竊盜自首得減者免刺，二也；庶人在官應守法而不守者並依枉法科贓，三也。復因災異陳言勸聖學一事，恤民任官九事。轉兵部尚書，加太子太保。陳兵政十事，一定武畧，二崇憲職，三重將權，四增武備，五更賞罰，六御士夷，七足邊儲，八絶弊源，九正謬誤，十惜人才。己丑復上增武備、用人才、足邊儲三事。内薦都御史馬昊、陳九疇、副使施儒、楊必進堪統軍旅，而吏部言昊不可用，世寧引疾求去。三疏得致仕。是年秋詔起爲南京兵部尚書，參贊機務。不拜，猶上疏勸圖廣嗣育，容受直言，愛惜人才。庚寅秋九月，薨于家。賜謚端敏，贈少保。

世寧忠貞廉介，剛方直亮，練達世務而尤愛惜人才。其憂國薦賢之心，老而益篤。初抗論逆藩，幽囚遠戍，間關九死，勁氣不衰。及遭聖明，益感知遇，危言正色，謇謇匪躬，朝野想其風采。雖立朝不久，不能盡行其言，然稱社稷臣者，必首世寧云。雅志儉朴，位居端揆，布素如寒士。門無私謁，接引後進，談論世務，終日不倦，嘗曰「學貴經濟不專在詩文也」。因讀《衍義》補著《膚見》四卷，居遼陽著《春秋志疑》十八卷。幼精騎射，及遇盜于滄，敗楊虎、劉六羣賊，述《滄州退賊事畧》一卷，《德安行稿》《太平寶慶雜稿》各二卷，《姚源建昌征案》《東昌撫按》共十卷，《撫蜀雜稿》一卷，《讀易私記》四卷，詩文二卷，自述年譜一十六卷，奏議二十卷。

雜録

備録

汪國楠《皇明名臣言行録新編》卷二五　公爲主事時自著贊云：「信而未孚者多言也，正而未諒者多戲也，周而若比者好稱人之善也，恕而若刻者多發人之奸也，過有甚於此者輕賤麁踈也。然則無一長可取歟？曰瞞人之事弗爲，害人之心弗存，有利於國之事雖死弗避，三者吾將持是以終身焉。而前數者氣質之偏，則亦庶乎其有改也。」卒不媿其言。

公嘗曰：「學以經濟爲主，不專在詩文也。」

耿定向《先進遺風》卷下　胡端敏公世寧，正德中公由南刑部陞廣西太平府知府，尋遷江西憲副。時宸濠潛謀不軌，吏於江西者勢怵利陷，惟其欲之是聽。間有稍知順逆者，不過循默自保，觀望規避，以脱虎口爲幸耳，孰有奮不顧身如胡公者哉！疏朝入而禍夕發，竟以脱身間走，得免灰滅。及械繫掖庭，備嘗百毒。朝之用事者悉受濠賂，幾陷不測矣。賴御史徐文華等申救，減死摘戍遼東。躬履行間，授徒以業。闕濠誅起官，累仕至兵部尚書、太子太保。余惟己卯之變，孫忠烈嬰其難，王文成襄其勛，燦然著矣。由公觀之，要皆焦頭爛額之儔也。若公者，其爲徙薪曲突之謀者乎？公爲主事時，嘗自贊云：「信而未孚者多言也，正而未諒者多戲也，周而若比者好稱人之善也，恕而若刻者多發人之奸也，過有甚於此者輕淺粗疎也。然則無一長可取歟？曰瞞人之事弗爲，害人之心弗存，有利於國之事雖死不避，三者吾將持是以終身焉。而前數者氣質之偏則亦庶乎其有改也云。」跡公生平不媿其言矣。公早歲貧困，寄食就學，卓有經濟之志，仕幾四十年，雖禄一品，被服飲食猶素士也。

李紹文《皇明世説新語》卷四《賞譽》　胡世寧薦詹事，霍韜云：「薦賢如不及，論事常有餘，孤忠勁節，近世鮮儷。」【略】

胡端敏公薦林俊、楊一清曰：「俊雖執古時俗或不之喜，然守正之節真宋璟也。一清雖諧俗，士論或不之歸，然濟變之才真姚崇也。」

張萱《西園聞見録》卷三一　胡公世寧嘗爲左都御史掌院事時，當考察，執政請禁私謁。公上言：「臣官以察爲名，人非接其貌、聽其言，無以察其心之邪正，才之短長。若屏絶士夫，徒按考語，則毁譽失真，而求激揚之當難矣。」上是其言，不禁。

備論

朱大韶《皇明名臣墓銘》卷二三袁襄《榮禄大夫太子太保兵部尚書贈少保謚端敏胡公傳》　（袁）襄官刑曹辱公國士之遇，命其子純受《易》。及公去位時，顧謂襄曰：「吾老矣。天下方多事，子其勉之。」公之所以望襄者何如，而襄乃若此

已邪。純之赴肇慶也，走姑蘇請曰：「先公知子，子不傳先公而誰傳邪？」嗟乎，士爲知己死，空言奚足酬哉？以公之忠動而裹附以不朽，是予之幸也夫。

論曰：方宸濠之謀逆也，吏于江西者咸刼於積威，勢怵利啗，惟其欲之是聽，志富貴結腹心如潘鵬、王綸者不少也。間有稍知逆順者，不過循默自保，觀望規避，以脱虎口爲幸耳，孰有奮不顧身如胡公者哉？疏朝入而禍夕發，左右出入，門户寢居皆逆徒也，而竟脱身間走，得免灰滅。及械繫掖庭，備嘗百毒，朝之用事者悉受濠賂遺，批抵機穽，幾陷不測。卒賴御史徐文筆等抗章申救，僅而遠戍。而濠之逆謀始彰露，中外亂臣賊子，人思誅之矣。然而己卯之變，孫、許駢戮，遠近震驚。向使當國者採徙薪之讜謀，謹履霜之明戒，先事制變，禍亂何自而生哉？胡公身不踰中人，言期期若不出口，及論大政事，決大疑，侃侃諤諤，守死不回。居常憂國，不遑寢食。事有不可者即閉門草疏，無少顧忌。嘗憤守正者遭誣落職，懇懇言之。正色立朝，孤立無與。今皇帝知其忠鯁，雖數進逆耳之言，而曲加優納，不以爲忤。一時新進用事之臣雖極恩寵，然天子所敬憚優假者，胡公一人而已。見幾勇決，進退有禮，世尤高之。孔子曰：「所謂大臣者，以道事君，不可則止。」莊助曰：「古有社稷臣，招之不來，麾之不去。」若胡公者，其近之矣。

《國朝獻徵録》卷三九雷禮《胡端敏傳》　論曰：士以直道事人，顧不艱哉。以胡公之忠鯁，稽古展藴，期而勵焉，將若何而極也。然自其爲推官，挺挺特立，而擠之散郎，既以是蹶，及爲郎，剛果以狥其職，而再擠之惡郡，則又蹶。至逆濠煦休，於時在位者悚息避禍矣，而公獨首犯之，豈其懵於保哲者哉？既天悔禍，起躓蹈九死之餘而危言蹇蹇，迄不少挫。嚮非聖明灼知，倚任於上，而能顯其聲施若此，其卓卓難矣。傳曰：「國有道不變塞焉。」强哉矯公，真其人哉。彼揚己取名，瞭然使户曉者，蓋胡公之細耶。

李贄《續藏書》卷一七　鄭端簡曰：「公朴忠直諒，氣壯才雄，淡泊寧静，清素不滓。」席文襄稱公論事如結舌，草奏如懸河。邵康僖曰：胡公疾惡如讎，善則猶己。余兩爲公屬吏，手書勉余忠孝大節。公議哈密，與南海不合。論芒部功，王浚川以爲發其過，大不喜。薦賢才，安仁以爲侵官，相壓亂政，發怒訴於朝。哈密土魯番疏制置極詳。土魯番刼曲先衛人牙木蘭爲將，牙木蘭擁帳内徙歸我。土魯番遣使來而大臣即欲縛牙木蘭，與之易哈密。公議：「曲先衛本中國羈縻，牙木蘭反正歸順，非納叛比。而哈密空城懸遠，無益事實，土魯番善賈多巧術，往往以珍奇啗時貴。自成化至於今，中國爲彼欺負。今欲甘心牙木蘭，以攜貳我屬夷，而以哈密爲餌釣大利。宜勅王瓊爲國忠謀，先盡復瓜沙羽翼之地，悉收亡失屬夷，封植哈密，永爲不侵不叛之臣，而後請勅降印，庶不辱王命。且土魯番方恫喝中國，懸衡諸夷，但遠越流沙，烏合難久，我大震威略，以離其黨，購賞義附，使相破滅，此伐交之術，正宜厚牙木蘭以風蠻夷。」及薦馬昊、施儒、楊必進及九疇爲將，皆報聞。河西之議語侵永嘉、彭澤、陳九疇，得免奇禍。昌化嗣伯，下廷議。公言：「吾輩不得以厚賂故誣朝廷。」安仁變色大沮。以故諸大臣皆忌公。論大禮，是永嘉、安仁説，竟不肯相依附，賴上明聖，憐其忠鯁，終始眷注云。公有奏議行於世，其危言正色，遠慮深憂，天性然也。

鄧元錫《皇明書》卷二六　世寧朴忠直亮，氣壯才雄，濟以學問，優於經濟。始爲主事，著論自贊曰：「信而未孚者多言也，正而未諒者多戲也，周而若比者好稱人之善也，恕而若刻者多發人之奸也，而過有甚於此者輕淺麤踈也。然瞞人之事弗爲，害人之心弗存，有利國家之事雖死勿貳。三者將持之以終身。前數者氣質之偏，庶其有改乎。」後卒不愧其言。席文襄稱其論事如結舌，草奏如懸河。邵康僖稱其疾惡如讐，好善猶己。袁郎中襄言：「余筮仕刑曹，觀胡公，身不踰中人，言期期不出口。及論大政，侃侃不回。居常憂國，不遑寢食。有不可即閉門草疏，無少顧忌。肅皇帝知其忠鯁，言極逆耳而曲加優納。一時新進之臣雖極恩寵，然所敬憚優假者，胡公一人而已。又見幾勇決，進退有禮，世尤高之。子純，肇慶知府，有才行。

何喬遠《名山藏》卷七四《臣林記・胡世寧》　郎曰：世寧自贊曰：「信而未孚者多言也，正而未諒者多戲也，周而若比者好稱人善也，恕而若刻者多發人奸也，過有甚此者麤踈輕淺也。然則無可取歟？曰欺人之事弗爲，害人之心弗有，有利國家雖死弗避。持是終身焉，而氣質之偏庶乎有改也。」或謂世寧任數少容，夫濟變安能舍智哉。

傅維鱗《明書》卷一二九　史官曰：胡世甯懷柔苗夷，結以恩信，勦撫定策，爲行間寶符。至於直道侃侃，發江藩之奸，與舉朝文武爲難，抑何壯也。史稱其危言正色，遠慮深憂，直匪躬之大臣矣。

王守仁部

綜述

《明史》卷一九五《王守仁傳》 王守仁，字伯安，餘姚人。父華，字德輝，成化十七年進士第一，授修撰。弘治中，累官學士、少詹事。華有器度，在講幄最久，孝宗甚眷之。李廣貴幸，華講《大學衍義》，至唐李輔國與張后表裏用事，指陳甚切，帝命中官賜食勞焉。正德初，進禮部左侍郎。以守仁忤劉瑾，出爲南京吏部尚書，坐事罷。旋以《會典》小誤，降右侍郎。瑾敗，乃復故，無何卒。華性孝，母岑年踰百歲卒，華已年七十餘，猶寢苫蔬食，士論多之。

守仁娠十四月而生。祖母夢神人自雲中送兒下，因名雲。五歲不能言，異人拊之，更名守仁，乃言。年十五，訪客居庸、山海關。時闌出塞，縱觀山川形勝。弱冠舉鄉試，學大進。顧益好言兵，且善射。登弘治十二年進士。使治前威寧伯王越葬，還而朝議方急西北邊，守仁條八事上之。尋授刑部主事。決囚江北，引疾歸。起補兵部主事。

正德元年冬，劉瑾逮南京給事中御史戴銑等二十餘人，守仁抗章救，瑾怒，廷杖四十，謫貴州龍場驛丞。龍場萬山叢薄，苗、僚雜居。守仁因俗化導，夷人喜，相率伐木爲屋，以棲守仁。瑾誅，量移廬陵知縣。入覲，遷南京刑部主事，吏部尚書楊一清改之驗封。屢遷考功郎中，擢南京太僕少卿，就遷鴻臚卿。

兵部尚書王瓊素奇守仁才。十一年八月擢右僉都御史，巡撫南、贛。當是時，南中盜賊蜂起。謝志山據橫水、左溪、桶岡，池仲容據浰頭，皆稱王，與大庾陳曰能、樂昌高快馬、郴州龔福全等攻剽府縣。而福建大帽山賊詹師富等又起。前巡撫文森托疾避去。志山合樂昌賊掠大庾，攻南康、贛州，贛縣主簿吳玼戰死。守仁至，知左右多賊耳目，乃呼老黠隸詰之。隸戰栗不敢隱，因貰其罪，令詗賊，賊動靜無勿知。於是檄福建、廣東會兵，先討大帽山賊。

明年正月，督副使楊璋等破賊長富村，逼之象湖山，指揮覃桓、縣丞紀鏞戰死。守仁親率鋭卒屯上杭。佯退師，出不意搗之，連破四十餘寨，俘斬七千有奇，指揮王鎧等擒師富。疏言權輕，無以令將士，請給旗牌，提督軍務，得便宜從事。尚書王瓊奏從其請。乃更兵制：二十五人爲伍，伍有小甲；二伍爲隊，隊有總甲；四隊爲哨，哨有長，協哨二佐之；二哨爲營，營有官，參謀二佐之；三營爲陣，陣有偏將；二陣爲軍，軍有副將。皆臨事委，不命於朝；副將以下，得遞相罰治。

其年七月進兵大庾。志山乘間急攻南安，知府季斆擊敗之。副使楊璋等亦生縶曰能以歸。遂議討橫水、左溪。十月，都指揮許清、贛州知府邢珣、寧都知縣王天與各一軍會橫水，斆及守備郟文、汀州知府唐淳、縣丞舒富各一軍會左溪，吉安知府伍文定、程鄉知縣張戩遏其奔軼。守仁自駐南康，去橫水三十里，先遣四百人伏賊巢左右，進軍逼之。賊方迎戰，兩山舉幟。賊大驚，謂官軍已盡犁其巢，遂潰。乘勝克橫水，志山及其黨蕭貴模等皆走桶岡。左溪亦破。守仁以桶岡險固，移營近地，諭以禍福。賊首藍廷鳳等方震恐，見使至大喜，期仲冬朔降，而珣、文定已冒雨奪險入。賊阻水陣，珣直前搏戰，文定與戩自右出，賊倉卒敗走，遇淳兵又敗。諸軍破桶岡，志山、貴模、廷鳳面縛降。凡破巢八十有四，俘斬六千有奇。時湖廣巡撫秦金亦破福全，其黨千人突至，諸將擒斬之。乃設崇義縣於橫水，控諸瑤。還至贛州，議討浰頭賊。

初，守仁之平師富也，龍川賊盧珂、鄭志高、陳英咸請降。及征橫水，浰頭賊將黄金巢亦以五百人降，獨仲容未下。橫水破，仲容始遣弟仲安來歸，而嚴爲戰守備。詭言珂、志高，讐也，將襲我，故爲備。守仁佯杖繫珂等，而陰使珂弟集兵待，遂下令散兵。歲首大張燈樂，仲容信且疑。守仁賜以節物，誘入謝。仲容率九十三人營教場，而自以數人入謁。守仁呵之曰：「若皆吾民，屯於外，疑我乎？」悉引入祥符宫，厚飲食之。賊大喜過望，益自安。守仁留仲容觀燈樂。正月三日大享，伏甲士於門，諸賊入，以次悉擒戮之。自將抵賊巢，連破上、中、下三浰，斬馘二千有奇。餘賊奔九連山。山横亘數百里，陡絶不可攻。乃簡壯士七百人衣賊衣，奔崖下，賊招之上。官軍進攻，内外合擊，擒斬無遺。乃於下浰立和平縣，置戍而歸。自是境内大定。

初，朝議賊勢强，發廣東、湖廣兵合剿。守仁上疏止之，不及。桶岡既滅，湖廣兵始至。及平浰頭，廣東尚未承檄。守仁所將皆文吏及偏裨小校，平數十年巨寇，遠近驚爲神。進右副都御史，予世襲錦衣衛百户，再進副千户。

十四年六月命勘福建叛軍。行至豐城而寧王宸濠反，知縣顧佖以告。守仁

急趨吉安，與伍文定徵調兵食，治器械舟楫，傳檄暴宸濠罪，俾守令各率吏士勤王。都御史王懋中，編修鄒守益，副使羅循、羅欽德，郎中曾直，御史張鰲山、周魯，評事羅僑，同知郭祥鵬，進士郭持平，降謫驛丞王思、李中，咸赴守仁軍。御史謝源、伍希儒自廣東還，守仁留之紀功。因集衆議曰：「賊若出長江順流東下，則南都不可保。吾欲以計撓之，少遲旬日無患矣。」乃多遣間諜，檄府縣言：「都督許泰、郤永將邊兵，都督劉暉、桂勇將京兵，各四萬，水陸並進。南贛王守仁、湖廣秦金、兩廣楊旦各率所部合十六萬，直擣南昌，所至有司缺供者，以軍法論。」又爲蠟書遺僞相李士實、劉養正，敍其歸國之誠，令從臾早發兵東下，而縱諜洩之。宸濠果疑。與士實、養正謀，則皆勸之疾趨南京即大位，宸濠益大疑。十餘日詗知中外兵不至，乃悟守仁紿之。七月壬辰朔留宜春王拱樤居守，而劫其衆六萬人，襲下九江、南康，出大江，薄安慶。

守仁聞南昌兵少則大喜，趨樟樹鎮。知府臨江戴德孺、袁州徐璉、贛州邢珣，都指揮余恩，通判瑞州胡堯元童琦、撫州鄒琥、安吉談儲，推官王暐、徐文英，知縣新淦李美、泰和李楫、萬安王冕、寧都王天與，各以兵來會，合八萬人，號三十萬。或請救安慶，守仁曰：「不然。今九江、南康已爲賊守，我越南昌與相持江上，二郡兵絶我後，是腹背受敵也。不如直擣南昌。賊精鋭悉出，守備虛。我軍新集氣鋭，攻必破。賊聞南昌破，必解圍自救。逆擊之湖中，蔑不勝矣。」衆曰：「善」。己酉次豐城，以文定爲前鋒，先遣奉新知縣劉守緒襲其伏兵。庚戌夜半，文定兵抵廣潤門，守兵駭散。辛亥黎明，諸軍梯絙登，縛拱樤等，宫人多焚死。軍士頗殺掠，守仁戮犯令者十餘人，宥脅從，安士民，慰諭宗室，人心乃悦。

居二日，遣文定、珣、璉、德孺各將精兵分道進，而使堯元等設伏。宸濠果自安慶還兵。乙卯遇於黃家渡。文定當其前鋒，賊趨利。珣繞出賊背貫其中，文定、恩乘之，璉、德孺張兩翼分賊勢，堯元等伏發，賊大潰，退保八字腦。宸濠懼，盡發南康、九江兵。守仁遣知府撫州陳槐、饒州林城取九江，建昌曾璵、廣信周朝佐取南康。丙辰復戰，官軍却，守仁斬先却者。諸軍殊死戰，賊復大敗，退保樵舍，聯舟爲方陣，盡出金寶犒士。明日，宸濠方晨朝其羣臣，官軍奄至。以小舟載薪，乘風縱火，焚其副舟，妃婁氏以下皆投水死。宸濠舟膠淺，倉卒易舟遁，王冕所部兵追執之。士實、養正及降賊按察使楊璋等皆就擒。南康、九江亦下。凡三十五日而賊平。京師聞變，諸大臣震懼。王瓊大言曰：「王伯安居南昌上游，必擒賊。」至是，果奏捷。

帝時已親征，自稱威武大將軍，率京邊驍卒數萬南下。命安邊伯許泰爲副將軍，偕提督軍務太監張忠、平賊將軍左都督劉暉將京軍數千，泝江而上，抵南昌。諸嬖倖故與宸濠通，守仁初上宸濠反書，因言：「覬覦者非特一寧王，請黜奸諛以回天下豪傑心。」諸嬖倖皆恨。宸濠既平，則相與媢功。且懼守仁見天子發其罪，競爲蜚語，謂守仁先與通謀，慮事不成，乃起兵。又欲令縱宸濠湖中，待帝自擒。

守仁乘忠、泰未至，先俘宸濠，發南昌。忠、泰以威武大將軍檄邀之廣信。守仁不與，間道趨玉山，上書請獻俘，止帝南征。帝不許。至錢唐遇太監張永。永提督贊畫機密軍務，在忠、泰輩上，而故與楊一清善，除劉瑾，天下稱之。守仁夜見永，頌其賢，因極言江西困敝，不堪六師擾。永深然之，曰：「永此來，爲調護聖躬，非邀功也。公大勛，永知之，但事不可直情耳。」守仁乃以宸濠付永，而身至京口，欲朝行在。聞巡撫江西命，乃還南昌。忠、泰已先至，恨失宸濠，故縱京軍犯守仁，或呼名嫚罵。守仁不爲動，撫之愈厚。病予藥，死予棺，遭喪於道，必停車慰問良久始去。京軍謂王都堂愛我，無復犯者。忠、泰言：「寧府富厚甲天下，今所蓄安在？」守仁曰：「宸濠異時盡以輸京師要人，約内應，籍可按也。」忠、泰故嘗納宸濠賄者，氣懾不敢復言。已，輕守仁文士，强之射。徐起，三發三中。京軍皆歡呼，忠、泰益沮。會冬至，守仁命居民巷祭，已，上冢哭。時新喪亂，悲號震野。京軍離家久，聞之無不泣下思歸者。忠、泰不得已班師。比見帝，與紀功給事中祝續、御史章綸讒毁百端，獨永時時左右之。忠揚言帝前曰：「守仁必反，試召之，必不至。」忠、泰屢矯旨召守仁，守仁得永密信，不赴。及是知出帝意，立馳至。忠、泰計沮，不令見帝。守仁乃入九華山，日晏坐僧寺。帝覘知之，曰：「王守仁學道人，聞召即至，何謂反？」乃遣還鎮，令更上捷音。守仁乃易前奏，言奉威武大將軍方略討平叛亂，而盡入諸嬖倖名，江彬等乃無言。

當是時，讒邪搆煽，禍變叵測，微守仁，東南事幾殆。世宗深知之，甫即位，趣召入朝受封。而大學士楊廷和與王瓊不相能，守仁前後平賊，率歸功瓊，廷和不喜，大臣亦多忌其功。會有言國哀未畢，不宜舉宴行賞者，因拜守仁南京兵部尚書。守仁不赴，請歸省。已，論功封特進光禄大夫、柱國、新建伯，世襲，歲禄一千石。然不予鐵券，歲禄亦不給。諸同事有功者，惟吉安守伍文定至大官，當上賞。其他皆名示遷，而陰絀之，廢斥無存者。守仁憤甚。時已丁父憂，屢疏辭爵，乞録諸臣功，咸報寢。免喪，亦不召。久之，所善席書及門人方獻夫、黃綰以

議禮得幸，言於張璁、桂萼，將召用，而費宏故銜守仁，復沮之。屢推兵部尚書，三邊總督，提督團營，皆弗果用。

嘉靖六年，思恩、田州土酋盧蘇、王受反。總督姚鏌不能定，乃詔守仁以原官兼左都御史，總督兩廣兼巡撫。綰因上書訟守仁功，請賜鐵券歲禄，並敍討賊諸臣，帝咸報可。守仁在道，疏陳用兵之非，且言：「思恩未設流官，土酋歲出兵三千，聽官征調。既設流官，我反歲遣兵數千防戍，是流官之設，無益可知。且田州隣交阯，深山絶谷，悉瑶、僮盤據，必仍設土官，斯可藉其兵力爲屏蔽。若改土爲流，則邊鄙之患，我自當之，後必有悔。」章下兵部，尚書王時中條其不合者五，帝令守仁更議。十二月，守仁抵潯州，會巡按御史石金定計招撫。悉散遣諸軍，留永順、保靖土兵數千，解甲休息。蘇、受初求撫不得，聞守仁至益懼，至是則大喜。守仁赴南寧，二人遣使乞降，守仁令詣軍門。二人竊議曰：「王公素多詐，恐紿我。」陳兵入見。守仁數二人罪，杖而釋之。親入營，撫其衆七萬。奏聞於朝，陳用兵十害，招撫十善。因請復設流官，量割田州地，別立一州，以岑猛次子邦相爲吏目，署州事，俟有功擢知州。而於田州置十九巡檢司，以蘇、受等任之，並受約束於流官知府。帝皆從之。

斷藤峽瑶賊，上連八寨，下通仙臺、花相諸洞蠻，盤亘三百餘里，郡邑罹害者數十年。守仁欲討之，故留南寧。罷湖廣兵，示不再用。伺賊不備，進破牛腸、六寺等十餘寨，峽賊悉平。遂循横石江而下，攻克仙臺、花相、白竹、古陶、羅鳳諸賊。令布政使林富率蘇、受兵直抵八寨，破石門，副將沈希儀邀斬軼賊，盡平八寨。

始，帝以蘇、受之撫，遣行人奉璽書奬諭。及奏斷藤峽捷，則以手詔問閣臣楊一清等，謂守仁自誇大，且及其生平學術。一清等不知所對。守仁之起由璁、萼薦，萼故不善守仁，以璁强之。後萼長吏部，璁入内閣，積不相下。萼暴貴喜功名，風守仁取交阯，守仁辭不應。一清雅知守仁，而黄綰嘗上疏欲令守仁入輔，毁一清，一清亦不能無移憾。萼遂顯詆守仁征撫交失，賞格不行。獻夫及霍韜不平，上疏争之，言：「諸瑶爲患積年，初嘗用兵數十萬，僅得一田州，旋復召寇。守仁片言馳諭，思、田稽首。至八寨、斷藤峽賊，阻深巖絶岡，國初以來未有輕議剿者，今一舉蕩平，若拉枯朽。議者乃言守仁受命征思、田，不受命征八寨。夫大夫出疆，有可以安國家，利社稷，專之可也。況守仁固承詔得便宜從事者乎？守仁討平叛藩，忌者誣以初同賊謀，又誣其輦載金帛。當時大臣楊廷和、喬宇飾成其事，至今未白。夫忠如守仁，有功如守仁，一屈於江西，再屈於兩廣。臣恐勞臣灰心，將士解體，後此疆圉有事，誰復爲陛下任之！」帝報聞而已。

守仁已病甚，疏乞骸骨，舉鄖陽巡撫林富自代，不俟命竟歸。行至南安卒，年五十七。喪過江西，軍民無不縞素哭送者。

守仁天姿異敏。年十七謁上饒婁諒，與論朱子格物大指。還家，日端坐，講讀《五經》，不苟言笑。游九華歸，築室陽明洞中。泛濫二氏學，數年無所得。謫龍場，窮荒無書，日繹舊聞。忽悟格物致知，當自求諸心，不當求諸事物，喟然曰：「道在是矣。」遂篤信不疑。其爲教，專以致良知爲主。謂宋周、程二子後，惟象山陸氏簡易直捷，有以接孟氏之傳。而朱子《集註》、《或問》之類，乃中年未定之説。學者翕然從之，世遂有「陽明學」云。

守仁既卒，桂萼奏其擅離職守。帝大怒，下廷臣議。萼等言：「守仁事不師古，言不稱師。欲立異以爲高，則非朱熹格物致知之論；知衆論之不予，則爲朱熹晚年定論之書。號召門徒，互相倡和。才美者樂其任意，庸鄙者借其虚聲。傳習轉訛，背謬彌甚。但討捕輋賊，擒獲叛藩，功有足録，宜免追奪伯爵以章大信，禁邪説以正人心。」帝乃下詔停世襲，卹典俱不行。隆慶初，廷臣多頌其功，詔贈新建侯，謚文成。二年予世襲伯爵。既又有請以守仁與薛瑄、陳獻章同從祀文廟者。帝獨允禮臣議，以瑄配。及萬曆十二年，御史詹事講申前請。大學士申時行等言：「守仁言致知出《大學》，良知出《孟子》。陳獻章主静，沿宋儒周敦頤、程顥。且孝友出處如獻章，氣節文章功業如守仁，不可謂禪，誠宜崇祀。」且言胡居仁純心篤行，衆論所歸，亦宜並祀。帝皆從之。終明之世，從祀者止守仁等四人。

始守仁無子，育弟子正憲爲後。晚年，生子正億，二歲而孤。既長，襲錦衣副千户。隆慶初，襲新建伯。萬曆五年卒。子承勛嗣，督漕運二十年。子先進，無子，將以弟先達子業弘繼。先達妻曰：「伯無子，爵自傳吾夫。由父及子，爵安往？」先進怒，因育族子業洵爲後。及承勛卒，先進未襲死。業洵自以非嫡嗣，終當歸爵先達，且虞其争，乃謗先達爲乞養，而别推承勛弟子先通當嗣，屢争於朝，數十年不決。崇禎時，先達子業弘復與先通疏辨。而業洵兄業浩時爲總督，所司懼忤業浩，竟以先通嗣。業弘憤，持疏入禁門訴。自刎不殊，執下獄，尋釋。先通襲伯四年，流賊陷京師，被殺。

《國朝獻徵録》卷九王世貞《新建伯文成王公守仁傳》 王守仁字伯安，紹興

之餘姚人。父華，舉進士第一，侍日講，修國史會典，累官南京吏部尚書，有長者稱。母曰鄭夫人，當娠而王母岑媪夢神人衮冕乘五色□下，抱一兒授之，驚寤聞啼聲，則已生守仁。岑媪以□上父天叙，名之曰「雲」。五歲尚不能言。一日出從羣兒戲，有僧見而撫之曰：「是非凡兒，柰何名泄之耶？」王父悟，因爲更今名，即能言。而讀書復即過目誦。十一歲嘗從父華北上，過金山，試之詩，得二絶句，皆奕奕神令，華以是奇之，然爲兒戲猶故。一日之市所，與鬻雀者争，游客熟視之，出篋錢市雀而送守仁歸塾，曰：「少年貴當極人爵，立非常功名，且獨閲它弟子。」語其壽夭貧賤後皆驗。而守仁自是稍受經術，工屬文。一日謂其師曰：「讀書欲何爲？」師曰：「取甲第耳。」守仁曰：「讀書乃僅取甲第耶？如聖賢何？」父華聞而歎曰：「異哉！乃欲令我愧見之。」然已負其材氣。十五訪客於居庸、山海關。時闌出塞，與諸屬國夷角射，因縱觀山川形勝，慨然有勒碑燕然志。

踰冠舉鄉試，其經術藝文益大進，而益好爲兵，凡三舉而爲會試第二人，遂登甲榜。使治前威寧伯王越葬。守仁少則夢威寧伯貽之寶劍，既葬而其子出威寧伯所佩劍爲謝，則宛然若覿矣，益沾沾自喜。還而朝議方急西北邊，守仁爲筴得八事上之，其言皆警剴。報聞。尋授刑部雲南司主事。當直獄，歲行盡，而故尚書侍郎家畜猪飼以囚食甚腯，守仁悉殺以享獄卒及囚，莫能詰也。出決江北囚事竣，游九華諸山，有所遇，遂好神仙之術。明年引疾請告。前是守仁與諸所善太原喬宇、廣信汪俊、泰州儲巏、河南李夢陽、何景明、山東邊貢相切劘爲古文辭，名藉藉，已而厭之曰：「滑我精，耗我神，我且爲之役耶！」因築室於陽明洞中，頗習導引。習之久而有若先知者，衆譁，且以爲仙。而守仁遂游南屏、虎跑諸刹，與諸禪衲偕，往往有所發明。久之乃北上道山東，而巡按御史陸偁聘之主試，程式文皆出其手，遂爲諸省冠，而所得亦多顯名士。補兵部武選司主事。明年中貴人劉瑾等導上爲狎遊，南省臺臣戴銑等争之力，瑾矯旨捕置詔獄。守仁上疏謂：「君仁則臣直，銑等以言爲責，如其善自宜嘉納，即不善亦宜包容，以開忠讜之路。乃今赫然下令，緹騎旁午，拘攣載道，即陛下非有意怒絶之而下民無知，妄生猜懼，自今而後，雖有上關宗社危疑不制之事，孰從而聞之？幸寢前言，俾各供職如故，適足以廣大公無我之仁明，□□不吝之勇。」瑾銜其言切，下之詔獄，廷杖四十。死而復蘇，謫貴州龍場驛丞。

守仁至錢塘，欲緩行，而瑾使人尾之急。守仁懼不免，乃托投江而輕舟自海至閩，入武夷山中歸。又逾年始之驛。諸苗夷相率伐木爲室，以居守仁。守仁乃益講學，所治經往往取心得，不必與前□故比矣。提學副使席書與守仁談而伏，創書院，命諸生師事之。又明年，瑾伏誅，擢知廬陵縣。至則選里正三老委之詞訟，而總其凡，囹圄空虚。他若立保甲，濟驛供，杜巫賽，定水次兑，絶鎮守横歛，至今守之爲甲令云。入覲，遷南京刑部主事。覲事成，留爲吏部驗封司主事。已同考會試，始講知行合一之學。與增城湛原朋友而朝賢有師事之者矣。遂超爲文選員外郎，明年進考功司郎中。是時楊一清爲吏部，器守仁而驟用之。其年進南京太僕寺少卿，分署滁州。從游者日衆，始教人静坐以存天理、去人欲爲實務，縉紳之士非篤信其説則怪之，以爲迂僻不堪用。而是時王瓊爲兵部尚書用事，獨許守仁才，以爲不世出。會南、贛、汀、漳等處俱有山寇愚險阻爲亂，郡邑苦之，乃擢守仁都察院右僉都御史，巡撫其地。

守仁至則先行十家甲法，務使姦無所容。又以高皇帝訓勑其父老子弟，賊聞而易之，弗爲慮也。而守仁左右及麾下將校至郡邑輿儓之類又多爲之耳目。守仁微得老隸最黠者，致密室而脇之曰：「汝自知當死不？肯爲極言賊情實，吾貰汝。」隸迫則盡吐賊情實，守仁笑而貰之。乃故爲不可測，意在此則示以彼，或更在彼則示以此，每令形家者擇吉日出師，則復止之。或將發復不果，以多方誤賊。而陰勒諸兵備道募選郡邑材官力士，以三之一赴軍門，使與舊兵參而身教之擊射，明賞罰以勵之。時初戰破賊於長富村，追之至象湖山。會閩廣兵至，且合，賊迫，潰圍而出。指揮覃桓、縣丞紀鏞戰死。諸將懼，請俟狼兵至而後大舉。守仁怒，責之曰：「戰小挫，何損？且兵豈不足耶？而需狼兵。」乃親率所選士進屯上杭，佯諭諸道姑以牛酒犒師，使小息，俟秋而再舉。諜賊懈，即分兵爲三路，約以同夕銜枚進。中軍奪象湖之隘，方大戰，而奇兵乘間發，遂大破之。閩廣兵亦盡破其巢四十三所，斬獲大酋詹師富等七千有奇，賊屬牛馬輜重無算。捷上，因請立崇義縣治，盡得賊之要害地而耕之。報可，加歲俸一秩，賜銀幣。

而前是，守仁謂巡撫權輕不足以控御諸道，因上奏云：「古者賞不踰時，罰不後事。過時而賞與無賞同，後事而罰與不罰同。況過時而不賞，後事而不罰，其何以整齊衆心，鼓舞士氣？誠得以大軍誅賞之法，責而行之於平時，假臣等令旗令牌，便宜行事，如是而兵不精，賊不平，臣無所逃死。」王瓊讀而嘆曰：「不與此人權，將誰與也？」覆奏改提督軍務，兵馬糧餉悉聽便宜區畫，用兵進止不必奏聞。文武官逗遛不用命者，聽以軍法從事。於是守仁益得展材用。立兵符，

申約事，且爲文撫諸賊，詞旨悱惻懇至，而賊酋黄金巢、盧珂、鄭志高等相率皈命矣。已遂運兵破横水賊，擒其大酋謝志珊等五十六鹵，斬從賊二千一百餘級，俘賊屬二千三百餘人。因使使諭，桶賊方狐疑未央，乘其懈襲擊，復破之，擒大酋藍天鳳等三十四鹵，斬從賊千一百級，俘賊屬數如横水。時浰頭賊尚强，而其酋池大鬢等尤黠桀，故與降賊盧珂等讐，守仁使使以牛酒諭降之，乃報曰：「大鬢等欲歸死而盧珂等將乘隙而掩我家室，今者不解甲以自保耳。」守仁乃陽移文責珂、志高等，而珂、志高等急上變，謂大鬢等實挾詐以老我王師，且列其寇亂狀。守仁復陽怒，杖責盧珂等，下之獄。而諭之情，復以新曆給大鬢等，且諭使來見。大鬢乃語其腹心曰：「欲得伸必先止，贛州伎倆我亦欲先勘之。」遂以其虓勇九十二人櫜甲來見。守仁爲慰諭宴犒之，館於祥符宫，使更新衣習禮，供張儲偫甚設。大鬢等喜過望。至正元之次日，守仁張樂大宴，伏士以待。引大鬢等魚貫入，即僇之庭，無一脱者。遂出盧珂等於獄，使之歸。發兵爲鄉導，夜半守仁出師與之會，遂破浰頭、石門，覆其巢三十餘，擒大賊五十八鹵，斬從賊二千餘。餘奔九連山。守仁以九連深險不易攻，乃使積卒七百衣賊衣佯若奔潰者，賊從崖上招呼，與相應久而賊覺之，則師已度險。賊狼狽失據，大軍蹙之，皆就縛。守仁既已盡得賊地，相險要增設和平縣，治如初。捷上，進右副都御史，予世官錦衣衛百户，再進副千户。守仁念非王瓊精心任之，毋與成功名者，每疏捷輒歸本瓊不容口，而内閣首臣與瓊交惡，因而訾及守仁矣。

守仁雖旦夕軍旅而不廢與諸儒生講學，最後乃爲「致良知」之説，直指本心自然，最簡易痛切。其始頗推鵝湖，謂其能紹孟子，所重周、程而所詆在朱氏。自致良知之説行天下，高明之士樂于頓而惡檢束者喜其便，直推以上接孔子；而拘方者不能無呫訾矣。

時寧王宸濠謀不軌，素浮慕守仁，而畏其撫强兵上游，使腹心劉養正往探之。養正故善守仁，好講學吊詭而守仁亦使其門人冀元亨應宸濠聘，欲以窺其爲人，語兩不合而罷。時福建軍人進貴殺官吏，以叛聞，詔遣守仁往勘處。尋事已平，於是守仁取道南昌圖歸省，抵豐城而宸濠反，殺都御史孫燧、按察副使許逵，刼府庫，署置將相劉養正、李士實等。守仁聞變即返，而宸濠已遣兵千人迎之，守仁入於漁舟得免。是夕抵臨江，又三日抵吉安。吉安知府伍文定邀守仁起兵討宸濠。守仁然之，乃與文定計上疏告變，而移檄列郡暴宸濠罪，俾各率吏士勤王。時巡按御史謝源、伍希儒自嶺外復命，道吉安，守仁留之紀功。守仁兵未集而憂宸濠之兵速出，曰：「南京空城耳，而實無備。宸濠至則下矣。南京下，事未可知也。」乃爲檄檄諸郡邑使備餉，云准兵部咨題請都督許泰、郤永以邊兵四萬由陸取鳳陽道，都將劉暉、桂勇以京邊兵四萬由水取淮揚道，督臣王守仁以兵二萬自南贛發，楊旦以兵八萬自廣西發，秦金以兵六萬自湖廣發，皆會趣南昌，所經由闕供者以軍興法從事。又爲蠟書貽李士實、劉養正云：「得密示，其爲國至意，第從臾使早出，足一離省大事濟矣。」而故繫宸濠之諜示將斬而命黠校監者，僞若與宸濠款，泄而縱之。宸濠徼得書檄，徬徨未決，而與士實、養正謀則皆勸之疾趣南京，即大位。宸濠益内疑。十餘日而探知中外兵不至，乃悟守仁紿之。留少兵守城而刼其衆六萬人，號十萬，襲九江、南康，皆下之。進圍安慶，不下。守仁兵已集，又諜知宸濠離南昌，乃大喜，整衆至樟樹鎮，使精卒四百襲破其伏兵之在新舊廠者，躡之，至暮，士蟻附而上，遂破擒其宜春王拱樤、中涓萬鋭等千餘人，宫人多焚死。守仁猶在後軍，質明而始知之，建大將旗鼓入城，申約束，拊循其脇從吏士，然已不能無所傷殺矣。

守仁留二日，即發兵躡宸濠。宸濠時爲安慶所抗，氣稍沮，而驟聞南昌失守，解圍自救。守仁使伍文定等以四郡精卒三千分道逆擊之，都指揮余恩以游兵四百往來爲疑兵，而陳槐等復以兵二千分爲十餘軍，張疑發伏，與文定等密相應。與其前鋒遇於黄家渡，文定等佯北以致之，賊争利競進而亂。邢珣以所部衝擊斷其中堅，文定、恩等乘之伏羣起，賊遂大敗，退保八字腦。宸濠懼，盡發南康、九江之城守者以自益。守仁乃分兵襲取之。明日復大戰，我兵小却，守仁急命取先却者頭，益争奮。賊大敗，擒斬二千餘，溺水死者以萬計。宸濠益大懼，乃聯舟爲方陣，盡出其金銀以賞士，而詰責敗者將斬之。未決而我兵四面至，炮火碎其副舟，遂奔潰，妃嬪皆與宸濠泣别沈水死。遂擒宸濠與其世子、眷屬、李士實、劉養正等數十人，斬首三千級，溺水死者二萬餘，浮尸衣甲器物亘十餘里。尋分道搜捕其餘黨殆盡。捷聞，寢不下。

前是守仁上宸濠僞檄，末謂：「陛下在位一十四年，屢經變難，民情驛騷，尚爾巡幸不已，以致宗室黠者謀動干戈，冀竊大寶。且今天下之覬覦何特一寧王？天下之姦雄豈直在宗室？興言及此，悚骨寒心。昔漢武帝有輪臺之悔，而晚節奠安。唐德宗下奉天之詔，而士民感泣。皇上宜痛自克責，易轍改絃，罷絀姦諛以回天下豪傑之心，絶跡巡游以杜天下姦雄之望，則太平尚有可圖，臣民不勝幸甚。」左右多弗悦，以守仁方起義師，不能難也。而上則自稱威武大將軍、鎮

國公、總督軍務率京邊驍卒數萬南下，使太監張忠、安邊伯許泰、都督劉暉爲提督，以數千人由江而上抵南昌。守仁乃俘宸濠，取内道以獻。忠、泰等使人要之於廣信，守仁弗聽。抵錢塘，而遇太監張永。永時稱提督，贊書機密軍務，在忠、泰輩上，而故與楊一清善，除劉瑾，天下稱之。守仁夜見永，頌其賢，永悦，守仁乃極言：「江西遭禍亂，民困已極，不堪六師之擾。」永深然之，乃曰：「吾出爲羣小在君側，欲左右調護聖躬耳，非爲功來也。第事不可直致耳。先生功吾自知之。」守仁乃悉以宸濠等付永而身至京口，欲謁駕，不果。會有巡撫江西命，乃還南昌。而忠、泰等前已駐師南昌，銜守仁不待故，縱其卒傲守仁，欲以爲争端。守仁厚加恩禮撫慰，卒皆悦，乃不能有所加於守仁而歸。復譖之上，謂守仁且反，獨張永保持之。於是守仁請□卹其士民，且以大水自劾，語極懇切，皆報聞。

世宗初，召守仁入受封，而中有沮者，謂國甫大喪，不宜舉宴賞。中道止之，特拜南京兵部尚書，參贊機務。遂歸省父華於楚。尋論封奉天翊衛推誠宣力守正文臣，特進、光禄大夫、柱國、新建伯，父華亦得封如之，時人以爲榮。華尋卒，守仁憂居而從游者益衆，相與推隆之。又以功高文臣預五等爵，忌者蜂起，有目爲僞學者；有以下南昌縱士鹵掠及得寧邸之金寶子女者；至有謂初通宸濠謀筴其不勝而背之者；言絶醜不可聞。而所封獨守仁與吉安守文定，至大官當上賞，其它皆名示遷而陰抑絀之。守仁不勝憤，乃上疏再辭爵，且極論自諸有功者。温旨慰諭，不聽。會守仁之所善席書與門人方獻夫、黄綰皆以議禮得幸上，力稱守仁賢，而復爲言之張璁、霍韜等，皆有所推轂，然江西輔臣故銜守仁，不能特薦，猶持前論，而其鄉人之忌者至誣之史，以故推兵部若三邊若團營，皆弗果用。

而最後田州土守岑猛驕不用命，縱兵躪其鄰郡。右都御史姚謨討而誅之，其二子跳，别將盧蘇、王受各擁衆以叛。兵驟進不利，時謀易帥，乃召守仁起家，以故官兼都察院左都御史、總督二廣及江西、湖廣四鎮軍務討之。守仁且至而徵兵已大集，盧蘇等亦素慴守仁盛名，窘甚。守仁意不欲多殺，既抵南寧，即上疏請一切撫綏，而以便宜悉散其衆，而備留楚兵數千自衛。使使招諭盧蘇、王受，皆大悦，率衆掃境叩南寧爲四營，而各挾其心膂數百人入見。守仁爲諭諭，杖之一百，然聽其人爲伍伯，取完事而已。因改田州爲田寧，赦岑猛之後，與盧蘇、王受皆弗誅，因蘇、受兵以攻斷藤峽。斷藤峽者，即大藤峽，其中諸猺上連八寨，下通仙臺、花相諸峒，連絡數十餘寨，盤桓三百里，數出流刦郡邑，自韓雍大征之後無能平者。守仁使盧蘇等爲鄉導，挾永順、保靖二宣慰土兵分道深入，大破之，斬敵者三千餘級，鹵其男女牛馬資械以萬計。守仁方欲移府治、建衛所，增兵設官，次第上疏而病矣。始報平盧蘇等，詔賜金幣，遣行人奉璽書獎諭。而及是平斷藤捷上，則上以手詔問内閣臣楊一清等，謂守仁自誇大，且及其生平學術，一清等不知何所對。守仁之起由張璁、桂萼薦，萼故不能善守仁，以璁强之。而後萼長吏部，璁入内閣，積不相下。萼暴貴，喜功名，風守仁以取安南。守仁辭不應。楊一清者，雅知守仁而會黄綰嘗上疏稱守仁賢，謂當入輔，而又有他疏陰指一清，辭甚厲，一清亦不能無移憾也。守仁既病益甚，上疏乞骸骨。因北歸，度大庾而革，卒於南安舟中，年五十八。

桂萼覘上意不悦守仁，因奏參其擅離職，并處置田州事宜失當。下公卿議，僅不奪其爵而已，停世襲，且盡停其他卹典。守仁有一子曰正億，久之上怒解，使得襲錦衣衛副千户。隆慶初，用諫官言，贈守仁新建侯，謚文成，賜葬與祭，及贈告詞。推明爲元勳聖學。正億得嗣爵。正億卒，子承勳嗣。

守仁天資穎敏絶世，少而好古，文辭爽朗多奇，晚取詞達，不能工也。既以氣節名世，又建不世勳，迨有志聖學，一切盡掃去之，而識者不謂盡然。又其慕好之者亦挾以兩相重，其御烏合、籠豪儁、待宵人，蹈險出危，俶儻權譎種種變幻，孔子有云：作《易》者其有憂患乎？抑中古以後不能不爾。守仁之語門人云：「無善無惡者，心之體。有善有惡者，心之用。知善知惡者，良知。爲善去惡者，格物。以此爲一切宗旨云。」

鄧元錫《皇明書》卷四二《心學紀》　王文成公守仁，浙餘姚人也。字伯安。其先出晉光禄大夫覽，高祖與准精《禮》《易》，著《易微》數千言。父華舉進士第一，忠厚正直，仕至南吏部尚書。先生娠十有四月而生，生之夕，祖母岑夫人夢緋衣神抱兒從雲中下，異之，尚書公因名之曰「雲」。生五歲不言，已更今名，乃言，言即英發超絶。年十五，善詼謔，無所不好，好兵，好仙釋。年十八，以納室如江西，道廣信歸，見婁一齋諒，與語學，謂「聖賢可學而造也」，有深契。比抵家，日取六經諸子史讀之，端坐寡言笑。同業者以故意謔之，先生正色曰：「昔吾放逸，今知過矣。」舉弘治己未進士，授刑部主事。學儒學鬱鬱無所入，乃與李夢陽獻吉、何景明仲默諸子馳騁於古文，無何，歎曰：「吾安能以有限精神爲無用之虚文已耶。」病，告歸，築室會稽陽明洞，爲養生，頗效。已忽悟曰：「此簸弄精神，非道也。」又棄去。

正德初，奄瑾竊柄，逮南科給事中戴銑等繫詔獄。上疏救，下獄杖闕下，謫貴州龍場驛丞。因厭世欲仙。至錢塘，知瑾遣人隨偵急，乃陽言沈江以絶禍。因航海入閩。遘所嘗遇者異人，欲與俱。其人曰：「公乃有親，萬一瑾怒不解，逮若翁，誣公走胡粵自匿，豈有救哉？歸不害也。」因蓍得《明夷》，遂歸越。已乃赴龍場，悟於學。瑾誅，陞廬陵知縣。廬陵故鉅邑，賦繁訟劇。先生至首詢里役，察民户貧富奸良之實，爲低昂。獄牒盈庭不即斷，射稽舊制，選里正三老坐申明亭使，委曲勸諭，以好争尚氣嚚訟之害多所解散，時召見父老，使訓子弟。諄諄以開導人心爲本，行鄉約以厚俗，戒毋令蕩僻。官未朞而賦平訟清，幾於無訟。陞南京刑部主事，調吏部驗封，歷考功郎，陞南太僕少卿，轉南鴻臚卿。職事無劇，暇與同志日切磋於學不厭。已陞左僉都御史撫南贛，而學詣益精當。

是時寧庶人濠蓄逆謀之日久，而南贛地連四省，上游山谿中劇盗倚巖洞盤伏，無慮數十萬，往往焚官府，篡獄囚爲暴，廣東、江右、湖廣諸撫臣相觀望莫適勦。而宸濠時時與賊通，護助之，盗益熾。□都御史文森受命撫督贛，稱疾憚不前。兵尚書瓊以違難劾罷之，薦先生代。先生道聞漳寇亟，即兼程進，移三省兵備盡期日進。兵卻請退師，不許，晝一進，竟破之。乃立十家牌法，防偵伺，立兵符，明保伍以實軍，疏申賞罰，請旗牌以令軍。疏請廣鹽，得行。臨、吉、贛以餉軍而日夜訓練之，軍大振，乃先以牛酒銀布犒賊巢撫諭剴惻，諸巢多相率歸求自效。乃進師攻橫水左溪，連破之。賊奔桶岡，大戰，又破之。而西盗畢殪，乃歸流亡，使復業。鑿山通道，夷其阻，以居民建縣治鎮之。而諸巢最黠桀者盗曰浰頭，陽納欵，實機毒阱險，虞王師，乃休士歸農。明年正月，計擒其渠魁，遂進兵擊其懈，破平之。而諸盗藪盡蕩爲治境。先生用兵機神莫測，對士友談笑論學而幾發立斷，萬衆遄集，斬馘獻凱，須臾驟集，而左右曾莫測所自也。諸大者具《邊防》中。乃立社學，設教，讀羣子弟教之，歌聲達於委巷。諭父老行鄉約，漸導之。先生出征行，父老皆沿途焚香迎拜，如父母。間出入閭巷，童子亦拱立道側候過車，時與欵語訓諭，油油無間也。風化大行。

時寧庶人濠謀爲逆，滛縱而憚先生望高，數致書稱弟子問學，陽下之。先生獨具銜名謝，不荅書，曰：「學不可以書傳也。」濠腹心劉養正者，廬陵人，故與先生游，遣至虔與結約。養正至，晤語連日夜，數微言挑之，先生陽若不喻意也者，不荅也，養正不得間而退。已宸濠以中朝遺詔使來，即訊而恐，乃遂反。時先生以命往福建處叛軍，道南昌，抵豐城矣。濠既殺孫、許，聞先生且至，急遣使三數輩迎，必致之。使者跽請曰：「王聞公且至，以誕晨治宴具，不敢宴，稽撫按三司官以需，幸遄造也。」先生許諾以後輩至，問三司宴未，語頗淆，忽疑之。頃前茅望見一騎馳驟至，命艤舟待，則豐城令佖遣報濠反聞也。時舟順流下，翼以風，先生聞報，命爇香則入舟疾作兩廣巡撫進兵豫章，檄所在給餉牒以駭賊，而北向拜祈風，風遂反。乃微服走，漁舟泝流上，反吉安，曰：「吉伍守可任。又其地廣大，召集可用也。」既至則集吉安諸養病、省親有才望士大夫共舉義，而急疏告變，檄四方兵勤王。檄召贛素所練者兵，若列郡兵以來。

時濠結中朝佞幸諸大臣與爲應，而變驟發，遽甚。南都當下流，卒無備，易棄。乃大設疑間以乖賊。或問之曰：「疑間不必濟。」先生曰：「濟不濟未論，然能令中疑否？」曰：「疑矣。」曰：「第令疑，豈非濟哉？」時濠遣人誘贛南諸峒盗爲掎角。鄒編修守益以爲憂，先生獨策其不叛，曰：「賊戀今巢美，不叛也。」曰：「彼從濠望封拜，他豈顧計哉？」先生默然者久之，曰：「令天下盡叛，吾屬惟獨當倡義守。」益凛然，利害心時如洗也。已竟平濠，事具《武紀》及濠事中。御史黎龍曰：「平籓事不難於成功，而難於倡義。」諒矣。

已毅皇帝逸豫，欲假征濠南幸爲觀游。諸嬖倖江彬、張忠、許泰等倚邊兵欲倖功。聞濠平，顧不樂，宣言逆黨未盡，當勦也。先生力疏請回蹕，不省。念上以重師宿東南，而西北撤備，將意外變，未測也。乃傳寧庶人前獻俘，冀止之。與太監張永遇於杭，先生念永頗忠實，可告語，謂之曰：「江西遭濠毒虐久矣，今苦饑，又重困於兵，倘京邊軍復至，必且亂。亂難測也。曩濠亂，亂獨自一人易制，今復亂，則土崩之勢成，殆難圖矣。」永深然之，曰：「吾此來爲羣小在君側，欲調護，非爲掩功來也。」於是先生付以濠而移病錢塘。已得命兼巡撫江西，乃還鎮。而大閹忠、義子泰領京邊軍實來欲掩功。先生念忠、泰所倚怙者獨北軍，乃豫徙市具資斧俾老羸應門以待軍，且播告城中，言北軍爲江西故來討亂，離家室，苦遠，江西故地主，當供億禮遇，俾軍至如歸，毋怠敖。軍初至，以忠、泰命踞肆坐，謾罵，或衝導起釁。先生不爲動，存撫有恩禮，道遇北軍喪，必停車諮問，嗟嘆良久，已乃去，厚資之。於是京邊軍顧人人喜過望，以爲王都堂遇吾屬有禮也。於是先生乃入見忠、泰，不爲屈。忠、泰殊不喜，日搜羅百出，不爲動。諸戰功具覈，無可勘。乃獨以濠積蓄爲危言曰：「寧王父子祖孫王於此數世矣，富蓄積多聞天下，今安在？豈有盗私之者乎？」先生曰：「信王父子祖孫諸蓄積多甚，然散盡今亡矣。」曰：「孰得而散之？」曰：「濠異時畢輸京師諸權門，約爲

變，籍可覆也。」忠泰乃大驚愕，曰：「籍安在？」曰：「籍入吾目，吾以爲事干逮衆，立焚之，豈可得見哉？」忠、泰故嘗與濠通，受金錢，則大懾不敢言。已較射，忠、泰怙所長，强先生，欲屈之。先生射，命中，北軍嘖嘖歎。忠、泰乃大沮。會冬至，先生命閭巷户奠祭如常儀。時新經喪亂，居民户填門哭已，上塚哭，振野。北軍聞，無不酸鼻流涕思歸者。

忠、泰不得已，乃班師還南都，於上前危言爲讒間。紀功給事中祝續、御史張綸等助爲言，獨太監永左右之，有動息具以告。忠以江彬力能得上意，間之曰：「王某將興兵清君側□惡，忠其首也，次者公。」又間於上曰：「守仁必反，上試召，必不來。」先是忠、泰數矯旨召先生，大監永密以告，先生不往。至是聞召，則立赴。忠、泰意大沮，至扼不令得見。還蕪湖，不得命，危機交迫，乃入九華山，日宴坐僧堂中。武宗時時遣人覘得之，乃釋然曰：「王守仁，學道人也。」忠、泰復間之，則曰：「王守仁討反者，聞有召即至，何謂反乎？」遣還鎮。當是時宸濠未伏法，諸嬖倖異時通濠得金錢者多在上左右。先生復至鎮，則深機曲穽，内戢外防，大閱士，教戰于虔州，日夜如對敵。而日與學士論學，與童子歌詩習禮如平時。於是諸嬖倖益憚慴，不敢謀。已上留南都日久，羣奸既媒孽不得間，欲襲功又以經人耳目，業不可得誣。乃令重上捷音，寘諸人功其中，乃班師。尚書霍韜曰：「是役也，罪人已執，猶動衆出師。地方已寧，乃殺民奏捷。蓋忠、泰之攘功賊義，厥罪滔天。而續、綸之詭隨敗類，其黨惡不才亦甚矣。」是歲江西旱，疏蠲租。尋大水，疏自劾。諸所爲起瘡痍，省國費者甚力，而益專於學，弟子彌衆。進會世宗即位，手勅召赴京，而言者以大喪費浩繁沮之，乃疏省葬，遂得歸。已而上趣定功，行封，陞南京兵部尚書，參贊機務。尋封新建伯。先是平賊擒濠，皆兵尚書王瓊居中相左右，故先生疏上捷必歸功本兵，而閣大臣大恚之，嘗久抑不能。至是天子在藩，素聞江西功，故定封，而同事諸臣以考察蒙擯斥廢錮殆盡。乃辭封爵，疏其功上之，竟格不行。

已大禮議作，諸大臣益競進，而先生竟不召。方、黄、席先後以大禮問，皆不荅。後思、田亂起，兼左都御史，督四省兵撫討之。辭，不允。先生疏請撫，改流復土官，爲本兵王時中所持。上曰：「守仁方畧素優，兵難遥度，聽便宜熟處，毋中制。」而事平，成全國功，語具《邊防》中。於是田州刻石紀上功，其文曰：「嘉靖丙戌夏，田州思恩之人相比，復煽集軍，四省洶洶連年。于時皇帝憂憫元元，容有無辜而死者乎？迺命新建伯王守仁，曷往視師。其以德綏，勿以兵虔。班師撤旋，信義大宣，諸夷感慕，旬日之間自縛來歸者七萬一千，悉放之還農，兩省以安。昔有苗徂征，七旬來格。今未朞月而蠻夷率服，綏之斯來，速於郵傳，舞干之化，何以加焉？爰告思田，毋忘帝德，爰勒山石，昭此赫赫。文武聖神，率土之濱，凡有血氣，莫不尊親。」於是撫綏安集，興思、田、南寧學以保靖歸思。出不意襲八寨、斷籐峽，破平之，具疏所爲經畧者，而先生以病劇請告歸，道卒矣。

查繼佐《罪惟録》列傳卷一〇　王守仁，字伯安，別號陽明，浙江餘姚人，晉王覽之裔。六世祖綱，洪武中參議廣東，死苗難。父華，及第第一人，歷官講讀，侍孝宗經筵，以不附劉瑾致仕，仕至南京吏部尚書。守仁母岑夫人，娠守仁十四月，夢神人乘五色雲手授之，祖天敘因呼之曰雲。五歲不能言，有異僧過天敘曰：「是兒勿以名泄之。」天敘爲改名守仁，輒讀書敏記。八歲，妄意神仙，嬉戲皆絶人。十五，從宦京師，出遊居庸，慨然負壯圖。十七，遇蜀道士于江西鐵樹宫，與語大悦。及見婁諒，談朱氏格物之旨，復大悦。故善跳狎，則稍就規準。赴鄉試，見巨人夜立文場東西，大呼三人好作事，已忽不見。三人者，一榜中胡端敏世寧、孫忠烈燧及守仁，後人意之也。守仁因自負，好談兵，亦不廢養生言。弘治十二年成進士，授刑部主事。病歸，闢陽明洞爲書舍，更講神仙之事。已又悔之，改武選，遂與湛若水專求孔孟之學。

正德初，逆瑾亂政，論救言官戴銑、薄彦徽，因大發瑾罪。瑾怒，矯旨杖守仁于門，謫龍場驛丞，復使人前道扼之。守仁佯置衣履江岸，題詩其處，若投江死者，得以免。附商舟山，爲颶風漂閩，有道士收之，故鐵樹宫與語大悦者也。遂赴龍場，在南彝萬山中。無所得書，日坐石穴中，默記舊讀，輒爲訓釋。期有七月，五經之旨略備。龍場人相與伐木，爲軒居之。瑾誅，擢廬陵知縣，歷文選，累陞僉都御史，巡撫南、贛、汀、漳等處。甫至，首平閩廣劇盜詹師富、温火燒等。因言盜賊日滋，由於濫撫，所調狼兵無制，徒殘害，不足使。臣得揀練部勒之，請便宜以行。詔許之，改巡撫爲總督軍務。

時宸濠蓄逆，頗與賊通。守仁上書密言狀，且請罷紬叚誅，以回天下豪傑之心；絶踪巡遊，以杜天下姦雄之望。是年，茶寮賊大起，江廣湖郴騷然。上命三省會討。守仁首誅賊間吴讓，督兵自南康入，破横水左溪巢，賊奔桶岡。大戰西山界，凡破巢八十四，俘斬六千餘人，歸流亡，度地居之。鑿山開道，夷其險阻。請立崇義縣于横水以屬贛。已而浰頭賊池仲容尤悍黠，擅擬宫號，以峯猺既殄，益增機險阱毒，虞王師。守仁厚撫其黨黄金巢等，先從破横水，又納仲容弟仲安

之款，而收仲容之仇盧珂等爲心腹，故休士歸農，若不復用兵者。已而陽鞭撻盧珂以來仲容，而縱珂往合官兵，盡滅三浰，大小三十餘戰，滅巢二十有八，俘斬三千餘人，復立和平縣，以屬惠治之。虔、吉人感功德，生祠之。陞副都御史，廕一子錦衣百户，進千户。

十四年，宸濠果反。守仁與吉安知府伍文定起兵，掩南昌不備，迎戰鄱陽湖，賊平，事在《宸濠傳》。上自稱威武大將軍南巡，使人邀所俘于廣信，守仁弗與。會太監張永方贊誅劉瑾，爲海内所許，抵錢塘。守仁取内道入浙，夜見永，便以宸濠付之，而身至京口謁駕。諸奄不得志，惡守仁上前，稱守仁宸濠黨。永爲護持力，得不問，賞亦不行，事在《張永傳》。會江西大水，上疏自劾，語極剴切，報聞。世宗初立，召守仁入受封。而中有沮者，謂國甫大喪，不當宴賞，中道止之。拜南京兵部尚書，參贊機務，歸省。尋論封奉天翊衛推誠宣力守正文臣、特進光禄大夫、柱國、新建伯。父華亦得封如之。父病中膺封卒。

初宸濠之叛也，結譽士大夫，無所不傾下。守仁亦與無崖異，嘗使其門人冀元亨往覩之。宸濠自謂善守仁，密謀于陸完，意守仁得爲其巡撫，用是其形跡不能無疑于士大夫。守仁憂居講學，受弟子，而忌者蜂起，頗目爲僞學，至云初通宸濠謀，策其不勝而背之，言絶醜，不可聞。以是雖封爵賜號，竟不與鐵券及歲禄，一時勤王有功諸臣，中傷廢斥殆盡，唯伍文定得陞副都御史，蔭一子千户。守仁不勝憤，乃上疏再辭爵，且極論白諸有功者。温旨慰諭，終格不行。守仁所善席書與門人方獻夫、黄綰，皆以議禮得幸上，交章守仁賢，宜大用，亦尼不果。

嘉靖五年，岑猛叛，詔兩廣聚兵討猛。猛死田州，其黨盧蘇、王受相結再叛，嶺南大困。桂文襄萼素不善守仁，爲張璁所强，交口薦代姚鏌總督兩廣。守仁至，開示恩信，盧蘇、王受等自縛來歸，則悉遣其衆，歸農七萬一千餘人，勒石志功德。時八寨猺賊反側嶺表，與斷藤峽、牛腸六寺、仙臺、花相諸猺相煽結。守仁以便宜，密令故降蘇、受等輕兵出，而永樂、保靖土兵之自嶺南還者，亦過八寨，與蘇、受等相犄角，徑搗其巢，誅斬萬計，八寨盡平。捷聞，朝廷以其誇擅，勅獎而已。獻夫、韜言其功不可泯，上許條畫善後以聞。是時守仁已病矣，輿疾勞所事，而桂萼方長吏部，暴喜功名，風守仁取南安，希崇封。守仁辭不應。以是益怨守仁，讒守仁，賞不進。守仁病劇，乞骸骨，卧舟待命。甫度大庾嶺，卒，爲七年之十一月。時白氣亘天，數日乃已。萼等因盛言守仁初擒宸濠，攻戰紀律不臧，奏捷多僞；又言擅離本職，處置田州事宜失當，學術不端，破壞士習，乞削奪官爵。詔免奪爵，停恤典，子不得嗣封。

守仁學以致良知爲本，所論著有《古本大學則言》及《傳習録》諸書。其才氣故横絶，得兵部尚書王瓊，爲傾任，故能早膺閫閥，屢立大功，顧未一面守仁也。瓊得其所貌像，焚香懸對，契若面語，嘗左手持弱孫，右手接守仁奏報，至闕棨處，顧兒歎曰：「生子當如是哉！」守仁年五十有八，疾革，南安推官入問疾，微哂曰：「此心光明，亦復何言。」櫬行，士民擁哭者載道。至越，越中市兒巷婦無不嗟嘆。隆慶初，贈新建侯，謚文成，賜葬，予祭，誥詞推爲明元勳聖學。子正億，得嗣世伯爵。萬曆初，從祀孔子廟廷。

黄宗羲《明儒學案》卷一〇　王守仁字伯安，學者稱爲陽明先生，餘姚人也。父華，成化辛丑進士第一人，仕至南京吏部尚書。先生娠十四月而生，祖母岑夫人夢神人送兒自雲中至，因命名爲雲。五歲，不能言，有異僧過之曰：「可惜道破。」始改今名。豪邁不羈，十五歲，縱觀塞外，經月始返。十八歲，過廣信，謁婁一齋，慨然以聖人可學而至。登弘治己未進士第，授刑部主事，改兵部。逆瑾矯旨逮南京科道官，先生抗疏救之，下詔獄，廷杖四十，謫貴州龍場驛丞。瑾遣人跡而加害，先生托投水脱去，得至龍場。瑾誅，知盧陵縣。歷吏部主事、員外郎、郎中，陞南京太僕寺少卿、鴻臚寺卿。時虔、閩不靖，兵部尚書王瓊特舉先生以左僉都御史巡撫南、贛。未幾，遂平漳南、横水、桶岡、大帽、浰頭諸寇。己卯六月，奉敕勘處福建叛軍。至豐城而聞宸濠反，遂返吉安，起兵討之。宸濠方圍安慶，先生破南昌，濠返兵自救，遇之於樵舍，三戰，俘濠。武宗率師親征，羣小張忠、許泰欲縱濠鄱湖，待武宗接戰而後奏凱。先生不聽，乘夜過玉山，集浙江三司，以濠付太監張永。張永者，爲武宗親信，羣小之所憚也。命兼江西巡撫。又明年，陞南京兵部尚書，封新建伯。嘉靖壬午，丁冢宰憂。丁亥，原官兼左都御史，起征思、田。思、田平，以歸師襲八寨、斷藤峽，破之。先生幼夢謁馬伏波廟，題詩於壁。至是，道出祠下，怳如夢中。時先生已病，疏請告。至南安，門人周積侍疾，問遺言，先生曰：「此心光明，亦復何言？」頃之而逝，七年戊子十一月二十九日也，年五十七。

先生之學，始泛濫於詞章，繼而徧讀考亭之書，循序格物，顧物理吾心終判爲二，無所得入。於是出入於佛、老者久之。及至居夷處困，動心忍性，因念聖人處此更有何道？忽悟格物致知之旨，聖人之道，吾性自足，不假外求。其學凡三變而始得其門。自此以後，盡去枝葉，一意本原，以默坐澄心爲學的。有未發

之中，始能有發而中節之和，視聽言動，大率以收斂爲主，發散是不得已。江右以後，專提「致良知」三字，默不假坐，心不待澄，不習不慮，出之自有天則。蓋良知即是未發之中，此知之前更無未發；良知即是中節之和，此知之後更無已發。此知自能收斂，不須更主於收斂。此知自能發散，不須更期於發散。收斂者，感之體，静而動也；發散者，寂之用，動而静也。知之真切篤實處即是行，行之明覺精察處即是知，無有二也。

居越以後，所操益熟，所得益化，時時知是知非，時時無是無非，開口即得本心，更無假借湊泊，如赤日當空而萬象畢照。是學成之後又有此三變也。

先生憫宋儒之後學者，以知識爲知，謂「人心之所有者不過明覺，而理爲天地萬物之所公共，故必窮盡天地萬物之理，然後吾心之明覺與之渾合而無間」。説是無内外，其實全靠外來聞見以填補其靈明者也。先生以聖人之學，心學也。心即理也，故於致知格物之訓，不得不言「致吾心良知之天理於事事物物，則事事物物皆得其理」。夫以知識爲知，則輕浮而不實，故必以力行爲功夫。良知感應神速，無有等待，本心之明即知，不欺本心之明即行也，不得不言「知行合一」。此其立言之大旨，不出於是，而或者以釋氏本心之説，頗近於心學，不知儒釋界限只一理字。釋氏於天地萬物之理，一切置之度外，更不復講，而止守此明覺；世儒則不恃此明覺，而求理於天地萬物之間，所爲絶異。然其歸理於天地萬物，歸明覺於吾心，則一也。向外尋理，終是無源之水，無根之木，總使合得，本體上已費轉手，故沿門乞火與合眼見闇，相去不遠。先生點出心之所以爲心，不在明覺而在天理，金鏡已墜而復收，遂使儒釋疆界渺若山河，此有目者所共覩也。試以孔、孟之言證之。致吾良知於事物，事物皆得其理，非所謂人能弘道乎？若在事物，則是道能弘人矣。告子之外義，豈滅義而不顧乎？亦於事物之間求其義而合之，正如世儒之所謂窮理也，孟子胡以不許之，而四端必歸之心哉！嗟乎，糠粃眯目，四方易位，而後先生可疑也。

隆慶初，贈新建侯，謚文成。萬曆中，詔從祀孔廟，稱「先儒王子」。

徐開任《明名臣言行録》卷五〇 新建伯王文成公守仁字伯安，號陽明，餘姚人。弘治己未進士，官至南京兵部尚書，封新建伯。卒，年五十八。隆慶初贈侯，謚文成。

父華，舉進士第一，歷官南吏部尚書。公少負材氣。年十五訪客于居庸山海關。時闌出塞，與諸屬夷角射，因縱觀山川形勝，慨然有勒碑燕然志。經月始返。一日夢謁伏波將軍廟，賦詩曰：「卷甲歸來馬伏波，蚤年兵法鬢毛皤。雲埋銅柱雷轟折，六字題文尚不磨。」時畿内石英、王勇盜起，又聞秦中石和尚、劉千斤作亂，屢欲爲書獻于朝。龍山公斥之爲狂，乃止。初先生侍龍山公于京師，徧求考亭遺書讀之。一日思先儒謂「衆物必有表裏精粗，一草一木皆涵至理」。官署中多竹，即取竹格之，沉思其理不得，遂遇疾。先生自委聖賢有分，乃隨世就辭章之學。踰冠舉鄉試，明年春會試下第，縉紳知者咸來慰諭。閣下李西涯戲曰：「汝今歲不第，來科必爲狀元。試作來科狀元賦。」先生懸筆立就，諸老驚曰「天才，天才」。退有忌者曰：「此子取上第，目中無我輩矣。」及丙辰會試，果爲忌者所抑，同舍有以不第爲耻者，先生慰之曰：「世以不得第爲耻，吾以不得第動心爲耻。」識者服之。歸餘姚，結詩社龍泉山寺。致仕方伯魏瀚平時以雄才自放，與先生登龍山，對奕聯詩，有佳句輒爲先生得之，乃謝曰：「老夫當退數舍。」凡三舉而登甲榜，使治前威寧伯王越葬。公少夢威寧伯貽之寶劍，既葬而其子出威寧伯所佩劍爲謝，則宛然若覿矣。益沾沾自喜，還而朝議方急西北邊，公爲筴得八事上之，其言皆警剴。

授刑部主事。未幾，請告築室于陽明洞中，静坐導氣爲長生久視之術。讀書，文益工。甲子，主山東鄉試。復除武選主事。

正德元年，劉瑾擅權，以南省臺臣戴銑等言事怒之，督官校攝捕甚急。公上疏救。瑾怒，矯詔廷杖五十，幾死，謫貴州龍場驛丞。行至錢塘，度或不免，乃托爲投江，潛入武夷山中，鋭意遠遁。遇異人戒之深，然其言，遂赴龍場。諸苗夷伐木爲室以居之。日夜端居默坐，澄心精慮。一夕忽大悟，終夜不寐，踴躍若狂者兩日夜。嗣後以所記憶五經之言證之，一一相契。獨與晦菴註疏若相牴牾，恒往來于心。因著《五經臆説》，日與學者講究體察，愈益精明，而從遊者益衆。時席書提學貴州，創書院，命諸生師事之。

四年，陞廬陵知縣。至則慎察里正三老，委以詞訟，坐視其成。囹圄清静。明年，瑾誅。十二月，陞南京刑部主事。又明年，擢吏部驗封司。是年陞署員外郎，逾月調文選。七年，陞考功郎中。是年冬，陞南京太僕寺少卿。九年，陞南京鴻臚卿。

十一年正月，陞僉都御史，巡撫南、贛、汀、漳等處。公至置二匣行臺前，榜曰「求通民情」、「願聞己過」。行十家保甲法，務使姦無所容。又以高皇帝訓勅其父老子弟。賊聞而易之，弗爲慮也。時自郡邑輿臺及麾下將校多爲賊耳目，

當事一有舉動輒先覺，莫可爲計。公微得老隸最黠者，至密室而脅之曰：「汝自知當死否？肯爲極言賊情實，吾貰汝。」隸迫，乃盡吐其詳，公笑而貰之。公以南贛地連四省，山險林深，盜賊盤據三之一。前當事者多調狼達土兵，動經歲，年糜費餘萬，有損無益。乃使四省兵備於各屬弩手機快等項，挑選驍勇絶羣、膽力出衆者，每縣多或十餘人，少或八九人，務求魁傑，或行召募。大約江西、福建二兵備各以五六百名爲率，廣東、湖廣二兵備以四五百名爲率。中間有出衆者，優其餼廩，署爲將領，除南贛兵備自行編選，餘四兵備官仍其原額量留三之二，委官統練，防隘守城。其揀退不堪者，止追工食，解道以益募賞。所募精兵專隨各道屯劄，選官分統，教習之。如此可無事于狼土之調矣。

公移文三省兵備，剋期起兵。進次長富村，遇賊大戰，斬獲頗多。賊奔象湖山拒守。我兵追至蓮花石，與賊對壘。會廣東兵方欲合圍，賊急，潰圍而出。指揮覃桓、縣丞紀鏞死之。諸將猶請調狼兵，公以爲見兵二千有餘，已足取勝。遂親率諸軍進屯長汀、上杭，密勒羣哨佯言「犒衆退師，俟秋再舉」。陰遣義官曾崇秀覘賊虚實，乘其懈，選兵三路，乘夜銜枚並進，直搗象湖，奪其隘口，諸賊失險，復據上層峻壁，雜下滾木礧石，以死拒守。我兵奮勇鏖戰，自辰至午，呼聲震地。三省奇兵從間道鼓譟突登，賊乃潰奔，遂乘勝追勦，擒斬俘獲無筭。僅三月而漳南數十年逋寇悉平，賜勅奬賚。

又極言招撫之弊：盜賊之性雖皆兇頑，固亦未嘗不畏誅討。夫惟爲之而誅討不及，又從而招撫之，然後肆無所忌。蓋招撫之議但可偶行于無辜脅從之民，而不可常行于長惡怙終之寇。可一施于回心向化之徒，而不可屢施于隨招隨叛之黨。南贛之盜，其始也被害之民，恃官府之威令，猶或聚衆而與之角，鳴之于官，而有司者以爲既招撫之則皆置之不問。賊習知官府之不彼與也，益從而讐脅之。民不任其苦，知官府之不足恃，亦遂靡然而從賊。由是盜賊益無所畏，而出刼日頻，知官府之必將己招也。百姓益無所恃而從賊日衆，知官府之必不能爲己地也。夫平良有寃苦無伸而盜賊乃無求不遂，爲民者困征輸之劇，而爲盜者獲犒賞之勤，則亦何苦而不彼從乎？是故近賊者爲之戰守，遠賊者爲之鄉導，處城郭者爲之交援，在官府者爲之間諜。其始出于避禍，其卒也從而利之。故曰，盜賊之日滋由于招撫之太濫者，此也。

立兵符申明賞罰之法，因上奏云：「古者賞不踰時，罰不後事。過時而賞與無賞同，後事而罰與不罰同。況過時而不賞，後事而不罰，其何以整齊衆心，鼓舞士氣？誠假臣以令旗令牌，得便宜行事，而兵不精賊不平，臣無所逃死。」王瓊讀而嘆曰：「重權不與此人，將誰與也？」覆奏，改提督軍務，給以旗牌，一應軍馬錢糧事宜俱聽便宜區畫，以足軍餉。其逗遛退縮者，不論文武職官，俱聽軍法從事。于是公益得展材用矣。

公又以賊久據險爲患，今雖幸破滅，猶當爲拊背扼吭之策。乃奏請設(平和)〔和平〕縣治于河頭，移河頭巡檢司于枋頭，以河頭爲諸巢之咽喉而枋頭又河頭之唇齒也。且爲文撫諭諸賊，辭旨悱惻懇至。賊酋黄金巢、盧珂、鄭志高等遂相率歸命。餉不足則疏請通鹽法，又疏請處南贛商税，蓋不加賦而餉足已。

時汀州左溪賊酋與贛南等洞賊相結，盤據千里，荼毒三省。乃與諸從事議曰：「諸巢爲患雖同，事勢各異。以湖廣言之，則桶岡諸巢爲賊之咽喉而横水左溪諸巢爲之腹心。以江西言之，則横水左溪諸巢爲賊之腹心而桶岡諸巢爲之羽翼。今不先去横水左溪腹心之患，而欲與湖廣夾攻桶岡，進兵兩寇之間，腹背受敵，勢必不利。今我出其不意，進兵速擊，可以得志。已破横水左溪，移兵而臨桶岡，勢如破竹矣。」議既決，乃命各官等帥兵由各道以入。公親帥兵千餘，自南康進屯至坪期，直搗横水，以與諸軍會。又使兵備副使楊璋分守，參議黄宏監督，各營官兵往來給餉以促其後。公自率兵乘夜遂進，未至賊巢三十里止舍。使人伐木立柵，開塹設堠，示以久屯之形。復遣官分帥鄉兵及樵竪善登山者四百人，各與旗齎銃砲鈎鐮，使由間道攀崖懸壁而上，分列遠近極高山嶺以覘賊。張立旗幟，爇茅爲數千竈，度我兵且至險則舉砲燃火相應。十二日黎明，兵進至。十八日，賊方據險迎敵，驟聞遠近山嶺砲聲如雷，煙燄四起，我兵復呼哨分逼，賊皆驚潰失措，以爲官兵盡破其巢穴，遂棄險退走，乃大奔潰。横水既破，乘勝進攻左溪。左溪既破，復議桶岡。桶岡天險，壁立萬仞，中盤百餘里，連峰參天，深林絶谷，不覩日月。因詢訪鄉導賊所由入，惟鎖匙龍、葫蘆洞、茶坑、十八磊、新池五處，皆假棧梯壑，賁懸絶壁而上，惟上章一路稍平，然深入湖廣，迂回取道，半月始至。乃令移屯近地，休兵養鋭，振揚威聲。先使人諭以禍福，而使知府邢珣入茶坑，伍文定入西山界，唐淳入十八磊，知縣張戩入葫蘆洞，皆於是月晦日各至分地。遇大雨不得進，明早冒雨疾登。賊首藍天鳳方就鎖匙龍聚議，聞各兵已入險，皆驚愕散亂，猶驅其衆男婦千餘人據内隘，絶險隔水爲陣以拒。我兵渡水前擊，復分部左右夾攻。賊不能支，且戰且却。及午雨霽，各兵鼓奮而前，賊乃敗走，桶岡諸巢悉平。公以暇各相視形勢，據險隘，議以其地請建

縣治，控制三省諸猺，斷其往來之路。又進兵攻穩下諸坑等巢，悉平之。又以湖廣二省之兵方合，雖近境之賊悉以掃蕩，而四遠奔突之虞難保其無。乃留兵四千餘，分屯荼遼諸隘，餘兵回頓近縣休息疲勢，俟二省夾攻盡絶，然後班師。公驅卒不過萬餘，用費不滿三萬，兩月之間破巢八十，有四渠魁賊首，噍類無遺。

又疏請三縣適中之處立安義縣，移置小溪驛于大庾縣城内，使督兵防遏。浰頭賊酋池大鬢等聞横水諸巢皆破，始懼加兵，乃遣其弟池仲安等率老弱二百餘赴軍門投降，求隨衆立效，意在緩兵，因而窺覘虚實，乘間内應。公逆知其謀，乃佯許之，使人至賊所賜各酋長牛酒以察其變。賊度不可隱，詐稱龍川新民盧珂等將掩襲之，是以密爲之防，非虞官兵也。公亦陽信其言，因復陽怒盧珂等擅兵仇殺，檄龍川使廉其實。盧珂等懼，自來告變。遂械繫盧珂而使人密諭以陽怒之意。珂遂遣人歸集其衆，待時而發，又使人往諭池大鬢，且密購其所親信頭目二十人，陰説之同部下百八十人自來投訴。公還贛，乃張樂大享將士，下令城中散兵使各歸農，示不復用。賊衆皆喜，遂弛其備。大鬢遂率其麾下四十人自詣贛。公使人探知大鬢已就道，乃密遣人先行屬縣，勒兵分哨，候報而發。又使人督集盧珂等兵俱至，而令所屬官僚以次設羊酒犒大鬢等，以緩其歸。先伏甲士引大鬢等入犒，并其黨悉禽之。出盧珂等所告狀訊鞫，皆伏。遂寘于獄，皆斬之。夜使人趨發屬縣兵，皆從徑道以入。而公自率帳下官兵從龍南縣冷水徑直搗下浰大巢，與各哨兵會于三浰。先是賊徒得大鬢報，謂贛州兵已罷歸，皆已弛備，散處各巢。至是驟聞官兵四路並進，皆驚懼，分投出禦，悉其精鋭千餘衆據險設伏，併勢迎敵于龍子嶺。我兵鼓勇齊進，各賊潰散，遂進攻九連山。于是精選鋭兵七百人，皆衣所得賊衣，佯若奔潰者，乘暮直衝賊所。賊以爲各巢敗散之黨，疑不敢擊。已度險，遂扼斷其後路。次日，吾兵已據險，從上下擊，賊不能支，預令各哨官兵四路設伏以待。賊果分隊潛遁，皆邀擊而悉俘之。前後禽斬首級無算，俘獲男婦牛馬器仗什物不可計。餘黨張仲金等二百餘人勢窮計迫，聚于九連山谷口，呼號痛哭，誠心投招。乃遣官驗實，皆量加責治。遣知府邢珣往撫其衆，籍其名數，悉安插于白沙，遂相視險易，立縣設隘，留兵防守而歸。贛人皆戴香遮道而迎，爲立生祠。

方公未至贛時，已聞有三省夾攻之議。公以爲夾攻之策名雖三省大舉，其實舉動次第自有先後，如江西之南安有上猶、大庾、桶岡等處賊巢，與湖廣桂東、桂陽接境，夾攻之舉止宜江西與湖廣會合。而廣東於仁化縣要害把截，夾攻不與焉。贛州之龍南有浰頭賊巢，與廣東龍川接境，夾攻之舉止宜江西與廣東會合而湖廣不與焉。廣東樂昌、乳源賊巢與湖廣宜章縣接境，惠州賊巢與湖廣臨武縣接境，仁化縣賊巢與湖廣桂陽縣接境，夾攻之舉止宜湖廣，廣東二省會合，而江西於大庾縣要害把截，夾攻不與焉。若不此之察，必欲通待三省兵齊而後進勦，則老師費財，爲害匪細。今宜先合湖廣江西之兵，併力而舉上猶諸賊。迨事之畢，廣東之兵亦且集矣。則又合湖廣、廣東之兵併力而舉樂昌諸處。逮事之畢，江西之兵又得以少息矣。則又合廣東、江西之兵併力而舉龍川。方其併力於上猶也，則姑遣人佯撫樂昌諸賊以安其心。彼見廣東既未有備，而湖廣之兵又不及己，乃幸旦夕之生，必不敢越界以援上猶。及夫上猶既舉，而湖廣移兵以合廣東，則樂昌諸賊其勢已孤，二省兵力益專，其舉益易。當是之時，龍川賊巢相去遼絶，自以爲風馬牛不相及。彼見江西之兵又徹，意必不疑。班師之日，出其不意，回軍合擊，蔑不濟矣。既而以次盪平，悉與前議合。捷上，進右副都御史，蔭子錦衣衛世襲百户。再進副千户。公念非王瓊精心任之，毋與成功名者。每疏捷，輒歸本瓊不容口，而内閣首臣與瓊交惡，因而訾及公矣。

時寧王宸濠方謀不軌，素浮慕公而畏其擁强兵上游，使腹心劉養正往探之。養正固善公，公亦使其門人冀元亨應宸濠聘，欲以窺其爲人，語兩不合而罷。會福建軍人進貴等作亂，兵部尚書王瓊知宸濠且反，謂主事應典曰：「進貴亂小事，不足煩王守仁。但假此便宜，勅書在彼手中，以待他變，可也。」乃具題降勅，令公查處福建亂軍。未至而事已平，公因取道南昌抵豐城。而宸濠反，殺都御史孫燧、按察副使許逵，刼府庫，署置將相劉養正、李士實等。公聞變即返，而宸濠已遣兵千人追之，公跳漁舟得免。是夕抵臨江。又三日抵吉安。知府伍文定邀公起兵討宸濠，公然之。乃與文定計上疏告變，而移檄列郡，暴宸濠罪，俾各率吏士勤王。時巡按御史謝源、伍希儒自嶺外復命，道吉安，公留之紀功。公兵未集而憂宸濠之兵速出，曰：「南京空城耳，而實無備，宸濠至則下矣。南京下事未可知也。」乃爲檄檄諸郡邑使備餉，言京師及湖廣、廣東西、南京、淮安、浙江各發兵共數十萬以疑宸濠，使不敢出南昌。賊果疑四路兵至，不敢出。遲回半月日乃出南昌，攻南康、九江、安慶，而公兵則已大集矣。即傳檄罵宸濠賊，遣人密書與賊心腹李士實、劉養正及閔廿四、吴十三，若有約内應者。宸濠得致書人及書，遂疑士實等。士實等勸宸濠去安慶，直趨南京，否徑出蘄黄，趨京師。宸濠不聽。

丁亥，公集兵糧，傳檄四方諸郡縣。知府伍文定等皆至，議所向。公曰：「兵家之道，急衝其鋒，攻其有備，皆非計之得。我故示以自守不出之形，彼必他出，然後尾而圖之。先復省城以搗其巢穴，俟彼還兵來援，然後邀而擊之。此全勝之策也。」癸卯，會于臨江樟樹鎮。于是知府戴德孺、徐璉、邢珣，通判胡堯元、童琦、談儲，推官王暐、徐文英，知縣李美、李楫、王天與、王冕各以其兵至，乃分爲十三哨，哨三千人，少者千五百人。令伍文定等各攻一門，以四哨爲遊兵，策應之。諜報宸濠別伏兵墳廠爲城中聲援，公遣知縣劉守緒夜從間道襲破之，以撼城中。十九日發兵，以二十日昧爽各至汛地。公下令曰：「一鼓附城，再鼓登，三鼓不登，誅；四鼓不登，斬其隊將。」至暮，士蟻附而上，遂破，擒其宜春王拱樤、中涓萬鋭等千餘人，宫人多焚死。公猶在後軍，質明而始知之，建大將旗鼓入城，申約束，拊循其脅從吏士，然已不能無所傷殺矣。公留二日，即發兵躡宸濠。宸濠時爲安慶所抗，氣稍沮，而驟聞南昌失守，解圍自救。公使伍文定等以四郡精卒三千分道逆擊之，都指揮余恩以游兵四百往來爲疑兵，而陳槐等復以兵二千分爲十餘軍，張疑設伏，與文定等密相應。與其前鋒遇于黄家渡，文定等佯北以致之，賊争利競進而亂。邢珣以所部衡擊，斷其中堅。文定、恩等乘之伏起，賊遂大敗，退保八字腦。宸濠懼，盡發南康、九江之城守者以自益。公乃分兵襲取之。明日復大戰，我兵小却，文定急斬先却者以殉，身立砲銃間，火焚其鬚不動。士殊死鬭，兵復振，賊大敗，擒斬二千餘，溺水死者以萬計。宸濠益大懼，乃聯舟爲方陣，盡出其金銀以賞士，而詰責敗者，將斬之。未決而我兵四面至，砲火碎其副舟。賊復奔潰，妃嬪皆與宸濠泣别沈水死。遂擒宸濠與其世子眷屬、李士實、劉養正等數十人，斬首三千級，溺水死者二萬餘，浮尸衣甲器物亘十餘里。尋分道搜捕其餘黨殆盡。

公上宸濠僞檄，末謂：「陛下在位一十四年，屢經變難，民情驛騷，尚爾巡幸不已，以致宗室黠者謀動干戈，冀竊大寶。且今天下之覬覦，何特一寧王？天下之奸雄，豈直在宗室？興言至此，悚骨寒心。昔漢武帝有輪臺之悔，而晚節奠安。唐德宗下奉天之詔，而士民感泣。皇上宜痛自克責，易轍改絃，罷絀姦諛，以回天下豪傑之心，絶跡巡游，以杜天下奸雄之望，則太平尚有可圖，臣民不勝幸甚。」左右多弗悦，以公方起義師，不能難也。

公既擒宸濠，諸奸佞江彬等導上南巡，使太監張忠、安邊伯許泰、都督劉暉爲提督，以數千人由江而上抵南昌。既聞公已擒濠，甚不喜。蓋不以擒叛爲功，而以不待上親征輒擒濠爲擅。公發自南昌，將往金陵，至廣信遇忠等，乃欲使公縱宸濠鄱陽湖，待上至親擒示武。公曰：「一日縱敵，數世之患。誰敢以叛藩戲？」忠等怒。公夜渡玉山，遇太監張永于杭州。公夜見永，頌其賢。永喜，公因語永曰：「仗祖宗之靈，逆藩就縛。忠等猶領軍至彼，恐江西民不堪重毒。足下何不蚤赴，稍約束之，其猶有蘇乎。」永曰：「吾此出正欲監制羣小，使不得肆，非爲攘功來也。第事不可直致耳。」公曰：「足下此時與其赴江西，何不聽守仁以濠付足下？借足下詣闕獻俘，忠等聞俘已獻，久駐師無名，將遂班師，則江西之民陰受足下賜多矣。」永深喜，遂從公受濠。自是羣小在上左右間公者，永皆陰解之，且時時以所聞羣小言亟達公，使自爲備。公既付濠于永，乃還南昌。忠等所統京邊兵方聚城中劫掠居民，淫其婦，擄其財，莫敢誰何。見公至，忠等陰嗾諸軍名呼公辱之，欲激公怒，生他端。公故爲不聞也者，榜示軍門曰：「北軍南征，跋涉數千里，勞苦萬狀。我民念其來爲我，宜客事之，毋有所慢。」仍備牛酒致犒。北軍皆喜，嘆曰：「王都堂好官，我等奈何受人嗾辱好官耶？」適冬至，城中民乍罹干戈，骸骨有葬者，有存者。公令部下陰諭居民曰：「此節氣各宜致齋祀亡者，哭盡哀，否者以不孝論。」於是一日夜城中招魂哭慟酸楚，北軍聞之皆泣下，盡起故鄉之思。忠等見軍士不肯辱公，又思歸，遂班師。

嘉靖改元，詔録公功，封新建伯，兼南京兵部尚書，參贊機務。遣使迎至京宴勞。諸忌者又以錫宴勞費爲詞，嗾言官論沮公不使至京。未幾，外艱去。服闋，竟不召。讒謗益起，屢形奏牘。雖封爵賜號，竟不與鐵券歲禄。一時勤王有功諸臣中傷廢斥殆盡，唯伍文定得陞副都御史，廕一子千户。公不勝憤，乃上疏再辭爵，且極論白諸有功者，竟格不行。

五年，土官岑猛叛。兩廣聚兵討猛，猛死田州，而其黨盧蘇、王受相結再叛。兵部侍郎張孚敬、桂萼薦公堪任，乃授總制軍務，代姚鎮。公至而徵兵已大集，盧蘇、王受亦素慴公威名，窘甚。公意不欲多殺，既抵南寧，即上疏言：「臣惟岑猛父子固有可誅之罪，然所致彼若是者，則前此當事諸人亦宜分受其責。蓋兩廣軍門專爲諸猺獞及諸流賊而設，若使振其軍威，自足制服諸蠻。乃因循怠弛，軍政日壞，一有警急，必倚調土官狼兵若猛之屬者而後行事。故此輩得以憑恃兵力，日增桀驁。及事平，則又功歸於上，而彼無所與。兼不才有司需索引誘，與之爲姦，是以始而徵發愆期，既而調遣不至。上嫉下憤，日深月積，刧之以勢而威日褻，籠之以詐而術愈窮，至有今日。夫即其已暴之惡誠宜加誅，然所以致

彼若是者，亦宜反思其咎矣。即所可憤怒者不過岑猛父子及其餘黨數人而已，其下萬衆則皆無罪之人也。今岑猛父子及其黨惡數人既云誅戮，天討已行。又乃不勝盧、王二酋之憤，遂不顧萬命，竭兩省之財，動三省之兵，騷然塗炭者，兩年于兹。然而兩酋之首未得，徒爾兵連禍結，民困益深，無罪之民死者十已六七。山猺海賊乘釁摇動，窮迫必死之寇既從而煽惑之，貧苦流亡之民又從而逃歸之，其可憂危何啻十百于二酋者哉！不此之慮而汲汲于二酋，則當事者之過計矣。臣以爲且宜釋此二酋之罪，開其自新之路。姑務息兵罷餉，以休養瘡痍之民，絶覬覦之姦，弭不測之變。迨區處既定，德威既洽之後，二酋若改惡自新，則吾亦何必過求其罪？如尚不悛，執而殺之，不過一獄吏之事，何必重煩天兵？臣謬膺重命，從事偏隅，小醜非不可以僥倖成功，苟免于怯懦退避，然必多調軍兵，多傷士卒，多殺無罪，多費糧餉，又不足振揚威武，信服諸彝，僅能取快于二酋之憤而忘其遺患于兩省之民，但知邀功于目前而不知投艱于日後，此人臣喜事者之利，非國家之福，生民之庇，臣所不忍也。臣又聞流官之設，徒有虚名，而反受實禍。思恩未設流官之前，土人歲出土兵三千以聽官府調遣。既設流官之後，官府歲發民兵數千以備土人之反復。流官之無益斷然可睹。但論者以爲既設而復去，恐啓人言，招物議。是以寧使一方之民久罹塗炭而不敢明爲一言，寧負朝廷而不敢犯衆議，甚哉！人臣之不忠也。苟利于國而庇于民，死且爲之矣，而何人言物議之足計乎？田州切臨交趾，其間深山絶谷，皆獞猺之所盤據，動以千百，必須仍存土官，則可藉其兵力，以爲中土屏蔽。若改土爲流，則邊鄙之患，我自當之。自撤藩籬，後必有悔。思恩、田州處置事宜，候事平之日另行議奏。」於是公以便宜悉散其處，而僅留楚兵七千自衛。使使招諭蘇受，許以不死。皆大悦，率其部落請降。公大陳威儀受之，杖之一百，爲撫定其餘衆。求岑氏後，貶秩使守故土，設流官制焉。

公上疏曰：「臣奉命於去年十二月至廣西平南縣，與巡按紀功、御史石金及藩臬將領等官會議，思、田禍結兩省已踰二年，今日必欲窮兵盡勦，則有十患。若罷兵行撫，則有十善。何謂十患？以數萬無辜赤子窮搜極捕，傷天地之和，一也。用兵以來未嘗交戰而所費銀米數十萬，今梧州倉庫空虚，饋餉不給，二也。調兵久戍，疾死逃亡者接踵，若復驅之鋒鏑，必有土崩瓦解之勢，三也。兵連兩省，民不得耕織，事久慮易，亂乃滋甚，四也。徵調各土兵無能宣布主威，明示賞罰，而徒以市井狙獪之謀誘之驅敵，彼因挾此貪求恣肆，五也。兩廣盜賊猺獞巢穴數千百，軍衛有司營堡關隘之兵，時常募補，尚且不敷，今復盡取而聚之思、田一隅，倘有他虞，何以待之？六也。軍旅一動，饋運之夫、騎征之馬皆取辦于南寧諸屬縣，民困已極，非盜即死，七也。兩廣土官於岑猛之滅既各懷唇齒之疑，其各州土目於蘇受之討又皆有狐兔之憾，是以遲疑觀望，莫肯效力，所恃獨湖兵耳，前歲之疫，湖兵死者過半，其先多僱債而來，兵回之日，死者之家例有償命銀兩，費亦鉅萬，今兹復調，道路怨苦，勢必逃逋，雖誅之不能止，因一隅之小憤而重失三省土人之心，伏憂隱禍，殆難盡言，八也。田州外捍交趾，内屏各郡。其間深山絶谷，皆猺獞所盤據，若必盡誅其人，異時雖欲改土設流，其誰與守？非獨撤藩籬，抑亦籍膏腴之田以資猺獞，爲邊彝拓石開疆，九也。既以兵克，必以兵守，歲歲調發，勞費而已，秦時勝、廣之亂，實興于閭左之戍，且一失制馭，變亂隨生，十也。何謂十善？活數萬無辜之命，一也。息財省費，民免重困，二也。戍兵得歸，無死亡之慘，三也。又得及時耕種，不致窮迫爲盜，四也。罷散土兵，使知朝廷自有神武，陰折天下反側之姦，五也。遠近之兵各歸舊守，六也。息餽運，省夫馬，解百姓倒懸之苦，七也。土民釋免死狐悲之憾，土官免唇亡齒寒之危，八也。思田遺民得還舊土，招亡復業，因其土俗，仍置酋長，俾人自爲守，内制猺獞，外防邊彝，中土胥以安枕，九也。土民既皆悦服，不須復以兵守，無調發之費，有安居之樂，十也。夫勦撫之利害明白易見如此，乃當事者莫敢來撫，何哉？蓋其間又有二幸四毀焉。下之人幸有俘級之獲以要將來之賞，上之人幸成一時之捷以蓋前日之愆，是爲二幸。始謀請兵而終鮮成效，則有輕舉妄動之毀；頓兵竭餉而得不償失，則有浪費財力之毀；聚數萬之衆而竟無一戰之克，則有退縮畏避之毀；狥土彝之情而拂士夫之議，則有形迹嫌疑之毀，是謂四毀。二幸蔽于其中，四毀惕于其外，是以寧犯十患而不顧，棄十善而不爲。夫人臣事君，殺其身苟利于國且爲之，豈以僥倖之私，毀譽之末，而遂撓吾志哉？爲今日計，其宜撫也明矣。衆皆曰然。臣抵南寧，遂下令盡撤調集防守之兵。數日内解歸者數萬，惟湖兵數千，道路阻遠，不易即歸，仍使分留南寧，解甲休養，待間而發。盧蘇、王受先遣其頭目黄富等訴告願掃境投生，惟乞宥免一死。臣等諭以朝廷威德，令齎飛牌歸巢省諭，期以速降免死。蘇受等得牌皆羅拜踴躍，尋率衆歸南寧城下，分屯四營。蘇受等囚首自縛，與其頭目數百人赴軍門請命。臣等復諭之曰：『朝廷既赦爾之罪，豈忍失信爾等？擁衆負固，騷動一方，若不示罰，何以泄憤？』于是下蘇受于軍門，各杖一百，乃解其縛。又諭之曰：

『今日宥爾死者，朝廷好生之仁；必杖爾者，人臣執法之義。』衆皆叩首悦服，謂朝廷有再生之恩，當以死報。各乞願殺賊立功贖罪。臣隨至其營，撫定其衆七萬餘人。復委右布政林富等安插，于二十六日悉命復業。其地方一應經久事宜，再計具奏。」上覽其疏，嘉納之。

公因八寨反側久，毒嶺表，密與蘇受等約期日去。又先因永順保靖土兵自嶺南還，密與領兵官約，過八寨與蘇受等兵相犄角，徑搗其巢。或遏其前，或截其後，或張左右翼夾擊之。誅斬萬計，而八寨亦平。

公上疏經畧斷藤峽善後事宜凡六，移南丹衛城于八寨，改築思恩府治于荒田，改鳳化縣治于三里，增設龍安縣治，置流官于思龍，以屬田寧；增築守鎮城堡于五屯。事下兵部。本兵持之，户部請覆勘。學士霍韜等上疏曰：「夫守仁之成功有八善焉。乘湖兵歸路之便，兵不調而自集，一也。用思、田效命之助，勞而不怨，二也。機出意外，賊不能遁，所誅者渠惡，非濫殺報功者比，三也。因歸師無糧運費，四也。一舉成功，民不知擾，五也。平八寨與斷藤峽，則極惡者先誅，其餘小巢可漸德化，得撫勦之宜，六也。八寨不平，則西而柳慶，東而羅旁，渌水、新寧、恩平之賊合數千里共爲窟穴，雖調兵數十萬未易平服，今八寨平定，則諸賊可以漸次撫勦，兩廣良民可漸安業，七也。韓雍雖平斷藤峽賊矣，旋復有倡亂者。當時未及區畫其地爲經久圖，俾餘賊復據巢穴，五十年生聚，則賊熾盛也亦宜。若八寨，乃百六十年所不能誅之劇賊，山川天險尤難爲功，今守仁既平其巢窟，即圖連城邑以鎮定之，則賊失其險，後日不能爲變，逋賊來歸，且化爲良民矣。誅惡綏良，得民父母之體，八也。或曰，建置城邑大事也，區處錢糧户部職也，不先奏聞而輒興工，可乎？不知守仁之平八寨也，所殺者賊之渠魁耳，逋逃固未嘗殺也。乘此時機建置城邑，遂招逋逃之賊，俾之復業，則積年之賊皆可化爲良民。失此機會，撤兵而歸，俟奏得旨，乃興版築，賊漸來歸，據險以抗我師，雖築城亦不能矣。昔者范仲淹之守西邊也，欲築大順城，慮敵人争之，乃先具版築，然後巡邊，急速興工，一月城成，西夏覺而争之，已不及矣。是何也？若俟其奏報，豈不敗事？守仁于建置城邑之役，計之熟矣。錢糧夫役固不仰足户部而後有處矣。其以一肩而分聖明南顧之憂，可謂賢矣。不以爲功，反以爲過，可乎？臣等廣人也。目擊八寨之賊爲地方大患百數十年，一旦底平，不勝慶忭。今兵部功賞未行，户部覆題再勘，臣恐機會一失，大功遂沮。城堡不築，逋賊來據，地方可慮。故冒昧建言，惟聖明察焉。」時朝議呶呶于八寨之役，故其辭懇切若此。然公方上疏而病矣，因乞骸骨北歸，至南安卒。江西巡按御史儲良材奏訃至，吏部尚書桂萼素忌公，令該司匿其訃不舉。乃參其擅離職守及參其處置廣西恩、田八寨事恩威倒置，又詆其擒宸濠軍功冒濫，乞命多官會議，僅不奪其爵而已，停世襲并朝廷常行卹典。隆慶初，用諫官言，乃得贈謚，予祭葬及誥詞，推爲元勳聖學。子正億，嗣爵世襲。

雜録

備録

李紹文《皇明世説新語》卷一 王陽明中會試，同舍有以不第爲耻者。陽明慰之曰「世以不得第爲耻，吾以不得第動心爲耻。」

李紹文《皇明世説新語》卷四 王陽明論舉薦人才不可不慎，譬如養蠶，但雜一爛蠶于中，則一筐好蠶盡爲所壞矣。

王守仁素善劉養正。劉謀逆，守仁逼令用決。其母喪暴露，守仁使人葬之，且祭以文，曰：「君臣之義不得私于其身，朋友之情尚可申于其母。」有儒生上書辨論君臣朋友本無二理，守仁愧屈。

王守仁聞地藏洞有異人，坐卧松毛不火食，遂歷崑險至之，其人正熟睡。公俟其醒問最上一乘，其人曰：「周濂溪、程明道是儒家兩個好秀才。」公恍然悟。

李紹文《皇明世説新語》卷五 王陽明幼問塾師曰：「何爲第一等事？」塾師曰：「惟讀書登第耳。」陽明曰：「登第恐非第一等事，或讀書學聖賢耳。」其父笑曰：「汝欲做聖賢耶？」

王文成少好奇，隨海桴過仙姑島觀日出。島有老人留王者，半夜呼曰「日出矣」。王起見海水都作臙脂色，日如巨屋，晃漾漸昇，以爲半生奇觀莫是過也。

王陽明謫龍場驛丞，歸至錢塘。劉瑾遣人隨偵，乃托言投江，實附客舟，至閩登岸，奔山徑數十里，夜扣一寺求宿。僧故不納，趨野廟，倚香案卧。蓋虎穴也。夜半虎繞廊大吼，不敢入。黎明僧意必斃于虎，將收其囊，見陽明熟睡。呼，始醒，驚曰：「公非常人也，不然得無患乎。」

李紹文《皇明世説新語》卷六　王陽明七歲，一僧熟視之曰：「此兒跨竈。」乃翁海日笑曰：「老夫狀元及第，名位非輕，恐竈未易跨也。」僧曰：「不然。跨凡竈者終是凡兒，若君家兒能跨君竈所以爲佳。」後陽明以平宸濠功封伯，且從祀。海日狀元宗伯，終不及矣。

李紹文《皇明世説新語》卷八　王陽明初見宸濠，佯言舊意以窺逆謀。宴時李士實在坐，濠言時政缺失，士實曰：「世豈無湯、武耶？」陽明曰：「湯、武亦須伊、呂。」濠曰：「有湯、武便有伊、呂。」陽明曰：「若有伊、呂何患夷、齊？」自是始知濠逆謀決矣。

王文成恐逆濠急下南京，欲緩其出，乃假寫都憲楊公火牌云「本院帶領狼達官兵四十八萬齊往江西公幹」。將發，參謀雷濟曰：「恐彼未必信。」曰：「可疑否？」對曰：「疑則不免。」王笑曰：「得渠一疑，彼之大事去矣。」

張萱《西園聞見録》卷七　王公守仁天資絶倫，少喜任俠，長好詞章，壯好仙釋。既而好學，以斯道爲己任，以聖人爲必可學。而至江西，羅欽順嘗寓書守仁，謂其「名實儘已出入，只除却講學一事，足彀一生」。守仁笑答之曰：「諸皆餘事，守仁平生唯有講學一節耳。」故其屬纊之際，家童問何所囑，乃應之曰：「我他無所囑，平生學問方纔見得，猶未能與吾黨共成之，爲可恨耳。」

耿定向《先進遺風》　新建伯文成王先生守仁。今制刑部有提牢廳，置獄吏若干員，典守獄囚。月更一主政，總其事。凡囚自大辟以下繫獄中者，日給糧飯之。往獄吏相沿取囚飯餘豢豕，豕肥則屠之分食。先是堂卿或未之知，故亦無禁也。先生筮仕刑曹，適輪提牢，覩諸吏豢豕，惻然恚曰：「夫囚以罪繫者猶然飯之，此朝廷好生浩蕩恩也。若曹乃取以豢豕，是率獸食人食矣，如朝廷德意何？」欲督過之。羣吏跪伏請寬，且諉曰：「相沿例也，亦堂卿所知。」先生曰：「豈有是哉？汝曹援堂卿以自文耳。」即日白堂卿。堂卿是其議，先生遂令屠豕，割以分給諸囚。獄吏到今不復豢豕云。先生晚年在告家居，同里有官刑部主政管姓者習其事。一日，侍先生，喟然咨嘆曰：「先生平生經世事功亡論諸掀揭之大，即筮仕刑部時屠豕一事，至今膾炙人口云。」先生聞已顰蹙，曰：「此余少年不學作此欺天罔人事也。茲聞之，尚有餘慙。子乃以爲美談，諛我耶？」管不達，曰：「上宣朝廷之德惠，下軫囹圄之罪人，本至德事也，先生顧深悔之以爲罪過，何也？」先生復蹙然曰：「比時憑一時意見，揭揭然爲此，置堂卿於何地耶？只此便不仁矣。」嗣余貳刑曹時舉以語同志友，符卿孟秋氏問曰：「然則豕當終不屠耶？」余曰：「藉令先生知學後處此，必微婉默運，令發自堂卿，不使善歸己，過歸人矣。」

先生家居時，里人有求鬻其産者，先生辭卻。已一日，先生偕董從吾、王汝止諸門弟遊山，偶經其處，覩其風景佳勝，衷默悔前之未收也。忽惕然内訟曰：「是何心哉！有貪心便無恕心矣。」且悔且訟，兩念交戰膺中，行里許始化。徐以告從行諸弟曰：「克己之難如此云。」

杜蔭棠《明人詩品》卷一　王新建陽明先王，勳業、氣節、文章皆可甲世，特多講學一事，讒言惟興。其過濂溪祠云：「瞻衣多少高山意，曾向圖書識面真。」題武夷壁云：「溪流九曲初諳路，精舍千年始及門。」示程畢二子云：「紫陽山下多豪俊，應有吟風弄月人。」則先生何嘗立意樹幟，張弧與洛、閩諸儒異乎？乃訾訾之口以先生學術未純，并先生之大節疑焉。皦皦素絲，欲染爲緇，彼譖人者亦太甚矣。

王兆雲《皇明詞林人物考》　公英敏天成，機權莫測。其用兵也，訓練嚴明，籌畫精密，對客咲談，萬衆遄集，擒酋斬馘，獻凱轅門，左右尚不知也。《鳳洲筆記》評公詩曰：「新建雄畧蓋世，雋才逸羣。詩初鋭意作者，未經體裁，奇語間出，自解爲多。雖謝專家之業，亦一羽翼之雋也。」

彭定求《明賢蒙正録》卷上　新建伯王文成公守仁，浙江餘姚人，弘治己未進士，學者稱陽明先生。從祀孔廟。初生時，祖母岑夢神人衣緋玉，雲中鼓吹，送兒授之，祖竹軒公命名曰「雲」。五歲不言。有神僧過之曰：「好箇孩兒，可惜道破。」竹軒公悟，更今名，即能言。父海日公名華登進士第一，寓京師。竹軒公攜之北上，時十一歲。過金山寺，對客賦詩曰：「金山一點大如拳，打破維揚水底天。醉倚妙高臺上月，玉簫吹徹洞龍眠。」客大驚異，復命賦蔽月山房，隨口應曰：「山近月遠月覺小，便道此山大於月。若人有眼大如天，還見山小月更闊。」明年就塾，問塾師：「何爲第一等事？」師言：「讀書登第耳。」公不然，曰：「此未爲第一事，其爲聖賢乎？」

成、弘之間，長沙李文正公繼金華、廬陵之後，雍容臺閣，執化權，操文柄，弘獎風流，長養善類，昭代之人文爲之再盛。百年以來，士大夫學知本原，詞尚體要，彬彬焉，彧彧焉，未有不出於長沙之門者也。蕘城以下六公，其蘇門六君子之選乎？南城枋國獻規，請削門生之籍，其稱壽之詞曰：「白頭王孝逸，北面敢徐徐？」則其非背負師門，可知已矣。文詞崛奇，自出手眼；橫從百變，不失指

授。韓門之有持正，蘇門之有魯直；所謂惟古於詞必己出，非苟爲同異也。録六公之詩，用以彰一代之盛事。俯仰嘆息，蓋不勝高曾規矩之慨焉！

何良俊《四友齋叢説》卷六　陽明自言：與寧藩戰于鄱陽湖，部署已定，初亦不甚譸張。但罪人既得，而聖駕忽復巡遊，上意叵測，爲之目不交睫者數夕。二中貴至浙省，陽明張讌于鎮海樓，酒半，撤去梯，出書簡二篋示之，皆此輩交通之跡也，盡數與之。二中貴感謝不已，返南都，力保陽明無他，遂免於禍。若陽明持此挾之，則禍且不測，此之謂推赤心置人腹，誠而不動者未之有也。

張瀚《松窗夢語》卷四　王公守仁時撫南贛，起義兵於吉安，遍檄諸郡，合謀夾勦，遂執宸濠。公初仕爲武選郎，劉瑾亂政，抗疏請誅，謫龍場驛丞。後瑾誅，復除刑部，改吏部，陞太僕、鴻臚卿。以僉都出撫南贛，擒斬劇賊數千，鑿山開道。贛舊有二程子祠，昔周茂叔知南康軍，二程子隨父宦遊，受學於此。公因舊址，益增廓之，創建書院，與四方名賢講學於中。設社學，教郡邑子弟，夷風丕變。初，公見濠，佯言朝政缺失，外示愁歎。李士實曰：「世豈無湯、武耶？」公曰：「湯、武亦須伊、吕。」濠曰：「有湯、武便有伊、吕。」公曰：「若有伊、吕，何患夷、齊！」自是遣人覘濠動静，益得其詳。於是上疏請提督軍務，意在濠也。後濠反，公乃得提兵討平之。值姦佞忌公，久之不賞。嘉靖改元，始封新建伯，兼南京兵部尚書，尋去位。五年，復起征思、田。時駐節武林，余爲諸生，心景慕之，約同儕數人廷謁公，得覿風儀。神骨清朗，步履矯捷，翩翩如鶴。求其指示，但云：「隨事體認，皆可進步。爲諸生，誦習孔、孟，身體力行，即舉子業，豈能累人哉！所患溺於口耳，無心領神會之益，視聖賢爲糟粕耳。」余聆公言，至今猶一日也。後公至粤，開誠示信，賊黨自縛來歸，田州悉平。又驅降衆搗入寨巢，以除嶺表積患。則談笑之頃，萬衆遠集，擒首斬馘，獻凱轅門，而左右尚不知也。又可見公用兵之如神矣。歸至梅嶺，疾甚。公命輿人速行，至小溪驛而殁。有《則言》、《傳習録》行世。

李樂《見聞雜記》卷一　宸濠之役，王陽明不顧九族之禍，賊擒奏凱，彬、忠諸佞倖導康陵南征，罪人未就，甸師之戮，中外危疑洶洶，視行陣間尤費心力。媢嫉之徒肆爲誣詆，天日鑒之而已。其桶岡、横水、浰頭之賊，連穴數省，寇叛數十年，國無大費，竟爾盪定，此功豈在靖遠、威寧之下？其學術非潛心内省，密自體察者，慎勿輕訾也。【略】

今人專指斥陽明學術。余不知學，但知《大學》恐不可直以宋儒改本爲是，而以漢儒舊本爲非，此須虚心静思得之。若寧藩反時，余時年二十一，應試在杭，見諸路羽書，皆不敢指名宸濠反。或曰江西省城有變，或曰江西省城十分緊急，或曰江西巡撫被害重情，或曰南昌忽聚軍馬船隻，傳言有變。唯陽明傳報，明言江西寧王謀反，欽奉密旨會兵征討。安仁謂陽明學本邪説，功由詭遇，又曰王某心事衆所共疑，何其不諒至此。

李樂《見聞雜記》卷六　陽明先擒宸濠，其初爲諸宦豎所掩。既世廟登極，首揆楊新都與王晉溪相讐，晉溪至下獄謫戍。而陽明故晉溪所拔者，故訛言萬端，謂南昌之破，教人搶掠，甚於盜賊。及修《世廟實録》，執筆者新都，副之者董中峯，董故不喜王，且迎新都意，極其剪斥。後徐存齋、鄭端簡、薛方山諸公皆履其地，得其詳，事乃大白，伯安復封爵，董之説遂大詘。

錢謙益《列朝詩集小傳》丙集　守仁，字伯安，餘姚人。弘治丙辰進士，除刑部主事，起改兵部。疏劾劉瑾，謫龍場驛丞。屢遷南太僕、鴻臚卿，以左僉都御史撫南、贛，用禽寧濠功，拜南京兵部尚書，封新建伯，謚文成。事具國史。先生在郎署，與李空同諸人游，刻意爲詞章。居夷以後，講道有得，遂不復措意工拙，然其俊爽之氣，往往涌出於行墨之間。荆川之門人，專取其晚年詩，以爲極則，則可哂也。王元美《書王文成集後》云：「伯安之爲詩，少年有意求工，而爲才所使，不能深造，而衷於法；晚年盡舉而歸之道，而尚爲少年意象所牽，率不能渾融而出於自然。其自負若兩得，而吾以爲幾於兩墮也。」以世眼觀之，公甫何敢望伯安；以法眼觀之，伯安瞠乎後矣。

梁維樞《玉劍尊聞》卷九　陽明十餘歲時苦繼母不慈，乃密囑巫以鬼神事恐之，母懼而慈。【略】

陽明在西湖靈隱寺講學，力詆晦翁之説。有一老僧在座，問曰：「公爲秀才時，曾依朱説作文否？」陽明曰：「此國家設以取士者，安得不從？」曰：「當時何不自用己説？」陽明曰：「若自用己説，則不得中式矣。」老僧笑曰：「然則文公講解是公寶筏，苦海雖已渡，豈可便棄耶？」

孫之騄《二申野録》卷三　《客坐新聞》言：姚江王伯安守仁，成化辛丑狀元大宗伯華之上器也。弘治己未會試第二人，廷試名在二甲第六，初授刑部主事，後改兵部。博學有文，好奇言，慕神仙。正德丁卯，大璫劉瑾操弄國柄，放棄大臣，鋤滅言路，百僚掩口，聽命而已，伯安上疏言之，謫貶貴州驛丞。未行，寓杭州勝果寺，一夕夢使者持書二緘付伯安，啓之，一書「滄浪之水清兮，可以濯我

纓」，伍員名。一書水上覆一舟，後題「屈平」止二字。既覺，越三日，晝見二軍校至，有旨賜汝溺，不可緩，窘迫之。伯安懇告校曰：「少間須臾，留詩于世以俟命絶。」乃以紙展几上，題一律云：「學道無成歲月虛，天乎至此復如何？身曾許國生無補，死不忘親痛有餘。自信孤忠懸日月，豈知餘骨葬江魚。百年臣子悲何極，日夜潮聲泣子胥。」更有告終詞一篇，不及録。書罷，爲二校而縛，挾至江邊投之。伯安初入水，即得物負之，不能沉，漂蕩凡七晝夜，所見如畫中。伯安驚慌，莫知所之。舟偶及岸，見一老人率四卒來，云：「汝何致此狼狽？吾當爲汝解縛登岸。」伯安拜謝，因問老人曰：「此當何處？」老人曰：「福建界也。」伯安曰：「願公護我至彼。」老人曰：「此去福建尚遠，不能猝達，當送君往廣信。」乃命四卒，共往羿之去如飛，不半日已抵廣信矣。老人復在彼，率詣僧寺，僧聞其名，延欵甚恭。伯安問僧曰：「老人在何處？請來同位。」又謂僧曰：「我餒甚，乞飯少許。」且囑先飯四卒。僧覓之不見。詢僧曰：「自岸至此，爲程幾何？」僧曰：「千里。」曰：「自辰及午，迅速若是，信爲神祐也。」食罷，僧達郡邑，皆館穀之，即移文浙省，差人迎候，恍惚若夢寐中。人謂伯安志慕神仙，故墮此福地也。

備論

鄭曉《吾學編・皇明名臣記》卷二八《新建伯王公》　公英敏天成，機權莫測。其用兵也，訓練嚴明，籌畫精密，對客笑談，萬衆遄集，擒酋斬馘，獻凱轅門，左右尚不知也。

項篤壽《今獻備遺》卷三八　論曰：漢以來所稱三文成者，其才知、學識、節概、勳名大畧相若，第留侯早退，終始兩全；誠意、新建卒阻多口。信哉功名之際不亦難乎。譚者謂劉公術數掩其經綸，王公論學偏於德性，要之此兩公者，真命世才也，蠅點薑唑，此何心哉！

敘曰：道術之分也，固者以説溺經而華者以辯破義，尊錮黨伐之俗，成鉤鈲離析之患，作棼然争乎同異之辯，而後功能之説得以抵巇讐其便，便巧之用利一切之效速，而後真儒之澤鬱滞不得施用。蓋學者好不相悦而務相勝之過也。昔者夫子修六學以待來辟，有意乎後世，欲用其所未試。其後天下争於戰陳，六籍廢闕，七十子之響既絶，而晚周之末猶有子游氏之儒、子夏氏之儒、漆雕氏之儒，若是其懿也，豈與夫譁衆取寵、務趨合於亂國苟以徼利撓世爲哉？然而去之彌遠，其失彌甚，則有離逖本真，舛馳末僞，安其所已知，毁其所未見，於是辯説鬩於闘訟，攻難急於操戈，起異説之塗而立之幟，鬩同氣於牆而不顧其外侮。於時法吏爲師，學士寖絀，有反雜之目被愚誣之譏，迄於暴秦，乃有儒禍。則是好不相説而務相務之罪也。宋之末造，朱、陸之門人不能觀乎兩師之深，更是所聞，轉相姍議，同德比義之規滋缺，專己耀俗之風尤熾。而不知晦翁之意先條析而後貫通，固未嘗索理於外而不約之内。象山之意先本原而畧文義，亦未嘗謝事於外而空明於内也。

我朝經學以朱傳爲宗，間有肄其言而不歸之約者，陽明先生倡爲致良知之説，示人以極本窮原之歸。其學有似於象山，而實非挾陸以毁朱也。自陽明之教行而學者稍知趨向，然有肄其言而不要其實者，甘泉先生又爲隨處體認天理之説，示人以一本萬殊之用，其學雖異於象山而亦未嘗排陸以及王也。近世學者率尚高明而棄沈密，樂簡易而鄙勤渠，以覺悟爲天真，以聞見爲障礙，不屑踐跡而遽談玄奥，乃謂聖人有心法無事法，不涉文字，不主嚮往，交騖於雅詞矩步而力行衰微矣，不幾惑世誣民哉。嗟乎，有能紹明洙泗之業，振二季之敝，由博歸約，明析而躬行之，進則仁者之效用著，退則先儒之典刑具，使功能記問之士弭口不得闘其説，竊願爲之執鞭云。

李贄《續藏書》卷一四　鄭端簡曰：王公才高學邃，兼資文武，近世名卿鮮能及之，特以講學故衆口交訾。蓋公功名昭揭，不可蓋覆，唯學術邪正未易銓測。以是指斥，則讒説易行，媢心稱快爾。今人咸謂公異端陸子静之流，嗟乎，子静豈異端乎？以異端視子静，則游、夏純于顔、曾而思、孟劣于雄、況矣。公所論敘，《古本大學》、《傳習録》諸書具在，學者虛心平氣，反覆融玩，久當見之。寧庶人反時又能不顧九族，身任其事，不踰旬朔，卒平大難。宣德樂安之變，有如公者，景陵無羈靮之勞矣。

李贄曰：陽明先生在江西，與孫、許同時，則爲江西三忠臣。先生又與胡端敏、孫忠烈同舉鄉薦。曾聞夜半時有巨人文場東西立，大言曰：「三人好作事。」已忽不見。則在浙江又爲三大人矣。且夫古之立大功者，亦誠多有，但未有旬日之間不待請兵請糧而即擒反者，此唯先生能之。然古今亦未有失一朝廷，即時有一朝廷，若不見有朝廷爲胡虜所留者，舉朝晏然，三邊晏然，大同城不得入，居庸城不得入，即至通州城下亦如無有此，則于少保之勳千載所不可誣也。若

英宗北狩，楊善徒手片言單詞歡喜也先，遂令也先即時遣人隨善護送上皇來歸。以予觀之，古唯斷養卒，今僅有楊善耳。吁，以善視養卒，則養卒又不足言矣。此皆今古大功未易指屈。則先生與于與楊又爲千古三大功臣焉者也。嗚呼，天生先生，豈易也邪？在江西爲三大忠，在浙江爲三大人，在今古爲三大功，而況理學又足繼孔聖之統者哉！

鄧元錫《皇明書》卷四二《心學紀》 約論曰：今天下言學者無慮宗王文成矣。乃其學益晦，則鶩於已高也。又身謗者衆。予間從其高第弟子獲聞其微言「昔孟子實首言良知」，又曰「無爲所不爲，無欲所不欲」。如此而已矣。言學盡於致知也，古本《大學》書誠意，特傳淇澳烈文括八目已錯，詩書歸三綱而一誠樞紐也，不精深宏奥乎？豈必分補哉？竊以爲此其大者，百世不與易也，乃兼資文武，非名世王佐才不能及，斯言爲不佞矣。

沈節甫《紀録彙編》卷九八 逸史氏曰：吾時時見守仁鄉人及其兵行地者，道守仁智不可測，如神云。高鳥盡，良弓藏。雖得保首領，迺弗克終，有爵土迨子孫也。嗚呼悲哉！其爲説固未盡合朱氏，然亦灑然可喜，所自得深矣。學者又加甚焉，分門植黨以爲勝朱氏，然此守仁罪也。至間託於文，雄爽横放，不鑿不蹈，能發所獨見，難矣。

沈節甫《紀録彙編》卷二一〇 評曰：新建雄畧蓋世，雋才逸群。詩初鋭意作者，未經體裁，奇語間出，自解爲多，雖謝專家之業，亦一羽翼之雋也。四時詩如五花駿馬，嘶踏雄麗，頗多蹶步。暮年如武士削髮，縱談玄理，傖語錯出，君子譏之。

尹守衡《明史竊》卷五三 論曰：陽明先生，我昭代大儒也。其御烏合，籠豪傌，待宥人，蹈險出危，俶儻權譎，種種變幻。孔子有云：作《易》者其有憂患乎？抑中古以後不能不爾。資兼文武，學跂聖賢，盡脱末學之支離，獨守良知之妙悟。每語謙之曰：「致良知三字真孔門正法眼藏。」嗟夫，釋氏語奚以讚美吾道哉？服儒之服，誦佛之言，人目爲禪，何怪焉？韓愈氏曰：「人其人，火其書。」敢以望於後學君子。

謝肇淛《五雜組》卷一五 新建良知之説，自謂千古不傳之秘，然孟子諄諄教人孝弟，已拈破此局矣，況又鵝湖之唾餘乎？至於李材止修之説，益迂且腐矣。夫道學空言，不足憑也，要看真儒，須觀作用。新建抗疏定亂，信文武之兼材，然當獻俘金陵之際，爲江彬所排陷，進退去就，一刀可以割斷，而濡滯忍耻，夜對池水，欲弔汨羅，何無決也？名與身孰輕？當時抗雷霆，竄嶺海，間關萬里不死，而死於功成之後，豈所謂重若鴻毛，輕若泰山者？公固未之熟思耶？此其地位尚未及告子、孟施舍而何孔、孟之有也？

查繼佐《罪惟録》列傳卷一〇 論曰：陽明事業可觀，而所以爲教者，吾猶惑之。欲使天下白日閉户往來疑團之中，是禪趺之所爲空也。聖門一貫之呼，原即忠恕，未常無有着落。即以致知一語，安得裂聖經完句，去下三字，添一「良」字。「良」自孟書不學不慮來，是則孔氏有所遺，孟氏獨能補其不足哉？至于夙善宸濠，不足責也。正德中，萬一宫車野晏，海内鼎沸，序立未安，社稷爲重，新建誠有深心。及反蹕豹房，則寧藩躁動，逃不得一「叛」字。所争幾微，時宜之妙，正于此討得。是故詆文成者未爲得，而曲諱文成者益未爲得。文成孰兩中處晦，不得大白于天下耳。奉其説者滋多，大率歸于無用。且夫聶與王亦已内攻，諸何足深求哉？顧其邊功，亦自有由。守仁列疏有云：天下事成於責任之專一，敗於職守之分撓。幸其時不設提督，中使未嘗出監，故能一手終始之。倘處新建于東事經撫並存之日，有隨芝岡而盡耳，嗟乎！其後有叔姪争繼一案，李清司李寧波，破其誣搆，文成應襲孫業弘被獄，國變未結，脱。按錢塘僞死題詩，有「百年臣子悲何極，夜夜濤聲泣伍胥」之句。杭守楊孟瑛揭聞三司，報瑾，命漁人遍覓尸不得，家人招魂祭江上，瑾乃不問。

傅維鱗《明書》卷一〇〇 史官曰：守仁學術凡三變，漸入玄虚，是以多訾之。古云，兵不厭詐。而守仁用兵則專用詐，然而非堂堂之陣、正正之旗矣。獨其起義旅，擒叛王，不使九重之尊輕與匹夫角，使樂安之蠢動有如守仁者，宣宗無羈靮之勞矣。厥功懋哉。昔人謂學士大夫與守仁辯，未嘗不心折，及退而讀其書，平平耳。而世宗語李時曰：「守仁凡事虚浮，好名士耳。」可謂人倫朗鑒。然其御烏合，籠豪傌，待宥人，蹈險出危，俶儻權譎，則過人過矣。孔子曰：作《易》者其有憂患乎？抑中古以後不能不爾耶。

《明史》卷一九五 贊曰：王守仁始以直節著。比任疆事，提弱卒，從諸書生掃積年逋寇，平定孽藩。終明之世，文臣用兵制勝，未有如守仁者也。當危疑之際，神明愈定，智慮無遺，雖由天資高，其亦有得於中者歟。矜其創獲，標異儒先，卒爲學者譏。守仁嘗謂胡世寧少講學，世寧曰：「某恨公多講學耳。」桂萼之議雖出於媢忌之私，抑流弊實然，固不能以功多爲諱矣。

藝文

尤侗《西堂詩集·擬明史樂府·三大功》 浰頭寨，大鬟敗。鄱陽湖，宸濠俘。思田府，蘇受撫。三大功，推王公。仙非仙，禪非禪。學聖學，覺後覺。爵世封，祀醫宗。彼邪説，肆媒孽。我耳冷，爾眼熱。

嚴遂成《明史雜詠》卷三《新建侯王守仁》 充閭佳氣有雲飛，知是神人抱送歸。墓上夢徵名將劍，江邊淚認逐臣衣。悟開心學源源活，遁入禪機漸漸非。第一山陰流派別，天泉四語證王畿。

臣惟賊不遺君父，麟閣丹青視等閑。義旅風馳樟樹鎮，野心雲戀九華山。殘兵絡繹輿尸苦，諸將淋漓戰血斑。付與龍江江外路，凱歌人報獻俘還。

心學本與朱子合，其末流乃不善學之故，不足累陽明也。傳江西者尚實踐，傳山陰泰州者，流弊靡所底。山陰則王畿首倡狂論，泰州王心齋艮亦多怪異。二王之學數傳，益甚遁入禪機。然其餘諸公因致良知之説，躬行心得，發名成業，難更僕數。詳吾師穆堂先生集中。

明世宗部

綜述

《明史》卷一七《世宗紀一》　世宗欽天履道英毅聖神宣文廣武洪仁大孝肅皇帝，諱厚熜，憲宗孫也。父興獻王祐杬，國安陸，正德十四年薨，帝年十有三，以世子理國事。

十六年三月辛酉，未除服，特命襲封。丙寅，武宗崩，無嗣，慈壽皇太后與大學士楊廷和定策，遣太監谷大用、韋彬、張錦，大學士梁儲，定國公徐光祚，駙馬都尉崔元，禮部尚書毛澄，以遺詔迎王於興邸。

夏四月癸未，發安陸。癸卯，至京師，止於郊外。禮官具儀，請如皇太子即位禮。王顧長史袁宗皋曰：「遺詔以我嗣皇帝位，非皇子也。」大學士楊廷和等請如禮臣所具儀，由東安門入居文華殿，擇日登極，不允。會皇太后趣羣臣上箋勸進，乃即郊外受箋。是日，日中，入自大明門，遣官告宗廟社稷，謁大行皇帝几筵，朝皇太后，出御奉天殿，即皇帝位。以明年爲嘉靖元年，大赦天下。卹録正德中言事罪廢諸臣，賜天下明年田租之半，自正德十五年以前逋賦盡免之。丙午，遣使奉迎母妃蔣氏。召費宏復入閣。戊申，命禮臣集議興獻王封號。五月乙卯，罷大理銀礦。丙辰，梁儲致仕。壬戌，吏部侍郎袁宗皋爲禮部尚書兼文淵閣大學士，預機務。壬申，錢寧伏誅。六月戊子，江彬伏誅。乙未，縱内苑禽獸，令天下毋得進獻。丁酉，革錦衣衛冒濫軍校三萬餘人。戊戌，振江西災。壬寅，革傳陞官。癸卯，振遼東饑。

秋七月壬子，進士張璁言，繼統不繼嗣，請尊崇所生，立興獻王廟於京師。初，禮臣議考孝宗，改稱興獻王皇叔父，援宋程頤議濮王禮以進，不允。至是，下璁奏，命廷臣集議。楊廷和等抗疏力争，皆不聽。癸丑，命自今親喪不得奪情，著爲令。丁巳，小王子犯莊浪，指揮劉爵禦却之。丙子，革錦衣衛所及監局寺廠司庫、旗校、軍士、匠役投充新設者，凡十四萬八千餘人。丁丑，寧津盜起，德平知縣龔諒死之。九月乙卯，袁宗皋卒。庚午，葬毅皇帝於康陵。

冬十月己卯朔，追尊父興獻王爲興獻帝，祖母憲宗貴妃邵氏爲皇太后，母妃爲興獻后。壬午，興獻后至自安陸。十一月庚戌，振江西災。丁巳，録平宸濠功，封王守仁新建伯。甲戌，乾清宫成。罷廣西貢香。諭各鎮巡守備官，凡額外之征悉罷之。

嘉靖元年春正月癸丑，享太廟。己未，大祀天地於南郊。清寧宫後殿災。命稱孝宗皇考，慈壽皇太后聖母，興獻帝后爲本生父母。己巳，甘州兵亂，殺巡撫都御史許銘。二月己卯，耕耤田。三月辛亥，弗提衛獻生豹，却之。甲寅，釋奠於先師孔子。丁巳，上慈壽皇太后尊號曰昭聖慈壽皇太后，武宗皇后曰莊肅皇后。戊午，上皇太后尊號曰壽安皇太后，興獻后曰興國太后。

夏四月壬辰，命各邊巡按御史三年一閱軍馬器械。

秋七月己酉，以南畿、浙江、江西、湖廣、四川旱，詔撫按官講求荒政。九月辛未，立皇后陳氏。

冬十月辛卯，振南畿、湖廣、江西、廣西災，免税糧有差。壬辰，以災傷敕羣臣修省。十一月庚申，壽安皇太后崩。十二月戊寅，振陝西被寇及山東礦賊流劫者。

是年，琉球入貢。

二年春正月乙卯，大祀天地於南郊。丁卯，小王子犯沙河堡，總兵官杭雄戰却之。二月癸未，振遼東饑。壬辰，總督軍務右都御史俞諫、總兵官魯綱討平河南、山東賊。三月乙巳，俺答寇大同。甲寅，武宗神主祔太廟。戊午，賜姚淶等進士及第、出身有差。

夏四月壬申，以災異敕羣臣修省。癸未，以宋朱熹裔孫墅爲《五經》博士。癸巳，命兩京三品以上及撫、按官舉堪任守令者。五月庚午，小王子犯密雲石塘嶺，殺指揮使殷隆。六月癸丑，以災傷免嘉靖元年天下税糧之半。

秋八月辛酉，小王子犯丁字堡，都指揮王綱戰死。

冬十一月丁卯，免南畿被災税糧。己丑，振河南饑。

是年，撒馬兒罕、土魯番、天方入貢。

三年春正月丙寅朔，兩畿、河南、山東、陝西同時地震。丁丑，大祀天地於南郊。丙戌，南京刑部主事桂萼請改稱孝宗皇伯考，下廷臣議。是月，朶顔入寇。二月丙午，楊廷和致仕。庚戌，南京地震。三月壬申，振淮、揚饑。辛巳，振河南饑。

夏四月己酉，上昭聖皇太后尊號曰昭聖康惠慈壽皇太后。庚戌，上興國太后尊號曰本生聖母章聖皇太后。癸丑，追尊興獻帝爲本生皇考恭穆獻皇帝，大赦。辛酉，編修鄒守益請罷興獻帝稱考立廟，下錦衣衛獄。五月乙丑，蔣冕致仕。修撰呂柟言大禮未正，下錦衣衛獄。丁丑，遣使迎獻皇帝神主於安陸。己卯，吏部尚書石珤兼文淵閣大學士，預機務。六月，御史段續、陳相請正席書、桂萼罪，吏部員外郎薛蕙上《爲人後解》，鴻臚少卿胡侍言張璁等議禮之失，俱下獄。

秋七月乙亥，更定章聖皇太后尊號，去本生之稱。戊寅，廷臣伏闕固爭，下員外郎馬理等一百三十四人錦衣衛獄。癸未，杖馬理等於廷，死者十有六人。甲申，奉安獻皇帝神主於觀德殿。己丑，毛紀致仕。辛卯，杖修撰楊慎，檢討王元正，給事中劉濟、安磐、張漢卿、張原，御史王時柯於廷。原死，慎等戍謫有差。是月，免南畿、河南被災稅糧。八月癸巳，大同兵變，殺巡撫都御史張文錦。乙卯，吏部侍郎賈詠爲禮部尚書兼文淵閣大學士，預機務。九月丙寅，定稱孝宗爲皇伯考，昭聖皇太后爲皇伯母，獻皇帝爲皇考，章聖皇太后爲聖母。丙子，詔天下。丙戌，土魯番入寇，圍肅州。兵部尚書金獻民總制軍務，署都督僉事杭雄充總兵官，太監張忠提督軍務，禦之。

冬十一月己卯，户部侍郎胡瓚提督宣、大軍務，都督魯綱充總兵官，討大同叛卒。十二月壬子，甘、涼寇退，召金獻民還。戊午，起致仕大學士楊一清爲兵部尚書，總制陝西三邊軍務。

是年，琉球入貢，魯迷國貢獅子、犀牛。

四年春正月丙寅，西海卜兒孩犯甘肅，總兵官姜奭擊敗之。辛未，大祀天地於南郊。二月乙卯，禁淹獄囚。三月壬午，仁壽宮災。

夏五月甲戌，賜廬州知府龍誥官秩，詔天下倣誥備荒振濟法。庚辰，作世廟祀獻皇帝。八月戊子，作仁壽宮。

冬十月丁亥，作玉德殿，景福、安喜二宮。十二月辛丑，《大禮集議》成，頒示天下。閏月乙卯朔，日有食之。乙亥，振遼東災。

是年，天方入貢。

五年春正月乙未，大祀天地於南郊。二月甲寅，命道士邵元節爲真人。庚辰，免山西被災稅糧。壬午，振京師饑。三月辛丑，賜龔用卿等進士及第、出身有差。丁未，定有司久任法。

夏五月庚子，楊一清復入閣。

秋七月庚寅，免四川被災稅糧。八月丙寅，振湖廣饑。九月己亥，章聖皇太后有事於世廟。

冬十月辛亥朔，親享如太廟禮。壬子，振南畿、浙江災，免稅糧物料。庚午，頒御製《敬一箴》於學宮。

是年，暹羅入貢。

六年春正月癸未，命羣臣陳民間利病。己丑，大祀天地於南郊。二月辛亥，小王子犯宣府，參將王經戰死。癸亥，費宏、石珤致仕。庚午，召謝遷復入閣。三月庚辰，寇復犯宣府，參將關山戰死。甲午，禮部侍郎翟鑾爲吏部侍郎兼翰林學士，入閣預機務。

夏四月己巳，免廣西被災稅糧。五月丁丑朔，日有食之。丁亥，前南京兵部尚書王守仁兼左都御史，總制兩廣、江西、湖廣軍務，討田州叛蠻。

秋八月庚戌，以議李福達獄，下刑部尚書顔頤壽、左都御史聶賢、大理寺卿湯沐等於錦衣衛獄，侍郎桂萼、張璁，少詹事方獻夫署三法司，雜治之。總制尚書王憲擊敗小王子於石臼墩。癸亥，賈詠致仕。庚午，振湖廣水災。九月己卯，免江西、河南、山西被災秋糧。壬午，頒《欽明大獄録》於天下。

冬十月戊申，兵部侍郎張璁爲禮部尚書兼文淵閣大學士，預機務。

是年，魯迷入貢。

七年春正月癸未，考覈天下巡撫官。丙戌，大祀天地於南郊。三月戊寅，謝遷致仕。癸巳，右都御史伍文定爲兵部尚書提督軍務，侍郎梁材督理糧儲，討雲南叛蠻。

夏四月甲寅，甘露降，告於郊廟。六月辛丑，《明倫大典》成，頒示天下。癸卯，定議禮諸臣罪，追削楊廷和等籍。丁卯，雲南蠻平。

秋七月己卯，追尊孝惠皇太后爲太皇太后，恭穆獻皇帝爲恭睿淵仁寬穆純聖獻皇帝。辛巳，尊章聖皇太后爲章聖慈仁皇太后。戊子，詔天下。八月壬子，免河南被災稅糧。九月甲戌，王守仁討廣西蠻，悉平之。壬午，振嘉興、湖州災。

冬十月丁未，皇后崩。十一月丙寅，立順妃張氏爲皇后。十二月丙子，小王子犯大同，指揮趙源戰死。

是年，琉球入貢。

八年春正月己亥，振山西災。庚戌，大祀天地於南郊。二月癸酉，吏部尚書

桂萼兼武英殿大學士，預機務。丁丑，振襄陽饑。甲申，旱，躬禱於南郊。乙酉，禱於社稷。三月丙申，葬悼靈皇后。戊戌，振河南饑。甲寅，賜羅洪先等進士及第、出身有差。

秋七月甲午，以議獄不當，下郎中魏應召等於獄，右都御史熊浹削籍。八月丙子，張璁、桂萼罷。壬午，始親祭山川，著爲令。九月癸巳，召張璁復入閣。癸丑，楊一清罷。是月，免兩畿、河南被災稅糧，振江西、湖廣饑。

冬十月癸亥朔，日有食之。己巳，除外戚世封，著爲令。十一月庚子，召桂萼復入閣。甲辰，振浙江災。戊申，禱雪。己酉，雪。丁巳，親詣郊壇告謝。百官表賀。

是年，天方、撒馬兒罕、土魯番入貢。

九年春正月丁酉，大祀天地於南郊。丙午，作先蠶壇於北郊。丁巳，振山西饑。二月戊辰，耕耤田。乙亥，振京師饑。丁丑，禁官民服舍器用踰制。三月丁巳，皇后親蠶於北郊。

夏四月丙戌，振延綏饑。五月己亥，更建四郊。六月癸亥，立曲阜孔、顔、孟三氏學。

秋八月壬午，免江西被災稅糧。九月壬辰，罷雲南鎮守中官。乙未，免南畿被災秋糧。

冬十一月辛丑，更正孔廟祀典，定孔子謚號曰至聖先師孔子。己酉，祀昊天上帝於南郊，禮成，大赦。

是年，琉球入貢。

十年春正月辛卯，祈穀於大祀殿，奉太祖、太宗配。甲午，更定廟祀，奉德祖於祧廟。乙巳，桂萼致仕。二月甲戌，免廬、鳳、淮、揚被災秋糧。壬申，賜張璁名孚敬。三月戊申，罷四川分守中官。

夏四月丁巳，皇后親蠶於西苑。甲子，禘於太廟。五月壬子，祀皇地祇於方澤。閏六月己丑，罷浙江、湖廣、福建、兩廣及獨石、萬全、永寧鎮守中官。

秋七月癸丑，侍郎葉相振陝西饑。戊午，張孚敬罷。辛巳，鄭王厚烷獻白雀，薦之宗廟。八月辛丑，改安陸州曰承天府。九月乙丑，西苑宮殿成，設成祖位致祭，宴羣臣。丙寅，禮部尚書李時兼文淵閣大學士，預機務。壬申，幸西苑，御無逸殿，命李時、翟鑾進講，宴儒臣於豳風亭。

冬十一月甲寅，祀天於南郊。戊辰，免陝西被災秋糧。丁丑，召張孚敬復入閣。十二月戊子，御史喻希禮、石金因修醮請宥議禮諸臣罪，下錦衣衛獄。

十一年春正月辛未，祈穀於圜丘，始命武定侯郭勛攝事。二月戊戌，免湖廣被災稅糧。三月戊辰，賜林大欽等進士及第、出身有差。

夏四月辛卯，續封常遇春、李文忠、鄧愈、湯和後爲侯。五月丙子，前吏部尚書方獻夫兼武英殿大學士，預機務。六月壬午，免畿内被災秋糧。甲申，續封劉基後誠意伯。

秋七月戊辰，免南畿被災夏稅。八月戊子，以星變敕羣臣修省。辛丑，張孚敬罷。九月丁巳，振陝西饑。

冬十月甲申，編修楊名以災異陳言，下獄謫戍。是月，免山東被災稅糧，振山西饑。十一月甲寅，四川巡撫都御史宋滄獻白兔，羣臣表賀。庚申，祀天於南郊。十二月己亥，免畿内被災稅糧。

是年，琉球、哈密、土魯番、天方、撒馬兒罕入貢。

十二年春正月丙午，河南巡撫都御史吳山獻白鹿，羣臣表賀。自後，諸瑞異表賀以爲常。丙辰，召張孚敬復入閣。是月，免浙江、河南被災稅糧。二月乙酉，振雲南饑。三月丙辰，釋奠於先師孔子。

秋八月乙未，以皇子生，詔赦天下。九月庚戌，廣東巢賊亂，提督侍郎陶諧討平之。

冬十月乙亥，大同兵亂，殺總兵官李瑾，代王奔宣府。丙子，下建昌侯張延齡於獄。十一月己亥，振遼東災。癸丑，翟鑾以憂去。十二月己卯，吉囊犯寧夏，總兵官王効、副總兵梁震擊敗之。

是年，土魯番、天方入貢。

十三年春正月癸卯，廢皇后張氏。壬子，立德妃方氏爲皇后。二月己丑，總督宣大侍郎張瓚撫定大同亂卒。辛卯，代王返國。三月壬申，振大同被兵者。乙酉，吉囊犯響水堡，參將任傑擊敗之。

夏四月己酉，方獻夫致仕。六月甲子，南京太廟災。

秋八月壬子，寇犯花馬池，梁震禦却之。

冬十一月庚午，祀天於南郊。

是年，琉球入貢。

十四年春正月壬申，罷督理倉場中官。丙戌，莊肅皇后崩。二月己亥，作九廟。丁未，禁冠服非制。三月戊子，葬孝静皇后於康陵。己丑，遼東軍亂，執都

御史吕經。

夏四月甲午，張孚敬致仕，召費宏復入閣。丙申，賜韓應龍等進士及第、出身有差。丙午，廣寧兵亂。六月，吉囊犯大同，總兵官魯綱禦却之。

秋七月甲申，廣寧亂卒平。八月乙巳，詔九卿會推巡撫官，著爲令。

冬十月戊申，費宏卒。十一月乙亥，祀天於南郊。

是年，烏斯藏入貢。

十五年春二月癸巳，振湖廣災。三月丙子，奉章聖皇太后如天壽山謁陵，免昌平今年税糧三之二，賜高年粟帛。癸未，謁恭讓章皇后、景皇帝陵。是日還宮。

夏四月癸巳，詔建山陵。癸卯，詣七陵祭告。癸丑，還宮。是月，吉囊犯甘、涼，總兵官姜奭擊敗之。

秋九月庚午，如天壽山。丁丑，還宮。是秋，吉囊犯延綏，官軍四戰皆敗之。

冬十月己亥，更定世廟爲獻皇帝廟。戊申，如天壽山。壬子，還宮。十一月戊午，以皇長子生，詔赦天下。辛巳，祀天於南郊。十二月辛卯，九廟成。閏月癸亥，以定廟制，加上兩宮皇太后徽號，詔赦天下。乙丑，禮部尚書夏言兼武英殿大學士，預機務。丙寅，享九廟。

是年，免山西、山東被災税糧。琉球、烏斯藏入貢。

十六年春二月壬子，安南黎寧遣使告莫登庸之難。癸酉，如天壽山。三月甲申，還宮。丙午，幸大峪山視壽陵。

夏四月癸丑，還宮。六月癸酉，吉囊寇宣府，指揮趙鏜戰死。

秋八月，復寇宣府，殺參將張國輔。

冬十一月，故昌國公張鶴齡下獄，瘐死。

是年，土魯番、天方、撒馬兒罕入貢。

十七年春二月戊辰，如天壽山。壬申，還宮。三月壬辰，賜茅瓚等進士及第、出身有差。辛丑，咸寧侯仇鸞爲征夷副將軍，充總兵官，兵部尚書毛伯温參贊軍務，討安南莫登庸。

夏四月庚戌，如天壽山。甲寅，還宮。戊午，罷安南師。甲子，禱雨於郊壇。戊辰，雨。六月，寇犯宣府，都指揮周冕戰死。丙辰，定明堂大饗禮。下户部侍郎唐胄於獄。

秋七月辛卯，開河南、雲南銀礦。癸巳，慈寧宮成。八月甲辰，吉囊犯河西，總督都御史劉天和禦却之。丙辰，禮部尚書掌詹事府事顧鼎臣兼文淵閣大學士，預機務。九月戊寅，免畿内被災税糧。辛巳，上太宗廟號成祖，獻皇帝廟號睿宗。遂奉睿宗神主祔太廟，躋武宗上。辛卯，大享上帝於玄極寶殿，奉睿宗配。乙未，如天壽山。丁酉，還宮。

冬十一月辛未朔，詣南郊，上皇天上帝號。還詣太廟，上太祖高皇帝、高皇后尊號。辛卯，祀天於南郊。詔赦天下。乙未，免江西被災税糧。十二月癸卯，章聖皇太后崩。壬子，如大峪山相視山陵。甲寅，還宮。乙卯，李時卒。戊午，振寧夏災。

是年，琉球、土魯番入貢。

十八年春二月庚子朔，立皇子載壡爲皇太子，封載垕爲裕王，載圳景王。辛丑，詔赦天下。起黄綰爲禮部尚書，宣諭安南。壬寅，起翟鑾爲兵部尚書兼右都御史，充行邊使。丁未，祈穀於玄極寶殿。先賢曾子裔孫質粹爲翰林院世襲《五經》博士。壬子，振遼東饑。癸丑，安南莫方瀛請降。乙卯，幸承天，太子監國。辛酉，次真定，望於北嶽。丁卯，次衛輝，行宮火。三月己巳，渡河，祭大河之神。辛未，次鈞州，望於中嶽。甲戌，免畿内被災税糧。庚辰，至承天。辛巳，謁顯陵。甲申，享上帝於龍飛殿，奉睿宗配。秩於國社、國稷，徧羣祀。戊子，御龍飛殿受賀，詔赦天下。給復承天三年，免湖廣明年田賦五之二，畿内、河南三之一。

夏四月壬子，至自承天。壬戌，免湖廣被災税糧。甲子，幸大峪山。丙寅，還宮。

秋閏七月庚申，葬獻皇后於顯陵。辛酉，復命仇鸞、毛伯温征安南。九月辛酉，如天壽山。侍郎王杲振河南饑。

冬十月丙寅，還宮。十一月丙申，祀天於南郊。

是年，日本、哈密入貢。

十九年春正月丙午，召翟鑾復入閣。辛亥，吉囊寇大同，殺指揮周岐。三月戊戌，詔修仁壽宮。

夏六月辛巳，瓦剌部長欵塞。

秋七月癸卯，吉囊入萬全右衛，總兵官白爵逆戰於宣平，敗之。壬子，又敗之於桑乾河。戊午，振江西災。八月丁丑，太僕卿楊最諫服丹藥，予杖死。九月，吉囊犯固原，周尚文敗之於黑水苑。延綏總兵官任傑追擊於鐵柱泉，又敗之。己酉，召仇鸞還。

冬十月庚申，罷礦場。甲子，顧鼎臣卒。十一月丙辰，慈慶宮成。

是年，琉球、日本入貢。

二十年春正月，免南畿被災税糧。二月乙丑，顯陵成，給復承天三年。丙寅，御史楊爵言時政，下錦衣衛獄。三月乙巳，賜沈坤等進士及第、出身有差。是春，吉囊寇蘭州，參將鄭東戰死。

夏四月己未，莫登庸納欵，改安南國爲安南都統使司，以登庸爲都統使。辛酉，九廟災，燬成祖、仁宗主。丙子，詔行寬恤之政。五月戊子，採木於湖廣、四川。甲寅，振遼東饑。六月，振畿内、山西饑。

秋七月丁酉，俺答、阿不孩遣使欵塞求貢，詔卻之。是月，免河南、陝西、山東被災税糧。八月辛酉，昭聖皇太后崩。庚辰，夏言罷。是月，俺答、阿不孩、吉囊分道入寇，總兵官趙卿帥京營兵，都御史翟鵬理軍務，禦之。九月乙未，翊國公郭勛有罪，下獄死。辛亥，俺答犯山西，入石州。

冬十月癸丑，振山西被寇者，復傜役二年。丁卯，召夏言復入閣。十一月辛卯，葬敬皇后於泰陵。丙申，免四川被災税糧。

是年，琉球入貢。

二十一年夏四月庚申，大高玄殿成。閏五月戊辰，俺答、阿不孩遣使欵大同塞，巡撫都御史龍大有誘殺之。六月辛卯，俺答寇朔州。壬寅，入雁門關。丁未，犯太原。

秋七月己酉朔，日有食之。夏言罷。己未，俺答寇潞安，掠沁、汾、襄垣、長子，參將張世忠戰死。八月辛巳，募兵於直隸、山東、河南。壬午，振山西被兵州縣，免田租。癸巳，禮部尚書嚴嵩兼武英殿大學士，預機務。九月癸亥，員外郎劉魁諫營雷殿，予杖下獄。

冬十月丁酉，宫人謀逆伏誅，磔端妃曹氏、寧嬪王氏於市。

《明史》卷一八《世宗紀二》 二十二年春正月丙午朔，日有食之。三月庚戌，復遣使採木湖廣。是春，俺答屢入塞。

秋八月，犯延綏，總兵官吴瑛等擊敗之。

冬十月，朶顔入寇，殺守備陳舜。十二月乙酉，免南畿被災税糧。

是年，占城、土魯番、撒馬兒罕、天方、烏斯藏入貢。

二十三年春正月丙寅，俺答犯黄崖口。二月戊寅，犯大水谷。三月癸丑，犯龍門所。丁巳，賜秦鳴雷等進士及第、出身有差。

秋七月，俺答犯大同，總兵官周尚文戰於黑山，敗之。八月甲午，翟鑾罷。九月癸卯，免浙江被災税糧。丁未，吏部尚書許讚兼文淵閣大學士，禮部尚書張璧兼東閣大學士，預機務。壬子，振湖廣災。

冬十月戊辰，免河南被災税糧。甲戌，小王子入萬全右衛。戊寅，掠蔚州，至於完縣，京師戒嚴。乙酉，逮總督宣大兵部尚書翟鵬、巡撫蘇鎮僉都御史朱方下獄，鵬謫戍，方杖死。十一月庚子，京師解嚴。加方士陶仲文少師。十二月丙子，振江西災。

是年，安南入貢，日本以無表卻之。

二十四年春二月戊申，詔流民復業，予牛種，開墾閒田者給復十年。三月壬午，逮總督宣大兵部侍郎張漢下獄，謫戍。

夏五月壬戌朔，日有食之。六月壬辰，太廟成。是夏，免畿輔、山西、陝西被災税糧。

秋七月壬戌，有事於太廟，赦徒罪以下。八月丙午，瘞暴骸。己酉，張璧卒。庚戌，俺答犯松子嶺，殺守備張文瀚。是月，犯大同，參將張鳳、指揮劉欽等戰死。九月丁丑，召夏言入閣。

冬十一月辛巳，許讚罷。

是年，安南、琉球、烏斯藏入貢。

二十五年春三月戊辰，四川白草番亂。

夏五月戊辰，俺答欵大同塞，邊將殺其使。六月甲辰，犯宣府，千户汪洪戰死。

秋七月癸酉，以醴泉出承華殿，廷臣表賀，停諸司封事二十日。嗣後，慶賀齋祀悉停封奏。是月，俺答犯延安、慶陽。八月壬子，免山東被災税糧。九月，俺答犯寧夏。

冬十月丁亥，犯清平堡，遊擊高極戰死。癸巳，代府奉國將軍充灼謀反，伏誅。甲午，殺故建昌侯張延齡。十二月丁未，免河南被災税糧。

是年，土魯番入貢。

二十六年春三月庚午，賜李春芳等進士及第、出身有差。

夏四月乙巳，巡撫四川都御史張時徹、副總兵何卿討平白草叛番。己酉，俺答求貢，拒之。

秋七月丙辰，河決曹縣。八月丙戌，免陝西被災税糧。九月戊辰，户部尚書

王杲以科臣劾其通賄下獄，遣戍。閏月丙午，振成都饑。

冬十一月壬午，大內火，釋楊爵於獄。乙未，皇后崩。十二月辛酉，逮甘肅總兵官仇鸞。乙亥，海寇犯寧波、台州。

是年，琉球入貢。

二十七年春正月，把都兒寇廣寧，參將閻振戰死。癸未，以議復河套，逮總督陝西三邊侍郎曾銑，杖給事中御史於廷，罷夏言。三月癸巳，殺曾銑，逮夏言。癸卯，出仇鸞於獄。

夏五月丙戌，葬孝烈皇后。

秋七月戊寅，京師地震。庚子，西苑進嘉穀，薦於太廟。八月丁巳，俺答犯大同，指揮顧相等戰死，周尚文追敗之於次野口。九月壬午，犯宣府，深入永寧、懷來、隆慶，守備魯承恩等戰死。乙未，免陝西被災稅糧。

冬十月癸卯，殺夏言。十一月乙未，詔撫按官採生沙金。

是年，日本入貢。

二十八年春二月乙巳，振陝西饑。辛亥，南京吏部尚書張治爲禮部尚書兼文淵閣大學士，祭酒李本爲少詹事兼翰林學士，入閣預機務。壬子，俺答犯宣府，指揮董暘等敗沒，遂東犯永寧，關南大震。乙卯，周尚文敗俺答於曹家莊。丙辰，宣府總兵官趙國忠又敗之於大滹沱。三月辛未朔，日有食之。丁亥，皇太子薨。

秋七月，浙江海賊起。九月，朶顔三衛犯遼東。

冬十月辛丑，免畿內被災稅糧。

是年，日本、琉球入貢。

二十九年春三月壬午，賜唐汝楫等進士及第、出身有差。是月，瓊州黎賊平。

夏六月丁巳，俺答犯大同，總兵官張達、副總兵林椿戰死。是夏，免陝西、河南、江北被災夏稅。

秋八月丙寅，封方士陶仲文爲恭誠伯。丁丑，俺答大舉入寇，攻古北口，蘇鎮兵潰。戊寅，掠通州，駐白河，分掠畿甸州縣，京師戒嚴。召大同總兵官仇鸞及河南、山東兵入援。壬午，薄都城。仇鸞爲平虜大將軍，節制諸路兵馬，巡撫保定都御史楊守謙提督軍務，左諭德趙貞吉宣諭諸軍。癸未，始御奉天殿，戒敕羣臣。甲申，寇退。逮守通州都御史王儀。丙戌，京師解嚴。杖趙貞吉，謫外任。丁亥，仇鸞敗績於白羊口。兵部尚書丁汝夔、巡撫侍郎楊守謙有罪，棄市。杖左都御史屠僑、刑部侍郎彭黯。九月辛卯，振畿內被寇者。乙未，罷團營，復三大營舊制，設戎政府，以仇鸞總督之。丁酉，罷領營中官。戊申，免畿內被災稅糧。壬子，廢鄭王厚烷爲庶人。

冬十月甲戌，張治卒。十一月癸巳，分遣御史選邊軍入衛。壬寅，祧仁宗，祔孝烈皇后於太廟。

是年，琉球入貢。

三十年春三月壬辰，開馬市於宣府、大同，兵部侍郎史道經理之。

夏四月壬午，下經略京城副都御史商大節於獄。

秋九月乙未，京師地震，詔修省。

冬十一月，俺答犯大同。

是年，免兩畿、河南、江西、遼東、貴州、山東、山西被災稅糧。

三十一年春正月壬辰，俺答犯大同。甲午，入弘賜堡。二月癸丑，振宣、大饑。辛酉，俺答犯懷仁川，指揮僉事王恭戰死。己巳，建內府營，操練內侍。三月戊子，大將軍仇鸞帥師赴大同。辛卯，禮部尚書徐階兼東閣大學士，預機務。

夏四月丙寅，把都兒、辛愛犯新興堡，指揮王相等戰死。丙子，倭寇浙江。五月甲申，召仇鸞還。戊申，倭陷黃巖。

秋七月丙申，免陝西被災夏稅。壬寅，以倭警命山東巡撫都御史王忬巡視浙江。八月己未，收仇鸞大將軍印，尋病死。乙亥，戮仇鸞屍，傳首九邊。己卯，俺答犯大同，分掠朔、應、山陰、馬邑。九月乙酉，犯山西三關。壬辰，犯寧夏。丁酉，河決徐州。庚子，兵部侍郎蔣應奎、左通政唐國卿以冒邊功杖於廷。癸卯，罷各邊馬市。

冬十月己未，兵部尚書趙錦坐仇鸞黨戍邊。壬戌，免江西被災稅糧。十二月丁巳，光祿少卿馬從謙坐誹謗杖死。

三十二年春正月戊寅朔，日食，陰雲不見。己卯，侍郎吳鵬振淮、徐水災。二月甲子，倭犯溫州。壬申，俺答犯宣府，參將史略戰死。三月丁丑，振陝西饑。辛巳，吉能犯延綏，殺副總兵李梅。壬午，兵部侍郎楊博巡邊。甲申，振山東饑。甲午，賜陳謹等進士及第、出身有差。甲辰，俺答犯宣府，副總兵郭都戰死。閏三月，海賊汪直糾倭寇瀕海諸郡，至六月始去。

秋七月戊午，俺答大舉入寇，犯靈丘、廣昌。乙丑，河套諸部犯延綏。己巳，

俺答犯浮圖峪，遊擊陳鳳、朱玉禦之。庚午，河南賊師尚詔陷歸德及柘城、鹿邑。八月丙子，小王子犯赤城。丙申，師尚詔攻太康，官軍與戰於鄢陵，敗績。戊戌，振山東災，免稅糧。九月丙午，俺答犯廣武，巡撫都御史趙時春敗績，總兵官李涞、參將馮恩等力戰死。辛酉，以敵退告謝郊廟。

冬十月甲戌，振河南、山東饑。庚子，師尚詔伏誅，賊平。辛丑，京師外城成。

是年，琉球入貢。

三十三年春正月壬寅朔，以賀疏違制，杖六科給事中於廷。戊辰，官軍圍倭於南沙，五閱月不克，倭潰圍出，轉掠蘇、松。二月庚辰，官軍敗績於松江。三月乙丑，倭犯通、泰，餘衆入青、徐界。

夏四月甲戌，振畿內饑。乙亥，倭犯嘉興，都司周應楨等戰死。乙酉，陷崇明，知縣唐一岑死之。五月壬寅，倭掠蘇州。丁巳，南京兵部尚書張經總督軍務，討倭。六月癸酉，俺答犯大同，總兵官岳懋戰死。己丑，侍郎陳儒振大同軍士。

秋八月癸未，倭犯嘉定，官軍敗之。庚寅，復戰，敗績。九月丁卯，俺答犯古北口，總督楊博卻之。

是年，暹羅、土魯番、天方、撒馬兒罕、烏斯藏入貢。

三十四年春正月丁酉朔，倭陷崇德，攻德清。二月丙戌，工部侍郎趙文華祭海，兼區處防倭。是月，俺答犯蘇鎮，參將趙傾葵等戰死。三月甲寅，蘇松兵備副使任環敗倭於南沙。

夏四月戊子，俺答犯宣府，參將李光啓被執，不屈死。五月甲午，總督侍郎張經，副總兵俞大猷擊倭於王江涇，大破之。乙巳，倭分道掠蘇州屬縣。己酉，逮張經下獄。六月壬午，兵部侍郎楊宜總督軍務，討倭。

秋七月乙巳，倭陷南陵，流劫蕪湖、太平。丙辰，犯南京。八月壬辰，蘇松巡撫都御史曹邦輔敗倭於滸墅。九月乙未，趙文華及巡按御史胡宗憲擊倭於陶宅，敗績。丙午，俺答犯大同、宣府。戊午，犯懷來，京師戒嚴。辛酉，參將馬芳敗寇於保安。是秋，免江北、山東被災秋糧。

冬十月庚寅，殺張經及巡撫浙江副都御史李天寵、兵部員外郎楊繼盛。辛卯，倭掠寧波、台州，犯會稽。十一月壬辰朔，日有食之。庚申，倭犯興化、泉州。閏月丁丑，免畿內水災稅糧。十二月甲午，開山東、四川銀礦。壬寅，山西、陝西、河南地大震，河、渭溢，死者八十三萬有奇。

是年，琉球入貢。

三十五年春正月壬午，官軍擊倭於松江，敗績。二月甲午，振平陽、延安災。己亥，楊宜罷。戊午，吏部尚書李默坐誹謗下錦衣衛獄，論死。巡撫侍郎胡宗憲總督軍務，討倭。三月丁丑，賜諸大綬等進士及第、出身有差。

夏四月丙申，振陝西災。甲辰，倭寇無爲州，同知齊恩戰死。辛亥，遊擊宗禮擊倭於崇德，敗没。五月乙丑，趙文華提督江南、浙江軍務。丁亥，左通政王槐採礦銀於玉旺峪。六月丙申，總兵官俞大猷敗倭於黃浦。辛丑，俺答犯宣府，殺遊擊張紘。

秋七月辛巳，胡宗憲破倭於乍浦。八月壬寅，詔採芝。辛亥，胡宗憲襲破海賊徐海於梁莊。九月乙丑，徽王載埨有罪，廢爲庶人。免南畿被災稅糧。壬午，以平浙江倭，祭告郊廟社稷。

冬十月丙戌朔，日有食之。十一月戊午，打來孫犯廣寧，總兵官殷尚質等戰死。十二月丁未，犯環慶。

三十六年春二月，俺答犯大同。三月壬午，把都兒寇遷安，副總兵蔣承勛力戰死。是月，吉能寇延綏，殺副總兵陳鳳。

夏四月丙申，奉天、華蓋、謹身三殿災。壬寅，下詔引咎修齋五日，止諸司封事，停刑。五月癸丑，倭犯揚、徐，入山東界。癸亥，採木於四川、湖廣。辛未，倭犯天長、盱眙，遂攻泗州。丙子，犯淮安。六月乙酉，兵備副使于德昌、參將劉顯敗倭於安東。甲午，罷陝西礦。

秋七月庚午，詔廣東採珠。九月，俺答子辛愛寇應、朔，毀七十餘堡。

冬十一月丁丑，辛愛圍右衛城。是冬，免山東、浙江被災稅糧。

是年，琉球入貢。

三十七年春正月癸亥，罷河南礦。三月辛未，始免三大營聽征官軍營造工役。

夏四月癸未，振遼東饑。辛巳，倭分犯浙江、福建。

秋八月己未，吉能犯永昌、涼州，圍甘州。

冬十月癸丑，禮部進瑞芝一千八百六十本，詔廣求徑尺以上者。十一月丁亥，諭法司恤刑。

是年，琉球、暹羅入貢。

三十八年春二月庚午，把都兒犯潘家口，渡灤河，逼三屯營。三月己卯，掠遷安、薊州、玉田。庚寅，賜丁士美等進士及第、出身有差。癸巳，倭犯浙東，海道副使譚綸敗之。甲午，逮浙江總兵官俞大猷。

夏四月丁未，倭犯通州。甲寅，倭攻福州。庚申，倭攻淮安，巡撫鳳陽都御史李遂敗之於姚家蕩，倭退據廟灣。丙寅，副使劉景韶大破倭於印莊。五月辛巳，逮總督薊遼右都御史王忬下獄。甲午，劉景韶破倭於廟灣，江北倭平。六月乙巳，辛愛犯大同。

秋八月己未，李遂、胡宗憲破倭於劉家莊。甲子，振遼東饑，給牛種。是月，俺答犯土木，遊擊董國忠等戰死。九月，犯宣府。

是年，土魯番、天方、撒馬兒罕、魯迷、哈密、暹羅入貢。

三十九年春正月丙戌，俺答犯宣府。二月丁巳，南京振武營兵變，殺總督糧儲侍郎黃懋官。戊午，振順天、永平饑。倭犯潮州。三月癸未，大同總兵官劉漢襲敗兀慎於灰河。丁亥，打來孫犯廣寧，陷中前所，殺守備武守爵、黃廷勛。

夏五月壬午，振山西三關饑。壬辰，盜入廣東博羅縣，殺知縣舒顓。

秋七月乙丑朔，把都兒犯薊西，遊擊胡鎮禦却之。庚午，劉漢襲俺答於豐州，破之。九月己巳，俺答犯朔州、廣武。

冬十二月，土蠻犯海州東勝堡。是月，閩、廣賊犯江西。

是年，免畿內、山西、山東、湖廣、陝西被災稅糧。暹羅入貢。

四十年春二月辛卯朔，日當食，不見。振山東饑。丁未，景王之國。三月壬戌，振京師饑。

夏四月丁未，振山西饑。五月乙亥，李本以憂去。閏月丙辰，賊犯泰和，殺副使汪一中、指揮王應鵬。

秋七月己丑朔，日有食之。庚戌，俺答犯宣府，副總兵馬芳禦却之。九月庚子，犯居庸關，參將胡鎮禦却之。辛丑，振南畿災。

冬十一月甲午，禮部尚書袁煒爲户部尚書兼武英殿大學士，預機務。庚戌，吉能犯寧夏，進逼固原。辛亥，萬壽宮災。十二月丙寅，把都兒犯遼東蓋州。

是年，烏斯藏入貢。

四十一年春三月辛卯，白兔生子，禮部請告廟，許之，羣臣表賀。壬寅，賜申時行等進士及第、出身有差。己酉，重作萬壽宮成。

夏五月壬寅，嚴嵩罷。壬子，土蠻攻湯站堡，副總兵黑春力戰死。

秋九月壬午，三殿成，改奉天曰皇極，華蓋曰中極，謹身曰建極。

冬十月，免南畿、江西被災稅糧。十一月乙酉，分遣御史訪求方士、法書。丁亥，逮胡宗憲，尋釋之。辛丑，吉能犯寧夏，副總兵王勳戰死。己酉，倭陷興化。是月，延綏總兵官趙岢分部出塞襲寇，敗之。免陝西、湖廣被災及福建被寇者稅糧。

是年，琉球入貢。

四十二年春正月戊申，俺答犯宣府，南掠隆慶。

夏四月庚申，倭犯福清，總兵官劉顯、俞大猷合兵殲之。丁卯，副總兵戚繼光破倭於平海衛。

秋八月乙亥，總兵官楊照襲寇於廣寧塞外，力戰死。

冬十月丁卯，辛愛、把都兒破牆子嶺入寇，京師戒嚴，詔諸鎮兵入援。戊辰，掠順義、三河，總兵官孫臏敗死。乙亥，大同總兵官姜應熊禦寇密雲，敗之。十一月丁丑，京師解嚴。

是年，琉球入貢。

四十三年春正月壬辰，土蠻黑石炭寇薊鎮，總兵官胡鎮、參將白文智禦却之。二月己酉，伊王典模有罪，廢爲庶人。戊午，倭犯仙遊，總兵官戚繼光大敗之，福建倭平。閏月丙申，盜據漳平，知縣魏文瑞死之。三月己未，官軍擊潮州倭，破之。

夏四月乙亥，免畿内被災稅糧。五月壬寅朔，日有食之。乙卯，獲桃於御幄，羣臣表賀。六月辛卯，倭犯海豐，俞大猷破之。

冬十二月，南韶賊起，守備賀鐸、指揮蔡允元被執死之。俺答犯山西，遊擊梁平、守備祁謀戰死。

是年，西番、哈密、安南入貢，魯迷國貢獅子。

四十四年春三月丁巳，賜范應期等進士及第、出身有差。己未，袁煒致仕。辛酉，嚴世蕃伏誅。是月，土蠻犯遼東，都指揮線補衮、楊維藩戰死。

夏四月庚辰，吏部尚書嚴訥、禮部尚書李春芳並兼武英殿大學士，預機務。壬午，俺答犯肅州，總兵官劉承業禦却之。六月甲戌，芝生睿宗原廟柱，告廟受賀，遂建玉芝宮。

秋八月壬午，獲仙藥於御座，告廟。

冬十一月癸卯，嚴訥致仕。戊申，奉安獻皇帝、后神主於玉芝宮。

是年，琉球入貢。

四十五年春二月癸亥，户部主事海瑞上疏，下錦衣衛獄。是月，俞大猷討廣東山賊，大破之。浙江、江西礦賊陷婺源。三月己未，吏部尚書郭朴兼武英殿大學士，禮部尚書高拱兼文淵閣大學士，預機務。

夏四月壬戌朔，日有食之。丙戌，俺答犯遼東。六月丙子，旱，親禱雨於凝道雷軒，越三日雨，羣臣表賀。

秋七月乙未，俺答犯萬全右衛。

冬十月丁卯，犯固原，總兵官郭江敗死。癸酉，犯偏頭關。閏月甲辰，犯大同，參將崔世榮力戰死。十一月己未，帝不豫。十二月庚子，大漸，自西苑還乾清宫。是日崩，年六十。遺詔裕王嗣位。隆慶元年正月，上尊謚，廟號世宗，葬永陵。

贊曰：世宗御極之初，力除一切弊政，天下翕然稱治。顧迭議大禮，輿論沸騰，倖臣假托，尋興大獄。夫天性至情，君親大義，追尊立廟，禮亦宜之；然升袝太廟，而躋於武宗之上，不已過乎。若其時紛紜多故，將疲於邊，賊訌於内，而崇尚道教，享祀弗經，營建繁興，府藏告匱，百餘年富庶治平之業，因以漸替。雖剪剔權奸，威柄在御，要亦中材之主也矣。

查繼佐《罪惟録》帝紀卷一二　世宗欽天履道英毅聖神宣文廣武洪仁大孝肅皇帝，名厚熜。興王止一子，妃蔣氏生帝正德中，黄河清，慶雲見，諸祥皆兆帝。初，獻王薨，帝方十三歲，受勑理國事。至是年十五，定國公徐光祚等齎金勑奉迎，上受符，朝羣臣，辭母妃，泣而受教。

夏四月壬寅，上至自安陸。大學士楊廷和等請自東安門入居文華殿，候勸進。上曰：「此皇太子我也。我奉遺詔嗣皇帝，安得皇太子我。」行大明門。癸卯，即位。甲辰，上視朝，詔以明年爲嘉靖元年。給事中齊之鸞疏請先定聖志。有旨：「大臣已許自陳，無功封拜之人，都令自劾。内外奸黨着科道察參。各衙門弊政，其遵旨改正，勿後。」丙午，遣迎祖母邵貴妃、母蔣王妃於安陸。命羣臣議興獻王主祀封號，事在《興王傳》。召故學士費宏於内門，復其弟寀官編修。發太監張忠、於經、蘇縉浄軍孝陵衛；谷大用、丘聚等降罰有差；魏彬、張永閒住；江彬、錢甯伏誅，并其黨神周、李琮皆斬。贈故司禮太監王岳、方亨官，廕其弟姪錦衣百户世襲。義子朱泰等准辭爵復姓，都御史甯杲、文貴閒住。陞王守仁南京兵部尚書。上大行皇帝尊謚。其自陳尚書、侍郎、都御史等皆致仕；吏部尚書王瓊、副都御史劉達以下十三人皆奪官。湖廣鎮監李鎧，以扈駕箠辱郡守，奪職。起彭澤爲兵部尚書，林俊爲工部尚書，復孫交户部尚書，改石珤吏部尚書。禮部左侍郎王瓚議禮被劾，改南京。起故甯府典寶閻順，贈故諫南巡杖死者張英等十三人，其經謫廢皆復官。五月，閉大理礦。陞章懋南禮部尚書，與大學士梁儲並致仕。罷四衛勇士，歸原營。淄川流賊李棋與普安賊阿□咸就平。召還各省催徵主事。復録遺廢諸臣四十餘人。以都御史席書、鄭岳巡撫湖廣、江西。復山海關主事，取回内臣。晋興邸長史袁宗皐禮部尚書、文淵大學士。召還内官之册朝鮮索異物及童男女者。輯諸臣有用章疏成帙，備覽。補廷試，賜楊維聰等及第出身有差，以後按科如例。六月，縱内苑禽獸。追奪内臣兄弟之封伯爵者。給死事江西巡撫御史孫燧及副史許逵贈廕及謚。以旱災，停陝西絨織。畿内皇莊係投獻者，給還本主，亦歸御馬草場之佔奪者。平松潘熟番、天全叛彝及陝賊田迪等。誅宸濠逆黨，釋詿誤二百四十餘人。命司禮監簡汰鎮守内臣更代。改南刑部尚書金獻民爲左都御史。革正德間傳陞官一百二十七員。禁廣東珠池内官干與民事。革僧道教坊傳陞官三百五十餘員。回彝于永，坐豹房蠱惑，獄死，仍梟示。

秋七月，鹵小王子寇莊浪、洮、岷諸處，却之。進士張璁獻《大禮議》，請考興獻王，伯孝宗，稱旨，下部議，除璁南刑部主事。博士朱裕請修改曆法。罷杭州抽分内臣。禁東廠受民詞，參與外事。免大同馬倒買補。召南兵部尚書喬宇爲吏部。黜取佛太監劉允，治其黨。陝西回賊陳克己平。流剌麻禪師領占劉巴等二十七人於遠方。革禁衛各廠局冒濫旗校十四萬八千七百餘人。甯津盜起，德平知縣龔諒死之。誅大能仁寺妖僧齊瑞竹，廢玄明宫，毁佛像，刮金屑一千三百兩，以禮部郎中屠應埙言。尋盡毁諸淫寺。四方災異重大者立奏，毋俟類聞。停刑一年。禁山海、廣甯、遼陽内臣抽分。以楊廉爲禮部尚書。免正德以來應天加耗米十三萬餘石。九月，母妃自安陸至通州，以尊號未定，止不進，促更議。江西、山東、閩廣流賊平。葬大行皇帝於康陵，祧仁祖淳皇帝神主。

冬十月，以皇太后旨，稱興獻王爲帝，妃爲后，邵貴妃爲太后。蔣氏以母后儀駕，大明中門入。從朝議不謁太廟，謁奉先、奉慈二殿。尋劄諭，必考興獻太皇帝、聖母興獻太皇后。百官執漢定陶王故事，力爭，不聽。時楚王榮淑、襄府棗陽王祐楒、給事中熊浹、兵部主事霍韜、同知馬時中、監生何淵、巡檢房濬，各論禮如張璁議，帝益喜。十一月，勑

修《武宗實録》。邛州盜殺主簿齊敏等。論江西功，封王守仁新建伯，尚書如故。尚書喬宇加少保，應天巡撫李克嗣太子少保，餘進秩有差。贈修撰羅倫左諭德，謚文毅。鹵犯大同。逆番寫亦虎仙伏誅。戍王瓊於莊浪。改副都御史伍文定南操江。十二月，十八寨叛彝阿寺等平。故大學士楊一清嘗力贊璁議，湖廣巡撫席書特疏薦之。時掌詹事石珤復語璁，大禮説終當行，勿倦。

嘉靖元年壬午春正月，甘州軍亂，殺巡撫許銘，實由總兵李隆嗾使之，論斬隆。御史朱永、給事中邵錫合疏鈌政，謂力行之怠、改過之吝、詔令不信、中官預議等事，上弗罪。廣西蠻賊梁公當寇臨桂等州縣。鹵犯遼東。二月，内閣廷和等以乾清宮小室災，止興獻加稱，上心動，乃考孝宗，母慈壽，敕興獻帝之上加本生二字，不稱皇，詔天下。改南兵部侍郎何孟春於吏部。祭諸臣前忤瑾死者，並録前被害諸廢。河南盜流入陝西，平之。三月，上行籍田禮，宴，去教坊雜戲。加上慈壽皇太后曰昭聖，武宗夏皇后曰莊肅，邵太后曰壽安皇太后，興獻后曰興國太后，詔天下。禁京城造酒及淮安造麪，修一切興來功。封大學士楊廷和、蔣冕、毛紀伯爵，與世襲；大學士費宏、禮部尚書毛澄世錦衣；駙馬都尉崔元京山侯，壽安太后弟邵喜昌化伯，興國太后弟蔣輪玉田伯，壽甯侯張鶴齡皆太師，太監張錦等九人廕其養子，承奉官等二十七人皆授太監，每加禄廕，共封廕五十三人，其餘部寺臺諫陞賞有差。言官疏論爵賞太濫，廷和等遂辭封與文廕，唯外戚伯爵如故。商雒妖賊馬隆伏誅。荔浦賊潘公銀等流刼桂林、陽朔等處。禁渾河等處抽分。西海鹵併有洮河諸彝。

夏四月，改林俊爲刑部尚書。俊以争禮不得，辭，不許。公侯伯初襲，年三十以下者，送監讀書。廣西彝目黄鏐憤上思州新改流官，攻破之。陞羅欽順爲南吏部尚書，未幾，歸養。行熱審法。五月，諭各王府有事代奏，不許私自入京。改正上林院佔種土地。復驛丞王思爲編修，泗州知州汪應軫爲給事中。補廕前大學士劉健、謝遷、楊一清及尚書韓文等。御史盧瓊言：景皇帝已追謚，實録猶稱郕戾王，其《孝宗實録》出焦芳曲筆，並宜改正。報聞。禁内侍弟姪授錦衣官。言官汪珊疏十漸，皆切帝隱，下所司。賑南京等四省災荒。南京吏部尚書王華卒。

秋七月，嚴軍職冒襲異姓之禁。太監温祥賫寶册詣安陸，指濟甯閘主事陳嘉言侮慢，坐逮獄。御用監歲徵物料如弘治例。定武舉中式例。騎射四矢以上，步射二矢以上。贈死事指揮張瀛官。免安陸州各莊佃户租十三。起祭酒魯鐸於南京。南京江漲，壞城郭，溺死人畜無算，勅修省賑恤。尚書林俊請内官所犯下法司正罪，報聞。套鹵數入寇，指揮楊洪死之，移犯邠州。八月，福州叛賊進貴等伏法。釋副使李夢陽於獄。九月，江西巡按御史陳啓充，發王守仁通逆濠原書，遂刻守仁黨惡，不問。監生何淵請立世室，奉興獻帝，百世不遷，下部議。立陳氏爲皇后，后父萬言爲都督同知。

冬十月，立恭妃文氏、順妃張氏。革文字艱險者，一歸程朱之言。許王府承奉以下官不職聽撫按糾劾。十一月，薊州礦賊平。思明賊黄鏐、山東賊史福等伏誅。陞正德中諫巡遊修撰舒芬等二十人俸一級。壽安皇太后崩，部議十三日服除，詔以二十七日，未葬，止鐘皷，毋御中門，朝西角門，勉具玄翼善冠、素服、烏犀帶，還宫仍縞素服。山東賊王堂掠曹州、考城等處，殺指揮楊浩、趙泰等，討平之。大理寺卿鄭岳，請正内臣賈全等侵盜罪，報聞。十二月，給事中史道外補，因論劾廷和不職。尚書喬宇、彭澤交章道挾私報怨。御史曹嘉再劾宇等，謂大臣相爲地，阻言者路。廷和、宇、澤皆求去，不許，謫道南陽府通判，再謫金縣丞。鹵寇山西。自是歲旌節孝不以數。

嘉靖二年癸未春正月，給事中王臣以各省地震，請塞傳乞之門。不報。勘還戚里所占民田。總兵杭雄戰却小王子於沙河。瀏陽賊起，流刼袁州。二月，革皇莊名目，仍禁勳戚妄受投獻。許内閣票擬如舊制。易興獻帝陵廟黄瓦，廟饗樂用八佾。上謚邵太后孝惠，葬茂陵之右。上御奉天門，始鳴鐘鼓。禮部尚書毛澄致仕。三月，御史曹嘉疏别廷臣爲四等，一、資望頗久；二、斂束寡過；三、人品庸中；四、行檢卑污。坐侵越，謫茂州判官。壽光知縣劉峻討斬羣盜唐經等。佛郎機别都盧寇新會，擒斬之。久旱，風霾，修省，停齋醮興造。會勘高牆庶人，酌情罪輕重以聞。

夏四月，陞崔銑南祭酒。户部主事羅洪載按支俸錦衣百户張瑾罪，反爲所訐，尚書執奏，不聽，調洪載外府判。兩京三品以上官及各省撫按，舉堪任守令者以聞。山東巡按御史李獻，杖死鄒縣知縣沃潮，下獄，黜之。閏四月，醮欽安殿，上拜奏青詞。大學士廷和、尚書宇疏停齋醮，報聞。太監崔文家奴以罪繫刑部，上受文訴，移鎮撫。尚書林俊執不與，上怒，責俊對狀。羣臣諫者八十人，不果移。閲月，俊請歸，許之。裁西番進貢人數。陝西盜楊錦伏誅。南尚書秦金以星變，極陳不如初七事。鹵犯密雲及甘肅，殺指揮殷隆、孫仁等。御史余翱劾太監張佐變移國是，上曰：「張佐謹慎，御史安得此言！」六月，詔親王不許代郡

王分外奏請。以災傷，除漕運外，各税俱減五分。山東賊刦萊蕪獄，掠淄川、金鄉諸縣。贈故興化知府岳正太常卿。

秋七月，南京大疫，江北大水。工部尚書趙璜言皇后父都督同知萬言造第踰制。上怒，責璜對狀，下其屬詔獄，尋釋之。給事中劉最論劾太監崔文，坐調外。東廠太監芮景賢復摭奏最擅用舊銜行，復謫戍之，并及巡鹽御史黄國用，坐降邊方。八月，進封壽甯侯張鶴齡昌國公，封陳萬言太和伯，予世券。尚書喬宇言：累朝外戚無封公者，伯萬言亦非祖宗法。不聽。却鹵界嶺口，復犯密雲。丁未，萬壽節，從吉受朝，以孝惠制未終，免宣表。論奉迎防守功，加定國公徐光祚等十一人保傅。鹵入遼東，殺指揮王綱。禁勳戚結婚内寺。九月，賑安慶等五府災。傳出黑字揭帖，尚書彭澤疏諫，傳紅如舊。吏部右侍郎何孟春奏八事，上曰：「俸以養廉，其勿減，餘如議。」

冬十月，户部尚書孫交、兵部尚書彭澤咸致仕。永福長公主下嫁，科臣安磐謂孝惠未祥，不宜遽吉，且公主坐受二拜，大乖夫綱。不報。定國光祚奏請已辭賜田，撫按下臨洮知府郭九皐，光祚恨九皐不爲理，嗾刁民訌誣之。東廠太監景賢入賄，持之急，言官力争之，不得。以内批貸重犯王鎮等死，發戍，免追贓。十二月，遣内監織造蘇、杭。輔臣廷和力諫，蒙切責，引疾歸。

嘉靖三年甲申春正月，麻城妖民萬明福伏誅。南刑部主事桂萼上正大禮疏，録席書、方獻夫疏稿以聞。南京諸郡大飢，巡按朱衣上言，災荒之地，婺婦劉氏食四歲小兒，百户王臣、姚堂以子鬻母，軍餘曹洪以弟殺兄，王明以子殺父，地震霧塞，臭彌千里，閩、廣、青、徐、豫、楚盜賊蜂起，洋艤千數。詔大發帑分賑，免嘉、湖二府税糧。二月，鹵掠甘州。給事中鄧繼曾極言中旨非制，謫金壇縣丞。禁有司私通藩王。召兵部右侍郎席書及主事霍韜、張璁、桂萼於南京。御史高明衡、朱淛疏言：興國太后令節，前許致賀，未逾月，昭聖輟不行，非禮。上怒，下明衡、淛鎮撫司。修撰舒芬、御史蕭一中、季本、陳逅，户部員外林應驄咸論救，坐謫降，惟芬罰俸。三月，加昭聖皇太后康惠二字，興獻帝爲本生皇考恭穆獻皇帝，興國太后爲本生章聖皇太后，立室奉先殿側。尚書汪俊、喬宇數争，不聽。俊罷去，内旨席書代之。大學士蔣冕復諫，蒙切責，亦致仕去。璁、萼等至京，内旨與方獻夫皆翰林學士。璁等又特請以孝宗爲皇伯考，興獻帝爲皇考，武宗爲皇兄，下部議。兩廣賊平。

夏四月，南京主事黄宗明、經歷黄綰上疏，贊璁、萼議。崇明沙賊殺指揮樊邦勇。大旱。自二年六月至今四月，天鳴者三，地震者三十八，土裂山崩，妖眚夥見。五月，以災異，停端陽節驃騎龍船諸戲。定觀德殿祭器如太廟。以石珤兼文淵閣大學士。濬縣知縣焦昇進飢民圖。大學士王鏊卒，贈太傅，謚文恪。六月，芒部賊瓏政等作亂。是時，廷臣會劾璁、萼等，幾二百人，至自訟學術與璁不同，請罷去，咸奪俸。安南流賊平。免應天等府夏税。詔旌首劾逆瑾遺忠劉茝，賜祭葬，復其家。

秋七月，吏部尚書喬宇致仕。上諭禮部去本生二字。於是廷臣自尚書而下，伏門號呼執奏者，凡數百人。除大臣罰俸外，收繫逮罪者一百二十餘人，爲首者戍邊，四品以上奪俸，五品以下豐熙等一百八十餘人，各杖有差，病創死者編修王思等十七人。已復加杖楊慎等，編户削職有差。甲申，奉安獻皇帝神主於觀德殿。大學士毛紀求歸，切責，致仕。大同亂卒殺參將賈鑑及都御史張文錦。外轉陳洸、史道、曹嘉等俱復原職，陞賈詠尚書、文淵閣大學士。獎晉府西河王奇溯孝行。九月丙寅，張鶴齡、郭勳、仇鸞等六十四人，議定大禮，稱孝宗皇伯考，昭聖太后爲皇伯母，獻皇帝爲皇考，章聖太后爲聖母，祭告詔諭天下。參政何卿擊走芒郡賊瓏政於烏撒。回酋速壇滿速兒圍肅州，兵部尚書金獻民往定之。

冬十月，吏部尚書楊旦、侍郎汪偉，爲給事中陳洸所訐，咸致仕。甘肅巡撫張九疇屢破走回賊。十一月，席書疏十二事，首請清察内庫，裁革傳陞冒濫，禁奸商開中殘鹽。上以爲紛更，免究。鹵入延綏。大同卒復譟，代王俊杖夜亡宣府。浙江布政使高卿、杭州知府查仲道、長洲知縣郭波忤織造太監吴勳，被誣，咸降調。十二月，大理寺評事韋商臣，條論議禮降謫諸臣並高卿等，且云：副使劉秉鑑、知府羅玉，以送迎忤中使被逮，少卿華湘、樂蘘、御史任洛，副使任忠，以所屬吏民訐奏被逮，皆當原宥。上曰商臣沽直，降二級調外，所訟皆謫官。總兵桂勇誅大同首叛，事平。妖賊李真、陸雄等，殺山海關主事王冕。鹵入遼東。回賊平。起楊一清爲陝西三邊總督。

嘉靖四年乙酉春正月，却鹵甘肅。贈死事冀北道田美光禄少卿。二月，安慶指揮方欽捕江寇見殺。烏撒土舍匿瓏政爲亂，擊擒之，追其芒部印信。光禄署丞何淵復請崇祀獻皇於太廟，科臣楊言等不可。上乃立禰室，名之曰世廟。三月，御史王懋、郭楠，行人司副柯維熊，並疏乞録議禮杖死諸臣。謫懋典史，楠、維熊爲民。甲戌，勅修《獻皇帝實録》。賑淮、揚飢。昭聖居仁壽宮災。

夏四月，改顯靈司香署爲神宫監。日本貢使宋素卿入境，互争殺掠，論死。五月，察放宫人。革職錦衣千户李全等九十餘人皆辯復。贈前江彬所陷聽選典膳李恭爲紀善。六月，赦高牆庶人家屬二百餘人。惠州、汀州、延平、遼東賊平。巡撫都御史伍文定、陳九疇疾歸。

秋七月，追封下殤母弟岳懷王，下殤女弟二人爲常甯公主、善化公主。八月，四川副使余珊上言不克終者十。祠處士吴與弼于崇仁縣。九月，致仕兵部尚書林俊卒，遺疏乞收用議禮諸臣，并寬廷杖，召用羅欽順、王守仁、吕柟、魯鐸等，下所司。盜殺河陰縣致仕都御史許廷光。上以四方災異，命輔臣撰旨修省。大學士費宏臚諸弊政，上勉罷仁壽宫役。

冬十月，土魯番入寇。勒南工部尚書吴廷舉致仕。十一月，詔兩廣總督姚鏌勦田州土官岑猛。召楊一清還内閣。十二月，《大禮集議》成，頒示中外。添南京守備太監爲四員，録諸上禮議未加恩賞者。帝奉章聖皇太后謁見世廟。以璁、萼爲詹事府詹事，獻夫、韜爲少詹事。是歲天鼓鳴五，地震六十三。

嘉靖五年丙戌春正月，内官督修張真人府。二月，以龍虎山道士邵元節爲真人，賜銀印。賑順天、保定、河間飢，平糶。却鹵亦不剌賀蘭山後。三月，禮部郎中陳九川、主事陳邦偁坐約束天方國貢使過嚴，九川謫戍，邦偁爲民。天台起復知縣潘衛進《龍飛頌》，效蘇蕙織錦迴文體。以御史雷應龍言，光禄寺歲飼鳥獸肉一萬六千餘觔，秫荳五千二百石，議省。帝聽政之暇，頗及詩詞，間與大學士宏討論。詹事桂萼忌之，託小技毋勞聖恩，上曰：「朕有所疑，何妨咨問。」

夏四月，詹事桂萼、張璁訐奏大學士費宏受玉事，冀敗宏，身代之。御史鄭洛請兩賜罷免，不報。勑回彝出叛酋，歸所掠，方許通貢。總兵朱振却鹵宣大。思恩府叛傜平。五月，肇慶府叛傜殺守備李松。録指揮同知張雄世指揮使，以父兄死賊故。御史謝汝儀請推復衛道之心，宥豐熙、余寬、張漢卿、郭楠、吕柟等敘用之，復推黜崔文之心，退王堂、谷大用，而别選内臣謹厚者以充任使。不報。六月，御平臺，戒諭議禮諸臣，毋得假借飾詐，互報復。鹵數犯洮河。改建觀德殿，工部尚書趙璜諫，不聽。重舉主連坐法，申訟牒株連之禁。

秋七月，享太廟，遣駙馬崔元代。給事中章僑言廟享不宜代攝，坐奪俸。陞詹事張璁兵部右侍郎。御製世廟樂章，用文德之舞。尋以璁議，增武舞。八月，輔國將軍新漚訐潞州同知胡侍怨望，勒爲民。九月，宗室禄米准折色，著爲令。

冬十月，免應天、浙江、山東税糧。大學士宏子編修懋良，爲璁、萼所傾下獄，尋釋之。勑編修孫恩韻編《尚書要事》，以爲法戒。兩廣提督姚鏌擊走岑猛於歸順，誅之。十一月，議治淮河。焚匿名帖二，勑所司嚴禁。璁、萼力攻大學士宏及其子，言官復交攻璁、萼，上兩是之。宏五求去，不許。十二月，巡鹽御史戴金上餘課銀六十餘萬，賚羊酒文綺。時四方災異叠見，地震山崩。大學士一清以災異，極陳修省，帝自引咎。

嘉靖六年丁亥春正月，命廷臣條救荒弭變事宜。郊，免宴。横江賊狗阿戍平。録前被譴諸臣，唯議禮者不預。開館纂修《大禮全書》。二月，鹵犯宣府，殺參將王經。禮部尚書席書疾甚，加武英殿大學士，致仕，卒京，贈太傅，謚文襄。南工部侍郎何孟春疾歸。已革傳陞千户王邦奇，以私怨，借哈密事，追論尚書彭澤、大學士楊廷和失事，得旨會勘。給事中楊言疏駁，並獄。鎮遠侯顧仕隆覆邦奇誣妄，亦被切責。褫廷和子主事惇爲民，多所波連，言調外。邦奇僅降總旗，大學士費禕、石珤並致仕。召謝還於内閣。三月，贈死事必以其實，弗後。鹵入宣府，迄大同，參將開山死之。致仕大學士劉健卒。侍郎翟鑾兼學士，内閣辦事。岑猛餘黨盧蘇、王受破田州，據之，旋破思恩府，起故尚書王守仁兼都御史，與姚鏌合討之。户、兵、工三尚書秦金、王時中、趙璜致仕。拾遺二十四人，都御史周金、陸洪謨，編修廖道南與焉。

夏四月，璁、萼充日講官。改觀德爲奉先殿。起羅順欽爲吏部尚書，未幾，致仕。御史陳察陞南太僕少卿，議馬政，尋薦給事中劉世揚等，坐降海陽教諭。五月，旱，露禱。録《經書通鑑》及《大學衍義》有關君德者以聞。嘗問明堂、靈臺、辟雍之制，輔臣以奉天殿、司天臺、國子監對。詔大臣非奉旨起用者，不得會批。時擬推用喬宇、楊旦，張璁以其初附楊廷和，惡之，故有是命。 却番寇於柵巖。六月，兩廣提督姚鏌致仕。贈死事瑞州知府宋以方光禄卿。賑宣府飢。芒部餘賊沙保等陷鎮雄府，知府程洸奔畢節，會兵討之。禮部右侍郎桂萼圖報復，請令科道官於拾遺之後，互相糾劾，如憲廟初年。吏部尚書羅欽順言，憲廟初無此詔。上切責吏部，如萼請。科臣俊民、臺臣隅等曰：「甯聽吏部、都察院再行考核，不願自相糾也。」奪俊民等俸，竟罷考。上爲外調二科臣以塞萼意。

秋七月，侍郎萼請召用王瓊治邊。吏部言：瓊方坐甘肅事免死戍。上不能奪，爲解戍。御史胡松劾萼妄薦樹黨，上怒，外調松。御史周在言，松謫，萼不宜復留，下在錦衣拷訊。上竟重違萼意，復瓊官需補。改南工部尚書胡世甯爲左都御史，以李承勳爲吏部尚書，少詹事方獻夫、霍韜俱兼經筵日講官。免山東税

糧有差。八月，更核軍職冒濫。總督王憲敗鹵河套，加憲太子太保，餘陞賞有差。刑部尚書顔頤壽訊妖人李福達不稱旨，詔獄，命桂萼署刑部，張璁署都察院，方獻夫署大理寺，合鞫之，竟釋福達，大小臣論逐削籍者四十餘人。大學士賈咏亦連坐私書，致仕去。上親勞萼等三人，追贈三世，頒獄詞於天下，曰《欽明大獄録》。給王守仁鐵券，補禄與廕。禮部增主事一員，教習駙馬。改《大禮全書》名曰《明倫大典》，頒天下。九月，陞桂萼吏部左侍郎，仍署刑部事。署都察院事張璁考察御史，黜謫十二人。大學士梁儲卒。改胡世甯刑部尚書。張璁上發奸懲貪事宜，復條慎科目三事。各省始差京考。以霍韜爲翰林學士，方獻夫爲吏部侍郎，桂萼爲禮部尚書兼翰林院學士。尚書兼學士，自萼始。署都察院張璁奏汰錦衣旗較三千五百八十餘人，歲省京儲一百六十八萬。大學士一清上振飭京營兵務五事，下所司行。

冬十月，陞張璁禮部尚書、文淵閣大學士，仍院事。改刑部尚書胡世甯掌都察院，停內閣典誥勅官。召南尚書李承勳爲刑部，改桂萼於吏部，方獻夫代爲禮部尚書。諭大學士璁：有密諭，勿令人知。璁請如前楊士奇例，特給圖書。遂并給楊一清、翟鑾、桂萼俱二章。外補翰林諸臣，選外官填翰林，祭酒嚴嵩請復舊規，嚴考貢，給膳銀，從之。潞城賊陳卿作亂。大學士璁屢上封事，率褒答。遣官核內外占籍還民。十一月，悉改庶吉士爲給事中等官。討雲南土舍安銓，敗績，尋甸松、明州皆陷。光禄寺厨役王福請遷顯陵，下獄。十二月，毁皇姑寺，散其黨，核僧徒。江西提學副使徐一鳴未奉旨先毁古勅寺院，以其擾民，逮獄，尋釋之。庚申，靈寶縣黄河清五十里，遣官祭之。改李承勳兵部兼左都御史，督團營。胡世甯仍刑部尚書。陞伍文定右都御史，掌院事。諭輔臣：忌辰不用衮冕。上覽大學士一清奏記，曰：「朕之蚤朝，先官惰也。子孫敬事先人，敢以勞解！朕成弱促喘，穿繞登降，實難如儀，當如卿言。朕大婚七載矣，唯多欲色荒爲兢兢，聊諭卿知。」起閒住太監張永提督團營。

嘉靖七年戊子春正月，停宫中每旦謁天禮。議補京營原額。兵原額十七萬七千有奇，今止五萬零。馬十五萬零，今止一萬九千零。敗鹵開原。停差錦衣衛官較。二月，青羊賊執知州王朝雍、郭鑑，殺指揮等官。以王瓊補總督陝西。上製燕弁，及忠靖冠，頒服之。三月，大學士謝遷致仕。各御史會薦致仕尚書羅欽順、秦金、趙璜、都御史姚鏌等，坐調外奪俸有差。追論土魯番事，前巡撫陳九疇謫戍。武定土舍朝鳳文復叛，殺同知以下官吏，與安銓合圍雲南省城。以兵部尚書伍文定兼右都御史，合黔國公沐紹勳討平之。鹵犯山西，殺遊擊邵定南。贛都御史汪鋐進甘露，薦祖廟，告郊壇，勿賀。甘肅米貴，尚書胡世甯請復鹽法以舒邊困，免商賈輸金户部。霍韜亦曰：宜復鈔法以存灶户，輕引銀以來商賈。帝嘉納之。增築花馬池至靈州一帶邊牆。

夏四月，以災異盗賊，下勅修省，曰「咎實由朕」。福甯州礦賊平。五月，新建伯王守仁撫定賊盧蘇、王受於田州。北京、山東、河南、山西、陝西大旱，詔求直言。大學士一清曰：「今日之務，在省事不在多事，在守法不在變法。」逮論致仕尚書金獻民冒功革職。六月，論議禮諸臣罪，致仕大學士廷和革職爲民，餘以次黜削。陞霍韜禮部尚書，力辭。主事陸澄以議禮上疏追悔，許自新。

秋七月，加太皇太后尊號，獻皇帝尊謚，聖母尊號。詔內外官調奏救荒良策。尚書胡世甯疏薦詹事霍韜宜以都御史兼翰林院學士，不入院，專論思糾彈。八月，禁鎮守中官濫受軍民詞。大學士一清爲同官璁所軋，數求去，不允。九月，命禮部大臣題各處災異進覽。

冬十月，皇后陳氏崩，謚悼靈。國子祭酒李鐸卒，破例治葬，謚文恪。罷芒部沙保用兵。却鹵宣府。西鹵入掠，殺三原主簿張文明。定陵地於㘭兒谷。閏十月，青羊賊陳卿等平。數敗土番於甘肅。新建伯守仁以田州兵轉攻斷藤硤叛蠻，平之。尚書方獻夫等爲守仁訟功。代府輔國將軍成鎮往高牆視其父庶人仕堹之喪，上疏自劾，乞葬畢始歸，許之。改刑部尚書胡世甯於兵部。十一月，立順妃張氏爲皇后。新建伯王守仁卒於南安。十二月，宣府軍郭春等激變，伏法。鹵入大同，牙木蘭來歸。禮部侍郎嚴嵩還自顯陵，奏兩靈異事，請立石以紀，從之。會通河成，省脚費一十八萬。

嘉靖八年己丑春正月，郊，上親填御名於祝版爲令。致仕大學士石珤卒，謚文憲，更謚文介。兵部尚書胡世甯致仕。二月，祭酒陸深請講章免閣閱之例，坐謫外。河南巡撫潘塤坐失賑罷。詔議王守仁學術事功，給事中周廷稱其賢，謫太倉州判。以桂萼兼武英殿大學士。萼指王守仁立異爲名高，非正學，詔免其世爵恤典，學其學者有禁。久旱，命行義倉社會法。禱雨南郊及太廟、世廟，作詩自咎。籍鷹房田，召民佃種。命天下府州縣朝覲官陳利病於兩司以聞。名工部大庫曰節慎。總兵杭雄御鹵河套，敗績。改方獻夫吏部尚書。三月，太監麥福請復徵草場租，不許。廷試御製策題。勒伍文定、王軏致仕。太僕寺丞陳雲章進書，坐悖亂經傳，焚之。禁京師參禪禮佛之集并各處內官差遣。僉事林希

元上《荒政叢言》，有二難、三便、六急、三權、六禁、三戒。難曰得人難，審户難。便曰極貧便賑米，次貧便賑錢，稍貧便賑貸。急曰垂死急饘粥，疾病急醫藥，病起急湯米，既死急埋瘞，遺棄兒女急收養，罪囚急寬恤。權曰措官錢以糴糶，興工作以助賑，貸牛種以通變。禁曰毋侵漁，毋攘盜，毋遏糴，毋抑價，毋宰牛，毋度僧。戒曰勿遲緩，勿拘文，勿遣使。上以其切於救民，勅行之。

夏四月，戒諭勳戚不得妄乞莊田，其强占，給原主。大學士一清以張璁意，薦永嘉儒士葉幼學爲翰林院待詔。時宗禄日益，賜書各親王議善後。選各部屬官爲御史。五月，親定朝祭服冕，摹板繪形頒行。廷臣四品以上各舉堪知府一人，翰林科道各舉知州、知縣一人。革御馬監勇士三千餘人。六月，免畿内税糧及山東、江北等處。

秋七月，廠部争獄。先是，民張福與其隣張柱隙，因弑母責抵。刑部郎中魏應召，白柱忤東廠，上命覆案。左都御史熊浹復以應召擬上。帝曲狥東廠，褫浹職，而下應召拷訊之。給事中陸粲、劉希簡言福姊口在，浹不枉。上怒，下粲等錦衣衛拷訊。比柱無實，竟坐柱抵，罷浹、應召，隣證俱謫邊軍。八月，張、桂言事相左，忿激不相下。給事中孫應奎、陸粲、王準先後論劾張璁愎恣，桂萼貪濫。上怒曰：「璁自用自恣，負國負民，萼尤而效之，論法當付刑典。」特從寬假，許璁回籍愴悟，以圖後用；奪萼散官學士職銜，以尚書致仕，頒其罪於天下，且大罪其黨，仍以應奎等後發，應奎、粲、準付法司。時吏部尚書方獻夫爲璁、萼奏辯，上復是之。學士霍韜意大學士一清爲之，詆一清上前力。上乃曰：「老臣固負朕。」令自劾上，予告歸。疾召璁還，復萼散官職銜如故。尋給事中劉希簡劾韜黨護，逮獄。總制尚書王瓊致仕，復供職。以科道官無言一清者，各奪俸三月。謫陸粲爲驛丞，岳綸爲主簿，王準爲典史。斬獲套鹵數多，賞總制尚書王瓊而下。改王憲爲左都御史。兩廣總督林富請停採珠，不允。御史張問行坐諫織造，謫知縣。監生樊孟芳奏搢紳議論不公，科道彈劾不當，懷私嫁禍。稱旨，禁臺諫風聞彈射。

冬十月，以日食，素服，撤鹵簿大樂，入享太廟、世廟。刑部員外邵經邦疏：「張璁去留，衆議洶洶，謂陛下私議禮者。」忤旨，下獄謫戍。太僕寺丞何淵以屢奏議禮者，降經歷。停外戚世封，唯彭城、惠安以軍功居半，不與。以乾清所房災，露禱，詔百官修省。雲南軍噪糧，勒撫臣歐陽重致仕。免山西、陝西、江西税糧有差。却鹵吉囊、俺答於榆林。十一月，停山海關内臣徵税。御史劉安疏上：「君道貴明不貴察。陛下躬有司之事，出而復反，信而且疑，大小臣工救過不暇，孰爲陛下勤久計，策長效哉？」上以沽名執訊。給事中胡堯時疏救，並謫外。給事中劉世揚争尚書李燧以貪緣得謚，坐欺罔，降照磨。未幾奪燧謚贈。親禱雪南郊及社稷壇，雪應。四川巡撫唐鳳儀獻瑞芝。陝西僉事齊之鸞上言：「臣過光、息、潁、蔡間，蝗災特甚。入潼關，見居民末蓬而食，曰仰活此五年矣。」封獻蓬實，盤口澀腹，嘔逆移日。」十二月，以水災，免兩浙灶户今年歲辦。提督王瓊却番彝臨鞏。

嘉靖九年庚寅春正月，以夏言議，祀先蠶，立蠶室，皇后親蠶。駙馬謝詔請如皇親例，列肆召商，不許。鹵吉囊、俺答合犯山西。大學士楊廷和卒，子謫戍編修慎許奔喪，勿終制。二月，改后土句龍配社，后稷配稷。又以夏言議，郊社從國初分祀之制，以太祖配南北二郊。歲首，祀上帝於大祀殿，爲祈穀，以太宗配。又行朝日夕月禮，爲異壇。學士霍韜議親蠶分郊非禮，忤旨下獄。御史鄧文憲直韜，降邊方雜職。已出韜罰贖復職。鎮國將軍陽曌妾羅氏自經狥曌，旌之。行人楊爵條歲荒乞緩議禮。應天撫按陳祥、魏有本舉劾互異，回院聽勘。三月，賑延綏飢。

夏四月，原任大學士一清坐入張永餽，爲志墓，革職閒住。革鎮雄流官，官芒部之裔瓏勝。定議大祀，太祖、太宗並侑，二至之祀，太祖獨配。河南巡撫都御史徐瓚獻瑞麥，賜銀幣。或言嘉禾生郊，羣臣稱賀，張璁陳頌。兵部主事趙時春疏諫，下獄，黜爲民。河決曹縣，三道入徐。總制尚書王瓊破降番彝若寵、板爾二族，勅褒之。禮官李時創議姚廣孝僧服配享太廟，不合，詔移祀大興隆寺。

秋七月，隰川王俊柏請於高牆祭父，勅獎之。咸畹以異塗傳乞者革。都御史夏言疏劾大學士璁，尚書獻夫逞臆陞降，諭解之，所陞降仍舊官。八月，懷慶知府王德明獻所屬産嘉禾、瑞麥、瑞瓜夥，勅獎之。九月，給事中喬金請削道士邵元節真人號，上曰：「故事也。」詔獄金。察革勳戚店房。閒住楊一清卒，釋其贓罪勿問，久之復官，贈太保，謚文襄。吏部尚書方獻夫病歸。

冬十月，順天府生員張紳奏薦大學士翟鑾、吏部侍郎董玘等十餘人，坐違祖訓，拷訊。罷珠池少監，以鎮守監攝。特遣禮部選妃嬪，備侍御，得四十八人。詔子弟官科道應迴避者不得改翰林。陞夏言翰林侍讀學士，仍都給事中，尋充經筵日講。致仕尚書伍文定卒。製圜丘祭器。十一月，冬至郊，上先期習儀。事既，赦天下。改奉孔子爲先師，易像以主，籩荳用十，樂六佾。立啓聖公祠，祀

叔梁紇，以顔無繇、曾點、孔鯉、孟孫氏配。争文廟禮者咸謫黜。十二月，減御馬監象房内臣。釋放罪囚一千八百餘人。視高禖祈嗣。始祀道統相傳歷代賢聖，自伏羲以至周、孔於文華殿東室。

嘉靖十年辛卯春正月，定廟祀典，正太祖位南向爲始祖；遷德祖於祧廟，爲始祖所自出之帝。孟春冬廟特享，季冬大祫。毁大慈恩寺。立帝王廟於阜城門内。再申停止納銀入監之例。定科舉、歲貢、薦舉三途並用。二月，集議禘禮，夏言請設虚位爲自出之帝，以皇祖配，定辛丙年一舉，封諸陵爲山方澤從祀。致仕大學士謝遷卒。庚辰，親祀朝日壇。大學士璁以嫌名，御定孚敬字茂恭賜之。兵部尚書胡世甯卒，贈少傅，謚端敏。三月，耕籍田。册九嬪。立西苑於舊仁壽宫前種植。設土穀壇，曰帝社帝稷，後立蠶室。破擒海賊於浙江。兵部尚書李承勳卒。四郊立壇成。陞夏言少詹事，兼學士掌院。鹵犯莊浪及大同，殺官將。賜女直都督速黑忒金帶綵幣。太常官始悉用道士。增劉基太廟配享，位六王之下。

夏四月，兵部火，延及工部。帝疑人爲之，逮兵部侍郎陳洪謨及武選司官於獄，黜爲民。選授歷事舉人孫禬爲給事中，阮薇爲試御史，監生張澍亦爲試御史。初行大禘於太廟。以顯陵香殿閣滲漏，奪前督工尚書劉麟、侍郎章極官。五月，夏至，親祭方澤。六月，召方獻夫兼武英殿大學士。江盜殺南京鎮守太監。革山西、浙江、江西、湖廣、福建及各邊諸鎮守，其在陝西、四川者亦劾免。六月，裁冗官。上以慧星見，雷震午門之變，御製祝文露告，勑百官修省。求四王及誠意之後。

秋七月，賑陝西旱蝗、順天大水有差。行人司正薛侃，請察故典，採賢而親者迎入京司香。下侃獄，訊主使。太常卿彭澤諷侃引夏言，侃不勝拷掠，瞑目曰：「張少傅趨我爲之，言何與？」上乃釋言，露孚敬二密疏於羣臣，斥其忮罔，從致仕去，侃爲民。以言爲禮部左侍郎兼原官。鄭王貢白雀二，薦太廟。刑部火，直日主事袁袞謫戍。八月癸未，親祀夕月壇。陞安陸州爲承天府，縣曰鍾祥。予告大學士桂蕚卒，後贈太傅，謚文襄。免太原等府税糧。西苑工成，上一再觀獲，御豳風亭及無逸殿。九月，親祀雲雨風雷、嶽鎮海瀆、各山川之神。罷南京郊祀。以李時兼文淵閣大學士，夏言爲禮部尚書，王瓊吏部尚書，王時中刑部尚書，王憲兵部尚書，唐龍以兵部尚書兼右都御史總制三邊。嘉瓜産曲周，薦内殿。

冬十月，再議遷顯陵，不果。行人趙昊等引舜崩蒼梧、禹崩會稽爲言，大忤旨，逮訊。真州盜周天星等平。建雩壇於圜丘之傍。定節孝以季冬類奏。許岷庶人冠帶視事。十一月，設醮欽安殿祈嗣，夏言爲監禮使，侍郎湛若水、顧鼎臣充迎嗣導引官。勑召張孚敬至京，加太子太師。免浙、直、河南、陝西税糧。御史喻希禮、石金，因齋醮，請廣德意，寬議禮議獄諸臣，及録王守仁，下詔獄。陞嚴嵩南禮部尚書。鹵寇大同，大掠應州。上御平臺，親定太監谷大用罪，籍其家。南御史馬敭等十人坐劾王瓊不任吏部，下鎮撫司。都給事中魏良弼疏救，並謫，論贖還職。

嘉靖十一年壬辰春正月，賑順天飢。大祀祈穀，止奉太祖配。汪鋐以察事媚孚敬，特坐故劾孚敬者王準不謹。給事中孫應奎直準，詔謫應奎縣丞，準爲民。二月，嘉禾産蘄水，薦太廟。祈嗣地祇壇。望祭天下山川。廣寇陷高州府，大掠去。三月，廣平府教授張時亨疏皇考宜定廟號稱宗。孔天胤以皇親改授僉事。西鹵寇延綏。

夏四月，封勳臣四王及誠意伯後。常玄振懷遠侯、李性臨淮侯、鄧繼坤定遠侯、湯紹宗靈璧侯，而劉瑜誠意伯。荆州知府孫存擅增改《大明律》，與江陵知縣查佃交訐，並訊。韓府襄陽王五世同居，勑獎之。六月，歲貢就廷試，黜五名、三名以上者，罪提學官有差。海賊許折桂薄省城，殺掠，削巡撫林富爲民。河決魚臺。

秋七月，廣東僉事龔大稔劾奏方獻夫、霍韜，坐逮爲民。計被察多寡，降罰薦主御史王宣等有差。八月，以彗星見，諭修省。科臣魏良弼謂彗星見東方，君臣争明，彗孛入井，奸臣在側，實孚敬所致。孚敬疏辯。同官秦鰲復據疏指其無上。帝曰：「孚敬詞意，朝廷豈不知。」姑令自陳致仕。原任霍州知州陳寀，追論議禮時兄終弟及之例不合，遺詔但云孝宗親弟之子，非與武宗爲兄弟也，楊廷和、張孚敬兩黨皆非。詔獄拷訊。改汪鋐吏部尚書，爲魏良弼所劾。賑陝西旱災。永罷太監鎮守之差。

冬十月，重考庶吉士吴懷等二十一人。十一月，編修楊名以星變陳言，爲上喜怒失中，并指汪鋐、郭勳不可任，坐謫戍。兵部侍郎黄宗明、沔陽判官王直咸疏救，宗明外調，直并戍。御史郭弘化疏採木與珠頗擾民，謂星變所自，坐奪職。南御史馮恩復因星變力排孚敬、獻夫及鋐等，坐逮獄。四月，巡撫宋滄獻白免，受賀。尚書鋐等競上賦頌，獨學士郭維藩所上忤旨，褫職。却鹵甯夏。南右都御史萬鏜應詔陳八事，謂以静不以動，以實不以文，坐怨望欺擾，錮爲民。十二

月，侯官縣囚反獄，殺左布政使查約、右參議楊瑀、都指揮王翔。約得民，囚誤及之。鹵犯喜峯口。

嘉靖十二年癸巳春正月，河南巡撫吴山進白鹿，尚書夏言請告廟，從之。閣部大臣各獻賦頌。再召故大學士張孚敬。蒲州生員秦鏜請奉獻皇帝於太廟，並言四郊及文廟易主之非，坐妖言律長繫。鹵數犯薊州。二月，訊馮恩，坐無上法死，閏官刑部尚書王時中閒住，郎中、員外謫邊方，恩卒減戍雷州。三月，禮部尚書夏言撰述四郊禮儀以進。鹵入宣府。時靈瑞叠至，詔勿賀，非正瑞勿獻，吏部尚書汪鋐作詩美上謙德。

夏四月，仍令科道互糾劾。吏部郎中徐胤緒坐隱匿互糾成命，黜爲民。再賜張孚敬印記。吏部覆考科道。五月，上演馬南城，召輔臣看花嘉樂館。越三日，復召西苑，簪花飲茗，出詩索和。西彝入貢，稱王者百餘人。勅書回，賜止本國王一人。禮部上大雩禮儀。四川黑虎番作亂。改參贊嚴嵩爲南吏部尚書。以未撤孔像，廣東提學官王世芳及廣州六府郡縣官皆按問。六月辛巳，彗星見，帝曰：「爍哉，見第四矣。」

秋七月，學士廖道南、蔡昂侍日講不辦，謫通判。陞湛若水南禮部尚書，起服闋學士霍韬南吏部侍郎，改主事唐順之等爲編修。八月，番彝入貢者千餘，減給茶絹。皇第一子載壡生，告廟，賜名必以禮。肆赦，唯大禮及大獄、馮恩不與。都御史王廷相條御史職掌六事。九月，遼東巡撫成文告病，疑其隱避，坐閒住。破廣東山賊趙林花等。召參政王宗明爲禮部侍郎。御書「秩宗」二字賜夏言。廣東巡檢何儒得佛朗機火銃製法，陞縣丞。御史糾彈諸司，按察使得還按御史不法。

冬十月，海賊掠甯波、温、台等處。復楊一清官。大同軍亂，殺總兵李瑾，代王再奔宣府。總制劉源清與總兵郤永決水反灌城，城中驚，賊益猖獗，刼囚勾鹵，殺遊擊以下數十人。總制張瓚撫定之，源清爲民。建昌侯張延齡下獄論死，革昌國公鶴齡爵，降指揮同知，閒住。皇長子薨，謚哀沖太子。十一月，御史郭宗皐以流星起中台之變一疏，杖而釋之。翟鑾憂去。始以郭勳代祀南郊，諸宴俱罷。總兵王效再捷鹵甯夏。

嘉靖十三年甲午春正月，廢皇后張氏，立德妃方氏爲皇后，始率后行謁廟禮。二月，王廷相爲兵部尚書兼左都御史，管團營。尚書汪鋐劾南禮部侍郎黄綰阿其屬郎中鄒守益，守益奪官，綰坐調外。綰隨疏鋐阿孚敬指其抵，上竟留鋐。更圜丘名曰天壇，方澤名曰地壇。副總兵梁震敗鹵於大同。閏二月，許朝鮮使間五日出館遊觀。起副都御史劉天和總河。三月，召原任學士廖道南、蔡昂還職。山海關妖賊沈淮伏誅。前殺主事王冕者。科臣董懷理論屯田之弊四、中鹽之弊六，曲當時宜，不果行。

夏四月，覆勘高牆庶人情可原者回府。大學士方獻夫疾歸。五月，先蠶繭成，進絲。六月，却土魯番非期之貢。南京太廟災，祭告修省。勅□建名承天，家廟爲隆慶殿，比南奉天殿云。

秋七月，建神御閣於南内，奉累朝御容，下藏寶訓、寶録。八月，鹵吉囊八入花馬池，犯甘肅，拒却之。九月，定九廟之制皆南向，益拓世廟。以應天試録失裁，山西試録偶粘片紙，下提調官按獄。

冬十月，南兵部主事劉世龍以廟災言事，大略謂輕□大臣，倏出倏用；宜稍寬延齡之死，以安孝廟在天之靈。坐訕上庇逆下獄。賜夏言銀圖書，令手疏封識。十二月，御史李新芳按廣東，中礮悸，妄稱知府李騰霄、知縣周謐謀欲殺之，遂坐經歷吴尚質不吐騰霄實，箠死之，仍勒典史楊經誣實謐罪以聞。巡撫周金劾新芳心狂，褫其職。詔選淑女以作九嬪，禮部請求之外省，帝曰：「毋遠求擾民。」田州土目盧蘇弒其主邦相以叛。

嘉靖十四年乙未春正月，雪，上曰：「天賜時玉，思見卿等。」罷監督內外倉場內官。武宗皇后夏氏崩，集議謚號，大學士孚敬擬二字、四字，尚書言、都御史廷相、侍郎韜議仍列朝后十二字，李時議八字。復議，尚書鋐等順上旨，竟定六字，曰孝静莊惠安肅毅皇后。罷卓異之宴。改建四廟，更定陵祭，宗廟免脱舄庭燎禮。鹵吉囊寇榆林，殺參將魏祥。三月，兵部尚書王憲致仕。葬孝静皇后。

夏四月，大學士孚敬病，上賜藥，曰：「此朕自驗，飲子。」孚敬乞歸，遣送給米存問。召前大學士費宏原官。以皇后喪，改殿試期。親賜制曰：「朕以支庶，沖年承位，幼弱不才，多招菑於民，愓然悚懼，圖所以保洪業於無窮。爾多士可敬告朕。」策進士許穀等，親次，賜韓應龍等及第出身有差。復親策庶吉士，得趙貞吉等三十人。南京宫闕傾圮者勿修。大興隆寺火，遷少師姚廣孝祀位於隆善寺。五月，增七廟樂，樂官、舞生更定樂器。六月，大理寺丞林希元請討遼東叛卒，直言官較被囚詰狀，被誣，降知州。鹵數入宣府。

秋七月，遼東巡按御史曾銑擒斬遼東廣甯亂卒趙劓兒、於鑾兒、王經等，陞大理寺丞。貴州應附試雲南，至是令自開科鄉試。起姚鏌兵部尚書，總督三邊

軍務，道罷。九月，勒罷吏部尚書汪鋐，以給事中薛宗鎧等劾鋐，鋐伺間報復，免鋐，後並杖，削職降調有差。

冬十月，會推吏部尚書，九五不稱旨，命科道薦舉。辭以簡在帝心，帝怒，掌印皆褫職。大學士費宏卒。賑應天、蘇、松等處旱災。録禦鹵功，廕陝西總兵王效，梁震以下官。授儀封縣孔承寅國子監學政世襲。

嘉靖十五年丙申春正月，贈死事后州通判陶壐爲知州，廕一子。復彭澤官。二月，加致一真人邵元節道號正一，賜冠服。三月，帝奉皇太后及皇后謁天壽山諸陵。太后遊九龍池，御黄幄，帝胡床幄右，大臣侍。免所過昌平今年租三之二。賜老年粟帛。泛舟西湖還，求紅黄玉，以備祭祀之用。

夏四月，議修七陵，告山陵。數走鹵吉囊賀蘭山。儒士潘謙、軍匠金桂請遷顯陵，下錦衣拷訊。再幸山陵祭告，減鹵簿。太常卿張鶚肩輿，下鎮撫，獄上，大不敬，戍之。帝自製天子武庫及大武龍威冠服，又作寶輦車輅器物。毁禁中大善寺，建慈慶、慈甯兩宫，得□骨凡萬三千餘觔，毁像一百六十九座。定壽陵玄宫，罷妃嬪從葬之制，曰：「紙衣瓦棺，朕最念之。」都勻賊阿向平。六月，陞霍韜南禮部尚書，固辭。

秋七月，尚書霍韜與夏言訐奏，罰韜俸一級。皇使宬成，（即神御閣。）移御容奉景神殿。八月，陽曲宗室知娍、知燋私怨父叔，邀盗刦之，遂大掠，聚屯中條。詔捕之，尋敗滅。陝西總督劉天和破鹵涼州、莊浪，加右都御史。四敗鹵，郭英復捷甯夏。改悼靈皇后謚曰孝潔。躬祭長陵。

冬十月，加毅皇后全謚十二字。戊子，皇第二子載壑生，廷臣方請賀，地震。遷孝肅、孝穆、孝惠三皇后主於裕、茂二陵，去睿純二字，以别嫡庶。改世廟爲獻皇帝廟。刑官之寬簿侯張延齡者，皆逮治。四川阿向餘孽復叛，追論都御史陳克宅激變，奪官。復詣諸陵。十一月，詔天下臣民各得祀其始祖。鹵掠山西。議征安南不貢，起毛伯温右都御史總督進兵，侍郎唐胄諫，不報。十二月，採礦薊州。上皇伯母徽號，曰聖恭安康惠慈壽皇太后，聖母曰章聖慈仁康静貞壽皇太后。廢后張氏薨，喪禮視廢后吴氏。夏言以尚書兼武英殿大學士。時廟制定昭穆而外，另作太宗廟，以志祖功宗德於不遷。頒詔大赦。霍丘縣有男子朱學，自言宸濠第三子，驗實送高牆。總督王效、白爵，敗鹵延綏及大同。大修金籙醮於玄極寶殿，答□祥。

嘉靖十六年丁酉春正月，皇第三子生，名載垕，是爲穆宗。母康妃杜氏。定西番職貢事宜，改正詭名稱王者。徽王厚㷅撰頌，獻白兔，表賀。二月，馬禄、吕經、馮恩、楊慎等八人當赦不宥。安南世孫黎甯告變，請討叛臣莫登庸，命官往勘。罷皇后親蠶。躬祭諸陵。皇第四子生，名載圳。三月，奉聖母幸金山，蹕沙河。復文皇帝行宫，增城守卒。郭英從祀太廟。大同兵數破鹵，鹵入甘州。

夏四月，交人總兵武文淵、都督黄明哲等獻地圖，願爲内應。於是大發師征安南，以咸甯侯仇鸞爲征彝將軍，安遠侯柳珣爲征蠻將軍，會征南將軍沐朝輔刻日進。兵部侍郎潘珍諫，褫其官。登庸懼，欵關，籍田地户口以獻。御史游居敬論劾尚書湛若水僞學，與王守仁所著書並禁，盡毁其書院。五月，以雷震謹身殿鴟吻，求言。開贖罪例，以補工費。六月，鹵一再入宣府，指揮趙鏜、參將張國輔敗没，總兵梁震破走之。貴州叛苗王驄平。賑隨、沔、漢陽水災。

秋七月，涇王祐橓薨，無子，國除。奪南禮部尚書霍韜俸。八月，科臣田濡陳弭災二事，請宥馬禄等八人，不允。聖母不豫，上躬禱太廟社稷。鄭世子烷所進疏俱稱弟，不臣，稱皇兄，不陛下，乃申諭諸王表式。逮昌國公張鶴齡、京山侯崔元獄。鶴齡瘐死，元得釋。

冬十月，免鳳陽諸府税糧，賑之。十二月，張延齡詞連孚敬，詔勿問，籍其家。以陵工稽緩，革工部尚書甘爲霖職，郎中以下拷訊。科臣吴汝霖劾尚書嚴嵩穢跡彰露，嵩辯。有旨：今後大臣被論，宜自省愆，不得强辯。

嘉靖十七年戊戌春正月，江西燒造違限，降巡按御史陳裒爲推官。二月，親祭山陵。三月，福建巡按御史李元陽進甘露九甕。親策進士袁煒等，改賜茅瓚等及第。却鹵薊州及大同。

夏四月，旱禱，貶服罷屠。雩，天爲雨。武定侯勳議復鎮守内臣，並採礦，兵部執奏。内臣已遣獲請，礦仍間行。徽王與佃户訟莊田，尚書梁材等請有司入税於王，忤旨奪俸。六月，致仕通州同知豐坊請建明堂宗祀獻皇，以配上帝，嚴嵩贊之。户部侍郎唐胄□□忤旨，拷訊爲民。（坊初隨父熙争大禮，杖戍。至是希大用，言行而卒不録。）上親製《明堂或問》，示輔臣，定議稱宗特廟，祫則奉主太廟，與孝宗同爲昭。遼州同知李文察進所著書，稱旨，授太常典簿。開河南、雲南礦。

秋七月，免山東畿内夏秋税。八月，總督劉天和敗鹵吉囊於河西。尚書顧鼎臣兼文淵閣大學士。九月，改尊太宗文皇帝廟號成祖，增謚獻皇帝廟號睿宗，奉安神主於太廟。上自言安神時，日傍五色雲見，受賀，大享上帝於玄極寶殿，奉睿宗配，詔示天下明堂配帝之義。

冬十一月，具册表祗上大號玄稱曰皇天上帝，隨改上高皇帝后尊號。給事中顧存仁以大禮成，請宥謫戍馬禄、楊慎、呂經、馮恩諸人，及禁止道士葉凝秀等濫度僧人，杖發口外爲民。十二月，章聖皇太后崩，必遷獻陵天壽山之大峪合葬。御史陳讓諫，黜爲民。大峪興工未幾，上又擬奉慈宫南祔，詔免遷陵。鹵入宣府。

嘉靖十八年乙亥春正月，勅諭南巡，欽定武陳。工部侍郎江曉督理南巡事違慢，罷爲民。二月，立載壡爲皇太子，封皇子載垕爲裕王，載圳爲景王。時日午五色雲見。陞黄綰禮部尚書，起前大學士翟鑾兼都察院行邊。原任大學士張孚敬卒，贈太師，謚文忠。以咸甯侯仇鸞、東甯伯焦棟爲左右副將軍，扈駕。加郭勳翊國公，代掌中軍，成國公朱希忠副之；加大學士夏言少師等，從行。時疏止南幸者，諸大臣報聞；科道奪俸；工部郎中岳倫，聽選監生陳良弼下獄。命皇太子監國，宜城伯衛錞、遂安伯陳鏸、大學士顧鼎臣、尚書許瓚等留守。乙卯，駕發京師，望祭北岳。趙王厚煜迎駕磁州。以太牢遣祭周文王，少牢諭祭宋岳飛於湯陰。彰德府知府王旒失朝，逮獄。汝王祐梈、鄭王厚烷、徽王厚爝、唐王宇温、楚王顯榕咸次第來朝。二月乙卯，行宫火，錦衣衛指揮陸炳負上出火，內官宫婢焚死數十人，法物寶器盡燬。越三日，行至亢村，行殿復火。逮河南巡撫易瓚以下悉斥爲民，知府等官械前驅，至承天，杖，邊方爲民。仍以保定巡撫陸錮，巡按王應供具不辦，並黜之。渡河，遣祭漢紀信於滎澤。周世孫朝於鄭州，帝曰：「小子朝堈，宜篤孝敬，講學而親賢。」望祭中嶽。致仕少保賈詠迎駕失朝，奪散官。祭漢光武於裕州，諸葛亮於南陽，晉羊祜於襄陽。祭武當之神於均乙。伊王訏淳執前旨，失郊迎，宥之。駕至承天，舍舊邸卿雲宫，謁皇考於隆慶殿，受朝，誓戒，致齋三日。詣純德山，騎而登陵山，表於陵北，改營玄宫，親製樂章，享上帝於龍飛殿，偏於羣祀。居憂侍讀學士廖道南以衣緋奪官。祭告顯陵。賜書皇太子，諭回鑾之期。以大享禮成，受賀，詔天下，赦所經賦税，特免承天府税三載。宣諭父老，賜酒食。壬辰，駕發承天。陞護行御史王守中爲僉都御史，兼詹事府丞。崇王載境請朝，免之。真人邵元節卒，贈少師，謚文康榮靖。閣擬二謚，全用之

夏四月，皇太子遣迎駕。御史謝少南於慶都縣修堯母祠，帝有感堯父母異葬，陞少南爲司直，兼檢討。壬子，帝還京，復視大峪，定聖母南祔。建興都留守司。五月，鹵入遼東、薊州。以星變，盡取回守鎮內臣。甲申，獻皇后發引，命大學士鼎臣題主於北通州，成國公希忠奉主還京入廟。六月，諸臣以雷變自陳，尚書楊志學、侍郎高公韶、屠僑、周敍、王潮、呂柟，副都御史党以平、大理寺少卿錢學禮咸致仕。榜承天城之陽春樓曰「顯親達孝」。

秋七月，梓宫南行。以山東僉事于廷寅沮閧，黜爲民。起熊浹南禮部尚書。總兵馬永討平廣甯亂軍佟伏等。庚申，皇妣合葬顯陵。復命仇鸞、毛伯温南征。宣府總兵張鎮以逗遛論死。八月，帝頗信方術，太僕楊載曰：「金石之藥，衝決元氣，不如端拱恭嘿之爲長。」帝怒，逮繫死獄。時大臣皆諫，獨指揮同知劉永昌恭疏，贊帝建皇穹宇以奉上帝神版。鹵敗榆林，再犯薊州、宣府。九月，訪句容始祖實蹟，不可得。嚴嵩被論，乞休，不允。進封邵元節弟子陶典真神霄保國弘烈宣教振法通直忠孝秉一真人，推恩其父母妻。其法孫陳善道等亦加封高士。南禮部尚書霍韜與吏部郎中鄒守益，共爲聖功圖十二事以上，以語涉譏訕，有罪，尋宥之。

冬十月，上親告長陵立碑。十二月，鹵入宣府，殺守將宋隆，逮總兵江桓等治罪。鎮國將軍安淓進修煉丹書，治輔導官罪。存問致仕尚書陳雍。

嘉靖十九年庚子春正月，以湖廣提學僉事劉汝楠文尚險怪，黜之。封左都督方鋭安平伯。翟鑾邊還，仍辦閣事。御史謝瑜踵諸言官劾尚書嚴嵩，至云奸佞貪鄙，矯飾浮辭，罔上特甚。上卒不聽。二月，承天府工役成。就食諸流民數萬，御史姚虞圖上之。鹵入大同，殺指揮周岐等二十九人。罷武舉鄉試。三月癸巳朔，日食，止二分。禮部奏不食，上喜。鹵吉囊大掠延綏、榆林、宣府。乙巳，黄霧四塞，暴風壞坊門。帝曰：「風霾之變，天三愛我矣，其備邊。」討江華、羅田等盜，平之。賑河南飢。督修西苑仁壽宫急，給事中憲章上言：今營建慈壽宫、皇穹宇及三殿，共費六十七萬有奇，四年未就，物詘力窮，請暫罷免。上怒，以爲瀆擾。

夏四月，督工尚書甘爲霖以陝西諸邊地震，請停採運清察未完者，從之。五月，選淑女。興建樓殿，復建雷壇於黄州。黄州者，陶典真里也。尚書蔣瑶、湛若水俱致仕。六月，大盜黄艮、秦燔等出没海口，刧運艘七。復設江淮總兵官湯慶。瓦剌相仇殺，欵塞下。工部尚書温仁和等言：二三歲間，內外大工，如宫，如殿，如宇，如壇，如厨庫，如陵墳，如碑，共費六百三十四萬七千有奇，而承天所請又一百七十餘萬，今尚工三十餘所，藏竭矣，請務其急者。報聞。

秋七月，陞官匠郭文英爲通政使，徐杲爲太僕寺丞。郭勳進方士段朝用，曰

能化砂爲金。遂以其所化爲祭器，薦太廟，命曰「神器」，授朝用紫府宣忠高士，加勳歲禄百石。却鹵宣大。八月，鹵自甯武南掠，入平涼，總督劉天和、總兵周尚文等大破之於花馬池。九月，撤回兩廣總兵仇鸞，以柳珣代。賜給事中許天錫祭葬，初爲逆瑾所逼自經者。以典真子世同爲太常寺丞，孫良輔及婿吴濬供食博士俸。

冬十月，罷各處礦場。大學士顧鼎臣卒，贈太保，謚文康。掌詹事尚書霍韜卒，贈太子少保，謚文敏。十一月，陞鄒守益國子祭酒。上不豫，太常寺錦衣衛等官各建醮祝聖壽。上疾稍愈，加方士陶典真少保、禮部尚書，改尚書掌太醫院許紳工部尚書。十二月，春坊贊善羅洪先、司諫唐順之、司經校書趙時春，各疏明年朝皇太子文華殿，坐狂躁不道，姑黜爲民。鹵入大同。崇王戴境請父恭王墓表，不許。

嘉靖二十年辛丑春正月，禁入覲官書幣問遺。敘大同五堡功，贈總兵梁震太子太保。西鹵款塞。考察，内旨黜王慎中爲民，留用被劾文選郎中林春、主事許穀。免鳳、淮陽、蘇、松税糧。敗鹵寧夏。二月，方士段朝用術窮，逮治論死。言官楊爵極言上罷朝廢講，聽信方士，繁興土木，任用夏言、郭勳，而拒直諫之臣。上怒，執訊鎮撫司，長繫之。總兵楊信敗鹵甘肅。鹵入蘭州，殺參將鄭東。旱，禱西宫。鹵犯甘肅、莊浪，總兵信禦却之，斬首百級。

夏四月，莫登庸來降，金□待罪，授安南都統，使世襲。辛酉，日方晡，東草場火，城中訛言宗廟災，薄暮，雨雹風霆大作，火自神廟起，羣廟一時俱燼，惟睿廟存，成、仁二神主毁。帝謝譴，青袍避殿撤樂，詔内外修省直言。言官胡汝霖、聶静、李承雲劾諸大臣救火稽緩，降外。停内外工作。員外周天佐疏救楊爵，杖，獄死。以廟災自陳免官者，尚書許讚而下十三人。進賢縣布衣熊思恭，進所撰《敬一箴註解》，許頒行，隨自薦與科目並用，坐妄言律斬。五月，濬漕。湖廣參議方遠請開海運，報寢。山東盗起。六月，賑順天、保定等府及山西、遼東災。開原鹵求增入貢，不許，因大掠，殺指揮金潮許，參將劉大章等擊却之。

秋八月，免西安、江南等府税糧。交城王國絶，輔國將軍袁柚謀襲，賂尚書嵩，得旨。事露，嵩胥吏戍邊。既而永壽王庶子惟熄，與嫡孫懷熺爭立，嵩復入金，亦爲覆允。王妃擊登聞以奏，御史葉經廷劾嵩奸貪，不聽。辛酉，昭聖皇太后崩。上諭禮部：自十七年秋廷議，朕不得不自防，以愛宗社，不敢躬詣問安奠祭，内官代行，謚曰孝康敬皇后。鹵俺答、阿不孩欵大同塞求貢，不許，遂自宣大入山西大掠。起翟鵬兵部尚書，總兵趙卿禦之。吉囊自大同再入，駸至甯武關，副總兵丁璋、遊擊劉宇咸戰死。九月，大同壯夫劉文明等斬鹵數多，授鎮撫。鹵深入石州。以大學士言疏奏不恭，削少師，以少保致仕。鹵俺答越太原南掠州縣，擄宗室儀賓，京師震。逮翊國公勳獄，論死，勳黨唐珠珊杖戍，其子舉人輔發口外。勳瘐死。坐都御史王廷相獄緩，黜爲民。

冬十月，總兵樊繼祖戴罪，責贖。復夏言少傅，仍辦閣事。巡按陝西御史浦鋐請宥楊爵，忤旨械京獄訊。十一月，停各處採礦。敬皇后合葬泰陵。四川、山西災，免税糧有差。考庶吉士，上親命題，文曰「原政」，詩曰「讀大明律」，欽取高儀等三十三人。十二月，薊州、遼東總督胡守中論斬。先是，南科臣王燁論守中與嚴嵩、郭勳、張瓚互結納，勿任，帝不聽，特陞守中兵部侍郎，出鎮。益恣奸利，尋伐塞上古松數萬株，以致鹵騎長驅。御史洪源疏攻之，不報。至是，諸臺諫連疏入，遂敗。是歲，諸王府各上金助建宗廟，褒答加禄有差。

嘉靖二十一年壬寅春正月，山西三關失事，總督樊繼祖以下罷革有差。鹵入蘭州。樂安伯方戚進爲侯。三月，承天督工工部尚書顧璘進所輯《興都志》，賚銀幣。

夏四月，陞張邦奇尚書兼詹事府。賑順、承二府飢。思恩府九思叛苗悉平。五月，瓊州黎賊平。周府將軍安淄以缺禄，率五百人擊行臺門，革淄爵爲庶人。京城疫，御製方餌之。閏五月，大同巡撫龍大有誘殺鹵使石天爵，録功，陞兵部侍郎。鹵始謀大舉入寇。勒總督石鵬閒住。六月，上手諭都察院，列夏言罪狀，布中外。鹵十餘萬騎躪左衛，入至朔州、馬邑、廣武，都指揮周宇戰死。趨雁門，越關南代州，犯太原，移犯汾、沁、澤、潞。召夏言拜皇考忌辰，仍趨命西苑。

秋七月，革大學士夏言職，閒住。以言故，科道降調者十三人，奪俸者六十人。致仕侍郎吕柟卒，後謚文簡。斬鹵孝義縣。鹵北徙，復掠山西。仍命翟鵬總督諸路兵禦鹵。平陽知府聶豹嚴陣以禦，賊不入境。鹵退至祈縣，參將張世忠力戰，死之，贈右都督，立廟賜謚。鹵自雁門出白草溝去，蓋躪内地者一月。兵部尚書張瓚卒，以毛伯温代之。首禁掊克，命刊布中外。八月，逮兩巡撫龍大有、劉臬聽勘。禮部尚書嚴嵩條邊事，上嘉嘆。賑山西被鹵地方，仍免租二年。鹵復四萬騎自朔州入寇，尋遁去。進嚴嵩武英殿大學士，仍部事。給事中沈良材、王偉、陳詔等劾之，亦及其子世蕃，不聽。團營尚書劉天和致仕。九月，陽和衛百户李錦通鹵，伏誅。工部員外劉魁疏諫雷殿工役，下鎮撫，杖而錮之。

冬十月，端妃曹氏、宫人楊金英等乘帝卧，將爲不利，皇后促救得免。事連曹及甯妃王氏，蓋曹、王最寵，既伏法，上猶念曹也，自是移御西苑，不復入大內矣。司業王同祖請改元延壽，坐削職。十一月，復太廟合享制。十二月，召南尚書熊浹掌都察院。修太醫院、三皇殿及配享從祀三十四人。

嘉靖二十二年癸卯春正月，貴州同仁亂苗流刦湖廣麻陽等處。給事中陳樂請行大閱大射禮，報罷。大學士桂萼子尚寶司丞輿，私擬增建廟制，繪圖上之，并進所撰《頌聲俗辯》等書，逮訊擬贖，閒住。二月，論山西失事諸臣，罪死降調爲民有差。推舉大將十人，鸞爲首。毁北城大慈恩寺，驅逐番僧。

夏四月，停建州用兵。初，建州入寇，殺守備等官，命給事中林廷壆往勘，僅懸賞購叛酋那磕。兵部尚書毛伯温疏陳總督事宜四：一、事權相埒，嫌隙易生；一、往復奏請，必失機宜；一、責效旦夕，議隨其後；一、將令雜申，中外掣肘。千户火力赤襲鹵至豐州，斬獲而還，陞賞。六月，數敗鹵延綏。鹵大牧河套。吏部尚書許讚奏大學士翟鑾、嚴嵩通請託。上詰曰：「若讚無之乎？」坐郎中王與齡脅持，黜爲民，員外吴伯亨調外。給事中周怡言事，並劾嚴嵩等，杖獄禁錮。

秋七月，久旱，禱輒應。醮朝天宫。七日，以白鶴四十餘翔空中，受賀。八月，東安州進瑞麥、嘉禾，獻廟。西苑獻瑞穀，賚户部尚書陳經。鹵犯延綏，深入綏德州，敗去。九月，南右都御史何塘卒，後謚文定。塘博學篤行，嘗謂象山、慈湖之學流入禪定。

冬十月，三衛彝入寇。復太廟舊制，睿廟與焉，同堂而序坐。山東、貴州試録含譏訕，山東監臨葉經死杖下，貴州監臨魏洪冕黜爲民，布政司以下降罰有差。賜貂璫廷臣四百餘人，謁謝不至，姑宥成國公希忠、大學士嵩，餘皆罰俸，降三級調外。復夏言舊銜，致仕。以大學士嚴嵩子世蕃爲尚寶少卿。鹵入甘州。

嘉靖二十三年甲辰春正月，破鹵薊州。三月，破鹵宣府。科臣戴夢桂論邊事，有曰：寬法制以便間諜，擬胡服以備掩襲。又以求將太狹，論將太嚴，儒將混真，修文廢武。上然之，諏訪殊力，每省三十，每衛五。

夏四月，以冗食革裁皇親指揮使等官七十一員，錦衣并七十二衛官旗指揮使等三千六百五十員，錦衣幫工軍餘五千名，京官俸米二石暫折絹一匹。五月，建州鹵寇邊，都指揮趙奇、佟勳，把總王鎮死之。召副總兵何卿不至，革都督，勒赴部聽用。六月，大學士方獻夫卒，謚文襄。

秋七月，起韓邦奇爲總河。都御史周尚文敗鹵大同。八月，起唐龍南吏部尚書。大學士翟鑾賄考官汪汝璧，其子汝儉、汝孝咸中式。上以弊跡顯明，下汝璧等於獄，勒鑾並其子爲民，餘以次杖黜。九月，吏部尚書許讚兼文淵閣大學士，禮部尚書張璧兼東閣大學士。賑湖廣、鳳陽、淮、安、廬、滁飢。改熊浹吏部尚書。

冬十月，免河南災糧。鹵寇房保，卻永堵之。潰萬全邊牆，掠蔚州，攻浮圖峪，至完縣，列營四十里，京師戒嚴。都督僉事趙卿嚴兵紫荆關，擒勾鹵王三，梟之。上大喜，告郊廟社稷。逮薊州失事督鎮而下，翟鵬謫戍獄死，朱方死杖下，毛伯温褫爲民，郎中韓最戍邊。十一月，加秉一真人禮部尚書陶仲文即典真。少師，其少傅少保如故，支正一品俸。十二月，陞翁萬達侍郎，總督宣大及偏保軍務。湖、貴苗久叛，巡撫都御史萬鏜，質以千户，誘苗首龍成，殺之，苗亦殺千户。遂奏苗平，論功，遷賞有加。

嘉靖二十四年乙巳春正月，楚世子英燿弑其父楚王顯榕，伏誅。閏正月，陝西禦鹵奏捷，總督張珩陞右都御史，總兵仇鸞加太子太保，廕一子所鎮撫。山西巡按御史陳豪奏速議復套，以固邊防。二月，總督張漢疏選將練兵，請得便宜行，逮獄謫戍。詔被鹵地方招撫流移，給牛種，蠲賦十年。撤元世祖廟祀，毁其像。古田賊韋公珦等作亂。三月，賑應天飢。兵部吏書盜册，妄開功次，鈐以僞造御寶，冒襲千户三十餘員。事發，謫前後查黄兵部主事項僑等，犯者罪之。

夏四月，停止工部開納事例，輒復之。五月，南考工郎中薛應旂調外。初，給事中王燁首劾大學士嵩，嵩令所私諷應旂黜燁，應旂不可，忤嵩，出之。福建巡按御史何維柏論劾大學士嵩，逮訊。六月，廟工成，令秋享一如先朝之舊，所增儀節悉除之。致仕大學士毛紀卒，贈太保，謚文簡。旱災，蠲畿內及陝西田糧。諭禮部尚書費宷：四祭歲祫禮悉如舊，罷大禘之禮。御史周冕以太廟初成，請上躬享，下鎮撫鞫訊。旱災，以仙箕示，釋御史楊爵、給事中周怡、工部郎中楊魁。出獄三日，會吏部尚書熊浹疏仙箕，上批詛訕，尋釋之，復逮爵、怡、魁，錮之如初。定太廟位次，太祖居中，左四序：成、宣、憲、睿，右四序：仁、英、孝、武。大享殿將成，改名皇乾，以藏神御。

秋七月，給事中元沖以工部侍郎郭文英，係匠作陞廕，請惜名器，不聽。西海鹵酋整克欵關，請徙內地，不許。八月，加陶仲文伯爵，疏辭，乃追贈三代，廕子敏爲國子生。以製秋石陞通政使顧可學爲工部尚書。諭立京城義塚。告瑞

鹿於太廟。鹵入延綏及遼東，殺守備張文瀚。犯大同中路，總兵張達戰却之。擒斬建州彝酋李徹赤哈。參將張鳳、指揮劉欽、千户李瓚、報效生員王邦直，冒鹵鶉鴿谷，戰死，贈銜有差。總督翁萬達、總兵周尚文邀鹵嚴，鹵遁。九月，鹵犯陝西。陶仲文請建醮太山延壽，許乘傳以行，建秋報大齋六日。召大學士夏言，仍閣事。

冬十月，以仙箕示，建琉璃河橋於良鄉。大同宗室充灼、充烑等通鹵，燒草場，逮訊伏誅。十一月，赦崔鑑爲母殺人罪。革大學士許讚職，勒吏部尚書熊浹爲民。太常寺卿魏校卒，謚恭簡。十二月，改唐龍於吏部。以巡緝功，陞錦衣指揮陸炳都督同知。致仕尚書劉天和卒，贈少保，謚莊襄。西平縣義民賈得山傾資禦賊，城陷，一家死者三十七人，贈主簿，祠之。

嘉靖二十五年丙午春正月，沅江土舍那鑑殺土知府那憲，奪其印誥，討之。御史周冕請東宮講學，謫雲南典史。吏部疏録遺佚尚書章拯等三十人，不果行。下御史包節於獄，戍邊。舉醮齋勤，賜號吕純陽孚佑帝君，祀永熙仙宮。三月，鹵入甘州等處。討四川白草番亂。陞參政楊博、楊守謙爲僉都御史，巡撫甘肅、山西。

夏四月，改曾銑總督陝西三邊。倭寇淛東，華人無賴汪五峯等爲之嚮道，金冠龍袞，稱王海上，連年爲害。五月，安平侯方鋭卒，以皇后濟難功，許鋭子承裕襲爵。治延綏隱敗奏捷罪。俺答遣使款關，爲邊卒所殺，詔嚴邊。六月，大雨水，發賑。

秋七月，西苑承華殿醴泉出。吏部尚書唐龍罷，以右都御史周用代之。天甯寺建壇聚衆，命錦衣衛捕鞫。鹵犯邊，入宣府，我師敗績。録邊牆功，翁萬達、周尚文而下加銜。八月，進封陶仲文神霄紫府闡範保國弘烈宣教振法通真忠孝秉一真人，加盛端明、顧可學俱禮部尚書。水災，免畿内、山東税糧。九月，鹵入遼東。銅平、鎮筸諸苗復叛。柳州賊韋金田等平。舉報成典朝天宮。

冬十月，山東巡按御史張鐸進火器可及七百步者。決重囚五十人，張延齡、吴守中與焉。十一月，嚴殺降之禁。十二月，總督曾銑上修牆、復河套二策，下部議。承天盜刼皇莊子粒糧，巡按御史侯度死杖下。

嘉靖二十六年丁未春正月，羣臣望朝奉天門。山西巡按御史楊守謙，奏設營田於偏頭等處，上可之。賑延綏。賜徽王厚爝道號真人金印。定將領生南方者不得推用西北，著爲令。二月，改刑部尚書聞淵於吏部。選宮女三百人。西鹵欵塞求市，不許。三月，殿試，親策，有曰：「孔孟以來千百年之間，道歸臣下，乃盡出宋儒一時之論，朕所深疑也。」

夏四月，總督翁萬達請移山西兵防邊，山西巡按孫繼辰不可，械繼辰獄死。致仕尚書羅欽順卒，贈太子太保，謚文莊。選庶吉士，上親命題，文曰「原心」，詩曰「善爲寶」。詔以後凡考選毋狥。五月，總督曾銑逐套鹵捷，鹵遠遁，陞賞有差。六月，銑論甘肅總兵仇鸞，巡撫楊博沮撓，鸞、博坐奪俸。建謝典於昊錫仙宮。

秋七月，給事中查秉彝言七事，一、事權不一；二、用法太苛；三、稽查煩稷；四、罰贖違例；五、征收無藝；六、徭役不均；七、供給過奢。可行。再請獎勞撫安侯成岳等，以無例，不許。改南贛巡撫都御史朱紈於浙江，兼福建海道，治倭。建大慶典大高玄殿，停封止刑二十三日，禁屠九日，度天下道士二萬四千餘人。八月，萬壽節，百官望賀萬壽承天門。加授陶仲文特進光禄大夫、柱國，兼大學士俸，廕一子敏尚寶司丞。以推補訴訕，吏部尚書文淵罰俸，文選郎中舜臣獄訊贖職，其吏部侍郎許成名、崔桐，少詹事王用賓、黄佐，皆勒致仕。兩京兵部尚書陳經、朝訓，俱被劾致仕。户部尚書王杲坐莞庫員外余善繼納兩淮運金色濫，並逮訊。解金大使係兩淮副使張禄，請托關節，如太常少卿嚴世蕃等，皆有狀，給事中厲汝進、查秉彝請窮治之。上庇大學士嵩，曰：「汝進等胡不先之，而爲杲解嘲也。」執杖之，降邊方雜職。汝進卒削籍，杲與巡倉御史艾朴邊戍，禄等爲民，杲竟死於獄。閏九月，以湖廣苗亂累年，逮貴州巡撫都御史王學益養寇，獄訊。免山東、湖廣、江西税糧。陞儲秀户部尚書，督西苑農。雲南巡撫應大猷有舉無劾，勒閒住。屠僑爲左都御史。副使聶豹被追劾，逮訊。

冬十月，勅甘肅巡按御史兼理學政。治遼東殺貢彝啓釁總兵張鳳，革爵，餘斬謫有差。十一月，宫中火，夜出楊爵等於獄。爵錮七年矣，數日卒。佛郎機掠漳州。皇后方氏崩。上念后促救功，謚曰孝烈。總督銑主復河套，上營陣八圖，劾仇鸞貪虐，逮繫。十二月，安南都統莫福海死，子宏瀷立，國中亂。海寇犯甯、台。送交趾上官孫陳璜於順天府學。

嘉靖二十七年戊申春正月，兵部條復河套議，大學士言贊之，嚴旨再議。大學士嵩探上隱，密言不可，因論言曲同誤國。上令言引罪，坐强君，削餘官，以尚書致仕；總督銑逮問，科道官以不言，悉廷杖罰俸。出兵部尚書王以旂代銑。鹵入遼西大掠。賑鞏昌、漢中飢。或言鹵俺答渡河合套，謀寇延甯，上真以銑啓

釁。仇鸞獄中上書誣銑初匿敗不聞，尅軍錢鉅萬，夜令子淳走大學士言婦翁蘇綱所，表裏作奸。遂逮言，并捕按淳、綱。法官以銑罪無例，勉比銑失陷城池律。上以擬非正例，改擬結交近侍官員律斬，巡撫而下坐銑降黜者數十人。遊擊李珍以銑所拔，論死，極拷，必不以贓累銑子淳。二月，建春祈大齋顯陵宫三日夜。六科給事中合劾銑，逢嵩，以劾遲，降爲首高譽級二，外任。張治爲禮部尚書。三月，以苗寇未平，降湖巡撫都御史姜儀爲參議。斬總督都御史曾銑於西市，妻子流三千里。銑死，家無餘財，天下寃之。釋仇鸞獄。建祈歲典大高玄殿，命百官青布衣辦事。

夏四月，夏言逮至，上書自訟，下鎮撫拷訊。刑部尚書喻茂堅等以議貴議能請坐奪俸，不許，亦竟坐交通銑論死。妻蘇氏請以身代，上曰：「妻亦流人，安得代。」妻子流二千里。五月，葬孝烈皇后，名永陵。六月，追賜前大學士楊一清謚文襄，贈太保。以張岳總督，討貴州廣西叛苗。日本入貢，定三十人入京。周府鎮國中尉勒熨潛入京，疏上厭棄萬幾，齋醮興作，數年以來委任匪人，賄賂公行，刑罰倒置，當以秦皇、漢武、宋徽爲戒。上大怒，免爲庶人，發高牆。禮部請立皇后，上諭考傳位太子儀注，禮部疏諫，報允，并寢立后之命。擊敗海寇於福甯州。

秋七月，太清閣成。鄭王厚烷疏請帝修德講學，并進居敬、窮理、克己、存誠四箴，及《演連珠》十首，以簡理怠政、飾非惡、諫神仙土木爲規。帝手批其疏曰：「勒熨細物，無聊子耳。爾今時之西仙也，亦效之乎？請欲爲爲之。」卒廢爲庶人，發高牆。報西苑嘉穀雙穗七十五本，以後歲如之。賀縣賊平，陞敘兩廣總督張岳、總兵陳圭以下有差。八月，以萬壽節，加仲文支伯爵俸。時祭告齋醮無虚日。總兵周尚文戰鹵彌陀山，勝之。鹵犯山西，却去。九月，報鹵且犯宣府，上曰：「朕當叩道祈天以已之。」令鄉官不得論本處有司。巡視都御史朱紈破海賊於溫州。

冬十月，殺大學士夏言於西市。言與嵩同鄉相軋，及復相，位嵩上，陰唧之。上故無意殺言，嵩構飛語，又以災異，密疏引漢誅翟方故事，上遂爲所用。許河南、山東入銀補官。賜逵王憲㸅道號真人。鹵深入宣府大掠，總兵趙卿而下論罪有差。河南祀世死事指揮馬義及其子都督僉事俊、孫都督僉事振。十一月，方鋭爲僉都御史總河。十二月，閒住應天府丞朱隆禧進方書，陞太常寺卿，尋致仕。鹵大掠遼陽。

嘉靖二十八年己酉春正月，鹵掠永昌、鎮羌等處，總兵王繼祖三却之。二月，京師地震，上曰：「豈民間有潛懿未揚者乎？博採以聞。」召南吏部尚書張治爲禮部文淵閣大學士，祭酒李本爲少詹事兼學士，辦閣事。指揮江瀚、董陽戰鹵滴水崖，敗没。鹵犯永甯，總兵周尚文赴宣府，敗鹵曹家莊。宣府總兵趙國忠分擊，鹵遁。鹵箭書求貢。山西營田大穫，通行各邊。三月，録西鎮戰功，陞蔭閣臣及總督翁萬達、總兵周尚文而下。皇太子行冠禮，薨，謚莊敬。

夏四月，巡視朱紈俘海寇九十六人，斬之。巡按御史陳九德劾其擅殺，罷紈職。套鹵復犯鎮羌等處，擊敗之。五月，翁萬達回兵部管事。太保左都督周尚文卒，給事中沈束請賜褒卹，上以尚文疏辭怨望，杖束，錮獄。陞郭宗皋總宣大、遼陽。

秋八月，徙肅州屬彝於境外，建墩給種釁，凡七百餘帳。敗鹵甯夏。鹵掠大同。九月，寇榆林，却之。復寇萬全，總督宗皐力戰，退去。三衛導鹵寇遼東，殺守備張景福。以水災，免嘉、湖二府秋糧，加賑。改夏邦謨吏部尚書。

冬十月，以内苑瑞麥百六十本，免刑囚。總督三省張岳討銅仁叛苗。十一月，治宣大失事罪。孝烈皇后祔太廟。初，巡撫河南胡纘宗以事按武陽知縣王聯，罷之，尋聯以殺人罪坐絞。聯子朝策於長至日，僞朝衣隨班，奏纘宗以私入人罪，述其迎駕詩「穆王八駿飛空電，湘竹英皇淚不磨」之句，以爲詛咒，逮訊。刑部尚書劉訒、都御史屠僑、大理寺卿沈良材曰：「此頌也。」相嵩語上：「淚不磨，何邪？」纘宗廷杖，與訒俱削籍，僑、良材奪俸。以嵩平反公忠，兼支學士俸。久之，仍坐聯殺人罪，其子朝策以假官上書，斬。

嘉靖二十九年庚戌春正月，大學士嵩不忘原都給事中降典史厲汝進，計典削籍。二月，定逃户坐役銀額。三月，貴州叛苗龍許保破印江、石阡等城。墾甘肅荒田萬頃。

夏四月，黄河決入淮河，逼泗州。擬封方士陶仲文恭誠伯，復辭，許之。仲文常力贊平獄。五月，以沈希儀爲總兵，鎮貴州。時西海彝窺甘、凉，套鹵伺延、固，俺答踞威甯海子。朵顔三衛以巡按王汝孝撲殺其索賞彝目，積恨，引鹵犯廣甯、遼陽。六月，鹵犯大同，總兵張達、副總兵林椿，力戰死之，予贈蔭。逮總督侍郎郭宗皐、巡撫都御史陳耀，杖戍邊，耀死杖下。閏六月，復仇鸞太子太保，鎮大同。以旱災，免税十之三。兩畿、山西等處。施藥朝天等三宫。促徵内用香於廣東，凡六品。十四萬觔有奇。

秋七月，兩廣總兵平江伯陳圭、提督侍郎歐陽必進平瓊州叛黎，敘功陞蔭。

釋銅仁失事參將石邦憲，往石阡立功贖罪。虜俺答、脱脱、辛愛等，自威甯合套虜十餘萬，駐古城川，各邊戒嚴。治福建擅殺滿剌加賈番罪，指揮僉事盧鏜、副使何喬論死，革職都御史朱紈自殺。復征山海關税。以旱災免税。西安等八府。八月，虜大入，駐金字河，犯宣府西河，不得入，引而東，駐大興州。萬壽節，加嚴嵩上柱國。嵩以上字非人臣所宜居，辭，許之。陞其子世蕃太常卿。命總兵鸞兼將各路客兵，壁居庸。虜循潮河川南下，攻古北口，潰牆入，突通州。召鸞及諸兵勤王。以定西侯蔣傅、左侍郎王邦瑞、總督都御史王儀守通州，宥獄中邊將戴倫、歐陽安從戎自贖。保定巡撫楊守謙及聽調總兵朱楫援兵皆至。虜營白河東，去京師益近，鸞夾河而屯。上告虜警於太廟。吏部尚書夏邦謨等請上視朝；都給事中秉壺等請駕還大内，以安中外心。兵部尚書丁汝夔受計於大學士嵩，虜飽自颺，止諸師勿戰。壬午，虜竟薄都，大掠。擄内厩監增等八人，見俺酋下跪。酋坐氈帷，令上番書求貢，其書稱臣而嫚。上令羣臣會議，莫敢發。簡討毛紀曰：「始許之，出然後拒之。」司業趙貞吉曰：「否！即許之便，許之何異城下盟，請急出沈束於獄，録周尚文之功，得捐金募首功，首百金，虜首盡致戲下。」時錦衣衛經歷沈鍊亦從臾貞吉言。上壯貞吉，即令兼御史，受萬金出軍，拜仇鸞平虜大將軍，陞守謙兵部左侍郎，提督團營副之。僉都御史商大節領所募伎勇異等，別爲一軍，咸背城。時諸援七部合五萬人。京兵見敵，泣不前，而勤王兵皆輕騎，不賫糧糗。帝命犒牛酒，諸費户部無經，以文移往復三日，人但得數餅，釜甑無所籍，士饑疲。鸞軍獨飽，亦徒游移張聲勢。虜大焚西北隅，火燭西内。上泣，以將帥不力，文臣制之，故虜得至此，促戰。守謙等以尚書汝夔未檄爲解。上怒曰：「獨不畏縣官乎？」通政使樊深請得詰將軍鸞勿養寇，黜爲民。甲申，虜飽退，趨白羊口，至清口迤北，分掠天壽山，阻總兵趙國忠，不得出。另一軍綴仇鸞，敗之，而忽從古北口舊路出，宣大邀斬數十人。時鸞所部大同軍，故椎髻肆掠，自詭曰遼東軍。尚書汝夔畏之，曰勿捕大同軍。大同軍益驕不戰。上恨汝夔切，與總督守謙並付西市。薊州巡撫王汝孝、總兵羅希韓並謫戍。杖貞吉，黜爲典史。革十二營西官廳，復永樂三營舊制，以仇鸞爲提督，加鸞太保。奪情翁萬達爲兵部尚書，起故翰林趙時春爲編修，改申燧巡視京營主事。九月，賑被虜地方。昇按察使劉璽、副使聶豹皆僉都御史，璽撫宣府，豹撫順天。都御史商大節募民兵，經略京師内外，選大同餘丁教習各軍武藝。傜賊殺陽朔知縣張士毅，捕斬之。虜入甯夏大掠。

冬十月，以仇鸞請，各邊兵班操京師。刑部郎中徐學詩劾大學士嵩父子奸擅，且曰：「如科道王燁、陳塏、謝瑜、童漢臣，今安在哉？」上曰：「徐學詩乃報私忿。」下鎮撫司拷訊之。諭嵩曰：「聞虜歸多毒瘡死者，殺人盈萬，天怒之矣，其議所以擣虜穴者。」巡視申燧論鸞驕恣，下詔外調之，革巡視。十一月，廣開事例，募富民出粟助邊。十二月，俺答復寇宣府求貢，不許。以大將軍鸞言，罷薊鎮總兵李鳴鳳、大同總兵徐珏，以其所私成勳、徐仁代，旨從内下。兵部尚書王邦瑞言非鸞轄，鸞擅。不聽。

嘉靖三十年辛亥春正月，大練民兵。經歷沈鍊直糾大學士嵩奸貪者十，杖繫，編隆慶縣爲民。兵部議頒軍築邊牆，仇鸞爲班軍請免，上許之。二月，禮部疏請建儲，不允。尚書邦瑞陳安攘大計，以虚文革職，官帶辦事，尋放爲民。尚書萬達自陳，黜爲民。三月，陞李默吏部尚書。作玄府鎮虜法壇，以厭虜。虜獻我叛人錦賓，請開馬市，咸甯侯鸞、兵部尚書趙錦力主之，請大同、宣府、延綏、甯夏四鎮歲兩市，侍郎史道典市。兵部員外楊繼盛疏諫，上以相嵩議，坐撓邊，逮繼盛杖，謫狄道典史。總督湖廣川貴都御史張岳，大破貴州亂苗。殘苗復入思州府，執知府李允簡，尋縱還。

夏四月，賑畿南旱災。許四調邊兵及京營皆隸鸞，副都御史商大節請分屬，以便責守，防鸞專，坐失事軍機論斬。雲南叛首那鑑，誘殺左布政使徐樾。五月，停浙江諸處加派。六月，虜犯左衛。帝以撤玄府鎮虜壇，故虜徒動，益務醮急。貴州苗賊龍許保伏誅。王府進銀助邊。

秋七月，收所在勇敢自備甲馬剿虜者。虜受鸞賄，執叛人蕭芹以獻，詔加鸞太子太保，廕一子錦衣。史道陞兵部尚書。芹伏誅。初，芹與喬源、丘富等，以白蓮教惑虜中，黨數百人，教虜火食屋居，芹實無能有無，而源、富等以虜心腹，虜弗遣。御史喻時言，開市以緩兵，宜不忘備。虜果以羸馬索上值，不與輒譁。大同市則寇宣府，宣府市則寇大同，甚者朝市暮掠，并羸馬攫去。垣堡俱撤，無復藩籬。史道猶表虜，請以羊牛市，以巡撫許魯遺書力止得寢。虜蓋三寇大同，上乃絶之，召史道還，議戰守。時仇鸞備虜白羊口。九月，以災傷免糧。江西、湖廣等府。曲周縣賊流刼四省，山東賊流刼日照、邳州，平之。言官光裕愷等劾史道職市不稱，坐杖奪俸。

冬十月，吏部尚書李默以資遷布政使張杲，革職爲民。免糧。南京、遼東、山東。史道乞休，許之。改刑部尚書萬鏜於吏部。十一月，奉祧仁宗神主，升祔孝

烈皇后神主於太廟第九室。薊遼總督侍郎何棟獲叛人哈舟兒、陳通事之在三衛導鹵入寇者，伏誅。告靈壇郊廟，行獻俘禮，廕賚仇鸞、何棟及輔臣嵩等。十二月，陝西馬市成，總督王以旂等與陞賞。以秋無邊警，建總報大典大高玄殿。上曰：恭誠伯仲文以萬金百帛助軍，歲加禄米百石，子世恩陞太常寺少卿。

嘉靖三十一年壬子春正月，鹵俺答求市不得，屢敗邊兵，陷堡壁。朝議籍籍，追咎馬市。鸞慮譴，請發帑二十六萬出戰。上曰：「去歲費軍興數百萬，不一戰，即戰當何如，其第令戰。」鹵犯益數，上曰：「邊臣恃市，不備也，觀皇者重刑。」鸞内不自安，請逐鹵。上曰：「鹵少入耳，毋煩卿。」二月，賑宣、大二鎮飢。鹵入大同，殺指揮僉事王恭，大掠懷仁縣。賜恭贈廕。仇鸞撤大邊、二邊墩軍，止守三邊。鹵使丫頭智求市，大同總督蘇祐執斬之，報功。以太上道誕，建醮永壽宫九日。三月，裕、景二王同日行冠禮。以徐階兼東閣大學士，仍禮部事。海寇犯瓊州，殺指揮數人。京營游擊時陳自言敗鹵大同西，上曰：勿待御史覆實，厚賞之。仇鸞援例請上五級功，兵部言鸞損折多，不中賞，上姑賚之。

夏四月，促仇鸞決戰。鹵辛愛犯遼東，指揮王同等、百户常禄等咸死之，贈廕有差。召鸞還。時罷市舶，海上倭僧王直負倭直，不得已，與亡命徐海、陳武等勾諸倭入寇，東據柘林，西極乍浦，海上烽火益警。

秋七月，改王忬巡視浙江兼福、興、泉、漳，便宜行。並設浙、直參將各一員，以俞大猷、湯克寬爲之。八月，鹵聚薊州近邊，仇鸞病，令諸將聞警即應，無待徵調。詔收仇鸞制勑將印，以蔣應奎代署京營。鸞恚死。大學士階因密疏鸞通鹵狀，上大驚，僇鸞屍，梟示九邊，籍其家，母妻及子皆斬。戰鹵大同，把總劉欽等死之。鹵遂分兵深入朔、應、馬邑等處。九月，及大同、懷仁二縣，分哨攻山西三關，不克，去。營景王府於德安府。河決徐州，塞運道五十里。戎政蔣應奎、通政唐國相各有子冒功爲給事中，被發，逮杖，黜爲民。悉停馬市，以聶豹理戎政。鹵寇甯夏、宣府。賑水災。鳳、淮、徐、揚及畿内、江西。

冬十月，南京試御史王宗茂極論相嵩奸貪大罪八，并及阿嵩選郎萬寀，黜爲東陽縣丞。尚書趙錦、光禄寺卿董茂中，坐附鸞，戍極邊。鹵寇遼東。十一月，總督張岳盡平湖、貴諸苗。復楊繼盛兵部員外郎，以三日遞遷。御史喻時抗論相嵩以隱忍鄙懦爲熟計，以依阿柔佞爲盡節，欺陛下，誤國是。不報。十二月，光禄寺少卿馬從謙言：提督光禄寺太監杜泰乾没内帑萬計。巡視官孫允中、狄斯彬亦言之。泰反誣謙誹謗，下鎮撫訊，誹謗無實。上怒，罰訊者俸，而坐從謙邊戍，巡視皆降邊方。泰以能發隱忠，免議。從謙竟死杖下。選民間女三百人入宫。鹵寇甯夏，大殺掠。

嘉靖三十二年癸丑春正月，賑徐、邳流民，濬河。都給事中楊思忠初議孝烈不當祔太廟，上啣之，至是摘其賀正表中「申錫玄禧」一語，曰是何文體，不臣，杖百，黜爲民。定二王出婚外邸禮無異。叛酋那鑑自殺，餘黨降，宥其子恕，立那從仁暫令其衆。兵部員外郎楊繼盛劾嵩誤國十大罪、五奸，逮訊。尚書何鰲受嵩囑，比詐傳親王令旨律絞。郎中史朝賓持不可，謫補外。以聶豹爲兵部尚書。二月，册錦衣副千户李銘女爲裕王妃。奉安宣聖先師於文華殿東室。總督三邊兵部尚書王以旂卒。以旂開誠布信，繕障堅，既卒，邊民號泣罷市，贈太保，謚襄敏。兩廣都御史歐陽必進，以繼盛疏連及，上書自理，下部覆。嵩子世蕃自爲覆草，授郎中周冕，冕即以世蕃草上，因劾世蕃。上曰冕急報復，亦杖黜爲民。嵩辭孫鵠恩職，許之。湯克寬破倭温州。鹵犯宣府，參將史録死之，予贈廕。三月，城京師外城。賑陝西、山東饑。巡按雲貴御史趙錦論劾嚴嵩，亦及其孫鵠，嵩歸第待罪。上立復鵠官，召入直，逮錦，杖，黜爲民。鹵入宣府，犯河曲，游擊孫邦、丁碧戰却之。移犯深井，延綏總兵郭都、劉梅死之，予贈廕。閏三月，海賊濱海數千里同時告急，破昌國衛。參將俞大猷以舟師搗之。復陷臨山衛。大道殿成，建景命告典。

夏四月，倭連陷浙内地州縣，徧騷鄉村。上海縣破，殺指揮武尚文、縣丞宋鰲等。五月，副總兵岳懋却鹵遼東。陞湯克寬海防副總兵。六月，調處州坑兵剿倭。

秋七月，太平同知陳璋統兵敗倭，斬千餘級，餘浮洋去。鹵大舉入渾源、廣昌等處，指揮袁鏳戰死紫荆關。復犯酈州，及插箭、浮圖等峪，遊擊陳鳳、朱玉擊退之。松陽知縣羅拱辰、六合知縣董邦政、蘇州同知任環，咸以禦倭功，陞僉事。柘城亂民師尚詔陷柘城、鹿邑等縣，移攻太康，掠宿州，官兵敗之於五河。八月，鹵分犯蔚州及代州、繁峙，益入宣府。肇慶府傜賊作亂。趙文華以嵩義子，爲通政使，吏部推巡撫鄖陽。給事中朱伯辰劾文華貪佞不堪，文華奏吏部尚書萬鏜與伯辰合搆，且訐萬鏜怨望，鏜致仕，伯辰爲民。復召李默爲吏部尚書。套鹵屠掠延慶諸州縣，移營中部，窺涇陽。會淫雨，北遁。山東盜李自名等剽漕艘。副使曹邦輔擊師尚詔，破之。九月，鹵自大同犯山西，都御史趙時春敗績，總兵李淶、參將馮恩、遊擊李桂皆死之，賜贈廕。蹂宣大二十餘日，總督蘇祐、尚書聶豹

捕斬二百餘級，陞廕有差，其縱賊殺戮之罪不問。謝玄祐。江西參議王喬齡奏述獻皇慈烏事，命付史館。獲賊首師尚詔於莘縣，誅之。追逮河南巡撫謝存儒，質養寇之罪。

冬十月，賑飢畿内諸府、宣府、遼東、山東、河南、浙江。被寇諸縣。湯克寬捷倭寶山，常熟知縣王鈇禦倭福山，勝之。計三中式武科者，許會試，著爲令。倭船失風漂興化者，殲之。十一月，湖廣龍潭土司作亂。命廣西實閒宅，靖江王府有罪者錮之。建景命圓慶典於仙宮九日。十二月，改刑部侍郎鄭曉於兵部，兼僉都御史，督漕。大學士嵩請立太子，上責之，嵩曰：「臣所言者禮也，非政也。」

嘉靖三十三年甲寅春正月，六科賀正，失尊萬壽字於上格，杖給事中張思靜等四十人。康妃杜氏薨，裕王母也，謚曰榮淑。賑饑。二月，許甯藩支屬得祭始封獻王。贈死事歸德檢校董倫及柘城衛舉人陳聞詩俱府同知。鹵犯大同，指揮僉事薛綦戰死，予贈廕。倭逼松江，殺縣丞劉東暘。械應天巡撫彭黯爲民。敗鹵甘肅。三月，勦倭普陀，敗績。坐户部郎中劉爾牧謗訕，杖爲民。山東賊李自名平。

夏四月，都城疫。倭陷嘉定，攻嘉興府，禦却之。都指揮周應禎、指揮李元律、千户薛綱、宋應瀾、百户趙軒戰歿。復陷崇明，知縣唐一岑死之，千户洪岱戰歿。試歲貢士，上親擢何炯爲第一。五月，鹵寇甯夏，參將王寶擊却之。兵部尚書張經總督南直、浙、福、山東、兩廣軍務，便宜治倭，兼議撫。六月，鹵入大同，總兵岳懋戰死；倭轉掠吴江，指揮僉事夏光死之，咸贈廕。械繫前總督蘇佑、巡撫侯鈛，黜爲民。鹵射書，乞市宣府，不許。賑大同饑及京城水災。漕運都御史鄭曉，請招浙、直、閩三省義勇，得斬倭級者，授官；有從賊者，許内欵自效。報可。

秋七月，廣東番賊糾倭入掠，擊敗之。俞大猷敗倭松江海口。西苑嘉穀三穗、四穗者甚多，獻郊廟。建啓祝醮於西苑。調狼兵禦倭。八月，俞大猷敗倭於吴淞所；指揮任錦敗倭於長礁；副使張景賢敗倭於海門；參將李逢時以山東兵敗倭於新涇。九月，鹵破平鹵衛，至朔州。延綏兵大破鹵。東西鹵合犯潮河川，總督楊博、總兵周益昌禦却之。陪醮駙馬都尉鄔景賢辭不能青詞，帝不悦。及清馥醮成分賞，謝曰：「他日當裹革沙場以報。」上益恨其不祥，黜爲民。

冬十月，坐禦倭失事，械應天巡撫屠大山，黜爲民，參將許國、副總兵解明道論斬。宣大總督許論擒妖賊吕鶴，受賞。海賊犯潮州，指揮黑孟陽引舟師殲之。都指揮劉恩却倭嘉、湖。十一月，坐疏字複，杖郎中聶靜爲民。十二月，放還山東民兵。龍潭叛苗平。文華殿辦事工部侍郎談相，故以善書得幸，假歸，病慢期，斬之。百户賴榮華禦倭，乘勝陷伏死。

嘉靖三十四年乙卯春正月，以水災，停内外營建，蠲蘇、松去年存留糧，解京者改折。倭攻德清，殺把總指揮梁鶚六人。二月，鹵分道寇宣府，參將趙傾葵、指揮諸文明等死之，贈廕。侍郎學士程文德坐撰玄忤旨，改南，疏謝，黜爲民。工部侍郎趙文華條備倭，其一祭告海神，即令文華往，兼察視海上軍情。勒兵部尚書聶豹閒住。三月，貴州總兵石邦憲破川貴叛苗，撫甯十八寨，陞賞有差。進王忬兵部左侍郎，總督薊、遼、山西。渾源盜郭尚儒平。倭陷崇德，至德清，殘甚，數百里無人烟。

夏四月，革侍衛官旗將軍二百餘人。倭犯淮、揚。御史胡宗憲請移檄日本國王，令生員蔣洲、陳可願往。田州土官婦瓦氏與東蘭等州狼兵，應調禦倭者五千餘人，敗績金山，復敗漕涇。宣府參將李光啓禦鹵清邊口，被執，不屈死之，時同死指揮、千户、百户黄添祥等八人，咸與贈廕。五月，游擊周藩追河川倭，戰死。新倭復大至，參將盧鏜、俞大猷等領永順、保定兵破倭王江涇，擒斬千八百九十有奇，餘溺死者稱是，江北倭平。察視侍郎文華劾禦倭總督張經、副總兵楊克寬玩寇，黜爲民。常熟知縣王鈇及鄉官參政錢泮追倭上滄港，敗死，贈廕。下户部訪取龍涎香，十年不得。六月，倭至會稽，殺鄉官御史錢鯨，俞大猷與參政任環、副使王從古，連破倭海浦、平望、馬蹟山、蔡涇等處。倭至江陰，知縣錢錞見殺，贈廕。逮浙直總督周珫、浙江巡撫李天寵於獄，以侍郎楊宜代珫，陞胡宗憲代天寵。山西礦賊宋愛等平。

秋七月，四川宜賓縣叛彝阿康等爲武生劉顯所擒，授顯官。逃倭六十餘人，自嚴、徽破南陵、蕪湖，縣丞陳一道死之；歷太平，犯南京，指揮朱襄戰死江甯；趨秣陵關，東入溧水。侍郎文華奏捷，告廟社。李天寵與張經、湯克寬皆論死。八月，大破倭於楊林，指揮張大綱戰滸墅，陣死。九月，總督王忬却鹵薊北。鹵大舉，分犯宣大、山西，參將丁碧戰死，總兵歐陽安擊走之。鹵入懷來，參將馬芳夜刼之，潰去。侍郎文華與巡撫胡宗憲擣陶宅倭，大敗，掩不言，反劾巡撫曹邦輔、僉事董邦政退避。巡按御史孔昭以實聞，言官並抗論文華欺誕負簡命，不問，邦政逮訊。河南流賊傅伯玉平。

冬十月，裕王第一子生，禮部請告郊廟，詔天下。上曰：「此太孫之禮也，今

第告玄極、奉先二殿而已。」以吏部侍郎閔如霖疏奏含誇，降三級。決原任兵部員外郎楊繼盛及總督張經、巡撫李天寵於西市，湯克寬戴罪贖。倭掠黄巖等處，守備劉隆、主簿畢清死之。鹵入遼東。十一月，送歸琉球就學生蔡朝用等五人。論東西諸鎮堵鹵功，告廟仕。修謝玄典。倭犯舟山，殺指揮閔溶；犯興化，殺指揮童乾震、千户戴洪等。閏十一月，以水災，免畿南税糧。十二月壬寅，山、陝、河南地震，壓死官吏軍民八十三萬有奇。南兵部尚書韓邦奇、光禄卿馬理、祭酒王維禎咸被害。科道官楊允繩、張巽言劾光禄寺丞胡膏侵牟。膏反誣允繩謗上玄修，論絞，並降巽言外任，而膏以贓露爲民。鹵犯神木，參將楊璘死之，賜贈廕。

嘉靖三十五年丙辰春正月，調河南兵禦倭。禦倭總督楊宜罷。察視侍郎趙文華遽稱倭平，還京。吏部尚書吕默頗以氣折文華，文華怒，遂引部試選人策題有「漢武征伐四彝，而海内虚耗」等語，誣默詛謗，並及應天巡撫曹邦輔失事。擬默子罵父律誣絞，咽金死，邦輔謫戍。以胡宗憲侍郎兼僉都御史，總督浙直治倭。三月，以吴鵬爲吏部尚書。倭入古田，指揮使劉玠、副千户王月死之。陞趙文華工部尚書。時嵩子世蕃專恣婪貪，而文華之出察視，公私匱極，刑賞倒置，天下切骨此三人。大學士李本爲嵩排異，列諸臣爲三等：吴鵬、趙文華、嚴世蕃、陸炳等二十八人爲上等，鄢茂卿、徐履祥七十人爲中等，楊行中等十五人爲下等。上如所擬，考察無異。

夏四月，倭破慈谿，殺鄉官副使王鎔、知府錢焕等。省察官杜槐及父文明，大勝倭，陳殁，贈廕。倭刧圖山，無爲州同知齊恩及其子尚文力戰死之。尋殺温州同知王釗，揚州同知朱袞。游擊宗禮三勝倭崇德，會橋陷，師潰，與鎮撫侯槐、何衛等皆戰死於皂林，贈廕。都御史阮鶚被困桐鄉。倭焚運船。五月，復遣尚書趙文華兼副都御史總督浙江軍務。降賊毛海峯助擊倭於漁山洋，倭聽撫。宗憲使人説降賊酋徐海，海與其黨陳東、麻葉貳，桐鄉圍解。六月，俞大猷追倭大海洋，大破之，復破之台州。鹵犯宣府，游擊張鋐戰死，賜贈廕。

秋七月，建延生典高玄殿五十日。徐海擒其黨陳東以獻。大破倭乍浦巢。八月，徽王載埨不法，追收故所錫敕印，廢發高牆，載埨自殺。方士陶仲文、顧可學言餌芝可壽命，分採諸山。宛平民誠獻芝五本，賜銀幣。時文華主勦力，胡宗憲遂集諸師進搗徐海於梁莊，大破之，海沉河死，而倭平，祭告郊社帝王神祇。詔開諸礦，云：帝錫嘉寶，不宜壅閼於無用之地。九月，鹵入遼東，指揮劉洪臣、千百户黄相、管振等死之。

冬十月，御醫進玄岳仙芝，賜綵幣。鹵十萬牧大同邊，參將孫朝、張環等擊却之。十一月，總兵殷尚質、游擊嚴懋官等，戰鹵廣甯塞，力屈死，賜贈廕。都督僉事袁正刧鹵環慶。建景圓一陽二典於萬法殿十四日。兩廣督撫談愷等討平峒賊陳以明，論功有差。總兵歐陽安却鹵青城。十二月，山東賊楊思仁平。俞大猷大破舟山殘倭。

嘉靖三十六年丁巳春正月，鹵入大同，掠諸堡。二月，都督陸炳劾太監李彬，論斬。火星逆行，禳洪應雷殿。三月，鹵入延綏、永平，大同總兵陳鳳、蔣承助戰死，殺指揮楊汲、守備唐天禄等，咸賜贈廕。廣東大破峒賊馮天恩等。河南巡按御史昭進五色芝二十八本。

夏四月，降薊遼總督王忬官，詰責之。丙申，奉天殿災，華蓋、謹身二殿，文、武二樓，奉天、左順、右順、午四門，一時燬，火兩日始熄。下罪己詔，醮乾清宫高玄大典。倭復至，登陸金沙，犯揚州、高郵、如皋、泗州，入寶應、天長、盱眙、清河、安樂等縣，焚刧而去。量釋高牆庶人。六月，參將劉顯敗倭安東，倭開洋去。鹵入宣府及義州，參將祈勉、指揮姚良臣等戰死。停陝西採礦。

秋七月，福建、廣東始進龍涎香。詔順天、廣東買採真珠各四十萬顆。上已稍聞工部尚書趙文華視師江南狀，至是，責建朝天門急，文華稱疾，罪之，尋奪爲民，戍其子錦衣千户懌恩。以給事中謝江等不參舉，皆杖黜爲民。九月，鹵入雁門塞，圍大同右衛。詔殺原任錦衣衛經歷沈鍊於宣府市。上下文華諸不法狀，示嵩曰：「勿以弟子爲意。」嵩佯驚惶恐懼，得免。禮部類奏名山所獲芝，凡一千本有奇，詔再採。

冬十月，工部郎中戴愬、襄陽知府李一經、儀真知縣師儒冬，以遲誤大工，黜爲民。十一月，通倭王直至自倭，總制宗憲誘擒之。直走金嵩父子，以歸欵例，希授指揮使。三法司執不從，梟示直，戍其黨葉宗滿、王汝賢等。其餘部復據舟山，沮岑港自固。賑山東災傷。鹵數萬入大同，殘七十餘堡。革總兵龔業職，巡撫朱笈降俸三級。鹵酋辛愛有彝婦桃松寨，私通其部目，懼來降。辛愛縱兵，請以叛人趙全、丘富易婦。詔執與之，竟不歸全、富，而圍右衛如故。十二月，言官論胡宗憲軍興濫費，不問。嘉、湖妖賊馬祖師誘衆肆掠，兵備道劉燾討平之，祖師遁。免糧。浙東、遼東。平遥縣賊首田武就擒。廣東扶黎、葵梅諸山峒賊馮天恩、李汝瑞等平。

嘉靖三十七年戊午春正月，光禄寺火，下大官署正炤等於獄，黜爲民。倭犯潮州。鄠縣散官王金聚芝爲山以獻，凡百八十餘種，有徑尺八寸者，賚金幣。二月，懸大工開納例，錦衣衛匠餘岳輪金二千三百，擬指揮僉事子孫襲。言官力諫，改千户。三月，右衛圍益急，發帑濟之。給事中吴時來劾嵩黨總督楊順、巡按御史路楷受紿開釁右衛，順坐死，楷戍，本兵許論黜爲民。逮福建提督阮鶚於獄。鶚初督學浙江，請納難民百萬主勦，忤嵩父子。世蕃嗾言官論劾，上頗原之，免歸田。陞鄭曉刑部尚書。賑遼東饑。虜寇永甯，薊鎮、宣府相繼告急，備京師。刑科給事中吴時來、刑部主事張翀、董傳策交章論劾大學士嵩納賄誤國，逮時來等訊主使，百掠不承，具擬辟，鄭曉不可，發戍煙瘴。

夏四月，倭大至，犯温、台沿海、閩界，破福清。舉人陳見率家丁禦倭，與訓導鄔忠賢被執，罵賊死。右衛困甚，大學士嵩意且棄之，不欲顯言。上令侍郎閔煦兼右僉都御史督救之。宗憲得白鹿於舟山以獻，告廟，賜金幣。裕王妃李氏薨，不稱薨，曰如壽定王繼妃吴氏喪。總督江東尚書楊博、總兵張承勳等大集主客兵，奪右衛圍，虜拔帳北去，論功。倭犯惠安，知縣林咸嚴堵，倭退，逐之，死於鴨山。五月，倭掠南安，出海口，參將尹鳳等擊敗之。六月，倭分犯興、泉、漳諸府，入福清、南安，掠樂清、永嘉諸縣，指揮劉茂、朱廷綸、千户周賓、李爵、劉源死之。鄉官僉事王德赴以義兵，亦死。與台州府知事武暐咸賜贈廕。

秋七月，刑部減順戍，楷降邊方，加論級亦戍。於是朝野大譁嵩父子。閏七月，汝王祐橰薨，無子，國除。虜犯遼東、宣府，入甘州。八月，兵科鄭茂等合上邊務八事，有云所失亡千萬，而所得百十便爲功，甚至虜退取有殘殍以爲首功，且有曠莽崖谷之中，誘人而撲之者，不可不察。

冬十月，虜犯遼陽，總兵楊照敗之，斬首八百級，并馳擊西虜，走之。復犯薊州，總兵馬芳拒却之。禮部類進芝一千八百六十有四。職方郎中唐順之往浙直視師。十一月，陝西番彝犯莊浪，百户常棟等戰死。江北、湖廣水災，蠲税有差。總兵俞大猷擊倭沈家門，倭遁閩、廣。

嘉靖三十八年己未春正月，倭千人突犯饒平、海豐，破黄岡，流刼海陽、潮陽、惠來及詔安、漳浦。贈死事醫生王沛爲太僕丞，予廕。以大學士嵩年八十，許乘肩輿，支伯爵俸。三月，虜酋把都兒等忽數萬進逼三屯，掠遷安、薊州屯，五日乃去。遵化民張應相等七人戰死，贈官。逮繫總兵歐陽安等九人，論死。以倭逸閩界，逮俞大猷獄訊。倭還犯崇明。巡撫都御史王忬坐禦虜失策，論死。

夏四月，倭掠揚州、海門等處。裕王長子翊鈜薨，進封爲世子，祭葬如世子禮。倭趨通州，指揮張穀死。圍福州，參將黎鵬舉死之。副使劉景韶擊白浦倭，追捷潘家莊及新州印莊。巡撫都御史李遂大破倭於廟灣，環困之，倭盡解去。五月，倭犯甯、紹、温、台，解福圍，刼同安。福建山賊乘倭起，各爲亂。永定知縣許文猷、汀州道判郭子進勦平之。六月，以陶仲文八十，存問，加官其子五品服俸。

秋七月，總督宣大兵部尚書楊博還京。鄭曉曰：「博在部，則九邊安。」副總兵劉顯盡殲江北倭，驍將丘陞逐北，戰死。八月，濟遼東災荒。九月，虜入宣府，游擊董國忠等戰死。

冬十月，虜入遼東，游擊董晃戰死。十一月，建一陽斂天寶典大高玄殿。前大學士翟鑾卒。

嘉靖三十九年庚辰春正月，虜入宣府，總兵馬芳拒却之。二月，原任中允郭顯顔疏請立儲，中有「建帝」二字，坐妖言惑衆，命即原籍棄市，傳首天下。倭寇永甯，脅指揮王國瑞、鍾塤降之。又破甯德，殺參將王夢祺、知縣李聖卿。是時興、泉、漳城外皆賊藪，貧民無賴，竄倭以活，責餉索贖，民無甯息。諸將冒功飾敗，而巡撫劉燾實欺尤甚，言官連章論劾，以通賄嚴氏，但得外調。三月，左副都御史鄢茂卿請理各處鹽法。大同總兵劉漢襲虜於灰河，多斬馘，奪峯駝一百七十餘隻。虜移帳走犯遼東，陷中前所，參將佟登等禦却之。國子祭酒沈坤家居負氣，南御史劉潤奏坤暴横狀，逮繫，竟死獄。求五色盈尺芝於天下。進胡宗憲兵部尚書，撫鎮而下咸伏謁，受節制。

夏四月，南京軍亂，殺總督侍郎王懋官。官常曰：「此四十八衛卒，不敵二十七倭，烏用是？」過裁抑之，而比歲大祲，譁餉，直操，即爲亂。兵部侍郎李遂擒首惡周山等二十五人，戮其三，餘邊戍之。御史耿定向劾吏部尚書吴鵬，鵬，嚴黨也。虜掠廣甯，套虜寇甯夏。五月，盜入博羅，殺知縣舒顒。六月，起前兵部尚書王邦瑞於戎政。建天寶大典大高玄殿。

秋七月，總兵劉漢破虜於豐州。初，叛人丘富、趙全、李自馨等於大同右衛邊外築城堡，搆宫室甚麗，號其地曰阪升，教虜制勾杆入寇。漢奉巡撫馳擊阪升，斬首八十三級，擄七十六人，焚其居。游擊胡鎮却虜把都兒於河坊口。八月，胡宗憲獻芝五、白龜二，告廟謝玄。已而白龜亡，上曰：「天降靈物，朕固疑其不耐塵處。」御史鄭存仁逢嵩，指劾尚書鄭曉，曉疏辯。上曰：「曉每事偏執無

上。」褫其職。福建叛兵攻破泰甯，遁去。九月，鄖陽都御史谷嶠以陞任迂道，杖爲民。鹵由大同掠朔州，入五臺、㟫縣，遁去。

冬十月，諭内閣：景王之國。時景王母妃在上左右，頗窺伺。得諭，臣民踴躍。趙王厚煜無故自經薨，王妃以彰德知府傅汝礪、通判田時雨初與諸宗有隙，遂誣搆之，汝礪謫戍，時雨械斬河南市。東川營長阿堂與霑益土官九鼎相攻殺，巡撫都御史游居敬調兵勦之，坐擅謫戍邊。十一月，總督許論進所藏紫清仙人白玉蟾真蹟一卷，上褒納之。都御史王忬、給事楊允繩決西市。倭陷永春，流刧各縣。督漕都御史章焕赴任遲，坐戍。十二月，執三衛導鹵酋果力箇，伏誅。賑京師饑。陶仲文卒。仲文以庫大使師事邵元節得幸，加贈特進光禄大夫，予謚文惠，葬以伯禮。陸炳卒，追贈忠誠伯，予謚廕。福建叛卒及倭破大城所。鹵犯海、蓋、熊岳等堡，指揮李元勳死之，贈祠廕。倭陷潮州。

嘉靖四十年辛酉春正月，鹵大寇五花營，守備王世臣、千户李虎等戰冰橋，敗死。二月，欽天監官奏日食，微雲護之，等不食，上悦。禮部尚書吳山救護如常禮，責科臣不糾，論罰俸，遂行謝典於大光明殿。賑濟南、河間。南贛賊馮天祥等平。景王之國，免面辭。分遣御史王大任、姜儆出訪仙跡及符篆秘方。三月，廣東潮、惠賊起。南贛新撫叛民葉槐復亂，圍安遠縣。岑岡舊賊李文彪圍龍南縣。吏部尚書吳鵬致仕，改左都御史歐陽必進於吏部。

夏四月，原任工部尚書劉麟卒。麟直節著聞，恂恂長者，自守介然，家居，足不城市。大風雨，黄土晝晦，命百官修省。賑山西饑。遣使六人分建萬壽醮於各山，亦醮承天。旌死事長安長官田蓄及其子田耕。鹵入延綏，殺繕卒三千人。五月，以旱霾，令大小九卿自陳。叛彝阿堂爲部下所殺，擒其子阿哲。閏五月，大學士嵩妻歐陽氏卒，破例予恤。子世蕃無意歸制，嵩請以孫鵠護喪歸，許之。陞喻時副都御史，督漕。六月，陝西地大震，壓死軍民無算，賑之。都御史楊選總薊遼，條邊務。

秋七月己丑朔，日食一分五秒，免救護。閩、廣流賊突掠江西萬、太等處，副使汪一中等戰死，贈廕。賊火玉山，攻永豐，破之。八月，南御史林潤劾鹽法都御史鄢茂卿贓濫五罪，不問。九月，廣東賊張璉襲破南靖，陷福建崇安，犯浙江龍泉。鹵十萬騎犯居庸岔道口，故總兵姜應熊被創，參將胡鎮力戰護歸。鹵遁。固原、甯夏地震傷人，賑之。卹江南水災。

冬十月，初令南畿人不得典南試。閩、廣流賊自邵武轉掠鉛山、貴溪等處。參將戚繼光破山坊巢，賊奔建甯，還陷宜春，爲南贛兵所敗，始遁。倭破甯德，參將王夢祺、知縣李堯卿死之。故南京兵部尚書湛若水孫壽魯爲乞追贈，上曰：「若水僞學，不許。」御史林潤條宗禄宜圖永遠之計。淮王獻白雁二，告廟。革黄花鎮守備太監，永不補。十一月，尚書必進坐擅改玄撰文，勒致仕，以郭朴代之。袁煒以户部尚書兼武英殿大學士。鹵進逼固原，循下馬關而西，數日遁。上所居萬壽宫災，嵩請徙南城，南城者，英皇所御也，上不懌，乃移玉熙宫，更徙玄都殿。十二月，鹵犯遼東，指揮楊世武死之。死事副使汪一中妻程氏，不食殉一中，贈淑人，祠祀。

嘉靖四十一年壬戌春正月，或言叛人丘富死，謝玄頒賞。二月，罷親耕親蠶禮，禮部勿復奏請。倭寇永甯衛。三月，貴州總兵石邦憲大破土官韓甸，平之。萬壽宫成。

夏四月，上御新宫，仍名萬壽。鄂縣獻靈芝、五色龜，告廟。白兔再生子，稱賀。五月，福建兵擊賊張璉、蕭雪峯等，破斬之。上歸感玄恩，醮謝，論功有差。時有貸金司禮監黄錦營庶吉士者，錦密以聞，上遂罷庶吉士選。延綏卒鼓譟，尋潰。遼東屬彝叛，副總兵黑春擊敗之，尋戰死，予贈廕。御史鄒應龍疏劾大學士嵩及子世蕃。嵩致仕，逮世蕃拷訊，陞應龍通政司右參議。續論世蕃子鵠、鴻及其黨中書舍人羅龍文，與世蕃咸發戍。上特宥鴻爲民。嵩雖去，上忽忽不樂也，曰：「朕遂傳位裕王，退老西内乎？」大學士徐階諫，上曰：「則必仰奉上命同輔君闡玄修仙則可，有再言嵩者，併鄒應龍斬之矣。」於是莫敢言帝玄事及嵩罪。收方士藍道行，下獄論死。六月，督鹽都御史鄢懋卿，嗾御史袁煒劾淳安縣知縣海瑞，慈谿知縣霍與瑕，瑞調減，與瑕落職，(有)〔宥〕懋卿爲工部右侍郎。御史鄭洛劾懋卿及大理寺萬宷、太常卿萬雲龍，不報。以徐階言，罷聖節玄撰。上曰：「凡月之丁卯前四日，後五日，止不急，不告封，臨時下諭者不在限。」以龍涎香鍛於火，命有司急購之。

秋七月，命禮部春秋大享俱復舊制。參將戚繼光等破倭於甯德之横嶼，又追倭興化，破之。八月，户部尚書高耀上龍涎香少許，本宿漏，託購得以獻。上大悦，加耀太子少保，倍其值。九月，三殿成，改奉天殿爲皇極殿，門曰皇極門；華蓋殿爲中極，謹身殿爲建極，樓閣及諸門皆更名，詔天下，告廟。論殿工恩，尚書雷禮、王杲，太監黄錦陞廕有差。罷嚴嵩黨侍郎劉伯躍、何遷，南祭酒王材，南通政胡汝霖、南光禄少卿白啓常，前都御史張雨，副使袁應樞、諭德唐汝楫。改

張永明左都御史。方士熊顯進法書，留覽。

冬十月，福建新倭至，突犯福清、福甯、政和等處。虜入遼東大掠，犯山西。廣賊林朝曦就擒。十一月，龍山賊蘇阿普伏誅。録採木諸臣功。裕王第二子翊鎗薨，追封藍田王。總督胡宗憲被劾，逮繫，上獨原之，予閒住。虜犯甯夏，副總兵王勳戰死。延綏總兵趙岢等分擊，斬虜三百餘級。倭陷興化府，同知奚世亮死之。時都督劉顯按兵三十里，不進，發五卒賫文詣府，約刻日合禦。倭得五卒，僞爲顯文更約，城參政翁時器、參將畢昭誤信之。至期，賊貌劉兵入，不知也，猝露刃，時器等縋城遁。倭焚掠三閲月，乃去。顯乘亂擄逃難婦女。有閒住參政王鳳靈繼妻年少，竟爲顯所得。詔與世亮贈廕。十二月，虜入遼東大掠。

嘉靖四十二年癸亥春正月，倭犯潮、惠二府。御史凌儒請舉用故修撰羅洪先，上以爲賣直，黜爲民。虜掠隆慶、永甯等處，故大同總兵爲事官劉漢戰却之。二月，户部用太倉白金二萬七千餘兩，購真珠八萬一千八百顆、寶石三色五千塊以進。上以未有貓睛、祖母緑，命再購。復購緑撒孛泥石、紅剌石、比阿徙石、金剛鑽、冰藍石、昔英等石。副總兵楊照擊虜清河，走之。未幾，復犯長安堡，發伏，多所斬獲。興化倭結巢崎頭城，都指揮歐陽深與普江生員薛天申死之，予贈廕。倭陷平海、寧德，趨羅源、連江，命總督張臬擊之。總兵劉顯戴罪自贖。三月，改嚴訥吏部尚書。

夏四月，嚴嵩歸至南昌，延道士田玉等爲上醮鐵樹宫，以聞。玉隨以所藏召鶴符驗諸書附奏，嵩、玉皆賞賚有差。上諭内閣階等曰：「緒生四瑞，語爾知焉。」緒，指龜也。階率羣臣賀，謝玄告廟。雲南進寶石三百六十兩有差。賑金、復、海、蓋四衛饑。總兵劉顯、俞大猷合擊倭於遮浪，殲之。把總許朝光斬平海倭四十有九，倭盡焚其舟，還屯平海。副總兵戚繼光與夾攻，大破之，爲閩中戰功第一。英德峒賊卓文昌等伏誅。五月，三衛彝酋通罕者，虜辛愛之義妻父也，副總兵胡鎮執通罕，以求前囊殺我諜卒罪人。通罕子遂以罪人至，請易其父。總督楊選計以牽制辛愛，留通罕，令與其諸子更迭質，毋寇邊。給事中陳瓚請録用在告諸臣，杖爲民。程鄉賊温鎰、梁道輝等平。六月，户部進貓睛、祖母緑共四百五十塊，計直白金四萬七千八百餘兩。浙江再破倭於石坪等處。

秋七月，西苑龜生五卵，告廟受賀。敍平海功，譚綸、戚繼光、劉顯、俞大猷陞賞有差。雲南進青、黄、紅寶石六千七百六十九塊。八月癸亥，裕王第三子生，名翊鈞，是爲神宗皇帝。遼東總兵楊照出塞掩虜，中矢卒。副將線補衮力戰，斬虜首二百餘級，還照屍。照智勇廉潔，在鎮，虜不敢犯，涅「盡忠報國」四字於背，追附古人。賜照贈廕。以訪求玄秘，加御史王大任、姜儆俸一級。九月，刑部員外郎邵畯與道士裴中珮夜飲，上猝召中佩咒，去應遲，逮杖，畯致仕。嵩奏乞放歸子世蕃、孫鵠，不許。賑徐州水災。

冬十月，寵遣番僧封諸藏，著爲令。三衛彝以通罕怨，益導虜，虜自牆子嶺潰邊入，連陷密雲、三河、順義諸縣。以宣大總督江東統諸師堵之。諸將被圍，總兵孫臏、游擊趙溱戰歿，總兵胡鎮潰圍免。虜大掠灤東，總兵姜應龍、郭琥邀破之。逮總兵楊選而下獄繫。甲戌，火星逆行，醮謝。虜屯平谷，掠通州。上自宫中望見火光，戒九門。時分守外城大臣劾本兵楊博救不至，夜呼崇文門甚急。刑部侍郎孫植知兵，恐臨事本兵摇，必誤事，姑云救至以緩劾。援兵馬芳、姜應熊繼至。十一月，虜遁，諸將以精兵望虜塵尾之。告虜退於郊廟神祇。給事中丘㮾等條邊事，詰不早，杖爲民，餘降邊方。楊選坐通罕導虜，棄市，梟示之，流其妻子。都御史徐神、指揮楊瀛論死，長繫之；游擊嚴瞻、參將胡燦皆謫戍。十二月，馳諭屬彝頒賞。諭吏部尚書嚴訥，慎選本兵戎政。詔自今月二十四日至來正二十日，首欽大壇報繼重新甲臘，以承眷祐，其止封諸雜項毋擾云。新甲者，以明年爲甲子也。

嘉靖四十三年甲子春正月，上議賞邊。大學士階曰：「賞非例不勸，不若足其餉，而留以待有功。」帝是之。選宫女三百人。却虜薊東，虜轉攻山西，不克，遁。以尚書嚴訥言，倣國初雜流超擢，以見不次。碣石衛經歷郭文通以吏員出身，擢同知。二月，雲南進寶石七百六十餘兩。命再採青、紅三寸許，黄寸許，及紫英石以獻。賑被虜順天、三河等處。總兵戚繼光悉平閩餘倭。閏二月，廢伊王典楧爲庶人，國除。汀、漳盗與建城盗合，漳平知縣魏文瑞死之，賜贈廕。三月，破倭潮州。甲子，黄霾，雨土，命修省。贈死事福建武生薛天申爲指揮僉事。沈束妻張氏疏請代束繫，不許。大購龍涎香。香出蘇門答剌國之龍涎嶼南巫裏洋。羣龍交戲，遺涎焉，黑白殊，白者採在山，黑者在水。有三品，曰泛水，曰滲沙，曰魚食。泛水爲上。

夏四月，降士酋楊珂。五月，廣東進珠，上小之。乙卯，報桃實夜連降于御幄，白兔及壽鹿生子，謝玄告廟。連敗倭浙、直沿邊。虜犯鎮武營，游擊楊維藩陷。六月，叛人陳朝用伏誅。

秋七月，雲南復進寶石。以諭德張居正充裕王講官。是歲，天下臣民進諸

秘仙桃、瑞芝及爲上建醮祝釐者不勝數，皆優賚。追恤死倭省察孫鏜及巡簡黄尚正等。程鄉盜藍松山平。八月，致仕贊善羅洪先卒。九月，賑淮安饑。鹵犯山西，游擊梁平、守備祈謀等戰死。

冬十月，採訪諸祕御史姜儆、王大任還京。大任得方士王金等，儆得符録諸人，並陞侍讀學士，給第。雲南叛酋王行道伏誅。十一月，嚴世蕃、羅龍文棄戍歸，大治私第，南御史林潤以聞，逮治之。復論劾鄢懋卿，削籍。十二月，上責户部尚書所進金不純，尚書高燿懼，進豆色金千兩自贖，乃解。古田僮賊韋銀豹等流刧廣西藩庫，殺參政黎民表。守備賀鐸、指揮蔡允元擊賊南詔，見執，罵賊死，賜贈廕。

嘉靖四十四年乙丑春正月，賑畿内饑。上不豫，授法士秩。二月，上疾有瘳，加御太醫院使偉爲右通政。景王載圳薨，無嗣，國除。破鹵甯夏。火災，供用庫内監暨盛妄報焚香十八萬餘觔，坐斬。捷鹵延綏，斬首一百三十餘級。三月，大學士袁煒病歸，道卒。嚴嵩削籍，籍其家，子世蕃坐交通倭鹵謀叛律，斬西市。鹵犯遼東，參將線補衮禦却之，逐北，與游擊楊維藩皆戰死，賜贈卹。

夏四月，超擢同知王化等爲副使等官。四川討龍川叛酋薛兆乾，擒之。宫怪，有黑氛木棉見披攔藻井上，上惡之，欲内禪，不果。吏、禮二部尚書嚴訥、李春芳俱武英殿大學士，起尚書郭朴於吏部，許工部尚書徐杲子文燦世襲錦衣僉事。詔安盜首吴平流刧兩廣、福建。雲南叛彝阿萬、李向陽等平。總兵劉承業敗鹵肅州。總兵郭成屢敗倭通州，戚繼光敗倭福甯。詔川、貴、湖、廣合討羅山寨賊黄中。五月，版升叛人李自馨請降。妖人胡大順，陶仲文徒也，間進黑鉛丹，託箕言吕祖示，并上《萬壽全書》一帙。上曰：「此云箕書，扶箕者何在？」大順遂以爲有旨，遽謁上。大學士階諫，上悟，收順黨藍田玉及導入太監趙楹，咸論死。六月，芝産皇考原廟，作玉芝宫。以高拱爲禮部尚書。鹵入宣府，移犯大同，入延綏，掠皇甫川。

秋七月，河決沛，淤運道百餘里，濬之。八月，廣東山賊卓文勝流破城邑，僉事趙穩等擊擒之。賊吴平入南澳，把總朱璣等被殺。鹵首黄台吉犯宣府，被創去。上諭禮部曰：「頃者朕御褥，見案上苦水藥丸一，天賜也。」舉諸謝典，大臣爲上香使。九月，鹵犯延綏，參將魯總、指揮權世爵等戰死。劉顯被劾留用。言官舜岳等劾户部尚書高燿，上以疏中有「不聞求賢，急於寶貨」等語，謂訕上，令燿視事如故。以巡撫劉畿言，寢浙江市舶之議。文選郎中陸光祖執法不狥，陞太常少卿，閒住。

冬十月，貴州叛賊阿和等伏誅。逮胡宗憲，革其子錦衣千户松奇職。先是，宗憲被劾，託羅龍文傳嚴世蕃爲内援，且自擬旨，未達，而世蕃敗。御史汪汝正籍龍文家，得其書以聞。宗憲疏辯不白，仰藥死，上頗憐之。十一月，大學士嚴訥乞養歸。御史張櫝乞録用前奏發嚴氏諸臣吴時來、董傳策、張翀、王宗茂等，上大怒，逮治之。十二月壬申，火星逆行，下詔修省，勑御史黴貪吏，以爲御史最否。權奉睿宗獻皇帝、慈孝獻皇后神主於玉芝宫。

嘉靖四十五年丙寅春正月，大定縣妖賊蔡伯貫陷合州等縣，討平之。二月，户部主事海瑞極諫時政，論絞。初上得瑞諫，怒，抵之地，繼引觀之，爲太息者再四。至是，上疾煩懣，諭徐階曰：「瑞言是也。朕欲別建一宫於南京，當無瑞訕。」階曲爲瑞解之。捕瑞鎮撫司，擬子罵父律絞，上竟留中。下詔規畫承天寶殿，一視京師，費且萬萬計，緹騎貂璫稽探者相屬於道，莫敢疏止。湖廣巡按御史陳省但極言楚中水災，民困流離萬狀，上心動，曰：「一切且停，速量修隆慶、祾恩二殿。」然意不忘承天也，必一幸。徐階力諫曰：「六飛遠狩，根本空虚，惟陛下深思。」上勉罷。户部進黄、白玉五百餘斤，命採大小珠一號至十二號者。四川山寇黄巾平。三月，鹵突犯宣府、龍門等處，總兵馬芳追勝之。廣東山賊李亞元肆掠城邑，總兵俞大猷搗其巢，平之。户部進珠，命按號再採。開化賊流刧日熾，以都御史劉畿總督浙直、江西軍務，討之。吏、禮二部尚書郭朴、高拱兼大學士，入閣辦事。

夏四月，參將湯克寬等破吴平。鹵寇遼東西興、西平二堡，守備苟麟等死之。召南兵部尚書胡松於吏部。鹵寇遼東，殺一把總。時錦衣官較行占籍行户者，大興知縣金世儒等以詔書召之承役，爲左都督朱希孝所訐，御史顔鯨直之，坐降調。五月，黑氣擾西内，上心疑之，諭内臣慎火。周府貧宗朝堉以父勤慰坐削，無力請封，或教之上書禁錮，反得衣食，果送高牆。守備郎得功捷鹵河東。六月，湯克寬等破海寇林道乾等。

秋七月，購西域賈胡玉補六璽。正德中毀其五，求美玉徑尺者補之。必得白漿、水碧二色以進。鹵深入延綏大掠，捷聞。始通天津海運，轉餉永平。八月，鹵寇延安諸縣。九月，古田傜賊韋銀豹降。禁戒壇僧尼設法。

冬十月，侍郎鄢懋卿坐嚴黨，寄頓侵匿，按問，并前大理卿萬寀、副使袁應樞

謫戍。以湯克寬爲廣東總兵官。鹵入固原，總兵郭江、千總李大本死之，賜贈廕。復入偏頭關，殺守備一人。雲南土舍鳳繼祖叛，攻新城，執殺僉事張澤，尋討平之。賑淮、徐饑。户部司務何以尚請宥海瑞，杖百，禁錮。御史王時舉論劾刑部尚書黄光昇，擬失律，戍口外。出沈束於獄，爲民。改楊博吏部尚書。上不豫，免兩淮鹽稅四十萬，皆係鄢懋卿溢額。閏十月，礦賊平。御□□□□典，黜爲民。鹵入延綏大掠，亦犯大同，參將崔世榮與戰，死之。十一月，大學士拱與階相失，給事中胡應壽爲階同鄉，遂劾拱改顯陵明樓碑如廟號。尚書鄭曉再閒住。十二月，上疾甚，還大内，崩。上餌丹藥，其品詭秘不可辨，性極燥熱，遂不可解。遺詔有云：「過求長生，奸人狂惑，以致禱祀日舉，土木歲興，郊廟不親，朝講久失。」因及「建言得罪諸臣存者召用，歿者卹録。方士人等，輕重典刑」。大學士徐階等啓裕王入主喪。壬子，裕王即皇帝位，詔明年爲隆慶元年。釋户部主事海瑞於獄。

張璁部

綜述

《明史》卷一九六《張璁傳》 張璁,字秉用,永嘉人。舉於鄉,七試不第。將謁選,御史蕭鳴鳳善星術,語之曰:「從此三載成進士,又三載當驟貴。」璁乃歸。正德十六年登第,年四十七矣。

世宗初踐阼,議追崇所生父興獻王。廷臣持之,議三上三却。璁時在部觀政,以是年七月朔上疏曰:「孝子之至,莫大乎尊親。尊親之至,莫大乎以天下養。陛下嗣登大寶,即議追尊聖考以正其號,奉迎聖母以致其養,誠大孝也。廷議執漢定陶、宋濮王故事,謂爲人後者爲之子,不得顧私親。夫天下豈有無父母之國哉?《記》曰:『禮非天降,非地出,人情而已。』漢哀帝、宋英宗固定陶、濮王子,然成帝、仁宗皆預立爲嗣,養之宮中,其爲人後之義甚明。故師丹、司馬光之論行於彼一時則可。今武宗無嗣,大臣遵祖訓,以陛下倫序當立而迎立之。遺詔直曰『興獻王長子』,未嘗著爲人後之義。則陛下之興,實所以承祖宗之統,與預立爲嗣養之宮中者較然不同。議者謂孝廟德澤在人,不可無後。假令聖考尚存,嗣位今日,恐弟亦無後兄之義。且迎養聖母,以母之親也。稱皇叔母,則當以君臣禮見,恐子無臣母之義。《禮》『長子不得爲人後』,聖考止生陛下一人,利天下而爲人後,恐子無自絶其父母之義。故在陛下謂入繼祖後,而得不廢其尊親則可,謂爲人後以自絶其親則不可。夫統與嗣不同,非必父死子立也。漢文承惠帝後,則以弟繼;宣帝承昭帝後,則以兄孫繼。若必奪此父子之親,建彼父子之號,然後謂之繼統,則古有稱高伯祖、皇伯考者,皆不得謂之統乎?臣竊謂今日之禮,宜別立聖考廟於京師,使得隆尊親之孝,且使母以子貴,尊與父同,則聖考不失其爲父,聖母不失其爲母矣。」

帝方扼廷議,得璁疏大喜,曰:「此論出,吾父子獲全矣。」亟下廷臣議。廷臣大怪駭,交起擊之,禮官毛澄等執如初。會獻王妃至通州,聞尊稱禮未定,止不肯入。帝聞而泣,欲避位歸藩。璁乃著《大禮或問》上之,帝於是連駁禮官疏。

廷臣不得已,合議尊孝宗曰皇考,興獻王曰「本生父興獻帝」,璁亦除南京刑部主事以去,追崇議且寢。

至嘉靖三年正月,帝得桂萼疏心動,復下廷議。汪俊代毛澄爲禮部,執如澄。璁乃復上疏曰:「陛下遵兄終弟及之訓,倫序當立。禮官不思陛下實入繼大統之君,而强比與爲人後之例,絶獻帝天性之恩,蔑武宗相傳之統,致陛下父子、伯姪、兄弟名實俱紊。寧負天子,不敢忤權臣,此何心也?伏睹聖諭云:『興獻王獨生朕一人,既不得承緒,又不得徽稱,罔極之恩,何由得報?』執政窺測上心,有見於推尊之重,故今日争一帝字,明日争一皇字,而陛下之心,亦日以不帝不皇爲歉。既而加稱爲帝,謂陛下心既慰矣,故留一皇字以覬陛下將來未盡之心,遂敢稱孝宗爲皇考,稱興獻帝爲本生父。父子之名既更,推崇之義安在?乃遽詔告天下,乘陛下不覺,陷以不孝。《禮》曰:『君子不奪人之親,亦不可奪親也。』陛下尊爲萬乘,父子之親,人可得而奪之,又可容人之奪之乎?故今日之禮不在皇與不皇,惟在考與不考。若徒争一皇字,則執政必姑以是塞今日之議,陛下亦姑以是滿今日之心,臣恐天下知禮者,必將非笑無已也。」與桂萼第二疏同上。帝益大喜,立召兩人赴京。命未達,兩人及黄宗明、黄綰復合疏力争。

及獻帝改稱本生皇考,閣臣以尊稱既定,請停召命,帝不得已從之。二人已在道,復馳疏曰:「禮官懼臣等面質,故先爲此術,求遂其私。若不亟去本生之稱,天下後世終以陛下爲孝宗之子,墮禮官欺蔽中矣。」帝益心動,趣召二人。五月抵都,復條上七事。衆洶洶,欲撲殺之。萼懼,不敢出。璁閲數日始朝。給事御史張翀、鄭本公等連章力攻,帝益不悦,特授二人翰林學士。二人力辭,且請面折廷臣之非。給事御史李學曾、吉棠等言:「璁、萼曲學阿世,聖世所必誅。以傳奉爲學士,累聖德不少。」御史段續、陳相又特疏論,並及席書。帝責學曾等對狀,下續、相詔獄。刑部尚書趙鑑亦請置璁、萼於理,語人曰:「得俞旨,便捶殺之。」帝責以朋奸,亦令對狀。璁、萼乃復列欺罔十三事,力折廷臣。及廷臣伏闕哭争,盡繫詔獄予杖。死杖下者十餘人,貶竄相繼,由是璁等勢大張。其年九月卒用其議定尊稱。帝益眷倚璁、萼,璁、萼益恃寵讐廷臣,舉朝士大夫咸切齒此數人矣。

四年冬,《大禮集議》成,進詹事兼翰林學士。後議世廟神道、廟樂、武舞及太后謁廟,帝率倚璁言而決。璁緣飾經文,委曲當帝意,帝益器之。

璁急圖柄用,爲大學士費宏所抑,遂與萼連章攻宏。帝亦知其情,留宏不即

放。五年七月，璁以省墓請。既辭朝，帝復用爲兵部右侍郎，兼官如故。給事中杜桐、楊言、趙廷瑞交章力詆，并劾吏部尚書廖紀引用邪人。帝怒，切責之。兩京給事御史解一貫、張録、方紀達、戴繼先等復交章論不已，皆不聽。尋進璁左侍郎，復與萼攻費宏。明年二月興王邦奇獄，搆陷楊廷和等，宏及石珤同日罷。

吏部郎中彭澤以浮躁被斥，璁言：「昔議禮時，澤勸臣進《大禮或問》，致招衆忌。今諸臣去之，將以次去臣等。」澤乃得留。居三日，復言：「臣與舉朝抗四五年，舉朝攻臣至百十疏。今修《大禮全書》，元惡寒心，羣奸側目。故要略方進，讒謗繁興。使《全書》告成，將誣陷益甚。」因引疾求退以要帝，帝優詔慰留。吏部闕尚書，推前尚書喬宇、楊旦；禮部尚書亦缺，推侍郎劉龍、温仁和。仁和以俸深爭。璁言宇、旦乃楊廷和黨，而仁和亦不宜自薦。帝命大臣休致者，非奉詔不得推舉，宇等遂廢。

璁積怒廷臣，日謀報復。會山西巡按馬録治反賊李福達獄，詞連武定侯郭勛，法司讞如録擬。璁讒於帝，謂廷臣以議禮故陷勛。帝果疑諸臣朋比，乃命璁署都察院，桂萼署刑部，方獻夫署大理，覆讞，盡反其獄，傾諸異己者。大臣顔頤壽、聶賢以下咸被搒掠，録等坐罪遠竄。帝益以爲能，奬勞之便殿，賚二品服，三代封誥。京察及言官互糾，已黜御史十三人，璁掌憲，復請考察，斥十二人。又奏行憲綱七條，鉗束巡按御史。其年冬，遂拜禮部尚書兼文淵閣大學士入參機務，去釋褐六年耳。

楊一清爲首輔，翟鑾亦在閣，帝待之不如璁。嘗諭璁：「朕有密諭毋泄，朕與卿帖悉親書。」璁因引仁宗賜楊士奇等銀章事，帝賜璁二章，文曰「忠良貞一」，曰「繩愆弼違」，因并及一清等。

璁初拜學士，諸翰林恥之，不與並列，璁深恨。及侍讀汪佃講《洪範》不稱旨，帝令補外。璁乃請自講讀以下量才外補，改官及罷黜者二十二人，諸庶吉士皆除部屬及知縣，由是翰苑爲空。七年正月，帝視朝，見璁，萼班兵部尚書李承勛下，意嗛之。一清因請加散官，乃手敕加二人太子太保。璁辭以未建青宫，官不當設，乃更加少保兼太子太保。《明倫大典》成，復進少傅兼太子太傅、吏部尚書、謹身殿大學士。

一清再相，頗由璁、萼力，傾心下二人。而璁終以壓於一清，不獲盡如意，遂相齟齬。指揮聶能遷劾璁，璁欲置之死。一清擬旨稍輕，璁益恨，斥一清爲奸人鄙夫。一清再疏引退，且刺璁隱情。帝手敕慰留，因極言璁自伐其能，恃寵不讓，良可歎息。璁見帝忽暴其短，頗愧沮。八年秋，給事中孫應奎劾一清、萼并及璁，其同官王準復劾璁私參將陳璠，宜斥。璁乞休者再，詞多陰詆一清，帝乃褒諭璁。而給事中陸粲復劾其擅作威福，報復恩怨。帝大感悟，立罷璁。頃之，其黨霍韜力攻一清，微爲璁白。璁行抵天津，帝命行人齎手敕召還。一清遂罷去，璁爲首輔。

帝自排廷議定「大禮」，遂以製作禮樂自任。而夏言始用事，乃議皇后親蠶，議勾龍、棄配社稷，議分祭天地，議罷太宗配祀，議朝日、夕月别建東、西二郊，議祀高禖，議文廟設主更從祀諸儒，議祧德祖正太祖南向，議祈穀，議大禘，議帝社帝稷，奏必下璁議。顧帝取獨斷，璁言亦不盡入。其諫罷太宗配天，三四往復，卒弗能止也。

十年二月，璁以名嫌御諱請更。乃賜名孚敬，字茂恭，御書四大字賜焉。

夏言恃帝眷，數以事訐孚敬。孚敬銜之，未有以發，納彭澤言搆陷行人司正薛侃，因侃以害言。廷鞫事露，旨斥其忮罔。御史譚纘、端廷赦、唐愈賢交章劾之。帝諭法司令致仕，孚敬乃大慚去。未幾，遣行人齎敕召之。明年三月還朝，言已擢禮部尚書，益用事。李時、翟鑾在閣，方獻夫繼入，孚敬亦不能專恣如曩時矣。

八月，彗星見東井，帝心疑大臣擅政，孚敬因求罷。都給事中魏良弼詆孚敬奸，孚敬言：「良弼以濫舉京營官奪俸，由臣擬旨，挾私報復。」給事中秦鰲劾孚敬强辨飾奸，言官論列輒文致其罪，擬旨不密，引以自歸，明示中外，若天子權在其掌握。帝是鰲言，令孚敬自陳狀，許之致仕。李時請給廩隸、敕書，不許。再請，乃得馳傳歸。十二年正月，帝復思之，遣鴻臚齎敕召。四月還朝。六月，彗星復見畢昴間，乞避位，不許。明年進少師兼太子太師、華蓋殿大學士。

初，潞州陳卿亂，孚敬主用兵，賊竟滅。大同再亂，亦主用兵，薦劉源清爲總督，師久無功。其後亂定，代王請大臣安輯。夏言遂力詆用兵之謬，請如王言，語多侵孚敬。孚敬怒，持王疏不行。帝諭令與言交好，而遣黄綰之大同，相機行事。孚敬以議不用，稱疾乞休，疏三上。已而子死，請益力。帝報曰：「卿無疾，疑朕耳。」孚敬復上奏，不引咎，且歷詆同議禮之萼、獻夫、韜、綰等。帝詰責之，乃復起視事。帝於文華殿後建九五齋、恭默室爲齋居所，命輔臣賦詩。孚敬及時各爲四首以上。已，數召見便殿，從容議政。十四年春得疾，帝遣中官賜尊牢，而與時言，頗及其執拗，且不惜人才以叢怨狀。又遣中官賜藥餌，手敕言：

「古有剪鬚療大臣疾者，朕今以己所服者賜卿。」孚敬幸得温諭，遂屢疏乞骸骨。命行人御醫護歸，有司給廪隸如制。明年五月，帝復遣錦衣官齎手敕視疾，趣其還。行至金華，疾大作，乃歸。十八年二月卒。帝在承天，聞之傷悼不已。

孚敬剛明果敢，不避嫌怨。既遇主，亦時進讜言。帝欲坐張延齡反，族其家。孚敬諍曰：「延齡，守財虜耳，何能反。」數詰問，對如初。及秋盡當論，孚敬上疏謂：「昭聖皇太后春秋高，卒聞延齡死，萬一不食，有他故，何以慰敬皇帝在天之靈。」帝恚，責孚敬：「自古强臣令主非一，若今愛死囚令主矣。當悔不從廷和事敬皇帝耶？」帝故爲重語愒止孚敬，而孚敬意不已。以故終昭聖皇太后世，延齡得長繫。他若清勛戚莊田，罷天下鎮守内臣，先後殆盡，皆其力也。持身特廉，痛惡贓吏，一時苞苴路絶。而性狠愎，報復相尋，不獲善類。欲力破人臣私黨，而已先爲黨魁。「大禮」大獄，叢訴没世。顧帝始終眷禮，廷臣卒莫與二，嘗稱少師羅山而不名。其卒也，禮官請謚。帝取危身奉上之義，特謚文忠，贈太師。

王世貞《嘉靖以來内閣首輔傳》卷二 張孚敬者，初名璁，字秉用，浙之永嘉人。父昇，凡三娶而生孚敬。孚敬生負異質，動止不凡。及長，貌秀偉，美鬚髯，有大人度。踰冠，舉鄉試。明年不第。孚敬産不能中人而恢廓從性，動止若大豪。築羅山書院於姚溪，聚徒衆其中，與講治經術，旁析時務。孚敬於書鮮所不窺，而尤精於五禮。七試春官而七不利，將爲吏部選人，御史蕭鳴鳳善日者言，得孚敬干支而異之，曰：「毋爲選人也。」屈指曰：「從此而三載當成進士，成進士即與人主若，一身傾動海内，於世無比。」孚敬乃强歸。及其成進士則年已四十七矣。

世宗自興來即帝位，而議追尊其父興獻王與母蔣妃。時少師楊廷和居首揆，要禮臣議。以上入繼武宗，武宗於上兄也，不當後，即後孝宗而稱皇考，孝宗之后皇太后張曰皇母，武宗曰皇兄，而稱興獻王曰皇叔父，興獻王王妃蔣曰皇叔母興國太妃，而别封益王之次子崇仁王爲興王，以承獻王祀，頗引漢、唐事爲據。上意不懌，孚敬乃奮上疏言：「上既以興世子入繼武宗皇帝統，非繼孝宗嗣也。今以後武宗則弟，以後孝宗則自有子，奈何舍獻王弗考而考孝宗，使獻王有子而無子，上有父而無父哉？」上心是之而不能決，姑報聞。於是連駁禮官疏，乃合議。議尊孝宗曰皇考，興王曰本生父獻皇帝。時孚敬已去爲南京刑部主事，復上疏争之曰：「是二本也。孝宗法得稱皇伯考，不得稱考。獻帝得稱考，不得稱本生。」因上所草《大禮或問》。自孚敬之疏上，舉朝揶揄之，無有與還往者。乃上則益心動，而士大夫如南京兵部侍郎席書、吏部員外郎方獻夫、兵部主事霍韜、給事中熊浹、都督府經歷黄綰輩亦稍稍爲議及，疏如孚敬指矣。久之尚未決，刑部主事桂萼時方自邑令轉刑部主事，復具疏力伸其説，因悉録孚敬前後疏上之。朝奏而夕報可，且召孚敬、萼二臣入廷辨，道拜翰林院學士。部院大臣、給事御史俱言其不可用，不聽。翰林自學士以下羞與孚敬等爲僚，俱乞骸，亦不聽。孚敬、萼復上書論尊皇考聖母諸禮，悉從之。明年，進廟街議，俱擢詹事府詹事，兼學士。

桂萼，字子實，鉛山人也。前孚敬登第者十歲，三調邑令，頗潔廉卹民，而好剛使氣，與上官忤，被笞汙白簡者再三而得解。萼素非與孚敬善，既言禮合而同貴幸，乃相暱，屢上疏攻首輔費宏而推楊一清，一清亦虚懷待之。明年，孚敬乞歸省墓。且陛辭矣，上忽使中使止之，遷兵部右侍郎，轉左侍郎。時費宏欲有所屬於尚書李鉞，鉞弗能應而病甚，乞歸。孚敬即上疏言宏刦制，鉞不得行志，邑邑且死。而萼所以醜詆宏尤不可聞。宏既去，萼遷爲禮部右侍郎，尋與孚敬俱兼學士。禮、兵二部侍郎之得兼學士，自孚敬、萼始也。獻王既以稱皇帝，復稱皇考，而諛者遂欲宗之列祀太廟。孚敬、萼與禮部尚書席書力争之而止。

時故有妖人李福達者，正德間亡命遊江南。而至是，侯郭勛所善客曰張寅，自云家山西，善丹竈之術，且能使鬼，與其子皆以輸粟得指揮使及省曹掾。還山西而遇其鄉人薛良，曰：「此故李福達也。」首之。御史馬録所獄具而侯勛爲之居間。録併劾勛，勛奏辨，上疑之，下法司重讞。如録擬，上益疑其與録比而傾侯勛。屬孚敬署都察院，時桂萼已爲吏部左侍郎，俾署刑部，而少詹事方獻夫署大理寺，悉逮法司尚書顔頤壽、左都御史聶賢、大理寺卿湯沐等，廷鞫之，盡反其獄，坐録等，皆永戍，而頤壽等皆罷職有差，而張寅之爲福達與否，竟莫能明也。皆召對内殿，賜璽書獎諭，予二品服、金花帶。而以獄事出孚敬手，益愛重之。且念御史縱，非璁莫能制。旬日間，進孚敬爲禮部尚書、文淵閣大學士，俾仍掌都察院；而萼爲禮部尚書，獻夫亦代萼爲吏部左侍郎。尋賜孚敬、萼銀記各二，孚敬曰「忠良貞一」、「繩愆糾繆」，萼曰「忠誠静慎」、「繩愆糾違」。

孚敬念以書生片言當主意，非久取相位，思有所稱塞，大要以破人臣之私交而離其黨，一意奉公守法，不復卹譏怨。其馭御史一以威，時時有所糾按，然亦不至毛鷙，而性特廉介。萼外示緩而中實險急，嘗以考察請令給事御史相論糾，

上從之，以是益失中外心。時首輔一清議散館欲留陸粲等數人爲翰林，而上難之。孚敬密疏言：「此曹子皆費宏所植私士，而一清成之。勿留便。」上於是出粲爲給事中，三四人得御史，餘皆用故資選補。皆恨孚敬切骨矣。明年，孚敬與萼加太子太保，孚敬獨辭以上未有太子，官不當虛設，遂改授少保。上享太廟回，孚敬候道左，上奇其貌而目屬之，賦詩以賜曰：「予喜荷天眷，賚賢作邦珍。」賜玉帶、蟒衣。上既以追崇獻皇帝后得愉志，欲録以成書，而孚敬爲總裁，萼等副焉。既成，進之，名曰「明倫大典」。孚敬進少傅，加太子太傅、吏部尚書、謹身殿大學士；萼已爲吏部尚書，加少保、太子太傅；方獻夫亦加太子太保；霍韜進禮部尚書，獨固辭不就；而熊浹、黄綰以下皆驟貴矣。孚敬乃下詔罪狀抗議者，楊廷和諸大臣皆削奪官職有差。

桂萼之爲吏部，尤私其所厚善而修睚眦怨，其故咨萼者，都御史則逐之，知府則孽而成，獨以名薦魏校爲國子祭酒，屬使代疏，草其條對及經學時政，往往精深當上意。孚敬間者覺不如，知而意恨之。而校與新建伯王守仁争名不相下，萼爲之構守仁，奪世封，而校入侍經筵，忤旨，改補太常，萼亦不能救也。當孚敬之入内閣，上愈傾向之，所密問還往，月以十數。間稱字及號而不名。楊一清雖居首揆，以老成爲上所禮重，然信之不能如孚敬深，而桂萼自吏部入居孚敬下，孚敬氣益發舒，下視六卿莫敢與抗。乃至輕一清，亦不復修後進禮。萼有所建白，往往爲孚敬所抑屈。孚敬亦以氣凌之，用是懼恨孚敬。而一清亦自與萼隙，三人鼎而相詆諆，上聞亦厭之。而孚敬復上疏謂：「三楊以後奸人鄙夫佔據内閣，貪汙無耻，習以爲常。復以閒廢有年，陰求起用，去而復來，略不懲悔前軌；來而復去，尤且陰爲後圖。其人日輕，其勢日重。且不知何緣止推首者一人，餘皆唯唯。小有異同，旋加擠斥。乞聖明嚴諭，毋得懷奸設險，詭隨便己意。」蓋指一清也。於是一清奏辨，謂「孚敬惡聶能遷之攻之，欲臣擬重處，而臣不敢聽，以是恨」。且旁及孚敬他語，乞骸骨，上兩爲温旨以解之，而于一清尤厚。

前是陸粲爲給事中，有所建白，一清輒擊節稱歎，謂「而家敬輿不過」。粲内感一清國士知。而禮部侍郎徐縉次當柄用，素事一清，而爲粲座主，時時以上意語粲，謂且厭張、桂。而武定侯郭勛帥營務，時中貴人張永久廢，一清以其知兵要，孚敬共薦之，與侯勛同爲帥，遂訐發勛貪汙跡。俄而永暴卒，中外頗疑中勛毒，言路遂擊勛。勛故以大獄事獨感孚敬而嚴事之，于萼不爾。萼亦數密攻勛，且謂孚敬實庇之。至是上下給事御史，擊勛章于一清，言「孚敬私勛，必曲救，勿聽也」。一清泄之縉，縉以語粲。而是時桂萼尤爲公論所不齒，會給事孫應奎疏論一清雖練事而尚通，多私故舊，此可與諮謀，難獨任也。孚敬雖博學而性偏，傷于自恃，猶飭厲功名，當抑其過而任之。桂萼則梟鴆之資，桀驁之性，作威福，援黨與，政以賄成，事多沮撓，使天下之人敢怒而不敢言，不可留也。上頗是之。于是一清辭疏，上優詔勉慰，而至孚敬、萼疏，各有策勵語。一清乃復上章辭，謂：「今之持論者多尚紛更，臣獨勸以安静；多尚刻削，臣獨矯以寬平；欲變法，臣謂只宜守法；欲生事，臣謂不如省事。用人則謂才難當惜，斷獄則謂罪疑惟輕。以故齟齬參差，願賜骸骨，避賢者路。」蓋指孚敬、萼，冀以動摇也。而給事中粲果有疏論孚敬、萼罔上行私，專權納賄，擅作威福，廣報恩讐，因指摘其罪狀，而謂：「孚敬雖狼戾自用，執拗多私，其術猶疎，爲害猶淺。桂萼外若寬迂，中實深刻，忮忍之毒發于心，如蝮蛇猛獸，犯者必死。」上乃責孚敬、萼負君忘義，令孚敬以原職回家創悔，資後用；萼革保傅大學士銜，以尚書致仕。仍許孚敬馳驛，而罪陸粲以不蚤聞，奏逮下緹騎獄，杖謫荒裔。居二日而榜示朝堂，明孚敬、萼功罪，且戒中外毋得更加齮齕。

孚敬既陛辭而上密諭一清，謂：「孚敬可還之閣否？」一清言：「上欲還孚敬故當，第涣汗大號甫揚庭而遽改之，非所以取信天下，少遲孚敬至家而後召，可也。」上乃止。于是詹事霍韜上疏，力攻一清，謂其納賄壞紀，專權誤主大罪。因自劾乞歸。上温旨諭留韜。一清上疏辨，上亦温旨諭留之，而意已移矣。孚敬行至天津而上使人以璽書召還復職。上疏辭優詔，不許。一清亦三乞休，亦不許。霍韜以省母給假，因復爲桂萼辨冤而攻一清。時一清之所薦者中貴人永既用，以黄金器酹一清。永死且葬，其家復以黄金器乞一清爲志銘。至是事亦發，上乃報韜，謂：「一清居内閣輔臣首，乃大肆納賄，不畏人言，非大臣禮。念係耆舊，法司會奏處置。」既法司議上，乃令一清自陳，而孚敬三上疏，密引一清贊禮功，乞賜寬假。上允之，許致仕。陛辭，令馳驛，予金帛從優。一清歸，復有旨追所受張永金而悉奪其官爵。一清大恨曰：「老矣，乃爲孺子所賣。」豈非天乎？」邑邑疽發背卒。又四年，而上念之，復其官。又十二年，贈太保，謚文襄。一清生而隱宫，無子。桂萼者亦以是月復故官致仕。亡何，召還職。然氣黯然，竟其身不復振。復請告歸，病羸，卒；而孚敬益獨見任矣。乃上疏請「求節行道義足以服人者寘之首而臣居其下」。上嘉其退讓，下其章于所司。

時國家優外戚，至有一門三侯伯者，有一公一侯者，皆得世封。其封日以繁，祿費日以冗，而功臣爲之解體。安昌伯，故外戚也，而家請封。孚敬謀之吏部尚書方獻夫，俾引唐宋故事如長孫無忌、郭子儀、曹彬皆以大勳，掖椒房，然封爵不及世，而安昌伯等乃世乎？孚敬白之上，悉議從革。其見封者僅終身，人以爲快。上嘗諭孚敬：「留都天下首地，而事皆中貴人專之，何謬也！擇一宗室近而賢者付之留守使。」孚敬言：「高帝以親王領宗正，不久而罷之。宗室不預機政者久矣，臣不敢奉詔。」然自是能得上意，數數言中貴人之使外者多貪橫爲國蠹賊。上具悉其狀，悉裁革鎮守監倉市舶之數，後先殆盡。孚敬所疏審幾微，專委任，惜人才，求民隱諸事，上悉嘉納。是時上日事經筵，講求聖學，作《敬一箴》及《宋儒五箴註》，皆發之孚敬，天下欣然望太平。而孚敬又自議禮起，上以明聖述作爲任事，取孚敬裁決，大者若分祭天地、南北郊，又別爲朝日、夕月壇於東西郭，費大司農金錢以鉅萬計；細至武弁燕居冠服之制，毋不有所更定。獨于文廟易孔子像，去王號，識者猶以爲宜；而至減樂舞，裁籩豆，表天下唯人主尊，上意乃悅而儒者不謂然，孚敬行之不顧也。

孚敬之始名璁，至是而以嫌諱請改，至再，上爲易今名及字茂恭，手書賜之。西第成，以獻皇帝遺墨扁其堂，而侑以白金十鎰，綵幣、肥羜、上尊。故所讀書姚溪書院敝，特命有司新而廣之，賜名曰「貞義」，其堂曰「抱忠」。孚敬于居第復爲崇閣以奉誥敕御札，名之曰「寶綸」。居第延袤可二里，其土木工石一資之官。凡孚敬所議上無不合，而獨議郊祀配天禮稍牴牾。而初上不欲太祖、太宗竝配而定以冬至圜丘用太宗配，孚敬等議謂太宗功德竝太祖，不欲離而去之。禮則圜丘重而大祀輕，序則大祀先而圜丘後，竊以爲不可。三四往復甚苦，而孚敬卒不可。乃下禮部，徑行之，于是太宗始不得從配天矣。建南郊，孚敬以閣臣知建造，非故事也。而是時吏科給事中夏言重。言故以議皇后親蠶禮得幸，上賜四品俸，數言事見聽，乃論劾吏部尚書方獻夫進用私昵。而其大者浙江參政黃卿，以孚敬之不悅而調；党以平以孚敬之悅而補；彭澤奸回，無故而改右諭德；又無故而起太常卿，因劾孚敬喜怒任己，好惡咈人。上雖留孚敬及獻夫而爲停卿，調以平他補。孚敬乃上書力辨言之挾私。上溫旨褒諭而已。獻夫亦力辨且辭，上亦不允，乃復諭獻夫令卿、以平調補如前，薄責言以解。夏言之議親蠶禮，實自孚敬，以是孚敬與彭澤皆恨言，莫能間也。而上尚猶優禮孚敬。嘗召與禮卿李時對西苑故仁壽宮議皇后蠶地，賜名醖珍饌，出所草賦示之，俾和以進。次日，復諭孚敬謂：「君臣之際在朝當慎，他則猶家人禮然。且漢文召見賈生，語久前席，迄今稱美。朕沖昧，世事未經，卿之于朕無異周公愛成王，首以孝訓，他特餘事耳。卿夙夜在公，敬君盡禮，昨退遜太過，恐非輔臣所宜。夫輔臣與他諸臣不同，故曰『導之教訓，傅以德義，保其身體』。此則不可以在朝之制相與明矣。今後卿有入奏無拘時而來，面相與計處，俟性志有定，方可廣接他人，酌別賢否。朕又欲于今春奉兩宮豫遊後與卿輩一遊，以仰遵我聖祖丕訓。」孚敬復請慎選歲諸生與進士、舉子三途竝用，一切考覈課成皆爲嚴切，亡所寬假。而監生詹棨有所恨于徐縉。時縉已爲吏部侍郎，棨乃捃摭縉他事奏之。下都察院，當坐。棨誣孚敬，忽上言：「縉夜使人以黃白金賕請解，刺入而捕之，則已逃矣。」上怒，爲罷縉而特伸棨。孚敬之妻死，以繼娶告上，賜白金二鎰，大紅蟒幣四襲，羊八角，酒四十瓶，手敕以資吉禮。

久之行人司正薛侃言上春秋鼎盛，未有皇子，宜擇宗藩之親賢者一人留之京邸，以俟皇子生而後就國。上怒甚，命法司會文武大臣臺諫廷鞫。前是孚敬已心恨少詹事夏言，欲去之，未有間。而太常卿彭澤，孚敬客也，故與言爭爲都御史，有郄，而皆侃同年。侃嘗出疏草示澤，澤懷以語孚敬，謂：「玆事上所諱，而侃與言故善，若疏上而侃得罪，使之引言，則併禍矣。」孚敬以爲然。而澤乃語侃：「少傅甚喜，君疏上，當爲從。」與使必行，既有日矣。澤復報孚敬，録稿以聞，而且謂言實使之。侃疏上，既就鞫，備受五毒，不肯吐上者累日，詞不具。彭澤從旁以微詞挑之，使引言。侃瞋目曰：「疏吾自具，汝謂張少傅許而趣上之，于言何與？」都御史汪鋐乃攘臂稱言實使侃。言拍案詈鋐，幾欲拳毆之。時孚敬猶在列，給事中孫應奎、曹汴前揖孚敬，且迴避，孚敬恚，趣入閣，復具疏言狀。上乃悉下言、應奎、汴于獄而命司禮中貴人侯勛、輔臣鑾等鞫，具得其狀以聞。上乃出孚敬二密疏示羣臣，而斥其忮罔。于是給事御史合論孚敬，上擿令致仕，而遠戍彭澤，輕薛侃罪，令爲編氓，而赦言還職。自是連擢至禮部尚書，益貴用事。孚敬猶得馳驛歸。既陛辭，賜公服牙笏以識意。御史張寅追論孚敬與汪鋐誣陷夏言罪狀，上爲謫寅以安之。

孚敬歸甫五月，而皇太后數問上：「張少傅今安在？非少傅安得爲若母？」于是上復遣行人齎璽書馳召孚敬，遂趣命。既至，追論四郊工功，加兼太子太師、華蓋殿大學士。無何，彗星凡三見。孚敬引咎避位，不允。時都給事中魏良弼覘上待孚敬意稍怠，不若前，乃疏謂：「彗星見東方，君臣爭明。彗孛出井，奸

臣在側。孚敬竊弄威福，驕恣專横。妖星示異，惟其所召，乞亟罷之，以應天變。」報聞。孚敬疏辨：「以良弼濫舉京營武職，臣見其揄揚過情，下兵部覈實，罰俸兩月。以是挾私報復，坐臣專擅。夫臣爲皇上守法，顧來專權之毁，而人之曲法媚人者乃獲得衆之譽。臣恐自是效忠無地矣。」上不悦，亦報聞。于是給事秦鰲復論：「孚敬强辨飾非，娼嫉愈甚。頃上諭以舉賢容衆，同寅協恭，今言官論列輒文致其罪，而内閣同列亦欲以禍機中之，曰『曲法』、曰『媚人』，且票擬聖旨，引以自歸，明示中外以天子之權在其掌握，上干天和，下咈人情，如此不去不治。」上乃嘉鰲忠讜而勒孚敬令自陳，致仕。同列爲之請恩禮，皆不報，僅予馳驛。其明年復召用。亡何，以一品六年滿考，再進少師。

時昭聖皇太后于世宗有援立恩，而上所生章聖皇后日益重顧，有所宴見，昭聖猶偃然以故事裁之。上忿忿。而昭聖之弟昌國公鶴齡、建昌侯延齡者，早倖横行燕中，所爲多不法。既微知上旨，惴恐甚。而燕中少年亡賴蜂起爭持，脅其金帛無筭，後稍稍不酬，乃上變，言其詛魘怨望，大逆殺人。事頗有狀，昭聖迫，乃因上後宫有嗣息，意屈節爲延齡請。上益怒，遂欲坐延齡反，族其家。孚敬以爲延齡殺人抵償固當，而坐之反族不可。夫延齡守財虜耳，何以能反？凡數詰問，其對如初。論延齡殺人罪，屬秋盡當論。孚敬復上疏，謂：「昭聖皇太后春秋高，卒聞延齡死，能不重傷痛乎？萬一不食，有他故，何以慰敬皇帝在天之靈？」上恚，責孚敬：「自古强臣令君非一，若今愛死因令我矣。當悔不從廷和事敬皇帝耶？」上故爲重語欲以愒止孚敬，而孚敬意不已，與少保方獻夫復持之。獻夫至謂：「陛下居法官，誰導以悖倫忍心之事若此者？」上雖不悦，然難二大臣，詔以秋報悉緩諸論死刑。而終太后及孚敬世，延齡得長繫矣。

然孚敬意不能無修忮干言者，而吏部尚書汪鋐迎其意，于魏良弼、秦鰲等皆坐考察斥謫相繼矣。孚敬爲相，務以明天子尊信國威，重輔臣體。而其初潞州盜陳卿據青羊山殺官吏，中外頗務姑息。如楊一清、桂萼皆爲撫安計，而孚敬獨持之，卒捕誅卿。大同叛殺其將，孚敬益自信，薦劉源清、郤永爲大帥，以必得賊爲主。而所薦頗不任帥，賊挾寇以重，僅購間其黨自相殘，得一二主謀者。夏言乃以撫之説拄孚敬口矣。孚敬有子中書舍人遜，志賢而夭，哭之成疾，乞歸。上謂孚敬：「胡忍舍朕耶？得無以夏言故邑邑？幸寬之，勿與較。」孚敬抗辨不置，且言：「向所與同志萼、獻夫皆弱，萼又前死，而獻夫復先去，僅霍韜愎而好辨，誰爲臣共大計者？」因以疾力辭。上使太醫令診視孚敬脈已，而手調藥以賜曰：「古有翦鬚和藥者，吾兹之未能，兹手調亦庶幾焉。」其專精神，加餐自愛以輔朕，爲忠之大。」孚敬感泣。然疾益甚，以死誓歸。上不得已，乃許致仕，賜璽書褒諭，歲給八騶，月俸米八石，所以優崇禮加于他相。

其初孚敬以上未有子嗣，請廣選良淑以備六宫。又逾年而册妃嬪，禮畢，孚敬表賀，且問起居。上乃遣錦衣千户劉昂視其疾，疾愈即馳傳入輔，而别以手書諭之曰：「卿比以疾乞還，久切朕思。昨表賀具悉，朕躬平吉，聖母康泰。及擇原選淑女内曰曹、王二氏，朕御而各有喜，期且近矣，先册爲端、昭二嬪。河南李氏、京選馬氏，補敬、静二嬪。又朕于春三月躬行謁陵，禮奉慈車，率后妃以從，禮成。又于四月之吉躬飾七陵，遂作朕幽宫于長陵左之陽翠嶺，更名平臺山，奉聖母舟還京。今遣使昂視卿，卿果疾未愈，不煩以見。如稍可，即星夜以行，速見朕，副切思情，毋使朕眷眷無已。」是時太廟宫殿及歷代訓録成，孚敬皆以首功當遷賞，而孚敬行至處州，疾歸。再起，至金華，疾復作，復歸。以皇第一子生，遣人表賀。上特賜金幣甚厚，諸在事者不得比。久之以疾卒。

《國朝獻徵録》卷一六王世貞《張文忠公孚敬傳》 公浙之永嘉人，貌魁傑，有大志。二十四而舉於鄉，數上禮部不利，歸而聚徒教授姚溪山中，扁其讀書所曰「羅峰書院」。人或謂公去諸生何幾而書院爲？公笑曰：「諸生不當書院耶？我胡以不當？」故自若。【略】於是桂文襄公萼疏亦上，具如公指，而中外士大夫側目而視公，且齮之矣。然天子益已心動。【略】上既以尊崇獻皇帝后，録前後諸臣議，而取衷於公，書成，名之曰《明倫大典》。進公少傅、太子太傅、吏部尚書、謹身殿大學士，予四代誥，官一子。是時，楊文襄公一清居首揆，以才受上知，然不能如公深。而上所密問公，月以十數。時時稱公别號及字。時桂公亦入輔，名寵俱當公亞，所言事不能無相左，以故稍不平，爲惡語，交鬭上前。楊公得因是以間公，詔暫歸，俟用，而桂公削保傅以免。公歸至天津而上念之，詔行人召復相公入，而楊公爲霍公所論逐矣。【略】（上與公）所以合非偶然也。天下迫於議禮而口非公者十之九，忌公貴而刺之者十之九，久而稱公是非公者半，公殁而思之者更十九矣。當公殁未幾，居第侵風雨，力不能飭，子孫多假貸於人以食。嗚呼，此不可以觀公哉？公别號羅峰，所爲名書院者也。最後上呼之羅山，因更稱羅山。

贊曰：公相而中涓之勢絀，至於今垂五十年，士大夫得信其志於朝，而黔首得安寢於里者，誰力也？夫禮失而求之心而已矣。後主所是爲令未有悖也，考

而不已，則宗宗，則入太廟，入太廟則有祧，公在難乎其免矣。王子曰：凡言禮而貴者，其人材皆磊磊，即不言禮，亦有以自見者哉。

《國朝獻徵録》卷一六《張孚敬傳》 張孚敬，字茂恭，永嘉人也。初名璁，字秉用。少擢鄉薦，讀書，負偉人志，而性褊迫，與物多忤，鄉里賤之，凡八舉始進士第。時上初即位，雅欲尊興獻王及太妃，而迫於楊廷和等，議未決。孚敬探知之，乃上疏言：「上故興王子，武宗弟也。於法繼武宗爲統，繼興王爲嗣，宜稱孝宗皇伯考，武宗皇兄。典王皇考尊稱，亟二帝。」不報。然上已心動，而璁授南京刑部主事。於是刑部郎桂萼復上疏，推璁説，及上侍郎席書議，上大悦。楊廷和引疾乞休，而繼之者益固執不肯降服。璁復作《大禮或問》奏之。上手促詔孚敬、萼抵京議，而中外大臣庶僚洶洶，咸欲尸二人矣。左右之者吏部員外郎方獻夫、兵部主事霍韜、給事中熊浹、都察院經歷黄綰、鹽運使黄宗明。既至，上乃伸孚敬、萼説，拜翰林院學士，餘越格超遷有差。亡何，重進廟議、廟街議，遷詹事府詹事，兼學士，改兵部左侍郎。

璁始上疏，時衆咻之，至不復能投刺燕見客，恚甚，既得志，乃頗導上以誅斥快其忿。而會妖民李福達者，改姓名曰張寅，投武定侯第爲修煉房中藥術，累貲産千金，有二子俱鬻武階。會事發山西，下司寇、御史臺、廷尉逮問，反狀當族。而上内入武定侯語疑之，改命孚敬、萼、獻夫，則悉取三法司大臣考訊，易其辭。特爲出福達，而中外株累大學士、尚書以下數十百人，斥戍有差。以功進禄，賜金帶，一品襲衣。三擢禮部尚書、文淵閣大學士，還理都察院。再賜銀記二，曰「忠良貞一」，曰「繩愆弼違」，得密啟奏事，賜玉帶。《明倫大典》成，加孚敬少保。

先是中貴人横出鎮者，實翼而噬，孚敬請於上，悉裁革之。又奪司禮柄，歸内閣。還戚里第舍田土於民，一時肅然振矣。再賜玉帶、金蟒衣，爲築第山中。亡何，加少傅、太子太傅、吏部尚書、謹身殿大學士。時楊一清當首揆，漸逼，惡之。孚敬、萼又多所凌侮，一清因計巧中，而會給事中陸粲、孫文奎論其事，而上亦心厭二人太横，因勑孚敬歸創省待用，而革萼散官致仕，榜其狀朝堂。孚敬至天津，復召歸，寵益甚，乃請避上二名諱，上乃大書今名字，填以金，賜之。又賜銀印，其文曰「永嘉張茂恭」。尋雷震午門，彗星見。都給事中魏良弼論之，聽策免。一歲復召還，加太子太師。再罷歸，復起加少師，給四代誥，及銀印二。命有司爲造樓於永嘉，賜額曰「實綸」，以藏上御書及勑也。卧病乃懇乞歸，【略】卒年六十五，贈太師，謚文忠。

孚敬當國日，兒視其僚，好嫚罵，所擬調任喜怒，不復反顧。其家居自尊大，郡邑守令伏謁長跪。土木之功冠江南，而實廉，卒也亡羨貲足遺云。

何喬遠《名山藏》卷七三《臣林記・張孚敬》 張孚敬，永嘉人也。故名璁，字秉用，及其爲相，避世宗諱，請改，世宗賜之名，字茂恭。張璁秀偉美鬚髯，産不能中人，恢廓從性，動止若大豪。於書無所不窺，而尤精五禮。七試春官，不利，將爲吏部選人。御史蕭鳴鳳得孚敬干支而異之，屈指曰：「從此而三載，當成進士。成進士即與人主若一身，傾動海内，於世無比。」而又有王御史善相人，奇孚敬相，助之資斧，使南還。孚敬乃强歸。及成進士，年四十七矣。

其爲進士，值世宗以興世子入嗣位，相楊廷和等與禮官皆謂迎世宗本以繼孝宗，當稱獻皇帝爲皇叔興獻大王。議上，再三不下。璁私嘆曰：「非禮也，不宜後孝宗。」因疏言：「皇上繼統非繼嗣。以承武宗則兄弟之倫也，以承孝宗則不及孝宗。孝宗無養育之恩，未嘗委命焉。繼孝宗者自有武宗皇帝，皇上不得爲孝宗後。宜爲興獻王廟京師，不絶父母也。」世宗覽而悦之。第其言位卑寡，且逼群臣議，未有所發。及蔣太后止通旬日，帝涕泣欲辭皇帝。璁則再進《大禮或問》一篇，帝乃加稱獻皇帝爲興獻帝，蔣太后爲興國太后，而迎太后入。既入，太后問帝誰起此議者，世宗曰「張璁」，太后大悦。諸大臣皆惡璁起此言也，會當選官，吏部授之南京刑部主事，以遠之，與璁同指者知縣桂萼當遷，亦同授南京。當是時，帝復下詔，加「本生」二字，而稱獻皇帝本生父興獻帝，太后本生母興國太后矣。璁猶曰：「非禮也，不宜後孝宗。」萼乃本璁意上疏，請爲獻皇帝廟大内。帝喜，下禮官議。群臣諍不從。復加「皇」一字，稱獻皇帝爲本生皇考恭穆獻皇帝，太后爲本生母章聖皇太后。而璁猶曰：「非禮也，不宜後孝宗。」萼上疏時帝不勝群臣沸騰之口，趣召璁、萼京師。群臣劾璁，日積數奏。璁且行且上疏，曰：「是禮也，在考不考，不在皇不皇。不亟去『本生』二字，雖稱獻皇帝皇考，不殊叔矣。」璁至，益翱翔高論，請上親御便殿，集内閣禮官，臣得面折之。帝遂竝超授璁、萼翰林學士。凡諫阻者皆被切責，竟考獻皇帝、母太后，而皇伯考孝宗也。當是時，舉朝諸臣伏闕争者有杖有戍有貶，語具《獻皇記》。蓋聚訟四年，詔令三更，而後乃定，是爲嘉靖三年。

始璁初獻議大禮時，獨身見之耳。其後朝士盡以璁爲迎合小人，離閒宮闈，唾憤排擊，有如讐敵。即有稍是璁説者，亦嫌干進逢君，不決依和。其繼璁進説者則有都御史席書、兵部主事霍韜、吏部員外郎方獻夫、南京都察院經歷黄綰、

主事黄宗明諸人，而璁與桂萼爲之首。然書、獻夫之論，皆私屬草而已，萼之上疏也，輒引爲助。韜不勝朝論，請病歸。綰、宗明皆微見上意，附同璁指，未有如璁先見獨言者。即桂萼與璁發端，亦未有能璁之意氣遒邁，言議坌涌者也。明年，進詹事府詹事，兼學士。

璁爲人倜儻明邁，其氣魄聲力足以副之。忮懻憑淩，多所害傷。以自見知於上，益鴟張，外爲廉治，無如也。爲翰林學士，翰林諸公尚以璁繇中旨，若傳奉然者，不齒頰之。費宏在内閣，亦不及以事。璁上疏攻宏，上不問。璁請病歸，且陛辭。上使止焉，即以爲兵部右侍郎。給事中杜桐等言：「璁新進險躁，吏部尚書廖紀迎伺上意，引參兵事，保禄不忠。」上責桐慢命，排陷忠良。亡何，轉左。攻宏益急，凡四五攻，不勝，又請乞休，上優容之，教以脩職協恭，是爲嘉靖五年。其明年宏竟去位，上命璁纂集所議爲禮書，稱璁良哲正直之士。其年，當考察，京朝官科道尚狎視璁，置之拾遺之列。璁復上疏乞休，上又慰留之。科道官言：「璁新進邪險，恃寵無忌，淩轢朝紳，中傷善類者數矣。」璁自以不得於衆多之口，益思摧抑朝士，破散之以立威，顧未有路也。

武定侯郭勛者，貪縱不學，亦以依附大禮，恣睢公卿間。有山西人張寅，即妖人李福達也，以方往來勛家，其仇薛良首告之。巡按御史馬録捕寅急，寅求勛書爲解。録發奏其書，科道官交劾勛，勛懼，賂左右爲飛語。上命移訊之午門，凡一再訊，獄語改，上怒，切責刑部尚書顔頤壽等，命械繫録，詔獄掠治。頤壽等吏議出寅，不及録罪。上益怒，並逮頤壽等。時桂萼爲禮部左侍郎，方獻夫爲少詹事，上使璁署都察院，萼署刑部，獻夫署大理寺，雜治之。萼搜録篋得大學士賈詠及都御史張仲賢等他私書以奏。上責詠致仕，逮鞫仲賢而置勛不問。璁、萼切齒廷臣異己，凡與寅獄有干涉者，皆請繫治之，上悉從其奏。璁、萼上言：「臣等奉詔鞫獄，張寅，故工部匠也，僑居徐溝。嘗出息於薛良，良負，欲殺之，因妄以福達指。寅前後情詞驗問乖離，良計窮，密囑寅怨家儀等爲證。儀懼罪吐實，良坐發爲民口外。已獄成矣。會寅子大仁客京師，不聞家事，抵侯勛求捄。御史録故怨勛，欲乘勛通書中以危法，因傅會薛良本謀，使寅怨家韓良相證成之，故爲謾辭，惑亂朝聽。而一時奸黨如給事中常泰、劉琦，員外郎劉仕輩摇筆鼓吻，甘心勛、寅者籍籍起。以天之道陛下之仁明，臣敢不悉心究之？」於是誣奏，坐薛良絞罪，録戍極邊。中外聽獄官自頤壽等以下，論戍爲民，罷職凡四十餘人。上悦，召璁、萼、獻夫，勞諭文華殿，賜二品服色，金帶銀幣，命吏部給三代誥命。璁一議大禮，再議大獄，於是群臣乃不敢復言璁也。

亡何，進禮部尚書，兼文淵閣大學士。上又念諸御史縱，非璁莫能制。復命不妨内閣纂脩，兼掌院如故。璁自成進士至入内閣七年耳，京師爲之語曰：「張相君，人揶揄，七年進士遂乘車。」是時，與璁同相者楊一清，帝優禮一清在璁上，而心内親璁。諭璁：「朕與卿帖恐洩，雖不甚楷正，皆手書，恐封識莫左驗。賜卿銀圖書二曰『忠良貞一』，曰『繩愆弼違』。」璁一再上疏，大意欲革貪風，以隆治道。上手詔褒答，璁請：「上諸司事務，臣當與聞者止議公朝，不得至臣舍。臣得捕候門投謁者。家中子弟不遵訓教，令有司重繩之。」上復褒答焉。後一日，召諭文華殿曰：「卿率家用嚴，持身用正，朕特賜勑奬，感化百僚，以成嘉靖之治。卿其懋之。」璁頓首謝。上所密問璁月十數，時時稱其別號若字。璁亦念以書生片言當主，數年取相，思大破人臣之私交而離其黨，奉公法報上也。世宗皇帝之革鎮守内官，裁皇親官爵、莊田，其説皆自璁發之。璁言：「臣一歲有餘所奉御書札諭已二百餘道。從古人君總覽萬幾，無盛今日。宜命官纂次并後來者名曰『嘉靖政要』。」從之。七年，降手勅，加少保。上饗太廟，目數屬璁，稱璁貌奇才傑，賜御詩，詩曰：予喜荷天眷，賚賢作邦珍。再賜玉帶、蟒衣。璁所纂集議禮書成，名曰《明倫大典》，進太子少保，兼太傅、吏部尚書，謹身殿大學士，予四代誥，官一子。章聖太后賜金繒。

當此之時，據經之士擯斥已空，議禮諸人自詡我輩，火發風生，推波助瀾，無所不至。璁雖得相，其意望居首。一清承天子所以寵遇璁意，不安其上，常厚納之，顧不能得璁驩。朝士附璁者新，信一清而從之者亦衆，不能無分黨與。璁乃以其故所攻費宏者復攻一清。錦衣衛指揮僉事聶能遷者，險滑亡賴，多計數。武宗末冒功錦衣千户，世宗即位名在汰中。璁議禮時能遷故善太監崔文，窺見上指，疏稱璁、萼議是。上擢能遷指揮，領鎮撫事。及議禮書成，欲盡列其疏不得，又不得遷官，怨璁與席書，既得志，不相念。誣奏書受王守仁賄，詞連詹事黄綰及璁，且言璁引浙江都指揮張浩，是其私人。璁意一清使能遷爲是，上章自明，薦浩者一清也。上怒罷浩，杖能遷百，戍之嶺南。能遷尋痍死。璁因言：「人主先論相，治亂關委任。我國家自太宗皇帝始設内閣，至于宣宗，專用楊榮、楊溥、楊士奇。後不復變，亦惟三臣，自來有聲。爾後奸人鄙夫，竊據貪冒，多有閑廢有年，仍求起用，去而復來，不創前非；來而復去，陰爲後地。及其當事，不急公家，虛心博議，首者一主，餘盡唯諾，旁一有言，陰擠斥之。臣簡命以來，請

嚴私門，杜請託，凡臣所爲，皆人不便，故鼓動讒舌，設計陰排。伏乞嚴加宣諭，洗改前非，毋懷奸欺君，毋設險害正。若有怙終，請加誅斥。」上答曰：「輔臣當協恭調贊，上德下民，副朕倚毗，毋相嫉也。」楊一清言「臣昨者乞休，蒙遣鴻臚少卿道中造臣卧内，宣諭聖意。臣伏枕叩頭，敢不鞠躬繼死，仰答高厚？顧臣年老病侵，出處所關，猶有不能自盡者，敢及未填溝壑，一陳白之。比者張璁疏請宣諭内閣，意詆臣也。臣與璁凡事推讓，原無嫌隙。聖明在上，何敢媢嫉？比爲聶能遷所訐奏下時，臣嘗思璁言，昔議大禮被衆忌惡，能遷獨深結納，不知何繇失歡，一旦至此。臣未奉明旨，不敢擬置重典，事理固然。乃璁憾臣票擬太寬。夫小臣詆毁大臣，同列即納之死，是蔽主上聰明，塗天下耳目也，臣豈敢哉？張浩，璁弟也。璁欲用爲浙江都司，難於自言，向臣才浩，臣隨告之兵部而推之。今乃謂臣所薦。浩先被委寧波，坐事勘治，去秋璁署都察院，參守巡官芹朝陽降級，獨不及浩，此情甚著。臣見璁今春以來，志驕氣横，狎視公卿，雖桂蕚亦不敢抗。臣勸以恭遜，璁口善之而已。臣老病之軀，處嫌忌之地，惟皇上憐免，俾遠怨憎，以保餘年。」上報曰：「卿所陳白，朕知久矣。人君必資老成碩輔，朕所倚卿，實爲天下，何慮國不如慮身？」一清惶懼疏謝，上固留焉。

八年，御史趙鏜劾奏武定侯勛姦贓不法，有狀。上怒，使一清擬旨治。一清言：「閣臣有善勛者，惟上裁。」上報曰：「卿爲張璁耳。始勛以議禮合璁，璁遂不察其平生，深所衛顧；可慨聶能遷不得其死矣。固不可姑息。」因罷勛典兵及保傅官，閒住。兵科給事中孫應奎言：「輔臣倚毗天子，參贊政務，必忠厚鯁亮，純白堅定者乃勝其選。大學士楊一清雖練達國體，而情多尚通，私其故舊，可與諮謀，難獨任也。張璁學博性偏，傷于自恃，然猶飭勵功名，當抑而用之。至于桂蕚，擅作威福，大私親故，沮抑氣節，政以賄成，上負委任，下貽隱憂，陛下未察耳。幸鑒別三臣之實，定去留焉。」上竝令視事如故。已三臣者皆陳謝，上復褒留一清，諭璁：「卿性資剛速，宜思濟以協恭」。諭蕚：「卿質任寬迂，可自飭也。」頃之，禮科給事中王準、行人司副岳倫皆疏劾璁引用私人，璁再疏乞休。上慰留之。工科給事中陸粲言：「大學士張璁、桂蕚兇險之資，乖僻之學，陛下驟拔小臣，馴至極品。恩寵隆異，振古未聞。乃不思圖報，敢罔上行私，專權納賄。張璁狠愎執拗，猶疎且淺；桂蕚外寬中深，忮忍特甚。」因歷指蕚納王瓊賄薦起之，并及其所引私人贓事。上曰：「朕昔以大禮未明，父母改稱，張璁首倡正議，忘身捐命，不下鋒鏑，間致人倫潰而復叙，父子散而再完。念彼忠功，躐擢輔導。今頓失前志，專恣負國，衆見昭然。桂蕚猶之。言官屢劾，朕不敢私，璁令回家改省，蕚奪散官并學士職銜，回籍致仕。黨類有贓罪者，諸司分別區處，恩中議公，庶兩盡也。孫應奎、王準、陸粲耳目言官，坐觀大臣至此，方行舉劾，應奎首言，姑恕其罪。準、粲竝法司逮問之。然璁功過原不相掩，布示中外臣民亦毋輒乘此挾奏璁也。」詹事霍韜上言：「臣伏見陛下腹心璁、蕚，璁、蕚自取黜斥，夫復何辭？顧今日之事，臣不敢不別白言者，璁任閣臣，蕚任吏部，事多專主。臣嘗戒之，雖念知無不爲，然權在衆嫉，威福臣下所忌也。璁、蕚對臣，惟知朝廷，不顧身家矣。臣近聞三臣互隙，登門和解，勸之以書，冀其同心贊聖。不意怨積已久，黨植已分，是致一清鼓嗾言官攻擊璁、蕚，濫及善類。臣今略述璁、蕚之過，幸陛下察焉。璁、蕚初議大禮時，天下人無不欲殺之者，大臣宿望惟一清，若故大學士王鏊與同耳。臣嘗語璁、蕚，一清素有時名，得之再位，足以分怨。王鏊則宜表章其所著論，風示天下。璁、蕚皆不能用，反力攻詰其過，一也。一清素有時名，足籠海内，又善結内臣，内臣安則外臣亦安，宫府之閒不生疑變，亦其力也。若璁、蕚則纖弊不容，攻擊太過，且其遇人，素無款曲，接内臣尤甚。一清腹心人輒恐之曰：『張、桂且依國初名額定内臣數額，外者盡裁革之矣。』是致人人自危，皆曰『我輩求安，必得楊師傅在位』。其過二也。臣嘗語璁人材可惜，先所廢黜，今未復者，皆宜爲朝廷收拔。璁、蕚不從，致其流落掩棄，盡被一清劫誘，變易白黑，動摇國是。其過三也。」因指論一清奸贓罪狀，乞敕吏部、法司兩核之。一清言：「霍韜以璁、蕚之去咎訐臣，罪至不容口。果如韜言，安所逃生？顧臣與二臣初甚相驩，同事既久，雖閒異同，旋即如故。韜謂二臣攻臣，臣度無之。謂臣閒二臣，則有皇上在。初璁命下，臣與臣鑾相顧錯愕，因私語蕚過或有可指，璁忠豈宜遽棄？其時手勅宣示聖意，方嚴臣等，未敢遽請。且令還家改省，固知後用有日。比璁別臣，嗚咽無任，蓋終始未嘗失歡。韜何所見，謾云爾也？臣見韜高文直氣，素加推用，但以言多過激，時或議之，蓋欲引諸和平，期其遠大。豈意懷忿，遂至此極。所指奸贓，倘有指實，甘伏兩觀。臣耄且病，就木有日，願賜骸骨。」不許。

居數日，上復念璁，遣行人周禤召反之，曰：「卿通博之才，貞一之學，首建正議，贊朕沖人。擢居弼亮，裨益良多。近令還籍，避人言耳。宜疾速反途，勿推勿延。」璁疏辭，不許。璁言：「皇上召臣責輔治也。令臣披靡從衆，誠恐雖進無益，或蹇諤違時，又慮欲退無及。進退狼狽，惟聖明察之。」帝答曰：「卿但

秉公持正而已。」光禄寺少卿史道言：「帝王論相必真其人乃可以任。才足通萬變，力足擔天下。含弘廣大，不區區争功名；光明洞達，不紛紛較短長；則其人也。陛下即位八年，於兹輔導之臣六七矣，始莫不親愛，終踈遠也。大抵志大者或量小，才足幹旋者或心稍懻忮，因是不足副陛下求賢圖治之望。今楊一清，人也，臣所謂才足通萬變者。張璁，人也，臣所謂力足擔天下者。二臣竝被眷留，伏願天語丁寧，繼今忘私奉公，毋拘避嫌跡，以仰承千載非常之遇。」上覽而善之，以示一清、璁，使加思勉，皆疏謝。於是岳倫、王準、陸粲謫矣。霍韜以璁既復位，所下桂萼私人贓罪，法司尚行究問，又言：「陸粲劾萼，首論其薦起王瓊一事。如是則臣亦力薦瓊者，言官何獨論萼？萼能任怨，臣不能也。張璁召還，明知陸粲誣善矣，刑官猶逼搆不已，則必逮繫瓊、萼，面與粲質，然後贓罪有無可定也。則亦必逮繫臣與一清，臣面與一清質其贓罪也。刑官不問一清，獨以搆萼，惟聖明垂察。」上怒，改刑部尚書周倫南京，别令三法司、錦衣衛、鎮撫詳獄因，并下韜所劾一清者於法司，使九卿會議罪而復桂萼職銜，致仕如故。上諭璁：「朕惟一清累朝耆舊，亦嘗維持大禮，與卿璁同心輔政，待之不群。晚節若是，朕今下九卿議罪，卿必嫌擬旨，其令卿鑾。」璁言：「皇上至保全臣，臣生死念之。念一清向在家居見臣《大禮或問》，極所奬許。臣同席書被召，勸亟應詔。當群議喧騰之日，得老成大臣贊與一言，所助不少。臣與桂萼荷恩不即誅，一清功過亦宜相準。況奏出霍韜，臣始復任，形跡之閒不無嫌謗。惟皇上寬處之。」乃許一清自陳致仕。曰：「以璁故屈法矣。」而亦召桂萼還。

九年，上有意分祀四郊，其言未發，都給事中夏言引《周禮》以請，適與上意會。其言稱上旨，霍韜則又與争，奏詆《周禮》莽賊書也，變亂成法者，宜據律定罪。貽書讓言，大所鬨詬。上詰責韜：「夏言雖奏，朕意動矣。是本出朕，變亂成法當坐誰？莽賊又指誰？若云始議之人，則實朕也。」於是加言服俸，下韜獄。韜從獄中哀祈，璁再疏救，良久乃出之。始上欲分郊時下諭璁數十反，璁不爲是。已上欲以太祖竝配南北郊，以太宗配上帝大祀殿，璁又與上異指。上諭璁曰：「朕聞大臣事君有調理之宜。卿百沮議配，惑危言，同邪論，前後變志，恐非素忠，君令臣行，夫豈聖教。」璁謝，言繇是大忤璁，屢争論上前。

十年，進少傅，兼太子太傅、吏部尚書、謹身殿大學士。其年請易名，避御諱。上賜名孚敬，字茂恭云。孚敬以賜金作第京師，上出獻皇帝手書「恩榮堂」裝軸，爲泥金御書皇考手澤，扁之。更賜橫竪大書名若字各二，并銀幣銀篆「永嘉張茂恭」印，曰：「爲吾君臣相慶之意。」它日召見仁壽宫，和御製賦，賜名《咏和録》。上諭：「昨見卿泰謙，輔臣親愛不若是。兹後有入奏，可無時來面相計處，以交修朕。」是時上悦夏言才，言忤孚敬者數。會監生棨有所恨於吏部侍郎徐縉，摭奏縉他事下都察院，當坐棨誣。而太常寺卿彭澤故以議禮結驩孚敬者，欲去縉躐其位，僞爲縉手書遺黄白二金於孚敬以求解，外識曰「黄精白鍊」。刺入而捕之，則亡逃矣。孚敬以聞，上怒，爲罷縉而伸棨，而吏部果請以澤代縉上矣。時上心屬夏言，不允，而澤又思所以陷言也。會行人司正薛侃者，與澤同鄉，於言爲同年進士。侃嘗具一疏，言：「祖宗時留親王一人京師司香，或攝禮儀。大駕出則居守，俗呼守城王，其爲國家慮至遠。正德中，逆瑾廢故事，盡出封。今陛下未有太子，可選親藩中召賢者一人如祖宗舊。願以臣言下廷議。」侃疏懷之，一年未上。一日，出示澤。澤持過孚敬，示之，謬曰：「此夏言代草者。今儲貳上所諱言，言於上無解矣。」尋語侃，「張少傅甚善君疏。君宜亟奏，少傅且從中贊之。」與之期，孚敬先録侃草爲密疏，奏謂出言手，詞連編修歐陽德，即言交結王府有狀。中允廖道南亦云：「請上且勿下，待疏至。」疏凡二，已侃猶豫，澤數過趣之。疏上，上大怒，命法司會文武大臣科道官逮侃，追究午門，當見祖訓何載？所云親王何？交通主使者具實聞。侃拷掠累日無所承。澤微詞挑侃，頗指言。都御史汪鋐即起攘臂加言，言拍案大罵，幾於毆之。侃曰：「仁卿賣我矣。何與公謹？疏侃自具，仁卿以張少傅趣侃。雖然，侃死即愚鬼耳。仁卿假我害公謹，即死不奸鬼耶？」於是給事中孫應奎、曹汴揖孚敬退避，以狀聞上，并下言、應奎、汴獄。仁卿蓋澤字，公謹言字也。時武定侯勛已再録用，帝使勛與大學士翟鑾同司禮監官會府部九卿、科道、錦衣衛官廷鞫。侃疏實非言手，帝不直孚敬，出言獄中，示密疏於群臣，勅諭三法司曰：「薛侃以猖狂之性發不諱之言，謀慮似忠。但朕非宋仁宗暮年比，忍言君嗣無期？彭澤譎詭構鬪，致侃詞于宗室，傷朕親親之情。輔臣急於攻擊，害朕君臣之義，其竝發邊遠充軍。輔臣孚敬初建大禮，朕不次進之。被劾今改，不慎不悛。朕托孚敬心腹，豈止股肱，望之伊傅，徒直恩遇，孚敬娼嫉犯科，辜朕賴倚，其致仕去。夏言拍案喧罵，有失朝儀，念激近災，特赦不治。孫應奎、曹汴職係言官，亦放免之。從今大小臣工宜去私盡忠，効協恭之心，守不二之訓。匪朕不逮，庶不負君忝親，永有譽焉。」

孚敬既去，章聖太后念之。既數月，上又使行人周文燭勑召。已勑促曰：「朕聞君臣相與，自昔爲難。卿亦誠輔朕，朕腹心是托。不意偶惑，自陷過舉，朕退卿避言，卿去切軫朕思，聖母嗟問亦數。夫人誰無過？矧君父臣子，義法具在，朕之弗類，必得卿始終之。行人文燭至，即兼程星進，庶慰聖母至懷，朕竚俟焉。」其明年春，孚敬至。進兼太子太師、華蓋殿大學士，餘官如故。其秋彗星三見，孚敬上疏自陳，上慰留之。已吏科給事中魏良弼言：「占書有言彗出東方，君臣爭明。彗孛出井，奸臣在側。孚敬竊弄威福，驕恣專横，實召星異，宜勑罷免。」孚敬奏：「頃者良弼黜聞京營，薦舉襄城伯全禮等，發閣擬票，臣見其庸流居多，保語過情，請下兵部覆奏，實欲黜陟之權上出天子，毋下移臺諫也。既兵部會奏，臣請奪良弼兩月俸，實欲黜陟之權，上出天子毋下移部司也。人主行法於天下，臣子守之，然後主法尊，人臣奉法於天子，不受私臣壞之，然後主法信。此臣報主本心。皇上歸臣而返之，自非草木，敢不思報？臣得賜歸而復來，自非草木，敢不思改？古之王者，奉三無私，君道也。古之仕者，三仕三黜，臣道也。上儆天戒，下察人言，今日策免合自臣始。」兵科給事中秦鰲劾孚敬：「强辯飾奸，娼嫉愈甚。言官論列即文致之，失皇上所以宣諭協恭容賢意。抑孚敬票擬聖旨，豈容不密，引以自歸，明示中外握權矣。有臣如此，所以干天拂人，臣謂不去孚敬，天意尤未回也。」上覽疏曰：「鰲言至忠，孚敬屢疏伺意，朕豈不識？所謂直國家待輔臣，禮當如此耳。其令自陳狀。」遂復許致仕。大學士李時爲請夫役月廩，勑書皆不與，與之驛。是時南京御史馮恩亦以彗星劾孚敬也。

十二年，上復遣鴻臚寺左少卿陳璋召起，勑曰：「卿自中甲第，奮志於中，靡身爲顧，歷居數任，持一不回，臣主愛君，未或少懈。前再召卿，適來星異，衆曰信君不明，使去復來，致變甚速。朕亦疑之。卿歸星芒未見速退，應與不應，不待筆札矣。茲朕三使召卿，作速入朝。期功名不昧，用全君臣之道。不則暫來賀朕得嗣之喜，亦可慰朕念卿至懷。惟卿圖之。」既至，上甚喜，諭以殫心任事，副倚望之重。其冬，上且行誅張延齡，孚敬諫者數反。帝故爲重語，欲愒止之，孚敬持不已也。

孚敬爲相，務以明天子尊信國威。其初潞州盜陳卿陳青羊山，殺官吏，中外頗務姑息，爲撫安計。孚敬獨破之，卒捕誅卿。至是大同卒殺總兵李瑾，上諭孚敬：「先者甲申歲，五堡逆卒殺都御史文錦，朝廷處太寬，今乃無忌，當征討之。」於是孚敬亦主剿。宣大總制、都御史劉源清，宣府總兵郤永承上及孚敬意，出榜，頗及五堡事。五堡遺孽謂且追理，悉反側不安。源清師次陽和，大同守臣及鄉士大夫耆老來見，皆請解甲駐兵，單騎撫之。巡撫都御史潘倣亦謂兵變已定，不可復激亂，與僉事孫允中等捕治叛卒七十餘，致之源清，以請旋師。源清悉不許。屬卒御史蘇祐拷訊，卒妄引前總兵朱振失職怨望，實首反謀，又多株連無辜者。源清使甲士三百，大索城中。城中驚亂，言且屠城。逆黨夜呼，殺千户欽振，詣源清自明。又不許，亦發憤自殺。源清進兵城下，大肆殺戮。五堡遺孽開門逆永兵，殺遊擊安等數十人，出繫獄故將黄鎮等奉之。宗室梭榲與允中縋城出見，力沮用兵。源清、永揚言撼朝廷，大同欲奉一王子，召虜南集金陵者，責允中爲賊遊説，言城中衣冠悉已從亂。因設遊兵遏王府有司軍民章疏而請益師。已兵部檄下招安，叛卒稍稍自首者，永復執之。叛卒裂招降之旗，截其竿，時時開門突戰，復勾虜爲助。指代府語虜曰「以此爲那顏居」，而許之金帛。虜大敗我兵。已我兵殊死戰，虜驅卒爲先鋒，多死者。所許金帛亦不售。虜乃反刃擊叛卒去。源清益令穴地灌水，百道攻城。而上往來念大同甚，始悟征討非計。諭孚敬：「宣大，京師北門也。罪宜止首惡。源清必欲城破人誅，不忠矣。卿不可不慮。將來毋輕聽其説。」乃奪源清職，代以侍郎張瓚。於是大同管糧郎中詹榮、主事楚書、副總兵梁振持上旨入城示諸軍，擒黄鎮等九人，斬之，亂悉定。上乃遣使者齎詔書往彼募軍，給糧守之。而是時夏言已爲禮部尚書，言：「大同之變，軍士戕殺主帥而已，一獄吏治之足矣。鎮臣奏報張皇，輕動大師，致其鼓衆憑城，旅拒朝命，要結醜虜，侵敗王略。任事諸臣又不能定謀審勢，宣暢皇靈，攻圍四月，耗金百餘萬。選鋒士馬，物故太多，不有聖明，神武不殺，德音一播，兇渠受首，生靈寧免塗炭也。大同久被嚴圍，播遷凋喪，餘民無幾，生理窮蹙，兼以功罪未究，國法未伸，竊恐積疑生變，更釀大憂。宜特簡忠亮大臣一員，令會總制撫按官，宣布德威，慰安宗室，撫定軍民，賑賙困窮，綜核功罪。若有倖功債事之姦，責其糾實，以肅國紀。臣又惟近著使臣四出，召募武勇，追呼配抑，所在騷然。各鎮募軍數必不下萬計，資裝月糧，耗費不貲。勑使既歸，行且盡伍隨散，名係虛籍，糧出冒支，此所謂無事生擾，重貽厲階也。今人亂已平，請罷召募之令，追回詔使，第以其費加惠實在行伍，則不待增兵，士氣百倍。」疏入，上心嘉之。孚敬持不欲行。

先是者，潘倣主撫，源清承孚敬意主勦，兩人上疏相詆，朝議皆助源清，獨禮

部左侍郎黄綰以爲不可。吏部尚書汪鋐因劾綰向爲南京右侍郎，時攝部篆，許主事鄒守益引疾歸，不俟朝命，縱庇屬官，敢爲欺蔽，孚敬擬旨調綰外任，帝念綰嘗與議禮者，寢鋐奏不行。鋐意不愜，再疏攻綰，帝乃外調綰如孚敬擬。綰上章言：「臣雅與孚敬交厚，近在政府，臣屢有規政，見謂譏切。孚敬、夏言兩不相能，臣爲同僚，每欲調和其間。近者大同之變，臣議又異，是以孚敬疑惡於臣。臣嘗語孚敬聖明在上，宵旰求理，第使二三大臣一德，心平好惡，弗事險欺，則宿習可回，至治可望。鋐疑臣指己，甘爲孚敬鷹犬，攻擊臣身，乞亟罷臣，以避鋐禍。」疏入，上復留綰如故。至是，上諭孚敬：「人皆云卿忌言，兹果然也。朕惟言之力辦君事，固不多得。聞卿與黄綰比舊加善，今再善，則朕不勞政務，卿德量益著矣。大臣當同心謀國，互詆私嫉，君何賴邪？卿平而熟思之。」遂降旨嘉言忠謀，罷募軍，還詔使，特遣綰往大同如言請。

孚敬坐是再三引疾乞休，帝尋諭之曰：「想卿無疾，或疑朕耳。去來進退，四三作矣，必不終禮待。此一疑。方獻夫年尚後我，今已去，必不用我輩，别信一等人。此二疑。或以大同事及不處延齡者，以爲不得行其志。此三疑。大臣輔君安民，卿必求去，明言何以？」孚敬奏：「皇上任臣無啻心膂，所數進者以禮，臣數獲罪退亦以義，豈敢自嫌自疑？第臣責任愈久，罪過愈大，所以求去，實自揣無益君上耳。夫皇上中天地而立，爲綱常之主，大禮親自釐正，原非臣功。恨三五臣者，託爲我輩，濫叨殊恩，及至當事，不能同誠。如桂萼者，皇上所知，不待臣言。方獻夫當時具疏不上，其志可見。今懦弱無立，緩急不足倚。霍韜昔變詞避去，今異論擾事，非政體所宜。黄綰竊議禮緒餘，驟進崇階，人多鄙之。臣初以其一念偶同，不能深察，今果見其反覆詭隨。夫爲皇上親信而臣等稱爲我輩猶如此，它可知已。昔者潞城之變，皇上以國體爲念，祖宗紀綱法度爲重，討賊不疑，卒用桂萼之説，使夏言勘視。不誅作亂之賊，反罪討亂之臣，是以强梁肆志，將士解體。兹大同之變，皇上亦以國體爲念，祖宗紀綱法度爲重，討賊不疑，卒用人言，復行勘視，致御札密語，傳布邊荒。内帑軍儲，齎使叛亂將士殺叛軍者有罪，而叛軍屠戮平民全家者俱置勿論，法典蕩然矣。張延齡有罪，臣敢不承聖意？以正國法，不得其情，則未免傷昭聖太后之心，虧損皇上親親之意。孔子曰『大臣以道事君，不可則止』。臣自知甚明，寧復有益君上乎？《書》曰：『知人則哲，惟帝其難。』知人，安民之本也。正人邪邪，邪人亦邪正。黨邪成風，忠正淆亂。近日二三臣所稱上意者，立心操行，夫人知之，願皇上早辯之而已。」上復諭孚敬：「卿直以大同事忌言耳。何執已哉。夫討賊無赦法也。劉源清、郤永固當誅，戕主將者正以祖宗法，豈知漏網渠魁恣殺無罪。卿尚爲之稱屈，曰『必破城爲正』。夫城破人誅，其又何難？無罪何辜，又何時完實是鎮，以壯京邑。意雖出，言先定。朕志不論是非，必求自遂，是臣謀乎？」孚敬仍視事，是爲嘉靖十三年。其年進少師，兼太子太師。

其明年六月，秩滿，帝加孚敬忠勤，廕一子中書舍人，令兼支大學士俸，給誥命。頃之，以疾請假，賜牢鐏等物。召李時面問疾狀。因言：「孚敬專決，卿何不争？」時對：「孚敬性剛，臣徐委曲，亦時入之。」上曰：「昔楊一清亦言彼不惜材，坐招衆怨。」頃之手調藥餌，齎賜曰：「古有剪髮療臣者，服後告朕何如？」孚敬感泣。而病益甚，乃許之歸。賜勅諭，遣行人、御醫伴送，令有司給歲八騶，月八石俸，時存問示優眷焉。十五年，孚敬表啓問安，優詔答之。遣錦衣副千户昂視于家，賜之勅，復手勅付昂曰：「卿還久，切朕思。昨得奏，賀朕躬平吉，聖母康泰。淑女曹、王二氏，朕御之而各有喜，已先册封爲端、昭二嬪。又補李氏、王氏爲敬、靖二嬪。朕以春三月奉聖母率后妃恭謁七陵，拜皇高祖妣章皇后、皇曾叔祖景皇帝二陵於金山。侍聖母御舟還。四月，飭新七陵。自作幽宫長陵左，改小山曰『平臺』，以尊皇祖太宗嘗御之地。示卿知之。今使昂問卿疾，未痊便已，稍可即星夜見朕，副切思。」孚敬歸，疾不仁，一再起皆不能，就凡三年，卒。時上幸承天，聞訃深加痛惜，賜祭九壇。及葬，贈太師。禮官請所以易名者，上親按古謚法，以危身奉上，特謚曰「文忠」。

上之入嗣皇帝也，勵精化理，湔濯海内觀聽，挈清政本，杜塞旁落，奮武揆文，網羅才實，至於稽古禮典，取次釐毖，一切刱改表章，軼往憲來，赫然中興，多孚敬所翼贊。孚敬在下則難爲乎其上，在上則難爲乎其下，至其慷慨直任，持議必伸，雖嚴諭屢及，陳詞益切，帝久亦重之。自孚敬相，内官勢大絀，士大夫信志印首，無所忌礙。風紀肅清，而苞苴路絶。其初縉紳之士嫉視如讐，迫於議禮而非之者十九，忌其貴刺之者十九，久而是非者半。孚敬没，人見夫繼孚敬相者而思孚敬又十九矣。

徐乾學《明史列傳》卷六七 張璁，字秉用，永嘉人。舉於鄉，七會試不第。將謁選，御史蕭鳴鳳善星術，語之曰：「從此三載成進士，又三載驟貴，與天子若一人，勢傾海内。」璁乃歸。正德十六年登第，年四十七矣。

世宗初踐阼，議追崇所生父興獻王。廷臣持之，議三上三却。璁測知帝意，

以是年七月朔上疏曰：「孝子之至莫大乎尊親，尊親之至莫大乎以天下養。陛下嗣登大寶，即議追尊聖考，以正其號；奉迎聖母，以致其養，誠大孝也。廷議執漢定陶、宋濮王故事，謂爲人後者爲之子，不得顧私親。夫天下豈有無父母之國哉？《記》曰『禮非天降，非地出，人情而已』。漢哀帝、宋英宗，固定陶、濮王子，然成帝、仁宗，皆預立爲嗣，養之宮中，其爲人後之義甚明。故師丹、司馬光之論行於彼一時則可。今武宗無嗣，大臣遵祖訓，以陛下倫序當立而迎立之。遺詔直曰『興獻王長子』，未嘗著爲人後之義。則陛下之興，實所以承祖宗之統，與預立爲嗣、養之宮中者較然不同。議者謂孝廟德澤在人，不可無後。假令聖考尚存，嗣位今日恐弟亦無後兄之義。且迎養聖母以母之，親也。稱皇叔母，則當以君臣禮見，恐子無臣母之義。《禮》長子不得爲人後。聖考止生陛下一人，利天下而爲人後，恐子無自絕其父母之義。故在陛下謂入繼祖後而得不廢其尊親則可，謂爲人後以自絕其親則不可。夫統與嗣不同，非必父死子立也。漢文承惠帝後，則以弟繼。宣帝承昭帝後，則以兄孫繼。若必奪此父子之親，建彼父子之號，然後謂之繼統，則古有稱高伯祖、皇伯考者，皆不得謂之統乎？臣竊謂今日之禮，宜別立聖考廟於京師，使得隆尊親之孝，且使母以子貴，尊與父同，則聖考不失其爲父，聖母不失其爲母矣。」帝方扼廷議，得璁疏大喜，曰：「此論出，吾父子獲全矣。」亟下廷臣議。廷臣大怪駭，交起擊之，禮官毛澄等執如初。會獻王妃至通州，聞尊稱禮未定，止不肯入。帝聞而泣，欲避位歸藩。璁知之，益自喜，乃著《大禮或問》上之，且曰：「非天子不議禮，願奮獨斷，揭父子大倫，明告中外，以皇叔父、皇叔母不正之名決不可稱，然後大倫正而大禮定。」其意蓋不欲禮官議也，朝士益惡之。其冬，興王加稱興獻帝，璁亦除南京刑部主事，以去追崇議且寢。

至嘉靖三年正月，帝得桂萼疏，心動，復下廷議。汪俊代毛澄爲禮部，執如澄。璁復上疏曰：「陛下遵兄終弟及之訓，倫序當立。禮官不思陛下實入繼大統之君，而强比與爲人後之例，絶獻帝天性之恩，蔑武宗相傳之統，致陛下父子伯侄兄弟名實俱紊，寧負天子，不敢忤權臣，此何心也？伏睹聖諭云：『興獻王獨生朕一人，既不得承緒，又不得徽稱，罔極之恩，何由得報？』執政窺測上心，有見於推尊之重，故今日争一帝字，明日争一皇字，而陛下之心，亦曰以不帝不皇爲歉。既而加稱爲帝，謂陛下心既慰矣，故留一皇字，以覘陛下將來未盡之心，遂敢稱孝宗爲皇考，稱興獻帝爲本生父。父子之名既更，推崇之義安在？乃遽詔告天下，乘陛下不覺，陷以不孝。《禮》曰：『君子不奪人之親，亦不可奪親也。』陛下尊爲萬乘，父子之親人可得而奪之，又可容人之奪之乎？故今日之禮，不在皇與不皇，惟在考與不考。若徒争一皇字，則執政必姑以是塞今日之議，陛下亦姑以是滿今日之心。臣恐天下知禮者必將非笑無已也。」與桂萼第二疏同上。帝益大喜，立召兩人赴京。命未達，兩人及黄宗明、黄綰複合疏力争。及獻帝改稱本生皇考，閣臣以尊稱既定，請停召命。帝不得已，從之。二人已在道，復馳疏曰：「禮官懼臣等面質，故先爲此術，求遂其私。若不亟去本生之稱，天下後世終以陛下爲孝宗之子，墮禮官欺蔽中矣。」帝益心動，復召二人。比抵都，衆洶洶欲撲殺之。萼懼，不敢出。璁閲數日始朝。給事御史張翀、鄭本公等連章力攻，帝益不悦，特授二人翰林學士。二人力辭，且請面折廷臣之非。給事御史李學曾、吉棠等言：「璁、萼曲學阿世，聖世所必誅。以傳奉爲學士，累聖德不少。」御史段續、陳相又特疏論，并及席書。帝責學曾等對狀，下續、相詔獄。刑部尚書趙鑑亦請置璁、萼於理，語人曰：「得俞旨便捶殺之。」帝責以朋奸，亦令對狀。璁、萼乃復列欺罔十三事，力折廷臣。及廷臣伏闕哭争，盡繫詔獄，予杖。由是衣冠喪氣，璁等勢大張。其年八月，卒用其議以定。

帝由是倚二人爲腹心，讐廷臣，譴謫無虚日。璁等恃寵，遇事輒横議，氣凌公卿，天下大柄悉歸此數人矣。四年冬，《大禮集議》成，進詹事，兼翰林學士。後議世廟神道、廟樂武舞及太后謁廟禮，帝率倚璁言而決。璁緣飾經文，委曲當帝意，帝益器之。璁急圖柄用，爲大學士費宏所抑。遂與萼連章攻宏，語至醜穢。帝亦知其情，留宏不即放。五年七月，璁以省墓請，既辭朝，帝復用爲兵部右侍郎，兼官如故。給事中杜桐、楊言、趙廷瑞交章力詆，并劾吏部尚書廖紀引用邪人。帝怒，切責之。兩京給事御史解一貫、張禄、方紀達、戴繼先等復交章論不已。帝眷璁彌厚，尋進左侍郎。復與萼連攻費宏，明年二月，興王邦奇獄，搆陷楊廷和等。宏及石珤同日罷。吏部郎中彭澤以浮躁黜，璁言：「昔議禮時，澤勸臣進《大禮或問》，諸臣去之，將以次去臣等。」澤乃得留。居三日，復言「臣與舉朝抗四五年，舉朝攻臣至百十疏。今修《大禮全書》，元惡寒心，羣奸側目。故要詈方進，譏謗繁興。使全書告成，將誣陷益甚。」因引疾求退以要帝，帝優詔慰留。吏部闕尚書，推前尚書喬宇、楊旦，禮部尚書亦闕，推侍郎劉龍、温仁和。仁和以倖深争，璁言：「宇、旦乃楊廷和黨，而仁和亦不宜自薦。」帝命大臣休致

者，非奉詔不得推舉，孚等遂廢。

璁積怒廷臣，日謀報復。會山西巡按馬録治反賊李福達獄，詞連武定侯郭勛。言者交章劾勛，璁乃譖於帝，謂「廷臣以議禮故陷勛」。帝果發怒，命璁署都察院，桂萼署刑部，方獻夫署大理，覆讞。大臣顔頤壽、聶賢以下咸被搒掠，録等俱坐罪遠竄。帝益以爲能，奬勞之便殿，賚二品服，三代封誥。璁等勢益熾，朝士屏氣，無敢出聲。京察及言官互糾，已黜御史十三人。璁掌憲，復請考察，黜十二人。又奏行憲綱七條，鉗束巡按御史。其年冬，遂拜禮部尚書，兼文淵閣大學士，入參機務。去釋褐六年耳。

楊一清爲首輔，翟鑾亦在閣，帝待之不如璁。嘗諭璁：「朕有密諭，毋泄。朕與卿帖悉親書。」璁因引仁宗賜楊士奇等銀章事，帝賜璁二章，文曰「忠良貞一」，曰「繩愆弼違」，因并及一清等。璁初拜學士，諸翰林耻之，不與並列，璁深恨。及侍讀汪佃講《洪範》不稱旨，帝令補外。璁力請自講讀以下量才外補，改官及罷黜者二十二人。又迎帝意，罷庶吉士選。由是翰苑爲空。七年正月，帝視朝，見璁、萼班兵部尚書李承勛下，意嗛之。一清因諸加散官，乃手勑加二人太子太保。璁辭以未建青宮，官不當設。乃更加少保，兼太子太保。《明倫大典》成，復進少傅，兼太子太傅，吏部尚書，謹身殿大學士。一清再相，頗由璁、萼力，傾心下二人，而璁終以壓於一清，不獲盡如意，遂相齟齬。指揮聶能遷劾璁，璁欲置之死。一清擬旨稍輕，璁益恨，乃言：「近有奸人鄙夫據内閣，貪污無耻，習以爲常。請令洗心滌慮，毋懷奸以欺君，設險以害正。」意謂一清發也。一清再疏引退，且刺璁隱情。帝手勑慰留，因極言璁自伐其能，恃寵不讓，良可嘆息。璁見帝忽暴其短，頗愧沮。

八年秋，給事中孫應奎劾一清、萼，并及璁。其同官王準復劾璁私參將陳璠宜斥，璁乞休者再，詞多陰詆一清。帝乃褒諭璁，而給事中陸粲復劾其擅作威福，報復恩怨。帝大感悟，立罷璁。頃之，其黨霍韜力攻一清，微爲璁白。璁行抵天津，帝命行人賫手勑召還。一清遂罷去。璁爲首輔，帝自排廷議，定大禮，遂以製作禮樂自任。而夏言始用事，乃議皇后親蠶，議勾龍棄配社稷，議分祭天地，議罷太宗配祀，議朝日、夕月别建東西二郊，議祀高禖，議文廟設主，更從祀諸儒，議祧德祧祖正太祖南向，議祈穀，議大禘，議帝社、帝稷，不皆自璁發，帝必下璁議。璁引禮多所折衷，顧帝取獨斷，璁言亦不盡入。其諫罷太宗配天，三四往復，卒弗能止也。十年二月，璁以名嫌御諱，請更。乃賜名孚敬，字茂恭，御書四大字賜焉。

夏言恃帝眷，數以事訐孚敬，孚敬銜之，未有以發。納彭澤言，搆陷行人司正薛侃，因侃以害言。廷鞫事露，旨斥其忮罔。御史譚讚端廷赦，唐愈賢交章劾之。帝諭法司令致仕。孚敬乃大慚去。未幾，遣行人賫勑召之。明年三月，還朝，言已擢禮部尚書，益用事。李時、翟鑾在閣，方獻夫繼入，孚敬亦不能專恣如曩時矣。八月，彗星見東井，帝心疑大臣擅政，孚敬因求罷。都給事中魏良弼詆孚敬奸，孚敬言：「良弼濫舉京營官，臣擬旨奪其俸，挾私報復。」給事中秦鰲劾孚敬：「强辨飾奸，言官論列，輒文致其罪，擬旨不密，引以自歸，明示中外，若天子權在其掌握。不去孚敬，天心終不回。」帝是鰲言，令孚敬自陳狀，許之致仕。李時請給廩隸，勑書，不許。再請，乃得馳傳歸。

十二年正月，帝復思之，遣鴻臚少卿陳璋賫勑召。四月，還朝。六月，彗復見畢昴間。乞避位，不許。明年進少師兼太子太師、華蓋殿大學士。初潞州陳卿亂，孚敬主用兵，賊竟盛。大同再亂，亦主用兵，薦劉源清爲總督，師久無功，其後亂定，代王請大臣安輯。夏言遂力詆用兵之謬，請如王言，語多侵孚敬。孚敬怒，持王疏不行。帝諭令與言交好，而遣黄綰之大同相機行事。孚敬以議不用，稱疾乞休，疏三上。已而，子卒，請益力。帝報曰：「卿無疾，疑朕耳。」孚敬復上奏，不引咎，且歷詆同議禮之萼、獻夫、韜、綰等。帝詰責之，乃復起視事。帝於文華殿後建九五齋恭默室爲齋居，所命輔臣賦詩。孚敬及時各爲四詩以上。已數召見便殿，從容議政。十四年春，得疾。帝遣中官賜尊牢而與時言，頗及其執拗且不惜人才，以叢怨狀。又遣中官賜藥餌，手勑言：「古有剪鬚療大臣疾者，朕今以己所服者賜卿。」孚敬念前此三黜，皆爲帝所薄，無復待大臣禮，遂屢疏乞骸骨。命行人御醫護歸，有司給廩隸如制。明年，帝復遣錦衣官賫手勑視疾，趣其還。行至金華，疾大作，乃歸。十八年二月卒。帝在承天，聞之，傷悼不已。

孚敬剛明果敢，不避嫌怨，既遇主，亦時進讜言。諛者請祀獻帝太廟，孚敬偕萼與書力爭之而止。帝欲坐張延齡反，族其家。孚敬諍曰：「延齡守財虜耳，何能反？」數詰問，對如初。及秋盡當論，孚敬上疏謂：「昭聖皇太后春秋高，卒聞延齡死，萬一不食，有他故，何以慰敬皇帝在天之靈？」帝恚，責孚敬：「自古强臣令君非一，若今愛死囚令主矣，當悔不從廷和事敬皇帝耶？」帝故爲重語愒止孚敬，而孚敬意不已，以故終太后及孚敬世，延齡得長繫。他若清勛

戚莊田，罷天下鎮守內臣先後殆盡，皆其力也。持身時廉，痛惡贓吏，一時苞苴路絶。而性狠愎，報復相尋，不獲善類，欲力破人臣私黨而已。先爲黨魁大禮，大獄叢詬。没世，顧帝始終眷禮，廷臣卒莫與二，嘗稱少師羅山而不名。其卒也，禮官請謚，帝取危身奉上之義，特謚文忠，贈太師。時有胡鐸者，字時振，餘姚人。弘治末進士，正德中官福建提學副使，嘉靖初遷湖廣參政，累官南京太僕卿。鐸與張璁同舉於鄉，大禮議起，鐸意亦主考獻王，與璁合。璁要之同署，鐸曰：「主上天性，固不可違，天下人情，亦不可拂。考獻王不已，則宗宗不已。則入廟，入廟則當有祧。以藩封虛號之帝，而奪君臨治世之宗，義固不可也。入廟則有位，將位於武宗上乎？武宗下乎？生爲之臣，死不得躋於君。然魯嘗躋僖公矣，恐異日不乏夏父之徒也。」璁議遂上。旋被召，鐸方服闋赴京，璁又要同疏，鐸復書謝之，且與辨繼統之義。大禮既定，鐸又貽書，勸召還議禮諸人，養和平之福。璁不能從。鐸與王守仁同鄉，不宗其學，與璁同以考獻王爲是，不與同進，然其辨繼統，謂「國統絶而立君，寓立賢之意，蓋大謬云。」

雷禮《國朝列卿紀》卷一二　張璁，字秉用，浙江温州府永嘉縣人。別號羅峰，既晉輔職，皇上賜名孚敬，字茂恭。嘗蒙召對，上有張羅山之稱，更號羅山。早有異質，克勵問學，氣度端毅，不與衆同。少遊郡庠，弘治戊午以《詩經》中省試。正德丙寅建羅峰書院於姚溪，聚徒講學，造請益充。七試春官，始中庚辰會試。辛巳，上初登寶位，即臨軒策士，賜璁進士出身。時廷議睿宗獻皇帝尊號，衆論紛紜。上疏爲皇上明父子之倫，辭意諄切。嘉靖壬午，授南京刑部主事。甲申，以議禮未决，再上疏。召至京廷議，陞翰林院學士。乙酉進廟御議疏，陞詹事府詹事，仍兼學士。丙戌，擢兵部右侍郎，經筵講書如舊。時璁請告省墓，已陛辭，上命鴻臚寺卿魏澆諭旨留之。會吏部推堪任兵部，上命別推。以璁名上，遂用之。即日三遣中官宣令治事。進謁廟議及奉安獻皇帝神主禮儀。丁亥，轉左，進《大禮要略》。命開館纂修《明倫大典》及命欽明大獄，勑署都察院事。振肅有條，賜勑獎諭及二品服色金帶，仍給三代誥命。陞禮部尚書兼文淵閣大學士，仍奉勑照舊纂修，兼管都察院。命兵部侍郎周倫佐理院事。諭勑銀圖書二，一曰「忠良貞一」，一曰「繩愆弼違」。賜玉帶一。理院事未久，而釐正爲多。論邊務，審邊將，明憲綱，革貪暴，并奏革各處濫設鎮守內臣，清勸近京皇親莊田宿弊。戊子，加太子太保，尋加少保。上享太廟回，侍道側，上屢顧之，賜詩褒美，有「貌奇真才傑，形端志氣伸」之句，又曰：「予喜荷天貺，賚賢作邦珍。」再玉帶。進《姚溪書院集》，賜書院名「賢義」，堂名「抱忠」。命有司於書院中建敬一亭，石刻御註《范氏程氏五箴》。命註《冠服圖》成，賜勑并金幣蟒衣。以災異辭免修書院，慰諭不允。本年六月，《明倫大典》成，加少傅兼太子太傅、吏部尚書、謹身殿大學士，給四代誥命，廕一子爲中書舍人。章聖皇太后賜諭慰勞，并賜金繒。撰孝潔皇后册文及哀沖太子壙志，皆有賜。建議請言，宣諭杜私謁，重制誥，平潞賊，定服制，應製陳言，曰「審幾微，專委任，惜人才，求民瘼」。皆見嘉納，勑所司舉行。己丑，命主會試天下士。尋勑諭重修《大明會典》。是年夫人蔡氏卒於京。降旨安慰，命禮部尚書李時諭祭，遣員外郎張寰督有司治葬事。八月，以災異辭，準休致。至天津，遣行人周禩齎勑守取復任，慰諭再三，仍賜銀記一枚。庚寅，賜《明倫大典》、《大學衍義》、《五經》、《四書》各一部，知建造四郊丘壇事。修祀儀成，典進郊祀議，請倣古立九嬪以廣儲嗣，皆允行。命正孔子祀典，一遵古制。以一品初考，賜勑褒，廕一子爲國子生。會議郊祀成，賜玉帶。尋以名音同御名，請易。疏再上，上稔知其忠謹，親爲撰名字賜之，遂以賜金作堂於寓所。上以獻皇帝手書「榮恩堂」裝潢成軸，御筆金書「皇考手澤」以扁其堂。賜銀印篆曰「永嘉張茂恭印」并銀幣，御筆又大書「孚敬茂恭」字二幅以賜，以繼助告；遣中官賜羊酒銀幣，以資禮用。

是年雷震午門西樓，乞休。賜牙笏公服。比抵家，西苑工完，遣布政党以平齎賜銀幣。上念不置，遣行人周文燭齎勑往取復任。壬辰，命兼太子太師、華蓋殿大學士，復乞致仕歸。癸未，差少卿陳璋齎勑起取復，加少師，再給三代誥命，贈封如制，賜銀印二顆。是年，皇嗣生，賜銀幣。甲午，命有司爲作樓於府城，以藏御書文劄，賜額「寶綸」，命工部製扁，差署丞朱守宣齎送以榜於堂。乙未，兩考，賜勑獎諭，廕一子爲中書舍人。以疾再乞休致，差行人周文光、御醫袁選齎勑送還鄉，月給廪米八石，歲撥輿隸八名，命有司時加存問。丙申，差錦衣衛千户劉昂齎勑視疾，諭疾愈還朝。至處州，疾作，遂回。再起至金華，疾又作，遂歸調理。己亥，章聖皇太后哀詔至，慟哭於家，繼而疾益革，遂不起，享年六十有五。上幸承天，聞訃，誥贈太師，謚「文忠」，廕一子爲尚寶司丞。

雜録

備録

唐樞《國琛集》下 張孚敬原名璁，御賜今名，永嘉人。少負學，久困場屋。性競直不隨物，見事輒言之，不爲忍隱。爲進士觀政時，今上入正大統，以興獻王陵在藩府下禮部，會官議主祀稱號。公即上疏辨今上乃繼統不繼嗣。時論交擊之，復著《大禮或問》二十三條以上。舉朝若讐。大禮成，上倚眷特重，入内閣。上方勵精堯舜之治，夙夜夾圖，忠直自許，而苞苴不行，百執事肅然就職。

劉孟雷《聖朝名世考》卷二 張孚敬字懋恭，初名璁，避肅皇嫌諱，改今名。浙江永嘉人。正德辛巳進士，授南刑部主事。肅皇帝入正大統，以興獻王陵在藩府，下禮部會官議主祀稱號。遂上疏言「上乃繼統不繼嗣」，時論交擊之。復著《大禮或問》二十三條以上。舉朝若讐。大禮成，上倚眷特重，陞翰林學士。歷詹事、禮書，兼文淵閣大學士，入内閣。時嘉靖六年也。上方勵精堯舜之治，而孚敬亦夙夜夾圖，以忠直自許。遂奏革鎮守内臣，清勘皇親莊田，建議請嚴宣諭，杜私謁，重制誥，平潞賊，定服制。及應製陳言，則曰審幾微，專委任，惜人才，求民隱。乃若營四郊之役，進郊祀之議，請倣古立九嬪以廣儲嗣，正孔子祀典，去王號，皆其相業表著者。卒，贈太師，謚文忠。

李紹文《皇明世説新語》卷四 張文忠與桂文襄同加太子太保。文忠獨固辭曰「前星未耀，不敢虚當此官」。特改加少保。

備論

《世宗實録》卷二二一 孚敬深于禮學，丰格儁拔，大禮之議，乃出所真見，非以阿世。既以是受上知眷，驟躋崇顯，而一時議禮諸臣咸得重譴。及奉詔鞫勘大獄，獨違衆議，脱張寅之死，而先後問官得罪者亡慮數十人。以是縉紳之士嫉之如讐。然其剛明峻潔，一心奉公，慷慨任事，不避嫌怨。其署都察院，不終歲而一時風紀肅清，積弊頓改。在内閣自以受上特知，知無不言，密謀廟議，即同事諸臣，多不與聞者。于是清勳戚莊田，罷鎮守内臣，百吏奉法，苞苴路絶，而海内稱治矣。至其持議守正，雖嚴論屢下，陳辭益剴切不撓。上察其誠，久久滋重信之，常以少師羅山呼之而不名。其卒，禮官請所以易其名者，上親按古謚法，以孚敬能危身奉上，特命謚之曰「忠」。其眷遇之隆，始終不渝如此。第果于自是，恩怨太明，休休之量，是其所短。然終嘉靖之世語相業者，迄無若孚敬云。

雷禮《國朝列卿紀》卷一二 支大綸曰：當議禮時，舉朝元老公卿百執事三百餘人，上援孝廟，近庇昭聖，口執程朱之成説，至撼門伏闕，哭聲震地。以一新進郎佐屹立其中，不懾不悚，辭嚴義壯，卒破千古之謬，成聖主之孝。既荷知眷，驟列台鼎，慷慨任事，雖屢蒙嚴責，而剴切益堅。在閣三十年，不進一内侍，不容一私謁，不濫廕一子姪。文武二選，未嘗有纖芥之私。道有不合，即奉身而退，衣囊一篋。已渡潞河，既有温旨，旋踵復入，以行李鮮而内顧輕也。霍文敏素伉直，不輕與人，而獨重公。余故祖其説而論之如此。

項篤壽《今獻備遺》卷四一 論曰：張公晚遭其遇合甚奇，即其議禮明倫，裁罷鎮守，百代不能易也。方永陵初，朝著建論，殆紛紛矣，公危言激説，不隱豪强，舉袂抗顔，頓挫卿相，中人貴近，稟稟下之，可謂傑矣。惜議獄一事，黑白交亂，數起詔獄，是誰階之？其被恩遇，天子命名賜字，不甚隆乎。

鄧元錫《皇明書》卷一八 始天下迫於議禮誹之者十九，已忌其驟貴而刺之又十九，及去位而是非之者半。既後相者率無能及，每益下，無敢與上争事，没而思之者乃十九矣。王弇州曰：「公相而中消勢絀，至于今垂五十年，士大夫得信其志於朝，黔首得安寢於里者，誰力也？夫禮失而求之心而已矣。後主所是爲令，未有悖也。考而不已則宗，宗則入太廟。入太廟則有祧，即公在難乎其免矣。凡言禮而貴者，其人材皆磊磊。即不言禮，亦有以自見者哉。」

尹守衡《明史竊》卷七〇 論曰：天下方迫於議禮，張孚敬一新進書生，首破廷議，竟成聖孝，韙矣哉。黼扆之上，直擬之以周公之愛成王，廷臣寧有兩乎？若乃赤心自誓，謝絶苞苴，貴在於誘進人才，擴闢賢路，以輔成一代中興之美烈。曷其絞訐吹索，使天下人皆不肖而己獨賢乎？鉛山旦斥，石淙夕逐，彼伴

食者徒糜長安米耳。甚矣哉，其未知所謂一个臣也。

何喬遠《名山藏》卷七三《臣林記·張孚敬》 郎曰：張永嘉橫身而批群臣之議，氣蓋舉朝，何有一相？而費公抑之，奚怪遭其毒手。嗣後永嘉爲相，盡出翰林諸公，別選六曹郎以入，事固不可激也。【略】

郎曰：「傳説以版築之人，形諸夢寐，有商諸臣俛然而從之者，何邪？張孚敬以一言遇主，至貴幸矣。自非奮其褊心，借其怒勢，尚不能得乎天子而爲相臣也。雖然，其辯給以肆其才，果以厲其守，潔以作，知臣莫若君，使其三揖而進，一辭而退，開誠布公，集思廣益，豈不赫然名臣哉。

桂萼部

綜述

《明史》卷一九六《桂萼傳》 桂萼，字子實，安仁人。正德六年進士。除丹徒知縣。性剛使氣，屢忤上官，調青田不赴。用薦起知武康，復忤上官下吏。

嘉靖初，由成安知縣遷南京刑部主事。世宗欲尊崇所生，廷臣力持，已稱興獻王爲帝，妃爲興國太后，頒詔天下二歲矣，萼與張璁同官，乃以二年十一月上疏曰：「臣聞帝王事父孝，故事天明；事母孝，故事地察。未聞廢父子之倫，而能事天地主百神者也。今禮官失考典章，遏絶陛下純孝之心，納陛下於與爲人後之非，而滅武宗之統，奪獻帝之宗，且使興國太后壓於慈壽太后，禮莫之盡，三綱頓廢，非常之變也。乃自張璁、霍韜獻議，論者指爲干進，逆箝人口，致達禮者不敢駁議。切念陛下侍興國太后，慨興獻帝弗祀，已三年矣，拊心出涕，不知其幾。願速發明詔，稱孝宗曰皇伯考，興獻帝曰皇考，別立廟大内，正興國太后之禮，定稱聖母，庶協事天事地之道。至朝臣所執不過宋《濮議》耳。按宋范純仁告英宗曰『陛下昨受仁宗詔，親許爲之子，至於封爵，悉用皇子故事，與入繼之主不同』，則宋臣之論，亦自有别。今陛下奉祖訓入繼大統，未嘗受孝宗詔爲之子也，則陛下非爲人後，而爲入繼之主也明甚。考興獻帝，母興國太后，又何疑。臣聞非天子不議禮；天下有道，禮樂自天子出。臣久欲以請，乃者復得席書、方獻夫二疏。伏望奮然裁斷，將臣與二臣疏並付禮官，令臣等面質。」帝大喜，明年正月手批議行。

三月，萼復上疏曰：「自古帝王相傳，統爲重，嗣爲輕。故高皇帝法前王，著兄終弟及之訓。陛下承祖宗大統，正遵高皇帝制。執政乃無故任己私，背祖訓，其爲不道，尚可言哉。臣聞道路人言，執政窺伺陛下至情不已，則加一皇字而已。夫陛下之孝其親，不在於皇不皇，惟在於考不考。使考獻帝之心可奪，雖加千百字徽稱，何益於孝，陛下遂終其身爲無父人矣。逆倫悖義如此，猶可使與斯議哉！」與璁疏並上。帝益大喜，召赴京。初，議禮諸臣無力詆執政者，至萼遂斥爲不道，且欲不使議。其言恣肆無忌，朝士尤疾之。召命下，衆益駭愕，羣起排擊，帝不爲動。萼復偕璁論列不已，遂召爲翰林學士，卒用其言。萼自是受知特深。

四年春，給事中柯維熊言：「陛下親君子而君子不容，如林俊、孫交、彭澤之去是也。遠小人而小人尚在，如張璁、桂萼之用是也。且今伏闕諸臣多死徙，而御史王懋、郭楠又謫譴，竊以爲罰過重矣。」萼、璁遂求去，優詔慰留。尋進詹事兼翰林學士。議世廟神道及太后謁廟禮，復排廷議，希合帝指。帝益以爲賢，兩人氣益盛。而閣臣抑之，不令與諸翰林等。兩人乃連章攻費宏并石珤，齮之去。

給事中陳洸犯重辟，萼與尚書趙鑑攘臂争，爲南京給事中所劾，不問。嘗陳時政，請預蠲六年田租，更登極初宿弊，寬登聞鼓禁約，復塞上開中制，懲奸徒阻絶養濟院，聽窮民耕城垣隙地，停外吏赴部考滿，申聖敬，廣聖孝，凡數事，多議行。

六年三月進禮部右侍郎，兼官如故。時方京察，南京言官拾遺及萼。萼上言：「故輔楊廷和廣植私黨，蔽聖聰者六年，今次第斥逐，然遺奸在言路。昔憲宗初年，命科道拾遺後，互相糾劾，言路遂清，請舉行如制。」章下吏部，侍郎孟春等言：「憲宗無此詔。萼被論報復，無以厭衆心。」萼言：「詔出憲宗文集。春欲媚言官，宜并按問。」章下部再議，春等言成化中科道有超擢巡撫不稱者，憲宗命互劾，去者七人，非考察拾遺比。帝終然萼言，趣令速舉。給事御史争之，並奪俸。春等乃以御史儲良才等四人名上。帝獨黜良才，而特旨斥給事中鄭自璧、孟奇。且令部院再覈，復黜給事中余經等四人，南京給事中顧溱等數人，乃已。

其年九月改吏部左侍郎。是月拜禮部尚書，兼翰林學士。故事，尚書無兼學士者，自萼始。甫踰月，遷吏部尚書，賜銀章二，曰「忠誠静慎」，曰「繩愆匡違」，令密封言事與輔臣埒。七年正月，手敕加太子太保。《明倫大典》成，加少保兼太子太傅。

萼既得志，日以報怨爲事。陳九疇、李福達、陳洸之獄，先後株連彭澤、馬録、葉應驄等甚衆，或被陷至謫戍，廷臣莫不畏其兇威。獨疏薦建言獲罪鄧繼曾、季本等，因事貶謫黄國用、劉秉鑑等，諸人得量移，世亦稍以此賢萼。然王守仁之起也，萼實薦之。已，銜其不附己，力齮齕。及守仁卒，極言醜詆，奪其世封，諸卹典皆不予。

八年二月命以本官兼武英殿大學士入參機務。初，萼、璁赴召，廷臣欲倣先

朝馬順故事，於左順門捶殺之，走武定侯郭勛家以免。勛遂與深相結，亦蒙帝眷，典禁兵。久之，勛奸狀大露，璁、霍韜力庇勛。萼知帝已惡之，獨疏其兇暴貪狡數事，勛遂獲罪。楊一清爲首輔持重，萼、璁好紛更，且惡其壓己，遂不相能。給事中孫應奎請鑒別三臣賢否，詆萼最力。帝已疑萼，令滌宿愆，全君臣終始之義。萼乃大懼，疏辨，且稱疾乞休。帝報曰：「卿行事須勉徇公議，庶不負前日忠。」萼益懼。給事中王準因劾萼舉私人李夢鶴爲御醫。詔下吏部，言夢鶴由考選無私。帝終以爲疑，命太醫院更考。言官知帝意已移，給事中陸粲極論其罪，并言夢鶴與萼家人吴從周、序班桂林居間行賄事。奏入，帝大悟，立奪萼官，以尚書致仕。璁亦罷政。帝復列二人罪狀詔廷臣，略言：「其自用自恣，負君負國，所爲事端，昭然衆見，而萼尤甚。法當置刑典，特寬貸之。」遂下夢鶴等法司，皆首服。

無何，霍韜兩疏訟萼，言一清與法司搆成萼贓罪。一清遂去位，刑部尚書周倫調南京，郎中、員外皆奪職，命法司會錦衣鎮撫官再讞。乃言夢鶴等假託行私，與萼無與。詔削夢鶴、林籍，從周論罪，萼復散官。是時璁已召還。史館儒士蔡圻知帝必復萼，疏頌萼功，請召之。帝乃賜敕，令撫按官趣上道。萼未至，國子生錢潮等復請趣萼。帝怒曰：「大臣進退，幺麽敢與聞邪？」并圻下吏。明年四月還朝，盡復所奪官，仍參機務。萼初鋭意功名，勇任事，不恤物議，驟被摧抑，氣爲之懾，不敢復放恣。居位數月，屢引疾，帝輒優旨慰留。十年正月得請歸，卒於家。贈太傅，謚文襄。

萼所論奏，《帝王心學論》、《皇極論》、《易復卦》、《禮月令》及進《禹貢圖》、《輿地圖説》，皆有裨君德時政。性猜狠，好排異己，以故不爲物論所容。始與璁相得歡甚，比同居政府，遂至相失。

焦竑《國朝獻徵録》卷一六《少保兼太子太傅吏部尚書武英殿大學士桂公萼傳》 少保兼太子太傅、吏部尚書、武英殿大學士桂萼，以嘉靖十年八月卒。遺表謝恩有曰「臣聞受命于天，壽殀難逃定數；遇知於主，存亡敢易中心？顧兹永隔之期，益切銜恩之感。伏念臣家世田業，性資木野。少無適俗之韻，長乏趨時之方。筮仕縣司，養痾泉壑。幸值聖作物覩之會，復當議禮考文之期。且學爲資父事君，故志願奮忠忘死。遂以蒭蕘之見，誤辱兼收；乃承鼎鉉之求，薦膺重寄。實過生平之願，極爲布衣之榮。臣用是感激殊恩，冀紓末效。直行己志，屢致人言。伏蒙皇上保全于風波摇蕩之中，矜察于貝錦囂譊之際，無能名德，自誓捐軀。乃葵藿之忱未伸，而蒲柳之姿先瘁。承恩予告，幸遂首丘，輿疾出門，益增戀懨。臣强親醫藥，静處鄉園。冀緩死於須臾，庶瞻顔於咫尺。不意疾勢彌留，大數將至；蓋棺有日，覲闕無時。敢以將死之言，用布尚存之悃。伏願皇上清心寡欲，致敬存誠，頤精保神，虛懷納諫。凡臣平昔之所論述，肯於燕閒而賜覽觀，則臣死有餘榮，殁且不朽矣。」上覽而悲曰：「萼病既篤，猶遺疏効忠。朕心實切傷□，特用省覽，以慰不忘愛君至意。」遂贈萼太傅，謚文襄，賜祭九壇，命工部遣官營葬。

萼，江西安仁縣人。正德六年進士，授丹徒知縣。被論調青田，不赴。後以言者薦，補武康。嘉靖癸未，稍遷南京刑部主事。時議大禮，張璁、方獻夫、霍韜、席書等咸執爲人後之説爲非是，上心欲從之，格于庭議。萼因抗疏極論，纍纍千餘言。上遂召五臣還京，竟定大禮。由是寵異之，陞翰林學士，詹事，禮吏部侍郎，俄遷尚書，加太子太傅、少保。己丑，遂改兼武英殿大學士，入内閣。萼精悍狷隘，以學術經濟自任。既受上特達之遇，遂直躬而行，無所顧忌。然其志遠才疏，諸所規畫多迂滯不適於用。方議禮時五臣同心排異議，相得驩甚，而萼與璁尤密。比末年，二人者亦遂相失。萼既殁，上念議禮功，録其子輿爲尚寶司丞，轀爲中書舍人。

《國朝獻徵録》卷一六胡松《特進光禄大夫上柱國少保兼太子太傅吏部尚書武英殿大學士致仕贈太傅謚文襄桂公萼墓表》

余行部往來安仁，過故相桂文襄公里，問其遺言往事，參以他日睹記，蓋泫然悲焉。嗟乎，世人貴耳賤目，智既不足以知人，而情又蔽於先入，亦何惑乎賢哲之蒙猜詆也。公平生大節，在讀書好古，篤志躬行，孝友介特，甘貧尚志，以賢聖行業爲己任，跡其執禮守正，不諂不同，三爲令尹，至遭譏積忤，數被折辱，而曾弗有所悔易。此豈章句竪儒伈伈然以冠纓組綬爲性命者哉？惟其志不苟合，故釋褐至十五年，仕纔厪厪南京刑部主事爾。至於遭被知遇，致身思報，日夜敷納，罄竭忠慮，其大者如專聖學，明聖敬與其希天之學之疏，若《皇極訓解》修明學政。公之學忱識其遠且大矣。蓋公少與其兄古山先生師事康齋吴聘君門人張先生方在，布衣即有匡濟天下之志。【略】余嘗誦讀公集，其言無非天下國家大計，若《明倫大禮》諸疏，論定久矣，姑置不論。即如《輿地圖叙論》一書，【略】備殫心力，真有王臣蹇蹇匪躬之故，日興夜寐，灑掃廷内之義。使當時百執事有味其言，交相修飭，屢省力行於巖廊之上，而施及朔易炎海之壖，豈至使主上憂勞南北赤子若此其亟

耶？蓋公已逆睹豫策於三十年之前矣。世徒見公由主事不數年致位公孤，遂見媢嫉，譁然攻之，而豈知古人自耒耜版築間即以爰立，顧勝與否爾。矧公其時登第且二十載，而其材與德又恢恢寔有餘地耶？今之世固有官爲太宰，身都上相，而野無百畝之腴，家乏百金之積，蕭然敝宅，澹然不異爲令尹時耶？

或又謂公嘗排王先生伯安之學，殆於媢忌。余竊以謂不然。蓋陽明兩廣之役，寔由公薦。其謂一時天下之才，無出陽明右者，田州之事非斯人不足以濟。是心也，天下之公心也。乃其後或被訶禁操切，自其並時在位意見識趣之不同，爲人所誤則有之，所謂晏嬰不知仲尼命也。然晏嬰雖不知仲尼，而其節儉正直，能以其君顯於天下後世，要無損其賢也，可以一眚病大（閑）〔賢〕耶？矧加誣增飾其鄉人固有說也。蓋孟子曰：「人有不爲也，而後可以有爲。」陸敬輿曰：「吾上不負天子，中不負所學，下不負斯民。」公實兼而有之。其必爲名臣賢弼而不爲俗吏陋儒無疑。余恐後世距公日遠，不盡知公行事，爰語長史君，請爲掇其大都，表諸隧焉。

王世貞《嘉靖以來内閣首輔傳》卷二　桂萼字子實，鉛山人。由進士至少保、太子太傅、吏部尚書、武英殿大學士。致仕，卒。贈太傅，謚文襄。萼爲人廉，有才識而憸忮，多所行恩怨，士大夫惡之。

鄧元錫《皇明書》卷一八　桂文襄公萼，字子實，饒州安仁人。自幼學於其兄古山先生華，師事胡敬齋先生門人張方先生。言動一依於古，而究心天下之務。自天文、地理、禮樂、名物、農田水利以及於百家之書靡不貫綜。舉正德辛未進士，兄華謂之曰：「吾斯之未能信，可遽仕乎？」萼請給歸，日與講求不失先王之意而可行於今者。又六年，始知丹徒縣。忤其守，拂衣歸。薦起知武康，又忤其守，下獄。盡心民事，遭讒忤，被折辱，無怨悔。登第十五年始稍遷南刑主事。

嘉靖初，大禮議起，柄國者本宋儒議，尊大統而固。兄華歎曰：「子不私其父，非子也。柰何牽制文義，使上意不少舒乎？可疾議上調其衷，不且有姦人乘其間者逢上心，事敗矣。」萼於是議上，與張文忠合議禮進。爲廷議所共詆，當上意，召爲詹事府詹事、翰林學士。語具《禮儀志》中。事稍間，即爲上言：「内閣【略】任非其人則機務挫。吏部猶銓衡，然用非其人則賢否淆混。請召致仕大學士謝遷，復内閣；致仕南吏尚書廖紀，復吏部。」上頗好詩詞，即上言：「人主不可輕有所好，宜澹然無欲，穆然無爲，無留心聲律，爲邪臣所中，而考求祖宗經國大典推行之。」陳十事：預免六年田租，恤逋逃一；更登極初宿弊，除欺蔽二；嚴登聞鼓禁約，通寃抑三；禁運司解銀，復邊糧四；革奸徒阻絕養濟院收養無告及冒支院糧五；聽收遊食開墾城垣堧地六，免赴部考滿謹曠官七；憫窮吏罰班八；申聖敬九廣聖孝十也。遷禮右侍郎。

會選公主婚，限一月内選子弟。萼上言：「太緩固生奸，太速亦不達。乞稍寬三四月，精選以重婚。」時上諭内閣，令講官及翰林官日輪一員，將經史有關君德國政者直書備覽，有疑則問。已改旬三、八日，萼疏言：「皇上此心即堯舜清問好問之心，我太祖太宗仁宣英宗俱嘗舉行者也。經筵日講已有定規，寒暑暫停，亦仍舊例。但堂陛九重，咫尺千里，雖有善言，亦何自上聞？皇上當修省之餘，動咨訪之念，欲令儒臣日直，此開壅蔽，攬乾綱第一義也。上意所及，時有召問，則必有超然之思，視預爲限日，專事講説者，裨益相去萬萬也。昔人有言見人主者夢日，不夢竈。以日兼燭天下，人不可蔽。竈之光一人煬焉，非人君之象故也。令必以内閣二人同直，有問必顧忌而不敢正對。切謂五日輪二人者，終不及聖諭日輪一人之善也。」已上五事疏，言：「民壯之額度不必常設，地方摧折身錢，量減三分之一，聽爲附近災傷地方頂補里甲官銀一；官厨缺部隨收補，免天下清解二；天下子弟入監讀書，有祖父母、父母年老欲歸省者，聽給假一年，踰半年實在御前上直將軍，有祖父母、父母年老欲歸省者，分番放省六月，不下百餘人。」已疏修明學政，遷吏部尚書。疏足國安民，進《禹貢圖》，已進《輿地圖》，皆經國大務，語具《方域學校土田志》中。薦刑侍郎劉麟堪工尚書。論保傅之職，請珍攝。

八年，旱災傷，請蠲民田租，語甚急。旨未下，復請。上曰：「待禮部類奏災異章上下矣。」萼念災傷重，謂禮尚書方獻夫曰：「上憂勞小民極矣。災傷疏宜速，上法徵民田租，以十月開倉。脱皇上有曠蕩之恩及九月十五前，則民受實惠。少緩之，即爲具文，所謂黄紙蠲租而白紙已先收者也。」已論郡臣薦舉，論申明考察，論革冗官，皆任官大務。方張、桂召入議禮時，羣臣歡欲倣馬順故事於左順門衆拳之死，無罪也。張、桂走武定侯勛家而免，從武定家上書得召見，而羣臣摘貴勛以二人故結上心，益横，放毒中官張永血流死。萼密疏，上駕出郊，毋令扈以預防。上手札言：「勛素忠，亦卿所素知。何云云也？」萼乃具疏其兇暴不可倚信者數事以上，而具言張、霍庇勛之情，已絀而張、霍之横遂深。無何召入閣，爲武英殿大學士，兼官如故。

始萼從兄華講宋學甚久，諸論奏聖王心學，論《皇極》，論《易・復卦》、《禮・月令》，論擴充四端，論養德養身，皆正學以言，知社稷生民爲重。首疏請優恤四鎮，請免民田租而拳拳於生民，務保惠安全尤深。其言曰：「高皇帝取民之制，

經之版圖，理之以政事，至纖至悉，然法久廢墜，人不盡知，遂致經理失宜，賦稅偏重。宜分豁災傷田租，分豁里甲官銀。」薦大理少卿魏校講經傳，深密有師法，請召爲日講官。卒，贈太傅，謚文襄。

何喬遠《名山藏》卷七三《臣林記・桂萼》卷一九　桂萼，字子實，安仁人。仕至少保、太子太傅、吏部尚書、武英殿大學士。卒，贈太傅，謚文襄。萼自進士起家，三調邑令，頗廉潔，恤民而好剛使氣，多忤上官，被都御史、知府笞責汚白簡者再三。其於張孚敬非素交，既言禮合，同貴幸，乃相暱。爲人險忮，行恩怨。其尚書吏部，逐都御史之見笞者，孽而戍知府。獨以名薦魏校爲國子祭酒。校爲萼草奏，往往精深當上意。孚敬閒者覺弗如，知而意恨之，而校與新建伯王守仁爭名不相下。萼爲之構守仁，奪世封。當孚敬之入內閣，上外禮楊一清而內親孚敬。及萼爲同官，孚敬與萼同攻一清，直欲出其上。然萼有建白，孚敬又多絀之。萼又內憾孚敬，三人者鼎而相詆諆，雖上亦厭之。孚敬還相，萼亦被召還，然氣黯然不復振。復請告歸。病羸，卒。

萼精悍狷隘，少事吳與弼之門人張方。布衣時即以學術經濟自許，既受上知，直躬無顧忌，乃志遠才疏，所規畫多迂滯不適用。然身没之後，其家蕭然，士大夫亦多焉。

徐乾學《明史列傳》卷六七　桂萼，字子實，安仁人。正德六年進士，除丹徒知縣。性剛使氣，屢忤上官，爲巡撫及知府所笞辱，調青田，不赴。用薦起知武康，復忤上官，下吏。嘉靖初由成安知縣遷南京刑部主事。世宗欲尊崇所生，廷臣力持，已稱興獻王爲帝，妃爲興國太后，頒詔天下二歲矣。萼與張璁同官，揣知帝指，乃以二年十一月上疏曰：「臣聞帝王事父孝，故事天明；事母孝，故事地察。未聞廢父子之倫而能事天地，主百神者也。今禮官失考典章，遏絶陛下純孝之心，納陛下於與爲人後之非，而滅武宗之統，奪獻帝之宗，且使興國太后壓於慈壽太后，禮莫之盡。三綱頓廢，非常之變也。乃自張璁、霍韜獻議，論者指爲干進，逆箝人口，致達禮者不敢駁議。切念陛下侍興國太后，慨興獻帝弗祀，已三年矣。拊心出涕，不知其幾。願速發明詔，稱孝宗曰皇伯考，興獻帝皇考，别立廟大內。正興國太后之禮，定稱聖母，庶協事天事地之道。至朝臣所執，不過宋《濮議》耳。按宋范純仁告英宗曰：『陛下昨受仁宗詔，親許爲之子。至於封爵悉用皇子故事，與入繼之主不同』則宋臣之論亦自有別。今陛下奉祖訓入繼大統，未嘗受孝宗詔爲之子也，則陛下非爲人後而爲入繼之主也明甚。考興獻帝母興國太后又何疑？臣聞非天子不議禮，天下有道，禮樂自天子出。臣久欲以請，乃者復得席書、方獻夫二疏，伏望奮然裁斷，將臣與二臣疏並付禮官，令臣等面質。」帝大喜。明年正月，手批議行。廷臣咸惡萼，共指目爲奸邪。萼知帝意決，益發舒。其月，復上疏曰：「自古帝王相傳，統爲重，嗣爲輕。故高皇帝法前王，著兄終弟及之訓。陛下承祖宗大統，正遵高皇帝制。執政乃無故任己私，背祖訓，其爲不道，尚可言哉！臣聞道路人言，執政窺視陛下至情不已，則加一皇字而已。夫陛下之孝其親不在於皇不皇，惟在於考不考。使考獻帝之心可奪，雖加千百字徽稱何益於孝？陛下遂終其身爲無父人矣。逆倫悖義如此，猶可使與斯議哉？」與璁疏並上，帝益大喜，召赴京。

初議禮諸臣無力詆執政者，至萼遂斥爲不道，且欲不使議其言，恣肆無忌，朝士尤疾之。召命下，衆益駭愕，羣起排擊，帝心惡之，不爲動。萼復偕璁論列不已，遂召爲翰林學士，卒用其言。萼自是受知特深。四年春，給事中柯維熊言：「陛下親君子而君子不容，如林俊、孫交、彭澤之去是也。遠小人而小人尚在，如張璁、桂萼之用是也。且今伏闕諸臣多死徙而御史王懋、郭楠又謫遣，竊以爲罰過重矣。」璁、萼遂求去，優詔慰留，尋進詹事，兼翰林學士。議世廟神道及太后謁廟禮，復排廷議，希合帝指，帝益以爲賢。兩人氣益盛，求經筵講官，與修《獻皇實録》，典兩京鄉試，教習庶吉士，並爲閣臣所抑。兩人乃連章攻費宏，并石珤齮之去。給事中陳洸犯重辟，萼與尚書趙鑑攘臂爭爲南京給事中，所劾不問。嘗陳時政，請預蠲六年田租，更登極初宿弊，寬登聞鼓禁約，復塞上開中制，懲奸徒阻絶養濟院，聽窮民耕城垣陝地，停外吏赴部，考滿憫窮，吏部班申聖敬、廣聖孝，凡十事，多議行。六年，進禮部右侍郎，兼官如故。時方京察，南京言官拾遺及萼。萼上言：「故輔楊廷和廣植私黨，蔽聖聰者六年，今次第黜逐，然遺奸在言路。昔憲宗初年命科道拾遺，後互相糾劾，言路遂清。請舉行如制。」章下吏部。侍郎孟春等言：「憲宗無此詔，萼被論報復，無以壓衆心。」萼言：「詔出憲宗文籍，春欲媚言官，宜并按問。」帝下部再議。春等言：「成化中科道有超擢巡撫不稱者，憲宗命互劾，去者七人，非考察拾遺比。」帝終然萼言，趣令速舉。給事御史爭之，並奪俸。春等乃以御史儲良才等四人名上。帝獨黜良才，而特旨斥給事中鄭自璧、孟奇，且令部院再覈復。斥給事中余經等四人，南京給事中顧溱等數人，事乃竣。

其年九月，改吏部左侍郎。是月，拜禮部尚書，兼翰林學士。故事：尚書無

兼學士者。自萼始。甫踰月，遷吏部尚書，賜銀章二，曰「忠誠靜慎」，曰「繩愆匡違」，令密封言事，與輔臣埒。七年正月，手勅加太子太保。《明倫大典》成，加少保，兼太子太傅。萼既得志，日以報怨爲事。陳九疇、李福達、陳洸之獄，先後株連彭澤、馬録、葉應驄等以百數。故嘗答萼之巡撫及知府，或爲所逐，或被陷至謫戍。廷臣莫不畏其兇威。又嘗請考覈學臣，甄別巡撫，改調者甚衆，獨疏薦建言獲罪鄧繼曾、季本等，因事貶謫黄國用、劉秉鑑等諸人，得量移。世亦稍以此賢萼。然王守仁之起也，萼實薦之。已，銜其不附己，力齮齕。及守仁卒，極言醜詆，奪其世封，諸恤典皆不予。

其年二月，命以本官兼武英殿大學士，入參機務。初萼、璁赴召，廷臣欲倣先朝馬順故事，於左順門捶殺之，走武定侯郭勛家以免。勛遂與深相結，亦蒙帝眷，典禁兵。久之，勛奸狀大露，璁、霍韜力庇，萼知帝已惡之，獨疏其兇暴貪狡數事，勛遂獲罪。楊一清爲首輔，持重。萼、璁好紛更，且惡其壓己，遂不相能。給事中孫應魁請鑒別三臣賢否，詆萼最力。帝已疑萼，令滌宿愆，全君臣終始之義。萼乃大懼，疏辨，且稱疾乞休。帝報曰：「卿行事須勉狥公議，庶不負前日忠。」萼益懼。給事中王準因劾萼舉私人李夢鶴爲御醫。詔下吏部，言：「夢鶴由考選，無私。」帝終以爲疑，命太醫院更考。言官知帝意已移，給事中陸粲極論其罪，并言夢鶴與萼家人吴從周、序班桂林居間行賄事。奏入，帝大悟，立奪萼官，以尚書致仕。璁亦罷政。帝復列二人罪狀，詔廷臣，畧言：「其自用自恣，負君負國，所爲事端，昭然衆見，而萼尤甚。法當寘刑典，特寬貸之。」遂下夢鶴等法司，皆首服。無何，霍韜兩疏訟萼，言一清與法司搆成萼贓罪。一清遂去位，刑部尚書周倫調南京，郎中、員外皆奪職。命法司會錦衣鎮撫官再讞。乃言：「夢鶴等假託行私，與萼無與。」詔削夢鶴、林籍，從周論罪，萼復散官。是時璁已召還，史館儒士蔡圻知帝必復萼，疏頌萼功，請召之。帝乃賜勅，令撫按官趣上道。萼未至，國子生錢潮等復請趣萼。帝怒曰：「大臣進退，么麽敢與聞耶？」并圻下吏。明年四月，還朝，盡復所奪官，仍參機務。萼初鋭意功名，勇任事，不恤物議。驟被摧抑，氣爲之懾，不敢復放恣。居位數月，屢引疾。帝輒優旨慰留。十年正月，得請歸，卒於家。贈太傅，謚文襄。

萼以經濟自命，所論奏帝王心學，論《皇極》，論《易・復卦》、《禮・月令》，及進《禹貢圖》《輿地圖説》皆有裨君德時政。性猜狠，好排異己，以故不爲物論所容。始與璁相得，歡甚。比同居政府，遂至相失。

查繼佐《罪惟録》列傳卷一六 桂萼，字子實，江西安仁人。正德六年進士，初歷三邑，亡稱。世宗入，稍遷南京刑部主事。大禮議起，萼與璁同官，深是璁議。先是撫臣席書、吏部員外郎方獻夫欲具疏附璁，會詔下，已考孝宗，且止。至是萼知上意殊鬱，録席、方二疏以聞。上大悦，立召書、獻夫等入對，遷萼翰林院學士。大禮成，進詹事，同議寵任亡與比。時費宏以大學士當國，萼與璁力詆，務宏去。宏去，璁卒代宏。明年，謝遷去，萼又代遷。一清尚爲首輔，二人又力攻一清。於是言官相繼論劾，謂璁雖狠愎自用，執拗多私，其術猶疏；萼外若寬迂，内實深刻，如蝮蛇鷙獸，犯者必死。上知二人之專肆也，勅令致仕，而且革萼散官。尋以詹事霍韜言，特召璁還。璁既入，韜復爲萼解，而攻一清益甚。於是一清去，而萼復入矣。又明年，萼以疾乞歸。卒，贈太傅，謚文襄。

雜録

備録

唐樞《國琛集》 桂萼，安仁人。家學懋修，自少負奇志，動以古人爲慕，常謂事必有法，必豫爲理會，以儲經世之具。三任縣令，所至政善民安。會議繼統禮，羣疏不伸，臺閣布岔，天子方持終天之怏。公哀衆論以上，而謂强臣執國柄，欺天子幼沖。上奮乾綱，大禮立就。乃眷注公，歷擢冢宰，入内閣。公引拔賢才，温裕識治體。

李樂《續見聞雜記》卷一一 桂公萼，謚文襄，江西安仁縣人。公自釋褐，授丹徒知縣，執古傲上，不能狥時曲媚，見辱于知府林魁，更改湖州、武康、成安三縣，低佪十餘年，未嘗以淹屈降志。後爲南京刑部主事，遇世廟登極，議追崇之禮，一言悟主，遂極峻用。讀公奏議，皆經國大猷，切中時弊，無所忌諱。至密論四事，若放宫人、止織造、罷鎮守、却祥瑞尤時所難言者。況其講學論政，皆自稽古根本中來，于進退之際，懇懇不肯自恕，可謂名相也已。

沈德符《萬曆野獲編・補遺》卷二 【儒生保輔臣】嘉靖九年八月，桂萼被給事中陸粲彈章，與張璁同罷，以尚書致仕。未幾，璁即召還，而萼仍家居。史館儒士

蔡圻，揣知上意，上疏頌萼功，請召之。上即俞其言，賜萼敕奬諭，敦促上道矣。至十二月萼未至，聽選監生錢潮等，又上疏請遣使趣大學士萼還朝，與璁共輔政，時去歲終禁封三日耳。上怒，謂大臣進退，斷自朝廷，乃敢狂率奏擾，且倡自蔡圻，并圻下法司逮訊，時人快之。時萼尚在家，宜即堅辭，未幾赴闕，然已與張隙，不得行，意邑邑，歲餘仍致仕去，遂死。蓋在得患失，兼而有之。蔡、錢二生，何足責也。

【桂文襄受賂】雲南巡撫傅習者，桂少保萼同鄉進賢人也。在滇時，令僕以金寶二罐通於桂，求内轉，標題曰黄雀銀魚。桂時方秉銓，受而語僕曰：「語爾主，此處來不得，南京去罷。」踰月，遂擢南廷尉，行至鎮遠而死。此嘉靖戊子年事。時人紀以一絶曰：「黄雀銀魚各一罌，長安陌上肆公行。若教冢宰持公道，安得南京大理卿？」滇人至今能道之。舊傳桂見山有素絲之節，謬矣。

張萱《西園聞見録》卷一一　桂文襄公萼自釋褐授丹徒知縣，執正不肯狥時曲媚，見辱于知府林魁。林辭官疏有此縣有聖人之令之言，請避之。公亦辭官去。

備論

《明世宗實録》卷一二九　萼，江西安仁縣人。正德六年進士，授丹徒知縣。被論調青田，不赴。後以言者薦補武康。嘉靖癸未稍遷南刑部主事。時議大禮，張璁、方獻夫、霍韜、席書等咸執爲人後之説爲非是，上心欲從之，格于廷議。萼因抗疏極論，累累千餘言。上遂召五臣還京，竟定大禮，由是寵異之。陞翰林學士，詹事，禮、吏部侍郎，俄遷尚書，加太子太傅、少保。己丑，遂改兼武英殿大學士，入内閣。萼精悍猾隘，以學術經濟自任。既受上特遴之遇，遂直躬而行，無所顧忌。然其志遠才疎，諸所規畫多迂滯不適于用。方議禮時，五臣同心排異議，相得驩甚，而萼與璁尤密。比末年五人者亦遂相失。萼既没，上念議禮功，録其子輿尚寶司丞，輻爲中書舍人。

劉孟雷《聖朝名世考》卷二《桂萼文襄公》

桂萼，字子實，江西安仁人。舉正德辛未進士。少負奇志，三任縣令，所至政善民安。會議繼統禮，群疏不申，臺閣布岔，天子方持終天之怏。萼哀衆論以上，而謂：「强臣執國柄，欺天子幼沖。」上奮乾綱，大禮立就，乃眷注萼。歷冢宰，入内閣。萼引拔才賢，温裕識大體。卒，謚文襄。

尹守衡《明史竊》卷七　論曰：桂萼一忮憤之士耳，亡他材能，以與永嘉同官，遂得攀逐後塵，坐致卿相。而末年好亦不終，固小人之態哉！

查繼佐《罪惟録》卷一六　論曰：議禮兩文襄，萼三邑亡稱，獻夫曲狗吏部，即寬迂，謙受教，不尚也。然則□襄祇帝隱一事而已，乃曰文襄文襄！

嚴嵩部

綜述

《明史》卷三〇八《嚴嵩傳》 嚴嵩，字惟中，分宜人。長身戌削，疎眉目，大音聲。舉弘治十八年進士，改庶吉士，授編修。移疾歸，讀書鈐山十年，爲詩古文辭，頗著清譽。還朝，久之進侍講，署南京翰林院事。召爲國子祭酒。

嘉靖七年歷禮部右侍郎，奉世宗命祭告顯陵，還言：「臣恭上寶册及奉安神牀，皆應時雨霽。又石產棗陽，羣鸛集繞，碑入漢江，河流驟漲。請命輔臣撰文刻石，以紀天眷。」帝大悦，從之。遷吏部左侍郎，進南京禮部尚書，改吏部。

居南京五年，以賀萬壽節至京師。會廷議更修《宋史》，輔臣請留嵩以禮部尚書兼翰林學士董其事。及夏言入内閣，命嵩還掌部事。帝將祀獻皇帝明堂，以配上帝。已，又欲稱宗入太廟。嵩與羣臣議沮之，帝不悦，著《明堂或問》示廷臣。嵩惶恐，盡改前説，條畫禮儀甚備。禮成，賜金幣。自是，益務爲佞悦。帝上皇天上帝尊號、寶册，尋加上高皇帝尊謚聖號以配，嵩乃奏慶雲見，請受羣臣朝賀。又爲《慶雲賦》、《大禮告成頌》奏之，帝悦，命付史館。尋加太子太保，從幸承天，賞賜與輔臣埒。

嵩歸日驕。諸宗藩請卹乞封，挾取賄賂。子世蕃又數關説諸曹。南北給事、御史交章論貪污大臣，皆首嵩。嵩每被論，亟歸誠於帝，事輒已。帝或以事諮嵩，所條對平無奇，帝必故稱賞，欲以諷止言者。嵩科第先夏言，而位下之，始倚言，事之謹，嘗置酒邀言，躬詣其第，言辭不見。嵩布席，展所具啓，跽讀。言謂嵩實下己，不疑也。帝以奉道嘗御香葉冠，因刻沈水香冠五，賜言等。言不奉詔，帝怒甚。嵩因召對冠之，籠以輕紗。帝見，益内親嵩。嵩遂傾言，斥之。言去，醮祀青祠，非嵩無當帝意者。

二十一年八月拜武英殿大學士，入直文淵閣，仍掌禮部事。時嵩年六十餘矣，精爽溢發，不異少壯。朝夕直西苑板房，未嘗一歸洗沐，帝益謂嵩勤。久之，請解部事，遂專直西苑。帝嘗賜嵩銀記，文曰「忠勤敏達」。尋加太子太傅。翟鑾資序在嵩上，帝待之不如嵩。嵩諷言官論之，鑾得罪去。吏部尚書許讚、禮部尚書張璧同入閣，皆不預聞票擬事，政事一歸嵩。讚嘗歎曰：「何奪我吏部，使我旁睨人。」嵩欲示厚同列，且塞言者意，因以顯夏言短，乃請凡有宣召，乞與成國公朱希忠、京山侯崔元及讚、璧偕入，如祖宗朝蹇、夏、三楊故事。帝不聽，然心益喜嵩，累進吏部尚書、謹身殿大學士、少傅兼太子太師。

久之，帝微覺嵩横。時讚老病罷，璧死，乃復用夏言，帝爲加嵩少師以慰之。言至，復盛氣陵嵩，頗斥逐其黨，嵩不能救。子世蕃方官尚寶少卿，横行公卿間。言欲發其罪，嵩父子大懼，長跪榻下泣謝，乃已。知陸炳與言惡，遂與比而傾言。世蕃遷太常少卿，嵩猶畏言，疏遺歸省墓。嵩尋加特進，再加華蓋殿大學士。窺言失帝眷，用河套事構言及曾銑，俱棄市。已而南京吏部尚書張治、國子祭酒李本以疎遠擢入閣，益不敢預可否。嵩既傾殺言，益僞恭謹。言嘗加上柱國，帝亦欲加嵩，嵩乃辭曰：「尊無二上，上非人臣所宜稱。國初雖設此官，左相國達，功臣第一，亦止爲左柱國。乞陛下免臣此官，著爲令典，以昭臣節。」帝大喜，允其辭，而以世蕃爲太常卿。

嵩無他才略，惟一意媚上，竊權罔利。帝英察自信，果刑戮，頗護己短，嵩以故得因事激帝怒，戕害人以成其私。張經、李天寵、王忬之死，嵩皆有力焉。前後劾嵩、世蕃者，謝瑜、葉經、童漢臣、趙錦、王宗茂、何維柏、王曄、陳塏、厲汝進、沈鍊、徐學詩、楊繼盛、周鈇、吳時來、張翀、董傳策皆被譴。經、鍊用他過置之死，繼盛附張經疏尾殺之。他所不悦，假遷除考察以斥者甚衆，皆未嘗有跡也。

俺答薄都城，慢書求貢。帝召嵩與李本及禮部尚書徐階入對西苑。嵩無所規畫，委之禮部。帝悉用階言，稍輕嵩。嵩復以間激帝怒，杖司業趙貞吉而謫之。兵部尚書丁汝夔受嵩指，不敢趣諸將戰。寇退，帝欲殺汝夔。嵩懼其引己，謂汝夔曰：「我在，毋慮也。」汝夔臨死始知爲嵩紿。

大將軍仇鸞，始爲曾銑所劾，倚嵩傾銑，遂約爲父子。已而鸞挾寇得帝重，嵩猶兒子蓄之，寖相惡。嵩密疏毁鸞，帝不聽，而頗納鸞所陳嵩父子過，少疏之。嵩當入直，不召者數矣。嵩見徐階、李本入西内，即與俱入。至西華門，門者以非詔旨格之。嵩還第，父子對泣。時陸炳掌錦衣，與鸞争寵，嵩乃結炳共圖鸞。會鸞病死，炳訐鸞陰事，帝追戮之。於是益信任嵩，遣所乘龍舟過海子召嵩，載直西内如故。世蕃尋遷工部左侍郎。倭寇江南，用趙文華督察軍情，大納賄賂以遺嵩，致寇亂益甚。及胡宗憲誘降汪直、徐海，文華乃言：「臣與宗憲策，臣師

嵩所授也。」遂命嵩兼支尚書俸無謝，自是褒賜皆不謝。

帝嘗以嵩直廬隘，撤小殿材爲營室，植花木其中，朝夕賜御膳、法酒。嵩年八十，聽以肩輿入禁苑。帝自十八年葬章聖太后後，即不視朝，自二十年宫婢之變，即移居西苑萬壽宫，不入大内，大臣希得謁見，惟嵩獨承顧問，御札一日或數下，雖同列不獲聞，以故嵩得逞志。然帝雖甚親禮嵩，亦不盡信其言，間一取獨斷，或故示異同，欲以殺離其勢。嵩父子獨得帝窾要，欲有所救解，嵩必順帝意痛詆之，而婉曲解釋以中帝所不忍。即欲排陷者，必先稱其媺，而以微言中之，或觸帝所恥與諱。以是移帝喜怒，往往不失。士大夫輻輳附嵩，時稱文選郎中萬寀、職方郎中方祥等爲嵩文武管家。尚書吴鵬、歐陽必進、高燿、許論輩，皆惴惴事嵩。

嵩握權久，遍引私人居要地。帝亦寖厭之，而漸親徐階。會階所厚吴時來、張翀、董傳策各疏論嵩，嵩因密請究主使者，下詔獄，窮治無所引。帝乃不問，而慰留嵩，然心不能無動，階因得間傾嵩。吏部尚書缺，嵩力援歐陽必進爲之，甫三月即斥去。趙文華忤旨獲譴，嵩亦不能救。有詔二王就婚邸第，嵩力請留内。帝不悦，嵩亦不能力持。嵩雖警敏，能先意揣帝指，然帝所下手詔，語多不可曉，惟世蕃一覽了然，答語無不中。及嵩妻歐陽氏死，世蕃當護喪歸，嵩請留侍京邸。帝許之，然自是不得入直所代嵩票擬，而日縱淫樂於家。嵩受詔多不能答，遣使持問世蕃。值其方耽女樂，不以時答。中使相繼促嵩，嵩不得已自爲之，往往失旨。所進青詞，又多假手他人不能工，以此積失帝歡。會萬壽宫火，嵩請暫徙南城離宫。南城，英宗爲太上皇時所居也，帝不悦。而徐階營萬壽宫甚稱旨，帝益親階，顧問多不及嵩，即及嵩，祠祀而已。嵩懼，置酒要階，使家人羅拜，舉觴屬曰：「嵩旦夕且死，此曹惟公乳哺之。」階謝不敢。

未幾，帝入方士藍道行言，有意去嵩。御史鄒應龍避雨内侍家，知其事，抗疏極論嵩父子不法，曰：「臣言不實，乞斬臣首以謝嵩、世蕃。」帝降旨慰嵩，而以嵩溺愛世蕃，負眷倚，令致仕，馳驛歸，有司歲給米百石，下世蕃於理。嵩爲世蕃請罪，且求解，帝不聽。法司奏論世蕃及其子錦衣鵠、鴻，客羅龍文，戍邊遠。詔從之，特宥鴻爲民，使侍嵩，而錮其奴嚴年冬獄，擢應龍通政司參議。時四十一年五月也。龍文官中書，交關爲奸利，而年最黠惡，士大夫競稱萼山先生者也。

嵩既去，帝追念其贊玄功，意忽忽不樂，諭階欲遂傳位，退居西内，專祈長生。階極陳不可，帝曰：「卿等不欲，必皆奉君命，同輔玄修乃可。嚴嵩既退，其子世蕃已伏法，敢更言者，並應龍俱斬。」嵩知帝念己，乃賂帝左右，發道行陰事，繫刑部，俾引階。道行不承，坐論死，得釋。嵩初歸至南昌，值萬壽節，使道士藍田玉建醮鐵柱宫。田玉善召鶴，嵩因取其符籙，并己祈鶴文上之，帝優詔褒答。嵩因言：「臣年八十有四，惟一子世蕃及孫鵠皆遠戍，乞移便地就養，終臣餘年。」不許。

其明年，南京御史林潤奏：「江洋巨盜多入逃軍羅龍文、嚴世蕃家。龍文居深山，乘軒衣蟒，有負險不臣之志。世蕃得罪後，與龍文日誹謗時政。其治第役衆四千，道路皆言兩人通倭，變且不測。」詔下潤逮捕，下法司論斬，皆伏誅，黜嵩及諸孫皆爲民。嵩竊政二十年，溺信惡子，流毒天下，人咸指目爲奸臣。其坐世蕃大逆，則徐階意也。又二年，嵩老病，寄食墓舍以死。

王世貞《嘉靖以來内閣首輔傳》卷四《嚴嵩》 嚴嵩字惟中，江西之分宜人。父爲藩司吏，其婦方娠而有光起廨舍，已生嵩，藩使奇之，齎醪糈錢布以贈。嵩長身竦瘦如削，疎眉目，大音聲。二十二舉於鄉，二十六進士高第，改翰林院庶吉士，授編修。數移疾告歸，讀書鈐山中。嵩好爲詩，清雅有態，然弱而不能爲沈雄之思。文亦類之。其治家纖嗇近小慧，時人莫之重也。嘗奉使至廣西道，謁鄉人李遂。遂故御史，司其省試而得嵩者。當宴鹿鳴日，諸生前爲壽。時嵩貌羸鶉衣，遂不復盼接。至是投刺見而講鈞禮，遂出叵測，漫應之。次日始修門人禮，布幣再拜而曰：「某非敢薄公也。以公向厭之，恐終棄之耳。」其狷隘急睚眦如此。

久之，進侍讀，領南京翰林院事，召爲國子監祭酒。嵩於資薄不當祭酒，輔臣費宏，其鄉人，私之。既去位，言官有及嵩者，疏辨得留。進爲禮部右侍郎。給事中陸粲等論糾輔臣桂蕚所私，復及嵩。嵩奏辨，復得留。尋遷左侍郎，轉吏部左侍郎。久之進南京禮部尚書，改南京吏部尚書。其在南京踰五載不召，以萬壽賀表至京師，時議重修宋史，方至局經理。嵩謀於輔臣，時以少保夏言在禮部，日奉行諸祀典，而尚書顧鼎臣教習庶吉士，皆不暇兼職。言亦從臾之，遂請留嵩，以禮部尚書兼翰林院學士，專司董理。逾歲間，言入内閣，鼎臣當次長禮部，而嵩復私于言，躐得之。自是始謬爲恭謹，以迎合上意。而是時御史桑喬以災異列嵩等罪，嵩辨之强，給事中胡汝霖復糾之，有詔：「大臣被劾宜省己，勿得强辨。」于是嵩懼，益爲恭謹，而其子世蕃蹊蔭叙授都督府幕，已恣行諸曹，居間有所賄納矣。時上入諛臣言，欲祀獻皇帝于明堂以配上帝。嵩不敢違。已又欲

獻皇帝稱宗而入太廟，嵩與羣臣廷議皆難之，上不悦，著《明堂或問》以見志。嵩皇恐，盡變前説，所以條畫禮儀良備，遂尊獻皇帝曰「睿宗」，祔武廟。上禮成而賜嵩白金百兩、綵幣四有、副鈔四千貫。上皇天上帝尊號册寶，尋加上高皇帝尊謚聖號以配。嵩奏慶雲見，上悦，受羣臣賀。嵩爲《慶雲賦》及《大禮告成頌》，上嘉之，付史館。明年加太子太保。已從幸承天，賞賜優渥，與輔臣埒。嵩歸，益驕于藩國，請卹乞封，所挾受賄積貲且巨萬，而南北給事御史以大察，交章論貪汙大臣皆首嵩，而上皆勉留之。嵩奏辨而中謂：「人臣于人主將必使孤立，自勞而身，觀望禍福，乃爲得計。」上摘其語稱之。于是御史謝瑜復論嵩强辨，請斥之。不聽。嵩恚甚，乃因員外郎衛元確復命遲歸罪于吏科都給事中丁湛，爲寬予之限以市恩，參論之，俱坐謫。已復參其郎中熊過等，謫之邊。方欲以自張且快意，而公論益嫉之，言路顯于讐矣。

是時大學士夏言有所不悦于嵩，語見言傳。御史葉經疏稱交城王諸孫、輔國將軍表柟謀襲爵，永壽王庶子惟燱與嫡長孫懷熺争國封，嵩俱納其重賄，爲之請勘，乞斥嵩以戒貪墨。言乃擬旨下臺勘，而他多右經語。嵩急歸誠于上，上憫之，弗罪也。時邊警告迫，上以嵩非所職而諮詢之。既條對，平平耳，上必爲之激賞，欲以風止言者。嵩既已傾夏言而斥之，愈益寵幸。所供醮祀青詞額對獨嵩居最，乃以聖誕恩，進武英殿大學士，入直文淵閣，仍掌禮部事，免其奏事承旨。時嵩年已六十三，而神采溢發如壯時。於是吏科都給事中沈良才等首論嵩汙佞不當干大位，不聽。而南京給事中王煜、御史陳經等復論嵩，并及其子世蕃饕賄助焰實跡，下所司。嵩疏辨，且乞休。優詔慰留之。嵩意不快，復上疏謂：「古語云，朝廷輕重係大臣。臣今動遭詆毀，目爲姦惡，海内流傳，損傷國體，一宜去。言官論事乃其職，然或聽指使，或代報復，如昨歲羣奸構謀，呈稿首臣，然後封進。今不即退，轉相傷害，益煩聖心，二宜去。」上果爲温諭百餘言答之，且謂攻擊不休，故違君命，須罪以無君之律。嵩乃出視事。

時宫婢搆逆，旋伏誅。嵩請詔告天下人，謂宫闈秘密而悉揚之，其國體傷于大臣多矣。尋代嵩爲禮部者張璧至自南京，嵩請解部事，許之，賜御饌金幣羊酒，且諭曰：「比以異禮勞卿，卿以赤誠匡朕，可也。」前是已賜嵩銀記曰「忠勤敏達」，至是復賜其家藏璽書之樓曰「瓊翰流輝」，奉元之閣曰「延恩堂」，曰「忠弼」。嵩以吏部尚書許讚等訐其請託事不勝，益横。前是考察御史謝瑜不及當調，嵩特擬旨用貪酷例黜之。而御史葉經監山東試，嵩乃摘其録語，以爲狂悖不道，俾禮部參論，逮至京，杖死闕下，藩臬預試事者皆爲邊邑尉，中外愈側目嵩矣。時尚書許讚以一品六年滿，加兼太子太傅。未幾上特加嵩官，視讚。時輔臣翟鑾特以資序在嵩上，上待之不能如嵩，每有所諮問及賚予，時時首嵩而不及鑾。其厭鑾久，特以其舊臣，不忍去之，而鑾不悟也。其二子俱進士高第，嵩乃授風旨于給事中王交輩，俾發其事，鑾與二子俱削職爲民。嵩得益發舒，上一意用之矣。而吏部尚書許讚遂兼文淵閣大學士、禮部尚書，張璧兼文淵閣大學士，同嵩預機務，然不獲入直應製。嵩事取獨斷，不復相關白，墨墨而已。讚至自歎曰：「何必奪我吏部，使我傍睨人？」尋進嵩兼吏部尚書、謹身殿大學士，亡何復以六年滿加少傅，兼食大學士俸，一子中書舍人，給四代誥命。嵩乃上言：「每獨蒙宣召，於心未安，思往歲夏言惡與郭勛同列，以致生隙。夫臣子比肩事主，常恊恭同心，豈宜有此嫌異？今臣希忠、臣元、臣讚、臣璧，凡有宣召，乞與臣同，如祖宗朝蹇、夏、三楊故事。」嵩蓋欲示厚希忠等，且見言妒也。報聞。

時上方好言長生，而都御史盛端明、右參議顧可學家居久，各自詭有不死術。嵩爲進可學所治餌而薦端明，上悉召用之。巡按福建御史何維柏條時事而中論劾嵩甚切，上怒，逮治之。維柏在道久，嵩不測上意，乃請寬維柏獄。上爲霽威，杖而奪其職。時諸曹皆受嵩及世蕃請屬，如外府。獨吏部尚書熊浹持不肯行，莫能難也。會浹以罪去，則無所不靡。俄而太廟工告成，加兼太子太師，賜金幣甚渥。

時上微覺嵩横，而許讚老罷，張璧死，乃思用夏言。時禮部尚書費宷故善言而不能得嵩意，探得之，因疏留郎中周琉、高簡，而謂：「大理評事孫學思假嵩名求出使，而臣執不與。學思，嵩私人門生也。多機警，好以萋菲中臣。臣以孤危而失此二臣助，愈難自立矣。」因乞休，其言頗散漫不根。上以其託指攻訐，切責之。然不浹日而召言之命下，嵩以是恨費宷。言既至，盡復原官，遂復據嵩上。上爲加嵩少師，以慰安之。言既以銜嵩，則頗斥逐其黨與，嵩唯唯而已，不敢救。時世蕃已用恩澤，累遷至太常寺少卿，掌尚寶司事，横行燕中。嵩乃上疏遣世蕃歸省墓以避言，上猶使之馳驛還。往嵩以萬壽加特進，又以考九年滿，加華蓋殿大學士，璽書褒諭，仍賜宴禮部，言尋用復河套失上指爲嵩及崔元、陸炳構伏法，嵩遂獨相，上益安之。而費宷亦自以撰齋詞得上幸，嵩度無可報，乃坐其子以不當使事謫之，而宷亦自恨病死。于是南京吏部尚書張治、國子祭酒李本以疏遠擢共事，不敢與可否。久之懇于嵩，始得入直，治不任煩，竟鬱鬱以卒。時宣大

督臣翁萬達、將臣周尚文拒却敵，而嵩復録一子中書舍人，賜金幣。上以罪人王聯訐而信之，捕故都御史胡纘宗及株連新舊朝士數十，皆欲寘之重典。嵩與真人陶仲文頗爲救解，得釋。上以嵩對制平獄可嘉，令兼支學士俸，而仲文遂封伯，然意殊不樂。嵩乃與仲文疏辭，俱報許，而仍以萬壽節封仲文伯爵，加嵩上柱國。嵩乃力辭，謂人臣無上，引郭子儀不敢當尚書令爲比，且欲以示謙而見夏言悖。上悦，進世蕃爲太常寺卿，仍行尚寶司事。

亡何，俺答入寇，掠三輔，旋薄京師。右中允趙貞吉叩嵩直所問計，嵩以撰齋詞辭不見，而義子右通政趙文華自其室脅肩出。貞吉見而詈斥之。俄而禮部尚書徐階以敵嫚書請和，會廷臣議，貞吉厲聲言：「敵在城下，何可和？但請皇上御奉天門，赦沈束旌、周尚文，士氣當百倍。」而貞吉又自具疏：「請遣羣臣有才識辨博者詣行營宣諭諸將，得一賊首予百金。敢戰者損卒亦賞，逗遛者全軍亦罰。」上雖壯之而内不悦也。嵩因請即命貞吉往。往而驟至仇鸞軍，卒不得要領還。嵩乃激上怒，杖貞吉而謫之荒徼以自快。兵部尚書丁汝夔雖以調度失宜，然爲人潔廉。楊守謙守土臣也，倍道勤王，上怒其不能破賊，誅之。嵩皆不能救，而巡撫王汝孝、總兵羅希韓逮稍緩，世蕃盡羅其賄，與嵩計，伺上喜而解之，卒以免。仇鸞故以嵩去言而脱其罪，深德嵩，約結爲父子。復起爲大同帥，帥其衆入援，無功而爲大言聳上聽。嵩從臾之，遂總京營兵，進太保，仍督諸路兵馬。入二萬金謝嵩，嵩亦受之。敵退，始上疏請發粟賑被禍者，并掩胔骼及他選將練兵，碌碌紙上語而已。于是中外怨嵩父子刺骨，而刑部郎中徐學詩歷指其誤國無狀凡數十事，且謂其：「威權足以假手下石，機械足以先發制人，財勢足以廣交自固，乘機搆隙足以示威刧衆，文詞辨給足以飾非强辨，精神警敏、揣摩精巧足以趨避利害，而彌縫闕失、私交密惠、令色脂言足以結納權路而緘杜人口。故諸凡論嵩者即不能顯禍于正言直指之頃，亦必託事假人陰中之于遷除考察之際。臣不能悉記。即如先任給事中王煜、陳塏、御史謝瑜、董漢臣等于時幸蒙寬宥，而今安在哉？故天下之人視嵩父子如鬼如蜮，不可測識，寧是瘖心疾首，敢怒而不敢言，何者？誠畏其陰中之也。」上乃捕學詩下詔獄，斥爲民，而温旨慰留嵩。嵩不自安，請遣世蕃歸田里，不許令給假，隨仕侍親而已。學詩疏雖不見用，然天下傳誦，以爲名言。

仇鸞始雖由嵩入，既挾敵得上重而驕，嵩猶欲以兒子畜之，不應，遂凌嵩出其上。嵩恚，數以密疏言之，沮止萬狀，皆不聽，而諸部臣言官有抗觸鸞者立碎。鸞之捕敵奸細以爲大功，要重爵賞，而嵩子世蕃亦緣而進工部右侍郎，予一子錦衣衛千户。鸞以是益恨嵩而侮之，其所詆諆嵩，上亦爲心動，至宣召亦稀矣。時陸炳掌錦衣緹騎，與鸞争寵，妒。嵩乃厚收炳以爲腹心，使詷伺鸞。鸞亦爲之備，然其所從卒不能如緹騎猥狡，鸞自是墮炳穽中。然炳陽爲推重鸞，以爲中山、定興之流亞，鸞不疑也。既敵勢日迫，而鸞病甚，上聞，收其大將軍印，鸞暴死。炳乃謀于嵩，怵鸞之義子逃之敵而道執之，盡得其交通狀，誅其妻子。嵩以是益親信，父子貪亦益甚。

南京廣東道御史王宗茂復疏其貪黷數十事，事皆有實。上復爲之鐫宗茂二秩，補外以安嵩。而給事中袁洪愈劾去其所善客翰林檢討梁紹儒，亦弗敢救也。前是兵部員外郎楊繼盛以嘗論與敵市馬非策，忤仇鸞下獄，謫邊邑倅。鸞既敗，繼盛得累遷復官。嵩欲以名敗之，繼盛不應，復抗疏極論其十六罪五姦，中外傳誦，以爲破的中窾，可以必勝。而上獨怒之，摘其中有「召問二王」語以詐傳親王令旨，律坐絞而復杖之百，復以手札諭留嵩。嵩乞休，上報以：「羣邪黨比，謂邊釁開端，其本在卿，蓋指摘贊直元修不阻朕耳。朕非内色外禽者，崇事上元又與宋徽、梁武不同。人臣邀譽賣直，卿以此乞休，墮邪孽計，宜安心供職，奉順天休。」時嵩有義孫鵠未十六而冒兩廣功級，得錦衣千户。繼盛及之，下兵部。尚書聶豹皆曲爲之諱，而郎中周冕獨發之，亦坐奪職。當是時雲貴清軍御史趙錦亦有疏論嵩，謂：「嵩窺伺逢迎之巧似於忠勤，諂諛側媚之態似於恭順，能引植私人，布列要地，以探諸臣之動静，先發而制之，故不敗露。又善以厚賂結陛下左右之人，凡深宫起居意向，無不先得，故多稱旨。或候聖意所發，因而行之，以成其私。或因事機所會，從而執之，以肆其毒。使陛下思之，則其端本發于朝廷；使天下指之，則其事不由于内閣。幸而洞察于聖心，則諸司代嵩受其罰；不幸而遂傳于後世，則陛下代嵩任其咎。」錦工于中嵩惡而他語尤剴至，上亦使緹騎捕之，兩月而至，怒小解，斥爲民。

亡何，嵩之義子趙文華重。文華者，故無賴小人也。數經吏部察，嵩强而用之，至通政使。乃自以百花酒進上，嵩已跪而詈數之矣。會吏部尚書萬鏜者，嵩同年相善，坐言事廢田間，賴嵩以起，至爲吏部。數與嵩崖異，不甚用其言。至是復推文華督撫鄖陽，以遠嵩。而給事中朱伯辰上疏劾文華：「邪媚奔競，寵賂日章，不宜玷臺憲。」有旨再推。文華迫，則謀于世蕃，乃教之使劾鏜：「前爲右都御史中以侍郎起用，而併二品通考，以臣欲糺之，故出臣于外不已，而嗾伯辰

論臣，欲以鉗衆口。」嵩爲内主，激上怒，悉奪鏜、伯辰官，俱爲民，而文華愈横矣。嵩以滿十五載考，賜金幣、御饌、肥羜、上尊，録一子中書舍人，仍賜勑褒諭。再以京師外城完，嵩與有閲視勞，遷世蕃爲工部左侍郎，仍侍親而不奪俸。尋以萬壽節推恩，令世蕃出理部事。嵩辭，許之。再以却敵推恩，録一子尚寶司丞。嵩辭，上諭以盡誠贊元，實爲忠首，往往與陶仲文竝論，嵩不耻也。

江南連歲倭大作，南京兵部尚書張經爲總督討之，久未平。而趙文華乃疏陳用兵七事，首以祀海神爲言。人皆笑其誕，而上獨然之，爲切責兵部。覆議上，上以問嵩，嵩言：「江南奏報多失實，宜遣大臣往祭海，即令察視賊情，求可以區處長策，具實奏聞。所使即文華亦可。」上乃命文華。文華行而大簸威福，所挾持將吏金寶無算。時總督張經自恃其位高而望隆，不肯折節文華，諸發兵守便宜又不與計。會有流言聞于上，上怒，文華伺得其指，露章劾之。上緹騎逮經而經則已大破賊，俘斬千計，捷聞，上怒亦不釋。經迫，則行五千金賄世蕃。世蕃與嵩謀欲爲上解，不解則姑爲温言款。經至厄方悟，因詈嵩父子于市。

而李默者，骨鯁士也，少有文，數更顯官，至浙江右布政使。嘗候嵩，嵩謂其貌類我，援之，入爲國子祭酒。累薦于上，得躐拜吏部尚書。乃稍稍自持見，不能讐其意。嵩更譖于上，得罪去。而陸炳繇武科爲默門生，乘上之思默，使所厚中人稱之，遂得復官。尋以撰齋詞入直，幸矣。念不自嵩起，動與抗。世蕃威無所不加，獨不能得之吏部。而會文華歸復命，上以御饌勞之，問倭事何時可息肩。文華對：「殘寇行且滅，不足憂。」上爲之悦。而文華行珍寶值萬金于嵩夫婦及世蕃，至入内室叩首嵩夫人，夫人勞苦文華，謂：「尚不能爲郎君易腰帶，我相公責也。」而兵部尚書楊博以憂去，文華幾得之，默所推絶不及。其見默欲有陳，默厲色待之，怏怏而退。乃刺得默試士策問，以爲誹謗上爲漢武，唐憲，又所推東南督臣不用胡宗憲而用王誥，蓋欲敗東南事，爲其鄉人張經報讐。上大怒，下默詔獄論死。尋屬輔臣李本行部事，品第羣臣九卿而下及言官，悉以次去嵩所惡而薦其客吴鵬代默，而亟稱文華于上，遂進工部尚書，躐加太子太保。罷王誥不用，用胡宗憲，中外大權一歸于嵩矣。

文華又以都督陸炳嘗叛嵩，復刺得其陰事，將劾之。炳懼，重賄世蕃，挾以謁文華，始解。既而知其謀出自世蕃，遂併恨世蕃。而徐階以次輔日重，爲羣望所屬，炳乃委腹階以自固。嵩父子亦稍稍覺之。倭復大張，詔遣兵部侍郎沈良才討之。嵩知上意，以文華昔對殘寇且平爲不實，懼而使文華自以督師請。上悦，許之。與宗憲合而誘降寇首徐海等，因拚擊平之。文華加少保，宗憲爲右都御史，而嵩等皆賜金幣。嵩又以十八年滿，官一子中書舍人，賜宴及璽書褒諭。自文華等之有功推遷，及罷職尚寶卿史際、通政吕希周等，而世蕃所納賄復以巨萬計。文華乃上疏歸功嵩以爲嵩實授之成算，而嵩亦薦文華有學行，宜供撰齋詞。其後文華以驕蹇忤旨逐，嵩不之救，上亦不以咎嵩。而宗憲自是益傾江南庫藏爲世蕃餽，所需古法書名畫種種，宗憲皆爲索之富人世家，豪敓巧獵，靡所不極，而他撫臣、監司相習成風，不以爲諱。其所獻鼎彝尊罍之類，或發塚剽攻，他寶翫多起大獄而後得之。世蕃猶汲汲無已。尋以萬壽節，加嵩兼食尚書俸，仍免廷謝。自是凡有旌錫皆免謝，至一切祭祀救護日月無嵩跡矣。

前是敵入犯邊，錦衣衛經歷沈鍊抗疏論嵩父子奸惡，詔以鍊詆誣大臣，自爲名，廷榜之，謫編嶺外之保安。鍊悻悻不得志，乃招四方遊士以講學名，多及時政得失。或馳馬至居庸關下，戟手詈嵩父子；或爲草人象而射之。事稍稍聞，嵩惡之，使世蕃授指宣大總督楊順圖鍊。順故嵩客，時邊事多損敗，方藉嵩父子屏蔽，即響應而與巡按御史路楷謀，世蕃復以入内五品啖楷，乃因妖人閻浩等通邊事發，捕鍊竄名其中而張大之。兵部尚書許論不敢執，遂斬鍊并戍其一子，瘐死者復二人，遷賞順、楷以下如初約。天下聞而痛之。于是給事中吴時來極論楊順靡費邊餉，縱敵出入，而以重賄納賂；楷相率爲蒙蔽，致右衛危困；尚書許論昏酣不能有裨廟謨。上以問嵩，嵩曲爲順、楷掩覆，且謂言官風聞論人，不可盡信。上不聽，趣捕順、楷下錦衣獄而奪尚書論職。時來遂謂嵩可勝也，亟上疏極論嵩、世蕃罪惡，而刑部主事張翀、董傳策亦言之。前是輔臣徐階爲禮部時值邊警，數有所建白，觸嵩忌諱，以是百方阻其進，不得，而階潔廉，又時時爲人語時政輒歎息流涕，稍稍聞于嵩。至是以時來、翀皆階所取士也，而傳策又其鄉人，乃密奏三人同日而構臣，必有使之者。且時來已奉命使琉球，疑其悔行，欲藉口自脱。自封進時來、翀試録。上乃下之詔獄，令追究主使之人以聞。而時時自語曰：「階固賢，雖然，嵩老矣，何不小需歲月而忍若是？」階危且甚，而時來等既下獄，考掠窮五毒，竟不言主使者，第曰「高廟神靈教臣耳」。而亦會都督炳心向階，以是坐翀、傳策相主使，時來避遠役。獄上，各發戍烟瘴衛所而慰留嵩。嵩以是益恨階并及炳矣。其後順、楷就逮至詔獄，嵩復爲之寬解，順僅坐戍而楷謫外。

當是時上坐深宫中，欲以威福遠攝，連率大臣，時時有所逮訊，若阮鶚、吴嘉

會、章煥等，多從重典。雖甚親禮嵩而不盡信之，間一取獨斷，或故示異同，欲以殺離其勢。而嵩與世蕃能得其竅，欲有救解，則必順上意，極詈之而微婉曲解釋，以中上所不忍。其欲有排陷，必先稱其媺，露若與彼親者，而以冷語中之，或觸上所恥與諱，上更爲之怒，以是卒不能脱其籠絡而威福益廣。時吏部、兵部與文選、職方郎號爲文武庫吏，而尚書吴鵬、歐陽必進、許論、郎萬寀、方祥爲尤著。必進者，嵩内親也。數以賄通嵩得出入卧内。會大朝災，議興工而必進自刑部調工部，上老之，以問嵩。嵩盛稱其精力才識，遂以工婁就，驟遷至少保，而倦于事，嵩復爲之改都察院，上弗悦也，于辭疏旨曰：「必進已之任矣，何更辭？」嵩謂必進毋再辭，但履任，居兩月而吏部尚書缺，嵩復勒廷推必進，衆莫應。嵩怒，嫚罵之，不得已而以必進名上。上投之地，嵩密疏曰：「必進内親也，臣老矣，非必進無可以慰臣者。」乃以必進爲吏部尚書僅三月，而假他事去之。世蕃猶誇于人，謂用必進，上無若我，何棄必進，我亦無若，上何前是。上以嵩直舍隘，别斥小殿材營室于側，多蒔花木其隙以娱之。復發中金百爲製什器，朝夕剬御膳法酒，使中貴人調而賜嵩。嵩老尚健饕，始聽腰輿出入禁苑矣。已而嘉其年滿八十，特賜肩輿，且令支伯爵俸。嵩復以京師居第之中堂請額，上名之曰「忠正」，又名其南昌居第之中堂曰「耆德樓」，曰「寶翰」。嵩故有居第在宜春、分宜，并京師、南昌而四，皆宏敞壯麗。分輦金寶以實之，猶不足，而縱世蕃之羅取益甚。

初皇太子薨，裕王以序當立。禮部數請期而上意嫌代已，屢報寢。嵩念上獨所信任，迫衆情時時亦爲請，而與陶仲文比而阿上意，上亦自知之。時裕、景二王竝居外邸，禮服無異。外論洶洶，謂莫知適從。而故左中允郭希賢失職家居，欲以危釣奇，乃具疏謂自攻嵩者有問二王之説，而得罪恐不相安，幸各召而面諭之，使二王毋疑嵩，嵩毋自疑。且請出景王於外以安裕王。疏既上，嵩雖恨希賢而叵測上旨，請下禮部詳。上乃露怒希賢意，嵩始得發舒。上命御史即家僇希賢，傳首海内。世蕃念以多樹敵，恐嵩一旦老死不易支，而謂上意摇，或可因而更樹。乃多行金左右，謀立景王，庶幾異日代嵩執政。而上一日忽諭禮部，令景王之國，世蕃猶令嵩與禮部尚書吴山言上意未必爾，或欲因以試物情。山不可，乃具儀上景王，卒之國，而世蕃之謀益解。俄以世蕃三品滿九載，加服俸，視尚書。再以萬壽節加嵩歲禄二百石，而世蕃亦兼支尚寶司卿俸。尋嵩夫人歐陽氏卒，時世蕃方戀權不欲歸，而嵩無次子可以扶柩者，嵩請於上，謂：「年已老耄，不可無世蕃侍。」詔聽留共養如故。

嵩故以警敏得上意，亦善自卑屈，至士大夫入謁，人人慰勞，務得其歡心。間摽故所憶記，以示聰明。晚節知天下之怨之，間捨舊郄而收録知名士，若故編修唐順之、中允趙貞吉等，皆以淪落爲感，不自覺入其彀，至顯庸，因而有稱之者。然其陰賊發于心而動于機械，不自覺也。世蕃尤險悍慓猾，每謂天下才唯己與陸炳、楊博而三。然與炳晚節相妒，炳暴死，世蕃稱快。頗亦能習國家典故，曉暢時務。嵩既老，上時有所問而不能答，謀之其客皆不稱旨，屬世蕃草，輒報美。嵩以是益仗世蕃而心愛之。諸曹白事者輒問：「曾以質兒子否？」至云「東樓」，謂何東樓者？世蕃别號也。世蕃以是益驕横。九卿臺諫至浹日不得見，或停使至暮而遣之，或有嵩許而世蕃不許者卒弗許也。嵩在直或累月不出，世蕃自與其所狎客從倡樂豪飲，益拓居第，連三四坊，堰水以爲方塘，踰數十畝，傍植奇樹異卉，乘輿張褐蓋遊行其中。若輔臣階與李本，其父執也。成國公朱希忠，元勛也。虐之酒，不潦倒不已。性尤强記，於中外官職、饒瘠、險易，亡不諳熟。其責賄多寡，毫髮不能匿。後上亦稍稍聞之，而世蕃以衰服不能入之嵩直所，嵩所報札漸不如上旨，而齋詞亦稍倦。

時上所居萬壽宫火，而大朝殿工方急，嵩以煩費難之，欲請上還大内則不敢，乃請暫徙南城之離宫。南城，英宗故稱太上皇時所居也。上乃以問階，階爲規畫營萬壽宫甚詳，且費省而力易，上大悦。宫既成而所以褒擢階至厚，嵩僅加禄百石，不能敵矣。自是上有顧問不及嵩，即及嵩不過齋詞事而已。嵩故與階郄，懼而置酒，要階入内，使子孫家人羅拜之，舉觴屬曰：「嵩旦夕死矣。此曹唯公哺乳。」階謝不敢當。

而是時方士藍道行以乩得幸上，上故有所問，密封使中官至乩所焚之，不能答則咎中官穢不能格真仙。中官乃與方士謀啓示而後焚之，則所答具如旨。道行狡，乃僞爲紙封若中官所齋者，及焚而匿其真跡，以僞封應上。一日問：「今天下何以不治？」對曰：「賢不竟用，不肖不退耳。」則問：「誰爲賢不肖？」曰：「賢者輔臣階、尚書博，不肖者嵩父子。」上復問：「吾亦知嵩父子貪，念其奉元久，且彼誠不肖，上真胡以不震而殛之？」答曰：「上真殛之則益用之者咎，故弗殛也，而以屬汝。」既答報，袖以示御史鄒應龍。會嵩等請考庶吉士，而諸進士中有貸金于司禮監中貴錦者。錦密以聞，上即日罷考。應龍乃抗疏論嵩父子貪奸誤國諸大罪十餘條。上以名捕世蕃及舞法行賄者，皆下之詔獄，而猶謂嵩小心忠慎，壽君愛國，人所嫉惡，其致仕去仍馳驛，歲給禄米百石。嵩猶爲世蕃求解，

上謂：「念若忠勤，已加優處。又何以兇兒瀆救？」嵩乃不敢復言。獄上，世蕃及其子鵠皆坐戍烟瘴衛所，家奴及隸人永年等坐絞。

當世蕃之用事，吏部郎賄最重，御史次之，給事中又次之。所以先御史者，其巡按得盡收贖鍰贓罰寺缺，而給事中獨不能至，吏部郎之始已三千金，而後遂至萬二千，若項元治者竟就逮瘐死詔獄，其家亦破，天下笑之。世蕃迫則行十餘萬金于諸幸姬家，猶能脅誗藍道行陰事，下刑部獄，侍郎葉鏜、鄢懋卿誘使誣伏前僞狀而引徐階，道行不聽，論死，而後得釋。應龍以敢諫進通政司參議。上猶悔之，且追思嵩贊元勤誠，欲退居西内，專祈長生，以宗輔臣階等。極言不可，上乃勒階等必贊元如嵩乃可，而謂嵩已退，其子已伏罪，敢有再言者同應龍俱斬。中外洶洶，虞嵩且復用。而久之，階益見信，乃已。

于是嵩之黨鏜、懋卿、萬宷、何遷、張雨、唐汝楫、王材及其壻袁應樞先後以白簡革職，而胡宗憲自浙直總督被逮，尋釋之。宗憲既得志，首以書畫賄嵩父子，金玉珍翫相繼半入其橐，江南公私爲之一空。奢淫縱恣，靡復風紀，而其臧徐海、執汪直功亦有足多者。上以其屢進白鹿、白龜，不忍罪也。伊庶人之爲王也，以殘暴屢見糾，臺使者迫則行十萬餘金於嵩，得小緩。至是使其校卒十餘輩造嵩家脅償金，嵩置酒款之而好謂曰：「所惠金十萬則無之，僅得半耳，而又半費，請以二萬金償。」因盡以上所賜金有印識者予之。既去而聞於郡，曰：「有江盜刼吾家二萬金去矣，速掩之可獲也。」郡發卒追得金，悉捕校卒，下獄論死。而世蕃之自戍所私歸，益廣拓第舍，又用金多，爲盜窺，乃召募伎勇材力之士合數百人日夜擊刁斗自衛。郡邑頗疑其跡。而嵩故所養舍家子出外爲非者，推官郭諫臣受民間訟牒滿百紙，輒封以與嵩，嵩怒而却之。他臺使監司小有違言，嵩輒呼：「具舟，我且入京面奏。」以時恫喝。

而會前有賀萬壽表，得温旨及賞賚，謂上且當見憐，因懇疏請移世蕃便地供養。上不許而報曰：「嚴嵩有一子侍已恩侍矣。」諫臣乃疏以聞。巡江御史林潤遂露章劾世蕃與羅龍文表裏相約，多招納亡命，有叛心。龍文，故世蕃客，爲通賄與同戍者也。詔即委潤捕世蕃、龍文。既至京，潤因盡發其罪狀，下三法司比擬，俱依子罵父律斬。上不懌，令更擬。乃擬謀叛律而猶未及嵩，上即令棄之市，而謂嵩畏子欺君，大負恩眷，并其諸孫見任文武職俱奪爲編氓拘役，籍其家，黄金可三萬餘兩，白金廿萬餘兩，他寶玉重器服翫所直又數百萬，而知者尚恨其以緩故散匿不少。臺臣乃益論戍萬宷、鄢懋卿，追其受寄金錢，垂二十年不盡。宷由選部郎至大理卿，懋卿至刑部右侍郎，皆世蕃腹心。宷貪而懋卿尤恣横，其以都御史出覈鹺所，經行兩畿、齊、晉、河、洛、吴、楚，幾天下半，皆挾世蕃父子叱咤風生，守令而下膝行蒲伏，上食惟謹，至以文錦被厠牀，白金爲溺器，妻妾隨行者飾五綵輿，以民婦十二舁之，即趙文華、胡宗憲不能過也。

嵩死時寄食墓舍，不能具棺槨，亦無弔者，時年八十有六。

何喬遠《名山藏》卷九四《臣林雜記・嚴嵩》 嚴嵩者分宜人，童言宿生，穎悟絶人，瘦削而神甚王，温如也。始爲翰林，請告歸鈐山讀書，十年乃出。其爲文章清潤雅栗，交遊皆知名士，士以此慕之。嘉靖中積資至禮卿，以和媚稱，上遂召入内閣，年六十餘矣。嵩科第先夏言，位次之。言恃天子寵，傲然據嵩上，而嵩事言甚謹。嘗具啓至言第，請言酒，言辭不見，嵩布虚坐展啓跽讀。嵩每見言，卑娵下氣，於是言以嵩爲伏己，不之防也。世宗既用河套事怒言，嵩故厲聲抗聞上所，言大驚：「公平日乃不如是。」言誅而嵩爲首相矣。

始上尊事上玄，西苑壇而醮，命輔臣冠道士冠詣壇上香。言不奉旨，嵩獨籠紗帽而入。既詣壇，脱帽見冠，上香。言故以此得罪，而天子久内親嵩。嵩既爲首相，念自幸於天子，即朝夕直苑中板房，不敢洗沐私家。天子稱嵩忠勤敏達，每召對便殿，輒至夜分，賞賜頻繁踰等。嵩相二十許年，不近女色，精心從上奉玄，别以文章交驩士大夫，而以朝政内委其子世蕃。凡九卿科道官有所請，則曰：「小兒識天下大體，可與商。」世蕃以父任爲工部侍郎，狡譎有機智，頗記識往牒。是時四方多故，世蕃遇疑難事皆能援已然參所見以對其父，嵩依所對以聞上，時時契上意，嵩益謂世蕃能。世蕃嗜酒兇誕，姬妾滿前。倚父寵，竊國柄無忌，受四方財賄，累數百萬，有不得其意者陰借上旨殺之。於是嘉靖之季，嚴氏之勢震天下。

然上在位久，要威福自操，事事出上意。嵩承夏言之後，不敢有可否。間有所左右，直微引其詞，至揣上所欲殺而不得免者，無所匡諍而已。世蕃既外引嵩所左右者，示德於天下，則凡上意所欲殺者，天下競指嵩矣。嵩嘗請上建延恩閣其里中，以奉貯所賜玄像及先後諭札。江西都御史張岳給千金爲之，布、按兩司爲請益，岳輒不肯，曰：「此之爲多矣。」岳寒骨稜稜，有馬革一張而已。」已嵩貽書謝岳：「公伯夷之築也。」林一新者，以僉事分巡。嵩僕有不法，執笞之。一新入賀京師，嵩甚加敬禮。其能重賢士大夫若此也。乃有鄢林卿、趙文華數輩，爲世蕃狎客。光禄寺少卿白啓常者，至以粉墨塗面供世蕃歡笑。文華拜嵩爲乾

子，尤密，數從世蕃干預朝政，外貪橫於有司，中朝恣睢公卿間，於是嵩名益汙辱。世蕃臟私狼藉，濁亂綱紀，京師稱大小丞相。

嘉靖末，債帥懦將大壞邊事，時論皆以咎嵩。嵩爲相二十餘年，年八十餘。上雅意望壽考，數問嵩「卿如何長生」？以是久見留。嵩父子諂諛以欺上，貪汙以率下，守法度者以爲固滯，巧彌縫者以爲有才，勵廉介者以爲矯激，善奔走者以爲練事，而天下之士風壞矣。嵩妻死，上厚其卹典過故事。而世蕃不欲扶柩還，嵩乃爲請曰：「臣老，不可一日無世蕃侍。」許之，令世蕃無守制。世蕃挾客曲宴，擁姬妾日歌舞。世蕃子效忠安坐京師，兩廣都御史爲上功曰「在軍門殺賊」。效忠死，以次孫鵠襲，晉敘爲錦衣千户。而嵩家僮羅龍文列銜中書，鹵縉紳間矣。家僮年，世蕃所暱，士大夫之亡耻者，競呼年別號，稱爲先生，不敢名也。刑部郎中徐學詩、都給事中厲汝進、錦衣經歷沈鍊、南京御史王宗茂、兵部郎中楊繼盛、周冕、給事中吴時來、刑部主事張翀、董傳策先後論劾嵩，皆及於譴。繼盛至坐誅，沈鍊插入妖人爰書，論死。朝野搖手莫敢復及嵩。

嵩結納諸奄人，偵西内動静，朝夕數至，嵩隨鉅細裹金勞之，因得以將迎上心，上所欲爲唯唯從順。上雖微知世蕃外所爲，念嵩嫵媚，不欲發。久之，方士藍道行以箕進，上問箕：「今羣臣孰貪？」箕下書「相嵩貪」。天子心動，外莫知也。御史鄒應龍避雨一内侍所，内侍爲應龍言，應龍遂發嵩父子前後事，曰：「如臣言不實，願斬臣首以謝嵩父子。」嵩乃以得罪，令致仕去。世蕃戍烟瘴地，世蕃子鵠及龍文皆邊遠充軍，年錮于獄，而宥鴻爲民，使侍嵩老。

嵩既去，天子思嵩佐奉玄謹，悒悒不樂。世蕃揣知上意在也，嘗金左右毁道行。道行亦坐下獄論死。世蕃不之戍所，大治家第。南京御史林潤劾言其南通倭、北通虜，且爲亂。天子於是即令潤家逮世蕃，下刑部獄，籍嵩財産。守巡官至嵩家點簡，嵩從旁視之，歎曰：「吾豈不知至此。」籍時得帊一箱，緣四角，兩角繫螳螂金鉤，皆怪不知所製，久之知奉爲夫人經裩襠矣。有送白金溺器者，自署姓名其底，其穢藉如此。然潤所劾嵩財過當，有司竟旁連其親黨乃得足。世蕃短項肥體，眇一目，久繫獄，殊不知上意欲殺之。一日隸拘縛之江西司，世蕃曰「吾死矣」。緹騎之士標白幟押赴西市。騎往來長安道，世蕃行至某處，輒報入上前。既誅，不知其屍所在。而嵩出，宿於野寺，亦病死。

查繼佐《罪惟録》列傳卷三〇　嚴嵩，別號介溪，江西分宜人。生颎悟，瘦削而神王。以弘治乙丑進士，授翰林，請告，歸鈐山讀書，十年乃出。文章清潤雅栗，交遊皆知名。嘉靖中，積資至禮卿，以和媚稱上旨，遂召入内閣，年六十餘矣。嵩科第先夏言，位次之。言恃天子寵，傲然踞嵩上。而嵩事言甚謹，常具啓至言第請言酒，言辭不見，嵩布虚坐，展啓跽讀。嵩每見言，卑孅下氣，於是言以嵩爲下已，勿防也。嵩尋以河套事怒言，故厲聲抗聞上所，言大驚：「公平日乃不如是。」言誅，而嵩爲首相矣。念自幸於天子，即朝夕西苑板房，不敢洗沐私家。天子稱嵩忠□，召對便殿，每至夜分，賞賜踰等。

嵩相二十餘年，不近女□，精心從上奉玄，別以文章交歡士大夫，以朝政内委其子世蕃。凡九卿科道官有所請，則曰：「小兒識天下大體，可與商。」世蕃以父任爲工部左侍郎，狡譎有機智，頗記識公牒。時四方多故，世蕃遇疑難事，皆能援已然參所見以對。其父嵩依所對以聞上，時時契上意，嵩益謂世蕃能。世蕃嗜酒兇誕，姬妾滿前，倚父寵竊國柄無忌。受四方財賄累數百萬，有不得其意者，陰借上旨殺之。於時嘉靖之季，嚴氏之威震天下，京師稱大小丞相。

然上在位久，要威福自操，事事出上意。嵩承夏言之後，不敢有可否，間有所左右，直微引其詞，至上所必欲殺，無所匡諍而已。世蕃既外引嵩所左右者，示德於天下，則凡上意所欲殺者，天下競指嵩。嵩嘗請上建延恩閣其里中，以奉貯所賜玄像及先後諭札，江西巡撫張岳給千金爲之。或請益，岳不可，曰：「此之爲多矣。」岳清，嵩走謝岳：「伯夷之築也。」林一新者，以僉事分巡，嵩僕有不法，執笞之。一新入賀京師，嵩甚加敬禮。其能重賢士大夫若此也。乃有鄢懋卿、趙文華數輩，爲世蕃狎客。光禄寺少卿白啓常者，至以粉墨塗面，供世蕃歡笑。文華拜嵩爲乾子，尤密，數從世蕃干預朝政。嵩妻死，上卹典過等。世蕃不欲護還，嵩請之，上爲奪情。世蕃挾客曲宴，擁姬妾日歌舞。世蕃子效忠安坐京師，兩廣都御史爲上功，□在軍前殺賊。效忠死，孫鵠襲廕錦衣衛千户。而嵩家僮羅龍文列銜中書，鹵縉紳間矣。家僮年，世蕃所暱，士大夫之無恥者，競呼年別號稱爲先生，不敢名也。刑部郎中徐學詩、都給事中厲汝進、錦衣衛經歷沈鍊、南京御史王宗懋、兵部郎中楊繼盛、周冕、給事中吴時來、刑部主事張翀、董傳策，先後論劾嵩，皆及於譴，繼盛至坐誅，沈鍊插入妖人爰書論死，朝野搖手莫敢復及嵩。

嵩結納諸閹人，偵西内動静，朝夕數至。嵩隨巨細，裹金勞之，因得以將迎上心，與上無所忤。上雖微知世蕃外所爲，念嵩嫵媚，不欲發。久之，方士藍道行以箕進，爲下神。上問：「羣臣孰貪？」箕畫沙：「相嵩貪。」天子心動，外莫知

也。御史鄒應龍避雨一內侍所，內侍爲微言箕事，應龍遂發嵩父子前後不法狀，天子震怒，令嵩致仕去，世蕃戍烟瘴，鵠與龍文皆邊遠充軍，年錮於獄，而宥孫鵠爲民，伏侍嵩老。

嵩既去，天子思嵩佐奉玄謹，悒悒不樂。世蕃揣知上意在也，嘗金左右毀道行，道行亦坐下獄論死。世蕃不之戍所，大治家第。南京御史林潤復劾嵩通倭鹵，且爲亂。詔潤即家逮世蕃下刑部獄，籍其家。嵩從旁視之，嘆曰：「吾壹不知至此！」時得帕一箱，緣四角，□角繫螳螂金鉤，皆怪不知所用，久之，知奉爲夫人經褌襠□。有送白金溺器者，自署姓名其底，其穢籍如此。世蕃短鬚肥體，眇一目，出赴西市，每至某處，輙報入上前。既誅，不知其屍所在。而嵩出，宿於野寺，亦病死。

雜録

備録

顧起綸《國雅品・士品》 嚴相公惟中，先輩評公詩者頗多，如儀封王司馬曰「沖邃閒遠」。成都楊修撰曰「沖澹朗秀」。蘭谿唐文襄曰「澹而遠」。長洲皇甫司勳曰「調高律細」。四公其知言哉。其《靈谷》云：「窈然深谷裏，疑與秦人逢。澗底藏餘雪，窓間列秀峯。」《登嶽》云：「仙家鳥道迥莫到，石壁猿聲清忽聞。幽泉樹杪飛殘滴，瑶草巖中吐異芬。」真境與秀句競勝，雜之《極玄》，亦足矜賞。其集大率多類錢、劉語。

沈節甫《紀録彙編》卷一二〇 嚴少師嵩 嚴嵩字惟中，分宜人，舉進士，爲翰林編脩，遷侍讀，累官少師、太子太師、吏部尚書、華蓋殿大學士。有《鈐山堂集》行於世。

評曰：嵩詩少年如碧荇依依，水清石見，春雲綴空，濃淡有情，惜氣格小緩，結語意盡耳。後不復點檢，隨人得之，豈廊廟泉石，體裁自別耶？抑所謂不復唱渭城者耶。

田藝蘅《留青日札》卷三五《嚴嵩》 嚴嵩，江西袁州分宜人。弘治乙丑進士，仕至少師、太子太師、吏部尚書、華蓋殿大學士。詐僞百端，貪酷萬狀，結交內侍，殺戮大臣，乾兒門生，布滿天下，妖人術士，引入禁中。三十年來，流毒華夷，蓋古今元惡巨奸，罕與儔匹者也。議者以爲李林甫、秦檜不啻過焉。其子嚴世蕃起自徒，官工部左侍郎，助父肆虐，欺君誤國，爲禍尤甚。言官競劾，嵩罷職，世蕃充雷州衛軍，後與羅龍文等怨望謀叛，奉聖旨：「這逆情你每既會問的確，嚴世蕃、羅龍文便會官決了。盜用官銀財貨家產，著各該巡按御史嚴拘，的親兒男盡數追没，入官送部，不許親識人等侵匿受寄，違者即便拿問。嚴嵩畏子欺君，大負恩眷，并伊孫見任文武職官的都削職爲民，有司拘管當差，餘黨逆邪盡行逐治，毋致貽患。其餘俱依擬行。奏內不言逆本，是何法制？且不查究。」所云逆本者，指賊嵩也。積惔所及，死灰餘燼，猶能焚灼臺察之吻，況當炎炎手之時乎？有其君，無其臣，古人痛惜，良不誣也。巡按御史林潤等抄没江西家產，畧載其大綱，嘉靖四十四年八月也。

李詡《戒庵老人漫筆》卷五《嚴分宜》 余邑先達曹野塘公忠中成化丁未進士，弘治初，出宰分宜。時閣老嚴介谿嵩方成童，曹公識而拔之，且喜其與子弘同庚，遂令同治舉業，宿食官舍。偶見嚴所握扇有魚遊景，構對語試之云：「畫扇畫魚魚躍浪，扇動魚遊不移刻。」對以：「繡鞋繡鳳鳳穿花，鞋行鳳舞又一夕。」《思家口占》曰：「關山千里，鄉心一夜雨絲絲。」即應曰：「帝闕九重，聖壽萬年天蕩蕩。」如此類甚衆。弘後亦中正德丁丑進士，號方湖。嚴約講兄弟禮，命子世蕃與方湖諸子駒輩不得越齒而坐。

焦竑《玉堂叢語》卷四 中外怨嵩父子刺骨，而刑部郎中徐學詩歷指其誤國無狀凡數十事，且謂：「其威權足以假手下石，機械足以先發制人，財勢足以廣交自固，乘機搆隙足以示威劫衆，文詞辨給足以飾非强辨。精神警敏，揣摩精巧，足以趨避利害，而彌縫闕失，私交密惠，令色脂言，足以結納權路而杜塞人口。故諸凡論嵩者，即不能顯禍于正言直指之頃，亦必托事假人，陰中之于遷除考察之際。臣不能悉記。即如先任給事中王燁、陳塏，御史謝瑜、董漢臣等，于時幸蒙寬宥，而今安在哉！故天下之人，視嵩父子如鬼如蜮，不可測識。寧是痼心疾首，敢怒而不敢言。何者？誠畏其陰中之也。」上乃捕學詩，下詔獄，斥爲民，而温旨慰留嵩。嵩不自安，請遣世蕃歸田里，不許，令給假，隨任侍親而已。學詩疏雖不見用，然天下傳誦，以爲名言。

焦竑《玉堂叢語》卷八 上左右小璫來謁夏言，言奴視之，其詣嚴嵩，嵩必執

手延坐款款，密持黄金置其袖，以是争好嵩而惡言。上或使夜瞰言、嵩寓直何狀，言時已酣就枕，嵩知之，故篝燈坐，視青詞草。言初以是得幸，老而倦思，聽客具藁，亦不復檢閲，多舊所進者，上每擲之地而棄之，左右無爲報，言亦不復顧。嵩聞而益精專其事，以是上益愛之。

沈德符《萬曆野獲編》卷八 【居官居鄉不同】嚴分宜作相，受世大詬，而爲德於鄉甚厚。其夫人歐陽氏，尤好施予，至今袁人猶誦説之。

李紹文《皇明世説新語》卷八 嚴介溪邀顧東橋飲，揖甫畢即看堂中畫。是月明千里故人來景，乃吴小仙筆。東橋即大聲曰：「此摹本也。」介溪已不樂。後登席戲劇盈庭，約六七十人。東橋曰「相別數年，今日正宜叙話。此輩喧聒，當盡數遣去。」介溪父子大爲沮喪。

分宜罷歸，延客席上。能飲者五人，命取大杯。其子進二燒金磁爵，命更添，答曰：「無矣。」乃出常瓦爵觴客。後其子誅，公涕泣。及閲抄没案籍，北面稽首曰：「臣負陛下矣。」不復哭。

世廟以上柱國加夏言，言受之。乃加嵩，嵩辭曰：「人臣無上，臣不敢當。」蓋陰以攻言之僭也。

錢謙益《列朝詩集小傳》丁集中 嵩，字惟中，分宜人。弘治乙丑進士，選翰林庶吉士，授編修。歷官兩都，閲數階，拜禮部尚書。故事，宰相得燕見天子，少師爲宗伯，勤敏捷給，當上意，數入召見，與宰相比。壬寅九月，召入直武英殿，得君專政凡二十餘年。久之，其貪横日甚，上心厭之，移其眷於華亭，言者得間攻之，上震怒，削籍遣歸，僇其子世蕃于西市，籍没其家。年七十餘，窮老寄食以死。萬曆初，江陵枋國下教，屬分宜令葬焉。

少師初入詞垣，負才名，謁告還里，居鈐山之東堂，讀書屏居者七年，而又能傾心折節，要結勝流，若崔子鍾、楊用修、王允寧輩，相與引合名譽，天下以公望歸之。已而憑藉主眷，驕子用事，誅夷忠良，隤敗綱紀，遂爲近代權奸之首，至今兒童婦人，皆能指其姓名，戟手唾罵，萬眉山以後所僅見也。少師在鈐山，有詩贈日者云：「原無蔡澤輕肥念，不向唐生更問年。」爲通人所稱。其詩名「鈐山集」者，清麗婉弱，不乏風人之致。直廬應製之作，篇章庸猥，都無可稱。王元美爲郎時，譏評其詩，以爲不能復唱渭城者也。余録其詩，冠於嘉靖中年以來將相之首，使讀者論其世，知其人，庶幾有考焉，亦有戒焉云爾。世傳少師當國時，江西士紳以生辰致賀，少師長身聳立，諸公俯躬趨謁，高新鄭旁睨而笑，少師問其故，新鄭曰：「偶思韓昌黎鬬鷄詩『大鷄昂然來，小鷄竦而待。』是以失笑耳。」京師市語，謂江西人爲鷄，相與鬨堂而散。先輩風流雅謔，政府詞林，形跡無間，此亦近世館中嘉話也。

梁維樞《玉劍尊聞》卷五 嵩字惟中，分宜人。長身，臞瘦如削，第進士，改庶吉士，授編修。嘗奉使至廣西，道謁李遂，遂故御史，司其省試而得嵩者。當宴鹿鳴日，嵩貌羸鶉衣，遂不復盼接。至是，投刺講鈞禮，次日始修門人禮，布幣再拜曰：「嵩非敢薄公也，以公向厭之，恐終棄之耳。」其狷隘急睚眦如此。累遷吏部尚書、華蓋殿大學士，以警敏共謹得上意，亦能習國家典故，曉暢時務，間收録知名士。然縱子工郎侍郎世蕃、義子工部尚書趙文華、刑部侍郎鄢懋卿廣行請屬，擅竊威福。上知之，方士藍道行以示御史鄒應龍，應龍抗疏論嵩，嵩致仕去。捕世蕃及其子鵠下詔獄，坐戍。世蕃自戍所私歸，御史林潤遂劾世蕃與羅龍文有叛心，下三法司，擬謀叛律棄市。嵩并諸孫見任文武職俱奪爲編氓，籍其家。

備論

查繼佐《罪惟録》列傳卷三〇 論曰：名諫如箕，以三字定嵩案，過徐學詩以下十餘輩百口不啻也。嚴敗而猶能殺道行，則并至不能庇持箕者矣。介溪不過固寵，百法無不中，而世蕃賄濫摧傷，至不可説，知趙與鄢不足爲分宜羽翼也。嗟乎！天子能自爲喜怒，猶有能借之爲喜怒哉！

傅維鱗《明書》卷一四九《權臣傳·嚴嵩》 史官曰：宰相之賢，度爲上，才爲下。《書》云，以公滅私。公則視人才爲朝廷有，私則必欲爲己有，其度狹矣。嚴嵩姦巧陰譎，挾沾沾之小技，以順爲悦，内固主寵，而外籠天下之利。殺諫臣，逐異己，望風投拜者獲榮顯，剛直自好者嬰挫辱。藐法負恩，目無祖憲，雖無孽子，甯毋敗也。及至世蕃隔外，所條對率不稱上旨，其才又可知矣。【略】所籍没資産紀實瑣瑣，匪史體，以見元載之鍾乳三千未爲侈耳。

藝文

尤侗《西堂詩集·擬明史樂府·鈐山堂》 介溪讀書鈐山堂，文章聲譽傾西江。惜哉彦回本名士，何不官止中書郎。六十以後方入相，二十餘年恣狼伉。下場還我窮秀才，養濟院中猶無恙。泰山冰山安在哉，萬年遺臭骨一堆。侂胄幸免玉津戮，秋壑終向木綿埋。滿朝彈章不能死，却斃仙鸞書一紙。君不見宮中有怪其嚴乎，十目所視十手指。

嵩籍没時，曰：「還我窮秀才去也。」寄食養濟院以終。方士藍道行以扶鸞得幸，上密問輔臣賢否。道行爲箕仙對，具言嵩父子奸狀。上曰：「果爾，上帝何不殛之？」曰「留待皇帝正法」。上默然。宮中有怪，十手十目，人許之。王世貞曰：「此出大學。」

夏言部

綜述

《明史》卷一九六《夏言傳》 夏言，字公謹，貴溪人。父鼎，臨清知州。言舉正德十二年進士，授行人，擢兵科給事中。性警敏，善屬文。及居言路，謇諤自負。世宗嗣位，疏言：「正德以來，壅蔽已極。今陛下維新庶政，請日視朝後，御文華殿閱章疏，召閣臣面決。或事關大利害，則下廷臣集議。不宜謀及褻近，徑發中旨。聖意所予奪，亦必下内閣議而後行，絶壅蔽矯詐之弊。」帝嘉納之。奉詔偕御史鄭本公、主事汪文盛覈親軍及京衛冗員，汰三千二百人，復條九事以上，輦下爲肅清。

嘉靖初，偕御史樊繼祖等出按莊田，悉奪還民産。劾中官趙霦、建昌侯張延齡，疏凡七上。請改後宫負郭莊田爲親蠶廠、公桑園，一切禁戚里求請及河南、山東奸人獻民田王府者。救被逮永平知府郭九皋。莊奉夫人弟邢福海、肅奉夫人弟顧福，傳旨授錦衣世千户，言力争不可。諸疏率謇謇，爲人傳誦。屢遷兵科都給事中。勘青羊山平賊功罪，論奏悉當。副使牛鸞獲賊中交通名籍，言請毁之以安衆心。孝宗朝，令吏、兵二部每季具兩京大臣及在外文武方面官履歷進御，正德後漸廢，以言請復之。七年，調吏科。

當是時，帝鋭意禮文事。以天地合祀非禮，欲分建二郊，并日月而四。大學士張孚敬不敢決，帝卜之太祖亦不吉，議且寢。會言上疏請帝親耕南郊，后親蠶北郊，爲天下倡。帝以南北郊之説，與分建二郊合，令孚敬諭旨，言乃請分祀天地。廷臣持不可，孚敬亦難之，詹事霍韜詆尤力。帝大怒，下韜獄。降璽書奬言，賜四品服俸，卒從其請。又贊成二郊配饗議，語詳《禮志》。言自是大蒙帝眷。郊壇工興，即命言監之。延綏饑，言薦僉都御史李如圭爲巡撫。吏部推代如圭者，帝不用，再推及言。御史熊爵謂言出如圭爲己地，至比之張綵。帝切責爵，令言毋辨，而言不平，訐爵且辭新命，帝乃止。

孚敬頤指百僚，無敢與抗者。言自以受帝知，獨不爲下。孚敬乃大害言寵，言亦怨孚敬驟用彭澤爲太常卿不右己，兩人遂有隙。言抗疏劾孚敬及吏部尚書方獻夫。孚敬、獻夫皆疏辨求去。帝顧諸人厚，爲兩解之。言既顯，與孚敬、獻夫、韜爲難，益以强直厚自結。帝欲輯郊禮爲成書，擢言侍讀學士，充纂修官，直經筵日講，仍兼吏科都給事中。言又贊帝更定文廟祀典及大禘禮，帝益喜。十年三月遂擢少詹事，兼翰林學士，掌院事，直講如故。言眉目疏朗，美鬚髯，音吐弘暢，不操鄉音。每進講，帝必目屬，欲大用之。孚敬忌彌甚，遂與彭澤搆薛侃獄，下言法司。已，帝覺孚敬曲，乃罷孚敬而釋言。八月，四郊工成，進言禮部左侍郎，仍掌院事。踰月，代李時爲本部尚書。去諫官未浹歲拜六卿，前此未有也。

時士大夫猶惡孚敬，恃言抗之。言既以開敏結帝知，又折節下士。御史喻希禮、石金請宥「大禮」大獄得罪諸臣，帝大怒，令言劾。言謂希禮、金無他腸，請帝寬恕。帝責言對狀，逮二人詔獄，遠竄之，言引罪乃已。以是大得公卿間聲。帝制作禮樂，多言爲尚書時所議，閣臣李時、翟鑾取充位。帝每作詩，輒賜言，悉酬和勒石以進，帝益喜。奏對應制，倚待立辦。數召見，諮政事，善窺帝旨，有所傅會。賜銀章一，俾密封言事，文曰「學博才優」。先後賜繡蟒飛魚麒麟服、玉帶、兼金、上尊、珍饌、時物無虚月。

孚敬、獻夫復相繼入輔，知帝眷言厚，亦不敢與較。已而皆謝事，議禮諸人獨霍韜在，讎言不置。十五年以順天府尹劉淑相事，韜、言相攻訐。韜卒不勝，事詳《韜傳》中。言由是氣遂驕。郎中張元孝、李遂與小忤，即奏謫之。皇子生，帝賜言甚渥。初加太子太保，進少傅兼太子太傅。閏十二月遂兼武英殿大學士入參機務。扈蹕謁陵，還至沙河，言庖中火，延郭勛、李時帳，帝付言疏六亦焚。言當獨引罪，與勛等合謝，被譙責焉。時李時爲首輔，政多自言出。顧鼎臣入，恃先達且年長，頗欲有所可否。言意不悦，鼎臣遂不敢與争。其冬，時卒，言爲首輔。十八年，以祇薦皇天上帝册表，加少師、特進光禄大夫、上柱國。明世人臣無加上柱國者，言所自擬也。

武定侯郭勛得幸，害言寵。而禮部尚書嚴嵩亦心妒言。言與嵩扈蹕承天，帝謁顯陵畢，嵩再請表賀，言乞俟還京。帝報罷，意大不懌。嵩知帝指，固以請，帝乃曰：「禮樂自天子出可也。」令表賀，帝自是不悦言。帝幸大峪山，言進居守敕稍遲，帝責讓，言懼請罪。帝大怒曰：「言自卑官，因孚敬議郊禮進，乃怠慢不恭，進密疏不用賜章，其悉還累所降手敕。」言益懼，疏謝。請免追銀章、手敕，爲

子孫百世榮，詞甚哀。帝怒不解，疑言毀損，令禮部追取，削少師勳階，以少保、尚書、大學士致仕。言乃以手敕四百餘，并銀章上之。居數日，怒解，命止行。復以少傅、太子太傅入直，言疏謝。帝悅，諭令勵初忠，秉公持正，免衆怨。言心知所云衆怨者，郭勛輩也，再疏謝，謂自處不敢後他人，一志孤立，爲衆所忌。帝復不悅，詰責之，惶恐謝，乃已。未幾，雷震奉天殿。召言及鼎臣，不時至。帝復詰讓，令禮部劾之。言等請罪，帝復讓言傲慢，并責鼎臣。已，乃還所追銀章、御書。陝西奏捷，復少師、太子太師，進吏部尚書，華蓋殿。江、淮賊平，璽書獎勵，賜金幣，兼支大學士俸。

鼎臣已歿，翟鑾再入，恂恂若屬吏然，不敢少齟齬。而霍韜入掌詹事府，數修怨。以郭勛與言有隙，結令助己，三人日相搆。既而韜死，言、勛交惡自若。九廟災，言方以疾在告，乞罷，不允。昭聖太后崩，詔問太子服制，言報疏有譌字，帝切責言，言謝罪且乞還家治疾。帝益怒，令以少保、尚書、大學士致仕。言始聞帝怒已，上御邊十四策，冀以解。帝曰：「言既蘊忠謀，何堅自愛，負朕眷倚，姑不問。」初，言撰青詞及他文，最當帝意。言罷，獨翟鑾在，非帝所急也。及將出都，詣西苑齋宫叩首謝。帝聞而憐之，特賜酒饌，俾還私第治疾，俟後命。會郭勛以言官重劾，亦引疾在告。京山侯崔元新有寵，直内苑，忌勛。帝從容問元：「言、勛皆朕股肱，相妒何也？」元不對。帝問言歸何時，曰：「俟聖誕後，始敢請。」又問勛何疾，曰：「勛無疾，言歸即出耳。」帝頷之。言官知帝眷言惡勛，因共劾勛。勛辨語誖謾，帝怒，削勛同事王廷相籍。給事中高時者，言所厚也，盡發勛貪縱不法十數事，遂下勛獄，復言少傅、太子太師、禮部尚書、武英殿大學士，疾愈入直。言雖在告，閣事多取裁。治勛獄，悉其指授。二十一年春，一品九年滿，遣中使賜銀幣、寶鈔、羊酒、内饌，盡復其官階，璽書獎美，賜宴禮部，尚書、侍郎、都御史陪侍。當是時，帝雖優禮言，然恩眷不及初矣。

慈慶、慈寧兩宫宴駕，勛嘗請改其一居太子。言不可，合帝意。至是帝猝問太子當何居，言忘前語，念興作費煩，對如勛指。帝不悅。又疑言官劾勛出言意。及建大享殿，命中官高忠監視，言不進敕稾。入直西苑諸臣，帝皆令乘馬，又賜香葉束髮巾，用皮帛爲履。言謂非人臣法服，不受，又獨乘腰輿。帝積數憾欲去言，而嚴嵩因得間之。

嵩與言同鄉，稱先達，事言甚謹。言入閣援嵩自代，以門客畜之，嵩心恨甚。言既失帝意，嵩日以柔佞寵。言懼斥，呼嵩與謀。嵩則已潛造陶仲文第，謀齮言代其位。言知甚愠，諷言官屢劾嵩。帝方憐嵩不聽也，兩人遂大郤。六月，嵩燕見，頓首雨泣，愬言見淩狀。帝使悉陳言罪，嵩因振暴其短。帝大怒，手敕禮部，歷數言罪，且曰：「郭勛已下獄，猶千羅百織。言官爲朝廷耳目，專聽言主使。朕不早朝，言亦不入閣。軍國重事，取裁私家。王言要密，視等戲玩。言官不一言，徒欺謗君上，致神鬼怒，雨甚傷禾。」言大懼，請罪。居十餘日，獻帝諱辰，猶召入拜，候直西苑。言因謝恩乞骸骨，語極哀。疏留八日，會七月朔日食既，下手詔曰：「日食過分，正坐下慢上之咎，其落言職閒住。」帝又自引三失，布告天下。御史喬佑、給事中沈良才等皆具疏論言，且請罪。帝大怒，貶黜十三人。高時以劾勛故，獨謫遠邊。於是嚴嵩遂代言入閣。

言久貴用事，家富厚，服用豪侈，多通問遺。久之不召，監司府縣吏亦稍慢易之，悒悒不樂。遇元旦、聖壽必上表賀，稱草土臣。帝亦漸憐之，復尚書、大學士。至二十四年，帝微覺嵩貪恣，復思言，遣官齎敕召還，盡復少師諸官階，亦加嵩少師，若與言並者。言至，直陵嵩出其上，凡所批答，略不顧嵩，嵩噤不敢吐一語。所引用私人，言斥逐之，亦不敢救，銜次骨。海内士大夫方怨嵩貪忮，謂言能壓嵩制其命，深以爲快。而言以廢棄久，務張權。文選郎高簡之戍，唐龍、許成名、崔桐、王用賓、黄佐之罷，王杲、王暐、孫繼魯之獄，皆言主之。貴州巡撫王學益、山東巡撫何鰲爲言官論劾，輒擬旨逮訊。龍故與嵩善，暐事牽世蕃，其他所譴逐不盡當，朝士仄目。最後御史陳其學以鹽法事劾崔元及錦衣都督陸炳，言擬旨令陳狀，皆造言請死，炳長跪乃得解。二人與嵩比而搆言，言未之悟也。帝數使小内竪詣言所，言負氣岸，奴視之。嵩必延坐，親納金錢袖中，以故日譽嵩而短言。言進青詞往往失帝旨，嵩聞益精治其事。

未幾，河套議起。言故慷慨以經濟自許，思建立不世功。因陝西總督曾銑請復河套，贊決之。嵩與元、炳媒孽其間，竟以此敗。江都人蘇綱者，言繼妻父也，雅與銑善。銑方請復河套，綱亟稱於言。言倚銑可辦，密疏薦之，謂羣臣無如銑忠者。帝令言擬旨，優奬之者再。銑喜，益鋭意出師。帝忽降旨詰責，語甚厲。嵩揣知帝意，遂力言河套不可復，語侵言。言始大懼謝罪，且言嵩未嘗異議，今乃盡諉於臣。帝責言强君脅衆，嵩復騰疏攻言，言亦力辨。而帝已入嵩譖，怒不可解。二十七年正月盡奪言官階，以尚書致仕，猶無意殺之也。會有蜚語聞禁中，謂言去時怨謗。嵩復代仇鸞草奏訐言納銑金，交關爲奸利，事連蘇綱，遂下銑、綱詔獄。嵩與元、炳謀，坐銑交結近侍律斬，綱戍邊，遣官校逮言。

言抵通州，聞銑所坐，大驚墮車曰：「噫！吾死矣。」再疏訟冤，言：「鸞方就逮，上降諭不兩日，鸞何以知上語，又何知嵩疏而附麗若此。蓋嵩與崔元輩詐爲之以傾臣。嵩静言庸違似共工，謙恭下士似王莽，奸巧弄權父子專政似司馬懿。在内諸臣受其牢籠，知有嵩不知有陛下。在外諸臣受其箝制，亦知有嵩不知有陛下。臣先死係嵩掌握，惟歸命聖慈，曲賜保全。」帝不省。獄成，刑部尚書喻茂堅、左都御史屠僑等當言死，援議貴議能條以上。帝不從，切責茂堅等，奪其俸，猶及言前不戴香冠事。其年十月竟棄言市。妻蘇流廣西，從子主事克承、從孫尚寶丞朝慶，削籍爲民。言死時年六十有七。

言豪邁有俊才，縱横辨博，人莫能屈。既受特眷，揣帝意不欲臣下黨比，遂日與諸議禮貴人抗。帝以爲不黨，遇益厚，然卒爲嚴嵩所擠。言死，嵩禍及天下，久乃多惜言者。而言所推轂徐階，後卒能去嵩爲名相。隆慶初，其家上書白冤狀，詔復其官，賜祭葬，謚文愍。言始無子。妾有身，妻忌而嫁之，生一子。言死，妻逆之歸，貌甚類言。且得官矣，忽病死。言竟無後。

贊曰：璁、萼、獻夫議尊興獻帝，本人子至情，故其説易入。原其初議未嘗不準情禮之中，乃至遭時得君，動引議禮自固，務快恩讎。於是知其建議之心，非有惓惓忠愛之實，欲引其君於當道也。言所奏定典禮，亦多可採。而志驕氣溢，卒爲嵩所擠。究觀諸人立身本末與所言是非，固兩不相掩云。

王世貞《嘉靖以來内閣首輔傳》卷三 夏言字公謹，廣信之貴溪人。性警敏，能屬文，尤長於筆札。自其在公車則已奕奕有儁聲。舉進士，授行人司行人，擢兵科給事中，奉詔覈斥錦衣冒濫官屬三千二百。出按皇莊侵占農地二萬餘頃，糾中貴人趙彬、建昌侯張延齡，前後七疏皆報可。轉右給事中。同考會試，疏請杜内臣傳乞，救知府郭九皋等緹逮，及請慎出入以嚴政體，及論邪福海等不當以傳奉陞，皆諤諤爲人所傳誦。丁母憂歸，服除守故官，尋轉禮科左，遂進兵科都給事中。

時山西劇盜陳卿糾衆據青羊山爲亂，朝廷大發諸鎮兵討平之，而所遣將臣以下久爭功不決，且有因而爲利者。言發其事，遂命往覆，勘次第功罪皆當。還朝考武舉試。時兵部廷推左都御史王憲出行邊禦敵，憲有難色，言即劾罷之，而上實心器言。會吏科缺都給事中，故事當以左序遷，特旨逐言長吏科，言以是益自負。時上方貴輔臣張孚敬等，相與推明宗祀禮樂之事。言謂農桑天下本，今人主既親耕行籍田禮而后不親蠶，非所以昭陰教示婦職也。因上皇后親蠶疏，上大悅，報旨稱美，而南北郊之議起。高皇帝初即位爲圜丘於南郊以祀天，爲方澤於北郊以祀地，行之未幾而合之，恒以元正之後三日致祭，因大享羣臣，蓋頗用漢唐故事云。上與輔臣孚敬密議之，不以爲善也。孚敬微泄之，言乃上疏謂當以冬至祭天於南郊之圜丘，以夏至祭地於北郊之方澤。而引《周禮》及高皇帝初即位詔爲據，而謂漢唐以下不足法。上益大悅，下禮官會羣臣議。有謂以高帝二百年之定制爲不當輕易者，有謂工鉅而財詘不當輕舉者，有謂夏至前而冬至後，於天尊地卑不稱者十之七八。上乃召言，見便殿，賜璽書褒奬，與四品服，欲以風厲羣臣而卒莫之應。詹事霍韜辨論益切至，貽書切責言，指以爲奸邪。言恚，繳其書上之，因遂劾韜五罪。上怒甚，械韜下之御史臺獄。輔臣孚敬爲力請，不聽。久之乃釋還職。上不欲太宗與太祖竝配天，與孚敬議以太祖配天而太宗祀大享殿，如古明堂以配上帝。孚敬意難之，下羣臣議，亦莫之應，而言復伸上指，考古禮以請。上益大悅，以祀典成，進翰林院侍讀學士，仍兼都給事中，侍經筵日講，賜金飾花犀帶，視尚書。言嘗薦都察院左僉都御史李如圭以右副都御史出賑濟陝西，於是僉都御史缺，廷推言與右諭德彭澤，上遲徊久之，而御史熊爵謂言出如圭以爲己地，言亦辭。上乃勉慰言，俾食四品俸，澤以孚敬力，復超爲太常卿。言楚士也，恨孚敬不已薦而右彭澤，銜之切骨，且覘上意雅不欲大臣太專，乃露章論孚敬與吏部尚書方獻夫有所好惡，彭澤奸邪不當驟遷。上雖爲兩解而孚敬與澤亦遂惡言矣。

上以四時祀太廟奉太祖爲始祖居中而太宗以下皆東西相向，至大祫則以太祖之四世祖德祖居中而懿熙仁三世皆合而太祖屈居五，至是欲舉禘祭大雩秋報之禮，下羣臣議。言以爲：「禘者，帝也，謂禘其所自出之帝也。德祖既爲太祖之始祖，豈可復爲始祖所自出之帝乎？」請虚其位而加隆稱焉，仍以太祖配。中允廖道南則謂朱氏爲顓頊裔，宜禘顓頊。輔臣孚敬會羣僚議東閣，倡言曰：「請虚位者失之無，尊顓頊者失之遠，宜仍禘德祖便。」言復上書諍之。上雖意未決而心是言，旋特進詹事府少詹事，兼翰林院學士。言眉目疏朗，美鬚髯，大音聲，不操楚語，上故已材言，至進講，愈目屬之。既顯，與孚敬異。孚敬恨，乃因行人司正薛侃之疏，用彭澤計而傾之，卒不勝，語見《孚敬傳》。

言出獄之月餘遂進禮部左侍郎，兼翰林院學士，掌院事。未幾，命禮部尚書李時入閣而言代之，與時竝召對，所以褒勉獨有加。時薦紳大夫尚與孚敬讐敵，謂言能抗之。而言既以開敏結上知，又折節下士，時有御史喻希禮上疏謂「祈雪

求嗣不在詞醮而在行仁政」。因請宥大禮大獄得罪諸臣。御史石金亦言之，且謂：「人才用舍，政事張弛，一切付之廷論，而陛下恭默凝神，提挈綱領，使其真精內蘊，根本固則螽斯之慶自集。」上疑其有所譏諷，大怒，下書數百言苛責之，命言參究，毋得黨護。言謂：「希禮、金所奏內稱宥罪可迓天休，是祖常情福利之説，養心不貴勤察則啓人君怠逸之漸，論事迂疎，罪實難逭。第原其本意似亦無他，乞俯優容，或加飭治。」上益怒，下旨謂：「遭此曹讐君怨上，意在報復，姦巧欺詐，罪不可逭。」因責言：「位列大臣，朕所簡拔，專務狥私，不圖報主。先已戒其黨護，奏上參劾，肆怠不恭。」責其具狀以對，而逮希禮、金於詔獄，貶謫荒徼。及言謝罪疏聞，亦弗罪也。以是言益得公卿間聲。御史馮恩嘗有疏品第三公、九卿、長佐，多所不滿，而獨稱言「救時宰相」。

上既以制作禮樂自任，於故典多所更易，其事在春官，而言爲之長，所建白多當上意。上亦欲驟貴之，其委寄與閣臣埒，多出六卿上。嘗賜銀記一，曰「學博才優」，俾得密對言事。未滿考以督南郊，特加太子太保，尋進加少保，加俸一級。督建皇史宬，加兼太子太傅。重書《寳訓實録》成，進少傅。再以監建宗廟工成，加兼太子太師。前後錫賚御書、繡蟒飛魚麒麟服色、玉帶、兼金、上尊、珍饌，時鮮之類無虚月。爲之釋其先軍伍，有所陳乞亡不立得。而是時霍韜起家吏部左侍郎，以舊郄思中言，莫能間也。而會順天府尹劉淑相與言之狎戚費完不相善，坐姦人所中下獄，疑言之庇其客而主之，因上書訐言罪。上怒不聽，言亦疑韜主之，謂：「淑相與韜謁陵歸，縱飲九龍池，爲不敬。」而韜時已轉爲南京禮部尚書矣，乃上書論言：「以朦朧爲故少師費宏請謚，得『文憲』，且滅緊關情節當死。」言亦訐韜大罪十餘條，幾於訟師聲口。上兩不之辨，而鐫韜俸一秩以謝言。韜至南京，復攻之。上亦不深責，而言氣稍稍驕。郎中張元孝、李遂坐小忤即衆謫之。皇子生，言入對，上喜甚，手簪花於帽，侑以白金文幣甚渥，遂兼武英殿大學士，入內閣。

是時李時爲華蓋殿大學士，以年老朴誠居首輔，而上所以委寄之不能如言重，一切禮文之事皆以屬言，賞亦稱是。言氣益驕，漸孺視八座。嘗從上謁陵，駐沙河。言庖中火延武定侯勛及大學士時行帳燬，而上别授言廷臣六疏亦從燬。言與二臣合辭請罪，上俱弗問，而獨責言當特疏而今者不特疏，爲屬不敬。言皇恐乞休，上留而勉勵之。時獻皇帝已崇爲皇考别廟矣。通州同知豊坊，小人也，上疏請復古禮，建明堂，加尊獻皇帝廟號，稱宗以配上帝。下禮部議。部臣嵩議：「以功則太宗，親則獻帝，以配帝惟上裁，而不敢任稱宗。」上不悦，令再議。户部左侍郎唐胄争之，力辨之强，上褫其官。於是部臣嵩懼而如命，獻帝遂稱睿宗，入太廟，言亦莫能持也。尋以滿六年考，録一子中書舍人，兼支大學士俸。俄李時卒，言居首，尋以祇薦皇天上帝奉册勞言，加特進光禄大夫、上柱國、少師，餘如故。上柱國於人臣未有加者，加之自言始，其自擬也，人頗以爲異。

時顧鼎臣亦加少保、太子太傅、禮部尚書、武英殿大學士。鼎臣蘇之崑山人，舉進士第一，授翰林院修撰，累遷至今官。鼎臣於言爲先達，長且十歲。言躐而貴，至師、傅，先大拜，踰二歲而鼎臣繼之，意不肯相下，事有所可否，言內不能善也。尋上以章聖皇太后祔葬承天之顯陵，躬行謁視。言與太師、翊國公郭勛俱扈從，而鼎臣同留守，其委寄特重，因賜言、勛、鼎臣蟒服玉帶，白金綵幣。郭勛者，故武定侯也，而善張孚敬。孚敬左右之，得幸上。至貴重，封上公，數上書論劾大臣，無不立應，與言争寵而妒。上至承天謁陵畢，禮部臣嵩請率羣臣表賀。上問之，言謂宜俟回鑾至京而後舉。上乃報罷，殊不悦。嵩得其指，乃固請賀。上答詔以賀非卿等誠，言所謂方是，第禮樂自上出，賀亦可也。言數與所親厚大臣宴游竟日，上間有宣諭，獨勛在，賞賚稍厚於言，以是益驕恣，數侵言，言亦强應之。

言既小失上指，而會上幸大峪山閲視永陵工，言進居守敕而遲，上怒責言自小官因孚敬議郊禮進，乃每每怠肆不恭，因悉勒令上其前後所賜銀記、璽書、手札。懼，謝罪，固請□銀記璽書手札，而上愈疑其有所毁損，削其勛階少師等官，令以少保、尚書、大學士致仕。言乃檢十年中璽書手札四百餘通并銀記上之，上怒解。會言朝辭已發，而遣中貴人止之，隨諭吏部復少傅、太子太傅，仍故官。言即入朝具疏謝，上報「覽奏卿已赴閣，宜益勵初忠，盡心匡輔，秉公持正，不惟副朕簡任，亦免衆怨也。卿其思之」。言擬所云「衆怨」者，郭勛輩也，復疏謝謂「自處不敢後於他人，唯一志孤立，爲衆所忌」。上不悦，隨詰責之，并乙其疏中洗改字。言乃皇恐引罪，報聞。而御史有論擿顧鼎臣留守偏狥事，上不聽，或以爲言實嗾之也。亡何，奉先殿雷震，召言與鼎臣往視震所，俱不時至，上復不悦，命禮部糾之，言等復請罪。上曰：「朕所以數寬言，非爲言，爲左右誼重也。言乃滋惰成性，蔑不知警，何以表率百僚？鼎臣亦相效尤耶？念其知罪，姑宥之。」尚書霍韜入掌詹事府，數面詰言而郭勛喜其得助，益横。時有訓導蕭時芳者疏言「三臣皆中興元佐，同功一體，而外議沸騰，心跡未白，非國家福。宜賜之坐，

以杯酒釋其心」。御史舒鵬翼亦有言，上俱不聽。而訓導罷爲民，御史坐謫。言又上疏乞骸骨，謂：「位高則怨尤易集，官久則過失自多，咎積而不悟則謗日聞，身危而不避則過將大。今臣年近六旬，精力衰謝，宗支零落，孑然一身，不能朝夕自存，凡世人所利者，臣復何心戀慕？」上勉以勿負朕心而已。久之，還言所賜銀記及璽書手札。會陝西三邊大捷，推功，言復勛階及少師、太子太師，仍進吏部尚書、華蓋殿大學士。江淮寇平，復推功，言賜白金、綵幣、璽書褒獎。閣臣之與邊功，正德中一再見而已。明年，以北邊寧謐，再賜璽書褒獎。

時九廟災，言方以疾在告，乞休，不允。霍韜死而言與郭勛爲仇益甚。言既數以病請急，然實不病，而以無子故，多擁諸姬妾爲歡。慈壽皇太后崩，上傳示太子服制議，言報疏有譌筆，上遂切責，令陳狀。言引罪，因乞還鄉治疾。上怒，盡削其勛階散官，以禮部尚書、武英殿大學士致仕。言始聞上之怒之，乃上備邊事宜，冀以解。上曰：「若既蕴忠謀，何自愛而欲去朕耶？姑不問。」是時上方治齋醮，其爲青詞及他文，獨言與尚書嚴嵩稱旨。內閣僅翟鑾在，非上所急也。而言且陛辭，因詣西苑齋宮叩首。上聞而憐之，特賜酒饌，俾還私第調理，以俟後命。而郭勛轉恣橫，其於督工治兵，掊克盜歛以數十萬計。上微覺其事。前是春時，給事御史請敕勛與提督大臣，會派役卒，勛弗便也。內閣撰勅且數月，而勛弗肯領，尋與言俱引疾在告。京山侯崔元害勛寵久，上以元薦景神殿，新得獨對，從容問：「言、勛皆吾股肱也，而相妒者，何也？」元不敢對。上復曰：「言疾欲歸，果否？歸當在何時？」元乃曰：「俟聖誕後始敢請耳。」又問：「勛何病？」元曰：「勛實不病，言歸即出耳。」上首頷久之。而給事御史伺上有畱言而惡勛意，因劾勛故不領勅爲作奸植黨以罔國法。勛奏辨，有「臣奸何事，黨何人，又有何必更勞賜勅」等語，多不遜。上大怒，於是削同事者尚書王廷相官，奪伯陳鏸俸。而給事中高時者，言所厚也，因盡列勛貪縱不法數十餘條。上下之詔獄，移三法司覆讞。論斬，奪封爵誥券。獄成而疏畱中不下。尋復言少傅、太子太師、禮部尚書、武英殿大學士，俾疾愈而後之任。

言雖以疾在外，然閣事多所取決，而於窮治勛獄，指授批根，無所不極。上猶心念勛，疑其中言搆也。久之言一品滿九年考，上遣中使賜金幣、寶鈔、肥羜、上尊，盡復其勳階官職，賜敕褒諭，錫宴禮部。前是言與少保、禮部尚書嚴嵩同鄉，稱晚進，而言以議禮驟貴，不爲之下，而嵩事之甚謹。言之入內閣，嵩遂越顧鼎臣而代長禮部，言有力焉。嵩奉行唯恐不當意，言亦以門客畜之。會言坐失上旨，當罷，呼嵩與謀，而嵩已造上所幸秉一真人第謀掎言而代其位。言覺之，嵩既數爲給事御史所攻，乃益爲恭謹以媚上，上是時已心愛嵩甚於言。言乃日嗾所善給事御史益攻嵩，上益憐之。上居西苑齋宮，許入直諸貴人得乘馬，言獨製小腰輿以乘。上聞之，不善也。人主故所御翼善冠，上不御而御道士冠，因命尚方倣而雕沈水香爲五冠以賜言及成國公希忠、京山侯元、大學士鑾、尚書嵩。言獨密疏謂非大臣法服，不敢當。上大怒。時昭聖章聖太后故御慈慶、慈甯會皆晏駕，郭勛故請改其一宮爲皇太子宮。言與上意合，不許。而至是上卒問：「皇太子宮當何建？」言偶忘之，念興作工役費重，倉卒對曰：「今兩宮皆虛，可改其一以居皇太子。」上愈怒，令五臣皆出直，尋召成國公等入對，罷言不召。尚書嵩乃故冠香冠而冒輕紗帽其上，使上見之。上果悅，因令成國公等三人出而畱嵩慰諭甚至。嵩頓首雨泣訴言之見陵陷。上使悉言罪，乃得甚口。少頃，上遂手敕都察院，數言三罪，又謂：「郭勛既以不領敕下獄矣，猶復千羅萬織不已。與太監高忠交關共謀，朕不早朝，言亦不入閣，軍國重事，私家裁之，王言要密，視等戲具。且言官爲朝廷耳目，一犬不如，專一聽受主使。逆君沽譽，傾人取位，以奉所悅，戕人一家，以代報復。卿等其布此諭，俾中外知之。」上蓋欲言官論劾言，而尚疑言之且復用，相顧莫敢發，亦不敢請罪者十六日。而上忽宣言入，拜皇考諱忌，仍直西苑，俟聖誕禮成，言乃謝恩，因乞骸骨，欲以嘗上。疏上之，八日而始奉御批，令革職閒住。時日有食之，既上諭禮部：「以臣子欺逼君，外陰侵犯內陽之咎。言以臣欺君上，作威作福，不下郭勛，念與卿等累年供事，免死去之，爲失刑於是。」給事御史乃敢合疏論言，且請罪。上益怒，命部院盡覆覈之，謫降十餘人，餘畱者亦奪半歲俸，而高時獨改謫邊遠，蓋以其嘗論郭勛故也。亡何，勛病死刑部獄，上益恚，因他事奪尚書吳山職，餘鐫俸有差，而還勛子孫侯爵，蓋實惜之云。

言久貴用事，家富厚，高甍雕題，廣囿曲池之勝，媵侍便辟及音聲人部皆選服御膳，羞如王公。其始海內搢紳意其且復用，問遺踵接，而最後漸不召，則漸亦希簡，而監司守令間不能盡酬答。言居恒邑邑不樂，遇元正聖壽，必上表賀，稱「草土臣」。上亦報聞而已。久而漸憐之，復禮部尚書、武英殿大學士，仍致仕。是時代言首者翟鑾得罪去，代鑾者嵩最得上意，而同事大臣許瓚、張璧以老病或罷或徙，嵩獨相。上微聞其專，特召言自家復任。既陛見，盡復其階勳職秩。時嚴嵩已爲少傅兼太子太師矣，則亦加少師以示竝重，而言愈驕，直陵之，

出其上，凡有所擬旨，行意而已，不復顧問嵩，嵩亦默默不能吐一語，而心恨之甚。故事：閣臣日給酒饌，當會食。言與嵩對案，不食所給而自攜庖甚豐，亦不以食嵩。始嵩信其子世蕃黷賄，報復睚眦，海内咸恨之，謂言能奪嵩而制其命，深以爲快。未久，言復恣御史陳九德論劾文選司郎中高簡，下詔獄。而都給事中楊上林、左給事中徐良傅復劾之，言有所不悦於簡及上林等，擬杖簡於廷，戍之。而以上林等不早奏，罷爲民，以尚書唐龍與嵩善，亦罷爲民。都御史孫繼魯、何鼇、王學益爲言官所論糾，即遣緹騎捕逮之，非居間不解，繼魯至瘐死獄中。吏部尚書聞淵老臣也，不能洟泗事言，會其部左侍郎缺，當以翰林臣補，而禮部左右侍郎許成名、崔桐皆欲得之。吏部初擬成名而桐有力，遂推桐。給事中言之，語有連少詹事黄佐、王用賓，遂悉勒致仕而奪淵俸半年，下文選郎中於獄抵罪。淵自是氣奪，不復抗矣。給事中馬錫承言意，劾户部尚書王杲受賄囑運司事，上怒，下杲獄。而都給事中厲汝進遂推劾嚴嵩子世蕃及太倉尚書王暐，皆有請囑。言欲借以搖嵩，嵩辨疏上，上即爲杖汝進等幾死，而遠謫之。暐斥爲民，杲坐戍，言亦不能救也。御史陳其學以鹽法事論京山侯崔元、都督同知陸炳，言擬旨令陳狀，皆造言請死，有所進橐，炳至長跪而解，以是皆與嵩比而謀搆言，言殊不自悟。上左右小璫來謁言者，言奴視之，其詣嵩，嵩必執手延坐款款，密持黄金置其袖，以是争好嵩而惡言。上或使夜瞰言嵩寓直何狀，言時已酣，就枕。嵩知之，故篝燈坐視青詞草。言初以是得幸，老而倦思，聽客具藁，亦不復檢閲，多舊所進者，上每擲之地而棄之。左右無爲報言，言亦不復顧。嵩聞而益精專其事，以是上益愛之。

而河套之議起，始言繇書生以片言合上意，驟起鼎貴，欲建立奇功名以自顯固，居恒謂：「高皇帝制文『臣非出將入相不得封公侯』，非謂文臣不得封公侯也。文臣不得爲丞相，非謂不得爲三公也。」以故於議撫大同、討安南、平汝寇皆自顯露其筴，不復托之代言，而猶未慊其志。曾銑者，故亦功名士也。以御史平遼陽叛卒顯，累官總督陝西三邊。念河套肥饒地，久棄之邊，與敵共之。敵得乘間入巢窟其中畜牧水草，於犯秦隴甚易。欲以十萬衆逐之，因故地築城，增戍填其中，其爲全陝計甚備，聞於言。言見以爲名美，大悦。而有蘇夫人者，繼妻也，有才色，言嬖而畏之。其父綱頗交通關節，恣其奸利。銑故綱同鄉，推善之，亦有所結納。綱亟爲言稱銑才，言益自信，以爲功必可成，亟下兵部。會廷臣議銑所請大司農金錢以數十萬計，調山東、河南良家子亦不下萬餘，皆心知其難，不敢決，而言意小沮。會銑疏復請給誓劍，得專僇節帥以下。上心惡之，始下諭言等：「河套之患久矣。今以征逐爲名，不知師出果有名否？兵果有餘力，食果有餘積，成功可必否？一銑何足言，秖恐百姓受無辜之僇耳。」言懼不敢決，請上裁。上乃以前諭下司禮監，印發兵部及預議諸臣。嚴嵩既以窺上指，乃上疏極稱：「寇之不易勝，河套之必不可復。師既無名，費復不淺，而謂在廷之臣無不知其非者，第有所畏耳。」因引咎乞罷。上始報嵩，以言私薦曾銑任事之忠，不顧國安危民生死，唯狥銑殘欲耳，而不允嵩辭。言懼，上疏謝罪，且謂：「嵩於計議之際了無異詞，而今復先臣具奏，不過諉臣以自解耳。」上不悦，責言之專狥私情，强君脅衆，令吏禮二部、都察院參看。嵩遂具疏力詆言之擅權，謂機事大小，毫髮不復關同。言亦力辨，而上怒不可回矣。兵部會議，上遂罷河套之役而使緹騎捕銑。吏禮部、都察院參劾言，於是尚書淵等論言事爲任意，跡涉强君。上責其奉旨議奏，猶謂跡涉，此非媚即畏，是何臣體？姑不究，因盡奪言餘官，俾以尚書致仕。言出國門而難作矣。

始咸寧侯仇鸞鎮甘肅，貪愎而桀驁，數違總督進止。銑論糾其罪狀數十，言擬旨令官校逮捕矣。嚴嵩既得志，與侯元、都督炳謀，欲深言罪。乃代鸞具草，謂：「嘗闞曾銑復套議，故銑恨而中之。又寇入延安殺掠吏民數萬，輕出定邊營，損卒復數千，懼而遣其子曾淳以五千金賄蘇綱俾轉以二萬金賄言，故爲之解，而戒使復套以爲功。」時曾淳以胄子在大學，上遂捕淳與蘇綱，下詔獄。都督炳極意鍛煉，而侯元行金於中貴人，實其事。獄上，論綱邊戍，且追所受金，遂籍，而使緹騎捕言。言始覩鸞辨，謂：「彼方就逮，發疏時上下諭，不兩日何以知上語而敷演爲文？又何知嵩疏而附麗若此？蓋嵩與崔元輩爲之也，其辭甚明晰。」而上方怒甚弗省也。銑就逮，以小緩期罪緹騎長，奪其官。法司當銑比守邊將帥，守備不設律斬。上不許，令更擬。於是取嵩指，以交結近侍官員，紊亂朝政律斬，妻子流二千里。銑性果鋭，有機略，其死不當罪，天下聞而冤之。又十二日而言亦至，時於車中聞銑所坐，驚墮車，曰：「噫，吾死矣。」復具疏以辨，其辭甚苦。而刑部尚書喻茂堅、都察院左都御史屠僑、大理卿朱廷立等據曾銑律以請，而謂言實當八議所謂議貴、議能者。上怒，切責茂、堅等阿附，其語猶及言前不戴香冠事。而言妻蘇氏發廣西，從子禮部主事夏克承、從孫尚寶司丞朝慶皆奪職爲編氓。言至秋竟坐棄市，年六十有七。

言雖以驕蹇得上惡，然亦頗能持争。上嘗諭之，欲退處西内，使太子監國。

言時年六十，答諭云：「臣全數已盡，萬死不敢奉詔。」上爲之止。其後所深恨言者，挫郭勛與不肯戴道士冠，而天下方怨勛之横與嚴嵩之奸貪，謂言能裁之，以是多惜言者。隆慶初，其家上書白冤狀，復吏部尚書，已再盡復其官，賜謚「文愍」，予祭葬。言始有妾，孕七月而蘇氏妒之，嫁民間生一子。後言死而蘇氏知之，迎置家，其貌甚類言，且得官矣，而卒病死，言竟無後。

徐乾學《明史列傳》卷六七　夏言，字公謹，貴溪人。【略】言舉正德十二年進士，授行人，擢兵科給事中。性警敏，善屬文。及居言路，謇諤自負。世宗嗣位，疏言：「太祖有訓，朝堂決政，衆論稱善，即與施行。正德時壅蔽已極，今陛下維新庶政，請日視朝後，御文華殿閱章疏，召閣臣面決。或事關大利害，則下廷臣集議，不宜謀及褻近，徑發中旨。聖意所予奪，亦必下内閣議而後行。絶壅蔽矯詐之弊。」帝嘉納之。奉詔偕御史鄭本公、主事汪文盛覈親軍及京衛冗員，汰三千二百人。復條九事以上，輦下爲肅清。

嘉靖初，偕御史樊繼祖等出按莊田，悉奪還民産，劾中官趙霦、建昌侯張延齡，疏凡七上。請改後宫負郭莊田爲親蠶廠公桑園，一切禁戚里求請及河南、山東奸人獻民田王府者，貧民盡復業。日本貢使宋素卿殺人於寧波，勘者多遁詞。言劾之，乃遣給事中劉穆往按。永平知府郭九皋被誣逮，言抗章救。莊奉夫人弟邢福海、肅奉夫人弟顧福傳旨授錦衣世千户，言力争不可。諸疏率謇諤，爲人傳誦。屢遷兵科都給事中。勘青羊山平賊功罪，論奏悉當。副使牛鸞獲賊中交通名籍，言請毁之以安衆心。孝宗朝令吏、兵二部每季具兩京大臣及在外文武方面官履歷進御，正德後漸廢，以言請，復之。七年，調吏科。

當是時，帝鋭意禮文事，以天地合祀非禮，欲分建二郊，并日月而四。大學士張孚敬不敢決，帝卜之太祖，亦不吉議且寢。會言上疏，請帝親耕南郊，后親蠶北郊，爲天下倡。帝以南北郊之説與分建二郊合，令孚敬諭旨。言乃請分祀天地，廷臣持不可，孚敬亦難之，詹事霍韜詆尤力。帝大怒，下韜獄，降璽書奬言，賜四品服俸，卒從其請。又贊成二郊配饗議，語詳《禮志》。言自是大蒙帝眷，郊壇工興，即命言監之。延綏饑，言薦僉都御史李如圭爲巡撫。吏部推代如圭者，帝不用，再推及言。御史熊爵謂言出如圭爲己地，至北之張綵。帝切責爵，令言毋辨。而言不平，訐爵，且辭新命，帝乃止。

孚敬順指百寮，無敢與抗者。言自以受帝知，獨不爲下。孚敬乃大害言寵，言亦怨孚敬驟用彭澤爲太常卿不右己，兩人遂有隙。言抗疏劾孚敬及吏部尚書方獻夫。孚敬、獻夫皆疏辨求去。帝顧諸人厚，爲兩解之。言既顯與孚敬、獻夫、韜爲難，益以强直厚自結。帝欲輯郊禮爲成書。擢言侍讀學士，充纂修官，直經筵日講，仍兼吏科都給事中。言又贊帝更定文廟祀典及大禘禮，帝益喜。十年三月，遂擢少詹事，兼翰林學士，掌院事，直講如故。言眉目踈朗，美鬚髯，音吐弘暢，不操鄉音。每進講，帝必目屬，欲大用之。孚敬忌彌甚，逆與彭澤搆薛侃獄，下言法司。已帝覺孚敬曲，罷之，戍澤邊，言獲釋。八月，四郊工成，進言禮部左侍郎，仍掌院事。踰月，代李時爲本部尚書。去諫官未浹歲，拜六卿，前此未有也。

時士大夫猶惡孚敬，恃言抗之。言既以開敏結帝知，又折節下士。御史喻希禮、石金請宥大禮大獄得罪諸臣，帝大怒，令言劾。言謂希禮、金無他腸，請帝寬恕。帝責言對狀，逮二人詔獄，遠竄之。言引罪，乃已。以是大得公卿間聲。御史馮恩疏論諸大臣，獨稱言「救時宰相」。帝所制作禮樂，多言爲尚書時定之，閣臣李時、翟鑾取充位。帝每作詩，輒賜言，悉酬和，勒石以進。帝益喜，奏對應制，倚待立辦。亦善窺帝旨，有所傅會，數召見，諮政事，賜銀章一，俾密封言事，文曰「學博才優」。先後賜繡蟒飛魚麒麟服、玉帶、兼金、上尊、珍饌、時物無虚月。

孚敬、獻夫復相繼入輔，知帝眷言厚，亦不敢與較。已而，皆謝事，議禮諸人獨霍韜在，讐言不置。十五年，以順天府尹劉淑相事，韜、言相攻訐。韜卒不勝，事詳《韜傳》中。言坐是稍稍驕。郎中張元孝、李遂與小忤，即奏謫之。皇子生，帝賜言甚渥。初加太子太保，進少傅，兼太子太傅，十二月，遂兼武英殿大學士，入參機務。扈蹕謁陵，還至沙河，言庖中火延郭勛、李時帳，帝付言疏六亦焚。言當獨引罪，與勛等合謝，帝責之，言惶恐，乞罷，乃已。言自諫官受知，未嘗一忤，至是始被責焉。時李時爲首輔，政多自言出。顧鼎臣入，恃先達，且年長，頗欲有所可否。言意不悦，鼎臣遂不敢與争。其冬時卒，言爲首輔。十八年，以祇薦皇天上帝册表加少師，特進光禄大夫、上柱國。明世人臣無有加上柱國者，言所自擬也。

武定侯郭勛得幸，害言寵，而禮部尚書嚴嵩亦心妬言。言與嵩扈蹕承天，帝謁顯陵畢，嵩再請表賀，言乞俟還京。帝報罷，意大不懌。嵩知帝指，固以請。帝乃曰：「禮樂自天子出可也。」令表賀。帝自是不悦言。帝幸大峪山，言進居守勑稍遲，帝責讓，言懼，請罪。帝大怒曰：「言自卑官，因孚敬議郊禮進，乃怠

慢不恭。進密疏不用賜章，其悉還累所降手勅。」言益懼，疏謝，請免追銀章手勅，爲子孫百世榮。詞甚哀，帝怒不解，疑言毁損，令禮部追取。削少師勳階，以少保、尚書、大學士致仕。言乃以手勅四百餘并銀章上之。居數日，怒解，命止行，復以少傅、太子太傅入直。言疏謝，帝悦，諭令勵初忠，秉公持正，免衆怨。言心知所云「衆怨」者，郭勛輩也，再疏謝，謂「自處不敢後他人，一志孤立，爲衆所忌」。帝復不悦，詰責之，惶恐，謝乃已。未幾，雷震奉天殿。召言及鼎臣不時至。帝復詰讓，令禮部劾之。言等請罪，帝復讓言傲慢，并責鼎臣。已乃還所追銀章御書。陝西奏捷，復少師、太子太師，進吏部尚書，華蓋殿。江淮賊平，璽書獎勵，賜金幣，兼支大學士俸。

鼎臣已没，翟鑾再入，恂恂若屬吏然，不敢少齟齬。而霍韜入掌詹事府，數修怨，以郭勛與言有隙，結令助己，三人日相搆。有訓導蕭時芳者，言三人皆元佐，心迹未協，宜召賜盃酒，釋其釁，語多不經。御史舒鵬翼亦言「二三大臣相攻訐以報纖介，疑有小人煽其間」。帝怒，下時芳詔獄，謫鵬翼於外。既而韜死，言、勛交惡自若。九廟災，言方以疾在告，自陳乞罷，不允。昭聖太后崩，詔問太子服制，言報疏有譌字，帝切責言。言謝罪，且乞還家治疾。帝益怒，令以少保、尚書、大學士致仕。言始聞帝怒之，上御邊十四策，冀以解。帝曰：「言既藴忠謀，何堅自愛，負朕眷倚？姑不問。」初言撰青詞及他文最當帝意。言罷，獨翟鑾在，非帝所急也。及將出都，詣西苑齋宫，叩首謝。帝聞而憐之，特賜酒饌，俾還私第治疾，俟後命。會郭勛以言官重劾，亦引疾在告。京山侯崔元新有寵，直内苑，忌勛。帝從容問元：「言、勛皆朕股肱，相妬何也？」元不對。帝問：「言歸何時？」曰：「俟聖誕後始敢請。」又問：「勛何疾？」曰：「勛無疾。言歸即出耳。」帝頷之。言官知帝眷言惡勛，因共劾勛。勛辯語誖謾，帝怒，削勛同事王廷相籍。給事中高時者，言所厚也，盡發勛貪縱不法十數事。遂下勛獄，復言少傅、太子太師、禮部尚書、武英殿大學士，疾愈入直。言雖在告，閣事多取裁，治勛獄排根批柢，悉其指授。朝士方惡勛，不以咎言也。二十一年春，一品九年滿，遣中使賜銀幣、寶鈔、羊酒、内饌，盡復其官階，璽書獎美。賜宴，禮部尚書、侍郎、都御史陪侍。當是時，帝雖優禮言，然恩眷不及初矣。

慈慶、慈寧兩宮晏駕，勛嘗請改其一，居太子。言不可，合帝意。至是帝猝問太子當何居，言忘前語，念興作費繁，對如勛指，帝不悦。又疑言官劾勛出言意。及建大享殿，命中官高忠監視，言不進勅稿，入直西苑諸臣帝皆令乘馬，又賜香葉束髮巾，用皮帛爲履。言謂非人臣法服，不受。又獨乘腰輿。帝積數憾，欲去言，而嚴嵩因得間之。

嵩與言同鄉，稱先達。言驟貴，爲禮部長，嵩爲之貳，事言甚謹。言入閣，援嵩自代，以門客畜之。嵩不敢出氣，心獨恨甚。言既失帝意，嵩日以柔接寵。言懼黜，呼嵩與謀。嵩則已潛造陶仲文第，謀犄言代其位。言知，甚愠，諷言官屢劾嵩。帝方憐嵩，不聽也。兩人遂大郄。六月，嵩燕見，頓首雨泣，愬言見凌狀。帝使悉陳言罪，嵩因振暴其短。帝大怒，手勅禮部，歷數言罪，且曰：「郭勛已下獄，猶千羅百織，言官爲朝廷耳目，專聽言主使。朕不早朝，言亦不入閣。軍國重事，取裁私家，王言要密，視等戲玩。言官不一言，徒欺謗君上，致神鬼怒，雨甚傷禾。」言大懼，請罪。居十餘日，獻帝諱辰，猶召入拜，候直西苑。言因謝恩乞骸骨，語極哀。疏留八日，下手詔曰：「日食過分，正坐下慢上之咎。其落言職閒住。」又自引三失，布告天下。御史喬佑、給事中沈良才等皆具疏論言，且請罪。帝大怒，貶黜十三人。高時以劾勛故，獨謫邊遠。於是嚴嵩遂代言入閣，而郭勛瘐死獄中，竟還其子孫侯爵云。

言久貴用事，家富厚，高甍雕題，廣池曲榭，姬侍樂部皆選服御膳饈如王公。其始海内士大夫意其復用，問遺踵接，久之不召，漸稀簡。監司府縣吏亦稍慢易之。邑邑不樂，遇元旦聖壽，必上表賀稱「草土臣」。帝亦漸憐之，稍復尚書、大學士。至二十四年，帝微覺嚴嵩貪恣，復思言。遣官賚勅召還，盡復少師諸官階，亦加嵩少師，若與言並者。言至，直陵嵩，出其上，凡所批答，略不顧嵩，嵩噤不敢吐一語。所引用私人，言斥逐之，亦不敢救，銜次骨。嵩黜賄，報復睚眦，海内咸怨之，謂言能壓嵩制其命，深以爲快。而言以廢棄久，務張權。文選郎高簡之戍，唐龍、許成名、崔桐、王用賓、黄佐之罷，王杲、王暐、孫繼魯之獄，皆言主之。貴州巡撫王學益、山東巡撫何鰲爲言官論劾，輒擬旨逮訊。龍故與嵩善，暐事牽世蕃，其他所譴逐不盡當，朝士畏言仄目，言自如。最後御史陳其學以鹽法事劾崔元及錦衣都督陸炳，言擬旨令陳狀，皆造言請死，炳長跪乃得解。以故二人與嵩比朋，搆言萬端，言未之悟也。帝數使小豎詣言所，言負氣岸，奴視之。其詣嵩，嵩必延坐，親納金錢袖中，以故日譽嵩而短言。言進青詞取具而已，往往失帝旨。嵩聞，益精治其事。

未幾，河套議起，言故慷慨以經濟自許，念一書生片言當上意，至鼎貴，非建立奇功，不足報稱。曩議撫大同、討安南、平潞寇皆書顯露其筴，未盡展。因陝

西總督曾銑請復河套，贊決之。嵩與元、炳媒蘖其間，竟以此敗。江都人蘇綱者，言繼妻父也。雅與銑善，銑方請復河套，綱亟稱於言。言倚銑可辦，密疏薦之，謂羣臣無如銑忠者。帝令言擬旨優奬之者再。銑喜，益鋭意出師。帝忽降旨詰責，語甚厲。嵩揣知帝意，遂力言河套不可復，語侵言。言大懼，謝罪，且言嵩未嘗異議，今乃盡諉於臣。帝責言强君脅衆。嵩復騰疏攻言，言亦力辨，而帝怒已不可解。二十七年正月，盡奪言官階，以尚書致仕，猶無意殺之也。會有蜚語聞禁中，謂言去時怨謗。嵩復代仇鸞草奏，訐言納銑金，交關爲奸利。事連蘇綱，遂下銑、綱詔獄。鸞與元、炳謀，坐銑交結近侍律斬；綱戍邊。遣官校逮言。言抵通州，聞銑所坐，大驚墮車，曰：「噫，吾死矣。」再疏訟冤，言：「鸞方就逮，上降諭不兩日，鸞何以知上語？又何知嵩疏而附麗若此？蓋嵩與崔元輩詐爲之，以傾臣。嵩静言庸違，似共工；謙恭下士，似王恭；奸巧弄權，父子專政，似司馬懿。在内諸臣受其牢寵，知有嵩不知有陛下；在外諸臣受其箝制，亦知有嵩而不知有陛下。臣生死係嵩掌握，惟歸命聖慈，曲賜保全而已。」其語絶痛切，帝不省。獄成，刑部尚書喻茂堅、左都御史屠僑等當言死，援議貴、議能條以上。帝不從，切責茂堅等，奪其俸，猶及言前不戴香冠事。其年十月，竟棄言市，妻蘇流廣西，從子主事克承、從孫尚寶丞朝慶削籍爲民。言死時年六十有七。

言豪邁有俊才，縱横辨博，人莫能屈。既受特眷，揣帝意不欲臣下黨比，遂日與諸議禮貴人抗。帝以爲不黨，益厚遇之，馴至大用。日蹇傲，帝寖不能堪，呵叱去留，無復體貌。及再入政府，度前此與已角者皆不勝已，忽嵩不爲防，卒被陷以死，天下皆惡嵩而亦嫉言驕恣，不甚惜。然言故剛直，以却香冠，不禮内豎致重禍，本無顯惡，居相位亦頗能持争。帝嘗欲退處西内，立太子監國。言答帝諭云：「臣年六十，全數已盡，死不敢奉詔。」帝乃止。【略】言死，嵩卒禍天下。久乃多惜言者，而言所推轂徐階後卒能去嵩，爲名相云。隆慶初，其家上書白冤狀，詔復其官，賜祭葬，謚文愍。言始無子，賤妾有身，妻忌而嫁之，生一子。言死，妻逆之歸，貌甚類言，且得官矣，忽病死，言竟無後。

何喬遠《名山藏》卷七三《臣林記、夏言》卷一九 夏言字公謹，貴溪人。父舉進士，知臨清州。言警敏能屬文，尤長筆札。自其在公車則已奕奕有雋聲。舉進士，授行人，擢兵科給事中，歷都給事中，謇謇數言事，人傳誦之。亦數稱上旨，最後以請勘潞州賊，上益以爲才。又復言事，又復稱旨。上使言勘皇親莊田，言請罷還官爲公桑地，皇后行親蠶禮焉。上方復古禮文，更定舊典，顧未及親蠶事，言復稱上意，已請分四郊，益與上意會。張孚敬阻於上前，不得也。上曰：「吾意先如是。」而霍韜鋭身出争，上至下韜獄。言恃有天子在，與張、霍爲難矣。上勅言曰：「爾居官以來多所建白，爲國爲民甚有規禆。耕蠶二事，朕已具告祖考。夫成王有周賢君，周公猶拳拳進《無逸》。朕何人斯，斯實爾忠，賜爾四品服色，爾其益勵乃心，思盡乃職，政事可否，天下治忽，有一見聞，即直陳之。長益前功，以無朕負。」繇是郊工興造，上一委言，言亦精心任事。凡欄楯磚石之用，堅厚高廣之製，尺寸具有條理。天子益謂言能。已爲吏科都給事中。廷臣舉言可僉都御史，天子曰「言才不止是」。居頃之，以爲翰林院侍讀學士，兼都給事中如故。旋特進詹事府少詹事兼翰林學士。

言眉目疎朗，美鬚髯，大聲音，不操楚語，每進講，上愈目屬之。不二年擢禮部尚書。言獨倚上，不與孚敬、方獻夫、汪鋐、郭勛、霍韜等爲比，尤牴牾孚敬，喧闐相争。其於勛、韜水火矣。上殊爲不黨，心嚮之，而縉紳大夫謂言能抗孚敬而持之，亦心嚮言也。言爲尚書，戒其曹屬毋樹交結援，它奔走貴人門。吏部郎王慎中坐事外謫，儀制郎張元孝、祠祭郎李遂出餞，言劾奏元孝等舍其職事往奉吏部。上捕下詔獄，外謫之。順天府尹淑相者雅善韜，通判完，言姻也，與淑相惡。淑相有親禎者，受人金，爲人説事，爲東廠所覺捕，并捕及淑相家僮。淑相疑完受言指，上書訟完，并訐言私事。言曰：「是必出霍韜與？」韜大詬，驗問果然。上黜淑相爲民，降韜俸一級，慚言治事如故。言爲尚書，爲上立九廟，定大禘禮，所條具當上意。上欲驟貴之，賜之銀印記一，使密封言事。未滿考，以督南郊特加太子太保，尋進加少保，加俸一級。先後累兼太子太師，錫賚御書、繡蟒飛魚麒麟服色，玉帶、兼金、上尊、珍饌、時鮮之類無虚月。嘉靖十五年，皇子生。言入對，上取花手篸言帽，有白金文綺之侑賜，遂兼武英殿大學士，入内閣。言辭，上曰：「遲矣。卿久宜此。」此時李時爲首輔，年已老，朴誠自將而已。一切禮文事上屬言，賞亦稱是。又三年，加特進、光禄大夫、上柱國、少師。上柱國，人臣未有加者，加之自言始。

言憑寵傲張，應接高峻。客公謁者亩道傍立俟，毋敢進門。間數日乃得面門内，一揖退客，卑視不堪。官吏隸胥，揚揚如也。時人爲之語曰：「不見費宏不知相大，不見夏言不知相尊。」唯上亦察得之。言從上陵，行帳失火，延燒大學士時、武定侯勛帳，上所面授言封事亦皆燬。言與三臣同謝，上責言自罪胡不專謝？上幸視大峪，使言草勅居守，言遲之。上責言建贊郊禮不次進官，宜益勵

公，勤荅恩眷，乃往往慢不恭，令繳進先所賜銀印記及累年諭帖。言上疏伏罪，因言：「印記之文出上特奬，聖諭諸帖皆宸翰親灑，謨誥比垂，自當傳萬方。惟是臣一時遭際，實私家子孫百世寶，願終賜臣，死且不朽。」上意言有漫滅，更責言。言惶懼繳進。居數日，上怒解。先是革其勳階少師，以少保兼尚書致仕。至是復少傅兼太子少傅、禮部尚書、武英殿大學士，入閣如故。言疏謝。上悦，令盡心輔贊，凡事秉公持正，亦消衆忿，不直副朕簡任而已。言復疏謝：「臣自處不敢後他人，一志孤立，衆忌之矣。」上不悦，復詰責之。言疏有刮洗，上又以爲不恭，手塗焉。居數日，上召言，日移辰尚未入政府。上怒言「恣逸，曷以率百僚？朕念左右義重，寬之耳。」又二年，九廟災，慈壽皇太后崩。言久疾卧家，上問皇太子爲皇太后當何服，疏對誤，復被旨切責，令落職致仕，羣臣毋效也。居月餘又復之。

其明年春，言考九年滿，復少師、吏部尚書、華蓋殿大學士，勳階、兼官如故，宴賚有加，稱言名德偉望，博學宏才，令益殫嘉猷，用匡不逮，然終不如孚敬尊禮矣。言有所論奏，條暢森嚴，其文詞沛如也，即亦不敢如孚敬强直。上事上玄西苑，以香葉束髮巾皮帛鞋賜言。言曰：「人方瞪目視，可更資其吻？」上聞怒，命言出。言曰：「須上旨。」上賜言馬行苑中，言腰輿入。慈慶、慈寧二宫，昭聖、章聖二太后故所居宫也。上欲爲皇太子立一宫，郭勛請改其一爲之，上心不許。言與上意合。一日上卒問太子宫當何建，言忘前語，念工役煩重，即復如勛前請。上益怒。上作大享殿，使内監忠監視。當有勑，言不進勑草，上復怒，責言面諛背誹，革職閒住。

言久貴用事，家富厚，高甍雕題，廣囿曲池之勝，媵侍便辟及聲音人部皆選服御膳羞如王公。其始海内縉紳意其且復用，問遺踵接，而最後漸不召，則亦漸稀簡。而監司守令閒不能盡酬答。言居恒邑邑不樂，遇元正聖壽上表賀，稱草土臣。上報聞而已。久而漸憐之，復禮部尚書、武英殿大學士，仍致仕。是時代言者翟鑾，得罪去。代鑾者嵩，嵩最得上意，而同事大臣許讚、張璧以老病或罷或徙，嵩獨相。上微聞其專，特再召起言，是爲嘉靖二十四年。既陛見，盡復其階勳職秩。時嵩已爲少傅兼太子太師矣，則亦加少師以示竝重。

始言與嵩同鄉，稱聽進。既言驟貴，嵩乃反自下事言，惟恐不當也。言則直門客畜嵩而已。而嵩已陰謀掎言，奪其位矣。言罷相時，嵩盡斥言朝中親黨，至是言亦盡斥嵩之人。嵩墨墨，心恨甚。故事，閣臣日給酒饌，當會食。言自攜庖甚豐，不食所日給，與嵩對案，又不以食嵩。始海内恨嵩信其子世蕃爲横恣，快言能奪嵩而制之。乃言未久，修恩怨，行意益甚。御史陳其學以鹽法事論京山侯元、都督同知炳，言擬旨令陳伏。皆造言請死，有所進橐，炳至長跽而解，以是皆與嵩比謀搆言。上左右小璫來謁言，言奴視之。小璫詣嵩，嵩執手款延坐，持黄金密置其袖中。小璫以是争好嵩。上時使小璫夜瞰言、嵩寓直狀。言老，倦酣就枕，嵩故篝燈點簡青詞。上所屬言青詞，言率以付其客。客才多盡，所爲草率複進，言亦忘前所進草，上時時棄言草擲之地，左右無報言。嵩聞，益精專，上益愛之。

又歲餘，而河套之事起。總督陝西三邊都御史曾銑者，功名士也，先嘗以御史按遼東，定遼陽兵變，時論才之。銑久自喜負，無難天下事。至是請驅虜復河套。言自度上素許其任，即密疏稱銑忠決主之。時上亦以爲然，然我與虜故不敵，疏下兵部，久未敢決覆。上疑，密問嵩。嵩乘間白非計。還問言，言則不敢主，於是下羣臣議。時嵩已揣知上意，即公言其不可，且言：「臣備員輔職，如此大事關安危，不能先匡正同官，臣言他政效勞多猶可，臣獨無分毫補，宜顯斥臣。」上於是大疑言。言懼不免，上疏曰：「臣愚竊謂匈奴不過漢一大縣而已，況國家全盛之時，皇上中興之會，薄示威武，逐之出套，庶可久靖邊陲。故不揆固陋，妄擬銑奏。陛下好生大德，馭遠弘謀，非臣愚淺萬一窺見。但臣與嵩數議此事，絶無異言。今乃先臣具奏，名若自劾，意專諉臣。所幸軍旅未興，聖諭先布，不者臣不知死所矣。」上責言强君脅衆，詐稱上意必行。嵩復疏：「臣雖與言同典機務，具員而已。無論此大事，即尋常政務亦素不與知。言欲顯上指於外而示親厚于銑，擬旨許銑，出言心手，臣署名而已。廷臣皆謂上意必行，無不恐懼，臣又謬意上别有諭言耳。昨蒙降兵部會疏，言獨留三日，後出密奏袖中，令臣一閲，隨即寫進，竝不片言商榷。言每票擬，忌臣干預，常在直所夜分了之。臣愚鄙不敢厠言班列，乞賜罷黜。」言大懼，上言：「臣位謬前嵩，自謂竝受眷知，誓同報効。不識彼心異臣，臣每入直，邀嵩再三，多不肯至。即至亦漫無可否，乃謂臣不使知。臣所示嵩草也，奏未寫就，明欲與嵩商榷。既無可否，反故諉臣，中臣危禍。臣不足惜，如國體何？」上怒，削奪言官，以尚書致仕，然固無意殺之。

言去而有蜚語流禁中，謂言怨望，云向不奉戴香葉巾是爲朝廷計，非是身家。上益怒。會先是咸寧侯鸞以總兵官鎮守甘肅，貪縱久甚。銑向鸞取兵馬防秋，不應。銑參奏鸞，歷數其不法狀，有旨逮下詔獄。至是上書自理，嵩因授鸞

意，代鸞草，謂銑賄言，表裏作奸，令其子淳先後持金數萬托言婦翁蘇綱致言所，妄議開邊，前後掩敗冒功，謬覬大福。下錦衣鎮撫法司，莫敢爲解者。上竟論死銑，追逮言途次。言於車中聞銑所坐，驚墜車曰「死矣」。更上書自明，謂鸞草出嵩，上怒不省也。其冬斬言於市，流其妻子二千里。禁中蜚語或曰嵩所播，或曰嵩密奏引漢誅翟方進故事而上意遂決，鸞從此厚賂嵩，兩人深相結也。穆宗初復言官，贈文愍，予祭葬。

言妻蘇夫人，繼妻也。有才色，言嬖而畏之。以故其父綱交通關節，爲奸利。言有妾孕七月，蘇妬之，嫁民間，生一子。言死，蘇氏召置其家，貌甚類言，且得官矣，卒病死。

傅維鱗《明書》卷一三二《夏言傳》 夏言字公謹，號桂洲，貴溪人。性警敏能屬文，尤長於筆札。少奕奕有儁聲，舉進士，授行人。擢給事中，奉詔覈斥錦衣冒濫官屬三千二百，出按皇莊侵占農地二萬餘頃，糺中官趙彬、建昌侯張延齡，前後七疏皆報可。轉右給事中，疏請杜内臣傳乞，救知府郭九臯等緹逮。及請慎出入以嚴政體，及論邢福海等不當以傳奉陞，皆諤諤，爲人所傳誦。内艱服除，守故官，尋轉左，遂進兵科都給事中。時山西劇盜陳卿糺衆，據青羊山爲亂。朝廷大發諸鎮兵討平之，而所遣將臣以下久爭功不決，且有因而爲利者。言發其事，遂命往覆勘，次第功罪皆當。時兵部廷擢左都御史王憲出行邊禦敵，憲有難色，言劾罷之。而上實心器言，會吏科都缺，故事當以左序遷，特旨移言長吏科。言以是益自負。時上方幸張孚敬等，相與推明宗祀禮樂之事。言謂農桑天下本，今人主既親耕籍田，而后不親蠶，非所以昭陰教示婦職也。因上皇后親蠶疏，上大悦，報旨稱美。【略】

言久貴用事，家富厚，高甍雕題，廣囿曲池之勝，媵侍便辟及音聲入部皆選服御膳羞如王公。其始海内縉紳意其且復用，問遺踵接。後漸不召，則漸亦希簡。言居恒邑邑，遇元正聖壽必上表賀，稱草土臣。上亦報聞而已。久漸憐之，復禮部尚書、武英殿大學士，仍致仕。是時嵩最得上意，獨相。上微聞其專，特召言自家復任。既陛見，盡復其階勳職秩。時嚴嵩已爲少傅兼太子太師，亦加言少師以示並重。而言仍驕，直陵之出其上，凡有所擬直行，意不復顧嵩。嵩心恨之。故事，閣臣日給酒饌，當會食。言與嵩對案，不食所給而自攜庖甚豐，亦不以食嵩。始嵩信其子世蕃黷賄，報復睚眦，海内咸恨之。謂言能奪嵩而制其命，深以爲快。未久，言復恣。吏部尚書聞淵，老臣也，不能洪洞事言。會其部左侍郎缺，當以翰林臣補，而禮部左侍郎許成名、崔桐皆應得。吏部初擬成名，而桐有力，遂推桐。給事中彈之，語連少詹事黄佐、王用賓，遂悉勒致仕，奪淵俸半年，下文選郎中於獄抵罪。淵氣奪，不復敢抗。都給事中厲汝進劾嵩子世蕃，及王錫爵、尚書王暐皆有請囑。言欲借以摇嵩，嵩辯疏上，上即爲杖汝進等，幾死而遠謫之，暐斥爲民，杲坐戍，言不救。御史陳其學以鹽法事論京山侯崔元、都督同知陸炳。言擬旨令陳狀，皆造言請死，有所進橐，炳至長跪而解。以是皆與嵩比而謀搆言，言殊不悟。上左右小璫求謁言者，言奴視之。其詣嵩，嵩必執手延坐款款，密持黄金置其袖。以是爭好嵩而惡言。上或使夜瞰言、嵩寓直何狀，言時已酣就枕，嵩知之，故篝燈坐視青詞草。言初以是得幸，老而倦思，聽客具藁，亦不復檢閲，多舊所進者，上每擲之地而棄之。左右無爲報言，言亦不復顧。嵩聞而益精專其事，以是上益愛之。

未幾河套議起。始言由書生以片言合上意，驟貴，欲建立奇功名以自顯固，居恒謂太祖制，文臣非出將入相不得封公侯，非謂文臣不得封公侯也，文臣不得爲三公也。以故於議撫大同，討安南，平潞寇，皆自顯露其筴，不復託之代言，而猶未慊其志。曾銑者，以御史平遼陽叛卒顯，累官總督陝西三邊。念河套肥饒地，久棄之邊與敵共，欲策復其地。聞於言，言見以爲名美，大悦。而言之繼妻蘇有才色，言嬖而畏之。其父綱頗交通關節，恣奸利。銑故綱同鄉，雅善之，亦有所結納。綱亟爲言稱銑才，言益自信，以爲功必可成，亟下兵部會廷臣議。銑所謂大司農金錢以數十萬計，調山東、河南良家子亦不下十餘萬，皆心知其難，不敢決，而言意亦小沮。會銑疏復請給誓劍，得專僇節帥以下。上心惡之，始下諭言等：「套虜之患久矣，今以征遂爲名，不知師出果有名否？兵果有餘力，食果有餘積，成功可必否？一銑何足言，祇恐百姓受無辜之僇耳。」言懼不敢決，請上。乃以前諭下司禮監，印發兵部及預議諸臣。嚴嵩既以窺上指，乃上疏及稱敵之不易勝，河套之必不可復，師既無名，費復不淺，而謂在廷之臣無不知其非者，第有所畏耳。因引咎乞罷。上始報嵩，以言私薦曾銑任事之忠，不顧國安危，民生死，唯徇銑饞欲耳。而不允嵩辭。言懼，上疏謝罪，且謂：「嵩於計議之際了無異詞，而忽先臣等具奏，不過諉臣以自解。」上不悦，責言之專徇私情，强君脅衆，下部院參看。嵩遂具疏力詆言之擅權，謂機事大小毫髮不復關同。言亦力辯。上怒甚，罷河套之役，遂逮捕銑。而部院奏言事爲任意，迹涉强君。上因盡奪言餘官，俾以尚書致仕。言出國門而難作矣。

始咸甯侯仇鸞鎮甘肅，貪愎桀驁，數違總督進止。銑論究其罪狀，言擬旨令逮捕。嚴嵩既得志，與崔元、陸炳謀欲深言罪。乃代鸞具草，謂嘗闕銑復套議，故銑恨而中之。又敵入延安，殺掠吏民數萬，輕出定邊營，損卒復數千。懼而遣其子曾涫以五千金賄蘇綱，俾轉以二萬金賄言，故爲之解，而戒使復套以爲功。時曾涫以胄子在太學，上遂捕涫與蘇綱下詔獄。陸炳極意煅煉，崔元行金於諸中官實其事。獄上，論綱邊戍，且追所受金，因逮言。言始覩鸞辯，謂：「彼方就逮，發疏時上下諭不兩日，何以知上語而敷演爲文？又何知嵩疏而附麗若此？蓋嵩與崔元輩爲之也。其辭甚明晰。」而上方怒甚，弗省也。銑就逮，以小綏期罪緹騎長，奪其官。法司當銑比守邊將帥守備不設律斬。上不許，令更擬。於是取嵩指，以交結近侍官員，紊亂朝政律斬，妻子流二千里。銑性果鋭有機略，其死不當罪，天下冤之。尋言至，時於車中，聞銑所坐，驚墮車曰：「噫，吾死矣。」復具疏辯，其辭甚苦。而刑部尚書喻茂堅等據銑律以請，謂言實當八議所謂議貴議能者。上怒，切責茂堅等。□□其語猶及言前不戴香冠事。言妻蘇氏發廣西，從子禮部主事克承，從孫尚寶司丞朝慶皆奪職爲編氓。言至秋竟坐棄市，年六十七。

言雖以驕蹇得上惡，然亦頗能持争。上嘗諭之欲退處西内，使太子監國。言時年六十，答諭云：「臣全數已盡，萬死不敢奉詔。」上爲之止。其後所深恨言者，挫郭勛與不肯戴道士冠。時天下方怨勛之横與嚴嵩之奸貪，謂言能裁之，以是多惜言者。隆慶初，其家上書白冤狀，復吏部尚書，已再盡復其官，賜謚文愍，予祭葬。言始有妾孕七月，而蘇氏妒之，嫁民間，生一子。後言死而蘇氏知之，迎置家。其貌甚類言，且得官矣，卒病死，言竟無後。

雷禮《國朝列卿紀》卷一三 嘉靖十七年十二月，李時卒，進言爲華蓋殿大學士。十八年正月，加少師。初上命言選宫寮以被劾，中寢。時言草詔守勑，至回鑾日方進。上曰：「爾所職何事，今日方呈章耶？」及密奏上不以賜印緘之，上怒曰：「言自小臣不次擢用，乃欺慢不恭，日選宫寮不愜人望，密疏不鈐賜印，其歷年諭劄印章納還，毋匿。」言奏：「聖劄皆親灑宸翰印記，特賜褒嘉，乞仍賜臣，願加罪罰。」上曰：「言既寶君命不以自呈，必有毀壞。禮官其括進，革勳階少師，以尚書致仕。」言乃括送禮部。行至潞河召還，爲少傅，復入内閣。

二十年大計，有參政王慎中以江西督學見惡於言，銓司置之落級。旨下竟削籍。八月以議皇太子爲其母服誤，上罷之。十月奏禦虜十四策，且曰：「臣甫解機務之初，適有門庭之寇，不敢避嫌。」上曰：「言既有忠謀，何乃堅於自適？」復命以少傅入閣。二十一年，言以九載考滿，特進上柱國、少師、吏部尚書、華蓋殿大學士。宣大總督翟鵬奏請邊餉，言謂：「繼祖買積芻粟尚存，豈得遽匱？」令覈之。因罷鵬官，革總督。七月日食，時上以香葉巾、皮帛履賜言，不受。上怒之，令閒住。二十四年十二月，復召言入閣。門下士有諷之勿出者，言不應。

二十七年正月，言以位望居嚴嵩上，再入，大不相得，而錦衣陸炳嘗爲言所持，因相結以圖言。因山崩之異疏言曾銑開邊啟釁，禍不可測。言從中主致誤國是。上心動，言力辨不聽，命廷臣集議，謂言輕信謬計，擬旨復套。上怒奪師傅，以尚書致仕。時仇鸞知上旨，訐曾銑謀國不忠，往年延慶定邊失律，行賄萬金介蘇綱通言得免。鎮撫司鞫上，具如鸞語。及逮言至，上疏自理，爲嚴嵩所陷。刑部以議貴議能請，上怒，當銑所犯符同律。言妻蘇氏請代死，上曰：「蘇亦流人，安得代？」亟遣之。十月，竟斬於西市。

言豪邁辯博，果於有爲，文章政事，卓有可觀，竟以驕傲致禍。後詔復其官。

雜録

備録

葉權《賢博編》 嘉靖戊申，余遊京師，值霜降後朝審，因多從刑部牢出。獨見夏少師枷鎖臥板門上，二人舁之，旁一人持白紙小旗，書「犯人夏言」四字，從錦衣鎮撫司俱入西華門。

顧起綸《國雅品》 夏相公公謹，馬侍郎仲房，二公並稱雋才。夏優於詞，自成別調，頗多艷藻。馬優於律，取法初唐，尤多華整，並少情性耳。至馬之「盤危門入斗，嶠迥戍通烟。香氣蒸雲上，鐘聲度漢迴」。是江光禄未授筆時語。聞馬有全集何元朗處。

邓球《皇明泳化類編》卷一一〇 言字公謹，江西貴溪人。父鼏登弘治九年

進士，授嚴州府推官，陞臨清知州，卒於任。母匡氏，生言。未識撫給，氣頗豪負。登正德丁丑進士，授行人，選兵科給事中。嘉靖初年奉詔搜剔正德年間積蠹。言首疏清查傳陞、乞陞大小官職，盡爲裁革，以重名器，以節冗俸。奏入，即命言偕御史鄭本公往查。及所擬奏皆稱旨，貂璫一洗殆盡。【略】

又逮言。言時已至丹陽，就逮論死，繫銑衣獄，鸞釋不問。七月、八月京師地五震。九月虜大入塞，直抵居庸關。柄臣即嚴嵩。謂虜以河套故報復也。十月戮言於西市。

言之遇世宗亦奇矣。敷奏是從，越陟顯秩，不數年登相位，可不謂君臣相遇哉？而卒中大禍。人咸謂其平生悻悻，多有負居高位而氣不少降，時並相嚴嵩譎險不平於言，言之死也，蓋嵩不申救，言有以取之也。

焦竑《玉堂叢語》卷八　嚴相謂華亭公：「吾生平爲貴溪所狼籍，不可勝數，而最不堪者二事。其一，大宗伯時，貴溪爲首揆，俱在直，欲置酒延貴溪者數矣，多不許，間許，至前一日而後辭，則所徵集方物，紅羊、貔狸、消熊、棧鹿之類，俱付之烏有。一日候出直，乃敢啓齒。又，次揆諸城爲從臾，則曰：『吾以某日赴，自閣出，即造公，不過家矣。』至日，諸城爲先憩西朝房以俟，乃貴溪復過家，寢於它姬所，薄暮始至。就坐，進酒三勺，一湯，取略沾唇而已，忽傲然起，長揖，命輿，諸城亦不敢後。三人者，竟不交一言。」

夏言久貴用事，家富厚，高甍雕題，廣囿曲池之勝，媵侍便辟及音聲八部，皆選服御膳羞如王公。故事，閣臣日給酒饌，當會食，言與嵩共事二載，言不食上官供，家所携酒餚甚豐飫，什器皆用金，與嵩日對案，嵩自食大官供，寥寥草具，不以一匕及嵩也。

沈德符《萬曆野獲編》卷八　【計陷】夏桂州主復河套，欲爲書生封公侯計，至作《漁家傲》曲，偏令人屬和，以爲功在漏刻。至世宗入仇、嚴之譖，始驚怖自辨，諉出套之罪於曾銑，上終不聽，以至西市之僇。此何異蔡元長主復燕雲，及送其子攸北征詩云：「百年信誓須堅守，六月王師盍少休。」又云：「身非帷幄若爲籌。」蓋諉伐遼之罪於蔡攸，比金人入犯，京終不免潭州竄死。初同一任事，後同一卸責。然蔡預策北征之必敗，而夏不能料套功之無成，其識見相去遠矣。當夏未下獄時，適陝西澄城縣有移山之變，事在嘉靖二十六年七月二十一日，直至十二月二十八日始入奏。時上方修長生祈福，而元旦得實封，且正值曾銑出塞失利之期，上震懼，且大怒。而嚴介溪授真人陶仲文密計，令譖夏於上，謂山崩應在聖躬，可如周太史答楚昭王故事，移於將相。又私語大璫，漢世災異，賜三公死，以應天變。又密疏引翟方進事。而夏遂不免矣。上元旦即下聖諭，謂氣數固莫逃，亦不可坐視者是也。

李紹文《皇明世説新語》卷八　嚴介溪語徐存齋曰：「貴溪再相，每閣中會饌，不食大官供，家所携酒肴甚豐飫，器用皆黄金。與某日共案而食。某自食大官供，寥寥單具，相對垂二載，未嘗以一匕見及。」

夏言後嚴嵩登第十二年成進士。時嚴以編修分校，初投刺稱晚生拜。學士，用故事稱門生。爲尚書，稱侍生。既拜相，則曰言頓首而已。

夏桂洲入相，座師陸儼山尚爲詹事，坐次不便。夏欲以南禮侍處之，陸曰：「等三品耳，何堪侍坐？」陸卒，贈禮侍。夏曰：「老師生前不屑侍坐三品，今竟侍坐矣。」

談遷《棗林雜俎》義集《柄相末路》　嘉靖戊申年，大學士夏言臨禍，貽憲副吴學愚：「賢壻：吾擇壻得汝，門楣光矣。患難賴汝扶持，累汝受驚，苦多矣，無以爲報。但我有志恢復河套，實欲自盡犬馬之忠，不虞至此，今復何言！今且死矣，身後惟有平生奏疏詩文諸稿，望子爲我編校成書，諸序並年譜，乞借雄筆，以賴不朽。諸稿有文五、春一經手，亦已囑之矣。我平生大節，賢壻所知，得禍之詳，賢壻所悉，他日世有公論，不能無望賢壻紀録，願留心留心，千古之托也。處分家事，別有遺囑，賢壻亦與。但望教導諸子姪輩，各宜守分，仍道我苦處，俾勿起争端，以召意外，且以彰吾之過也。遺言賢女安人，我止有汝一人，又不得一見而死，千里遠來，何以爲情，哀哉哀哉！身後望汝歲時墓上看看。奶奶今不知生死何如，又不知去配所否？今不能作書，或已死已去，不可及也。生離死別，家散人亡，可憐，誠可憐哉！勿復道勿復道！汝夫婦各要和睦，世上事汝今知之，懽樂難得也。」

錢謙益《列朝詩集小傳》　言，字公謹，貴溪人。正德丁丑進士，授行人，歷吏部都給事中，膺世廟特簡，改翰林侍讀，入直内閣，官至少師、吏部尚書、華蓋殿大學士。嘉靖三十七年，論斬西市。隆慶初，復官，賜謚文愍。少師賦才敏捷，奏對應制，倚待立辦，以此爲人主所知。喜爲長短句，在南宫與屬吏虞山楊儀夢羽唱和，今所傳元相桂翁詞，及鷗園新曲，皆夢羽序而行之。少師得君專政，聲勢烜赫，詩餘小令，草藁未削，已流布都下，互相傳唱。歿後未百年，黯然無聞，花間草堂之集，無有及貴溪氏名者，求如前代所謂曲子相公，亦不可得，可

一慨也！夢羽記一事云：「少師嘗祈夢九鯉仙，得『問舟子』三字，及罷相再起，泊舟淮上，與夢羽賦詩贈別，取孟浩然詩探韻，拈得『問舟子』，詩云：『向夕問舟子，前程没幾多。灘頭正好泊，淮裏足風波。』悵然不樂，罷酒而別。」此事亦可入「前定録」也。

梁維樞《玉劍尊聞》卷九　夏言字公謹，貴溪人，舉進士，授行人，擢給事中。請親蠶、議郊社、議配享、議禘禮，多當上意。進侍讀學士，累遷武英殿大學士，入内閣，進吏部尚書、華蓋殿大學士。總督陝西三邊曾銑念河套肥饒地，久棄之邊，與寇共之，欲以十萬衆逐寇，因復故地。言信以爲功必可成，下兵部，會廷臣議，上惡之。少師嚴嵩遂具疏稱寇之不易勝，河套之必不可復，力詆言之擅權。於是罷河套之役，而使緹騎捕銑，當以交結近侍官員紊亂朝政律斬，妻子流二千里。捕言，據曾銑律，坐棄市。隆慶間，其家上書白冤狀，復其官，賜謚文愍。

梁維樞《玉劍尊聞》卷一〇　分宜爲大宗伯時，貴溪爲首揆，分宜欲置酒延貴溪，多不許。一日，許以某日赴，又曰自閣出即造公，不過家矣。至日，貴溪薄暮始至，就坐進酒三勺，一湯取略沾唇而已，忽傲然起，長揖命輿，竟不交一言。

朱彝尊《静志居詩話》卷一〇　貴溪游覽贈酬之作不及分宜，而應制詩篇投頌合雅，不若袁文榮之近於褻也。《無逸殿應制》云：「睿藻承遺訓，農歌啓聖衷。千秋所無逸，七月詠豳風。帝學詩書在，神謀制作同。光昭文祖業，原上有新宫。」《夜泊吳江》云：「月岸秋燈滅，風湖夕浪翻。橋連楓葉冷，城帶水雲昏。把燭延津吏，傳舟次驛門。漁歌起何處，瀟灑數家村。」

李延昰《南吳舊話録》卷上　世廟奉玄方西苑齋居，許入直諸大僚得乘馬，桂洲獨用小腰輿，上私怪之。會上喜御香葉巾，命尚方倣雕沈水香爲五冠以賜桂洲及成國、京山、分宜等，公密揭謂非人臣法服，不敢當。上怒。分宜於召對日即冠香葉，而冒輕紗帽於外，故令上見之，上於是轉惡桂洲。分宜揣上意，因乘間訴桂洲見陵狀，上乃下敕逐之。進翟鑾謹身殿，嚴嵩武英殿，因責科道不糾罰俸者七十二人。世廟威福，如此不測，公於君臣之間皭然自成其志，真天下之全人也。陳卧子

李延昰《南吳舊話録》卷下　夏桂洲游學甚困，遇顧硯山于留都。自言：「江右人嘗提空囊走萬里，而吾獨嘆一飽之無。」時硯山曰：「君豈池中物哉？顧傾三百金爲風雷之助。」桂洲感激下揖。明年，遂成進士，以議禮與張蘿峰輩驟貴，位至宰輔。

陳田《明詩紀事》卷一三

《四庫總目》：言詩文宏整而平易，猶明中葉之舊格。

《野獲編》：嘉靖乙未春正月朔，大雪。上諭大臣曰：「今日欲與卿等一見，但蒙天賜時玉耳。」禮卿夏言即進《天賜時玉賦》以獻，上大悦，以忠愛褒之。言亦能詩，然不甚當行，獨長於新聲，所著有《白鷗園詞藁》，豪邁俊爽，有辛幼菴、劉改之之風。其謀復河套，作《漁家傲》詞，亦其一也。夏之蘇夫人亦工詩餘，更是作家。

《國史唯疑》：謁陵有扈從，有居守，有頒賚，有獨免錢糧。遠如薊遼總督、總兵官咸於昌平迎駕，列兵擺防，特戒嚴，未易輕舉。本朝惟宣、世、穆、神四宗一再行之，武廟亦經駐驛焉。夏言詩：「百年不覩朝陵駕，父老歡呼識漢儀。」隆重可知。

田按：貴谿驕蹇，當時語云：「不覩費宏不知相大，不見夏言不知相尊。」觀弱侯《玉堂叢語》所紀，其取禍宜矣。五言特具高韻，才本揮霍，長禮部時，與翰苑諸公賦《觀蓮歌》，聯篇次韻，層出不窮，雖未盡合節要，亦豪宕之作也。絶句尤有風致。

備論

沈節甫《紀録匯編》卷一二〇　評曰：少師襲偉遘，躐要階，禍起幾望，終作僇人才。長於奏牘，他詩如武庫矛戈種種出間，殊少利器，文如夏侯鼎，古意蕩然。

尹守衡《明史竊》卷七〇　論曰：夏言之主曾銑復套，偉哉，振古雄略也。將相調和，返百年之故疆，何有内奸未殄惡克望成功哉？未見敗徵，先成罪案。二臣駢首就戮，嵩之罪上通于天矣。

何喬遠《名山藏》卷七三《臣林記・夏言》　郎曰：嘉靖中年以後相者夏貴溪、嚴分宜兩人。貴溪始爲給事，赫然見才，誓不奔走權貴間，至分宜亦挹挹有文，豈不皆君子哉？不保其身，同及於禍患，生以主寵爲己私物也。貴溪峻而漸

於不遜，分宜卑而淪於不忠，上怒下憤，所繇來矣。

傅維鱗《明書》卷一三二《夏言傳》 史官曰：高位疾顛，厚味腊毒，寵利之際蓋其難哉。夏言以更制變禮，驟結主知，此洛陽少年所致恨於絳、灌者也。既躐躋貴近，志得意疏，抵隙蹈瑕，日在張弧履虎中而不悟，方以爲君恩可恃，而刃已在其頸矣。夫愛憎變於前，禍如發矢，説在彌子之駕車食桃也。使言學道謙讓，見微知止，何至與霍韜、郭勛輩同類。

徐階部

綜述

《明史》卷二一三《徐階傳》　徐階，字子升，松江華亭人。生甫周歲，墮眢井，出，三日而蘇。五歲從父道括蒼，墮高嶺，衣掛於樹不死。人咸異之。嘉靖二年進士第三人，授翰林院編修，予歸娶。丁父憂，服除，補故官。階爲人短小白皙，善容止。性穎敏，有權略，而陰重不泄。讀書爲古文辭，從王守仁門人遊，有聲士大夫間。

帝用張孚敬議欲去孔子王號，易像爲木主，籩豆禮樂皆有所損抑。下儒臣議，階獨持不可。孚敬召階盛氣詰之，階抗辯不屈。孚敬怒曰：「若叛我。」階正色曰：「叛生於附。階未嘗附公，何得言叛？」長揖出。斥爲延平府推官。連攝郡事。出繫囚三百，毁淫祠，創鄉社學，捕劇盜百二十人。遷黄州府同知，擢浙江按察僉事，進江西按察副使，俱視學政。

皇太子出閣，召拜司經局洗馬兼翰林院侍講。丁母憂歸。服除，擢國子祭酒，遷禮部右侍郎，尋改吏部。故事，吏部率鐍門，所接見庶官不數語。階折節下之，見必深坐，咨邊腹要害，吏治民瘼。皆自喜得階意，願爲用。尚書熊浹、唐龍、周用皆重階。階數署部事，所引用宋景、張岳、王道、歐陽德、范鏓皆長者。用卒，聞淵代，自處前輩，取立斷，階意不樂，求出避之。命兼翰林院學士，教習庶吉士。尋掌院事，進禮部尚書。

帝察階勤，又所撰青詞獨稱旨，召直無逸殿。與大學士張治、李本俱賜飛魚服及上方珍饌、上尊無虚日。廷推吏部尚書，不聽，不欲階去左右也。階遂請立皇太子，不報。復連請之，皆不報。後當冠婚，復請先裕王，後景王，帝不懌。尋以推恩加太子太保。

俺答犯京，階請釋周尚文及戴綸、歐陽安等自效，報可。已，請帝還大内，召羣臣計兵事，從之。中官陷寇歸，以俺答求貢書進。帝以示嚴嵩及階，召對便殿。嵩曰：「饑賊耳，不足患。」階曰：「傳城而軍，殺人若刈菅，何謂饑賊？」帝然之，問求貢書安在。嵩出諸袖曰：「禮部事也。」帝復問階。階曰：「寇深矣，不許恐激之怒，許則彼厚要我。請遣譯者紿緩之，我得益爲備。援兵集，寇且走。」帝稱善者再。嵩、階因請帝出視朝。寇尋飽去，乃下階疏，弗許貢。

嵩怙寵弄權，猜害同列。既仇夏言置之死，而言嘗薦階，嵩以是忌之。初，孝烈皇后崩，帝欲祔之廟，念壓於先孝潔皇后，又睿宗入廟非公議，恐後世議祧，遂欲當己世預祧仁宗，以孝烈先祔廟，自爲一世，下禮部議。階抗言女后無先入廟者，請祀之奉先殿，禮科都給事中楊思忠亦以爲然。疏上，帝大怒。階皇恐謝罪，不能守前議。帝又使階往邯鄲落成吕仙祠。階不欲行，乃以議祔廟解，得緩期。至寇逼城，帝益懈，乃使尚書顧可學行，而内銜階。摘思忠元旦賀表誤，廷杖之百，斥爲民，以怵階。嵩因謂階可間也，中傷之百方。一日獨召對，語及階。嵩徐曰：「階所乏非才，但多二心耳。」蓋以其嘗請立太子也。階危甚，度未可與爭，乃謹事嵩，而益精治齋詞迎帝意，左右亦多爲地者。帝怒漸解。未幾，加少保，尋進兼文淵閣大學士，參預機務。密疏發咸寧侯仇鸞罪狀。嵩以階與鸞嘗同直，欲因鸞以傾階。及聞鸞罪發自階，乃愕然止，而忌階益甚。

帝既誅鸞，益重階，數與謀邊事。時議減鸞所益衛卒，階言：「不可減。又京營積弱之故，卒不在乏而在冗，宜精汰之，取其廩以資賞費。」又請罷提督侍郎孫襘。帝始格於嵩，久而皆用之。一品滿三載，進勳，爲柱國，再進兼太子太傅、武英殿大學士。滿六載，兼食大學士俸，再録子爲中書舍人，如少傅。九載，改兼吏部尚書。賜宴禮部，璽書褒諭有加。帝雖重階，稍示形迹。嘗以五色芝授嵩，使錬藥，謂階政本所關，不以相及。階皇恐請，乃得之。帝亦漸委任階，亞於嵩。

楊繼盛論嵩罪，以二王爲徵，下錦衣獄。嵩屬陸炳究主使者。階戒炳曰：「即不慎，一及皇子，如宗社何！」又爲危語動嵩曰：「上惟二子，必不忍以謝公，所罪左右耳。公奈何顯結宫邸怨也。」嵩懼，乃寢。倭躪東南，帝數以問階，階力主發兵。階又念邊卒苦饑，請收畿内麥數十萬石，自居庸輸宣府，紫荆輸大同。帝悦，密傳諭行之。楊繼盛之劾嵩也，嵩固疑階。趙錦、王宗茂劾嵩，階又議薄其罰。及是給事中吴時來、主事董傳策、張翀劾嵩不勝，皆下獄。傳策，階里人；時來、翀，階門生也。嵩遂疏辨，顯謂階主使，帝不聽。有所密詢，皆舍嵩而之階。尋加太子太師。

帝所居永壽宫災，徙居玉熙殿，隘甚，欲有所營建，以問嵩。嵩請還大内，帝

不懌。問階，階請以三殿所餘材，責尚書雷禮營之，可計月而就。帝悅，如階議。命階子尚寶丞璠兼工部主事董其役，十旬而功成。帝即日徙居之，命曰萬壽宮。以階忠，進少師，兼支尚書俸，予一子中書舍人。子璠亦超擢太常少卿。嵩乃日屈。嵩子世蕃貪橫淫縱狀亦漸聞，階乃令御史鄒應龍劾之。帝勒嵩致仕，擢應龍通政司參議。階遂代嵩爲首輔。

已而帝念嵩供奉勞，憐之。又以嵩去，忽忽不樂，乃降諭欲退而修真，且傳嗣，復責階等奈何以官與邪物，謂應龍也。階言：「退而傳嗣，臣等不敢奉命。應龍之轉，乃二部奉旨行之。」帝乃已。

帝以嵩在直久，而世蕃顧爲奸於外，因命階無久直。階窺帝意，言苟爲奸，在外猶在內，固請入直。帝以嵩直廬賜階，階榜三語其中曰：「以威福還主上，以政務還諸司，以用舍刑賞還公論。」於是朝士侃侃，得行其意。袁煒數出直，階請召與共擬旨。因言：「事同衆則公，公則百美基；專則私，私則百弊生。」帝頷之。階以張孚敬及嵩導帝猜刻，力反之，務以寬大開帝意。帝惡給事御史抨擊過當，欲有所行遣。階委曲調劑，得輕論。會問階知人之難，階對曰：「大奸似忠，大詐似信。惟廣聽納，則窮兇極惡，人爲我攖之；深情隱慝，人爲我發之。故聖帝明王，有言必察。即不實，小者置之，大則薄責而容之，以鼓來者。」帝稱善。言路益發舒。

寇由牆子嶺入，直趨通州。帝方祠釐，兵部尚書楊博不敢奏，謀之階，檄宣府總兵官馬芳、宣大總督江東入援。芳兵先至，階請亟賞之，又請重東權，俾統諸道兵。寇從通掠香河，階請亟備順義，而以奇兵邀之古北口。寇趨順義不得入，乃走古北口。其後軍遇參將郭琥伏而敗，頗得其所掠人畜輜重。始帝怒博不早聞與總督楊選之任寇入也，欲罪之未發。階言：「博雖以祠釐禁不敢聞，而二鎮兵皆其所先檄。若選則非尾寇，乃送之出境耳。」帝竟誅選，不罪博。進階建極殿大學士。

袁煒以疾歸，道卒，階獨當國。屢請增閣臣，且乞骸骨。乃命嚴訥、李春芳入閣，而待階益隆。以一品十五載考，恩禮特厚，復賜玉帶、繡蟒、珍藥。帝手書問階疾，諄懇如家人，階益恭謹。帝或有所委，通夕不假寐，應制之文未嘗踰頃刻期。帝日益愛階。階採輿論利便者，白而行之。嘉靖中葉，南北用兵，邊鎮大臣小不當帝指，輒逮下獄誅竄，閣臣復竊顏色爲威福。階當國後，緹騎省減，詔獄漸虛，任事者亦得以功名終。於是論者翕然推階爲名相。

嚴訥請告歸，命郭朴、高拱入閣，與春芳同輔政，事仍決於階。階數請立太子，不報。已而景王之藩，病薨。階奏奪景府所占陂田數萬頃還之民，楚人大悅。帝欲建雩壇及興都宮殿，階力止之。鄢懋卿驟增鹽課四十萬金，階風御史請復故額。方士胡大順等勸帝餌金丹，階力陳其矯誣狀，大順等尋伏法。帝服餌病躁，户部主事海瑞極陳帝失，帝恚甚，欲即殺之，階力救得繫。帝病甚，忽欲幸興都，階力爭乃止。未幾，帝崩。階草遺詔，凡齋醮、土木、珠寶、織作悉罷，「大禮」大獄、言事得罪諸臣悉牽復之。詔下，朝野號慟感激，比之楊廷和所擬登極詔書，爲世宗始終盛事云。

同列高拱、郭朴以階不與共謀，不樂。朴曰：「徐公謗先帝，可斬也。」拱初侍穆宗裕邸，階引之輔政，然階獨柄國，拱心不平。世宗不豫時，給事中胡應嘉嘗劾拱，拱疑階嗾之。隆慶元年，應嘉以救考察被黜者削籍去，言者謂拱修舊郤脅階斥應嘉。階復請薄應嘉罰，言者又劾拱。拱欲階擬杖，階從容譬解，拱益不悅，令御史齊康劾階，言其二子多干請及家人橫里中狀。階疏辯，乞休。九卿以下交章劾拱譽階，拱遂引疾歸。康竟斥，朴亦以言者攻之，乞身去。

給事、御史多起廢籍，恃階而强，言多過激，帝不能堪，諭階等處之。同列欲擬譴，階曰：「上欲譴，我曹當力爭，乃可導之譴乎。」請傳諭令省改。帝亦勿之罪。是年詔翰林撰中秋宴致語，階言：「先帝未撤几筵，不可宴樂。」帝爲罷宴。帝命中官分督團營，階力陳不可而止。南京振武營兵屢譁，階欲汰之。慮其據孝陵不可攻也，先令操江都御史唐繼禄督江防兵駐陵傍，而徐下兵部分散之，事遂定。羣小璫毆御史於午門，都御史王廷將糾之，階曰：「不得主名，劾何益？且慮彼先誣我。」乃使人以好語誘大璫，先録其主名。廷疏上，乃分别逮治有差。階之持正應變，多此類也。

階所持諍，多宫禁事，行者十八九，中官多側目。會帝幸南海子，階諫，不從。方乞休，而給事中張齊以私怨劾階，階因請歸。帝意亦漸移，許之。賜馳驛。以春芳請，給夫廩，璽書褒美，行人導行，如故事。陛辭，賜白金、寶鈔、彩幣、襲衣。舉朝皆疏留，報聞而已。王廷後刺得張齊納賄事，劾戍之邊。階既行，春芳爲首輔，未幾亦歸。拱再出，扼階不遺餘力。郡邑有司希拱指，爭齮齕階，盡奪其田，戍其二子。會拱復爲居正所傾而罷，事乃解。萬曆十年，階年八十，詔遣行人存問，賜璽書、金幣。明年卒。贈太師，謚文貞。

階立朝有相度，保全善類。嘉、隆之政多所匡救。間有委蛇，亦不失大節。

贊曰：徐階以恭勤結主知，器量深沉。雖任智數，要不失其正。

王世貞《嘉靖以來內閣首輔傳》卷五　徐階字子升，松江之華亭人。世世受耕不仕，至父黼而補邑掾史，治牘無害，授宣平縣丞。徙甯都，有廉能聲。階生甫周歲，而女奴墮之眢井，小吏之婦號而出之，則絶矣。後三日蘇。五歲從父移任，道墮括蒼嶺，百餘丈，衣絓於樹，得不死。二十舉應天試，學士董玘識階文於黜而異之，寘高等。明年對策，遂爲第三人及第。

階爲人短小白皙，秀眉目，善容止。既入謁，內閣輔臣楊廷和見而獨異之，指以語其寮曰：「此少年名位不下我輩。」尋授翰林院編修，予歸娶。且北上，道遇言禮得成遂者，邑邑不樂。又念其父且老，亟返棹至彭城而聞訃歸。服除，補故官。階性穎敏，讀書爲古文辭，傾身以事賢豪長者。時故新建伯王守仁以講學傾東南，階與其門人歐陽德同年而善之，遂爲王氏學。諸賢豪長者交口稱譽階，故盡得縉紳間聲，充經筵展書，預修《大明會典》，再預修祀儀成典。時上好更定禮制，欲絀孔子王號，去像爲木主，于籩豆禮樂皆有所抑損。而首揆張孚敬緣上指而發之，下儒臣議。相顧懾聾，亡異同者。階獨條其三不必、五不可，狀甚辨。疏上，報聞。孚敬坐朝堂，召階盛氣詰之，階徐理前説，且曰：「高帝盡革嶽瀆號而獨不革孔子者，何也？」孚敬遁曰：「高帝少時作耳，胡可據？」階曰：「高帝定天下而後議禮，寧少耶？果爾，明公之議四郊，何以力據高帝少作？」孚敬頰盡赤曰：「爾謂塑像應古禮不？」階曰：「塑像非古，然既以肖而師事之，何忍毁也？」孚敬曰：「程氏不云乎，一毫髮不似吾親可以親名之乎？」階曰：「有一毫髮而似吾親，毁諸可乎？且明公能盡必列聖之御容無毫髮不似乎哉？即何以處之？」孚敬語塞，怒曰：「若叛我。」階正色曰：「叛者生於附者也。階故未嘗附明公，何得言叛？」長揖出。于是上亦緣孚敬意，爲或問以難階，而斥之外，爲延平府推官。

階既以尊孔子，首抗天子、排上相，中外稱之，而尚意其自禁近出爲小官，即不内鄙薄，有故事可以優游養重。階獨不然，曰：「官大小，非王臣耶？且盤根錯節所以礪我不淺。」乃單車馳之郡，至則連攝郡事，清夙繫囚三百。更輸銀法，毋落猾胥手。毁淫祠，刱鄉社學，焚其所受鄧析書而頒宋儒之格言以授之，使誦習。又畫筴捕獲尤溪之劇盜百二十人，盡埽其窟穴。三載，遷黄州府同知。當發，鄉父老吏民祖餞傾道，勒去思之文于石。道擢浙江按察僉事，提調學校。階益勤于職，歲周行郡邑必偏。大要以正文體、端士習爲先。既唱諸生第，人人爲語所以甲乙故，即見斥者得自鳴而折之，不得已而施檟楚，示慘然色。諸生人人退自快服。三載進江西按察副使，仍視學政。所操舍一如視浙江時，而加詳密。以新建伯故有大功，江西爲祠祀之，而大推明其學，前後兩省所造成進士爲名臣者不可指數。

吏部擬薦尚寶卿、國子司業、太常少卿，皆不果。最後以皇太子出閣，召拜司經局洗馬兼翰林院侍講，以四品服俸居職。毋何丁母喪歸，服除即家擢國子祭酒。其爲祭酒，雖籍諸生淑慝以辭示懲勸而大指出于寬。久之擢禮部右侍郎，尋改吏部。時年僅四十三，榜戒語于堂自警。故事，吏部大僚鐍車門，所接見庶官不能得數言，以示嚴冷。階曰：「若爾，何以能盡人才也？」乃痛折節修詞色而下之，見必深坐，亹亹咨訪邊腹要害、吏治民瘼，錯及寒暄可憐語，冀以窺見其人。顧見者亦自喜得少宰心，願爲之用。階益有縉紳間聲。尚書熊浹雅重階，託以肺腑，而階亦爲之竭力，相與勵廉節，奬恬退，振淹滯，抑躁競，一時翕然歸賢。會浹以直諫忤旨去，而唐龍、周用相繼代，其重階則猶浹，而又老多病，階數署部事，所推轂宋景、張岳、王道、歐陽德、范鏓，皆天下長者。而最後周用卒，當推代者，刑部尚書聞淵名爲老成人，非上所急也，階首推淵。淵入吏部，顧自處前輩，且嘗歷諸曹郎，事取立斷，其待階不能如前二三公。階意不樂，求出避之。得兼翰林院學士，教習庶吉士。明年掌院事，兼會典副總裁。階之授書庶吉士尤詳款有恩義，而其修會典亦能發凡定例，時時出精裁。

又明年與推內閣，不果。進禮部尚書，仍兼學士。禮部之爲政者，嚴嵩、費宷，皆好以法市利，與吏胥共之，而孫承恩則耄倦不能別可否。至階而加振刷，部事頗肅。時上察階勤，又所委應制文獨多稱旨，召入直無逸殿廬，與大學士張治、李本俱撰齋詞，賜飛魚服及尚方珍饌、上尊無虚日。吏部闕，尚書廷推階爲首，上不悦，曰：「階方侍朕左右，何外擬也？」階遂請立皇太子，不報。復連上疏請之，又與同直四臣請之，皆不報。蓋當繼莊敬太子而立者裕王，是爲穆宗，而景王與同齒，又母妃盧得侍上，中外未測上意所嚮，階恐有鈞奇者，故請之亟。最後當冠，因而及婚禮，若開講，階復請先裕而後景，上意稍不懌。明年，以萬壽推恩，加太子太保。

俺答入塞，遂薄都城，階手疏請釋邊將之在司敗獄者若戴綸、歐陽安等，詣行營自效。報可。已又請上還大內，亟召羣臣計兵事。上雖褒階忠愛而尚難還內。召見羣臣時，內閣推階督視九門，階亦慷慨請行。上倚以自安，故特用其副

侍郎王邦瑞而申諭意焉。會有中涓陷敵歸者，以敵求貢書叩云「不許我則進兵」。上以示階及嚴嵩等，且召對便殿。上謂：「且奈何？」嵩猶爲緩語曰：「饑賊耳，不足患。」階曰：「傅城而軍，殺人若刈菅，何謂饑賊？」上曰：「然。」復問彼求貢書安在，嵩出諸袖曰：「禮部事也。」上復問階，階曰：「賊重且深矣。不許恐激之怒，許則彼逞而厚要我。」上曰：「苟利社稷，珠玉皮幣何愛焉？」階曰：「要有重於珠玉皮幣者，陛下能許之否？」上悚然曰：「卿筴之遠，雖然，當何處？」階曰：「請計緩之。」上曰：「何謂緩？」階曰：「請遣譯者至彼所詰之，以用中國書而無番文，且徵其情實，實則許之貢而責其暫出邊，我得以益修備。而援兵益集，彼且走，不走而擊其惰歸，可十全。」上稱善者再。嵩乃進曰：「上幸一出視朝。」上不答，階與李本從旁臾之。上曰：「可爾，得無驟乎？」階曰：「彼鴟張甚，中外方洶洶，恃陛下而重，得一蹕聲，若大旱之得雷霆，胡驟也？」上始首肯。陛出而會廷臣議，皆言求貢非彼本情，不宜示中國弱階，因兼酌所以面請者。疏上而上果視朝，申飭中外，責數言事者甚厲，非所望也。寇尋以飽去，乃下階疏弗許貢。階因薦故按察副使聶豹、都御史何棟才，即召用之。又陳善後數策，皆報可。

階所陳不能無刺譏用事者，而當召對時又頗柱嵩口，嵩故與夏言顯讐，寘之死，而言嘗薦階，以是恨且忌之。方思所以中階者，而孝烈祔太廟之議起。初孝烈皇后崩，上欲祔之廟，而念壓於先孝潔皇后，又睿考入太廟非中外公論，恐千秋萬歲後所祧主或非仁宗而睿考，遂下階定議，欲以孝烈先祔。階合諸大臣議朝堂，大約以女后無先入廟者，請祀之奉先殿。時諸公相顧莫敢應，獨禮科都給事中楊思忠以爲然。疏上，上大怒，謂：「階與思忠專之足矣，何諸臣爲？」令再議。階不獲已，乃小婉其辭，以爲：「太廟九室皆滿，若以今上論，仁宗固在所當祧，第此乃他日聖子神孫之事，而仰煩皇上身自議之，臣等愈有不安于心者。夫夏廟五，商廟七，周廟九，今更遞益之，于太廟、奉先殿各增二室，而升祔孝烈皇后，則仁宗不必祧而孝烈可速祔。」上難于增二廟，謂階故設難以阻之，愈怒，促更議祧仁宗祔孝烈，所以督責階甚峻。階惶恐謝罪，不獲終守前説。而前是上信真人陶仲文言，于邯鄲建呂仙祠，使階往落成，爲齋醮以祈福。階心知其非，不敢辭，乃以議祔廟解。既上改議祔廟，俾緩期，階遂不復請，以至寇逼城，上意亦益懈，乃使尚書顧可學行，而内銜階，亡所發，乃發之思忠，于元旦摘其賀表誤，廷杖之百而氓之，冀以怵止階。嚴嵩遂謂「階可孽也」，所以中傷階者百方。一日獨召對，上與屈指論羣臣孰優，至階而嵩徐曰：「階所乏不在才，乃才勝耳。是多二心。」蓋以其嘗請立太子也。階危甚，不知所爲，唯益精心齋詞以冀上憐而寛之。而左右亦多爲道地者，上怒漸解。

時咸寧侯仇鸞方言邊事，有殊寵，與階共直，舍東西屋，酒杯小暱，嵩益惡忌階、鸞。時利屬國朵顔弱，欲掩以爲功，謂其實導寇，請大發兵征之。下禮、兵二部議。階曰：「征之易耳。一征而永撤我百八十年之藩籬。且侯鸞所云，導俺答者即得之俺答所失，焉知俺答之不利其土沃而假手我也？我得其地不能戍，將毋爲敵外囿何？」僉事趙時春以山東募卒入衛頗精，侯鸞惡而欲併之，每言時春暴且怨望，流言漸狎聞。階挾緹騎帥炳出犒師，所以慰諭有加。歸以語中貴人麥福，俾婉曲白之。上乃弗果併，鸞自是不悦階，然方與嵩角，弗暇也。而會有獲間功，上復下階及兵部議。鸞、嵩俱獲峻加且延世，而僅録階一子入監，上手注加少保，尋進兼文淵閣大學士，參預機務。始侯鸞自詭以必大破敵，得上要契眷寵亡兩。而其後言益不讐，顧益縱肆，要請無已，上頗心厭之。然中外猶畏其焰，亡敢及者。會鸞疽發背，不能將，邊警沓至，尚嚄唶不肯吐大將軍印。階密言其不可恃，乞蚤更置將。上歎而答曰：「吾非不知之，欲甚彼所爲耳。」乃因兵部疏馳使奪其印，鸞一夕自恨死。死之五日而事敗，妻子僇于市，家盡籍。嵩之始見仇鸞敗，謂階同直舍，將以是媒之。而會詗知自階發而奪印，中夜扶牀行，咄咄曰：「吾長于階二紀而智何少也？」自是謀稍息矣。

上既誅鸞，益親重階，數與謀邊事。時議減入衛卒，以侯鸞嘗益之故。階請毋懲噎而廢食，今大同殘而内邊弱，入衛卒不可減也。又言京營所以積弱之故不在乏而在冗，宜精汰之，取其廪以資賞費。又請罷提督侍郎孫襘。上始格于嵩，不盡讐，久而皆用之。一品滿三載，進勳爲柱國，再進兼太子太傅、武英殿大學士。滿六載，兼食大學士俸，再録子爲中書舍人加少傅。九載，賜兼金、文幣、寶鈔、肥羜、上尊，改兼吏部尚書，宴禮部，璽書褒諭有加。上雖以重階而猶隱之，嘗分郡國所進五色芝授嵩，本以方使鍊爲藥而進御，曰：「卿階政本所關，不相溷也。」階惶恐言：「人臣之義，孰有過于保天子萬年者？且非政本而何。」上乃亦授之芝使鍊藥，而階益精專于上所嚮往，不復持矣。會兵部員外郎楊繼盛論嚴嵩罪狀，而中有「二王皆知其奸」語。上怒，下繼盛錦衣獄。嵩謂：「二王深宫何所知我奸？楊庶僚何繇知二王之知我奸？必有交關其間者。」屬陸炳加根究。階戒炳即不慎一及皇子，如宗社何？又爲危語動嵩曰：「上僅二子，萬一根

究得之，必不忍以二子謝公，所罪左右耳。公獨奈何顯結宮邸怨也。」嵩戄然懼，乃寢。然以階嘗議薄御史錦宗茂罰，益疑階矣。錦宗茂，故論嵩者也。

而是時倭事起，上以所蹂躪多階鄉而階又曉暢軍事，以故數數詢問。時撫按亟告急請兵，而職方郎謂兵發則倭已去，誰任其費？尚書惑之。階持不可，則以羸卒三千人往。階上疏爭之曰：「江南腹心地也，捐以共賊久矣。今據撫按奏報，或云來者未已，或云意不在搶而在擾，勢不欲去而欲留。彼皆真有以驗之，而部臣于千里外乃能揣度賊之必去，又揣度其去而必不來而阻援兵不發，置此腹心地于度外，臣所不能解也。夫用兵之道，當計發與不當發耳。不當發則毋論精弱皆不發以省費；當發則必發精者以取勝。而奈何用虛文塗耳目，置此三千羸卒與數萬金之費而倭賊臣？又所不能解也。」尚書乃懼，請發精卒六千人，俾偏將軍許國、李逢時將焉。國已老，逢時敢深入而疎，驟擊倭勝之，前遇伏潰。當事者方以發兵爲階咎，冀因而搖階，而階復上疏謂：「法當責將校戰而守令守。今者將校一不利輒坐死，而守令偃然自如。及城潰矣，將校復坐死而守令復僅左降，此何以勸懲也？夫能使民者，守令也。今爲兵者一而民者百，奈何以戰守併責將校也？夫守令勤則糧餉必不乏，守令果則探哨必不誤，守令警則奸細必不容，守令仁則鄉兵必爲用。臣以爲重責守令可也。」報可。江南督臣張經素貴而汰，然老將，能持重守便宜不輕與賊鬬。而惡之者謂經家在閩，故近賊，不欲擊以市恩。而階信之，數齕于上。其後經破賊，卒不免于死。前後督臣楊宜、周珫斥，撫臣彭黯、屠太山、李天寵逮，階有力焉，而獨保持曹邦輔，人頗以爲當。

階又念寇移庭牧宣大，與彼雜居，士卒不得耕種，米麥每石直至中金三兩，而所給月糧僅七鐶半，菽且不繼。時畿內二麥熟，石止直四鐶，可及時收買數十萬石，石費五鐶，可出居庸抵宣府；費八鐶，可出紫荊抵大同，大約合計之費中金一兩而士卒可飽一月食，其地米麥當亦漸平。具疏上，上大悅，令密撰諭行之。時大同右衛危，督臣楊順與御史路楷比而殺故言官沈鍊，至是復納賄嚴嵩以求脱。給事中吴時來劾而勝之，遂與主事董傳策、張翀劾嵩，不勝，下獄，幾株及階，語見《嵩傳》。階既已免，每出直輒稱病謝客不見，而益共謹于應制筆札。上久而察知階忠廉，有所諮問故密以示嵩者，皆舍而之階。尋加兼太子太師。會上所居永壽宮災，徙居玉熙殿。隘甚，以問嚴嵩。嵩乃請上徙南城，上不懌。更問階，階曰：「上今居玉熙，猶露宿爾，臣子何忍安枕？請筴之。今者楚蜀甫息肩，不可復困令伐材，即伐材亦不可以歲月計。而時方營三殿，有餘材，其小而不中程者，以當永壽則尚鉅，請以責司空雷禮，可計日而就。」上悅，如階議，而命階之子尚寶丞璠兼工部主事，同閱視。時上復自玉熙徙居元都殿，聞京師內外多盜，帝恐，欲以大營兵入衛。階謂：「外兵衛宮禁非便，請以錦衣緹卒衛元都而營兵列宮城外爲儲胥，以相屏蔽。」報可。新宮成，上即日徙居之，命曰萬壽宮，而褒階忠謀，進少師兼支尚書俸，予一子中書舍人，子璠亦超爲太常寺少卿。

而嵩日屈，議者頗善嵩對而微謂階之臾旨，然以天下之恨嵩迫欲去之而歸階政不以過也。時階論邊將則薦故遼師楊照與偏將馬芳、董一奎之材勇，上即爲擢用。論有司失職則言吏部不當狥賄囑，上即爲罷歐陽尚書而拔郭朴代之。論選庶吉士請賜御題以防泄鬻，嚴訶察以防挾遞，上即爲罷選。于是中外喁喁，覘上意所右左，謂治有機矣。而階滿十二年考，賚金綺、鈔緡、羊酒如九載，予誥命，賜宴禮部。階固辭，乃以白金四十兩、綵幣四表裏充焉。亡何而鄒御史應龍論嵩父子罪，上勒嵩致仕，下其子世蕃獄，戍之。命吏部擢御史五品京職。上雖以御史言去嵩，然念其供奉久，憐之，而左右入其間者從容言非嚴嵩誰爲上奉元，上忽忽不樂，手諭階及次輔袁煒，欲退奉事元，如法傳嗣治安天下，令擬詔行。階等謝不敢，而吏、禮二部奏遷鄒應龍通政參議，得旨矣，忽復奉諭責階等不擬詔，而謂二部臣皆奉贊者，何一旦官此邪物？階復言：「退而傳嗣，非獨臣等不敢聞命，天下皆不敢以爲然。邪物之轉二部，奉旨而後行之，臣不敢傳，亦不敢泄。」不報。時應龍內危甚，謀于階。階曰：「第之任，有某在，毋慮也。」已而上不欲階久直，曰：「無以杜兒輩姦。」階謂陸博走馬使酒狹邪爲姦長安中者，不在外弗杜也。甘言比周相合而爲姦于朝堂，則在內猶在外也。」上悟，輟分宜直廬以賜階，中外人情大安。于是階始爲政書三語，懸之直廬朝房壁，曰：「以威福還主上，以政務還諸司，以用舍刑賞還公論。」于是公卿大夫咸侃侃冀行意矣。

會袁煒數出直，階請以時邀至直所同擬旨。上不可，階謂：「事同衆則公，公則百美基，專己則私，私則百弊生。」乃從之。時給事御史以抨擊鉤黨貴臣過當，上覺而惡之。再下階，欲有所行遣。階委曲調劑，得輕論。會問階知人之難，階對曰：「大姦似忠，大詐似信，自古記之。知人則哲，唯帝其難。念欲有以易其難者，惟廣聽納而已。廣聽納則窮兇極惡人爲我攖之，深情隱慝人爲我發之，未用者不濫進矣，已用者不濫留矣。故聖帝明王有言必察，事大而言實者行

之，其不實者小則置之，大則薄責而容之，以鼓來者。」上稱善良久。自是于白簡所封進，即小忤弗深治，而言路恃以彊，益發舒矣。

時户部歲請御史糴粟宣大。階謂巡按權重于糴粟御史而熟宣大事，且可以時低昂其直，遂歸之巡按。工部請開例而議及贖鍰，階謂：「贖鍰例以濟邊市穀者，今一切充筐篚，宜嚴禁。兵興日餉日益增，民益困。今寇漸輕矣，宜裁省。逋額不分歲而徵，將何所措手足，宜以緩急爲限。」皆用詔旨行之，民稍蘇。伊王坐法錮祖陵，貲當籍。故事，籍貲者悉入内帑。階示意撫按俾部禁物應格而餘金錢三之二，以一充邊用，一補宗藩之禄不給者。廣大寇張璉平，上以運籌筴歸功階。階力辭，僅領下賞。念以曩者夏言執政，内閣臣始預邊功賞，以至嚴嵩重則加公、孤録子孫，輕亦兼金重幣；敗不與其罰，欲自解則先附元威，以中上意。而將士效百死，取功名于鋒鏑者肆爲稽，故以要之，于奏功疏擬上云，軍功論賞，非實在信地，戰守者不得與。其將士功次，立限速勘以聞。内閣臣自是不復預邊功賞矣。乃至大朝工完，階自擬僅從賞金一鎰幣二，上手筆加半。

當是時將作大匠徐杲有殊寵，既以久絓尚書銜，欲引弘治尚書黄冠、崔志端例，加太子太保。力諫而止，第不知志端僅以尚書終，未嘗加太子太保也。寇後繇墻子嶺闌入，直趣通州。報至，階草敕，命大將侯顧寰等爲九營，營九門外；文武大臣英國公張溶等巡視九門内，緹騎帥朱希孝帥其腹心將校往來干掫，以故中外心稍定。而上方有祠釐，斷章奏，兵部尚書楊博得警急不敢奏而謀之階，以便宜檄宣府帥馬芳、宣大督臣江東各以兵入援。芳兵先至，階請于上，亟賞之。又請重江東權，俾諸道兵俱屬焉。寇阻白河水，從通掠香河。上令看詳楊博疏。階請亟先備順義而以奇兵徼之古北口。寇果趣順義，不得入，乃走古北口。其後軍遇參將郭琥伏而敗，頗得其所鹵人畜輜重。始上以尚書博不蚤聞，與總督楊選之不能却寇而任之入也怒甚，俱欲有所處分而未發。階念能爲縣官任重，曉暢邊事者毋如博，即一旦失之，緩急何恃？且博與選不能兩全。乃備言博雖以景命祠釐禁不敢疏聞，而二鎮兵皆其所先檄者。上復問選今尾賊能擊之否？階言非尾賊，乃送之出境也。上以是益怒選，竟誅之而不罪博。至賊退，大遷賞勤王將士，忽以階與輔臣袁煒勤勞欲加恩有所崇進，而次及尚書博等。階力辭，言賊得志而去，不能大有所芟刈，方憂愧之不暇。至于臣博，方爲臣言欲席藁待罪而未敢，幸上赦之，將洗心滌慮以圖後善，何恩賚可希？」始袁煒聞而咎階謂何故辭？至是上報諭言：「博果有人心者當不安此恩賞也。」煒乃服階。自是爲博畫筴，往往先上所嚮事，必中便宜，乃從容爲上言：「亡論練事如博，即舍博，疇能委心事縣官如博者？」上然之，自是注倚博不復替矣。階請收戰士骨，瘞以大冢，具十中牢，爲文祭之。明年寇復窺黄土嶺及一片石，上憂，以問階。階謂：「有白文智在而胡鎮、董一元兵相肘腋，三人者皆梟將，亡慮也。」亡何，寇果爲文智所拒却，上悦，超予二官吏士人賚一金。階又請城張家灣，城成與通相聯絡爲重。

以萬壽進階爲建極殿大學士，其仲子瑛自中書舍人遷尚寶少卿，而袁煒驟貴爲少傅、太子太傅、建極殿大學士。煒故階門生也，躁而驕，頗欲以氣凌階上，階故柔之，時握其手曰：「公命世才也，非公誰可與計天下者？」煒以故益攘臂公卿間，亡所憚。而其俱爲《承天大志》總裁，諸學士以志稿上，煒不以讓階而竄改之殆盡，階亦不問也。諸學士意不平，以語階，階第曰「任之而已」。會煒以久疾失上懽，請急而歸，卒于道，得中謚，曰「文榮」。而還志稿于學士，盡去其所竄改，亡一存者，人頗亦以快煒而微訾階之薄。階猶戲謂人：「吾爲尉則畏守，爲守則畏尉，如古快吏，何得無爲彼笑？」

煒既歸道死，階獨當國，内不自安，數上疏請增置輔臣，而上數難之，大意以階孤忠且才足專任。階乃密疏乞休，謂：「曩時閣臣居首者以不時請骸骨，人主亦以不時去留，故不得攘此位爲私物，而恩威常出于上，此例也。」上曰：「而亦徇例耶？夫而自爲計美矣，非所以爲君爲國之義也。今惟有增置二員，同汝輔政足耳。」階跼蹐言：「臣雖庸寧不知天恩之與聖知若此而忍負之？所以不欲久用首臣者，竊爲主權國政計，俾恩威常在上，而紀綱法度不至爲久而專者所攘耳。」于是階緣上旨，復請益二輔而上復難之，令俟數月，慎擇乃可。階言：「臣不敢避難，顧衰轉甚矣。内閣事體繁，即開敏者非假以歲月不易周悉。萬一旦夕之間溘先朝露，即有繼者何所取裁？夫人才須作養于一二年之間，而取用于數十年之後，今以爲可即可，以爲未可恐難以數月就也。」上自是與階謀進尚書吏部嚴訥、禮部李春芳入内閣，而起故吏部尚書郭朴于憂，俟滿代。嚴訥、郭朴者，階所薦也，時董份故次春芳，以文見幸上，狙險而貪，階故力薦朴以沮止之。

何喬遠《名山藏》卷八〇《臣林記・徐階》 徐階字子升，華亭人。幼墮眢井，從其父黼丞宣平，道括蒼嶺，墮深壑中，衣絓於樹，皆不死。嘉靖初及第第三人，授翰林編修。始歸娶。大學士張孚敬緣上意請去孔子王號，階疏其不可。孚敬召階盛氣詰之，階徐理前説，引高皇帝詔書盡革嶽瀆號，獨存孔子者。孚敬

曰：「此高皇帝少作，胡可據也？」階曰：「高皇帝定天下而後議禮制度，寧少耶？且聖人之文無老少。不爾明公議四郊何據高皇帝少作也？」孚敬即曰：「即君謂塑像古禮否？」階曰：「像誠非古禮，業肖而師之，何忍毁也？」孚敬曰：「程子有云一毫髮不似吾親不得名親。」階曰：「然則有一毫髮而似吾親而毁之乎？且明公能必尊奉列聖之御容盡似毫髮哉？」不謝直揖出。上謫階推官延平府，鍥而識之曰：「階小人也，永不叙。」其後上忘之矣。累遷至國子祭酒、禮部尚書，召入直無逸殿廬。上見其小心恭謹，殊親近之。

庚戌，虜薄都城下。階傳言守城策於上，上然階言。虜附書求貢，上召問階及相嵩。嵩曰：「搶虜亡患也。」階曰：「虜勢如此，難言亡患。須議所以禦之。」上曰：「是則何如？」階曰：「今虜逼而我虚，宜權許以疑之。第恐難饜將來所不能受，則柰何？」上悚然曰：「卿慮之遠。」階曰：「臣請言所謂疑者。今虜書皆漢文，真僞不可知。請徃諭之曰『陛下謂汝等雖稱臣求貢，所求書皆漢文，耳。」上曰：「苟利社稷，皮幣珠玉亦何愛焉？」階曰：「事有甚珠玉皮幣者，陛下無信使，抑萬無城下要脇理。果歸誠，當斂退塞外，遣使具表，聽處分。不者有勦討而已。』如此徃還少日，我四方援兵亦且至，即不退可拒之矣。」上稱善者再，因請視朝以鎮中外之心，上首肯。上既殺兵部尚書丁汝夔等，階薦爲民前副使聶豹，前都御史何棟，上納之。始上悦相嵩，至是數密諮階邊事。階對屢稱旨，漸爲上所信。嚮仇鸞得幸上，密言相嵩父子不法狀，上内疑嵩、鸞通虜誤國而嵩莫之敢言。階獨密奏，繼與錦衣帥陸炳實其跡。上大驚，鸞死，剖棺戮之，益謂階親己。

亡何倭起江南，上以階江南人，數問階。階言：「今爲兵者一而民者百，能使民者守令，今將校一不利輒坐死，守令自如或左降，何勸懲也？守令勤則餉必足，守令果則諜必信，守令警則閒必嚴，守令仁則兵必力。」上是之。階微見自得上，益謹事嵩。先是者楊繼盛疏劾嵩，引言二王知奸狀。上怒下繼盛鞫問。嵩大恨，欲緣上指推究，階屬陸炳曰：「君慎之，一及皇子，無如宗社何？」因從容謂嵩曰：「上僅二王，事實必不以兩子謝公，即有所罪，亦二王之左右。公則奈何顯結宫邸怨也？」嵩愯然，乃寢。然以先後御史王宗茂、趙錦論劾嵩者，階擬旨皆坐薄罰，心疑階爲繼盛游説。久之給事中吴時來，刑部王事張翀、董傳策交章劾嵩。時來、翀，階門生也，而傳策，階同府人。以此大疑階，密奏辯若指階主使者。上下獄考掠，遠戍之。嵩曰：「人事豈必繇彼？顧彼好爲憂時憤俗語，語盡而繼以泣，少年好名者日叢之矣。此意使也。」階自是多稱病，謝客自遠，而益謹於撰玄應制以媚上。上益親之，有所密問皆舍嵩而之階。嵩出直故多不滿假入。會妻死假久，上諭階曰：「卿亦歸第。」階對曰：「臣歸不如在直。」上悦。頃之上所居永壽宫災，欲治之。嵩言：「上三殿方新，物力尚詘，未可治也。」諷上還乾清。上大不懌嵩。階乃密言之工部尚書雷禮上疏取辦，自請以子尚寶丞璠監工。上悦。嵩請世蕃同之，不許。嵩恐，而階日與禮及兵部尚書楊博不離工作，次其興宫之材不遠取楚蜀，第掄三殿之餘而急搆之，百日宫就。上悦，名萬壽宫焉。階自光禄大夫、柱國、太子太傅，至是累進少師，兼支吏部尚書俸，凡三賜勑，褒録一子中書舍人，超拜璠太常少卿。會滿十二年考，賚金綺羅緡。

階爲人陰重有權略，其始事嵩甚謹，與締交聯姻，治第分宜，曰：「謝政後且居分宜就公。」令璠徃來嵩家，有見異物，曰：「我家亦有之，是夫夫見遺者。」世蕃爲酒致階，階至爲忍嘔受觴。及後稍知上聞嵩貪及世蕃外恣狀，因密受御史鄒應龍使劾嵩。而嵩敗，上懲世蕃，不賜階直廬，曰：「毋久直，久直家兒外作奸。」階言：「當問何奸也？陸博走馬，使酒狹邪爲奸長安市中也，謂之外奸。久直，奸也。甘言比周，爲奸朝堂以罔主上，謂之内奸。不久直，益奸也。」上悦，以直廬賜階。階懸三語曰：「威福歸主上，政務歸諸司，用舍刑賞歸公論。」次輔袁煒數出直，請召之，不許。階言凡事同則公，公則百美基，專則私，私則衆弊生。上曰「善」。階弟陟官九列，久次當遷。階不令内徙，又緩其遷期以自遠。陟内不自得，上疏借指階内行。上不行。上欲增閣臣一人，問誰可。階對：「知臣莫若君，在陛下。」上曰：「知臣之君有堯、舜、太祖而已。嵩我簡任，乃至此。」階對：「陛下用嵩非不當才，末路驕怠過聽子，負上恩耳。昔堯於四凶，太祖於善長、惟庸，皆始用終誅。陛下無損於明。」上曰：「堯聖人首。太祖艱難興天下，猶然遭此。後世之君宫生内長，又烏能知之？」階對：「自古人心難測。蓋有大奸似忠，大詐似信者，知人所以難也。故聖帝明王不下堂，周天下惟在廣聽納，廣聽納惟在有言必察，有言必察則深情隱慝無所逃奸。」階累進，兼建極殿大學士。

四十三年，當考十五年滿，逡巡未敢請。上知之，賜金幣、羊鈔、珍饌、法酒，特進上柱國，録一子尚寶司丞，賜勑褒諭，宴禮部，給三代誥命。力辭上柱國及部宴。再予金幣。前是階以例乞骸，上謂階：「卿自擬留旨不可，何不令煒代我言？」階言：「煒擬留，臣知之，即臣擬也。」上手答：「卿念在邦民，誠圖寧固，輔

首居正，宜贊不逮，罔棄是思。」上賜階玉帶，以白金一錠爲製資，擇賜蟒衣所謂教子升天者令衣以入。階病痰嗽，遣御醫視。中涓賜豬、羊、甜醬、瓜、茄、酒、米如例。已出尚方珍劑二瓿，命司禮貴臣齎手札喻以調攝藥方。蓋嘉靖初上調藥賜張孚敬，至是始再云。

袁煒卒，階數請增置輔臣。上數難之，因密疏乞休，謂：「曩時閣臣居首者率不時請骸骨。上欲留，留之；不欲留，則不留。故不得久攘此位。而恩威常上出，紀綱法度毋敢顛也。」上曰：「而亦狥曩時耶？」久之用嚴訥、李春芳副。四十四年也。

是時上春秋高，忌諱甚。吏部左侍郎高拱主貢舉考試，上問階：「拱《論語》試目曰：『綏之斯來，動之斯和』，其下不有死哀耶？《孟子》試目云『民之秉夷』，夷不同夷虜哉！」拱大驚，階爲拱剖解，上乃罷。上諭階曰：「郊廟弗躬，早朝久廢，要我爲不能矣。今病多體弱，目下便卦盡，宜卷身奉玄，傳繼不可延者，且待必無休矣。汝其加思，或密問在直諸臣，計此安美易爲，不恐後艱醜耳。」階皇恐對，大略謂：「傳繼臣不敢聞命，計諸直臣語亦漏泄，自古艱醜事必有强等兇惡之人，及有大奸逆在其左右，今皆無之。聖明亡疑。」上曰：「汝對何云傳退之云然？後弗美耳。昔有久等之怒，今時又非昔日。」階對：「昔日久等之怒，臣未能仰悉，是謂昔人曾有此怒，抑謂昔年曾有此怒也？若昔人則今賢孝非昔比，謂昔年則恐是離間之託。聖明勿聽也。」上曰：「汝對不知指。夫昔成祖注意在孫，子弗之同，嗣位有說焉。百年五十矣，可必蚤思，賢孝難必，吾所言或不甚妄。」階復對：「成祖在位久，仁宗在位促，皆天命也。繼承之間，史册自明。上道德隆備，天命所歸，今之賢孝，中外共聞，萬萬無可疑慮。」是時上久懲哀冲、莊敬兩太子不利，故穆宗皇帝僅用裕王居邸，而奸人陰蠹遂意上躊躇裕、景間者。上所諭階艱醜之事意恐已久於位，裕王年長，後爲天子，不得久歲。等者待也，昔成祖久於位致仁宗久待，卒短於祚。上意既難言，詞復奇奥，階不知指，若謂上有疑於裕、景二王間，欲以塞離間奸逆之蠹，然所對裕王賢孝可以安上心於晚節矣。而亡何，景王亦薨。

階既以恭謹得上意，即貴重甚幸矣而不衰。上或有所委使，通夕不敢假寐。應制之文沓至促應，未嘗踰刻。上益愛階。階之前天下無所不中兵，水旱厲沴乘之，赤白之警無虛月。分閫以上一語不中指，立就逮，大者誅夷，小者竄謫，而政事諸臣復有竊上顔色爲威福，數千里外不能探，計有徒槖長安中論直市六尺軀而已。階既日以寬廣上意，又不自崇高。竿尺往復，有吐必露，窮徼遠戍往往若歷，縉紳士大夫亦快於得以自盡。自階在事，上所誅夷竄謫益少。階懲嚴氏穢濁之後，特開講學門户，以導清流之嚮。雖其勦竊浮附媒功名者比比，士依名節義理亦多。上末年久疾，忽忽不愈，欲幸興都。階據上體不耐道途以對，而上意忽決，階力言：「往者歲在己亥，聖駕有興都之幸。今二十七年所矣，皇上自度精力孰與其時？計毋論比二十七年者，即今聖體違和十有四月，亦度何如十四月以前？輦不安宫，途不適殿，且己亥歲虜小警耳，其時猶遣輔臣行邊，六卿出督外三鎮，而内九門悉填重兵，大臣廵視。今邊堠時警，軍實不充，倘都輦空虛，狡逆之徒乘而竊發，聖駕在外能不驚疑？若夫乘輿遠行，有司斂民供億，全楚兵荒頻仍，有如比日撫按所奏，臣尚未之及也。」上讀奏至狡逆之徒乙之，報曰：「此八字不可作常視。」遂罷。上病益甚，階問安。報曰：「病狀甚苦，卿可先慮輔理非輕。」上崩，階草遺詔，詣奏裕邸，報可施行。傳詔之日，父老涕泣號慟，比於輪臺之悔。蓋階念上英斷類高皇帝，獨晚節齋醮織作不已，先後言事諸臣久得罪，欲自登極詔書發之，不能無疑於改父，而於上克終之德未光，飲泣具草以奏。人追舉故相楊廷和所草嘉靖登極詔爲世宗正始正終之美云。

穆宗即位乞休，不許。初大學士高拱嘗侍穆宗裕邸，吏科都給事中胡應嘉者，階同鄉傾危士也。階相，世宗獨親階，拱與大學士郭朴、嚴訥具位而已，拱以是與階頗相左。世宗久不豫，應嘉畏拱以官僚柄用，乘上疾言拱不夙夜在公，隘上賜直之廬，移家屬西安門外，潛夜歸。上近稍違和，羣臣籲天祈祐，拱移書籍器用出，有必君父心。拱疏辯。會上病漬，不問。拱以是疑應嘉承望階意，恨之刺骨。及是時，吏部考察庶僚，應嘉與給事中欽、御史維新並坐謫。應嘉上言：「吏部尚書博，山西人也。山西仕於朝者殊無一人降黜，而考察半科道，其謫欽與維新皆私忿。」故事，庶官被考察者不得論捄。階與朴、拱用故事擬旨黜應嘉編氓。臺諫諸人疑拱脩故怨，脇階以黜應嘉。兵科給事中歐陽一敬因論捄應嘉，語侵拱。他科道官亦交章上，階奪衆論，請改應嘉外謫。許之。拱益疑階主一敬。而一敬復與給事中李貞元重劾拱，言益激。御史齊康者，拱門生也，亦論劾階。有旨切責康妄言。階疏辯乞休，不許。科道官交章劾康聽拱指授，宜置法大理寺。寺丞海瑞言：「階事先帝無能改於神僊土木之誤，誠亦有之。執政以來憂勤國事，休休有容，有足多者。康甘心鷹犬，搏噬善類，罪又浮拱。」左都御史王廷言：「拱被劾宜引退，康挾私懷奸宜重治。」其日尚書楊博、侍郎遲鳳

翔、樊深等各奏康妄言，上降康二級、外調之。始康疏上時，科道臣集闕下唾罵康，一敬尤不勝憤，與康交劾，互指爲邪黨。而拱前後疏辯詞旨頗激，言者益衆，極所醜詆，連章特疏，不下數十。寺丞何以尚至請尚方之劍以去大憝。御史巡按在外者轉相倣傚，即不言，衆共趣之，大抵隨聲附和，而拱竟去。階求去，不允，乃出視事。

是時先朝得罪諸臣階既以遺詔次第登用之，没者厚其卹典，天下士大夫皆悦階。上疏論事者日益衆，上時不堪，目謂爲欺上，下諭命階詳處。階請録聖諭下示改省而已。上亦竟弗罪，士大夫亦益悦。南京振武營新軍者，當世宗時殺户部侍郎以要糧。世宗置不問，軍坐益驕。時當頒九邊賞。故事，無及南京者。會得匿名榜，有所脇求，辭甚悖厲。階曰：「往已失刑，再邀得賞，亡所用國法矣。」會南操江都御史唐繼禄當朝辭，階屬之曰：「營兵即有變，有都督外兵足制之，城大不憂據也，憂其據孝陵，於法不宜攻耳。公往伺之，一有變即以江防精兵走孝陵道，令都督疾擊殺之。」階度兵已嚴，乃因兵部疏擬旨，係舊軍者各令還衛，招募者隨營食糧終身，願歸農者聽。而振武營新軍散除，穆宗元年也。其秋，上欲詣陵。其明年，上欲使太監用等分監團營兵。又欲修内教場，勒中貴人習騎射。階皆諫止。又明年，以九年再滿，支伯爵俸，一子錦衣衛千户，賜勅褒諭，宴禮部，超璠爲太常寺卿，階疏辭求退，不許，許辭伯俸及部宴。

户科左給事中張齊者，嘗奉命賞軍宣大，歸而大言，欲發兵十萬襲邊民之入虜曰板升者。階哂而斥之，則又上他疏，亦爲階所格。因上言階事先帝十八年，贊成神僊土木之誤，及大行草遺詔，反曆數先帝過失。階與嚴嵩處十五年，締交連姻，一言不忤，嵩敗背而攻之。階爲臣不忠，與人交不信。比各邊告急，皇上屢勤宣諭，階略不省求，惟務養交固寵，擅威福而已。上以齊抵誣，調之外任。階言：「臣孤負天恩，慚悚無地。修撰玄文，前後同事不止一人。永壽宫燬，臣見先帝宸居無所，聖衷焦勞，又以成祖舊宫，孝子慈孫似宜修復，臣誠相度經營，顧不辭不諫，何繇逭罪？若夫輔臣草詔，是曰代言，禹湯罪己，興也勃焉，輪臺之悔，奉天之勅，至今誦之。先帝臨崩，臣不量淺薄，欲於草詔之間成大行之盛德，贊嗣服之新政。開讀之時，百姓萬民感動號哭，莫不誦彌留之聖，增遺弓之慟。臣於先帝毁與忠與？臣與嚴嵩同官，序先齒長，安得盡抗？調停勸諭，外未知耳。及其事敗，諸臣持公論公法奏議于下，先帝獨秉公道主張于上，嵩父子處日月雷霆之際，何待臣攻？古者大義滅親，重國家也。必泥臣信交則循黨，不顧君父，乃君子長者矣。國朝分設六卿，邊徼事一歸兵部，閣臣調擬進止而已，固非若古者宰相兼綜庶務，又非能如今督撫官身捍邊圉而目視戰也。若臣不肖，則宜奪臣職以謝言官。」不許，再請，許之，宴勞錫與，一從優備。大學士李春芳等及六卿科道官皆疏留，上業已許階，左都御史王廷因發張齊奉命賞軍宣大時有奸利恐事露得罪，故論階自遮。上命逮齊下獄，謫戍之。久之，高拱復用，齊與齊康皆復官。于是夙昔附階者盡反面傾階焉。

階有田二十萬畝，家貲甚厚。會海瑞以巡撫副都御史行部至，時時用貲訾，松人遂訟階於瑞，日以十百輩，影閧者且數萬，排門繞榻，捶擊唾詈。有司媚拱過當，子姓僕從多奏坐戍遣者。拱曰：「徐公昔黨人逐我，誠太甚。雖然，嘗爲我解試目於先帝。」因調旨駁其獄。萬曆初，階年八十，大學士張居正言階輔相世廟，承嚴嵩之後，矯枉以正，澄濁爲清，一時朝政脩明，海内治安。先帝居藩，皇祖忽有所疑，階從容譬解，此事獨臣知之耳。年今八十，宜有優典。」上遣使存問，賜白金、蟒幣、勅諭。階奏謝，官其一孫中書舍人。其明年卒，追贈太師，謚文貞。孫元春登進士，官光禄少卿。

傅維鱗《明書》卷一三一 徐階字子升，華亭人。嘉靖元年壬午舉於鄉，明年賜進士第三人，授編修。會張璁議撤孔子像，下儒臣問狀，衆莫敢持異。階條具三不必、五不可。狀上，以不奉詔罪之，謫延平推官。至則毁淫祠，刱社學，清久繫獄囚，以文致入者咸得平反。盜阻尤溪爲亂，監司以屬階，乃設方略，窮其窟穴，旬日而獲其渠帥并餘黨百二十人。滿三載，遷黄州府同知。未任，擢浙江僉事，督學政。又三載，陞副使，改督江西學政。會皇太子出閣，選宫寮，入爲司經局洗馬兼侍讀。久之進祭酒，爲籍籍諸生淑慝，月朔廷誦之，以吉服受淑籍，素服受慝籍，然有曖昧失者多務覆蓋之，諸生以故人人感激相戒勉。擢禮部右侍郎，尋轉吏部。故事，吏部官率鐍門示重。階以爲不能盡人才，破例延訪無倦。署部事，所推轂多願厚長者，抑刻深儇捷者之人。當大計所貶退，能不以衆口爲定，天下翕然賢稱。未幾兼學士，掌院事，尋擢禮部尚書。莊敬皇太子薨，階議喪禮稱上旨。上察其慎勤，召直無逸殿。階遂累請立皇太子，不報。

二十九年庚戌，敵薄都城，中外震恐。階請出戴綸、李珍於獄，復其官，俾敵愾自效。又密言敵間潛入，請上還大内備非常。上雖難於還，而心念其忠。會中涓陷敵歸，爲敵乞貢。上幸便殿問羣臣，階曰：「賊深入，不許激怒，許則操左券以責我。臣請計緩之。」上曰：「何指？」階曰：「遺辨士風諭以無文故，且徵

其情實，實則令聽命於甌脫，爲外臣通貢市。往返少日，我備完而兵益集，敵且退。不退從而拒之，其勢必得所欲。」上稱善。因請上視朝，會廷臣議，廷臣皆言貢非敵始意，許之愈一小快耳，而墮軍威，長敵志，不可。居數日，勤王兵集，敵亦退。時聶豹以副使坐法戍，豹曾令華亭，階悉其才，曰：「欲威敵非豹不可。」即日薦起行伍爲都御史。階上言延安卒善戰，而雲中卒善諜，宜各用所長。上從之。時以朵顏三衛爲敵耳目，請顯責之。階謂三衛導敵有其情而無其迹，罪之不可，置之不可，不若責以扞圉失職，使彼易受而後撫之。上以爲然。自是言便宜者率密諮之，寖益任用。吏尚書缺，廷推階，上曰：「階素内直，奈何中道而棄之外乎？」

亡何，孝烈祔廟之議起。初孝烈方皇后自九嬪册立，庚子宮闈之變有翊護功，上德之。既崩，一日上忽諭禮部議祧仁宗而以孝烈主祔廟。階言女后不宜先入廟，宜祀之奉先殿別室。上盛怒，趣再議。階不得已，遜言曰：「祧廟乃聖子神孫事，臣子之心，何忍煩上親議？無已宜倣古廟數遞加之，益太廟、奉先殿各一室，令仁宗緩祧而后先祔或可。」上不許，竟祧仁宗，祔孝烈，然天下皆韙階議。未幾加少保兼東閣大學士。上欲罷入衛卒，階言其非計，又請汰營兵老弱者而取其餉，以充賞賚，倡勇敢。皆見納。一品滿三載，進柱國、太子太傅。癸丑主會試。時倭亂東南，上疏謂：「將校主戰而守令主守。今將校北輒用軍興法而守令無恙；及城潰矣，復坐將校死而僅左降守令，是文武異刑而法不一也。民進止視守令不視將帥，今兵一而民百，奈何以戰守併責將帥？將校履肝肺以死而文吏持口舌以制，難以責其振矣。夫守令勤則餉峙具，守令果則哨探嚴，守令警則間不容，守令仁則兵必力。臣以爲重責守令可也。」又疏請罷浙江撫臣與更江南督臣。皆報許。階念敵盜邊，士不得田畜，宜大米麥買無所得，而戍卒月餉七鐶，僅易粟二斗。時畿甸二麥熟，石止直四鐶。可及時收買數十萬石，石費五鐶，可出居庸抵宣府；費八鐶，可出紫荆抵大同。大約合計之費中金一兩而飽士卒一月，其地米麥價且漸平。上如其言。

給事中吴時來，刑部主事董傳策、張翀極論嚴嵩罪狀。嵩念階於吴、張俱座師而董又鄉人，於上前具道本旨所以爲者。上下三人於獄，拷掠無所得。三人遠戍，階獲解，尋加太子太師。嚴嵩所以危者百端，無如之何。會上所居西苑永壽宮災，徙居玉熙宮，隘甚。階朝夕旁皇曰：「此豈至尊居？」乃請掄三殿餘材營之，數旬而宮成，更名萬壽宮，進少師。時嵩奸益露，上久察階忠，密札諮問，交午階所，鮮及嵩矣。居無何，御史鄒應龍疏論嵩父子不法，上勒嵩致仕，下其子世蕃獄，戍之。擢應龍五品京職。上雖退嵩而心憐之，忽忽不樂，手諭階欲傳嗣，令擬詔。階謝不敢。部奏陞應龍通政參議，上忽切責部臣，以應龍爲邪，不宜官，階力陳，亦悟弗責，輟嵩直廬賜階。階既首揆，盡反嵩政，務收人心，用物望，嚴杜筐篚，天下翕然想望風采。初嵩在事，操權自利，六卿皆束手，階盡謝卻之。或謂非宰相體，階曰：「夫操表畷以希望者而亦負畚荷鍤耶？」前是奏功，率賚閣臣，階以爲不稼取禾，無以示勸，自是報捷不復與賞。匠頭徐杲有殊寵，上欲崇以宮保，階力持祖宗無是法，無啓幸端。上默然。

十五年滿，加上柱國，固辭。階小疾，上親爲調藥，温諭諄切。方士熊顯等進長生藥，階力言不可餌。又問階比日乩何以不下，階謂此曹持紫姑術，實得於衆口而託之神語，未宜深信。上由此稍怠厭方士語矣。北敵由牆子嶺入犯通州，報至，兵尚書楊博以上方有行宮祠釐不敢奏，而便宜令關門戒嚴，敵阻白河水，掠香河。階請亟先備順義，而以奇兵徼之古北口。敵果走順義，不能入，出古北口，遇伏兵敗。上創恨博不早計，博危懼，階從容言博悉兵情，盡力於官。上姑解。階以張家灣當天下委輸，請出光禄羡金三萬城之，設一裨將，始爲重鎮。穆宗在裕邸，而景王未之國，愛幸日異。奸人謀欲更樹，階力稱引古今，調護萬端。景王卒就國，異議旋息。上下制建雩壇及更興都故宮殿，階第以藏賈爲言，工遂已。天下鹽額淮揚最重，歲賦六十餘萬。嵩當國令都御史鄢懋卿出經理，搜積羨得百萬以爲功，遂著額。額不登，商多亡匿，急則雉經。階請仍其舊，流徙登復而額盡登。海瑞上書斥乘輿，上恚甚，逮詔獄，欲殺之。階疏言：「草野倨侮，然不過仰恃聖明，以死沽直名耳。不如置之，則彼計失而聖德益廣。」瑞獲免。上久疾，欲幸興都，階力言不可。

至上崩，穆宗即位，階推先帝意，罷齋醮土木，復諫諍得罪諸臣，舉士有節行及恬退久廢者，所草登極詔孳孳急民利，天下大悅。階明習典制，中外倚重。上欲幸故邸，力言：「祖宗時非郊祀、幸學、耕耤駕不出，今諸大典未一行，而先幸故邸可乎？」上雖不輟幸，而以頃刻歸。亡何，御史齊康受高拱旨力詆階，乃引咎乞休。於是九卿大臣皆爲之辯雪，而臺諫因劾康及拱。拱竟去位，康以遠謫，而階少安。時有中旨令館臣撰中秋致語，階爲先帝新棄羣臣，非宴樂時，臣不敢奉詔。上爲罷宴。上謁陵甫至齋宮，使中官以意問曰：「祀在明日，欲輕騎一出觀形勝可乎？」階曰：「上以祀來乎？以觀形勝來乎？以祀來則先游而後祀，非

所以展孝思也。」上悦，祀畢始出觀。上欲以大監李用等分監營兵，又命修内教場，勒中官習騎射，階持甚力，乃止。一品九年再滿，力求去，詔留慰，加伯爵俸，固辭。久之乃視事。上數幸南海子，階諫不聽。又與中使李芳忤，遂稱疾不出。御史張齊因劾階奸利六事，階再疏辭。允之。

還里，杜門自守。而高拱再起，以舊事銜階。拱知交爲吴監司、郡守者皆伺階，凡與階有睚眦怨者皆乘是侵之。會拱爲張居正、馮保所逐，階獲免。萬曆二年甲戌，孫元春舉進士，每戒之曰：「無競之地，可以遠忌；無恩之身，可以遠謗。」咸謂名言。十年壬午，年八十。神宗使使存問，賜諭優渥。階材而好學，少從聶豹切磋理道，後與歐陽德輩推明王守仁良知之旨，相爲磨淬，獨勵躬行，以抒經濟。生平不置姬媵，不爲臺榭之飾，友弟惇讓，肫肫無僞。田宅録廕，輒以推弟姪。十一年癸未閏二月卒，年八十一。贈太師，謚文貞。所著有《世經堂集》二十六卷，爲文有根抵，嚴於法度。

查繼佐《罪惟録》列傳卷一一下　徐階，字子升，南直華亭人。嘉靖癸未進士第三人，授編修，與告歸娶。永嘉張璁議撤孔子像，階力異議，且得罪，廷臣多申救者，勿問，謫延平推官。毁淫祠，創社學，清久繫。盗阻尤溪亂，監司以屬階。設方略，旬日獲其渠帥。歷僉事、副使，督學浙江、江西，稱述王文成□□説，亦像祀焉。累進國子監祭酒，爲籍籍諸生淑慝，月朔□誦之，以吉服受淑籍，素服受慝籍。遷吏部右侍郎。故事吏部官率鐍閉示嚴，階特破例開門，延訪無倦。陞禮部尚書。莊敬皇太子薨，階議喪禮稱旨。累請立皇太子，不報。庚戌，鹵闌入，逼都城，階請□□□□李珍於□□敵愾自效。中涓陷鹵，歸爲鹵乞貢，階計緩之，令辯士先之風諭，得戒備。及勤王兵集，鹵果退。起聶豹戍所，爲都御史料鹵。且言□安卒善戰，雲中卒善諜，宜各用其所長。時朵顔三衞實隱導鹵，階以露其迹必大治之，不可；而忘之不可，姑責以扞圉失職，使彼易受而後撫之，上以爲然。自是言便宜者，率密諮階，階請益任用。初孝烈方皇后宫闈之變有翊護功，及崩，上意祧仁宗，而以孝烈主祔廟。階言女后不先入廟，宜祀之奉天殿别室。上怒，趣階再議。階不得已，更請太廟、奉先殿各益一室，令仁宗緩祧，而后先祔。上亦不許，竟祧仁宗，祔孝烈。然天下皆以階議爲正。加少保，兼東閣大學士。上欲罷入衞卒，階言非計，因請汰營兵老弱者，而取其餉以充賞賚，倡勇敢。皆見納。

一品滿三載，進柱國、太子太傅。倭犯邊海，階請并責承守令，俾協將校主守，失事者罪之。鹵數擾邊，宣大不得耕畜，戍卒月餉七鐶，僅易米二斗，而幾甸二麥熟，階議移餉其地，米價且漸平。上如其議。給事中吴時來、主事董傳策、張翀極論閣臣嚴嵩罪。嵩疑階所使，詔下三臣獄，考掠無實，二臣遠戍，階獲解。尋加太子太師，進少師。已嵩奸益露，上久察階忠，密札諮問不絶，鮮及分宜矣。於是御史鄒應龍復踵論嵩父子切，上勒嵩致仕，下其子世蕃獄，戍之。上以嵩去，忽忽不樂，手諭階，欲傳嗣，令擬詔。階謝不敢。適吏、禮二部奏遷應龍通政，還議報可矣，忽内旨切責二部：應龍僉邪，不宜官。階力解得免。上久亦悟，輟嵩直廬賜階。

階既居首揆，盡反嵩政，務收人心，用物望，嚴杜筐篚，天下翕然想望風采。前是軍功率及閣臣，階以爲幸，不宜與賞。將作大匠徐□有殊寵，上欲崇以宫保，階力持祖宗無是例，上爲默然。十五年滿，加上柱國，固辭。會方士熊□等進長生餌，階力言不可用。上因問：「此日乩何以不下？」答曰：「此邪術惑聽，未宜深信。」上亦頗怠厭之。鹵大寇通州，階請先備順義，以奇兵徼之古北口。鹵果走順義，不能入，出古北口，遇伏，大敗去。請城張家灣以固委輸。穆宗在裕邸，景王未之國，愛幸日異，姦人謀欲廢興。階爲匡護萬端，景王卒就國。上下制建穹壇，及更興都故宫殿，階第以藏匱爲言，工已。初鄢懋卿挾嵩焰，歲益淮揚鹽課額十餘萬。額不登，商多亡匿，急則雉經。階請仍其舊。户部主事海瑞上書戇，得罪逮詔獄。階言瑞求死以沽直言，毋遽與其名，瑞得毋死。上久病，欲幸興都，以階言且止。

穆宗即位，請罷齋醮土木，復諫諍得罪諸臣，舉節行及恬退久廢者。御史齊康受新鄭拱旨，力詆階，階引罪乞休。九卿大臣咸代階辯，而臺諫同劾康，連新鄭。新鄭去位，康亦遠謫。時有中旨令館臣撰中秋致語，階謂先帝新棄羣臣，非宴樂時，臣不敢奉詔。上於是爲罷宴。上謁陵，甫至齋宫，使中貴以意問曰：「祀在次日，即輕騎一出觀形勝，恐無害。」階曰：「上以祀來乎？以觀形勝來乎？」上遂先陵事。已欲用太監李用等分監營兵，又命修内教場，勒中貴習騎射，階持甚力。上難階，且止，至欲一幸南海子，以階諫不果。一品九年，再滿，力求去，詔慰留，加伯爵俸，固辭。尋階與中使李芳忤，稱病不出。御史張齊因污階奸利六事，階再疏辭，獲允。

新鄭再起，銜階舊，適漢陽知縣孫克弘家人公事入京，科臣韓楫誤以階同鄉，謂階所遣，猝入其卧，索私書不得，輒彰言克弘貪緣遷轉，極口詆階。拱又使

所暱監司郡守，曲伺階黨里，必侵階。階恬然不校，拱敗獲免。甲戌，孫元春舉進士，每戒之曰：「無競之地，可以遠忌；無恩之身，可以遠謗。」咸謂名言。卒年八十有一，贈太師，謚文貞。階才器老成，學本姚江，生平無姬媵之侍，無臺榭之飾，與人無僞。田宅祿廕輒以推分弟侄。所著有《世經堂集》。文有根抵，嚴於法度。

黄宗羲《明儒學案》卷二七　《文貞徐存齋先生階》徐階字子升，號存齋，松江華亭人。生甫周歲，女奴墮之眢井，小吏之婦號而出之，則絶矣。後三日蘇。五歲，從父之任，道墮括蒼嶺，衣絓於樹，得不死。登嘉靖癸未進士第三人，授翰林編修。張羅峰欲去孔子王號，變像設爲木主。争之不得，黜爲延平推官。移浙江提學僉事，晉副使，視學江西。諸生文有「顔苦孔之卓」語，先生加以横筆，生白此出楊子《法言》，非杜撰也，先生即離席向生揖曰：「僕少年科第，未嘗學問，謹謝教矣。」聞者服其虚懷。召拜司經局洗馬兼侍講。居憂。除服，起國子祭酒，擢禮部侍郎，改吏部。久之以學士掌翰林院事，進禮部尚書。召入直無逸殿廬，撰青詞。京師戒嚴，召對，頗枝柱分宜口。上多用其言，分宜恨之，中於上。先生贊玄恭謹，上怒亦漸解。加少保，兼文淵閣大學士，參預機務。滿考，進武英殿大學士，兼吏部尚書，加少傅。上所居永壽宫灾，徙居玉熙殿，隘甚。分宜請幸南城。南城者，英宗失國時所居，上不悦。先生主建萬壽宫，令其子璠閲視，當於上意，進少師。分宜之勢頗絀，亡何而敗。進階建極殿。

自分宜敗後，先生秉國成，内以揣摩人主之隱，外以收拾士大夫之心，益有所發舒，天下亦頗安之。而與同官新鄭不相能。世宗崩，先生悉反其疵政，而以末命行之，四方感動，爲之泣下。新鄭以爲帝骨肉未寒，臣子何忍倍之，衆中面折之，在朝皆不直新鄭，新鄭遂罷。穆宗初政，舉動稍不厭人心者，先生皆爲之杜漸。宫奴不得伸其志，皆不悦。而江陵亦意忌先生，以宫奴爲内主而去先生。先生去而新鄭復相，修報復，欲曲殺之，使其門人蔡春臺國熙爲蘇松副使，批其室家三子皆在縲絏。先生乃上書新鄭，辭甚苦，新鄭亦心動。未幾新鄭罷，三子皆復官。天子使行人存問，先生年八十矣。明年卒。贈太師，謚文貞。

聶雙江初令華亭，先生受業其門，故得名王氏學。及在政府，爲講會於靈濟宫，使南野、雙江、松溪程文德分主之，學徒雲集，至千人。其時癸丑甲寅，爲自來未有之盛。丙辰以後，諸公或殁或去，講壇爲之一空。戊午，何吉陽自南京來，復推先生爲主盟，仍爲靈濟之會，然不能及前矣。先生之去分宜，誠有功於天下，然純以機巧用事。敬齋曰：「處事不用智計，只循天理，便是儒者氣象。」故無論先生田連阡陌，鄉論雌黄，即其立朝大節觀之，絶無儒者氣象，陷於霸術而不自知者也。諸儒徒以其主張講學，許之知道，此是回護門面之見也。

存齋論學語

親親仁民愛物，是天理自然，非聖人强爲之差等。只如人身，雖無尺寸之膚不愛，然卻於頭目腹心重，於手足皮毛爪齒覺漸輕，遇有急時，卻濡手足，焦毛髮，以衛腹心頭目。此是自然之理，然又不可因此就説人原不愛手足毛髮。故親親仁民愛物，總言之又只是一個仁愛也。

雜録

備録

杜蔭棠《明人詩品》卷一　徐少師文貞，嘉負物望，膺主眷。當分宜驕汰之日，以精敏自持，陽柔附分宜而陰傾之。分宜敗，盡反其秕政，卒爲名相。嘉靖中，閣臣如華亭、新鄭，皆以文翰起家，而志在經世，不求工於聲律。若張、桂議禮諸公，本非詞臣，又勿論也。讀《少湖集》有醇無疵，非諸公所易幾。

李樂《見聞雜記》卷二　余嘗謁徐文貞公，刺方入，入其門，穿衣束帶未竟，而公偕長子太常、少子尚寶君已出三門迎矣。是夕，宿公書室，公親命童子焚香，整衾枕，啜茗坐談，良久而别，情詞真率，若不覺其爲貴人也。又一日，公欵余於中堂，呼余曰：「臨川，我告假一進。」予意公服藥就寢，非移時不出，一茶之頃乃即出，曰：「發一友人書，作副啓數字，故失陪。」八十元老對門人弟子猶稱告假，謹厚真異常哉！湖廣廖明河先生道南，科第止先公三年，公席間語廖事，必稱廖明河先生，不單稱明河，蓋前輩行古之道如此。

李樂《見聞雜記》卷九　徐文貞公階嘉靖癸未鼎甲，官翰林編修，以議大禮謫延平推官。公如初仕爲推官者。然在任留心民事，剖決刑獄，暇時巡阡陌，問疾苦，行屬邑，咨賢否，與今遷謫諸公迥異，時耶，人耶？

李樂《續見聞雜記》卷一一　徐公階，華亭人，由翰林編修謫江右同知，轉浙

僉事。初號少湖，以憂去。巡按某比較二司，吏書杖死學道一書手，二司相見，按臺問：「聞死一書手，可令二縣從厚埋之。」徐公曰：「先生大人何言之易易也？本道已具小疏，欲上。」按臺愕然，再三懇二司諸公求解，公乃止上疏。

焦竑《玉堂叢語》卷五 徐公階以學士誨庶吉士，雖名不廢課習，而脱去所謂駢麗帖括之舊，推所真得於身心者亹娓説之，又間勗以國典民事。其後多卓然稱名臣，咸歸公善誘功。

徐文貞歸里，偏召親故，一人取席間金杯藏之帽，公適見之。席將罷，主者檢器，亡其一，亟索之。公曰：「杯在，勿覓也。」此人酒酣潦倒，杯帽俱墮，公亟轉背，命人仍置其帽中。只此一端，想見前輩之厚。

王兆雲《皇明詞林人物考》卷七《徐文貞》 公名階，字子升，學者稱少湖先生，晚更號曰存齋，松江華亭人也。世載令德，天與夙慧，年甫勝冠，才已脱穎。嘉靖癸未及第，授史官。予告歸娶，臚句唱第，蹇修媾好，邦人榮之。明年詣闕，會奔父喪。制滿復除，預修會典，委蛇鳳池，宣悒鴻筆，掞藻刺目，抗聲駭耳，竟以議禮失貴臣意，佐郡閩楚，督學江浙。司理則平反爰書，秉文則譽髦多士。會青宮出閣，宜備四友，慎簡羣僚，以洗馬徵。始慰輿情，復奉慈諱。已進國子祭酒，標賢關之高軌，播聖涯之芳潤。久之，擢禮部右侍郎，改貳銓部。領袖詞林，中間一誨吉士，再副總裁，藹藹左右，彬彬制作。尋擢宗伯，學士如故。直無逸殿，晉加宫保，出典邦禮，入參廟謨。潤色皇王，寅清夙夜。而是歲虜逼都城，矢謨來格，秉羽授鉞，方斯蔑如，以功加少保。尋直東閣滿考，進直武英殿，再考加少傅，三考改冢卿。職惟弼相，權在元輔，事或中制，道必直行，咸倚重焉。癸丑都試，得士四百，藻鏡不爽，網羅靡失。尋進少師，蓋四考而前人始绌，首揆爰立。沐朝端以新澤，還宇内之舊觀。乃進直建極殿。五考勑加特進，固辭上柱國。嘉隆之際，導揚末命，宣布首詔，泣山東之父老，驚河西之將吏。有光先德，悉出代言。是時上方虛己，公婁乞身。再滿九載，章凡十上，温語勉留，遣使力止。最後則孫膚流言，託行微罪，重違謙光之意，曲成高蹈之節，仍賜馳傳，遣官護行，歲時廪餼有差。今上十年，屬公八袠，俛念舊德，特降褒諭，專使及門，優賚充篚，可謂君臣之間，忠仁懋美，終始純篤者矣。又一年，飾巾期至，易簀正終。上聞震悼，輟朝加祭，遣官營葬，追贈太師，易名文貞。公喜誦白香山詩，蘇長公文，所著有《世經堂集》二十六卷，及《學則蒙訓》諸書。

沈德符《萬曆野獲編》卷八 〔華亭故相被脅〕隆慶間，高新鄭再起，以首揆領銓，修怨華亭故相。時海忠介撫江南，以翦抑豪强爲己任，而前蘇州知府蔡國熙，故有才名，以講學受知於華亭，稱弟子。至是入新鄭幕，願治徐事自效，遂起爲蘇松兵備，大開告訐。徐三子俱論戍爲氓，同鄉通家子莫廷韓雲卿，致仕同知袁履善福徵各以居間自任，脅得數百金，莫以明經優選，袁即家補官出。而今上登極，高逐去，徐事立解矣。

李紹文《皇明世説新語》卷三《雅量》 徐文貞致政家居，爲怨家訐告。張全山年八十餘，往候之，曰：「今日贈老先生一字。」文貞曰：「何字？」曰：「忍字。」文貞曰：「我亦贈公一字。」曰：「何字？」曰：「忘字。」

徐文貞督學江西，道遇毛尚書伯温。過其舟，毛曰：「君得無饑否？」呼侍者持大盤四，其二裝炙鵝，鵝皆大臠；其二裝饅頭，大如盌者各五十許。又不置筯，以手掇之。銀盌二，使注酒，長啜大嚼，傍若無人。時文貞年少勇于酒，互舉無筭，歡然而别。曰：「公大器也。」

李紹文《皇明世説新語》卷八《紕漏》 徐存齋致政歸，值誕日，顧中翰善畫，窮一月之力，繪一圖贈之。題曰「泰山喬木」，懸之中堂。有譖者曰：「得非泰山梁木耶？」徐即撤去。

李紹文《皇明世説新語》卷一二 徐文貞階督浙學時有一生結内用「顔苦孔卓」語，批以杜撰。及散卷，此生前白曰：「此出楊子《法言》」，非敢杜撰。」文貞荅曰：「本道不幸科第蚤，未曾讀得多書。」遂揖此生，云「承教」。衆情大服。

張萱《西園聞見録》卷三 徐文貞公階性友弟，尤喜施予。既讓新第於前母兄，歸自延平，念其產挫，割田二百畝贍之。

徐文貞孫元春舉進士，戒之曰：「無競之地，可以遠忌；無恩之身，可以遠謗。」

張萱《西園聞見録》卷七 徐文貞公階性頗好名而不好諛，以是士大夫爭爲名高以中階好，往往取通顯。小人欲自解，多爲近情之諛，以靳入，時不能覺也。階既尊新建學，而其門弟子若尚書聶豹，階所師事者；尚書歐陽德、李遂，郎中王畿輩，階所友者；咸各有徒衆，不能盡遵行所聞知而所至挾詐恣爲奸利，海内苦之，頗指以歸咎階。

張萱《西園聞見録》卷一四 徐文貞公階之罷相而歸也，或勸之于湖濱築廬舍蒔花木以自娱適者，公笑不答。生平無姬媵，内室肅然。布衾緼袍，往往至敝。恒食惟二簋，菜羹糲飯，間佐之脯醢而已。三子間以甘旨薦，則卻之。曰「固非吾所嗜也。」

徐文貞公階，生而白皙，秀眉目，美鬚髯，端坐竟日無跛倚。湛若冰玉，及接之而藹然春温，色笑襲人。有所談論，霏皆芬屑。或盛氣欲臨公者，見而自融釋。博辨之士，將敖公以所不能而不忍也。公既貴極人爵，且老壽，推以爲達尊，而所答謝士大夫毋論卑少即蚤暮風雨不避，尺牘必春縟無令失意。或風公胡自苦乃爾，公正色曰：「毋衆寡，無小大，無敢慢，非我先師訓乎？即不穀不敢當君子，敢忘服膺焉？」公常督學浙中，有秀才結題内用顔苦孔之卓爾語，公批云杜撰。後散卷時秀才前對曰：「此句出楊子雲《法言》上。」公即于堂上應聲云：「本道不幸科第早，未曾讀得書。」遂揖秀才云「承教」。衆情大服。

張萱《西園聞見録》卷一五　徐文貞公階既以恭謹得上意，即貴重甚幸矣。而其爲恭謹不衰，上或有所委使，通夕不敢假寐。應制之文，沓至促應，有諸少年所難者，未嘗踰頃刻期。人以爲難，公笑曰：「君天也，父也。吾敢違之？毋論信州傲而僇，分宜慎而重，夫分宜者，特不善用重耳，寧可廢慎也。吾豈不知愧諸少年？計以得上意此耳。得上意而後可有爲於天下。夫欲爲一己名不難，難與上共天下者。」上果日益愛公。又時時采外議，公以是益重所論建，裨益亡間。

張萱《西園聞見録》卷二一　徐文貞公階既罷相歸，雖已得老，然望益重。刺史干旄造户請質，門生故吏踰越山海，執贄問益。公不忍距其意，人人爲叩兩端則皆大喜以虚往實歸。而間及天下事，老臣惓惓憂國，亹亹不休，見者以爲志千里也。新鄭公復暴從田間起，兼握銓柄，内銜公而更疑之。傾危之徒遂以公爲贄，詆諆翕訿，頃刻萬狀。於是召齊康、復張齊而爪牙吏横出，爲郡邑守令。至號召奸黠創獄以擬公之子太常君兄弟，幾不免。公第曰：「兒子坐得富貴固當。且夫禍福者猶循環然而可預擇也。」事稍白。亡何，新鄭敗，益大白，公且衣冠望闕拜曰：「天子聖明，念老臣無罪，何以報塞大恩？」公寬然亡所競，人或問公前事者，公笑曰「老而好忘，忘之久矣。」

張萱《西園聞見録》卷三一　徐文貞公先生自禮部右侍郎遷吏部，乃榜於壁曰：「咄，汝階二十一而及第，四十三而佐天官，國恩厚矣。何以稱塞？所不竭忠殫勞，而或植黨以擯賢，或狥賄而鬻法，或背公而行媚，或持禄以自營，神之殛之而及於子孫。吁，可畏哉。」故事，禮部大僚鐍車門，所接見庶官，不能得數語，以示嚴冷。公曰：「若爾，何以能盡人才也？」乃痛折節，修辭色而下之，見必深坐，亹亹咨訪吏治民瘼，遐陬幽蔀，因以窺見其人。顧見者亦以自喜得少宰心，願爲之用。而公益有縉紳間聲，以爲恒。

張萱《西園聞見録》卷四五　徐文貞爲浙江督學時有二生争貢，譁于堂下，徐公閲卷自若。已而有二生遜貢，譁于堂下，徐公亦閲卷自若。居頃之，召而謂曰：「我不欲使人争，但亦不能使人讓。諸生未嘗讀教條乎？連我也在教條裏頭，作不得主，諸生但照教條行事而已。」由是争者、讓者皆自息。

張萱《西園聞見録》卷八三　徐文貞公柄國時，南京振武營新軍者，當先帝時殺户部侍郎以要糧，賜置不問，用是益驕。時當頒九邊賞，故事，無及南京者。會得匿名榜，有所要脅，辭悖厲甚。公曰：「往者已失刑，再邀賞得賞，無所用國法矣。」時操江都御史唐公繼禄當朝辭公，屬之曰：「營兵即變，有郭成、李錫、劉顯，外兵足制之。城大不憂擾也，憂其據孝陵，于法不宜攻耳。若往，可伺之，一有變即以江防精兵走孝陵道。」而時有三都督之任者皆邊將，公使以家兵五百十人往，曰：「新軍易與耳。苟生變即疾擊殺之以爲若功，不而罪也。」公度兵已嚴，乃因科疏擬旨，係舊軍，各令還衛，招募者隨營食糧終身，願歸農者聽。頃刻而軍散，亡敢譁。

張萱《西園聞見録》卷九九　徐文貞公謫延平府推官時，有疑公自禁近出爲小官，縱不鄙薄之，有故事，可以優游養重。公獨不然，曰：「官大小非人臣耶？且盤根錯節所以增益我者不淺。」乃馳歸，泣謝太夫人弗獲朝夕罪，而單車馳之郡。至則連攝郡事。公晝夜拮据案牘，清宿繫者三百人。時大盗窟尤溪而四出剽掠郡邑，勢張甚。分巡諸僉事備，欲以屬公捕而難發言，公奮請身任之，盗遂平。

談遷《棗林雜俎》和集　海忠介巡撫江南，華亭徐文貞階家居，子僕積横，訟牒山積，謀於珥筆，並不稱意。崑山某，年十九，最後至，見各案俱不視，第曰：「揚湯止沸，不如釜底抽薪。」文貞聞而善之，詢其策，對曰：「相公柄國久，願假尺一之書，走長安故人足矣。勿與此曹子角勝也。」即如其言，致書馮保，又賄給事嘉興戴鳳翔等，劾罷中丞，徐氏之訟熄。

錢謙益《列朝詩集小傳》丁集中　階，字子升，華亭人。嘉靖癸未進士，廷試第三人，爲史官，抗疏論孔子廟制，斥爲延平推官，稍遷浙江、江西提學副使，召拜司經局洗馬，歷升禮部尚書，撰述稱旨，入直無逸殿殿廬，尋入東閣辦事，累官少師，建極殿大學士。隆慶二年請老，年八十一而卒，謚文貞。少師負物望，膺主眷，當分宜驕汰之日，以精緻自持，陽柔附分宜，而陰傾之。分宜敗後，盡反其粃政，卒爲名相，事在國史，不具録。嘉靖中，閣臣如華亭、新鄭之流，皆以文翰起家，而志在經世，不求工于聲律。若初年張、桂諸公，以議禮登庸者，本非詞臣，又勿論也。

梁維樞《玉劍尊聞》卷二　徐階，字子升，華亭人。廷試第三，位至少師、吏部尚書、建極殿大學士，卒贈太師，謚文貞。階舉甫一歲，婢抱墮眢井，出之，絶矣，越三日蘇。五歲，陟括蒼嶺，復墮深壑，衣絓於樹，卒得不死。既長，短小白皙，秀眉目，善容止，議論語言不虛誕，不固陋，刃迎縷解，應答無滯，令人注神傾意。在政地當天下多故，比肩嚴嵩，左機右穽，卒以忠誠恭謹，郤曲委蛇于棘刺鋒刃中，終令覆餗再收，隧風斯挽。嘉隆之間，天下如濯。爲文有根柢，嚴於法度。孫元春舉進士，階戒之曰：「無競之地，可以遠忌。無恩之身，可以遠謗。」咸謂名言。

徐文貞語陳眉公：「學而時習之，何義？」陳對以不敢。文貞云：「如國家有荒事，即就荒時察考荒事；如有兵事，即就兵時察考兵事；如有大禮、大獄亦然。」此真所謂時習也。

李延昰《南吳舊話録》卷上　徐文貞公遇貴客至，嘗鎔酒器佐費。述齋曰：「酒器工值不少，鎔之可惜，外人又以爲矯。」公曰：「吾不能謝世情往還歷年餘此，然素甘儉樸，亦不欲久而習此，使子孫不識瓦杯竹箸，非但示人以貧也。」

萬曆七年水災，市井行舟，魚鼈入户。徐文貞公早膳向不涉腥味，夜尤淡泊，惟日中以二器佐箸。值奇荒，諭家人更減其一，曰：「事雖無益，大臣在朝在野一念間始終應關休戚。」

李延昰《南吳舊話録》卷下　徐華亭家居，當海剛峯出撫江南，意在誅鋤巨室，而監司某又與其長公仰齋乍有隙，將因海以舉事中公。一時刁薄成風，有踵門直呼公名者，家人憤鬱不能堪。公戒之曰：「譬如猘犬嚙人，何所顧忌，人詎可亦嚙犬耶？」乃口占一絶云：「昔年天子每稱卿，今日煩君斥姓名。呼馬呼牛俱是幻，黄花白酒且陶情。」

徐文貞公與吳興李臨川交最深。臨川一日過訪，刺方入，文貞即束帶迎候，茶畢，子太常、尚寶次第出拜，就暮設席，夜深易燭，臨川與公了無倦容。文貞俄起曰：「有一候報劄甚急，請告一假，何如？」臨川笑諾。太常、尚寶屢出位請觴，臨川曰：「老夫非敢倨也，正欲見君家盛德處。」文貞公須臾亦出，再飲數巡，臨川辭起，是夜留榻公齋。凡客中所需，雖至瑣屑者，公無不過目，俟臨川就寢，公呼曰：「老夫暫别，兄請安枕。」老能謙恭如公者，罕矣。

徐文貞大拜，答其族人書曰：「遠承賜書，以拜相爲慶，不知才疏任重，深愧忝竊。一二年中，獲蒙恩賜還田里，復與伯叔兄弟谷陽橋畔買魚沽酒爲樂，不忝秀才二字，此真大幸，其餘不足道也。」【略】

徐仰齋每陞遷，文貞即有憂色。張夫人問曰：「顰笑亦自有時，何事費家人輩揣摩？」公曰：「古人謂父子不同舟，蓋恐風濤失措并命爲憂，獨不見嚴氏當日？爾明達婦人，亦胡不思及此？」

彭定求《明賢蒙正録》卷下　少師徐文貞公階，少有異徵。父思復公嘗寘公於古刹讀書，刹故多魅，僧苦之，公宿而魅不出。思復公始心異，俾就外傅。受小學以至四子，甫閱歲悉成誦。思復公補甯都丞，挾公以從。嘗歸自他邑，公出迎。思復公戲謂公：「父遠回，子遠迎，父子之恩天性也。」公應聲曰：「君居上，臣居下，君臣之義人倫哉。」思復公益大異。

朱彝尊《静志居詩話》卷一一　先祖妣徐安人爲文貞公曾孫，余少日登世經堂，覩永陵手勅，羅列梁棟間，蓋得君久而不衰，罕有過焉者。當日袁懋中於西内撰青詞，湛元明爲鈐山作詩序，貽笑士林，而公不露所長，讀《少湖文集》，有醇無疵，非諸公所易幾矣。

閻湘蕙《明鼎甲徵信録》卷二　徐階字子升，江南華亭人。世業農，至高祖某以仁厚喜施予聞，里中呼之爲佛子。徐數傳至黼，階之父也。初官宣平丞，再補甯都丞，所至著廉公，惠慈之政，吏民謳思之，至爲祠以祀。黼娶於林，最後娶顧，而生階於宣平官舍。甫周歲，女奴抱窺眢井墮焉，出三日而蘇。五歲從父道括蒼，自輿墮高嶺，衣絓於樹，從容下，卒不死。父心異之。性頴敏，十五補弟子員。嘉靖二年擢探花，予告歸娶。累官大學士。嘗書於直廬曰：「以威福還主上，以政務還諸司，以用舍刑賞還公論。」又謂：「事同衆則公，公則百美基；專已則私，私則百獘生。」皆名言。定傾扶危，爲一代功臣。告致歸里，宴集親朋，一人取金杯匿於帽中，階適見之。撤席，主器者四處遍尋，階曰：「杯在，勿覓也。」其人醉酣潦倒向階致謝，不覺杯帽俱墮於地，階悄然納於其人之袖中，終不洩其事。卒贈太師，謚文貞。階弟陟，由進士官至刑部侍郎。子璠，以廕官太常卿。琨、瑛，尚寶卿。孫元春，舉進士，亦官太常卿。元春孫本高，崇禎中累官左都督。仕宦之盛，累世不衰，皆佛子徐以下數世修積所致也。《明史》竝《弇州山人續稿》、《皇明輔世編》、《陰騭文像註》。

陳田《明詩紀事戊籤》卷一五《徐階》　階字子升，松江華亭人。嘉靖癸未第三人及第，授編修。以論孔子廟制謫延平推官，遷黄州同知，擢浙江按察僉事，進江西副使，召拜司經局洗馬。歷國子祭酒，擢禮部侍郎，改吏部，進禮部尚書。加太子太保，進少保，兼文淵閣大學士，參預機務。再進柱國，兼太子太傅、武英

殿大學士，加太傅，改吏部尚書，加太子太師，進少師、建極殿大學士。卒贈太師，謚文貞。有《世經堂集》二十六卷。

于慎行《穀山筆麈》：分宜相嵩既殺貴溪，逐諸城，專任二十年，獨華亭與之左右，勢且不免，會吴中有島寇，華亭既卜宅豫章，佯爲避寇之計，有司爲之樹坊治第，附籍江右，又與世蕃結親。江右士大夫皆講鄉曲之誼，於是分宜坦然不復介意。已而謀逐分宜，世蕃誅死。即鬻南昌里第，解江右之籍。

《國史唯疑》：徐華亭初以爭孔子祀典謫外，斥爲佞，鍥柱讖之曰：「徐階小人，永不敘。」久亦遂忘之。其自江右督學改宫寮，賴馮恩力。馮時謫戍過南昌，代都御史何某草疏達夏桂洲，因被内擢，躋台輔。謂君相能造命，非歟？今人處謫官，邑邑不樂。徐華亭《延平》詩云：「俗樸到庭文牒少，山深入饌蕨薇鮮。」自注：「予往歲謫延平，樂其土俗，有移家之約。」窺此老襟度，正復超然。

田按：文貞相業，以威福還主上，以政務還諸司，以用舍刑賞還公論。雖不盡副，自是名語。永陵修玄，非青詞不能結主知。又與相嵩共事，權譎獲濟。史稱任智，不其然歟。《世經堂集》爲所手定，一切青詞、致語，删削殆盡。雖不以詩名。而入格之篇。彌復俊爽。

備論

尹守衡《明史竊》卷七一　論曰：嘉靖之季，天子齋居西内，階爲首揆，日撰玄文以稱上旨。孔子稱所謂大臣，以道事君，殆不然乎！雖然，省階所署政事堂三語，雖古賢相何以加諸？繼事莊皇，璽瑞方焰，寢不能燃，言路大張，上爲止輦，亦庶幾乎一代之名相哉！可恨不才三子，愛令智昏，乃至忘其舐犢之醜，爲之閉門祈死，上書乞憐，亦足哀也。夫三子所不能爲世蕃者，一間耳。此不干竊于朝廷，亦每侵牟于百姓，故知敗類者同其處矣。公儀子見好布而家婦逐，階獨不能以止足戒其子乎？孫叔敖將死，囑其子曰：「王數欲封我，我辭不受。我死必封汝，汝無受利地。荆楚間有寢丘，前有妬谷，後有戾丘，其名惡，可長有也。」叔敖死，子窮困而負薪。王召而封之，遂請寢丘，食十世不絶。嗟夫，階田二十萬，能如寢丘四百户乎？

李贄《續藏書》卷一二　公爲文有根柢，嚴於法度，不爲無益語。王司寇稱曰：「世廟如白日之麗天，而忽爲震雷迅霆，公徐劑其震迅之勢而爲霖雨。穆廟如白日之麗天，而浮陰時時翳之，公直解駁其陰翳而復爲白日。」人以爲知言云。

傅維鱗《明書》卷一三一　史官曰：徐階事逆鱗之君，且與奸相伍，而能謹身近主，納約自牖，不府權，不斂怨，善處大事，克厭衆心，故前有嵩而不能螫，後有拱而莫之勝也。然拱賢者，何以相厄？蓋嵩驕而階慎，拱直而階婉，薰蕕也，方員也，皆不可同器者也。休休有容，自古難之矣。

查繼佐《罪惟録》列傳卷一一下　論曰：姚江身其學，不能遠忌與謗，然則文貞其有加精者矣。英明之朝，其用諫，貴陳與諷。歷朝良弼得行其直，幸而成名，與不得行其直幸而成名，於格心之法，尚差絲黍。文貞之以無競無恩自處，其成名而非幸也哉。夏寅「三可惜」，不從致知入，顧立論頗合則。

俞大猷部

綜述

《明史》卷二一二《俞大猷傳》　俞大猷，字志輔，晉江人。少好讀書。受《易》於王宣、林福，得蔡清之傳。又聞趙本學以《易》推衍兵家奇正虛實之權，復從受其業。嘗謂兵法之數起五，猶一人之身有五體，雖將百萬，可使合爲一人也。已，又從李良欽學劍。家貧屢空，意嘗豁如。父歿，棄諸生，嗣世職百户。

舉嘉靖十四年武會試。除千户，守禦金門。軍民囂訟難治，大猷導以禮讓，訟爲衰止。海寇頻發，上書監司論其事。監司怒曰：「小校安得上書。」杖之，奪其職。尚書毛伯温征安南，復上書陳方略，請從軍。伯温奇之，會兵罷，不果用。

二十一年，俺答大入山西，詔天下舉武勇士。大猷詣巡按御史自薦，御史上其名兵部。會伯温爲尚書，送之宣大總督翟鵬所。召見論兵事，大猷屢折鵬。鵬謝曰：「吾不當以武人待子。」下堂禮之，驚一軍，然亦不能用。大猷辭歸，伯温用爲汀漳守備。涖武平，作讀易軒，與諸生爲文會，而日教武士擊劍。連破海賊康老，俘斬三百餘人。擢署都指揮僉事，僉書廣東都司。新興恩平峒賊譚元清等屢叛，總督歐陽必進以屬大猷。乃令良民自爲守，而親率數人徧詣賊峒，曉以禍福，且教之擊劍，賊駭服。有蘇青蛇者，力格猛虎，大猷紿斬之，賊益驚。乃詣何老猫峒，令歸民侵田，而招降渠魁數輩。二邑以寧。

二十八年，朱紈巡視福建，薦爲備倭都指揮。會安南入寇，必進奏留之。先是，安南都統使莫福海卒，子宏瀷幼，其大臣阮敬謀立其壻莫敬典，范子儀謀立其黨莫正中，互讐殺。正中敗，挈百餘人來歸，子儀收殘卒遁海東，至是妄言宏瀷死，迎正中歸立，剽掠欽、廉等州，嶺海騷動。必進檄大猷討之。馳至廉州，賊攻城方急。大猷以舟師未集，遣數騎諭降，且聲言大兵至。賊不測，果解去。無何，舟師至，設伏冠頭嶺。賊犯欽州，大猷遮奪其舟。追戰數日，生擒子儀弟子流，斬首千二百級。窮追至海東雲屯，檄宏瀷殺子儀函首來獻。事平，嚴嵩抑其功不敍，但賚銀五十兩而已。

是年，瓊州五指山黎那燕搆感恩、昌化諸黎共反，必進復檄大猷討。而朝議設參將於崖州，即以大猷任之。乃會廣西副將沈希儀諸軍，擒斬賊五千三百有奇，招降者三千七百。大猷言於必進曰：「黎亦人也，率數年一反一征，豈上天生人意。宜建城設市，用漢法雜治之。」必進納其言。大猷乃單騎入峒，與黎定要約，海南遂安。

三十一年，倭賊大擾浙東。詔移大猷寧、台諸郡參將。會賊破寧波昌國衛，大猷擊却之。復攻陷紹興臨山衛，轉掠至松陽。知縣羅拱辰力禦賊，而大猷邀諸海，斬獲多，竟坐失事停俸。未幾，逐賊海中，焚其船五十餘，予俸如故。越二年，賊據寧波普陀。大猷率將士攻之，半登，賊突出，殺武舉火斌等三百人，坐戴罪辦賊。俄敗賊吴淞所，詔除前罪，仍賚銀幣。賊自健跳所入掠，大猷連戰破之。旋代湯克寬爲蘇松副總兵。所將卒不三百人，徵諸道兵未集，賊犯金山，大猷戰失利。時倭屯松江柘林者盈二萬，總督張經趣之戰，大猷固不可。及永順、保靖兵稍至，乃從經大破賊於王江涇，功爲趙文華、胡宗憲所攘，不敍。坐金山失律，謫充爲事官。

柘林倭雖敗，而新倭三十餘艘突青村所，與南沙、小烏口、浪港諸賊合，犯蘇州陸涇壩，直抵婁門，敗南京都督周于德兵。賊復分爲二，北掠滸墅，南掠横塘，延蔓常熟、江陰、無錫之境，出入太湖。大猷偕副使任環大敗賊陸涇壩，焚舟三十餘。又遮擊其自三丈浦出海者，沉七艘，賊乃退泊三板沙。頃之，他倭犯吴江。大猷及環又邀破之鶯脰湖，賊走嘉興。三板沙賊掠民舟將遁，大猷追擊於馬蹟山，擒其魁。金涇、許浦、白茅港賊俱出海，大猷追擊於茶山，焚五舟。賊走保馬蹟山、三板沙，將士復追及，壞其三舟。江陰蔡港倭亦去，官兵分擊於馬蹟、馬圖、寶山。值颶風作，賊舟多覆。柘林倭亦爲官兵所擊沉二十餘舟，餘賊退登陸。已，復泛舟出海。大猷及僉事董邦政分擊，獲九舟。而賊又遭風壞三舟，餘三百人登岸，走據華亭陶宅鎮，屢敗趙文華等大軍。夜屯周浦永定寺，官兵四集進圍之。而柘林失風賊九舟巢於川沙窪，糾合至四十餘艘，勢猶未已。巡撫曹邦輔劾大猷縱賊，帝怒，奪其世廕，責取死罪招，立功自贖。時周浦賊圍急，乘夜東北奔，爲遊擊曹克新所邀，斬首百三十，遂與川沙窪賊合。諸軍日夜擊，賊焚巢出海。大猷偕副使王崇古入洋追之，及於老鸛觜，焚巨艦八，斬獲無算。餘賊奔上海浦東。

初，以倭患急，特命都督劉遠爲浙江總兵官，兼轄蘇、松諸郡，數月無所爲。

廷臣争言大猷才。三十五年三月遂罷遠，以大猷代。賊犯西庵、沈莊及清水窪。大猷偕邦政擊敗之，賊走陶山。詔還世廕。賊自黄浦遁出海，大猷追敗之。其年冬，以與平徐海功，加都督僉事。海既平，浙西倭悉靖，獨寧波舟山倭負險，官兵環守不能克。是時士兵狼兵悉已遣歸，而川、貴所調麻寮、大剌、鎮溪、桑植兵六千始至。大猷乘大雪，四面攻之。賊死戰，殺土官一人。諸軍益競，進焚其柵，賊多死，其逸出者復殪，賊盡平。加大猷署都督同知。

明年，胡宗憲方圖汪直，用盧鏜言將與通市，大猷力争不可。及直誘入下吏，其黨毛海峯等遂據舟山，阻岑港自守。大猷環攻之，時小勝。然苦仰攻，將士先登多死，新倭又大至。朝廷趣宗憲甚急，宗憲謾爲大言以對。廷臣競詆宗憲，並劾大猷。乃奪大猷及參將戚繼光職，期一月内平賊。大猷等懼，攻益力，賊益死守。三十七年七月乃自岑港移柯梅，造舟成，泛海去。大猷等横擊之，沈其一舟，餘賊遂揚帆而南，流劫閩、廣。大猷先後殺倭四五千，賊幾平。而官軍圍賊已一年，宗憲亦利其去，陰縱之，不督諸將邀擊。比爲御史李瑚所劾，則委罪大猷縱賊以自解。帝怒，逮繫詔獄，再奪世廕。

陸炳與大猷善，密以己資投嚴世蕃解其獄，令立功塞上。大同巡撫李文進習其才，與籌軍事。乃造獨輪車拒敵馬。嘗以車百輛，步騎三千，大挫敵安銀堡。文進上其制於朝，遂置兵車營。京營有兵車，自此始也。文進將襲板升，謀之大猷，果大獲，詔還世廕。寇掠廣武，大猷拒却之。先論平汪直功，許除罪録用，及是，鎮筸有警，川湖總督黄光昇薦大猷，即用爲鎮筸參將。

廣東饒平賊張璉數攻陷城邑，積年不能平。四十年七月詔移大猷南贛，合閩、廣兵討之。時宗憲兼制江西，知璉遠出，檄大猷急擊。大猷謂「宜以潛師搗其巢，攻其必救，奈何以數萬衆從一夫浪走哉」？乃疾引萬五千人登柏嵩嶺，俯瞰賊巢。璉果還救，大猷連破之，斬首千二百餘級。賊懼，不出。用間誘璉出戰，從陣後執之，并執賊魁蕭雪峯。廣人攘其功，大猷不與較。散餘黨二萬，不戮一人。擢副總兵，協守南、贛、汀、漳、惠、潮諸郡。遂乘勝征程鄉盗，走梁寧，擒徐東洲。林朝曦者，獨約黄積山大舉。官軍攻斬積山，朝曦遁，後亦爲徐甫宰所滅。大猷尋擢福建總兵官，與戚繼光復興化城，共破海倭。詳《繼光傳》。繼光先登，受上賞，大猷但賚銀幣。

四十二年十月徙鎮南贛。明年改廣東。潮州倭二萬與大盗吴平相犄角，而諸峒藍松三、伍端、温七、葉丹樓輩日掠惠、潮間。閩則程紹禄亂延平，梁道輝擾汀州。大猷以威名懾羣盗，單騎入紹禄營，督使歸峒，因令驅道輝歸，兩人卒爲他將所滅。惠州參將謝敕與伍端、温七戰，失利。以「俞家軍」至，恐之，端乃驅諸酋以歸。無何，大猷果至，七被擒。端自縛，乞殺倭自効。大猷使先驅，官軍繼之，圍倭鄒塘，一日夜克三巢，焚斬四百有奇，又大破之海豐。倭悉奔崎沙、甲子諸澳，奪漁舟入海。舟多没於風，脱者二千餘人，還保海豐金錫都。大猷圍之兩月，賊食盡，欲走。副將湯克寬設伏邀之，手斬其梟將三人。參將王詔等繼至，賊遂大潰。乃移師潮州，以次降藍松三、葉丹樓。遂使招降吴平，居之梅嶺。平未幾復叛，造戰艦數百，聚衆萬餘，築三城守之，行劫濱海諸郡縣。福建總兵官戚繼光襲平，平遁保南澳。四十四年秋入犯福建，把總朱璣等戰没於海中。大猷將水兵，繼光將陸兵，夾擊平南澳，大破之。平僅以身免，奔據饒平鳳凰山。繼光留南澳。大猷部將湯克寬、李超等躡賊後，連戰不利，平遂掠民舟出海。閩廣巡按御史交章論之，大猷坐奪職。平卒爲克寬所追擊，遠遁以免，不敢入犯矣。

河源、翁源賊李亞元等猖獗。總督吴桂芳留大猷討之，徵兵十萬，分五哨進。大猷使間攜賊黨而親搗其巢，生擒亞元，俘斬一萬四百，奪還男婦八萬餘人。乃還大猷職，以爲廣西總兵官。故事，以勳臣總兩廣兵，與總督同鎮梧州。帝用給事中歐陽一敬議，兩廣各置大帥，罷勳臣。乃召恭順侯吴繼爵還京，以大猷代，予平蠻將軍印，而以劉顯鎮廣東。兩廣並置帥，自大猷及顯始也。伍端死，其黨王世橋復叛，劫執同知郭文通。大猷連敗之，其部下執以獻。進署都督同知。

海賊曾一本者，吴平黨也。既降復叛，執澄海知縣，敗官軍，守備李茂才中礮死。詔大猷暫督廣東兵協討。隆慶二年，一本犯廣州，尋犯福建。大猷合郭成、李錫軍擒滅之。録功，進右都督。

廣西古田僮黄朝猛、韋銀豹等，嘉靖末嘗再劫會城庫，殺參政黎民表。巡撫殷正茂徵兵十四萬，屬大猷討之。分七道進，連破數十巢。賊保潮水，巢極巔，攻十餘日未下。大猷佯分兵擊馬浪賊，而密令參將王世科乘雨夜登山設伏。黎明礮發，賊大驚。諸軍攀援上，賊盡死。馬浪諸巢相繼下。斬獲八千四百有奇，擒朝猛、銀豹，百年積寇盡除。進世廕爲指揮僉事。

大猷爲將廉，馭下有恩。數建大功，威名震南服。而巡按李良臣劾其奸貪，兵部力持之，詔還籍候調。起南京右府僉書。未任，以都督僉事爲福建總兵官。

萬曆元年秋，海寇突閩峽澳，坐失利奪職。復以署都督僉事起後府僉書，領車營訓練。三疏乞歸。卒，贈左都督，謚武襄。

大猷負奇節，以古賢豪自期。其用兵，先計後戰，不貪近功。忠誠許國，老而彌篤，所在有大勳。武平、崖州、饒平皆爲祠祀。譚綸嘗與書曰：「節制精明，公不如綸。信賞必罰，公不如戚。精悍馳騁，公不如劉。然此皆小知，而公則堪大受。」戚謂戚繼光，劉謂劉顯也。

《國朝獻徵録》卷一〇七趙恒志《後軍都督府都督同知贈左都督俞公大猷行狀》 公姓俞氏，諱大猷，字志輔，别號虚江。始祖諱敏，從高皇帝征伐有功，授百户，隸泉州衛。其後大宗絶。公父諱原瓚，以支曾孫嗣前職。母楊氏，以弘治癸亥六月十四日生公。公生而頴異過人，長而忼慨以豪傑自命。折節讀書，無所不闚。攻古文詞，思致深遠。家故貧甚，意豁如也。嘗授《易》一瞿王先生宣，雲衢林先生福，得虚齋先生之傳，最後聞虚舟趙先生本學以《易》推衍兵家奇正虚實之權，著書《韜鈐》内外等篇，復從授業。故公之學深於《易》而精於兵。嘗謂兵法之數起五，猶一人之身有五體。雖將百萬之兵，可使合爲一人也。父殁，棄諸生，嗣官。應嘉靖甲午武闈，入高等，登乙未會闈第五人。除正千户，守禦金門。用儒飭治，讀法賑饑，囂俗爲之一變。

癸卯，虜寇三晉，詔送天下將材。公躍然喜曰：「此吾滅胡報國時也。」裝如京師。紹介中丞集齋丘，公以書投大司馬求試於邊，復以書投大總制，謂：「北虜自成祖北伐後未嘗以大陣勝之，犬羊之性無所懲創，猖獗日甚。今當以節制之師，合爲一大陣破之，則莫如辨馬步以定長技，教技藝以倡勇敢，重正兵以防衝突。幸當天下全盛而兵寡食乏，非所慮也。」書入面對公，折其素號强兵者爲弱，號堅營者爲虚，不單意毀見以求合也。總制公壯其言，然大同當事者方以客兵冗費爲憂，上疏言之。公亦察總制意不在遠，書語所知祭酒松溪程公曰：「猷觀今世皆幸一時目前之安，而未有欲爲宗社長久之計者也。」屬有以公南人，不宜北用，移公守備汀漳。大陣破虜之志既不遂，而東南山海之禍無寧歲。公身繫重輕，席不暇煖者幾三十年，自兹始矣。

丙午，海寇康老等作亂。公發舟連破之，盡奪其器械，俘斬共三百餘。進廣東都司僉書，署都指揮僉事。新興、恩平峒賊譚元清等屢招屢叛，民歲苦之。公請於制府約菴歐陽公曰：「賊分劇易，治有緩急，願無中制也。」歐陽公許之。於是修保甲，增營堡，使良民自爲戰守備，而公單騎遍歷諸峒，推至誠，陳禍福以曉之，至親教以劒術。賊見公劒術勁捷，變化如神，莫不駭服。有蘇青蛇者，手格猛獸，爲峒所推。公料其負固，紿至墟市斬之。明日詣何老猫峒，令盡還所侵民田數十頃。其諸巨魁以次服罪，撫處其衆，與之更始。良民不畏賊，新民不畏兵，而二邑平。

己酉，安南范子儀擁衆二萬入寇，羽書交馳。議者咸謂當備之。陸公□□掄□□□海。是時調兵未集，公計緩之，而後以□□舟師設伏冠頭嶺。賊意我無備，直犯欽州，伏兵出其後□之，盡奪其舟，追至永安、萬寧，連戰破之。擒其弟范子流，俘二千一百級，子儀跳，追及海東雲屯，移檄交人函子儀首詣鎮南關乞降，交州定。初公出廉時，廉守餞公，舉酒曰：「何如，將軍策可幾時班師？」公笑曰：「吾行四十日，當與公會。」已與言符。

二十九年，黎人符欽文叛。公提兵討定之，俘獲千三百，遂畫處黎之策，因夷俗而行漢法，黎人感悦，建祠祀公。進實授都指揮。會事守瓊州等處參將。其冬倭人入寇，浙東尤甚。移公叅將浙東。至則上方略，謂攻□長技當以福建樓船破之，而蒼沙諸船非足恃也。□□□心負王公亟爲大調福建舟師，分布諸島澳，小□□□勦，大而合戰。於是松門、普陀、烈港、昌國、臨山、觀海諸處連捷，凡俘千五百。甲寅，進提督南直隸副總兵。

公始至，見在之兵不三百，而所徵諸道兵未至，倭盈數萬，衆寡懸絶。公與制府半洲張公儀權刷河船，集士兵扼險守要，防遏内突。至乙卯乃得以所徵永順、保靖兵與倭戰平望橋、王江涇，破之。以閩兵戰六金壩、秋母亭燕德湖，破之，凡斬九百六十餘級，而倭之據村鎮者氣奪矣。會監軍某者求貨於張，不得，讒之，論死，而公亦以始至時建用兵難易之議，或持以語華亭，公不知也。分宜謂公故略己，嗛之，褫公職，公以候代未至，猶提兵戰吴淞江，再戰營前沙，又截之茶山洋，擒斬五百餘級，捷上，諸公卿廼會請以公充爲事官，鎮守浙直總兵官，復公祖職百户。尋陞前軍都督府僉事。

舊倭之盤據舟山者有年所，我師相守已老。公佯不戰而密授裨將張四維夜縱火襲之，斬一百四十級。乙卯，進都督同知。新倭入沈家門，與公水兵遇，俘五十二。又戰小姑渡，斬二百四十級。徽賊王直爲倭嚮導，朝議必欲得直甘心。公議與盧帥不合，制府是盧帥，後雖得直殺之，而倭之被誘來者焚舟殊死戰，逸入閩地。梅林胡公以不聽公言爲悔，又患閩人懟己，因論公違節制不窮追以自解。己未逮赴詔獄。錦衣東湖陸公力救得免，令立功北邊自贖。至則與制府同

野李公論胡馬利在衝突，而中國静以制之莫如車。於是議制兵車，獨木爲輪，用人推挽，翼以步卒，佐以游騎。庚申卒與虜遇安銀堡，以所練兵車百輛，步騎三千縱擊虜萬計，追奔逐北數百里。同野公因以其制講於朝，置兵車營也。

時湖廣總制黄公雅知公材，特疏薦之。復公叅將，分守鎮筸。辛酉，廣賊張璉聚衆數萬攻陷江閩諸州縣。改公叅將南贛，從三省將校會勦。時璉已離巢寇掠，衆咸謂宜引兵擊之。公曰：「法在攻其所必救。」乃疾引兵萬五千登栢嵩嶺，俯擣其巢。璉果歸巢，縱擊之，斬首千餘。璉據險自固，間詒璉出戰，擒之。廣人争功，篡取璉首以去，公不爲憾也。乘勝遂誅賊林朝議等，諸巢帖然。進公副總兵，鎮守南、贛、汀、漳、惠、潮，加祖職世襲實授副千户。壬戌，倭陷興化城。都指揮歐陽深力戰死之。進公署都督僉事，充總兵官，鎮守如故。是時閩兵大挫，公私匱竭，幾無措手，閩人洶懼。督撫移節福清，劉將軍駐兵江口，皆莫敢戰。戚將軍提浙兵，制府二華，譚公奪情起用，俱未至。公以次年正月從南贛疾馳入閩。時賊據城而守，以逸待勞。我師初至，饑疲甚。公度戰未可速，則按兵毋動，而布營列栅，塹谷清野，調遣舟師，密布海外。賊進不得食而遁不得出，固已困矣。及譚公涖鎮，諸道兵畢集，乃會戚劉二將軍兵，分道竝進。賊饑困倉皇，盡陷塹中，殲之。初公未至，莆人謂公必迫城決戰，以幸一勝。及公故爲持久，衆論囂然，至爲飛語聞于都下。公意氣自如也。制府在道聞而是之。

甲子，倭寇二萬，海賊吴平船百餘，山寇藍松三等滿惠、潮間，陳紹禄掠延平，梁道輝抄汀州，伍端、葉丹樓亦各聚衆萬餘，尤標悍善戰。公單騎入紹禄營，諭而杖之，責使驅道輝歸峒，出汀斬之。遂會兵進討，斬余大春、李春文、劉萬清，蘇阿普、温七款、藍松三、葉丹樓，遣伍端殺倭自贖。凡得千三百四十，惟吴平揚帆海上以遁。時廣中舟師未集，而閩師快於速戰，竟不得平，公坐論免。丙寅制府自湖吴公白於朝，請留公討河源、翁源峝賊。二峝皆絶壁峭嶺，不可步騎。公分處裨將，密授機宜，進兵仰攻，斬亞元於雲溪，擒廷鳳於東峝，殺永清於碓砍山，乘勝□□□□□巢，賊遁，追及於紅沙塘，擒元□□峝未下者傳檄縛其酋以獻。二縣平。

隆慶丁卯，惠州賊王西喬糾衆與李元立等合黨四千，執府佐，殺百户，公督裨將魏宗瀚移兵淡水。凡三戰，斬元立，殺永清，生縛西喬，惠州定。吴公上其功，詔進公都督同知，佩征蠻將軍印，使征古田。己巳，海賊曾一本犯廣州，覆軍殺將。詔公以所佩印先平曾賊。公始建洗海之策，議船與兵異論紛沓，久之卒從公議，乃得與閩廣將校南征。於是銅山、柘林、連澳之戰，一月三捷，首惡授首，俘四百餘。進右都督。

辛未，去五羊，經理古田。古田，桂林屬邑也。自弘治間爲猺獞所據，出入省會，襲殺將吏，無敢問。公建議討之。調兵十萬，督七將軍三十八校，分道進勦。凡三月，俘獲七千四百六十六，復其縣，處其民而還。以功授世襲指揮同知，進南京右軍都督府僉書，尋改鎮守福建總兵，以不候代免。

公至是年踰七十矣。朝議猶幸公之矍鑠可用也。召爲後軍都督府僉書。時京師雖置軍營，而其制□□安銀堡之已事，屬公提督，設法教閲。公因舊制而酌損之，大而不重，輕而不虚，進退縱横，涉險渡水，無往不宜。陣列十二營，分奇耦，進攻退守，各有成法。京營遵之，推之宣大、山陝諸邊，車制今其有司。丙子，加都督同知。戊寅，以老疾乞歸者三，賜致仕。己卯，歸至家，以其年八月二十六日卒。壽七十七。訃聞，上遣奠六壇，贈左都督，命有司營葬事。

公四爲叅戎，七爲總戎，皆將别將，一入坐府，一督京營。得入直預朝議腰玉者三，印新鑄者九。其所佩者特旨，故非勳臣不得佩者也。領勑十五道，制勑一道。歷官四十餘年，大小百十餘戰，得功三萬五千餘級。曾祖齊，祖廣，父原瓚，贈皆都督。曾祖妣何氏，祖妣黄氏，妣楊氏，贈皆夫人。配陳氏，封夫人。子男三。

公性寬大而有容，謙遜而不伐，起家儒者，以至大將。誦法聖賢，慎戰好謀，非欲以智名勇功斬首捕虜聞也。臨敵制勝，算無遺策。什圍伍攻，計必萬全。閲歷日深，功名愈盛。此處有警，方以公請，彼處有急，復乞其留。然或因以成事者，公不必己出也。或因以蔽罪者，公不屑自明也。治軍行師，紀律嚴明。苦樂與共，人畏而愛。是時尺籍爲虚，兵無素練，一經鼓舞，皆成精强。公初入莆，駐兵平海，迫賊而營，與賊相持，出無竹木，而興、泉二郡供給不至，仰糧於海而運亦絶，兵中脱巾告饑者二日。公令毁爐屋爲營，採野麥而食，衆心以定。莆人以爲怨，公第仰歎曰：「自吾爲將三十年，未嘗擾人一草一木，豈今日種孽父母之邦哉？」輕財樂施，周貧恤親，故人賓客隨力濟助，情意浹洽。童時侍父□市，見人病涉，跪言：「兒必復梁斯橋。」父曰：「兒毋忘。」及其以事過家，首捐俸金五百，竟踐夙願。往來德之，立碑道左，以志永久。諸如此類多矣。所著書有《正氣堂集》及《伍法》、《劍經》、《射法》、《戰車》、《續武經總要》百餘卷，皆傳於世。讀公集者知公之學莫非兵，而其論兵莫非《易》也。

征蠻將軍都督俞公大猷功行紀

俞氏之先出自鳳陽霍丘。始祖敏，從高皇帝驅馳天下四十載，始爲百户于泉。歷五世六襲而大宗絶，今贈都督僉事原瓚，其支之曾孫也。念先世勳庸，不忍殞謝，竭貲忍苦，四如京師，而俞氏之勳賴以復世。今征蠻將軍都督大猷公者，其子也。

公生而顯異倜儻，甫髫齔時出語輒欲推倒一時，洞視千古。以豪傑自命，人或詫人則艴然作於詞氣。以爲舉世皆縮蓄柔曼，無復烈丈夫之風。家酷貧，日不再爨。太夫人楊氏刺髮網未就，公誦讀不輟。就乃鬻米以歸，益克志攻舉子業。時泉中名師一臞王先生宣、雲衢林先生福、舟趙先生本學，俱博雅方正，受《易》於蔡虚齋先生者也。王先生常即《易》以衍兵家奇正虚實之權，林先生常即易以明心性仁義之奥，趙先生常即易以論古今治亂興衰之迹，公皆師之，而其默契神會，尤能總統融貫於三師之意而闡之所未論。愛松公薨，襲其官，始學騎射，指能知簇，輒命中。從李良欽擊荆楚長劍法既得，良欽故批公手，公還與鬭，良欽釋劍謝曰：「公異日劍術天下無敵者。」公既盡劍術，益悟常山蛇勢，以爲兵法之徵起五，猶一人之有五體，雖將百萬兵，可使合爲一人也。

嘉靖乙未，會舉第五，陞正千户，視篆金門。金門囂松難治，公既至，導以孝讓，申以詩書。民有訟者虚心聽之，不入束矢，各得其平。復以朔望聚民於鄉約所，申白其是非，與衆共之。在金門五年，人無以訟聞於司府，司府亦不聞發一牒於金門勾攝某人也。丙申大饑，殍死相望。有司發賑，縣官多議審户則里胥壘冒，施不當餓，盡召赴州郭則離鄉舍次不可旦夕得食，死者轉衆矣。公所領賑同安東偏也，速出教令民各按其鄉，每詣一鄉，令民敷地而坐，公偏行坐間，審其爲餓者也，以藥識其額，就授以票，使得受穀於官。蓋三日之内，凡骨立色菜，無不得穀者。又得以其數日之糧資貿販，興藝作，而自食其力，其瘠憊者亦得以其票資於有力者，給賑以歸。其尤急者得以片紙貸升合之粟於鄉隣。蓋所活者萬餘人。其秋有司發兵捕宫澳盜，顧擾民。公率兵欲往止之，率與遇而兩發刃以鬭。公亟令我兵坐，彼兵乃不鬭，竟治其兵長，無敢擾民者。

時閩廣海寇乘風遊刼，上書僉憲伍山論其事。陳呵之曰：「若武人，何以書爲？」杖之奪其篆，金門人流涕爲作生祠。其秀士從公授《易》者追隨至郡中，其丁壯習劒法者給役其家，不肯去。癸卯，虜寇三晉張甚，詔選天下負將材者。御史南湖徐公宗魯集諸司博選武臣，無敢應者。公獨整冠扶帶，趨蹌而前，慷慨而言曰：「臺下奉明詔，選邊帥，無踰於俞大猷者。大猷於九邊形勢虚實無所不知，古今兵法韜略無所不究。朝廷大用之大効，小用之小効，計可以塞明詔矣。」御史心奇之，廼盡鬻其家，遊京師。公夫人陳氏内理絲絍，公弟志弼外治生事，以奉太夫人于家，意甚愉也。

公至京師，主於中丞集齋丘公養浩者久之。丘公嘆曰：「光霽之懷，敏練之識，社稷之器也。」上書於兵部尚書東塘毛公、侍郎聯峯翟公，其大意謂「今虜所以匪茹者，以自太宗北伐後未嘗以大陣勝之也。今欲以節制之師爲一大陣以破之，則莫若辨馬步以定戰勝之長技，教技藝以倡邊方之勇敢，重正兵以備虜馬之衝突。」書入，召入對，公取其素號强兵者而折其爲弱，指其素稱堅營者而指其爲虚，不卑意毁見以求任也。翟公嘆曰：「南人乃諳戰陣，勇士復識詩書，吾不當以武弁目之。」大驚一軍。然終不以國家大計決於一策士之口矣。乃以公奉勅守汀漳，駐武平。

公治武平如治金門也，作讀易軒，與博士弟子爲文會。日教士擊劍，間於四方林箐盤結逋寇，一旦悉平，至今武平人最號精悍，賊不敢邇，而士人猶能傳公《易》。會海寇作，公發海舟大破之，盡奪其器械，俘斬三百人。自賊行海上，未嘗有此挫衂也。督府秋崖朱公、東崖虞公、侍御和菴趙公交章奏公可將。遂以公爲廣東都司。武平人思而祠焉。

時新興、恩平之賊屢招屢叛，有司不能制。督府約菴歐陽公必進移徼曰：「當此盤錯，正見才識。若復委諸有司，終歸畫餅。俞大猷懋闡才猷，盡心所事，開誠撫諭，終當有成耳。」公躬到界中，以猺賊化外之人也，治之宜緩。浪賊治地之民也，治之宜急。單騎持檄遍詣村陌，以保甲聯民，教以戰陣，令民得自爲戰守。且言於督府，以爲保妻子顧身家之念，雖盜賊亦有之，苟治之有道，信以致其來，威以制其畔，旬月之間，可使爲編民也。復遍詣諸峝，以數人從。峝賊張刃出迎，公諭以禍福，且教之擊劍。劍術勁捷，變化如神，峝人所異也。有蘇青蛇者，能手格猛獸，爲峝賊所推。公至其門，乃出迎公。集諸酋諭之曰：「蘇青蛇久横界中，使若輩喪其生人之樂，而且惟鋒鏑之患。若與蘇青蛇，雖不愛其身，奈妻子何？」衆皆泣曰：「惟公命。」因目其酋梁伯清出袖中牒授之，令之他所發焉，蓋以衆授伯清也。由是伯清稍稍目諸酋散去，公因令青蛇前行至墟市，數其罪，殺之，懸其首。旋函獻督府。明日詣何老猫峝，令盡歸良民田數十頃。適有云賊在某村刼民者，公立命數兵往殺之，持數賊首而還。巨魁數輩俱以次

伏罪，自願就僇。乃緩其新附，開誠示愫，與民更始，教敦睦，課農桑，勞來不怠，良民不畏賊，新民不畏兵，而二邑平矣。追渤福督府朱公紈以福建海寇張甚，奏公還福建都司，而歐陽公以兩邑命懸於公，不可其去，竟奏留公。及安南入寇欽、廉甚急，又謂非別將所勝也，使者趣公行。新、恩人遮道留者數千，父老皓髮皤鬚，奪公輿肩之以歸。數日不得發，曰：「且留公數日，亦遺我數日之安耳。」公畏督府命，單騎夜半從間道去，民聞之悲號如失怙恃焉。

先是安南巨賊范子儀欲篡其幼主莫宏瀷之位，乃教莫登庸別子莫正中走欽州，控于天朝云：「宏瀷已爲其民阮敬所弒，奪其位矣。」詔撫臣覈實以聞。久不報。范子流、范子儀乃僞置官封，擁衆三萬，戮官破縣，以匡復莫正中爲辭。時諸司已議選募陸兵，公獨以爲賊由海來，當以海舟破之。若我專備於陸，賊舟舍此擊彼，我不勝其備，賊不勝其擊，逸在彼而勞在我，非計也。宜多集海舟擊之便。歐陽公曰：「事無大小悉以委君矣。」公馳至廉州，則賊具臨衝梁厲，晝夜攻城。而當事諸公委其事於俞將軍，以去者數人矣。公曰：「今兵未集，且當有以緩之。」遣帳下陳子萃、王仕擢奉檄馳入賊營，呼云：「我天朝欽命俞大將遣我齎諭書諭汝國人，若子儀悔禍，偕我詣軍門乞降，便不加兵，盡赦爾數萬人之命，且爲爾處分。不者大兵壓境，無噍類矣。」賊懼，是夕散去。五月，公所調舟師至，伏于冠頭嶺。賊以我久無兵，復率衆犯欽州白勒。公以舟師遮賊之後，盡奪其舟，雖斬獲寡，溺水餓死者衆矣。七月復入寇，公率水陸師追至永安、萬寧，連日與戰，大破之，擒范子流，斬俘千二百人，獨范子儀走安南。公追至海東雲屯，移檄責莫宏瀷，捕之，函其首以獻。莫宏瀷與其臣阮敬躬詣鎮南關，聽天朝指揮，舞蹈而退。交州大定。初公出師時，廉州守出勞公曰：「即如將軍計，當以何日竣事？」公笑曰「後四十日當復與公相見於此耳。」及是果然。是役也，不多費貲糧，久獘士馬，而匡夷尊夏，功足多焉。捷聞，嚴公不悅，降內批責諸臣防禦無狀，今日之功差足掩過。俞大猷有功無罪，坐賞白金五十兩。初嚴公以其孫劾忠爲寄於歐陽公，希封賞也。歐陽公不與，故公功雖中律，不得侯焉。

值黎反，公率大兵平之，一戰而定。公上書督府云：「黎民亦人也。率數年一反一征，豈上天生人意哉？宜行善，從策建城郭，設墟市，稍因漢夷人俗雜治之，可使數十年無反。」督府善其策。公單車入峝坂中，與黎入約法。黎入争持牛酒勞公，圖公像佛祠中，呼公爲俞佛而禱焉。歐陽公請于朝，以公爲海南右叅將，從公處黎之議也。

壬子，東倭入寇，陷城池，壞村鎮，去還莫誰何，千里蕭然。朝命以思質王公忬督渤福，以公左叅戎渤江，王公遣使者從瓊速公。公即圖上方略，謂：「攻賊長技當以福建樓船破之，則蝘蜓之醜不足平，而蒼沙諸船非足恃也。」王公善之，大調福建舟師，分布諸島澳。公至温，遂入海擊之，斬俘數千。徽人王直者，亡命入海，據烈港，勾倭貿易，公然爲逋逃主。時假官兵殺賊，請賞。公以賊直不殺，終爲大患。發兵擊之，賊矢石俱盡，而颶風大作，我舟幾覆，賊因走日本。定海故倭人入貢關也，故定海最爲賊衝。自公至，賊無敢邇關。軍屯秋毫無犯，公又廉靖不擾，士民弦誦耕織如故。浙東西底寧，民甚德公。獨松江柘林賊盈二萬，連年不可討。乙卯，詔陞公南直隸副總兵官。民請以衣冠留者數十襄，竟不可却，則相與謀立祠祀公。

遂往提督金山，甫至數日，兵不滿三百，總督尚書張公經檄公出戰。公不赴，張公大怒，公曰：「某可殺，豈可使擊不勝哉！」乃整溯河船四傍遮板藏蔽兵桐，周行河湖，迎賊之來，尾賊之去。初張公計柘林之賊必得勝兵三萬乃以破之，會朝廷遣侍郎趙文華監其軍，文華嚴氏義兒也，要張白金二萬，不得，乃益批格張所爲。狼兵八千甫至，趙即欲張公擊之。張公召公謀曰：「今永、保二萬之兵，旦夕且至。柰何以欲速壞大計哉？」趙怒，遂搆張通倭以聞。數日賊出，狼兵邀擊之，不利。賊至嘉興，保兵擊之，又不利。張公與公馳入蘇州，催永兵，以公將之，迎至平望，大破之。保兵由嘉興戰而北，永兵出平望戰而南，斬三千餘級。趙乃揭於朝，以賊爲浙中投毒死也。張公之功竟爲所掩，而置之戮。悲哉！

五月，賊由崑山入姑蘇，屯于六金壩。公將河船布伏於沙河中，賊抬船渡壩，將盡濟，乃麾兵擊之，斬首千餘，而柘林之賊逐空矣。初公論柘林用兵十難，人持以示□國徐公。嚴公怪公之不以關白己而以關白徐公也，銜之。八月張公論死，督府諸公人人自危。賊來如飛蓬紛絮，在在而是，東撲西熾，水陸戰敗，爭以其罪委公。廟堂諸公曰：「俞帥一身豈能在海復在陸焉？」嚴公欲遣中校逮公，諸公謂嚴公曰：「俞帥自爲將所將兵俱漳人。漳人受其拊楯久矣，今遽召之，漳人必有不安之心。不如先散漳人而後可收俞帥也。」嚴公乃止。公坐落職，奪其祖官，而東南之禍日亟。上怒曰：「南北兩欺不可怠，視本官若不知者。」於是命內外公卿大臣臺諫雜議長策以聞。章疏數十上，咸言東南之禍非公無以已之者。

丙辰五月，以公鎮守浙直總兵官，與賊戰於吳松江口營前沙茶山，連破之，斬首千五百餘級。直平，獨舟山之賊，積歲不能誅。九月移軍定海，滅之，浙又平。進署都督僉事。丁巳，海上無警。五月進署都督同知。大都東南殺賊無慮數萬，籍樓船爲多耳。公嘗言海戰無法，只在知風候，齊號令，以大勝小，以多勝寡耳。公往擊王直，大風遽作，我舟幾覆，賊舟負山，顧無事。余從公過普陀，出大洋追賊，及之，風遽作，公引舟去，幾入於礁，賴月明須臾得避礁，夜泊大洋中，如衡料簸踼，書曹俱反逆眩亂不可起，獨公在舟中指使，余能戲謔飲食耳。又公行馬蹟風作，公急斷綍，船不覆。他舟解綍則覆。又公在列港，舟幾覆，乃以力斷桅，得不覆，僅籍他小舟以濟。則海上飄忽，尤與江濤不類，蓋亦危哉。

時天子必欲得直。督府梅林胡公宗憲以趙之議欲遣辯士蔣洲陳其可願之其國，誘之來。副總兵盧公鏜揭陳静倭之策，謂宜與通市。兵部郎中荊川唐公順之爲之請於朝云：「鏜，老將也。其策可用。」獨公奮議：「以太祖太宗知倭奴健悍，終爲後患，故深拒其貢獻，嚴其通舶，將以廢其水道耳。方今來寇是通之之罪，非絶之之過也。今誠大治戰艦，賊來則擊賊，去則追。又來又擊，又去又追，行之數年，可復治安之舊。若復與之通市，東南之禍無已期矣。且倭人僅一刀一扇，無他産。非若東南諸島真臘、呱哇，猶有椒木奇貨可資中國用也。祖宗絶之不得，忍復開之乎？王直在海島則能以繒物誘倭之來，在彼國則一逋逃之夫耳。倭之來不來，非關王直誅不誅也。置之度外，最爲得策。若誘之使來，聽其互市，是爲國家生事矣，後必悔之。若宣諭其國王，則祖宗以來有故事，亦或可行。」胡公卒遣人誘之來，則要中國爲市，且言入貢也。胡公自松江召盧帥入海洋誘之，而令俞帥盛陳兵威。直舟入，公欲出擊之。胡公檄公曰：「敢與盧帥争功，俞帥論死。」盧公竟誘賊直入見，則天子必欲殺直矣。不殺直則違明詔，殺直則失信倭人。胡公恚曰：「吾爲俞帥所笑矣。」有旨必欲盡殲來者。倭人怒曰：「吾輩若若爲賊者，招我來，許我爲市，又以我貢也。竟不許我而又殺我耶？天朝詔令何以信遠哉！」遂焚舟走柯梅，人殊死戰，而我師之氣老矣。夜乘小舟走閩中，會有云樊御史將論胡公者。

胡公懼，遂論公違節制不窮追，有旨召公赴詔獄。聞命之日，囊不滿百金，妻子客於明州，保如也。二華譚公爲公恤之，士民軍校工旅奔走喧問如何，於市陌庠路村落海嶠之間嗟嘆之聲相聞，士大夫富人争致饋贈，至都下盈數千金。陸武惠公炳陰出千金爲助，五鼓抵嚴府中叩閽而入。閽人曰：「太尉詣何早耶？太師、侍郎當昕正睡，非内旨無敢傳告者。太尉宜歸，且復來耳。」太尉曰：「吾數夜不睡矣。吾齋宿焚香，既卜且筮，謂今早見太師、侍郎必允所請也。」閽人入者久之，侍郎乃出，搔睫欠伸而言曰：「姻長來何早耶？吾方睡耳。」太尉曰：「炳不睡數日矣。齋宿焚香，既卜且筮，謂今早見太師、侍郎，必允所請也。」侍郎曰：「爲誰？」太尉曰：「爲俞帥耳。」侍郎曰：「公何黨俞帥哉？俞帥徒負空名，違制無功，輕篾政府，厚交徐武英而不及愚父子，何也？」太尉曰：「俞帥知誤矣。始白徐武英，以武英松入，告以松事耳。今自知獲譴太師不可解，故陰有致於炳。炳敢請於太師、侍郎，以爲炳德也。」時太尉典法司，權既重，上信之，嚴氏亦樂其與已同污也，心已許，及太師出，則語太尉如侍郎語，太尉告太師亦如告侍郎者，太師亦悦。太尉出，疾呼俞帥入去謁侍郎。侍郎亦令俞帥入往謝太尉。太尉明晨復馳入太師府中，數十頓首而起，嚴氏父子爲之動容。刑部尚書淡泉鄭公、侍郎方厓趙公爲公穆卜，左都御史崦山周公見公入避正堂出，教云：「有敢索將官金錢者配。」公因首跣足，立獄門外。臺中諸公羣來唁之，且云公之功高，明主所知，必從寬貸。即有不測，我臺官當不畏誅譴，爲上言之。武英公爲國惜體，其獨爲運用密勿，人不及知者，亦不使人之聞之也。公上疏自明，不一語干胡公。胡公深悔，且致書於嚴公爲其乞貸。其疏略曰：「軍門胡宗憲奏，臣不追前賊，故違節制，奉旨逮問。軍門行臣陸路催督衆將劉顯等截殺，水路催督衆將張四維等兵船剿殺。只令臣境内催督，不曾責臣親自越境窮追也。既而令副使譚綸會撥船隻，預給米銀，交委張四維計料□□埋伏大木坑，俟其遁去截追，則是窮追之責又□明屬之張四維矣。臣於軍門節制未嘗敢違也。□□臣自百户起家，歷至今官，與賊接刃於山林□□之區，大海汪洋波濤洶湧之際，濱死復蘇，何啻數十，衝鋒擒斬夷賊之功見之意報者盈萬數。臣復思世受國恩，發身武科，惟有報國救民之至願，非但刻志剿平東南之殘寇。期效尺寸□，滅北虜以慰聖心，實臣夙志。軍門爲御史時薦臣疏二及爲軍門薦臣疏五，去歲爲徵前慮後等事，該科道總督撫按薦臣疏十餘，皆目覩臣之素志者也。伏望皇上憐臣平日血戰功多，察臣從何故違節制，準臣自贖，發臣北邊立功，庶捐犬馬之軀，圖報聖恩於萬一。臣無任激切，籲天哀懇之至。」天子覽而憫焉，下其奏。會停封未及上，拘幽且再閲月矣。解印符之重，謝袞玉之美，偃息獄床，晨夕安寢，無吁懟之聲。其與思質王公忬、武河湯公克寬、寒松鄧公城同繫，皆宿昔所稔其事者也。相與賦詩講理，慷慨如平時。

及詔釋公，公謂諸公曰：「入生聚散，各有天也，沉死生貴賤哉！」廼東出薊門，西入雲中，談天下事於諸公卿之前，猶運之掌也。總督同野李公聞公至，輟兵書以俟公來。出迎公，抵掌曰：「微胡公之論，吾豈得與公復相見於此哉！」晨夕歡議，其契無倫。公卓出新見，制兵車營，獨木爲輪，以人推挽，可以上下山塹，揮指如意，而無壅滯之患。强弩神銃，擊堅及遠，簞筓龍盾而虜之弓矢不能及也。蓋以馬隆之戰車，兼李陵之步卒，而參以衛青之縱騎，最謂備筭，後有作者弗能易矣。曾以其車百輛，步騎三千挫虜十餘萬衆於安銀堡。虜救死扶傷，追奔逐北數百里，自入寇以來未有此衄。同野公以其制請於朝，置兵車營，蓋自公始也。時在位者固不喜公，公亦不欲以己長技奪邊將即佩，一年之間章疏賢公者二十上。帶川劉公以福建急則請之福建，夔峯黄公以湖廣急則請之湖廣，鎮筸条將之命又下矣。

諸苗皆承昔時調遣，從公征伐者也，聞公至皆相戒不敢動。歲辛酉，廣東叛民張璉聚衆數萬人攻陷江閩諸州縣，僭名張官。朝廷出師二十萬往討之，分道竝進。朝議以公威望素著於閩廣，誠一任之如郭子儀之於吐蕃耳，詔以公爲南贛条將。胡公移公檄曰：「賊棄巢突出，自投死地，諸將速出兵擊之。」公召諸將謂之曰：「賊雖出巢，其妻子財寶在焉。豈棄巢去哉？我若以師追之，必悉衆自救，大兵乘之如壓卵耳。奈何以數萬之師從一夫浪走哉？虎方捕鹿，熊據其穴而博其子，虎安得不致鹿而還？還則碎於熊明矣。」時諸道兵皆未集。四月十九日，公疾引兵萬五千人先登栢嵩嶺。嶺俯闞璉巢如高屋建瓴，諸巢作伏皆可知之。賊果歸保巢，公連破之，斬俘千餘級。賊懼，公遣陳其可説其黨曰：「朝廷購張璉，賞萬金，爵萬户。若何不早自擇福，欲從璉就虀碟耶？俞將軍威震天下，□□堅金石，録人之功，忘人之過，可不乘此時執□□贖哉？」若渧泣詣壁門自訴，公稍賞慰之，則相與説璉出，率賊與官兵格戰，從其陣後執之。其黨有欲市勞於兩廣軍門者，疾馳報之，兩廣人發兵扶之而去。人有告公發兵争之者，公曰：「賊惡其不滅，何必功歸於己？」五月十四日也。念菴羅公有詩曰：「暗投奇計無堅壘，早縛名酋却讓功。」時人以爲詩史。翌日班師，不復殺一人以示恩信於賊。今饒人已搆祠祀公矣。遂乘勝誅林朝曦，殺千二百人而還，諸巢帖然。上悦，賜白金，陞副總兵官，賜璽書，加節鉞，以公總制江、湖、閩、廣四道兵馬，加祖官一級。

公以五嶺之間林箐蒙密，藏奸伏慝，後終爲患，莫若衆建縣治，使縣官之政治常有餘而奸雄之伏藏常不足，方可百年無事。令議行於朝，設平遠一縣矣。令其議盡行，則嶺表戍兵雖盡撤可也。其年嚴公罷相，世蕃戍雷州。胡公兩被逮，公發書唁之。聞其訃也，悲哀數日，且云「胡公功勳在東南，主上所念也。縱對簿必從末減，天安知不如漢，宣帝赦蕭望之故事，乃遽至是，豈不痛哉！」壬戌，閩中山海寇無慮數十萬。督府游公震得請以公控制全閩江廣湖數道兵馬。命未至而興化城陷，事聞，上怒督府諸司，責戰益急。都司歐陽深戰於崎嶺，死焉。

癸亥正月，公自贛晝夜兼程，馳至平海，駐軍秀山。都督劉公駐明山，距賊營三四里。都督戚公提浙兵未至。公度未可戰，星布兵營，晝地鑿溝，東西邊海，列栅其上，賊屢挑戰，公按兵不動，移檄速戚公兵。作《滅倭議》，其略曰：「今賊且萬餘人殊死鬭，官兵之數僅僅相當。約日列陣以合戰，勝負之形猶相半也。若迫城而攻之，彼實我虛，彼飽我饑，彼逸我勞，萬一受挫，東南之禍何日而已？不若列營以困之，彼欲攻栅以遁則彼虛我實，彼勞我逸，彼饑我飽，縱有突遁，秀山、明山二營之兵又截之於前，可使無孑遺矣。且速戰賊之利也，賊得一戰，勝亦可遁，負亦可遁。遲戰我之利也，兵日益多，守日益固，賊日益困矣。敵以戰爲守，我以守爲攻。攻守之機，微乎微乎，至於無形。」會新督府二華譚公至，得議甚喜，且移書於公曰：「萬勿速戰。」以四月十九日抵師，明日以三將軍分道並進，滅之城□走，盡墜溝中，無一漏。時閩中諸公責戰急，至以疏題語於朝，公不爲動。平海山無竹木，□材不辦，公命毁殘屋爲營。興、泉二郡既無以供軍，仰糧運數日不至，公令軍採麥食之，興化人多怨公。公曰：「吾爲將三十年，不擾民一草一木。今乃種孽於父母之邦耶。」捷書入。譚公進副都御史，戚公進都督同知，劉公加秩，公賞金幣而已。譚公貽公書云：「論功疏末行，而前捷疏已覆，公止受金幣之賚而已。大抵世人知公者少，至於真知公，則惟綸力不爲衆楚所咻，然又不能爲重。今綸向人又有説矣。節制精明，公不如繪；信賞必罰，公不如戚；精悍馳騁，公不如劉。然此皆小知，而公堪大受，蓋誠如霍子孟，任如諸葛亮，大如郭子儀，忠似文文山，毅似于肅愍，可以托孤寄命，知及仁守，當今之世，舍公其誰？惟公幸甚自愛，此點精誠，想不以老而衰，因時而變也。」

時潮州倭冠二萬，與吳平相爲犄角，久横界中，積五六歲，而閩中新倭繹錯南下。天子憫恤東南，屢敕江廣間三鎮撫臣借公平之。詔公移鎮其地，天語峻切，而諸峝山寇藍松三、余大春、李春文、劉萬清、蘇阿普各擁衆數千，刼捉縣令，

陳紹禄刼延平，梁道輝刼汀州，伍端、温七、葉丹樓有衆萬餘，尤輕剽善戰，時出刼數百里外，燬村破堡，進無寧日，惠、潮之間幾無民矣。五月公自泉中遣把總洪道謙持節鉞往督陳紹禄歸肯，令無得復擾民。公至上杭，遂單騎入紹禄營中，稍責論之。紹禄匐伏願受鞭杖，杖之，遂統以行令，驅梁道輝歸肯過汀，其黨遂散，乃令鄉民殺之。陳紹禄歸，其黨亦散，僉憲徐鏡湖殺之。八月公至惠州，時督府百川張公杲方聚兵討伍端。别將與戰不勝，乃詐言爲俞家軍。伍端大懼，馳出陣前，驅諸酋以歸。公果至，乃遣人乞降。公遣王鸞、俞尚志許之。遂俘賊首温等七人以出，故有府幕某爲伍端所執，在繫纏久，遽具僕從騎衛奉之以歸，而不留公所遣去者一人。公乃遣翁思悔、俞尚志持節鉞將伍端兵二千人由惠來往潮，殺賊自贖。不取人一蔬一菓，途有言「公將誘之潮以坑之者」，伍端遽白二將斬之。至鄒塘，夜斬倭數十人。

十二月，公由河源程鄉往潮。藍松三、葉冊樓俱以次欵之，乃遣人誘吴平。吴平率衆來謁，公單騎往見之。平見公啼泣，願以身投於公，其諸酋長尚多不甚聽平。故平不能自決，然猶爲公殺倭百餘級，而吴平遂與倭人絶。平故梅嶺人也，公使居其地，遂請於督府自湖吴公桂芳曰：「閩中浙兵二萬，與賊戰則遁入潮。今潮兵驅賊益急，則賊入益深，益深則益鬭，非若達賊之以出邊爲生路，山賊之以歸巢爲生路也，將安所遁哉！誠當大集精兵，使其片甲不返，乃有成功。若兵力呰窳，不能取勝，又令遁去，遷曠日久，糜費愈多，數年之潮事然也，可復蹈之乎？」吴公然之。遂調漳兵二萬，賊分□洩水蘆清，相爲犄角，欲專攻洩水，又慮蘆清賊出身之後。公乃爲一陣以當蘆清。益嚴軍令，進攻洩水。賊閉門。乃引兵佯却，誘賊出巢擊之。賊走，復入兵追擊之，斬首一千四百。蘆清賊懼，窮日夜行二百里走至九龍山，公既有狼兵堵其前，自率叅將湯克寬、王詔追及，大破之，擒斬千三百餘級。捷聞，得賜金。

先是潮州海兵以糧不給叛，擾廣州，城外爲燼。廣州非公所轄地，吴公請於朝，以公平之。公謂吴公曰：「今賊在海中，若露其攻之之形，彼有揚篷以去耳。大海汪洋，難再及矣。且當欵之，控縱有漸，未可以旬日必也。」乃厚集舟師，多行間諜以疑賊之調者，已而俱不然，衆益信不爲備，分財而競。公偵得之，遂麾諸海舟兵乘夜擊之，無一脱者。吴公喜曰：「何其成功於計事之初不爽也。」時廣中經用益竭，不足以供軍。公部下盡散去，不百人留。公每嘆曰：「虎無爪牙，與常獸等耳。」吴平不戢，詔必欲得之。公移書于福建督府汪公、總戎戚公曰：「吴平必□之寇，當時款處，以潮倭數萬，姑分其勢耳。閩中水陸之兵，頃刻可至，而廣無一兵一船，何以禦之？須三月之後廣兵船俱集，彼此合勢，盡焚其巢穴，令獨坐窮，由公攻而南復攻而北，成擒必矣。若其機先洩，使得出，復而遁，則未可圖也。」賊遁廣中，舟兵久不至，竟不得平。爲御史所論，坐免官歸。

時吴公方請於朝，以千萬之師興二源之役，分兵五道，各以臬憲統之，而屬公總其軍。公聞罷，即徹油幢，歸將印於吴公。吴公患之，乃屬諸司勉留。使相屬於道，且抗言於朝曰：「六月間俞大猷自請不費斗糧，但假以半載，生縛平賊。乃閩歸師果於一戰以得賊，而閩人方以往歲招平爲大猷罪，故大猷亦隨衆傅咊而已。前歲叛卒若不爲計伏之，而但與角力於大海茫洋之間，則叛卒至今存也。今兩省會剿平賊，廣費五六萬，閩復倍之，令大猷計行，何至費此。大抵士之當事有所行，出於人情之所共駭而實有濟於地方之重計，要在臻其成而後人翕然信之，其不成則人以爲罪，而當事者亦無以自解。俞大猷之所以蒙重訢者，其以是歟芳林壑之想，旦夕惟勤，非故爲將官飾罪以自持，固特念與人共事，知其實非推避退却而不以達，是不忠也。」廟廊諸公多然之者。

二源諸山環亘千里，懸峭巉巇，賊據肯囤奪如蜂房水窩，互相唇齒，介三郡六縣之間。李亞元擁據雲溪，環巢皆河，環河皆竹，竹内爲栅，栅内爲時聚衆萬餘，尤稱勁悍。君服諸巢，僞置官封，三郡之兵，環視數年而莫何。聞大兵且至，多謀出刼者。公曰當誘而聚之。乃遣王鸞盛騶從，充偏裨，入統東賊人。王鸞素機敏，善挑弄。賊得鸞遂自喜，他巢間之争投附焉，蓋萬七千人。公日發兵擊諸巢之不下者，所誅殺千餘人。賊據碓，砍碓砍山如笋立，突坑百仞，鳥道如線，搆樓懸石，數天守之，可以俯制萬衆也。公遣遊擊將軍魏宗瀚往擊之。遊擊多選鳥銃火矢爲前鋒，麾把總王可興從其山後以進，遂焚其巢。賊多墜崖死者，俘賊將李爵，李賊姪也，縛歸李賊，且讓之曰：「既輸誠降附，奈何又潛入他巢爲盜耶？」亞元益感信公，乃令賊出數人爲鄉導，引兵以誅李明。率諸兵過李亞元巢，前去雲溪里許，若將向李明者。公自引兵由溪西以入，其途陟仄，賊不虞我兵之由之也，忽見兵至，錯愕欲出鬭。王鸞紿之曰：「此必移師誅李明左路耳。」乃出牛酒勞兵。須臾諸兵悉集巢下，圍之數匝，巢固不可破，公乃斬其不用命者以徇，懸賞金三千。把總黄處、林喬鉞遂總兵殺數賊，中軍陳其可鼓之益力，銃鉋雨下，伐竹拔栅，以藤牌遮矢石，四面仰攻而進，烈焰漲天，賊燒死無數，斬俘四千餘級，生擒李亞元。王鸞竟與一賊首偕出。公乃賞先登，酬死間，因乘滅雲

溪之威，發兵擊東肯，賊率衆下鬬，如高山轉石，我兵競仰戰，拾級連步而上，蟻附至山巔，銃矢雨下，遂獲鄧廷鳳等，斬二千餘級。

初公之擊東肯也，令上杭兵殿後。上杭兵皆公昔所撫賊人，頗難馭。以東肯形險，非彼莫敢先登者，故遲遲不即發。不知公故欲其遲遲，使無功以愧之也。及是匍伏自請擊黎永元以贖，憤氣如沸，乃以把總翁思誨將之。公意叢篝中有伏，先期譴人往覘之，黎永元果率千人伏焉，而以五百人出康道誘我師。覘者以告翁思誨，白諸遊擊總兵擊其後。黎永元率驍賊與我兵力戰，稍却。翁思誨出陣前，督兵疾戰，遂殺黎永元，入其巢，盡殲之。五月，進攻伍元吉于五肯。伍肯連絡險崎，公令把總林友、李君素發兵擊之。賊勢方張，郡邑騷動，林友、李君素執鋭前驅，身率士卒，戰而犇之，火矢煽亂，盡焚其巢。窮追至白沙塘，遂擒伍元吉，斬賊千餘級。其諸小巢，公昔各令人統束之者，徧移檄令縛其酋長以獻。諸肯悉平。吴公上公功於朝曰：「俞大猷行師以律，算計如神。董五哨十萬之全師，如奕棋，着着先手，剪三郡六縣之妖逆，如振落，次次剗平。真充國厚重之風，方叔元老之猷。宜復其兵權，當有偉劾。」制曰「是」。

余謂是役也，東諸巢如圈猛虎，戰高山如履平地，名酋悉執，旁近不驚。將軍之功信足偉矣。吴公首定兵謀，厚任將軍，兼統五路，權不多分，機無遥制，克咸厥功，固其所也。迨乎朝議異同，乃獨杭言正論，以爲將軍可以將別將，別將不能將將軍，則知人善任，上將之道，介臣之斷斷者也，尤其難哉！

時王西喬糾衆二千，執郭同知，殺百户。御史以聞，詔殺之。王西喬乃與李元立併衆四千掠東莞之北，以賴時清衆二千掠東莞之南。御史小川王公謀公殲之。公曰：「今兵已老，當再調其壯者。兵集乃進駐淡水，扼賊歸路，且便糧餉也。」遂一戰而殺李元立，再戰而殺賴時清，三戰而生縛王西喬，四戰而盡王之黨。賴、李殘黨盡降，乞爲農民，一方以寧。

吴公以廣西猺獞錯良民以居，數作亂，自弘治而陷古田，□段總兵參政，近復越會城爲刼者□□□□□□□者弗克勝，乃奏公鎮守其地。給事中□陽公一敬復以梧鎮大帥，佩將軍印綬，皆自敕之，曾不□夷□□疏除其任，朝廷乃以征蠻將軍印綬屬公□之，旬敕五道，制勑一道，行當大布、威惠，□□□方，以□□聖化，未有既也。

公每未事之先，必□萬全之□，□事之後，每垂悠久之慮。其計萬全，底成績，則古之名將蓋多有之，其垂悠久之慮，以戡亂興治，則其用心非儒者不能也。公儒者也，於雲南、瓊黎、東倭、北虜、一苗五嶺皆有善後之策，可百世因之，蓋得《易》先康後康，之意文正之所以治蠱者也。所謂立馬讀易者，信哉。直截易簡，灑樂快闊，不爲町畦畔岸，卑已而尊人，有容而善忍，視死生若寄，興嘗若環，順逆不能干，憂患不能入也。輕財利，好施與，重忠信，篤親親，功則稱人，罪則稱己。寧人負己，無己負人。力以忠孝自任，有雄成明作之心，而絶無跅弛解慢之容。歷官三十年，禄賜之入，盡付其弟不一問。□□分自業不加□其子諄諄數千言，以明俞氏之宗，宅心公而□事詳矣。曩赴詔獄史，玉陽以數百金來唁，聞其友鄧君城亦被逮，命守者藏以遺之，此其大者。蓋公所以就大業之本也，其他嘉言善行豈易悉述哉？今天下人人知公之所爲矣，而猶未知其所以爲。則以公特異於今之爲將者耳。今撮其大者，表而出之，俟論世者考焉。

鄧元錫《皇明書》卷三四　俞大猷，其先鳳陽人，世爲泉百户。髫齔時輒倜儻以豪傑自命。家酷貧，日不能再爨。顧誦讀不輟，鋭意文事。已父卒，襲官。學騎射，輒命中。從李良欽學擊劍，盡其術。益悟常山蛇勢，以爲兵法數起五，猶一身五體，雖將百萬之兵，固可使合爲一人也。嘉靖中，登會舉高等，以千户守金門。上書部使者言兵，部使者呵辱之，奪官。大猷笑曰：「此豈吾自見地耶？」遂盡鬻其家，遊京師，以書干毛尚書伯温、翟侍郎鑾。翟得書驚嘆，禮之，驚一軍，然終不盡用。乃奉勑守汀漳，遷廣東都司。會安南叛人入欽、廉爲寇，諸司議募陸兵。大猷曰：「賊由海來，獨當以海舟破之。若專備於陸，賊舍此擊彼，我不勝其備，賊不勝其擊。彼逸我勞，非計也。」乃多集海舟以擊之，連破之永安、萬寧，而安南函賊首以獻。倭難作，大猷以南直隸副總兵戰賊平望、王江涇、六金壩，皆連捷。而提督尚書張經以視師趙文華言論死，大猷坐落職奪祖官。於是東南之禍日亟。

復浙直鎮守，而大猷言：「防江必先防海，水兵急於陸兵。蓋倭奴長陸戰，令樓舡高大，集萬銃其上，倭舡遇之輒摧壓焦爛，固我兵所長也。善戰者毋以短擊長而以長制短。且海戰無他法，在知風候、齊號令，以大舟勝小，以多勝寡耳。」於是用舟師戰。而舟山積歲不除之賊皆勦。盜王直者，徽人也。以亡命入海，據烈港勾倭夷貿易，爲逋逃主。天子以連歲倭變劇皆直故，必得之，至勤精禋責督府胡宗憲，令必得自効。大猷言：「直在海島，能以繒物誘倭來。在彼國則一逋逃夫耳。倭之來不來，非關直誅不誅也。若誘之來而殺之，則失信，且何以示後？」盍請諸宗憲，不聽。誘以來，天子聞得直則大喜，詔殺直。於是宗憲

明，過雲溪巢。賊出牛酒犒兵，須臾兵悉集，擊破之。於是賞先登，酬死間，而東峒遂平。桂芳上其功，云「董五哨十萬之全師，如奕棋，着着先手；剪三郡六縣之妖逆，如振落，次次剗平。以爲方叔元老之猷。」云。

傅維鱗《明書》卷一四一　俞大猷，其先鳳陽人，世爲泉百户。髫齡時輒倜儻以豪傑自命。家酷貧，日不能再爨，顧誦讀不輟，鋭意文事。父卒襲官，學騎射輒命中。從李良欽學擊劍，盡其術。益悟常山蛇勢，以爲兵法數起五，猶一身五體，雖將百萬之兵，固可使合爲一人也。嘉靖中登會舉高等，以千户守金門。上書部使者言兵，部使者呵辱之，奪官。大猷笑曰：「此豈吾自見地耶？」遂盡鬻其家遊京師，以書干尚書毛伯温、侍郎翟鑾。鑾得書驚歎，禮之，驚一軍。然終不盡用。尋守汀漳，遷廣東都司。

會安南叛人入欽、廉爲寇，諸司議募陸兵。大猷曰：「賊由海來，獨當以海舟破之。若專備於陸，賊舍此擊彼，我不勝其備，賊不勝其擊，彼逸我勞，非計也。」乃集海舟以擊之，連破之永安、萬甯，而安南函賊首以獻。倭難作，大猷以南直隸副總兵戰賊平望、王江涇、六金壩，皆連捷，而提督尚書張經以視師趙文華言論死，大猷坐落職奪祖官。

於是東南之禍日亟。復浙直鎮守，而大猷言：「防江必先防海，水兵急於陸兵。蓋倭奴長陸戰，令樓船高大，集萬鋭其上，倭船遇之輒摧壓焦爛，固我兵所長也。善戰者毋以短擊長，而以長制短。且海無他法，在知風候、齊號令，以大舟勝小，以多勝寡耳。」於是用舟師戰，而舟山積歲不除之賊皆勦盡。汪直者，徽人也。以亡命入海，據烈港，句倭夷貿易爲逋逃主。天子以連歲倭變劇皆直故，必得之。至勤精禋責總督胡宗憲，令必得自效。大猷言：「直在海島，能以繒物誘倭來，在彼國則一逋逃夫耳。倭之來不來，非關直誅不誅也。若誘之來而殺之，則失信，且何以示後？」盍請諸宗憲，不聽。誘以來，天子聞得直則大喜，詔殺直。於是宗憲恚失信，快快曰「吾爲余帥笑矣。」而羣聞殺直，焚舟殊死戰，大創入掠閩。宗憲懼，乃奏言大猷違節制不窮追以爲解。於是逮大猷詔獄，謫戍邊。【略】

大猷爲將事必先周慮萬全，既事往往爲善後長久之畫。爲人易簡無町畦，而有容善忍，以忠厚自任，重然諾，功則稱人，罪則稱己。參將楊克寬罪抵死，大猷力爲當道言克寬忠勇慣戰，請保任，不效甘同罪。詔獄時妻子寄食甚窘，百户鄧城亦就逮，適有遺數百金者，立與之。諸推轂楊弘舉、曾清之倫，皆大聲疾呼，恚失信，快快曰：「吾爲俞帥笑矣。」而羣倭聞殺直，焚舟殊死戰，大創，入掠閩。宗憲懼，乃奏言大猷違節制，不窮追以爲解。而大猷逮詔獄，謫戍邊。

饒平民張璉反，僭名張官，流陷江閩諸州。縣詔諸道合師二十萬討之，而大猷遷南贛將。時胡宗憲已奉詔兼督江廣矣。聞璉出行剽，下檄言賊棄巢出此，自投死，其速擊。南贛將大猷前以違節制見劾，幾得罪。欲言恐禍及，欲不言恐敗事，已乃曰「吾豈以一身之禍忘國事哉」？乃具言：「璉雖離巢出刼，其妻子財寶乃在巢。若我以大軍迫其巢，彼必聚衆自救。譬之虎方逐鹿，熊據穴而搏其子，虎安得不置鹿而還？還而蹙之，如拉朽矣。且三省會擊有期，又豈可以數萬之師從一夫團走哉？」於是引兵萬五千人疾走栢嵩嶺，瞰璉巢而軍，作伏具，知賊果歸保巢，而大猷出擊，俘斬者千餘。於是潛使説璉黨執璉。已璉爲兩廣帥所奪，或請頌之，大猷曰：「賊惡其不滅，豈必在己？」翌日班師，不殺一人以示信。陞副總兵，賜璽書，加節鉞，命控制江、湖、閩、廣四道兵，加祖官一級。

會倭陷興化，大猷自贛晝夜馳赴之，駐秀山。都督劉顯駐明山，而都督戚繼光提浙兵未至。上怒督府失泉城，責戰急，而閩士夫又洶洶急功。大猷念賊且萬人，能戰入死地，官軍數僅相當，若迫城而攻之，彼實我虛，彼飽我饑，彼逸我勞，一挫而東南之事去矣。不若列營以困之，彼欲攻栅以遁，則彼虛我實，彼勞我逸，彼饑我飽，而我師掎角取之，可使孑無遺。且速戰，勝亦可遁，負亦可遁，此賊之利也。遲戰則我兵日多，守益固，而賊日益困。敵以戰爲守，我以守爲攻。於是星布兵營，晝地鑿溝，令東西通而列栅其上，賊挑戰不動。閩士夫訟，共詬病之。已竟殲賊，諸將各加秩而大猷止賜金幣。蓋閩士夫業已爲流言聞之朝矣。

倭三萬寇潮州，與盜吴平相掎角，爲廣患。詔移鎮潮廣。羣盜憚大猷名，競出降。吴平雖不能堅決，然亦詭殺倭自效，遂與倭人絶。於是大猷請於督府都御史吴桂芳曰：「韃賊以出邊爲生路，山賊以歸巢爲生路。今潮兵驅賊入益深，益深則益以鬭耳，是死路也。當大集精兵，十圍五攻，無使片甲得還。如兵力單砦不勝又散之，令得遁去，則遷曠日久，爲勞費無已也。」於是將漳兵二萬以來，果破平，而御史以招吴平爲大猷責，坐免官。都御史爲抗言於朝，乃得留。

二源山亙千里，賊據峒如蜂房水窩，介三郡六縣之間，而雲溪尤固。大猷曰：「此當誘而聚之者也。」遣王鸞者，盛騶從，充裨將，爲死間。賊得鸞自安，而大猷日發兵擊旁諸巢之未下者，以趣之。諸巢果畢聚雲溪以緩討，乃陽言誅李

期必用，後皆爲名將。禮布衣士爲上賓，平生涖官誓衆，陳師鞠旅，一決於理。雖支干孤虛，雲物氛祲，堪輿奇遁，兵家以爲務者未嘗一訊焉。侍郎譚綸與書言：「綸近對人言，節制精明，公不如綸；信賞必罰，公不如戚；精悍馳騁，公不如劉。然此謂小知。誠如霍子孟，任如諸葛亮，大如郭子儀，忠如文文山，毅如于肅愍，可以託孤寄命，則公之大受然也。公精誠當不以老衰，不爲時變哉。」蓋信重如此。而士大夫稱平閩浙功最者往往但推戚繼光。

徐開任《明名臣言行録》卷六二　都督俞武襄公大猷字志輔，別號虚江。其先鳳陽人，世爲泉百户。嘉靖乙未，武闈進士。累官後軍都督府都督同知，贈左都督，追謚武襄。

生而穎異過人，長而慷慨，以豪傑自命。折節讀書，無所不闚。從泉中王宣、林福、趙本學，授《易》而本學能即《易》衍兵，嘗謂兵法之數起五，猶一人之身有五體，雖將百萬之兵，可使合爲一人也。

嘉靖乙未，會舉第五，除正千户，守禦金門。用儒飭治，讀法賑饑，嚚俗爲之一變。時海寇乘風遊刧，上書部使者，呵辱之，曰：「若武人，何以書爲？」杖之奪官公笑曰：「此豈吾自見地耶？」遂盡鬻其家，遊京師，以書干毛尚書伯温、翟侍郎(鑾)〔鵬〕。謂：「鹵今日敢爲猖獗者，蓋自太宗北伐而後未聞用大陣勝之。今當以節制之師合爲一大陣破之，則莫如辨馬步以定長技，教技藝以倡勇敢，重正兵以防衝突。幸當天下全盛而兵寡食乏，非所慮也。」書入面對，公折其素號强兵者爲弱，號堅營者爲虚，不卑意毁見以求合也。翟公壯其言而不能用。

擢守備汀漳，遷廣東都司。會安南叛人入欽、廉爲寇，諸司議募陸兵。公曰：「賊由海來，獨當以海舟破之。若專備於陸，賊舍此擊彼，我不勝其備，賊不勝其擊，彼逸我勞，非計也。」乃多集海舟以擊之，連破之永安、萬寧，而安南函賊首以獻。亡何，瓊黎叛，乘勝勦平之。單車入山，與黎約。黎人争持牛肉來勞，圖像佛祠，稱爲俞佛而禱焉。則上《交黎》、《善後》二策於兩廣巡撫歐陽必進。其《平交策》請度華彛界地置重兵，委大將永鎮之。交南永安、新安諸州皆揖大海，城中有左右二水，左水通海，交若有變，當用海舟征之。國初征交從陸險遠，所以取敗。從海征之，舟船無所不登岸，兵糧無所不乘載，交人有糜折逃遁而已。蓋漢征南越，用伏波樓船二，將軍馬援征徵側、徵貳，皆從海道。此古法也。」其《平黎策》謂：「天下之物以羣而分則不争，天下之勢以重馭輕則不逆。若各州縣土官其在千百年之前流毒肆害，何啻今黎？惟古人就其中力大智雄者使爲世官，以類相統，故天下雖亂，土民無生異心。土官雖弱，其宗人相謀則有之，未有土官逐主而簒之者也。何也？以羣而分則不争也。土官有官、有印、有府州若縣之名，一方大柄握於一人，内甲陳百千精鋭之兵，外村聯千萬應援之衆。故雖甚不道，其下敢怨而不敢怒，寧就死不敢變也。何也？以重馭輕則不逆也。今約黎土舍伯仲之間耳，服則馴，不服則聚而殺之，亦何怪焉？請於聽撫之黎，擇其力大勢雄者上聞朝廷，授官給印，置城立縣，一如土官。彼其城高池深，宫室之廣，財利之富，妻妾之盛，世代之榮，必圖自全之計。萬一有生異心，據城以叛，雖强如岑猛，窘迫之日亦必背棄，誅一人而別立之，其亂亦易平也。」必進不能用。

倭難作，公以南直隸副總兵戰賊平望、王江涇、六金壩，皆連捷，而提督尚書張經以視師趙文華言論死，公坐落職奪祖官。於是東南之禍日亟。復浙直鎮守，而公言：「防江必先防海，水兵急於陸兵。蓋倭奴長陸戰，令樓船高大，集萬鋭其上。倭船遇之輒摧壓焦爛，固我兵所長也。善戰者毋以短擊長，而以長制短。且海戰無他法，在知風候，齊號令，以大舟勝小，以多勝寡耳。」於是用舟師戰，而舟山積歲不除之賊皆勦。

盗王直者，徽人也。以亡命入海，勾倭彛貿易，爲逋逃主。天子以連歲倭變皆直故，責督府胡宗憲必得之。公言：「直在彼國一逋逃夫耳。倭之來不來，非關直誅不誅也。若誘之來而殺之，則失信，且何以示後？」盍請諸宗憲，不聽，誘以來。天子聞得直大喜，詔殺直。於是宗憲恚失信，怏怏曰：「吾爲俞帥笑矣。」而羣倭聞殺直，焚舟殊死戰，大創入掠閩。宗憲懼，乃奏言公違節制，不窮追爲解，而公逮詔獄。錦衣帥陸炳爲公行金嚴世蕃所，而大學士階亦爲保持，得發大同，立功自贖。至則與總督李文論胡馬利在衝突，而中國静以制之莫如車。於是議制兵車，獨木爲輪，用人推挽，翼以步卒，佐以遊騎。庚申卒與鹵遇安銀堡，以所練兵車百輛，步騎三千縱擊鹵萬計。文因以其制聞於朝，置兵車營自此始也。

湖廣鎮筸苗起，巡撫都御史黄光昇言：「大猷用兵如神，臣在廣東時見其平安南叛臣，筭無遺策。始發之日，廉州太守問賊何時平，大猷曰：『後四旬見公於此。』已而果然。有才如此，置之散地，乞補臣所部裨將。楚中諸苗皆大猷昔時調遣從征伐者，令其當事必有以威撫之。」詔以爲鎮筸參將。

饒平民張璉反，流陷江閩諸州縣，詔諸道合師二十萬討之。而公遷南贛將。時胡宗憲已奉詔兼督江廣，聞璉出行剽，下檄言賊棄巢出此，自投死，其速擊。

公前以違節制見劾，幾得罪，欲言恐禍及，欲不言恐敗事。已乃曰：「吾豈以一身之禍忘國事哉！」乃具言：「璉雖離巢出刦，其妻子財寶乃在巢。若我以大軍迫其巢，彼必聚衆自救，譬之虎方逐鹿，熊據穴而搏其子，虎安得不置鹿而還？還而蹙之，如拉朽矣。且三省會擊有期，又豈可以數萬之師從一夫團走哉？」於是引兵萬五千人疾走栢嵩嶺，瞰璉巢。賊果歸保巢，而公出擊，俘斬者千餘。於是潛使説璉黨執璉，已爲兩廣帥所奪。或請訟之，公曰：「賊惡其不滅，豈必在己？」翌日班師，不殺一人以示信。

陞副總兵，命制江、湖、閩、廣四道。會倭陷興化，公自贛晝夜馳赴之，駐秀山，都督劉顯駐明山，而都督戚繼光提浙兵未至。上怒督府失泉城，責戰急。而閩士夫又洶洶急功。公念賊且萬人，能戰入死地，官軍數僅相當，若迫城而攻之，彼實我虛，彼飽我饑，彼逸我勞，一挫而東南之事去矣。且敵以戰爲守，我以守爲攻，不若列營以困之。於是星布兵營，畫地鑿溝，令東西通。而列栅其上，賊挑戰不動。閩士夫訟共詬病之。已竟殲賊，諸將各加秩，而公止賜金幣。

倭三萬寇潮州，與盗吴平相犄角，爲廣患。詔移鎮。潮廣羣盗憚公名，競出降。吴平雖不能堅決，然亦詭殺倭自效，遂與倭人絶。於是公請於督府吴桂芳曰：「韃賊以出邊爲生路，山賊以歸巢爲生路。今潮兵驅賊入益深，則益以鬬耳，是死路也。當大集精兵，十圍五攻，無使片甲得還。」於是將漳兵二萬以來，果破平而御史以招吴平爲公責，坐免官。都御史爲之抗言於朝，乃得留。

二源山袤千里，賊據峒如蜂房水窩，介三郡六縣之間，而雲溪尤固。公曰：「此當誘而聚之者也。」遣王鸞者，盛騶從，充裨將，爲死間。賊得鸞自安。而公日發兵擊旁諸巢之未下者，以趣之。諸巢果畢聚雲溪以緩討。乃陽言誅李明，過雲溪。巢賊出牛酒犒兵，須臾兵悉集，擊破之。於是賞先登，酬死間，而東峒遂平。桂芳上其功云：「董五哨十萬之全師，如奕棋，着着先手；剪三郡六縣之妖逆，如振落，次次剗平。」以爲方叔元老之猷云。

譚侍郎綸貽公書曰：「節制精明，公不如綸；信賞必罰，公不如戚；精悍馳騁，公不如劉。然此皆小知，而公堪大受。公誠如霍大將軍，任如諸葛丞相，大如郭汾陽，忠似文信國，毅似于肅愍。可以托孤寄命，則公之大受然也。」及綸卒，嘆曰：「無同吾志者矣。」乞歸休，亦尋卒。

平生莅官誓衆，陳師鞠旅，一決於理，雖支干孤虛，雲物氛祲，堪輿奇遁，兵家以爲務者未嘗一訊焉。其推奬士類如歐陽深、鄧城、湯克寬、陳第有國士之風，薦挽不遺餘力。城、克寬坐繫，以身保任之，其後皆至總兵。而歐陽深以秀才納級爲指揮，結客募士，死興化之難。第先爲秀才，公一見事功，許之薦引武途，官至游擊將軍。所著書有《正氣堂集》及《伍法》、《劍經》、《射法》、《戰車》、《續武經總要》百餘卷，皆傳於世。

《皇明應謚名臣》卷一二　都督俞大猷字〔志輔〕，其先鳳陽人，世泉州衛百户。髫齓時倜儻，以豪傑自命。悟常山蛇勢，以爲兵法數起五，猶一身五體，雖將百萬之兵，固可使合爲一人也。嘉靖中登會舉高等，以千户守金門。上書部使者言兵，部使者呵辱之，奪官。大猷笑曰：「此豈吾自見地耶？」遂盡鬻其家遊京師，以書干毛尚書伯温、翟侍郎（鑾）〔鵬〕。翟得書歎賞，禮之，驚一軍，然終不盡用。乃奉勑守汀漳，遷廣東都司。

會安南叛人入欽、廉爲寇，諸司議募陸兵。大猷曰：「賊由海來，而我專備于陸。賊舍此擊彼，我不勝其備，賊不勝其擊，彼逸我勞，非計也。」乃多集海舟迎擊，連破于永安、萬寧而安南函賊首以獻。倭難作，陞南直隸副總兵。戰倭平望、王江涇、六金壚，皆捷。會提督尚書張經中讒死，大猷坐落職，奪祖官。已倭難益亟，起大猷鎮守浙直。大猷言：「防江必先防海，水兵急于陸兵。倭奴長陸戰，令樓船高大，集萬鋭其上，倭船遇之輙摧爛，固我兵所長也。善戰者毋以短擊長，而以長制短。且海戰無他法，在知風候、齊號令，以大舟勝小，以多勝寡耳。」于是用舟師戰而舟山之積賊皆勦。徽人王直以亡命入海，勾倭夷貿易，爲逋逃主。天子以連歲倭劇皆直故，責督府胡宗憲必得直自效。大猷言：「直在海島能以繒物誘倭來，在彼國則一逋逃夫耳。倭之來不來，非關直誅不誅也。若誘之來而殺之，則失信，且何以示後？」宗憲不聽。誘以來，天子聞得直則大喜，詔殺直。於是宗憲恚失信，怏怏曰：「吾爲俞帥笑矣。」而羣倭聞殺直，焚舟殊死戰，大創入掠閩。宗憲懼，乃奏大猷違節制不窮追以爲解。大猷詔逮獄，謫戍邊。

饒平民張璉反，僭名號，陷江閩諸州縣。詔諸道合師二十萬討之，起大猷爲南贛參將。時宗憲兼督江廣，聞璉出行剽，下檄言：「賊棄巢出，此自投死，其速擊。」大猷具言：「璉出刦，其妻子財寶皆在巢。若以大軍迫其巢，彼必聚衆自救，譬之虎方逐鹿，熊據穴搏其子，虎安得不置鹿而還？還而蹙之，如拉朽矣。」於是引兵萬五千人疾走栢嵩嶺，瞰璉巢，賊果歸保巢。大猷出擊，俘斬者千餘，潛使説璉黨執璉。已爲廣帥所奪，或請訟之，大猷曰：「賊惡其不滅，豈必在己？」翌日班師。陸副總兵，賜璽書，加節鉞，命控制江、湖、閩、廣四道兵，加祖官一級。

會倭陷興化，大猷馳赴，駐秀山，都督劉顯駐明山，都督戚繼光提浙兵未至。上恐失泉城，責戰急。大猷念賊且萬人，能戰入死地，官軍數僅相當，若迫城而攻之，彼實我虛，彼飽我饑，彼逸我勞，無必勝之策。不若列營以困之，俟大兵既集，犄角以戰，可使無孑遺。且速戰，勝亦可逭，負亦可逭，此賊之利也。遲戰則我兵日多，守益固，而賊日益困。敵以戰爲守，我以守爲攻。於是星布兵營，畫地鑿溝，列栅其上，賊挑戰不動，已竟殲賊。諸將各加秩，大猷賜金幣。

尋倭三萬寇潮州，與盜吴平犄角爲廣患。詔移鎮潮廣。羣盜憚大猷名，競出降，吴平詭殺倭自效。於是大猷請於督府吴桂芳曰：「韃賊以出邊爲生路，山賊以歸巢爲生路。今潮兵驅賊入益深，益深則益以鬬耳，是死路也。當大集精兵，十圍五攻，以全力殲之，毋使解散，令得逭去，則遷曠日久，爲勞費無已也。」乃將漳兵二萬，竟破平。

二源山袤千里，賊據峒如蜂房，介三郡六縣之間，雲溪尤固。大猷曰：「此當誘而聚之。」遣王鸞盛騶從，充裨將，爲死間，賊得鸞自安。而大猷日發兵擊傍諸巢，諸巢果畢聚雲溪以緩討。乃陽言誅李明經過，賊出牛酒犒兵，須臾兵悉集，襲破之。於是賞先登，酬死間，而東峒遂平。桂芳上其功，云：「董五哨十萬之全師，如奕棋，着着先手，剪三郡六縣之妖逆，如振落，次次剗平。」以爲百世奇功云。

大猷爲將事先必慮萬全，事後必圖經久。爲人易簡有容忍，重然諾，功則稱人，罪則稱己。參將湯克寬罪抵死，大猷力爲當道言克寬忠勇慣戰，請保任，不效甘同罪。推轂楊弘舉、魯清等，後皆爲名將。陳師鞠旅，一決于理。雖支干、孤虛、雲物、氛祲、堪輿、奇遁，兵家以爲務者，未嘗一訊焉。精誠不以老衰，不爲時變，一時推爲名將。

查繼佐《罪惟録》卷一九 俞大猷，字志輔。其先霍丘人。始祖敏，以開國功，世爲泉州衛千户。大猷幼倜儻，酷貧，日或不再爨。顧喜讀書，爲諸生，受《易》趙本。本能即《易》衍兵，大猷好之。及襲官，從李良欽學擊劍，盡其術，以爲兵法數起五，猶之身之具五體，雖將百萬之衆，可使合爲一人。嘉靖中，登會舉高等，除正千户，掌金門所篆，上僉事書陳方略。僉事呵之曰：「弁安用書？」杖而奪其篆。二十一年，鹵入山西，大選材官。大猷上書自薦，侍郎翟鵬歎爲知兵，尋亦未盡其用。守備汀漳，撫平猺峒，斬酋首蘇青蛇，遷廣東都司。

安南庶孽莫正中爲權臣阮敬所逼來奔，其部將范子儀以迎正中爲名，擁衆三萬寇欽州。大猷陳禦象猴法及傳楂地法，檄子儀：「正中非朝命不可得。」嚴伺之，子儀解去。已内難，復來，大猷一戰破之，獲舟三百，擒僞將雲根伯；復三戰三大敗之，斬馘千一百餘級。已而安南王宏瀷斬子儀以獻，安南定。未幾，黎人符欽文叛，大猷率兵討平之，撫其脅從，黎人服，貌像而祠祀之。因上交黎善後策於督府歐陽必進，不能用，遷海南參將。

三十一年，倭寇浙直，提督都御史王忬議招之，大猷不可，戰松門、普陀、劉港、昌國、臨山、觀海間，皆捷，前後斬級千五百有奇，倭嚮導華人汪直乘颶風遁去。三十四年，陞副總兵鎮金山禦倭，斬首四百餘級。時視師趙文華檄總督尚書張經速戰，大猷請持重，文華怒。已連破倭，捕斬二千七百有奇。經以忤相嵩坐論死，而大猷亦落祖職。已倭報日急，復起大猷，充爲事官，鎮守浙直總兵。大猷上言督府胡宗憲：「倭長陸戰，今厄水，善戰者毋以短擊長，宜以長制短。而海戰無他法，在知風候，齊號令，以大舟勝小，以多勝寡。」於是前後斬馘幾二千級，沉其舟十三，舟山積賊皆平。時天子意必得王直，許其貢市。大猷請大創之，宗憲曰：「撓款者死。」大猷曰：「倭之來不來，非關直誅不誅也。若誘之來而復殺之，則失信。」宗憲不聽，誘直下獄待命，詔竟殺直。羣倭聞直見殺，焚舟殊死戰，大掠閩。宗憲懼，奏大猷違其節制，且自蓋，逮大猷獄，謫戍邊。尋釋之，使立功大同自贖。制獨輪車，總督李文進以其制挫鹵安銀堡，邊有兵車營，自此始也。補湖廣鎮筸參將。

饒平賊張璉反，僭名張官，流陷江閩諸州縣。詔諸道合師二十萬討之，而大猷將江西兵合進。時胡宗憲復奉詔兼督江廣，欲窮璉所出。大猷曰：「不然，璉出窮之，如追放虎，勢必四殘。今其妻子寶貨在巢，吾直走其巢，彼必還救，可得志。」引六萬五千人，據栢松嶺，瞰璉巢。賊果顧巢，俘斬千餘。於是潛使説璉黨執璉。已爲兩廣帥所奪，江兵不平，欲與鬬，大猷按劍：「敢鬬者死！賊惡其不滅，寧必其功在我也。」撫定餘黨，乘勝討林朝曦，斬首千二百而還。擢副總兵，控制江、湖、閩、廣四道兵，加祖官一級。請置縣五嶺間，爲平遠，詔從之。

會倭陷興化，上責戰急。大猷以都督僉事往援，念賊且萬人，善戰，入死地，不宜輕撓之以勇賊，請列營犄角困之。且云：「遲戰則我兵日多，守益固，而賊日益困。敵以戰爲守，我乃以守爲攻，計便。」閩士大夫洶洶急功，不聽，乃竟以是與都督劉顯、戚繼光夾擊殲賊。倭三萬寇潮州，與内盜胡平相結。詔大猷移鎮潮惠，羣盜憚大猷名，競出降，而胡平亦遂與倭絶。久之，平終不戢，御史論罷大猷官。會河源、翁源二縣山寇李亞元等爲寇，兩廣總督吴桂芳疏留之，遂將五

道兵進。賊據峒如蜂房水窩，介三郡六縣之間，而雲溪尤僻堅。大猷曰：「此當誘而聚之者也。」遣降將王鸞者，盛騶從，入賊爲死間。賊得鸞自安，而大猷日發兵擊旁諸巢之未下者以趣之，諸巢果畢聚雲溪以緩討。乃陽言誅李明過雲溪，賊出牛酒犒兵。須臾兵悉集，繫破之，俘斬四千餘級，擒亞元。乘勝破東峒，獲鄧廷鳳，誅黎永元，諸峒悉平。還署都督同知，進祖職一級，佩征蠻將軍印，鎮廣西。未行，隆慶初，吳平之黨曾一本復亂，大猷請用閩舟師，破賊銅山、柘林、連灣，擒一本，論功進右都督，之任廣西。

時古田賊韋銀豹、黄朝猛等冒入會城，刼布政司，手刃參政。大猷率七將軍三十六校，三月誅朝猛，擒銀豹，破堅巢百餘，俘斬七千四百六十有奇，復其縣，改爲永寧州。復移鎮福建，新倭突入福寧，殺把總去，時副使鄧之屏失事，大猷代坐免官。萬曆初，兵部尚書譚綸嘗與大猷書：「節制精明，公不如綸；信賞必罰，公不如繼光；精悍馳騁，公不如顯。然此皆少知，而公堪大任。誠如霍子孟，任如諸葛亮，大如郭子儀，忠如文文山，毅如于忠肅。託孤寄命，當以相屬。」大猷自言生平志在北邊，而見用江南，非其素，今老，尚可用也。復起，署後軍都督僉書，訓練有成，以勞遷署都督同知。會綸卒，大猷歎曰：「吾與誰共功名哉？」以都督同知致仕，卒，七十有七，贈左都督。

大猷爲將五十餘年，東南大小百十餘戰，未嘗敗衄。積功三萬五千餘級，禮布衣士如上賓。諸支干、孤虛、雲物、氛祲、堪輿、奇遁，兵家以爲務者，率廢勿問。薦挽不遺餘力。子咨臯，傳父劍法，水戰尤其所長。大猷所著有《正氣堂集》、《伍法》、《射法》、《劍經》、《戰車法》、《續武經總要》。

雜録

備録

張萱《西園聞見録》卷六　俞都督大猷嘗以事忤分宜相公，囊赴詔獄。史玉陽以數百金來唁，聞其友鄧君城亦被逮，命守者藏以遺之。

錢謙益《列朝詩集小傳》丁集中　大猷，字志輔，晉江人。其先鳳陽人，世爲泉州百户。家酷貧，日不再食，誦讀不輟。父卒襲官，學騎射，輒命中。從李良欽學劍，盡其術。嘉靖中舉武進士，以都司破安南叛人于欽、廉，以副總兵破倭于平望。落職再起，巢倭於舟山，争王直誘降事，忤胡總制，下獄戍邊。再起，加副總兵，控制江、湖、閩、廣四道兵，殲倭於興化。移鎮湖廣，破雲溪賊巢，三郡六縣妖逆，次第剗平。以都督同知，佩征蠻將軍印。征古田，進右都督，改鎮福建，不候代，免官。召爲後軍都督府僉書，復爲都督同知。老疾乞歸，卒於家。贈左都督，謚武襄。公毁家游長安，以策干樞筦，上破虜安邊長久之計，當事者迂之，不得用，以爲南將不宜在北，移鎮東南，大小百十餘戰，埽除積寇，功在社稷，一下獄，再落職，艱難坎壈，僅而得死牖下，一時大將，武襄、武毅，並建旗鼓，皆爲文法吏所阨，不獲行其志，亦皆窮困以死，絆騏驥之足而責以千里，此平世之通患也。公之學，深於《易》，而精於兵，有《正氣堂集》。其論兵多參用儒家言，閩人李杜序其書，以爲其學莫非兵，而其論兵莫非《易》。杜亦奇士，知兵者也。

陳田《明詩紀事》卷一八己籤《俞大猷》　國史唯疑：俞虚江詩「晚得明師虚舟老，隱然自負圯上道。此老閉門六十年，攷訂鈐符内外篇」。按趙本學吾邑人，以《易》學衍兵爲俞師。今其書不傳。同時另有一趙虚舟，善詩，爲趙王上客。或誤認作一人，非是。

田按：志輔爲胡宗憲所陷，相嵩欲殺之，賴掌錦衣衛指揮同知陸炳爲行賄千金嚴氏，獲免。史稱炳調護善類，此其一也。志輔有志，欲見功於西北，其與戚南塘書云：「與今人争面色者，見功於東南。與古人争面色者，見功於西北。」其志壯矣。

備論

鄧元錫《皇明書》卷三四　大猷爲將，未事先必周慮爲萬全，既事則往往爲善後長久之畫。爲人易簡，無町畦，而有容善忍，以忠厚自任，重然諾，功則稱人，罪則稱己。叅將湯克寬罪抵死，大猷力爲當道言，克寬忠勇慣戰，請保任，不効，甘同罪。詔獄時，妻子寄食，甚窘。百户鄧城亦就逮，適有遺數百金者，立與之。諸推轂楊弘舉、魯清之倫，皆大聲疾呼，期必用，後皆爲名將。禮布衣士爲上賓，平生諸莅官誓衆，陳師鞠旅，營室興事，卒一決於理。雖支干、孤虛、雲物、

氛祲、堪輿、奇遁，兵家以爲務者未嘗一訊焉。譚侍郎綸與書言：「綸近對人言，節制精明，公不如綸；信賞必罰，公不如戚；精悍馳騁，公不如劉。然此謂小知。誠如霍子孟，任如諸葛亮，大如郭子儀，忠如文文山，毅如于肅愍。可以托孤寄命，則公之大受然也。公精誠當不以老衰，不爲時變哉！」蓋信重如此。諸語具出俞集，而士大夫稱平閩、浙功最者往往推戚將軍繼光。

查繼佐《罪惟録》列傳卷一九 論曰：俞將軍不得志時，陸錦衣炳爲上千金嚴氏，語世蕃曰：「吾齋而卜兆曰得見侍郎，大猷不死。」頃之得入謁，稽顙百乃免。嗟乎！且百萬目不爲動，顧乞憐權相庖中如是哉？明兩頗牧，俞大猷、戚繼光，他不及。

傅維鱗《明書》卷一四一 史官曰：唐順之之論沈希儀，譚綸之遺俞大猷書不没其所長，不諱其所短。夫是二將者，平生功業烜赫，故宜侯，皆弗侯，其功卒不可没。競功者多殺戮傾人以爲勝，絶類以爲雄，而二將存心仁厚，於戰伐之際率多生全。古善用兵者往往兇終，而二人者，庶其爲君子歟。

《明史》卷二一二 贊曰：世宗朝，老成宿將以俞大猷爲稱首，而數奇屢躓。以内外諸臣攘敚，而掩遏其功者衆也。

藝文

嚴遂成《明史雜詠》卷三《俞武襄大猷》 戚家軍，俞家軍，軍聲恫賊呵風雲。猫獞安南盜間起，海氛甚惡無時已。其來如雨去如風，滅於西者生於東。東西大小數百戰，公也水陸多奇功。枋國何人抑不叙，幕府攘之自爲計。血肉淋漓換得來，棄置空虚無用地。偶一失律群斗吹，三予三奪如兒戲。君門萬里臣何言，新鬼故鬼聲煩冤。甲裳一卸斂舞罷，滴露研硃讀易軒。

高拱部

綜述

《明史》卷二一三《高拱傳》　高拱，字肅卿，新鄭人。嘉靖二十年進士，選庶吉士。踰年授編修。穆宗居裕邸，出閣講讀，拱與檢討陳以勤並爲侍講。世宗諱言立太子，而景王未之國，中外危疑。拱侍裕邸九年，啓王益敦孝謹，敷陳剴切。王甚重之，手書「懷賢忠貞」字賜焉。累遷侍講學士。嚴嵩、徐階遞當國，以拱他日當得重，薦之世宗。拜太常卿，掌國子監祭酒事。四十一年擢禮部左侍郎。尋改吏部兼學士，掌詹事府事。進禮部尚書，召入直廬。撰齋詞，賜飛魚服。四十五年拜文淵閣大學士，與郭朴同入閣。拱與朴皆階所薦也。

世宗居西苑，閣臣直廬在苑中。拱未有子，移家近直廬，時竊出。一日帝不豫，誤傳非常，拱遽移具出。始階甚親拱，引入直。拱驟貴，負氣頗忤階。給事中胡應嘉，階鄉人也，以劾拱姻親自危，且瞯階方與拱郤，遂劾拱不守直廬，移器用於外。世宗病亟，勿省也。拱疑應嘉受階指，大憾之。

穆宗即位，進少保兼太子太保。階雖爲首輔，而拱自以帝舊臣，數與之抗，朴復助之，階漸不能堪。而是時以勤與張居正皆入閣，居正亦侍裕邸講。階草遺詔獨與居正計，拱心彌不平。會議登極賞軍及請上裁去留大臣事，階悉不從拱議，嫌益深。應嘉掌吏科，佐部院考察。事將竣，忽有所論救。帝責其牴牾，下閣臣議罰。朴奮然曰：「應嘉無人臣禮，當編氓。」階旁睨拱，見拱方怒，勉從之。言路謂拱以私怨逐應嘉，交章劾之，給事中歐陽一敬劾拱尤力。階於拱辯疏，擬旨慰留，而不甚譴言者。拱益怒，相與忿詆閣中。御史齊康爲拱劾階，康坐黜。於是言路論拱者無虚日，南京科道至拾遺及之。拱不自安，乞歸，遂以少傅兼太子太傅、尚書、大學士養病去。隆慶元年五月也。拱以舊學蒙眷注，性強直自遂，頗快恩怨，卒不安其位去。既而階亦乞歸。

三年冬，帝召拱以大學士兼掌吏部事。拱乃盡反階所爲，凡先朝得罪諸臣以遺詔録用贈卹者，一切報罷。且上疏極論之曰：「《明倫大典》頒示已久，今議事之臣假託詔旨，凡議禮得罪者悉從褒顯，將使獻皇在廟之靈何以爲享？先帝在天之靈何以爲心？而陛下歲時入廟，亦何以對越二聖？臣以爲未可。」帝深然之。法司坐方士王金等子弒父律。拱復上疏曰：「人君隕於非命，不得正終，其名至不美。先帝臨御四十五載，得歲六十有餘。末年抱病，經歲上賓，壽考令終，曾無暴遽。今謂先帝爲王金所害，誣以不得正終，天下後世視先帝爲何如主。乞下法司改議。」帝復然拱言，命減戍。拱之再出，專與階修郤，所論皆欲以中階重其罪。賴帝仁柔，弗之竟也。階子弟頗横鄉里，拱以前知府蔡國熙爲監司，簿録其諸子，皆編戍，所以扼階者，無不至。逮拱去位，乃得解。

拱練習政體，負經濟才，所建白皆可行。其在吏部，欲遍識人才，授諸司以籍，使署賢否，誌爵里姓氏，月要而歲會之。倉卒舉用，皆得其人。又以時方憂邊事，請增置兵部侍郎，以儲總督之選。由侍郎而總督，由總督而本兵，中外更番，邊材自裕。又以兵者專門之學，非素習不可應卒。儲養本兵，當自兵部司屬始。宜慎選司屬，多得智謀才力曉暢軍旅者，久而任之，勿遷他曹。他日邊方兵備督撫之選，皆於是取之。更各取邊地之人以備司屬，如銓司分省故事，則題覆情形可無扞格，并重其賞罰以鼓勵之。凡邊地有司，其責頗重，不宜付雜流及遷謫者。皆報可，著爲令。拱又奏請科貢與進士並用，勿循資格。其在部考察，多所參伍，不盡憑文書爲黜陟，亦不拘人數多寡，黜者必告以故，使衆咸服。古田瑶賊亂，用殷正茂總督兩廣，曰：「是雖貪，可以集事。」貴州撫臣奏土司安國亨將叛，命阮文中代爲巡撫。臨行語之曰：「國亨必不叛，若往，無激變也。」既而如其言。以廣東有司多貪黷，特請旌廉能知府侯必登，以厲其餘。又言馬政、鹽政之官，名爲卿、爲使，而實以閑局視之，失人廢事，漸不可訓。惟教官驛遞諸司，職卑禄薄，遠道爲難，宜銓注近地，以恤其私。詔皆從之。拱所經畫，皆此類也。

俺答孫把漢那吉來降，總督王崇古受之，請於朝，乞授以官。朝議多以爲不可，拱與居正力主之，遂排衆議請於上，而封貢以成。事具《崇古傳》。進拱少師兼太子太師、尚書、大學士，改建極殿。拱以邊境稍寧，恐將士惰玩，復請敕邊臣及時閒暇，嚴爲整頓，仍時遣大臣閲視。帝皆從之。遼東奏捷，進柱國、中極殿大學士。

尋考察科道，拱請與都察院同事。時大學士趙貞吉掌都察院，持議稍異同，給事中韓楫劾貞吉有所私庇。貞吉疑拱嗾之，遂抗章劾拱，拱亦疏辨。帝不直貞吉，令致仕去。拱既逐貞吉，專横益著。尚寶卿劉奮庸上疏陰斥之，給事中曹

大埜疏劾其不忠十事，皆謫外任。拱初持清操，後其門生、親串頗以賄聞，致物議，帝終眷拱不衰也。

始拱爲祭酒，居正爲司業，相友善，拱亟稱居正才。及是李春芳、陳以勤皆去，拱爲首輔，居正肩隨之。拱性直而傲，同官殷士儋輩不能堪，居正獨退然下之，拱不之察也。馮保者，中人，性黠，次當掌司禮監。拱薦陳洪及孟冲，帝從之。保以是怨拱，而居正與保深相結。六年春，帝得疾，大漸，召拱與居正、高儀受顧命而崩。初，帝意專屬閣臣，而中官矯遺詔命與馮保共事。

神宗即位，拱以主上幼冲，懲中官專政，條奏請詘司禮權，還之内閣。又命給事中雒遵、程文合疏攻保，而已從中擬旨逐之。拱使人報居正，居正陽諾之，而私以語保。保訴於太后，謂拱擅權不可容，太后頷之。明日召羣臣入，宣兩宮及帝詔。拱意必逐保也，急趨入。比宣詔，則數拱罪而逐之。拱伏地不能起，居正掖之出，僦騾車出宣武門。居正乃與儀請留拱，弗許。請得乘傳，許之。拱既去，保憾未釋。復搆王大臣獄，欲連及拱，已而得寢。居家數年，卒。居正請復其官與祭葬如例。中旨給半葬，祭文仍寓貶詞云。久之，廷議論拱功，贈太師，謚文襄，蔭嗣子務觀爲尚寶丞。

贊曰：高拱才略自許，負氣凌人。及爲馮保所逐，柴車即路。傾軋相尋，有自來已。

王世貞《嘉靖以來内閣首輔傳》卷六　高拱字肅卿，河南之新鄭人。生而狀瓌奇，刻苦學問，通經義，務識大指，爲文不好稱詞藻而深重有氣力。十七舉鄉試，魁其經。又十三年始成進士，改翰林院庶吉士，授編修。滿九載，遷侍讀。時穆宗爲裕王，開邸受經而拱首與焉。拱至進講輒反復辨析，王頗目屬之，而又與其邸近幸中貴人昵好亡間。時輔臣嚴嵩、徐階内相猜若水火，拱往返其間，亡所見厚薄，而嵩、階亦以其在王邸，異日當得重，相與推轂之，以是亟推遷爲翰林院侍讀學士。時秦鳴雷已先爲學士矣，顧僅遷南國子監祭酒，而拱遂以太常寺卿兼國子祭酒。亡何拜禮部左侍郎，尋轉吏部左侍郎，掌詹事府，仍兼學士。拱凡一副主卿試，復三會試，所搆程式文頗見稱。而其主會試也，所進題以字嫌忤上意，幾欲有所行遣，階從容解之，乃已。尋拜禮部尚書，召入直，撰齋詞，賜飛魚服。亡何，與郭朴同入内閣。朴得武英殿大學士，而拱爲文淵閣大學士。春芳以朴銜吏部，遂亦改吏部，居朴前。然事皆決于階，春芳等具員而已。上有所顧問亦唯及階。

階之始爲禮部以至首輔十五年而請立太子者數四，上春秋高，意不欲言繼嗣，輒報寢。時裕、景二王方并重，朝野憂其端，以爲且有所更樹，姦人從而陰爲蠹矣。一旦諭景王之國，咸鼓舞稱慶，而姦人者亦得罪去。一日上忽下諭，自謂郊廟弗躬，早朝久廢，且病弱弗任，卦數向周，宜卷身奉元，傳繼不可緩，不然恐或後醜耳。且令與在直諸臣密計以對。階皇恐對，謂：「此豈可與諸臣計？夫所謂後醜者必有非常悖逆之人而又有大奸惡左右之，以有此叵測。今何足疑也？」上又謂：「得無以久待爲恨乎？」階又力辨。而上猶以成祖之注意在孫而弗及子爲問，且云：「賢孝難必，吾言不甚妄。」階又言：「成祖之在位久，仁宗之在位促，皆天命也。繼承之際，史册甚明。上道德隆備，天命所歸，而今之賢孝，又中外所共聞，萬萬無可疑者。」居月餘，景王自德安奏書，以上不豫，請躬詣元嶽祈禳以嘗。上下階擬。階知爲中涓泄之，方謀所以沮止，而王亦病，復奏書請醫。階因擬遣醫調治，而令王且静攝，毋輕動。俄而王薨，于是裕王乃復安。景王所請全楚土田湖陂可數萬頃，皆侵之民，階擬悉以還之，諸王無得乘而矯攘者，楚人大悦。

上以祈雨故欲建雩壇，又欲重建興都故宫殿。階以府庫財竭而鄖、襄困水力阻而止。天下鹽額獨淮揚重，歲賦六十萬金。而前是鄢懋卿欲取上悦，增之至百萬金，商不能供，至有雉經者，則皆竄徙。階乃風御史奏復故額，額乃登，竄徙悉歸。上故好元素術，多所服餌，晚節益甚。階時時持之，而方士熊顯與藍田玉、胡大順比而爲妖妄，鍊水銀，托乩語進曰：「金書天章，是爲先天水銀，長生之藥。」上以問階，階力言其不可輕餌，乃已。又以乩當請而不下問階，階對謂：「紫姑附筆亦有之，第此曹不能究其術，大較與所使媾結得上旨乃能答。今不得上旨，故不能答耳。」因極言藍田玉、胡大順譸張惘喝以挾取人貲，不可信。亡何俱以妖露論死。上既以服餌故病躁，而户部主事海瑞極論上過失及因而風譏階。上恚甚，逮置詔獄，欲殺之，且諭階于南都治別殿棲止以避瑞。階謂：「主聖則臣直，瑞固戇，然不過仰恃聖明在上，沽直諫名耳。殺之則成其名，容之則益見聖德之廣。」上抵階疏地，已而取讀之，又取瑞疏讀之，遂得長繫。上雖不殺瑞，然意忽忽不樂，病亦益甚。諭階欲幸興都，階謂且試之也，因據上體罷不耐輦路勞爲對。而上意忽決，諸中涓貴人皆具帟幙糗精之類，六軍且甲矣。以問階，階乃力言：「南幸事臣所以不敢從命者，一以爲聖躬計，一以爲國事計。往者興都之幸爲已亥，距于今二十有七年。皇上自度精力之壯盛孰與往時？計聖

體違豫十有四月矣，毋論彼二十七年，即今日體氣之康豫孰與此十四月前？夫輦行不及宮居之安，途次不及殿庭之適。計天祐聖躬，豈必遠行而後獲萬康之慶也？己亥之歲邊警甚輕，彼時猶遣輔臣行邊，六卿出督，內而九門，外而三關，俱設大臣帥重兵以鎮之。今之邊境聲息時聞，內外官軍未甚整練，而六飛遠狩，都輦空虛，狡逆之徒倘或竊發，聖駕在外能不驚憂？抑不特此二事而已。至于有司科斂小民，如聖慈所軫念，全楚兵荒頻仍，如撫按所奏陳者，臣尚未之及也。」上指奏內狡逆之徒倘或竊發獨乙之而報階曰：「此八字不可作常視，其罷行。」于是中外心遂安。

始春芳、訥之共政也，事階謹，側行傴僂若屬吏，而朴、拱皆階所薦也，顧于禮稍倨。兩人皆河南，爲鄉曲，而拱以朴蚤貴事，推之。朴念拱侍經裕邸，冀得其力，兩人相與歡甚。階微聞之不懌，而拱以驟貴而驕，每謂階太假言路，爲非大臣體。言路亦聞之。而吏科都給事中胡汝嘉者，才而好挾重，故嘗與拱貌相善也，偶劾罷拱之姻親工部侍郎李登雲，拱與客言之而怒，汝嘉內自危，而又探知階意。時拱未有子，乃移家近西華門，日伺上晝寢則竊出與女媵私，迫暮而後進。又一日上病甚，誤傳有非常，拱盡斂其直舍器服書籍出之。汝嘉以是爲拱罪，露章劾之，且發其他事，賴上曠不省，階擬旨報聞。而拱辭辨疏上，亦兩解而已，亦無所褒美。拱意階右之，謂汝嘉欲深文殺我，以是恨二人切骨。

亡何上大漸，遂崩。當大漸時，階念上英斷類高帝，獨齋醮、土木、珠寶、織作不已，民力小困，而一時抗言廷諍得罪者，雖其志若已伸而未牽復，欲自登極詔發之，不能無疑于改父而上克終之德未光。時間人張居正爲學士，方授經裕邸。夜召與謀，具遺詔草，不以語同列。質明謁王，請入臨畢，遂以詔草上，報可。詔下，朝野舉手相賀，至有喜極而慟者。同列皆惘惘若失，而朴尤椎，時語人：「徐公謗先帝，可斬也。」拱亦與相應和。而是時朝儀廢不講者二紀餘。初元故老獨階一人在，諸所草創皆中節而登極詔赦尤詳切，人舉以配先帝登極詔云：「登極詔故相楊廷和草也。廷和言至是始驗。」都給事中胡汝嘉以數言事得用轉横，而會吏部都察院考察庶僚，汝嘉亦參與焉。既得旨而復論救給事中鄭欽、胡維新，非故事于法當罰懲，而階時已示公同列，使輪直筆，而已酌之，時郭朴當執筆，曰：「汝嘉小臣也，上甫即位而敢越法，無人臣禮，宜削籍。」階度朴爲拱報讐，而旁睨拱，則已怒目攘臂，乃不復言而削汝嘉籍爲編氓。命既下，諸給事御史合疏請留汝嘉，其語有所侵擿。階乃與春芳等具疏謂：「汝嘉論救考察非法，所以擬斥。給事御史謂上初即位宜開言路，廣德意，所以請留。臣等欲守前說則涉違衆而無以彰陛下恩，欲從後奏則涉狥人而不能持陛下法。因兩擬去留以請。」中旨薄汝嘉罪調外。

而當階具疏時，拱故不言，而目屬郭朴復力持之，幾失色。于是言路意汝嘉謫出拱指，羣上疏攻之。上以拱輔臣，且故嘗受經，不聽歸，而言路益攻之不已。拱恚甚，欲階擬旨杖責，階從容言：「當先帝時以謫斥咸言者不已，而至杖，杖不已，而至戍且長繫，戍長繫不已而至僇，然竟不能杜其口，有如海瑞者出。吾曹人臣耳，甯可以力勝？」拱益不悦，而恃上左右多裕邸中知舊，乘忿抗疏，至與言者辨而交相詈。當是時內閣凡六人，階與春芳、朴、拱而益以陳以勤、張居正，以勤、居正亦皆上所受經而拱友也。一日方會食，拱忽謂階曰：「拱嘗中夜不寢，按劍而起者數四矣。公在先帝時導之爲齋詞以求媚，宮車甫晏駕而一旦即倍之，今又結言路而必逐其藩國腹心之臣何也？」階良久曰：「公悞矣。夫言路口故多，我安能一一而結之？又安能使之攻公？且我能結之，公獨不能結之耶？我非倍先帝，欲爲先帝收人心，使恩自先帝出耳。公言我導先帝爲齋詞，固我罪，獨不記在禮部時，先帝以密札問我『拱有疏願得效力于醮事，可許否』？此札今尚在。」拱乃頰赤語塞，春芳等邀而與至階室謝罪。

階出即堅卧引疾，拱亦引疾。上俱慰留之。而拱以登極恩遷武英殿大學士，與朴、春芳俱加少傅、太子太傅，驟貴甚。于是給事御史合而就階第敦勸視事，而其醜詆拱無所不極口，乃至白簡無虛日，而南都亦響應矣。當先帝日所以嚮信階甚，階又多在直，其二子在外不能無干請，舍人子横行鄉里間，頗有指。拱故鉤得之，緣飾爲疏，將以訐指階。而至是迫則授其門生御史齊康，俾上之。階乃疏辨乞休。而左都御史王廷等合九卿及給事御史交章請留階，而極論拱與齊康罪狀。上爲謫齊康遠外而許拱養疾，然尚賜金幣馳驛，遣行人導行，而使鴻臚卿宣諭。階始出視事，乃露郭朴所以私拱而阻胡汝嘉狀。于是言路移攻朴，朴亦不能安，久之引疾去，其恩禮薄，不能如拱，而頗有以階爲甚者。

時上開經筵，階爲知經筵事，春芳、以勤、居正同知經筵事，修《世廟實録》，階與春芳俱充總裁。亡何上欲幸舊邸，階等三疏止之，不聽。先帝朝言事諸臣得罪者多自田間起暴貴，而既以階勝拱則恃而益强，事毋論大小輒爭。上久而不能堪，諭階等責其欺肆，令詳處。階言：「言官遭際昌時，思欲報答，非敢爲欺。第性氣粗率，則言或過當；事出風聞，則語有失實。不諳事體誠有之，謹録

聖諭傳示，使各省改。」而同列尼之者云：「奈何不擬薄譴？」階曰：「即上遽有譴，我曹且力諍，而乃導之譴乎？」則曰：「如上諭詳處何？」曰：「令省改即處也。」及疏上，上亦竟弗罪也。而御史李惟觀上疏請毋得詰言者以廣忠益。階擬旨報聞，上以筆乙之。而給事中馮成能復推其意爲疏，婉而加詳，同列謂：「得無復作報聞乙乎？」階擬旨謂：「聽諫乃朕素心，即善言未嘗不嘉納。昨諭爲不諳事體者發耳，自今宜審所言以稱塞朕意。」同列皆難之。階曰：「彼獨不難言而我乃難擬也。且上所以乙御史疏者，正謂未有以開明之耳。」擬上，果不異。俄而有中旨令翰林臣撰中秋宴致語，階疏謂：「先帝神主猶在几筵，即小小宴樂猶不可，而況致語哉！」上于是併罷宴。

上欲以九月詣天壽山行祀諸陵，階與同列言：「皇上此舉蓋重祖宗弓劍之藏，切歲時霜露之感，非他遊幸比。第天子之孝以保安社稷爲大，故龍輴發引尚不親送，山陵二祭止于遣官。今日暑雨而後，禾稼渰没，坊舍摧塌，萬乘親行，六師供億，何以待之？」蓋持者再而上不聽，乃盛陳北敵窺伺叵測意以聞，始報俟異日。其明年春，警稍解，上竟行謁陵禮。甫至齋宫而使中貴人滕祥、李芳以意問曰：「行禮在次日，上欲輕騎一出觀形勝可乎？」階曰：「上以祀來乎，以觀形勝來乎？以祀來則先遊而後行禮，非所以展孝思也。」祥等曰：「然，乃祀畢而後出遊。」俄奉旨以太監呂用等分監團營兵。階與同列上疏謂：「今無所謂團營者，且中官坐營起于景帝而革于世宗。臣望陛下以世宗爲法，以兵政褱廢爲慮。」上不懌，所以督責頗峻。而階等爭之益力，乃爲寢前旨。俄復命修内教場，勒中貴人習騎射。階因御史言，復率同官上疏，謂：「陛下此舉蓋因邊方多事，居安慮危，故示邊臣以意，使之振戎飭武耳。如御史言，則有防微杜漸之慮。臣等竊謂邊方遠，禁地近，聖躬重，戎務輕。當先帝時嘗欲立二内營而復止之，此必有深意在，不可不三思也。」亦報寢。聖誕日修先帝故事，加恩階，録一子尚寶司丞。春芳加兼太子太師、建極殿大學士。階尋考十八年滿，自劾求去。温旨慰留不聽，而命吏部議擬加支伯爵俸，録一子錦衣千户，仍進少卿璠爲太常卿，賜敕褒諭，宴禮部。階辭，乃聽免伯爵俸。

時有小璫以事干巡城御史不應，則踵門而詈御史。御史怒，執而笞之。羣璫趣之司禮中貴所，欲奏訐御史。階業爲解得免，而御史乃前論璫，璫恨甚，結黨百餘人要御史于午門毆辱之。都御史王廷擬疏糾羣璫，以問階。階念疏即行，彼璫爭自匿，欲得其主名，則且展轉不可究詰。萬一彼先之以誣我，禍且叵測，先朝事可鑒也。乃使人致司禮之上佐曰尚文者，語之曰：「諸貴人羣毆御史，業何處？」文倨，謂：「内外各有體，相公毋但爲御史惜。」階曰：「吾非爲御史惜，爲國家大體惜，且爲司禮諸公惜耳。」文怪問：「何謂？」階曰：「毋論御史王臣，即天子臨御之所，而羣毆人，能保上之不怒乎？諸公何不以時詗得其人而速奏之？即外廷有繼者，其輕重在諸公手，而上必不怒諸公，體故在也。」文悦以告其長滕祥，悉得其主名，叅之，王廷疏繼上，羣璫窘不能自匿，又無可以宛轉道地者，悉就逮，杖其首惡三人百，發邊戍；餘九人各六十，爲南京浄軍。階既以詔旨省諸鎮進鮮，奪太和事權與諸監局工役，而所持諍又多宫禁事，伸者十且八九，往往假曲而行。久之，其人益側目。

而李芳者，故與梁佃俱侍裕邸爲承奉。其在世宗時，芳已備散局，其人頗好讀書，自負以吕强、鄭衆之流，甚惡嚴嵩奸而薄階，以不能救正。既與佃俱驟貴，而佃聾老，滕祥已卒，芳益發舒，數抗章言外廷事，而諸多以故事持之不盡讐。芳頗以望階，階亦覺其意。會諫上幸南海子，不聽，上疏乞休至三，上皆優詔不許。而亡何張齊之事起。張齊者，户科左給事中也。使宣大，納商賄三千金而爲之請，欲破壞鹽制以利予商。大司農格不行，商聚而咻之。事且泄，故爲大言聳階，欲發兵十萬，襲邊民之從寇曰板升者，爲奇功以解。階哂而已。已謁吏部尚書楊博，博偶問：「君近從二邊來，鹽商得無困否？」齊謂博已知之。復上疏請考察庶僚及聽大臣自陳，冀以恫喝止博。而階復謂非時，不許。齊迫則走謁階子璠，欲求爲居間。璠病不出，齊恨甚，遂露劾階六事，多御史康陳語。詔調齊外任，階再上疏乞歸。而張居正意不欲階久居上，且與高拱有宿約，以密紙報李芳階倦不任矣，遂許之，尋賜馳驛。再以春芳等請加恩，給夫廩，璽書褒美，行人導行如故事。陛辭，賜白金、寶鈔、彩幣、襲衣。于是九卿大臣給事御史上疏慰留，而都御史廷獨探得齊納賄事劾之，下獄論戍邊。而春芳始爲政。

春芳爲人性寬平，事期安静，不好爲躁刻。時人比之李時，其氣力不如也，而潔廉過之。時陳以勤、張居正居其下，居正視春芳蔑如也。始春芳見階乞歸而歎曰：「徐公尚不任調停，我何以勝之？且夕惟有歸耳。」居正從旁曰：「如此庶幾成一名。」春芳嘿不應。而亡何趙貞吉自詹事府入。貞吉故有伉直聲，既爲嚴嵩所籠絡，不能堅久，而晚節中貴人陳洪善而薦之。既入，多所紛更。欲創革兵制，與兵部尚書霍冀異，使言官噪而逐之。又緣冀孽吏部尚書楊博，于陳洪復逐之。中外皆側目。春芳模棱而已，不能有所持衡。而居正與上左右合起拱于

家，使掌吏部。故事，居内閣者不當出理部事，理部事不當復與閣務。拱稱掌不言兼，當爲部臣矣。以故不遣行人齎璽書諭，而僅部咨。拱日夜馳至京，而趙貞吉亦謀之春芳，欲掌都察院，春芳不能違。拱既陛見，與貞吉俱免奏事承旨，遂參預閣務，而王廷與刑部尚書毛愷即日歸矣。胡汝嘉以參議方憂居，一夕自恨死。而最右階而攻拱者，歐陽一敬、陳贊，皆以給事中爲太僕、太常少卿，皆移疾歸。一敬至在道憂死。物情洶洶，拱乃使其所知徧布腹心于言路，曰：「拱當洗心滌慮以與諸君共此治朝，所修怨而快意者有如此日。」言路諸臣乃稍稍自安，拱亦間進一二以明無他。而拱既已安則漸横，出而坐吏部，斥陟四品以下，風言路之爲其門人若韓楫、程文、宋之韓輩使齮齕三品以下，入而扼春芳腕，使必行。而是時趙貞吉亦恨階之不留爲禮部而遷之南京也，相與日吹摘舊事，以見階短。

時撫按諸臣猶舉遺詔，請褒進刑部主事唐樞官，而廕杖死者都給事王汝梅子。拱特爲之寢格，而上疏極論，謂：「先帝以神聖御極，峻烈鴻猷，昭揭宇宙。皇上嗣登寶位，志隆繼述，所謂不改父之臣與父之政。而當時不以忠孝事君，假託詔旨，于凡先帝所去如大禮大獄及建言得罪諸臣悉起用之，不次超擢，立至公卿。其已死者悉爲贈官廕子。夫大禮，先帝所親定，所以立君臣父子之極也。獻帝尊號已正，《明倫大典》頒示已久，而今于議禮得罪悉從褒顯，將使獻皇在廟之靈何以爲享？先帝在天之靈何以爲心？皇上歲時祭獻何以對越二聖？至于大獄及建言得罪諸臣，豈無一臣當其罪者？而乃不論有罪無罪，賢與不肖，悉加褒顯，無乃以反商政待皇上歟？即武王克商，反其政亦不過釋箕子囚，封比干墓，加意賢者而已，未聞其于商家所不用之人盡用之也，而況皇上乎？皇上先帝之親子也，議事者先帝之臣遺諸皇上者也，而乃敢于如此自悖君臣之義而傷皇上父子之恩，非所爲訓天下也。夫人臣歸過先帝，反其所爲，以行己之私臆非一日矣，宜亦有明之者矣。而今當事之臣尚公然爲之，不覺其悖。旁觀之人尚漫然視之，不以爲非。豈天理果滅，人心果死歟？若終始嘿嘿，不一破其説，恐天下之人直以悖逆爲當然，天經地義淪斁日深，無父無君之事將由此起，則何以爲國也？」得旨是其言，罷樞及汝梅不廕。復以遺詔「王金、陶世恩等妄進藥物損朕躬而法司當之子殺父律當剮」當朝審。拱復上言：「臣閲此讞牘不勝隱痛流涕曰先帝之受誣一至此哉。古之人君有殞于非命不得正而終者，其名至爲不美。先帝聰明睿智，事無大小，洞燭隱微，至于保愛聖體，尤極詳慎。即用太醫進劑，亦必有御札與輔臣商確，安肯不問可否，輕服方士之藥？又安有既服而受傷，不以爲言，又復服之理？先帝臨御四十五年，享年六十，壽考令終，蓋自古所罕有者。末年抱病經歲，從容上賓，曾無暴遽，天下所共聞。而今乃擬王金等前律，謂先帝爲王金所害，然耶否耶？議事者不知何意，誣以不得正終，天下後世以先帝爲何如主？」因乞下法司更議其罪，仍宣示遠近，付史館。有旨復是其言。前是時有司所論金等殺父律果未當，拱得以藉口其議亦有可采者，而拱意實欲寘階死，所謂「欺謗先帝，假託詔旨」皆死法也。且因以傾春芳，賴上不甚解，不及階。法司改減王金等至戍。刑科給事中駁謂金等坐前律固不當，而熒惑先帝事有指，宜坐斬，勿赦。拱怒，遂遷給事中于外。

拱爲人有材氣，英鋭勃發，議論風起，而性迫急，不能容物，又不能藏畜需忍，有所忤，觸之立碎，每張目怒視，惡聲繼之，即左右皆爲之辟易。既漸得志，則嬰視百辟。朝登暮削，唯意之師，亡敢有抗者。間遇親知，引滿謔浪，一坐爲歡。在詹事日，與學士瞿景淳同修大志，嘗引鏡自照曰：「吾殆神龍乎。」景淳老儒，然亦好戲，曰：「公以爲龍耶？吾直謂蚯蚓耳。」拱大怒，擲鏡碎之，詬曰出。景淳，春芳座主也，以侍郎歸，病卒。而是時陳以勤與拱俱爲裕僚而名位亦相等，拱意忌之。會以勤奏時政六條，中于吏部微有忤，偶與其屬言及，曰：「高公故不諳此。」其屬泄之拱。拱怒，即故屈其奏，多不行。而以勤微知其端，上疏懇乞休。優詔加兼太子太師、吏部尚書，璽書褒獎，賜金帛、夫廪、馳驛，使行人護行。

以勤歸而拱益横。既覘知上意有所不悦于言路，遂因左右媒而傳旨下吏部考察，拱請與都察院共事。貞吉雖故與拱合而欲甘心階，然惡拱之借考察以盡快宿憾，上疏止之。不聽。而拱以是恨貞吉。拱乃悉録其嘗論摘者魏時亮等黜之，陳瓚等謫之，而間及貞吉所厚，貞吉亦持拱所厚，以兩解。拱以是益恨貞吉，而韓楫爲吏科都給事中，遂上疏論貞吉庸横疏當罷。貞吉恚，力辨謂：「人臣庸則不能横，横非庸臣之所能也。往奉特旨，命臣兼掌都察院事。臣所以不敢致辭者，竊思皇上任高拱以内閣近臣而兼掌吏部，入參密勿，外主銓選，權任太重，雖無丞相之名，而有兼總之實，即古丞相亦不是過，此聖祖之所深戒而垂之訓典者。皇上委臣以綱紀彈壓之司，與之竝立，豈非欲以分其勢而節其權耶？今且十月矣。僅以此考察一事與之相左耳，其他壞亂選法，縱肆大惡，昭然在人耳目者，尚禁口不能一言，有負任使，如此臣真庸臣也。若拱者，然後可謂横也已。夫楫乃背公私黨之人，而拱之門生，其腹心羽翼也。他日助成横臣之勢以至于

摩天決海而不可制，然後快其心，于此已見其端矣。古之史魚，一小國之臣爾，雖死不忘其主，尚欲以屍諫。臣受皇上知遇若此，今雖去，敢不以國家大禁、聖祖之所深戒者一陳于君父之前乎？」因請還拱内閣，勿再預吏部事。中貴人洪雖欲兩庇之，知必不可竝立，爲言于上，使貞吉歸。而拱亦上疏辨，其辭頗遁。上優詔慰諭之，然竟貪吏部權不能辭也。

階之在先帝朝而燕中有習白蓮教者相聚爲奸淫不已，且若有異謀。其伍有告之階家僮徐實者，階以屬兵部。時楊博爲尚書，悉捕而誅之。實論功得爲錦衣衛百户，頗横燕中。至是拱使人告言實罪，下獄煅煉之，俾引階，爲誣人反，妄殺以爲功而不能就，止坐實他事死。拱益怏怏。于是召齊康、起張齊。而會階之鄉人陳懿德者，素不悦于階，自翰林謫而拱其座主，擢爲尚寶司丞。懿德乃與同門韓楫、程文、宋之韓及兵部郎中周美等日爲拱恫喝，言階以數萬金謀于中貴人，且起用矣。至曰：「階使刺客刺公矣。」時時推算階星命以媚拱曰：「階于法當僇死，其數亦盡今歲。」而階之子、前太常卿璠與少卿琨性貪鄙，嘗使其家人置私邸于燕市，貲可三萬金，階不知也。客乃爲拱謀階所藉以復起者貲，竭其貲可無復起。乃因階之鄉人漢陽守孫克宏行候問，而指其爲階所使，捕其人下司隸御史，使引邸中僮奴，悉逮而籍之。復使給事中張博等論階三子，行巡按御史逮。而起其門人前蘇州知府蔡國熙于家，復其官，旋擢爲蘇松兵備副使，委以階父子。而階之讐復上書誣階父子事，併下撫按，悉以委國熙。國熙故任蘇時絜廉有惠愛，時階方在政而奴之賈于蘇者横，國熙以法外窮治之。御史聞而數難國熙，不自得，乞休。家居久，不能持貧而謁齊康，挾之干拱。拱悉其事，故擢之。國熙乃窮治其事，且募能言階三子及家人事者有賞。于是階之故人子前府同知袁福徵、諸生莫是龍皆以微憾爲謗書，藉陳懿德以投拱。福徵遂即家補鳳翔，且之任，首挾階五百金。于是凡生平賂階之三子者，有所負進而多責償者，皆前挾金不已，而奸駔小人至無故而挾之亦得所欲去。三子皆就繫，僅階留而不堪其咻，堵其室矣。松俗故澆，至是遂益潰壞，浸淫及他郡。拱于是多改其門生爲部屬大理者，悉以爲給事御史，而部之員外郎至知州入而實授五品者亦得爲給事。自劉瑾亂政時一行之，數十年所未有也。

前是俺荅之孫把漢那吉來降，請歸之。當入貢，因與互市。邊臣王崇古、方逢時爲言于朝，朝議嘵嘈不能一。拱奮身主其事，張居正亦和之，所以區畫頗當。亡何而貢成，春芳亦緣以進少師、中極殿大學士兼支尚書俸。而拱加兼太子太師，居正加少傅，俱進建極殿大學士，録一子尚寶司丞。春芳雖以拱之故不得舒，然猶時取裁酌，不至過甚，間爲階寬解而拱漸不樂。南京吏科給事中王楨緣而論春芳，乃力請骸骨。凡三上疏，許之，恩數一視階。而拱當居首，陽上疏請解部事，三辭，上不許。而賜之白金、文幣、繡蟒服，所以褒諭甚厚，亦陳洪力也。時廣寇方鴟張，督撫臣請以兵討除之，與拱意合。乃爲獎借，得盡力。而遼東數年用兵，拱善其撫臣張學顔以及總帥李成梁，撫而用之，遂屢勝，成功名。

拱初起，强自勵，人亦畏之，不敢輕賕納。而其弟爲督府都事者，依拱後第而居。于是韓楫等乃數攜壺榼往爲小宴。拱自閣或吏部歸即過其弟，見而悦曰：「若等乃爾歡，吾不如也。」因留酌。自是以爲恒，而益以珍餚果飲食愈暢，乃各進其所私人，欲遷某官得某地，拱時已且醉，曰：「果欲之耶？以一琴板書而識之。」次日除目上矣。以是其所狎門生及客皆驟富，門如市，而楫、文、之韓輩有所恨于他給事御史，至中夜譬門而入，拱出見之，則陽怒若氣不屬者，曰：「某某乃欲論吾師。吾知而力止之，暫止耳，故不可保也。」拱恚且恐，質明即召文選郎移缺而出其人于外，亦不更詳所繇。以是中外益畏惡拱，以爲叵測。而拱辭後時時語客曰：「月用不給，奈何？」其語聞，諸撫鎮以下賕納且麕集矣。

初司禮之首瑺闕，時馮保以次當進，而偶有所忤，不得意于上，拱亦素畏之，乃緣上意薦陳洪。洪，故長御用者也，例不當司禮而得之。保恨洪，因併恨拱。洪因而力爲拱内主，然其人不甚識書，久之以忤旨罷出外。而孟冲，長尚膳者也，與司禮遠，而以割烹當上意。拱復薦之，而保居次如故，其恨拱刺骨。拱亦覺之。拱故爲祭酒而張居正以中允兼司業，拱自負以必且相，相則當雄重，不爲經常貴人而已。而器居正材，謂「且勝我」。居正亦委心依拱，兩人歡相得，不啻兄弟，每夜語恒達丙。而其後拱不容于階，居正爲之謀，得善歸。其復出，居正亦與有力。復合而傾其同類且盡，僅一殷士儋，亦裕邸故臣，自禮部入，累遷至少保、武英殿大學士矣。士儋之入，亦中人援。以不由拱故，拱不能無忌，而居正亦厭之。士儋椎，不能曲事拱，而拱素賢張四維，自諭德躐爲學士，又躐爲吏部左侍郎，幾欲前薦之入閣而士儋得之，故亦心怨拱與四維。會四維以鹽盬事見糾御史郜永春，雖解而他御史復及之，疑出士儋指，于是拱之客亦有爲四維而論士儋者。士儋亦疑出拱指，而韓楫復揚語脅士儋欲其自免歸。故事，給事中朔望入閣揖。士儋對衆而詰楫曰：「聞科長欲有憾于我，憾則可爾，毋爲人使。」既别，拱語之曰「非故事也。」士儋忽勃然起曰：「若爲張吏部道地而抑我，我不

敢怨。而今者又逐我，而使張吏部據我坐，若逐陳公，再逐趙公，又再逐李公，次逐我。若能長有此坐耶？」揮拳擊之，不中，中几，其聲砉然。拱不能卒答，居正從旁解之，亦誶而對。明日韓楫之疏上，士儋得請致仕。而階從困中上書拱，其辭哀。拱雖暴戾，頗心動。居正亦婉曲以解，而蔡國熙所具獄，戍其長子璠、次子琨，氓其少子瑛，家人之坐戍者復十餘人，没其田六萬畝于官。御史聞之朝，拱乃爲旨，謂「太重，令改讞」。而國熙聞而變色曰：「公賣我，使我任怨而自爲恩。」

尋以遼東大捷聞，拱進柱國、中極殿大學士，而居正以六年滿加兼太子太傅，至是再加少師。是時內閣獨拱與居正。拱等因上疏請益補，報謂：「吾用卿二輔以理天下足矣，何必益？」拱乃薦起故少傅吏部尚書楊博、禮部尚書高儀于家，然尚不肯還博于吏部，而使之長兵部。儀亦以原官領詹事府而已。久之，儀始以文淵閣大學士入閣，與拱同事，而御史汪惟元上疏譏刺時事，謂：「執政之臣不當爲操切報恩仇。」拱召而詈之，亟補按察僉事以出。而尚寶卿劉奮庸所上疏，其譏刺益切。給事中曹大埜遂抗章糾拱罪狀，遂并奮庸謫外。而疑居正與知之，又以其常與中貴人通而匿其事，面叱數甚口。居正頰赤，强笑謝罪。拱淺人也，不復記，而居正銜拱深，然絶不露。拱以大埜言稍戢斂，而司禮孟冲復忤旨出外，保遂代之，與拱意相忌。而穆宗不豫，尋大漸，召拱、居正見，而馮几執拱手，顧皇后言：「以天下累先生。」且復爲諭，屬拱等後事事與馮保等商確而行。俄而上晏駕。

時今上在東宫，拱乃條列即位數事上之，頗周悉，然大指使政歸内閣而不旁落，尋要其門下給事御史爲諸疏以劾馮保。時居正當遣視陵地，不出。拱使所厚語居正曰：「當與公共立此不世功。」因語云云。居正陽笑曰：「小事耳，何足言不世功？」而密遣人報保。保得爲備，乃言于皇后、貴妃曰：「拱欺太子幼冲，欲迎立其鄉周王以爲功，而已得國公爵矣。」又多布金于兩宫之近侍，俾言之。皇后與貴妃皆錯愕。保乃抑給事御史疏不遽達，而擬旨逐拱，責其專擅無君，令即日歸田里。以次日召羣臣入聽宣詔，拱猶謂此必逐馮保也，使使約居正入朝，居正前已知之，而稱腹疾，故徐徐。進至奉天門，中官出三宫詔，皆啟而授鴻臚使宣，則逐拱。拱面色如死灰，汗陡下如雨，伏不能起。居正旁掖之起，使兩吏扶攜出，以明晨僦羸車出宣武門。道旁人皆揶揄之，有詈者。居正乃與高儀疏請留拱，不許。請給驛，許之。至良鄉而始具威儀以歸。于是階事盡解，三子皆復官，家人不罹一笞杖。至年八十，天子遣行人即家賜璽書褒諭，錫金幣及繡蟒服。階遣其孫疏謝，詔予官中書舍人。明年卒，賜祭者九，復加四祭以示重。官爲治葬，贈太師，謚「文貞」。再予一子官尚寶司丞。又明年，春芳亦卒，賜祭九，加二祭，其他俱視階，亦贈太師，謚「文靖」。

而拱之歸也，意忽忽不自得。間從故人飲，或盛服擁輿從，或乘一驢楚服馮策，或從十餘騎遊獵。而笑階深居掉書囊，與客必談朝家事爲俗。而亡何，有奇衺人輕入至乾清宫門。適上出，爲誰何者所獲。而馮保得之，置刃其袖，挾使稱拱與陳洪謀以千金餌而使行刺。時保兼領東廠，與朱希孝同讞，獄且成矣。保先使四緹騎馳詣新鄭，頤指縣官，備拱之逸。縣官即發卒圍拱第。家人悉竄其金寶鳥獸竄。拱欲自經，不得，乃出見緹騎，問：「將何爲？」緹騎曰：「非有逮也，恐驚公而使慰之耳。」拱乃稍稍自安。而會居正初亦欲重拱罪，既念以非事體，乃微風保，保尚持不肯從。乃復風希孝，希孝行數萬金以賂保用事者，且賂三宫左右。當再讞，忽大雷電，保懼，乃盡反其辭，而坐其人以闌入宫門，趣棄之市。拱以驚憂成疾，後稍愈，不復振卒。事見《居正傳》。其家以卹典請，馮保傳旨謂：「拱事先帝，欺肆不忠，罷弗予。」居正等請之，始許復其官，祭葬如例。已復傳旨止予半葬，而列其過于祭詞。春芳之歸也，父母故無恙，日縱聲樂爲歡，飲其父母，以壽終。而春芳病盲，卒時年七十五。

何喬遠《名山藏》卷八〇《臣林記・高拱》 高拱者，新鄭人，字肅卿。徐階去，拱諸門生爲行金中貴人，盛譽於上，而拱得復相。隆慶四年也。既拜，命以少傅兼太子太傅、吏部尚書、武英殿大學士，使兼掌吏部事，免奏對承旨。拱才辯朗博，治經論政皆有理會，雖複鶩不能容物而當官敏達果任，其奏疏多有可採者。拱上疏曰：「國家苦邊二十餘年矣。兵者，專門之學，宜豫養待之。請求智謀才力之士使專官兵部以爲司屬，不復他遷。他日邊方兵備缺即以兵部司屬補之，邊巡撫缺即以邊方兵備補之，邊總督缺即以邊方巡撫補之。又兵部左右侍郎外更可添設右侍郎一員，使其練習兵政。若乏人巡邊及缺總督即可推往，閱歷既深，尚書有缺便可用之。至於治邊之臣，涉歷沙漠，出入鋒鏑，禍福榮辱，近在斯須，有功則宜加以不測之恩，有缺則宜進以不次之擢，使其功名常在人先。其如久在邊陲有成績者又爲通融休暇之法，特取回部。回部休暇不妨再出使，其精神得息而不疲，智慧常裕而不竭。養之有素，用之不匱，將人人無不盡其才而邊事舉矣。」上善之。

拱上疏曰：「薊、遼、宣、大、延、綏、寧夏、甘肅此北邊也，閩、廣、粵以西若雲、貴此南邊也。二邊之人宜擇有才力、知兵事者使爲本兵司屬，或二人或一人，彼生其土，既有身家之慮，且山川險易、將領賢否、士馬强弱與夫奏報虛實、功罪真僞皆可熟知。本兵有所處分，便可一問而得。其他員尚多，乃以處才智有力之士，固未嘗偏用邊人，又可裨益邊務。」上善之。

拱上疏曰：「國家用人當爲地擇官，不當爲官擇地。臣惟薊、遼、山、陝邊有司也，禦虜牧民實有兼責。今官其處者非遷謫則雜流，而已處之以劣而欲其自厚，謂其不堪内地而望其堪於邊方，吏治何以不偷，民生何以不蹙也？請自今除補沿邊有司必擇而用之，有治見成績兼通武事者得調繁，有保惠困窮俾民樂業者得比内地，三年後陞遷加等，有捍患禦敵特著奇績即以軍功論。有才略恢弘智謀特達之士，雖繇此爲兵備，巡撫，以及總督無所不可；不能者降級别用；觀望推委致誤事者輕則罷黜，重以軍法治罪。開功名以歆之前，則莫肯不盡心，嚴謫罰以繩之後，則莫敢不盡力。夫如是，庶乎修職者多，邊方有賴也。然而等名沿邊，人或見其如此，將有借以倖進者。臣唯薊遼則昌平、順義、密雲、懷柔、薊州、玉田、豐潤、遵化、平谷、遷安、撫寧、昌黎、欒亭、延慶、永寧、保安、自在、安樂等州縣乃名邊，山西則河曲、臨縣、忻州、崞縣、代州、五臺、繁峙、定襄、永寧、寧鄉、岢嵐、嵐縣、興縣、静樂、保德、大同、懷仁、渾源、應州、山陰、朔州、馬邑、蔚州、廣靈、廣昌、靈丘等州縣乃名邊，陝西則固原、静寧、隆德、安定、會寧、蘭州、環縣、安塞、安定、保安、清澗、綏德、米脂、葭州、吴堡、神木、府谷等州縣乃名邊，其他無得漫名邊，又可杜倖進責吏治焉。」從之。

拱上疏曰：「廣東故富饒地，近民窮盗熾，皆坐無良有司。夫有司何盡不良於廣也？用人者謂廣瘴癘鄉耳，有司甲科十之一二而雜行者十之八九，繇銓除十之四五而繇遷謫者十之五六。彼其才既不堪，又自知前路之短，甘心自棄，且地僻一隅，聲聞不通，朝著難達，苟可欺其撫按即無復誰何者。嶺南財貨所出，珍寶爲多，士不豔心鮮矣。貪風既成，其勢轉盛，閒有一二自立，撫按既薦矣，其所劾者不過聊取一二，苟然塞責，夫固不勝劾也，彼見撫按不勝劾則益無所忌憚。夫以甘自棄之人處於僻遠之地，豔可漁之利而共囿於無忌憚之風，此所以居者長惡不悛，來者淪胥亦溺，民憔悴日甚而皆驅於盗賊也。夫不肖者罰，賢者賞，帝王所用勸懲也。臣廉得潮州知府侯必登勸農弭盗，治行廣中第一，請特加優處，以風勵庶官。其廣西、雲貴近年亦有兵革之事，議處有司請亦準此。蓋天下雖大，實則如人一身，必血脉流通，頂踵貫至，然後可以却病而延年。若使遠方功罪之實爲上所明照，而君上綜覈之意爲遠所周知，則誰不畏罪修職萬里之外哉？」從之。

拱上疏曰：「吏部論人爲職，考察最重，而數十年黴汰之數大較不相懸絶，大抵但取足數，襲爲故事。數之不足即無其人强索以充，數既足矣雖有不肖姑置勿論。且其所稱不肖者又多苛求於隱細，而縱捨於奸邪，或有所不能識，或有所不敢問，以此行法曷令人心服也？又考察半歲前撫按論劾俱不題覆，曰將以備考察之用。夫爲不善者方其未露或有倖心，猶存顧忌；若明知必去，半歲之内無不爲矣。請自今無限定數，勿求苛小，有被撫按論糾者疏下革任聽處覆，合去者如考察例覆，合留者檄到乃復其官。」從之。

拱上疏曰：「國初舉人進士一體竝用，以故躋八座稱名臣者比比。後稍偏重，於今極矣。舉人年力稍强輒遷延希第，必至衰邁始勉就官，閒有壯年出者則又志温飽爲貧者也。臣請選授舉人如所本格，稽其年貌，五十以上者授以雜職，不得爲州縣長，以阻其日暮途窮之鄙心，亦謂其閱歷諳練可以理繁而治劇，其他選有司者授官之後惟考政績，不問出身，吏部一體陞取，撫按官一體保薦。若果才德出衆，京堂部卿不次擢之，破拘攣之見，以開功名之路，天下或可冀治也。」從之。

拱上疏曰：「行太僕苑馬、鹽運、治鹽皆關國要，比來類名閑局，卿若使以考不稱職及有物議之人安置其中。夫既不稱職矣，有物議矣，斥可也，退可也，奈何安置卿若使乎？宜擇廉謹有才望者，政成之後得與參政副使一體陞擢，若有卓異即如先朝故事，不次超遷。」從之。

拱上疏曰：「國家用人不得官本省者，以其民社之責，親族所居，難於行法，身家所屬，易以爲奸也。若學倉、驛遞、閘壩等官卑而且貧，一授遠地或棄官不能赴，或去任不能歸。彼其所司者訓誨出納而已，供應啓閉而已，何有奸？若法近例教官，邊遠人得授本省，人甚稱便，乞視此例。」從之。

拱上疏曰：「中外官賢否必繇撫按舉劾，而邇來撫按諸臣任意輕重，自相矛盾，或論其操守之敗壞，或論其性氣之乖方，乃擬曰致仕。夫既非老非疾，則安得但致仕而已？或論其贓私狼藉有證據，或論其搒掠多死有姓名，乃擬曰降調。夫既誠貪既誠酷，則安得但降調而已乎？或論其行止不端，或論其昏庸特甚，乃擬曰改教。夫既不謹罷輭，則安得但改教而已乎？爲是者有二，或欲左遷其人，

以爲不甚言之恐不能動也，遂從而重劾之；或欲姑息其人，以爲既直述其事恐不能留也，遂從而輕擬之。撫按既以依違，本部益無所據。宜令撫按有所糾劾，直列其狀，應提問者不得止論罷官，已降調者不得再論不及。」從之。

上登極，徐階草世宗遺詔，録先朝建言寃抑之臣。浙江人故刑部主事唐樞、吏科都給事中王俊民，故以大禮大獄得罪者，樞得復職聽用，而老不可起；俊民既没，得廕子贈官，撫臣以聞。拱故與階相左，因疏曰：「我朝規模宏遠，君臣義嚴，父子恩篤，以此號令天下，邁隆古而陋近代。先帝神聖御極，駿烈鴻猷，昭揭宇宙。皇上嗣位，志隆繼述，所謂不改父之政，宜本心也。當時議事之臣不以忠孝事君，務行私臆，乃假託詔旨，凡先帝所去如大禮大獄諸臣悉從起用，不次超擢，立致公卿，死者皆有贈廕。夫大禮先帝親定，以立萬世父子君臣之極也。獻皇尊號已正，《明倫大典》久頒天下矣。今得罪者悉從褒顯，則獻皇在廟何以爲享，先帝在天何以爲心？皇上歲時祭獻二聖之前何以對越？豈非欺誤之甚者乎？至若大獄及建言諸臣豈無一人當罪？乃亦不論辜功賢愚，槩從褒顯，無乃仇視先帝與？武王反商亦不過釋箕子之囚，封比干之墓而已，未聞盡用商家人也。臣伏覩弘治間御史彭程稍言先朝妄費，孝皇盛怒，謂暴揚先帝之失，論程大不敬，後得免死充軍。夫程當日所坐特一語耳。上親先帝子，議事者先帝遺臣，明於上前所爲如此，自悖君臣之義，傷主上父子恩，甚非所以訓天下。臣每私心痛恨，至于流涕，以爲人臣歸過先帝，反所爲行私臆既多時矣，宜有明者，當事者尚公然爲之，不覺其悖，傍觀者亦漫然視之，不以爲非。豈耳目久塗，人心果死歟？若始終無一人破其説，此無父無君之教也。」上是其言，盡罷諸陳乞者。

方士王金、陶世恩、陶倣、申世文、劉文彬、高守忠，故用金石藥致世宗疾不起，坐論死。拱與録獄，復言：「臣奉命録獄，閲方士金等獄詞，不覺隱慟流涕曰：『先帝受誣至此耶。』古之人君有殞非命不得正終者，名至不美，蓋實有其事不能掩諱，故以流傳當時，取譏後世也。我先帝果不得正終，實有其事者歟？先帝聰明睿智，大小洞燭，保愛聖體，尤極詳慎，即用太醫院一劑，亦有御札，商榷輔臣，安肯輕服方士藥，不問可否？又安有服傷不言，又復服之？此陛下所明知也。先帝臨御四十五年，享年六十，壽考令終，本朝希有。末年抱疾經歲，從容上賓，曾無暴遽，此亦天下所共聞也。今乃曰金等妄進藥物致損聖體，從子殺父律，謂先帝是金等所害，皇天后土，然耶否耶？臣不知議者意誣先帝爲不得正終，謂先帝何？且以陛下父子間，明于陛下前誣先帝以不得正終，謂陛下何？明坐先帝爲人所害，以爲獄詞，則何政體？大廷之上每歲審録，明道先帝爲人所害，以爲口實，則何語言？金等罪惡當誅，自有本律，即坐萬死，寧復足惜，乃令天下後世信以爲真，則是先帝抱不白之寃於上天，留不美之名於人世。宗廟神靈與陛下孝思憂無大此者。」上下法司，會訊承天門，盡反金等獄詞，更坐他罪，編發口外。拱所言雖故反階，然人以爲有理。

拱在事敏達果敢，至其掌吏部多快恩讐，私親舊門生。與趙貞吉奉旨考察科道官，所貶斥皆平日攻己者，貞吉爲之去位。拱每選授科道官，即戒毋擅言大臣過失。一時如給事中韓楫、程文皆拱腹心，有所論奏盡拱意所欲爲，頌拱上前，比於伊周。會尚寶司卿劉奮庸建言五事，頗有指摘。阿拱意者遂謂奮庸怨望不遷，尋端排訾。户科給事中曹大埜亦拱門生，論拱不忠十事，言其比嚴嵩尤甚，請以先帝處嵩者斥之。上爲拱調大埜外任。阿拱意者不止，更目大埜爲奮庸邪黨，極力詆譏。吏科給事中涂夢桂劾奏奮庸動摇國是，宜亟罷斥。而程文言輔臣竭忠報國，萬世永賴，不可一日無者。奮庸、大埜搆奸傾陷，罪不容誅，宜示遠竄。因摘大埜疏一一爲拱解辯，雖拱自辯不過焉。拱上疏捄解奮庸、大埜，上更降奮庸一級，亦調之外任。於是大埜得潮州判官，奮庸得興國州知州。士論以夢桂、文爲耻，而大埜者亦往來張居正所，授居正而爲之者也。

穆宗崩，拱與張居正、高儀同受顧命。時今上幼冲，居正因陰結司禮太監馮保以圖拱。拱顧慷慨直任，收宫府權，曰：「老臣謬膺托孤寄，不敢不竭股肱。凡内降命敕，府部章奏，自今公聽竝觀，有傳奉中旨，所司按法覆奏，白老臣折衷之以復，百官總已聽冢宰之義。」拱内慮馮保專恣，與居正、儀謀去之。居正陰泄之保，乃與保謀去拱。六月既望，昧爽，保傳皇后、皇貴妃、皇帝旨曰：「告爾内閣五府六部諸臣，大行皇帝賓天，先一日召内閣三臣御榻前，同我母子三人親受遺囑曰『東宫年少，賴爾輔導』。大學士拱攬權擅政，奪威福自專，通不許皇帝主管，我母子日夕驚懼，便令回籍閒住，不許停留。爾等大臣受國厚恩，如何附阿權臣，蔑視幼主？自今宜洗滌忠報，有蹈往轍，典刑處之。」拱即日出朝門，得一牛車，立而附載。緹騎兵番跟蹌追逐，喪厥資斧。大臣去國，以爲異聞。拱去，居正爲乞馳驛，乃傳歸。而高儀病悸，嘔血三日死。

其明年有浙東人王大臣者，故投充總兵戚繼光三屯營爲南兵不遂，流落都下。大臣巧捷便佞，無鬚髯，得入一中貴家，中貴昵之。正月庚子，竊中貴巾服闖掖廷，直抵乾清宫門外。上方出朝大臣，色勃股戰以犯蹕，執揣驗之，男子也，

袖有佩刀。馮保立鞫之，曰「南兵王大臣」。「奚自？」曰「自戚總兵」。保使密報居正，而居正令附保耳曰：「戚公方握南北軍，據危疑地，且禁毋妄指，此中自有作用，可借以除高氏。」保故甘心陳太監洪，先逮洪，錮禁獄，令大臣供之矣。自是令稱高使，改籍曰武進縣，即令家奴辛儒衣大臣蟒袴，予二劍，劍首飾猫精異寶，送繫廠中，入以聞，請究主使人。居正亦上疏如保意。上即付保鞫。保令辛儒屏語大臣曰：「第言高閣老怨望，使汝來刺，願先首免罪，即官汝錦衣，賞千金。不然重搒掠，死矣。」因使儒畀大臣金，美飲食之。儒日與大臣狎款，即令誣人耳。大獄將起，公奈何以已告爲解，即共過居正。居正曰：「東廠獄具矣，同謀人至即疏處之耳。」守禮曰：「守禮敢附亂臣黨耶？願以百口保高公。」居正默不應。博曰：「願相公持公議，扶元氣，廠中寧有有良心？黨株連者衆，事更有不可知者。」居正堅不承。博與守禮因歷數先朝政府同心輔政及貴溪、分宜、華亭、新鄭遞相傾軋，相名坐損，可爲殷鑒。居正憤曰：「二公意我甘心高公耶？」奮入內取廠中揭帖投博曰：「是何與我？」揭帖有居正竄改四字曰「歷歷有據」而居正忘之。守禮識居正手，笑而納諸袖。居正覺曰：「彼法理不諳，我爲易數字耳。」守禮曰：「機密重情，不即上聞，先政府耶？吾兩人非謂相公甘心高公，以回天非相公不能。」居正悟，揖謝曰：「苟可効，敢不任。第後局何以結？」博曰：「相公患不任耳。任何難結？須得一有力世家與國休戚者乃可委按。」居正悟，始言上前，度處之。上即命馮保與左都御史葛守禮、都督朱希孝會審。而希孝懼，與其兄成國公希忠相對泣曰：「誰畫此策也？以覆吾宗。」急詣居正請命。居正曰：「第見冢宰、大中丞。」希孝泣謁，博曰：「欲借公全朝廷宰相禮耳，何忍以身家陷公？顧亦何難？公第使善詗較尉入獄詢刀劍口語所從來，雜高家奴稠衆中令別識，且問見高公何所？今在何地？立辯矣。」希孝如博言，使善詗較尉密詢大臣何自來，則來自保所，語盡出保口。較尉即告大臣入宫謀逆者法族，奈何甘此？若吐實或免罪。大臣茫然哭曰：「始給我主使者罪大辟，自首無恙，官且賞。豈知此？當實言。」適高家奴逮至，希孝雜諸較中，令物色，大臣不辯也。及會審，風霾大晦，尋雨雹不止。東廠理刑白一清者謂保初問官二千户曰：「天意若此，可不畏乎？高閣老顧命大臣，本無影響，强我誣之，我輩皆有身家妻子，異日能免誅夷耶？」皆曰馬公已爲具詞而張閣老改四字。一清曰：「東廠機密重情安得送閣改乎？」頃之天稍明，出大臣會問。故事，先雜治。大臣呼曰：「故許我富貴，何雜治也？」馮保即問曰：「誰主使者？」大臣瞪目仰面曰：「爾使我，乃問也。」保氣奪，强再問：「爾言高閣老何也？」曰：「汝教我，我則豈識高閣老？」希孝復詰其蟒袴刀劍，曰：「馮家奴辛儒所予。」保益懼，希孝曰：「爾欲污獄使耶？」遂罷。保外飲大臣生漆酒，瘖之。而内以拱行刺事上聞。有殷太監者，年七十餘，老矣，在上前跪奏曰：「高閣老故忠臣，而何爲此？」隨顧保曰：「高鬍子是正直忠臣，張蠻子奪他首相，必殺之。我輩内官，何須助彼？」保大沮，而太監張宏亦力言其不可。于是上下刑部擬罪，竟論大臣斬。

拱被居正齮齕，杜門屏居，仕宦中州者不敢過新鄭，率枉道他去。久之卒。當拱爲相時，其妻姪張孟男爲尚寶丞，往來甚疎，歲時起居拱，拱與其妻置酒便坐爲曲宴。孟男終日無他語，拱語孟男於其妻：「而姪少我耶？」妻曰：「姑且如此，何有於公？」孟男以拱故四歲不遷官，及拱踉蹌去國，拱向所私門生親舊率匿景裹足，孟男執箠四脡脯追而送之郊。拱下韋藩木楗執手，辟以爲席，鞍以爲几，對酌而别。臨别拱握孟男手流涕曰：「吾向以爲子少我也，我亦少子。今吾忝子也。」孟男曰：「公何言也？夫能不盡于公也者乃能盡于公者也。」孟男後仕至南户部尚書。拱無子，賜謚曰文襄。

雜録

備録

陳仁錫《皇明世法録》卷八七　穆宗爲裕王，出閣講學，居外府。公爲講官，先在開道，王目屬而心儀之。時人心洶洶，王日懷恐惻，兩府襟居，讒言肆出，公周旋邸中，竭力盡心，王深倚重之。考滿陞侍讀。戊午典順天試，尋陞侍講學士。在府凡九年，陞太常寺卿，管國子監祭酒事。王賜金繒甚厚，哽咽不能别。公雖去講幄，府中事無大小必令中使往問。一日思先生甚，親書「懷賢」二字，遣中使賜至第。無何，又書「忠貞」二字賜之。又書「啓發弘多」四字賜之。壬戌陞禮部左侍郎兼學士，知貢舉。科場諸弊，百五十年所不能正者，革之殆盡。癸亥，改吏部左侍郎兼學士，掌詹事府事。時少宰缺，公當往。公曰：「吏曹事不令兩侍郎知，吾無以報上，而徒以虛名鎮百僚，無以爲也。」竟辭不就。乙丑主考

會試。六月陞禮部尚書兼學士。禮曹故自詞臣往，不習吏事，弊孔叢雜。公吏事精核，每出一語，奸吏股慄，俗弊以清。丙寅進兼文淵閣大學士，參預機務。未幾召入直，賜直房食用乘馬，時分御膳畀之。閣臣入直西苑，自世皇中年始，有事在直，無事在閣。世皇諭閣臣曰：「閣中政本可輪一人往。」徐文貞竟不往，曰：「不能離陛下也。」袁文榮亦不往，曰：「不能離陛下也。」公正色問文貞曰：「公元老常直可矣。不才與李、郭兩公願日輪一人，詣閣中習故事。」文貞拂然不樂。會世皇不豫，入直諸公各移具出。時江陵公尚爲學士，以公事至，語公曰：「君父病焉，臣子移具可乎？」公愕然曰：「吾意乃如此。」竟不出。【略】

沈德符《萬曆野獲編》卷八 【新鄭論事矛盾】新鄭掌銓，適當法司會審重犯，意欲平反王金之獄，以陷故相徐華亭。乃自請云：「臣以首揆行冢宰之事，宜往讞。」因極論王金一案爲非，云議事者假先帝爲辭，謂金等進燥藥、丹藥，致大行誤服，又用麝香、附子熱藥，及百花酒喫飲，丹田發熱，遂損聖體，如此誣罔先帝，爲天地古今大變，亟宜昭雪，其言甚辨。得旨再問，而王金竟得末減矣。新鄭之意，雖主於修舊怨，然初擬弒逆，則華亭當國，亦果未詳確，使高得借以爲詞。賴穆宗寬仁，不深究。及穆宗升遐，江陵爲次揆，用馮保掌司禮印，新鄭形勢已危，乃具疏草，令所厚門人都給事程文、宋之韓等，公劾馮保。其第一款即云：「保私進邪燥之藥，以損聖體，先帝遂至彌留。」又引弘治十八年，太監張瑜誤進藥餌，致損孝皇，張瑜問斬爲據。疏上留中，而高逐矣。夫誤藥一也，在世廟，則確證以爲無，在先帝，則確證以爲有。且二疏俱刊集中，明著俱出其手，又何也？蓋一報仇，一去偪，故出言矛盾而不自覺，遂爲有識者所窺。

沈德符《萬曆野獲編》卷一一 【内閣中書外補】新鄭再起，以首揆兼冢宰，有内閣誥敕房辦中書事序班十人，久次當遷，新鄭置不省，蓋華亭所收，意憎之也。十人者。齊訴于朝房，且以秩滿故事請，新鄭呵曰：「若輩有何勞？」對曰：「勞苦已三滿考，且索米長安，冀增薄禄餬口耳。」新鄭乾笑曰：「果爾耶？吾即有應，必不令若曹有侏儒之羨。」俱喜，謝而退。即刻入部具疏，十人者俱對品調外，爲邊遠倉大使，無一人能赴者，皆慟罵歸，中一夏姓者，予及識之。新鄭秉重柄，任情非一，此特其最小者，然已足失人心矣。

李紹文《皇明世説新語》卷八 高拱新鄭人。忤首相，順天主考即以「放鄭聲遠佞人」爲題。支大綸曰：「不知高再出時兩人何施顏面？」

談遷《棗林雜俎》聖集《高拱知人》 高中玄相國署吏部日，戊辰進士選秀水沈思孝等八人，分令廣東，俱目矚得之，並歷侍郎，其一中丞。沈繼山先生說。

張萱《西園聞見録》卷二八 高文襄公拱，嘉靖四十五年三月入内閣。龍馭上賓，華亭公於袖中出草詔欲以遺命盡反先政。公以語太峻，與安陽公對案相面曰：「先帝英主，四十五年所行非盡不善也。今上親子，非他人也。三十登庸，非幼小也。乃明於上前揚先帝之罪以示天下，如先帝何？且醮事先帝幾欲止矣。紫皇殿事誰爲之而皆爲先帝罪乎？土木之事一丈一尺皆彼父子視方略，而盡爲先帝罪乎？詭隨於生前而詆詈于身後，吾不忍也。」相視淚下。語稍聞外廷而忌者側目矣。會上改元，閣臣四人各擬二字上。上竟號隆慶，則公擬也。人謂上意在公，又議登極賞軍事。公曰：「祖宗無此，自正統元年始也。先帝以親藩入繼，時尚殷富，遂倍之。今第如正統事行，則四百萬之中可省二百萬矣。」當事者竟如嘉靖行事而司農苦不支，乃悔不從公。會有言大臣某者，其人實有望，不當擬去。而首揆重違言者意，乃以揭請上裁。公曰：「此端不可開。先帝歷年多，通達國體，故請上裁。今上即位甫數日，安得遍知羣下臣否？而使上自裁，上或難于裁，有所旁寄，天下事去矣。」乃竟請上裁。兩人嫌益開，言者爭謂公擅矣。公初在政府無大異，而三月之間，言者受風指論公三十餘疏，公亦力請去，疏凡十二。故事，考察拾遺不及閣臣。而南給事岑用賓、御史尹校遂以公拾遺。公自念非請病無以謝人言，隆慶元年，以少傅、武英殿學士養病，力求去。上驚問左右曰：「高先生病耶？」左右對曰：「病甚。」上猶弗忍。良久得請，賜馳驛，遣行人護送，賜賚有加。越一載，上思公不置，隆慶四年，詔還内閣，兼理吏部事。公至，慨然以天下爲己任。

張萱《西園聞見録》卷三〇 高文襄公拱以閣臣視吏部事。故事，推陞時皆主事揭授郎中，呈於冢宰。公曰：「堂有侍郎，且有員外，疏皆列名而事不與聞，何居此？不過欲行其私耳。吾其改是。」令吏抱牘至後堂，二侍同司屬揭之，即冢宰欲有所上下，不能也。鹽馬之官暨遠方府守，人皆薄視之，以故善政無聞。請以賢者往，不得復有低昂。謂：「積穀遇貧薄之區則何以取盈，完糧當苦寒之地則何以足數？」於是特寬其額，而官不苦難矣。

隆慶三年，大學士高拱掌吏部，言：「國家用人不得官于本土，此惟有民社之責者則然耳。若夫學倉驛遞等官，其官甚卑，其家甚貧，一授遠官，或棄官而不能赴，或去任而不能歸，零丁萬狀，其情可憐。近例教官得授本省，地方甚以爲便，乞視此例。」從之。又言：「邊方有司實兼牧民禦虜之責，即以有才力者爲

之猶懼不堪，即優厚而作興之猶恐不振。乃官其地者非雜流則遷謫，非遷謫則多才力不堪之人。夫既不能稱職于内地而欲立效于邊方，宜其吏治日偷而民生日蹙也。自今必擇年力精强才氣超邁者除補，或查治有成績兼通武事者調用，以三年爲率，比内地之官加等陞遷。有能捍患禦敵，以軍功論，不次擢用。如才略恢宏，可當大用，即由此爲兵備，爲巡撫，爲總督，無不可者。若用之不效，無益地方者，降三級別用。若觀望推諉，以致誤事者，輕則罷黜，重則軍法治罪。夫既開功名之路以歆之于先，又嚴降罰之條以繩之于後，庶修職者多而邊方有賴矣。」上曰：「宜加意擇人，悉如議行。」教官暨驛遞閘壩等官本無民社而意處以他省遠方，使有官者不能赴而去官者不得歸，乃請得還本省，人皆稱便。它如開王親内轉之例，覆一甲讀書之規，正撫按舉劾之差，覈京官考滿之實，分進士講律之會，定王官陞授之條，議有司捕盜之格，遂使朝無偏黨，官無煩苛，九州四海雷動風行之矣。廣東昔稱樂土，後爲盜區。多捨制科，寬其薦額，勿拘成數，遂使廣東亂民樂業而向化矣。時天下制科處其三，科貢處其七，是崇其三而棄其七也。乃疏謂：「惟賢是視，不計科貢。」除吏時其善地多留而不除，名曰養缺。公曰：「民方無主，吾何以留爲？祇留以供用，且以供人之用耳！吾無所用，又不供人用，則何留焉？」於是命選司凡所有缺者悉揭諸門外。

張萱《西園聞見録》卷七八　隆慶間北虜頻年入犯，中外以兵事爲憂。時高文襄當國，曰：「大司馬安危所係，至重也，不得其人，由儲之不豫。少司馬止二員，此無事時耳。閲邊事未免假于他官，或遇總督乏人，未免移于他處。假他官則非本秩不便行事，移他處則補于東缺于西，彼此候代，經歲時不得履任，門庭誰禦？請于兵部增侍郎二員，一遇巡閲即以一人往，邊方員缺即以一人往。凡邊方險隘，虜情緩急，將領賢否，士馬强弱，皆以曉暢，方略素定。遇大司馬員缺即以補之。如此而稱乏用必不然也。兵乃專門之學，儲養本兵大臣當自司屬始。兵部司屬秩在軍旅而不擇其人，泛然以用，又往往遷爲他官，是當時高其選而以有智謀才力者充之，使其專官，不復他遷。如邊方兵備即以司屬往，邊方撫臣即以兵備往，邊方總督即以撫臣往，而總督與在部侍郎時出時入，以候尚書之缺。如此而稱乏用必不然也。邊方之臣又宜時示優厚，使其功名常在人先，他官不得與之論年月。脱或不稱，則律以法，使其功名常在人後，如是而猶不盡力，必不然也。邊關總督之臣，在邊日久，著有成績，當令回署以休暇之，後不妨再出，使其精神不疲，而智慧不竭，以勤王事，爲濟必多。」得旨報可。

又上疏曰：「方今邊徼用兵，惟是薊遼、宣大、延綏、寧夏、甘肅，而南則閩廣。是數處者，一有警，有所處分祇奏報，多不中款。請于是數處擇知兵事一二人，使爲兵屬。彼有身家之慮，凡山川險易、將領賢否、奏報虚實、功罪真僞可一問而得。請以是爲參伍之資。」得旨報可，著爲令甲。

已而又上疏曰：「臣惟邊方有司有疆埸之責，才者猶懼不堪，即優禮而鼓舞之猶恐不振，乃官其地者非雜流則遷謫，待之既薄，志意隳阻，又何望于展布？蓋徒以地苦其人，而曾不顧人之苦其地也。徒以邊方爲遠，而不知遠安而後邇安也。請擇年力精强、才氣超邁、兼通武事者調用，有能保惠困窮俾皆樂業者，以三年爲率，比内地超等陞遷。有能捍患禦敵者，以軍功論，不次擢用。即由此爲兵備，爲巡撫，爲總督，無不可以，爲治効不以資格。功名之路既開，則又有借口邊防以圖倖進者，不可不爲一定之説。薊遼則昌平、順義、密雲、懷柔、薊州、玉田、豐潤、遵化、平谷、遷安、撫寧、昌黎、樂亭、延慶、永寧、保安、安樂，山西則河曲、臨縣、忻州、崞州、代州、五臺、繁峙、定襄、寧鄉、岢嵐、嵐縣、興縣、静樂、保德、大同、懷仁、渾源、應州、山陰、翔州、馬邑、蔚州、廣寧、廣昌、靈丘，陝西則固原、静寧、隆德、安定、會寧、蘭州、環縣、安塞、安定、保安、清澗、綏德、米脂、葭州、吴堡、神木、府谷，其他不得概以邊稱。」得旨報可。

時虜甚警，朝臣無經戰者，人心震恐。公乃以尚書陳希學、曹邦輔、侍郎王遴各率師背城列陣以待，以京尹粟永禄、南都御史護守山陵，又起都御史劉燾于天津守通糧，而以總督王崇古、譚綸專征勦，無内顧憂，以侍郎戴才理餉。是歲也，虜竟不人。

張萱《西園聞見録》卷九九　高文襄之被逐也，即乘騾車去，道傍之人有流涕者。公歸，杜門謝客，口不言時事。未幾有王大臣之獄，柄人將借以殺公。已差五校往新鄭，有所逮。會廷鞫之日，白日書暝，迺大臣瞪目仰面，備極拷略，竟不識所謂高公。次日殺王大臣而公獲免，不敢復見一人矣。

梁維樞《玉劍尊聞》卷二　高新鄭掌銓，吏呈鴻臚序班十餘當轉。高曰：「都與倉大使。」吏白無此例。高曰：「我今日是例。」

孫奇逢《中州人物考》　拱號中玄，新鄭人。資稟顯異，多讀書，能文章，志在經世，不沾沾以訓詁爲也。嘉靖辛丑進士，由庶吉士擢禮部尚書。丙寅，與郭朴同入閣，參預機務。穆廟初御，以拱舊爲講官，加恩太子太保。具疏辭，不允。拱與徐華亭同在政府，因人言開釁，朝論遂多指摘拱，稱病乞休。疏屢上，

上恩禮有加，拱終不出。上知不可留，乃報許，命馳驛還鄉調治，仍賜白金文綺，遣行人護送。己巳，上念青宫恩，以少師起，入内閣，出管吏部。職業崇于中書，體統尊於公孤，儼然周宰漢相上矣。拱凡有條奏皆蒙上褒嘉允行。詔先帝時建言被遣者毋得概行卹録，公言：「人臣歸過先帝，反其所爲，以行己之私臆，恐天下之人直以悖逆爲當然。顧下閣臣議，諭告天下，以醒久迷之人心，以開久塗之耳目。」疏入，上曰：「大(體)〔禮〕斷自皇考，諫者本屬有罪。其他建言亦豈皆無罪者？今乃不加甄别，盡行卹録，何以仰慰在天之靈？覽卿奏，具見忠悃。諸陳乞并罷。」請與都察院同考京官。上是之。科道官素行不謹者九人，浮躁淺露者八人，才力不及者十人，俱黜降如例。壬申五月，上疾大漸，召拱及張居正、高儀至乾清宫，受顧命，囑託甚至。蓋自孝廟顧託三臣之後，僅再見也。萬曆元年，乞致仕，許之。萬曆六年卒于里，命復其家，予祭葬，謚文襄。

備論

孫奇逢《中州人物考》 野史氏曰：中玄居政府，毁譽条焉。説者曰，初扼于華亭，罷去無一人祖道者。後江陵忌居其上，故其私人多出力以擠之。夫同在中書，同寅協恭尚已，撝謙自下不敢以才智先人，其庶幾乎。不然相傾相軋，勢所必至，況二公俱負才予知者乎？公于諸邊情形無不熟諳而洞悉之，故邊人有事來請，公輒爲指示方略，政府不諳邊務而邊人能立功于外者難矣。

傅維鱗《明書》卷一三五 史官曰：高拱以藩邸腹心得君行政，慨然以綜核名實爲己任，其所條奏銓政邊才，鑿鑿可施之當今。練達曉暢，救時賢相也。然昧於幾事，輸誠同列，卒受傾危，抑所謂不學無術者歟。

海瑞部

綜述

《明史》卷二二六《海瑞傳》 海瑞，字汝賢，瓊山人。舉鄉試。入都，即伏闕上《平黎策》，欲開道置縣，以靖鄉土，識者壯之。署南平教諭。御史詣學宮，屬吏咸伏謁，瑞獨長揖，曰：「臺謁當以屬禮，此堂，師長教士地，不當屈。」遷淳安知縣。布袍脱粟，令老僕藝蔬自給。總督胡宗憲嘗語人曰：「昨聞海令爲母壽，市肉二斤矣。」宗憲子過淳安，怒驛吏，倒懸之。瑞曰：「曩胡公按部，令所過毋供張。今其行裝盛，必非胡公子。」發橐金數千，納之庫，馳告宗憲，宗憲無以罪。都御史鄢懋卿行部過，供具甚薄，抗言邑小不足容車馬，懋卿恚甚。然素聞瑞名，爲斂威去，而屬巡鹽御史袁淳論瑞及慈谿知縣霍與瑕。與瑕，尚書韜子，亦抗直不諂懋卿者也。時瑞已擢嘉興通判，坐謫興國州判官。久之，陸光祖爲文選，擢瑞户部主事。

時世宗享國日久，不視朝，深居西苑，專意齋醮。督撫大吏爭上符瑞，禮官輒表賀。廷臣自楊最、楊爵得罪後，無敢言時政者。四十五年二月，瑞獨上疏曰：

臣聞君者，天下臣民萬物之主也，其任至重。欲稱其任，亦惟以責寄臣工，使盡言而已。臣請披瀝肝膽，爲陛下陳之。

昔漢文帝賢主也，賈誼猶痛哭流涕而言。非苛責也，以文帝性仁而近柔，雖有及民之美，將不免於怠廢，此誼所大慮也。陛下天資英斷，過漢文遠甚。然文帝能充其仁恕之性，節用愛人，使天下貫朽粟陳，幾致刑措。陛下則銳精未久，妄念牽之而去，反剛明之質而誤用之。至謂遐舉可得，一意修真，竭民脂膏，濫興土木，二十餘年不視朝，法紀弛矣。數年推廣事例，名器濫矣。二王不相見，人以爲薄於父子。以猜疑誹謗戮辱臣下，人以爲薄於君臣。樂西苑而不返，人以爲薄於夫婦。吏貪官横，民不聊生，水旱無時，盜賊滋熾。陛下試思今日天下，爲何如乎？

邇者嚴嵩罷相，世蕃極刑，一時差快人意。然嵩罷之後猶嵩未相之前而已，世非甚清明也，不及漢文帝遠甚。蓋天下之人不直陛下久矣。古者人君有過，賴臣工匡弼。今乃修齋建醮，相率進香，仙桃天藥，同辭表賀。建宫築室，則將作竭力經營；購香市寶，則度支差求四出。陛下誤舉之，而諸臣誤順之，無一人肯爲陛下正言者，諛之甚也。然愧心餒氣，退有後言，欺君之罪何如！

夫天下者，陛下之家。人未有不顧其家者，内外臣工皆所以奠陛下之家而磐石之者也。一意修真，是陛下之心惑。過於苛斷，是陛下之情偏。而謂陛下不顧其家，人情乎？諸臣徇私廢公，得一官多以欺敗，多以不事事敗，實有不足當陛下意者。其不然者，君心臣心偶不相值也，而遂謂陛下厭薄臣工，是以拒諫。執一二之不當，疑千百之皆然，陷陛下於過舉，而恬不知怪，諸臣之罪大矣。《記》曰「上人疑則百姓惑，下難知則君長勞」，此之謂也。

且陛下之誤多矣，其大端在於齋醮。齋醮所以求長生也。自古聖賢垂訓，修身立命曰「順受其正」矣，未聞有所謂長生之説。堯、舜、禹、湯、文、武聖之盛也，未能久世，下之亦未見方外士自漢、唐、宋至今存者。陛下受術於陶仲文，以師稱之。仲文則既死矣，彼不長生，而陛下何獨求之。至於仙桃天藥，怪妄尤甚。昔宋真宗得天書於乾祐山，孫奭曰「天何言哉？豈有書也」。桃必採而後得，藥必製而後成。今無故獲此二物，是有足而行耶？曰「天賜者」，有手執而付之耶？此左右奸人，造爲妄誕以欺陛下，而陛下誤信之，以爲實然，過矣。

陛下又將謂懸刑賞以督責臣下，則分理有人，天下無不可治，而修真爲無害已乎？太甲曰：「有言逆于汝心，必求諸道；有言遜于汝志，必求諸非道。」用人而必欲其唯言莫違，此陛下之計左也。既觀嚴嵩，有一不順陛下者乎？昔爲同心，今爲戮首矣。梁材守道守官，陛下以爲逆者也，歷任有聲，官户部者至今首稱之。然諸臣寧爲嵩之順，不爲材之逆，得非有以窺陛下之微，而潛爲趨避乎？即陛下亦何利於是。

陛下誠知齋醮無益，一旦翻然悔悟，日御正朝，與宰相、侍從、言官講求天下利害，洗數十年之積誤，置身於堯、舜、禹、湯、文、武之間，使諸臣亦得自洗數十年阿君之恥，置其身於皋、夔、伊、傅之列，天下何憂不治，萬事何

憂不理，此在陛下一振作間而已。釋此不爲，而切切於輕舉度世，敝精勞神，以求之於繫風捕影、茫然不可知之域，臣見勞苦終身，而終於無所成也。今大臣持祿而好諛，小臣畏罪而結舌，臣不勝憤恨。是以冒死，願盡區區，惟陛下垂聽焉。

帝得疏，大怒，抵之地，顧左右曰：「趣執之，無使得遁。」宦官黃錦在側曰：「此人素有癡名。聞其上疏時，自知觸忤當死，市一棺，訣妻子，待罪於朝，僮僕亦奔散無留者，是不遁也。」帝默然。少頃復取讀之，日再三，爲感動太息，留中者數月。嘗曰：「此人可方比干，第朕非紂耳。」會帝有疾，煩懣不樂，召閣臣徐階議内禪，因曰：「海瑞言俱是。朕今病久，安能視事。」又曰：「朕不自謹惜，致此疾困。使朕能出御便殿，豈受此人詬詈耶？」遂逮瑞下詔獄，究主使者。尋移刑部，論死。獄上，仍留中。户部司務何以尚者，揣帝無殺瑞意，疏請釋之。帝怒，命錦衣衛杖之百，錮詔獄，晝夜搒訊。越二月，帝崩，穆宗立，兩人並獲釋。

帝初崩，外庭多未知。提牢主事聞狀，以瑞且見用，設酒饌款之。瑞自疑當赴西市，恣飲噉，不顧。主事因附耳語：「宫車適晏駕，先生今即出大用矣。」瑞曰：「信然乎？」即大慟，盡嘔出所飲食，隕絶於地，終夜哭不絶聲。既釋，復故官。俄改兵部。擢尚寶丞，調大理。

隆慶元年，徐階爲御史齊康所劾，瑞言：「階事先帝，無能救於神仙土木之誤，畏威保位，誠亦有之。然自執政以來，憂勤國事，休休有容，有足多者。康乃甘心鷹犬，搏噬善類，其罪又浮於高拱。」人韙其言。

歷兩京左、右通政。三年夏，以右僉都御史巡撫應天十府。屬吏憚其威，墨者多自免去。有勢家朱丹其門，聞瑞至，黝之。中人監織造者，爲減輿從。瑞鋭意興革，請濬吴淞、白茆，通流入海，民賴其利。素疾大户兼并，力摧豪强，撫窮弱。貧民田入於富室者，率奪還之。徐階罷相里居，按問其家無少貸。下令飈發凌厲，所司惴惴奉行，豪有力者至竄他郡以避。而奸民多乘機告訐，故家大姓時有被誣負屈者。又裁節郵傳冗費。士大夫出其境率不得供頓，由是怨頗興。都給事中舒化論瑞迂滯不達政體，宜以南京清秩處之，帝猶優詔獎瑞。已而給事中戴鳳翔劾瑞庇奸民，魚肉搢紳，沽名亂政，遂改督南京糧儲。瑞撫吴甫半歲，小民聞當去，號泣載道，家繪像祀之。將履新任，會高拱掌吏部，素銜瑞，并其職於南京户部，瑞遂謝病歸。

萬曆初，張居正當國，亦不樂瑞，令巡按御史廉察之。御史至山中視，瑞設雞黍相對食，居舍蕭然，御史歎息去。居正憚瑞峭直，中外交薦，卒不召。十二年冬，居正已卒，吏部擬用左通政。帝雅重瑞名，畀以前職。明年正月召爲南京右僉都御史，道改南京吏部右侍郎，瑞年已七十二矣。疏言衰老垂死，願比古人尸諫之義，大略謂：「陛下勵精圖治，而治化不臻者，貪吏之刑輕也。諸臣莫能言其故，反借待士有禮之説，交口而文其非。夫待士有禮，而民則何辜哉？」因舉太祖法剥皮囊草及洪武三十年定律枉法八十貫論絞，謂今當用此懲貪。其他規切時政，語極剴切。獨勸帝虐刑，時議以爲非，御史梅鵾祚劾之。帝雖以瑞言爲過，然察其忠誠，爲奪鵾祚俸。

帝屢欲召用瑞，執政陰沮之，乃以爲南京右都御史。諸司素媮惰，瑞以身矯之。有御史偶陳戲樂，欲遵太祖法予之杖。百司惴恐，多患苦之。提學御史房寰恐見糾擿欲先發，給事中鍾宇淳復慫恿，寰再上疏醜詆。瑞亦屢疏乞休，慰留不允。十五年，卒官。

瑞無子。卒時，僉都御史王用汲入視，葛幃敝籝，有寒士所不堪者。因泣下，醵金爲斂。小民罷市。喪出江上，白衣冠送者夾岸，酹而哭者百里不絶。贈太子太保，謚忠介。

瑞生平爲學，以剛爲主，因自號剛峰，天下稱剛峰先生。嘗言：「欲天下治安，必行井田。不得已而限田，又不得已而均税，尚可存古人遺意。」故自爲縣以至巡撫，所至力行清丈，頒一條鞭法。意主於利民，而行事不能無偏云。

查繼佐《罪惟録》列傳卷一五下 海瑞，字汝賢，廣東瓊山人，登嘉靖中賢書。瓊居大海絶島，多黎人化外。瑞爲諸生，輒著《平黎策》，計偕上之，不報。既不第，就南平學諭。瑞至，倡明師道，首揭鄉原剛欲之辨，及孟子不見諸侯之守，以廣厲學者，抗學官禮於臺使者及監司使者，務守《會典》憲綱獨立行一意。遷淳安令。瑞初入署，即以祀神胺餘，召丞尉學官弟子耆老以次列，備陳所爲奉法字下意甚悉，度田定税，蠲民疾苦。署中有隙地，課老僕藝蔬芥，旦夕取自贍。吏書無事，聽歸農。都御史鄢懋卿，相嵩黨也，總制八省鹺政，出行部，且巡嚴，先以用事私人入淳安諭意，瑞執以聞懋卿，置諸法。鄢懼，迂道去，嗾御史袁煒論調之，改知興國。興國疲瘠，民苦浮糧爲患。瑞條八事，上大中丞，而獨急清丈。清丈甫竣事，陞户部主事。

時上好玄修，百官道服從事。瑞抗疏諫曰：「陛下天資英斷，即位初年，剗除積弊，焕然與天下更始。乃鋭精未久，妄念牽之。興修土木，二十餘年不視朝

綱，法紀弛矣。數行推廣事例，濫名器矣。二王不相見，人以爲薄於父子。以猜疑誹謗，戮辱臣下，人以爲薄於君臣。樂西苑而不返宫，人以爲薄於夫婦。天下吏貪將儒，民不聊生，水旱靡時，盜賊滋熾，十餘年來，天下之人不直陛下久矣。今日所賴臣救而歸之正者，諸臣責也，乃復修齋建醮，相率進香，天桃天藥，相率表賀。興建宫室，工部極力經營；取香覓寶，户部差求四出。陛下誤舉，諸臣誤順，陳善閉邪之義，邈無聞焉。且陶仲文以術主長生，陛下師事之，仲文乃既死矣，學仲文何爲？」上覽疏怒甚，抵于地，繞座叱咤久之。拾地再三讀，意若爲動者。留中數月，諭輔臣徐階曰：「瑞言俱是。朕今病久，不如甲午以前，安能視事？」已又曰：「朕亦不自謹惜致此，如能出御政，豈受此人詬詈！」會上疾煩懣，乃下詔曰：「海瑞詈主悖道，錦衣衛收訊。」刑部尚書黄先昇擬大辟，讞上，留中。户部司務何以寬請曲貸瑞罪，上怒，并下以寬獄。上崩，莊皇立，乃釋出，爲兵部主事，歷右僉都御史巡撫應天。

瑞威武甚，有顯者以瑞至，夜易其門赬而黝。往日監造中人出輒八輿，至是減其半。瑞恨吴民投獻之弊，每獲主者名，輒斷擊不少貸。嘗嘆：「天下欲太平，惟有井田一法。井田壞而不復，亟宜盡奪富民田；不得已爲限田；至不得已而均税，下下策矣。」其意獨在卵翼窮民，而摧折士大夫之豪有力者。行部松江，訾故相徐階貲産太盛，黠民詣瑞陳詞萬人。瑞下副使蔡國熙，附爰書，而階子孫親黨戍遣殆盡。刑科給事中舒化言：「瑞著節先朝，誠一代直臣，然迂滯不諳事體，科條約束，切切片紙尺帛間，恐非人情。如瑞，第宜與兩京清秩，以風激天下。」上不聽。已科臣戴鳳翔復言：「瑞受訟動盈千紙，縉紳相視如化，禁佃户不得完租，貧民不得究債，皆迂狂顛倒之甚，不可一日居地方。」遂解撫事，顓督糧儲。尋即裁革糧儲，自免歸。

瑞歸，不能温突，泰如也。萬曆三年，按臣鄧練薦起南京吏部右侍郎。瑞却大臣辭讓故事，扁舟詣京，人無知者，輒疏陳貪墨吏，以爲國初尚有剥皮囊草之令，律受枉法贓八十貫絞，今改從雜犯，準徒贖，無重刑，決不能懲。尋轉右都御史，約束諸御史甚嚴。故事，南御史赴任時緩，瑞奏諭，至有逮訊褫職者。一御史偶陳黎園私邸，瑞集諸御史堂上，奉高皇帝杖御史故事，必杖之。諸御史力請，不可得。瑞在留都，一意約已裕民，盡罷無名官費，理根排枝，毛舉細察，人見爲迂，而瑞斷在必行。留都民若弛重負，出湯火，城中縉紳之家無敢劇飲，雨花、牛首、燕子磯諸處，輿舫頓絶。御史房寰上書力詆瑞，而進士彭遵右、顧允成、諸壽賢，同疏斥寰，皆外謫。瑞亦乞骸骨，不允，卒于位，年七十有四。僉都御史王用汲入視，葛幃敝篋，有寒士所不堪者，爲嘆息泣下。諸御史捐金殮之，都民罷市數日。喪出江上，白衣冠揭楮素而送者蔽兩岸，號聲動天，簞食壺漿之祭數百里不絶。訃聞，上震悼，賜葬，贈太子少保，謚忠介。

瑞學以剛爲主，故自號剛峯。語邑人學士王弘誨曰：「今之醫國者，只一味甘草，三古之盛何由而見？」又言：「鄉原去大奸惡不遠，孟子功不在禹下，當以惡黨原爲第一。」

論曰：忠介頗爲已甚，類不近情。而黄秉石至稱爲知不惑，仁不憂，勇不懼，似太過。然明自中葉以後，非甲科，即異才碩學無由得遂其用。剛峯故矯用，而實本於無欺，以是所爲傾動朝野。及卒，吴人朱良詩以吊之，有曰：「批鱗直奪北斗志，苦節還同孤竹清。説與傍人渾不信，山人親見淚如傾。」一「清」字，概瑞生平矣。相傳内海子有木妖作聲爲祟，帝歷舉諸大臣以厭之，不爲止。最後曰：「送汝南京海瑞處。」寂然，妖竟已。

談遷《國榷》卷七四　辛未，南京右都御史海瑞卒。瑞字□□，瓊山人。嘉靖時，以貢士署南平教諭，臺謁不跽。知淳安縣，潔己愛民，鹽法都御史鄢懋卿不能詘。擢刑部主事，直諫瀕死，天下稱之。隆慶初，起官，歷右僉都御史，巡撫應天。威名藉甚，墨吏望風解綬。以奪富民田府怨，里居十餘年。起南京倉院，轉南吏部右侍郎，進總憲，浹歲三遷。所在疏剔弊垢，毛舉細密，期省約以裕民力。然過剛不能容人，人有言其過者，屢疏乞休。上心重之，欲置之内臺，申時行不快也。右副都御史王用汲臨其喪，見葛幃敝笥。爲泣下，醵金以殯，金陵巷祭罷市。王世貞謂其不畏死，不愛錢，不立黨，盡之矣。予祭葬，贈太子少保，謚忠介。

雜録

備録

叶權《賢博編》　海都御史瑞，號剛峰，廣東瓊州人。由舉人初署教諭，謁太

守，止長揖。後與兩訓導同見，訓導各跪，公獨中立。太守笑曰：「左右低而中高，似一筆架。」人因號海筆架。陞淳安知縣，或戲之：「海筆架折却中峰矣。」公曰：「爲人師表，當恃風節，今有官守，上下之分定也。」居淳安，甚得民心，邑中大治。礦賊千餘，久聚山中爲患，公單騎往説散之。胡總制盛時，公嘗減其家人往來夫馬。胡大不平，公不爲屈。尋陞工部主事，上書直諫，所言皆關大體。世宗皇帝手詔，謂公有比干之心，因情詞過激，庭杖八十，禁刑部獄。世宗殯天，穆宗在豫邸時聞其名，及即位，首赦出之。連遷至僉都御史，巡撫江南州郡。潔行廉約，志存經濟。減節驛傳，均平徭役。興利革弊，張膽敢爲。不避權貴，豪强斂迹。海内肅然，觀聽頓改。在官未週歲，以求治太急，雜之謡言，被劾罷去。公以天下爲己任，執法必行，不恤一身患害，足方古人。然徼枉過直，發顔動氣，去國乏闕生之量云。

李樂《見聞雜記》卷二　海公瑞，瓊山人。仕爲學諭，謁太守，長揖不跪，兩學訓跪其左右，人呼海筆架焉。令淳安時，胡公宗憲撫浙，海裁損夫馬，胡不得侈用。以直諫繫獄。蒙宥後，官御史大夫，待諸御史甚嚴。卒之日，檢篋唯綾葛一二，俸金數兩爾。

沈德符《萬曆野獲編》卷二二　【海忠介撫江南】忠介在江南，一意澄清，而不識時務，好爲不近人情之事。如縉紳之陞補及奉差者，藩臬之入賀萬壽者，俱賚有勘合，而鼓吹旌旗八人者改爲一人，輿夫扛夫二十四名改爲四人，人不能堪，或傭倩，或迂道他去。又令郡邑庭參不得頫首，然屬吏畏威，莫敢仰視。吾鄉一郁姓者，以乙科爲其屬績溪令，高年皤腹，俯仰艱楚，入謁時獨起止迂緩，腰領屹然，海大喜，以爲此第一强項吏也，立疏特薦，新鄭即召入爲比部郎，其治狀與資薄不問也。蓋矯枉過正，亦賢者之一蔽云。海開府吴中，人人以告訐爲事，書生之無賴者，惰農之辨黠者，皆棄經籍、釋耒耜，從事刀筆間。後王弇州爲華亭畫計，草匿名詞狀，稱柳跖告許夷齊二人，佔奪首陽薇田，海悟，爲之稍止，尋亦以言去位。而此風既熾，習爲故常，至今三吴小民，刁頑甲於海内，則庚午辛未間啓之也。【略】

【海忠介被糾】海忠介撫江南，立意挫抑豪强，至處徐華亭更大不堪，然以一時人望，無敢議者。獨刑科給事舒化首論之，其詞尚緩，至吏科給事中戴鳳翔獨疏參之，至發其爲南京卿寺時，妻妾相争，二人同日自縊，海辨疏太激，至詆舉朝無一人。於是吏科都給事光懋等、河南道御史成守節等俱恨怒，各出公疏合糾，而海始去。説者謂徐實嗾戴爲此疏，後戴遂歸女於徐氏，則理或有之。戴疏參直臣固已甚，其所指亦皆實事，今節録之：一濫受詞訟，在皇上洞悉民奸，頒行重禁也。瑞則不顧赦前事件，悉聽告訐，又無放告日期，旅進旅退，動盈千紙，累涉萬人。不能按理曲直以剖是非，而但徇情愛憎以決勝負。致使刁徒弗安生理，惟思搆訟。以小過而飾成極惡，以虚誕而揑作實情。本以户婚田土，裝爲人命强盜，或未告而揚言以儒素，或既告而講價以求和。越訴者不笞，誣告者不杖。律法埽地，羅織成風，人心至此，真大壞矣。一田産分贖，在祖宗時，亦慮紊事端，定限五年也。瑞則不拘遠年交易，違例問斷，又不詳審干證，隨告隨給，真僞不分，情理俱拂。或以明中正契而作無交，或以彼此情願而作逼獻。致使棍徒不營活計，專謀奪産。重鬻更新者徑以舊價回贖，已業蕩盡者又於祖産再分。或稱投靠以嚇其白還，或云占匿以肆其奪取。剜壯民之肉，啖餓虎之喙，風俗至此，其極敝矣。一道路公差，所經冒濫，固所當除，正支亦不可革。瑞出京時，用夫三十餘名，德州而下，用夫一百餘名，彼自謂分所應爾。殊不知以此處己，亦當以此處人。況昨年差祭海神，假稱敕訪民事，恐嚇當路，直至本鄉，雖柴燭亦取足有司，擡轎徑入二司中道，致夫皂俱被責三十。尚不愧悟，動以聖自居，其條約中有大聖人作爲等語，而狀有欺天玩聖字，悉批准行，恐聖名僭竊太甚。又不諳民俗，妄禁不許完租。夫租既不完，税何從出？致佃户賴租，産户賠税，膏腴荒廢，國賦何所出辦？又不遵明例，妄禁不許還債。夫債不還於今，則借不通於後，致使日用雖急，稱貸無門，束手待斃，危困何以自蘇？其他臚列尚多，皆遠時戾俗之事。時新鄭以首揆掌銓，海其所用也，亦頗聞人地不宜之狀，故覆疏有器小易盈，晚節不竟諸語，令其回籍候用。新鄭方倚海爲股肱，以龁華亭，終不能庇，蓋不能抗一時公議也。高雖專愎，此舉似稍采物情云。海忠介所頒條約云：「但知國法，不知有閣老尚書。」於是刁民蜂起，江南鼎沸，延及吾浙，不問年月久近，服屬尊卑，以賤淩良，以奴告主，弟姪據兄叔之業，祖遺蒙占奪之名。自庚午至今將四十年，少者壯，壯者老，習爲故常，專此誣訐，縉紳之賢者，反諱避以博忠厚之名。嘗聞吴中楊震厓成太宰云：「近日地方使君逞風力者，動云不畏强禦，然則强禦乃我輩也，不亦哀哉。」

顧起元《客座贅語》卷七《海忠介公》　海忠介公爲南右都御史，風猷肅然。與李敏肅公管察事，秉公持正，即權貴闕白，略不少徇，留都清議，因之愈重。一日因送表，向三山門内一孝廉家借坐，孝廉家屋極壯麗，憚公清嚴，聞其來，盡撤

廳事所陳什物，素舊敝椅數張待之。人謂有楊綰令人減騶徹樂之風。公每出行，所至人必擁輿左右聚觀之，婦人童孺咸嚾呼鼓舞，即司馬温公之入汴，不是過也。其初來涖任，止攜二竹笭箵，舟泊上河，人猶不知。嘗病延醫入視，室中所御衾幬皆白布，蕭然不啻如寒生。後薨於位。以如是人品，乃一給事中從臾，一督學御史以柱後惠文彈之。嗟乎，坐烏臺中呵佛罵祖者，豈獨一張商英哉！

李延罡《南吴舊話録》卷下　海忠介公爲御史中丞，出撫江南，行事過於刻核。出入自乘一馬，以二杖前呼，如在内僉堂之儀，自令長佐吏，下逮津吏皆令錦繡入見，此雖故事，一時驟以爲駭。傳聞吴中大饑，海公欲勸借富室，先請溧陽史太僕出三萬金，次及華亭相君，乞捐所有以賑鄉里，相君不得已以數千畀之。又華亭家奴多至數千，有一籍記之，海取籍削之，僅留十一以供役使，相君無以難也。世謂海受華亭恩厚，以是窘之，爲負義，不知其有益於徐，惟出之驟，不無過當。《筆麈》

穆廟辰巳間，海剛峯巡撫江南，意在鋤强，刁民逞奸，著姓鮮不破碎。有投匿名狀以諷之者曰：「告狀人柳盜跖，爲勢吞血産事。極惡伯夷、叔齊兄弟，倚父孤竹君歷代聲勢，發掘許由墳冢，被惡來告發，又賄求嬖臣魯仲連，得免。今某月日挽出惡兄柳下惠，捉某箍禁孤竹水牢，日夜痛加炮烙極刑，逼獻首陽薇田三百餘畝，有契無交，崇侯虎見證。切思武王至尊，尚被叩馬羞辱，何況區區螻蟻？激切上告。」海剛峯見之，頗悔前事，訟黨稍解。或云出自平湖陸莊簡公筆。

備論

何良俊《四友齋叢説》卷一三　荀子曰：「士大夫衆則國貧，工商衆則國貧，無制數度量則國貧。」由今日論之，吾松之士大夫工商不可謂不衆矣，民安得不貧哉！海剛峯欲爲之制數度量，亦未必可盡非，但海性既偏執，又不能詢謀諮度，喜自用，且更革太驟，故遂至於僨事耳。海剛峯不怕死，不要錢，不吐剛茹柔，真是錚錚一漢子。但只是有些風顛，又寡深識，動輒要煞癩，殊無士大夫之風耳。海剛峯第一不知體，既做巡撫，錢糧是其職業，豈有到任之後，不問丈田均糧，不清查糧里侵收，却去管閒事。海剛峯之意無非爲民。爲民，爲朝廷也。然不知天下之最易動而難安者，人心也，刁詐之徒，禁之猶恐不緝，況導之使然耶？今刁詐得志，人皆効尤，至於亡棄家業，空里巷而出，數百爲羣，闔門要索，要索不遂，肆行刼奪，吾恐更一二年不止，東南之事必有不可言者。幸而海公改任，此風稍息，然人心動摇，迄今未定也。海剛峯愛民，只是養得刁惡之人，若善良百姓，雖使之詐人尚然不肯，況肯乘風生事乎？然此風一起，士夫之家，不肯買田，不肯放債，善良之民，坐而待斃，則是愛之實陷之死也，其得謂之善政哉？

藝文

尤侗《西堂詩集・擬明史樂府・海瑞疏》　世宗在位四十五，建言諸臣皆園土。末年乃有海瑞疏，直訐乘輿干上怒。擲地不已撓殿步，莫走一官左右顧。忠臣豈肯逃亡去，再讀再思旋悔悟。大行賓天應釋汝，獄吏酒肴相勞苦，但願飽啖得死所，誰知晏駕驚聞訃，仰天一哭還嘔吐。此日方看臣哭主，當時尚擬子駡父。

瑞疏上，上覽之，大怒投于地，繞案而行曰「莫教走了一官。」左右女官竊語曰「彼爲忠臣，豈肯走耶？」已復取，再讀之，感動太息，留中數月。會上疾，煩懣，批下錦衣裔挐問，擬子罵父律。未決上崩，獄吏知瑞必釋，携酒看慰勞。瑞意將刑，飲啖不徹。吏曰：先生今日何歡甚？瑞曰：欲作飽鬼耳。吏曰：先生無誤，上晏駕矣。瑞聞大慟，嘔出飲食乃已。

嚴遂成《明史雜詠》卷三《海忠介瑞》　驛吏倒懸公子怒，發橐中金納之庫。官園藝蔬日自給，嘗鼎一臠以母故。長揖謁臺官，伏闕策平鑾。仙桃天藥市香寶，樂游西，苑建醮壇。諫書，朝以入，夕訣妻子與其棺。趣使執之毋使遁，天下豈有怕死之比干。墨吏聞風棄官走，朱門丹門突而黝。白茆吳淞濬海口，剥皮囊草祖制皆當守。剛峰之剛剛過中，無慾其清與水同。布袍脱粟以此始，葛幃敝贏以此終。

楊繼盛部

綜述

《明史》卷二〇九《楊繼盛傳》 楊繼盛，字仲芳，容城人。七歲失母。庶母妒，使牧牛。繼盛經里塾，覩里中兒讀書，心好之。因語兄，請得從塾師學。兄曰：「若幼，何學？」繼盛曰：「幼者任牧牛，乃不任學耶？」兄言於父，聽之學，然牧不廢也。年十三歲，始得從師學。家貧，益自刻厲。舉鄉試，卒業國子監，徐階亟賞之。嘉靖二十六年登進士，授南京吏部主事。從尚書韓邦奇遊，覃思律呂之學，手製十二律，吹之聲畢和。邦奇大喜，盡以所學授之，繼盛名益著。召改兵部員外郎。

俺答躪京師，咸寧侯仇鸞以勤王故有寵。帝命鸞爲大將軍，倚以辦寇。鸞中情怯，畏寇甚，方請開互市市馬，冀與俺答媾，幸無戰鬬，固恩寵。繼盛以爲讎恥未雪，遽議和示弱，大辱國，乃奏言十不可、五謬。大略謂：

互市者，和親別名也。俺答蹂躪我陵寢，虔劉我赤子，天下大讎也，而先之和。不可一。往下詔北伐，天下曉然知聖意，日夜征繕助兵食。忽更之曰和，失信於天下。不可二。以堂堂中國，與之互市，冠履倒置。不可三。海内豪傑争磨礪待試，一旦委置無用，異時欲號召，誰復興起。不可四。使邊鎮將帥以和議故，美衣媮食，弛懈兵事。不可五。往時邊卒私通境外，吏率裁禁，今乃導之使與通。不可六。盜賊伏莽，徒懾國威不敢肆耳，今知朝廷畏怯，睥睨之漸必開。不可七。俺答往歲深入，乘我無備故也。備之一歲，以互市終，彼謂國有人乎？不可八。或俺答負約不至；至矣，或陰謀伏兵突入；或今日市，明日復寇；或以下馬索上直。不可九。歲帛數十萬，得馬數萬匹。十年以後，帛將不繼。不可十。

議者曰：「吾外爲市以羈縻之，而内修我甲兵。」此一謬也。夫寇欲無厭，其以釁終明甚。苟内修武備，安事羈縻？曰「吾陰市，以益我馬」。此二謬也。夫和則不戰，馬將焉用，且彼寧肯予我良馬哉？曰「市不已，彼且入貢」。此三謬也。夫貢之賞不貲，是名美而實大損也。曰「俺答利我市，必無失信」。此四謬也。吾之市，能盡給其衆乎？能信不給者之無入掠乎？曰「佳兵不祥」。此五謬也。敵加己而應之，何佳也。人身四肢皆癰疽，毒日内攻，而憚用藥石可乎？

夫此十不可、五謬，明顯易見。蓋有爲陛下主其事者，故公卿大夫知而莫爲一言。陛下宜奮獨斷，悉按諸言互市者，發明詔選將練兵。不出十年，臣請爲陛下竿俺答之首於藁街，以示天下萬世。

疏入，帝頗心動，下鸞及成國公朱希忠，大學士嚴嵩、徐階、吕本，兵部尚書趙錦，侍郎聶豹、張時徹議。鸞攘臂詈曰：「豎子目不睹寇，宜其易之。」諸大臣遂言遣官已行，勢難中止。帝尚猶豫，鸞復進密疏。乃下繼盛詔獄，貶狄道典史。其地雜番，俗罕知詩書，繼盛簡子弟秀者百餘人，聘三經師教之。鬻所乘馬，出婦服裝，市田資諸生。縣有煤山，爲番人所據，民仰薪二百里外。繼盛召番人諭之，咸服曰：「楊公即須我曹穹帳亦舍之，況煤山耶？」番民信愛之，呼曰「楊父」。

已而俺答數敗約入寇，鸞奸大露，疽發背死，戮其屍。帝乃思繼盛言，稍遷諸城知縣。月餘調南京户部主事，三日遷刑部員外郎。當是時，嚴嵩最用事。恨鸞凌己，心善繼盛首攻鸞，欲驟貴之，復改兵部武選司。而繼盛惡嵩甚於鸞，且念起謫籍，一歲四遷官，思所以報國。抵任甫一月，草奏劾嵩，齋三日乃上奏曰：

臣孤直罪臣，蒙天地恩，超擢不次。夙夜祗懼，思圖報稱，蓋未有急於請誅賊臣者也。方今外賊惟俺答，内賊惟嚴嵩，未有内賊不去，而可除外賊者。去年春雷久不聲，占曰「大臣專政」。冬日下有赤色，占曰「下有叛臣」。又四方地震，日月交食。臣以爲災皆嵩致，請以嵩十大罪爲陛下陳之。

高皇帝罷丞相，設立殿閣之臣，備顧問視制草而已，嵩乃儼然以丞相自居。凡府部題覆，先面白而後草奏。百官請命，奔走直房如市。無丞相名，而有丞相權。天下知有嵩，不知有陛下。是壞祖宗之成法。大罪一也。

陛下用一人，嵩曰「我薦也」；斥一人，曰「此非我所親，故罷之」。陛下宥一人，嵩曰「我救也」；罰一人，曰「此得罪於我，故報之」。伺陛下喜怒以恣威福。羣臣感嵩甚於感陛下，畏嵩甚於畏陛下。是竊君上之大權。大罪二也。

陛下有善政，嵩必令世蕃告人曰「主上不及此，我議而成之」。又以所進揭帖刊刻行世，名曰《嘉靖疏議》，欲天下以陛下之善盡歸於嵩。是掩君上之治功。大罪三也。

陛下令嵩司票擬，蓋其職也。嵩何取而令子世蕃代擬，又何取而約諸義子趙文華輩羣聚而代擬。題疏方上，天語已傳。如沈鍊劾嵩疏，陛下以命呂本，本即潛送世蕃所，令其擬上。是嵩以臣而竊君之權，世蕃復以子而盜父之柄，故京師有「大丞相、小丞相」之謡。是縱姦子之僭竊。大罪四也。

嚴效忠、嚴鵠，乳臭子耳，未嘗一涉行伍。嵩先令效忠冒兩廣功，授錦衣所鎮撫矣。效忠以病告，鵠襲兄職。又冒瓊州功，擢千户。以故總督歐陽必進躐掌工部，總兵陳圭溶統後府，巡按黄如桂亦驟亞太僕。既藉私黨以官其子孫，又因子孫以拔其私黨。是冒朝廷之軍功。大罪五也。

逆鸞先已下獄論罪，賄世蕃三千金，薦爲大將。鸞冒擒哈舟兒功，世蕃亦得增秩。嵩父子自誇能薦鸞矣，及知陛下有疑鸞心，復互相排詆，以泯前迹。鸞勾賊，而嵩、世蕃復勾鸞。是引背逆之姦臣。大罪六也。

前俺答深入，擊其惰歸，此一大機也。兵部尚書丁汝夔問計於嵩，嵩戒無戰。及汝夔逮治，嵩復以論救紿之。汝夔臨死大呼曰：「嵩悮我。」是悮國家之軍機。大罪七也。

郎中徐學詩劾嵩革任矣，復欲斥其兄中書舍人應豐。給事厲汝進劾嵩謫典史矣，復以考察令吏部削其籍。內外之臣，被中傷者何可勝計。是專黜陟之大柄。大罪八也。

凡文武遷擢，不論可否，但衡金之多寡而畀之。將弁惟賄嵩，不得不朘削士卒；有司惟賄嵩，不得不掊剋百姓。士卒失所，百姓流離，毒徧海內。臣恐今日之患不在境外而在域中。是失天下之人心。大罪九也。

自嵩用事，風俗大變。賄賂者薦及盜跖，疏拙者黜逮夷、齊。守法度者爲迂疎，巧彌縫者爲才能。勵節介者爲矯激，善奔走者爲練事。自古風俗之壞，未有甚於今日者。蓋嵩好利，天下皆尚貪。嵩好諛，天下皆尚諂。源之弗潔，流何以澄。是敝天下之風俗。大罪十也。

嵩有是十罪，而又濟之以五奸。知左右侍從之能察意旨也，厚賄結納。凡陛下言動舉措，莫不報嵩。是陛下之左右皆賊嵩之間諜也。以通政司之主出納也，用趙文華爲使。凡有疏至，先送嵩閱竟，然後入御。王宗茂劾嵩之章停五日乃上，故嵩得展轉遮飾。是陛下之喉舌乃賊嵩之鷹犬也。畏廠衛之緝訪也，令子世蕃結爲婚姻。陛下試詰嵩諸孫之婦，皆誰氏乎？是陛下之爪牙皆賊嵩之瓜葛也。畏科道之多言也，進士非其私屬，不得預中書、行人選。推官、知縣非通賄，不得預給事、御史選。既選之後，入則杯酒結歡，出則餽饍相屬。所有愛憎，授之論刺。歷俸五六年，無所建白，即擢京卿。諸臣忍負國家，不敢忤權臣。是陛下之耳目皆賊嵩之奴隸也。科道雖入籠絡，而部寺中或有如徐學詩之輩亦可懼也，令子世蕃擇其有才望者，羅置門下。凡有事欲行者，先令報嵩，預爲布置，連絡蟠結，深根固蒂，各部堂司大半皆其羽翼。是陛下之臣工皆賊嵩之心膂也。陛下奈何愛一賊臣，而忍百萬蒼生陷於塗炭哉。

至如大學士徐階蒙陛下特擢，乃亦每事依違，不敢持正，不可不謂之負國也。願陛下聽臣之言，察嵩之奸。或召問裕、景二王，或詢諸閣臣。重則置憲，輕則勒致仕。內賊既去，外賊自除。雖俺答亦必畏陛下聖斷，不戰而喪膽矣。

疏入，帝已怒。嵩見召問二王語，喜謂可指此爲罪，密搆於帝。帝益大怒，下繼盛詔獄，詰何故引二王。繼盛曰：「非二王誰不懾嵩者！」獄上，乃杖之百，令刑部定罪。侍郎王學益，嵩黨也。受嵩屬，欲坐詐傳親王令旨律絞，郎中史朝賓持之。嵩怒，謫之外。於是尚書何鰲不敢違，竟如嵩指成獄，然帝猶未欲殺之也。繫三載，有爲營救於嵩者。其黨胡植、鄢懋卿怵之曰：「公不覩養虎者耶，將自貽患。」嵩頷之。會都御史張經、李天寵坐大辟。嵩揣帝意必殺二人，比秋審，因附繼盛名並奏，得報。其妻張氏伏闕上書，言：「臣夫繼盛誤聞市井之言，尚狃書生之見，遂發狂論。聖明不即加戮，俾從吏議。兩經奏讞，俱荷寬恩。今忽闌入張經疏尾，奉旨處決。臣仰惟聖德，昆蟲草木皆欲得所，豈惜一迴宸顧，下垂覆盆。倘以罪重，必不可赦，願即斬臣妾首，以代夫誅。夫雖遠禦魑魅，必能爲疆場效死，以報君父。」嵩屏不奏，遂以三十四年十月朔棄西市，年四十。臨刑賦詩曰：「浩氣還太虛，丹心照千古。生平未報恩，留作忠魂補。」天下相與涕泣傳頌之。

初，繼盛之將杖也，或遺之蚺蛇膽。却之曰：「椒山自有膽，何蚺蛇爲！」椒山，繼盛别號也。及入獄，創甚。夜半而蘇，碎甆盌，手割腐肉。肉盡，筋掛膜，復手截去。獄卒執燈顫欲墜，繼盛意氣自如。朝審時，觀者塞衢，皆歎息，有泣

下者。後七年，嵩敗。穆宗立，卹直諫諸臣，以繼盛爲首。贈太常少卿，謚忠愍，予祭葬，任一子官。已，又從御史郝杰言，建祠保定，名旌忠。

鄧元錫《皇明書》卷二七　楊武選繼盛，北直隸容城人。幼苦家難，貧楚甚。力學堅苦。嘉靖初，仕爲南吏曹郎，剔宿弊，立章程，吏曹肅然。轉兵部車駕員外郎。時虜方亟而部曹承習上下文書爲支吾，大不愜。會咸寧侯鸞議開馬市，而部議推繼盛行。繼盛具疏言：「馬市決不可開。然既已遣臣，臣言其不可，是避難也。謹條開市五事，一必令俺荅愛子入侍；二令盡還所捕虜邊氓；三議開市後他種落入寇俱責保約；四欲平馬價，分爲三等；五欲整兵爲戰守備，毋玩忽生虜心。」部尚書聞之曰：「如此則馬市不可開矣。」乃別遣主事行而繼盛疏竟上。上三閱之，曰「繼盛言是」。旨甚温，而鸞有揭帖進，乃下大臣八人者會議。鸞寵方盛，八大臣皆中懾附和許開市，而繼盛遂逮獄，訊謫狄道典史。

故事，謫官者不事事。繼盛乃日求民利病，興革之。疏桃水以灌場，開煤山以省薪芻。狄道官無册籍，輸賦獨聽書筭生操重輕，乃集書筭生科綜之，於是異時飛詭之弊盡絶，而贏糧數十石，均諸民糧。重地往求售不得者，又傾貲易其中二十畝助諸生。上司私易羢褐者，拒不聽。已建書院，羣諸生學其中，建社館教番漢生學，於是士知嚮往，番漢生亦各各知揖讓敬長上矣。比去，民哭送者千人。明年遷諸城知縣。豪强斂戢，盜賊屏息。尋遷南部曹主事。已召入，遷刑曹，改兵武選郎。

繼盛念起謫籍，一歲官四遷，思所以報國者，於是以元旦日食且疏大學士嵩專權誤國者十罪。逮詔獄。問主使，問引二王，蓋嵩意疑公嘗受業閣學士階而二王爲上所諱言故也。繼盛對獄曰：「今廷臣無慮皆嵩黨，孰爲主使？所爲引二王者，以奸臣誤國，雖能欺皇上而不能欺二王。蓋二王年幼，又常不見上，非奸臣所避防，至親莫如父子，故幸皇上一覺悟問之，庶二王能言之也。」拷訊苦，終不撓。又明日下錦衣衛，杖一百，送法司，附詐傳親王令旨律論死。方繼盛詣衛受杖時，校尉苗生者飲之酒，曰：「此蚺蛇膽酒也，可服。」繼盛曰：「椒山自有膽，豈必蚺蛇哉！」遂談笑赴杖。杖畢下刑部獄，死復甦。太息曰：「嗟夫，忽然而死，忽然而生，如睡已又醒，人死生固甚易也。」已益脱然。時部諸司皆憚輔臣，訟繫之甚固。繼盛自刮腐肉，去膿血，甚楚而泰然安之。王比部世貞爲奔走求救，王司業材詣嵩爲力解。輔臣陽出疏許諾，而爲子世蕃及門客所持，竟不上。材流涕爭不得，而繼盛竟死。隆慶初贈光禄卿，謚「忠愍」。

何喬遠《名山藏》卷七七《臣林記·楊繼盛》　楊繼盛字仲芳。其先小興州人，國初從小興州民避虜，乃爲容城人。繼盛七歲母死，其庶母與其同産兄夷之於牧豎。繼盛從牧所授書學，且牧。久之，補邑諸生。讀書僧舍，借月爲光，寒冬行汲，手凍，屬綆，下無襦，遶屋行自温。居亡何，寺僧大病疫，同舍生皆亡去，繼盛獨爲爨食醫藥，僧以愈。久之，舉進士，授南京吏部主事。兵部尚書韓邦奇者，善樂律、皇極、河洛、天文、地理、兵陣之學。繼盛從邦奇授樂三月，自製樂器，琴瑟簫管塤箎合奏之諧若一。邦奇驚曰：「予學樂五十年，得其數耳。子乃製其器和其音，當代之樂其在子矣。」又謂曰：「吾欲製十二律之管，管備五音七聲而成一調，何如？」繼盛退凝思，廢食寢三日，夢大舜投以金鍾曰「黄鍾也」。醒而悟，中夜起製管，明日管皆成。邦奇大服，更盡授以其他學，皆徧習焉。

嘉靖二十九年，虜俺答大舉躪京師。南中議發兵入援，無敢行者。繼盛請前，會虜亦退。其明年，改兵部員外郎。時咸寧侯仇鸞以雲中騎勤王，驟得兵政，天子信使之。鸞驕而内實怯虜，虜請於二邊互市市馬，鸞主之，議遣繼盛。繼盛上疏條論十不可五謬。其辭曰：「竊惟胡虜悖逆天道，大肆猖獗，犯我城闕，殺我人民，擄我子女，焚我廬舍，驚我陵寢，辱中國極矣。臣在南都，冠髮上指，恨不能翅舉剿賊，用報國讐。陛下赫然震怒，選將練兵，刻日興師，列祖在天之靈亦用相慶。臣至都下，見俺答求開馬市書，嫚亡狀。竊意上觸聖怒，師以益急。會議廷臣，乃竟許之。臣不覺仰天大呼，喟然長歎。竊謂互市市馬者，和親別名也。虜素賓服，尚不可言，況今虐嫚漢？和乃先忘天下之大讐，其不可一矣。信者人君大寶，匹夫匹婦尚猶重之。往歲北伐詔下，天下内曉聖意，日夜征繕，以助發憤。忽更曰和，失天下之大信，其不可二矣。天朝堂堂下與犬羊互市，不念冠履乎？損國家威重，其不可三矣。四方豪傑日夜磨礪長技，待試而甘心於虜。今聞開市，謂國家忘之，異時有急，欲復號召，誰肯興起？隳豪傑效用之思，其不可四矣。去年之變以武久弛，今雖豎孺童子亦講練兵事，此機既動，兵將日强，若又弛之，人知無益而還自惰懈天下飭武之志，其不可五矣。宣大人民擕貳已久，往私通虜，邊吏猶得法裁之。今則不禁，是導之也。開邊方勾結之門，其不可六矣。數年以來水旱征役，人人思亂，厭於國威，尚不敢肆。若謂縣官慴而奉虜，肢體之不能治，何捄腹心？開百姓睥睨之端，其不可七矣。虜深入，我不敢逆一矢，猶謂卒無備。備矣，互市終之，尚謂我有人乎？長犬羊弱華之心，其不可八矣。虜毒没不常，我或遣重臣載金帛至邊，負約不至。至矣因而

伏兵猖獗，撞關突入。或今日交易，明日入寇；或入寇矣，駕委他部落；或以下馬索上價；或責我以他賞；或望我以苛禮；此皆事之不可知者。生胡虜啓疆之狡，其不可九矣。胡馬有竭，我帛有終，歲出帛數十萬得馬數萬匹，十年之後，彼馬竭而我帛終，胡以繼之？短國家深長之計，其不可十矣。凡爲謬説以欺陛下者五。不過曰吾外縻以市馬而內修吾武。夫虜性亡厭，開市之後或別有請，許之再有請，又許之，請之不已，許之不能，有名在彼，失信在我，是召釁也。吾內自脩，何縻於外？縻而不脩，乃自縻也。此一謬也。曰虜得肆掠，爲多馬也。藉吾市以損虜馬，多馬在我。夫市馬非用之耕稼，用征虜也。虜和不戰，將焉用馬？若求壯馬，寄牧之費不益滋乎？如其損弱，不日斃耳。此二謬也。曰初市許馬，漸而馴之，可以許貢。夫今日之貢與古所謂咸賓來王異賄耳。市則借馬而稱價，貢則徒手而望賜。是市馬小獲而無名，開貢有名而大損。市且不可，況其貢哉？此三謬也。曰虜雖犬羊，亦知有信。既許其貢，必不侵邊。又非也。虜種日繁，開口仰中國爲衣食，利市馬之利，足飽虜乎。彼非義士，孰肯甘守小信，没齒餒死。即有羈縻，保一二年耳。三年之後，何以處之？此四謬也。曰佳兵不祥，與其動衆，不若休甿。夫敵加於己，出而應之。舜之征苗，文之遏莒，湯伐葛伯，高征鬼方。若謂佳則皆佳也，然而甚祥。譬之人身四肢癰疽，毒日內攻，憚用藥石，侵尋以斃，乃不祥也。此五謬也。夫此十不可五謬者，舉朝臣工皆知之，然而莫敢致非者，何也？蓋有爲陛下主其事者。其人內迫於國家之深恩，而外慴虜之重勢；內迫國家之深恩則圖倖我安以見效，外慴虜之重勢則務中彼欲以求寬。公卿大臣止之則身任其責而身危，聽之則人任其責而身安。陛下誠振獨斷，發明旨，悉按言開市者，選將練兵，聲罪致討，不出十年，臣請爲陛下勒燕然之巔，竿俺答之首，示功威天下萬世。」疏奏，上初覽而壯之。侯鸞聞大恨，密疏自解，上下八大臣議。八大臣唯唯上意，乃中變，下繼盛錦衣獄。置訊至折指出脛，貶狄道縣典史。

狄道者，臨洮山中縣也。其民雜夷，多習番經，不通儒學。繼盛簡茂異子弟百餘人，聘教授教之。鬻所乘馬及室中婦服裝，市民間重賦地二十畝，倣古井田，割授其父兄，使畝入粟給筆札婚喪之費。居二年，吏人愛之，呼爲楊父。而虜數敗約入寇，鸞奸露，罪至族。天子思繼盛言，一歲四遷，官爲兵部員外郎。

繼盛中夜起歎曰：「上知我矣。曷用報？」是時天子居西宮，相嚴嵩竊外柄。中外懾，莫敢言。繼盛齋三日，具疏極論。大意謂：「臣先因諫阻馬市，不死蒙恩，居兵曹。曹以討賊爲職，賊不專胡虜，凡心離君行害社稷者皆名賊。方今外賊無過虜，內賊無過嵩。嵩賊清，虜賊遁矣。去春雷久不聲，占云『大臣專政』。又冬日下有赤色，占云『下有叛臣』。兼諸道地震，日月交食之變，應皆在嵩。」因力陳其十大罪五姦，謂：「陛下待嵩出於至誠，嵩事陛下入於至神。以至神之姦，欺至誠之心，無怪墮其術中不覺也。破嵩五姦十罪，立見陛下忍割一賊壞害宗社。臣前謫邊方，道路艱苦，妻子流離，宗族賤惡。幸今復職一月，非不知與世浮沉，可俟他報，而履危冒險，攻難去之。臣顧狂直之性生天，忠義之心癢內。每恨壞國家事者惟鸞與嵩。鸞已殛死，獨嵩尚在，舍此不言，更無可報陛下。不信則請召裕、景二王面問之，寘之專權重罪以正國法。胡虜前聞鸞殛，繼聽嵩誅，且畏陛下聖斷，知中國有人，豪傑必出，功賞必明，三軍之威不戰自奮。」

是時上春秋高，惡厭言儲貳。裕、景二王久不相見，而繼盛疏引之，則大怒，下錦衣獄置訊。獄使搒治甚急，拶折木，問誰使者。繼盛曰：「鬼神在上，尚用刑哉？當此之時，嵩黨彌朝，盡忠在己，豈待人耶？若能使人，將自爲也。」獄使復夾繼盛出脛，問所以引用二王故。繼盛曰：「奸臣誤國，能欺主上，必不能欺二王。二王年幼，嵩雖神奸，必不隄防。譬如家養蒙蔽主人，未必盡不知其主人子。二王不時親主上耳，若主上親之，時時召問，二王言矣。」獄使曰：「此可聞上耶？」具獄上，詔杖繼盛百，送刑部擬罪。郎中史朝賓比奏事不實者律，尚書何鰲謂朝賓更有一比，盍思之？朝賓曰：「則有減於此者。」鰲自比詐傳親王令旨律，示朝賓。朝賓不可，持之數日。鰲曰：「事急矣。雷霆不測，如君所執固當，立俱靡耳。盍以待後解？」侍郎王學益曰：「子狗名，予老矣。」迺比詐傳親王旨紋，以草授朝賓。而賓於草末稍稍論捄，上猶責鰲黨護，降其俸一級，而朝賓坐謫官降三級也。鰲者，嵩門生。學益，嵩親也。

繼盛居獄三年。冬月晦，當行刑，妻張氏上書曰：「臣妾夫繼盛先以諫阻馬市，預折仇鸞奸逆，聖恩薄謫。旋因鸞敗，一歲四遷。臣夫湔洗之後，銜恩感泣，私圖報効。或中夜起立，或對食忘餐，不意誤聞道路，昧發狂言，陛下不即加誅，曲從吏議，杖後入獄，筋肉斷腐，膿血腥臊，死而復蘇者數。年荒家貧，不能給口，皆妾紡績織屨以續獄食。妾仰惟陛下方頤養天和，保合元氣，昆蟲草木皆欲得所，豈惜一廻日月下照覆盆？若謂罪重不赦，願斬妾首，以贖夫生。」不報。而是時倭寇大犯江南，都御史張經、御史李天寵以養寇坐論死。行賄於嵩，求與繼盛同奏，冀天子尚無意誅繼盛。疏入，遂一時死西市。其妻亦遂同日自縊。

初繼盛之將杖也，或遺之蚺蛇膽。繼盛笑卻曰：「膽吾自有，何必蛇也？」既入獄，吏屏去藥食，無所愈瘡，乃自碎磁碗，剜刮臂腐，腐深不可剜，復夜自貫綫鍼臂，刺七截筋。獄卒手燈幾墜曰：「關將軍飲酒刮骨尚使人，公乃自爲之。」繼盛瘡愈，其左足短三寸。所止舍卑濕，視獄者應生改燥焉，而王學益恚應生：之人也，詈元宰若詈敵，即不遽令苦地下，亦令苦地上，而更相席哉。乃應生日夕候，繼盛自如。冬月囊三木，朝審長安市上，觀者數千人，争一識其面。中貴人餽勞不絶，歎楊公天下義士，競罵相嵩也。將刑，刑部郎王世貞求救嵩門生司業王材。材見嵩請，嵩曰：「吾行當救，且卜之。」材曰：「公卜之鬼乎？抑人也？人則奚卜？」卿胡植、鄢懋卿、嵩子世蕃曰：「不可養虎自遺患。」

繼盛死，人莫敢視其喪。世貞與吳國倫、徐中行、宗臣、朱天球經紀其後事，而世貞尤慷慨。繼盛死，地震累年。其後給事中吳時來、刑部主事張翀、董傳策相繼論劾嵩。嵩又將殺之，奏上，地忽震，肅帝悟而止。又七年，肅帝用御史鄒應龍言，逐嵩，戍世蕃嶺南。又二年，御史林潤白發世蕃大逆狀，論棄市，籍其家。嵩出食於人，以死。莊帝登極，追贈繼盛太常少卿，賜謚忠愍，與祠精忠。夫嵩之不獲没也，非養虎之患，而自有患也。

查繼佐《罪惟録》列傳卷一三中　楊繼盛，字仲芳，别號椒山。其先小興州人也。弘治初，數中鹵，有詔内徙，居北直容城，蓋六傳而爲繼盛。七歲，母曹見背，父富，有媵陳妬且專，使繼盛飯牛。從牧所過里塾，聞羣兒讀書聲，心好之。父亦姑令就塾，然不廢牧也。十餘歲，父卒。兄繼昌，坐邑賦踐更，繼盛遂往代踐更。嘗讀書僧寺，寒無下襦，遶屋行，脛暖得稍假寐。五皷起汲水，手凍，屬于綆，呵之乃解。諸僧口疫，司舍生懼及，亡去。繼盛獨留，爲扶持，曰：「疫安得鬼？」

嘉靖丁未，舉進士高第，授南京吏部主事。時同部考功郎鄭曉語人：「夫夫非吾所及也。」從兵部尚書韓邦奇受樂，三月而得其數，乃謂邦奇曰：「樂體于理而用于聲者也，必器精而後聲和。」爲手製器，器精。蓋廢食寢者三日，夢大舜投以金鐘，使擊之，曰：「此黄鍾也。」繼盛醒而汗，恍若悟。亦習天文、地理、太乙、六壬、奇門、兵陣諸書。會諸寮有講心性之學者，繼盛又從而講學。遷車駕員外郎。二十九年，鹵大躪京師，咸寧侯仇鸞以雲中騎勤王，得寵，驕。然内畏鹵，鹵請開馬市，許歲市二，鸞主之。繼盛條十不可、五謬，大略謂：「互市者，和親别名也。鹵踐躪我陵寢，虔劉我赤子，而計出于和，忘天下之大仇，其不可者一。往北伐之詔下，天下輸兵食以助京師，而忽更之曰和，失天下之大信，其不可者二。以天朝而屈體互市，損國家之威重，其不可者三。天下豪傑日夜磨厲長技以待試，乃國家厭兵無所用，隳豪傑効用之勤，其不可者四。于是邊鎮廢兵不講，美衣媮食，相于嬉，懈天下飭武之志，其不可者五。往者邊臣私通鹵，吏猶得以法裁之。今反導之，啓邊方通鹵之門，其不可者六。伏莽之莽，在在有之。今謂縣官慴而奉鹵乃爾，即何不可爲？開百姓不靖之漸，其不可者七。鹵猝深入，以我無備，備之已半歲，而互市終之，長胡鹵輕中國之心。其不可者八。鹵出没叵測，我竭財力而輦之，負約不至，未可知也。因互市而伏兵，若吐蕃清水之盟，未可知也。或互市畢，即入寇，入寇矣，而駕諉他部，我既無所攝問之，未可知也。或以下馬索上價，或責我以他賞，或望我以苛禮，未可知也。墮胡鹵狡詐之謀，其不可者九。大約歲帛數十萬，得馬數萬匹，久之帛不繼，將何以善其後？短國家深長之計，其不可者十矣。而凡爲謬説者有五：不過曰吾羈縻之，而須吾修備。夫果欲脩備，何所籍羈縻，此一謬也。曰吾得馬以資吾車。和則無事戰矣，得馬焉用之？此二謬也。曰互市不已，彼且朝貢。即果朝貢，而中國之損資以奉鹵益大，此三謬也。曰鹵既利我，必不失信。夫市久必不給，不給不能無入掠，此四謬也。曰兵危道也，佳兵不祥。夫負重疴而憚藥石乎？此五謬也。然而爲陛下主其事者，其人内迫于國家之深恩，則圖倖目前之安以見効；外慴于鹵之重勢，則務中彼之欲以求寬。而公卿大夫，莫爲一言止之者，止則身任其責而危，開則人任其責而安耳。請按言開市者罪。」上閲疏三過。壯之，下相嵩等八臣議，咸唯唯。鸞恌憤，密疏入，上意中變，下繼盛錦衣獄。繼盛言不撓，貶狄道典史。

至任，進邑諸生講説文義，剪棘立書院以居之。狄道故多回彝，其子弟率習梵典，繼盛爲立二經師，身誨其質良者三十人，使勸衆。爲具餐，鬻所乘馬，婦張奩盡，不惜也。尋闢餘地，入粟以給筆札。蔬廢圃。單騎入喻生番，出煤山供爨。巡按御史有使下邑，責褐。繼盛持其人，曰：「御史無責褐也。責褐即御史吾得請之。」其人大窘去。蓋是時，鹵數敗約入寇，鸞奸大露，伏法，族。上念繼盛前疏，遷山東諸城令。甫月餘，擢南京户部主事。入部三日，陞刑部員外郎，旋調兵部武選。繼盛念起謫籍，一歲官四遷，思所以報國者。于是以元旦日食，疏劾大學士嚴嵩十罪，略曰：「去年春雷久不聲，占云大臣專政，則孰有過于嵩者？又日下有赤色，占云下有叛臣。心不在君而背之者，皆是也。人臣而背君，又孰有過于嵩者？臣請數其罪十：祖制罷中書，防專也。嵩遽以丞相自居，凡

府部題覆，先面請，乃敢屬草。嵩之直房，百官奔走如市。間或少違，顯禍立見。天下知有嵩，不知有陛下。此壞祖宗之成法，一大罪也。嵩恃票本，有所黜陟，輒先露之，以自威福。于是羣臣感嵩，甚陛下。畏嵩，亦甚陛下。此竊朝廷之大權，二大罪也。陛下所行善政，嵩令子世蕃語人：『上故無此意，我贊成之。』鏤板以行，書名《嘉靖疏議》，大悖善則稱君之義。此掩君上之治功，三大罪也。票本行事，而子世蕃代筆，義子趙文華等羣擬，屢更數手，機密漏泄。疏草方上，滿朝紛然。是嵩既以臣竊君之杖，世蕃復以子弄父之柄，京師有大丞相、小丞相之謡。此縱姦子之僭竊，四大罪也。邊功豈壟斷之計，嵩欲令其孫效忠，冒功兩廣，先置所暱歐陽必進爲總督，平江伯陳圭爲總兵，御史黄如桂爲巡按，詭捷效忠，得躋鎮撫。又冒瓊州功，分廕次孫鵠襲替錦衣衛千户。效忠、鵠足不至軍，即至軍，豈果伸手斬馘！于是歐陽必進等三人得驟顯擢，是嵩既竊爵賞之權，官其子孫，又以子孫之故，越拔私黨。此冒朝廷之軍功，五大罪也。逆臣仇鸞總兵甘肅，以貪虐論革。世蕃入其賄，勒兵部薦爲大將。及鸞冒哈舟兒軍功，世蕃遂籍陞廕。蓋勾鹵背逆者鸞也，而受賄用鸞者，嵩與世蕃也。此引背逆之姦臣，六大罪也。俺答深入，兵部尚書丁汝夔問計嵩，嵩曰：『鹵飽自退耳，可勿戰，戰必敗，敗不可掩也。』及汝夔逮治，求援嵩，嵩許諾，而汝夔竟坐法死，乃大呼曰：『嚴嵩殺我。』此誤國家之軍機，七大罪也。考察，大典也。刑部郎中徐學詩以論劾嵩，坐黜矣。嵩復風吏部，計黜其兄應豐中書，非蒙聖明留用，應豐亦去。户科都給事中厲汝進等，以論劾嵩謫外矣，復逼吏部從察典，罷黜之。此專黜陟之大柄，八大罪也。嵩于文武遷陞，不惟賢否惟賄。于是將弁不得不朘削軍士，有司不得不濫及百姓，利歸一人，毒徧天下。此失天下之人心，九大罪也。宰輔爲天下表率，源之不潔，流何以清？守法度者，以爲固滯，工彌縫者，以爲有才；勵節介者，以爲矯激，善奔走者，以爲練事。阿汙成習，牢不可破，此壞天下之風俗，十大罪也。臣請數其大奸五：陛下一言動，嵩早密賄得之，而陛下方以嵩揣摹盡合。是陛下之左右皆賊嵩之間諜，姦一也。義子趙文華爲通政使，疏達通政，必馳副嵩，少有干涉，便爲彌縫。聞御史王宗懋劾嵩之疏，文華延五日始上。是陛下之納言，乃賊嵩之警犬，姦二也。廠衛衙門，職在緝訪。嵩令世蕃寵結姻親，以遂其掩飾之計，且便中傷。是陛下之爪牙，乃賊嵩之瓜葛，姦三也。嵩于進士之初，非私屬不得與中書行人之選，知推非通賄不得躋給事御史之列。或當考選，簡拔圓融熟輭者居之。又極致款曲，凡心所憎惡，教使論刺。夫受嵩之恩既如此，附嵩之效又如彼，以故寧忍負陛下，而不敢忤權臣。是陛下之耳目，皆賊嵩之隷僕，姦四也。即各部之有才望者，或援鄉里，或托親故，網羅門下，連絡蟠結，深根固蒂，合爲一黨，互相倚附。是陛下之臣工，多賊嵩之心腹，其姦五也。」疏終，有召問二王，令其面陳嵩惡；或詢諸閣臣，諭以勿畏嵩威等語。

疏入，嵩大怒，下錦衣獄，杖一百。詰繼盛何自引二王，繼盛曰：「非二王疇不懾嵩者。」送法司，附詐傳親王令旨律，論死。初，繼盛詣獄受杖時，校衛苗生者，飲之酒曰：「此蚺蛇膽也。」繼盛謝却之，曰：「椒山自有膽。」在獄死復蘇，太息曰：「嗟夫，忽然而死，忽然而生，如睡已又醒，人生死固甚易也。」以相嵩故，獄益嚴，不令醫視。繼盛手自刮腐且盡。部臣王世貞爲奔走求救，王司業材請嵩爲力解。嵩陽爲疏救，而子世蕃及門客持不上，材流涕不敢争。鄢懋卿曰：「不覩夫養虎者耶？」是時海内士大夫陰傳録前疏，紙爲貴。而繼盛當出朝審，諸中貴人夾道，或指目，勞以酒肉，至袖白金遺之，悉謝不受。或謂中貴人：「是不齗齕若曹者？」曰：「楊公天下義士，今得見之幸也。」妻張氏上書請代死，報聞。繼盛臨刑，出所著年譜，授其子應尾曰：「後十年可開也。」復爲詩二章，其一曰：「浩氣還太虚，丹心照千古。生前未了事，留與後人補。」蓋慷慨曼聲，長嘯以殁。

殁之七年，而相嵩姦狀大露，上採御史鄒應龍言，逐之歸，戍其子世蕃。又二年，而御史林潤白發世蕃大逆狀，論棄市，籍其家，貲巨萬萬。嵩削籍，寄食于人以死。又三年，而天子崩。遺詔褒録諸死諫者，贈繼盛太常少卿，録一子太學生，謚忠愍，祠于保定，額曰「旌忠」。次子爲都御史王遴婿。遴兵部時，繼盛方在獄，遴感其義，以女字之。

《明名臣言行録》卷五六　員外楊忠愍公繼盛號椒山，容城人。嘉靖丁未進士，官至兵部武選司員外郎，卒年四十歲。隆慶初贈太常寺少卿，謚忠愍。幼時從塾師學。學課對句，父每退食及客至必命對，對輒稱善。一日客至，無酒，沽于館，乃出對云：「無酒是窮主。」公即對云：「有兒爲名臣。」客嘆賞不置。父由此鍾愛之。丁未成進士，授南吏曹郎。剔宿弊，立章程，吏曹肅然。而關西韓邦奇爲南大司馬，負重名。公從之受樂，三月而得其數，又踰月而得其神。邦奇則舉天文、地理、太乙、六壬、奇門、兵書悉以授之。

轉兵部員外郎。時咸寧侯仇鸞以雲中騎勤王，驟得兵權。上虚己聽之，而鸞驕，且内畏鹵。鹵請于二邊互市市馬。鸞主其議，奉以中國幣帛。將遣使，公抗疏力言其十不可五謬。【略】疏奏，上壯之，下閣臣。嚴嵩等議咸唯唯。仇鸞

恍憤，以密疏入。上意遂中變，下公錦衣獄。公對訊侃侃不屈。獄具，貶狄道縣典史。凡三年，而鹵數敗約入寇，鸞奸計盡露，罪至族。而公所言大讐，上念之，遷諸城令。踰月陞南户部主事。尋進刑部員外郎，調兵部武選司。

公念起謫籍，一歲官四遷。思所以報國者，于是以元旦日食，具疏大學士嵩專權誤國者十罪。【略】帝怒，命鎮撫司執訊何爲引二王，公曰：「非二王誰不畏嵩者？且二王家事，必懼爲嵩敗，當盡言耳。」帝命杖之百，下法司按之。尚書何鰲受嵩指論詐傳親王令旨律絞。【略】

公三木詣朝審，諸内臣士庶遮道聚觀，歎曰：「此天下義士也。」指三木曰：「何不以囊世蓄？」公口吟云「風吹枷鎖滿城香，簇簇争看員外郎。豈願同聲稱義士？可憐長板見君王。聖明厚德如天地，廷尉稱平過漢唐。性僻生來歸視死，此身原是不隨楊」。帝英斷神睿，公雖論死，心寔器之。每讞公輒執筆躊躇者久之，卒不忍殺。惟邊防軍務失律者必殺不貸。嵩揣知帝旨，乃以張經、李天寵疏覆奏，而附公于尾。帝覽之，怒江南騷寇，遂下俞旨，蓋未嘗知公刑也。公妻張氏上言：「臣夫諫阻馬市，預伐仇鸞逆謀。聖旨薄謫，旋以鸞敗，首賜湔雪，一歲四遷。臣夫啣恩圖報，誤聞市井之言，尚狃書生之見，荷上不即加戮，俾從吏議，杖後入獄，割肉二片，斷筋二條，日夜籠榧，備諸苦楚。年荒家貧，紡績供給。兩次奏讞俱蒙特宥，今歲混入張經疏尾，奉旨處決。倘以罪在不赦，乞將臣梟首以代夫命。夫生一日必能執戈矛禦魑魅以報陛下。」奏入，爲嵩所抑，不得達帝閽。遂遇害。臨刑出所著年譜授其子應尾曰：「後十年可開也。」爲詩二章，其一曰：「浩氣迎太虚，丹心照萬古。生前未了事，留與後人補。」其二曰：「天王自聖明，制作高萬古。生平未報恩，留作忠魂補。」蓋忼慨曼聲，長嘯以没。穆皇帝即位，贈公太常寺少卿，廕其子，錫謚忠愍，予祠，賜額曰「旌忠」云。

雜録

備録

鄧球《皇明泳化類編》卷一一一　楊繼盛，北直隸保定府容城縣人。登嘉靖丁未進士，任兵部員外郎。屬奸臣嚴嵩招權納賄，蠹政誤國。世宗寵信之，舉朝不敢言。繼盛上疏發嵩十惡五奸，上怒殺之。隆慶改元追理忠臣，贈太常卿，謚忠愍，廕其一子。嘗閱忠愍馬市疏及劾嵩疏，真是忠膽不畏死者。雖其言不聽從于上而天下以此甚重之，享榮名于没後，多矣。是嵩奸成之也。昔張魏公曰「秦太師專柄十二年，只成就得一胡邦衡。」余於嚴太師亦云。是時有王遴者，繼盛欲具疏，時遴力賛之，且與有謀。繼盛曰：「吾死矣。第有幼子尚未爲擇配。」遴曰：「吾有一女。」即許之。及繼盛死，遴即收屍殮之，以女配其子。天下聞而義之。大學士徐階尤器重遴，然嵩雖恨遴，未得中傷而敗。後遴位至侍郎，則階之力也。

李紹文《皇明世説新語》卷一　《言語》楊椒山在獄時，有吏應生者頗爲周旋，尚書屢禁之，勿爲動，又欲自具草申救。故椒山嘗曰「藏予血三年而碧者，即地下必有以報應生。」

張萱《西園聞見録》卷二　楊繼盛授御史一載餘，欲告歸侍養。其友止之曰：「御史三載例有勑贈，寧不少待？」公曰：「菽水之歡，天性之愛，古人不以一日易三公之養。吾志決矣。」後母死，廬墓六年，哀毁骨立，屢薦不起。朝貴嫉之，革不復用。復起又直言馬市，忤旨逮獄。八年，降陝西狄道縣典史，歷陞兵部車駕司員外郎。以上言輔臣嚴嵩罪死。隆慶元年贈太常少卿，謚忠愍，勑祠旌忠。繼盛臨刑詩曰：「浩氣冲太虚，丹心照千古。平生未了事，留與後人補。」其子應尾因號補亭，後以廕官京師，每過西市輒涕泣回車。西市，椒山受刑處也。

張萱《西園聞見録》卷三　楊忠愍公繼盛既計偕，下第歸，當入太學。公兄繼昌計以入太學當捐貲爲負笈費，不可，則乘公出而强公婦以八石穀析箸居，曰「毋溷乃公爲也。」公遊太學，再試居首。名高故薦紳大夫迎館穀之，稍稍具橐中裝，而婦治農有天幸輒歲。公竟事歸，爲酒召其姻族。奉兄觴曰：「始弟所以默而從廢箸者，懼不勝負笈，爲兄累。今幸有餘鏹，足佐兄朝夕，請得復從宇爨可乎？」兄愧然許。會復當計偕，有司以三十金爲公費，公悉推兄，使輸邊獲散官級，曰：「吾道近可圖也。」

張萱《西園聞見録》卷一五　楊公繼盛字仲芳，容城人。嘉靖丁未進士，歷官兵部員，謚忠愍。公七歲，母曹竟捐館。庶母陳妬，日役公於竪，使牧。公飯牛牛肥。踰年從牧所以間往里塾，覘里中兒誦讀揖遜而心好之，歸謂兄請得受

里塾學。兄曰：「若幼何學？」公艴然曰：「安有幼者任牧牛而不任學？」兄言於公之父。兵部公亦捐館，久之，兄坐邑賦踐更，公遂往代。踐更至十三，姑從師受經，爲舉子業。漸有聲，十八補邑諸生，踰冠讀書於邑寺僧舍。自勵刻苦，恒讀至夜分，燈且燼，瞑坐而思屬文。誼會寒無下襦，遶屋行且默誦日所憶，令脛以上微暖。得稍假寐，五鼓起，汲水，手凍屬於綆，呵之乃解。

張萱《西園聞見録》卷九九　楊忠愍公既以馬市事建言爲仇鸞所譖，下錦衣獄就訊，公持論侃侃不屈。獄具，貶狄道典史。狄道在陝西之臨洮山中，其民不畏法，而狄道令嚴重公，不敢煩以事。公請曰：「余典史也。不敢有他請，請得從典史事。」令賢其意而許之。公務益恭敬。其職冬月受請讞，竟暮弗倦，臨洮民翕然稱楊公神明。郎監司以難獄猶豫者輒問楊典史，謂「何不以及令也」？少暇則進邑諸生爲講説文義大旨。諸生人人得志，恨見晚。而公捐奉禄益之束贄，買東山超然臺，剪棘立書院以居諸生，祀伏羲而下至周、孔，配濂、洛、關、閩諸賢。狄道之旁地故多回夷，其子弟悉習梵典。公召而約束焉，爲立二經師，而身誨其稍異者三十人。諸生日益衆，無所取食，公乃集邑吏搜飛灑者伏糧得三十石，而鬻所乘馬及張夫人服裝買民間最重賦地二千畝，白于府，以伏糧與之，及倣井田意割授諸生父兄，使畝入粟以給筆札及婚喪之費。又買城西廣圃使蒔蔬，而引洮河之水灌之，地益以肥饒，給諸生勝讀矣。邑故有煤山，生蕃制之，不能開，而仰給薪于一百里外。公挾衛指揮單騎往召生蕃，諭之，咸服曰：「楊公即須吾穹廬且舍，而況此煤山耶？」邑遂不苦薪。時有稱巡按御史使下邑責鬻褐者，公持其人曰：「御史無責褐也。責褐即御史吾且得請之。」其人大窘。郡守尉爲旁解，乃得脱去。自是無來責邑褐者矣。居狄道三年，民愛之，呼楊父，諸生咸稱關西楊夫子。

朱彝尊《静志居詩話》卷二四　容城楊繼盛，少時讀書僧寺。時僧多病疫，同舍生咸亡去。繼盛爲調藥餌，僧以次愈。時人異之，語云：「疫無鬼，以爲不信視楊子。」

彭定求《明賢蒙正録》卷下　員外楊忠愍公繼盛，幼時從塾師學課對句，父每退食及客至必命對，對輒稱善。一日客至無酒，沽於市，乃出對曰：「無酒是窮主。」公即對云：「有兒爲名臣。」客歎賞不置。

陳田《明詩紀事》卷九《楊繼盛一首》　繼盛字仲芳，容城人。嘉靖丁未進士，除南吏部主事。入爲兵部員外郎，坐論馬市貶狄道典史。稍遷諸城知縣。徵授南户部主事。入爲户部員外，改兵部。疏劾嚴嵩，論死。贈太常少卿，諡忠愍。有集四卷。

王世貞《弇州山人四部稾》：楊公繼盛臨當赴義，出所著年譜授其子應尾曰：「後十年可開也。」復爲詩曰：「浩氣遵太虛，丹心照萬古。生前未了事，留與後人補。」慷慨曼聲，長嘯以没。

備論

尹守衡《明史竊》卷七　論曰：王弇州之論著椒山，言上疏時妻語之曰：「一鸞困公幾死，嵩父子百鸞也，公休矣。」余笑其婦人之言，何從得入忠臣烈士之耳？後覽乞代夫死之疏，喟然不覺涕泣之交頤。嗟哉，孰知其義烈之槩而丈夫之行乎？肉食者漸矣。嵩尚有人心者哉？援二王以傅爰書，奚殊莫須有之故智，嵩之罪等于檜矣。其後鄢中允以釋疑之説進，遂傳首于天下，戮嵩父子，臠而分之，惡足以雪忠臣烈士之憤耶。

孫奇逢《畿輔人物考》卷三　歲寒老人曰：先楊爵下獄時，浦鋐、周天佐輩猶相繼上疏救之。至忠愍下獄，同鄉親友畏禍絶跡，獨王遴結婚獄中，王世貞以周旋獲罪。二公之外蓋寥寥也。嵩之積威比黨，噫，其甚矣。公之受禍雖慘，而天之所以成公者轉深，明代忠臣多矣，如公之轟烈驚天動地者實爲第一。公爲南吏部，從韓苑洛受樂三日而得其數。韓謂：「樂不足以盡子。」爲悉天文、地理、太乙、六壬、兵陣之書。公徧習之曰：「此儒者餘事也。」會諸寮有講學者，公又從講學。人謂此曹多立黨作僞鼓譽。公曰：「道者吾性分之所當爲，可逆億人之僞而不爲耶？」後謫狄道，立書院以居諸生，築道統祠，上設羲農、黄帝、堯、舜、禹、湯、文、武之位，前側左爲周公，右爲孔子，兩壁側則顔、曾、思、孟、漢董仲舒、隋王通、唐韓愈、宋周、程、張、朱、元許衡、劉因、明薛瑄諸賢，以示師法。使公不以忠死，必且爲理學之宗，豈待問哉。

查繼佐《罪惟録》列傳卷一三中　論曰：椒山赴朝審之吟曰：「風吹枷鎖滿城香，簇簇争看員外郎。豈願同聲稱義士，可憐長板見君王。聖明德厚如天地，廷尉稱平過漢唐。性癖生來歸視死，此身原自不隨楊。」玩末句，椒山誠聞道澈生死者歟！後相傳其致命之刻，天下生十四孩兒，方墮地，張口能言「吾乃楊

椒山，胡爲至此」九字相同，語畢即殞。益知末句有因，殆將陟爲明神，不欲墮入凡胎，至十四不誤，而此身真不隨楊矣。余友尚有見其獄中親筆遺訓，爲余言之。

《明史》卷二〇九 贊曰：語有之，「君仁則臣直」。當世宗之代，何直臣多歟！重者顯戮，次乃長繫，最幸者得貶斥，未有苟全者。然主威愈震，而士氣不衰，批鱗碎首者接踵而不可遏。觀其蒙難時，處之泰然，足使頑懦知所興起，斯百餘年培養之效也。

藝文

嚴遂成《明史雜詠》卷三《楊忠愍繼盛》 萬死生從狄道迴，相門雅意特憐才。老來薑桂心彌辣，難後川椒口又開。三木生香甆器碎，九成入夢鳳絃哀。番兒穹帳休環泣，含笑忠魂到夜臺。

傅仲辰《心孺詩選》卷二《上谷謁楊忠愍公祠》 何必蚺蛇膽自完，至今想像髮衝冠。步虛聲裏孤臣戮，世宗日修齋醮，嵩以青詞得幸入。公失機律中弗察也。吹鎖香中兩淚看。公詩「風吹有鎖滿城香，簇簇争看員外郎」句一簡霜嚴真鐵漢，三遷恩重只郎官。空庭上下分忠佞，堦下鐵鑄嚴氏諸人作跪像。檜柏蕭森碧草寒。

潘季馴部

綜述

《明史》卷二二三《潘季馴傳》 潘季馴，字時良，烏程人。嘉靖二十九年進士，授九江推官。擢御史，巡按廣東。行均平里甲法，廣人大便。臨代去，疏請飭後至者守其法，帝從之。進大理丞。四十四年由左少卿進右僉都御史，總理河道。與朱衡共開新河，加右副都御史。尋以憂去。

隆慶四年，河決邳州、睢寧。起故官，再理河道，塞決口。明年，工竣，坐驅運船入新溜。

萬曆四年夏，再起官，巡撫江西。明年冬，召爲刑部右侍郎。是時，河決崔鎮，黄水北流，清河口淤澱，全淮南徙，高堰湖堤大壞，淮、揚、高郵、寶應間皆爲巨浸。大學士張居正深以爲憂。河漕尚書吴桂芳議復老黄河故道，而總河都御史傅希摯欲塞決口，束水歸漕，兩人議不合。會桂芳卒，六年夏，命季馴以右都御史兼工部左侍郎代之。季馴以故道久湮，雖濬復，其深廣必不能如今河，議築崔鎮以塞決口，築遥堤以防潰決。又：「淮清河濁，淮弱河强，河水一斗，沙居其六，伏秋則居其八，非極湍急，必至停滯。當藉淮之清以刷河之濁，築高堰束淮入清口，以敵河之强，使二水並流，則海口自濬。即桂芳所開草灣亦可不復修治。」遂條上六事，詔如議。

明年冬，兩河工成。又明年春，加太子太保，進工部尚書兼左副都御史。季馴初至河上，歷虞城、夏邑、商丘，相度地勢。舊黄河上流，自新集經趙家圈、蕭縣，出徐州小浮橋，極深廣。自嘉靖中北徙，河身既淺，遷徙不常，曹、單、豐、沛常苦昏墊。上疏請復故河。給事中王道成以方築崔鎮高堰，役難並舉。河南撫按亦陳三難，乃止。遷南京兵部尚書。十一年正月召改刑部。

季馴之再起也，以張居正援。居正殁，家屬盡幽繫，子敬修自縊死。季馴言：「居正母逾八旬，旦暮莫必其命，乞降特恩宥釋。」又以治居正獄太急，宣言居正家屬斃獄者已數十人。先是，御史李植、江東之輩與大臣申時行、楊巍相訐。季馴力右時行、巍，痛詆言者，言者交怒。植遂劾季馴黨庇居正，落職爲民。

十三年，御史李棟上疏訟曰：「隆慶間，河決崔鎮，爲運道梗。數年以來，民居既奠，河水安流，咸曰：『此潘尚書功也。』昔先臣宋禮治會通河，至於今是賴，陛下允督臣萬恭之請，予之謚廕。今季馴功不在禮下，乃當身存之日，使與編户齒，寧不寒諸臣任事之心，失朝廷報功之典哉。」御史董子行亦言季馴罪輕責重。詔俱奪其俸。其後論薦者不已。

十六年，給事中梅國樓復薦，遂起季馴右都御史，總督河道。自吴桂芳後，河漕皆總理，至是復設專官。明年，黄水暴漲，衝入夏鎮，壞田廬，居民多溺死。季馴復築塞之。十九年冬，加太子太保、工部尚書兼右都御史。

季馴凡四奉治河命，前後二十七年，習知地形險易。增築設防，置官建閘，下及木石椿埽，綜理纖悉，積勞成病。三疏乞休，不允。二十年，泗州大水，城中水三尺，患及祖陵。議者或欲開傅寧湖至六合入江，或欲濬周家橋入高、寶諸湖，或欲開壽州瓦埠河以分淮水上流，或欲弛張福堤以洩淮口。季馴謂祖陵王氣不宜輕洩，而巡撫周宋、陳于陛，巡按高舉謂周家橋在祖陵後百里，可疏濬，議不合。都給事中楊其休請允季馴去。歸三年卒，年七十五。

過庭訓《本朝分省人物考》卷四六 潘季馴，字時良，號印川，烏程人。嘉靖庚戌進士，授九江府推官。出寃民劉雲四之死，建議令瑞昌郵費皆仰于縣官，不煩百姓，民大德之。徵爲御史。三殿災，奉勑稽查大木，曰覆内官監，遺籍可得也。果得萬木於荷池中。巡按廣東、山西，破海寇，及平寧州盜，皆先計擒其黨魁，功最著。九載遷大理寺丞，歷少卿，擢理河道右僉都御史，會河決沛縣之飛雲橋，縠亭、沙河境山一帶，河渠盡塞。乃于三沽故道濬渠築堤，躬行督相，不三旬而告成。庚午，河南徙決睢寧，瀦其六百五十里，皆赭爲平野，復以故節來涖事，而廢址盡復。其所濬築深廣再倍於故河，而費半之。出官民之舟於積閼者以萬數，功垂成而持議與勘河給事左，坐浮議罷去。既去，而黄決崔鎮以北，淮決高堰以東，清桃塞，海口湮，而淮、揚、高、寶諸郡邑幾爲巨浸。于是復起田間，再董河道。塞崔鎮堤歸仁，而黄水悉歸故河。築高堰黄浦，而淮水復出清口，會黄東入於海，而海口遂闢。築遥堤以爲外護，植以柳榆。前後幾二十年，軺車所至，更數千里，與役夫雜處，畚鍤葦蕭，間沐風雨，裹霜露，髮白面黧，而後兩河合軌，數萬艘轉漕亡害，緣河之民始獲安，有室廬丘壠焉。蓋壯于河，老于河，病于河，乞骸之日，猶奉旨輿疾行部，又手疏八事以歸。歸以疾革，尚喃喃河防不去

口云。

焦竑《國朝獻徵録》卷五九王錫爵《總理河道提督軍務太子少保工部尚書都察院右副都御史印川潘公季馴墓志銘》 余以病解政還里，旋奉先慈之諱，乃悉謝四方謁文者，而吴興潘君以其考印川公墓銘來請。余惟公三朝行河老司空也，微君請，其忍無言。

我國家有二大事，曰邊，曰河。乃邊則天子自爲居守，常歲步屈天下之財力以事九鎮。而河備久弛，猝有非常，當事者勢不能咄嗟而應，難一。又九鎮各輔以大帥，而河數千里惟一臣，難二。虜有秋可防，而河之徙決無時。虜入即戰守機宜，一切聽於閫外。而河有蛟龍與鬼神，不可以智争謀，夫孔多又不可以百口争，難三。嘉靖來河漕之得安瀾者，繇印川公獨任其難者，白首馳驅，僕僕三十年以老，而今且没矣。没之後，凡朝廷所爲恩卹勞臣，與夫没世易名之典，猶尚有待。嗚呼，此予所以不忍辭公銘也。

公由庚戌進士授九江府推官，召拜監察御史。三殿災，奉勑稽查大木，巡按廣東，提督北畿學校，遷大理寺丞，歷少卿，始擢督理河道，右僉都御史。未幾，丁閔天人憂，即家拜右副都御史，尋詔以原官總□□□□歸，以交薦起撥江右，遷刑部右侍郎，旋進右都御史兼工部左侍郎，總理河漕，録河功，賜金幣，進太子少保、工部尚書，兼左副都御史。一子入監。辛巳，改南京兵部，尚書叅贊機務，後改刑部，侍經筵。上駕天壽山，勑公被麒麟服居守。甲申，復罷歸，再以薦起爲河道都御史，逮今官。

當乙丑黄決沛縣之飛雲橋，穀亭、沙河、留城、境山一帶河渠盡塞，議者請開夏鎮高原自南陽出茶城口。肅皇帝特遣大司空朱公衡而以公副。公遡流而西，問故道於士老篙師，喟然嘆曰：漢瓠子之役沉璧投馬不過曰復江南舊跡而已，其後賈魯亦一切以復故爲主，宜仍三沽故道便。而夏鎮業有成議，遂躬行督相，不三旬而告成，比原計月日省十之三，幣金省三之一。

庚午，河稍南徙，決睢寧，瀦其陸，百五十里皆赭爲平野。公復以故節來蒞事，而廢址盡復，其所浚築深厚，再倍于故河，而費半之。出官民之舟於積淤者以萬數，諸大夫方立石爲公記之，而公持議適與勘河給事左，坐浮議罷去。公去而黄決崔鎮以北，淮決高堰以東，清桃塞，海口湮，而淮、揚、高、寶、興、鹽諸郡邑幾漉爲巨浸矣。於是天子思公功，凡再廢再起，治河具有成。□其大者，塞崔鎮隄歸仁，而黄水悉歸故河。築高堰黄浦八淺而淮水復出清口，會黄東入于海，而海口遂闢，復築遥隄十餘萬丈，以爲外護。而後戊子河四潰，天子以言官言，拜公田間。至是不特公習河，而河亦習公矣。既告成，録其功，所加築上隄、縷隄、月隄、格隄、長隄、横隄、守泗隄、寄子隄，凡三十四萬七千八百二十五丈有奇。磯閘、料廠凡二十有四座，石壩、土壩、月壩、護壩凡五十一道，濬淤淺、塞決口、鑿老土凡三十萬一千一百丈有奇，栽護隄柳八十三萬有奇。前後十餘年，軺車所至更數千里。公與役夫雜處，舂鍤葦蕭間沐風雨裹霜露，髮白面黧，而後兩河合軌，數萬艘轉漕亡害，緣河之民始復見室廬，丘壠煙火彌望焉。

公之言曰：通漕于河，則治河即以治漕。會河于淮，則治淮即以治河。合河淮而同入于海，則治河淮即以治海。故竟公在事，止以築隄束水，借水攻沙爲萬全第一義，而其節目細瑣，具載公所著《河防一覽》中。士大夫探圖而覆讀之，且不能竟，即竟之而或茫然不得其要領。嗟乎！是宜公没後而議者猶曉曉也。蓋先是嘗有疑隄繇非便，請疏海且復老黄河者矣。已深計利害，迄不能易。公惟泗州歲苦，祖陵在焉。或謂高家堰閼過下流爲梗堰，公所修也。好事者挾陵而議，依於明主孝思，見謂能窮公。然公疏固言之矣。以謂泗陵之説起於萬曆辛巳之流言，而不度祖陵基址之甚高也。又不度前隔小岡，復隔沙河，陵去淮之甚遠也。自沙河口登岸而趨陵地幾十餘里，自岸而仰視陵地幾一丈有六尺，自陵地而仰視玄宫又幾二十有餘丈。每秋淮水穿湖，其甚者及岡足或下馬橋而止矣。自非洪荒之水，安能遽射玄宫哉。且高堰刱築於漢陳登，而本朝平江伯修之，正所以束全淮之水，使出雲梯，滅泗之害也，非所以貽泗之害也。蓋先是泗水嘗爲害矣，乃在高堰既決之後，比臣復修堰而水不加溢也。此遠有古圖記，近有泗人萬口萬目，誰可欺者。疏上，朝廷報從公，堰得無廢，而言者坐譴去。嗟乎！此所謂息壤在彼，功以此成，謗亦以此集歟。

公初荒度修堰，夢壽亭侯手書四字曰：結歡人主。且命老兵持帚以示之。公覺而思曰：帚掃也，其命我束埽投石乎？試之而洪流遂斷。黄浦下陰雨輒聞難鳴聲，居民曰：「此蛟龍宅，毋動。」堰成忽中夜雷電交作，挾以厲風，望見黑焰排空而去，比曉上窟白骨爛然在焉。就祝之，鉅顱獨角，其顱骨似牛，而長廣倍之，其角似龍之火帶而稍叅差，舐之輒粘舌，時以爲孽龍避公，而屍解云。公壯于河，老于河，病于河，乞骸之日猶奉旨與疾行部且請開夏鎮裏河，又手疏八事以歸。歸以疾革，猶喃喃河防不去口。嗟乎！人臣勞苦，有功至此，自非聖神，誰能保一十年後，鍼芒甕口之不漏，後之人固不妨從宜補塞爲。公益友若盡

毁成事，以功爲罪，則余不知之矣。

公七歲治《春秋》，能文章，補博士弟子十九廩于官，二十九以麟經魁于鄉。明年，成進士，試政九江。出寃民劉雲四之死，建議令瑞昌郵費皆仰於縣官，不煩百姓，民大德之。爲御史，稽覈大木于南都，公請無毁民居。覆内官監，遺籍可得也，果得萬木於荷池中。其在廣東、江西破海寇及平寧州盜，皆先計擒其黨魁，功最著，而公恥自言，賞不盡行。參贊南京，南京悍卒久習公名，無敢譁者。會京口僧告變，公不爲動，人情恃公而安。泇河議興，江陵寔陰主之，屬人謂公新河成旦暮大司空矣。公謝曰：司空任他人爲之，老臣知有不可而已。」江陵怒，嗾言者論公去。已試之，果無效，乃始大服。甲申，江陵獄起，公反爲之上書，觸時諱，至鐫秩罷免。人以此愈多公長者。

公内行醇謹，其愛敬尤不弛于師友。性倜儻，喜賑人之急，凡衣食、婚嫁、喪葬、醫藥干公者甚衆。又建義倉、祠堂、宗學以教其鄉人，又推先志建二石梁以便其郡人。其爲政所至，民多立祠畫像。當廣東受代，時有三老人入見，年皆百許歲，聽睹語言，差可辨曰：「我儕隱深山、絶城市，多者百年，少者五六十年。今傳聞使君治狀，且旬月間北去，願求一識鬚眉。」公起立堂皇前，三老繞身熟睹之，良久乃出。公行，咸犇集挽留，百里間爲之塞衢罷市。公之惠愛能得人心如此。

公姬姓裔，出周文王子畢公後，有食采於潘者，因以爲氏。至滎陽侯而氏始彰，凡三十八傳，伯民公肇遷烏程，七傳綜，以純孝著稱石晉時，北郭里名迄今未泯。又三十八傳而得公。公諱季馴，字時良，別號印川居士。公之没爲萬曆乙未四月十二日。嗚呼！公自童子時以逮老爲司空，其瀕危者數矣。未冠，即慷慨爲父白寃，賴當事試其文寛之。然往來蹴蹶，無能具一菜羹、一菅履，可以孱弱死。仲氏太守繫獄，公匍伏請減等，致忤部使者，上彈章，可以急難死。五十服母喪，如孺子慕，涕淚覆面，可以哀死。二十年老河臣，日夜寄命一葉風雨中，或暴洩、或咯血、或裹疽視事，可以病死。嘗露坐河壖督工，水忽大至，距其坐前僅尺餘，衆皆驚走，公幸無恙。又颶風吸舟入決口，左右戰泣無復喘聲，忽有樹杪擁舟底得脱，明日探之，無有也。父老立石于河湄曰：潘公再生處。是又可以怖死。廷臣每設數難以詰公，不能屈，既以轉羞而成怒，而公復爲國體論救故相，新進者欲中以危法，又可以讒死。夫此數者皆出于前所謂三難之外，即公《一覽》中亦未敢盡寫其艱危匍匐之苦，以暴之君父之前，而但向故人子弟私自慰曰：「老人實有天幸。曩朝論之紛紛也，嫉者衆而攻之急，度無以見容于時。其數罷而數還者，賴皇帝深察其忠，若瀕死而脱于難，則天也。」天下聞其言而益悲之。雖然，公今所得誥册及例進宫保，則皆十二年前故物耳。漢汲仁、郭昌、鄭當時皆得以河事被徹侯之賞，且令羣臣從官以下爲歌詠寶鼎以侈其功。今國家即不屑與絜令，然以公皓首河事，百艱備嘗，追勞念往，夫豈獨在邊臣後哉。吾固知公九原之論，必有所歸矣。

《静志居詩話》卷一三　自嘉靖乙丑受命治河，至萬曆庚辰工成。著有《宸斷大工録》。先後四總河務，晚輯《河防一覽》，其大指謂通漕於河，則治河即以治漕；會河於淮，則治淮即以治河；合河淮而同入於海，則治河淮即以治海。立意在築隄束水，借水刷沙，以此奏功。百年以來，俱守其指畫，可謂能捍大患者。

張居正部

綜述

《明史》卷二一三《張居正傳》 張居正，字叔大，江陵人。少穎敏絶倫，十五爲諸生，巡撫顧璘奇其文，曰：「國器也。」未幾，居正舉於鄉，璘解犀帶以贈，且曰：「君異日當腰玉，犀不足溷子。」嘉靖二十六年，居正成進士，改庶吉士。日討求國家典故，徐階輩皆器重之。授編修，請急歸，亡何還職。

居正爲人，頎面秀眉目，鬚長至腹。勇敢任事，豪傑自許。然沉深有城府，莫能測也。嚴嵩爲首輔，忌階，善階者皆避匿。居正自如，嵩亦器居正。遷右中允，領國子司業事。與祭酒高拱善，相期以相業。尋還理坊事，遷侍裕邸講讀。王甚賢之，邸中中官亦無不善居正者。而李芳數從問書義，頗及天下事。尋遷右諭德兼侍讀，進侍講學士，領院事。

階代嵩首輔，傾心委居正。世宗崩，階草遺詔，引與共謀。尋遷禮部右侍郎兼翰林院學士。月餘，與裕邸故講官陳以勤俱入閣，而居正爲吏部左侍郎兼東閣大學士。尋充《世宗實録》總裁，進禮部尚書兼武英殿大學士，加少保兼太子太保，去學士五品僅歲餘。時徐階以宿老居首輔，與李春芳皆折節禮士。居正最後入，獨引相體，倨見九卿，無所延納。間出一語輒中肯，人以是嚴憚之，重於他相。

高拱以很躁被論去，徐階亦去，春芳爲首輔。亡何趙貞吉入，易視居正。居正與故所善掌司禮者李芳謀，召用拱，俾領吏部，以扼貞吉，而奪春芳政。拱至，益與居正善。春芳尋引去，以勤亦自引，而貞吉、殷士儋皆爲所搆罷，獨居正與拱在，兩人益相密。拱主封俺答，居正亦贊之，授王崇古等以方略。加柱國、太子太傅。六年滿，加少傅、吏部尚書、建極殿大學士。以遼東戰功，加太子太師。和市成，加少師，餘如故。

初，徐階既去，令三子事居正謹。而拱銜階甚，嗾言路追論不已，階諸子多坐罪。居正從容爲拱言，拱稍心動。而拱客搆居正納階子三萬金，拱以誚居正。居正色變，指天誓，辭甚苦。拱謝不審，兩人交遂離。拱又與居正所善中人馮保郄。穆宗不豫，居正與保密處分後事，引保爲內助，而拱欲去保。神宗即位，保以兩宮詔旨逐拱，事俱《拱傳》，居正遂代拱爲首輔。帝御平臺，召居正奬諭之，賜金幣及繡蟒斗牛服。自是賜賚無虛日。

帝虛己委居正，居正亦慨然以天下爲己任，中外想望豐采。居正勸帝遵守祖宗舊制，不必紛更，至講學、親賢、愛民、節用皆急務。帝稱善。大計廷臣，斥諸不職及附麗拱者，復具詔召羣臣廷飭之，百僚皆惕息。帝當尊崇兩宮。故事，皇后與天子生母並稱皇太后，而徽號有別。保欲媚帝生母李貴妃，風居正以並尊，居正不敢違，議尊皇后曰仁聖皇太后，皇貴妃曰慈聖皇太后，兩宮遂無別。慈聖徙乾清宮，撫視帝，內任保，而大柄悉以委居正。

居正爲政，以尊主權、課吏職、信賞罰、一號令爲主。雖萬里外，朝下而夕奉行。黔國公沐朝弼數犯法，當逮，朝議難之。居正擢用其子，馳使縛之，不敢動。既至，請貸其死，錮之南京。漕河通，居正以歲賦逾春，發水橫溢，非決則涸，乃采漕臣議，督艘卒以孟冬月兌運，及歲初畢發，少罹水患。行之久，太倉粟充盈，可支十年。互市饒馬，乃減太僕種馬，而令民以價納，太僕金亦積四百餘萬。又爲考成法以責吏治。初，部院覆奏行撫按勘者，嘗稽不報。居正令以大小緩急爲限，誤者抵罪。自是，一切不敢飾非，政體爲肅。南京小奄醉辱給事中，言者請究治，居正謫其尤激者趙參魯於外以悦保，而徐説保裁抑其黨，毋與六部事。其奉使者，時令緹騎陰詗之。其黨以是怨居正，而心不附保。

居正以御史在外，往往凌撫臣，痛欲折之。一事小不合，詬責隨下，又敕其長加考察。給事中余懋學請行寬大之政，居正以爲風己，削其職。御史傅應禎繼言之，尤切，下詔獄，杖戍。給事中徐貞明等羣擁入獄，視具橐饘，亦逮謫外。御史劉臺按遼東，誤奏捷，居正方引故事繩督之，臺抗章論居正專恣不法，居正怒甚。帝爲下臺詔獄，命杖百，遠戍。居正陽具疏救之，僅奪其職。已，卒戍臺。由是，諸給事御史益畏居正，而心不平。

當是時，太后以帝沖年，尊禮居正甚至，同列呂調陽莫敢異同。及吏部左侍郎張四維入，恂恂若屬吏，不敢以僚自處。

居正喜建豎，能以智數馭下，人多樂爲之盡。俺答款塞，久不爲害。獨小王子部衆十餘萬，東北直遼左，以不獲通互市，數入寇。居正用李成梁鎮遼，戚繼光鎮薊門。成梁力戰却敵，功多至封伯，而繼光守備甚設。居正皆右之，邊境晏

然。兩廣督撫殷正茂、淩雲翼等亦數破賊有功。浙江兵民再作亂，用張佳胤往撫即定，故世稱居正知人。然持法嚴，覈驛遞，省冗官，清庠序，多所澄汰。公卿羣吏不得乘傳，與商旅無別。郎署以缺少，需次者輒不得補。大邑士子額隘，艱於進取，亦多怨之者。

時承平久，羣盜蝟起，至入城市劫府庫。有司恒諱之，居正嚴其禁。匿弗舉者，雖循吏必黜。得盜即斬決，有司莫敢飾情。盜邊海錢米盈數，例皆斬，然往往長繫或瘐死，居正獨亟斬之，而追捕其家屬，盜賊爲衰止。而奉行不便者，相率爲怨言，居正不恤也。

慈聖太后將還慈寧宮，諭居正謂：「我不能視皇帝朝夕，恐不若前者之向學、勤政，有累先帝付託。先生有師保之責，與諸臣異。其爲我朝夕納誨，以輔臺德，用終先帝憑几之誼。」因賜坐蟒、白金、綵幣。未幾，丁父憂。帝遣司禮中官慰問，視粥藥，止哭，絡繹道路，三宮賻贈甚厚。

户部侍郎李幼孜欲媚居正，倡奪情議，居正惑之。馮保亦固留居正。諸翰林王錫爵、張位、趙志臯、吴中行、趙用賢、習孔教、沈懋學輩皆以爲不可，弗聽。吏部尚書張瀚以持慰留旨，被逐去。御史曾士楚、給事中陳三謨等遂交章請留。中行、用賢及員外郎艾穆、主事沈思孝、進士鄒元標相繼争之。皆坐廷杖，謫斥有差。時彗星從東南方起，長亘天。人情洶洶，指目居正，至懸謗書通衢。帝詔諭羣臣，再及者誅無赦，謗乃已。於是使居正子編修嗣修與司禮太監魏朝馳傳往代司喪，禮部主事曹誥治祭，工部主事徐應聘治喪。居正請無造朝，以青衣、素服，角帶入閣治政，侍經筵講讀，又請辭歲俸。帝許之。及帝舉大婚禮，居正吉服從事，給事中李淶言其非禮，居正怒，出爲僉事。時帝顧居正益重，常賜居正札，稱「元輔張少師先生」，待以師禮。

居正乞歸葬父，帝使尚寶少卿鄭欽、錦衣指揮史繼書護歸，期三月，葬畢即上道。仍命撫按諸臣先期馳賜璽書敦諭。範「帝賚忠良」銀印以賜之，如楊士奇、張孚敬例，得密封言事。戒次輔吕調陽等「有大事毋得專決，馳驛之江陵，聽張先生處分」。居正請廣内閣員，詔即令居正推。居正因推禮部尚書馬自强、吏部右侍郎申時行入閣。自强素迕居正，不自意得之，頗德居正，而時行與四維皆自昵於居正，居正乃安意去。帝及兩宫賜賚慰諭有加禮，遣司禮太監張宏供張餞郊外，百僚班送。所過地，有司飭廚傳，治道路。遼東奏大捷，帝復歸功居正，使使馳諭，俾定爵賞，居正爲條列以聞。調陽益内慚，堅卧，累疏乞休不出。

居正言母老不能冒炎暑，請俟清涼上道。於是内閣、兩都部院寺卿、給事、御史俱上章，請趣居正亟還朝。帝遣錦衣指揮翟汝敬馳傳往迎，計日以俟；而令中官護太夫人以秋日由水道行。居正所過，守臣率長跪，撫按大吏越界迎送，身爲前驅。道經襄陽，襄王出候，要居正宴。故事，雖公侯謁王執臣禮，居正具賓主而出。過南陽，唐王亦如之。抵郊外，詔遣司禮太監何進宴勞，兩宫亦各遣大璫李琦、李用宣諭，賜八寶金釘川扇、御膳、餅果、醪醴，百僚復班迎。入朝，帝慰勞懇篤，予假十日而後入閣，仍賜白金、綵幣、寶鈔、羊酒，因引見兩宫。及秋，魏朝奉居正母行，儀從煊赫，觀者如堵。比至，帝與兩宫復賜賚加等，慰諭居正母子，幾用家人禮。

時帝漸備六宫，太倉銀錢多所宣進。居正乃因户部進御覽數目陳之，謂每歲入額不敵所出，請帝置坐隅時省覽，量入爲出，罷節浮費。疏上，留中。帝復令工部鑄錢給用，居正以利不勝費止之。言官請停蘇、松織造，不聽，居正爲面請，得損大半。復請停修武英殿工，及裁外戚遷官恩數，帝多曲從之。帝御文華殿，居正侍講讀畢，以給事中所上灾傷疏聞，因請振。復言：「上愛民如子，而在外諸司營私背公，剥民罔上，宜痛鉗以法。而皇上加意撙節，於宫中一切用度、服御、賞賚、布施，裁省禁止。」帝首肯之，有所蠲貸。居正以江南貴豪怙勢及諸奸猾吏民善逋賦，選大吏精悍者嚴行督責。賦以時輸，國藏日益充，而豪猾率怨居正。

居正服將除，帝召吏部問期日，敕賜白玉帶、大紅坐蟒、盤蟒。御平臺召對，慰諭久之。使中官張宏引見慈慶、慈寧兩宫，皆有恩賚，而慈聖皇太后加賜御膳九品，使宏侍宴。

帝初即位，馮保朝夕視起居，擁護提抱有力，小扞格，即以聞慈聖。慈聖訓帝嚴，每切責之，且曰：「使張先生聞，奈何！」於是帝甚憚居正。及帝漸長，心厭之。乾清小璫孫海、客用等導上遊戲，皆愛幸。慈聖使保捕海、用，杖而逐之。居正復條其黨罪惡，請斥逐，而令司禮及諸内侍自陳上裁去留。内勸帝戒遊宴以重起居，專精神以廣聖嗣，節賞賚以省浮費，却珍玩以端好尚，親萬幾以明庶政，勤講學以資治理。帝迫於太后，不得已，皆報可，而心頗嗛保、居正矣。

帝初政，居正嘗纂古治亂事百餘條，繪圖，以俗語解之，使帝易曉。至是，復屬儒臣紀太祖列聖《寶訓》、《實録》分類成書，凡四十：曰創業艱難，曰勵精圖治，曰勤學，曰敬天，曰法祖，曰保民，曰謹祭祀，曰崇孝敬，曰端好尚，曰慎起居，

曰戒遊佚，曰正宮闈，曰教儲貳，曰睦宗藩，曰親賢臣，曰去奸邪，曰納諫，曰理財，曰守法，曰儆戒，曰務實，曰正紀綱，曰審官，曰久任，曰重守令，曰馭近習，曰待外戚，曰重農桑，曰興教化，曰明賞罰，曰信詔令，曰謹名分，曰裁貢獻，曰慎賞賚，曰敦節儉，曰慎刑獄，曰褒功德，曰屏異端，曰飭武備，曰御戎狄。其辭多警切，請以經筵之暇進講。又請立起居注，紀帝言動與朝内外事，日用翰林官四員入直，應制詩文及備顧問。帝皆優詔報許。

居正自奪情後，益偏恣。其所黜陟，多由愛憎。左右用事之人多通賄賂。馮保客徐爵擢用至錦衣衛指揮同知，署南鎮撫。居正三子皆登上第。蒼頭游七入貲爲官，勛戚文武之臣多與往還，通姻好。七具衣冠報謁，列於士大夫，世以此益惡之。

亡何，居正病。帝頻頒敕諭問疾，大出金帛爲醫藥資。四閱月不愈，百官並齋醮爲祈禱。南都、秦、晉、楚、豫諸大吏，亡不建醮。帝令四維等理閣中細務，大事即家令居正平章。居正始自力，後憊甚不能偏閱，然尚不使四維等參之。及病革，乞歸。上復優詔慰留，稱「太師張太岳先生」。居正度不起，薦前禮部尚書潘晟及尚書梁夢龍，侍郎余有丁、許國、陳經邦，已，復薦尚書徐學謨、曾省吾、張學顔，侍郎王篆等可大用。帝爲黏御屏。晟，馮保所受書者也，强居正薦之。時居正已昏甚，不能自主矣。及卒，帝爲輟朝，諭祭九壇，視國公兼師傅者。居正先以六載滿，加特進中極殿大學士；以九載滿，加賜坐蟒衣，進左柱國，廕一子尚寶丞；以大婚，加歲禄百石，録子錦衣千户爲指揮僉事；以十二載滿，加太傅；以遼東大捷，進太師，益歲禄二百石，子由指揮僉事進同知。至是，贈上柱國，謚文忠，命四品京卿、錦衣堂上官、司禮太監護喪歸葬。於是四維始爲政，而與居正所薦引王篆、曾省吾等交惡。

初，帝所幸中官張誠見惡馮保斥於外，帝使密詗保及居正。至是，誠復入，悉以兩人交結恣横狀聞，且謂其寶藏踰天府。帝心動。左右亦浸言保過惡，而四維門人御史李植極論徐爵與保挾詐通奸諸罪。帝執保禁中，逮爵詔獄。謫保奉御居南京，盡籍其家金銀珠寶鉅萬計。帝疑居正多蓄，益心艷之。言官劾篆、省吾并劾居正，篆、省吾俱得罪。新進者益務攻居正。詔奪上柱國、太師，再奪謚。居正諸所引用者，斥削殆盡。召還中行、用賢等，遷官有差。劉臺贈官，還其産。御史羊可立復追論居正罪，指居正搆遼庶人憲㸅獄。庶人妃因上疏辯冤，且曰：「庶人金寶萬計，悉入居正。」帝命司禮張誠及侍郎丘橓偕錦衣指揮、給事中籍居正家。誠等將至，荆州守令先期録人口，錮其門，子女多遁避空室中。比門啓，餓死者十餘輩。誠等盡發其諸子兄弟藏，得黄金萬兩，白金十餘萬兩。其長子禮部主事敬修不勝刑，自誣服寄三十萬金於省吾、篆及傅作舟等，尋自縊死。事聞，時行等與六卿大臣合疏，請少緩之；刑部尚書潘季馴疏尤激楚。詔留空宅一所、田十頃，贍其母。而御史丁此吕復追論科場事，謂高啓愚以舜、禹命題，爲居正策禪受。尚書楊巍等與相駁。此吕出外，啓愚削籍。後言者復攻居正不已，詔盡削居正官秩，奪前所賜璽書、四代誥命，以罪狀示天下，謂當剖棺戮屍而姑免之。其弟都指揮居易，子編修嗣修，俱發戍烟瘴地。

終萬曆世，無敢白居正者。熹宗時，廷臣稍稍追述之。而鄒元標爲都御史，亦稱居正。詔復故官，予葬祭。崇禎三年，禮部侍郎羅喻義等訟居正冤。帝令部議，復二廕及誥命。十三年，敬修孫同敞請復武廕，併復敬修官。帝授同敞中書舍人，而下部議敬修事。尚書李日宣等言：「故輔居正，受遺輔政，事皇祖者十年。肩勞任怨，舉廢飭弛，弼成萬曆初年之治。其時中外乂安，海内殷阜，紀綱法度莫不修明。功在社稷，日久論定，人益追思。」帝可其奏，復敬修官。

同敞負志節，感帝恩，益自奮。十五年奉敕慰問湖廣諸王，因令調兵雲南。未復命，兩京相繼失，走詣福建。唐王亦念居正功，復其錦衣世廕，授同敞指揮僉事。尋奉使湖南，聞汀州破，依何騰蛟於武岡。永明王用廷臣薦，改授同敞侍讀學士。爲總兵官劉承胤所惡，言翰林、吏部、督學必用甲科，乃改同敞尚寶卿。以大學士瞿式耜薦，擢兵部右侍郎兼翰林侍讀學士，總督諸路軍務。

同敞有文武材，意氣慷慨。每出師，輒躍馬爲諸將先。或敗奔，同敞危坐不去。諸將復還戰，或取勝。軍中以是服同敞。大將王永祚等久圍永州，大兵赴救，胡一青率衆迎敵，戰敗。同敞馳至全州，檄楊國棟兵策應，乃解去。順治七年，大兵破嚴關，諸將盡棄桂林走，城中虚無人，獨式耜端坐府中。適同敞自靈川至，見式耜。式耜曰：「我爲留守，當死此。子無城守責，盍去諸。」同敞正色曰：「昔人恥獨爲君子，公顧不許同敞共死乎？」式耜喜。取酒與飲，明燭達旦。侵晨被執，諭之降，不從。令爲僧，亦不從。乃幽之民舍。雖異室，聲息相聞，兩人日賦詩倡和。閲四十餘日，整衣冠就刃，顔色不變。既死，同敞屍植立，首墜躍而前者三，人皆辟易。

而居正第五子允修，字建初，廕尚寶丞。崇禎十七年正月，張獻忠掠荆州，允修題詩於壁，不食而死。

彭定求《明賢蒙正録》卷下　太師張文忠公居正，湖廣江陵人，嘉靖丁未進士。父故微賤。給事御史府顧華玉公名璘按郡至，聞公奇童，召視，時方八歲，舉止不凡，入見，顧公命作破，以「子曰」二字爲題。公應聲曰：「匹夫而爲百世師，一言而爲天下法。」顧公大異之，解所佩犀帶以贈。

張萱《西園聞見録》卷八　張居正曰：載籍之重也，自古則然。韓宣子聘于魯，見《易》象與《春秋》，曰：周禮盡在魯矣。王孫圉對白珩之問，而稱左史倚相也曰：「能讀三墳五典八索九丘。」由斯以談，殘簡之存，足以華國；微言之誦，足以威鄰。此之謂即夏璜、商彝、垂弓、和矢與較輕絜重，猶未可同日語也。蓋書之藏爲世寶也尚矣。自秦燔百家之言，先王之道化而爲灰燼。漢興，狂于馬上之習，猶然不事詩書，其後挾書律除，書乃稍稍復出。嗣是天禄之所讎，石渠之所集，祕書之所貯，駸駸乎日盛矣。然而遺佚放失猶多有之，何者？世未純熙，君乏明聖，昌備之期，固有所待也。我聖祖投戈講藝，息馬論道，暨于列祖紹天闡繹，嘉志于稽古右文之事，用是書契以來，即一帙一編，學士所祕，名山所藏，莫不應運搆會，無脛而至，鱗集櫛比于金匱石室之中，洋洋乎，煌煌乎，日星同其璀燦，江海同其渟涵，叢若鄧林，森若武庫。韓起駭其觀，左史絀其誦，天禄、石渠、弘文、祕書之積，方斯渺矣。盛哉，所謂東壁西崑，一代之珍藏，人文之極觀也。蓋聖作明述，立言著書，非以侈空談也，則精神寄焉耳。載籍極博，旁搜遠羅，非以誇厚藏也，則聰明出焉耳。借令視猶枯竹，付之掌故，省覽不涉，探討不加，而或以循行數墨爲勤，以尋章摘句爲工，斤斤焉與經生墨士競富，即窮宇宙之籍，括古今之奇，玉軸牙籤，充牣棟宇，猶無益于殿最也。惟超然遠覽，獨得古人之精神于載籍之中，而遊于載籍之外，故不偏窺望而視已明，不殫傾耳而聽已聰，學與聖哲並，治與三五侔。《書云》王人多求聞時惟建事。於戲，此則祖宗所爲剏文淵閣藏書之意。

張萱《西園聞見録》卷一八　張居正與趙錦書曰：僕昔年十三，大司寇東橋顧公時爲敝省巡撫，一見即許以國士，呼爲小友。每與藩臬諸君言：「此子將相才。昔張燕公識李鄴侯於童稚，吾庶云云。」又解束帶以相贈，曰：「子他日不束此耶？以表吕虔意耳。」一日留僕共飲，出其少子今名峻者，指示之曰：「此荆州張秀才也。他年當樞要，汝可往見之，必念其爲故人子也。」僕自以童幼，豈敢妄意今日，然必感公之知，思以死報，中心藏之，未嘗敢忘。前年顧峻來見，僕因追憶公言，不覺嘘唏流涕，念無以厚之，欲以鄙衷，控之皇上，辭免當得廕子移之于顧，以報知己。會楊虞坡太宰知之，爲僕謀曰：「東橋昔督工顯陵有勞，宜廕，爲當路所阻。當時先後在上者皆廕，而公獨無，此可援例陳乞。且公海内名流，補與一廕，豈得爲過？」後於工部查公果未霑恩，遂令峻上疏自乞，蒙恩俞允。此朝廷録舊之恩，而僕報成之義也。今聞其姪輩咸起爭言峻是三房，倫序不宜，投揭晉都法司，欲行爭奪。彼蓋不知乃祖見託之言，僕報知己之意，但知録廕常例相競耳。且已奉明旨，孰得而易之？乞公明示以大義，給峻生一執照，庶不爲强圉所陵，而僕區區之義，亦可報東橋公于冥漠矣。

王世貞《嘉靖以來内閣首輔傳》卷七　張居正字叔大，湖廣之江陵人也。少穎敏絶倫，十五爲諸生眇小，而是時尚書顧璘撫楚，行部而試其文，奇之，已得召見，復大奇之，曰：「此兒國器也。」遺以金錢爲膏油費。明年舉於鄉，謁謝，璘解所繫犀帶以贈，而曰：「爲若異時圍腰飾，然當且玉，不足久溷也。」自是又六年而登進士高第，改翰林院庶吉士。是時爲嘉靖之丁未、戊申間。諸進士多談詩爲古文，以西京、開元相砥礪，而居正獨夷然不屑也。與人多默默潛求國家典故，與政務之要切者衷之，而時時稱《老》《易》以爲能得其用。諸老先生如徐階輩皆器重其人，相推許，遂得授編修。尋以妻喪請急歸，亡何還職。

居正爲人頎而秀眉目，美鬚，鬚幾至腹，沈深有城府，莫能測也。時嚴嵩爲首輔而忌徐階，諸善階者皆避匿，而居正行意自如。嘗考會試，而其門生自喜客於嵩，能得嵩意，居正衆斥之曰：「李樹不代桃僵耶？亟去，毋辱吾門。」衆稍莊憚之。而有天幸，毋爲嵩耳目者，嵩顧亦稱居正。久之，遷右春坊右中允，領國子司業事。居正待諸生嚴，亡所寬假，而獨與祭酒高拱善，相期以相業。尋還理坊事，遂以選侍裕邸講讀，王頗賢之。邸中中貴人亦無不賢居正者，而李芳數從問書義，頗及天下事。尋進右諭德，兼侍讀，預校《永樂大典》，復預修《興都志》，始解裕邸講，進翰林院侍讀學士，領院事。時階代嚴嵩首輔，盡以志事委居正，而其所具藁草輒爲輔臣袁煒所削。及煒卒，階乃復從居正草進於上。上意不懌，亡還賞，然中外目屬居正，謂必大用矣。

世宗崩，階草遺詔，頗引以共謀，事具《階傳》。居正尋遷禮部右侍郎兼翰林院學士，月餘，與裕邸故講臣陳以勤俱入閣，而居正爲吏部右侍郎兼東閣大學士，尋充《世宗實録》總裁。經筵開，爲同知經筵事。至秋，進禮部尚書兼武英殿大學士，亡何，加少保兼太子太保。去學士之五品僅歲餘而至一品，其登進之速，雖張、桂不能過也。時年僅四十三。

當居正之進閣，閣臣凡六人，徐階最爲老宿，與李春芳皆好折節禮士。郭朴、陳以勤皆重厚長者。獨高拱很躁，而以不得志於言路稍絀，尋引去。居正最後拜，獨謂輔相體當尊重，於朝堂倨見九卿，他亦無所延納，而間出一語輒中的，人以是愈畏憚之，重於他相矣。徐階既去位，而春芳代，居正意狎視之，以爲不足與有爲。而大學士趙貞吉入，其位居居正下，然自負長輩而材，間呼居正張子，有所語朝事，則曰：「唉，非而少年輩所解。」居正内恨不復答，而與中貴人李芳輩謀召用高拱，俾領吏部，計以扼貞吉而奪春芳政。拱至，益與居正善。

當是時天子頗好游而重武，居正上疏言六事：其一曰簡議論。謂朝廷之間議論太多，或一事而甲可乙否，或一人而朝由暮跖，或前後背馳，或毁譽矛盾。是非淆乎唇吻，用舍決於愛憎。政多紛更，事鮮統紀。大抵事無全利亦無全害，有所長亦有所短，要在權利害之多寡，酌長短之輕重，斷而行之，信而任之。二曰振紀綱。謂近年以來，紀綱不肅，法度不行，上下務爲姑息，百事悉從委狥。以模棱兩可爲調停，以委曲遷就爲善處。刑法之加，惟在微賤；庶人之議，反重朝廷。賈誼所謂跻盭者。欲上攬乾綱，張紀法。法所當加，雖貴近不宥；事有所枉，雖疏賤必伸。三曰重詔令。謂天子之號令，譬之風霆。若風不能動而霆不能擊，則乾坤之用息，造化之機滯。欲部院覆奏，數日即報，不得諉之撫按。行撫按議處者，嚴令期限，不得延緩停閣。四曰覈名實。謂今用人者稱人之才不必試之以事，任之以事不必更考其成，至於僨事之時，又未必明正其罪。椎魯少文者無用而見譏，大言無當者虛聲而竊譽，倜儻伉直者忤時而難合，脂韋逢迎者巧宦而易容。或以卑微見忽，或以名高見崇，或用一善而借資終身，或因一疵而取病衆口。官不久任，事不責成。更調太繁，遷轉太驟，資格太拘，毁譽太易。欲以嚴考課、審名實責之吏部，官各久任，毋遽遷轉。五曰固邦本。謂近以蠲賦至半，國用不足，邊費重大，内帑空乏。分道檢括，庫藏盡掃，以至水旱災傷坐視而不能賑，用兵供餉首出而不能支。欲上停免一切不急工程，無益徵辦，精擇守令，講求出納。其分道之使，一切取回。六曰飭武備。則欲上修祖宗大閱故事，張皇六師，躬賜校肄，旌別技勇，汰易老弱。疏上褒諭，下部院議行。於是各推演疏指事別爲演多至十餘條，以媚居正。而所謂大閱者，上意果爲動，令所司擇日行矣。大閱費不貲，時方詘，而給事中駱問禮頗言其非急，居正亦覺之，乃復上疏請停止，上不允。

居正以善筆札，諸公有密勿疏草，多委之如救。給事中石星、御史詹仰庇停取户部金三十萬，請皇太子出閣講學，其草皆自居正。而同列李春芳、陳以勤、趙貞吉、殷士儋之見逐，雖發之自高拱，而其機皆出居正。居正故所獨厚者司禮中貴李芳，一日言官有忤旨而當懲者，春芳顧而曰：「當何處？」居正遽曰：「不過示責而貸之耳。」春芳具如居正語。而俄頃居正以片紙使小吏投芳曰：「此人狂妄，即上貸之，恐有繼言者，須謫罰而後可。」芳請於上，改停三月俸。而春芳後詗得之？心恨居正而不敢發。尋李芳以强諫失上意，秋錮之獄，而居正小屈。後諸公去且盡，獨居正與高拱在，兩人相得益密。會北敵請入貢通互市，亦惟居正贊之。初以滿三載加柱國，進太子太傅，再以六年滿加少傅、吏部尚書、建極殿大學士，兼支大學士俸。遼東戰功，加太子太師。和市成，加少師，餘如故。

鄉者少師階，居正故受業知己也，其去由張齊之爲拱而修怯，然居正實言之李芳，謂階久倦宦，以是亟報許，既許而心愧之。階既去，然約束其三子事居正謹，而拱銜階甚，必欲殺。之，嗾言路追論階不已，而使其所讐誣飾其諸子罪，下撫按置獄。事益急，階求救于居正。居正從容爲拱言：階一旦叵測，公負薄舊僚名。拱稍心動。而居正頗復爲撫按居間，業稍緩。而拱之客乃搆於拱，謂居正納階子三萬金賄，不足信也。拱無子而居正多子，一日戲謂居正：「造物者胡不均，而公獨多子也？」居正曰：「多子多費，甚爲衣食憂。」拱忽正色曰：「公有徐氏三萬金，何憂衣食也？」居正色變，指天而誓，辭甚苦。拱徐曰：「外人言之，我何知？」以故兩自疑。而拱之客謂間可乘也，日稍稍以居正過聞拱。而都給事中宋之韓遂具疏且論居正，草成而居正知之，走見拱，而盛氣言曰：「公不念香火盟而忍逐我耶？」拱錯愕出不意，曰：「誰敢論公者？」居正曰：「公之門人宋之韓已具草矣。」拱曰：「亟呼而止之。」居正曰：「公發之，安能止之？」拱曰：「請出之外，以明我心。」晨入部，以某省參政補之韓，而其疑居正益甚。拱又前後薦其所善中貴人陳洪、孟冲柄司禮，而抑馮保。時尚寶卿劉奮庸疏摘時政數事，語侵拱，而給事中曹大埜則極論拱諸大罪，居正爲擬旨，謫大埜於外，奮庸亦坐謫。或云居正實使之，或云獨大埜受之馮保，莫能明也。

上一日甫視朝，忽馳而下，且躓於陛間，第云：「國有長君，社稷之福。」語且不了了。居正與拱趨而掖之起，還宮即不豫者月餘矣。羣臣日詣闕問安，而上方卧，蹶然興，肩輿至内閣。居正與拱驚出俯伏，上擿之起，而持拱臂，仰天氣逆結，久之始云：「祖宗法壞且盡，奈何？」亦復不了了，而持拱袂，步且至乾清宮門，始復謂：「第還閣，別有諭。」明日寂然。而居正察知上色若黃葉而骨立神

朽，慮有叵測，爲處分十餘條札而封之，使小吏持以投馮保。即有報拱者，急使吏跡之，則已入矣。拱亦不知爲何語，第恚甚，至閣面詰居正曰：「昨密封之謂何？天下事不以屬我曹而屬之內豎，何也？」居正面發赤，不能答，乾笑而已，徐而曰：「吾日與飲食通，公安能一切畋我？」拱淺，謂實然，不復置臆。

而上崩，拱與居正歡然具遺詔草。拱復自具草以聞，凡數事，皆欲敓司禮權歸內閣。馮保聞之，意不善也。上方諒闇，拱有請必報可，以爲能得上心，而嗾所善言官四五人列疏論保，謂必下，拱即擬旨逐之，而使其心腹韓楫報居正，行且建不世功，與公共之。居正陽笑曰：「去此閹若腐鼠耳。即功，胡不世也？」而陰使人馳報保，得預爲備而逐拱。語見《拱傳》。居正既代拱首，即請還楊博吏部。頃之上御平臺，召居正面諭曰：「父皇昔在御日，嘗一再聆德音，謂先生忠而高拱邪。先生幸自愛，悉心見輔。」因賜居正金幣及繡蟒斗牛服。居正頓首泣謝，謂今國家要務唯在遵守祖宗舊制，不必紛紛更改。至於講學、親賢、愛民、節用，又君道所先，乞聖明留意。上曰善。亡何復賜居正白玉帶，自是賜賚繁渥無虛日矣。

時上幼沖，虛己委居正，居正既得國，亦慨然以天下爲己任，中外想望豐采。既已大計廷臣，於拱私黨多所屏斥，而他不職者亦稱是。復具詔草，請於上，召羣臣廷飭之。謂：近歲以來，士習澆漓，官箴刓缺，鑽窺竇隙，巧媒蹊取，鼓煽朋黨，公事擠排，詆老成廉退爲無用，誇讒佞便捷爲有才，愛憎橫生，恩讐交錯，遂使朝廷威福之柄，徒爲人臣酬報之資。是用去其太甚，薄示懲戒，餘皆曲賜矜原，與之更始。《書》不云乎「無偏無黨，王道蕩蕩。無黨無偏，王道平平。」朕方嘉與臣民，會歸皇極，諸臣亦宜痛湔宿垢，共襄王道。自今以後，其尚精白乃心，恪恭乃職，毋懷私以罔上，毋持祿以養交，毋依阿淟涊以隨時，毋噂沓翕訿以亂政。任輔弼者毋昵淫朋以塞公正之路，典銓衡者毋作好惡以開邪枉之門。有官守者宜分猷念以濟艱難，有言責者宜竭讜直以資聽納。大臣當崇養德望，有正色立朝之風；小臣當砥礪廉隅，有退食自公之節。若或沉溺故常，堅守途轍，以朝廷爲必可背，以法紀爲必可干，則祖宗憲典甚嚴，朕不敢赦。詔下，百僚頗惕然。

而是時上當尊崇兩宮，故事，天子非嫡生而尊皇后稱皇太后，若生母亦稱皇太后則加徽號於皇后以別之。馮保欲媚上生母李貴妃，乃風居正以竝尊，居正不敢違，於是下議尊皇后曰仁聖皇太后，皇貴妃曰慈聖皇太后，而兩宮不復別矣。慈聖徙居乾清，撫視上主持國柄，而倚馮保爲重。又與保俱德居正，中外大柄悉以委之，而居正亦自淬勵，亡所受狥。經筵開，爲知經筵事。修《世廟實錄》，爲總裁。尋加左柱國，進兼中極殿大學士，予一子尚寶司丞。上疏三辭，不許，而賜白金百兩、文幣四有副，繡蟒衣一襲。復力辭前命，乃許之，下璽書褒諭，以風示百僚。

居正之爲政，大約以尊主權，課吏實，信賞罰，一號令，萬里之外朝下而夕奉行，如疾雷迅風，無所不披靡，乃媮快於志。居恒謂高皇帝真得聖之威者也。世宗能識其意，是以高坐法宮之中，朝委裘而天下不亂，以太阿不下授也。今上世宗孫也，奈何不使之法祖。時黔國公朝弼數犯法當逮，而朝議皆難之，以爲朝弼綱紀之卒且萬人，不易逮，逮恐失諸夷心。居正擢用其子，而馳單使縛之，卒不敢動。既至，請於上，貸其死，而錮之南京，人以爲快。漕河通，居正以歲賦往往迂緩，逾春而後發，即水橫溢，非決則涸。乃采漕臣議，督艘卒以孟冬月兑運，及歲初而畢發，發少罹水患，其始農頗不便之，久而習以爲常，太倉粟至支十年。歲開邊互市，饒馬則減太僕種馬，而多令民以其價納，民既樂於不擾，價以時上，太僕金亦積至四百餘萬。又爲考成法，以責吏治。前是六部都察院有覆奏而行撫按勘者，度事之不易行，或有所按覈或兩訐當質成者，其人各以私軋，則故稽之，至數十年而不決，遂廢寢。居正下所司，以大小緩急爲期限，行之誤者抵罪。自是一切不敢飾非，政體稍肅，而漸有不便於居正者矣。

尋以六載滿，加特進中極殿大學士，賜白金、綵繡、寶鈔、羊酒加等。居正有子曰懋修，與其孽弟居謙俱試於湖廣，得中式。懋修僅能成文，蓋主司有庇之者，人以爲居正不與也。而至會試不第，居正斷斷修怨其主者，人漸識其意。而是時吏部尚書楊博病免當代，廷議以左都御史葛守禮、工部尚書朱衡、南京工部尚書張瀚推，衡自謂官宮保，當前敘，而又素善事居正，頗以驕於公卿間。居正聞而厭之，然亦惡守禮戇不能骫骳如意，故特拔用瀚。瀚資望最凡薄，其預推也衆固已怪之，自是忽見拔，舉朝大駭，益相率趣事居正矣。始內閣臣高儀不久卒，居正以吕調陽弱，薦代之。調陽與居正行同而年差長，然秩尚卑，居正引之，數加恩至保傅。調陽雖不敢有所持諍，然內不甚附之。居正事取獨斷，亦不復諮訪。嘗病假一日而遽入，取調陽擬旨皆更定，曰：「如此何以示遠近？」部院大臣緣居正指，益易調陽，甚或故抑絀其鄉人及親厚者以見公，調陽惟仰屋歎詫而已。

上以師臣待居正，凡所下御札皆不名，稱先生，或稱元輔。有二白燕育於翰林院，白蓮雙帶者三，居正以爲瑞，進之，上不自有，歸德於居正。而居正父母皆老壽無恙，上嘗出蟒繡金髾裝重綵，以手書慰諭賜焉。居正故窶，無居第，乃大買地於江陵城，使緹騎百夫長龐某者假千揶顯陵之便，而爲督治。舍宇甫建，而馮保言於上，名其堂曰純忠，左曰社稷之臣，右曰股肱之佐，名其樓曰捧日，又爲儷語，以「正氣萬世，休光百年」美之，皆御筆大書，而出内帑白金千兩爲資費。於是全楚之臺使者、監司、郡守皆有賄，已環楚而爲臺使者、監司亦如之。凡三載而就，費直將二十萬，自居正帑者不能十之一矣。

留都之小閹醉辱一給事中，其長已執而榜笞數十，且請旨繫治矣。而他給事中争上疏請究閹，其語激。居正取其尤激者趙參魯謫之外，而謂其欺幼主不道意，以悦馮保也。保故以德居正，居正稍稍説其裁抑中貴人，毋與六曹事，毋輕銜命出使，即使而緹騎尾而陰詗其短，惴惴畢事，幸不見擿罰，以是怨居正而不歸心保。居正念御史在外驕，往往凌撫臣，出其上，痛欲折之，一事小不合，詬責隨下，又敕其長加考察。以故御史給事雖畏居正，然中多不平，而伉勁喜事者出。南京户科給事中余懋學疏請行寬大之政，居正以爲風己，奪其職爲庶人。而御史傅應禎繼言之尤切，然不敢有所侵於居正也。居正以經筵進講畢，訴於上，謂此曹子欲市國恩，收召朋黨，以便奸縱私至，下錦衣逮杖而戍之。濱海給事中徐貞明等坐就獄視具橐饘，亦逮謫外。御史劉臺，居正所取士也，由刑部郎改，居正擬以爲德。而臺居頗近，數刺得其陰事而惡之。俄出按遼東，遼東捷，御史不當報而臺誤報，居正以故事裁斥臺，臺益惡居正，且分不得免，遂伉章極論其黷横十餘事。居正怒甚，見上俯伏而泣不肯起，上爲下御座，以手掖之，而曰：「先生起，吾爲逮臺，竟其獄以慰先生。」臺至下詔獄，上命内閣杖之百而遠戍之。時物議頗羇剥，居正不自安，乃陽具疏爲解，得不杖而奪職還里。客有賀居正者曰：「公真宰相度哉。」居正蹙額曰：「不過宋宰相事耳，古人殆不然。」蓋以輕處爲未慊也。亡何吏部左侍郎、翰林院學士掌詹事張四維進禮部尚書、文淵閣大學士，入内閣。故事，入内閣者曰同某人等辦事，至是直曰隨着元輔居正等辦事，不欲夷之僚佐也，於是四維恂恂若屬吏矣。

朱彝尊《静志居詩話》卷一三　江陵以奪情爲清議所不容，然能自任天下之重。定陵冲年，請大閱京營之士，時掌中樞者山陰吴尚書兑也。尚書繪圖，藏之家。予曩從尚書孫錦衣使國輔處見之。及戚武毅鎮薊，大臣行邊，簡閱士馬，隨上功狀，疏恩晉秩，烽火不徹於甘泉者一十五年，江陵之秉國，成可謂安不忘危，得制治保邦之要矣。近靈壽傅尚書維鱗撰明史記，乃與分宜合傳，毋乃過與。于文定與邱尚書書云：江陵以蓋世之功自豪，固不肯甘爲汙鄙，而以傳世之業期其子，又不使濫有交游，其平生顯爲名高而陰爲厚實，以法繩天下而間結以恩，其深交密戚，則有賂路人不敢也。債帥鉅卿，則有賂小吏不敢也。當其柄政，舉朝争頌其功，而不敢言其過。及其既敗，舉朝争索其罪，而不敢言其功，皆非其實情矣。此足以當爰書。聞有題詩于故宅者云：「恩怨盡時方論定，封疆危日見才難。」二語足稱詩史矣。

雜録

備録

李詡《戒庵老人漫筆》卷八《論張江陵籍没書》　近時張江陵事，議論紛紜，田野老農，豈識廟堂事？偶見坊刻有翰林于慎行《上月林丘少司寇橓書》，其言似公，可爲他年作一案也。

行謹啓：老伯榮差，尚未獲面，臺駕嚴裝，啓行有日，恐衆中進見，不盡欲言。老伯此行，出自皇上簡任，事體重大，恐有難處。行在里子之末，不揣輕微，有所陳於左右，以備采擇，惟老伯垂聽焉。

生濫竽詞林，閲有年歲，江陵始末，皆所目覩。其殫精畢智，勤勞於國家，與其陰禍深機，結怨於上下者，皆頗能窺其大概，而未易更僕數也。當其柄政之時，舉朝争誦其功而不敢言其過，至於今日既敗，舉朝争索其罪而不敢舉其功，皆非其情實矣。而連日廷中士夫見其處分過當，亦庶有惜之者。至於九卿一疏，切中機宜，關係國體，又莫不傳誦欣服，以爲義舉。然主上憤結之日久矣，又有積怨於海内，一欲有所出之，其是非功過，卒難别白。且方此其時論亦未定也，惟是籍没一事，責在使者，竊有深慮，敢爲老伯陳之。

今上之所爲籍江陵者，一則恨馮璫之厚藏，而欲求當於外，一則歿某某之故事，而欲合符於前，故(致)〔志〕在必行而不恤也。夫使江陵之家誠如二氏，即籍

而正法，不已晚耶？然以事理度之，竊知其不然甚也。何以實之？夫馮璫所取者，皆中貴之積也，內中大小監局號爲二十四衙門，以及門廠庫藏執埽除之役者，何止千萬？每有一缺，即納金於保，大者以萬計，其次數千，小乃數百，予者不以爲賄，以爲例也，受者不以爲貪，以爲例也，如輸粟鬻爵而已。江陵安得有是？自世廟西苑近臣積貲鉅萬者，不知其數，邇年以來，其人率多老死，每一人病甚，其家輒走告保，保即遣其名下內臣爲之護喪侍藥，至則扃其堂室，逐其弟姪，禁其飲啖，坐而待其斃，一舉而盡獻之保矣。如此者又何止數十家？其所得何可貲量？江陵安得有是？此九卿疏中所謂比之馮保，萬分不侔者也。

乃若某某之事，又不同矣。何也？某某日以鬻官爲事，如列肆市門，交手相易，萬貨畢萃，衆價具陳，積蓄不貲，固其宜也。江陵則不然，其平生顯爲名高，而陰爲厚實，以法繩天下，而間結以恩，其深交密戚則有賂，路人則不敢；債帥鉅卿，一以當十者則有賂，小吏則不敢；得其門而入者則有賂，外望則不敢。此則所入亦有限矣。且此老以蓋世之功自豪，固不肯甘爲汚鄙，而以傳世之業期其子，又不使濫有交游，其所通關竊借者，不過范登、馮昕二三鼠輩，而其父弟家居，或以其間隙，微有網羅，如此而已。則所入亦有限矣，此九卿疏中所謂不及兩人十分之一者也。

夫以所有不及兩人十分之一，而其積憤結怨乃十倍于兩人，執此而取盈，故甚難也。況其席藁二年，豫爲道地，即有所藏，度已流散。今直捕空投虛，何以稱塞上命？從而根究，株連全楚，公私重受其累，是某處之已事也，使者胡以處之？生行以爲，臺省公疏，本不可少，業已寢閣，無復及事。老伯受命而往，又不宜有言，誠遣一使人說同差中貴，置馮璫勿談，而以彼此不同之狀向中貴熟數之，使其辭行面奏，爲上別白，冀萬一開悟，責望稍輕，庶至彼中易於區處，有以報命也。

又有所懇：江陵太夫人在堂，年八十老矣，纍然諸子，皆俳猥書生，不涉世事。籍沒之後，一簪不得著身，必至落魄流離，無所棲止，可爲酸楚也。望於事寧罪定，國法已彰，恤其孤嫠，存其血食，或爲之疏請於上，乞以聚廬之居，或爲之私諭有司，恤以立錐之地，使生者不致爲欒郤之族，而死者不致爲若敖之鬼。又惟老伯高誼能行之，悠悠世情，他又何望哉！

生行叨塵館局，嘗遇江陵知遇，已而偶有憤激，得過知己，竊甚愧畏，自屏於田野之間，僅而獲免。然當其得遇之時，亦曾與相知有言，以爲今日阿附相公之人，他時必至負義，今日觸忤相公之人，他時必不忘德。乃今坐視其敗，而不能吐一言半詞以酬心許，又甚以爲恨。幸而老伯在事，得以進言，冀有萬分之一可以保全其後，此區區之公願，而亦使職之光也，老伯其垂意焉。謹啓。向有傳張敬修十三年五月十三日三更時自縊冤書，帶述上司欲坐以二百萬家費之苦，語語酸辛。蓋于公之言，亦不行也。噫！

焦竑《玉堂叢語》卷二　漕河通，張居正謂歲賦往往迂緩，逾春而後發，即水橫溢，非決則涸。乃採漕臣議，督艘卒以孟冬月兑運，及歲初而畢發，未少罹水患。其始，司農頗不便之，久而習以爲常，太倉粟至支十年。

焦竑《玉堂叢語》卷五　張居正少穎敏絕人，爲諸生渺小，而是時尚書顧公璘撫楚，行郡，試其文，奇之。已，得召見，復大奇之，曰：「此兒國器也。」遺以金錢爲膏油費。明年舉於鄉，謁謝，璘解所繫犀帶以贈，曰：「爲若異時圍腰飾，然當且玉，不足久溷也。」

焦竑《玉堂叢語》卷八　張居正奉旨歸葬，所經由藩臬守巡迓而跪者，十之五六。居正意未慊，檄使持庭參吏部尚書禮，至是無不長跪者。臺使越界趨迎畢，即身爲前驅，約束吏卒，干陬飭厨傳。居正所坐步輿，則真定守錢普所創，前重軒，後寢室，以便偃息，旁翼兩廡，各一童子立，而左右侍爲揮箑炷香，凡用卒三十二舁之。始所過州邑郵，牙盤上食，水陸過百品，居正猶以爲無下箸處。而普無錫人，獨能爲吳饌，居正甘之，曰：「吾至此僅得一飽耳。」此語聞，於是吳中之善爲庖者，召募殆盡，皆得善價以歸。

沈德符《萬曆野獲編》卷九　〔江陵家法〕江陵相怙權時，其家人子游楚濱最用事，即世所謂游七者。縉紳與交歡，其厚者如昆弟。有一都給事李選，雲南人，江陵所取士也，娶七妾之妹爲側室，因修僚壻之好。一日相君知之，呼七撻數十，呼給事至，面數斥之，不許再見，因召冢宰使出之外，次日即推江西參政矣。江陵公當震主時，而顧惜名教乃爾，此等事豈可盡抹殺。時給事李宗魯，亦娶游七妾之姑，與李選同外補僉事，亦江陵傳示吏部。

○江陵教子極嚴，不特各省督撫及各邊大帥，俱不許之通書問，即京師要津，亦無敢與往還，蓋欲諸郎君繼小許公事業，預養其相望耳。

〔三詔亭〕江陵以天下爲己任，客有諛其相業者，輒曰：「我非相，乃攝也。」攝字於江陵固非謬，但千古唯姬旦、新莽二人，今可三之乎？庚辰之春，以乃弟居謙死，决意求歸，然疏語不曰乞休，而曰拜手稽首歸政，則上固儼然成王矣。

晚年亦自知身後必不保，其《辭楚按臣朱璉建亭書》曰：「作三詔亭意甚厚，但異日時異勢殊，高臺傾，曲沼平，吾居且不能有，此不過五里鋪上一接官亭耳，烏睹所謂三詔哉？」蓋騎虎之勢自難中下，所以霍光、宇文護終於不免。曇陽子稱江陵爲一世豪傑，太倉相公駭而信之，故入都不復修郤，反加調護，亦用化女之言也。

〔相公投刺司禮〕弇州《觚不觚録》云：「江陵相公謁司禮馮璫投晚生帖。」此語最爲孟浪，予不敢信。馮保勢雖張，然一唯江陵指麾，所以膠漆如一人者，僅以通慈聖一路耳，何至自卑如此？先人以史官教習内書堂，馮逐而張誠代之矣，其往還俱單紅帖，彼此稱侍生，則揆地可知矣。

〔江陵始終宦官〕江陵之得國也，以大璫馮保力，海内能訟言之。至其前後異禮，皆假手左貂。即就奪情一事而言，其始聞喪也，上遣司禮李佑慰問於邸第，兩宫聖母則遣太監張仲舉等賜賻，近侍孫良、尚銘、劉彦保、李忠等賜酒饌。其子代歸治喪，則司禮魏朝偕入楚營賜域。其身給假歸葬，上遣司禮張宏郊餞，司禮王臻賫帝賚忠良銀記賜之，聖母則太監李用賜路費牌子，李旺關八寶充賞人之用。其還朝也，上遣司禮何進迎勞郊外。其太夫人就養也，則上所先遣魏朝伴之入京，上又命司禮李佑郊迎，聖母則遣謹柯、陳相，賜衣飾珍異，又命太監李琦等郊迎之。至其除服即吉，上使司禮張宏引見於慈聖、仁聖兩宫，旋使宏侍賜宴。其滿十二年也，又遣司禮張誠責敕褒諭。至其殁也，又遣司禮陳政護喪歸。蓋一切殊典，皆出中貴人手，而最後被彈，以至籍没，亦以屬司禮張誠。豈所謂君以此始，必以此終乎？若高新鄭之入相，則初以李芳，繼以陳洪、孟冲，而其敗也，又以馮保，然奏疏中未至臚列内臣姓名，如江陵公刻槁之備也。仕無中人，不如歸耕，自古然矣。

夏允彝《幸存録》 當張江陵柄國時，九邊之事如視諸掌，如某虜令將往某地防其犯某邊，江陵必先知之，戒諭邊臣無故敗事，後鮮繼之者矣。一邊撫嘗語余曰：「葉臺山相國固不可及。」

談遷《棗林雜俎》聖集 張太岳編修時，本院公讌演《千金》傳奇，至蕭何追信，凝視久之，同列以專注謔之。答曰：「君臣將相遇合之難如此，毋得草草。」蓋江陵意自有在，非同戲謔。

梁維樞《玉劍尊聞》卷五 顧東橋巡撫湖廣，行部江陵，試諸生，擢江陵公居首，曰：「此公輔器也。」賜之金帶，曰：「子他日且圍玉，其善自珍。」

孫之騄《二申野録》卷五 栻曰：「時江陵用事，與馮保相倚，共操大權，于君德夾持，不爲無益。惟憑藉太后，携持人主，束縛鈐制，不得申縮，主上聖明，心已默忌，故禍機一發，遂不可救。世徒以江陵摧折言官，操切政體爲致禍之端，奪情起服，二子得第爲得罪之本，固皆有之，而非所以敗也。江陵所以敗者，惟在操弄主權，鈐制太過耳。」又曰：「江陵之喪，古今寵遇，一時相傳，不知此賈似道故事也。似道平時尊禮，至入朝不拜，退朝而出，人主避席目送殿庭始上。已而稱疾欲歸，人主涕泣拜留，命大臣侍從傳旨同留，日四五至，中使加賜，日十數至，此何禮也？江陵晚節禮遇亦略相倣，至稱太岳先生，又過于往代矣。嗟夫，君上寵榮，出于迫脅，大非人臣之福，有識之士以爲懼，不以爲榮也。」

備論

李樂《見聞雜記》卷三 張江陵居正天分最高，其萬曆元、二、三年相業儘有可觀。只視天下之人皆不己若，而忠言不入。兄子必要中狀元，人誚其相業，則曰：「我不是相，我是攝。」分明把大舜自居了，此是他没學問處。其條列最不可廢者，督學使進學，大縣不過十五名，不爲無見，果如所言，揀得真才實學，恐大縣未必有十五名。後來不依他，濫進童生至六七十名一縣，如今做出許多病痛來。故孔子曰：「君子不以人廢言。」好事者又或議其有篡意，此是作惡要滅絶他三族的話頭，斷斷乎不然也。

李樂《見聞雜記》卷八 張江陵初政，不無操切之意，然却有一段可觀。南科給事余懋學極論其操切之害，爲民去。耿楚侗先生時在閩，對余輩曰：「何嘗是操切？自我看來，還是操而不切。」旨哉言也。張江陵丈量田地之議，不可説他不是，他意思儘是向好，只有司奉行的大約不善區處，所以害了許多百姓。他只説清查浮糧。假如吾桐一縣，原額應辨糧幾萬幾千，某都某圖糧不虧額，不必量，今一槩丈來丈去，徒費精神，而豪奸巨室，大肆欺隱代書算，做了一場大賣買，何可盡歸咎江陵得？

謝肇淛《五雜組》卷一五 江陵行事雖過操切，然其實有快人意者，如沙汰生員，廢書院，裁減郡縣，去諸冗員是也。至於久任稍苦諸守令，禁勘合則苦諸行旅，是以人多怨之。至其結馮保以收諸内豎之柄，北任戚繼光而虜不敢窺塞

垣，南任譚綸而倭寇讋服，其才智明決有過人者。昔張乖崖謂衆人千言不盡，寇準一言而盡，江陵有焉。而末節驕奢縱恣，以覆其宗，則亦不學無術之過矣。

沈德符《萬曆野獲編》卷二五　〔評論前輩〕王太倉之評張太岳曰：「江陵相業，吾始終不謂其非，獨昧于知人一事，到底不悟。」而孫樾峯則又云：「江陵素留心人材，胸中富有，所品隲每在司銓者上，故其柄長操。夫能長百人者，必其材兼百人者也。」其説又如此。

《明史》卷二一三　贊曰：徐階以恭勤結主知，器量深沉。雖任智數，要爲不失其正。高拱才略自許，負氣凌人。及爲馮保所逐，柴車即路。傾軋相尋，有自來已。張居正通識時變，勇於任事。神宗初政，起衰振隳，不可謂非幹濟才。而威柄之操，幾於震主，卒致禍發身後。《書》曰「臣罔以寵利居成功」，可弗戒哉。

藝文

尤侗《西堂詩集·擬明史樂府·逐新鄭》　華亭去分宜，江陵逐新鄭。賢否雖懸殊，門户總同釁。主少國疑賴元老，一去一留由馮保。宰相踉蹌出午門，先皇顧命寒秋草。大臣獄起重驚倒，可憐身歿無遺表。夫人涕泣致相公，敬爲先夫獻微寶。富貴何常忽易人，江陵簿録還如埽。噫嘻乎前人跌，後人滑，古來名位多相軋，死姚崇算生張説。

惜江陵

兩婦人，一孺子，十歲官家誠難事。朝講書，夕講史，十年宰相多深計。當時司禮耽耽視，不爲振瑾亦幸耳。惜乎奪情犯不韙，毋，八座，兒及第，薰天勢，權無二，太岳先生且休矣。豈知一聲色勃如，霍氏禍從驂乘始。

江陵相業不得以奪情一節掩之，此詩當補。

嚴遂成《明史雜詠》卷三《張太岳居正》　公殺我，公殺我，作自刎狀刀一把。公恕我，公恕我，手捋其鬚客避坐。即吉何傷奪情可，被紫横玉赴湯火。三十二人舁步輿，牙盤上食水陸俱。守臣長跪雜挽卒，席屋騎隧紛前驅。壇壇齋醮爆烈日，純忠之堂梁木折。田十頃，宅一區，爲母殘喘延斯須。天鵝罽，金纍珠，煙消灰滅靡孑遺。物理循環忌太盛，勃字聲訛帝聳聽。一朝太阿柄自持，霍家禍敗萌驂乘。宫巾有力迫慈寧，地下無顔見新鄭。竊比舜禹功巍巍，卑事馮保空爾爲。

周壽昌《思益堂集》卷三《書張江陵傳後》　相公禮數絶班聯，生是升霄死墜淵。博陸禍萌驂乘日，元成恩斷仆碑年。會無梁竇池臺盛，並異京攸父子權。弱主哀朝中外肅，千秋誰似濟時賢。

最憐莊烈一朝臣，五十人無此一人。法禁貂璫嚴内侍，令馳羽檄靖邊塵。微嫌儉遜公孫穢，未許人污丙相茵。尚有文孫死奇烈，荊山桂嶺兩嶙峋。

王世貞部

綜述

《明史》卷二八七《王世貞傳》 王世貞，字元美，太倉人，右都御史忬子也。生有異稟，書過目，終身不忘。年十九，舉嘉靖二十六年進士，授刑部主事。世貞好爲詩古文，官京師，入王宗沐、李先芳、吴維岳等詩社，又與李攀龍、宗臣、梁有譽、徐中行、吴國倫輩相倡和，紹述何、李，名日益盛。屢遷員外郎、郎中。

奸人閻姓者犯法，匿錦衣都督陸炳家，世貞搜得之。炳介嚴嵩以請，不許。楊繼盛下吏，時進湯藥。其妻訟夫冤，爲代草。既死，復棺殮之。嵩大恨。吏部兩擬提學皆不用，用爲青州兵備副使。父忬以灤河失事，嵩搆之，論死繫獄。世貞解官奔赴，與弟世懋日蒲伏嵩門，涕泣求貸。嵩陰持忬獄，而時爲謾語以寬之。兩人又日囚服跽道旁，遮諸貴人輿，搏顙乞救。諸貴人畏嵩不敢言，忬竟死西市。兄弟哀號欲絶，持喪歸，蔬食三年，不入内寢。既除服，猶却冠帶，苴履葛巾，不赴宴會。

隆慶元年八月，兄弟伏闕訟父冤，言爲嵩所害，大學士徐階左右之，復忬官。世貞意不欲出，會詔求直言，疏陳法祖宗、正殿名、廣恩義、寬禁例、修典章、推德意、昭爵賞、練兵實八事，以應詔。無何，吏部用言官薦，令以副使涖大名。遷浙江右參政，山西按察使。母憂歸，服除，補湖廣，旋改廣西右布政使，入爲太僕卿。

萬曆二年九月以右副都御史撫治鄖陽，數條奏屯田、戍守、兵食事宜，咸切大計。有奸僧僞稱樂平王次子，奉高皇帝御容、金牒，行游天下。世貞曰：「宗藩不得出城，而譸張如此，必僞也。」捕訊之，服辜。

張居正枋國，以世貞同年生，有意引之，世貞不甚親附。所部荆州地震，引京房占，謂臣道太盛，坤維不寧，用以諷居正。居正婦弟辱江陵令，世貞論奏不少貸。居正積不能堪，會遷南京大理卿，爲給事中楊節所劾，即取旨罷之。後起應天府尹，復被劾罷。居正殁，起南京刑部右侍郎，辭疾不赴。久之，所善王錫爵秉政，起南京兵部右侍郎。先是，世貞爲副都御史及大理卿、應天尹與侍郎，品皆正三。世貞通理前俸，得考滿廕子。比擢南京刑部尚書，御史黄仁榮言世貞先被劾，不當計俸，據故事力争。世貞乃三疏移疾歸。二十一年卒於家。

世貞始與李攀龍狎主文盟，攀龍殁，獨操柄二十年。才最高，地望最顯，聲華意氣，籠蓋海内。一時士大夫及山人、詞客、衲子、羽流，莫不奔走門下。片言褒賞，聲價驟起。其持論，文必西漢，詩必盛唐，大曆以後書勿讀，而藻飾太甚。晚年，攻者漸起，世貞顧漸造平淡。病亟時，劉鳳往視，見其手蘇子瞻集，諷翫不置也。

世貞自號鳳洲，又號弇州山人。其所與遊者，大抵見其集中，客爲標目。曰前五子者，攀龍、中行、有譽、國倫、臣也。後五子則南昌余曰德、蒲圻魏裳、歙汪道昆、銅梁張佳胤、新蔡張九一也。廣五子則崑山俞允文、濬盧柟、濮州李先芳、孝豐吴維岳、順德歐大任也。續五子則陽曲王道行、東明石星、從化黎民表、南昌朱多煃、常熟趙用賢也。末五子則京山李維楨、鄞屠隆、南樂魏允中、蘭谿胡應麟，而用賢復與焉。其所去取，頗以好惡爲高下。

過庭訓《本朝分省人物考》卷二四 王世貞，字元美，年十五詠寶刀詩，師爲之遞席。弱冠舉嘉靖丁未進士，以刑曹郎與李于鱗諸子相唱和，名藉公卿間。世貞又日坐公署，剖決案牒，所讞獄，度得情輒手録付吏趣書之，各以輕重決遣，不三日而畢。自是銓部兩以督學擬世貞，皆爲權相嵩所沮。又半歲，遷青州兵備。青多大俠巨盜，探丸殺人，有司不能制。世貞集强壯，教之射，申飭保甲，重捕盜之賞，又於州邑畫地爲界，使義官統之，以當時獲盜者爲上，不出境獲者次之，拒不能刼者又次之。凡盜從其所起而不覺察者，經其所過而夜巡不傳捕者，罰。釋盜而覺者立杖死。以其法行之期年，盜盡解散。無何，父忬變作，世貞解綬奔還，伏草土中幾十年。嵩戮，薦起之，就官大名。

大名之俗，婚喪費不貲，中人之産往去其半。世貞至，定婚喪禮，其俗至今守之。大名爲州邑十有一，而真定三十餘，以軍興論供輸，則大名與真定等。而是時大名闕餉兵使，其治真定者復委十之六于大名，曰大名饒而真定瘠也。世貞力争乃不果增。居一年，移浙江參政，下車摘一二墨吏及巨室裁抑之。吴興災，兩郡富人故閉糴，粟踴貴。世貞首捐俸五十金，郡縣長而下次之，又募民入粟廩中給冠服。及冬報粟，得三十萬石，又疏乞改折得十五萬石，人賴以活者甚衆。未幾，自浙參長晉臬，以内艱去。服除，補楚臬，旋遷廣西。轄未一月，入領

囧卿。又八月，以御史中丞出鎮鄖。世貞爲糾劾貪縱，咨訪將才，刷軍政、清屯田，鄖遂隱然爲重鎮。江陵相弗謂善也，世貞意不自得，解官歸。久之，補南大理。又久之，補應天府尹，皆不赴。其後兩京臺省交薦，起官刑曹侍郎。又其後以父忬卹典具疏陳謝，而少司馬之命下。又以考績至淮揚，而大司寇之命下。

自尚書郎歷卿長凡四十年，其間條論封事，皆天下大計。所至吏事精絶，不可悉數，而青州治盜及楚中樂平王事爲最著。都下盜刼，緹帥陸炳索不得，後濟南獲盜房四者妄承之。世貞曰：「狡賊欲緩死耳。」立訊曰：「若盜陸公耶？」曰然。「贓安在？」曰：「在，請械某而取之。」曰：「若刼陸公何狀？」曰：「髯而肥。」「何衣？」曰：「衣朱而圍玉。」世貞大笑曰：「若未嘗識陸公，陸公非髯而肥者。」盜搏顙大服。部民雷齡以捕盜橫萊濰間，海道宋購之急而遁。宋以屬世貞。世貞欲掩取而微露其語於王尉，捕者還報，又遁矣。世貞陽曰：「置之。」又旬月，而王尉獲他盜，世貞知其爲齡力也。忽屏左右，召王尉詰之曰：「若柰何匿雷齡？往立堦下聞捕齡者汝耶？」王驚謝無所逃責，願以飛騎往，俄捧齡至。世貞曰：「女當死，然女能執所善某盜偕來，女生矣。」而令王尉與之俱，果得盜。世貞遂以還宋而請寬之。官校捕七盜，逸其二盜首，妄報逸者姓名。俄縛一人至，稱寃，乃令置盜首庭下，差遠而呼縛者跽堦上，其足躡絲履，盜首數從後窺之。世貞密呼一隸蒙縛者首同出，而易其履以入，令盜者證之。盜首不知其易也，即指絲履者曰：此是也。世貞大笑曰：「爾乃以吾隸爲盜。」即釋縛者去。徐進道者，蓄養亡命而以橫占伎女被訟，捕之不獲，俄有令請間曰：「進道勒兵反矣。」世貞偵之，果然，而故緩其獄，令縛賊自效。會有李卿者，進道密友也。世貞召謂曰：「汝交關進道，罪應死，能以進道來貸汝。」卿應命去，俄報進道飯某所矣，即遣二十騎往取之，而以一騎入營，立散其黨，亡譁者。在鄖時，驛報有樂平王次子奉高皇帝御容金牒，祝髮爲沙門，行遊天下，勅郡縣供帳。世貞曰：「藩王有宗正，條錮城中不得出，而譸張如此。」遣輕騎孟光化偵之，則其人以御女術游藩邸間，崇王賜以椶轎紅杖，所至懾守令，而姦人李汝貴等爲之翼，鞠之則平涼民賀禄也。

諸摘發隱伏皆此類，而更持正不狥，獨行其志。方陸炳貴幸用事，受巨璫指匿奸狡，閻某，欲貸其死，世貞搜炳家得之。炳死，轉請脱，既復因執政以請，拒不許。當時無不側目世貞者已。新鄭柄國，世貞獨引母疾乞休，新鄭疑之，江陵欲引世貞自近，世貞謝唯唯。會荆州地震，世貞引李固京房占臣道太盛，坤維不寧。又有譁辱邑令者王生，江陵婦弟也，世貞論奏不少貸。江陵積不能堪，雖稍遷廷尉京兆，而竟以浮言詼之去。後亦時起時躓，不能安其位于朝矣。

世貞生而美姿貌，風采玉立，與客談笑，温秀之氣溢于眉目。間語及古人忠孝節烈，則慷慨淋漓不置。在南都請崇文廟釐配享，嘗言：吾讀書萬卷，而未嘗從六經入。每欲牽衣窺廊廡之末，則世人齷齪，臯比招摇門户而聚生徒者，吾方耻之。吾雖未聞道，然誦法一念，迄死未敢忘。故其居喪也，凡三年始茹葷御室，凡十年始具衣冠，預燕會，家無姬侍，臧獲輩以百指，亦無一人曉聲律者。質菴公義田千畝，倍拓之，又爲祠專祀晉即丘子始興文獻公，而配以宋左司諫元學正公，歲時伏臘，率族人跪奠惟謹。生平于故舊兄弟白首無間言。好推于鱗而遜敬美，尤不惜以齒牙筆札緩急人，客或一歲數及門，或一人迫得數十函書，或進而附世貞以成名，名成而更立門户，且忍於詈世貞以相角，世貞弗爲異也。客至而復請者與如初。其門賢愚醜妍靡所不具，而中間交態離合向背之故亦幾百變，世貞皆安之，彌成其大而已。所著有《弇州四部稿》、《續稿》，《弇州別集》、《觚不觚》若干卷。博極羣書，文華擅代，才軼千古，名冠海內，誠一代之宗匠也。

《國朝獻徵録》卷四五王錫爵《太子少保刑部尚書鳳洲王公世貞神道碑》

肅皇帝時，海內文學知名之士，蓋人自標榜云。而吾友鳳洲王公最後起，實以異才博學横絶一世，每有撰造，率攬漢魏六朝三唐作者之奇而出之，而其地望之高、游道之廣、聲力氣義能鼓舞翕張海內之豪俊，以死名于其一家之學，直千古可廢也。一時士人風尚，大類王伯安講學之際，而公之變俗有加焉。雖然，伯安以講學名，卒所以顯者功烈也。今世人皆知公之詩若文，而其平生行誼非予莫知其詳，惟是蓋棺且久，而麗牲之石虚而待予，予不敢以不文辭矣。

公名世貞，字元美，鳳洲其號，系出瑯邪王氏。自晉丞相始公導渡江而南，世爲浙人。後有崑山學正諱夢聲者，因家于官，而大倉之王自夢聲始。又六世而爲公大父質菴公倬，仕至南京兵部侍郎。倬生都察院右都御史兼兵部侍郎贈尚書思質公忬，配郁夫人，實生公。公幼稱爲聖童，六七齡已能讀父書，至數十萬言。十五爲寶劒詩，得奇句。十八舉于鄉，丁未成進士。會選館，舉主諷公贊文于夏學士，公耻干謁，謝之，除刑部主事。嶽嶽風稜，持三尺惟謹。緹帥陸炳方貴幸用事，受巨璫指匿姦校閻某，欲貸其死。公搜炳家得之，炳宛轉請脱，既復因執政徐公以請，公不許。固安令以事忤廠璫，坐蜚語抵罪。公廉知其誣，竟白之。時分宜相當國，雅重公才名，數令具酒食徵逐，微諭相指，欲陰收公門下，

公意不善也。而相所讐郎中楊繼盛下獄，公爲納橐饘，楊夫人訟冤，公爲手定疏草，楊臨命東市，公又爲收其屍，治斂具，與諸同舍郎以詩哭之。分宜遂大嗛公，銓司兩推公爲督學副使，皆格之，補青州兵備使。

青部故多盜，盜之黨多游于掾史爲耳目，吏莫能問。公至，行保甲法，重懸購盜之賞。閭里輕俠少年，皆收募爲用，羣盜屏跡。嘗按捕罪人雷齡不得，齡故善捕盜，公心疑吏王尉匿之。一日試使尉詰盜，具得主名，公大喜曰：「是何神也！吾得盜媒矣。」立召尉，責齡所在，果得齡。有豪徐進道被訟，罪不至死，而進道恃其宗强黨與衆，陰謀勒兵反。公聞，故緩其獄，令捕盜自効，而進道謀漸解，遂縛之，盡散其黨。青人相與手額頌公曰：「吾曹父子安而室家聚，誰之賜也？」始東諸矦見謂公文人少年，不習爲吏，第飲酒賦詩爲豪舉耳。比公至鎮而精嚴練事，發奸隱如神，乃皆歎服，以爲趙子都之流，聲籍籍輦轂下，而分宜父子益忌公。又以公父司馬公受世廟特達知，不賓事左右，瑕釁滋起。會虜入灤州，分宜遂醸爲司馬公罪，搆下獄當死。公亟解青齊印，走長安，與其弟太常公敬美叩闕請代。司馬急止之曰：「無速死乃翁爲也。」則相與囚服跪道傍，遮諸柄人車，搏顙請救。而諸柄人皆側目分宜，無敢言者。於是司馬竟不免。

公號跣扶柩歸，倚廬于旁，三年不飲酒食，既禫除，猶葛巾苴履持心喪，遠邇哀痛焉。會莊皇帝即位，與太常公赴闕訟父冤，略言：殺臣父者本嵩父子，非先皇帝意。而臣父曾督兵薊遼，劾首功八百級，嵩盡屏不奏，按灤州小失事，曲法至死。惟陛下哀察。疏入，有詔追復官。于是南北臺省言者謂公父冤既雪，當一出報主，尋起補大名。公猶隱軫思痛，不忍出也，曰：「報賜以力，孰若以言。」乃應詔條上八事：法祖宗以弘聖德，正殿名以尊治體，酌恩義以處宗室，寬禁例以求才哲，修典章以彰國紀，推德意以昭大勸，明爵賞以徠異勳，練兵實以重根本。因寓書相國徐公、太宰楊公，具言某報上止此，不復任馳驅，請以死辭。而兩公復書，以大義譙讓公，公不得已之官。尋遷浙江參政，治吴興。

時久雨穀翔貴，富人閉粟高其價，公謂未可卒禁，乃首捐俸五十金積穀以屬富人，富人之粟益出，至冬得三萬石以代食下户賦，而以其餘賑。復上疏言：吴越新罹兵火，它供億繁興，民不堪命，請汰内府内官大小監冗食，及清錦衣諸衛寄籍者，爲根本計。事雖未盡行，然竟得改折漕糧十五萬，三郡人賴焉。再遷山西按察使，屬郁夫人病，兩疏乞休，未報，投牒竟歸。中道聞訃，袒括星馳，氣息幾不屬。服除，以薦補楚臬，旋轄廣西，一月入爲太僕卿，復自太僕擢都察院右副都御史，督治鄖陽。

鄖陽在楚西南，無兵馬財賦之重，前中丞皆卧而治之。公獨刻意振刷，甫下車，劾一守一令，墨史望風多自引去。前中丞嘗秦留邊餉備鄖緩急，公以九州一家，憂在邊鄙，令通覈所部屯田，以本色備荒，折色充餉，不必須邊餉而給也。而鄖又適少事，奈何輟所急以事無用，竟奏罷之。公又以楚地再震，荆州壞廬舍尤多，疏引京房佔，有臣道太盛語。又嘗送京師人書，言江陵淺淫耳目之好，非社稷福。其人泄之，而江陵憤不能平，數言于人，然以公才高行清，猶隱忍收人望。稍遷南大理，尋以人言改應天府尹，拂衣歸。

公嘗屈指前後所忤三相國，分宜睚眦殺人，入其網無得脱者。新鄭祠而敖于言，嘗力持其訟冤請急，二疏不肯下，既而悔之，知其無他腸也。若江陵則且忤且合，以飛箝釣餌雜出，中人手書不時至，皆欵欵輸心道舊語，計未有以絶之。會予化女以守節感冥契，立恬澹教門，公有當于心，輒焚筆研，謝賓客，與余結廬城南，戒食梵誦甚苦。間相對談平生所經啼哭險夷之境，如夢如醒，且沾沾喜也。蓋自是江陵始息意予兩人，不深忌予，亦不復以官爵餌公。予兩人亦相得也，曰此度世不足，逃世不有餘乎？嗟乎，豈圖末路，更以此被物色，而公亦尋爲予餘羶所累也。

公初起南京刑部侍郎，爲父請卹典，得贈大司馬，予祭。尋改南京兵部侍郎，以三品考與官蔭一子入太學。時已遷刑部尚書，會有言公曾被劾，不當得考者，所司具言公歷官行跡無玷，不與大計論劾比，事旋已。然公自此歸志益决，凡三疏乞休，始允歸。歸九月而卒。卒之前數日，手條家戒及身後斂葬諸儀甚悉。及期，與僧某從容談笑，説偈而逝，若有悟脱然。而余女懸記公所謂卦盡八八者，亦竟驗矣。

公至性遇人，即篤老，奉司馬蒸嘗必哭泣如初喪。與季敬美太常公友愛極篤。嘗宴客莫愁湖，是日聞太常訃，後過湖上，未嘗不流涕也。祖質菴公嘗置義田千畝贍族人，公復以膏腴益之。及四方有所餽入，往往緣手散施，咄嗟而盡。酒人詞客，緇流羽伴，叩其門不以事辭。昏夜告急難，不以嫌辭。邑里中遇水旱繇役，請命當道，不以非分辭。尤好以文字奬掖人，後生初學，每得公一言品題，一面傾吐，則或希聲射影，傳相引重。或故于廣坐字公以示親暱，而黜者甚或陰持幕中嚬笑私語賣公。公明知之，一笑而已，以故人皆歸心。或恩及人而人不知所自，醉罵人而人反思之，迨公卒，閭閻兒女颦蹙相弔，海内士大夫無論知與

不知，莫不太息焉。蓋其誠心爲質，含覆廣而雕琢少。

公所著有《四部藁》，世已刻行《四部》有後集未刻，有别藁未删定，藏于家。古今著述之富，公爲第一。其所蒐獵百家子史，皆以意鎔鍊，翕然爲一家。故公之詩，使事搆體，不嫌小出入，要歸之元氣泱圠、大海渟泓中，無餖飣寒促，鑱刻深險之態，如其爲人，寬疎磊落，皆所謂得其大者。嗟乎，後世有蘇長公乃能評公之文，有郭有道乃能第公之品。而予以竹林舊社，粗述耳目大都，儻亦庶幾文獻之足徵乎？

公享年六十有五。官至六卿，法得專葬，猶哀思司馬，遺命祔葬于項涇之原。訃聞，上特贈太子少保，予祭二壇，賜金四百兩，遣官治葬。公長子兵部武選司主事士騏用遺命疏辭賜金，不許。

備論

沈德符《萬曆野獲編》卷二五〔評論前輩〕 孫樾峯之評王弇州曰：「本朝大小紀載，一出此公之手，使人便疑其不真。」而一時推服諸君子無不曰良史才，或云世家九卿所聞見朝家事甚備甚確。往年陳文憲開史局，亦有生不同時之恨。而李本寧亦訾孫言爲過。則弇州之宜史與否，終未可定。而説者多謂孫語未然，孫之譏弇州，謂宦官用事者爲大璫，杜撰無出，欲以閹尹易之。殊不知閹尹雖古語，而大璫二字，唐宋名公往往用之，今紀載中甚多，初非杜撰也。孫素以博洽稱，何輕譏前輩乃爾？

藝文

嚴遂成《明史雜詠》卷四《王尚書世貞》 寥寥天地間，有後七才子。舞象十五詠寶力，弱冠十九成進士。父冤鼓登聞，建立載國史。重鐐貴幸匿，金牒妖僧詭。相門招致之，掉頭審所處。先進觝王唐，左袒主何李。倡和白雪樓，牢籠天下士。詩文無古今，西京大歷止。貢諛比尼父，晚而悔心始。東坡手一編，臥疾讀未已。巵言非律令，少作行當毁。余豈獨異趨，震川惜蚤死。九原如有知，刺刺作吳語。

李贄部

綜述

《明書列傳》卷一六〇　李贄，號卓吾，温陵人。以鄉薦累官太守致仕，寄居麻城。結菴説法，招聚徒黨，雄辯無敵，每曰：「大道不分男女。作《觀音問》一書。士人妻女，多有攜衾枕宿菴中者。其説新奇，有《藏書》、《焚書》、《大德》等書。以吕不韋李園爲知謀名臣，李斯爲才力名臣，馮道爲吏隱，卓文君奔相如爲佳偶，秦始皇自千古一君，他名賢皆在譏貶中。而大旨在翻孔子之是非，士大夫靡然信之。初爲耿天臺所惡，後忽協爲一。焦竑耿高弟，亦推尊不容口，至被嫚罵，怡然受之。總河劉晉川招入署，禮爲師。通州御史馬經綸，延至家。爲給事中張問達所參，逮入京，下鎮撫司。素好潔，既束入臭穢，大不堪，以書刀自截。悉燬其書，然家藏户守，後士風大都由其染化，亦孔子之道一大厄也。

錢謙益《列朝詩集小傳》閏集　贄，字宏甫，晉江人。領鄉薦，不再上公車，授教官，歷南京刑部主事，出爲姚安太守。政令清簡，公座或與禪衲俱。簿書之間，時與參論。又輒至伽藍，判了公事。踰年入雞足山，閱藏不出。御史劉維奇其人，疏令致仕。與黄安耿子庸善，罷郡遂客黄安。子庸死，遂至麻城龍潭湖上，閉門下楗，日以讀書爲事。一日，惡頭癢，倦于梳櫛，遂去其髮，秃而加巾。卓吾所著書，於上下數千年之間，別出手眼，而其掊擊道學，抉摘情僞，與耿天臺往復書，累累萬言，胥天下之爲僞學者，莫不膽張心動，惡其害己，於是咸以爲妖爲幻，噪而逐之。馬御史經綸，迎之於通州，尋以妖人逮下詔獄。獄詞上，議勒還原籍。卓吾曰：「我年七十有六，死耳，何以歸爲？」遂奪薙髮刀自剄，兩日而死。御史收葬之通州北門外，秣陵焦竑題其石曰：「李卓吾先生墓」，過者皆弔焉。袁小修嘗語余曰：「卓老多病寡慾，妻莊夫人，生一女。莊殁後，不復近女色。其戒行老禪和不復是過也。平生痛惡僞學，每入書院講堂，峨冠大帶，執經請問，輒奮袖曰：『此時正不如攜歌姬舞女，淺斟低唱。』諸生有挾妓女者見之，或破顔微笑曰：『也强似與道學先生作伴。』於是麻、黄之間，登壇講學者，銜恨次骨，遂有宣淫敗俗之謗。蟾蜍擲糞，自其口出，豈足以污卓老哉！余兄中郎，以吴令謝病歸，再起儀部，卓老以謂理不當復出，爲詩曰：『王符已著《潛夫論》，爲問中郎到也無？』已而中郎將抵國門，乃改前句曰：『黄金臺上思千里，爲報中郎速進途。』其於進退出處，介介如此。人知卓老爲柳下之不恭，不知其爲伯夷之隘也。」卓老風骨稜稜，中燠外冷，參求理乘，剔膚見骨，迥絶理路，出語皆刀劍上事。獅子送乳，香象絶流，直可與紫柏老人相上下。遺山《中州集》有異人之目，吾以爲卓吾可以當之。録其詩附於高僧之後，傳燈所載，旁出法嗣，卓吾或其儔。與！

雜録

備録

沈德符《萬曆野獲編》卷二七　〔二大教主〕温陵李卓吾，聰明蓋代，議論間有過奇，然快談雄辨，益人意智不少。秣陵焦弱侯、沁水劉晉川，皆推尊爲聖人。流寓麻城，衆余友丘長孺一見莫逆，因共彼中士女談道，刻有《觀音問》等書，忌者遂以幃箔疑之。然此老狷性如鐵，不足污也。獨與黄陂耿楚侗定向深仇，至詈爲奸逆，則似稍過。壬寅曾抵郊外極樂寺，尋通州馬誠所經綸侍御留寓於家。忽蜚語傳京師，云卓吾著書醜詆四明相公，四明恨甚，蹤跡無所得，禮垣都諫張誠宇明遠遂特疏劾之，逮下法司，亦未必欲遽置之死，李憤極自裁，馬悔恨，亦病卒。

梁維樞《玉劍尊聞》卷六　卓吾名贄，字宏甫，温陵人。中燠外冷，强力任性。以孝廉爲姚安太守，政令清簡，公座或與髡俱簿書之間，時與叅論，又每至伽藍判了公事，人怪之。致仕，客黄安，稱流寓客子。自是叅求乘理，剔膚見骨，少有酬其機者。至麻城築芝佛院以居，有三嗜：讀書、掃地、湔浴。其讀書不以目，使一人高誦，傍聽之。鼻畏客氣，客至，但令遠坐。一日搔髮，自嫌蒸蒸作氣，遂去髮，獨存髭鬚，秃而方巾。著《藏書》、《焚書》、《孫子叅同》。侍御馬經綸迎之通州，著《九正易》，因當道疏上，指爲妖人，逮詔獄，尋雉髮刀自剄。

備論

蕭士瑋《蕭齋日記》 李卓老學道未能，卻是宇内一血性男子。近日僞書流傳，如《龍湖閒話》、《柞林紀譚》諸刻真可恨也。外道云：「寧於有智人前斬首，莫於無智人面前稱尊。」梅衡湘云：「此老何可謗？但當捧之蓮花座上，朝夕禮拜，以消折其福耳。」若盡如世人之見推，福固不容如此其消，罪亦不應如此其重也。

梁維樞《玉劍尊聞》卷六 明卿云：「卓吾高邁肅潔，如泰華崇嚴，不可昵近。聽其言，冷冷然塵土俱盡，而本人情，切物理，一一當實不虛。」

藝文

湯顯祖《王茗堂詩》卷一七《偶作》 兵風鶴盡華亭夜，彩筆鸚銷漢水春。天道到來那可說，無名人殺有名人。

戚繼光部

綜述

《明史》卷二一二《戚繼光傳》 戚繼光，字元敬，世登州衛指揮僉事。父景通，歷官都指揮，署大寧都司，入爲神機坐營，有操行。繼光幼倜儻負奇氣。家貧，好讀書，通經史大義。嘉靖中嗣職，用薦擢署都指揮僉事，備倭山東。改僉浙江都司，充參將，分部寧、紹、台三郡。

三十六年，倭犯樂清、瑞安、臨海，繼光援不及，以道阻不罪。尋會俞大猷兵，圍汪直餘黨於岑港。久不克，坐免官，戴罪辦賊。已而倭遁，他倭復焚掠台州。給事中羅嘉賓等劾繼光無功，且通番。方按問，旋以平汪直功復官，改守台、金、嚴三郡。

繼光至浙時，見衛所軍不習戰，而金華、義烏俗稱慓悍，請召募三千人，教以擊刺法，長短兵迭用，由是繼光一軍特精。又以南方多藪澤，不利馳逐，乃因地形制陣法，審步伐便利，一切戰艦、火器、兵械精求而更置之。「戚家軍」名聞天下。

四十年，倭大掠桃渚、圻頭，繼光急趨寧海，扼桃渚，敗之龍山，追至雁門嶺。賊遁去，乘虛襲台州。繼光手殲其魁，蹙餘賊瓜陵江盡死。而圻頭倭復趨台州，繼光邀擊之仙居，道無脱者。先後九戰皆捷，俘馘一千有奇，焚溺死者無算。總兵官盧鏜、參將牛天錫又破賊寧波、温州。浙東平，繼光進秩三等。閩、廣賊流入江西，總督胡宗憲檄繼光援，擊破之上坊巢，賊奔建寧。繼光還浙江。

明年，倭大舉犯福建。自温州來者，合福寧、連江諸倭攻陷壽寧、政和、寧德。自廣東南澳來者，合福清、長樂諸倭攻陷玄鍾所，延及龍巖、松溪、大田、古田、莆田。是時寧德已屢陷，距城十里有横嶼，四面皆水路險隘，賊結大營其中，官軍不敢擊，相守踰年。其新至者營牛田，而酋長營興化，東南互爲聲援。閩中連告急，宗憲復檄繼光勦之。先擊横嶼賊，人持草一束，填壕進，大破其巢，斬首二千六百。乘勝至福清，擣敗牛田賊，覆其巢，餘賊走興化。急追之，夜四鼓抵賊柵，連克六十營，斬首千數百級。平明入城，興化人始知，牛酒勞不絶。繼光乃旋師。抵福清，遇倭自東營澳登陸，擊斬二百人。而劉顯亦屢破賊，閩宿寇幾盡。於是繼光至福州飲至，勒石平遠臺。

及繼光還浙後，新倭至者日益衆，圍興化城匝月。會顯遣卒八人齎書城中，衣刺天兵二字，賊殺而衣其衣，紿守將得入，夜斬關延賊。副使翁時器、參將畢高走免，通判奚世亮攝府事，遇害，焚掠一空。留兩月，破平海衛，據之。初，興化告急，時帝已命俞大猷爲福建總兵官，繼光副之。及城陷，劉顯軍少，壁城下不敢擊。大猷亦不欲攻，需大軍合以困之。四十二年四月，繼光將浙兵至，於是巡撫譚綸令將中軍，顯左，大猷右，合攻賊於平海。繼光先登，左右軍繼之，斬級二千二百，還被掠者三千人。綸上功，繼光首，顯、大猷次之。帝爲告謝郊廟，大行敍賚。繼光先以横嶼功，進署都督僉事，及是進都督同知，世廕千户，遂代大猷爲總兵官。

明年二月，倭餘黨復糾新倭萬餘，圍仙遊三日。繼光擊敗之城下，又追敗之王倉坪，斬首數百級，餘多墜崖谷死，存者數千奔據漳浦蔡丕嶺。繼光分五哨，身持短兵緣崖上，俘斬數百人，餘賊遂掠漁舟出海去。久之，倭自浙犯福寧，繼光督參將李超等擊敗之，乘勝追永寧賊，斬馘三百有奇。尋與大猷擊走吴平於南澳，遂擊平餘孽之未下者。

繼光爲將號令嚴，賞罰信，士無敢不用命。與大猷均爲名將，操行不如，而果毅過之。大猷老將務持重，繼光則飆發電舉，屢摧大寇，名更出大猷上。

隆慶初，給事中吴時來以薊門多警，請召大猷、繼光專訓邊卒。部議獨用繼光，乃召爲神機營副將。會譚綸督師遼、薊，乃集步兵三萬，徵浙兵三千，請專屬繼光訓練。帝可之。二年五月命以都督同知總理薊州、昌平、保定三鎮練兵事，總兵官以下悉受節制。至鎮，上疏言：

薊門之兵，雖多亦少。其原有七：營軍不習戎事，而好末技，壯者役將門，老弱僅充伍，一也。邊塞逶迤，絶鮮郵置，使客絡繹，日事將迎，參游爲驛使，營壘皆傳舍，二也。寇至，則調遣無法，遠道赴期，卒斃馬僵，三也。守塞之卒約束不明，行伍不整，四也。臨陣馬軍不用馬，而反用步，五也。家丁盛而軍心離，六也。乘障卒不擇衝緩，備多力分，七也。七害不除，邊備曷修。

而又有士卒不練之失六，雖練無益之弊四。何謂不練？夫邊所藉惟兵，兵所藉惟將；今恩威號令不足服其心，分數形名不足齊其力，緩急難使，一也。有火器不能用，二也。棄土著不練，三也。諸鎮入衛之兵，嫌非統屬，漫無紀律，四也。班軍民兵數盈四萬，人各一心，五也。練兵之要在

先練將；今注意武科，多方保舉似矣，但此選將之事，非練將之道，六也。何謂雖練無益？今一營之卒，爲礮手者常十也，不知兵法五兵迭用，當長以衛短，短以救長，一也。三軍之士各專其藝，金鼓旗幟，何所不蓄，今皆置不用，二也。弓矢之力不强於寇，而欲藉以制勝，三也。教練之法，自有正門；美觀則不實用，實用則不美觀，而今悉無其實，四也。

臣又聞兵形象水，水因地而制流，兵因地而制勝。薊之地有三。平原廣陌，內地百里以南之形也。半險半易，近邊之形也。山谷仄隘，林薄蓊翳，邊外之形也。寇入平原，利車戰。在近邊，利馬戰。在邊外，利步戰。三者迭用，乃可制勝。今邊兵惟習馬耳，未嫺山戰、林戰、谷戰之道也，惟浙兵能之。願更予臣浙東殺手、礮手各三千，再募西北壯士，足馬軍五枝，步軍十枝，專聽臣訓練，軍中所需，隨宜取給，臣不勝至願。

又言：「臣官爲創設，諸將視爲綴疣，臣安從展布。」

章下兵部，言薊鎮既有總兵，又設總理，事權分，諸將多觀望，宜召還總兵郭琥，專任繼光。乃命繼光爲總兵官，鎮守薊州、永平、山海諸處，而浙兵止弗調。録破吴平功，進右都督。寇入青山口，拒却之。

自嘉靖以來，邊牆雖修，墩臺未建。繼光巡行塞上，議建敵臺。略言：「薊鎮邊垣，延袤二千里，一瑕則百堅皆瑕。比來歲修歲圮，徒費無益。請跨牆爲臺，睥睨四達。臺高五丈，虛中爲三層，臺宿百人，鎧仗糗糧具備。令戍卒畫地受工，先建千二百座。然邊卒木强，律以軍法將不堪，請募浙人爲一軍，用倡勇敢。」督撫上其議，許之。浙兵三千至，陳郊外。天大雨，自朝至日昃，植立不動。邊軍大駭，自是始知軍令。五年秋，臺功成。精堅雄壯，二千里聲勢聯接。詔予世廕，賚銀幣。

繼光乃議立車營。車一輛用四人推輓，戰則結方陣，而馬步軍處其中。又製拒馬器，體輕便利，遏寇騎衝突。寇至，火器先發，稍近則步軍持拒馬器排列而前，間以長鎗、筤筅。寇奔，則騎軍逐北。又置輜重營隨其後，而以南兵爲選鋒，入衛兵主策應，本鎮兵專戍守。節制精明，器械犀利，薊門軍容遂爲諸邊冠。

當是時，俺答已通貢，宣、大以西，烽火寂然。獨小王子後土蠻徙居插漢地，控弦十餘萬，常爲薊門憂。而朵顔董狐狸及其兄子長昂交通土蠻，時叛時服。萬曆元年春，二寇謀入犯。馳喜峯口，索賞不得，則肆殺掠，獵傍塞，以誘官軍。繼光掩擊，幾獲狐狸。其夏，復犯桃林，不得志去。長昂亦犯界嶺。官軍斬獲多，邊吏諷之降，狐狸乃款關請貢，廷議給以歲賞。明年春，長昂復窺諸口不得入，則與狐狸共逼長秃令入寇，繼光逐得之以歸。長秃者，狐狸之弟，長昂叔父也。於是二寇率部長親族三百人，叩關請死罪，狐狸服素衣叩頭乞赦長秃。繼光及總督劉應節等議，遣副將史宸、羅端詣喜峯口受其降。皆羅拜，獻還所掠邊人，攢刀設誓。乃釋長秃，許通貢如故。終繼光在鎮，二寇不敢犯薊門。

尋以守邊勞，進左都督。已，增建敵臺，分所部十二區爲三協，協置副將一人，分練士馬。炒蠻入犯，湯克寬戰死，繼光被劾，不罪。久之，炒蠻偕妻大嬖只襲掠邊卒，官軍追破之。土蠻犯遼東，繼光急赴，偕遼東軍拒退之。繼光已加太子太保，録功加少保。

自順義受封，朝廷以八事課邊臣：曰積錢穀、修險隘、練兵馬、整器械、開屯田、理鹽法、收塞馬、散叛黨。三歲則遣大臣閱視，而殿最之。繼光用是頻廕賚。南北名將馬芳、俞大猷前卒，獨繼光與遼東李成梁在。然薊門守甚固，敵無由入，盡轉而之遼，故成梁擅戰功。

自嘉靖庚戌俺答犯京師，邊防獨重薊，增兵益餉，騷動天下。復置昌平鎮，設大將，與薊相脣齒。猶時躪內地，總督王忬、楊選並坐失律誅。十七年間，易大將十人，率以罪去。繼光在鎮十六年，邊備修飭，薊門宴然。繼之者，踵其成法，數十年得無事。亦賴當國大臣徐階、高拱、張居正先後倚任之。居正尤事與商確，欲爲繼光難者，輒徙之去。諸督撫大臣如譚綸、劉應節、梁夢龍輩咸與善，動無掣肘，故繼光益發舒。

居正殁半歲，給事中張鼎思言繼光不宜於北，當國者遽改之廣東。繼光悒悒不得志，强一赴，踰年即謝病。給事中張希皋等復劾之，竟罷歸。居三年，御史傅光宅疏薦，反奪俸。繼光亦遂卒。

繼光更歷南北，並著聲。在南方戰功特盛，北則專主守。所著《紀效新書》、《練兵紀實》，談兵者遵用焉。

查繼佐《罪惟録》列傳卷一九 戚繼光，字元敬，號南塘，南直定遠人。其先百户祥，以略地戰死，世襲登州衛指揮僉事。父景通，長幹修髯，類關壯繆，常席地讀書，當暑不輟。逆瑾時，景通部戍卒踐更京師，瑾陰遺之蓆帽，約曰：「著此爲劉。」景通不肯著，爲黄冠遁去。青州賊李琪反，據蒙陰山，計擒之。劉六、七起河北，行山東，景通奉檄守鄒，遇賊平度道中，衆寡懸，奮不避，陳以待賊，擊卻之。先後累數十捷，陞把總。督江南糧運，能。時戚勳以總督備倭，欲引景通爲同姓，謝曰：「先世故姓倪。」勳報去。歷大寧都司掌印，坐神機營。母閻貞節，請終養，從之。舉繼

光，繼光褰履過庭，大詬曰：「他日饗卒伍自封矣。」既知爲外氏所遺，卒裂之，廢勿着。嘗畫策備胡，累數百牘。病革，猶問：「吾所上備胡封事如何？」

繼光幼而捭闔多權奇，隆準方頤，嶽而鷹揚，英氣勃勃。顧折節爲儒，以經術著。北鹵大入，部條城守，簡材官，戍九門。繼光方待試武闈，條上便宜，部是其議。歷浙江都司僉書。會倭難作，繼光乃議練兵，以江南菹澤，多走險，不利並驅，乃用長短兵夾振而進，隊立一人爲長，偏則伍之，兩則行之，犄角互張，攻距擊刺互用，名鴛鴦陣。補浙東參將，分部台州。嘉靖四十年，島彝入台州，繼光兵搗賊花街，斬首數百，然後朝食。蓋二旬有九日，九接戰，無不以全取勝，稱戚家新兵云。時江西告警，督府檄西行，既捷，露布以聞。已而閩寇張甚，部兵八千往，自横嶼入福清，大敗之。復夜趨牛田，連破十六營，斬首千餘級。平明還興化，人始覺，驚以爲神。還浙，而他彝部繼至，衣中國衣，賺破興化。繼光以總兵往，與俞大猷合斬真倭二千五百餘級。復戰仙遊城下，斬首數百級。追奔漳浦，復斬數百級，閩地悉平。

時繼光與大猷同爲名將，大猷務持重，繼光雷擊風發，無不立碎，勒功平遠臺。隆慶初，鹵陷石州，東薄昌黎，繼光上書，備陳七原六失四弊，大較言：「兵制西北什倍東南，鹵憑積威，刧邊人，邊人望風而靡，戰將率朘軍費，豢外舍兒，視鹵飽歸，尾而鵰勦，掩老羸爲功級。借曰當戰，鮮不唾之。且不練，何以議兵？無兵，何以議戰？請簡部將若而人，分募三輔丁壯三千，部將將之，各爲四營，營各伍部，每營立一裨將，爲之連衡。總攬折衝，則主將專制。比及三年，堂堂乎可格鹵矣。」時專任薊門總理，改鎮守薊州、山海、永平等處，而練兵之議寢不行。大修邊牆二千里，樓櫓敵臺，翼然壯麗，費縣官僅十萬緡，而考工足當百二十萬。復增募南兵二萬，編伍戍之。議立車營，出戰則以代城郭。車四面結靷爲方陣，步騎二旅中藏之，遇鹵乘陴，火器先薄五百步外，稍近則步兵出轅下，距鹵馬，排擊之。鹵却而奔，則縱騎兵乘勝逐北。慮師不宿飽，復益輜重營以從。有發則南兵當選鋒，入衞兵策應，主兵戍守，踐更者任轉輸。首分數，次形名，次技擊，次步伐，次偵邏，次鄉導，次批擣，次遮擊，次追襲，次俘馘，次首功，軍政畢張，無不以律。比年，東西鹵謀入犯，西酋得薊狀，恐，巫卜不祥，遂謝去，東胡欵關入貢。部言鹵數苦薊内備，不戰而伐鹵謀，即軍正無所課功，其功上上。繼光以參將入閩，進副將；再論功最，進中軍，署都督同知，充總兵入薊，擁總理虚名，秩如故。及江陵當國，以修薊功，進左都督，其加秩則少保兼太子太保，其階則特進光禄大夫。及江陵殁，人言波及，繼光移鎮南粵。北鹵入黑峪關，薊人願亟召還，不得請，則勒石頌功德尸祝之。踰年疾作，得謝還登州，卒。

繼光用兵大小數十百戰，所殺鹵以巨萬計。法嚴，不得左右顧，顧必斬。歲散千金狥客急。至是歸而暴折，即延醫治病，且無資。先是任子恩皆停，其子僅襲祖職，得指揮僉事。繼光在浙，所著有《紀（要）〔效〕新書》，在薊有《練兵實紀》，治兵者悉遵用之。

雜録

備録

沈德符《萬曆野獲編》卷一七　〔奇兵不可再〕戚少保繼光初以征倭至江南，命士卒於山中習放鳥銃火鼠之屬。適林莽中有羣猴，見而竊效之，久之，猴之技勝於人矣。一日倭大至，而戚兵少，度與戰必不利，乃匿男壯於隱處，而以輕鋭挑之佯北。先擲諸火器於山坳內，倭之追者尋至，猴見髠跣横行，不類所習覩，疑爲異獸將噬之，争燃火發砲，倭大駭狂奔，死者枕籍，伏兵四起，遂獲全捷。

沈德符《萬曆野獲編補遺》卷二　〔戚帥懼内〕汪太涵與戚元敬少保，生死交也。戚殁，而汪志其墓，述其爲妻所困，幾至絶祀，其説甚備。内所稱一品者是也。

謝肇淛《五雜組》卷八　戚元敬原不畏婦，後因出師，以軍法斬其子，自是夫人怨恨，誓不爲置媵，戚無如之何，乃蓄之它室，十餘年，生二子矣。一日謀稍洩，夫人大恚，欲得而甘心焉。戚許以翌日，時夫人有弟在幕，戚召語之曰：「亟以三策語若姊，子母俱全，上策也；出其母而内子，次策也；若必欲殺吾子，吾當帥死士入室，先斬而姊，次斬若，次滅而宗，而後棄官爵而逃耳。吾轅門以三通鼓爲節，立俟報命。」弟入，膝行涕泣，爲姊言之，一不可，次又不可，門外鼓而噪，弟大哭曰：「姊死不足計，獨不念滅門耶？」乃報可，令二妾入，各決數十杖，撫其子而泣留之室，即日出其妾。妾歸家，俱守志不嫁，越數年，夫人卒，二妾復歸公。時咸謂戚將軍能處變也。

夏允彝《幸存録》　〔張居正〕用大帥戚繼光于薊鎮，譚綸爲督撫，一切用舍興建惟繼光言是從。繼光建城堡墩臺，制度皆精絶，烽火精明，又調素練浙兵，

雜邊兵練之，車馬步雜用，東夷聞而畏之，匹騎不敢入者二十餘年。

談遷《棗林雜俎》聖集《戚繼光》 戚少保鎮薊門，駐三屯營最久，經畫周詳，有祠。總兵尤繼先之任，不拜祠，除夕公庫災，獨題梁之銀牌存。牌重五兩，題梁年月少保所記也。繼先歎戚公神人，刑牲以祭。

梁維樞《玉劍尊聞》卷一〇 戚少保内子出王萬户，累封一品夫人，鷙而張，先後有子，皆不禄。少保陰納三姬，舉祚國、安國、報國、昌國、輔國。御人露諸姬多子狀，一品日操白刃，願得少保而甘心。少保衷甲入寢門，號咷而愬祖禰，乃大慟，一品亦棄刃，抱頭痛哭，乃攜安國，子之。安國殤，一品解體，囊括其所蓄，輦而歸諸王。少保得謝南粵，還登州，即延醫治病且無資。

藝文

尤侗《西堂詩集·擬明史樂府·弔南塘》 副將軍，在南郡，殺倭全用鴛鴦陣。大將軍，在薊門，閲兵争跳龍虎屯。結髮從戎無不可，籌邊更重北門鎖。萬里長城背朔方，伏波秪看飛鳶墮。江陵已没二華亡，倚劍悲歌古戰場。白袷所巾歸第日，路人誰識戚南塘。惟有白頭舊部曲，西風落日歎燒荒。

戚繼光在薊鎖，江陵當國，譯論篤總督，邊防修舉，烽赴不驚。江陵没後，人言波及，徒嶺南罷官歸，過吴門，角巾布孢，偕二三文士攜手徒步，莫知其篤故蕭軍也。部將陳第作《墓外繞荒行》江弔之。二華綸字也。

嚴遂成《明史雜詠》卷三《戚武毅繼光》 島夸膽落戚南唐。戰在南方守北方。十五年間邊燧遠，二千里外敵樓長。水流地視山林險，雨立兵知絕處强。歡島對侯歸別將，陣圖空自號鴛鴦。

素眼狐狸泣請盟，無端移鎮嶺南行。試看貢市通如故，可惜車營制漸更。檢點巾袍皆血污，登臨山海又詩成。老來卧疾無醫藥，別室孤兒半死生。

徐世昌《晚晴簃詩彙》卷一〇四戚學標《新河戚武毅公祠》 譚守先聞武略垂，將軍決策較神奇。頓教案堵民如故，不使沈舟賊得知。極浦鴛鴦迷古陣，高城燕雀集空祠。角巾徒步吴門日，愁絶燒荒部曲詩。

申時行部

綜述

《明史》卷二一八《申時行傳》　申時行，字汝默，長洲人。嘉靖四十一年進士第一，授修撰。歷左庶子，掌翰林院事。

萬曆五年由禮部右侍郎改吏部。時行以文字受知張居正，藴藉不立崖異，居正安之。六年三月，居正將歸葬父，請廣閣臣，遂以左侍郎兼東閣大學士入預機務。已，進禮部尚書兼文淵閣，累進少傅兼太子太傅、吏部尚書、建極殿。張居正攬權久，操羣下如束濕，異己者率逐去之。及居正卒，張四維、時行相繼柄政，務爲寬大。以次收召老成，布列庶位，朝論多稱之。然是時內閣權積重，六卿大抵徇閣臣指。諸大臣由四維、時行起，樂其寬，多與相厚善。

四維憂歸，時行爲首輔。余有丁、許國、王錫爵、王家屏先後同居政府，無嫌猜。而言路爲居正所遏，至是方發舒。以居正素暱時行，不能無諷刺。時行外示博大能容人，心故弗善也。帝雖樂言者訐居正短，而頗惡人論時事，言事者間謫官。衆以此望時行，口語相詆諆。諸大臣又皆右時行拄言者口，言者益憤，時行以此損物望。

十二年三月，御史張文熙嘗言前閣臣專恣者四事，請帝永禁革之。時行疏爭曰：「文熙謂部院百執事不當置考成簿，送閣察考；吏、兵二部除授，不當一一取裁；督撫巡按行事，不當密揭請教；閣中票擬，當使同官知。夫閣臣不職當罷黜，若并其執掌盡削之，是因噎廢食也。至票擬，無不與同官議者。」帝深以爲然，絀文熙議不用。御史丁此呂言侍郎高啓愚以試題勸進居正，帝手疏示時行。時行曰：「此呂以曖昧陷人大辟，恐讒言接踵至，非清明之朝所宜有。」尚書楊巍因請出此呂於外，帝從巍言。而給事御史王士性、李植等交章劾巍阿時行意，蔽塞言路。帝尋亦悔之，命罷啓愚，留此呂。時行、巍求去。有丁、國言：「大臣國體所繫，今以羣言留此呂，恐無以安時行、巍心。」國尤不勝憤，專疏求去，詆諸言路。副都御史石星、侍郎陸光祖亦以爲言。帝乃聽巍，出此呂於外，慰留時行、國，而言路羣起攻國。時行請量罰言者，言者益心憾。既而李植、江東之以大峪山壽宮事撼時行不勝，貶去，閣臣與言路日相水火矣。

初，御史魏允貞、郎中李三才以科場事論及時行子用懋，貶官。給事中鄒元標劾罷時行姻徐學謨，時行假他疏逐之去。已而占物情，稍稍擢三人官，三人得毋廢，世以此稱時行長者。時行欲收人心，罷居正時所行考成法；一切爲簡易，亦數有獻納。嘗因災異，力言催科急迫，徵派加增，刑獄繁多，用度侈靡之害。又嘗請止撫按官助工贓罰銀，請減織造數，趣發諸司章奏。緣尚寶卿徐貞明議，請開畿內水田。用鄧子龍、劉綎平隴川，薦鄭洛爲經略，趣順義王東歸，寢葉夢熊奏以弭楊應龍之變。然是時天下承平，上下恬熙，法紀漸不振。時行務承帝指，不能大有建立。帝每遇講期多傳免，時行請雖免講仍進講章，自後爲故事，講筵遂永罷。評事雒于仁進《酒色財氣四箴》，帝大怒，召時行等條分析之，將重譴。時行請毋下其章，而諷于仁自引去，于仁賴以免。然章奏留中自此始。

十四年正月，光宗年五歲，而鄭貴妃有寵，生皇三子常洵，頗萌奪嫡意。時行率同列再請建儲，不聽。廷臣以貴妃故，多指斥宮闈，觸帝怒，被嚴譴。帝嘗詔求直言，郎官劉復初、李懋檜等顯侵貴妃。時行請帝下詔，令諸曹建言止及所司職掌，聽其長擇而獻之，不得專達。帝甚悅，衆多咎時行者。

時行連請建儲。十八年，帝召皇長子、皇三子，令時行入見毓德宮。時行拜賀，請亟定大計。帝猶豫久之，下詔曰：「朕不喜激聒。近諸臣章奏概留中，惡其離間朕父子。若明歲廷臣不復瀆擾，當以後年册立，否則俟皇長子十五歲舉行。」時行因戒廷臣毋激擾。

明年八月，工部主事張有德請具册立儀注，帝怒，命展期一年。而內閣中亦有疏入。時行方在告，次輔國首列時行名。時行密上封事，言：「臣方在告，初不預知。册立之事，聖意已定。有德不諳大計，惟宸斷親裁，勿因小臣妨大典。」於是給事中羅大紘劾時行，謂陽附羣臣之議以請立，而陰緩其事以內交。中書黃正賓復論時行排陷同官，巧避首事之罪。二人皆被黜責。御史鄒德泳疏復上，時行力求罷。詔馳驛歸。歸三年，光宗始出閣講學，十年始立爲皇太子。

四十二年，時行年八十，帝遣行人存問。詔書到門而卒。先以雲南岳鳳平，加少師兼太子太師、中極殿大學士，詔贈太師，謚文定。

子用懋、用嘉。用懋，字敬中，舉進士。累官兵部職方郎中。神宗擢太僕少卿，仍視職方事。再遷右僉都御史，巡撫順天。崇禎初，歷兵部左、右侍郎，拜尚

書，致仕歸。卒，贈太子太保。用嘉，舉人。歷官廣西參政。孫紹芳，進士，户部左侍郎。

《國朝獻徵録》卷一七焦竑《特進光禄大夫左柱國少師兼太子太師吏部尚書中極殿大學士贈太師謚文定申公時行神道碑》 韓退之有言：宰相職繫天下，天下安危，宰相之能與否？可見凡所謀議厝施者不足道也。姑蘇申公相今上，在揆地六年而爲元輔，爲元輔者九年罷歸。當是時明良相遭，文恬武熙，雖旱潦不常，夷狄時聳，而旋就底定，天下號爲治安。公歸二十有三歲，年八十，以疾終於里第。上方遣使存問於家，而適與凶會，使者以聞，上震悼，特予祭十四壇，遣官敦葬事，贈太師，特進一品，廕子尚寶丞，謚曰文定，所爲飾終者甚備。公子用懋等以萬曆四十四年七月五日葬公吴山之原。蓋有狀有銘，載公之行事，闕諸幽矣。惟是螭首龜趺，揭于墓隧，以表見於後世者宜有辭，特以委余。念爲公門下士，誼不敢不承。

按申氏自元至正以來，七世皆葬吴山。始葬者敏三。敏三生官保，官保生恭，恭生源，源生鎡，鎡生博，爲公高祖。博生周，爲公曾祖，以公貴，贈特進左柱國、少師。周生東城公乾，大父也，少育於外兄徐翁所，從其姓，公及第後始奏復之，贈如公官。乾生古愚公士章，公父也，累贈如東城公。曾祖妣、祖妣、妣皆一品夫人。公少敏悟過人，所覽輒能誦，爲一時儷偶之文，絶出倫輩。郡縣及督學使者試輒冠。嘉靖辛酉舉鄉試第三，明年廷試。上見公所對策詞札兼美，親擢第一人，授翰林院修撰。每朝謁罷，念政機所繇出，主者多闊略，下吏得因緣爲姦，乃集考因革之所當者，列爲定例，其後事無不覈，問無不對者，以此。癸亥，以東城公憂歸。丁卯公除，明年分校禮闈。己巳，掌文官誥勅。庚午，同丁公士美典試順天，簡拔得人。辛未，復分校禮經，所得士多從落卷中搜得之，公不自言功，而一歸主者。甫徹棘，進左官允，充經筵日講官。九月，仍同丁公校武舉士。亡何，晉宫諭，充《世廟實録》副總裁。會詹院坊局主篆皆缺，當事者悉屬公。穆廟升遐，詔誥箋表諸撰著填委，亦以屬公。

癸酉上登極，進宫庶，直日講，自是勸講者六載。指物譬事，析毫解縷，聞者朗然。又進止都雅，上每目屬之。甲戌進宫詹、少尹，兼侍讀學士院翰篆，兼理清黄。丙子進宫詹，會典副總裁。丁丑同蒲州張公四維主會試。八月晉禮右侍，兼太子賓客。已改吏右侍。是時江陵奪情事起，以建言廷杖者五人，公與婁東王公請解於江陵不能得，乃密謀於緹帥爲之地，時時餽槖饘焉。戊寅晉吏左侍兼東閣大學士，參與機務。公旃厦之地，啓沃功多，上特峻擢之，其簡在非一日矣。宗室宸涼等六百餘人以擅婚互訐，上坐文華殿，猝召閣臣入，公面奏：「舊制，宗室年十五請封請婚。按臣覈實以聞，禮部題給封號，許成婚。如未覆請而婚者，所生子女不得封。定例也。此六百餘人皆應奪，但封于嘉靖二十八年，事在例前，念其年遠人衆，惟上恩之，俾及於寬政，幸甚。」上深然之。是歲，公滿三品考，晉禮書，予廕胄監。庚辰，主會試，録文簡切温厚，後生多傳去爲式。淮揚災，時撫臣有議開墾者，公曰：「流移多則服田者少，而欲舍已成之田，墾積荒之地，必至驅見在之人而流移矣。且彼最苦者班軍、班價。班軍一歲番上而耗伍二三，班價一歲併征而扣糧八九。衛所無羨丁而多重役，月糧無見支而有出辦。不處此二者，而欲民無流亡，不可得也。」漕撫乃具疏以請，得各免四分之一。

壬午，江陵病卒，蒲州代之，語公曰：「稂莠之餘，要在芟刈。」公應曰：「肅殺之後，必有陽春。」蓋一言而公之相業定矣。會皇長子生，乃與蒲州盡取諸司所擬寬條損益之，如省煩苛、緩征徭、恤災荒、酌郵傳、平刑獄、罷工作，一切以寬大行之。而蠲新税不蠲舊逋，俾人霑實惠，而姦民不得濫免，公之慮遠矣。江陵雖逝，其黨伺隙思騁，相與搆釁，劾罷陽城宰并及蒲州。公慨然曰：「吾尚可以默乎？」乃盡發馮保、徐爵諸人與外廷表裏爲奸狀，諸言者繼之，上命公擬旨，下爵詔獄，論死，安置馮保南京，籍其家，而趣蒲州出視事。公乃佐蒲州，因人情而順流，與之更始。已代蒲州爲政，首以疏請，于是吴中行、趙用賢、鄒元標諸人皆起謫籍，爲中朝顯官，而言者氣益張。或説公曰：「人以言舉瘴塗也，審爾孰不以政府爲射的邪？」公謝曰：「吾知崇獎言路爲盛世事，遑卹其它？」未幾有魏允貞者，以公子登第爲言，公弟請覆試而已，不以一語侵之，頃之且寘之要秩，朝士無不嘖嘖歸公之量矣。江陵奉旨籍没，求多者日衆。公言居正自干憲典，業無可言。若老母之衣食不時，子孫之死亡相繼，於罪人不孥之意，不無過當。力請上寬之。而復有因罪江陵議復遼府者，公不可，謂江陵之破家，遼庶之亡國，皆其自取，原不相蒙。且皇考懲惡之大典不可變，親藩覬覦之大釁不可開。已毁之府第，營繕不貲，既廢之親王，支給靡繼。竟擬旨罷之。

是歲雲南獻俘，上加公少師，進中極殿，廕子錦衣。公力辭，僅進一階，改世廕爲。尚寶丞自後柄地。以軍功辭世廕者，自公始也。乙酉，余文敏下世，公力薦王公錫爵、王公家屏與共政，時論稱其得人。夏五月亢旱，公引咎乞歸，遂力

請録言官減袍服，停磁器，蠲租税，慎刑獄數事，上嘉納，爲下詔布衣蔬食，步禱郊壇，因切責監司守令，不能愛養小民，上干天怒以至此。一時小大臣工皆有懼然自新意，皆公發之也。先是上幸兵仗局，觀所造器械，因令内豎勝兵者肄習之。或言先朝有内教場演武者，于是令内豎二千餘人，略如三營法鍊之。公上疏切諫，會部臣董基以諫譴，公乃傳語大璫云：「此事屬在内廷諸人環甲荷戈，未明而進，設有奸宄，乘間闌入，外廷不及聞，宿衛不得入，公等何以待之？此莫大之憂也。」諸大璫聞之色變，以閣臣言力奏上，遂止。蓋公所爲潛移默奪者皆此類也

秋八月，公奉命往視大峪山。太僕李植疏言大峪非吉壤，謂公與故尚書徐學謨暱，故贊其成，憾尚書陳經邦異議，故致其去。公一一疏辨，上曰：「閣臣職在佐理，豈責以堪輿伎耶？」乃傳旨親閲壽宫，裁羣議，時采御史柯挺言，而人議遂定，□賜公玉帶、羅衣以旌其勞。屬皇長子五齡而儲位未建，公約同官於歲首合疏以請。上以元子孱弱爲解。公復力言元子五齡，即未甚壯，方宣、孝已過期。夫修講讀之故事，備朝賀之縟儀，或不任勞，若在宫中一受册，在文華一受朝，何勞之有？上報語意温，然絶無它意。而廷臣不勝過計，迫欲得之。給事中姜應麟，銓郎沈璟相繼有疏，上欲重譴，公與同官再三救解。上曰：「此輩疑朕立幼廢長，欲置朕不善之地，故以此處之。」中人傳示再三，不得已稍擬薄罰。繇此衆議紛起，上寖不能堪，而意亦逡巡矣。

二月陰霾四起，風雨失調，上傳示深詔有司去妨民之政，圖消弭之實。公乃應詔陳言，一曰催科急迫之害，二曰徵派加增之害，三曰刑獄繁多之害，四曰用度侈靡之害，而總歸之議論不一，詔令不行。欲議論之一題覆不可不慎，欲詔令之行查參不可不嚴。上覽疏稱善者再。宗室越訴者踵至，公疏：「宗人訐奏，曾奉旨令撫按啓王審勘虚實，若不信親王而信一宗人，其害甚大。蓋國之紀綱有四，親王轄宗儀，將帥轄士卒，有司轄百姓，提學轄生員，大小相維而天下治。若不能鈐束而人人競起，亂之道也。」上深然之。公復具言：「頃歲水旱異常，宜勑撫按官督率司道有司暫緩催徵，設法賑濟。饑民嘯聚攘敚者，務申嚴保甲，團集兵快，擒以正法。且令借臨、德兩倉餘米，以充賑濟。支太僕馬價四十萬，以資糴本。」而又以四事責成撫按：令月一奏報，曰田禾有無播種，曰雨雪有無沾足，曰人民有無流亡，曰盜賊有無寧戢。一時有司凜凜奉令，庶幾饑而不害云。

一日公謂同事曰：「册立久稽，異議滋起，柰何？」乃疏言：「高皇帝有曰：朕聞帝王之子居嫡長者必正備位，諸子分茅胙土，封以王爵，此萬世所當遵守者。成祖以永樂二年立仁宗爲皇太子，即封趙王。英宗以天順元年立宣宗皇太子，即封德王、崇王。臣思列聖傳家世守之法，體皇上愛子均一之心，竊謂皇長子正位東宫，皇三子分封大國，一時並舉，尤爲盛事。」疏入，不報。公念上輟講日久，上言：「高皇帝經營艸昧，備極勤勞，而猶日與儒臣講《易》《書》《大學》《論語》，至洪武二十九年，春秋七十矣，猶命博士許存仁進講經史。世宗經筵日講外，復講《大學衍義》，蓋臨御四十年如一日也。願上以二祖爲法。」隨檢閣中故牘得高皇帝御筆勑諭詩文共七十六道，裝潢呈覽。因言：「望上於語言文字之中，求聖祖之精藴，于陟降著存之頃，法聖祖之憂勤。」上忻然納之。中人張鯨擅東廠勢，潛蓄異謀，言者交章劾之。公與婁東計曰：「此禍本也。」謀合力驅之，密揭再上，置不問。御史馬象乾以彈章見格，疑公等庇之，疏劾鯨，並侵三輔臣。上怒，置之理。公言：「象乾據事直言，若重處之，是臣既以失職，仰負宸眷，又以拒諫，累及言官，何以自解？」上温諭，僅從薄罰而已。

戊巳，連歲凶荒，公深以爲憂，上言：「南都卒伍驕悍，近以月餉稍惡，譟呼羣起。臣以爲治貴節制嚴明，恩威並濟，若廩無可支，米不堪食，救死不贍，安能使之無譁？當亟勑南部科道查見在倉糧足支幾年，倉廒積米有無浥爛，如有不足，作何區處？」上然之。因發帑金幾百萬，特遣科臣往賑。詔書一出，人人歡若更生，所全活以億萬計。庚寅元旦，上御毓德宫，召四輔入。上手示評事雒于仁疏，怒其語戇，欲重有所行遣。公力爲解釋，天顔頓和，即以册立豫教請，上曰：「皇長子倫序自定，須其稍壯行之。」因命皇長子出見，公賀曰：「皇長子龍姿鳳目，岐嶷不凡，此國家無疆之福也。」時以劾璫鯨者衆，命公戒諭之。公跪鯨于前，一一責數，詞嚴意正，聞者竦服。明日，公遂上疏曰：「皇長子倫序已定，今皇上内斷于心，外廷未知也。臣等雖承面命，海内未知也。惟亟下明詔，使天下知皇上篤于愛子，不出臣下之仰贊，而出于淵衷，皇上重子升儲，不由外廷之陳請，而由于特詔，何盛如之！」上未即允，嗣後公或合疏，或特揭，皆未報。公又特疏曰：「當今國家第一大事，無如册立元子。而臣等第一敬業，無如建儲一事。祖宗家法，儲位未有不歸元子者。祖法不可違悖，册立不可遲疑，一也。臣等先年奉旨云立儲以長幼爲序，上後屢屢言之。今年元旦上手挈元子，令臣等諦視，親諭臣等長幼之序，言猶在耳，皇上豈得失信于天下，失信于臣等也？道路訛傳，謂皇貴妃獨蒙眷注，屬意所生，中外臣民，頗多後議，獨臣等不信，以爲元旦親奉玉音，聞皇貴妃每勸册立，安得此不根之言？乃今國泰之疏既上而不

報，已票而不行，外間疑議，以爲皇貴妃姑令國泰塞責，皇上姑爲皇貴妃解紛。使疑在宫闈，憂在社稷，何以杜百萬軍民之口，副四海九州之心，三也。臣等謂祖宗一定之家法，決不可不遵；皇上已出之綸音，決不可不信；皇貴妃未白之心事，決不可不明。惟立決大計，早釋衆疑，幸甚。」上覽奏報可，仍令内侍傳示閣臣候旨行。

是秋套虜久落赤鈔掠洮河，孰番入據莽剌川，數出鹵掠，邊將有戰死者。廷議棼棼，有罷款決戰之議。公謂：「禦戎如用藥，隨病製方，不能執一。今一二小酋間有猖獗，而大酋全部尚在羈縻，勢不得不撫。其或陽順而陰逆，暫去而復來；或縛獻罪酋，或送還人畜，又不得不酌于戰與撫之間。今不問是何部落，有無順逆，輒欲驅久不習戰之兵，禦方張致死之虜，非完計也。」立請廷推鄭尚書洛暨梁雲龍、萬世德經略之，移檄切責順義，趣其東歸。聲火酋之罪，勒兵出剿。自是莽剌川絶無虜跡，而它酋與火落赤相表裏者亦鳥獸散。是時言邊事者率未中窾，公極口辯駁，不無相牴牾，遂交章以攻公。公疏辯者六，辭職者五，且請盡下諸彈章以憑覆按。上手詔慰留，遣官宣諭者絡繹不絶。忌者意必趣公以去，公具疏申明邊計，纚纚餘萬言，且詣九卿會議。陸公光祖等復奏，具如公指，衆譁乃稍定。

《累朝訓録》成，進上，特晉公一階，秩太師，給誥，并賜銀百兩、彩段六表裏，歲加禄米百石。先是經略捷報京師解嚴，火酋遠遁，衆番奉約束，悉如公算。上欲暴公功，以勘勘叙有待，故因《訓録》之進，先借以勞公。公謂軍功業不敢與，而校對又屬微勞，凡三辭不允，乃力辭晉秩，而僅拜銀幣、禄米之賜云。公會以一品三考特具疏乞休，上不允，敕吏部照例晉太傅，給誥，支伯爵俸，賜敕獎勵，仍宴禮部，廕子尚寶丞，別以銀幣、寶鈔、珍饌、法酒佐之。公拜別賜而疏辭禄秩，詞極苦切，上聽辭俸秩，賜宴獎敕仍如旨，加賜銀二百兩、青紅蟒衣各一襲、彩段四表裏，且命勿辭。公强起拜受。而南御史李用中、主事湯顯祖、僉事李琯復連疏攻公，上處分言者，而降旨宣諭，慰藉諄切，然公歸志已決，先後凡二十七疏，上至親撰敕留之，有云「伊尹在山野不忘君民，今乃欲舍朕而去，卿心何安？」且命冢宰率九卿趣公出，公不得已以寬假請，而攻者復不已。時新安許公言册儲事，以去就争，語過激，上意不懌，允其歸。公爲密具揭以請，不報，公乃請與同罷謝言者。上知不可挽，乃命給驛，遣官護送，仍加賜銀鈔、蟒衣、彩段，以寵其行。

公歸之三年，皇長子出閣講學。至辛丑升儲禮成，公聞之喜曰：「老臣一念酬矣。」特爲表賀。上念公調護功，賜上尊肥羚及銀幣，遣廷評黄琮存公于家曰：「册立朕志先定，但因阻激，故從延緩，知卿忠言至計，尚鬱于懷，今元子已册立爲皇太子，冠婚並舉，念卿家居，系心良切，特諭知之。」後以皇孫覃慶，再荷存問。比歲公年八十，當軸援華亭例以請，上特褒公齒德勛勞，遣行人以銀幣、羊酒致於家。公聞之，望闕遥叩者三。敕使及門，而公逝矣。嗚呼痛哉！

公配曰吴氏，封夫人。子男三人，兆虬早卒，用懋太僕寺少卿，用嘉舉人。女二人，一適知縣李鴻，一許聘郭元尹。孫十三人，承鼎、聯璧、傳芳、騰芳、廷芳、濟芳，懋出；繼揆、紹芳、縯慶、緒隆、繹訓、紀常、繩武，嘉出。孫女十三人，婚嫁皆名族。所著有《綸扉奏草》四卷、《綸扉筍草》四卷、《綸扉簡牘》十卷、《賜閒堂集》四十卷。

公居恒孝友篤摯，事繼母黄太夫人與所生等，至老不衰。恭儉好禮，與人言，雖少賤亦與均禮，氣色穆然，喜愠不見。朝堂以疑事質者沓至，片言衷之，語簡而當，無不心折以去。天下名士多所薦進，顧不令其人知之。晚節異議者蠭起，交結搆扇，千岐萬轍，以求必勝旁睨者爲之不平，公處之恬如也。總之公之爲政，援據典制，斟酌物情，從容應之，曲中條理，一時諸臣惕於無所隱而快於得自盡。當時官常無改，海内清晏，皆其力也，然世亡能名公者。公去而時事日新，回憶公當政，政權固在握也。鑛税之使未遣也，風俗未盡薄惡，紀綱未甚陵夷也，庶寮與巖廊之人未至撓當事者而敚之柄也。談往事者至謂以今校昔，如唐虞三代，不可再覩。即不悦公者，亦云。繇此觀之，公之爲人何如哉？公動在史官，悳在生民，主上虚己悚神以聽，而一二表臣異流不難於撼之，賴上知公至深，雖聽其請老，三詔存問，追論定策之功，播告天下，寵及其子孫，然後異議始定。雍容恩禮，卒爲宗臣。語曰：「爲臣不易」，豈不信哉？聲公之媺，垂于亡窮，史職也，惧不能稱。銘曰：

明興館閣，多良大夫，文條武鬯，敉寧八區。有偉申公，崛起其中，海涵地負，恢乎有容。勸講彤闈，摛詞玉局，厥問琅琅，不以自暴。考古憲今，施于有政，斟酌化源，壹稟清净。人尚溪刻，我質而平。人必夸毗，我和以貞。鬱如鳳麐，不搏不擊，上奠儲官，外拊夷狄。水潦洊饑，流亡者多，啜之哺之，惟公撫摩。人百其喙，羣然以侵。寧爾小忍，無傷帝心。衆沫漂山，云胡不畏？公于急流，奉身以退。惟帝眷德，報孰如公？助順與德，靡福弗從。墓有豐碑，瞻者下拜，太史詩之，以示千載。

餘年不闕。

備論

傅維鱗《明書》卷一三三　吏官曰：申文定當江陵專擅之後，而能平心以御物，退讓以自持，盡反忮懻吐茹之習，爲師師吉吉之風，近世賢相，無能絜其度量者。武侯云：我心如秤，不能爲作輕重。文定亦云：平衡而揣，則差數均，平氣而調，則節奏和。斯言可謂端揆金鏡矣。

褚亨奭《姑蘇名賢后記》　論曰：前代相臣，其名正，其權重，其行事皆在人耳目，可與天下共見共聞，故議論易明。我朝閣臣有相名而無相權，其所斡旋多在奧窔之中，不見不聞之地，望之者常以爲陰陽鬼神不可測識，而其人亦難於自白，乃至久而後定焉。當神宗戊己操柄刻礉，公宛轉維護人心，國脈不至大傷。壬癸以後，上懲往轍，重疑揆地士氣過於淩厲，稍復摧折。公從中調停，不激不阿，逮庚辛之際，前星未耀，下激上疑，公用史巫之紛若，感孚聖心，卒定國本。使五十年以來天下熙熙乎登春臺而歌擊壤者，豈非此一臣之力也哉。海內有識者往往信公，而嫌怨猜疑之間與言者相紛拏或未之盡信。故公之自疏至於嘔心瀝膽，躑躅悲鳴，即人主亦且恣嗟感動。十行之札至不勝書，卒以一去以明其志，則益歎政地之難也矣。

雜録

備録

沈德符《萬曆野獲編》卷九　〔元旦詩〕申文定相公與王伯穀同里同庚，爲史官時即與相善，及罷相歸，每元旦必作一七言律詩以示王，王即和而答之，旋以兩詩並粘壁間，直至歲除不撤。次年元旦，申再有詩及又和而揭之齋屏，舊者始除去。蓋自辛卯文定返里，壬辰至壬子凡二十一年，歲歲皆然。是年百穀下世，再閱歲甲寅而文定亦捐賓客矣。想修文地下，其遇新歲唱和，必如生前不少衰，而粘屏與否，則不可周矣。

〔大老居鄉之體〕庚寅年，吳縣申相公正當國，時江南大饑，上命給事中楊東明銜專敕出賑，駐節吳中。每過申門，輒屏騶從步行，蓋申乃楊丁丑大座師也，時謂其禮太恭。至壬辰，申已謝相印，歸里，時吳江知縣黃似華以才新調至，亦申門人之門人，入郡城訪申，則呵殿至門，彩服踞上坐，申相辭以疾不面，時謂其禮太倨。二公皆蜀人也。然申與其地方官往還，修郡民禮甚謹。

錢謙益《列朝詩集小傳》丁集中　每歲除夕、元旦，與王伯穀倡酬賦詩，二十

明穆宗部

綜述

《明史》卷一九《穆宗紀》 穆宗契天隆道淵懿寬仁顯文光武純德弘孝莊皇帝，諱載坖，世宗第三子也。母杜康妃。

嘉靖十八年二月封裕王，與莊敬太子、景恭王同日受册。已而莊敬薨，世宗以王長且賢，繼序已定，而中外危疑，屢有言者，乃令景王之國。

四十五年十二月庚子，世宗崩。壬子，即皇帝位。以明年爲隆慶元年，大赦天下。先朝政令不便者，皆以遺詔改之。召用建言得罪諸臣，死者卹録。方士悉付法司治罪，罷一切齋醮工作及例外採買。免明年天下田賦之半，及嘉靖四十三年以前逋賦。釋户部主事海瑞於獄。是年，土魯番入貢。

隆慶元年春正月丙寅，罷睿宗明堂配享。戊辰，復鄭王厚烷爵。丁丑，追尊母康妃爲孝恪皇太后。二月戊子，祭大社大稷。乙未，册妃陳氏爲皇后。吏部侍郎陳以勤爲禮部尚書兼文淵閣大學士，禮部侍郎張居正爲吏部左侍郎兼東閣大學士，預機務。三月壬申，葬肅皇帝於永陵。乙酉，土蠻犯遼陽，指揮王承德戰殁。

夏四月丙戌朔，享太廟。丙午，禁屬國毋獻珍禽異獸。丁未，御經筵。五月己未，黄河決口工成。辛酉，祀地於北郊。丁丑，高拱罷。六月戊戌，以霪雨修省，素服避殿，御皇極門視事。是月，新河復決。

秋七月辛巳，招撫山東、河南被災流民，復五年。八月癸未朔，釋奠於先師孔子。九月乙卯，俺答寇大同，詔嚴戰守。癸亥，俺答陷石州，殺知州王亮采，掠交城、文水。壬申，土蠻犯薊鎮，掠昌黎、盧龍，至於灤河。詔宣大總督侍郎王之誥還駐懷來，巡撫都御史曹亨駐兵通州。甲戌，郭朴致仕。免襄陽、鄖陽被災秋糧。乙亥，總兵官李世忠援永平，與敵戰於撫寧，京師戒嚴。

冬十月丙戌，寇退，京師解嚴。甲辰，諭羣臣議邊防事宜。寧夏總兵官雷龍出塞邀擊河套部，敗之。十一月癸亥，祀天於南郊。是年，廣東賊大起。琉球入貢。

二年春正月己卯，給事中石星疏陳六事，杖闕下，斥爲民。二月丁酉，寇犯柴溝堡，守備韓尚忠戰死。己亥，耕耤田。丁未，如天壽山，謁長陵、永陵。庚戌，還宫，免所過田租有差。三月辛酉，立皇子翊鈞爲皇太子，詔赦天下。乙丑，廣西總兵官俞大猷討廣東賊。戊辰，賜羅萬化等進士及第、出身有差。丙子，幸南海子。戊寅，京師地震，命百官修省。

夏六月庚辰，遣使兩畿録囚。己丑，廣東賊曾一本寇廣州，殺知縣劉師顔。

秋七月己酉，賊入廉州。丙寅，徐階致仕。

冬十月戊寅，免南畿被災秋糧，振淮、徐饑。己亥，廢遼王憲㸅爲庶人。甲辰，免畿内、河南被災秋糧。十一月壬子，宣府總兵官馬芳襲俺答於長水海子，又敗之鞍子山。辛酉，免江西被災税糧。戊辰，祀天於南郊。己巳，命廣東、福建督撫將領會剿曾一本。十二月庚寅，世宗神主祔太廟。丁酉，限勳戚莊田。是年，琉球入貢。

三年春正月壬子，大同總兵官趙岢敗俺答於弘賜堡。二月庚辰，免陝西被災秋糧。三月戊辰，曾一本陷碣石衛，裨將周雲翔殺參將耿宗元叛，附於賊。

夏四月己丑，總兵官雷龍出塞襲河套部，敗之。五月庚戌，總兵官郭成等破賊於平山，周雲翔伏誅。甲寅，御史詹仰庇請罷靡費，斥爲民。

秋七月壬午，河決沛縣。乙酉，詔天下有司實修積穀備荒之政。壬辰，遣使振沿河被災州縣。八月癸丑，廣東賊平，曾一本伏誅。壬戌，禮部尚書趙貞吉兼文淵閣大學士，預機務。丁卯，振南畿、浙江、山東水災。九月丙子，俺答犯大同，掠山陰、應州、懷仁、渾源。辛卯，大閲。

冬十一月甲戌，祀天於南郊。庚辰，京師地震有聲，敕修省。十二月己亥，命廠衛密訪部院政事。庚申，召高拱復入閣。乙丑，尚寶寺丞鄭履淳以言事廷杖下獄。是冬，免兩畿、山東、浙江、河南、湖廣税糧。

是年，陝西賊起。琉球、土魯番入貢。

四年春正月己巳朔，日有食之，免朝賀。辛未，避殿修省。是月，倭入廣海衛城。二月乙丑，分設三大營文武提督六人。

夏四月戊戌，京師地震。丙午，俺答寇大同、宣府，官兵拒却之。是月，陝西賊寇四川。

秋七月己巳，禁章奏浮冗。命撫、按官嚴禁有司酷刑。戊子，陳以勤致仕。

乙未，免四川被災税糧。八月庚戌，宣、大告警，敕邊備。九月癸酉，陝西水災，蠲振有差。甲戌，河決邳州。壬午，免北畿、湖廣被災税糧。癸未，寇犯大同，副總兵錢棟戰死。戊子，犯錦州，總兵官王治道等戰死。甲午，罷京營文武提督，置總督協理大臣。

冬十月癸卯，俺答孫把漢那吉來降。丁未，以把漢那吉爲指揮使。壬戌，考察給事中、御史。十一月丁丑，俺答乞封。己卯，祀天於南郊。乙酉，趙貞吉罷。己丑，禮部尚書殷士儋兼文淵閣大學士，預機務。十二月丁酉，俺答執叛人趙全等九人來獻，詔遣把漢那吉歸，厚賜之。乙卯，受俘，磔趙全等於市。

五年春二月甲午，廷臣及朝覲官謁皇太子於文華左門。己未，封皇子翊鏐爲潞王。三月己卯，賜張元忭等進士及第、出身有差。己丑，封俺答爲順義王。

夏四月甲午，河復決邳州。五月壬戌，古田僮賊平。戊寅，李春芳致仕。六月辛卯，京師地震者三，敕修省。甲辰，授河套部長吉能爲都督同知。甲寅，順義王俺答貢馬，告廟受賀。丙辰，俺答執趙全餘黨十三人來獻。

秋八月癸卯，許河套部互市。九月癸未，三鎮貢市成。

冬十月己亥，河南、山東大水，申飭河防。十一月己巳，殷士儋致仕。

是年，琉球、土魯番入貢。

六年春正月辛未，築徐州至宿遷隄三百七十里。二月丙申，倭寇廣東，陷神電衛，大掠。山寇復起。閏月丁卯，御皇極殿門，疾作，遽還宮。乙亥，倭寇高、雷，官軍擊敗之。

夏四月戊辰，禮部尚書高儀兼文淵閣大學士，預機務。五月壬辰，免廣東用兵諸郡逋賦。己酉，大漸，召大學士高拱、張居正、高儀受顧命。庚戌，崩於乾清宮，年三十有六。七月丙戌，上尊謚，廟號穆宗，葬昭陵。

贊曰：穆宗在位六載，端拱寡營，躬行儉約，尚食歲省巨萬。許俺答封貢，減賦息民，邊陲寧謐。繼體守文，可稱令主矣。第柄臣相軋，門户漸開，而帝未能振肅乾綱，矯除積習。蓋亦寬恕有餘，而剛明不足者歟。

明神宗部

綜述

《明史》卷二〇《神宗紀一》　神宗範天合道哲肅敦簡光文章武安仁止孝顯皇帝，諱翊鈞，穆宗第三子也。母貴妃李氏。

隆慶二年，立爲皇太子，時方六歲。性岐嶷，穆宗嘗馳馬宮中，諫曰：「陛下天下主，獨騎而騁，寧無銜橛憂。」穆宗喜，下馬勞之。陳皇后病居別宮，每晨隨貴妃候起居。后聞履聲輒喜，爲强起，取經書問之，無不響答，貴妃亦喜。由是兩宮益和。

六年五月，穆宗崩。六月乙卯朔，日有食之。甲子，即皇帝位。以明年爲萬曆元年，詔赦天下。祀建文朝盡節諸臣於鄉，有苗裔者卹録。庚午，罷高拱。丁丑，高儀卒。壬午，禮部尚書吕調陽兼文淵閣大學士，預機務。

秋七月丁亥，初通漕運於密雲。庚寅，察京官。己亥，戒諭廷臣，詔曰：「近歲以來，士習澆漓，官方刓缺，詆老成爲無用，矜便佞爲有才。遂使朝廷威福之柄，徒爲人臣報復之資。用是薄示懲戒，餘皆曲貸。諸臣宜祓除前愆，共維新政。若溺於故習，背公徇私，獲罪祖宗，朕不敢赦。」庚子，尊皇后曰仁聖皇太后，貴妃曰慈聖皇太后。八月戊午，祀大社大稷。九月甲午，葬莊皇帝於昭陵。

冬十月己未，侍郎王遴、吴百朋、汪道昆分閱邊防。辛酉，停刑。十一月乙未，河工成。十二月辛酉，振榆林、延綏饑。甲戌，以大行未期，罷明年元夕燈火及宫中宴。

萬曆元年春二月癸丑，御經筵。三月丙申，詔内外官舉將材。

夏四月乙丑，潮、惠賊平。庚午，旱，諭百官修省。五月甲申，詔内外官慎刑獄，六月壬申，振淮安水災。

秋七月，河決徐州。九月癸未，振荆州、承天及濟南災。丙戌，四川都掌蠻平。癸卯，停刑。

冬十一月庚辰，命諸司立程限文簿，以防稽緩。十二月己未，振遼東饑。

是年，暹羅、琉球入貢。

二年春正月甲午，召見朝覲廉能官於皇極門。二月甲寅，振四川被寇諸縣。三月癸巳，賜孫繼皐等進士及第、出身有差。

夏四月丙寅，詔内外官行久任之法。五月辛丑，穆宗神主祔太廟。八月己巳，振山西災。庚午，振淮、揚、徐水災。

冬十月甲寅，決囚。丁卯，視朝閲銓選。閏十二月庚寅，詔罷明年元夕燈火。

是年，琉球入貢。

三年春正月丁未，享太廟。二月戊寅，祀大社大稷。辛巳，詔南京職務清簡，官不必備。丙申，始命日講官分直記注起居，纂緝章奏，臨朝侍班。

夏四月己巳朔，日有食之，既。壬申，書謹天戒、任賢能、親賢臣、遠嬖佞、明賞罰、謹出入、慎起居、節飲食、收放心、存敬畏、納忠言、節財用十二事於座右，以自警。五月庚子，淮、揚大水，詔察二府有司，貪酷老疾者罷之。六月戊辰，浙江海溢。戊寅，命撫、按官，有司賢否一體薦劾，不得偏重甲科。是夏，蘇、松、常、鎮大水。

秋八月丙子，禮部侍郎張四維爲禮部尚書兼東閣大學士，預機務。丁丑，河決高郵、碭山。戊子，免淮、揚、鳳、徐被水田租。九月戊午，京師地震。

冬十月丁卯，地再震，敕羣臣修省。戊辰，停刑。十一月乙巳，祀天於南郊。十二月辛未，詔罷明年元夕燈火。

是年，安南、琉球、暹羅、土魯番入貢。

四年春正月丁巳，遼東巡按御史劉臺以論張居正逮下獄，削籍。

夏五月戊申，祀地於北郊。六月庚辰，復遣内臣督蘇、杭織造。

秋七月丁酉，諭吏、户二部清吏治，蠲逋賦有差，明年漕糧折收十之三。壬寅，遣御史督修江、浙水利。甲辰，修泗州祖陵。辛亥，草灣河工成。八月壬戌，釋奠於先師孔子。是秋，河決崔鎮。

冬十月乙亥，振徐州及豐、沛、睢寧、金鄉、魚臺、單、曹七縣水災，蠲租有差。

是年，安南、琉球、烏斯藏、土魯番、天方、撒馬兒罕、魯迷、哈密入貢。

五年春正月己酉，詔鳳陽、淮安力舉營田。二月乙丑，振廣西饑。三月乙巳，賜沈懋學等進士及第、出身有差。

秋八月癸亥，河復決崔鎮。閏月乙酉朔，日食，陰雲不見。九月己卯，起復

張居正。

冬十月乙巳，以論張居正奪情，杖編修吴中行、檢討趙用賢、員外郎艾穆、主事沈思孝，罷黜謫戍有差。丁未，杖進士鄒元標，戍邊。十一月癸丑，以星變考察百官。

是年，琉球入貢。

六年春正月，築決河堤。二月戊戌，免兖、青、登、萊所屬逋賦。庚子，立皇后王氏。三月甲寅，禮部尚書馬自强兼文淵閣大學士，吏部侍郎申時行兼東閣大學士，預機務。甲子，張居正葬父歸。

夏四月乙未，免湖廣、四川逋賦。丙午，詔户部歲增金花銀二十萬兩。六月乙未，張居正還京師。

秋七月乙卯，吕調陽致仕。丙子，詔江北諸府民，年十五以上無田者，官給牛一頭、田五十畝開墾，三年後起科。九月庚午，詔蘇州諸府開懇荒田，六年後起科。辛未，停刑。

冬十月辛卯，馬自强卒。十一月辛酉，祀天於南郊。

是年，烏斯藏入貢。

七年春正月戊辰，詔毁天下書院。二月己丑，遣使分閲邊防。三月甲子，免淮、揚逋賦。

夏五月癸亥，祀地於北郊。六月辛卯，覈兩畿、山東、陝西勳戚田賦。

秋七月壬子，振蘇、松水災，蠲税糧。戊午，京師地震。

是年，烏斯藏入貢。

八年春二月辛未朔，日有食之。戊子，耕耤田。戊戌，河工成。三月辛亥，奉兩宫皇太后如天壽山謁陵，免所過田租。甲寅，還宫。丁卯，賜張懋修等進士及第、出身有差。

夏閏四月庚申，廣西八寨賊平。

冬十月辛丑，汰内外冗官。乙巳，振蘇、松、常、鎮饑。十一月丙子，詔度民田。

是年，琉球入貢。

九年春正月庚午，敕邊臣備警。辛未，裁諸司冗官。癸酉，土蠻犯錦州，遊擊周之望敗没。己卯，命翰林官日四人入直。辛巳，裁南京冗官。甲申，遼東總兵官李成梁襲敗土蠻於襖郎兔。三月丙寅，大閲。是月，土蠻犯遼陽，副總兵曹簠禦之，敗績。

夏四月丁酉，振山西被災州縣。乙卯，振蘇、松、淮、鳳、徐、宿災。户部進《萬曆會計録》。

秋八月丁未，揚州大水。九月丁亥，停刑。

冬十月己亥，土蠻犯廣寧、義州，李成梁禦却之。十一月丙戌，振真定、順德、廣平災，免税糧。

是年，裁各省冗官，覈徭賦，汰諸司冒濫冗費。琉球、安南、土魯番、天方、撒馬兒罕、魯迷、哈密、烏斯藏入貢。

十年春二月癸巳，順義王俺答卒。丁酉，免天下積年逋賦。三月庚申，杭州兵變，執巡撫吴善言。丁卯，兵部侍郎張佳胤巡撫浙江討定之。丙子，泰寧衛部長速把亥犯義州，李成梁擊斬之。己卯，倭寇温州。

夏四月戊子朔，諭禮部，令民及時農桑，勿事游惰。甲午，寧夏土軍馬景殺參將許汝繼，巡撫都御史晉應槐討誅之。庚子，以久旱敕修省。五月庚申，免先師孔子及宋儒朱熹、李侗、羅從彦、蔡沈、胡安國、游酢、真德秀、劉子翬，故大學士楊榮後裔賦役有差。庚辰，振畿内饑。六月丁亥朔，日有食之。壬寅，振太原、平陽、潞安饑。乙巳，前禮部尚書潘晟兼武英殿大學士，吏部侍郎余有丁爲禮部尚書兼文淵閣大學士，預機務。晟尋罷。丙午，張居正卒。

秋七月庚午，振平、慶、延、臨、鞏饑。九月丙辰，以皇長子生，詔赦天下。甲子，上兩宫皇太后徽號。

冬十月丙申，蘇、松大水，蠲振有差。十二月壬辰，太監馮保謫奉御，籍其家。壬寅，復建言諸臣職。

是年，免畿内、山西被災税糧。哈密、烏斯藏入貢。

十一年春正月壬戌，敕嚴邊備。閏二月甲子，俺答子乞慶哈襲封順義王。緬甸寇永昌。乙丑，如天壽山謁九陵，免所過田租。庚午，如西山謁恭讓章皇后、景皇帝陵。辛未，還宫。乙酉，振臨、鞏、平、延、慶五府旱災，免田租。三月甲申，追奪張居正官階。庚子，賜朱國祚等進士及第、出身有差。

夏四月丁巳，張四維以憂去。己未，吏部侍郎許國爲禮部尚書兼東閣大學士，預機務。甲戌，承天大雨，江溢。是月，廣東羅定兵變。六月乙丑，振承天、漢陽、鄖陽、襄陽災。

秋八月丙辰，免山西被災税糧。九月甲申，如天壽山謁陵。己丑，還宫。

冬十月癸亥，停刑。辛未，河南水災，蠲振有差。十一月己卯朔，日有食之。十二月庚午，慈寧宮災，敕修省。

是年，琉球入貢。

十二年春二月丁卯，京師地震。己巳，釋建文諸臣外親謫戍者後裔。三月己亥，減江西燒造瓷器。

夏四月乙卯，籍張居正家。丁巳，遊擊將軍劉綎討平隴川賊。五月甲午，京師地震。六月辛亥，以雲南用兵，免稅糧及逋賦。

秋八月丙辰，榜張居正罪於天下，家屬戍邊。九月丙戌，奉兩宮皇太后如天壽山謁陵。己丑，作壽宮。辛卯，還宮。

冬十月丁巳，停刑。丙寅，免湖廣、山東被災稅糧。十一月己丑，余有丁卒。十二月甲辰，前禮部侍郎王錫爵爲禮部尚書兼文淵閣大學士，吏部侍郎王家屏兼東閣大學士，預機務。癸亥，罷開銀礦。

是年，安南、烏斯藏入貢。

十三年春正月辛卯，四川建武所兵變，擊傷總兵沈思學。二月丁未，南京地震。京師自去年八月不雨，至於是月。庚午，大雩。三月甲申，大雩。己丑，李成梁出塞襲把兔兒炒花，大破之。壬辰，減杭州織造及尚衣監料銀。尚寶司少卿徐貞明督治京畿水田。

夏四月丙午，大雩。戊申，以旱詔中外理冤抑，釋鳳陽輕犯及禁錮年久罪宗。戊午，步禱於南郊，面諭大學士等曰：「天旱，雖由朕不德，亦天下有司貪婪，剝害小民，以致上干天和，今後宜慎選有司。」蠲天下被災田租一年。五月丙戌，雨。六月辛丑，慈寧宮成。壬寅，建武所亂卒伏誅。是月，四川松茂番作亂。

秋八月己酉，京師地震。閏九月戊戌，振淮、鳳災。癸卯，如天壽山閱壽宮。戊申，還宮。庚申，停刑。

冬十二月丁卯，汰惜薪司內官冗員。是月，順義王乞慶哈卒。

是年，土魯番、烏斯藏入貢。

十四年春二月癸未，嚴外官餽遺。三月戊戌，以旱霾，諭廷臣陳時政。癸卯，禁部曹言事，罷治京畿水田。癸丑，賜唐文獻等進士及第、出身有差。戊午，久旱，敕修省。

夏四月癸酉，京師地震。六月癸未，松茂番平。是夏，振直隸、河南、陝西及廣西潯、柳、平樂，廣東瓊山等十二縣饑。山西盜起。

秋七月癸卯，振江西災。戊申，敕户、兵二部撫安災民，嚴保甲。是月，淇縣賊王安聚衆流劫，尋剿平之。九月壬辰，王家屏以憂去。乙卯，停刑。己未，發帑遣使振河南、山東、直隸、陝西、遼東、淮、鳳災。

冬十月丙寅，禮部主事盧洪春以疏請謹疾，杖闕下，削籍。十一月癸卯，祀天於南郊。

是年，土魯番入貢。

十五年春正月壬辰，發帑振山西、陝西、河南、山東諸宗室。三月乙卯，乞慶哈子撦力克襲封順義王。

夏四月，京師旱，大疫。六月戊辰，禁廷臣奢僭。是月，京師大雨。振卹貧民。

秋七月，江北蝗，江南大水，山西、陝西、河南、山東旱，河決開封，蠲振有差。八月庚申，以災沴頻仍，敕撫、按官懲貪吏，理冤獄，蠲租，振卹。九月丁亥朔，日當食，陰雲不見。己丑，停刑。

冬十月庚申，大學士申時行請發留中章奏。十一月戊子，鄖陽兵譟，巡撫都御史李材罷。

是年，哈密、琉球、烏斯藏入貢。

十六年春三月壬辰，詔改《景皇帝實録》，去郕戾王號，不果行。山西、陝西、河南及南畿、浙江並大饑疫。

夏四月，振江北、大名、開封諸府饑。五月，四川建昌番作亂，討平之。乙巳，以軍儲倉火及各省災傷，敕內外官修省。六月庚申，京師地震。甲子，以災傷停減蘇、杭織造。

秋七月乙卯，免山東被災夏稅。庚午，定邊臣考績法。八月乙未，詔取太倉銀二十萬充閱陵賞費。九月己未，停刑。庚申，如天壽山閱壽宮。甲子，次石景山觀渾河。乙丑，還宮。庚午，甘肅兵變，巡撫都御史曹子登罷。是月，青海部長他不囊犯西寧，殺副將李魁。

冬十一月辛酉，禁章奏浮冗。

是年，烏斯藏入貢。

十七年春正月己酉朔，日有食之。丁巳，太湖、宿、松賊劉汝國等作亂，安慶指揮陳越討之，敗死。二月丙申，吳淞指揮陳懋功討平之。三月丙辰，免陞授官面謝。自是臨御遂簡。癸亥，雲南永昌兵變。乙丑，賜焦竑等進士及第、出身

有差。

夏四月己亥，王家屏復入閣。始興妖僧李圓朗作亂，犯南雄，有司討誅之。六月甲申，浙江大風，海溢。己丑，永昌亂卒平。乙巳，南畿、浙江大旱，太湖水涸，發帑金四十萬振之。

秋八月壬寅，嚴匿名揭之禁。

冬十月癸未，停刑。癸卯，黄河決口工成。十二月己丑，諭諸臣遇事勿得忿争求勝。

是年，安南、烏斯藏入貢。

十八年春正月甲辰朔，召見大學士申時行等於毓德宫，出皇長子見之。

夏四月甲申，振湖廣饑。六月己卯，免畿内被災夏税。甲申，青海部長火落赤犯舊洮州，副總兵李聯芳敗没。乙酉，更定宗藩事例，始聽無爵者得自便。

秋七月庚子朔，日有食之。乙丑，召見閣臣議邊事，命廷臣舉將材。己巳，兵部尚書鄭雒經略陝西四鎮及山西、宣、大邊務。是月，火落赤再犯河州、臨洮，總兵官劉承嗣敗績。八月癸酉，停撦力克市賞。

冬十月戊寅，振臨洮被兵軍民。十二月甲申，遣廷臣九人閱邊。

是年，安南入貢。

十九年春正月，緬甸寇永昌、騰越。二月乙酉，總兵官尤繼先敗火落赤餘衆於莽剌川。閏三月丁丑，以彗星見，敕修省。己卯，責給事中、御史風聞訕上，各奪俸一年。

夏四月丙申，享太廟。是後廟祀皆遣代。五月壬午，四川四哨番作亂，巡撫都御史李尚思討平之。六月壬子，王錫爵歸省。

秋七月癸未，諭廷臣，國是紛紜，致大臣争欲乞身，此後有肆行誣衊者重治。八月丁酉，免河南被災田賦。九月壬申，許國致仕。甲戌，申時行致仕。丁丑，吏部侍郎趙志臯爲禮部尚書，前禮部侍郎張位爲吏部侍郎，並兼東閣大學士，預機務。

冬十月癸巳，京營軍官譁於長安門。十二月甲午，詔定戚臣莊田。癸丑，河套部敵犯榆林、延綏，總兵官杜桐敗之。

是年，畿内蝗，南畿、浙江大水，蠲振有差。琉球入貢。

二十年春正月丙戌，給事中孟養浩以言建儲杖闕下，削籍。三月戊辰，寧夏致仕副總兵哱拜殺巡撫都御史黨馨、副使石繼芳，據城反。辛未，王家屏致仕。壬申，總督軍務兵部尚書魏學曾討寧夏賊。戊寅，賜翁正春等進士及第、出身有差。

夏四月甲辰，總兵官李如松提督陝西討賊軍務。甲寅，甘肅巡撫都御史葉夢熊帥師會魏學曾討賊。撦力克擒賊，叩關獻俘，復還二年市賞。五月，倭犯朝鮮，陷王京，朝鮮王李昖奔義州求救。六月丁未，諸軍進次寧夏，賊誘河套部入犯，官軍擊却之。

秋七月癸酉，免陝西逋賦。甲戌，副總兵祖承訓帥師援朝鮮，與倭戰於平壤，敗績。甲申，罷三邊總督魏學曾，以葉夢熊代之，尋逮學曾下獄。八月乙巳，兵部右侍郎宋應昌經略備倭軍務。己酉，詔天下督撫舉將材。九月壬申，寧夏賊平。

冬十月壬寅，李如松提督薊、遼、保定、山東軍務，充防海禦倭總兵官，救朝鮮。是月，振畿内、浙江、河南被災諸府，蠲租有差。十一月戊辰，御午門，受寧夏俘。十二月甲午，以寧夏賊平，告天下。

是年，暹羅、土魯番入貢。

二十一年春正月甲戌，李如松攻倭於平壤，克之。辛未，王錫爵還朝。辛巳，詔並封三皇子爲王，廷臣力争，尋報罷。壬午，李如松進攻王京，遇倭於碧蹄館，敗績。二月甲寅，敕勞東征將士。

夏四月癸卯，倭棄王京遁。六月丁酉，詔天下每歲夏月録囚，減釋輕繫，如兩京例。癸卯，倭使小西飛請欵。

秋七月癸丑，召援朝鮮諸邊鎮兵還。乙卯，彗星見，敕修省。八月丙戌，以災異敕戒内外諸臣修舉實政。

冬十月丙申，停刑。十二月丙辰，薊遼總督顧養謙兼理朝鮮事，召宋應昌、李如松還。

是年，振江北、湖廣、河南、浙江、山東饑。河南礦賊大起。烏斯藏入貢。

二十二年春正月己亥，詔以各省災傷，山東、河南、徐、淮尤甚，盗賊四起，有司玩愒，朝廷詔令不行。自今以安民弭盗爲撫按有司黜陟。二月癸丑，皇長子常洛出閣講學。甲子，遣使振河南，免田租。三月癸卯，詔修國史。

夏四月己酉朔，日有食之。五月辛卯，禮部尚書陳于陛、南京禮部尚書沈一貫並兼東閣大學士，預機務。庚子，王錫爵致仕。六月己酉，雷雨，西華門災，敕修省。

秋七月丙申，河套部長卜失兔犯延綏。是月，延綏總兵官麻貴敗河套部敵於下馬關。

冬十月己未，南京兵部右侍郎邢玠總督川、貴軍務，討播州宣慰使楊應龍。丁卯，詔倭使入朝。是月，炒花犯遼東，總兵官董一元敗之。

是年，琉球、烏斯藏入貢。

二十三年春正月癸卯，遣都督僉事李宗城、指揮楊方亨封平秀吉爲日本國王。三月乙未，賜朱之蕃等進士及第、出身有差。

夏五月丁酉，京師地震，敕修省。

秋九月戊寅，青海部長永邵卜犯甘肅，參將達雲敗之。乙酉，詔復建文年號。

冬十一月辛未，湖廣災，蠲振有差。十二月辛丑，大學士趙志皋等請發留中章奏，不報。

是年，江北大水，淮溢，浸泗州祖陵。

二十四年春二月戊申，麻貴襲河套部，敗之。三月乙亥，乾清、坤寧兩宮災，敕修省。壬辰，下詔自責。是月，火落赤犯洮河，總兵官劉綎破走之。

夏四月己亥，李宗城自倭營奔還王京。五月戊辰，河套部敵犯甘肅，總兵官楊濬擊破之。庚午，復議封倭，命都督僉事楊方亨、遊擊沈惟敬往。六月，振福建饑。

秋七月丁卯，吏部尚書孫丕揚請發推補官員章疏，不報。戊寅，仁聖皇太后崩。乙酉，始遣中官開礦於畿內。未幾，河南、山東、山西、浙江、陝西悉令開採，以中官領之，羣臣屢諫不聽。閏八月乙丑朔，日有食之。丁卯，大學士趙志皋請視朝，發章奏，罷採礦，不報。九月乙未，楊方亨至日本，平秀吉不受封，復侵朝鮮。乙卯，葬孝安莊皇后。是月，河套部犯寧夏，總兵官李如柏擊敗之。是秋，河決黃堌口。

冬十月丙子，停刑。乙酉，始命中官榷稅通州。是後，各省皆設稅使，羣臣屢諫不聽。十二月乙亥，陳于陛卒。

《明史》卷二一《神宗紀二》 二十五年春正月丙辰，朝鮮使來請援。二月丙寅，復議征倭。丙子，前都督同知麻貴爲備倭總兵官，統南北諸軍。三月乙巳，山東右參政楊鎬爲僉都御史，經略朝鮮軍務。己未，兵部侍郎邢玠爲尚書，總督薊、遼、保定軍務，經略禦倭。

夏六月戊寅，皇極、中極、建極三殿災。癸未，罷修國史。

秋七月癸巳，誡諭羣臣。丁酉，詔赦天下。是月，楊應龍叛，掠合江、綦江。八月丁丑，倭破朝鮮閑山，遂薄南原，副總兵楊元棄城走，倭逼王京。甲申，京師地震。九月壬辰，逮前兵部尚書石星下獄，論死。

冬十月甲戌，安南黎惟潭纂立，款關請罪，詔授安南都統使。

是年，琉球入貢。

二十六年春正月，官軍攻倭於蔚山，不克，楊鎬、麻貴奔王京。三月癸卯，賜趙秉忠等進士及第、出身有差。壬子，羣臣詣文華門疏請皇長子冠婚，不允。

夏四月丁卯，遼東總兵官李如松出塞，遇伏戰死。壬申，京師旱，敕修省。六月丁巳，楊鎬罷。戊午，中官李敬採珠廣東。丙寅，張位罷。丙子，巡撫天津僉都御史萬世德經略朝鮮。

秋七月丙戌，中官魯保鬻兩淮餘鹽。八月丁丑，京師地震。九月壬辰，免浙江被災田租。

冬十月乙卯，總兵官劉綎、麻貴分道擊倭，敗之。董一元攻倭新寨，敗績。十一月戊戌，倭棄蔚山遁，官軍分道進擊。十二月，總兵官陳璘破倭於乙山，朝鮮平。

是年，烏斯藏入貢。

二十七年春二月壬子，分遣中官領浙江、福建、廣東市舶司。是月，貴州巡撫江東之遣兵討楊應龍，敗績。三月己亥，前兵部侍郎李化龍總督川、湖、貴州軍務，討楊應龍。

夏四月甲戌，御午門，受倭俘。是月，臨清民變，焚稅使馬堂署，殺其參隨三十四人。閏月丙戌，以倭平，詔天下，除東征加派田賦。己丑，久旱，敕修省。丙申，以諸皇子婚，詔取太倉銀二千四百萬兩。户部告匱，命嚴覈天下積儲。六月己亥，楊應龍陷綦江，參將房嘉寵、遊擊張良賢戰死。

秋八月甲午，陝西狄道縣山崩。九月，土蠻犯錦州。

冬十月壬午，振京城饑民。丙戌，以播州用兵，加四川、湖廣田賦。戊子，貴州宣慰使安疆臣有罪，詔討賊自贖。十一月己酉，免河南被災田租。癸酉，振畿輔及鳳陽等處饑。十二月丁丑，武昌、漢陽民變，擊傷稅使陳奉。戊子，振京師就食流民。

是年，琉球入貢。

二十八年春二月戊寅，京師地震。丙戌，李化龍帥師分八路進討播州。

夏六月丁丑，克海龍囤，楊應龍自縊死，播州平。

秋七月辛亥，旱，敕修省。八月辛未，慈慶宫成。丙子，罷朝鮮戍兵。九月甲寅，停刑。是秋，炒花犯遼東，副總兵解生等敗没。

冬十月辛未，貴州皮林苗叛，總兵官陳璘討之。丙子，雲南税監楊榮開採阿瓦、孟密寶井。十二月乙未，御午門，受播州俘。

是年，兩畿各省災傷，民饑盜起，内外羣臣交章請罷礦税諸監，皆不聽。大西洋利瑪竇進方物。

二十九年春正月壬子，以播州平，詔天平，蠲四川、貴州、湖廣、雲南加派田租逋賦，除官民詿誤罪。是月，皮林苗賊平。二月甲戌，振大同、宣府饑。三月乙卯，賜張以誠等進士及第、出身有差。是月，武昌民變，殺税監陳奉參隨六人，焚巡撫公署。

夏四月乙酉，徵陳奉還，以守備承天中官杜茂代之。五月，蘇州民變，殺織造中官孫隆參隨數人。六月，京師自去年六月不雨，至是月乙亥始雨。山東、山西、河南皆大旱。丁亥，法司請熱審，不報。是夏，振畿内饑。

秋九月壬寅，河決開封、歸德。丁未，趙志臯卒。癸丑，振貴州饑。戊午，前禮部尚書沈鯉、朱賡並兼東閣大學士，預機務。

冬十月己卯，立皇長子常洛爲皇太子，封諸子常洵福王，常浩瑞王，常潤惠王，常瀛桂王。詔赦天下。壬辰，加上慈聖皇太后尊號。十二月辛未，詔復朵顔馬市。

是年，琉球入貢。

三十年春正月己未，以四方災異，敕修省。二月己卯，不豫，召大學士沈一貫於啓祥宫，命罷礦税，停織造，釋逮繫，復建言諸臣職。翼日，疾瘳，寢前詔。甲申，重建乾清、坤寧宫。閏月丙申，復河套諸部貢市。戊午，河州黄河竭。三月甲申，騰越民變，殺税監委官。

夏四月辛丑，振順天、永平饑。五月乙亥，法司請熱審，不報。

秋七月辛巳，邊餉缺，命嚴催積逋。是月，緬賊陷蠻莫宣撫司，宣撫思正奔騰越，賊追至，有司殺正以謝賊，始解。

冬十月戊戌，振江北災。丙辰，停刑。

是年，琉球、哈密入貢。

三十一年春三月戊午，吏部奏天下郡守闕員，不報。是月，播州餘賊吴洪等作亂，有司討平之。

夏四月丁亥朔，日有食之。五月丙辰，閣臣請熱審，不報。戊寅，京師地震。鳳陽大雨雹，毁皇陵殿脊。是夏，河決蘇家莊，北浸豐、沛、魚臺、單縣。

秋九月甲子，江北盜起。

冬十月甲申，停刑。丙申，睢州賊楊思敬作亂，有司討擒之。十一月甲子，獲妖書，言帝欲易太子，詔五城大索。十二月丙戌，召見皇太子於啓祥宫，賜手敕慰諭。

三十二年春二月壬寅，閣臣請補司道郡守及遣巡方御史，不報。三月甲子，乾清宫成。乙丑，賜楊守勤等進士及第、出身有差。

夏四月辛巳朔，日有食之。是月，濬泇河工成。五月癸酉，雷火焚長陵明樓。六月丙戌，以陵災，命補闕官恤刑獄。丁酉，昌平大水，壞長、泰、康、昭四陵石梁。

秋七月庚戌，京師大雨，壞城垣。辛酉，振被水居民。八月辛丑，羣臣伏文華門，疏請修舉實政，降旨切責。丙午，分水河工成。九月戊申，振畿南六府饑。閏月辛丑，武昌宗人藴鈐等作亂，殺巡撫都御史趙可懷。

冬十月甲寅，始敍平播州功。

是年，琉球、烏斯藏入貢。

三十三年春正月，重修京師外城。庚辰，銀定歹成犯鎮番，總兵官達雲擊敗之。

夏四月辛亥，藴鈐等伏誅。五月丙申，鳳陽大風雨，毁陵殿神座。庚子，雷擊圜丘望燈高杆。六月乙巳，以雷警，敕修省。

秋八月己巳，停刑。九月甲午，昭和殿災。丙申，京師地震。

冬十一月辛巳，免淮陽被災田租。十二月壬寅，詔罷天下開礦。以税務歸有司，歲輸所入之半於内府，半户、工二部。丙午，免河南被災田租。乙卯，以皇長孫生，詔赦天下。開宗室科舉入仕例。罷採廣東珠池、雲南寶井。

三十四年春二月庚戌，加上皇太后徽號。辛亥，大學士沈鯉、朱賡請補六部大僚，不報。三月己卯，雲南人殺税監楊榮，焚其屍。丁酉，真定、順德、廣平、大名災，蠲振有差。

夏四月癸亥，濬朱旺口河工成。五月癸酉，河套部犯延綏，官軍擊走之。六

月癸卯，緬甸陷木邦。是月，畿內大蝗。

秋七月癸未，沈一貫、沈鯉致仕。九月甲午，詔陝西嚴敕邊備。

冬十月丙申，停刑。十一月己巳，朵顔入犯，總兵官姜顯謨禦却之。十二月壬子，南京妖賊劉天緒謀反，事覺伏誅。

是年，安南、琉球入貢。

三十五年春正月辛未，給事中翁憲祥言，撫、按官解任宜候命，不宜聽其自去，不報。二月戊戌，安南賊武德成犯雲南，總兵官沐叡禦却之。三月辛巳，賜黄士俊等進士及第、出身有差。

夏四月戊戌，銀定歹成犯涼州，副總兵柴國柱擊走之。壬子，順義王撦力克卒。五月戊子，前禮部尚書于慎行及禮部侍郎李廷機、南京吏部侍郎葉向高並禮部尚書兼東閣大學士，預機務。六月，湖廣及徽、寧、太平、嚴州大水。閏月辛巳，復河套諸部貢市。

秋七月庚子，京師久雨。刑部請發熱審疏，不報。八月丙寅，振畿內饑。九月甲午，停刑。

冬十月癸酉，山東旱饑，蠲振有差。十一月壬子，于慎行卒。十二月，金沙江蠻阿克叛，陷武定，攻圍雲南，別陷嵩明、祿豐。安南賊犯欽州。

是年，琉球入貢。

三十六年春正月，河南、江北饑。二月戊辰，京師地震。

夏六月己卯，南畿大水。

秋七月丁酉，京師地震。郴州礦賊起。八月癸亥，治雲南失事諸臣罪，巡撫都御史陳用賓、總兵官沐叡下獄，論死。庚辰，振南畿及嘉興、湖州饑。九月甲午，四川巡撫都御史喬璧星奏擒阿克於東川，賊平。

冬十一月壬子，朱賡卒。十二月戊午，再振南畿，免稅糧。

是年，琉球入貢。

三十七年春三月辛卯，拱兔陷大勝堡，遊擊于守志戰於小凌河，敗績。己酉，大學士葉向高請發羣臣相攻諸疏，公論是非，以肅人心，不報。

夏四月，倭寇溫州。

秋九月癸卯，左都御史詹沂封印自去。丁未，停刑。是秋，福建、浙江、江西大水，湖廣、四川、河南、陝西、山西旱，畿內、山東、徐州蝗。

冬十二月己巳，留畿內、山東諸省稅銀三分之一振饑民。徐州賊殺如皋知縣張藩。是年，日本入琉球，執其國王尚寧。哈密入貢。

三十八年春三月癸巳，賜韓敬等進士及第、出身有差。

夏四月丁丑，正陽門樓災。辛卯，以旱災異常，諭羣臣各修職業，勿彼此攻訐。辛丑，振畿內、山東、山西、河南、陝西、福建、四川饑。五月，河南賊陳自管等作亂，有司討擒之。

冬十月辛丑，停刑。十一月壬寅朔，日有食之。丁卯，以軍乏餉，諭廷臣陳足國長策，不得請發內帑。

是年，烏斯藏入貢。

三十九年春二月庚子，河套部敵犯甘州之紅崖、青湖，官軍禦却之。

夏四月，京師旱。戊子，怡神殿災。丙申，設邊鎮常平倉。五月壬寅，御史徐兆魁疏劾東林講學諸人陰持計典，自是諸臣益相攻擊。廣西、廣東大水。六月，自徐州北至京師大水。是夏，停熱審。

冬十月丁卯，户部尚書趙世卿拜疏自去。甲申，停刑。閣臣請釋輕犯，不報。

是年，暹羅入貢。

四十年春二月癸未，吏部尚書孫丕揚拜疏自去。三月丙午，振京師流民。

夏四月丙寅，南京各道御史言：「臺省空虚，諸務廢墮，上深居二十餘年，未嘗一接見大臣，天下將有陸沈之憂。」不報。五月甲午朔，日有食之。

秋八月，河決徐州。九月庚戌，李廷機拜疏自去。

冬十月甲申，停刑。

是年，琉球中山王尚寧遣使報歸國。

四十一年春正月庚申，諭朝鮮練兵防倭。三月癸酉，賜周延儒等進士及第、出身有差。

夏五月己巳，諭吏部都察院：「年來議論混淆，朝廷優容不問，遂益妄言排陷，致大臣疑畏，皆欲求去，甚傷國體。自今仍有結黨亂政者，罪不宥。」六月乙未，卜失兔襲封順義王。

秋七月甲子，兵部尚書掌都察院事孫瑋拜疏自去。九月壬申，吏部左侍郎方從哲、前吏部左侍郎吴道南並禮部尚書兼東閣大學士，預機務。庚辰，吏部尚書趙焕拜疏自去。

是年，兩畿、山東、江西、河南、廣西、湖廣、遼東大水。烏斯藏入貢。

四十二年春正月乙丑，總兵官劉綎討建昌叛蠻，平之。二月辛卯，慈聖皇太后崩。己酉，振畿内饑。三月丙子，福王之國。

夏四月丙戌，以皇太后遺命赦天下。六月甲午，葬孝定皇后。

秋八月甲午，禮部右侍郎孫慎行拜疏自去。癸卯，葉向高致仕。

是年，安南、土魯番入貢。

四十三年春正月乙丑，徐州決河工成。三月丁未朔，日有食之。

夏五月己酉，薊州男子張差持梃入慈慶宮，擊傷守門内侍，下獄。丁巳，刑部提牢主事王之寀揭言張差獄情，梃擊之案自是起。己巳，嚴皇城門禁。癸酉，召見廷臣於慈寧宮。御史劉光復下獄。甲戌，張差伏誅。六月戊寅，久旱，敕修省。

秋七月己酉，振畿内饑。甲戌，停刑。閏八月庚戌，重建三殿。丁巳，山東大旱，詔留税銀振之。丁卯，河套諸部犯延綏，官軍禦之，敗績，副將孫弘謨被執。

冬十月辛酉，京師地震。十一月戊寅，振京師饑民。

四十四年春三月辛未朔，日有食之。乙酉，賜錢士升等進士及第、出身有差。是春，畿内、山東、河南、淮、徐大饑，蠲振有差。

夏四月戊午，河南盜起，諭有司撫剿。六月壬寅，河套諸部犯延綏，總兵官杜文焕禦却之。丁卯，河決祥符朱家口，浸陳、杞、睢、柘諸州縣。

秋七月乙未，河套部長吉能犯高家堡，參將王國興敗没。是月，陝西旱，江西、廣東水，河南、淮、揚、常、鎮蝗，山東盜賊大起。

冬十月丁未，停刑。十一月己巳，隆德殿災。

四十五年春二月戊午，以去冬無雪，入春不雨，敕修省。三月辛未，鎮撫司缺官，獄囚久繫多死，大學士方從哲等以請，不報。乙亥，振江西饑。

夏五月丙子，久旱，再諭修省。六月丙申，畿南大饑，有司請振，不報。是月，閣臣法司請熱審，不報。

秋七月癸亥朔，日有食之。丁卯，吴道南以憂去。

是年，兩畿、河南、山東、山西、陝西、江西、湖廣、福建、廣東災。暹羅、烏斯藏入貢。

四十六年春二月乙巳，振廣東饑。

夏四月甲辰，大清兵克撫順城，千總王命印死之。庚戌，總兵官張承胤帥師援撫順，敗没。閏月庚申，楊鎬爲兵部左侍郎兼右僉都御史，經略遼東。六月壬午，京師地震。是夏，有司請熱審，不報。

秋七月丙午，大清兵克清河堡，守將鄒儲賢、張旆死之。八月壬申，海運餉遼東。庚辰，乃蠻等七部款塞。辛巳，停刑。九月壬辰，遼師乏餉，有司請發各省税銀，不報。辛亥，加天下田賦。乙卯，京師地震。

冬十一月甲午，以災異敕修省。十二月丁巳，河套部長猛克什力來降。

是年，土魯番、天方、撒馬兒罕、魯迷、哈密、烏斯藏入貢。

四十七年春二月乙丑，經略楊鎬誓師於遼陽，總兵官李如柏、杜松、劉綎、馬林分道出塞。三月甲申，杜松遇大清兵於吉林崖，戰死。乙酉，馬林兵敗於飛芬山，兵備僉事潘宗顔戰死。庚寅，劉綎兵深入阿布達里岡，戰死。辛丑，賜莊際昌等進士及第、出身有差。

夏四月癸酉，盔甲廠災。六月丁卯，大清兵克開原，馬林敗没。癸酉，大理寺丞熊廷弼爲兵部右侍郎兼右僉都御史，經略遼東。甲戌，廷臣伏文華門，請發章奏及增兵發餉，不報。

秋八月乙卯，山東蝗。癸亥，逮楊鎬。九月庚辰，停刑。戊子，百官伏闕，請視朝行政，不報。

冬十月丁巳，振京師饑民。十二月，再加天下田賦。辛未，鎮江、寬奠、靉陽新募援兵潰。

是年，暹羅入貢。

四十八年春正月庚子，朝鮮乞援。三月庚寅，復加天下田賦。

夏四月癸丑，皇后王氏崩。戊午，帝不豫，召見方從哲於弘德殿。

秋七月壬辰，大漸，召英國公張惟賢，大學士方從哲，尚書周嘉謨、李汝華、黄嘉善、張問達、黄克纘，侍郎孫如游於弘德殿，勉諸臣勤職。丙申，崩，年五十有八。遺詔罷一切榷税併新增織造諸項。九月甲申，上尊謚，廟號神宗，葬定陵。

藝文

張詩《崑崙山人集・神宗朝十一首》 倦勤當日説神宗，高臥深嚴秘九重。玉輦經時登漢閣，鸞章隔歲下堯封。千官補缺虛龍衮，四海軍儲廢大農。縱使

養癰終必潰，乾坤無恙且從容。

國本難收羽翼功，顯皇嘿樹青宮。一時怯惜傳神器，三旨逢迎責相公。黃綺無能登玉陛，朱雲誰復悟宸聰。那知二十餘年後，天上重輪日正中。

益庭讜議績封章，宗嗣當深未雨防。鶴禁無人瞻少海，龍漦有孽在昭陽。溪高終不私如意，竇后由來愛孝王。辛苦江南王相國，重來北開定儲皇。

建儲立幼兩徬徨，神祖當年睿慮長。甲觀畫堂傳海內，銅丸撾鼓寵淮陽。翦桐一葉遲封晉，賜履三河重去梁。總爲廟謨須聖斷，商山何必假衣裳。

巫蠱誰能照覆盆，當年持梃亦煩冤。弄兵倖免誅丞相，帶劍真疑入殿門。莫使梟鳩搖主器，恐令飛燕啄皇孫。苑開博望終無恙，兀自前星耀帝閶。

閒從異世泝神皇，政去鸞臺寄列璫。南北群司紛水火，乾坤龍戰合玄黃。齊名李杜人爭羡，比德桓靈事可傷。自是明廷朋黨罪，莫言河北誤朝常。門户二字起于萬曆貿七國之本以下二詩得其要項

蜀洛當年黨議多，分曾日日競風波。顧厨品藻矜名字，牛李升沉密網羅。私忿漫勞登白簡，濁流真欲棄黃河。堪嗟此輩爭門户，國是調停奈若何。

倭夷構禍起塵氛，詔恤辰韓振鼓鼓。跨海五千餘道路，度遼二十四將軍。（隋大業征遼共二十四軍）樓船恨不誅荀彘，羣醜偏能辱虎賁。縱使論功歸幕府，求成誰説是奇勳。

援遼虎旅繫麟絛，百萬雄師駕海濤。太保中樞虛節制，臨淮使者辱旌旄。黏蟬驕卒爭紅袖，平壤遺民望陌刀。豈是天恩真救患，不教軍令肅秋毫。

黔陽亦是漢雄城，誰遣楊公盜弄兵。賴有中丞兼上將，不勞相國賦南征。盤江十隊戈船入，荒徼經年焚道平。猶幸唐家安絕城，殊方坐使瘴雲清。

赦使當年出未央，紛紛鑛稅采諸方。山川絶少金銀氣，誅斂何殊花石綱。一任豎貂盤社鼠，誰將鹽鐵議弘羊。可憐國脈此中盡，浪説朱提入太倉。

顧憲成部

綜述

《明史》卷二三一《顧憲成傳》 顧憲成，字叔時，無錫人。萬曆四年舉鄉試第一。八年成進士，授户部主事。大學士張居正病，朝士羣爲之禱，憲成不可。同官代之署名，憲成手削去之。居正卒，改吏部主事。請告歸三年，補驗封主事。

十五年大計京朝官，都御史辛自修掌計事。工部尚書何起鳴在拾遺中，自修坐是失執政意。給事中陳與郊承風旨並論起鳴、自修，實以攻自修而庇起鳴。於是二人並罷，并責御史糾起鳴者四人。憲成不平，上疏語侵執政，被旨切責，謫桂陽州判官。稍遷處州推官。丁母憂，服除，補泉州推官。舉公廉第一。擢吏部考功主事，歷員外郎。會有詔三皇子並封王，憲成偕同官上疏曰：

皇上因《祖訓》立嫡之條，欲暫令三皇子並封王，以待有嫡立嫡，無嫡立長。臣等伏而思之，「待」之一言，有大不可者。太子，天下本。豫定太子，所以固本。是故有嫡立嫡，無嫡立長，就見在論是也，待將來則非也。我朝建儲家法，東宮不待嫡，元子不並封。廷臣言甚詳，皇上概弗省，豈皇上創見有加列聖之上乎？有天下者稱天子，天子之元子稱太子。天子繫乎天，君與天一體也；太子繫乎父，父子一體也。主鬯承祧，於是乎在，不可得而爵。今欲並封三王，元子之封何所係乎？無所係，則難乎其爲名；有所係，則難乎其爲實。

皇上以爲權宜云耳。夫權宜者，不得已而行之也。元子爲太子，諸子爲藩王，於理順，於分稱，於情安，有何不得已而然乎？耦尊鈞大，逼所由生。皇上以《祖訓》爲法，子孫以皇上爲法。皇上不難創其所無，後世詎難襲其所有。自是而往，幸皆有嫡可也，不然，是無東宮也。又幸而如皇上之英明可也，不然，凡皇子皆東宮也。無乃啓萬世之大患乎？皇后與皇上共承宗祧，期於宗祧得人而已。皇上之元子諸子，即皇后之元子諸子，恭妃、皇貴妃不得而私之，統於尊也。豈必如輔臣王錫爵之請，須拜皇后爲母，而後稱子哉？

況始者奉旨，少待二三年而已，俄改二十年，又改於二十一年，然猶可以歲月期也。今曰「待嫡」，是未可以歲月期也。命方布而忽更，意屢遷而愈緩。自並封命下，叩閽上封事者不可勝數，至里巷小民亦聚族而竊議，是孰使之然哉，人心之公也。而皇上猶責輔臣以擔當。錫爵夙夜趣召，乃排羣議而順上旨，豈所謂擔當；必積誠感悟納皇上於無過之地，乃真擔當耳。不然，皇上且不能如天下何，而況錫爵哉！

皇上神明天縱，非溺寵狎昵之比。而不諒者，見影而疑形，聞響而疑聲，即臣等亦有不能爲皇上解者。皇上盛德大業，比隆三五。而乃來此意外之紛紛，不亦惜乎。伏乞令皇元子早正儲位，皇第三子、皇第五子各就王爵。父父子子，君君臣臣，兄兄弟弟，宗廟之福，社稷之慶，悉在是矣。

憲成又遺書錫爵，反覆辨論。其後並封，議遂寢。

二十一年京察，吏部尚書孫鑨、考功郎中趙南星盡黜執政私人，憲成實左右之。及南星被斥，憲成疏請同罷，不報。尋遷文選郎中，所推舉率與執政牴牾。先是，吏部缺尚書，錫爵欲用羅萬化，憲成不可，乃用陳有年。後廷推閣臣，萬化復不與。錫爵等皆恚，萬化乃獲推，會帝報罷而止。及是，錫爵將謝政，廷推代者，憲成舉故大學士王家屏，忤帝意，削籍歸。事具《有年傳》。

憲成既廢，名益高，中外推薦無慮百十疏，帝悉不報。至三十六年，始起南京光禄少卿，力辭不就。四十年卒於家。天啓初，贈太常卿。魏忠賢亂政，其黨石三畏追論之，遂削奪。崇禎初，贈吏部右侍郎，謚端文。

憲成姿性絶人，幼即有志聖學。暨削籍里居，益覃精研究，力闢王守仁「無善無惡心之體」之説。邑故有東林書院，宋楊時講道處也，憲成與弟允成倡修之，常州知府歐陽東鳳與無錫知縣林宰爲之營搆。落成，偕同志高攀龍、錢一本、薛敷教、史孟麟、于孔兼輩講學其中，學者稱涇陽先生。當是時，士大夫抱道忤時者，率退處林野，聞風響附，學舍至不能容。憲成嘗曰：「官輦轂，志不在君父，官封疆，志不在民生，居水邊林下，志不在世道，君子無取焉。」故其講習之餘，往往諷議朝政，裁量人物。朝士慕其風者，多遥相應和。由是東林名大著，而忌者亦多。

既而淮撫李三才被論，憲成貽書葉向高、孫丕揚爲延譽。御史吴亮刻之邸

抄中，攻三才者大譁。而其時于玉立、黄正賓輩附麗其間，頗有輕浮好事名。徐兆魁之徒遂以東林爲口實。兆魁騰疏攻憲成，恣意誣詆。謂滸墅有小河，東林專其税爲書院費；關使至，東林輒以書招之，即不赴，亦必致厚餽；講學所至，僕從如雲，縣令館穀供億，非二百金不辦；會時必談時政，郡邑行事偶相左，必令改圖；及受黄正賓賄。其言絶無左驗。光禄丞吴炯上言爲一一致辨，因言：「憲成貽書救三才，誠爲出位，臣嘗咎之，憲成亦自悔。今憲成被誣，天下將以講學爲戒，絶口不談孔、孟之道，國家正氣從此而損，非細事也。」疏入，不報。嗣後攻擊者不絶，比憲成殁，攻者猶未止。凡救三才者，争辛亥京察者，衛國本者，發韓敬科場弊者，請行勘熊廷弼者，抗論張差梃擊者，最後争移宫、紅丸者，忤魏忠賢者，率指目爲東林，抨擊無虚日，借魏忠賢毒焰，一網盡去之。殺戮禁錮，善類爲一空。崇禎立，始漸收用。而朋黨勢已成，小人卒大熾，禍中於國，迄明亡而後已。

查繼佐《罪惟録》列傳卷一〇　顧憲成，字叔時，直隸無錫人，學者稱涇陽先生。自幼沉毅，不務爲浮華。師爲講《孟子》養心章，請曰：「愚以寡欲莫善于養心。」師問：「云何？」曰：「心爲主，欲爲役。主强則百役退聽。」師不能難。萬曆丙子，首應天試，以庚辰進士授户部主事，日與南樂魏允中、漳浦劉廷蘭切砥。見時政紕繆，忠佞倒置，輒憤不能平。相江陵居正病，傾國爲望禱，業署憲成名，走馬削去。會江陵卒，始改吏部文選司，孜孜人才，幽隱不遺。以疏救吏部尚書陳有年，并請留大學士王家屏之去，削籍。閉門讀《易》、《春秋》二經最熟。起驗封司。時尚書何起鳴被糾，言官坐降職，憲成是言官，當路不悦。輔臣王錫爵語憲成：「當今所最怪者，廟堂之是非，天下必欲反之。」憲成曰：「吾見天下之是非，廟堂必欲反之耳。」嘗申救李三才，爲考功所訐，李邦華争之不得，出判桂陽州。先是蘇柳二公及莊定山俱以謫至州，州人望憲成，如三先生之式臨之，執經就業者，履盈户。歷泉州司理，擢考功司。時議三王並封，憲成倡同官争之，事竟得寢。左右尚書趙南星計事，無所狥。未幾，南星忽奉旨罷去，憲成疏請同罷，不報。領銓，與當路意左。福清復起，移書請毋爲模棱故事。尋推王山陰起内閣，坐削籍歸。乃與高大行景逸葺東林書院，集同志孫丕揚、鄒元標、趙南星等，歲有會，月有紀。其所最研辯者，山陰無善無惡一語。常曰：「本體只『性善』二字，工夫只『小心』二字。」三起光禄，堅卧不出，而東林遂爲君子都會，卒以蒙奇禍，而國脈傷，不可藥。逆璫用事，以門户追論憲成奪官，并奪誥命。及魏敗，復官，贈吏部侍郎，謚端文。趙高邑南星爲神道碑，鄒吉水元標誌其墓，高忠憲攀龍狀其行。有曰：「自朱文公以來，蓋四百餘年一大折衷也。」所著文集三十餘卷。

弟允成，字季時，别號經凡，萬曆癸未進士。丙戌廷對，輒言宫闈國本不諱，讀卷官口咋。救都御史海瑞，坐削籍歸。起，稍遷禮部主事，争三王之並封，疏留考功趙南星，復坐謫光州判。里居，同兄講學東林，以狂狷自許。所著《小辨齋集》。

是時爲東林之學者，宜興張納陛、史孟麟、吴之矩等。納陛字文石，以進士歷禮部郎，争册立，號敢言，降謫，乞歸，屢薦不出，與修府縣二志。孟麟，字際明，萬曆癸未進士，歷官太僕卿，亦争國本有勞。繼東林，建明道書院于宜興城東隅，晋周孝侯之墓左也。子夏隆，字趾祥，崇禎癸未進士，未受職，國變，不起。

論曰：惜乎東林以名受懟，而所謂研辨無善無惡之説未精也。意在于覆新建之席，而慧不敵。如新建功成，夜見張永，東林能之乎？既無所自見，而徒以口舌爲堅，于是改理義爲門户，失其所守。夫必以吾爲君子，必以吾等爲君子，必以奉扶吾等爲君子，而外此皆小人，豈有倖哉？故曰：其禍在于必無外東林者。

徐乾學《明書列傳》卷一一五　顧憲成，字叔時，涇陽人。自幼沈毅異常兒，讀韓文諱辨，每至學字，以犯父諱，囁嚅不忍吐。師以告其父，父召而語之曰：「昔韓公教子不諱忠，兒奈何諱學。」嘗私書壁曰「讀得孔書方是樂，縱居顔巷不爲貧」以自儆。一日，師講禘之説章，憲成請曰：「夫子既不知，何知知其説者之於天下如斯也。惜或人未能再發夫子之藴耳。」又一日講養心章，又請曰：「愚以爲寡慾莫善於養心。心爲主，欲爲役，主强則百物退聽。」師驚而謝曰：「子俱如是觀，五經註腳，豈虚語哉。」

萬曆四年丙子，舉應天鄉試第一，以外艱未計偕。庚辰，登會試高等，授户部主事。朝夕與南樂魏允中、漳浦劉廷蘭切砥，求不愧科名。覩時政紕繆，忠佞倒置，輒憤不能平，共擬書上大學士申時行，冀有所匡糺。後覩魏、劉書詞婉而意切，遂焚已書附名進。不省。張居正病，傾國走羣望禱，業署名，憲成走馬立削去。後居正卒，得轉吏部，孜孜人才，即幽隱不遺。以母老數請告，許之，閉門註《易》、《春秋》。丙戌，起驗封司。丁亥，大計，會有糺尚書何起鳴者，起鳴疑都御史辛自修陰嗾諸御史，諸御史遂得降級。憲成上書詆起鳴，語侵内閣甚力，而

屬望大臣臺省與被言者，自當自反，持論公正，通國傾服，爲當路不悦，落職，判桂陽州。先是，蘇，柳二公及莊杲俱以謫至州，人士望其來，如三先生式臨之，執經受業者甚衆。亡何，轉處州府推官。值内艱歸，起理泉州。壬辰，大計，舉廉正第一，尋擢考功司。甫至，值三王並封議定，首疏争，及與大學士王錫爵往覆争，侃侃無所回互，竟得寢。已趙南星司計典，盡黜諸要子弟媚亞頗太甚。南星奉旨罷，憲成以考功同共事，願同罷，不報。已進文選郎，凡啓事與海内意所欲用者，當路色沮不欲用，錫爵所欲用者，復尼不行，久欲中之，以其時望攸屬，不果。尋以憲成推内閣起王家屏，遂削籍歸。

歸自甲午，得重病者累年，各有劄記，沈潛粹密，與讀書録相表裏。學問者日衆，乃與高景逸等闢東林，集同志，歲有會，月有記。其所最研辨者，無善無惡心之體一語，曰如是則善可不爲，而惡亦可横行，蓋有感於世之儒名盜行者。即家三起光禄卿，堅卧不起而卒。年六十三。憲成居家孝友，可追古人。平居恂恂雍雍，居然古儒軌轍，不少假借。孜孜接引後學不倦，故人樂得師承焉。所著有《藏稿劄記》、《大學通考》、《質言》、《商語》、《還涇録》、《證性編》、《桑梓編》，學者稱爲涇陽先生。友朋私謚曰端文。

雜録

備論

陳鼎《東林列傳》卷二 外史氏曰：先生昆季有絶人之才，而用其全力於學。恪守程、朱，力闡性善之旨。居官雖未究其用，而所與天子宰相争是非者，皆宗社大計。晚年倡道東林，引掖後學，四方賢士争歸之。或亦有附以爲名高，而忌者遂目之爲黨。其後争三案者，攻魏忠賢者，大率東林之人。於是小人之害君子更以東林爲名，門户相攻二三十年未已。要自天啟以迄崇禎之末，其間忠節之士接踵而出，不可謂非講學之力也。當先生之始事，不過二三同志，闡明絶學，豈嘗欲樹壇坫，標榜清流。及乎應和既廣，其徒頗以操持國是、鑒别流品，於是朋黨之禍起，視漢之東京，幾無以異焉。高景逸先生云：自孟子以來，得朱子，千四百年間一折衷也。自朱子以來，得顧子，又四百年間一折衷也。則其所學之正，直接程、朱者矣。

藝文

尤侗《西堂詩集・擬明史樂府・東林黨》 漢君宗，唐牛李，洛朔蜀，皆君子。朋黨論，東林起，宦官傳，相終始。東林講學固迂儒，東廠要典豈聖書。錦衣衛中殺直士，國子監傍祀刑餘。椒山巳人張經獄，楊左還隨廷弼族。朝署方將門户爭，市曹自爲封疆戮。

顧憲成講學東林書院，時日爲東林黨。沈一貫爲浙黨。門户傾軋垂五十年。監生陸萬齡請建魏忠賢祠于國學旁，謂孔子作春秋，忠賢作要典，孔子誅少正卯，忠賢誅東林。許之。嚴嵩殺楊繼盛，以其名竄入，張經失機律，楊漣左光斗坐受熊廷弼賄，擬罪追贓，實風馬牛不相及也。

嚴遂成《明史雜詠》卷三《顧端文憲成》 皇子並日封，抗疏矢蹇諤。江陵病禱祀，手取署名削。秉銓時牴牾，相權爲旁落。放逐名益高，東南司木鐸。龜山葺舊院，六經下注脚。文清我所師，暨闢濂閩洛。聞風率響應，講席大張拓。赴會棹小舟，歌詩聽條約。亦有好事者，附麗意浮薄。指斥時政非，裁量人物各。淮撫通彼論，貽書入臺閣。傳刻邸抄中，此着鑄大錯。古訓戒出位，守身要束縛。遂以資口實，抨擊相繼作。株連逮三案，毒焰一網熯。天鑒録東林，朋黨其名惡。在野清議亡，在朝元氣索。後學遊涇陽，瓣香緬如昨。林棲四十載，尋孔顔之樂。遥遥遡淵源，惠泉流未涸。

明光宗部

綜述

《明史》卷二一《光宗紀》 光宗崇天契道英睿恭純憲文景武淵仁懿孝貞皇帝，諱常洛，神宗長子也。母恭妃王氏。萬曆十年八月生。神宗御殿受賀，告祭郊廟社稷，頒詔天下，上兩宮徽號。未幾，鄭貴妃生子常洵，有寵，儲位久不定，廷臣交章固請，皆不聽。二十九年十月，乃立爲皇太子。

三十一年，獲妖書，言神宗欲易太子，指斥鄭貴妃。神宗怒，捕逮株連者甚衆，最後得皦生光者，磔之，獄乃解。四十一年六月，姦人王曰乾上變，告孔學等爲巫蠱，將謀不利於東宮，語連鄭貴妃、福王，事具《葉向高傳》。四十三年夏五月己酉，薊州男子張差持梃入慈慶宮，事復連貴妃內璫。太子請以屬吏。獄具，戮差於市，斃內璫二人於禁中。自是遂有「梃擊」之案。

四十八年七月，神宗崩。丁酉，太子遵遺詔發帑金百萬犒邊，盡罷天下礦稅，起建言得罪諸臣。己亥，再發帑金百萬充邊賞。八月丙午朔，即皇帝位。大赦天下，以明年爲泰昌元年。蠲直省被災租賦。己酉，吏部侍郎史繼偕、南京禮部侍郎沈潅爲禮部尚書兼東閣大學士，預機務。遼東大旱。庚申，蘭州黃河清，凡三日。甲子，禮部侍郎何宗彥、劉一燝、韓爌爲禮部尚書兼東閣大學士，預機務。乙丑，南京禮部尚書朱國祚爲禮部尚書兼東閣大學士，預機務。召葉向高。遣使恤刑。丙寅，帝不豫。戊辰，召對英國公張惟賢、大學士方從哲等十有三人於乾清宮，命皇長子出見。甲戌，大漸，復召從哲等受顧命。是日，鴻臚寺官李可灼進紅丸。

九月乙亥朔，崩於乾清宮，在位一月，年三十有九。熹宗即位，從廷臣議，改萬曆四十八年八月後爲泰昌元年。冬十月，上尊謚，廟號光宗，葬慶陵。

光宗潛德久彰，海內屬望，而嗣服一月，天不假年，措施未展，三案搆爭，黨禍益熾，可哀也夫。

谷應泰《明史紀事本末》卷六八 神宗萬曆四十八年(庚申，一六二〇)八月丙午朔，光宗踐祚。先是，七月，光宗遵遺命，封皇貴妃鄭氏爲皇后，命禮部查例。鄭貴妃進美女四人。乙卯，上不豫，召醫官陳璽等診視。丁巳，上力疾，御門視事，聖容頓減。己未，內醫崔文昇下通利藥，上一晝夜三四十起，支離牀褥間。辛酉，上不視朝。輔臣方從哲等赴宮門候安，有「數夜不得睡，日食粥不滿盂，頭目眩暈，身體罷輭，不能動履」之旨。乙丑，鄭養性請收還皇貴妃封后成命，允之。刑部主事孫朝肅、徐儀世，御史鄭宗周上書方從哲，責以用藥乖方之故。給事中楊漣上言：「賊臣崔文昇不知醫，不宜以宗社神人託重之身，妄爲嘗試。如其知醫，則醫家有餘者泄之，不足者補之。皇上哀毀之餘，一日萬幾，於法正宜清補，文昇反投相伐之劑。然則流言藉藉，所謂興居之無節，侍御之蠱惑，必文昇藉口以蓋其誤藥之奸，冀掩外庭攻摘也。如文昇者，既益聖躬之疾，又損聖明之名，文昇之肉其足食乎！臣聞文昇調護府第有年，不聞用藥謬誤；皇上一用文昇，倒置若此，有心之誤耶？無心之誤耶？有心則齏粉不足償，無心則一誤豈可再誤！皇上奈何置賊臣肘腋間哉！」丁卯，傳錦衣官宣兵科楊漣，并召輔臣方從哲、劉一璟、韓爌，英國公張維賢，尚書周嘉謨、李汝華、孫如游、黃嘉善、黃克纘，都御史張問達，給事中范濟世，御史顧慥等。時廷臣疑上且杖漣，既入，上目視漣久之，各諭以「國家事重，卿等盡心，朕自加意調理」。

辛未，再召見羣臣於乾清宮。上御東煖閣，倚榻憑几，皇長子侍立，上命諸臣前，連諭曰：「朕見卿等甚喜。」從哲等請皇長子移宮，上曰：「令他別處去不得。」請慎醫藥，上曰：「十餘日不進矣。」久之，又諭册封李選侍。諸臣退。二十九日甲戌，上再召諸臣等於乾清宮，仍諭册立皇貴妃，從哲等以「册儲原旨期宜改近，蚤竣吉典，以慰聖懷」。上因顧皇太子，諭曰：「卿等輔佐爲堯舜。」又語及壽宮，輔臣以皇考山陵對，則自指曰：「是朕壽宮。」諸臣言：「聖壽無疆，何遽及此！」上仍諭要緊者再。因問：「有鴻臚寺官進藥何在？」從哲奏：「鴻臚寺丞李可灼，自云仙丹，臣等未敢輕信。」上即命中使宣可灼至，診視，具言病源及治法。上喜，命趨和藥進，上飲湯輒喘，藥進乃受。上喜，稱忠臣者再。諸臣出宮門外竢，少頃，中使傳聖體用藥後，煖潤舒暢，思進飲膳，諸臣歡躍而退，可灼及御醫各官留。時日已午，比未申，可灼出，輔臣迎訊之，可灼具言上恐藥力竭，復進一丸，亟問復何狀？可灼以如前對。五鼓，內宣急召諸臣趨進，而龍馭以卯刻上賓矣。時九月乙亥朔也。中外藉藉，以李可灼誤下劫劑，恐有情弊。而方從哲擬旨賞可灼銀五十兩。御史王安舜首争之，疏曰：「醫不三世，不服其藥。先

帝之脈，雄壯浮大，此三焦火動；面唇赤紫，滿面火升，食粥煩燥，此滿腹火結；宜清不宜助明矣。紅鉛乃婦人經水，陰中之陽，純火之精也，而以投於虚火燥熱之症，幾何不速之逝乎！然醫有不精，猶可藉口，臣獨恨其膽之大也。以中外危疑之日，而敢以無方無製之藥，駕言金丹，輕亦當治以庸醫殺人之條。乃蒙殿下頒以賞格，臣謂不過借此一舉，塞外廷之議論也。夫輕用藥之罪固大，而輕薦庸醫之罪亦不小。不知其爲謬猶可言也，以其爲善而薦之，不可言也。」疏入，乃改票罰俸一年，而議者蠭起矣。御史鄭宗周上言：「往歲張差之變，操梃禁門，幾釀不測之禍。祇以皇祖優容，未盡厥罪，故文昇尤而效之。臣請寸斬文昇以謝九廟。臣非謂誅一文昇，遂足以申國憲而消逆萌，第恐張差之後，因有文昇。今文昇復置不問，奸人得志，何所憚而不爲也！」從哲擬旨下司禮監。於是御史郭如楚、主事吕維祺交章論崔文昇、李可灼。

藝文

張詩《昆侖山人集·光宗朝六首》 光宗皇帝嘆無年，毓德青宫世久傳。鳳闕纔登三十日，龍旗已偃九重天。黄金餉士頒中帑，纁帛徵賢徧海堧。共道蒼生無此福，誰知廟社已迍邅。

無端香氣繞蓬萊，不是金莖承露盃。誰使文成歸海島，却容柳泌入天台。金丹坐致千秋恨，玉殿旋貽萬國哀。嘗藥漫将功罪定，君王已去集靈臺。

紅丸聚訟亦呶呶，疑謗平分未可淆。豫向昭陽防禍水，誰將脅衈進神膠。心驚午夜歸龍馭，恨逐輕烟入鳳巢。若使宰臣真愛主，罪人何止竄菁茅。

遺詔何曾立九嬪，漢家傾國李夫人。龍髯此日方長痛，鶴藥經時未即真。長信宫中猶却輦，朝元殿上已披鱗。深心終是資元老，免使垂簾溷紫宸。

昭儀未入巘鸞宫，拜簡青蒲藉數公。死職誰爲周相國，斜儀端賴叔孫通。乾清正位機須早，嬪御移家怨未終。自是老臣關大計，殷憂誰説是貪功。

閲月新君未改元，何期羽駕已高騫。榻前六尺遺諸老，闕下千官拜至尊。黄髮元僚扶日月，緑衣奄竪奉晨昏。誰知威福移常侍，坐使皇靈隔九閽。

明熹宗部

綜述

《明史》卷二二《熹宗紀》 熹宗達天闡道敦孝篤友章文襄武靖穆莊勤悊皇帝，諱由校，光宗長子也。母選侍王氏。萬曆三十三年十一月，神宗以元孫生，詔告天下。

四十八年，神宗遺詔皇長孫及時册立，未及行。九月乙亥，光宗崩，遺詔皇長子嗣皇帝位。羣臣哭臨畢，請見皇長子於寢門，奉至文華殿行禮，還居慈慶宫。丙子，頒遺詔。時選侍李氏居乾清宫，吏部尚書周嘉謨等及御史左光斗疏請選侍移宫，御史王安舜疏論李可灼進藥之誤，「紅丸」、「移宫」二案自是起。己卯，選侍移仁壽殿。庚辰，即皇帝位。詔赦天下，以明年爲天啓元年。己丑，以是年八月以後稱泰昌元年。辛卯，逮遼東總兵官李如柏。甲午，廕太監魏進忠兄錦衣衞千户。封乳保客氏爲奉聖夫人，官其子。

冬十月丙午，葬顯皇帝、孝端顯皇后於定陵。戊申，遼東巡撫都御史袁應泰爲兵部侍郎，經略遼東，代熊廷弼。辛酉，御經筵。壬戌，禮部尚書孫如游兼東閣大學士，預機務。丁卯，噦鸞宫災。十一月丙子，追謚皇妣孝元貞皇后，生母孝和皇太后。十二月辛酉，方從哲致仕。

天啓元年春正月庚辰，享太廟。壬辰，追謚伍文定等七十三人。壬寅，御史王心一請罷客氏香火土田，魏進忠陵工敍録，不報。二月甲辰，言官請復當朝口奏及召對之典，從之。己未，御經筵。閏月乙酉，以風霾諭羣臣修省。丁亥，孫如游致仕。丙申，除齊泰、黄子澄戚屬戍籍。戊戌，昭和殿災。三月乙卯，大清兵取瀋陽，總兵官尤世功、賀世賢戰死。總兵官陳策、童仲揆、戚金、張名世帥諸將援遼，戰於渾河，皆敗没。壬戌，大清兵取遼陽，經略袁應泰等死之。巡按御史張銓被執，不屈死。丙寅，諭兵部：「國家文武並用，頃承平日久，視武弁不啻奴隸，致令豪傑解體。今邊疆多故，大風猛士深軫朕懷，其令有司於山林草澤間慎選將材。」丁卯，京師戒嚴。

夏四月壬申朔，日有食之。甲戌，禁抄發軍機。丙子，遼東巡撫僉都御史薛國用爲兵部侍郎，經略遼東。參議王化貞爲右僉都御史，巡撫廣寧。戊寅，募兵於通州、天津、宣府、大同。甲午，募兵於陝西、河南、山西、浙江。戊戌，册皇后張氏。五月丁未，貴州紅苗平。甲寅，禁訛言。辛酉，陝西都指揮陳愚直以固原兵入援，潰於臨洺。未幾，寧夏援遼兵潰於三河。六月癸酉，何宗彦入閣。丙子，朱國祚入閣。熊廷弼爲兵部尚書兼右副都御史，經略遼東。辛巳，兵部尚書王象乾總督薊、遼軍務。

秋七月乙巳，沈漼入閣。八月丙子，擢參將毛文龍爲副總兵，駐師鎮江城。戊子，杭州大火，詔停織造。癸巳，停刑。九月壬寅，葬貞皇帝於慶陵。乙卯，永寧宣撫使奢崇明反，殺巡撫徐可求，據重慶，分兵陷合江、納溪、瀘州。丁卯，陷興文，知縣張振德死之。

冬十月戊辰，御史周宗建請出客氏於外，不聽。給事中倪思輝、朱欽相等相繼言，皆謫外任。丙子，史繼偕入閣。乙酉，奢崇明圍成都，布政使朱燮元固守。尋擢燮元僉都御史，巡撫四川。石砫宣撫使女土官秦良玉起兵討賊。壬辰，葉向高入閣。十二月丁丑，巡撫河南都御史張我續爲兵部侍郎，提督川、貴軍務。陝西巡撫移駐漢中，鄖陽巡撫移駐夷陵。湖廣官軍由巫峽趨忠、涪討賊。庚辰，援遼浙兵譁於玉田。辛卯，以熊廷弼、王化貞屢議戰守不合，遣使宣諭。

是年，安南、土魯番、烏斯藏入貢。

二年春正月丁未，延綏總兵官杜文焕、四川總兵官楊愈懋討永寧賊。丁巳，大清兵取西平堡，副將羅一貴死之。鎮武營總兵官劉渠、祁秉忠逆戰於平陽橋，敗没。王化貞走閭陽，與熊廷弼等俱入關。參政高邦佐留松山，死之。壬戌，振山東流徙遼民。癸亥，兵部尚書張鶴鳴視師遼東。乙丑，京師戒嚴。河套部犯延綏。永寧賊將羅乾象約降，與官軍共擊賊，成都圍解。二月癸酉，水西土同知安邦彦反，陷畢節、安順、平壩、霑益、龍里，遂圍貴陽，巡撫都御史李橒、巡按御史史永安固守。戊寅，免天下帶徵錢糧二年及北畿加派。禮部右侍郎孫承宗爲兵部尚書兼東閣大學士，預機務。己丑，孫承宗兼理兵部事。三月丁酉朔，劉一燝致仕。甲辰，陽武侯薛濂管理募兵。兵部侍郎王在晉爲尚書兼右副都御史，經略遼、薊、天津、登、萊軍務。甲寅，賜文震孟等進士及第、出身有差。丁巳，赦湖廣、雲南、廣西官軍援貴州。是春，舉内操。

夏四月甲申，京師旱。五月戊戌，復張居正原官。己亥，録方孝孺遺嗣，尋

予祭葬及謚。丙午，山東白蓮賊徐鴻儒反，陷鄆城。癸亥，秦良玉、杜文煥破賊於佛圖關，官軍合圍重慶，復之。六月戊辰，徐鴻儒陷鄒縣、滕縣，滕縣知縣姬文胤死之。加毛文龍爲總兵官。貴州總兵官張彦芳爲平蠻總兵官，從巡撫都御史王三善討水西賊。己巳，前總兵官楊肇基、遊擊陳九德帥兵討山東賊。

秋七月甲辰，松潘副使李忠臣約總兵官楊愈懋謀復永寧，不克，皆死之。賊攻大壩，遊擊龔萬禄戰死，遂陷遵義。癸丑，沈㴶致仕。乙卯，神宗神主祔太廟。庚申，援黔兵潰於新添。癸亥，武邑賊于弘志作亂，尋伏誅。八月庚辰，孫承宗以原官督理山海關及薊、遼、天津、登、萊軍務。九月甲午朔，光宗神主祔太廟。壬寅，御史馮英請設州縣兵，按畝供餉，從之。乙卯，封皇弟由檢爲信王。停刑。

冬十月辛未，水西賊犯雲南，官軍擊敗之。辛巳，官軍復鄒縣，擒徐鴻儒等，山東賊平。壬午，總兵官魯欽代杜文煥爲總理，援貴州。十一月癸丑，朱燮元總督四川軍務。十二月己巳，王三善、副總兵劉超敗賊於龍里，貴陽圍解。

是年，暹羅入貢。

三年春正月己酉，禮部侍郎朱國禎，尚書顧秉謙，侍郎朱延禧、魏廣微，俱禮部尚書東閣大學士，預機務。乙卯，紅夷據澎湖。貴州官軍三路進討水西，副總兵劉超敗績於陸廣河。二月乙酉，贈卹鄒縣死難博士孟承光及母孔氏，子弘略。是月，停南京進鮮。三月癸卯，朝鮮廢其主李琿。是春，振山東被兵州縣。

夏四月庚申朔，京師地震。己巳，朱國祚致仕。五月辛丑，四川官軍敗賊於永寧，奢崇明走紅崖。

秋七月辛卯，南京大内災。壬辰，奢崇明走龍場，與安邦彦合。丁酉，安南寇廣西，巡撫都御史何士晉禦却之。己亥，史繼偕致仕。九月癸巳，給事中陳良訓疏陳防微四事，下鎮撫司獄。

冬十月乙亥，京師地震。丁丑，停刑。閏月壬寅，以皇子生，詔赦天下。是月，王三善剿水西，屢破賊，至大方。十一月丁巳朔，祀天於南郊。十二月癸巳，封李倧爲朝鮮國王。戊戌，京師地震。庚戌，魏忠賢總督東廠。

是年，暹羅、琉球入貢。

四年春正月丙辰朔，長興民吴野樵殺知縣石有恒、主簿徐可行，尋伏誅。乙丑，王三善自大方旋師遇伏，被執死之，諸官將皆死。庚午，何宗彦卒。二月丁酉，薊州、永平、山海關地震，壞城郭廬舍。甲寅，京師地震，宮殿動摇有聲。帝不豫。三月丁巳，疾愈。庚申，杭州兵變。是月，京師屢地震。

夏五月甲寅朔，福寧兵變，有司撫定之。六月癸未，左副都御史楊漣劾魏忠賢二十四大罪，南北諸臣論忠賢者相繼，皆不納。丙申，大雨雹。杖殺工部郎中萬燝，逮杖御史林汝翥。

秋七月辛酉，葉向高致仕。癸亥，河決徐州。振山東饑。

冬十月，削吏部侍郎陳于廷、副都御史楊漣、僉都御史左光斗籍。十一月己巳，韓爌致仕。是月，貴州官兵敗賊於普定，進至織金，破之。十二月辛巳，逮内閣中書汪文言下鎮撫司獄。丙申，朱國禎致仕。癸卯，南京地震如雷。是月，兩當民變，殺知縣牛得用。

五年春正月癸亥，大清兵取旅順。戊寅，以慶陵工成，予魏忠賢等廕賚。是月，總理魯欽、劉超等自織金旋師，爲賊所襲，諸營兵潰。二月甲寅，釋奠於先師孔子。丙寅，賜余煌等進士及第、出身有差。甲戌，朱燮元總督雲、貴、川、湖、廣西軍務，討安邦彦。丁丑，讞汪文言獄，逮楊漣、左光斗、袁化中、魏大中、周朝瑞、顧大章，削尚書趙南星等籍。未幾，漣等逮至，下鎮撫司獄，相繼死獄中。

夏四月己亥，削大學士劉一燝籍。五月癸亥，給事中楊所修請以「梃擊」、「紅丸」、「移宫」三案編次成書，從之。乙丑，祀地於北郊。庚午，行宗室限禄法。六月丙戌，朱延禧致仕。

秋七月壬戌，毁首善書院。壬申，韓爌削籍。甲戌，追論萬曆辛亥、丁巳、癸亥三京察，尚書李三才、顧憲成等削籍。八月壬午，毁天下東林講學書院。削尚書孫慎行等籍。戊子，禮部尚書周如磐兼東閣大學士，侍郎丁紹軾、黄立極爲禮部尚書，少詹事馮銓爲禮部右侍郎，並兼東閣大學士，預機務。己亥，魏廣微罷。壬寅，熊廷弼棄市，傳首九邊。九月壬子，遼東副總兵魯之甲敗没於柳河。

冬十月己卯，兵部尚書高第經略遼、薊、登、萊、天津軍務。丙戌，停刑。庚寅，孫承宗致仕。丙申，逮中書舍人吴懷賢下鎮撫司獄，杖殺之。庚子，以皇子生，詔赦天下。十一月壬子，周如磐致仕。十二月乙酉，榜東林黨人姓名，頒示天下。戊子，戍前尚書趙南星。

是年，琉球、烏斯藏入貢。

六年春正月戊午，修《三朝要典》。丁卯，大清兵圍寧遠，總兵官滿桂、寧前道參政袁崇煥固守。己巳，圍解。二月乙亥，袁崇煥爲僉都御史，專理軍務，仍駐寧遠。戊戌，以蘇杭織造太監李實奏，逮前應天巡撫周起元，吏部主事周順昌，左都御史高攀龍，諭德繆昌期，御史李應昇、周宗建、黄尊素。攀龍赴水死，

起元等下鎮撫司獄，相繼死獄中。己亥，祭日於東郊。三月丁未，設各邊鎮監軍内臣。太監劉應坤鎮守山海關，大學士丁紹軾、兵部尚書王永光等屢諫不聽。論寧遠解圍功，封魏忠賢從子良卿肅寧伯。庚戌，安邦彦犯貴州，官軍敗績，總理魯欽死之。壬子，袁崇煥巡撫遼東、山海。

夏四月丁丑，命南京守備内臣搜括應天各府貯庫銀，充殿工、兵餉。戊戌，丁紹軾卒。五月戊申，王恭廠災，死者甚衆。己酉，以旱災敕羣臣修省。癸亥，朝天宫災。六月丙子，京師地震，靈丘地震經月。壬午，河決廣武。辛卯，《三朝要典》成，刊布中外。閏月辛丑，巡撫浙江僉都御史潘汝楨請建魏忠賢生祠，許之。嗣是建祠幾遍天下。壬寅，馮銓罷。壬子，朱燮元以憂去，偏沅巡撫都御史閔夢得代之。是夏，京師大水，江北、山東旱蝗。

秋七月辛未朔，日當食，陰雲不見。辛巳，下前揚州知府劉鐸詔獄，殺之。丙戌，禮部侍郎施鳳來、張瑞圖，詹事李國檣，俱禮部尚書東閣大學士，預機務。八月，陝西流賊起，由保寧犯廣元。九月庚寅，顧秉謙致仕。壬辰，皇極殿成，停刑。己亥，魏良卿進封肅寧侯。是月，參將楊明輝齎敕招諭水西賊，被殺。是秋，江北大水，河南蝗。

冬十月戊申，進魏忠賢爵上公，魏良卿寧國公，予誥券，加賜莊田一千頃。己酉，以皇極殿成詔天下，官匠雜流陞授者九百六十五人。癸丑，改修《光宗實録》。十一月庚寅，予魏良卿鐵券。十二月戊申，南京地震。甲子，潯州賊殺守備蔡人龍。

是年，安南、烏斯藏、琉球入貢。

七年春正月辛未，振鳳陽饑。乙亥，太監涂文輔總督太倉銀庫、節慎庫。崔文昇、李明道提督漕運河道，覈京師、通州諸倉。辛卯，免榷潼關、咸陽商税。二月壬戌，修隆德殿。三月癸酉，豐城侯李承祚請開採珠池、銅礦，不許。戊子，澄城民變，殺知縣張斗耀。是春，大清兵征朝鮮。

夏四月丁酉，下前侍郎王之寀鎮撫司獄，死獄中。五月己巳，監生陸萬齡請建魏忠賢生祠於太學旁，歲祀如孔子，許之。丙子，大清兵圍錦州。癸巳，攻寧遠。六月庚子，錦州圍解。

秋七月乙丑朔，帝不豫。丙寅，罷袁崇煥。己卯，封魏忠賢孫鵬翼爲安平伯。壬午，成孫慎行。丁亥，海賊寇廣東。是月，浙江大水。八月丙申，加魏良卿太師，魏鵬翼少師。戊戌，中極、建極二殿成。乙巳，召見閣部、科道諸臣於乾清宫，諭以魏忠賢、王體乾忠貞可計大事。封忠賢姪良棟爲東安侯。甲寅，大漸。乙卯，崩於乾清宫，年二十三。遺詔以皇第五弟信王由檢嗣皇帝位。

冬十月庚子，上尊謚，廟號熹宗，葬德陵。

贊曰：明自世宗而後，綱紀日以陵夷，神宗末年，廢壞極矣。雖有剛明英武之君，已難復振。而重以帝之庸懦，婦寺竊柄，濫賞淫刑，忠良慘禍，億兆離心，雖欲不亡，何可得哉。

藝文

張詩《崑崙山人集·熹宗朝十五首》 東林講學賴諸公，經術人心似發蒙。濂洛衣冠導碩果，乾坤元氣亘長虹。院開首善儒林傳，派異談天碣石宫。何事道窮遭衆忌，頓令放逐五湖東。

熹廟十五首，使事必切，對仗必工。練句必響。誅世諛於既死，發潛德之幽光。對地茫茫，百端交集。

熊王疑獄久含胡，經撫參差罪定殊。傳首已看驚絶塞，繫臣猶自寄中都。漢時有中都獄 巧將成案傾楊左，豈是天誅賜屬鏤。上蔡東門終古歎，何人重按九邊圖。

端居重與説熹皇，阿母從來説趙張。北寺獄成傾俊及，西園例在鬻冠裳。清流白馬空朝右，墨綬青衫去廟廊。郭泰當時憂殄瘁，漢家十葉已淪亡。漢靈帝云：張常侍是我父，趙常侍是我母。

國事至此，欲不亡，得乎。端令人思，楊丈喪耳。

哲皇端拱類承平，鉤黨魁罡共力爭。八碩三君讎北部，四凶五鬼陷東京。雖無艮岳窮奢麗，却使乾綱溷太清。七載弘恭危社稷，幾多憂國似更生。劉向一名更生

臺垣力競各崩騰，坐使奸璫氣鬱烝。三木囊頭多汝穎，百年黨錮始甘陵。陽球尚未尸王甫，曹節偏能殺李膺。太息時艱丁未造，仰天不必怨蒼鷹。

古今如一丘之貉，可爲拊膺太息

熹宗如日黯虞淵，忠佞難分玉座前。二蔡尋仇元祐後，羣姦肆志永貞年。

黨人碑入名臣傳，清議聲高獨行編。試看當年檮杌輩，貽羞孫子亦堪憐。以詩爲史堂堂後堂堂

趙詩自古戒同車，石顯誰令傍玉除。屈膝貂璫真御史，容身狗竇亦尚書。田家中尉都神策，田令孜爲神策軍憩駕使魚監登朝偕乘輿。猶記范陽三百里，龍旗夾道擬宸居。

同文黑獄少完膚，妖焰熏天萬事誣。酷吏憑添沉命法，奇刑盡隸執金吾。勾勾陳天遠浮雲蔽，貫索星明正氣孤。翻借封疆成鐵案，誰憐李固血模糊。字字沉痛足令鬼夜哭矣

哲皇旁落寄龍淵，却使城狐蔽竈烟。緹騎駢收中執法，忠臣飲泣左回天。刑餘内省方持政，王聖河問慣數錢。猶幸七年歸鶴馭，斧聲不到書堂前。兩對句皆出人意表

伯起何堪百感嬰，謂大洪先生　樊豐當日太縱横。假靈巳竊宫中柄，矯詔難從殿上争。講易軍容侵宰相，負心天子作門生。當時陳竇真憂國，駢首空令辱漢京。刻劃當時情事可謂入木三分

嬉遊攻木閉龍樓，世傳天啓最工於攻木諸小技，魏奄每以此事邀之，不令親政奄宦乘機瞰委裘。謁者監承開府廕，小黄門作大長秋。論功自署邀恩例，奏捷如聞佐運青。犬吠雞鳴凡幾輩，冰山一陷使人愁。

建章營騎五花驄，袴褶千羣出漢宫。無上將軍親校射，居中當侍坐臨戎。金貂借箸參前席，玉塞酬勳錫尚公。頓使社鳥皆汝輩，東京蹇碩亦應同。漢靈帝自趙無上將軍與内臣蹇碩等耀兵宫中，類魏璫内操

天亦常懸宦者星，誰令刀鋸侍彤庭。張綱欲問豺狼罪，吉網焉逃羅織經。■上捐軀清詔使，聞西殞節夕陽亭。百年善類行應盡，夜夜都官鬼火青。

魁柄潛移運斗杓，浮雲靄靄障重霄。天威誰見誅侯覽，國寶人傳入趙嬈。客氏盗大内御寶甘露不聞初兆釁，清班無復羡歸朝。普天當日還祠廟，惟有孤臣懶折腰。

東京黨禍竟誰招，貫械無人訟杜喬。詔獄暗移宣玉敕，太阿倒授賜銀貂。纍臣瀕死呼高帝，逆豎陳尸待聖朝。夜夜若廬干氣象，萇弘碧血上雲霄。

李三才部

綜述

《明史》卷二三二《李三才傳》　李三才，字道甫，順天通州人。萬曆二年進士，授户部主事，歷郎中。與南樂魏允貞、長垣李化龍以經濟相期許。及允貞言事忤執政，抗疏直之，坐謫東昌推官。再遷南京禮部郎中。會允貞、化龍及鄒元標並官南曹，益相與講求經世務，名籍甚。遷山東僉事。所部多大猾積盜，廣設方略，悉擒滅之。遷河南參議，進副使。兩督山東、山西學政，擢南京通政參議，召爲大理少卿。

二十七年以右僉都御史總督漕運，巡撫鳳陽諸府。時礦税使四出，三才所部，榷税則徐州陳增、儀真暨禄，鹽課則揚州魯保，蘆政則沿江邢隆，棋布千里間。延引奸徒，僞鍥印符，所至若捕叛亡，公行攘奪，而增尤甚，數窘辱長吏。獨三才以氣淩之，裁抑其爪牙肆惡者，且密令死囚引爲黨，輒捕殺之，增爲奪氣。

然奸民以礦税故，多起爲盜。浙人趙一平用妖術倡亂，事覺，竄徐州，易號克元，妄稱宋後。與其黨孟化鯨、馬登儒輩聚亡命，署僞官，期明年二月諸方並起。謀洩，皆就捕。一平亡之寶坻，見獲。

三才再疏陳礦税之害，言：「陛下愛珠玉，民亦慕温飽；陛下愛子孫，民亦戀妻孥。奈何陛下欲崇聚財賄，而不使小民享升斗之需；欲綿祚萬年，而不使小民適朝夕之樂。自古未有朝廷之政令、天下之情形一至於斯，而可幸無亂者。今闕政猥多，而陛下病源則在溺志貨財。臣請涣發德音，罷除天下礦税。欲心既去，然後政事可理。」踰月未報。三才又上言：「臣爲民請命，月餘未得請。聞近日章奏，凡及礦税，悉置不省，此宗社存亡所關，一旦衆畔土崩，小民皆爲敵國，風馳塵鶩，亂衆麻起，陛下塊然獨處，即黄金盈箱，明珠填屋，誰爲守之？」亦不報。三十年，帝有疾，詔罷礦税，俄止之。三才極陳國勢將危，請亟下前詔，不聽。

清口水涸阻漕，三才議濬渠建閘，費二十萬，請留漕粟濟之。督儲侍郎趙世卿力争，三才遂引疾求去。帝惡其委避，許之。淮揚巡按御史崔邦亮，巡漕御史李思孝，給事中曹于汴，御史史學遷、袁九皋交章乞留。而學遷言：「陛下以陳增故，欲去三才，託詞解其官。年來中使四出，海内如沸。李盛春之去以王虎，魏允貞之去以孫朝，前漕臣李誌之去亦以礦税事。他監司守令去者，不可勝數，今三才復繼之。淮上軍民以三才罷，欲甘心於增，增避不敢出。三才不當去可知。」疏仍不答。三才遂去淮之徐州。連疏請代，未得命。會侍郎謝杰代世卿督儲，復請留，乃命三才供事俟代者，帝亦竟不遣代也。

明年九月復疏言：「乃者迅雷擊陵，大風拔木，洪水滔天，天變極矣。趙古元方磔於徐，李大榮旋梟於亳，而睢州巨盜又復見告，人離極矣。陛下每有徵求，必曰『内府匱乏』。夫使内府果乏，是社稷之福也，所謂貌瘦而天下肥也。而其實不然。陛下所謂匱乏者，黄金未遍地，珠玉未際天耳。小民饔飧不飽，重以征求，箠楚無時，桁楊滿路，官惟丐罷，民惟請死，陛下寧不惕然警悟邪！陛下毋謂臣禍亂之言爲未必然也；若既已然矣，將置陛下何地哉！」亦不報。既而睢盜就獲，三才因奏行數事，部内晏然。

歙人程守訓以貲官中書，爲陳增參隨，縱横自恣，所至鼓吹，盛儀衛，許人告密，刑拷及婦孺。畏三才，不敢至淮。三才劾治之，得贓數十萬。增懼爲己累，并搜獲其奇珍異寶及僭用龍文服器。守訓及其黨俱下吏伏法，遠近大快。

三十四年，皇孫生。詔併礦税，釋逮繫，起廢滯，補言官，既而不盡行。三才疑首輔沈一貫尼之，上疏陰詆一貫甚力。繼又言：「恩詔已頒，旋復中格，道路言前日新政不過乘一時喜心，故旋開旋蔽。」又謂：「一貫慮沈鯉、朱賡逼己，既忌其有所執争，形己之短，又恥其事不由己，欲壞其成。行賄左右，多方蠱惑，致新政阻格。」帝得疏，震怒，嚴旨切責，奪俸五月。其明年，暨禄卒。三才因請盡撤天下税使，帝不從，命魯保兼之。

是時顧憲成里居，講學東林，好臧否人物。三才與深相結，憲成亦深信之。三才嘗請補大僚，選科道，録遺佚。因言：「諸臣祇以議論意見一觸當塗，遂永棄不收，要之於陛下無忤。今乃假天子威以錮諸臣，復假忤主之名以文己過。負國負君，罪莫大此。」意爲憲成諸人發。已，復極陳朝政廢壞，請帝奮然有爲，與天下更始。且力言遼左阽危，必難永保狀。帝皆置不省。

三才揮霍有大略，在淮久，以折税監得民心。及淮、徐歲侵，又請振恤，蠲馬價。淮人深德之。屢加至户部尚書。

會内閣缺人，建議者謂不當專用詞臣，宜與外僚參用，意在三才。及都御史缺，需次内召。由是忌者日衆，謗議紛然。工部郎中邵輔忠遂劾三才大奸似忠，大詐似直，列具貪僞險横四大罪，御史徐兆魁繼之。三才四疏力辨，且乞休。給事中馬從龍，御史董兆舒、彭端吾，南京給事中金士衡相繼爲三才辨。大學士葉向高言三才已杜門待罪，宜速定去留，爲漕政計。皆不報。已而南京兵部郎中錢策，南京給事中劉時俊，御史劉國縉、喬應甲，給事中王紹徽、徐紹吉、周永春、姚宗文、朱一桂、李瑾，南京御史張邦俊、王萬祚，復連章劾三才。而給事中胡忻、曹于汴，南京給事中段然，御史史學遷、史記事、馬孟禎、王基洪，又交章論救。朝端聚訟，迄數月未已。憲成乃貽書向高，力稱三才廉直，又貽書孫丕揚力辨之。御史吴亮素善三才，即以兩書附傳邸報中，由是議者益譁。應甲復兩疏力訐，至列其十貪五奸。帝皆不省。三才亦力請罷，疏至十五上。久不得命，遂自引去，帝亦不罪也。

三才既家居，忌者慮其復用。四十二年，御史劉光復劾其盜皇木營建私第至二十二萬有奇。且言三才與于玉立遥執相權，意所欲用，銓部輒爲推舉。三才疏辨，請遣中官按問。給事中劉文炳、御史李徵儀、工部郎中聶心湯、大理丞王士昌，助光復力攻三才。徵儀、心湯，三才嘗舉吏也。三才憤甚，自請籍其家。工部侍郎林如楚言宜遣使覆勘。光復再疏，并言其侵奪官廠爲園囿。御史劉廷元遂率同列繼之，而潘汝禎又特疏論劾。既而巡按御史顔思忠亦上疏如光復指。三才益憤，請諸臣會勘，又請帝親鞫，乃詔徵儀偕給事中吴亮嗣往。

其明年，光復坐事下獄。三才陽請釋之，而復力爲東林辨白，曰：「自沈一貫假撰妖書，擅僇楚宗，舉朝正人攻之以去。繼湯賓尹、韓敬科場作奸，孽由自取，於人何尤。而今之黨人動與正人爲讐，士昌、光復尤爲戎首。挺身主盟，力爲一貫、敬報怨。騰説百端，攻擊千狀。以大臣之賢者言之，則葉向高去矣，王象乾、孫瑋、王圖、許弘綱去矣，曹于汴、胡忻、朱吾弼、葉茂才、南企仲、朱國禎等去矣，近又攻陳薦，汪應蛟去矣。以小臣之賢者言之，梅之焕、孫振基、段然、吴亮、馬孟禎、湯兆京、周起元、史學遷、錢春等去矣，李朴、鮑應鼇、丁元薦、龐時雍、吴正志、劉宗周等去矣。合於己則留，不合則逐。陛下第知諸臣之去，豈知諸黨人驅之乎？今奸黨讐正之言，一曰東林，一曰淮撫。所謂東林者，顧憲成讀書講學之所也。從之遊者如高攀龍、姜士昌、錢一本、劉元珍、安希范、岳元聲、薛敷教，並束身厲名行，何負國家哉？偶曰東林，便成陷穽。如鄒元標、趙南星等被以此名，即力阻其進。所朝上而夕下者，惟史繼偕諸人耳。人才邪正，實國祚攸關，惟陛下察焉。」疏入，衆益恨之。亮嗣等既往勘，久之無所得。第如光復言還報，遂落職爲民。

天啓元年，遼陽失。御史房可壯連疏請用三才，有詔廷臣集議。通政參議吴殿邦力言不可用，至目之爲盜臣。御史劉廷宣復薦三才，言：「國家既惜其才，則用之耳，又何議。然廣寧已有王化貞，不若用之山海。」帝是其言，即欲用三才，而廷議相持未決。詹事公鼐力言宜用，刑部侍郎鄒元標、僉都御史王德完並主之。已，德完迫衆議，忽變前説。及署議，元標亦不敢主。議竟不決，事遂寢。三年起南京户部尚書，未上卒。後魏忠賢亂政，其黨御史石三畏追劾之。詔削籍，奪封誥。崇禎初復官。

三才才大而好用機權，善籠絡朝士。撫淮十三年，結交徧天下。性不能持廉，以故爲衆所毁。其後擊三才者，若邵輔忠、徐兆魁輩，咸以附魏忠賢名麗逆案。而推轂三才，若顧憲成、鄒元標、趙南星、劉宗周，皆表表爲時名臣。故世以三才爲賢。

錢謙益《列朝詩集小傳》丁集中　三才，字道甫，臨潼人。萬曆甲戌進士。少負志節，與南樂魏允貞、長垣李化龍，以名世相期許。允貞爲郎，抗論時相不當以甲第私其子，蹈江陵覆轍，切責左官，道甫以户部郎論救，亦譴外，自此聲稱籍甚。屢遷爲提學卿寺，以僉都御史總督漕運，加户部尚書。萬曆中，中人出筦礦税，横行恣睢，陳奉在淮，尤無狀，道甫悉心力與之搘拄，家在畿南，不乏奥援，道甫牢籠駕馭，權譎縱横，神廟用其言，撤奉，東南胥得安枕。功高望重，頗見汰色。時論以外僚直内閣，如祖宗故事，意在推戴道甫，黨人乘其間，交章論劾，道甫盛氣陳辯，不自引去。顧憲成自林居貽書閣部，力爲洗雪，於是，言者又乘間並攻東林，物議糾纏，大獄旁午，飛章鉤黨，傾動朝野。從此南北黨論，不可復解，而門户之禍，移之國家矣。東事亟，經略乏人，中朝復思其才，以户部尚書起用，未上而卒。道甫所與同志者，憲成爲東林黨魁，稱爲名臣。允貞撫晉有聲，其子廣微，以附奄，隤其家聲。化龍用治河平播功，晉至宫保，以功名終。化龍，字于田，有詩集行世，詩名在道甫之上。醲厚肥腯，沿襲嘉靖流波，七言今體，深爲胡應麟所重。而余采詩，特取道甫，登道甫所以微于田也。

備論

孫奇逢《畿輔人物考》卷二　歲寒老人曰：稅監之禍烈甚。諫止稅監，公爲首。其言曰：皇上愛珠玉，民亦愛温飽。皇上欲爲子孫千年萬年之計，而不使百姓有一朝一夕之計。試觀往籍，朝廷有如此政令、天下有如此景象，而有不亂者哉！悖入悖出，失家失國，每誦斯言，心寒魄散，可畏也。神廟終用其言以撤稅使。此舉有安社稷之功，不獨以忠言攖逆鱗也。至東林開山，涇陽爲主盟，公其左右之。予謂：東林未必皆賢，而賢者多，攻東林者，未必皆不肖，而不肖者多，此人才邪正之辨也。予往聞之孫文正云：我輩既以賢者自處，便不宜與人爭官。程明道曰：新法之行，吾輩激成之，當與分過。此方是真實體貼天理，東林諸賢不能無遺議焉。公束髮登朝，侃侃自命，卒以鋒稜太峻，爲羣小所中，賫志而歿。嘗語其子，身死之日，用柳木棺一具，牛車載出，効張湯故事，亦足悲矣。公歿後壙無志，墓無碑，所著《無自欺堂稿》、《雙鶴軒集》、《誠恥録》諸書無一存者。

陳鼎《東林列傳》卷一六　外史氏曰：道甫先生豪傑而有聖賢之資者也。當其在位時，所行之事，雷轟電掣，雨注風飈，令人有不可測者。至於律身以廉，居心以正，不染簠簋，不蹈邪徑，所用吏皆才能之士，其屬員於常俸外多資以金，使之不貪，結納贈遺以千百計，蓋其善貨殖，能運算，獲息甚阜，而人多歸之。惜乎爲宵小所忌，假令予以大位，勘亂治平，未必非管樂之流焉。余故曰豪傑而有聖賢之資者也。

《明史》卷二三二《李三才傳》　贊曰：朋黨之成也，始於矜名，而成於惡異。名盛則附之者衆。附者衆，則不必皆賢而胥引之，樂其與己同也。名高則毁之者亦衆。毁者不必不賢而怒而斥之，惡其與己異也。同異之見岐於中，而附者毁者爭勝而不已，則黨日衆，而爲禍熾矣。魏允貞、王國、余懋衡皆以卓犖閎偉之概，爲衆望所歸。李三才英邁豪儁，傾動士大夫，皆負重名。當世黨論之盛，數人者實爲之魁，則好同惡異之心勝也。《易》曰「涣其羣，元吉」。知此者，其惟聖人乎。

雜録

備録

沈德符《萬曆野獲編》卷二二　〔二李中丞〕頃年，潞河李中丞修吾三才以督漕駐淮陰，長垣李中丞霖寰化龍以總河駐濟寧。二公同籍同里，又同志也。潞河以長垣素性節儉，故作意調之。一日遣材官致書幣於濟上，附以百金，云托幕府爲市油胭脂以供媵妾用，蓋其地所出也。長垣知其以氣勝之，呼材官謂曰：「我知汝主人後房音聲甚盛，些須脂澤不足供用。命麾下更買百金攜去，作我答禮可也。」潞河發書，知反爲所侮，乾笑而置之，積於無用，於是豪氣亦稍折。

夏允彝《幸存録》　李三才家居三輔，年少早貴，所至有赫赫聲，但負才而守不潔，及爲淮撫，垂涎大拜，多結游客，日譽于憲成左右，憲成因而悦之，亦爲游揚。糾三才者，即以爲東林玷。三才挾縱横之術，與言者爲難，公論益絀之，而東林并受累不小。未幾，妖書之獄而清流下之，疑亦國家之氣運爲之也。李三才自負罪名，爲山東藩臬極有名，余嘗館于山東，李去已二十年矣，民歌思之不忘，謂大盜大猾皆爲李所掠治殆盡，民得安生也。錫爵蒙特召時，手疏言：「上于章奏，一槩留中，特鄙夷之如禽鳥之音，不以入耳，然下以此愈嚚，稱神稱鬼，成何國體？」此疏甚秘密，而三才餉得之，洩言于衆，謂錫爵以臺省爲禽獸，臺省益攻錫爵，其詞甚醜。三才多取多與，結客遍天下，憲臣之左右譽言曰：「至意其真，足以幹國矣。」然余嘗見其辨疏謂相傳上于宮中請仙二語，以三才爲聖人，故羣臣益妬之，此其言亦是不根，大抵才而不羈，非純臣也。其豪華之習，宜不爲清流所喜。或言三才初請憲成時，止常蔬三四色，厥明，盛陳百味，憲成訝而問之，三才曰：「此皆偶然耳。昨偶乏，即寥寥。今偶有此，故羅列。」憲成以此不疑其侈靡。又聞一孝廉負才名者，當計偕時，與一孝廉偕謁之，留兩日，不過贈數金而已，所偕孝廉頗以爲愠。及至都，旅館甫定，而三才之使者已至，贈孝廉二百金，所與偕者亦四十金。其操縱類如此。使以其才智盡用之職業，亦非常人也。

藝文

嚴遂成《明史雜詠》卷三《李尚書三才》 江左夷吾譽可矜，東林竟以古儒稱。一身清約非楊綰，四海交遊是李膺。白璧點因疎小節，黄金散亦負奇能。朝端聚訟淮民泣，馬價難蠲礦税增。

趙南星部

綜述

《明史》卷二四三《趙南星傳》 趙南星，字夢白，高邑人。萬曆二年進士。除汝寧推官。治行廉平，稍遷户部主事。張居正寢疾，朝士羣禱，南星與顧憲成、姜士昌戒弗往。居正歿，調吏部考功，引疾歸。

起歷文選員外郎。疏陳天下四大害，言：「楊巍乞休，左都御史吴時來謀代之，忌户部尚書宋纁聲望，連疏排擠。副都御史詹仰庇力謀吏、兵二部侍郎。大臣如此，何以責小臣，是謂干進之害。禮部尚書沈鯉、侍郎張位、諭德吴中行、南京太僕卿沈思孝相繼自免，獨南京禮部侍郎趙用賢在，詞臣黄洪憲輩每陰譏之，言官唐堯欽、孫愈賢、蔡系周復顯爲詆誣。衆正不容，宵人得志，是謂傾危之害。州縣長吏選授太輕，部寺之官計日而取郡守，不問才行。而撫按論人贓私有據，不曰未甚，則曰任淺，概止降調。其意以爲惜才，不知此乃惜不才也。吏治日汙，民生日瘁，是謂州縣之害。鄉官之權大於守令，横行無忌，莫敢誰何。如渭南知縣張棟，治行無雙，裁抑鄉官，被讒不獲行取，是謂鄉官之害。四害不除，天下不可得治。」疏出，朝論韙之。而中所抨擊悉時相所庇，於是給事中李春開起而駁之。其疏先下，南星幾獲譴。給事中王繼光、史孟麟、萬自約，部曹姜士昌、吴正志並助南星詆春開，且發時來、仰庇、洪憲譏諂狀。春開氣沮，然南星卒以病歸。再起，歷考功郎中。

二十一年大計京官，與尚書孫鑨秉公澄汰。首黜所親都給事中王三餘及鑨甥文選員外郎吕胤昌，他附麗政府及大學士趙志皋弟皆不免。政府大不堪。給事中劉道隆因劾吏部議留拾遺庶僚非法。得旨，南星等專權植黨，貶三官。俄因李世達等疏救，斥南星爲民。後論救者悉被譴，鑨亦去位，一時善類幾空。事具《鑨傳》。

南星里居，名益高。與鄒元標、顧憲成，海内擬之「三君」。中外論薦者百十疏，卒不起。

光宗立，起太常少卿。俄改右通政，進太常卿。至則擢工部右侍郎。居數月，拜左都御史，慨然以整齊天下爲任。天啓三年大計京官，以故給事中亓詩教、趙興邦、官應震、吴亮嗣先朝結黨亂政，議黜之。吏科都給事中魏應嘉力持不可。南星著《四凶論》，卒與考功郎程正己置四人不謹。他所澄汰，一如爲考功時。浙江巡按張素養薦部内人材，及姚宗文、邵朝忠、劉廷元。南星劾其謬，素養坐奪俸。先是，巡方者有提薦之例，南星已奏止之。而陝西高弘圖、山西徐揚先、宣大李思啓、河東劉大受，復踵行如故，南星並劾奏之，巡方者始知畏法。

尋代張問達爲吏部尚書。當是時，人務奔競，苞苴恣行，言路横尤甚。每文選郎出，輒邀之半道，爲人求官，不得則加以惡聲，或逐之去。選郎即公正無如何，尚書亦太息而已。南星素疾其弊，鋭意澄清，獨行己志，政府及中貴亦不得有所干請，諸人憚其剛嚴不敢犯。有給事爲貲郎求鹽運司，即注貲郎王府，而出給事於外。知縣石三畏素貪，夤緣將行取，南星亦置之王府。時進士無爲王官者，南星不恤也。

魏忠賢雅重之，嘗於帝前稱其任事。一日，遣娣子傅應星介一中書贄見，南星麾之去。嘗並坐弘政門，選通政司參議，正色語忠賢曰：「主上沖齡，我輩内外臣子宜各努力爲善。」忠賢默然，怒形於色。大學士魏廣微，南星友允貞子也，素以通家子畜之。廣微入内閣，嘗三至南星門，拒勿見。又嘗嘆曰：「見泉無子。」見泉，允貞别號也。廣微恨刺骨，與忠賢比而齕南星。

東林勢盛，衆正盈朝。南星益搜舉遺佚，布之庶位。高攀龍、楊漣、左光斗秉憲；李騰芳、陳于廷佐銓；魏大中、袁化中長科道；鄭三俊、李邦華、孫居相、饒伸、王之寀輩悉置卿貳。而四司之屬，鄒維璉、夏嘉遇、張光前、程國祥、劉廷諫亦皆民譽。中外忻忻望治，而小人側目，滋欲去南星。給事中傅櫆以維璉改吏部己不與聞，首假汪文言發難，劾南星紊舊制，植私人。維璉引去，南星奏留之，小人愈恨。會漣劾忠賢疏上，宫府益水火。南星遂杜門乞休，不許。

攀龍之劾崔呈秀也，南星議戍之。呈秀窘，夜走忠賢邸，叩頭乞哀，言：「不去南星及攀龍、漣等，我兩人未知死所。」忠賢大以爲然，遂與定謀。會山西缺巡撫，河南布政使郭尚友求之。南星以太常卿謝應祥有清望，首列以請。既得旨，而御史陳九疇受廣微指，言應祥嘗知嘉善，大中出其門，大中以師故，謀於文選郎嘉遇而用之，徇私當斥。大中、嘉遇疏辯，語侵九疇。九疇再疏力詆，並下部議。南星、攀龍極言應祥以人望推舉，大中、嘉遇無私，九疇妄言不可聽。忠賢

大怒，矯旨黜大中、嘉遇，并黜九疇，而責南星等朋謀結黨。南星遽引罪求去，忠賢復矯旨切責，放歸。明日，攀龍亦引去。給事中沈惟炳論救，亦出之外。俄以會推忤忠賢意，并斥于廷、漣、光斗、化中，引南星所擯徐兆魁、喬應甲、王紹徽等置要地。小人競進，天下大柄盡歸忠賢矣。

忠賢及其黨惡南星甚，每矯敕諭，必目爲元凶。於是御史張訥劾南星十大罪，并劾維璉、國祥、嘉遇及王允成。得旨，並削籍。令再奏南星私黨，訥復列上邦華及孫鼎相等十四人，並貶黜。自是爲南星擯棄者，無不拔擢，其素所推奬者，率遭奇禍。諸干進速化之徒，一擊南星，輒遂所欲。而石三畏亦起爲御史，疏攻南星及李三才、顧憲成、孫丕揚、王圖等十五人。死者皆削奪，縉紳禍益烈。尋以汪文言獄詞連及南星，下撫按提問。適郭尚友巡撫保定，而巡按馬逢皋亦憾南星，乃相與庭辱之，笞其子清衡及外孫王鍾龐，繫之獄，坐南星贓萬五千。南星家素貧，親故捐助，始獲竣。卒戍南星代州，清衡莊浪，鍾龐永昌。嫡母馮氏、生母李氏，並哀慟而卒。子生七齡，驚怖死。南星抵戍所，處之怡然。

莊烈帝登極，有詔赦還。巡撫牟志夔，忠賢黨也，故遲遣之，竟卒於戍所。崇禎初，贈太子太保，謚忠毅。檛、呈秀、廣微、九疇、兆魁、應甲、紹徽、訥、三畏、尚友、志夔，俱名麗逆案，爲世大僇焉。

吴應箕《熹朝忠節死臣傳·太子太保吏部尚書忠毅趙公傳》　南星，字夢白，號儕鶴，北直高邑人。萬曆甲戌進士。其所爲舉子業最有聲，爲吏部再蹶再起考功郎，綰察剛介爲近代第一，以忤執政罷已三十年，年七十餘矣。光宗登極，即家起工部侍郎。天啓初，總憲爲冢宰，以廷推事忤内罷歸，爲逆黨論劾謫戍代州，卒死戍所，其子壻皆遣戍。崇禎初復官廕，賜謚予祭葬如例。

初，南星爲選司也，疏陳剖露良心極直切，所抨擊皆快人心。有一給事與左，即引疾歸。平湖陸光祖太宰將去國，特起之田間，因覆疏，又與新建張相左。時冢宰爲餘姚孫鑨，有執持，所置司官極一時之選。南星爲考功主計，一切權勢無所關其説，而臺省長預其事者不使知内閣。太倉相王蘭溪、相趙及新建張相盡喪私人，其所斥吏主事即冢卿甥，一給事即南星姻家也。論者謂國朝二百餘年，此考功爲僅見。然閣卿之深而臺省耻不與聞也。於是因言者奪冢卿俸，外謫南星，又以總憲李世達論救加削籍。當是時朝士無不憤惋，而魏允貞、顧憲成等數十人共疏争，咸遭放逐。後遂有黨人之禍，終逆黨時，以門户處者皆由此也。

天啓癸亥，南星總西臺狎主京察，去前考功時已五閱察矣。時亓、趙亂政，作去四凶議，以堅太宰意。所鋤斥略與癸丑等。已爲尚書吏部，益振勵，以澄清爲己任。疏再剖良心，蓋與三十年疏相喁答也。調鄒維璉考功，用魏大中首垣，胃嫌以高攀龍爲總憲，皆犯時忌。語在諸臣傳中。會與南樂相魏廣微失，廣微即允貞子也。南星素子蓄之，後以媚忠賢故，益示峻。一日廣微於廣座詆李三才，南星正色曰：「李公，尊公執友也。少年何得輕議前輩。」初允貞被斥削，三才爲南户郎，獨抗疏救，而相以附時局詆李，故南星云然。又一日，廣微踵門見，閽者以晚拒，相發憤怒曰：「麾我耶！然吾官尊未可麾也。」恨入骨，於是與忠賢謀而嚙之曰：「不首去南星，吾兩人未知死所。」南星去，餘振落耳。」未幾，以會推晉撫切責黨比罷南星歸。蒲州相韓以疏救，亦罷。踰年，凡爲南星用者盡斥，國遂空。逆黨張訥、石三畏等先後誣劾南星，起大獄，行撫按鞫問。承望風旨者辱南星訟庭，子清衡、甥王鍾龐遭捶楚，桁楊於市，觀者皆雨泣。坐臟一萬五千兩，罄産不完十之一也，微義助，清衡死敲樸矣。讞上，南星以耄得贖，中旨不許，戍代州，清衡莊浪，鍾龐永昌，纍纍並發，坐短轅，攜書一篋自隨。南星執甥手仰天祝曰：「兩人往戍所宜閉門讀書，彼蒼不終憒憒也。」至代州，僦小樓居，顔曰吉祥，掃土室，題味檗齋，日夕開卷自娱。崇禎初肆赦，撫臣牟志夔故留滯不予歸，卒死戍所。臨死曰：「吾可下見楊、左諸公矣。」

南星以舉業著名，十餘年學士誦法不衰，皆稱之曰儕鶴先生。後十年而全集始出，其古文原本《史記》，饒有歐、蘇風，詩於杜工部殆欲近之。自萬曆以來，凡以氣節文章著者，惟南星稱全云。

趙吉士《續表忠記》卷一　姚希孟誌銘曰：夬之孚號，其危乃光也。姤則女壯，不可與長也。泰否茅茹，平陂互藏也。純剛爲用，爰缺其斯也。老臣何辜，赭衣戍邊，九廟宜惝怳也。黄雲漠漠，白日荒荒也。魂之歸些，豺虎既静，麟鵷乃翔也。笭牀用奠，同穴允臧也。琴瑟既御，巾櫛在旁也。茂柏深松，生氣旁皇也。過而式之，奸回怵惕也。我銘永垂，與短檠漆燈，千古同煌煌也。

趙吉士曰：忠賢一腐竪耳，虐死善類如刈草菅。公以三朝元老，年幾八十，杖策投荒，九重如不聞者。武侯之歎息痛悼乎桓靈，良有以也。

錢謙益《列朝詩集小傳》丁集中　南星，字夢白，高邑人。萬曆甲戌進士，釋褐爲汝寧府推官，遷户部郎，用清望推擇爲吏部，歷考功郎中。癸巳内計，京朝官佐其長孫恭簡，公扶正抑邪，盡黜當路之私人，執政恨之。奉嚴譴削籍，里居

三十年。天啓初，以列卿起廢，拜吏部尚書，坐忤逆奄，切責罷歸，遣戍大同。先帝即位，未及召用，卒于戍所。賜謚忠毅。

夢白公忠强直，負意氣，重然諾，有燕趙節俠悲歌慷慨之風，鄉里後門，依附門下，已而奔趨權利，相背負，酒後耳熱，戟手唾駡。更爲長歌小詞廋語，吴歌打棗竿之類，以戲侮之，其人喞之次骨，夢白不知也。南樂魏允貞，以節義相期許，允貞之子廣微，媚奄大拜，倨傲偃蹇，凌厲朝士，公獨以故人稚子遇之，垂手側坐，無所加禮。又每詫人曰：「見泉無子。」見泉者允貞之自號也。廣微恨甚，起楊漣之獄，必欲殺公。廣微逐且死，乃得免。而公在戍所，賦詩飲酒，唾駡笑傲，一如其平時，不以謫居畏禍，少有貶損，人謂寇萊公、蘇子瞻無以過也。

夢白抗議豎節，身爲部黨之魁，人以爲門庭高峻，不可梯接，不知其通輕俠，縱詩酒，居然才人俠士，文章意氣之儔也。爲詩厭薄七子，刻意濯磨，而步趨北地，不能出其窠臼。爲文滔滔莽莽，輸寫塊壘，而起伏頓挫，不能稟合于古法。要其雄健磊落，奔軼絶塵，北方之學者，未能或之先也。夢白常屬余定其詩文，且以不朽爲托，余雖未及誌其墓，而嘗狥其門人之請，再訂其集，頗有所删改，當有知而傳之者。

藝文

嚴遂成《明史雜詠》卷三《趙忠毅南星》　澄清天下志，正色肅朝綱。半道时包苴恣行文選郎出入輒邀之半道求官。包苴絶，三君公與鄒忠介顧文端爲三姓氏香。京官糾大計，王府注貲郎。夜窘崔呈秀，師侵謝應祥。四泅亓詩教趙興邦官應震吴亮嗣曾著論，十罪張訥彈文竟飛章。要地羅羣醜，熏天灼巨璫。浮雲身進退，陰雨國興亡。孤立苞桑繫，聯翩碩果傷。私仇庭辱馬，逢皋奇禍獄連汪文言。併劾郭嘉遇，交攻孫丕上聲見晋史註揚。放歸良可已，提問又何妨。臂痛慈親殁，腸驚少子殤。家貧無長物，戍遠況殊方。公戍代州子青衛莊浪外孫王鍾龐永昌赦惜生還晚，封叨謚贈光。不堪西極目，血淚灑莊浪。

公秉憲時，天啓三年衆正盈朝，卿貳四司，長科道者皆民譽，中外忻忻望治，小人側目。迨崔呈秀夜走忠賢邸乞哀，又以推謝應祥山西巡撫。忠賢怒，矯旨切責放歸，于是陽消陰長。凡爲公所擯者拔擢之，其推奬者率遭奇禍。諸干進速化之徒，一擊公輒遂所欲，天下事不可爲矣。此天啓七年中，治亂一大關鍵也。

前題

唾駡人從戟手看，門庭高峻切雲端。倨床下拜風猶古，負劍前驅膽不寒。燕趙氣緣遊俠重，顧厨名去黨魁難。酒酣以往淋漓筆，廋語吴歌打棗竿。

叶向高部

綜述

《明史》卷二四〇《叶向高傳》　葉向高，字進卿，福清人。父朝榮，養利知州。向高甫妊，母避倭難，生道旁敗厠中。數瀕死，輒有神相之。舉萬曆十一年進士，授庶吉士，進編修。遷南京國子司業，改左中允，仍視司業事。

二十六年召爲左庶子，充皇長子侍班官。礦税横行，向高上疏，引東漢西邸聚錢事爲鑑，不報。尋擢南京禮部右侍郎。久之，改吏部。再陳礦税之害，又請罷遼東税監高淮，語皆切至。妖書獄興，移書沈一貫力諫，一貫不悦，以故滯南京九年。

後一貫罷，沈鯉亦去，朱賡獨當國。帝命增閣臣。三十五年五月擢向高禮部尚書兼東閣大學士，與王錫爵、于慎行、李廷機並命。十一月，向高入朝，慎行已先卒，錫爵堅辭不出。明年，首輔賡亦卒，次輔廷機以人言久杜門，向高遂獨相。

當是時，帝在位日久，倦勤，朝事多廢弛，大僚或空署，士大夫推擇遷轉之命往往不下，上下乖隔甚。廷臣部黨勢漸成，而中官榷税、開礦，大爲民害。帝又寵鄭貴妃，福王不肯之國。向高用宿望居相位，憂國奉公，每事執争效忠蓋。帝心重向高，體貌優厚，然其言大抵格不用，所救正十二三而已。東宫輟講者五年，廷臣屢請不得命。三十七年二月，向高擇吉以請，亦不報。自是歲春秋必懇請，帝皆不納。貴妃王氏，太子生母也，薨四日不發喪。向高以爲言，乃發喪。而禮官上其儀注，稽五日不行。向高復争之，疏乃下。福王府第成，工部以之國請，向高擬旨上。帝不發，改明春。及期迫，向高請先飭儀衛舟車，帝不納。四十一年春，廷臣交章請，復諭改明春。已，忽傳旨，莊田非四萬頃不行，廷臣大駭。向高因進曰：「田四萬頃，必不能足，之國且無日，明旨又不信於天下矣。且王疏引祖制，而祖制無有是事。曩惟世宗時景王有之。景王久不之國，皇考在裕邸，危疑不安，此何可效也？」帝報曰：「莊田自有成例，且今大分已定，何猜？」向高因疏謝，言：「皇考時，名位雖未正，然講讀不輟，情意通。今東宫輟講八年，且不奉天顔久，而福王一日兩見，以故不能無疑。惟堅守明春期，而無以莊田藉口，天下疑自釋。」帝報福王無一日兩見事。

向高有裁斷，善處大事。錦衣百户王曰乾者，京師奸人也，與孔學、趙宗舜、趙思聖等相訐告。刑官讞未竟，曰乾乃入皇城放礟上疏。刑官大驚，將擬曰乾死罪。曰乾遂訐奏鄭妃内侍姜嚴山與學等及妖人王三詔用厭勝術詛咒皇太后、皇太子死，擁立福王。帝震怒，遶殿行半日，曰：「此大變事，宰相何無言？」内侍即跪上向高奏。奏言：「此事大類往年妖書，然妖書匿名難詰，今兩造具在，一訊即情得。陛下當静處之，稍張皇，則中外大擾。至其詞牽引貴妃、福王，尤可痛恨。臣與九卿所見皆同，敢以聞。」帝讀竟太息曰：「吾父子兄弟全矣。」明日，向高又言：「曰乾疏不宜發。發則上驚聖母，下驚東宫，貴妃、福王皆不安。宜留中，而别諭法司治諸奸人罪，且速定明春之國期，以息羣喙，則天下帖然無事。」帝盡用其言，太子、福王得相安。貴妃終不欲福王之國，言明年冬太后七十壽，王宜留慶賀。帝令内閣宣諭，向高留上諭弗宣，請今冬預行慶壽禮，如期之國。帝遣中使至向高私邸，必欲下前諭。向高言：「外廷喧傳陛下欲假賀壽名留福王，約千人伏闕請。今果有此諭，人情益疑駭，將信王曰乾妖言，朝端必不静。聖母聞之，亦必不樂。且潞王，聖母愛子，亦居外藩，何惓惓福王爲？」因封還手諭。帝不得已從之，福王乃之國。

向高嘗上疏言：「今天下必亂必危之道，蓋有數端，而災傷寇盗物怪人妖不與焉。廊廟空虚，一也。上下否隔，二也。士大夫好勝喜争，三也。多藏厚積，必有悖出之釁，四也。風聲氣習日趨日下，莫可挽回，五也。非陛下奮然振作，簡任老成，布列朝署，取積年廢弛政事一舉新之，恐宗社之憂，不在敵國外患，而即在廟堂之上也。」其言絶痛切。帝知其忠愛，不能行。

初，向高入閣，未幾，陳用人理財策，力請補缺官，罷礦税。見帝不能從，乃陳上下乖離之病。兩疏乞罷，帝不允。向高自獨相，即請增閣臣，帝不聽。及吏部尚書孫丕揚以薦賢不用求去，向高特疏請留，亦不報，遂引疾。屢諭，乃出視事。已，又言：「臣屢求去，輒蒙恩諭留。顧臣不在一身去留，而在國家治亂。今天下所在災傷死亡，畿輔、中州、齊、魯流移載道，加中外空虚，人才俱盡。罪不在他人，臣何可不去。且陛下用臣，則當行其言。今章奏不發，大僚不補，起廢不行，臣微誠不能上達，留何益。誠用臣言，不徒縻臣身，臣溘先朝露，有餘幸

矣。」帝不省。京師大水，四方多奏水旱，向高又言：「自閣臣至九卿臺省，曹署皆空，南都九卿亦止存其二。天下方面大吏，去秋至今，未嘗用一人。陛下萬事不理，以爲天下長如此，臣恐禍端一發，不可收也。」帝亦不省。

四十年春，向高以歷代帝王享國四十年以上者，自三代迄今止十君，勸帝力行新政，因復以用人行政請。亦不報。向高志不行，無月不求去。帝輒優旨勉留。向高復言：「臣進退可置不問，而百僚必不可盡空，臺諫必不可盡廢，諸方巡按必不可不代。中外離心，輦轂肘腋間，怨聲憤盈，禍機不測，而陛下務與臣下隔絶。帷幄不得關其忠，六曹不得舉其職，舉天下無一可信之人，而自以爲神明之妙用，臣恐自古聖帝明王無此法也。」

先是，向高疾，閣中無人，章奏就其家擬旨者一月。及是，向高堅卧益久，即家擬旨如前，論者以爲非體，向高亦自言其非，堅乞去。帝卒不命他相，遣鴻臚官慰留。至帝萬壽節，始起視事。其後，向高主癸丑會試，章奏皆送闈中，尤異事云。帝考選科道七十餘人，命久不下。向高懇請數十疏，越二年乃下。言官既多，攻擊紛起，帝心厭之，章悉留中。向高請盡付所司，定其去留。因言：「大臣者，小臣之綱。今六卿止趙焕一人，而都御史十年不補，彈壓無人，人心何由戢？」帝但責言官妄言，而大僚迄不補。向高請增置閣臣，章至百餘上，帝始用方從哲、吴道南。向高疏謝，因引退，優詔不允。

四十二年二月，皇太后崩。三月，福王之國。向高乞歸益數，章十餘上。至八月，允其去。向高以三載考績，進太子太保、文淵閣大學士；敘延綏戰功，加少保兼太子太保，改户部尚書、武英殿，一品三載滿，加少傅兼太子太傅，改吏部尚書、建極殿。至是，命加少師兼太子太師，賜白金百，彩幣四，表裏大紅坐蟒一襲，遣行人護歸。

向高在相位，務調劑羣情，輯和異同。然其時黨論已大起，御史鄭繼芳力攻給事中王元翰，左右兩人者相角。向高請盡下諸疏，敕部院評曲直，罪其論議顛倒者一二人，以警其餘。帝不報。諸臣既無所見得失，益樹黨相攻。未幾，又爭李三才之事，黨勢乃成。無錫顧憲成家居，講學東林書院，朝士爭慕與游。三才被攻，憲成貽書向高暨尚書孫丕揚，訟其賢。會辛亥京察，攻三才者劉國縉以他過掛察典，喬應甲亦用年例出外，其黨大譁。向高以大體持之，察典得無撓，而兩黨之爭遂不可解。及後，齊、楚、浙黨人攻東林殆盡。浸尋至天啓時，王紹徽等撰所謂《東林點將録》，令魏忠賢按氏名逐朝士。以向高嘗右東林，指目爲黨魁云。

向高歸六年，光宗立，特詔召還。未幾，熹宗立，復賜敕趣之。屢辭，不得命。天啓元年十月還朝，復爲首輔。言：「臣事皇祖八年，章奏必發臣擬。即上意所欲行，亦遣中使傳諭。事有不可，臣力爭，皇祖多曲聽，不欲中出一旨。陛下虚懷恭己，信任輔臣，然間有宣傳滋疑議。宜慎重綸音，凡事令臣等擬上。」帝優旨報聞。旋納向高請，發帑金二百萬，爲東西用兵之需。

熹宗初政，羣賢滿朝，天下欣欣望治。然帝本沖年，不能辨忠佞。魏忠賢、客氏漸竊威福，搆殺太監王安，以次逐吏部尚書周嘉謨及言官倪思輝等。大學士劉一燝亦力求去。向高言：「客氏出復入，而一燝顧命大臣不得比保姆，致使人揣摩於奥窔不可知之地，其漸當防。」忠賢見向高疏刺己，恨甚。既而刑部尚書王紀削籍，禮部尚書孫慎行、都御史鄒元標先後被攻致仕去，向高爭不得，因請與元標同罷。帝不聽，而忠賢益恨向高。

向高爲人光明忠厚，有德量，好扶植善類。再入相，事沖主，不能謇直如神宗時，然猶數有匡救。給事中章允儒請減上供袍服，奄人激帝怒，命廷杖。向高論救者再，乃奪俸一年。御史帥衆指斥宫禁，奄人請帝出之外，以向高救免。給事中傅櫆救王紀，將貶謫，亦以向高言僅奪俸。紀既罷去，御史吴甡、王祚昌薦之，部議以故官召。忠賢怒，將重譴文選郎，向高亦救免。給事中陳良訓疏譏權奄，忠賢摘其疏中「國運將終」語，命下詔獄，窮治主使。向高以去就爭，乃奪俸而止。熊廷弼、王化貞論死，言官勸帝速決，向高請俟法司覆奏，帝從之。有請括天下布政司、府、州、縣庫藏盡輸京師者，向高言：「郡邑藏已竭，藩庫稍餘。倘盡括之，猝有如山東白蓮教之亂，何以應之？」帝皆不納。

忠賢既默恨向高，而其時朝士與忠賢抗者率倚向高。忠賢乃時毛舉細故，責向高以困之。向高數求去。四年四月，給事中傅櫆劾左光斗、魏大中交通汪文言，招權納賄，命下文言詔獄。向高言：「文言内閣辦事，實臣具題。光斗等交文言事曖昧，臣用文言顯然。乞陛下止罪臣，而稍寬其他，以消縉紳之禍。」因力求速罷。當是時，忠賢欲大逞，憚衆正盈朝，伺隙動。得櫆疏喜甚，欲藉是羅織東林，終憚向高舊臣，并光斗等不罪，止罪文言。然東林禍自此起。

至六月楊漣上疏劾忠賢二十四大罪。向高謂事且決裂，深以爲非。廷臣相繼抗章至數十上，或勸向高下其事，可決勝也。向高念忠賢未易除，閣臣從中挽回，猶冀無大禍。乃具奏稱忠賢勤勞，朝廷寵待厚，盛滿難居，宜解事權，聽歸私

第，保全終始。忠賢不悦，矯帝旨敍己功勤，累百餘言。向高駭曰：「此非奄人所能，必有代爲草者。」探之，則徐大化也。忠賢雖憤，猶以外廷勢盛，未敢加害。其黨有導以興大獄者，忠賢意遂決。於是工部郎中萬燝以劾忠賢廷杖，向高力救，不從，死杖下。無何，御史林汝翥亦以忤奄命廷杖。汝翥懼，投遵化巡撫所。或言汝翥，向高甥也，羣奄圍其邸大譟。向高以時事不可爲，乞歸已二十餘疏，至是請益力。乃命加太傅，遣行人護歸，所給賜親彝典有加。尋聽辭太傅，有司月給米五石，輿夫八。

向高既罷去，韓爌、朱國禎相繼爲首輔，未久皆罷。居政府者皆小人，清流無所依倚。忠賢首誣殺漣，光斗等次第戮辱，貶削朝士之異己者，善類爲一空云。熹宗崩，向高亦以是月卒，年六十有九。崇禎初，贈太師，謚文忠。

鄒漪《啓禎野乘》一集卷一　公名向高，字進卿，號臺山。福建福清人也。生而倭患方棘，母夫人避外家，産於敗厠，遂名曰厠，東西奔竄，幾及死者數矣，卒不死。六歲就外傅，稱奇童。稍長爲許令夢熊首拔，薦於督學宋儀望。以童子應秋試，時尚未聘，許令聞邑人俞氏有女，召俞令壻公，即公堂治酒，削牘函幣，成禮而歸，費皆令辦，絶類徐文貞受知聶公豹事。

萬曆己卯，舉於鄉。癸未，成進士。選庶常試即居首，尋丁内外艱歸。已，補原職，轉南司業，進中允，猶署監事。丁酉，典南試。光皇出閣，推侍班官，所主對句倣寫，指次明切，光皇喜，見其多髯飄洒，私告中貴曰：「此飛鬚先生也。」己亥陞南禮部右侍郎。時李文節、郭文毅俱在南，相得甚懽。文毅入爲宗伯，妖書事起，四明欲殺文毅，公貽書四明，以風波荆棘爲言，遂成顯隙，淹南中凡十二年。然從此聲望日重。

丁未以禮部尚書入東閣。時朱文懿賡居首揆，與公並拜者故相王文肅錫爵，于文定慎行、李文節廷機。錫爵矢不出，慎行甫拜官即卒，廷機先爲人所論劾，後益困人言，不復入直，賡亦尋没於位，公遂獨相。屢揭請停買辦，救言官司官，宛平縣官發邊餉及賑濟銀，止派龍袍段價，東宮講讀考選起廢，上或從或否，然亮公忠正，不爲罪也。其疏有云：「時政之壅也如隔食之病，令人困悶而不聊生。議論之煩也如霍亂之病，令人昏憒而不自覺。」人以爲篤論。它密揭日或數紙，應手疾書，内臣閣門外立候，頃刻而就，曲盡事情，上每覽之心開。滿三年，加太子太保，改文淵閣，給三代誥命。隨傳旨促造福王府第，人心始安。黔國莊丁收租挾勢剽掠，因奏歸之有司，害乃得蘇于西北。東林、浙、閩之争，及辛亥京察，多所調停，必軌于正。癸丑特旨命典會試，即闈中票旨，且增額示眷。

公感主恩深重，於東朝調護尤力。先皇貴妃王氏薨，光宗生母也，喪葬極從優厚。妄男子王曰乾效妖書故智，撼及宫闈。公聞，具揭付内臣曰：「上問方進。」上果震怒，曰：「此大事，閣中何以無言？」璫應聲以揭上，大約謂小人奸計，當静以處之，毋爲所動。上覽之頓霽威，緘疏不問。嘗引景王留邸、皇考危疑爲戒，并以積礦税與福王爲言，人不及知。既而上傳：「福王所請田土錢糧，乃祖宗成例，卿揭言及景王，朕思皇祖時皇考與景王比肩，而王今名分已定，皇太子又有皇孫，何猜疑之有？卿又言及礦税。夫此舉爲三殿，非爲福王，宜即出贊襄。」公疏謝：「聖恩稠叠，臣當勉出。唯是皇考當時雖名分未正，然講讀不輟，情意常通。今東宫輟講業已八年，不奉朝謁間亦已久。福王時時入宫，親疎懸殊，之國無期，因而生疑，實難家喻。宜擇吉定期，明示天下。至莊田一事，外議謂王借此極難題目，以圖久淹。礦税之云，天下實以此疑皇上，此在聖心，必自明白再諭福王。朝傳免已久，日期明諭，不必再疑。」中外始曉然知公之力言于上也。蓋福王久不入宫，本所明知，姑借外廷爲謾語以動王聽，速王行。上復以聖母稀齡爲言，遲且二年。衆駭，謂中變，決難再挽。公佯不省，請上預慶，即遣王行，庶幾慈孝兩兼。上不許。公隨奏：「上壽聖母而實留王，人謂孝事之盛心，乃暱留愛子之私計，不得不言，不忍不言。」上徘徊太息。次日傳諭如請定以明春，其田土四萬頃疏減其一，又臾王自辭其一，漸有次第。甲寅二月，聖母崩，撰遺詔，明著婚封典禮皆已定期，并得釋楚宗蠲税額半。

一日皇貴妃遣人來言曰：「先生全力爲東朝，願分少許，惠顧福王。」公正色曰：「此正是全力爲王處。人稱萬歲千歲及吾輩云百歲者，虚語耳。皇上壽登五十，不爲不高，趂此寵眷時啟行，資贈倍厚，宫中如山之積，惟意所欲。若時移勢改，常額外絲毫難得。況積年口語可畏，一行冰釋，更得賢聲。老臣爲王，何所不至？」貴妃聞之心動，乃如期行。公送之郊外，殷勤致語而别。先是禮部定儀注，别皇太子四拜坐受，無他語。公密啟皇太子，必當加意，皇太子深然之，欲下坐答拜，福王固辭，乃立受，答其二，握手泣别，送至宫門，福王過望。上與貴妃皆大喜。

送聖母喪，徒步至上城，詣山陵題主，舊屬次輔，至是特遣公，頒賞甚厚。禮畢，遂請省葬，上固不從，公堅請乃允放，加少師，坐蟒，賜馳驛。又令留數日，無速行。公疏勸舉政用人，特薦名臣鄒元標等，有旨褒答。且遣内臣齎藏賜公邑

黃蘗寺，圖其山川以歸。

公還里，極意山水，開福廬、靈巖諸勝，比于台、宕。張差事起，上歎曰：「葉閣老在，事不至此。」光皇即位二旬，即召公。已鼎湖再泣，熹廟辛酉，再命詹事府主簿同原差行人趣公入。時劉公一燝居首揆，與老璫王安同心輔政，宮府肅清，宵人不便，遂有間劉于公，謂不欲公速入者。公以十月入朝到閣，首請發帑金濟邊，得二百萬。念遼陽始禍，由撫臣李維翰輕率進兵、推官鄭之范尅削軍餉，奏請逮治。又爲故總兵戚繼光請補贈謚。皆奉俞旨。未幾王安見殺，一燝遂以言去，國恩禮頗薄，刑部郎顧大章極言于公，明一燝初無他意，票旨從優，一燝竟得善歸。熊廷弼守遼勞苦，有功，言路齮齕之去。袁應泰敗，一燝起廷弼田間，又爲處分諸抨擊者，以明賞罰。廷弼至遼，與遼撫王化貞隙，化貞故公癸丑門生，愚而輕信，謂西部可伏，主進戰。廷弼謂勢未可動。化貞遺書公，有「麟閣奇勛，唾手以授老師，當不令南昌獨有其功名」。已而棄廣寧遁，竟陷廷弼與同逮。諸惜熊材者疏論遼事，遂有門生悮老師之説。科臣侯震暘疏論諸輔，并以不能主張責公。公覘人情向背各半，漸有去志。王安死，魏忠賢益横，以公耆碩，故未敢失禮。公亦曲爲彌縫，如救章給事允儒，帥御史衆，周御史宗建之廷杖，高少卿攀龍，劉主事宗周之重處，公力居多。玉牒成，進中極殿，復以《光皇實録》、三鎮捷功加上柱國，辭允。

汪文言者，歙人，原名守泰，固王安客，居中用事。安死，避揚州，逮入，倖免死，改名再入。機警有口辨，游諸公卿間，得爲制敕中書。兵部郎鄒公維璉改吏部，衆疑文言與魏給事大中所爲同鄉，不悦，遂劾二人，并及左僉院光斗。忠賢以安故，欲殺文言，遂下文言詔獄。公疏文言之用，失在臣，凡再申其説，文言始得杖去。而楊副院漣二十四罪之疏上，中外遂如水火。尋九卿科道疏連上，衆謂當乘此決勝，促公爲助。公不應，曰：「閣臣與廷臣所處不同。廷臣主于發奸，不憤激則不盡情；閣臣主于平章，若附和反足僨事。」止具揭稱忠賢勤勞謹慎，朝廷寵眷已隆，盛滿難居，宜聽歸私第，保全終始。又言內操一事，祖宗朝所無，況聚數萬之甲兵于宮庭肘腋間，在今日雖無可慮，而他日終爲隱憂，止之便。已而御史林汝翥以畏廷杖潛遁，羣璫圍公第大索。汝翥，公甥也。公具揭自明，言：「中官圍閣臣第，二百年來所無。臣若不去，何顏見士大夫？」奉旨慰留，盡收回中官。汝翥亦詣順撫，上聞，受杖。遂移居，再疏，允歸，加太傅，廕一子，行人護送，賜銀百兩、四幣、坐蟒，夫廩從優。陛辭日，上慰諭，以「爲國愛身，待召用」。公去而文言竟再逮死。且借以起大獄，同事輔臣南昌、蒲州俱先後削奪，獨公恩眷優渥，間有攻擊，終不爲動。歸踰年，配俞夫人卒，謝疏及之，遂得卹典。慶陵功成，再加上柱國，辭不獲。又明年卒于家。訃聞，恩卹有加。公初去國疏至六十二，再去國疏至六十七，始放行。

生平善因事就功。在神宗朝，杜門求去，上必借一事慰之。初爲釋滿朝薦等三人，又爲允點閣臣二人。熹廟時孫公承宗以閣臣視師，公爲勑極其褒隆，引裴度、郭子儀事屬之，以其間請免帶徵、設法團練、安插邊民、録用豪杰詔告天下，有「朕實不逮，貽累吾民」語，上不悦，諭改謂「感動人心，全在於此」，卒不改。壬戌殿試得文公震孟爲第一，天下共稱得人。震孟後以疏論時事忤璫，欲杖之，公力爭，語忠賢曰：「此上首科狀元，苟遭摧折，不祥孰甚，且固文丞相孫也，柰何獲罪神明？」忠賢意乃解。蓋燕俗敬事信國，璫性畏鬼神，故因以獲濟。嘗歎曰：「昔年事以手代口，雖甚觸忤怒，一夕即平，請亦即允。今日與內臣執辨，以口代手，閣中一片地，幾成口舌場，雖勝必不繼，後難措手矣。」後卒如其言。

爲人神情散朗，音韻和暢，談笑解紛，望者意傾。詩文委折鬯發，情法兼至。郭文毅素崛强自負，於詞壇多所譏訶，惟推服公不置。書法圓媚，大書尤雄偉。所著《蒼霞草》《續草》《餘草》，奏草《綸扉尺牘》、《讀史隨筆》、《詩則》、《紀遊小草》，賜歸凡三種行世。謚文忠。

論曰：明興，相業如商文毅、劉文靖、謝文正皆以侃侃行意稱，其委蛇獲濟者，長沙、華亭與公而三。顧長沙援引文襄，卒除逆瑾，華亭乘間抵隙，終剪分宜。公獨急流勇退，自保令終，豈真謀國之智不如，或亦運數使然？若其保全善類，周旋宮府，功亦何可没也。至老成者方以包荒頌公之中立，慷慨者更以調停責公之養亂，進退維谷，時實爲之。覽公始終者其亦王陵、平、勃得失之林，熙、豐、元祐，紹聖、靖國陰陽消長之鑒哉。

錢謙益《列朝詩集小傳》丁集中　向高，字進卿，福清人。萬曆癸未進士，選翰林庶吉士，授編修，歷官坊局、南京吏部侍郎。丁未六月，召爲禮部尚書，直東閣。在政地八年，以少傅予告。泰昌元年，再召。天啓四年，以少師、中極殿致仕。崇禎元年，卒於家，謚文忠。公爲人，疏通明敏，小心恭順，受神廟特眷，當宮府睽隔黨論紛呶之日，以調停劑和爲能事。啓請藩封，調護國本，應機圓而見事捷，不動聲色，使人主信而從之。再起則椓人爲政，羣小闚通，能以智免，善其進退，公去而國事益不可爲矣。公與江夏郭美命同館，以文章互相推許，皆有集

行世。公詩文信筆輸寫，長於獻酬流俗，而美命滔莽自運，敢於評量古人。截長補短，則亦魯衛之政也。

雜録

備録

談遷《棗林雜俎》聖集《葉向高講學》　葉臺山相國見鄒南皋先生論學曰：「公講孔孟，予只講閻羅王。」鄒問其故。曰：「不佞老矣，填溝壑之日近，苟有欺君悮國，傷人害物，招權納賄等事，於閻羅王殿前勘對不過者，皆不敢爲。」鄒笑而是之。

魏忠賢部

綜述

《明史》卷三〇五《魏忠賢傳》 魏忠賢，肅寧人。少無賴，與羣惡少博，不勝，爲所苦，恚而自宫，變姓名曰李進忠。其後乃復姓，賜名忠賢云。忠賢自萬曆中選入宫，隸太監孫暹，夤緣入甲字庫，又求爲皇長孫母王才人典膳，諂事魏朝。朝數稱忠賢於安，安亦善遇之。長孫乳媪曰客氏，素私侍朝，所謂對食者也。及忠賢入，又通焉。客氏遂薄朝而愛忠賢，兩人深相結。

光宗崩，長孫嗣立，是爲熹宗。忠賢、客氏並有寵。未踰月，封客氏奉聖夫人，廕其子侯國興、弟客光先及忠賢兄釗俱錦衣千户。忠賢尋自惜薪司遷司禮秉筆太監兼提督寶和三店。忠賢不識字，例不當入司禮，以客氏故，得之。

天啓元年詔賜客氏香火田，敍忠賢治皇祖陵功。御史王心一諫，不聽。及帝大婚，御史畢佐周、劉蘭請遣客氏出外，大學士劉一燝亦言之。帝戀戀不忍舍，曰：「皇后幼，賴媪保護，俟皇祖大葬議之。」忠賢顓客氏，逐魏朝。又忌王安持正，謀殺之，盡斥安名下諸閹。客氏淫而狠。忠賢不知書，頗强記，猜忍陰毒，好諛。帝深信任此兩人，兩人勢益張，用司禮監王體乾及李永貞、石元雅、涂文輔等爲羽翼，宫中人莫敢忤。既而客氏出，復召入。御史周宗建、侍郎陳邦瞻、御史馬鳴起、給事中侯震暘先後力諍，俱被詰責。給事中倪思輝、朱欽相、王心一復言之，並謫外，尚未指及忠賢也。忠賢乃勸帝選武閹、鍊火器爲内操，密結大學士沈㴶爲援。又日引帝爲倡優聲伎，狗馬射獵。刑部主事劉宗周首劾之，帝大怒，賴大學士葉向高救免。

初，神宗在位久，怠於政事，章奏多不省。廷臣漸立門户，以危言激論相尚，國本之争，指斥宫禁。宰輔大臣爲言者所彈擊，輒引疾避去。吏部郎顧憲成講學東林書院，海内士大夫多附之，「東林」之名自是始。既而「梃擊」、「紅丸」、「移宫」三案起，盈廷如聚訟。與東林忤者，衆目之爲邪黨，天啓初，廢斥殆盡，識者已憂其過激變生。及忠賢勢成，其黨果謀倚之以傾東林。而徐大化、霍維華、孫杰首附忠賢，劉一燝及尚書周嘉謨並爲杰劾去。然是時葉向高、韓爌方輔政，鄒元標、趙南星、王紀、高攀龍等皆居大僚，左光斗、魏大中、黄尊素等在言路，皆力持清議，忠賢未克逞。

二年敍慶陵功，廕忠賢弟姪錦衣衛指揮僉事。給事中惠世揚、尚書王紀論沈㴶交通客、魏，俱被譴去。會初夏雨雹，周宗建言雹不以時，忠賢謟慝所致。修撰文震孟、太僕少卿滿朝薦相繼言之，亦俱黜。

三年春，引其私人魏廣微爲大學士。令御史郭鞏訐宗建、一燝、元標及楊漣、周朝瑞等保舉熊廷弼，黨邪誤國。宗建駁鞏受忠賢指揮，御史方大任助宗建攻鞏及忠賢，皆不勝。其秋，詔忠賢及客氏子國興所廕錦衣官並世襲。兵部尚書董漢儒、給事中程註、御史汪泗論交諫，不從。忠賢益無忌，增置内操萬人，衷甲出入，恣爲威虐。矯詔賜光宗選侍趙氏死。裕妃張氏有娠，客氏譖殺之。又革成妃李氏封。皇后張氏娠，客氏以計墮其胎，帝由此乏嗣。他所害宫嬪馮貴人等，太監王國臣、劉克敬、馬鑑等甚衆。禁掖事秘，莫詳也。是冬，兼掌東廠事。

四年，給事中傅櫆結忠賢甥傅應星爲兄弟，誣奏中書汪文言，並及左光斗、魏大中，下文言鎮撫獄，將大行羅織。掌鎮撫劉僑受葉向高教，止坐文言。忠賢大怒，削僑籍，而以私人許顯純代。是時御史李應昇以内操諫，給事中霍守典以忠賢乞祠額諫，御史劉廷佐以忠賢濫廕諫，給事中沈惟炳以立枷諫，忠賢皆矯旨詰責。於是副都御史楊漣憤甚，劾忠賢二十四大罪。疏上，忠賢懼，求解於韓爌。爌不應，遂趨帝前泣訴，且辭東廠，而客氏從旁爲剖析，體乾等翼之。帝懵然不辨也，遂温諭留忠賢，而於次日下漣疏，嚴旨切責。漣既絀，魏大中及給事中陳良訓、許譽卿，撫寧侯朱國弼，南京兵部尚書陳道亨，侍郎岳元聲等七十餘人，交章論忠賢不法。向高及禮部尚書翁正春請遣忠賢歸私第以塞謗，不許。

當是時，忠賢憤甚，欲盡殺異己者。顧秉謙因陰籍其所忌姓名授忠賢，使以次斥逐。王體乾復昌言用廷杖，威脅廷臣。未幾，工部郎中萬燝上疏刺忠賢，立杖死。又以御史林汝翥事辱向高，向高遂致仕去，汝翥亦予杖。廷臣俱大讋。一時罷斥者，吏部尚書趙南星、左都御史高攀龍、吏部侍郎陳于廷及楊漣、左光斗、魏大中等先後數十人，已又逐韓爌及兵部侍郎李邦華。正人去國，紛紛若振槁。乃矯中旨召用例轉科道。以朱童蒙、郭允厚爲太僕少卿，呂鵬雲、孫杰爲大理丞，復霍維華、郭興治爲給事中，徐景濂、賈繼春、楊維垣爲御史，而起徐兆魁、

王紹徽、喬應甲、徐紹吉、阮大鋮、陳爾翌、張養素、李應薦、李嵩、楊春懋等，爲之爪牙。未幾，復用擬戍崔呈秀爲御史。呈秀乃造《天鑒》、《同志》諸録，王紹徽亦造《點將録》，皆以鄒元標、顧憲成、葉向高、劉一燝等爲魁，盡羅入不附忠賢者，號曰東林黨人，獻於忠賢。忠賢喜，於是羣小益求媚忠賢，攘臂攻東林矣。

初，朝臣争三案及辛亥、癸亥兩京察與熊廷弼獄事，忠賢本無預。其黨欲藉忠賢力傾諸正人，遂相率歸忠賢，稱義兒，且云：「東林將害翁。」以故，忠賢欲甘心焉。御史張訥、倪文焕，給事中李魯生，工部主事曹欽程等，競搏擊善類爲報復。而御史梁夢環復興汪文言獄，下鎮撫司拷死。許顯純具爰書，詞連趙南星、楊漣等二十餘人，削籍遣戍有差。逮漣及左光斗、魏大中、周朝瑞、袁化中、顧大章等六人，至牽入熊廷弼案中，掠治死於獄。又殺廷弼，而杖其姻御史吴裕中至死。又削逐尚書李宗延、張問達，侍郎公鼐等五十餘人，朝署一空。而特召亓詩教、劉述祖等爲御史，私人悉不次超擢，於是忠賢之黨徧要津矣。

當是時，東廠番役横行，所緝訪無論虚實輒糜爛。戚臣李承恩者，寧安大長公主子也，家藏公主賜器，忠賢誣以盗乘輿服御物，論死。中書吴懷賢讀楊漣疏，擊節稱歎，奴告之，斃懷賢，籍其家。武弁蔣應陽爲廷弼訟冤，立誅死。民間偶語，或觸忠賢，輒被擒僇，甚至剥皮、封舌，所殺不可勝數，道路以目。其年，敍門功，加恩三等，廕都督同知。又廕其族叔魏志德都督僉事。擢傅應星爲左都督，且旌其母。而以魏良卿僉書錦衣衛，掌南鎮撫司事。

六年二月，鹵簿大駕成，廕都督僉事。復使其黨李永貞僞爲浙江太監李實奏，逮治前應天巡撫周起元及江、浙里居諸臣高攀龍、周宗建、繆昌期、周順昌、黄尊素、李應昇等。攀龍赴水死，順昌等六人死獄中。蘇州民見順昌逮，不平，毆殺二校尉，巡撫毛一鷺爲捕顔佩韋等五人，悉誅死。刑部尚書徐兆魁治獄，視忠賢所怒，即坐大辟。又從霍維華言，命顧秉謙等修《三朝要典》，極意詆諸黨人惡。御史徐復陽請毁講學書院，以絶黨根。御史盧承欽又請立東林黨碑。海内皆屏息喪氣。霍維華遂教忠賢冒邊功矣。

遼陽男子武長春遊妓家，有妄言，東廠擒之。許顯純掠治，故張其辭云：「長春敵間，不獲且爲亂，賴廠臣忠智立奇勳。」詔封忠賢姪良卿爲肅寧伯，賜宅第、莊田，頒鐵券。吏部尚書王紹徽請崇其先世，詔贈忠賢四代如本爵。忠賢又矯詔遣其黨太監劉應坤、陶文、紀用鎮山海關，收攬兵柄。再敍功，廕都督同知，世襲錦衣衛指揮使，各一人。浙江巡撫潘汝楨奏請爲忠賢建祠。倉場總督薛貞言草場火，以忠賢救，得無害。於是頌功德者相繼，諸祠皆自此始矣。

編修吴孔嘉與宗人吴養春有讐，誘養春僕告其主隱占黄山，養春父子瘐死。忠賢遣主事吕下問、評事許志吉先後往徽州籍其家，株蔓殘酷。知府石萬程不忍，削髪去，徽州幾亂。其黨都督張體乾誣揚州知府劉鐸代李承恩謀釋獄，結道士方景陽詛忠賢，鐸竟斬。又以睚眦怨，誣新城侯子錦衣王國興，論斬，並黜主事徐石麒。御史門克新誣吴人顧同寅、孫文豸誄熊廷弼，坐妖言律斬。又逮侍郎王之寀，斃於獄。凡忠賢所宿恨，若韓爌、張問達、何士晉、程註等，雖已去，必削籍，重或充軍，死必追贓破其家。或忠賢偶忘之，其黨必追論前事，激忠賢怒。

當此之時，内外大權一歸忠賢。内豎自王體乾等外，又有李朝欽、王朝輔、孫進、王國泰、梁棟等三十餘人，爲左右擁護。外廷文臣則崔呈秀、田吉、吴淳夫、李夔龍、倪文焕主謀議，號「五虎」。武臣則田爾耕、許顯純、孫雲鶴、楊寰、崔應元主殺僇，號「五彪」。又吏部尚書周應秋、太僕少卿曹欽程等，號「十狗」。又有「十孩兒」、「四十孫」之號。而爲呈秀輩門下者，又不可數計。自内閣、六部至四方總督、巡撫，徧置死黨。心忌張皇后，其年秋，誣后父張國紀縱奴不法，矯中宫旨，冀摇后。帝爲致奴法，而誚讓國紀。忠賢未慊，復使順天府丞劉志選、御史梁夢環交發國紀罪狀，並言后非國紀女。會王體乾危言沮之，乃止。

其冬，三殿成。李永貞、周應秋奏忠賢功，遂進上公，加恩三等。魏良卿時已晉肅寧侯矣，亦晉寧國公，食禄如魏國公例，再加恩廕錦衣指揮使一人，同知一人。工部尚書薛鳳翔奏給賜第。已而太監陶文奏築喜峰隘口成，督師王之臣奏築山海城，刑部尚書薛貞奏大盗王之錦獄，南京修孝陵工竣，甘鎮奏捷，蕃育署丞張永祚獲盗，並言忠賢區畫方略。忠賢又自奏三年緝捕功，詔書褒獎。半歲中，所廕錦衣指揮使四人，同知三人，僉事一人。授其姪希孟世襲錦衣同知，甥傅之琮、馮繼先並都督僉事，而擢崔呈秀弟凝秀爲薊鎮副總兵。名器僭濫，於是爲極。其同類盡鎮薊、遼，山西宣、大諸阨要地。總兵梁柱朝、楊國棟等歲時賂名馬、珍玩勿絶。

七年春，復以崔文昇總漕運，李明道總河道，胡良輔鎮天津。文昇故侍光宗藥，爲東林所攻者也。海内争望風獻諂，諸督撫大吏閻鳴泰、劉詔、李精白、姚宗文等，争頌德立祠，洶洶若不及。下及武夫、賈豎、諸無賴子亦各建祠。窮極工巧，攘奪民田廬，斬伐墓木，莫敢控愬。而監生陸萬齡至請以忠賢配孔子，以忠賢父配啓聖公。

初，潘汝禎首上疏，御史劉之待會藁遲一日，即削籍。而薊州道胡士容以不具建祠文，遵化道耿如杞入祠不拜，皆下獄論死。故天下風靡，章奏無巨細，輒頌忠賢。宗室若楚王華煃，中書朱慎鋆，勳戚若豐城侯李永祚，廷臣若尚書邵輔忠、李養德、曹思誠，總督張我續及孫國楨、張翌明、郭允厚、楊維和、李時馨、汪若極、何廷樞、楊維新、陳維新、陳爾翼、郭如闇、郭希禹、徐溶輩，佞詞累牘，不顧羞恥。忠賢亦時加恩澤以報之。所有疏，咸稱「廠臣」不名。大學士黃立極、施鳳來、張瑞圖票旨，亦必曰「朕與廠臣」，無敢名忠賢者。山東産麒麟，巡撫李精白圖象以聞，立極等票旨云：「廠臣修德，故仁獸至。」其誣罔若此。前後賜奬敕無算，誥命皆擬九錫文。

是年自春及秋，忠賢冒款汪燒餅、擒阿班歹羅銕等功，積廕錦衣指揮使至十有七人。其族孫希孔、希孟、希堯、希舜、鵬程，姻戚董芳名、王選、楊六奇、楊祚昌，皆至左、右都督及都督同知、僉事等官。又加客氏弟光先亦都督。魏撫民又從錦衣改尚寶卿。而忠賢志願猶未極，會袁崇焕奏寧遠捷，忠賢乃令周應秋奏封其從孫鵬翼爲安平伯。再敘三大工功，封從子良棟爲東安侯，加良卿太師，鵬翼少師，良棟太子太保。因徧賚諸廷臣，用呈秀爲兵部尚書兼左都御史，獨絀崇焕功不録。時鵬翼、良棟皆在襁褓中，未能行步也。良卿至代天子饗南北郊，祭太廟。於是天下皆疑忠賢竊神器矣。

帝性機巧，好親斧鋸髹漆之事，積歲不倦。每引繩削墨時，忠賢輩輒奏事。帝厭之，謬曰：「朕已悉矣，汝輩好爲之。」忠賢以是恣威福惟己意。歲數出，輒坐文軒，羽幢青蓋，四馬若飛，鐃鼓鳴鏑之聲，轟隱黄埃中。錦衣玉帶韡袴握刀者，夾左右馳，廚傳、優伶、百戲、輿隸相隨屬以萬數。百司章奏，置急足馳白乃下。所過，士大夫遮道拜伏，至呼九千歲，忠賢顧盼未嘗及也。客氏居宮中，脅持皇后，殘虐宮嬪。偶出歸私第，騶從赫奕照衢路，望若鹵簿。忠賢故騃無他長，其黨日夜教之，客氏爲内主，羣凶煽虐，以是毒痡海内。

七年秋八月，熹宗崩，信王立。王素稔忠賢惡，深自儆備，其黨自危。楊所修、楊維垣先攻崔呈秀以嘗帝，主事陸澄原、錢元愨，員外郎史躬盛遂交章論忠賢，帝猶未發。於是嘉興貢生錢嘉徵劾忠賢十大罪：一並帝，二蔑后，三弄兵，四無二祖列宗，五剋削藩封，六無聖，七濫爵，八掩邊功，九朘民，十通關節。疏上，帝召忠賢，使内侍讀之。忠賢大懼，急以重寶啗信邸太監徐應元求解。應元，故忠賢博徒也。帝知之，斥應元。十一月，遂安置忠賢於鳳陽，尋命逮治。忠賢行至阜城，聞之，與李朝欽偕縊死。詔磔其屍，懸首河間。笞殺客氏於浣衣局。魏良卿、侯國興、客光先等並棄市，籍其家。客氏之籍也，於其家得宮女八人，蓋將效吕不韋所爲，人尤疾之。

崇禎二年命大學士韓爌等定逆案，始盡逐忠賢黨，東林諸人復進用。諸麗逆案者日夜圖報復。其後温體仁、薛國觀輩相繼柄政，潛傾正人，爲翻逆案地。帝亦厭廷臣黨比，復委用中璫。而逆案中阮大鋮等卒肆毒江左，至於滅亡。

查繼佐《罪惟録》列傳卷二九下 魏忠賢，初名進忠，直隸肅甯人也。姓李，妻馮，生女嫁楊六哥矣。湎酒流博，好逐馬，能左右射，射奇中。不識字，猜狠自用，人多以傻子目之。已貧甚，與其妻人自宮，萬曆中選入司禮太監孫暹名下，得内宮監馬謙扶掖，效用甲字庫，漸裕。時光廟在青宮，王才人已舉熹宗，遂夤緣入宮，爲王才人辦膳。太監王安素嚴正，久輔翼太子有勞，太子以屬宮中事。其名下魏朝者，譽進忠於安，安信之。光廟崩，給諫楊漣疏請李選侍移宮，并及進忠，安爲力救。以選侍宮中故有李進忠，遂指爲一人，進忠得不問。

熹宗既立，乳媪客氏者，定興侯二妻也，十八入宮，再踰期而嫠。時輒封奉聖夫人，嘗私朝，與朝對食。進忠間與客氏通，分朝愛，兩人至互爭客氏於乾清宮之暖閣。夜喧，帝起，帝語客氏：「即何向？朕爲汝主之。」客氏故向進忠也。進忠尋與客氏矯逐朝鳳陽，中道縊殺之。朝素與帝卧起，帝不能庇。祖制乾清東西各室五，宮人有名封居之。帝勤爲客氏移乾西，鐘鼓飲食，裀褥鋪設，侈靡踰等，許肩輿往來如妃嬪體，止缺一青紗蓋，即乾清宮前不下。尋改住咸安宮，所爲威儀，中宮與諸貴妃弗及也。出沐，呼殿侍從之盛若雲屯，日三時輟御膳以賜。所居邸接進忠，或暱所私旬日不進，則進忠必促之，帝亦時使入候寒温也。客氏所進膳名老太太膳，帝意頗甘之。則進忠以前故改名忠賢，與王體乾、李永貞及客氏分辨而四，常導帝走馬，亦獵，手刺狐兔爲樂。或竅水作戲，衝丸瀉珠，多出意表，帝爲一笑。帝親鑿削，營小室玉階下，解衣鼓掌，躊躇顧盼，成而喜，喜未幾而棄之。方經營滿志，體乾等奏文書前，帝未嘗聽聲畢，第曰：「好爲之。」忠賢生日，外廷呼祝殊等。諸内壽乾清西丹墀者，帶履擠擊，間有蹋足痛忍必前者，千歲之聲，殷訇若雷。至客氏生日，則閹寺僕僕爲數日不寐矣。

會御史方震孺疏逐客、魏，王安恃先帝顧命，正色出客氏，詰忠賢自新。帝失客氏，爲不食者移日。於是客、魏比西李，必中安。西李者，李選侍也。客氏旋復入宮，而安甫有司禮之命。客、魏居中，嗾言官霍維華劾安，矯旨降南海子

淨軍，而令劉朝提督南海殺安，朝野惜之。天啓元年冬，陞忠賢秉筆。秉筆不識字，歷朝無之，穆廟孟沖、神廟張明及忠賢、孫暹、王朝輔數人而已。詔授客氏子侯國興錦衣衛指揮使，户部仍給田二十頃爲護墳香火。而忠賢以侍衛有功，附敍陵工。言官倪思輝、侯震暘等次第奏劾，皆以傳奉外謫。吏部尚書周嘉謨、大學士劉一燝等坐論救，免。已忠賢諷大學士沈㴶贊上内操，宫中烽火達晝夜。皇子生，震礮不育。言官惠世揚劾㴶，亦被謫。於是御史周宗建，祠林文震孟、鄭鄤，太僕卿滿朝薦等，復直糾忠賢擅制，不報。時鄒元標、馮從吾、孫慎行等講學京師，比魏科臣傅櫆、朱童蒙至擬元標等爲妖黨，致仕歸，尋亦削籍。而霍維華、孫傑等獵京堂，顧秉謙、魏廣微入閣辦事矣。忠賢既殺王安，益肆，設内標萬人，衣甲出入。令内監王進試礮上前，礮裂，進失左手，不可得，幾危上。

三年，忠賢掌東廠，創設立枷，威刦皇親。以錦衣衛田爾耕酷烈可任，加太子太保；許顯純掌北鎮撫。理刑傅繼教、傅應星、陳居□等，招摇訕噏，片語違忤，駕帖立下。忠賢嘗進香涿州，警蹕傳呼，儗於帝駕，道路紛沓，凡達官戲子蹴踘茶廚諸般，不下一二萬人。大輿數百，束玉而爲之，前後鳴鏑之聲，不絶於耳。聲奏簇行，户頂香以迎。夏載冰如山，冬驅火幾百廂也。御前緊要，則李永貞、石元雅、涂文輔等飛聞之。至有狂奔死者，良馬亦爲氣盡。而客氏與忠賢益矯旨誣蠛中宫，至奉御無狀。殺先帝選侍趙氏及帝裕妃張氏，坐馮貴妃詛咒，死於郊天之日；胡貴妃被鴆，以暴疾聞；而成妃李氏革封，絶飲食，幾斃。誣告外戚張國紀，幾危中宫。外戚李承恩荅繫，備受五毒。御史李應昇、黄尊素等交章抗奏，而副都御史楊漣二十四罪之疏入，則盡發其奸。忠賢亦稍動，走結輔臣韓爌爲之地，爌不納。則廣微久附忠賢同籍，爲温〔中缺〕慮漣補牘面奏，勸上不視朝者二日。於〔中缺〕忠賢之疏可六七十，不下數百人，咸不問。屯〔中缺〕燝以請廢銅監中，顯斥忠賢，立斃杖下。御史林汝翥道荅内侍尺者，被逮急，乃亡去，自詣遵化獄，亦就杖幾斃。大學士葉向高與翥同鄉，被騷，予告歸。

廣微乃以己意點次《縉紳》一册，目東林爲邪黨，約六七十人，葉向高、韓爌等。隨有《天鑒録》，於前所點次有增溢，孫承宗、劉一燝、李邦華、孫居相等。次列東林脅從。孫鼎相、徐良彦等。既復作《同志録》，於《天鑒》更有增溢。陳宗器、易應昌、張慎書、惠世揚、賀世壽、張光前等。未幾，復按演義《水滸》小説天罡地煞目色，共一百八人，名爲《點將録》。天罡星托塔天王李三才、及時雨葉向高、浪子錢謙益、聖手書生文震孟、白面郎君鄭鄤、霹靂火惠世揚、大刀楊漣、智多星繆昌期等三十六人。地煞星神機軍師顧大章、旱地忽律游仕任、鼓上蚤汪文言等七十二人。而列不附東林於《天鑒》之後，共五十六人。顧秉謙、魏廣微、馮銓、王紹徽、王永光、霍維華、徐大化、周應秋、崔呈秀、閻鳴泰、王在晉、楊維垣、卓邁、倪文焕、李魯生、吴淳夫、孫國禎、劉廷元、黄克纘、梁夢環、曹欽程等。後皆爲魏黨最烈，日事摘發，諸嚴旨統自秉謙出之。十月，上有事太廟，廣微後至，言官魏大中、李應昇先後直糾之，廣微益恨。自是輒出中旨，凡稍忤魏黨，咸削奪降調，部署一空。或稱中旨非例，〔中缺〕左都御史高攀龍追逮急，赴水死。中書吴養春坐私佔黄山，獄死；妻子不勝追賠，咸縊死。僉都御史周起元，初忤呈秀，用太監李實空印文書，强填罪死，諸不可數。至於發遣削奪，酷追波累，海内驚惶，夜不帖卧。旗較喝噬，血肉零落，偃側不免。尚書趙南星、御史毛士龍並遣戍，陳子壯、陳熙昌、王永光、夏嘉遇、王心一、龔汝楠、高弘圖等並削籍，惠世揚、夏之令、方震孺等詔獄不測。復矯修《三朝要典》，以梃擊、紅丸、移宫爲三案，舛亂是非，用湟衆正。田居副使曹學佺，私草《紀略》，與《要典》殊，輒矯削籍。

上嘗視太學，忠賢踰制僭坐，大臣不復賜茶。祭方澤還，導遊西苑，上與所嬖少璫高永壽、劉中源等手刺小刀爲樂。中流風覆，帝溺，忠賢方與客氏酣別舟，□□人水□淺□起乃起。時救帝者爲中官譚敬，高、劉竟死。□□忠賢□□□□□□□礦盜鞘（闕一百三十多字）忠賢莊田二千□□國公□□□□□□□國生祠滿天下，始於浙之西□□闕壯繆岳武穆□□額曰普德，普惠、德馨、沾恩、隆恩、□□、茂勛、昭□、褒勛、戴德、成德、報德、嘉德、報功、隆仁、顯德、祝恩、榮德、□□、洽恩、懷仁、崇仁、彰德、崇功、存仁、隆德，額名不勝數。像以沉香，綴金珠爲臟腑，竅首簪花。甫上冠，匠偶批其顱許許，小璫至擁肩號，如護父創。順天巡撫劉詔謁像，竟行五拜三叩頭禮。以遵化道耿如松半揖不恭，薊州道胡士容傲不建生祠，順德府推官方之翰爲治清嚴，獨不贊詞事，咸詔獄。監生陸萬齡復請建祠於國學之旁，至云：「孔子成《春秋》，上公作《要典》；孔子誅少正卯，上公殲東林，功德相埒。」温旨許之。遂有張生者，方祖萬齡之議，忽病狂，大呼先賢季路，手批之立刻死。七年，以整理關東功，加恩忠賢三等，蔭弟侄一人錦衣指揮使世襲。三殿告成，加甯國良卿太子太保，代郊天，代享太廟，代填祝版。其襲伯爵錦衣指揮魏□望進秩少師。封魏良棟爲東安伯，魏鵬翼爲安平伯。（下闕）

談遷《國榷》卷八八　東廠太監魏忠賢安置鳳陽。諭曰：「朕聞去惡務盡，馭世之大權；人臣無將，有位之炯戒。我國家明懸三尺，嚴懲大憝，典至重也。

朕覽諸臣屢列逆惡魏忠賢罪狀，俱已洞悉。竊思先帝以左右微勞，稍假恩寵，忠賢不報國酬遇，專逞私殖黨，盜弄國柄，擅作威福，難以枚舉。略數其槩：皇兄懷寧公主生母成妃李氏，假旨革奪，今冤未雪。偪裕妃張氏，立致棄生。借旨將敢諫忠直之臣羅織削奪，又同心腹酷刑嚴拷，誣揑贓私，立斃多命。他若謇諤痛于杖下，柔良苦于立枷。臣民重足。道路以目。而身受三爵，位崇五等，極人臣未有之榮。通同客氏，表裏爲奸。先帝彌留之時，猶叨恩晉秩，亡有紀極。賴祖宗在天之靈，天厭巨惡，神奪其魄，罪狀畢露。朕思忠賢等不止竊攘名器，紊亂刑章。將我祖宗蓄積，貯庫傳國奇珍異寶、金銀等朋比侵盜幾空。本當寸磔，念梓宫在殯，姑置鳳陽。二犯家産，籍没入官。其冒濫宗戚，俱烟瘴永戍。於戲！大奸脱距，國典用彰。苟麗于辟，情罪允孚。」初，上神明自操，忠賢黨盛，莫發其奸。楊維垣首糾崔呈秀，始自相攜貳，猶未刺忠賢也。陸澄源、錢元慤直罪忠賢，至錢嘉徵十大罪乃詳盡。忠賢不勝憤，哭訴于上，上不動。客、魏相倚，知信邸内監徐應元爲上所任，忠賢屈身事之，餽之異寶，結弟兄，告以辭東廠印，應元果爲間。至是謫忠賢鳳陽祖陵司香，命太監張邦詔等籍客、魏家産。

雜録

備録

談遷《棗林雜俎》卷一《魏忠賢》 魏忠賢少飲博無賴，觸忿自閹，猶爲人行汲，客某奇其貌，資直東宫，後柄用，客避去，其名姓無傳焉。萬曆時宫禄不恒給，皇孫苦之。諸閹戲曰：「陛下萬歲，殿下亦萬歲，吾輩待小官家登極，鴻恩有河清耳。」而忠賢獨恭敬，時進飲啖中其欲，及上即位，寵任倒柄，勢熖薰灼，外廷諂附，實繁有徒。閩人某善占字，忠賢召之，書有字，對曰：「一人之下，萬人之上。」問其故，曰：「有字上半天也，下爲日月君臣之象，今月食日，幸肩半天，否則無天矣。」又書囚字，某心知其謬，詭曰：「國内幸賴斯人，如無斯人，國且空矣。」忠賢色喜，某旋遁。

熊廷弼部

綜述

《明史》卷二五九《熊廷弼傳》 熊廷弼，字飛百，江夏人。萬曆二十五年舉鄉試第一，明年成進士，授保定推官，擢御史。

三十六年巡按遼東。巡撫趙楫與總兵官李成梁棄寬奠新疆八百里，徙編民六萬家於內地。已，論功受賞，給事中宋一韓論之。下廷弼覆勘，具得棄地驅民狀，劾兩人罪，及先任按臣何爾健、康丕揚黨庇。疏竟不下。時有詔興屯，廷弼言遼多曠土，歲於額軍八萬中以三分屯種，可得粟百三十萬石。帝優詔褒美，命推行於諸邊。邊將好擣巢，輒生釁端。廷弼言防邊以守爲上，繕垣建堡，有十五利，奏行之。歲大旱，廷弼行部金州，禱城隍神，約七日雨，不雨毀其廟。及至廣寧，踰三日，大書白牌，封劍，使使往斬之。未至，風雷大作，雨如注，遼人以爲神。在遼數年，杜餽遺，核軍實，按劾將吏，不事姑息，風紀大振。

督學南畿，嚴明有聲。以杖死諸生事，與巡按御史荆養喬相訐奏。養喬投劾去，廷弼亦聽勘歸。

四十七年，楊鎬既喪師，廷議以廷弼熟邊事，起大理寺丞兼河南道御史，宣慰遼東。旋擢兵部右侍郎兼右僉都御史，代鎬經略。未出京，開原失，廷弼上言：「遼左，京師肩背，河東，遼鎮腹心，開原又河東根本。欲保遼東則開原必不可棄。敵未破開原時，北關、朝鮮猶足爲腹背患，今已破開原，北關不敢不服，遣一介使，朝鮮不敢不從。既無腹背憂，必合東西之勢以交攻，然則遼、瀋何可守也？乞速遣將士，備芻糧，修器械，毋窘臣用，毋緩臣期，毋中格以沮臣氣，毋旁撓以掣臣肘，毋獨遺臣以艱危，以致悞臣，悞遼，兼悞國也。」疏入，悉報允，且賜尚方劍重其權。甫出關，鐵嶺復失，瀋陽及諸城堡軍民一時盡竄，遼陽洶洶。廷弼兼程進，遇逃者，諭令歸。斬逃將劉遇節、王捷、王文鼎，以祭死節士。誅貪將陳倫，劾罷總兵官李如楨，以李懷信代。督軍士造戰車，治火器，濬濠繕城，爲守禦計。令嚴法行，數月守備大固。乃上方略，請集兵十八萬，分布靉陽、清河、撫順、柴河、三岔兒、鎮江諸要口，首尾相應，小警自爲堵禦，大敵互爲應援。更挑精悍者爲遊徼，乘間掠零騎，擾耕牧，更番迭出，使敵疲於奔命，然後相機進剿。疏入，帝從之。

廷弼之初抵遼也，令僉事韓原善往撫瀋陽，憚不肯行。繼命僉事閻鳴泰，至虎皮驛慟哭而返。廷弼乃躬自巡歷，自虎皮驛抵瀋陽，復乘雪夜赴撫順。總兵賀世賢以近敵沮之，廷弼曰：「冰雪滿地，敵不料我來。」鼓吹入。時兵燹後，數百里無人跡，廷弼祭諸死事者而哭之。遂耀兵奉集，相度形勢而還。所至招流移，繕守具，分置士馬，由是人心復固。

廷弼身長七尺，有膽知兵，善左右射。自按遼即持守邊議，至是主守禦益堅。然性剛負氣，好謾罵，不爲人下，物情以故不甚附。

明年五月，我大清兵略地花嶺。六月略王大人屯。八月略蒲河。將士失亡七百餘人，諸將世賢等亦有斬獲功。而給事中姚宗文騰謗於朝，廷弼遂不安其位。宗文者，故户科給事中，丁憂歸。還朝，欲補官，而吏部題請諸疏率數年不下，宗文患之，假招徠西部名，屬當事薦己。疏屢上，不得命。宗文計窮，致書廷弼，令代請。廷弼不從，宗文由是怨。後夤緣復吏科，閲視遼東士馬，與廷弼議多不合。遼東人劉國縉先爲御史，坐大計謫官。遼事起，廷議用遼人，遂以兵部主事贊畫軍務。國縉主募遼人爲兵，所募萬七千餘人，逃亡過半。廷弼聞於朝，國縉亦怨。廷弼爲御史時，與國縉、宗文同在言路，意氣相得，並以排東林、攻道學爲事。國縉輩以故意望廷弼，廷弼不能如前，益相失。宗文故出國縉門下，兩人益相比，而傾廷弼。及宗文歸，疏陳遼土日蹙，詆廷弼廢羣策而雄獨智，且曰：「軍馬不訓練，將領不部署，人心不親附，刑威有時窮，工作無時止。」復鼓其同類攻擊，欲必去之。御史顧慥首劾廷弼出關踰年，漫無定畫；蒲河失守，匿不上聞；荷戈之士徒供挑濬，尚方之劍逞志作威。

當是時，光宗崩，熹宗初立，朝端方多事，而封疆議起。御史馮三元劾廷弼無謀者八，欺君者三，謂不罷，遼必不保。詔下廷議。廷弼憤，抗疏極辨，且求罷。而御史張修德復劾其破壞遼陽，廷弼益憤，再疏自明，云「遼已轉危爲安，臣且之生致死」。遂繳還尚方劍，力求罷斥。給事中魏應嘉復劾之。朝議允廷弼去，以袁應泰代。廷弼乃上疏求勘，言：「遼師覆没，臣始驅羸卒數千，踉蹌出關，至杏山，而鐵嶺又失。廷臣咸謂遼必亡，而今且地方安堵，舉朝帖席，此非不操練，不部署者所能致也。若謂擁兵十萬，不能斬將擒王，誠臣之罪。然求此於

今日，亦豈易言。令箭催而張帥殞命，馬上催而三路喪師，臣何敢復蹈前軌。」

三元、應嘉、修德等復連章極論，廷弼即請三人往勘。帝從之。御史吳應奇，給事中楊漣等力言不可，乃改命兵科給事中朱童蒙往。廷弼復上疏曰：「臣蒙恩回籍聽勘，行矣。但臺省責臣以破壞之遼遺他人，臣不得不一一陳之於上。今朝堂議論，全不知兵。冬春之際，敵以冰雪稍緩，鬨然言師老財匱，馬上促戰。及軍敗，始愀然不敢復言。比臣收拾甫定，而愀然者又復鬨然責戰矣。自有遼難以來，用武將，用文吏，何非臺省所建白，何嘗有一效。疆場事，當聽疆場吏自爲之，何用拾帖括語，徒亂人意，一不從，輒怫然怒哉！」及童蒙還奏，備陳廷弼功狀，末言：「臣入遼時，士民垂泣而道，謂數十萬生靈皆廷弼一人所留，其罪何可輕議？獨是廷弼受知最深，蒲河之役，敵攻瀋陽，策馬趨救，何其壯也；及見官兵駑弱，遽爾乞骸以歸，將置君恩何地。廷弼功在存遼，微勞雖有可紀；罪在負君，大義實無所逃。此則罪浮於功者矣。」帝以廷弼力保危城，仍議起用。

天啓元年，瀋陽破，應泰死，廷臣復思廷弼。給事中郭鞏力詆之，并及閣臣劉一燝。及遼陽破，河西軍民盡奔，自塔山至閭陽二百餘里，烟火斷絶，京師大震。一燝曰：「使廷弼在遼，當不至此。」御史江秉謙追言廷弼保守危遼功，兼以排擠勞臣爲鞏罪。帝乃治前劾廷弼者，貶三元、修德、應嘉、鞏三秩，除宗文名。御史劉廷宣救之，亦被斥。乃復詔起廷弼於家，而擢王化貞爲巡撫。

化貞，諸城人，萬曆四十一年進士。由户部主事歷右參議，分守廣寧。蒙古炒花諸部長乘機窺塞下，化貞撫之，皆不敢動。朱童蒙勘事還，極言化貞得西人心，勿輕調，隳撫事。化貞亦言遼事將壞，惟發帑金百萬，亟款西人，則敵顧忌不敢深入。會遼、瀋相繼亡，廷議將起廷弼，御史方震孺請加化貞秩，便宜從事，令與薛國用同守河西。乃進化貞右僉都御史，巡撫廣寧。廣寧城在山隈，登山可俯瞰城内，恃三岔河爲阻，而三岔之黄泥窪又水淺可涉。廣寧止孱卒千，化貞招集散亡，復得萬餘人。激厲士民，聯絡西部，人心稍定。遼陽初失，遠近震驚，謂河西必不能保。化貞提弱卒，守孤城，氣不懾，時望赫然。中朝亦謂其才足倚，悉以河西事付之。而化貞又以登、萊、天津兵可不設，諸鎮入衛兵可止。當事益信其有才，所奏請輒報可。時金、復諸衛軍民及東山礦徒，多結砦自固，以待官軍。其逃入朝鮮者，亦不下二萬。化貞請鼓舞諸人，優以爵禄，俾自奮於功名；詔諭朝鮮，褒以忠義，勉之同仇。帝亦從之。

至六月，廷弼入朝，首請免言官貶謫，帝不可。乃建三方布置策： 廣寧用馬步列壘河上，以形勢格之，綴敵全力；天津、登、萊各置舟師，乘虚入南衛，動摇其人心，敵必内顧，而遼陽可復。於是登、萊議設巡撫如天津，以陶朗先爲之；而山海特設經略，節制三方，一事權。遂進廷弼兵部尚書，兼右副都御史，駐山海關，經略遼東軍務。廷弼因請尚方劍，請調兵二十餘萬，以兵馬、芻糗、器械之屬責成户、兵、工三部。白監軍道臣高出、胡嘉棟，督餉郎中傅國無罪，請復官任事。議用遼人故贊畫主事劉國縉爲登萊招練副使，夔州同知佟卜年爲登萊監軍僉事，故臨洮推官洪敷教爲職方主事，軍前贊畫，用收拾遼人心，並報允。七月，廷弼將啓行，帝特賜麒麟服一，彩幣四，宴之郊外，命文武大臣陪餞，異數也。又以京營選鋒五千護廷弼行。

先是，袁應泰死，薛國用代爲經略，病不任事。化貞乃部署諸將，沿河設六營，營置參將一人，守備二人，畫地分守。西平、鎮武、柳河、盤山諸要害，各置戍設防。議既上，廷弼不謂然，疏言：「河窄難恃，堡小難容，今日但宜固守廣寧。若駐兵河上，兵分則力弱。敵輕騎潛渡，直攻一營，力必不支。一營潰，則諸營俱潰，西平諸戍亦不能守。河上止宜置遊徼兵，更番出入，示敵不測，不宜屯聚一處，爲敵所乘。自河抵廣寧，止宜多置烽堠；西平諸處止宜稍置戍兵，爲傳烽哨探之用。而大兵悉聚廣寧，相度城外形勢，掎角立營，深壘高柵以俟。蓋遼陽去廣寧三百六十里，非敵騎一日能到，有聲息，我必預知。斷不宜分兵防河，先爲自弱之計也。」疏上，優旨褒答。會御史方震孺亦言防河六不足恃，議乃寢。而化貞以計不行，愠甚，盡委軍事於廷弼。廷弼乃請申諭化貞，不得藉口節制，坐失事機。先是，四方援遼之師，化貞悉改爲「平遼」，遼人多不悦。廷弼言：「遼人未叛，乞改爲『平東』或『征東』，以慰其心。」自是化貞與廷弼有隙，而經、撫不和之議起矣。

八月朔，廷弼言：「三方建置，須聯絡朝鮮。請亟發敕使往勞彼國君臣，俾盡發八道之師，連營江上，助我聲勢。又發詔書憫恤遼人之避難彼國者，招集團練，別爲一軍，與朝鮮軍合勢。而我使臣即權駐義州，控制聯絡，俾與登、萊聲息相通，於事有濟。更宜發銀六萬兩，分犒朝鮮及遼人，而臣給與空名劄付百道，俾承制拜除。其東山礦徒能結聚千人者，即署都司；五百人者，署守備。將一呼立應，而一二萬勁兵可立致也。」因薦監軍副使梁之垣生長海濱，習朝鮮事，可充命使。帝立從之，且命如行人奉使故事，賜一品服以寵其行。之垣乃列上重事權、定職掌八事，帝亦報可。

之垣方與所司議兵餉，而化貞所遣都司毛文龍已襲取鎮江，奏捷。舉朝大喜，亟命登、萊、天津發水師二萬應文龍，化貞督廣寧兵四萬進據河上，合蒙古軍乘機進取，而廷弼居中節制。命既下，經、撫各鎮互觀望，兵不果進。頃之，化貞備陳東西情形，言：「敵棄遼陽不守，河東失陷將士日夜望官軍至，即執敵將以降。而西部虎墩兔、炒花咸願助兵。敵兵守海州不過二千，河上止遼卒三千。若潛師夜襲，勢在必克。敵南防者聞而北歸，我據險以擊其惰，可盡也。」兵部尚書張鶴鳴以爲然，奏言時不可失。御史徐卿伯復趣之，請令廷弼進駐廣寧，薊遼總督王象乾移鎮山海。會化貞復馳奏：「敵因官軍收復鎮江，遂驅掠四衛屯民。屯民據鐵山死守，傷敵三四千人，敵圍之益急，急宜赴救。」於是兵部愈促進師。化貞即以是月渡河。廷弼不得已出關，次右屯，而馳奏海州取易守難，不宜輕舉。化貞卒無功而還。

化貞爲人騃而愎，素不習兵，輕視大敵，好謾語。文武將吏進諫悉不入，與廷弼尤牴牾。妄意降敵者李永芳爲內應，信西部言，謂虎墩兔助兵四十萬，遂欲以不戰取全勝。一切士馬、甲仗、糗糧、營壘俱置不問，務爲大言罔中朝。尚書鶴鳴深信之，所請無不允，以故廷弼不得行其志。廣寧有兵十四萬，而廷弼關上無一卒，徒擁經略虛號而已。廷綏入衛兵不堪用，廷弼請罪其帥杜文煥，鶴鳴議寬之。廷弼請用卜年，鶴鳴上駁議。廷弼奏遣之垣，鶴鳴故稽其餉。兩人遂相怨，事事齟齬。而廷弼亦褊淺剛愎，有觸必發，盛氣相加，朝士多厭惡之。

毛文龍鎮江之捷，化貞自謂發蹤奇功。廷弼言：「三方兵力未集，文龍發之太早，致敵恨遼人，屠戮四衛軍民殆盡，灰東山之心，寒朝鮮之膽，奪河西之氣，亂三方並進之謀，誤屬國聯絡之算，目爲奇功，乃奇禍耳。」貽書京師，力詆化貞。朝士方以鎮江爲奇捷，聞其言，亦多不服。廷弼又顯詆鶴鳴，謂：「臣既任經略，四方援軍宜聽臣調遣，乃鶴鳴徑自發戍，不令臣知。七月中，臣咨部問調軍之數，經今兩月，置不答。臣有經略名，無其實，遼左事惟樞臣與撫臣共爲之。」鶴鳴益恨。至九月，化貞猶言虎墩兔兵四十萬且至，請速濟師。廷弼言：「撫臣恃西部，欲以不戰爲戰計。西部與我，進不同進。彼入北道，我入南道，相距二百餘里。敵分兵來應，亦須我自撐拒。臣未敢輕視敵人，謂可不戰勝也。臣初議三方布置，必使兵馬、器械、舟車、芻茭無一不備，而後剋期齊舉，進足戰，退亦足以守。今臨事中亂，雖樞臣主謀於中，撫臣決策於外，卜一舉成功，而臣猶有萬一不必然之慮也。」既而西部竟不至，化貞兵亦不敢進。

廷弼既與化貞隙，中朝右化貞者多詆廷弼。給事中楊道寅謂出、嘉棟不宜用。御史徐景濂極譽化貞，刺廷弼，詆之垣逍遥故鄉，不稱任使。御史蘇琰則言廷弼宜駐廣寧，不當遠駐山海，因言登、萊水師無所用。廷弼怒，抗疏力詆三人。帝皆無所問。而帝於講筵忽問：「卜年係叛族，何擢僉事？國縉數經論列，何起用？嘉棟立功贖罪，何在天津？」廷弼知左右譖之，抗疏辨，語頗憤激。

是時，廷弼主守，謂遼人不可用，西部不可恃，永芳不可信，廣寧多間諜可虞。化貞一切反之，絕口不言守，謂我一渡河，河東人必內應。且騰書中朝，言仲秋之月，可高枕而聽捷音。識者知其必僨事，以疆埸事重，無敢言其短者。

至十月，冰合，廣寧人謂大清兵必渡河，紛然思竄。化貞乃與震孺計，分兵守鎮武、西平、閭陽、鎮寧諸城堡，而以大軍守廣寧。鶴鳴亦以廣寧可慮，請敕廷弼出關。廷弼上言：「樞臣第知經略一出，足鎮人心；不知徒手之經略一出，其動摇人心更甚。且臣駐廣寧，化貞駐何地？鶴鳴責經、撫協心同力，而樞臣與經臣獨不當協心同力乎？爲今日計，惟樞部俯同於臣，臣始得爲陛下任東方事也。」其言甚切至，鶴鳴益不悦。廷弼乃復出關，至右屯，議以重兵內護廣寧，外扼鎮武、閭陽。乃令劉渠以二萬人守鎮武，祁秉忠以萬人守閭陽。又令羅一貫以三千人守西平。復申令曰：「敵來，越鎮武一步者，文武將吏誅無赦。敵至廣寧而鎮武、閭陽不夾攻，掠右屯餉道而三路不救援者，亦如之。」

部署甫定，化貞又信諜者言，遽發兵襲海州，旋亦引退。廷弼乃上言：「撫臣之進，及今而五矣。八、九月間屢進屢止，猶未有疏請也。若十月二十五日之役，則拜疏輒行者也。臣疾趨出關，而撫臣歸矣。西平之會，相與協心議守，犄角設管，而進兵之書又以晦日至矣。撫臣以十一月二日赴鎮武，臣即以次日赴杜家屯，比至中途，而軍馬又遣還矣。初五日，撫臣又欲以輕兵襲牛莊，奪馬圈守之，爲明年進兵門户。時馬圈無一敵兵，即得牛莊，我不能守，敵何損，我何益？會將吏力持不可，撫臣亦怏怏回矣。兵屢進屢退，敵已窺盡伎倆，而臣之虛名亦以輕出而損。願陛下明諭撫臣，慎重舉止，毋爲敵人所笑。」化貞見疏不悦，馳奏辨。且曰：「願請兵六萬，一舉蕩平。臣不敢貪天功，但厚賚從征將士，遼民賜復十年，海內得免加派，臣願足矣。即有不稱，亦必殺傷相當，敵不復振，保不爲河西憂。」因請便宜行事。

時葉向高復當國，化貞座主也，頗右之。廷臣惟太僕少卿何喬遠言宜專守廣寧，御史夏之令言蒙古不可信，款賞無益，給事中趙時用言永芳必不可信，與

廷弼合。餘多右化貞，令毋受廷弼節制。而給事中李精白欲授化貞尚方劍，得便宜操縱。孫杰劾一熿以用出、嘉棟、卜年爲罪，而言廷弼不宜駐關內。廷弼憤，上言：「臣以東西南北所欲殺之人，而適遘事機難處之會。諸臣能爲封疆容則容之，不能爲門户容則去之，何必内借閣部，外借撫道以相困。」又言：「經、撫不和，恃有言官。言官交攻，恃有樞部。樞部佐鬭，恃有閣臣。臣今無望矣。」帝以兩臣争言，遣兵部堂官及給事中各一人往諭，抗違不遵者治罪。命既下，廷臣言遣官不便，乃下廷臣集議。

初，廷弼之出關也，化貞慮奪己兵權，佯以兵事委廷弼。廷弼上言：「臣奉命控扼山海，非廣寧所得私，撫臣不宜卸責於臣。」會震孺奏經、撫不和，中有化貞心慵意懶語，廷弼據以刺化貞，化貞益不悦。及化貞請一舉蕩平，廷弼乃言：「宜如撫臣約，亟罷臣以鼓士氣。」

當是時，中外舉知經、撫不和，必悞疆事，章日上。而鶴鳴篤信化貞，遂欲去廷弼。二年正月，員外郎徐大化希指劾廷弼大言罩世，嫉能妬功，不去必壞遼事。疏并下部，鶴鳴乃集廷臣大議。議撤廷弼者數人，餘多請分任責成。鶴鳴獨言化貞一去，毛文龍必不用命，遼人爲兵者必潰，西部必解體，宜賜化貞尚方劍，專委以廣寧，而撤廷弼他用。議上，帝不從，責吏、兵二部再奏。會大清兵逼西平，遂罷議，仍兼任二臣，責以功罪一體。

無何，西平圍急。化貞信中軍孫得功計，盡發廣寧兵，畀得功及祖大壽往會秉忠進戰。廷弼亦馳檄渠撤營赴援。二十二日遇大清兵平陽橋。鋒始交，得功及參將鮑承先等先奔，鎮武、閭陽兵遂大潰，渠、秉忠戰没沙嶺，大壽走覺華島。西平守將一貫待援不至，與參將黑雲鶴亦戰歿。廷弼已離右屯，次閭陽。參議邢慎言勸急救廣寧，爲僉事韓初命所沮，遂退還。時大清兵頓沙嶺不進。化貞素任得功爲腹心，而得功潛降於大清，欲生縛化貞以爲功，訛言敵已薄城。城中大亂奔走，參政高邦佐禁之，不能止。化貞方闔署理軍書，不知也。參將江朝棟排闥入，化貞怒呵之。朝棟大呼曰：「事急矣，請公速走。」化貞莫知所爲。朝棟掖之出上馬，二僕人徒步從，遂棄廣寧，踉蹌走，與廷弼遇大凌河。化貞哭，廷弼微笑曰：「六萬衆一舉蕩平，竟何如？」化貞慚，議守寧遠及前屯。廷弼曰：「嘻，已晚，惟護潰民入關可耳。」乃以己所將五千人授化貞爲殿，盡焚積聚。二十六日偕初命護潰民入關。化貞、出、嘉棟先後入，獨邦佐自經死。得功率廣寧叛將迎大清兵入廣寧，化貞逃已兩日矣。大清兵追逐化貞等二百里，不得食，乃還。報至，京師大震。鶴鳴恐，自請視師。

二月逮化貞，罷廷弼聽勘。四月，刑部尚書王紀、左都御史鄒元標、大理寺卿周應秋等奏上獄詞，廷弼、化貞並論死。後當行刑，廷弼令汪文言賄内廷四萬金祈緩，既而背之。魏忠賢大恨，誓速斬廷弼。及楊漣等下獄，誣以受廷弼賄，甚其罪。已，邏者獲市人蔣應暘，謂與廷弼子出入禁獄，陰謀叵測。忠賢愈欲速殺廷弼，其黨門克新、郭興治、石三畏、卓邁等遂希指趣之。會馮銓亦憾廷弼，與顧秉謙等侍講筵，出市刊《遼東傳》譖於帝曰：「此廷弼所作，希脱罪耳。」帝怒，遂以五年八月棄市，傳首九邊。已，御史梁夢環謂廷弼侵盜軍資十七萬。御史劉徽謂廷弼家資百萬，宜籍以佐軍。忠賢即矯旨嚴追，罄貲不足，姻族家俱破。江夏知縣王爾玉責廷弼子貂裘珍玩，不獲，將撻之，其長子兆珪自剄死，兆珪母稱冤，爾玉去其兩婢衣，撻之四十。遠近莫不嗟憤。

崇禎元年詔免追贓。其秋，工部主事徐爾一訟廷弼冤，曰：

廷弼以失陷封疆，至傳首陳尸，籍産追贓。而臣考當年，第覺其罪無足據，而勞有足矜也。廣寧兵十三萬，糧數百萬，盡屬化貞。廷弼止援遼兵五千人，駐右屯，距廣寧四十里耳。化貞忽同三四百萬遼民一時盡潰，廷弼五千人，不同潰足矣，尚望其屹然堅壁哉！廷弼罪安在？化貞仗西部，廷弼云「必不足仗」。化貞信李永芳内附，廷弼云「必不足信」。無一事不力争，無一言不奇中，廷弼罪安在？且屢疏争各鎮節制不行，屢疏争原派兵馬不與。徒擁虚器，抱空名，廷弼罪安在？唐郭子儀、李光弼與九節度師同潰，自應收潰兵扼河陽橋，無再往河陽坐待思明縛去之理。今計廣寧西，止關上一門限，不趣扼關門何待？史稱慕容垂一軍三萬獨全，亦無再駐淝水與晉人決戰之理。廷弼能令五千人不散，至大凌河付與化貞，事政相類，寧得與化貞同日道乎！

所謂勞有足矜者：當三路同時陷没，開、鐵、北關相繼奔潰，廷弼經理不及一年，俄進築奉集、瀋陽，俄進屯虎皮驛，俄迎扼敵兵於横河上，於遼陽城下鑿河列栅埋礮，屹然樹金湯。令得竟所施，何至舉榆口關外拱手授人！而今俱抹摋不論，乃其所由必死則有故矣。其才既籠蓋一時，其氣又陵厲一世，揭辯紛紛，致攖衆怒，共起殺機，是則所由必殺其軀之道耳。當廷弼被勘被逮之時，天日輒爲無光，足明其冤。乞賜昭雪，爲勞臣勸。

不從。明年五月，大學士韓爌等言：

廷弼遺骸至今不得歸葬，從來國法所未有。今其子疏請歸葬，臣等擬票許之。蓋國典皇仁，並行不悖，理合如此。若廷弼罪狀始末，亦有可言。皇祖朝，戊申己酉間，廷弼以御史按遼東，早以遼患爲慮，請核地界，飭營伍，聯絡南、北關。大聲疾呼，人莫爲應。十年而驗若左券，其可言者一。戊午己未，楊鎬三路喪師，撫順、清河陷没。皇祖用楊鶴言，召起廷弼代鎬。一年餘，修飭守具，邊患稍寧。會皇祖賓天，廷議以廷弼無戰功，攻使去，使袁應泰代，四閱月而遼亡。使廷弼在，未必至此，其可言者二。遼陽既失，先帝思廷弼言，再起之田間，復任經略。化貞主戰，廷弼主守，羣議皆是化貞。廷弼屢言玩師必敗，奸細當防，莫有聽者。徘徊躑躅，以五千人駐右屯，化貞兵十三萬駐廣寧。廣寧潰，右屯乃與俱潰，其可言者三。

假令廷弼於此時死守右屯，捐軀殉封疆，豈非節烈奇男子。不然，支撑寧、前、錦、義間，扶傷救敗，收拾殘黎，猶可圖桑榆之效。乃倉皇風鶴，偕化貞並馬入關。其意以我固嘗言之，言而不聽，罪當末減。此則私心短見，殺身以此，殺身而無辭公論，亦以此。傳首邊庭，頭足異處，亦足爲臨難鮮忠者之戒矣。然使誅廷弼者，按封疆失陷之條，偕同事諸臣，一體伏法，廷弼九原目瞑。乃先以賄贓拷坐楊漣、魏大中等，作清流陷阱；既而刊書惑衆，借題曲殺。身死尚懸坐贓十七萬，辱及妻孥，長子兆珪迫極自刎。斯則廷弼死未心服，海内忠臣義士亦多憤惋竊歎者，特以「封疆」二字，噤不敢訟陳皇上之前。

臣等平心論之，自有遼事以來，誆官營私者何算。廷弼不取一金錢，不通一饋問，焦唇敝舌，争言大計。魏忠賢盗竊威福，士大夫靡然從風。廷弼以長繫待決之人，屈曲則生，抗違則死，乃終不改其强直自遂之性，致獨膺顯戮，慷慨赴市，耿耿剛腸，猶未盡泯。今縱不敢深言，而傳首已踰三年，收葬原無禁例，聖明必當垂仁。臣所以娓娓及此者，以兹事雖屬封疆，而實陰繫朝中邪正本末。皇上天縱英哲，或不以臣等爲大謬也。

詔許其子持首歸葬。五年，化貞始伏誅。

查繼佐《罪惟録》列傳一〇下　熊廷弼，號芝岡，湖廣江夏人。少强記，牧牛讀書。高襟偉辯，負膂力，能左右射。萬曆丁酉鄉試第一。戊戌成進士，司理保定。時稅監王虎枉盗礦多人，極鍛錬，虎參隨亦以他事在禁。撫按以獄屬廷弼治，虎飲廷弼酒，語次及參隨，廷弼曰：「公肅客以此乎？」虎語塞。乃問虎：「礦絶否？」曰：「久絶矣。」「何不撤礦？」曰：「即行之不二年也。」「然則臣廷弼老不任哉？」曰：「三十未老也。」廷弼曰：「礦絶何利礦？而公論撓礦不休！天子久厭之矣。臣今撓礦必被論，然榮於百薦牘。臣未老，必復用，而公則危。」虎悟，釋三百人，而廷弼亦釋參隨以報，兩人遂相得，卒請撤礦，上從之。

以能擢監察御史。時給諫宋一□劾遼東巡撫趙楫及甯遠伯成梁棄地罪，命廷弼往勘。會張燁代稅鹽高淮，與廷弼先後出。廷弼密授意甯前道，使稅者騷之。燁懼反走，遇廷弼薊州。廷弼恐之曰：「稅不罷則遼必叛，遼叛是淮以禍遺公也，不如合辭請罷稅善。」果得請。稅罷，出關，諸役方即迓，輒勾得其奸利者，戍配數十人，而軍餘避役賄大吏爲舍人者，咸聞風去。相沿總兵責其營役錢，貧富差，廷弼革其十之九以實伍。謝騶從過半，以數騎冒雪出勘。至撫順關，觀碑界訖，建州以中軍入謁，慰之曰：「吾不攜一兵，此意知之乎？」建州遂以五百騎入衛，所進酒輒飲之。諸騎嚙指曰：「大帥乃不疑我！」上言楫、成梁可斬者八，二人以奥援，不報。

當是時，建兵已吞南關，結歡西鹵，使東圖北關，亦西犯邊，壞欵議，使我不暇東顧，以希得志於遼。廷弼曰：「是當反其計用之。」親北關以樹其仇；撫西鹵以代其羽翼；召南關灰扒諸部，以攜其腹心，斷其手足。而是時插漢適盗薊邊，總督王象乾檄遼撫李植、總兵杜松搗其巢牽之。松夜出塞無所得，則殺屬夷百數十人，以哈流兔捷聞。廷弼頓足曰：「敵方嗾鹵與我難，而更挑之乎？」上書請易帥，不報。於是拱兔修哈流兔之怨，陷大勝堡，屢入，殺數千百人，而沿邊欵鹵皆洶洶。建師因結宰賽侵北關，開原益危。廷弼親巡開原，爲北關解宰賽怨，皆感服。乃大修邊，自坌河歷遼瀋，汛懿鐵開，抵北關七百餘里，而甃清河等七城，不經督撫請命，不費縣官金錢，而事辦。復上疏，請修西河邊六百里。上曰：「盡如此御史，吾何憂！」會楊鎬以遼撫出代李植，廷弼復上疏曰：「臣惟遼左今日之患，莫大於無人。連年受鹵擄拾無遺，族屬被殘，而補軍不得；田土抛廢，而徵糧不得。補軍不得，則墩軍盡，不得不佐以堡軍。堡軍盡，不得不佐以營軍，而營軍又漸盡矣。徵糧不得，則額糧虧，軍食必乏。軍食乏，京運自不得不多，而京運且不至矣。自邊臣好邊功以開釁，棄邊人以償仇，而本務不修，以人予鹵。則今日存遼之計，當以保人爲第一義。而保人之計，莫先於實内與固外。實内之事非一，屯田積貯爲大。固外之事非一，修邊併堡爲大。高城深池，息民養士，外固封宇，内務農田，蠲其煩苛，簡其文法，鹵來則拒，去則弗追。總

之，據險而坐以困之，不遠出以倖功，任其去來順逆，我皆待之於境內，握之於尊俎，而欸戰之權無一不自我操之。」因備陳修邊築堡之利十有五，以爲用守爲戰，所以存遼。而復有三幸五懼之説，微侵撫臣。於是與楊鎬交相駁，議遂寢。還督學應天，坐勘家居。

四十五年，撫順清河連破，四道之師皆没，京師大震。亟起廷弼大理丞兼御史，宣慰遼東。而開原復破，殺掠數萬，事益急。立陞兵部右侍郎兼僉都御史，經略遼東，隨四蒼頭出關。而鐵嶺敗信復至，廷弼乘夜趨三岔河。時遼陽且空城逃，廷弼執倡逃在籍知州李尚皓等，斬逃將劉遇節、王捷、王文鼎，并籍最貪參將陳險之家，戮之以狥。於是諸將股栗，積惰俱起。顧城中自三路敗後，精鋭皆盡，潰卒僅三萬人，鎧仗不具。所募南衞新兵萬人，輒散去。而掘濠防瀋者，聞北關破，盡棄鋤钁走，軍中日數驚。或請撤瀋衞遼，廷弼曰：「徒示弱速敵，無濟也。」乃僞爲裹糧欲進狀，敵聞之，疑不進。於是乘間濬濠練軍爲守禦計。乃上言曰：「今日制敵之説有三：一曰恢復，一曰進剿，一曰固守。顧以此時驟云恢剿，臣知其難，不如分布要害，以守爲戰之得策也。爲靉陽，爲清河，爲撫順，爲柴路，三岔河間俱當設重兵，主將一，裨將十五，士卒三萬，使各路自爲一，分合奇正，以當一面。而鎮江南障四衞，東顧朝鮮，當設副將一，裨將八，士卒二萬，夾鴨緑而守，與四路總爲一，分合奇正，以成全局。無警就彼操練，小警自爲堵禦，大敵互相應援。又復出偏師迭擾，妨其耕牧，疲敵於奔命，見可而進，知難而止。而又宿兵二萬，遼陽駐防，以壯中堅；存兵一萬海州三岔河，以備後勁；留防海運兵一萬以杜南侵。計用兵一十八萬，步騎半之。諜後金改元稱號，并有西關灰扒、魚皮島、剌惡古里，弓知慣河、伊難一帶，海東諸處又收集開鐵兵萬人，計兵已近十萬，應以十八萬，非侈也。十八萬人，計餉三百二十萬，糧百八萬石，馬九萬匹，計荳九十七萬二千石，草二千一百六十萬束，責成兵部、户部督撫各省鎮通盤合濟，而以守爲戰之局成。」上勅行之。且大修城，親至撫順關示規畫進兵狀。將軍賀世賢曰：「此久委敵，微卒且不敢往，勿輕。」廷弼曰：「吾疑之，以使敵自備，暇我三月，工可竣也。」城完，又以四路惟撫順坦直，距瀋陽、奉集各六七百里，於是復城奉集，而命世賢以三萬人守瀋，柴國柱以二萬人守奉集。敵大入，兩軍扼之，互有殺傷，竟不能西越。

光宗即位，下璽書勞苦。廷弼方巡奉集，而敵十萬至瀋陽，廷弼擐甲難却之。會光宗崩，給諫姚宗文請欸西鹵，察北關遺裔，閱視遼東。廷弼曰：「講不足恃。」與宗文忤。而諸在事劉國縉、閻鳴泰、韓原善皆與廷弼相左，蜚語徧京師。於是御史馮三元、張修德、給事中魏應嘉交章論廷弼。廷弼抗疏力辯，即請三臣出勘。言官以劾者勘可劾者非體，乃令給陳朱童蒙往，還報，稱廷弼守遼瀋功。廷弼歸待後命，以袁應泰代之。天啓元年，御史周宗建等交章訟廷弼勞當起，兵部亦言：「廷弼在遼，修城濬濠，嚴戍防，布火器，復奉集、瀋陽二空城，還爲重鎮，官軍士民皆垂泣遮道訴，遼陽數十萬生靈皆廷弼所留，誠如諫官言。」大學士劉一燝擬旨報可。時黨事紛勝，給事郭鞏劾一燝私廷弼，而御史江秉謙又劾鞏，下廷議。會邊警益急，起廷弼兵部添註右侍郎，趣入朝。未至，而遼陽失。

熹宗怒，謫郭鞏於外，須廷弼急。時已用甯前道王化貞爲廣甯巡撫。化貞恢譎自喜，疎不識機事，大言：「我兵不必多，有西鹵百萬在，西兵可無調；有布衣孫得功子弟兵在，過河可無戰；有李永芳内應在，餉可無轉輸；有河東粟麥在，第得三萬人渡河，敵可不勞而致戲下也。」當事者惡聞艱難，便化貞，遂以才可獨任，發帑金百萬與購西鹵。廷弼至，聞前計，愕曰：「虎酋雖有衆，非後金敵。孫得功等皆市儈，鄉兵皆白徒，易去就，不可用。李永芳受後金恩厚，未敢信。我軍屢敗，氣失，哭死扶喪不暇，未可輕過河。」遂進三方合制之議，一在天津，一在登萊，一在山海，總以内護畿輔、外爲廣甯後援，相機進取。而獨主化貞者意忤。上乃晉廷弼兵部尚書兼右副都御史，駐山海關。廷弼薦用佟卜年等，請宥高出、胡嘉棟等，立功自贖。言者復以保逆保□爲廷弼罪，言官孫杰至追劾大學士一燝，及吏部尚書周嘉謨，以誤用廷弼，嘉謨罷去。適毛文龍有鎮江之捷，化貞因誇大之，欲乘勝進取。廷弼以爲小勝不足狃，以是釁日益積。而大學士葉向高從田間來，素與廷弼郄，化貞又其門下士，疏稱化貞才當專任，不宜更受節制。化貞請屯兵西平盤山，廷弼言：「堡驛窩卒百計，小屯兵千計，不能首當敵。一節破，則西平鎮、武盤山無不瓦解。宜置游兵河上，出没不測以亂之，而大軍營廣甯，柵壘犄角，練士待戰。計遼陽去廣甯三百六十里，自河至廣甯尚二百里，南阻海，北界西鹵，中僅路隄一道，隄外潮溝沮洳，蓬蒿没人，馬難決驟，又無居人可掠，即欲至廣甯，而束於一隄，度四五日至，彼且疲。吾固壘勿與戰，不出旬日彼自歸，乃可乘也。」化貞遺書京師，誓必復遼，中秋前後捷音當至。衆皆感之。

會御史方震孺賑卹至河上，上言河不足恃者六。廷弼又極言河上不可駐民，化貞堅不聽。河上兵露無恃，皆怨，旦夕思敵至，可逃。廷弼見廣甯武備大

弛，拊膺曰：「事去矣！」連章請發援兵，且曰：「臣言可用，則願如臣所請。不可用，則請罷臣，專任化貞。」且言：「河西人心已去，臣呼兵而兵不應，呼餉而餉不應，呼工匠器械，無一應者。臣知事不可爲，願留臣言以爲他日左券。」化貞恚，使入言兵部：已欲渡河，而廷弼沮之。於是尚書張鶴鳴、侍郎王在晉及臺諫多右化貞，上言機不可失。下部議，言人人殊。鶴鳴等人又言：「化貞撤，則毛文龍必不爲用，廣甯土兵必潰，西虜必解體，宜用撫臣，特賜尚方劍，加卿貳銜以重之，而更推廷弼他所。」廷弼將自右屯還關，而在晉復力言經臣不可撤。廷議未決，敵已渡河，連破西平、振武，守將多死。化貞所任先鋒孫得功奔還廣甯，呼城中亟降。登陴者至欲縛化貞以獻，化貞獨以數騎馳出。廷弼將視河上，離右屯七十里，聞敵已渡河，趣發兵援振武。振武敗耗至，則趨閭陽，將援廣甯。而廣甯敗耗復至，遂遣各道分三路，護潰兵民入關，而身以五千人駐大陵河待化貞。化貞至，見廷弼而泣。廷弼曰：「六萬人蕩平遼陽，竟何如？」化貞慚謝同計。廷弼曰：「今無及矣，惟有護百萬生靈入關，勿以資敵。」

詔逮化貞，而廷弼奪官聽勘。勘官乃謂化貞棄廣甯，廷弼棄右屯，罪均，會勘論死。讞語有云：「比之楊鎬更多一逃，比之應泰反欠一死。」未決，逆奄用事，欲殺楊、左等無名，以爲入廷弼賄，緩其死。五年，閣臣丁紹軾出《遼陽傳》上前，謂廷弼所撰，將以掩罪飾功，懷不軌。上震怒，立命棄市，傳首九邊，坐没帑十七萬，捕妻子繫獄掠治。長子兆珪不勝楚，自刎死。毅宗即位，奄敗，少子兆璧甫成童，詣闕訟冤。工部主事徐爾一亦上疏，謂廷弼一案罪無一據，而勞有足矜。按遼時早見事機，及與化貞共事，所謂因兵因間因粮者，皆預策其必敗，名是經略，而無其實。如屢疏原派兵馬，不與部覆，又高置之。若謂不死守右屯，則又有説：昔唐郭、李之討史思明也，既與九節度之師同潰，似宜扼河陽橋，而勢不能爲尾生之柱。則今右屯者，郭、李之所爲河陽橋也。舍此止山海一重門限矣。且能全此五千人不散，至大凌河面付化貞，正與慕容三萬獨全事相類。豈得與化貞之獨握兵馬，誤用西虜，誤信永芳，以致潰敗者同日道乎？所謂罪無一據者，此也。四路初失，遼陽一空城耳。經理未一載，屹然金湯。築奉集、瀋陽，屯虎皮驛，迎拒敵兵於横江之上。又當廣甯再潰，廷弼至關，盡勒卸刀馬在外，伺關驗放，凡二百八十餘萬人，以息擁潰。所謂功有足矜者，此也。才既籠盡一時，氣又凌厲一世，而揭辯紛紛，致攖衆怒，是足以殺其身者哉！若夫爲廷弼鳴冤者，閣臣韓爌、部臣周嘉謨、科臣惠世揚，臺臣周宗建等，皆當世賢豪長者。會爌復用，更言之，乃得身首歸葬，復原官，謚襄愍。

論曰：襄愍一字經，曰守。此時賤守字以爲怯，至無可守而没，思此一字，無及矣。李侍御清稱襄愍功不及忠肅，而勞苦與寃以死相似，蓋用與不用之分也。余謂才相埒，而一見，一不及見；一專任，一姑任之，名任之，則用與不用兩法外，另一苦難英雄一法，使萬世叫屈！嗟，黨事之所貽毒至此哉！其遺書，《經略全集》而外，有續草、續牘。或曰：陳新甲罪大才亦大；馮元飈才短，楊嗣昌才大罪尤大，總不能望襄愍涯涘。顧孫閣部承宗差與左右固關門，幸處呼而必應之時，福過之矣。嗟！在朝以得寸爲功，不知以不失寸爲功，蓋用人甚難也！

又曰：襄愍負才使氣，誠有之，以是衆正咸與可，而亦或有疵之者。如職方耿如杞、主事鹿繼善並佛經而袒撫。撫言戰，經言守；撫言三坌河可駐全師，經言巡徼必及；撫言扼險可奇勝，經言兵潰可虞；撫言不事召募，經言必益兵；撫言款虜可恃，經言不可恃；撫言孫、李内應，經言間諜可虞。水火如是，而廟算兼任之乎？且坐以同律，萬舌叫屈。按《遼陽傳》出丁紹軾袖中，立付西市。而或傳蔣應暘者，襄愍故屬弁也。化貞逢璫，諜應暘《觀音經》後有圖讖數語，坐妖言棄市，連襄愍。死之日，洗沐整冠，北拜曰：「我大臣也，奉旨豈敢草草！」手持一疏，作屍諫。提牢主事張時雍斥：「囚安得上書？」廷弼曰：「此趙高之言也，獄中上書，古有之矣。」絶命詞有云：「他日倘拊髀，安得起死魄？絶筆嘆可惜，一嘆天地白。」玩前二語，已知東鑰必不固，圖讖之讖頗近之。

雜録

備録

夏允彝《幸存録》 廷弼剛而驕，唾罵一世，謂皆出己下，此雖成功，亦不能居，況功未成乎？吾鄉朱本治爲永平郡守，嘉興錢士晉爲真定郡守，熊一見賞其才，且云遼事將興，將與其功名。兩公意其能成功也，譽以公至必能滅東夷而固

遼。廷弼握手與密語云：「公解人也，何爲亦作此語？遼事豈可爲，但當尋一散場耳。」意謂怒罵人以圖逐歸也，此其言豈意在國家者乎？當其督學江南，行法極嚴，然嚴而不當。如郡邑一槩狗私，致孤寒壅塞，或有不平之鳴，但知嚴處士子而已，不能一破情面也，即此亦見其不足有爲矣。

文秉《先撥志始》卷下　廷弼率旨，從容更衣以出，胸前盛一小袋，内具辨寃疏。提牢主事張時雍問曰：「袋中何物？」熊曰：「辨寃疏也。」張曰：「君未讀李斯傳乎？囚安得上書？」熊曰：「君未讀李斯傳耳，此趙高語也。」以疏稾授張。受刑後，傳首九邊，疏卒不果上。嗟乎，撫當敵而鏗守關，此熹廟旨也。廣寧之棄，非熊也，遼陽之陷，非熊也。楊鎬、王化貞安坐福堂，而獨殺一弼，則弼之死，非死于法，而死于局。局之爲言，何以瞑橐衞之目哉。

備論

鄒漪《啓禎野乘》一集卷六　論曰：公生平殆始終遼事云。方公之受勅也，則曰駐扎山海，調度三路。上之諭公也，則曰嚴飭兵將，控扼山海。是朝廷命公之信地在山海也，廣甯右屯非公信地也。山海固無恙也，而謂巡撫棄廣寧當死，經略棄右屯當死可乎！尤可笑者，不死於右屯之失，而死於妖言之條。不死于經撫俱當論死之議，乃先殺經而欲活撫。所云祥刑，是耶非耶。雖然，公不死而天子赦還，不過一潦功老尚書死牖下耳。淹淹死牖下，毋寧烈烈死西市。至今抏揑者，或辟或戍，或城旦鬼薪，甚有鬼憑其吭者，安在無天道耶。嗚呼，一腔熱血不能灑神宗、光宗之靈轝前，按遼經遼二十載，功績灰于一擲，豈不痛哉！公真可謂勞臣也已。

趙吉士《續表忠記》卷二　趙吉士曰：公生平敢於任事，議論經濟，皆卓卓可見諸施行，固一代偉人也。封疆一案，罪在不守寧前，與王撫聯騎入關耳。然而公罪究薄於王也。使三方之進退，盡屬指揮，經撫同心以紓國難，戰或不足，而守可無虞。奈何祖撫抑經，而謠詠紛如，終僨國事。諺曰：狐埋之而狐搰之。則廟堂之操政本者不得辭其責矣。若其死於圖讖，與死於《遼東傳》，總皆死於黨人也。悲夫！

徐開任《明名臣言行録》卷八四　《傃菴野抄》曰：獻《遼東傳》一事，聞揆席者袖之以入，貴池、涿鹿、崑山合舉也。貴池雖有夙隙，然實迎内意，以内誣廷弼賄，爲殺楊、左諸人也。不然，廷弼即有罪，亦鎬、化貞輩等耳，何事急急殺之。以合詞經筵爲首功耶。

論曰：宋室之不競，欲殺岳武穆，剪敵忌以壞長城者，獨一秦檜耳。今舉朝皆檜，欲求公之不死，遼事之克振，其可得乎！予讀經略奏牘，未嘗不服其才、悲其遇而恨當事之誤國、臺省之搆陷也，噫！

藝文

嚴遂成《明史雜詠》卷三《熊經略廷弼》　經略主守撫主戰，一舉蕩平握勝算。兵來薄城城動摇，委去巖關門兩扇。捲地風鶴走踉蹌，掖之上馬馬胡旋。誰歟哭者獨微笑，安在橫磨劒十萬。畀以殘軍屹後殿，耳聲舌敝言言驗。功罪昭然黑白判，左袒右袒法乃亂。曲殺清流設阱陷，講筵袖出遼東傳。九邊傳首亦何辭，坐盜贓貲足長歎。安得貂裘與珍玩，矯旨助虐江夏縣。子雉經死去婢衣，株連姻族抄瓜蔓。可憐楊左魏何人，一綱打入封疆案。

楊漣部

綜述

《明史》卷二四四《楊漣傳》　楊漣，字文孺，應山人。爲人磊落負奇節。萬曆三十五年成進士，除常熟知縣。舉廉吏第一，擢户科給事中，轉兵科右給事中。

四十八年，神宗疾，不食且半月，皇太子未得見。漣偕諸給事、御史走謁大學士方從哲，御史左光斗趣從哲問安。從哲曰：「帝諱疾。即問，左右不敢傳。」漣曰：「昔文潞公問宋仁宗疾，内侍不肯言。潞公曰：『天子起居，汝曹不令宰相知，將毋有他志，速下中書行法。』公誠日三問，不必見，亦不必上知，第令宮中知廷臣在，事自濟。公更當宿閣中。」曰：「無故事。」漣曰：「潞公不訶史志聰，此何時，尚問故事耶？」越二日，從哲始率廷臣入問。及帝疾亟，太子尚躊躇宮門外。漣、光斗遣人語東宮伴讀王安：「帝疾甚，不召太子，非帝意。當力請入侍，嘗藥視膳，薄暮始還。」太子深納之。

無何，神宗崩。八月丙午朔，光宗嗣位，越四日，不豫。都人喧言鄭貴妃進美姬八人，又使中官崔文昇投以利劑，帝一晝夜三四十起。而是時，貴妃據乾清宮，與帝所寵李選侍相結。貴妃爲選侍請皇后封，選侍亦請封貴妃爲皇太后。帝外家王、郭二戚畹，徧謁朝士，泣愬宮禁危狀，謂「帝疾必不起，文昇藥故也，非誤也。鄭、李交甚固，包藏禍心」。廷臣聞其語，憂甚。而帝果趣禮部封貴妃爲皇太后。漣、光斗乃倡言於朝，共詰責鄭養性，令貴妃移宮，貴妃即移慈寧。漣遂劾崔文昇用藥無狀，請推問之。且曰：「外廷流言，謂陛下興居無節，侍御蠱惑。必文昇藉口以掩其用藥之奸，文昇之黨煽布以預杜外廷之口。既損聖躬，又虧聖德，罪不容死。至貴妃封號，尤乖典常。尊以嫡母，若大行皇后何？尊以生母，若本生太后何？請亟寢前命。」疏上，越三日丁卯，帝召見大臣，并及漣，且宣錦衣官校。衆謂漣疏忤旨，必廷杖，囑從哲爲解。從哲勸漣引罪，漣抗聲曰：「死即死耳，漣何罪？」及入，帝温言久之，數目漣，語外廷毋信流言。遂逐文昇，停封太后命。再召大臣皆及漣。

漣自以小臣預顧命，感激，誓以死報。九月乙亥朔，昧爽，帝崩。廷臣趨入，諸大臣周嘉謨、張問達、李汝華等慮皇長子無嫡母、生母，勢孤子甚，欲共託之李選侍。漣曰：「天子寧可託婦人？且選侍昨於先帝召對羣臣時，強上入，復推之出，是豈可託幼主者？請亟見儲皇，即呼萬歲，擁出乾清，暫居慈慶。」語未畢，大學士方從哲、劉一燝、韓爌至，漣趣諸大臣共趨乾清宮。閹人持梃不容入，漣大罵：「奴才！皇帝召我等。今已晏駕，若曹不聽入，欲何爲！」閹人却，乃入臨。羣臣呼萬歲，請於初六日登極，而奉駕至文華殿，受羣臣嵩呼。駕甫至中宮，内豎從寢閣出，大呼：「拉少主何往？主年少畏人！」有攬衣欲奪還者。漣格而訶之曰：「殿下羣臣之主。四海九州莫非臣子，復畏何人！」乃擁至文華殿。禮畢，奉駕入慈慶宮。

當是時，李選侍居乾清。一燝奏曰：「殿下暫居此，俟選侍出宮訖，乃歸乾清宮。」羣臣遂退議登極期，語紛紛未定，有請改初三者，有請於即日午時者。漣曰：「今海宇清晏，内無嫡庶之嫌。父死之謂何？含斂未畢，袞冕臨朝，非禮也。」或言登極則人心安，漣曰：「安與不安，不在登極早暮。處之得宜，即朝委裘何害？」議定，出過文華殿。太僕少卿徐養量、御史左光斗至，責漣悞大事，唾其面曰：「事脱不濟，汝死，肉足食乎！」漣爲竦然。乃與光斗從周嘉謨於朝房，言選侍無恩德，必不可同居。

明日，嘉謨、光斗各上疏請選侍移宮。初四日得俞旨。而選侍聽李進忠計，必欲皇長子同居。惡光斗疏中「武氏」語，議召皇長子，加光斗重譴。漣遇内豎於麟趾門，内豎備言狀。漣正色曰：「殿下在東宮爲太子，今則爲皇帝，選侍安得召？且上已十六歲，他日即不奈選侍何，若曹置身何地？」怒目視之，其人退。給事中惠世揚、御史張潑入東宮門，駭相告曰：「選侍欲垂簾處光斗，汝等何得晏然？」漣曰：「無之。」出皇極門，九卿科道議上公疏，未決。

初五日傳聞欲緩移宮期。漣及諸大臣畢集慈慶宮門外，漣語從哲趣之。從哲曰：「遲亦無害。」漣曰：「昨以皇長子就太子宮猶可，明日爲天子，乃反居太子宮以避宮人乎？即兩宮聖母如在，夫死亦當從子。選侍何人，敢欺藐如此！」時中官往來如織，或言選侍亦顧命中人。漣斥之曰：「諸臣受顧命於先帝，先帝自欲先顧其子，何嘗先顧其嬖媵？請選侍於九廟前質之，若曹豈食李家禄者？能殺我則已，否則，今日不移，死不去。」一燝、嘉謨助之，詞色俱厲，聲徹御前。

皇長子使使宣諭，乃退。復抗疏言：「選侍陽託保護之名，陰圖專擅之實，宮必不可不移。臣言之在今日，殿下行之在今日，諸大臣贊決之，亦惟今日。」其日，選侍遂移宮，居仁壽殿。

明日庚辰，熹宗即位。自光宗崩，至是凡六日。漣與一燝、嘉謨定宮府危疑，言官惟光斗助之，餘悉聽漣指。漣鬚髮盡白，帝亦數稱忠臣。未幾，遷兵科都給事中。御史馮三元等極詆熊廷弼，漣疏論其事，獨持平。旋劾兵部尚書黄嘉善八大罪，嘉善罷去。

當選侍之移宮也，漣即言於諸大臣曰：「選侍不移宮，非所以尊天子。既移宮，又當有以安選侍。是在諸公調護，無使中官取快私讐。」既而諸奄果爲流言。御史賈繼春遂上書内閣，謂不當於新君御極之初，首勸主上以違忤先帝，逼逐庶母，表裏交搆，羅織不休，俾先帝玉體未寒，遂不能保一姬女。蓋是時，選侍宮奴劉遜、劉朝、田詔等以盜寶繫獄，詞連選侍父。諸奄計無所出，則妄言選侍投繯，皇八妹入井，以熒惑朝士。繼春藉其言，首發難。於是光斗上疏述移宫事。而帝降諭言選侍氣毆聖母，及要挾傳封皇后，與即日欲垂簾聽政語。又言：「今奉養李氏於噦鸞宫，尊敬不敢怠。」大學士從哲封還上諭。帝復降諭言選侍過惡，而自白瞻養優厚，俾廷臣知。未幾，噦鸞宫災。帝諭内閣，言選侍暨皇八妹無恙。而是時，給事中周朝瑞謂繼春生事。繼春與相詆諆，乃復上書内閣，有：「伶仃之皇八妹，入井誰憐；孀寡之未亡人，雉經莫訴」語。朝瑞與辨駁者再。漣恐繼春説遂滋，亦上《敬述移宫始末疏》，且言：「選侍自裁，皇八妹入井，蜚語何自，臣安敢無言。臣寧使今日忤選侍，無寧使移宫不速，不幸而成女后獨覽文書，稱制垂簾之事。」帝優詔褒漣志安社稷，復降諭備述宫掖情事。繼春及其黨益忌漣，詆漣結王安，圖封拜。漣不勝憤，冬十二月抗章乞去，即出城候命。帝復褒其忠直，而許之歸。天啓元年春，繼春按江西還，抵家，見帝諸諭，乃具疏陳上書之實。帝切責，罷其官。漣、繼春先後去，移宫論始息。

天啓二年起漣禮科都給事中，旋擢太常少卿。明年冬，拜左僉都御史。又明年春，進左副都御史。而是時魏忠賢已用事，羣小附之，憚衆正盈朝，不敢大肆。漣益與趙南星、左光斗、魏大中輩激揚諷議，務植善類，抑憸邪。忠賢及其黨銜次骨，遂興汪文言獄，將羅織諸人。事雖獲解，然正人勢日危。其年六月，漣遂抗疏劾忠賢，列其二十四大罪，言：

高皇帝定令，内官不許干預外事，祇供掖廷洒掃，違者法無赦。聖明在御，乃有肆無忌憚，濁亂朝常，如東廠太監魏忠賢者。敢列其罪狀，爲陛下言之。

忠賢本市井無賴，中年浄身，夤入内地。初猶謬爲小忠、小信以倖恩，繼乃敢爲大奸、大惡以亂政。祖制，以擬旨專責閣臣。自忠賢擅權，多出傳奉，或徑自内批。壞祖宗二百餘年之政體，大罪一。

劉一燝、周嘉謨，顧命大臣也，忠賢令孫杰論去。急於翦己之忌，不容陛下不改父之臣，大罪二。

先帝賓天，實有隱恨。孫慎行、鄒元標以公義發憤，忠賢悉排去之。顧於黨護選侍之沈漼，曲意綢繆，終加蟒玉。親亂賊而讐忠義，大罪三。

王紀、鍾羽正先年功在國本，及紀爲司寇，執法如山，羽正爲司空，清修如鶴。忠賢搆黨斥逐，必不容盛時有正色立朝之直臣，大罪四。

國家最重無如枚卜。忠賢一手握定，力阻首推之孫慎行、盛以弘，更爲他辭以錮其出。豈真欲門生宰相乎？大罪五。

爵人於朝，莫重廷推。去歲南太宰、北少宰皆用陪推，致一時名賢不安其位。顛倒銓政，掉弄機權，大罪六。

聖政初新，正資忠直。乃滿朝薦、文震孟、熊德陽、江秉謙、徐大相、毛士龍、侯震暘等，抗論稍忤，立行貶黜，屢經恩典，竟阻賜環。長安謂天子之怒易解，忠賢之怒難調，大罪七。

然猶曰外廷臣子也。去歲南郊之日，傳聞宫中有一貴人，以德性貞静，荷上寵注。忠賢恐其露己驕横，託言急病，置之死地。是陛下不能保其貴幸矣，大罪八。

猶曰無名封也。裕妃以有妊傳封，中外方爲慶幸。忠賢惡其不附己，矯旨勒令自盡。是陛下不能保其妃嬪矣，大罪九。

猶曰在妃嬪也。中宫有慶，已經成男，乃忽焉告殞，傳聞忠賢與奉聖夫人實有謀焉。是陛下且不能保其子矣，大罪十。

先帝青宫四十年，所與護持孤危者惟王安耳。即陛下倉卒受命，擁衛防維，安亦不可謂無勞。忠賢以私忿，矯旨殺於南苑。是不但仇王安，而實敢仇先帝之老奴，況其他内臣無罪而擅殺擅逐者，又不知幾千百也，大罪十一。

今日獎賞，明日祠額，要挾無窮，王言屢褻。近又於河間毁人居屋，起

建牌坊，鏤鳳雕龍，干雲插漢，又不止塋地僭擬陵寢而已，大罪十二。

今日廕中書，明日廕錦衣。金吾之堂口皆乳臭，誥敕之館目不識丁。如魏良弼、魏良材、魏良卿、魏希孔及其甥傅應星等，濫襲恩廕，褻越朝常，大罪十三。

用立枷之法，戚畹家人駢首畢命，意欲誣陷國戚，動搖中宮。若非閣臣力持，言官糾正，椒房之戚，又興大獄矣，大罪十四。

良鄉生員章士魁，坐爭煤窑，託言開礦而致之死。假令盜長陵一抔土，何以處之？趙高鹿可爲馬，忠賢煤可爲礦，大罪十五。

王思敬等牧地細事，責在有司。忠賢乃幽置檻阱，恣意搒掠，視士命如草菅，大罪十六。

給事中周士樸執糾織監，忠賢竟停其陞遷。使吏部不得專銓除，言官不敢司封駁，大罪十七。

北鎮撫劉僑不肯殺人媚人，忠賢以不善鍛鍊，遂致削籍。示大明之律令可以不守，而忠賢之律令不敢不遵，大罪十八。

給事中魏大中遵旨莅任，忽傳旨詰責。及大中回奏，臺省交章，又再褻王言。毋論玩言官於股掌，而煌煌天語，朝夕紛更，大罪十九。

東廠之設，原以緝奸。自忠賢受事，日以快私讐、行傾陷爲事。縱野子傅應星、陳居恭、傅繼教輩，投匭設阱。片語稍違，駕帖立下，勢必興同文館獄而後已，大罪二十。

邊警未息，內外戒嚴，東廠訪緝何事？前奸細韓宗功潛入長安，實主忠賢司房之邸，事露始去。假令天不悔禍，宗功事成，未知九廟生靈安頓何地，大罪二十一。

祖制，不蓄內兵，原有深意。忠賢與奸相沈潅創立內操，藪匿奸宄，安知無大盜，刺客爲敵國窺伺者潛入其中。一旦變生肘腋，可爲深慮，大罪二十二。

忠賢進香涿州，警蹕傳呼，清塵墊道，人以爲大駕出幸。及其歸也，改駕四馬，羽幢青蓋，夾護環遮，儼然乘輿矣。其間入幕効謀，叩馬獻策者，實繁有徒。忠賢此時自視爲何如人哉？大罪二十三。

夫寵極則驕，恩多成怨。聞今春忠賢走馬御前，陛下射殺其馬，貸以不死。忠賢不自伏罪，進有傲色，退有怨言，朝夕隄防，介介不釋。從來亂臣賊子，只爭一念，放肆遂至不可收拾，奈何養虎兕於肘腋間乎！此又寸臠忠賢，不足盡其辜者，大罪二十四。

凡此逆跡，昭然在人耳目。乃內廷畏禍而不敢言，外廷結舌而莫敢奏。間或奸狀敗露，則又有奉聖夫人爲之彌縫。甚至無恥之徒，攀附枝葉，依託門牆，更相表裏，迭爲呼應。積威所刼，致掖廷之中，但知有忠賢，不知有陛下；都城之內，亦但知有忠賢，不知有陛下。即如前日，忠賢已往涿州，一切政務必星夜馳請，待其既旋，詔旨始下。天顏咫尺，忽慢至此，陛下之威靈尚尊於忠賢否耶？陛下春秋鼎盛，生殺予奪，豈不可以自主。何爲受制幺麼小醜，令中外大小惴惴莫必其命？伏乞大奮雷霆，集文武勳戚，敕刑部嚴訊，以正國法，并出奉聖夫人於外，用消隱憂，臣死且不朽。

忠賢初聞疏，懼甚。其黨王體乾及客氏力爲保持，遂令魏廣微調旨切責漣。先是，漣疏就欲早朝面奏。值次日免朝，恐再宿機洩，遂於會極門上之，忠賢乃得爲計。漣愈憤，擬對仗復劾之。忠賢詗知，遏帝不御朝者三日。及帝出，羣閹數百人衷甲夾陛立，敕左班官不得奏事，漣乃止。

自是，忠賢日謀殺漣。至十月，吏部尚書趙南星既逐，廷推代者，漣註籍不與。忠賢矯旨責漣大不敬，無人臣禮，偕吏部侍郎陳于廷、僉都御史左光斗並削籍。忠賢恨不已，再興汪文言獄，將羅織殺漣。五年，其黨大理丞徐大化劾漣、光斗黨同伐異，招權納賄，命逮文言下獄鞫之。許顯純嚴鞫文言，使引漣納熊廷弼賄。文言仰天大呼曰：「世豈有貪贓楊大洪哉！」至死不承。大洪者，漣別字也。顯純乃自爲獄詞，坐漣贓二萬，遂逮漣。士民數萬人擁道攀號，所歷村市，悉焚香建醮，祈祐漣生還。比下詔獄，顯純酷法拷訊，體無完膚。其年七月遂於夜中斃之，年五十四。

漣素貧，產入官不及千金。母妻止宿譙樓，二子至乞食以養。徵贓令急，鄉人競出貲助之，下至賣菜傭亦爲輸助，其節義感人如此。崇禎初，贈太子太保、兵部尚書，謚忠烈，官其一子。

錢謙益《牧齋初學集》卷五〇《都察院左副都御史贈右都御史加贈太子太保謚忠烈楊公墓誌銘》 天啓四年，都察院左副都御史楊公劾奏逆閹魏忠賢二十四大罪。明年七月二十四日，考死詔獄。後三年，今天子即位，追録死閹忠臣，以公爲首。又五年，其友人陳愚撰次行狀，率其二子，跋陟數千里，請誌公墓。嗚呼！公之死，慘毒萬狀，暴屍六晝夜，蛆蟲穿穴。畢命之夕，白氣貫北斗，災眚

壘見，天地震動，其爲寃天猶知之，而況於人乎。當其舁櫬就徵，自却抵汴，哭送者數萬人，壯士劍客聚而謀篡奪者幾千人。所過市集，攀檻車看忠臣，及炷香設祭祝生還者，自豫、冀達荆、吴，綿延萬餘里。追贓令亟，賣菜洗削者，争持數錢，投縣令甂中，三年而後止。昭雪之後，街談巷議動色相告，芸夫牧豎，有歎有泣。公之忠義激烈，波蕩海内，夫豈待誌而後著。擊奸之疏，愍忠之綸，大書特書，載在國史，雖微誌，誰不知之。若夫！光宗皇帝之知公，與公之受知於先帝，君臣特達，前史無比。公之致命遂志，之死不悔者在此，而羣小之定計殺公者亦在此。謙益苟畏禍懼死，没而不書，則舉世無有知之者矣。

先是光宗久在東朝，閒於鄭氏，儲位危穊，慬然後定。神宗寢疾，皇太子希得召見，日旰尚傍徨寢門外。公爲兵科給事中，走告閣臣，當直宿閣中，日率百官問安，效宋文潞公訶内侍故事。傳語伴讀王安，太子當力請入侍，遲明而出，日暮還宫，以備非嘗。安故守正，力擁佑太子，同心憂懼者也。光宗踐祚，五日而病，趣封鄭貴妃爲皇太后，及所愛李選侍爲皇貴妃。傳旨旁午，中外奸邪，詷知上病不能自還，扇動鄭、李，謀踞兩宫，挾皇長子以專國命。公要諸大臣集左掖門，面折貴妃姪養性。貴妃知不可奪，即日移慈寧宫去。公遂上疏，極論鄭氏所遣醫崔文昇侍疾無狀，宜下司禮監，推舉窮究，宣示中外。罔俾賤臣誣汙起居發病狀，虧損盛德。上暫輟萬幾，進皇長子及皇子扶床繞膝，導迎和氣，收回封太后成命，無輕發詔令，以尊國體。事關禁近，皆人臣所難言者。疏上三日，上特命錦衣召公，人意公且得罪，上對羣臣從容言病狀，而視數歸乎公，指皇長子：「科臣謂不當去朕左右。」皆理公疏中語也。故事，宣召羣臣，止及吏科掌垣，他垣不得與。公以兵垣特召，閣部咸在，兵衛甚嚴，示以設九賓廷見之意。自是再召，與聞末命。馮几注視，與執手付託者何異。公雖欲不誓死以報，其可得哉。

光宗崩，選侍踞乾清宫，羣閹教選侍閉皇長子不聽出，度外廷無可如何。公首定大計：「大行在乾清，羣臣哭臨畢，即擁皇長子升文華殿呼萬歲，暫御慈慶宫，須選侍移宫而復。則羣奄之計格，我輩得以事少主矣。」初詣乾清宫，閹人持梃誰何，公大罵「奴才」，手梃却之。將及宫門，内豎傳李娘娘命，追呼拉還者至再。公復手格叱退之。皇長子既居慈慶，選侍猶踞乾清不肯去，宣言將垂簾，詰責御史左光斗疏中武氏何語。公抗論於朝房、於掖門、於殿廷者，日以十數。叱小豎於麟趾門者一，叱閣臣方從哲及大奄於朝者再，選侍乃移一號殿，而天子復還乾清。後先諍辨，謂選侍不得母天子，天子不當託宫嬪。反復痛切，聞者口噤。移宫之日，奮髯叫呼，聲淚迸咽：「選侍能於九廟前殺我則已，今日不移宫，死不出矣。」聲徹御座，殿陛皆驚。上亦語近侍：「胡子官真忠臣也。」當是時，三朝大故，變起旬月。舉朝匈匈，不知所爲。公儼然行顧命大臣之事，外戒金吾，簡緹騎，周廬儆備，内戒中官乳母，禁宫人闌入，身露坐宫門外，五日夜不交睫，頭須盡白。每有大議，大臣左右顧視，問楊給事云何，莫敢專決也。自神廟中年，羣小窺菀枯之軌，開離閒之隙，浸淫蕴崇，而發作於鼎革之交。公察知奥窔，誓死伏節，奪人主於婦寺之手，其功最爲奇偉。昔漢武帝之識霍光、金日磾也，近者數十年，遠者二十餘年。先帝以一疏知公，不假歲月。上無負圖付託之跡，下無伏蒲涕泣之語，意喻色授，屬大事而安社稷，吾於公庚申九月事，未嘗不奇其遇，壯其決，而因以頌先帝之神聖爲不可幾及也。

移宫既竣，羣小失其所馮依，膏唇拭舌，造作蜚語，聳動朝士，好異者進安選侍之揭以撼公。公乃上移宫始末疏，優詔歎嘉。則誣公交關司禮王安，脅取中旨以恚公。公發憤再疏，移病歸。而魏忠賢漸用事，搆安殺之，羣小私相幸，以爲殺公有基矣。明年，即家起太常寺少卿，擢都察院左僉都御史，轉左副都御史。羣小日夜中公忠賢所，顧猶未敢即發，使其私人疏糾左光斗、魏大中，牽連公客汪文言以嘗公。公家居時，嫉忠賢闕通阿母，竊弄威福，必爲社稷憂，扼腕流涕，草疏藏弆篋中，至是乃修飭上之。忠賢驚且恚，擲地輾轉號哭。羣小教之曰：「毋恐，逐楊某，公可安枕矣。」忠賢喜，假會推，盡逐公等。羣小又嗾之曰：「不殺楊某，公之禍未艾也。」忠賢大懼，急徵公等，坐故經略熊廷弼贓考死。先是，考文言，五毒備極，迫使引公。文言號去呼公，仰天笑曰：「安有貪贓楊大洪乎！」至死不服。及考公，獄吏顧以文言爲徵，公大呼太祖高皇帝，神、光兩宗，竟坐誣伏以死。初，羣小謂移宫之名正，故坐贓罪殺公。公死後，大舉鈎黨，轉相連染，死徙廢禁，逮捕相望，乃爲閹定三案，刊要典，借公爲質的，以欺誣天下，而羣小所以殺公之本謀始大露。然後知公之死，不死於擊閹，而死於移宫。定計殺公者，非操刀之閹，而主張三案之小人也。

今上既僇閹，詔所司上公死狀，閹孽猶用事，初贈僅平進一級，再贈削去部銜不肯上，羣小之忌公而憎其骨餘，至於此極也。適足以暴公之忠，甚公之寃，與自旌其殺公之志而已矣，公何憾矣哉。

公之爲人孝友絜廉，公忠誠篤。家貧喪父，躬自相地，勞瘁得疾幾殆。夜聞

鼓樂聲，有神人降其室，爲處方，病良已。事繼母至孝，事其兄清，更衣并食如一人。其妻有違言於母兄，痛歐之，令長跪謝罪乃已。爲諸生，落拓自喜，里中呼爲狂生。少與陳愚結交，以豪傑相期許。嘗雪夜兩人行歌徧邑中，倚柱而嘯，畫地而書，狂呼痛哭，人莫能測也。

舉萬曆丁未進士，知常熟縣。其爲治，好古教化，豪强大姓爲姦猾，亂吏治，收案致法，吏人捧手絫氣，丞尉嚴事如大府。字養小弱，問民所疾苦，徒行阡陌閒，執手慰勞，如家人父子。亦更以此察知謡俗，及閭里奸利。訟衰盜息，邑以大治。邑令俸薄，不足贍家口，其兄賣田以資之。五年入覲，毀所束帶，以佐辦嚴。舉清官第一。在省垣，四方貨賂不敢窺其門。閒受故人問遺，緣手散盡，家無餘財。知與不知，皆稱爲廉吏。所謂無貪贓楊大洪者也。在户兵二垣，條奏天下大計，言遼事必大壞，宜更置經略，擇可以辦遼者。經略者，即公所坐贓熊廷弼也。蘊義生風，抗論悟俗，憤邪穢濁溷之徒持禄養交，瞶眊誤國，不啻欲咀嚼之。其風裁峻拔，所謂以利刃齒腐朽也。採纖芥之善，貶毫末之惡，是是非非，明白洞達，推賢讓能，尉薦單素，手疏口贊，如恐不及。與人交，輪寫心腹，貿易首領，奮迅感槩，急人之危甚於己，輕財重氣，手不名一錢，揮斥數千金如棄涕唾。與之遊者，雖小夫壬人狠子悍卒，皆傾心倒身，願爲公死，無所辭也。

蓋世之議公者有三。其一曰：以移宫貪功。夫以先帝之長主，操危慮深，猶不免入鄭、李之彀中，況以幼沖之君，而付之婦寺之手乎。女主專制，何啻阿母。羣閹連結，豈第一忠賢。議者不深惟國家之大憂，而徒懷婦人之仁，惋惜選侍於踉蹌出宫之頃，斯已傎矣。漢庭欲窮治趙昭儀，議郎耿育以謂不當覆按省内，暴露私燕，空使謗議上及山陵。自古事關宫禁，憂國奉公之臣，動而禍從。挾持邪説者，往往剽竊經術，依附長厚，動以離間訐楊爲詞，幸則爲撤簾，不幸則爲移宫，一成一敗，何嘗之有。萬曆之末指翼儲爲沽名，天啓之初目移宫爲生事。讒夫儒臣，異口同喙，此可爲歎息者也。

其二曰：以交奄釣奇。奄亦人臣也，懷恩、覃吉可與振、瑾同科乎。王守仁、楊一清，不嘗用張永乎。先帝二十餘年之儲宫，三旬之堯舜，皆賴此老奴之力。移宫之議，與朝論相表裏，雖欲與安異，其將能乎。當熹宗出乾清時，安擁於後，英國奉右手，閣臣一燝奉左手，公奮出班行，手格羣奄。盈朝之人，咸屬耳目，是可謂之交結乎。當安用事時，公不以此時通關致公卿，乞身引退，及其身沉灰冷，顧乃黨附枯骨，與刑人腐夫爭衡，取滅亡之禍，善交結者如是乎。此奴婢小人論公之語，不足辨者也。

其三曰：以攻奄激禍。譬如猛虎，一搏不中，飛而擇人，則曰虎本不噬人，是搏者之爲也，其可乎。謚裕妃，害皇子，危中宫，此朝廷何等事，而公奮筆書之，彼雖凶竪，亦破膽矣。公死之後，封爵踰上公，祠廟窮四海，卒以寢移鼎之謀，正參夷之罰，公一疏逆折之也。閣老門生之訴，交媚於公朝，刊章録牒之籍，競獻於私室。奄用是氣壯手滑，瞋目語難。今没藜藿不採之功，而議一掌堙河之失，逢閹者不以教猱正罪，而擊閹者欲以撩虎追罰。爲此言者，是與於閹之甚者也。其知公者，則曰以公之才之志，身兼數器，惜未盡其用以死。孔子曰：「志士仁人無求生以害仁，有殺身以成仁。」曾子曰：「託六尺之孤，寄百里之命，臨大節而不可奪也。」夫人生而爲志士仁人，亦可以已矣。爲人臣託孤寄命，奠安社稷，其爲用亦不小矣。不咀藥以自屏，不引刀以懟君，慷慨對薄，從容絶命。千載而下，讀枕中嚙血之書，殆未有不正冠肅容，徬徨涕泗，相與教忠而勸義者也。議公者固失之矣。惜公未盡其用者，亦豈知公者哉。

公諱漣，字文孺。其先故關西之裔，流入安南，居唐街。宣德中，從英國歸附，賜居湖南，徙家應山。曾祖諱公鏗，好任俠，爲人報讎。祖諱萬春，以好施予破家，里人稱楊二齋公，葬之夕，鬼誼呼護其窀穴。父諱彦翱，少爲儒，性端重，不侵爲然諾，亦以好施著。母劉氏，以隆慶五年某月某日生公，其卒也，年五十有四。娶張氏，繼室詹氏，生四子：之易、之賦、之言、之環。詹有婦德，公遇難，與後姑棲止譙樓風雪中，二子乞食以養。崇禎元年，之易等詣闕追訟父寃，天子追贈公祖、父如其官，祖母及母、妻皆一品夫人，而任之易爲郎。是年，後姑始没，詹遂擗踊歐血卒。某年某月，之易等卜葬公於某地之賜塋，兩夫人祔焉。

公令常熟時語謙益曰：「吾生平畏友，子與元朴耳。」元朴，陳愚字也。愚於公周旋生死，匿其幼子於廬山，閒行過予，謀經紀之事。予方遭黨禍，杜門絶跡，相與屏人野哭。今年，之易寓書曰：「婦翁罷公車歸，屬疾且死，猶以謁銘爲念。」謙益泫然久之，是以抆淚執筆，不復敢固辭，不獨不忍負公，抑亦不忍負愚也。銘曰：

國有蠹孽，牙於承平。有城有社，狐鼠作朋。衆口磨牙，嚼嚙緘縢。眇然一絲，九鼎曷勝。時危運當，異人乃興。奮臂一呼，宫禁肅清。乾端坤倪，載清載寧。先帝知公，堯舜之明。卧内受遺，參列公卿。公之報塞，誓死隕生。上見九廟，下從大行。夷之初旦，奄忽晦盲。碧血輪囷，震爲雷霆。天門詄蕩，雲旗紛

迎。御我二后，陟降帝廷。關西之楊，清白齊聲。暮夜無金，夕陽有亭。青蠅胡點，大鳥俊鳴。沉沉黄土，炯炯汗青。我作銘詩，永詔簪纓。

雜録

備論

傅維鱗《明書》卷一八九　史官曰：世之議漣者有三。一曰以移宫貪功，一曰以交奄鈎奇，一曰以過激致禍。予不暇置辯，獨是二十四罪之疏，發之於羣言未鬨之先。古云：藜藿不採，一掌堙河。漣可謂忠肝義膽矣。卒寢移鼎之謀，正參夷之罰，漣之始疏折之也。託孤寄命若漣者，足以當之矣。第移宫不必使蹌踉，而氣毆聖母、威挾朕躬之聖諭，出自王安之手，熹宗罔聞，與漣之死則同，而過激之言則非矣，君子於漣取其節焉。若光斗之立朝，敷奏明試，其於禮樂兵刑諸大政，多所底績。而其談宫闈事，與平昔章疏絶不相蒙。噫，學博氣雄，無所不可耶。惜三十二斬之疏，存空名而受實禍。悲夫！魏大中等申明之，言烈烈有生氣，亦皆慷慨男子也。

鄒漪《啓禎野乘》一集卷五　論曰：楊公其霍光流與？當光宗顧命，上未嘗畫圖示曰：爾輔我長子。亦不敢涕泣問曰：君誰嗣？不過色授意喻已耳。卒至成大事、安社稷，嗟嗟若公者，殆霍光之流而非霍光之流也。光輔弗陵于鉤弋既死之時，公輔長子於選侍尚存之日。鉤弋死，誰與弗陵争天下？選侍存，先與長子争一宫。自古事出宫禁，未有不爲國家患者。公以移宫二字全其君，卒以移宫二字殺其身。吁，可畏也夫！

趙吉士《續表忠記》卷二　趙吉士曰：公處危疑之際，居政府者錯愕不敢發，公獨毅然任嫌怨而不恤，方諸吕端之鎖閤、韓琦之撤簾，何以異焉！迨後身罹璫禍，九死不回，於諸楊尤烈矣。

陳鼎《東林列傳》卷三　外史氏曰：天欲亡明也，故生逆璫以戕忠良。忠良盡而明運絶。語曰：善人國之經紀也。有經紀斬而國不亡者乎？吾觀楊、左之死而知天已絶明矣。

汪有典《史外》卷二　汪有典曰：嗚呼！公區區一曹郎，非有貴戚肺腑之親、大臣心膂之重，直以光宗病中之詔奉爲顧命之尊，身先勳舊大臣，攘臂疾呼，奪天下於婦人之手而歸之主器，擎天捧日，當無與公比烈者矣。以故冲人亦歎爲忠臣，舉朝交欽其大節。然而移宫之諍，國是雖定而禍即釁焉。遂至逆閹主烹，羣小行嫉，連染三案，並及邊鎮。長城既燬，盜賊遂横，國祚卒斬，殃禍未竟。吁嗟悲夫！斯豈曰命乎！

藝文

尤侗《西堂詩集・擬明史樂府・哀應山》　應山椒山之後身，大聲偉貌如天人。手扶幼主出宫門，呵叱羣鬼不敢嗔。忠賢大罪二十四，當如守忠即安置。言未脱口頭先碎，血衣裹屍無葬地。臣死去訴高皇帝。

楊漣，應山人，疏劾忠賢二十四罪。中書吴懷賢讀之，擊節稱快。旁注日當如任守忠，即時安置。忠賢聞之逮下職，拷死。漣之死也，土囊壓身，鐵釘貫耳，僅以血衣裹置棺中。歸無葬地，置於河側。

嚴遂成《明史雜詠》卷三《楊忠烈漣》　禁掖危疑地，維持護聖躬。大聲麟趾殿，立刻巘鸞宫。入井言皆妄，垂簾智自雄。頭鬚一夜白，腔血九霄紅。賄枉熊飛百，仇深魏進忠。趙高謀叵測，王聖事交通。擢髮罪難數，燃臍膏易融。義兒鷹犬布，酷吏鼠狐叢。一綱連株染，三琵虐焰攻。釘囊牢穴下，妻子堞樓中。公素貧，死後母妻止宿譙樓。醮祐同文獄，被逮時，士民數萬建醮，祈祐緩獄生還。錢輸買菜傭。徵贓令急，賣菜傭亦輸錢助。小臣陪顧命，帝鑒有餘恫。

温體仁部

綜述

《明史》卷三〇八《温體仁傳》 温體仁，字長卿，烏程人。萬曆二十六年進士，改庶吉士，授編修，累官禮部侍郎。崇禎初，遷尚書，協理詹事府事。爲人外曲謹而中猛鷙，機深刺骨。

崇禎元年冬，詔會推閣臣，體仁望輕，不與也。侍郎周延儒方以召對稱旨，亦弗及。體仁揣帝意必疑，遂上疏訐謙益關節受賄，神奸結黨，不當與閣臣選。先是，天啓二年，謙益主試浙江，所取士錢千秋者，首場文用俚俗詩一句，分置七義結尾，蓋奸人給爲之，爲給事中顧其仁所摘，謙益亦自發其事。法司戍千秋及奸人，奪謙益俸，案久定矣。至是體仁復理其事，帝心動，次日，召對閣部科道諸臣於文華殿，命體仁、謙益皆至。謙益不虞體仁之劾己也，辭頗屈，而體仁盛氣詆謙益，言如湧泉，因進曰：「臣職非言官不可言，會推不與，宜避嫌不言。但枚卜大典，宗社安危所係。謙益結黨受賄，舉朝無一人敢言者，臣不忍見皇上孤立於上，是以不得不言。」帝久疑廷臣植黨，聞體仁言，輒稱善。而執政皆言謙益無罪，吏科都給事中章允儒爭尤力，且言：「體仁熱中觖望，如謙益當糾，何俟今日。」體仁曰：「前此，謙益皆閒曹，今者糾之，正爲朝廷慎用人耳。如允儒言，乃真黨也。」帝怒，命禮部進千秋卷，閱竟，責謙益，謙益引罪。歎曰：「微體仁，朕幾悞！」遂叱允儒下詔獄，并切責諸大臣。時大臣無助體仁者，獨延儒奏曰：「會推名雖公，主持者止一二人，餘皆不敢言，即言，徒取禍耳。且千秋事有成案，不必復問諸臣。」帝乃即日罷謙益官，命議罪。允儒及給事中瞿式耜、御史房可壯等，皆坐謙益黨，降謫有差。

亡何，御史毛九華劾體仁居家時，以抑買商人木，爲商人所訴，賂崔呈秀以免。又因杭州建逆祠，作詩頌魏忠賢。帝下浙江巡撫覈實。明年春，御史任贊化亦劾體仁娶娼、受金，奪人產諸不法事。帝怒其語褻，貶一秩調外。體仁乞罷，因言：「比爲謙益故，排擊臣者百出，而無一人左袒臣，臣孤立可見。」帝再召內閣九卿質之，體仁與九華、贊化詰辯良久，言二人皆謙益死黨。帝心以爲然，獨召大學士韓爌等於內殿，諭諸臣不憂國，惟挾私相攻，當重繩以法。體仁復力求去以要帝，帝優詔慰答焉。已，給事中祖重曄、南京給事中錢允鯨、南京御史沈希詔相繼論體仁熱中會推，劾言者以黨，帝皆不聽。法司上千秋獄，言謙益自發在前，不宜坐。詔令再勘。體仁復疏言獄詞皆出謙益手。於是刑部尚書喬允升，左都御史曹于汴，大理寺卿康新民，大僕寺卿蔣允儀，府丞魏光緒，給事中陶崇道，御史吴甡、樊尚璟、劉廷佐，各疏言：「臣等雜治千秋，觀聽者數千人，非一手一口所能掩，體仁顧欺罔求勝。」體仁見于汴等詞直，乃不復深論千秋事，惟詆于汴等黨護而已。謙益坐杖論贖，而九華所論體仁媚璫詩，亦卒無左驗。當是時，體仁以私憾撑拒諸大臣，展轉不肯詘。帝謂體仁孤立，益嚮之。未幾，延儒入閣。其明年六月，遂命體仁以禮部尚書兼東閣大學士。

體仁既藉延儒力得輔政，勢益張。踰年，吏部尚書王永光去，用其鄉人閔洪學代之，凡異己者，率以部議論罷，而體仁陰護其事。又用御史史𡏖、高捷及侍郎唐世濟、副都御史張捷等爲腹心，忌延儒居己上，并思傾之。初，帝殺袁崇煥，事牽錢龍錫，論死。體仁與延儒、永光主之，將興大獄，梁廷棟不敢任而止，事詳《龍錫傳》。比龍錫減死出獄，延儒言帝盛怒，解救殊難，體仁則佯曰：「帝固不甚怒也。」善龍錫者，因薄延儒。其後太監王坤、給事中陳贊化先後劾延儒，體仁默爲助，延儒遂免歸。始與延儒同入閣者何如寵，錢象坤踰歲致政去，無何，如寵亦去。延儒既罷，廷臣惡體仁當國，勸帝復召如寵。如寵屢辭，給事中黄紹傑言：「君子小人不並立，如寵瞻顧不前，則體仁宜思自處。」帝爲謫紹傑於外，如寵卒辭不入，體仁遂爲首輔。

體仁荷帝殊寵，益忮横，而中阻深。所欲推薦，陰令人發端，已承其後。欲排陷，故爲寬假，中上所忌，激使自怒。帝往往爲之移，初未嘗有迹。姚希孟爲講官，以才望遷詹事。體仁惡其偪，乃以冒籍武生事，奪希孟一官，使掌南院去。禮部侍郎羅喻義，故嘗與基命、謙益同推閣臣，有物望，會進講章中有「左右未得人」語，體仁欲去之，喻義執不可。體仁因自劾：「日講進規例從簡，喻義駁改不從，由臣不能表率。」帝命吏部議，洪學等因謂：「聖聰天亶，何俟喻義多言。」喻義遂罷歸。

時魏忠賢遺黨日望體仁翻逆案，攻東林。會吏部尚書、左都御史缺，體仁陰使侍郎張捷舉逆案呂純如以嘗帝。言者大譁，帝亦甚惡之，捷氣沮，體仁不敢

言，乃薦謝陞、唐世濟爲之。世濟尋以薦逆案霍維華得罪去。維華之薦，亦體仁主之也，體仁自是不敢訟言用逆黨，而愈側目諸不附己者。

文震孟以講《春秋》稱旨，命入閣。體仁不能沮，薦其黨張至發以間之，而日伺震孟短，遂用給事中許譽卿事，逐之去。先是，秦、楚盜起，議設五省總督，兵部侍郎彭汝楠、汪慶百當行，憚不敢往，體仁庇二人，罷其議。賊犯鳳陽，南京兵部尚書呂維祺等議，令淮撫、操江移鎮，體仁又却不用。既而賊大至，焚皇陵。譽卿言：「體仁納賄庇私，貽憂要地，以皇陵爲孤注，使原廟震驚，誤國孰大焉。」體仁素忌譽卿，見疏益憾。會謝陞以營求北缺劾譽卿，體仁擬旨降調，而故重其詞。帝果命削籍，震孟力爭之，大學士何吾騶助爲言。體仁訐奏震孟語，謂言官罷斥爲至榮，蓋以朝廷賞罰爲不足懲勸，悖理蔑法。帝遂逐震孟并罷吾騶。震孟既去，體仁憾未釋。庶吉士鄭鄤與震孟同建言，相友善也，其從母舅大學士吳宗達已謝政歸，體仁劾鄤假乩仙判詞，逼父振先杖母，言出宗達。帝震怒，下鄤獄。其後體仁已去，而帝怒鄤甚，不俟左証，磔死。滋陽知縣成德，震孟門人，以强直忤巡按御史禹好善，被誣劾，震孟爲不平，體仁劾德，杖戍之。

體仁輔政數年，念朝士多與爲怨，不敢恣肆，用廉謹自結於上，苞苴不入門。然當是時，流寇躪畿輔，擾中原，邊警雜沓，民生日困，未嘗建一策，惟日與善類爲仇。誠意伯劉孔昭劾倪元璐，給事中陳啓新劾黃景昉，皆奉體仁指。禮部侍郎陳子壯嘗面責體仁，尋以議宗藩事忤帝指，竟下獄削籍。其所引與同列者，皆庸材，苟以充位，且藉形己長，固上寵。帝每訪兵餉事，輒遜謝曰：「臣夙以文章待罪禁林，上不知其駑下，擢至此位。盜賊日益衆，誠萬死不足塞責。顧臣愚無知，但票擬勿欺耳。兵食之事，惟聖明裁決。」有詆其窺帝意旨者，體仁言：「臣票擬多未中窾要，每經御筆批改，頌服將順不暇，詎能窺上旨。」帝以爲樸忠，愈親信之。

自體仁輔政後，同官非病免物故，即以他事去。獨體仁居位八年，官至少師兼太子太師，進吏部尚書、中極殿大學士，階左柱國，兼支尚書俸，恩禮優渥無與比。而體仁專務刻核，迎合帝意。帝以皇陵之變，從子壯言，下詔寬恤在獄諸臣，吏部以百餘人名上。體仁靳之，言於帝，僅釋十餘人。秋決論囚，帝再三諮問，體仁略無平反。陝西華亭知縣徐兆麟涖任甫七日，以城陷論死，帝頗疑之，體仁不爲救，竟棄市。帝憂兵餉急，體仁惟倡衆捐俸助馬修城而已。所上密揭，帝率報可。

體仁自念排擠者衆，恐怨歸己，倡言密勿之地，不宜宣洩，凡閣揭皆不發，并不存録閣中，冀以滅迹，以故所中傷人，廷臣不能盡知。當國既久，劾者章不勝計，而劉宗周劾其十二罪、六奸，皆有指實。宗藩如唐王聿鍵，勳臣如撫寧侯朱國弼，布衣如何儒顯、楊光先等，亦皆論之，光先至輿櫬待命。帝皆不省，愈以爲孤立，每斥責言者以慰之，至有杖死者。庶吉士張溥、知縣張采等倡爲復社，與東林相應和。體仁因推官周之夔及奸人陸文聲訐奏，將興大獄。嚴旨察治，以提學御史倪元珙、海道副使馮元颺不承風指，皆降謫之。最後復有張漢儒訐錢謙益、瞿式耜居鄉不法事。體仁故讐謙益，擬旨逮二人下詔獄嚴訊。謙益等危甚，求解於司禮太監曹化淳。漢儒偵知之，告體仁。體仁密奏帝，請并坐化淳罪。帝以示化淳，化淳懼，自請案治，乃盡得漢儒等奸狀及體仁密謀。獄上，帝始悟體仁有黨。會國弼再劾體仁，帝命漢儒等立枷死。體仁乃佯引疾，意帝必慰留。及得旨竟放歸，體仁方食，失匕箸，時十年六月也。踰年卒，帝猶惜之，贈太傅，謚文忠。

崇禎末，福王立於南京，以尚書顧錫疇議，削其贈謚，天下快焉。尋用給事中戴英言，復如初。體仁雖前死，其所推薦張至發、薛國觀之徒，皆效法體仁，蔽賢植黨，國事日壞，以至於亡。

雜録

備録

夏允彝《幸存録》　當温之秉政臺省，攻之者洊先相繼，皆以門户異同，其言非盡由國家起見也。平心言之，不納苞苴，是其一長，其庇私黨，排異己，亦未嘗爲之有迹，但因事圖之，使其機自發而發，上不欵也，無識者遂謂温于各輸自勝。然其忮刻陰險，自非端人，始而與周深相結，周固力助而且援之以進，及周爲大璫王坤所排，舉朝爭之，而温無片言相助，及科臣陳贊化糾周去之，凡與周爲難者，温皆援之以進，助周者皆屈焉。蓋周之去寔温擠之也。當袁崇煥之獄起，攻東林之黨，欲陷錢龍錫以遍織時賢，周、温寔主之，後因黃道周疏捄，周意頗回，

久旱不雨，言路復言及，錢得減闢爲戍。初出獄，周即相過，極言上意怒甚，有「可恨甚多，卿等豈能盡知」之語，挽回殊費力，錢極感之。未幾，温、錢因述周語，謂：「非公等力捄，何以再生？」温第曰：「上原不甚怒也。」于是聞者遂謂温爲質宦，而周多虚僞。然特温之巧于擠周耳。嘉善錢士升生平端謹，爲東林所推重，而龍錫其座師也，聞温語頗重温而輕周，温遂與相結。士升之入政府，温凡有所爲，每推之，令先發，而後繼之。如用冢宰謝陞、總憲唐世濟，皆温意也，而錢成之。及温攻去文震孟，頗引錢爲證，錢亦有助温語。及温所欲進者已進，温所欲退者已退，而視錢爲贅物也。因有詰奏錢之弟滇撫士晉者，温即擬嚴旨，仍囑同事林釬毋得洩言，蓋欲借弟以逐其兄耳。錢旋上四箴，疏語多諷上，又争搜括江南富户事，遂去也。其去也，頗光明，而中間爲温所用，幾受擯于公論，受温累不小，温棄之如遺也，其立心概如此。國家元氣剥喪良多。至于虜寇交訌，不展一籌，則凡居政府皆如是，不得獨責温也。

鎖緑山人《明亡述略》 體仁爲人陰鷙，機深刺骨，一言輒入人於罪，廷臣争劾之。帝以爲孤立無黨，信任益堅。其十年與張漢儒共訐故禮部錢謙益事敗，放歸，旋死。

李清《三垣筆記·附識》上 文輔震孟入閣時，温輔體仁久居首席，每票擬，必商之，震孟有改，必從。震孟密語諸同志曰：「温公虚懷乃爾，何云奸？」何輔吾騶萬曆乙未，香山人。曰：「是人伏機甚深，何可信？」震孟不爲意。越十餘日，體仁窺其疎脱，凡震孟票擬，竟發改，震孟堅不從，徑抹去之，震孟怒，拍案大呼，以諸疏擲體仁前，體仁亦不顧。未幾，許給諫譽卿爲謝冢宰陞所糾，體仁擬旨爲民，震孟力争之不得，曰：「科道爲民，非天下美事。」體仁奏其語，遂罷。震孟每語諸同志曰：「諸君子見予當國，放膽作事，無復前者兢業，遂爲奸輔所窺，乘機相中。」先是，周輔延儒被糾將去國，體仁與閔冢宰洪學萬曆戊戌，烏程人。深談，歷指某疏比某疏尤甚，笑聲徹外。後浪催前浪，其相嫉固然也。

【略】

體仁長於心計，凡閣中票擬，每遇刑名錢糧名姓之繁多，頭緒之棼錯，皆相顧攢眉，獨體仁一覽便了，從不以舛誤駁改，故諸輔亦服其敏練。但存心過刻，伏機甚深，又不敢批逆鱗，其大病也。

李遜之《三朝野記》卷二 癸酉秋決之日，上素服坐建極殿，與諸輔臣相商，極其虚懷。時温體仁當國，無所平反。内有一人徐兆麟，遼東人，以舉人任陝西華陰知縣，到任僅七日而城陷於賊，上以此頗躊躇，體仁無一言爲之救解，遂致之死，人皆冤之。**【略】**

故事，經筵講書置《春秋》弗講，上獨以《春秋》有關於撥亂反正，傳旨令選專經者進講。時首輔温故以《春秋》起家，詞臣文震孟亦以《春秋》著名，首輔恐文進講必如前年有諷諫，或當上意，故隱之而佯爲搜索狀。次輔嘉善指及之，首輔佯驚，謂幾失其人，即以名進。

左光斗部

綜述

《明史》卷二四四《左光斗傳》 左光斗，字遺直，桐城人。萬曆三十五年進士，除中書舍人。選授御史，巡視中城。捕治吏部豪惡吏，獲假印七十餘，假官一百餘人，輦下震悚。

出理屯田，言：「北人不知水利，一年而地荒，二年而民徙，三年而地與民盡矣。今欲使旱不爲災，澇不爲害，惟有興水利一法。」因條上三因十四議：曰因天之時，因地之利，因人之情，曰議濬川，議疏渠，議引流，議設壩，議建閘，議設陂，議相地，議築塘，議招徠，議擇人，議擇將，議兵屯，議力田設科，議富民拜爵。其法犁然具備，詔悉允行，水利大興，北人始知藝稻。鄒元標嘗曰：「三十年前，都人不知稻草何物，今所在皆稻，種水田利也。」閹人劉朝稱東宮令旨，索戚畹廢莊。光斗不啓封還之，曰：「尺土皆殿下有，今日安敢私受。」閹人憤而去。

光宗崩，李選侍據乾清宮，迫皇長子封皇后。光斗上言：「内廷有乾清宮，猶外廷有皇極殿，惟天子御天得居之，惟皇后配天得共居之。其他妃嬪雖以次進御，不得恒居，非但避嫌，亦以別尊卑也。選侍既非嫡母，又非生母，儼然尊居正宫，而殿下乃退處慈慶，不得守几筵，行大禮，名分謂何？選侍事先皇無脱簪戒旦之德，於殿下無拊摩養育之恩，此其人，豈可以託聖躬者？且殿下春秋十六齡矣，内輔以忠直老成，外輔以公孤卿貳，何慮乏人，尚須乳哺而襁負之哉？况睿哲初開，正宜不見可欲，何必託於婦人女子之手？及今不早斷決，將借撫養之名，行專制之實。武氏之禍再見於今，將來有不忍言者。」時選侍欲專大權，廷臣笺奏，令先進乾清，然後進慈慶。得光斗笺，大怒，將加嚴譴，數遣使宣召光斗。光斗曰：「我天子法官也，非天子召不赴。若輩何爲者？」選侍益怒，邀熹宗至乾清議之。熹宗不肯往，使使取其笺視之，心以爲善，趣擇日移宫，光斗乃免。當是時，宫府危疑，人情危懼，光斗與楊漣協心建議，排閹奴，扶冲主，宸極獲正，兩人力爲多，由是朝野並稱爲「楊、左」。

未幾，御史賈繼春上書内閣，言帝不當薄待庶母。光斗聞之，即上言：「先帝宴駕，大臣從乾清宫奉皇上出居慈慶宫，臣等以爲不宜避選侍。故臣於初二日具《慎守典禮肅清宫禁》一疏。宫中震怒，禍幾不測。賴皇上保全，發臣疏於内閣。初五日，閣臣具揭再催，奉旨移宫。至初六日，皇上登極，駕還乾清。宫禁肅然，内外寧謐。夫皇上既當還宫，則選侍之當移，其理明白易曉。惟是移宫以後，自宜存大體，捐小過。若復株連蔓引，使宫闈不安，即於國體有損。乞立誅盜寶宫奴劉遜等，而盡寬其餘。」帝乃宣諭百官，備述選侍凌虐聖母諸狀。及召見又言：「朕與選侍有仇。」繼春用是得罪去。

時廷臣議改元。或議削泰昌弗紀；或議去萬曆四十八年，即以今年爲泰昌；或議以明年爲泰昌，後年爲天啓。光斗力排其説，請從今年八月以前爲萬曆，以後爲泰昌，議遂定。孫如游由中旨入閣，抗疏請斥之。出督畿輔學政，力杜請寄，識鑒如神。

天啓初，廷議起用熊廷弼，罪言官魏應嘉等。光斗獨抗疏争之，言廷弼才優而量不宏，昔以守遼則有餘，今以復遼則不足。已而廷弼竟敗。三年秋，疏請召還文震孟、滿朝薦、毛士龍、徐大相等，并乞召繼春及范濟世。濟世亦論「移宫」事與光斗異者，疏上不納。其年擢大理丞，進少卿。

明年二月拜左僉都御史。是時，韓爌、趙南星、高攀龍、楊漣、鄭三俊、李邦華、魏大中諸人咸居要地。光斗與相得，務爲危言覈論，甄别流品，正人咸賴之，而忌者浸不能容。光斗與給事中阮大鋮同里，招之入京。會吏科都給事中缺，當遷者，首周士樸，次大鋮，次大中。大鋮邀中旨，勒士樸不遷，以爲己地。趙南星惡之，欲例轉大鋮。大鋮疑光斗發其謀，恨甚。熊明遇、徐良彦皆欲得僉都御史，而南星引光斗爲之，兩人亦恨光斗。江西人又以他故銜大中，遂共嗾給事中傅櫆劾光斗、大中與汪文言比而爲奸。光斗疏辨，且詆櫆結東廠理刑傅繼教爲昆弟。櫆恚，再疏訐光斗。光斗乞罷。事得解。

楊漣劾魏忠賢，光斗與其謀，又與攀龍共發崔呈秀贓私，忠賢暨其黨咸怒。及忠賢逐南星、攀龍、大中，次將及漣、光斗。光斗憤甚，草奏劾忠賢及魏廣微三十二斬罪，擬十一月二日上之，先遣妻子南還。忠賢詗知，先二日假會推事與漣俱削籍。羣小恨不已，復搆文言獄，入光斗名，遣使往逮。父老子弟擁馬首號哭，聲震原野，緹騎亦爲雪涕。至則下詔獄酷訊。許顯純誣以受楊鎬、熊廷弼賄，漣等初不承，已而恐以不承爲酷刑所斃，冀下法司，得少緩死爲後圖，諸人俱

自誣服。光斗坐贓二萬。忠賢乃矯旨，仍令顯純五日一追比，不下法司，諸人始悔失計。容城孫奇逢者，節俠士也，與定興鹿正以光斗有德於畿輔，倡議醵金，諸生爭應之。得金數千，謀代輸，緩其獄，而光斗與漣已同日爲獄卒所斃，時五年七月二十有六日也，年五十一。

光斗既死，贓猶未竟。忠賢令撫按嚴追，繫其羣從十四人。長兄光霽坐累死，母以哭子死。都御史周應秋猶以所司承追不力，疏趣之，由是諸人家族盡破。及忠賢定《三朝要典》，「移宫」一案以漣、光斗爲罪魁，議開棺僇屍。有解之者，乃免。忠賢既誅，贈光斗右都御史，録其一子。已，再贈太子少保。福王時，追謚忠毅。

鄒漪《啓禎野乘》一集卷五《左忠毅傳》 公諱光斗，字遺直，號滄嶼，直隸桐城人也。生時月當大斗，火光繞屋，故命名。庚子舉鄉試，丁未成進士。初任中書，癸丑擢入爲御史，待命凡七年，强半依膝下，樂山水，兼縱觀古今人載籍，每謂元祐去亂法不去亂人，畢竟是錯。李忠定于高宗和議極諫皆争事不知争人，蓋事之失止一事，人則階禍無窮。故曰百年之計，存乎樹人。嘗貯一人才單于篋，暇時輒手自點定某賢某次，其留意用人如此。又謂近見宫府鈎連，魍魎晝現，以宵小托婦寺，以婦寺釀夷狄，凝陰有感，大亂日生，原其本來，皆繇穢濁，故徵人以品，徵品以清。己未，考選命下，所銓叙一如平生言。

時神廟静攝久，邊事告急，朝議募外兵衛京師。公恐蹈漢何進故智，疏止之。特糾新舊平章，語大剴切。未幾，奉命視屯，公以北人不知水利，畏言屯田，勝國初，倚漕東南，至以御酒龍衣求米張士誠。今不改謀，後將無食。乃力請屯田，又請倣漢力田科以屯入多寡爲殿最，使人自爲田。又請置屯學，設博士弟子員，因屯糧制餼。詔俱報可。于是屯功大興。鄒忠介公道見之，歎曰：「夫治天下，豈不以才哉！人苟有才，天氣地力皆可得而變也。往三十年都人之視藁秸猶扶桑也，而今畝棲若此。嗟乎！」當是時顯皇帝不豫，璫劉朝矯東宫旨，索世廟戚畹絶莊。公封還不啟，曰：「尺地皆殿下有。今日御史受命巡田，安敢以田私進奉乎。」璫恚甚。已又糾巨璫陳登奪子粒爲屯蠹，當按。一時咋舌曰真御史、真御史云。亡何，改督學，奬才絶倖，倣古弓箭社遺意教士習射，士皆能挽强。後白蓮教起，奏功者半出儒生，其效也。

庚申，鼎湖再泣，一時進藥進御嘖有煩言，而選侍李希封后不得，以上幼冲，欲矯遺詔正位，垂簾母天下，距登極止六日，猶嵎負乾清宫，廷臣憂之。公與楊公漣謀曰：「苟以驪姬、良娣而攬雉嬰之權，禍豈止于歸胙寶鞍、人彘房州而已乎。」即上疏力請移宫停封。略曰：「内廷有乾清宫，猶外廷有皇極殿也。唯天子御天，皇后配天乃得居之，其餘妃嬪雖以次進御，遇有大故，即當移置別殿。非直遠嫌，亦以明尊卑，別貴賤也。今大行皇帝賓天，選侍非母，儼居正宫，臣竊惑之。臣聞選侍侍先皇無脱簪雞鳴之德，侍殿下又無撫摩養育之恩，此其人豈真可以托聖躬者。且殿下春秋十六齡，長矣。睿智方開，正宜不見可欲，而奈何托于婦女子之手哉。至位號間統紀攸係，故先皇在時，屢請名封不許，履霜堅冰，聖慮淵遠。倘及今不決，異日將借撫育之名，行專制之實，武氏之禍再見于今，臣且有不忍言者。」疏入，選侍怒，亟召見公，公曰：「天子耳目官，非天子宣不敢奉。」選侍愈益怒。然卒移仁壽宫，中外始大安。會劉遜、李進忠等以盗寶逮，廣賂邪黨，流言選侍雉經，皇八妹入井，以摇人心。外議寢囂，公復具《仁義兼盡疏》，謂選侍移宫以後，自當存以大體，捐其小過。當奉嚴旨切責。蓋公不知移宫後，上恩禮選侍已渥也。

當是時光宗年號未定，或議削去，或議仍以明年爲泰昌元年。公曰：「先帝一月堯舜，言削去者，罪不在許世子、趙盾下。聖作物睹，與民更始，以大行年月頒示正朔，于《春秋》嚴始即位之義，豈謂正乎。記曰：禮雖先王未之有可以義起，今日之事在以天啟存泰昌，非以泰昌更萬曆也。以泰昌更萬曆未便，以天啓存泰昌，萬世而下，將不失爲仁孝。」衆咸服，始斷以萬曆四十八年八月爲泰昌元年。

先是，熊公廷弼爲遼撫，恃才剛愎，公疏規之。既去遼，遼敗復起，廷臣交薦之。公曰：「其人才優而量不逮。前以守遼則有餘，今以恢遼則未足。」其蚤見類然。遷大理丞，晉少卿，踰年拜都察院僉都御史。是時充廷盈位，悉前光皇帝收召名碩，如趙公南星、高公攀龍、袁公化中、周公宗建，暨鄒忠介元標、鄒侍郎維漣等，並矯志澄清，誓言必濟。小人挾異議者懼，乃日交通魏豎，爲一網計。公又與楊公謀曰：「京貫連串，指鹿日甚，天下事不可言矣。」于是楊公疏璫二十四罪，公亦草三十二斬繼之。未上而謀泄，矯旨奪職。

公歸，自分攖權貴人鋒，無生理。然猶無計以解二親，乃取楊忠愍公赴西市事，時時爲其父陳言。又嘗于母夫人前談説滂母故事，蓋以見自古忠臣義士其爲之親者未嘗不以烈烈勉其子，冀幸親之一慰，而異時或無至大傷其心也，公之用志亦良苦哉。乙丑，閹借移宫、封疆二案坐公奇獄，緹騎至，公顔色不少變，從

容拜堂下曰：「兒不得爲孝子矣。勉子讀書，勿以而父爲戒，謂善不可爲。」里人聞者無不泣下，將揭竿檄擊緹騎。公曰：「是重吾罪也。」有欲爲叩閽者，皆止之。至京屬鎮撫考訊，垂盡猶手製絶命詞，封寄其父。卒之夜，虹貫斗星殞，灼灼如火光。嗚呼，賢人生歿豈不以天哉！公死後，徵贓追籍，田廬十不得一二，并及宗戚，財俱爲盡，子姓繫獄者數十人。母夫人哭死，兄光霽累死，弟孝廉光先、光明萬險幾死，幸逃免。光先于崇禎間爲名御史，著直聲，嘗擊鱷宗朱術珣摧闞貪酷狀，吴人德之。良其世篤忠貞有繇然也。戊辰，思宗登極，初贈副都御史，再贈太子少保，廕一子，予祭葬，給三代誥命。里人建祠祀之。乙酉，追謚忠毅。

雜録

備論

鄒漪《啓禎野乘》一集卷五 論曰：世以天啓璫禍方漢建寧，余曰不然。建寧之誣君子曰是將爲叛，叛非君子所服，然在小人持之有故。至天啓乃以三案。夫以三案殺楊、左，是何異于以不討賊、不嘗藥者，而謂曰忠孝乎！《春秋》比之弑君之例，又何説也。殺君子而予以至正之名，甚矣，小人至惡且至愚也。嗚呼！楊、左之賢不減李、杜，忠賢之罪乃更浮于曹節、王甫，此又論世者不可不知也。

汪有典《史外》卷二 汪有典曰：嗚呼！熹宗之朝，宫府鈎連，魍魎晝現，凝陰感召，結爲國運。此公之所竊嘆也。思深哉！無俟抉目東門矣。公咎元祐去亂法不去亂人，李伯紀知争事不知争人，然公卒用之而不效。周宗既滅，靡所止戾，此豈可執目睫之恨以相繩乎。蓋公與姚垷聞固云「待得此輩煙滅灰飛時而國祚隨之矣。天下被其害而吾獲知言之名」，其亦慟乎有餘悲哉。

陳田《明詩紀事》庚籤卷六 田按：忠毅生平佩服楊椒山，顔其堂曰瞰椒。及遭璫逐，道中感懷云：「願難諧栗里，禍恐續椒山。」卒與楊公同一死義。

藝文

嚴遂成《明史雜詠》卷三《左少保光斗》 扶掖登皇極，殿名冲齡善病身。狐雄殊跋扈，鷄北欲司晨。盗寶詞旁及，投繯事豈真。震驚凡幾日，哀痛甫經旬。光宗崩六日，熹宗登極，在位止踰月。私憾徐良彦，昌言賈繼春。公疏請召還繼春。上方隨請劍，當道竟埋輪。實草應山疏，有言楊疏，公與謀，并代草。寧逢丞相嗔。公疏劾忠賢，并及廣微。見危防二法，酷訊時，公自計殺我有二法，刑斃獄斃，遂誣服。興利驗三因。先官御史與水利，有天地人三因之謀。督学人倫鑒，調元物議均。建臣争改元，公以八月以前爲萬曆，後爲泰昌，議遂定。廢莊封不啓，假印護初巡。初爲巡按，即擒豪吏，假宫假印。緹騎猶加禮，誣贓不貸貧。諸生金薈萃，羣從繫逡巡。虀餉黄泉淚，鴒原夜雨神。飄零小弱弟，南渡作逋臣。母以哭子死，長兄坐累死，弟光福王時官巡按，争馬士英、薦阮大鋮事，逃左良玉軍。

黄尊素部

綜述

《明史》卷二四五《黄尊素傳》 黄尊素，字真長，餘姚人。萬曆四十四年進士，除寧國推官，精敏彊執。

天啓二年擢御史，謁假歸。明年冬還朝，疏請召還余懋衡、曹於汴、劉宗周、周洪謨、王紀、鄒元標、馮從吾，而劾尚書趙秉忠、侍郎牛應元、通政丁啓睿頑鈍。秉忠、應元俱引去。山東妖賊既平，餘黨復煽。巡撫王惟儉不能撫馭，尊素疏論之。因言：「巡撫本内外兼用，今盡用京卿，不若畧歷外服者之練習。」又數陳邊事，力詆大將馬世龍，忤樞輔孫承宗意。時帝在位數年，未嘗一召見大臣。尊素請復便殿召對故事，面决大政，否則講筵之暇，令大臣面商可否。帝不能用。

四年二月，大風揚沙，晝晦，天鼓鳴，如是者十日。三月朔，京師地震三，乾清宫尤甚。適帝體違和，人情惶懼。尊素力陳時政十失，末言：「陛下厭薄言官，人懷忌諱，遂有剽竊皮毛，莫犯中扃者。今阿保重於趙嬈，禁旅近於唐末，蕭牆之憂慘於敵國。廷無謀幄，邊無折衝。當國者昧安危之機，誤國者護恥敗之局。不於此進賢退不肖，而疾剛方正直之士如仇讐，陛下獨不爲社稷計乎？」疏入，魏忠賢大怒，謀廷杖之。韓爌力救，乃奪俸一年。

既而楊漣劾忠賢，被旨譙讓。尊素憤，抗疏繼之，略言：「天下有政歸近倖，威福旁移，而世界清明者乎？天下有中外洶洶，無不欲食其肉，而可置之左右者乎？陛下必以爲曲謹可用，不知不小曲謹，不大無忌。必以爲惟吾駕馭，不知不可駕馭，則不可收拾矣。陛下登極以來，公卿臺諫纍纍罷歸，致在位者無固志。不於此稱孤立，乃以去一近侍爲孤立耶？今忠賢不法狀，廷臣已發露無餘。陛下若不早斷，彼形見勢窮，復何顧忌。忠賢必不肯收其已縱之韁，而浄滌其腸胃。忠賢之私人，必不肯回其已往之棹，而默消其冰山。始猶與士大夫爲讐，繼將以至尊爲注。柴柵既固，毒螫誰何。不惟臺諫折之不足，即干戈取之亦難矣。」忠賢得疏愈恨。

萬燝既廷杖，又欲杖御史林汝翥，諸言官詣閣争之。小璫數百人擁入閣中，攘臂肆駡，諸閣臣俯首不敢語。尊素厲聲曰：「内閣絲綸地，即司禮非奉詔不敢至，若輩無禮至此！」乃稍稍散去。無何，燝以創重卒。尊素上言：「律例，非叛逆十惡無死法。今以披肝瀝膽之忠臣，竟殞於磨牙礪齒之兇豎。此輩必欣欣相告，吾儕借天子威柄，可鞭笞百僚。後世有秉董狐筆，繼朱子《綱目》者，書曰『某月某日，郎中萬燝以言事廷杖死』，豈不上累聖德哉！進廷杖之説者，必曰祖制，不知二正之世，王振、劉瑾爲之，世祖、神宗之朝，張璁、嚴嵩、張居正爲之。奸人欲有所逞，憚忠臣義士掣其肘，必借廷杖以快其私，使人主蒙拒諫之名，己受乘權之實，而仁賢且有抱蔓之形。於是乎爲所欲爲，莫有顧忌，而禍即移之國家。燝今已矣。辱士殺士，漸不可開。乞復故官，破格賜卹，俾遺孤得扶櫬還鄉，燝死且不朽。」疏入，益忤忠賢意。

八月，河南進玉璽。忠賢欲侈其事，命由大明門進，行受璽禮，百僚表賀。尊素上言：「昔宋哲宗得璽，蔡確等競言祥瑞，改年元符，宋祚卒不競。本朝弘治時，陝西獻玉璽，止令取進，給賞五金。此祖宗故事，宜從。」事獲中止。五年春，遣視陝西茶馬。甫出都，逆黨曹欽程劾其專擊善類，助高攀龍、魏大中虐焰，遂削籍。

尊素謇諤敢言，尤有深識遠慮。初入臺，鄒元標實援之，即進規曰：「都門非講學地，徐文貞已叢議於前矣。」元標不能用。楊漣將擊忠賢，魏大中以告，尊素曰：「除君側者，必有内援。楊公有之乎？一不中，吾儕無噍類矣。」萬燝死，尊素諷漣去，漣不從，卒及於禍。大中將劾魏廣微，尊素曰：「廣微，小人之包羞者也，攻之急，則鋌而走險矣。」大中不從，廣微益合於忠賢，以興大難。

是時，東林盈朝，自以鄉里分朋黨。江西章允儒、陳良訓與大中有隙，而大中欲駁尚書南師仲恤典，秦人亦多不悦。尊素急言於大中，止之。最後，山西尹同皋、潘雲翼欲用其座主郭尚友爲山西巡撫，大中以尚友數問遺朝貴，執不可。尊素引杜征南數遺洛中貴要爲言，大中卒不可，議用謝應祥，難端遂作。

汪文言初下獄，忠賢即欲羅織諸人。已，知爲尊素所解，恨甚。其黨亦以尊素多智慮，欲殺之。會吴中訛言尊素欲效楊一清誅劉瑾，用李實爲張永，授以秘計。忠賢大懼，遣刺事者至吴中凡四輩。侍郎烏程沈演家居，奏記忠賢曰：「事有迹矣。」於是日遣使譙訶實，取其空印白疏，入尊素等七人姓名，遂被逮。使者至蘇州，適城中擊殺逮周順昌旂尉，其城外人并擊逮尊素者。逮者失駕帖，不敢

至。尊素聞，即囚服詣吏，自投詔獄。許顯純、崔應元搒掠備至，勒贓二千八百，五日一追比。已，知獄卒將害己，叩首謝君父，賦詩一章，遂死，時六年閏六月朔日也，年四十三。崇禎初，贈太僕卿，任一子。福王時，追謚忠端。

錢謙益《牧齋初學集》卷五〇《山東道監察御史贈太僕寺卿黃公墓誌銘》　天啓逆奄之難，浙河東西，忤奄考死者兩人，故吏科都給事中謚忠介魏公、山東道御史黃公也。先是神廟末年，浙人浸淫黨論，雄唱雌和，一詞同軌。一二方正之士，離而不服者，如蘭蕙之孤生於荆棘而已。自兩公之死，然後兩浙之人，曉然知此之爲正，彼之爲邪。雖樵夫牧豎，皂隸庸丐，語及忠臣義士，靡不嗟咨涕洟，如不獲見其人也。語及於閹兒媪子，靡不呼號罵詈，恨不得食其肉也。三十年以來，士大夫立名矯行，聚徒植黨，所以鼓動激勵者至矣，而人未必從。兩公以死教而人從之。子言之，有殺身以成仁，豈不大哉！

黃公諱尊素，字真長，其先江夏人。十六世祖諱萬河，爲明州録事，徙家餘姚。國初，菊東先生諱珏，精皇極經世之學。祖諱大綬，父諱曰中，世有儒行。母盧氏。公少負軼才，摛詞掞藻，下筆不能自休。年三十，未補博士弟子員，授徒苕、霅間，意豁如也。萬曆乙卯舉於鄉，丙辰舉進士，授寧國府推官。郡多能人，以氣力漁食閭里，持吏長短。公精强廉辨，執法如山，咸相戒莫敢犯。

入爲山東道御史。當是時，先帝冲幼，宫府晦蒙，都城一日三震。公上疏曰：「阿保重於趙嬈，禁旅近於唐末，蕭墻之禍慘於戎狄。」宵人爲之咋指。應山楊忠烈公劾奄二十四罪，公抗疏繼之，極論廷杖非祖制，曰：「後世史臣書之曰，某年某月工部郎萬燝以言某事死杖下，可不爲惜哉。」乙丑，黨禍大作，楊公、魏公考死，公除名爲民。丙寅以織監疏逮繫，坐贓考掠，體無完膚。慷慨談笑，抵死不少屈。臨難賦詩一章，南北向叩頭以謝君父。丙寅閏六月朔日也，年四十有三。越五日出獄，肌肉漲爛，頭面不可別識矣。

公爲人通敏博達，明習掌故。自爲理官，引大體，折大獄，多所保全耆定。及爲御史，南樂附逆奄入相，朝右交關鼓扇，楊公、魏公暨高邑趙忠毅公、無錫高忠憲公出死力相楮柱。公語門人徐石麒曰：「乾六龍一亢，姤豕至矣。姤一豕蹢躅，玄黃至矣。羣賢之龍戰，可謂亢矣。南樂其姤豕也，不務堅貞用晦，敦復以俟時，而出一決無復之之計，其可幾乎。」羣公善其言而不能用也。公去郡，郡人持短長，蜚語相中，總憲鄒公力持之。初入臺，即進規於鄒曰：「京司非講學地也，徐文貞已叢議於盛世矣。」鄒公卒用是去。羣小之撼君子，自此始也。萬燝之杖也，公語楊公：「可以去矣。」楊曰：「苟濟國，生死以之。」公曰：「言不用，何濟？君子不顧生死成敗，不可不顧出處。」魏公將攻南樂，公曰：「須朔後朝，小過也。攻之急，勢不反顧。二憾交作，不可爲矣。」魏曰：「一死可以盡節。」公曰：「不然。李固機失謀乖，遺梁冀書，猶戀戀不能已。君子愛國之心甚於愛臣節也。」公志在弘濟艱難，雅不欲婞直僨事。每有搏擊，飛章廷争，未嘗不爲人先。公固曰吾寧不與諸君子同其功，不願不與諸君子同其禍也。臺省詣閣請救，止廷杖，羣奄數百人，咆哮訽詈，閣臣噤不發一語。公叱之曰：「内閣絲綸要地，司禮不奉命不得至，若等何爲？」皆稍稍引去。京朝官奉詔乘馬，羣奄顧京營馬馳突争道，公語京營，嚴顧馬之禁。奄無所得馬，遂少戢矣。彰德進玉璽，將御門受賀。公執奏曰：「宋喆宗得璽，蔡確等争言祥瑞，改年元符，其後朋黨煩興，宋祚不永。弘治十三年，陝西進玉璽，止命取進。祖宗成例當法，不應踵襲宋事。」其據經守正，援据切當，皆此類也。楊、魏死，公爲位慟哭。是夕夢楊公告曰：「大禍未解。」公之與諸君子同禍，天爲之矣，又何尤哉。

公没之次年，子宗羲詣闕訟冤，天子贈公太僕寺卿，祖父皆如其官，廕一子入太學，立祠於邑之文昌閣前。慈谿馮公元颺與其弟元飇具特牲往拜，諸生馮文昌等數百人胥會祠下。浙河西東，與魏公相望焉。於是宗羲以己巳十一月廿五日葬公。又十餘年，而以墓銘屬予。公娶某氏，封恭人。子五人：長即宗羲，次宗炎、宗燧、宗轅、宗懷。葬在化安之新阡。予往識公長安，退而語人：「黄公豐頤廣顙，長身山立，巋然福德大人也。」公没，人或以甚予。在昔元季，有以南臺大夫抗節死僞吴者，袁廷玉相之曰：「公大貴人也，當秉忠致命，名垂後世，公必勉之。」繇此言之，士大夫非具福德相，其能以忠義顯聞乎。予之相公，蓋未爲不驗也。銘曰：

夷之初旦明未周，虹蜺揚煇蔽贅旒。天門詄蕩叫莫繇，一夫九首擇肉投。高冠長劒部黨儔，一葦誓塞江河流。一擊不中恥下韝，衣冠血肉填厠腧。艱難弘濟需巨舟，風顛纜弱柂不收。人謀不遠輸鬼謀，長年三老空啁啾。抗辭同日自我求，芳膏煎灼非我尤。天晶日光死何憂，幸哉不從李范游。淋漓碧血閟一丘，蓀芳蘭茁天汝疇。我銘其藏語不偷，丹書青史俱千秋。

雜録

備録

談遷《棗林雜俎》和集《黃尊素》 餘姚黃御史白菴微時，有友人丞某懸館致之，夕嘗酣歌，令君曹谷問之，問於丞，丞言其實，命戒之，後勿復爾。黃酣歌自如，丞去。聯捷，已曹進御史，黨逆魏敗名。

備論

鄒漪《啓禎野乘》一集卷五 論曰：公志在弘濟艱難，不欲婞直僨事。然每有搏擊，飛章廷爭，未嘗不爲人先。公固曰：「吾寧不與諸君子同其功，不願不與諸君子同其禍也。」嗚呼，去雄唱雌，和占風避，就者遠矣。

趙吉士《續表忠記》卷三 趙吉士曰：公以忠孝自許，亦恒以忠孝勉人。檇李徐冢宰石麒會試出公本房，每聚首即談古今忠孝事。公死於奄，徐亦死於義，師與弟兩相成矣。

邵廷采《思复堂文集》卷一《黃忠端公傳》 贊曰：黃氏之系出于潁州，漢相霸。慶元不屈，厥支是延。仕爲慶元通判者，金人破慶元，死之。三子分地避兵，一居定海，爲東發始祖。東發殿宋，震，宋末名臣。茂卿啟明。文茂，泰定進士，受學吳草廬，主教于鄉。從學草廬，以大其聲。墀當遜國，思效全忠。天造多奇，翻與叛同。賦詩「爲臣真欲效全忠，豈料翻成與叛同」。赴水死。伯川有詩，小野亟嘆。東河撫孤，不先一飯。伯川舉天順壬午，主考陝西，有《竹橋十咏》倪小野稱其蕭散閒遠。素菴生稔，號東河，娶章氏，撫孤子。孤子入城市，必問其所之，而立待其歸始食。忠節之後，斯文之傳。知孫必昌，慰我對川。公大父。三品及封，七品死節。始疑不符，終乃券合。公言三品封祖，後以御史七品死，贈冏寺，果三品得封。同文之獄，孰非錦歸。天壽其翁，善養不違。鯤溟公後死受封。兩朝忠烈，碑峙孤山。六忠祠祀，越城具瞻。我遵竹浦，潮赫斯怒。宛在其中，英英白露。

陳鼎《東林列傳》卷四 外史氏曰：嗟乎！兩先生死而明亡矣。其後莊烈苟延十有七年者，祖宗之餘烈耳。假令季侯、真長不死，東南有繼起者相輔，石齋或可存孤兒寡婦於一隅也。二公死而善人絶矣。余故曰明之亡也，不待甲申也。

汪有典《史外》卷二 汪有典曰：嗚呼，君子小人之名，其果無庸過分别否也。程子謂青苗之禍，由于激成，諸君子之於奄黨，意者不其然乎？然公不願與諸君子同功，而究不能不與諸君子同禍者，徒以濟王事也。楊、魏拷死，公爲位哭之。夢楊公語曰：「大禍未解。」然則公與諸君子同禍，殆天爲之，特假手於小人，即此又天道之未可深言者也。

明思宗部

綜述

《明史》卷二三《莊烈帝一》 莊烈愍皇帝，諱由檢，光宗第五子也，萬曆三十八年十二月生。母賢妃劉氏，早薨。天啓二年，封信王。六年十一月，出居信邸。

明年八月，熹宗疾大漸，召王入，受遺命。丁巳，即皇帝位。大赦天下，以明年爲崇禎元年。九月甲申，追謚生母賢妃曰孝純皇后。丁亥，停刑。庚寅，册妃周氏爲皇后。

冬十月甲午朔，享太廟。癸丑，南京地震。十一月甲子，安置魏忠賢於鳳陽。戊辰，撤各邊鎮守內臣。己巳，魏忠賢縊死。癸酉，免天啓時逮死諸臣贓，釋其家屬。癸巳，黄立極致仕。十二月，前南京吏部侍郎錢龍錫、禮部侍郎李標、禮部尚書來宗道、吏部侍郎楊景辰、禮部侍郎周道登、少詹事劉鴻訓俱禮部尚書兼東閣大學士，預機務。

崇禎元年春正月辛巳，詔內臣非奉命不得出禁門。壬午，尊熹宗后爲懿安皇后。丙戌，戮魏忠賢及其黨崔呈秀尸。二月乙未，禁章奏冗蔓。癸丑，御經筵。丁巳，戒廷臣交結內侍。三月己巳，葬悊皇帝於德陵。

五月庚午，燬《三朝要典》。甲戌，裁各部添注官。辛巳，禱雨。乙酉，復外吏久任及舉保連坐之法，禁有司私派。六月，削魏忠賢黨馮銓、魏廣微籍。

秋七月癸酉，召對廷臣及袁崇焕於平臺。

八月乙未，詔非盛暑祁寒，日御文華殿與輔臣議政。

十一月癸未，祀天於南郊。

是年，革廣寧及薊鎮塞外諸部賞。諸部饑，告糴，不許。陝西饑民苦加派，流賊大起，分掠鄜州、延安。

二年春正月丙子，釋奠於先師孔子。丁丑，定逆案，自崔呈秀以下凡六等。二月戊子，祀社稷。庚寅，皇長子慈烺生，赦天下。

閏月癸未，祀地於北郊。五月乙酉朔，日有食之。庚子，議改曆法。

秋八月甲戌，熹宗神主祔太廟。

冬十月戊寅，大清兵入大安口。十一月壬午朔，京師戒嚴。

己丑，吏部侍郎成基命爲禮部尚書兼東閣大學士，預機務。召前大學士孫承宗爲兵部尚書、中極殿大學士，視師通州。辛卯，袁崇焕入援，次薊州。戊子，宣、大、保定兵相繼入援。徵天下鎮巡官勤王。辛丑，大清兵薄德勝門。甲辰，召袁崇焕等於平臺，崇焕請入城休兵，不許。下兵部尚書王洽於獄。十二月辛亥朔，再召袁崇焕於平臺，下錦衣衛獄。甲寅，總兵官祖大壽兵潰，東出關。乙卯，孫承宗移駐山海關。庚申，諭廷臣進馬。丁卯，遣中官趨滿桂出戰，桂及前總兵官孫祖壽俱戰殁。

丁丑，禮部侍郎周延儒、尚書何如寵、侍郎錢象坤俱禮部尚書兼東閣大學士，預機務。

三年春正月庚寅，逮總督薊遼都御史劉策下獄，論死。乙未，禁抄傳邊報。

二月庚申，立皇長子慈烺爲皇太子，大赦。

夏四月乙卯，以久旱，齋居文華殿，諭百官修省。

秋八月癸亥，殺袁崇焕。

冬十月癸亥，停刑。

四年春正月己亥，召對內閣、九卿、科道及入覲兩司官於文華殿。命都察院嚴覈巡按御史。

夏四月庚戌，禱雨。辛酉，詔廷臣條時政。

五月甲戌朔，步禱於南郊。庚辰，戍錢龍錫。

九月庚辰，內臣王應朝、鄧希詔等監視關、寧、薊鎮兵糧及各邊撫賞。甲午，逮楊鶴下獄，論戍。洪承疇總督三邊軍務。丁酉，太監張彝憲總理户、工二部錢糧，給事中宋可久等相繼諫，不聽。

十一月丙戌，太監李奇茂監視陝西茶馬，吴直監視登島兵糧、海禁，羣臣合疏諫，不聽。壬辰，孫承宗致仕。癸巳，召對廷臣於文華殿，歷詢軍國諸務，語及內臣，帝曰：「諸臣若實心任事，朕亦何需此輩。」

閏月丁卯，登州遊擊孔有德率師援遼，次吴橋反。

五年三月壬寅，兵部侍郎劉宇烈督理山東軍務，討孔有德。

五月丙午，參政朱大典爲僉都御史，巡撫山東。辛亥，禮部尚書鄭以偉、徐

光啓並兼東閣大學士，預機務。

秋七月辛丑，太監曹化淳提督京營戎政。

六年春正月癸卯，曹文詔節制山、陝諸將討賊。

三月癸巳，敕曹文詔諸將限三月平賊。

夏四月己巳，免延安、慶陽、平涼新舊遼餉。

六月辛酉朔，太監高起潛監視寧、錦兵餉。

庚寅，太監張彝憲請催逋賦一千七百餘萬，給事中范淑泰諫，不聽。

七年春正月己丑，廣鹿島副將尚可喜降於我大清。設河南、山、陝、川、湖五省總督，以延綏巡撫陳奇瑜兼兵部侍郎爲之。

秋七月壬辰，大清兵入上方堡，至宣府。乙未，詔總兵官陳洪範守居庸，巡撫保定都御史丁魁楚等守紫荊、雁門。辛丑，京師戒嚴。庚戌，大清兵克保安，沿邊諸城堡多不守。八月，分遣總兵官尤世威等援邊。戊辰，宣大總督侍郎張宗衡節制各鎮援兵。閏月甲申，賊陷隆德、固原，參議陸夢龍赴援，敗没。丁亥，大清兵克萬全左衛。庚寅，旋師出塞。

八年春正月乙卯，賊陷上蔡，連陷汜水、滎陽、固始。己未，洪承疇出關討賊。辛酉，張獻忠陷潁州。丙寅，陷鳳陽，焚皇陵樓殿，留守朱國相等戰死。

二月甲午，以皇陵失守，逮總督漕運尚書楊一鵬下獄，尋棄市。

秋七月甲戌，少詹事文震孟、刑部侍郎張至發俱禮部侍郎兼東閣大學士，預機務。是月，張獻忠突朱陽關，總兵官尤世威敗績，賊復走河南。八月，李自成陷咸陽，賊將高傑降。壬辰，詔撤監視總理内臣，惟京營及關、寧如故。辛丑，盧象昇總理直隸、河南、山東、湖廣、四川軍務。

冬十月庚辰，下詔罪己，辟居武英殿，減膳撤樂，示與將士同甘苦。丙戌，户部尚書侯恂請嚴徵新舊逋賦，從之。

九年五月壬子，詔赦脅從諸賊。願歸者，護還鄉，有司安置；願隨軍自効者，有功一體敍録。

癸酉，免畿内五年以前逋賦。

秋七月甲辰，内臣李國輔等分守紫荊、倒馬諸關。庚戌，成國公朱純臣巡視邊關。癸丑，詔諸鎮星馳入援。己未，大清兵入昌平，巡關御史王肇坤等死之。壬戌，巡撫陝西都御史孫傳庭擊擒賊首高迎祥於盩厔，送京師伏誅。癸亥，諭廷臣助餉。甲子，兵部尚書張鳳翼督援軍，高起潛爲總監。是月，大清兵入寶坻，連下近畿州縣。八月癸酉，括勳戚文武諸臣馬。乙未，盧象昇入援，次真定。丙申，唐王聿鍵起兵勤王，勒還國，尋廢爲庶人。是月，大清兵出塞。九月辛酉，改盧象昇總督宣大、山西軍務。

冬十月乙亥，工部侍郎劉宗周以論内臣及大學士温體仁削籍。甲申，張獻忠犯襄陽。丙申，命開銀鐵銅鉛諸礦。十一月丁未，蠲山東五年以前逋賦。

十年二月甲戌，遣使督直省逋賦。

閏月壬寅，敕羣臣潔己愛民，以回天意。

四月旱，清刑獄。是月，洪承疇剿賊於漢南。閏月壬寅，敕羣臣潔己愛民，以回天意。江北賊分犯河南，總督兩廣都御史熊文燦爲兵部尚書，總理南京、河南、山、陝、川、湖軍務，駐鄖陽討賊。五月戊寅，李自成自秦州犯四川。六月戊申，温體仁致仕。

十一月庚辰，以星變修省，求直言。

《明史》卷二四《莊烈帝二》 十一年春正月丁亥，裁南京冗官。

夏四月己酉，熒惑逆行，諭廷臣修省。五月癸亥朔，策試考選官於中左門。

六月乙卯，兵部尚書楊嗣昌、户部尚書程國祥、禮部侍郎方逢年、工部侍郎蔡國用俱禮部尚書，大理少卿范復粹爲禮部侍郎，並兼東閣大學士，預機務。嗣昌仍掌兵部。

秋七月乙丑，少詹事黄道周以論楊嗣昌奪情，謫按察司照磨。八月戊戌，以災異屢見，齋居永壽宫，諭廷臣修省。癸丑，傅冠致仕。戊午，停刑。流賊羅汝才等自陝州犯襄陽。九月，陝西、山西旱饑。辛巳，大清兵入牆子嶺，總督薊遼兵部侍郎吴阿衡死之。癸未，京師戒嚴。

冬十月癸巳，盧象昇入援，召對於武英殿。甲午，括馬。盧象昇、高起潛分督援軍。

十二年秋七月壬申，左良玉討張獻忠，敗績於羅猴山，總兵官羅岱被執死之。熊文燦削籍，尋逮下獄。八月癸巳，詔誅封疆失事巡撫都御史顔繼祖，總兵官倪寵、祖寬，内臣鄧希詔、孫茂霖等三十三人，俱棄市。己亥，免唐縣等四十州縣去年田租之半。壬子，大學士楊嗣昌督師討賊，總督以下並聽節制。

冬十月甲申朔，楊嗣昌誓師襄陽。甲午，左良玉爲平賊將軍。丙申，《欽定保民四事全書成》，頒布天下。十一月辛巳，祀天於南郊。十二月，羅汝才犯四川。丙午，下兵部尚書傅宗龍於獄。

十三年春閏正月乙酉，振真定饑。戊子，振京師饑民。癸卯，振山東饑。二月壬子朔，祀日於東郊。戊午，總督陝西三邊侍郎鄭崇儉，大破張獻忠於太平縣之瑪瑙山，獻忠走歸州。戊寅，以久旱求直言。三月甲申，禱雨。丙戌，大風霾，詔清刑獄。戊子，罷各鎮内臣。戊戌，振畿内饑。丁未，免河北三府逋賦。

夏四月戊午，逮江西巡撫僉都御史解學龍及所舉黄道周。五月甲申，祀地於北郊。

秋七月庚辰朔，畿内捕蝗。己丑，發帑振被蝗州縣。八月甲戌，振江北饑。

冬十月癸丑，熊文燦棄市。十一月，楊嗣昌進軍重慶。丁亥，祀天於南郊。戊子，南京地震。十二月丁未朔，嚴軍機抄傳之禁。辛亥，張獻忠陷瀘州。乙卯，逮薛國觀。是月，李自成自湖廣走河南，饑民附之，連陷宜陽、永寧，殺萬安王采鑒，陷偃師，勢大熾。

十四年春正月辛巳，祈穀於南郊。己丑，總兵官猛如虎追張獻忠及於開縣之黄陵城，敗績，參將劉士傑等戰死，賊遂東下。丙申，李自成陷河南，福王常洵遇害，前兵部尚書呂維祺等死之。二月己酉，詔以時事多艱，災異疊見，痛自刻責，停今歲行刑，諸犯俱減等論。庚戌，張獻忠陷襄陽，襄王翊銘、貴陽王常法並遇害，副使張克儉等死之。戊午，李自成攻開封，周王恭枵、巡按御史高名衡拒却之。乙丑，張獻忠陷光州。己巳，召閣臣、九卿、科道於乾清宮左室。命駙馬都尉冉興讓等齎帑金振恤河南被難宗室。三月丙子朔，楊嗣昌自四川還，至荆州卒。乙酉，禱雨。丙申，洪承疇會八鎮兵於寧遠。丁酉，逮鄭崇儉下獄，尋棄市。

夏四月壬子，大清兵攻錦州，祖大壽拒守。己未，總督三邊侍郎丁啓睿爲兵部尚書，督師討賊。五月庚辰，范復粹致仕。釋傅宗龍於獄，命爲兵部侍郎，總督陝西三邊軍務，討李自成。戊子，祀地於北郊。

秋七月己卯，李自成攻鄧州，楊文岳、總兵官虎大威擊敗之。壬寅，洪承疇援錦州，駐師松山。是月，臨清運河涸。京師大疫。八月乙巳，援兵戰於松山，陽和總兵官楊國柱敗没。辛亥，賜薛國觀死。辛酉，重建太學成，釋奠於先師孔子。甲子，總兵官吳三桂、王僕自松山遁，諸軍夜潰。九月丁丑，傅宗龍帥師次新蔡，與總督保定侍郎楊文岳軍會。己卯，遇賊，賀人龍師潰，宗龍被圍，文岳走陳州。甲申，周延儒、賀逢聖復入閣。辛卯，封皇子慈炯爲定王。壬辰，傅宗龍潰圍出，趨項城，被執死之。賊屠項城及商水、扶溝。戊戌，李自成、羅汝才陷葉縣，守將劉國能死之。

十一月丙子，李自成陷南陽，唐王聿鏌遇害。

十五年春正月癸未，孫傳庭爲兵部侍郎，督京軍救開封。乙酉，楊文岳援開封，賊解去，南陷西華。戊子，免天下十二年以前逋賦。是月，山東賊陷張秋、東平，劫漕艘，太監王裕民、劉元斌帥禁兵會兖東官軍討平之。二月戊申，振山東就撫亂民。癸丑，總督陝西都御史汪喬年次襄城，遇賊，賀人龍等奔入關，喬年被圍，丁巳，城陷，被執死之。戊午，大清兵克松山，洪承疇降，巡撫都御史丘民仰，總兵官曹變蛟、王廷臣，副總兵江翥、饒勳等死之。是月，孫傳庭總督三邊軍務。三月，李自成陷陳州。丁丑，魏照乘致仕。己卯，祖大壽以錦州降於大清。辛卯，李自成陷睢州、太康、寧陵、考城。壬辰，封皇子慈炤爲永王。丙甲，李自成陷歸德。

六月戊申，賀逢聖致仕。癸丑，張四知致仕。甲寅，詔天下停刑三年。己未，詹事蔣德璟、黄景昉，戎政侍郎吳甡，俱禮部尚書兼東閣大學士，預機務。庚申，詔孫傳庭出關。兵部侍郎侯恂督左良玉軍援開封。壬戌，以會推閣臣下吏部尚書李日宣六人於獄，謫戍有差。甲子，祀地於北郊。是月，築壇親祭死事文武大臣。八月乙丑，釋黄道周於戍所，復其官。丁卯，兵部尚書陳新甲下獄，尋棄市。

十一月庚午，發帑振開封被難宗室兵民。壬申，大清兵分道入塞，京師戒嚴。命勳臣分守九門，太監王承恩督察城守。詔舉堪督師大將者。戊寅，徵諸鎮入援。庚辰，大清兵克薊州。丁亥，薊鎮總督趙光抃提調援兵。戊子，張獻忠陷無爲。己丑，遼東督師侍郎范志完入援。閏月癸卯，下詔罪己，求直言。壬寅，大清兵南下，畿南郡邑多不守。丁巳，起廢將。

十六年二月壬寅，命大學士吳甡督師討賊。

夏四月丁卯，周延儒自請督師，許之。辛卯，大清兵北歸，戰於螺山，總兵官張登科、和應薦敗没，八鎮兵皆潰。是月，劉超平。五月癸巳朔，張獻忠陷漢陽。壬寅，周延儒還京師。丙午，修撰魏藻德爲少詹事兼東閣大學士，預機務。戊申，吳甡罷。丁巳，周延儒罷。壬戌，張獻忠陷武昌，沈楚王華奎於江，在籍大學士賀逢聖等死之。六月癸亥，詔免直省殘破州縣三餉及一切常賦二年。己卯，逮范志完下獄。丙戌，雷震奉先殿獸吻，勅修省。

秋七月丁酉，親鞫范志完於中左門。乙卯，親鞫前文選郎中吳昌時於中左

門，徵周延儒聽勘。己未，戒廷臣私謁閣臣。京師自二月至於是月大疫，詔釋輕犯，發帑療治，瘞五城暴骸。

冬十月辛酉朔，享太廟。丙寅，李自成陷潼關，督師尚書孫傳庭死之。賊連陷華州、渭南、臨潼。命有司以贖鍰充餉。

十七年春正月庚寅朔，大風霾，鳳陽地震。庚子，李建泰自請措餉治兵討賊，許之。乙卯，幸正陽門樓，餞李建泰出師。南京地震。丙辰，工部尚書范景文、禮部侍郎丘瑜並兼東閣大學士，預機務。是月，張獻忠入四川。二月辛酉，李自成陷汾州，別賊陷懷慶。丙寅，陷太原，執晉王求桂，巡撫都御史蔡懋德等死之。壬申，下詔罪己。癸酉，潞安陷。乙亥，議京師城守。李自成攻代州，總兵官周遇吉力戰，食盡，退守寧武關。丁丑，賊別將陷固關，犯畿南。己卯，遣內臣高起潛、杜勳等十人監視諸邊及近畿要害。壬午，真定知府丘茂華殺總督侍郎徐標，檄所屬降賊。甲申，賊至彰德，趙王常淏降。丁亥，詔天下勤王。命廷臣上戰守事宜。左都御史李邦華、右庶子李明睿請南遷及太子撫軍江南，皆不許。戊子，陳演致仕。李自成陷寧武，周遇吉力戰死之。三月庚寅，賊至大同，總兵官姜瓖降賊，代王傳㸄遇害，巡撫都御史衞景瑗被執，自縊死。辛卯，李建泰疏請南遷。壬辰，召廷臣於平臺，示建泰疏，曰：「國君死社稷，朕將焉往？」李邦華等復請太子撫軍南京，不聽。蔣德璟致仕。癸巳，封總兵官吳三桂、左良玉、唐通、黄得功俱爲伯。甲午，徵諸鎮兵入援。乙未，總兵官唐通入衞，命偕內臣杜之秩守居庸關。戊戌，太監王承恩提督城守。己亥，李自成至宣府，監視太監杜勳降，巡撫都御史朱之馮等死之。癸卯，唐通、杜之秩降於自成，賊遂入關。甲辰，陷昌平。乙巳，賊犯京師，京營兵潰。丙午，日晡，外城陷。是夕，皇后周氏崩。丁未，昧爽，內城陷。帝崩於萬歲山，王承恩從死。御書衣襟曰：「朕涼德藐躬，上干天咎，然皆諸臣誤朕。朕死無面目見祖宗，自去冠冕，以髮覆面。任賊分裂，無傷百姓一人。」自大學士范景文而下死者數十人。丙辰，賊遷帝、后梓宮於昌平。昌平人啓田貴妃墓以葬。明亡。

是年夏四月，我大清兵破賊於山海關。五月，入京師，以帝禮改葬，令臣民爲服喪三日，謚曰莊烈愍皇帝，陵曰思陵。

《崇禎長編》卷一　果毅敦儉弘文襄武體仁致孝莊烈愍皇帝。帝諱由檢，光宗第五子，母貞靖賢妃劉氏，萬曆庚戌十二月二十四日卯時，誕帝于東宮。無何妃薨，神宗命康妃李氏撫之，即所謂西宮李選侍也。泰昌元年九月移宮後，熹宗改命莊妃李氏撫視，居勗勤宮。帝每晨起，拜天即詣莊妃，定省如禮。莊妃于母道甚備，所以成就聖德，調習之功居多。妃薨，帝哀痛不異所生。天啓二年九月乙卯，封信王。《綏寇紀略》作八月二十日封。六年十一月二十五日，出居信邸，十二月初十日，行冠禮。七年二月初三日，選南城兵馬司副指揮周奎女爲信王妃。時太監魏忠賢方擅政，四方珍異之物畢致，忠賢時以非時花木菜蔬之類獻帝，帝輒受之，厚犒其使，若相得甚歡者。先是帝在宮中，常夢黑龍蟠殿柱，以告莊妃，妃異之。又勗勤宮後園有二井，相去遠。帝戲，汲于井，有金色魚隨綆而上，再一井得魚，亦如之。左右知其祥，弗敢宣。至是八月，熹宗疾，大漸，十一日，命召帝。帝初慮不爲忠賢所容，深自韜晦，常稱病不朝，承召乃入問疾。熹宗憑榻顧帝曰：「來，吾弟，當爲堯舜。」帝懼，不敢應，良久奏曰：「臣死罪。陛下爲此言，臣應萬死。」熹宗慰勉至再，又曰：「善視中宮，魏忠賢可任也。」帝益懼，而與忠賢相勞苦語甚温，求出。二十一日甲寅，熹宗崩。忠賢猶豫不發喪，翌日，以問彰露，始宣皇后懿旨告外，遣其黨涂文輔、王朝輔迎帝入宮，羣臣無得見者。帝自袖精糗以入，不嘗宮中食。夜秉燭坐，見一閹持劍過，索視之，遂留置几上。聞警夜擊柝聲，自起問勞之，顧左右曰：「安得酒食給若輩乎？」或對以「問之光禄寺」。即下令旨傳取，遍給之，歡聲如雷。

傅繼鱗《明書》卷一九　帝諱由檢，光宗貞皇帝第五子也。母孝元皇后，於萬曆三十八年庚戌十二月二十四日，生帝於東宮。少岐嶷穎悟，性至孝。孝元皇后早逝，帝每私遣人恭祭。凡發使反命，皆憾憾孺慕，淚盈盈下。光宗以帝早喪母，託莊妃李氏撫養。莊妃薨，帝哀痛如禮，其視慈母無異生母也。性喜讀書，十餘歲即好静坐頤養。先是聞熹宗用立枷事，帝每愀然不悦曰：「此亦太慘矣。」無事課內臣讀書，有口慚者輒呵責之，曰：「讀書羞，歌不羞耶？」嘗辭贍田若干頃。天啓七年八月二十二日，熹宗崩。帝以遺詔遵祖訓兄終弟及之條，即皇帝位。在位一十七年，甲申三月十九日，都城陷，帝立視后及諸妃自縊，手刃諸公主，諭遣皇太子諸王，遂走經崩於萬歲山，壽三十五。大清命謚爲懷宗端皇帝，葬土城關外，曰思陵。

查繼佐《罪惟録》卷一七　毅宗烈皇帝名由檢，初尊稱思宗，尋改。天啓中稱信王，貞皇帝第五子也。既即位，受百官朝，弗賀。天鼓鳴，許奉聖夫人客氏就外宅。入哭仁智殿。太監魏忠賢辭東廠，不許。九月，仍賜寧國公、安平伯鐵券。敍宣川之功，忠賢及崔呈秀、太監王體乾、信邸舊監徐應元各廕錦衣衛指揮

使。御史楊維垣疏攻呈秀以自異忠賢，不報。江西撫按臣合奏請祠忠賢如例，不許。國子監司業朱之俊劾監生陸萬齡等祠忠賢國學之榜，坐不敬，逮萬齡獄。工部主事陸澄源首論士習，因及忠賢，謂功賞自有常典，何至寵踰開國，至有司奏事不敢書名，殊失君前臣名之體。於是兵部主事錢元慤、貢士錢嘉徵等隨直暴忠賢逆狀，皆報聞。詔停刑。太常寺少卿阮大鋮、左僉都御史賈繼春並反噬忠賢。御史楊維垣、卓邁復參論內監李永貞，總冀以自解。上大行皇帝尊謚。召對之制，自九月朔日始。

冬十月，忠賢以衆射口，固引疾，上温諭再四。十一月，降忠賢淨軍，司香鳳陽，籍其家。戍邸監應元之爲忠賢曲解者，逮忠賢獄。忠賢與名下李朝欽自經阜城逆旅，磔其屍，梟示。杖死客氏於浣衣局，揚灰，籍其家。即日，都督侯國興、寧國公魏良卿伏誅。罷各處鎮守內臣，免追已死各臣贓銀，釋其家屬。追客、魏誥券，毁生祠，以六等定魏黨罪，刊布中外。客、魏首逆外，次同謀，爲兵部尚書崔呈秀等六人；次結交近侍，都御史劉志選等十九人；次結近侍降等，大學士魏廣微等十一人；次逆孽軍犯，東平伯魏志德等三十五人；次諂附擁戴軍犯，內監李實等十五人；次結交近侍末等配贖，大學士顧秉謙等百二十八人；次祠頌，照不謹例冠帶閑住，大學士黄立極等四十四人。內文臣五虎崔呈秀、田吉、吴竺夫、李夔龍、倪文焕，武臣五彪田爾耕、許顯純、孫雲鶴、楊寰、崔應元，惟呈秀、爾耕、顯純及內監涂文輔、李永貞並坐大辟，餘降等。大鋮、維垣、繼春、邁，卒以魏黨削籍。上猶以所定未足盡其黨，出黄袱章疏一裹宫中，曰「此皆逆璫實録也」。又補入張瑞圖、來宗道二人爲七等。其初不輔魏而罪者，生死咸次第昭雪。廷推閣員錢龍錫、楊景辰、李標、周道登、劉鴻訓，各以尚書入東閣大學士，唯來宗道既推中止。起劉宗周、黄道周，以原官用。工部尚書楊夢環請停開納事例，罷蘇松織造。詔會典額外官有缺勿陞，凡文臣非正卿，武臣非勳爵，不得加保傅銜。上御便殿閱章奏，聞異香，心動不自制，引步殿外始定，入如故。詰左右，侍臣微曰：「此宫中秘香也。」上太息曰：「朕皇考、皇兄皆以此誤矣。」戒勿進。吏部侍郎張捷，薦南京都御史唐世濟及兵部尚書吴純如可冢宰。言官盧兆龍、張三謨等，並起糾純如逆案不可任，事已。復故經略熊廷弼官，謚襄愍。

崇禎元年戊辰春正月，詔內臣俱入直，非奉命不許出禁所，遂嚴結交近侍之律。追贈忤逆魏周順昌、魏大中等。編修倪元璐以臺臣楊維垣反噬魏、崔，奏中尚有「無可奈何，不得不然」等語，又酷以東林爲邪黨，上疏力爭之。禁內外臣民衣錦佟僭。登萊總兵張可大條朝鮮貢道不宜自登萊入，從覺華便。島將毛文龍挾降彝索餉登萊，可大刦之。御史馬如蛟以災異直陳，請行保舉連坐之法。二月，起前司業賀逢聖爲南京國子監祭酒，以侍讀學士温體仁直經筵。三月，周延儒爲禮部右侍郎。川貴二苗奢崇明僞號大梁王，安邦彦僞號四裔大長老，合犯永寧。起故巡撫朱燮元爲總督，即陣斬二酋，俘數萬，窮追，邦彦子安位降之。陝西、山西大饑，府谷民王嘉胤倡亂，白水盜王貳等應之，衆五六千人，爲流寇之始。據府谷，殺遊擊李顯宗，殘延安、慶陽等州縣，保黄龍山。巡撫劉廣生、參政洪承疇、商洛道劉應選及鎮將杜文焕、曹文詔、賀虎臣、張應昌、都司曹變蛟、遊擊伍維藩等先後分擊，頗捷。而總督楊鶴諱盜，急議撫，給免死牒，黄虎等數十部安置延綏西河，溜掠如故。其支紛出，不可數。鶴復招之，賊酋孫繼業、茹成名等六十餘部，插箭設誓去。兵科給事中劉懋言飢民影響附賊，其勢日增，而官府聽之不問，爲禍未已。

夏四月，諸款復叛，殘宜君、米脂、雒川、中部、延州、青澗諸州縣。邊盜王之順、苗美等復騷綏德、韓城之間，亦間勾西鹵入犯。而首盜王嘉胤等復肆出，破軍殺將，横縱千里。五月，詔以參政承疇爲都御史，巡撫延綏，督兵討賊，頗捷。六月，召對平臺，諭天道亢旱，法宜平允，海內久疲賦役，郡縣毋輕調改。許遵祖制，中鹽輸邊，開西北屯墾。已復正色諭諸臣：「疆埸何事，仗一喇嘛僧講欵，爾文武何爲者？」自是每召對，多所譴責，幾如訊獄。户科給事中韓一良奏：「科道官近有開市之謡，欲以廉清責郡縣得乎？如臣寡交，兩月以來辭金五百矣。」上以其言直，擢僉都御史。諭止內操，暫令軍士得給假歸省。

秋七月，詔下加派。御平臺，督師袁崇焕妄自許五年東事平，輔臣錢龍錫可其議。九月，巡撫熊文燦納海寇鄭芝龍之欵。

冬十一月，以襄城伯李守錡總督京營。岷王被弑，不問。上御煖閣，侍讀學士體仁訐詞臣錢謙益關節事，逮浙江舉人錢千秋獄訊。科臣章允儒稱體仁以黨字加諸臣，爲歷代小人害君子大題目。併逮允儒。上大行熹宗哲皇帝及生母劉太后尊謚。詔燬非刑。

崇禎二年己巳春正月，術士申甫言黑氣東北亘西方，中有白氣二道，爲外國兵臨之兆。時流賊四起，給事中薛國觀請整飭吏治。二月，講官姜曰廣經筵寓諷：勿任情，勿信用小人。三月，遼督袁崇焕奉密命詭致島帥毛文龍，殺之。

夏四月，議大用兵討賊。廷臣請捐俸助餉，上曰：「諸臣興利除害，國家受

益多矣，助幾何？」因議搜括，陝西巡按御史吳焕奏，陝撫吳廷宴、延撫岳和聲互誘互諱，實釀寇。罷廷宴等。五月，陝西巡撫孫傳廷討賊，大捷，斬首數千級，降蝎子塊、柘養坤等，已復叛去。妖賊圍登州，總兵張可大焚其六砦，執僞國公李成、許湯，斬之，賊平。六月，御史李長春奏尚書周延儒嘗私入賄，不報。帝自臨御以來，益務鍥急，舉毫末，多猜，任廠衛，好譏察，刑獄繁作，率以黨狗藐抗坐諸臣，廷臣惴惴。順天府尹劉宗周疏上，請毋見小利而急近功，情詞愷痛。科臣凌義渠因極言體羣臣、子庶民二義，報聞。以總兵滿桂錦州之捷，授征西將軍印，鎮大同。御史曹谷奏白太監王安之寃，還原官及田産。還萬燝誣贓，以旌忠直。賊首闖王高迎祥伏誅，其黨推米脂人李自成爲闖王。

秋七月，以司禮太監曹化淳督東廠。東師兵入大安口，遵化不守，兵部尚書王洽伏法。詔天下勤王，起閣部孫承宗駐通州，固關門。庶吉士金聲薦同官劉之綸知兵，驟擢戎政侍郎，以前申甫言頗驗，給副總兵銜，而改聲御史，監其軍。京師被圍，遼督袁崇焕以錦鎮祖大壽内援，拜將軍滿桂爲武經略，督諸鎮，與祖師犄角，一捷安定門。收崇焕下獄伏法。祖師東逸，桂戰死河口，之綸敗績。永平失守，之綸約總兵馬世龍、吳勉等合力縱之，二軍不至，之綸孤入，陷陣死。於是遷安、灤州、建昌連敗，撫寧被圍不下。祖師爲東師請講，承宗不許，大捷雙堡關門，六城皆復。戍開平，復建昌而守之，連戰皆捷，克灤州。東師從冷水口出，永平、遵化亦復，再勝遼州。以東酋爲東師向導，討之，大斬獲。當是時，陝西巡撫孫傳庭勤王，已而病歸。其山西巡撫耿如杞勤王，師至涿州，潰，伏法。潰兵散從賊。罷李邦華兵部尚書。上益任内侍，四出總督提協之命。府尹宗周直言，古未有宦官典兵而不誤國者，因請上開示誠心，以爲濟難之本。大學士錢龍錫以崇焕連及，詞臣黄道周疏白之，得從減死論。時窮開漁採，災祲日告。或以東林比崔魏，參罰開復，葛藤不休，道周罷歸。

冬十月，以鄭芝龍爲遊擊將軍。十一月，河南推官湯開遠言：「今日幾於亂國用重典矣，宜少假之，不以清吏詘能臣。」晉周延儒禮部尚書、東閣大學士。命左中允倪元璐等纂修神、光、熹三廟實録。十二月，臺省王家彦、吳麟徵、金聲次第言羣臣之意宜通，少民之隱宜悉，請罷中官，免緝事，洗諫官章正純、莊鰲獻之寃，還故輔文震孟爵命。復言士大夫精鋭之氣不宜盡銷愛憎毀譽之中，宜從寛大，俾羣臣得展布四體，一意撫綏。不聽。麟徵、聲咸病免。

崇禎三年庚午春正月，總督楊鶴及陝撫劉廣生逐賊王子順、苗美等。已復起，犯清澗，亂走西川。時議核兵，乘障者羣噪而下從賊。給事中劉懋請裁驛站，同官許國榮、御史姜思睿爭之不得。驛徒無所得食，亦走賊。二月，府尹劉宗周以疾在告，上言「除詔獄、蠲新餉」二事，不聽，病歸。令給事中清理六曹，毋稽奏報。大學士韓爌爲尚寶司卿原抱奇所訐，致仕去。三月，復故輔張居正爵廕，賜故都督戚繼光表忠祠。添設登萊撫鎮，以孫元化、張可大填之。

夏五月，賊破金鎖關，殺都司王廉。御史黄道真請發賑，以解飢民之從賊者，不報。六月，晉禮部尚書温體仁東閣大學士。海寇復叛。減江西宗禄。

秋七月，流賊自陝西入山西，躪平陽，陷河曲等縣。八月，賊首王嘉胤敗降，已復叛去。

冬十月，以焦元溥爲廣東右布政使。中允元璐請毁《三朝要典》一書，上可之。十二月，登萊鎮臣張可大敗土賊於朱橋，擒賊首王有才，伏誅。纂修《神廟實録》成。

崇禎四年辛未春正月，給事中吳執御甚言加派之害，併及搜括、捐助二事。御史馬如蛟亦言之，不聽。執御又言：「前遵永之變，崇焕靡金錢數萬，卒失守，而邑令史應、張星、王象彝、左應選等嬰城不拔，可知禦賊不在變法，而在得人。宜沿邊補賢守令，即以本地錢糧訓練土著，餉不取償於司農，兵不借援於戍卒，計無便於此者。」廷議不可，乃已。二月，召對平臺，諭諸臣正己率物，愛養百姓，又曰巡撫賢則守令無不肖，所諄復弭盜爲多。革江南收税加耗之弊。議城大凌，尚書熊明遇等持不可，遼撫丘嘉禾、大帥祖大壽奉閣部承宗必行之。東師果大至，圍城數匝，援師宋偉、吳襄等敗績長山，閣部中軍何可剛自殺。大壽精兵七千盡没，因所部張存仁東歸，還呼降錦城。大壽妻以大義責之，大壽詘，復爲我守，都督九城如故。監軍張春被執不降，東勒上書請欵，承宗持不可。三月，副總兵曹文詔斬首難賊王嘉胤於陽城，其黨復推王自用爲首，諢稱紫金梁。是時諸賊皆諱其名，以諢號動衆，不可數。尋滿天星降於榆林，點燈子就撫青澗，施冷菴、劉六等欵於慶陽，輒復叛。降賊獨頭虎擅啓潼關東走，道臣吳其復猶追贈驢錢九十萬，而副總兵趙大胤報斬賊級五千，驗之，皆婦人首也。督臣楊鶴坐撫賊不終，逮獄遣戍，大胤落職。以洪承疇總督山陝三邊，張福臻巡撫延綏。副總兵張應昌援保安，賊神一元敗死，弟一魁復領其衆。應昌旋又擊解慶陽之圍，一魁來降。

夏四月，以旱災，發帑十萬兩賑陝飢，就撫七千人。隨釋前工部尚書張鳳

翔、左副都御史易應昌、御史李長春、給事中杜齊芳、都督李如禎於獄。追復李成梁原官，曾孫遵祖續封寧遠伯。降盜不沾泥復叛，擊走之。五月，登州失守。先是，東師圍大凌，山東警。原任吏部郎中王象春言天象虛危之分，應有急兵，宜防登萊。詔速遼師入守，次河橋，兵變，連破平度、萊陽等六城。象春一家殉新城，原任開封府推官張瑶殉蓬萊。登門開，遊擊陳良謨戰死。時鎮將張可大主戰，與巡撫孫元化議撫不協，可大自殺。敵圍萊州，元化自歸京師，伏法，以謝璉代之。山東巡撫徐從治入萊協守，中礮卒。知府朱萬年出講不成，見害，并殺璉。已而巡撫朱大典援至，敵渡海東歸，加大典副都御史。監軍僉事王徵詣闕待罪，坐削職。

秋七月，陝賊點燈子東犯山西沁水縣，過寶，忠烈張銓妻霍率衆乘堡禦，堡全，官封其堡爲夫人城。八月，科臣吴執御論劾閣臣延儒攬權壅蔽，私其鄉故，三疏留中。九月，詔太監張彝憲總理工、户二部錢糧。工部郎中孫肇興以餉詘劾彝憲，坐落職。

冬十一月，中允倪元璐奏起原詞臣黄道周及府尹劉宗周，不報。賊點燈子伏誅，即趙四兒也。平陽稍安。十二月，甘泉賊陷宜君，又陷葭州，兵巡道張允登、郭景嵩死之。時考選後追核正任缺額，户部尚書畢自嚴坐下獄，熊開元、鄭友玄俱被謫。自是考選專主催科，永爲例。禮部侍郎羅喻義，日講多規，輔臣體仁以爲違例，放歸。是年，陝賊頗就欵於總督洪承疇，闖將李自成及張獻忠亦與。

崇禎五年壬申春正月，秦賊復流入晉，山西巡撫都御史羅世錦歸咎於秦，謂以隣國爲壑。給諫裴君賜，晉人也，請秦之撫鎮驅賊還秦，而後再議勦撫。寧塞逋賊復熾，兵道郭應殉鄜州。總督承峰大捷於西澳。副使盧象昇守保定嚴，每却賊，畿南固。是時陝西總兵賀虎臣、杜文煥、孫興祖、王承恩，副將曹文詔，遊擊伍維藩，都司曹變蛟各獲勝，斬馘數千，爲用兵來所僅見。惟渾天猴尚據湘東，練國事遂移鎮定州。陝西原任通政使馬鳴世上言，請以天下安危視秦，勿誤視此賊爲飢民。報聞。二月，賊圍河南之懷慶，詔巡撫宋統殷會宣大總督張宗衡與承疇合勦。尋罷統殷，以許鼎巨代之。紫金梁、老回回等入豫，連破數十縣。湖廣副總兵左良玉奉詔北援，敗績，前後亡七千餘人，總兵鄧圮及石柱馬鳳儀俱陷歿，巡守道寇從義、李寧、王國璽死之，遂出禁旅合擊。總兵尤世威潰雒南，賊益盛。御史祁彪佳特疏：今六卿之長時蒙切責，勢必脱卸以潔身，究亦揣合以保位。內臣分參闔令，至於薦及督撫，大非法紀。報聞。三月，陝賊陷華陰，知縣徐兆麒赴任纔五日，逮棄市。工部左侍郎高洪圖以內監張彝憲倨視，疏爭大體，願廢公座，而以川堂相賓主，忤上意，削籍去。

夏四月，楚賊自興國入江西太和、德安等處。六月，兵部員外華允誠言三大可惜、四大可憂，首論次輔體仁與冢宰閔洪學同鄉朋比，并及王化貞之喪師辱國，余大成之潔己愛民。忤旨，奪俸，旋罷歸。時上禁抄傳，尚密揭，御史彪佳復上疏爭之。

秋七月，東師入宣府，巡撫沈棨擅與之盟，盟書明金並稱，上逮棨，而罷兵部尚書熊明遇聽勘，令致仕去。以司禮監太監曹化淳提督京營。八月，曹文詔擊賊甘泉，走之。九月，山西賊破臨縣，賊魁豹五等據城，復陷修武，殺知縣劉鳳翔，掠武陟、暉縣，圍懷慶。上以藩封重地，震怒，切責河南巡撫樊尚燝。

冬十一月，海盜劉香老犯福建小埕，遊擊鄭芝龍擊走之。十二月，停開納例。土賊陷楚鄖陽及上津、鎮安，流賊南與合。禮部主事周鑣疏內臣用易而去難，直指彝憲、王坤、鄧希詔，坐削籍。禮部員外袁繼咸疏救之，不聽。以司禮右少監劉芳譽提督九門。令百官進馬，三品以上各一匹，下此合進有差，上金御馬監。

崇禎六年癸酉春正月，宣府閱視太監王坤直糾內閣延儒不法，左副都御史王志道以內臣無侵輔臣體，已召對平臺，責志道巧佞。延儒引罪，放歸。二月，詔科道不必盡出考選舘員，須先知推，定爲例。諭吏部：舉潛修之士。設內官監紀，分入曹、左諸營，考功過。

夏六月，海盜劉香老復犯長樂。

秋七月，賊屯彰德、汾陽。大師合勦，知縣費甲鏸苦於供億，投井死。八月，陝賊攻隆德，殺知縣費彦芳。分守固原道陸夢龍戰綏德城下，死之。九月，總兵張應昌攻賊平山，馘魁一盞燈。即張有義。

冬十月，上親録囚，素服御建極殿。時賊盡入晉、豫，而延綏賊首鎖天哨、開山斧二股猶負固永寧間。延綏巡撫陳奇瑜潛師計擣之，斬首六千級，焚其巢，二賊死，復擒賊首一座城，誅之，延綏平。奇瑜威名頗著。是歲，山陝大飢。

崇禎七年甲戌春正月，給事中李世祺坐劾大學士温體仁、吴宗達，謫外。山西提學道袁繼咸疏爭之，坐越職，內批切責。以陳奇瑜爲兵部侍郎，總督山陝川湖及豫五省軍務，擢按察使盧象昇爲右僉都御史，巡撫鄖陽，合討楚賊，前後斬首五千六百有奇。降盜王剛、王之臣、通天柱等挾賞，延綏戴君恩誘斬之，共四

百餘人。時賊所部婦女倍於男。掃地王流入江北，南兵部尚書呂維祺請勑淮撫楊一鵬預防鳳泗、承天陵寢。二月，登島太監魏相，以科臣莊鰲獻請撤監視，上書求罷。上怒，貶鰲獻放外。總理太監龔憲遂請入覲官投册，以隆體統，許之。提學道繼咸力争之，蒙切責。三月，山陝又飢，永寧民蘇倚哥殺父母，炙而啖之。詔發賑餉五萬。免浙江崇禎三年以前所逋織造。

夏四月，改吳甡巡撫山西。海寇劉香老犯海豐。五月，陝西按察副使賀自鏡奏監紀太監孫茂霖翫寇，宣府太監王坤争之，上竟不問。六月，江西飢。觀政進士陸運昌上撫字八條，下部議。敘禁旅功，廕太監曹化淳世錦衣千户，袁禮、楊朝選、盧志德皆百户。罷各道監視，上曰：「以信朕之初心。」惟關寧密邇外邊，高起潛兼兩鎮暨内臣提督如故。

秋八月，賊陷洵陽六七縣，流入四川，陷遷安，還入陝。時楚賊十四五萬，總督洪承疇、總兵賀人龍、劉成功等次第逐北，前後斬首五千六百餘級。賊西入漢中，阻巴西諸險，連雨四十日，飢，就欵於總督陳奇瑜。奇瑜受之，出險復叛，殺監視官五十員，破城數十，咸寧知縣趙躋昌死之。唯高傑之降於賀人龍者不叛。陝賊益熾，衆可二十萬。逮奇瑜勘問，以李喬代練國事巡撫陝西。既而甘學闊復代喬。晉承疇兵部尚書總督山、陝、河南、湖廣及真、保二府，其總三邊如故。九月，土賊陷興山，入瞿塘，陷夔州，一宿去。

冬十月，上御經筵，遇雪不輟。諭講官韓日纘、姜逢元毋忌諱。十一月，侍讀倪元璐上制實制虚之策各八，有曰：「告密波連，人無固志，一旦有急，掉臂開門，勢所必至。」又云：「督撫大吏，宜鄭重責成，勿頻加誚讓。苟氣失志喪，勢必倉皇亂謀，苟且救過。」上令確奏行之。既再請盡撤監視内臣，以重邊疆，不報。閣臣温體仁盛請睿斷自上，凡臣子不宜異同。禮部侍郎陳子壯笑曰：「食君之禄，祗勤將順，恐善則歸君之義不如是。」科臣凌義渠上弭亂一疏，以爲權轉寄而轉窮，威日替而日褻，一介市井，皆能伺朝廷之得失，挾簪裾之短長，紀綱何在？禍亂日積，將有大決裂出人意表者矣。刑科給事中吳甘來訟吏部尚書畢自嚴之寃，并發吏部侍郎張捷之姦，不報。總督兩廣熊文燦令道臣洪雲蒸等，入海招降香老，被執，許戴罪自効。

崇禎八年乙亥春正月，議湖廣加派。兵部主事賀王盛、御史吳履中連劾輔臣體仁庸誤，並蒙切責，王盛旋改外。禮部侍郎陳子壯嘗發唐王聿鍵違越宗法，收王高墻。時開宗秩改授之例，子壯争之，坐下獄，配贖而還。賊掃地王、太平王陷潁，知州尹夢鰲、鳳陽通判趙士完死之。遂躪鳳陽，震皇陵，寢殿皆燼，燔大松三十萬株，殺守陵内監三十餘人，縱高墻罪宗百餘人，守備朱國相巷戰力竭死。賊入府治，知府顔容暄囚服匿獄中，賊縱囚獲之，張蓋鼓樂，而撻容暄堂下死。推官萬文英、武官四十一人俱被害，士民死數萬，焚公私邸舍二萬餘間。賊渠列幟自稱古元真龍皇帝，恣掠三日，剖孕婦，注嬰兒於槊，觀其驚怖以爲樂。總兵楊御蕃及太監盧九德以川兵三千來援，南京兵亦至。賊移攻和州，知州黎弘業、教官康正域、趙世選，及原任御史馬如蛟咸死之。獨舒城知縣章可試計坑賊數百人，賊畏不犯，移攻廬州。上聞之，大震，免經筵，素服避殿，撤樂親祭告，命百官修省。巡撫楊一鵬論死，巡按吳振纓坐戍。詞臣元璐請下罪己之詔，仍請捐七年以前一應逋欠雜解，姑從折色，上是之。三月，補給事中劉含輝請免陝西八年以前逋租，不許。承運太監周禮言，六七兩年金花銀共逋八十九萬，命督催之。給事中常自裕上言：「鳳陽焚刼四日，而馬爌至，歸德圍解三日，而鄧玘來，潁、亳、安、廬之賊返旆而北，而尤世威等信尚杳然，賀人龍之師猶各處淫掠，所謂賊梳而軍櫛也。」

夏四月，賊攻桐城，參將廖應登死之。總兵曹文詔大敗婆羅寨，陣死。加盧象昇兵部尚書，兼總理江北、河南、山東、四川、湖廣諸軍務，與總督承疇南北合辦賊。給故寧遠伯李成梁祭葬。遊擊鄭芝龍合擊海賊劉香老於田尾洋。守道洪雲蒸被脅死，香老敗，自焚。巡道康承祖、參將夏之木、張一傑敗歸。陞芝龍參將。五月，吏部侍郎張捷私書露，坐削職去。時總督承疇移鎮河南，賊又盡入潼關。承疇乃上合勦之議，須各府會璧，毋令旁逸。上可之。橫天一字王衆二十萬，撞天王衆十七萬，復起，逼鳳陽。淮督都御史朱大典以兵扼壽州，賊不進。曹操屠光州。仍開援納例。召廷臣中左門，試時政邊才論。秋八月，開薦舉守令例，不拘科第貢監，過期議處，失舉連坐。時羣盜復集宛、雒，自成獨留秦中，衆可六七萬。張獻忠始與自成分走。

冬十月，下罪己詔，略曰：「朕以涼德，倚任非人，東邊三入，寇已七年，而征調未已，加派難停，以致流氛毒煽，震驚寢陵，祖痌民怨，責寔在朕。擬是月之三日，避居武英殿，減膳撤樂，非典禮，並以青衣從事，與我行間文武吏士甘苦共之，以寇平之日爲期。爾内外文武，其各省飭，以回天怒。」十一月，大學士何吾騶罷。逮庶吉士鄭鄤，坐以杖母蒸父妾，下獄。太監高起潛邊功，廕錦衣世百户。十二月，賊犯滎陽諸縣。吏部尚書謝陞援卹欵，奏起廢張士範等一百六人。

上以刑部未釋罪，吏部安得遽上名，下選郎於獄，起廢不行。賊闖王陷光州，屠之。時立限平賊，行間日殺良報馘，幸無罪。城鳳陽工成。起劉宗周工部右侍郎。上親斷獄，歲嘗千計。賊衆數十萬合十營，襄陽陷。

崇禎九年丙子春正月，特簡淮安三科武舉陳啓新爲吏科給事中。先是，啓新從政府鉤得上意，跪正陽門上書，極言三大病：一、科目用人，一、資格取人，一知推行取。多所排斥。稱上旨，及得官，無所建明，但敝衣羸馬，以餙聽覩。時賊闖最强，科臣常自裕請專制闖。南陽飢，有母烹其女者。三月，侍郎宗周疏曰：皇上一念矯枉，遂有積輕士大夫之心，人人救過不給，而欺罔轉甚。參劾之法，惟重征輪，官愈貪，民愈困，而賦愈逋。總理之外復設監紀，權愈分，法愈廢，而害愈蔓。并及啓新，宜如國初試御史例，不宜以一言投契，輒授清華。不報。時黄安縣學生鄒華輒上書薦舉，內列祭酒倪元璐，元璐醜之，以爲下士而薦及朝紳，舛繆殊甚。因疏及吴鯤化係左衞經歷，而擅參撫臣錢士晉，總爲失體之大者。上頗是之。總理盧象昇東援滁州，獲賊摇天動，伏誅，斬級一千六百有奇。復分兵塞新野、光化，賊勢阻。而楚、鄖二撫不應，賊從羊皮灘遁去。

夏四月，武生李璡奏請搜括巨室助餉。大學士錢士升謂郡邑稍有殷積，亦貧民衣食之源也，此議一開，勢必亡命無賴相率與富家爲難，大亂所由始。擬璡下法司。同官體仁以上方曲通言路，爲改擬，士升坐要譽放歸。御史唐爾選争之，謂璡苛細刻薄，不識大體，徒毁成法，而釀隱憂。上盛氣，召爾選，詰疏中「苟且」二字，爾選從容對曰：「即捐助一節，苟且甚矣。」又覆數百言，至云：「臣死不足惜，皇上幸聽臣，事尚可爲，即不聽臣，留臣言爲後日左券，大不幸也。」項繫直廬，下都御史論罪。閣臣體仁狥太監高起潛之請，首捐俸市馬。侍郎劉宗周言：「一歲之間，助陵工，助城工，又助馬價，不思裕其源，徒起市心，非便。」不省，宗周罷歸。起黄道周原官。五月朔，熒惑與日同在鶉火參火之分，道周請平大政，節損威光。詔天下有司務修練儲備，勿科擾。以刑部尚書馮英藐訊私邸待罪。童生翟昌進白兔，却之，逐回籍。六月，詞臣道周上求賢省刑一疏，且曰：「此何時？而尚與市井之民申勃稽之談，修睚眦之怨乎？」請急守安慶，留意寧錦，起廢，釋罪數事，報聞。賀逢聖以禮部尚書兼東閣大學士，進文淵閣。總理象昇會諸司於鳳陽。闖王、八大王、闖塌天等九賊連營數十萬，東攻滁，破廬州。諸師及巡漕朱大典合擊敗之，殺賊混世王、坐山虎等。時靈壁陷，守將劉光輝全軍歿，賊冒其甲冑旌旗渡河，河上兵不覺也，逸入楚。逮滋陽知縣成德，成之。六月，命司禮監太監曹化淳同法司録囚。

秋七月，東師入掠定興，原任武選郎中鹿繼善死之。再破安州。分遣諸內臣各嚴關隘，出侍郎張元佐鎮昌平，司禮魏國徵守天壽。上曰：「內臣即日就道，而侍郎三日未出，即何任乎？」都城戒嚴，斗米三百錢。召對平臺，言人人殊。上曰：莫若捐助便。以巡撫丁魁楚防邊疎，姑戴罪自贖。兵部尚書張鳳翼奉命專征。知州孫士美一室十五人殉深州。總理象昇會各師內援，改象昇總督宣大、山西軍務。而賊復自楚入豫，陝撫孫傳庭擊賊盩厔，破擒賊首高迎祥及劉哲等，獻俘磔市。誠意伯劉孔昭，參國子祭酒倪元璐以妾冒妻封，坐冠帶閑住。鄖撫宋祖舜追賊失利，亡其符印，坐削籍，以苗胙土代之。八月，改胙土河南，尋罷去，復以陳良訓代之。召對平臺，怒兵部侍郎仇維禎嘗請罷內臣監督，勑外謫。九月，總兵祖大樂禦河南賊，頗捷。應城陷，知縣張紹登死之。東師從建昌冷口還，守將崔秉德請率兵邀歸，總監起潛不可。四日後進兵石門山，報斬級三。李自成稱闖王。

冬十月，賊陷麟遊，諸郡邑動摇。總兵左光先追敗之鹽城。賊窮，就欵於巡撫甘學闊，滛掠如故，削學闊官，聽勘。加孫傳庭督師。前工部侍郎劉宗周在道馳奏：「今日之禍，實己巳成之也。」頗惜王洽、劉榮、耿如杞等，而專歸咎輔臣温體仁。坐削職。禁文武興蓋器餙之僭。起在制楊嗣昌爲兵部尚書。開東陽、鳳翔諸礦，以儲國用。總監曹化淳以下各進馬，賜綵幣有差。叙京師守城功，廕太監張國元、曹化淳世錦衣僉事。十一月，蠲山東五年以前逋租。吏部尚書謝陞奏用人經目太密，忤旨罷去。左都御史唐世濟，坐薦逆黨霍縱華下獄。十二月，哈、卜二酋內屬，請開馬市。邊督象昇以哈能東抗，而卜爲俺答之後，素恭順，不導東師，宜狥其請。上從之。總督朱燮元討五洞蠻，平之。復剪水西羽翼，定蘭州，或請郡縣其地，燮元不可，究以公土歸朝廷，私土界分守。是年，東師改尊國號。

崇禎十年丁丑春正月，工部尚書劉遵憲上加派輸納事例。逮前禮部右侍郎錢謙益、給事中瞿式耜，並下獄。先是，常熟奸民陳履謙以私怨，與其黨張從儒，安揑欵曹和温等虚詞。欵曹者，謙益常作故太監王安祠記，今曹化淳出安門，謂宜欵之。錢與温有隙，謂宜和之。刑部尚書鄭三俊悉狀，杖二奸各百，立枷三月死，謙益等得釋歸。二月，遣官督催各省逋賦。時諸賊混天星侵軼商洛，李自成縱横西安，過天星盤據汧隴，獨行狼偏據漢南，蝎子塊自保西河，與西番出没。

以熊文燦總理直隸、山、陝、楚、蜀軍務。應天巡撫張國維駐師京口，良玉大破賊于舒城、六安，賊竄大山中。國維檄良玉搜討，驕蹇不奉命，縱兵淫掠，三檄始發，而賊已飽颺去。良玉坐戴罪自劾。三月，詔免山陝脅從之罪。科臣陳啓新訐知縣尹民興等，刑部尚書三俊擬民興降調。上以輕縱，逮三俊下獄。三俊貧，邸烟不續。會講筵畢，庶子黃景昉請宥三俊，上曰：「三俊蒙狥，雖清何補？」編修楊廷麟上言：「自温體仁薦唐世濟，王應熊薦王繼章，今所薦皆敗，而薦者無恙，是連坐之法先不行於大臣，而欲收保舉之效，得乎？」上嘿然。會應天府丞徐石麒亦言三俊清節可原，得放歸。

夏四月，監生陸文聲陳風俗之弊由於復社。下南直提學御史倪元珙察究。元珙言：「復社誠心質行，無慚名教。」上責元珙蒙飾，降光禄寺録事。時旱災求直言，刑科給事中李如燦言：「有兵不練，兵增而餉益匱；有餉不核，餉多而兵愈冒。」并訟劉宗周、魏呈潤、詹爾選、李化龍一鳴輒斥，爲盛時失政。忤旨下獄。左諭德道周言：「陛下下詔求直言，清刑獄，乃方求言而言者輒艱，方清獄而下獄者旋聞，大臣雖清强，曾何益於理亂之數？」上益怒，切責之。撫寧侯朱國弼申劾體仁入逆黨霍維華密賄，故令所私左都御史唐世濟破口波引。世濟坐戍邊，上并奪國弼爵，而慰諭體仁切。總監起潛行邊，永平道劉景耀、關内道楊於國恥行屬禮，上疏求免。上以二人傲，罷於國，降景耀，勅總監比總督體統行。閏四月，禱雨不應，上但責數内外臣工所致。以兵部尚書嗣昌議，再加賦。新安衞千户楊光先舁櫬自隨，劾吏科陳啓新初浮詞誑上，輒弋美官，所上五千言，不出「破情面」三字，而特疏薦其漕司書辦，時堂上官樊良樞，是情面之尤矣。書辦被殺，何關國體名教？乃以申明賞罰，入重賄而爲胡爾儀請卹，豈知爾儀現任閣臣供役，而謂已死，是指鹿再見於今日，罪不容誅。疏尾并及首輔體仁柄政以來，專營報復，睚眦不忘，幾於殆國。上不得已，降啓新二級，仍舊管事，寘體仁不問，光先坐瀆陳，廷杖戍遼東。而主事朱國壽復醜詆啓新，上以爲踵襲，蒙切責。六月，大學士温體仁引疾免。初，體仁以擿發錢謙益，蒙特知，首輔延儒援之入閣。已與延儒相軋，延儒罷，而獨存。同官何吾騶、錢士升皆先後牴牾去。時益務將順，與舉朝爲讎，攻者無虚日。上賜金幣，遣行人護歸。創設安、廬、池、太巡撫，以右僉都御史史可法填之。工部員外方璽，意阿上，贊内臣可任。給事中何楷駁其通内呈身，吏部請削籍，上特手改降調。

秋七月，以薛國觀入東閣辦事。定東宮官屬，右諭德項煜、編修楊廷麟避席黃道周，閣臣以道周竟見偏陂，不可。給事中馮元飈爭之，不得。先是道周嘗自陳七不如，其一鄭鄤。時鄤方得罪在繫，有旨責道周顛倒是非。道周曰：「初，文震孟欲斥逆魏，鄤抗疏任之，至削籍入山，每以臣爲怯，臣執筆不能白，輒思鄤，故曰不如。」卒以是滋議。吏科啓新進吏部訪策，吏部尚書姜逢元、兵部尚書王業浩核獎獨多，上心疑二人，特罷之。

冬十月，賊自成、過天星等九營陷寧羌，闌入四川。督師承疇大敗之於梓潼。自成走楚，依獻忠。獻忠欲殺之，復合老回回，還入陝。刑部侍郎徐石麟與同官惠世揚多所平反，忤旨，奪世揚官，石麟落俸。十一月，尚書楊嗣昌請限勦賊之期，令撫鎮分任斷絶要害合勦，務底平。上可行。

崇禎十一年戊寅春正月，裁西京冗員八十有九。上廉得近畿有司不法，切責該撫院不先劾飭。河南巡按御史張任學，欲薦故丹陽知縣張放，因極詆諸總兵官不任，盛稱文吏。上輒改任學總兵官，任學大悔沮，尋被逮。城盧溝，名拱極。三月，召對考選官於左順門。知縣曾就義以議加派稱旨，擢第一，未幾即有勦餉、練餉之加。户部主事張縉彦謂賊得勢在流，失勢在止，長技在分，窮計在合。乘時在秋夏，失時在冬春，是宜乘其所短，盡仆其鋒，不俟事平彙敍。上是之。

夏四月，東師議欵。象昇駐獨石衞，上書撫西不撫東，講市不講賞。閣臣賀逢聖致仕去。兵部尚書方一藻、楊嗣昌等議用瞽卜周元忠走瀋陽爲間，復議欵，不就。己酉丑刻，熒惑去月僅七八寸，至曉逆行，尾八度，掩於月。五月丁卯，熒惑退入尾，初度，漸入心宿。尚書嗣昌强援漢、唐、宋故事，謂月食火星，猶辛在尾，有災而不害。工科給事中何楷駁之，謂古語月變修刑，又言禮虧則罰見熒惑，誠欲措刑，莫如右禮，右禮莫若省刑。户部主事李鳳鳴佐嗣昌，亦以爲常而非變。科臣解學尹復糾其諂。然考嗣昌所引年月頗謬。六月，以賊未平，奪承疇尚書，以本部侍郎總督，總兵官左光先、曹應蛟等並奪五級，限五月盡賊。承疇報陝賊就平，詔出關料楚、豫，而以丁啓睿爲陝西巡撫。總兵左良玉、陳洪範大敗賊於鄖西。逮巡撫余應桂，以方孔炤代之。改在制楊嗣昌禮部尚書兼東閣大學士，仍署兵部事。科臣何楷等劾嗣昌奪情廢禮，蒙切責。特召在制陳新甲爲兵部尚書，總督宣大。侍講黃道周以爲破非常之格，奉不祥之人，有乖國體。上不懌，召對平臺，盛氣極責道周朋比，至比之少正卯。道周伏謝，起爭「忠佞」二字移時，謫江西布政司斷事。廷臣劉同升、趙士春、何楷、林蘭友、馬思理、董

養河各疏救道周，坐謫調有差。已江西巡撫解學龍復上書訟道周，與道周並逮，坐道周僞學欺世，坐大辟。部臣葉廷秀疏救，奪官。監生徐中吉抱疏不得上，併劾通政使，坐杖戍。南兵部尚書范景文，並以論奪情削職。

秋七月，東師入，御史王肇坤奉勅巡關被害。攻高陽，原任閣部孫承宗並子姪全家殉難。時督臣象昇艱歸，以吴阿衡代，輕戰，全師潰。遂奪情象昇援勦。東師以一營綴象昇，而分兵南下，所過摧陷。象昇與奉援太監高起潛不協，師無功，遂落象昇尚書，以侍郎仍爲總督，改編修楊廷麟兵部主事，爲贊畫。象昇戰死鉅鹿之南。東師破郡縣五十餘，至明年始退。先是，督師孫傳庭、洪承疇以陸師五萬内援，時曹操爲賊盟主，會諸賊過天星、革里眼等九部於陝州，總理熊文燦與戰，大捷，賊疑陝師之出，必并力於楚，懼，就欵文燦，文燦受之。九部屯房竹等處，不肯受官，願耕田自食，脅從不解，錯房、鄖編氓而居。時獻忠亦就欵於良玉，屯穀城，與曹操微聲援。曹操即羅汝才。鄖陽撫治戴東旻上言：「釜魚阱獸，決不可支，比所欵必叛，宜及其困詘，善制之。」坐撓撫，罷免，以王鰲永代之。詔改承疇薊遼總督，孫傳庭保定總督。東師深入，濟南再困。隨州破，知州王燾死之。

冬十一月，括内外廢銅鼓鑄。

崇禎十二年己卯春正月，東師圍濟南急，按臣宋學朱、參政鄧謙死之。旋破兖州，兖西道李恪及知府鄧錫蕃死之。敘緝奸功，本廠太監王之心、曹化淳廕錦衣百户。二月，御史王聚奎劾刑科右給事中陳啓新緘默溺職。上怒，下聚奎獄。左僉都御史李先春讞聚奎不稱旨，奪俸。聚奎卒坐謫，并罷先春。追論薦主編修林增志，增志爲引罪。三月，擢參議鄭二陽爲右僉都御史。二陽嘗入對：額兵須實練，措餉宜得人，又議裁不急之官以省費。上以爲能，故有是命。總兵良玉敗賊於内鄉。時步兵頗淫掠，上切責之。

夏四月，論釋輕繫。免高淳縣去年旱蝗田租。上頗於内庭建設齋醮，言官張綵、廖維義疏諫，不聽。京城濬濠，給事中夏尚絅言在人不在險，報聞。五月，出帑金三十萬濟餉，仍令補償。山西按察副使魏士章請遣官四出，盡括天下隱匿錢糧充餉，上從之。禮部尚書林欲楫請核各省僧道田，毁淫祠，入其田以助餉。下部議，不果行。穀城賊獻忠復叛，汝才九營應之，合於房。督師文燦始悔不用之鈿、東旻之言。先是自成戰敗，窮欲自殺，以五十餘騎奪圍走，自武關遁鄖陽深山中，已復團聚。

秋七月，良玉爲賊所敗，失其符印。詔文燦革職，良玉革職戴罪自贖。閣部嗣昌初深結文燦，幸撫改自功。至是内戰，遂請身督師南討。上賜尚方劍及督師輔臣銀印，餞平臺後殿，手觴者三，賜詩，勒於文廟，又賜馬及斗牛服，而逮文燦棄市。逮巡撫常道立聽勘，以李仙風代之。初，穀城知縣阮之鈿言獻賊不可撫，至是賊銜之，爲所殺，御史林鳴球併見害。安慶巡撫史可法憂歸。戒午門、端門諸内臣毋延迎朝士及中外官餽遺請託。考選吴昌時首擬吏部，上示不測，手更定主事禮部。昌時疑薛國觀所爲，大恨之。八月，磔故庶吉士鄭鄤於市。九月，免各州縣田租有差。

冬十月，彗星見，停刑。十一月，前庶吉士張居請行銅鈔，從之。時賊多購蘄、黄人爲間，伺虚實，每突出焚掠，相持踰年，流毒益甚。是年，兩京、河南、山東、西及陝西旱飢。

崇禎十三年庚辰春正月，閣部嗣昌駐襄陽，請以良玉爲平賊將軍，推官萬元吉爲軍前贊畫，罷鄖撫王鰲永，以袁繼咸代之，與楚撫宋一鶴協討賊。閏正月，紀録卓異諸臣，蘇、松知府陳洪謐、方岳貢預，已坐逋賦，削奪。永壽知縣朱露特疏，有司科罰攫取，撫按匿不以聞。上以其言直，擢露吏科給事中，改原名統鐼，仍行各省申飭。詔會試先期較射。閣部嗣昌調兵合勦興安一路，坐監軍殷太白失期，斬之。二月，粥京城饑，人錢二百。户科給事中左懋第請因災害，稍減加派之數，不報。已又發帑三萬兩賑畿南。是日雨，免兩河積逋，并及宿州、沭陽、通州等處。三月，策進士楊瓊芳等於建極殿，賜魏藻德及第第一。先是，上召對文華殿，進士四十八人，藻德言羣臣各知所恥，則功業日建，因自詡戊寅守通州功。上心識之，爲特簡。東師屯易州銀荒，營精兵錦昌堡。時經略洪承疇屯寧遠，監軍主事張若麒促戰，承疇以十鎮之師攻錦昌。

夏四月，陝撫丁啓容大敗賊於函谷，鹵賊首蝎子塊，斬首數千，陞啓睿總賢三邊及山西、河南軍務。自蝎子塊死，其黨滿天星、張妙子、邢家米、大天王、鎮天王、一條葱、小紅娘、九梁星等相繼拔歸，惟自成矯去。命撫按薦舉人才，分治兵、治餉二則，失實者并坐，考選、科貢兼收。已吏部所上不如旨，命責士及歲貢二百六十三人，俱補部寺司屬，不爲例。量發帑金，令有司設法賑各省饑。減湖廣田租。五月，召對平臺，通政使徐石麒以爲守邊在農戰互用，救荒在勸民輸粟，安民在省官任賢。上是之。平賊將軍良玉遣副將陳邦福、金聲桓疾壓楚賊，俘斬七千餘人。獻忠保亂山，已復起，突入房縣，知縣郝景春死之。陝縣土賊李

際遇衆五萬，肆掠，總兵王紹禹一日五捷，斬幾半。時回、革、左三賊爲太監劉元斌禁旅所敗，乞撫於監軍楊卓然，適獻忠、汝才合攻麻城，三賊應之，不果就。土賊袁時中走合自成，衆二十萬，突江北。巡撫朱大典與總兵劉良佐合擊，衆潰去。黄梅貢士吴卿上言：兵之所過，窮鄉男婦，匿林避難，借首獻功，無怪馘多而賊益熾。六月，曹操與過天星等九部入蜀，革、左不與。監軍萬元吉扼夔門，賊陷大昌犯夔，石柱女帥秦良玉發兵合援。督師嗣昌及將軍良玉與蜀撫邵捷春前後搗賊，大捷。時汝才踞大寧，旋走合獻忠自保，而過天星等逸。天星即惠登相。賊蓋九股，而亡其八。大學士薛國觀免。

秋七月，賊獻忠以敗卒，將北合自成於河南，詔太監元斌同總兵周遇吉、黄得功追搗之。元斌坐逗遛，伏誅，撫臣朱大典革職爲民，併逮安廬總督高斗光，以馬士英代之。九月，發帑賑順天等府，免汝州隴西逋税，折徵江南絹布等歲課，并諭災荒處停刑，惟封疆及勦餉等限五日具獄。仍令有司祭難民，瘞暴骸。御史魏景琦方論囚西市，馳飛勑免原御史高欽舜、原工部郎中胡璉等十一人，仍以景琦濫，下錦衣獄。副將賀人龍驍，善戰，川撫邵捷春爲請於嗣昌，得專師。嗣昌意良玉進止不奉令，頗欲以人龍易之，而卒不果。人龍怨。詔加參將鄭芝龍署總兵銜。

冬十月，出帑金市舊綿衣二萬，給京師貧民。户部尚書李待問請損交際，裁工食，爲卹窮之計。上從之。十一月，工部主事李振聲上照品占田之議，一品十頃，屋百間，以次差。不果行。諭清獄，勿延斃。加明年漕運每石練米八斗。李賊屠永寧，萬安王采鑋見害，衆數十萬。

崇禎十四年辛巳春正月，賊自成以衆圍河南。時城守多故所降賊，輒内應，執副使王應昌，開門入賊。福王常洵及世子由松跳，士民死者數十萬。福王被跡，見害。原任兵部尚書吕維其死之。二月，河南賊瓦罐子、一斗穀諸股走歸自成，合攻開封。周王堅守，不得入。北躪歸德，巡撫李仙風自縊死，以高名衡代之。三月，獻賊突巫山、大昌，襄陽陷，兵備道張克儉、推官鄺曰廣死之，襄王及難。知州徐世淳殉隨州。督師閣部嗣昌以兩王咸死賊，懼自經。有旨，丁啓睿代之。詔孫傳庭總理五省軍事。時汝才與獻忠郄，移奔自成，出其下。而獻忠乃獨制，良玉提鋭兵大創之，獻忠負傷，易服宵遁，窮奔自成。自成衆已五十萬强，獻忠不肯屈下，恐見害，潛走江北革、左營。詔革山東巡撫王國賓職。命楊之審、劉澤清合勦曹、濮之賊。

夏四月，召前大學士周延儒、張至發、賀逢聖入朝。至發辭不起，逢聖甫出，病歸。延儒之出也，主事吴昌時預有力，延儒德之。賜故大學士薛國觀死。國觀性褊刻，以前輔體仁薦，密獻那借之議逢上，上勇從戚畹李武清貸白金四十萬兩，迫比慘痛，外廷人自危。遂因皇太子病，倡爲九蓮菩薩之言，且降禍朝廷。上悔懼，方追罪國觀，而國觀適與太監王化民忤，上苦朝士婪賄，以問國觀，對曰：「由廠衛不得其人。」時化民在側，汗浹背，因專伺國觀陰事。給事中袁愷直疏納賄之迹，及尚書傅永淳、侍郎蔡奕琛、都御史葉有聲，皆逮獄，國觀遂敗。中書舍人王陞彦以吴昌時意，通賄中國觀，事亦覺，棄西市。時保督楊文岳屯禹州，巡撫高名衡屯開封，總兵左良玉屯南陽，合搗豫賊。已而陝督傅宗龍陷殁項城，督師孫傳庭、丁啓睿師皆潰。汝寧陷，文岳與推官王世琮咸死之。參將崔文榮殉濮陽。罷河南巡撫陳良訓，以常道立代之，仍命承疇與傳庭合料敵。時總兵秦翼明頗敗賊。五月，李賊攻偃城，督撫汪喬年走保襄城，死之。自是知州錢祚徵殉汝，知縣劉振之殉鄢陵，總兵猛如虎殉南陽，唐王遇害，禹州陷，徽王遇害。賊復攻開封，巡撫高名衡代道立，及總兵陳永福守固，射自成，傷其右目。

秋七月，鎮臣良玉怯獻忠、左、革等兵鋒，東下避之。部多降賊，素以馳掠爲勇，于是令不能戢，南都大震，畏兵甚於賊。撫臣扼之，還屯安慶。八月，東師營乳山以困錦州，總兵祖大壽拒守，糧絶。遼撫丘民仰與經略洪承疇合諸鎮援乳山，小捷。東師不退，移壁錦昌。遂盡發寧遠之衆合援，夜過大興口，師潰盡，不及援。重修太學告成，司禮監王德化領羣臣習儀其中，時比之唐魚朝思講經，元李邦寧釋奠。九月，改東廠提督京營者亦稱總督。

冬十月，特設裕國足民奇謀異勇科，遍行咨訪，無所上。十一月，山東土賊李廷實等陷高唐州，迎賊李青山據城。自是兖州等二十州縣皆被蹂，巡撫王國賓坐罷。總兵劉澤清擊復東阿。泰安賊陷城邑，火漕船十有六，衆至十餘萬。起劉宗周吏部右侍郎。禁朝臣私謁内閣及内侍。於是待漏俱露立，毋敢即直舍。降將李萬慶即射塌天。以副總兵守襄城，城陷，死之，贈都督同知，爲立祠。十二月，刑部尚書劉澤深擬道周、學龍並戍，上不允。澤深曰：「過此惟有論死，祖宗來未有以建言誅者。」遂如擬，戍道周辰陽。

崇禎十五年壬午春正月朔，朝畢，上自悔愎不入諫，召太學士延儒、逢聖、陞等上殿，曰：「古帝明王皆崇師道，卿等朕之師也，朕當洗滌受教。」命東向立，上降座西向揖之，三臣愧謝。以工部尚書范景文入閣辦事。山東盜李青山平。青

山本屠户，聚衆至數萬。原任給事中范淑泰及魯府左相俞起蛟，以民兵捕青山於梁山，正法。御史楊仁願請罷提督京營内臣，從之。二月，免省直十二年以前逋稅及蠟茶等課。山東饑，并免十二年以前罰贖。論釋輕繫。免四川貢扇三年。閣臣陞與給事倪元禎宴語，偶及上自用頗察察，元禎發之，陞坐削籍去。李三楚奉命講東師，不成，被羈。塔山破，守者疑三楚導敵，立殺之。杏山震，開門降。旋松山亦不守，巡撫丘民仰被執，挾説降錦州，不屈，與督標總兵曹變蛟、撫標王廷臣俱死之。經略洪承疇東歸。三月，總兵祖大壽亦以錦州東歸。詔鎮將吴三桂守寧西四城。總制孫傳庭戰南陽，大捷；軍囂，再戰不利。

夏四月，賊獻忠合回、革二賊犯舒城，守將孔廷訓降賊，反攻，城陷，原任編修胡守恒死之。賊據城，改名德勝州。僞餙應試諸生，襲陷廬州，知府鄭履祥死之。五月，李賊躪新野，陷睢陽，令人脅降城，兵備道關永傑不屈。城陷，永傑與鄉紳崔泌之、李夢宸、鄉薦王受爵咸死之。初河南知縣王漢善城守，嘗殺賊數千，以試御史監軍援汴，上言：軍之譁也，將領使之，身犯不赦，假此退步，請論戒諭不嚴之罪，且論將軍良玉大罪七。歷陞都御史，討叛將劉超見害。總兵黄得功擒斬超，封靖南伯。六月，免開封、河南、歸德、汝州去年田租。詔各省直停刑三年。晉蔣德璟、黄景昉、吴甡東閣大學士，召對中左門。上青袍，皇太子、定、永二王衣緋侍。詔吏部尚書李日宣及吏科給事中章正宸、河南道御史張煊等：「朕屢諭諸臣，有寧背君父不背私交，寧隳職業不破情面二語，乃玆枚卜，濫及房可壯、張三謨、宋玫等，積習殊不化。」戍日宣等六人於邊，可壯、玫等咸革職。玫常上言：「陛下求治過急，則浮薄喜進之人，愈餙詭而釣奇；陛下破格太多，則巧言孔壬之徒，愈乘機而鬥捷。」上故恨之。而可壯初不受大學士陳演之囑，以演所暱試御史廖惟一外調，演銜之，從遊西苑，密揭可壯擅主枚卜事，故有是譴。宥馬士英，以兵部侍郎兼僉都御史提督鳳陽。士英初撫宣大，爲總監王坤所訐論罪，原任太常少卿阮大鋮爲賂宜興營救，得復用。賊革里眼陷無爲州，士民死無算。潁川參將李栩伏兵敗之，斬首千餘級。以馮元飈爲兵部尚書，破例改倪元璐爲户部尚書。元璐疏兵餉之權不宜分而爲二，請蠲逋賦四百餘萬，上是之。旋起李邦華代元飈兵部。

秋七月，賊左、革戰敗江北，奔自成，自成殺之，併其軍。革里眼即賀一龍。凡秦中蜂起諸賊，至此大半降且死，惟老回回、曹操在，自成部。老回回即房守廉，曹操即羅汝才。是後，止張、李二大賊陸沉中原矣。總督傳庭以密命殺副將賀人龍，賊爲加額。而用人龍故部高傑、陳勇等任殺賊。以侍郎侯洵爲總督，與傳庭及總兵許定國協守開封。時督師丁啓濬、楊文岳戰賊兵潰，山東總兵劉澤清西援。八月，赦黄道周，仍任少詹事。道周擬戍未行，上偶問首輔周延儒：「今日即安得如岳飛者任之？」延儒曰：「飛自是名將，然史多溢辭。即如黄道周，用之未必見效，而後世不免曰其不用也，天下惜之。」上默然，甫還宫，即傳旨復其官，尋并釋爲道周而得罪者。起姜曰廣南京正詹，掌國子監事；改刑部尚書鄭三俊於吏部；起劉宗周左都御史。捐濟南、兖州、東昌、濮州逋租。保鎮遊擊趙崇新欵賊袁時中不終，伏法。時中陷蕭縣，執知縣以去。九月，河決開封。周王漂，士民死百餘萬。李賊再陷歸德，推官王世琮死之。屠南陽，陷汝寧，督師楊文岳死之。時知縣李貞佐殉郟縣，唐啓泰殉宜陽，亳州諸生韓光祖不降見殺。南突襄陽，掠崇王由櫄及世子去。鄖撫王永祚走襄城。賊陷偏沅，巡撫陳睿謨名護惠王，棄荆州，賊入。時良玉兵東逸，詔逮楚撫袁繼咸，襄宗民數千詣闕乞命，戍之。尋起原官，理河北屯政。刑科右給事中陳啓新匿喪被劾，下撫按即訊，遁去不可得。兵部尚書陳新甲坐失機，伏誅。首輔延儒頗曲解新甲，謂國法兵不臨城不斬。上曰：「他邊疆即不論，戮辱我親藩七，不百倍寇薄城乎？」不赦。東師入青山口，總兵吴三桂釋四城，竟守關門。永平破，知縣張鳳奇及同知陳輔堯死之。攻薊州，歷畿南、河間，兵備道趙珽抗禦七閱月，力竭城陷，全家死。東師指山東，迄淮北，僉都御史史可法嚴備廟灣河口，北馬不下。兖州破，知府鄧錫蕃死之，鄉薦劉光化殉歷城。原任御史董宗冒以鄉兵守即墨，與子基全家殉難，生員姜瀉理亦不屈死。東師連破一百八城，無與抗者。

冬十月，賜貧民米布。十一月，都御史劉宗周上言六事：一、復馮從吾首善書院；次獄詞悉聽法司；次三品以上官有罪必會詳，乃付司寇，毋先收繫；次禁地凡匿名文書一概立毁。報可。知縣時敏已轉部司，潛走吴昌時，通於首輔，稱禦寇功，得考選，改給事中。復起故輔馮銓，下部議。吴麟徵力諍之，不聽。西洋人湯若望進改定新曆，不用。御史楊若橋稱若望習火器，請贊畫關東行間，許之。閏十一月，下罪己之詔。收禮科給事中姜埰於獄。先是，有匿名文書二十四氣之説，隱詆朝士，埰上言：此必大奸巨憝箝言官法也。上怒其有所指，罪之。召對中左門，都御史宗周請勿使貪詐，必以廉。上曰：「廉不如才。」又問禦敵，宗周言：唐宋以前並無火器，西洋湯若望不足任。上不懌。旋請釋埰及熊開元獄，稱廠衛未可輕信。上仰屋作色曰：「即廠衛，誰不爲朝廷使

者？」先是，行人司副熊開元亦以摘發首輔被獄，故宗周併及之。時抗論不屈，上益怒。左副都御史金光宸力言宗周無他。明日，下宗周獄，坐削籍，光宸降調。吏部尚書鄭三俊、刑部尚書徐石麒復疏救二臣，不聽。吏科給事中吳麟徵再疏白開元、埰，亦不聽。尚書石麒不廷訊，而據具開元、埰獄。召廷杖開元、埰，而石麒坐罷。給事中陳夔翼上言：「陛下信廠衛，即有因廠衛爲介紹；託近侍，即有因近侍爲堦梯。陛下籌兵措餉不遺力，而此輩所輦輸以得官者，即陛下之兵，所滿載而修代者皆陛下之餉也。必左右大臣發憤改圖，庶幾挽積習而强國本。」意歸罪揆席，不報。

崇禎十六年癸未春正月，上以東師久在內地，詔勤王，無應者。猛欲親征，都給事中吳麟徵等力諫，不果行。首輔延儒因自請以閣部督師，既出，未一逆顔行，拾小級報捷，晉太師。時人爲之語曰：「出師一月無消息，昨日元戎報捷來。」科臣吳麟徵請整飭留都，宿重兵以待援。報聞。二月，閣部吳甡出禦寇，薦屯撫袁繼咸爲潯督，以制良玉。户部尚書倪元璐釋部事，以原官專供講職。時左良玉衆二十萬，避賊東下，沿江縱掠，南都復大震。良玉慮臺彈，列狀兵部自白。行取推官黄端伯特疏益王與鄭芝龍從親，啓志，忤旨勘問。三月，賊獻忠西陷蘄州，守道許文岐死之。連陷黄州，副使樊維城、諸生易道暹死之。賊盤據，自稱西府。時水陸五六營，不降者盡斷其手。連陷嘉魚等縣，知縣王良鎰死之。招鄉薦姚士昇，不赴，詭自殺逃匿。會自成南下，獻忠怯，謀渡江去之。自成遽入承天，巡撫都御史宋一鶴及鍾祥知縣蕭漢咸死之。賊遂蹂顯陵，且發之，忽大聲起山谷，若雷霆臨其首，懼，急麾衆止之。馳檄黄州，指斥乘輿，妄自稱奉天倡義文武大元帥，號汝才撫民德威大將軍。旋破襄陽，欲踞以爲窟，改襄陽曰襄京，諸所陷城邑俱易其名，即襄王宫殿居之。設官職，封所擄崇王及諸郡王以伯爵。召江陵鄉薦陳萬策、李開先，二人不屈死之。賊令汝才攻鄖，總兵高傑援之，屢捷。自成以汝才無功，殺之，併其軍，退保襄陽。保康陷，知縣石惟壇死之。當是時，自成據五郡八十餘城，而令老回回守荆州。於是土寇間起，大者數萬，小者數十，焚刼流毒，人無生理。詔立賞格，購自成，爵通侯，獻忠，官極品，世襲錦衣指揮僉事。鎮臣良玉與方國安一戰復承天，老回回戰敗彝陵，走去。并復汝寧。河南道御史祁彪佳與掌科吳麟徵勸計典，清選司吴昌時廢例，以意陞轉。彪佳與范士髦、陳藎等疏爭職掌。司官徐殿臣、賀登選因盡發其隱。

夏四月，東師出墻子路去。臺省交章，謂督師閣部延儒縱使出口，上頷之。免直隸、山東被殘州縣去年田租，釋輕繫。召保撫徐標入對，標述江淮數千里兵荒，艱苦萬狀，上爲欷歔泣下。五月，超拜修撰魏藻德禮部尚書，兼東閣大學士。閱京營兵器於觀德殿，命勳衛子弟騎射。桐城生員蔣臣以保舉爲吏部司務，上《鈔法議》，請納銀買鈔，每兩減三分。其行鈔也責全，有沮鈔者以過制論，如是不出五年，天下金錢盡歸左藏矣。給事中馬嘉植疏争之，不果行。吏部尚書鄭三俊以誤薦吴昌時，自引罪。初三俊問昌時於徐石麟，石麟同里，畏其機深，姑可之，至是乃大悔。武德道雷演祚奏總兵范志完縱兵不律，行賄京師。詔對質中左門，演祚遂明指首輔延儒攬賄狀。御史吴履中復論及之。坐志完大辟。於是給事中郝炯，并參吏部郎中吴昌時及禮部主事周仲璉黨阿婪恣，漏洩機密。御史蔣拱宸、何綸復交劾之。延儒病歸。以史可法爲南京兵部尚書。賊自成攻其黨袁時中，殺之，并其衆。六月，發帑金四十萬兩，貯富新倉備賑，出陳納新，不得輕重。資太醫院療疫藥料，收殮遺骸。賊獻忠攻武昌，故輔賀逢聖三箋楚王，餉士城守，不應。城陷，舁王投之江。長史徐學顔戰死。賊重逢聖素，使卒護之，逢聖潛沉水死。巡撫戴良瑄與通判李毓英、知縣鄒運吉、經歷任文熙咸死之。賊僞號西王，鑄西王之寶，僭稱武昌曰京城，設文武官職，開科取士，授郡縣外官。自成聞之忌，懸購收西王。獻忠懼，南攻岳，沅撫李乾德託護藩去。總兵孔希貴初戰頗捷，力竭城陷，死之。

秋七月，賊獻忠連陷長沙，知府周二南、推官蔡道憲及鄉薦馮一第死之。復陷衡州，桂、吉、惠三王奔永。追殺御史劉熙祚，衡永道陳濱與守道周鳳岐死之。常德、武岡州連陷，岷王見害。遂躪江右，破吉安，改爲親安府，廬陵爲順民縣。南韶道王孫蘭閧風自殺。連破建昌、撫州、南豐等處，謀入蜀。江督吕大器、總兵馬進忠次第掃江右諸賊盡。鎮將良玉坐收恢楚功，封寧南伯，且有世鎮武昌之命。上親訊吳昌時於中左門，拷掠至折脛，徵延儒並勘。初延儒再召，庶吉士張溥、馬世奇以公論勗之，在政府舉措可觀。後頗溺昌時，以至於敗。八月，補會試。詔入覲官舉將才。督師傳庭檄高傑再敗李賊，復汝州，併復汝寧，勢張。嗣以餉道不繼，致兵譁。擢山東漕儲副使方岳貢爲右副都御史。九月，汝州復陷，傳庭敗，退保潼關。關破，傳庭戰渭南，陣没，或曰北竄塞外。賊所向崩陷，破西安，秦王存樞被執，僞授權將軍。巡撫馮師孔、商洛道黄世清、按察使黄炯、兵備道段復興死之。屠慶陽，知府董琬、推官鄭居聖死之，韓王被執。渭南知縣楊暄、長安知縣吳從義、蒲縣知縣朱一純、秦府長史章尚絅、指揮崔爾達咸死之。

其鄉紳死者，爲原任都御史焦源溥、太常少卿麻禧、御史王道純、副使祝萬齡、參政田時震、僉事王徵、主事南居業，及鄉薦席增光、朱誼泉，延安諸生楊繡馥、同州諸生劉長庚等。而都司吏丘從周僞風疾，罵賊死。賊攻榆林，大敗，失數萬人。再戰，城陷，副使都任及舊總兵尤世威、王世顯與掌印指揮李文煌等十八人，各家屬數百人咸死之。寧夏叛降賊。甘州陷，巡撫林日瑞先以萬王兵三千出，總兵郭天吉、馬爌、同知藍臺死之。賊仍追截，日瑞死，殺居民之抗令者四萬七千餘人。晉都御史方岳貢東閣大學士。上久服浣衣，減膳，所御器皿屏金銀，仍諭各衙門裁節。詔天下不得衣錦繡珠玉，用存物力。都御史李邦華密奏封永、定二王于太平、寧國等處。首輔陳演彰言之，上遂不許。

冬十月，令天下有司贖鍰遵例積穀外，盡行充餉。再括民間廢銅鑄錢。免懷來、桐城田租。十一月，詔臣民有助餉立功者録之。十二月，棄吴昌時西市，即日亦賜周延儒死。諸生許都反東陽三縣，誘擒之。副總兵鄭芝龍定寇漳泉。

崇禎十七年甲申春正月朔，大風霾，占曰風從乾起，主暴兵破城。鳳陽地震。擢兵巡道何騰蛟右僉都御史，巡撫湖廣。賊李自成僭號大順，改元永昌，分兵五道，開關東下。自成性極殘，僞黨牛金星教以慈聲惑衆，謂五年不徵，一民不殺，且有貴賤均田之制。於是人無固志，山西郡縣望風解。二月，以張縉彦爲兵部尚書。靖南伯黄得功邀總兵陳洪範勸王，洪範意沮，不果。上視朝，忽得賊僞封庭中，啓之，其詞悖，限三月十五日北京會同館繳。一時朝臣相顧失色。三關總兵周遇吉禦賊代州，獨捷，斬馘數千，退保寧武，復大捷。賊益兵，城陷，死之。太原陷，晉王被執，巡撫蔡懋德及布政使趙建極、兵巡道畢拱宸、糧儲道藺剛中、中軍應時盛，文武將吏同死者四十六人。閣臣李建泰籍山西，自請傾家餉禁旅西堵，固畿南。帝爲告廟授節鉞，餞之正陽門，賜卮酒三，曰：「先生疾往，如朕親行。」是日大風沙，占曰不利行師。建泰行不數步，輿杆折。時山西已被賊，師不進，殘，次東光。廣宗民反拒守，攻破之。固關失守，真定迎降，大名陷，副使朱廷煥死之。鄉紳張羅彦等獨固守保定，建泰逡巡，亦就食保定。輔臣陳演私札言事，太常卿吴麟徵論其非制。隨請下罪己之詔，免更徭，不及行。詔天下勤王。閣臣范景文、都御史李邦華、右庶子李明睿、少詹事項煜，與勳衛李國楨各上南遷之議，或請皇太子撫軍。留都閣部建泰自軍中上書，亦及撫軍事。兵科給事中光時亨稱靈武故事，止之，議莫敢竟。上策戰守之計，諸臣默然。上嘆曰：「朕非亡國之君，諸臣皆亡國之臣矣。」拂袖入。於是南京國子監祭酒姜曰廣、尚書史可法復疏請皇太子監國留都，不報。三月，以大理寺張肯堂爲都御史，巡撫福建。賊入宣府，巡撫朱之馮死之，諸生姚倫自殺。至大同，鎮將姜瓖以城降，代王被執，巡撫衛景瑗及總兵馮三樂、督糧郎中徐有聲、朱家仕，諸生李若葵咸死之。居庸陷，巡撫何謙死之，總兵唐通與太監杜之秩迎降。賊連陷昌平，縱焚十二陵享殿，諸陵守備咸潰逸。詔襄城伯李守錡子國楨及都督劉文炳、駙馬都尉鞏永固等提京營五萬，背城守，輒潰不用命。復令御史王章等督内城守，兵益解體，鞭一人起，復一人卧。還奏，上默然者久之。時知縣彭士和殉南宫，訓導劉庭訓殉吴橋。欽天監奏帝星下移，詔棄寧遠，徵吴三桂、王永吉以兵入衛。先是科臣吴麟徵有内召三桂之請，不聽，至是遅不及事矣。召對諸臣，唯有閉門止出入，餘無他言，上爲泣下，慘入宫。己巳，賊數十萬薄京城，環攻九門，烽火照宫中。次日，召對後，上俛首書十二字於案，示司禮王之心，尋拭去，人莫得聞。城外三大營潰降賊。傳命内臣守城，賊令叛監杜勳、申芝秀先後縋城入，勸上遜位，不得旨，左右不敢遮勳，勳等竟去。下詔親征，召駙馬都尉鞏永固等，令以家丁護皇太子南奔。對曰：「臣安敢私蓄家丁？即有之，何足當敵？」乃止。丙午，日色無光，天氣陰慘，人心愁惑。彰義門開。大學士蔣德璟先數日乞歸，宿會館，被創。上急召閣臣問策，大率言陛下洪福，當無慮。是夕，上不昧，硃書：「成國公純臣提督内外諸軍事，夾輔東宫。」旨不達。以皇太子、二王分送外戚。與周皇后訣，后自經。手刃長公主及袁妃，震不殊。引太監王承恩對飲數白，從内侍數十人騎，持斧奔正陽、安定兩門，不啓。偕承恩詣萬壽山之壽皇亭自經，承恩從之。上披髮，御藍袍，跣左足，右著朱履，衣前書曰：「朕薄德匪躬，上干天咎，然諸臣之誤朕也。朕死，無面目見祖宗地下，去朕冠冕，以髮被面，任分裂朕屍，毋傷百姓一人。」又書一行：「百官俱赴東宫行在。」猶謂閣臣已奉前硃書故。先是，南内有秘室，勿啓，或啓之，得繪圖三，其一畫像酷似大行，蓋亦跣足被髮中懸者。明日丁未，賊從齊化、順城兩門入，百姓大書「順民」二字於額。羣象逸出，哀鳴泣下。時文武勳戚殉難者，爲大學士范景文、户部尚書倪元璐，兵部尚書兼左都御史李邦華，副都御史施邦耀，刑部右侍郎孟兆祥同子進士章明，戎政右侍郎王家彦，大理寺卿凌義渠，太僕寺丞申佳胤，翰林院檢討汪偉，左諭德左春坊周鳳翔，侍講學士馬世奇，左春坊左庶子劉理順，吏科都給事中吴麟徵，户科都給事中吴甘來，監察御史王章、陳純德、陳良謨、馮垣登、趙譔、吏部員外許直、户部郎中周之茂、戶部主事范方、兵部郎中成德、兵

部員外鄭逢蘭、兵部主事金鉉、工部郎中李逢甲、工部主事王鍾彦、中書舍人宋天顯、滕之所、阮文貴，副兵馬姚成、順天府推官劉有瀾、知事陳貞達、經歷施溥、張應選、毛維張。又大學士丘瑜被執後，作絶命詞，自縊死，訛傳從賊云。又在籍紳衿聞難而從死者，爲御史王與胤，妻于氏，子諸生士和同日自經；長洲諸生許琰，平湖貢生陸士鉉及布衣湯文瓊、劉復興。而武臣英國公張世澤、新樂侯劉文炳一家四十三人，彰武伯楊崇猷、博平侯郭振明、惠安伯張慶臻、宣城伯衛時春、清平伯吴遵周、永寧伯王長錫、陽武伯薛濂、錦衣指揮使王國興、錦衣指揮同知李如珪、錦衣千户高文采、錦衣百户王甲及都督周鏡，咸死之。賊於次日始知帝后殉難狀，草殯東華門，無敢入一哭者。辛亥，改梓宫以帝后禮殮，令皇太子二王得一謁東華門。封皇太子宋王，衛西宫，不屈。僞示故朝臣各投職名，文武受新銜共七百餘人。時保定獨後都城六日始陷，殉難者爲原任光禄少卿張羅彦、彦兄進士羅俊、武進士羅輔等一家三十三人，及御史金毓峒、太監方正化、同知邵宗玄、鄉紳陳士章、朱都司，鄉薦劉會昌、張箽、高陞、郭貢士等。襄城伯李國楨請於賊，求以帝禮葬大行，毋傷太子二王，毋犯陵寢。賊許帝禮葬，王禮祭。國禎行合窆於田貴妃墳園，還見殺。庶吉士張家玉爲賊所執，不屈，作書投賊，有曰請比例古賓臣旌別其門。唐罪人聿鍵釋高墻。時將軍吴三桂以東師入援。賊毀太廟神主，遷太祖歷代帝王廟中。聞東師入關，親率精鋭出禦山海，大敗還，猝御僞祚，火諸城樓，殺閣臣陳演及成國、定國諸勳戚，挾皇太子、定王、永王西遁。五月，福王立南都。

雜録

備録

朱彝尊《静志居詩話》卷一 思陵聖學時敏，甲乙之夜，不輟經書，又妙解音律，嘗於深宫鳴琴，製於變時雍之曲。躬幸太學，御經筵。會稡四聲之書，特擢五經之士，用人惟己，立賢無方。萬幾餘暇，灑墨爲行草書，龍跳虎卧，嘗書「視民如傷，望道未見」八字於便殿。詩不多作，然長牋小扇，往往流傳人間。其最

傳者，賜秦良玉、楊嗣昌五絶句也。良玉者，石砫掌印宣撫使，其兄邦屏、邦翰皆以援遼力戰死，幼弟民屏，被創潰圍出，歸不能視事。諸部以良玉忠勇多大略，遂襲宣撫使。敗奢崇明于佛圖關，破安邦彦于平越，功居第一。《野紀》謂良玉有男妾數十人，而夔州李吉士長祥力辯其誣，謂川撫嘗遣陸緜州遜之按行諸營，良玉冠帶餉佩刀出見，設饗禮，酒數巡，論兵事，遜之誤曳其袖，良玉引佩刀自斷之，其嚴肅若是。張獻忠僭號四川，良玉號咷曰：「吾兄弟三人皆死王事，吾以一婦人受國恩二十年，不幸至此，其敢以餘年事逆賊哉。」悉召所部約曰：「有從賊者，殺無赦。」獻忠鑄金印齎之易其官，不爲動，賊黨無敢入其境者，亦勝於丈夫矣。思陵葬日，皇朝未收江南，福藩稱制，遥上帝謚曰：「紹天繹道剛明恪儉揆文奮武敦仁懋孝烈皇帝」，廟號「思宗」，后謚曰「孝節貞肅淵恭莊毅奉天靖聖烈皇后」，尋改帝廟號曰「毅宗」。唐藩稱制，復改「威宗」。皇朝順治初，更謚帝曰「欽天守道敏毅敦儉宏文襄武體仁致孝懷宗端皇帝」，后曰「孝敬貞烈慈惠莊敏承天配聖端皇后」。既而改稱「莊烈愍皇帝」。凡五易而後定焉。今神牌所書，即順治初定二十六字，第其下改書「莊烈愍皇帝」云。當李自成陷京師，思陵將殉社稷，傳旨後宫，令自裁。而宫監王永壽從懿安皇后宫至，白帝曰：「懿安皇后業自縊矣。」帝連稱「好！好！」乃走煤山，經於海棠花下。福藩遥上懿安皇后謚曰「孝哀慈靖恭惠温貞偕天協聖惠皇后」，詔云「既慷慨以捐軀，亦從容以就義」。而《順治實録》於甲申五月大書「葬明崇禎帝后及天啓皇后張氏於昌平州陵」，國史存據，可以無疑。其後有魏忠賢養女任氏進之德陵，立爲貴妃。寇亂後，流轉民間，詐稱天啓皇后。因送于官，光禄寺月有廩給。人遂疑后失節，沉冤莫雪，故附白之。

藝文

張詩《昆侖山人集・懷宗朝二十七首》 天家金匱續宗盟，虎步龍行望太平。一日乾符歸鳳曆，九州巽命走霓旌。封章密匭登金殿，逆問投荒去禁城。率土即看沾雨露，誰知國運已潛傾。

誰修要典向三朝，故作私書媚左貂。假寵絲綸懸日月，妄言星斗麗雲霄。標題欲報思仇願，門户難將姓字消。詎料聖明惟一火，却令凶焰已全销。

上虞一疏日經天，掃盡紛紜二十年。劉向憂時千古恨，匡衡策國到今傳。恐教白黑淆三案，免使淄澠誤衆賢。自是平心歸定論，不將私憾説崔田。倪公一死，與日月爭光，可云行顧其言者矣

端皇苛察誤宸聰，國計周章十載中。高棟已看傾大廈，天威又復借神叢。論兵轇轕終無定，馭將寬嚴失至公。獨有儉勤關聖慮，年年水旱瘁深宮。

驕兵自昔亂邊防，控馭乖宜盡陸梁。臺閣中樞催浪戰，鹽梅上將走殘疆。鳳綸不見誅逃帥，龍劍何勞錫上方。先後招降終不效，饑鷹飽去竟飛揚。

西河南北盡烟塵，雲擾真當國連屯。誰意唐家傾尚讓，無端晉室覆盧循。軍輸赤地無桑葚，盜弄潢池徧野燐。空使至尊勞旰食，時艱何計救遺民。

赤眉分道亂中原，海内征輸怨正繁。天子常虛大盈庫，軍儲折入小黄門。纍朝從未賦車船，九土軍興賴助邊。司牧漸增問架税，縣官先索導行錢，告緡東郭咸陽進，白鏹西京卜式賢。剜肉補瘡民力盡，中原蕭瑟野無烟。

傷心陵墓樵蘇盡，回首乾坤戰氣昏。賴有范倪諸節烈，猶能一死答君恩。

清談儒將氣凌雲，捧日都頭避寇氛。乍餙捷書來御苑，已傳賊騎壓河濆。鬼兵浪説奇門陣，神策人輕殿後軍。謝萬書生真誤國，唯將勁卒勵諸君。殿後軍屬神策

期門小隊作前茅，坐使邊烽入近郊。豈有中興歸赤伏，更無上策前黄巢。探丸窟穴蟠三輔，暴骨邱山重二崤。流氛在秦晉之間為尤甚突騎漁陽天下少，如何不戰棄鉦鐃。

太息時危正氣伸，中朝止輦苦逡巡。萬言立地登青瑣，一疏回天近紫宸。罵坐灌夫真憤世，雄談巖助坐垂紳。到頭了不如人意，枉自呈身要路津。此為陳啟新作

早聞拜衮暮歸田，柏府梧垣大有權。李息奄阿登九列，王嘉引罪赴都船。指薛周兩相章程改革紛朝夕，彗孛陰森亂次躔。自是舉朝真寂寂，總戎又復命中涓。

政府拜罷之易，臺省門户之横，一一寫出，幾於擊碎唾壺

論兵紙上盡空談，阻衆妨功虎視眈。北闕司徒温室樹，西湖浪子木綿菴。繡衣誰遣收碪鑕，斬馬安能借劍鐔。不是招降真上計，闖東羣盜誤章邯。

張角何緣起大方，中原魚爛亦堪傷。不聞太子趨靈武，坐致思明據范陽。河上中軍真烏散，相州節度競雲翔。紛紛京國人南竄，不共官家守帝鄉。

鄜延一望莽荆榛，遂使中原盡結屯。幾見良家來六郡，唯聞劇賊下三秦。將軍養寇糜芻餉，大吏縋城避戰塵。獨恨匡時無李郭，盡驅赤子作黄巾。

潼關不守竟倉皇，遺恨捐師列郡王。驍賊如聞趨洛下，行營真見潰河陽。常山萬死猶存舌，睢水韜戈自發瘡。千里桃林多戰骨，黄河東下水湯湯。

海内增兵積漸多，癸庚無奈脱巾何。告身僅易平原督，羽扇難揮曳落河。内府中官緺玉璽，城門校尉倒金戈。艱難帝室㩳陽九，四面寧堪盡楚歌。

長樂東風聽曉鐘，千官已散掖門松。朝陽久失孤鳴鳳，神器終移獨眼龍。闖賊乃與李克用同縣西去禁軍輸鹿塞，北來烽火接居庸。請看十輩投降者，盡是哥舒五等封。

徵師哀詔出燕雲，牧伯連兵靜不聞。士沐深恩三百載，國無君子六千軍。貅盡化蟲沙隊，鶺鶴寧同虎豹羣。五十萬人齊下拜，更誰擊楫向江濆。

側望天門撰綸吟，西郊氛祲日相優。勤輸戚里私金穴，倌帑封樁痛玉音。監國無人滅阜洛，蒙塵何計斟酌。惟闕衣帶傳遺詔，字字偏傷萬國心。

慮密原賴朔方兵，捲土西來計未成。不見賀蘭哀許遠，空頓天子問京卿，彭衙一族誰能振，河北連營勢盡傾。謀鄴侯真計左，尚煩葉復護東京。

殞身社稷古今無，慷慨煤山浩氣孤。不學弘農遠洛水，寧同天寶竄成都。長虹入地遺劍，白綾經天墮鼎湖。司馬家兒千載恨，青衣行酒府中趨。

雕青花項爾何人，箭射天門正暮春。榮極揚塵呈禪詔，黄袍勸進已加身。元勳楮傳寧忘宋，新室楊雄劇莽秦。可惜邦昌猶□綱，中興誰為戮奸臣。

銅蹄詛見下襄陽，生致鯨鯢入未央。秘殿遺旨昔憐意子，太荒投髮訴高皇。九原龍劍沉王氣，三月烏號哭國殤。天壽山頭松柏路，玉衣原廟總淒涼。

杜鵑啼血怨春光，來叫桃花注□綱亡。坐見驚雷殷地軸，更無枉矢射天狼。極星慘澹微垣側，龍馭哀吟帝座旁。獨有一時長樂老，賊庭舞蹈整衣裳。

滄桑回首舊皇畿，槐里荒涼煙火稀。金屋珠兒驚燕去，青門蕭史鳳凰飛。鶉衣敗絮行水雪，破鏡空囊出繡幃。慷慨越公何處覓，曉風殘月粉郎歸。

極蕩中原沸九州，時艱我祖卜金甌。三年秉軸依明主，六傳歸田臥故侯。翁仲遺墟尊鼎鉉，龍驤高塚識松楸。全歸典禮天恩厚，異代衣冠賴寢丘。

顧炎武《顧亭林詩集》卷一《大行哀詩己下闕逢涒灘》 神器無中墜，英明乃嗣興。紫蜺迎劒滅，丹日御輪升。景命殷王及，靈符代邸膺。天威寅降鑒，祖武肅丕承。采惡昭王儉，盤杆象帝兢。澤能回夏暍，心似涉春冰。世值頹風運，人多比德朋。求官逢碩鼠，馭將失饑鷹。細柳年年急，萑苻歲歲增。闕門亡鐵牡，路

寢泄金縢。霧起昭陽鏡，風搖甲觀燈。已占伊水竭，真遘杞天崩。道否窮仁聖，時危恨股肱。哀同望帝化，神想白雲乘。祕□歸新野，羣心望有□。小臣王室淚，無路哭橋陵。

尤侗《西堂詩集・擬明史樂府・思陵痛》 思陵在位十七載，四海分崩成瓦解。去年失楚今失秦，大梁水決武昌焚。虎豹九關誰與守，三軍倒戈百姓走。君王仗劍死煤由，母后中宮殉玉環。桐棺一寸道旁置，故老行人多掩涕。入廟應呼十四皇，兒家何罪致天仁。新鬼號嗁舊鬼哭，鐘簴慘裂燈無。光高勿哀交勿怒，自古典哀有天數。顧處得來順處去，君不見宋家遺骨瘞冬青，昌平猶薛松楸樹。

太祖嘗問劉基，曆數口，遇顧即止帝拆之曰：「三百八十年足矣。」明得天下，于元廖帝而自版僭號，亦日顧示。

徐光啓部

綜述

《徐光啓集》附録徐驥《文定公行實》 嗚呼！痛昔先文定之盡瘁于官也，不孝孤三千里外奔訃，幾隕厥軀，强勉視息，扶柩南旋，日月居諸，星霜再易，若猶是湮墜厥績，勿克邀大仁人長者一言，揭石墓門，罪實滋甚。抆淚而言曰：

先文定諱光啓，字子先，别號玄扈。先世自南渡抵中州，分支海上，因家焉。譜牒之廢，以倭燹故也。高祖廣文公，家世清白。曾祖淳隱公，以役累中落，耕于野。祖西溪公，倜儻負氣，去爲賈，雖游于賈乎，所交必行義卓絶者，廉賈五之，竟以是饒。先大父懷西公，配錢太夫人。今自曾祖淳隱公以下，俱贈太子太保；高祖妣陳氏，曾祖妣尹氏，祖妣錢太夫人，俱贈一品夫人。始先大父六歲而孤，遺貲從親故貸去略不問，至鬻田宅以給，伺得鬻輒復貸，終不問也。亡何寇至，從尹太夫人跟蹌避難。公府推擇大户，給軍興，置爲祭酒，出入危城，能識别名將奇士，指授戰守方略，出人意表。兼以勤學好問，博覽强記，然以亂離，故不竟學，專以修身事天，常訓先文定云「開花時思結果，急流中宜勇退」，其意遠矣。錢太夫人少經亂離、事勤苦，聞里中有以言事被黜者，嗟吁言曰：「吾兒若貴，庶爲彼之爲乎？」不孝孤嘗見先文定致通家王少宰書云「先慈當保幼年，豫見躍冶之氣，秋闈不利，每爲色喜。今者復得全身遠害，明發之懷，更爲欣悒」，則淵源所致，蓋有自矣。

先文定既早聞家學，膽智過人。弱冠補諸生高等，食餼學宫，便以天下爲己任。爲文鈎深抉奇，意必自暢。嘗曰：「文宜得氣之先，造理之極，方足炳輝千古。」以食貧，故教授里中子弟。知公者相延入粤，荒煙苦雨，崇山峻嶺間，文日益奇益富，得入籍成均。萬曆丁酉試順天，卷落孫山外。是年大司成漪園焦公典試，放榜前二日，猶以不得第一人爲恨，從落卷中獲先文定卷，擊節賞嘆，閲至三場，復拍案嘆曰：「此名世大儒無疑也。」拔置第一。名噪南北，猶布衣徒步，陋巷不改。惟閉户讀書，仍以教授爲業。尤鋭意當世，不專事經生言，徧閲古今政治得失之林。甲辰成進士，改翰林院庶吉士，試《安邊禦寇疏》，慷慨陳列，云藿食之臣，久欲效其區區，適與時會，不容嘿嘿。累累數千百言，雖塞上老將吏勿及。館師唐公極口稱讚，嘆云：「行文學蘇長公，諸封事擘畫處，鑿鑿中窾。」遂以柱石相期，舉朝大奇之。又試《漕河議》，廣至八千餘言，大旨謂一舉南北新舊諸河，從源達委，皆能知其積高積下之數；一河之中，分别測量，又能知其遞高遞下之數。地形水勢如指諸掌，從而錯綜之，參伍之，則其病受之處，必可知也。即旱而某處任其涸，即潦而某處任其決，又必可知也。又列引祖宗來赴南都支領月糧，及伍軍操備、旂軍擺堡，運糧宣府、獨石口外、懷來等故事，爲漕河萬世利。」館師楊公旴衡而前曰：「全河全漕，了然胸中，條分縷析，悉有考據。所持議皆裨廟謨，留心經濟，足覘異日大業矣！」

丁未授檢討，即迎先大父于京邸，備極孝養，惟恐少拂先大父意。是年即遭先大父喪，奔走哀號，匍匐歸葬，哀痛慘怛，三年如一日也。大喪禮畢，遵制起補前職，教習内書堂。癸丑分試禮闈，先文定公故習《葩經》，是役承乏《麟經》，得十有四人，俱名下士。源流展轉相接，皆當代異等。是秋以病歸。丙辰復除前官，丁巳晉左春坊左贊善。奉命册立慶王。往例概有餽遺，王具二百金并幣儀等物追送至潼關，先文定謝箋有云：「若儀物之過豐，例無冒受；惟隆情之下逮，即衷切鐫銜」等語，遂委婉謝辭。生平取予不苟，往往類此。復以病歸，田于津門。

戊午東事急，陷撫順、清河、白家衝、三岔河、會安堡，起楊鎬爲經略，用兵十三萬，四路進戰，京師大震。先文定慨然上疏曰：「兵家肯綮之論，無如管仲之言八無敵，晁錯之言四予敵。近日遼東之戰，我有一可勝敵者乎？杜松、劉綎、潘宗顔皆偏師獨前，豈非無紀律乎？兵與敵衆寡相等，而分爲四路，彼以四攻一，我以一攻四，豈非不知分合乎？戰車火器我之長技，撫順臨河不濟，開、鐵、寬奠皆離隔不屬，豈非無改教乎？出關四十里，遇水不能渡，遇險不能過，入伏不能知，豈非不知地利，哨探無法乎？如是而求幸勝，必不得之數也。今日用兵之要，全在選練，但練須實練，選須實選。」又疏言兵非選練，決難戰守等事，條對詳確。疏中并有亟造都城萬年臺，及亟遣使臣監護朝鮮。奉神宗特旨，以文定曉暢兵事，不宜遠去，即令訓練新兵，防禦都城，陞詹事府少詹事兼河南道監察御史，管理練兵。因條上事宜，如欽命也，駐劄也，副貳也，將領也；又如待士、揀選、軍資、近募、徵求、勸義等項，指陳明晰，當世稱爲碩畫云。尋因邊警稍緩，

人情狃于晏安，當事者復多掣肘，至使士卒露宿空拳。特以忠義血誠感激人心，于是有指揮胡樺、中書楊之驊捐助四千金，河南領兵官丁呂試、陶堯臣捐百金，置嵩縣槍棍等項，招選教師演習諸法，壁壘遂一新矣。尋遭孝瑞皇后、神宗皇帝、光宗皇帝喪，山陵襄事，練習之工僅約四月，而瓜期已屆。先文定乃除簡汰老弱三千餘外，存已練者四千六百，諭以忠義，帥以恩威，驅之出關，勇氣百倍。數年後尚有言關門諸事，惟徐詹事練習一隊，足當一面。議者謂以先文定當促襟露肘之餘，小試萬一，已堪若此，況出其全力，何難復全遼也！嗣是以還，人心益怠，先文定亦引嫌告避矣。

辛酉天啓改元，遼瀋繼陷，舉朝震驚，吏部復奏起先文定，遂奉旨回京，因上疏曰：「此事必須盡用臣言，然後可濟。昔年諸疏不幸而言中矣，及今圖之，猶爲未晚。」因得旨，着該部會同議行前條議練兵事宜，另行具奏。先文定乃上疏申奏，明初意，尋得旨「所奏練兵除器甚悉，仍着議委任，以畢其用」。先文定又疏言：往年朝鮮之行，聽臣所指，亦足牽其內顧。至于今日，又可連島夷，接礦民爲恢復計，臣自請行，不敢避難。而某某疏沮，遂辭疾歸。然而忠勤悃愊之至誠，社稷封疆之大計，在人耳目間者，不能澌滅。癸亥即家拜禮部右侍郎兼翰林院侍讀學士，協理詹事府事，纂修《神宗實録》副總裁。而先文定以逆焰方張，落落無出山志，遂招黨魏諸人之忌，諷台臣智鋌論劾閒住。

戊辰今上即位，詔起原官，侍日講，補經筵講官。先文定以日講舊例，無益于治，宜節省繁文，凡所誦説，必稱引二帝三王，以爲聖明補助。又欲于講論之餘，商榷章奏諸事，咨考軍國利弊，更增置講官數員，更番入直，遇有重難事情，必須援古證今，按據國朝典故，如此則天下要事，略如指掌矣。疏上，閣擬韙之。十二月以日講敘勞，加太子賓客，充纂修《熹宗實録》副總裁。是年插酋虎墩兔犯宣大。己巳先文定復上疏曰：「方今急務莫若先事强兵，兵强則戰必勝，守必固，而費又可省。臣十一年條陳諸疏，具在御前，若見諸施行，猶然可以保勝，可以節財。倘蒙聖鑒，先與臣精兵五千或三千，一切所須，毋容牽沮，再加訓練，擇封疆急切處，惟皇上所使，必立微功以報命。既有成驗，然後增兵，大張撻伐。」即令録進條陳東事諸疏，得旨：「覽前後章奏，具見留心兵事。今封疆所在，戒備緩急何先？督撫專責外，作何專任？」兵部覆奏：以督撫專責外，別無事任，欲留置先文定于左右，出備顧問。四月改左。十一月邊報破撫順，長驅而入，京師震恐，奉旨會議。先文定言：「臣自通籍以來，一切籌策，言之數矣，所言者已成既往。今日之事，惟有待援于遼而已。內地之兵不可以勝，職所能知也；東來之兵必可以勝，非職所能知也。速爲都城守禦之備，弗以張皇爲諱。今太倉無宿儲，凍糧在河干，即發兵防守，能禦寇乎？不若速運，近各城者，即貯各城，更近者運入都。自車牛馬騾而外，可用董摶霄人運之法，不然無待攻圍，只須坐食，而我困矣。」其守禦最急者莫如火器，時大司寇請用先文定，奉旨協同工部尚書張鳳翔料理物件。初四日，上御平臺，召對內閣兵部諸臣，先文定奏：「臣于今年正月曾疏陳兵事，此時若拮据措辦，得如臣奏，有精兵三五千，今日臣請自願領兵擊賊無難矣。」上曰：「曾有此奏。」先文定復奏：「敵人精騎止萬人，今之人衆，大都掠我良民，其中豈無脱身欲歸者？但官兵遇之，必殺以報功，是絶其歸正之路，所以彼衆日繁。仰祈皇上敕諭招徠，亦解散一策也。」即令先文定屬稿，中有「貪官污弁，尅減成風，虚占軍丁，實充囊橐。又因遼事方殷，月餉稽發，譁而得罪，誠非得已。但爾等生長中華，豈無父母妻子親戚鄉井之戀？彼暫相覊誘，終被屠僇，前此受害者，爾等亦聞之矣；今特赦爾等前罪，許爾維新，解甲投戈，棄敵來歸者，計功加賞，轉滅族之禍爲傳世之榮，在此一舉。」諭到，展轉相傳，一日夜間，棄敵來歸者絡繹不絶。尋議守城及城外劄營事，總協獨主劄營，先文定奏：「守城全賴火器，非素練不能；若營卒出城，則城夫皆屬平民，未經練習，不知火器。昔遼陽之變，臣再遺書諸當事，云城外列營，萬分不可；只憑城用砲，自足盡賊，不聽。大兵出城，望賊潰散。寧遠之捷，憑城用砲，殲敵萬衆。二者較較可知已。」上起立，復問二説何從？總協二臣奏訖，先文定復奏：「古時無火器，非戰不勝；今大砲既能殺賊於城外，是坐而戰勝也。若驅未練習之民于城外，勝負難期，不如守城爲穩。」上曰：「既如此，定于守城。」乃令安民廠造西洋砲三位，一面教練，晝夜在城，飢渴俱忘，風雨不避，手面瘴瘃，提點軍士。二十三日於德勝門外三發大砲，殲敵甚衆。奈當事者展轉齟齬，不踰月而京城之外申甫、滿桂兵連遭挫折，至是而文定所言城內守禦，城外列營，于茲益驗矣。時涿州護送西洋大砲至，先文定又疏云：「神器既見，宜盡其用。東事以來，克敵制勝，獨有神威大砲，一見于寧遠之殲，再見于京都之守，三見於涿州之守，既享其利矣，可見空返乎？」時工部尚書南居益疏請一切軍器，皆宜歸併兩廠，先文定于是遂謝其事。然而皇上鑒先文定忠勤城守，敘勞頒賚，寔有加焉。

上又命户部清理屯鹽二事，先文定疏云：「臣雖東南腐儒，于此二事抱杞憂之日久矣。蓋嘗游學奉使，咨詢十直省，朝考夕思，揣摩四十年。竊有二策于

此，其理確然而不易，其事甚易而無難，其着數則捨此而外，别無措意之處，其效驗則漸次而成。要之數年之後，則財計而民生士風邊防，皆倍勝于今日。惟在皇上斷然必行，與中外羣工努力奉行而已。」二疏條例款要約二萬餘言，上慨然嘉納之。各項俱源委詳明，鑿鑿有據，最得屯鹽要理。兩疏具在，未遑備載。時因言事者議論不協，先文定再疏乞休，而上復有慰留修曆之命。先文定既懇辭不得，因嘆曰：「欽若昊天，王者重事。況歲差之法，歷代皆有修改，煌煌天朝，大典廢缺，生平肄習，其敢懟焉！」於是始精意事天之學矣。

先是萬曆四十年十一月朔日食，欽天監推算不合，兵部員外范守已累疏駁正。四十一年正月十五日月食，又不合，部科請修改，咸荐先文定，不果。崇禎二年五月初一日日食，上傳諭欽天監推算日食刻數，不對。大學士韓公奏言救護之日，先文定先推算本日食止二分有餘，不及五刻，驗之果合。於是上命修改，給敕書關防。先文定上疏大略：天行有恒數，無齊數，終歲之間無一相似。歲法如此，他法皆然。又陳急要事宜四款，得旨，修議曆法，立論簡確，列法明備。開局未幾，以儆暫停，敵退復理曆事。庚午六月陞禮部尚書兼翰林院學士協理詹事府事。時以曆事正殷，刻分杪末，推算浩繁，繼晷焚膏，不遺餘力。十二月以《神宗實録》成，加俸一級。辛未三月充廷試讀卷官，六月充考庶吉士讀卷官。八月，邊報攻圍大凌河，援兵大敗，城陷，降我將士。先文定上疏云：「臣言兵十三年，章疏十上，謹檃括上塵御覽。」旋蒙聖鑒，令再詳明條奏。先文定又上疏，言選練事甚悉。疏中陳列雖未獲盡數舉行，然議論丰采，朝野倚重，忠清素望，注卜實殷。時值陵工告成，頒賜銀三十兩。

壬申五月初四日，旋奉旨以禮部尚書兼東閣大學士，入内閣辦事。先文定再疏懇辭，兩承温旨，着即入直辦事，以副徯佇。先是枚卜之典，必由會推，皇上加意考慎，見先文定勤劬積久，官舍之内，門清如水，謂可屬以大事，故有是命。遂以禮部尚書兼東閣大學士，入内閣參預機務，纂修《熹宗實録》總裁，玉牒提調。時先文定以孑立之踪，忝居重地，雖生平餽遺請託，必絶必嚴，至是則通候常札，亦必對使焚械，婉詞謝却。而又以聖恩特達，捐軀難報，每夜必殫焚香告帝之虔，每日入直，目不停披，手不停揮，百爾焦勞，雖有以食少事繁之意微詞婉諷者，先文定弗顧也。八月同知經筵事。十二月以皇三子命名，頒賜銀十五兩。癸酉元旦頒賜銀三十兩。時先文定雖叨陪密勿之中，時切疆場之念，而皇上亦有以宰臣行邊之意，屬意先文定。一日夜分退朝，喜形于色，初不以叨居輔弼之司，遂忘鎖鑰北門之寄，而綢繆户牖之防，腸蓋一日九迴也。本年七月二品考滿，上隆禮眷顧，謂先文定協贊忠誠，勞績茂著，加太子太保、文淵閣大學士，尚書如故，蔭一子中書舍人，追贈先高祖而下，俱贈太子太保。尋遣中使賜鈔二千貫，羊一牽，酒一瓶。八月初九日以脾疾乞假，奉旨：「卿偶恙未能入直，閣務殷繁，暫調一二日，即出佐理，不必請假。」經月不愈，屢遣中使慰問，賜猪羊酒米醬瓜茄，奏謝，奉旨：「慎加調攝，稍痊即出佐理，以慰倚注。」病中以閣臣恭視寫篆進封貴妃册印，頒賜銀二十兩，賜紵絲一表裏。奏謝，奉旨：「加意調攝，即入直佐理，以副延佇。」又一月病益甚，上疏乞休。奉旨：「卿輔政忠勤，積勞偶恙，殊切朕念。暫調即可痊復，何乃輒有引請？着加意慎攝，稍愈即入直佐理，以副眷倚。」時先文定力疾倚榻，猶矻矻捉管了《曆書》。良由平生勞勛，習與性成，不自覺病體之莫可支也。是日以册封貴妃禮成，頒賜銀二十兩，紵絲一表裏，鈔二千貫。奏謝。明日又遣中使王忠賜猪羊酒米醬瓜茄，忠入卧所，面宣上意。先文定就床叩頭奏謝。自念：感聖恩之如天，悲報國之無日，不覺慟哭失聲，中使爲之感動。幸值曆事將竣，先文定度不能起，乃于二十九日疏明：已進《曆書》七十四卷，已完而未進者六十卷，即荐山東參政李天經以畢其事。又奏：明年二月十五日月食。以皇四子命名頒賜銀十五兩。時病勢益甚，尚語孫爾爵曰：「疾深矣！倘得乞休，歸里門，明農訓後人，耕鑿歌帝力耳！」又草《農書》數卷，至十月初七日而長逝矣！嗟乎痛哉！内閣具奏，訃聞，上輟朝一日，深加憫惻，着禮部從優議卹。生之日特達霑恩，殁之日五典備禮，不知先文定何以得此于皇上也！無論不孝孤，即百世之下，聞之猶慨焉失涕者，國事方殷，主恩未報，文定誠未可以死也。

文定爲人寬仁願確，樸誠淡漠，于物無所好，惟好學，惟好經濟。考古證今，廣諮博訊，遇一人輒問，至一地輒問，問則隨聞隨筆，一事一物，必講究精研，不窮其極不已。故學問皆有根本，議論皆有實見，卓識沉機，通達大體。如曆法、算法、火攻、水法之類，皆探兩儀之奥，資兵農之用，爲永世利。居恒敬天法天之學，皆得之功深積久之餘，故當機應務，萬變不窮，而一皆根極理要。凡所動作，有一事不可對人，有一念不可對天者，不敢出也。至若應變解忿，他人遲回斟酌而未即得者，文定當前立決，絶無惘疑。如在通州，通天下援遼兵俱道經，請衣請食者無數，四川石柱司土官秦氏率兵三千至，與兵部請餉，兵部給之曰「餉俱在通州徐少詹處」。秦氏來謁，先文定曰：「我正苦無餉。」川兵忿無所告，適浙

兵亦從天津至，求餉，忿激格鬥，總兵畢應武使兵捕之，見殺，文定使人諭之，遂解散。延綏遊擊盛以彰率兵三千至，糧盡，以彰入京，兵欲譁爲亂，文定躬自拮据，人給二鐶而止。恩信威義，所在感孚，大率類此。

時孝瑞皇后崩，文定入哭，□湖孫公遣使訃告天下，徑與牒以行矣，文定謂孫公曰：「禮宜請頒哀詔。」孫公亟悟，追還使者，而御史左光斗遂論劾孫公矣。八月，神宗皇帝晏駕，長安洶洶，先文定從通州星夜馳至，備不虞。初議大行皇帝廟號「顯宗恭皇帝」。文定與大學士方公言：「皇上垂拱四十年，深居而天下治，豈非神明默運乎？」因更定今謚。光宗皇帝即位，一月而崩，美政畢舉，羣臣哀慕，爲改元稱號，先文定知其非禮而言之不得也。是非之際，斷然不欺，利害之交，凜然不苟。當練兵通州時，部議廩劄諸費，視巡撫例辭十分之一，迨事竣而所餘廩給，若操賞，若捐助，暨皇賞共一萬六千餘兩，悉奏還各庫，無染指；反以延綏兵故行糧乏而譁，文定自捐俸金四百餘兩犒之。而前後所造銃式，及屢造車式臺式共數百金，開局條歷寔備，又日周其不給，不下數百金，而捐已奉公又如此！他年兵部庫中有部院緘封銀一篋，後進有司不知也，召經久胥徒而問之，始知爲先文定通州繳還原物。生平懿跡，每事不求人知又如此！

居官自迎養先大父殁後，不欲以家室相隨，官舍蕭然，臨殁之時，適內外孫二人爲應試至，獲視含殮，視笥中惟敝衣幾襲，銀一兩而已。故事詞林之遷轉差遣，一循資敘，萬曆戊午宜典畿試，大學士方公屢屢不出；宜典武試，辭；宜充日講官，辭；宜充經筵講官，辭；册封之使初定蜀府，有以慶府易則易之；後宜管理誥封，亦辭；宜充纂修官，亦辭。至臨大事慷慨奮發，不知有毀譽禍福，每誦唐人詩「一人計不用，萬里空蕭條」，有擊碎玉壺之意。都城戒嚴，奉旨協理城守，日苦調度不給，甚至朽木寸鐵，皆爲珍惜。臨没了了，祇以疆圉多故爲念，一語不及于私。古人連呼渡河之氣，文定有焉。不孝孤當年嘗見先文定覆友人一札云：「東方之事，異常寃慘，假使不佞當之，豈令決裂至此！惟有澄江冷月，差堪語此，興言至是，豈勝邑邑！」嗟呼！文定利于己者無一不讓諸人，利于國者無一不任之己。世方樹籬立户，互相標榜，文定不隨波附和，亦不立異以爲高，與物無競，物亦不得而親，終身惕厲，惟知上有朝廷，四十年如一日也。一材一技必折節收之，不惟不待其求，亦不令其知。有枉抑不平者，輒代爲暴白，人或知而引謝，曰：「我自公耳，何謝焉？」人困阨，有求不忍辭，必曲爲捐助，然未嘗一一與家人言。雖博綜最富，著述最多，皆爾雅遒健，然未嘗逞懸河以炫長，或遇人即言，非其人則木如也。又性喜屬意字學，筆筆正鋒，而亦不欲以藝顯。待人温温，笑語竟日，無惰容倨色。然不可干以私，門無雜賓，居家絶跡公府，地方利弊，不惜百口。如建閘蓄水，濬吴淞江，復禹舊跡，及民輸布運等役，不靳筆舌。通籍四十年，室廬不改，惟務本業，得開物成務之遺。每有志興西北水利，買田天津，辟草萊而耕之，人遂有倣而行之者。慶弔燕會，不隨俗浮靡，力返于樸。服食儉約，不殊寒士，終身不蓄妾媵。教戒子孫下至臧獲皆有法焉，鄉黨澆薄爲之一變。是則先文定居朝居鄉之大略也。惜乎富强之略，不見之施設，僅見于紙墨之流傳；魚水之歡，不得之盛年，而得之桑榆之迅景。假使先文定慷慨上書之日，無所牴牾，必將大有建樹，何至身都富貴，終身若抑鬱而誰語者哉！不孝孤所以仰天椎心而泣血也。

文定生于嘉靖壬戌三月二十一日，卒于崇禎癸酉十月初七日，享年七十有二。配吴氏，累封淑人，今封一品夫人。子一，即不肖孤驥也，郡庠生，今廕官生。娶太學生顧公昌祚女。孫男五人，爾覺邑庠生，今廕中書科舍人，娶甲子科舉人俞公廷鍔女；爾爵邑庠生，今廕中書科中書舍人，先娶禮部主事喬公煒女，繼娶廩膳生李公延茲女；爾斗邑庠生，娶登萊巡撫孫公元化女；爾默邑庠生，娶南京應天府經歷黄公兆蘭女；爾路邑庠生，娶工部主事潘公雲龍女。曾孫男六人，俱未聘。

所著有《曆書》一百三十二卷，《清臺奏草》、《兵事疏》、《幾何原本》、《測量勾股》、《水法簡平儀》、《農遺雜疏》、《毛詩六帖》、《百字訣》行于世。《文集》數十卷，《南宮奏草》、《端闈奏草》、《經闈講義》、《通漕類編》、《讀書算》、《平渾》、《日晷》、《九章算法》、《農書醫方》藏于家。

惟是本年月日卜吉而藏，泣血拊心，名公大人狀之則事且無徵，恭惟老先生門下，文蔽班揚，道高管鮑，隻字單詞，允爲信史，敢徼福先靈，叩閽以請。泣念先文定温室之言不泄，闈室之積難窺，謹按疏草憲令，私居遺跡，摭什一于千百，布之司籍，伏乞憐而鑒之，俯賜如椽，以爲先文定公重。詎惟不孝孤寔世世子孫式靈無既矣！驥無任瀝血哀懇之至。不孝孤驥泣血謹述。

《明史》卷二五一 徐光啓字子先，上海人。萬曆二十五年舉鄉試第一，又七年成進士，由庶吉士歷贊善。從西洋人利瑪竇學天文、曆算、火器，盡其術，遂偏習兵機、屯田、鹽筴、水利諸書。

楊鎬四路喪師，京師大震，累疏請練兵自效，神宗壯之，超擢少詹事兼河南道御史，練兵通州，列上十議。時遼事方急，不能如所請。光啓疏争，乃稍給以民兵戎械。未幾，熹宗即位，光啓志不得展，請裁去，不聽。既而以疾歸，遼陽破，召起之。還朝，力請多鑄西洋大砲，以資城守，帝善其言。方議用，而光啓與兵部尚書崔景榮議不合，御史邱兆麟劾之，復移疾歸。天啓三年起故官，旋擢禮部右侍郎。五年，魏忠賢黨智鋌劾之，落職閒住。

崇禎元年召還，復申練兵之説。未幾以左侍郎理部事。帝憂國用不足，敕廷臣獻屯鹽善策，光啓言屯政在乎墾荒，鹽政在嚴禁私販，帝褒納之，擢本部尚書。時帝以日食失驗，欲罪臺官，光啓言：「臺官測候本郭守敬法，元時嘗當食不食，守敬且爾，無怪臺官之失占。臣聞曆久必差，宜及時修正。」帝從其言，詔西洋人龍華民、鄧玉函、羅雅谷等推算曆法，光啓爲監督。四年春正月，光啓進《日躔曆指》一卷、《測天約説》二卷、《大測》二卷、《日躔表》二卷、《割圜八線表》六卷、《黄道升度》七卷、《黄赤距度表》一卷、《通率表》一卷。是冬十月辛丑朔日食，復上測候四説，其辯時差、里差之法，最爲詳密。五年五月以本官兼東閣大學士，入參機務，與鄭以偉並命。尋加太子太保，進文淵閣。光啓雅負經濟才，有志用世；及柄用，年已老，值周延儒、温體仁專政，不能有所建白。明年十月，卒，贈少保。

御史言光啓、以偉相繼没，蓋棺之日囊無餘貲，請優卹以媿貪墨者。帝納之，乃謚光啓文定，以偉文恪。久之，帝念光啓博學强識，索其家遺書，子驥入謝，進《農政全書》六十卷，詔令有司刊布，加贈太保，録其孫爲中書舍人。

阮元《疇人傳》卷三二 徐光啓字子先，上海人也。神宗二十五年舉鄉試第一，又七年成進士，由庶吉士歷贊善。從西洋人利瑪竇學天文推步，盡得其術，爲《譯幾何原本》《測量法義》等書。言：「《幾何原本》者，度數之宗，所以窮方圓平直之情，盡規矩準繩之用也。利先生從少年時，留意藝學，其師丁氏又絶代名家，以故極精其説。而與不佞遊久，講譚餘暑，時時及之，因請其象數諸書，更以華文。獨謂此書未譯，則他書俱不可得論。遂共譯其要約六卷，既卒業而復之。由顯入微，從疑得信，蓋不用爲用，衆用所基，真可謂萬象之形閒，百家之學海矣。是書以當百家之用，猶其小者；有大用於此，將以習人之才，令細而確也。」又言：「西泰子之譯測量諸法也，十年矣；法而系之義，自歲丁未始。曷待乎？于時《幾何原本》始卒業，至是而後得傳其義也。是法也，與《周髀九章》之勾股測望不異，何貴焉？亦貴其義也。」光啓又引伸《測量法義》作《勾股義》一卷，言：「勾股遺言見于《九章》中凡數十法，不出余所撰正法十五條。元李冶廣之作《測圓海鏡》，近顧司寇應祥爲之分類釋術，余欲爲説其義，未遑也。其造端第一論，則此篇亦略具矣。《周髀》爲算術中古文第一，故爲采摭要語，弁諸篇端；至于商高問答之後，所謂榮方問丁陳子者，言日月天地之數，則千古大愚也。」

天啓三年擢禮部右侍郎。崇禎二年五月乙酉朔日食，光啓依西法預推：順天府見食二分有奇，瓊州食既，大寧以北不食。《大統》推算二分有奇，《回回》推算五分有奇。已而光啓法驗，餘皆疏，帝切責監官。時五官夏官正戈豐年等言：「《大統》乃國初監臣元統所定，即元太史郭守敬《授時術》也。二百六十年來，按法推步，一毫未嘗增損。《授時》之法，古今稱爲極密，然依其本法，尚不能無差。守敬以至元十八年成術，越十八年爲大德三年八月，已推當食不食；六年六月又食而失推。時守敬方知太史院事，亦付之無可奈何。彼立法者尚然，况斤斤守法者哉！今欲循守舊法，向後不能無差，欲行修改，更非淺陋所及。」於是禮部奏請開局修改，乃以光啓督修新法。敕曰：「西法不妨于兼收，諸家務取而參合，用人必求其當，製象必覈其精，責有攸歸，爾其慎之！」

光啓乃上修曆法十事：「其一、議歲差。每年東行漸長漸短，以正古來百年、五十年、六十年等多寡互異之説。其二、議歲實小餘。昔多今少，漸次改易，及日景長短歲歲不同之因，以定冬至，以正氣朔。其三、每日測驗日行經度，以定盈縮加減真率東西南北高下之差，以步日躔。其四、夜測月行經緯度數，以定交轉遲疾真率東西南北高下之差，以步月離。其五、密測列宿經緯諸度，以定七政盈縮遲疾順逆違離遠近之數。其六、密測五星經緯行度，以定小輪行度遲疾留逆伏見之數，東西南北高下之差，以推步凌犯。其七、推變黄赤道廣狹度數，密測二至距度，及月五星各道與黄道相距之度，以定交轉。其八、議日月去交遠近及真會似會之因，以定距午時差之真率，以正交食。其九、測日行考知二極出入地度數，以定周天緯度，以齊七政，因考月食，知東西相距地輪經度，以定交食時刻。其十、依唐元法隨地測驗二極出入地度數，地輪經緯，以定晝夜晨昏永短，以正交食有無多寡先後之數。」又修曆用人三事：「其一、臣部所舉南司臣李之藻已蒙録用外，果有專門名家，亦宜兼收簡用。其二、西洋天學臣利瑪竇等，曾經部覆推舉，今其同伴鄧玉函、龍華民現居賜宇，必得其書其法方可較正增補。若以《大統》法與之會通歸一，則事半而功倍矣。其三、合用人員

外有訪求招致者，聽臣部類齊考試，各取所長，不致濫收糜費。又修曆急用儀器十事：一、造七政象限大儀六座。二、造列宿紀限大儀三座。三、造平渾懸儀三架。四、造交食儀一具。五、造列宿經緯天球儀一架。六、造萬國經緯地球儀一架。七、造節氣時刻平面日晷三具。八、造節氣時刻轉盤星晷三具。九、造候時鐘三架。十、裝修測候七政交食遠鏡三架。奏可。

九月癸卯開局，又徵西洋人湯若望、羅雅谷等譯書演算。是月光啓進本部尚書。十月十七日測驗月食，臺言用器不同，測時互異，有旨較勘書一。光啓因言：「臣等竊照定時之法，當議者五事：其一、壺漏等器規制甚多，今所用者水漏也，然水有新舊滑澀，則遲疾異；漏管有時而塞，有時而磷，則緩急異。定漏之初必於午正初刻，此刻一誤，無所不誤，雖調品如法，終無益也。故壺漏者特以濟晨昏陰雨儀表所不及，而非定時之本；所謂本者，必準于天行，則用儀表以測日星是已。其二、指南鍼者，今術恒用以定南北，辨方正位，皆取則焉，然所得子午非真。今以法考之，實各處不同：在京師則偏東五度四十分，若憑以造晷，則冬至正午先天一刻四十四分有奇。今觀象臺日晷一座，及正方案，以法考之，正方案偏東二度，日晷先天半刻，據此以候交食時刻，其失不盡在推步也。今但用表臬或儀器，以求子午真線，與舊晷較勘，差數立見矣。其三、臬表者，即《周禮·匠人》置槷之法，識日出入之景，參之日中之景，以正方位。今法置小表於地平，午正然後累測日景，以求相等之兩長景，即爲東西，因得中間最短之景，即爲真子午也。其四、本臺原有立運儀，以測驗七政高度，臣等即用以定子午。于午前累測日高度分，因最高之度，得最短之影，此午正時南北真線也。其五、造成平面日晷，依前儀器表臬南針三法參互考合，務得子午卯酉真線，因以分布時刻，加入節氣諸線，即成平面日晷。若今所用圓石欹晷是爲赤道晷，亦用所得子午線較定。此二晷者皆可得天正時刻，所謂晝測日也。若測星，用重盤星晷，上盤書時刻，下盤書節氣，展轉相加，依近極二星，用時指垂權，測知天正時刻，所謂夜測星也。惟表、惟儀、惟晷，悉本天行，私智謬巧，無容其間，故可爲候時造曆之準式也。今若準儀、準表、準針，任用一事，以造日星二晷，又因二晷以較定壺漏，令遲疾如意，則天正時刻，人人通知，在在畫一矣。如此而交食尚有先後，則失在推步也。然而推步之學，其中事理有須申明奏聞者：授時之法，三百五十年略無修正，近蒙聖主加意釐正，而諸臣見臣等著述稍繁，似有畏難之意；不知其中有理、有義、有法、有數，理不明不能立法，義不辨不能著數，明理辨義，推究頗難；法立數著，遵循甚易。所謂明理辨義者，在今日則能者從之，在他日則傳之其人，令可據爲修改地耳。如舊用測圓術求距度一率，即須展轉乘除，窮日之方，而臣等翻譯原文二萬一千六百率，又改從《大統》加減演算爲三萬六千率，用之推步，展卷即得。其他諸術，亦多類此。此則今之愈繁，乃後之愈簡；以臣等之甚難，開諸臣之甚易也。」光啓進《曆書總目》一卷、《日躔術指》一卷、《測天約說》二卷、《大測》二卷、《日躔表》二卷、《割圓八線表》六卷、《黄道升度表》七卷、《黄赤道距度表》一卷、《通率表》二卷，言：「邇來諸臣頗有不安舊學志求改正者，故萬曆四十年有修術譯書分曹治事之議。夫使分曹各治，事畢而止。《大統》既不能自異于前，西法又未能必爲我用，亦猶二百年來分科推步而已。臣等愚心，以爲欲求超勝，必須會通；會通之前，必須翻譯。蓋《大統》書籍絕少，而西法至爲詳備，且又近今數十年間所定，其青于藍寒于水者，十倍前人。又皆隨地異測，隨時異用，故可爲目前必驗之法，又可爲二三百年不易之法，又可爲二三百年後測審差數、因而更改之法，又可令後之人循習曉暢，因而求進，當復更勝于今也。翻譯既有端緒，然後令甄明《大統》、深知法意者，參詳考定，鎔彼方之材質，入《大統》之型模。臣惟兹事義理奧賾，法數盈繁，述敍既多，宜循節次；事緒尤紛，宜先基本。今擬分節次六目：一曰日躔術，二曰恒星術，三曰月離術，四曰日月交會術，五曰五緯星術，六曰五星交會術。基本五目：一曰法原，二曰法數，三曰法算，四曰法器，五曰會通。一切翻譯撰著，區分類別，以次屬焉。」

夏四月戊午夜望月食，光啓預推分秒時刻方位，奏言：「日食隨地不同，則用地緯度算其食分多少；用地經度算其加時早晏。月食分秒，海內並同。止用地經度推求先後時刻，臣從輿地圖約略推步，開載各布政司月食初虧度分，若食分多少既，天下皆同，則餘率可類推，不若日食之經緯各殊，必須詳備也。又月體一十五分，則盡入闇虛亦十五分止耳；今推二十六分六十秒者，蓋闇虛體大于月，若食時去交稍遠，即月體不能全入闇虛，止從月體記其分數。是夕之食，極近于交，故月入闇虛十五分，方爲食既，更進一十一分有奇，乃得生光，故爲二十六分有奇。如《回回》術推十八分四十七秒，略同此法也。」八月又《進測量全義》十卷、《恒星曆指》三卷、《恒星曆表》四卷、《恒星總圖》一摺、《恒星圖像》一卷、《揆日解訂誤》一卷、《比例規解》一卷。

冬十月辛丑朔日食，新法預推：順天見食二分有奇，河南、陝西、山東俱見

食一分，南京以南不食，大漠以北食既。例京師見食不及三分不救護，光啓言：「月食在夜，加時早晚苦無定據，推日食明白易曉，按晷定時，無可遷就，故術法疏密，獨此最爲的證。況臣等翻譯纂輯，漸次就緒，而向後交食爲期尚遠，此時不一指實，與該監臣明白共見，即曆成之後，無憑取驗。非獨此也，是日之必當測候有四説焉：按日食有時差，舊法用距午爲限，中前宜減，中後宜加，若日在正中，則不用加減。故臺官相傳日食時差，多在早晚，日中必合。獨今此食既在日中，而加時則舊術在後，新術在前，當差三刻以上。所以然者，七政運行，皆依黄道，不由赤道，舊法所謂中，乃赤道之午中，而不知所謂中者，黄道之正中也。黄赤二道之中，獨冬夏二至乃得同度，餘日漸次相離。今十月朔去冬至度數尚遠，兩中之差二十三度有奇，豈可乃因食限近午不加不減乎？若食在二至，果可無差，即食于他時，而不在日午，即差之原尚多難辨。適際此食，又值此時，是可驗時差之正術。一也。交食之法既無差誤，及至臨期實候，其加時又或少有後先，此則不因天度而因地度。本方之地，經度未得真率，則加時難定，必從交食時測驗數次，乃可較勘畫一。今此食依新術測候，其加時刻分，或先後未合，當取從前所記地經度斟酌改定，此可以求里差之真率。二也。時差一法，但知中無加減，而不知中分黄道；今一經目見，一經口授，人人知加時之因黄道。一時發覆，蹊徑了然，此足以明學習之甚易。三也。監臣之所最苦者詆爲擅改，不知即欲改，不能如時差等術，必因千百年之測候而後立法，即守敬不能驟得之，況諸臣乎？此足以明疏失之非辜。四也。」帝是其言。

至期，光啓與欽天監秋官正周允、五官司書劉有慶、漏刻博士劉承志、天文生周士昌、薛文燦，西洋人羅雅谷、湯若望等，預點定日晷，調定壺漏，以測高儀器推定日晷高度。又于密室中斜開一隙，置窺筩眼鏡以測虧復。畫日體分數圖板，以定食分。其食甚時刻高度密合，而分數未及二分。於是光啓言：「今食甚之度分密合，則經度里差，似已的確，無煩改更。獨食分未及原推者，蓋因日光閃爍，惟食及四五分之上者，乃得與原推相合，故食一分内外者，與不見食同；則二分有奇者，所見宜不及二分也。」

五年四月光啓又進《月離曆指》四卷、《月離曆表》六卷、《交食曆指》四卷、《交食曆》二卷、《南北高弧表》十二卷、《諸方半晝分表》一卷、《諸方晨昏分表》一卷。五月光啓以本官兼東閣大學士。九月十四日己酉月食，監推初虧在卯初一刻，光啓等推在卯初三刻，《回回》科推在辰初初刻，三法互異，有旨詰問。至期雲氣隱蔽，無憑測驗。光啓因具陳三法不同之故，言：「交食之法，先求平朔望；平朔望之算，起于曆元。今法本用《授時術》，以至元辛巳爲曆元，當時所立四應稍有未合。臣等新法以崇禎元年戊辰爲曆元，兩者相推，已推得舊法後六十五分爲半刻有奇矣。既得平朔望以求定朔望，定朔望即日月食之食甚定分也。法以日躔、盈縮、月轉遲疾推其各差，又以兩差之較爲加減時差，用以加減，于平數得定數焉。時九月十四日夜望，則太陽在縮限，而《授時法》縮限起夏至，不知日有最高，有夏至兩行異法，縮限宜從最高起也。惟宋紹興年間兩行同度，郭守敬後此百年，去離僅一度有奇，故未及覺。今最高一行已在夏至後六日有奇，以推縮差，則舊法後天一十八分有奇也。是日太陰在疾限，遲疾之法，《授時》止論一轉周，新法謂之自行輪；月自行之外又有兩次輪，以次密推，則舊法疾限先天二度有奇，以推疾差，又後天四十分也。次以縮疾兩差相較，變爲時而求定望，宜用減法。舊法則一推而得四十八刻九十分，新法再推先得四十一刻一十三分有奇，次得四十四刻八分，兩得相較，又差三刻弱。故舊法之食甚定分得二十八刻弱，新法得三十刻弱。以推初虧，則舊法在子正後二十二刻二十二分，爲卯初一刻；新法在子正後二十二刻五十九分，爲卯初三刻。此舊法與新法異同之因也。若《回回》術又異二法者，臣等實未能盡曉其故，僅知彼曆元爲阿剌必年，與隋開皇相值，去今一千三十餘載矣。年遠數殊，意其平朔望亦未必合也。即以減分論，則是太陽縮限在四宫一度，依彼法得縮差一度四十一分，新法得一度四十三分，其差二分。太陰疾限在十宫十七度，依彼法得疾差二度一十九分半，新法得三度六分，其差一十三分半。兩差相併得十五分半，變爲時約，彼法在新法後四刻；今差五刻者，意其緣正在曆元四應，否則創法之處距西一萬餘里，或里差又未合也。三家所報各依其本法，欲辨其疏密，則在臨食之時，實測實驗而已。今已往之事，無復可論，將來準法，似須商求。其所求者蓋有二端：其一曰食分多寡，按交食法中，不惟推步爲難，併較驗亦復未易。臣前疏嘗言日食時陽晶晃耀，每先食而後見；月食時游氣紛侵，每先見而後食。蓋食者二體相交之謂也。日食既交，因其光大，人目未見，必至一分以上乃得見之；月食未交闇虚之旁，先有黑影侵入于月，及其體交，反無界限。故推步無舛謬，而較驗多任目任意，揣摩影響，不能灼見分數，以證原推，得失亦無繇知。如宋臣周琮所定差天一分以下爲親，二分以下爲近，三分以下爲遠，非苟自恕，蓋其術止此而已。今欲灼見食分，有近造窺筩新法，日食時用于密室中取其光影，

映照尺素之上，自初虧至復圓，所見分數，界限真榷，盡然不爽。月食不能定其分秒之限，然二體離合之際，鄞鄂著明，中間色象，亦與日測迥異。此定分法也。其一曰加時早晚。定時之術，相傳有壺漏，爲古法；近有輪鐘，爲簡法。然而調品皆繇人力，遷就可憑人意，故不如求端于日星。晝則用日，夜則任用一星，皆以儀器測取經緯度數，推算得之，是爲本法。其驗之，則測日有平晷新法，測星有立晷新法，皆碧石範銅，鑱畫數度，節氣時刻，一一分明，以之較論交食。皆于本晷之上，某時某刻，先期注定；至時徵驗，是合是離，灼然易見。此定時法也。二法既立，一遇交食，凡古今諸術得失疏密，如明鏡高懸，妍媸莫遁矣。月食諸史不載；所載日食，自漢至隋凡二百九十三，而食于晦日者七十七，晦前一日者三，初二日者三，其疏如此。唐至五代凡一百一十，而食于晦日者一，初二日者一，初三日者一，稍密矣。宋凡一百四十八，則無晦日，更密；猶有推食而不食者十三。元凡四十五，亦無晦食；猶有推食而不食者一，食而失推者一，夜食而書晝者一。至加時先後至四五刻，當其時已然，至今遵用，安能免此！乃守敬之法，三百年來世共歸推，以爲度越前代，何也？高遠無窮之事，必積世累時，乃稍見端倪。故漢至今千五百歲，立法者僅十有三家，蓋于數十百年間一較工拙，非一人之心思智力所能黽勉者也。守敬集前古之大成，加以精思廣測，故所差僅四五刻，比于前代，洵爲密矣。若使守敬復生今世，欲更求精密，計非苦心極力，假以數年，恐未易得，何可責于沿襲舊法如諸臺臣者乎？」

六年十月光啓以病辭局務，薦李天經以竣其事。逾月光啓卒，贈少保，謚文定，後加贈太保。

先是，三年巡按四川御史馬如蛟薦資縣諸生冷守忠執有成書，言論娓娓，抄録原書送局。光啓力駁其謬，言「曆法一家本于《周禮・馮相氏》會天位，辨四時之敘，于他學無與也。從古用《大衍》，用樂律，牽合傅會，盡屬贅疣。今用《皇極經世》，亦猶二家之意也。此則無關工拙，可置勿論。惟是術之始事，先定氣朔；術之終事，必驗交食。今崇禎四年辛未歲前冬至，《大統》術推在庚午十一月十八日亥正一刻；本部從前推步，臨期測驗，定在十九日丑初一刻五分四十一秒，則于《大統術》已是先天一十二刻有奇，而于來術所推在酉初四刻，又先《大統》一十六刻，則比于本部新法其先二十八刻有奇。燕越蒼素不啻遠矣！然而此事奥隕難宣，逝駒莫挽，彼此是非，孰從定之，亦姑未論。獨辛未年日月交食，此可預推，尤難掩覆，合離疏密，此不可以口舌爭也。考是年四月十五日月食，新法所推食限二十六分六十秒，四川成都府初虧在子正初刻九十一分一十三秒，食既在丑初一刻二十六分六十七秒，食甚在丑正初刻七十零分六十三秒，生光在寅初初刻二十六分四十零秒，復圓在寅正初刻五十分七十三秒，復圓之時，月輪尚在地平上一十五度有奇；來術云加時在晝，則相左之甚，而明白易見。時日既在指顧，事理又若列眉，令本生至期候驗，如果加時在晝，則其法敻絶千古，當旰衡俟之；若或在夜，則尚宜虚心習學，以成先志。」已而四川報守忠所推月食實差二時，而新法密合。

四年魏文魁進所著《曆元》、《曆測》于朝，通政司送局考驗，光啓作七論詰之。一議交食，言據單開崇禎四年四月十五日夜望月食，今考驗食分，則爲密合，加時後天一刻，亦爲親近。獨二年五月朔日食，臨期實候，得食止二分，初虧巳正四刻，與本部所據新法密合。此修改之議所從起也。今《曆測》稱三分九秒，初虧巳初三刻，則食多一分，時先五刻《曆元》稱日食一分二十一秒，初虧午初初刻，則食少一分，加時密合，而兩書自相違異，食差將及二分，加時不啻五刻，此宜再加研察，方可議定成法，以垂永久。至今年十月朔日食，本局新法推食二分有奇，初虧午正一刻；而單開食止九十七秒，初虧未初二刻，則食少一分有奇，加時後天五刻，此法異同，不須爭論，宜待臨時候驗，疏密自見。一議冬至。言據《曆測》不用《授時術》加減歲實，亦不用《大統》定用歲實；而用金《重修大明術》，小餘二十四刻三十六分，則各年冬至宜遞加二十四刻三十六分，方合古來成法。今查《曆元》稱崇禎元年戊辰測己巳歲天正冬至得癸未日午正二刻，崇禎三年庚午測辛未歲天正冬至得甲午日子正初刻，兩年之間，實差四十九刻，平分之得二十四刻五十分，亦爲密近。但天啓七年丁卯測戊辰歲天正冬至得戊寅日卯初二刻，而前推己巳歲天正冬至得午正二刻，則差二十九刻，與小餘不合者四刻六十四分，兩測兩推，必居一誤矣。所宜再加研究，以求必合。其七論言：歲實自漢以來代有減差，至《授時》減爲二十四分二十五秒，依郭法百年消一，今當爲二十一分有奇，而《曆元》用楊級趙知徽之三十六秒，翻復驟加，與郭法懸殊矣。今詳郭法寖次減率，考古驗今，實非妄作，決宜遵用；而《曆元》所用，又以實測得之，是以確然自信，仍非臆説。二義參差，將何決定？根尋究竟，則皆是也，又皆非也。其中義据，巧曆茫然。所宜極論者一。勾股弧矢，曆學之斧斤繩尺也，每測皆尋弧背，每算求弦矢，而今《曆測》中猶用圜三徑一開方求矢之法，此之半徑，則六十度八十七分五十秒之通弦耳，此而可用，則六十度八十

七分五十秒之弧與其通弦等乎？半之則三十度四十三分七十五秒之弧又與其正弦等乎？是術一誤，何所不誤。所宜極論者二。冬至夏至，不爲盈縮之定限，今考日躔，春分迄夏至，夏至迄秋分，此兩限中日時刻不等；又立春迄立夏，立秋迄立冬，此兩限中日時刻不等。此皆測量易見，推算易明之事，則太陽盈縮之實限，宜在冬夏二至之後，而各有時日刻分，代有長消加減。所宜極論者三。舊術言太陰最高得疾，最低得遲，且以圭表測而得之，非也。太陰遲疾是入轉內事，表測高下是入交內事，若云交即是轉，緣何交終轉終，兩率互異？既是二法，豈容混推，以交道之高下爲轉終之遲疾也？交轉既是二行，而月行轉周之上，又復左旋，所以最高向西行則極遲，最低向東行乃極疾，正與舊法相反。五星高下遲疾，亦皆准此。所宜極論者四。日食法謂在午正則無時差，非也，時差言距，非距赤道之午中，乃距黃道限東西各九十度之正中也，而黃道限之正中在午中前後有差至二十餘度者，若依午正加減，烏能必合？所宜極論者五。交食限、定陰限距交八度，陽限距交六度，亦非也。本局考定陰限當十七度，陽限當八度，月食則定限南北各十二度。所當極論者六。《曆測》云宋文帝元嘉六年十一月己丑朔，日食不盡如鈎，晝星見，今以郭氏《授時術》推之，止食六分九十六秒，郭術舛矣。不知所謂舛者何也？若郭術果推得不盡如鈎、晝星見，則真舛耳；今云六分九十六秒，乃是密合，非舛也。夫月食天下皆同，日食九服各異，前史類能言之。南宋都于金陵，郭術造于燕中，相去三千里，北極出地差八度，日食分度，宜有異同矣；其云不盡如鈎，當在九分左右，而極差八度，時在十一月，則食差當得二分弱，郭術推得七分弱，非密合而何？本局今定日食分數，首言交，次言地，次言時，一不可闕。所宜極論者七。

文魁不服，作《答問》以難光啓，語見《文魁傳》。光啓于是復爲《答客難》曉之。言：崇禎二年五月朔日食，據云刻書者誤也，然原稿未誤者，云食一分三十九秒，亦恐未確。蓋日食一分以下非人目所能見，是日果食一分三十九秒，則所見極微矣；而通都共覩，實不止一分三十九秒也。今年十月朔，密室所候，將及二分；而外間所見，止一分以上，此足下所目覩，非其明效邪？又言：歲實小餘三十六分，據云此趙知微《重修大明術》四餘所用，《授時》《大統》皆仍之，處士亦仍之，則三十六分特用之四餘，不用之氣朔邪？豈四餘氣朔當有兩歲實邪？不知五星之歲實，又與氣朔四餘同邪異邪？處士自云所用歲實，不假思索，皆從天得。此疑實測所定，果亦近之；然何不少費思索，并定一五星四餘晝一不爽之歲實，乃猶仍金元諸人之舊也。

又言：歲實加減小餘，自漢《四分術》定爲二十五分，《乾象術》減爲二四六一八，南宋《大明術》又減爲二四二八一四，宋《統天》、元《授時術》又減爲二四二五，其間七十餘家互有加損，總計之，則自漢至今皆以漸減也，彼皆實測實算，以爲當然，烏得謂元以後遂不應復減者邪？郭云百年減一分，三百五十年來應減三分五十秒，當爲二十一分五十秒，而該局所考，正今之定用歲實，乃是二十分四十八秒六十微，即又不及百年而減一分。明理著數，亦猶行古之道也。此則不知者聞之，將大笑且駭，以爲該局所推冬至時刻，必且先天若干，亦先《大統》若干，而又不然。如今歲推壬申年天正冬至，《大統》得在十一月三十日己亥寅正一刻，而局推在辰初一刻一十八分，乃後于《大統》一十二刻，用儀器測驗，確與天合，並無乖爽。此爲何故？平歲實非本年冬至，可定真冬至時刻，非歲實可推也。此說甚長，更僕未罄，姑就所明通之：處士亦知冬至時刻終古無定率乎？果有定率，則處士所定二十七分，歲歲加增足矣，何爲每測必差？即曆元所測定，二三年間便成參錯，此其間得無諉之於儀表未精，測候未確，不知果精果確，乃真見其無定率矣。蓋正歲年與步月離相似，冬至無定率，與定朔定望無定率，一也。朔望無定率，宜以平朔望加減之；冬至無定率，宜以平年加減之。若郭太史所增減之歲實，平年也；故新法之平，冬至或在《大統》前或在後，其定冬至恒在《大統》後也。

又言：勾股三乘術非誤也，特徑一圍三不合耳。既稱作者，宜自爲清源，奈何沿前人之濁流邪？弧與弦終古無相等之率，無論古率、徽率、密率、太一率，即多分之至萬萬億，猶是弦也，否則外周之切線也。且弧弦之術，舉手即須，每推一法，當數四用之，即以古率推演，已覺太繁，况徽密以上乎？必若此者，術將卒世而不就矣。該局既以言之，安得無見，又安得無書！第所傳之書，有論說，有立成，有通率，都爲一十六卷，八十餘萬言，以入《曆元》，得毋本末不相稱邪？此書爲用甚大，故名《大測》，自當孤行于世，待知者用之。

又言：舊法冬夏二至爲盈縮之定限，今云否者，古名術家精詳測候，見春分至立夏行四十五度有奇，立秋至秋分亦行四十五度有奇，其度等，而中間所歷時日不等。又時日多寡，世世不等。因知日行最高度，上古在夏至前，今世在夏至後六度，則夏至後六日乃真盈縮之限，此即真冬至所自出矣。

又言：太陰遲疾用圭表得之。夫太陽用二至前後表景推算，在一二日內，

或亦近之；若遠，則所得者定非真率，何況太陰？但太陰之遲疾不在去地高卑，高卑者交道也。九年再測者，亦非測太陰、測月孛也，月交東騖，月轉西馳，兩道違行，是生月孛。孛者悖也，月轉至是，則違天行，故最遲也。九年以内，孛實行天一周，四年半在高，四年半在卑，其測高測卑之月日，太陰必與孛同度，既得同度，必是最遲，豈因圭表去地高下爲其遲疾邪？且孛則九年而一周，月則二十七日有奇而一轉，若洞悉交轉之義，即日月自有其遲疾，日日可得其高下，何必九年哉！必九年乃得者，則歲星須十二年，填星須二十九年，歲差須二萬五千餘年，誰能待之！

又言：日食距午時差，舊法以爲論時則定朔小餘五十刻是也；本局以爲論度則黄道九十度限是也。時與度有離合，食在午中，或近午左右，而推算時刻乃不合天者，其度限去午左右稍遠故也。

又言：日食距交限，該局定爲陰限十七度，陽限八度，而云不然，何不考今年十月朔日食甚距交幾度邪？按是日食甚在未初一刻内五十一分，本月十五日夜望月食，食甚在辰初一刻内一十三分，兩食中積爲十四日七十三刻，月食甚時過正交入陰限一度，依法推得日食甚時月未至中交十四度强，而食及二分，則初入食限，豈非十七度乎？至宋神宗天聖二年甲子歲五月丁亥朔，曆官推當食不食，司天奏日食不應，中書奏表稱賀。乃諸術推算皆云當食，以《授時》推之亦然。夫于法則實當食，而于時則實不食，此事遂爲千古不決之疑。今當何以解之？按西術日食有變差一法，是日在陰限距交一度强，于法當食。而獨此食、此地之南北差變爲東西差，故論天行，地心與日月兩心俱參直，實不失食；而從人目所見，則日月相距，近變爲遠，實不得食。顧獨汴京爲然，若從汴以東數千里漸見食，至東北一萬數千里則全見食也。此術于日食法中最爲深賾，論術至此，果所謂得未曾有也。

又言：據答末後一條，語意難明。如云河北千里，朝鮮虧時等，不知何物？若本部原咨，則有二説：一謂南北里差。《元史》稱四海測驗二十七所，大都北極出地四十度太强，揚州三十三度，今測得金陵三十二度半，較差八度少。如《唐書》每度三百五十里，則二千九百餘里謬也；如近法每度二百五十里，則二千餘里爲其南北徑線，加行路紆曲，豈非三千里乎？有里差則有食分差，安可謂日食時南北之分秒等耶？一謂東西里差。盡大地人皆以日出處爲東，日入處爲西，皆以日出時爲卯，日入時爲酉也，有定東西，無定卯酉也。南北里差，論北極出地若干里，而高下差一度。東西里差，論七政出入亦若干里，而遲疾差一度。不易之定論，驗之交食最易見矣。今反抹去此差，而欲議交食乎？按漢安帝元初三年三月二日日食，史官不見，遼東以聞。五年八月朔日食，史官不見，張掖以聞，豈非食在早獨見于遼東，食在晚獨見于張掖乎？據稱西域之巳時，即中國之未時，則日月有食，西域之見食爲巳，中國之見時爲未，極易曉。何者？地有兩時，天無二食也。推之西域以西，中國以東，何獨不然，安得謂南北異東西同哉？

光啓等所修《崇禎曆書》凡一百二十六卷，《曆書總目》一卷、《日躔曆指》四卷、《日躔表》二卷、《恒星曆指》三卷、《恒星圖》一卷、《恒星圖系》一卷、《恒星曆表》四卷、《恒星經緯表》二卷、《恒星出没表》二卷、《月離曆指》四卷、《月離表》六卷、《交食曆指》七卷、《交食表》七卷、《五緯曆指》九卷、《五緯表》十卷、《測天約説》二卷、《大測》二卷、《割圓八線表》六卷、《黄道升度表》七卷、《黄赤道距度表》一卷、《通率表》二卷、《元史揆日訂誤》一卷、《通率立成表》一卷、《散表》一卷、《割圓八線立成長表》四卷、《黄道升度立成中表》四卷、《曆指》一卷、《測量全義》十卷、《比例規解》一卷、《南北高弧表》十二卷、《諸方半晝分表》一卷、《諸方晨昏分表》一卷、《曆學小辨》一卷、《曆學日辨》五卷。

雜録

備録

徐驥《文定公事略・文定公履歴》 徐光啓，字子先，號玄扈，行一。壬申三月二十一日生，江南松江府上海縣人。金山衛學庠生。萬曆丁酉，順天鄉試一名。甲辰，會試八十八名進士，殿試三甲五十二名。都察院觀政，改翰林院庶吉士。丁未，授檢討。庚戌，復除原職。壬子，纂修。癸丑，同考。本年養病。丙辰，補原職。丁巳，陞左贊善。己未，請監護朝鮮，奉旨留用。本年，陞少詹事兼河南道管理練兵事務。庚申，回府協理。辛酉，養病。三月，奉旨回京。九月，養病。癸亥，陞禮部右侍郎，纂修《神廟實録》副總裁。乙丑，閑住。戊辰，起前

職。八月，充日講官，本月充經筵講官。十二月，充纂修《熹廟實録》副總裁，本月加太子賓客。己巳四月，陞左侍郎，回部。七月，督修曆法。十一月，協理城守。庚午六月，陞禮部尚書兼學士協理府事。辛未正月，加俸一級。十月，授資善大夫。壬申五月，以禮部尚書兼東閣大學士，入閣辦事，同知經筵、實録總裁，提調玉牒，參機務，再進光禄大夫、左柱國、太子太保、文淵閣大學士。崇禎六年癸酉十月初七，終於位，享年七十有二。訃聞，輟朝三日，賻賜有加。贈少保，謚文定。加贈太保，諭祭十一壇，勅建墳塋，欽賜護送，建坊、立祠，崇祀罷邑鄉賢。

鎖緑山人《明亡述略》 徐光啟，字子先，上江人。善天文、曆筭、水利、農桑、兵法、火器，負經濟才，自神宗、熹宗時累請練兵自効，不能用。莊烈帝以日食失驗，詔督修西洋曆法，遂爲相，年已老，又值延儒、體仁擅政，鬱不得志而卒。

談遷《棗林雜俎》聖集《徐光啟》 華亭徐文定，初以右春坊右贊善兼□□道監察御史。監軍出，倉卒特授，傔從不備，自募人肩輿。

李延罡《南吴舊話録》卷下 徐文定公不輕著述，嘗謂文之當物者，必使人油然以思，若潤於膏澤入心者，必使人惕然以動，若中於肌骨致用者，必使人俯拾仰取，若程材鄧林而徵寶於春山。

徐文定好經濟之學，及拜詹事，著《農政全書》成，達於乙覽。上喜曰：「向聞翰林以飲酒賦詩，多受書帕爲能事。今何緣得此人？乃知宋臣呂夷簡輩固代不乏賢。」遂即大拜。

徐光啟，字子先，别號玄水，上海人。萬曆丁酉順天解元，甲辰成進士，選庶吉士，滿三載，授翰林院簡討。四十一年癸丑，以《春秋》分考禮闈，時呂維祺、張宗衡、鹿善繼皆爲同房者所斥，公獨曰：「三卷於制義中未見絶羣之姿，喜其真樸處未散，爲人固自落落中可倚杖者。」後三人行事卒如其言。尋遷贊善，擢詹事府少詹事，會東事急，上以公知兵，兼河南道監察御史，出練兵，特賜敕，如巡撫、監司、副帥悉票節制，又得自委任辟召，皆異數也。天啟改元，光啟知内有嫉之者，力以疾辭，乃召還，中樞多與牴牾，御史智鋌因露章劾之，且誣及練兵事，魏忠賢更嗾人追論之，勒罷官。公嘆曰：「吐此雞肋，直易事也，如國事何？」即日跨驢出都門。崇禎登極，起爲禮部右侍郎，協理詹事府事，同知經筵。二年，轉左侍郎，旋加太子賓客。三年，進禮部尚書，掌詹事府。明故事，詹事將入閣，三黨私賀之，公謝曰：「入閣易而任入閣者難，君輩當弔不當賀也。」四年夏五月，上手敕公以本官兼東閣大學士參機務。五年，進兼文淵閣大學士加太子太保。當是時，烏程、義興先後秉國鈞，公鬱鬱無所建。六年秋九月，以勞瘁卒於位。訃聞，輟朝三日，賻賜有加，贈少保，謚文定。十四年，上求其遺書，中子驥入謝，進《農書》六十卷，詔進贈太保，録其孫爲中書舍人，命有司刊布其書。公自館選後，謝去一切聲律字畫之學，專求經濟實事，以供撻伐，上亦屬意大用，一旦捐館，天下惜之。西人利瑪竇入朝，公喜其天文、火器，特奏留之。公卒後，其徒蔓延内地，名曰天主教，歸之者甚衆。天主以誠信立説，頗足矯時流之弊，然余謂三教鼎立，不必又增他途，當各安其俗，享太平之福，後之君子宜善通公之意則可也。

徐允希、李杕《徐文定公年譜》 萬曆丁酉順天鄉試中式第一名，甲辰進士，觀都察院政，本年六月改翰林院庶吉士。丁未四月，授翰林院檢討，以覃恩得封父母如公官。本年丁外艱，回籍守制。庚戌十一月服闋，復除原職。辛亥四月，教習内書堂。壬子充纂修官。癸丑充同考官，本年八月，以疾請假田於津門，欲興西北水利，爲國家立根本之計，又歲省東南輓漕百萬之費。丙辰疾痊，五月復除原職。丁巳正月，陞左春坊左贊善，本年六月，奉命册封慶府，四月援例繳節，以疾乞休，復田於津門。適邊警戒嚴，奉有依期到任之旨，本年閏四月入都，陳言兵事。己未三月，充廷試掌卷官，六月請監護朝鮮，奉旨留用，九月陞詹事府少詹事，兼河南道監察御史，奉勅以巡撫體統行事，管理通昌等處練軍事務，防禦都城。辛酉二月，回府協理府事。本月告病，仍駐津門。四月吏部題爲緊急軍務等事，中途奉旨回京。八月以光宗登極覃恩，予新銜誥命，得贈父母如公官。九月請告，復寓津門，部署壑圃、水田諸事而歸。癸亥十月，陞禮部右侍郎，纂修《神宗實録》副總裁，未任。乙丑五月，以魏璫私人智鋌論劾，奉旨冠帶閒住。崇禎戊辰二月，奉先皇帝特旨，以原官起用，七月入朝，八月充日講官，本月充經筵講官，九月以登極覃恩，予三代誥命，廕一子入監讀書。十二月充纂修《熹宗實録》副總裁，本月日講叙勞，加太子賓客。己巳，陞左侍郎，回部管事，本年七月奉勅修正曆法，十一月奉旨協理城中巡視内外十六門火器。庚午三月，以三品考滿予三代誥命，六月陞禮部尚書，兼翰林院學士，協理院事，九月以城守叙勞，欽賜白金文綺，十二月《神宗實録》告成，加從一品俸。辛未三月，充廷試讀卷官，六月充考庶吉士閱卷官，十月授資善大夫。壬申三月，陵工告成，頒賜銀三十兩，五月特旨簡用，以禮部尚書兼東閣大學士，入閣參預機務，知制誥，充纂修《熹宗實録》總裁官，玉牒提調，八月奉勅同知經筵事，十二月，以皇三子

命名頒賜銀十五兩。癸酉元旦，頒賜銀三十兩，七月，二品考滿，陞太子太保、禮部尚書兼文淵閣大學士，奉旨照新銜給予四代誥命，廕一子中書舍人，特遣御前牌子李添祥齎賜寶鈔羊酒。八月因病告假，特遣御前牌子趙進問安，并賜猪羊米酒醬瓜茄蔬，本月恭視寫篆進封貴妃册印，頒賜白金文綺有差。九月因病久不愈，上疏乞休，奉旨慰留，本月以册封貴妃禮成頒賜紵羅銀鈔，本月特遣御前牌子王忠直入卧内，宣諭問安，并賜牲醴米菜如初。本月皇四子命名，頒賜白金如初。十月初七日終於位。内閣以訃聞，上爲震悼，輟視朝一日，特遣文書官卞希孔齎賜白金表裡燭帛香油白米柴炭，以給喪事，尋賜祭九壇，加祭二壇，贈少保，謚文定。廕一子中書舍人，特遣太子少保禮部尚書李康先行開喪，諭祭禮。遣行人張元始護送馳驛回鄉。遣中書夏儀給水衡錢治葬事，抵家而殁，復給行人陳慧業董其成，又命本府知府方岳貢，在家行七七，期年再期下葬，諭祭禮。癸未六月，孫男爾斗以葬畢謝恩，并進公《農政全書》。奉旨有「忠謨久驗，朕深追念不忘」之褒。加贈太保，廕一子中書舍人。

備論

查繼佐《罪惟録》列傳之卷一一下　論曰：「求精責實」四字，平平無奇，文定持之終身不□。□時深而驗物，切以爲求治卒不能易此。時非東林以□□懟東林，即東林亦□以空言難非東林。而文定中立，既不譽發，□□以四字善東林，而後可以難非東林也。至於固圉，亦只「練兵、除器」四字，是所謂實也精也。總之以救尚口之窮。又按文定嘗著《選練論》，有義募、義餉、義薦之勸，定營制，有散可散操，合可合操之用。因民兵代戍之議，而曰：「即此費以飽近京丁壯，自足成練。」因固京師之議，而曰：「火砲我之所長，勿與敵共之。」因帑議，而曰：「欲裕諸餉，必行屯田。」而隨有墾荒議、旱田用水議、以官爵招之巨室議及□□□□□屯額科□□□□□宜通邊額□宜貶諸例□□□□□□時□□□□□□籍教鹵令習文物□□□可以弱鹵。文定曰：「文盛則武衰，自然之理也。今韃□不□古冒頓五胡之强，以其樂華風之故。」嗟乎！使中朝無黨，以光啓爲中樞，而專任熊經略東事，守在遼東一語，乃終始之矣。

鄒漪《啓禎野乘》一集卷六　論曰：文定公固文武全才，即其所學，出入天人，上下經史。而身當筦鑰，一拂意于璫人，再觸忌於司馬，遂不得竟其大用，殊可惜也。後之論世者，屈指兩朝綸扉，輔佐文章節義，蓋不乏入，而求其宏通淵博，足爲萬邦之憲如公，豈有二哉！

阮元《疇人傳》卷三二　論曰：自利氏東來，得其天文數學之傳者光啓爲最深，洎乎督修新法，殫其心思才力，驗之垂象，譯爲圖説，洋洋乎數千萬言，反覆引伸，務使其理其法，足以人人通曉而後已，以視術士之秘其機械者，不可同日語矣。迄今言甄明西學者，必稱光啓，蓋精于幾何，得之有本，其識見造詣，非文魁、守忠輩所能幾及也。

陳田《明詩紀事》庚籤卷二一　田按：文定通籍後，從四人利瑪竇講天文、曆算、火器，盡其術。若逆知三百年後，有西學入中國之效，然猶講求國家兵機、屯田、水利、鹽筴諸政，非盡棄其學而學也。通變而不失其常，君子於文定有取焉。

劉宗周部

綜述

《明史》卷二五五《劉宗周傳》 劉宗周，字起東，山陰人。父坡，爲諸生。母章氏妊五月而坡亡。既生宗周，家酷貧，攜之育外家。後以宗周大父老疾，歸事之，析薪汲水，持藥糜。然體孱甚，母嘗憂念之不置，遂成疾。又以貧故，忍而不治。萬曆二十九年，宗周成進士，母卒於家。宗周奔喪，爲堊室中門外，日哭泣其中。服闋，選行人，請養大父母。遭喪，居七年始赴補。母以節聞於朝。

時有崑黨、宣黨與東林爲難。宗周上言：「東林，顧憲成講學處。高攀龍、劉永澄、姜士昌、劉元珍，皆賢人。于玉立、丁元薦，較然不欺其志，有國士風。諸臣摘流品可也，爭意見不可；攻東林可也，黨崑、宣不可。」黨人大譁，宗周乃請告歸。

天啓元年起儀制主事。疏言：「魏進忠導皇上馳射戲劇，奉聖夫人出入自由。一舉逐諫臣三人，罰一人，皆出中旨，勢將指鹿爲馬，生殺予奪，制國家大命。今東西方用兵，奈何以天下委閹豎乎。」進忠者，魏忠賢也，大怒，停宗周俸半年。尋以國法未伸，請戮崔文昇以正弑君之罪，戮盧受以正交私之罪，戮楊鎬、李如楨、李維翰、鄭之范以正喪師失地之罪，戮高出、胡嘉棟、康應乾、牛維曜、劉國縉、傅國以正棄城逃潰之罪；急起李三才爲兵部尚書，録用清議名賢丁元薦、李朴等，諍臣楊漣、劉重慶等，以作仗節徇義之氣。帝切責之。累遷光禄丞、尚寶、太僕少卿，移疾歸。四年起右通政，至則忠賢逐東林且盡，宗周復固辭，忠賢責以矯情厭世，削其籍。

崇禎元年冬，召爲順天府尹。辭，不許。明年九月入都，上疏曰：

陛下勵精求治，宵旰靡寧。然程效太急，不免見小利而速近功，何以致唐、虞之治。

夫今日所汲汲於近功者，非兵事乎？誠以屯守爲上策，簡卒節餉，修刑政而威信布之，需以歲月，未有不望風束甲者。而陛下方鋭意中興，刻期出塞。當此三空四盡之秋，竭天下之力以奉饑軍而軍愈驕，聚天下之軍以博一戰而戰無日，此計之左也。

今日所規規於小利者，非國計乎？陛下留心民瘼，惻然痌瘝。而以司農告匱，一時所講求者皆掊克聚斂之政。正供不足，繼以雜派。科罰不足，加以火耗。水旱災傷，一切不問。敲扑日峻，道路吞聲，小民至賣妻鬻子以應。有司以掊克爲循良，而撫字之政絶；上官以催徵爲考課，而黜陟之法亡。欲求國家有府庫之財，不可得已。

功利之見動，而廟堂之上日見其煩苛。事事糾之不勝糾，人人摘之不勝摘，於是名實紊而法令滋。頃者，特嚴贓吏之誅，自宰執以下，坐重典者十餘人，而貪風未盡息，所以導之者未善也。賈誼曰：「禮禁未然之先，法施已然之後。」誠導之以禮，將人人有士君子之行，而無狗彘之心，所謂禁之於未然也。今一切詿誤及指稱賄賂者，即業經昭雪，猶從吏議，深文巧詆，絶天下遷改之途，益習爲頑鈍無恥，矯飾外貌以欺陛下。士節日隳，官邪日著，陛下亦安能一一察之。

且陛下所以勞心焦思於上者，以未得賢人君子用之也。而所嘉予而委任者，率奔走集事之人，以摘發爲精明，以告訐爲正直，以便給爲才諝，又安所得賢者而用之。得其人矣，求之太備，或以短而廢長；責之太苛，或因過而成悞。

且陛下所擘畫，動出諸臣意表，不免有自用之心。臣下救過不給，讒諂者因而間之，猜忌之端遂從此起。夫恃一人之聰明，而使臣下不得盡其忠，則耳目有時壅；憑一人之英斷，而使諸大夫國人不得衷其是，則意見有時移。方且爲内降，爲留中，何以追喜起之盛乎？數十年來，以門户殺天下幾許正人，猶蔓延不已。陛下欲折君子以平小人之氣，用小人以成君子之公，前日之覆轍將復見於天下也。

陛下求治之心，操之太急。醖釀而爲功利；功利不已，轉爲刑名；刑名不已，流爲猜忌；猜忌不已，積爲壅蔽。正人心之危，所潛滋暗長而不自知者。誠能建中立極，默正此心，使心之所發，悉皆仁義之良。仁以育天下，義以正萬民，自朝廷達於四海，莫非仁義之化，陛下已一旦躋於堯、舜矣。

帝以爲迂闊，然歎其忠。

未幾，都城被兵，帝不視朝，章奏多留中不報。傳旨辦布囊八百，中官競獻馬騾，又令百官進馬。宗周曰：「是必有以遷幸動上者。」乃詣午門叩頭諫曰：「國勢强弱，視人心安危。乞陛下出御皇極門，延見百僚，明言宗廟山陵在此，固守外無他計。」俯伏待報，自晨迄暮，中官傳旨乃退。米價騰躍，請罷九門税，修賈區以處貧民，爲粥以養老疾，嚴行保甲之法，人心稍安。

時樞輔諸臣多下獄者，宗周言：「國事至此，諸臣負任使，無所逃罪，陛下亦宜分任咎。禹、湯罪己，興也勃焉。曩皇上以情面疑羣臣，羣臣盡在疑中，日積月累，結爲陰痞，識者憂之。今日當開示誠心，爲濟難之本，御便殿以延見士大夫，以票擬歸閣臣，以庶政歸部、院，以獻可替否予言官。不效，從而更置之，無坐錮以成其罪。乃者朝廷縛文吏如孤雛，而視武健士不啻驕子，漸使恩威錯置。文武皆不足信，乃專任一二内臣，閫以外次第委之。自古未有宦官典兵不悮國者。」又劾馬世龍、張鳳翼、吴阿衡等罪，忤帝意。

三年以疾在告，進祈天永命之説，言：

法天之大者，莫過於重民命，則刑罰宜當宜平。陛下以重典繩下，逆黨有誅，封疆失事有誅。一切詿誤，重者杖死，輕者謫去，朝署中半染赭衣。而最傷國體者，無如詔獄。副都御史易應昌以平反下吏，法司必以鍛鍊爲忠直，蒼鷹乳虎接踵於天下矣。願體上天好生之心，首除詔獄，且寬應昌，則祈天永命之一道也。

法天之大者，莫過於厚民生，則賦斂宜緩宜輕。今者宿逋見征及來歲預征，節節追呼，閭閻困敝，貪吏益大爲民厲。貴州巡按蘇琰以行李被訐於監司。巡方黷貨，何問下吏。吸膏吮脂之輩，接迹於天下矣。願體上天好生之心，首除新餉，并嚴飭官方，則祈天永命之又一道也。

然大君者，天之宗子，輔臣者，宗子之家相。陛下置輔，率由特簡。亦願體一人好生之心，毋驅除異己，搆朝士以大獄，結國家朋黨之禍；毋寵利居成功，導人主以富强，釀天下土崩之勢。

周延儒、温體仁見疏不懌。以時方禱雨，而宗周稱疾，指爲偃蹇，激帝怒，擬旨詰之，且令陳足兵、足餉之策。宗周條畫以對，延儒、體仁不能難。

爲京尹，政令一新，挫豪家尤力。閹人言事輒不應，或相詬誶，宗周治事自如。武清侯蒼頭毆諸生，宗周捶之，枷武清門外。嘗出，見優人籠篋，焚之通衢。賙恤單丁下户尤至。居一載，謝病歸，都人爲罷市。

八年七月，内閣缺人，命吏部推在籍者，以孫愼行、林釬及宗周名上。詔所司敦趨，宗周固辭，不許。明年正月入都，愼行已卒，與釬入朝。帝問人才、兵食及流寇猖獗狀。宗周言：「陛下求治太急，用法太嚴，布令太煩，進退天下士太輕。諸臣畏罪飾非，不肯盡職業，故有人而無人之用，有餉而無餉之用，有將不能治兵，有兵不能殺賊。流寇本朝廷赤子，撫之有道，則還爲民。今急宜以收拾人心爲本，收拾人心在先寬有司。參罰重則吏治壞，吏治壞則民生困，盜賊由此日繁。」帝又問兵事。宗周言：「禦外以治内爲本。内治修，遠人自服，干羽舞而有苗格。願陛下以堯、舜之心，行堯、舜之政，天下自平。」對畢趨出。帝顧體仁迂其言，命釬輔政，宗周他用。旋授工部左侍郎。踰月，上《痛憤時艱疏》言：

陛下鋭意求治，而二帝三王治天下之道未暇講求，施爲次第猶多未得要領者。首屬意於邊功，而罪督遂以五年恢復之説進，是爲禍胎。己巳之役，謀國無良，朝廷始有積輕士大夫之心。自此耳目參於近侍，腹心寄於干城，治術尚刑名，政體歸叢脞，天下事日壞而不可救。廠衛司譏察，而告訐之風熾；詔獄及士紳，而堂廉之等夷。人人救過不給，而欺罔之習轉甚；事事仰成獨斷，而諂諛之風日長。三尺法不伸於司寇，而犯者日衆。詔旨雜治五刑，歲躬斷獄以數千，而好生之德意泯。刀筆治絲綸而王言褻，誅求及瑣屑而政體傷。參罰在錢穀而官愈貪，吏愈横，賦愈逋。敲扑繁而民生瘁，嚴刑重斂交困而盜賊日起。總理任而臣下之功能薄，監視遣而封疆之責任輕。督、撫無權而將日懦，武弁廢法而兵日驕，將懦兵驕而朝廷之威令并窮於督、撫。朝廷勒限平賊，而行間日殺良報功，生靈益塗炭。一旦天牖聖衷，撤總監之任，重守令之選，下弓旌之招，收酷吏之威，布維新之化，方與二三臣工洗心滌慮，以聯泰交，而不意君臣相遇之難也。得一文震孟而以單辭報罷，使大臣失和衷之誼；得一陳子壯而以過戇坐辜，使朝宁無吁咈之風。此關於國體人心非淺鮮者。

陛下必體上天生物之心以敬天，而不徒倚風雷；必念祖宗鑑古之制以率祖，而不輕改作。以簡要出政令，以寬大養人才，以忠厚培國脈。發政施仁，收天下泮涣之人心。而且還内廷掃除之役，正懦帥失律之誅，慎天潢改授之途。遣廷臣齎内帑，巡行郡國，爲招撫使，赦其無罪而流亡者。陳師險隘，堅壁清野，聽其窮而自歸。誅渠之外，猶可不殺一人，而畢此役，奚待於觀兵哉。

疏入，帝怒甚，諭閣臣擬嚴旨再四。每擬上，帝輒手其疏覆閱，起行數周。已而意解，降旨詰問，謂大臣論事宜體國度時，不當效小臣歸過朝廷爲名高，且獎其清直焉。

時太僕缺馬價，有詔願捐者聽。體仁及成國公朱純臣以下皆有捐助。又議罷明年朝覲。宗周以輸貲、免覲爲大辱國。帝雖不悦，心善其忠，益欲大用。體仁患之，募山陰人許瑚疏論之，謂宗周道學有餘，才諝不足。帝以瑚同邑，知之宜真，遂已不用。

其秋，三疏請告去。至天津，聞都城被兵，遂留養疾。十月，事稍定，乃上疏曰：

己巳之變，誤國者袁崇焕一人。小人競修門户之怨，異己者概坐以崇焕黨，日造蜚語，次第去之。自此小人進而君子退，中官用事而外廷浸疏。文法日繁，欺罔日甚，朝政日隳，邊防日壞。今日之禍，實己巳以來釀成之也。

且以張鳳翼之溺職中樞也，而俾之專征，何以服王洽之死？以丁魁楚等之失事於邊也，而責之戴罪，何以服劉策之死？諸鎮勤王之師，爭先入衛者幾人，不聞以逗遛蒙詰責，何以服耿如杞之死？今且以一州八縣之生靈，結一飽颺之局，則廷臣之累累若若可幸無罪者，又何以謝韓爌、張鳳翔、李邦華諸臣之或成或去？豈昔爲異己驅除，今不難以同己相容隱乎？臣於是而知小人之禍人國無已時也。

昔唐德宗謂羣臣曰：「人言盧杞奸邪，朕殊不覺。」羣臣對曰：「此乃杞之所以爲奸邪也。」臣每三覆斯言，爲萬世辨奸之要。故曰「大奸似忠，大佞似信」。頻年以來，陛下惡私交，而臣下多以告訐進；陛下録清節，而臣下多以曲謹容；陛下崇勵精，而臣下奔走承順以爲恭；陛下尚綜覈，而臣下瑣屑吹求以示察。凡若此者，正似信似忠之類，究其用心，無往不出於身家利禄。陛下不察而用之，則聚天下之小人立於朝，有所不覺矣。天下即乏才，何至盡出中官下。而陛下每當緩急，必委以大任。三協有遣，通、津、臨、德有遣；又重其體統，等之總督。中官總督，置總督何地？總督無權，置撫、按何地？是以封疆嘗試也。

且小人每比周小人，以相引重，君子獨岸然自異。故自古有用小人之君子，終無黨比小人之君子。陛下誠欲進君子退小人，決理亂消長之機，猶復用中官參制之，此明示以左右袒也。有明治理者起而爭之，陛下即不用其言，何至并逐其人。而御史金光辰竟以此逐，若惟恐傷中官心者，尤非所以示天下也。

至今日刑政之最舛者，成德，傲吏也，而以贓戍，何以肅懲貪之令？申紹芳，十餘年監司也，而以莫須有之鑽刺戍，何以昭抑競之典？鄭鄤之獄，或以誣告坐，何以示敦倫之化？此數事者，皆爲故輔文震孟引繩批根，即向驅除異己之故智，而廷臣無敢言，陛下亦無從知之也。嗚呼，八年之間，誰秉國成，而至於是！臣不能爲首揆温體仁解矣。語曰「誰生厲階，至今爲梗」，體仁之謂也。

疏奏，帝大怒，體仁又上章力詆，遂斥爲民。

十四年九月，吏部缺左侍郎，廷推不稱旨。帝臨朝而歎，謂大臣「劉宗周清正敢言，可用也」，遂以命之。再辭不得，乃趨朝。道中進三劄，一曰明聖學以端治本，二曰躬聖學以建治要，三曰重聖學以需治化，凡數千言。帝優旨報之。明年八月未至，擢左都御史。力辭，有詔敦趨。踰月，入見文華殿。帝問都察院職掌安在，對曰：「在正己以正百僚。必存諸中者，上可對君父，下可質天下士大夫，而後百僚則而象之。大臣法，小臣廉，紀綱振肅，職掌在是，而責成巡方其首務也。巡方得人，則吏治清，民生遂。」帝曰：「卿力行以副朕望。」乃列建道揆、貞法守、崇國體、清伏奸、懲官邪、飭吏治六事以獻，帝褒納焉。俄劾御史喻上猷、嚴雲京而薦袁愷、成勇，帝並從之。其後上猷受李自成顯職，卒爲世大詬。

冬十月，京師被兵。請旌死事盧象昇，而追戮誤國奸臣楊嗣昌，逮跋扈悍將左良玉，防關以備反攻，防潞以備透渡，防通、津、臨、德以備南下。帝不能盡行。

閏月晦日召見廷臣於中左門。時姜埰、熊開元以言事下詔獄，宗周約九卿共救。入朝，聞密旨置二人死。宗周愕然謂衆曰：「今日當空署爭，必改發刑部始已。」及入對，御史楊若橋薦西洋人湯若望善火器，請召試。宗周曰：「邊臣不講戰守屯戍之法，專恃火器。近來陷城破邑，豈無火器而然？我用之制人，人得之亦可制我，不見河間反爲火器所破乎？國家大計，以法紀爲主。大帥跋扈，援師逗遛，奈何反姑息，爲此紛紛無益之舉耶？」因議督、撫去留，則請先去督師范志完。且曰：「十五年來，陛下處分未當，致有今日敗局。不追禍始，更絃易轍，欲以一切苟且之政，補目前罅漏，非長治之道也。」帝變色曰：「前不可追，善後安在？」宗周曰：「在陛下開誠布公，公天下爲好惡，合國人爲用舍，進賢才，開

言路，次第與天下更始。」帝曰：「目下烽火逼畿甸，且國家敗壞已極，當如何？」宗周曰：「武備必先練兵，練兵必先選將，選將必先擇賢督、撫，擇賢督、撫必先吏、兵二部得人。宋臣曰：『文官不愛錢，武官不惜死，則天下太平。』斯言，今日鍼砭也。論者但論才望，不問操守。未有操守不謹，而遇事敢前，軍士畏威者。若徒以議論捷給，舉動恢張，稱曰才望，取爵位則有餘，責事功則不足，何益成敗哉。」帝曰：「濟變之日，先才後守。」宗周曰：「前人敗壞，皆由貪縱使然，故以濟變言，愈宜先守後才。」帝曰：「大將別有才局，非徒操守可望成功。」宗周曰：「他不具論，如范志完操守不謹，大將偏裨無不由賄進，所以三軍解體。由此觀之，操守爲主。」帝色解曰：「朕已知之。」敕宗周起。

於是宗周出奏曰：「陛下方下詔求賢，姜埰、熊開元二臣遽以言得罪。國朝無言官下詔獄者，有之自二臣始。陛下度量卓越，妄如臣宗周，戇直如臣黄道周，尚蒙使過之典，二臣何不幸，不邀法外恩？」帝曰：「道周有學有守，非二臣比。」宗周曰：「二臣誠不及道周，然朝廷待言官有體，言可用用之，不可置之。即有應得之罪，亦當付法司。今遽下詔獄，終於國體有傷。」帝怒甚，曰：「法司錦衣皆刑官，何公何私？且罪一二言官，何遽傷國體？有如貪贓壞法，欺君罔上，皆可不問乎？」宗周曰：「錦衣，膏粱子弟，何知禮義，聽寺人役使。即陛下問貪贓壞法，欺君罔上，亦不可不付法司也。」帝大怒曰：「如此偏黨，豈堪憲職！」有間曰：「開元此疏，必有主使，疑即宗周。」金光辰争之。帝叱光辰，并命議處。翼日，光辰貶三秩調用，宗周革職，刑部議罪。閣臣持不發，捧原旨御前懇救，乃免，斥爲民。

歸二年而京師陷。宗周徒步荷戈，詣杭州，責巡撫黄鳴駿發喪討賊。鳴駿誠以鎮静，宗周勃然曰：「君父變出非常，公專閫外，不思枕戈泣血，激勵同仇，顧藉口鎮静，作遜避計耶？」鳴駿唯唯。明日，復趣之。鳴駿曰：「發喪必待哀詔。」宗周曰：「嘻，此何時也，安所得哀詔哉！」鳴駿乃發喪。問師期，則曰：「甲仗未具。」宗周嘆曰：「嗟乎，是烏足與有爲哉！」乃與故侍郎朱大典，故給事中章正宸、熊汝霖召募義旅。將發，而福王監國於南京，起宗周故官。宗周以大仇未報，不敢受職，自稱草莽孤臣，疏陳時政，言：

今日大計，舍討賊復仇，無以表陛下渡江之心；非毅然決策親征，無以作天下忠義之氣。

一曰據形勝以規進取。江左非偏安之業，請進圖江北。鳳陽號中都，東扼徐、淮，北控豫州，西顧荊、襄，而南去金陵不遠，請以駐親征之師。大小銓除，暫稱行在，少存臣子負罪引慝之心。從此漸進，秦、晉、燕、齊必有響應而起者。

一曰重藩屏以資彈壓。淮、揚數百里，設兩節鉞，不能禦亂，争先南下，致江北一塊土，拱手授賊。督漕路振飛坐守淮城，久以家屬浮舟遠地，是倡之逃也。於是鎮臣劉澤清、高傑遂有家屬寄江南之説。軍法臨陣脱逃者斬，臣謂一撫二鎮，皆可斬也。

一曰慎爵賞以肅軍情。請分别各帥封賞，孰當孰濫，輕則收侯爵，重則奪伯爵。夫以左帥之恢復而封，高、劉之敗逃亦封，又誰不當封者？武臣既濫，文臣隨之。外臣既濫，中璫隨之。恐天下聞而解體也。

一曰核舊官以立臣紀。燕京既破，有受僞官而叛者，有受僞官而逃者，有在封守而逃者，有奉使命而逃者，法皆不赦。亟宜分别定罪，爲戒將來。至於僞命南下，徘徊順逆之間，實繁有徒；必且倡爲曲説，以惑人心，尤宜誅絶。

又言：

當賊入秦流晉，漸過畿南，遠近洶洶，獨大江南北晏然。而二三督撫不聞遣一騎以壯聲援，賊遂得長驅犯闕。坐視君父之危亡而不救，則封疆諸臣之當誅者一。凶問已確，諸臣奮戈而起，決一戰以贖前愆，自當不俟朝食。方且仰聲息於南中，争言固圉之策，卸兵權於閫外，首圖定策之功，則封疆諸臣之當誅者又一。新朝既立之後，謂宜不俟終日，首遣北伐之師。不然，則亟馳一介，間道北進，檄燕中父老，起塞上名王，哭九廟，厝梓宫，訪諸王。更不然，則起閩帥鄭芝龍，以海師下直沽，九邊督鎮合謀共奮，事或可爲。而諸臣計不出此，則舉朝謀國不忠之當誅者又一。罪廢諸臣，量從昭雪，自應援先帝遺詔及之，今乃概用新恩。誅閹定案，前後詔書鶻突，勢必彪虎之類，盡從平反而後已，則舉朝謀國不忠之當誅者又一。臣謂今日問罪，當自中外諸臣不職者始。

詔納其言，宣付史館，中外爲悚動。而馬士英、高傑、劉澤清恨甚，滋欲殺宗周矣。

宗周連疏請告不得命，遂抗疏劾士英，言：

陛下龍飛淮甸，天實予之。乃有扈蹕微勞，入内閣，進中樞，宫銜世廕，

晏然當之不疑者，非士英乎？於是李沾侈言定策，挑激廷臣矣。劉孔昭以功賞不均，發憤冢臣，朝端譁然聚訟，而羣陰且翩翩起矣。借知兵之名，則逆黨可以然灰，寬反正之路，則逃臣可以汲引，而閣部諸臣且次第言去矣。中朝之黨論方興，何暇圖河北之賊；立國之本紀已疏，何以言匡攘之略。高傑一逃將也，而奉若驕子，浸有尾大之憂。淮、揚失事，不難譴撫臣道臣以謝之，安得不長其桀驁，則亦恃士英卵翼也。劉、黄諸將，各有舊汛地，而置若弈棋，洶洶爲連雞之勢，至分剖江北四鎮以慰之，安得不啓其雄心，則皆高傑一人倡之也。京營自祖宗以來，皆勳臣爲政，樞貳佐之。陛下立國伊始，而有内臣盧九德之命，則士英有不得辭其責者。

總之，兵戈盜賊，皆從小人氣類感召而生，而小人與奄宦又往往相表裏。自古未有奄宦用事，而將帥能樹功於方域者。惟陛下首辨陰陽消長之機，出士英仍督鳳陽，聯絡諸鎮，決用兵之策。史可法即不還中樞，亦當自淮而北，歷河以南，别開幕府，與士英相掎角。京營提督，獨斷寢之。書之史册，爲弘光第一美政。

王優詔答之，而促其速入。

士英大怒，即日具疏辭位，且揚言於朝曰：「劉公自稱草莽孤臣，不書新命，明示不臣天子也。」其私人朱統鑽遂劾宗周疏請移蹕鳳陽：「鳳陽，高牆所在，欲以罪宗處皇上，而與史可法擁立潞王。其兵已伏丹陽，當急備。」而澤清、傑日夜謀所以殺宗周者不得，乃遣客十輩往刺宗周。宗周時在丹陽，終日危坐，未嘗有惰容。客前後至者，不敢加害而去。而黄鳴駿入覲，兵抵京口，與防江兵相擊鬬。士英以統鑽言爲信也，亦震恐。於是澤清疏劾，宗周陰撓恢復，欲誅臣等，激變士心，召生靈之禍。劉良佐亦具疏言宗周力持「三案」，爲門户主盟，倡議親征，圖晁錯之自爲居守，司馬懿之閉城拒君。疏未下，澤清復草一疏，署傑、良佐及黄得功名上之，言：「宗周勸上親征，謀危君父，欲安置陛下於烽火凶危之地。蓋非宗周一人之謀，姜曰廣、吴甡合謀也。曰廣心雄膽大，翊戴非其本懷，故陰結死黨，翦除諸忠，然後迫劫乘輿遷之别郡。如甡、宗周入都，臣等即渡江赴闕，面訐諸奸，正《春秋》討賊之義。」疏入，舉朝大駭，傳諭和衷集事。宗周不得已，以七月十八日入朝。初，澤清疏出，遣人録示傑。傑曰：「我輩武人，乃預朝事耶？」得功疏辨：「臣不預聞。」士英寢不奏。可法不平，遣使偏詰諸鎮，咸云不知，遂據以入告，澤清輩由是氣沮。

士英既嫉宗周，益欲去之，而薦阮大鋮知兵。有詔，冠帶陛見。未幾，中旨特授兵部添注右侍郎。宗周曰：「大鋮進退，係江左興亡，老臣不敢不一爭之。不聽，則亦將歸爾。」疏入，不聽，宗周遂告歸，詔許乘傳。將行，疏陳五事：

一曰修聖政，毋以近娱忽遠猷。國家不幸，遭此大變，今紛紛制作，似不復有中原志者。土木崇矣，珍奇集矣，俳優雜劇陳矣；内豎充廷，金吾滿座，戚畹駢闐矣；讒夫昌，言路扼，官常亂矣。所謂狃近娱而忽遠圖也。

一曰振王綱，無以主恩傷臣紀。自陛下即位，中外臣工不曰從龍，則曰佐命。一推恩近侍，則左右因而秉權；再推恩大臣，則閣部可以兼柄；三推恩勳舊，則陳乞至今未已；四推恩武弁，則疆場視同兒戲。表裏呼應，動有藐視朝廷之心；彼此雄長，即爲犯上無等之習。禮樂征伐，漸不出自天子，所謂褻主恩而傷臣紀也。

一曰明國是，無以邪鋒危正氣。朋黨之説，小人以加君子，釀國家空虚之禍，先帝末造可鑒也。今更爲一二元惡稱冤，至諸君子後先死於黨，死於徇國者，若有餘戮。揆厥所由，止以一人進用，動引三朝故事，排抑舊人。私交重，君父輕，身自樹黨，而坐他人以黨，所謂長邪鋒而危正氣也。

一曰端治術，無以刑名先教化。先帝頗尚刑名，而殺機先動於温體仁。殺運日開，怨毒滿天下。近如貪吏之誅，不經提問，遽科罪名；未科罪名，先追贓罰。假令有禹好善之巡方，借成德以媚權相，又孰辨之？又職方戎政之奸弊，道路嘖有煩言，雖衞臣有不敢問者，則廠衞之設何爲？徒令人主虧至德，傷治體，所謂急刑名而忘教化也。

一曰固邦本，毋以外釁釀内憂。前者淮、揚告變，未幾而高、黄二鎮治兵相攻。四鎮額兵各三萬，不以殺敵而自相屠毒，又日煩朝廷講和，何爲者！夫以十二萬不殺敵之兵，索十二萬不殺敵之餉，必窮之術耳。不稍裁抑，惟加派横征。蓄一二蒼鷹乳虎之有司，以天下徇之已矣，所謂積外釁而釀内憂也。

優詔報聞。

明年五月，南都亡。六月，潞王降，杭州亦失守。宗周方食，推案慟哭，自是遂不食。移居郭外，有勸以文、謝故事者。宗周曰：「北都之變，可以死，可以無死，以身在田里，尚有望於中興也。南都之變，主上自棄其社稷，尚曰可以死，可以無死，以俟繼起有人也。今吾越又降矣，老臣不死，尚何待乎？若曰身不在

位，不當與城爲存亡，獨不當與上爲存亡乎？此江萬里所以死也。」出辭祖墓，舟過西洋港，躍入水中。水淺不得死，舟人扶出之。絶食二十三日，始猶進茗飲，後勺水不下者十三日，與門人問答如平時。閏六月八日卒，年六十有八。其門人徇義者有祝淵、王毓蓍。

《劉宗周全集》附録黄宗羲《子劉子行狀》 本貫浙江紹興府山陰縣水澄里，年六十八。

曾祖槩，妣茅氏。

祖焞，妣陳氏。

父坡，妣章氏。三代皆歷贈光禄大夫，少傅兼太子太傅，吏部尚書。妣皆贈一品夫人。

先生諱宗周，字起東，學者稱爲念臺先生，漢長沙定王劉發之後。在宋有退翁先生禮，徙廬陵。四傳而爲揚州别駕廷玉。廷玉生文質，尉於山陰，始爲其縣之人。又四傳而生謹，故明之孝子也，以童子入滇，脱父於戍。又三傳而爲贈兵部右侍郎鐸，以其孫棟之貴也。鐸生濟。濟生槩。槩生焞，號兼峰。焞生坡，號秦臺，有名諸生間。當其卒時，太夫人章氏年二十七，越五月而先生生。兼峰喪其嫡子，家道喪失。先生依於外家，從外祖章公穎受學。十二歲，章公在壽昌，先生徒步從之，攣足者數月，不顧也。凡三上壽昌。已學經義於魯念彬。念彬令取裁《左史》，授以縱横變化之法，而章公老儒，墨守先輩。先生從此則失彼，徘徊兩岐，每遇私試，一題必爲二義，以正者呈章公，奇者呈念彬，交相善也。

萬曆二十五年，舉於鄉，先生二十歲。又四年，舉進士。丁章太夫人憂。先生於中門之外，創爲堊室，高廣容膝，日哭泣其中。陶文簡望齡弔之，歎曰：「教衰禮壞久矣，吾未見善喪若劉君者也。」服闋，以兼峰年老，不欲出。兼峰不可。又一年，就選，授行人司行人。

當慶元枋國，方興楚宗妖書之獄，以陷君子。先生草疏劾慶元，同年生見之曰：「君亦曾爲老親計乎？」先生默然，深念者數日，遂請終養。尋丁兼峰憂，毁瘠而病，病愈亦不出，居家七年。孫公丕揚爲太宰，聞其名，以原官起之，充益府册封副使。光宗儲位未定，先生因報使竣言：

陛下深居宫禁，務與臣下隔絶，雖皇太子至親，未嘗宣召寢門。春秋鼎盛，講席不設，托之阿保之手。豈陛下之所厭者賢士大夫，復推之而於皇太子亦厭之也？陛下之所狎者宦官宫妾，復推之而使皇太子亦狎之也。

初，顧端文憲成、高忠憲攀龍講學東林書院，其議論是非若秋霜烈日，朝野憚之。是時崑山顧天埈、宣城湯賓尹收召黨與，將傳申、趙、沈、朱之衣鉢，爲小人宗主。辛亥京察，孫公掌計事，皆以不謹坐罷。其黨金明時、秦聚奎起而訐之。禮部郎丁公元薦言太宰是，聚奎等排奏，丁公往復甚苦。太宰既引咎去，舉朝蜩螗沸羹，聚族分部。以丁公故端文講學之弟子也，東林、崑、宣遂爲黨魁之目。未幾，而荆、熊之争起。湯賓尹之居鄉，以淫穢著。有施氏女不受淫而死，其鄉諸生頌之齗齗然，賓尹恥之。繼，梅生者淫徐尚書之女，諸生復發其事，御史荆養喬以梅生蔽罪。熊廷弼督學至宣，則盡反其獄，出梅生而撲殺諸生之爲首者，爰書謂「今之公舉，皆施、湯故智」。蓋廷弼黨賓尹，借梅生以灑賓尹耳。養喬争不得而去。掌院孫公瑋議廷弼解職聽勘，宣黨復大譁，謂東林主使之。先生上奏曰：

東林云者，先臣顧憲成倡道於其鄉，以淑四方之學者也。從之遊者，不乏氣節耿介之士，而真切學問如高攀龍，劉永澄其最賢者，説者曰「東林未嘗無小人」，固矣。乃今之攻人，往往不於流品而於其意見。以意見分門户，即以門户分流品如意見而已。高攀龍、姜士昌、劉元珍，望而知其不同量者也。儻朝廷一日賜環，則人人争按劍矣。然則以于玉立、丁元薦爲亂天下者，亦豈遂爲定論乎！略跡而論心，二臣皆較然不欺其志，有國士之風。且今之發難於廷弼者，果何人之報復乎？是故摘流品可也，争意見不可也。攻東林可也，黨崑、宣不可也。臣聞世之治也，君子衷於和，及其亂也，小人尚同。今日和衷之道其可不講乎？臣請言憲成之學：憲成，學朱子者也。其言朱子也，世日尚奇，朱子以平，平則一毫播弄不得；世日尚圓，朱子以方，方則一毫假借不得。無有假借，方之至也；無有播弄，平之至也。合方與平，和之至也。臣願學東林者反崑、宣之戈而卒業於此，無遺憲成羞，可乎？嗚呼！學術之難言也。王守仁之言良知也，無善無惡；其弊也，必爲老、莊，頑鈍而無恥。顧憲成之學朱子也，善善而惡惡；其弊也，必爲申、韓，慘刻而不情。佛、老之害，得憲成而救。臣懼一變復爲申、韓，自今日始。虞廷授受曰「中」，孔門得之爲傳心要法。斯則有進於東林者矣。

南道御史孫光裕謂先生顛倒是非，借東林以袒養喬，飛章攻之。當是時，東浙銓曹，衆論屬先生。同邑商周祚謂先生曰：「慎毋及時事，且晚吏部矣。」先生

不聽。於是浙人僉曰：「非吾家種草，可使之居相厄之地乎？」先生乃給假歸，教授鄉里，門士日進。先生曰：「昔伊川讀《易》多得之涪州，朱子奉祠，其道益光。吾儕可無自厲乎？」

天啓元年，起禮部儀制司添註主事。受事九日，即劾奄人魏進忠，保姆客氏。進忠者，大逆魏忠賢未改之名也，與客氏爲對食，宮衛、近侍，並所親樹。出干朝政，威權大震。而小人之攻東林者，多出其門下爲舍人。故事，大婚則保姆出居民間。客氏既出，熹宗涕泣不食，復召之。臺省倪思輝、朱欽相、王心一各上疏爭，俱降謫。先生言：

頃者，奉聖夫人客氏於陛下有阿保之恩，不忍遽出，至出而復入。夫以大內森嚴，恣一宮人出入不禁，非所以閑內外也。陛下方以人言及之，一舉而逐諫臣三人，罰者一人。至閣部以下，舉朝爭之不得，則陛下又以一宮人成拒諫之名矣。古者公卿有罪，則下廷議而理之，不聞以其禁中決也。今朝逐一諫官，中旨也；暮逐一諫官，中旨也。此中旨者，陛下方用之以快一時之喜怒，而孰知前後左右又不難乘陛下之喜怒以快其私乎？方且日調狗馬鷹犬以蕩陛下之心，日進聲色貨利以蠱陛下之志，凡可以結人主之歡者無所不至，使人主日視此法家弼士如仇讎，而後得以指鹿爲馬，盜陛下之威福，斜封之勅，鉤黨之獄，生殺予奪惟所自出，而國家之大命隨之。試問今日得時用事，親幸於陛下如左右手者，非魏進忠耶？然則道陛下逐諫官者魏進忠也，并道陛下以優人、雜劇、射擊、走馬者亦魏進忠也。陛下清明在躬，方將追邁古先哲王，乃爲忠等所誤，豈不深可恨哉！

奉旨罰俸。

御史董翼請啓聖祠增祀孔子皇祖防叔、王父伯夏。先生曰：「自叔梁紇以上，宜特立一廟於闕里，孟孫氏亦然。顏路、曾晳、伯魚進於孔子之庭，居四配上。路之長也，點之賢也，鯉之趨庭也，不妨各率其子以傳聖人之道。十哲諸賢，於顏、曾多倍年之長，於思、孟皆私淑之列，降之兩廡，使不相壓，一舉而父子、長幼、朋友之義順矣。學宮啓聖祠當罷。」又曰：「禮，葬從死者，祭從生者。孔子不王，誠不當用天子禮樂。不知以天子而祀孔子，其禮樂豈可降乎？在太學從天子，在郡邑從諸侯。」翼出疏辯，先生與之往復，乃兩報罷。

光宗升祔，議祧憲宗。先生曰：「興獻帝非繼統之君，不當入廟稱宗，當祧，祧憲宗非是。并請復建文、景泰年號、廟號，宗廟之禮，庶幾無憾。」不聽。

廣寧之役，先生請先問在內者之罪，而後及於在外者。其所列崔文昇、盧受、楊鎬、李如楨，皆黨人之所庇也。焚會試録於孝陵，轉光禄寺添註寺丞。未至，陞尚寶司少卿，又陞太僕寺添註少卿。先生疏辭，不允，繼以告病回籍。或謂先生曰：「令甲無小臣辭官禮。」先生曰：「廉恥之在人，不因小臣而奪也。」曰：「衆君子在位，國事可爲，何若是其恝耶？」先生曰：「進退之義不明，而欲正君臣俗，未之有聞。」四年，起通政司右通政。先生又辭曰：

世道之衰也，士大夫不知禮義爲何物，往往知進而不知退。及其變也，或以退爲進。至於以退爲進，而下之藏身愈巧，上之持世愈無權，舉天下貿貿焉奔走於聲利之場。於斯時也，廟堂無真才，山林無姱節，陸沈之禍，何所底止？臣方懼以前日之進，故惴惴辭太僕之命。何意前日之退，轉成今日之進，將敗壞世道，實臣一人爲戎首。

時朝局已變，逆閹明攬大政。內批：「劉某藐視朝廷，矯情厭世，革職爲民，追奪誥命。」鉤黨之禍，蔓延天下，楊忠烈漣、左忠毅光斗、魏忠節大中、袁忠愍化中、周忠毅朝瑞、顧裕愍大章死詔獄。先生作賦，哀正直，暴奸邪，悲歌慷慨，若旦暮從而遊者。高忠憲聞之，曰：「此何異公子無忌約賓客入秦軍乎？杜門謝客，此是正當道理。彼欲殺我，豈杜門所能免？然即死，是盡道而死，非立巖牆而死也。大抵道理極平當，有一毫逃死之心固害道，有一毫求死之心亦害道。想公於極痛憤時，未之思也。」先生然之，輟講遁跡。而惠公世揚被逮，招辭連染先生，有「詭行頗僻之劉某，狠心辣手之黄某（先忠端公諱）」語。先生自分不免，以子托之門人陳堯年。緹騎入浙，家人惶遽。先生曰：「毋恐，寧今日而知有是乎！」既而知其逮先忠端公也。先忠端公至郡，先生餞之蕭寺，危言深論，涕泣流連而別。謂門人曰：「吾平生自謂於生死關打得過，今利害當前，此中怦怦欲動，始知事心之功未可以依傍承當也。」

思陵登極，黨禁解。先生出弔蒙難諸賢，無錫則高忠憲，吴門則周忠介順昌，江陰則繆文貞昌期、李忠毅仲達，桐城則左忠毅，吴江則周忠毅宗建，姚江則先忠端公，皆爲文哭之，拂拭其棺塵而去。楊忠烈、周忠惠起元俱以瓣香告哀。又請建五君子祠於西湖，風厲浙人。先忠端公與魏忠節、忠節之子學洢生於浙，周忠毅宦於浙，高忠憲講學於浙也。

崇禎二年，起順天府府尹。上方綜核名實，分別功罪，羣臣救過不遑，先生曰：「皇上具大有爲之資，未有以二帝三王之道進之，故使爲治不得其方。」於是

矢責難之義，而上言曰：

堯、舜之道，仁義而已矣。出乎仁義，則爲功利，爲刑名；其究也，爲猜忌、壅閉，與亂同事。以陛下勵精求治，宵旰靡寧，雖堯、舜之憂勤，弗切於此矣。然程效太急，不免見小利而速近功，何以效唐、虞之治乎？夫今日所急急於近功者，非兵事乎？試得在事之臣，以屯守爲上策，簡卒節餉，修其政刑，而威信布之，需之歲月，未有不望風束甲者。而陛下方鋭意中興，刻期以出塞爲事。當此三空四盡之日，竭天下之力以奉饑軍，而軍愈驕，聚天下之軍以博一戰，而戰無日，此計之左也。夫今日所規規於小利者，非理財之事乎？陛下留心民瘼，惻然痌瘝，而輒以司農告匱，一時所講求者皆掊尅聚斂之政。正項之不足，繼以雜派；科罰之不足，加以火耗。水旱灾傷，一切不問。其他條例紛紛，大抵輾轉得之民手，爲病甚於加賦。以若所爲，欲求國家有府庫之財，不可得矣。功利之見動，而廟堂之上有不勝其煩苛者。頃者陛下嚴贓吏之誅，自宰執以下坐重典者十餘人，輔臣劉鴻訓亦蒙嚴譴，雖法在不赦，臣猶爲揆地惜。廠庫諸臣，既發覺其見在矣，又勅問既往，積弊相仍，事屬曖昧，比而置之重典，是謂不教之誅。從此深文巧詆，習爲頑鈍無恥，矯飾外貌以欺陛下，亦豈能一一問之？且陛下所以焦心勞思而不辭者，正以未得賢人君子而用之也。聖明天縱，諸所擘畫，動出諸臣意表，不免有自用之心。臣下自以爲不及，益務爲謹凛救過。讒諂者因而間之，猜忌之端遂從此起。夫天下可以一人理乎？恃一人之聰明，而使臣下不得關其忠，則陛下之耳目有時而壅矣。憑一人之英斷，而使諸大夫國人不得衷其是，則陛下之意見有時而移矣。方且爲内降，爲留中不報，又何以追喜起之盛乎？然則兵陳而不戰，財散而不私，刑以不殺爲威，求天下之賢人以自輔，遂可以希法堯、舜乎？未也。堯、舜之道，堯、舜之學爲之也。舉之大者，在「執中」數語。陛下求治之心操之過急，不免醖釀而爲功利。功利之不已，轉而爲刑名。刑名之不已，流而爲猜忌。猜忌之不已，積而爲壅蔽。正人心之危所潛滋暗長而不自知者，於焉默證此心之出於道者，止此仁義之良，而精以擇之，一以守之，則隨吾心所發，自無過不及之差，而中道在我矣。中者，天命之性，仁義之極則也。仁以育天下，義以正天下。自朝廷達於邊境，舉而措之，陛下已一日躋於堯、舜矣。

上見疏不懌，批爲「迂闊」。未幾，京師戒嚴。先生曰「吾守土官，當以民生爲急」。請捐門税以通煤米，行保甲法以核奸細。發内帑三萬金，三分之：一食餓者，一賚守陴者，一給戰士有妻子者。出太倉米數千石，平糴價。遵化難民集京師，日以千計，議置之郊關。先生曰：「民心一失，何恃以守？此京兆事，毋煩諸君過慮也。」分遣僚佐出城，籍其姓名里業，給驗以入，分處蘭若無失所。

上自聞警，不出視朝，章奏皆留中不報。中旨辦布囊八百，宫奴競獻馬騾，又勅大小臣工各進馬一匹。先生曰：「是必有以遷幸邪説動皇上者，吾守土官，義當與城存亡。」乃詣午門叩頭奏曰：「國勢之强弱，視人心之安否。又必皇上自安其心，而後上下之心始安。臣請皇上出御皇極門，召見羣臣，明言宗廟山陵在此，固守之外無有它計。一面批發章奏，勿輕羣策。」俯伏待報，自晨至暮，中涓傳旨，先生始退。復造閣門，捐輔臣曰：「皇上不視朝者二旬，訛言繁興，宗社觤卼。宗周雖竭愚誠，不足上悚主聽，閣下可不力爲之所？」輔臣曰：「公且休矣，走也得聞圖之。」

已而，上收督師袁崇焕於詔獄。大學士錢龍錫、兵部尚書王洽、戎政尚書李邦華、工部尚書張鳳翔皆坐焕黨，簿問。復以他事杖殺郎署數人，益疑羣臣謀國不忠，廢督師，以總兵滿桂爲總理，統諸帥，召白衣申甫授以副將軍，又以奄人提督京營，協理城守，一切刑賞皆亂。先生諫曰：

今日第一宜開示誠心，爲濟難之本。日御便殿，延見羣臣，相對如家人父子，以票擬歸閣臣，以庶政歸部院，以獻可替否付言官。乃者聖謨淵遠，悉取獨斷，如軍旅重任必用文臣提督，定制也，今以不信文臣之故，付之武臣之手。而今使邊將以跋扈逃，申甫以睚眦隙，其他入援諸將大率視此，則桂果能以寡取勝乎？夫皇上今日所倚重者，莫武臣若矣。張鴻功、侯世禄皆以援兵潰，而與之以戴罪。萬一滿桂失事，又何以處之？至是文武之途盡矣。曰「吾舍一二内臣，無可同患難者」，於是降提協之命，稍試以城守，而闔以外將次第委之乎？自古未有宦官典兵不誤國者，魚朝恩、童貫，千古炯鑑。皇上幡然感悟，以親内臣之心親外臣，以重武臣之心重文臣，則太平之業一舉而定也。

書御不報。越二日，桂、甫以敗没聞。

自上誅逆奄之後，凡由逆奄而至大官者，定爲逆案。逆案之小人出奇計以翻案，行間金數萬於外，而後疆場之事起，上亦不能無惑志。首輔韓爌、左都御史曹于汴、侍郎胡世賞、朱世守次第罷官，動以東林爲口實。先生言：

萬曆之季，高攀龍講紫陽之學，世以東林名，卒搆逆璫之禍以死。皇上首表遺忠，攀龍已爭光日月，而近時言者猶指一二異己者，推入攀龍之黨，即如李邦華之振刷，朱世守之端方，胡世賞之清謹，在起廢中有用之才，猥以時危見短，識者方謂老成不可不惜，而立異同之見者無不鼓掌稱快。朝處一人焉，坐之曰黨，暮去一人焉，坐之曰黨，猶以爲未足，特設四面之網，使天下之人不出於假道學，則出於假事功，不出於假忠義，則出於假氣節。人主又安得有用賢之路乎！

留中。

滿桂既敗，上出總兵馬世龍於獄，爲總理，召張鳳翼爲總督，御史吴阿衡爲監軍。鳳翼名雖總督，不敢節制世龍，而諸帥亦不受世龍節制，未嘗接一戰。先生劾之曰：

今所稱閫以外將將之任者，非張鳳翼乎？鳳翼依附奄人，朝廷不難以高爵厚禄起之田間，而鳳翼輒曰「事在總理」，朝廷亦何利有此尚方付之坐觀之手乎？以馬世龍之總理無能也，皇上任之不疑，舉朝遂無敢異同者。閣部孫承宗亦倡爲不必用文臣之説以佞之。御史吴阿衡則監世龍軍者也，受命之日，與世龍八拜定交，通國之人駭之。由是而白簡不聞，其風采猶足觀乎？進而求之廟堂之上，諫官不論事，中樞不集思，宰相不運籌，可謂禁中有頗、牧乎？

京師解嚴，先生乃進「祈天永命」之説，從前所以治天下者不可不更也，曰：

臣聞「皇天無親，惟德是輔。皇天無德，惟好生是德」。故人主代天而理天下也，苟法天心，務以元氣長養成就天下，而督責朘削之私不設焉。法天之大者莫過於重民命，則刑罰宜省宜平。陛下即位以來，勵精振刷，不免以重典繩臣下。逆黨有誅，封疆失事有誅。又因及一切詿誤者，重者以杖死，輕者以謫去，紛紛狼籍，朝署中半染赭衣。而最傷國體者無如詔獄一事。即邇者易應昌之以回奏獲罪也，亦處之以詔獄。應昌之罪，坐越獄一案過於平反。夫以平反爲欺罔，則必以鍛鍊爲忠直，蒼鷹乳虎之輩接踵於天下矣。臣願陛下體上天好生之心，首除詔獄。自今臣下有罪，一概下法司處分，寬應昌以開天下平反之路，則祈天永命之一道也。法天之大者，莫過於厚民生，則賦斂宜緩宜輕。陛下即位以來，軍興告匱，不免以重斂責小民。宿逋既誅，見征必盡，又督及來年之預征。有司有逮，司道有罰，節節追呼，閭閻中既已不勝驛騷，而最爲民厲者，無如貪官污吏。即邇者御史蘇琰之按貴州也，一旦以輜重被訐於監司。夫以巡方而黷貨，又何問下吏之操守？釜魚甑塵之風空谷於天下矣。臣願陛下體上天好生之心，首除新餉，俟《賦役全書》既定，以節省之物力抵之而有餘，勘蘇琰贓證，示天下以撫字之倡，則祈天永命之又一道也。雖然，陛下天之宗子，而輔臣則宗子之家相也，尤願閣臣體一人好生之心，勿驅除異己，搆朝士以大獄，終國家朋黨之禍，勿寵利居功，阿人主以富强，釀天下土崩之勢，則所以終奏此祈天永命者，相臣實與有責焉。

周延儒、温體仁方窺同上意，新得相位，見而惡之，以先生禱旱稱疾激上怒。上詰曰：「除新餉，省物力，朕所深願。但軍興急需，何法措應？劉宗周必有便計，即明白奏來。」先生言：

遼東一鎮原設之兵儘足以固圉，遼東一鎮原設之餉儘足以養兵，新兵新餉安所用之乎？更令沿邊州、縣，三輔之地各選士兵，酌州、縣衝僻，自三百名以上至千名，量給□糧器械，以時訓練。有事而爲兵，備餉之額；無事而歸農，懸餉之額。秋冬而講武，備兵之賞；春夏而務農，懸兵之賞。即不能盡廢新餉，又何取於五百餘萬之多？臣近於順天一府賦役，清出冗員、冗役，冗費等項約至一萬六千餘金，已足準續派雜項一萬二千三百而有餘，推之天下亦猶是也。清賦之法，清其賦之隱於民者什一，清其賦之耗於官者什九。清役之法，清其役之冒於舊者什一，清其役之冒於新者什九，而尤在進求之廟堂之上。陛下躬修聖德於上，而天下化之，士大夫孰爲競刀錐者？自古未有民貧而君獨富，尤未有人心豫附，中國乂安，而四方不從之賓服者。

上復以爲迂闊。上意在功利，先生封章多扞格不入，遂請告。旨許回籍。

先生之治京兆也，風裁孤峻，其遇豪貴，不啻利刃之齒腐朽。每坐堂皇，奄人闖入言事，先生不應。或出語相詬誶，先生若爲不聞也者，治事自如。奄人計塞，反笑而謝曰：「公執拗人，吾固知其如是也。」武清伯奴子與諸生爭道，諸生受毆，投牒。先生使吏入武清家捕之。武清及門言狀，先生拒不見，曰：「奴辱士而主擁護之，是罪在主。吾將上告天子。」武清知不可但已，別遣一奴。先生心識其僞也，令其自理爭道之由，奴不能答，叱之去。乃撲前吏而推捕益急，始出之，捶撲數十，荷校武清門外。先生厲禁倡優，輦轂之下，優人服飾有千金以

上者，一日先生出，籠篋纍纍不及避，停車向問，曰：「此司禮太監樂器。」先生曰：「干禁者，即公侯不汝貸也，況宮奴乎！」焚之通衢。單丁下户，則緩其銜轡，周其情隱，雖兵革匡勷，皆有恃而不恐。先生出門，都人罷市而哭。

八年，温體仁久居政地，導上以繁刑厚斂，海内盜起，臺諫攻之甚力。體仁不自安，杜門求退。上念置相不得其人，進大小九卿詹翰於廷，親試之，復命吏部推在籍堪任者。太宰以孫慎行、林釬及先生上。上降詔召三臣入，長吏推促上道。尋擢文文肅震孟直閣，起用黄漳浦道周。上意頗欲更始，而體仁乃大懼，亟稱疾愈入直。明年正月，召對於文華殿。孫文介病卒，先生與林釬俱入。上問曰：「今人才匱乏，糧餉不敷，流寇猖獗，二臣可奏來。」釬爲支吾之語以逢上。先生對曰：

天下原未嘗乏才，自足以供一代之用。止因皇上求治太急，用法太嚴，布令太煩，進退天下士太輕，遂使在事諸臣相率以畏罪飾非爲事，不肯盡心職業，所以有人而無人之用，有餉而無餉之用，有將而不能治兵，有兵而不能殺賊。臣愚謂今日一一改前日之所爲，天下方有太平之望。流寇本朝廷赤子，若能撫之有道，則寇還爲吾民。今日急務，當以收拾人心爲本。欲收拾人心，當先寬有司之參罰。小民困於加派猶可言，轉困於有司參罰不可言。蓋參罰重則吏治壞，吏治壞則民生不得其所，以致盜賊日起。《詩》云「廢爲盜賊，莫知其谿」，臣竊痛之。

上又問：「兵事如何處置？」先生對曰：「臣聞：禦外亦以治内爲本。内治既修，則遠人自服。帝舜之時，苗頑逆命，益贊於禹曰：『滿招損，謙受益。惟德動天，無遠勿届。』卒以干羽舞兩階，而有苗格。臣願皇上以堯、舜之心行堯、舜之政，則天下太平。」對畢，趨出。上顧温體仁曰：「迂哉，宗周之言也。兩杖相撞，鼙鼓輿尸之際，於此時而説干羽兩階耶？」傳旨林釬入閣，劉宗周别用。陞工部左侍郎。先生上封事，曰：

皇上即位之初，鋭意太平，直欲躋一世而唐、虞三代之，甚盛心也。至於二帝三王所以治天下之道，猶未暇一一講求，致施爲次第之間多有未得其要領者。於是首屬意於出塞，而壬人鋭口承當。己巳之役，謀國無良，朝廷始有積輕士大夫之心。自此耳目參於近侍，腹心寄於干城，治術劣以刑名，政體歸之叢脞，天下事遂日底於壞而不可救。故自廠衛司機務，而告訐之風熾；自詔獄及士紳，而堂廉之等夷。自人人救過不給，而欺罔之習轉盛；自事事仰成獨斷，而諂諛之風日長。自三尺法不伸於司寇，而犯者日衆；自詔旨雜治五刑，歲躬斷獄以數千計，而好生之德意泯。自刀筆治絲綸，而王言褻；自誅求及瑣屑，而政體傷。自參罰在錢糧，而官愈貪，吏愈横，賦愈逋。自敲撲繁，而民生瘁；自嚴刑重斂交困天下而盜賊蜂起。自總理任，而臣下之功能薄；自監紀遣，而封疆之責任輕。自督撫無權，而將日懦；自武弁廢法，而兵日驕。自將懦兵驕，而朝廷之威令并窮於督撫；自朝廷勒限盡賊，而行間日殺良報級以幸無罪，使生靈益歸塗炭。事亟矣，天牖聖衷，一旦撤總監之任，重守令之選，下弓旌之檄，收酷吏之威，維新之政次第舉行，方與二三臣工洗心滌慮以聯泰交，而不意君臣相遇之難也。得一文震孟之賢，而以單辭報罷，使大臣失和衷之誼。得一陳子壯之忠，而又以過戇坐辜，使朝宁無吁咈之風。此其所關於國體人心又有非淺鮮者。夫皇上所恃以治天下者法也，而非所以法者也。所以法者，則道也。如以道，則必首體上天生物之心以敬天，而不徒倚用風雷；則必重念祖宗鑑古之統以率祖，而不至輕言改作。則必法堯、舜之恭己無爲，以簡要出政令；法堯、舜之舍己從人，以寬大養人才；法堯、舜之從欲而治，以忠厚培國脈。并法三王之發政施仁，亟議拊循，以收天下泮涣之人心。而且還内廷以掃除之役，杜後世宦官之釁；正懦帥以失律之誅，杜後世藩鎮之釁；慎宗賢以改職之途，杜後世宗藩之釁。除此三大釁，而國家苞桑之業已在世世，今之所以日勤聖慮者，亦何有哉！皇上但下尺一之詔，痛言前日所以致賊之繇，與今日不忍輕棄斯民之意。遣廷臣賫内帑巡行郡國，爲招撫使，以招其無罪而流亡者。陳師險隘，堅壁清野，聽其窮而自解來歸。誅渠之外，猶可不殺一人，不損一矢而畢此役。自此四海知中國有聖人，將聞風慕義之恐後，又奚煩於觀兵哉！此聖人以道治天下之明效也。然有天德而後可以語王道，其要在於慎獨。故聖人之道，非事事而求之也。臣願皇上視朝之暇，時近儒臣，聽政之餘，益披經史，日講求二帝三王之學，求其獨體而慎之，則中和位育庶幾不遠於此而得之。

上覽之，大怒，命文書官口傳重擬。次輔錢士升票擬以進，上猶謂其輕也，發改票。温體仁從重票擬，上之。每票擬至御前，上手先生之疏，必繙閲數過，起行數匝，久之而意解，難曰：「劉宗周素有清名，召來亦多直言。但大臣論事，須體國度時，不當效小臣圖占地步，盡咎朝廷。如流寇静聽其窮，中原豈堪盤

據？烽火照於甘泉，虛文何以撐拄？若封疆甘心棄置，貪欺一任所爲，宋無三釁，終困外國，可爲前鑑。堯、舜事業，詎不願慕？無乃士風又不及宋。總理未任之前，有何功能表見？以後還宜虛心酌慮，毋自誤以誤國家。」先生復言：「堯、舜之所以爲聖者，致謹於人心、道心之辨，求其所謂中者而執之。出是以之官人而知人則哲，以之治天下而安民則惠。皇上已具堯、舜之心矣，惟是人心、道心，不能無倚伏之機。出於人心而過不及之端，授之政事之地，即求治而過，不免害治者有之，乃時時而提醒之曰『得無與亂同事歟』？又時時而謹凜之。即此一念謹凜，爲道心之主，爲精一，爲執中，皇上已一日而堯、舜矣。皇上但心堯、舜之心以撫民，不患寇之不還爲吾民也；皇上但心堯、舜之心以蒞中國，不患四方之不歸我戎索也。蓋天下之治，從本原執要，則事不勞而功集；自教化推行，則神不役而智周。惟皇上深致意焉。」

工作繁興，度支告匱，上命諸臣捐助。温體仁與勳臣朱純臣爲倡。又議罷明年朝覲，聽其進奉。先生諫曰：

臣聞爲人臣者竭股肱之力，濟之以忠貞，不聞其出於利也。國步艱難，孰爲匪躬自效者？而瑣瑣進奉，何當報稱？乃時奉急公之旨，此臣所謂利也。且夫輯瑞何典，而議以捐助罷？儻遂行之，辱國滋甚。

上不悦，然上意欲大用先生，會推閣員，廷臣一再推，俱不及，上皆置之，三推始以姓名上。上將點用，而温體仁大懼，募會稽人許瑚上疏，謂先生才諝不足，道學有餘。上疑瑚同邑，知之必真，乃已。體仁益修黨人之隙，舉動決裂。先生三疏請告，上允之。行至德州，念上欲求治而爲體仁所蔽，苟上殊絶之知，潔身去國，所不忍也。復上疏曰：

臣惟皇上勤心遠略，夙興夜寐，而邦畿震蕩，禍至於此，臣以爲非一朝一夕之故也。往者己巳之變，坐誤國者袁崇焕一人，其他爲法受惡耳。有小人者競起而假手於門户，羣朝士之異己者概坐以焕黨，次第置之重典。自此小人進而君子退，中官用事而外廷浸疏於人主。則今日之禍，實己巳以來釀成之也。且夫以丁魁楚等之失事於邊也，而與之以戴罪，何以服劉策之死？張鳳翼之溺職中樞也，而與之以專征，何以服王洽之死？諸鎮巡勤王之師，爭先入衛者幾何人？而不聞以逗留蒙詰責，何以服耿如杞之死？今也幸以二州八縣結一捲土之局，則朝臣之纍纍若可幸無罪者，又何以謝韓爌、張鳳翔、李邦華諸臣之或戍或去？豈昔之小人一一爲異己驅除者，今不難以同己互相容與乎？臣於是而知小人之禍人國無已時也。語曰：「大奸似忠，大佞似信。」頻年以來，皇上惡私交而臣下多以告訐進，皇上録清節而臣下多以曲謹容，皇上崇勵精而臣下奔走承順以爲恭，皇上尚綜覈而臣下吹求瑣屑以示察，凡若此者，正似忠似信之類。窺其用心，無往不出於身家利禄。皇上往往不察而用之，則聚天下之小人立於朝，而皇上亦有所不覺。人才之不競也，非無才之患，而無君子之患也。今天下即稱乏才，亦何至盡出一二寺人下？而皇上每當緩急之際，必倚以大任。此在前日已成覆轍，方亟亟更絃之不暇。乃者三協有遣，通、津、臨、德復有遣，又重其體統，等之總督。中官總督，將置總督於何地？總督無權，將置撫按於何地？撫按無權，將遞置司道守令於何地？是率天下而奔走於中官也，於疆事必無幸矣。且小人與中官氣誼一類，每相爲引重，而君子獨岸然有以自異。故天下有比中官之小人，必無合於君子之小人；有用小人之君子，終無黨比中官之君子。皇上誠欲進君子、退小人，爲今日決消長理亂之機，奈何復用中官以參之？此明示天下以左右袒也。當是時，有明於治理如御史金光辰者起而爭之，亦天下之昌言也。即不遽用其言，亦何至并逐其人？而光辰遂以言見逐，若惟恐傷中官之心者，非所以示天下也。至於近日，刑政之最舛者，成德，傲吏也，而以贓戍，何以肅懲貪之令？申紹芳，十餘年監司也，而以莫須有之鑽刺戍，何以昭抑競之典？鄭鄤雖久干鄉議，而杖母之獄欲以無告坐，何以示敦倫之化？此數事皆爲故輔文震孟引繩披根，即向者驅除異己之故智。廷臣無敢言者，皇上亦無從而知之。嗚呼！八年之間，誰秉國成而至於是？臣不能爲首輔温體仁解矣。《詩》曰：「誰生厲階，至今爲梗。」體仁之謂也。仰惟皇上念亂圖存，首以進君子退小人爲挽回世道之根本，亟罷三協、通、津之使，責成中外諸臣各修職業，不以人國爲僥倖，則宗社生靈實式憑之。而體仁所以爲桑榆之收者，庶幾在此乎？

內批：「邊臣一味欺蒙，遇警輒至疏虞，特遣監守查飭，夫豈得已？金光辰姑從輕處，乃謂恐傷中官之心，是爲何語？已已諸臣，各有罪案。此番失事，正在議處，有何異同黨比？成德等貪酷鑽刺，壞法滅倫，反指爲刑政之舛，牽揑首輔，尤屬不倫。劉宗周明係比私亂政，顛倒是非，姑著革職爲民。」

十四年，起吏部左侍郎。上知先生而温體仁害之。體仁去後，薛國觀傳其

衣鉢。國觀以罪死，上念先生者久之。適會推少宰，上意不屬，臨朝而歎，謂大臣如劉宗周清正敢言，廷臣莫能及也。罷朝，遣文書官傳諭吏部而用之。再疏請告，上不可。先生以爲天下治亂，決不能舍道而別有手援之法。一涉功利，皆爲苟且。上書明之：

其一曰「明聖學以端治本」。臣聞天下無無本之治。本一端而萬化出焉，人主之心是也。虞廷之訓曰：「人心惟危，道心惟微。惟精惟一，允執厥中。」此萬世心學之源也。臣請陛下求之吾心，當其清明在躬，獨知之地，炯然而不昧者，得好惡相近之幾。此正所謂道心也。致此之知即是惟精，誠此之知即是惟一。精且一，則中矣。隨吾喜、怒、哀、樂之所發，無往非未發之中，而中其節矣。此愼獨之説也。蓋上聖猶是此人心，下愚不能無道心，故雖聖如堯、舜，卒不廢精一、執中之説以此。後之學聖人者，亦曰愼獨而已矣。

二曰「躬聖學以建治效」。臣聞天下大矣，而以一人理，非徒以一人理天下也。故曰君職要，臣職詳。陛下留心治道，事事躬親，羣臣奔走受成之不暇，益相與觀望爲自全之計，致一人孤立於上而莫之與，豈非知人之道未之或講與？仰惟陛下躬親聖學，法堯、舜之明目達聰，而推本於舍己。亟舍其聰明而歸之闇，非獨舍聰明，并舍喜怒，舍好惡，舍是非。至於是非可舍，而後以天下之是非爲真是非，斯以天下之聰明爲大聰明。廣開言路，合衆論之同，建用中之極，即讒説殄行，亦不至震驚朕師。自此陛下端拱無爲，而天下治矣。

三曰「崇聖學以需治化」。天春生萬物而秋以肅之，莫非生也。王者以仁育天下而義以正之，莫非仁也。必也求端於聖學，以明德化天下乎！化天下自朝廷始。請自今，百僚有犯，一切下之法司，永除詔獄，不至以非刑辱士。至廷杖一節，原非祖宗故事，願與廠衛一體並罷，還天下以禮義廉恥之坊。由是化羣臣，以化兆民。乘此中原殘破之餘，亟議撫循之法，特遣才望大臣宣示德意。一面經略農田，悉捐天下勦餉金錢，改爲牛種廬舍之資，聽有司設法招徠，聯以保甲，進以鄉約。仍罷天下督師等官，明示與民休息，而專責兵事於巡撫。陛下但躬修明德於上，坐收干羽之化可矣。

上終以爲迂闊，不能施用也。先生未至，又陞都察院左都御史。十五年冬，召對於文華殿，面辭不允。上問：「都察院職掌安在？」先生對曰：「都察院之職，在於正己以正百僚。必其存諸中者，上可以對君父，下可以質天下士大夫，而後百僚則而象之。大臣法，小臣廉，紀綱振肅。職掌庶在是乎！由是而求之諸御史，端不乏上行下效之機，而責成巡方，其首務也。巡方得人，則吏治清。吏治清，則民生安，於以化成天下，不難矣。」上曰：「卿力行以副朕命。」先生又辭。上曰：「已有旨了。」乃謝恩，退而列風紀六事以上：

一曰「建道揆」。請復京師首善書院，崇祀馮從吾爲督宗，昭聖明興道致治之意。復天下社學，選明德老成者爲之師，聚里中彦士教之。

一曰「貞法守」。自今一切輕重獄詞，聽三法司聽斷，不得下詔獄。其有不公不法，五城御史覺察之，廉其情罪之重，送刑部究擬。

一曰「崇國體」。自今著令，大臣三品而上有犯罪者，先行九卿科道會議，議詳乃付司寇。司寇議定，坐殊死者始收繫，其他即以其罪行遣。

一曰「清伏奸」。自今，朝紳交結近侍，踪跡顯著者，立置典刑。此外大小臣僚，或借事呈身，或假途干進，因而勅類斜封，官同傳奉者，臣衙門以白簡從事。

一曰「懲官邪」。官之失德，由寵賂始。其途多自臺省而上。自今，有輦金入長安者，臣單辭檄之，立置三尺。

一曰「飭吏治」。察吏之責，專在巡方，天下事宜歸惇大，獨於風憲受贓之律毫不可貸。且亟罷減俸行取之例，行久任之法。

上雖可之，亦不能盡行也。御史王孫蕃劾奄人劉元斌縱兵搜牢，疏未下而元斌辯入。上知爲司禮秉筆奄人王裕民所漏也，并下裕民三法司雜治之。尋改刑部。徐忠襄石麒以侍郎署事，擬裕民戍，仍列院寺姓名於疏。上怒三法司故縱，召入，面詰之。先生趨朝，而忠襄始出爰書，入對，上首傳先生，責以擬律不當。先生對曰：「此事非臣鞫問，不敢妄奏。」上益怒其諉。先生對曰：「前下法司，臣未受事。後改刑部，臣不得與聞。然閲石麒具案，已曲盡情事。」上乃霽顔曰：「此奴錢神有靈，辟如百足之蟲，至死不僵。」先生對曰：「司寇所執者，三尺法耳。法如是而止，石麒非有意貸裕民也。」上曰：「裕民欺罔實甚，卿等不知耳。」先生對曰：「就事論事，裕民之罪止於是。若内廷有隱微之奸，自有聖斷在，非臣等所知也。」越日，裕民棄市。

已又京師戒嚴。先生言：「皇上以一心爲天地神人之主，必鎮静以立本，而無失之張皇；安詳以應變，而無失之造次。此匡濟時艱第一義也。至於施行急

務，旌血戰死綏之盧象昇，以作天下忠義之氣；追戮誤國奸臣楊嗣昌，以謝九廟之靈；逮跋扈悍將左良玉，以肅軍紀。防關以備反攻，防潞以備透渡，防通、津、臨、德以備南下。」上曰：「責重朕心亦是。但旌盧象昇，追戮楊嗣昌，何遽能退敵乎？」

周延儒之再相也，起用正人，一反其曩日妒賢嫉能之政，而君子亦遂喜其附己，深相結納，乃獨不能得之於先生。每朝畢，士大夫多與延儒接跡屏語，先生魁然孤峙，士大夫皆慚而止。會考選推知，多以賑濟、建城、防河諸名色減俸行取，郎署有自行陳乞者，皆通賄於延儒。先生言：「禮義廉恥，士君子居身之本係焉。有廉恥而後有功名，有功名而後有事業。今不難呈身如彼，速化如此，一身之廉恥既不恤，又奚有異日立殿廷爭可否？其爲植黨營私，欺君罔上，有必至者。」延儒不悅，授意於兵部尚書張公國維，令以邊才録用其私人。國維薦某某等皆知兵，請上考定次第。太宰鄭公三俊曰：「考選者部院之事，皇上且不得專，況樞部乎！」上疏明職掌，宜俟部院考後，再請面裁，否則爲侵官。上怒，召吏部、都察院，出其疏，詰之曰：「大權者人主所自出，朕欲親考諸臣，何謂侵官？」三俊對曰：「考選之屬部院，祖宗舊制也。」上意未解。先生奏曰：「冢臣之意，欲俟部院考後，別其居官之稱否，品行之純疵，議定進之於皇上，皇上再廷試而授之官。在朝廷固爲總攬大權，而在臣等亦得盡職掌。若止就面對衡量，則一時之語言不足盡終身之梗概，往往有論列明而其人傾邪者，有論列庸而其人樸實者。以言取人，失之宰予，皇上何以定其流品乎？乞從宰臣請，幸甚。」上不可，宣旨召候考官時敏等十二員。對畢，先生又奏曰：「聆諸臣奏對，出於勦説居多，終祈皇上發臣等再考。」上默然。已，俱授兵科給事中。中書王育民爲絳州知州孫順行賄，先生自劾曰：「臣忝列風紀，此曹不難爲非義之干，實臣生平不足取信於人所致，大負皇上任使，乞賜罷斥。」上革孫順、王育民職，法司提問。先生又申飭憲綱。上讀至「言及乘輿則天子改容」，意不懌。先是，會推閣員，一時聲名之士多與焉。小人忌之，爲無名子書，粘之殿壁，以當路二十四人，分配二十四氣。上亦遂疑會推之事，此二十四人中有把持其間者，戍吏部尚書李長庚，罷左都御史王道直。至是，上戒臺省代人規卸，爲人出缺。給事中姜埰上言：「皇上何所聞而云然？此奸人工爲蜚語以中君子，即二十四氣之故智也。」然事故非無據者，上怒其黨比。行人司副熊開元奏劾周延儒於上前，請避左右。上許之，而延儒獨留。開元請并避延儒。上曰：「即所言機密，輔臣豈得不與？」開元乃奏延儒不足當國狀。然延儒在旁，開元故氣奪而辭蹇，退而補疏，又漏奪失次。上怒其陰陽反覆，乃下姜埰、熊開元於詔獄。先生曰：「皇上方開弘政門，求直言，一日而逮二言官，非所以昭聖德也。」九卿當公疏救之。」鄭太宰以下皆唯唯。閏十一月己未召對，羣臣皆候於廷，相傳有密旨授錦衣衛官，賜姜埰、熊開元死，先生曰：「爵人於朝，刑人於市，古今通義也，惡得私斃諫臣與？今日宜空署爭之，必得改發司寇而後已，否則何顏立交戟之下耶？」衆亦唯唯。

上御中左門，御史楊若僑薦西人湯若望善火器，請上召試。先生奏曰：「御史之言非也。臣聞用兵之道，太上湯、武之仁義，其次桓、文之節制，下此非所論矣。邇來邊臣於安壤禦侮之策，戰守屯戍之法，概置不講，恃火器爲司命。今破城陷邑，豈無火器而然哉？我用之以制人，人得之亦可以制我，不見河間反爲火器所破乎？先臣戚繼光在塞上，謹烽燧，嚴斥堠，軍法修舉，數十年無窺邊者，未嘗專恃火器。不恃人而恃器，國威所以愈頓也。湯若望唱邪説以亂大道，已不容於堯、舜之世，今又作爲奇巧以惑君心，其罪愈無可逭，乞皇上放還本國，永絶異教。」上曰：「火器乃中國長技，湯若望不過命其監制，何必深求？若仁義節制之説，亦是。」先生又奏曰：「火器終無益於成敗之數。國家大計，當以法紀爲主。法紀修則人心肅，人心肅則閫外用命。如大帥之跋扈，援師之逗留，實王法所不容，如何反從姑息，而爲此紛紛無益之舉乎？」上曰：「正召卿等議此耳。」先生奏曰：「罪有輕重，罰有大小。今日當先按罪之重者，以及其餘。叛帥家屬寄居京師，彼此潛通，禍出叵測。乞皇上早正典刑以肅國憲，此臣所謂修法紀之大端也。」上曰：「朕亦知之。姑議督撫去留可也。」先生對曰：「如議督撫去留，請自督師范志完始。志完身督寧、薊、關門，三協皆其責任，平時既忽邊防，聽其闌入，今又借援南下爲脱卸計，從此關門無阻，決裂至此。志完當首議處分。」上曰：「范志完自不能辭咎，但入援乃奉旨而行，何云脱卸？」先生對曰：「十五年來，皇上處分未當，致有今日敗局，乃不追原禍始，更絃易轍，欲以一切苟且之政補目前罅漏，非長治之道也。」上變色曰：「從前已不可追，今日事後之圖安在？」先生對曰：「今日第一義，在皇上開誠布公，先豁疑關，公天下爲好惡，合國人爲用舍，慨然引爲皇極主。於是進賢才以資治理，開言路以決壅閉，次第與天下更始，宗社幸甚。」上曰：「目下烽火逼甸，如何堵截？且國家敗壞已極，如何整頓？」先生對曰：「武備必先練兵，練兵必先選將，選將必先擇賢督撫。欲

擇賢督撫，必先吏、兵二部得其人。二部得人，則庶司莫不稱職，而於以制禦邊鄙不難矣。然有要焉：宋臣有言曰：『文官不愛錢，武官不惜死，則天下太平。』斯言誠今日鍼砭也。近來持論者，但論才望，不論操守，不知天下真才望出於天下真操守。自古未有操守不謹而遇事敢前者，亦未有操守不謹而軍士畏威者。若徒以議論之捷給，舉動之恢張，稱曰才望，以之取爵位則有餘，以之責事功則不足，究何益於成敗之數哉？」上曰：「濟變之日，先才而後守。」先生對曰：「正以前人敗壞皆由貪縱使然，故以濟變言，愈宜先守後才。」上曰：「大將別有才局，非徒操守可望成功。」先生對曰：「他不具論。如范志完操守不謹，上自大將，下至偏裨，凡補一官、授一職，無不得賄數百金，所以三軍解體，士卒莫肯用命。由此觀之，豈不信以操守爲主乎？」上色解曰：「知道了。」勅先生起。

時太宰以病註籍，户部尚書傅淑訓申救姜埰、熊開元不能力，上拒不納。禮部以下無言者。先生出班奏曰：「皇上方下詔求言，而二臣遽以言得罪，甚有傷於聖政。國朝無言官下詔獄者，有之，自二臣始，甚有傷於國體。皇上度量卓越，如臣宗周累多狂妄，幸寬鈇鑕。又如詞臣黄道周，亦以戇直宥鑒，聖明復其原職。臣等何幸，而蒙皇上使過之典？二臣何不幸，而不邀皇上法外之恩？伏乞聖慈少視同仁。」上曰：「黄道周有學有守，豈二臣可比？」先生對曰：「二臣學守誠不及道周，然朝廷待言官有體，其言可用則用之，不可用則置之，即有應得之罪，亦當勅下法司，原情定罪。遽下詔獄，終於國體有傷。」上怒曰：「三法司、錦衣衛，皆朝廷刑官，何公何私？且朕處一二言官，如何遂傷國體？假有貪贓壞法，欺君罔上，俱不可問乎？」先生對曰：「掌衛刑者，多膏粱子弟，未必讀書知禮義者也。每聽寺人之役使，勢不容於不私矣。即皇上欲問貪贓壞法欺君罔上者，亦不可不付之法司也。」上大怒曰：「如此偏黨，豈堪憲職？候旨處分。」先生謝罪。文武班行各申救，上曰：「開元疏必有主使，疑即宗周。」僉都御史金光辰奏曰：「宗周賦性確直，與開元並無交與，實從君德起見，請皇上勿疑。且其振揚風紀，整飭朝常，百僚中所不易得，終祈寬宥。」上曰：「金光辰也聽議處。」先生出，待罪朝房。内降：「劉宗周愎拗偏迂，朕累優容，念其新任，望之更改。今乃藐抗徇私，大負委任。本當重處，輔臣奏其年老，姑著革了職。金光辰奏對尤屬恣肆，姑從輕降三級，調外用。」上雖怒先生，亦遂不敢置姜埰、熊開元於死，而發刑部擬罪。部擬不具招。上益震怒，杖埰、開元各百，刑部尚書徐石麒奪官。先生以未解嚴，不忍恝然竟去，出止門外之僧舍，士大夫問學者交錯於途。時李忠文邦華代先生而未至，鄭太宰上疏留先生計吏。先生遂行。

其冬，東陽亂，浙之在朝者公疏請練鄉勇。浙西徐忠襄主之，副以在籍監司錢繼登；浙東先生主之，副以在籍給事中姜應甲。制曰可。

北變聞，先生徒跣慟哭，謂諸生曰：「既不能戮力圖君，以至於此，又不能身先討賊，可斬我頭謝先帝。君等各守所學，無交臂事賊也。」諸生進曰：「先生負天下之望，一死不足以塞責。縞素發喪，檄召四方，復君父之讎，定社稷之難，此今日事也。」先生乃曰：「諸生責宗周是也。身雖老，尚當先驅效死。」遂荷戈出，從者數千人。守道王鄘噤不能發一語。先生曰：「此不足與謀。」乃至行省，語巡撫黄鳴俊一面發喪，一面整旅北進。鳴俊請少鎮静，以安人心。先生勃然變色曰：「君父變出非常，公專閫外，義當枕戈泣血，以激同讎，乃反藉口安民作遜避之計，豈忠臣烈士所扼腕而望公者哉！」鳴俊慚而退。明日，士民洶洶聚先生所不散。鳴俊來，先生指而示之曰：「羣情如此，公不欲安人心則已，誠欲安人心，亦莫若發喪出師也。」鳴俊曰：「故事，發喪必待哀詔。」先生曰：「嘻！此言其嘗也。今日頒詔者何人，安所得哀詔乎？夫禮有嘗有變，九廟震驚，社稷淪喪，臣子無食稻衣錦之理。公即疑凶問，亦當行哭廟禮。」鳴俊不得已從之，於五月甲午行禮佑聖觀。先生尺布裹頭，伏地而號，官吏士民和者數萬，聲震屋瓦。先生問師期，鳴俊以甲仗未備對。先生曰：「出師而後甲仗從之，向者語公以勤王而不應，今再爲觀望計，吾儕蹈東海而死耳。」鳴俊唯唯，而使其客以封守言。先生太息曰：「封守者君父之封守，君父狥國，欲守此千里提封，屬之誰氏？而吾儕又爲誰氏之民乎？」先生度鳴俊不能用，乃與章公正宸、熊公汝霖、朱公大典召募義旅，將出而福王監國之詔至，先生乃解。

初，有説先生入南中定策者，先生曰：「在我有赴難討賊而已，餘非所知。」詔起原官。先生言：「一旦遘此鞠凶，臣即不致死於賊，亦當歸死司敗，席藁以待。」上批：「卿忠直清正，朕從藩邸知之。今憂患相倚，無以難進爲辭。」先生上言：

今日宗社大計，舍討賊復讎無以表陛下渡江之心，而苟非陛下毅然決策親征，亦何以作天下忠臣義士之氣？至討賊之次第：

一曰「據形勝以規進取」。江左非偏安之業，請進圖江北。鳳陽號稱中都，東扼徐、淮，北控豫州，西顧荆、襄，而南去金陵不遠，則請以駐親征之師，大小銓除，暫稱行在，少存臣子負罪引慝之心。從此漸進，秦、晉、燕、齊

必有響應而起者。

一曰「重藩屏以資彈壓」。淮、揚數百里間，設有兩節鉞，不能禦亂卒南下。路振飛坐守淮城，久以家屬浮舟遠地，是倡之逃也，於是鎮臣劉澤清、高傑遂相率有家屬寄江南之說。軍法，臨陣脫逃者斬。臣謂一撫二鎮皆可斬也。請自今，重撫臣事權以彈壓鎮臣，且不多設督臣以滋掣肘。

一曰「慎爵賞以肅軍情」。請分别各帥封賞，孰應孰濫，輕則收侯爵，重則奪伯爵。夫以左帥之恢復而封，高、劉之敗逃而亦封，又誰爲不封者？武臣既封，文臣隨之；外臣既封，中璫隨之，恐天下聞而解體也。

一曰「核舊官以立臣紀」。燕京既破，有受僞官而叛者，有受僞官而逃者，有在封守而逃者，有奉使命而逃者，法皆不赦。亟宜分别定罪，爲憲將來。至於僞命南下，徘徊順逆之間，實繁有徒，必且倡爲曲説以惑人心，尤宜誅絶。

又言：

賊入秦流晉，漸過畿南，遠近洶洶，獨大江南北晏然，而二三督撫不聞遣一騎以壯聲援，賊遂得長驅犯闕，坐視君父之危亡而不救，則封疆諸臣之坐誅者一。凶問已確，諸臣奮戈而起，決一戰以贖前愆，又當不俟朝食；方且仰聲息於南中，爭言固圉之策，卸兵權於閫外，首圖定策之功，則封疆諸臣之坐誅者又一。新朝既立之後，謂且不俟終日，首遣北伐之師。不然，而亟馳一介使間道北進，檄燕中之父老，起塞上之名王，哭九廟，措梓宫，訪諸王，萬無容自諉者；更不然，而起閩帥鄭芝龍，以海師下直、沽，九邊督鎮合謀急擊，事或可幾，而諸臣計不出此，則舉朝謀國不忠之坐誅者又一。罪廢諸臣，量從昭雪，自應援先帝遺詔及之，今乃概用新恩；誅奄定案，前後詔書鶻突，勢必彪虎之類盡從平反而後已，則舉朝謀國不忠之坐誅者又一。臣爲今日問罪之師，當自中外諸臣不職者始。

上答曰：「親統六師，光復舊物，嚴文武恇怯之大法，激臣子忠義之良心，慎新爵，核舊官，朕拜昌言，宣付史館。」

弘光帝之立也，羣臣意多不屬。中樞史公可法以七不可寓書於總督馬士英。七不可者，言其好色、好酒、好貨、不孝、不讀書、侵有司、近匪人也。士英與其客阮大鋮、楊文驄謀之。大鋮則入而交關於誠意伯劉孔昭、吏科李沾以爲內主；文驄則出而迎弘光於淮上。史公濡緩未定議，而四鎮之納弘光者已至江上，錯愕迎拜。既登極，士英乃以鳳陽總督印印前書，宣示中外。史公內不自安，以政府讓士英而出。太宰張公慎言起用吴甡、鄭三俊，孔昭以爲急黨人，緩定策，遂廷叱之。召阮大鋮陛見，用奄人治兵，調食，修援立之報，日不暇給。方利思陵之禍，凡言討賊者詘之。先生連疏請告不得，遂言：

天道有陰陽而人事應之，其象爲君子、小人。君子、小人之進退，則否、泰之理也。方陛下之龍飛淮甸也，天實與之，人曷故焉！乃有護蹕微勞入內閣，晉中樞，宫銜世蔭，晏然當之不疑者，非馬士英乎？於是李沾侈言定策，挑激廷臣矣。劉孔昭又以功賞不均發憤冢臣，朝端譁然聚訟矣，而羣陰且翩翩起矣。借知兵之名則逆案可以然灰，寬反正之路則逃臣可以汲引，而閣部諸臣且次第言去矣。中朝之黨論方興，何暇圖河北之賊？立國之本計已疏，何以言匡攘之略？高傑一逃將也，而奉若驕子，浸浸有尾大之憂。淮、揚失事，至不難遣撫臣道臣以謝過，安得不長其桀驁？則亦恃士英之卵翼也。劉、黄諸將各有舊信，而置若弈棋，洶洶爲連鷄之勢，至分割江北四鎮以慰之，安得不競啓其雄心？則皆高傑一人有以倡之。京營一旅，自祖宗以來皆勳臣爲政，樞貳佐之。陛下立國伊始，正可講求祖制，而不意又有內臣盧九德之命，則士英有不得辭其責者。總之，兵戈盜賊，皆從小人氣類感召而生，而小人與奄宦又往往相爲表裏。自古未有奄宦用事而閫臣能樹功於方域者。惟陛下首辨陰陽消長之幾，出士英仍督鳳陽，聯絡諸鎮，決用兵之策，史可法即不還中樞，亦可自淮而北，歷河以南，别開幕府，與士英相犄角。京營提督，獨斷寢之，書之史册，允爲弘光第一美政，宗社幸甚！

上報曰：「卿忠言讜論，朕所樂聞。至於文武將相，未盡調劑，宫府表裏，皆出權宜。卿風憲老成，望其速入，面諮大政。」當是時，奸人雖不利先生，然恥其不能致先生以爲天下笑，反急先生之一出。於是馬士英言先生「負海內重名，自稱草莽孤臣，不書新命，明示不臣天子也」。奸人朱統鑍言先生「請移蹕鳳陽，蓋謂鳳陽高牆之所，欲以罪宗處皇上，而與史可法擁立潞王，其兵已伏丹陽，所當急備」。四鎮皆言先生欲行定策之誅，意在廢立。先生在丹陽，高傑、劉澤清遣刺客數輩往，先生危坐僧舍，終日無惰容，刺客亦心折，不敢犯天下之惡名，皆去不知所之。黄鳴俊入覲，其兵抵京口，與防江兵角殺。士英一聞浙兵，則以統鑍之言爲信，亦震恐。上傳云：「昔漢宣起於艱難，丙、魏合志；唐肅興於靈武，李、郭同心。今若祖分左右，日搆玄黄，天下事不堪再壞。諸臣各宜和衷集事，息競圖功，庶幾君臣之間禮全終始。」

先生不得已受命，上言：「董仲舒曰：『正心以正朝廷，正朝廷以正百官，正百官以正萬民，正萬民以正四方。』臣願陛下先求之正心之地，心正而朝廷從之，百官則而象之，其爲風紀之地，肅如也。是故内閣而干六部之事任爲專權，六部而承内閣之風旨爲亂政，臺省而依附閣部爲植黨，介胄而與議朝政爲要君，外官而通賄朝士爲作奸，各衙門而交結近侍爲罔上行私，臣院皆得過而問之。」臺省諫廠衛，給事中袁彭年謫外。先生言：「廠衛設，而宦官從此用事矣。宦官用事，而外廷因緣爲奸矣。言路阻而宵人得志，徑竇開而賄賂公行，輦轂之下，廢官充斥。長此不已，紹述魏、崔之政，養成彪、虎之奸，宗社之禍所不忍言。」尋以阮大鋮爲兵部右侍郎。先生諫曰：「國家莫大於邪正消長之辨，而才次之。大鋮而才，臣慮其爲黨邪害正之才，病世道而有餘。其進其退，江左之興衰繫焉。」上批：「大鋮進退，繫江左安危，是否確論？」先生又再疏請告，予馳驛歸。先生去國，無不唏嘘感嘆，老校廬兒，亦相聚而語，知南都之不能久立也。其後左良玉移檄，亦以不聽先生罪士英，從民望也。

弘光元年五月，南都亡，潞王監國。先生語守道于穎爲戰守計，不應。已而潰兵東渡，人心俶擾。先生曰：「馬兵不北進而東來，蓋逃也，逃則可誅。馬兵一來，并提督馬兵之公侯將相而來矣，皆逃也，逃則可誅。由是推之，凡屬吏之遷移家屬者，皆可誅。」穎乃縛奄人屈尚忠撲殺之，而上疏請誅士英。先生謂「不必俟命下，立發第二、第三疏，令人心悚然知大義之所在」。然穎亦終無所措置。

六月丙寅（十五日），先生聞監國降，方食，推案慟哭曰：「此余正命之時也。」遂不食。諸生請曰：「今日繫天下望者先生也，先生何遂言死？」先生曰：「向者累請于公城守，褒如充耳。今欲爲於國亡勢去之餘，亦已知其難矣。在余之自處，惟有一死。先帝之變宜死，今上蒙塵宜死，監國納降又宜死，不死尚俟何日？世豈有偷生御史大夫乎？」諸生曰：「不然。夫死非先生所難，處死爲難。死而有益於天下，死之可也；死而無益於天下，奈何以有用之身輕棄之？」先生曰：「吾固知圖事賢於捐生。顧余老矣，力不能勝。子之所言，異日不可知之功也；余之所守，人臣之正也。身爲大臣，敢舍今日之正而冀異日不可知之功乎？吾死矣夫！」

丁卯，諸生請先生出城。先生曰：「國存與存，國亡與亡，古之制也。吾將安之？」諸生曰：「古人云擇一塊乾净土死。城降矣，即欲死，豈先生死所！」先生曰：「然。」

戊辰，先生辭祖廟，出居郭外之水心菴。

癸酉，門人王毓蓍自沈於柳橋。先生聞之曰：「王生死，吾尚何濡滯哉！」秦祖軾曰：「江萬里身爲宰相，義難苟免。先生則有文山、疊山、袁閎故事在。」先生曰：「北都之變，可以死，可以無死，以身在削籍也，而事尚有望於中興。南都之變，主上自棄其社稷而逃，僕在懸車，尚曰可以死，可以無死，以俟繼起者有君也。監國降矣，猶曰俟吾越爲一成一旅乎！而吾越又降矣，區區老臣，尚何之乎？若曰身不在位，不當與城爲存亡，獨不當與土爲存亡乎？故相江萬里所以死也。世無逃死之宰相，亦豈有逃死之御史大夫乎？若必待疊山之徵聘而後死，於義未嘗不可，然疊山封疆之吏，非大臣也。且安仁之敗而不死，終爲遺憾。宋亡矣，然猶不死，則以九十三歲老母在，戀戀難自決耳，我又何戀乎？君臣之義，本以情決，舍情而言義，非義也。父子之親，固不可解於心。君臣之義，亦不可解於心。今謂可以不死而死，可以有待而死，死爲近名，則隨地出脱，終成一貪生畏死之徒而已矣。王玄趾（毓蓍字）赴水而死，所謂士死義也。玄趾真可以不死，我又非玄趾比也。以玄趾之死決我之死，萬萬無逃矣。」繫之辭曰：「信國不可爲，偷生豈能久？止水與疊山，只爭死先後。若云袁夏甫，時地皆非偶。得正而斃焉，庶幾全所受。」

丙子，辭墓。舟過西洋港，再拜叩頭曰：「老臣力不能報國，聊以一死明臣誼。」投洋中，顧久不得溺，舟子入水扶之而出。會聘書至，先生口授答曰：「國破君亡，爲人臣子，惟有一死。七十餘生，業已絶食經旬，正在彌留之際，其敢尚俟遷延，遺玷名教！」

戊寅，遷楊枋。王毓芝侍，先生字呼之曰：「嗟！紫眉，當以道義相成，勿作兒女子態。」毓芝曰：「然。」語及毓蓍死事，先生爲淚下曰：「吾講學十五年，僅得此人。」又曰：「始吾不食數日，渴甚，飲茶覺如甘露，因知茶亦能續命也。今後勺水不入口矣。」毓芝問曰：「先生心境何如？」先生曰：「他人生不可以對父母妻子，吾死可以對天地祖宗；他人求生不得生，吾求死得死；他人終日憂疑驚恐，而吾心泰然。如是而已。」

庚辰，秦祖軾侍。先生口吟《絶命辭》曰：「留此旬日死，少存匡濟意。決此一朝死，了我平生事。慷慨與從容，何難亦何易。」祖軾欲書之，先生曰：「偶然爾。吾感熊雨殷（汝霖字）而賦此。」初，先生招雨殷入越，雨殷上書陳方略，繼而寂然故也。先生謂祖軾曰：「爲學之要，一誠盡之矣，而主敬其功也。敬則誠，

誠則天。若良知之説，鮮有不流於禪者。」又曰：「吾日來靜坐小庵，胸中渾無一事，浩然與天地同流。蓋本來原無一事，凡有事皆人欲也。若能行其所無事，則人而天矣。」又曰：「餓死事小，失節事大。吾今而後，知孟子所言，『人能無以飢渴之害爲心害』，明乎此者，其於道也幾矣。」嗣子汋請訓，先生曰：「常將此心放在寬蕩蕩地，則天理自存，人欲自去矣。」屬之曰：「死後葬吾於下蔣，碑曰有明秦臺先生藏衣冠處，子某、婦某合葬之墓。」言訖，泫然淚下曰：「吾平生未嘗言及二親，以傷心之甚，不忍出諸口也。」已而曰：「胸中有萬斛淚，半灑之二親，半灑之君上。」祖軾曰：「先生此苦奈何？」先生指其心曰：「孤忠耿耿。」

閏六月辛巳朔，先生謂毓芝曰：「吾今日自處合義否？」毓芝曰：「甚正，雖聖賢處此，不過如是。」先生曰：「吾豈敢望聖賢哉！求不爲亂臣賊子而已矣。」門士有傳金華建義，請先生忍死待之。先生曰：「古人一飯之德必酬，我一窮秀才，官至御史大夫，焉得不死！語曰『正其誼不謀其利，明其道不計其功』，功利之説倡，此國事所以不競也。死則死耳，何待爲！」門士固請，先生曰：「吾學問千辛萬苦，做得一字，汝輩又要我做兩字。」張應鰲問曰：「今日先生與高先生丙寅事相類。高先生曰：『心如太虛，本無死生。』先生印合何如？」先生曰：「微不同。非本無生死，君親之念重耳。」先生謂應鰲曰：「頻夜夢見朱文公。」應鰲曰：「先生固文公後身。竊謂先生學問精切入微處，當軼文公而上之。至其晚年自焚諫草，號遯翁，先生今日所遭微不同耳。」先生曰：「還讓先賢。」應鰲曰：「鰲非阿所好。先生之學，直是去聖不遠。」先生勃然曰：「不意汝言狂悖乃爾！」

乙酉，先生撫心謂祖軾曰：「此中甚涼快。」祖軾問：「先生自裁不出他途，而必以絶食者，非但從容就義，蓋欲爲全歸之孝乎？」先生微笑不答。

丁亥，祁忠敏彪佳投水死，王毓芝以告，先生已不能言，張目舉手者再，指几上筆硯，至則書一「魯」字，毓芝曰：「先生問魯王監國事乎？」頷之。

戊子，先生卒。前後絶食二十日，勺水不入口十三日。卒猶不瞑。【略】

先生自家庭以至宗族、朋友、鄉黨，施之無不各當其節。其事太夫人也，以筋力致養，柴水之事，皆躬親之。兼峯公病，先生俯伏左右，抱扶卧起，身爲薦席。居喪則歠粥飲水，闔門蔬食。次女患痢，醫用黄鶏爲藥，先生勿許也。三世七喪尚在淺土，先生營立塚墓，御史徐緇芳資之百金，先生謝曰：「百金之餽，其所取義乎？不義乎？即使君有以處僕，僕則何以自處也？已矣，勿污我先人墓上石。僕所未了者，固僅有先人一事，試將茹荼帶索以畢餘生，何至煩故人爲念。」御史不敢復言。事女兄如母。女兄病瘵，醫藥之資，力所不能致者致之。先生赴官，聞其不豫，輕舸徑返。卒則養其子，子卒又養其孫，曰：「聊以終吾事母之念爾。」叔母朱氏無子，先生迎養於家。朱氏欲異居，先生輒自艾曰：「古人數世同居，今吾一叔母不能安其心，何古今人之不相及耶？」再從弟宗祐流落閩中，先生尋歸。冬月製衣，家人與之以布，先生見而恚曰：「兄弟一體，弟衣布，兄能安於帛耶？」易之。初，劉氏家廟所行皆世俗之禮，先生一一正之。置祀田，輯宗譜，乃立宗長一人，總宗教，宗翼二人佐之，宗老一人以齒，宗幹一人司錢穀，宗糾一人司賞罰。舉宗之事，皆質成於宗長。宗長未聽而投牒於官者，罪之。月朔，宗長率宗人而謁廟，有善惡皆書之。置義田百畝，定卹例：一卹賢，二卹鰥，三卹孤，四卹嫠，五卹喪，六助婚。罪人與醮婦不卹。

先生自終養歸，聞許敬庵先生之卒於途中，不至家而往哭焉。丁長孺、劉靜之卒後，每過必哭。先生不忘交，其平生希聲慕義於先生者滿天下，所稱性命之友，則周寧宇、高忠憲、丁長孺、劉靜之、魏忠節、先忠端公六人而已。

崇禎八年、十年，越郡饑。先生募米，分遣諸生賑之，全活五萬餘人。十三年又饑，煮粥平糶，活者又萬人。郡邑下教：每坊積米二百石，爲明年平糶張本。先生所居昌安坊即以所積爲社倉，損益舊法行之，一坊遂無饑者。鄉黨有冤結，先生必爲之平理。奸吏踴蹐，唯恐先生之知也。

先生通籍四十五年，立朝僅四年。在家强半教授，敝帷穿榻，瓦竈破缶，不改儒生之舊。士大夫飾其輿服而來者，不覺慚沮。故見先生者，多毀衣以入。甲戌、乙亥之間，先生偶服紫花布衣，士大夫從而效之，其價爲之頓高。先生飯客不過數器，而士大夫之享先生者亦遂以乾飯寒漿，先生未嘗不心知其僞也。會稽令趙士諤問疾至先生榻前，見其單陋，歎曰：「豈意今日得睹管幼安。」丁巳京察，劉廷元、韓浚尋怨於東林，士諤時爲考功，曰：「劉大行之清修，人所不堪。此謂之親見者也。」乃止。

給事中徐耀使浙，渡江來見。先生方閉門掃軌，耀曰：「昔人不得見劉元城，以爲如過泗州不得見大聖。耀若徒返，亦何顔見鄉之父老乎？」先生乃見之。都督劉應國，遼東中前所人，固請見，見輒涕泗再拜，自言「不遠萬里得見先生，不覺喜極而悲也」。金壇周仲馭鑣謁先生，先生留之飯。仲馭語人以匕箸長短若何，杯盤大小若何，爲一生未有之榮。郎官秦祖襄入京，止宿逆旅，僕從紛

紘，主人供應不給，周視同旅者一人幅巾危坐，童子侍側，問之，曰「劉都御史也」，祖襄惶恐遁去。其爲世所欣慕畏憚如此。

先生門牆高峻，不特小人避其辭色，君子亦未嘗不望崖而返。周延儒使其客薦誠於先生，先生不答。其後有爲馬士英言者，曰：「所貴大君子，以其能化小人爲君子，國事爲重，不宜拒絶太深。」先生亦不答。有司馬自附君子，先生惡其佞也，同朝不交一言。司馬每晨必詣先生言事，先生默坐，司馬瀾翻布穀，言盡而去。黄忠烈祭告禹陵，及門者三，先生不見，曰：「際此亂朝，豈大臣倘佯山水之日！」忠烈聞之，即行。先生德日慎小，心日謹微。官行人時，夢轉衛經歷，不樂，覺而自責曰：「此夢從何來？終有不忘榮進念頭在，乃知平日滿腔子都是聲色貨利，不經發覺，自不察耳。」待罪中左門時，諸生惲日初欲上書留先生於經筵，先生聞之曰：「僕自反，必是名利場打不過，洗不净盡，有一種聲音笑貌爲人所覷及處，至使朋友中有迎風而動者，益覺闇然一關不易過也。」世之言先生者，無不曰：「其理學似周元公，死節似江古心，論諫似胡澹庵，鈎黨似李元禮，絶俗似范史雲。」

至先生之所以告思陵者，歸本德化，不宜急急以兵食爲先務。學術不明，小儒不知治道，往往信不能及。卒之思陵以爲勦寇則必强兵，强兵則必措餉，措餉則必加派，竭生靈之膏血以奉軍旅之費，豈知驅天下之民而盡歸於寇，餉無所出而愈不足，兵無所食而愈不强，其無兵無食者，皆於務兵食一念始基之也。思陵亦時憶先生之言，罷而召，召而罷，終不能用，而天下事已去矣，然後知先生之言爲思陵對證之藥也。其時爲救時之論者，以爲朝野屬意於先生，先生稍霽其威嚴，則前之陽羨，後之貴陽，不至決裂如是。此説在孟子「枉尺直尋」之喻也。天下人心方趨於假借，由假借而至於無所不爲，江河日下。先生而假借，一時之國未必不亡，而千古之聖學先亡矣。

浙中之爲禪學者，以爲忠義名節無關於理學，而先生清心忌惡，終陷黨議，是意氣之未融也。蓋聞之子朱子矣：風俗頽弊，浙中爲尤甚。大率習爲軟美之態，依阿之言，而以不分是非、不辨曲直爲得計，不復知有忠義名節之可貴。萬曆以來排擯詆辱，出而殺君子者，多自浙人。蓋由宋至今，沿之爲俗，故朝廷之上成之爲黨，遂使草野之間講之爲學。非先生與先忠端、魏忠節三數公振拔汙險之中，則亦何以使忠義名節如今日之浙之盛也！

先儒心與性對，先生曰：「性者心之性。」性與情對，先生曰：「情者性之情。」心統性情，先生曰：「心之性情。」分人欲爲人心，天理爲道心，先生曰：「心只有人心。道心者，人心之所以爲心。」分性爲氣質、義理，先生曰：「性只有氣質。義理者，氣質之所以爲性。」未發爲静，已發爲動，先生曰：「存發一機，動静一理，推之存心、致知，聞見、德性之知，莫不歸之於一。」「然則彼皆非與？」曰：「孔子已言之矣：『吾道一以貫之。』工夫之與本體有二者，便不一也。《書》曰：『德唯一，動罔不吉；德二三，動罔不凶。』《詩》曰：『士也罔極，二三其德。』《易》曰：『天下之動，貞夫一者也。』自有《六經》以來，未之有改也。」

先生生於萬曆六年正月戊寅，享年六十有八。卒之後二年，葬於城東南二十里下蔣之原。海寧吴忠節麟徵於壬戌榜前，夢至古寺，有角巾而書碑者，所書爲文信公《過零丁洋》詩，問之在旁者，曰：「此隱士劉某也。」覺而不知爲何如人。已而有言之者，曰：「此講學之劉先生也。」忠節識之。忠節死國難，甬陸符謂羲曰：「夢驗於忠節，將無驗於先生乎？盍以忠節之誌銘請於先生以當之也。」羲然之。先生身殉宇宙，關乎晦明。嗟乎！吾黨之愚也。羲幼而孤，鄉邑之間，多逆奄之黨人，推築之無所不至。先生從而封殖之曰：「不佞，自安先生(先忠端公别號)之未亡友也，有致難於其家者，不佞請以螳臂當之。」衰門由是得安。長受先生教誨，質性下愚，亦自謂書本中可以自得，痛掌血痕，不沾牛革。今也稍有所知，而聲説横流，微言將散，高天厚地，此恨何極！因次其始終。先生之學術，庶幾存其十一，而思陵欲治天下之心亦耿然而見之也。謹狀。

黄宗羲《明儒學案》卷六二 劉諱宗周，字起東，號念臺，越之山陰人。萬曆辛丑進士。授行人。上疏言國本，言東林多君子，不宜彈射。請告歸。起禮部主事，劾奄人魏忠賢、保姆客氏，轉光禄寺丞。尋陞尚寶少卿、太僕少卿，疏辭，不允。告病回籍。起右通政，又固辭。內批爲矯情厭世，革職爲民。崇禎已巳，起順天府尹。上方綜核名實，羣臣救過不遑，先生以爲此刑名之術也，不可以治天下，而以仁義之説進，上迂濶之。京師戒嚴，上疑廷臣謀國不忠，稍稍親向奄人。先生謂：「今日第一宜開示誠心，爲濟難之本，皇上以親内臣之心親外臣，以重武臣之心重文臣，則太平之業，一舉而定也。」當是時，小人乘時欲翻逆案，遂以失事者，牽連入之東林。先生曰：「自東林之以忠義者，是非定矣，奈何復起波瀾？用賢之路，從此而窮。」解嚴後，上《祈天永命疏》：「上天重民命，則刑罰宜省，請除詔獄。上天厚民生，則賦歛宜緩，請除新餉。相臣勿興大獄，勿贊富强，與有祈天永命之責焉。」上詰以軍需所出，先生對曰：「有原設之兵，原設

之餉在。」上終以爲迂闊也。請告歸。上復思之，因推閣員降詔，召先生入對文華殿。上問人才、糧餉、流寇三事，對曰：「天下原未嘗乏才，止因皇上求治太急，進退天下士太輕，所以有人而無人之用。加派重而參罰嚴，吏治日壞，民生不得其所，胥化爲盜賊，餉無從出矣。流寇本朝廷赤子，撫之有道，寇還爲吾民也。」上又問兵事，對曰：「臣聞禦外亦以治内爲本，此干羽所以格有苗也。皇上亦法堯、舜而已矣。」上顧温體仁曰：「迂哉！劉某之言也。」用爲工部左侍郎。乃以近日弊政，反覆言之。謂：「皇上但下一尺之詔，痛言前日所以致賊之由，與今日不忍輕棄斯民之意，遣廷臣賫内帑，巡行郡國，爲招撫使，以招其無罪而流亡者，陳師險隘，聽其窮而自解歸來，誅渠之外，猶可不殺一人，而畢此役也。」上見之大怒。久之而意解，諭以「大臣論事，須體國度時，不當效小臣圖占地步，盡咎朝廷耳」。先生復言：「皇上已具堯、舜之心，惟是人心道心，不能無倚伏之機。出於人心，而有過不及者，授之政事之地，即求治而過，不免害治者有之，惟皇上深致意焉。」三疏請告，上允之。行至德州，上疏曰：「今日之禍，己巳以來釀成之也。後日之禍，今日又釀之矣。己巳之變，受事者爲執政之異己，不難爲法受惡，概寘之重典。丙子之變，受事者爲執政之私人，不難上下蒙蔽，使處分之頓異。自古小人與中官氣誼一類，故天下有比中官之小人，必無合於君子之小人，有用小人之君子，終無黨比中官之君子。八年之間，誰秉國成？臣不能爲首輔温體仁解矣。」有旨革職爲民。然上終不忘先生，臨朝而嘆，謂：「大臣如劉某，清執敢言，廷臣莫及也。」壬午起吏部左侍郎。先生以爲天下治亂，決不能舍道而別有手援之法，一涉功利，皆爲苟且。途中上書，以明聖學。未至，陞左都御史。召對，上問：「職掌安在？」對曰：「都察院之職，在于正己以正百僚，必其存諸中者，上可以對君父，下可質天下士大夫，而後百僚則而象之。至於責成，巡方其守務也，巡方得人，則吏治清，吏治清則民生安矣。」已又戒嚴，先生言：「皇上以一心爲天地神人之主，鎮静以立本，安詳以應變，此第一義也。其施行次第，旌盧象昇，戮楊嗣昌。」上曰：「責重朕心，是也。請卹追戮，何與兵機事？」召對中左門。御史楊若僑言火器，先生劾之曰：「御史之言非也。邇來邊臣於安攘禦侮之策，戰守屯戍之法，概置不講，以火器爲司命，不恃人而恃器，國威所以愈頓也。」上議督撫去留，先生對：「請自督師范志完始。志完身任三協，平時無備，任其出入，今又借援南下，爲脱卸計，從此關門無阻，決裂至此。」上曰：「入援乃奉旨而行，何云脱卸？」先生對：「十五年來，皇上處分未當，致有今日敗局，乃不追原禍始，更絃易轍，欲以一切苟且之政，牽補罅漏，非長治之道也。」上變色曰：「從前已不可追，今日事後之圖安在？」先生對：「今日第一義，在皇上開誠布公，先豁疑關，公天下以爲好惡，則思過半矣。」上曰：「國家敗壞已極，如何整頓？」先生對：「近來持論者，但論才望，不論操守。不知天下真才望，出於天下真操守。自古未有操守不謹，而遇事敢前者；亦未有操守不謹，而軍士畏威者。」上曰：「濟變之日，先才而後守。」先生對：「以濟變言，愈宜先守。即如范志完操守不謹，用賄補官，所以三軍解體，莫肯用命。由此觀之，豈不信以操守爲主乎？」上始色解。先生更端曰：「皇上方下詔求言，而給事中姜埰、行人司副熊開元，以言得罪，下之詔獄。皇上度量卓越，如臣某累多狂妄，幸寬斧鑕。又如詞臣黄道周，亦以戇直獲宥。二臣何獨不蒙一體之仁乎？」上曰：「道周有學有守，豈二臣可比？」先生對曰：「二臣誠不及道周，然朝廷待言官有體，即有應得之罪，亦當勑下法司定之，遽寘詔獄，終於國體有傷。」上怒曰：「朕處一二言官，如何遂傷國體？假有貪贓壞法，欺君罔上，俱可不問乎？」先生對：「即皇上欲問貪贓壞法，欺君罔上者，亦不可不付之法司也。」上大怒曰：「如此偏黨，豈堪憲職？侯旨處分。」先生謝罪。文武班行各申救，遂革職歸。

南渡，起原官。先生上言：「今日宗社大計，舍討賊復讐，無以表陛下渡江之心。非陛下決策親征亦何以作天下忠臣義士之氣？江左非偏安之業，請進圖江北。鳳陽號稱中都，東扼徐、淮，北控豫州，西顧荆、襄，而南去金陵不遠，親征之師，駐蹕於此，規模先立，而後可言政事。」一時亂政，先生無不危言。閣臣則劾馬士英，勳臣則劾劉孔昭，四鎮則劾劉澤清、高傑。先生本無意於出，謂：「中朝之黨論方興，何暇圖河、洛之賊？立國之本計已疎，何以言匡扶之略？」當是時，奸人雖不利先生，然恥不能致先生，反急先生之一出。馬士英言先生「負海内重名，自稱草莽孤臣，不書新命，明示以不臣也」。朱統鐼言先生「請移蹕鳳陽，鳳陽，高牆之所，蓋欲以罪宗處皇上」。四鎮皆言先生「欲行定策之誅，意在廢立」。先生在丹陽僧舍，高傑、劉澤清遣刺客數輩迹之，先生危坐終日，無懼容，客亦心折而去。詔書敦迫再三，先生始受命。尋以阮大鋮爲兵部侍郎，先生曰：「大鋮之進退，江左之興衰繫焉。」内批：「是否確論？」先生再疏請告，予馳驛歸。先生出國門，黄童白叟聚觀嘆息，知南都之不能久立也。浙省降，先生慟哭曰：「此余正命之時也。」門人以文山、疊山、袁閬故事言，先生曰：「北都之變，可以死，可以無死，以身在削籍也。南都之變，主上自棄其社稷，僕在懸車，

尚曰可以死，可以無死。今吾越又降，區區老臣，尚何之乎？若曰身不在位，不當與城爲存亡，獨不當與土爲存亡乎？故相江萬里所以死也。世無逃死之宰相，亦豈有逃死之御史大夫乎？君臣之義，本以情決，舍情而言義，非義也。父子之親，固不可解于心，君臣之義，亦不可解于心。今謂可以不死而死，可以有待而死，死爲近名，則隨地出脱，終成一貪生畏死之徒而已矣。」絶食二十日而卒，閏六月八日，戊子也，年六十八。

先生起自孤童，始從外祖章穎學，長師許敬菴，而砥礪性命之友則劉静之、丁長孺、周寧宇、魏忠節、先忠端公、高忠憲。始雖與陶石梁同講席，爲證人之會，而學不同。石梁之門人，皆學佛，後且流於因果，分會于白馬山，羲嘗聽講。石梁言一名臣轉身爲馬，引其族姑證之。羲甚不然其言，退而與王業洵、王毓蓍推擇一輩時名之士，四十餘人，執贄先生門下。此四十餘人者，皆喜闢佛，然而無有根柢，於學問之事，亦浮慕而已，反資學佛者之口實。先生有憂之，兩者交譏，故傳先生之學者，未易一二也。先生之學，以慎獨爲宗。儒者人人言慎獨，唯先生始得其真。盈天地間皆氣也，其在人心，一氣之流行，誠通誠復，自然分爲喜怒哀樂，仁義禮智之名，因此而起者也。不待安排品節，自能不過其則，即中和也。此生而有之，人人如是，所以謂之性善，即不無過不及之差，而性體原自周流，不害其爲中和之德。學者但證得性體分明，而以時保之，即是慎矣。慎之工夫，只在主宰上。覺有主，是曰意，離意根一步，便是妄，便非獨矣。故愈收斂，是愈推致，然主宰亦非有一處停頓，即在此流行之中，故曰「逝者如斯夫！不舍晝夜」。蓋離氣無所爲理，離心無所爲性。佛者之言曰：「有物先天地，無形本寂寥，能爲萬象主，不逐四時凋。」此是其真贓實犯。奈何儒者亦曰「理生氣」，所謂毫釐之辨，竟亦安在？而徒以自私自利，不可以治天下國家，棄而君臣父子，强生分别，其不爲佛者之所笑乎？先生大指如是。此指出真是南轅北轍，界限清楚，有宋以來，所未有也。識者謂五星聚奎，濂、洛、關、閩出焉；五星聚室，陽明子之説昌；五星聚張，子劉子之道通，豈非天哉！豈非天哉！

邵廷采《思復堂文集》卷一《明儒劉子蕺山先生傳》 先生諱宗周，字起東，紹興山陰人。父秦臺公坡死五月而先生生，因念父，號念臺。居貧，依外祖父章公穎。章公儒者，趨步繩尺，常爲開説忠孝，以是少成而莊，卓犖有聖賢志度。辛丑萬曆二十九年成進士。內艱，爲堊室容膝，日夜哭其中。陶文簡望齡來吊，曰：「教衰禮壞久矣，未見善喪如劉君者也。」先生冀上母節於朝，詣郡陳乞，哀動左右。仁和陳植槐感其誼，言於德清許敬庵孚遠而見之，遂納贄焉。自嘉靖中葉以後，學陽明之學者多失其真，唯敬庵恪守程、朱，居敬窮理，言動皆有矩準，長興丁元薦從之遊。先生侍杖屨才月餘，終身守師説不變。

三十三年，筮仕行人。沈一貫當國，給事錢夢皋朋邪亂政，楚獄妖書械起，縉紳重足。先生將論劾，念大父年老，厲聲自呵曰：「身非我有，何得乃爾！」遂假終養歸。

四十年，大父服闋，起原官，充副使封益王。親見宗藩困敝，因使竣獻六議，末曰：「陛下深居宫禁，務與臣下隔絶，雖皇太子至親未嘗宣召；春秋鼎盛，講席不設，託之阿保之手。豈陛下之所厭者賢士大夫，復推之而於皇太子亦厭之也？陛下之所狎者宦官宫妾，復推之而使皇太子亦狎之也？」時鄭貴妃危太子，而神宗久不視朝，故疏及之。不報。

先是，顧憲成講學東林書院，以激揚名教爲任，朝野翕然嚮慕其言，而用事者不便，思中傷之。會淮撫李三才豪墨敗，憲成惜其才，遺書朝貴爲疏解。黨議門户自此始。崑山顧天竣、宣城湯賓尹，所謂崑、宣黨也，以不謹中考功法，諸附崑、宣者并黜，其徒積不平。值熊廷弼督學南畿，逢賓、尹意，庇諸生之淫者，與巡方荆養喬相訐，養喬不勝。讒人聚蚊，坐東林主使，欲碑奸黨，平憾崑、宣。先生憂國是，上疏，略曰：「東林云者，先臣憲成倡道其鄉以淑四方之學者也，何至被以黨名？且攻東林可，黨崑、宣不可。憲成，學朱子者也。世曰尚奇，朱子以平，世曰尚圓，朱子以方。合方與平，和之至也。夫王守仁之言良知也無善無惡，其弊也爲佛、老，頑鈍而無恥；顧憲成之學朱子也善善惡惡，其弊也爲申、韓，慘刻而不情。佛、老之害得憲成而救，臣懼一變復爲申、韓。虞廷授受曰中，孔門得之爲傳心要法，斯者有進於東林者矣。」南臺孫光裕論先生顛倒是非，借東林袒養喬。同邑某謂先生曰：「慎毋及時事，且晚吏部矣。」先生不聽。明年，以病免歸。

光宗立，遺書首輔葉向高，言「宰相職進賢退不肖。始閣下參政，姑用調停，釀成二十年叢脞之禍。願以前事爲鑒」。

辛酉天啓元年，起禮部儀制主事。逆奄魏忠賢與保母客氏爲對食，用中旨闢通。先生受事九日，抗疏曰：【略】有旨廷杖，向高力救，免。時上書者多言客氏，而忠賢之糾自先生始。

遼、薊餉詘，議輸金補諸生。先生揭上禮部尚書孫慎行，謂：「學校人才自

出，天下釁序皆賈豎子，豈能濟緩急？」因條上祖制七事，慎行不能用。

左都御史鄒元標、僉都馮從吾以關門戒嚴，人心崩潰，率同志講學首善書院。都下士大夫興起，先生與太常少卿高攀龍實左右之。累遷光禄丞、尚寶、太僕少卿。見客、魏焰張，衣冠之禍將作，固請告歸。

四年，起右通政使。時高邑趙南星爲吏部尚書，特重先生，將推入閣而知其難進，因有是命，曰：「俟其入朝，用未晚也。」比部檄至浙，而楊漣等已被逐，國事大變。向高致仕去，南星、攀龍尋亦罷。先生拜疏辭，竟革職。

緹騎四出，削籍遍天下。先生居里中，與諸生會講蕺山，痛言：「世道之害釀於人心，人心之惡以不學而進。今日亟欲明人心本然之善，他日庶不至凶於而國，害於而家。」楊、左六君子死，先生作賦，哀正直，陳邪惡。高攀龍寄語曰：「此何異公子無忌約賓客入秦軍乎？唯杜門謝客爲正。」先生然之，輟講遁跡。惠世揚被逮，詞連先生。御史王業浩救，得免。已，逮黄尊素，過郡，先生餞於郊，灑涕與別。返，謂門人：「吾常自信於生死關無動，今利害當前，猶爾怦怦，知向者乃依傍也。」因獨契濂溪「主静立極」之説，存省交用，詣力益進。

烈皇帝即位，客、魏伏誅。戊辰崇禎元年十一月，起先生順天府尹。二年九月受事，上疏曰：【略】末引漢宣帝、唐德宗、宋神宗爲鑒。上憚其直，且謂所學迂，心不然之。先生疏：

古者京兆主治貴戚，誅豪右。漢張、趙，宋包、歐是也。國朝加設撫按，又設五城御史，京尹事權乃輕。臣雖不才，請自今考課。或民生未遂，或教化未行，或紀綱不立，或風俗敗壞，或人心澆漓，一一問臣坐臣罪，以稱古京兆之職。

不報。先生曰：「雖未奉俞旨，吾唯設誠行之。」令下，豪貴斂跡，奸吏屏息。都人慶喜，謂百年來京兆所未有。

冬十月，我師由大安口入。京師戒嚴，遠近避難者麕至，煤米踴貴，京軍饑疲謗騰。先生曰：「吾官守土，當以民生内憂爲急。」奏發内帑二萬，捐門税以通煤米，出太倉粟平價，預給軍人月糧一月，亟運通倉抵之。

遵化失守，難民叩都門。主者恐有變，將揷之郊關。先生曰：「民心一失，何恃城守？此京兆事，無庸諸君過慮。」乃嚴保甲，籍名居編入，遍置粥廠。僵仆者火室温之，道殣瘞之。勸民貧富相卹，人自爲養。

十一月，我師攻德勝門，敗袁崇焕，移營南海子。中旨辦布囊八百，廷臣各進馬騾。先生頓足曰：「是將遷幸耶？乘輿出，大事去矣。」跪午門力陳利害，請上御皇極門調度方略。俯伏至暮，傳旨始退。復造閣門揖輔臣曰：「上輟朝二旬，中外觳觫，閣下可不力爲之所？」先生見上下解體，不勝憤，乃大會官屬民士於城隍廟，爲文告于謙。召父老，述高皇帝開造功德、列聖休養，詞淚俱湧。衆皆環哭，人有固志。

崇焕下獄，上任滿桂爲總理統援兵，大學士錢龍錫等坐焕黨，簿問，復以他事杖殺郎署數人，益疑羣臣謀國不忠，用奄人提督京營，刑賞皆亂。先生抗言：「上不開示誠心爲濟難之本，禍無已時。且軍旅重任，文臣提督，定制也。今以不信文臣，故委之武臣，致祖大壽以跋扈逃，申甫以睚眦隙，其他入援諸將率多潰散，則桂果能孤軍取勝乎？張鴻功、侯世禄皆以援兵潰，而與之戴罪；若滿桂失事，又何以處之？文武之途既盡，勢不得不與一二内臣同患難，曾有宦官典兵不誤國者？魚朝恩、童貫，千古明鑒。」諸帥竟不受桂節度，桂敗。會除夕，我師拔營，由灤、永去。先生瘞戰亡將士，自德勝門、涼水、蘆溝，埋骨三萬，標以柳榆。拜疏言：「兵必再至。請除詔獄，蠲新餉，以祈天永命。戒閣臣勿驅除異已，終朋黨之禍，阿人主富强，釀土崩之勢。」周延儒、温體仁見而惡之。因先生辭職，遂予告。

凡守京兆一載。每坐堂皇，奄人闌入言事，或出語詬誶，治事如故。奄人反笑而謝曰：「公執拗人，如是無怪也。」武清伯奴子爭道，毆諸生，使吏入武清家捕之。武清及門言謝，拒不見，曰：「奴辱士，罪在主。將上告天子。」卒棒奴，荷校武清門外。初至，即焚司禮監樂器於通衢，盡驅倡優出境，輦下震烈。單丁窮户，周其情隱。是以重遭兵革，民不疲乏。比出都，都人罷市而哭，守門奄者見行李蕭然，顧嘆曰：「真清官也！吾輩死且服矣。」

五年冬，會推通政使，體仁格不用。八年，上念置相不得人，親試大小九卿詹翰於廷，命吏部並推在籍者，及先生。陶石梁奭齡送之曰：「願先生安其身而後動，易其心而後語，使天下實受其福。」九年正月，召對文華殿，問用人、足餉、平寇之策。先生言：「皇上求治太急，用法太嚴，布令太煩，進退天下士太輕，遂使在事諸臣相率畏罪飾非，莫肯盡心職業，所以有人而無人之用，有餉而無餉之用，有將而不能馭兵，有兵而不能擊敵。臣請盡改前所爲，天下方有太平之望。至于流寇本皆赤子，撫之有道，還爲吾民。今日急務在收拾人心，先寬有司之參罰。參罰重則吏治壞，致民生失所，盜賊日起。」又問東事，對不稱旨。遂相林

釬，用先生工部左侍郎。上封事曰：

皇上即位之初，鋭意太平，直欲躋一世而唐、虞、三代之，甚盛心也。至於二帝三王治天下之道，未遑求論得其要領。於是首屬意於恢遼，而賊臣以五年蕩平之説進。己巳之役，謀國無良，朝廷始有積輕士大夫之心。自此耳目參於近侍，腹心寄於干城，治術雜以刑名，政體歸之叢脞，天下事遂日壞而不可救。天牖聖衷，一旦撤總監之任，重守令之選，下弓旌之檄，收酷吏之威，維新之政次第舉行，方與二三臣工洗心滌慮以聯泰交，而不意君臣相遇之難也。得一文震孟而單詞報罷矣，得一陳子壯而以過戆下獄矣，此關於國體人心非淺鮮者。

夫皇上所恃以治天下者法也，而非所以法者。所以法者，則道也。如以道，則必體上天生物之心，而不徒倚用風雷；則必念祖宗鑒古之統，而不至輕言改作。則必法堯、舜之恭己無爲，以簡要出政令；法堯、舜之舍己從人，以寬大養人才；法堯、舜之從欲而治，以忠厚培國脈。更法三王之發政施仁，亟議拊循，杜後世藩鎮之釁；慎宗賢以改職之途，杜後世宗藩之釁。於是下尺一之詔，痛言前日所以致敵之繇，與今日不忍輕棄斯民之意。遣廷臣賫内帑巡行郡國，以招其無罪而流亡者。陳師扼險，堅壁清野，聽其窮而自解來歸。誅渠之外，猶可不折一矢而畢此役，又奚煩觀兵爲而日勤聖慮哉！

内劘上多過切，上覽之大怒，傳諭内閣重擬。手先生疏繙數過，起周行，久之得解。

時山陵城築郊壇，工作並興。太僕缺馬，温體仁、朱純臣倡爲義輸；又罷明年朝覲，聽輸路費。先生諫曰：「臣聞爲人臣者，竭股肱之力，繼之以忠貞，不聞其出於利也。今國步艱難，瑣瑣進奉何當報稱？且輯瑞何典，而以入貲報罷，儻遂行之，辱國滋甚！」上不悦，然察其忠鯁，可寄大政，意欲遂相先生。體仁大懼，募會稽許瑚上疏，訟先生才諝不足，道學有餘。上疑瑚同邑，知之必真，遂不果用。七月，先生移疾歸，次天津。會我師破昌平州，焚皇陵。先生謂國難崩摧，非臣子接淅時，乃入津城，佐巡撫賀世壽設守。越月兵退，始南行至德州，念上欲求治而爲體仁所蔽，苟殊絶之知，潔身去國，所不忍也，復上疏曰：

皇上注意邊防，無日不疇諮側席，而邦畿震蕩，禍至於此，臣以爲非一朝夕之故也。往者己巳之變，誤國者袁崇焕一人，其他爲法受惡耳。有小人起而修門户之怨，概坐以焕黨。自此小人進而君子退，中官用事，外廷浸疏。則今日之禍，實己巳以來釀成之也。且以丁魁楚之失事於邊，而與之戴罪，何以服劉策之死？張鳳翼之溺職中樞，而與之專征，何以服王洽之死？諸鎮撫勤王之師爭先入衛者幾何人？不聞以逗留蒙詰責，何以服耿如杞之死？今幸以一州八縣借敵飽颺，而朝臣之累累若若者充位如故，又何以謝韓爌、李邦華之或戍或去？豈小人昔爲異己驅除者，今不難同己相庇乎？

語曰：「大奸似忠，大佞似信。」頻年以來，皇上惡私交而臣下多以告訐進，皇上録清節而臣下多以曲謹容，皇上崇勵精而臣下奔走承順以爲恭，皇上尚綜核而臣下吹求瑣屑以示察。此正似忠似信之類。窺其用心，無往不出於身家利禄。皇上不察而用之，則聚天下之小人立於朝而有所不覺矣。天下即甚乏才，何至盡出一二寺人下？而每當緩急，必寄重任。乃者三協有遣，通、津、臨、德有遣，又重其體統，同之總督，率天下而奔走中官。

夫小人與中官氣誼一類，而君子獨岸然有以自異。皇上誠欲進君子、退小人，決消長理亂之機，奈何復用中官以參之？此明示天下以左右袒也。當時有御史金光宸起而争之，竟以見逐，若唯恐傷中官之心者，非所以示天下也。

至近日刑政之最舛者，無如成德、申紹芳、鄭鄤數事。此皆爲故輔文震孟引繩批根，即向者驅除異己之故智。廷臣無敢言者，皇上亦無從知之。於乎，八年之間，誰秉國成，而至於是！臣不能爲首輔温體仁解矣！

疏入，中官大恚，而體仁指理成德等偏黨。再革職爲民。

體仁既去，後相薛國觀復以罪賜死。上念先生久之。十四年，會推少宰，上意不屬，臨朝而嘆。罷朝，傳諭吏部用先生。再疏辭，不許。時先生病瘧，故不欲出。明年五月，忽聞我師破松、杏、寧、錦，流寇陷歸德，進圍開封，蹶然起曰：「此何時！豈臣子言病日乎？」遂襆被上道。行至淮安，拜疏陳三事：【略】上温旨嘉納，然終見爲迂闊，不能施用。

在道，晉都察院左都御史。十月，陛見，問都察院職掌安在，對：「都察院職在正己以正百僚，其次責成巡方。巡方得人則吏治清，民生安。」出，集諸御史申飭，復列風紀六事以上：【略】上是先生議，亦未能盡行也。

周延儒再相，修托名譽，然性故妒冒。士大夫遂以爲真能遷改，因相契結。

每朝畢，輒就屏語，唯先生兀然孤峙，見者皆慚而止。

中書王育民爲絳州知州孫順考察地行賄於先生，先生糾之，且自劾。上革二人職，法司逮問，百僚肅然。

亡何，上惡給事中姜埰言，行人司副熊開元又因召對面劾首輔延儒，俱下詔獄。先生言於朝曰：「上方開弘政門求直言，一日而逮二言官，非所以昭聖德。」時我師由界嶺、黄崖諸口入，甚急。閏十一月己未，上御中左門，議督、撫去留，羣臣皆候於廷，有密旨下錦衣衛賜埰、開元死。先生曰：「刑人於市，古今通義也，惡得私斃諫官？今日宜空署争之。不者，何顔立交戟之下！」衆許諾。奏事畢，御史楊若僑薦西洋人湯若望善火器。先生進而叱之，以爲：「用兵之道，太上仁義，其次節制。近來邊臣於安攘屯戰之法概置不講，專恃火器爲司命。我用制人，人亦用制我，不見河間反爲火器所破乎？先臣戚繼光數十年在塞上，謹烽燧，嚴斥堠，未嘗專恃火器。不恃人而恃器，國威所以愈頓也。若望唱邪説以亂大道，又作爲奇巧撓惑軍政，乞放還本國，永絶異教。」上不悦。先生又請正大帥跋扈、援師逗留罪，言：「范志完身督寧、薊、關門，三協皆其汛轄，既無先防，又借援南下，致關門無阻。處分當自志完始。」上曰：「志完固難辭咎，但入援乃奉詔，何便坐彼？」先生曰：「十五年來，由皇上處分未當，致有今日。乃不改弦易轍，仍欲以一切苟且之政補苴罅漏，非長治之道也。」上變色曰：「從前已不可追，今日事後之圖安在？」對曰：「亟選將練兵，擇賢督撫，尤在吏、兵二部得人。斯技能畢出，捍禦疆圉不難。然宋臣有言：『文官不愛錢，武官不惜死，則天下太平。』今日用人之弊在徇才望，不求操守，徒以機辯恢張相尚，故鮮實效。」上曰：「大將别有才局，非徒操守可望成功。」先生曰：「當於才局中審有操守者。如志完操守不謹，總兵偏裨無不得賄補授，所以三軍解體，士莫用命。」上色解，曰「已知」，敕先生起。

於是户部尚書傅淑訓論救埰、開元，上不納。先生進曰：「陛下聖度淵遠，如臣愚，累寬鈇鑕，黄道周亦被遣召還。羣臣敢復請二臣。」上曰：「道周有學有守，豈二臣可比？」先生曰：「二臣學守誠不及道周。顧朝廷待言官有體，言可用用之，不用置之。即有罪，合付法司。遽下詔獄，終於國體有傷。」上怒曰：「三法司、錦衣衛皆朝廷官，朕處一二言官，何至遂傷國體？假有欺君虧法，終不可問乎？」先生曰：「掌衛刑者多膏粱子弟，未必讀書知義者也。每聽寺人頤指，勢不容於不私矣。即上欲問欺君虧法，亦不可不付之法司也。」上大怒曰：「開元疏必有主使，疑即宗周。」命刑部擬罪。閣臣周延儒、蔣德璟，尚書林欲楫、侍郎馮元飆、勳臣吴遵周等申救，僉都御史金光宸言尤力。德璟引述「唐太宗惡魏徵直諫，入宫言，會須殺此田舍翁。皇后具服賀」等語未畢，上遽曰：「太宗才，朕不如；至閨門内行，亦不效太宗所爲。」德璟曰：「陛下安肯效太宗？第太宗巧手取名。」上曰：「何爲？」德璟曰：「人主納直言，則名歸於君。太宗優容徵，只以成己名耳。」上意頗回。延儒等復以先生年老婉解，乃免擬罪，再革職。光宸亦謫外。先生在院六十八日，正色率屬。光宸嚴介，操望相亞。一時偕去，朝野惜之。然上自是亦遂不置埰、開元於死，卒改刑部，各杖戍。

先生以未解嚴，不忍竟去，止城外蕭寺。士大夫交送於途。張瑋、吴麟徵、祁彪佳、劉理順、金鉉、陳龍正、董標及舉人祝淵、諸生惲日初咸來問學。時彪佳被命掌河南道，先生謂之曰：「道只在事君當官間，此外他求，妄也。君當以諫諍明職業，毋負所學。」標，關中人，故遊馮從吾門，時官南城兵馬。問《大學》之要，先生曰：「在誠意。」退，作《心意十問》相叩質。淵試南宫，疏理先生，下部擬罪，淵略不懾，遂納贄。時李邦華代先生未至，吏部尚書鄭三俊請留先生戴罪計吏，先生遂行。淵留京邸，欲上書掊擊用事者，先生挽之南歸。

先生歷神、懷朝，凡三革職爲民。雖家居，戀戀日以國存亡爲念。紹興推官陳子龍行取入京，過别。先生纔履出迎，曰：「僕有一言告公：南北多事，京師坐困屢矣。萬一有變，外援不至，都城必破。今日急策，當令皇太子監國南京。否，亦分封二王淮、泗爲後事圖。公至，與當事者籌之。」

十七年四月，聞李自成逼居庸，移書巡撫黄鳴俊，請發兵勤王。五月，聞京師陷，上殉社稷，徒跣號慟，荷戈渡錢塘，趣鳴俊發喪出師。諸生、門人從者數百人。鳴俊曰：「事未審，少鎮定以安衆心。」先生勃然曰：「君父變出非常，公專閫外，當枕戈泣血以倡同仇，反借口安民作全軀計乎？」杭人洶洶環館舍，先生指謂鳴俊曰：「人心如此！禮有常有變。九廟淪喪，臣子豈容食稻衣錦？公即疑凶問，亦當行哭廟禮。」是日甲午，行禮祐聖觀。先生尺布裹頭，伏地而號，官吏士民和者數萬，聲震屋瓦。鳴俊終不出兵，先生與前吏部給事中章正宸、户部給事中熊汝霖、淮揚巡撫朱大典募義旅。將出，會福王立南京詔至，乃解。

先生起原官，稱「先朝罪人，當歸死司寇，不敢受職」。詔慰，趣上道。六月，行至杭州，拜疏曰：……【略】又追論督撫不赴援，致賊長驅犯闕，及新朝既立，不急出兵北伐，中外諸臣謀國不忠不職罪。

時馬士英專定策功當國，與李沾、劉孔昭等結爲死黨，出吏部尚書張慎言，而薦逆案阮大鋮知兵，召陛見。羣陰翩翩且起。先生次丹陽，寄子汋書曰：「時下邪正尚在相持，吾有疏論事，行吾言則進，不然則義難入朝。」士英及四鎮深銜先生，言其上書稱草莽孤臣，不書新命，明示不臣。會黄鳴俊入朝，至鎮江，其兵與防江兵鬥。南都傳言先生與鳴俊入清君側。士英大恐，稱詔止鳴俊兵。傑、澤清遣刺客數輩詣丹陽，見先生危坐僧舍，竟日無惰容，太息而去。政府患廷臣交攻無已，擬上傳兩慰解之。先生不得已，乃拜命。首疏請肅風紀，曰：

願陛下求之正心之地，心正而朝廷從之，百官則而象之。故内閣而干六部之事任爲專權，六部而承内閣之風旨爲亂政，臺省而依附閣部爲植黨，介胄而與議朝政爲要君，外官而通賄朝士爲作奸，朝臣而交結近侍爲罔上行私。臣院皆得過而問之。

在臺一月，諸所條奏無不深切時弊，而君臣傳沓戲豫，並寢不用。已授阮大鋮爲兵部右侍郎，復設廠衛詔獄，紹述崔、魏之政。先生言大鋮進退繫江左興亡，争之不得，請告歸里。出都門，都人揮涕曰：「劉公去，吾輩無死所矣。」自聞北變，遂蔬食，以身餘一死爲憾。語及，輒愴然曰：「吾安得從先皇帝於地下哉！」既歸，杜門。有問學者，止之曰：「守所聞，行所知，是矣。今乾坤何等時，猶堪吾輩擁臯比從容論學乎？此所謂不識人間羞恥者也。」

明年五月，南都潰，馬士英擁太后奔浙，撫按郊迎。先生憤曰：「士英實亡南國。今棄天子，挾母后而逃，此國賊恨不手刃，忍迎之耶！」潞王監國杭州，復約正宸、汝霖赴難，又勸守道于穎保越江之險，穎不能用。六月丙寅，聞會城降，慟不食。餘姚諸生張應燁、吕滋進曰：「先生繫天下之望。今浙東尚有魯、惠二王，宗室有楚將軍華堞，聞黄石齋越在近郊，誠擇諸王賢者與石齋間道走閩，檄鄭帥以海師直擣南都，浙中不攻自定。轉危行奇，願先生更慮之。」先生曰：「向累請于公城守，褎如充耳。今大勢去，亦何及！余老矣，力不能勝，有一死正命而已。」

戊辰，出居郭外水心庵，遣人訪道周，趣正宸、汝霖，食少糜以俟。庚午，通判張愫渡江降，先生復不食。聞門人王毓蓍沈柳橋，曰：「玄趾死，吾尚何濡滯哉！」女夫秦祖軾爲書稱：「江萬里身爲宰相，義不苟免。先生則有文山、疊山、袁閎故事在。」先生詳論不可義，繫之辭曰：「信國不可爲，偷生豈能久？止水與疊山，祇争死先後。若云袁夏甫，時地皆非偶。得正而斃焉，庶幾全所受。」

丙子，辭墓赴西洋港，久不得溺，旁人扶之出。是日，我大清將軍以禮來聘，覆書曰：「遺民劉某頓首：國破君亡，爲人臣子唯有一死。七十餘生，已絶粒經旬，正在彌留。敢尚事遷延，遺玷名教！口授荒迷，終言不再。」付使者，並來書不啓封。自是勺水不進。

戊寅，就祖軾於楊枋。王毓芝入，呼之曰：「嗟！紫眉，當以道義相成，勿作兒女子態！」語及毓蓍，爲淚下，曰：「吾講學十五年，僅得此人。」口吟《絶命辭》曰：「留此旬日死，少存匡濟意。決此一朝死，了我生平事。慷慨與從容，何難亦何易！」祖軾欲書之，曰：「偶然耳。」既而曰：「吾感熊雨殷而賦此。」因謂祖軾曰：「爲學之要，一誠盡之矣，而主敬其功也。敬則誠，誠則天。若良知之説，鮮有不流於禪者。」又曰：「日來静坐小庵，渾無事，浩然與天地同流。」又曰：「餓死事小，失節事大。吾今而後知孟子所言『無以饑渴之害爲心害』，明乎此，於道也幾矣。」訓子汋曰：「常將此心放在寬蕩蕩地，則天理自存，人欲自去。」屬之曰：「死後，葬我下蔣，碑曰：有明秦臺先生藏衣冠處，子某婦某合葬之墓。」言訖，泫然淚下，曰：「生平未嘗言及二親，以傷心之甚，不忍出諸口也。」又曰：「胸中有萬斛淚，半灑之二親，半灑之君上。」

閏六月朔辛巳，謂毓芝曰：「吾今日自處合義否？」毓芝曰：「甚正。雖聖賢處此無以加。」張應鰲侍側，攜其手曰：「學問未成，全賴諸子。」復厲聲曰：「爾曹勉之！」應鰲進曰：「先生今日與高先生事相類。高先生曰：『心如太虚，本無死生。』」先生曰：「微不同。非本無死生，君親之念重耳。」

丁亥，聞祁彪佳殉，舉手者再，已不能言。指几上筆，書一「魯」字，蓋念魯王。戊子，先生考終。前後絶粒二十餘日，勺水不入口十三日。年六十八。魯藩贈某官，謚忠端。唐藩贈某官，謚忠正。學者稱蕺山先生。

先生篤實類朱文公，而言誠意慎獨與朱不合，曰：「意者心之存主，所謂『道心惟微』，即未發之中，天下之大本也。獨體在是，慎者慎此而已。然未發之中下不得箇静字。延平教人静觀氣象，終落偏枯；至龍溪以心、意、知、物並歸無善無惡，不從性善歸根，則性命事功俱無依泊。」時俗學宗傳注，王學宗「四無」，先生説出多未服，惟濮州葉廷秀、餘姚史孝咸、孝復兄弟遺書往覆相叩，學者漸知歸向。袁黄《功過册》有仿爲「遷改格」者，善與過對。先生曰：「是功利之學，有意爲善，皆惡也。論本體，有善無惡；論功夫，則先事後得，直無善有惡耳。」於是作《人譜》，專紀過。始獨知，次七情、九容、五倫、百行，曰：「行此，知道不

遠人矣。」

其論方希古曰：「先生稟絶世之姿，慨然以斯文自任，直欲排洪荒而開二帝，驅犀兕而見三王。既而時命不偶，以九死完天下萬世之責，其扶持世教與孔、孟同，誠不愧千秋正學。」論吴聘君曰：「先生涵養性情，安貧克己，不事著述而獨契道真，言動之間悉歸平淡。充其所詣，庶幾依乎中庸，遁世不見知而不悔。」又曰：「薛文清多困於流俗，陳白沙猶激於聲名，唯康齋醇乎醇。」論王文成曰：「先生承絶學於詞章訓詁之後，反求諸心而得其所性之覺，曰良知。因示人以求知之方，曰致良知。良知爲知，知不囿於聞見；致良知爲行，行不滯於方隅。即知即行，即心即物，即動即静，即體即用，即功夫即本體，即下即上，無之不一，以救學者支離眩騖之病。孔、孟以來，無若此之深切著明也。特其急於明道，往往將向上一機輕於指點，啓後學躐等之弊。天假以年，盡融其高明踔絶之見而底於實地，則範圍朱、陸而進退之，有不待言矣。」

先生之學出許敬庵，已入東林，首善書院，博取精研，歸於自得，專用慎獨，從嚴毅清厲中發爲光霽，粹然集宋、明理學諸儒之成，天下仰其人如泰山北斗。所著書數十種，載《文集》。子汋自有傳。

雜録

備録

鎖緑山人《明亡述略》 劉先生者，名宗周，字起東，號念臺，山陰人也。嘗講學蕺山書院，告學者曰：「學之要，誠而已，主敬其功也，敬則誠，誠則天。」學者皆稱蕺山先生。其少孤，以年二十三舉進士，丁母憂三年，服闋，選行人，請終養大父母，居喪七年始赴補。時朝中方與東林爲讐，遂謝病歸。天啟時起官，以劾魏忠賢削籍。崇禎初，召爲順天府尹，數言事，莊烈帝以爲迂，居一年，復謝病歸。其後再起再罷，以都察院左都御史争言官姜埰、熊開元下獄事，斥爲民。而海甯舉人祝淵抗疏請復故官，先生曰：「子爲此舉，無所爲而爲之乎？抑動於名心而爲之也？」淵爽然避席曰：「先生名滿天下，誠恥不得列門牆耳。」遂從問學。先生自歷事萬曆、天啟、崇禎三朝，多所建白，其言關天下之要，然皆不能用也。莊烈帝惡言官争執不已，輒廷杖，先生立朝侃侃，獨免於此。莊烈帝崩，走杭州，請巡撫發喪討賊，不應，自募義兵，將起而福王立，起故官。以争魏忠賢黨阮大鋮之進退繫江左興亡，不聽，告歸，而南京亡。其六月，杭州不守，潞王降。先生方食，聞變，推案而起，謂門人曰：「昔北都之變，以身在田里，且有望於中興而不死；南都之變猶望繼起有人；今吾越又降矣，不死尚何待乎？」門人張應煜曰：「然降城中亦非先生死所也。」先生瞿然，遽移出城，遂絶食。始猶進茗飲，其後勺水不入於口，與門人問啓如平時，至二十三日而卒，年六十八。門人周之璿負遺書，與先生之子汋避兵山寺中，事定乃還。

《劉宗周全集》附録《蕺山歷任始末》 明神宗皇帝萬曆六年戊寅歲正月二十六戊寅日卯時，先生生於水澄里，以五月遺腹稱孤。（戊寅乙卯，戊寅乙卯。）

丁酉歲，先生年二十。春二月，補郡文學。是秋，舉浙江鄉試第四十六名。

辛丑歲，先生年二十四，登進士第一百二十九名，殿試三甲第五名。張以誠同榜。放榜之明日，太夫人終於家，丁母憂歸。

初任。行人司行人。大父兼峯公年老，告終養歸，隨即承重。

二任。以政府葉向高、太宰孫丕揚、巡撫高舉、巡按王弘基交薦，起補行人司行人。時與顧端文憲成、高忠憲攀龍等講學東林書院，以名教是非爲己任。適淮撫李三才罹墨榜，讒邪之言輻輳，指摘東林，欲立奸黨碑。先生大爲國是憂，上書陳本末，羣小畏惡之，遂飛章攻先生，先生告病歸。

三任。鄒元標、惠世揚、方震孺、張慎言交薦，陞禮部儀制司主事。

四任。陞光禄寺寺丞。

五任。陞尚寶司少卿。

六任。陞太僕寺少卿。先生見逆奄魏忠賢與客氏内外交關，專權亂政，志不得行，告病回籍。

七任。陞通政司右通政。上章劾魏忠賢、客氏悮國大罪，奉旨革職爲民。

八任。起陞順天府府尹，請告回籍。

九任。枚卜閣員，召對不稱旨，陞工部左侍郎。時首相温體仁傾側事上，亂政錯出，復修黨人之隙，將啓門户之争。請告回籍。途次復上疏陳時事，糾體仁。革職爲民。

十任。特旨起陞禮部左侍郎。

十一任。陞都察院左都御史。給事中姜埰、行人司熊開元上疏，論列首輔周延儒奸邪貪黷，得罪下詔獄。先生因召對力救之，並面劾延儒罪狀，懇懇不已。上怒，責爲偏黨，傳旨下法司治罪。時輔臣蔣德璟奏先生年老，請上寬宥。乃改詔革職歸里。明年三月，闖賊李自成犯闕，京師陷，上投繯殉社稷。先生聞報，括髮徒跣哭廟，草檄荷戈，倡義勤王。

十二任。福王監國南京，改元弘光，起復南京都察院左都御史，晉階榮禄大夫，加太子太保。時四鎮高傑、劉澤清、黄得功、劉良佐狡黠跋扈，擁兵咆哮，勳臣劉孔昭、柳昌祚、閣臣馬士英、逆案阮大鋮朋邪誤國亂政，國讐君讐竟置不問。先生各疏糾之，羣奸各以疏攻先生。先生以國勢日促不可挽回，忝列大臣，義難受辱，遂拜疏請告。予馳驛歸里，詔給登極恩典，曾祖以下俱贈如先生官，廕一子。

乙酉五月，南都復失，諸大帥盡散。報至，先生慟哭曰：「此予正命時也。」遂絶粒，僵卧榻間者二十二日，勺水不入口者十有三日，書遺命，辭先塋，正衣冠，從容就義而死。八月殯於會稽鳳林山考妣墓側，遵遺命補廬墓也。越三年戊子十二月初七日，遷於會稽下蔣之原，暨章夫人合葬於考妣舊壙。

己丑，監司王公爾禄、郡丞吴公勉、山陰顧公予咸及越之門人弟子共議，立先生神位於古小學證人堂，爲專祠，定春秋二祭禮。

《劉宗周全集》附録吴傑《重刻劉子全書序》 蕺山劉先生遺書，自康熙乙丑丙寅間太倉王公掞始刊於山陰，時蕺山高弟梨洲黄子尚在，與姜、董二子即伯繩原本校而行之，凡四十卷。而乾隆壬申歲翠庭雷公督學吾浙，即先生家求遺書重梓，祇存二十四卷。已而開《四庫全書》館，國子助教張羲年以雷梓本進，復刪《人譜》、《學言》諸書之專行者，存《奏疏》以下入《別集》類，爲十七卷。蓋王覸庵始刊之《全書》，傳布未廣，而翠庭本乃獨行也。傑曩得《南雷文定》，讀其序劉子之文而慕之，欲訪之者有年矣。歲庚寅，家大人自湘、楚旋里，得見無休董氏重訂本，分《語類》、《文編》、《經術》三門，視梨洲所校尤加詳慎，亟與里人好學者授之剞劂氏。刻既竣，大人命傑爲之序。

先生以理學大儒成仁致命，卓然爲一代完人，從祀文廟兩廡，天下無愚智賢不肖皆知慕先生，願得其書而讀之。則先生之書，何藉後人之序以傳！況董氏著有《全書鈔述》，全體大用，賅貫靡遺，如傑固陋，又何能有所發明哉？雖然，傑嘗讀梨洲序《學案》矣，謂：「學者皆以高、劉二先生竝偁，不知忠憲雜於禪，大醇小疵，惟先生醇乎醇者也。」又曰：「五星聚奎，濂、洛、關、閩出焉；五星聚室，陽明子之説昌；五星聚張，子劉子之道通。」所以推宗夫師之道者若此。而楊園張子嘗與沈子相書，論《古易鈔義》爲先生少作，自言無足觀者。又伯繩輯先生書，時亦有貽書請刪削語録者。是親炙弟子不免互相牴牾也又若此。竊謂先生之學以慎獨爲宗，雖源出姚江，亦嘗與石梁同作證人之會，而踐履篤實，不偁辭辨，爲明季儒者之冠。後之人不務綜其生平之言行觀之，而徒沾沾於門户同異間也，亦惑已。且夫聖賢之道，立身事君，辨義利，慎出處，進退不失宜，死生不易志，能是者謂之完人。先生在神、熹兩朝，官行人，官禮曹，數月輒告歸。思陵時，一起府尹，再起冬官，三起都憲，居官皆不滿數月。福王監國，留南都一月。計生平立朝前後，財四、三年爾，而奏疏九十八上。若除詔獄、除新饟，皆繫乎祈天永命之大者，而當宁以爲迂濶難用。嘗入文華殿，論人才之難，先生曰：「天下未嘗乏才，止因求治太急，進退太輕，故有人而無人之用。」嗚呼！思陵而誠以用才爲亟，若先生者，非當時之完人哉？乃徒於既去之後，嘆其「清執敢言，朝臣莫及」也，果何爲耶？然而先生之道，一阨於魏璫，再阨於宜興，三阨於烏程，而其志不稍屈，卒之首陽一餓，蕺山之名遂與文山、疊山比烈焉。嗚呼！是則先生之所由無媿其學者夫！

道光十五年夏五月，會稽後學吴傑謹序。

《劉宗周全集》附録郭肇奎《劉念臺先生祠堂記》 自古聖賢浩然之氣，雖孤行於宇宙，而其生平游處，維桑與梓之間，則精爽尤依之，蓋其性之安焉者已久，而鄉人之尸祝而俎豆之者，亦愈遠而彌存也。羊叔子游峴山，云：「百歲後，吾魂魄猶應登此。」嗚呼！此讀其碑者所爲悽然墮淚也哉！念臺先生以理學大儒成仁授命，卓然爲天下豪傑之士，而其里居在蕺山麓，循而上則先生昔年講學處在焉。奎以宗仰先生久，甫至郡，即首詣蕺山，望其祠宇，爲肅然動容。登堂展敬，則儼乎若先生之提命於上者。山今設有書院，爲問今之人士亦有學先生之學者乎？古者春入學，則釋菜於先師，謂若《禮》之高堂生、《樂》之制氏，《詩》之毛公，《書》之伏生，皆是也。彼特爲一經之師，然猶尊禮之如此。若蕺山爲先生講學之所，其道德之淵懿、忠義之激發，蓋久而不泯如一日焉。所以扶世翼教，而使後之承學者凜乎皆知所興起，則百世之師也。山其越人之畏壘也哉！饗堂舊有越之名宦與鄉先輩數公之主，補堂杜君守郡時，請於大府方公，奉爲先生專祠，而遷他主於後寢，義甚得也。方公按部至越，謁於祠下，繫之以詩，補堂亦慨

然和之，以志嚮慕之誠，先後若一契云。

徐鼒《小腆紀傳》卷一三《劉宗周傳》　劉宗周，字啓東，號念臺，山陰人，學者所稱蕺山先生也。父坡，爲諸生，母章氏，妊五月而坡亡。既生宗周，家酷貧，攜之育外家。後宗周大父老疾，歸事之，析薪汲水，持藥糜，然體孱甚，母憂念成疾。

萬曆辛丑，宗周成進士，母卒於家。宗周奔喪，爲堊室中門外，日夜哭泣其中。服闋，選行人，請終養大父母，居七年始赴補。

時中朝有崑黨、宣黨與東林爲難，乃上言：「東林，顧憲成講學處，高攀龍、劉永澄、姜士昌、劉元珍皆賢人，于玉立、丁元薦亦皎然不欺其志，有國士風。是故擿流品可也，争意見不可；攻東林可也，黨崑、宣必不可。」於是黨人大譁，宗周乃告歸。

天啓元年，起儀制主事，抗疏極詆魏進忠，謂：「進忠導皇上馳射戲劇，而奉聖夫人客氏出入自由，無以閑内外。且一舉逐三諫臣，罰一人，皆出中旨。左右將日進鷹犬聲色，指鹿爲馬，生殺予奪，制國家大命。今東西方用兵，奈何以天下委閹豎哉！」進忠，即忠賢也。

尋請戮崔文昇以正弑君之罪，戮盧受以正交私之罪，戮楊鎬、李如楨、李維翰、鄭之范以正喪師失地之罪，戮高出、胡嘉棟、康應乾、牛繼曜、劉國縉、傅國以正棄城逃潰之罪，急起李三才爲兵部尚書，録用清議名賢丁元薦、李朴等，諍臣楊漣、劉重慶等，以作仗節徇義之氣，詔切責之。累遷光禄寺丞，尚寶、太僕少卿，移疾歸。

四年，起右通政，復固辭。忠賢惡之，削其籍。

崇禎元年，召爲順天府尹，屢論時政，帝迂其言而歎爲忠。歷官至都察院左都御史，竟以請釋熊、姜之獄忤旨，斥爲民，年已六十有四。

歸二年而京師陷。宗周徒步荷戈，詣杭州，以發喪討賊責巡撫黄鳴駿。鳴駿曰：「哀詔未至，當静以鎮之。」宗周勃然曰：「君父變出非常，公專閫外，不思枕戈泣血，激勵同讐，顧藉口鎮静，作遜避計邪？」鳴駿唯唯。明日復趨之，則曰：「發喪必待哀詔。」宗周曰：「嘻！此何時也，安得哀詔哉！」既發喪，問師期，則曰：「甲仗未具。」宗周歎曰：「烏足與有爲哉！」乃與前侍郎朱大典、前給事中章正宸、熊汝霖召募義旅。將發，而弘光帝立，宗周起故官。

宗周以大讐未報，不敢受職，自稱草莽孤臣，言：【略】詔報曰：「親統六師，光復舊物，嚴文武恇怯之大法，激臣子忠義之良心，慎新爵，覈舊官，朕拜昌言，宣付史館。」中外爲之悚動。

是時，宗周本無意於出，謂：「朝中黨禍方興，何暇圖賊？」而一時奸人，雖不利宗周，又恥不能致之，急其一出。及方出，而彈劾踵至，不少假借，由是羣小側目。宗周既連疏請告，不得命，乃抗疏劾馬士英曰：「陛下龍飛淮甸，天實予之。乃有扈蹕微勞，入内閣，進中樞，官銜世蔭，晏然當之不疑者，非士英乎？於是李沾侈言定策，挑激廷臣矣。劉孔昭以功賞不均，發憤冢臣，朝端譁然聚訟，而羣陰且翩翩起矣。借知兵之名，則逆案可以燃灰；寬反正之路，則逃臣可以汲引，而閣部諸臣且次第言去矣。中朝之黨論方興，何暇圖河北之賊；立國之本紀已疏，何以言匡攘之略。高傑一逃將也，而奉若驕子，浸有尾大之憂，淮、揚失事，不難譴撫臣、道臣以謝之，安得不長其桀傲，則亦恃士英卵翼也。劉、黄諸將，各有汛地，而置若奕棋，洶洶爲連雞之勢，至分剖江北四鎮以慰之，安得不啓其雄心，則皆傑一人倡之也。京營自祖宗以來，皆勳臣爲政，樞貳佐之。陛下立國伊始，而有内臣盧九德之命，則士英有不得辭其責者。總之，兵戈盜賊，皆從小人氣類感召而生，而小人與奄豎又往往相表裏，自古未有奄官用事，而將帥能樹功於域外者。惟陛下辨陰陽消長之幾，出士英仍督鳳陽，聯絡諸鎮，決用兵之策。史可法即不還中樞，亦當自淮而北，歷河以南，别開幕府，與士英相犄角。京營提督，獨斷寢之，書之史册，爲弘光第一美政。」上優詔答之，而促其速入。

士英益怒，佯具疏辭位，且揚言於朝曰：「劉公自稱草莽孤臣，不書新命，是明示不臣也。」吏部候考宗室朱統鐼言：「宗周請移蹕鳳陽，鳳陽高牆所在，蓋欲以罪宗處皇上，而與史可法擁立潞王。其兵已伏丹陽，宜急備。」

是時，黄鳴駿入覲，兵抵京口，與防江兵相擊鬬，士英聞之而信，亦震恐。澤清初倚東林，極重宗周，至是恨甚，具疏痛詆，言：「宗周勸往鳳陽，爲謀不忠，料事不智；抗疏稱孤臣，無禮；陰撓恢復，不義；欲誅臣等，激變士心，召生靈之禍，不仁。」疏未下，復草一疏，並署黄得功、高傑、劉良佐名上之，詞連姜曰廣、吴甡，請正以謀危君父之罪，舉朝大駭。高弘圖言於上，傳諭曰：「昔漢宣起於艱難，魏、丙合志；唐肅興於靈武，李、郭同心。今者袒分左右，口搆玄黄，天下事不堪再壞。諸臣各宜和衷集事，息競圖功，庶幾君臣之間，禮全終始。」宗周不得已，受命。

方宗周之在丹陽僧舍也，澤清遣刺客數輩迹之，見其正容危坐，不忍加害。

以七月十八日入朝，仍居肅寺。士英不使入對，給事中陳子龍以爲言，不省。既視事，即引董仲舒言，請正心以正朝廷。給事中袁彭年以争復設東廠被謫，宗周言其冤。及中旨起阮大鋮，又言：「魏大中死於詔獄，實大鋮主使。祖宗故事：大僚必廷推。迺者中旨屢降，司農之後，繼以少宰，而大鋮又爲司馬，其墨敕斜封之漸，有不待問者。大鋮進退，實係江左興亡，乞寢命！」不報。乃乞休，許之。

臨行，復疏陳五事：【略】上優詔報聞。宗周以宿儒重望，爲海内清流領袖，既出都門，都人士聚觀歎息，知南都之不可有爲也。

明年五月，南都不守，宗周與熊汝霖謀起義，不克。及杭州不守，推案慟哭曰：「此吾正命之時也！」門人張應煜曰：「此降城也，非先生死所。」宗周瞿然，遽出城。有勸以文、謝故事者，宗周曰：「北都之變不死者，身在田間，留以俟後王也；南都之變，主上自棄其社稷，僕在懸車，尚曰可以死，可以無死。今吾越又降，區區老臣尚何之？世豈有逃生之御史大夫哉！」扁舟辭墓，躍入西洋港，水淺不得死。舟人扶出，勺水不下者十三日，與門人問答如平時，以閏六月八日死。

宗周通籍四十年，而立朝僅四年。潛心理學，以慎獨爲本，以知天爲歸，而本之敬誠。作《人譜》以授學者。立證人社，倣古小學，日會講其中，著《第一義説》、《聖學宗要》、《獨證篇》。説者謂明之大儒，推薛、胡、陳、王，而宗周似勝之。所傳有《劉子全書》百餘卷，及他著述二十餘種。家居恒服紫花布，士大夫效之，布爲長價。崇禎帝嘗賜敕云「蔬食菜羹，三月不知肉味；敝衣羸馬，廿年猶是書生。」蓋實語也。我朝賜專謚曰忠介。

備論

張岱《石匱書後集》卷三六　又曰：文文山知命而抗命者也，其意活；劉念臺知命而受命者也，其心死。故一則餓不死，而一則餓死之。謝疊山卻聘而求生者也，其詞宛；祁世培卻聘而不欲生者也，其詞決。故一則緩死，而一則即死。之四人之意微有不同，而盡忠於所事則一也。余生平慕文山、疊山之爲人，而恨不得與之同世。乃日對二君子而不知文山、疊山之日在吾側也，豈不陋哉！

查繼佐《罪惟録》列傳卷一二下　論曰：念臺之學，其濟于用不知何如，然其立言則懇懇切事機。歷官四十五年，一鳴輒斥，席不煖京邸。顧語語觸帝隱，于大人格心之義，或更有别解。祁虎子曰：「使人主敬且信，幹理自大。」所以進念臺者更深。帝曰：「宗周不宜如小臣歸過朝廷爲名高。」然則巽出之，帝之俯就教，或更有殊合也。而惜其以氣行之。雖然，東南道席，力砥江河，後此諸烈，一人奮之。虎子死似禪，念臺以儒而易簀者矣。無負所學，其殆學爲人，不學爲非人者哉！

陳濟生《啓禎兩朝遺詩》　悲夫！濟生嘗受業先生門，每見必以道義相勗。頃從其子汋索遺詩，汋遵遺命，不以示人，僅從其門人惲日初獲見所輯行略及奏疏、《人譜》諸書。其論學以爲學者學爲人而已，將學爲人，必證其所以爲人。又作《紀過格》以相糾考，立古小學，每日生徒會講其中。嘗與高忠憲往復辨論，忠憲以爲畏友，然猶未見先生晚年所造也。而奏對之文，尤纏綿懇至，祁公彪佳曰：「先生奏疏出，可廢《名臣奏議》。」人以爲知言云。

朱彝尊《静志居詩話》卷二〇　予嘗造先生廬，堂不過十笏，京兆干旌尚存。思陵曾賜勅云：「蔬食菜羹，三月不知肉味；敝車羸馬，廿年猶是書生。」當之信可無怍。《酬别長安故人》云：「弱柳千章鎖鳳樓，春風送客不勝愁。杜門重憶十年病，束髮誰先天下憂？銷鑠壯心吾自老，傍徨岐路子何求？卻教空谷傳驪唱，落日浮雲滿帝州。」

邵廷采《思復堂文集》卷一《明儒劉子蕺山先生傳》　論曰：有夷之清而不絶物，有干之忠而克全歸。君子而不仁者有矣，若先生，仁者也。告君必陳堯、舜，由執中慎獨引而合之時務，一一可立施行。微獨世主未寤，至後學亦尚有憚其説者，豈功利之没人哉！於乎，道之行不行，寧獨一代之存亡乎！

陳鼎《東林列傳》卷一一　外史氏曰：先生之理學文章沸天下，宇内儒宗皆歸之，觀其立朝正色，有古大臣風。國亡而身與之，俱可謂無媿於所學矣。

温睿臨《南疆逸史》卷一一　「勘本」曰：蕺山先生未生，其父秦臺公亡故，號曰念臺。幼從外大父南洲章公學。家貧無衣錦，外家爲之製緼袍，落拓如襏；及長，猶衣之。嘗以就學壽昌，烈日中走百里，一足遂攣。既而師事許孚遠，分别理欲；受古大學於高大行攀龍。已同總憲鄒元標講首善書院，避璫禍。時輯《皇明道統録》，始以遜志，終於陽明，嘗曰：「吾今而知主静之要也。」辛卯，由京兆請告，立證人社，弟子日益衆。乃著《第一義等説》，又集《聖學宗要》。及

官少司空，記所獨得曰《獨證篇》。晚年著《讀易經説》、《易鈔》、《經籍考》，既又編輯十三經諸子史傳之有裨於教者。蕭山毛氏曰：「其言逾博而旨逾謐。」甬上全氏有《子劉子祠堂配享碑記》。其門弟子之最著者，爲海鹽吴磊齋（麟徵）、順天余伯玉（鉉。皆甲申北都殉難；見《明史》）、山陰祁虎子（彪佳。乙酉盡節）、海鹽彭觀我（期生。贛州殉難）、會稽章格菴（正宸。浙東兵敗，以緇衣隱。《繹史》皆有傳）、潤州葉潤山（廷秀。閩敗披緇，以憂死）、山陰何書臺（宏仁。丙戌後，以緇衣終）、關右董（標；未詳其字。甲申前卒）。全氏曰：「八先生者皆執弟子禮，而子劉子但以朋輩待之，如蔡季通例。」其餘則山陰陳敬伯（堯年。黨禍之烈，曾受孤託）、會稽章晉侯（明德）、餘姚王士美（業洵。蕺山開講時，陶石梁之徒有異説，晉侯、士美、黄梨洲輩力闢之）、山陰朱綿之（昌祚。皆甲申前死）、海寧祝開美（淵）、會稽王元趾（毓蓍）、山陰潘子翔（集）、諸暨傅中黄（日炯。自祝而下，皆乙酉殉難；語附《書後》）、武進惲遜菴（日初。晚爲靈隱僧；見《書後》）、西安葉静遠（敦艮。全氏稱爲大弟子，能昌明蕺山之教者）、慈谿劉瑞當（應期。丙戌後，以憤死）、山陰張奠夫（應鰲。在南都作《中興金鑑》，欲上不果。丙戌後，嗣講山中）、會稽董旡休（瑒。有高行，晚歲披緇，手輯《劉子遺書》）、山陰戴南枝（易。吴中徐高士枋殿獨理其喪，爲世所稱；遺民中之奇者）、鄞華吉甫（夏）、王卣一（家勤。甬上六狂生之二。兵以同起以同死，《摭遺》補傳）、餘姚張應煜（不詳其字。語見《書後》）、會稽趙禹功（甸。丙戌後，以緇衣隱；見《摭遺》）、慈谿張能信（成義。丙戌後，起兵不克，行遯；莫知所終）、蕭山徐徽之（芳馨）、仁和沈甸華（昀）、海寧陳乾初（確）、山陰周敬可（之璿；見《書後》）、諸暨陳章侯（洪綬）、餘姚黄梨洲（宗羲）及其弟晦木（完光）、澤望（宗會。並見《摭遺》），都三十又五人。其間爲忠臣、爲義士、爲逸民，皆不負所學而能有光於門下者也。

先生居貧，食不兼蔬。嘗以少宰起官，中道貲乏，受臨朐令十金之餽；至前途得故人助，乃如數趣還之。熊、姜之獄時掌憲，僅六十日罷歸，至不能成行；朝士爲之斂贐，悉不納。後赴南都召，冠服久敝，假於從子之有官者。比其歸，仍飭還之，笑曰：「吾不可挂他人冠也。」其耿介類此。

初，京口兵鬨，馬士英遽指先生懷異，將與黄鳴駿入清君側，爲廢立計，故入朝而竟不聽見。洎至絶粒時，有名王之聘；已困不能語，張目頷之。既卒，先生子貞孝君又自號遯齋者奉遺書避兵山中，蓋猶護髮未薙云。

《明史》卷二五五　贊曰：劉宗周、黄道周所指陳，深中時弊。其論才守，别忠佞，足爲萬世龜鑑。而聽者迂而遠之，則救時濟變之説惑之也。傳曰「雖危起居，竟信其志，猶將不忘百姓之病也」，二臣有焉。殺身成仁，不違其素，所守豈不卓哉！

沈佳《明儒言行録》　陳龍正曰：「進退取與之嚴，文清而下，念臺劉先生獨至矣。其行誼無愧真儒，其論學微有偏處。」

佳按：薛子其元乎！王子其亨乎！顧子其利乎！劉子其貞乎！又曰：「敬軒春生之氣多，涇陽秋肅之氣多。陽明當品物流形之會，故其業盛而教龐；念臺值各正性命之時，故其行貞而節定。與時偕行而不失其正，中道所以存，人極所以建也。」

佳又曰：「先生道宗洙、泗，學本程、朱。忠悃似陸敬輿，正大似真西山，成仁取義似文信國。惓惓以仁義導其君，而不欲急急以兵食爲先，真得孟子家法，可謂一代之偉人矣！」

汪有典《史外》卷六　汪有典曰：嗚呼！公旋起旋廢，不能一日得行其志，於公固無損，抑國事奚賴焉。謀臧不從，不臧覆用，此烈帝之所以亡也，況小朝廷哉！王公委心相信，豈移於末路。造次顛沛，益戢良規，追維投杖之言，爲之悚息。

陳田《明詩紀事》辛籤卷四　田按：劉公蕺山與黄公石齋以道德直節名，海内仰之如泰山北斗。劉公以忤魏閹削籍歸。舉證人社於塔山旁。執經門下者常數百人，黄公以劾周延儒、温體仁削籍，退而講學於浙之大滌山、閩之榕壇，執經者至千人。卒之社屋國墟，二公皆致命遂志，明季道德完人，二公爲稱首焉。

袁崇焕部

綜述

《明史》卷二五九《袁崇焕傳》　袁崇焕，字元素，東莞人。萬曆四十七年進士。授邵武知縣。爲人慷慨負膽略，好談兵。遇老校退卒，輒與論塞上事，曉其阨塞情形，以邊才自許。

天啓二年正月朝覲在都，御史侯恂請破格用之，遂擢兵部職方主事。無何，廣寧師潰，廷議扼山海關，崇焕即單騎出閱關内外。部中失袁主事，訝之，家人亦莫知所往。已，還朝，具言關上形勢。曰：「予我軍馬錢穀，我一人足守此。」廷臣益稱其才，遂超擢僉事，監關外軍，發帑金二十萬，俾招募。時關外地悉爲哈剌慎諸部所據，崇焕乃駐守關内。未幾，諸部受款，經略王在晉令崇焕移駐中前所，監參將周守廉、遊擊左輔軍，經理前屯衛事。尋令赴前屯安置遼人之失業者。崇焕即夜行荆棘虎豹中，以四鼓入城，將士莫不壯其膽。在晉深倚重之，題爲寧前兵備僉事。然崇焕薄在晉無遠略，不盡遵其令。及在晉議築重城八里鋪，崇焕以爲非策，争不得，奏記首輔葉向高。

十三山難民十餘萬，久困不能出。大學士孫承宗行邊，崇焕請：「將五千人駐寧遠，以壯十三山勢，别遣驍將救之。寧遠去山二百里，便則進據錦州，否則退守寧遠，奈何委十萬人置度外？」承宗謀於總督王象乾。象乾以關上軍方喪氣，議發插部護關者三千人往。承宗以爲然，告在晉。在晉竟不能救，衆遂没，脱歸者僅六千人而已。及承宗駁重城議，集將吏謀所守。閻鳴泰主覺華，崇焕主寧遠，在晉及張應吾、邢慎言持不可，承宗竟主崇焕議。已，承宗鎮關門，益倚崇焕。崇焕内拊軍民，外飭邊備，勞績大著。崇焕嘗核虚伍，立斬一校。承宗怒曰：「監軍可專殺耶？」崇焕頓首謝，其果於用法類此。

三年九月，承宗決守寧遠。僉事萬有孚、劉詔力阻，不聽，命滿桂偕崇焕往。初，承宗令祖大壽築寧遠城，大壽度中朝不能遠守，築僅十一，且疎薄不中程。崇焕乃定規制：高三丈二尺，雉高六尺，址廣三丈，上二丈四尺。大壽與參將高見、賀謙分督之。明年迄工，遂爲關外重鎮。桂，良將，而崇焕勤職，誓與城存亡；又善撫，將士樂爲盡力。由是商旅輻輳，流移駢集，遠近望爲樂土。遭父憂，奪情視事。四年九月偕大將馬世龍、王世欽率水陸馬步軍萬二千，東巡廣寧，謁北鎮祠，歷十三山，抵右屯，遂由水道泛三岔河而還。尋以五防敍勞，進兵備副使，再進右參政。

崇焕之東巡也，請即復錦州、右屯諸城，承宗以爲時未可，乃止。至五年夏，承宗與崇焕計，遣將分據錦州、松山、杏山、右屯及大、小凌河，繕城郭居之。自是寧遠且爲内地，開疆復二百里。十月，承宗罷，高第來代，謂關外必不可守，令盡撤錦、右諸城守具，移其將士於關内。督屯通判金啓倧上書崇焕曰：「錦、右、大凌三城皆前鋒要地。倘收兵退，既安之民庶復播遷，已得之封疆再淪没，關内外堪幾次退守耶！」崇焕亦力争不可，言：「兵法有進無退。三城已復，安可輕撤。錦、右動摇，則寧、前震驚，關門亦失保障。今但擇良將守之，必無他慮。」第意堅，且欲并撤寧、前二城。崇焕曰：「我寧前道也，官此，當死此，我必不去。」第無以難，乃撤錦州、右屯、大、小凌河及松山、杏山、塔山守具，盡驅屯兵入關，委棄米粟十餘萬。而死亡載途，哭聲震野，民怨而軍益不振。崇焕遂乞終制，不許。十二月進按察使，視事如故。

我大清知經略易與，六年正月舉大軍西渡遼河，二十三日抵寧遠。崇焕聞，即偕大將桂，副將左輔、朱梅，參將大壽，守備何可剛等集將士誓死守。崇焕更刺血爲書，激以忠義，爲之下拜，將士咸請效死。乃盡焚城外民居，攜守具入城，清野以待。令同知程維楧詰奸，通判啓倧具守卒食，辟道上行人。檄前屯守將趙率教、山海守將楊麒，將士逃至者悉斬，人心始定。明日，大軍進攻，戴楯穴城，矢石不能退。崇焕令閩卒羅立，發西洋巨礮，傷城外軍。明日，再攻，復被却，圍遂解，而啓倧亦以然礮死。

啓倧起小吏，官經歷，主賞功事，勤敏有志介。承宗重之，用爲通判，核兵馬錢糧，督城工，理軍民詞訟，大得衆心。死，贈光禄少卿，世廕錦衣試百户。

初，中朝聞警，兵部尚書王永光大集廷臣議戰守，無善策。經略第、總兵麒並擁兵關上，不救。中外謂寧遠必不守。及崇焕以書聞，舉朝大喜，立擢崇焕右僉都御史，璽書獎勵，桂等進秩有差。

我大清初解圍，分兵數萬略覺華島，殺參將金冠等及軍民數萬。崇焕方完城，力竭不能救也。高第鎮關門，大反承宗政務，折辱諸將，諸將咸解體。遇麒

若偏裨，麒至，見侮其卒。至是坐失援，第、麒並褫官去，而以王之臣代第，趙率教代麒。

我大清舉兵，所向無不摧破，諸將罔敢議戰守。議戰守，自崇煥始。三月復設遼東巡撫，以崇煥爲之。魏忠賢遣其黨劉應坤、紀用等出鎮。崇煥抗疏諫，不納。敘功，加兵部右侍郎，賚銀幣，世廕錦衣千户。

崇煥既解圍，志漸驕，與桂不協，請移之他鎮，乃召桂還。崇煥以之臣奏留桂，又與不協。中朝慮僨事，命之臣專督關內，以關外屬崇煥畫關守。崇煥虞廷臣忌己，上言：「陛下以關內外分責二臣，用遼人守遼土，且守且戰，且築且屯。屯種所入，可漸減海運。大要堅壁清野以爲體，乘間擊瑕以爲用。戰雖不足，守則有餘；守既有餘，戰無不足。顧勇猛圖敵，敵必讐；奮迅立功，衆必忌。任勞則必召怨，蒙罪始可有功。怨不深則勞不著，罪不大則功不成。謗書盈篋，毀言日至，從古已然，惟聖明與廷臣始終之。」帝優旨褒答。

其冬，崇煥偕應坤、用，率教巡歷錦州、大、小凌河，議大興屯田，漸復第所棄舊土。忠賢與應坤等並因是廕錦衣，崇煥進所廕爲指揮僉事。崇煥遂言：「遼左之壞，雖人心不固，亦緣失有形之險，無以固人心。兵不利野戰，祇有憑堅城用大礮一策。今山海四城既新，當更修松山諸城，班軍四萬人，缺一不可。」帝報從之。

先是，八月中，我太祖高皇帝晏駕，崇煥遣使弔，且以覘虛實。我太宗文皇帝遣使報之，崇煥欲議和，以書附使者還報。我大清兵將討朝鮮，欲因此阻其兵，得一意南下。七年正月再遣使答之，遂大興兵渡鴨綠江南討。朝議以崇煥、之臣不相能，召之臣還，罷經略不設，以關內外盡屬崇煥，與鎮守中官應坤、用並便宜從事。崇煥鋭意恢復，乃乘大軍之出，遣將繕錦州、中左、大凌三城，而再使使持書議和。會朝鮮及毛文龍同告急，朝命崇煥發兵援。崇煥以水師援文龍，又遣左輔、趙率教、朱梅等九將將精卒九千先後逼三岔河，爲牽制之勢，而朝鮮已爲大清所服，諸將乃還。

崇煥初議和，中朝不知。及奏報，優旨許之，後以爲非計，頻旨戒諭。崇煥欲藉是修故疆，持愈力。而朝鮮及文龍被兵，言官因謂和議所致。四月，崇煥上言：「關外四城雖延袤二百里，北負山，南阻海，廣四十里爾。今屯兵六萬，商民數十萬，地隘人稠，安所得食？錦州、中左、大凌三城，修築必不可已。業移商民，廣開屯種。倘城不完而敵至，勢必撤還，是棄垂成功也。故乘敵有事江東，姑以和之説緩之。敵知，則三城已完，戰守又在關門四百里外，金湯益固矣。」帝優旨報聞。

時率教駐錦州，護版築。朝命尤世祿來代，又以輔爲前鋒總兵官，駐大凌河。世祿未至，輔未入大凌，五月十一日大清兵直抵錦州，四面合圍。率教偕中官用嬰城守，而遣使議和，欲緩師以待救。使三返不決，圍益急。崇煥以寧遠兵不可動，選精騎四千，令世祿、大壽將，繞出大軍後決戰。別遣水師東出，相牽制。且請發薊鎮、宣、大兵，東護關門。朝廷已命山海滿桂移前屯，三屯孫祖壽移山海，宣府黑雲龍移一片石，薊遼總督閻鳴泰移關城；又發昌平、天津、保定兵馳赴上關，檄山西、河南、山東守臣整兵聽調。世祿等將行，大清已於二十八日分兵趨寧遠。崇煥與中官應坤、副使畢自肅督將士登陴守，列營濠內，用礮距擊。而桂、世祿、大壽大戰城外，士多死，桂身被數矢。大軍亦旋引去，益兵攻錦州。以溽暑不能克，士卒多損傷，六月五日亦引還，因毀大、小凌河二城。時稱寧、錦大捷，桂、率教功爲多。忠賢因使其黨論崇煥不救錦州爲暮氣，崇煥遂乞休。中外方爭頌忠賢，崇煥不得已，亦請建祠，終不爲所喜，七月遂允其歸，而以王之臣代爲督師兼遼東巡撫，駐寧遠。及敘功，文武增秩賜廕者數百人，忠賢孫亦封伯，而崇煥止增一秩。尚書霍維華不平，疏乞讓廕，忠賢亦不許。

未幾，熹宗崩。莊烈帝即位，忠賢伏誅，削諸冒功者。廷臣爭請召崇煥，其年十一月擢右都御史，視兵部添注左侍郎事。崇禎元年四月命以兵部尚書兼右副都御史，督師薊、遼，兼督登、萊、天津軍務，所司敦促上道。七月，崇煥入都，先奏陳兵事。帝召見平臺，慰勞甚至，咨以方略。對曰：「方略已具疏中。臣受陛下特眷，願假以便宜，計五年，全遼可復。」帝曰：「復遼，朕不吝封侯賞。卿努力解天下倒懸，卿子孫亦受其福。」崇煥頓首謝。帝退少憩，給事中許譽卿叩以五年之略。崇煥言：「聖心焦勞，聊以是相慰耳。」譽卿曰：「上英明，安可漫對。異日按期責效，奈何？」崇煥憮然自失。頃之，帝出，即奏言：「東事本不易竣。陛下既委臣，臣安敢辭難。但五年内，户部轉軍餉，工部給器械，吏部用人，兵部調兵選將，須中外事事相應，方克有濟。」帝爲飭四部臣，如其言。

崇煥又言：「以臣之力，制全遼有餘，調衆口不足。一出國門，便成萬里。忌能妒功，夫豈無人。即不以權力掣臣肘，亦能以意見亂臣謀。」帝起立傾聽，諭之曰：「卿無疑慮，朕自有主持。」大學士劉鴻訓等請收還之臣、桂尚方劍，以賜崇煥，假之便宜。帝悉從之，賜崇煥酒饌而出。崇煥以前此熊廷弼、孫承宗皆爲

人排搆，不得竟其志，上言：「恢復之計，不外臣昔年以遼人守遼土，以遼土養遼人，守爲正著，戰爲奇著，和爲旁著之説。法在漸不在驟，在實不在虛。此臣與諸邊臣所能爲。至用人之人，與爲人用之人，皆至尊司其鑰。何以任而勿貳，信而勿疑？蓋馭邊臣與廷臣異，軍中可驚可疑者殊多，但當論成敗之大局，不必摘一言一行之微瑕。事任既重，爲怨實多。諸有利於封疆者，皆不利於此身者也。況圖敵之急，敵亦從而間之，是以爲邊臣甚難。陛下愛臣知臣，臣何必過疑懼，但中有所危，不敢不告。」帝優詔答之，賜蟒玉、銀幣，疏辭蟒玉不受。

是月，川、湖兵戍寧遠者，以缺餉四月大譟，餘十三營起應之，縛繫巡撫畢自肅、總兵官朱梅、通判張世榮、推官蘇涵淳於譙樓上。自肅傷重，兵備副使郭廣初至，躬翼自肅，括撫賞及朋樁二萬金以散，不厭，貸商民足五萬，乃解。自肅疏引罪，走中左所，自經死。崇焕以八月初抵關，聞變馳與廣密謀，宥首惡楊正朝、張思順，令捕十五人戮之市；斬知謀中軍吳國琦，責參將彭簪古，黜都司左良玉等四人。發正朝、思順前鋒立功，世榮、涵淳以貪虐致變，亦斥之。獨都司程大樂一營不從變，特爲獎勵。一方乃靖。

關外大將四五人，事多掣肘。後定設二人，以梅鎮寧遠，大壽仍駐錦州。至是梅將解任，崇焕請合寧、錦爲一鎮，大壽仍駐錦州，加中軍副將何可剛都督僉事，代梅駐寧遠，而移薊鎮率教於關門，關内外止設二大將。因極稱三人之才，謂「臣自期五年，專藉此三人，當與臣相終始。屆期不效，臣手戮三人，而身歸死於司敗。」帝可之，崇焕遂留鎮寧遠。自肅既死，崇焕請停巡撫。及登萊巡撫孫國楨免，崇焕又請罷不設。帝亦報可。哈剌慎三十六家向受撫賞，後爲插漢所迫，且歲饑，有叛志。崇焕召至於邊，親撫慰，皆聽命。二年閏四月敍春秋兩防功，加太子太保，賜蟒衣、銀幣，廕錦衣千户。

崇焕始受事，即欲誅毛文龍。文龍者，仁和人。以都司援朝鮮，逗留遼東。遼東失，自海道遁回，乘虛襲殺大清鎮江守將，報巡撫王化貞，而不及經略熊廷弼，兩人隙始開。用事者方主化貞，遂授文龍總兵，累加至左都督，掛將軍印，賜尚方劍，設軍鎮皮島如内地。皮島亦謂之東江，在登、萊大海中，綿亘八十里，不生草木，遠南岸，近北岸，北岸海面八十里即抵大清界，其東北海則朝鮮也。島上兵本河東民，自天啓元年河東失，民多逃島中。文龍籠絡其民爲兵，分布哨船，聯接登州，以爲掎角計。中朝是之，島事由此起。

四年五月，文龍遣將沿鴨緑江越長白山，侵大清國東偏，爲守將擊敗，衆盡殲。八月遣兵從義州城西渡江，入島中屯田。大清守將覺，潛師襲擊，斬五百餘級，島中糧悉被焚。五年六月遣兵襲耀州之官屯寨，敗歸。六年五月遣兵襲鞍山驛，喪其卒千餘。越數日又遣兵襲撤爾河，攻城南，爲大清守將所卻。七年正月，大清兵征朝鮮，并規剿文龍。三月，大清兵克義州，分兵夜擣文龍於鐵山。文龍敗，遁歸島中。時大清惡文龍躡後，故致討朝鮮，以其助文龍爲兵端。

顧文龍所居東江，形勢雖足牽制，其人本無大略，往輒敗衄，而歲糜餉無算，且惟務廣招商賈，販易禁物，名濟朝鮮，實闌出塞，無事則鬻參販布爲業，有事亦罕得其用。工科給事中潘士聞劾文龍糜餉殺降，尚寶卿董茂忠請撤文龍，治兵關、寧。兵部議不可，而崇焕心弗善也，嘗疏請遣部臣理餉。文龍惡文臣監制，抗疏駁之，崇焕不悦。及文龍來謁，接以賓禮，文龍又不讓，崇焕謀益決。

至是，遂以閲兵爲名，泛海抵雙島，文龍來會。崇焕與相燕飲，每至夜分，文龍不覺也。崇焕議更營制，設監司，文龍怫然。崇焕以歸鄉動之，文龍曰：「向有此意，但惟我知東事，東事畢，朝鮮衰弱，可襲而有也。」崇焕益不悦。以六月五日邀文龍觀將士射，先設幄山上，令參將謝尚政等伏甲士幄外。文龍至，其部卒不得入。崇焕曰：「予詰朝行，公當海外重寄，受予一拜。」交拜畢，登山。崇焕問從官姓名，多毛姓。文龍曰：「此皆子孫。」崇焕笑，因曰：「爾等積勞海外，月米止一斛，言之痛心，亦受予一拜，爲國家盡力。」衆皆頓首謝。

崇焕因詰文龍違令數事，文龍抗辯。崇焕厲色叱之，命去冠帶縶縛，文龍猶倔强。崇焕曰：「爾有十二斬罪，知之乎？祖制，大將在外，必命文臣監。爾專制一方，軍馬錢糧不受核，一當斬。人臣之罪莫大欺君，爾奏報盡欺罔，殺降人難民冒功，二當斬。人臣無將，將則必誅。爾奏有牧馬登州取南京如反掌語，大逆不道，三當斬。每歲餉銀數十萬，不以給兵，月止散米三斗有半，侵盗軍糧，四當斬。擅開馬市於皮島，私通外番，五當斬。部將數千人悉冒己姓，副將以下濫給札付千，走卒、輿夫盡金緋，六當斬。自寧遠還，剽掠商船，自爲盜賊，七當斬。强取民間子女，不知紀極，部下效尤，人不安室，八當斬。驅難民遠竊人參，不從則餓死，島上白骨如莽，九當斬。輦金京師，拜魏忠賢爲父，塑冕旒像於島中，十當斬。鐵山之敗，喪軍無算，掩敗爲功，十一當斬。開鎮八年，不能復寸土，觀望養敵，十二當斬。」數畢，文龍喪魂魄不能言，但叩頭乞免。崇焕召諭其部將曰：「文龍罪狀當斬否？」皆惶怖唯唯。中有稱文龍數年勞苦者，崇焕叱之曰：「文龍一布衣爾，官極品，滿門封廕，足酬勞，何悖逆如是！」乃頓首請旨曰：「臣今

誅文龍以肅軍。諸將中有若文龍者，悉誅。臣不能成功，皇上亦以誅文龍者誅臣。」遂取尚方劍斬之帳前。乃出諭其將士曰：「誅止文龍，餘無罪。」

當是時，文龍麾下健校悍卒數萬，憚崇煥威，無一敢動者，於是命棺斂文龍。明日，具牲醴拜奠曰：「昨斬爾，朝廷大法；今祭爾，僚友私情。」爲下淚。乃分其卒二萬八千爲四協，以文龍子承祚、副將陳繼盛、參將徐敷奏、遊擊劉興祚主之。收文龍敕印、尚方劍，令繼盛代掌。犒軍士，檄撫諸島，盡除文龍虐政。還鎮，以其狀上聞，末言：「文龍大將，非臣得擅誅，謹席槀待罪。」時崇禎二年五月也。帝驟聞，意殊駭，念既死，且方倚崇煥，乃優旨褒答。俄傳諭暴文龍罪，以安崇煥心；其爪牙伏京師者，令所司捕。崇煥上言：「文龍一匹夫，不法至此，以海外易爲亂也。其衆合老稚四萬七千，妄稱十萬，且民多，兵不能二萬，妄設將領千。今不宜更置帥，即以繼盛攝之，於計便。」帝報可。

崇煥雖誅文龍，慮其部下爲變，增餉銀至十八萬。然島弁失主帥，心漸攜，益不可用，其後致有叛去者。崇煥言：「東江一鎮，牽制所必資。今定兩協，馬軍十營，步軍五，歲餉銀四十二萬，米十三萬六千。」帝頗以兵減餉增爲疑，以崇煥故，特如其請。

崇煥在遼，與率教、大壽、可剛定兵制，漸及登、萊、天津，及定東江兵制，合四鎮兵十五萬三千有奇，馬八萬一千有奇，歲費度支四百八十餘萬，減舊一百二十餘萬。帝嘉獎之。

文龍既死，甫踰三月，我大清兵數十萬分道入龍井關、大安口。崇煥聞，即督大壽、可剛等入衛。以十一月十日抵薊州，所歷撫寧、永平、遷安、豐潤、玉田諸城，皆留兵守。帝聞其至，甚喜，温旨褒勉，發帑金犒將士，令盡統諸道援軍。俄聞率教戰殁，遵化、三屯營皆破，巡撫王元雅、總兵朱國彦自盡，大清兵越薊州而西。崇煥懼，急引兵入護京師，營廣渠門外。帝立召見，深加慰勞，咨以戰守策，賜御饌及貂裘。崇煥以士馬疲敝，請入休城中，不許。出與大軍鏖戰，互有殺傷。

時所入隘口乃薊遼總理劉策所轄，而崇煥甫聞變即千里赴救，自謂有功無罪。然都人驟遭兵，怨謗紛起，謂崇煥縱敵擁兵。朝士因前通和議，誣其引敵脅和，將爲城下之盟。帝頗聞之，不能無惑。會我大清設間，謂崇煥密有成約，令所獲宦官知之，陰縱使去。其人奔告於帝，帝信之不疑。十二月朔再召對，遂縛下詔獄。大壽在旁，戰栗失措，出即擁兵叛歸。大壽嘗有罪，孫承宗欲殺之，愛其才，密令崇煥救解。大壽以故德崇煥，懼并誅，遂叛。帝取崇煥獄中手書，往召大壽，乃歸命。

方崇煥在朝，嘗與大學士錢龍錫語，微及欲殺毛文龍狀。及崇煥欲成和議，龍錫嘗移書止之。龍錫故主定逆案，魏忠賢遺黨王永光、高捷、袁弘勳、史𡺸輩謀興大獄，爲逆黨報仇，見崇煥下吏，遂以擅主和議、專戮大帥二事爲兩人罪。捷首疏力攻，𡺸、弘勳繼之，必欲并誅龍錫。法司坐崇煥謀叛，龍錫亦論死。三年八月遂磔崇煥於市。兄弟妻子流三千里，籍其家。崇煥無子，家亦無餘貲，天下冤之。

崇煥既縛，大壽潰而去。武經略滿桂以趣戰急，與大清兵戰，竟死，去縛崇煥時甫半月。初，崇煥妄殺文龍，至是帝誤殺崇煥。自崇煥死，邊事益無人，明亡徵決矣。

張岱《石匱書後集》卷一一 袁崇煥，廣西藤縣籍，東莞人。萬曆己未進士，爲邵武縣令。

天啓壬戌，陞兵部職方司主事。時廣寧失陷，王化貞與熊廷弼逃歸，畫山海關爲守；京師各官言及遼事，皆縮朒不敢任。崇煥獨攘臂請行，與閻鳴泰同出監軍山海。巡撫劉策議於山海關外掘壕塹，築備城關；左山右海，山麓磽确，不受鋤鍤。崇煥創言守關當於關外守之，築城與掘壕俱不便，請罷。閣部孫承宗自請至關相度形勢，是崇煥言，掘壕議遂寢。朝議遂以孫承宗爲經略，於關外恢復八城；崇煥移鎮寧遠。

丙寅，北騎四十萬偪寧遠城，城中戍守數千人，兵勢單弱；城外有紅礮數門，無敢發者。崇煥事急，敕唐通判親自發礮。凡放紅大礮者，必於數百步外掘一土塹，火着線，即翻身下塹，可以免死；唐通判不曉其法，竟被震死。礮過處，打死北騎無算；並及黄龍幕，傷一裨王。北騎謂出兵不利，以皮革裹屍，號哭奔去。捷聞，上大喜，拜崇煥爲都察院右僉都御史，巡撫遼東；尋晉兵部右侍郎。遼東人謡曰：「苦了唐通判，好了袁崇煥！」丁卯，養病歸。

崇禎踐祚，起兵部尚書，加太子太保，令地方官敦趨就道；遂於元年七月十四日至都。上御平臺，特宣崇煥並輔臣尚書、九卿等召對。上語崇煥曰：「女直跳梁十載，封疆淪陷，遼民塗炭。卿萬里赴召，有何方略？具實奏聞。」崇煥對曰：「臣受皇上特達之知，注臣於萬里之外。倘皇上假臣便宜，五年而東患可平，全遼可復，以報皇上。」上曰：「五年滅寇，便是方略，朕不吝封侯之賞。卿其

努力以解天下倒懸！」輔臣韓爌、劉鴻訓、李標、錢龍錫等奏曰：「崇煥肝膽識力，種種不凡，真奇男子也！」崇煥奏曰：「臣在外調度，所有奏聞，一憑閣臣處分，閣臣不可不著力主持。」上顧諭閣臣，閣臣奏曰：「敢不承命！」崇煥又奏曰：「邊事四十年蓄聚此局，原不易結；但皇上宵旰於上，正臣子枕戈待旦之秋。臣盡心竭力，約略五年。但五年之中，須事事覈實：第一錢糧，第二器械，户、工二部俱要悉心措置，以應臣手。」上顧諭兩部尚書，王家楨、張維樞奏曰：「敢不承命！」崇煥又奏曰：「臣承命在外，止以滅寇爲事。五年之中，事變不一，還要吏、兵二部俱應臣手：所當用之人，選與臣用；所不當用之人，即與罷斥。」上顧諭兩部尚書，王永光、王在晉奏曰：「敢不承命！」崇煥又奏曰：「聖明在上，各部公忠，毫無不應臣手；但臣之力，制東事而有餘，調衆口而不足。一出君門，便成萬里，忌功妬能，豈遂無人！如凜然於皇上之法度，不致以權掣臣之肘，亦能以意亂臣之心。」上曰：「朕自主持，不必以浮言介意。」崇煥又奏曰：「有皇上主持，臣不孤立。諸臣果能實心任事，悉如臣請，臣若不能成功以復故土，何顔復見皇上！但臣學力疎淺，望皇上指示教訓。」上起立曰：「卿條對井井，不必謙讓。」閣臣奏曰：「此臣作法自别，向爲縣令，不取一錢。天生此臣以爲社稷，用佐皇上中興。乞皇上假以便宜，撤回王之臣、滿桂尚方劍，單賜崇煥，以一事權。」上然其言，傳諭兵部。上復呼崇煥近前，温語諭之曰：「願卿早平外寇，以舒四海蒼生之困。」崇煥舉手加額曰：「皇上念及四海蒼生，此一語，皇天后土，實式臨之！臣所學何事，所做何官，敢不仰體皇上，早結此局！臣之作用，做漢之趙充國則無異。勿煩皇上焦勞，惟皇上寬心。」上曰：「卿所奏，更見忠愛。卿宜嚴明號令，撫卹士卒，與文武同心，何難滅寇。」崇煥奏曰：「謹遵明旨，銘之肺腑。前去告諭官軍，以宣皇上威德，滅寇必矣。」遂叩頭出。是年八月，至鎮，上疏請巡視九邊。

明年五月晦，巡至鎮江雙島，與毛文龍盤桓數日。於六月六日設帳房於山上，犒軍較射，遂縛文龍，數以十二罪，出尚方劍斬之。疏聞，京師震駭。崇煥隨奏：「臣守寧遠，寇被臣創，決不敢侵犯臣界。只有遵化一路守戍單弱，宜於彼處設一團練總兵。」遂以王威爲請。兵部以王威新奉部劾，不肯即予，留難移時。北騎果於遵化入口，崇煥與祖大壽率蒙古壯丁萬餘騎進援薊鎮。北騎至薊鎮，與崇煥兵遇，不戰，離城數里札營。次早，直趨京師，崇煥尾其後，亦至京師城下，即上疏，請入城養病，稍痊出戰。上不許，召崇煥陛見，勞以裘帽，即命歸營。是日，北騎繞城北，山海總兵滿桂方到，兵未成列，北騎襲之，大敗，全軍覆没。滿桂姪殺入陣，救出滿桂。滿桂創重，伏馬上馳出陣，至城下，請入陛見，遂言「崇煥於女直主殂，差喇嘛僧往彼議和，殺毛文龍以爲信物；今勾引入犯，以城下之盟，了五年滅寇之局。」上猶未信。有二内官被擄，囚營中逃歸，言親見崇煥差官往來，語言甚密者。又言城上瞭望，有見敵兵與我兵嬉笑偶語，往來游戲者。又言滿桂戰不利，差人往崇煥營速其放礮，及放礮皆無錢糧者。上大怒，即遣中使二人召崇煥面議軍事。崇煥欲無往而難於辭，乃以軍中見疑，請以二中使爲質，上即以二中使留質軍中。崇煥陛見，上命滿桂與之面質。滿桂見崇煥御前賜坐，拉之下跪，盡發其通敵奸狀，並言其接濟寇糧，鑿鑿有據。崇煥見滿桂色變，遂不能辯，免冠請死。上命錦衣衛堂上官拏送鎮撫司，即令滿桂往統其軍。祖大壽聞崇煥下獄，即引大隊人馬奪關而出，徑奔寧遠。北騎以崇煥死，飽掠去。滿桂以創重斃。

明年四月，鎮撫司讞其獄具。上曰：「袁崇煥斬帥以踐約，市米以資盜糧。今勾入犯，對壘不戰。又堅請入城養病，意欲何爲？本當族誅，姑開一面之網，袁崇煥即著會官凌遲處死，妻子流三千里口外爲民。」遂於鎮撫司綁發西市，寸寸臠割之。割肉一塊，京師百姓從劊子手争取，生噉之。劊子亂撲，百姓以錢争買其肉，頃刻立盡。開膛出其腸胃，百姓羣起搶之。得其一節者，和燒酒生嚙，血流齒頰間，猶唾地罵不已。拾得其骨者，以刀斧碎磔之。骨肉俱盡，止剩一首傳視九邊。

趙吉士《續表忠記》卷二《督師袁公傳》 明崇禎己巳六月，督師袁崇煥奉賜劍誅總兵毛文龍於皮島。十一月，京師戒嚴，下崇煥于獄。庚午八月，亦死於西市。

崇煥字元素，東莞人，萬曆己未進士。知邵武縣，慷慨饒膽智，好談兵，恒以邊才自許。天啓二年正月，朝覲，在京御史侯恂薦其經濟，遂擢兵部職方主事。廣寧師潰，議守山海關，此職方專責也。而司中忽不見袁主事，詢其家人，亦莫知所向。一部諸司，皆大駭。已而還朝，歷指關上情形，并山川阨塞，在廷益稱其才，擢臬僉，監關外軍務。尋赴前屯，安置遼人之失業者。奉符即於黑夜，馳虎狼荆棘中，四鼓叩城而入，將士莫不壯其膽。經略王在晉深倚任之，題爲寧前兵備。議築重城於八里鋪，内閣孫承宗行邊，駁之，更議所守。崇煥獨主寧遠，當承宗意，遂以入告，令崇煥同滿桂往大興版築，閲五月，訖工。桂固良將，而崇

焕勤於其職，又善拊將士，樂爲盡力，商旅集而播遷歸，遂爲關外重鎮。遭父憂，奪情視事，進叅政。五年十月，承宗罷，高第來代，謂關外必不可守，盡撤錦右諸城守具，移其將士於關內。督屯通判金啓倧上書崇焕曰：「錦右大凌三城，皆前鋒要地，倘收兵退守，既安之百姓，復懼播遷，已得之封疆，再遭淪没。榆關內外，更堪幾次退守耶。」崇焕首肯其説，力争不可，而第意不可回，欲并撤寧前。崇焕曰：「我寧前監司也。官于此，當死於此，我必不去。」第無以難，乃撤錦州、右屯、大小凌河及松山、杏山、連山、塔山守具，盡驅屯兵、屯民入關，委棄米粟十餘萬。死亡載道，號哭震野，民怨而軍聲益以不振。崇焕乞終制，不允。十二月，進按察使，視事如故。

六年正月，大兵渡遼河，直抵寧遠。崇焕集將士，刺血爲書，誓以死守。椎牛殺馬，引佩刀自割其肉，烹以餉士，見者爲之墮淚。盡撤城外居民入城，清野以待。城中亦不得私自往來，間諜盡絶。又移檄前屯守將趙率教、山海守將楊麒，將士潰逃至者悉斬以狥，人心始定。大兵臨城，百道進攻不能克，乃退。當是時，朝中聞警，咸震慴。本兵恇擾，莫知所出，集廷臣議，戰守迄無成策。經略高第、總兵楊麒假護關爲名，擁兵不救，中外皆以寧遠必不能守。及捷書至，若出意外，舉朝大喜。得旨，立擢崇焕僉都御史，桂等亦進秩有差，第與麒咸褫官去。遼士多故以來，文武將吏罔敢挺身任疆事者，自有此捷，而士氣漸奮，中朝之議戰議守，亦自此始。叙功加兵部右侍郎，世廕錦衣千户。復設遼東巡撫，以崇焕爲之。其冬，巡歷錦州、大小凌河，將大興屯田，漸復高第所棄舊土。魏忠賢方用事，兵部因以爲功，列爵五等，崇焕亦廕指揮僉事。崇焕復言遼左之壞，雖由人心不固，亦緣失有形之險，無以固人心，祇有憑堅城用大砲一策。今山海四城既新，亦當修理松、杏諸城。從之。崇焕鋭意圖恢復，乘大兵渡鴨緑計朝鮮，因遣使議和，將以其間繕治錦州中左、大凌二城，使既往，然後疏聞。會朝鮮、毛文龍俱告急，咸言議和所致，崇焕疏辯。七年五月，大兵再圍錦州，分攻寧遠，旋亦引去。時中外章奏，無不頌忠賢功德，崇焕疏亦及之，而終不爲忠賢所喜，因使其黨劾崇焕不救錦州，爲暮氣難鼓。崇焕引疾乞休。七月，遂允其去，而以王之臣代之。

八月，崇禎即位，廷臣咸請召崇焕，擢爲兵部添註右侍郎。元年四月，命以兵部尚書兼副都督師薊遼兼督登、津軍務。七月，崇焕入朝，召見平臺，對以「五年全遼可復」。帝退而少憩，給事中許譽卿詰以五年之説，曰：「聖心焦勞，姑以是相慰爾。」譽卿曰：「上英明，安可漫對。異日按期責效，柰何？」崇焕憮然自失。頃之，帝出，因奏「東事本不易竣，臣爲五年之期，必須兵馬、錢糧，事事湊手」。帝即召户、兵二部，申飭如其言。又奏「臣一出國門，便成萬里，忌能妬功，夫豈無人？即不以權力掣臣之肘，亦能以意見亂臣之謀」。帝起立聳聽，曰：「朕自有主持。」閣臣劉鴻訓請收回王之臣、滿桂尚方劍，以賜崇焕，假之便宜。帝悉允之。

崇焕之始受事也，即有誅毛文龍之意。疏請遣部臣赴島上理餉，文龍抗疏駁之，崇焕甚不悦，而誅文龍之意益決。二年五月中，以閱兵爲名，泛海抵雙島，文龍來謁。崇焕接以客禮，復坦懷待之，文龍安之，不爲意。六月五日，邀文龍觀將士角射，設幄山上，文龍至，其部卒皆不得入。崇焕詰文龍違令數事，文龍抗辯。崇焕厲色叱之，命去其冠帶，縶縛，復數其有十二斬罪，遂請尚方斬之帳前。衆股栗不敢仰視，乃諭之曰：「所誅止文龍一人，餘皆無罪，不相及也。」命棺殮文龍。次日，具牲醴拜奠曰：「昨日斬爾，朝廷大法；今日祭爾，僚友私情。」爲之下淚。乃四分其兵，令文龍子承祚、副將陳繼盛、叅將徐敷奏、遊擊劉興祚轄之，發十萬金，分犒將士。盡除文龍苛政，釋所繫無罪商民，始還鎮，具疏上聞。帝驟見此疏，甚爲駭異，念文龍已死，且欲安崇焕心，優旨褒答，傳諭暴文龍罪。崇焕又上言「文龍一匹夫耳，何遂不法至此？則以茫茫海外，固易於爲亂之地也。倘再設一帥，文龍之後，豈無文龍？此官宜停勿補，即以陳繼盛攝之，於計爲便」。又核減舊餉一百二十餘萬兩，帝嘉獎之，咸報可。

十月，大兵分道入龍井關、大安口，崇焕即督諸將入衛，以十一月十日抵薊州。帝聞其至，甚喜，温詔褒勉，發帑金犒其將士，令盡統諸道援軍。俄聞趙率教戰殁，遵化、三屯營皆破。巡撫王元雅、總兵朱國彦自盡。崇焕懼，急引兵入衛京師，營沙河門外。帝立召見，深加慰勞，賜御膳貂裘。時大兵所入隘口，非崇焕所轄，聞警即千里赴援，自謂有功無罪。而都人驟遭兵革，怨謗紛起，謂崇焕故縱長驅，擁兵不戰。朝士素惡崇焕者，因其有通和之議，誣其引兵脅和。將爲城下之盟。帝不能無惑，又獲間諜訛言崇焕密約通欵，帝信之不疑。十二月朔，再召對，縛下詔獄。

方崇焕初受命督師時，閣臣錢龍錫問進取之策，對言：「當從東江始。」龍錫曰：「舍實地而就海道，何也？且毛文龍未必可恃。」對曰：「可則用之，不可則殺之，易易爾。」龍錫謂其漫言，不爲意。及崇焕誅文龍，報疏中亦云與龍錫商

過。及崇煥將通和修好，龍錫亦嘗貽書止之。而龍錫故東林也，於是魏奄遺黨謀興大獄，爲逆案報仇。見崇煥下吏，遂以擅主和議、耑戮大帥二事爲兩人罪。法司竟坐崇煥謀叛，龍錫亦論死。三年八月，崇煥被磔，兄弟妻子流三千里，籍其家。初議流杭州，得旨，罪督家屬阮氏等十九名不應流徙善地，駁行浙江撫按，改徙雲南廣西府維摩州。崇煥無子，家亦無餘貲，天下寃之。

雜録

備録

談遷《棗林雜俎》智集《袁崇煥》 袁崇煥備兵寧遠，值樞相孫承宗於榆關。孫方被論乞骸，崇煥曰：「相公果欲去，某願捐三千金助彈文。」孫笑曰：「若然，幸爲藉重。第不肖去後，經略必喻使君安性，而足下代其巡撫。喻亦不久，人足下經略矣。未知巡撫又何人？」崇煥曰：「有劉詔。」後俱如孫所料，而崇煥輕脱可見。嘗於演武場較閲，忽自起舞防牌，中蹶。

李清《袁督師計斬毛文龍始末》 崇禎二年己巳，五月二十二日，遼東督師袁崇煥，牌仰旗鼓司，查東江官兵在清江者給賞。隨登岸輕騎，標下各官，當有龍武右營都司金鼎卿帶船三十八隻接應，俱列坐觴酒。二十四日，賞東江官兵每員行糧二斗。登岸，試放佛郎機大炮，遠者相去五六里，近者相去三四里。登嶺之顛，極目指畫形勢，云可議屯也。

二十五日午時分，東北風起，自北汎江開洋，歷大王山，風轉。是夜，大霧。諸船在大洋行一夜，次早收泊中島。

二十六日，齊泊雙島。

二十七日，南風極大，未開船。見本島白骨暴露，各户口賚發立散。諸將領有登州海防左營遊擊尹繼阿叩見，蒙調兵船四十八隻到來。

二十七日午時，風順開船，歷松木島、小黑山、大黑山、豬島、蛇島、蝦蟆島諸處，遂泊島山。此處離旅順陸路十八里，水路四十里。旅順遊擊毛永義叩見，登島嶺，謁龍王廟。督師向衆將云：「國初中山王、開平王諸君，始戰于鄱陽湖采石磯，再戰于沙漠北平，水戰勝，馬步戰亦勝，故得驅逐胡元，以成一統。今水營止以紅船自守，豈驅騎入水戰乎？本部院若復河東，不以水汎草草了事，且竝用之於陸地，各將毋得虚冒。」賜各將酒飯，快船稟報毛帥已到。未見。

至六月初一日，毛帥見，上下交拜。毛帥親進禮帖三封，小飯三桌，傳入船去。毛帥側坐茶敘。既敘，小飯，面與毛帥敘云：「遼東海外，只本部院與貴鎮二人，務必同心共濟，方可結局。本部院歷險至此，欲相商爲進取計。軍國大事，在此一舉。本部院有箇良方，不知患者肯服此藥否？」毛帥曰：「文龍在海外八年，也有許多功績，只因小人之言，致錢糧缺少，又無器械馬匹，不曾遂得心願。若一一應付，要帮助成功，也不爲難。」辭回，傳免謝，分付船上不便，借島崖毛帥帳房待酒，督師屈體，推誠密語。毛帥略無難色。二更後方散。

初二日，毛帥請袁督師登島相見。禮畢，東江將官請毛帥及各夷丁叩見討馬，夷丁每名給銀一兩、米一石、布一疋，隨上席。毛帥親丁帶刀環遶。袁督師比退，與毛帥密語，三更方散。

初三日，督師差官謝酒，毛帥又設席相請，督師便服登島。又曰敘。至疏，方有傲狀。毛帥有不悦意態。酒散，袁傳副將汪翥入話，敘至五更方出。

初四日，賜東江兵三千五百七十五名，賞官銀，每員三五兩不等；賞兵銀，每名數錢。又將帶來銀十萬，交卸東江官。明日傳齊旗鼓，王副將行文毛帥，自後旅順東行毛帥印信，西行督師印信。又行文傳諭，恢復鎮江、旅順，俱着遵依。

初五日，傳各兵登崖，楞圍較射領賞。毛帥見，稟問老爺於何日起身。督師云：「寧遠重地，本部院來日便行。今邀貴鎮盤桓觀兵較射。」毛帥欣從。督師云：「明日不能踵辭，國家海外重寄，合受本部院一拜。」拜畢，隨登島山。謝參將暗傳號令，各營兵四面楞圍。毛帥隨行官百餘員，俱繞在圍內，其兵丁截在外。督師問東江各官姓名，俱應姓毛。毛帥云：「這多是敝户的小孫。」督師云：「爾們那里多姓毛，是出不得幾个這樣好漢，俱人人可用。我寧遠官有許多俸，兵有許多糧，尚然不足飽煖。念你們海外勞苦，每人只得米一斛，甚至家有幾口，俱分食此米。言念及此，情實痛酸。你們受我本部院一拜，當爲國家出力，自後不愁無餉。」各官感泣叩首再四。隨行問毛帥云：「本部院節制四鎮，嚴清海禁，實恐天津、登、萊受心腹之患，今請設東江餉部，錢糧由寧遠送至東江亦便。昨與貴鎮相商，必欲解銀自往登、萊糴買，又必移鎮定營制，分旅順東西節制，并設道核稽國家所費，查兵馬錢糧，俱不見允。終不然只管混賬，國家費許

多錢糧，要這東江何用。本部院披肝瀝膽，與你説了三日，只道你回頭是岸，也還不遲。那曉得你狼子野心，總是一片欺誑。到底你目中無本部院猶可，方今聖天子英武天縱，國法豈容得你！」語畢，西向叩請王命，着人將毛文龍拿下，剥去衣冠。文龍尚有抗拒意，督師又責曰：「你道本部院是個書生，本部院却是一個將首。倆這毛文龍欺君罔上，冒兵尅餉，屠戮遼民，殘破高麗，騷擾登、萊，騙害各商，擄掠民船，變人姓名，淫人子女，這是你該死罪案。今日殺了你，本部院若不能恢復遼東，願試尚方以償你命。」又宣言東江各官曰：「毛文龍這樣罪惡，你們説他該殺不該殺？若本部院屈殺了他，你們就上來殺我。」衆將官相對失色，叩頭哀告。文龍語塞，但云：「文龍有罪，自知該死，求督師老爺開恩。」督師云：「你不知國法久了，若不殺你，這一塊土，非皇上所有。」遂西向叩請尚方寶劍，令水營都司趙一枝、何麟圖監斬，旗牌官張國柄執着尚方劍，斬毛文龍首級於帳前。即分付將頭付他親人，備棺木殮，安葬圍外。是時，兵丁洶洶，見我兵嚴整，勢不能犯。督師又唤東江各官來見，諭曰：「本部院今日只斬毛文龍一人，以安海外兵民，還是殺人安人，你各將照舊供職，各復本姓，爲國報效。罪不及你，不必憂疑。」又分付將東江兵二萬八千分爲四協，殺其父用其子，以毛承禄管一協兵，以旂鼓徐敷奏管一協兵。還有二協，東江衆官保游擊劉興祚、副將陳繼盛二員管之。又分付東江官兵，久被毛帥剥削，將帶來銀十萬，賞各島兵，一員各賞銀三兩，名爲張賞功。東江旂鼓馮有時，將見在官兵一千八百員，其賞銀五千四百兩，以張信賞必伐之意。兵餘四協，照例給賞。又諭馮旗鼓速差人往旅順宣諭。又諭將毛帥印繳來，東江事務，權着陳繼盛代管。俟一協能建大功，即將此印題授。諭畢離島，登舟發牌。一面曉諭安撫各島軍民，票行登州游擊尹繼阿，速備艦船二十隻候用。又用文龍子毛承先，安撫後所欠商銀，着辦償還。發小帖云，户部委官陳越禮授守備督運各島糧餉。又發犒賞四協扎付。又差官查島中寃獄，并擄來客商船隻，俱即查報商人洪秀等十名訖。至夜，請徽州朱相公拂纓上船，敘坐一更方散。

初六日，命備酒席。督師親詣文龍棺前拜祭，云：「昨日我奉皇上命斬你，是朝廷法；今日祭你，是本部院情。」遂下淚。各官將俱下淚感歎。

初七日，登山試砲，試演。

初八日，差中軍官往皮島取劍并符驗。

初九日，往旅順，官軍迎接，佈置畢。

初十日晚，開船。

十一日，抵寧遠。是夜，風大。

十二日早，過江進城畢。

備論

張岱《石匱書後集》卷一　石匱書曰：袁崇焕短小精悍，形如小猱，而性極躁暴。攘臂談天下事，多大言不慚；而終日夢夢，墮幕士雲霧中而不知其著魅著魔也。五年滅寇，寇不能滅而自滅之矣。嗚呼！秦檜力主和議，緩宋亡且二百餘載；崇焕以齷齪庸才，焉可上比秦檜！亦猶之毛文龍以么魔小卒，焉可上比鄂王！論者乃取以比擬，不特開罪鄂王，亦且唐突秦檜矣。

查繼佐《罪惟録》列傳卷三二　按毛帥初島捷似倖，祇以朝無知兵，意欲藉之大恢復，不無溢美，遂使氣高，稍有擅動。從來邊將往往如是。果知其不當扼要，早加銜，移鎮重用，彼所部皆逸材，自能展一臂之用。而必殺之！在帝意以靡餉故，即閣臣錢龍錫意有崇焕，可無文龍，亦不定殺之。而崇焕以計斬疆場大臣，專以堅帝眷，則無法矣，其中不可問也。且十一罪皆非不赦，且萬無不再勘一辭而定之理。致使難民走活登萊，以釀後變，崇焕之罪，誰能曲解以寬之？或曰：調文龍禦險，如矯抗，可殺也。

《明史》卷二五九　崇焕智雖疎，差有膽略，莊烈帝又以讒間誅之。國步將移，刑章顛覆，豈非天哉！

陳田《明詩紀事》卷二三　田按：思陵多疑，果於殺戮。元素之誅，所謂自壞長城也。明之不振，有以夫。

陳伯陶《明季東莞五忠傳》卷上　論曰：世傳《明史列傳》爲萬季野斯同作，而《袁崇焕傳》尤爲注意。以今考之，譌闕尚多，其最誤者，則未審東江所在，而於毛文龍逆跡又不盡詳，且附會之，以爲妄殺。其於虎墩兎、劉興祚事，概不之及。而五年平遼方略，一若大言自詭，而不究其成算之未得行。其獄之寃，雖知爲我朝設間，又不知實出温體仁，皆失之大者也。夫崇焕之守寧錦，世競稱其功，然尚非至計。迨督師再召，乃始變其方略，鋭意平遼，觀其起用王象乾以撫虎墩兎，使敵多所備，而我少所虞，猶之乎前策也。至其練遼兵、遼馬用之野戰，

而不僅恃堅城大礮爲固防，其用東江，則又虛帥，以待有功，俾興祚兄弟爲之效死，誠使薊門增備，畿輔無驚，而又不撓其渡河之計，吾知崇煥謀畫，必將謂遼河壓其前，東江擣其後，外圍既急，内潰必多，其於恢復，或不俟五年，未可知也。天不祚明，璫燄未熸，羣凶煬竈，而帝亦憒憒，自壞爾萬里長城，此非我朝之間能殺崇煥，實體仁輩用我朝之間，以售其奸，使帝殺崇煥也。國家將亡，必有妖孽，崇煥其奈之何哉？或曰崇煥之前有熊廷弼，崇煥死後亦尚有孫承宗，而《明史》謂議戰守自崇煥始。崇煥死，明邊事益無人，亡徵決矣！何也？曰「此萬氏之持識也」。當廷弼時，廣寧猶未失，廷弼不於大凌、錦州、寧遠節節固守，步步應援，而建山海、天津、登萊三方布置之策。夫天津、登萊之水師，豈能陸戰以收四衛？而山海遼遠之步卒又豈能竭蹶以援廣寧？故廣寧一失，廷弼與王化貞俱走入關，此未足言戰守也。承宗城寧遠、城錦州，俱崇煥策，其敢復四城，亦崇煥兵。然而大淩之築，既不知敵所必争，長山之援，又不知我所以戰，遂使崇煥時精兵健將死降殆盡，一蹶而不可復興，此亦不足當邊寄也。然則若崇煥者，其真我朝勍敵也夫。

藝文

嚴遂成《明史雜詠》卷三《袁經略崇煥》 刺血飛書録守城，五年嫚語禍機萌。多疑易積中山謗，反間先寒息壤盟。倉卒法行張用濟，老成策讓趙營平。杜郵一賜巖關棄，此後邊才暮氣生。

廖廷相《荔枝草堂詩鈔》卷三《謁東莞袁督師祠堂》 百戰遼河屢合圍，屬鏤一賜竟難歸。漏師悔殺由中貴，公議翻令屬布衣。程更生布衣有《磯聲記》《磯聲記》辨督師冤甚詳。明月上天騰謗易，怒濤捲地故心非。淋漓痛憶先皇詔，異代孤忠藉表微。

黃道周部

綜述

《明史》卷二五五《黃道周傳》 黃道周，字幼平，漳浦人。天啓二年進士。改庶吉士，授編修，爲經筵展書官。故事，必膝行前，道周獨否，魏忠賢目攝之。未幾，内艱歸。

崇禎二年起故官，進右中允。三疏救故相錢龍錫，降調，龍錫得減死。五年正月方候補，遘疾求去。瀕行，上疏曰：

臣自幼學《易》，以天道爲準。上下載籍二千四百年，考其治亂，百不失一。陛下御極之元年，正當《師》之上九，其爻云「大君有命，開國承家，小人勿用」。陛下思賢才不遽得，懲小人不易絶，蓋陛下有大君之實，而小人懷干命之心。臣入都以來，所見諸大臣皆無遠猷，動尋苛細。治朝宁者以督責爲要談，治邊疆者以姑息爲上策。序仁義道德，則以爲迂昧而不經；奉刀筆簿書，則以爲通達而知務。一切磨勘，則葛藤終年；一意不調，而株連四起。陛下欲整頓紀綱，斥攘外患，諸臣用之以滋章法令，摧折縉紳；陛下欲剔弊防奸，懲一警百，諸臣用之以借題修隙，斂怨市權。且外廷諸臣敢誑陛下者，必不在拘攣守文之士，而在權力謬巧之人；内廷諸臣敢誑陛下者，必不在錐刀泉布之微，而在阿柄神叢之大。惟陛下超然省覽，旁稽載籍，自古迄今，決無數米量薪，可成遠大之猷；吹毛數睫，可奏三五之治者。彼小人見事，智每短於事前，言每多於事後。不救淩圍，而謂淩城必不可築；不理島民，而謂島衆必不可用。兵逃於久頓，而謂亂生於無兵；餉糜於漏巵，而謂功銷於無餉。亂視熒聽，浸淫相欺，馴至極壞，不可復挽，臣竊危之。自二年以來，以察去弊，而弊愈多；以威創頑，而威滋殫。是亦反申、商以歸周、孔，捐苛細以崇惇大之時矣。

帝不懌，摘「葛藤」、「株連」數語，令具陳。道周上言曰：

邇年諸臣所目營心計，無一實爲朝廷者。其用人行事，不過推求報復而已。自前歲春月以後，盛談邊疆，實非爲陛下邊疆，乃爲逆璫而翻邊疆也；去歲春月以後，盛言科場，實非爲陛下科場，乃爲仇隙而翻科場也。此非所謂「葛藤」、「株連」乎？自古外患未弭，則大臣一心以憂外患；小人未退，則大臣一心以憂小人。今獨以遺君父，而大臣自處於催科比較之末。行事而事失，則曰事不可爲；用人而人失，則曰人不足用。此臣所謂舛也。三十年來，釀成門户之禍，今又取縉紳稍有器識者，舉網投阱，即緩急安得一士之用乎！

凡絶餌而去者，必非鰌魚；戀棧而來者，必非駿馬。以利禄豢士，則所豢者必嗜利之臣；以箠楚驅人，則就驅者必駑駘之骨。今諸臣之才具心術，陛下其知之矣。知其爲小人而又以小人矯之，則小人之焰益張；知其爲君子而更以小人參之，則君子之功不立。天下總此人才，不在廊廟則在林藪。臣所知識者有馬如蛟、毛羽健、任贊化，所聞習者有惠世揚、李邦華，在仕籍者有徐良彦、曾櫻、朱大典、陸夢龍、鄒嘉生，皆卓犖駿偉，使當一面，必有可觀。

語皆刺大學士周延儒、温體仁。帝益不懌，斥爲民。

九年用薦召，復故官。明年閏月，久旱修省，道周上言：「近者中外齋宿，爲百姓請命，而五日内繫兩尚書，未聞有人申一疏者，安望其戡亂除凶，贊平明之治乎。陛下焦勞於上，小民展轉於下，而諸臣括囊其間，稍有人心，宜不至此。」又上疏曰：「陛下寬仁弘宥，有身任重寄至七八載罔效、擁權自若者。積漸以來，國無是非，朝無枉直，中外臣工率苟且圖事，誠可痛憤。然其視聽一係於上。上急催科，則下急賄賂；上樂鍥覈，則下樂巉險；上喜告訐，則下喜誣陷。當此南北交訌，奈何與市井細民，申勃谿之談，修睚眦之隙乎。」時體仁方招奸人搆東林、復社之獄，故道周及之。

旋進右諭德，掌司經局，疏辭。因言己有三罪、四恥、七不如。三罪、四恥，以自責，七不如者，謂「品行高峻，卓絶倫表，不如劉宗周；至性奇情，無愧純孝，不如倪元璐；湛深大慮，遠見深計，不如魏呈潤；犯言敢諫，清裁絶俗，不如詹爾選、吳執御；志尚高雅，博學多通，不如華亭布衣陳繼儒、龍溪舉人張燮；至圜土纍係之臣，朴心純行，不如李汝璨、傅朝佑；文章意氣，坎坷磊落，不如錢謙益、鄭鄤。」鄤方被杖母大詬，帝得疏駭異，責以顛倒是非。道周疏辯，語復營護鄤。帝怒，嚴旨切責。

道周以文章風節高天下，嚴冷方剛，不諧流俗，公卿多畏而忌之，乃藉不如鄤語爲口實。其冬，擇東宮講官，體仁已罷，張至發當國，擯道周不與。其同官項煜、楊廷麟不平，上疏推讓道周。至發言：「鄤杖母，明旨煌煌，道周自謂不如，安可爲元良輔導。」道周遂移疾乞休，不許。

十一年二月，帝御經筵。刑部尚書鄭三俊方下吏，講官黃景昉救之，帝未許。而帝適追論舊講官姚希孟嘗請漕儲全折以爲非，道周聽未審，謂帝將寬三俊念希孟也，因言：「故輔臣文震孟一生蹇直，未蒙帷蓋恩。天下士，生如三俊，殁如震孟、希孟，求其影似，未可多得。」帝以所對失實，責令回奏。再奏再詰，至三奏乃已。凡道周所建白，未嘗得一俞旨，道周顧言不已。

六月，廷推閣臣。道周已充日講官，遷少詹事，得與名。帝不用，用楊嗣昌等五人。道周乃草三疏，一劾嗣昌，一劾陳新甲，一劾遼撫方一藻，同日上之。其劾嗣昌，謂：

天下無無父之子，亦無不臣之子。衛開方不省其親，管仲至比之猳狗。李定不喪繼母，宋世共指爲人梟。今遂有不持兩服，坐司馬堂如楊嗣昌者。宣大督臣盧象昇以父殯在途，搥心飲血，請就近推補，乃忽有并推在籍守制之旨。夫守制者可推，則聞喪者可不去；聞喪者可不去，則爲子者可不父，爲臣者可不子。即使人才甚乏，奈何使不忠不孝者連苞引蘖，種其不祥以穢天下乎？嗣昌在事二年，張網溢地之談，款市樂天之説，才智亦可睹矣，更起一不祥之人，與之表裏。陛下孝治天下，縉紳家庭小小勃谿，猶以法治之，而冒喪斁倫，獨謂無禁，臣竊以爲不可也。

其論新甲，言其：

守制不終，走邪徑，託捷足。天下即甚無才，未宜假借及此。古有忠臣孝子無濟於艱難者，決未有不忠不孝而可進乎功名道德之門者也。臣二十躬耕，手足胼胝，以養二人。四十餘削籍，徒步荷擔二千里，不解扉屨。今雖踰五十，非有妻子之奉，婢僕之累。天下即無人，臣願解清華，出管鎖鑰，何必使被棘負塗者，祓不祥以玷王化哉！

其論一藻，則力詆和議之非。帝疑道周以不用怨望，而「縉紳」、「勃谿」語，欲爲鄭鄤脱罪，下吏部行譴。嗣昌因上言：「鄤杖母，禽獸不如。今道周又不如鄤，且其意徒欲庇凶徒，飾前言之謬，立心可知。」因自乞罷免，帝優旨慰之。

七月五日召内閣及諸大臣於平臺，并及道周。帝與諸臣語所司事，久之，問道周曰：「凡無所爲而爲者，謂之天理；有所爲而爲者，謂之人欲。爾三疏適當廷推不用時，果無所爲乎？」道周對曰：「臣三疏皆爲國家綱常，自信無所爲。」帝曰：「先時何不言？」對曰：「先時猶可不言，至簡用後不言，更無當言之日。」帝曰：「清固美德，但不可傲物遂非。且惟伯夷爲聖之清，若小廉曲謹，是廉，非清也。」時道周所對不合指，帝屢駁，道周復進曰：「惟孝弟之人始能經綸天下，發育萬物。不孝不弟者，根本既無，安有枝葉。」嗣昌出奏曰：「臣不生空桑，豈不知父母。顧念君爲臣綱，父爲子綱，君臣固在父子前。況古爲列國之君臣，可去此適彼；今則一統之君臣，無所逃於天地之間。且仁不遺親，義不後君，難以偏重。臣四疏力辭，意詞臣中有如劉定之、羅倫者，抗疏爲臣代請，得遂臣志。及抵都門，聞道周人品學術，爲人宗師，乃不如鄭鄤。」帝曰：「然，朕正擬問之。」乃問道周曰：「古人心無所爲，今則各有所主，故孟子欲正人心，息邪説。古之邪説，别爲一教，今則直附於聖賢經傳中，係世道人心更大。且爾言不如鄭鄤，何也？」對曰：「臣章見棄通國，孟子不失禮貌，臣言文章不如鄤。」帝曰：「章子不得於父，豈鄤杖母者比。爾言不如，豈非朋比？」道周曰：「衆惡必察。」帝曰：「陳新甲何以走邪徑，託捷足？且爾言軟美容悦，叩首折枝者誰耶？」道周不能對，但曰：「人心邪則行徑皆邪。」帝曰：「喪固凶禮，豈遭凶者即凶人，盡不祥之人？」道周曰：「古三年喪，君命不過其門。自謂凶與不祥，故軍禮鑿凶門而出。奪情在疆外則可，朝中則不可。」帝曰：「人既可用，何分内外？」道周曰：「我朝自羅倫論奪情，前後五十餘人，多在邊疆。故嗣昌在邊疆則可，在中樞則不可；在中樞猶可，在政府則不可。止嗣昌一人猶可，又呼朋引類，竟成一奪情世界，益不可。」帝又詰問久之。帝曰：「少正卯當時亦稱聞人。心逆而險，行僻而堅，言僞而辨，順非而澤，記醜而博，不免聖人之誅。今人多類此。」道周曰：「少正卯心術不正，臣心正無一毫私。」帝怒。有間，命出候旨。道周曰：「臣今日不盡言，臣負陛下；陛下今日殺臣，陛下負臣。」帝曰：「爾一生學問，止成佞耳。」叱之退，道周叩首起，復跪奏：「臣敢將忠佞二字剖析言之。夫人在君父前，獨立敢言爲佞，豈在君父前讒諂而諛爲忠耶？忠佞不别，邪正淆矣，何以致治？」帝曰：「固也，非朕漫加爾以佞。但所問在此，所答在彼，非佞而何？」乃再叱之退。顧嗣昌曰：「甚矣，人心偷薄也。道周恣肆如此，其能無正乎？」召文武諸臣，咸聆戒諭而退。

是時，帝憂兵事，謂可屬大事者惟嗣昌，破格用之。道周守經，失帝意。及

奏對，又不遜。帝怒甚，欲加以重罪，憚其名高，未敢決。會劉同升、趙士春亦劾嗣昌，將予重譴，而部擬道周譴顧輕。嗣昌懼道周輕，則論己者將無已時也，亟購人劾道者。有刑部主事張若麒謀改兵部，遂阿嗣昌意上疏曰：「臣聞人主之尊，尊無二上；人臣無將，將而必誅。今黄道周及其徒黨造作語言，虧損聖德。舉古今未有之好語盡出道周，無不可歸過於君父。不頒示前日召對始末，背公死黨之徒，鼓煽以惑四方，私記以疑後世，撓聖天子正人心息邪説至意，大不便。」帝即傳諭廷臣，毋爲道周劫持相朋黨，凡數百言。貶道周六秩，爲江西按察司照磨，而若麒果得兵部。

久之，江西巡撫解學龍薦所部官，推獎道周備至。故事，但下所司，帝亦不覆閲。而大學士魏照乘惡道周甚，則擬旨責學龍濫薦。帝遂發怒，立削二人籍，逮下刑部獄，責以黨邪亂政，並杖八十，究黨與。詞連編修黄文焕、吏部主事陳天定、工部司務董養河、中書舍人文震亨，並繫獄。户部主事葉廷秀、監生涂仲吉救之，亦繫獄。尚書李覺斯讞輕，嚴旨切責，再擬謫戍烟瘴，帝猶以爲失出，除覺斯名，移獄鎮撫司掠治，乃還刑部獄。逾年，尚書劉澤深等言：「二人罪至永戍止矣，過此惟論死。論死非封疆則貪酷，未有以建言者。道周無封疆貪酷之罪，而有建言蒙戮之名，於道周得矣，非我聖主覆載之量也。陛下所疑者黨耳。黨者，見諸行事。道周抗疏，祇託空言，一二知交相從罷斥，烏覩所謂黨，而煩朝廷大法乎。且陛下豈有積恨道周，萬一聖意轉圜，而臣已論定，悔之何及。」仍以原擬請，乃永戍廣西。

十五年八月，道周戍已經年。一日，帝召五輔臣入文華後殿，手一編從容問曰：「張溥、張采何如人也？」皆對曰：「讀書好學人也。」帝曰：「張溥已死，張采小臣，科道官何亟稱之？」對曰：「其胸中自有書，科道官以其用未竟而惜之。」帝曰：「亦不免偏。」時延儒自以嗣昌既已前死矣，而己方再入相，欲參用公議，爲道周地也，即對曰：「張溥、黄道周皆未免偏，徒以其善學，故人人惜之。」帝默然。德璟曰：「道周前日蒙戍，上恩寬大，獨其家貧子幼，其實可憫。」帝微笑。演曰：「其事親亦極孝。」甡曰：「道周學無不通，且極清苦。」帝不答，但微笑而已。明日傳旨復故官。道周在途疏謝，稱學龍、廷秀賢。既還，帝召見道周，道周見帝而泣：「臣不自意今復得見陛下，臣故有犬馬之疾。」請假，許之。

居久之，福王監國，用道周吏部左侍郎。道周不欲出，馬士英諷之曰：「人望在公，公不起，欲從史可法擁立潞王耶？」乃不得已趨朝。陳進取九策，拜禮部尚書，協理詹事府事。而朝政日非，大臣相繼去國，識者知其將亡矣。明年三月遣祭告禹陵。瀕行，陳進取策，時不能用。甫竣事，南都亡，見唐王聿鍵於衢州，奉表勸進。王以道周爲武英殿大學士。道周學行高，王敬禮之特甚，賜宴。鄭芝龍爵通侯，位道周上，衆議抑芝龍，文武由是不和。一諸生上書詆道周迂，不可居相位，王知出芝龍意，下督學御史撻之。

當是時，國勢衰，政歸鄭氏，大帥恃恩觀望，不肯一出關募兵。道周請自往江西圖恢復。以七月啓行，所至遠近響應，得義旅九千餘人，由廣信出衢州。十二月進至婺源，遇大清兵。戰敗，被執至江寧，幽别室中，囚服著書。臨刑，過東華門，坐不起，曰：「此與高皇帝陵寢近，可死矣。」監刑者從之。幕下士中書賴雍、蔡紹謹，兵部主事趙士超等皆死。

道周學貫古今，所至學者雲集。銅山在孤島中，有石室，道周自幼坐卧其中，故學者稱爲石齋先生。精天文曆數皇極諸書。所著《易象正》、《三易洞璣》及《太函經》，學者窮年不能通其説，而道周用以推驗治亂。殁後，家人得其小册，自謂終於丙戌，年六十二，始信其能知來也。

邵廷采《東南紀事》卷三　黄道周字幼元，福建漳浦人。幼孤，好學，窮微極博。天啓壬戌成進士，授編修，充經筵展書官。故事：展書必跪，膝行數武。道周獨謂膝行非禮，平步進，監侍駭愕。魏忠賢連目攝之不動，歸。讀書白鹿洞，躬執薪爨。天下士大夫高推之。威宗即位，起原官。崇禎庚午主浙江鄉試，遷右中允。會大學士錢龍錫以袁崇焕事下獄，史堃等必欲殺之。主之者周延儒，廷臣無敢訟冤者。道周上疏曰：「秦漢而下，宰相有犯，坐請室不過數日，非大逆，或裁，或原，人主未嘗不爲引痛。今纍輔所坐，爲罪督攀援耳。昔輔臣高拱，嘗以邊功得蔭錦衣，辭曰：身未臨疆場而受上賞，即一日有敗，何所逃誅！臣疑其言不忠。由今而觀，實爲先見。漢武帝決意空幕南，心疑丞相墜北伐之師，一旦破法而戮劉屈氂。世宗決意棄河套，心疑開隙撓修玄之事，一旦破法而誅夏言。此二子者，皆生值明時，無故身伏斧鑕。今東疆之圖未有定算，恢復之計上下持疑，未有一男子據鞍而斫騎牆之見者，獨斷然快意於一纍輔。纍輔既無斂棊引杯之致，廷臣又無蹴芻齒馬之嫌，遂使三台灰溺於貫城，斗柄銷光於理勢。每見衣冠，相語以目，不曰『安敢言』，則曰『那得歸』。天下人心衰颯如此，誰復挺脊梁、擔安攘之略者乎？陛下御極以來，輔臣坐重譴者九人矣。一代之中，有幾宰輔？而三年每降愈下至此！」疏入，上感動，延儒意亦釋。龍錫竟得

出，戍定海衛。

五年，孔有德反登州，連陷州縣，而溫體仁當國專輔，上以法律，益爲廉謹取媚，凡事蒙蔽，兵政怠弛。道周精《易》數，故以《易》諫。言《易》以天道爲準，以《詩》、《春秋》推其運候。始春秋元年己未加五十有五，得周幽王甲子，其明年十月辛卯朔日食。以是上下中分二千一百六十年，内損十四爲洪武元年戊申，爲大明資始。戊申距今二百六十四年，以乾屯需師別之，三卦五爻，丁卯大雪，入師之上六。是陛下御極之元年，正當師上六。辭曰：大君有命，開國承家，小人勿用。凡易一卦，直六十七年一百五日，一爻直十一年七十七日。今歷十分之四矣，陛下開承之始曾未四年，士庶離心，寇攘四起。往者敵去遵、永已六、七日，而叙收復者以爲千古奇功；近者賊破山東已六、七縣，而護叛帥者以爲不犯秋毫。凡小人見事，智恒短於事前，言恒長於事後。不救淩城，謂淩城必不可築；不理島民，謂島民必不可用。昔有夏胤征，仲尼所録，向戍去兵，丘明非之。臣之爲正功之道在乎定命，亂邦之戒止乎小人。小人用，即無寇賊，亦足以致亂；小人不用，即有外憂，亦足以致理。人主之學一以天道爲師，則萬物之情可照；斷事一以聖賢爲法，則天下之材具服。二年以來，以察去蔽，蔽愈多；以刑樹威，威愈殫；亦反申、商歸周、孔之秋。臣考自丁卯大雪，至戊寅春分，凡十一年餘七十七日，皆在師上六；勿用之防，誠不可已。傳旨：明切更奏。道周言：明切之要，莫若用君子、去小人。自庚午以來，爲邊疆之案以陷君子，爲科場之案以尋私怨。其緒餘爲參罰催科。在宋人一看詳條例之司，諸臣倚之當匡襄之務。宋儒言邊帥之才當於廉幹有識中求之，又云直言敢諫之士即杖節死義之臣。萬曆末年，如鄒元標、趙南星等二十餘人廢棄廿年，釀成門户之禍。今又取搢紳有器識者舉網投穽。知其爲小人又以小人矯之，知其爲君子又以小人參之，天下事尚安望有成功哉！因論馬如蛟、毛羽健、任贊化等被譴，而薦惠世揚、李邦華、梁廷棟可大用。末云：「昔蘇軾臨行，求陛辭不得，上書言極泰之世，小民皆得上通；極否之世，近臣不能自達。臣今雖乞枯骸，猶荷明問，死且不朽。」坐削籍，出都爲衛士淩辱，作重生詩。至杭州，諸生築大滌書院於餘杭之洞霄宫，從講學焉。歸廬墓者三年，以原官召，遷左中允。

時五日内，繫兩尚書。道周上書，請慎喜怒以回天。再應詔，言：天下神器爲之有道，簿書刀筆非所以繩削天下之具也。古者，聖人設爲禮樂以治方内，設爲征伐以治方外。禮樂不足以治其内，始有繆絏纓鞶纏於君子；征伐不足以治其外，始有揭竿裂帛起於小人。共工、伯鯀，身亮天工，使水土不治，人民不安，雖神明之胄，不保幽羽之戮。今陛下寬仁宏宥，蓋有身膺重寄七、八載罔效，尚擁權藉自若者，天下巉險無賴之徒羣聚京師，搢紳俛首屏息以伺動定。幸逢陛下好生，下詔求言，省刑清獄。然方求言而建言者輒斥，方清獄而下獄者旋聞。且以人心時事如此，輔臣雖甚清且强，寧保天下無一蹴躋齒馬之事哉？上心重道周，意其言事頗迂，而言醇行清，可任講幄，累陞左春坊左諭德、詹事府少詹事，侍讀學士，修玉牒，充經筵日講官。

十一年二月，上御經筵畢，召道周及詹事顧錫疇、庶子黄景昉，編修楊廷麟等二十餘人前，問保舉考選，孰爲得人？道周對：今人才遠不如古，矧屢經摧折，如樹木然，須養之數十年方得其用。世宗皇帝時，臣下救過不給，然或朝行譴逐，暮即追還。上感動。已復班，更召詢道周，言：立朝之才存乎心術，治邊之才存乎形勢。曩來督、撫未揆形勢，隨賊奔走，事既不效，輒謂兵饟不足，其實新舊饟約千二百萬，可供四十萬師。今寧錦三協僅十六萬，不須別求增饟。至撫賊之法，令斬捕自贖，使望風解還，收其衆，分隸諸將，以實塞下。倘令自擇散地，一入鄖陽山中，終爲腹心之患。上深是之而未能行。後張獻忠反穀城，卒如道周言。

楊嗣昌爲本兵，主棄義州，致寧、錦孤危。且引漢和親、宋納幣稱爲樂天，而援孟子善戰服上刑，傅會其説，唆遼撫方一藻奏言：北朝鐵騎十萬，并三十六家之衆十餘萬，西并插部及順義又十萬；八城之衆不過六、七萬人，何以禦之？請如俺答故事行款，撤兵中原，討流寇。已遣瞽者周元忠前往諭其就撫，皆受成中樞，與宣督盧象昇密商，幸上獨斷。道周聞之，頓足曰：「果爾，不爲趙氏續乎？」乃上言：俺答之事，與今日不同。俺答據有河套六七十年，故漢匈奴河南地，非若遼東衣冠之國在我畈章，一也。河套深阻，形勢窪曲，距三輔四千里，必蹂秦晉以寇宣雲，非如遼左近我肘腋，猝不及制，二也。答誘我降人如趙全輩，不過教以擾邊盜馬，今諸叛將獷卒無賴者，視取全遼若寄，動引契丹、蒙古爲雅談，不可稍示以隙，三也。俺答制於胡婦，老且倦，其今東人狂稺，初無撫意，我又未得其要領，四也。答與吉囊共爲雄長，恐已死，囊并其衆，欲及生時，借名封以襄諸部，收諸邊撫賞之利，非若東人盡吞屬國，西取順義，東取朝鮮，桀驁盤踞，五也。答受撫雖不出套，其王庭猶在漠北，時射獵賀蘭、青海之外，東人必不肯棄遼瀋、舍固鐵，還徙建州，與魚皮諸夷爲鄰，六也。答既受金印，七十年稱外

藩，一旦爲東人所乘，度卷其地，我邊臣若罔聞知，無由復侈東封，使還順義，七也。我雖不築東勝，答亦不犯慶延，受降兩城，東西自若，東人即畫桼河中分首山之道，而神京左臂猶未安復，八也。答即據套，不能斷我屬夷，東人既割遼左，必不肯吐諸驛還我朝鮮，九也。答馬市在陽和天城，即東犯紫荆，尚六七百里，東人馬市若在張家，不百里至宣鎮，不二百里踰隆慶、嬀川，迫我居庸，且又紆道，非其所樂，必尋遼西舊市，屯踞寧、錦間，以蠶食八城，窺我左協，十也。款必不可成，即幸而獲成，寧、錦、遵、薊、宣、大之師，何處可撤？不悔罪臣貢不可撤，不卻地還巢不可撤，不北盡威遠、清揚，南盡靉陽、寬奠不可撤，不東盡諸部落不侵不叛不可撤，不西還我順義金印各王之封不可撤，不盡捉東江諸島孔、耿、尚、沈四酋以謝登萊、靖旅順不可撤，中原叛師、江南流人未還成籍，得出入狡獪其間不可撤，馬市數徙出撫順，又出廣寧求宣口，又求中協，故例可循而邊隙不塞不可撤，元凶猶在，蛇豕無懲，德明之外別有元昊不可撤。兀堂再誅，京觀屢築，而安樂自在之民未還冠帶詩書之舊，飄揺風雨，其來無方，此乘塞關外者可撤乎？不可撤乎？宋祖欺人孤寡取天下，得於契丹噂蹴之餘，不二十五年而爭盟，欣然封禪。我太祖、太宗光還日月，誰敢爲不潔之談。穆宗不動一旅，而收順義；神祖不憚大師，以復朝鮮之宇。今西喪卜部，東陷朝鮮，中外諸臣，恬不爲意。臣非謂寧、錦六七萬便可犂建州，彼既據瀋陽西面，攻略必渡坌河、出臨潢之外，北歷興寧千七百里始至宣口；即中折而回三協諸口，亦已七八百里。今從錦義至静寧堡，彼所必經一二百里，距瀋陽五六百里耳。静以觀其釁，逸以待其歸，彼之有虞於寧、錦，猶寧、錦之有虞於彼也。彼兵雖盛，散於各部，不能長聚六七萬人以待引弓。彼以一州之衆，馳千七百里，何必有餘？我以天下之力應五六百里，何必不足？度邊臣之意，以久戍之卒，當猝至之敵，無衆不摧。不如以不戰之飽與彼，以有生之安與我，是不言款而款已久。猶恐以一朝之戰，敗其終年之款，思以其不款之款，文其不戰之戰。光考在御，旬日間發帑二十餘萬，未底厥成，今可以苟簡終之？但請立爲搗虛斷後之令：敵以數萬騎出千里之外，我不能以數千騎搗五百里之内者誅無赦；敵以十餘萬騎出千里之外，我不能以數萬騎搗五百里之内者誅無赦。又爲之令曰：敵以萬騎出千里歸，我不能以二萬騎邀其輜重者誅無赦。如此，彼必不敢遠出，必憤而與我持於堅城之下；我始得斂兵，專以老之，撓之，設奇以致之，多方以誤之，以八九萬人全力與遵、薊相犄角，即錦、義之間固已可伏而答其背矣。今聽敵入乎！今日曰出宣府，明日曰出大同，今日曰駐馬肺山，明日曰駐青潤口。經春涉夏，消遥不歸，絶不聞遣一卒攖其虎穴，又烏用是遼撫爲者？遼撫既無成謀，内受算於樞臣；樞臣又無成謀，外受算於錦帥。款事成，則逃眚旦夕之間，貽釁三年之後；不成，則請外有王田之智，内無高張之忠，委過朝端，安受禍敗。昔唐憲宗獨斷而平淮蔡，然遇藩鎮大事，皆咨策杜黄裳，謀於李絳，詢於裴洎，納諫於白居易，後乃委心於裴度。方今上天告災，星象示儆；宜以實示羣情，無以文稽衆論。惟陛下發樞臣前後諸疏，衆正其罪。上方倚信嗣昌，議雖不行，心銜道周。

會象昇以憂求解任，嗣昌意在陳新甲，并推在籍守制者。先是，嗣昌奪情，道周三具疏，以遂事中止。至是，聞會推宣督之命，遂上疏曰：臣觀古今治跡，其典章法度雖受於先王，義不敢改，至於事窮勢極，亦時通變，以盡其神。惟綱常所繫，爲臣教忠、爲子教孝，垂憲萬世，本於民彝，不可易也。禮三年之喪，君命不過其門；兵革鑿凶，時出戎右，不施於士大夫。宋時武弁如田況、岳飛，皆累乞終制。我太祖以劉基、宋濂帷幄之任，特聽其奔喪。嗣後雖有奪情，終違物論。嘉靖中葉，以邊圉事殷，特起楊博於宣大，還翁萬達於本兵，然其時博且禫矣。又以夙歷移近雲中，萬達以尚書降左侍郎，棲遲不數日，墨衣視事；世宗亦心非之，卒罷閒以去。蓋自是，非終喪不稱起復也。張居正以不守制，損其勳名。天啓季年，袁崇焕冒起於右屯，崔呈秀覥顔於樞府，身膏斧鑕，貽唾西市。去今幾何時，而士大夫蒙面喪心，營推營復。天下無無父之子，亦無不子之臣。衛開方不省其親，管仲至比之豭狗。李定不丁繼母憂，宋世共指爲梟獍。臣前三月在經筵，見楊嗣昌吉服應召，疑已終制，今乃未然。嗣昌秉樞已垂二年，不知其何時居喪，何人推轂，而顛越至此。陛下聖德，孝治天下，小遇災眚，輒減膳撤縣，素服避殿，以厲羣臣。所以然者，陛下爲天之子，三辰不輯，天有違行，猶之父母温清不安，人子爲之不櫛、不沐，廢寢忘餐，以俟父母之平復，所以教孝也。今督臣盧象昇父殯在途，椎心泣血，以俟奔喪，而羣臣動推潤遠難移之人以緩其事，今又有并推在籍守制之旨。夫使守制者可推，則是聞喪者可不去也；是爲子者可不父，爲臣者可不子也。陛下以日月拂經，星辰陵次，煇氣違和，尚下詔求言，引躬克治，明示天下以君臣父子皆受於天，禮樂刑政之所，樂出不可僭越；而人臣以哀毁不祥之身，飛揚喑咤，彼此相煽，以玷聖明仁孝之治，於天地綱紀之常，是不宜使四方聞見也。嗣昌張綱溢地之談、款市樂天之說，才智略見矣；更起一不祥之人與之表裏，猶狼狽依肩，無益負重，陛下又何以施其鞭策

乎？上切責。

及會推，竟以新甲上。道周又疏言：「臣不知新甲爲何如人，然聞其丁艱猶未終制也。古儒臣專閫，能任弘鉅、垂竹帛者，率皆本道德、敦行義，根柢甚茂，而後枝葉生焉。三代而下，如趙充國、皇甫嵩、羊祜、杜預、裴行儉、高仁厚、韓琦、范仲淹輩，皆卓然自豎，纖毫不苟；其所成就猶未造古吉甫、張仲之流。今聖主焦勞邊境十年於兹，負氣敢諫諸臣，半棄不録，欲使軟美悦者叩頭折枝以倖非常之功，僥不世之業，寧可得乎？比寧、錦邊遽，東人曾未越邊，而宣、雲警報輒云：九營、十營，衣青蟒者無數。中樞且欲以義州馬市權畀款邊，中外譸張，幾易鹿馬之形，盡假叢神之意，空破非常之格，以授不祥之人。傳曰：天子守在四夷。又曰：王者有征無戰。誠使禮樂修明，舉錯各當，忠讜在朝，貪佞在野，以此守何不固？征何不服？古亦有忠臣孝子無濟於匡攘之用者，決未有不忠、不孝而可進於功名道德之門者也。臣雖孱懦，然自二十歲躬耕，胼胝手足以養二人。四十餘削籍，徒步荷擔二千里，不解扉屨。今雖踰五十，然非有妻子之奉，婢僕之累，所纂數卷書，已移月可畢。筆札干楯，均爲報恩。天下果無人臣願解清華以執鎖鑰，何至使被棘負塗者祓不祥以玷皇化哉！方今熒惑漸次箕尾，是爲燕分。九十月交，當南斗口。雖有道儒者所不談，然思患豫防，聖人所誡。新甲聞報，崎嶇秦蜀，發表東裝，度須百日；比其載道，已垂半載。象昇空以煢煢歸説之身，待其遲遲援琴之道，所謂乞河神而濡突火也。」疏入，上滋不懌。

九月，御平臺召對，謂道周曰：「朕幼而失學，長而無聞，賴以講臣之力啓沃朕心，少知天理、人欲兩端。夫無所爲而爲之曰天理，有所爲而爲之曰人欲。爾前疏適當枚卜不用之時，可謂無所爲乎？」對曰：「天人義利之辨，臣嘗聞之矣。臣以綱常名教爲心，不以功名爵禄爲心，自信無所謂也。」上曰：「朝推新甲，爾疏夕至，何也？」對曰：「前旨云不拘守制，知新甲矣。始，嗣昌欲用新甲，臣參疏夙具，適相會耳。」上曰：「三疏皆上，而云阻於際會，何也？」對曰：「臣同鄉御史臣蘭友、給事中臣楷，已有章矣。恐涉嫌疑，故臣疏未上。天下綱常，封疆大計，若終不言，後將莫及。且言路未有言者，臣之有言，非得已也。」上曰：「清，美德也。小廉曲謹，非清也。且汝言辨而多非前講所云子思一生以誠明爲本是也；云誠出於清，仁生於誠非也。」對曰：「曲能有誠，此誠出於清之説也。孝弟爲仁之本，此誠生仁之説也。夫惟孝弟之人，能理天下、生萬物，不孝不弟，本實撥矣，禮義廉恥盡矣，何事之能成？」

嗣昌進曰：「道周責臣奪情起復是也，其謂臣嘗推嘗復非也。臣不幸遭臣父之艱，又遭繼母之憂，臣不主於空桑，豈不知有父母？君爲臣綱，父爲子綱。古者列國之君臣尚可去彼適此，今則一統之君臣無所逃於天地。即臣父母皆受君恩，臣於君臣尤重於父子。況臣乞終制者三矣，至奉明旨，撫按敦迫，自分何能敢復晏然？倉皇奔命，行至保定，猶乞終喪；引成化間修撰羅倫事，意謂今詞臣中必有博通古義，親切論思，可代臣直言，上回天聽。比入京，聞道周品行學術士類所宗，必有持正之言，可以使臣終制而去，不謂其疏中自稱不如鄭鄤，臣乃太息而絶望也。古人有言：禽獸知母不知父。鄤杖母，禽獸不如。道周又不如鄤，未知道周之於綱常何如也！」上曰：「卿爲卿父，屢疏昭然。數年在外，並不攜家人，墨衰視事，朕自知卿耳。且道周所言不如鄭鄤，朕正欲詰之。」嗣昌曰：「臣以綱常名教所關，不容不辨。道周實清介，人望所歸，乞罷臣放還歸田里。」上温慰之，且斥道周邪説。

道周曰：「臣平生耻言人過，今與嗣昌争論於上前，非體也。但爲天下後世留此綱常名教，不得不然。」上曰：「對君有體，狂詈何也？」道周曰：「臣疏中惟猳狗、梟獍兩語，不無過激；然遭遇聖明，故敢直言。夫立言甚難也。綱常名教者，朝廷之綱常名教；禮義廉耻者，國家之禮義廉耻。假以臣爲一人之私，緘默取富貴可矣。」上曰：「爾借題訐詆大臣，別有所爲耳。」道周曰：「司馬光有言，臣若有專司，則有所不言；如爲論思，則無不可言者。臣受論思之職，與嗣昌比肩，當言而言，不得云詆毀大臣。讀書五十年，無一言一事不可對君親、告妻子。臣躬耕二十年，手足胼胝；四十喪親，負土作墓，畚插皆臣自操，故奪情之事，所不忍見。」上曰：「爾如是，云不如鄭鄤何也？」道周曰：「匡章棄於通國，孟子不失禮貌。孔子自云：辭命不如宰予。臣謂文章不如鄭鄤。」上曰：「鄤自絶人倫，許曦小臣猶知公論，爾曾曦之不如？」道周曰：「宋人惡李定不持母服，擬賜孝子徐積粟帛以諷之。臣奉彈嗣昌，則非救鄤矣。」上曰：「少正卯亦稱聞人，徒以言僞而辨、行堅而僻、記醜而博、順非而澤，不免孔子之誅。今之人多類此者。」道周曰：「少正卯心不正，臣心正者也。」上曰：「朕知爾操守，雖屢進屢退，終欲用爾；不圖偏矯恣肆乃至於此。念以講官，姑寬爾。」因令之去。道周猶不起，有所陳，上怒。嗣昌曰：「道周所言經也，臣拜命權也。惟上優容之。」已出，上止諸臣，諭之曰：「今者内寇外邊，天妖地震，朕不能發諸臣公忠爲國之心，宣

德化、芟禍亂，所賴諸臣匡朕不逮。而乃黨同伐異，阻撓朝廷用人之權，是外寇易治，內寇難除也。今有仍前轍者，立寘重典。」明日，謫江西布政司都事。道周既謫，而名愈重，天下稱直諫者，必曰黄石齋。

十三年，福建巡撫解學龍薦閩中人才，以道周爲冠。上大怒，緹騎逮學龍及道周詣北寺對簿。是日，黄霧四塞，日告無光。各杖八十，下詔獄。入白雲庫，獄卒曰：「此周順昌、周宗建畢命所也。」視北鎮撫司事滕胤玉給藉草、餽櫜饘，作重生生詩。監生涂仲吉上言：「道周通籍二十載，半居墳廬；一生學力，止知君親。雖言嘗過戇，而志實忠純。今喘息僅存，猶讀書不倦。此臣不爲道周惜，而爲陛下天下萬世惜也。昔唐太宗恨魏徵之面斥，至欲殺而終不果；漢武帝惡汲黯之直諫，雖遠出而實優容。陛下欲遠法堯、舜，奈何出漢、唐主下？」户部主事葉廷秀亦疏救，俱下獄廷杖。

初，上命天下共表《孝經》并《小學》頒行，道周於庫中作《聖世頒孝經頌》。頌曰：粵稽天德，厥貴恒性；於皇師天，永孝配命。師天永孝，乃立民極；明明我皇，允惟天德。餘姚孫嘉績亦繫白雲，從受《易》道周。刑部尚書劉澤深擬瘴戍，再奏不允。澤深上言：「道周之罪，前兩疏已嚴矣。至此，惟有論死。死生之際，臣不敢不慎也。自來論死諸臣，非封疆則貪酷，未有以建言誅者。今以此加道周，道周無封疆貪酷之失，而有建言蒙僇之名，道周得矣。非我皇上覆載之量也。且皇上所疑者黨耳。黨者見諸行事。道周具疏空言，一二臣工始未嘗不相與也，今且短之，既而斥之，烏有所謂黨而煩朝廷之大法耶？去年行刑時，忽奉旨停免，今皇上豈有積恨於道周？萬一轉圜動念，而臣已論定，噬臍何及？敢仍以原擬上。」上從之，戍辰州。自十四年正月入詔獄，積十有四月，始得出，作再重重生詩。學龍、廷秀、仲吉亦戍。

道周道南都，至杭州，諸生迎至大滌，析鵝鹿疑義，示三易指歸、詩禮樂春秋及樂律論儒派。八月，荷殳入楚。未至，上議起廢錮，禮部右侍郎蔣德璟言：「前少詹事臣道周愚戇之咎，實皆自取。第半生孤苦，子幼家貧；萬里投荒，深可軫念。」德璟旋入閣。八月，日講，上與輔臣從容語及張溥、張采之爲人。曰：「溥小臣，且不免偏，何以負重名？」周延儒進曰：「張溥、黄道周皆有偏，惟是讀書博通，所以人人惜之。」上默然。德璟因言：「前蒙皇上放道周生還，渠極感聖恩。但子方十歲，得免其永戍，量移內地，皆出憐才好生之德。」上微笑。德璟又言：「道周在獄時，寫有《孝經》百本，每本作文一篇，是感頌聖德。」黄景昉、陳演、吴甡合言：「道周事親孝，且清苦，極不可及。」延儒言：「即其讀書，亦尚可用。」上不答，惟微笑而已。明日手勅：「曩諸先生面奏，永戍黄道周清操博學，見今戍遠子幼，朕心不覺憐憫。彼雖偏迂，經此一番懲創，想亦改悔。人才當惜，宜作何赦罪酌用，密議來奏。」輔臣上言：「道周向來未經追琢，每有任性率意之咎。自蒙恩譴，裁抑陶鎔，聞已甚悔前非，每日在獄手書《孝經》，極其感佩天恩，頌揚聖德。恭睹皇上勤學好問、稽古考文，臣等自漸固陋，未能仰承萬一。因思及道周博雅，遂攄臆陳，伏蒙皇上憐其貧苦，鑒其改悔，而軫及於人才當惜，赦罪酌用。斯真造化生成之恩，天地覆載之量。道周原職詹事府詹事，今既蒙恩赦用，似當還其故秩，以備史局編摩，更足資其一得，此又非止從道周起見也。」上報可，命即擬旨。輔臣復上言：「皇上此舉，衆美俱備。從此知學行之足貴，信廉吏之可爲，所裨於作人磨世、君德治象非細。」是日，詔復道周少詹事，都下臣民，中外相慶。道周已至九江，朝命敦促就道。旋請假歸里，以學龍、廷秀等尚在戍所，席稾請命，亦得釋。

道周既歸漳浦，堅卧不出。明年甲申三月京師陷，福王立於南京，起吏部右侍郎，兼翰林院學士。時馬士英當國，道周入朝無所爲。乙酉三月，奉命祭告禹陵。舟泊龍江灣，夢高皇帝呼曰：「卿竟舍我去耶！」對曰：「朝廷舍臣，非臣舍朝廷。」時左都御史劉宗周去國，道周祀陵，留連紹興彌月，三謁宗周，固卻不見。曰：「際此亂朝，豈大臣徜徉山水之日？」道周聞之，即行。南都潰，馬士英東奔錢塘，道周逢之江上，痛詈之，士英落韡走。及浙省降，宗周與門人前吏科都給事中章正宸等謀起兵，求道周計事，不獲。悔曰：「石齋夙有淵思，吾初不宜拒之太深。」

唐王在位，訪故臣於張家玉，薦道周。王拱手曰：「得此商彝周鼎，當爲廊廟羽儀。」道周來自浙，拜大學士，兼吏部尚書，位首輔。鄭芝龍以公爵，班宰相上，道周争之。芝龍不肯出兵，道周憤時事不可爲，而荷殊絶之知，乃自請視師，經略江西。芝龍不與一卒，道周親書告身獎語，號召得百餘人，徑進，出杉關，衆至萬人。田夫荷鋤從之，曰扁擔兵。開府廣信，與楊廷麟、萬元吉爲呼應。王命家玉出屯金谿，以爲之援。道周遺家玉書曰：「道周之年，不能致遠爲皇上爲馬；道周之力，不能任重爲皇上爲生。或者左右拾遺，因事靖獻，道周其皇上晨雞乎？」

時魯王上書福州稱皇叔父，不稱陛下。唐王怒，殺其使者陳謙，遂積隙。道周移書浙東大臣張國維、熊汝霖等解之。大略謂：東還以還，藉力晉鄭；葵丘

而後，推德桓文。上愛殿下篤於所生，勿以降階之問爲博達所笑。其冬，徽州陷，道周提兵赴救。新守婺源令故門士，以書紿約内應。抵明堂里，猝遇大清將張天禄，被執（天禄，史可法故將。一云道周武闈所録士。致書言北軍欲附，須單騎撫之，公方巾儒服行），從者職方福州趙士超、通判六合毛玉潔、中書平和賴繼堂、龍谿蔡春溶。順治三年丙戌正月七日，入徽州。元宵見張燈爲魚龍百戲，趨營帳念民爲之泣下。至南京，置西上門故尚膳監中。先後絶粒十餘日，作自輓詩，書後曰：「丙戌就俘以來，義在必死，未了諸緣，無所復憶。所憶者爲《春秋表正》、《詩晷正》二書未就，及未登嵩室、陟華嶽之巔耳。《表正》爲少時舊書，墜婺源明堂，想已廢於兵火，無復能讀之者。嘗讀陳無涯兄弟裁其大略，不知能竟之否？《晷正》必須吾自草，無復能傳其意者。如嵩、華二嶽，先年欲以黄冠丐此了願。嘗遣戍辰州，乞多千里，移去潼關，爲林讓菴銓部所尼；垂老得此，坐華巔，卧王屋執筆以事《詩》、《春秋》，雖禮北斗、受玉虹，不爲過矣。生平所歷黄山、白岳，匡廬、九華，浮丘、龍首，穹窿、玄塹，洞庭、三茅，天目、徑山，西陵、委宛，天台、雁宕，羅浮、懷玉一十八翁，要當一一謝之。生死千秋，未必再晤；風雷楮墨，載其精神。亦使衆山聞之，謂我不薄也。」又云：「武夷、天姥繫於維桑，大滌、焦桐爲吾講舍，寤寐相綣，未之辭焉。」三月十五日畢命，韓四維子僧某殮而瘞之。凡八旬中，賦詩三百十一章，自名《石齋逸詩》。曰：「石齋死後，世當傳之，以當逸事。」年六十一，贈文明伯，立廟福州及漳浦。所著有《三易洞璣》、《易象正》、《緇衣儒行》、《坊記》、《表記集傳》，司經局進呈諸書，《行業》、《詠業》、《焚草》、《解遼環》、《解齊環》、《榕壇問業》、《逆流草》、《駢枝集》、《浙闈策問》、《洪範》、《月令》、《郎義》、《孝經大傳》、《鄴書》、《大滌函書》、《逸詩》行世。夫人蔡，名玉卿，能倣道周書。嘗集兵萬人，號夫人軍，已而饟乏解。子四：子中、子成、子和、子平。

黄宗羲《明儒學案》卷五六　黄道周字幼玄，號石齋，福之鎮海衛人。家貧，時時挾策遠遊，讀書羅浮山，山水暴漲，墮澗中，溯流而入，得遇異人，授以讀書之法，過目不忘。登天啓壬戌進士第，選庶吉士，散館補編修，即以終養歸。尋丁内艱，負土築墓，終喪丙舍。

崇禎庚午，起原官。小人恨錢龍錫之定逆案，借袁崇焕邊事以陷之，下獄論死。先生抗疏頌寃，詔鐫三級，陛辭，因言《易》數，皇上御極之元，當《師卦》上九，「開國承家，小人勿用」，以諷首輔温體仁，削籍爲民。丙子，起右中允，上言慎喜怒，省刑罰，即如鄭鄤杖母之獄，事屬曖昧，法不宜坐。奉旨切責。丁丑進左春坊、左諭德，大學士張至發選東宫官屬，不及先生，楊廷麟等之直講讀者以讓先生。至發曰：「道周意見不無少偏，近日疏三罪、四恥、七不如，有不如鄭鄤之語，蔑倫杖母，明旨煌煌，鄤何如人？而自謂不如，是可爲元良輔導乎？」給事中馮元飈言：「道周忠足以動聖鑒，而不能得執政之心，恐天下後世，有以議閣臣之得失也。」

戊寅，進少詹事，兼翰林院侍講學士。上御經筵，問：「保舉考選，孰爲得人？」先生對：「樹人如樹木，須養之數十年，始堪任用。近來人才遠不及古，況摧殘之後，必須深加培養。」上又問，對曰：「立朝之才，存乎心術，治邊之才，存乎形勢。先年督撫未講形勢要害，浪言勦撫，隨寇團走，事既不效，輒謂兵餉不足。其實新舊餉約千二百萬，可養四十萬之師，今寧、錦三協，兵僅十六萬，似不煩別求，以供勦寇之用也。」未幾楊嗣昌奪情入閣，陳新甲奪情起宣、大總督，方一藻以遼、撫議和。先生具三疏，一劾嗣昌，一劾新甲，一劾一藻。七月己巳，上召先生至平臺，問曰：「朕自經筵，略知學問。無所爲而爲之謂天理，有所爲而爲之謂人欲。爾疏適當枚卜之後，果無所爲乎？」對曰：「臣無所私。」上曰：「前月二十八日，推陳新甲，何不拜疏？」對曰：「御史林蘭友，給事何楷，皆有劾疏，以同鄉恐涉嫌疑耳。」上曰：「今遂無嫌乎？」曰：「天下綱常，邊疆大計，失今不言，後將無及矣。臣所惜者，綱常名義，非私也。」上曰：「知爾素有清名，清雖美德，不可傲物遂非。唯伯夷爲聖之清，若小廉曲謹，不受餽遺，此可爲廉，未可爲清也。」對曰：「伯夷全忠孝之節，孔子遂許其仁。」上以爲强説。嗣昌出辯曰：「臣不生於空桑，豈遂不知父母？臣嘗再辭，再明旨敦迫甚至，臣父而在，且不敢自有其身，況敢有其子乎？道周學行人宗，臣實仰企之。今乃謂不如鄭鄤，臣始太息絶望。鄤之杖母，行同梟獍，道周又不如鄤，何言綱常耶？」先生曰：「臣言文章不如鄭鄤。」上責其朋比，對曰：「衆惡必察，豈得爲比？」先生又曰：「古人對仗讀彈文，嗣昌身爲大臣，理宜待罪，豈得出而角口？」於是嗣昌引退。上曰：「爾不宜誹謗大臣。」對曰：「臣與嗣昌比肩事主，何嫌何忌？而不盡言。」上曰：「孔子誅少正卯，當時亦稱聞人，惟以心逆而險，行僻而堅，言僞而辯，順非而澤，記醜而博，不免孔子之誅。今之人率多類此。」對曰：「少正卯心在欺世盜名，臣之心在明倫篤行。」上以褊激恣口，叱之去。先生曰：「臣今不盡言，則臣負陛下；陛下今日殺臣，則陛下負臣。」上曰：「爾讀書有年，衹成佞口。」先生又爲上辯忠佞者久之，上怒甚，然亦奪於公議，止謫江西布政司知事。蓋上素知

先生清苦無私。第三疏在枚卜之後，小人中之者，謂當枚卜之時，隱忍不言，睥睨宣麻，宣麻不得，由是發憤耳。上入此間，亦遂疑先生平生言行之出于僞也。先是五月間，先生草劾一藻、新甲二疏，俾長班投會極門，長班恐疏上必敗枚卜，乃駕言會極門中官索錢，先生無以應。至會推旨下，長班絶望，始並投三疏，故小人有此揣摩。彼小人之識見，亦猶夫長班之識見也。

庚辰，江西巡撫解學龍疏薦地方人才，謂先生堪任輔導。上怒其朋比，逮先生及解撫，廷杖之，下刑部獄。户部主事葉廷秀、太學生涂仲吉，上書頌先生，皆廷杖。先生在獄中，同獄者多來問學，偵事者上聞，詞連黄文焕、陳天定、文震亨、孫嘉績、楊廷麟、劉履丁、董養河、田詔。上使鎮撫司雜治之，連及者既不承，至有戟手而詈者，諸人皆返刑部，而先生改下北寺。當是時，告訐公行，小人創爲福黨之説，以激上怒，必欲殺先生而後已。司寇劉澤深擬烟瘴遣戍，再奏不允。宜興出山，天下皇皇，以出先生望之。辛巳十二月，戍辰州衛。一日上御經筵，嘆講官不學，宜興進曰：「惟黄道周，識雖偏而學則長。」次輔蔣八公因言道周貧且病，乞移近戍。宜興曰：「皇上無我之心，有同天地，既道周有學，便可徑用，何言移戍？」上笑而不言。既退，即御書原官起用。未上而京師陷。南渡，起禮部尚書，掌詹事府事。尋以祭告禹陵出，棲遲浙水。

國亡之後，奉思文入福，遂首政府。是時政由鄭氏，祭則寡人。賜宴大臣，鄭氏欲居第一，先生謂祖制武職無班文官右者，相與争執。鄭氏辭屈，嫌隙遂成。先生視鄭氏殊無經略之志，自請出關，然不能發其一甲，轉其斗粟，徒以忠義激發，旬月之間，揭竿雲集。先生親書告身獎語，給爲公賞，得之者，榮於誥勅。從廣信抵衢州，爲其門人所給，至婺源明堂里見執，繫尚膳監，絶粒十四日不死，引磬又不殊。丙戌三月七日兵解，年六十二。

雜録

備録

鎖緑山人《明亡述略》 黄先生者名道周，字幼平，漳浦人也。漳浦山間有孤島，曰銅山，山有石室，嘗讀書其中，因號石齋。爲人嚴冷，自少時，同學嘗强飲之酒，呼妓與卧，及酒醒而覺，轉側間鼾睡如常。比明，妓出言於同人曰：「黄公，聖賢也。」年三十八成進士，授翰林院編修，以喪歸。崇禎初，起右中允，遷侍讀學士，數言事，莊烈帝不喜，再廷杖，以争楊嗣昌奪情事，削籍，謫戍廣西。會周延儒再相，欲參用公議，薦起故官，謝病歸。福王立，起爲禮部尚書，奉命祭禹陵，事竣而南京亡。見唐王於衢州，拜武英殿大學士，請募兵圖恢復。裨將施烺嘗晏見言事，先生歎曰：「君言是也。顧吾大臣仗義守死而已，倘有他奇變，可以佐時，君輩行矣，勉之。」其十二月戰於婺源，敗績不屈，幽於江寧。明年三月將受刑，時有求書者未與，命僕取筆墨，展紙爲楷書，幅長作大字，終之而死。門人陸自巖匿其首，并全體殮之，子覓以柩歸。先生既精數理，推驗治亂，無不奇中。又好神仙之術，然從容慷慨死義如此，誠卓然知命君子哉！

談遷《棗林雜俎》智集《黄道周》 黄石齋先生在詞林，凡題講官、經筵官、纂修官及東宫講官，或資俸在其前後皆用，獨遺黄，蓋輔臣懼其近上敷奏也。最後推東宫講官，又不之及，項煜、楊廷麟俱相讓，輔臣以道周所陳「臣不如鄭鄤」爲解，曰：「君子一言以爲智，一言以爲不智。」廷麟折之曰：「孔子，聖人也。自謂辭命不如宰予。管仲，賢人也，自謂不如開方。天下後世未聞孔子以此貶聖，管仲以此損賢云云。」

丁丑，華亭陳子龍出右中允黄先生門，布素進謁先生曰：「僕本寒祚，布素宜也。若世閥常服羅綺，改而布素，又失常矣，正不必也。」先生坐事放歸，子龍迎高郵舟中，袖出五十金，先生擲之曰：「吾窮宦，奈何驟污我。」包長明記。

李清《三垣筆記》 凡御史至會極門上疏，必贈收本官銀三錢，六科則無，惟裹疏大紙四張而已。黄翰林道周上三疏，一言楊嗣昌不當奪情入閣，一言方一藻天啓壬戌，歙縣人。撫北事與俺答不同，一言不必又起復陳新甲爲宣大總督。其言一藻與新甲兩疏，俱在未枚卜之先，五月間已繕完，命班役投會極門，班役以道周方在枚卜，望其萬一起用，則已即爲中堂。班役又知此疏一上，必忤旨不用，召架言會極門中貴索銀八兩，道周無以應。至枚卜既下，班役絶望，乃並投三疏，故上詰道周：「當用新甲時，何不即言？直待枚卜不用乃言，明係挾私。」道周亦不能對。至召對後，語人曰：「都是幾個班役把朝廷大事悮了。」

上因楊輔嗣昌請勉從欵議，然猶欲隱其名。會黄翰林道周疏駁，中寢。及北兵入犯，上撫膺歎曰：「大事幾成，爲幾個黄口書生所誤，以至於此。」道周之

逮肇此。

黄翰林道周每具疏，皆手書上聞，從不倩筆。及廷杖下獄，猶手書《孝經解》百本，序贊無一重者，每本售銀一兩，人争市之，以爲家珍。其繼夫人蔡氏，名玉卿，字潤石，並工詩文。亦善書，與黄公無別。

徐鼒《小腆紀傳》卷二三《黄道周傳》 黄道周，字幼平，漳浦之銅山人也。銅山在孤島中，有石室，自幼坐卧其中，故其門下士稱爲石齋先生。少家貧，讀書羅浮山，山水暴漲，墜澗中，遡流而出，遇異人授讀書法，過目不忘。爲文典奥，原本經術。登天啓壬戌進士，改庶吉士，歷編修，與修《國史實録》。故事：經筵展書官奉書膝行。道周謂膝行非禮，平步進。魏忠賢目懾之，不爲動。以母憂歸。

崇禎初，起原官，疏言：「邇年來諸臣目營心計，不過推求報復而已。爲逆黨而翻邊疆，爲讎隙而翻科場，至邊疆之要塞利害，科場之源流清濁，實無一言及之。萬曆末年，林下諸臣如鄒元標、趙南星等二十餘人廢棄廿年，釀成門户之禍，今又無故取諸搢紳，稍有意識者，舉網投穽，而緩急何所得士乎？夫絶餌而去者，必非鯔魚；戀棧而來者，必非駿馬。以利禄豢士，則所豢者必市利之臣；以筆楚驅人，則就驅者必駑駘之骨。陛下必欲振作人材，當敦尚風節，表章仁義，勿使猥瑣小人，挫辱文章廉隅之士。昔太祖品隲人才，以執古而不知變者爲最下，蓋指庸碌學究而言，非謂崇尚聖賢、規模先正之士也。」尋以疏救故相錢龍錫，貶三秩。

九年，以薦擢右中允。給事中李如燦直言下獄，道周言：「陛下詔求直言，而直言者輒斥；清刑獄，而下獄者旋聞。」帝不懌，切責之。道周疏陳己有七不如，内有「文章意氣坎坷磊落，臣不如鄭鄤」語。帝詰責，道周疏辨，謂：「臣與鄭鄤爲庶常時，文震孟疏論魏忠賢，鄭鄤抗疏任之，削籍入山。臣心愧鄤，每執筆不能明白，心輒思鄤，以爲不如，真不如也。」帝念道周起廢未久，有旨不究。

十一年，三月，帝御經筵，問諸臣以用人、理財，道周語甚切直，帝亦名重之，呼「先生」者三。尋楊嗣昌以奪情爲兵部尚書，入閣，陳新甲於以奪情爲宣、大總督，道周謂：「國家即無人，奈何數以衰絰從政？」仰視熒惑逆行，太白晝見，嗣昌所籌寇事滋失策，顧謂給事中馮元飈等：「天象如此，此人必誤國，宜率同列争之。」中夜讀書至《宋史・真德秀傳》，拊几歎曰：「古人立朝，一月三十六封事，而吾儕默然已乎！」每見詔書有不便，輒屏人削牘；一字未安，即曰「此誠不足以格主」，屏弗奏。

其欲糾嗣昌也，爲數劄子，論邊事、寇事，其一言奪情，並論新甲，未上也。會命部院推閣員，元飈謂「枚卜無出道周右者」，獨苦其好言事，疏入或觸忤；即推，且弗用，遣所知日守之，曰：「公得政，所挽回者大，奈何必以口舌争？即輕宰相，獨不爲天下計乎？」以此久不發。已而竟相嗣昌等五人。道周自恨爲同列誤，竟就初稿爲三疏以上。帝召對羣臣於平臺，問道周曰：「無所爲而爲之，謂天理；有所爲而爲之，謂人欲。爾疏當枚卜不用之時，果無所爲乎？」道周曰：「臣心爲國家，自信其無所爲。」又極詆嗣昌。嗣昌曰：「臣不生於空桑，豈遂不知父母？臣再辭，再明旨迫切。道周學行，臣實企仰之，今謂不如鄭鄤，臣始歎息絶望。」道周辯論不少屈。既對畢，叩頭入班，帝目而斥之，曰：「佞口。」道周叩頭復奏曰：「忠佞二字，臣不敢不辨。獨立敢言爲佞，讒諂面諛爲忠乎？」帝怒甚，然終以儒者，優容之，謫江西布政司都事。巡撫解學龍疏薦之，帝怒爲黨，併逮治，予杖八十，下詔獄。户部主事葉廷秀、太學生涂仲吉疏救，皆予杖。

道周繫獄，吏日奉紙筆乞書，爲書《孝經》百二十本。感《明夷》事，著《易象正》，方草十二圖，錦衣校促行，道周恬然謂曰：「俟吾畫一圖成，就逮耳。」獄具，擬瘴戍，嚴旨斥較。刑部尚書劉澤深疏言：「道周以建言誅，非皇上覆載之量也。」遂戍辰州。道出杭大滌山，與諸生極論朱、陸同異。已而嗣昌敗，道周復故官，遂稱病歸。

甲申，南都起吏部右侍郎，道周不欲出，馬士英遣人諷之曰：「人望在公，公不起，欲從史可法立潞王邪？」道周不得已，乃趨朝，陳進取九策。九月，陞禮部尚書，掌詹事府事。見朝政日非，乃自請祭告禹陵，臨行上言：「今欲東收兗、濟，北略漳河，西取應、安，然後問洛陽之鐘簴，掃成德之松楸，上規天壽，此曠日持久，其道誠難。臣愚計：得一沈鷙之將，簡士三萬，齎糧百日，出贛榆、韋橋，東踰破車，度臨朐，歷博興，直上鹽山，抵滄州。此間千四百里，皆荒曠，如升虚邑，惟臨朐、安邱、樂安、陽信之間，稍有屯聚，可因糧而食。盡七晝夜，至武清，渡白溝，出其不意，從天而降。然後致陛下哀痛之意，祭告灑掃於十二陵，與長安士民拭淚而觀九廟。還則分兵兩道：下臨清，以收兗、濟；下邯鄲，以收彰、衛。其用力甚少，奏功甚鉅，此耿弇所發憤於祝阿，劉裕所歡呼於大峴也。」

南都陷，道周與巡撫張肯堂、總兵鄭芝龍、鄭鴻逵奉唐王聿鍵建號福州，以

本官兼武英殿大學士，參贊機務。時政出鄭氏，廷臣日請出關，而芝龍輒以餉絀辭。會賜宴，芝龍自以侯爵，欲位首輔上，道周争以祖制武職無班文臣右者，終先道周，由是文武不睦。有諸生上書詆道周迂，不可居相位，上知由芝龍意，下督學御史撻之。

道周見芝龍無經略志，謂坐而待亡，不如身自出關，奏請「以師相募兵，江西多臣門生故吏，必有肯効死力者。且可連楊廷麟、何騰蛟爲進取計」。遂率門生中書蔡春溶、賴繼謹、陳駿音，兵部主事趙士超，通判毛至潔併子弟可千人以行。次芋源，賦《貴躬》詩曰：「天地何高深，日月猶循環。星宿陳其領，動静恒無端。舉翼不能翔，而作醯雞觀。大命一以至，不能復研鑽。鬼神欲告之，翕吸近告難。傷哉草木頽，不得留朱顔！」至延平乏糧，請餉，芝龍靳之，上不得已，給空劄數百道。道周親書劄付奬語，得之者榮於誥敕。進師建寧，駐崇安，遣通楊廷麟、萬元吉爲聲勢。尋有以「外交諸藩」飛語聞者，上遣使馳示，道周自陳疏曰：「臣田無一畝，居止一椽，幸以是見惘於主上，見信於親友，然不能以是見諒於犬豕豺狼。臣行年六十，無險心酖語爲凶人所讎，無奇功異能爲要人所嫉，獨恃一片肝腸，爲高皇列宗與天下黎獻其對白日耳。臣雖庸下，遭逢陛下，魚水相期，一月之内，四疏乞師。至若子弟慕義勤王，雖天性使然，亦恐臣孤身隻手，陷身絶域，每一相見，涕泗漣洳。邇因溽暑未收，毒水四下，臣兵自延過寧，渴而谷飲，病者八九，一日下操，十隊之士，呼半不起。遂損去健將陳伯輿，念其雄略，十射九破，千觔之力，盡於盆水，四顧環堵，何能不哀！今稍稍平復，遂相對勸臣出關。嗚呼！此亦臣子也，顧曾受朝廷之寵眷，而攄憤至此！今在廷諸臣，不滌腸剖胸，誓同分膽共薪，而滈滈訿訿，望影射沙，欲何爲者？陛下不屑爲昭烈，臣亦不屑爲孔明；陛下不屑爲宋高宗，臣亦不屑爲李伯紀。取法不高，則庸佞狎來；視人太卑，則奸豪四至。古今讒賊，偏中於高明，近代人才，沈淪於苟賤，惟陛下垂覽！」上覽表，手劄慰之。

至廣信，聞徽州破，遣將守馬金嶺，勸諭捐助，得萬人，乃部署分道進兵。游擊黄奇壽戰捷於牛頭嶺，遂營之。其出婺源者，參將王加封戰死，游擊李忠被執，奇壽與參將李瑛、倪彪亦潰於童家坊。道周遂馳疏請兵，曰：「臣今年六十有二，才能智勇，不過中人，而自請行邊，拮据關外。譬之雞然，風雨如晦，雞鳴不已，有不瘖之人，起而刀俎之，亦無可奈何而已。臣少而學道，於物無競，於人寡怨，直以出師之故，爲異志所排。寡識之人，羣起和之，千端百出，以阻其成，旁句曲引，以幸其敗。或叩關門，數日不達。飢疲之衆，寧死中野。臣何所營而坐困於此哉！臣遭會風雲，未及一月，五疏求去，直以皇上洞燭遐邇，嘗鑑臣於言語形迹之外，所以苒苒煩曉，瘁毛鎩羽，以爲朝廷守一日藩籬，非曰能之，亦各盡其義而已。今敵之來日以盛，衆之附日以攜，蠢冥何知，惟利是視。貪生怖死，則前後異致，信州閭巷，雞犬方集，今復翻然欲舍而去。據徽人來者咸云：敵一百六十騎守婺境，自海口煖水，焚掠殆盡。煖水距廣信一百餘里，臣師屯八都者，僅千五百人，皆村落新募，月食一兩之卒。其東出馬金嶺者，僅七百餘人，又千二百人，西去饒、撫，馳收未回，所餘帳下千二百人而已。臣自八月以來，東弭台、寧之釁，西消金嶺之孽，精力瘁於文告，歲月馳於期會，未有一智一謀佐於其内，一膂一力助於其外，空以老瘁，一意報主，爲愛己所憐，異己所笑。今事勢甚急，可亟命方國安以萬衆從嚴州出老竹嶺，直搗徽州，乘其西馳，可以破敵；即不然，亦可解信州之危，成牽制之勢矣。」上覽表不能答。道周計窮。婺源令某者，亦門人也，爲致降書，道周信之，決計深入，集門人、諸將議曰：「敵人雖衆，虚聲耳。若延來春，則彼弓弛馬懈，可破也。奈糧餉不繼何！與其半途潰散，不如決戰以報朝廷。」因相持泣下。

十二月，進兵童家坊，忽報樂平已破，信州士大夫致書相迓。道周以成師既出，義不反顧，遂前次明堂里，僅三百人，馬十匹，糧三日。

壬寅，天微曙，降將張天禄率兵猝至，道周揮賴繼謹等鏖戰，參將高萬榮請引兵登山，憑高可恃。正移師間，騎兵從間道突出，箭如雨，從者俱散。道周曰：「吾死此矣！」遂被執。與至婺源，天禄勸之降，道周駡不絶口。未幾，門人趙士超、賴繼謹、蔡春溶、毛至潔亦解至，道周絶粒，作《自悼詩》八章。發婺源，過新安，絶粒十四日不死，復進水漿。

至金陵，幽於禁城，已改繫尚膳監。諸當道承貝勒意，勸降，道周曰：「吾手無寸鐵，何曾不降？」勸者曰：「降須薙髮。」佯驚曰：「汝薙髮邪？幸是薙髮國來，若穿心國來，汝穿心邪？」洪承疇親詣求見，道周喝曰：「承疇死久矣。松山之敗，先帝痛哭遥祭，焉得尚存？此無藉小人冒名耳。」承疇上疏乞貸死，朝旨不許。道周在館，與門人講習吟詠如常，著詩文數卷。素善書翰，人争求之，終日握管不辭也。門人寄家書，道周書蔡春溶書函曰：「蹈仁不死，履險若夷。有隕自天，舍命不渝。」又書賴繼謹書函曰：「綱常萬古，性命千秋。天地知我，家人何憂。」

明年三月壬子，赴市曹，過東華門，坐不起，曰：「此與高皇帝陵寢近，可死也。」既見市有竪福建門牌者，指曰：「福建，吾君在焉，死於此可也。」南嚮再拜，遂受刑。上聞之，大哭，贈文明伯，謚忠烈。

道周精天文、曆數、皇極諸書。所著《三易洞璣》、《易象正》，學者窮年不能通其説，道周以之推驗治亂，其説多中。自推行年，終於六十二歲丙戌，至是竟驗云。

徐鼒《小腆紀年附考》卷五　道周，字幼平，漳浦之銅山人也。銅山在孤島中，有石室，自幼坐卧其中，故其門下士稱爲石齋先生。少家貧，讀書羅浮山，山水暴漲，墜澗中，溯流而出，遇異人，授以讀書之法，過目不忘，爲文典奥，原本經術。（考曰：本《繹史》。又《史外》云：家貧業農，年二十四，始發憤讀書，不屑應童子試，郡縣禮聘之始出，與《繹史》小異。）登天啓壬戌進士，改庶吉士，歷編修，擢右中允，以論楊嗣昌下獄，讁戍辰州。嗣昌敗，召道周還，復故官，道周遂稱病歸，詳見《紀傳》，不具録。南都立，起吏部右侍郎，道周不欲出，士英遣人諷之曰：「人望在公，公不起，欲從史可法立潞王邪？」道周不得已乃趨朝，陳進取九策，至是陞禮部尚書，掌詹事府事。見朝政日非，乃自請祭告禹陵，臨行上言：「今欲東收兗、濟，北略漳河，西取應、安，然後問洛陽之鐘虡，掃成德之松楸，上規天壽，此曠日持久，其道誠難。必如臣愚計，得一沈鷙之將，簡士三萬，齎糧百日，出贛榆韋橋，東蹦破車，度臨朐，歷博興，直上鹽山，抵滄州。此間千四百里皆荒曠，如升虚邑。惟臨朐、安邱、樂安、陽信之間，稍有屯聚，可因糧而食。晝七晝夜至武清，渡白溝，出其不意，從天而降。然後致陛下哀痛之意，祭告灑掃於十二陵，與長安士民拭淚而觀九廟。還則兵分兩道：一下臨清，以收兗、濟；一下邯鄲，以收彰、衛。其用力甚少，奏功甚鉅，此耿弇所發憤於祝阿，劉裕所歡呼於大峴也。」夜泊龍江關，夢高皇帝至，厲聲曰：「卿舍我去邪？」道周製一衣，刺「大明黄道周」於裾，語門人曰：「南都必敗，當以識吾屍耳。」

備論

查繼佐《罪惟録》列傳卷一二下　論曰：余嘗私作詩四律，有「擬作先生傳，何當聖主憐」之句。幸後死，其何敢辭？石齋嘗講學江東，墮崖，創右臂，見余前詩，負痛每韻再和投余，有云：「讀足下所教，如懸崖千尺，負翼無害也。」晤語自許今之成人。嗟乎，石齋誠不負此三語。絶命詞十二字：「防風雖倒，猶留一節，以問孔丘。」蓋以闕里爲歸矣。

□□石齋從河洛之數，得「稼穡末際，同曆西周」八字，于《洞幾》等書内見之。東崖黄景昉贅一語，以言乎東也。石齋又言：丙子賜環，夢文皇垂帷卧，擁被屈指者再。三九□七云云。按龍江所恍惚見「倪黄」字，生與鴻寶同官，死與同難。家人嘗簡得小册，自推丙戌止得六十有二。石齋好數學，乃不誣。

查繼佐《國壽録》卷四　論曰：石齋之學醇矣，而稍矜氣。天下稱倪、黄，倪綜于事，黄執于理，其致微分。余嘗作石齋見放及賜環四律行世，石齋或見之。時講學江東，墮崖創右臂，負痛强和余韻每三首投余。且曰：「讀足下『以名存四海，其道本先民，帝試以不死，恩深于無言』數語，如懸崖千尺，負翼無害也。」及對面深相許，退引今之成人。蓋自譜云：「明年國變，把余兄毅齋手復投書，末附一詩，勸俱扶義起。初，鄭芝龍語余，石齋不解事，吾亦東林人。蓋鄭頗自好，及閩□至尊，道周或稍借顔色，用其鋒，芝龍尚可以名遺而必外之。諸臣争抵鄭，爲能以附道周。古將相不協，豈有成績哉？無怪其潛表北平也。」道周奏牘有云：「隨試輒效者，無如用君子，去小人。」顧此時芝龍可去與否？即能去芝龍，與否有善于芝龍，芝龍無相忮與否？至不能用而自身敵，昧勇怯之分矣。故曰：「不名君子而善用小人。」

陳貞慧《山陽録・五先生贊》　贊曰：在天爲日星，在地爲河嶽。在唐顔真卿，在明方正學。子房之一擊浪沙，天耶人耶？武侯之六出祁山，不愧不怍。

黄宗羲《明儒學案》卷五六　先生深辨宋儒氣質之性之非，氣有清濁，質有敏鈍，自是氣質何關性上事？性則通天徹地，只此一物，於動極處見不動，於不睹不聞處見睹聞，著不得纖毫氣質。宋儒雖言氣質之性，君子有弗性焉。畢竟從夾雜中辨別精微，早已拖泥帶水去也。故知先生之説爲長，然離心之知覺，無所爲性，離氣質亦無所爲知覺，如此以求盡性，未免易落懸想。有先生之學，則可；無先生之學，尚須商量也。

朱彝尊《静志居詩話》卷二〇　詞臣無言責，居無咎無譽之地，需次待遷而已。迨石齋先生入翰苑，與上虞同年倪文貞公俱自任天下之重，崇正去邪，盡忠補過，引裾折檻，九死不回。先生詩所云：「親從霹靂推車過，又得滂沱自在春。」蓋實録也。及退而講學，於杭則大滌洞天，於閩則蓬萊峽，少長咸集，遐邇

具來，監史主賓，琴瑟鐘磬，庶幾濂、雒之遺風焉。先生璣象之學，辭義深奧，後生或昧其指歸。詩才亦未免踳駮，要其光燄，不啻萬丈也。曲周路皓月《過銅山弔先生》詩云：「道德公自重，文章公自深。若夫軍旅事，似非公所任。」用違其才，此百世所惋惜者。

邵廷采《東南紀事》　論曰：莊烈自信王繼統，無腹心股肱之助，不動聲色而除魏忠賢，天下欣然，以爲明王復出。洎臨御十七載，憂勤宵旰，終用身殉。後之論者，不欲以亡國之咎訾之。然剛而自賢，莫肯慮下，屢用詔獄、廷杖以待言者。任人理財，每與《大學》平天下之道反。其好惡，觀黄道周、劉宗周之進退，亦可見矣。其失天下，不可謂已無以取之。宗周粹然儒者，非一代之士；道周説經議事，與匡衡、劉向相類，而直節則李膺、范滂之流。雖才不及濟亂，亦三百年之元氣所留也。嗚呼！後之人主，無執理任剛、決於違諫，使君臣俱覆，以宗社爲孤注如莊烈者，可不鑒哉！

陳鼎《東林列傳》卷一二　外史氏曰：嗟乎！明既亡矣，而先生猶狼倉以圖恢復，不亦難乎？假使南渡以來，馬、阮即死，而任先生以國，或者李綱、趙鼎庶幾再見於南明，而社稷或可苟延於江左。奈何馬、阮不死，又欲誅戮東林，期於斬草除根而後快，則先生危矣。至唐王再起，已死之灰，焉能復燃乎？先生曰：「一息尚存也，烏容已耶。」所謂鞠躬盡瘁，死而後已者，其先生歟。

温睿臨《南疆逸史》卷一一　「勘本」曰：石齋先生爲翰林時，補經筵展書官。故事：必膝行以前。先生獨否，魏忠賢目慑之。後救故相錢龍錫，疏凡三上，錢得減死。及召對平臺，帝問：「鄭鄤，激父杖母者也。爾自言不如，何邪？」對曰：「臣章見棄通國，孟子不失禮貌。臣言文章不如，且衆惡之必察也。」論列久之（語詳《明史》）。既而曰：「臣今日不盡言，則臣欺陛下；陛下今日殺臣，則陛下負臣。」帝怒，下之獄，尋即遣戍。時有涂仲吉者，漳浦諸生，以論救受廷杖，遂終身事之無怨言。先生所至，學者雲集，講論無倦。所居銅山在孤島中，有石室，自幼坐臥其中，故門下士稱爲石齋先生。講學禹航時，愛大滌山川之勝，嘗曰：「大滌，吾墓田也。」後之人有爲之立祠祀焉者。其傳道弟子，曰禹航何羲兆（瑞圖）、曰紹興吕漢黨（叔倫）。先生正命，門人星散，惟二君抱其遺書入山，終身不出，以逸民終，其節最高。他如甬上董次公（守諭），少即受業，而講學於大滌山房爲最久，江東司鑲，幾至殺身。其所著《易學》，則猶是漳海緒言也。

《明史》卷二五五　贊曰：劉宗周、黄道周所指陳，深中時弊。其論才守，別忠佞，足爲萬世龜鑑。而聽者迂而遠之，則救時濟變之説惑之也。傳曰「雖危起居，竟信其志，猶將不忘百姓之病也」，二臣有焉。殺身成仁，不違其素，所守豈不卓哉！

陳田《明詩紀事》辛籤卷四　田按：石齋先生通籍二十載，歷俸未三年。其疏救機山，回逆黨將翻之案，劾武陵，燭樞輔覆餗之凶。一削仕籍，再沈牢獄，思陵既無英主之精鑑，復蹈猜主之寡恩。牽連善類，囚繫纍纍，欲不覆亡得乎？武陵既敗，先生聞之愀然曰：「毒瘡去，元氣削矣。」弘光立，以禮尚徵。先生與楊機部書曰：「吾輩頑石，搗骨合藥，無補於天，猶冀後人嗅此藥氣耳。」蓋逆知事之無濟，麾戈向日，不得不出此途耳。先生論詩，不薄李、王，而時蹈竟陵之習。有明末派，如文太青、倪鴻寶皆墮落此趣，豪傑亦不免。余抉擇集中合作，英詞浩氣，當引星辰而上，不僅凌躐魏晉，而合轍盛唐也。

楊嗣昌部

綜述

《明史》卷二五二《楊嗣昌傳》 楊嗣昌，字文弱，武陵人。萬曆三十八年進士，改除杭州府教授。遷南京國子監博士，累進户部郎中。天啓初，引疾歸。崇禎元年起河南副使，加右參政，移霸州。四年移山海關飭兵備。父鶴，總督陝西被逮。嗣昌三疏請代，得減死。五年夏，擢右僉都御史，巡撫永平、山海諸處。嗣昌父子不附奄，無嫌於東林。侍郎遷安郭鞏以逆案謫戍廣西，其鄉人爲訟冤。嗣昌以部民故，聞於朝，給事中姚思孝駁之，自是與東林郄。

七年秋，拜兵部右侍郎兼右僉都御史，總督宣、大、山西軍務。時中原饑，羣盜蜂起。嗣昌請開金銀銅錫礦，以解散其黨。又六疏陳邊事，多所規畫，帝異其才。以父憂去，復遭繼母喪。

九年秋，兵部尚書張鳳翼卒，帝顧廷臣無可任者，即家起嗣昌。三疏辭，不許。明年三月抵京，召對。嗣昌通籍後，積歲林居，博涉文籍，多識先朝故事，工筆札，有口辨。帝與語，大信愛之。鳳翼故柔靡，兵事無所區畫。嗣昌鋭意振刷，帝益以爲能。每對必移時，所奏請無不聽，曰：「恨用卿晚。」嗣昌乃議大舉平賊。請以陝西、河南、湖廣、江北爲四正，四巡撫分剿而專防，以延綏、山西、山東、江南、江西、四川爲六隅，六巡撫分防而協剿。是謂十面之網。而總督、總理二臣，隨賊所向，專征討。福建巡撫熊文燦者，討海賊有功，大言自詭足辦賊。嗣昌聞而善之。會總督洪承疇、王家禎分駐陝西、河南。家禎故庸材，不足任，嗣昌乃薦文燦代之。因議增兵十二萬，增餉二百八十萬。其措餉之策有四：曰因糧，曰溢地，曰事例，曰驛遞。因糧者，因舊額之糧，量爲加派，畝輸糧六合，石折銀八錢，傷地不與，歲得銀百九十二萬九千有奇。溢地者，民間上田溢原額者，核實輸賦，歲得銀四十萬六千有奇。事例者，富民輸資爲監生，一歲而止。驛遞者，前此郵驛裁省之銀，以二十萬充餉。議上，帝乃傳諭：「流寇寇蔓，生民塗炭，不集兵無以平寇，不增賦無以餉兵。勉從廷議，暫累吾民一年，除此腹心大患。其改因糧爲均輸，布告天下，使知爲民去害之意。」尋議諸州縣練壯丁捍本土，詔撫按飭行。

賊攻淅川，左良玉不救，城陷。山西總兵王忠援河南，稱疾不進，兵譟而歸。嗣昌請逮戮失事諸帥，以肅軍令。遂逮忠及故總兵張全昌。良玉以六安功，落職戴罪自贖。

嗣昌既建「四正六隅」之説，欲專委重文燦。文燦顧主撫議，與前策牴牾。帝譙讓文燦，嗣昌亦心望，既已任之，則曲爲之解。乃上疏曰：「網張十面，必以河南、陝西爲殺賊之地。然陝有李自成、惠登相等，大部未能剿絶，法當驅關東賊不使合，而使陝撫斷商、雒，鄖撫斷鄖、襄，安撫斷英、六，鳳撫斷亳、潁，而應撫之軍出靈、陝，保撫之軍渡延津。然後總理提邊兵，監臣提禁旅，豫撫提陳永福諸軍，并力合剿。若關中大賊逸出關東，則秦督提曹變蛟等出關協擊。期三月盡諸劇寇。巡撫不用命，立解其兵柄，簡一監司代之。總兵不用命，立奪其帥印，簡一副將代之。監司、副將以下，悉以尚方劍從事。則人人効力，何賊不平。」乃剋今年十二月至明年二月爲滅賊之期。帝可其奏。

是時，賊大入四川，朝士尤洪承疇縱賊。嗣昌因言於帝曰：「熊文燦在事三月，承疇七年不效。論者繩文燦急，而承疇縱寇莫爲言。」帝知嗣昌有意左右之，變色曰：「督、理二臣但責成及時平賊，奈何以久近藉之口！」嗣昌乃不敢言。文燦既主撫議，所加餉天子遣一侍郎督之，本藉以剿賊，文燦悉以資撫。帝既不復詰，廷臣亦莫言之。

至明年三月，嗣昌以滅賊踰期，疏引罪，薦人自代。帝不許，而命察行間功罪。乃上疏曰：「洪承疇專辦秦賊，賊往來秦、蜀自如，剿撫俱無功，不免於罪。熊文燦兼辦江北、河南、湖廣賊，撫劉國能、張獻忠，戰舞陽、光山，剿撫俱有功，應免罪。諸巡撫則河南常道立、湖廣余應桂有功，陝西孫傳庭、山西宋賢、山東顔繼祖、保定張其平、江南張國維、江西解學龍、浙江喻思恂有勞，鄖陽戴東旻無功過，鳳陽朱大典、安慶史可法宜策勵圖功。總兵則河南左良玉有功，陝西曹變蛟、左光先無功，山西虎大威、山東倪寵、江北牟文綬、保定錢中選有勞無功，河南張任學、寧夏祖大弼無功過。承疇宜遣逮，因軍民愛戴，請削宫保、尚書，以侍郎行事。變蛟、光先貶五秩，與大弼期五月平賊，踰期并承疇逮治。大典貶三秩，可法戴罪自贖。」議上，帝悉從之。

嗣昌既終右文燦，而文燦實不知兵。既降國能、獻忠，謂撫必可恃。嗣昌亦

陰主之，所請無不曲徇，自是不復言「十面張網」之策矣。是月，帝御經筵畢，嗣昌奏對有「善戰服上刑」等語。帝怫然，詰之曰：「今天下一統，非戰國兵爭比。小醜跳梁，不能伸大司馬九伐之法，奈何爲是言？」嗣昌慚。

當是時，流賊既大熾，朝廷又有東顧憂，嗣昌復陰主互市策。適太陰掩熒惑，帝減膳修省，嗣昌則歷引漢永平、唐元和、宋太平興國事，蓋爲互市地云。給事中何楷疏駁之，給事中錢增、御史林蘭友相繼論列，帝不問。

六月改禮部尚書兼東閣大學士，入參機務，仍掌兵部事。嗣昌既以奪情入政府，又奪情起陳新甲總督，於是楷、蘭友及少詹事黃道周抗疏詆斥，修撰劉同升、編修趙士春繼之。帝怒，並鐫三級，留翰林。刑部主事張若麒上疏醜詆道周，遂鐫道周六級，并同升、士春皆謫外。已而南京御史成勇、兵部尚書范景文等言之，亦獲譴。嗣昌自是益不理於人口。

我大清兵入牆子嶺、青口山，薊、遼、保定總督吴阿衡方醉，不能軍，敗死。京城戒嚴，召盧象昇帥師入衛。象昇主戰，嗣昌與監督中官高起潛主款，議不合，交惡。編修楊廷麟劾嗣昌誤國，嗣昌怒，改廷麟職方主事監象昇軍，而戒諸將毋輕戰。諸將本恇怯，率藉口持重觀望，所在列城多破。嗣昌據軍中報，請旨授方略。比下軍前，則機宜已變，進止乖違，疆事益壞云。象昇既陣亡，嗣昌亦貶三秩，戴罪視事。

十二年正月，濟南告陷，德王被執，遊騎直抵兖州。二月，大清兵北旋，給事中李希沆言：「聖明御極以來，北兵三至。己巳之罪未正，致有丙子。丙子之罪未正，致有今日。」語侵嗣昌。御史王志舉亦劾嗣昌誤國四大罪，請用丁汝夔、袁崇煥故事。帝怒，希沆貶秩，志舉奪官。初，帝以嗣昌才而用之，非廷臣意，知其必有言，言者輒斥。嗣昌既有罪，帝又數逐言官，中外益不平。嗣昌亦不自安，屢疏引罪，乃落職冠帶視事。未幾，以敍功復之。

先是，京師被兵，樞臣皆坐罪。二年，王洽下獄死，復論大辟。九年，張鳳翼出督師，服毒死，猶削籍。及是，亡七十餘城，而帝眷嗣昌不衰。嗣昌乃薦四川巡撫傅宗龍自代。帝命嗣昌議文武諸臣失事罪，分五等：曰守邊失機，曰殘破城邑，曰失陷藩封，曰失亡主帥，曰縱敵出塞。於是中官則薊鎮總監鄧希詔、分監孫茂霖，巡撫則順天陳祖苞、保定張其平、山東顔繼祖，總兵則薊鎮吴國俊、陳國威，山東倪寵，援剿祖寬、李重鎮及他副將以下，至州縣有司，凡三十六人，同日棄市。而嗣昌貶削不及，物議益譁。

當戒嚴時，廷臣多請練邊兵。嗣昌因定議：宣府、大同、山西三鎮兵十七萬八千八百有奇，三總兵各練萬，總督練三萬。以二萬駐懷來，一萬駐陽和，東西策應。餘授鎮監、巡撫以下分練。延綏、寧夏、甘肅、固原、臨洮五鎮兵十五萬五千七百有奇。五總兵各練萬，總督練三萬。以二萬駐固原，一萬駐延安，東西策應。餘授巡撫、副將以下分練。遼東、薊鎮兵二十四萬有奇。五總兵各練萬，總督練五萬。外自錦州，内抵居庸，東西策應。餘授鎮監、巡撫以下分練。汰通州、昌平督治二侍郎，設保定一總督，合畿輔、山東、河北兵，得十五萬七千有奇。四總兵各練二萬，總督練三萬。北自昌平，南抵河北，聞警策應。餘授巡撫以下分練。又以畿輔重地，議增監司四人。於是大名、廣平、順德增一人，真定、保定、河間各一人。薊遼總督下增監軍三人。議上，帝悉從之。嗣昌所議兵凡七十三萬有奇，然民流餉絀，未嘗有實也。

帝又採副將楊德政議，府汰通判，設練備，秩次守備，州汰判官，縣汰主簿，設練總，秩次把總，並受轄於正官，專練民兵。府千，州七百，縣五百，捍鄉土，不他調。嗣昌以勢有緩急，請先行畿輔、山東、河南、山西，從之。於是有練餉之議。初，嗣昌增剿餉，期一年而止。後餉盡而賊未平，詔徵其半。至是，督餉侍郎張伯鯨請全徵。帝慮失信，嗣昌曰：「無傷也，加賦出於土田，土田盡歸有力家，百畝增銀三四錢，稍抑兼并耳。」大學士薛國觀、程國祥皆贊之。於是剿餉外復增練餉七百三十萬。論者謂：「九邊自有額餉，概予新餉，則舊者安歸？邊兵多虚額，今指爲實數，餉盡虚糜，而練數仍不足。且兵以分防不能常聚，故有抽練之議，抽練而其餘遂不問。且抽練仍虚文，邊防愈益弱。至州縣民兵益無實，徒糜厚餉。」以嗣昌主之，事鉅莫敢難也。神宗末增賦五百二十萬，崇禎初再增百四十萬，總名遼餉。至是，復增剿餉、練餉，額溢之。先後增賦千六百七十萬。民不聊生，益起爲盜矣。

五月，熊文燦所撫賊張獻忠反穀城，羅汝才等九營皆反。八月，傅宗龍抵京，嗣昌解部務，還内閣。未幾，羅猴山敗書聞。帝大驚，詔逮文燦。特旨命嗣昌督師，賜尚方劍，以便宜誅賞。九月朔，召見平臺。嗣昌曰：「君言不宿於家，臣朝受命，夕啓行，軍資甲仗望敕所司遄發。」帝悦，曰：「卿能如此，朕復何憂。」翊日，賜白金百、大紅紵絲四表裏、斗牛衣一、賞功銀四萬、銀牌千五百、幣帛千。嗣昌條七事以獻，悉報可。四日召見賜宴，手觴三爵，御製贈行詩一章。嗣昌跪誦，拜且泣。越二日，陛辭，賜膳。二十九日抵襄陽，入文燦軍。文燦就逮，嗣昌

猶爲疏辯云。

十月朔，嗣昌大誓三軍，督理中官劉元斌，湖廣巡撫方孔炤，總兵官左良玉、陳洪範等畢會。賊賀一龍等掠棗，圍沈丘，焚項城之郛，寇光山。副將張琮、刁明忠率京軍踰山行九十里，及其巢。先驅射賊，殪絳袍而馳者二人，追奔四十里，斬首千七百五十。嗣昌稱詔頒賜。十一月，興世王王國寧以衆千人來歸，受之於襄陽，處其妻子樊城。表良玉平賊將軍。諸將積驕玩，無鬬志。獻忠、羅汝才、惠登相等八營遁鄖陽、興安山間，掠南漳、穀城、房、竹山、竹谿。嗣昌鞭刁明忠，斬監軍僉事殷大白以徇。檄巡撫方孔炤遣楊世恩、羅安邦剿汝才、登相，全軍覆於香油坪。嗣昌劾逮孔炤，奏辟永州推官萬元吉爲軍前監紀，從之。

當是時，李自成潛伏陝右，賀一龍、左金王等四營跳梁漢東，嗣昌專剿獻忠。獻忠屢敗於興安，求撫；不許。其黨托天王常國安、金翅鵬劉希原來降，獻忠走入川，良玉追之。嗣昌牒令還，良玉不從。十三年二月七日與陝西副將賀人龍、李國奇夾擊獻忠於瑪瑙山，大破之，斬馘三千六百二十，墜巖谷死者無算。其黨掃地王曹威等授首，十反王楊友賢率衆降。是月也，帝念嗣昌，發銀萬兩犒師，賜斗牛衣，良馬，金鞍各二。使者甫出國門，而瑪瑙山之捷至。大悦，再發銀五萬，幣帛千犒師。論功，加太子少保。而湖廣將張應元、汪之鳳敗賊水右壩，獲其軍師。四川將張令、方國安敗之千江河。李國奇、賀人龍等敗之寒溪寺、鹽井。川、陝、湖廣諸將畢集，復連敗之黃墩、木瓜溪，軍聲大振。汝才、登相求撫；獻忠持之，斂兵南漳、遠安間。殺安撫官姚宗中，走大寧、大昌，犯巫山，爲川中患。獻忠遁興安、平利山中，良玉圍而不攻，賊得收散亡，由興安、房縣走白羊山而西，與汝才等合。嗣昌以羣賊合，其勢復張，乃由襄陽赴夷陵，扼其要害。帝令嗣昌行問勞苦，賜敕發賞功銀萬，賜鞍馬二。罷鄖陽撫治王鼇永，詔廢將猛如虎軍前立功。黃得功、宋紀大破賊商城，賀一龍五大部降而復叛。鄭嘉棟、賀人龍大破汝才、登相開縣。汝才偕小秦王東奔，登相越開縣而西，自是二賊始分。

當是時，諸部士馬居山谷，罹炎暑瘴毒，物故十二三。京兵之在荆門、雲南兵之在簡坪、湖廣兵之在馬蝗坡者，久屯思歸，夜亡多。關河大旱，人相食，土寇蜂起。陝西竇開遠、河南李際遇爲之魁。飢民從之，所在告警。嗣昌以聞。帝發帑金五萬，營醫藥，責諸將進兵。而陝之長武，川之新寧、大竹，湖廣之羅田又相繼報陷。嗣昌乃下招撫令，爲諭帖萬紙，散之賊中。七月，監軍孔貞會等大破汝才豐邑坪。其黨混世王、小秦王率其下降，賊魁整十萬及登相、王光恩亦相繼降。於是羣賊盡萃於蜀中。嗣昌遂入川，以八月泛舟上，謂川地阨塞，諸軍合而蹙之，可盡殄。而人龍以秦師自開縣譟而西歸，應元等敗績於夔之土地嶺，獻忠勢復張，汝才與之合，聞督師西，遂急趨大昌，犯觀音巖，守將邵仲光不能禦，遂突浄壁，陷大昌。嗣昌斬仲光，劾逮四川巡撫邵捷春。賊遂渡河至通江，嗣昌至萬縣。賊攻巴州不下。嗣昌至梁山，檄諸將分擊。賊已陷劍州，趨保寧，將由間道入漢中。趙光遠、賀人龍拒之，賊乃轉掠，陷梓潼、昭化，抵綿州，將趨成都。十一月，嗣昌至重慶。賊攻羅江，不克，走綿竹。嗣昌至順慶，諸將不會師。賊轉掠至漢州，去中江百里，守將方國安避之去，賊遂縱掠什邡、綿竹、安縣、德陽、金堂間。所至空城而遁，全蜀大震。賊遂由水道下簡州、資陽。嗣昌徵諸將合擊，皆退縮。屢徵良玉兵，又不至。賊遂陷榮昌、永川。十二月，陷瀘州。

自賊再入川，諸將無一邀擊者。嗣昌雖屢檄，令不行。其在重慶也，下令赦汝才罪，降則授官，惟獻忠不赦，擒斬者賚萬金，爵侯。翌日，自堂皇至庖湢，遍題：「有斬督師獻者，賚白金三錢。」嗣昌駭愕，疑左右皆賊，勒三日進兵。會雨雪道斷，復戒期。三檄人龍，不奉令。初，嗣昌表良玉平賊將軍，良玉寖驕，欲貴人龍以抗之。既以瑪瑙山功不果，人龍愠，反以情告良玉，良玉亦愠。語載《良玉》、《人龍傳》。

嗣昌雖有才，然好自用。躬親簿書，過於繁碎。軍行必自裁進止，千里待報，坐失機會。王鼇永嘗諫之，不納。及鼇永罷官，上書於朝曰：「嗣昌用師一年，蕩平未奏，此非謀慮之不長，正由操心之太苦也。天下事，總挈大綱則易，獨周萬目則難。況賊情瞬息更變，今舉數千里征伐機宜，盡出嗣昌一人，文牒往返，動踰旬月，坐失事機，無怪乎經年之不戰也。其間能自出奇者，惟瑪瑙山一役。若必遵督輔號令，良玉當退守興安，無此捷矣。臣以爲陛下之任嗣昌，不必令其與諸將同功罪，但責其提衡諸將之功罪。嗣昌之馭諸將，不必人人授以機宜，但覈其機宜之當否。則嗣昌心有餘閒，自能決奇制勝，何至久延歲月，老師糜餉爲哉。」

先是，嗣昌以諸將進止不一，納幕下評事元吉言，用猛如虎爲總統，張應元副之。比賊入瀘州，如虎及賀人龍、趙光遠軍至，賊復渡南溪，越成都，走漢州、德陽、綿州、劍州、昭化至廣元，又走巴州、達州。諸軍疲極，惟如虎軍躡其後。十四年正月，嗣昌知賊必出川，遂統舟師下雲陽，檄諸軍陸行追賊。人龍軍既譟而西，頓兵廣元不進，所恃惟如虎。比與賊戰開縣、黃陵城，大敗，將士死亡過

半。如虎突圍免，馬騾闌防盡爲賊有。

初，賊竄南溪，元吉欲從間道出梓潼，扼歸路以待賊。嗣昌檄諸軍躡賊疾追，不得拒賊遠，令他逸。諸將乃盡從瀘州逐後塵。賊折而東返，歸路盡空，不可復遏，嗣昌始悔不用元吉言。賊遂下夔門，抵興山，攻當陽，犯荆門。嗣昌至夷陵，檄良玉兵，使十九返，良玉撤興、房兵趨漢中，若相避然。賊所至，燒驛舍，殺塘卒，東西消息中斷。鄖陽撫治袁繼咸聞賊至當陽，急謀發兵。獻忠令汝才與相持，而自以輕騎一日夜馳三百里，殺督師使者於道，取軍符。以二月十一日抵襄陽近郊，用二十八騎持軍符先馳呼城門督師調兵，守者合符而信，入之。夜半從中起，城遂陷。

獻忠縛襄王置堂下，屬之酒，曰：「吾欲斷楊嗣昌頭，嗣昌在遠。今借王頭，俾嗣昌以陷藩伏法。王努力盡此酒。」遂害之。未幾，渡漢水，走河南，與賀一龍、左金王諸賊合。嗣昌初以襄陽重鎮，仞深溝方洫而三環之，造飛梁，設橫栢，陳利兵而譏訶，非符要合者不得渡。江、漢間列城數十，倚襄陽爲天險，賊乃出不意而破之。嗣昌在夷陵，驚悸，上疏請死。下至荆州之沙市，聞洛陽已於正月被陷，福王遇害，益憂懼，遂不食。以三月朔日卒，年五十四。

廷臣聞襄陽之變，交章論列，而嗣昌已死矣。繼咸及河南巡按高名衡以自裁聞，其子則以病卒報，莫能明也。帝甚傷悼之，命丁啓睿代督師。傳諭廷臣：「輔臣二載辛勞，一朝畢命，然功不掩過，其議罪以聞。」定國公徐允禎等請以失陷城寨律議斬。上傳制曰：「故輔嗣昌奉命督剿，無城守專責，乃詐城夜襲之檄，嚴飭再三，地方若罔聞知。及違制陷城，專罪督輔，非通論。且臨戎二載，屢著捷功，盡瘁殞身，勤勞難泯。」乃昭雪嗣昌罪，賜祭，歸其喪於武陵。嗣昌先以剿賊功進太子少傅，既死，論臨、藍平盜功，進太子太傅。廷臣猶追論不已，帝終念之。後獻忠陷武陵，心恨嗣昌，發其七世祖墓，焚嗣昌夫婦柩，斷其屍見血，其子孫獲半體改葬焉。

《崇禎閣部行略》 楊嗣昌號文君，湖廣武陵人。登庚戌科，以杭州府授，歷南國博，陞户部主事，山東司郎中，管新餉。是時邊警軍興，加派田畝，增關東兵糧，歲六百餘萬，始設新餉司，嗣昌首當其任，精覈敏幹，一時咸稱其能。壬戌，引疾去。崇禎戊辰，以邊道起副使參政。壬申，陞山東巡撫。時嗣昌父三邊總督，以撫流賊神一魁爲言路論糾，逮下法司。嗣昌請以官贖父罪，不允。甲戌，宣大總督張宗衡罷，以嗣昌代之。乙亥，丁父憂。丙子，大司馬張鳳翼卒于官。時邊警方殷，即其家起復嗣昌兵部尚書。

是時，流寇充斥，幾半天下，官兵不能禦，往往尾賊後，即遇賊，又常中賊餌，卒致敗。嗣昌乃倡爲三正四隅之議，欲令南直、豫、楚、秦、蜀合從夾擊，視賊所之，毋令得逸，逸者罪之，然不能行也。丁丑，張獻忠據穀城，陝撫、鄖撫苗祚土不能制，嗣昌請罷之，舉兩廣總督熊文燦督勦流寇。獻忠初佯許諾，既以爭餉還延，撫字久不就。戊寅，召嗣昌入閣，仍管兵部事。賊竟殺穀令，屠其城，刼監軍張大經，竝已降賊衆走入房縣據之。己卯，逮文燦下獄治罪，嗣昌皇恐，乃請解本兵任，舉陽和總督陳新甲自代，而已往辦楚賊，於是建五省視師節，賜上方劍，文司道、武總兵而下，得自專殺，兵馬錢糧一聽徵調，漕粟亦許留用。歲暮出師，上自爲詩廷遣之，文武郊餞，威權之盛，近世無比。凡用兵十萬，本折二百餘萬。庚辰，駐師襄陽，調兵會勦，以陝西興安一路失期，斬其監軍司道殷太白以殉。相持久之，值獻忠生日，羣賊飲太平之半邊山。總兵左良玉請會兵合擊，嗣昌不許。良玉乃自以往，獻忠倉皇墜崖走，所殺獲甚衆。以捷聞，遂謂賊釜底遊魂，刻期埽蕩云。加太子太保。先是嗣昌在朝日，嘗言于上曰：「臣惟恐賊不入蜀。且若以蜀委之，必殲賊無疑。」至是調蜀守防路將詣軍門計事，賊遂乘隙逸入。嗣昌乃由夷陵泝江而上，至夔門，賊已馳至州南，轉薄成都。嗣昌又從陸至廣安，賊又騰出房縣，直趨襄陽，破之，刃襄王于城上。嗣昌復來，下抵江陵。辛巳二月廿八日，自縊。

嗣昌自恃奇才，素嫺兵略，撫勦永時，嘗爲選人金鏡上之。後奪情起復，詞臣黄道周廷爭，被杖下獄，幾陷不測。然是役也，兵威物力，盛極一時，獻忠小醜，無難殄滅，乃至縱之出柙，一籌莫展，賊從此不可爲矣。己卯，青山口之人，廷臣皆憂深入，嗣昌密奏曰：「北兵患不南，亘不過捐十數城，我援師麇集，可令無隻蹄返也。」上喜謂嗣昌忠。計究亦無功，往往大言若此。

查繼佐《罪惟録》列傳卷二五 以進士歷官至巡撫都御史，表請代父死，詔鶴減戍。嗣昌入爲兵部尚書。崇禎十四年，以才薦治賊，奪情，爲東林所指。自詞臣黄道周刻其墨縗不任，於是劉同升、趙士春、范景文、成勇等交口不置。同時盧象昇亦奪情行間，道周等不問也。上惡黨同，矯必用之。以其言勇加派，海內怨望。上仿古策遺之體，且御製詩歌送之。嗣昌負殊稟，可五官並劾，搗賊多有勝績。忽三王一時並見害，知必無倖，引帛盡。

雜録

備録

談遷《棗林雜俎》和集《楊嗣昌》　武陵相國本兵時，丁丑觀政進士二十六人各受以楊襄毅博集，示方略。嘗曰：「今日盜熾，須十面埋伏法殲之，否則，我東馳西騖，徒團走見困。而欲增兵先議餉，議餉必加派，殫一二年之力，庶可蕩平。」進士歙縣洪天擢曰：「老先生策甚善，雖民力有限，果一二年蕩平，有何不可？若猶未也，民力坐困，將若之何？」本兵色動，大不懌。

平島劉興教兵潰，上中夜召本兵問計。對曰：「毛文龍遷制建州，有名無實。文龍死，留島兵無益，不如撤之。今未撤而潰，於我非有損也。」明日本兵以語朝中。

翰林編修楊廷麟論楊嗣昌庸臣，非奸臣。嗣昌大恨之，謂奸猶可也，乃庸我乎？出廷麟兵部主事監軍謫。

李清《三垣筆記》　楊司馬嗣昌父鶴萬曆辛丑。爲三邊總督，以失機逮，緣嗣昌現任關內監軍道，薄戍鶴，未幾復原秩。上之以大司馬起嗣昌也，生其父，故以奪情責報耳。嗣昌以奪情代父報，何辭？但先不請纓，後復入閣，此其罪耳。

備論

查繼佐《罪惟録》列傳卷一二五　論曰：賊貽於楊，亦烈於楊。前則恇怯圖苟安養寇是也，後則增餉斂怨，因而長亂。養寇在一方，長亂滿中原矣。按鶴免死謝表有云：「臣既負國，臣子不勝任，恐無以匡王。」嗟！楊家父子自□世譖哉！雖然，鶴與嗣昌先不凡，是奇誤也。夫既誤，雖奇亦庸。庸而誤，誤小；以奇而誤於庸，誤大。

楊山松《孤兒籲天録・自敘》　嗟乎！士憎多口謗，亦安能免哉？然使釁有所開，侮繇自召，則亦已矣。若先太傅者，遠房周而兩俱不附，既無臭味□□□□元祐而匹焉寡儔，豈□□昂於蜀雒。宜乎車無載鬼，安得射也張弧。雖然翼贊聖功如房玄齡，而蕭瑀疑其不忠，但云未反，嚴辨有聲，如呂夷簡，而孫沔比之張禹、李林甫。公忠直諒如文彥博，而唐介謂其相繇妃嬪，以正遇正，無端疑揣，尚且已甚不倫。何況劉洎之死，以爲出於遂良，竇參之誅，必謂事繇陸贄，弓影必然者乎。此固無足怪者。若乃魚腹已旌正則，馬革□裹伏波，甚至鱗甲莫攖李平，亦聞殞星而發病；汶山投弁廖立，亦念左袵而興悲。斯時也，似乎貝錦縱無停梭之候，而伯勞或有反舌之期。以一日之蓋棺，平反從前之月旦，夫誰曰不宜？乃尚有不能得、不必得者，則遇魏收而按之入地，遭沈約而萬箭攢心，寧不悲哉！

藐予孤孽，忝寄杯棬。昔也在臺閣而習見故事，敢比黃瓊；入公府而改易姓名，竊同李固。逮乎南征逐隊，仰佐鼓綏，雖則蟻穴金隄，究歸齎志。河北莫畱宗穎，南州敢立劉璠，猶然冀幸合尖，旴衡繼起。豈期後來瞶瞶，愈遜前人。瘁矣揮戈，陽烏莫返。幸而上逢堯舜，託命塞翁；然九死餘生，遺書縱在，卜著種樹，相與浮沉。不惟餘帛餘財，原無長物，即成都十五頃之田，豆落成萁，八百之桑，萎無夏肄。嗟此一腔熱血，聽其縹緲鬱紆者，蓋三十年於茲矣。今者聖天子在上，搜書修史，天語煌煌，博學宏詞，羣英濟濟，用是不揆孤陋，特輯此編，以當采擇。肰而死灰不然。君門萬里，上無金張許史之助，下無蚍蜉蟻子之援，而謂以一人之向隅，欲翻三十年城府堅僻之窠臼，得則先人之靈，不得則孤兒之罪。君相之天與臨女降鑒之天，必有以處此，所恃者天爾。

時康熙十九年庚申，冬至前七日，楚武陵楊山松忍古敬書於宛南之櫪痕艸堂。

陶汝鼐《讀籲天録附識》　嗟夫！卿大夫當天步艱難之時，而能於君親臣友間，暘然無憾於志者，豈理也哉！不幸而玉既改矣，羣錯其趾，好議論者，且欲撿點殘枰，恣談覆局，競爲書，以洩其悲憤詆諆之私。沈約雖才，不辭夢截其舌，則亦文人拂亂者之過也。明之季亂，莫大於寇。紀事之稗野，亦莫瀆於寇。最後武陵相公奪情孤立，獨蒙宸鑒。然天子授鉞，羣工張弧蹇蹇焉。矢報國之心，竭辦賊之力，二三年暴露行間，轉戰數千里，殲除解散之盜十數萬。迨瑪瑙山之役，狡脫者金山之逸毚耳。如是而終不濟，不濟則以死繼之，鞠躬盡瘁之義，亦無忝矣。亡何先皇愍悼其忠勋，狡賊怨椎其丘墓，而騰謗不止。故小說雜紀，一

切失實。若試刀筆吏作甲乙，假如便欲引宰相下廷尉，俛首受惡名，安得不仰天而大呌也。公賫志矣。勞臣當白於上帝，而孝子尚訟于人間，豈得已哉！

次公梓，始爲辯謗録，嵩爲《謚園》一書，頗聞作者皤然欲自焚其艸。長公舊金吾，是嘗簪筆負劍，從尊人於帷幄者。覘坊刻日繁，益增寃痛，不得不取證邸抄，臚列章奏，剖晰時地歲月之訛舛，與天下共質之。其於國史良穢，所關匪細也。刻成已久，屢徵予言，泫然不敢答。然而不肖與武陵世誼，憶弱冠受少傅公知，及見文弱先生，時以地官郎乞假，閉户著書，風操峻潔，侃然負匡濟之望。已巳廷試，適少傅公特簡總督，先生始出，而觀察畿南，見父子才誠相勉若師友然。丁丑上春官，則先生墨縗赴召，握手大慟曰：「人臣謀國，心則何窮，而才固有量。主上但以一邊付我，可任十年無事。今一旦使廿年不入長安之外吏，獨坐司馬堂，輦上諸君門户壁立，相對如秦人視越，策力俱詘，何從措手？子當見我之摧覆矣。然則出師閫外，且幸得捐糜，至於成敗利鈍，非所逆覩明也。」今封駁諸艸具在。竊歎公爲明主所鑒任，而自負賢臣者，欲擯之，爲羣盜之所怨毒，而比肩事明主者，欲殺之。天不祚明，遂有此事。諸哆然搽筆舌，以行愛憎、護門户者，亦若爲氣數所驅，而不暇察也。嗚呼！李靖强起，而推誠乏梁公；寬饒憂勤，而愍傷無鄭子。忍使英主獨殉社稷，而謂諸臣無責乎哉！李文饒嘗歎忠於國，而知己者鮮。庶幾數世之後，明黨稍息，以竢知音耳。武陵隕星四十年，明良有歌，惇史方作，豈餘波尚不息也。但持此編籲天，而天聽之，當如風雷發縢，而乘箕尾者，可無憾矣。長蒼其俟之。

楚湖南耋叟陶汝鼐具艸。

李清《三垣筆記》 楊司馬嗣昌，值北兵交横，羽書填積，握豪如夙搆，俄頃數紙，人服其敏。但以救郭少司馬鞏萬曆癸丑，遷安人。戍，爲姚給諫思孝所糾，遂結怨門户，未免先私仇而後公家之急。及賁緣入閣，一手握定，凡兵部覆疏，皆自上自票，他閣臣無敢睨視，上委任之専如此。及北兵入犯，五案失機，諸臣皆駢首西市，嗣昌雖名革職，猶眷倚如故。

《明史》卷二五二 贊曰：明季士大夫問錢穀不知，問甲兵不知，於是嗣昌得以才顯。然迄無成功者，得非功罪淆於愛憎，機宜失於遥制故耶？

陳田《明詩紀事》庚籤卷二二 田按：武陵闇於用人，勇於任事，拮据行間以死，亦可哀也。詩頗染竟陵流派。

藝文

嚴遂成《明史雜詠》卷三《楊督師嗣昌》 大軍雲集反遷延，勦練虚縻委逝川。衣其斗牛埋半體在軍而賜斗牛衣，死後賊焚具夫婦柩，子孫獲半體，改葬。牓懸庖湢賞三錢。下令賄擒獻忠者賞萬金，翊日堂皇至庖湢遍題斬督師獻者賞白金三錢。一時襄雒皆流血，四罪丁袁可比肩。先禦史王志舉刻其誤國四大罪，請用汝夔、崇焕故事。渡口桃花春色暮，網張十面問漁船。楊家武陵死於三月朔日。

周延儒部

綜述

《明史》卷三〇八《周延儒傳》 周延儒，字玉繩，宜興人。萬曆四十一年會試、殿試皆第一，授修撰，年甫二十餘。美麗自喜，與同年生馮銓友善。天啓中，遷右中允，掌司經局事。尋以少詹事掌南京翰林院事。

莊烈帝即位，召爲禮部右侍郎。延儒性警敏，善伺意指。崇禎元年冬，錦州兵譁，督師袁崇焕請給餉。帝御文華殿，召問諸大臣，皆請發内帑。延儒揣帝意，獨進曰：「關門昔防敵，今且防兵。寧遠譁，餉之，錦州譁，復餉之，各邊且傚尤。」帝曰：「卿謂何如？」延儒曰：「事迫，不得不發。但當求經久之策。」帝頷之，降旨責羣臣。居數日，復召問，延儒曰：「餉莫如粟，山海粟不缺，缺銀耳。何故譁？譁必有隱情，安知非驕弁構煽以脅崇焕邪？」帝方疑邊將要挾，聞延儒言大説，由此屬意延儒。

十一月，大學士劉鴻訓罷，命會推，廷臣以延儒望輕置之，列成基命、錢謙益、鄭以偉、李騰芳、孫慎行、何如寵、薛三省、盛以弘、羅喻義、王永光、曹于汴十一人名上。帝以延儒不預，大疑。及温體仁訐謙益，延儒助之。帝遂發怒，黜謙益，盡罷會推者不用。二年三月召對延儒於文華殿，漏下數十刻乃出，語秘不得聞。御史黄宗昌劾其生平穢行，御史李長春論獨對之非。延儒乞罷，不允。南京給事中錢允鯨言：「延儒與馮銓密契，延儒柄政，必爲逆黨翻局。」延儒疏辨，帝優詔褒答。其年十二月，京師有警，特旨拜延儒禮部尚書兼東閣大學士，參機務。明年二月加太子太保，改文淵閣。六月，體仁亦入。九月，成基命致仕，延儒遂爲首輔。尋加少保，改武英殿。

體仁既並相，務爲柔佞，帝意漸嚮之。而體仁陽曲謹媚延儒，陰欲奪其位，延儒不知也。體仁與吏部尚書王永光謀起逆案王之臣、吕純如等。或謂延儒曰：「彼將翻逆案，而外歸咎於公。」延儒愕然。會帝以之臣問，延儒曰：「用之臣，亦可雪崔呈秀矣。」帝悟而止。體仁益欲傾延儒。四年春，延儒姻婭陳于泰廷對第一，及所用大同巡撫張廷拱、登萊巡撫孫元化皆有私，時論籍籍。其子弟家人暴邑中，邑中民爇其廬，發其先壟，爲言官所糾。兄素儒冒錦衣籍，授千户，又用家人周文郁爲副總兵，益爲言者所詆。

五年正月，叛將李九成等陷登州，囚元化。侍郎劉宇烈視師無功，言路咸指延儒庇宇烈。於是給事中孫三傑、馮元飈，御史余應桂、衛景瑗、尹明翼、路振飛、吴執御、王道純、王象雲等，屢劾延儒。應桂並謂延儒納巨盜神一魁賄。而監視中官鄧希詔與總督曹文衡相訐奏，語侵延儒。給事中李春旺亦論延儒當去。延儒數上疏辯，帝雖慰留，心不能無動。已而延儒令于泰陳時政四事，宣府太監王坤承體仁指，直劾延儒庇于泰。給事中傅朝佑言中官不當劾首揆，輕朝廷，疑有邪人交搆，副都御史王志道亦言之。帝怒，削志道籍，延儒不能救。體仁復嗾給事中陳贊化劾延儒「昵武弁李元功等，招摇罔利。陛下特恩停刑，元功以爲延儒功，索獄囚賕謝。而延儒至目陛下爲羲皇上人，語誖逆」。帝怒，下元功詔獄，且窮詰贊化語所自得。贊化言得之上林典簿姚孫渠、給事中李世祺，而副使張鳳翼亦具述延儒語。帝益怒。錦衣衛帥王世盛拷掠元功無所承，獄上，鐫世盛五級，令窮治其事。延儒覬體仁爲援，體仁卒不應，且陰黜與延儒善者，延儒大困。六年六月引疾乞歸，賜白金、綵緞，遣行人護行。體仁遂爲首輔矣。

始延儒里居，頗從東林游，善姚希孟、羅喻義。既陷錢謙益，遂仇東林。及主會試，所取士張溥、馬世奇等，又皆東林也。至是歸，失勢，心内慚。而體仁益横，越五年始去。去而張至發、薛國觀相繼當國，與楊嗣昌等並以媢嫉稱。一時正人鄭三俊、劉宗周、黄道周等，皆得罪。溥等憂之，説延儒曰：「公若再相，易前轍，可重得賢聲。」延儒以爲然。溥友吴昌時爲交關近侍，馮銓復助爲謀。會帝亦頗思延儒，而國觀適敗，十四年二月詔起延儒。九月至京，復爲首輔。尋加少師兼太子太師，進吏部尚書、中極殿大學士。

延儒被召，溥等以數事要之。延儒慨然曰：「吾當鋭意行之，以謝諸公。」既入朝，悉反體仁輩弊政。首請釋漕糧白糧欠户，蠲民間積逋，凡兵殘歲荒地，減見年兩税。蘇、松、常、嘉、湖諸府大水，許以明年夏麥代漕糧。宥戍罪以下，皆得還家。復詿誤舉人，廣取士額及召還言事遷謫諸臣李清等。帝皆忻然從之。延儒又言：「老成名德，不可輕棄。」於是鄭三俊長吏部，劉宗周掌都察院，范景文長工部，倪元璐佐兵部，皆起自廢籍。其他李邦華、張國維、徐石麒、張瑋、金光辰等，布滿九列。釋在獄傅宗龍等，贈已故文震孟、姚希孟等官。中外翕然稱

賢。嘗燕侍，帝語及黄道周，時道周方謫戍辰州。延儒曰：「道周氣質少偏，然學與守皆可用。」蔣德璟請移道周戍近地。延儒曰：「上欲用即用之耳，何必移戍。」帝即日復道周官。其因事開釋如此。

帝尊禮延儒特重，嘗於歲首日東向揖之，曰：「朕以天下聽先生。」因徧及諸閣臣。然延儒實庸駑無材略，且性貪。當邊境喪師，李自成殘掠河南，張獻忠破楚、蜀，天下大亂，延儒一無所謀畫。用侯恂、范志完督師，皆僨事，延儒無憂色。而門下客盛順、董廷獻因緣爲奸利。又信用文選郎吴昌時及給事中曹良直、廖國遴、楊枝起、曾應遴輩。

昌時，嘉興人。有幹材，頗爲東林效奔走。然爲人墨而傲，通廠衛，把持朝官，同朝咸嫉之。行人司副熊開元廷劾延儒納賄狀，觸帝怒，與給事中姜埰俱廷杖，下詔獄。左都御史宗周、僉都御史光辰以救開元、埰罷，尚書石麒又以救宗周等罷，延儒皆弗救，朝議皆以咎延儒。會昌時以年例出言路十人於外，言路大譁。掌科給事中吴麟徵、掌道御史祁彪佳劾昌時挾勢弄權，延儒頗不自安。

初，延儒奏罷廠衛緝事，都人大悦。朝士不肖者因通賂遺，而廠衛以失權，胥怨延儒。又傲同官陳演，演銜刺骨。掌錦衣者駱養性，延儒所薦也，養性狡狠背延儒，與中官結，刺延儒陰事。十六年四月，大清兵略山東，還至近畿，帝憂甚。大學士吴甡方奉命辦流寇，延儒不得已自請視師。帝大喜，降手敕，奬以召虎、裴度，賜章服、白金、文綺、上駟，給金帛賞軍。延儒駐通州不敢戰，惟與幕下客飲酒娱樂，而日騰章奏捷，帝輒賜璽書褒勵。偵大清兵去，乃言敵退，請下兵部議將吏功罪。既歸朝，繳敕諭，帝即令藏貯，以識勳勞。論功，加太師，廕子中書舍人，賜銀幣、蟒服。延儒辭太師，許之。居數日，養性及中官盡發所刺軍中事。帝乃大怒，諭府部諸臣責延儒蒙蔽推諉，事多不忍言，令從公察議。陳演等公揭救之，延儒席藁待罪，自請戍邊。帝猶降温旨，言「卿報國盡忱，終始勿替」，許馳驛歸，賜路費百金，以彰保全優禮之意。及廷臣議上，帝復諭延儒功多罪寡，令免議。延儒遂歸。

既去，給事中郝絅疏請除奸，以指延儒。帝不聽。山東僉事雷縯祚糾范志完，亦及延儒。已而御史蔣拱宸劾吴昌時贓私巨萬，大抵牽連延儒，而中言昌時通中官李端、王裕民，洩漏機密，重賄入手，輒預揣温旨告人。給事中曹良直亦劾延儒十大罪。帝怒甚，御中左門，親鞫昌時，折其脛，無所承，怒不解。拱宸面訐其通内，帝察之有迹，乃下獄論死，始有意誅延儒。初，薛國觀賜死，謂昌時致之。其門人魏藻德新入閣有寵，恨昌時甚，因與陳演共排延儒，養性復騰蜚語。帝遂命盡削延儒職，遣緹騎逮入京師。時舊輔王應熊被召，延儒知帝怒甚，宿留道中，俟應熊先入，冀爲請。帝知之，應熊既抵京，命之歸。延儒至，安置正陽門外古廟，上疏乞哀，不許。法司以戍請，同官申救，皆不許。冬十二月，昌時棄市，命勒延儒自盡，籍其家。

雜録

談遷《國榷》卷九九　乙丑，前大學士周延儒有罪，賜死。延儒字玉繩，宜興人。萬曆癸丑禮闈，廷對俱第一，授翰林修撰，進右中允。□□□崇禎□□三月，歷禮部右侍郎。訐對錢謙益賄舉事稱旨，己巳十二月，特拜禮部尚書兼東閣大學士。明年七月，敍城守功，進太子太保、文淵閣大學。十九月首輔。十一月，敍實録勞，進少保、户部尚書、武英殿大學士。辛未，主禮闈。壬申三月，敍陵工，進少傅、吏部尚書、建極殿大學士。癸酉六月，予告。己卯六月，存問。辛巳二月，再召，九月入朝，十二月考績，進□師、中極殿大學士，不拜。壬午，敍山東剿逆功，又不拜。癸未三月，請行邊。五月入朝，又予告。六月趣之入，至是法司擬罪，有旨「機械欺蔽，比匪營私，濫用僉人，封疆貽誤」，勒自盡，論贓十二萬，許歸殯。延儒少無學行，尤耽聲利，性極警敏，善揣人意指。始比温體仁，共執政，及再相，頗反温之所爲，而納賄無厭，往往假用人爲鬻爵地，借起廢市德門，故踵進子弟倖捷。時方得君，不顧外患，款局敗，委罪陳新甲，没其厚賂。牢籠朝端，敗壞國事，以致天下左衽，痛哉！

備録

夏允彝《幸存録》　周延儒之承上眷也最深，其應對敏絶，凡上怒時莫能挽回，惟周能談言微中。如黄道周之獄，人皆以爲必不可救，周自能微調挽之，已得減戍歸矣。上偶言及岳武穆事，歎曰：「安得將如岳飛者而用之？」周進曰：「岳自是名將，然其破女直事，史載多虚張，即如道周之爲人，傳之史册，不免曰其不用也，天下惜之。」上默然，甫還官，即傳旨還以原官矣。此周所長，不可没也。

談遷《棗林雜俎》智集《周延儒》　宜興入相，恃才，輒午睡足，徐起閲章奏，應手票旨，時閣臣善於啓事，稱武進、宜興。何如寵

宜興先論罷，以嘗言朝廷爲羲皇上人，因力辨引去。及再相，或言聖性嚴馭，宜興笑曰：「上易與也，何過慮爲？」蓋宜興潛通宮府，得其關捩，故有羲皇上人之説。晚益黷貨，文武大臣賜諡擬旨，還與他諡，嘗誇曰：「吾筆底一字千金。」蓋入賂四千金也。

談遷《棗林雜俎》義集《柄相末路》　崇禎十六年五月，大學士周延儒放歸，復見徵，知不利，憂泣。或請解於中宮，賂嘉定伯周奎十萬金，奎達之中宮，以駕久不至，奈何？請授指東宮，東宮每晨謁，至是啓曰：「近來久不見周先生，何也？」上曰：「爾何自知先生？」曰：「父皇嘗稱周先生，故知之。」上曰：「此非好人，今不得稱先生。」上心知其指，尋賜死。迨曙，錦衣衛同法曹至私邸，排闥而入，相國披裘起，裹絨巾，家僮見耳目有异，各驚匿，求青衣未得，緹校脱而衣之，拜命飲泣，求筆墨占句，倉皇不屬，使者促之，擲筆就縊。

談遷《棗林雜俎》仁集《周延儒馬士英作聯》　周延儒字玉繩，先賜玉，後賜繩，繩繫延儒之頸，一同狐狗之頭。

李清《三垣筆記》卷中　周輔延儒出征，邀方給諫士亮崇禎辛未，歙縣人。從行，與予皆門人也。時周門客猥雜，予語之曰：「凡觀人當於其骨，今日頤指，他年下石，無兩人也。若非門生，須不屢邀不往，若門生，亦不邀不往，方可信耳。軍中暇時，幸及此。」然已無及。

周輔延儒出征時，識者知上意疑之，必有朝行夕伺者。及至軍中，用劉總兵澤清東平伯。爲中軍官，諸大將及偏裨奔走如蜎，猶居長安時。內官密以聞，上始大疑。

周輔延儒應對票擬，機敏稱上意，吴輔甡自言不及。然門客猥雜，酬酢紛紜，竟若忘爲雄察主也。及北征歸，猶錫之宴，手玉卮賜飲。又失機范督志完、趙督光抃等或戍或徒，不由刑部，由閣擬皆從輕，悉俞允。不數日，命九卿科道會議，惟五府一單，稱其有功無過，餘九卿科道議單，皆褒貶相半，獨曾都諫應遴被論註籍，出一議單，托同官持至，議獨峻，未之用。及予輩入垣，見是日新下一疏，乃應遴數日前所上也。中二語云：「首輔之功，何減韓、范。」觀者失笑。

予一日與某同籍謁周輔延儒，自午至暮，不得見。一長班耳語曰：「有四人方巾便服，徑入後宅矣。」予問之，其一銓曹，一儀曹，一兵曹，一同鄉閒署也。予歸而歎曰：「吾師必敗矣。他且弗論，安有以趨熱銓曹夤夜入相君宅而不起物議者！」不數日敗。銓曹者，吴選郎昌時也。

予奉差至揚州，遇周輔延儒舟，欲入謁，諸僕以緹騎同舟阻。予曰：「此豈門生所爲耶！煊赫而疎之，患難而親之，何害？」及見，周以聖怒不測爲憂。予勸速行，又曰：「今日彈劾之人，半是昔日委蛇之人，何也？」周惟太息而已。

李清《三垣筆記·附識》上　周輔延儒至京陛見，上甚禮之，賜宴，上親作主。退入宮，欣欣色喜曰：「還是他。」故當時所請，如蠲逋、緩刑、起廢、罷廠衛、罷京營提督內臣，無不允。且清獄亦命延儒，而一時逮繫，如侯司農恂、孫總督傳庭胥得出獄，且以贖罪，各握兵權。

周輔延儒靈穎善對，嘗召對，上云：「近日科道横，如楊枝起一疏薦四十二人，是用人不在銓部，只在科道。若楊嗣昌、温體仁已物故，薛國觀已賜死，謝陞已處分，何王士鑅疏又云四凶？」延儒云：「堯有四凶。」上色稍怡。又云：「還有馬嘉植，都票來重處！」延儒云：「此皆新進外臣，感特拔之恩，有聞入告，不覺過激，若一經申飭，自不敢妄言。」上曰：「即擬一諭旨來。」延儒退，擬一敕，極口詆斥言官，末云「除已往不究」，三人遂免。

周輔延儒熟於世故，情面多而執持少，賄來不逆，賄歉不責。故門人親故，自賄及爲人行賄，不拒也，或匿其一二，或侵其四五，不問也。每自閣中退休朝房，或私宅見客，徹丙夜。撫道府部多以賄遷，利溥於人，詬貽於己，矧病且中於國乎！

李清《三垣筆記·附識》中　周輔延儒既奉旨賜死，蔣輔德璟等揭救，言：「延儒赴召之初，一切奉揚聖德，如蠲租、起廢、解綱、肆赦諸大政，中外欣傳有太平之兆，即我皇上，亦曾有功多過寡之諭。但其賦性寬疎，以致門客宵壬乘機假借，納交通賄，延儒不能盡知，即知亦不能力絶。因而寵賄彰聞，疵垢多端，天鑒炯然，罪安所逭？部院以煙戍議上，誠當其辜。至視師一出，奉命即刻起行，似亦慷慨圖報。其馳驅通義一帶，亦不無微勞可憫。乞皇上法外施仁，俯從部議。」上曰：「覽奏揭，朕心惻然。但周延儒罪犯太重，前面諭已明，如濫用匪人，遺誤封疆，比昵奸險，營私納賄，及親履行間，回朝面詢，應將兵情據實陳奏，極力挽救，庶幾收效桑榆。而乃欺蔽機械，較前愈甚。若律以祖宗大法，當在何條？念係首輔，姑從輕處，勒令自裁，已有旨了。」

周輔延儒絶命詩曰：「恩深慚報淺，主聖作臣忠。國法冰霜勁，皇仁覆載洪。可憐惟赤子，宜慎是黄封。替獻今何及，留章達聖聰。」

倪元璐部

綜述

《明史》卷二六五《倪元璐傳》 倪元璐，字玉汝，上虞人。父涷，歷知撫州、淮安、荆州、瓊州四府，有當官稱。

天啓二年，元璐成進士，改庶吉士，授編修。册封德府，移疾歸。還朝，出典江西鄉試。暨復命，則莊烈帝踐阼，魏忠賢已伏誅矣。楊維垣者，逆奄遺孽也，至是上疏並詆東林、崔、魏。元璐不能平，崇禎元年正月上疏曰：

臣頃閲章奏，見攻崔、魏者必與東林並稱邪黨。夫以東林爲邪黨，將以何者名崔、魏？崔、魏既邪黨矣，擊忠賢、呈秀者又邪黨乎哉！東林，天下才藪也，而或樹高明之幟，繩人過刻，持論太深，謂之非中行則可，謂之非狂狷不可。且天下議論，寧假借，必不可失名義；士人行己，寧矯激，必不可忘廉隅。自以假借矯激爲大咎，於是彪虎之徒公然背畔名義，決裂廉隅。頌德不已，必將勸進；建祠不已，必且呼嵩。而人猶且寬之曰「無可奈何，不得不然耳」。充此無可奈何，不得不然之心，又將何所不至哉！乃議者以忠厚之心曲原此輩，而獨持已甚之論苛責吾徒，所謂舛也。今大獄之後，湯火僅存，屢奉明綸，俾之酌用，而當事者猶以道學封疆，持爲鐵案，毋亦深防其報復乎？然臣以爲過矣。年來借東林媚崔、魏者，其人自敗，何待東林報復？若不附崔、魏，又能攻去之，其人已喬嶽矣，雖百東林烏能報復哉。

臣又伏讀聖旨，有「韓爌清忠有執，朕所鑒知」之諭。而近聞廷臣之議，殊有異同，可爲大怪。爌相業光偉，他不具論，即如紅丸議起，舉國沸然，爌獨侃侃條揭，明其不然。夫孫慎行，君子也，爌且不附，況他人乎！而今推轂不及，點灼横加，則徒以其票擬熊廷弼一事耳。廷弼固當誅，爌不爲無説，封疆失事，纍纍有徒，乃欲獨殺一廷弼，豈平論哉。此爌所以閣筆也。然廷弼究不死於封疆而死於局面，不死於法吏而死於奸璫，則又不可謂後之人能殺廷弼，而爌獨不能殺之也。又如詞臣文震孟正學勁骨，有古大臣之品，三月居官，昌言獲罪，人以方之羅倫、舒芬。而今起用之旨再下，謬悠之譚不已，將毋門户二字不可重提耶？用更端以相遮抑耶？書院、生祠，相勝負者也，生祠毁，書院豈不當修復！

時柄國者悉忠賢遺黨，疏入，以論奏不當責之。於是維垣復疏駁元璐。元璐再疏曰：

臣前疏原爲維垣發也。陛下明旨曰「分别門户，已非治徵」，曰「化異爲同」，曰「天下爲公」。而維垣則倡爲孫黨、趙黨、熊黨、鄒黨之説。是陛下於方隅無不化，而維垣實未化；陛下於正氣無不伸，而維垣不肯伸。

維垣怪臣盛稱東林，以東林嘗推李三才而護熊廷弼也。抑知東林有力擊魏忠賢之楊漣，首劾崔呈秀之高攀龍乎！忠賢窮凶極惡，維垣猶尊稱之曰「廠臣公」，「廠臣不愛錢」，「廠臣知爲國爲民」，而何責乎三才。五彪五虎之罪，刑官僅擬削奪，維垣不駁正，又何誅乎廷弼。維垣又怪臣盛稱韓爌。夫舍爌昭然忤璫之大節，而加以罔利莫須有之事，已爲失平。至廷弼行賄之説，乃忠賢借以誣陷清流，爲楊、左諸人追贓地耳，天下誰不知，維垣猶守是説乎！維垣又怪臣盛稱文震孟。夫震孟忤璫削奪，其破帽策蹇傲蟒玉馳驛語，何可非。維垣試觀數年來破帽策蹇之輩，較超階躐級之儔，孰爲榮辱。自此義不明，畏破帽策蹇者，相率而頌德建祠，希蟒玉馳驛者呼父、呼九千歲而不怍，可勝歎哉！維垣又怪臣盛稱鄒元標。夫謂都門聚講爲非則可，謂元標講學有他腸則不可。當日忠賢驅逐諸人，毁廢書院者，正欲箝學士大夫之口，恣行不義耳。自元標以僞學見驅，而逆璫遂以真儒自命。學宫之内，儼然揖先聖爲平交。使元標諸人在，豈遂至此。

維垣又駁臣假借矯激。夫當崔、魏之世，人皆任真率性，頌德建祠。使有一人假借矯激，而不頌不建，豈不猶賴是人哉！維垣以爲真小人，待其貫滿可攻去之，臣以爲非計也。必待其貫滿，其敗壞天下事已不可勝言，雖攻去之，不已晚乎！即如崔、魏，貫滿久矣，不遇聖明，誰攻去之。維垣終以無可奈何爲頌德建祠者解，臣以爲非訓也。假令呈秀一人舞蹈稱臣於逆璫，諸臣亦以爲無可奈何而從之乎？又令逆璫以兵劫諸臣使從叛逆，諸臣亦靡然從之，以爲無可奈何而然乎？維垣又言「今日之忠直，不當以崔、魏爲對案」，臣謂正當以崔、魏爲對案也。夫人品試之崔、魏而定矣，故有東林之人，爲崔、魏所恨其牴觸，畏其才望而必欲殺之逐之者，此正人也。有攻東

林之人，雖爲崔、魏所借，而勁節不阿，或遠或逐者，亦正人也。以崔、魏定邪正，猶以明鏡別妍媸。維垣不取證於此，而安取證哉！

總之東林之取憎於逆璫獨深，其得禍獨酷。在今日當曲原其被抑之苦，不當毛舉其尺寸之瑕。乃歸逆璫以首功，代逆璫而分謗，斯亦不善立論者矣。

疏入，柄國者以互相詆訾兩解之。當是時，元凶雖殛，其徒黨猶盛，無敢頌言東林者。自元璐疏出，清議漸明，而善類亦稍登進矣。

元璐尋進侍講。其年四月請燬《三朝要典》，言：「梃擊、紅丸、移宫三議，鬨於清流。而《三朝要典》一書，成於逆豎。其議可兼行，其書必當速燬。蓋當事起議興，盈廷互訟。主梃擊者力護東宫，爭梃擊者計安神祖。主紅丸者仗義之言，爭紅丸者原情之論。主移宫者弭變於幾先，爭移宫者持平於事後。數者各有其是，不可偏非。總在逆璫未用之先，雖甚水火，不害塤篪，此一局也。既而楊漣二十四罪之疏發，魏廣微此輩門户之説興，於是逆璫殺人則借三案，羣小求富貴則借三案。經此二借，而三案全非矣。故凡推慈歸孝於先皇，正其頌德稱功於義父。又一局也。網已密而猶疑有遺鱗，勢已重而或憂其翻局。崔、魏諸奸始創立私編，標題《要典》，以之批根今日，則衆正之黨碑；以之免死他年，即上公之鐵券。又一局也。由此而觀，三案者，天下之公議；《要典》者，魏氏之私書。三案自三案，《要典》自《要典》也。今爲金石不刊之論者，誠未深思。臣謂翻印紛嚣，改亦多事，惟有燬之而已。」帝命禮部會詞臣詳議。議上，遂焚其板。侍講孫之獬，忠賢黨也，聞之，詣閣大哭，天下笑之。

元璐歷遷南京司業，右中允。四年進右諭德，充日講官，進右庶子。上制實八策：曰間怍，可勝歎哉！維垣又怪臣盛稱鄒元標。夫謂都門聚講爲非則可，謂元標講學有他腸則不可。當日忠賢驅逐諸人，毀廢書院者，正欲箝學士大夫之口，恣行不義耳。自元標以僞學見驅，而逆璫遂以真儒自命。學宫之内，儼然揖先聖爲平交。使元標諸人在，豈遂至此。

維垣又駁臣假借矯激。夫當崔、魏之世，人皆任真率性，頌德建祠。使有一人假借矯激，而不頌不建，豈不猶賴是人哉！維垣以爲真小人，待其貫滿可攻去之，臣以爲非計也。必待其貫滿，其敗壞天下事已不可勝言，雖攻去之，不已晚乎！即如崔、魏，貫滿久矣，不遇聖明，誰攻去之。維垣終以無可奈何爲頌德建祠者解，臣以爲非訓也。假令旱秀一人舞蹈稱臣於逆璫，諸臣亦以爲無可奈何而從之乎？又令逆璫以兵劫諸臣使從叛逆，諸臣亦靡然從之，以爲無可奈何然乎？維垣又言「今日之忠直，不當以崔、魏爲對案」，臣謂正當以崔、魏爲對案也。夫人品試之崔、魏而定矣，故有東林之人，爲崔、魏所恨其牴觸，畏其才望而必欲殺之逐之者，此正人也。有攻東林之人，雖爲崔、魏所借，而勁節不阿，或遠或逐者，亦正人也。以崔、魏定邪正，猶以明鏡別妍媸。維垣不取證於此，而安取證哉！

總之東林之取憎於逆璫獨深，其得禍獨酷。在今日當曲原其被抑之苦，不當毛舉衙，令清核軍伍，不稱職者即遣人代之。先是，屢遣科臣出督四方租賦，元璐以爲擾民無益，罷之，而專責撫按。户部侍郎莊祖誨督剿寇餉，憂爲盜劫，遠避之長沙、衡州。元璐請令督撫自催，毋煩朝使。自軍興以來，正供之外，有邊餉，有新餉，有練餉，款目多，黠吏易爲奸。元璐請合爲一。帝皆報可。時國用益詘，而災傷蠲免又多。元璐計無所出，請開贖罪例，且令到官滿歲者，得輸貲給封誥。帝亦從之。

先是，有崇明人沈廷揚者，獻海運策，元璐奏聞。命試行，乃以廟灣船六艘聽運進。月餘，廷揚見元璐。元璐驚曰：「我已奏聞上，謂公去矣，何在此？」廷揚曰：「已去復來矣，運已至。」元璐又驚喜聞上。上亦喜，命酌議。乃議歲糧艘，漕與海各相半行焉。十月命兼攝吏部事。陳演忌元璐，風魏藻德言於帝曰：「元璐書生，不習錢穀。」元璐亦數請解職。

十七年二月命以原官專直日講。踰月，李自成陷京師，元璐整衣冠拜闕，大書几上曰：「南都尚可爲。死吾分也，勿以衣衾斂。暴我屍，聊志吾痛。」遂南向坐，取帛自縊而死。贈少保，吏部尚書，謚文正。本朝賜謚文正。

邵廷采《思復堂文集》卷二《明户部尚書死義倪文正公傳》 公諱元璐，字玉汝，一字鴻寶，紹興上虞人。父贈尚書涷，徙郡城。涷有經國才。隆慶辛未，試南宫對策，指陳時政得失，下第。甲戌，成進士，官南工部郎，定船政，軍衛皆便之。江陵相居正忮其直，出之知撫州，歷守撫、淮、荆、瓊四郡，所至有循吏聲。

公幼承幃庭講聞忠孝大節，居身矜重，才氣絶世。天啓二年，成進士，充翰林院庶吉士。四年，授編修。首輔葉向高特器公，曰：「三年來無片刺及吾門，何處得此風采？」然是時，璫焰遂熾，向高未幾罷相。五年，公奉使封德王。使竣，即乞假省太夫人。尋召還京，魏忠賢已進爵上公，至配享孔子。公典試江西，命題譏切，忠賢大愠。會熹廟崩，思陵登極，誅忠賢，公乃得免於禍。崇禎始

政，天下清明，而逆黨阮大鋮、楊維垣等，猶在班列，所刊《三朝要典》，背顛公論。羣小陰持其說，以動搖國常。楊、左衆君子死，士氣未復，冀幸小安，莫能盡言。公以爲此邪正之幾，治亂之本，遂不謀同列，獨上疏曰：

臣頃見邸報，凡攻崔、魏者，必引東林，並稱邪黨。崔、魏而既邪黨矣，向之彈忠賢、糾呈秀者，又邪黨乎？夫東林，則亦天下之才藪也。其所宗主者，大抵秉清挺之標，而或繩人過刻，樹高明之幟，而或持論太深。謂非中行則可，非狂狷則不可。且天下之議論，寧涉假借，而不可不歸於名義；士之行己，寧近矯激，而不可不準諸廉隅。自以假借矯激深咎前人，而彪虎之徒公然毁裂廉隅，背叛名義，連篇頌德，匝地生祠。夫頌德不已，必將勸進；生祠不已，必且嵩呼。乃從寬之曰「無可奈何」。嗟乎！充此無可奈何之心，又將何所不至哉！議者能以忠厚之心曲原此輩，而獨持已甚之論苛責吾徒，亦所謂悖也！天祚明德，陛下龍飛，出諸臣鼎鑊之中。恩綸酌用，凡屬崔、魏之異己，即可化牛、李爲同心。而猶堅執方隅，深虞報復。夫曩年借東林媚崔、魏者，其人自敗，無可施報復之端。若其不附崔、魏，又能攻而去之者，其人既已喬嶽矣，雖百東林，烏能報復哉？

疏末，請亟召用韓爌、文震孟，而復天下講學書院，「蓋書院、生祠，相爲貞勝。生祠毁，書院豈不當復！」上方深思，未即納用，而維垣起爭公疏甚力。公復上疏曰：

觀臺臣維垣所奏，事事與君子爲仇，言言與明詔相背。明詔戒諸臣「無立同異」，「天下爲公」，而維垣論列輒曰孫黨、趙黨、熊黨、鄒黨，動分門户，持此彌堅。陛下當陽，皎日既出，而維垣猶舞魑魅於容光臨照之下，欲起地下諸奸而更生之，取正人灰燼重加燔炙，乃快其願。臣竊以爲計過矣。維垣怪臣盛稱東林，意東林予李三才而緩熊廷弼也。然當時議三才，特推其揮霍之畧，而未嘗不指之爲貪。於廷弼特未即西市之刑，而未嘗不坐之以辟，則未爲失論失刑也。若維垣之稱魏忠賢曰「廠臣公」，「廠臣不愛錢」，「廠臣爲國爲民」，而何況三才？五虎、五彪，律當處斬，而初擬止於削奪，維垣不聞駁正，又何尤昔之寬廷弼者乎？「韓爌清忠有執」，天語煌煌，即條旨廷弼，僅免一梟，未嘗赦之。今舍其抗疏抵璫之言，而加以闒說莫須有之事。廷弼行賄，璫口假以汚衊諸賢，追贓酷掠，此天下所共知。維垣奈何尚守是說乎！

至於不附紅丸，及孫慎行君子之論，臣言原非矛盾。慎行清望與王之寀不侔，議雖刻深，不失《春秋》書趙盾之法。夫董狐不爲沽直，趙盾亦未嘗貶賢。而以臣爲謬，臣不受也。

王紀清正，因參沈潅忤璫而斥，文震孟薦紀削奪，均之得罪於逆璫者也。至以破帽策蹇傲蟒袍馳驛之人，此何可譏？夫刑賞出于朝廷，斯榮辱因之。若當日，則忠賢之刑賞而已。年來破帽策蹇之輩，較之超階躐級者，誰榮誰辱？抑宫保横玉之劉詔，何如桎梏抵罪之耿如杞？自此義不明，相率爲生祠頌德，呼公呼父而不顧。而維垣以臣爲謬，臣不受也。

鄒元標始則峭直，後則寬和，正其暮年進德，都門講學，扶正人心，爲益非細，而今詆之爲婪取多藏。且逆璫逐元標而毁書院者，正以箝學士大夫之論，而恣其無所不爲。自元標以僞學見排，而逆璫遂真儒自命，學宫之席，儼然揖讓宣尼，書之史官，貽後世笑。而以臣爲謬，臣不受也。

崔、魏時人皆任真率性，罔辨頑廉。使有一人矯激假借，猶足以立朝野之坊。若東林已故諸賢鄒元標、王紀、高攀龍、楊漣而外，又有若顧憲成、馮從吾、陳大綬、周順昌、魏大中、周宗建、周起元其人，遣戍謫放，有若趙南星其人。臣不敢臚名，以侵薦舉之職。其爲理學清節，要何可疑？存没不同，並歸真品，豈有所矯激假借其閒？而以臣抑揚之詞爲一成之論，謂臣大謬，臣益不受也。

若維垣持論之悖者，謂小人待其惡稔，乃攻而去。夫待小人惡稔，天下事已壞矣，殺天下正人亦已盡矣。思攻而去之不嗟何及乎！崔、魏惡稔，不遇聖明，誰攻而去之？又始終以無可奈何爲附璫解嘲。脱一旦舞蹈稱臣，挺戈弑逆，亦託之無可奈何乎？又言「忠良不當以崔、魏爲對案」。夫今日亂賊，非崔、魏而誰？王安石非真小人，而附安石者，皆真小人。豈崔、魏真亂賊，而附崔、魏者反非真亂賊？以維垣之邪説，護亂賊之崔、魏，孔、孟復生，爲世道懼必有甚於前日矣。夫古今惟意見不同，議論偶異。如宋臣蘇軾、程頤互相訶詆，均不失爲正人。本朝大禮之争，折衷未平，皆主於愛君尊祖。若品節大閑，豈有兩是？品節試之於崔、魏而定，無問其爲東林與非東林也。

總之，人才不可不惜，我見不可不除，衆鬱不可不宣，清議不可不畏。臣前疏論列，本爲維垣。不斥其名，意使之聞而愧恨，面熱發頳而食不下

咽。不意其怙終遂惡，乃至於是。且猶揚揚以正人自負，語言首鼠，豈能上逃睿鑒？《書》曰：「作僞心勞日拙。」臣願維垣之熟思之也。

書奏，上嘉嘆。公於是請毀《三朝要典》，畧曰：

伏見挺擊、紅丸、移宫三案，始自清流。當事起議興，盈庭互訟。主挺擊者力護東宫，争挺擊者計安神祖。主紅丸者仗義之言，争紅丸者原情之論。主移宫者弭變於幾先，争移宫者持平於事後。六者各有其是，不可偏非。至魏忠賢竊命，始假三案以殺人，而求富貴者萬口和之。既又編立私書，名爲《要典》。凡推慈歸孝於先皇，正其頌德稱功於義父。批根今日，則衆正之黨碑；免死他年，即上公之鐵券。聖神御世，誅罰既行，則於此書唯毁之而已。假奄豎之權，役史官之筆，亘古未聞，當毁一；未易代而有編年，不直書而加論斷，當毁二；矯誣先帝，僞託宸篇，既不可比司馬光《資治》之書，亦不得援宋神宗手序爲例，當毁三。此書不毁，必有受其累者，非主三案者之累，而争三案者之累，又纂修三案者之累也。願勑部立將《要典》焚燬，明詔廷臣，章奏無得漫舉向時黠將之謡、選佛之説、一切市語妖言，以塵聽覽。舊染汙俗，咸與更新，昭陛下寬簡蕩平之治，天下幸甚。

上從之。時公已遷侍講，屢上書言事。海内傳其奏牘，希望光儀。同郡大學士來宗道曰：「渠何事多言？我詞林故事，唯有香茗耳！」時謂宗道「清客宰相」。公復與其兄御史元珙追論前大學士魏廣微、顧秉謙削籍詔。以廣微實爲禍首，持國柄授璫，毒徧宇内，以先朝焦芳例，除名爲民。于是御史毛羽健劾阮大鋮，御史鄒甝祚劾楊維垣，御史高弘圖劾劉應選、梁夢環、劉詔，給事中顔繼祖劾李魯生、李蕃、霍維華。旬月之間，魏忠賢之黨以次盡去。上親定逆案，分七等，錮之終身，皆公三疏啓之也。

四年，遷右中允。自袁崇焕敗後，罷大學士韓爌、錢龍錫、劉鴻訓，而相温體仁、周延儒。史𡏖等謀借封疆翻逆案，日夜汲汲，龍錫下獄論戍。上益疑廷臣朋黨，無狥國心。會大凌河久圍，復遣中官督戰，公嘆曰：「此觀軍容之漸也。外廷無人使，主上不得已出此。」是時，前右中允黄道周以救龍錫謫外，公上疏願以己官讓道周：「道周行清絶俗，奥深經史，精識時宜。天爲陛下生此一人，非臣等所及。請用道周出臣，猶棄魚目碔砆得隋和。又前順天府尹劉宗周清恬剛介，正與道周相類，宜召還京師，風厲臣節。」不報。四乞歸省，政府以公人望，藉客致殷勤慰留，啗以美遷，公辭焉。謂所知曰：「平生不愛熱官，不喜居要人牢籠之内。今石齋、九一既去，而我獨留。『有靦面目』，《詩》其謂我哉？」引退益力，上不許。

六年，遷左諭德，充日講官。七年，陞右庶子，掌坊事。上制實、制虚各八策。制實者，成敗得失見於行事之實；制虚，則本之心，運之廟堂。以虚應實，可包百世，利子孫黎民，無遠勿屆。内規執政，論吏部侍郎張捷薦吕純如事，又請盡撤監視内臣，以重邊疆。上置公書御榻，時時省覽焉。

八年正月，賊陷鳳陽，焚皇陵享殿，放高牆罪宗。公上疏，以爲「寇禍非常，祖宗大辱，人心所在思亂。賊據南北衝，事變未可知」。請上亟下詔罪己。悉蠲崇禎七年以前逋賦，并東南雜解改折。發弊追贓，勿或根搜濤濫，并寬有司參罰。使官民咸得安枕，以祈天永命。十月，上避居武英殿，撤樂減膳，布袍視事。命臣工共加修省，務存寬恤。時禮部侍郎陳子壯亦條蠲租、清獄、宥罪、使過、省工、束兵、改折、豁贓、恤宗、寬驛、旌敘、事例十二事，與公疏俱下部。而温體仁每事拂抑，率以名塞，未能盡行也。

是年，陞國子祭酒。上疏：「《禮·王制》，選造三升，然後論辨授官。簡不率，則有郊遂之移。請倣其意，分貢選爲正流，援納爲閏流。援納拔萃，改正流，與貢選同科。黜貢選不才，退處閏流。比郊遂。又遵祖制，六堂遞升。所教崇德行，明經術，講求兵農水利律歷，間嫺騎射，備公卿將帥之用。最下使讀律令，稍通治民，毋致牆面。博訪品端學正、多聞儒者，充六堂司教官。不拘甲科，久任教成，特與優擢。天下府州縣有通三經尤卓者，撫按送部，奏請廷試，發雍肄業。仿高皇帝遺制，國子生習讀《春秋》，以明大義，斷世事。學成按洪武間張唯、蔣學等授編修、給事中。餘御史部曹方面如此，則太學養士可與周治比隆，次亦有光漢、宋。明倫之教，始不徒設。」又請「勳舊子弟十四以上、三十以下入監教習，如古胄子、漢四姓小侯法，不由監咨，不得承襲」。上可其奏。體仁久知上意嚮公，慮一旦進用，且奪其位，力謀去公，而臺省無可論意。一日，上手書公名授内閣，命以履歷進。體仁大恐，嗾誠意伯劉孔昭訐公冒封典事，擬旨削籍。上察其誣，改命予告歸里。

十五年，起兵部右侍郎兼翰林院侍讀學士，以母老辭。有詔敦促，已聞京師被兵，徵四方兵入援。戞然起曰：「詔以臣貳樞，而聞警不前，非義也。」遂散家財，募義從，得敢死數百人，持滿夾趨銜險出濟。明年正月，抵阜城。時王師深入，自良、涿亘山左，連營九百里，遊騎四出。裨校請暫止觀變，公正色曰：「吾

三千里赴召，豈復顧身！且北兵日南，進退等危耳！」遂進。十日，達京師。京師城門晝閉，行旅斷絶，援兵皆不能前。聞公至，皆驚。即日陛見，密陳虛實，條守禦之策。亡何，叛帥劉超就擒。敘功，廕一子錦衣衛指揮僉事。

當是時，上注意相公，而陳演欲攘首揆，既因延儒視師搆成其罪，又慮公柄用，詭入告曰：「天下匈匈，患兵、農不得人。今使元璐爲司農，元飆爲司馬，事濟矣。」上不察演意，以爲推轂，即日拜公户部尚書兼翰林院學士，馮元飆兵部尚書。召對，諭曰：「國家艱難，兵食宜合一。卿兩人同鄉里，負才望，朕故用以協心規畫，卿其有以報朕。」公引浙人不得爲户部，力辭。上不聽，諭曰：「朕知卿久矣。卿忠誠敏練，義不辭難，勉爲朕分憂。」至以高皇帝用宋濂、劉基成大業比説，公乃拜命。疏陳生節要義，以爲「天下才賦，什九咸耗於兵，耗於將之虛冒。請用户部官行兵部事，或臨操頒犒，或就營面給，以杜侵漁。至於軍興以來，正賦之外，有遼餉，有新餉，比復議抽練邊兵驍果捕賊，又加練餉。其實有抽無練，復匿全鎮原伍，惟舉抽練之數，號稱單虛。非因抽練而兵精，乃因抽練而兵寡。自今請罷抽練，悉還原伍。又一兵兼食三餉，一民兼供三餉，名項紛然。吏緣爲奸額，設民運屯糧，督撫徵收，長餽行間者，邊帥每置不言。而唯責京運部欠，藉口債事，江河漏卮，莫知所底。請著令，凡徵民糧，悉去邊餉、新餉、練餉之名，止開正賦，兵餉二項。正賦萬世常經，兵餉事平賜復。庶歸畫一，民知所守」。又條上恤車户、改雜折、省弁職數事。上皆從之。京倉僅支二月，上發帑金四十萬，召買米石。大家豪賈並深藏居奇，米價驟貴。公計不如收漕，於天津歲運關、寧、薊、永三百萬石内，扣五十萬石輸京倉，用四十萬金折給四鎮，米石八錢。太倉得米，而邊軍喜得金，上下便利。諸所變通，悉此類。

公當極弊之後，盡力補苴，秕政少釐，而度支終告絀。保定巡撫徐標奏請復商屯之制，可省漕運，强西北。事下部，公議先於都城開引十萬，未及舉行，會有以開鑛鈔法動上者。陳演附贊其説，言利之人益紛紛進措施，俱拂人心。當是時，天下苦於兵多將驕，上不能御將，將獨以索餉爲事，上意益專措餉。括膏血以奉冗軍，啗庸將，而不得一戰，盜賊因之，以招垂盡之命，則哄然從風靡。柿園既敗，李自成兵不留行。公仰屋夜思，請上詔秦、晉二王，悉輸所有餉軍，無齎盜糧。自成已入潼關，陷西安，秦累世府庫盡爲賊有矣。成敗頃刻，諸爲民條奏興除俱不得施設。上雖虛中任公，然責餉嚴。陳演、魏藻德等猶固寵專位。十二月二十四日，萬壽節，上不舉。漏下十刻，與宰相咨，求長策，涕泣感發。藻德承間言：「計臣才品俱優，但起家詞林，錢穀終非所長。」上默然，徐曰：「計臣實心任事，顧時艱未能速效。即撤，誰代之者？」方岳貢具言公清操練事，在廷無出其右，不可易。藻德曰：「代之誠難。顧軍國事大，幸聖主熟思其人。」上竟惑德藻言。十七年正月，傳諭：「講臣元璐，專供講職，仍視部事候代。」二月廿九日，以大理寺丞吴履中爲户部左侍郎，筦計務，公解部事。

先是，正月晦，上諭公措餉百萬。時部帑留貯不滿二千，公奏外解未至，道路阻梗，且陳許都之變，東南震動，上滋不悦。是日，上怒蔣德璟條旨言練餉事有「聚斂小人」語，詰問德璟，不屈。公以鈔餉户部職掌引咎。上乃稍霽，命起。德璟出，又補疏極言練餉之失，且求退。詰旦，諭裁練餉。是月，命李建泰督師，西討自成。公奏言：「黄河亘千百里，處處可渡，兵力必不能及。宜責沿河州縣，各自爲防。量度要口，築砲臺，大軍得專辦賊。赦今年田租半，使人有固志。又免軍籍爲民，立可致千萬。」不聽。二月，自成渡河，陷太原，至黎城，他賊陷臨晉。建泰聞山西陷，家破，逡巡畿内，兵竟不進。是月，上猶遣中官王坤及科臣韋朝薦等四出催餉，并周延儒、吴昌時贓罰，朱大典贖鍰。公上言：「贓贖重大，完何容易？勢必波蔓遷延，民不聊生，挺思走險。亂人乘之，恐遂無浙。」乃罷遣坤。

三月，賊長驅向宣府，犯保定，所在迎降。公上言：「賊勢披猖，皆自人心離渙。請急降温旨，問畿民疾苦，分别罪繫，情可矜原及罰贖徒以下，悉與肆赦。祖宗兩都並設，原有深心，正爲今日。宜重留都事體，外引鳳淮，以通南北之路。」事急，又密疏，請命東宫撫軍南出，不報。公嘆曰：「今無兵無餉，無將無謀，而賊如破竹。然吾心泰然，以上憂勤，初無荒淫失德之事。讀盡史書，豈有如此聖明而一敗塗地者？第比來聽言用人、定封行賞多是手忙心亂。吾受恩深重，無可效者，唯有七尺耳。」丁未，都城陷，公將致命，門人金廷策進曰：「公何不效文信國，出外募兵以圖興復，乃輕自擲？」公曰：「吾誠信國罪人。然事勢無及祇辱，天下事非一人所爲，以待能者。吾姑順受其正。」語及太夫人，淚下曰：「老母年八十四矣。日食飲幸如初，復何憾！」冠帶出廳事，北謝闕，南謝太夫人。畢，援筆題棐几曰：「南都尚可爲，死吾分也！」又謂家人曰：「上必殉社稷，俟大行殮，方收吾屍。」遂南面坐，引帛自經而絶。賊入，則見公如生，驚，羅拜庭下，嘆息呼忠臣去。頃之，僞兵政榜戢騷擾，家人乃得治斂。南都贈太保、吏部尚書，謚文正。順治九年，卹明季殉難忠臣十五人，公爲首。諭祭賜地，命

有司春秋致祭。

論曰：「崇禎之世，天下非無人，患用之後時，與齟齬之不得達其用。如倪文正公之掌計，意務收拾人心，竟與人主背馳。及盜入關門，中外土崩，向所養百萬之兵，勞身焦思以籌足食者，曾無一人御敵。事勢已去，乃議悔過罪己，恩威俱不足以感畏其民。親臣、世臣稽首賊廷，棄三百年之主如敝屣，甚哉！兵民之心不可失，有國者不以利爲利也。」

吴偉業嘗稱公與馮元飈分部實共事。元飈數被病，上賜藥餌雜物，居數月，不得瘳。公首并三餉，清邊兵，支吾匱詘，多非其意。每相見，輒頓足曰：「使吾兩人早受知，竭狗馬力，天下事或不至潰裂，今定何及耶！」孫傳庭之出關也，貽書元飈，雅不欲速戰。上意及朝論趣之急，不得已誓師。既下汝州，克寶豐，三日五捷。上坐便閣，喜甚，召元飈曰：「傳庭乘勝，賊滅亡在旦夕。卿居中調度有方，朕且加殊賞。」元飈頓首曰：「賊故見羸以誘我師，兵法之所忌也。臣不能無憂。」上默然，良久，因罷去。無何，敗書聞。

廷采草就公傳，復捃拾無功先生《先德五譜》中逸事爲後序。

公才性奇敏，五六歲屬對射覆，出語驚座。嘗戲作《牡丹賦》，父雨田公見之，喜告曹太夫人曰：「二郎他年公輔才也。」其爲詩文經義，灑然逸倫，旁涉翰墨、丹青、圖篆，無不深妙。四方名士請者，公未嘗辭，然内明嚴。爲詹翰時，有以楚紙乞擘窠書者。楮筆精良，得意疾揮。忽問紙所自來，則中貴所屬請耳，公遽閣筆。請續，竟不許。客懷楮去，數之，得十字，曰：「一蕭尚可名齋，十字容渠不閣乎！」因以名樓曰「十閣」。

崇禎十四年，田太保弘遇以貴妃父奉詔禮普陀。過越，冠紳傳册徵詩，報以二絶，竟不交面而罷。尤慎于取予進退。一縣令求草制，致束帛，受而展之，中有黄金，不悦。曰：「以禮求文，事本光大。何爲韜祕，以成曖昧！」讓還一縑，反其金焉。

爲大司農，定差規，門可羅雀。有故例向供饌沐，公不取一錢。吴昌時横經公門，壬午，將賓興，逍遥湖上。酒脯召客，欲屬公甥徐某卷于内簾，徐喜，渡江走告公，公愠曰：「士當先行節，後科名。今出門輒圖苟且，異時何望豎立？」且來之志廣才疏，吾方慮其遺宜興憂，又可就其轍乎！」及周、吴敗，咸思公言。

八年，枚卜，召翰林、尚書、九卿堂上官，將試以票擬，公引疾，方杜門。政府香山，吾騶兩使至，謂上意久屬公，即召，無偃蹇理。文公震孟亦勸駕，公曰：「諸公誠愛我。然我屢疏終養，今聞枚卜，遂爾突出，即此面目，何以對君親？況置相大典，自當旁求良弼，豈如科場考選，可一試而得？得亦不光。」遂堅卧。其日，應召者七十餘人，各給一札，使平章之。及宣麻，唯文公入閣。文亦以病卧，不赴。乃益歎服，謂年友曰：「鴻寶每事高我一籌。」

公美鬚容，能笑語，和光接人。司成歸憩，雅歌投壺，以意創爲百官鐸，釐正銓法。設五簋之享招客，閩人涂仲吉亦與。酒行，忽哽咽流涕，言：「方今中外多事，士君子致命守身之道，不可不講。須于平日設身當境處之，不然，鮮不隳喪名節。」諸生王毓蓍等咸在坐，聞公言，無不感動。終後，毓蓍沈柳橋，卒如公教。蕺山劉先生亦言：「公任户部，知不支，嘗懷一帨于袖中，曰『時至即行』，或稱公徒以一死報國，談何容易哉！」方公戊辰三疏，天下稱爲「鳳鳴朝陽」，可當公行事。世最患白黑不明，邪正混淆。若宋時熙、豐諸君子，或主調停，馴至大壞。公之建言立節，與烈皇帝相終始。始同擊璫，終殉社稷，此亦末造明良之會，非偶然也。

公識度超遠，意主于成天下之事。與人寬夷，守禮自信，人亦卒不以非道相疑。壬午，赴召，經涿州時，馮銓助守州城獲全，聞公至，郊迎供帳。公欲往，從吏叩頭諫，公曰：「非汝所知。」遂往，一茗而起。或請其故。公曰：「國家多難，庶功賞一途可奔走。羣力涿鹿，所覬不過鞶帶。拒之故深，且南北走。今日軍國爲重，倘疑開端翻案，明主持之自堅，霍、吕其前事矣。」周延儒賜死，朝士無敢唁者，公曰：「往綸扉巨公，羣思剸刃吾腹，宜興獨以文章容我。昔蔡邕變顔于董卓，眭固素服于崔浩。明主厲法，寮采伸情，何嫌何疑！」上竟不問。

所至汲引人才，在司農，侵暮歸邸，必延接文士，咨詢僚屬，略無倦容。政府有以拒客明介者，公笑曰：「宰相以用人濟世，而乃避人避世乎！」其風流幹畧，與蕺山劉先生不同，同歸于道。天啓時，蕺山直聲已震天下，而同里士大夫未有以真儒相推者。公每向人言：「念臺，今之考亭。」及崇禎五、六年，又言：「劉先生，當今第一人物。」又數年，謂：「此老真大賢。曩止信爲清孤，今乃知其無所不有。」公之深思、樂道、好學、善下如此。諸凡持論，必與君德時政相依切。論學術曰：「孔、孟之道，自能刑人殺人，不須學申、韓。少正卯之誅，原情按法，天下稱平。今有亂國重典加一等之論，則時有申、韓，無孔、孟。此等生心發政，最是害事。」論良知曰：「平天下之道，不過用人理財，好君子，惡小人，無智愚皆

然。是所謂不慮而知者。今乃爲之説曰『君子無術，或亦誤事；小人有才，不妨姑試』。則是作聰明，非良知矣。」思陵之受蔽，公兩言盡之。

故事，講義撰自講官，取裁内閣。公初直講，用催科賦額箴切時政，體仁謂語意峭急，發改中書，往復數四。公持不可，曰：「啓沃自講官事，此後峭急有甚此者。必爾，吾當自陳求罷。」體仁銜之。時上意向公，進講無不前席。一日，講《説命》「惟暨乃僚，罔不同心」，體仁在側，公語直侵政府，上拂然，以手抵書，盡几端，卬首上視。公徐申正義，音吐弘亮，卒霽容受焉。賊勢已逼，上猶御經筵，講生財有大道。上疑公諷刺，詰曰：「今國計益艱，生衆爲疾，何所措手？」公對：「聖明經權互用，臣書生，止知因民之情，藏富于國。」退，亦不引謝。翌日，上謂閣臣曰：「故事，講筵有問難而無詰責。疇昔之言，是朕過也。」

公計凡十閱月。解部事未二十日，即國變。著書數十種，《代言》、《奏牘》、《講編》、《兒易》尤行于世。《兒易》者，分内外二儀。《外儀》墨守先儒，有因無創；《内儀》尊仲尼以兼三聖，又分《之》、《以》兩編。《以》者，本諸大象。如豫以作樂崇德，全卦皆歸樂；革以治歷明時，全卦皆歸歷。《之》者，等于《易林》六十四卦，因而重之，卦占一辭，取《易》所固有爲之箋釋。自敘曰：「漢人説經，舌本彊橛，似兒强解事者。宋人梳剔求通，遂成學究。學究不如兒，兒强解事，不如兒不解事也。」又曰：「子雲太玄，童烏共之。」童烏，子雲九歲兒也。或以古文「兒」、「倪」通用，因以姓稱《倪易》，誤矣。

雜録

備録

李遜之《三朝野記》卷四（崇禎十六年）五月，以倪元璐爲户部尚書，仍兼翰林院學士。故事，浙人不爲户部，又以儒臣改任，皆破格也。上召對面諭，嘉其志念忠誠，才猷敏練，論奏井井有條。又諭曰：「帝王用才致治，原只一二人，周之七友，漢之三傑，即太祖所用文臣，亦不過劉、宋數人耳。」又諭祖制不用浙人爲户部，今用人爲急，只得通融。又諭以餉不清，則兵不强，民不安，今以安民爲本。元璐曰：「臣本無能，今皇上必欲臣做，臣有三做：一實做，與兵部合算，必能準餉以權兵，準兵以權餉；一大做，求民間大利大害，一舉興除，不以小小生節徒然報數；一正做，以仁義爲根本，禮樂爲權輿，政有厲民者罷之，必爲民請命。」上曰：「有學問之言。」既受事，與兵部尚書馮元飈互稽兵籍，即以户部一司官兼職方，俾得察核諸鎮將士。有崇明人沈廷揚獻海運策，元璐奏請試行，乃以廟灣船六隻聽運。進月餘，廷揚見元璐，元璐驚曰：「我已奏聞，上謂公去矣，何尚在此？」廷揚曰：「已去來矣，運已至。」元璐又驚喜，奏聞上，上亦喜，命酌議，乃議每歲糧船漕與海各相半行焉。至甲申二月，首輔陳演以元璐詞臣，不達錢穀，奏上，命罷司農任，仍還講幄。三月之變，從容自縊死。

倪會鼎《倪文正公年譜》 先文正公諱元璐，字玉汝，別號鴻寶，又號園客。在先，宋之青州人。兄俟、弟偁，從蹕南渡。宣文閣學士文節公思，即偁仲子。而俟判紹興，因家上虞之賀溪。俟子安徙横山，後五世孫文質，當元時募兵禦寇有功，爲防禦千户，子彦忠仍嗣職。彦忠子春，洪武時以賢良徵，不赴。春少子述初，景泰中輸粟三千石賑饑，臨山築城，又助白金三千兩，朝廷義之，賜璽書束帛，授徵仕郎，不仕。述初子宴，宴子堂。堂生仰菴公諱鎧，領正德庚午鄉薦，歷官南城知縣。仰菴公生南望公諱應蘄，績學孝友，以雨田公貴，封文林郎。南望公生雨田公，諱涷，萬曆甲戌進士，官南駕部郎，定船政，東南軍衛尸祝之。歷撫、淮、荆、瓊四郡守，是爲文正公父，徙居郡城。

萬曆二十一年癸巳，閏十一月十六日，府君生。

二十五年丁酉，五歲。曹太夫人幼習《毛詩》，終身不忘，恒置府君膝閒，口授之。故未入塾，而《詩》已成誦。大父每隨事命對。因圍爐，命「紅爐白炭」，對「黄卷青燈」。因翦髮，命「光頭和尚」，對「麻面書生」，蓋自謂也。皆應聲立就，不假思索。

二十六年戊戌，六歲。就外傅。

二十七年己亥，七歲。嘗隨大父舟行，月色皎潔，命賦《看舟月》，口成五絶云：「憑欄看舟月，看月何須仰。水底有青天，舟行月之上。」

二十八年庚子，八歲。大父敬禮賓師，夕必共飲。一日，叩所講《左傳》「右尹子革謂倚相不能近知《祈招》之詩，焉能知遠？」所謂遠者何指？師不能答。先公從旁對曰：「遠者，即指上文墳、典、邱、索耳。」大父嘉之，摩頂稱善。

二十九年辛丑，九歲。一日侍親觴花下，退而成《牡丹賦》數百言，不敢呈大

父，以呈太夫人，於燈下口自披誦，琅琅然。大父自户外聞知，推扉入取視，中有「紫則佳人之舞袖，黄如帝治之垂裳」之句，甚悦，謂終不落人後。太夫人亦大喜，舉樽相賀。每府君夜讀，太夫人必坐待。及入，問所誦習幾何，所屬搆若何，得當則探果餌勞之，始就枕以爲常。

一日趨庭，大父指水仙使作破，對曰：「其臭如蘭，其白如玉，春風得意，脱白掛緑。」又一日舟行，大父示句曰「緑水繞青疇」，對「黄花欺碧草」。大父曰：「不若彤雲籠紫閣。」又一日送客，解衣指腰間金帶使破，對曰：「若用汝作礪，不下而道存。」大父驚異，他年題柱曰：「僅容旋馬廳誠隘，太祝奉祠不隘。手植三槐我不做，兒子二郎必做。」蓋大父以公輔期府君，其後位司農，舊稱外輔，則名亦猶公；至尊隆遇，名而不姓，則禮亦如公。及盡節，贈太保，又爵實三公云。

大父嘗于前庭手植黄楊二本，楊固無華，萬曆己酉一華，而府君拔解。崇禎甲申一華，而府君遂志。明年黄楊枯死，似與府君相終始者，事又異于三槐，附志于此。

三十年壬寅，十歲。

十二年甲辰，十二歲。大母曹逝世。方疾篤時，搏顙呼天哀號請代。大父得所籲辭，每爲長慟。

三十五年丁未，十五歲。時大父林居已十餘載，少宰楊公時喬疏薦，起補瓊州府知府。大父以燕翼自安，雅不欲出，控辭不獲命，乃就道。將發，留訓以戒。

三十七年己酉，十七歲。府君夙成，而大父初不令應童子試，謂當待其驚人乃鳴，嘵嘵何益。至是，郡縣監司三試皆第一。是秋遂領鄉薦六十六人。時主試者爲翰編晉江黄公國鼎、給諫臨川周公曰庠，分考《詩》四房者東陽令淳浦蔡公思充也，督學使者則陳公大綬也。府君既雋，大父遂引疾歸，以爲堂構有人，焉能老風塵吏？楗關著書不復出。府君時已有《星會樓稿》，盛傳國門，市人因之賈利，摹印至三萬餘板，字漫滅重鍥者再。行卷之廣，向所未有也。

三十八年庚戌，十八歲。正月，公車至都。家世儉樸，大父遺之故裘不能禦朔風，棘漏夜二十刻，疾作迅書而出，不獲與濃淡。及簡廢牘，房考評曰：「此必英年異質也，惜末藝未稱，暫抑以老其才，需大就耳。」

三十九年辛亥，十九歲。客有攜府君書扇九日詩游雲間者，徵君陳公繼儒見之驚歎，以爲仙才，遂赫蹶致殷勤，身先之。繇是聲譽日盛。

四十年壬子，二十歲。

四十一年癸丑，二十一歲。再上公車，不第。

四十二年甲寅，二十二歲。冬十二月，大父厭世，府君哀毁過禮。迄今讀喪祭諸辭者，猶泣數行下。

四十三年乙卯，二十三歲。閒關吉水，乞誌銘于鄒忠介公元標，以公負天下重望，與大父同官駕部，又皆江陵逐客，稱患難交，故不遠千里云。

四十四年丙辰，二十四歲。秋八月，歸藏大父母于上虞之白馬湖。其地，大父所自卜以依親也。封樹威儀，一如制焉。

四十八年庚申，二十八歲。府君既屢躓，喟然歎曰：「窮達固有命，要不堪以無用空言消磨歲月。」作讀提自警。又立之法，多擬場題，分箋列壁，箋各七題，日抽一箋，伏而思之，義句皆備，則焚箋引滿，不形筆墨。於是歲月之間，胸藁纍纍，果以獲雋。然惟府君至精彊記能爲之，他人不及也。

天啓元年辛酉，二十九歲。是歲，會鼎生，是爲長子。

二年壬戌，三十歲。偕計吏者三矣，始捷南宫第一百二十八人，與從父三蘭公同榜。方試竣時，府君自録闈墨以呈舊司衡陳公，閱竟默默，意殊黯淡。府君請曰：「敗軍者將又北乎？」曰：「正以非北，所以邑怏。失第一人將奈何？」聞者或迂之，然先輩瞻矚期許，固自遠大。兩主司皆宰相，正爲金谿何公宗彦，副爲秀水朱公國祚，同考《詩》二房爲右諭德博羅韓公日纘。

殿試第二甲二十名，是爲文公震孟榜。觀禮部政，改翰林院庶吉士。故事，進士服官，以甲第爲差。二甲多部曹，其次五及十者除州，無清華望，所知競勸赴中祕選。府君喟然曰：「帝王良法美意，必賴守令而全。生平恨罕覩循吏，奈何身自去之？」所知曰：「循良一州，何如循良四海？」乃就選。

三年癸亥，三十一歲。以官格科條失宜，竊議之。而身在修業之列，抑未敢言。

四年甲子，三十二歲。除翰林院編修。故事，庶常去留，準館閣累試名序，兼采物望。時隸籍上虞者二人，例不並留。府君恬淡自如，又文多指斥，試輒不前，而同鄉之延譽者日至。及集議，前輩多右同鄉。首揆葉文忠曰：「倪某無論文字，只三年來，無片刺及吾門，已加人一等矣。」乃留府君翰苑，而出同鄉爲給事中。仲弟會覃生。爲伯父後。

充經筵展書官，纂修記注。

五年乙丑，三十三歲。殿試充掌卷官。

與客品題新榜名流，曰：「今春奇士多在中末，止翁解元得在魁選，榜首卷本房閱及時，忽自動，知其有神也。榜中最少，如萬元吉、王敬錫，皆英美之姿。萬尤奇杰，不在何、項諸君之後。大率甲子登儁多才，文皆高古，亦是風氣一轉，如此世界，不應有此文運，其運有升泰耶！」

七年丁卯，三十五歲。四月，假滿赴闕。甫至，以資序奉命典試江西，薛給事國觀副之。時璫焰日熾，羣小懲前榜試録之譏，畏人議其後，矯詔懸主司：「誹謗朝政之令，坐無赦。」府君故撓之，以「孝慈則忠，皜皜乎不可尚已」命題。「忠」觸璫諱，「不可尚」譏進爵上公，翼祠文廟，人爲咋舌。及撤棘，而璫已敗，幸免于禍。返命在道，聞大行上賓，兼程入臨。

崇禎元年戊辰，三十六歲。正月，首論國是。

四月，遷翰林侍讀，奏毁《三朝要略》。

五月，上諭會儒臣于奉先殿前焚《要典》，宣付史館賜宴出。

二年己巳，三十七歲。四月，遷南京國子司業，欲遵祖制積分而未果。大母性畏舟車，府君通籍後，未嘗一就板輿。及遷南雍，乃迎養官舍。舍左修廊疎牖，府瞰雙池，爲施曲橋朱楯，中通小舠，放鶴則銜枝翩舞，出入霄漢，時奉慈顔以爲笑樂。

三年庚午，三十八歲。於池濱左栽菡萏，右植芙蓉，欲以承九月稱觴之懽。春暮忽量移右中允，府君以席初未煖，又將絶裾，悵甚，蓋後資者樂南署之不聞烽火，推移而前也。于是奉大母歸里，受親朋介壽之章而後發。府君南雍首拔士獲嶲于南闈四人：蔣鳴玉、萬壽祺、王寢大、張一如也。

四年辛未，三十九歲。加俸一級。會試分闈，《詩》一房得士二十四人，首卷楊廷麟，江右名宿也。宜興擬元，五日忽改第二，及發糊名，深悔之，故於試録首程不鍥元而鍥楊以示悔，蓋創例也。館選《詩》一房獨盛，吴禎、楊廷麟、倪于義、王邵凡四人。

四月，上憂旱，步禱南郊，羣臣從。

九月，大凌圍久不解，上發帑賜劍，遣中官督戰。府君歎曰：「此觀軍容之漸也。聖明自出無奈，然外廷無人至此，豈不可羞可哭！」

五年壬申，四十歲。

五月，上賜麥餅宴，元制名「不落夾」，亦不恒舉。世宗以其不典，改名麥餅。至是再行。府君有詩二章紀盛，其云「百二十年如待今」者指此。

八月，再乞歸省，閣票下吏部。故事，下部無不覆放者。上忽傳改票，竟復留。蓋上鑒知久矣，而府君滋鬱伊。

九月，三乞歸省。方草疏，所知多尼之。或言上眷不可拂，或言屢瀆必怒。府君歎曰：「小臣何眷之有，求退有何可怒？」章遂三上。有旨在任調理。閏十一月，請讓官黄公道周，召還劉公宗周。

四乞歸省。初，政府以府君人望，欲牢籠之。言去輒留，籍客致殷勤，啗以美遷。府君謝之，退曰：「吾平生不愛熱官，不喜居要人牢籠之内，既不能鴻鵠舉，其可與蜜蝨竚乎？今石齋、九一已去，而吾獨留享寵榮，『有靦面目』，《詩》其謂我哉！」由是引退益力。

六年癸酉，四十一歲。稍遷左諭德，充日講官。故故事，講章撰自講官，衷于内閣，閣有去取，講官依違而已。至是府君初值，講「派彼奪其民時」三節，啓沃云「因考成而吏急催科，則非省刑；以兵荒死徙而賦額如初，則非薄斂」。烏程以太長發刪，既以不渾成命改。府君持不可。中書往復數四，乃謂之曰：「啓沃自講官事，此後不渾成，更有甚于此者，設有進規中堂之言，中堂亦命改乎？必欲改者，惟有自陳求罷耳。」烏程以上意方屬府君，不即劾論，然疾之彌甚。

府君在講筵，占對詳明，上無不前席傾聽。一日直箴政府，上怫然，以手麾書，卬首上視。府君徐申正義，音吐琅然。頃之上稍頫就案，卒霽容受焉。

承纂《神廟實録》告竣，因請省親，以新補講員不許。

時以起用廢籍諸臣，冢宰會朝士，舉鄉里人材。府君當以建言爲第一義，餘以次及。事亦竟寢。

力辭典試。南北正副主考需詞臣四員，府君資最後，應南副。而前輩之應北正者，樂改南，睦于烏程，遂素例授之。府君謂「是將浼我」，乃力辭南副并辭北副，俱不就。及南榜出，物論沸騰，臺省交章奏劾，以烏程故得薄譴。遂疑彈章出府君意，而日與徒黨伺之矣。《埜乘》既而府君見闈牘多庸淺，喟然歎曰：「閱南卷，使人氣失，此非遵功令過也，正是悖功令耳。不見明旨云期取『古雅典正，貫穿經史，通達治體』十二字乎？本求奇士，豈爲庸人設耶！文運正啓，忽爾摧墮，悔吾不承此役，遂使儒書坑焚。張横渠曰：『使文章無權，吾等之責也。』寧當不自咎罰。」

倪會鼎《倪文正公年譜》卷二 崇禎七年甲戌，四十二歲。遷右庶子，掌坊事。十一月，五乞歸省，不許。再疏，又不許。

指陳時政得失，制實、制虚各八略。

十二月疏駁張少宰捷，執言反向，府君還駁之，又多侵譏政府，上兩不問。

八年乙亥，四十三歲。寇禍陳言。

四月，六乞歸省。

五月，七乞歸省。

六月二十八日，上以枚卜召翰林，自尚書以至編簡及九卿堂上官，將試以票擬。時府君引疾求歸，尚在杜門，政府、香山何公吾騶兩使至，謂上意久屬，機不可失，即命召無偃蹇理。文公震孟方病因註籍，亦手書勸駕。府君静籌久之，欻然而起，曰：「諸君誠愛我，但事固不然。吾日日求歸，言言終養，今聞枚卜遂爾突出，將何以對明發友生及其衾影乎？況枚卜大典，自應確稽品望，博采輿評，豈如科場考選，可一試而得？出必不得，得亦不光。」遂堅卧不赴。其日應召者七十餘人，各給一牘使平章之。越三日，御札下吏部，令以禮部尚書姜公逢元等七人履歷進，文公與焉。及宣麻，惟文公入閣辦事，蓋不試而得之，而六公與試者皆不與。繇是文公益歎服，謂同年曰：「鴻寶每事高我一籌，早我一著。」

八月，遷國子祭酒。

九月，奏陳造士規條。

又陳雍務六事。

十月，遵旨率屬捐助陵工。

九年丙子，四十四歲。正月，奏候聖恩。以醫喻政。

二月，請頒諭激勵生徒。

定齒胄禮。

時上重《春秋》之學，府君日與生徒講論，不沾沾傳注，而引據井然，號《春秋問答》。《書逸》

以絳州選貢辛全通《五經》，有孝行，出家儲十三經、二十一史授之，載之兼輛，生徒莫不鼓勵思奮。尋又因保舉守令之例，從而薦之。

以本監屬員李克昌等十餘人博洽端方，可與造士，俸已及瓜，時當遷轉，咨呈吏部，仍留本監，充六堂之用。

三月，恥擢猥薦求罷。

倪會鼎《倪文正公年譜》卷三　崇禎九年，夏四月，勳臣劉孔昭疏訐府君，罷歸。詔于七月朔下。是日，日食。有山人黄太和颺言於衆曰：「倪先生此一處分，在實録最可觀。七月朔，日有食之。國子監祭酒倪某罷，居庸失守。」或以告府君，笑謝曰：「此言似佞而不厭也。」所知以去位吊者，對曰：「六年陟岵，七疏陳情，非苟人言，何緣子舍？今罷休已慰素心，章服尚娱斑綵，知者宜賀，何以吊爲？」

九月朔，登車南返。

舟中作《兒易》。

十二月，舟將抵省，馳使白太夫人，會欲禮佛雲棲。府君乃輕舸渡固陵，迎抵會城，瞻諸名藍，因以卒歲。

十年丁丑，四十五歲。二月，奉太夫人歸里。

五月，治宅城南之羅紋。川疇交錯，其紋如羅。府君性好山水，不樂廣廈，以城南雅僻，有緑疇碧水，舉目南山，故卜築于此。十二月，規模略成，遂入居焉。

十一年戊寅，四十六歲。

製二舟。小者淺檻疎簾，往來城曲，手額「芥爲之」三字。廣者篳廬竹榻，探問湖山，中榜「鋤水」外，揭「倪家船」。有説見後。興至輒召賓故，縱其所如。日暮則襆被舟中，見者知爲府君，有李、郭仙舟之慕。

每遇月夕，輒留連庭除，倦或倚石小眠，復起歎曰：「一年幾回月，有月幾回明。」意氣閒遠，悠然莫及。

已而黄公被放，亦渡江而東，其門士陳公子龍司理越州，並盤桓於府君之廬，時人以爲德星聚云。陳後亦盡節。

十二年己卯，四十七歲。杜門却掃，屏謝人事，車馬不及公門。里中吉凶，重吊而輕賀。

斟酌古今，定家廟時祭合享之禮。

十三年庚辰，四十八歲。著《兒易》成。

《兒易》既成，海内問奇者如市，德清胡公麒生、徐公倬，三吴葉公培恕，江右劉公勑、戴公國士，甬東馮公家楨，上虞徐公復儀，皆連袂横經，問難往復，館於兒山，累月乃去。府君亦時爲設具啓發之，猶記與陳子誠忭一札云：「適葉行可、即培恕字。徐方虎即倬字。過小樓，留之五篇，屈兄過從，與作款曲，並可談《易》，正是文字飲也。行可注《毛詩》，至《秦風》，乃以焚香摒管登之白簡，云昨以束帛登龍，願輟稿附大注梓行，席門庶可面商耳。」

十四年辛巳，四十九歲。三吳、兩浙大饑。時荒政久弛，公鮮宿儲，米廩將罄，米價日騰，當事者通糴未至，城市不逞者聚千餘人，剽富家米，日再告，長吏患之，造廬請策。府君曰：「折亂在萌，療饑宜速，道止此耳。」太守寬仁不能決，郡司馬繼至，府君具以告守者告之。司馬以爲權在太守，府君折之曰：「君職司捕，遏亂固君責也。今攘臂者無械具、無計畫，抑之甚易。失茲不治，他日亂成，君欲諉責得乎？第須明示賑期，以定民志耳。」司馬乃械繫數輩，囊頭于市，浹日而舍之，亂者皆懾伏。於是府君以爲亂雖粗定，賑宜近捷，欲求近捷，必先大户。兼紳民言。然而富者多吝，貧者習驕，務使大户捐米，而藉捍衛于貧民，貧民效力，而令素餐于大户，貧富相資，困廩自出。乃請郡守下令，且代之草。繇是民心大定，而富户亦鮮有頑拒者。

於是又廣致粟之路，又定村賑之法。

十五年壬午，五十歲。三月，官商繼糴之米至甚少，議者以米少人多，欲裁饑口。府君曰：「如此則饑口必譁，莫如并改煮粥，可使食惠贏而延度久。」因代山、稽二令草文告。

時官商米給附郭二邑城市者，長吏使山、稽中分之。府君謂今兩邑饑口通二萬四千，而山陰僅八千，不計人口而計縣分，非平也，爲誦言改正之。畸零者，分給各坊，爲開廠、置器、柴薪之需。

又念寒士好修，恥于自言，乃密切訪求，先後得二百餘人，致當道捐俸周之，而佐以家廩。四閱月間，分三期就郡庭給領。周之可受，但不許自行陳乞，以全儒雅。

又創爲一命浮圖會，以贍失賑之夫，而廣行義之術。時詔起廢籍諸臣，又將枚卜閣員，宵人忌之，布匿名書於朝堂，列二十四氣，在朝在籍，皆無免者。已而上戒諭言官，以爲代人規卸。給事中姜埰上言爭之，謂「上何所聞而云？然此必大奸巨憝，欲箝言官之口耳」。上怒，收埰下詔獄。

倪會鼎《倪文正公年譜》卷四 崇禎十五年，冬十月，詔起府君兵部右侍郎兼翰林院侍讀學士。府君家居七載，天下益多事，上思舊德，宜興慮府君不拜命，故以佐樞環召，府君以母老疏辭甚力。已聞畿輔震驚，時閏十一月八日也。部檄徵四方兵入援，府君瞿然起曰：「詔以臣貳樞，而聞警不前，非義也。」乃長跽告太夫人以故，太夫人曰：「吾尚健飯，爾其勉諸！」府君又計此行匪徒赴召，合議勤王，遂毀家募士，號召義旅，得敢死數百人。計淮、揚天下巨鎮，兵必聚，史公可法撫其地，訓必精，先馳書假勁兵三千，鼓行入衛，《書逸》仗劍繼之。及抵淮，撫帳健兒纔二千，畫淮自守未足，府君怏怏失望。史公以無兵可分，亦怏怏。會留都、江、浙援兵相繼至，諸將吏請府君就統其衆，便宜部署。府君爲按行營壘，察士氣不揚，又無馬甲，不任用。不得已，則欲大募鹽徒，問糧鹺使者，不應。府君乃投袂而起曰：「吾即不能捍衛，旦夕必達，不貽君父憂。」將三百騎夾趨衛險，出濟北。

十六年癸未，五十一歲。時大師深入，自良、涿南下，破臨清，分兵爲二：一趨兗郡，一趨濟寧。鐵騎三十萬，連營九百餘里，亘山截流，無隙可入。裨較以孤旅無援，請暫退觀變。府君正色曰：「吾千里勤王，有進無退，且北兵日南，進退皆危。與其退不免危，何如進更得全。君輩本以義從，不當復計利害。」將較皆服。于是申約束，以故副將張鵬翼、參將牛化麟老于邊情，使各將一隊分覘。身率百騎間進，兩幟左右相望。十餘日，達京師。時計吏援兵杳絶，都門晝閉，京僚聞府君至，一時皆驚。上異之，即日令見。首奏彼己情形；次奏目前方略；次奏禦寇機宜；次奏制財足用，兵餉宜合；次奏淮鎮切謀及截漕末議。又奏：「今之本謀，在乎主術，力行仁義，提振紀綱，愛惜人才，興尚氣節，定心志，一議論，信詔令，慎誅賞。」上嘉納之。明日補充日講。

五月十一日，特簡府君爲户部尚書兼翰林院學士，日講如故。以馮公元飈爲兵部尚書，詔無例辭。復召至中左門，諭府君曰：「卿忠誠敏練，朕知卿久，諸奏議無不井井有條。古帝王用才致治只一二人，周四友，漢三傑，即高皇所用文臣亦只劉、宋數輩耳。今擢卿户部，爲朕力致太平。」又諭：「卿兩人同鄉里，負才望，國家艱難，宜共治合謀，其有以報朕。」府君念太平非司農可致，引祖制「浙人不居户部」例固辭，不許。六月，薦舉桐城諸生蔣臣爲本部司務，從之。蔣先以保舉謁選入都，朝士多言其有用世才，造邸訪之，傾蓋目成，遂以入告。

府君自言受事以來，有任大之憂，有察細之苦，且法久弊生，事須通變，苟精神弊于簿書，何暇興革？劉晏只用士人，故能博通旁求。乃擇清通敏惠之才於司屬，得劉君顯績、張君鳴駿、陳君裔誦、介君松年、堵君允錫，分司稽察，而蔣君任司務以總之。由是冗猥無擾，經權曲當。

七月，辭日講，疏云：「心計既粗，無暇精言性命；身匏有繫，不能兼典衣冠。」上温旨留之。

奏撤催餉京朝官。

扣漕運爲積儲，以罷召買。

九月，殿試，充讀卷官。殿試例在三月，先因戒嚴改會試于八月，故遲之又久。

賊兵盤踞陝西，分半趨宣、大，府君上密封言事。有旨宣祕，遂焚草。

十月，上急鼓鑄，苦銅本未充，諭户部行民間銷燬銅器。府君言：「欲使私銅盡絶，無如專禁打造。此爲絶源，不須嚴禁。即欲嚴禁，毋及士民，恐告訐四起，從此騷然。又聚銅之法，莫如使有司罰贖減半徵銅。民争輸銅，則銅價必貴，銅價既貴，則有銅者莫不居奇射利，何患銅之不歸官冶乎？」從之。

十月，申督撫得操利柄之議。

請敕諭秦、晉二王同讐饗士。

二十八日，撤歲遣兩淮巡鹽御史，改命重臣久鎮，以成富强之業。

十二月，朔，奉諭奏釐漕。三日，請停開採。

九日，奏借内帑。時歲行將終，京邊翹首，廣、浙解銀六十餘萬在途未至。府君欲早定人心，奏借承運庫銀二十萬，解到繳補。薊督陛見，以兵餉不敷請責成户部。上曰：「生節效遠，外解不前，計臣豈置度外！」見知于上如此。

二十四日，爲萬壽節，上撤樂疇咨，至漏下十刻，涕泣而求長算。通州魏相藻德乘間言：「計臣才品俱優，但起家詞林，錢穀終非所長，請有以易之者。」上默然，徐曰：「計臣實心任事，但時艱未能速效，即撤，誰代之者？」穀城方相岳貢奏：「計臣誠敏練達，至清絶塵，在廷無出其右，孰爲可代？」通州又言：「臣今誠處萬難。在計臣必謂臣求疵，在廷臣或疑爲卸擔。第軍國事大，不得引嫌耳。」喋喋語不止。上躊躇久之，乃從其請。翌日，府君自陳求罷，不報。

十七年甲申，五十二歲。正月二日，磨對兵餉。

三日，上傳倪元璐，令以原官照舊專供講職，仍視部事，候代。

奸胥結璫漏網。

四日，内閣請以府君改領禮部。上以六卿禮居户下，似近左遷，不許。内閣承旨出，以南吏部員缺，將以屬府君。八日，上祀太廟還，又傳諭講臣元璐專供講職，名而不姓者，惟首輔爲然，隆禮異數，舉朝愕眙。内閣以上眷方深，供講又經再諭，不可出之于南，惟令料理候代云。後南中贈即於原銜稱户、禮二部尚書，誤也。

初十日，朝畢，宣旨御賜蟒衣一襲，以示特典。當即謝恩，温諭良久。

十四日，開京引以漸復鹽法之舊。

二十一日，以賊入秦，申河防三議。賊闖既陷潼關，所至瓦解，督師孫公傳庭死之。上命曲沃李相建泰督師，率宣、大兵三萬進勦，不時至，所將惟禁旅千五百人，乏精鋭，財用不繼。府君乃陳虚實五議。請免軍籍爲民籍，可立致千萬。不聽。

二十日，奉諭密議討賊之師。

二十三日，遵旨議推行鈔法。

二十六日，上行遣將禮，府君與宴。

二十七日，請撤桑穰中官，許之。

三十日，召對文華殿，諭府君：「錢糧户部職掌，目前務措百萬以濟邊需。」時庫貯不滿二千，而責成重大如此。府君奏：「外解未到，中途梗阻。」因言浙中東陽、義烏之變。上曰：「不必奏，即與輔臣議足。」

蔣晉江惡練餉之失，數爲上言。至是，光給事時亨復言練餉殃民，追咎首議。晉江擬旨有「聚斂小人」之語，上疑諷刺震怒，諸輔冢宰皆爲申捄。府君至，以鈔餉係户部職掌，自引咎。上乃稍霽。命起，晉江又極言練餉之失，退而具揭求退。詰旦，而練餉議裁矣。嗟乎！府君與晉江積慮極言而不得者，乃得之于一怒之餘，聖英轉圜如此。

二月十一日，上行捐助之令。

十七日，奏劾司屬榷關之苛虐者。

二十二日，奏撤催餉中官。

二十九日，敷陳大計。賊逼畿輔，陳守禦遏援之策。又請命青宫循宋康王故事，撫軍南出，以鼓東南之氣，繫近道之心。未報。

三月五日，寇勢日亟。府君謂所知曰：「今無兵無餉，無將無謀，而賊如破竹，人心瓦解，然吾心泰然，以上憂勤，初無荒淫失德之事。讀盡史書，豈有如此聖英而一敗塗地者？但近日舉動，凡遣委封賞，聽言用人，多是手忙心亂。吾受恩深重，無可效者，惟有七尺耳！」又馳家書曰：「脱有不測，幸好謝慰太夫人。」

十九日辰晷，都城陷。府君聞之，束帶向闕，北謝天子，南謝太夫人，畢，舉酒酹關壯繆繪像，亦自浮滿，門士金子廷策進曰：「公何不效信國出外舉兵，圖

匡復，奈何輕自擲？」曰：「身爲大臣，而國事至此，即吾幸生，何面目對關公？」曰：「太夫人在堂，獨不爲地耶！」乃默然一淚，既而曰：「老母八十四矣！而猶高健，夫復何憾？」遂題案曰：「南都尚可爲。死，吾分也。毋紾棺，以志吾痛。」以帛自經而絶。嗚呼！天乎！

南都繼統，卹死節諸臣。詔褒忠烈第一，贈特進光禄大夫、太保、吏部尚書，謚文正。上褒三代，予祭五壇，加祭一壇，有司造葬。祭葬部文已下原籍，所司未及舉行。祠祀京師，曰旌忠，任一子金吾，世襲。順治十年，詔卹明末殉難諸臣，禮部援洪武中卹元臣福壽之例，從舊，撰文諭祭，仍行原籍，賜地七十畝，有司春秋致祭，追謚文正。葬會稽縣白蓮墺聖儀洞之左。

備論

張大復《吴郡人物志》 贊曰：穿天心，出月脇，落筆驚人，泣鬼雨血，奏疏絲綸，有明第一。以浙人而任司農，以詞林而治兵革，單騎勤王，事皆破格。攀髯鼎湖，神歸箕畢，不如人言。但啜茗燒香，而爲翰林清客。

倪元璐《倪文正公遺稿》卷首顧予咸《小言》 鴻寶倪先生，天下皆知，其大文章人也，大經綸人也，大節義人也。節義不見，而經綸先見，經綸未見，而文章先見。然觀先生之意，若不欲以文章見者，若逆知後日不以文章見者，故有得即成，有成即逸，其中畫泣鬼神，腕落風霆者，若有物呵護不失。

余年十六，遇先生於金閶，錯趾過蹬目一揖，不交語。竊意聲震寰海之下，無假道學面孔，余心傾矣。然其人只一見，其文不數見，見亦不過酬酢諸篇。及卧子遺余應本，憶其柬曰：「是倪先生悦世作也，而非悦己作。」悦己作未免觸世惱懷，以是知先生不欲以文章見矣。自鼎湖變革，四海之内，皆不言倪先生之文，而千秋萬年，人人有一倪先生在方寸間者。至讀其一句一律，方寸中之倪先生向頂門透出，坐蓮花臺于五雲内。雖不言先生之文，而文不在方寸間乎。自余吏越，炙其遺像，凜凜有生氣，此非繪圖之倪先生，而先生真文洋洋灑灑於丰采間。昔之散寄於牧竪屠兒，漂流于孤僧游丐，竊食于女子老嫠，而深山之木石，大澤之龍蛇，如恠如魔，如蜒如蜿，無不有先生無字句之詩者。先生其詩中至聖乎？

唐子豫公執經先生之門三十年，收拾叢餘，得若干首，刻而成書，授於余。余曰：「有心哉，唐子也。唐子能收拾有字句之詩，而能收拾先生無字句之詩乎！」唐子曰：「子言是也。天下之爲倪先生不數人，而收拾先生字句者，惟余一人。而收拾先生無字句者，千秋萬世之有血氣、有心知而已。」是爲序。吴門後學顧予咸松交甫書。

張岱《石匱書後集》卷二二 黄道周曰：嗚呼，以天子十七載之知，不能使一詞臣進於咫尺；以五日三召之勤，不能從講幄致其功：卒抱日星與虞淵同隕。嗚呼，豈非天乎！史稱陸宣公爲相，其所聽信，迺不如其爲學士時。崔與之避位，智於文天祥；葉夢鼎之棄官，賢於謝枋得：是皆不然。天下之治亂、主臣之離合，皆有物焉司之。至於安身立命，或席藁以爲胙封，或晨夕以爲終古，七尺之根，麗於兩極，何可奪也！公當日相亦殉、不相亦殉，顧不以相殉者，使天下淒愴，思所以板蕩之故。且使先帝在天顧念曰：「吾舊講官也！是多謗者，吾迺今知人。」

石匱書曰：倪太史得君，如彼其專也；行乎國政，如彼其久也；迺當死賊猖狂之際，卒不能出一策焉，下先帝於輪臺之難。此臣之所以痛心疾首，重惜吾先帝，並惜吾太史也！蓋君死社稷，而臣死君；千古得死之正，無過此兩人，應無遺議。但論死於不能死之人，則死爲泰山；論死於能死之人，則死又爲鴻毛矣。嗚呼，若吾太史者，豈可以一死卸其責哉！

查繼佐《罪惟録》列傳卷九 論曰：文正才足底艱難，非夫持理字作先聲者也。而上不審於用之。時御座體嚴，情不屬，召對無膝語。正容一問，階伏百熠。文正可謂知而言，言而盡者哉。而仰上氣息，或亦救過，況其他矣。帝意左右以國是彼此，如掌反覆，遂使賢者從容爲其易，蓋能爲而不得爲者哉。「皜皜乎不可尚」，非以奪魏魄，却自誓矣。一時人物並稱倪黄，黄意激，而倪頗通時宜，故蒙眷特異。祇以「東林」二字，爲同朝所指，而任之不終。三蘭清不愧文正，若舜屏之一杯入甕，伯明之火酒自焚，其猶之張家雀鼠能死國哉！

陳濟生《啓禎兩朝遺詩》 先文莊與公同年同館，具言公爲人倫師表，又負經濟才。濟生以通家後輩得從公遊，雖淺學不能測公所至，然其學問才猷，卓冠當時，無疑也。嗚呼！以公抱濟世之略，又受知主上，卒不能盡其用，僅以節義終。悲夫！公之詩文，率皆華雋英奇，務爲獨造，士大夫得其片言，等于天球弘璧。文集有《奏疏》、《代言》、《講章》、《應本》行世，詩則有《憶草》諸種。没後嗣

刻，兹録若干首。

姜紹書《無聲詩史》卷四　倪元璐，字鴻寶。登天啓壬戌進士，選入翰林。詩文爲世所重，行草書如番錦離奇，另一機軸；間寫文石，以水墨生暈，蒼潤古雅，頗具別致，亦文心之餘緒也。

計六奇《明季北略》卷二一　論曰：古今易名之典，以文正爲難。明興數百年，惟餘姚、長沙，皆揆席也。北都死事，乃得公與劉中允。長沙高文典册，且爲一代風雅開先，顧委蛇逆瑾，雖匡救彌縫，厥功不小，亦來枉道之譏。餘姚中允，渾金璞玉，傳信千秋。惟公以懷蛟吐鳳之才，兼化碧貫虹之節，長沙遜正，劉謝讓文，尊名壹惠，未有如公之尤愜者。且使美新仇國，不得自附於藝苑筌簣，孤鳳鳴而鴟鷚息，公諸著譔之謂矣。然則公不獨爲正人增華，尤爲文人吐氣。

陳鼎《東林列傳》卷八　外史氏曰：先生當啓禎之朝，昌言岳岳，能使羣奸破膽，宵人屈服。每一疏出，如撞晨鐘。崇禎元年三疏，其最著者矣！烈皇帝每得其疏，置之屏間，出入瞻誦，以爲偉人。不可謂不遇矣！諸臣陰譖之而陽奉之，引孝宗用劉大夏、戴珊故事爲比。夫以烈皇帝十七載之知，不能使一詞臣進於咫尺，以五日三召之勤，不能從講幄致其勘亂之功，卒至君臣同殉社稷。嗚呼！豈非天哉！

《明史》卷二六五　贊曰：范景文、倪元璐等皆莊烈帝腹心大臣，所共圖社稷者，國亡與亡，正也。當時靦顔屈節，僥倖以偷生者，多被刑掠以死，身名俱裂，貽詬無窮。而景文等樹義烈於千秋，荷褒揚於興代，名與日月争光。以彼絜此，其相去得失何如也。

汪有典《史外》卷二四　汪有典曰：嗚呼！大丈夫之雄心義概，有未易以常情測者矣。文信國豪華自奉。及國變，盡以家資爲軍費，而險阻艱難，百折不渝。公忤時相，罷歸，築室自老。窗檻法式，皆手自繪畫。飛閣層樓，施以錦帷，黄公道周見之，不怡，謂：「國步多艱，吾輩不宜宴樂。」公笑曰：「會與公訣耳！」既北行，毁家召募，遂殉國難。黄公哭公詩云：「肯教箕比成孤往，忍與夷齊結遠鄰。」亦繼公捐軀，不負夙諾。蓋公家居，每語人曰：「致命、遂志之學，要自讀書無事時，胸中打定，不然臨事，鮮有不錯亂者。」苟非甲申之變，亦未知其志之貞而言之遠也。

陳田《明詩紀事》卷三　田按：公始釋褐，不輕造謁。首輔福清嘗曰：「三年無片刺及吾門者，只一倪君也。」思陵登極，誅鋤閹寺，朝端水火，未盡廓清。公戊辰三疏雪東林，焚《要典》，石齋謂公每一疏出，如撞朝鐘，上震廊序，駸駸嚮用，一扼於烏程，再扼於井研，偉抱碩畫，訖不得展，卒抱日與虞淵同隕。哀哉！公詩頗近公安一派，余擇其詞旨雋雅者録二首，嘗鼎一臠，可知其味矣。

盧象昇部

綜述

《明史》卷二六一《盧象昇傳》 盧象昇，字建斗，宜興人。祖立志，儀封知縣。象昇白皙而臞，膊獨骨，負殊力。舉天啓二年進士，授户部主事。歷員外郎，稍遷大名知府。

崇禎二年，京師戒嚴，募萬人入衛。明年進右參政兼副使，整飭大名、廣平、順德三府兵備，號「天雄軍」。又明年舉治行卓異，進按察使，治兵如故。象昇雖文士，善射，嫺將略，能治軍。

六年，山西賊流入畿輔，據臨城之西山。象昇擊卻之，與總兵梁甫、參議寇從化連敗賊。賊走還西山，圍遊擊董維坤冷水村。象昇設伏石城南，大破之。又破之青龍岡，又破之武安。連斬賊魁十一人，殲其黨，收還男女二萬。三郡之民，安堵者數歲。象昇每臨陣，身先士卒，與賊格鬬，刃及鞍勿顧，失馬即步戰。逐賊危崖，一賊自巔射中象昇額，又一矢僕夫斃馬下，象昇提刀戰益疾。賊駭走，相戒曰：「盧廉使遇即死，不可犯。」象昇以是有能兵名。賊懼，南渡河。

明年，賊入楚，陷鄖陽六縣。命象昇以右僉都御史，代蔣允儀撫治鄖陽。時蜀寇返楚者駐鄖之黄龍灘，象昇與總督陳奇瑜分道夾擊，自烏林關、乜家溝、石泉壩、康寧坪、獅子山、太平河、竹木砭、箐口諸處，連戰皆捷，斬馘五千六百有奇，漢南寇幾盡。因請益鄖主兵，減税賦，繕城郭，貸鄰郡倉穀，募商採銅鑄錢，鄖得完輯。

八年五月擢象昇右副都御史，代唐暉巡撫湖廣。八月命總理江北、河南、山東、湖廣、四川軍務，兼湖廣巡撫。總督洪承疇辦西北，象昇辦東南。尋解巡撫任，進兵部侍郎，加督山西、陝西軍務，賜尚方劍，便宜行事。汝、洛告警，象昇倍道馳入汝。賊部衆三十餘萬，連營百里，勢甚盛。象昇督副將李重鎮、雷時聲等擊高迎祥於城西，用强弩射殺賊千餘人。迎祥、李自成走，陷光州，象昇復大破之確山。先是，大帥曹文詔、艾萬年陣亡，尤世威敗衄，諸將率畏賊不敢前。象昇每慷慨灑泣，激以忠義。軍中嘗絶三日餉，象昇亦水漿不入口。以是得將士心，戰輒有功。

九年正月大會諸將於鳳陽。象昇乃上言曰：「賊横而後調兵，賊多而後增兵，是爲後局。兵至而後議餉，兵集而後請餉，是爲危形。況請餉未敷，兵將從賊而爲寇，是八年來所請之兵皆賊黨，所用之餉皆盜糧也。」又言「總督、總理宜有專兵專餉。請調咸寧、甘、固之兵屬總督，薊、遼、關、寧之兵屬總理」。又言「各直省撫臣，俱有封疆重任，毋得一有賊警，即求援求調。不應則吴、越也，分應則何以支」。又言「臺諫諸臣，不問難易，不顧死生，專以求全責備。雖有長材，從何展布。臣與督臣，有剿法無堵法，有戰法無守法」。言皆切中機宜。

於是迎祥圍廬州，不克，分道陷含山、和州，進圍滁州。象昇率總兵祖寬、遊擊羅岱救滁州，大戰於城東五里橋，斬賊首摇天動，奪其駿馬。賊連營俱潰，逐北五十里，朱龍橋至關山，積屍填溝委塹，滁水爲不流。賊乃北趨鳳陽，圍壽州，突潁、霍、蕭、碭、靈璧、虹，窺曹、單。總兵劉澤清拒河，乃掠考城、儀封而西。其犯亳者，折入歸德。永寧總兵官祖大樂邀擊之，賊乃北向開封。陳永福敗之朱仙鎮，賊遂走登封，與他賊合，分趨裕州、南陽。象昇合寬、大樂、岱兵大破之七頂山，殲自成精騎殆盡。已，次南陽，令大樂備汝寧，寬備鄧州，而躬率諸軍蹙賊。遣使告湖廣巡撫王夢尹、鄖陽撫治宋祖舜曰：「賊疲矣，東西邀擊，前阻漢江，可一戰殲也。」兩人竟不能禦，賊遂自光化潛渡漢入鄖。象昇遣總兵秦翼明、副將雷時聲由南漳、穀城入山擊賊。寬等騎軍，不利阻隘，副將王進忠軍譁，羅岱、劉肇基兵多逃，追之則彎弓内嚮。象昇乃調四川及箪子土兵，搜捕均州賊。是時，楚、豫賊及迎祥等俱在秦、楚、蜀之交萬山中，象昇自南陽趨襄陽進兵。賊多兵少，而河南大饑，餉乏，邊兵益洶洶。承疇、象昇議，關中平曠，利騎兵，以寬、重鎮軍入陝。而襄陽、均、宜、穀、上津、南漳，環山皆賊。七月，象昇渡淅河而南。九月追賊至鄖西。

京師戒嚴，有詔入衛，再賜尚方劍。既行，賊遂大逞，駸駸乎不可復制矣。既解嚴，詔遷兵部左侍郎，總督宣、大、山西軍務。大興屯政，穀熟，畝一鍾，積粟二十餘萬。天子諭九邊皆式宣、大。

明年春，聞宣警，即夜馳至天城。矢檄旁午，言二百里外乞炭馬蹄闊踏四十里。象昇曰：「此大舉也。」問：「入口乎？」曰：「未。」象昇曰：「殆欲右窺雲、晉，令我兵集宣，則彼乘虛入耳。」因檄雲、晉兵勿動，自率師次右衛，戒邊吏毋輕

言戰。持一月，象昇曰：「懈矣，可擊。」哨知三十六營離牆六十里，潛召雲師西來，宣師東來，自督兵直子午，出羊房堡，計日鏖戰。乙炭聞之，遂遁。象昇在陽和，乙炭不敢近邊。五月丁外艱，疏十上，乞奔喪。時楊嗣昌奪情任中樞，亦起陳新甲制中，而令象昇席喪候代。進兵部尚書。新甲在遠，未即至。

九月，大清兵入牆子嶺、青口山，殺總督吳阿衡，毀正關，至營城石匣，駐於牛蘭。召宣、大、山西三總兵楊國柱、王樸、虎大威入衛。三賜象昇尚方劍，督天下援兵。象昇麻衣草履，誓師及郊。馳疏報曰：「臣非軍旅才。愚心任事，誼不避難。但自臣父奄逝，長途慘傷，潰亂五官，非復昔時，兼以草土之身踞三軍上，豈惟觀瞻不聳，尤虞金鼓不靈。」已聞總監中官高起潛亦衰絰臨戎，象昇謂所親曰：「吾三人皆不祥之身也。人臣無親，安有君。樞輔奪情，亦欲予變禮以分謗耶！處心若此，安可與事君，他日必面責之。」

當是時，嗣昌、起潛主和議。象昇聞之，頓足歎曰：「予受國恩，恨不得死所，有如萬分一不幸，寧捐軀斷脰耳。」及都，帝召對，問方略。對曰：「臣主戰。」帝色變，良久曰：「撫乃外廷議耳，其出與嗣昌、起潛議。」出與議，不合。明日，帝發萬金犒軍，嗣昌送之，屏左右，戒毋浪戰，遂別去。師次昌平，帝復遣中官齎帑金三萬犒軍。明日又賜御馬百，太僕馬千，銀鐵鞭五百。象昇曰：「果然外廷議也，帝意銳甚矣。」決策議戰，然事多爲嗣昌、起潛撓。疏請分兵，則議宣、大、山西三師屬象昇，關、寧諸路屬起潛。象昇名督天下兵，實不及二萬。次順義。

先是，有瞽而賣卜者周元忠，善遼人，時遣之爲媾。會嗣昌至軍，象昇責數之曰：「文弱，子不聞城下盟《春秋》恥之，而日爲媾。長安口舌如鋒，袁崇煥之禍其能免乎？」嗣昌頰赤，曰：「公直以尚方劍加我矣。」象昇曰：「既不奔喪，又不能戰，齒劍者我也，安能加人。」嗣昌辭遁。象昇即言：「元忠講款，往來非一日，事始於薊門督監，受成於本兵，通國聞之，誰可諱也。」嗣昌語塞而去。又數日會起潛安定門，兩人各持一議。新甲亦至昌平，象昇分兵與之。當是時，象昇自將馬步軍列營都城之外，衝鋒陷陣，軍律甚整。

大清兵南下，三路出師：一由淶水攻易，一由新城攻雄，一由定興攻安肅。象昇遂由涿進據保定，命諸將分道出擊，大戰於慶都。編修楊廷麟上疏言：「南仲在內，李綱無功；潛善秉成，宗澤殞恨。國有若人，非封疆福。」嗣昌大怒，改廷麟兵部主事，贊畫行營，奪象昇尚書，侍郎視事。命大學士劉宇亮輔臣督師，巡撫張其平閉闉絶餉。俄又以雲、晉警，趣出關，王樸徑引兵去。

象昇提殘卒，次宿三宮野外。畿南三郡父老聞之，咸叩軍門請曰：「天下洶洶且十年，明公出萬死不顧一生之計爲天下先。乃奸臣在內，孤忠見嫉。三軍捧出關之檄，將士懷西歸之心。棲遲絶野，一飽無時。脱巾狂噪，雲帥其見告矣。明公誠從愚計，移軍廣順，召集義師。三郡子弟喜公之來，皆以昔非公死賊，今非公死兵，同心戮力，一呼而裹糧從者可十萬，孰與隻臂無援，立而就死哉！」象昇泫然流涕而謂父老曰：「感父老義。雖然，自予與賊角，經數十百戰未嘗衄。今者，分疲卒五千，大敵西衝，援師東隔，事由中制，食盡力窮，旦夕死矣，無徒累爾父老爲也。」衆號泣雷動，各攜牀頭斗粟餉軍，或貽棗一升，曰：「公煑爲糧。」

十二月十一日進師至鉅鹿賈莊。起潛擁關、寧兵在雞澤，距賈莊五十里而近，象昇遣廷麟往乞援，不應。師至蒿水橋，遇大清兵。象昇將中軍，大威帥左，國柱帥右，遂戰。夜半，觱篥聲四起。旦日，騎數萬環之三匝。象昇麾兵疾戰，呼聲動天，自辰迄未，礮盡矢窮。奮身鬭，後騎皆進，手擊殺數十人，身中四矢三刃，遂仆。掌牧楊陸凱懼衆之殘其屍而伏其上，背負二十四矢以死。僕顧顯者殉，一軍盡覆。大威、國柱潰圍乃得脱。

起潛聞敗，倉皇遁，不言象昇死狀。嗣昌疑之，有詔驗視。廷麟得其屍戰場，麻衣白網巾，一卒遥見，即號泣曰：「此吾盧公也。」三郡之民聞之，哭失聲。順德知府于穎上狀，嗣昌故靳之，八十日而後殮。明年，象昇妻王請恤。又明年，其弟象晉、象觀又請，不許。久之，嗣昌敗，廷臣多爲言者，乃贈太子少師、兵部尚書，賜祭葬，世廕錦衣千户。福王時，追謚忠烈，建祠奉祀。

象昇少有大志，爲學不事章句。居官勤勞倍下吏，夜刻燭，雞鳴盥櫛，得一機要，披衣起，立行之。暇即角射，箭唧花，五十步外，發必中。愛才惜下如不及，三賜劍，未嘗戮一偏裨。

盧象昇《明大司馬盧公奏議》卷末楊廷麟《宫保大司馬忠烈盧公事實俟傳》 大司馬忠烈盧公，宜興人也。公諱象昇，字建斗，别號九台，唐玉川先生之後，世居西南山中姚谿南茗嶺下。宜邑多名溪山，萬峯巉巖間，嶺尤爲之崛出，草秀而木芳，居人稱靈傑焉。大父荆玉公令浚儀、南康兩地，以循績稱。尊人崑石先生，有文名，籍籍邑諸生中。娶李夫人，以萬曆二十八年庚子三月四日生公。

公幼有大志，與羣兒作狎，輒以才畧雄長之。其折斷事情，皆中理法。荆玉公戲擲以錢，即棄去，曰：「牧兒買餅資耳，安用爲？」長博貫經史，爲文章，頃刻

百千言。時治平久，不貴武，公特學騎射，同輩哂之，公不輟。年十九補弟子員。天啓元年辛酉，公年二十三，舉南畿。二年壬戌，成遺士，釋褐歸。值大父喪，色不見齒。公年少高科，美風儀，維揚一冶姿慕公，願委身事，公曰：「吾豈以精神銷粉黛耶！」卻之，識者已知公之端栗概矣。三年癸亥，筮仕授計曹，從大司農閱鏹庫，見主庫者局脊狀，公喟然曰：「羶途折氣爾乎！」後以屬公，堅弗受。值魏璫熾，欲脱之求外地，出視清源倉。時積粟百萬，歲耗縻亦萬餘。公曰：「盍以惠吾民而飤雀鼠爲也。」因奏中州積旱，缺穀五年，民間鬻婦賣兒，不足以應石□之怒。請許納價。」上從之。預民趨納，積逋皆請，所活之□數萬。又播朽積中，得穀數千，皆奸胥虐取糧户，西没之者，悉作正供，入之廩。民呼盧父。三藩初赴邸時，參從噪途等諸暴客。公豫列囊貯米，水次舟至，即遺之，弗令停橈，藩艘亦服公，能不復肆。

屢舉卓異。三載秩滿，擢守大名。巨室兒馬翩翩，性任俠，齊、豫、燕、晉盜歸之，稱九省通家，白晝掠人都邑，莫有問者。公計擒之。常服縱轡，獨行道，遇一騎露刃衝公前曰：「翩翩作何狀？」公紿之曰：「已擒就戮矣。」騎即飛去，遂縛翩翩歸，立棄市。未幾，請牘案積。奸尼鑿隧僧室中，誘名家子入室，與羣少年通，觀燈之節尤劇，公摘治之，火其廬，淫俗以戢。尤善清冤獄。崇禎元年戊辰，入都大計，日有老婦自廬中出，大呼曰：「天下那得好官如大名盧太守者。」詢之，其子爲刁民誣久繫獄，公特白之也。二年己巳，□薄都城，公拔劍斫案，呼曰：「大丈夫獨行取胡馬耳。」遂募鄉勇萬人，持十日糧，兼程進，天子壯之。□退，詔還郡，以副使階行守事。

六年癸酉，流寇興，公檄諸屬邑繕城葺甲，鄉民及輿吏訓練之。人能持杖逐賊，時號知兵。治四載，遷大名道僧兵三郡，號天雄軍，後賊勢益熾，過臨洺三郡，人驚棄家避。公星夜赴援，賊即遁，馳騎逐之。至危崖，一賊自巔下偪甚，公額中一矢，再發，僕夫斃馬下。公卒力戰脱之。時時躡賊後，使不得食。賊患之，分隊迎公；潛引大伍旁掠。公偵知之，戒城守，勿動身，引精騎疾驅，抄其前。賊至，突撲之，斬數千級，賊大蹙曰：「此盧拚命也，遇之即死。」相戒盧公境勿復犯。寄語公：「亦無越境逐我。」公聞而笑曰：「我豈以鄰爲壑者。」公第三子殤，車騎離署，舍十里，弗顧也。賊經廣平，民趨城。郡守慮賊溷急扃城，後至者不得入，哀號動天。公逐賊至廣，急呼守，告之曰：「此夫妻父子離失者，非吾民耶！而忍棄諸。急納之，寇來吾爲爾扞。」公自策馬行城徹旦，賊已夜遁。

閱半載，加公按察使秩，仍治兵畿南。民以安堵者數歲，賊窘思他逞，遂南渡河，河之南所遇殘殍。七年甲戌，破鄖，勢尤猘，廷陟公僉都御史，命撫鄖。畿南之民相向慟哭，曰：「賊來誰禦吾輩？生無幾時矣。」公行日，萬衆擁靷呼天，騎不得前，諭之曰：「事已若此，奈何？」民各出一錢，製萬人帳獻公，匐送五百里外，歌頌且泣，臨河迺返。公莅鄖，六城陷而復，民猶晝夜遷毋安居。公增葺城郭，採銅鼓鑄，出息糴穀，患漢江商舶不通，迺造兵船數千，西抵商雒，南距荆襄，轉輸貿易，物力始足。賊又羣犯鄖屬，公引兵窮逐，雖懸崖絶磵之地，必氈裹繩縋而渡，振旆一呼，軍士雷諾。賊避之，至晝不敢餐，慮因炊煙遇之，其墮塹死者萬數，鄖以復安，成鉅鎮云。嘗乏食，兵有謀逆者，公銷盔帶得金，夫人王亦脱笄珥括衣幣椎牛作饌飲食之，衆博顙謝，公呼告之曰：「朝廷餉暫缺，不日至，爾曹背義作賊，即今後有二心者，不爾貰。」皆惕息受約。帥鄧某尅餉，致噪兵自闢門下，公單騎往諭之，衆匐伏泣愬。公呼帥至，數厥罪斬之，羣帥懾伏。自後兵民翕然，鄖大治。

鄖鄰楚，楚地賊氛熾，遷公副都御史，亟撫楚。公至，賊大懼，突奔中州，日殘十數城邑，豫人伏闕下言，求盧公，楚人争之。廷議，非公不能全豫，晉公兵部侍郎兼五省，尋益二省。凡賊到處，皆需公。公握尚方劍於馬上，草七省行移，嶺關嵬峨，輒吟句題壁，賊驚相告，謂皂纛下而眉炯朗儼一神人，自此聞聲即遁。公過穆陵關，有「揮戈欲洗山河色，仗策思援饑溺人」之句，蓋夙懷也。八年乙亥，賊趨東南，環攻滁，滁城守頗力。賊掩民間婦女，倒置之深坑，露其牝，飛礮厭而不發，城中亦斂陰溺桶，掛堞相向。礮乃震，忽登城，見曠野無隻輪，疑其佯退，公則疾趨五晝夜至矣。麾兵急擊，命祖寬前茅，躬率麾下從之。戰城東五里橋，賊大潰，逐北五十里，斬獲者百萬，滁水赤流數里。公之至也，貫出滁人，不意命偏將入州求糧。州吏疑爲賊，斬之，竿其首。繼遣，又將斬之，公馳諭，滁以礮石擬公行。大僕李覺斯識公，迺免。公入滁，滁守劉大鞏股慄伏地，分必死。劉母年八旬，號哭軍門求代，公宥之。施劓刑，因築壇，酹亡將，既殯始行，三日後，墮淚不輟。時公急逐賊，且殄以滁羈半日行，又先檄淮撫朱大典，堵賊去路。朱不應，賊收散卒，率七騎奔，又集諸饑民還。楚、豫復熾，公策兵窮追至南陽，以百餘騎陷伏中。幾兩日，公約其騎曰：「食盡必死，不如擊之。」騎曰：「如命！」大呼突陣，賊皆靡，大軍亦後至，遂大破賊，殺萬人。自後數戰，皆捷。賊困，因而向關中入老營。自公之受討賊命也，歷三歲，賊未嘗破一城郭。

公分部下苦甘，行囊中惟糜屑餅二，饑則嚙之。嘗乏三日糧，公亦水漿不涉口。夜則同戰士露宿。一夕，公右臂挽馬繮，曲左肱而卧。夢中忽聽馬蹄踐蹀聲，公即大呼，躍馬行，衆將士亦吶聲上馬。初，莫測其故也，時則賊統大隊夜行間，呼躍反疑中伏，死奔百里達旦，公追擊三百餘里，擒斬無算。公曰：「幸也。酣卧不覺，吾一軍齏矣。」又一日大雨，宿蝸廬，晨起，則三五腐屍横地。遇諸危苦，衆不堪，公適然耳。

九年丙子，夏溽暑，休兵。公趨秦關，詣洪承疇，策兵事。時承疇三被詔責，奪五階，罪且不測，公曰：「若任西北，吾任東南，左右手也。脱以法罷，奈何？」已而師次潼關，賊騎正野掠，偵之，闖王大隊也。公即急呼部帥祖寬迎擊之。寬受命，躍馬大呼，摧賊鋒，一戰斬其首，闖王者驍賊高迎祥也。賊衆號百萬，闖最强稱王，李自成爲之奴，呼「闖將」，殘殺特甚，朝購其首急，懸上賞。寬下馬持賊級獻公，公喜，勞寬，軍士喝采呼賀。公命酒壽寬三觴，握寬手謂之曰：「若誠曠世功矣。吾尚有膈言告汝，汝能聽我否？」寬曰：「惟命。」公曰：「汝聞洪總制屢戰不利乎？旦夕且獲罪。吾欲救之，不能關門制臺轄地。以今日功讓之，可保全也。」寬大驚曰：「以恩爺之靈，寬不才倖此奇捷，何敢輕讓人？」公慰之曰：「汝關門夙將，豈靳尺寸，倘固此右壁，免朝廷西顧憂，拜功不小矣。」寬尚不欲，公曰：「再不從，吾行拜汝。」公下拜，寬急掖公，公不起。寬曰：「惟命。」公乃起。捷聞，上大悦，復承疇階加恩諭，仍還尚方劍，自後遂寵眷焉。

時賊求撫甚切，公將引兵入關會秦師，貽書訓家人，題其端曰：「烽火三月，家書萬金。維昔之言，不我欺也。人生於情，余豈異類。然性躁而懶，軍事旁午，知交謝絶，殆非斯人之徒矣。」兩親在堂定省，越三千里音塵偶及，潦署數行，至室人以及子弟即「平安」二字不暇問，亦不暇書。自乙亥仲秋，歷丙子季夏，長鬚僅一往還，無可爲家計者。於是效老書生作訓詁語，持之以歸，不審於義方於聞，則奚似也。其訓子弟者曰：「古人仕學兼資，吾獨馳驅軍旅。君恩既重，臣誼安辭，委七尺於行間，違二親之定省，掃蕩廓清未效，艱難困苦備嘗。此於忠孝何居也？吾願子弟思其父兄，勿事交遊，勿圖安飽，勿千戈而俎豆，勿弧矢而鼎彝。名須立而戒浮，志欲高而毋妄。殖貨矜愚，乃怨尤之咎府；酣歌恒舞，斯造物之僇民。庭以内悃愊無華，庭以外卑謙自牧。非惟可久，抑亦省愆。凡我子弟，其謝老生之常談；惟吾一身，自聽彼蒼之禍福。」訓室人曰：「余爲官一十三年。自部郎歷郡守、監司，以及治鄖撫楚，惟國事蒼生在念，不敢私其妻子，未嘗有負軍民。室鮮冶容，家無長物。今任討賊，艱苦萬端，成敗利鈍付之天，毁譽是非聽之人。頂踵髮膚，歸之君父。惟願作吾匹者體吾心，以媳代子，篤其婦規，以母代父，敦其家訓。務使兩親娱於堂，四穉習於學，吾願足矣！他何計焉！時大寇西遁，習旅入關，寄此相勉。」公是時，謂兩督協心，殘寇尅日蕩也。

八月，□騎復逼都城，詔天下師入援，再賜公尚方劍，命爲督。時良固已破，惟涿未下，公趨涿，□知公來，已去。公時兩足裹瘡，嚙牙耐痛，率諸路兵出冷口，收回難民萬餘。廷命給烘炒食，公又傾橐錢助之歸。公遂歷塞外，登木葉山，周視邊地，振旅南回。及灤陽，宣雲之命又下矣。廷議晉公中樞，上念三鎮地重，因屬公。初授尚書階，益宫保。公之命宣雲也，人謂危邊三載□三入。公賢勞久，不當以是苦公。公慨然曰：「我爲其難。」急趣事，出居庸關二十里，未莅宣署，即策馬閲東界。舊日大督行塞，分馬纛左右翼，傳呼飛旆蔽空，十里外行人即匿避，裨帥而下，箙矢插躬兜鍪挂鎧伏道路。公盡撤之，控騎行六百里，日呼堡上老兵詢疾苦，漸及□人，輕入之。故老兵意公爲偏裨也，狎公言狀甚悉。車過問之，則大督也。自是宣東情勢熟公心目間。時邊粟賈，斗易千錢，公憂之，力請行屯牧。公日行畛道間辨穀，上呼老農，量課晴雨，督其耕播之候，牛羊壅烰之糞，各以規。行兩年，沙磧之地，皆沃土。歲大熟，軍民熙熙，積粟二十餘萬，關寧備兵陳懋德日遣使求其法。天子喜，爵賚文武有差，諭九邊皆式宣大。在公左右者，見公勤勞倍下吏，夜刻燭，雞鳴盥櫛，思獲一機要，霍索披衣行之。稍暇，即詣射圃角射，以箭啣花，五十步外，公發必中，常自云「較獵塞外親逐毚兔，將吏擊狐伐麅。耳畔生弦勁笴聲，支支脱去，如鳶羣饑叫不絶以爲樂。」遇平岡，呼酒坐地，與諸大帥論兵法，忼慨及時事，不覺鬚樹眶裂，諸帥聞言畢，皆起舞還。復與較射，發百數十矢，跨生駒，潑刺而還。公之意，蓋欲左至遼，右恢套，北屯大寧，後托溪山遊終其年也。

十年丁丑二月，崑石先生視公至白登，一客與偕，謂公曰：「塞外縱獵可觀乎？」公曰：「可引萬騎，登高歷嶮，縱觀荒外諸山，遥望插卜板升，并三十六家諸巢，歷歷在目。」公謂客曰：「卜請備邊。吾欲借卜以連哈馬。哈來市馬，吾即因哈以綏□□，邊事可大定也。」是時，獵騎驕嘶，解鞍放牧之下，草色連天，雲錦地列，殆絶塞壯觀云。已聞宣邊警，赴之，警息閲兵陵後，歲臘，公履冰渡河入套，行兩晝夜，將窮其穴。值嚴寒，從者指墮膚裂，引兵還。

十一年戊寅，三月四日，公生朝，上尊人觴，聞宣警，公躍馬夜馳六十里，至

天城道上，矢檄交進，言二百里外，即見烟塵，聞馬蹄闖踏四十里。公曰「此□大舉，非零竊也。」問入口乎？曰：「未。」公曰：「殆欲右窺雲晉，令我兵集宣，則彼乘虛入耳。」因檄雲晉兵勿動，自率師次右衛。時□數騎臨牆，自云某某，皆舊日受撫夷官名也。細詰之，□□實挾之來。公夜馳入衛，戒撫夷使曰：「若輕言賞，斷汝舌。」因上疏言□人伺釁久矣，來闖邊耳，求款非實情，且卜爲之用不可信。內有撫卜不撫□、許市不許賞之語，下令通市。□果不狹一貨。議十餘日。樞臣楊嗣昌手遺書曰：「撫之便。不見卜哈往事，作熟眠卧犬耶。」公乃榜示復我侵地，還我叛人後議款。嗣昌又札曰：「宣邊係彼口子，議撫事當在義□。」蓋謂公不主撫，可向他督□不區。彌留匝月，公謂諸將曰：「懈矣可擊。」哨知三十六營離牆六十里，密召雲帥西來，宣帥東來，自率兵自子午，出羊房堡，堡，計日鏖戰。先二日□去。既却□崑石公欲南歸，公見囊中僅四十金，出以佐行李。誡夫人曰：「邊地□寒，實非迎□地，且吾日事行間，定省不時。汝其歸，今而後甘旨色養屬於汝。」夫人亦毅然就道。宣之爲疆也視他□甚坦平，無□塹可扼，向被詔匹馬隻輪不入者，倍薊門爵賞。是役也，嗣昌謂無血戰，勞關不行，將士憤憤。告曰：「□人則論罪十萬騎，臨牆匝月，一矢不加而遁，豈得無功，何云血戰？」公折之曰：「爾等荷戈甲卧霜露，不謂無勞，第□三入時何不早作長城扼□？勉之，秋防寧謐，當爲若輩請也。」初，嗣昌懼□闌入將坐法，幸撫成以免，既不就較，公然未有以傷也，自謀大拜，脱樞局，及命下以□□部，竟不得釋樞權，公之禍從此烈矣。

嗣昌向居內憂，猶墨衰視事，至是服緋袍主政府，都人争恥笑之。石齋黃公折諸廷，嗣昌忿争亦甚力。石齋竟議遠戍，尋摘他事杖之，幾斃。公迺移書嗣昌曰：「變禮易制，誠非易事。但使相業特盛，無媿曩時，亦一道也。惟公好爲之。」嗣昌書答曰：「某知不讓南陽李也。」公笑曰：「羅倫復官，應在何日？」蓋指石齋言也。嗣昌希以都務諉公一日貽書耿公曰：「某以病行矣。此座可惜，惟公念之。」公笑曰：「楊公給我。」是歲四月十八日，白虹干貫日，占主大兵，公憂之。未幾，崑石先生終濟上。五月朔，訃聞，公哭踴仆地，垂絶而甦曰：「生身罔極，昇不得躬視含殮，罪也。疏歸亟營吾父塋廬，其何日□□高□吾父之靈耳。」令雲撫葉廷桂爲之請。諸將士咸哭泣曰：「議罪三年，方得頭在頸上，奈何奪公去。」臺諫兩疏議留，公聞之慟曰：「吾死矣。」疏十上，情辭哀慘。天子惻然改容曰：「父死在途，如何叫他不去？」因令料理候代。公望闕百叩謝曰：「聖恩成我。」嗣昌計秋深□必來，議代公者，以蜀撫陳新甲上，謂「蜀距宣里八千，須四月至。」秋防乃責公也。公念朝廷乏才，復諷之客，以蘇松道馮元颺對疏請改邊道，馮適以事議鐫秩。嗣昌書曰：「昌之得有今日，從未於意表行事。」公爲之一哂。馮亦不通一刺，公益喜曰：「此叔向之不謝祁奚也。」大司寇鄭三俊清節立廷，適下理，公以參苓貽之，曰：「國家不可無此人。」立疏救之，得免。公雖草土中，薦賢之念不忘。

時嗣昌益力議撫，密囑戎政尚書某授意薊遼督監。薊督吴阿衡，嗜酒，常在醉中，鄧監希詔主之，以雙簪賣卜周元忠者，熟東□，私使北行，□詰之曰：「□大無尊官，使汝侮我耶。」將斬之，元忠哀乞曰：「事未成耳。」來來又告□兵不臨城，不即撫，□然其言，釋之。元忠歸入咎嗣昌辱國，大宗伯顧錫疇疏糾之，嗣昌大恚，中以他事奪其爵。八月既望，□兵臨宣求撫，公力疾赴右衛禦之。九月中遁去，公秋防告竣。

是時，薊鎮弛防關，寧警報至，薊值鄧監生朝，召諸將縱飲幕中，□從牆子嶺入□，督不知謀，被其肢解。二十五日，警報達宣邊，公憤甚，適兵部下翎檄召宣、雲、晉三帥入援保定。公曰：「誤矣。□逼漁陽，不速衛陵畿，紆道赴保定耶！」矯部檄，徑命各兵入居庸，自促新督代任。二十八日，陳撫出倒馬關，公於子夜命標官賫符迓代，自勒兵入都勤王。二十九日午刻，道中接上諭令，督天下援師，印一顆，尚方劍一口，已達行署矣。公拜命畢，捧印劍入內廳事，□座後屏大書文文山《正氣歌》，公爲愯然。進卧室，旁懸漢關公像，公點頭曰：「天數也。」掩泫草疏曰：「臣聞憂五月，望代眼穿，今當離任歸奔。忽值□□內犯，同仇赴愾，臣請安辭。」草畢，仰天大號曰：「吾父之骨朽矣。奈何奈何。」先是二日前，上傳諭，贈公曾祖及祖父尚書官，公泣曰：「九原亦拜澤乎，不靖塞氛，志不酬也。」輕騎勒限及郊，馳疏報曰：「臣非軍旅長才，愚心任事，誼不避難。但自臣父奄逝，長途慘傷潰亂，五官非復昔時，兼以草土之身，踞三軍上，豈惟觀瞻不聳，尤虞金鼓不靈。蓋欲亟簡賢能代已也。」是時，朝臣交牘薦公，李臨淮尤切。嗣昌遺公札曰：「□攜男婦老少來，定係西人移家，非大舉也。公可取便封侯。」公得書，抵之地曰：「懷此心者，犬家不食吾餘矣。吾以君國難前來耳，蔑親思侯，豈理哉。今日凶吉，三尺童子知之，而誰誑也？」時觀軍高監亦衰絰臨戎，公謂所親曰：「吾三人皆不祥之身也。人臣無親，安有君？樞輔奪情，亦欲」變禮以分釁耶。處心若此，安可與共事君。□退必面責之。」公雖戎服麻絰草履著

體，不脱。嗣昌聞之，益怍。

行五日，入居庸，步謁陵園，祝曰：「仗聖祖列宗之靈，殲□境外，竭蹶以應微臣職也。」進昌城，呼援師，無先集者。閲本標宣、鎮二師，選其勁帥之，釃酒對天誓曰：「藉若力先摧□鋒，不奮法無赦。」時十月三日申刻也。漏二下，天子命見平臺。策馬及都，黎明入，上曰：「煩卿遠來入衛，忠勤可嘉。」賜花銀、蟒緞畢，次及方畧，對曰：「命臣督兵，臣意主戰。」上色變，良久曰：「朝廷原未言撫，這都是外廷議論。」公因奏曰：「間本兵以兩階干羽爲言。」上曰：「此不同，三苗自負固耳，未嘗戮我重臣。」又誡公□非寇比，慎之。移時，命與樞戎提協商榷。乃出，入對諸臣皆賜茗餌，特益公酒飦。上見日旁抱珥，下復雜氣一股，曲如弓，而影上背，令一璫趨問公。公曰：「此必尅□兆也。」司天家語公，珥暈猶光明象，弓影上背，主不臣之臣，戾於謀國者耳。公嘆息久之。是時，樞璫密議輦金幣出邊，已有事大事小之疏。長安競嗤唾，謂「我有樂天之言，□無畏天之意」。公哀□不開也，入對時已迮廷議矣。日曛詣安定門會議。先是嗣昌媚大璫，座必居下，公就首座不辭，嗣昌及羣璫皆銜之，言戰皆嘿，獨司禮曹化淳曰：「畢竟盧老先生説的是。」正夜分酒散。詰曰，上發帑金萬犒公軍，公銜盃口吟一聯「胷藏武庫遊戎馬，手鑄金甌籍聖朝」云。即日陛辭，嗣昌送公，屏左右，欲有言，咹咹不能出口。逾數時，僅叮嚀「勿浪戰」三字。公遂就道。

時諸帥怯□，聞樞言皆色喜，曰無怖矣。公則策戰益力，夜半，及昌城上，舁帑金三萬，大小銀葉三千，幣五千，遣内臣來犒師。詰日，又賜御馬百、冏馬千，銀鐵鞭五百。公慨念曰：「皇靈果壯，撫之局，出自外廷無疑也。」決策議戰。適初三日，所發間道師戰捷，獻□級，公喜動眉睫。勞畢，即誓諸大帥，以初旬後集城下，各簡勁騎三百，於十五夜，分四面十路，團逼□營。直衝而過，刀必濡血，人必被傷，馬必喘汗，俾□驚潰自殺。若彼移動，我分頭予截殺，轉其用，不轉其體，始終用是法，疾戰一場，違者處斬。令方下，十二日酉刻，監軍監高起潛遺公手書，謂：「十五夜皎月，通宵不便扼襲。昔人雪夜下蔡城，不聞以月，且我師遠駐通昌，□若果移營，徒勞往返。」又有「奇兵用寡，四面十路，仍是張皇堂正」等語。亥刻，三屯營陳鎮又捧監檄，稱□南下，調彼衆東行，急辭去。公頓足曰：「若輩撓我至此哉！□擁數萬騎入内地，固非十而甕之，不能殲，偏師無當也。彼從生路衝突，日行不過百十里。營之移否，可哨而知，豈足慮哉！月夜而行，亦謂揜其不意耳。□豈蔡州豎子，可不殺一人，手擒而得者耶。驅滅之責在我，事覆將誰諉？」因疏請分兵，嗣昌定議宣、雲、晉三鎮屬公，關寧各路皆令高監統之。

公名督天下兵，實不及二萬。十四日誓師犟華，公淋漓慷慨，泣雨下，衆皆嗚咽霑襟。漏二下，嗣昌疏揭至，謂□南遈，何得復趨牛欄，速赴通與高監議。公嘆曰：「復云然耶？吾寧矯令矣。」十五日，兵次順義，將夜襲牛欄。京營三帥至軍，請曰：「駐兵孫堠，距牛欄不過三十里，資策應可乎。」公曰：「諾。」命騎行，至孫堠，忽遇□公謂此零騎，或前撥，呼即砍之，京兵遁。公控騎僅十餘人相從，計却避無一生還，且慮後有大隊相逼，當陳兵疑之，拔刀趨行，約勿返顧。京兵望見，亦漸來，□避走，京兵遂營於大馬房。是日，襲劫之兵以高監泄其謀於牛欄旁地，晝即遇□堵截鏖戰，連斬數十級，馳獻。公大喜，飛騎凱聞。日晡將歸老營，行數十里，聞喊殺聲，敗卒即零落下，公疑是□，呼軍士引滿待之，至則京兵被劫者耳。詢之，□分兩翼渡河，稱高監麾下，不虞其欺，左右夾發，疾不及禦故也。京兵孫堠之敗，與公牛欄之捷，兩軍不相蒙。嗣昌言於上，喪多獲少，不論賞。

十七日，嗣昌赴軍中，公抗聲責其阻師養寇之罪，曰：「城下之盟，《春秋》不恥之耶。長安口舌如風，□若唯唯從事，袁崇煥之禍立見。公何以處我？」語逼嗣昌。嗣昌頳赤曰：「公直以尚方劍加我矣。」公曰：「既不奔喪，又不殺□，不忠不孝，尚方劍須從自己項下過，正未易以加人。如舍戰言撫，養禍辱國，非昇所知也。」嗣昌赧甚，良久曰：「從無撫説，毋以長安飛語陷人。」公曰：「周元忠赴彼講撫，往返數月，始事於薊門督監，受成於樞部京營，通國其聞，復將誰諱？」楊語塞，拂衣而去。公復手書斥之曰：「□自被挫之後，徑奔犟華近地劄營，其挾忿誘鬥無疑也。彼地去陵京不遠，昇當夜出土城關，與鎮將計，相機出奇，再挫□一二陣，□便回頭，不惟鞏固陵京，亦且大張撻伐矣。來諭老營南向，或□非一股，分合難定，權緩急用兵，昇惟力是視耳。倘能回心協力，以濟國家，即胷中有如許怪事，終不向君王一言。若仍閃爍奸欺，到底自當瀝血丹墀，無言不盡也。」先是嗣昌嘗與密撫趙某言「□秦會之是宋室忠臣」。趙應之曰：「能忠足矣，何必殺盡賢良而自爲忠。」嗣昌無以答，故公札及之。

初，嗣昌令公赴通，欲推撫字自高監口中出，公既不赴，嗣昌遂具疏云：「□若南下督趨通，就監未動，監趨京就督。十九日，高監詣安定門，兵過京營，仍疑爲□，礮發，騎士斃者數十。公亦後先至，會衆議。公大言受命禦□，非血戰無

以盡臣子之心。高詭云：「戰不難，恐野戰□之所長耳。待相其可而後擊之。」是時，督監各持一議，嗣昌遂疏言督出險著，監持穩著，格公議不行。論者謂□駐內地二旬，非無懈可擊。後至破省會，掠名藩，卒未聞可擊而擊之也。公見樞璫一轍，必害成。新督陳新甲方閑駐昌平，薦以自代。嗣昌久蓄是謀，許之。須臾，警報踵至，公不敢旁諉，復移書嗣昌云：「向擬薦賢爲國，今勢迫，誼不敢復言矣。」遂分前後左三標，隸新甲，自將馬步兵分布德勝、安定、東西直諸門外，衛京師，日諭將士須殺□酬國恩，不幸寧捐軀決脰，決不令賊臣袖中揑成宋室故事。因大呼曰：「高皇帝廓開世界，不三百年復翳耶。」決計挑戰，日斬壯級報部。□久畏公善用兵，遂不敢攻掠，約待撫。

二十五日，議不成，兵從順義開營南向。公夜選兵四十，從壩上等處進發。二十六日，□大營精騎自壩上大馬房直衝東直門，相距二十里者，兵奮力擊□，□吹觱篥收兵，被傷者衆。是後日有斬獲。公所坐馬，稱神駿，深愛之，公方披甲冒陣，忽長鳴斃。十一月朔，宣帥射獲蟒甲銀盔大將，首大如斗。初二，兵分三股來攻，中伏，石矢齊發，□紛紛落馬。復分五股來，我兵格五陣，彼皆重傷乃退。初三日，□徑撲土城關，公自出陣，率諸將擊之，自已至未，□衝數次，皆爲礮石所傷，負屍馬上，號泣還營，聲聞數里，呼礮爲骨冬，輒嚙指，又問是盧那顔兵馬，亦輒嚙指。是夜，遂移營土城北，公乘其營未固，潛移大礮往劫之。□不及炊，南奔，斬獲無筭，及曉，尾尚在西直門。公糾大隊前驅，勢不及顧，復躡其後擊之。大捷，獲巨砲數十，□之，皆京營字號云。是日公從德勝門移營平子門，勒輕騎出□前，會高監來擊，部議督監二人一追□一守京通。次午尚未得旨，公慮□去遠追襲益難，馳請，申刻始奉「合心驅剿」之命，□於是日已抵良涿矣。

公即申論標鎮於初六日五鼓，兼程進，因高監在通，遂趨固安。會師整□，謂□攻良涿，便可抄前逆擊。不意□騎畏公，奔突五百里，分三路攻掠，一從淶水攻易州，一從新城攻雄縣，一從定興攻安肅。公聞之，初九日從涿進兵，先據保定，召諸將插血矢誓，各挑精兵，分路掩擊。十一日戌時，雲帥王樸捷於涇陽，斬級二十。公謂□懈可擊，督全師躄之。十二日，合戰於慶都，大捷，獲級百五十。高監亦並奏捷。麟見事勢迫，疏斥嗣昌。中有「南仲在內，李綱無功，潛善秉成，宗澤殞恨」等語。時密撫趙某，公所舉也。趙獲奸細梁內，供稱鄧高祖三人合謀通□。鄧即希詔，高即起潛，祖即遼帥大壽。事聞，長安哄然。嗣昌意二人皆爲公地，計殺之。麟以編修改兵部主事，命赴行營贊畫，趙即下理。公嘆曰：「兩公危，予從此益殆矣。然非此亦殆。」

十七日，進次完縣，清苑令左其人以饋餉不前，公檄責之。左年少負氣，投璫爲援，不受督責，遂激方監，怒移書讓公，旋飛章中之。公次真定，真撫張其平見擠公者衆，閉闉絶餉，軍中缺糧五日。領糧官歷未及酉，自東闉□趨至南，皆扃鑰不納。軍士二人向村居覓草料，公揮淚立斬之，移文兵部告急，有「戰士立而就死，七尺微軀，不敢自保」之語。嗣昌不答。公拜將士各四，勵其以死報國，忍饑衝鋒，其地撫按守臣任疾呼，竟不餽升糧，猶計卸罪，疏揭日五六上，皆誣公擁兵不救狀。

十二月，輔臣劉宇亮覬□將去，出收其成，特揭擠公。公被嚴譴，□爵候訊，劉則欣然代公行矣。其客告中翰周尚友曰：「臨敵易將，兵家所忌。此聲一播，將士驚疑，事且不測。」劉懼，因復謀之嗣昌，僅奪公尚書官，以侍郎視事，非客言公被逮下理矣。公將饑兵分援欒城、束鹿、趙州等處，皆多斬獲。俄報□走雲晉，嗣昌移露檄促出關。公嘆曰：「將在外，君命且不受。於千里外，制人奈何？」軍匱糧久，檄至，雲帥王樸徑引兵去，公餘殘卒，皆饑疲，奉命不敢近城，次宿三宫野外。時畿南三郡父老，悉勸公曰：「公移廣順，召義師，贏糧從者可十萬。三郡子弟皆非公死賊，今非公死□，同心剋滅，事尚未可知也。鳩鵠之衆，隻臂無援。孫吳能措手哉！況權奸急據晉中，報迫挾出關，知鎮兵久切懷歸耳。又下不得近城之命，駐兵絶野，勢必脱巾狂譟。雲師已見告矣，公其圖之。」公泣謂曰：「予統兵十年，歷數百戰，未常衄。今分疲卒五千，□□西衝，援旅東隔，事事牽制，食盡力疲，旦夕死矣，無徒累爾父老爲也。」衆號泣雷動，各攜床頭斗粒餉軍，或遺棗一升，曰：「公煮爲糧。」

十二月十一日，進軍鉅鹿縣之賈莊，時高監擁關寧兵相距五十里，公屢飛檄召援不應，反移走臨清。公自分必死，告麟曰：「兵勢甚盛，不迫山陵，即迫京師。我兵寡食乏，急需糧，授君真定檄。」發行後，公即赴□搏戰。都司袁應奎泣請曰：「今往必死，盍少却。」公怒，命斬之。三軍泣伏代求免。公按劍叱之去，髮上指，兩眦盡裂，曰：「予受國恩，恨不得死所。今與諸君共之，不用命者斬。」行十里餘，至蒿水橋，與□遇。公督標居中，虎大威帥左，楊國柱帥右，激發勇鬭，□遂奔，半落馬，脱帽走，村人爭持白挺擊之，擒一目還營。公方草疏告俘，忽觱篥四起，俘因泣語，譯使曰：「我大衆將至，那顔必殺我矣。」夜三鼓，□騎數

萬圍賈莊。十二日卯刻，別一隊自正南來，衆萬餘，匝圍三重。公躍馬周視整兵，虎、楊兩將當西東，別二將西北列，中架大礮。公授礮役意，聞呼某某即發。□亦用鉅礮來攻，相擊四百餘，辰及未，礮盡矢窮，軍中對面不相見。虎帥猶能認公，挽公馬，泣請出圍。公不肯，以刀劙其手曰：「我不死疆場，死西市耶。」因奮策突入，公左乳中一流矢，拔出鏃，復撲殺，貫腰後及左右股矢各一，公猶震呼力戰，手格殺數十人，□憤逢鬬公，公遂被重創死，年三十九。家丁顧顯殉焉。掌牧楊陸凱慮兵殘公屍，伏之體，被二十四矢，遂殁。一軍皆覆，獨虎大威見公死，潰圍出，尋以重創，號踴亦殞。是日，天霾，日無光，傍暈兩小日卯大，色白猶月。公向察乾象，大將星囚指示客，公竟當之也。

初，嗣昌分督監兵，偵□苗頭西向，因命督任西南，監任東南。公一赴西，嗣昌即言「西南兵勢獨盛」，致下嚴詔詰責。高監東行，嗣昌以援內名，檄之還，遂退師百里。公死後，兵竟不敢逼三郡，遂趨東山左諸疆，殺掠慘毒。嗣昌庇起潛，竟弗問，實則陵寢之安，京畿之窒，戰士肅然紀律，皆公力也。公雖殁，憾者不釋，蜚語達朝端，謂公快醉歌樓，火爇自斃。使一別駕踪之，至旅店，見一席微焦，抵掌曰：「是矣。」其家答曰：「火發高樓焚大帥，區區焦一席孔已耶。」別駕廢然返。然言公東降及遁尚不一。十五日，副將劉欽躧積屍見一血污赤體，僅麻褌，刻督兵硃篆紋，故知爲公也。舁至新樂縣間，問於麟，迎入真定東關；盥面刮髮視之，尚凜凜生氣。辨其刀瘢，左腦上一，右腮一，面門一，自鼻至耳界破顴骨，麟撫屍慟絶。其地守臣素識公者，佯不辨，麟憤甚，因集兵民視之，一卒踴起，哭曰：「我盧爺也。」率羅拜哭。己卯二月二十八日，始克大殮，距死之日，七十五日矣。三郡之民聞之，無不號慟者，爭攜酒醴，獻屯前哀失聲。遠者設位以哭，甚有痛公之亡，發任即死者。

公行師日，嗣昌嘗遣東廠總旗官俞振龍偵公事，公死歸報，備言公忠勇殉節狀。嗣昌怒甚，箠楚三日，勒令吐實。振龍曰：「何僞乎？實言死，誑言亦死。」嗣昌詰之。振龍曰：「言實公殺龍，誑則鬼神殛龍耳。」十二年己卯正月初六日，廷鞫，龍對如故，將置之死，忽仰天，若有所見，大呼：「公來耶！公不負朝廷，龍亦不負公。」氣絶而甦，昂首呼衆告之曰：「天道昭昭，毋枉害良善也。」竟死。龍甫弱冠，家千金，死後立散。妻年僅及笄，抱幼子，乞食長安，見者皆嘆之。

楊陸凱，臨洺人也，死後其父聞之，曰：「從公遊，吾兒可含笑地下矣。洺人藉公得餘生十年，今以死報，何憾！」後□騎蹂臨洺，洺關比屋死傷，楊之户以內獨無恙。

不逾年，王樸以失機伏法，鄧希詔亦誅，廷議挑邊速釁罪，嗣昌僅革銜，仍冠服辨閣事，俄借剿賊功，復其官。十四年辛巳，二月初五日，賊破襄陽，執襄藩坐之旗下曰：「汝本無罪，我借汝頭，殺楊嗣昌耳。」時嗣昌在荆，慙憤縊死。十五年，公事始白，予祭葬，贈太子太師、兵部尚書，謚忠烈，賜建額祠，蔭子以載世襲錦衣衛千户。

盧象昇《明大司馬盧公奏議》卷首楊廷麟弁言　傳忠烈者數家矣，麟較詳詳之者，何也？曰：「留其實不敢遺也。後之作史者，將微顯而闡幽，必有據乎？其言麟留之，庶以實傳也。「忠烈之必傳者，何也？」曰：「懷忠死烈，夫人而知之矣。」言其温温有道容，或議之曰儒拘。及其躙陣而雄呼，萬騎辟易，雖古名將不是過，又疑之曰：「一時矜氣然耳！公未知兵。」嗟乎！以宵人之心測忠烈，忠烈迂；以葸人之心測忠烈，忠烈怯。迂與怯自生於其人之心耳，於忠烈之實蹟無當也。忠烈之忠孝文武，蓋性生矣。子必極哀毁之報，臣必瀝盡瘁之忱，儒生讓其英雄，武人難其道義，即如治兵一事，其屯牧如營平，敢戰類衛尉，出師紀律似忠武王，悲憤沉鬱亦與之埒。特恨不得偕長平、冠軍、汾陽、西平，爭一日之封，嗚呼，惜哉！然但曩時不知忠烈，今之日有識者已知之，千百世而下，當無不知之也。敵至而不驚，臨戰而不怯，敢鬬而不浪鬬，待時而不失時，如忠烈在，安有孽賊厪皇心哉。忠烈存，天下安，忠烈亡，天下危，忠烈死生天運通復之一大會也。浩浩孑軀，乘氣變化，不亦如龍如驪，如嶽如星也耶。要其故非他，亦曰誠而已矣。誠孝則孝著，誠忠則忠形，誠文則文颺，誠武則武競。非詳忠烈之先後本末，不能識純臣之心；非詳忠烈之先後本末，不能道純臣之事。載一漏萬，良足憎也。公介弟幼哲一編，嘗述公生平，無事實。許子德士，公邑人，從行在軍者，著《戎車日記》，載公死及許楊事甚詳，然征寇則未之悉也。公之姻張君緒吉，以薦舉授官，臨戎從公楚豫，遊最久，詳録流氛事，多人未曉者。金沙進士曹汝珍著公傳行於世，未獲見，弗能評隲之也。予以軍中昕夕話言，參之諸家紀載，并公貽樞部書及黄石齋諸先生集録，芟繁葺漏，以備草野蕘言。公在天之靈，其不憾予。尚有遺者，踵西增之，無難也。或少之曰：「子文似忠烈家傳。」余亦任之。憶髫時，讀聽鶴山房藁，稱忠烈文，見貽朝士手札及訓家人箑面諸書，稔忠烈翰墨，忠烈之神韻，飛動玭玭予指端，千載欲生矣。會參知政行若吴君督學粵東，過豫樟，謂將以愚編授剞劂，晒示多士，仍命攄肯肊導其端。

崇禎十五年壬午季夏，江右楊廷麟拜識。

雜録

備録

鎖綠山人《明亡述略》 督師兵部尚書贈太子太師謚忠烈盧象昇者，字建斗，號九台，宜興人也。美丰儀，貌白皙而臞，以進士起家，然勇力善騎射，嫻將畧。嘗以大名道備兵三郡，擊斬賊五六千級，收還所失男女三萬人，賊相戒不敢犯大名。累遷鄖陽巡撫、湖廣巡撫，擢江北、山東、河南、湖廣、四川總理兼督山西、陝西軍務，所至殺賊決勝，賊羣憚之，號爲盧拚命。移宣大、山西總督，入，寇聞名遁去。崇禎十一年，以父憂奔喪，疏十上而詔爲兵部尚書，督天下勤王兵。是時大學士楊嗣昌方奪情用事，而太監高起潛衰絰爲監軍，象昇曰：「吾三人皆不祥之身也，人臣無親，安有君？楊公奪情，亦欲吾變禮分謗，處心若此，安可與事君？」聞嗣昌、起潛皆主和，頓足歎曰：「吾受國恩，寧捐軀脰以死。」及都，莊烈帝召問方畧，對曰：「臣主戰。」明日，嗣昌至軍中，象昇厲聲責之，即拂衣去。以高起潛不欲戰，因疏請分兵。廷議宣大、山西兵屬象昇，關寧兵屬起潛，而山西總兵王樸引軍潰去，象昇名督天下兵，部下衹宣大兵五千人而已。是日次宿畿南，其父老叩軍門請曰：「三郡子弟皆以爲昔無公不生，今無公必死，公且移軍廣順，召集義師，十萬人可一呼從也，奚以孤軍冒險哉？」象昇謝之曰：「自吾經數十百戰，未嘗敗衄。今分兵五千，事由中制，吾旦暮死矣，無累爾父老爲。」遂進軍鉅鹿之賈莊。翰林編修楊廷麟言於帝曰：「昔南仲在內，李綱無功，潛善秉成，宗澤隕命。今盧象昇孤軍赴敵，非國家之福也。」嗣昌大怒，陽薦廷麟知兵，參其軍，象昇使乞援於起潛，擁關寧兵距五十里不至。夜半，大清兵圍三匝，令宣大兩總兵虎大威、楊國柱張左右翼，自揮刀陷陣三軍，殊死戰，至日中，矢石皆盡，虎大威挽其馬欲突圍，象昇呼曰：「吾不死疆場，死西市耶？」獨奮身鬥死。大威、國柱潰圍得脫，時十二月十二日也，象昇死時年三十九。【略】象昇忠義性生，爲國愛才，卹焉如不及，三賜劍，未嘗戮一偏裨，然令出不可犯。

李清《三垣筆記》 盧督師象昇故督宣、大二鎮，兵稍用命，然亦有規避去者。上以地屢失，責戰急，劉輔宇亮、楊閣部嗣昌均請督師，上乃命宇亮出，削象昇職，尋鐫其尚書秩，以侍郎總督。象昇知忤嗣昌意必爲所陷，亦急欲殺賊自贖。賈莊之役，以卒六千迎敵，勢不支。虎總兵大威勸其暫避，圖再舉，不可，乃力戰死。敗報至，云象昇以紫衣雙刀奮馬出，後不知所在，忌者乘之，以爲偷生。上嚴詰死狀，後得其尸，面中二鏃，身有三創。及山東顏撫軍繼祖萬曆己未，龍溪人。等以失機立決。徐都諫耀顧予歎曰：「若象昇不死，必爲肆市之魁矣。」

備論

張岱《石匱書後集》卷一五 石匱書曰：本朝無總理官，有之，自盧忠烈始。蓋當時以流寇猖獗，乃至洪承疇耑制西北、盧象昇耑制東南，頗得要領。倘能重以事權，使二人得究其用，則中原千里亦何遂至陸沈耶！無奈邊事張皇，臨期更换；方用禦寇，而又命巡邊：手忙足亂，未免失之倉卒矣。用違其才，而使兩事皆紊，樞部之罪，其可贖哉！

盧象昇《明大司馬盧公奏議》卷末楊廷麟《宫保大司馬盧公事實俟傳》 瀟湘逸史曰：公之死於嗣昌手也，有二焉。公孝則昌不子，一大憾也；公忠則昌不臣，二大憾也。使公易吉臨戎，口以封侯食禄爲快，則昌可冒爲顯親之人矣。公於上前道一撫字，使昌軒眉握樞，掩其縮朒無能之狀，則昌可溷於謀臣之列矣。予昌以尋常臣子之名，昌又何羞何忌而殺公哉！惟公性不樂與不子之子、不臣之臣同心竊位，必欲力挽天河，哀伸毛裏，而後慊忠孝大義，矢吻凜然，是以寧攢頌界，顱蒙三刀四簇於賈莊砂血之上，而不顧也。嗚呼痛矣！然見人呼觥浮白間，談及公事，不免風瀟雨淒，鬚根颼颼欲動，公則令人怒。又於夜闌人寂之户，燈穗垂垂時，披公貽家人書，如見其天性孝慈之樂，公又令人懽。可謂公死戰磧乎哉。人氣絶者則謂之死，公之氣，雖千百載不絶也。楊陸凱，圂夫耳，父子皆忠於公。人不及以死證公之死。若俞振龍者，棄家捐妻子，何其烈也。公之忠肝烈血，生氣磅礴，六宇間三賢實共之矣。獨是聖明之心，皇皇求治若不及。均一督臣也，洪生則謂之死，盧死則謂之生。是何故哉？曰氣數之戹，滿朝孽蜮使然也。公進不結内援嗣昌，而外高、方二竪，無刻不思射公。聞公未死前

數日，達京僞塘報節節短公，激朝廷之怒。公死後，輒謗公不死。未必不謂萬騎臨城，及後來畿南山左之厄，皆一戰字激來。一樞兩璫，内唱外和，而又繼以愚輔庸督，賊撫獪令，該地碌碌卸罪諸撫按臣，語必誣公之執，事必巇公之輕，蔽奸人分調絶援之謀，律督師以擁兵不救之罪，以致聖聰營營，内不自保，公之死忠孝而不憐也宜矣！壬午事始自款賊，□於西陲，舉廷張皇，求一雄畧之臣不得，募一敢死之士不得。憸夫遁鎖，怒臂□□貽慘禍於親藩，負釁勞之主睠，獨公忠魂烈魄，赫奕九邊，綢繆五夜，時出入於腎腸心腹之間，而晨曛若接。君則堯舜之君也，臣則皋龍之臣也。明君良臣，志同道一，争當變耳，有異心哉！嗟乎！戊寅而後，公死，壬午而後，公生。嗣昌白骨，竟誰屬也！學爲子臣者，可以思矣。麟爲經筵講官，憤國事日非，特疏忤當事，謫兵部主事，軍前贊畫，始得與公共事。公詳道其仕履，自主政訖督撫，歷歷不遺一事。風雨晦明之夜，即與麟忼慨道艱苦，因得憶其詳，爲公記其事，使天下後世知公之忠勤爲不可及，且哀公之死。復爲《哭鉅鹿》一草，以志之。

查繼佐《罪惟録》列傳卷九上　論曰：九台料邊主戰，料賊亦戰，有曰勦賊必先撫民，又曰撫西不撫東，講市不講賞，中邊大計了了，非純恃一往者。與内監高起潛不協，不得已用薛寀之策，分疆畫守，卒以士飢，又勢促於起潛，北門大鑰，遽以四矢二刃了之，惜哉！時與本兵楊嗣昌不協。嗣昌與九台俱奪情，九台與決：「吾與若已負不孝，急辦忠輔之。」久之，嗣昌自殺，當作何優劣？弟觀殺妻妾，起茗嶺，事雖不成，而吴淞苕霅之間，爲不寧者數歲。同年葛麟，亦不負觀。若思宸，則又以失身爲報復，與回向不同。

鄒漪《啓禎野乘》卷八　論曰：世之哀盧公者，徒以一死耳。夫死非公所難也。當是時，奸樞憨璫，群謀下石，而綿竹又左右之，使公少退縮，即不死疆埸，能不死西市乎？獨以公膽智英快，兵氣方張，使得上下一心，將相合體，宣王六月之師，豈能獨有千古哉？功果告成，奸樞憨璫，且當緣公受上賞。然而不殺公不已者，以爲寧公死而已無功，不願公生而國受福也。小人之讒賊欺君，蓋出於天性。公直不幸，而與遇耳。公死平臺，豈死賈莊哉？

陳鼎《東林列傳》卷五　外史氏曰：先生經濟武畧，不在武穆下。武穆見殺於賊檜，而先生見殺於嗣昌，俱不使成其功，此千古所同慨也。嗟乎！假令楊機部之言得行，以軍事耑委之，國家事尚可爲也。奈何賊相必欲殺先生，而卒使明社淪亡也耶！

《明史》卷二六一　贊曰：危亂之世，未嘗乏才，顧往往不盡其用。用矣，或掣其肘而驅之必死。若是者，人實爲之，要之亦天意也。盧象昇在莊烈帝時，豈非不世之才，乃困抑之以至死，何耶！至忠義激發，危不顧身，若劉之綸、丘民仰之徒，又相與俱盡，則天意可知矣。

汪有典《史外》卷四　汪有典曰：嗚呼！公以方叔、召虎之才，矢岳飛、韓世忠之志，建勦戰埽盪之功，於國勢潰敗不可收拾之日，而卒肘於嗣昌以死。此楊公之所爲深痛也。蓋公孝則嗣昌不子，公忠則嗣昌不臣。勢不兩立，又乃況於嗣昌得君之專乎。然承疇生而謂之死，賜祭哭臨，備極卹典。公死而謂之生，陰詗驗視，毒及無辜。當時之刑賞如此，寒戰士之膽，而灰豪傑之心。倒戈崩角，有由然矣！公初欲功成築湄影園以老，志不克遂，横屍疆埸，人頗憾之。然公語夫人固云「以成敗利鈍付之天，毀譽是非聽之人，頂踵髮膚歸之君父」，死綏裹革，亦固其所，何必湄影哉。

錢綺《明大司馬雙印記》　庚子歲暮，於十梓街古肆中得玉印一枚，爲烈火所焚，色如枯骨，四面作冰裂紋，而刻字兩面，獨完好。白文曰「取彼譖人，投畀豺虎」；朱文曰「迫生不若死」。語極憤激，疑爲椒山、大洪一流人。越數年，又於友人吴子畬處得一印，形色無異，比前印略小，亦兩面刻字，白文曰「大夫無境外之交」，朱文曰「孝者竑忠而成」，語既相類，形色亦同，且均遭火燬，必是一人之物。參考既久，兼與繆君古槎質證，始定爲明督師盧忠肅公遺印。

按，公諱象昇，字建斗，號九台，宜興人。天啓二年進士，崇禎九年以侍郎總督宣大、山西軍務，屢著戰功。十一年四月，丁外艱，時樞輔楊嗣昌以奪情懼物議，欲留盧公任，以分己謗。公五疏請終制，令以墨衰從事，候代，加兵部尚書。九月，大清兵逼京畿，詔公勤王，賜尚方劍，督天下援軍。時嗣昌與太監高起潛主和議，令瞽人周元忠往來大清營。十月，公召對平臺，咨以方略，對曰「臣意主戰」。帝命與嗣昌、起潛議，不合。即日陛辭，部署軍事，二人多方撓阻，分奪其兵。一日，嗣昌至軍前，公面責之，嗣昌頰赤，曰：「公欲以尚方劍加我乎？」公曰：「既不奔喪，又不能戰，不忠不孝，尚方劍當加己頸，安能加人！」嗣昌益銜之。十二月，大清兵徇畿南，列城望風潰，詔奪尚書銜。公兵單餉乏，自知必死，四面環拜曰：「吾與將士同受國恩，患不死，不患不生。」衆皆泣，莫能仰視。十一日，進至鉅鹿南之賈莊，檄起潛援不應，公兵僅五千，與大清兵大戰至夜。明日，騎益至，圍之數重，兵盡矢窮，猶奮鬭手殺數十人，身被四矢、三刃乃死，年僅三十九。掌牧官楊陸凱恐殘公尸，伏

公背同死，負二十四矢，公尸獲全。監軍職方楊廷麟求得之，衰麻襯甲。嗣昌欲誣公降，指爲僞，以實報者二人，皆極刑拷斃。逾兩月，嗣昌不能掩，公家人乃得殮，請卹。帝又入嗣昌言，不許。及嗣昌敗，乃贈太子少師、兵部尚書，賜祭葬，予廕。南都建，補謚忠烈。國朝乾隆四十年，特謚忠肅。

以上事實，悉與印文符合。蓋盧公扼於奸相，進退俱窮，故曰「迫生不若死」。嗣昌誣公於死後，則生前之讒毀可知，故曰「取彼譖人，投畀豺虎」。公之前爲邊帥者如袁崇焕、祖大壽等，皆與大清書問往還，公獨決意主戰，深疾嗣昌通使議和，故曰「大夫無境外之交」。公以奪情强留，不得守制，計惟一身報國，庶可無忝所生，故曰「孝者竢忠而成」。切實彰明，字字有據，其爲忠肅公物，灼然無疑。此印當作於軍營中。未幾，即致命遂志。而兵必有火，此印必燬於軍營中。至刻印之人，亦略有可攷。公同邑生許德士，久在幕府，有勇略，兼工藝事，曾以分賜帑銀作一盃，公□占「胸藏武庫從戎馬，手鑄金甌答聖朝」二語，命鐫其上。賈莊之變，卧病不獲從，著有《戎車日記》。鐫印者當即其人。儲欣《盧公傳》稱公死時，用總督印印其裏衣，意必參用此印，以示志在必死，且明致死之由，特當時恐益觸嗣昌怒，故莫敢顯言耳。

余念以公之精忠壯志，使得展其所長，不特封疆可守，即流寇亦不難平，而乃信任僉邪，縶其手足，自壞長城，明社安得不屋。又念忠臣之被害，如良玉之被焚，忠臣之雖死猶生，如良玉之雖焚不壞。自崇禎戊寅至今二百十有餘年，此玉出灰燼之餘，湮散已久，而展轉流傳，聚於余手。無姓字，無爵里，無年月，兩印互證，核以史傳，確不可移，遂使毅魄忠魂，生氣凜凜，足以誅奸回於既死，勵忠義於將來。則斯印也，未必非忠肅公在天之靈，呵護留貽，以待余之尋究而表章之也。爰爲之記，以明告後人，且以志余之幸。公文集前有讀禮圖小像，羊裘草經，亦軍營中作，獨未燬。蓋印燬猶存，圖燬則滅。公歿時，面受重傷，容已失真，賴是圖以存梗概，亦有神物護持。因摹於記首，使摹公者如見其人焉。道光三十年庚戌正陽日。

藝文

嚴遂成《明史雜詠》卷三《盧少師象昇》　書生上馬能殺賊，青龍罔巔箭中額。刃又及鞍以手掣，進虓虎跳退兔脱。賊諦視之公何物，白皙臞然膊獨骨。天雄移軍東南行，賜尚方劍賜節鉞。是時大帥曹文詔艾萬年新陣歿，營門絶糧閉三日。慷慨灑泣繼以血，有剿無堵或迎截。殲其精騎七頂山，前阻漢江伏當設。封疆夫豈一人事，鄖撫宋祖舜湖撫王夢尹堅不出。轉戰功多反被揭，遷之朔方計良失。從此秦楚蜀之交，殺賊者凶求賊吉」。熊大燦主撫，下令殺賊者償死，賊不肯從，則賫金帛酒牢犒之，名曰求賊，賊益陸梁不可制。主撫主款楊嗣昌大辱國，天兵從天騎用鐵。賫卜瞽人事熒惑，赤發於頰經面折。孤軍夜戰蒿水橋，鼓聲已死陣雲熱。監軍高起潛坐擁關寧兵，距五十里邈秦越。莽莽遺骸何處收，瘢痕刻劃麻衣雪。此吾公也衆肅拜，驗覈稽遲斂踰月。明主直與忠臣讐，安得明年國猶活。」家中望祭空招魂，魂歸涓隱園之側。爲讀張公睢陽岳公忠威傳，英姿颯爽動毛髮。桃溪夜半月光寒，如見五明驥躍沙河濶。公逐賊漳南，賊大至，追且及沙河，水濶數丈，一躍而過，即所畜五明驥出。

李自成部

綜述

《明史》卷三〇九《李自成傳》 李自成，米脂人，世居懷遠堡李繼遷寨。父守忠，無子，禱於華山，夢神告曰：「以破軍星爲若子。」已，生自成。幼牧羊於邑大姓艾氏，及長，充銀川驛卒。善騎射，鬬很無賴，數犯法，知縣晏子賓捕之，將置諸死，脱去爲屠。天啓末，魏忠賢黨喬應甲爲陝西巡撫，朱童蒙爲延綏巡撫，貪黷不詰盜，盜由是始。

崇禎元年，陝西大饑，延綏缺餉，固原兵劫州庫。白水賊王二，府谷賊王嘉胤，宜川賊王左掛、飛山虎、大紅狼等，一時並起。有安塞馬賊高迎祥者，自成舅也，與饑民王大梁聚衆應之。迎祥自稱闖王，大梁自稱大梁王。二年春，詔以楊鶴爲三邊總督，捕之。參政劉應遇擊斬王二、王大梁，參政洪承疇擊破王左掛，賊稍稍懼。會京師戒嚴，山西巡撫耿如杞勤王兵譁而西，延綏總兵吴自勉、甘肅巡撫梅之焕勤王兵亦潰，與羣盜合。延綏巡撫張夢鯨恚死，承疇代之，召故總兵杜文焕督延綏、固原兵，便宜剿賊。

三年，王左掛、王子順、苗美等戰屢敗，乞降。而王嘉胤掠延安、慶陽間，楊鶴撫之，不聽，從神木渡河犯山西。是時，秦地所徵曰新餉，曰均輸，曰間架，其目日增，吏因緣爲姦，民大困。以給事中劉懋議，裁驛站，山、陝游民仰驛糈者，無所得食，俱從賊，賊轉盛。兵部郎中李繼貞奏曰：「延民饑，將盡爲盜，請以帑金十萬振之。」帝不聽。而嘉胤已襲破黄甫川、清水、木瓜三堡，陷府谷、河曲。又有神一元、不沾泥、可天飛、郝臨菴、紅軍友、點燈子、李老柴、混天猴、獨行狼諸賊，所在蜂起，或掠秦，或東入晉，屠陷城堡。官兵東西奔擊，獻忠、老回回、蝎子塊、掃地王諸賊。其後，自用又爲川將鄧玘射殺之。山西三大盜俱敗。

初，賊之破澤州也，分其衆，南踰太行，掠濟源、清化、修武，圍懷慶。官軍擊之，賊遁走。別賊復闌入西山，大掠順德、真定間。大名道盧象昇力戰却賊。賊自邢臺摩天嶺西下，抵武安，敗總兵左良玉，河北三府焚劫殆徧。潞王上疏告急，兼請衛鳳、泗陵寢。詔特遣總兵倪寵、王樸率京營兵六千人，與諸將並進。賊聞之，欲從河内走太行。文詔邀擊之，不敢進。

賊之敗於山西者，亦奔河北合營，迎祥、自成、獻忠、曹操、老回回等俱至。京兵蹙其後，左良玉、湯九州等扼其前，連戰於青店、石岡、石坡、牛尾、柳泉、猛虎村，屢敗之。賊欲逸，阻於河，大困。賊素畏文詔，道濬，道濬先坐事遣戍，文詔轉戰秦、晉、河北，遇賊輒大克，御史復劾其驕倨，調大同總兵去。賊遂詭辭乞降，監軍太監楊進朝信之，爲入奏。會天寒河冰合，賊突從毛家寨策馬徑渡。河南諸軍無扼河者，賊遂連陷澠池、伊陽、盧氏三縣。河南巡撫元默率諸將盛兵待之，賊竄入盧氏山中，由間道直走内鄉，掠鄖陽，又分掠南陽、汝寧，入棗陽、當陽，偪湖廣。巡撫唐暉斂兵守境。犯歸、巴、夷陵等處，破夔州，攻廣元，逼四川，所在告急。

七年春，特設山、陝、河南、湖廣、四川總督，專辦賊，以延綏巡撫陳奇瑜爲之，以盧象昇撫治鄖陽，爲奇瑜破賊延水關有威名，而象昇歷戰陣知兵也。於是奇瑜自均州入，與象昇並進，師次烏林關，斬賊數千級。賊走漢南，奇瑜以湖廣不足憂，引兵西擊。

始，賊自澠池渡河，高迎祥最强，自成屬焉。及入河南，自成與兄子過結李牟、俞彬、白廣恩、李雙喜、顧君恩、高傑等自爲一軍。過，傑善戰，君恩善謀。及奇瑜兵至，獻忠等奔商、雒，自成等陷於興安之車箱峽。會大雨兩月，馬乏芻多死，弓矢皆脱，自成用君恩計，賄奇瑜左右，詐降。奇瑜意輕賊，許之，檄諸將按兵毋殺，所過州縣爲具糗傳送。賊甫渡棧，即大譟，盡屠所過七州縣。而略陽賊數萬亦來會，賊勢愈張。奇瑜坐削籍，而自成名始著矣。

已，洪承疇代奇瑜，李喬巡撫陝西，吴甡巡撫山西。大學士温體仁謂甡曰：「流賊癬疥疾，勿憂也。」未幾，西寧兵變，承疇甫受命而東，聞變遽返。迎祥、自成遂入鞏昌、平涼、臨洮、鳳翔諸府數十州縣。敗賀人龍、張天禮軍，殺固原道陸夢龍。圍隴州四十餘日，承疇檄總兵左光先與人龍合擊，大破之。會朝廷亦命豫、楚、晉、蜀兵四道入陝，迎祥、自成遂竄入終南山。已而東出，陷陳州、靈寶、汜水、滎陽。聞左良玉將至，移壁梅山、溱水間。部賊拔下蔡，燒汝寧郛。乃命承疇出關追賊，與山東巡撫朱大典并力擊，賊偵知之。

八年正月大會於滎陽。老回回、曹操、革裏眼、左金王、改世王、射塌天、橫天王、混十賊或降或死，旋滅旋熾。延安賊張獻忠亦聚衆據十八寨，稱八大王。

四年，孤山副將曹文詔破賊河曲，王嘉胤遁去。已，復自岳陽突犯澤、潞，爲左右所殺，其黨共推王自用號紫金梁者爲魁。自用結羣賊老回回、曹操、八金剛、掃地王、射塌天、闖正虎、滿天星、破甲錐、邢紅狼、上天龍、蝎子塊、過天星、混世王等及迎祥、獻忠共三十六營，衆二十餘萬，聚山西。自成乃與兄子過往從迎祥，與獻忠等合，號闖將，未有名。楊鶴撫賊不效被逮，洪承疇代鶴，張福臻代承疇，督諸將曹文詔、楊嘉謨剿賊，所向克捷，陝地略定。而山西賊大盛，剽掠寧鄉、石樓、稷山、聞喜、河津間。

五年，賊分道四出，連陷大寧、隰州、澤州、壽陽諸州縣，全晉震動。乃罷巡撫宋統殷，以許鼎臣代之，與宣大總督張宗衡分督諸將。宗衡督虎大威、賀人龍、左良玉等兵八千人，駐平陽，責以平陽、澤、潞四十一州縣。鼎臣督張應昌、頗希牧、艾萬年兵七千人，駐汾州，責以汾、太、沁、遼三十八州縣。賊亦轉入磨盤山，分衆爲三：闖正虎據交城、文水，窺太原；邢紅狼、上天龍據吴城，窺汾州；自用、獻忠突沁州、武鄉，陷遼州。

六年春，官兵共進力擊。自用懼，乞降於故錦衣僉事張道濬。約未定，陽和兵襲之。賊怒，敗約去。會總兵官曹文詔率陝西兵至，偕諸將猛如虎、虎大威、頗希牧、艾萬年、張應昌等合剿，屢戰皆大克，前後殺混世王、滿天星、姬關鎖、翻山動、掌世王、顯道神等，破自用、萬、過天星、九條龍、順天王及迎祥、獻忠共十三家七十二營，議拒敵，未決。自成進曰：「一夫猶奮，況十萬衆乎，官兵無能爲也。宜分兵定所向，利鈍聽之天。」皆曰：「善。」乃議革裏眼、左金王當川、湖兵，横天王、混十萬當陝兵，曹操、過天星扼河上，迎祥、獻忠及自成等略東方，老回回、九條龍往來策應。陝兵鋭，益以射塌天、改世王。所破城邑，子女玉帛惟均。衆如自成言。

先是，南京兵部尚書呂維祺懼賊南犯，請加防鳳陽陵寢，不報。及迎祥、獻忠東下，江北兵單，固始、霍丘俱失守。賊燔壽州，陷潁州，知州尹夢鼇、州判趙士寬戰死，殺故尚書張鶴鳴。乘勝陷鳳陽，焚皇陵，留守署正朱國相等皆戰死。事聞，帝素服哭，遣官告廟。逮漕運都御史楊一鵬棄市，以朱大典代之，大徵兵討賊。賊乃大書幟曰古元真龍皇帝，合樂大飲。自成從獻忠求皇陵監小閹善鼓吹者，獻忠不與。自成怒，偕迎祥西趨歸德，與曹操、過天星合，復入陝西。獻忠獨東下廬州。

承疇方馳至汝州，命諸將左良玉、湯九州、尤世威、徐來朝、陳永福、鄧玘、張應昌分扼湖廣、河南、鄖陽諸關隘，召曹文詔爲中軍。文詔未至，玘以兵亂死。迎祥、自成從終南山出，大掠富平、寧州。老回回、獻忠、曹操、蝎子塊、過天星諸賊，聞承疇出關，先後皆走陝西，焚掠西安、平涼、鳳翔諸郡。承疇亟還救，分遣諸將擊老回回等，令副總兵劉成功、艾萬年擊迎祥、自成於寧州。萬年中伏戰死，文詔怒，復擊之，亦中伏戰死。羣賊乘勝掠地，火照西安城中。承疇力禦之涇陽、三原間，決死戰，賊不得過。獻忠、老回回等由他道轉突朱陽關，守關將徐來臣軍潰死，尤世威中箭遁。於是羣賊皆出關，分十三營東犯，而迎祥、自成獨留陝西。

時盧象昇已改湖廣巡撫，總理直隸、河南、山東、四川、湖廣諸軍務。詔承疇督關中，象昇督關外。賊亦分兵，迎祥略武功、扶風以西，自成略富平、固州以東。承疇遣將追自成，小捷，至醴泉。賊將高傑通於自成妻邢氏，懼誅，挾之來降。承疇身追自成，大戰渭南、臨潼，自成大敗東走。迎祥亦屢敗，東踰華陰南原，絶嶺，偕自成出朱陽關，與獻忠合。冬十一月，羣賊薄閿鄉，左良玉、祖寬禦之不克，遂陷陝州，進攻雒陽。河南巡撫陳必謙督良玉、寬援雒陽，獻忠走嵩、汝。迎祥、自成走偃師、鞏縣，略魯山、葉縣，陷光州，象昇擊敗之確山。

九年春，迎祥、自成攻廬州，不拔。陷含山、和州，殺知州黎弘業及在籍御史馬如蛟等。又攻滁州，知州劉大鞏、太僕卿李覺斯堅守不下。象昇親督祖寬、羅岱、楊世恩等來援，戰於朱龍橋，賊大敗，屍咽水不流。北攻壽州，故御史方震孺堅守。折而西，入歸德，邊將祖大樂破之。走密、登封，故總兵湯九州戰死。分道犯南陽、裕州，必謙援南陽，象昇援裕，令大樂等擊賊，殺迎祥、自成精鋭幾盡。賊復分兵再入陝，迎祥由鄖、襄趨興安、漢中，自成由南山踰商、雒，走延綏，犯鞏昌北境。諸將左光先、曹變蛟破之，自成走環縣。未幾，官軍敗於羅家山，盡亡士馬器仗，總兵官俞沖霄被執。自成勢復振，進圍綏德，欲東渡河，山西兵遏之。復西掠米脂，呼知縣邊大綬，曰：「此吾故鄉也，勿虐我父老。」遺之金，令修文廟。將襲榆林，河水驟長，賊淹死甚衆，乃改道，從韓城而西。

時象昇及大樂、寬等皆入援京師。孫傳庭新除陝西巡撫，鋭意滅賊。秋七月，擒迎祥於盩厔，獻俘闕下，磔死。於是賊黨乃共推自成爲闖王矣。是月，犯階、徽。未幾，出汧、隴，犯鳳翔，渡渭河。

十年犯涇陽、三原。蝎子塊、過天星俱來會。傳庭督變蛟連戰七日，皆克，蝎子塊降。自成與過天星奔秦州。入蜀，陷寧羌，破七盤關，陷廣元，總兵官侯

良柱戰死，遂連陷昭化、劍州、梓潼、江油、黎雅、青川等州縣。劍州知州徐尚卿、吏目李英俊、昭化知縣王時化、郫縣主簿張應奇、金堂典史潘夢科皆死。進攻成都，七日不克，巡撫王維章坐避賊徵。

十一年春，官軍敗賊梓潼，自成奔白水，食盡。承疇、傳庭合擊於潼關原，大破之。自成盡亡其卒，獨與劉宗敏、田見秀等十八騎潰圍，竄伏商、洛山中。其年，獻忠降，自成勢益衰。承疇改薊遼總督，傳庭改保定總督。傳庭以疾辭，逮下獄。二人去，自成稍得安。總理熊文燦方主撫，諜者或報自成死，益寬之。

十二年夏，獻忠反穀城。自成大喜，出收衆，衆復大集。陝西總督鄭崇儉發兵圍之，令曰「圍師必缺」。自成乃由缺走，突武關，往依獻忠。獻忠欲圖之，覺，遁去。楊嗣昌督師夷陵，檄令降，自成出謾語。官軍圍自成於巴西、魚復諸山中，自成大困，欲自經，養子雙喜勸而止。賊將多出降。劉宗敏者，藍田鍛工也，最驍勇，亦欲降。自成與步入叢祠，顧而歎曰：「人言我當爲天子，盍卜之，不吉，斷我頭以降。」宗敏諾，三卜三吉。宗敏還，殺其兩妻，謂自成曰：「吾死從君矣。」軍中壯士聞之，亦多殺妻子願從者。自成乃盡焚輜重，輕騎由鄖、均走河南。河南大旱，斛穀萬錢，饑民從自成者數萬。遂自南陽出，攻宜陽，殺知縣唐啓泰。攻永寧，殺知縣武大烈，戕萬安王采𨨗。攻偃師，知縣徐日泰罵賊死。時十三年十二月也。

自成爲人高顴深頞，鴟目曷鼻，聲如豺。性猜忍，日殺人斮足剖心爲戲。所過，民皆保塢堡不下。杞縣舉人李信者，逆案中尚書李精白子也，嘗出粟振饑民，民德之曰：「李公子活我。」會繩伎紅娘子反，擄信，强委身焉。信逃歸，官以爲賊，囚獄中。紅娘子來救，饑民應之，共出信。盧氏舉人牛金星磨勘被斥，私入自成軍爲主謀，潛歸，事洩坐斬，已，得末減。二人皆往投自成，自成大喜，改信名曰巖。金星又薦卜者宋獻策，長三尺餘，上讖記云：「十八子，主神器。」自成大悅。巖因說曰：「取天下以人心爲本，請勿殺人，收天下心。」自成從之，屠戮爲減。又散所掠財物振饑民，民受餉者，不辨巖、自成也，雜呼曰：「李公子活我。」巖復造謠詞曰：「迎闖王，不納糧。」使兒童歌以相煽，從自成者日衆。

十四年正月攻河南，有營卒勾賊，城遂陷，福王常洵遇害。自成兵汋王血，雜鹿醢嘗之，名「福禄酒」。王世子由崧裸而逃。自成發王邸金振饑民，遂移攻開封。時張獻忠亦陷襄陽，戕襄王翊銘。王開封者周王恭枵，聞賊至，急發庫金募死士，與巡撫都御史高名衡等固守。自成攻七晝夜，解去，屠密縣。賊魁羅汝才、士寇袁時中皆歸自成。時中衆二十萬，號小袁營。汝才即曹操，與獻忠同降復叛去者也。

自成初爲迎祥裨將，至是勢大盛。帝以故尚書傅宗龍爲陝西總督，使專辦自成，別敕保定總督楊文岳會師。宗龍馳入關，與巡撫汪喬年調兵，兵已發盡，乃檄河南大將李國奇、賀人龍兵隸部下，亟出關。文岳率虎大威軍俱至新蔡，與自成遇。人龍卒先奔，國奇、大威繼之，宗龍、文岳以親軍築壘自固。夜，文岳兵潰奔陳州，宗龍與賊持數日，食盡，突圍走，被執死。自成陷葉縣，殺副將劉國能，遂圍左良玉於郾城。喬年代宗龍總督，出關，次襄城，自成盡鋭攻之，喬年與副將李萬慶皆死。自成劓刖諸生百九十人。遂乘勝陷南陽、鄧州十四城，再圍開封。巡撫名衡、總兵陳永福力拒之，射中自成目，殪上天龍等，自成益怒。

自成每攻城，不用古梯衝法，專取瓴甋，得一甎即歸營卧，後者必斬。取甎已，即穿穴穴城。初僅容一人，漸至百十，次第傳土以出。過三五步，留一土柱，繫以巨絙。穿畢，萬人曳絙一呼，而柱折城崩矣。名衡於城上鑿横道，聽其下有聲，用毒穢灌之，多死。賊乃即城壞處用火攻法，實藥甕中，火燃藥發，當者糜碎，名曰放迸。

十五年正月，城半圮，賊用放迸法攻之，鐵騎數千馳譟，伺城頹即擁入城。城故宋汴都，金人所重築也。厚數丈，土堅，火外擊，賊騎多殲，自成駭而去。南陷西華，尋屠陳州，副使關永傑、知州侯君擢皆罵賊死。歸德、睢州、寧陵、太康數十郡縣，悉殘燬。商丘知縣梁以樟創死復甦，全家殲焉。

已，復攻開封，築長圍爲持久計。詔起孫傳庭爲總督，釋故尚書侯恂命督師，召左良玉援開封。良玉至朱仙鎮，大敗，奔襄陽。諸軍皆屯河北，不敢進。開封食盡。山東總兵劉澤清亦奉詔至。傳庭知開封急，大會諸將西安，亟出關來救。未至，名衡等議決朱家寨口河灌賊，賊亦決馬家口河欲灌城。秋九月癸未，天大雨，二口並決，聲如雷，潰北門入，穿東南門出，注渦水。城中百萬户皆没，得脱者惟周王、妃、世子及撫按以下不及二萬人。賊亦漂没萬餘，乃拔營西南去。

先是，有馬守應稱老回回、賀一龍稱革裏眼、賀錦稱左金王、劉希堯稱爭世王、藺養成稱亂世王者，皆附自成，時號「革左五營」。自成乃西迎傳庭兵，遇於南陽，傳庭軍潰走，豫人所謂柿園之敗也。是時大清兵南侵，京師方告急，朝廷不暇復討賊。自成乃收羣賊，連營五百餘里，再屠南陽，進攻汝寧。總兵虎大威

中礮死，楊文岳被殺。自成乃脅崇王由櫍使從軍，遂由確山、信陽、泌陽向襄陽。左良玉望風南走，自成入襄陽。分徇屬城及德安諸州縣，皆下，再破夷陵、荆門州。自成自攻荆州，湘陰王儼鉼遇害，燒獻陵木城，穿燬宫殿。

十六年春陷承天。將發獻陵，有聲震山谷，懼而止。旁掠潛山、京山、雲夢、黄陂、孝感等州縣，皆下。先驅掃漢陽，良玉走九江。攻鄖陽，撫治都御史徐起元及王光恩力守不下。光恩，賊反正者也。

自成自號奉天倡義大元帥，號羅汝才代天撫民威德大將軍。分其衆，曰標營，領兵百隊，曰先、後、左、右營，各領兵三十餘隊。標營白幟黑纛，自成獨白鬃大纛銀浮屠；左營幟白，右緋，前黑，後黄，纛隨其色。五營以序直晝夜，次第休息，巡徼嚴密。逃者謂之落草，磔之。收男子十五以上、四十以下者爲兵。精兵一人，主芻、掌械、執爨者十人。軍令不得藏白金，過城邑不得室處，妻子外不得攜他婦人。寢興悉用單布幕。緜甲厚百層，矢礮不能入。一兵倅馬三四匹，冬則以茵褥籍其蹏。剖人腹爲馬槽以飼馬，馬見人，輒鋸牙思噬若虎豹。軍止，即出較騎射，曰站隊。夜四鼓，蓐食以聽令。所過崇岡峻坂，騰馬直上。水惟憚黄河，若淮、泗、涇、渭，則萬衆翹足馬背，或抱鬣緣尾，呼風而渡，馬蹏所蹙閡，水爲不流。臨陣，列馬三萬，名三堵牆。前者返顧，後者殺之。戰久不勝，馬兵佯敗誘官兵，步卒長鎗三萬，擊刺如飛，馬兵回擊，無不大勝。攻城，迎降者不殺，守一日殺十之三，二日殺十之七，三日屠之。凡殺人，束屍爲燎，謂之打亮。城將陷，步兵萬人環堞下，馬兵巡徼，無一人得免。獻忠雖至殘忍，不逮也。諸營較所獲，馬騾者上賞，弓矢鉛銃者次之，幣帛又次之，珠玉爲下。

自成不好酒色，脱粟粗糲，與其下共甘苦。汝才妻妾數十，被服紈綺，帳下女樂數部，厚自奉養，自成嘗嗤鄙之。汝才衆數十萬，用山西舉人吉珪爲謀主。自成善攻，汝才善戰，兩人相須若左右手。自成下宛、葉，克梁、宋，兵强士附，有專制心，顧獨忌汝才。乃召汝才所善賀一龍宴，縛之，晨以二十騎斬汝才於帳中，悉兼其衆。

自成在中州，所略城輒焚燬之。及渡漢江，謀以荆、襄爲根本，改襄陽曰襄京，修襄王宫殿居之。改禹州曰均平府，承天府曰揚武州，他府縣多所更易。

牛金星教以創官爵名號，大行署置。自成無子，兄子過及妻弟高一功，迭居左右，親信用事。田見秀、劉宗敏爲權將軍，李巖、賀錦、劉希堯等爲制將軍，張鼐、党守素等爲威武將軍，谷可成、任維榮等爲果毅將軍，凡五營二十二將。又置上相、左輔、右弼、六政府侍郎、郎中、從事等官。要地設防禦使，府曰尹，州曰牧，縣曰令。封崇王由櫍襄陽伯，邵陵王在城棗陽伯，保寧王紹圮宣城伯，肅寧王術授順義伯。以張國紳爲上相，牛金星爲左輔，來儀爲右弼。國紳，安定人，嘗官參政。既降，獻文翔鳳妻鄧氏以媚自成。自成惡其傷同類，殺之，而歸鄧氏於其家。六政府侍郎則石首喻上猷、江陵蕭應坤、招遠楊永裕、米脂李振聲、江陵鄧巖忠、西安姚錫胤，尋以宣城丘之陶代振聲爲兵政府侍郎。其餘受僞職者甚衆，不具載。

使高一功、馮雄守襄陽，任繼光守荆州，藺養成、牛萬才守夷陵，王文曜守澧州，白旺守安陸，蕭雲林守荆門，謝應龍守漢川，周鳳梧守禹州。於是河南、湖廣、江北諸賊莫不聽命。自成既殺汝才、一龍，又襲殺養成，奪守應兵，擊殺袁時中於杞縣。獻忠方據武昌，自成遣使賀，且脅之曰：「老回回已降，曹操輩誅死，行及汝矣。」獻忠大懼，南入長沙。

當是時，十三家七十二營諸大賊，降死殆盡，惟自成、獻忠存，而自成獨勁。遂自稱曰新順王。集牛金星等議兵所向。金星請先取河北，直走京師。楊永裕請下金陵，斷燕都糧道。從事顧君恩曰：「金陵居下流，事雖濟，失之緩。直走京師，不勝，退安所歸，失之急。關中，大王桑梓邦也，百二山河，得天下三分之二，宜先取之，建立基業。然後旁略三邊，資其兵力，攻取山西，後向京師，庶幾進戰退守，萬全無失。」自成從之。

傳庭之敗於柿園而歸陝也，大治兵，制火車二萬輛，募壯士，使白廣恩、高傑將，欲俟賊饑而擊之。朝議日督戰，不得已出關。以牛成虎、盧光祖爲前鋒，由靈寶入洛。高傑爲中軍，檄廣恩從新安來會。河南將陳永福守新灘，四川將秦翼明出商、洛，爲掎角。前鋒敗賊澠池，至寶豐，再拔其城。次郟，自成率萬騎還戰，復大敗，幾被擒。會天大雨，道濘，糧車不進。自成遣輕騎出汝州，要截糧道。傳庭乃分軍三，令廣恩從大道，令高傑親隨從間道，迎糧，令永福守營。傳庭既行，永福兵亦争發，不可禁，遂爲賊所躡。至南陽，傳庭還戰，賊陣五重，官軍克其三。已而稍却，火車奔，騎兵亦大奔。賊縱鐵騎踐之，傳庭大敗。自成空壁追，一日夜踰四百里，官軍死者四萬餘人，失兵器輜重數十萬。傳庭奔河北，轉趨潼關，氣敗沮不復振。

冬十月，自成陷潼關，傳庭死，遂連破華陰、渭南、華、商、臨潼。進攻西安，守將王根子開東門納賊。自成執秦王存樞以爲權將軍，永壽王誼沉爲制將軍。

巡撫馮師孔以下死者十餘人，布政使陸之祺等俱降。自成大掠三日，下令禁止。改西安曰長安，稱西京。賜顧君恩女樂一部，賞入關策也。大發民，修長安城，開馳道。自成每三日親赴教場校射，百姓望見黃龍纛，咸伏地呼萬歲。諸將白廣恩、高汝利、左光先、梁甫先後皆降。陳永福以先射中自成目，保山巔不敢下，自成折箭爲誓，招之，亦降。惟高傑以竊自成妻走延安，爲李過所追，折而東，渡宜川，絶蒲津以守。

自成兵所至風靡，乃詣米脂祭墓。向爲官軍所發，焚棄遺骴，築土封之。求其宗人，贈金封爵以去。改延安府曰天保府，米脂曰天保縣，清澗曰天波府。鳳翔不下，屠之。始，自成入陝西，自謂故鄉，毋有侵暴，未一月抄掠如故。又以士大夫必不附己，悉索諸薦紳，搒掠徵其金，死者瘞一穴。榆林故死守，李過等不能克，自成大發兵攻陷之。副使都任，總兵王世國、尤世威等，俱不屈死。乘勝取寧夏，屠慶陽，執韓王亶培。移攻蘭州，甘肅巡撫林日瑞等亦死。進陷西寧，於是肅州、山丹、永昌、鎮番、莊浪皆降，陝西地悉歸自成。又遣賊渡河，陷平陽，殺宗室三百餘人。高傑奔澤州。詔以余應桂總督三邊，收邊兵勦賊，然全陝已没，應桂不能進。

十七年正月庚寅朔，自成稱王於西安，僭國號曰大順，改元永昌，改名自晟。追尊其曾祖以下，加謚號，以李繼遷爲太祖。設天佑殿大學士，以牛金星爲之。增置六政府尚書，設弘文館、文諭院、諫議、直指使、從政、統會、尚契司、驗馬寺、知政使、書寫房等官。以乾州宋企郊爲吏政尚書，平湖陸之祺爲户政尚書，真寧鞏焴爲禮政尚書，歸安張嶙然爲兵政尚書。復五等爵，大封功臣，侯劉宗敏以下九人，伯劉體純以下七十二人，子三十人，男五十五人。定軍制。有一馬儳行列者斬之，馬騰入田苗者斬之。籍步兵四十萬，馬兵六十萬。兵政侍郎楊王休爲都肄，出横門，至渭橋，金鼓動地。令弘文館學士李化麟等草檄馳諭遠近，指斥乘輿。是日，大風霾，黄霧四塞。事聞，帝大驚，召廷臣議。大學士李建泰請督師，帝許之。

時山西自平陽陷，河津、稷山、滎河皆陷，他府縣多望風送款。二月，自成渡河，破汾州，徇河曲、静樂，攻太原，執晋王求桂，巡撫蔡懋德死之。北徇忻、代，寧武總兵周遇吉戰死。自成先遣游兵入故關，掠大名、真定而北。身率衆賊並邊東犯，陷大同，巡撫衛景瑗、總兵朱三樂死。自成殺代王傳𤏡，代藩宗室殆盡。犯宣府，總兵姜瓖迎降，巡撫朱之馮死。遂犯陽和，由柳溝逼居庸，總兵官唐通、太監杜之秩迎降。

三月十三日焚昌平，總兵官李守鑅死。始，賊欲偵京師虛實，往往陰遣人輦重貨，賈販都市，又令充部院諸掾吏，探刺機密。朝廷有謀議，數千里立馳報。及抵昌平，兵部發騎探賊，賊輒勾之降，無一還者。賊遊騎至平則門，京師猶不知也。十七日，帝召問羣臣，莫對，有泣者。俄頃賊環攻九門，門外先設三大營，悉降賊。京師久乏餉，乘陴者少，益以内侍。内侍專守城事，百司不敢問。

十八日，賊攻益急，自成駐彰義門外，遣降賊太監杜勳縋入見帝，求禪位。帝怒，叱之下，詔親征。日暝，太監曹化淳啓彰義門，賊盡入。帝出宫，登煤山，望烽火徹天，歎息曰：「苦我民耳。」徘徊久之，歸乾清宫，令送太子及永王、定王於戚臣周奎、田弘遇第，劍擊長公主，趣皇后自盡。十九日丁未，天未明，皇城不守，鳴鐘集百官，無至者。乃復登煤山，書衣襟爲遺詔，以帛自縊於山亭，帝遂崩。太監王承恩縊於側。

自成氈笠縹衣，乘烏駁馬，入承天門。僞丞相牛金星，尚書宋企郊、喻上猷，侍郎黎志陞、張嶙然等騎而從。登皇極殿，據御座，下令大索帝后，期百官三日朝見。文臣自范景文、勳戚自劉文炳以下，殉節者四十餘人。宫女魏氏投河，從者二百餘人。象房象皆哀吼流淚。太子投周奎家，不得入，二王亦不能匿，先後擁至，皆不屈，自成羈之宫中。長公主絶而復甦，舁至，令賊劉宗敏療治。已，乃知帝后崩，自成命以宫扉載出，盛柳棺，置東華門外，百姓過者皆掩泣。越三日己酉，昧爽，成國公朱純臣、大學士魏藻德率文武百官入賀，皆素服坐殿前。自成不出，羣賊爭戲侮，爲椎背、脱帽，或舉足加頸，相笑樂，百官懾伏不敢動。太監王德化叱諸臣曰：「國亡君喪，若曹不思殯先帝，乃在此耶！」因哭，内侍數十人皆哭，藻德等亦哭。顧君恩以告自成，改殯帝后，用衮冕褘翟，加葦廠云。大學士陳演勸進，不許。封太子爲宋王。放刑部、錦衣衛繫囚。

自成自居西安，建置官吏，至是益盡改官制。六部曰六政府，司官曰從事，六科曰諫議，十三道曰直指使，翰林院曰弘文館，太僕寺曰驗馬寺，巡撫曰節度使，兵備曰防禦使，知府州縣曰尹、曰牧、曰令。召見朝官，自成南嚮坐，金星、宗敏、企郊等左右雜坐，以次呼名，分三等授職。自四品以下少詹事梁紹陽、楊觀光等無不污僞命，三品以上獨用故侍郎侯恂。其餘勳戚、文武諸臣奎、純臣、演、藻德等共八百餘人，送宗敏等營中，拷掠責賕賂，至灼肉折脛，備諸慘毒。藻德遇馬世奇家人，泣曰：「吾不能爲若主，今求死不得。」賊又編排甲，令五家養一

賊，大縱淫掠，民不勝毒，縊死相望。徵諸勳戚大臣金，金足輒殺之。焚太廟神主，遷太祖主於帝王廟。

時賊黨已陷保定，李建泰降，畿内府縣悉附。山東、河南徧設官吏，所至無違者。及淮，巡撫路振飛發兵拒之，乃去。自成謂真得天命，金星率賊衆三表勸進，乃從之，令撰登極儀，諏吉日。及自成升御座，忽見白衣人長數丈，手劍怒視，座下龍爪鬣俱動，自成恐，亟下。鑄金璽及永昌錢，皆不就。聞山海關總兵吳三桂兵起，乃謀歸陝西。

初，三桂奉詔入援，至山海關，京師陷，猶豫不進。自成刼其父襄，作書招之，三桂欲降。至灤州，聞愛姬陳沅被劉宗敏掠去，憤甚，疾歸山海，襲破賊將。自成怒，親部賊十餘萬，執吳襄於軍，東攻山海關，以別將從一片石越關外。三桂懼，乞降於我大清。四月二十二日，自成兵二十萬，陣於關内，自北山亘海。我兵對賊置陣，三桂居右翼末，悉鋭卒搏戰，殺賊數千人，賊亦力鬭，圍開復合。戰良久，我兵從三桂陣右突出，衝賊中堅，萬馬奔躍，飛矢雨墮，天大風，沙石飛走，擊賊如雹。自成方挾太子登高岡觀戰，知爲我兵，急策馬下岡走。我兵追奔四十里，賊衆大潰，自相踐踏，死者無算，僵屍徧野，溝水盡赤。自成奔永平，我兵逐之。三桂先驅至永平，自成殺吳襄，奔還京師。

時牛金星居守，諸降人往謁，執門生禮甚恭。金星曰：「訛言方起，諸君宜簡出。」由是降者始懼，多竄伏矣。自成至，悉鎔所拷索金及宫中帑藏、器皿，鑄爲餅，每餅千金，約數萬餅，騾車載歸西安。二十九日丙戌僭帝號於武英殿，追尊七代皆爲帝后，立妻高氏爲皇后。自成被冠冕，列仗受朝。金星代行郊天禮。是夕焚宫殿及九門城樓。詰旦，挾太子、二王西走，而使僞將軍左光先、谷可成殿。

五月二日，我大清兵入京師，下令安輯百姓，爲帝后發喪，議謚號，遣將偕三桂追自成。時福王已監國南京，大學士史可法督師討賊。自成至定州，我兵追之，與戰，斬谷可成，左光先傷足，賊負而逃。自成西走真定，益發衆來攻，我兵復擊之。自成中流矢創甚，西踰故關，入山西。會我兵東返，自成乃鳩合潰散，走平陽。

李巖者，故勸自成以不殺收人心者也。及陷京師，保護懿安皇后令自盡。又獨於士大夫無所拷掠，金星等大忌之。定州之敗，河南州縣多反正，自成召諸將議，巖請率兵往。金星陰告自成曰：「巖雄武有大略，非能久下人者。河南，巖故鄉，假以大兵，必不可制。十八子之讖，得非巖乎？」因譖其欲反。自成令金星與巖飲，殺之，賊衆俱解體。

自成歸西安，復遣賊陷漢中，降總兵趙光遠，進略保寧。時獻忠以兵拒之，乃還。八月建祖禰廟成，將往祀，忽寒慄不能就禮。自成始以巖言，謬爲仁義，及巖死，又屢敗，復强很自用，僞尚書張第元、耿始然皆以小忤死。制銅斲，官吏坐賕，即斲斲。民盜一雞者死。西人大懼。

順治二年二月，我兵攻潼關，僞伯馬世耀以六十萬衆迎戰，敗死。潼關破，自成遂棄西安，由龍駒寨走武岡，入襄陽，復走武昌。我兵兩道追躡，連蹙之鄧州、承天、德安、武昌，窮追至賊老營，大破之者八。當是時，左良玉東下，武昌虚無人。自成屯五十餘日，賊衆尚五十餘萬，改江夏曰瑞符縣。尋爲我兵所迫，部衆多降，或逃散。自成走延寧、蒲圻，至通城，竄於九宫山。秋九月，自成留李過守寨，自率二十騎略食山中，爲村民所困，不能脱，遂縊死。或曰村民方築堡，見賊少，争前擊之，人馬俱陷泥淖中，自成腦中鉏死。剥其衣，得龍衣金印，眇一目，村民乃大驚，謂爲自成也。時我兵遣識自成者驗其尸，朽莫辨。獲自成兩從父僞趙侯、僞襄南侯及自成妻妾二人，金印一。又獲僞汝侯劉宗敏、僞總兵左光先、僞軍師宋獻策。於是斬自成從父及宗敏於軍。牛金星、宋企郊等皆遁亡。

查繼佐《國壽録》附録《逆闖始末》 李自成，米脂人，自遼東壞，每調邊戍往援，每每見腹裏繁華，意多浮逞。神宗没，有無賴自稱闖王，失其名，榆林人，率其黨少年白日掠人，而李自成亦其黨之一也。浸久，督師洪承疇在邊，令副將孫守法擒闖王殺之，而自成遂掌盤子，時便有十四頭目，不易制矣。自成少不逞，貌寢頎不甚偉，膂力不過中人，嘗野走，好博，負清澗鄉紳多金，爲大奴所逼，遂走險習騎射，來亡命，頗以小仁得衆心，衆以是樂推之。時汝侯劉宗敏、澤侯田見秀、磁侯顧英、綿侯劉方亮、義侯張鼐、絳侯吳汝懿、繁峙伯馬世耀等同啓最先，自成待之如左右手。辛未、壬申勢張，連陷永嘉、常武、維縣等縣，飽掠而去。洪督制之，所在堵禦，尚不能大得志。丙子、丁丑間，調洪督出關援錦，而傅宗龍代之，而汪喬年代之，遂爲逆鎮賀人龍一案，彌縫局促，至孫傳庭爲督，既殺人龍，提兵出關，而悍鎮白光恩與總兵高傑不相能，師出不律，時賊在河南，蔓彌無數。傳庭與戰于郟縣，大敗，傳庭退潼關，爲亂兵所殺。光恩降而傑逃，自成封光恩權將軍。先是張獻忠者，與李自成及曹操羅良才三人，初盟生死交，後獻忠利良才之衆，以計殺良才，顧其衆樂李寬而忌張之酷，咸走李，獻忠心恨，而自成勢益大，獻忠遂不敢與並驅中原，因下湖廣，遂自夔門入蜀。自成于辛巳圍河

南，守將陳永福號花花者，射中自成左眼，軍中稱獨眼將軍。福王初移駐于此被難，抗節者爲寧陵尚書呂坤，而崔承奉一人殉王。賊圍開封，引江水灌城，水冒城垛，城中王家及鄉紳富室治舟，百姓赴水扳之，舟往往覆，于是伸手輒斷，手滿艙，猶跳躍如魚。賊盡破河南五府，特河北三府尚完。詔以御史蘇京促傳庭出戰。傳庭既卒，遂于癸未十月十日入關，十三日破長安，獻省城者副將王根子。假稱仁義，設立官職，遂有刑部尚書龔焴、吏部尚書宋企郊、刑部尚書張國紳、禮部尚書張學一等百口勸進，自成推讓再三，勉稱順王，諸臣尊之，以爲唐李之後，其宮制一本于唐。甲申正月十五日，分兵五枝出關，一從榆林，一從大興關，一從潼關及汾陽及河南，會京城。時所在望風開城迎接，至武寧關，（應作寧武關）副將周遇吉獨閉關相距，大摧李兵，百姓縛遇吉出，李磔之。甲申三月十七日，抵順天。賊奸細遍滿都城，閹臣魏藻德、勳臣李國楨俱願爲內應。十九日城破，帝殉煤山。賊令劉宗敏押周皇親以太子付中軍王體中。後賊敗，體中棄之。

張岱《石匱書後集》卷六二 陝西逆賊李自成，延安米脂人也。性狡黠，善走能射。家貧，爲驛卒。

天啓二年，延安大饑，不沾泥、楊六郎、王嘉胤等入村落掠富家粟。有捕之急，遂揭竿起，拒官捕，不敢還家，乃相聚爲盜。自成往投之，授以頭目。

七年，參政洪承疇誘降不沾泥，設伏待之，賊驚遁去，尋爲其族人所縛送軍門，斬之。自成走匿山澤間，得免。

崇禎二年冬十月，北兵薄都城，詔天下勤王。山西巡撫耿如杞入援，兵譁於涿鹿，叛走叢薄，自成出與合，旬日間衆至萬餘，推高迎祥爲首，稱「闖王」。時洪承疇巡撫延綏，發鎮兵五千分道勦捕，殺賊王左挂子、苗美等，賊勢稍殺。四年，轉寇旁郡，破數縣。承疇大發兵討之，招降滿天星高汝利之衆千人，斬首萬餘級。渠率及勇悍賊悉脱走，官兵追至延水關。賊渡河入山西，寇汾州等處；山西逃兵之嘯聚太行者，又皆歸之，衆至十萬餘。初，羣盜起，渠率數十人各自爲隊，不相統屬，至是始合，分爲二隊：王嘉胤領西隊，紫金梁領南隊，分寇平陽、太原、潞安，屢敗官兵，陷隰州，破十餘縣。六年，詔發山、陝兵討之。大同總兵曹文詔，蓄將虎大威以輕騎掩擊賊於潞安，大破之，殺王嘉胤，擒高迎祥，獻俘京師。參將賀人龍破賊南隊，紫金梁病創死，衆潰散。自成收集，尚二萬餘，遂立自成爲主，軍中號「闖將」，尊之曰「老府」。衆將追勦，自成率殘衆奔絳州。八年，寇河南諸州縣，衆復盛。詔總督侍郎陳奇瑜發山、陝、河南及湖廣土、狼兵勦之。賊聞，南下，復分爲二：張獻忠東走，掠廬、鳳、安慶等處；破城，凡男子十五以上、六十以下，皆斷其左手，晝夜哀號不絶。自成西走，掠鄖陽，破竹山、竹溪、房縣。自成尤慘忍，夜宿必殺美婦數十，疊爲肉圍，寢處其中，以爲安樂。官兵追及之，自成走紫陽，渡仁河。遇雨，水大至，官兵蹙之，溺死亡算。衆復潰散，分數十隊，從間道走。由連雲棧入鳳翔，掠隴州，勢復振，又至十餘萬。蜀道險，大兵不能深入，副將軍賀人龍、張天理以輕騎二千追躡之。賊轉鬬大敗，退保隴州，賊圍困四十餘日。奇瑜以玩寇逮，陝西總督侍郎洪承疇代之，檄榆林總兵左光先以勁騎五千赴援，與人龍、天理合擊自成，大破之。會山西總兵曹文詔、寧夏總兵祖大弼相繼至，賊遂潰散，分道遁走，官兵亦分道追躡之。至西和、禮縣，官兵與賊會，殊死戰，賊大敗，總兵曹文詔受創死。官兵堵截，不容賊走，殺傷數萬，降者三萬餘人。自成以十人騎突圍走，棄馬仗，伏草間，佯爲難民，得脱；遂竄入終南山。初，陝西兵起，餘盜潰散無所歸，多竄伏山林爲響馬賊。至是，聞自成名，多往附之，衆又稍稍集。

十二年，北兵入關門，洪承疇奉詔勤王。大學士楊嗣昌督師出荆、襄。嗣昌表左良玉爲平賊將軍，賊扼於巴西、魚復諸山，不得逸。賊窘蹙食盡，自成縊死，爲其姪李過救甦，因令軍中，盡殲其所掠婦女，以五千騎突圍而出。十四年，陷雒邑，張獻忠復陷襄陽，楊嗣昌慙懼自殺。自成遂進圍大梁，晝夜攻者七日。掘窟穴置大礮其下，礮發而城圮，爲「小放迸」；穴城縱横數丈，以火藥實之，一發蔽天，爲「大放迸」。圍十三日，賊窟城數處，外列精騎數千，以俟城陷。大梁者，爲金人都城，寬或十丈、狹亦三四丈，土堅而剛。賊窟城，擁甎土於外，火發反外擊，數千騎皆糜爛，自成僅以身免，走襄陽，欲依獻忠。獻忠佯款待，陰圖殺之。自成夜遁，集殘寇，流劫入雒陽，復據山爲盜。是時，陝西勤王兵乏食，叛者數百人至雒陽，河南撫臣招安，置城中禦寇。事聞，詔逮其首惡數人，解京正法。叛兵大懼，乃陰訐自成襲雒陽，叛兵內應，雒陽遂陷，福藩被害。賊置酒大會，以福王爲俎，雜鹿肉食之，號「福禄酒」。

初，自成之兵纔數百騎，及得陝西，兵勢益熾，招集羣盜，四下響應。河南杞縣舉人李巖起兵附之，衆至十餘萬，分兵寇所屬州縣，破盧氏，虜舉人牛金星女爲妻。金星降賊，薦卜者宋獻策能起河洛數。獻策長不滿三尺，見自成，袖中取出一數云：「十八孩兒，當主神器。」自成大喜，拜爲軍師。金星等教以「假行仁義，收拾人心」。所得州縣，遂設官守之。乘勝寇潼關，總兵賀人龍死守不能入。

遂破南陽，改南陽爲「安樂府」，自稱奉天征討文武大將軍，署置官屬，衆數十萬，號百萬，駐匝南陽。分兵攻汝寧，陷之；所屬州縣，多望風納款。城下，賊秋毫無犯。自成下令曰：「殺一人者，如殺吾父；淫一女者，如淫吾母。得良有司，禮而用之；貪汚吏及豪强富室，籍其家以賞軍。」人心大悅。風聲所至，民無固志，故一歲間略定河南南陽、汝寧四十餘州縣，兵不留行，海内震焉。時喪亂之餘，白骨蔽野，荒榛彌望；自成撫流亡，通商賈，募民墾田，收其籽粒以餉軍。賊令嚴明，將吏無敢侵略。明季以來，師無紀律，所過鎮集，縱兵搶掠，號曰「打糧」，井里爲墟，而有司供給軍需，督逋賦甚急，敲扑煎熬，民不甚命。至是陷賊，反得安舒，爲之歌曰：「殺牛羊，備酒漿，開了城門迎闖王，闖王來時不納糧！」由是遠近欣附，不復目以爲賊。登封土賊李際遇、河南劇賊曹操羅汝才等復與合兵攻歸德，陷之。自成立「投順牌」四面，從歸德起，東西南北負牌至村落。一村降者，即負牌過別村；牌過者不加兵，牌存者即爲洗盪。牌四面奔馳，日蹙地千里。十五年，詔總督傅宗龍調三邊兩河兵討之。賊聞王師至，先軍於棗以待。總兵賀人龍、虎大威與戰，殺傷過當；賊乃令軍中秣馬蓐食，更番迭出，以罷王師。日中盛暑，士卒饑渴，不能戰；賊偪之，大敗，退次汝州。賊奄至，又大敗。傳宗龍被擒，罵賊死之。

十六年，賊以大隊寇開封，圍城數十匝。總兵陳永福設備甚嚴，不得即破；詔總兵左良玉、劉澤清救之。澤清頓兵河北，不敢進；良玉戰不利，退保朱仙鎮。賊圍城數日，聞總督汪喬年、總兵賀人龍以陝西兵援，牛金星曰：「人龍千里奔命，士馬罷敝，吾乘其疲，破之必矣。已敗人龍，則良玉不戰自潰。若縱之深入，使兩軍得合，良玉孤軍復振，人龍休養士馬，爲之犄角，吾事殆矣」。乃悉起兵逆之於襄城，良玉夜遁。人龍軍乏食，野無所掠，士卒饑罷，卒與賊遇，賊張左右翼奮擊，大破之，人龍率精騎遁去。喬年收殘衆保襄城，賊攻七日拔之，喬年被殺，復圍開封，京師大震。薊遼總督尚書孫傳庭於獄中上書，請討賊贖死，詔復其官，總督山、陝、川、湖、河南五省軍事。傳庭至西安，以密勅殺賀人龍，諸賊喜曰：「賀風子死，關中落吾手矣！」時賊圍開封五月，外援絕；周藩悉出府庫金募死士固守，分遣諸王、將軍、中尉及紳衿監之。汴在窪下，瀕大河，壯麗而固，賊久攻不下。自成督戰，左目中流矢，鏃不得出，遂眇一目，大怒，乃築長堤屬河，決水灌之。會大雨兼旬，河水泛濫，汴城百萬户悉没巨浸。河北軍操舟救之，周藩諸王子及守將陳永福得不死。水壞長堤，漂没賊壘，溺死者亦數萬人。賊遂引而西攻鄭州，一日拔之，由虎牢關入洛。聞王師出潼關，悉引兵逆之，遇於汝州，高傑等奮擊，大破之，追奔四五十里，師前後不相屬。賊殊死戰，會曹操兵救之，官兵大敗，陣死數千人。傳庭收軍還西安，休養士馬，尋復出關。賊聞王師復至，乃於汝州立十大砦，分據要害，屯步卒，架大砲以守之，精騎出其間，往來按伏爲游兵，設備嚴固。王師至，不得進，乃由間道出寶，遇大雨五六日，軍乏食，士馬饑罷，縱火抄略，反爲所賊驅逐，王師大困。諸將乃請傳庭退軍洛陽，就山西鑲道，傳庭從之。大軍先行，高傑殿後，白廣恩設伏道左。廣恩懼爲賊所乘，潛遁入關。賊兵追躡王師，傳庭由間道抵關，賊攻關急，廣恩力不支。高傑恨廣恩，擁兵不救，五日關陷，傳庭死於亂兵，傑奔延安，廣恩奔固原，勇奔秦州，汝利奔漢中。賊進兵圍西安，攻三日，拔之，傳檄遠近，關中郡縣相繼降賊。自成遂以西安爲都，僭稱皇帝，國號「大順」，改元永昌，百官禮樂，悉遵唐制。以牛金星爲僞鳳閣侍郎，同平章事；僞封賊將劉宗敏等爲列侯。乃分兵三道追捕傳庭諸將：李過出北道追高傑於延安，傑走蒲州；田見秀出南道追高汝利於漢中，汝利降；賀珍出西道追陳勇、白廣恩於秦州，陳勇降，白廣恩亦降。三道軍還，乃謀犯京師。賊分二十五營，每營馬賊五千；又四十八哨，每哨步賊五千。每日以一營爲外衛，值晝夜警堠；賊有逃者，碎磔之。攻城略地，不居室廬，各寢處一布幕，其製甲用絲綿綢帛數十層，輕軟而矢石不能傷。馬選壯者以戰，一賊二三馬；冬則以綿褥籍其足，飼粟則剖死人腹爲槽，飲馬則牽人錐耳取血雜水飲之。馬遇人，則憑凌跳躍，如欲啖之。凡行軍，則左右莫識；四鼓蓐食，數十萬衆唯馬首是瞻。大纛一動，勢如排山倒海，當之輒靡。

十七年二月，闖將劉宗敏、李過自禹門渡河攻太原，破之，殺巡撫蔡懋德。攻代州，總兵周遇吉力戰死之。遂進寧武關，連破大同諸城。居民望風迎附，宣府巡撫朱之馮自刎死。

三月十三日，賊躪居庸關，京城門禁始嚴。賊之奸細，布滿京城。十六日，賊至寧城關；十七日，抵城下。薊遼總兵唐通入援，兵皆疲弱，身無完衣，但簡有褌者，即令入伍。賊望見呼曰：「汝等半年無糧，衣不遮體，來此何幹？速降我，舊糧皆補給！」各兵叩頭，皆願從賊。申時，童子軍數千緣城而上，外羅城遂破。是夜，先帝自率健勇内臣出至崇文等門，守門内臣奏，言：「門外滿地是賊，不可出！」至齊化、東直二門，亦然。遂還宫，縱放宫女。黎明又出，傳襄城伯令箭，令開門。守者疑爲奸細，熱礮反打，從騎皆緣城竄走。上見勢不可爲，至煤山，乘龍遠去。十八日辰時，自成小帽箭衣由得勝門入。騎至皇城，射三矢，有

所卜，不應，怏怏不樂。進大内，徧搜帝后不得。懸賞出示，限三日獻出帝后；如不獻出者，屠京城。又遣飛騎數千，分道追帝。二十日，搜至兔耳山，始知下落。二十一日，勒百官進見，賊據縉紳點名。二十二日，徧拏百官，拘繫追贓，酷刑拷打，呼號遍地。二十八日，遼東總兵吴三桂聞變，爲先帝復仇，軍中縞素發哀，傳檄遠近。自成聞之大驚，脅三桂父吴驤作書招三桂，三桂不顧，薄山海關。四月十一日，自成率六萬東行，劉宗敏、李過從之。十六日，至永平，連戰數次，三桂所部皆蒙古鋭丁，但賊多爲所追壓，戰不甚利。三桂懼，求救滿洲。滿洲八王子、九王子來覘，三桂與二王子鑽刀盟誓討賊，乃發兵進戰。三桂先當賊，二王子以滿兵繼之。賊披靡，不能軍，詗之，知爲滿洲兵也，遂驚潰。三桂與二王子合兵馳逐，枕屍百里，自成竄京還師。二十五日，自成自稱帝，即位於武英殿。僞磁侯劉宗敏扶創出，平立不拜，曰：「爾故我等夷也。」是日，殺吴驤並其家屬三十八口，及所繫投誠各官、勳戚等駢斬於市。次日昧爽，稇載大内庫藏及各追納贓物，騾車數千輛聯隊西走。自成由保定入河東，走潼關；養子一隻虎李過由山後走延安。滿洲兵遂入京師。三桂躡賊，自成狼狽走，盡棄其輜重婦女，自蘆溝橋至固安百里，盔甲衣服盈路，賊兵去者十餘萬。三桂屢戰自成，兩敗於真定，斬首萬餘級，招降潰賊數萬人。自成中流矢墮馬，掖而馳，遂拔營西走，度故關入山西。三桂追之，及關而止，遂還京師。九王子攝政，三桂受命，復追賊入山西。自成屢戰不利，遂棄山西之西安，遇滿洲兵西伐，復敗之於西安。

自成棄陝出潼關，分軍爲八營三道，復下南略地至襄、鄖。滿洲兵既定三秦，下河南，入楚取荆、襄。自成奔辰州，將合張獻忠，獻忠入蜀，遂留屯黔陽，部賊亡去大半，然尚擁衆十餘萬。乏食，賊將四出抄掠，黔陽數百里雞犬皆盡。川湖總督何騰蛟進攻之，自成營於羅公山，食盡，自成以數十騎突走村落中求食，村民皆築堡固守，合圍伐鼓共擊之。自成麾左右格鬭，皆陷於淖。衆擊之，人馬俱斃，村民不知爲自成也，截其首獻騰蛟，驗之，左顴傷鏃，始知爲自成。李過聞自成死，勒兵至，奪其屍，滅一村而去，結草爲首，以衮冕葬之羅公山下。賊諸將奉李過爲首，改名李繡，渡湖入險山中，後改名李赤心。未幾，賊皆散去。

查繼佐《罪惟録》列傳卷三一 李自成，生陝西延安府米脂縣，爲雙泉堡馬户守忠之子。守忠無嗣，禱於華山，神示之夢曰：「吾令破軍星子汝。」晚舉自成，小名黄來兒。與從子李過並豪浪，亡其父貲，負邑紳艾氏子錢，令晏子清嘗械而遊諸市。又竊人羝羊，爲主者所撻見血。妻韓，淫其里人，則盡殺淫者，偕過亡甘州，投參將王國爲標兵。國奉調索餉金縣，兵譁，自成手殺令及國，遂反。崇禎二年，歸府谷大盜王嘉胤。及安塞高迎祥自稱闖王，自成附之，稱闖將，自爲隊。嘉胤、迎祥別有傳。於是合諸賊流毒州縣。

七年，自成等諸賊爲總督陳奇瑜所扼，困於漢中車箱峽，詭自縛乞降，奇瑜受之，出險復叛，衆至十餘萬，攻隴州。守將賀人龍、張天禮守力，旋爲總督洪承疇合剿。八年，羣盜散逐宛、雒，自成獨匿終南山中。尋復與張獻忠合，南陷鳳陽，爭陵監所教響手十二人，獻忠毀器而歸人。自成意左，復入秦，掠富平、寧州，副將艾萬年拒之，烈死。挫總兵張全昌、賀人龍、曹文詔諸師，部將多陣亡。迎祥與自成兵益强，出關，爲總兵祖大樂所敗。合攻滁州，盧象昇、祖寬大破之朱龍橋，遂走登封、密縣，復歸秦。

九年，出犯鞏昌，左光先、曹變蛟破之固原沐家營，走圍綏德州及朝邑。秦撫孫傳庭俘闖王高迎祥於黑水峪，磔之以殉。自成乃禪稱闖王，犯階、徽、鳳翔、涇陽、三原，據階、成。十年冬，協過天星九營，由七盤關入蜀，陷寧羌等六縣。十一年，大敗梓潼縣，走白水。六月，官兵扼陽平關，曹變蛟渡河邀其去路，遂南繞西鄉，突出漢中，越江而北。秦撫傳庭協左光先過江□，斬千餘級，降賊渠祁總管，自成食盡。復檄總督承疇大破賊潼關原，自成僅十八騎潰圍走，十八人爲劉宗敏、田見秀、谷子成、張世傑、李彌昌、任繼榮、任繼光、王虎、劉文魁等。竄淆函山不出。及聞督師楊嗣昌與總理熊文燦受獻忠、羅汝才之降，明年，獻忠以房、穀叛，自成復鼓衆躪楚，依獻忠。獻忠意併之，自成有善驢，日可六百里，騎疾脱，依老回回於淅川，病卧，復聚衆入陝。嗣昌駐夷陵招之，出謾語不至。已而函谷大敗，其所部相繼出降，餘竄漢南。秦兵蹙之於北，良玉、人龍扼武關以南，食盡。自成自經者數四，養子李雙喜慰止之。

劉宗敏者，藍田鍛工也，自成偶偕宗敏及張鼐潛步叢祠，宗敏卜，從亂吉，遂委事自成，殺兩妻以從。李巖者，杞縣鄉薦，初名信，大司馬精白子也，常出粟賑饑，得衆。而里有以魏黨故毒其父精白者，思報之，遂請於督撫，得領校尉其鄉。仇者中以事，錮獄。巖黨殺邑令出之，歸自成，署制將軍用事。牛金星者，亦盧氏鄉薦，介賊醫尚絅，得見自成，自成奇其辯，預謀議。時有妓車優及女陬，嘗侍自成帳中，優逃歸，泄金星通賊狀。適金星潛携其妻子，宗人發之，捕官論死，尋減死，謁自成，署僞弘文館學士。李巖教自成以虛譽來羣望，僞爲均田免糧之説相煽誘。而金星進所善卜者宋獻策，身不滿三尺，上讖記曰「十八孩兒主神器」，

自成大悦。有山西鄉薦吉珪，亦就參謀議。自成乘隙怒突，遂自武關遁，息馬鄖陽深山中，饑民從之者數萬，勢復振。

十二年冬，奮屠永寧。初永寧守堅，賴邑紳吏部郎張鼎延餉士力。城破，令武大烈死之，萬安王采𨩥見害。連破四十八砦，土寇一斗粟等羣響應。破宜陽，令唐啓泰死之，有傳。疾破偃師，令徐日泰駡賊，臠死。十四年，河南總兵王紹禹慴賊，開門入賊，福王常洵闔宫被難，世子由崧與王妃出奔。守道王胤昌被創，數日卒。通判白守文、訓導張道脈與武職共九人見殺。諸紳死，爲原尚書吕維祺、行人王明、同知楊萃、推官常克念、知縣劉芳弈、韓金聲、乙榜苟良翰，咸有傳。賊以掾吏邵時昌爲總理，守河南，生員張旋吉、梅鼎盛次第授官佐之。自成移攻汴，豫撫李仙風慰安福世子於孟縣，俘叛將羅泰龍、尤有義，執邵時昌梟示之，以河南恢復聞。巡按御史高名衡與開封推官黄澍、祥符知縣王燮守開封固，賊解去，屠密，登封陷。時仙風落職，懼罪自殺，以張克儉代之。克儉殉襄難，旋以巡按名衡代之。會保督楊文岳遣其將虎大威、張德昌渡河擊賊，大捷於鳴泉，自成負隅山中。

時平賊將軍左良玉自襄陽抵南陽，賀人龍、李國奇之師來會。秦撫丁啓濬加尚書，代嗣昌督師，避李强，捷獻忠光、固。上尋以丁裕心代啓濬，復以汪喬年代裕心。五月，釋尚書傅宗龍於獄，爲秦督，專辦自成。自成乘獻忠麻城之敗，其所部諸勁，輒掩有之。而袁時中者，豫土寇，衆二十萬，據蒙陰之義門，窺鳳陽，犯泗州。撫臣朱大典檄總兵劉良佐敗之於龍德寺，會監臣盧九德禁旅夾擊，時中渡河歸自成。九月，督師宗龍、保督文岳會師新蔡，渡河擊賊。時羅汝才以其衆投自成於鄧州。汝才少與自成同里閈，自成齒遜，弟畜之，復以穀城之役，脣齒獻忠，獻忠好凌折等輩，浸不合，既兄事自成，樂爲之用。自成聞官兵渡河，亦過河窺汝寧。官兵次孟寧莊，方解鞍休士，不爲備，賊匿精鋭林莽，前羸弱誘敵。日旰，精鋭出，人龍部先奔，國奇乍接輒返，偕虎大威、陳監軍逸沈丘。兩督但以親軍與賊相搏，傅營西南，楊營東北。夜二鼓，保兵知不敵，挾文岳入項城，次日奔陳州。宗龍慷慨謂監軍任甲等曰：「宗龍不任治賊，久當死。今陷絶地，諸君併志決命，或生。勿走自斃。」乃令其所部堅壁五日，食盡，突圍被執，駡賊死，有傳。賊殘葉縣，殺降將劉國能，遣張我翼圍郾城。秦撫喬年出駐襄城，自成釋郾攻襄城，破之，喬年殉國，有傳。十一月，賊乘勝圍南陽，守將猛如虎戰死，唐藩被禍。豫撫名衡、按臣任濬告急督師啓濬，不應。自成陷鄏陵，知州劉振之死之。諸邑次第陷，知縣事者鎮平鍾其碩、內鄉龔新、舞陽潘弘、通許費令謀咸死之，各有傳。時禹州陷，徽王遇害。

再圍開封，攻具百進，巡撫名衡、總兵永福百拒之。十五年二月，城之圮者二十七，守城者因其大小放之穴，反礮之，土石飛障賊中，乘勢戕賊騎數千。永福手射自成，中其左目。移陷陳州，道臣關永傑及知州侯君擢、邑紳崔泌之、李夢辰、鄉薦王受爵俱不屈見害，有傳。於是睢州、太康、寧陵、考城、西華、商水、儀封、杞、開、亳等城俱潰，鄉紳巡撫張繼世嬰城殞。圍歸德七日夜，城陷，知商丘梁以樟力竭跳，家口四十餘皆盡。鄉薦徐作霖、吴伯裔、伯胤亦被害，魯山知縣楊呈秀、寶豐知縣張人龍俱殉城，而郟縣知縣李貞佐死尤烈，以上咸有傳。三月，自成協汝才復全力圍開封，令益嚴，卒苦，多逸者。已乃令圍而勿攻。時督師傅庭蒙赦，復統秦師禦賊，奉命以總兵賀人龍兵潰再逃，棄宗龍不救，誘殺之，軍中頗有惜人龍之才可仗者。上復釋尚書侯恂於獄，仍爲督師，拔中州幹令蘇京、王漢、王燮三人爲御史，京監傅庭秦師，漢監恂楚蜀師，燮監楊懷東晉之師，與左帥良玉大會朱仙鎮。戰守議不合，臨陣羣望風潰，喪士馬數萬，總兵楊德政付西市。而開封外援絶，樵採斷，人相食。總兵劉澤清提五千人南援，次朱家寨，去汴八里，計築甬道餉城中，賊爭之，壁壘未就，九月之望，夜河決開封。先是，自成久欲決堤，繞汴梁佳麗絶，忍弗割。督師名衡與嚴雲京意主決河可盡賊，而城不必當衝。方鑿朱家口，則自成早覺，急移高阜，多設巨筏艨艟，驅所掠民夫數萬，並鑿高家口。兩口一時並決，又天雨浹旬，水勢益横，逼注汴城，從北門入，穿東南門以出，流入渦水。城一百餘萬户盡漂，賊亦沉萬人。周王及二妃世子得總兵卜從善舟師，推官黄澍等護達堤口，士民從而濟者不及二萬人。賊拔營西南去。名衡以疾歸，澍以守汴勞擢巡按御史。

十月，督師傅庭兵至南陽，先鋒高傑等破賊於塚頭，追奔六十里，而後隊左勷等疑而潰，喪材官將校七十八人。傳庭上書自劾，詔戴罪立功。自成收裕州土寇李好爲助，連營五百餘里，屠南陽，陷汝寧，保督楊文岳與僉事王世琮咸駡賊死，副將馮、王、趙三人咸自殺，並有傳。賊拔營走信陽、確山、泌陽，破襄陽。先是，左良玉自朱仙鎮兵潰，退屯襄陽，諸降賊附之，有衆二十萬，初不習令，多淫掠，治戰艦樊城待發。賊大至樊，漢東之人惡左兵，焚香牛酒迎賊。十二月，賊趨白馬渡，良玉扼之，賊死數千。良玉卒拔足南行，而撫治王永祚棄城走，襄陽陷。賊分兵破德安及襄陵荆門州，襄屬知縣棗陽郭裕、宣城陳美、穀城周建中、光化萬敬皆殉城死，附傳。偏沅巡撫陳睿謨奉惠王走湘潭，湘陰王儼鉀全邸

遇害。賊攻顯陵，毀享殿。

十六年正月之二日，陷承天，楚撫宋一鶴烈死，總兵錢中選、都司沈壽崇見害。鍾祥知縣蕭漢誓守陵，賊欲降之，不屈，自殺，以上咸有傳。欽天監博士從僞楊永裕，勸自成發興獻王墳塋，地作巨雷，怖而止。潛江、京山、雲夢俱陷，蹂景陵，逼漢陽，左良玉之師南下。設僞官於黄陂。鄖撫徐起元協降將王光恩城守，鄖陽不破。賊既得襄陽，自稱老府奉天倡義大將軍，進大元帥，以羅汝才爲代天撫民德威大將軍。分其衆曰標營，領兵百隊，左右前後各三十餘隊。左幟白，右緋，前黑，後黄，標營白幟黑纛，自成獨白鬃大纛，置銀浮圖其上。五營以次值晝夜，他營即休。自成不好酒色，脱粟粗糲，與其下共之。得汝才，戰攻相須，如左右手。所陷河南五十餘城，所獲自成居六，汝才四之。汝才雖兄事自成，而其下頗爲自成部衆所易，滋不平。嘗自呼曹操，呼自成老齊，爾汝之。自成漸有專制意，語汝才：「吾爾並入關，割土分王良便。」汝才醉，張目曰：「王胡爲？横行天下耳！」自成内忤。

先是，賀一龍即革裏眼、馬守應即老回回者，蘄黄賊帥，與藺養成即左金王、賀金即争世王、劉希堯即治世王歸自成於開封，尋與汝才善，欲請於李，自爲一軍，自成疑之。及陷襄陽，令守應規取澧州，一龍規取黄州。一龍至黄陂，阻水不前，僅得良玉原降兵八百以歸，先過汝才，屏人耳語。自成啣之，不發。僞參謀吉珪私語汝才曰：「某觀李帥非容人者。今與李頡頏，惟羅與革、左，將軍顧自爲計。」汝才意許，不答。會有黄州陳生之間，自成疑汝才微欵良玉，猝起殺之，有其軍。

時牛金星教自成分等威，定職掌，頗自異於諸流，創爲官名爵號，大加置設，自元帥以下爲權將軍，次制將軍，次果毅將軍，次威武將軍，都尉、掌旅、都總、哨總，各以等第降殺。諸子錦、妻之弟高必正皆居帳中，號親信。李巖爲中營制將軍，與其弟牟頗能簡束其下。田見秀者，持忠厚，以權將軍提督諸軍事。劉宗敏嗜殺，狡猂善戰，爲權將軍之亞。賀錦歸自蘄黄，拔爲制將軍，在諸將之右。帥標正威武將軍張鼐，自成養子也，以爲威武將軍，黨守素副之。帥標左威武將軍辛思忠，以果毅將軍谷可成副之。帥標右威武將軍李友，標前果毅將軍任繼榮，標後果毅將軍吴汝義，此其中權親軍也。左營以下，制將軍劉芳亮，左果毅將軍馬世耀，右威武將軍劉汝魁。右營以下，制將軍劉希堯，左果毅將軍白鳴鶴，右果毅將軍劉體仁。前營以下，制將軍袁宗弟，左果毅將軍謝君友，右果毅將軍田虎。後營以下，制將軍李過，亦自成諸子也，左目眇，年少，驍敢戰；左果毅將軍張能，右果毅將軍馬重僖。又有騶應標者亦後營。此五營二十二將者。凡進戰，視中權所向，四營制將軍各率其偏裨以從。

其次則分地以定衛。自成既渡漢江，長驅入荆，念天下莫予難者，謀先守荆襄，次承天、德安，漸及汝寧等處，因增置衛帥十有三人，襄陽者，賊之腹心根本也，設襄陽衛，左右威武將軍高一功、馮雄各領三千人爲久戍。又有楊彦昌亦守襄陽。以荆州爲襄陽上游，設通達衛，用任光榮爲制將軍，領六千人守荆州。以夷陵爲楚蜀之門户，分通達衛，左右威武將軍霍養成、牛萬才，兵千四百人，佐以都尉張禮水師六百人，共爲防禦。守荆門州者，都尉葉雲林，本郟縣諸生，所將止六百人，則以荆州有夷陵爲之蔽也。馬守應改爲威武將軍王文耀，配以荆州兵六千，守澧州。承天特置揚武衛，以果毅將軍白旺守安陸。而顯陵爲我師所必争，用左營都尉馬世泰爲分駐。又以威武將軍謝應龍守漢川，防左帥之遡流上也。汝寧衛，威武將軍韓華美守信陽，北扼孔道。均平衛，果毅將軍周鳳翔守禹、鄭二州，西備關中諸鎮。既以磐牙屯據，乃改襄陽曰襄京，葺故王宫殿居之。楊永祐勸以即真，牛金星不可而止。自成外寢永祐議，而心善之，頗採其言以定官職。置上相、左輔、右弼、六政府侍郎、郎中、從事等官，於要地設防禦使，府曰尹，州曰牧，縣曰令，易印爲信。改明崇王申櫄爲襄陽伯，邵陵王在城爲棗陽伯，保寧王甲爲宣城伯，肅寧王術授爲順義伯。禹州曰均平府，承天府曰揚武州。其所授僞官，自牛金星而下，吏政府侍郎石首喻上猷，户政府侍郎江陵蕭應坤，禮政府侍郎招遠楊永裕，兵政府侍郎米脂李振聲，刑政府侍郎江陵鄧巖忠，工政府侍郎西安姚錫胤。郎中、從事之可考者二十餘人，郎中則吏政府徐丘、王家柱，從事則户政府閻泰定、郭附龍、游啓運、楊四畏，禮政府劉清夢、楊輝烈，兵政府傅朝升、丘之陶、施洪翩，刑政府安民興，工政府蔣芬之。尚有宣令司張翔、紀功司李定一。有紹興徐桂者，知書數，不受職。在外則荆州防禦使洛陽孟長庚、府尹長葛張虞機；襄陽防禦使郟縣李之剛，府尹盧氏牛佺，佺，金星子也；南陽防禦使鍾祥吴大雍，府尹江陵劉蘇；汝寧防禦使江陵金有章，府尹江陵鄧璉；又揚武州防禦使陳藎、信陽州防禦使江陵黄閣、均平府尹劉懋先。其府官有丞，有理刑，州有判，縣有簿。州牧自荆州韓纘以下十八人，縣令自襄陽楊士科以下六十七人。

自成自號新順王，以李雙喜爲養子，嗜殺更甚於自成。會造殿，鑄洪基錢不就，斬一謀士，卜諸紫姑人不吉，因立雙喜爲太子，更名洪基以厭之。鑄復不就。

於是會左輔以下官議用兵所向，牛金星議先取河北，直走京師。楊永裕議順流下金陵，斷運道，則燕都自敝。兵政府從事顧君恩進曰：「兩議恐非萬全，金陵勢居下流，雖能克濟，失之緩；直取京師，萬一不克，退無所歸，其策失之急；莫若先定關中，爲元帥桑梓，扼天下全勢，建國立業，然後旁掠三邊，奮其餘勇，自晉入燕，乃立不拔。」自成然之。時督師傳庭奉詔速進，治火車，肄未善，八月出關，小捷龍門，走賊汝州。自成築汝寧、鄧、襄等七城，圖內固，營寶豐爲犄角。已而寶豐下，擄僞守誅之，軍聲振。賊初流而勇，至是分守弱，屢爲官兵所蹙，襄洛豪傑並起，各保塞，互逐賊。於是方國安以兵復承天，老回回屯彝陵戰敗。副總兵沈萬登以鄉勇萬人復汝寧。萬登，故汝寧大俠，自成僞授威武大將軍，不受，至是殺僞將軍馬尚忠等，堅壁應官軍。會大雨濘道，轉餉不續，即破郟無粟，軍饑，乃譁。自成截餉道，官軍大敗，死者四萬，傳庭走閿鄉，賊追至孟津。

十月，攻潼關急，秦督傳庭陣歿。西安陷，巡撫師孔、按察使黄炯、長安知縣吴從義、指揮使崔爾達咸死之。鄉紳崔源溥、源清、祝萬齡、王徵、田時震、席增光、朱誼泉咸不屈見害。陷華州，屠商州，商雒道黄世清殉其職。以上皆有傳。賊入西安，放兵大掠，三日止。改西安府爲長安，據秦王府爲宫，收姬妾數百以充之，命所司一倣故李唐制度，即秦撫故署爲吏政府，布政使爲户政府，保安郡王邸爲禮政府，都司爲兵政府，按察使爲刑政府，分守道爲工政府。僞授秦王存樞爲權將軍，世子妃劉氏慟哭求死，歸其家。遣李過追高傑於延安，傑絶河津以守。田見秀追高汝利於漢中，汝利遁蜀，降於賀珍。劉宗敏等追白廣恩於保原，廣恩降賊。楊永裕閱兵於渭橋，大開馳道。自成親閱校射，身被藍布袍，覆以小黄蓋，百姓望見辟易。詣米脂祭墓，築土封之，訪其宗人，贈金授爵以去。改延安爲天保府，米脂爲天保縣。又改清澗縣爲天波府。獨鳳翔府設伏，僞降賊，殺賊三百餘騎，卒城破，知府唐時明被害。

自成初入關，自以爲故鄉，頗戢慰其衆，至是殘毒甚，束丁男爲奴，剽刦婦女，閉衣冠紳士空舍，加榜掠，索金，責渭南民餉一百六十萬。鄉紳南企仲、居業父子，兄居益，皆炮烙死，秦民大失望。張國紳者，首先推戴，進文太僕之妻鄧氏，貌美，悦自成，自成斬國紳示公，善鄧而歸之。時左光先亦降賊，令白廣恩諭降永福，永福曰：「汴城之戰，永福流矢不恭，恐不赦。」自成折箭，誓相忘無他，乃伏謁。諸邊守將梁甫、馬岱等多解甲降，獨榆林拒守力。世胄王氏，一門八元戎，有世國、世臣者，兄弟也。尤世禄閥亞於王，而威令爲衆所恃。李昌齡故總兵，僑寓，相乘城。兵道都任，協劉、惠兩副將，推尤世威爲帥，合王、李闔門死禦賊。李過狥榆林，諭降不可，殘賊數千人，力竭城破，猶巷戰不屈。都任同劉、惠二王、尤、李皆烈死，賊屠榆林。寧夏聞風，總兵官撫民開城降。攻慶陽四日，違限屠之，執韓王，副使段復興、寧州知州董琬、邑紳麻禧咸死之。以上俱有傳。賊過河入晉，破平陽，總兵陳尚智以城降，殺河西王家口三百人。是時，秦隴全没，惟甘肅帶河爲固。賊陷蘭州，甘撫林日瑞守峽口，戰敗，及總兵馬爌、中軍哈維新、姚世儒皆死，副將郭天吉再戰，與苑馬寺監牧同知藍臺、州紳羅俊傑、趙宦及於難，殺居民四萬七千人。於是蘭州、山丹、永昌、鎮番、莊浪皆陷。賊以陳之龍爲西寧節度使。

於十七年正月，自成妄僭尊號於西安，僞建國曰順，改元永昌，更其名曰自晟，造僞甲申曆，拜牛金星爲天佑殿大學士，釐定六政府尚書，益置學士弘文館、文譽院、諫議、直指、從政、統會、尚契司、驗馬寺、知政使、書寫房。以乾州宋企郊爲吏政尚書，平湖陸之祺户政尚書，真寧鞏焴爲吏政尚書或云張學一，王命申爲兵政尚書渭南人。張國紳初亦爲兵政尚書。餘官從自襄陽者陞賞有差。凡賊帥，給珠琲環寶人二升，銀千兩，權將軍、制將軍封侯，果毅將軍以下封伯，封子男有差。如侯封汝侯劉宗敏、澤侯田見秀、蘄侯顧英、亳侯李錦亦眇一目、磁侯劉芳亮、義侯張鼐、綿侯袁宗第、岳侯□□、淮侯劉國昌、絳侯吴汝懿。伯七十二人，如光山伯劉體仁、太平伯吴從義、繁峙伯馬世耀、桃源伯白廣恩、鄢陵伯劉□、武陽伯李佐、文水伯陳永福，其可考者也。伯以下封子三十人，男五十五人。其官制，既遵李唐，以雲紀官，服補按品，自一雲以至九雲，紗帽爲軟其翅。生員公服，鯉魚爲補。遂以僞檄馳遠近：「君非甚闇，孤立而煬蔽爲多；臣盡行私，比黨而公忠絶少。獄囚累累，士無報禮之心；賦斂重重，民有偕亡之恨。」入册步兵四十萬，馬兵六十萬。兵制：一爲傀行列者斬之，騰入苗塍者斬之。兵死，令其妻即縊以從，無别配。鑄永昌錢，大者直白金壹兩，次當十、當五不等。設科目取士，以寧紹先充考官，命題用《定鼎長安賦》，拔扶風舉人張文熙爲第一，受僞命草檄。弘文學士李化麟、臺諫宋衛等僞頌功德，張形勢，以指斥乘輿，脅污州郡。

遂分兵五道，一從榆林，一大興關，一汾陽，一河南，一潼關。知府張璘然以平陽降。再陷河津、稷山、滎河，山西望風送欵。賊以一軍上絳州，以一軍上蒲。二月，自成率其全師渡河，破汾州，狥河曲、静樂，攻太原，執晉王，晉撫蔡懋德殉節死。

兵至忻州，攻代，五臺迎降。獨寧武關總兵周遇吉殊死戰，賊大創，力竭死。犯大同，總兵姜瓖降，巡撫衛景瑗死之，殺代藩宗室盡。破宣府，巡撫朱之馮自剄。以上皆有傳。賊從陽和、柳溝以入居庸，真、保定、大名皆不守。自成三月之十有三日至昌平，十七日抵京城，攻彰義門，坐晉、代兩王於地，仰觀，防內礮，環圍九門。上有旨：每門科道二員，督視嚴守堞，堞三軍一人，礮如雷，但空發，賊未至城下也。十八日，巡街猶大聲呼警。午刻，彰義門開，城中喧傳闖王以此日干支不利，擇十九日辰刻入大城，此說不知何自起。夜，礮徹曉，至於無彈，但作虛聲，惟恐發誤傷賊者。果次日丁未辰刻，自成從順城門入，齊化門亦大啓入衆。帝殉社稷壽皇亭，亭即故內操處也。賊過承天門引射，默禱擬中天字，不及咫。牛金星曲解之，曰當中分天下，自成喜。懸購得帝宮中，殊爵。擅登皇殿，據黼座。牛金星叱僞官二十一人過堂。劉宗敏平立不拜，曰：「故兄弟，乃南面我乎？」已從衆，姑伏地。太監杜天秩率諸內員導賊入宮，自成責以背主當斬，皇遽叩頭曰：「識天命，故至此。」賊分宮嬪於諸所部，各三十人。鐫九璽不成。僞詔有云：「獨夫授首，擬堯舜而多武功；四海歸心，比湯武而無慚德。」衛皇太子西宮，封宋王，不屈。易帝后梓宮，更禮服，帝丹漆，后黝漆；帝翼善冠，衮玉，跨金靴，后袍亦如之。

賊僭稱行在，示在京朝臣各報職銜，後不赦，於是報名恐後。先是城破，文武競焚其冠，買丐者服，服五六金。至是色喜，求故冠不得，從梨園中假之，一冠至五六金。凡受僞京官職，爲楊枝起等三百餘人；受外職，爲魏天賞等四百餘人，輒於寓門大書「大順欽授其銜」，擁從如故。時項煜以賊政府黎志陞爲煜甲戌門人，冀得顯秩，語人曰：「吾輩即未夷齊，寧不得爲管魏乎？」已授光禄丞，大失望。時敏後至，吏政府門閉，伺門大呼：「我故兵垣某矣。」得補選。蓋文武死難者三十八人，勛戚死難者一十四人，太監從死者二人，俱別有傳。賊意定都燕，自大，劉宗敏居田弘遇故第，李巖居嘉定伯府。宗敏日事殘毒，而巖示坦易，又嘗大義脱懿安皇后於厄，得從容自盡，軍中多稱之。宋獻策嘗私於李巖曰：「十八子字，得無以兆公乎？」巖懼不應。金星刺得之，頗側目巖。時縛諸大臣拷贓，多至死。原閣臣陳演獻銀三萬、金三千、珠斗，得免。魏藻德不勝刑，自勒死。方岳貢刑後不能食死。

時吳三桂父襄亦在拷中，三桂擬以關兵內援，賊乃脅襄作書招三桂，三桂不赴。而總兵唐通亦爲賊致書三桂勸降，三桂不答。賊以兵六萬擁太子、永王、定王及吳襄東出，三桂東乞師，身爲前驅，戰關門之一片石（或云系桃花淀），賊大敗，蹂踐死者數萬人。自成奔永平，使人議和。三桂曰：「歸我太子二王，速離京師，再議。」旋蹴之永平。自成反走都城，於四月之晦踐僞祚於武英殿。是後，每僭座，輒昏眩，或見長人白衣者當駕。有土工劉復興者，突踞賊座罵，自剄。已聞東師入關急，且棄去，猝火諸城樓，出齊化門西走。三桂追擊，敗之真定及固關而止。五月，又敗於定州，果毅將軍谷可成陣死，牛金星大創走。自成猶分兵戍山西諸隘。自定州一挫，鹿邑、考城、柘城諸縣僞令，爲明丁參將所誘執俘南都。

自成以河南多反正，內警，李巖自請兵二萬往定之。金星曰：「此巖急自固，他日以其鄉人相難，猝難制，且二心已微見其端矣。」遂實以獻策之言，必殺之。自成令金星曲欵巖，禮接殷，酒酣，壁衣甲出，殺之，並殺其弟牟。獻策私扼腕憤嘆，頗欲自異。宗敏按劍不平，切齒曰：「吾見金星，必手摧之。」時自成西奔，所過榆次、大谷、定襄咸閉關拒守，自成盡破屠之，忻、祁尤慘。留文水伯永福、府尹韓文銓守太原，永福殺晉藩宗室殆盡。賊過河，駐韓城爲策應，怒尚書企郊私其鄉故，縶其項，至西安釋之。入西安之日，怪風作，麗樵象魏俱敗。刲蒲州知名士韓霖爲參謀，檄故太常卿張第元爲兵政尚書，給事中耿始然爲刑政尚書。時第元歸韓城伏謁，自成曰：「卿家河北無恙乎？」第元倉猝不知所對，跼蹐曰：「家苦被屠。」問何以？曰：「以嘗投賊得官故。」坐犯所最諱，自成大怒，立誅之。始然懼，乃以多殺爲盡職，過失入，以請，自成手其奏，怒形於色。始然知不可解，輒自經死。禮政鞏焴所定儀式不稱自成指，負杖幾斃。

八月，自成立祖禰廟，將以己之誕期行禮。初被山龍衮衣，適寒甚股栗，指欲裂，盛火，左右紛沓，不成禮，乃怒禮政焴所進衮衣，謂兩山壓肩，罪死，金星力救，乃免。自成性殘，詭爲好語惑人，至是復狼狽必遂，嘗駐韓城二十五日，鞭撻刑剥無不至。於是興作徭役，并芟芻糗具，責民萬端，人莫必其命。以户政侍郎李天篤遲慢，坐戍，復縊殺之，妻子財貨没軍。延安府尹賈我祺以贓付西市，直指伍中愷謫爲軍。牧守以下，凡受賄，用銅鍘畢其命，胥隸不敢下鄉，民有盜人匹雛者論死。自成自以不省詩書，集詞臣日值，受講《通鑑》諸書，亦習書法。東師至潼關，僞伯馬世耀敗死，關破，六十萬之衆盡散走。自成猶欲返據延安，聞顧英、李過等亦潰，知西安必不能守，遂開府庫，恣軍士分取，凡倉廥則焚之。

自成於十三日出東門至藍田，由商州龍駒寨走武關，以入襄陽，婦女細弱凍死於七盤嶺者甚衆，宋企郊等道亡去。時左帥良玉已率衆南下，思俛依獻忠，而獻忠已入蜀，武昌虛無人，自成偕其妻高氏、李錦、李過、妻之弟高必正，皆肺腑戚，諸將田見秀、袁宗第、劉體仁、劉芳亮、張鼐、吳從義、牛萬才等，衆尚數十萬，

分爲四十八部，奄有荆州、襄陽、德安、承天四府守之。北師南下，移居武昌，改江夏爲瑞符縣，設僞令，運銅炭鑄永昌錢。初意奪舟取宣、歙，臨發而暴雨烈風，陰霾四塞，乃於四月之廿有四日改從金牛、保安，走延寧、蒲圻，過通城，命所部先行。通城有九宫山（一名羅公山），山有元帝廟，居民賽廟，合盟捍禦勿後。自成時以二十騎爲諸軍殿，騎休山麓，自成單鞭直躡廟伏謁，有所禱，不即起。諸賽疑非其鄉之人，或爲盜，奮荷鍤，猝破其首，見腰下有懸璽，且重襲非凡，大駭疾走去。二十騎跡之知狀，兒子一隻虎過以衮冕葬山麓，衆遂奉李過爲首。他日歘後，猶稱自成爲先帝，其自成後妻高氏稱太后，永曆中亦不甚過督也。

時其衆半歸閩督防何騰蛟，總制都御史堵胤錫使人招過，過遂同高必正以十營之衆來歸，賜名赤心，屬胤錫。所部頗殘，不用命，戊子，奉調促楚，不前。永曆中，西賊張獻忠義子孫可望挾封秦王，必正大言「我等方洗賊名，無尺寸之效，安得遽爾崇封」。及可望入，赤心走楚，同盧、郝等二十八家，擁韓王出没鄖陽山中，稱尊改元自保。

雜録

備論

張岱《石匱書後集》卷六二　石匱書曰：越兒舟，胡兒馬，各有所長；非天之降才爾殊也，其所以服習其事者久矣。洪承疇與流寇相爲終始，熟路輕車，頗得要領，自勤王一出，楚事大壞，不可復收：蓋其所以用之者舛矣。厥後文詔死而潼關隳，人龍殺而山海破，是皆人事之失，豈得盡歸天意邪！嗟乎！當時謀國之臣，雖寸斬，其可贖哉！

又曰：徐徵麟曰：「李自成、張獻忠覆國弑君之賊，罪浮於劉六、劉七諸人，不得同傳。」吾謂自成、獻忠，其伎倆不過與劉六、劉七等，而崇禎諸臣蘊崇蒙蔽，誘養成之，亦自覆其國，自弑其君已耳，與闖賊何與哉？余之入闖、獻於盜賊傳者，正所以盜賊之也。盜賊而使吾先帝死之，輪臺之悔，余將誰咎哉？

又曰：余昔游淮、泗，親見獻賊之破六合，四方商賈截手而歸者呼號徹夜。縣令上其事，直指王鼎梅曰：「罷！罷！三折股肱，方爲良醫！」付之一笑。夫聖君在上，殘賊横行，至截一縣之手而蔽不以聞，則天下事更有孰大於此者乎？後至君死國亡而蒙蔽始破，天乎，冤哉！先帝之目其不瞑矣。

查繼佐《罪惟録》列傳卷三一　論曰：豈非天哉！崇禎庚辰，築拱極城於蘆溝橋，南北門額題有「順治」「永昌」字樣。越四年所，輒見之，豈非天哉！孩兒兇坐，眼上一刀，及丁戊等讖，或曰當由後人僞爲之。按谷王穗時，妄冀非分，自以我高皇第十八子，應讖十八孩兒云云，則讖寶先有之，而誤認不致真，非後飾爲之也。永不、永昌，不昌，讖又胡爲哉？古射天及射日，皆不終。雖然，紅蛇叢死，得附白帝子之斬，亦厚幸矣。又按：檀信，貴州人，工奕，闖嘗與謀議，幾得而復失，不算國手。初陷華州，金星典試，改八股體爲議，命題「所過者化」三句，「同流」二字，尚留西府作伴，不自隱其賊名，亦似有識焉已。

藝文

尤侗《西堂詩集・擬明史樂府・皇來兒》　皇來兒，無賴賊，盜羝羊，爲走卒。米脂穴中蛇，昨日烏合狐。嗚勢飈忽車箱峽。困不死，潼關原。走不止，匹夫衡。行從如市，誰畫此計李公子。不納糧，迎闖王，剪藩封，蕩邊疆，弑君屠民何披猖。勝如虎，敗如鼠。官兵百萬莫誰何，野人一擊骨如土。九宫山，降真武，在天赫怒有成祖。

自成母娠，夢一皇者，衮冕來，曰以破軍星爲爾子，故名皇來兒。殺人亡命，投甘州爲兵，復殺縣令，從高迎祥爲駭。迎祥自成舅，號闖王。迎祥死，衆推自成爲主。嘗困車箱峽，詐降於陳奇瑜，得脱去。洪承疇擊之潼關原，大破之。以十人騎潰，圍走杞縣。舉人李岩號李公子，教以收人心，倡爲迎闖王，不納糧之謠。米脂令邊大受發其難資，火光熒然，骨脊黑色，毛被體而黄。腦後一穴，盤赤蛇，長三四寸，有角，見日飛丈許，以口迎日色。咋六七，反而仍伏。大受函顱骨，并蛇臘之。後爲王師所敗，南走，單騎登九宫山，謂真武廟。若有物擊之者，伏不起。村人方賽會，疑爲盜，取荷鍤碎其首。既斃而腰下見金印，且有非常衣服，大駭逃去。後騎訝久不出，路之，已血肉斃分矣。成祖靖難，嘗散髮像真武，後葬太和山，彷彿帝容。蓋在天之靈殛之矣。

張獻忠部

綜述

《明史》卷三〇九《張獻忠傳》 張獻忠者，延安衛柳樹澗人也，與李自成同歲生。長隸延綏鎮爲軍，犯法當斬，主將陳洪範奇其狀貌，爲請於總兵官王威釋之，乃逃去。

崇禎三年，陝西賊大起，王嘉胤據府谷，陷河曲。獻忠以米脂十八寨應之，自稱八大王。明年，嘉胤死，其黨王自用復聚衆三十六營，獻忠及高迎祥、羅汝才、馬守應等皆爲之渠。其冬，洪承疇爲總督，獻忠及汝才皆就撫。已而叛入山西，偕羣賊焚掠。尋擾河北，又偕渡河。自是，陝西、河南、湖廣、四川、江北數千里地，皆被蹂躪。當此之時，賊渠率衆無專主，遇官軍，人自爲鬬，勝則争進，敗則竄山谷不相顧。官軍遇賊追殺，亦不知所逐何賊也。賊或分或合，東西奔突，勢日强盛。

八年，十三家會滎陽，議敵官軍。守應欲北渡，獻忠嗤之，守應怒，李自成爲解，乃定議。獻忠始與高迎祥並起作賊，自成乃迎祥偏裨，不敢與獻忠並。及是遂相頡頏，與俱東掠，連破河南、江北諸縣，焚皇陵。已而迎祥、自成西去。獻忠獨東，圍廬州、舒城，俱不下。攻桐城，陷廬江，屠巢、無爲、潛山、太湖、宿松諸城，應天巡撫張國維禦之。獻忠從英、霍遁，道麻城，合守應等入關，會迎祥於鳳翔。已，復出商、洛，屯靈寶，以待迎祥。迎祥至，則合兵復東。總兵官左良玉、祖寬擊之，獻忠與迎祥分道走。寬追獻忠，戰於嵩縣及九皋山，三戰皆克，俘斬甚衆。獻忠恚，再合迎祥衆還戰，復大敗。迎祥尋與自成入陝西，而守應、汝才諸賊，各盤踞鄖陽、商、洛山中，不能救，獻忠亦遁山中。

明年秋，總督盧象昇去，苗胙土巡撫湖廣，不習兵。於是獻忠自均州，守應自新野，蝎子塊自唐縣，並犯襄陽，衆二十餘萬。總兵秦翼明兵寡不能禦，湖廣震動。獻忠糾汝才、守應及闖塌天諸賊，順流東下，與江北賊賀一龍、賀錦等合，烽火達淮、揚。南京兵部尚書范景文、操江都御史黄道直、總兵官楊御蕃分汛固守，安池道副使史可法親率兵當賊衝。賊從間道犯安慶，連營百里，巡撫國維告警。詔左良玉、馬爌、劉良佐合兵援之，遂大破賊。賊走潛山之天王古寨，國維檄良玉搜山，良玉不應，尋北去。賊乃復出太湖，連蘄、黄，敗官軍於酆家店，殺參將程龍、陳于王等四十餘人。會總兵官牟文綬偕良佐來援，復破賊。賊皆遁，獻忠入湖廣。

是時，河南、湖廣賊十五家，惟獻忠最狡黠驍勍，次則汝才。獻忠嘗僞爲官兵，欲紿宛城，良玉適至，獻忠倉皇走，前鋒羅岱射之中額，良玉馬追及，刃拂獻忠面，馬馳以免。會熊文燦爲總理，刊檄撫賊。闖塌天者，本名劉國能，與獻忠有郤，詣文燦降。獻忠創甚，不能戰，大恐。

十一年春，偵知陳洪範隸文燦麾下爲總兵，大喜，因遣間齎重幣獻洪範曰：「獻忠蒙公大恩，得不死，公豈忘之邪？願率所部降以自效。」洪範亦喜，爲告文燦，受其降。巡按御史林銘球，分巡道王瑞栴與良玉謀，俟獻忠至執之，文燦不可。獻忠遂據穀城，請十萬人餉，文燦不敢決。時羣賊皆聚南陽，屠掠旁州縣。文燦赴裕州，益大發檄撫賊。汝才以戰敗乞降於太和山監軍太監李繼改。明年，射塌天、混十萬、過天星、關索、王光恩等十三家渠帥，先後俱降。陝西總督洪承疇，巡撫孫傳庭復大破李自成，自成竄崤、函山中，朝廷皆謂賊撲剪殆盡。

獻忠在穀城，訓卒治甲仗，言者頗疑其欲反。帝方信兵部尚書楊嗣昌言，謂文燦能辦賊，不復憂也。夏五月，獻忠叛，殺知縣阮之鈿，隳穀城，陷房縣，合汝才兵，殺知縣郝景春。十三家降賊一時並叛，惟王光恩不從。獻忠去房縣，左良玉追擊之，羅岱爲前鋒，至羅猴山，岱中伏死，良玉大敗。

嗣昌已拜大學士，乃自請督師，帝大悦。十月朔，嗣昌至襄陽，集諸將議進兵。時羣賊大掠，賀一龍、賀錦犯隨、應、麻、黄，與官軍相持。汝才及過天星竄伏漳、房、興、遠，獻忠踞湖廣、四川界，將西犯。嗣昌視東略稍緩，乃宿輜重襄陽，濬濠築城甚固，令良玉專力剿獻忠。

十三年閏正月，良玉擊賊枸坪關，獻忠遁，追至瑪瑙山。賊據山拒敵，良玉先登，賀人龍、李國奇夾擊，大敗之，斬首千三百餘級，擒獻忠妻妾。湖廣將張應元、汪之鳳追敗之水右壩。川將張令、方國安又邀擊於岔溪。獻忠奔柯家坪，張令逐北深入，被圍，應元、之鳳援之，復破賊。獻忠率千餘騎竄興、歸山中，勢大蹙。

初，良玉之進兵也，與嗣昌議不合。獻忠遣間説良玉，良玉乃圍而弗攻。獻

忠因得與山民市鹽芻米酪，收潰散，掩旗息鼓，益西走白羊山。時汝才及過天星從寧昌窺大昌、巫山，欲渡江，爲官兵所扼，獻忠至，遂與之合。獻忠雖累敗，氣益盛，立馬江岸，有不前赴者，輒戮之。賊争死鬬，官軍退走。賊畢渡，屯萬頃山，歸、巫大震。已而汝才、過天星犯開縣不利，汝才東走，過天星復軼開縣而西。諸將往復追逐，獻忠乃悉衆攻楚兵於土地嶺，副將汪之鳳戰死。遂陷大昌，進屯開縣，張令戰死，石砫女土司秦良玉亦敗。汝才復自東至，與獻忠轉趨達州。川撫邵捷春退扼涪江。賊北陷劍州，將入漢中。總兵官趙光遠、賀人龍守陽平、百丈險，賊不得過，乃復走巴西。涪江師潰，捷春論死，獻忠屠緜州，越成都，陷瀘州，北渡陷永州，走漢川、德陽，入巴州。又自巴走達州，復至開縣。

先是，嗣昌聞賊入川，進駐重慶。監軍萬元吉曰：「賊或東突，不可無備，宜分中軍間道出梓潼，扼歸路。」嗣昌不聽，擬令諸將盡赴瀘州追賊。

十四年正月，總兵猛如虎、參將劉士傑追之開縣之黄陵城，賊還戰，官軍大敗，士傑及遊擊郭開等皆死。獻忠果東出，令汝才拒鄖撫袁繼咸兵，自率輕騎，一日夜馳三百里，殺督師使者於道，取軍符，紿陷襄陽城。獻忠縛襄王翊銘置堂下，屬之酒曰：「我欲借王頭，使楊嗣昌以陷藩誅，王其努力盡此酒。」遂殺之，並殺鄖襄道張克儉、推官鄺曰廣，復得其所失妻妾。又去陷樊城，當陽、郟。合汝才入光州，殘商城、羅山、息縣、信陽、固始。分軍犯茶山、應城，陷隨州。僞張良玉幟，入泌陽。再攻應山，不克，去。攻鄖陽，守將王光恩力戰，始解。又拔鄖西，羣盜附者萬計，遂東略地。

獻忠自瑪瑙山之敗，心畏良玉，及屢勝，有驕色。秋八月，良玉追擊之信陽，大破之，降賊衆數萬。獻忠傷股，乘夜東奔，良玉急追之。會大雨，江溢道絶，官軍不能進，獻忠走免。已，復出商城，將向英山，又爲副將王允成所破，衆道散且盡，從騎止數十。時汝才已先與自成合，獻忠遂投自成。自成以部曲遇之，不從。自成欲殺之，汝才諫曰：「留之使擾漢南，分官軍兵力。」乃陰與獻忠五百騎，使遁去。道糾土賊一斗穀、瓦罐子等，衆復盛，然猶佯推自成。先是，賊營革、左、二賀陷含、巢、潛諸縣，欲西合獻忠，以湖廣官兵沮不得達。及汴圍急，督師丁啓睿及左良玉皆往援汴，獻忠乘間陷亳州，入英、霍山中，與革、左、二賀相見，皆大喜。

明年合攻，陷舒城、六安，掠民益軍。陷廬州，知府鄭履祥死。陷無爲、廬江，習水師於巢湖。太監盧九德以總兵官黄得功、劉良佐之兵戰於夾山，敗績，江南大震。鳳陽總督高斗光、安慶巡撫鄭二陽逮治，詔起馬士英代斗光。是秋，得功、良佐大破賊於潛山，獻忠腹心婦豎盡走蘄水，革、左、二賀北投自成。已，獻忠復襲陷太湖。會良玉避自成東下，盡撤湖廣兵自從。獻忠聞之，又襲陷黄梅。

十六年春，連陷廣濟、蘄州、蘄水。入黄州，黄民盡逃，乃驅婦女剷城，尋殺之以填塹。麻城人湯志者，大姓奴也，殺諸生六十人，以城降賊。獻忠改麻城爲州。又西陷漢陽，全軍從鴨蛋洲渡，陷武昌，執楚王華奎，籠而沈諸江，盡殺楚宗室。録男子二十以下、十五以上爲兵，餘皆殺之。由鸚鵡洲至道士洑，浮胔蔽江，踰月人脂厚累寸，魚鼈不可食。獻忠遂僭號，改武昌曰天授府，江夏曰上江縣。據楚王第，鑄西王之寶，僞設尚書、都督、巡撫等官。開科取士。以興國州柯、陳兩姓土官悍勇，招降之。題詩黄鶴樓。下令發楚邸金振饑民。蘄、黄等二十一州縣悉附。

時李自成在襄陽，聞之忌且怒，貽書譙責。左良玉兵復西上，僞官吏多被擒殺。獻忠懼，乃悉衆趨岳州、長沙。於是監軍道王瓊、沔陽知州章曠、武昌生員程天一、白雲寨長易道三皆起兵討賊，蘄、黄、漢陽三府皆反正。獻忠遂陷咸寧、蒲圻，偪岳州。沅撫李乾德、總兵孔希貴等據陳陵磯拒戰，三戰三克，殲其前部。獻忠怒，百道並進，乾德等不支，皆走，岳州陷。獻忠欲渡洞庭湖，卜於神，不吉，投珓而詬。將渡，風大作，獻忠怒，連巨舟千艘，載婦女焚之，水光夜如晝。騎而逼長沙，巡按劉熙祚奉吉王、惠王走衡州，總兵尹先民降，長沙陷。尋破衡州，吉王、惠王、桂王俱走永州。乃拆桂府材，載至長沙，造僞殿，而自追三王於永。熙祚命中軍護三王入廣西，身入永死守，城陷見殺。又陷寶慶、常德，發故督師楊嗣昌祖墓，斬其屍見血。攻道州，守備沈至緒戰殁，其女再戰，奪父屍還，城獲全。遂東犯江西，陷吉安、袁州、建昌、撫州、永新、安福、萬載、南豐諸府縣。廣東大震，南、韶屬城官民盡逃。賊有獻計取吴、越者，獻忠憚良玉在，不聽，決策入川中。

十七年春陷夔州，至萬縣，水漲，留屯三月。已，破涪州，敗守道劉麟長、總兵曹英兵。進陷佛圖關。破重慶，瑞王常浩遇害。是日，天無雲而雷，賊有震者。獻忠怒，發巨礮與天角。遂進陷成都，蜀王至澍率妃、夫人以下投於井，巡撫龍文光被殺。是時我大清兵已定京師，李自成遁歸西安。南京諸臣尊立福王，命故大學士王應熊督川、湖軍事，兵力弱，不能討賊。獻忠遂僭號大西國王，

改元大順。冬十一月庚寅，即僞位，以蜀王府爲宫，名成都曰西京。用汪兆麟爲左丞相，嚴錫命爲右丞相。設六部五軍都督府等官，王國麟、江鼎鎮、龔完敬等爲尚書。養子孫可望、艾能奇、劉文秀、李定國等皆爲將軍，賜姓張氏，分徇諸府州縣，悉陷之。保寧、順慶先已降自成，置官吏，獻忠悉逐去。自成發兵攻，不克，遂據有全蜀。惟遵義一郡及黎州土司馬金堅不下。

獻忠黄面長身虎頷，人號黄虎。性狡譎，嗜殺，一日不殺人，輒悒悒不樂。詭開科取士，集於青羊宫，盡殺之，筆墨成丘冢。坑成都民於中園。殺各衛籍軍九十八萬。又遣四將軍分屠各府縣，名草殺。僞官朝會拜伏，呼獒數十下殿，獒所齅者，引出斬之，名天殺。又創生剥皮法，皮未去而先絶者，刑者抵死。將卒以殺人多少敘功次，共殺男女六萬萬有奇。賊將有不忍至縊死者。僞都督張君用、王明等數十人，皆坐殺人少，剥皮死，並屠其家。脅川中士大夫使受僞職，敘州布政使尹伸、廣元給事中吴宇英不屈死。諸受職者，後尋亦皆見殺。其慘虐無人理，不可勝紀。又用法移錦江，涸而闕之，深數丈，埋金寶億萬計，然後決堤放流，名水藏，曰：「無爲後人有也。」當是時，曾英、李占春、于大海、王祥、楊展、曹勛等義兵並起，故獻忠誅殺益毒。川中民盡，乃謀窺西安。

順治三年，獻忠盡焚成都宫殿廬舍，夷其城，率衆出川北，又欲盡殺川兵。僞將劉進忠故統川兵，聞之，率一軍逃。會我大清兵至漢中，進忠來奔，乞爲鄉導。至鹽亭界，大霧。獻忠曉行，猝遇我兵於鳳凰坡，中矢墜馬，蒲伏積薪下。於是我兵擒獻忠出，斬之。

川中自遭獻忠亂，列城内雜樹成拱，狗食人肉若猛獸虎豹，齧人死輒棄去，不盡食也。民逃深山中，草衣木食久，徧體皆生毛。獻忠既誅，賊黨可望、能奇、文秀、定國等潰入川南，殺曾英、李乾德等，後皆降於永明王。

張岱《石匱書後集》卷六二 四川逆賊張獻忠，榆林人。崇禎元年，延安饑，谷府民王嘉胤作亂，獻忠往從之。獻忠陰謀多智，賊中號「八大王」，其部最强。四年，率衆二千人就撫於三邊總督洪承疇，踰年，叛去。賊首高迎祥、紫金梁等寇山西，轉略河南，洪承疇率諸將逐之，獻忠西奔商、雒，遁盩、鄠間，與延安賊李自成陷澄城。尋出潼關，寇嵩、汝。八年，諸將集宛、雒，獻忠東走掠盧、鳳、安慶。已，掠商州，復至秦川。是年十一月，又出潼關，犯閿鄉、靈寶，東行，總兵祖寬敗之於姑家廟。獻忠合諸賊復圍廬州，分道陷巢縣、含山，遂陷和州，沿江下犯江浦。九年，復圍滁州，總理盧象昇大敗之，遂竄河南。十年，大掠河南，入楚，寇蘄、黄岡，官軍敗之。獻忠後入江北，東掠至儀真，揚州告急。獻忠西走入楚。

十一年，總兵左良玉、陳洪範大敗賊於鄖西，獻忠請降。初，獻忠自良、涿譟而爲盜，洪範捕獲獻忠，異其貌而釋之，以是懷舊恩，乞降於洪範，請率所部殺賊自效，總理熊文燦承制撫之。獻忠請置家口於鄖西，文燦爲請於朝，詔貸其罪，立功自贖，獻忠乃率部曲數千居白沙界。獻忠狡而多計，羣盜每以爲的。其降也，自言可制鄖、襄、荆，使數百里内外無一賊。文燦每曲殉其請，益驕不奉法，屢檄從征，不應。獻忠又求襄陽一郡，以屯其軍。文燦議餉二萬人，獻忠乞餉十萬人，文燦遷延不能應。十月，獻忠聲言寄家口於穀城，入據守之，分屯羣盜於四郊。十一月，曹操羅汝才亦就撫，文燦安其衆於房、竹間，與民錯壤而處，遥與獻忠爲聲援。

十二年，獻忠復叛，羅汝才九營並起應之。獻忠脅御史林鳴球上書求封於襄陽，鳴球不從，殺之。熊文燦檄諸將進兵穀城，獻忠焚穀城西走，與羅汝才合。左良玉追賊於房縣西，大敗於羅睺山，一軍盡没，良玉失其符印。事聞，文燦與良玉俱革職，殺賊自贖。九月，大學士楊嗣昌督師討賊，逮文燦論死；嗣昌表左良玉爲平賊將軍。十三年，良玉大破獻忠於太平縣之瑪瑙山，斬首萬級。獻忠驍鋭俱盡，止驍騎千餘自隨，走興歸山，伏深箐中。重賄山民，市鹽芻米酪，山中人安之，反爲賊耳目，獻忠得以休夏，收散亡，養夷傷，羣盜往往歸之，兵復振。時羅汝才、過天星七股賊盡入蜀，獻忠自興歸山走白羊山，入巫山隘。聞川兵躡之，益深入谷中，掩息旗鼓，轉入而西，不知所往。都司曹進功入山偵賊，不見一人而還。獻忠既西，遂與羅汝才合，屢敗官兵，遂渡河入巴西，陷劍州，趨廣元，直走平陽關，從間道别出百丈山，將入漢中，總兵趙光遠守關甚嚴，賊乃踰昭化，走四川，陷瀘。督師監軍萬元吉提兵至立石站，賊越成都，走漢川、德陽，復至綿河。十四年，獻忠入巴州，走達州，渡違河而東，往新開，焚燬驛道，人烟斷絶者七百里。總兵猛如虎率諸將追及開縣，獻忠連戰不利，憑高而望，見後軍無繼，急擊之，諸軍大敗。獻忠度巫山，晝夜疾走房山中，東走宜城，偵襄陽無備，襲破之，殺襄王。遂渡江破樊城，隨陷當陽、郟縣、光州、新野，督師楊嗣昌自經死。獻忠掠汝寧，攻固始，陷光州，復陷隨州。左良玉敗獻忠於南陽之西山，獻忠走隨州，陷鄖西，鄖兵與戰，敗績。獻忠以所擒鄖兵，人斷一手，縱歸以辱官軍。獻忠既拔鄖西，馬騾器甲搶獲甚盛，羣盜蟻附之，衆至數十萬。獻忠屢戰而驕，左

良玉悉精鋭逆之於信陽，斬其首將沙賊，大破之，奪其馬萬餘，降衆數萬。獻忠負重創，收餘衆數千，反走鄖陽，遇官軍，不戰而潰，棄馬騾二千，尚有衆二千，趨南陽，負創不能馳，保其婦竪，日行三十里，部曲日逃十六七，僅隨數百人，奔河、雒，欲附李自成。自成有衆五十萬，方自雄長，欲屈獻忠，獻忠不爲下，自成怒，謀殺之。獻忠乃晝夜東馳，與老回回諸賊合，入霍山，扼險拒守。督師丁啓睿以兵赴商城，旋北行討李賊，獻忠得逸山中。

十五年，獻忠復出攻舒城，舒城陷，改曰「得勝州」。獻忠遣英、霍遊民陽爲貿易者潛入廬州城，適督學御史以校士至郡，獻忠遣賊數百負書卷、衣青衿，雜諸生應試者旅寓城中。夜半，獻忠捲甲疾馳到城下，城中賊縱火應之，城陷。獻忠退屯巢湖，掠含山、巢縣。六月，復陷六安，將州民盡斷一臂，男左女右。總兵黄得功、劉良佐救六安，營於夾山嶺，再戰，敗績。得功歸定遠，獻忠再陷六安，挫得功、良佐兵，謀渡江入南京。遂僭號改元，刻僞寶，選自宫男子，僞署總兵以下官。九月，黄得功復以大兵逐之，獻忠走潛山。得功、良佐捲甲疾趨，夜半緣山後譟而升，賊驚起失措，前阻大溝，不能列。官軍奮擊，賊踰崖跳澗四潰，追奔六十里，斬首萬餘。獻忠潰圍走，填屍溢谿壑，聲聞百里，奪馬騾數萬，獻忠腹心謀士婦竪俱盡。十月，劉良佐再破獻忠於安慶，奪騾馬五千，救回難民萬餘，獻忠引兵西走蘄州。劉良佐旋師淮安，黄得功旋師定遠，獻忠東去，陷桐城屠之，復陷無爲州、黄梅、太湖。

十六年，獻忠以二百人夜襲蘄州。明日，令薦紳、孝廉、文學各冠帶自東門入，西門出，盡斬之，遂屠蘄州。疾馳至黄州，乘大霧攻城，黎明城陷，獻忠據府，自稱西王。麻城諸生周文江倡亂迎降，獻忠大喜，授文江知州。五月，總兵方國安率兵七千扼蘄州，獻忠西向武昌，楚王命長史募兵禦之。城陷，楚王遇害。獻忠據楚王府，僭稱武昌曰京城，僞設六部、五府，鑄「西王之寶」；開科取士，殿試取三十人爲進士，授州縣官。獻忠以四賊帥守武昌，自出陷咸寧、蒲圻，悉衆攻岳州。岳州陷，復攻長沙。長沙既陷，設立僞官，大書僞榜，馳驛遠近。尋陷衡州，全楚俱陷。陷承天時，賊遣僞將王克生發顯陵求寶。僞陽五知州張聯奎多備鍬鋤，率衆發掘，欻風雷雨大作，晝晦，聯奎見一金甲人手持金瓜，當頂一擊，即惽迷跌地，口鼻流血，一夜而死。克生驚走，不知所在，獻賊大懼，遂不敢動。遂遣前鋒至江南，取袁州，分兵徇攸縣、分宜。獻忠自長沙突至吉安，吉安陷，設僞官守之，改吉安爲「親安府」，廬陵爲「順民縣」。十一月，左良玉令馬士秀復長沙、馬進忠復袁州，盡誅僞官，斬首三千級，奪賊馬五百，弓矢數萬。

十七年正月，獻忠自岳陽渡江，虚設僞官於江南，大隊俱往江北。遂棄江沙，造浮橋於三江口，以一軍過荆州，盡棄舟楫，步騎數十萬入夔州。左良玉追獻忠於沙陽。六月，獻忠陷涪州、瀘州，蜀王告急，請濟師於南都，左良玉兵屯德安。獻忠順流陷佛圖關，遂圍重慶，悉力拒守，四日而陷，瑞王闔宫被難。遂屠重慶，取丁壯萬餘，劓耳鼻、斷一手，驅徇各州縣。兵至不下，以此爲令；但能殺王府長吏、封府庫以待，則秋毫無犯。由是所至官民自亂，無不破下者。八月，獻忠進陷成都，蜀王闔宫被難。獻忠大索全蜀紳士，至成都，皆殺之。既而懸榜試士，諸生遠近争赴；獻忠以兵圍之，擊殺數千人，咸挾筆握策以死，蜀中士類俱盡。復大殺蜀民，全蜀數千里，蕭條絶無人跡。時中原多故，諸將無暇西顧，獻忠遂奄有兩川。李自成敗，益發兵攻漢中，陷之；獻忠逡巡自守，不敢出。未幾，獻忠以病，死於蜀中。

查繼佐《罪惟録》列傳卷三一　張獻忠，陝膚施人，流賊之一支也，軍中稱西府八大王。多鬚，巨身，齒長踰咫，圓鋭如椎，不識字。與李自成、羅汝才氣勢大過諸流。崇禎四年，嘗就撫於總督洪承疇，明年復叛，同諸寇蹂躪秦、晉、楚、豫，事在《王嘉胤傳》。八年以後，始離自成，東掠廬、鳳、滁、和諸處，與諸盜復入楚。十一年，總兵左良玉、陳洪範大破之於鄖西。初獻忠盜敗良、涿，洪範異其貌，釋之，以是懷舊恩，乞降於洪範，自言能令鄖、襄、荆、承數百里外無一賊。總理熊文燦承制許之，且曲狥其所請，益驕。屢檄從征，不應，至求襄陽一郡屯其軍。部議與餉二萬，堅請十萬，文燦逡巡不能應。旋請寄家口於穀城，入據守之。時汝才亦就撫均州。明年五月，獻忠先汝才叛，舉人王秉貞爲之謀主，殺穀城知縣阮之鈿，脅御史林鳴球上書求封襄陽，鳴球不可，一并殺之。與汝才合，返擊，良玉一軍没。

十三年，良玉擊獻忠等太平縣之瑪瑙山，大勝之，斬首萬級。賊窘，匿亂山。時閣部嗣昌以良玉頗跋扈，欲以賀人龍代之，良玉方内恨，遂不復深入求賊。已而官兵敗績於土地嶺，人龍援不至，總兵張應元、汪雲鳳苦戰得脱。雲鳳渴，飲水斗餘卧，血凝臆而卒。獻忠與汝才合破大昌，入巴西，陷劍州，趨廣元，間道別出百丈山，將趨漢中。阻於官軍，轉走西川，戰於綿州，敗，渡綿河。監軍萬元吉大饗士於保寧，立猛如虎爲總統，以一軍逐賊。賊陷瀘州，越成都，走漢川、德陽，復至綿河。十四年，入巴達，焚新開驛路，人煙斷絶者七百里。時元吉欲從

間道出梓潼，扼歸路以待賊，而嗣昌但令急躡賊，及之於開縣，則人馬乏。參將劉士傑急戰，與遊擊郭開、猛先捷皆陷陣死。先捷，如虎子。嗣昌悔不從元吉扼梓潼之計。賊東走抵襄陽，以二十騎僞爲檄稱官兵，守者誤信之，開門入騎。兵備道張克儉、推官鄺曰廣咸死之。獻忠踞坐襄王宫，伏王堂下，進巵酒曰：「願借王頭殺嗣昌，請浮此一白。」意以督師失藩王必伏法也，遂縛王殺之，投屍井中。會賊李自成亦陷河南，福王遇害，嗣昌以連喪親藩，度不免，遂自縊死，果如獻忠所算。賊遂破樊城，陷南陽、郟縣，及光州、新野，漸逼麻城，合汝才陷隨州，知州徐世淳見殺。攻南陽，不克，良玉敗之於西山。賊陷信陽，襲入泌陽，復陷鄖西。會汝才與獻忠郄，去，走合自成。獻忠乃獨制衆可數十萬，屢勝而驕。良玉貲藏及降將之家皆在鄖襄，盡爲所據，憤起擊之，大敗獻忠於信陽，降衆數萬，奪馬驢萬。獻忠負重創，易服宵遁。時窮追至鄖陽，復大潰，棄馬驢二千，所部止二千餘人，日逃十六七，僅以數百人，北因汝才，奔自成軍。初獻忠之陷襄陽也，自以威名出自成右，至是來歸，而自成衆五十萬强，欲竟屈下之。獻忠傲不從，自成怒，計陰殺之，汝才密以五百騎縱獻忠東下合革、左軍。於是入霍山，據險拒守，尋合六營復出。

　　十五年，陷亳州及舒城，原任編修胡守恒城守死之。獻忠屯舒城，勢復振，稱得勝州，攻霍山，陷六安，襲破廬州。先是，督學御史以較士至郡，獻忠遣賊數百，攜書卷，僞爲諸生，雜入郡城，而獻忠以大師疾馳郡，僞書生夜舉火應之，城陷，知縣鄭履祥自殺。退屯巢湖，陷廬江，合水陸五十六營，集皖口，復陷六安州，民之不迎降者盡斷其手。營潛山，步騎九十哨。總兵黄得功、劉良左夜刦之，賊驚失措，四潰。追奔六十里，斬首萬級，焚賊殿一堵墻林中。閏月，良左再破之於安慶，奪馬驢五千。賊走蘄水，還屠桐城，陷無爲州及黄梅、太湖。

　　十六年，以二百人夜陷蘄州，令紳士公服自東門入，出西門，盡斬之。毀城，稍不力，輒見殺，署守道許文岐死之。屠蘄水，陷黄州，執副使樊維城，欲降之，維城駡賊，洞胸死。獻忠據府，以麻城諸生周文江迎降最早，僞授知州。尋陷羅田，破漢陽。五月，窺武昌，巡撫王聚奎耑議城守，參將崔文榮曰：「守城不如守江，守江不如守漢，磨盤、煤炭諸洲淺不過馬腹，縱之飛渡，而嬰城坐困，非策也。」議者不從，賊果從諸洲渡，逼城下。楚王所募兵爲賊内應，開門，賊入。文榮奮呼，徂殺賊三人，賊攢刺之，洞腋死。前大學士賀逢聖與文榮俱守武勝門，賊聞逢聖賢，使人護其家，逢聖潛水死。沉楚王於西湖，長史徐學顔從死，楚宗多從賊者。屠士民數萬，沉之於江。嘗縱數萬人出城，以鐵騎闌之，俱令自溺，浮屍蔽江下，武昌魚不可食，得斷臂者以爲幸，或願去左以爲狡，并去其右，軍中晚上手多以爲功。令義子孫可望等十人咸冒姓張。爲折柬招諸鄉達，率不應。僭號西王，鑄西王之寶，據楚府居之。僭稱武昌曰京城，僞設六部五府及總兵以下官。開科取士，親命題，以千文「遐邇壹體」二語，使衆射上策，有最捷者立授禮部尚書。殿試取三十人爲進士，授郡縣官。

　　初自成兵臨漢陽，不克，聞獻忠取之，怒，榜示遠近：「有能擒獻忠以獻者，賞千金。」及聞取武昌，使人賀曰：「老回回已降，曹、革、左皆死，行及汝矣。」獻忠懼，謀去之，令各部上秘計。初禮部尚書伏謁，請入蜀。獻忠大喜曰：「非吾門生，安得此偉議。」詔以王揚基代聚奎。左鎮諸軍並進擊賊大冶，斬首千級。賊乃令四帥共守武昌，而身率舟師向岳。總兵方國安等進兵黄州，斬僞知府。有監紀知縣吴敏師者，聯絡蘄、黄四十八寨，合數萬人，會諸軍齊壓武昌戰賊，賊敗西奔，并復漢陽諸屬縣。賊陷咸寧、蒲圻，沅撫李乾德、總兵孔希貴令軍士卧戈，詐爲岳州居民，開門迎賊。賊入，伏發，摧其先鋒。獻忠怒，益兵來攻，乾德虚立營壘道傍，林中植旗幟，伏大炮，故積薪其上。賊縱火攻，火沿炮發，賊驚，乘勢擊之，三戰三捷。賊悉衆二十萬，百道攻城，力竭城陷，乾德、希貴走長沙。賊狥湘陰，分軍爲二：一下長沙，一上荆州。卜於洞庭湖神，謀北渡，不吉，已果風覆其舟數百艘，溺死數千人。獻忠乃盡殺所掠婦女，焚其舟，火光達湖涘四十里。陸走長沙，長沙陷，推官蔡道憲死之。總兵尹先民、何一德降賊，僞封伯爵世襲。復陷衡州，桂王與吉、惠二王跳。獻忠拆桂王府殿材，至長沙搆造官府。遣人追三王永州，湖南巡按御史劉熙祚使人護王入廣西，而身督永師迎戰，不克，城陷死之。未幾復岳州，僞官伏誅。獻忠屯衡州，復分軍爲三：一往永州，一入廣西全州，一犯江西袁州。獻忠還長沙，開科取士。進兵萍鄉，知縣棄城走。分兵狥攸縣，分宜，陷萬載，復遣別將趨連州。兵備副使王孫蘭駐韶州，兵不滿百，危，自經死。士民以袁州迎降賊，賊使僞將丘仰寰守之。都司高山援袁，奮擊先登，斬首二千四百級，奪馬六百，復袁州，仰寰伏誅。時官兵淫掠，殺良作俘，民屯聚以拒官軍。賊益肆，破吉安，諸縣同日陷。賊設僞官，改吉安爲親安府，廬陵爲順民縣，復入袁州。

　　獻忠在長沙，增兵爲九營，其五營皆新附。下臨湘，取米及釜。時良玉遣王世泰、楊文富下岳州，賊伏輕舟汉港，以巨艦載貲重啖官軍，官軍爭利攫之，而汉

港輕舟出夾擊，官軍大敗，溺死無算，岳州復陷。良玉遣副將馬士秀趨長沙，復臨湘，賊奔岳州。士秀追之，賊將混天龍營南岸，以輕舟順流突官軍，士秀命殿軍交射南岸敗誤之，而輕舟乘風繞出賊後，大敗之。岸賊入城保，則急乘城，賊走長沙，斬首四千餘級，遂復岳州。時江督吕大器復吉安，而馬進忠以良玉檄進兵分宜，走賊袁州，盡誅賊僞官，斬首三千級，奪馬五百，弓矢數萬。獻忠復陷建昌、撫州、南豐。時李賊已入陝，老回回爲自成守荆州矣，獻忠使人通好。

十七年春，棄長沙，造浮橋於三江口，渡師過荆州，盡棄舟楫，步騎數十萬犯夔州，連陷涪、瀘。圍重慶四日，城破，瑞王闔宮被難，舊撫臣陳士奇死之。屠重慶，取丁壯萬餘，刵耳鼻，斷一手，驅徇各州縣。提兵過劍州，偶憩梓潼廟，見柱聯雜有獻忠字樣，問何神？左右以張仲對，獻忠喜，自以爲張仲之後。時有將軍方甲，以兵勒戰，獻忠祝曰：「吾戰勝而大張仲宇。」已戰果勝。陷成都，蜀王闔宫被難，巡撫龍文光暨道府各官皆死之。檄諸紳於成都，皆見殺。懸榜試士，士爭趨乞生。復以兵圍之，數千人咸振筆挾策以死。獻忠乃自稱皇帝，國號大西，改元大順。於是發銀五萬兩，夫數千，重立梓潼廟，金碧極麗，僞勅爲天聖神祠，立大石，獻忠親作詩書其上，以答神貺。詩曰：一□羊腸遊大堂，此處萬世永無憂。神是仙來仙是神，世世流傳與天休。遂有僞學士癸未進士劉成吉、丁丑進士嚴錫命等咸和前詩原韻，並立碑以爲榮。丙戌，北師以兵取蜀，獻忠使僞總兵劉進忠拒於廣元。進忠導藍旗固山反攻獻忠，直抵西充縣，獻忠方巾被一枝梅直裰，猝騎，遇敵鳳凰山，舉弓睨北師左部，北師右部將亦睨射獻忠，則獻忠與左部將並倒，爲丁亥十月之十一也。獻忠義子孫可望等四人力援，北師解去。

可望自稱爲平東將軍，以李定國爲安西將軍，劉文秀爲撫南將軍，艾能奇爲定北將軍，都督白文選、馮雙鯉、王尚禮、王復臣等協守，上獻忠僞謚稱大梁太祖云。

雜録

備論

張岱《石匱書後集》卷六二　石匱書曰：自古逆賊之暴，自赤眉、黄巢以後，未有若張獻忠之甚者也。然當左良玉瑪瑙之捷，止剩殘兵數百餘人；而高得功潛山之捷，但見横屍數百餘里。苟能乘勝追奔，則舉手可盡。奈何入穽之虎，縱之使去！是則良玉、得功，不得辭其責矣。乃論者以自成犯闕，欲薄誅獻忠；不知獻忠殘虐，亘古所無。譬人之死也，獻縶其手，而後闖刺其心；獻揕其胸，而後闖扼其吭：厥罪惟均，詎能末減也哉！

查繼佐《罪惟録》列傳卷三二　論曰：李之失，病於躁。張之失，病於不知所爲固。躁則輕進，而退無所據。不知所爲固，則防疏，而後無餘地可憑。夫有其衆，至不能持戟引弩，而徒恃摧敝以起，果欲任劇殘，鞏西川門户乎？至今川中人率左手引匕，諸生至束管於右腕，或習左書應試。偶得雋，而往往袖手對簿臨其民。尚右者，古之道。而明尚左，至此而極。□夫可望之□□股肱，則又左右皆廢，《春秋》所以失其位而不復也。

南明弘光帝部

綜述

湯斌《明史稿》列傳第六下　福王由崧，神宗第二子，福恭王之長子也。初封德昌王，進封世子。崇禎十四年春正月，李自成陷河南府，恭王遇害，世子出走懷慶。十六年秋七月，嗣封福王，莊烈帝手擇宫中寶玉帶賜之。明年甲申春三月，京師失守，夏四月己巳，凶問至南京，時參贊機務兵部尚書史可法督師勤王在浦口，諸大臣議立君，而王與潞王常淓以避賊俱至淮安。兵部右侍郎吕大器、詹事姜曰廣等意王潞王，以福王立，恐修釁三案也。移牒可法，可法遂還南京，而鳳陽總督馬士英與靖南伯黄得功、總兵官劉澤清、劉良佐、高傑等推戴福王。士英遺書南京大臣，言王神宗孫序，當立。甲申，守備南京魏國公徐弘基、提督操江誠意伯劉孔昭等，户部尚書高弘圖、工部尚書程註、都察院右都御史張慎言、掌翰林院事詹事府詹事姜曰廣等，南京守備掌司禮監務太監韓贊周等，集議於朝。大器署禮、兵二部印，不肯下筆，吏科給事中李沾厲聲言：「今日有異議者死之。」時士英握兵於外，與諸將連營駐江北，勢甚張，可法乃以福王告廟。乙酉，迎王於江浦。丁亥，百官迎見於龍江關，王素服角帶哭。是月，大清兵大破闖賊於北京。

五月戊子，王謁孝陵，入拜奉先殿，出居内守備府。己丑，羣臣勸進，王不允，止允監國。庚寅，福王監國於南京，發大行皇帝喪，告諭天下，肆赦。以張慎言爲吏部尚書。壬辰，史可法爲東閣大學士兼兵部尚書，高弘圖爲東閣大學士兼禮部尚書，竝入閣辦事；馬士英爲東閣大學士兼兵部尚書，都察院右都御史，仍總督鳳陽等處軍務。命兵部郎中萬元吉往犒得功等軍。癸巳，爲大行皇帝舉喪，哭臨。甲午，姜曰廣爲東閣大學士兼禮部尚書，前禮部尚書王鐸爲東閣大學士，竝入閣辦事。曰廣辭，改禮部左侍郎，入直。起劉宗周爲都察院左都御史。乙未，御史祁彪佳宣諭江南，止江督袁繼咸入援，設防江水師，復操江總督，文臣協理。楚撫何騰蛟奏恢復隨州。丙申，士英以麾下兵南來，合疏勸進。戊戌，罷南京守備、參贊各銜，依北都舊制，設京營等官，罷錦衣衛、南北兩鎮撫官。命瑞王居重慶。己亥，御史陳丹衷宣諭江北，大學士史可法自請督師江北，詔以便宜行事，各鎮竝聽節制。庚子，兵部尚書張國維以原官回部，協理京營戎政。原任刑部尚書徐石麒爲都察院右都御史，以總兵官鄭鴻逵鎮九江，黄蜚鎮京口。辛丑，兵部主事凌駉起兵東昌討賊。闖賊陷雞澤，殷淵死之。壬寅，監國立於南京，大赦，稱僞號曰「弘光」。太監韓贊周管司禮監事，盧九德爲司禮監秉筆，提督京營。癸卯，馬士英入閣佐理，仍掌兵部尚書事。顧錫疇爲禮部尚書。分應天、蘇松爲二撫，左懋第爲都察院右僉都御史，巡撫應天、安徽等處。甲辰，命忻城伯趙之龍總督京營戎政，分淮、揚、鳳、廬爲四鎮，以黄得功、劉良佐、劉澤清、高傑領之。命户部速輓漕粟，以濟軍糈。淮撫路振飛罷，起田仰爲都察院右僉都御史，巡撫淮揚，提督軍務，兼理海防。進黄得功爲靖南侯，左良玉爲寧南侯，各廕子錦衣衛正千户。高傑興平伯，劉澤清東平伯，劉良佐廣昌伯。馬士英加太子太師，廕一子錦衣衛指揮僉事。乙巳，祁彪佳爲都察院右僉都御史，巡撫蘇松，提督軍務。祭告先福王太妃於行宫。可法陛辭，出京督師，給銀二十萬兩，請以總兵劉肇基、于永綬、李栖鳳、卜從善、金聲桓等隨征，從之。遣徐弘基祭孝陵，告即位。諭參將王之綱等迎母妃於河南郭家寨。李自成遣僞制將軍董學禮等至宿遷。丁未，張慎言疏薦舊輔吴甡、原任吏部尚書鄭三俊，命甡陛見。詔封疆失事各官，不許起用。己酉，萬元吉太僕寺少卿。監理江北軍務總督漕運路振飛擊敗董學禮兵，獲其僞防禦使武愫。命潞王暫居杭州。庚戌，劉孔昭訐奏薦吴甡誤國，且定策時有二心，王兩解之。詔史可法遣官訪大行皇帝梓宫并太子、二王。壬子，晉徐弘基、湯國祚、柳祚昌、劉孔昭、方一元、焦夢熊等官銜，予廕子。司禮監太監韓贊周、盧九德，各弟姪一人錦衣衛指揮僉事。徐弘基疏薦原任兵部尚書熊明遇等，報聞。詔恤北都殉難諸臣。癸丑，復廕劉澤清子錦衣衛千户。甲寅，命史可法祭泗鳳陵，左良玉祭顯陵。大清兵取河北、山東。乙卯，封吴三桂爲薊國公。起陳子壯爲禮部尚書，掌詹事府事。命江、淮賑恤南歸難民。太常少卿李沾劾吏部左侍郎吕大器定策時懷二心，命不必深求。丙辰，命議河督黄希憲、齊撫丘祖德、晉撫郭景昌私逃之罪。

六月丁巳，大學士高弘圖自請江干督漕，許之。命補記注侍班官。戊午，上大行皇帝尊謚曰紹天繹道剛明恪儉揆文奮武敦仁懋孝烈皇帝，廟號思宗，大行皇后曰孝節貞肅淵恭莊毅奉天靖聖烈皇后。追尊皇祖妣貴妃鄭氏曰孝寧温穆

莊惠慈懿憲天裕聖太皇太后，追尊皇考福恭王曰貞純肅哲聖敬仁懿恭皇帝，生母某氏曰孝誠端惠慈順貞穆皇太后，遥上皇嫡母鄒氏尊號曰恪貞仁壽皇太后，追謚先妃黄氏曰孝哲懿莊温貞仁壽皇后，繼妃李氏曰孝義端仁肅明貞潔皇后。庚申，頒河北、山東詔。壬戌，召阮大鋮冠帶來京陛見，户科左給事中羅萬象、御史王孫蕃、陳良弼，大理寺丞詹兆恒，應天府丞郭維經，懷遠侯常延齡等，交章言大鋮不宜召。弘圖請九卿議，與士英忤，曰廣以中旨用人，争之不得，各疏求去，不許。吕大器劾士英實官鬻爵罪，不聽。劉良佐率兵攻臨淮，不克，移駐壽州。勘議原任總督王永吉、兵部主事何剛練水師。議殉難從逆諸臣功罪。乙丑，命惠王移居肇慶。吉王薨。丙寅，起錢謙益爲禮部尚書，協理詹事府事。吏部尚書張慎言罷。禮部請立中宫，詔以列聖先帝之讎未報，不許。命萬元吉再往揚州、六合調緝軍民。己巳，以吴志葵鎮守吴淞。劉澤清來朝，疏糾吕大器、雷縯祚，薦張捷、鄒之麟、張孫振、劉光斗等。未幾，大器罷。癸酉，詹兆恒進《欽定逆案》。乙亥，追復懿文皇太子，廟號興宗，孝康皇帝妃常氏謚孝康皇后。追崇建文帝謚曰嗣天章道誠懿淵恭觀文揚武克純篤孝讓皇帝，廟號惠宗，后馬氏曰孝愍温貞哲睿肅烈襄天弼聖讓皇后。追崇恭仁康定景皇帝謚曰符天建道恭仁康定隆文布武顯德崇孝景皇帝，廟號代宗，貞惠安和景皇后汪氏曰孝淵肅懿貞惠安和輔天恭聖景皇后。丁丑，左懋第疏請北行。流賊張獻忠陷重慶，瑞王並原任巡撫陳士奇等皆遇害。贈死難沐陽知縣劉士燝山東僉事。御史黄澍入賀，面糾馬士英罪可斬，司禮監太監何志孔助澍言，王怒，士英爲志孔請，得不罪戊寅，封福府千户常應俊爲襄衛伯，世襲。己卯，趙之龍糾高弘圖議思宗廟號之失，請改正，詔仍舊。辛巳，詔迎母妃鄒氏。王燮爲都察院右僉都御史，巡撫山東。壬午，顧錫疇請追謚文震孟等而奪温體仁謚，並從之。甲申，以丘磊爲山東總兵官。贈死事原任吏部員外郎程良籌光禄寺少卿，舉人劉申錫知州，生員楊之金教授，祠名義烈。以黄斌卿防禦京口，調鄭芝龍兵六千入衛。乙酉，命魯王暫駐處州，崇王暫駐台州。

秋七月丙戌，祀高皇帝以下於奉先殿，以大行皇帝、皇后祔祭。加張慎言、程註太子太保，予廕。庚寅，以左懋第爲兵部右侍郎兼都察院右僉都御史，經理河北，聯絡關東軍務。馬紹愉爲太僕寺少卿兼兵部職方司郎中，加陳洪範太子太保，賫白金十萬兩，金千兩，緞絹萬匹，出使於大清。金聲桓駐防揚州。壬辰，定守護鳳陵戍兵五千人。劉之勃爲都察院右僉都御史，巡撫四川。甲午，從逆諸臣以六等定罪。丁酉，依舊制爲五軍、神樞、神機三大營，杜弘域等六人分統之。戊戌，馬士英乞休，不允。癸卯，淮揚巡撫王燮以皇太子及二王皆遇害聞。甲辰，廕福府内臣屈尚忠、田成、張執中等弟姪各都督同知，世襲錦衣衛指揮使。顧錫疇糾從逆詞臣周鍾、項煜等，命察議奪温體仁官廕。己酉，張有譽爲户部尚書，高弘圖等争之，不聽。辛亥，釋高牆罪宗前唐王聿鍵等三百餘人。壬子，舉經筵，高弘圖等請建中宫，諭俟母妃回鑾日行。乙卯，弘圖乞休，不允。請召還史可法，亦不報。是月，萬元吉奏大清兵南征。

八月丁巳，親祀先師孔子。楊鶚爲兵部右侍郎兼都察院右僉都御史，總督川、湖、雲、貴、廣西軍務。劉澤清等疏劾劉宗周。命惠王居廣信。馬士英與姜曰廣同詆王前，宗貢朱統類糾曰廣黨從逆諸人，又不肯迎立，堅持異議。禮科袁彭年特糾統類，報聞。庚申，加可法少保兼太子太保、武英殿大學士，弘圖太子少師、文淵閣大學士，曰廣太子少保、文淵閣大學士，士英太子太師、武英殿大學士，鐸太子少保、文淵閣大學士，予廕有差。壬戌，賀世壽爲户部尚書兼都察院右僉都御史，總督倉場。復東廠，袁彭年疏争，調外。起前薊督丁魁楚兵部右侍郎兼都察院右僉都御史，總督河南、湖廣軍務，巡撫承德、襄陽等處。甲子，張獻忠陷成都，蜀王及妃夫人以下皆遇害，撫臣龍文光、劉之勃，道臣劉士斗，成都知縣吴繼善，仁壽知縣顧繩詒，華陽知縣沈雲祚，皆死之。乙丑，命優恤殉難湖廣舉人陳萬策、李開先等。丁卯，逮光時亨等。辛未，太妃至南京。逮從逆御史喻上猷等。壬申，起樊一蘅爲兵部右侍郎兼都察院右僉都御史，總督川、陝軍務。起僉事越其杰爲都察院右僉都御史，巡撫河南，兼轄潁、亳二州軍務。乙亥，張捷爲吏部左侍郎。丙子，下項煜於獄，逮周鑣、陳以謙。丁丑，封太妃弟鄒存義爲大興伯，世襲。恤死節生員許琰。戊寅，王永吉戴罪督山東軍務。庚辰，命選淑女。辛巳，賜北京死節諸臣范景文等贈謚，立廟於雞鳴山，賜額旌忠。壬午，改前大學士王應熊爲兵部尚書，總督川、廣、雲、貴等處，專辦蜀寇，賜尚方劍便宜行事。封鄭芝龍南安伯。癸未，革楚撫王揚基任，聽勘。乙酉，阮大鋮爲兵部右侍郎，巡閲江防。劉宗周劾奏，不聽。

九月丙戌，黄得功趨揚州，高傑以兵襲儀真，萬元吉、盧九德和解之。戊子，復前薊督趙光忭官。己丑纂，修《玉牒》。贈恤湖廣殉難諸臣許文岐、蔡道憲等。刑部奏擬《從逆條例》，大逆凌遲處死凡五條，絞六條，徒二條。命絞以上提問，流以下撫按究擬。張成福以都督僉事充山東、河北總兵官。庚寅，裁各省布政

司右布政使。辛卯，命撰起居注。癸巳，逮御史黄澍，不至。大學士姜曰廣罷。命修《思宗實録》。甲午，左都御史劉宗周罷。黄斌卿移屯大江，黄蜚屯蕪湖采石，鄭鴻逵屯鎮江。丙申，以王之綱充總兵官，掛盪寇將軍印，鎮守河南。御史凌駉聯絡河南、北直。丁酉，叙江北文武多年戰功，加士英少傅，仍兼太子太師、建極殿大學士，廕一子錦衣衛指揮僉事，世襲。戊戌，謚前大學士孫承宗文忠，太常寺少卿鹿繼善忠節，賜祠忠烈。王燧爲都察院右僉都御史，巡撫登萊、東江等處，贊理軍務。牟文綬充總兵官，鎮守荆州。黄得功移駐廬州，以防桐、皖，劉良佐合營進復黄、汝，高傑移駐徐州，進復開、歸。追補建文死節諸臣方孝孺等，贈謚，立祠祀之。甲辰，追贈開國名臣及正德諫臣、天啓慘死諸臣各有差。左良玉子夢庚，掛平賊將軍印。丙午，稱恭王陵曰熙陵。丁魁楚另用，何騰蛟并撫湖北。庚戌，開佐工事例。辛亥，奪黄鳴俊官，逮問前巡按御史左光先，革侍郎吕大器職。停宗室換授。壬子，再命刑部逮問黄澍。甲寅，以李成棟鎮守徐州。吏部尚書徐石麒罷。是月，高傑率兵赴鎮。

順治元年，冬十月，乙卯朔，大清定鼎燕京。世祖章皇帝即皇帝位，頒詔天下，普與臣民更始。是日，王以鄭芝龍爲總兵官，鎮守福建。羅聯芳爲總兵官，鎮守貴州。丁巳，錢謙益疏薦蔡奕琛，頌馬士英功，兼雪逆案阮大鋮、垣維垣、賈繼春、吴孔嘉、房壯麗、吕純如等。己未，以張縉彦戴罪總督北直、山西、河南、河北軍務，便宜行事。大學士高弘圖罷。甲子，鳳陽地震。丙寅，再震。遣司禮監太監孫元德往浙、閩督催内庫及户、工二部一應錢糧。加湖廣巡撫何騰蛟兵部右侍郎，巡撫全省。癸酉，丁魁楚以原官總督兩廣軍務。復景帝母吴爲皇太后，謚曰孝翼温惠淑慎慈仁匡天錫聖皇太后。復建文弟允熥吴王，謚悼；允熞衡王，謚愍；允熙徐王，改謚簡曰哀；長子文奎曰恭愍皇太子；少子文圭追封原王，謚懷；公主皆復舊號。左春坊衛胤文以原官兼兵科給事中，監高傑軍。甲戌，張捷爲吏部尚書。乙亥，張秉貞爲都察院右僉都御史，巡撫浙江。丙子，命以來年正月仍遵洪武制，合祀天地於南郊。丁丑，命王永吉暫駐河上，料理戰守。候北使回，阮大鋮疏糾雷縯祚，命嚴訊。加左良玉太子太傅。壬午，停今年決囚。予秦、楚殉難諸臣祭葬有差。定江北督撫四鎮額兵三萬，楚撫額兵一萬，京營額兵一萬五千。癸未，以劉安行爲都察院右僉都御史，提督南直隸、浙江沿海諸税，兼理海防軍務。劉若金都察院右僉都御史，提督閩、廣沿海諸税，兼理海防軍務。

十一月戊子，桂王薨。己丑，鳳陽皇陵災，松柏皆燼，命唐庶人聿鍵居廣西平樂。辛卯，令生員納銀充貢。癸巳，左良玉奏華容、石首戰捷。命遼王居台州。甲午，大清兵取海州。丙申，取宿遷，時山東及豐、沛盡降。丁酉，蘇松巡撫祁彪佳罷。庚子，李永茂爲都察院右僉都御史，巡撫南、贛、汀、潮等處。丁未，張鳳翔爲兵部尚書兼都察院右副都御史，巡撫蘇、松。盧若騰爲都察院右僉都御史，督理江北屯田，巡撫廬、鳳。淮安地震。太監高起潛提督江北兵馬糧餉。己酉，九江總兵黄斌卿偵知左良玉難制，請改駐皖、池，從之。庚戌，命許定國鎮守開封、河雒，榷酒税。辛亥，高傑疏薦吴甡、鄭三俊、金光辰、姜埰、熊開元、金聲等，報聞。自五月不雨，至於是月。

十二月乙卯，命荆王居九江。丁巳，進劉孔昭、劉澤清，皆爲侯。孔昭辭，許之。辛酉，命何騰蛟以原官總督川、湖、雲、貴、廣西等處，專理恢勦。召楊鶚回部。大清兵圍邳州，凡三日。甲子，敕程世昌兼督上江糧務。丙寅，改謚孝宗后張氏曰孝成靖肅莊慈哲懿扶天贊聖敬皇后。大閲京軍，命士英代。大清兵入河南府，總兵李際遇降。戊辰，以高斗樞爲都察院右僉都御史，巡撫湖、廣。己巳，行税契法。楊維垣追論三朝黨局，命求《三朝要典》，宣付史館。大清留使臣左懋第，馬紹愉，縱陳洪範南歸，和議不成。有顛僧大悲至京，自稱齊王，又稱潞王，下鎮撫司勘訊。壬申加馬士英少師。禁各官薦舉。命王永吉專防江北，張縉彦專防河南。解學龍以從逆諸臣罪案，請再議，允。張縉彦言定諸將各分汛地：王之綱自永城至寧陵，許定國自寧陵至蘭陽，劉洪起自祥符至汜水。時大清兵自孟縣渡河，李際遇既迎降，縉彦等竝走沈丘，命高傑率兵進屯歸德備之。壬辰，瞿式耜爲都察院右僉都御史，巡撫廣西，馬體乾爲都察院右僉都御史，巡撫四川。癸未，左良玉奏復公安。

順治二年，春正月，乙酉朔，福王居南京。庚寅，加史可法太保兼太子少師，建極殿大學士；馬士英少師兼太子太師，中極殿大學士；王鐸少保兼太子太保，武英殿大學士，予廕。以士英掌文淵閣印，充首輔辦事。可法辭太保，許之。癸巳，命河南巡撫越其杰、巡按凌駉，防守虎牢。黄得功、劉良佐率兵屯潁、亳，高傑提兵直抵關、雒，進據虎牢。乙未，解學龍再上從逆諸臣罪案，兼請停刑，允之。許定國紿殺興平伯高傑於睢州。丙申，傑部將攻睢州，定國懼，奔考城，尋降於我大清。癸卯，以吏部左侍郎蔡奕琛兼東閣大學士，入閣辦事。甲午，命刪定《三朝要典》。乙巳，朱國弼、張孫振劾解學龍。丙午，奪學龍職。召前都察院

左都御史唐世濟，以原官管右都御史事。辛亥，加監軍侍講衛胤文兵部右侍郎，總督興平標下鎮將兵馬，經略開、歸防勦軍務。張國維歸省。是月，大清兵取西安，李自成走襄陽。

二月丙辰，王驥都察院右僉都御史，巡撫湖廣。戊午，高倬刑部尚書。阮大鋮兵部尚書兼都察院左副都御史，協理部事，仍管巡閱江防軍務。甲子，謚思宗太子曰獻愍，定王曰哀，永王曰悼。乙丑，遣黄道周祭告禹陵。史可法請用高傑部將李本身爲提督，不許。黄得功引兵趨揚州，遣盧九德諭之，乃奉詔裁九江額餉六萬。張孫振奏劾禮部尚書顧錫疇，並論奪温體仁謚事。丁卯，錫疇免。癸酉，撤高傑兵回，命劉良佐防歸德，高起潛駐揚州。甲戌，進蔡奕琛禮部尚書兼文淵閣大學士。乙亥，追封王弟由榘潁王，謚沖。丙子，改上思宗廟號曰毅宗，封慈煊崇王。贈死事武臣沈壽崇、知府王行儉、知縣李胤在等官廕。丁丑，止滇、黔援兵。袁弘勳疏攻袁繼咸，左良玉救之，并言《要典》宜焚，諭解之。戊寅，李自成走承天。

三月乙酉，僧大悲伏誅。丁亥，命王永吉帶撫淮安，衛胤文兼撫徐、揚。復温體仁謚廕。召勳臣朱國弼等、閣臣馬士英等、翰林劉正宗等入見武英殿，面諭同府部九卿科道辨驗北來太子真僞。日午，羣臣奏係故駙馬都尉王昺姪孫王之明，曾侍衛東宫，家破南奔，鴻臚少卿高夢箕家丁穆虎教之詐稱太子，乃下之明中城兵馬司獄。己丑，大清兵取郾城，又取西平。李自成逼承天，左良玉遣使告急，命督臣何騰蛟等禦之。辛卯，大清兵取上蔡。壬辰，耿廷籙爲都察院右僉都御史，巡撫四川。命百官會審王之明、高夢箕、穆虎於午門外，靖南侯黄得功出疏爭之。李自成兵寇潛江。河南有婦人童氏，自稱福王藩邸元妃，劉良佐信之，巡按御史陳潛夫具儀從送至京。王怒，下童氏錦衣衛獄，並逮潛夫訊之。癸巳，遥祭諸陵。戊戌，命黄斌卿以原官掛征蠻將軍印，鎮守廣西；方國安掛鎮南將軍印充總兵官，駐防池口。己亥，徙崇王居福州，更福恭王謚曰孝皇帝。命黄得功移鎮廬州，與劉良佐合力防禦。壬寅，思宗忌日，王於宫中舉哀，百官於太平門外設壇遥祭，以東宫二王祔祭。癸卯，高成自杭州解至，命三法司覆審王之明等，命燬黄得功原疏，以絶奸謀。甲辰，封妃戚黄九鼎錐中伯。左良玉以李自成兵至潛江口，遣使告急。丙午，加朱大典兵部尚書、都察院右副都御史，巡撫應天、安徽等處。頒示王之明、童氏審詞於中外，以釋羣疑。丁未，許罪廢諸臣輸銀復官。大清兵取歸德府，巡按御史凌駉及其從子潤生死之。戊申，左良玉舉

兵反，以奉太子密旨、誅奸臣馬士英爲名，黄澍主其謀，焚武昌，東下。己酉，以錢繼登爲都察院右僉都御史，總理兩淮鹽法，兼督江防軍務。罷巡鹽御史。左良玉疏糾方國安，諭解之。壬子，大清兵取潁州、太和縣。加李本身太子太保、左都督。命史可法馳扼徐、泗。

夏四月丙辰，左良玉兵陷九江府，阮大鋮、劉孔昭率師禦之。丁巳，恤逆案劉廷元等二十一人。左夢庚兵陷建德。戊午，陷彭澤。己未，陷東流。命阮大鋮會同黄得功堵勦。庚申，光時亨、周鍾、武愫、周鑣、雷縯祚等伏法。辛酉，黄得功駐兵荻港。壬戌，封常澄爲襄王，命居汀州。是日，黄斌卿與左兵戰於銅陵，敗之。明日復戰，沈其船三十艘。乙丑，左夢庚陷安慶。大清兵取泗州。丙寅，渡淮。劉良佐提兵入衛。戊辰，命潞王移居湖州。庚午，王永吉總督防河兼巡撫鳳、淮、廬三府，錢繼登兼撫揚州。左夢庚兵至池州。壬申，詔暴左良玉罪狀。總兵鄭鴻逵奏破亂兵於江中。大清兵圍揚州，命黄得功移家太平。丙子，以霍達爲都察院右僉都御史，巡撫蘇、松、常、鎮等處。丁丑，大清兵破揚州，督師兵部尚書、大學士史可法，揚州知府任民育死之，甘肅團練總兵官劉肇基逆戰及原任兵部右侍郎張伯鯨俱遇害，總督兵部侍郎衛胤文、監紀主事何剛先後赴水死。戊寅，追封于謙爲臨安伯。

五月壬午，以李彬爲都察院右僉都御史，巡撫河南。癸未，移惠王於嘉興。黄得功率兵擊左夢庚於坂子磯，敗之。丙戌，進封得功靖國公，世襲。丁亥，封鄭鴻逵爲伯，以楊文驄爲都察院右僉都御史，巡撫常、鎮二府，兼轄揚州沿海等處軍務。己丑夜，大清兵乘霧渡江。庚寅，援師悉潰，鄭鴻逵、楊文驄以舟師遁入海。辛卯，王夜奔太平。壬辰，馬士英挾太妃出奔杭州，亂兵擁立王之明於南京。癸巳，王至蕪湖，命阮大鋮、朱大典兼東閣大學士督師，以揚州府同知李繼晟爲都察院右僉都御史，巡撫安慶。是日，總督京營忻城伯趙之龍具表迎降。丙申，大清兵營於城北，文武官出降。吏部尚書張捷、刑部尚書高倬、左副都御史楊維垣、禮部主事黄端伯、户部郎中劉成治、主事吴佳胤、中書舍人龔廷祥、欽天監博士陳于階、監生吴可箕皆死之。戊戌，大清兵進守皇城，遣降將劉良佐襲太平，靖國公黄得功死之。丙午，執王至南京。秋九月甲寅，王北去。事軼。

徐鼒《小腆紀傳》卷一　弘光帝，神宗之孫，福恭王之長子也。諱由崧。母鄒妃。初封德昌王，進封世子。崇禎十四年辛巳，春正月，闖賊陷河南，恭王遇害，世子走懷慶。癸未秋七月，嗣封福王，思宗手擇宫中玉帶賜之。

甲申二月壬戌，懷慶陷，王走衛輝，與母妃鄒氏相失，挈内侍常應俊等數人，與潞王常淓避至淮上，依淮撫路振飛。

三月，北京陷。四月己巳，凶問至南京。時參贊機務兵部尚書史可法督師勤王在浦口，諸大臣議立君，倉卒未有所屬。前侍郎錢謙益、兵備僉事雷縯祚，入説兵部侍郎吕大器，言福王立，將修釁三案，大器遂與都御史張慎言、詹事姜曰廣移牒可法，言福王有不孝、虐下、干預有司、不讀書、貪、淫、酗酒七不可立；潞王賢明，可定大計。可法即身還南京。而鳳陽總督馬士英，欲居擁戴功，結靖南伯黄得功暨高傑、劉澤清、劉良佐等，移書諸大臣，謂以序以賢，無如福王，責可法當主其議，發兵擁王至儀徵。

甲申，南京守備魏國公徐弘基、提督操江誠意伯劉孔昭、尚書高弘圖、程註、南京守備司禮監韓贊周及慎言、大器、曰廣集議於朝。大器時典禮、兵兩部，後至，頓筆不肯下。給事中李沾厲聲曰：「禮莫重於尊君，兵莫先於衛王。衆議僉同，公獨持異，沾請得以頸血濺公衣矣。」劉孔昭亦詈大器，不得出言摇惑，大器不敢復言，乃以福王告廟。

乙酉，弘基等具啓迎於儀徵。丙戌，王舟次觀音門。丁亥，百官迎見於龍江關。王素衣角帶哭。五月戊子朔，王乘馬自三山門入。至孝陵，從臣請自東門御路入；王遜避，自西門入，至饗殿。禮畢，謁懿文太子陵，自朝陽門入東華門，步行謁奉先殿，出西華門，駐蹕於内守備府爲行宫。百官進見，王赧然欲避。史可法言殿下宜正受，又陳戰守大計，謂當素服郊次，發師討罪，示天下以必報讐之義。王唯唯，不能答。先一日，有兩黄星夾日而趨；是日，五色雲見。

己丑，百官謁王於行宫。靈璧侯湯國祚訐户部措餉不時，其言憤絮，太監韓贊周叱之起。吕大器曰：「此非對君體。」御史祁彪佳言綱紀法度爲立國之本，李沾亦言朝班宜肅。

羣臣勸進，箋再上，王許監國。庚寅，王行告天禮，祝文飄入雲霄，衆異之。升殿，百官行四拜禮。徐弘基跪進監國寶，百官再行四拜禮，乃退。發大行皇帝喪，大赦天下，其新加練餉及崇禎十二年以後一切雜派並各項錢糧，十四年以前實欠在民者，悉免之。以張慎言爲吏部尚書。壬辰，以史可法爲東閣大學士兼兵部尚書，高弘圖爲東閣大學士兼禮部尚書，並入閣辦事；馬士英爲東閣大學士兼兵部尚書、都察院右都御史，仍總督鳳陽等處軍務。發銀萬兩，命兵部郎中萬元吉往犒得功等軍。癸巳，爲大行皇帝舉喪，哭臨。甲午，以姜曰廣爲東閣大學士兼禮部尚書，前禮部尚書王鐸爲東閣大學士，並入閣辦事。曰廣辭，改禮部左侍郎，入直。以工部右侍郎周堪賡爲户部尚書。起劉宗周爲都察院左都御史，以吕大器爲吏部左侍郎。是日，衡王□□起兵，誅闖賊僞官於青州。乙未，命御史祁彪佳安撫江南。江督袁繼咸入援，設防江水師；復操江總督，文臣協理。楚撫何騰蛟奏恢復隨州。

史可法請罷南京守備、參贊各銜，依北都舊制，設京營等官，罷錦衣衛、兩鎮撫官。請分江北爲四鎮，以劉澤清、高傑、劉良佐、黄得功分轄之。澤清轄淮、海，駐淮安，山陽、清河、桃源、宿遷、海州、沛縣、贛榆、鹽城、安東、邳州、睢寧十一州縣隸之，經理山東一路。傑轄徐、泗，駐泗州，以徐州、蕭縣、碭山、豐縣、沛縣、泗州、盱眙、五河、虹縣、靈璧、宿州、蒙城、亳州、懷遠十四州縣隸之，經理開、歸一路。良佐轄鳳、壽，駐臨淮，以鳳陽、臨淮、潁上、潁州、壽州、太和、定遠、六安、霍邱九州縣隸之，經理陳、杞一路。得功轄滁、和，駐廬州，以滁州、和州、全椒、來安、含山、江浦、六合、合肥、巢縣、無爲州十一州縣隸之，經理光、固一路。各設監軍一員。一切軍民聽統轄，州縣有司聽節制，營衛原存舊兵聽歸併整理，荒蕪田土聽開墾，山澤有利聽開採；仍許各於境内招商收税，以供軍前買馬制器之用。每鎮額兵三萬人，歲供本色米二十萬，折色銀四十萬，聽各鎮自行徵取。設督師於揚州，節制諸鎮。罷鳳陽總兵官，改置副將。設九江、京口兩鎮，以操江總督協理之。詔並舉行。

丙申，馬士英率兵入朝。戊戌，羣臣勸進，箋三上，王許之。禮部請祀地祇，命侯祭天一並舉行。命瑞王常浩居重慶。己亥，修奉先殿。

命御史陳丹衷宣諭江北，大學士史可法自請督師江北，詔以便宜行事，各鎮并聽節制。庚子，命兵部尚書張國維以原官回部，協理京營戎政。以原任刑部尚書徐石麒爲都察院右都御史。以總兵官鄭鴻逵鎮九江，黄蜚鎮京口。辛丑，兵部主事凌駉起兵東昌討賊。闖賊陷雞澤，諸生殷淵死之。

壬寅，王即皇帝位，改元弘光。詔曰：「我國家受天鴻祚，奕世滋昌，保大定功，重熙累洽。自高皇帝龍飛奠鼎，而已卜無疆之曆矣。朕嗣守藩服，播遷江、淮，羣臣百姓，共推繼序，跋涉來迎，請正位號。予暫允監國，攝理萬幾，乃累箋勸進，拒辭弗獲。謹於五月十五日，祇告天地宗廟，即皇帝位於南都。猥以藐躬，荷兹神器。惟我大行皇帝，英明振古，勤儉造邦，殫宵旰以經營，希蕩平之績效。乃潢池盗弄，鐘簴震驚，燕畿掃地以蒙塵，龍馭賓天而上陟，三靈共憤，萬姓

同讐。朕涼德弗勝，遺弓抱痛，敢辭薪膽之瘁，誓圖俘馘之功。尚賴親賢，戮力勗勷，助予敵愾。其以明年爲弘光元年，與民更始，大赦天下。加在京文武官一級；無級可加者，進勳階一級，給新銜誥命；督撫監司守令，給見任官銜誥命。補謚蔭前朝大臣之有勞績品行者。存問在籍閣臣六部堂官，遣配及閒住者，復原職，三品以下情可原者，採訪酌用。諸藩流寓者，撫按善爲安置；宗室在南京者，按時給糧。公侯伯常禄，往日本折三七關支或中半兼支者，俱於折色中給本色一半，石折銀七錢，以示厚意。王公子孫，各蔭一子，入監讀書。七十以上年高有德者，給冠帶。細民量給膳米。忠義殉難者，蔭謚建祠。舉人、副榜、廩、貢、監生，不得遏抑，以塞賢路。山林草澤有奇才異能，堪以匡時禦亂者，從公保舉；試驗罔效者，舉主連坐。北直、山東、河南、山西、陝西、遼東文武官生，不能從賊在南者，文官吏部察明，推陞赴用；其生員寄應天府學考試；其武弁赴部驗明，寄俸在京。各衛陷賊各官，有能返邪歸正者，寬其前罪；殺賊自効者，以軍功論。免弘光元年糧十分之一，北直、山西、陝西全免五年，山東、河南三年，江北、湖、廣蠲十分之五，江西、四川十分之三。其折漕稅契及上供柴炭派擾商民者，一切釐革。詔到日，星速頒行；匿隱支飾者，訪明究問。於戲！弘濟艱難，用宣九伐平邦之政；覃敷闓澤，並沛三驅解網之仁。新綍焕頒，前徽益懋。布告天下，咸使聞知。」

是日，降賊少詹事項煜逃歸，混入朝班，衆逐之。以太監韓贊周管司禮監事，盧九德爲司禮秉筆，提督京營。

癸卯，馬士英入閣佐理，仍掌兵部尚書事。以顧錫疇爲禮部尚書。分應天、蘇淞爲二巡撫，以左懋第爲都察院右僉都御史，巡撫應天。甲辰，命忻城伯趙之龍總督京營戎政。命户部速輓漕粟以濟軍糈。淮撫路振飛罷，起田仰代之。進黄得功爲靖南侯，左良玉爲寧南侯，各蔭子錦衣衛正千户，高傑興平伯，劉澤清東平伯，劉良佐廣昌伯。加馬士英太子太師，蔭一子錦衣衛指揮僉事。乙巳，以祁彪佳爲都察院右僉都御史，巡撫蘇淞。祭告先福王太妃於行宮。遣徐弘基祭孝陵，告即位。命參將王之綱迎母妃於河南郭家寨。前督師丁啓睿擒送河南僞官，加啓睿太子少保，兵部尚書。

是日，史可法陛辭，給銀二十萬兩，以總兵劉肇基、于永綬、李棲鳳、卜從善、金聲桓等兵隸之。諸生陳方策、盧渭疏留可法曰：「淮揚，門户也，京師，堂奧也。門户有人而堂奧無人，可乎？」不聽。

丁未，張慎言疏薦舊輔吴甡，原任吏部尚書鄭三俊，命甡陛見。詔封疆失事各官，不許起用。己酉，以萬元吉爲太僕寺少卿。監理江北軍務漕運總督路振飛擊敗賊將董學禮兵，獲降臣武愫。

是日我大清兵破闖賊於真定，闖賊走平陽，尋走韓城。

庚戌，劉孔昭訐奏張慎言薦吴甡誤國，且定策時有二心；高弘圖、姜曰廣並乞退，上兩解之。設勇衛營，以太監李國輔監督。命史可法遣官訪大行皇帝梓宫幷太子、二王。壬子，晉徐弘基、湯國祚、柳祚昌、劉孔昭、方一元、焦夢熊等宫銜，予蔭子，司禮監太監韓贊周、盧九德，各弟姪一人錦衣衛指揮僉事。徐弘基疏薦原任兵部尚書熊明遇等，報聞。詔卹北都殉難諸臣。是日，揚州進士鄭元勳，以款高傑軍爲州人所殺。癸丑，復蔭劉澤清子錦衣衛千户。甲寅，命史可法祭泗鳳陵，左良玉祭顯陵。乙卯，封吴三桂爲薊國公。起陳子壯爲禮部尚書，掌詹事府事。命江、淮賑恤南歸難民。太常少卿李沾劾吏部左侍郎吕大器定策時懷二心，命不必深求。丙辰，命議河督黄希憲、齊撫邱祖德、晉撫郭景昌私逃罪。

是月，我大清兵取河北、山東。

六月丁巳朔，日有食之。命禮部鑄國璽。刑部主事錢敬忠疏陳時事，報聞。大學士高弘圖自請江干督漕，許之。命補記注侍班官。

戊午，上大行皇帝尊謚曰紹天繹道剛明恪儉揆文奮武敦仁懋孝烈皇帝，廟號思宗，大行皇后曰孝節貞肅淵恭莊毅奉天靖聖烈皇后。追尊皇祖妣貴妃鄭氏曰孝寧温穆莊惠慈懿憲天裕聖太皇太后，追尊皇考福恭王曰貞純肅哲聖敬仁懿恭皇帝，皇妣姚氏曰孝誠端惠慈順貞穆皇太后，遥上皇生母鄒氏尊號曰恪貞仁壽皇太后，追謚元妃黄氏曰孝哲懿莊温貞仁靖皇后，繼妃李氏曰孝義端仁肅明貞潔皇后。庚申，頒河北、山東詔。

壬戌，召逆案阮大鋮冠帶陛見，户科左給事中羅萬象、御史王孫蕃、陳良弼、大理寺丞詹兆恒、應天府丞郭維經、懷遠侯常延齡等交章諫。弘圖請九卿議，與士英忤；曰廣以中旨用人，争之不得，各疏求去，不許。吕大器劾士英賣官鬻爵罪，不聽。

劉良佐率兵攻臨淮，不克，移駐壽州。兵科給事中陳子龍疏請兵部主事何剛練水師，從之。命議殉難從逆諸臣功罪。

甲子，獻賊陷涪州。乙丑，命惠王常潤移居肇慶，吉王□□薨。

丙寅，起錢謙益爲禮部尚書，協理詹事府事。吏部尚書張慎言罷。禮部請

立中宮，詔以列聖先帝之讐未報，不許。命萬元吉再往揚州、六合調輯軍民。己巳，以吳志葵鎮守吳淞。

劉澤清來朝，疏糾吕大器、雷縯祚，薦張捷、鄒之麟、張孫振、劉光斗等。未幾，大器罷。癸酉，詹兆恒進《欽定逆案》，馬士英亦於是日進《三朝要典》。

乙亥，追復懿文皇太子廟號興宗，孝康皇帝妃常氏謚孝康皇后。追崇建文帝謚曰嗣天章道誠懿淵恭覲文揚武克純篤孝讓皇帝，廟號惠宗，后馬氏曰孝愍温貞哲睿肅烈襄天弼聖讓皇后。追崇恭仁康定景皇帝謚曰符天建道恭仁康定隆文布武顯德崇孝景皇帝，廟號代宗，貞惠安和景皇后汪氏曰孝淵肅懿貞惠安和輔天恭聖景皇后。

丁丑，左懋第疏請北行。獻賊陷重慶，瑞王常浩並原任巡撫陳士奇等皆遇害。贈死難沭陽知縣劉士熻山東僉事。

巡按湖廣御史黄澍入賀，面糾馬士英罪，士英免，尋復令視事。戊寅，封福府千户常應俊爲襄衛伯，世襲。己卯，趙之龍糾高弘圖議思宗廟號之失，請改正，詔仍舊。

庚辰，以徐石麒爲吏部尚書，何應瑞爲工部尚書。京口兵閧，詔督帥核治，嗣後兵將調集，聽本處撫臣節制。辛巳，命王燮爲都察院右僉都御史，巡撫山東。壬午，顧錫疇請追謚文震孟等而奪温體仁謚，並從之。

癸未，我大清兵取德州，前大學士謝陞、御史趙繼鼎、盧世淮迎降。

甲申，以邱磊爲山東總兵官。贈死事原任吏部員外郎程良籌光禄寺少卿，舉人劉申錫知州，生員楊之金教授，祠名義烈。以黄斌卿防禦京口，調鄭芝龍兵六千入衛。乙酉，命魯王以海暫駐處州，崇王□□暫駐台州。

秋七月，丙戌朔，祀高皇帝以下於奉先殿，以大行皇帝、皇后祔祭。加張慎言、程註太子太保，予蔭。丁亥，給事中章正宸疏陳時事，建寧知縣蔣芬自請勤王，俱不報。庚寅，以左懋第爲兵部右侍郎兼都察院右僉都御史，經理河北聯絡闖東軍務，馬紹愉爲太僕寺少卿兼兵部職方司郎中。加陳洪範太子太保，賫白金十萬兩，金千兩，緞絹萬匹，出使於我大清。金聲桓駐防揚州。

壬辰，定守護鳳陵戍兵五千人。以劉之勃爲都察院右僉都御史，巡撫四川。

甲午，以六等定從逆諸臣罪，其大逆凌遲處死者五條：凡從賊攻陷京師及爲賊毀宗社易門榜者，凡倡率勸進及爲賊草僞詔者，凡部院詹事翰林三品以上大臣從賊受僞命而親信用事者，凡文武封疆大吏如督撫總兵降賊者，凡京堂科道部屬等官爲賊畫策規取地方者，以上如本犯不歸，歸而又逃，悉收繫其妻子，籍没其家産。其斬決不待時者三條：凡四品京堂及翰詹科道受賊僞命居要地比原職加崇者，凡方面分巡分守知府等官降賊者，凡文武封疆大吏聞變先逃者。其絞者六條：凡獻玉帛獻子女以媚賊求免者，凡内外衙門官僅受僞命者，凡在巡方及布按三司分巡分守知府等官遇變而逃者，凡被賊拷掠不能自決仍受僞命者，凡受僞命而爲賊疎遠者，凡管屯管河榷關督餉等官雖無封疆之守而棄職潛逃者。其流者二條：凡内閣重臣及部院等三品以上詹事翰林五品以上即不從賊而偷生潛逃者，凡既受僞命復自疎遠見賊未敗而脱身南還者。以上斬、絞、流共十一則。如各犯認罪自投，擬減本罪一等；如遁歸匿形，蓄謀叵測，照本罪加一等，仍收繫其親屬。其徒者二條：凡候考候選即無官守即未受僞命而浮沈賊中賊奔乃還者，凡遇賊變爲賊脅留而未受僞命者。其杖者一條：凡爲賊所拘未受僞官而乘間先歸者。詔曰：「北都淪喪，帝后升遐，巷戰死節者，遂無一人。且反面事讐，甘心降賊，爲之指斥先帝，規并海宇。人心已喪，法紀何存！所奏既已會議允當，並先奪職。其絞罪以上，法司行撫按官，逮解來京候訊；流罪以下，撫按官依律訊處具奏。其有身雖陷賊，能改圖歸正，擒殺賊首，及以兵馬城池來歸，或爲内應，克立大功，或爲内間，效忠本朝者，仍從優陞賞，不用此例。」

論擒解河南僞官功，加義勇李際遇、劉洪起總兵官。以六科員缺，命將中行評博推知等官，俱減俸行取。丁酉，依舊制爲五軍、神樞、神機三大營，杜弘域等六人分統之。

劉宗周疏劾馬士英等，優詔答之。戊戌，士英乞休，不允。劉澤清、劉良佐疏訐宗周，諭曰：「昔漢宣起於艱難，魏、丙合志；唐肅興於靈武，李、郭同心。今者祖分左右，口搆玄黄，天下事不堪再壞。諸臣各宜和衷集事，息競圖功，庶幾君臣之間，禮全終始。」

庚子，擢開封推官陳潛夫爲御史，巡按河南。癸卯，淮揚巡撫王燮以皇太子及二王皆遇害聞。甲辰，蔭福府内臣屈尚忠、田成、張執中等弟姪各都督同知，世襲錦衣衛指揮使。奪温體仁官蔭。己酉，内批以張有譽爲户部尚書，高弘圖等爭之，不聽。辛亥，釋高牆罪宗前唐王聿鍵等三百餘人。

時羣臣紛争日甚，朱國弼、劉孔昭條陳新政，有「吏部用人必勳臣商榷，各部行政必勳臣面定」之語，又請增設家丁營將户部給糧，上亦厭之。壬子，諭曰：

「朕遭百六之運，車書間阻，方資羣策，旋軫故都。乃文武之交争，致異同之日甚。先皇帝神資獨斷，彙納衆流，天不降康，咎豈在上！爾諸臣尚鑒於前車，精白乃心，匡復王室。若水火不化，戈矛轉興，天下事不堪再壞，且視朕爲何如主？祖宗成憲，弗尚姑息，各宜欽承，朕言不再。」

改正閣臣銜尚書兼大學士，舉經筵。高弘圖等請建中宫，諭俟母后回鑾日行。乙卯，弘圖乞休，不允；請召還史可法，亦不報。

是月，萬元吉奏大清兵南征。

八月，丙辰朔，日有食之。丁巳，親祀先師孔子。以楊鶚爲兵部右侍郎兼都察院右僉都御史，總督川、湖、雲、貴、廣西軍務。命惠王常潤居廣信。劉澤清疏劾劉宗周。候考宗室朱統鏼訐姜曰廣，通政使劉士楨、禮科袁彭年疏糾統鏼罪，不報。庚申，加史可法少保兼太子太保、武英殿大學士，高弘圖太子少師、文淵閣大學士，姜曰廣太子少保、文淵閣大學士，馬士英太子太師、武英殿大學士，王鐸太子少保、文淵閣大學士，予蔭有差。壬戌，以賀世壽爲户部尚書兼都察院右僉都御史，總督倉場。復東廠，給事中袁彭年疏争，降浙江按察司照磨。起前薊督丁魁楚兵部右侍郎兼都察院右僉都御史，總督河南、湖廣軍務，巡撫承德、襄陽等處。

甲子，獻賊陷成都，蜀王至澍及妃邱氏以下皆遇害，撫臣龍文光、劉之勃、道臣劉士斗等皆死之；連陷崇慶、新津、漢、彭、什邡、緜、緜竹、仁壽、汶川九州縣，知崇慶州王勵精、知仁壽縣劉三策死之。詳《忠義傳》。

乙丑，卹殉難湖廣舉人陳萬策、李開先等。丁卯，逮降賊臣光時亨、周鍾、項煜。辛未，太后至南京。壬申，起樊一蘅爲兵部右侍郎兼都察院右僉都御史，總督川、陝軍務。起僉事越其杰爲都察院右僉都御史，巡撫河南，兼轄潁、亳二州軍務。癸酉，命修西宫之西園第一所爲皇太后宫。乙亥，命吏部察才品堪用者，發督輔軍前補地方官。内批以張捷爲吏部左侍郎。丙子，下降賊臣光時亨等於獄。逮前按察司僉事雷縯祚、禮部員外郎周鑣。丁丑，封太后弟鄒存義爲大興伯，世襲。贈吴三桂父勷遼國公，母祖氏遼國夫人。卹死節生員許琰。戊寅，命王永吉戴罪督山東軍務。庚辰，命選淑女，内官科道交章諫，不聽。辛巳，賜北京死節諸臣范景文等贈謚，立廟於雞鳴山，賜額旌忠。

壬午，改前大學士王應熊爲兵部尚書，總督川、廣、雲、貴等處，專辦蜀寇，賜尚方劍，便宜行事。封總兵鄭芝龍爲南安伯。命停薦舉，禁非言官而上疏者。癸未，革楚撫王揚基任，聽勘。乙酉，内批以阮大鋮爲兵部添註右侍郎，巡閲江防，劉宗周劾奏，不聽。

是月，我大清兵大敗闖賊於府谷。

九月，丙戌朔，高傑以兵襲黄得功於儀真，史可法和解之。浙江奉化布衣方翼明疏劾馬士英，下之獄。戊子，復前薊督趙光忭官。己丑，纂修《玉牒》。卹湖、廣殉難諸臣許文岐、蔡道憲等。高傑請瓜洲、泰興、邵伯鹽税助軍，許之。命張成福以都督僉事充山東、河北總兵官。庚寅，裁各省布政司右布政使。辛卯，御經筵，命撰起居注。癸巳，逮御史黄澍，不至。大學士姜曰廣罷。命修《思宗實録》。甲午，左都御史劉宗周罷。給事中熊汝霖疏陳時事，奪俸三月。

命黄斌卿移屯九江，黄蜚屯蕪湖采石，鄭鴻逵屯鎮江。丙申，以王之綱充總兵官，掛蕩寇將軍印鎮守河南。命御史凌駉聯絡河南、北直。丁酉，叙江北文武多年戰功，加士英少傅，仍兼太子太師、建極殿大學士，蔭一子錦衣衛指揮僉事，世襲。戊戌，謚前大學士孫承宗文忠，太常寺少卿鹿繼善忠節，賜祠忠烈。

以王瀠爲都察院右僉都御史，巡撫登、萊。以牟文綬充總兵官，鎮守荆州。命黄得功移駐廬州，以防桐、皖，偕劉良佐合營進復黄、汝，高傑移駐徐州，進復開、歸。

追補建文死節諸臣方孝孺等，贈謚，立祠。甲辰，追贈開國名臣及正德諫臣、天啓慘死諸臣有差。以吏部右侍郎黄道周爲禮部尚書，掌詹事府事。左良玉子夢庚，掛平賊將軍印。令童生輸銀免府州縣試。禁擅立官户。給河南巡撫越其杰銀十五萬兩，令募兵屯田。丙午，稱恭皇帝陵曰熙陵。命丁魁楚另用，何騰蛟仍舊職。庚戌，開佐工事例。辛亥，以東陽許都餘黨復亂，奪巡撫黄鳴俊官。逮前巡按御史左光先。再賞定策功，加李沾左都御史。革侍郎吕大器職。進封朱國弼保國公。停宗室换授。諭吏、兵二部量用北來官。壬子，再命刑部逮問黄澍，亦不至。甲寅，以李成棟鎮守徐州。吏部尚書徐石麒罷。

是月，高傑率兵赴鎮。

徐鼒《小腆紀傳》卷二 順治元年，冬十月乙卯朔，我大清世祖章皇帝定鼎燕京。

是日，明鑄「弘光通寶」錢。以總兵官鄭芝龍鎮守福建，羅聯芳鎮守貴州。丁巳，錢謙益疏薦蔡奕琛，頌馬士英功，兼雪逆案阮大鋮、楊維垣、賈繼春、吴孔嘉、房壯麗、吕純如等冤。己未，以降賊臣張縉彦總督北直、山西、河南、河北軍

務，黄國琦爲監軍。施鳳儀行鹽揚州。給事中李維樾、胡時亨各疏糾之，不聽。大學士高弘圖罷。甲子，鳳陽地震。丙寅，再震。誠意伯劉孔昭弑其祖母胡氏。遣太監孫元德往浙、閩督催錢糧。加湖廣巡撫何騰蛟兵部右侍郎，巡撫全省。癸酉，命丁魁楚以原官總督兩廣軍務。

復景帝母吴氏爲皇太后，謚曰孝翼温惠淑慎慈仁匡天錫聖皇太后。復惠宗弟允熥吴王，謚悼；允熞衡王，謚愍；允熙徐王，改謚哀；長子文奎曰恭愍皇太子，少子文圭追封原王，謚懷，公主、駙馬復舊號。命左春坊衛胤文以原官兼兵科給事中，監高傑軍。

甲戌，内批以張捷爲吏部尚書，蔡奕琛爲吏部右侍郎，楊維垣爲通政使。乙亥，以張秉貞爲都察院右僉都御史，巡撫浙江。丙子，命以來年正月合祀天地於南郊。馬士英請户部給直省印單，凡贖鍰自杖以上解部充餉，從之。丁丑，命王永吉暫駐河上，料理戰守。以解學龍爲刑部尚書。阮大鋮疏糾雷縯祚，命嚴訊。戊寅，加左良玉太子太傅。壬午，停今年决囚。予秦、楚殉難諸臣祭葬有差。定江北督撫四鎮額兵三萬，楚撫額兵一萬，京營額兵一萬五千。癸未，太白晝見。以劉安行爲都察院右僉都御史，提督南直、浙江沿海諸税，劉若金爲都察院右僉都御史，提督閩、廣沿海諸税，俱兼理海防。

是月，漳州賊犯汀州，把總林深、鄭雄戰死；尋破雲霄，官軍討之，走大埔。

十一月，戊子，西宫成，賜名慈禧殿。桂王常瀛薨。己丑，鳳陽皇陵災，松柏皆燼。庚寅，開屯海中玉環諸山，命前唐王聿鍵居平樂。辛卯，始令生員納銀入貢。下登萊總兵邱磊於淮安獄，殺之。劉澤清請寄流寓諸生於淮安府學，從之。癸巳，左良玉奏華容、石首之捷。命魯王以海居台州。

甲午，我大清兵取海州。乙未，端門外火。是日，我大清兵攻邳州。丙申，史可法遣兵復宿遷，進援邳州。

琉球世子尚賢入貢。丁酉，蘇淞巡撫祁彪佳罷。己亥，劉澤清請分汛防河，自安東至徐州屬王燮、田仰、王永吉，蕭、碭屬督輔，開、歸屬越其杰，從之。

庚子，獻賊僭稱帝於成都，連陷旁郡縣。事詳《忠義列傳》。

以李永茂爲都察院右僉都御史，巡撫南、贛。丁未，以張鳳翔爲兵部尚書兼都察院右副都御史，巡撫蘇、淞；盧若騰爲都察院右僉都御史，督理江北屯田，巡撫廬、鳳；太監高起潛提督江北兵馬糧餉。是日，淮安地震。己酉，九江總兵黄斌卿偵知左良玉難制，請改駐皖、池，從之。山西道御史沈宸荃劾張縉彦、王永吉、何謙、邱祖德、黄希憲、魯化龍輕棄封疆罪，命逮謙等，宥縉彦、永吉勿問。庚戌，命許定國鎮守開封、河雒。始榷酒税。辛亥，高傑疏薦吴甡、鄭三俊、金光辰、姜埰、熊開元、金聲等，報聞。監下江軍職方司郎中楊文驄請於金山、圌山築城，從之。劉澤清薦降賊臣時敏開屯海上，蘇京駐廟灣防海，從之。

自五月至於是月不雨，河流竭，太湖可涉人，百年來所未有也。

時邊警日逼，上深居禁中，惟漁幼女，縱酒，演劇，工役不已，宴賚不貲，佃練湖，放洋舶，鹽場蘆洲之課，搜括殆盡。内則張執中、田成，外則阮大鋮、楊維垣，比周固寵，政以賄成。癸丑，上不豫，幾殆，輔臣入候起居，與羣閹竊竊私語，外庭莫敢詰，或榜門笑駡，羣小亦莫之怪也。

十二月乙卯朔，我大清兵下河南，許定國、李際遇已潛約降，而舉朝莫之知也。

命荆王□□居九江府，加兵部侍郎練國事尚書，仍蒞侍郎事。丁巳，進劉孔昭、劉澤清皆爲侯，孔昭辭，許之。禁巡按御史訪拏。辛酉，命何騰蛟以原官總督川、湖、雲、貴、廣西等處，專理恢勦。召楊鶚回部。

我大清兵圍邳州，凡三日。

癸亥，定勇衛營額萬五千人。甲子，敕程世昌兼督上江糧務。丙寅，改謚孝宗皇后張氏曰孝成靖肅莊慈哲懿扶天贊聖敬皇后。

我大清兵入河南府，總兵李際遇降。

戊辰，以高斗樞爲都察院右僉都御史，巡撫湖廣。己巳，行税契法。

楊維垣追論三朝黨局，上曰：「宵人躁競，不難矯誣君父以逞其私。王之宷等已經大赦，姑不究。《三朝要典》民間尚有存者，禮部訪求，送史館，以存列聖忠孝之實。被罪諸臣，吏部察明，分别復職。」於是已死之劉廷元等二十人，予謚蔭祭葬，未死之王紹徽等十三人，原官起用。尋逆案編修吴孔嘉言：「《要典》宜列當日奏議以存實，删去附和。」命下所司删定。

我大清留使臣左懋第、馬紹愉，縱陳洪範南歸，和議不成。

有顛僧大悲至京，自稱齊王，又稱潞王，下鎮撫司勘訊。

壬申，加馬士英少師。禁各官薦舉。命王永吉專防江北，張縉彦專防河南。縉彦定諸將汛地：王之綱自永城至寧陵，許定國自寧陵至蘭陽，劉洪起自祥符至汜水。癸酉，復降賊臣左春坊韓四維原官，給事中戴英劾之，命改别衙門。甲戌，命史可法會兵援邳州。乙亥，追封于謙爲臨安伯，遣官致祭。丁丑，開文武

職官誥命事例。

戊寅，我大清兵自孟津縣渡河，張縉彦等走沈邱，命高傑進屯歸德以備之。敘鄖陽固守功，加陞巡撫前按察使高斗樞都察院右副都御史。辛巳，罷南郊，改於明年冬至，御史沈宸荃疏諫，不聽。壬午，以瞿式耜爲都察院右僉都御史，巡撫廣西；馬體乾爲都察院右僉都御史，巡撫四川。癸未，馬士英請榷酤，從之。左良玉奏復公安。豐沛賊程繼孔迎高傑於河，傑斬以徇，論功加太子少傅。以賈登聯爲四川總兵官。是日，布衣何光顯上書乞誅馬士英、劉孔昭，詔戮光顯於市。甲申，上御興寧宫。

我大清順治二年乙酉，春正月乙酉朔，日有食之。是日，大雪。上在南京，稱弘光元年，免朝賀。庚寅，以新殿推恩加史可法太師兼太子太師、建極殿大學士，馬士英少師兼太子太師、中極殿大學士，王鐸少保兼太子太保、武英殿大學士，予蔭。以士英掌文淵閣印，充首輔辦事。可法辭太師，許之。壬辰，立春，流星入紫微垣。癸巳，大雷電，雨雹。

命黄得功、劉良佐進屯潁、亳，皆受命不行。高傑提兵直抵關、雒，進據虎牢。乙未，解學龍再上從逆諸臣罪案，兼請停刑，許之。

是日，許定國誘殺興平伯高傑於睢州。丙申，傑部將攻睢州，定國遂叛，降於我大清。

戊戌，禁宗室入京朝見。壬寅，命在京諸臣自陳。癸卯，以吏部左侍郎蔡奕琛兼東閣大學士，入閣辦事。甲辰，命删定《三朝要典》。乙巳，朱國弼、張孫振劾解學龍黨從逆，奪學龍職，召前都察院左都御史唐世濟，以原官管右都御史事。庚戌，命武臣自公侯伯以下，非賜肩輿並騎馬，坐蟒斗牛，非奉賜，麒麟白澤，非動爵，不許借用。辛亥，加監軍侍講衛胤文兵部右侍郎，總督高傑標下鎮將兵馬，經略開、歸。兵部尚書張國維乞歸省，許之。

是月，我大清兵取西安，李自成走襄陽。

二月，乙卯，命清釐濫冒勳衛。丙辰，以王驥爲都察院右副都御史，巡撫湖廣。戊午，以高倬爲刑部尚書。以阮大鋮爲兵部尚書兼都察院左副都御史，協理部事，仍巡視江防。命太監李國輔開採雲霧山，給事中吴适疏諫，不聽；尋報罷。巡按浙江御史彭遇颽爲民所逐，命改調淮、揚。加鹽課引五分。甲子，謚思宗皇太子曰獻愍，定王曰哀，永王曰悼。乙丑，遣黄道周祭告禹陵。

史可法請用高傑部將李本身爲提督，不許。黄得功引兵趨揚州，遣盧九德宣諭解之曰：「大臣當先國事而後私讎。黄得功若向揚州，使高營將士棄汛而東，敵人躡之南下，誰執其咎？朕於諸藩恩禮有加，諸藩亦當恪守臣節，勿輕舉以誤國家。」得功不得已引還。裁九江額餉六萬，總督袁繼咸争之，不聽；請罷，亦弗許。

丙寅，命於蘇州織造大婚冠服。張孫振奏劾禮部尚書顧錫疇，並論奪温體仁謚事。丁卯，錫疇罷。蔭方孝孺裔孫五經博士。前山西殉難巡撫蔡懋德子方炳，疏請卹典，不許。贈伏法太監劉元斌、王裕民祭葬，予逆案徐大化、徐景濂、劉廷元等卹典。

癸酉，撤高傑兵回，命劉良佐防歸德，遣太監高起潛安撫傑營將士，駐揚州。時武臣借口助餉，往往破人産。延陵朱一馮者，已革巡撫也，富而吝，里人訐之。上以一馮身爲大臣，多藏厚亡，大喪縉紳之體，命察其田産。又諭部臣曰：「捐助原聽民樂輸，抄没乃朝廷偶行，豈刁民獻媚之事！宗藩勳戚，須敬禮士大夫，與地方相安，不得非法罔利。」

癸酉，欽天監奏日月色甚赤。上曰：「是何分野？何無占候？其訪術者舉用。」甲戌，進蔡奕琛禮部尚書兼文淵閣大學士。乙亥，追封弟由榘潁王，謚曰冲。丙子，改上思宗廟號曰毅宗。封慈爚崇王。贈死事武臣沈壽崇，知府王行儉，知縣李允在等官蔭。

丁丑，止滇、黔援兵。御史袁弘勳疏攻袁繼咸，左良玉救之，併言《要典》宜焚。上諭曰：「此朕家事，列聖父子兄弟之間，數十年無纖毫間言，諸臣妄興誣搆。卿一細閲，亦當倍增悲憤。但與見在廷臣無關，悉從寬宥，不必疑猜。」

戊寅，李自成走承天。

己卯，鑄各衙門印，去南京字。

是月，闖賊復犯鄖陽，守將王光恩禦卻之。

三月，乙酉，僧大悲伏誅。丁亥，命王永吉帶撫淮安，衛胤文兼撫徐、揚。復温體仁謚蔭。

召勳臣朱國弼等、閣臣馬士英等、翰林劉正宗等入見武英殿，面諭同府部九卿科道辨驗北來太子真僞。日午，羣臣奏係故駙馬都尉王昺姪孫王之明，曾侍衛東宫，家破南奔，鴻臚少卿高夢箕家丁穆虎教之詐稱太子。乃下中城兵馬司獄。即擢楊維垣爲都察院左副都御史。

戊子，以太監喬上總理兩淮鹽課。

己丑，我大清兵取郾城，又取西平。闖賊逼承天，左良玉遣使告急，命督臣何騰蛟禦之。辛卯，我大清兵取上蔡。

壬辰，以耿廷籙爲都察院右僉都御史，巡撫四川。命百官會審北來太子於午門外。

闖賊寇潛江。

河南有婦人童氏，自稱王邸元妃，巡按御史陳潛夫具儀從送至京。上怒，下童氏錦衣衛獄，並逮潛夫。

癸巳，遥祭諸陵。乙未，阮大鋮薦馬士英之子錫爲京營總兵官。戊戌，命黄斌卿以原官掛征蠻將軍印，鎮守廣西，方國安掛鎮南將軍印，充總兵官，駐防池口。己亥，徙崇王慈爚居福州。

上懿安皇后謚曰孝哀慈靖恭惠温貞偕天協聖哲皇后，更恭皇帝謚曰孝皇帝。

命黄得功移鎮廬州，與劉良佐合力防禦。

壬寅，思宗忌日，上於宮中舉哀，百官於太平門外設壇遥祭，以東宮二王祔。

癸卯，命三法司覆審北來太子等，黄得功、劉良佐、左良玉、何騰蛟、袁繼咸各疏論北來太子事。良佐疏兼及童氏事，言上爲羣臣所欺，將使天倫絶滅。上曰：「朕元妃黄氏，先朝册封，不幸夭逝。繼妃李氏，又已殉難。登極之初，即追封后號，詔示海内，卿爲大臣，豈不聞知！童氏不知何處妖婦，詐冒朕妃。朕初爲郡王，有何東西二妃？據供是邵陵王宮人，尚未悉真僞。王之明是駙馬王昺之姪孫，避難南來，高夢箕家丁穆虎教令冒認東宮，正在嚴究。若果真實，朕於夫妻伯姪之間，豈無天性！况宮媵相從患難者頗多。朕於先帝無纖芥之嫌，因宗社無主，不得已從羣臣之請，勉承重寄，豈有利天下之心，忍加毒害於其血脈！至於舉朝文武，誰非先帝舊臣，誰不如卿，肯昧心至此！朕夫妻之情，又豈羣臣所能欺蔽！但太祖之天潢，先帝之遺體，不可以異姓頑童，瀆亂宗祐；宮闈風化所關，豈容妖婦闌入！國有大綱，法有常刑，卿不得妄聽妖訛，猥生疑議。」因命法司將二案審明情節，傳示中外，以釋羣疑。時流言益甚，史可法疏請召對以息羣囂，上諭止之。

封外戚黄九鼎爲雒中伯。加朱大典兵部尚書兼右副都御史，巡撫應天。

乙巳，我大清兵取歸德，巡按御史凌駉及其從子潤生死之。

丁未，許罪廢諸臣輸銀復官。戊申，左良玉舉兵反，焚武昌，東下。己酉，以錢繼登爲都察院右僉都御史，總理兩淮鹽法，兼督江防，罷巡鹽御史。

壬子，我大清兵取潁州，復取太和縣。王永吉請飭史可法、衛胤文共保徐州，士英不聽。加李本身太子太保、左都督。遣使册封琉球國王。

是月，川省督師王應熊、總督樊一蘅、攝巡撫馬乾、參政劉鱗長、副將曾英、朱化龍、同知詹天顔、宗室進士朱奉鈃、舉人鄭延爵、武進士楊展、土司楊之明、馬京、馬亭各起兵討獻賊，收復州縣，獻賊乃大殺四川紳士及其僞官。

夏四月癸丑朔，御史畢十臣奏孟夏時享太廟，陪祀官多不至者。以左兵東下，命史可法督諸軍渡江入援。丙辰，左良玉兵陷九江，尋死，其子夢庚自稱留後，命阮大鋮、劉孔昭帥師禦之。左夢庚兵陷建德，戊午，陷彭澤，己未，陷東流，命阮大鋮會同黄得功堵勦。庚申，光時亨、周鍾、武愫伏誅。同日，賜周鑣、雷縯祚自盡。辛酉，黄得功駐兵荻港。

是日，我大清兵自歸德分道南下，總兵李成棟遁，遂入徐州。

壬戌，封常澄爲襄王，居汀州。黄斌卿敗左兵於銅陵。乙丑，左夢庚兵陷安慶。

是日，我大清兵取泗州，丙寅，渡淮。史可法退保揚州，連章告急，言「上游不過欲除君側之奸，未敢與君父爲難。北兵一至，則宗社可虞」。大理寺卿姚思孝、工科吴希哲請備淮揚，上諭士英曰：「良玉雖不應興兵，然看他本上，原不曾反，淮揚急則赴淮揚。」士英厲聲指諸臣曰：「此皆良玉死黨爲游説。我君臣寧死於清，不可死良玉手。」上無如何也。時高營潰兵掠舟渡江，命楊文驄、鄭鴻逵礮擊之，潰兵進退無所，遂降於我大清。

丁卯，選淑女於元暉殿，京師女七十人中，阮姓一人，浙女五十人中，王姓一人。戊辰，命潞王常淓移駐湖州，周王恭枵、魯王以海移駐江西、廣東。己巳，以劉洪起爲提督汝寧、開封等處總兵官。時河南盡失，洪起獨支持光、黄間。

庚午，命王永吉總督防河，錢繼登兼撫揚州。左夢庚兵至池州。壬申，詔暴左良玉罪狀。總兵鄭鴻逵奏破高傑營亂兵於江中。我大清兵圍揚州，劉澤清假入援，大掠而東。丙子，以霍達爲都察院右僉都御史，巡撫蘇淞。

丁丑，我大清兵克揚州，督師兵部尚書、大學士史可法、揚州知府任民育等死之，甘肅團練總兵官劉肇基及原任兵部右侍郎張伯鯨等俱遇害，總督兵部侍郎衛胤文、監紀主事何剛先後赴水死。詳《忠義傳》。

戊寅，召對羣臣，王鐸猶請經筵講期。五月壬午朔，以李彬爲都察院右僉都

御史，巡撫河南。癸未，移惠王常潤於嘉興。黄得功擊左夢庚於坂子磯，敗之。丙戌，進封黄得功靖國公，世襲。丁亥，封鄭鴻逵爲靖虜伯，以楊文驄爲都察院右僉都御史，巡撫常鎮。

時士英與韓贊周、盧九德議各門下閘，辰開午閉。戊子，集清議堂議事，預坐者十六人：馬士英、王鐸、蔡奕琛、陳于鼎、張捷、陳盟、張有譽、錢謙益、李喬、李沾、唐世濟、楊維垣、秦鏞、張孫振、錢增、趙之龍，各竊竊偶語，百官皆不得與。是日，晝晦，大風雨，人心洶洶。我大清兵取瓜州門欄卓椅，結大筏，燃燈燭，施號礮，亂流而下，南岸以爲北騎渡江也，礮石擊之，日奏捷轅門，鼓角震天，京口民牛酒犒勞，歡舞騰發。

己丑夜，大霧，我大清兵從坎壜橋狹流輕舟飛渡。庚寅黎明，升高阜，設亭幛，擊鼓吹螺，我大清兵開閘放舟，蔽江而南，諸軍始覺，倉皇列陣甘露寺，鐵騎衝之，悉潰。文驄走蘇州，鴻逵與鄭彩等入海，我大清兵遂取鎮江。

辛卯，都中各城閉門，上集内官問計。韓贊周曰：「兵力單弱，守相無一可者，不若親征。濟則可以保社稷，不濟亦可以全身。」上不聽，集梨園子弟，雜坐酣飲。漏二鼓，内官數十人跨馬出通濟門，贊周從之，文武百官無知者，宫娥女優雜沓西華門外。昧爽，劉孔昭斬關走太平。壬辰，馬士英挾太后出奔杭州。兵民擁立北來太子於武英殿，毆王鐸幾死。

癸巳，上至太平，劉孔昭不納；走蕪湖，總兵黄斌卿已遁。上匿黄得功麾下總兵翁之琪舟中，往就得功營。倉卒無璽，以幅紙書官銜姓名，命阮大鋮、朱大典兼東閣大學士，督師，以揚州府同知李繼晟爲右僉都御史，巡撫安慶。是日，總督京營忻城伯趙之龍具表迎降。

丙申，我大清兵營於城北，大學士蔡奕琛、王鐸，禮部尚書錢謙益暨勳戚文武皆降。大臣殉難者：刑部尚書高倬自縊死。工部尚書何應瑞自縊不死，復自刎，爲其子所持，終事不可考。吏部尚書張捷，微行至雞鳴寺，以佛幡自縊死。或曰：「捷聞百姓毆王鐸，懼禍及，自裁也。」左副都御史楊維垣，偕其妾朱氏、孔氏自縊死。或曰：「維垣蹙二妾死，置三棺中，題楊某之柩而竄其下，夜遁至秣陵關，爲怨家所殺。」禮部主事黄端伯，户部郎中劉成治，主事吴嘉胤，中書舍人龔廷祥，欽天監博士陳于階，監生吴可箕等，皆死之。

上將幸杭州，命朱大典、方國安以部兵先發，得功斷後。未發而叛將劉良佐引追兵至，得功自刎死，良佐麾軍劫其營。將士倉卒謀渡，而浮橋鎖忽斷，中軍翁之琪投江死。左協總兵田雄入上舟，負上與右協總兵馬得功出降。丙午，良佐挾上至南京，以無幔小轎入城，首蒙帕，衣藍布衣，油扇掩面，百姓夾路唾罵，投瓦礫。乘馬至内守備府，見我豫王，叩頭。豫王宴之靈璧侯府，坐北來太子下，趙之龍暨禮部八人與宴。豫王問北來太子事，上不答。豫王又曰：「我兵尚在揚州，汝何便走？自主之邪，抑人教之邪？」汗流浹背，俯首無言。終席，拘於江寧縣。九月，甲寅，北去。隆武帝立，遥上尊號曰聖安皇帝。明年五月，殂於北京，永曆帝上謚曰安宗簡皇帝。

《弘光實録鈔》卷一 崇禎十七年夏五月庚寅，福王建監國於南京。

諱由崧，神宗皇帝之孫也。父常洵，國於雒陽，十六年正月，爲流賊所害。北都之變，諸王皆南徙避亂。時留都諸臣議所以立者，兵部尚書史可法謂：太子，永、定二王既陷賊中，以序則在神宗之後，而瑞、桂、惠地遠。福王則七不可（謂貪、淫、酗酒、不孝、虐下、不讀書、干預有司也）。唯潞王諱常淓，素有賢名。雖穆宗之後，然昭穆亦不遠也。是其議者，兵部侍郎吕大器、武德道雷縯祚。未定，而逆案阮大鋮久住南都，線索在手，遂走誠意伯劉孔昭、鳳陽總督馬士英幕中密議之，必欲使事出於己而後可以爲功。乃使其私人楊文驄，持空頭箋，命其不問何王，遇先至者，即填寫迎之。文驄至淮上，有破舟河下，中有一人，或曰：福王也。文驄入見，啓以士英援立之意，方出私錢買酒食共飲，而風色正盛，遂開船，兩晝夜而達儀真。可法猶集文武會議，已傳各鎮奉駕至矣。士英以七不可之書用鳳督印之成案，於是可法事事受制於士英矣。

雜録

備録

黄宗羲《弘光實録鈔》附《福王登基實録》 恭聞監國自福邸至淮也，南都文武大臣及科道諸臣方集議擁立之事。僉謂以親、以賢、以序，即當推奉爲臣民主。操臣誠意伯劉孔昭、督臣馬士英，各傳諭所部將士，以代來中興之意。將士聞命感泣，亦願奉爲六軍主，建義旗討賊。諸臣恭謁陵廟，告非常大變，慟哭；

乃告奉監國之議。議協，參贊機務兵部尚書史可法至浦口，具啓迎駕於淮安；禮部司務官齎南都百官公啓，迎駕於儀真。渡江，泊燕子磯，百官郊迎，命以王禮見。監國素袍角帶，對百官慟哭；百官行禮，手掖之，尋賜茶。言及宗社震驚、大行異變，復哭失聲。因流涕言「封疆大計，惟仗諸先生主持，至迎立，決不敢當。蓋播遷以來，國母尚無消息，故不攜宮眷一人，始意欲擇浙東僻地暫居，以使迎奉。今値國難至此，迎立之事，何忍言！」睿音琅然，而睿容具日月表，百官瞻覲，咸擧額謂宗社之福。

次日，爲五月朔戊子。從水西門啓駕，由城外至孝陵，乘馬導引官請從東門鄉路入。監國遜避，從西門至饗殿，祭告禮畢，即向懿文太子陵園駐瞻良久。從朝陽門入，至東華門，步行過殿陛，行謁奉先殿禮，出西華門，暫以內守府爲行宮，百官進見，行四拜禮，傳令旨召諸臣入議事。

兵部尚書史可法、魏國公徐弘基、靈壁侯湯國祚各有奏。國祚以户部靳餉，奏對微激，署禮部、兵部侍郎呂大器謂非對君體，止之。

京畿道御史祁彪佳，因奏綱紀法度，爲國之本；吏科李沾合諸科道奏，以朝班宜肅。蓋時舊京朝儀久廢也。彪佳又奏早頒大號，敬天法祖諸事。監國皆虛懷納之。

朝畢，羣臣退議登極、監國次第，咸謂「仰窺睿意，必欲發喪誓師，曉然示天下以討賊大義，而後正位。宜先上監國璽綬，而後勸進」。乃即範金鑄監國寶。以次日入朝，大臣仍面奏勸進，監國復辭，諭諸臣謂：「人生忠孝爲本，今大讐未報，孤不能事君；先王殉節，國母播越，孤不能事親：無遽登大寶之禮。且聞東宮與永、定二王尚在賊中，或可致之。又桂、惠、瑞三王皆叔父行，惟諸先生擇賢迎立。」言訖淚俱。大臣及言官再奏，求允所請。監國遜謝如前。署禮部臣大器率百官跪奏勸進第一箋，傳旨暫領監國，百官退。逾時，又進第二箋，命傳進，手書批簽，仍允監國，餘所請不允。

又次日，傳旨：「官止服青錦繡，朝拜仍行王禮，不必穿帶朝服。」百官以典禮重大，具朝服入。監國親行告天禮，陞座，百官四拜，魏國公弘基率百官跪進監國符寶。受訖，再行四拜禮，乃退。諸臣尚有言宜即登大位以鎮人心者，御史彪佳謂：「令旨先受監國之請，其名極正，賢德益彰。既可以示謙讓，海內聞之，皆知監國無因以得位之心。俟發喪，擇吉登大寶，布告天下爲當。」禮臣、魏國，皆然其議，議乃定。即用右都御史張慎言爲吏部尚書，傳旨合推閣員。疏上，先用兵部尚書可法進東閣大學士兼兵部尚書如故，户部尚書高弘圖改禮部尚書、進東閣大學士；俱入閣辦事。而召工部侍郎周堪賡爲户部尚書，鳳督士英進東閣大學士兼兵部尚書、都察院右都御史，總督鳳陽等處如故。而以前會推疏詞林僅推掌翰林院詹事府詹事姜曰廣一人，傳旨吏部：「予察祖制，閣員俱用詞林；至先帝，間用别衙門官。今正推如何止列姜先生一人，似與祖制不符。著該部再行添推來看。」吏部會九卿再具疏，仍以曰廣居首，而推禮部尚書王鐸、禮部右侍郎陳子壯、詹事府少詹事黄道周、右春坊右庶子徐汧。令旨再點用首、次二員俱進東閣大學士兼禮部尚書入閣辦事，諸臣以次待用。六卿九列既備官，復催補科道各員，皆一時人望。尋特遣彪佳頒赦諭江南云。

是擧也，羣臣當攀號憤變之後，天柱地維摧陷頃刻矣；値真主纘運，日月重光，實惟二祖列宗在天式憑以有此。海內聞當陽在即，用人行政，動協人情，未有朝端已見清寧而醜類不授首膏鉞者。刻□□復神京，寸磔逆賊；雖在草莽，胥忍死拭目俟之。若諸臣思祖宗三百年德澤在人、大行十七載焦勞求治，洗滌肺腸，以事新主，掃除門户，以修職業，何事不可辦，何罪不可討，亦何功名不可就哉！

聞法駕入都之日，都人聚觀呼萬歲，見兩大星夾日而行，鍾山紫氣中五色雲見。而先是龍江浮梗楠巨木千章，若爲鼎新大內而出者。兩都並建，聿還舊觀。江北諸大師，皆上表勸進。所傳遼東總兵吴三桂疾馳至山海結虜入關，大殺賊十數萬，奪其輜重無算，邊鎮諸宿將，無不投袂奮劍，以報國仇者。中興大業，豈靈武草次、靖康偏安之足比哉！

史可法部

綜述

《明史》卷二七四《史可法傳》 史可法，字憲之，大興籍，祥符人。世錦衣百户。祖應元舉於鄉，官黄平知州，有惠政，語其子從質曰：「我家必昌。」從質妻尹氏有身，夢文天祥入其舍，生可法。以孝聞。舉崇禎元年進士，授西安府推官，稍遷户部主事，歷員外郎、郎中。

八年遷右參議，分守池州、太平。其秋，總理侍郎盧象昇大舉討賊，改可法副使，分巡安慶、池州，監江北諸軍。黄梅賊掠宿松、潛山、太湖，將犯安慶，可法追擊之潛山天堂寨。明年，祖寬破賊滁州，賊走河南。十二月，賊馬守應合羅汝才、李萬慶自鄖陽東下，可法馳駐太湖，扼其衝。

十年正月，賊從間道突安慶石牌，尋移桐城。參將潘可大擊走賊，賊復爲廬、鳳軍所扼，回桐城，掠四境。知縣陳爾銘嬰城守，可法與可大剿捕。賊走廬江，犯潛山，可法與左良玉敗之楓香驛，賊乃竄潛山、太湖山中。三月，可大及副將程龍敗殁於宿松。賊分其黨摇天動別爲一營，而合八營二十餘萬衆，分屯桐城之練潭、石井、陶沖。總兵官牟文綬、劉良佐擊敗之挂車河。

當是時，陝寇聚漳、寧，分犯岷、洮、秦、楚、應、皖，羣盜遍野。總理盧象昇既改督宣、大，代以王家禎，祖寬關外兵亦北歸。未幾，上復以熊文燦代家禎，專撫賊。賊益狂逞，盤牙江北，南都震驚。七月擢可法右僉都御史，巡撫安慶、廬州、太平、池州四府，及河南之光州、光山、固始、羅田，湖廣之蘄州、廣濟、黄梅，江西之德化、湖口諸縣，提督軍務，設額兵萬人。賊已東陷和州、含山、定遠、六合，犯天長、盱眙，趨河南。可法奏免被災田租。冬，部將汪雲鳳敗賊潛山，京軍復連破老回回舒城、廬江，賊遁入山。時監軍僉事湯開遠善擊賊，可法東西馳禦，賊稍稍避其鋒。十一年夏，以平賊踰期，戴罪立功。

可法短小精悍，面黑，目爍爍有光。廉信，與下均勞苦。軍行，士不飽不先食，未授衣不先禦，以故得士死力。連敗賊英山、六合，順天王乞降。十二年夏，丁外艱去。服闋，起户部右侍郎兼右僉都御史，代朱大典總督漕運，巡撫鳳陽、淮安、揚州，劾罷督糧道三人，增設漕儲道一人，大濬南河，漕政大釐。拜南京兵部尚書，參贊機務。因武備久弛，奏行更新八事。

十七年四月朔，聞賊犯闕，誓師勤王。渡江抵浦口，聞北都既陷，縞衣發喪。會南都議立君，張慎言、吕大器、姜曰廣等曰：「福王由崧，神宗孫也，倫序當立，而有七不可：貪、淫、酗酒、不孝、虐下、不讀書、干預有司也。潞王常淓，神宗姪也，賢明當立。」移牒可法，可法亦以爲然。鳳陽總督馬士英潛與阮大鋮計議，主立福王，咨可法，可法以七不可告之。而士英已與黄得功、劉良佐、劉澤清、高傑發兵送福王至儀真，於是可法等迎王。五月朔，王謁孝陵、奉先殿，出居内守備府。羣臣入朝，王色赧欲避。可法曰：「王毋避，宜正受。」既朝，議戰守。可法曰：「王宜素服郊次，發師北征，示天下以必報讐之義。」王唯唯。明日再朝，出議監國事。張慎言曰：「國虚無人，可遂即大位。」可法曰：「太子存亡未卜，倘南來若何？」誠意伯劉孔昭曰：「今日既定，誰敢復更？」可法曰：「徐之。」乃退。又明日，王監國，廷推閣臣，衆舉可法、高弘圖、姜曰廣。孔昭攘臂欲並列，衆以本朝無勛臣入閣例，遏之。孔昭勃然曰：「即我不可，馬士英何不可？」乃并推士英。又議起廢，推鄭三俊、劉宗周、徐石麒。孔昭舉大鋮，可法曰：「先帝欽定逆案，毋復言。」越二日，拜可法禮部尚書兼東閣大學士，與士英、弘圖並命。可法仍掌兵部事，士英仍督師鳳陽。乃定京營制，如北都故事，侍衛及錦衣衛諸軍，悉入伍操練。錦衣東西兩司房，及南北兩鎮撫司官，不備設，以杜告密，安人心。

當是時，士英旦夕冀入相。及命下，大怒，以可法七不可書奏之王，而擁兵入覲，拜表即行。可法遂請督師，出鎮淮、揚。十五日，王即位。明日，可法陛辭，加太子太保，改兵部尚書、武英殿大學士。士英即以是日入直，議分江北爲四鎮。東平伯劉澤清轄淮、海，駐淮北，經理山東一路。總兵官高傑轄徐、泗，駐泗水，經理開、歸一路。總兵官劉良佐轄鳳、壽，駐臨淮，經理陳、杞一路。靖南伯黄得功轄滁、和，駐廬州，經理光、固一路。可法啓行，即遣使訪大行帝后梓宫及太子二王所在，奉命祭告鳳、泗二陵。

可法去，士英、孔昭輩益無所憚。孔昭以慎言舉吴甡，譁殿上，拔刀逐慎言。可法馳疏解，孔昭卒扼甡不用。可法祭二陵畢，上疏曰：「陛下踐阼初，祗謁孝陵，哭泣盡哀，道路感動。若躬謁二陵，親見泗、鳳蒿萊滿目，雞犬無聲，當益悲

憤。願愼終如始，處深宫廣厦，則思東北諸陵魂魄之未安；享玉食大庖，則思東北諸陵麥飯之無展；膺圖受籙，則念先帝之集木馭朽，何以忽遘危亡；早朝晏罷，則念先帝之克儉克勤，何以卒隳大業。戰兢惕厲，無時怠荒，二祖列宗將默佑中興。若晏處東南，不思遠略，賢奸無辨，威斷不靈，老成投簪，豪傑裹足，祖宗恕恫，天命潛移，東南一隅未可保也。」王嘉答之。

得功、澤清、傑爭欲駐揚州。傑先至，大殺掠，屍横野。城中恟懼，登陴守，傑攻之浹月。澤清亦大掠淮上。臨淮不納良佐軍，亦被攻。朝命可法往解，得功、良佐、澤清皆聽命。乃詣傑。傑素憚可法，可法來，傑夜掘坎十百，埋暴骸。旦日朝可法帳中，辭色俱變，汗浹背。可法坦懷待之，接偏裨以温語，傑大喜過望。然傑亦自是易可法，用己甲士防衛，文檄必取視而後行。可法夷然爲具疏，屯其衆於瓜洲，傑又大喜。傑去，揚州以安，可法乃開府揚州。

六月，大清兵擊敗賊李自成，自成棄京師西走。青州諸郡縣爭殺僞官，據城自保。可法請頒監國、登極二詔，慰山東、河北軍民心。開禮賢館，招四方才智，以監紀推官應廷吉領其事。八月出巡淮安，閱澤清士馬。返揚州，請餉爲進取資。士英靳不發，可法疏趣之。因言：「邇者人才日耗，仕途日淆，由名心勝而實意不修，議論多而成功少。今事勢更非昔比，必專主討賊復讐。舍籌兵籌餉無議論，舍治兵治餉無人才。有摭拾浮談，巧營華要者，罰無赦！」王優詔答之。

初，可法虞傑跋扈，駐得功儀真防之。九月朔，得功、傑搆兵，曲在傑。賴可法調劑，事得解。北都降賊諸臣南還，可法言：「諸臣原籍北土者，宜令赴吏、兵二部録用，否則恐絶其南歸之心。」又言：「北都之變，凡屬臣子皆有罪。在北者應從死，豈在南者非人臣？即臣可法謬典南樞，臣士英叨任鳳督，未能悉東南甲疾趨北援，鎮臣澤清、傑以兵力不支，折而南走。是首應重論者，臣等罪也。乃因聖明繼統，鈇鉞未加，恩榮疊被。而獨於在北諸臣毛舉而概繩之，豈散秩閒曹，責反重於南樞、鳳督哉。宜摘罪狀顯著者，重懲示儆。若僞命未污，身被刑辱，可置勿問。其逃避北方，徘徊而後至者，許戴罪討賊，赴臣軍前酌用。」廷議並從之。

傑居揚州，桀驁甚。可法開誠布公，導以君臣大義。傑大感悟，奉約束。十月，傑帥師北征。可法赴清江浦，遣官屯田開封，爲經略中原計。諸鎮分汛地，自王家營而北至宿遷，最衝要，可法自任之，築壘緣河南岸。十一月四日，舟次鶴鎮，諜報我大清兵入宿遷。可法進至白洋河，令總兵官劉肇基往援。大清兵還攻邳州，肇基復援之，相持半月而解。

時自成既走陝西，猶未滅，可法請頒討賊詔書，言：

自三月以來，大讐在目，一矢未加。昔晉之東也，其君臣日圖中原，而僅保江左；宋之南也，其君臣盡力楚、蜀，而僅保臨安。蓋偏安者，恢復之退步，未有志在偏安，而遽能自立者也。大變之初，黔黎洒泣，紳士悲哀，猶有朝氣。今則兵驕餉絀，文恬武嬉，頓成暮氣矣。河上之防，百未經理，人心不肅，威令不行。復讐之師不聞及關、陝，討賊之詔不聞達燕、齊。君父之讐，置諸膜外。夫我即卑宫菲食，嘗膽卧薪，聚才智精神，枕戈待旦，合方州物力，破釜沉舟，尚虞無救。以臣觀廟堂謀畫，百執事經營，殊未盡然。夫將所以能克敵者，氣也；君所以能禦將者，志也。廟堂志不奮，則行間氣不鼓。夏少康不忘出竇之辱，漢光武不忘爇薪之時。臣願陛下爲少康、光武，不願左右在位，僅以晉元、宋高之説進也。

先皇帝死於賊，恭皇帝亦死於賊，此千古未有之痛也。在北諸臣，死節者無多；在南諸臣，討賊者復少，此千古未有之恥也。庶民之家，父兄被殺，尚思穴胸斷脰，得而甘心，況在朝廷，顧可漠置。臣願陛下速發討賊之詔，責臣與諸鎮悉簡精鋭，直指秦關，懸上爵以待有功，假便宜而責成效，絲綸之布，痛切淋漓，庶海内忠臣義士，聞而感憤也。

國家遘此大變，陛下嗣登大寶，與先朝不同。諸臣但有罪之當誅，曾無功之足録。今恩外加恩未已，武臣腰玉，名器濫觴。自後宜愼重，務以爵禄待有功，庶猛將武夫有所激厲。兵行最苦無糧，搜括既不可行，勸輸亦難爲繼。請將不急之工程，可已之繁費，朝夕之燕衎，左右之進獻，一切報罷。即事關典禮，亦宜概從節省。蓋賊一日未滅，即有深宫曲房，錦衣玉食，豈能安享！必刻刻在復讐雪恥，振舉朝之精神，萃萬方之物力，盡并於選將練兵一事，庶人心可鼓，天意可回。

可法每繕疏，循環諷誦，聲淚俱下，聞者無不感泣。

比大清兵已下邳、宿，可法飛章報。士英謂人曰：「渠欲叙防河將士功耳。」慢弗省。而諸鎮逡巡無進師意，且數相攻。明年，是爲大清順治之二年，正月，餉缺，諸軍皆饑。頃之，河上告警。詔良佐、得功率師扼潁、壽，傑進兵歸、徐。傑至睢州，爲許定國所殺，部下兵大亂，屠睢旁近二百里殆盡。變聞，可法流涕頓足歎曰：「中原不可爲矣。」遂如徐州，以總兵李本身爲提督，統傑兵。本身

者，傑甥也。以胡茂順爲督師中軍，李成棟爲徐州總兵，諸將各分地，又立傑子元爵爲世子，請恤於朝，軍乃定。傑軍既還，於是大梁以南皆不守。士英忌可法威名，加故中允衛胤文兵部右侍郎，總督興平軍，以奪可法權。胤文，傑同鄉也，陷賊南還，傑請爲己監軍。傑死，胤文承士英旨，疏誚可法。士英喜，故有是命，駐揚州。二月，可法還揚州。未至，得功來襲興平軍，城中大懼。可法遣官講解，乃引去。

時大兵已取山東、河南北，逼淮南。四月朔，可法移軍駐泗州，護祖陵。將行，左良玉稱兵犯闕，召可法入援。渡江抵燕子磯，得功已敗良玉軍。可法乃趨天長，檄諸將救盱眙。俄報盱眙已降大清，泗州援將侯方巖全軍没。可法一日夜奔還揚州。訛傳定國兵將至，殲高氏部曲。城中人悉斬關出，舟楫一空。可法檄各鎮兵，無一至者。二十日，大清兵大至，屯班竹園。明日，總兵李棲鳳、監軍副使高岐鳳拔營出降，城中勢益單。諸文武分陴拒守。舊城西門險要，可法自守之。作書寄母妻，且曰：「死葬我高皇帝陵側。」越二日，大清兵薄城下，礮擊城西北隅，城遂破。可法自刎不殊，一參將擁可法出小東門，遂被執。可法大呼曰：「我史督師也。」遂殺之。揚州知府任民育，同知曲從直、王纘爵，江都知縣周志畏、羅伏龍，兩淮鹽運使楊振熙，監餉知縣吴道正，江都縣丞王志端，賞功副將汪思誠，幕客盧渭等皆死。

可法初以定策功加少保兼太子太保，以太后至加少傅兼太子太傅，叙江北戰功加少師兼太子太師，擒劇盜程繼孔功加太傅，皆力辭，不允。後以宫殿成，加太師，力辭，乃允。可法爲督師，行不張蓋，食不重味，夏不箑，冬不裘，寢不解衣。年四十餘，無子，其妻欲置妾，太息曰：「王事方殷，敢爲兒女計乎！」歲除遣文牒，至夜半，倦索酒。庖人報殽肉已分給將士，無可佐者，乃取鹽豉下之。可法素善飲，數斗不亂，在軍中絶飲。是夕，進數十觥，思先帝，泫然淚下，憑几卧。比明，將士集轅門外，門不啓，左右遥語其故。知府民育曰：「相公此夕卧，不易得也。」命鼓人仍擊四鼓，戒左右毋驚相公。須臾，可法寤，聞鼓聲，大怒曰：「誰犯吾令！」將士述民育意，乃獲免。嘗孑處鈐閣或舟中，有言宜警備者，曰：「命在天。」可法死，覓其遺骸。天暑，衆屍蒸變，不可辨識。踰年，家人舉袍笏招魂，葬於揚州郭外之梅花嶺。其後四方弄兵者，多假其名號以行，故時謂可法不死云。

查繼佐《罪惟録》列傳卷九上 史可法，字憲之，號道隣，北京錦衣衛籍河南祥符人。性廉直，勇於義。崇禎戊辰進士，出理西安，以户部主事晉郎中，出參議江西。備兵安、池，援桐、廬獻寇力，特擢僉都御史，巡撫安、廬四府。安、廬之有巡撫，自可法始也。捷數上，遷七省漕運户部侍郎，兼副都御史，巡撫淮揚。開屯政，招流亡，繕城郭，訪賢豪，諮以軍政，雖側微，有佐一得，輒延禮之爲上客。郡縣不職者畏其彈劾，亦束修爲誼。崇禎壬午，東師深入，可法禦之廟灣河口，預埋火器待之。敵嚴可法素望，解去。癸未，陞南京兵部尚書。時獻賊躪楚，勢東下。可法爲江南保障，屹然不摇。朝議且移北兵部，簡討汪偉曰：「有可法而江淮奠安，姑留此重寄。」可法隨與正詹姜曰廣疏請皇太子監國南都，以固國本，鞏祖陵。留中。聞賊逼，移檄勤王，有云：「譬以同舟之誼，但凡在千八百國，疇非王臣；揆諸恤緯之心，決不至二十四城，遂無男子。」兵未集而凶問至，以首觸柱，血流至踵，文武大吏皆感痛，哭失聲。可法誓浦口，欲走死燕都。議者謂釋江南半壁非計，遂止。

時潞、福兩藩俱在淮，潞有賢名，可法與諸臣意屬之。而阮大鋮者，故魏黨，欲大福以圖報復，入鳳督馬士英幕，爲主其事。士英以福藩親貴，不可奪，飛檄大帥黃得功、劉良佐及高傑、劉澤清等，與共翼戴。遂私謁王舟中，而致書魏國弘基，亦使人約可法浦口。自是南中無敢異議者，合詞迎王入監國。可法首進戰守大計，謂當素服郊次，發師討罪，示天下報仇大義。王唯唯，無所決。進可法内閣大學士，兼兵部尚書，加少保，兼太子太保，進武英殿，廕一子錦衣衛僉事世襲。可法請設四鎮，分汛以北拒。詔封黄德功靖南侯，高傑興平伯，劉澤清東平伯，劉良佐廣昌伯，復侯左良玉於楚，與得功各得廕一子錦衣千户世。其四鎮之轄淮、揚者，十一州縣隸之，經理山東一帶招討事；轄徐、泗者，十四州縣隸之，經理河南北一帶招討事；轄鳳、壽者，九州縣隸之，經理河南陳、歸一帶招討事；轄滁、和者，一州十縣隸之，經理各轄援勦事。設督師駐揚州，適中調遣。各設監軍一員，一切軍民悉聽分統，州縣有司皆聽節制。每鎮額兵三萬人，歲供本色米二十萬，折色銀四十萬。所收中原城池，即歸統攝。又請侍衛帶刀入直，及錦衣鑾儀諸司所隸軍役，當多事之日，俱宜入伍操防。至錦衣鎮撫司官，可不必備，以杜告密，節繁費。於是士英以大鋮密議，内持權。可法不得行其意，自請督鎮揚州。士民譁，夜榜於衢，有云：「明明一李綱，而逐之在外；明明一秦檜，而留之在内。」時太學生陳方策、諸生盧涇才等數百人，上疏言可法不宜出，不聽。遂加可法太子太師以行。幕中設二十一社資謀議。以江北危疆，人情計

脱，復請行徵辟之法，以通銓政。

時廷薦原督臣吴甡可大用，士英嗾誠意伯劉孔昭彈之。可法歎曰：「黨事起矣。」奉詔祭告泗、鳳兩陵，因上疏曰：「陛下深宫廣厦，當思西北諸陵魂魄之未安；玉食大庖，當思西北諸陵春秋之未展。即昕夕焦勞，勤思遠略不辦，而濫恩施，開告密，賢奸無辨，威斷不靈，老成激而投簪，豪傑因之裹足，祖宗怨恫，天命潛移，東南一隅，不知其伊於何底也？」報聞。時北兵已走李賊迤西，可法請立遣北使，致爵三桂，以酬其勳。且使山東、河北知中國有君，南向繫屬。朝議久不斷。會高、黄不安分鎮，争駐揚州，而良佐與傑軍肆掠，詔可法曲諭之。三鎮皆惟命，傑獨梗。可法卒以至誠感之，掠城下而去。

北師使可法弟庶常可程以書招可法，不應。尋攝政王復遺書可法，責以故君未葬，新君不得即位。可法答書，有曰：「乃辱明誨，引《春秋》大義，此爲當時列國世子立説耳。若夫天下共主，身殉社稷，青宫王子，慘變非常，必有維繫人心，號召忠義。莽移漢祚，光武中興；丕廢山陽，昭烈踐祚；懷愍亡國，晉元嗣基；徽欽蒙塵，宋高纘統。是皆國仇未翦之日，亟正位號，《綱目》未嘗斥爲自立。本朝傳世十六，正統相承，自治冠帶之族，繼絶存亡。貴國在昔，夙膺封號，載在盟府，寧不聞乎？今痛心本朝之難，驅除亂逆，可謂大義深著於《春秋》矣。昔契丹和宋，止歲輸以金繒；回紇助唐，亦不私其土地。況大國篤念世好，兵以義助，萬代瞻仰。若乃乘我蒙難，窺此幅員，爲德不卒，是以義始，而以利終，爲賊人所竊笑也，貴國豈其然哉？傳曰：竭股肱之力，繼之以忠貞。某處今日，鞠躬致命，克盡臣節，所以爲報也，惟大國鑒察。」

時高傑頗欲規取開、歸，責餉可法，連呼不應。逡巡國事日非，復上疏曰：「三月以來，陵廟荒蕪，山河鼎沸，大仇在目，一兵未加。盡河以北，悉染腥膻。河上之防，百未料理。此日即卑官菲室，嘗膽卧薪，尚恐無救於事。以臣睹廟堂之作用，百執事之精神，殊有未盡然者。皇上初見臣等，言及先帝，則淚下沾襟，曾幾何時，而忘前事！庶民之家，父兄被殺，尚思穴胸斷脰，得而甘心，顧朝廷之上，乃不踐匹夫之義乎？國家遭此大變，諸臣但有罪可誅，無功足録。今恩外加恩，紛紛未已，名器濫觴，於斯爲極！至兵行討賊，最苦無糧。而凡不急之工役，可已之繁費，朝夕之宴衎，左右之獻諛，並未謝絶。嗟乎！賊一日不滅，北師一日不歸，即有宫室，豈能宴處？即有錦衣玉食，豈能安享之哉？」上不省。尋以高傑徐州獲盗功，加可法太傅。而士英獨排衆議，以大鋮爲兵部侍郎。羣臣交章論劾，不報。姜曰廣、高弘圖、徐石麟、劉宗周等相繼逐去。可法上言：「欲用大鋮者以才，争大鋮者以逆案也。大鋮即可用，何必罪争者？不可用，當採聽羣議，何至以一人壞天下大計乎？」不省。

自大鋮用事，悉引其黨，布於朝。凡可法所奏請，輒格之。元年乙酉，和事不成。朝廷尚修故黨，且起大獄。可法復争之，以爲唐宋門户之禍，與國終始，今孰有大於戕我君父覆我邦家者，不此之仇，而修睚眦之隙，真不知類矣！和不成，惟有戰，戰非諸將之事而誰事也？閫外視廟堂，廟堂視皇上。今日廟堂之人情大可見矣。」上益不省。北師分二道南下，可法請以得功、良佐之師駐潁、亳，而高傑進守歸、徐。疏入，不省。時傑所遣蕩寇將軍王之綱與許定國争睢陽不決。定國以計殺傑，之綱攻定國，入其城，定國北歸。可法薦衛胤文以兵部右侍郎經略開、歸。胤文者，前劾可法欲急屏去之者也，可法用人無成心如此。隨復薦傑故將李本身爲都督，將傑軍。士英使人嗾三鎮劾可法，以爲傑不容誅，不宜復存此鎮。尋北信急，姑以本身爲都督，如可法所請。

可法移鎮泗州，合諸軍北禦。而寧南侯左良玉以僞太子爲名，發兵攻士英。士英矯詔責可法入援。可法即合諸鎮兵倍道抵浦口，促陛見，言太子處分。士英又懼可法用事，不許陛見，而令大鋮親詣得功軍，勒得功禦上流。時北師下亳州，向邳、徐，泗告急。可法詣京求密陳軍機，有旨凱奏後入見。可法歎曰：「奏凱談何容易！面君不知何日矣！」痛哭而返。兼程抵汛，而徐、泗已不守矣。退保揚州，屢疏防江急，不應。北師經天長、六合，廣昌良佐以其衆降，而東平澤清屯淮南觀望。可法與中軍胡茂禎專爲城守計，以控大江。標兵僅三千人，馳檄請援，不報。乃調兵部員外郎何剛水師於白楊河，亦調總兵李棲鳳入援，而船隻火器多爲劉澤清所攫去。四月十七日，北師抵揚州西門，使人諭可法降。可法誓死不奪，發馬兵數百，與北師對仗，鹵三人，斬首十六。北師故匿其精鋭索話，可法令故降彝從副將出陳答之，返云所見不過許定國故標而已。城中歡然，謂敵易辦也。可法復血書寸紙，請急救勿緩，不報。乃與知府任民育及何綱、劉肇基，乙邦才、樓挺、莊子固等晝夜乘城，誓以死守。北師豫王知可法與士英二，使李遇春奉王檄至，曰：「公忠義聞華夏，而不能見信於朝廷，死無益也，盍遨遊二帝以成名乎？」可法不答。乃復以書至，可法不啓視，輒焚之，毅曰：「天朝無降宰相，有與城盡耳！」輒爲書辭其母與妻，付侄參將史得威。復題公署，而致豫王札一，蓋相拒九晝夜。

二十五日，城西北潰，守者爭破門走。可法營西門，聞城破，拔刀自剄，爲陶旗皷及參將許謹、莊子固等所持。道遇主事施鳳儀，並奔鈔關，以筏渡河。北師入，盡屠舊城。可法僅二百餘騎，逸寶城寺，離城數里。北師迹之急，還決戰，不勝，一時敗没。或曰：可法被執赴新城南門樓，不屈死。而南都尚以可法不死，會可法所常坐青驢悲鳴野走，邵伯人得之，始知督師與揚俱亡。可法年四十二，無子，妻欲爲置妾，可法曰：「爾何時，乃及此！霍去病所不敢也。」侄得威奉遺命爲可法子，乃具衣冠，招魂葬於梅花嶺左側。

可法忠孝性成，清介莫及，常言封疆之臣死封疆耳。甫渡江，衣重襲，輒用印記。其諸遺筆，付得威，皆署四月十九日。與北師豫王者曰：「敗軍之將，不可言勇；負國之臣，不可言忠。失守封疆，實有餘恨，將以骸骨歸鍾山之側，求太祖高皇帝鑒□□心。」上母太夫人者曰：「兒在宦途一十八年，諸苦備嘗，不能有益朝廷，致曠違於定省，不忠不孝，何以立天地之間！今以死殉城，不足贖罪。望大人委之大數，勿復過悲。」與夫人者曰：「可法死矣，前與夫人有約，當於泉下相候也。」其書揚州公署，有云：「可法受先帝厚恩，不能復大仇；受今上厚恩，不能保疆土；受慈母厚恩，不能備孝養。遭時不偶，有志未伸，一死以報朝廷，固其分也。」可法自奉儉，與下卒同衣食。輕賞賚，以忠義相激，一軍呼爲勝爺，嫌其姓也。折節下賢，而奇謀不任。

徐鼒《小腆紀傳》卷一〇 史可法，字憲之，號道鄰，大興籍，河南祥符人也。世爲錦衣衛百户。母尹氏，夢文天祥而生可法。短小精悍，面黑，目爍爍有光。左光斗視學京畿，決爲非常人。舉崇禎戊辰進士，授西安府推官，遷户部主事，歷員外郎、郎中。

八年，以户科都給事中遷右參議，分守池州、太平。其秋，總理侍郎盧象昇大舉討賊，改副使，分巡安慶、池州，監江北諸軍。賊再犯安慶，可法連營堵勦，且戰且撫。賊去，則下馬坐積屍上，計賊出没及身所歷州邑破陷、長吏逃死狀，草奏以聞，復上馬馳行。每數月不就寢，使將士更休，而自坐幄幕外，擇健卒十人，二人蹲踞而背倚之，漏鼓移，則番代。每寒夜起振衣裳，冰霜鏗然有聲。士未飽，不先食，未授衣，不先衣，以故得士死力。

既象昇改督宣、大，王家禎、熊文燦先後督師，賊益狂逞，南都震驚。十年七月，擢可法右僉都御史，巡撫安慶、廬州、池州、太平四府，及河南之光州、光山、固始、羅田，湖廣之蘄州、廣濟、黄梅，江西之德化、湖口諸縣，提督軍務，屢挫賊鋒，賊酋老回回遁入山，順天王乞降。

十二年夏，以父憂去。服闋，起户部右侍郎兼右僉都御史，代朱大典總督漕運，巡撫鳳陽、淮安、揚州，劾罷督糧道三人，增設漕儲道一人，大濬南河，釐剔蠹弊。吏部尚書李日宣等言：「可法文武才，漕事方亟，宜俟報竣召用。」蓋時有易可法爲鳳陽總督之議也。既乃開屯田，招流亡，繕城郭，訪賢豪而咨以軍政，江、淮南北，屹然稱重鎮。崇禎帝嘉其能，凡所奏，悉報可。已而賊連破荆、襄，承天，蔓延河南、山東，可法屯師淮上，賊望見旗幟，即遁去。尋欲召爲兵部尚書，檢討汪偉曰：「有可法，淮、揚以安；無可法，江南必危。且留之以係東南望！」

十六年，遒拜南京兵部尚書，參贊機務。南都武備久弛，奏行更新八事，京營之有籍無兵者，按去之。

十七年夏四月朔，聞賊犯闕，乃與户部尚書高弘圖等誓告天地，馳檄勤王，渡江抵浦口，聞北京已陷，諸將請先擇君以定南都。時福、周、潞、崇諸王俱南來，而福王由崧最親。都御史張慎言、詹事姜曰廣移牒言：「福王有不孝、虐下、干預有司、不讀書、貪、淫、酗酒七不可立；潞王賢明，可定大計。」馬士英亦遣其私人傳語，謂：「立君以賢，倫序不宜固泥。」可法信之，即答以「七不可立」之説，身還南京。士英欲居擁戴功，既得可法移文，即結靖南伯黄得功暨高傑、劉澤清、劉良佐等，移書諸大臣，謂「以序以賢，無如福王」，責可法當主其議，發兵擁王至儀徵。可法始知爲士英所賣，倉卒奉弘光帝於五月初三日庚寅監國。進東閣大學士兼兵部尚書，與高弘圖同入直，馬士英仍督鳳陽。

方廷推時，劉孔昭攘臂欲入閣，可法曰：「本朝無勛臣入閣例。」孔昭勃然曰：「即我不可，馬士英有何不可？」又議起廢，衆推鄭三俊、劉宗周、徐石麒，孔昭特舉阮大鋮。可法曰：「此先帝欽定逆案，毋庸議！」自是始搆怨焉。

可法念高、黄、二劉之衆未盡爲國用，寓書士英，言：「今日之事，非可法與公，誰任之者？」合疏請分江北爲四鎮，以傑、得功、澤清、良佐分統之，立督師於揚州，節制諸鎮。又請裁去南京内外守備，參贊各衙，依北京舊制設京營、府衛，簡精壯，募義勇以實之；侍衛、錦衣、鑾儀諸司所隸軍役，當多事之日，悉宜入伍操練，毋坐耗錢糧。至錦衣鎮撫司官不必備，亦所以杜告密，節繁費，收人心，於新政有裨者也。又言：「操江舊兵單弱，請增設九江、京口兩鎮，文臣二人協理戎政。」上並從之。

是時，士英旦夕冀入閣，聞仍督鳳陽之命，則大怒，密以「七不可立」之書呈

上，而擁兵江干，上疏勸進。既至京，謂可法曰：「我馭軍寬，頗擾於民，公威名著淮上，公誠能經營於外，我居中帥以聽命，當無不濟者。」可法知勢不兩立，乃曰：「居者守，行者禦。敢辭難乎？」遂請行。京師士民譁曰：「何乃奪我史公？」太學生陳方策、諸生盧渭疏言：「淮、揚門户也，京師堂奧也。門户有人而堂奧無人，可乎？」不聽。

壬寅，上即皇帝位。乙巳，可法陛辭，加太子太保、兵部尚書、武英殿大學士，命百官郊餞，給銀二十萬兩。可法請以總兵劉肇基、李棲鳳、于永綬、卜從善、金聲桓隨征，薦舉人李遽主事、何剛軍前監紀，從之。又請發銅甲、銅鍋、倭刀、團牌、紅夷礮併色絹、白布，一應軍需，詔户部即給。

可法既出，孔昭益無顧忌，結勳臣許吏部尚書張慎言於朝。可法歎曰：「黨禍起矣！」因疏曰：「先帝用人，原無成心，傳宗龍、孫傳庭起自纍囚，張鳳翔、袁繼咸、馬士英起自戍籍。當吳甡奉命南征，以候唐通兵不至，遲則過之所可原者。即諸臣以爲不可，亦須平心入告，何至痛哭喧呼，滅絶法紀，使驕將悍卒聞之，不益輕朝廷長禍亂邪？昔主辱而臣死，今主亡而臣生，凡在臣工，誰能無罪！國難之作，勳臣之殉國者誰？文臣固多誤國，武臣豈盡矢忠？若各執成見，文武水火，國家朋黨之禍自此開，人才向用之途自此塞，臣不願諸臣存此見也。」

尋奉命祭告祖陵，祭畢，因上疏曰：「臣伏見二陵松楸如故，佳氣鬱鬱，知萬年靈祚之方未艾也。惟是北顧神州，山河頓異，感痛填膺，不能已已！連歲鳳、泗之間，災異迭見，天鼓一月數鳴，地且三震，以致今春罹茲大禍。先帝躬神明之質，敬天法祖，勤政愛民，一十七年有如一日，尚不免身殉社稷，抱恨千古，天命之難諶，而地靈之不足恃，於此可見。陛下踐阼之始，祇謁孝陵，哭泣盡哀，道路感動，若使躬謁二陵，親見鳳、泗境中萬井悲風，千里赤地，蒿萊極目，雞犬無聲，湯沐遺黎，死亡殆盡，其嗚咽悲憤，又不知何如也。伏願陛下堅此一心，慎終如始，察天人相與之故，考祖宗靈爽之依。處深宮廣廈，則思東北諸陵魂魄之未安；享玉食大庖，則思東北諸陵麥飯之無展；膺圖受籙，則念先帝之臨淵集木何以忽遘危亡；早朝晏罷，則念先帝之克勤克儉何以卒隳大業。戰兢惕厲，無敢刻忘，則二祖列宗在天之靈，必爲請命上帝，默相陛下光復中興。若晏處東南，不思遠略，濫恩施，開告密，賢奸無辨，威斷不靈，老成激而投簪，豪傑因之裹足，竊恐祖宗怨恫，天命潛移，東南一隅猶未可晏然自保也。」上嘉答之。

六月，闖賊西遁，山東、河南郡縣多據寨自保，殺僞官。而我大清兵已定北京，傳檄四方。可法請速遣使北行，頒發監國、登極各詔，使中原知南國有君，從之。

時四鎮争欲駐揚州，高傑尤暴横，進士鄭元勳議納傑以釋怨，爲州人所殺。傑怒攻城，知府馬鳴騄、推官湯來賀拒守。匝月，命可法往解之。傑素憚可法，趣其下宵取暴骨而埋之，入帳灑然變色，可法故示以坦易，偏裨而下，召見慰勞，因責傑曰：「將軍之所以貴顯者，以有君命也。如不奉詔而妄冀非屬之地，則諸軍與揚州之民，皆得彎弓而射將軍矣。」傑色沮，然浸易可法，以元勳死無罪，請誅首惡，納其兵，不許。則止可法於其軍，屏其左右，易所親信者，杖、刀侍側，可法談笑不爲動。徐草奏以瓜州予之，曰：「鎮臣在瓜，臣在揚，調停於兵民之間，釋其猜嫌，同歸於好。」又疏言：「高兵之南下也，初到不無騷擾，及鎮臣斬數十人以徇，地方官民可以諒矣。乃撫臣黄家瑞漫無主張，道臣馬鳴騄一味偏徇，聽百姓日守河邊草際，取零兵殺之，用是釁不可解。鄉紳鄭元勳親到高營，所以爲百姓，而百姓乘元勳一言之誤，殺之撫臣坐次，碎其身首，撫臣威令之謂何？罵兵殺兵以爲愛民，而不知適以害民，臣於二臣不能無憾。乞察首惡，一重創之，庶綱常不至盡壞。」上諭部院議處，而揚州士民詣闕保任撫、道，上乃優詔恕之。

時劉澤清亦大掠淮上；劉良佐至臨淮，士民張羽民等亦拒不納。可法以次按部，皆聽命，視傑加謹。可法遂開府揚州，設禮賢館，招徠智謀之士，及通天文、陰符、遁甲術者，廩餼之，以監紀應廷吉主其事，募士得勝鎧甲者百餘人。時士英亦未敢爲難，凡請餉，則屬户部多方應之。用是諸鎮益和。

秋七月，大學士弘圖乞休，請召可法入直，不許。我大清攝政睿親王聞南都立君，貽可法書，責以《春秋》不討賊，新君不書即位之義，諭令削號稱藩。可法表上其書，勸上爲自强計，即自具答書曰：「南中向接好音，法隨遣使，問訊吳大將軍，未敢遽通左右，非委隆誼於草莽也。誠以大夫無私交，《春秋》之義，今倥傯之際，忽奉琬琰之章，真不啻從天而降也。循讀再三，殷殷致意。若以逆賊尚稽天討，煩貴國憂，法且感且愧。懼左右不察，謂南中臣民偷安江左，竟忘君父之讐，敬爲貴國一詳陳之。我大行皇帝敬天法祖，勤政愛民，真堯、舜之主也，以庸臣誤國，致有三月十九日之事。法待罪南樞，救援莫及，師次淮上，凶問遂來，地坼天崩，山枯海泣。嗟乎！人孰無君，雖肆法於市朝，以爲泄泄者之戒，亦奚足謝先皇帝於地下哉！爾時南中臣民，哀慟如喪考妣，無不拊膺切齒，欲悉東南之甲，立翦凶讐；而二三老臣，謂國破君亡，宗社爲重，相與迎立今上，以係中外

之心。今上非他，神宗之孫，光宗猶子，而大行皇帝之兄也。名正言順，天與人歸。五月朔日，駕臨南都，萬姓夾道歡呼，聲聞數里。羣臣勸進，今上悲不自勝，讓再讓三，僅允監國；迨臣民伏闕屢請，始以十五日正位南都。從前鳳集河清，瑞應非一，即告廟之日，紫氣如蓋，祝文升霄，萬目共瞻，欣傳盛事，大江湧出柟、梓數十萬章，助修宮殿，豈非天意也哉！越數日，遂命法視師江北，克日西征。忽傳我大將軍吳三桂借兵貴國，破走逆成，爲我先皇帝發喪成禮，掃清宮闕，撫輯羣黎，且罷薙髮之令，示不忘本朝。此等舉動，振古鑠今，凡爲大明臣子，無不長跪北向，頂禮加額，豈但如明諭所云『感恩圖報』已乎？謹於八月，繕治筐篚，遣使犒師，兼欲請命鴻裁，連兵西討，是以王師既發，復次江、淮。乃辱明誨，引《春秋》大義來相詰責。善哉言乎！然此爲列國君薨，世子應立，有賊未討，不忍死其君者立説耳。若夫天下共主，身殉社稷，青宮皇子，慘變非常，而猶拘牽『不即位』之文，坐昧大一統之義，中原鼎沸，倉卒出師，將何以維繫人心，號召忠義？紫陽《綱目》踵事《春秋》，其間特書：如莽移漢鼎，光武中興；丕廢山陽，昭烈踐阼；懷、愍亡國，晉元嗣基；徽、欽蒙塵，宋高續統。是皆於國讐未翦之日，亟正位號，《綱目》未嘗斥爲自立，率以正統予之。甚至如玄宗幸蜀，太子即位靈武，議者疵之，亦未嘗不許以行權，幸其光復舊物也。本朝傳世十六，正統相承，自治冠帶之族，繼絶存亡，仁風遐被。貴國昔在先朝，夙膺封號，後以小人構釁，致啓兵端，先帝深痛疾之，旋加誅戮。此殿下之所知也。今痛心本朝之難，驅除亂逆，可謂大義復著於《春秋》矣。若乘我國運中微，一旦視同割據，轉欲移師東下，而以前導命元凶，義利兼收，恩讐倏忽，奬亂賊而長寇讐，此不惟孤本朝借力復讐之心，亦甚違殿下仗義扶危之初志矣。昔契丹和宋，止歲輸以金、繒；回紇助唐，原不利其土地。況貴國篤念世好，兵以義動，萬代瞻仰，在此一舉。若乃乘我蒙難，棄好崇讐，規此幅員，爲德不卒，是以義始而以利終，爲賊人所竊笑也。貴國豈其然乎！往者，先帝軫念潢池，不忍盡戮，勦撫互用，貽誤至今。今上天縱英武，刻刻以復讐爲念。廟堂之上，和衷體國；介胄之士，飲泣枕戈；忠義兵民，願爲國死。竊以天亡逆闖，當不越於斯時矣。語曰：『樹德務滋，除惡務盡。』今逆賊未伏天誅，諜知捲土西秦，方圖報復，此不獨本朝不共戴天之恨，抑亦貴國除惡未盡之憂。伏乞堅同讐之誼，全始終之德，合師進討，問罪秦中，共梟逆賊之首，以洩敷天之忿，則貴國義問，照耀千秋，本朝圖報，惟力是視。從此兩國世通盟好，傳之無窮，不亦休乎。至於牛耳之盟，本朝使臣久已在道，不日抵燕，奉盤盂從事矣。法北望陵廟，無涕可揮，身陷大戮，罪應萬死。所以不即從先帝於地下者，實爲社稷之故。傳曰：『竭股肱之力，繼之以忠貞。』法處今日，鞠躬致命，克盡臣節而已。即日奬率三軍，長驅渡河，以窮狐兔之窟，光復神州，以報今上及大行皇帝之恩。貴國即有他命，弗敢與聞。惟殿下實昭鑒之！」

八月，可法疏曰：「國家設四藩於江北，非爲江左偏安計也；將欲定根基，養氣力，北則爲恢復神州之計，西則爲澄清關、陝之圖，一舉而遂歸全盛耳。聖明在上，忠義在人，君父之讐恥特深，海宇之羣心競奮，乘時大舉，掃蕩可期。特所慮者，兵戈擾攘之中，不復有百姓耳。無百姓，何利於有疆土？故此時擇吏不緩於擇將，而救亂莫先於救民。所謂得一賢守如得勝兵萬人，得一賢令如得勝兵三千人，正今日之謂也。前此北都未破，求牧方殷，非不有破格之陞除，何曾收得人之實效。地有難易，缺有炎冷，兵荒破殘之區，卒舉而授之庸人，此豈白面書生所能勝任！目今人才告乏，東南缺員，安能復填西北之缺？則銓選法窮，安得不改爲徵辟？往時保舉，多係慕羶，故捷足蠅營，真才裹足。今西北則危地也，危則人人思避，而真從君父起念者，乃始投袂相從。宜令撫按、司道及九卿、科道，各舉才膽過人堪拯危亂者一人，赴臣軍前效用，酌補守令缺員。二年考滿，平陞善地；三年考選，優擢京曹。有靖亂恢疆功能殊異者，立以節鉞京堂，用示酬勸。再如江北、山東、河南一帶，有能保護地方爲民推服者，即係桑梓之邦，亦可權宜徑用。總求天恩破格，假臣便宜，決不敢濫用匪人，自誤進取也。」從之。

初可法慮高傑跋扈，移黄得功於儀徵防之。九月朔，傑搆兵土橋，得功憤欲報之，將大鬨，可法調劑始解。因巡閱澤清、良佐軍，虚夸不足用，惟傑所統四萬人，皆山、陝勁卒。念其人雖暴抗，然慷慨識機變，可説而動，乃與傑往復論事，多所奬借。傑心動，傑妻邢氏見可法出至誠，乃亦勸傑傾心。可法喜曰：「吾事集矣！」乃命王相業監其軍。奏李成棟、賀大成、王之綱、李本深、胡茂楨爲大將，曰：「速驅之，可以專制河南。」傑以野次爲辭，請入居揚州，紳民震動，可法自還於東偏行署，以督府爲之舍，邢氏約其兵聽節制，始安堵。將進兵河南，朝議以款使方行，命暫止。

時陷賊諸臣南還，可法言：「諸臣原籍北士者，宜令投呈吏、兵二部，注名録用，否則絶其南歸之心。」又言：「北都之變，凡屬臣子皆有罪。若在北者始應從死，豈在南者獨非人臣？即臣可法謬典南樞，臣士英叨任鳳督，未能悉東南兵

甲，疾趨北援，鎮臣澤清、傑以兵力不支，折而南走，是首應重論者，臣等罪也。乃因聖明繼統，斧鉞未加，恩榮疊被，而獨於在北諸臣，毛舉而概繩之，豈散秩閒曹，責反重於南樞鳳督乎？宜摘罪狀顯著者重懲示儆；若僞命未汚，身被刑辱，皆當姑置不問；其逃避北方，徘徊後至者，許戴罪討賊，赴臣軍前効力。」從之。

既高傑率所部北駐徐州，可法進駐清江浦，奏以李成棟爲徐州總兵官，賀大成爲藩標先鋒總兵官，陸遜之爲大梁屯田僉事，胡蘄忠知睢州，冷時中爲開封通判，李長康爲開封推官，以經略中原。命標下總兵李世春駐泗州，張天禄駐瓜州，許大成領忠貫營，李棲鳳駐睢寧，劉肇基駐高家集，張士儀駐王家樓，沈通明駐白洋河，馬應魁爲中軍副將，翟天葵、陶匡明爲旗鼓，汪一誠爲參將，以分任防河副使黄鉉、主事何剛、知縣吴道正分理糧餉，知縣應廷吉爲軍前監紀。又與諸鎮分汛地，聽自擇便利；其王家營而北至宿遷最衝要，可法自任之，緣河南岸築壘焉。以高傑方刻期進取，爲請餉於朝，而馬士英以鎮將與可法協，爲不利己，陰裁抑之。可法因疏言：「臣皇皇渡江，豈直調和四鎮哉？朝廷之設四鎮，豈直江北數郡哉？高傑請進取開、歸，直擣關、洛，其志甚鋭。臣於六月請糧，今九月矣，豈有不食之卒可以殺賊乎？」士英益靳之，不發，數詔趣出師，可法舉示四鎮，皆曰：「不能給我餉，而責我戰乎？」由是坐困。

既而阮大鋮遷兵部尚書，高、姜諸賢相繼去位，可法乃上言：「近來人才日耗，仕路日淆，由名心勝而實業不修，議論多而成功絶少。遇清卿台省，則曰謀猷經濟，非其人不可；遇錢穀之任，則曰此危地，何爲困我。此推彼卸，始付庸人，倏用倏更，有同兒戲。即偶出特簡，亦必百計求全，非託病則棄官，曾無爲國家實心任事者，以致敗壞至此。今事勢更非昔比，必專主討賊、復讐，舍籌兵、籌餉無議論，舍治兵、治餉無人才。有摭拾浮談，巧營華要者，罰無赦。停不急之官，罷不急之務，俾大小臣工，併力恢復，則中興之業可成。」上優奬之，而不能行。又言：「欲用大鋮者以才，爭大鋮者以逆案也。大鋮即可用，何必罪爭者！即不可用，當採羣議，何至以一人壞天下事乎！」不聽。

冬十一月，戊子，舟抵鶴鎮，諜報我兵入宿遷，遣總兵劉肇基、李棲鳳往援。越數日，我兵圍邳州，軍於城北，肇基、棲鳳進軍城南，相持半月，各引去。已而報至南都，士英大笑。時楊士聰在坐，驚問：「何爲？」士英曰：「君以爲誠有是事邪？此史道鄰妙用也。歲將暮矣，將吏例應叙功，錢糧例應銷算，爲叙功、銷算地也。」

高傑既渡泗水，所部王之綱前驅薄睢陽，可法亦移營進，次河上，建纛誓師，而朝政大亂，所奏請多中格，并鎧仗、芻糧皆不至。復上疏曰：「自三月以來，陵廟荒蕪，山河鼎沸，大讐在目，一矢未加，臣備員督師，死不塞責。晉之末也，其君臣日圖中原，而僅保江左；宋之季也，其君臣盡力楚、蜀，而僅固臨安。蓋偏安者恢復之退步，未有志在偏安，而遽能自立者也。大變之初，君臣灑泣，士庶悲哀，痛憤相承，猶有朝氣；今則兵驕餉屈，文恬武嬉，頓成暮氣矣。屢得北來塘報，皆言清必南窺，水則廣調唬船，陸則分布精鋭。黄河以北，悉爲清有，而我河上之防，百未料理，人心不肅，威令不行，復讐之師不聞及關、陝，討賊之詔不聞達燕、齊，晏然以不共戴天之讐置諸膜外，遂使北朝翻得以僭逆加我，譏我使臣，蹂我近境，是和議斷斷不成也。一旦寇爲清併，必以全力南侵；即使寇勢鴟張，足以相扼，必轉與清合，先犯東南。宗社安危，決於此日。今即庳宫室，菲飲食，嘗膽卧薪，破釜沈舟，尚虞無救，況臣觀廟堂之規畫，百事之經營，尚有未盡然者乎！夫將之所以能克敵者，氣也；君之所以能馭將者，志也。廟堂之志不奮，則行間之氣不張。夏之少康，不忘逃出自竇之志；漢之光武，不忘蕪蔞蒸薪之時。臣願皇上之爲少康、光武，不願左右贊御之臣以晉元、宋高之説進也。憶臣初迎聖駕時，陛下言及先帝，則泣下沾襟，恭謁孝陵，則淚痕滿袖。皇天后土，實式鑒臨。曾幾何時，頓忘斯志。先帝以聖明罹慘禍，此千古以來所未有之變也。先帝待臣以禮，馭將以恩，國家變出非常，在北諸臣死節者寥寥，在南諸臣討賊者寥寥，此千古以來未有之耻也。庶民之家，父兄被殺，尚思穴脰斷胸，得而甘心；況在朝廷，顧可膜置！以臣仰窺聖德，俯察人情，似有初而鮮終，改德而見怨。以清之强若彼，而我之弱如此；以清之能行仁政若彼，而我之漸失人心若此，臣恐恢復之無期，而偏安未可保也。今宜速發討賊之詔，嚴責臣與諸鎮悉簡精鋭，直指秦關，懸上賞以待有功，假便宜而責成效，絲綸之布，痛切淋漓，庶海内忠臣義士，聞風感激，必有投袂而起者矣。國家遭此大故，陛下嗣登大寶，原與前代不同，諸臣但有罪之當誅，曾無功之足録，幸免斧鑕，已爲大幸。臣於陛下登極詔稾刪去加恩一條，不意頒發之日，仍復開載，貽笑敵人。今復恩外加恩，紛紛陳乞，貂璫滿座，保傅洊加，名器之濫，於斯爲極。似宜稍加慎重，以待有功，庶使戮力行間者有所激勵。至兵行討賊，最苦無糧，搜括不可行，勸輸亦難繼，宜將内庫一切催解，湊濟軍需。其餘不急之工役，可已之繁費，一切報罷；朝夕之晏旰，左右之貢獻，一切謝絶；即事關典禮，萬不容廢，亦宜概從儉

約。蓋盜賊一日不滅，海宇一日不寧，即有深宮曲房，豈能晏處？即有錦衣玉食，豈能安享？此時一舉一動，皆人情向背所關，鄰國窺伺所及，必陛下早作夜思，念祖宗之鴻業，復先帝之深讐，振舉朝之精神，萃四方之物力，以併於選將練兵之一事，庶乎人心可鼓，天意可回耳。臣待罪戎行，不宜復預朝政，然安內實攘外之本，故敢痛切直陳，唯陛下留意！」上優詔答之。

十二月，甲戌，我大清兵至夏鎮，別由濟寧南渡，高傑、劉澤清告急，而得功、良佐不願爲後繼。可法疏言：「北使之旋，和議已無成矣。向以全力禦寇而不足，今復分以禦北矣。唐、宋門户之禍，與國始終，以意氣相激，化成恩讐。有心之士，方以爲危身之場；而無識之人，轉以爲快意之計。孰有甚於戕我君父、覆我邦家者？不此之讐，而修睚眦之微，是之謂不知類矣。先帝之待諸鎮何如厚恩，皇上之封諸鎮何如隆遇，諸臣之不能救難何如罪過，釋此不問，而日尋干戈，於心忍乎？和不成，惟有戰，戰非諸將之事而誰事乎？閫外視廟堂，廟堂視皇上，尤望深思痛憤，無然泄沓。古人言：不本人情，何由恢復。今之人情，亦大可見矣。」已我濟寧兵從廟灣薄邳、宿，彰德、衛輝兵從孟津東渡，逼歸、徐，可法飛章告急，言：「我與北軍僅隔一河耳，今已渡河長驅而來，旦夕不保。乞多給軍餉，移得功、良佐軍駐潁、亳，以傑守歸、徐。戮力同心，無分畛域，臣猶恐東南半壁未能高枕也。」

明年，弘光改元，春正月，庚寅，以新殿推恩，加太子太師，進建極殿大學士，辭不受。時大風雪，自臘迄春，糧餉不前，遣幕客四出召集，躬自儉苦，而入不敷出。乃以户部主事施鳳儀行鹽揚州，以周某爲理餉總兵，興販米豆，而上下爲奸，利不入官。前後疏凡數十上，每繕疏，循環諷誦，嗚咽不自勝，幕下士皆爲飲泣。而上方耽樂聲色，馬、阮爭門户，於出師聚餉，未暇及也。

會前中允衛胤文自賊中南歸，高傑以同鄉故，留監己軍，聞朝嚴從逆之罪，欲媚士英以自解，疏言：「國家兵事問鎮臣，糧餉問部臣，督師贅疣也。可法浪得名耳，當置居內員，備顧問，勿令久當津要爲也。」可法因上疏乞罷，且曰：「胤文謂臣贅疣應去，臣討賊未効，妄冀還朝，臣雖至愚，計不出此。顧膺簡命之重，臣何自安？」上切責胤文，而諭可法盡職，然士英心竊喜之。

既而睢州變聞，傑兵倉卒未有所屬，互相雄長。可法馳至徐州，擐甲戴弁，坐以待旦，召諸將歃血盟，立傑子元爵爲世子，甥總兵李本深爲提督，爲請卹於朝，一軍帖然。士英聞可法得傑軍，心弗善也，擢胤文爲兵部右侍郎，總督興平營將士兵馬，經略開、歸。將士憤懣不平，於胤文蒞任日無一人至者。可法再三慰諭之，若忘其曾劾己者，傑軍士益以此歸可法，即胤文亦心折焉。而得功聞傑死，則引兵趨揚州，可法自徐州馳還，説而罷之。本深等聞報，已棄汛奔還，提督之命，又久不下，將士無固志。我兵自大梁以南如入無人之境，破蒙城，逼淮、徐，江南震恐。乃詔從可法議，以本深爲左都督，領興平諸將。可法疏云：「臣受命督師，無日不以國事爲念。而人情難協，事局紛更，睢州大變之後，又有維揚之擾，外侮未禦，內釁方深，擁節制之虛名，負封疆之大罪，竊自悲也！」

夏四月朔，淮南告警，可法將移鎮泗州護祖陵，命幕僚載輜重先行。會左良玉犯闕，上手詔可法督諸軍入援，可法言：「北兵日逼，請留諸軍迎敵，親往諭良玉，要與俱西。有功則割地王之，勿聽，而後擊之。」詔書切責。乃合諸軍倍道抵浦口，將入朝而陳，而我兵已入亳州，詔還師北禦。

馳至天長，檄諸將救盱眙，單騎先進，不避風雨。忽報盱眙已降，援將侯方巖全軍敗没。晝夜兼行，抵泗州，守將李遇春已舉城叛。可法一日夜冒雨奔回揚州，尚未食，而城中鬨傳許定國領北兵至，將殲高氏以絶冤讐。是夜五鼓，高兵斬關出奔泰州，牲畜舟楫爲之一空。

戊辰，監餉郎中黄日芳檄川將胡尚友、韓尚良領所部駐茱萸灣，應廷吉帥移泗諸軍屯瓦窑鋪，以爲犄角。己巳，主事何剛以忠貫營兵來會。方午食，而北哨突至，射殺廷吉家丁，衆大駭，川將遇之，斬七級。會南風大作，諸軍復退屯邵伯湖，乃閉門堅守。

總兵劉肇基請乘北兵未集，背城一戰，可法謂：「鋭氣不可輕試，宜養全鋒以待其弊。」我兵以紅夷礮攻城，鉛彈大者如罍，堞墮不能修。我豫王命李遇春持檄抵城下，可法數其罪，遇春曰：「公忠義聞華夏，而不見信於朝，死何益也？」可法趣矢射之。復令鄉民持書至，守者引之入，撻守者，人與書俱投於水。豫王愈欲生致之，麾諸軍姑緩攻；既知其不可，攻始急。而總兵李棲鳳、監軍道高岐鳳已有異志，以危詞劫可法，可法正色拒之，曰：「此我死所，公等何爲？欲圖富貴，請自便也！」二人夜拔營偕川將胡尚友、韓尚良北去，城中勢益孤。可法乃爲書辭母及妻與伯叔、兄弟，呼部將史德威訣曰：「我無子，汝爲我嗣，以奉吾母。我不負國，汝毋負我！我死，當葬我於高皇帝側；其或不能，梅花嶺可也。」

二十五日，丁丑，擐甲登陴，忽報黄蜚兵到，入則反戈殺人，始知爲我兵所

給。巨礮摧西北隅，崩聲如雷，城遂陷。可法自刎不殊，莊子固、許謹共抱持之。亂兵至，擁之下城，而謹與子固已中飛矢死。可法大呼曰：「我史督師也。」衆驚愕，執赴新城樓上，豫王勸之降，可法厲聲曰：「吾意早決，城亡與亡。」乃就刑死。旬日，而南都亡。

可法初以翊戴功，加少保兼太子太保；以太后至，加少傅兼太子太傅；叙江北戰功，加少師兼太子太師；禽劇盜程繼孔功，加太傅。皆力辭，不允。後以殿工成，加太師，力辭，乃允。

可法督師幾一年，行不張蓋，食不重味，夏不箑，冬不裘。年四十無子，妻欲爲置妾，可法曰：「王事方殷，敢戀兒女私乎？」遂無子。

軍中值歲除封印，南北文移交至，手自批答，夜三鼓，謂軍吏曰：「今夕除夕也。」索酒試飲。酒未至，復呼曰：「禮賢館諸秀才當共飲，顧夜已半，可齎酒資分餽之！」吏往，乃獨酌。庖人報日中饗士肉已盡，乃索鹽豉下之。可法素善飲，數斗不亂，軍興以來，竟絶飲，不解衣就寢者七閱月矣。當夕滿酌，微醺，隱几卧。將旦，僚吏畢集軍門外，門未啓，軍吏遥謂曰：「相公方隱几卧，奈何？」知府任民育曰：「相公此夕卧，不易得也。勿驚之！」戒鼓人更擊四鼓。可法寤，天已曙，大驚，聞鼓聲，怒曰：「何敢亂吾軍法？」傳令縛鼓人斬之。諸將士長跪言：「相公久勞苦，始得一夕暇，不忍相驚，故亂鼓聲以待。此知府意也。」可法意解，亟具盥漱，啓門，文武北向賀畢，將吏上謁，民育更前請罪，可法曰：「公固愛我，奈何以私愛變常法？」乃赦鼓人，然自是不復隱几卧矣。

後以事益冗，監軍郎中黄日芳敏練，欲留之同舟，辭曰：「日芳老矣，豈能久侍公？公亦宜節勞。發書走檄，僚士優爲，徵兵問餉，有司專責，何必晝夜損神，躬親庶務乎？且兵，殺機也，當以樂意行之；將，死官也，須以生氣出之。汾陽所謂生氣滿前也。」可法笑不答。

死後，而四方起兵者，多冒其名以號召，故或誤傳可法不死云。

史可法《史忠正公集》卷末附《揚州府志列傳》　史可法，字憲之，順天大興人，母尹氏有娠，夢文天祥入其舍，生可法。崇正元年，成進士，累官右僉都御史，巡撫安慶、廬州等處，奏免被災田租，募壯士，繕甲仗，日夜爲戰守計，賊避其鋒。十四年，以户部右侍郎總督漕運，尋拜南京兵部尚書。十七年四月，聞李自成陷京城，大慟，頭觸柱，血流被體，縞衣發喪，欲長驅死賊。及福王立，馬士英擁兵入，可法知勢不兩立，請督師淮揚，加太子太保、兵部尚書、武英殿大學士。時高傑兵駐揚州，被淫掠死者無算。可法具疏，以瓜洲城屯其衆，揚州以安。可法遂開府揚州，闢禮賢館，招四方才智，悉任用之。屢疏請餉，士英靳不發。每疏請討賊復讐，聲淚俱下，扼於馬、阮，獲報而已。次年四月，左良玉東下，王手書召可法入援，即日發兵渡江，抵燕子磯，聞良玉已敗，乃令速還。抵天長，一日夜奔揚州，檄調各鎮兵，無一至者。二十日，大兵至，屯班竹園，總兵李棲鳳、監軍副使高岐鳳拔營出降。城中勢益孤，請文武分陴拒守，舊城西門最險要，可法自守之。作書寄母妻爲訣，以無子，命副將史德威爲之後。越二日，大兵薄城下，城破，可法自刎，不死，命德威刃之，德威痛哭，不敢仰視。一条將擁出小東門，爲我兵所執。可法大呼曰：「我史督師也，可速殺我。」勸之降，不從，遂殺之。揚州知府任民育，同知曲從直，王纘爵，江都知縣周志畏、羅伏龍，兩淮鹽運使楊振熙，監餉知縣吴道正，江都縣丞王志端，幕客胡如瑆、盧渭，皆從死。

雜録

備録

夏完淳《續幸存録》　史道陵清操有餘，而才藝不足。馬瑶草守已狼藉，不脱豪邁之氣。用兵將略非道陵所長，瑶草亦非令僕之才，內史外馬，兩得其長，此《易》之泰所以外小人而內君子也，今兩睽焉，宜其流于否也。

史道陵爲馬所擠，渡江時止三千騎，首與高英吾遇維揚，爲英吾所欲得揚，人懼其焚掠，嬰城，不納。英吾全師圍之，且陷矣，聞史公且至，急斂兵退十餘里。揚之望史如父母，不意一見爲英吾所輕，史之左右皆分屬興平麾下，僅以孑身寄命軍中，且諭揚人亟納高兵，史之聲望自是大減。英吾于是竟逼城下，史亦困于福緣菴，一應章奏書問，必先呈英吾，然後得行，一舉手足皆不得自專矣。後微服爲道者得脱，賴黄虎山助之，稍能自立。英吾懾服史，開欵披誠，泣陳王事，反成至交。甲申之冬，史率四鎮列守河外，迄歲除不能反顧，勤勞王家，鞠躬至死，有武鄉之遺風焉。

鎖綠山人《明亡述略》 武英殿大學士兼兵部尚書督師史可法者，字憲之，號道鄰，其先祥符人也，占藉大興。少時出左忠毅公光斗門下，以進士累官僉都御史，出爲安廬道，巡撫淮揚，拜南京兵部尚書。其爲人短小精悍，面黑，目爍爍有光，具大將才，督兵討賊，大小數十百戰，皆以身先士卒。軍行，不具帷幕襆被，天寒，夜坐草間，與一卒背相倚假寐，霜滿甲冑，往往成冰。李自成之犯京師也，督師渡江勤王，聞京師陷，莊烈帝崩，慟哭發喪而還。福王立，拜武英殿大學士，督師揚州。

當是時，以總兵劉澤清轄淮、海，駐淮北，經理山東；高傑轄徐、泗，駐泗水，經理開、歸；劉良佐轄鳳、壽，駐臨淮，經理陳、杞；黃得功轄滁、和，駐廬州，經理光、固；號爲四鎮，皆授可法節制。而四鎮皆以兵爭駐揚州，城中大恐，可法聞變飛騎至，得功、良佐、澤清皆退兵。高傑者，嘗爲李自成親將，竊自成妻邢氏來降，爲總兵，封興平伯，驍勇善戰，常爲軍鋒。傑素憚可法，是日朝帳中色變汗浹背，可法導以君臣大義，而傑前所竊邢氏常勸之傾心於可法，可法喜曰：「吾得傑，大事定矣。」傑謂可法曰：「傑既以身許公，而妻子暴露野次，無以安內，顧敢終以揚城爲請。」可法遽遷己東偏，虚己署處之。其九月，以傑進兵歸德，祭旗，疾風折大纛，參軍應廷吉言於其友曰：「明年太乙在震，而角亢先掩壽星之次，法當蹶上將，吾懼阻衆，不敢言。」可法亦問廷吉曰：「星垣失耀，奈何？」廷吉曰：「上相獨明。」可法愴然曰：「輔弼皆暗，上相其獨生乎？」可法日經理軍務，躬親簿書，至夜分不輟，參軍黃日芳從容言曰：「相國當節勞珍重，無以食少事繁，蹈前人故轍。」可法曰：「吾固知之，然此何時，敢自暇逸乎？」十二月除夕，遣文牒至夜半，倦，索酒連飲數十觥。可法素善飲，數斗不亂，在軍中絶飲，是夕醉思先帝，泫然淚下，遂憑几卧，比五鼓，將士集轅門，轅門不啓，左右遥語故，知府任民育曰：「相國此夕卧不易得。」命鼓人仍擊四鼓，戒左右毋聞相國。須臾，可法寤，聞鼓聲，怒。將士述民育意，皷人獲免。

宏光元年正月，高傑兵至睢州，爲總兵許定國所殺。可法聞變，流涕頓足歎曰：「事不可爲矣。」乃以傑甥李本身爲提督，統其軍，還揚州，而疏其子元爵襲封興平伯。其四月，馬士英奏以可法督黃得功、劉良佐、劉澤清討寧南侯左良玉，可法疏請留鎮兵防江，而自往諭良玉，要與俱西，不許。而大清兵下江南，始詔還揚州，乃晝夜兼程而返。謂應廷吉曰：「君言夏至前後南都多事者何？」廷吉曰：「今歲太乙陽局，而文昌與太陰並夏至之後更換陰局，大事去矣。」可法曰：「如君言，奈天意何？」城破，死之。可法無子，副將史德威覓其屍不可得，踰年始舉袍招魂，葬於梅花嶺。其後列郡起兵者多假其名號，故時謂可法不死云。

史可法《史忠正公集》卷末《家祭文一》 維大清順治丁亥年戊申月甲子日，不孝子德威謹以醴牲庶羞之儀，敢昭告於顯考明督師相國道鄰府君之靈曰：嗚呼！府君授命在乙酉四月二十五日，距今丁亥年七月二十五日，歷月凡二十有七。於禮爲禫，禫期有制，不孝於此，有深滄焉。其何忍無辭，以告我府君。憶乙酉以前，不孝以死許府君。府君曰：毋，然汝來前，余歷試汝，汝克供職，一乃心力，終已弗替，余尚汝嘉汝。余與汝異派同源，昭穆相當，汝當嗣余。余有老母，余罪不克事，汝當事余母。余獲罪宗社，分必死，死而負國恩，泯泯一身，何足惜？惟天下謂國無人，謂尊賢敬士無報。今爲茲戚，爰付身後事於汝，汝必嗣余。親筆遺書，昭於簡册。不孝夔夔祇祇，是承是似，唯隕越爲府君羞。厥後四月二十有五日，維我府君授命揚之小東門，慷慨激烈，不孝侍側，肺肝摧裂，非不欲死，方思治棺，旋復被執，羈絏十有二日。脱身尋骸，山積莫辨，泣葬府君冠帶袍笏歸。事大母以承遺訓，恩不可負，心不可欺。非不能死，自兹以還，試閲多艱，饑寒困窮迫其身，焦勞鬱抑苦其心，孑孑一身，幾與死鄰。非不可死，大情有所欲死，力有所能死，勢有所可死，而卒三年如一日忍死，以至於今日，追維遺言，義不敢决裂，以負我府君也。雖然不孝聞之，人之所可能者人也，其所不可知者天也。兢兢自持，是承是似，毋敢隕越，爲府君羞，此不孝之所可能者。若夫冒寒熱，委溝壑，此事之不可知者也。棄府君遺言，不克終存，没府君苦心，不克終白，而爲天下後世謂不孝爲負府君言，因謂府君爲不知人，輕所付託，爲府君羞。不孝用是滋懼，因兹禫期，敢言昭告，以矢不孝志，以明示天下後世。不孝終不敢隕越府君言，爲府君羞。夫忠則盡命，孝當竭力，不孝權之熟矣。嗚呼！府君忠義在天，如雷如電，精英不遠，其鑒饗諸。

史可法《史忠正公集》卷末張斯善《功德記》 明季寇逆猖熾，毒流楚、豫間。當軸以皖城爲故都上游，議設兵備制寇，使不得南下。一時草創，百務紛拏，而命官之議報可，舉朝視爲畏途。時史公任比部郎，奮然起曰：「國家養士，原爲社稷封疆計。今若此，非所以報主知也。」自請往。至皖日不暇給，築城濬濠，措餉募兵，月餘，得八百人。雖訓練未深，而戰守有恃，皖遂爲江北一重鎮矣。丁丑，兵燹益烈，兵單莫支，復議增設撫臣，以爲豫、楚聲援，開府於六。廷臣推公，

爰晉階焉。其草創更甚於備皖時。公甫下車，舉開遠湯公代兵備。公乃露宿行間，凡所經畫，不減古名將方略。以故賊出没靡常而六無恙，江北諸城無恙，因而故都亦無恙，公之功大矣。終歲一衣，蔬食自足。開禮賢館，廣咨問，爲德若不足。念差徭之害，所在皆然，而六尤劇。公視狡儈喉民者如讐，擊殺數輩，其時赫然維新。兩郡十四屬之民，始得帖席而卧。簽點法相沿日久，差之中有養馬一條，計六應供馬二十六匹。值用兵之日，遊騎四出，所謂大府援鎮，飛來食人，馬差一至，坐索無已往往中人之産立盡。六民困甚，籲於公。公愀然曰：「條鞭法天下皆然，而六仍點差之陋，抑何爲者。」於是允所請，差歸於官，而里民佐其費。

史可法《史忠正公集》卷末宋之正《六安生祠記》 今上聖神文武，克詰張皇。計戡定遠猶，必先肅清近服。顧兹關、維氛祲，纏延楚、豫。歲乙亥，始肆蹂躪江以北，西來則六當其衝，東南伺，則潛、太作之徑。廟謨宏遠，特開六廬憲府，授節鉞，以重撻伐之權。維丁丑，大中丞史公實肇膺簡任焉。

公澹寧致遠，惟神惟幾，蓋自兵備皖上，業稱三軍之司命，兆姓之憑依。六雖天幸分隸，然蕞爾殘區，何以覩日月，霑雨露，爲孑遺迓續乎？乃公經猷素裕，更跋涉周觀，稔知六爲襟喉門户地，遂移纛於斯。鷹揚虎賁，距躍推雄，碁布星羅，營壘增勝。猶日募遼陜之奇材，市汧渭之駿足，麕集幕下。公時時簡閱，而肄習之方略，節制先聲，隱然敵國。草刱新模，度越尋常萬萬矣。軍實益盛，敵愾當自無前，每一聞警，莫不介馬而馳之。六、舒、桐、黄之交，袤延幾及千里。賊屢入屢創，而板山諸險奥，鏖戰獲俘。公臨陣身先士卒，謀勇用命，所向無堅。露布曾不自侈，彼醜維駾，繇是無復長驅，廬、和、壽、濠間，往日窺伺之路頓絶。此共績著陵京，動施社稷者，未易縷指。獨是六蒙過化，功德與高厚等，銜恩思報，有自來也。

六恬嬉日久，民不知兵，狡賊突臨，駢首就戮。公建六安營，用專捍禦，更酌濟餉稍長策。地方無報戈之苦，有保聚之安。賊不致走城下如無人，而城中亦倚爲耳目，壯聲援。年來婦子免烽鏑者，何啻千萬？城垣傾圮，易扳易撼，遥覘豕蛇，士民日夕皇皇。公捐俸修甃，佐以節省之資費，不下二千金，而不煩公帑，不括民貲，且躬親閲視，即一甎一石，數月寓而心經焉。不日之成，悉爲堅壘，長城屹若，垂保障於無疆。烽鏑頻仍，絃誦幾輟。公首臨頖宫，集諸生而與進之。重之咨詢，接以温文，中有稍知自砥者，尤加優異。凡屬子衿，蒸蒸色動，覩宫墻之未飾，復捐助繕營。時值凶災，心驚雲漢。公虔忱步禱，甘澍時濡。重以螟螣害稼，分方募捕；婣獨嗷嗷，設糜哺之；穀價騰湧，立諭疏之。酌盈濟虚，至誠動物，一方民獲免溝中之瘠，猶存守望之身，秋毫皆公力也。

軍興孔亟，承役者雖富室亦盡，張威肆虐，民命不堪，公嚴爲禁戢，使不得横索而狂逞焉。鄄次望風斂迹，兼允士民臚言，勒成一條鞭册，賦役適均，更有相沿陋規，立石刊除，里甲賴以存活。積猾交蟠，侵漁錢穀，以數萬計。公實首惡於理，舞文輩始知惕息。奸蠹縱横，屠毒良善。公廉得其實，刑一人而千萬人懼，其諸濟惡以次芟除。六惡犯臟，久累貧民，破産者不勝屈數。公特疏請免，波及之衆，歡若更生。彈丸瘠土，薦罹兵凶。公約己裕民，泊無一嗜，夙夜寅清，焚香静對，一惟君國是急。精敏絶人，事無鉅細，咸屬親裁，目視耳聽，口答手批，靡不贍舉，而始終略無少倦。綢繆蚤定，惟儲糧爲急，時荐饑見告，兵民一時皇然。即以所儲給軍，而令不得與民爲市，以杜争端。更念大旅狎至，空匱莫支，敲撲徒煩，庚癸莫戢，仍預檄撫屬諸郡邑協助，恒近萬金，貯之六庫，驛騷雖劇，應之裕如焉。

公本原澄徹，神明日生，撫摩肫篤，經慮彌遠，古大臣匪躬之致，先事之防，庶幾見之。入衛整旅，星馳電發，所將率彪虎熊羆，平日頗悚於繩束，迨久行間，見公糲餐蓐寢，有最下士所不甘者，始相與感而泣下，願爲効死。方鼓厲待敵而太封公訃聞矣。公慟幾絶，水漿不御者，更四晨昏。勉徇輿情，稍進匕粥。雖毁頓之餘，惓惓惟圖善厥後耳。是時公請得憲使湯公，詰戎貞憲，一力同心，裨於安攘者甚大。遂與今大中丞鄭公，並舉自代，而新命已有先符矣。蕭規曹隨，較若畫一，爲國爲民，功德更稱不朽。

公今銜恤歸，垂髫戴白，炷香扳號者，彌滿川谷。迄今孺子婦人，無不見公之真；勇夫悍卒，無不懷公之德，洵古今未有者。士若民，僉謀侑俎豆，祝萬年，然仰體素心，未敢驟，又未能已，爰就駐節近地，楹宇是營，俾歲時瞻覲，宛若公坐堂皇，布德意，撫綏麾指，爲元元拯阽危也。想公密邇天顔，時當簡在。爰立左右，用叶爲霖，不遐遺此一隅，草野中方以卜平治云。祠經始於崇正十二年十二月十五日，落成於十三年三月八日。是役也，俯順羣心，先謀基定，實稟度於憲使湯公。而新任朱州守，心切景行，經圖締建，用襄厥成焉。

公名可法，字憲之，號道鄰，順天府大興縣籍，開封府祥符縣人，戊辰進士。

史可法《史忠正公集》卷末黎士宏《書殉揚州事》 乙酉四月初一日，閣部史公在揚州，聞大兵訊急，督師往泗州防守。後六日，朝命輔臣史可法、藩鎮黃得功等星夜提兵渡江，以禦左兵。公於初九日抵浦口，復奉命黃得功等渡江，史可法仍守揚、泗。公馳至泗，而總兵官李遇春等已降。公乃同副將史德威率數千騎回揚，泣諭士民，登陴爲死守計。十五日，豫親王率兵至城下，使降將李遇春說降，公令德威痛罵遇春負國背恩。王使鄉約捧令旨至濠邊，公曰：「吾爲朝廷首輔，豈肯反面事人？」遂縋健卒二人，取令旨鄉約投諸水。遇春奔回告王。王乃以書來，公復書不屈如故。十七日，又接王書者五，皆不復，啓視投之水。乃監軍道高岐鳳、總兵官李棲鳳，又踰城降。公知事不可爲。十八日，呼德威入內，持之慟哭，誓死報國，欲以德威爲後嗣。德威伏地泣曰：「相公爲國殺身，義當同死，何敢偷生？然德威自有宗支，況無父母命，安得爲人後？」公泣曰：「我爲我國亡，子爲我家存。我以父母大事屬子，子可勿辭。」時總兵劉肇基等，同侍公側，亦交口泣勸。公泣拜德威曰：「爲我祖宗父母計，我不負國，子忍負我？」德威始泣拜受命。公遂繕遺表上朝廷，又爲書五封：一致某王，一上太夫人，一遺夫人，一遺叔父兄弟，一付德威。屬以諸入宗嗣，寄託後事。慮軍中有失，重寫如前。付僕李書收存。又囑德威云：「我死當葬於太祖高皇帝孝陵之側。」二十日，王復以書來，公拒之益堅。二十五日，兵攻城急，公令以礮擊傷者頗衆。王親督勁卒，疾攻城西北角，城且陷。公知事已去，乃與德威訣別，舉刃自刎。衆將許謹泣抱之，血濺衣袂而未殊。公仍令德威加刃，德威不忍，同謹率數十人擁公下城。公罵之。至小東門，謹中箭死。公問前驅爲誰，德威言是豫王，公大呼云：「史可法在此。」衆驚愕，執赴新城門樓上。王以禮待之，稱先生，曰：「忠義既成，今爲我收拾江南，當不借重任。」公怒曰：「吾爲天朝重臣，豈可苟且偷生，作萬世罪人？吾頭可斷，身不可屈，願速死，從先帝於地下。」德威持遺書，走城中旌忠寺寄藏，復回，見公與王語，詞色益厲。王曰：「既爲忠臣，當殺之，以全其名。」公厲聲曰：「城亡與亡。我意已決，即劈屍萬段，甘之如飴。但揚城百萬生靈，不可殺戮。」遂慨然授命。德威被執至營，發往許定國處訊嗣公真贋。德威得實，王令釋之，以全忠臣後嗣。五月初七日，德威回揚，入城，尋公屍，時炎熱方熾，胔骸塞路，腐變不可識。爰奉公袍笏，招魂，葬於揚州城北梅花嶺右，立碑封坎而去。德威山西平陽人。余見《揚州殉節紀略》，謹述其實，以備史氏之采云。

備論

查繼佐《罪惟録》列傳卷九上 論曰：設定策非貴陽，而以潞之潞，即不辦中興，然而道隣居中用事，寧南無君側之問，靖南無上流之禦，尚或偷息河上，即否，螂臂南中。世有將相不和而成功閫外者乎？或曰：可法既立四鎮，當以黃靖南自予，身爲各鎮援勦，亦或自行其意，鞭策諸傲。不然權輕，而但清約可盟鬼神，何濟也？不周傾，天柱折，二百七十八年之運，始之金陵，終之金陵，一人關絶續之大哉！相傳可法入參將張弘家，裨將馬應奎從死，則萬無不識印襲之理，即非城樓，死亂兵矣。或曰，介子初不獲自潔，當在回向之列。

陳鼎《東林列傳》卷一〇 外史氏曰：先生當傾覆之天，而欲以一手擎之，其志則壯，其心可悲矣。何也？於時國賊馬、阮在朝，方以芟夷正人君子爲事，直以天下國家付之。或有或無之間，誰爲先生繼其後者乎？而先生張空拳，冒白刃，孑然一身一手，以與天爭，不亦悲乎？

温睿臨《南疆逸史》卷七 「傳」云：「不有君子，其能國乎？」南渡之初，所恃者，史閣部一人而已。其餘安守故常，不達時務，自謂清流。而小人鴟張滿朝，相與排詆，樹寇門庭；强臣悍將，因之擁兵安坐，遥制朝命。閣部奔走撫輯，內攘不給，何暇計疆埸以外乎！迨夫左鎮稱兵，藩籬盡撤，王師長驅而入，所向投戈；烽鏑未及乎國門，君相已棄其社稷而遯。此即睢陽堅禦，何補敗亡；況乎以一隅當百萬之衆哉！攬後之應廷吉論，亦足以明天命之不詐矣。雖有忠貞，豈能回天？悲夫！余所以讀閣部之疏而慘乎有餘慟焉爾。

《明史》卷二七四 贊曰：史可法憫國步多艱，忠義奮發，提兵江滸，以當南北之衝，四鎮棊布，聯絡聲援，力圖興復。然而天方降割，權臣掣肘於內，悍將跋扈於外，遂致兵頓餉竭，疆圉日蹙，孤城不保，志決身殲，亦可悲矣！

史可法《史忠正公集》卷末顧光旭《史忠正公集後序》 戊申八月杪，光旭遊邗上，假館於廣儲門外之梅花書院。九月朔，齋沐，肅衣冠，謁明閣部史忠正公新祠，並展公墓。公之裔孫開純、友慶，趨而謝焉。明日，復踵門來謁，出公全集屬光旭爲序。光旭不文，而讀公之文，則有不能已於言者。夫明季之變，闖賊躪畿輔，思陵死社稷。及羣臣迎立福王，忘君父之讐，湛優戲之樂，公以一

身，孑立於國破君亡萬事瓦裂之秋，比之文信國，則内無秀夫、枋得之維持，外無世傑、廷芝之禦侮，是不幸中之尤不幸也。讀公奏疏，如《請出師討賊》、《請進取論人才》、《請行徵辟保舉》諸篇，不啻武侯之表，宣公之奏議也。然而一坏不可以障横流，一木不能以支大厦。國命中絶，人材衰息，老臣經國之苦心，抑塞而不獲少伸，孰有痛於此者哉。越百三十餘年，乙未仲冬，恭逢我聖天子下褒錫之詔，舉易名之典，賜謚忠正，表揚其大節，而推闡其學術心事。天章叠被，雲漢昭回，有司承詔旨，修墓葺祠，刻公遺像，歲以春秋祭祀。恭泐御製書事及公復睿親王書於壁，以示久遠。公全集開純手編，凡四卷。卷首恭録宸翰暨在廷諸臣應制之作，卷末則以諸名人題詠附焉。光旭伏而讀之，竊歎感人之深，莫如文章。公少時受知於左忠毅公，左親學時，拔公文置第一，且以爲異日能支拄天下者。左之知公固神，抑亦公之文，早有慷慨磊落之氣，剛大正直之性，流露而不可掩者乎。今殘煤斷簡，凛凛猶有生氣。覽公集者，百世而下，殆將如見其人矣。

乾隆五十三年秋，九月既望，梁溪後學顧光旭敬書。

汪有典《史外》卷六　汪有典曰：嗚呼！世多訾劉禪昏庸，予獨以爲信任武侯，其德有高於成王者。故武侯得君如昭烈，不爲難也。蓋自永安受遺而後，黄皓不能間，譙周仇國論不敢發，惟所欲爲。至於祁山六出，而終以不能滅賊興漢，夫然後乃可曰「成敗利鈍，非所逆覩也」。公矢武侯之志，而所事之君，尚不得絜量於劉禪，血濺沙場，無裨宗社，不亦宜乎。公嘗致書給諫倪某曰「近地不靖，何暇遠征？内亂未消，安禦外侮？明明恢復大局，可惟我所爲，而掣肘不舒，心憂徒切，每一念及，淚下沾襟。不意砥礪半生，到此一文不直也。」痛哉斯言，亡國之嘵音也。予竊惟公之一身，保障江淮，安危皆視乎公。公存而南都存，公亡而南都亡。故備著於篇，俾論宏光之季者有考焉。

陳田《明詩紀事》辛籤卷六上　田按：乾隆四十二年，侍郎彭元瑞以所得史公畫像及其札稿合卷進呈。高宗御製詩一章題於卷端，命廷臣和韻，並命大學士于敏中書御製明臣史可法書復睿親王事一篇，及史公原書於卷，裝潢篋貯，弆於揚州梅花嶺史公祠中。嗚呼！勝國忠臣，得錫謚於異代，且親灑宸翰於遺像，教忠之意深矣。

藝文

嚴遂成《明史雜詠》卷三《史督輔可法》　擁立悤悤失潞王，此身分與國俱亡。濫觴官爵如兒戲，巢幕光陰但色荒。手讓大權歸馬阮，心憂私鬭解高黄。避嫌出外成何事，莽莽長淮望白洋。

鼓聲鈴閣夜驚眠，縞素孤臣茗飲年。一死平生文信國，千秋奏議陸忠宣。國殤有母呼遼鶴，家祭無兒拜杜鵑。淚灑隔江埋骨處，梅花斑竹黯春煙。

余妄議公有三失，知七不可，依回援立，以致荒淫速敗。失一。馬始入相避請出外，以致倒持掣肘。失二。四鎮跋扈，刱議分封，以致私鬭跡防。失三。然一片勤勞，死殉心節，直與諸葛武侯、文信國公相埒，可敬也，亦可悲也。

陸元鋐《青芙蓉閣詩鈔》卷二《梅花嶺弔史閣部》　白首論兵大將壇，那堪半壁倚偏安。熊羆互角當闕少，猿鶴無歸報國難。父老尚思宗大尹，江山終恨孔都官。黄旗青蓋須臾事，冠劍孤墳萬古看。

吴仰賢《小匏庵詩存》卷一《梅花嶺弔史閣部》　松柏平陵弔義公，當年國事誤狂童。高黄可識調停苦，馬阮虚争擁戴功。生不簽名降表裏，死惟灑淚訣書中。聖明特許刊遺札，大義春秋賴教忠。

南明隆武帝部

綜述

湯斌《明史稿》列傳第六下 唐王聿鍵，太祖九世孫也，先封於南陽。祖端王，欲立其愛子，囚世子器盛於承奉司，王從之，年二十八未請名。世子遇毒薨，立爲世孫。崇禎五年襲位，年三十一矣。七年，流賊起，蠲金築南陽城，又援潞藩例，乞增兵三千人，不許。八年冬，賊再犯南陽，復請護衛，又不許。九年秋八月，京師戒嚴，倡義勤王，莊烈帝切責之。行至裕州，與賊遇，亡其內豎二人。事定，下部議，廢爲庶人，徙鳳陽高牆，檻車傳送。王自裁，不殊。既至陵待罪，困苦者數年。淮撫路振飛周恤甚厚，每以私錢助王，又疏請加恩罪宗，王甚德之。及甲申春三月，北都陷，福王自立於南京，乃赦王，出高牆。禮臣請復王爵，不許，命徙居廣西平樂府。

大清順治二年，夏五月，南都降，福王被擒於太平。王行至杭，遇鎮江總兵鄭鴻逵、户部主事蘇觀生，遂奉王入閩，稱監國。時鄭芝龍擁兵驕悍，鴻逵欲王早正位，以繫人心。芝龍猶豫弗決，羣臣亦多言監國名正，建號宜遲，不報。閏六月丁未，自立於福州，僞號隆武，以福州爲天興府，立妃曾氏爲皇后，遥稱福王爲聖安皇帝。進芝龍、鴻逵爲侯，鄭芝豹、鄭彩爲伯，觀生爲禮部右侍郎，尋加東閣大學士，黄道周爲吏部尚書兼東閣大學士。召舊輔何吾騶、蔣德璟、黄景昉，又起朱繼祚、林欲楫、路振飛、曾櫻、熊開元等，相繼入閣。又以黄鳴俊、林增志、李先春、陳洪謐等爲大學士，張肯堂爲兵部尚書，黄錦爲禮部尚書，曹學佺爲禮部尚書兼蘭臺館學士，周應期爲刑部尚書，鄭瑄爲工部尚書，皆民望也。王好讀書，博通典故，手撰三詔與魯監國書，羣臣皆莫能及。感振飛舊恩，募能致者，賞千金，給五品秩。振飛至，拜太子太保，吏、兵二部尚書，文淵閣大學士，官其子太平爲兵部員外郎。開儲賢館，定十二科取士，以觀生領之。愛鄭芝龍子鄭森材，賜國姓，改名成功，命提督禁旅，以駙馬都尉體統行事。秋八月，芝龍集廷臣，議戰守事宜，言仙霞關外宜守者計百處，應設守兵若干。其戰兵以今冬簡練，明春出關，一出浙東，一出江右，計兵二十餘萬，計餉不支其半，乃請於兩稅正供預借一年，令羣臣捐俸，勸紳士輸助。察府縣歷年積穀銀兩未解者，悉催赴行在，官吏督征，閭里騷然，民不樂從。又請廣開事例，於是厮養隸卒，皆得給劄授官，猶苦餉不足，守關兵僅數百人，皆疲癃不堪用。廷臣日請出關。王屢戒征期，芝龍輒以餉詘爲辭。

當是時，軍府草創，魁柄横操。王雖英敏，芒刃無所斷割。芝龍、鴻逵屢薦其私人爲清要官，王不允，以是懷怨望，及行郊天禮於南郊，二鄭皆稱疾不出。户部尚書何楷劾其無人臣禮，宜正其罪。王喜楷敢言，命掌都察院事。已而鴻逵揮扇殿上，楷呵止之。二鄭交怒，楷知不爲所容，請告去。未幾，楷死。芝龍知衆論不平，不出關無以弭衆議，乃請以鴻逵出浙東，彩出江西，各擁兵數千，號數萬。既出關，託候餉，仍駐不行。鴻逵駐仙陽鎮，慮有上書言事者，嚴禁仙霞關，不聽四方儒人入。王檄催孔亟，不應。彩行百里而還，稱餉缺，留如故。九月，大清兵取徽州，道周知芝龍無意出關，自請前驅，號召羣帥駐廣信，趨婺源，兵潰。事詳《道周傳》。

是時，李自成兵敗，奔九宫山，爲村民鉏梃擊死，獻其首於楚督何騰蛟，以聞。其衆無所歸，推其兄子李錦爲主，同自成妻高氏乞降。騰蛟與道臣堵胤錫往受之，一時增兵十餘萬。王大喜，告廟，進騰蛟大學士，封定興伯，胤錫右副都御史巡撫湖南，降將皆授總兵官。賜李錦名赤心，高氏弟名心正，號其營爲忠貞營。已而糧不繼，降者稍稍散去。高、李十三部就食施州衛，其餘郝摇旗、馬進忠、王進才、張光翠、袁應第、牛萬才、張光璧等十餘營，悉隸騰蛟麾下。兩廣總督丁魁楚以桂林捷聞，封魁楚爲平粤伯廣西巡撫，瞿式耜加兵部右侍郎，廢靖江王亨嘉爲庶人，語具《式耜傳》。

是年六月，張國維、朱大典、孫嘉績、方逢年等亦迎魯王以海監國於紹興。冬十月，科臣劉中藻頒諭浙東。浙東不納，於是閩浙相水火矣。王以貪吏虐民，誅建陽知縣施熑、邵武知府吴炆煒、推官朱健。人稍惴恐，原任兵部郎中王期昇、御史彭遇颽至行在，王加期昇總督，遇颽僉都御史、大學士。振飛、櫻封還內降，謂遇颽依附馬士英，期昇在太湖奉朱盛澂，稱通城王，派餉苛虐，不可用。王乃止。初，汀、贛間有峒賊數萬，號四營頭，左營張最强，楊廷麟、劉同升等招之，復撫州，又復臨江。於是廷麟等請王出江右，騰蛟請出湖南，浙中諸將請幸衢州。原任臨清知州金堡陛見，言騰蛟可恃，芝龍不可恃，急宜棄閩幸楚。王大

喜，即授堡兵科給事中，決意出贛州，幸長沙，遣大學士觀生先赴南安募兵。

十一月，王親行，以唐、鄧二王監國，首輔吾騶隨營，以櫻、芝龍留守，司轉餉，鴻逵爲御營左先鋒，出浙江，彩爲御營右先鋒，出江西，築壇西郊，行推轂禮。鴻逵出城，馬蹶僕地。及王誓師授鉞，大風起，壇前燭盡滅。十二月，發福州，駐建寧。

順治三年，春正月己酉，王在建寧，以三大罪自責，令百官皆戴罪。是月，天雨雹，晝黑，對面不相見。廣東布政使湯來賀運餉十萬，由海道至，擢來賀户部右侍郎。二月，馬脛嶺兵變，命振飛至浦城安撫。江、楚迎王疏相繼至。王決意出汀州入贛，與湖南爲聲援。芝龍不欲王行，令軍民數萬人遮道呼號，擁王不得行，遂駐延平。魯監國遣其臣柯夏卿來聘，王手書與魯藩，謂當同心勠力，共拜孝陵。已遣僉都御史陸清源解餉十萬犒浙東，至江上，方國安縱兵奪餉，殺清源，而閩浙釁益深，熊開元罷。三月，大清兵取吉安。夏四月，取撫州，劉同升病卒，楊廷麟、萬元吉等遁入贛州。五月，誅都督陳謙，以御史錢邦芑劾其外媾也。芝龍密通款於大清。是時，贛州已圍兩月，江撫劉承寵戰敗被執，援兵皆不敢前。六月，開科取士。巡撫李永茂遣粤兵五千人，遇大清兵於李家山，粤兵退守南康。時贛城堅守已久，奉論奬勞，賜名忠誠府，加楊文薦右都御史，命尚書郭維經出閩，募兵援贛，加六省督師銜。維經入城，與元吉、廷麟、文薦爲協守計。既而浙東報至，大清兵以是月一日渡江，取紹興，魯監國航海去，江上諸師皆潰。行在大震。鴻逵駐關外，傳大清兵至，徒跣疾行，三日而抵浦城，後至者紛紛言兵諱。事聞，削鴻逵爵。芝龍借言海寇至，撤兵回安海，守關將皆隨去，仙霞嶺空無一人。秋七月二十五日，王御門詔諭羣臣，焚其迎降書二百餘封。於是擇日出贛州，楚督何騰蛟遣郝永忠迎王。將至韶州，而大清兵已過衢州，抵閩關。守浦城御史鄭爲虹、科臣黄大鵬、延平知府王士和死之。八月二十一日，王出奔，宫眷皆騎，猶載書十餘簏以從。隨行者輔臣吾騶、繖祚等。數日至汀州。大清兵奄至，稱扈蹕兵，直入行宫，從官奔散，給事中熊緯死之。王與曾妃俱被執，妃至九瀧投水死，王死於福州。禮部尚書曹學佺、通政使馬思理俱自縊死。冬十月，贛州破，閣部楊廷麟赴池死，吏尚郭維經入嵯峨寺焚死，總督萬元吉赴水死，御史姚奇胤、湖西分巡道彭期生自縊死，兵部主事周瑚礫死，右都御史楊文薦擒至南昌，絶粒死。永明王立，遥稱爲思文皇帝。

黄宗羲《行朝録・隆武紀年》 帝諱聿鍵，小字長壽；太祖高皇帝九世孫，封國河南之南陽府。父諱義，以唐世子追封裕王；母毛氏。帝生三歲，祖端王惑於嬖妾，囚世子承奉所，帝亦從之。稍長讀書，即能識大義；雖處患難，而志氣終不挫。年二十八，尚未請名。世子爲其弟毒死，端王諱之，將傳國於次子。分守道陳奇瑜入吊，謂王曰：「世子薨逝不明，若又不立其子，事必發覺。」王懼，始爲帝請名，立爲世孫。

崇禎五年壬申，王薨，帝襲位，時年三十一。選妃曾氏（諸生文彦女）。

七年甲戌，流寇披猖。南陽當寇衝，顧其城庳薄，帝捐千金修築。太守陳振豪弗授工，帝以爲言，毅宗震怒，逮震豪置理。帝又援潞王近事，乞增兵三千人，設參將一員，以陳永福充之，不許。八年乙亥冬，賊再犯南陽。上疏：「臣府護衛一千二百人，近制以其半爲汴梁班軍，給撫臣以下役使，無謂；惟明詔念臣困阨，以全軍見還。」毅宗報之曰：「南陽班軍番直，祖制已久，朕不敢變。」

時毅宗欲行宗室换授之法，陳子壯署禮部事，執不可。帝貽書子壯，相駁難，稱説典訓，援據經傳皆有本。廷臣顧弗及知，特以諸侯王尚氣持異同而已。毅宗尋下子壯獄，衆口惜子壯者，輒以尤帝。帝亦薄公卿爲不足重，而争宗藩體統，劾總理盧象昇不朝。其所建請煩多，廷臣交惡而意忌之。會九年丙子八月，京師戒嚴，帝率護衛軍勤王，又殺其兩叔，汝南道周某以典止之，不聽。至裕州，巡按御史楊繩武以聞，下旨切責。會前鋒值寇，亡其内竪二人，乃返國。十一月，下禮部議；給事中馮可賓、鍾玠議廢爲庶人，安置鳳陽高墻。押發官同知張有度欲以檻車行，帝自裁，不殊。至鳳陽，守陵奄人索賄不滿，墩鎖以困苦之。帝不勝其辱，病幾殆，曾妃割股以進，始愈。有司廩禄不時，資用乏絶。時有望氣者，以高墻中有天子氣，言於淮撫路振飛。振飛假賑罪宗入墻見帝，心獨異之。帝告以吏虐狀。振飛上疏，請加恩罪宗；贍以私錢，且謫其吏之無狀者石應詔（伏法）。

宏光登極，大赦，帝出高墻（或云封南陽王），遣官送寓廣西，道杭州而南都陷。帝勸潞王監國（時王在杭州），三日，潞王出降。時靖虜伯鄭鴻逵自京口、户部主事蘇觀生自南都，胥會於杭，遂奉帝入閩。閏六月七日，監國。二十七日卯時，祭告天地、祖宗，即皇帝位於福州南郊。建行在太廟社稷，以福建省爲福京，福州府爲天興府，布政司爲行在大明門。立妃曾氏爲皇后。大赦天下，改是年乙酉七月一日以後爲隆武元年。遥上宏光尊號曰「聖安皇帝」（稱惠宗）。進封靖虜伯鄭鴻逵爲定虜侯、南安伯鄭芝龍爲平虜侯，並賜號「奉天翊運、中興宣力、

定難守正功臣」；以黄道周爲少保、吏部尚書、武英殿大學士，蘇觀生爲禮部右侍郎，張肯堂太子少保、吏部尚書，吳春枝兵部右侍郎兼右副都御史，並賜號「奉天翊運、中興宣猷、守正文臣」，各官陞賞有差。又賜鄭森（芝龍子）姓朱，改名成功，總督禁旅，以駙馬體統行事。開儲賢館，定十二科取士法，以蘇觀生領之。既而，招徠者多狹邪之士，上亦厭而罷之。

鄭芝龍掌户、兵、工三部尚書，奏軍興餉急，請兩税内一石預借銀一兩，民不樂從，反徑正供，每府差侍郎、科道徵發。以浦城縣訓導王兆熊爲吏部主事兼御史，管義餉。兆熊沿門搜括，不輸者榜其門爲「不義」。於是，閭里騷然。芝龍又請清理寺田，可得餉八十萬。上不聽。户部侍郎李長倩請開捐納事例，從之。

自黄道周而外，凡有聲望者：何吾騶、蔣德璟、黄景昉、朱繼祚、林欲楫、姜曰廣、吳甡、高宏圖、路振飛、蘇觀生、曾櫻、陳奇瑜、鄭三俊、熊開元、黄士俊、顧錫疇、陳子壯，皆爲大學士，然多遥授，不至。其後又以林增志、李光春同入閣辦事。舊輔傅冠入朝，自請恢剿江右，上從之，而遷延邵武，爲諫官所劾而罷。

上賜宴大臣，鄭芝龍以侯爵位宰相上，首輔黄道周謂祖制（武職）無班文官右者，相與争執，終先道周，而芝龍怏怏不悦。諸生佞芝龍者，上書言道周迂腐無能，不可居相位，上勑督學御史抶之。初，芝龍、鴻逵自恃援立功，吸引姻婭要地清流，口授上前，如吏科給事中朱作楫、户部主事葉正發，皆門下舞人也。其後，上不盡從，遂懷怨望，及郊天於南臺，皆稱疾不出。户部尚書何楷劾之，言「朝廷大典，莫過郊天；而二勳不出陪祭，無人臣禮」！上賞其風裁，令掌都察院事。已而，鴻逵揮扇於殿上，楷呵止之，二鄭益怒。楷知不爲所容，請告再三。上欲兩全之，暫予回籍，諭以收復南京，即召總憲。楷至中途遇盜，截其一耳，蓋芝龍使其部曲楊耿爲之也。

蘇觀生請上幸贛州，親率六軍以張撻伐。鄭氏方欲挾帝以自重，議不決。觀生遂先赴南安，上親餞於殿門。

以天興府學爲國子監。上幸學，祭酒賴垓進講，三品以上官坐聽，其餘侍圜橋，觀者濟濟。

九月，總督丁魁楚獻桂林之捷。先是，靖江王亨嘉僭號，改桂林爲西京，封楊國威等爲公侯，發兵至梧州，執巡撫瞿式耜以去。據有郡邑，將逼廣東。魁楚拒之，靖（江）兵戰敗，圍桂林，破之，俘亨嘉及其臣顧奕、楊國威等至福京，而式耜照舊巡撫桂林。上命楚、淮諸王會議，廢亨嘉爲庶人，幽之别館，尋病死，顧奕等棄市。會册封桂王，并封魁楚平粤伯。

上欲不次用人，以鎮江諸生錢邦芑爲御史；熊開元執不可，不聽。已而邦芑糾開元，開元辭去。上以王期昇爲總憲，彭遇颽爲僉都御史，路振飛、曾櫻封還内降，上曰：「方今多事，用人必欲循常格，非休休之度！」振飛言：「彭遇颽新進士，降賊而南，乞憐馬士英，巡按浙江，搜括民財，至於激變；期昇在太湖，奉簡州知州朱盛徵（係宗室），始稱通城王，繼稱皇帝，賈官，奪女，兩山百姓不容，故爾逃來。非臣等之私隙也。」上乃罷二人。

二十四日，徽州陷，右僉都御史金聲被執至南京，死之。

十月，黄道周見鄭氏偷安，殊無經略志，自請出關，芝龍不與一兵。道周以忠義激發，旬月之間，義師頗集，親書誥身獎語，給爲功賞，得之者榮於誥勑。然皆未練之兵，不能應敵，至有僧軍，鋤櫌棘矜以隨其後者，名「扁擔兵」。從廣信抵衢州。婺源令某，故道周門人也，馳書誘道周，許爲内應，道周信之。至明堂里，北師猝至，遂爲北帥張（按原刊爲「長」）天禄所執，殉節於南京，賜謚忠烈。

自道周出師後，何吾騶自廣東至，用爲首輔，賜銀章曰「輔佐中興」。

上親征，以唐、鄧二王監國，鄭芝龍留守，料理兵餉。鄭鴻逵爲御營左先鋒，出浙江；鄭彩爲御營右先鋒，出江西。築臺西郊，擇吉日親行推轂禮。鴻逵出城，馬蹶僕地；及上誓師，方授鉞，而大風忽起，旗幟披靡，天帝高皇位前燭滅，三軍莫不失色。

十二月六日，上發福京。二十八日，駐蹕建寧。

二年丙戌正月己酉朔，上不受朝賀，以三大罪自責，布衣疏食，臣下各戴罪。

馬金嶺兵變，命路振飛至浦城安撫。

海外國交阯、日本，皆遣使入貢。

廣東布政使湯來賀運粤餉十萬，由海道至，擢兵部右侍郎，督師江右。御史艾南英言：「來賀奸險小人，周鍾自北逃回，來賀匿之揚署；且解餉之任，指揮僚佐所優爲，豈曰能賢！遽膺顯擢，何以示衆？」上不聽。

邵武推官朱健行部，近邑訛言北師至，倉卒返郡，夜半出其孥帑，知府吳炆煒繼之，百姓争門走死，而實未嘗有兵也。健無以自解，揭炆煒倡逃并其平日貪狀，炆煒亦揭健。時建陽知縣施爔亦以貪酷被劾。上方恨貪官之失人心也，欲以高皇帝之法行之，炆煒及爔皆斬，健絞；輔臣、勳臣以下皆申救，終不能回。

馬士英叩關來朝，上數其罪，不許，諭守關官兵毋納士英。士英前後七疏，

列件自理，上命付史館存案，以俟公論。

浙東監國魯王遣柯夏卿、曹惟才來聘，上加夏卿兵部尚書，惟才光禄寺少卿。手書謂：「朕無子，王爲皇太姪。戮力同心，共拜孝陵；朕有天下，終致於王。」取浙東所用職官，同列朝籍，不分彼此。尋遣僉都御史陸源清解餉十萬給浙東。清源散餉不平，兵譁而遁。或曰：士英使之也。

廣西撫按報一僧自稱宏光，謂黄得功營中所獲者，非真也。上召九卿、科道議迎請，群臣曰：「即真宏光，甫經失國，有尊奉而無迎請。」撫按續報有侍宏光者，驗之，果僞，下獄究之，乃妄人假托以惑衆，伏誅。

三月二十四日，吉安陷。

四月，撫州陷。初，汀、邵間有大帽山洞蠻最强，王師屢征不服，永寧王某誘之出降，與北兵屢戰屢捷，因復撫州。北兵圍撫，鄭彩軍屯廣信，永寧請救，其監軍給事中張家玉以三營往援，圍暫解。已而復合，彩遂棄廣信入關，撫州復陷，永寧王死之，洞蠻亦散。上削彩爵，帶功贖罪。

闖賊李自成爲九宫山民擊死，其四十八部無所歸，楚督何騰蛟遣長沙知府周二南迎之，未至，中流矢死。賊帥欲得騰蛟親至乃降，騰蛟即往，賊帥皆驚喜下拜，至軍前聽用，一時驟增兵馬數十萬。上大喜，告太廟，封何騰蛟定興侯，進兼東閣大學士。降帥皆授總兵官，李錦賜名李赤心（號一隻虎），自成妻弟高某賜名高必正，號爲忠貞營。已因湖南糧不給，降者稍稍解去。李、高十三部散入施州衛，因糧歇馬，其郝摇旗（改名永忠）、馬進忠、王進才、張光翠、袁宗第、牛萬才、張先璧等十餘營，悉隸騰蛟麾下受節制。

泉人蔡鼎，其爲人也多言。李遠密疏薦其前知，上辟爲軍師，所言事多不中。彩既敗回，鼎請自試，一戰而蹶，逃回。

上謂「國家元氣之削，由於靖難」，命禮臣追復建文年號，立忠臣方孝孺祠，設姚廣孝像，跪於堦前。

六月，鄉試。福省舊額中式一百十七名，特旨廣七十名。錢邦芑請一榜盡賜登科，以成曠典，繼因御史劉霖懋言，下第者俱聽覆試而已。

鄭鴻逵久駐關外，未嘗展一步。有傳北兵至者，鴻逵徒跣疾行三日夜而抵浦城，詢及後至者，則兵譁也。事聞，上削其封爵。鄭芝龍爲洪承疇所紿，啖以閩粤王爵，凡關隘、水陸之兵，自二月間俱已撤回。浙東既潰，北師入閩，如入無人之境，守浦城御史鄭爲虹、科臣黄大鵬死之。

七月，上生子，大赦覃恩，諸臣悉加封爵。御史錢邦芑力言不可，不聽。

二十五日，上御朝。據關上主事搜得閩中出關迎降書二百餘封，命悉焚之。諭諸臣改心易慮。

八月，仙霞關警報至，上即於二十一日啓行。上與中營皆騎馬，猶載書十餘扛以從。二十七日，出奔汀州。有十餘騎叩城，曰扈蹕者，開門納之，則追騎也，遂執上與曾后。后至九龍潭投水死，上崩於福京。或曰建寧代死者爲唐王聿釗，汀州代死者爲張致遠，上實未死（楊陸榮《紀事》言：帝與曾妃騈斬汀州城下）。其從死之臣：賴垓（戊辰進士，國子監祭酒）、熊緯（河南丙子解元，癸未進士；由行人陞給事中。從駕被獲於行宫，大罵而死）。其後朱成功屯兵鼓浪嶼，有遺使存問諸臣，云「爲僧於五指山」，然亦莫别其真僞也。粤中立國，上尊號曰思文皇帝（又稱紹宗襄皇帝）。

邵廷采《東南紀事》卷一　唐王聿鍵，小字長壽，太祖第二十四子唐定王之後；定王，李賢妃出也。洪武二十四年，封於唐國南陽。永樂六年之國。子靖王。靖王無子，傳弟憲王，再傳莊王、成王。復無子，傳弟恭王之子敬王。敬王繼統三十餘年，壽七十一，世宗時屢存問。再傳順王、端王。端王之孫，是爲聿鍵。自定王至聿鍵，凡九世。初封德昌王，父世子義，母毛氏。端王惑嬖妾，因義承奉所，聿鍵方三歲，從之。稍長讀書，能識大義，雖處内難，正志不挫。義爲弟所毒，端王諱之，將傳次子。守道陳奇瑜入吊，謂王曰：「世子薨逝不明，若又不立其子，事必發覺。」王懼，始爲聿鍵請名，立爲世孫。崇禎五年王薨，鍵年三十一，嗣位。七年，流寇披猖，聿鍵念南陽要衝而城痺薄，捐千金謀修築，知府陳振豪弗授功。聿鍵以爲言，崇禎帝震怒，逮振豪置理。建鍵又援潞王近事，乞增兵三千人，設參將一，以陳永福充之，不許。八年冬，賊再犯南陽，上疏：「臣府護（衛）一千二百人，近制以其半爲開封班軍，給撫臣以下繇使，無謂。惟明詔念臣困厄，以全軍見還。」報曰：「南陽班軍番直，祖制已久，朕不敢變。」

時，朝廷欲行宗室換授之法，陳子壯署禮部事，執不可。聿鍵貽書子壯相駁難，其書稱説典訓，援據經傳皆有本。廷臣顧弗及知，特以爲諸侯王尚氣持異同而已。會子壯下獄，衆口惜子壯者，輒以尤聿鍵。聿鍵亦薄公卿不足重，而争宗藩體統，劾總督盧象昇不朝。其所建請頗多，群臣交忌之。

九年八月，京師戒嚴，聿鍵率護軍勤王，汝南道周以興止之，不聽。至豫州，巡按御史楊繩武以聞，旨下切責。會前鋒值寇，亡其内竪二人，乃還國，廢爲庶

人，安置鳳陽高墻。使者欲以檻車往，聿鍵自裁不殊。至鳳陽，守陵閹人求賄不得，墩鎖困苦之。聿鍵不勝辱，病幾殆，妃曾氏割股進，始愈。有司廩禄不時，資用乏絶。時望氣者，以高牆中有天子氣，言於淮撫路振飛。振飛假賑罪宗入牆，見聿鍵，心獨異之。聿鍵告吏虐狀，振飛上疏，請加恩罪宗，贍以私錢，且謫其吏之無狀者。福王初立大赦，聿鍵出高墻，封南陽王。遣官送寓平樂，未行而南都陷。南陽王至嘉興，前刑部尚書徐石麒、淮撫錢繼登等請留監國。王不可。六月八日，潞王監國於杭州，王拜箋賀。三日，大清兵至塘棲，潞王出降。瑞王、惠王亦自紹興降。

初，靖魯伯鄭鴻逵邂逅王京師相識；至鴻逵移軍還閩，道浙河，王方至。户部主事蘇觀生、翰林張家玉等，咸以王可濟大業，與鴻逵奉王南行。諸臣慷慨交拜，矢獎明室，共請王監國。王覽啓悲慟，進衢州，收散卒得千餘人。二十八日朝見臣民於建寧。閏六月三日次水口驛。驛吏具大舟，卻之；乘民舟，不飾綵幔，導去鼓吹，民人聚觀相慶。臨驛廨相謁，行四拜禮。王答二拜，賜坐。安南伯鄭芝龍、靖魯伯鄭鴻逵、巡撫都御史張肯堂、閩廣督巡劉若金、巡按吴春枝、户部侍郎何楷、大理卿鄭瑄、左通政馬思理、光禄少卿林銘鼎、四川按察使曹學佺、御史郭貞一諸臣自南都來者，皆素服待罪，旨弗問。

時議課州縣，修宫。學佺曰：「仁聲儉德，王政所先。睿駕甫臨，而先有兹舉，不肖有司因而蠹民，無乃彰王過乎？」亟止之。王欲擇户部尚書，咸舉何楷。楷辭。王諭曰：「往崇禎乙亥，孤閲邸抄，得侍郎掖垣諸疏，藏之中心，已非一日。古云『臨危杖節，必敢諫中求之』，其勿固辭。」楷乃受任。曹學佺陳三事：「其一，福建正供悉貯兵餉，毋或濫支，以防不給。其一，禮成之後，即命鄭鴻逵抵關相度防守進取事宜以聞。其一，禁游兵行剽，令舊軍速招歸伍以紓民。」王曰：「此海内宿儒也。」命悉允行。

初七日，王監國於福州，祭告天地，設行太廟、唐國宗廟，用太牢。駕入城，居南安伯府。二十七日即帝位，詔曰：朕以天步多艱，王室不靖。荷兹監國，已及經旬，四方懷風，勤王之師漸集，方躬履行陣，莫敢寧居。而文武臣僚咸稱涣萃之義，責於立君寵綏之功。本於天作，時哉弗可失，天定靡不勝。朕自顧闕然，未有丕績，以仰對上帝祖宗。自臨安委轡，尊攘無期，小大汎汎，有如河水；朕敢不敬承勉從群望？爰稽載籍，光武聞子嬰之信，六月即位鄗南，以是年爲建武元年，誕膺天命。昭烈聞山陽之信，四月即位漢中，以是年爲章武元年，立宗廟社稷。艱危之中，豈利大寶！亦惟興義執言，繫我臣庶之志。以今揆古，豈曰不宜！其以今年七月一日以後爲隆武元年。奉天翊運定難功臣，次第進爵，稍俟恢復，裂土酬庸；宣猷守正文臣亦進級，孝秀耆宿軍民人俱優給。所在山川鬼神，除淫祀不在典制者，皆遣正官精禋祭告，以明朕纘承基緒，爲天下請命之意。

先是，張肯堂建議如唐肅宗故事，以監國稱天下兵馬大元帥，俟復南京，然後即位。王尚猶豫，群臣多勸進，乃從之。以布政司爲行殿，門曰行在大明門。駕自督府移蹕，芝龍戎服前導，鴻逵以禁旅百官次扈從；侍班鵠立，始聞環珮之聲。及寅，王御衮冕升殿，受朝賀，頒詔於各省府州縣大赦。是日，南郊大風揚沙拔木，尚寶卿馬鶩；玉璽墜地，損其一角。人咸嘆異。上唐國四親帝后號謚。改福建省爲福京，福州爲天興府，府學爲國子監。百官俱稱行在。論翊戴功，封芝龍爲平魯侯、鄭鴻逵爲定魯侯、鄭芝豹澄濟伯、鄭彩永勝伯，張肯堂爲吏部尚書，吴春枝兵部尚書，周應期刑部尚書，鄭瑄工部尚書，曹學佺太常寺卿。起蔣德璟、黄景昉、蘇觀生、何吾騶、黄鳴俊、陳子壯、林欲楫、曾櫻、朱繼祚、傅冠皆爲大學士。閣臣至二十餘人，然票旨多王自裁，俱閒無事，或遠未達。軍國大政，一委芝龍，行朝仰成而已。是月，鄭遵謙等起兵紹興，進守錢塘；金聲亦扼徽州，阻上江。由是，閩嶺晏然，藉以休甲。尋命芝龍兼户、兵、工三部尚書，開府天興，坐見九卿，入不揖，出不送。

大清順治二年乙酉七月朔，王下詔親征。詔曰：「朕痛念祖陵，閔兹萬姓，中心摇摇，如在水火。擇於八月十八日亭午禡祭，親統六師，敕平魯侯芝龍爲御營中軍，定魯侯鴻逵爲左先鋒。尚賴文武諸臣襄力効謀，有功者賞，朕不爾負。」命訪求十六朝實録及古今遺書。諭行在日用以儉樸爲本，有司不得背旨阿奉，違者以不敬論。敕司禮龐天壽，行宫中毋用金玉器，帷幔毋用錦繡濃花灑線，止用居常銅錫、布帛。王長齋，日御便殿見大臣。性好讀書，手自披覽，常丙夜不休。

南都之敗，馬士英奔浙江，潞王監國時，猶持故態，執黄道周章不下。後遇亂軍，踉蹌流涕落屣，竄方國安營中。聞王即位，又謀入覲。鄭芝龍雅善之，言士英不即北降，亟欲求立太祖子孫，罪可貰，下其議於朝堂。王出獨斷，傳諭各關軍將，毋納士英。初，王在杭州，訪故臣於張家玉，家玉舉黄道周。王曰：「得此商彝周鼎，當爲廊廟羽儀。」至是，道周自衢州入見，喜，稱之曰「真名相」也。

即日晉少保、吏部尚書、武英殿大學士，入閣辦事。王以家玉直起居注。家玉言唐魏謩爲文宗起居舍人，文無避諱，不令人主見。今陛下自待豈啻唐宗，臣愚亦不肯居魏謩下。王嘉納。家玉嘗薦句容人何成吾、敏吾兄弟天下奇才，乃心明室，且家近南都，可觀釁。又句容知縣宗室議滃，王心識之。及金聲自徽州遣諸生戴明恩齎奏至，詔陞聲兵部侍郎、僉都御史，巡撫池、太、徽、寧。因授成吾總兵，敏吾爲副，與聲犄角，共取南京。敕成吾曰：「兵行所至，不可妄殺，有髮爲順民，無髮爲難民，此十字可切記也。」敕議滃曰：「朕自許忠孝，爲法受過，百折千磨。今爲祖宗復仇，有進無退。宗卿，朕猶子行，其克悉朕心，出險亨屯，助朕以助祖宗。於乎欽哉！高廟亦乎祐爾於無窮。」議滃、成吾等結七十二村，聚衆至八千人，卒不就，而徽州告急。

大清兵進建昌，命永勝伯鄭彩出關援之。汀州大旱，斗米三百錢。王決意親行，乃封弟聿𨮁爲唐王監國，福州某爲鄧王協守都城。駕發芋江，父老遮道泣留，復止，鄭芝龍沮之也。是月，以副總兵施福守崇安關，命首輔道周出師江西。

浙東諸將奉魯王以海監國於紹興。王即位詔至，魯王欲守藩，大臣張國維、熊汝霖、陳函輝等以爲舉足一動，義師星散，浙亡閩亦危，願堅奉監國，以督厲將士，事成，入關者王。於是，不受隆武年號，使者劉中藻廢然而返。王心雖弗能善，然猶藉錢塘爲外屏，手書致魯王曰：「朕與王同氣，共本聖祖。王無忘朕之焦勞，朕無忘王之危厄。一誠金石，豈惑浮詞！當遣兵赴王，上報孝陵。王其愛玉體，以需天休。」

八月乙酉，以鄭芝豹爲前軍左都督。賜總兵黄蜚璽書，令屯太湖，收兵聯絡三吳。庚寅，以黄斌卿爲官義兵馬招討總兵官，帥舟師屯舟山，便宜恢取南京。王御門親餞，百官郊送。壬辰，立妃曾氏爲皇后；性警敏，頗知書，有賢能聲，每召對奏事，后於屏後聽，共決進止，王頗嚴憚之。罪倡逃辟邵武知府吴文煒、絞推官朱健；叙廣信知府解立敬、鉛山典史周寅生守城功。贛州告急，命上游巡撫吴春枝移駐邵武，汀州總兵陳秀援建昌，參將周之蕃剿武平。以陳豹爲防海將軍，鎮漳、泉、興、汀、惠、潮。授南昌人羅大任少詹事，募兵恢南昌；黄雲師大理少卿，募兵恢九江、南、饒；贛州人曾應遴兵科給事中，募兵援贛州。遣張家玉監鄭彩軍。招撫丘華、謝朝恩。丁未，副總兵楊武烈、守備元體中復新城。命都御史楊文驄、誠意伯劉孔昭，分屯處州。王郊天南臺，鄭芝龍、鴻逵皆稱疾不出。何楷劾二勳不陪祭，無人臣禮，王賞其風裁。既而，鴻逵扇於殿上，楷呵止之。楷告歸，盜截其耳於道，詔追盜不得。

時，軍興餉亟，芝龍請於兩税内五石預借銀一兩，民不樂從，反愆正供。以浦城訓導王兆熊爲御史，督義餉，不輸者榜其門「不義」，於是，閭里騷然。芝龍又請括寺田，王不聽。封芝龍子森爲忠孝伯，賜姓，名朱成功，總督禁旅。督師何騰蛟自長沙，楊廷麟、萬元吉自贛州，皆遣使奉表迎乘輿。大學士蘇觀生，請先行，出屯南安。王幸雍，祭酒賴垓進講，三品以上官坐聽，其餘侍圜橋，觀者濟濟。遣使册封桂世子由榔爲桂王。黄斌卿兵敗於崇明。永寧王起兵復建昌、撫州，副總兵施福入弋陽。大清兵大舉臨廣信，攻福，張家玉使洪旭、林習山救之。是月，靖江王亨嘉稱帝於桂林，舉兵入梧州，執巡撫瞿式耜。贛州、萬安軍亂。九月，兩廣總督丁魁楚圍桂林，瞿式耜應之，執靖江王亨嘉送福州，廢爲庶人，其黨皆伏誅。論功，封魁楚爲平越伯，晉式耜兵部侍郎、副都御史，焦璉、陳邦傅等加秩有差。亨嘉尋病死。王意不次用人，擢鎮江諸生錢邦芑爲御史，大學士熊開元爭之不得。已而，邦芑議開元，開元引退。又出内降用王期昇、彭遇颽，路振飛、曾櫻皆言不可，乃已。

時，粤閩之境盜賊蜂起，汀州大饑且疫，兵民所在鬥譁；兵疲餉匱，而出關之議竟同築舍，四國人心，遂至瓦解。乙未，祭告天地太廟。丁酉禡，駕出洪山橋祖餞鄭鴻逵、鄭彩授鉞。是日，風雨晝晦，二將行數十里，仍疏稱侯餉，皆不行。庚子，曾后廟見。先一日，王遣官用牲預告祇見之意，命勳臣芝龍行禮。丙午，大祀天地於南郊，命兵部主事徐孫彦頒詔於四方。擢浦城知縣鄭爲虹御史，巡仙霞關，仍知浦城。命太僕少卿林蘭友巡撫江西，諭之曰：江西憔悴於貪政久矣。卿往，須破情格，以朕「先殺後刑，先情後法」八字行之。又八字曰：「小貪必杖，大貪必殺」。能行此十六字，始不負朕親簡耳。設蘭臺館，纂修威朝實録，以曹學佺領之。召閩縣老人周良屏，問民疾苦。

冬十月，大清張天禄陷徽州，巡撫都御史金聲死之。金堡奏言：「福京倚新安爲北門，而臣前至仙霞，見鄭鴻逵方遣兵出關，臣度其駐三衢耳，不能長驅也，陷既四十餘日矣。我師逗留觀望，未有爭先之氣。新令日行，民心日變。異時以精兵數萬仰而攻之，猶當徘徊於衢、嚴、饒、信之間，能保其必下乎？起義舉人汪沐，日奔走乞援，曲折素諳，不以此時捲甲疾趨，乃令偕葉向曜借兵、借餉，待其集事須五十日，大事去矣。四方望閩中之兵如在天上，今兵力將心，臣已窺其大略。上江疑而楚豫斷，新安去而三衢危。陛下即欲爲王，審知豈可得哉！」

堡數危言，王嘉其才氣，而鄭芝龍不悅，授禮科給事中，出監鄭遵謙軍。

大清金聲桓會兵圍撫州，永寧王告急。張家玉言：「腹心之患在南昌，咽喉之患在徽州。既失徽，則饒、嚴危；失饒、嚴，則廣信必不支，而崇關不能守。陛下大事去矣。兵貴速，不貴久；貴合，不貴分。我以待兔之愚，長彼蠶食之漸，坐而自斃。請急勑鄭彩由杉關出撫、建，分兵一擣南昌、一援饒州。再令黃光輝、曾德等由江山直上衢、嚴，襲徽、歙，縱不能進，亦可自救。」諸將施福、陳梧等皆善家玉計，而彩久駐邵武，不肯出關。有詔切責，亦不從，家玉太息而已。是月，李自成將賀珍擊敗張獻忠兵於漢中。十一月十五日，監軍張家玉退大清兵於許灣，家玉約陳輝、林習山、蔡欽三道會許灣。夜，人定後火起，令堅壁，敢救火者斬。且搜暗處，置伏。旦，兵果大至，四面突擊，洪旭争先斬級，兵少卻，家玉親立陣前督陳，黄虎、李明忠、趙珩等出營大戰，殺兩總兵，獲級四百，奪馬四十四、器械無算。午時，協將陳有功戰死，大軍合數萬來戰，矢如雨下，沿山舉火，赤地震裂。大清將王得仁、鄧雲龍、侯天寵等以書來招趙珩，令其勸降，衆惶惑，多偶語。珩懼，互相疑忌。家玉執珩手，拔劍斫案曰：「行間離我兄弟，我等益當戮力爲國，吐氣軍中，敢疑謗者有劍。」人心始定，然猶無戰意。十五日子時，家玉設高皇帝、關壯繆位，率諸將泣拜，設賞金於前，使郭毓卿、李明忠、陳良、趙珩分帥死士百人伏谷中，遂拔大營走。大兵合一萬來追，入伏，大軍紛拿，家玉鼓譟回軍，大破之，步兵五千殆盡，騎兵舍馬渡河，溺死過半。撫州圍解。論者以是役爲福州戰功第一。家玉令都司黄瑛齎蠟書間道奔入撫州，檄永寧王部將謝志良、閻羅宋、蕭聲、曹兑光等乘虛襲老營。十六日戰於金坡，家玉夾擊，大軍死者五百餘人，馬死者三百餘匹，營中婦女三百四十三人就近親戚歸之。收其酒米犒軍，得鄉紳諸生書，悉令燒毁。

時大清兵所至，令民薙髮，而南軍遇無髮者輒殺，不問難民。因是，多輸牛酒爲間導，南軍咫尺不得虛實，嚮導俱絶。家玉設小牌「免死」，給與難民，歡呼來歸者千百人。奏請遣人分入鄉落解散，有能收復州縣者，即以首領官酬之。陣没陳有功、葉壽予祭葬，廕謚，立祠許灣；斬總兵逃者許象乾。俱報可。於是，軍政明肅，人始用命。家玉奏功俱歸永寧王，詔侯恢復南昌日，即封親王。是月魯王勞軍於西興，拜方國安爲大將，統諸營。十二月朔，日有食之。吏部郎趙玉成與尚書張肯堂同籍江南，上言臣等生長海濱，請以水師千人從海道直抵君山，襲取南都，以迎陛下。請陛下陸行，期同會於金陵。王大喜，命鄭芝龍具艘，芝龍笑諾。會有言水師諸臣宜留其家口以防逃歸者，事不果。於是，王決意親行。是月六日，發芋江；命芝龍留守福京，制置兵餉，兼掌宗人府事。南平、古田縣民遠餽酒米。封鄭遵謙爲忠義伯。前汝南兵備副使郁啓遣趙貴入賀，以啓爲總理楚豫提督軍務、討逆安順兵部右侍郎，巡撫河南。詔輔臣黄鳴俊出衢州。東會王肅眾來朝。立春日，受百官朝，勿賀。

大清將張天禄誘執大學士黄道周於婺源，生致南京，道周死之。是月，臨安蒙自土舍沙定洲作亂，據雲南。黔國公沐天波奔楚雄，定洲追之，天波走永昌。

大清順治三年丙戌正月，王在芋江。初九日夜，雨雹如拳。唐、鄧二王及居守百官行拜賀禮，不受。下詔三大事自責，群臣俱戴罪。馬金嶺兵變，命路振飛往浦城安撫。都御史陸清源犒師浙江。魯王使陳謙奉書，稱皇叔父，不稱陛下。王怒，下謙獄。鄭芝龍與謙有舊，錢邦芑出芝龍門，而親見於王，密奏謙爲魯心腹，與鄭至交，不急除，恐變生，王斬謙，浙、閩聘好遂絶。川陝總督樊一蘅，遣官入賀。交阯、日本皆遣使入貢，並手册答之。勑上游巡撫吴春枝簡練壯丁。賜松滋、東會、瀘溪、延津四王春宴銀。廣東布政司湯來賀，浮海轉餉十萬，遷户部右侍郎。江西御史艾南英劾來賀奸邪不可信用，不報。王出師次於延津，拜泉州布衣蔡鼎爲軍師，召郭熺、陳秀引兵赴建寧。命朱成功出永定關，江西巡撫劉廣胤、都給事中曾應遴招撫闖寇。以黄光輝兵敗，貶鄭鴻逵爲少師，責鄭彩戴罪。上游巡撫吴春枝罷，以吴聞禮代之。賜降將郝摇旗名永忠。璽書賜大學士王應熊，於四川假便宜舉用大小文武官。大雨雹。册皇弟鄧王長子琳渼爲陳世子，從征視膳，中書官講讀，導以禮儀。加守金華兵部尚書朱大典閣銜，命與方國安和衷同濟時艱。十六日，鄭彩逃入永定關。張家玉曰：「新城，永定屏障、福京門户，不可棄也。彩怯，竟棄也。」家玉逃入關，城中兵民皆竄。家玉與知縣李翔仰天慟哭，誓死不去，以鄉兵二百人扼守新城，以親兵百人戰於城下數十合，殺五百餘人。大軍馬步圍家玉三周，家玉中流矢墜馬折臂氣絶。都司林雄冒襆被入陣，殺一將，挾家玉還營。家人已遇害。王聞報，大怒曰：「統兵大將，盡走入關，獨令文臣陷陣，何以自解？」家玉乞骸曰：「臣得從八旬王父母、五旬父母，生還相見，死無復恨。」優詔慰答。時，闖兵在廣昌，距城二百里。家玉嚙指血書請救。二十二日，闖兵至南豐，大清兵引退。

是月，沙定洲陷大理、蒙化，屠之。洱海道楊畏知起兵於迤西，定洲還圍楚雄。二月二日，王駐蹕建寧，故相何吾騶入覲，以爲首輔。闖饟不足，鄭芝龍白

遺給事中梁應奇督運廣東。奏劾稽饟者數十人，命逮問，亦莫應。潮州知府楊球遂止粵界，不敢入。芝龍令撫、按以下皆捐助，有官助、紳助、大户助。又從李長倩言，開事例，大鬻官爵。部司道三百兩，餘百兩，武劄數十兩至數兩。於是，倡優厮隸，盡列冠裳；拜謁官府，鞭韃里鄰。守令涖訟，兩造皆稱職官，側立而語，互毆於庭不可制。受害者，延頸大清兵。謡曰：「清行如蟹，盍遲其來也？」晉張家玉右僉都御史，巡撫廣信，制曰：「爾許灣捷而建撫復，壯猷追允文采石之前；新城守而杉關寧，嘉績在萊公鎖鑰之上。今者箭瘡勿藥，宗社賴之。爾其即日領勑長驅，誓於今歲拜我孝陵。」家玉陛辭，言募兵制器，非一人一日可理。天下盡忠而且智，臣獨忠而且愚。他日有急，陛下無以尹鐸爲少。聞者悲壯其言。

先是，李自成已死，其黨李錦、高一功等尚數十萬衆，因湖南巡撫堵胤錫請降。胤錫表聞，乞封錦等爲侯王，難之。家玉及檢討蔡之俊合疏言：「曲突徙薪，事幾不再。當乘其鋭氣，會擣金陵，勿令轉合敵人，後悔噬臍。」遂封自成妻高氏爲英淑夫人；錦左軍侯，賜名赤心；一功右軍侯，賜名必正；餘皆封侯，軍名忠貞營。攻荆州，將克，會大霧，赤心等方蓐食，忽救兵數萬至，師大潰。胤錫急令楊國棟、張光翠分守澧州回子河，以固湖南。晦，命輔臣傅冠及朱成功督郭熺、陳秀等拒大清兵於永定關。加謝德溥東閣大學士，制置義兵。張家玉自請募兵惠潮，王遣之。三月，奪鄭彩永勝伯爵及黄鉞、賜劍、勑書。命民被迫剪髮者，豎義民旗自別白。命成功招集鄭彩逃兵，毋令擾民。王將取道於汀，命募兵汀州。施福、林順至建陽。以張名振爲捧日將軍，副黄斌卿，屯舟山。賜松江死事夏允彝、沈猶龍、章簡、李待問、侯承祖等官有差。吴江吴易起兵於太湖，授右副都御史，陳子龍僉都御史，楊廷樞兵部主事。二十四日，大清兵陷吉安，萬元吉退守皂口。傅冠自邵武趨建昌，饟匱，後軍不進，拔營歸。冠乞罷，不許。夏四月，金華行宫成，遣官迎駕。王諭近臣曰：「靖義侯方國安江上戰功獨多；勳臣劉孔昭，世臣中深明大義，辭公爵來歸；科臣劉中藻，奉使開詔，挺然義形於色；勳臣鄭遵謙，起義獨先，誠心翊戴；勳臣黄斌卿，雖未有恢復顯功，而拒守舟山相機進取。此數臣者，朕均倚爲腹心手足，在廷其體朕心，毋致嫌疑。」優詔晉貴州巡撫范鑛右都御史。諭雲南巡撫吴兆元：「卿久鎮滇疆，無遺朕南顧憂。」贈黄士隘死事元體中、李茂德等八人。黄斌卿襲殺副使荆本徹，奪斌卿伯爵。晉湯來賀兼行在兵部右侍郎，便宜恢剿湖東。立三御營，以郭熺爲鎮武營、陳秀爲威武營、黄光輝爲勇武營。五日，王壽節，不受賀，用太牢遥祭二祖列宗，配以唐國祖宗。以程珣巡撫惠潮。

大清兵薄崇安，大學士蔣德璟自請行關。詔責施福逗留曰與張家玉守新城而鄭彩逃入關何異？福退死三尺，曷若前向死敵？德璟請告，歸泉州。六日，皂口兵潰，萬元吉入贛州。故贛督李永茂自南雄遣吴之藩、張國祚帥粤兵五千拔贛。贛城倉皇争竄，元吉欲斬其妾之出署者，人心乃定。十七日，大清兵圍贛州，元吉與兵科給事中楊文薦悉力拒守。蘇觀生引所部退走南康。王念國家元氣之削，由於靖難，命追復建文年號，立方孝孺祠，設姚廣孝像於階下。又追復吴王允熥、衛王允熞、徐王允熞及建庶人封謚，册封趙王，命撫臣盧若騰就近行禮。擢袁彭年吏科給事中，晉土司沐增太僕少卿、沐懿四川右布政，以勸義輸。以總兵包象乾守汀州，籍石寧建瑞亂民之壯者爲兵，汰老弱歸農。遣黄興、施福守崇安，林順、曾德守仙霞，歲滿更番。水軍都督周崔芝遣人如日本乞師。

王即位一年，無尺寸功，群臣建議者衆。兵尚書吕大器言：「用人太濫，所用人又相援引，虐民叢盗，望治何由！」御史湯芬言：「可發海師直擣吴浙。」主事吴鍾巒言：「首克南昌，選鋒進取爲上策。若舍此他圖，關門一有騷動，全閩震驚矣。」王皆善之而不能行。諭臣民曰：「爾等立朕爲君，志在救民雪耻。朕將暫至邵武，相機出關。古人創業中興，誰不危而後濟！朕以『寧進死、不退生』六字自誓。如有敢請駕回天興及避幸廣東者，立斬以狥。」亡何，閩、侯二縣耆老詣延津，請駕回福京。王太息曰：「即位十有一月，日夜所思何事，豈得回鑾！但恨在閩不能安閩，閩民不負朕，朕負閩民多矣。」建寧諸生請大駕再臨建水。王曰：「朕進取之志甚鋭，萬無轉蹕之理。」鄭鴻逵久頓兵關門，一日兵譁，誤謂大兵至，徒跣棄軍逃歸，三日夜，抵浦城。詔削其爵。芝龍則請閩饟共需一百五、六十萬。王諭之曰：「卿兄弟擁戴朕躬，朕所委託，但國蹙民貧，錢糧止有此數，所奏即竭三省之力不足，從未有關籬不固止於家門堵賊者，此理甚明。今議以兵三萬守關，一萬守腹，不復可增。若有别議旁撓，是彼蒼不助中興，朕亦惟有退避賢路而已。」王聞沙縣寇患，詔蠲逋賦。是月，閩中地震。撫州陷，永寧王死之。以新撫永安、沙縣山寇隸陳國祚，受朱成功節制。兵部侍郎于華玉以漳州兵入衛，至歸化不戢，士民閉城拒之。命華玉及羅登輔留止順昌，張思道留止歸化，俟駕來從行。勑曰：「朕痛兩京淪没，全非寇敵之故；止因兵民相戕，致危宗社。今日僅此彈丸，冀資民力恢復；若復傷民，將促國脈！新兵未經節制

故諱，卿宜振刷，務令民安，毋徒憂謗。」廣西酋長農國琦破縣城，逐知縣，巡撫晏日曙討平之，獲國琦傳首。詔解散脅從，勿獻俘，以示寬仁。遣禮部尚書黄錦往潮州，與新撫商度出贛。總兵曹志建劾閻兵將領張安兵無記律，有詔止安入關。土賊攻陷詔安，知縣田樹死之。仙遊民變。檄總兵周仕鳳速提兵援浙西。勅唐、鄧二王毋私受官民章奏，必由通政司封進，方不失藩王體，違者輔導官方士亮、何九雲治罪。至於詞訟，應歸有司，通政司不許封進。再録平靖江庶人功，封潯梧參將陳邦傅爲富州伯，賜平越伯丁魁楚鐵券，賜西夷安承宗府名，頒印以勸來降者。

五月，諸軍潰於贛州，大軍鋭甚。滇、粤諸軍先後至南康者，以數萬計，皆惴恐莫敢即下。楊廷麟自雩都趣張安、張琮、李元符及各營兵四萬至贛，江撫劉廣胤亦自寧都募二千人至，俱以五月一日先後潰散。廣胤被執，失士馬器械無算，自後援兵益不敢前。蘇觀生退次南安，大軍分兵東圍廣信。王勅觀生曰：「援贛兵將驕悍不馴，聞警輒思引去。似此無紀之兵，安能濟事！雩都、會昌諸邑，既可直達汀州，防圉尤急。曩無一人議此，何耶？偵軍之將，罪之不能，呼之不前，如何爲策？退守庾關，豈朕所望？其詳度情形來奏。」勅監軍御史陳賡曰：「前失吉安，起於鄉勇引敵，他兵坐視不救，良可痛恨。滇兵戰而不勝，猶愈不戰而逃者；爾仍收合餘燼，勿自困挫。」諭楊廷麟曰：「吉安失守，萬元吉諸兵皆付一擲，今五月初一失機，此番功罪宜明。卿深惟善計，更圖興復。粤饟三萬與卿召募，但當作何約束？近民苦兵甚苦寇，驅虎進狼，緑林四起，當是統兵者之過。包象乾、張家玉毋得收聚凶徒，終成潰散。朕將前蹕汀州，面議方略。」廣信陷，召羅登輔、謝祥昌兵入守長汀。

大清兵至常山。勅朱大典、顧應勳馬步兵入援。諭何吾騶曰：「由關之兵，敢行潰叛；大安關外，復有失挫。卿其强出，爲朕分憂。」徐孫彦使蜀還陛見，具列王應熊、樊一蘅、李乾德、馬象乾、米壽圖、劉鱗長、王之瑞、萬年策、鄭逢元、劉泌、范文光、牟道行、田華國、莫宗文、曾英、楊賡、賈登連、譚誼等勠力恢疆，奉揚王命。且言：「張獻忠殺戮川民無孑遺，生民以來未有之禍。」王爲之揮涕。封方國安子元科爲定中伯，以周崔芝領水師爲平海將軍。和順王慈煥言：建陽百姓因大兵久屯，溪不敢漁，山不敢樵。王曰：「如此何以聊生！」令兵毋入城、毋久屯，犯者以聞。張安復姓名爲陳丹，引兵迎駕，以爲御營副總兵。尋令復出贛州，從蘇觀生。以周損巡撫廣信，召武岡守將劉承胤入援。遣撫臣劉中藻賑温州。永福雁湖寇亂，知縣田楷平之。聞吴易戰勝於太湖，晉兵部尚書、右副都御史。加陳子龍兵部右侍郎，兼翰林學士。復封黄斌卿威魯伯，以施福爲忠勇將軍。命主事李言撫寧化、清流亂民。潮撫劉國柱獲潮賊首莊三權。琉球世子遣使入賀，貢方物。江西江黄各砦義師起。特用文臣守關，張調鼎、周道臣、趙秉樞守永定關，謝紹芳、周維新守大安關，黄大鵬、鄭爲虹守仙霞關。再發恤民庫銀一千賑温州。王曰：「奇荒至此，千金之寡，安能偏活數十萬人之命乎！」命撫臣盧若騰、鎮臣賀九堯速爲設防，毋使甌民重困。山寇入詔安城。夏至，祭皇地祇宗廟，命福京太常寺行禮。簡討何九雲進尚書，以其弟九禄爲國子學正。星變，下詔修省，求直言。以李士璉爲討逆將軍，晉太子太傅。設行在御營十標，以郭奇、陳天榜、熊和、王秀奇、陳文廉、方登夫、巢拱極領之。又遣林垐募兵於福寧。王謂左右曰：「延平地窄，朕不欲久居，俟虔南收拾，當即發也。」

時，有傳王欲幸廣州者。張家玉在潮州上疏曰：「天下形勢，關中爲上，襄陽次之，建康又次之。下此則虔州一塊土，尚屬興王地也。天下望陛下出江西，而忽傳有南幸五羊之説，識者懼矣。駕出虔州，右連三楚，左達八閩；後屏梅嶂，出兩粤之粟；前跨章江南、九，有建瓴而下之勢。騎天下之脊而號召之，所謂六龍臨江，勇氣百倍，上策也。若暫駐雄州，可出江，則度庾關，下貢水；可出楚，則逶韶、郴，出衡、岳，進止緩急由我，中策也。若入五羊，斯下策矣。宋景德間，契丹寇澶淵，王欽若江南人，請幸金陵；陳堯叟閩中人，請幸成都。臣五羊人，計應出此，獨恐車駕日南，中原失望，不如寇準爲卓見。高宗南渡，李綱、宗澤、岳飛等叠請還東京，而汪伯彦、黄潛善力阻之，卒有明州之難。宋之不延，由東遷失策也。高宗時，兩河、三吴皆無恙，綱等猶以去就争之；况今越在五嶺，一失足則大事盡去，臣敢不以死争哉！虔城不減晉陽，萬元吉不減尹鐸，乞陛下必以爲歸。」王終未決。贈黄道周爲文明伯，謚忠烈，官其四子，妻封一品夫人，立廟福州及漳浦，鐫其絶命詞於廟門。是月二十七日，浙東兵潰，方國安入紹興，劫魯王南奔。

六月朔，大清兵入紹興，魯王自江門入海，方國安、方元科、馬士英、阮大鋮皆降。大清大軍至金華，大學士朱大典堅守不下。周藩安昌王長子恭梟浮海來朝，封爲安昌王。命劉孔昭嚴戢所部，毋犯甌土，以著臣節。命福寧道王芋遣兵一千，出援温州。福州宫工成，益鄭芝龍歲禄五百石，廕一子錦衣千户。陞湖廣監軍道章曠右僉都御史，提督軍務，恢撫湖北；嚴起恒户部侍郎，總理湖廣錢

法。張家玉招程鄉賊黄元吉降之。寧化賊黄通襲執兵部侍郎于華玉。蘇觀生兵潰於南安。賜異人薛通載號廣濟禪師，往海外徵兵。贈張惟熊右都督，謚武襄。諭盧若騰、賀君堯監守温州，加若騰兵部右侍郎，君堯太子太傅。王子生，大赦。福州鄉試，取葉瓚等百餘人。十六日，大清兵入上杭，檄曾德還守仙霞關。贛州諸將及大清兵戰於李家山，大軍退屯水西。賜贛州改名忠誠府，加楊文薦右都御史。是月，沙定洲復圍楚雄。

秋七月，湖廣都督張先璧、郝永忠合疏迎駕。黄元吉復畔，攻破永定。張家玉使賊黨執斬之，復招降鎮平賊陳靖之衆十餘萬歸農。是月，大清兵破金華，朱大典死之，遂至衢州。副使秦應科内應，城破，守將張鵬翼及楚王、晉平王、樂安王皆被殺，督學御史王景亮亦不屈遇害。

大清兵將度仙霞，金堡疏上言：「今日之勢，誠能直走湖南，用何騰蛟之鋭，竟搗荆襄，傳檄中原，北方聞之，以爲陛下從天而降，此上策也。移蹕虔州，此中策也。并兵出關，背城一戰，敗不徒死，此下策也。若往來延、建，觀望經時，輕騎叩城，避不暇出，爲無策矣。」王卒出無策。而鄭芝龍間使約款於大清，盡撤施福等守關，將軍還安平。手勅遣中使邀之曰：「卿稍遲，朕與卿同行。」芝龍不顧。由是，大清兵平行入關，至建寧，守臣黄大鵬、鄭爲虹死之。八月二十一日，王發延平，御營皆散，猶載書十車以從。至順昌，聞大清兵已及劍津，倉皇乘馬奔，從者何吾騶、郭惟經、朱繼祚、黄鳴俊。吾騶尋去，惟經奔贛州。王入汀州界，不知所之。曾后被執，自投九龍灘。八閩皆下，大學士蔣德璟、路振飛、傅冠，禮部尚書曹學佺先後死。鄭芝龍自安平降。是年十月四日，贛州陷，大學士萬元吉、楊廷麟，兵部尚書郭惟經等死之，蘇觀生退保廣州。

徐鼒《小腆紀傳》卷三　隆武帝，太祖九世孫也。諱聿鍵，小字長壽。其先唐定王桱，太祖第二十三子，封南陽。父器墭，唐世子；母毛氏。祖端王碩熿，惑於嬖妾，欲立其愛子，因世子於承奉司。王時年十二歲，亦從之。讀書識大義，處患難而意氣不挫。年二十有八，尚未請名。世子爲其弟毒死，端王諱之。分守道陳奇瑜、知府王之桂謂之曰：「世子薨逝不明，又不立其子，事且露。」端王懼，請名，立爲世孫。

崇禎五年，壬申，端王薨，王嗣位，年三十一矣。選妃曾氏，諸生曾文彦女。

七年甲戌，流寇入河南，南陽當其衝，城庳薄，王捐千金修築。知府陳俊豪弗授工，王以爲言，詔逮俊豪下獄。已又援潞王例，乞增兵三千人，以陳永福爲參將領之，不許。八年冬，賊再犯南陽，上疏言：「臣府護衛一千二百人，近制以其半爲汴梁班軍，給撫臣策使。惟明詔念郡城單弱，臣困扼，以全軍見還。」思宗報之曰：「南陽番軍班直，祖制已久，朕不敢變。」

時海内多故，思宗思廣羅賢俊，召見宗人，遴才擢官，以通宗禄之窮，發金匱書，得高皇帝制曰：「宗室子孫入爲中朝官者，得以其階换。」於是下詔，援祖訓，郡王子孫文武堪用者，考驗授職。禮部右侍郎陳子壯執不可，王歷引前代故事詆之，援據經傳皆有本。王好尊宗藩體統，總督盧象昇過南陽不朝，劾奏之。又所建請，多與廷臣相牴牾，思宗亦不之善也。

九年秋八月，京師戒嚴，王率護軍勤王，又殺其兩叔，汝南道周以興止之，不聽。至裕州，巡按御史楊繩武以聞，下旨切責。會前鋒值寇，亡其内豎二人，乃返國。十一月，下部議，給事中馮可賓、鍾玠議廢爲庶人，安置鳳陽高牆。押發官同知張有度欲以檻車行，王自裁，不殊。至鳳陽，陵奄索賄不得，用祖制墩鎖法以困苦之，王病幾殆，曾妃剸股以進，始愈。有司廩禄不時，資用乏絶。時有望氣者，以高牆中有天子氣，言於淮撫路振飛。振飛假賑罪宗，入牆見王，心異之。因言吏虐狀，振飛疏請加恩罪宗，置吏無狀者石應詔於法。會南都立，大赦，出高牆。禮部請復故爵，不許，命徙居廣西之平樂府。

乙酉五月，行抵杭州，而南都已覆。王勸潞王監國，不聽。時鎮江總兵鄭鴻逵、鄭彩自京口，户部郎中蘇觀生自南都，胥會於杭。逵、彩與王語及國難，沾泣襟袂，二人奇之，令副將江美鼇、鄭升衛入關。既聞杭州降，二人全師回閩，與巡撫張肯堂等議奉王監國。六月甲戌，次浦城，閏六月癸未，各官迎謁於水口驛。南安伯鄭芝龍、禮部尚書黄道周及肯堂三上箋勸進，王出御用銀百五十兩葺行宫，令勿擾民。丁亥，監國福州，建行在、太廟、社稷，諭曰：「孤聞漢室再墜大統，猶繫人心；唐宗三失長安，不改舊物。豈獨其風俗醇固，不忘累世之澤哉？亦其忠義感憤，豪傑相激使之然也。孤少遭多難，勉事詩書；長痛妖氛，遂親戎旅。亦以我太祖驅除羣雄，功在百姓，而勍敵鶩然，睥睨神器，爲子孫者誠不忍守文自命，坐視其陵遲也。二十年來，狂寇薦驚，孤未嘗兼味而食，重席而處。比方二載，兩京繼陷，天下藩服，委身奔竄，孤中夜卧起，垂涕縱横。誠得少康一旅之師，周平晉、鄭之助，躬率天下，以授彤弓，豈板蕩哉！今幸南安芝龍、定虜鴻逵二大將軍，志切恢復，共賦《無衣》，二三文臣，以春陵、瑯琊之義，過相推戴，登壇讀誓，感動路人。嗚呼！昔光武、昭烈，皆起布衣，所遭絶續，與大敵爲讎，

而能正言舉義，躬承舊業。況今神器乍傾，天命未改，孤以藩服，感憤閒關，逢諸豪傑，應即投袂。知明赫之際，神人叶謨，上天所眷顧我太祖，紹其子孫，猶未艾也。《書》曰：『與治同道，罔不興。』《傳》曰：『多助之至，天下順之。』得道者多助。」自閏六月初二日監國伊始，一切民間利病，許賢達條陳，孤將悉與維新，總其道揆，副海内喁喁之意焉。」鴻逵欲早正位以繫人心，諸大臣言「監國名正，出關尺寸，建號未遲」，侍郎李長倩有「急出關，緩正位，示監國以無富天下之心」疏，芝龍亦固爭以爲不可。惟鴻逵曰：「不正位，無以厭衆心以杜後起。」遂定議。丁未，祭告天地祖宗，即皇帝位於南郊，以福建爲福京，福州爲天興府，布政司爲行殿，大赦，改元隆武。追尊皇考爲皇帝，妣爲皇后，遥上弘光帝尊號曰聖安皇帝。詔曰：「朕以天步多艱，遭家未造，憂勞監國，又閱月於兹矣。天下勤王之師，既已漸集，向義之心，亦以漸起，匡復之謀，漸有次第，朕方親從行間，鼓舞率勵，以觀厥成。而文武臣僚，咸稱『萃涣之義，貴於立君；寵紛之方，本乎天作。時哉不可失，天命靡不勝』。朕自缺然，未有丕績以仰對上帝，克慰祖宗，而臨安息蹕，遵讓無期，大小汎汎，如河中之水，朕敢不黽勉以慰衆志而副羣望。朕稽載籍，漢光武聞子嬰之信，以六月即位鄗南，即以是年爲建武元年；昭烈聞山陽之信，以四月即位漢中，即以是年爲章武元年。艱危之中，豈利大寶！亦惟是興義執言，繫我臣庶之故也。以今揆古，即以是年爲隆武元年。其承天翊運定難功臣，悉以次第進爵，分茅胙土；其翊運宣猷守正文臣，亦以次第進級；孝秀耆宿軍民人等，俱依前諭優給。所在山川鬼神，除淫祠外，皆遣官祭告，以示朕纘緒爲天下請命之意焉。」進芝龍、鴻逵爵爲侯，封鄭芝豹澄濟伯，鄭彩永勝伯，賜號「奉天翊運中興宣力定難守正功臣」。以黄道周爲吏部尚書、武英殿大學士，蘇觀生爲吏部右侍郎兼東閣大學士，張肯堂爲兵部尚書，何楷爲户部尚書，周應期爲刑部尚書，鄭瑄爲工部尚書，曹學佺爲禮部尚書兼蘭臺館學士。召舊輔何吾騶、蔣德璟、黄景昉、姜曰廣、吴甡、高弘圖；起朱繼祚、林欲楫、路振飛，曾櫻、熊開元、黄鳴俊、林增志、李先春、陳洪謐等入閣。

上少遭患難，慨然以復讐雪恥爲務。布衣蔬食，不御酒肉，敕司禮監行宫不得以金玉玩好陳設，器用瓷錫，帷幄衾裯皆布帛，後宫無嬪御，執事三十人而已。芝龍進美女十人，留之而絶不御；中宫懿旨選女廚十人，上以爲擾民，不許。素好讀書，博通典故，手撰三詔與魯監國書，羣臣皆莫能及。感振飛舊恩，募能致者賞千金，給五品秩。振飛至，拜太子太保，吏、兵二部尚書，文淵閣大學士，官其子太平爲兵部員外郎。開儲賢館，定十二科取士，以觀生領之。愛鄭芝龍子鄭森才，賜國姓，改名成功，命提督禁旅，以駙馬都尉體統行事，即延平王也。

是時宗室諸王流寓南方，臣民奉之建義者，浙東張國維、朱大典、孫嘉績等奉魯王以海監國於紹興。秋七月，江西布政使夏萬亨，分巡道王養正奉益王由本起兵建昌，不克，萬亨等皆死之。巡撫田仰、監軍道荆本澈、總兵張士儀奉義陽王朝墠駐崇明沙。刑部郎中王期昇、長興縣民金有鑑奉通城王盛澂起兵復湖州。中書舍人盧象觀奉宗室盛瀝起兵攻南京，事敗，皆亡入太湖，與吴易等相應。他則江西吏部主事曾亨應、揭重熙起兵撫州；左庶子楊廷麟、左中允劉同升起兵贛州；通政使劉士楨起兵信豐；前汜水縣知縣胡定海起兵德興；瀘溪知縣張載述、諸生魏一柱，又德化諸生李含初、德安郭賢操，各起兵拒守定海，含初尋敗死，所謂江右義師也。道遠或不能達行在，惟贛州事聞，上手詔嘉奬，擢廷麟吏部右侍郎，同升國子監祭酒。

時江以南義師亦林立。太湖則職方主事吴易、舉人孫兆奎爲倡，諸生陸世鑰、沈自炳、沈自駉等應之。江陰則典史閻應元、陳明遇爲主，貢生黄毓祺、生員徐趨應之。松江則前兵部侍郎沈猶龍、給事中陳子龍、中書李待問、前羅源知縣章簡，起兵與水師吴志葵、黄蜚相應。崑山則舉人周室瑜、貢生朱集璜、陳大任，殺投降之縣丞閻茂才，奉總兵王佐才拒守，前邑令楊永言與諸生吴其沆、陶琡、歸莊、顧炎武起兵應之。嘉定則進士黄醇耀、舉人張錫眉、教諭龔用圓、諸生馬元調、夏雲蛟、唐全昌，奉前左通政侯峒曾拒守。休寧則御史金聲、諸生江天一爲倡，推官温璜餉應之。而前山東巡撫邱祖德與舉人錢龍文、生員麻三衡、沈壽蕘起兵攻寧國，前職方郎中尹民興與生員趙初浣、吴漢超起兵守涇縣，貴池，副榜吴應箕起兵復建德、東流，與聲、天一相援應。浙西則翰林屠象美、郎中錢棅、生員鄭宗彝起兵嘉興，參將方元章、副將姚志倬、張起芬起兵復餘杭。其舉義大都與上監國相前後，道遠或聞或不聞，皆遥授總督義師銜，或敕使將命。

是月，崑山陷，佐才、室瑜、集璜、大任、其沆、琡死之；攻寧國不克，壽蕘死之；嘉興陷，前吏部尚書徐石麟暨象美、棅、宗彝死之；餘杭敗，元章死之；嘉定陷，峒曾、醇耀以下皆死之；華陽山寨陷，祖德死之；稽亭山寨陷，三衡及諸生吴太平等七家皆死之。又前青陽知縣龐昌胤、太倉生員王湛、無錫生員顧杲等，甫謀起兵而已敗死。或事聞褒卹，或不及聞者，具詳《列傳》。又川省千總周鼎昌、義民余飛等亦起兵拒獻賊，賊怒，大殺成都所屬人，邛、蒲數百里蕩爲血肉

場，詳《蜀難忠義傳》。

鄭芝龍集廷臣議戰守事宜。仙霞關外宜守者百七十處，應設守兵若干；其戰兵以今冬簡練，明春出關：一出浙東，一出江右。計兵二十餘萬，餉不支其半，乃請於兩稅正供預借一年，令羣臣捐俸，勸紳士輸助，察府、縣歷年積穀銀兩未解者，悉催赴行在，官吏督征，閭里騷然。芝龍請清理寺田，可得餉八十萬，上不許。户部侍郎李長倩請廣開事例，從之。於是廝養隸卒，皆得給劄授官，猶苦餉不足。廷臣日請出關，芝龍殊不欲行。黄道周自請以師相募兵江西，連楊廷麟，何騰蛟爲進取計，遂於是月辛未，率門人子弟千人以行。

八月，乙酉，頒祖訓於廷臣。庚寅，命肅虜伯黄斌卿鎮舟山。壬辰，册妃曾氏爲皇后，封后父曾文彦爲吉水伯。癸巳，郊祀上帝於南郊，鄭芝龍、鄭鴻逵稱疾不從，尚書何楷劾之。上嘉楷，命掌都察院事。行保甲法，定錦衣衛軍制，設中、前、後、左、右五所，每百户爲一威所，八威所爲一禁軍。

時兵事皆掌於鄭氏，芝龍知不出關無以弭衆議，乃請以鴻逵出浙東，彩出江西，各擁兵數千，號數萬。既出關，託候餉不行。鴻逵駐仙陽鎮，惡上書言事者，嚴禁仙霞關，不聽四方儒生入；彩行百里而還，稱餉缺，留如故。

是月，靖江王亨嘉僭號桂林，執巡撫瞿式耜幽之。兩廣總督丁魁楚遣參將陳邦傅往討，式耜潛與合謀，擒亨嘉並其黨，檻送福京。

我大清兵克江西之峽江，守將鄧武泰死之；克袁州，同知攝府事李時興死之；克吉安，遂取萬安，殺巡撫曠昭，知縣梁于涘死之；襲臨川，曾亨應死之；克江南之松江，沈猶龍、李待問、章簡死之；克江陰，閻應元、陳明遇死之；克金山衛，指揮侯承祖死之。太湖吴易、孫兆奎既敗浙寇李九成軍，敗我師於白龍橋，軍甚盛。俄降將吴勝兆合四郡兵至西山，盧象觀與中書葛麟、總兵毛重泰、陳坦公俱戰死。乘勝追易，八面環攻，易軍大潰，兆奎及沈自炳等死之；别部總兵李某、生員任源邃、吴福之、徐安遠全軍覆没。又魏國公徐弘基及幼子文爵避難吴江，亦以起義不克死，江南義師遂不振。惟浙東張國維等能張其軍，具詳《魯紀傳》，不具録。

九月，甲寅，我大清豫親王多鐸以弘光帝北還。

時闖賊李自成已死，其衆無所歸，推其兄子李錦爲主，同自成妻高氏乞降於督師何騰蛟。騰蛟檄道臣堵胤錫往受之，一時增兵十餘萬。上大喜，告廟。進騰蛟大學士，封定興伯；胤錫右副都御史，巡撫湖南，降將皆授總兵官。賜錦名赤心，高氏弟一功名必正，號其營爲忠貞營。已而糧不繼，降者稍稍散去，高、李十三部就食施州衛，其餘郝摇旗、馬進忠、王進才、張光翠、袁應第、牛萬才、張先璧等十餘營，悉隸騰蛟麾下。

召在籍吏部主事夏允彝爲翰林院侍讀，兼給事中，未受命，卒。召舉人郭金臺、諸生顧炎武爲職方郎中，李世熊爲翰林院博士，俱辭不至。

是月，江南徽、寧事急，黄道周疏乞師乞餉，爲鄭芝龍所阻。涇縣陷，趙初浣死之；績溪陷，金聲、江天一死之；連陷徽州，温璜死之；池州潰，吴應箕死之。惟吴易出没太湖，吴漢超收邱祖德之遺衆，與當塗徐淮聚衆華陽，黄毓祺、徐趨匿淮上，崛强未即下。上加易、毓祺兵部尚書，總督義師，賜敕印。繼起者有廣德州太學生吴源長、民人裘君量起兵梭子山，復州城；副將錢國華、生員謝琢起兵溧陽，遥奉瑞昌王盛瀝；淮安人王翹林、繆鼎、吉鼎言等奉新昌王□□起兵雲台山，復鹽城、興化，都司酆某、生員司石磐與相應和。

我大清命降臣洪承疇駐南京，土國寶駐蘇州，相機勦捕，諸義師先後崩潰，不能有所爲。

冬十月，科臣劉中藻頒詔浙東，浙東不納，於是閩、浙水火矣。上以貪吏虐民，誅建陽知縣施煉、邵武知府吴炆煒、推官朱健，人稍惴恐。原任兵部郎中王期昇、御史彭遇颽至行在，上加期昇總督，遇颽僉都御史。大學士路振飛、曾櫻封還内降，謂遇颽依附馬士英，期昇在太湖派餉苛虐，斂怨取敗，不可用，上乃止。

初，汀、贛間有峒賊數萬，號四營頭，左營張安者最强，楊廷麟、劉同升等招之，復撫州，又復臨江。於是廷麟等請上出江右，何騰蛟請出湖南，浙中諸將請幸衢州。原任臨清知州金堡陛見，言騰蛟可恃，芝龍不可恃，急宜棄閩幸楚。上大喜，即授堡兵科給事中，決意出贛州，幸長沙，遣大學士蘇觀生先赴南安募兵。

十一月，命修《思宗實録》。幸太學。下詔親征，以唐王聿劍、鄧王鼎器監國，首輔何吾騶隨營，曾櫻、鄭芝龍留守，司轉餉，吴震文爲隨營兵部侍郎，王觀光爲隨營户部侍郎，鄭鴻逵爲御營左先鋒，出浙江，鄭彩爲御營右先鋒，出江西。先期類於上帝，禋於太廟，禡於社稷。駕幸西郊，行推轂禮。爲壇，設高皇帝、烈皇帝位，御翼善冠，詣壇所，百官陪位，武臣戎服聽事。上皮弁，升壇拜謁，立於神位西南面。御營先鋒北而跪，兵部授鉞，上東向揖之，賜餞，光禄寺授爵，御營先鋒跪受爵。誠勞畢，謝恩出，率將士跪壇下。上甲冑誓師，乃鳴金鼓，揚旌而

出。當授鉞時，風雨晦冥，壇上燭盡滅，神位皆僕，鴻逵出城，馬蹶踣地，識者知其不祥焉。

是月，陝西都督同知孫守法起兵復鳳翔，進攻西安，不克。

十二月，甲申，上發福京。遣錦衣衛康永寧乞師於安南國。江西巡撫劉同升卒，以總督萬元吉兼巡撫事。

壬寅，督師黄道周敗績於婺源，被執。我大清兵克撫州，知府高飛聲死之。右僉都御史陳泰來起兵復上高、新昌、寧州、萬載，進攻撫州，敗績，死之。

是月，雲南土司沙定洲作亂，黔國公沐天波走楚雄，連陷旁郡，詳滇、黔難《忠義傳》。

我大清順治三年丙戌，春正月己酉朔，上在建寧，稱隆武二年。以三大罪自責，不受朝賀。交阯、日本國遣使入貢。廣東布政使湯來賀解餉至行在，擢户部右侍郎。馬士英自浙東叩關求入朝，諭守關將士勿納；士英七疏自理，不許；鄭芝龍、方國安合疏薦之，命允爲軍前辦事官，俟恢復杭州復職。

浙東魯監國遣柯夏卿、曹維才來聘，上賜監國手敕曰：「朕無子，王爲皇太姪，朕有天下，終致於王。同心戮力，共拜孝陵！」命取浙東所用職官盡列朝籍，不分彼此。加夏卿兵部尚書，維才光禄寺少卿。又命僉都御史陸清源解餉十萬，犒浙東江防諸軍。方國安兵譁奪餉，殺清源，自是閩、浙釁益深。或曰：「馬士英部將趙體元殺之也。」

何騰蛟會師湘陰，忠貞營李赤心遇大清兵而敗，諸鎮兵遂不進。授丹徒諸生錢邦芑爲御史大學士，熊開元爭之，改兵部司務，尋復授御史，開元遂乞罷。以蘇觀生兼吏、兵二部尚書，行在文淵閣大學士，賜尚方劍，便宜行事，上御門，賜銀印，曰「贍奉南北山陵安集軍民文武官」。授方士蔡鼎爲軍師。

是月，癸亥，福京大雷電；甲子，雨雹大如斗，晝晦不相見。浙西金有鑑再攻長興，敗死。沙賊寇楚雄，游擊王承憲敗死，金、滄副使楊畏知悉方禦之，分兵陷武定，參將高其勳死之；陷大理，指揮陳禎死之；陷太和，縣丞王士傑、教授段見錦、經歷楊明盛、前同知蕭時顯、舉人高拱極等死之；陷通海，典史單國祚死之。四川眉州義民陳登皥起兵，破獻賊於醴泉河。

二月，馬脛嶺兵變，命路振飛往浦城安撫。丁亥，大雨雹，晝晦不相見，詔寬逆案之禁。上曰：「北京陷於東林，南京亡於魏黨，厥罪惟均。其黨附概予洗濯，以觀後效。」

廣西有僧自稱弘光帝，貴州撫臣俞思恂以聞，詔議迎請，廷臣曰：「即真弘光，甫經失國，有尊奉而無迎請。」審知其僞，下獄誅之。尋有木堅李之秀者，自稱原任兩司；召對，以原官補用，發覺，伏誅。亨嘉俘至行在，下諸王議，廢爲庶人，以幽死；其黨推官顧奕、總兵楊國威等皆伏誅。封丁魁楚平粤伯，加瞿式耜兵部侍郎，式耜辭，不許。以晏日曙巡撫廣西。鎮國將軍常㴉起兵蘄州，敗績，死之。封孫守法、武大定爵爲伯。

三月戊申朔，督師大學士黄道周殉節南京，事聞，輟朝哭，贈文明伯。時江、楚迎駕疏相繼至，上決意出汀入贛，與湖南爲聲援。鄭芝龍不欲上行，使軍民數萬人遮道號呼，擁駕不得前。芝龍因表請回天興，上不得已，駐延平，以府署爲行宫。封朱成功爲忠孝伯，掛招討大將軍印。命前大學士傅冠總理湖南勦撫事，冠十二疏乞罷，許之。左都御史張肯堂疏請北征，詔加少保，賜尚方劍，便宜行事，實無一兵也。尋兵科給事中徐孚遠自松江航海至，上水師合戰議，請以水師千人由海道與浙東陸師會於金陵。詔進肯堂大學士，以太常卿朱永祐、吏部郎中趙玉成、兵科給事中徐孚遠、蘇州推官周之夔爲參軍，以平海將軍周鶴芝將前軍，定洋將軍辛一根將中軍，樓船將軍林習將後軍。行有日矣，鄭芝龍尼之，不克行。

我大清兵克奉郎，監軍道許文龍死之。辛未，克吉安，職方主事郭錕死之，萬元吉退保贛州。

是月，四川參將楊展復川南諸州縣，督師王應熊、總督樊一蘅乃檄諸路兵討獻賊，賊大殺遺民，率衆東下，展逆戰於江口，大破之，賊走還成都。

夏四月，庚辰，萬壽節，不受賀。命禮臣追復建文年號，立忠臣方孝孺祠。鄭彩棄廣信，奔入杉關，我大清兵遂克撫州，永寧王慈炎死之。報至，舉朝震驚，詔削彩職，戴罪圖功。我大清兵克鉛山，兵科給事中胡夢泰、兵部員外郎萬文英、主事唐偶死之；克新城，知縣李翱死之。

五月，丙午朔，我大清兵進逼贛州，巡撫劉廣胤戰敗被執，楊廷麟、萬元吉悉力固守。

擢兵科給事中揭重熙爲僉都御史，巡撫江西。加吏部尚書郭維經總督湖南北、江西、廣東、浙江、福建軍務銜，募兵援贛州。擢湖廣監軍道章曠爲右僉都御史，巡撫湖北。琉球國入貢。廷試貢生，取萬荆等十二人爲萃士，照庶吉士例送翰林院教習。

先是魯監國遣都督陳謙入閩，久駐衢州，自云魯已爵爲侯，邀封爵，上命取侯印爲驗。謙齎印至行在，御史錢邦芑請誅之。芝龍亟入朝，請以官贖，不得命，由是益萌異志。

乙丑，天狗星隕。是月，壬申，浙東江上兵潰，方國安劫魯監國走紹興。肅虜侯黄斌卿殺監軍道荆本澈。太湖諸生張飛遠襲金山衛，不克。

六月，開科取士，命流寓諸生皆入試，廣額七十名，以編修劉以修、閔肅充主考官。舉人葉瑣等百七十五人，有許士以賄進者，命覆試，落四名，逮同考推官王三俊下獄追贓。温州總兵賀君堯殺前大學士顧錫疇。以元子誕生，大赦，進諸臣爵；錢邦芑疏諫，不聽。釋僉都御史田闢於獄。

前南贛巡撫李永茂遣粵兵五千援贛，戰於李家山，圍暫解，粵兵退守南康。時贛城堅守已久，上諭奬，賜名忠誠府，加楊文薦右僉都御史，偕郭維經出閩援贛，與楊廷麟、萬元吉爲協守計。既而浙東報至，我大清兵以是月一日渡錢塘江，魯監國航海去，連陷紹興、東陽、金華、衢州、嚴州，張國維、朱大典等皆死，詳《魯紀傳》。鴻逵駐關外，聞警，徒跣疾行，三日抵浦城。事聞，削鴻逵爵。芝龍時已通款於洪承疇，託言海寇至，撤兵回安海，守關將士皆隨去，仙霞嶺空無一人，惟所遣守關文臣及内官數人偵探報聞而已。

是月，我大清兵復定陝西，孫守法所得州、縣復失，聲勢寖衰，退保五郎山。武大定敗於興安，遁入蜀。太湖義師潰，忠義伯兵部尚書吴易被執，至杭州，不屈，死之。江東義師略盡矣。

七月，己巳，上御門，内侍捧小匣置御前，諭羣臣曰：「朕本無利天下心，以勳輔擁戴，不得已勉徇羣策。浣衣糲食，有何人君之樂！朝夕乾惕，恐負重付，豈意諸臣已變初志。昨巡閩之便得爾等出關迎降書二百餘封，今俱在此，朕不欲知其姓名也。今命錦衣衛焚之午門，爾諸臣有名者，尚洗心滌慮，倘能竭節奉公，不渝終始，是所望也！」上長身豐頤，聲如洪鐘，聞者悚息。於是擇日赴贛州。時楚督何騰蛟遣郝永忠將兵奉迎，甫抵韶州，而我大清兵已過衢州矣。

是月，獻賊毀成都，走川北。

八月，甲午，上知仙霞不可守，決意幸贛，自延平出奔，宫眷皆騎，猶載書十餘簏以從。從者輔臣何吾騶、朱繼祚、黄鳴俊數人而已。

乙未，我大清兵入仙霞關，守浦城御史鄭爲虹、給事中黄大鵬死之。丁酉，取延平，知府王士和死之。我貝勒既克延平，詗知上由汀州趨江右，乃親統大兵取福京，而分遣降將李成棟引兵追上。

是日，上發順昌，聞追兵已至劍津，倉卒就道，妃媵有一騎而三人者，福清伯周之藩、給事中熊緯將兵五百人隨扈。庚子，抵汀州。明日五鼓，有數十騎稱扈蹕者，突入行宫，之藩、緯皆鬥死，上與曾后遇害於汀州府之大堂。或曰遇害於福京，后投九龍潭死，亦曰死於建寧，或又曰建寧代死者爲唐王聿釗，汀州代死者爲張致遠，上實未死。後朱成功屯兵鼓浪嶼，有遣使存問諸臣者，云爲僧於五指山，然亦莫別真僞也。殉難可紀者，自之藩、緯外，文臣則户部尚書姜一洪、編修徐復儀、御史王國翰、艾南英、郎中賴垓，武臣則總兵胡上琛、百户閔時，或追扈力竭死，或聞難自盡死。福京殉難者，禮部尚書曹學佺，定遠侯鄧文昌，中書舍人鄭羽儀，其最著者也。

朱以海部

綜述

查繼佐《魯春秋》附録《皇明監國魯王壙誌》 監國魯王，諱以海，字巨川，號恒山，別號常石子。始封先王諱檀，爲高皇帝第九子，分藩山東兖州府，王其十世孫也，世系詳《玉牒》。王之祖恭王，諱坦頤。父肅王，諱壽鏞；傳位第三庶子安王，諱以派；王兄也。崇禎十五年冬，虜陷兖州，安王及第一子、第四弟以洐、第五弟以江俱同日殉難。山東撫臣奏聞，王以第六庶子，母王氏所生，□授鎮國將軍，部覆應繼王位，於崇禎十七年四月初四日册封爲魯王。方三月初旬，使臣持節甫出都，而京師旋告陷矣。東省驛騷，王遂南遷。

弘光帝登極南都，移封王於浙台州府。南中不守，虜騎薄錢塘，浙東諸臣豎義旗，扶王監國，都紹興，則弘光乙酉閏六月間事也。次年仲夏，浙事中潰，王浮澥入舟山。會閩舟師在北，迎王至中左所。復移師琅琦，附省諸邑屢有克復。虜援大至，復者盡失。王又再抵舟山，躬率水師入姑蘇洋，迎截虜舟，而浙虜乘機搗登舟山，竟不可援矣。王集餘衆南來，聞永曆皇上正位粤西，喜甚，遂疏謝監國，棲蹤浯島金門城。至丙申，徙南澳，居三年。己亥夏，復至金門。計自魯而浙、而閩、而粤，首尾凡十八年。王間關澥上，力圖光復；雖末路養晦，而志未嘗一日稍懈也。

王素有哮疾，壬寅十一月十三日中痰而薨。距生萬曆戊午五月十五日，年才四十有五。痛哉！

元妃張氏，兖濟寧州張有光長女，原浙之寧波人，兖陷，殉節。繼妃張氏，亦寧波人，舟山破日，投井而死。有子六，皆庶出。第一子、第三子在兖陷虜，存亡未卜；次子卒於南中；第四子弘㯃、第五子弘樸、第六子弘棟，俱在北蒙難；僅存夫人今晉封次妃陳氏遺腹八閲月。女子三：長爲繼妃張氏所生，選閩安侯周瑞長男衍昌爲儀賓，未嬪尚；二女，俱陳氏出，未字。

島上風鶴，不敢停櫬，卜地於金城東門外之青山，穴坐西向卯。其地前有巨湖，右有石峰，王屢遊其地，題「漢影雲根」四字於石。卜葬兹地，王顧而樂可知也！以是月廿二日辛酉安厝。

謹按會典，親藩營葬，奉旨翰林官撰壙誌、禮部議謚。今聖天子遠在滇雲，道路阻梗，未繇上請，姑同島上諸文武叙王本末及生薨年月，勒石藏諸壙中。指日中興，特旨賜謚、改葬，此亦足備考訂云。

永曆十六年十二月廿二日，遼藩寧靖王宗臣術桂同文武官謹誌。

黄宗羲《行朝録・魯紀年》卷上 監國魯王，諱以海；高皇帝十世孫。父王壽鏞，崇禎十五年壬午，北兵陷兖州，自縊死。崇禎十七年甲申二月甲戌，王嗣位。北變後，南下。宏光元年四月，命移江廣，暫住台州。

五月十日宏光避位，首輔馬士英以皇太后至杭州。左都御史劉宗周曰：「士英亡國之罪不必言矣，焉有身爲宰相，棄天子、挾母后而逃者！當事既不能正名定罪，國人曷不立碎其首乎？賈似道死於鄭虎臣，今求一虎臣亦不可得，可嘆哉！」時潞王監國（王諱常芳，穆宗之孫），劉宗周令分守台紹道于穎上疏，請急誅馬士英，不報。宗周與穎書曰：「監國舉動，全無足恃。此等疏朝上，即宜夕下，何至四、五日尚無進止。明府不必候旨，再疏、三疏申大義於天下而已。」無何，潞王降，宗周遂絶食而死，右僉都御史祁彪佳、諸生王毓蓍、潘集、周卜年皆投水死。浙東郡，縣降附，易置官吏。

閏六月初九日，餘姚攝印官發閭左爲馳道，執撲以行役者而扶其不勉者，役者反扶攝官，衆譁不能定，九江僉事道孫嘉績乘衆怒，遂斬攝官，建義旗，閭左少年輟耕而從者數千人。其明日，而諸生鄭遵謙應之於紹興。遵謙少喜任俠，不爲繩墨之士所禮。閹人屈尚忠逃至越，遵謙箠殺之，曰：「吾聞諸劉先生（謂宗周）：凡係逃官皆可殺也。」紹興守、會稽令皆新署，遵謙挾之而起，召其故所知豪傑從。初，王期昇爲太守，夢有持謁入者，覺而記其姓殷。以問推官陳子龍，子龍曰：「越亂兆矣，此殆會稽守殷通也。」至是而驗。又明日，而刑部員外郎錢肅樂應之於寧波。時定帥王之仁已授降表，肅樂大會縉紳士子於城隍廟，召募義勇；謝三賓陰致書之仁，謂：「一、二庸妄書生，恐爲禍階，須以公之兵威脅之！」之仁至寧，陳兵教場，受約於肅樂，出書誦於壇上，三賓戟手欲奪之，之仁色變。有爲三賓解者，使之任餉而止。

時兵部尚書張國維已至台州，與陳函輝、宋之普、柯夏卿共請王出監（國）。即日移紹興，以分守公署爲行在。列兵江上，分地戍守：方安國當七條沙，王之

仁當西興，鄭遵謙當小亹，孫嘉績、熊汝霖、錢肅樂當瓜里。群臣皆奉表勸進，上曰：「孤之監國，原非得已；當俟拜孝陵，徐議樂推未晚也。」固讓不許。以張國維、朱大典、宋之普爲東閣大學士，國維督師江上，大典鎮守金華，之普司票擬。未幾，起舊輔方逢年，之普謝事；起章正宸爲左侍郎署吏部事，李白春户部尚書，王思任禮部尚書，余煌兵部尚書，張文郁工部尚書，陳函輝吏部右侍郎；加孫嘉績、熊汝霖、錢肅樂皆督師、右僉都御史，進方國安鎮東侯，封王之仁武寧侯。上皇太子號曰悼皇帝，弘光曰赧皇帝，潞王曰潞閔王。

七月，張國維復富陽，命姚志卓守分水。江上之兵，每日蓐食，鳴鼓放船，登陸搏戰。未幾，又復轉柁還戍，率以爲常。惟熊汝霖以五百人渡海寧，轉戰數日夜，至司橋，士卒殘破略盡，乃還。當是時，孫、熊二師皆書生不知兵，迎方、王二帥拱手而讓之。國成，凡原設營兵衛軍，俱隸方、王；而召募之街卒、田兒，則身領之。方、王既自專，而反惡孫、熊之參決，於是分餉、分地之議起。分餉者，以孫、熊之兵謂之義兵，食義餉；以方、王之師謂之正兵，食正餉。正餉田賦所出，義餉勸助無名之征也。分地者，某正兵食某地正餉，某義兵支某邑義餉也。有旨會議，方、王司餉者皆至，殿陛譁然。户部主事董守諭面奏「分餉、分地，非也。當以一切正供，悉歸户部，覈兵而後給餉，覈地而後酌給之先後。所謂義餉者，雖有其名，不可爲繼」。户部主事邵之詹議以紹興八邑已有義師專供本郡，寧波專給王藩，以金華歸朱閣部，以五府歸方藩，然方、王終不可。統計浙東錢糧六十餘萬，兩藩自分；義師或散、或留，聽其自爲徵勸。於是新安王兵散，督師所領之營亦不過數百人而已。

八月，兵部尚書田仰從海道至，留爲東閣大學士。

十月壬辰，北兵至，方國安嚴陣以待，張國維率步兵接應，裨將王國斌、趙天祥繼之，北兵大敗，追至草橋門下。

隆武皇帝遣兵科給事中劉中藻頒詔於越。張國維曰：「今日之事，凡爲高皇帝子孫皆當同心戮力，成功之後，入關者王。此時未可言上下也。」熊汝霖曰：「吾知奉主上而已，不知其他。」皆不奉詔。中藻廢然而返。

十一月，進方國安爲荆國公，王之仁爲寧國公，鄭遵謙爲義興伯。上勞軍於江上，駐蹕西興。築壇拜方國安，命各營皆受節制。時馬士英、阮大鋮竄入方營，欲朝見，上不許，下群臣會議，多言士英當誅。熊汝霖曰：「此非殺士英時也！正欲令其自贖耳。」兵部主事宗羲曰：「非不當殺，但不能殺耳。然《春秋》之義，孔子亦豈能殺陳恒，固不可言不當殺也。」

十二月，上回越城。以謝三賓爲禮部尚書，尋入東閣。鑄「大明通寶」錢。兵部主事王正中進某所造監國魯元年大統曆。

魯元年丙戌正月己酉朔，上在紹興。以柯夏卿、曹維才爲使，奉書閩中。

二月，張國柱掠餘姚，其部曲張邦寧掠慈谿。國柱者，劉澤清之標將也，航海至東浙，依王鳴謙於定海。國柱有弓箭手五百人，其力足以制鳴謙，乃劫之入内，行朝震恐，議以伯爵縻之。宗羲與孫嘉績裁量，署爲勝虜將軍，始返定海。

總兵陳梧敗於檇李，渡海掠餘姚之鄉聚；王正中遣兵擊之，鄉聚相犄角，殺梧。朝議罪正中，宗羲言：「梧之見殺，犯衆怒也；正中保守地方，不當罪。」乃止。

三月十九日，毅宗大祥。董守諭請朝堂哭臨，三軍縞素一日，從之。

北兵決壩放船入錢塘江，張國維嚴飭各營守汛。王之仁率水師襲戰，乘風碎北船數十隻，鄭遵謙獲鐵甲八百餘副。

四月，王正中率師渡海鹽，破澉浦城。

五月，加孫嘉績、熊汝霖東閣大學士。兩督師所將皆奇零殘卒，不能成軍，嘉績以其兵盡付宗羲，宗羲與王正中合師三千人。西浙來受約者，尚寶司卿朱大定、太僕寺卿陳潛夫、兵部主事吳乃武、查繼佐，又數百人附之。渡江劄譚山，將取海寧，以江上兵潰而返。

六月丙子朔，兵潰。時夏旱水涸，有浴於江者，徒涉往返。北兵驅馬試之，不及於腹，數十騎過江，而列戍驚擾，走死不暇矣。上由江門出海，令保定伯毛有倫扈元妃、世子由定海而出，張國維、陳函輝、余煌、王之仁皆死之。方國安、方逢年、馬士英、阮大鋮皆降，從征福建。方、馬至半途，伏誅。大鋮未降之前，先同逆案之馮銓已書其姓名囑諸南征者，懸内院之缺以待，大鋮初降，不知也。其同邑潘應奎（逆案潘汝楨之子）時爲委署杭嚴道，名位下大鋮數等。大鋮入謁，應奎故作聲色，欲斬以靳之，大鋮不覺屈膝。既而示以銓書，則大喜過望。踰仙霞嶺，見雷績祚索命，墜馬折頸而死。

朱大典猶守金華不下。北兵驅民間耕牛載砲集城下，苗頭惟向一處，晝夜不絶聲。城崩，北兵隨煙而入，大典自焚死，屠其城。自金華陷，而全閩無一矢之拒矣。

史臣曰：當義旗初建，士民喟然有吞吳、楚之氣。方、王肯受約束，趨死不

顧利害，競渡錢塘江；此時北師之席未煖，三吴豪彦尋聲而響臻，未必不可與天下争衡也。宗羲嘗與王之仁言：「公等不從頳山以下進師，而攻其有備，意蓋在自守也。蕞爾兩府以供十萬之衆，即北師坐視不發一矢，一年之後亦滌地無類矣！」之仁韙其言而不能用，日與兩督師争長短，一死不足贖也。

黄宗羲《行朝録・魯紀年》卷下　監國魯元年丙戌六月丙子朔，浙河兵潰。上發紹興，富平將軍張名振棄石浦以舟師扈上出海，投肅虜伯黄斌卿於舟山，斌卿不納，飄泊外洋。保定伯毛有倫扈張妃、世子至，爲叛將張國柱刼去。會永勝伯鄭彩至舟山，遂奉上入閩。

十月丁酉，上發舟山。十一月丙寅，上次中左所（即厦門也）。時鄭芝龍方降北，令彩執上以降，彩不可，而以南彝貌類上者服上冠服，居舟中，謂守者曰：「苟事急，則縊死以示之。」北人挾芝龍去，乃已。芝龍之子鄭森，思文帝賜姓名曰朱成功，不肯隨父，復建義旗於海上，而以中左所爲營。然亦不欲奉上，改明年爲隆武三年。於是，鄭彩奉上改次長垣，改明年爲魯監國二年。海上遂有二朔。

二年丁亥正月癸卯朔，上在長垣。熊汝霖爲相。辛未，上禡牙出師，提督楊耿、總兵鄭聯皆以兵來會。進鄭彩爲建國公，張名振定西侯，楊耿同安伯，鄭聯定遠伯，周瑞閩安伯，周崔芝平彝伯，阮進蕩胡伯。周崔芝復海口，以參謀林學舞、總兵趙牧守之。

二月壬申朔，克海澄。明日，攻漳平，失利。又明日，北師救海澄，南師退入於海。丙子，克漳浦，以閩人洪有文爲令。五日而陷，有文死之。鄖西王某復建寧，率其裨將王祁復邵武。祁營山中，取民間几桌數百張，每張懸火線數十炷，黑夜順流環城而過，守者謂祁兵薄城，砲石交下，遲明方知其僞。守者習之，不疑，一日祁至，遂破。

四月，海口陷，林學舞、趙牧死之。周崔芝退保火燒嶼。

六月，攻漳州，南師失利。

七月，上親征，次長垣，會鄭彩、周瑞、周崔芝、阮進之師攻福州，敗績。

八月丙戌，克連江。

十月，長樂、永福、閩清皆下。羅源知縣朱丕承、寧德知縣錢楷皆以城降。以馬思理爲東閣大學士，林正亨爲户部尚書，錢肅樂兵部尚書，沈宸荃工部尚書，劉沂春右副都御史，吴鍾巒通政司，余颺左都御史，林嵋吏科給事中，黄岳吏部考功司郎中。

大學士劉中藻起兵福安，攻福寧州。將破，其帥涂登華欲降，第謂之曰：「豈有海上天子、船中國公！」錢肅樂致書謂：「將軍獨不聞有宋末年二王不在海上，文、陸不在舟中乎？後世卒以正統歸之，而況不爲宋末者乎？今將軍死守孤城，以言乎忠義，則非其主也；言乎保身，則非其策也。依鼎沸以稱安，巢危林而自得，計之左矣。」登華得書，乃降。

辛未，鄧藩審理陳世亨以一旅復安固。援兵不繼，被執，駡賊而死。

吏部文選司主事林坙、兵部左侍郎林汝翥攻福清，兵敗，皆死之。坙不避矢石，日暮敵衝其營，被殺；汝翥被執，北人欲降之，不屈，除夕服金屑死。初，坙於隆武朝主銓政，曰：「此潤色太平之事，顧今日之所急耶？」乃辭去，募兵數千人，爲鄭芝龍所阻，不得志，復散兵入山，制棺一具、布衣一襲，書「大明孤臣之柩」以待死。聞上至而起兵。

禮部尚書兼通政司吴鍾巒請申明職掌，言「遠近章奏，武臣則自稱『將軍』、『都督』，文臣則自稱『都御史』、『侍郎』，三品以下不計。江湖遊手之徒，則又假造符璽，販鬻官爵。偃卧邱園，而云聯師齊、楚；保守妻子，而云聚兵數萬。請加嚴核：募兵起義者，則當問其册籍、花名；原任職官者，則當辨其勑書、劄付」。上是之。

三年戊子正月丁酉朔，上在閩安鎮。同安伯楊耿、大學士朱繼祚攻興化，克之。興化分守道彭遇颽，故宏光時御史也，令其守將出戰，而登陴立「大明」赤幟，守將不敢入。

癸丑，鄭彩殺大學士熊汝霖及義興侯鄭遵謙。汝霖票擬，每右周瑞而左彩，彩積恨之。已而，彩與遵謙交惡。上次閩安，從亡諸臣之室俱保琅琦。守琅琦李茂者，彩之裨將也，汝霖奴子與之争口。元夕，汝霖自上所歸沐，熊、鄭兩家簪珥相問遺。李茂以熊、鄭合謀奔告，汝霖遂爲所害。彩以遵謙同姓弟，畜之，使領陸兵於牛田。鄭氏故以商舶爲事，遵謙强取二舶，貲萬計，由此交惡。汝霖見殺，謙復不秘其辭色。彩乃詐撲部將吴輝，輝扶傷就謙求書投鴻逵，謙過輝船送之，被擒。輝既擒（遵謙）而難於面之，伏艙底不出，謙呼曰：「汝，鄭彩厮養，殺我豈出汝意而相避乎？」輝出，謙乞隻雞、盂黍哭奠汝霖，既畢，蹈海死。謙之妾金四姐者，故娼也，嘗笞殺其婢王氏，下於獄，謙以千金出之。謙死，金四姐束藁像彩，每饋食，斬像人以侑哭，彩聞，沈之於海中。

二月，以錢肅樂爲東閣大學士。北帥郭天才來降。江西金聲桓遣天才援閩，與巡撫佟養鼒有郄，故降，封爲忠勤伯。

三月，興化陷，吏科給事中林嵋自縊；興泉守道楊蕖緋衣坐堂上，遇害。莆田陷，大學士朱繼祚、知縣郁廷諫死之。永福陷，兵科給事中郭正畿賦絶命詞，投水死；御史林逢經亦投水死。長樂陷，御史王恩服毒死，妻李氏同死。建寧陷，王祁巷戰死。上在閩中先後復三府、一州、二十七縣，北調江廣之兵及兩浙之兵來救，所復州、縣皆陷。至是，僅留寧德、福安二城。

六月戊戌，大學士錢肅樂卒。初，涂登華以福寧州降鄭彩，受之。然福寧危而後安，降由於劉中藻，故幕府立焉，彩反掠其地。肅樂與中藻書，每不直彩。彩聞之，恨甚，肅樂故有血疾，亦念其恨也，疾動而卒。

十月，大學士馬思理卒。以沈宸荃、劉沂春爲東閣大學士。

四年己丑正月辛酉朔，上次沙埕。

三月，寧德陷。

四月，福安陷，大學士劉中藻死之。中藻在福安，北師前後來攻，所殺傷數千人。北師乃傅城十里掘壕樹柵圍之。中藻不得出戰，食盡，爲文自祭，吞金死。部將董世南等同死者數百人。

六月，召張名振復建跳所。

七月壬戌，上次建跳所。閩地盡陷，鄭彩亦遂棄上而去。名振逆之至浙，從亡者爲大學士沈宸荃、劉沂春、禮部尚書吴鍾巒、兵部尚書李向中、兵部侍郎孫延齡、左副都御史宗羲、兵部職方司郎中朱養時、户部主事林瑛，每日朝於水殿。而吴鍾巒漂泊所至，試其士之秀者入學；率以見上，襴衫巾絛，拜起秩秩。

壬午，北師圍建跳，蕩胡伯阮進率其樓船數百至，金鼓動天，北師解去。

封王朝先爲平西伯。朝先初同張國柱、王之仁出海，黄斌清留之部下，不任以事。朝先，故土司，調征塞上，累立戰功，不肯鬱鬱居閒，請狥邊海；至奉化之鹿頭（一作頸）四、五月而聚衆數千，邊海爲之出賦。

八月壬辰，世子生。

九月丁酉，張名振、阮進、王朝先共殺黄斌卿。建跳乏食，阮進以百艘泊舟山告急，斌卿不應，亦不使人至建跳奔問宫守。於是合攻舟山，斌卿與二女皆赴水死。

十月己巳，上駐蹕舟山。劉沂春還閩，以張肯堂爲東閣大學士、朱永佑吏部侍郎、孫延齡户部尚書。

五年庚寅正月乙卯朔，上在舟山。

九月，周瑞、周崔芝樓船三百餘艘分屯温之三盤，以爲舟山犄角。亡何，瑞、芝有郄，上使武陵人胡明中往解之，明中至三盤，搆之益甚。瑞遂南依鄭彩，芝亦北依阮進。彩與朱成功争中左，彩大敗，泊沙埕，具表請援。芝、進既怨彩、瑞，而名振欲結歡於成功，反擊破彩之餘兵。

十月辛巳朔，日有食之。

六年辛巳正月己卯朔，上在舟山。

二月乙卯，張名振殺王朝先。當黄斌卿之破也，阮進收其水師，朝先收其陸兵，軍資、甲仗一不以付名振，嫌郄遂成。鄭彩之敗，振、進因而墮之，朝先不與合。是時朝先居守舟山，名振治兵南田。朝先不虞其見襲也，士卒散遣民舍，名振猝至，朝先手格殺數十人而死。

台州分守道耿應衡遣奸細入舟山託於日者，謂上之禄命宜禳災星，張名振設醮，請上行香。兵部郎中朱養時上疏争之，謂「如此舉動，使敵人聞之，當曰行朝無一人矣」。

北師會攻舟山，松江張天禄出涔闕、金華馬進寶出海門，而陳錦總督督全師以出定海。行朝聞之，定西侯張名振、蕩胡伯阮進扈上發舟山，舟泊道頭。

八月辛酉，北人試舟海口。南師以三舟突陣，獲樓船一隻、戰艦十餘，馘十一人而縱之。丙寅，天大霧，北人悉抵螺頭門，守陣者方覺。先是，阮進詣海門議和，北欲誘之，進以數船脱歸。值北帥金礪之舟，進以火毬投礪，風轉，篷脚反擊進面，創甚，投水，北人刺取之。安洋將軍劉世勳、左都督張名揚統兵五百、義勇數千背城力戰，殺傷北師千餘人。

九月丙子，城陷。北人相謂曰：「吾兵南下所不易拔者，江陰、涇縣合舟山而三耳。」思文帝嘗聞涇縣、江陰之以守見屠也，嘆曰：「吾家子孫遇此二縣，三尺童子亦當哀而敬之。」大學士張肯堂蟒衣南面，視其妾周氏、方氏、姜氏、璧姐、子婦沈氏、孫女茂漪皆縊死，然後題詩自縊。禮部尚書吴鍾巒居普陀聞變，曰：「吾從亡之臣，當死行在。」渡海入城，別肯堂，自縊於孔廟。吏部侍郎朱永佑被執，北帥令薙髮活之，曰：「吾髮可削，何待今日！」砍其脅死。僕負屍出城，流血沾服，僕哭曰：「主生前好潔，今無知耶？」血遂止。兵部尚書李向中居舟山（一作夏城）城外，北師購得之，向中縗絰翔武，殺之。通政使鄭遵儉、兵科給事

中董志寧、兵部郎中朱養時、户部主事林瑛、江用楫、禮部主事董玄、兵部主事李開國、朱萬年、顧珍、工部主事顧宗堯、中書舍人蘇兆人、安洋將軍劉世勳、左都督張名揚、工部所正戴仲明、錦衣衛指揮王朝相、内監太監劉朝、定西參謀顧明楫、諸生林世英皆死之。

七年壬辰正月癸酉朔，定西侯張名振、大學士沈宸荃、兵部左侍郎張煌言扈上至中左所；尋居金門。沈宸荃艤舟南日山，遭風失維，不知所之。

八年癸巳正月戊辰朔，上在金門。

三月，上自去監國號。

丁酉，上在南澳。

己亥六月，上遣官祭故光禄寺卿陳士京（後遭風溺於海；或云爲鄭成功所沈，蓋忌者誣之）。

邵廷采《東南紀事》卷二　魯王以海，太祖十世孫。父壽鏞，以崇禎十五年大兵破兗州，死焉。十七年二月，王嗣位。尋京師陷，南奔。順治二年乙酉四月，命移江廣，暫駐台州。及鄭遵謙等起兵，議推戴，而入浙。五王惟王最賢，乃選遣元老前兵部尚書張國維迎王於台。八月，至紹興，即監國位。以分守署爲行在。臣民稱國主，詔稱令，制稱勑。群臣勸進，王固不許。曰：芟夷大難，須命世神聖；俟拜孝陵，擇宗賢。中外翕然，有中興誼辟之望焉。

時，浙東畫錢塘江而守，號令所行，不出八郡。乃議列屯，以朱大典鎮上游金華，方國安當七條沙，王之仁當西興，鄭遵謙當小亹，孫嘉績、熊汝霖、錢肅樂當瓜里。日蓐食鳴鼓，放舟登岸搏戰，復柁還戍，率以爲常。議分餉，以孫、熊之師謂之義兵，食義餉；方、王謂之正兵，食正餉。正餉田賦所出，義餉勸輸無名之征，實無餉也。户部主事董守諭，請一切正供歸户部，覈兵而後給餉。所謂義餉者，雖有其名，不可爲繼。户部主事邵之詹議紹興八邑各有義師，專供本郡；寧波給王之仁，金華歸朱大典，五府歸方國安。方、王不可。計浙東田賦六十餘萬，悉給方、王，義師聽自措餉，正供不及焉。署官爵，國維、大典、宋之普俱東閣大學士。國維賜尚方劍，督師江上。汝霖、嘉績、肅樂右僉都御史，並加督師，然實無權。起章正宸吏部侍郎署部事，李向春户部尚書，王思任禮部尚書，余煌兵部尚書，張天郁工部尚書，陳函輝吏部右侍郎。封國安鎮東侯，之仁武寧侯，衢州守將張鵬翼永豐伯，鄭遵謙義興將軍。議謚號，上皇太子曰悼皇帝，福王曰赧皇帝，潞王曰潞閔王。

未幾，起方逢年爲東閣大學士，宋之普罷。是月，國維復富陽，金堡、姚志卓起兵復餘杭。餘杭尋陷，堡渡江來歸。國維命志卓守分水，又復於潛。汝霖以五百人渡海寧，轉戰數日夜，至喬司，士卒略盡，乃還。王雖謙仁，少威斷。初立之日，張國維首疏參馬士英十大罪。士英懼，不敢入朝，與阮大鋮俱匿方國安營中，陰敗國事，不能執而誅之，以此賞罰盡失，士氣衰沮。而文臣建議者，多不知兵。鄭遵謙唯畜優伶，殊無定志。義旅烏合市販，原設營兵、衛軍，皆隸方、王。國安及其子元科尤悍戾，日與朱大典搆隙；擁百練之卒，不肯進取杭州。士大夫沿習承平，求官乞廕，塗巷之内，半腰犀玉，至有以白石充之。時人語曰：帶何挺挺，白石粼粼。其子弟方髫亂，繡衣冠佩，傳呼道上。又爲之語曰：痘兒哥，痘兒哥，横街騎馬誰敢何？

故巡撫田仰，來自淮揚，與遵謙争餉，譁於朝。仰將李士璉拔刀斫，遵謙奔殿上，呼救我；太監客鳳儀助仰兵巷鬬，遵謙脱歸小亹。王遣廷臣解之而已。其秋饑，浙東大水，漂沈民舍。越人衣食於舟，征調既煩，皆沈舟束手，軍人沿門供億，搜索勒輸。文武官符票一日數至，奸宄乘時報復，民始離怨。

七月七日，海寧陷，守將俞元良死之。

八月，參將姜國臣復入守海寧，故總兵汪碩德集兵雙林來告，使移扎塘棲。會唐王即位福州詔至，衆議開讀，熊汝霖持不可。王意不懌，下令返台州，人情惶惑。張國維星馳入郡，上疏福州，言逢國大變，凡高皇帝子孫民吏，當共同心力，事成入關者王。監國退居藩服，禮誼昭然。今遂南拜正朔，事勢遠不相及，唇亡齒寒，悔弗可追！臣老矣，豈若朝秦暮楚之客哉！疏出，議始定。閩使廢然返。

然是時江楚、西蜀、兩粵、滇黔，皆受唐王詔朔，獨浙東以監國在先，義旗分豎，不宜降屈，天下多不直魯王。後金堡入閩復來，上啓力争，以爲「更始稱尊，劉縯止居大司馬之位；湘陰繼統，劉崇亦守節度使之官。縯豈甘以賢讓不肖、崇豈甘以父讓子哉？恐一家之中有二天子，即外患得相乘也。殿下以姪事叔，則今上既非湘陰；以賢事聖，則今上并非更始。即上表稱臣，拜疏迎駕，豈遂爲屈已乎？兩大相抗，必至於離；兩離相訌，必至於敗。使敵國得乘瑕觀變，坐而收漁人之效，恐文武諸臣不得辭其責矣。《詩》云：『兄弟鬩于牆，外禦其侮。』今當禦侮之時，自啓鬩牆之釁，竊爲殿下惜之。殿下誠能息群喙以奉一尊，異日光復二京，祗謁寢廟，今上之功不過漢光武，而殿下之德乃過於周文王，厚實不虧

而顯名爛焉，即今上亦安能屈殿下哉？」不聽，令旨法司究問，陳函輝密啓請殺堡，堡亡奔衢州。

十月壬辰，方國安及大清兵戰於江。張國維引步軍繼進，追北至草橋門，大風雨，火砲弓矢不得發，乃收兵。大清兵營木城沿江，以拒南師。徽州陷，上江告急。是月，遣使招杭州義旅，陳萬良、姚志卓復餘杭。十一月，王出郡城，臨江勞軍。晉方國安荆國公、王之仁寧國公，賞倡義者。特封鄭遵謙義興伯，劉穆威北伯，熊汝霖、孫嘉績晉兵部右侍郎，諸營皆受國安節制。十二月，還郡城，頒明年魯元年大統曆，鑄大明通寶。

大清順治三年丙戌春正月朔，魯王御殿受朝。遣兵部尚書柯夏卿如福州聘，唐王深自抑損，手書報王，言：「朕無子，王爲太姪，和衷協力，共拜孝陵。朕有天下，終致於王。」取東浙職官均列朝籍，轉饟十萬犒師。王意終不慊，發勅封鄭芝龍兄弟爲公。於是，唐王大怒，囚使者裘兆錦、林必達，斬陳謙，浙閩竟成水火。二月，叛將張國柱刼定海總兵王鳴謙入掠餘姚，其部曲張邦寧掠慈谿，紹興戒嚴。進國柱勝北將軍，始返定海。總兵陳梧敗於嘉興，航海掠餘姚，知餘姚主事王正中擊斬之。三月朔，鄭遵謙、王之仁退大清兵於江中。張國維督諸軍渡江，南軍稍振。會福州詔使陸清源至江，分饟不平，兵譁；馬士英唆方國安斬之，且出檄數唐王過。國維曰：「禍在此矣。」是月，威宗大祥，王率群臣朝堂哭臨，軍民縞素。王正中率兵渡海鹽，復澉浦城。五月，方國安叛，刼王南奔。大清兵遂渡江，兵部尚書余煌、寧國公王之仁、兵部侍郎陳函輝、太僕少卿陳潛夫皆死之。時，南軍久屯江上無功，氣勢日蹙；而大清貝勒統大軍至，各營西望心碎。是月二十七日，江涸，北人試馬，用大礮擊南營，碎方國安軍竈。國安遽遑擾曰：「天奪吾食。」夜拔營趨郡，刼王南走，侍御狼狽。是日，學使者方坐試院較諸生，倉卒擲筆硯竄，軍人騰藉流踣於道。詰旦，江上諸軍聞報俱潰，孫嘉績、熊汝霖、鄭遵謙、錢肅樂、劉穆各引所部兵入海。越三日，大清兵始渡江。余煌開郡城九門縱軍民出，自正衣冠赴水死。前後死節甚衆。

六月二日，大清兵入紹興。張國維慟哭曰：「壞天下事者文山、疊山也，一死而已。」乃收散卒，追扈及王黄石巖。國安斷所過橋，用馬士英計，將執王以降。會守者病，王得脱，自江門入海。命保定伯毛有倫扈世子、張妃由定海出，爲張國柱所刼去。國維歸死義烏。國安、士英及阮大鋮、方逢年皆詣大清軍降；已，皆斬於延平。

大清攻克金華、衢州，朱大典、張鵬翼死之。是時，黄斌卿在舟山，兵食殷足，石浦守將張名振奉王往投之，不納。王舟泊外洋。福州既破，永勝伯鄭彩亡入海，以舟師迎王。十月丁酉發舟山，如厦門。鄭芝龍使彩執王獻貝勒，彩以南夷貌類者服王冠服居舟中，謂其人曰：「事急，則縊死以示之。」會芝龍去，乃已。朱成功兵起，仍奉隆武年號，大會厦門。王於是改次長垣，以明年爲監國魯二年，海上遂有二朔。其冬，桂王即位肇慶，尋奔廣西。

順治四年丁亥正月，魯王在山盤。以熊汝霖爲相，晉鄭彩建國公、鄭遵謙義興侯、張名振定西侯、楊耿同安伯、鄭聯定遠伯、周崔芝平北伯、阮進蕩北伯。崔芝復海口鎮東。二月朔壬申，克海澄。明日，攻漳平失利。又明日，大清兵救海澄，南師退入於海。丙子克漳浦，以閩人洪有文爲令，五日而陷，有文死之。四月，海口陷，守將林籥舞、趙牧死，周崔芝退保火燒嶴。六月，攻漳州。七月，王親征，次長垣，會鄭彩、周瑞、周崔芝、阮進之師攻福州，敗績。鄖西王起兵復建寧。八月，王克連江。十月，長樂、永福、閩清皆下，羅原知縣朱丕承、寧德知縣錢楷皆以城降。晉馬思理東閣大學士、林正亨户部尚書、錢肅樂兵部尚書、沈宸荃工部尚書、余颺左都御史、劉沂春左副都御史、吴鍾巒通政使、林嵋吏科給事中、黄岳吏部郎中。初，唐王隆武時大學士劉中藻以忤鄭氏去；吏部主事林垐解官，募兵得千人阻於鄭氏，鬱鬱失志，散兵入山，制棺一具，書大明孤臣之柩以待死；兵部侍郎林汝翥亦隱居；聞王至，皆起兵。中藻攻福寧州，守將涂登華以城降。垐、汝翥合軍攻福清，垐陣没，汝翥不屈死。是歲，即桂王永曆始年也。

順治五年戊子正月，魯王舟次琅琦，有傳言唐王未死，或云在五指山爲僧，議遣使訪迎。又議爲思宗發喪。同安伯楊耿及大學士朱繼祚攻興化，大清守道彭遇颶使守將出戰，而登陴立明幟以城降。大清將金聲桓部將郭天才來歸。鄭彩殺大學士熊汝霖、義興侯鄭遵謙於琅琦。晉錢肅樂東閣大學士。自王入閩，先後降克得三府、一州、二十七縣，皆不能守；於是，給事中林嵋、守道湯芬死興化，大學士朱繼祚、知縣都廷諫死莆田，給事中鄭正畿、御史林逢經死永福，御史王恩及死長樂，守將王祁死建寧。王移次沙埕。餘姚人王翊起兵四明，遥奉魯王年號，破上虞，前翰林學士張煌言聚兵平岡以應之。御史馮京第如日本乞師。冬十月，馬思理卒，以沈宸荃、劉沂春爲東閣大學士。十一月，王舟退壺江，錢肅樂以憂卒。是年，大清將金聲桓、李成棟以江西、廣東來歸，桂王復至肇慶。

順治六年己丑正月，魯王舟次玉環山，張名振自石浦來朝。三月，王翊狗奉

化，退大清兵於河泊。大清兵圍劉中藻於福安，中藻食盡，不得出戰，爲文自祭，吞金死，城陷；部將董世尚等數百人皆死之，閩地盡陷。浙遺臣南來者多爲鄭彩所害，彩亦帥麾下棄去。張名振、阮進迎王還浙，次於南田。秋七月壬戌，至健跳，從者大學士宸荃、沂春、禮部尚書吳鍾巒，兵部尚書李向中、兵部侍郎孫延齡，職方郎中朱養時，户部主事林瑛，每旦朝於水殿。鍾巒如立治朝，所至試秀士入學，率以見王，襴衫巾絛，拜起秩秩，觀者感嘆。鹿頸屯師王朝先來覲，封平西伯。

壬午，大清兵圍健跳，阮進拒卻之。九月，命名振、進、朝先會師討斬黄斌卿。王移蹕舟山，以參將府爲行在，建太廟府東。晉張肯堂東閣大學士，朱永佑吏部侍郎。遣阮美如日本乞師。是年，李成棟、金聲桓、何騰蛟皆敗，大清盡取湖南、江西。朱成功使陳士京朝肇慶，閩海始用桂王年號。

順治七年庚寅正月朔，魯王在舟山。謁太廟，淚下，謂輔臣張肯堂等曰：「昔高帝起布衣建業，先帝憂勤淪陷。閔予小子，播遷無地，不能保浙東數郡，以延廟食，是以痛心。」諸臣皆泣，頓首待罪。二月，王翊來朝，除兵部左侍郎。夏，張煌言來朝，晉兵部尚書，留備侍從。八月，翊復新昌，拔滸山，大清兵分道入四明，翊避入海。馮京第遇害。九月，張名振襲殺王朝先，并其兵。是年，鄭彩爲朱成功所敗，具表請援。張名振、阮進、周崔芝擊彩餘衆，破之，彩還走廈門，歸成功。冬十一月，大清兵陷桂林、廣州，桂王奔南寧。

順治八年辛卯正月，魯王在舟山。秋，王翊潰於四明。大清將陳錦合軍攻舟山，定西侯張名振、英義伯阮駿、兵部尚書張煌言奉王先出奔閩海。蕩胡伯阮進迎戰於海門，死之；裨將金允彦縋城降，虜其子，傳示四門。大清試舟海口，南師以三舟突陣，獲樓船戰艦，馘十餘人，縱歸。大清師將退。八月丙寅，天大霧，大清師悉抵螺頭門，守陴者方覺，安洋將軍劉世勳、都督張名揚以精兵數百、義勇數千背城力戰，殺傷大軍千餘人。九月丙子，城破，宫眷投井死，指揮李向榮、朱起元等猶率兵巷戰。大清師相謂曰：「吾兵南下，所不易拔者，江陰、涇縣，今舟山而三耳；如兩京，易取也。」禮部尚書吳鍾巒居普陀，聞變毅然曰：「吾從亡之臣，當死行在。」渡海入城，別大學士張肯堂，爲高座文廟廡下，命僕舉火。肯堂闔室自經。執吏部侍郎朱永祐，令薙髮，曰：「吾髮可薙，寧俟今日？」斫其肩死。兵部尚書李向中居艱廬墓購得，衰絰翔武，就溪流受刃。餘死者通政鄭遵儉、兵科董志寧、郎中朱養時、主事林瑛、江用楫、董玄、朱萬年、李開國、顧珍、顧宗堯、楊鼎臣、中書蘇兆人、工部所正戴仲明、錦衣指揮王朝相、内官監劉朝、定西參謀顧明楫、諸生林世英暨婦女、厮僕或刎或投水火，死節之盛，爲中土所未有。十一月，王舟泊南日山，夜遭風，失大學士沈宸荃，進次嵩頭。朱成功自廈門來謁，稱主上，自稱罪臣。從者泣曰：「成功卑王矣。」王處之泊如。成功故不奉王，送金門千户所，月節進銀米，致餼。移名振屯嵩頭，煌言屯鷺門。

順治九年壬辰正月，魯王在金門。成功使名振總師北行，逼金堂，望祭舟山死事者，將卒皆哭。進至崇明沙，登金山，大清江南北戒嚴。是年，桂王至安龍，西寧王李定國克桂林。

順治十年癸巳正月，魯王在金門，始自去監國號。冬，名振復及煌言北行，敗大軍於崇明之平洋沙，殺傷頗衆。其年，鄭彩死於廈門。

順治十一年甲午正月，王在金門。名振再入鎮江，抵儀真，還逼吳淞關，遣使致啓獻捷。

順治十二年乙未正月，魯王在金門。有勅使自安龍來，命王監國。冬，成功遣阮駿、陳六御圍舟山，大清將巴臣興舉城降。定西侯張名振薨。是時，成功以計力并諸鎮，緩於攻取，有自王意；宗藩皆受屈辱，王不免饑寒，出無輿導，至以名刺投謁。賓舊張煌言、徐孚遠避形疑，不敢入朝。王寄食鄭氏，如家人而已。至名振遇毒，王聞垂淚，幾廢寢膳。

順治十三年丙申正月，魯王在金門。桂王如滇都。六月，大清兵圖滃洲，成功令平其城，至南門，得湯信公和埋碑，載成毁年月日。八月，舟山復陷，阮駿、陳六御死之。

順治十四年丁酉三月，魯王在南澳。孫可望反，貴州降。

順治十五年戊戌正月，魯王在南澳。滇都使者道安南來廈門，授張煌言兵部左侍郎兼翰林院學士；徐孚遠隨使入覲，不至，自廣東降大清。是年，大清吳三桂入四川，别將入貴州。

順治十六年己亥春，成功遷魯王於澎湖。桂王出奔緬，大清盡取雲南地。夏六月，成功北舉，克鎮江，圍南京。張煌言先驅抵蕪湖。徽、寧、池、太諸郡皆下。秋，大清將梁化鳳襲破海師，煌言亡歸台州。

順治十七年庚子正月，魯王自澎湖抵金門。先是，成功潰歸，問降者曰：「南京何以不降？」曰：「不聞説起明皇帝，故不降耳。」乃迎魯王歸金門。

順治十八年辛丑正月，魯王在金門。會大清遷界，島上饟絶，成功取臺灣，

宗藩從徙，家焉。冬，桂王被執。

康熙元年壬寅，延平王朱成功薨，世子錦嗣稱招討大將軍，部曲攜畔，多出降大清者。張煌言移壁沙埕，三啓致金門，略言：去冬緬甸内變，致宗室職官無一得免，惟吉王自縊以殉。而晉王李定國入洞鄔，鞏昌王白文選亦遁深山。臣聞變之日，肝腸寸裂。追惟我太祖高皇帝聖德神功，豈意後王禍等徽、欽，辱同懷愍？臣以爲延平藩王必當速定大計以伸大義，而至今寂寂，道路遥傳，又有子弄父兵之事。臣中夜徬徨，窮島孤軍難與相守，即今浙、閩、廣各有招撫之人，解散海上，若不先事豫圖，則報韓之士氣漸衰，思漢之人情將輟。臣惟有致命遂志，以了生平。獨念主上旅羈島嶼，與閩海存亡相倚，萬一變生肘腋，退無所往，有不忍言。臣自顧力微，既不敢輕爲迎駕，又不敢輒行趨扈。計惟在閩勳鎮正在危疑，不若急用收羅，以資捍衛。然後速正大號，傳檄省直，刻期出師，雖强弱懸殊，利鈍莫必，而聲靈宣布，響應可期。興滅繼絶，端在主上詔書一道。惟主上密與寧靖王及諸大臣謀之。王覽啓悲慟。是秋，復遣御史陳修齎勅至煌言營。

康熙二年癸卯秋，大清大舉攻金門、厦門，鄭錦戰不利，退守銅山。十一月二十三日，王殂於金門，東葬臺灣。張煌言遣官致祭，表文有曰：「穆王駕駿以來歸，已孤此願；望帝化鵑而猶在，莫慰餘思。」海外聞而哀之。十二月，金門、厦門皆破。

明年甲辰，煌言亦被執，死杭州。

又十年癸亥，大清兵入臺灣，鄭克塽出降，寧靖王術桂死之。魯世子及宗室皆北遷，分屯田河南。

徐鼒《小腆紀傳》卷七 王諱以海，太祖十世孫，魯肅王壽鏞之第五子也。兄以派，以長子襲封。崇禎六年七月，封爲鎮國將軍。十五年，大清兵攻兖州，城破，以派自縊。王年幼，詭稱魯王牧兒，見兵入王邸，背忽流淚，怪而察之，知爲王，刃之三，皆不中，駭曰：「汝大有福，我不殺汝。」乃舍去。

十七年春二月，甲戌，嗣魯王位。北都之變，諸王皆南下。乙酉，夏四月，弘光帝命移駐台州。

五月，南都不守，六月，浙中潞王亦降。

閏六月，己丑，九江道僉事孫嘉績、吏科都給事中熊汝霖同起兵於餘姚。其明日，諸生鄭遵謙應之紹興，襲殺我招撫使於江上，兵部尚書張國維起兵東陽。又明日，刑部員外郎錢肅樂起兵於鄞，以是月十八日遣舉人張煌言奉箋赴台，請王監國。同時以兵、以餉來歸者，總兵王之仁自定海，黄斌卿遣將自舟山，張名振自石浦，沈宸荃、馮元颺亦應之慈谿，聲勢震興。

二十八日，再奉箋勸進，國維與宋之溥、陳函輝、柯夏卿等亦具表迎王。即日移駐紹興，以分守署爲行在，途中加錢肅樂太僕寺少卿，授張煌言爲行人。尋進肅樂右僉都御史，加督師銜，以張國維、朱大典、宋之溥爲東閣大學士。國維督師江上，大典鎮守金華，之溥司票擬。未幾，召舊輔方逢年入直，宋之溥罷。起章正宸爲户部左侍郎，行吏部事，李占春户部尚書，王思任禮部尚書，余煌兵部尚書，張文郁工部尚書，陳函輝詹事府少詹事。擢陳潛夫爲太僕寺少卿，尋改大理寺卿。列兵江上，畫地戍守。總兵方國安自浙西來，駐守七條沙，王之仁守西興，鄭遵謙守小亹，孫嘉績、熊汝霖、錢肅樂分守瀝海。嘉績、汝霖等亦加僉都御史、督師銜。進國安鎮東侯，之仁武寧伯。

秋七月，會師西興。張國維復富陽，封其子世鳳爲將軍。命姚志倬守分水。江上兵每日蓐食鳴鼓，登陸搏戰，日中復轉舵還戍，率爲常。

八月，國維復於潛。兵部尚書田仰從海道至，留爲東閣大學士。賜張煌言進士，加翰林院編修，典制誥。

九月，兵部主事攝餘姚知縣王正中表進監國大統曆，宣付史館。

冬十月，壬辰，與大清兵戰於江上，方國安嚴陣以待，張國維、錢肅樂等率所部翼後，前鋒副將鍾鼎新用火攻，首先擊殺緋衣大將一，諸將吕宗忠、王國斌、趙天祥各斬數十級，直抵張灣，奪獲軍械歸。連陣十日，諸軍皆有功，第七戰尤捷，追至草橋門下，會大風雨，弓矢各不能發而退。

時浙西諸路義旗四起，蘇、松、嘉、湖列營數百，杭州孤懸危甚。説者謂王初起江上，適有浙西首尾相應之勢，惜坐失此會也。

未幾，分地分餉之議起。統計浙東地丁正餉六十餘萬，盡予正兵。正兵者，方、王之衆也。義兵則取給於義餉，富户樂輸之款也。交争之，不能平，而國安尤暴横。已正兵並取義餉，致義兵無所仰給，錢肅樂屢疏入告，王不能問，但敍其十捷功，加右副都御史，具疏辭，且言：「臣今不入杭，誓不再受一官。」不許。

是時，隆武帝立於閩中，遣兵科給事中劉中藻頒詔於越，將吏恇惑，謡稱將避返台州。張國維亟馳還，令勿宣詔，與熊汝霖議以：「唐、魯同宗，無親疏之別，義兵同舉，無先後之分，惟成功者帝耳。若一稱臣，則江上諸將須聽命於閩，

如王之號令何？」錢肅樂、朱大典謂：「宜權稱皇太姪報命，大敵在前，未可先難同姓。」議大不合，然卒如國維指，具疏以報，於是閩、浙水火矣。行人張煌言自請充使赴閩釋二國之嫌，從之。以内臣客鳳儀、李國輔兼制軍餉，餉更不可問。

十一月，進方國安荆國公，王之仁武寧侯，封鄭遵謙義興伯。王勞軍江上，駐劄西興，築壇拜方國安爲帥，命各營僉聽節制。初，義兵派支鄞、奉二縣義餉，至是國安檄縣不準應給，致絶糧四十餘日，行乞於道，徒以肅樂忠義相激，無敢叛者。時馬士英竄入方國安軍中，阮大鋮亦踵至，請朝見，不許。

十二月，王回紹興，以降臣謝三賓爲禮部尚書，入閣辦事，從戚臣張國俊之請也。國俊納三賓賄，外倚方、王勢，内通客、李二奄，與馬、阮相呼應，遂表裏作奸。王之仁上疏言：「義師初起，人人有直下黄龍之志，乃一敗後遂欲以錢塘爲鴻溝，天下事尚何忍言！臣願率所部沈船決一死戰。今日欲死，猶及於戰；他日即死，恐不能戰也。」不報。錢肅樂疏陳利害，言：「國有十亡無一存，民有十死無一生。」王深然之，而無若强帥何。尋加肅樂兵部右侍郎，再疏辭，不許。命以王正中所進黄宗羲監國魯元年丙戌大統曆頒行民間。鑄「大明通寶」錢。太常寺卿莊元辰乞罷，許之。

我大清順治三年丙戌，春正月己酉朔，王在紹興，稱監國元年。以柯夏卿、曹維才爲使，奉書閩中。

二月，録黄宗羲造曆、從軍功，授兵部職方司主事。張國柱掠餘姚，其黨張邦寧掠慈谿。國柱，劉澤清部將也，初航海依王之仁子鎮倭將軍鳴謙於定海，有弓箭手五百人，劫鳴謙入内地，行朝震恐，署以將軍，始退。總兵陳梧敗於嘉興，掠餘姚，攝令王正中遣卒擊殺之。

三月，丙寅，思宗大祥，王於朝堂哭臨，三軍縞素一日。諜言大清兵由海道來，移錢肅樂守海口。久之，無所得餉，乃與孫嘉績連名請以兵歸開遠伯吴凱，而身並從軍自效，王温旨慰留。諸帥嫉甚，誣其貳於閩，遣客刺之。肅樂乃棄軍拜表以行，表言：「臣披髮入山，永與世辭。請賜偵迹，必不入閩，自取殄滅。」王駴歎，自降旨，令往海上偕黄斌卿、張名振等作窺吴計。

我大清兵入錢塘江，張國維、王之仁率師拒截。東南風作，之仁揚帆奮鬭，我大清兵觸之，舟多碎，鄭遵謙獲鐵甲八百餘副，張國維乘勝渡江圍杭州，不克而還。閩中犒師，僉都御史陸清源爲方國安部兵所殺。命張國維分兵備閩，余煌督師江上。

夏四月，我大清兵以巨礮擊方國安營，廚竈盡破，國安歎曰：「此天奪我食也！」遂有投閩意。王正中率衆渡海鹽，復澉浦城。

五月，加孫嘉績、熊汝霖東閣大學士，督師如故，而衆心已涣，兩人又不諳於軍，乃以衆付黄宗羲、王正中領之，合師三千。尚寶卿朱大定、大理卿陳潛夫、兵部主事吴乃武、查繼佐各募數百人來附，出海劄壇山，將襲海寧，聞江上兵潰，皆散去。

壬申，國安拔營走紹興，劫王南行，鄭遵謙入於海，張國維振旅追扈。

時夏旱水涸，有浴於江者，我軍驅馬試之，不及腹，潮數日不至，詫爲神功。

六月，丙子朔，以數十騎過江，列戍驚潰，我大清兵遂畢渡。馬士英銜弗納之怨，説方國安獻王以降，乃遣人守王。守者病，王得脱，亟趨海門，航海去，令保定伯毛有倫扈王妃張氏、世子出定海。張國維退守東陽。

我大清兵取紹興，禮部尚書王思任絶粒死，兵部尚書余煌衣冠赴水死，禮部侍郎陳函輝、大理寺卿陳潛夫、通政使吴從魯、主事葉汝薟、高岱、故山西僉事鄭之尹皆死之。故太常博士李山於吴中絶粒死，御史何弘仁追至關山嶺投崖死，或曰爲僧去。主事謝震龍被執，抗言死。又潭頭守將劉穆、都督同知張國紀不屈死。士民詳《列傳》。義烏破，大學士張國維死之，武寧侯王之仁入海沈其妻孥，乃由松江轉至南京，抗言死。大學士朱大典守金華，不下，馬、阮導兵破之，屠其城，大典發火藥自焚死，全家俱殉。衢州陷，知府伍經正、推官鄧巖忠、守將張鵬翼、江山知縣方召俱死之。自金、衢陷，全(閩)〔越〕無一夫之拒矣。

王之出海也，石浦富平將軍張名振棄其地以舟師來扈，至舟山，黄斌卿不納。毛有倫扈王妃張氏及世子出海，叛將張國柱劫之北去，妃死之。

時隆武帝已殂，永勝伯鄭彩以其軍入海奉王入閩。

冬十月，丁酉，王發舟山。十一月，丙寅，次中左所，即厦門也。鄭芝龍已投誠，密令彩執王歸命，彩不可，乃匿王，以南夷貌類者服王冠服，居舟中，謂守者曰：「苟事急，則縊以示之！」既成功起兵海上，亦駐厦門，意不欲奉王，稱明年爲隆武三年，於是鄭彩奉王改次長垣。

我大清順治四年丁亥，春正月癸卯朔，王在長垣，稱監國二年。以熊汝霖爲東閣大學士，加張煌言右僉都御史。辛未，王禡牙誓師，提督楊耿、總兵鄭聯皆以兵來會。進鄭彩建國公，張名振定西侯，楊耿同安伯，鄭聯定遠伯，周瑞閩安伯，周鶴芝平夷伯，阮進蕩湖伯。鶴芝復海口，以參謀林籥舞、總兵趙牧爲守。

時故尚書張肯堂募兵海上，王貽書招之。前僉都御史金、衢巡撫劉中藻以衆來歸，授爲兵部尚書兼東閣大學士。

二月壬申朔，襲海澄，圍其城。癸酉，攻漳州，總兵陳國祚戰死。甲戌，我大清兵救海澄，退入於海。丙子，閩人洪有楨起兵復漳浦，守之。己卯，遣兵攻福州，尋攻興化，癸巳，攻福清，俱不克。

三月，己未，周鶴芝攻閩安。

夏四月，漳浦復陷，洪有楨死之。鄖西王常潮復建寧，其裨將王祁復邵武。是月，降將吴勝兆謀以松江叛我大清來歸，事覺伏誅。户部侍郎沈廷揚、兵部侍郎陳子龍、兵科給事中楊廷樞等死之。

五月，壬戌，鄭彩復長樂。時海口復失，林籥舞、趙牧死之，周鶴芝退守火燒嶼。

六月，攻漳州，不利。錢肅樂來覲，王大喜，授兵部尚書。

秋七月，王親戎，次長垣，會鄭彩、周瑞、周鶴芝、阮進之師，攻福州，敗績。

八月，丙戌，襲連江。

冬十月，長樂、永福、閩清皆下，羅源知縣朱丕承、寧德知縣錢楷皆以城來歸。以馬思理爲東閣大學士，林正亨爲户部尚書，沈宸荃爲工部尚書，劉沂春爲右副都御史，吴鍾巒爲通政使，余颺爲左都御史，林嵋吏科給事中，黄賓吏部考功司郎中。大學士劉中藻起兵福安，攻福寧州，守將涂登華降，以尚寶卿李向中巡撫其地。辛未，鄧藩(審)理、陳世亨以一旅復瑞安，援兵不繼，被執不屈死。吏部文選司員外郎林埜、兵部右侍郎林汝翥起兵攻福清，戰敗，皆死之。

是月，頒監國三年大統曆於海上，時朱成功亦頒隆武四年戊子曆，於是海上有二朔矣。

十二月，鄞縣華夏、屠獻宸、王家勤、楊文琦、董德欽、杜懋俊、施邦炌謀襲寧波，不克，死之。

我大清順治五年戊子，春正月丁酉朔，王在閩安鎮，稱監國三年。楊耿、朱繼祚襲興化，我分巡道彭遇颺，故南都御史也，伺其守將出戰，乃登陴盡易明幟，守將不敢入，城遂下。癸丑，鄭彩殺大學士熊汝霖及義興伯鄭遵謙。

二月，以錢肅樂爲東閣大學士，力辭，弗許。時鄭彩横專朝政，諸鎮皆惡之。肅樂日中繫艍王舟之次，票擬章奏，封進後，即解維別去。每入見，即流涕不止，王亦潸然。江西金聲桓部將郭天才以兵來歸，封忠勤伯。

三月，職方主事王翊復起兵四明山。自王入閩，先後克獲建寧、邵武、興化、福寧三府一州，及漳浦、海澄、連江、長樂等二十七縣，温、台響應，軍聲頗振。至是，我大清調兩廣、江、浙之兵三路進討，所得府、縣破失迨盡，僅存寧德、福安兩邑而已。興化破，大學士朱繼祚、參政湯芬、給事中林嵋、知縣都廷諫死之；建寧破，鄖西王常潮及守將王祁死之；永福、長樂間鄉宦、士庶亦多殉義者。

夏六月，戊戌，兵部尚書大學士錢肅樂卒，王聞震悼，輟朝賜祭，予謚廕。

冬十月，馬思理卒。以沈宸荃、劉沂春爲東閣大學士。

我大清順治六年己丑，春正月庚申朔，王次沙埕，稱監國四年。三月，寧德破。夏四月，福安破。兵部尚書大學士劉中藻衣冠坐堂上，爲文自祭，服金屑死；翰林院簡討、兵科給事中錢肅範被執不屈死。閩地悉陷。

六月，定西侯張名振復健跳所，遣使迎王。

秋七月，壬戌，王復入浙，次健跳所。鄭彩棄王去，從者大學士沈宸荃、劉沂春，禮部尚書吴鍾巒，兵部侍郎李向中，户部侍郎孫延齡，左副都御史黄宗羲，兵部職方司郎中朱養時，户部主事林瑛，及右僉都御史張煌言等，每日朝於水殿。中山王後徐仁爵以扈從功，封定南伯。

壬午，我大清兵圍健跳所，阮進以樓船至，遂解去。

封王朝先爲平西伯。朝先初同張國柱、王鳴謙出海，黄斌卿留之部下，不以事任，朝先請徇海邊，劄奉化之鹿頭鎮，遂有衆數千。

八月，壬辰，世子生。

九月，丁酉，張名振、阮進、王朝先合兵討黄斌卿，誅之。

冬十月，乙巳，王駐舟山。太保沈宸荃以疾請罷，劉沂春還閩。以前吏部尚書張肯堂爲東閣大學士，李向中爲兵部尚書，朱永祐爲工部尚書兼吏部侍郎，孫延齡爲户部尚書，召僉都御史張煌言爲兵部右侍郎，李長祥爲兵部左侍郎。擢給事中徐孚遠爲左僉都御史，御史王翊爲右僉都御史，皆結寨浙東，朝行在也。

十一月，遣澄波將軍阮美乞師日本國，不得請而返。

我大清順治七年庚寅，春正月乙卯朔，王在舟山，稱監國五年。岐陽王後李錫祚暨弟錫貢航海來朝，命佐阮進軍，守螺頭門。

秋九月，周瑞、周鶴芝以樓船三百餘艘，分屯温之三盤爲犄角。四明山寨破，兵部右侍郎王翊以其衆入海，侍郎馮京第爲叛將王昇所殺。大皎山寨破，御史張夢錫死之。

冬十月辛巳朔，日有食之。

我大清順治八年辛卯，春二月己卯朔，監國六年正月，王在舟山。我閏二月，明二月，乙卯，張名振殺平西伯王朝先，其部將張濟明走降於我大清，舟山虛實盡洩，我總督陳錦始決計大舉矣。

秋七月，降將張天祿出崇安分水關，馬進寶出台州、海門，陳錦總督全師出定海。御史沈履祥督餉台州，被執死。舟山聞警，王會諸將議堵禦之策。阮進獨當蛟關，張名振督總兵張晉爵、葉有成、馬龍、英毅將軍阮美、阮驥遏南師，張煌言、阮駿率總兵顧忠、羅蘊章、鮑國祥、阮騂、鄭麟、都督僉事李英傑斷北洋，都督僉事任麟爲監督，留定西中軍金允彥巡城，主事邱元吉、安洋將軍劉世勳，中鎮馬泰三標營守城。已王攜世子欲登舟，名振不得已，奉王搗吳淞以牽制我師，張肯堂以兵六千留守舟山。

八月，辛酉，我大清兵試舟海口，肯堂令阮進以三舟突陣，奪樓船一，戰艦十餘，獲十一人，縱之還。丙寅，大霧彌漫，咫尺莫覩。頃之，我大清兵悉抵螺頭門，守障者方覺。進還師，遇之橫水洋，以火毬擲敵舟，風反轉擊，進面爛焉。李錫祚救之，亦被創，師熸力竭，同投水死。安洋將軍劉世勳、左都督張名揚統精兵五百、義勇數千，背城奮戰，殺傷過當。會城中火藥盡，中軍金允彥、主事邱元吉跳城降，城中臠其子，而呼名振還救。我大清兵聞之，攻益急。

九月乙亥朔，夜半，星隕如雨。明日午刻，諸軍力竭，城遂陷。世勳巷戰叢箭死，岐陽李錫貢短兵巷戰，馬蹶被執不屈死。名揚，即名振弟，抱母范自焚死。太傅、吏部尚書、留守大學士張肯堂闔門二十餘人，及其門下士禮部主事蘇兆人，兵部尚書李向中、禮部尚書吳鍾巒、工部尚書朱永祐、通政使鄭遵儉、給事中董志寧、郎中朱養時、主事林瑛、江用楫、董元、李開國、顧珍、顧宗堯、顧所正、戴仲明、參謀顧明楫、諸生林世英俱死之。錦衣衛指揮王朝相護王妃張氏、貴嬪張氏、義陽王妃杜氏投諸井，以巨石覆之，乃自刎，太監劉潮等從死者十有八人。事後，大清兵相謂曰：「我軍南下，所不易拔者，江陰、溼縣合舟山而三耳。」

名振之還救也，會師火燒門，離城六十里，候潮長進發，突見城中煙燄蔽天，知不可救，乃解維去。尋與大學士沈宸荃、兵部左侍郎張煌言扈王再入閩，次厦門。從官有侍郎曹從龍、太常卿任廷貴、太僕卿沈文光、副使馬星、俞圖南、少司馬蔡登昌、任穎眉、主事傅啓芳、錢肅遴、陳蓋卿、張斌、葉時茂、林泌、侍讀崔相、中書邱子章、賜蟒玉侍郎張冲符、行人張吉生、張伯玉、總兵張子先、錦衣衛楊燦、內官陳進忠、劉玉、張晋、李國輔、劉文俊等數十人。朱成功以宗人府宗正禮見王，贊千金，紬緞百端，安插從官，饋月餼，後有譖王於成功者，成功禮儀漸疏。

癸巳，三月，王自去監國號。甲午，移南澳。

己亥秋，永曆帝手敕命王仍監國，而成功不欲，遷王澎湖，尋悔之，迎歸金門，供給如初。洎至永曆帝就俘，成功亦卒，閩南遺臣猶欲再奉王監國，貽書張煌言、鄭經，謀會師大舉，會臺灣多事，不果。

壬寅，冬十一月，辛卯，王殂於臺灣，諸舊臣禮葬之。

藝文

顧炎武《顧亭林詩集》卷一《海上》 日入空山海氣侵，秋光千里自登臨。十年天地干戈老，四海蒼生痛哭深。水湧神山來白鳥，雲浮仙闕見黃金。此中何處無人世，祇恐難酬烈士心。

滿地關河一望哀，徹天烽火照胥臺。名王白馬江東去，故國降旛海上來。秦望雲空陽鳥散，冶山天遠朔風迴。樓船見說軍容盛，左次猶虛授鉞才。

南營乍浦北南沙，終古提封屬漢家。萬里風煙通日本，一軍旗鼓向天涯。樓船已奉征蠻勅，博望空乘汎海槎。愁絶王師看不到，寒濤東起日西斜。

長看白日下蕪城，又見孤雲海上生。感慨河山追失計，艱難戎馬發深情。埋輪拗鏃周千畆，蔓草枯楊漢二京。今日大梁非舊國，夷門愁殺老侯嬴。

南明永曆帝部

綜述

王夫之《永曆實録》卷一　大行皇帝諱由榔，神宗顯皇帝孫也。考端皇帝諱常瀛，神宗第八子，封桂王。繼嫡妃王氏無出，貴人馬氏生二子：長桂恭王，次上。以天啓三年癸亥歲十月十九日，生上於燕邸。天啓七年秋，端皇帝出封於衡州。

端皇帝垂頤豐背，日角修耳，貌似神宗。性敦厚慈易，爲諸王最。崇禎間，朝廷崇禮親藩，諸王多憑依侵有司，煩苦士民，獨桂邸以安靖聞。編修馬世奇、中書舍人張同敞先後奉敕戒諭諸王，俱以王賢報命。崇禎六年，詔遣編修閔仲儼册立桂恭王爲安仁王，上爲永明王。崇禎十年，臨藍瑶賊郭子奴、劉新宇等反，犯衡州。端皇帝發藏金饋饟，請調虔、粤兵城守，明年，討平之。崇禎十三年，奏請修衡州城，優詔許之。崇禎十四年，上納王妃王氏。崇禎十六年，張獻忠掠寇湖南，八月，長沙陷。分巡上湖南道參議金九陛託賫賀表去，衡州驚潰。端皇帝率桂恭王及上出奔，僅達永州南之石期市，賊追至。巡道中軍王上庸率死士截擊，端皇帝乃得舍舟逸去。上庸力盡戰死，上遂與端皇帝相失。端皇帝攜桂恭王走全州，得達廣西。應奉内竪陳進忠奉上走道州，陷賊中不得去，爲僞吏所得，將送賊所。有吴繼嗣者，故爲巡檢，陷賊中，僞授永州經歷，力調護上，譎紿僞大吏，得稍緩。已而獻忠渡江走荆州，僞吏無從致送，遂免於難。繼嗣迎居已署中，益虔護侍。每日初出，夫婦皆拜謁，奉膳酳，如臣禮。十二月，征蠻將軍楊國威帥師復永州，遂迎上入粤，達端皇帝所，遂從居梧州。

弘光元年，端皇帝薨，厝梓宫於梧州南岸，桂恭王承國事。思文皇帝立於福州，以桂邸爲神宗正胤，次宜承統，有疑慮心，下優詔結萬元吉、何騰蛟、丁魁楚，不次皆遷九卿，賜便宜、蟒玉。魁楚遂迎桂恭王及上居肇慶，用杜推戴。已而靖江庶人反，思文皇帝益疑，密詔丁魁楚相動静處分。未幾，桂恭王暴薨，上以簡静爲魁楚信重，得無恙。隆武二年八月丁酉，思文皇帝遇害於順昌，全閩陷。總制兩廣兵部尚書丁魁楚、巡撫廣西僉都御史瞿式耜議戴上監國。大學士吕大器、兵部尚書李永茂皆至肇慶，與定策。參政唐紹堯、副使林佳鼎、御史王化澄率府州縣吏民迎上於寓邸，釋衰服，治府署爲行宫，行監國事。

十月丙戌，上即位於肇慶，詔誥天下，獎勵文武兵民，同仇恢復。改明年爲永曆元年。遥尊隆武皇帝爲思文皇帝，順昌之訃未審，或曰潛遜故也。追尊考桂端王爲端皇帝，兄安仁王爲桂恭王。上嫡母桂王妃王氏爲慈聖皇太后，生母馬氏爲慈寧皇太后。立皇后王氏。進吕大器爲中極殿大學士，擢丁魁楚、李永茂、瞿式耜皆爲大學士。大器、永茂入閣直機務，魁楚總理戎政，式耜以吏部左侍郎掌部事。命司禮太監王坤管文書房事。是月，清兵破贛州，總督、兵部尚書萬元吉，監軍、試中書舍人袁從諤，通判唐周慈死之。十一月，蘇觀生、何吾騶、顧元鏡以嗣唐王聿鐭叛，稱尊號於廣州，改元紹武。大學士陳子壯拜表請討之。命兵科給事中彭燿諭唐王聿鐭，蘇觀生不奉詔，燿不屈，死之。以唐紹堯爲户部左侍郎，王化澄爲兵部右侍郎兼僉都御史，總督兩廣。吕大器稱病，棄官歸蜀。以林佳鼎爲兵部左侍郎，周光夏爲都御史。兵部左侍郎林佳鼎帥師東討蘇觀生，戰於三水，敗績。佳鼎及水師遊擊將軍管燦死之。内批擢王化澄爲兵部尚書。十二月，以中允方以智、編修劉湘客充經筵講官，已而不行。大學士李永茂請終制去。命大學士瞿式耜入閣典機務。清李成棟破廣州，殺唐王聿鐭及蘇觀生，周王、益王皆遇害。何吾騶、顧元鏡降。上避敵幸梧州，瞿式耜諫，不聽。丁魁楚走岑溪。

永曆元年正月癸卯朔，上至梧州，遂自府江幸桂林。李成棟攻肇慶、梧州，皆破之。巡撫、僉都御史曹燁降。南雄、韶州、高州、雷州、廉州皆陷。二月，上至桂林。進何騰蛟太子太保、武英殿大學士，督師如故。徧封楚、粤、黔、蜀諸將爲侯伯。敕召詹事文安之、王錫衮爲大學士，周堪賡爲户部尚書，郭都賢、李陳玉皆兵部侍郎，皆未赴。已而，堪賡降於清。進瞿式耜吏部尚書、文淵閣大學士。給事丁時魁奏論新政，當親行陣，慎爵賞，攬威福，上嘉納之。晉户部侍郎嚴起恒爲本部尚書。清孔有德攻湘陰，王進才、王允成之兵潰，何騰蛟走衡州，遂陷長沙，副總兵滿大壯死之。大學士陳子壯帥義兵復沿海州縣，進攻廣州，爲李成棟所敗，子壯死之。三月，丁魁楚敗死於大藤峽。李成棟陷平樂。上幸全州，命大學士瞿式耜兼兵部尚書，留守廣西。清兵攻桂林，瞿式耜帥總兵官焦璉

攻却之。進堵胤錫、章曠大學士兼兵部尚書，總制督師如故。劉承胤以兵入扈，遂逐王坤。敕召給事中金堡。四月，上祀南郊。封劉承胤爲安國公，馬吉翔爲文安伯，郭承昊泰和伯，嚴雲從清江伯。詔杖給事中萬六吉、御史毛壽登、吴德操，已而釋之。封戚畹王國璽爲武靖侯，馬九爵宛平伯，王維恭長洲伯。清兵破衡州，殺黄朝宣。臨武知縣李興瑋死之。五月，上幸武岡。以傅作霖爲兵部左侍郎，掌部事。召川、湖、雲、貴總督李若星爲吏部尚書。若星稱病去。張獻忠遺孫可望攻貴州，總督楊鼎和棄城走，可望攻陷貴陽。已而棄貴去，攻犯雲南。李成棟攻桂林，瞿式耜帥焦璉擊却之，遂復平樂。左春坊張家玉舉義兵於東莞，不勝，死之。六月，以吴炳爲大學士，入閣典機務。清兵破常德，堵胤錫走永定衛。晉瞿式耜太子太師、臨桂伯，辭不受。七月，刑部侍郎楊喬然解部務，請敕入川，貴督師，劉承胤逐之也。以嚴起恒爲大學士，召詣武岡，不赴。何騰蛟入見，劉承胤謀殺之，總兵趙印選刼騰蛟去，復出督師。劉承胤挿嗣通山王蘊釪於官門，以密報敵警故也。八月，瞿式耜奏迎駕居桂林，承胤怒，不果行。督師、大學士章曠卒於東安。清孔有德攻武岡，陳友龍迎戰於石羊渡，劉承胤降。上出奔靖州，武岡陷。吏部侍郎侯偉時、兵部侍郎傅作霖死之，吴炳降。上自靖州歷苗峒出柳州。九月，清兵陷黎平，守將蕭曠死之。進封馬吉翔爲文安侯，掌錦衣衛，管文書房敕旨。清兵破沅州，巡撫僉都御史傅上瑞、岳陽伯王允成降。十月，分巡左江道龍文明、土司覃鳴珂作亂。上次象州，瞿式耜拜表迎駕。以王化澄爲東閣大學士。十一月，上幸桂林，瞿式耜、嚴起恒入直。十二月，敕何騰蛟督師出楚，騰蛟帥郝永忠、盧鼎、趙印選、胡一青守全州。是歲，雲南土司沙定洲反，攻雲南府，黔國公沐天波棄城走騰越，巡撫、都御史吴文瀛降於定洲。

永曆二年正月，上在桂林。二月，孔有德攻全州，郝永忠潰走，大掠桂林。上奔柳州，遂入南寧。封陳邦傅爲慶國公。金聲桓、王得仁舉江西反正，前大學士姜曰廣承制封聲桓豫國公，得仁建武侯。三月，孔有德兵犯桂林，瞿式耜、何騰蛟帥師迎戰，敗之，追至大榕江。四月，皇長子生。瞿式耜奏進八箴，上嘉納之。五月，何騰蛟復全州。堵胤錫帥馬進忠之兵復常德。六月，李成棟舉廣東反正。封成棟惠國公，佟養甲漢城侯，授袁彭年左都御史，曹燁兵部侍郎，耿獻忠工部尚書。宥何吾騶、李覺斯、顧元鏡、毛毓祥，皆以原官起用。江西生員雷德復奉姜曰廣表，奏報金聲桓、王得仁反正至。進曰廣太子太師、武英殿大學士、吏兵二部尚書，督師，賜便宜行事。以吴宗周爲僉都御史，巡撫江西，仍聲桓、得仁承制封如故。王天雷、劉一鵬、蓋遇時封拜有差，授德復給事中。清金固山來攻常德，馬進忠迎戰於麻河，大破之，殲其軍。七月，以朱天麟爲東閣大學士、禮部尚書。瞿式耜表請上幸桂林，接應江、楚、雲、貴，不聽。以晏清爲吏部尚書。金聲桓、王得仁討清高進庫於贛州，不下。清談泰帥八固山之兵攻江西，破九江，聲桓、得仁歸南昌。八月，李成棟遣杜永和迎駕。何騰蛟復東安。曹志建復道州。陳友龍以黎靖反正，遂復武岡、寶慶。左春坊劉季鑛舉義兵於永寧，復茶陵、酃縣、安仁、常寧。曹志建復郴州。九月，上發南寧，幸肇慶，敕陳邦傅居守廣西。邦傅自稱世守，巡按御史吴德操劾之。上至肇慶，拜李成棟征清大將軍，敕築壇授鉞，成棟辭不受。封李元胤爲南陽伯，提督禁旅；馬吉翔提督戎政；司禮太監龐天壽提督勇衛。十月，清兵破饒州，遂圍南昌。姜曰廣馳奏請援。何騰蛟圍永州。以黄奇遇爲詹事、禮部左侍郎，充經筵官。蔡之俊、陳世傑爲左右春坊，直日講。上日御行宫文華殿聽講。遣使航海諭魯王。十一月，四川總兵王祥收復川南，遣使奏聞。封祥忠國公，命都御史范鑛、朱容藩聯絡策應。佟養甲謀逆，伏誅。何騰蛟使郝永忠攻陳友龍，友龍失利，走柳州。永忠大掠武、靖。清兵救永州，胡一青迎戰於文明鋪，大敗之。騰蛟復永州。十二月，何騰蛟復衡州。吏部侍郎吴貞毓訐李成棟迎駕往廣州，上遣刑部侍郎劉遠生諭之，成棟惶懼奉詔。給事中金堡陛見，奏劾郝永忠擅殺，馬吉翔擅權，陳邦傅無功僭秩，上切責堡。堵胤錫以高必正、李赤心十三營之兵，自巫山來趨常德，馬進忠驚潰，遂焚常德，走湖南，掠湘鄉、衡陽，次於湘鄉。鄭鴻逵、朱成功復福建沿海州縣，奉表報聞。堵胤錫以高必正十三營自寧鄉攻長沙，不克，退屯湘潭，常德復陷。是歲，清兵攻破成都，張獻忠殪。孫可望自東川攻雲南，沙定洲潰走。可望誘沐天波及副使楊畏知至，脅降之。詹事雷躍龍、春坊閔仲儼、行人龔彝皆降於可望。可望遂據雲南，四出攻下府、州、土司。

永曆三年正月，上在肇慶。西洋人瞿紗微進新曆，詔頒行之。詔所在督撫、勳鎮、將吏，勿得縱兵掠殺、焚毁、淫虐，有故犯者，督撫、勳鎮削奪，偏裨以下按軍法不貰。以劉湘客爲僉都御史，協理院事。朱天麟罷。進方以智爲東閣大學士、禮部尚書，召入直，稱疾不赴。遣僉都御史張充美賫密詔、金章諭吴三桂。鄭鴻逵復泉州，入奏，優詔奬勵之。二月，何騰蛟進次湘潭。堵胤錫帥高必正十三營救江西，至攸縣，醴陵不進。進封馬進忠鄂國公，曹志建永國公。清兵大舉攻湖南，陷湘潭，副總兵楊進喜力戰死之。馬進忠走寶慶。何騰蛟被執，不屈死

之。清談泰攻陷南昌，大學士姜曰廣、豫國公金聲桓、建武侯王得仁皆死之，江西盡陷。蓋遇時走湖、廣，劉一鵬走撫州山中。何吾騶、黃士俊入見，各以大學士兼宫保、尚書入直。三月，清兵陷衡州，胡一青退屯東安。堵胤錫以高必正十三營走郴州。清兵陷寶慶，馬進忠、王進才退屯武岡。李成棟攻贛州，至信豐，與清兵遇，大戰不勝，死之。杜永和退守梅嶺。曹志建攻堵胤錫於郴州，坑其兵三千人，羈胤錫於桃川所，胤錫間道奔富川。敕瞿式耜兼督楚師。式耜奏請兵科給事中吴其靁監胡一青、趙印選、楊國棟諸軍出楚，次於全州。四月，孫可望自稱平東王，遣前副使楊畏知奉書，貢金馬，邀封王號，會師□□。詔封可望景國公，李定國以下封拜有差。清兵陷永州及沅州、靖州。王化澄病免。高必正入梧州，詔大學士嚴起恒、副都御史劉湘客諭之，必正遂入潯州。劉希堯、劉芳亮叛，走郴、桂，降於清。五月，遣兵科給事中趙昱、司禮太監楊起春齎詔諭孫可望。楊大甫據梧州叛。堵胤錫入見，詔入直，辭，請復出督楚師，從之。召楊大甫至行在，上御殿詰責。大甫伏誅，餘兵亂，詔李元胤招撫之，皆降。以少詹事張同敞兼兵部侍郎，督兵出湖南。六月，命堵胤錫督楚師，賜龍旗十二，調用天下兵馬。胤錫入潯州，調高必正十三營，遂次於潯州。清兵攻陷福建沿海州縣，遂陷潮州，殺總兵曾慶。巡撫、都御史劉中藻守福寧州，城陷死之。以揭重熙爲兵部尚書、兼副都御史，督撫建義軍及劉一鵬之兵。何吾騶有罪免。袁彭年請假治慈母喪去，詔許之。封杜永和南雄伯、羅成耀寶豐伯，分守梅關。七月，清兵攻曹志建於永明。志建帥兵迎戰，清兵却走，副總兵惠延年死之。李赤心死於南寧。八月，趙昱、楊起春至雲南。孫可望不奉詔，昱、起春遁還。九月，遣司禮太監李國輔齎香帛，密赴南京謁孝陵。十月，下詔親征。大學士嚴起恒請開御營庫，節用措餉，收募親軍；以劉遠生爲兵部尚書，總理戎政；兵科給事中金堡監御營軍。從之。十一月，以吴貞毓爲户部尚書，郭之奇爲禮部侍郎。督師、大學士堵胤錫卒於潯州。高必正入南寧。追贈何騰蛟爲中湘王，謚文忠；金聲桓爲榆林王，謚忠毅；李成棟爲寧夏王，謚忠烈；王得仁爲建國公，謚忠壯。立壇致祭。上親臨奠舉哀，百官皆大慟。追贈大學士姜曰廣爲進賢伯，謚文愍。杜永和入見，遂命提督嶺上諸軍，恢復南贛。切責郭之奇、萬翺怙黨行私。朱天麟、陳邦傅遣胡執恭，以僞册寶封孫可望爲秦王，李定國安西王，劉文秀撫南王，艾雲枝定北王。僞敕可望總理天下兵馬、錢糧；文武將吏，便宜誅賞，勿待詔旨。可望遂自稱秦王，引兵出貴州。十二月，考選朱士鯤、吴道昌等爲科道官，錢秉鐙等爲庶吉士。郝永忠誘遠安伯陳友龍，殺之。給事中尹三聘奏：瞿紗微擅用夷曆，爚亂祖憲，乞仍用大統舊曆。從之。

永曆四年正月，上在肇慶。清兵大舉寇梅關，羅成耀棄南雄走。上棄肇慶，登舟將西奔，大學士瞿式耜馳奏，請上固守肇慶，集援兵禦寇，嚴起恒、金堡交諫留駕，皆不聽。戎政尚書劉遠生、給事中金堡，奉敕往廣州，諭杜永和固守待援。永和集兵城守。清兵陷南雄、韶州。上奔梧州，黃士俊、陳世傑等皆逃去。敕袁彭年、曹燁、李元胤守肇慶。命大學士嚴起恒兼理兵部事。馬吉翔自請援廣東，次於肇慶。二月，清兵圍廣州。吴貞毓、萬翺、程源、張孝起等疏攻金堡、丁時魁、劉湘客、蒙正發、袁彭年。詔貸置彭年勿問，逮堡等下錦衣衛獄拷之。以程源爲兵部尚書，督師黔、蜀，不行。楊展奏孫可望稱册封秦王，專制天下，脅展納貴州土，解兵付可望。詔諭展「可望王封專制，非奉册敕」，命展固守貴州，勿受賊誘。三月，王化澄自稱疾愈入謁，太監夏國祥齎敕趨化澄入直。召朱天麟。張同敞帥師復東安，遂圍永州，不克，退屯全州。分命於元燁、吴李芳、鄭古愛、朱嗣敏皆兼僉都御史，督諸勳鎮兵出楚，俱次於廣西。張同敞請解任付元燁等，不報。瞿式耜奏：下言官於詔獄，拷掠追贓，戕僅存之元氣，宜速宥出。不報。張同敞奏諫詔獄，詔切責之。四月，以魯可藻爲南京兵部尚書，郭之奇爲禮部尚書。雷德復奏訐大學士嚴起恒。起恒稱疾，乞骸骨。行人董雲驤、王夫之疏諫，不聽。敕趨朱天麟入直。焦璉、馬寶入見，請釋金堡等於獄。袁彭年赴行在，請同金堡等詣獄覈罪，詔諭歸肇慶協守。五月，清兵陷武岡、靖州，馬進忠退屯西延峒。清兵寇永明，曹志建大敗，遂陷鎮峽關。志建走賀縣。陳邦傅爲高必正所逼，帥兵千餘人稱言援東，次於肇慶。馬進忠、胡一青、楊國棟、曹志建奏請釋金堡等於獄。戍金堡、丁時魁。萬翺爲兵部尚書。高必正、党守素入見，請趨蒙起恒入直，從之。起恒拜表去，敕追還，趨陛見，起恒稱疾益亟，不允。諭高必正、党守素援廣東。必正請括兵馬歸兵部，錢糧歸户部，銓選歸吏部；進止一聽朝廷，諸帥不得以便宜專行，奉上親征。廷議不能從。必正、守素歸南寧。朱天麟遣胡執恭之子欽華赴行在，求封孫可望秦王，專制天下。兵部尚書萬翺奏請從之，大學士嚴起恒執奏勿許。乃封可望荊郡王。天麟及吴貞毓、程源等密啓稱臣於可望，請殺嚴起恒、金堡。可望不受詔，稱秦王如故，怒殺胡執恭。六月，李元胤、馬吉翔帥兵東援，敗於三水，廣州圍益急。給事中李用楫使總兵李明忠殺吏部侍郎洪天擢於高州。七月，大學士文安之入見，敕入閣典機務。安之力

辭，請敕往荆，夔號召王光興、劉體淳等，詔從之。朱天麟復入閣辦事。八月，颶風大作，廣州水師皆覆陷。十月，清兵破全州，胡一青退屯大榕江。楊國棟、馬養麟守海陽山。馬進忠敗於西延，走貴州。焦璉救曹志建於賀縣。十一月，清兵攻大榕江，胡一青迎戰失利。趙印選棄城走，桂林潰，遂陷。留守、大學士瞿式耜，總督、侍郎張同敞死之。布政使關捷先、監軍御史吴德操降。清兵陷平樂，總兵官、都督同知朱旻如死之。上奔潯州，總兵周金湯縱兵大掠，百官潰散。清兵陷梧州，執王化澄殺之。清兵陷廣州，杜永和走入海。十二月，清兵陷肇慶，南陽侯李元胤死之，陳邦傅降。上奔南寧，高必正走貴州。

永曆五年正月，上在南寧。高必正爲孫可望所劫，兵大潰，必正死。李來亨收餘衆走施州衛，遂入巫山。二月，陳邦傅以清兵攻宣國公焦璉，璉與戰敗，死之。清兵圍藍山伯馬養麟於永寧州，城陷，養麟死之。三月，孫可望使其僞將吴都督至南寧劫上，求册寶專制，大學士嚴起恒死之，並殺給事中吴霖等十餘人。上出御衣葬起恒，親臨哭之。六月，清兵攻南寧，上奔太平。七月，慈聖太后崩。冬，孫可望遣兵脅上居興隆，百官扈衛死亡潰散，從上者百餘人。是歲，孫可望出貴州，馬進忠、王進才、張先璧皆附可望。宣平侯楊展不屈，戰敗遇害。可望遂攻王祥於遵義，殺祥，併其衆。匡國公皮熊奔水西。

永曆六年，上在興隆。曹志建屯賀縣，結砦固守，未幾卒。馬寶屯陽山。胡一青屯思明。四月，孫可望遣李定國出湖廣，劉文秀出四川。五月，李定國大破清兵於靖州，遂復靖州、武岡。李定國復寶慶，遂南攻桂林。劉文秀復成都，遂圍保寧。六月，李定國大破清兵於嚴關，遂復桂林。孔有德自焚死，陳邦傅伏誅。八月，李定國復平樂、梧州、柳州，遂下永州，復衡州。九月，劉文秀敗於保寧，退兵川南，殺張先璧。李定國遣馬進忠、馮雙鯉復長沙，略地岳州。十月，李定國遣兵略地江西，復吉安。十一月，李定國遣使奉表詣興隆奏捷，候問萬安。清兵大舉攻李定國於衡州，大戰於黄沙灣。清兵敗，殺清敬謹王。馮雙鯉退走寶慶，定國之師遂潰，退屯寶慶。

永曆七年，上在興隆。孫可望召李定國，將殺之，不克。定國奔永州，遂自平樂破梧州，攻肇慶。四月，孫可望與清兵戰於東安岔路口，大敗，走歸貴州。七月，李定國圍肇慶，不克，遂自平樂退屯南寧。

永曆八年，上在興隆。遣兵部侍郎蕭尹齎血詔，命李定國迎駕，封定國晉王。定國號泣奉詔，表請養晦待時。李定國請詔谿海道諭鄭鴻逵，間道諭王光興、劉體淳等會師聯絡，共圖興復。李定國自泗城州間道入雲南。

永曆九年正月，上在興隆。孫可望取給事中雷德復等十七人，殺之於貴州。李定國密迎上入雲南，即孫可望所營宫殿爲行宫，奉上居之。詔賜李定國上殿行親王禮，征討付定國，餘以敕旨行事。劉文秀奉詔招孫可望釋怨會師，共獎王室。可望不聽，文秀飲酖死。孫可望舉兵犯順，攻雲南，次高沙寺，李定國帥師禦之。

永曆十年，上在雲南。孫可望遣其將張勝間道襲雲南府，將謀不軌。李定國與戰於城下，勝大敗被擒，伏誅。李定國奉詔招白文選、馬繼興，皆降之。可望衆大潰，走歸貴州。

永曆十一年，上在雲南。詔討孫可望。十一月，李定國兵至貴州，大敗孫可望之兵。可望棄貴州，走武岡州，降於清。李定國遣兵守武岡。

永曆十二年，上在雲南。封白文選、馬維興皆爲郡王。密詔封鄭鴻逵爲真定王，進王光興、李來亨、劉體淳、郝永忠爵，皆上公，敕會師興復。

永曆十三年，上在雲南。孫可望、洪承疇請清兵大舉攻雲、貴。鄭鴻逵、朱成功、劉孔昭谿海道攻鎮江，破之，遂圍應天。已而，敗退入海。清兵陷貴州。李來亨、劉體淳、郝永忠自竹山出攻襄陽，入其城。已而退去，遂屯巫山、巴東之西山。

永曆十四年，上在雲南。李定國帥師禦清兵於畢節，清兵自平越入曲靖州，南入騰越，李定國之師潰，奉上居永昌。

永曆十五年，清兵逼永昌，李定國奉上奔緬甸。八月，戊戌，有大星起天中，迸裂如雷，小星百餘從之，隕於西南，白光燭天，良久乃没。

永曆十六年，上在緬甸。李定國收兵安南，緬甸人叛，劫駕入雲南。前平西伯晉封薊國公吴三桂弑上於雲南，及皇后王氏。世守雲南、黔國公沐天波死之。

湯斌《明史稿》列傳第六下　永明王由榔，神宗孫，桂恭王常瀛少子也。天啓七年，恭王就封衡州。崇禎十六年，張獻忠陷衡州，王由永州入粤西，寄食蒼梧。明年春三月莊烈帝殉社稷。大清順治元年，擊敗闖賊，中原底定。二年夏，王師南下，福王被擒，江南平。廣東在籍尚書陳子壯將奉恭王監國，會唐王聿鍵自立於閩，議遂寢。是年，王薨於蒼梧，二子長安仁王由椶病卒。三年秋八月，王師下汀州，執唐王聿鍵。粤中總督丁魁楚、巡撫瞿式耜、巡按王化澄與舊臣吕大器、李永茂、晏日曙、湯來賀、董天閎、朱治憪、周鼎瀚、方以智、朱容藩、林佳

鼎、程源等議所立，乃共推永明王。桂太妃王氏曰：「諸君何患於無君？吾兒仁柔，非撥亂才也，願更擇可者。」魁楚等請益堅，遂以冬十月十四日稱監國於肇慶。以魁楚爲大學士兼戎政尚書，大器爲大學士兼兵部尚書，式耜爲大學士兼吏部右侍郎。永茂請終制，化澄以下進爵有差。

未幾，贛州報至。初唐王舊輔蘇觀生，粵人也，以擁護功授大學士，由粵募師援贛，駐南雄，不敢進。是月，大清兵破贛州，觀生奔回廣州，至三水。魁楚素與觀生不協，又聞贛州信，乃與司禮太監王坤倉卒奉王奔梧州，式耜等力爭不得。已而觀生使陳邦彦來勸進，復回肇慶。十一月，唐王弟聿鐭浮海至廣州，觀生與布政使顧元鏡、總兵林察等擁入廣州城自立，僞號「紹武」，招海上鄭、石、馬、徐四姓盜，授總兵等官，與肇慶相距。是月，永明王亦自立於肇慶，僞號「永曆」。使給事中彭耀赴廣州，諭觀生，被殺，乃以兵部右侍郎林佳鼎督兵赴三水。佳鼎，故粵中監司，與林察同姓，相善。察使羣盜詐降，佳鼎信之，乘勝追至三山口，亂作，全師皆覆，佳鼎同僉事夏四敷赴水死，肇慶大震，以化澄代佳鼎督師。大器辭官入蜀，遂以化澄爲尚書，起李永茂爲大學士。未幾，亦罷。十二月，大清兵由福建趨潮州、惠州，俱下之。潛師襲廣州，執聿鐭，觀生自縊，祭酒梁朝鍾、太僕寺卿霍子衡等死之，餘皆降。聿鐭與周益遴等二十四王俱被殺。報至肇慶，式耜請駐峽口，太監王坤不從，以朱治憪爲兩廣總督守肇慶，奉王走梧州。

四年，春正月，大清兵向肇慶，治憪走，王由梧州走平樂，魁楚走岑溪，化澄走潯州。大清兵入肇慶，遣別將徇高、雷、廉三府，再取梧州。二月，王走桂林，以吴炳、方以智爲大學士，同式耜入閣辦事。以智不至。遣使湖南，慰勞何騰蛟，趣其兵入衛。徵四川文安之、雲南王錫袞入閣，以周堪賡、郭都賢、劉遠生等爲六卿，丁時魁、金堡等爲給事。是時，孫可望等方由川貴入雲南，錫袞以道阻不能達，安之亦不至。魁楚棄王，走岑溪。大清兵至，薙髮迎降，全家被戮。既而平樂亦不守。王大恐，會武岡鎮將劉承胤以兵至全州，王坤請赴之，式耜諫，不聽。式耜請保桂林，與城存亡，乃以式耜兼吏、兵兩部尚書，督師留守。以麾下焦璉爲總兵，封陳邦傳爲思恩侯，守昭平。王自桂林走全州。三月，封承胤安國公，錦衣指揮馬吉翔、郭承昊、嚴雲從等爲伯。御史毛壽登爭之，吉翔怒，激承胤，脅王，杖壽登及劉湘客、吴德藻、萬六吉於牙門外。承胤又力爲申救，得免，皆奪職。以五千人援桂林，挾王歸武岡州，改曰奉天府，政事皆決於承胤矣。而承胤前所遣援桂兵，在城與璉兵主客不和，於五月中擊傷璉，大掠城中而去。式耜檄誅首惡二十餘人，劾承胤馭兵無狀。璉兵亦出城，赴黄沙鎮。大清兵復攻桂林，璉聞，從白石潭回桂林，與大清兵連戰桂林城下。衆遂退屯陽朔。會陳邦彦以甘竹灘余龍兵犯廣州，大清兵東向。又張家玉、陳子壯等破東莞、高明等縣，大清兵往來追擊，桂林稍定。封式耜臨桂伯，璉新興伯。王在奉天，召户部右侍郎嚴起恒爲大學士，同吴炳入閣辦事。是時，大清兵下湖南，何騰蛟退保衡州，張先璧走寶慶，堵胤錫走永定衛。忠貞營李赤心等犯荆州，不克，潰入歸、巫，馬進忠等遁五溪山中。先是承胤在湖南，受騰蛟節制，騰蛟以藤溪之捷，請加郝永忠援勦左將軍，張先璧援勦右將軍。承胤怒，至是以長沙不守奏解騰蛟兵柄，召之入朝，先璧奏劾承胤專擅。騰蛟反，和解之。及聞光璧提兵至寶慶，懼，又請命騰蛟督諸鎮兵守衡州。夏五月，大清兵至衡州，永忠遁走，騰蛟退保永州。湖南巡撫章曠卒於永安。秋八月，大清兵由寶慶直趨奉天城外，吉翔等挾王走象州。大學士吴炳被執，死焉。劉承胤舉城降，參將謝復榮戰死。王由靖奔柳州，道出古泥，總兵侯性、司禮監太監龐天壽率舟師迎王宫眷内竪，會天雨，狼籍泥淖中，饑餓無人色，性供帳儲峙皆備，王喜，封性商丘伯，以天壽代王坤掌司禮監印。九月，王在柳州，式耜請回桂林。會土司覃鳴珂與守道龍文明相讐，殺文明，走鳴珂，大掠城中，矢及王舟。王南走象。時大清兵已定湖南，下永州，郝永忠、盧鼎等俱還桂林。已而騰蛟、起恒、湘客亦至，與式耜議分地給諸將，使各自爲守。式耜與璉已先復朔及平樂。陳邦傳由賓州復潯州，合兵復梧州。廣西全省稍定。冬十二月，王回桂林。式耜、起恒與化澄並相。騰蛟督師出全州，王坤、龐天壽掌司禮監事。

五年春正月，叙全州功，晉騰蛟定興侯，柱國、太師；兵部尚書趙印選新寧伯；胡一清興寧伯；焦璉新興侯。二月，大清兵至靈州，郝永忠潰於興安，奔還桂林，挾王走柳州，縱兵大掠，滇營兵亦入城，縱火相攻，朝士皆被戮辱。騰蛟聞警馳回，璉、一清等各率所部至。是月二十二日，大清兵攻桂林，式耜城守，騰蛟等拒戰。時南昌金聲桓叛於大清，尋李成棟、佟養甲亦叛。秋八月，王至肇慶，封成棟將軍，以其子元胤爲錦衣指揮使。冬十月，大清兵抵南昌，成棟退奔南康。十一月，王使盜殺養甲於梧州。

六年春，大清兵圍南昌，又南下湘潭，金聲桓死，馬進忠等敗走。督師何騰蛟被執，死於長沙。王聞震悼，贈中湘王，謚忠烈。二月，李成棟兵敗於信豐，渡河墮水死。三月，大清兵取衡、永，堵胤錫走，尋卒於潯州。夏四月，孫可望疏至

肇慶，請封陳邦傳。中軍胡執恭矯敕印，封可望秦王，而肇慶不知也。及實封至，不受，詳《楊畏知傳》。是冬，封皮熊匡國公，王祥忠國公，守滇黔。十二月，大清兵下廣東。

七年，王自肇慶走梧州，高必正與陳邦傳相讎殺。秋九月，孫可望由雲南東襲貴州，皮熊走清浪，追執之，奪其兵。又攻遵義，王祥自刎死，張先璧、馬進忠皆歸於可望，勢益强。冬十二月，大清兵取廣州，范承恩降，杜永和奔瓊州。大清兵入桂林，留守瞿式耜、總督張同敞死之。王自梧州奔南寧，陳邦傳在清遠，飛帆先歸，邀劫從官於藤江，殺部郎潘駿觀、童英、許王鳳等。

八年春二月，孫可望遣兵護衛，因殺阻秦封嚴起恒、楊鼎和、劉堯珍、吴霖、張載述等，投起恒屍於水。秋九月，陳邦傳降於我大清。

九年春二月，王走安隆，改曰安龍府。可望歲以銀八千兩、米百石上供，從官取給焉。

十年，王在安隆，日益窮促，聞李定國與可望有隙，使内監張福禄、全爲國諭定國以兵來迎。馬吉翔私告可望。

十一年春三月，可望使鄭國、王愛至安隆，礫福禄、爲國，與張鐫殺蔣乾昌等十四人，以吴貞毓大臣，勒自盡。

十二年，可望遣兵犯常德，敗歸。王在安隆，塗葦薄以自蔽，日食脱粟，守將文吏承可望意，無人臣禮。

十三年，李定國敗於新會，將由安隆走滇。可望偵知之，促王移黔。王故遲行。定國至，遂奉王由安南衛走雲南，居可望署中。封李定國爲晉王，劉文秀爲蜀王。可望以妻子在滇，未敢公爲逆也。

十四年，王送可望妻子還，黔遂舉兵反。然人心多不直可望，部下諸將皆願歸定國，與定國相拒三岔，白文選輕騎奔定國軍，兵既交，部將馬惟興先走，遂大敗，可望逃回貴州。定國慮會城有失，使别將追之，自引兵還。可望至貴州，部將馮雙龍紿之言「追兵至」，可望知人心已散，遂挈妻子赴長沙大軍前降。

十五年春三月，大清兵三路入雲南。夏四月，劉文秀卒。大清兵由蜀入者，自三陂取遵義；由楚入者，自鎮遠抵黔；由粤入者，抵獨山州。冬十月，三路兵俱集。信郡王奉命自北至，會於楊老堡，戒期入滇。李定國阨雞公背，圖侵貴州，遣别將守七星關，抵生界立營，窺遵義，以牽蜀師。十二月，大清兵出遵義，由水西取烏撒，守將棄七星關，走霑益。大清兵入安隆，李定國連敗於安隆之羅炎、涼水井、撒寨，遁歸。王聞變，先走永昌。

十六年春正月三日，大清兵入雲南，王走騰越，李定國敗於潞江。王夜走南甸。二十六日抵囊木河，是爲緬境。緬勒從官盡棄所攜兵器，始啓關，至蠻漠土司。二月，緬以四舟來迎王，從官自覓江舟，隨行者六百四十餘人，陸行者自故岷王子而下九百餘人，期會於緬甸。十八日，王至井亘。初，李定國既敗於潞江，走孟艮，白文選走木邦。已而文選以兵攻緬不勝，走回孟艮。夏四月，羣臣沐天波等，謀奉王走户臘二河，不聽。五月四日，緬復以舟迎王。五日，發井亘。七日，至阿瓦。阿瓦者，緬酋所居城也。八日，至赭硜，始知陸行者盡被緬人掠爲奴，多自殺，惟岷王子八十人流入暹羅。緬人於赭硜置草屋居王，遣兵防之。

十七年，定國、文選會兵攻緬，索王不得，敗緬兵於瑞羊堡。

十八年，定國再與緬戰於垌坮，文選助之，敗緬兵。緬終不肯出王。從官資用盡竭。夏五月，會緬酋弟莽猛白代立，紿百官渡河盟，既至，以兵圍之，殺武臣沐天波、馬吉翔、王維恭、魏豹、馬雄飛、王啓隆、蒲纓、王自京、龔勳、陳謙、吴承爵、安朝柱、任子信、張拱極、劉相、宋宗宰、劉廣銀、宋國柱、丁調鼎，文臣鄧士廉、楊在、鄔昌琦、鄧居詔、任國璽、裴廷謨、楊生芳、潘璜、齊應巽、郭璘、張宗伯，内監李國泰、李茂芳、楊宗華、楊强益、李崇貴、沈猶龍、周某、盧某、曹某等凡四十有二人，惟存永明王與宫眷二十五人。秋八月，定國再以舟師攻緬，索王，復爲所敗，定國與文選皆引還。冬十二月，大清兵臨緬，白文選自木邦降，緬人以永明王父子送軍前。明年夏四月二十五日，死於雲南。六月，李定國卒於猛臘，其子李嗣興與劉文秀子劉震俱降。是爲聖祖仁皇帝康熙元年也。

黄宗羲《行朝録·永曆紀年》 永曆皇帝諱由榔，端王常瀛第二（四？）子也，神宗之孫。崇禎十七年甲申十一月，端王薨。隆武元年乙酉，封上爲桂王，其詔有「天下者王之天下」語。

福京不守，兩廣總督丁魁楚、廣西巡撫瞿式耜以二年丙戌十月初九日，奉上監國於肇慶府。十八日，即帝位，改明年爲永曆元年。以府署爲行在。追崇端王爲端皇帝，上太妃王氏尊號曰孝正皇太后，馬氏曰慈寧皇太后；立妃王氏爲皇后。加丁魁楚兵部尚書、東閣大學士，瞿式耜吏部尚書、東閣大學士；封潯梧總兵李明忠武靖伯。時紹武建號於廣州，遣兵爭三水。式耜署兵部事，出禦之，總督林佳鼎率舟師輕進，敗没於峽口。報至肇慶，百官皆逃竄，上亦奔梧州。皇太后賢明通史書，固辭群臣，不欲令其子稱帝，至是，召科道李用楫、程源（江津

人，癸未進士）等詰責之，諸臣皆伏地請罪。已知閣部師全，奉上再下肇慶，然地勢單弱，人心震動，乃遣靖江伯嚴雲縱扈三宮至桂林。

十二月十五日，北兵破廣州。二十五日，事聞，上駕小艇上西峽。

永曆元年丁亥正月癸卯朔，上駐蹕梧州。知州陸世廉爲上集役夫，北浚府江。丁魁楚棄上走岑溪，大學士李永茂（永城人，丁丑進士）、晏日曙（新喻人，壬子舉人；原任承天副使）、太僕田芳等走博白，李用楫先差往交趾，瞿式耜妾媵衆多逗遛梧江；惟左都御史王化澄（金溪人，甲戌進士；原任廣東巡按）、户部尚書吴炳、翰林方以智（桐城人，庚辰進士）、文選郎中吴貞毓（宜興人，癸未進士）、給事中唐鍼、御史程源、中書吴其靁、洪士彭、掌錦衣事馬吉翔扈蹕。

二月，上至桂林。以吴炳、方以智爲東閣大學士。北帥李成棟盡鋭而西，直抵平樂，桂林震動。有余龍者，故江上盜也，衆萬餘，出没甘竹灘。廣州之陷，建義者多從之，其勢益張。是月，焚北船百餘於東莞，遂突廣州，北撫佟養甲堅壁不出，檄成棟還師擊之。

三月，瞿式耜自梧江至，議上幸武岡州，而自留守桂林。加式耜太保、中極殿大學士，封臨桂伯。方以智棄妻子入山爲僧（以智爲僧在庚寅冬，兩粵再破時也。法名宏智，字無可。此時入天雪山耳）。上發桂林，以王化澄、吴炳典閣務。兵部右侍郎張家玉（東莞人，癸未進士）、舉人韓如璜（字姬命，著有《皇明文兹》、《小韓文》）常在何喬遠、李孫宸署中）建義攻東莞，北令鄭霖開門以應。李成棟率水、陸師至，家玉棄城，以舟師屯杜榕村（村近新安）。北令走，家玉以諸生陳大赤領縣事。兵科給事中陳邦彦亦建義於高明，使其門人馬應房以舟師圍順德，李成棟敗余龍於黄連，應房戰死之。

四月，上至武岡州。以嚴起恒（紹興人，辛未進士；原任蘄州副使）爲東閣大學士。河東、湖廣流寇曹志建、王朝俊等數十人來歸，悉賜五等爵。晉何騰蛟（貴州人，天啓辛酉舉人；湖南巡撫）總制，世襲定興侯，駐衡州；巡撫堵允錫（宜興人，丁丑進士）駐長沙，聲勢稍振。張家玉使張元榮、陳瑞圖拜表於上，進家玉兵部尚書、提督嶺東軍務、右副都御史。北兵破杜榕村，韓如璜死之。家玉引兵入新安，李成棟圍新安，家玉間道走博羅。

七月，大學士陳子壯（南海人，萬曆己未探花）建義於九江村，與陳邦彦攻廣州，不克。先是，邦彦結降北廣州衛指揮楊可觀、楊景燒爲内應，又收花山盜三千人僞降北以守東門，約以是月之七日三鼓，内外並起。而子壯先期以五日薄城，謀洩，佟養甲捕楊可觀等誅之，並誅花山盜之守東門者。時城内兵力單弱，養甲登城，見旌旗蔽江，嘆曰：「其死於是乎？」左右曰：「與坐而死，無寧戰死！」養甲奮勇出戰，發巨礮以擊陳舟，舟遂退。北風大作，養甲乘風追之，子壯大敗於白鵝潭。李成棟亦自新安至，子壯退保九江村。又棄九江至高明，與監軍道麥而炫、知縣朱實蓮嬰城固守。邦彦亦退。會清遠指揮白曹燦反正迎邦彦，邦彦率師赴之。張家玉破博羅。

八月十四日，北兵逼行在。先是，楚鎮劉承允用迎鑾功，封安國公，與中人王坤交關，迫脅主上、皇太后刺血寫詔，召駐劄古泥商邱伯侯性（性以總兵銜駐劄古泥口，上自武岡踉蹌過古泥，宫眷衣食皆乏絶；性往來迎駕，奉上及三宫服御，下至宫人衣被，俱飭辦。三宫德之，乃口授商邱伯）入衛。性遣部將謝復榮以五百人至。至是，承允降北爲前導。十八日，馬吉翔、謝復榮等奉上及三宫斬關出。承允引兵追躡，相距三里。復榮請上疾馳，而身自斷後，抵死力戰，與其卒五百人俱死王家堡。上徒步三十里，體重足疲不能前；危在頃刻，會侯性率兵奄至，請上御小轎先發，性陣峽口。承允引去，上已兩日夜不食。夜宿羅家店。越五日，抵古泥，晉性祥符侯。李成棟用四姓賊鄭昌等爲導，至高明城外，發礮破其城，殺朱實蓮於南門樓，陳子壯、麥而炫被執。二十七日，李成棟圍博羅，穴城，置礮轟發之，雞鳴城陷。張家玉走增城，圍之。

九月十日，李成棟救增城。家玉劄三營於城外，成棟令杜永和、閻可義分攻之。城内亦突圍出戰，將士死者數千人，無降者，火藥盡，家玉乃與諸將痛飲，夜投濠水而死。成棟又以水、陸二萬爭清遠。城破，陳邦彦猶率兵巷戰，力屈赴水，北兵出之，檻送廣州。陳子壯至廣州，臨刑罵不絶口，麥而炫從死。是日，佟養甲命何吾騶、黄士俊、李覺斯、葉延祚、王應華、伍瑞隆、關捷先、陳世傑等觀之，養甲問：「諸公畏否？」皆鞠躬曰：「畏。」亦有改容詫曰：「真忠臣！真忠臣！」又數日，而陳邦彦及總兵曹天奇至，亦大罵而死。陳子壯、張家玉、陳邦彦事雖不成，然牽制李成棟使不得西上，而翠華得以苟安桂林、武岡之間者，三人力也。

十一月，上至象州。欲幸南寧，爲新興伯焦璉亂兵所阻，復返桂林，百官幾欲散去。大學士王化澄、吏部左侍郎吴貞毓以間道扈三宫，入南寧。

十二月三日，上至桂林；靖（江）王亨歎迎上而泣。瞿式耜、嚴起恒同相。賊將郝搖旗降於督師何騰蛟，封永城伯，賜名永忠；避北師，從衡州奔桂林，欲

入城，瞿式耜拒之。

永曆二年戊子正月丁酉朔，上在桂林。

二月二十三日夜，郝永忠斬關而入，劫上於寢，裸體置之城外，綑縛百官，掠其財物而去。馬吉翔爲上具袍服，襆被而行。

三月十日，上至南寧。扈蹕者，大學士嚴起恒、馬吉翔，兵部尚書蕭琦，給事中吳其靁、洪上彭、許兆進、尹三聘七八人耳。柳、潯二府爲慶國公陳邦傅所據，不貢賦税，行朝資用乏絶。大學士嚴起恒乃署吏部，開選於邕城；二十四土州檳榔、鹽客、樂户，皆列官籍。

四月乙未朔，皇子生。

十日，李成棟以廣東反正，遣洪天擢（歙縣人，丁丑進士；原任湖廣驛傳道）、潘曾緯（漢陽人，辛未進士）、李琦三人齎表奏請駕幸肇慶。成棟在北有大功，而受佟養甲節制，心不能平；故所收兩廣印信不下五千顆，獨取總督印藏之。一愛妾揣知其意，勸之舉事，成棟撫几曰：「如松江百口何！」成棟嘗帥松江，其孥帑皆在焉。妾曰：「我敢獨富貴乎？請先死君前，以成君子之志。」遂自刎。成棟哭曰：「我乃不及一婦人！」密與布政使袁彭年、僉事張調鼎圖之，輦金十萬賂要人，以取妻孥之在松江者。事將發，而金聲桓以南昌反正。聲桓逆流以攻贛州，贛帥高進庫，故興平伯高傑兄子也，求援於粵，佟養甲命成棟往牒布政司移餉八萬兩，成棟日逼餉，彭年故不發，由是得以爲辭。時歲大旱，群盜滿山，成棟陰結其渠魁，謂養甲曰：「贛旦暮亡，粵又寇深如此，嶺外斷不可保，彼聲言『復衣冠』三字耳，盍姑許之以靖亂乎？」養甲計猶豫，未有所決，成棟故令群盜逼城下，呼聲動天以怵之。養甲出示安民，成棟請權停「順治」年號，養甲乃於榜尾但書「戊子」；成棟既得此榜，而已所出示直書「永曆二年」。養甲見之愕然，業已無可如何。兩司官諷養甲以印授成棟，成棟下令兵民解辮；而以所藏總督印印表文上之。詔封養甲爲襄平伯、兵工二部尚書，成棟惠國公，袁彭年左都御史。金聲桓藏表佛經中，亦遣使至。聲桓故左良玉部曲，隨良玉子夢庚降附，俾守江西。督、撫以其降將輕之，從之取賂不得。聲桓私居，嘗改胡服，督、撫因言「凡前朝舊將，皆不可用」。聲桓使人竄之中途，得其書，置酒召巡撫，以書示之，即於坐間斬巡撫而反正，詔封豫國公兼兵部尚書。遣吳貞毓以吏部侍郎兼左副都御史使成棟。

自兩省反正，士人輻輳而至。王化澄復相，朱天麟（崑山人，戊辰進士）爲東閣大學士，晏清（黄岡人，己未進士；原任廣東水利僉事）爲吏部尚書，張鳳翼兵科兼翰林院，張佐辰文選司郎中，黄雲衮行人，潘駿觀兵部主事，龐天壽司禮監。曾經出仕，僉曰迎鑾；遊手白丁，詭稱原任：六曹開署，數日間添注幾滿。此外，更有白劄、部劄、欽劄。欽劄者，皇帝用寶劄官，不涉吏、兵二部；下廣之費，大略出此。

八月癸巳朔，上至肇慶，李成棟迎於百里外，儲黄金千兩、白金十萬兩、綵紵萬端以備賞賚。政無巨細，受成於成棟。詔贈陳子壯東閣大學士兼吏部尚書、番禺侯，謚文忠；張家玉少保、武英殿大學士兼吏部尚書、增城侯，謚文烈；陳邦彦兵部尚書，謚忠愍。

十月十日，遣佟養甲代祭興陵（端皇帝陵），上令李元允礫之江中。養甲密表於北，成棟搜得之。

十二月，李成棟率師出南安。面奏：「南雄以下事，諸臣任之；庾關以外事，臣獨任之。」當是時，朝臣各有黨與：自廣東來者，吏部侍郎洪天擢、大理寺卿潘曾緯、學道李琦（三人皆李成棟親信）、兵部尚書曹燁（歙縣人，辛未進士）、工部尚書耿獻忠、通政司毛毓祥（武進人，丁丑進士）爲一黨；自廣西來者，嚴起恒、王化澄、朱天麟三輔臣，吏部尚書晏清、吏部侍郎吳貞毓、給事中吳其靁、洪士彭、雷得復、尹三聘、許兆進、張起爲一黨；自各路來者，左副都御史劉湘客（錢謙益薦舉）、禮部尚書吳憬、吏科都給事中丁時魁、兵科都給事中金堡、户科都給事中蒙正發、禮科都給事中李用楫、吏部文選司郎中施以徵、光禄寺卿陸世廉、太僕寺卿馬光、禮部儀注司郎中徐世儀爲一黨；翰林陳世傑、驗封司郎中吳以進、給事中李貞、御史高賚明、太僕寺少卿楊邦翰、職方司郎中唐元楫，以廣東人又爲一黨。然行朝之權，盡歸於李元允。元允本姓賈，爲成棟義兒，以守舍留肇慶；朝士争趨其門，其尤甚者謂之五虎：袁彭年爲虎頭，丁時魁爲虎尾，蒙正發爲虎脚，劉湘客爲虎皮，金堡爲虎牙。廣東一省，大小官員，非奉成棟咨，不得擅除。桂林、平樂，則瞿式耜爲政；慶遠、柳州，則焦璉爲政；潯南、思太，則陳邦傅爲政。而通政司上疏陳乞職官者，猶日以千計，内閣票擬，只有「着議具奏」四字，選司掌銓，亦無出選之地，徒有空名而已。

永曆三年己丑正月庚申朔，上在肇慶。

十三日，大學士朱天麟罷。陳邦傅，故潯梧參將也；冒功封富川伯。又以迎駕，封思恩侯。李成棟反正，先疏入告，進爵至慶國公，官其子陳曾禹至右副

都御史。駕過潯州，邦傳挽留月餘，求守潯州，如瞿閣部故事。上不許，許以居潯、梧。而致賄於誥勅中書張孟光，使以守字易「居」字，爲言者追改，然邦傳進疏，則直稱「世守」。當成棟未反正時，邦傳潛通降啓，以故爲成棟所輕，兵科給事中金堡承風指劾之，邦傳疏辨：「皇上蒙塵兩年，並無一位兩衙門；何今日紛紛若是？以臣爲無兵、無將，請即遣金堡爲臣監軍，以觀臣十萬鐵騎！」天麟票擬：「金堡從來，朕亦未悉；所請監紀，着即會議。」丁時魁，堡之黨人也，怒曰：「堡論邦傳，請即監紀。堡又論郝永忠，若請其頭，亦與之耶？」率科道官十六人直入丹墀，大聲疾呼，繳印於內閣。上方燕語，聞變震驚，翻茶沾服，急諭諸臣照舊供職，天麟即日罷相。然天麟但言「會議」，固未嘗出金堡於邦傳也，第金堡往日知臨清受官於李賊，發其從來，是所深忌耳。二十八日起，舊輔黃士俊、何吾騶入直。

三月七日。李成棟、何騰蛟敗問至。當金聲桓之反正，南都震動，乘流而下，鮮不克矣。乃爲聲桓謀者，以寧庶人失策於一往，使新建伯得制其後；故聲桓兵先贛州。贛帥高進庫謂之曰：「吾不動以待汝；汝得南都，則吾以贛下。」聲桓不聽，急攻之。久而，各省援師集於南昌，李成棟方欲夾攻贛州，聲桓之攻贛者首尾牽顧，失利而退。高進庫以方勝之師還而拒成棟，成棟退走信豐，潰不可制，成棟斷後，策馬渡河，馬不勝甲而沈。兵部尚書張調鼎、監軍道姚生文俱死於亂兵。成棟死，而聲桓亦亡。何騰蛟開府於長沙之湘潭縣，湖南、北列十三鎮，多以降將爲之，時叛時服。騰蛟仁愛有餘，而雄斷不足，諸將跋扈不用命。北兵至，湘潭不守，遂見執，被害於大步橋下。贈騰蛟中湘王、李成棟寧夏王，進李元允軍騎將軍，封南陽伯。

四月，孫可望遣龔鼎（永昌人，癸未庶吉士）獻南金名馬，移書求親王名號。初，張獻忠伏誅，其勁旅尚有四部：曰孫可望、李定國、劉文秀、艾能奇，皆去獻忠僞號，自稱將軍：可望平東、定國安西、文秀撫南、能奇定北，而奉黔國公沐天波以討定諸彝。可望年差長，又稍知文墨，故位第一，定國以能次之，文秀、能奇又次之，然實等夷無統屬。已而能奇死，其將馮雙禮主其營事。可望籠之以術，既兼兩部，浸浸欲自大。當諸軍之從貴陽入滇也，貴州不置一守。有皮熊者，以其軍入之，報稱恢復黔省，進爵貴國公，駐平越。大學士王應熊還自京師，開幕府於遵義；有王祥者爲所委任，應熊死而祥據遵義，亦進爵至忠國公。各疏告行在，言「今之入滇者爲張賊餘孽，名雖向正，事豈革心；朝廷毋爲所愚」！然兩帥接壤，時相搆釁，亦不能有所效力。及滇使至，朝議以爲不可不行封賞。金堡言祖制無異姓封王者，於是，遣武康伯胡執恭以侯爵往封。執恭者，紹興人，私計滇兵强甚，且欲自結於孫可望，謂《春秋》之義，大夫出境，有可以安社稷、利國家者，專之可也」，乃矯詔封可望爲秦王。可望亦知其僞，具疏辭。金堡、蒙正發皆劾執恭罔上，朝議大譁，然不可但已，乃改封荆郡王，賜之國姓曰朱朝宗；定國曰李如靖，文秀曰劉若琦。而可望終冀秦王，言「臣惟一意辦賊，成功之後，始敢議及封爵耳」。定國、文秀亦辭賜名。可望雖不受爵，然已張皇其稱，土司之懾服軍威者，進修貢獻，已儼親王禮行事。而沐天波亦謙讓，不敢以公爵均敵。滇土略定，而北師下沉。張先璧、侯天錫退師黔境，可望遣許世臣詣行在請出師，陳義慷慨。有爲上言曰：「不若賜之璽書，直云皇帝致書秦王，則前此葛藤斬斷，方可使之盡瘁也。」上從之，可望即具疏謝恩。

五月四日，慈寧皇太后垂簾，召何吾騶、金堡爲之解釋。先是正月，（保參吾騶謂：「與司禮監夏國祥此呼彼應，有若桴鼓。」皇太后恐吾騶不安其位，故解之。

六月，左都御史袁彭年去位。彭年生母死，不肯丁憂，慈寧皇太后以祖制所無，不許。

七月，楚降將李赤心等兵敗入廣。初，李賊部曲之降於何騰蛟也，李過（一名錦）賜名赤心，封興國公，高必正封鄖國公，營名忠貞。騰蛟死，爲大學士堵允錫所撫。湖南、北既失，赤心等由郴、桂竟趨梧州，欲入廣東，允錫力主其議。李元允曰：「我輩做韃子時，公不來復廣東；今反正後，乃來争廣東乎？皇上在此，他來何爲？」允錫語塞而止。

八月，黃士俊、何吾騶罷。時臺諫横甚，金堡等以李元允爲東援、瞿式耜爲西援、嚴起恒爲内援、焦璉爲外援，朝政一手握定，動輒白簡，政府惴惴充位。疏未上，先商票擬，政府置底簿以待之，任其改削。二輔入直以來，彈章盈篋，至是告歸。

九月，嚴起恒獨相。是年，封朱成功爲延平王。閩海始用永曆年號。

永曆四年庚寅正月乙卯朔，上在肇慶。北兵破南雄，七日報至，百官争竄，家丁沿途殺人。九日，上登舟。十三日，解維。李元允留守肇慶。

二月甲申朔，上至梧州，駐蹕水殿。户部尚書吳貞毓、詹事府禮部右侍郎郭之奇、兵部左侍郎程源、右侍郎萬翱、禮科都給事中李用楫、户科右給事中張孝

起、吏科給事中朱士鯤、户科給事中李日煒、御史朱統鍹、王命來、陳光允、彭佺合疏，論袁彭年、金堡、丁時魁、蒙正發、劉湘客罪，奉旨：「彭年反正有功，免議；餘下錦衣獄(以五顯廟權之)，掌衛事張鳴岡鞫之。」嚴起恒請對於水殿，不得入，復率諸臣伏沙灘求免刑。程源立舟側揚言曰：「金堡即『昌宗之寵方新，仁傑之袍何在』兩語，便當萬死！」其聲達慈寧舟中。蓋堡嘗駁御史吕爾璵奉旨疏有云：「臣何人也，爾璵何人也？以仁傑之袍賭昌宗之裘，志士猶爲怏怏！」顧肆言無忌也。獄具，堡與時魁各杖八十，堡邊遠，時魁附近，各終身充軍。湘客、正發徒三年，各贖。上登位三年，至是始見聲色。上憂東事急，調鄖國公高必正赴援。

五月十三日，高必正與興平侯党守素率兵自梧州來朝，李元允亦自肇慶來。時嚴起恒已去，三帥請手勑往平浪追還。慈寧皇太后垂簾，召三帥賜對。元允伏地請死曰：「金堡等非臣私人，果有罪，皇上何不處之於端州？今若此，是臣與堡等爲黨也。向以封疆急，不敢請罪；今事稍定，請正臣罪！」上慰勉再三曰：「卿大忠大孝，朕不疑卿。」元允曰：「皇上既不疑臣，何故以處四臣之故賜臣册書，令臣安心辦事乎？」皇太后曰：「卿莫認金堡等爲好人，卿如此忠義，他却謗卿謀反。」元允曰：「説臣謀反，還是有本、還是面奏、還是傳言？」上不答。必正曰：「皇上重處堡等是也。但處堡等之人，不如堡等；處堡等之後，亦無勝於堡等之事。」皇太后曰：「只滇封一事，豈非金堡誤國？」諸臣皆不敢對。

孫可望自賜璽書之後，儼然親藩體統。凡諸軍悉曰「行營」，設立護衛曰「駕前軍」，自稱曰「孤」、曰「不穀」，文書下行曰「秦王令旨」，各官上書曰「啓」，稱李定國、劉文秀曰「弟安西李」、「弟撫南劉」；其下稱之，皆曰「國王」。皮熊在黔畏其相逼，遣官李之華通好請盟，可望致書云：「貴爵坐擁貔貅，戰則可以摧堅鋭，守則可以資保障。獨是不肖有司，罔知邦本；征派日煩，民生日蹙。黔中乃出兵之途，寧無救災卹鄰之念，以爲假道長發之舉？若滇、若黔，總屬朝廷封疆；留守、留兵，無非綢繆糧糗。惟欲與行在聲息相通，何可有一毫私意於其間！若衹以一盟了局，爲燕雀處堂之計，非不穀所望於君子矣。」熊得書，愈懼，避之苗寨。黔中院司道官，會請前軍都督白文選入省，可望下教安定之，遂下平越。收其軍令所屬文武呈繳濫劄；武職加授總制、參、游，文職加授監軍、督餉。部卿僉憲，槩行裁革。王祥烏合六、七萬，分爲三十六鎮，與滇兵一戰於烏江河而大潰。祥避死真州，遂下遵義。

九月，北師孔有德攻桂林，諸將望風而遁。城陷，大學士瞿式耜、兵部侍郎張同敞不屈，死之。

十一月，瞿式耜遺表至。云：「本月五日開國公趙印選傳塘報至，知嚴關已陷，在城衛國公胡一清、寧遠伯王永祚、綏寧伯蒲纓、武陵侯楊國棟、寧武伯馬養麟俱遁，城中一空。酉刻，督臣張同敞從江東泅水過江至臣寓。臣謂：『子無留守之責，可以去。』同敞曰：『死則俱死耳。』即於是夜，明燈正襟而坐。六日辰刻，噪聲始至靖江府前，再一刻，直至臣寓。臣與同敞危坐中堂不動，忽數騎持弓矢突至，執臣與同敞而去。時大雨如注，臣與同敞從泥淖中行。至則孔有德已坐王府，靖江父子亦以守國未曾出城，業已移至别室。臣等見有德不拜，有德亦不强，以温言諭臣等降。臣與同敞曰：『吾二人已辦一死於爾兵未至前，正以死於一室，不若死於大庭耳。』明日，被害。當被執之時，式耜欲入與妾訣，同敞牽臂止之曰：「徒亂人意耳。」遂行。廣東亦先四日爲北帥尚可喜所破。十一日，上登舟幸潯，而陳邦傅叛。上初過潯，邦傅留之月餘，欲挾以自重；至是，乃謀劫駕。十二日，上舟衝雨而過，不及發。百官鹵簿之舟在後者，邦傅劫之，文武墜水死者，董英、許玉鳳、潘駿觀。邦傅以上鹵簿，僭陳營中。十六日，上幸潯州，户部侍郎陳圭來迎。十八日，駐蹕南寧。

永曆五年辛卯正月乙酉朔，上在南寧，升殿受朝賀。十日，祀太廟。詔東閣大學士兼吏、兵二部尚書文安之督師經略楚、豫，賜上方劍便宜行事。

二月，孫可望遣滅虜將軍賀九儀、總兵朱養恩、張明志、張勝等入衛。楚雄道楊畏知自滇中來朝，詔進東閣大學士，入直辦事。張勝殺嚴起恒，以吴貞毓爲大學士。

三月，三宫上田州。二十五日，賀九儀修理行宫，爲上駐蹕。

四月朔，祀太廟。十二日，慈寧皇太后馬氏崩於田州。十四日，訃聞；十七日，成服；二十三日，奉安靈輿於慈寧宫。喪禮以日易月。

五月十八日，勑鴻臚寺：「頃以大行慈寧莊翼康聖皇太后喪，憂戚中不遑視事。今值服除，當面與大臣商決政事，兼行日講。」該寺即傳工部修中極殿、翰林院，舉堪任日講記注員名，以二十七日舉行。

六月，上患足疾。

七月朔，祀太廟。十五日中元，遥祭祖陵。十八日，葬慈寧皇太后於兩江之宋村山。二十五日，陳邦傅引兵入寇。上欲移蹕，羣臣以兩江黄茅瘴癘秋甚於

夏，宜俟霜降後，允之。賀九儀等出師柳慶。

九月，梧州、來賓、遷江告急。二十八日，上登舟。十月初七日，幸新寧。

十一月，李元允等迎駕請幸防城，不允。

十二月，北兵至遷江，逼賓州。五日，幸瀨灘。七日，南寧陷，太僕寺少卿丁元相、户部員外郎楊禹甸死之。上登陸，焚舟楫，踉蹌失次，扈蹕官員相失。將至鎮安，會孫可望遣師討皈朝叛彝，總兵高文貴、黑邦俊、狄三品等相率扈蹕。

永曆六年壬辰正月癸酉朔，上野次。三日，至皈朝。十一日，發皈朝；十二日，次富川；十三日，次沙門；十四日，次西洋江；十五日，次寶月關；十六日，至廣南。孫可望遣總兵王愛秀迎駕上言：「臣以行在孤處僻粵，再次迎請，未奉允行。然預慮聖駕必有移幸之日，所以先遣各營兵馬肅清彝氛，道路無礙。廣南雖云内地，然界鄰交趾，尚恐彝情叵測。臣再四思維，惟安隆所（隸貴州普安州）滇、黔、粵三省會區，城郭堅固，行宫修葺，一切糧儲，可以朝發夕至，莫此爲宜。」上是之。蓋可望兩、三年内既定滇中，又復經營黔土，至此已有成緒。二十五日，上發廣南，次章卜；二十六日，次曬利；二十七日，次鼎貴；二十八日，次加浦；二十九日，次那羊；三十日，次侄堂；二月癸卯朔，次呼馬；二日，次扁牙；三日，次板屯；四日，次板橋；五日，次峒沙；六日，至安隆所，詔改安隆所爲安龍府。九日，遣太常寺少卿吴之俊賫璽書至滇。

五月，孫可望分道出師：李定國下楚，征虜將軍馮雙禮副之；劉文秀入蜀，討虜將軍王復臣副之。以楚地攻戰尤急，故選兵俱隸定國。

七月四日，定國率諸軍克桂林。北帥定南王孔有德赴火死，俘其子庭訓及叛將陳邦傅及其子陳師禹（可望戮邦傅等，剥其皮；其殺人剥皮者甚衆）。初，定國駐軍武岡，馮雙禮駐軍寶慶。沅、靖屢捷，沈酋敗遁，大師可乘勝南下，而虞有德之躡其後。於是令武岡諸營出新寧，寶慶諸營出祁陽，合趨全州；分遣西勝營張勝、鐵騎右營郭有名率精兵由西延大埠頭便道趨嚴關。嚴關者，所由入桂林要道也。馮雙禮率前軍都督高存恩、鐵騎前營王會、武安營陳國能、天威營高文貴、坐營靳統武合兵八萬先進兵至驛湖，猝遇北兵萬餘；南師迎戰，斬其饒將李四，北兵遂奔，南師遂薄全州。定國統右軍都督王之邦、金吾營劉之講、左協營吴子聖、武英營廖魚標、鐵騎左營卜寧合兵十萬繼進，聞驛湖捷報，傳令全州傅城者毋急攻，懼其奔逸，并力於桂林也。令未至，而全州已下。定國軍過全州，令急過毋入，雙禮諸軍亦出城合進。時張勝、郭有名已至嚴關，與大軍相距十里，約曰：「敵至，則舉砲傳警，毋下關；須大軍至，始戰。」薄暮聞砲，諸軍擬赴之，定國曰：「無庸。」俟之寂然。蓋有德驛湖之敗，遣衆數萬馳救全州，不意南師已營關上，會日暮，退去。明日，北師至關，張勝等傳砲，大軍蓐食而前，戰於關下。北師鋭甚，象僨歸，定國斬馭象者，諸軍奮勇前進，象亦突陣。北師大崩，斬戮不可勝計。天大雷雨，横尸徧野，追及於大榕江。有德急入桂林，閉城而守。大軍三日而至城下，守陣者皆潰，大軍援梯畢登，定國下令屯城上。有德奔入府中，悵然無一言，久之，曰：「已矣！」其妻曰：「毋慮我不死！」乃囑一嫗携其幼子出避，曰：「苟得脱，度爲沙彌，毋效乃父作賊，一生下場乃有今日耳。」自縊，妾亦縊。有德遂放火自刎，投火中。方捷書之發自桂林也，其人窮日夜易馬而奔。既至貴陽，直入殿墀，下馬而息僅續，卧地不能起，探其懷中捷書，灌以湯藥，久之乃甦。於是大宴三日，疏請封典。始議犒師銀八萬兩，已損之六萬，已又損之四萬。蓋數軍之入楚與蜀也，獨駕前軍（可望護衛軍，稱駕前軍）不發；駕前軍固選鋒，聞桂林之捷，皆生妬心，曰：「北兵本易殺，我輩獨未得一當耳。」數日後，定國上鹵獲，惟孔有德金印、金册、人參數捆，所報官庫財物估價僅盈萬。遂有媒孽其市恩諸軍者，往來使命不絶，又多增飾喜怒其間。册封之事，行之稍緩。而北帥敬謹親王入衡州，號兵十萬。定國計分其師：遣前將軍張虎取辰州，北人分兵往救；定國身當衡州，遇之湖上。始戰少却，北兵乘勝追奔，南人奇兵間道以搗中堅，遂蹶名王。十一月二十三日，則又傳是日之戰，斬敵如屠犬豕，手不暇耳。駕前軍聞之，益輕言北兵不足滅，遂議明年春，秦王親出師云。

劉文秀之入蜀也，善撫卹軍士。蜀人聞大軍至，多響應，於是重慶、叙州諸府、縣次第皆復。吴三桂迎戰輒敗，斂軍以奔，趨保保寧；南師追躡其後，惟恐失敵。討虜將軍王復臣曰：「不可！我師驕矣，而彼方致死；以驕兵當死寇，能無失乎？」諸軍多不然之。至保寧，復臣又曰：「毋圍城，圍則師分而弱。」不聽。張先璧軍其西南。先璧號張黑神，軍容耀日，然未經大敵。三桂登城望之曰：「獨是軍可襲。」乃開門出精騎犯其壘，果驚潰。轉戰而南，值討虜將軍營。討虜爲潰兵所擾，又間以水，勢不復支。北人乘勝奮擊，復臣手斬數人，環之者益衆，乃曰：「大丈夫不能生擒名王，豈可爲敵所辱！」遂引刀自刭。北兵皆驚嘆，以爲烈士。文秀徹圍而退，三桂不敢追，曰：「生平未嘗見如此勁敵，特欠一着耳！」蓋如復臣所云也。報至，帝下詔曰：「不聽謀，損大將，劉撫南罪當誅，

念有復城功，罷職閑住！」文秀歸雲南；諸軍分守蜀隘，或調征楚省，所從者不過百餘人而已。

是年，李元允往海南招集散亡，至欽州，爲士兵王勝堂所劫，械送廣州，不屈而死，投屍江中。

永曆七年癸巳正月戊辰朔，上在安龍府。先是，孫可望題請封李定國爲西寧郡王兼行軍都招討，封馮雙禮爲興國侯。奉旨：「所請封爵事宜，俱依議行。」於是造設儀衛，遣檢討方於宣、中書楊惺光賫勅往，賞軍萬金，行有日矣。而是時訛言繁興：有傳李定國滋不悦者曰「奈何受郡王封，當亦如國主」；有傳諸營偶語者曰「秦王下長沙，即改年號，受禪讓」；而以廢處劉文秀太過，咸曰：「大功未行厚賞，偶敗則膺嚴罰，吾等如何苦捐身命！」又以殺楊畏知、立儀注，駕前之奉令出使者多恣睢不法，而言之者多獲禍。從此，内外文武咸怨，軍心漸涣，不樂爲可望用者衆矣。楊畏知者，陝人，官楚雄道，好言王霸之略，故爲可望所重。及朝行在於南寧，上以孫氏故，相之，而可望反疑其二心於己，歸黔以後，所言多不從。畏知乃佯狂，以示不爲孫氏用，又時時醉駡其駕前人。可望欲脅之以令，改命從軍法，逆知必有諫者；迨諫者入，而駕前人已提其頭至矣。可望恨曰：「楊公死，我桓、文事不成矣！」儀注者，武爵隆殺體統，可望欲以自大，其故時等夷者多怨之曰：「天下尚未定，奈何爲此！」李定國出奔。是月，孫可望出師，慨然有經略中原之志。其封李定國者詔使已出黔境，復追還之，曰：「孤今出師入楚，當面會安西大慶宴，親奉上勅書以光寵之。」而衆益交相論嘆，以爲此真項羽之刓刻吝封賞也。至有爲定國慮者，曰：「此僞遊雲夢計耳。」定國因涕泣謂其下曰：「不幸少陷軍中，備嘗窮險；思欲立尺寸功，匡扶王室，垂名不朽。今甫得斬名王、奏大捷，而猜忌四起。且我與撫南弟同起雲南，戰功具在。一旦詿誤，輒遭廢棄；於我忌害，當必尤甚。我妻子俱在雲南，我豈得已而奔哉？」諸營聞之，有引軍從者；其不能從者，亦咨嗟太息不已。李定國又爲書以謝可望；可望不意其奔也，悵然久之。欲止軍東下，然業已督師在道；又信駕前言，敵殊易殺，欲親履行間，立大功以服衆心耳。諜知敵屯四路口，遂欲襲擊破之，令於軍中曰：「凡獲敵馬者悉給之。」時方四月，陰雨連緜。行三日，至四路口，敵驚欲潰，南軍殊易之，甫斬數人，便掠其馬。敵睨陣亂，還而搏戰；南軍已不成列，退何峒口。可望亦念定國既去，諸軍有乘是圖之者；既不敢嚴督諸軍前戰，諸軍亦以駕前軍奮欲立功，不願與併力。凡長沙所已復之州、縣給印諸官悉撤回，楚事大變矣。

八月，始有言招還李定國者，南寧鎮朱養恩言之尤切。可望終忌定國，乃與其下謀起劉文秀。文秀聞之，單騎入黔，私見於可望，言己無才，不願圖富貴。可望强之，疏請爲大招討，仍密遣之還滇。

永曆八年甲午正月壬辰朔，上在安龍府。改雲南省爲雲興，辰州爲沅興府，沅州爲黔興府。詔以劉文秀爲大招討，都督諸軍，出師東伐。

三月二十六日，孫可望殺大學士吴貞毓以下一十八人（内武臣一人、内侍二人）。上以久不得出，與貞毓等謀，私以手勅通李定國，令之來。時左右前後，莫非爲可望耳目者，馬吉翔發其事，窮治撰文何人、用寶何人、奉使何人，上亦震驚者累日（閩人林日宣著《安龍紀事》一卷，序馬吉翔陷大學士吴貞毓等十八人之曲折甚悉。惜其已佚，世少抄本，附記於此）。

四月，劉文秀至黔。可望祭旗纛畢，執爵授文秀，文秀言：「某伏願皇上洪福，國主威略，諸將士智勇，庶幾一日克敵，恢復中原。若某下劣，試恐不勝。」

五月七日，孫可望以單騎出按沅、靖諸營，徧觀險隘，勞衈軍吏。十日而畢。

七月，擇吉出師，由平越進屯於天柱。

永曆九年乙未正月丙戌朔，上在安龍府。

永曆十年丙申正月庚辰朔，上在安龍府。封李定國爲晉王、劉文秀爲蜀王。孫可望將謀劫駕出降，李定國舉兵敗之，奉上駐蹕雲南，改爲滇都。

永曆十一年丁酉正月甲辰朔，上在滇都。議開緬甸爲省，以元江土府爲總督，不果。

永曆十二年戊戌正月戊戌朔，上在滇都。遣使賫璽書由安南出海至延平王朱成功營，授張煌言兵部左侍郎兼翰林院學士，其餘除授有差。徐孚遠隨使入覲，由交趾入安龍，交趾要其行禮不聽，不得過，孚遠遂返厦門。

十月，雲南屬府告急。

十二月十五日，上發滇都。時李定國出禦北師，請上隨路避兵。

永曆十三年己亥正月癸巳朔，上野次；四日，駐蹕永昌。

閏正月十五日，上發永昌，將入緬，時文武官尚四百人，兵士數千人。十八日，次騰越。二十日，發騰越。二十四日，遥傳兵至，百官急竄，宫嬪被掠。二十八日，次蠻莫，緬人不容兵器入關。三十日，發蠻莫。

二月壬辰朔，次河口。水陸分行：自上以外，從舟者六百四十六人，從陸者

馬九百四十餘匹。十八日，上次井梗；緬人止之，不聽前進。二十四日，緬王請大臣問故，上遣馬雄飛、鄔昌琦賫勑書往。緬王發神宗勑書對校不同，疑其爲僞；及見沐國公印，信之。蓋緬國自萬曆二十二年請救不許，遂絶朝貢，故所知，惟神宗故事也。當是時，李定國已遣白文選率兵迎駕。至啞哇城下，距駐蹕五、六十里，爲緬人隔絶，不相聞，文選亦遂拔營而去。

三月十七日，自河口分路。陸行者至啞哇對河，離城五、六里下營。緬人疑其奪國，率兵出戰，殺傷多人；餘乃散居村落，通政司朱藴金、中軍姜承德自縊死。

五月四日，緬王具龍舟鼓樂，遣人迎上。五日，上發井梗；七日，至啞哇城下，次於對河。八日，駐蹕者梗(距城五、六里)。草殿數十間，編竹爲城，宿衛百餘人。各官自架竹木以居。

八月十三日，緬王請黔國公沐天波往。緬人以八月十五日諸蠻來貢，使黔國以臣禮見，誇耀於諸蠻。

九月十九日，緬人貢新穀。

十月戊子朔，頒曆於緬。

永曆十四年庚子正月丁巳朔，上在緬甸。上日欲出緬幸李定國營。定國恐以兵來，則緬人致難於上，而在上左右者，則又皆偷安無智之徒；以此音塵不屬。

九月，定國迎駕於近地，奏云：「前後三十餘本，不知曾到與否？今與緬王約何地交割？」上以答勑付緬人，而定國侯久無消息，復拔營去。是時，士君子皆散亡，所從惟闒冗一、二輩。馬吉翔爲大學士，與司禮監李國泰相爲唇齒，惟恐定國之至，於是牢籠文武，凡欲某職、某銜者，俱稱門生。吉翔、國泰合奏「大臣三日不能舉火」；上怒，以皇帝之璽擲之，吉翔、國泰即椎碎分給。御史任國璽請東宮開講，進「宋末賢奸利害書」，上覽一日，國泰惡而碎之。

永曆十五年辛丑正月辛酉朔，上在緬甸。

二月二十八日，鞏昌王白文選密遣緬人賫本至，云「不敢速進者，恐有害；必要緬王送出爲上策」。數日後，距行在六、七十里架浮橋，將渡，已而不果。

三月，有欲殺馬吉翔、李國泰奉東宮而出者。事覺，被害。

五月，馬吉翔、李國泰進宫講書，御史任國璽言：「上年請開講，則遷延不行；今日勢如累卵，禍急燃眉，不思出險而託言講貫。夫日講經筵，必須科道侍班；議軍務，則有皇親沐國。豈翔、泰二人之私事哉？」奉旨「着任國璽獻出險策」，國璽言：「能主入緬，必能主出緬；今日事勢如此，乃卸肩於建言之人乎？」太常寺博士鄧居詔、禮部主客司主事王祖望各劾翔、泰，不省。又傳禮部侍郎楊在講書，賜坐，在以東宮典璽李崇貴侍立，不敢就坐，上並賜崇貴坐。崇貴曰：「雖在亂亡，不敢廢禮；今日雖蒙上賜，後日將謂臣欺幼主。」每講，崇貴出外，講畢而入。一日，東宮問哀公何名？在不能答。

二十三日，緬酋弟莽猛白弒兄自立，遣人求賀，上不許。

七月十九日，緬人請吃呪水(即盟誓也)；馬吉翔、李國泰挽百官同往，緬人盡殺之，松滋王某、黔國公沐天波、綏寧伯蒲纓、皇親王惟恭、吏部尚書鄧士廉以下共四十二人。緬人又發兵數千圍行在，上幾自縊，被殺者甚衆。吉王同妃縊死，宫人命婦縊者不下百人。盡劫所有而去。二十一日，緬人復修理草殿，奉上居之，曰：「此事非關吾國，因汝各營在外殺害地方，犯衆怒耳。」

十一月十八日，上召都督同知鄧凱入宫，謂之曰：「太后病矣，未知骸骨得歸故里否？」又曰：「白文選未封親王、馬寶未封郡王，吾負之；滇、黔百姓，因我師在彼苦了多年，今又不知作何狀？」

十二月十三日，緬人請上移蹕，皇太后、皇后、皇太子同行。二更渡河，乃知其爲北人也。明年壬寅二月十三日，至滇城。蒙塵之後，事秘，不知崩日、崩所。或曰：北人扈至某驛，夜半聞上怒罵，即殂落之辰也。(鈕琇記：吴三桂縊之貴陽。或曰：同太子絞死雲南城。《錢曾詩箋》：辛丑之冬，天兵逼緬；緬人執帝獻於師，挾至雲南省城外草萍驛，吴三桂夜殺之，兩宫、世子皆不免。時李定國尚駐安龍，聞之，大怒，與白文選揀精騎一萬，兩晝夜馳入緬甸，屠戮，緬人幾盡；仰天大呼，力竭自刎。白文選亦死。遺兵尚二十餘萬，多入蠻洞中及散竄安南國。三桂以功，晉封平西親王，即永曆故宫名五華者，攘爲王府，今改作五華書院)。

邵廷采《西南紀事》卷一　桂王由榔，神宗顯皇帝之孫，桂恭王常瀛仲子也。神宗五子，恭王最少，母曰李貴妃，萬曆二十九年封桂王，天啓七年始就國衡州。崇禎十六年，張獻忠陷衡州，王奔廣西，留居梧州。大清順治二年乙酉冬薨，葬焉，請於福建，謚曰恭長。子安仁王由樱，先卒，以仲子永明王由榔襲爵桂王，命曰：天下王之天下，同濟國難，無忘艱危。嘗欲立王爲嗣，未果。

順治三年丙戌九月，唐王陷於汀州，兩廣聞報，於是總督丁魁楚、巡撫瞿式

耜、巡按王化澄、侍郎湯來賀及故臣吕大器、李永茂、晏日曙、朱容藩、童天閲、林佳鼎、方以智、程源等，大會於肇慶，請王監國。前禮部尚書陳子壯，趣魁楚遣人入潮惠，審唐王存亡。十月二日還報，諸臣上箋詣王勸進。王手書報曰：「諸先生念高皇帝二百七十餘年之統業，及毅宗皇帝一十七載之憂勤，一旦滄桑，身殉社稷。弘光繼立，旋復蒙塵。今上親征，復罹斯難。兩年三變，四海盡傷。諸先生以社稷爲重，不可無君，神廟子孫，僅存不穀，以理而論，義無可辭。但自量涼德菲才，未堪肩仔，兼以連遭禾黍之傷，復重蓼莪之慘；心荒意謬，行坐猶迷；地裂天崩，何能旋轉？嘗聞治世以倫序，而變亂以功德。惟諸先生徧訪賢藩，纘承大統。」太妃王氏亦曰：「吾兒仁柔，非撥亂才也，願更擇可者。」魁楚等固請，曰：「國勢如此，强敵將臨，殿下親，神宗皇帝孫，光宗猶子，毅宗之弟，宜以生民宗社爲念，不宜深自謙退，願早正大位。」是月十四日，監國肇慶，時年三十六。加上隆武皇帝尊謚曰紹宗襄皇帝，率羣臣大臨三日，以魁楚、永茂、大器爲大學士，共典機務。式耜爲侍郎，羣臣皆晉秩。會聞贛州敗，如梧州。十一月，蘇觀生以唐王聿鐭稱帝廣州，監國乃還至肇慶，即皇帝位，以明年爲永曆元年。追尊皇考恭王爲恭皇帝，尊太妃王氏爲皇太后，生母馬氏爲慈寧皇太后，立妃王氏爲皇后，遣給事中彭耀赴廣州諭蘇觀生，見殺。詔曰：「鬩牆斯極，禦侮維艱。誰非高皇帝之裔孫，唐王能出長江、復南京者，願退歸桂邸。」是月十五日，大清兵入西充，斬張獻忠。賊將孫可望、李定國奔重慶，襲殺總兵曾英。大清李成棟入潮州，惠州魯王次中左所。十二月，兵部侍郎林佳鼎攻廣州，敗没。以太監王坤掌司禮監，大學士吕大器、李永茂罷，朱容藩自請經略四川，遣之。李成棟襲廣州，殺唐王及周、益、遼等二十四王。蘇觀生自殺，王如梧州，以朱治憪總督兩廣，留守肇慶。是月朱成功起於烈嶼。

大清順治四年丁亥春正月，王在梧州。李成棟入肇慶，朱治憪出走，廣東十郡皆陷。王如平樂，大學士丁魁楚走岑溪，兵部尚書王化澄走潯州。成棟至梧州，巡撫曹燁出降。是月，大清兵略定兩川，孫可望入貴州，總兵王祥、皮熊皆潰走。前督師大學士王應熊薨於畢節。朱容藩入夔州，遣李占春復涪州。李乾德遣袁韜據重慶，王祥復保遵義。是月，魯王次於長垣，以熊汝霖爲相。二月，王至桂林，遣使湖南勞督師定興侯何騰蛟，且徵其兵。騰蛟以大清兵近，辭不至。大學士平粤伯丁魁楚敗死藤江。大清兵陷平樂，王幸全州。命瞿式耜兼吏、兵尚書，留守桂林。封陳邦傅爲思恩侯，守昭平。武岡守將劉承胤入衛，免王坤，封承胤爲安國公，杖御史毛壽登等四人，賞從駕勞，封馬吉翔爲文安侯，掌絲綸房事。三月，幸武岡，以嚴起恒爲大學士。大清李成棟圍桂林，給事中陳邦彦起兵高明，遣其將余龍攻廣州。兵侍郎張家玉起東莞，應邦彦。是月，孫可望入雲南，巡撫都御史羅國瓛、宗室朱壽琳死之。沙定洲走阿迷，皮熊收復貴州。夏四月，大清孔有德破長沙，何騰蛟退保衡州。忠貞帥李赤心攻荆州不克，湖南北皆潰。騰蛟朝武岡行在。是月，大清松江守將吴勝兆謀來歸，事泄，及遺臣陳子龍等皆死之。五月，桂林圍解，晉瞿式耜太子太師，封臨桂伯。總兵焦璉富川伯。大清兵入衡州，命何騰蛟出扼永州。湖南巡撫章曠卒於永安。張家玉自龍門進攻惠州，虎賁將軍王與保文村，廣東鄉兵特起。是月，安昌王恭㰒如日本乞師。秋七月，故大學士陳子壯攻廣州，前御史麥而炫以高明迎子壯。焦璉復平樂，陳邦傅復潯州，同復梧州，遺紳李星一等攻肇慶，不克，死。是月，魯王攻漳州，福州，鄭鴻逵、朱成功圍泉州，皆不克。八月六日，大清孔有德、耿仲明破寶慶，遂乘勝西入。王自至武岡，制於承胤，太后血詔賜古泥商邱伯侯性，告以難。性令部將謝復榮先入衛，而已嗣發。大清兵進至紫陽河，陳友隆阻險相持三日夜，尚可喜自道州至，合戰，夜破栅，進抵武岡，承胤降。兵部尚書傅作霖死之。十八日，馬吉翔、謝復榮奉王及三宫斬關出。大清兵追躡，相距三里，復榮斷後，與其卒五百人俱死王家堡。王徒行三十里，兩晝夜不食，幾及，會性率兵奄至，陣峽口，大軍乃退。由靖州通道，歷蠻境，五日達古泥。晉性祥符侯、吉翔文安侯，哭復榮，卹其家。明日，王幸柳州。大清兵入貴州境，破黎平，盡殺何騰蛟之家。是月，孫可望遣兵入永昌，執黔國公沐天波以歸，遂據雲南。九月，大清兵入永州，何騰蛟及諸將俱南保桂林。李成棟入清遠，故大學士朱學熙、給事中陳邦彦、指揮白嘗燦死之。冬十月，柳州軍亂，王幸象州。兵部尚書張家玉敗死增城。是月，魯王復閩中諸縣，故大學士劉中藻起兵福安，取福寧州。十一月，李成棟入高明，大學士陳子壯、御史麥而炫死之。是月三日，王自象州還至桂林。靖江王亨歅迎王而哭。瞿式耜、嚴起恒並相，中外想望新政。命曰：「即位一載，未有寧居，賴將相大臣和衷匡復。凡我故家名族，軍伍遺民，以及山林川澤之豪，挺戈建義；羌苗氏貊之長，解辮歸誠。咸與釋愆圖功，剖符立誓。」王寬仁恭默，虚己委任，無逸豫之過。然自常朝召對外，羣臣希得接見，左右倖佞，因爲奸弊。文安侯吉翔招權，内結宦者，外通思恩侯邦傅，自象柳行在票擬，皆出其手。比至桂林，專與機密。式耜、起恒雖被敬禮，不能與争。朱天麟、王化澄繼

相，僅守故事。而司禮龐天壽奉使恭視興陵未還。王坤入自武岡，復營進用。政令紛囂，方鎮驕惰，由是遠近不服。十二月，令督師騰蛟，帥總兵胡一清、趙應選等出屯全州。是月，舟山總兵黄斌卿攻寧波不克，諸生華夏等死之。是年，朱容藩據夔州，自稱監國，招討副元帥總督李乾德，會師討斬容藩。故大學士吕大器薨於獨山州。

大清順治五年戊子春正月，王在桂林。魯王兵復興化，鄭彩殺大學士熊汝霖、義興侯鄭遵謙。二月，大清兵薄桂林督師騰蛟、留守式耜禦却之。南昌守將金聲桓，以江西來歸。封聲桓爲豫國公，其將王德仁爲建武侯。是月馬進忠復常德。閩地復破，魯王退保沙埕。餘姚王翊起兵四明，前翰林學士張煌言保平岡以應之。金聲桓攻贛州。安南、黎莫二部入寇犯行在。夏四月，后生男。督師騰蛟及焦璉、胡一清等退大清兵於嚴關。五月，大清兵還武昌。騰蛟收復全州。李成棟劫其總督佟養甲以廣東來歸，封成棟惠國公、養甲襄平伯。命吏部侍郎吴貞毓宣諭廣東，太僕少卿黄尚賓宣諭江西。六月，遣留守式耜、侍郎劉遠生如全州、廣州勞軍。黄斌卿使馮京第入日本乞師。八月朔癸巳，王自南寧還至肇慶。惠國公成棟負弩矢郊迎百里外，副將杜永和以下前驅，從騎四萬。册命成棟爲翊明大將軍，以其子元胤爲錦衣都指揮，掌絲綸房事。擢袁彭年左都御史。粤東羣盜保山澤者，皆入獻請自效。王命成棟夾攻贛州，以合聲桓，同恢南京。大清固山譚泰圍南昌，命騰蛟速出湖南援江西。十一月，騰蛟克永州、衡州。馬進忠退大清兵於麻河。佟養甲伏誅，召故相何吾騶、黄士俊輔政。十二月，湖北巡撫堵胤錫棄常德，奔湘潭，湖南軍亂。命騰蛟帥馬進忠圍長沙，胤錫帥忠貞營援江西，忠貞營不進。是年封嘉定鎮將楊展爲華陽伯，晉錦江侯。

大清順治六年己丑春正月，王在肇慶。罷大學士朱天麟。大清譚泰拔南昌，聲桓、得仁被殺。故大學士姜曰廣死之。定興侯騰蛟兵潰，死長沙。二月，罷大學士王化澄。惠國公成棟敗死信豐。時，三喪大將，連失江西、湖南，嶺表震恐。命留守式耜督江、湖、兩廣軍馬，以杜永和代成棟，鎮廣州。閻可義守南雄。封李元胤爲南陽伯，領兵宿衛。人情少定。李赤心等潰茶陵，行剽走梧州。堵胤錫走道州。可義尋卒，以羅成耀代。三月，大清兵入衡、永，諸軍南保廣西。封王祥爲忠國公。夏四月，福安破，故大學士劉中藻死之。孫可望使楊畏知入朝，陳邦傅矯制封可望爲秦王。六月，杜永和請出師北上，不果行。左都御史袁彭年以憂去。秋七月，封孫可望爲平遼王，不受。是月，魯王徙居健跳。八月，罷大學士何吾騶。朱成功遣光禄卿陳士京入朝，閩海始奉年號。封川守將楊大福作亂，討誅之。九月，魯王討斬黄斌卿，移屯舟山。遣使如日本乞師。冬十一月，堵胤錫死於潯州。十二月，大清兵分道入嶺，孔有德趨廣西，尚可喜、耿仲明趨廣東。仲明死，子繼茂襲爵。是月晦，入南雄。羅成耀棄韶州，逃歸。是年春，李乾德、袁韜誘殺錦江侯楊展，併其兵。

大清順治七年庚寅春正月，韶州破，王至梧州。命李元胤留守肇慶。大學士黄士俊免。二月，大清尚可喜、耿繼茂襲清遠，圍廣州，杜永和、張月、李建捷力戰禦之。户尚書吴貞毓、禮侍郎郭之奇、兵侍郎程源、萬翺等，合疏論左都御史袁彭年、侍郎劉湘客、給事中丁時魁、金堡、蒙正發，招權誤國罪。王及太后亦意羣臣有黨，詔獄竟治，以功赦彭年，餘皆杖戍。大學士嚴起恒伏沙灘求免刑，不聽，遂罷去，以王化澄、朱天麟代之。王憂廣州，進杜永和等爲侯伯。永和乞師於碣石鎮蘇利不應。三月，嶺東道李士璉、總兵郝尚久、黄應傑以潮、惠二州降。大清殺滋陽、銅陵、興化、永豐等八王。巡撫王芋逃入山中。是月，王翊朝魯王於舟山。夏五月，李元胤及鄖國公高必正、興平侯党守素朝於梧州，召復大學士嚴起恒，命必正出救廣州，不奉命。安定伯馬寶襲清遠，敗歸。命故大學士何吾騶督師屯三水。秋七月，颶風盪舟，求直言。八月，孫可望再遣使求封秦王，不許。嚴起恒主之也。是月，大清田雄會兵餘姚，攻王翊，翊避入海島。魯王將張名振討破鄭彩兵於沙埕。九月，孫可望襲貴州，執匡國公皮熊，遂趨遵義，王祥走死。湖南大將馬進忠、張先璧皆歸於可望。冬十月朔癸巳，日有食之。十一月二日，廣州破，杜永和、張月以餘衆保瓊州，李建捷奔肇慶。肇慶裨將叛，李元胤、建捷出走。大清孔有德破全州，入嚴關，諸軍皆潰，遂入桂林。留守大學士臨桂伯瞿式耜、總督兵侍郎張同敞死之。大清兵進克平樂，王夜發梧州，走南寧。陳邦傅劫車駕於藤江，殺部郎潘駿觀、許玉鳳、董英前，至潯州，王舟衝雨而過，得免。服御被掠，邦傅以鹵簿僭陳營中。大學士王化澄、吏部尚書晏清等，俱走北流，不得達。二十八日，王至南寧，馬吉翔、李元胤追及，從官饑餓無人色，括御橐及吉翔所獻得四千金，分賜胡一清、趙應選帥滇兵屯賓州。

大清順治八年辛卯正月朔己酉，王在南寧。己未，祀太廟，詔東閣大學士、吏兵尚書文安之督師經略楚粤，賜尚方劍，便宜行事。二月，大清尚可喜將徐成功下高州，提督李明忠敗於陽江。羅定總兵郭登第降。是月，大清兵襲廈門，故大學士曾櫻死之。三月，孫可望使其將賀九儀，以兵入南寧，殺大學士嚴起恒、

兵尚書楊鼎和、給事中劉堯珍及吳霖、張載述等於朝。於是，封可望爲秦王，以楊畏知爲大學士輔政。夏四月，皇太后王氏崩。大清徐成功下廉州，總兵寧武忠出戰，大敗，雷州渠帥王翰等皆降。大清尚可喜使班志富、郭虎引兵徇潮惠之未附者，都督薛進戰死，海豐嶺東皆入於大清。五月，修中極宫，行日講。秦王可望召大學士楊畏知至貴州，殺之。秋七月，祀太廟，中元望祭諸陵。十八日，葬孝正王太后於兩江之宋村山。是月，王翊自島還，入四明，軍潰被執死之。八月，大清陳錦、金礪攻舟山，張名振、張煌言奉魯王奔閩海。蕩湖伯阮進戰死於海門。九月，舟山破，大學士張肯堂、禮尚書吳鍾巒、吏侍郎朱永祐等死之。冬十月，大清徐成功下雷州，南陽伯錦衣衛都指揮使李元胤死之。陳邦傅以潯州叛，南寧震動。王將奔廣南(滇地)，胡一清、趙應選以潰兵同馬吉翔抵駐灘，請舍舟由土司安平下雷歸順，間道進發，諸蠻皆餽餉服徭。秦王可望遣其將狄三品以兵來迎，書致從官曰：南寧不守，當走安隆(粵地)。從之。十二月，安寧破，太僕少卿丁元相、户員外郎楊禹甸死之。是年秋冬，秦王可望由遵義北擊，敗余大海、李占春於重慶，别將王自奇、劉文秀取川西，走袁韜，獲武大定以歸。總督李乾德赴水死。可望遂據兩川。

大清順治九年壬辰春正月，朱成功退大清陳錦兵於長泰。二月，王至安隆，進安隆所爲安龍府，以吳貞毓爲大學士。自是軍國大政一歸可望，王居處亦不自由，歲以銀八千兩、米八百石上供，從官咸取給焉。命曰：「在位五年，二三元臣中，湘臨、桂寧、夏南陽父子，心膂左右手也，皆成功無就，殉節彌光，夢寐追傷，煢煢在疚。去年南寧荒遜，荷秦王親賢股肱，迎朕來此，王其厲兵張武，以圖中原，大小戰爭，誅斬封拜，先行後奏，連歲播越，服御自奉，其損之又損，以稱待罪天地祖宗之意。」是月，朱成功圍漳州。大清平西王吳三桂，定西將軍李墨勒根瑕，由漢中入四川，守將白文選走還雲南。定南王孔有德，自廣西以七百騎出河池州，趨貴州，後軍屯柳州。秦王可望乃馳奏兵分二道，使李定國、馮雙禮由黎平出靖州，馬進忠由鎮遠出沅州，會於武岡，以圖桂林，步騎八萬。劉文秀、張先壁由永寧取叙州，白文選由遵義取重慶，會於嘉定，以圖成都，步騎五萬。尅期並進。從可望奏，封定國西寧王，文秀南康王，餘皆加公侯。夏五月，西寧王定國進克靖沅、武岡，大清孔有德退守桂林。六月，將軍雙禮遇大兵於譯湖，克全州。秋七月，定國遇大兵於嚴關，遂克桂林，有德自焚死，俘其子廷訓，獲叛將陳邦傅，斬於貴州。大清柳州守將全節、梧州守將馬雄及提督線國安，皆還廣東。定國進克柳州、平樂、梧州，廣西府縣皆復。故將胡一清、趙應選、馬寶、曹志建等，出自山谷來歸，可望獻捷行在。王告祀宗廟。是月，陳錦爲其下所殺，以其首奔朱成功。八月，南康王文秀下四川，及大清吳三桂、李墨勒根瑕戰於保寧，敗績，都督王復臣死之，蜀地復陷。可望奏削文秀王爵，還雲南。九月，西寧王定國攻衡州。大清馬雄等復取廣西。耿繼茂下瓊州，杜永和、張月以城降。將軍文選取辰州，斬其守將徐勇。冬十月，馬寶、曹志建復連州，獲守將茅生蕙，斬於衡州。尚可喜使郭虎來救，不及。十一月三日，定國及大清兵戰於衡州，害敬謹親王，收兵退屯武岡，遣使告捷。可望忌定國，召還。大清以洪承疇總制滿漢軍，經略南方，星夜馳入武昌。

大清順治十年癸巳春正月，王在安龍。魯王次於金門，始去監國號。西寧王定國自武岡還，入廣西，州縣多復。秦王可望及大清佟圖賴戰於寶慶，敗績，遂棄湖南，歸貴州。夏四月，定國帥馬寶等圍肇慶。大清潮州守將郝尚久舉兵應之，尚可喜救肇慶，定國解圍還。五月，朱成功敗金礪於海澄。秋八月，大清耿繼茂、哈哈木入潮州，新泰侯郝尚久死之。九月，遣文安侯馬吉翔詣南寧，祀孝正皇太后陵。冬十一月，晉西寧王定國爲晉王。十二月，秦王可望遣兵至行在，執行朝使者林青陽、周官及文安侯吉翔至貴州，下獄。釋吉翔，殺青陽、官。

大清順治十一年甲午春正月，王在安龍，以馬吉翔爲大學士。三月，秦王可望遣兵至行在，繫大學士吳貞毓等十六人於朝，執太監張福禄、全爲國於宫，皆殺之。晉王定國自柳州奔南寧，將軍雙禮攻桂林，不克。夏四月，大清劉漳、泉、惠、潮招朱成功，不降。五月，定國自廉州出師，故將張月以高州來歸，進圍新會、高明。秋七月，大清瓊州亂，陳武等自稱明將軍，合黎岐拒大兵，水陸羣盜響應，尚可喜使張國柱度海援瓊州。九月，晉王定國拔高明，獲守將郭虎，遂合兵圍新會，大清將許爾顯固守不下，朱成功遣黄梧出海道西援。十二月，晉王定國帥師及大清平南王尚可喜、靖南王耿繼茂、靖南將軍朱馬喇、總督李率泰、纛章京東拜戰於新會，敗績。是月朔，朱成功復漳州。

大清順治十二年乙未春正月，王在安龍。晉王定國奔南寧，所得廣東西府州縣復破。大清瓊州盜平。黄梧兵不利，引還。秋七月，秦王可望遣兵攻常德，不克。九月，朱成功復揭陽、澄海、普寧，徐成功、許爾顯來救不及，遂城揭陽。故總兵陳奇策、馮士驑猶出没雷廉海中，擊殺大清將蓋一鵬、劉良卿。冬十一月，朱成功遣阮駿、陳雪之圍舟山，大清將巴臣興舉城降。成功毒殺定西侯張

名振。

大清順治十三年丙申春正月，晉王定國入見，奉王如雲南。秦王可望遣將軍文選以兵追上，及於曲靖，文選來歸。王至會城。黔國公天波、南康王文秀，率文武將吏迎謁，王入居可望府中。大赦，以雲南爲滇都，賜定國晉王，册寶進文秀爲蜀王，艾承業爲鎮國將軍，理延安王事。封文選爲鞏國公，王尚禮爲保國公，王自奇爲夔國公，餘侯伯有差。以金維新爲吏侍郎兼都御史，龔銘爲兵侍郎，猶用馬吉翔爲大學士指揮使如故。遣文選還報。可望曰：「誓與晉、蜀共獎明室，兩無虞詐。」可望榜文選不受命。三月，大清兵復入揭陽。夏五月，朱成功改廈門中左所爲思明州。六月，黄梧以澄海降。秋七月，成功攻福州，獲大將張福。八月，大清兵破舟山，總制陳雪之、英義伯阮駿死之。

大清順治十四年丁酉春正月，王在滇都，歸孫可望妻子於貴州。可望舉兵反。夏□月，削可望王爵，命晉王定國、蜀王文秀討之。秋七月，出屯交水，賊劫鞏國公文選爲元帥，文選逃歸，晉爵鞏昌王。八月，鄉試雲南士。九月，賊將馬寶、張勝襲滇都，黔國公天波擊走之。定國、文秀及可望戰於交水，賊將馬惟興、馬進忠來歸。賊敗走貴州。定國還救滇都，收馬寶，獲張勝。冬十月，可望出降大清，其將馮雙禮以貴州來歸。論功封雙禮慶陽王，進忠漢陽王，惟興叙國公，寶淮國公，賀九儀廣國公。附可望者，德安侯狄三品、岐山侯王會、荆江伯張光翠，皆降謫有差。遣使渡海，封朱成功爲延平王。十一月，延平王成功攻漳州，尚可喜來救，乃還。

大清順治十五年戊戌春正月，王在滇都。二月，大清平西王吴三桂、定西將軍李墨勒根瑕，由四川；寧南大將軍宗室羅托，由湖廣；征南將軍昭布太，由廣西；三道進取貴州。晉王定國使馬進忠守貴州，楊武、劉正國守三坡、紅關。三月，三桂入合州，總兵杜子香棄重慶逃歸。是月，延平王成功帥師北上，次於羊山。夏四月，大清兵入重慶。二十四日，蜀王文秀薨。夔國公王自奇、永壽伯關有才反，定國討誅之。大清兵至三坡，正國自水西奔還雲南，晦，遵義陷，信郡王多羅自鎮遠抵貴州，進忠走。五月，三桂襲破楊武兵於開州之倒流水。水西宣慰使安坤、酉陽宣慰使冉奇鑣、藺州宣撫使奢保受皆降於大清。秋七月，新津侯譚弘、仁壽侯譚義、涪侯譚文，以舟師攻重慶，不克。大清趙布太、線國安由廣西抵獨山州。冬十月，大清兵俱入貴州，多羅繼至，會於平越，使羅托還鎮荆州，命晉王定國出師圖復貴州，假黄鉞。鞏昌王文選爲副，定國及馮雙禮扼盤江河，文選守七星關。十二月二日，三桂奪七星關，文選奔霑益，譚弘、譚詣、譚文復攻重慶，弘、詣殺文，降於大清，蜀中兵皆散。泗城州土官岑繼祿，導大清兵入安龍，懷仁侯吴子聖禦之，敗績。定國由盤江還戰，連敗，遂奔回滇都。十五日，奉王西奔永昌。文選自霑益追及，使留斷後。三桂敗文選餘卒於烏撒，遂涉河渡橋，出交水，會多羅、趙布太於板橋。

大清順治十六年己亥春正月四日，王至永昌，下書罪己。有曰：「死而後已，寧爲六出之兵；天若不存，誓共一舟之覆。」晉王定國還，黄鉞待罪，請削秩，不許。前一日，大清多羅、吴三桂、趙布太入滇都，侯伯鎮將胡一清、土司總兵龍世榮迎降。閏月十五日，大清吴三桂、趙布太至大理，鞏昌王白文選敗於玉龍關。王發永昌，走騰越州。十八日，三桂入永昌。二月，晉王定國迎戰大清兵於磨盤山，不勝，泰安伯竇民望等死之。王奔南甸。大清兵入騰越，景東土知府陶斗、蒙化土知府左星海、麗江土知府木懿及諸土知縣官皆降。大學士扶綱、兵尚書尹三聘、編修劉菹、貴州布政使朱企鋘、淮國公馬寶、叙國公馬惟興、武靖侯王國璽、懷仁侯吴子聖、宜川伯高啓隆、公安伯李如碧、陽武侯廖魚、將軍楊武、都督王朝欽、總兵單泰徵，皆從王出邊，前後入降。慶陽王馮雙禮渡金沙江，奔建昌，狄三品執之以降。大清封三品爲抒誠侯，四川守臣及諸將領兵者皆赴雲南降。大清兵盡定滇蜀。磨盤之敗，王與定國、文選相失，乃謀入緬。二十六日，抵曩本河，前距緬關，使黔國公天波入告難，勒從官放仗而入；晦，至蠻漠。二月朔，緬酋以四舟來迎，得從者六百四十六人。十八日，至井亘，文選自木邦以兵入緬，謀迓駕，戰不勝，還走孟艮。文安侯馬吉翔，冀悦緬心，諭守關者，王航海赴閩，兵勿復來。故將祁三昇至蠻漠，又檄止之。由是内外問絶。天波請間道走户臘，亦不許。五月八日，王進赭硜，編竹城草屋十間爲宫，以兵百人環衛，從官分處，蠻男婦日至市易，初至餽頗豐，後漸薄。前陸行者，總兵潘世榮、内監江國泰九百餘騎，皆被給土人爲奴，多自殺。惟岷王子十八人，後流入暹羅。六月，延平王成功入瓜州，復鎮江。秋七月，進圍南京，兵部尚書張煌言帥前軍先蕪湖，抵徽、寧、池、太府州縣皆下。成功以驕敗，上游軍亦潰。煌言間脱，走台州。八月，大清尚可喜遣使招虎賁將軍王興於文村，唐王聿鍔及興皆死之。中秋節，緬酋受諸蠻朝，逼黔國公天波行禮，天波歸哭而慟。馬吉翔、李國泰等飲王惟恭家，爲梨園舞，老妓泣下曰：「此何時，猶爲歌舞歡耶？」蒲纓家復縱博，聲徹於内。王方卧病，嘆息而已。天波時歔欷爲王言，倉卒入緬，本失計，所恃

一定國，不得合。緬意日惡，恐禍發旦夕，君臣不復相見。臣三百年蒙國恩，死無恨。王亦泣。監御莫能仰視。定國在孟定，承制概加土司勳爵，使赴難；元江知府那嵩起兵，延長伯朱養恩，將軍高應鳳，總兵許名臣、龍贊陽等皆已降大清，復結謀内應。冬十月，禮官請造庚子曆，從之。是月，大清兵北還，以吴三桂留鎮雲南。十一月，三桂克元江，總督那嵩死之。

大清順治十七年庚子春正月，王在赭硜。晉王定國次於近郊，奉表迎王，不克。時馬吉翔、李國泰相爲脣齒，猶然泄泄，但害定國之至。二人合奏，大臣三日不能舉火，王怒，以皇帝之璽擲地，即椎碎，人數銖。御史任國璽請東宮開講，進宋末賢奸書。王覽一日，國泰惡而去之。太常博士鄧居詔、禮部主事王祖望，各劾翔、泰。又傳禮侍郎楊在講書，賜坐；在以東宮典璽李崇貴侍立，不敢，王并賜崇貴坐。對曰：「雖在亂亡，不可廢禮。」王爲改容。每講，崇貴出外，講畢復入。秋七月，定國、文選會兵攻緬，迎王不得，敗緬兵於瑞陽岳故。漳平伯周金湯，聚兵雷廉海上，結龍門鄧耀、海陵李常榮等圖復嶺西，爲尚可喜所敗，常榮降。御史連城璧亦自陽春降。王興故將王懋德及李玉、黄確、鄭球皆敗死。金湯被執。可喜水陸並進，急攻龍門。耀出搏戰，大敗，走交阯。交阯殺獲耀舟，浮屍蔽海。耀復走廣西，入土司，被縛，嶺海由是無用王年號者。是年，魯王自思明移金門。大清明安達理出浙海，達素出閩海。

大清順治十八年辛丑春正月，王在赭硜。鞏昌王文選次於近郊，奉表迎王，不克。晉王定國戰於洞怕，文選從之，再敗緬兵。緬終不肯出王，有欲殺吉翔、國泰，奉東宫奔者，事覺，被害。夏四月，緬酋莽猛白代立。秋七月十八日，逼朝臣過河飲呪水而盟，以兵圍殺之。死者宗臣松滋王，勳臣沐天波，武臣馬吉翔、王維恭、魏豹、蒲纓、王啓隆、馬雄飛、王自京、龔勳，陳謙、劉相、吴承爵、安朝柱、任子信、張拱極、宋宗宰、劉廣良、宋國柱、丁調鼎，文臣鄧士廉、鄧居詔、任國璽、楊在、鄔昌琦、裴庭謨、楊生芳、王祖望、齊應巽、潘璜、郭璘、張伯宗，内監李國泰、李茂芳、楊宗華、楊强益、李崇貴、沈猶龍、周某、盧某、曹某等四十有二人，從官皆盡，遂圍王宫，王幾欲縊。吉王與其妃自殺，宫人命婦不屈死者及百人。緬人馳呼勿害皇帝、黔國公，可禮送大清皇帝處分。越日，王及侍御二十五人移入天波居。秋八月，晉王定國復以十六舟攻緬不克。冬十二月朔，緬人請移蹕，王及太王后、王后、王子同行，二鼓渡河，大清吴三桂執王入滇都，白文選以木邦降。始緬難作，都督同知鄧凱以傷足獨免，生歸，述緬時事，言十一月十八日王召凱入宫，諭曰：「太后病矣，未知骸骨得歸故里否？」又曰：「白文選未封親王，馬寶未封郡王，我負之。滇黔百姓，我師侵擾多年，今又不知作何狀？」明年壬寅四月二十五日，王縊於滇都，並殺王子。六月二十四日，晉王定國死於猛臘。李嗣興、劉震、艾承業俱出降。其年，朱成功取臺灣，明宗室多依之。張煌言遺書勸成功尊立魯王，以存明祀。成功有異志，託言以永曆紀年，不更事二君。煌言卒死杭州。

徐鼒《小腆紀傳》卷四　永曆帝，神宗之孫，桂端王常瀛少子也。諱由榔。崇禎九年，封永明王。十六年，張獻忠陷衡州，王由永州入粤西，爲賊所執，繫道州，征蠻將軍楊國威遣部將焦璉攀城破械出之。王病，不能行，璉負王趨，渡河，獲免。

南都之亡也，廣東在籍尚書陳子壯將奉端王監國，會隆武帝立，議遂寢。端王薨於蒼梧，長子安仁王由樫襲封，居肇慶，病篤，召巡撫瞿式耜入，屬以王，自言「爲再生伽藍，弟亦羅漢，先生好輔之」！安仁王薨，隆武帝以王襲封，詔中有「天下王之天下」語。又嘗語羣臣曰：「永明王神宗嫡孫，統系最正，朕無子，後當屬諸。」

隆武二年丙戌，八月，駕陷汀州。變聞，總督丁魁楚暨式耜與巡按御史王化澄，鄭封、知府朱治憪、錦衣衛僉事馬吉翔、太監龐天壽等議監國，而舊臣吕大器、李永茂、晏日曙、湯來賀、董天閎、周鼎瀚、方以智、林佳鼎、程源等先後至，僉謂王統系正，賢而當立。乃以冬十月十四日丙戌，監國肇慶，祭告天地宗廟，以府署爲行在，頒詔楚、滇、黔、蜀。以魁楚爲東閣大學士兼戎政尚書，大器爲東閣大學士兼兵部尚書，式耜以大學士兼吏部右侍郎。永茂請終制，化澄以下進爵有差。封狼兵帥李明忠爲武靖伯。

壬辰，湖廣督師何騰蛟、巡撫堵胤錫奉表勸進。以馬吉翔、郭承昊、嚴雲從、吴繼嗣爲錦衣衛使，以前太監王坤爲司禮監秉筆太監。進定蠻伯劉承胤爵爲侯，鎮寶慶。

是月，我大清兵取興化，知府劉永祚死之；取漳州，漳南道傳雲龍、知府金麗澤、知縣涂世名死之。

十一月癸卯朔，日有食之。聞贛州報，丁魁楚、王坤奉王奔梧州，瞿式耜止之，不聽。

丁未，前大學士蘇觀生奉唐王聿𨮁稱帝於廣州。事聞，魁楚謂「不即位無以

厭人心而號召天下」，奉王以甲寅日還肇慶，以十八日庚申即皇帝位，仍稱隆武二年，以明年爲永曆元年，大赦天下。

是日，和風旭日，有五色大鳥從南來，集殿上，士民歡呼，謂中興可卜。追尊皇考桂端王曰端皇帝，尊繼母太妃王氏爲慈寧皇太后，生母馬氏爲皇太妃，册妃王氏爲皇后。遥上隆武尊號曰思文皇帝，后曰思文皇后。封太后弟王國璽武靖伯，太妃姪馬九功鎮遠伯，后父王略長洲伯。進督師何騰蛟爲武英殿大學士，加太子太保，以瞿式耜爲文淵閣大學士，以朱容藩掌宗人府事。命兵科給事中彭燿、主事陳嘉謨宣諭廣州，爲蘇觀生所殺，乃以兵部右侍郎林佳鼎督師三水，以拒廣州兵。加陳子壯中極殿大學士兼兵部尚書，節制兩廣、江西、福建、湖廣軍務。時子壯居廣州之九江邨，陰致書瞿式耜請兵東向，故有是命。

癸亥，前大學士傅冠被執至汀州，不屈，死之。庚午，李明忠敗廣州兵於三水。

是月，丁巳，鄭芝龍降於我大清。丙寅，鄭彩奉監國魯王次中左所，尋改次長垣，詳魯《紀傳》，不具録。

十二月癸酉朔，招討大將軍忠孝伯朱成功起兵海上。甲戌，林佳鼎與廣州兵戰於三山口，敗績。内批以王化澄爲兵部右侍郎，代桂鼎督師，尋代吕大器爲尚書。起復李永茂爲東閣大學士，知經筵。永茂與太監王坤不合，辭官去。坤復疏薦海内人望數十人，給事中劉鼒疏論之，御史童琳亦劾都御史周光夏私亂臺規，上怒，奪鼒官，下琳廷杖，瞿式耜力持之，得寢。

丁亥，降將李成棟以我大清兵入廣州，聿鐭及蘇觀生皆自殺。報至，瞿式耜請守峽口，不從。丁酉，上奔梧州，以朱治憪爲兩廣總督，守肇慶。

是月，江陰黄毓祺、徐趨起兵襲縣城，不克，趨死之。我大清肅親王豪格誅獻賊於鳳凰山，其餘黨孫可旺等陷佛圖關，平蜀侯曾英死之。我兵取重慶，巡撫馬乾死之。

我大清順治四年丁亥，春正月癸卯朔，上在梧州，稱永曆元年。戊午，李成棟以我大清兵取肇慶，朱治憪棄城走。上奔平樂，瞿式耜從；丁魁楚、王化澄、李永茂、晏日曙皆棄上去。會前都御史張家玉、舉人韓如璜起兵復東莞，與兵科給事中陳邦彦合兵攻廣州，我總督佟養甲呼成棟還救，式耜乃奉上由平樂如桂林。加式耜太子太保，遣使趣何騰蛟入衛。

乙丑，我大清兵取高州、雷州、廉州。辛未，取梧州，巡撫曹燁降，副使陳象明、蒼梧縣丞巫如衡死之；取平樂，布政使耿獻忠降；取潯州，武靖伯李明忠降。朱容藩以罪削職，尋復之。

是月，丁魁楚爲李成棟所殺。孫守法退屯石子城。孫可旺陷遵義。

二月，召前大學士王錫袞、前禮部尚書文安之入閣，周堪賡爲户部尚書，郭都賢爲兵部尚書，道阻皆不至。以翰林學士方以智爲東閣大學士，劉遠生爲刑部尚書。

壬午，月掩歲星於東井。陳邦彦復順德，定蠻侯劉承胤以兵入衛，駐全州。丙戌，上幸全州，式耜疏止之，不聽。進式耜文淵閣大學士兼吏、兵二部尚書，留守桂林，以焦璉兵隸之。進承胤爲安國公。命思恩侯陳邦傅守昭平。以禮部右侍郎吴炳兼東閣大學士，入閣辦事。

丙申，我大清兵取長沙，何騰蛟檄諸鎮赴援，不至，走衡州，我兵遂取湘陰，守將王進才大掠而遁。

是月，孫守法退守石鼈谷。孫可旺陷貴陽，布政使張耀死之；陷定番，僉事曾益死之；陷永寧，知州曾異撰死之。

三月，甲辰，順德復陷，陳邦彦退據下江門。戊申，瀏陽伯董英降於我大清。乙卯，我大清兵攻桂林，留守瞿式耜率焦璉禦却之。劉承胤遣兵赴援，至則我師已退，因留助守。戊午，張家玉再復東莞。己未，兵部尚書詹兆恒自懷玉山出攻開化，敗績，死之。

是月，孫守法復寧州，拔興安之蕎麥山。

石屏副將龍在田苦沙寇之亂，乃乞師於孫可旺，可旺始入雲南。既敗沙賊於革泥關，遂屠曲靖，巡按羅國瓛、僉都御史朱壽琳、知府焦潤生、推官夏衍虞死之。陷南寧，知縣陳六奇死之；陷廣通，在籍州同知張朝綱闔門死之；陷姚州，知州何思、舉人席上珍、金世鼎死之；陷武定，同知楊于陸死之；陷師宗，署知州徐道興死之；進逼楚雄，舉人杜天楨死之。巡撫楊畏知拒之於禄豐，可旺願受約，大理及迤西八郡得免於禍。可旺移檄永昌，迎沐天波歸省垣，索道府印，署金騰道王運開、署知府劉廷標不屈死。別部李定國掠河西，在籍巡撫耿廷籙死之；陷晉寧，知州冷陽春、呈貢知縣夏祖訓、舉人段伯美、諸生余繼善、耿希哲等死之；江川知縣周柔强拒戰於撫仙湖，敗績，死之。迤東諸郡屠戮甚慘。

夏四月，江西大旱。壬申朔，進張家玉兵部尚書兼副都御史，提督嶺東軍務，聯絡漳湖。

癸酉，我大清兵取衡山。乙亥，我大清兵取瓊州。

封錦衣衛指揮馬吉翔、郭承昊、嚴雲從等爲伯，御史毛壽登爭之。吉翔怒，激劉承胤脅上下壽登及劉湘客、吴德操、萬六吉廷杖，承胤又佯爲申救，得免，皆奪職。遂劫上如武岡，政事皆決於承胤矣。太常寺卿潘應門棄官去。

是月，陝西興安陷，□□伯孫守法死之。辛巳，降將孔有德、耿仲明、尚可喜以我大清兵分道取湖廣。癸未，取衡州，殺黄朝宣。甲申，白虹貫日。我兵取永州，王允成走辰州，馬進忠走沅州，盧鼎、郝永忠走道州。時湖南州、縣瓦解，督師何騰蛟退駐白牙市，兵部右侍郎章曠退駐東安。太常寺少卿程源以罪削職。

丙戌，降將吴勝兆謀叛我大清，以松江歸監國魯王。事覺，爲洪承疇所誅，户部侍郎沈廷揚、兵部侍郎左都御史陳子龍死之，詳魯《紀傳》。降將王光泰亦於是月以襄陽叛我大清來歸，進踞鄖陽，事聞，封鎮武伯。朱成功復海澄。

五月，福建、江西大水。辛丑朔，新安陷。庚戌，揚州地震。甲寅，改武岡州爲奉天府。以周鼎瀚爲東閣大學士，同劉承胤入直。以貴州總督李若星爲吏部尚書。

甲子，常德陷。承胤援桂林，兵與焦璉兵主客不和，擊傷璉，大掠城中而去。瞿式耜檄誅首惡二十餘人，劾承胤馭兵無狀，璉兵亦出城赴黄沙鎮。我大清聞亂，復攻桂林，璉還桂林，與大清兵連戰城下，却之。戊辰，和平陷，知縣李信死之。論保桂林功，晉瞿式耜少師兼太子太師，封臨桂伯，焦璉新興伯，擢巡按廣西御史魯可藻爲巡撫。副將周金湯復永州。

是月，劉承胤以長沙失守，奏解何騰蛟兵柄，上不許。遣中使召騰蛟入朝計事，以雲南總兵趙印選、胡一青兵隸之。

六月，庚午朔，騰蛟朝行在，陛辭，賜銀幣，命廷臣餞之郊，承胤伏甲襲之，不克。堵胤錫疏劾承胤，而總兵張先壁自江西擁潰兵入楚，劾承胤專權，請以兵入朝，高必正、李赤心亦請就食湖南。承胤懼，乃請命騰蛟駐衡州督師，加胤錫東閣大學士，賜尚方劍，駐長沙。時衡州、長沙俱失，二臣但擁虚號而已。

湖南流寇曹志建、王朝俊以其衆降，賜爵侯、伯有差。

秋七月，甲辰，陳子壯會陳邦彦共攻廣州，敗績，子壯走還九江邨，邦彦奔三水。兵部右侍郎湖南巡撫章曠卒於軍。前福建提學道毛協恭被執於建寧，不屈，死之。

是月，朱容藩僭監國號於四川。初，容藩由辰州入施州衛，假稱楚王世子、天下兵馬副元帥，又以李占春、于大海兵敗我大清兵於萬縣之湖灘，遂稱監國。時干戈阻道，文告不通，川中諸將不知其僞也。

八月己巳朔，以户部侍郎嚴起恒爲東閣大學士。

時清遠指揮白常燦以城迎邦彦，御史麥而炫起兵復高明，迎子壯入守之。李成棟往來追擊，不能西顧，於是焦璉以其間復陽朔、平樂，陳邦傅復梧州，縣丞徐定國復懷集，全粵少定。方擇日迎駕返桂林，而我大清兵克寶慶。辛卯，進逼奉天，劉承胤舉城降，大學士吴炳、兵部尚書傅作霖死之。商邱伯侯性部將謝復榮偕馬吉翔奉上及三宫走靖州，復榮戰死，性與太監龐天壽將兵追扈於古泥關。上乃由通道縣入蠻境，達柳州，晉性祥符侯，天壽掌司禮監印。

我大清兵取沅州，偏、沅巡撫傅上瑞迎降，前貴陽巡撫米壽圖死之；克黎平，總兵蕭曠死之。時高明亦陷，督師東閣大學士陳子壯、御史麥而炫、主事朱實蓮皆死之。

是月，朱成功會師泉州之桃花山，在籍御史沈佺期等起兵應之，進攻泉州，不克。

九月己亥朔，上次靖州。我大清兵克清遠，兵科給事中陳邦彦、指揮白常燦、生員朱學熙死之。是月，川北總督李乾德以袁韜兵復重慶。前南昌知縣劉曙被執至南京，不屈，死之。

冬十月戊辰朔，上如柳州。瞿式耜連疏請還蹕桂林，上諭曰：「西陲朕根本地，先生竭力守此。異日國家再造，先生功實多。」辛未，太白經天。丁丑，土司覃鳴珂與守道龍文明鬨於柳州，文明走，鳴珂大掠，矢及上舟，上倉卒奔象州。兵部尚書張家玉與李成棟戰於增城，敗績，死之。降將耿仲明以我大清兵取永州，遂取全州，守將王允成、唐文曜、守道馬鳴鸞皆降。克辰州，榮王由楨死之；克黔陽，閣部李若符、翰林院待詔邱式秄死之。

是月，監國魯王頒監國三年戊子大統曆於海上，朱成功未聞粵中即位詔，又不欲奉魯監國，乃頒隆武四年戊子大統曆於海上，於是海上有二朔矣。

十一月戊戌朔，上在象州。我大清兵進逼全州，何騰蛟督諸軍禦却之。逼梧州，上走南寧，道阻不果，乃命王化澄、吴貞毓、龐天壽護三宫前往，而與馬吉翔遡十八灘返桂林。

是月，容藩使李占春襲袁韜營，不克；王祥復以其衆與韜戰，亦不克。時容藩欲立威，總督李乾德亦挾詐翦除異己，川事益壞。

十二月丁卯朔，日有食之。己巳，上至桂林。自幸柳、幸象，票擬皆錦衣衛馬吉翔主之；式耜勸上攬大權，明賞罰，親正人，上嘉納之。

初，湖南失陷，郝永忠、盧鼎、趙印選之衆退入桂林，人情惶駭。式耜與督師何騰蛟、大學士嚴起恒、御史劉湘客議分地給諸將，俾各自爲守。全州之役，騰蛟集諸將誓神前，分道出戰，大敗我師，連營亘三百里，軍聲頗振，而諸將主客不和。比騰蛟出屯永福，而焦璉走平樂，郝永忠壁興安，式耜、騰蛟亦無如何也。

是月，鄞縣華夏、屠獻宸、王家勤等，謀以寧波歸監國魯王，不克，所謂「五君子翻城之獄」也，詳魯《紀傳》。

我大清順治五年戊子，春正月丁酉朔，上在桂林，稱永曆二年。以百官星散，免朝賀。遣大理寺評事朱宿垣諭廣西左右兩江及雲南土司勤王。論全州戰功，晉何騰蛟定興侯、太師、上柱國兼兵部尚書，趙印選新寧伯，胡一青興寧伯，焦璉新興侯，周金湯、熊兆佐、馬養麟等掛印有差。論川省收復州、縣功，晉樊一蘅太子太傅，户、兵二部尚書，擢巡按御史錢邦芑右僉都御史，巡撫四川，封楊展華陽伯，王祥綦江伯，諸將晉爵有差。又川將趙榮貴以保寧來歸，封定隨侯；監軍僉事詹天顏奏復龍安、茂州，擢天顏巡撫順慶、潼、緜。以總兵皮勛守平溪。

是月癸亥，降將金聲桓偕其黨王得仁以南昌叛我大清來歸。

二月，鳳陽地震。我大清兵攻平溪，總兵吴尚處等死之；克永寧寨，貴溪王常淲、總兵項登韋死之；克黎平寨，奉國將軍暉奎死之。丁亥，郝永忠敗績於興安，自靈川入桂林，大掠，上走南寧，遂劫瞿式耜出城。日中，滇營兵入城大掠，詔何騰蛟入援。我大清兵遂乘之取全州，中書舍人周震、守備孟泰皆死之。克興安之巖關，總兵某某皆死之。

辛巳，鎮江地震。辛卯，白虹貫日。是月，王得仁克九江，尋引還，會金聲桓攻贛州。

三月丙申朔，瞿式耜、何騰蛟入於桂林，焦璉、周金湯、熊兆佐、胡一青先後統兵至，軍勢復振。

乙巳，上如南寧，命嚴起恒、王化澄入閣，起恒兼吏部尚書，龐天壽掌司禮監，加南寧守道趙臺巡撫銜。其餘隨駕者，馬吉翔暨兵部尚書蕭琦、科臣許兆進、吴其靁、尹三聘、洪玉鼎、洪士彭數人而已。

時君臣資斧乏絶，嚴起恒懸示通衢，廣爲開選，二十四土州檳榔、鹽、布諸賈及土欒户，皆注仕籍。假府學明倫堂爲公座蒞任地，旗幟軒蓋，傴僂磬折，日以百數，贊禮生爲之驕貴。

安南國遣使入貢。

丁巳，我大清聞郝永忠之亂，以大兵直抵桂林北門，何騰蛟督焦璉、周金湯、熊兆佐、胡一青分門出戰，大敗之，乃列營榕江。進荆江伯張先璧爲侯。我大清以江西亂，引兵北還，式耜乃檄諸鎮復全州，巡撫魯可藻復梧州，疏達行在，候天子、三宫起居。上聞式耜無恙，大喜，璽書褒美，賜紗段銀兩。周鼎瀚免，以禮部侍郎朱天麟爲尚書，尋進東閣大學士。陳邦傅自請世守廣西，不許。進吕大器少傅，代王應熊督師，賜尚方劍，便宜行事。

是月，前兵部尚書周損、知府傅夢鼎、典史傅謙之等奉石城王統錡起兵六安，回人米喇印、丁國棟奉延長王識錛起兵蘭州，皆不克，死之。

夏四月，明閏三月，丙寅朔，元子慈烜生，册爲太子，大赦。瞿式耜進《八箴》。

乙亥，降將李成棟以廣東叛我大清來歸，遣洪天擢、潘曾緯、李綺齎奏赴南寧迎駕。時陳邦傅與趙臺相讐殺，行在人心皇皇，乍聞成棟來歸，驚疑百端；天擢等力陳成棟忠誠，且述江西金聲桓事甚悉，人心始安。召前四川巡撫毛芝瑞爲吏部左侍郎，未至，卒。

是月，前吏部員外郎華允誠被執至南京，不屈，死之。

閏四月，明四月，乙未朔，遣吏部侍郎吴貞毓，祥符侯侯性勞李成棟軍，封成棟惠國公，佟養甲襄平伯，杜永和江寧伯，羅成耀寶豐伯，董方策宣平伯，郝尚久新泰伯，張月博興伯，閆可義武陟伯，加齎奏速駕之沈原渭爲副都御史，於是羣臣伏處者争出。又有考貢之旨，能握管書字者投呈就試。章服錯亂，漫無等威。

五月乙丑朔，日有食之。何騰蛟復全州，降將陳友龍復以武岡州來歸。我大清兵逼南昌，金聲桓、王得仁自贛州引還，既入城，我兵築長圍守之，遂大困。

是月，朱成功復同安。

六月，甲午朔，有流星入於箕尾。封金聲桓豫國公，王得仁建武侯。初，聲桓歸明半年，尚稱隆武四年；有舊臣至，述閩陷廣立之詳，始改稱永曆。遣人間道齎佛經，置密疏其中，赴南寧輸款，表自署豫國公。詔改封昌國，聲桓頗觖觖，致書朝臣，請還故封，久之，始如所請。

甲辰，上幸潯州。陳邦傅以世守廣西要請，乃封邦傅慶國公。以再復湖南州縣，晉馬進忠、王進才、李赤心、高必正爵爲公。

秋七月甲子朔，上次梧州，謁興陵，成棟使部將羅成耀將兵迎駕。

八月癸巳朔，上還肇慶，以成棟爲翊明大將軍，其養子元胤爲錦衣衛指揮使，曹燁爲兵部尚書，耿獻忠爲工部尚書，袁彭年爲都察院左都御史。召瞿式耜入閣，辭不至。甲辰，命成棟攻贛州，以救南昌。盜殺兵部右侍郎劉季鑛。前大學士路振飛航海朝於行在。

是月，督師吕大器討朱容藩，誅之。我大清兵克同安，朱成功部將邱縉、林壯猷、金作裕、知縣葉翼雲、教諭陳鼎皆死之。成功遣前中書舍人江于燦、黄志高奉表行在。

九月，癸亥，有火星自東隕有聲。壬午，何騰蛟復永州，遂復衡州。是月，前淯川知縣王鼎復廬州，再攻霍山，不克。

冬十月，監軍御史余鯤起、職方主事李甲春復寶慶，馬進忠復常德。堵胤錫招李赤心於夔州，令進忠以常德讓之，進忠怒，大掠，走武岡，王進才亦棄寶慶走。既赤心至常德不入，引兵走長沙，諸營皆潰，湖南新復州縣爲之一空，楚事始不可爲矣。

丁巳，李成棟之師潰於贛州城下。封朱成功爲威遠侯。

十一月，佟養甲伏誅。以李元胤署吏部尚書。堵胤錫率李赤心等敗降將線國安於湘潭，遂復益陽、湘潭、湘鄉、衡山等縣，進圍長沙，弗克。

是時，南昌圍急，成棟駐信豐，勢不復振。總督義師兵部尚書揭重熙、侍郎傅鼎銓、前督師余應桂、前工部侍郎劉士楨、九江生員金志達、僧了悟、建昌人孔徹元、徹哲兄弟、蔡觀光各起兵援南昌，先後敗死。

陝西自孫守法死後，義旅散亡。會降將姜瓖以大同叛我大清來歸，在籍鄉官萬練、劉遷、王永强皆舉兵應。瓖、練踞偏關，復寧武、岢嵐、保德；遷略雁門關及代州、繁峙、五臺等縣；永强據榆林，窺西安。於是前寧夏巡撫李虞夔起兵平陸，克潼關及蒲、解二州。

十二月，辛卯朔，我大清兵援長沙，李赤心大掠湘潭而遁。召弋陽王某於建陽山中，不至。

我大清順治六年己丑，春正月庚申朔，上在肇慶，稱永曆三年。是日，大雷雨風雹，免朝賀。丁卯，李成棟殺宣忠伯王承恩，尋殺大學士朱由榛。壬申，朱天麟罷，召黄士俊、何吾騶入閣。

戊寅，我大清兵克南昌，金聲桓、王得仁伏誅，前大學士姜曰廣死之，江西全省復陷。庚辰，陷湘潭，督師定興侯何騰蛟死之。丁亥，定隨侯趙榮貴與我大清兵戰於龍安柏略口，敗績，死之。

是月，我兵之在桐、皖者，克舒城、潛山諸寨，侯應龍等死之。

二月，庚寅朔，張先璧攻辰州，不克。甲寅，長沙復陷。乙卯，成棟之兵潰於信豐，溺死。初，江、廣反正，楚軍奏捷，中外謂興復可期，一朝崩潰，舉朝大駭，至有冒雨逃者。贈騰蛟中湘王，謚忠烈，成棟寧夏王，聲桓南昌王，設壇致祭。

三月，丙寅，以杜永和爲兩廣總督，守廣州；羅成耀兼巡撫衛，守南雄；賜瞿式耜彤弓、鐵鉞，督視江、楚各省軍馬。李赤心軍潰於茶陵，大掠衡、永、郴、桂，走廣西。堵胤錫以胡一青、趙印選兵守衡州。

是月，揭重熙招江西故將張自盛、洪國玉、曹大鎬、李安民四營兵駐寧都、石城間，傅鼎銓亦合浙東徐孝伯軍駐徐、博，圖復江西，朱成功屯兵分水關，圖復惠、潮。江陰黄毓祺被執至南京，不屈，死之。

夏四月，太白入月。堵胤錫敗績於衡州之草橋，走龍虎關，守將曹志建襲之，胤錫走梧州。

是月，孫可望遣雲南巡撫楊畏知、兵部郎中龔彝奉表乞封王爵，乃封可望景國公，賜名朝宗，劉文秀、李定國爲列侯，加畏知兵部尚書，彝兵部侍郎，偕大理卿李昱衡命入雲南。

五月，以兵部侍郎張同敞總督軍務。盜殺兵部侍郎程峋於界口。趙印選、胡一青、王永祚率所部至桂林，隸瞿式耜。晉印選開國公，一青興寧侯，永祚寧遠伯，分守桂林、全州，是爲滇營。既以部衆多劫掠，焦璉部將趙興惡而攻之，殺滇兵四五人，幾大鬨，璉不得已斬興以謝，滇營事得釋。

六月己丑朔，袁彭年免。甲辰，堵胤錫自梧州朝於行在，加文淵閣大學士，封光化伯，命督師梧州，節制忠貞、忠武、忠開諸營。

秋七月，胤錫承制封孫可望爲平遼王，可望不受。瞿式耜疏劾巳革巡撫魯可漢不守制。以南雄固守，遣内侍齎敕獎武陟伯閻可義。誅副將楊大甫。焦璉、趙印選遣兵圍永州。我大清兵復取永寧州，胡一青退守榕江，瞿式耜檄一青進屯全州。廷臣集議慈寧宮，發餉萬兩，給式耜。晉封朱成功爲廣平公。

八月，焦璉部將劉起蛟敗績於興安。是月，李乾德殺華陽伯楊展。

九月，陳邦傅部將曾海虎劫監軍御史毛壽登於途，式耜檄誅之。

是月，陝西平陸山寨陷，前右僉都御史寧夏巡撫李虞夔及其子弘皆死之。

冬十月，我大清兵攻道州，曹志建禦却之。己丑，馬進忠復武岡，尋復寶慶、靖州。庚關陷，羅成耀不敢進，次於韶州。何吾騶、王化澄罷。始命閣臣擬旨於文華殿，封皮熊爲匡國公，鎮守貴州，王祥爲忠國公，鎮守雲南，以備孫可望也。

是月，監國魯王入於舟山。

十一月，丙辰朔，我大清兵克延平之將軍寨，德化王慈煒死之。降將孔有德自將救永州，分兵敗巡撫鄭愛於燕子窩，愛與副將陳勝、彭昌、高勝、談玉等皆戰死。辛巳，督師大學士堵胤錫卒於潯州。

十二月，丙申，王永祚敗績於永州，張同敞檄楊國棟駐全州。

戊申，以史館乏員，上親試士，取劉茝、錢秉鐙、楊在、李來、吳龍楨、姚子壯、涂弘猷、楊致和八人，授庶吉士。封李建捷爲安肅伯。

徐鼒《小腆紀傳》卷五　我大清順治七年庚寅，春正月乙卯朔，上在肇慶，稱永曆四年。晉李元胤車騎將軍，爵南陽伯，固辭，不許。丁巳，南雄陷，守將武陟伯閻可義死之，羅成耀棄韶州走，尋伏誅。

辛酉，上出奔，命元胤督理各營軍務，留守肇慶。戊辰，我大清兵至韶州，南澳總兵吳六奇降；進逼廣州，杜永和自虎門入城固守。

庚辰，上至梧州。黃士俊罷。召朱天麟入直。命陳邦傅、高必正會兵援廣州。

二月，丁亥，給事中丁時魁、金堡、蒙正發，翰林院侍讀劉湘客以罪下獄，尋遣戍。戊戌，武岡復陷，奉天總督劉禄，監軍御史毛養登死之，馬進忠退保靖州。己酉，我大清兵攻廣州，叛將羅守誠伏誅，博興伯張月、安肅伯李建捷、總兵吳文獻等力戰，不下。

是月，惠州總兵黃應傑、巡道李士璉、知府林宗京執趙王由棪及郡王十三人以叛，降於我大清。江西寧都陷，監察御史涂伯昌、兵部員外郎彭錕死之。鳳陽義師潰，總督兵部尚書王爀死之。

三月，己未，卯刻，日赤如血。龍虎關陷，總兵向明高、姚得仁戰死，曹志建奔灌陽，推官唐誼被執，不屈，死之。

夏四月，彬州陷，巡撫黃順祖、總兵林國瑞死之。召王化澄入閣，嚴起恒自劾去。

五月，鄖國公高必正、興平侯党守素、南陽伯李元胤朝於行在，乃復召起恒入閣，改戍金堡於近地。科臣張孝起、李用楫與御史廖永亨互訐，詔中書科，非軍國大事本章不許封進。以兵部左侍郎萬翱掌尚書事，起復魯可藻爲兵部侍郎。陳邦傅襲高必正營，必正西走。

時廣州圍愈急，安定伯馬寶襲清遠以救之，戰敗，李元胤、馬吉翔駐兵三水，不敢進，部臣束手無策，惟晉封杜永和等爵爲侯以慰勞之。又晉焦璉宣國公，胡一青衛國公，曹志建保國公。

六月，文安之朝於行在，命入閣辦事。

是月，朱成功討碣石總兵蘇利不克，旋師圍潮州。我大清兵復取雲霄、詔安，進攻盤陀嶺，成功部將何宸樞戰死，遂解圍，軍於潮陽。

秋八月，孫可望復遣使行在，以不改號請，付廷臣集議。

是月，朱成功襲殺鄭聯，取厦門，遂取金門。

九月，灌陽陷，知縣李遇昇死之，曹志建奔恭城，馬進忠走武岡山中，桂林大震。連陷全州，趙印選、胡一青、王永祚退入桂林，於是榕江遂成空壁，莫有堵禦者。

是月，孫可望由雲南東襲貴州，皮熊走清浪衛，追執之；襲平越，僉都御史巡撫郭承汾、威清道黃應運、總兵姚某、劉某等皆死之。分遣其將劉文秀取四川，忠國公王祥迎戰烏江，敗績，死之。攻建昌衛，前長沙知縣高明死之；陷黎州，土千户馬亭、李華宇等死之；陷滎經，知縣黃儒死之；屯洪雅之天生城，義民余升死之。

冬十月，辛巳朔，日有食之。嚴起恒疏請修省。

是月，朱成功取銅山、南澳、閩安諸島。

十一月，辛亥，我大清兵克廣州，杜永和走瓊州。甲寅，入興安之嚴關，諸軍皆潰。遂入桂林，督師大學士瞿式耜、江廣總督張同敞死之。

己未，上奔潯州，陳邦傅叛，劫從官於藤江，部郎潘駿觀、董英、許玉鳳被戕，王化澄、晏清走北流，嚴起恒、馬吉翔、李元胤追扈及於南寧。從官饑凍無人色，乃括行橐，並吉翔所獻四千金散給之。趙印選、胡一青之師駐濱州。化澄暨户部尚書童天閲降於我大清。

十二月，明閏十一月，擢兵科給事中張孝起爲副都御史，巡撫南寧。遣編修劉茝封孫可望爲冀王，猶不受。高必正、李來亨之衆走川東。朱成功奉詔率舟師南下勤王。

我大清順治八年辛卯，春正月，明永曆四年十二月，己酉朔，加大學士文安

之太子太保，兼吏、兵二部尚書，總督川、湖軍務，齎敕進王光興等十六營爵皆公、侯。孫可望邀之都勻，奪諸將敕印，安之走貴州。

二月，己卯朔，明永曆五年正月朔，上在南寧，以國家多難，免朝賀。

閏二月，明二月，癸亥，梧州陷；癸酉，柳州陷。孫可望遣兵至南寧，殺大學士嚴起恒，尚書楊鼎和，給事中劉堯珍、吳霖、張載述，乃封可望爲秦王。可望尋殺東閣大學士楊畏知。

是月，朱成功師次平海衛。我大清遣降將馬得功襲破厦門，守將鄭芝莞遁，前東閣大學士曾櫻死之。

三月，提督李明忠之師潰於岢口，高州陷。

夏四月丁未朔，朱成功復取厦門。戊午，太后王氏殂於田州。是月，兵部右侍郎傅鼎銓被執於廣信，不屈，死之。

五月，葬太后於南寧，上尊謚曰孝正莊翼康聖皇太后。尋下詔曰：「頃以大行皇太后喪，憂戚之中，不遑視事。今值服除，當與大臣商決政事。」即傳工部修中極殿，翰林院舉堪任日講記注員名，以二十七日舉行。

孫可望疏請移蹕雲南，召廷臣集議，朱天麟謂當如所請，以堅可望擁戴之心，吳貞毓力持不可，議遂寢。天麟自請經略左右兩江，許之。

是月，朱成功攻漳浦。總督江西義師、兵部尚書揭重熙被執於貴溪之百丈磜，不屈，死之。星子生員吳江兵潰，前督師余應桂死之。於是江右義師略盡矣。

秋八月，贈瞿式耜粵國公，張同敞江陵伯。

九月，陳邦傳誘殺宣國公焦璉，率潯州總兵李時、方有聲等以叛，降於我大清。尋陷平樂，左軍都督朱閔如死之；襄清遠衛，指揮白常燦死之。壬寅，聞潯州報，上發南寧。

是月，丙子，舟山亡，監國魯王航於海。朱成功復攻漳浦。

冬十月，上次新寧，册尊生母馬太妃爲昭聖仁壽皇太后，立子慈烜爲皇太子。

是月，劉文秀取嘉定，袁韜、武大定降，總督李乾德自殺。我大清兵取眉州，向成功死之。李占春與劉文秀戰敗，于大海遂以所部降於我大清。

十一月，李元胤疏請駐防城，不許。是月，朱成功與我大清兵戰於小盈嶺。

十二月甲辰朔，我大清兵取濱州。庚戌，取南寧，趙印選、胡一青敗走。報至，上由水道走土司。抵瀨湍，二將報我兵相距纔百里，上下失色，從官多散去，乃舍舟從陸，盡焚龍舟、重器而行。已次羅江，追騎相去纔一舍，會日晡引去，乃少安，徑由安平、下雷、歸順一路進發，諸蠻供糧餉並從官夫役甚給。孫可望亦以既受秦封，遣其將狄三品、陳國能、高文貴率兵三千迎扈，疏請移蹕安隆，許之。

是月，故少傅朱國楨之孫某起兵湖州之南潯鎮，敗死。朱成功取漳浦。

我大清順治九年壬辰，春正月癸酉朔，上次龍英，稱永曆六年。乙亥，次皈朝，留九日始發。甲申，次富川，乙酉次沙斗，丙戌次西洋江，丁亥次寶月關，戊子次廣南。孫可望再遣總兵王愛秀奉表至。丁酉，發廣南，次童卜，戊戌次晒利，己亥次鼎貴，庚子次加蒲，辛丑次那羊，壬寅次姪堂。

是月，監國魯王次於厦門。朱成功取海澄。

二月，戊申，上至安隆所，改名安龍府，遣太常寺卿吳之俊齎璽書至滇。

我大清兵入欽州，趙印選棄城走。杜永和以瓊州降。

是月，我大清命降將吳三桂取四川，孔有德取貴州。嘉定陷，川南巡撫范文光死之。

三月壬申朔，建行在太廟。己卯，湖北大風霾，晝晦，孫可望疏請遣李定國出楚，征虜將軍馮雙禮副之，拒孔有德，步騎八萬，由武岡出全州，以攻桂林；遣劉文秀入蜀，討虜將軍王復臣副之，拒吳三桂，步騎六萬，分出叙州、重慶，以攻成都。

是月，朱成功與我大清兵戰於江東橋，我兵退守泉州，成功遂復長泰，進攻漳州。

夏四月，吳三桂由佛圖關連取重慶、叙州，提學道任佩弦降。時劉文秀兵未至，白文選、王復臣退守永寧。

五月，德州大雨雹，大者如瓜，殺三人，沈漕舟一。南陽侯李元胤、安肅伯李建捷被執至廣州，不屈，死之。李定國復靖州，進攻湖南。

六月，張先璧、馬進忠朝於行在，晉先璧沅國公，進忠鄂國公。是月，吳三桂取石泉，川北巡撫詹天顔死之。

秋七月庚午朔，李定國復寶慶，辛未，復全州，與我大清兵戰於嚴關，孔有德走桂林。癸酉，攻拔之，有德自殺，執叛將陳邦傳父子送貴陽，伏誅。庚辰，復永州。

是日，黄霧四塞。劉文秀取叙州，吳三桂走緜州，進拔重慶。論恢復川、楚功，封李定國爲西寧王，劉文秀爲南康王，馮雙禮爲興國侯。孫可望殺山東道御史李如月。

八月，大學士朱天麟卒於廣南。

九月，博興侯張月執提督李明忠以叛，降於我大清，我兵遂復取梧州。川、陝總督樊一蘅卒。

是月，朱成功敗績於九龍江，解漳州圍，退屯古縣。

冬十月，劉文秀進攻保寧，敗績，討虜將軍王復臣死之。文秀還雲南，罷職閒住。時可望忌定國，而文秀又見廢，諸將始有怨心。我大清兵敗朱成功於古縣，成功退屯海澄。

十一月，辛巳，李定國復衡州，孫可望駐沅州，遣白文選攻辰州，拔之，殺降將徐勇。丁亥，我大清敬謹親王尼堪奉命征楚、粤，抵湘潭，馬進忠走寶慶。我兵復取衡州，李定國敗走，尼堪追之，殁於陣，定國乃屯兵武岡。

時上在安龍，日益窮促，將吏罕人臣禮。馬吉翔掌戎政，龐天壽督勇衛營，謀逼上禪位可望，惡大學士吳貞毓之不附己也，嗾其黨冷孟鈺、吳象鉉、方祚亨交章劾之，上知貞毓忠，寢不行。吉翔陰教可望劄諭吉翔、天壽，内外機務歸戎政、勇衛兩衙門，中外惶懼。於是御史胡士瑞與吏科給事中徐極、兵部員外林青陽、主事張鐫、工部員外蔡縯連章發其奸，上怒，兩人求救於太后，以免。可望又自設内閣、六部官，鑄八疊印，盡易舊印，立太廟，享太祖高皇帝主於中，張獻忠主於左，而右則可望祖父也。擬國號曰後明。上聞之，益憂懼，密謂中官張福禄、全爲國曰：「聞西寧王李定國已定廣西，俘叛逆，軍聲丕振，出朕於險者，必此人也。欲下一敕，令統兵入衛，若等能密圖否？」二人言：「徐極、林青陽、張鐫、蔡縯、胡士瑞可與謀。」趣告之，皆諾，以白貞毓。青陽請行，乃令佯乞假歸葬，屬員外蔣乾昌撰敕，主事朱東旦書之，福禄等持入用寶，青陽即日間道齎敕行，故吉翔輩不之知也。

是月，常在郭氏以罪誅，賜巴東王某暨妃某氏自盡。

十二月，藤縣復陷，總兵羅超死之；平樂陷，守將彭俊死之。封莫宗文爲安仁伯。

是歲，可望殺宗室之在貴州者。

我大清順治十年癸巳，春正月戊辰朔，上在安龍，稱永曆七年。

二月，我大清貝勒屯齊復取永州，李定國敗走龍虎關，孫可望謀襲之，定國走廣西。廉州復陷，守道王道光死之。

三月，楊國棟、莫宗文合兵攻常德，不克。可望自將追定國不及，與我大清兵遇於寶慶，大敗，走峒口，我大清兵亦引還。

是月，魯王以海自去監國號，其將定西侯張名振以朱成功之師入長江，破京口，還駐崇明。

夏四月，降將郝尚久以潮州叛我大清來歸。

五月，封楊時清征定侯。我大清兵攻海澄，朱成功禦却之。

六月，上以林青陽久未還，將擇使往促，吳貞毓舉翰林孔目周官以對。都督鄭允元曰：「假事出吉翔於外，庶有濟也。」上乃命吉翔往梧州謁祭興陵，而密遣周官齎敕詣定國，官涕泣受命。封朱成功爲漳國公。

閏六月，李定國攻肇慶，敗績，退駐柳州。總兵周金湯復遂溪。

秋七月，李定國再攻桂林，不克。孫可望聞定國之敗也，遣馮雙禮襲之，遇伏而敗。

九月，我大清兵克潮州，郝尚久伏誅，朱成功遣兵救之，不及。

冬十月，吳川復陷，陳彝典、陳其策死之。

十二月，郴州復陷，巡撫朱俊臣死之。馬吉翔奉命祭陵，途次微聞密敕事，屬其弟雄飛出家貲賂提塘王愛秀求援。時吉翔黨與布列，上孤立自危，乃以臺省員缺飭部考選，於月之二十四日臨軒親試。授蔣乾昌、李元開簡討，張鐫給事中，李頎、胡士瑞御史，楊鍾、徐極等亦以資深加秩，羣小益危懼。吉翔、愛秀白可望，可望疑吉翔亦與謀，遣鄭國往南寧偵之，吉翔證青陽、周官事甚亟。於是徐極、楊鍾、趙賡禹、蔡縯、張鐫、李頎、胡士瑞交章劾吉翔欺君賣國，天壽表裏爲奸。上敕廷臣議罪，天壽懼，與雄飛走貴陽。

我大清順治十一年甲午，春正月壬辰朔，上在安龍，稱永曆八年。改雲南爲雲興府，辰州爲沅興府，沅州爲黔興府。孫可望疏請以劉文秀爲大招討，都督諸軍東伐，文秀辭，强起之。

是月，江西廣信九仙山寨陷，進士徐敬時等死之。前監國魯王移居南澳。張名振復以舟師入長江，望祭孝陵。朱成功遣兵攻崇明，敗績，仁武伯平原將軍姚志倬、定南伯徐仁爵死之。

二月，開科取士四十人，四川熊渭第一，授庶吉士，餘授知縣、教職有差。李

定國復高州，降將張月復叛大清來歸。

孫可望既聞密敕事，使鄭國械馬吉翔至安龍，與諸臣面質，挾吳貞毓入文華殿，脅上索主謀者。上不敢質言，謂：「必外人假敕寶所爲。」國怒目出，與龐天壽至朝房，械貞毓并刑科給事中張鐫、中軍都督府左都督鄭允元、大理寺丞林鍾、太僕寺少卿趙賡禹、翰林院檢討蔣乾昌、李元開、吏科給事中徐極、江西道御史周允吉、廣西道御史宗室議泥、福建道御史胡士瑞、兵部郎中朱東旦、工部郎中蔡縯、内閣中書易士佳、吏部員外郎直誥敕房事任斗墟等十四人，繫私室。中官張福禄、全爲國愬於太后，求救，天壽直入擒二人於坤寧宮外，太后與后稍問之，天壽怒訶，徑出。冷孟銋、朱企鋘、蒲纓、宋德亮逼上速具主名，上大悲憤，曰：「汝等逼朕認出，朕知是誰？」翌日，以次拷鐫等，諸臣不勝楚，皆自承。國又問：「皇上知否？」縯大聲曰：「未經奏明。」乃復收繫，以欺君誤國、盜寶矯詔爲罪報可望。可望請上親裁，上無如何，下廷議。吏部侍郎張佐辰、刑部主事蔣御曦票旨，以鐫、福禄、爲國三人爲首，凌遲，餘爲從，斬，貞毓以大臣賜絞。吉翔、天壽謂后必知情，將廢之，睐主事蕭尹陳往古廢后事，上不許，事得已。可望憾定國益深，定國亦慮可望襲己，出掠雷、廉以避之。

夏四月，定國復羅定、新興、石城、電白、陽江、陽春等縣。六月，攻梧州，冬十月，圍廣州。

十一月，改都康、萬承、安平、龍安諸州爲府。是月，朱成功奉表行在，遣兵援李定國於廣東。

十二月，我大清命降將尚可喜、耿繼茂援廣州，定國敗走，尋攻肇慶，不克。是月，朱成功取漳州。

我大清順治十二年乙未，春正月丙戌朔，上在安龍，稱永曆九年。是月，朱成功取仙遊，自置官屬於中左所，改曰思明州。

二月，江南地震。李定國自高州退入南寧，劉文秀駐兵川南。

夏五月，劉文秀攻常德，敗績。是月，張名振復舟山。

六月，江南地震。朱成功復揭陽，遂復普寧。我大清命鄭親王世子濟度率師平海。朱成功墮安平鎮及漳州府惠安、同安、南安三縣城，回師厦門。

冬十一月，魯太師定西侯張名振卒。

是歲，上在安龍，塗葦薄以處，日食脱粟。守將承孫可望意，更相凌逼，挾彈騎馬，直入宮門；文吏乘輿過殿，呵之不下。仍改安龍爲安隆。歲造開銷銀米，册報可望，稱「皇帝一員，月支若干；皇后一口，月支若干」。上亦隱忍之，苟延殘喘而已。

我大清順治十三年丙申，春正月庚辰朔，上在安龍，稱永曆十年。時李定國駐兵南寧，衰弱不振。孫可望遣總兵張明志、關有才襲之，定國用中書金維新、曹延生計，從田州小路出不意，敗明志等軍，降其衆三千人，遂進趨安龍。

二月，壬子，舟山城哭。

三月，孫可望聞田州之敗，知李定國必至安龍，令白文選將兵迎上入貴州。太后聞之哭，從官皆哭，文選見之心動，度定國軍且至，陰留候之，至則與連和，奉上由安南衛走雲南，抵曲靖。時守滇者劉文秀也，亦怨可望，因偕扈入省垣。沐天波迎駕馬龍驛。上居可望第，改雲南府爲滇都。論迎扈功，封定國爲晉王，文秀爲蜀王，文選爲鞏國公，王尚禮爲保國公，王自奇爲夔國公，賀九儀爲保康侯，張虎爲醇化伯，餘進職有差。自尚禮以下，皆可望心腹不爲上用者，以其在雲南，且擁重兵，故並封焉。以金維新爲行在吏部侍郎兼左都御史，龔銘爲行在兵部侍郎，加黔國公沐天波柱國、少師。命馬吉翔入閣辦事如故。初定國命靳統武執吉翔，將請詔治罪，吉翔則日夜媚統武及維新、銘，因得媚於定國。定國信之，因疏薦入閣辦事，上不得已從之。又雷躍龍、扶綱、張佐辰、王應龍、龔彝皆可望黨也，上欲安可望心，以躍龍、綱爲大學士，佐辰吏部尚書，應龍工部尚書，彝户部左侍郎，遣白文選回貴陽慰諭可望。

夏四月，我大清兵攻厦門，復攻金門，朱成功禦却之。

秋七月，義寧伯龍韜駐柳州以應李定國，尋敗死。是月，朱成功復閩安，進攻福州，敗績。

八月，我大清兵復取舟山，守將魯英義伯阮駿、總督陳六御、總兵張晉爵、太常卿陳九徵、副使俞師範、誠意伯裔孫劉永錫皆死之。前魯户部主事王江復起兵四明山，敗績，死之。

九月，辰州復陷。

冬十月，夔州巡撫鄧希明、總兵張元凱降於我大清。

十二月，朱成功攻羅源、寧德，戰於護國嶺，我梅勒章京阿克襄殁於陣。

我大清順治十四年丁酉，春正月甲辰朔，上在滇都，稱永曆十一年。是月，朱成功攻温州。

二月，甲申，皇子出閣講學。

三月，定國公鄭鴻逵卒於金門。

夏四月癸酉朔，上弘光帝謚曰安宗簡皇帝，后曰簡皇后；隆武帝謚曰紹宗襄皇帝，后曰襄皇后；皇考端皇帝謚曰禮宗端皇帝，皇嫡母王氏曰端皇后。下詔大赦。

是月，朱成功部將施舉敗績於定海關，死之。

五月，遣張虎送孫可望妻孥還貴州。時可望日夜謀犯闕，上欲歸其妻孥以安之。王尚禮、王自奇、張虎皆可望心腹，而虎奸黠，尤用事，自以位在諸人下，甚怏怏。白文選謂李定國、劉文秀曰：「今尚禮、自奇擁重兵在輦轂下，虎尤詭，日伺左右，禍且不測。今與可望議和，必皇上親遣虎行，乃無反覆耳。」上召虎至後殿，拔頭上金簪賜之，曰：「和議成，卿功不朽，必賜公爵。此簪賜卿爲信，見簪如見朕也。」虎至貴陽，則搆之益甚。適上又命文選與議和，可望拘留之，奪其兵，而遣僞通政司朱運久入滇詭議和，實與自奇、尚禮謀内應也。時前四川巡撫錢邦芑被拘大興寺，可望之僞兵部尚書程源、僞都察院鄭逢元、部將馬寶、馬維興、馬進忠皆朝廷舊人，願効忠。邦芑教源、逢元謂可望曰：「使功莫如使過，將才無出文選右者。」可望然之。

秋八月，以文選爲大總統，馬寶爲先鋒，合兵十四萬入滇。十八日，渡盤江，九月抵交水，列三十六營，去曲靖三十里。定國、文秀衆纔數千人，相顧失色。文秀議走交阯，定國欲由沅江、景東取土司，躊躇兩日不能決。忽文選率所部拔營逃至曲靖，單騎走雲南見定國、文秀於朝，言諸將内應狀，宜速出戰，言畢即上馬馳。文秀率祁三昇、賀九儀、胡一青、趙印選、吴子金、李本高之師赴之。可望見文選逃，欲退師，馬寶懼謀洩，大言曰：「我衆十倍於彼，以一人爲進退，豈我輩非人乎？」可望乃遣寶與心腹驍將張勝別將鐵騎七千，間道夜襲雲南，殺中書科中書朱斗垣於道。寶夜遣人入定國營言之，皆大驚，遂拔寨出戰。文選率所部直冲馬維興營，維興開營納之，合兵繞可望陣後，定國、文秀麾兵大進，諸營皆歡呼迎晉王，所向瓦解。定國乃命文秀、文選追可望，而自還師救雲南。

先是王自奇在楚雄醉後殺定國營將而懼，引其衆渡瀾滄江，據永昌，去雲南二千餘里，以故可望入滇時不相聞。王尚禮將内應，沐天波以兵守之，不得發。張勝至金馬碧鷄坊下，見交水報捷旗，大驚，拔營去。回至渾水塘，遇定國，列陣死戰，定國幾不支，馬寶於陣後連發大礮，勝遂潰，走益州，部將李承爵誘而縛之，解雲南，告廟獻俘，與其黨趙珣皆伏誅。尚禮聞勝敗，自縊死。可望逃至貴州，從騎纔十餘人，追且至，狼狽走長沙。冬十月，乞降於我大清。

論反正功，晉白文選鞏昌王，馮雙禮慶陽王，馬進忠漢陽王，馬維興叙國公，賀九儀廣國公，馬寶淮國公，餘進侯、伯有差。論黨逆罪，誅醇化伯張虎，降荆江伯張光翠、德安侯狄三品、岐山伯王會等爵，程源、鄭逢元等降級有差。

十一月，追贈安龍死難大學士吴貞毓以下十八人謚蔭有差，遣祭立廟。

十二月，復南寧。

徐鼒《小腆紀傳》卷六 我大清順治十五年戊戌，春正月戊戌朔，上在滇都，稱永曆十二年。遣漳平伯周金湯册封朱成功爲延平王，招討大將軍，賜尚方劍，便宜行事。並封其部將王秀奇祥符伯，馬信建威伯，甘煇崇明伯，黄廷永安伯，萬禮建安伯，陳煇忠靖伯，洪旭忠振伯，郝文興慶都伯，餘拜爵有差。授魯兵部右侍郎張煌言爲兵部左侍郎兼翰林院學士，魯左僉都御史徐孚遠爲左副都御史。以程源爲禮部尚書，錢邦芑掌都察院事。橫州再陷，知州鄭雲錦死之。

二月，我大清命貝子洛託、都督卓布泰偕降臣洪承疇、吴三桂、線國安將兵分楚、蜀、粤三路取雲、貴。李定國遣劉正國、楊武等分守四川之三陂、紅關，馬進忠駐貴州。

三月，吴三桂兵至合州，重慶總兵杜子香棄城走。王自奇、關有才據永昌反，李定國自將討平之，用是不及援貴州。貝子洛託至貴陽，馬進忠棄城遁，巡撫冷孟銋死之。庚辰，吴三桂兵至三陂，劉正國走遵義，遂陷。

庚寅，大招討蜀王劉文秀卒。

五月，吴三桂敗楊武於開州之倒流水，興寧伯王興、水西宣慰使安坤、酉陽宣慰使冉奇鑣、藺州宣慰使奢保受降。

秋七月丙申朔，命李定國爲招討大元帥，賜黄鉞。大學士文安之督川東諸軍襲重慶，不克。

是月，朱成功、張煌言會師，大舉北伐以援滇，次羊山，颶風作，旋師舟山。

八月，授前江西總兵鄧凱爲隨扈總兵。

九月，朱成功取象山。

冬十月，我大清信郡王鐸尼會三路兵於平越之楊老堡。李定國使馮雙禮扼雞公背以拒中路，張先璧扼南盤江之黄草壩拒東路，自守北盤江之鐵索橋，圖復貴州。別遣白文選出西路，率衆四萬守七星關，抵生界立營，若欲攻遵義者，以牽制三桂之師。

先是三桂駐遵義，信郡王駐武陵，卓布泰駐獨山州，惟洛託一軍駐貴陽，大衆未集，其勢可乘，定國逡巡觀望，比楊老堡戒期，定國始悉衆出拒，而事機已不可爲矣。先由中路出關嶺，東路告急，乃移師黄草壩。久之，踰石關，營於炎遮河。而中路雞公背之絶頂糧少運艱，士不宿飽；右路之生界孤懸滇、蜀之表，聲援不及；識者俱以爲憂。

十二月，甲子，吴三桂兵出遵義，由水西趨天生橋入烏撒，文選棄七星關，走可渡橋，守橋之馬寶亦奔，文選乃焚橋走霑益。其廣西卓布泰一軍，至盤江之羅顔渡，扼險不得渡，得泗城土司岑繼禄爲鄉導，由間道入安龍。懷仁侯吴子聖禦之，敗績，我軍取船以濟。定國聞之，以兵三萬人倍道趨戰於炎遮河。大清兵初戰不利。詰朝，悉師壓其營而陣，南兵鎗礮，北兵弓矢，日中不決。忽大風北來，礮火及茅葦，野燎滔天，大清兵乘火馳射，兵火俱烈，定國驚懼，棄營保北盤江，我廣西兵遂由普安州入滇。而信郡王中路兵亦潰馮雙禮於雞公背，追至北盤江，諸將北走不相顧，定國焚鐵索橋而遁。大清兵以浮橋濟師，遂抵曲靖，知府蓋世禄降。

定國奔還雲南，請上出幸。丙子，召廷臣集議。劉文秀之部將陳建舉文秀遺表請上幸蜀，太僕寺正卿辜延泰亦請幸蜀開荒屯練，中書金公趾極言入蜀之不利。定國曰：「蕞爾建昌，何當十萬人之至？不如入湖南之峒，烏車里、里角諸蠻不相統攝，我今臨之，必無所拒。安蹕峒内，諸將設禦於峒口，勝則六詔復爲我有，不勝則入交阯，召針羅諸船，航海至厦門，與延平王合師進討。」難之者曰：「清兵乘勝踰黄草壩，則臨沅、廣南道路中斷；且喪敗之餘，焉能整兵以迎方張之敵乎？」黔國公沐天波曰：「自迤西達緬甸，其地糧糗可資，出邊則荒遠無際，萬一追勢稍緩，據大理兩關之險，猶不失爲蒙段也。」馬吉翔、李國泰咸是天波議。定國泣請留太子督師，以牽制緬甸，上猶豫不忍。明日，發滇都，定國以大兵殿後。國勢既摇，人心思叛，艾能奇之子承業糾狄三聰等以驍卒伏大寺中，謀劫定國而北，定國嚴隊西走，承業等不敢發。百官扈從，男婦馬步數十萬人，日行不過三十里。兵士乏食，取之民間，所在逃避。御前供頓缺，庶僚貧病，離次不前。從古乘輿奔播，未有若此之艱難者。

我大清順治十六年己亥，春正月癸巳朔，上次永平，稱永曆十三年。乙未，我大清兵取滇都，衛國公胡一青、提學道徐心箴、光禄寺少卿黄復生、提督劉之扶、土司龍世榮等降；户部主事劉之謙不屈，死之。丙申，上駐永昌，下詔罪己。李定國還黄鉞，自請削秩，上曰：「是國之禍，王何罪焉？」不許。

是月，川東譚宏、譚詣殺譚文以叛，降於我大清。

二月，明閏正月，辛未，總兵王國勛敗績於普洱。丙子，白文選與張先璧、陳勝之師皆敗績於玉龍關，文選由沙木和走右甸，尋走鎮康，入木邦。丁丑，聞玉龍關之敗，定國使總兵靳統武以兵四千扈上入騰越，沐天波、馬吉翔隨行，文武官尚四百餘人。

己卯，上至騰越。

辛巳，定國渡潞江。江不甚寬，而水勢洶惡，每歲清明至霜降有青草瘴，雖土人亦惡之。過江二十里有磨盤山，鳥道突箐，屈曲僅通一騎。定國度大清兵累勝窮追，必不戒，設柵數重，三伏以待之：泰安伯竇民望爲初伏，廣昌侯高文貴爲二伏，總兵王璽爲三伏。每伏兵二千，約俟大清兵度山巔，號礮起，首尾横突截攻，必無一騎返。而吴三桂之追白文選至瀾滄江也，編筏而渡，再渡潞江，逐北數百里，無一夫守拒，謂定國遠竄，不復慮，隊伍散亂，上山者已萬有二千人。忽大理寺卿盧桂生來降，泄其計，三桂則大驚。時前驅已入二伏，急傳令舍騎而步，以礮發其伏，叢莽中矢礮雨下，民望不得已，舉礮出戰，三伏亦發礮趨下救之。自卯迄午，短兵相接，僵屍如堵牆。民望血戰不已，鎗彈穿脅過，戰如故，持刀潰圍走，不數里，血湧仆地死。定國坐山巔，聞號礮失序，大驚，忽飛礮落其前，擊土滿面，乃奔。明兵死林箐者三之一，鏖戰死者亦三之一，王璽陣歿；而大清亦亡都統以下十餘人，喪精卒數千。追至騰越西百二十里，中原界盡矣。諸軍初猶踞險守，聞定國走，乃夜遁。我大清亦懲是役之權不測，不復窮追矣。

壬午，上自騰越出奔。時李國泰、馬吉翔輜重甚厚，趣上乘夜走南甸。上南行二日，尚未知磨盤之敗也。二十四日，野次未定，忽總兵楊武至，言「定國遠逃，追者將及」，上遂接淅踉蹌行，昏黑，迷路大谷中，羣臣妻子不相顧，亂兵乘機劫掠，火光燭天，驚擾奔馳。及天明，仍在故處也，而貴人宫女已失去過半，扈將平陽侯孫崇雅劫殺尤烈。

上以從臣多叛，決意入緬甸，遂出鐵壁關。戊子，抵囊木河，是爲緬境。上命沐天波諭之，緬人奉迎，具表如常儀。請從官勿佩戎器，馬吉翔遽傳旨從之，從臣皆諫，不聽。晦日，至蠻漠，土司思綠迎入城，執禮甚恭。

時沐天波與外戚華亭侯王維恭、典璽李崇貴謀擁太子入關，由茶山出鶴麗，調度各營爲聲援，王后不可，乃不果行。

是月，雅州伯高承恩率諸土司斂兵拒守。昆明諸生薛大觀舉家赴水死。

三月，明二月，壬辰朔，上抵緬甸之大金沙江，緬人以四舟迎上，從官自覓江舟，隨行者六百四十餘人，陸行者自故岷王子而下九百餘人，期會於緬。

初定國潞江之敗，求上所在，則上西行去騰越已百里，念君臣俱死無益，聞白文選在木邦，就之，謀再舉。文選以上左右無重兵，請身自捍衛，意不合，定國引所部從孟定府過耿馬抵猛緬，各營潰兵陸續集，勢稍振。文選以兵抵阿瓦城。

己酉，上駐井梗，緬人報明兵四集，請敕阻之。從官會御舟前，議所使，總兵鄧凱、行人任國璽請行，馬吉翔恐二臣暴其罪惡，陰尼之，不果。文選不得命，與緬人戰，不勝，走孟艮。緬酋來邀大臣過河議事，命吉翔弟雄飛與御史鄔昌琦往，緬人問神宗時事，二臣不能答，用是益見輕侮。

閏三月，明三月，黔國公沐天波、綏寧伯蒲纓、總兵王啓隆謀奉上走護臘撒、孟艮入李定國軍，吉翔阻之，亦不果。從臣陸行者不知上之尚在井梗也，竟抵阿瓦城。緬人疑其有陰圖也，發兵圍之，總兵潘世榮降於緬，通政使朱蘊金、中軍姜承得自縊死，副總兵高陞、千户謝安祚、向鼎忠、范存禮、温如珍、李勝、劉興隆、段忠皆被殺，餘安置遠方，久之無存焉，惟岷王子等八十人流入暹羅國。

是月，吳三桂兵至姚安，大學士張佐辰、尚書孫順、侍郎萬年策、翰林劉莊、布政司宋企鍈等一百五十九人先後降。又有少卿劉泌、兵科胡顯等降。還至雲南，大學士扶綱、侍郎尹三聘、淮國公馬寶、叙國公馬維興、武靖侯王國璽、懷仁侯吳子聖、宜川伯高啓隆、公安伯李如碧降。延長伯朱養恩、總兵龍贊陽以嘉定州降，德安侯狄三品執慶陽王馮雙禮以降。

夏四月，咸陽侯祁三昇以兵迎上，緬人請敕止之，吉翔請遣錦衣衛丁調鼎、考功司楊生芳往，三昇痛哭撤師。阿瓦城，緬酋所居也。有地名者梗，即大鵬鵠城舊地也，界大金沙、小盈沙之間，地饒而險。緬人自祁三昇奉敕止師之後，知上威令尚行，慮後得罪，乃優奉之，爲緩急自救之策，且以阻内外聲聞。於初四日，甲子，遣其都官備龍舟鼓樂迎上於井梗。乙丑，移蹕，丁卯，至阿瓦城，距河止焉。戊辰，陸行五六里，至者梗，草廬十餘間，上居之，編竹爲城，守兵百餘人，從臣自備竹木，結宇而聚處焉。緬婦來貿易者，雜沓如市，從臣久亦習之，屏禮貌，短衣跣足，闌入緬婦隊中，踞地喧笑，呼盧縱酒，緬人頗哂之。

是月，癸酉，朱成功、張煌言復會師，大舉北上以援滇。

六月，我大清兵取馬湖、叙州，提督陳希賢降；取成都，總兵趙友鄢、御史龐之泳、主事賀奇等皆降。雅州伯高承恩爲其弟承裔所殺。

是月丙午，朱成功攻瓜洲，克之；癸丑，克鎮江。

秋七月，張煌言徇江南，北府、州、縣，下二十九城。壬午，成功敗績於江寧，崇明伯甘煇等死之，退攻崇明，不克，煌言亦敗於銅陵，尋皆入海，所復府、州、縣皆復歸於我大清。

八月，緬酋以中秋日張會享羣蠻，來招沐天波渡河，並索禮物。上欲爲好於酋，命天波往。至則脅令白衣椎髻跣足，領諸海郡𡖖夷酋而拜，天波不得已，從之。

九月，緬人進新稻，頒諸從官。

冬十月，戊子朔，頒曆於緬甸。

是月，李定國移營孟連，承制加土司勳爵，孟艮之女酋某爲梗，誅之，據其城。川將郝承裔、王友進皆降於我大清。

十一月，癸亥，沅江陷，總督銜土知府那嵩死之。

十二月，白文選移軍猛壈。

我大清順治十七年庚子，春正月丁巳朔，上在緬甸之者梗，稱永曆十四年。德陽王至濬自交阯降於我大清。三月，大學士方端士、潁國公楊武亦降。李定國部將廣國公賀九儀將降，事洩，定國誅之。

是月，張煌言駐軍林門，尋移駐桃渚。

夏四月，白文選移軍景線。

五月，甲子，我大清兵攻厦門，朱成功禦却之，誅叛將陳鵬秋。

七月，白文選由木邦舉兵薄阿瓦。阿瓦有新、舊二城，上居舊城之者梗，而緬酋自居於新城。文選假道奉迎不得，乃急攻新城，緬人招沐天波過河敕止之，始知諸將臨緬迎駕，疏至三十餘道，從臣無以出險爲念者，第草敕，令毋進兵。文選曰：「蠻人不足信也。」急攻新城，垂克矣，緬人紿之曰：「三日後出新城讓上。」文選信之，却兵十里，城中得固備，攻之，反爲所敗，望鵬鵠城痛哭而去。

八月，降將郝承裔復以雅州叛大清來歸。

時舉朝醉夢，招權納賄如平時，馬吉翔請以湖廣道御史鄔昌琦掌六科，烏撤知府王祖望以醫中宫疾，授禮部主客司行人，任國璽謀轉江西道。國璽又與太常寺博士鄧居詔相訐，上欲面質之，不果，惟吉翔傳旨云「鄧某當學好」而已。庶僚之貧者，飢寒藍縷，大臣有三日不舉火者。馬吉翔、李國泰以語激上，上擲皇

帝之寶，令碎之以給從臣，典璽太監李國用叩頭不奉詔，吉翔、國泰竟鑿以分餉，擁貲自贍，不顧也。蒲纓大開賭肆，晝夜呼盧，上焚其居，纓賭如故。華亭侯王維恭與楊太監拳毆，喧譁聲徹内外。用是緬人益輕之。

是秋九月，太白經天，凡十有五旬。

我大清順治十八年辛丑，春正月辛亥朔，上在者梗，稱永曆十五年。丁巳，我大清世祖章皇帝崩。己未，聖祖仁皇帝即皇帝位，以明年爲康熙元年。

時李定國據孟艮，地饒魚稻，諸將稍集，軍聲復振。白文選居木邦之南甸，相去二千里，不相聞也。既攻緬不克，知定國取孟艮，並有賀九儀之衆，移書責以大義，定國遂全師而西。中途遇文選，購緬人密奏上速計，且曰：「臣等兵不敢深入者，激則生内變也。諭令亟送出險，方爲上策，何諸臣泄泄不以爲意也？」璽書慰勞。文選造浮橋迎蹕，距行在纔六七十里，緬人斷其橋，計不行，乃刑牲歃血，誓必克緬。緬酋拔其豪邊牙鮓、邊牙棵爲大將，集兵十五萬，遇於錫箔江，巨象千餘，夾以鎗礮，陣横二十里，鳴鼓震天，呼噪而進。定國、文選兵不及十一，且戎器耗散，惟操長刀、手槊，白棓以鬥。定國前隊稍却，文選警衆横截之，緬兵大敗，僵死萬計，邊牙棵死於陣。而邊牙鮓猶收餘衆栅大榕樹林中，蔭翳百里，鳴鼓竟夜，如列陣。曉視之，則已走，空無一人，遂渡錫箔江，既濟，乃謀渡大金沙江焉。咸陽侯祁三昇與定國不和，走户臘，吴三桂招之，遂率孟津伯魏勇、總兵劉芝林、王有功、邵文魁等降。馬乃陷，土司龍吉兆、龍吉佐死之。

三月，錦衣衛趙明鑑謀誅馬吉翔、李國泰，奉太子出緬甸，不克。

是月，朱成功進兵臺灣，克赤嵌城。

夏四月，定國等臨大金沙江，諭緬人假道入覲，并責其象馬糧糗，爲入邊之計。緬人不從，盡燒其江船，據險設礮以守。定國等糧少氣沮。緬中耆老曰：「從此而北至鬼窟山，有大芭蕉林，伐之作筏，則可渡；上流有大居江，地饒材木，居民數百家，燒鑛冶鐵，舟可立具也。」定國從之，令都督丁仲柳浮蕉爲梁，設廠造船。緬人偵知船工將竣，以正兵綴定國，而别遣奇兵搗船廠，仲柳棄船走，船悉被焚。時軍中挈眷行，老幼纍纍，疫作軍飢，死亡相繼，不得已，議還軍孟艮。或曰：「緬中瘴癘，夏秋爲甚，加以千里無煙，人何以濟？孟艮不可得而返矣。西南海上有地高涼，産魚稻，月餘可至，盍往諸！」從之。行至亦渺賴山下，山亘數百里，登岸一覽，竟西南大海，遂駐軍焉。

五月，御史任國璽、禮部主事王祖望、太常寺博士鄧居詔疏劾馬吉翔、李國泰，不報。

緬人罹兵火之厄，懟其酋。酋弟莽猛白守景邁、景線，引蠻衆五萬人入援，大出金帛犒衆，諸蠻遂歸心焉。會吴三桂檄緬人獻上自効，衆欲從之，而酋不可。莽猛白因衆怒，縛酋僾輿中，投之江，而自立爲緬王。來索賀禮，且言供給之勞，茫無以應，於是咒水之禍作矣。

秋七月，十六日，緬人來邀當事大臣渡河，辭不行。踰二日，緬使再至，曰：「慮諸君立心不好，請飲咒水，令諸君得自便貿易，否則我國安能久奉芻粟邪？」沐天波欲辭焉，馬吉翔、李國泰曰：「蠻俗敬鬼重誓，可往也。」乃行。日向午，緬人以兵圍行帳，呼諸臣出，諸臣倉卒無寸兵可持，又慮震驚宫闈，不得已，相將並出，出則縛而駢殺之。上聞，與中宫將自縊，總兵鄧凱以足疾免於行，與内侍之僅存者勸上曰：「上死固當，如國母年高何？且既亡社稷，又棄太后，後世其謂皇上何！」乃止。已而緬人入宫搜財帛，貴人、宫女及諸臣妻縊於樹者，纍纍如瓜果，上與太后以下二十五人，聚一小屋中，如待決之囚。忽通事引一緬官大呼曰：「毋得驚害皇帝及沐國公！」麾其衆移上於沐天波之室，大小存三百四十餘人，樓居聚哭，聲聞一二里外。寺僧哀之，進以粗糲。上驚悸成疾，緬人慮上死，且無以致詞三桂，乃汎潔行宫，迎上復入居之，貢衣被錦布什物，曰：「我小邦王子無他意，無介介也！」諸臣之被戕者，自松滋王某以下，沐天波、馬吉翔、王維恭、魏豹、馬雄飛、王啓隆、蒲纓、王自京、龔勳、陳謙、吴承爵、安朝柱、任子信、張拱極、劉相、宋宗宰、劉廣寅、宋國柱、丁調鼎，文臣鄧士廉、楊在、鄔昌琦、鄧居詔、任國璽、王祖望、裴廷謨、楊生芳、潘璜、齊應選、郭璘、張崇伯，内監李國泰、李茂芳、楊宗華、楊强益、李崇貴、沈猶龍、周某、盧某等，凡四十(二)[一]人。自縊死者：吉王慈煃偕其妃某氏，貴人楊氏、劉氏，松滋王妃某氏，總兵姚文相、黄華宇、熊相賢、馬寶二，差官錦衣衛趙明鑑、王大雄、王國相、吴承允、朱文魁、吴千户、鄭文遠、李既、白凌雲、嚴麻子、尹襄，宗臣朱議㴒，凡二十二人。婦女死者不具録，餘皆先後被屠，惟鄧凱生還，述其狀焉。

是月，朱成功部將郭義、蔡禄劫忠匡伯張進以叛，降於我大清，進死之。

八月，李定國、白文選次桐塢，以十六舟攻緬，緬人鑿沈其五。張國用、趙得勝以賀九儀之死也，銜定國，謂文選曰：「王毋爲九儀之續！」挾文選入山據險自保。定國不得已，引餘兵三千還孟艮，其部將吴三省誅叛將唐宗堯，駐軍耿馬。

九月，吳三桂以我大清兵追上於緬甸，凡滿、漢、土司兵及降卒七萬五千，并炊汲餘丁，凡十萬人，由大理、騰越出邊。三桂與定西將軍愛星阿將五萬人出南甸、隴川、猛卯，分兵二萬，命總兵馬寧、王輔臣、馬寶將之出姚關。

張國用、趙得勝之挾文選北走也，路過耿馬，文選見吳三省，不言而涕出。三省察有變，因言：「雲南軍降者，皆怨恨不得所，人心思明，甚於往日。」張、趙復心動，與三省合屯於錫箔江。聞大清兵至木邦，文選遣副將馮國恩偵之，被獲，軍情盡洩。三桂選前鋒疾馳三百里，至江濱，文選毀橋走茶山。三桂慮其窺木邦後路，乃自與愛星阿結筏渡江，而令馬寶分兵追文選，及於孟養，單騎赴文選營説之，乃降，宮嬪某氏死之。

十二月丙午朔，三桂駐兵緬甸之舊晚坡，上貽書責之曰：「將軍新朝之勳臣，舊朝之重鎮也。世膺爵秩，藩封外疆，烈皇帝之於將軍，可謂甚厚。詎意國遭不造，闖賊肆惡，突入我京城，殄滅我社稷，逼死我先帝，殺戮我人民，將軍志興楚國，飲泣秦庭，縞素誓師，提兵問罪，當日之本衷原未泯也。奈何憑藉大國，狐假虎威，外施復讐之虛名，陰作新朝之佐命，逆賊授首之後，而南方一帶土宇，非復先朝有也。南方諸臣不忍宗社之顛覆，迎立南陽，何圖枕席未安，干戈猝至，弘光殄祀，隆武就誅，僕於此時，幾不欲生，猶暇爲宗社計乎？諸臣强之再三，謬承先緒。自是以來，一戰而楚地失，再戰而東粵亡，流離驚竄，不可勝數。幸李定國迎僕於貴州，接僕於南安，自謂與人無患，與世無爭矣。而將軍忘君父之大德，圖開創之豐功，督師入滇，覆我巢穴，僕由是渡沙漠，聊借緬人以固吾圉，山遥水遠，言笑誰歡，祗益悲矣！既失世守之河山，苟全性命於蠻服，亦自幸耳。乃將軍不避艱險，請命遠來，提數十萬之衆，窮追逆旅之身，何視天下之不廣哉！豈天覆地載之中，獨不容僕一人乎？抑封王錫爵之後，猶欲殲僕以邀功乎？第思高皇帝櫛風沐雨之天下，猶不能貽留片地，以爲將軍建功之所，將軍既毁我室，又欲取我子，讀《鴟鴞》之章，能不慘然心惻乎？將軍猶是世禄之裔，即不爲僕憐，獨不念先帝乎？即不念先帝，獨不念二祖列宗乎？即不念二祖列宗，獨不念己之祖若父乎？不知大清何恩何德於將軍，僕又何讐何怨於將軍也！將軍自以爲智，而適成其愚；自以爲厚，而反覺其薄。奕禩而下，史有傳，書有載，當以將軍爲何如人也！僕今者兵衰力弱，煢煢孑立，區區之命，懸於將軍之手矣。如必欲僕首領，則雖粉身碎骨，血濺蒿萊，所不敢辭。若其轉禍爲福，或以遐方寸土仍存三恪，更非敢望。倘得與太平草木同霑雨露於聖朝，僕縱有億萬之衆，亦付於將軍，惟將軍是命。將軍臣事大清，亦可謂不忘故主之血食，不負先帝之大德也。惟冀裁之！」

戊申，未刻，緬人給上以定國兵至，即舁上暨太后、中宫以行，後宫號哭震天，步從五里許。渡河，已昏黄，不辨徑路。有負上登岸者，問之，則平西王前鋒高得捷也。上入三桂營，南面坐，達旦，三桂標下官入見者，猶跪拜如禮。頃之，三桂入，長揖。上問爲誰，三桂噤不能對；再問之，不覺膝之屈也；問之數四，始稱名以對。上切責良久，歎曰：「今亦已矣！朕本北人，欲還見十二陵而死，爾能任之乎？」對曰：「能。」上麾之出，三桂伏地不能起，左右挽之出，面如死灰，汗浹背，自是不復見。越日，鄧凱匍匐帳前曰：「事至此，皇上當行一烈事，使老臣得其死所。」上曰：「有太后在，吳某世受國恩，未必毒及我母子也。」初九日甲寅，三桂擁上北旋。

是月，朱成功取臺灣，張煌言駐師福建之沙關。

我大清聖祖仁皇帝康熙元年壬寅，春三月丙戌，吳三桂以上還雲南，居故都督府，嚴兵守之。

夏四月，戊午，輦上及太子出，以弓弦絞於市。太子年十二，大罵曰：「黠賊！我朝何負於汝，我父子何讐於汝，乃至此邪？」上豐頤偉幹，貌似神宗，性惡繁華，不飲酒，無聲色玩好，不甚學，而喜講忠義事，事兩宫盡孝。死之日，大風霾，雷電交作，空中有二龍蜿蜒而逝，軍民無不悲悼者。叢葬於雲南郡城之北門外。或曰：死於貴陽，藁葬焉。兩宫皆北上，殂於道。

沅江總兵皮熊被執，不屈死。鄧凱入昆陽普照寺爲僧。

是歲，夏五月，招討大將軍延平郡王朱成功卒。六月，招討大元帥晉王李定國卒。明亡。

瞿式耜部

綜述

王夫之《永曆實録》卷二　瞿式耜字起田，別號稼軒，直隸常熟人。祖景淳，嘉靖甲辰會試第一，官終禮部左侍郎，謚文懿，以理學文章名嘉、隆間。父汝說，官湖廣提學副使。式耜恂恂不勝衣，泊然恬雅，臨觴遺詠，不與世事相即。而風采駿發，每嬰危難，神志益厲，未嘗有疑惴之色。中萬曆丙辰進士，歷官吏科給事中。

崇禎中，初詔會推閣員，禮部尚書温體仁資序最深，顧與沈一貫同鄉里，爲一貫死黨，主張時局。式耜建議，斥不與會推列。體仁結周延儒通宫禁，既得要領，上疏自訟，因訐禮部侍郎錢謙益浙闈曖昧事，爲不當與枚卜，而部科黨之。上召赴平臺面詰，式耜抗言：「浙闈舉錢千秋卷弊，獄已久定，事坐分考，顯與謙益無涉。體仁愠不得與枚卜，羅織自薦，猾而無恥，古今無與爲比。即甚亂國，未有以争而得相者，況陛下勵精之始政乎！」上不懌，然未有以折也。會户科給事中郝土膏大聲疾言，失奏對體，上遂震怒，械式耜、土膏及都給事中章允儒下法司，皆削職，體仁遂入閣。式耜既罷歸里，築室虞山下，曰「東皋」，蒔花藥，讀書其中。體仁怒不解，陰遣人至蘇，募無賴子張漢儒誣式耜與謙益結爲死友，侵國帑，謗朝廷，危社稷，擊登聞鼓，疏達上，下所司按問。江南巡撫張國維檄蘇、松、鎮三府會訊。鎮江知府印司奇力持誣狀，國維以上聞。體仁固欲重陷式耜死，調嚴旨切責，司奇坐鐫。漢儒得志驕横，造「款曹和温」之説，扇惑徒黨。曹者權閹曹化淳，温者體仁也。語騰輦下，化淳怒，體仁亦沮喪。刑部尚書鄭三俊奏雪之，漢儒伏辜死。事既解，而温、周相繼秉權，式耜卒閒住。

弘光初，稍起應天府丞。已，擢僉都御史，巡撫廣西。時楚寇初退，粤土稍安，式耜綏撫有方，人士避亂者依爲樂土。已而南都陷，思文皇帝立于閩。靖江庶人者，素狂誖喜亂，使其私人孫金鼎蠱平蠻將軍楊國威争立，遣金鼎説式耜推戴，式耜怒折之。庶人乃械式耜坐纛下，欲加害。式耜神色閒定，言論莊簡，稱大義諷令解兵，賊衆沮畏，猶繫著小舟中，下府江。式耜密諭國威中軍官焦璉與兩廣總制丁魁楚陰相結約，將抵肇慶，璉從中發，擊殺國威。式耜既免，遂與魁楚會，擒庶人斬之，粤乃定。事聞，加兵部侍郎。已而思文皇帝陷于順昌，蘇觀生挾唐王聿鐭入廣州，稱尊號。式耜飛舸下肇慶，謂魁楚言：「永明王，神宗皇帝孫，宜立久矣。向者鄭鴻逵擁立非次，下憍上疑，致布高爵重權，餌督撫鎮將，威令不行，天下坐潰。今僅南方一隅地，猶使非分者因仍覆軌，恢復不待問，即欲稍延大明一綫，謝高皇帝于山陵，亦不可得已。永明王宜立，在耜與公耳！楚、蜀文武吏士，慮無不從者。」魁楚韙之。乃會諸監司林佳鼎、唐紹堯、蕭琦、曹燁等迎王于寓邸，頒思文皇帝敗問，踐阼于肇慶。晉式耜吏部尚書、文淵閣大學士。

時東粤争撓，國勢日促，朝列孤另。式耜請召用清望舊臣，趣赴行在。並薦用一時人望方以智、劉湘客、萬六吉、劉鼒等。魁楚挾私，内結大璫王坤，撓不聽。給事中唐誠席藁哭宫門，上意稍動。坤以贛州覆陷，遂欲挾上西走。式耜上言：「今日之立，爲祖宗雪恥，正宜奮大勇以號遠近，東人況復不靖，苟自甘巽懦，外棄門户，内釁蕭牆，國何以立？」上爲輟駕。尋内批用王化澄爲兵部尚書，式耜上言：「化澄誠賢，自有廷論，斜封墨敕，何可爲例？請補部疏，尚爲得體。」已而化澄固庸劣，坤爲之内主，既見彈劾，坤益怨式耜，思挾上入楚，以遠式耜。已而清兵破廣州，唐王見殺。魁楚恇懼，王坤益蠱上西遷。式耜固請徵兵固守，不聽。上泛小艇自梧奔桂，式耜集諸文武，扈上居桂林，班朝治兵，始有章度。王坤益欲挾上入楚，會上召劉承胤東援平、梧，承胤至，無東下心，遽欲邀上幸武岡。式耜奏言：「駕不幸楚，楚師得以展布，自有出楚之期。茲乃半年之内，三四播遷，民心兵心，狐疑局促，勢如飛瓦，翻手散而覆手合，誠不知皇上之何以爲國也？皇上在粤而粤存，去粤而粤危；我退一步，則人進一步，我去速一日，則人來亦速一日。今日勿遽出楚，則出楚也易；今日若輕棄粤，則更入粤也難。海内幅員止此一隅，以全盛視西粤，則一隅小；而就西粤圖中原，則一隅甚大。若棄而去之，俾成殘疆，雖他日徼幸復之，而本根已不足恃矣！」疏入，不省。式耜入見，跪曳上袖，涕泣請留。承胤結馬吉翔，因王坤摇兩宫皇太后，趣上行甚迫。遂詔加式耜太子少保，便宜行事，留守廣西。上遂入武岡。

清兵從平樂來攻，焦璉方扈送駕自全州旋，未至，守禦單脆，敵騎馳薄桂林，入文昌門。式耜督兵巷戰。會璉至，馳禦之，斬數騎，□乃退走陽朔。式耜獨守

孤城者兩月。已而楚督之師潰于長沙，郝永忠、盧鼎奔入桂林，式耜會户部尚書嚴起恒安輯之，令守大榕江。遣焦璉東復平樂，守之。孔有德前部入嚴關，永忠驚走，桂林潰。永忠欲挾式耜去，式耜怒曰：「吾奉命守桂，桂吾死土也！」獨坐空城中，檄焦璉撤平樂歸守。清兵乘虚抵桂，扣北門入。式耜奉賜劍督璉巷戰，斬數十騎，清兵驚遁，駐北關外。式耜檄迎何騰蛟于柳州，騰蛟以胡一青、趙印選之兵至，會躡清兵于北關，三戰三勝，退入全州。式耜遣焦璉北會騰蛟，攻復全州。騰蛟以是復下湖南，皆式耜力也。

時上播遷柳、象，陳邦傅迎居南寧。邦傅挾上驕横，式耜屢檄之下梧州，不應。乃遣焦璉自平樂略地梧州。會李成棟反正，梧州平，粤西大定。成棟遣其將杜永和迎上東巡，式耜表遣給事中蒙正發、編修蔡之俊、評事朱盛濃迎上返蹕桂林。言：「東粤已定，出梅嶺者，唯成棟一軍，請詔而下，無煩上自往。今日大勢在楚，楚師不下三十餘萬，鎮將四十餘營，號令莫一，易成疑沮，非天子彈壓則進無寸功，而退有百患。上誠莫如幸桂林，爲出楚計，北圖岳鄂，東援南昌，西收荆澧，事猶可爲。若遠即海澨，而舉江楚大計一委之騰蛟，騰蛟雖忠略有餘，而孤注之憂不能不爲之慮也。」疏入，上猶豫間，内閣王化澄、朱天麟貪成棟饋問，因中涓説慈聖太后，謂東粤安而西粤危，且以收新附者之心。上遂下肇慶。居半載，楚將果驚猜内訌，騰蛟死，湖南復陷。楚兵潰入桂林，式耜奉命兼督楚師，隨宜安插饟餉，固守楚塞。奏用侍郎張同敞總督諸軍，給事中吴其靁監理之，與清兵相持于東安、零陵之間，大小數十戰，互相前卻。其明年，庚關不守，上將西奔，式耜馳奏請勿棄東粤，固守肇慶，徵兵禦寇，不聽。上遂至梧州。

始上在肇慶時，式耜請開日講，遠佞幸，清銓政，肅軍紀。王化澄、馬吉翔撓沮之。金堡自沅州徑桂詣行在入對，擿在廷姦狀。吉翔疑堡黨式耜，益相銜怨。至是開北鎮撫獄，掠治堡急，式耜抗疏力争，不聽。胡欽華挾孫可望恫喝當宁，遂露章劾式耜，詆誹尤惡。王化澄思因排陷之，而式耜威望既重，莫能摇也，乃與萬翺比推于元燁爲督師，奪式耜兵柄，復先後遣萬年策、吴李芳、鄭古愛、朱嗣敏分督諸軍，事權瓦解。元燁至桂，以女謁蠱趙印選，諸帥狂猘不受式耜節制。孔有德猝寇小榕江，諸將不戰而走。式耜馳皇令，召諸將城守，無應者。式耜乃沐浴易衣坐署中，通山王藴釪馳入告曰：「先生受命督師，全軍未虧，公且馳入柳爲恢復計，社稷存亡繫公，去留不可緩也。」式耜不應，藴釪涕泣曳其袖固請上馬，式耜從容應曰：「殿下好去，幸自愛！留守，吾初命也，吾此心安者死耳。逃死而以捲土爲之辭，他人能之，我固不能也。」俄而張同敞至，問曰：「先生意何爲？」式耜曰：「死耳！」同敞曰：「我知先生之必死，故不死于陣而就先生。」因呼酒，與同敞飲。式耜素不能勝一蕉葉，是夕連酹數大白，神采愈清澈，與同敞分韻唱和，悲吟徹旦。次日被執，見孔有德，談笑請速死。有德令王三元、彭而述勸降，式耜笑不應。而述稱説繁重，式耜乃舉袖揜雙耳。有德知不可屈，乃加害于桂林市中。桂林二十年不見雪矣，是日，雪霰大作，雷電交擊。式耜與同敞先後唱和絶命詩十餘章，人間頗有傳者。吴江楊藝，醫士也，客式耜所。至是潛拾式耜、同敞骸，葬之桂林城北。及李定國圍桂林，城中人見式耜、同敞擁騶從，並馬入有德邸，俄頃有德自焚死。

《明史》卷二八〇《瞿式耜傳》 瞿式耜，字起田，常熟人。禮部侍郎景淳孫，湖廣參議汝説子也。舉萬曆四十四年進士。授吉安永豐知縣，有惠政。天啓元年調江陵。永豐民乞留，命再任。以憂歸。

崇禎元年擢户科給事中，疏言李國櫳宜留内閣，王永光宜典銓，曹于汴宜秉憲，鄭三俊、畢懋良宜總版曹，李邦華宜主戎政。帝多采其言。俄陳朝政不平，爲王之宷請恤，孫慎行訟冤，速楊鎬、王化貞之誅，白楊漣、左光斗結毒之謗，追論故相魏廣微、顧秉謙、馮銓、黄立極之罪。因言奪情建祠之朱童蒙不可寬，積慫久廢之湯賓尹不可用。帝亦納之。又極論來宗道、楊景辰附逆不可居政府，二人旋罷去。御史袁弘勛劾大學士劉鴻訓，逆黨徐大化實主之。川貴總督張鶴鳴先已被廢，其復用由魏忠賢。式耜並疏論。已，頌楊漣、魏大中、周順昌爲清中之清，忠中之忠，三人遂賜謚。未幾，陳時務七事，言：「起廢不可不覈，陞遷不可不漸，會推不可不慎。謚典宜嚴，刑章宜飭，論人宜審，附璫者宜區分。」又極論館選奔競之弊，請臨軒親試。末言：「古有左右史，記天子言動。今召對時勤，宜令史官入侍紀録，昭示朝野。」事多議行。時將定逆案，請盡發紅本，定其情罪輕重。又言宣府巡撫徐良彦不附逆奄，爲崔呈秀誣劾遣戍，亟當登用，良彦遂獲起。

式耜矯矯立名，所建白多當帝意，然搏擊權豪，大臣多畏其口。十月詔會推閣臣，禮部侍郎錢謙益以同官周延儒方言事蒙眷，慮並推則已絀，謀沮之。式耜，謙益門人也，言於當事者，擯延儒弗推，而列謙益第二。溫體仁遂發難，延儒助之。謙益奪官閒住，式耜坐貶謫。式耜嘗頌貴寧參政胡平表殺賊功，請優擢。其後平表爲貴州布政使，坐不謹罷，式耜再貶二秩，遂廢於家。久之，常熟奸民

張漢儒希體仁指，訐謙益、式耜貪肆不法。體仁主之，下法司逮治。巡撫張國維、巡按路振飛交章白其冤，不聽。比兩人就獄，則體仁已去位，獄稍解。謙益坐削籍，式耜贖徒。言官疏薦，不納。

十七年，福王立於南京。八月起式耜應天府丞。已，擢右僉都御史，代方震孺巡撫廣西。明年夏，甫抵梧州，聞南京破。靖江王亨嘉謀僭號，召式耜。拒不往，而檄思恩參將陳邦傅助防，止狼兵，勿應亨嘉調。亨嘉至梧，劫式耜，幽之桂林，遣人取其敕印。初，式耜議立桂端王子安仁王。及唐王監國，式耜以爲倫序不當立，不奉表勸進。至是爲亨嘉所幽，乃遣使賀王，因乞援。王喜，而亨嘉爲丁魁楚所攻，勢窘，乃釋式耜。式耜與中軍官焦璉召邦傅共執亨嘉，亂遂定。唐王擢式耜兵部右侍郎，協理戎政，以晏日曙來代。式耜不入朝，退居廣東。

順治三年九月，大兵破汀州。式耜與魁楚等議立永明王由榔，乃迎王梧州，以十月十日監國肇慶。進式耜吏部右侍郎、東閣大學士，兼掌吏部事。未幾，贛州敗報至，司禮王坤迫王赴梧州。式耜力争，不得。十一月朔，蘇觀生立唐王聿鐭於廣州。式耜乃與魁楚等定議迎王還肇慶，遣總督林佳鼎禦觀生兵，敗歿。式耜視師峽口。十二月望，大兵破廣州。王坤趣王西走。式耜趨赴王，王已越梧而西。

四年正月，大兵破肇慶，逼梧州，巡撫曹曄迎降。王欲走依何騰蛟於湖廣，丁魁楚、吕大器、王化澄皆棄王去，止式耜及吴炳、吴貞毓等從，乃由平樂抵桂林。二月，大兵襲平樂，分兵趨桂林。王將走全州，式耜極陳桂林形勢，請留，不許。自請留守，許之，進文淵閣大學士，兼兵部尚書，賜劍，便宜從事。平樂、潯州相繼破，桂林危甚。總督侍郎朱盛濃走靈川，巡按御史辜延泰走融縣，布政使朱盛調、副使楊垂雲、桂林知府王惠卿以下皆遁，惟式耜與通判鄭國藩，縣丞李世榮及都司林應昌、李當瑞、沈煌在焉。王令兵部右侍郎丁元曄代盛濃，御史魯可藻代延泰，未赴而大兵已於三月薄桂林，以騎數十突入文昌門，登城樓瞰式耜公署。式耜急令援將焦璉拒戰。

初，永明王爲賊執，璉率衆攀城上，破械出之。王病不能行，璉負王以行。王以此德璉，用破靖江王功，命爲參將。及是戰守三月，璉功最多，元曄、可藻亦盡力。式耜身立矢石中，與士卒同甘苦。積雨城壞，吏士無人色，式耜督城守自如，故人無叛志。援兵索餉而譁，式耜括庫不足，妻邵捐簪珥佐之。既而璉兵主客不和，譟而去，城幾破者數矣。會陳邦彦等攻廣州，大兵引而東，桂林獲全。璉亦復陽朔及平樂，陳邦傅亦由潯復梧州。王聞捷，封式耜臨桂伯，璉新興伯，元曄等進秩有差。

式耜初請王返全州，不聽。已，請還桂林，王已許之，會武岡破，王由靖州走柳州，式耜復請還桂林。十一月，大兵自湖南逼全州，式耜偕騰蛟拒却。已，梧州復破，王方在象州，欲走南寧，以大臣力争，乃以十二月還桂林。

五年二月，南安侯郝永忠駐桂林，惡城外團練兵，盡破水東十八村，殺戮無算，與式耜搆難。式耜力調劑，永忠乃駐興安。大兵前驅至靈川，永忠戰敗，奔入桂林，請王即夕西走。式耜力争，不聽。左右皆請速駕，式耜又争。王曰：「卿不過欲予死社稷爾。」式耜爲泣下沾衣。王甫行，永忠即大掠，捶殺太常卿黄太元。式耜家亦被掠，家人矯騰蛟令箭，乃出城。日中，趙印選諸營自靈川至，亦大掠，城内外如洗。永忠走柳州，印選等走永寧。明日，式耜息城中餘燼，安撫遠近。焦璉及諸鎮周金、湯兆佐、胡一青等各率所部至，騰蛟軍亦至。三月，大兵知桂林有變，來襲，抵北門。騰蛟督諸將拒戰，城獲全。時王駐南寧，式耜遣使慰三宫起居，王始知式耜無恙，爲泣下。

閏三月，廣東李成棟、江西金聲桓皆叛大清，據地歸，式耜請王還桂林。王從成棟請，將赴廣州。式耜慮成棟挾王自專，如劉承胤事，力争之，乃駐肇慶。十一月，永州、寶慶、衡州並復。式耜以機會可乘，請王還桂林，圖出楚之計，不納。慶國公陳邦傅守潯州，自稱世守廣西，欲如黔國公例。式耜特疏劾之，會中外多争者，邦傅乃止。廣西巡撫魯可藻自署銜巡撫兩廣，式耜亦疏駁之。式耜身在外，政有闕，必疏諫。嘗曰：「臣與主上患難相隨，休戚與共，不同他臣。一切大政，自得與聞。」王爲褒納。而是時成棟子元胤專朝政，知敬式耜，袁彭年、丁時魁、金堡等遂争相倚附。六年正月，時魁等逐朱天麟，不欲何吾騶爲首輔，召式耜入直，以文淵印畀之，式耜終不入也。未幾，騰蛟、聲桓、成棟相繼敗殁，國勢大危。朝士方植黨相角，式耜不能禁。

七年正月，南雄破。王懼，走梧州。諸大臣訐時魁等下獄，式耜七疏論救。胡執恭之擅封孫可望也，式耜疏請斬之。皆不納。九月，全州破。開國公趙印選居桂林，衛國公胡一青守榕江，與寧遠伯王永祚皆懼不出兵，大兵遂入嚴關。十月，一青、永祚入桂林分餉，榕江無戍兵，大兵益深入。十一月五日，式耜檄印選出，不肯行，再趣之，則盡室逃。一青及武陵侯楊國棟、綏寧伯蒲纓、寧武伯馬養麟亦逃去。永祚迎降，城中無一兵。式耜端坐府中，家人亦散。部將戚良勛

請式耜上馬速走，式耜堅不聽，叱退之。俄總督張同敞至，誓偕死，乃相對飲酒，一老兵侍。召中軍徐高付以敕印，屬馳送王。是夕，兩人秉燭危坐。黎明，數騎至。式耜曰「吾兩人待死久矣」，遂與偕行，至則踞坐於地。諭之降，不聽，幽於民舍。兩人日賦詩倡和，得百餘首。至閏十一月十有七日，將就刑，天大雷電，空中震擊者三，遠近稱異，遂與同敞俱死。同敞，大學士居正曾孫，事見《居正傳》。

邵廷采《西南紀事》卷四　瞿式耜，字起田，蘇州常熟人，景淳之孫也。父汝說，官部郎時，嘗抗内監，知名當世，累遷參政。式耜少有才譽，萬曆丙辰成進士，知永豐。崇禎元年戊辰，擢户科給事中。是時，魏忠賢新敗，其黨阮大鋮、楊維垣等猶陰結朝士，幾幸投閒，以復東林之禍，縉紳上章，多用王安、楊左、崔魏爲對案，清議摇惑，流品雜進，上雖精明，未能盡釐。式耜意憤惋，疏陳六不平。略曰：張差一案，以風顛二字抹之，乃慈寧召見劉光復，詞涉唐突，以致幽囚。今追録其忠，贈卹葬祭，而赤心調護東宫之王之寀，無望贈卹復官，藁葬城外，臣所謂不平者一也。紅丸一案，聖躬委頓，豈臣子嘗試邀功之日？崔文昇、李可灼優旨放歸，彼嫉惡防姦之孫慎行，尚推敲啓事，而可灼登訪册，與廢棄諸賢並列，臣所謂不平者二也。移宫一案，楊漣、左光斗防微杜漸，以擁護先帝爲心，賈繼春之持論，自是移宫後處分，今漣幸有擊璫二十四罪之疏，贈卹從優，果如諸臣一偏之見，不將與之寀、慎行同其沈抑乎？臣所謂不平者三也。封疆爲重，熊廷弼梟首西市，傳示九邊，而三路喪師之楊鎬與擅離汛地之王化貞，竟逍遥福堂，且有以化貞登薦牘者。人皆知廷弼以門户殺，非以封疆殺，何以嚴邊臣失事之禁？臣所謂不平者四也。楊、左羽翼先帝於倥傯之中，大權不至旁竊，宗社安於泰山，非與王安有交結之情，如崔呈秀黨附魏忠賢爲不解之誼也。今動以王、楊，崔、魏爲對案，無論楊不可與崔對，即王亦豈可與魏對？一腔忠義，蒙此惡名，臣所謂不平者五也。五虎輩雖罪未盡法，臟未籍没，然既顯暴於天下，彼甘作乾兒，造意主謀，無毒不具之魏廣微，固寵逐璫，無醜不備之顧秉謙，其他馬全、田立極等，或媚璫而反取憎，或璫敗而猶彌縫，乃死不僇屍，生不褫奪，何以爲大臣黨閹戒？臣所謂不平者六也。疏入，報聞。後坐其師錢謙益詞，速下詔獄，免歸，終威宗時，不見用。

福王即位，起原官。唐王立，擢僉都御史，巡撫廣西。時，靖江王亨嘉稱帝於桂林，用楊國威等爲將，舉兵欲東，使人至梧州，召式耜。式耜密告總制丁魁楚，思恩參將陳邦傅來援，未至，而梧州破。令式耜易朝服，朝脅以兵，不可，乃囚式耜，逼廣東，魁楚擊敗之，還走桂林，圍之。式耜授計國威旗鼓焦璉，使圖國威。邦傅亦至，遂克桂林。獲亨嘉，致福省，廢爲庶人，幽死，棄國威及其給事中顧奕等於市。唐王封魁楚平粵伯，邦傅思恩伯，進式耜兵部侍郎，副都御史。桂王即位，進吏部尚書，兼東閣大學士。首疏言草昧之初，宜養聖德、修紀綱、慎號令、挽人心、布威武、起用人望，招徠賢俊爲首務。王虚已聽。會唐王聿鐭稱帝廣州，遣兵爭三水。式耜督師出禦，總督林佳鼎輕進，遇東兵於海口，東兵皆大艦，乘東南風縱火矢礮，焚西舟。西兵登岸，淖深三尺，人馬俱陷，佳鼎死，李明忠僅以數十騎免。王奔梧州，已知閣部師全，再下肇慶。王爲人仁柔少斷，無雄視經略之意，動止循家人小節，闇於知人。初正位號，南中兩粵、湖南、滇黔、西蜀，均隸版籍；舊臣呂大器、李永茂等先後繼至，兵食粗足，文武略備，而王及太后王氏皆畏苦軍國，冀得無事小逸，始議不欲監國，强而後立，猝聞風鶴，追咎臣下。式耜等深以爲憂。太監王坤既亂北政，復自南都走閩，奉使在粵，王與語，説之，入掌司禮監。由是，内批四出，羣小進用。首斥諫官劉湘客等，大器、永茂皆告去，式耜爭之不得。李成棟入廣州，殺唐王及蘇觀生，行朝震恐。式耜議扼峽口決戰，坤固請西避。

大清順治三年丙戌正月，王再至梧州，肇慶遂破。復發梧州，趨府江。於是，百官奔散，丁魁楚走岑溪，王化澄走潯州，晏日曙、田芳等走博白；獨式耜及方以智、吳貞毓、吳其靁、程源、馬吉翔等十餘人從行。成棟進攻梧州，巡撫曹燁出降。二月，王至桂林，式耜肅殿陛，敕守禦，誕告楚蜀各鎮，以朝廷所在，薦賢才之可達桂林者。王錫袞、文安之爲相；周堪賡、郭都賢、劉遠生爲六卿；丁時魁、金堡爲給事；皆召用。惟錫袞、安之以滇、蜀道阻，未至。進何騰蛟閣學督師，倉卒布畫，皆有體要。兵氣再振，行朝始尊。未幾，丁魁楚没於藤江，遂陷平樂，桂林震動。王坤又議走武岡。式耜見王，泣曰：「臣本以桂林起事，願與同存亡。況東粵既失，所存惟此一隅。棄之入楚，百武岡何益？我退一步，則人亦進一步。我去速一日，人來亦速一日。半年之内，三四播遷，軍民瓦解，何以爲國？」不聽。乃自請留守桂林，駕暫駐全州，以扼楚、粵之中。詔封焦璉富川伯，隸式耜摩下，同守會城；加陳邦傅爲侯，守昭平。三月，大清兵圍桂林，衝入文昌門。焦璉自行在方至，從數人，控弦提刃，接戰卻敵。大清兵屯陽朔城外，俱降。式耜與璉危城孤守，劉承允兵至，式耜括庫藏、夫人邵捐簪珥以犒，終不肯

出戰。卒與焦璉兵鬭，大掠而去。五月桂林積雨，城壞，大兵四面肉薄急攻。焦璉負創奮臂，往來馳救，呼督師無按分門守，用西洋銃擊其騎卒，尋出城大戰，自辰抵午，士皆致死。明日復戰，大兵引退。會陳子壯、張家玉、陳邦彦等起兵攻廣州，以救桂林。於是，成棟解而東，遂復陽朔。桂林被圍三月，外坑大兵，內防亂卒，式耜一手指揮，乃得底定。焦璉久將桂，得桂人心，式耜國士遇之，故獨得璉死力。論功進式耜太子太傅，封臨桂伯。表讓不許。請告，自劾言：自二月十五至五月二十九，此百六日中，遇患者三，皆極危險，變故當前，總辦一死字，亦遂不生恐怖，不起愁煩。惟是臣之病不獨在身，而在心。不徒在形，而在神。身與形之病可療也，心與神之病不可醫也。時王在位一年，未有令聞。王坤去後，周鼎瀚、馬吉翔更進用事，行在大權，一歸劉承允。式耜憂國，故以疾喻。又請還蹕全陽，不報。七月，焦璉復平樂，陳邦傅復梧州。式耜表賀：粵西全定，大駕早還桂林，昭告興陵。王心知式耜忠，制於承允，不能行。八月，大清有德入寶慶，遂襲武岡，承胤迎敵，商邱伯侯性遣兵赴難。王自古泥入柳州。式耜疏言：「乘輿不可他移一步，滇黔荒遠，忠義心渙。三百年土地，僅留粵西一線。且山川險要，兵馬糗糧，俱自可恃，惟陛下堅守，無爲羣議摇惑，以繫天下興復之望。」會永州、郴州破，潰兵入桂林者數萬，督師何騰蛟、新輔嚴起恒俱至。式耜修甲兵，營芻糓，促騰蛟再出全州，集郝永忠、焦璉等要言於神，期以同憂國事，皆嘆泣稟令。其冬，陳邦彦、張家玉、陳子壯俱敗没。式耜聞之，爲位東向而哭。十一月，王還桂林。式耜與起恒並相，中外相慶。

順治五年戊子二月，郝永忠兵潰於興安，馳至闕下，大掠，王欲西走。式耜力争，謂督師警報未至，營中夜驚，無大恐。衆意不能止。式耜曰：「果不得已，俟督師歸，咫尺威嚴，士氣百倍，若以走爲策，桂危柳益危，來師今日可至桂，明日亦可至南太。」反覆數百言，起恒亦勸王宜鎮以安靜，如出，恐桂城遂難保，事且不測，俱不聽。夜半，王如南寧，起恒從。夜，潰兵四掠，職官無一得免。式耜傷足，被逼登舟，遇劉遠生、丁時魁、劉湘客於樟木港，乃入民舍，草檄分路四發，暫駐陽朔。召焦璉於平樂入援，湖南將周金湯、熊朝佐亦至，檄簡討蔡之俊先入城，宣式耜令，僉事邵之驊部署璉兵，人情始定。何騰蛟自永寧馳回，集胡一清、趙應選等數千人入守。三月，大清兵至桂林。式耜及騰蛟出禦退之。加少師，賜精忠貫日金章。璉等皆進爵。式耜念南寧蠻鄉，非駐驛所，日爲迎駕計。以人清兵尚在興安，與騰蛟且戰且守，謀復全州，以恢湖南。式耜爲相，持大體，雖際喪亂，動引古義，如立治朝，多所匡正。廣西巡撫魯可藻，自署兩廣。故例，東撫稱制兼廣西，西撫稱撫。式耜曰：「方今武人多自署撫軍，帥一面帝，制輒自命，貽遠人笑。」予代疏請，御遏不可。周鼎瀚以閣部擅竊，式耜疏正之。武岡之亂，言官彈鼎瀚，以附承允入直，式耜票擬獨不苛。曰：「王沂公言，進賢退不肖，皆有體。瀚係大臣，應聽自免。」陳邦傅據潯梧，自稱世守，不止供。式耜疏駁之曰：「今日功晉五等，尚未裂土，且海宇浚剥，假粵西一隅爲郊畿，百官六師，於是取給；輒曰世守，豈老成憂國之心哉？」式耜雖在外，朝廷之事，未嘗不極言力請。疏曰：「臣與陛下，患難相隨，休戚與共，原自不同於諸臣。一切大政，自得與聞。廟議可否，國勢所關，本亂而求末治，不可得也。」又念行在久無講官，經筵不御，石室塵封，何由聞得失。因手書八箴於扇，進之。是年春，金聲桓以南昌歸。孔有德等退軍武昌。夏騰蛟復全州，李成棟亦以廣東來歸，奉表迎乘輿，江南響應。式耜上疏言：「行在大政，履端謹始，不可不慎。臣謂廣東軍功爵賞，文武署置，一歸成棟，不宜更易。且楚黔雄師百萬，騰蛟翹首威靈，如望雲霓，大駕遽東，軍中將吏必謂朝廷樂新復之土，成棟亦有邀駕之嫌，號令既遥，事機便異。請一見東諸侯，俾共瞻至尊音容，面爲慰勞指屬，然後責其盡意於東，揣勢量情，柔遠能邇，道無過此。」王欲東，式耜再請還桂林，以圖出楚。不報。會聞吳貞毓勸王幸廣州，式耜急使劉遠生入見阻之。成棟自嶺還，修行宫，且邀駕。遠生奉使至廣，謂成棟曰：「今爵駐此，爵賞征伐，人疑有私，不可不嫌。」成棟乃止。八月，王至肇慶。成棟陛見，首言式耜擁戴元臣，不宜久勞疆埸，請召還綸扉，以資啓沃。王遣官三四輩，召式耜。式耜念身在西省，則東朝重，且時事遽難逆覩，安危之機在外不在內，辭不赴。時，五嶺道通，朝士輻至。李元胤、袁彭年新自東來，與劉湘客、金堡等一見輒契，期以肅清綱紀，培植善類相勵，權幸多不便。陳邦傅與成棟争寵。未幾，又召何吾騶、黃士俊入閣，祖用敝政，更置臺諫，行期囂然，水火日深。而式耜以度量包容，公忠調護，舊人新附，皆倚爲重。成棟戰亦不利。

順治六年正月，何騰蛟、李成棟、金聲桓俱敗死。王命式耜代騰蛟，總督川、湖、滇、廣軍馬，賜敕有曰：「得卿在桂，朕無西顧，湖南進止，惟任便宜。」未幾，衡、永皆破，趙應選、胡一清潰入廣西。式耜請以兵科給事中吳其靁監諸營軍，再出屢疏勸王，以歲月稍暇，財力優裕，宜一心並力修內治以自固，嚴外備以自强，且積弊之後，易致振興也。一才一藝之士，靡不收羅幕府，每慨人才凋零殆

盡，凡跰足而至者，非懷忠抱義之人，亦亂世取功名之士；人之精神歲月，不用之於正，則用之於邪，安可驅爲人用？故人咸以桂林爲稷下。七月，式耜遣胡一清出屯全州。

順治七年正月，尚可喜入南雄，韶州、肇慶大震。王欲出奔，式耜馳奏，言粵東水多於山，不利騎戰，自成棟歸順，始有寧宇，財賦繁盛，十倍粵西，騎士材官，南北相雜，中興根本，雜得易失。且韶去肇數百里，強弩乘城，亦可堅守，以待勤王，今遂棄之，悔可及乎？不聽，如梧州。可喜遂圍廣州。二月，黨人獄起，金堡、丁時魁、蒙正發、劉湘客下錦衣衛。式耜奏言：「擾攘之時，宜保元氣，勿濫刑。」詔獄追贓，乃熹廟朝魏忠賢竊權鍛鍊楊、左事，何可祖而行之？勅班四人罪狀，示式耜。式耜封還勅書，言法者天下之至公，不可以蜚語横加考案。且四人得罪，各有本末，臣在政府不言，恐失遠近人望，其何辭於後世。凡七疏，始改命三法司，久乃論戍。秋，孫可望襲據貴州。十月，孔有德破鎮峽，曹志建潰。式耜遺起恒書曰：「今東疆危迫，天下事大都不可爲，吾與公身爲重臣，遭時板蕩，不能拯救，徒以一死塞責，何面目以見天下士？」起恒奉書而泣。十一月二日，廣州陷。五日，孔有德入嚴關，桂林城中大亂，潰兵四掠，式耜衣冠危坐署中。時張居正曾孫同敞，爲兵部侍郎，監一清軍於靈川，聞變南奔，曰：「安可使留守獨殉社稷？」自江東泅水至，直入式耜寓。曰：「事迫矣，公將奈何？」曰：「今日是式耜死日，但陷封疆，負國死，悔恨耳。」同敞曰：「恩師誼，敞當共之。」詰旦城陷，被執，有德諭使降，式耜不應。同敞大駡，白梧擊，兩臂折，牽出共幽一所。大清軍壯其義，間餽酒食，同敞縱飲，和詩歌，題牆壁俱滿。閏十一月十七日，遇害。桂人哀號載道。

初，金堡戍清浪，阻兵止於桂林爲僧。至是，遣僧義持書上有德，請收葬式耜、同敞。略曰：「故督師大學士瞿公，總督學士張公，皆山僧之友也。已爲王所殺，可謂得死所矣。敵國之人，勢不並存，忠臣義士，殺之而後成名。兩人豈有遺憾於王，即山僧亦豈有所私，痛惜於兩公哉！然聞遺骸未殯，心竊惑之。古之成大業者，表揚忠節，如出天性，殺其身而敬且愛其人。若唐高祖之於堯君素，周世宗之於劉仁瞻是也。我太祖之下金陵，於元御史福壽既葬之矣，復立祠以祀之。其子犯法當死，又典法以赦之。盛德美名，於今爲烈。至如元世祖祭文天祥，伯顏卹汪立信之家，豈非與其植彝倫者耶！山僧間嘗論之，衰國之忠臣，與開國之功臣，皆受命於天，同分砥柱乾坤之任。天下無功臣，則世道不平；天下無忠臣，則人心不正；事雖殊軌，道實同源。兩公一死之重，豈輕於百戰之勳者哉？請具衣冠，爲兩公殮。瞿公幼子，尤宜存卹。張公無嗣，益可哀矜，並當擇付親知，歸喪故里，則仁義之譽，王且播於無窮矣。如其不爾，亦許山僧領屍隨緣藁葬，揆之情理，亦未相妨。豈可視忠義之士如盜賊寇讐，然必滅其身，狼籍其支體，而後快於心耶？」書未上，吴江楊藝衣衰絰，掛冥錢衣上，號哭於市。見文武將吏，叩頭請收葬。凡兩日，見聞者爲泣下。令備棺衾殮，藝見義，索堡書觀之，曰：「傳世文也。然吾已得請，更上書，恐生事。若但同我殮兩公，於義盡矣。」併瘗北門之園。王贈式耜粵國公，謚文忠；同敞江陵伯，謚文烈。桂林既破，而陳邦傅叛，以潯梧降。尚可喜、耿繼茂亦略定高、廉、雷、瓊，兩廣俱破。嚴起恒從王入南寧，爲孫可望所殺。又八年，王入緬；又二年，吴三桂執王去，害於雲南，距式耜之死，年十三矣。

雜録

備録

朱彝尊《静志居詩話》 瞿公生長華門，屏游閒之習，自臨八桂，盡瘁行間。既繫獄中，與江陵張公同敞，悲歌酬和，互作草書，筆飛墨舞，聯爲行看子。往嘗見之于吴下，所謂「鼎鑊甘如飴」者。《遊虞帝祠次韻》云：「祠宇蕭疎迥絶塵，孤峰隨意著閑人。窺雲應傍巢松鶴，破浪終同入釜鱗。茶盌酒鐺全部史，風篙月槳一江春。却憐嶺嶠曾無恙，便託荒巖老此身。」

瞿式耜《瞿忠宣公集》卷首李兆洛識 公之在掖垣也僅七月，而疏凡數十上。時天下雖已破壞，而疆索粗完，紀綱粗立，公所建明，皆一時之急，於正人心，厚元氣，所以匡主德、延國脈者，皆略具於此。使得竟伸其志，於定傾救敗之道，猶有冀焉。思陵初，亦信嚮，行其一二。及以會推閣臣，入温體仁之譖惑，志遂不可解，擯斥不顧。好惡奪于愛憎，是非眩于名實，日甚一日，以至于亡，聖人所以有災必逮身之戒也，悲夫！留守封事，隨事補苴，動成掣曳，運際流極，尚何言哉。當桂林播蕩，危于幕燕，臣主一心，以禦外侮，尚恐不支，而吴楚内訌，孫

李外張，小人之禍人國至於此乎？公之不肯從永明西行，而以留守自任也，亦猶史忠正公之不肯在朝，而願爲介冑馳驅耳。蓋逆知王坤、劉昌允之輩不可調劑，而朝中文武不能無水火也。雖然百六艱難之會，必內有重臣，握紀綱，張法度，運籌決策，聯絡指臂，而後可以圖功。永明，柔仁主耳，非有英姿明略，足以憚懾羣下也。呂大器、文安之稍有聲望，可倚仗，而或死或出矣。彼吴炳、王化澄、嚴起恒、何吾騶、丁魁楚諸人，而望其匡弼弱主、制馭宵小哉。況當時所藉，以死灰復然者，十三鎮之降將耳。彼皆犬豕豺狼之不如，勝則奮臂攘功，敗則回面內寇，名爲勛鎮，甚於盜賊。孔子曰：「足食足兵，民信之矣。不得已則去兵，不得已則去食。」烏有招盜賊以自殘其民，而可以爲守者乎？事已無可奈何，姑竭匪躬之節，置死生於度外，以告天地，而報君父焉耳。夫田横島中，壽春城下，覽古者猶爲之涕泗横流，而況壞梁木於頹廈，殞大星於傾天，慷慨之士，烏能不悲其志而閔其遇也。後學武進李兆洛識。

徐鼒《小腆紀傳》卷二八《瞿式耜傳》 瞿式耜，字起田，常熟人，禮部侍郎景醇孫，湖廣參議汝説子也。舉萬曆丙辰進士，授永豐知縣，有政聲。天啓元年，調江陵，永豐民乞留，命再任，以憂歸。

崇禎元年，擢户科給事中，陳七事，言：「起廢宜覈，升遷宜漸，會推宜慎，謚典宜嚴，刑章宜飭，論人宜審，附璫者宜區別。」又論館選奔競之弊，乞臨軒親試。比定逆案，請發紅本準其情罪輕重。又疏頌楊漣、魏大中、周順昌之清忠，請賜謚。帝皆嘉納。已以會推閣臣，坐錢謙益黨貶謫。又嘗頌貴州布政使胡平表破賊功，平表以不謹敗，以薦舉不實，坐貶，遂廢於家。未幾，謙益爲奸民張漢儒所訐，併逮式耜下獄，謙益削籍，式耜得贖徒，言官疏薦，不納。

十七年，南都立，九月，起應天府丞，再擢僉都御史，代方震孺巡撫廣西。明年夏，甫抵梧州，而南都已陷。

隆武帝建號福州，靖江王亨嘉不拜即位詔，自稱監國，舉兵將東。式耜移書責之曰：「兩京繼覆，大統懸於一髮，豪傑睥睨逐鹿；閩詔既頒，何可興難爲漁人利！」又移書總制丁魁楚爲之備，而陰檄思恩參將陳邦傳防梧，止狼兵勿應亨嘉調。亨嘉再遣桂林道井濟促式耜入桂林，俱弗應。亨嘉至梧，謁者促式耜入朝，式耜曰：「王也而朝，禮也。」謁者曰：「易朝服。」式耜曰：「王烏用朝服？以常服，禮也。」一日，迓式耜語，挾之登小艇，指揮曹升持刀加頸，索敕印，拽過數舟，數仆數起。坐稍定，曰：「敕印可刀求邪？我開府重臣，若欲爲帝，曾盧陸之漁户不若矣。」亨嘉既不獲敕印，而魁楚兵且至，乃挾式耜上桂林，塞其艙竇，不令見人。至則閉之王邸，式耜日凝坐，不與邸人語，進之食，亦不食。

初，式耜以隆武之立也非序，不勸進。夫人邵氏在幽所日夜哭，因遣家人齎疏間道至福州，賀即位，并乞師，曰：「嶺表居楚、豫上游，嶺表失，則豫無所憚，楚未得通，天下事益不可爲矣。臣式耜朝以死，則粤中夕以亡，豈惟一省之憂。」因陳亨嘉有必敗狀，上大喜。會丁魁楚遣陳邦傳進討，亨嘉與戰而敗，返桂林，餽式耜衣服、飲食，瞑目不應，乃送式耜於距城五里之劉仙巖，而以王符調狼兵，不應。邦傳攻之急，乃復迓式耜入，返其敕印。中軍官焦璉爲亨嘉黨總兵楊國威旗鼓，密輸款於式耜，夜縋城入邦傳營，合謀擒亨嘉并國威、推官顧奕，檻送福州。論功加式耜兵部侍郎，協理戎政，式耜曰：「國家禍變，搆難同室，臣子奚以功爲！」固辭，不許。尋命晏日曙來代，乃僦居廣東。

丙戌，九月，汀州變聞，式耜與丁魁楚、前兵部尚書呂大器、巡按御史王化澄，巡撫李永茂奉桂王由榔監國肇慶。進式耜吏部右侍郎兼大學士，掌銓事。頃之，贛州報至，魁楚與太監王坤將奉王走梧州，式耜謂：「今日之立，爲祖宗雪讎恥，宜奮勇以號召遠近。外棄門户，內釁蕭牆，國何以立！」不聽。既聞蘇觀生立隆武弟聿𨮁於廣州，魁楚謂不定大位，無以厭人心，乃從式耜謀，奉王還肇慶，於十一月庚申即皇帝位。晉式耜文淵閣大學士。

是時，太監王坤弄權恣肆，侍郎林佳鼎兵敗於三水，內批以王化澄代督師，式耜奏：「內批非興朝舉動。」李永茂知經筵，疏薦十五省人望，御史劉湘客與焉。坤塗抹而黜之，永茂怫然去位，式耜言：「大臣論薦固其職，司禮輒去取其間，何以服御史？何以安大臣？」坤又疏薦兩朝人望數十人，式耜言：「司禮抑人固不可，薦人更不可。」給事中劉鼒亦疏論內臣薦人之非，上怒，奪鼒官；御史童琳以疏劾都御史周光夏，下廷杖。式耜皆力爭之。雖不盡聽納，然上甚重之。

十二月，降將李成棟以王師取廣州，聿𨮁遇害，上奔梧州，式耜夜掉小舟留駕曰：「我兵水陸皆至三水，可上下搤也。」上不能用。請留守肇慶，亦不許。部署五日，始追扈抵梧，而上西行又五日矣。至平樂，丁魁楚、王化澄、李永茂、晏日曙皆棄上去，左右惟式耜一人。會都御史張家玉、給事中陳邦彦合師攻廣州，佟養甲呼成棟還救，乘輿得安。抵桂林，加式耜太子太保。式耜諭諸鎮曰：「粤西居山川上游，敵不能仰面攻明矣。兵士雲屯湖南、北，南寧、太平出滇，柳州、慶遠通黔，左、右江四十五洞土狼標勇，讐國家威惠，三百年悉受銜橛，足資內

備。」時朝廷新創，式耜修紀綱，布威武，抑權閹，招俊傑，一時倚以爲重。

丁亥，二月，梧州、平樂相繼失，坤勸上入楚，式耜疏言：「半年之内，三四播遷，兵民無不惶惑。上留則粤留，上去則粤亦去。今日之勢，我進一步，人亦進一步；我退速一日，人來亦速一日。故楚不可遽往，粤不可輕棄。今日勿遽往，則往也易；輕棄，則入也難。且海内幅員，止此一隅。以全盛視粤西，則一隅似小；就西粤恢中原，則一隅甚大。若棄而不守，愚者亦知拱手送矣。」不聽。則請留蹕全州，以扼楚、粤之中，内外兼顧。已而警報狎至，上趣式耜治裝，謝曰：「君以仁，臣以義。臣奉命守土，當與此土共存亡。」於是從官皆行，進式耜文淵閣大學士兼吏、兵二部尚書，留守桂林，以焦璉兵隸之。

三月，乙卯，王師從平樂長驅入，式耜檄召璉於黄沙鎮，方遣人運糧太墟，而王師數萬猝至。一卒倉皇奔報，氣急舌結，手東西指，式耜笑曰：「敵兵至邪？何張皇若是！」俄數十騎乘虚突入文昌門，登樓瞰留守署，矢集綸巾，式耜叱曰：「何敢爾！」呼焦璉，璉袒背控弦，提刀引騎兵開門出，直貫我營，衝王師爲三，諸將白貴、白玉亦開城出，追奔數十里。總兵劉承胤時奉上駐全州，聞桂林急，亦遣兵三千來援。兵譁索餉，式耜搜庫藏，捐囊金與之，不足，夫人邵氏則又捐簪珥數百金與之，譁如故，素與焦璉兵主客不和，乃交閧掠市而去。式耜檄誅二十餘人，劾承胤馭兵無狀。

五月，乙丑，王師偵知城中兵變，猝薄城，環攻文昌門，吏士失色。式耜與璉分門嬰守，用西洋銃擊中騎兵，大雨，王師稍卻。璉乃開城出戰，自辰至午，不及餐。式耜括署中米蒸飯，親出分哺，將士益用命。向晡，雨未息，收兵。明日，復出戰，璉奮刀直入衝陣，王師棄甲仗而奔。式耜先令援將馬之驥隔江發大炮，助聲勢，王師間道從栗木嶺來者，之驥疾馳運槊提鞬，連斃三人，遂大北。我定南王孔有德望虞山樹木，疑爲兵焉。論守桂功，進式耜少師兼太子太師，封臨桂伯，焦璉新興侯。式耜疏辭曰：「本朝文臣封拜，自王威寧、王新建外，指不多屈。或憐臣死守孤城，破格以行鼓勵，其如貽笑四方何！」不許。

時承胤劫上如武岡，從官多受挫辱，式耜疏請返蹕，不得，則請告曰：「自二月十五日移蹕之後，以迄五月二十九日，凡百有六日矣。此百六日中，遇敵兵者二，遇兵變者一，皆極危險，萬死而無一生之望者，總辦一『死』字，亦遂不生恐怖，不起愁煩。惟是臣之病不徒在身而在心，不徒在形而在神。身與形之病可療也，心與神之病不可醫也。臣所依恃者皇上，皇上駐全，猶有見天之日，今幸武岡，臣復何望乎！」既焦璉復陽朔、平樂，陳邦傅復梧州。梧州，興陵之所在也。式耜言：「粤西全定，請昭告陵寢，還蹕桂林。」上制於承胤，不能從也。

八月，辛卯，王師逼武岡，承胤舉城降，上奔靖州，式耜遣入間道齎疏，請由古泥還象州，入桂林，極言：「不可他移一步。黔、滇地荒勢隔，忠義心涣。三百年之土地，僅存粤西一綫，返蹕收復，號召聯絡，粤師出粤，以恢江、贛，楚師出楚，以恢武、荆。且粤西山川形勝，兵力人情俱有可恃。」既聞駕幸柳州，乃增將吏，備餱糧，車馬，表請還蹕。上諭曰：「西陲朕根本地，先生竭力守此，待朕駐軍，使朕不至顛沛。異日國家再造，先生功實多。」

時湖南盡失，南安侯郝永忠、宜章伯盧鼎各率所部入桂林，式耜加禮撫慰。又與督師何騰蛟、大學士嚴起恒、御史劉湘客議分地給諸將，俾各自爲守。適騰蛟有全州之捷，式耜乃疏言：「柳州傜、僮雜處，地瘠民貧，不可久駐。慶遠壤鄰黔、粤，南寧地逼交夷，不可遠幸。邇來將士瞻雲望日，以桂林爲杓樞；道路臣僚，疲趼重繭，以桂林爲會極；江、楚民情，以桂林爲拯救之聲援。騰蛟與永忠、鼎、璉分防住汛，恢復可望。」會王師逼梧州，上欲自象州往南寧，中途爲亂兵所阻，乃命王化澄、吴貞毓、龐天壽護三宫往南寧，而與馬吉翔遡十八灘返桂林。式耜郊迎，上念式耜功高賞薄，慰勞備至。進見，上殿賜坐，以比諸葛武侯、裴晉公。

先是司禮監龐天壽奉敕催兵，久在桂林，王坤既被承胤逐，復入自武岡。上之幸柳幸象，票擬皆錦衣衛馬吉翔手也。式耜勸上攬大權，明賞罰，親正人，聞正言。五鼓，肅衣冠而起，黎明入閣，夜分始歸。視上動静，上不食，不敢先食，猶孝子之事嚴親也。各路奏使，計道路遠近，給口糧。遠方蠟表月數至，遠人亦以桂林爲歸。而諸將主客不相能，上命騰蛟督師，焦璉走平樂，郝永忠壁興安，不相顧。式耜以不能輯和勳鎮，深自咎責。

戊子，二月，丁亥，永忠與王師戰於靈川，敗績，奔還桂林，大掠。左右近臣勸上幸南寧，式耜曰：「不可。督師警報未至，營夜驚，無大恐。二百里外風塵，遽使九五露處邪？播遷無寧日，國勢愈弱，兵氣愈不振，民心皇皇復何依？候督師歸，天威咫尺，激厲將士，背城借一，勝敗未可知。若以走爲上策，桂危，柳不危乎？今日至桂，明日不可至南、太乎？」反復千言。上曰：「卿不過欲朕死社稷耳。」式耜泣下。嚴起恒曰：「明晨再議。」五鼓，式耜進御用銀三百兩，而乘輿已發矣。

先是，焦璉遣人謂式耜曰：「強敵外逼，姦宄內訌，勢不能兩全。願移師至桂，保公出城，俟賊乏食，統兵四面擊之，賊兵可盡。然後以全爲保障，以梧爲門户，協力守之，事可萬全。」式耜以治兵相攻，恐傷百姓，且虞敵騎擣虛，不聽。至是時，趨出送駕，永忠以兵遮之，不得行，掠署中冠服、圖書咸盡。家人以何督師令箭送眷屬出城，式耜裸坐署中，持令箭者逼之登舟。永忠乃縱火大掠，捶殺太常卿黄太元。日中，滇營兵亦自靈川入，煙火高於樓櫓。式耜舟泊城外三里之樟木港，刑部侍郎劉遠生、給事中丁時魁、萬六吉、劉湘客皆至，謂：「兵變倉卒，請下平、朔，催焦璉兵入援。檄遠近毋内恐，檄紳士毋驚疑薙髮，檄一吏入城息煙火，收倉儲，毋爲亂人所盜。」式耜然之，舟至豆豉井，入民舍草檄分發。明日，以小艇入城，督師騰蛟亦被召入援，焦璉自平樂至，楚鎮周金湯、熊兆佐、滇鎮胡一青先後至，軍勢復振。王師聞城中亂，三月丁巳，抵北門。騰蛟率諸軍力戰卻之。

當是時，江西金聲桓、廣東李成棟皆叛我復歸於明。王師聞變北旋，桂林少安。然兵火之後，監司、府、縣俱散，式耜撫循收拾，疏達行在，候天子三宫起居。上聞式耜尚在，大喜，璽書旌美，賜紗段、銀兩，并「精忠貫日」金圖書一方，太后亦賜夫人邵氏紗段、銀兩。式耜念南寧鑾鄉，不可久蹕，爲上清輦道，朝政有闕，必馳疏論諫。嘗曰：「臣與皇上患難相隨，休戚與共，原不同於諸臣，一切大政，自當與聞。朝議可否，衆指所歸，本亂而求末治者，未之有也。」

當武岡之亂，言官彈周鼎瀚以附承胤入直，式耜司票擬曰：「王沂公云：進賢退不肖，皆有體。瀚係大臣，應聽自謝免。」已而鼎瀚擅假，式耜曰：「不謝免而擅假，毋乃不可乎！」疏論之。廣西巡撫魯可藻自署銜稱巡撫兩廣，奏駁之。陳邦傅父子恃迎駕功，請世守廣西，駁之曰：「海宇剥削，只粤西一隅爲聖蹕之地，滇、楚數萬之師，取食一省，輒曰獨擁，豈老臣所知哉！」又以經筵不御，無由聞得失，手書《八箴》於箋，進之。檄諸將乘機進取。勞師全州時，李成棟遣官迎駕，式耜慮成棟之挾上自專，如劉承胤也，疏曰：「興陵兩載陷風塵，成棟令地方官修葺陵殿，巍然天壽，彼數年想見天子漢宫，一旦奮不顧身，具移山超海之力，更非有所疑也。但事權號令，宜歸於一。茲軍中爵賞、署置若歸於朝廷，則事權中擾，閫外不能專制；不歸朝廷，則徒虚拱。且楚、黔雄師百萬，騰蛟翹首威靈，如望雲霓，聖駕既東，軍中將帥謂皇上樂新復之土，成棟亦有邀駕之嫌。號令既遠，人心渙散。請上一見東諸侯，俾共瞻天子音容，慰勞指屬，然後責其盡意於東，刻期出師，一切決於外，不中擾也。」三疏令簡討蔡之俊、給事中蒙王發先後迎駕，曰：「前日粤東未復，宜駐桂以扼楚；今日江、廣反正，則宜駐桂以圖出楚。事機所在，毫釐千里。」上意未決，吏部侍郎吴貞毓力言成棟忠誠，乃決計幸粤東。

八月，癸巳朔，上還駐肇慶，成棟以翊明大將軍執政，疏言：「式耜擁戴元臣，應召還綸扉。」上手詔促之，式耜因乞骸骨，乃留守如故。

九月，何騰蛟復衡、永，監軍余鯤起復寶慶，式耜疏言：「天下大勢，在楚不在粤，粤東三面險阻，易入難出。臣不敢争者，以成棟一片血忱，方倚爲江右聲援，阻其望幸之心，何以勸忠。今衡、永恢復，粤西之背愈厚；而江圍未解，粤東之齒尚寒。皇上宜去危就安，俾成棟無内顧之憂，得畢力圖贛；楚師得萬乘親臨，亦勇氣十倍矣。」疏上，未報，而堵胤錫與常德守將馬進忠不協，湖南州縣復陷。

己丑，正月，騰蛟兵潰被執，李成棟、金聲桓亦相繼敗没，公卿集政事堂議代騰蛟者，僉曰：「惟留守望尊德鉅，足以折制諸將。」上是之，賜式耜彤弓、鐵鉞，永、寶、鄂、岳上下三軍之任行間者，生殺予奪惟命。式耜辭不獲，乃戒期誓衆，建元帥旗鼓，申號令，疏請兵科給事中吴其靁爲監軍，薦張同敞知兵得士，總督軍務。滇將趙印選、胡一青、王永祚以騰蛟死，率所部來依，大喜，遣使郊迎，請封三人爲侯、伯，分守全州、永寧。

七月，王師取永寧，一青退守榕江，式耜檄印選出全州，顧無所取餉。

十二月，王永祚敗績於永州，軍貲盡散，式耜聞之，頓足曰：「我蓄鋭兩年，一朝崩潰，豈天果不祚明邪！」是時，疆事大壞，而朝端吴、楚黨局，鬨如水火。

庚寅，正月，王師克南雄，惡李元胤者請上幸梧州，式耜疏曰：「粤東水多於山，良騎不能野合，自成棟反正，始有寧宇，賦財繁盛，十倍粤西，材官兵士，南北相雜，内可自强，外可備敵。且肇慶去韶千里，强弩乘城，堅營固守，亦可待勤王兵四至。傳曰：『我能往，寇亦能往。』以天下之大，止存一隅，退寸失寸，退尺失尺，今乃朝聞警而夕登舟，將退至何地邪！」疏再上，而上已移德慶，抵梧州境矣。

尋金堡、劉湘客等下獄，嚴鞫追贓，式耜言：「中興之初，宜保元氣，勿濫刑。詔獄追贓，乃熹廟魏忠賢鍛錬楊、左事，何可祖而行之？」上頒敕布諸人罪狀，式耜封還，謂：「法者天下之公也，不可以蜚語飲章横加考察，開天下之疑。」疏凡

七上，不聽。諸鎮將亦相爭不協。既全州失，印選、一青託分餉入桂，桂焦璉營安樂，猝呼之，不能至。

十一月，甲寅，王師大舉入嚴關，式耜檄印選爲戰守計，不應；再促之，則盡室逃。王永祚迎降，胡一青、楊國棟、蒲纓、馬養麟等馳出小路勒兵，兵自潰，乃皆逃。式耜危坐府中，總兵戚良勳操二騎至，跪而請曰：「公爲元老，係國安危，身出危城，尚可號召諸勳，再圖恢復。」式耜曰：「四年忍死留守，其義謂何？我爲大臣，不能禦敵，以至於此，更何面目見皇上提調諸勳乎！人誰不死，但願死得明白耳。」家人泣請曰：「次公子從海上來，一二日即至，乞忍死須臾，一面訣也。」蓋式耜次子元錥間關入粤，時已至永安州矣。式耜揮家人出，曰：「毋亂我心！我重負天子，尚念及兒女邪！」俄總督張同敞自靈川回，入見曰：「事急矣，將奈何！」曰：「封疆之臣將焉往！子無留守責，曷去諸！」同敞曰：「死則俱死耳。」乃呼酒對飲。四顧茫然，惟一老兵不去，命呼中軍徐高至，以敕印付之曰：「完歸皇上，勿爲敵人所得也。」

是夜，雨不止，城中寂無聲，兩人張燈相向。黎明，有數騎腰刀挾弓矢入，式耜曰：「吾兩人待死久矣。」偕之出，見定南王孔有德，有德踞地坐，舉手曰：「誰爲瞿閣部先生？」式耜曰：「我是也。」顧曰：「坐！」式耜曰：「我不慣地坐，城陷，求一死耳。」有德曰：「甲申之變，大清國爲明復罪，葬祭成禮。今人事如此，天意可知。吾斷不殺忠臣，閣部毋自苦！吾掌兵馬，閣部掌糧餉，一如前朝事，何如？」式耜曰：「我明之大臣，豈與汝供職邪？」有德曰：「我先聖後裔，勢會所迫，以至今日，閣部何太執？」同敞厲聲曰：「汝不過毛文龍家提溺器奴耳，毋辱先聖！」有德怒，自起批其頰，叱左右刀杖交下。式耜叱之曰：「此宫詹張司馬，國之大臣，死則同死耳，不得無禮！」有德遽命還其衣冠，因曰：「某年二十起兵海上，南面稱孤。投誠後，擁旄節，爵名王，公今日降，明日亦然矣。語曰：『識時務者爲俊傑。』清自甲申入中國，五年之間，南北一統，至縣縣破，至州州亡，天時人事蓋可知矣。公守一城扞天下，屢挫强兵，能已見於天下，不轉禍爲福，建立非常，空以身膏原野，誰復知之？」式耜曰：「汝爲丈夫，既不能盡忠本朝，復不能自起逐鹿稱孤，爲人鷹犬，尚得以俊傑時務欺天下男子邪？昔少康、光武恢復中興，天時人事未可知也。本閣部受累朝大德，位三公，兼侯伯，常願殫精竭力，掃清中原。今大志不就，自痛負國，刀鋸鼎鑊，百死莫贖，尚何言邪！」有德知不可屈，館二人於別所，供帳飲食如上賓。有臬司王三元、蒼梧道彭爌皆式耜里人，有德使説以百端，不應；勸薙髮爲僧，亦不應。曰：「爲僧者，薙髮之漸也。」兩人日賦詩，求死，不獲。式耜謂同敞曰：「偷生未決，爲蘇武邪，李陵邪？人其謂我何？」乃草一檄，命老兵馳諭焦璉曰：「城中滿兵無幾，若勁旅直入，孔有德之頭可立致也。」有降臣浙人魏元翼者，曾任桂、平督糧道，以貪墨爲兩人所劾，布邏卒，獲其檄，獻之有德，有德震恐。

閏十一月，丙申，有數騎至繫所，請式耜出，曰：「已知之。乞少緩，待我完絶命詞。」援筆書云：「從容待死與城亡，千古忠臣自主張。三百年來恩澤久，頭絲猶帶滿天香。」肅衣冠南向拜訖，步出門，行至獨秀巖，曰：「吾生平愛山水，願死於此。」遂與同敞並遇害。同敞屍不仆，首墜地，躍而前者三。頃刻，大雷電，雪花如掌，空中震擊者亦三。有德股栗，觀者靡不泣下。

同死者，旗鼓陳希賢、錦衣衛楊芳齡；家人陳祥先，齎印之徐高，被獲於陽朔山中，亦同死焉。吴江楊藝衰麻跣足，肩背楮錢，跪軍門號哭，請殮故主屍，有德歎曰：「有客若此，不愧忠良矣！」許之。藝撫屍曰：「忠魂儼在，知某等殮公乎？」忽張目左右視。藝撫之曰：「次子來見邪？長公失所邪？」目猶視。門下士御史姚端叩首曰：「我知師心矣。天子已幸南寧，師徒雲集，焦侯無恙。」目始瞑。遂具衣冠，淺葬兩人於風洞山之麓，端與陽羡清凝上人廬墓不去。

先是，式耜知桂林不守，遣其孫中書舍人昌文詣梧州陳狀，辭世襲爵。上授昌文翰林院簡討，賜式耜黄鉞龍旌，節制公侯伯大小文武。甫撰敕文，而東西省垣齊陷。昌文走山中，叛將王陳策挾之至梧州。大學士方以智時爲僧於大雄寺，言於我鎮將馬蛟麟曰：「瞿閣部精忠，今古無兩，其長孫來，汝以德綏之，義聲重於天下。」蛟騰厚遇之。魏元翼恨不已，構昌文於有德，將甘心焉。一日，聞鐵索鏗然，繞室有聲，元翼伏地請罪，忽昊語曰：「汝不忠不孝，乃欲殺我孫邪！」七竅流血死。有德嘗以事遣一卒禱於城隍，恍惚見同敞南而坐，有德聞而大駭，爲雙忠神位祀之，因厚禮昌文，遷式相柩而改葬之。清凝上人亦遷同敞柩與夫人合葬焉。事聞，贈式耜粤國公，謚文忠。我朝賜專謚曰忠宣。同敞另有傳。

備論

張岱《石匱書後集》卷五二　石匱書曰：瞿式耜世紓金紫，其平時立朝，卿

貳材耳。及入粵之後，輔佐永曆，拯溺救焚，大見材略。事雖無成，鞠躬盡瘁，死而後已，古之諸葛，又何加焉！獨恨少主輕狂，聞警即走；出師之表方上，靈武之駕已馳！志欲補天，而天如璣璇；鍊石在手，則亦奚益哉！

查繼佐《罪惟録》列傳卷九下　論曰：時相與共守，皆中湘故將，難使，而又苦飢。桂蹕未安，呼籲何處？乃又以黨事相內鬨哉！在廷諸臣，全在制虎，意無臨桂。即臨桂亦何從子房虎嘯哉！羣而不黨，尼山早示以中興要義，而不察也，臨桂但有死耳，而難別山之與俱！李夢陽祠練金川匾曰「浩然」，臨桂合別山遺刻題曰「浩氣」，其皆《正氣歌》所氤氳者與！

邵廷采《西南紀事》卷四　論曰：聞之長老，唐桂之際，相國死義者非一，而虞山瞿公爲最。以南都全盛，文武在位，晝江自守，僅乃一年；方馬百戰精旅，望風降附，視去其君如塵垢，瞿公名爲留守，身無見兵，徒以忠義激厲二三羈縻强悍之士，困守孤城，餉絶援窮，人無怨叛，力竭而死，公何憾哉！張司馬別山斷臂不屈，無忝前人；金堡稱其有過人之才氣，良然！

《明史》卷二八〇　贊曰：何騰蛟、瞿式耜崎嶇危難之中，介然以艱貞自守。雖其設施經畫，未能一覩厥效，要亦時勢使然。其於鞠躬盡瘁之操，無少虧損，固未可以是爲訾議也。夫節義必窮而後見，如二人之竭力致死，靡有二心，所謂百折不回者矣。明代二百七十餘年養士之報，其在斯乎！其在斯乎！

温睿臨《南疆繹史摭遺》卷七　「摭遺」曰：瞿留守居臺諫日，矯矯樹名，搏擊權豪，大臣多畏其口。嘗頌楊漣、魏大中、周順昌爲清中之清、忠中之忠，三人遂得賜謚。陳時務七事，言起廢不可不覈、陞遷不可不漸、會推不可不慎、謚典宜嚴、刑章宜飭、論人宜審、附璫者宜區分；又極論館選奔競之弊，乞臨軒親試。比將定「逆案」，請盡發紅本，準其情罪輕重。帝多嘉納。桂林殉節日，天大雷電，空中震擊者三，遠近稱異。時金堡已薙髮爲僧，名澹歸；上書定南，乞收瘞瞿、張二人遺骸，不報。後有故御史姚端、吳江楊藝、陽羡浮屠清凝，密具衣冠殮之，葬於北郊之原。

汪有典《史外》卷八　汪有典曰：嗚呼！公之給事於烈帝朝也纔數月，疏言李國楷宜留內閣，王永光宜典銓，曹於汴宜秉憲，鄭三俊、畢懋良宜總版曹，李邦華宜主戎政。爲王之寀請卹，孫慎行訟冤，速楊鎬、王化貞誅白楊漣、左光斗結毒之謗。追故相魏廣微、顧秉謙、馮銓、黄立極罪。言奪情建祠之朱童蒙不可寬，積愆久廢之湯賓尹不可用，來宗道、楊景辰附逆不可居政府。頌楊漣、魏大中、周順昌爲清中之清，忠中之忠。陳時務七事，謂起廢不可不覈，陞遷不可不漸，會推不可不慎，謚典宜嚴，刑章宜飭，論人宜審，附璫者宜區分。諸所條奏，豈不行事適機宜，風采可畏慕哉。逮於崎嶇危難之中，奉容頭顧身之主於流離奔竄之時。羣小蠱惑於內，將卒背叛於外，國勢民情，臣心主德，調停匡救，口瘏躬瘁。茲真仁爲己任，死而後已者乎。獨以謙益蒙詬，君子惜焉。然誼隆師友，即忠關君父，無二致也。謙益每日詡忠孝之家，至用爲私印。釋氏所云，無慚愧者歟。張公爲太岳曾孫，公侍郎景淳孫，參議汝説子，竭力致死，靡有二心，孝子慈孫於是乎異。

何騰蛟部

綜述

王夫之《永曆實録》卷七　何騰蛟，字雲從，貴州黎平人。中天啓辛酉鄉舉。崇禎間授南陽知縣，吏治精敏，以最聞。南陽，思文皇帝封邑也。思文皇帝英鋭喜事，推官萬元吉頗規裁之，騰蛟特相周旋。元吉以遏抑親藩見逮，騰蛟得不與。擢大興知縣，精敏如治南陽。遷郎署，擢鞏昌兵備副使，以善撫兵將爲秦督洪承疇所推薦。

崇禎十六年，張獻忠陷武昌，楚撫王聚奎、王揚基以失機論治，廷臣視楚爲戒途，無敢赴者，擢騰蛟右僉都御史，巡撫湖廣。張獻忠入蜀，左良玉駐武昌，大爲民擾。騰蛟至，以恩禮結良玉子夢庚與正紀，副總兵盧鼎，得其歡心，尤與左營監軍主事李猶龍相善，良玉所部頗尊信之。綏撫殘黎有方。騰蛟故黔人，與馬士英同鄉里。士英督豫、楚，騰蛟與受節制，頗相得，以是爲巡按御史黄澍所疑。左良玉自不愜于楊嗣昌，頗與中朝氣節之士相知聞，而與士英不協。澍與良玉相親重，騰蛟以通敏和讓，亦與良玉善。良玉習其無他，每與澍言，推奬之，澍不以爲然，良玉亦不以澍爲是。然軍機進止，及朝政得失，澍獨與良玉謀議，不令騰蛟知也。時黔人越其杰、楊文驄皆附馬士英，得節鉞，大爲疆場蠹。騰蛟雖有才度，而不爲高弘圖、姜曰廣所知，慮其且僨楚事。給事中袁彭年、御史徐養心請以副都御史楊鶚總督楚、豫，削騰蛟權，而士英欲沮抑之，加騰蛟兵部右侍郎，與相頡頏。未幾，撤鶚，改授騰蛟爲豫、楚、川、黔總督，遷副都御史。已而黄澍自楚入見，廷糾馬士英姦貪誤國，被旨切責，出監良玉軍，深以騰蛟附士英爲疑，騰蛟亦恨澍疏己。澍既削奪逮捕，而皇太子自北來，下獄掠治。良玉抗疏争之，因風皖督袁繼咸及騰蛟。繼咸抗疏激切，而騰蛟具疏言：「太子到南，何人奉聞？何人物色取召至京？馬士英何以獨知其僞？既爲王昺姪孫，何人舉發？内官公侯多從北來，何無一人確認而泛云自供？此事關天下萬世是非，不可不慎。」疏入，詔以法司審明節略解之。良玉以騰蛟疏持兩端，故爲士英送難，啓其辨折，遂疑騰蛟，故東下之謀，獨舉澍決策，而騰蛟不知。

弘光二年四月初四日，良玉拔營東下，騰蛟大駭，不知所爲。俄而左夢庚遣數十騎脅騰蛟登舟，亦未與相見。騰蛟意不欲行，佯墮水匿蘆荻中，附小舟得達岸，走江西，將歸武昌。而武昌民半爲左兵掠奪，城空不守。李自成爲吴三桂所追，數十萬騎臨江求渡，騰蛟乃從寧州過瀏陽，走長沙。大號湖南、湖北，言良玉反。良玉部校在湖南省，率擒殺之，沉屍于湘江。間道遣疏赴南都，雪己不與。長沙素無武備，騰蛟乃召黄朝宣于攸、衡山中，行登壇禮，拜爲總統。朝宣部卒不滿二千人，多羸弱，兵素不戢，稍憚李乾德，不敢逞。至是，猝遇寵任，遂益驕。

會左良玉死，南都繼陷，夢庚降。而李自成渡江入無人之境，由蒲圻走死九宫山。其部賊數十萬，大掠巴陵，南至湘陰、瀏陽。騰蛟不知其爲自成部賊也，猝遣長沙府通判周二南，率朝宣部卒千餘往禦之，大敗，二南死之。騰蛟始駭，嬰城爲守死計。諸賊失主，遑遽無所依，乃遣使就騰蛟降。高、李部號三十萬，劉體純、袁宗第、張光翠、牛萬才、塌天豹部各數萬，不下五十萬人。湖南地既迫隘，賦入亦薄，騰蛟雖受其降，亦未有以安插之，諸部大掠巴陵、蒲圻、平江、湘陰間如故，已乃漸渡江屯荆岳間。騰蛟復糾合張先璧、黄朝宣、劉承胤，各益召募以衆相尚，而盧鼎、馬進忠、王允成不與左夢庚同降，因風南泛駐岳州，聽命于騰蛟。賊偏將王進才、郝永忠拔營歸騰蛟，爲督標總兵。諸軍蝟集，號百萬，騰蛟不知所裁。

會思文皇帝下詔曰：「萬元吉朕之舊盟，何騰蛟朕之恩故也。」遽加騰蛟兵部尚書，副都御史，賜蟒玉尚方劍，便宜行事，總督豫、楚、秦、蜀、黔、粤軍務。時朝廷既輕爵賞，以縻人心，騰蛟以潛邸舊恩，尤所傾注。騰蛟以受降事上聞，上益倚重之，即敕騰蛟便宜綏撫。騰蛟以兵太重，難于控制，乃檄提學副使堵胤錫節制新降諸部，而自領進忠、允成、鼎、先璧、朝宣、承胤、進才、永忠爲己屬。胤錫已次第安插，晉拜僉都御史，撫楚，尋加總制，侍郎，督忠貞營屯湖北。騰蛟屯湖南。

始騰蛟至長沙，倚朝宣過重，及是大師麕集，而朝宣輕。劉承胤舊鎮黎、靖，騰蛟子家居黎平，與承胤有隙。騰蛟雖專制一方，而威令往往撓沮。進忠、允成、鼎皆良玉部驕將，但示羈縻，索餉重叠，繼以侮嫚。騰蛟既奉便宜之命，驟加派義餉，兼預徵一年民田税，每畝至六倍以上。不足，則開餉官、餉生之例，郡邑長吏皆以貲爲進退。又不足，則開募姦人告密，訐殷富罰餉，傾其産分諸營坐

餉，朝宣、先璧、承胤皆效之。湖南民展轉蔓延，死亡過半。思文皇帝屢敕獎譽，全舉楚事付之騰蛟不問。欽差臺省官至者，稍不遜讓，則漂摇江干，爲兵卒所嬲。部選長吏至，皆不遣就任，以意改授之，而標下將吏熊兆佐、馬際昌、李先春、韓口口與長沙諸生周辛通賄竊權，騰蛟固不知禁也。

隆武元年冬，騰蛟與胤錫會議出師，調承胤至長沙，不用命，歸武昌去。朝宣亦不至。張先璧自請從茶、攸出吉安。唯監軍道章曠率進忠、允成爲前部下岳州，騰蛟率偏將滿大壯、吳勝兵數千人繼之。檄胤錫督高、李部自澧出荆。胤錫圍荆州未下，清兵適大舉入寇，至岳州。進忠、允成驚退，清兵舍長沙，徑渡江，蹂高、李十三家老營于草坪。騰蛟汛舟至磊石驛，驚潰，走歸長沙。晝新牆驛守湘陰，不復議出師矣。

初，聖安皇帝詔天下有能擒斬李自成者，世爵國公，禄萬石，視徐達。至是騰蛟奏報斬自成于九宫山，以周二南死，失首級。思文皇帝方亟勳名鎮天下望，遽下部議賞。部議以祖制文臣不得封公侯，封騰蛟定興世伯。敕旨已行，將予世券，都御史郭維經上言：「自成傳聞死于九宫山，在江西寧州界内。傳以五月死，而七月所部降騰蛟乃知，且經年而後報，遽行大賞，誠非所宜。且自成之或死或生，或死于吳三桂之追兵，或死于鄉團之棒擊，俱不可知。萬一殺自成者他日且以首獻，臣不知騰蛟之何以自解？且萬一自成未死，而他日更出没于他所，臣又不知皇上之何以收反汗也？騰蛟獨力鎮楚，撫降禦敵，忠猷自不可掩，何必借此影響不自信之功名，以貽天下後世之譏非乎？臣且不能不以愛騰蛟者全騰蛟，况陛下之以馭騰蛟者安騰蛟，又當何如鄭重也。」疏入，乃輟給世券。時鄭芝龍驕悖，懷貳心，上疑之甚。萬元吉自贛州表請西幸親征。騰蛟聞之，乃遣監紀推官傅作霖奉疏迎鑾。上既急欲去閩出楚，作霖陛見，盛稱楚兵彊盛，騰蛟精忠，渴望移蹕，上大悦，加騰蛟太子太保，促遣兵入贛迎駕。顧騰蛟以便宜制楚，文武將吏皆出其門，不忍失權藉，謂章曠曰：「上若幸楚，則敵當聚力攻楚，恐未易支也。」上屢敕趣迎駕，兵會贛州，騰蛟乃名遣張先璧自攸縣出永新，郝永忠自郴出龍泉，分左右部，號「迎駕軍」。先璧至攸，屯師不進；永忠至郴，西屠桂陽州，過寧遠，騰蛟亦不促遣之。上由是懷疑，未即去閩。騰蛟齎奏使臣不入閩者數月，他日奏使至，上震怒，召面詰之，使臣詭辭以對。上次且間，稍行至順昌而陷。顧自是兵益無紀，糧益不繼，諸將瓦解，黄朝宣不出其山，張先璧據攸縣，郝永忠據寧遠，馬進忠移屯沅江，王允成寄帑于湘潭，盧鼎據衡州，劉承胤保武岡不出。各招市井無賴，轉相陵虐，農甿被迫，亦釋耒而爲兵，更互讐殺。會歲大旱，千里無烟火。王進才居長沙，抑不受調度。傳上瑞遁走沅州，獨章曠率標兵數千捍湘陰。

永曆元年二月，清孔有德大舉寇湖南，曠督孤軍與戰，不利。允成、進才掠長沙先走，騰蛟奔衡州。時上在桂林，將圖幸楚，特拜騰蛟武英殿大學士、兵部尚書，督師恢復。騰蛟至衡州，諸軍益洶懼無固志。四月，孔有德前鋒至衡山，諸軍大掠分道走，騰蛟奔永州，遂自永至武岡入見。劉承胤挾舊隙欲奪其兵柄，矯旨召騰蛟入直，騰蛟固請出，收兵圖恢復，上意亦欲遣之。承胤乃謀解散其部曲，因之令無所往。而滇帥胡一青、趙印選惡承胤，願爲騰蛟效死，遂從騰蛟自古泥至柳州，轉收周金湯、熊兆佐、馬養麟諸軍于廣西。已而桂林驚潰，騰蛟會瞿式耜于桂，誓師北出。自是得一青爲股肱，軍勢復張。騰蛟亦以死自誓，期收楚以謝前不敏。金聲桓自南昌間道遣使至，推戴騰蛟爲主盟，期犄角東下。馬進忠復常德，馳請會師于岳州。騰蛟率諸軍三十餘戰，復全州。戰飛鸞橋，大敗清兵，遂圍永州，冒矢石督戰，攻下之，殺清將余世忠，擒其廣西巡撫李茂祖，磔之，遂下衡州。檄曹志建集師大舉，將趨長沙。會堵胤錫以疑忌激馬進忠棄常德，間道自湘鄉至湘潭，轉掠千里。李、高諸部躡之而下，集于湘潭。進忠患李、高之逼，告急于騰蛟。騰蛟乃率標兵數百人，乘輕舸下湘潭，調護之。胤錫亦至，議良久，乃誓師分汛：胤錫率李、高十三營渡湘而東走吉、袁，援金聲桓于南昌；騰蛟率馬進忠、王進才、張光翠、牛萬財洎滇、曹之兵攻長沙。部分乍定，方送胤錫軍渡江，進忠全師尚留湘鄉，檄召之未至，餘兵俱未會。清人聞湖南、北全失，遣其五王子帥大衆來争，猝至長沙。騰蛟正爲李、高諸部所嬲，不及偵候，永曆三年二月庚寅，清騎至城下，乃覺。進忠兵少不能戰，雨雪雜下，人馬困，沿江驚潰。騰蛟遽乘馬欲登舟，爲追兵所執，大呼曰：「我何督師也！當明白死，奴輩勿得陵我。」因下馬步至城南佛菴。五王子遣人勸降至再四，騰蛟不應，唯舉手拍地，呼「可惜」，兩掌皆碎，三日水漿不入口。五王子知其不屈，遂遇害。所部士卒降清者，竊收其骨葬之。

始，胤錫率大軍棄湖北，至湘上，騰蛟拜疏言：「湖北千里一空，湖南重兵蝟集，已復之土，棄爲青燐白骨之場，而諸將狼戾狐疑，制臣不能輯之，臣又何以輯之？唯有孤掌鳴號，誓死報國而已。」未兩月，果陷于難。騰蛟既没，衡、永、寶、郴，相繼皆陷，而粤不可守矣。時中外屬望騰蛟甚重，方其初陷，朝廷猶冀其脱，

特敕遣御史鄭古愛入楚訪求之。已而知其殉難，上震悼輟朝，贈太師、中湘王，謚文忠。設位于肇慶之天寧寺，上親臨祭，舉哀失聲，百官皆慟。

《明史》卷二八〇《何騰蛟傳》 何騰蛟，字雲從，貴州黎平衛人。天啓元年舉於鄉。崇禎中授南陽知縣。地四達，賊出没其間，數被挫去。已，從巡撫陳必謙破賊安皋山，斬首四百餘級，又討平土寇，益知名。遷兵部主事，進員外郎，出爲懷來兵備僉事，調口北道。才諝精敏，所在見稱。遭母憂，巡撫劉永祚薦其賢，乞奪情任事，騰蛟不可，固辭歸。服除，起淮徐兵備僉事。討平土寇，部内晏然。

十六年冬，拜右僉都御史，代王聚奎巡撫湖廣。時湖北地盡失，止存武昌，屯左良玉大軍，軍横甚。騰蛟與良玉交歡，得相安。明年春，遣將惠登相、毛憲文復德安、隨州。

五月，福王立。詔至，良玉駐漢陽，其部下有異議，不欲開讀。騰蛟曰：「社稷安危，繫此一舉。倘不奉詔，吾以死殉之。」抵良玉所，而良玉已聽正紀盧鼎言，開讀如禮。正紀者，良玉所置官名也。八月，福王命加騰蛟兵部右侍郎，兼撫湖南，代李乾德。尋以故官總督湖廣、四川、雲南、貴州、廣西軍務，召總督楊鶚還。明年三月，南京有北來太子事，中外以爲真，朝臣皆曰僞。騰蛟力言不可殺，與當國者大忤。

無何，良玉舉兵反，邀騰蛟偕行。不可，則盡殺城中人以劫之，士民争匿其署中。騰蛟坐大門縱之入。良玉破垣舉火，避難者悉焚死。騰蛟急解印付家人，令速走，將自刎，爲良玉部將擁去。良玉欲與同舟，不從，乃置之别舟，以副將四人守之。舟次漢陽門，乘間躍入江水，四人懼誅，亦赴水。騰蛟漂十餘里，漁舟救之起，則漢前將軍關壯繆侯廟前也。家人懷印者亦至，相視大驚。覓漁舟，忽不見。遠近謂騰蛟忠誠得神佑，益歸心焉。

騰蛟乃從寧州轉瀏陽，抵長沙。集諸屬吏堵胤錫、傅上瑞、嚴起恒、章曠、周大啓、吳晉錫等，痛哭盟誓。分士馬舟艦糗糧，各任其一。令胤錫攝湖北巡撫，上瑞攝湖南巡撫，曠爲總督監軍，大啓提督學政。起恒故衡永道，即督二郡軍食，晉錫以長沙推官攝郴桂道事。即遣曠調副將黄朝宣、張先璧、劉承胤兵。朝宣自燕子窩，先璧自溆浦，承胤自武岡，先後至，兵勢稍振。而是時良玉已死。

順治二年五月，大兵下南都。唐王聿鍵自立於福州。王居南陽時，素知騰蛟賢，委任益至。李自成斃於九宮山，其將劉體仁、郝摇旗等以衆無主，議歸騰蛟。率四五萬人驟入湘陰，距長沙百餘里，城中人不知其來歸也，懼甚。朝宣即引兵還燕子窩。上瑞請騰蛟出避，騰蛟曰：「死於左，死於賊，一也，何避焉。」長沙知府周二南請往偵之，以千人護行。賊謂其迎敵也，射殺之，從行者盡死。城中益懼，士女悉竄。騰蛟與曠謀，遣部將萬大鵬等二人往撫。賊見止二騎，迎入演武場，飲之酒。二人不交一言，與痛飲。飲畢，賊問來意，答言督師以湘陰褊小，不足容大軍，請即移長沙。因致騰蛟手書召之曰：「公等歸朝，誓永保富貴。」摇旗等大喜，與大鵬至長沙。騰蛟開誠撫慰，宴飲盡歡，犒從官牛酒。命先璧以卒三萬馳射，旌旗蔽天。摇旗等大悦，招其黨袁宗第、藺養成、王進才、牛有勇皆來歸，驟增兵十餘萬，聲威大震。

未幾，自成將李錦、高必正擁衆數十萬逼常德。騰蛟令胤錫撫降之，置之荆州。錦，自成從子，後賜名赤心，必正則自成妻高氏弟也。高氏語錦曰：「汝願爲無賴賊，抑願爲大將邪？」錦曰：「何謂也？」曰：「爲賊無論，既以身許國，當愛民，受主將節制，有死無二，吾所願也。」錦曰：「諾。」騰蛟慮錦跋扈，他日過其營，請見高氏，再拜，執禮恭。高氏悦，戒其子毋忘何公，錦自是無異志。

自成亂天下二十年，陷帝都，覆廟社，其衆數十萬悉歸騰蛟。而騰蛟上疏，但言元兇已除，稍洩神人憤，宜告謝郊廟，卒不言己功。唐王大喜，立拜東閣大學士兼兵部尚書，封定興伯，仍督師。而疑自成死未實。騰蛟言自成定死，身首已糜爛，不敢居功，因固辭封爵。不允，令規取江西及南都。

當是時，降卒既衆，騰蛟欲以舊軍參之，乃題授朝宣、先璧爲總兵官，與承胤、赤心、郝永忠、宗第、進才及董英、馬進忠、馬士秀、曹志建、王允成、盧鼎並開鎮湖南、北，時所謂十三鎮者也。永忠即摇旗，英，騰蛟中軍，志建則故巡按劉熙祚中軍，餘皆良玉舊將也。

騰蛟鋭意東下，拜表出師。明年正月與監軍御史李膺品先赴湘陰，期大會岳州。先璧逗遛，諸營亦觀望，獨赤心自湖北至，爲大兵所敗而還，諸鎮兵遂罷。騰蛟威望由此損。時諸將皆驕且貪殘，朝宣尤甚，劫人而剥其皮，永忠效之，殺民無虚日，騰蛟不能制。故總督楊鶚者，剋餉失軍心，至是復夤緣爲偏沅總督。騰蛟以爲言，乃召鶚還。

王數議出關，爲鄭氏所阻。騰蛟屢請幸贛，協力取江西。王遣使徵兵，騰蛟發永忠精騎五千往。永忠不肯前，五月始抵郴州。會大兵破汀州，聿鍵被執死，贛州亦失。騰蛟聞王死，大慟，厲兵保境如平時。已聞永明王立，乃稍自安。王

尋以騰蛟爲武英殿大學士，加太子太保。王進才故守益陽，聞大兵漸逼，還長沙。

四年春，進才揚言乏餉，大掠，并及湘陰。適大兵至長沙，進才走湖北。騰蛟不能守，單騎走衡州，長沙、湘陰並失。盧鼎時守衡州，而先璧兵突至，大掠。鼎不能抗，走永州。先璧遂挾騰蛟走祁陽，又間道走辰州。騰蛟脱還，走永州。甫至，鼎部將復大掠。鼎走道州，騰蛟與侍郎嚴起恒走白牙市，大兵遂下衡、永。初，騰蛟建十三鎮以衛長沙，至是皆自爲盜賊。大兵入衡州，守將黄朝宣降。數其罪，支解之，遠近大快。大清以一知府守永州，副將周金湯瞷城虚，夜鼓譟而登，知府出走，金湯遂入永。

六月，騰蛟在白牙。王密遣中使告以劉承胤罪，令入武岡除之。騰蛟乃走謁王，王及太后皆召見。承胤由小校，以騰蛟薦至大將，已漸倨。騰蛟在長沙徵其兵，承胤大怒，言：「先調朝宣、先璧軍，皆章曠親行，今乃折箠使我。」遂馳至黎平，執騰蛟子，索餉數萬。子走訴騰蛟，騰蛟遣曠行，承胤乃以衆至。騰蛟爲請於王，得封定蠻伯，且與爲姻，承胤益驕。至是爵安國公，勛上柱國，賜尚方劍，益坐大。忌騰蛟出己上，欲奪其權，請用爲户部尚書，專領餉務，王不許。王召騰蛟圖承胤，騰蛟無兵，命以雲南援將趙印選、胡一青兵隸之。及辭朝，賜銀幣，命廷臣郊餞。承胤伏千騎襲騰蛟，印選卒力戰，盡殲之，騰蛟乃還駐白牙。

八月，大兵破武岡，承胤降。王走靖州，又走柳州。時常德、寶慶已失，永亦冉失。王將返桂林，而城中止焦璉軍，騰蛟率印選、一青入爲助。而南安侯郝永忠忽擁衆萬餘至，與璉兵欲鬬，會宜章伯盧鼎兵亦至，騰蛟爲調劑，桂林以安。乃遣璉、永忠、鼎、印選、一青分扼興安、靈川、永寧、義寧諸州縣。十一月，大兵逼全州，騰蛟督五將合禦。

五年正月，王居桂林，加騰蛟太師，進爵爲侯，子孫世襲。二月，大兵破全州，至興安。永忠兵大潰，奔桂林，逼王西，縱兵大掠。騰蛟自永福至。大兵知桂林有變，直抵北門。騰蛟督璉、一青等分三門拒守，大兵乃還全州。會金聲桓、李成棟叛大清，以兵附。大兵在湖南者姑退，騰蛟遂取全州。復遣保昌侯曹志建、宜章侯盧鼎、新興侯焦璉、新寧侯趙印選攻永州，圍城三月，大小三十六戰，十一月朔克之。未幾，監軍御史余鯤起、職方主事李甲春取寶慶，諸將亦取衡州，馬進忠取常德，所失地多復。

騰蛟議進兵長沙。會督師堵胤錫惡進忠，招忠貞營李赤心軍自夔州至，令進忠讓常德與之。進忠大怒，盡驅居民出城，焚廬舍，走武岡。寶慶守將王進才亦棄城走，他守將皆潰。赤心等所至皆空城，旋棄走，東趨長沙。騰蛟時駐衡州，大駭。六年正月檄進忠由益陽出長沙，期諸將畢會，而親詣忠貞營，邀赤心入衡。部下卒六千人，懼忠貞營掩襲，不護行，止攜吏卒三十人往。將至，聞其軍已東，即尾之至湘潭。湘潭空城也，赤心不守而去，騰蛟乃入居之。大兵知騰蛟入空城，遣將徐勇引軍入。勇，騰蛟舊部將也，率其卒羅拜，勸騰蛟降。騰蛟大叱，勇遂擁之去。絶食七日，乃殺之。永明王聞之哀悼，賜祭者九，贈中湘王，謚文烈，官其子文瑞僉都御史。

邵廷采《西南紀事》卷三　何騰蛟，字雲從，浙江山陰人。其先成貴州黎平衛，因籍黎平。中天啓元年辛酉科舉人。崇禎中，知南陽縣，禦流寇有方略，復從巡撫陳必謙擊賊於安皋，斬首四百，由是知名。累遷武庫主事，備兵淮徐，平土賊程肖宇、王道善、張方造等衆數萬，南兵部尚書史可法奇其才。十六年十月，擢僉都御史，巡撫湖廣。時，湖廣新經張獻忠之亂，寧南侯左良玉在武昌，兵多無紀，遠近患之。大學士蔣德璟盛稱騰蛟威望，爲左師憚服，宜用之撫楚，以可法遺部臣張伯鯨書爲證。上初不聽，吏部會推，復以騰蛟上。上思德璟言，卒用之。騰蛟自潯陽單舸之任，諸鎮軍吏望風嚴戢。

福藩立，進總督。乙酉三月，良玉聞李自成敗，將出陝，欲東避。會王之明自燕來南都，詐稱太子，收下獄，朝野洶洶，言奸相馬士英絶先帝後。良玉乘是與巡按黄澍上疏，以誅士英爲名，移檄遠近，舉兵三十萬内向，騰蛟萬端開説，不聽。左兵大掠城中，城中人數萬，避難走督署，左兵從之。騰蛟手尺刃，坐堂皇，飛矢雨集，不動。良玉使人紿曰：「吾欲見公一言，公不行不强。」遂挾登舟，遽發。至楊邏，騰蛟罵曰：「吾封疆重臣，豈相從作賊？」自投於江，逆流數十里，遇漁舟不死。將卒稍稍來集，家人完印至，遂入大冶、通山之間。左兵東下，未十日，闖賊十萬衆潰入楚，掠漢武而東，銜左兵尾。大清兵追闖者又數萬，水陸踵至，荆河至安慶數千里，接陣格鬬，紛拿散走。四月，良玉與黄得功戰，大敗，師潰蕪湖之荻港，數日死。子夢庚以全軍降於大清軍前。大清兵追賊急，賊敗；會大雨四十日，百川漲溢，所在積屍成邱，李自成引數騎馳入通城九宫山，行視安營地，村民方耕，不知爲自成，羣起舉鋤擊之，立死，擲屍於水，後騎至，傳呼萬歲，民始驚竄。騰蛟獲其屍。五月，大清兵略定漢武屬邑，騰蛟自寧州間道走瀏陽，向長沙。楚人相傳騰蛟入水，浮沈三日夜不死，大黿負之登陸，皆以爲

神，遠近爭附。而騰蛟知時事不測，先爲善後慮，表知州章曠爲監軍道，傅上瑞爲長沙道，與督學道堵胤錫，各練兵一萬。至是皆會。舊鎮馬進忠、張先璧、盧鼎等亦次第來歸。長沙始立軍府。

乙酉，唐王立，騰蛟表聞自成敗死狀，進尚書，兼東閣大學士，封定興侯，督師開府長沙。胤錫、曠分撫湖南北，駐湘陰、常德。騰蛟言自成之死，天誅非人力，臣不敢冒上賞，不許。王在唐邸，雅識南陽縣何令賢，奏陳皆報可。九月，闖賊故將郝永忠、王有才、良玉標將王允成等皆來降，得兵十餘萬。李錦、高一功等三十萬衆，在松滋之草坪，亦請降於胤錫。湖南軍勢大振。丙戌正月，唐王次建寧，騰蛟及贛州督師大學士楊廷麟皆遣使奉表迎乘輿，手勅褒勞，卒制於鄭芝龍，不得出。是年春，騰蛟督郝永忠、張先璧等攻岳州，傅城大戰，又戰於藤溪、湘陰，皆捷。表加永忠恢勦左將軍，先璧右將軍。江楚間民多結砦以應，騰蛟喜，冀大舉。會福州破，贛州亦不守，兵不果出。未幾，大清恭順王孔有德、懷順王耿仲明、智順王尚可喜與葛喇昂邦焦奈藍拜統滿漢軍南下，度岳州，兵勢甚鋭，騰蛟扼長沙遏其衝。

丁亥，李成棟入梧州，桂王至桂林，遣使勞騰蛟，且徵其兵。騰蛟辭以方拒三王，不得入衛。桂王如全州。初，武岡參將劉承胤猛而麄，常鑄鐵軍自隨，號劉鐵棍。崇禎福王間，乘亂截粵餉十五萬，選募軍馬，遂雄視湖南，挂平蠻將軍印。岳州之戰，承胤一軍先走，抑其賞，以是怨騰蛟。王在全州，王坤爲王畫計，召承胤入衛，封武岡伯，進安國公。承胤始見王，猶持正，逐坤，遣□援瞿式耜於桂林，已而專橫，杖御史毛壽登、劉湘客，劫□如武岡，援桂林者譟而還。而是時，騰蛟大軍在長沙，湖南巡撫章曠督王有才、王允成等兵二萬扼湘陰之新祥。大清兵相守一年，不得進。騰蛟又調廣西土鎮譚遇春率狼兵三千赴新祥，至即挑戰，夜襲大營，追奔三十里。大清兵退入岳州。夏六月，狼兵入長沙，與有才軍士市肉相競，變作，三王長驅破湘陰，入長沙，諸軍皆潰。董英首以瀏陽降。傅上瑞、王允成皆降。盧鼎、郝永忠逃入山中，騰蛟退守衡州。尚可喜東渡江，攻燕子窩。總兵陳士明降。略定長沙諸縣，還與有德、仲明會於湘潭，同攻衡州，遇春師潰，兵入桂林，索餉，尋歸柳州。騰蛟檄守道龍文明計執遇春，送桂林斬之。承胤欲因騰蛟敗，解其兵柄，請召騰蛟入輔。諸鎮皆怒，張先璧引兵向武岡，請誅承胤。會騰蛟至，諭解之。先璧掠寶慶，西屯沅州。騰蛟見王，面奏情形，檄調馬進忠、袁崇第、劉體純、張光翠、王有才、李赤心、高必正、牛萬才十餘營，可五十萬，會衡州。

承胤終忌騰蛟，計遏其事。滇將趙應選、胡一清言於騰蛟曰：「長沙失守，非戰之罪，乃自開門揖盜。今各勳士馬如故，望公出不啻雲霓，若遲回不行，恐動鎮解體。」騰蛟即日陛辭，承胤復以兵邀之，從行者僅五百人。一清單騎突前，斬關而出，進駐百牙橋，衡州已破，諸營四面皆不相聞。騰蛟退守永洲，章曠疽發背，卒東安。永忠再出桂陽，遇可喜自長寧來，棄軍走道州。總兵張學禮被執。八月六日，有德、仲明覘諸帥首尾橫斷，督師孤懸不足慮，遂合各固山兵，西破寶慶，陳友隆力戰守紫陽河，夜，柵內火，延火藥局，兵遂潰。大清兵抵武岡，王奔古泥，承胤降。進薄沅州，先璧走，游騎略貴州界，攻破黎平，盡殺騰蛟之家。還攻永州，諸鎮皆散。曹志建走鎮峽，惟一清以死衛督師不去。陳於城下力戰十餘日，曰：「吾外援已絶，內儲復匱，死空城無益。」遂擁騰蛟決圍出。比至全州，永忠已集湖南潰兵入桂林，城中沸恐。騰蛟馳入，與留守式耜部署，自會城以北，盡全州、興安、靈川駐永忠兵；城東永寧、義寧駐一清、應選兵；各給諸將分地，乃定。時，王至柳州，譚遇春子嗚珂罵，言父寃，從臣倉皇未詳其始末，以不知對。嗚珂怒，帥諸苗攻龍文明，大掠，矢及王舟。王奔象州。十一月，王還桂林。

丁亥二月，大清兵破全州，至興安，永忠兵潰，掠桂林而南。王奔南寧。騰蛟方按師永寧，聞報，急率一清、應選兵入會城，見留守式耜，相持慟哭。三月，大清兵薄桂林，疑城中空虛，直抵北門，騰蛟督兵三面禦之。大軍知有備，遂渡甘棠去。騰蛟列師榕江，以保會城。始，靈川團兵殺滇營官頭北走，既而歸復。式耜持大體，不更誅問。及滇兵入境，居人恐修怨，挈妻子爭竄山谷。騰蛟傳令不許一人隻騎下鄉，均壁榕江，軍民乃安。是月，馬進忠復常德。四月，騰蛟收潰兵得二萬人，復出桂林，式耜遣焦璉從行。大清軍容甚盛，以四部挑戰，應選提五協兵爲中軍，一清帥突將持戟當前隊，叱咤撼山嶽，大兵退，追至嚴關。大清兵堅壁不退，各將猛戰，僵屍横關，自午及酉，將士溽暑枵腹，請令收兵。一清單刀獨殺至興安之三里橋，諸將尾其後，無不以一當百，直抵興安。騰蛟報式耜曰：「初六日嚴關大捷，全陽馬到成功矣。八日，前至鳳凰坪。大清兵三路伏松林，騰蛟麾兵四路接戰，應選、一清及王永祚、吳興朝、馬養麟等十餘將，往來馳突，望之如在電火爐烟中。周金湯、熊朝佐沿山東下，横擊破陣而出，横屍如山，鸞橋水赤。十六日，攻全州，大清乘其師惰來襲，大戰橋東西，甫接，大清兵退。

一清追至北關，乘勝衝入城，城頭矢石如注，乃收兵。五月十日，大清軍益募鈀手二十，水陸出戰，鋭甚。應選、興朝迎擊，斬其一將，黄尚賢裹創疾戰，不退。騰蛟揮兵渡河，以棒棒其左右翼，勍騎乃退，手無一遺者。十八日，治雲梯，應選、一清親修敵樓，焦璉分督裨將，相視發礮，礮無不中者。十九日，用古排栅法，遏西北門，專攻東南，滇營未至，守排者兒戲。大清兵衝栅出，各軍驚走，騰蛟一馬在後，不至於敗。二十日，立先登格千金，蒲纓請登，不克。更發五鎮兵出東安，斷永州水運，勝於石期站、林三鼎略黄沙、六塘，絶其東南糧道。俱報斬獲，城中大懼。二十六日，應選督滇營夜攻北關，焦璉襲南關，蒲纓攻西關，平明，大清兵棄城退。凡八戰五攻，克復全州。大清兵還永州，騰蛟上疏歸功式耜曰：「爲陛下以信臣用臣者，式耜一人也。」式耜亦寄託騰蛟，無北顧憂，使彈壓勳鎮，以圖中興。

騰蛟督師四年，所轄將士，土客相雜，諸大帥馬進忠等，歷百戰不肯輕下，郝永忠忠貞營又出盜賊，雅性桀驁，去止自任。而騰蛟廚傳蕭然，襪履敝垢，幕臺身無僕媵，務爲寬大優容，平己恕物。是以秦楚强悍之士，咸就羈絡，感其至誠，不忍離去。應選行軍有紀，璉多籌運，一清敢戰，永祚少練，纓熟伍法，全州戰勝，五人之力尤多焉。

是月，金聲桓自歸於江西。大清三王聞變，引還武昌。其明月，李成棟舉廣東來歸。江南所在響應，屯聚山谷以待命。騰蛟喜，表達行在，請聲桓、成棟戰江右，恢復南京，而身自湖南，取荆襄。行朝軍國，一委式耜。又請還蹕桂林，以圖出楚，皆報聞。七月，騰蛟在全州，王命式耜來犒師。八月，三王撤師還燕。騰蛟圍永州，城中援絶，食人。十一月朔，永州兵遁。凡攻圍三月，始復。曹志建部將譚國棟等追至冷水灘，斬總兵余世忠，擒道官林國棟。是月，馬進忠襲大兵於麻河，斬首七千級，二十年來，戰功第一。騰蛟亦克衡州，抵長沙。始，李赤心與進忠有舊怨，三王下長沙，湖北巡撫胤錫走永定衛，進忠、赤心皆潰遁。及進忠既復常德，繕城積粟，收集流亡，爲攻守計。胤錫出就之，又密召赤心等來。進忠怒，焚常德，趨湘潭，胤錫、赤心亦至，大鎮屯聚者，以十數。人情惶惑。騰蛟奏言：湖北千里一空，進忠、赤心勢不相下，恐變生不測，且以數十萬衆共食湖南新定之地，兵譁民盡，土崩瓦解，將在目前。欲令進忠等分路立功，亟請聖斷處分，以彰畫一。時，金堡掌兵垣，與中樞議令騰蛟督進忠及諸鎮圍長沙，胤錫率忠貞營援南昌，然忠貞營已縱掠，長沙大亂。趙應選、胡一清、焦璉、曹志建等皆以爲響馬，心不可測，議棄衡州，保老營。騰蛟曰：「事急矣，非吾親往不可。」之湘潭，以大義責赤心，速出衡州，皆拔營去。

大清帥徐勇，自長沙驟至。勇故左良玉將，耳騰蛟名，間道使人請附。胤錫恥功不己出，移軍他徙。熊朝佐、周金湯未集，騰蛟孤軍在湘潭。戊子正月，烏金王至湘潭，進忠、一清俱奔潰。騰蛟曉起，營壁皆空，南向慟哭曰：「臣五年督師，心血嘔盡，而所成竟如是，豈非天乎！」緋衣坐堂上不去，烏金王延之上坐，勸使降。罵曰：「若不聞何騰蛟乎？何惜一劍。」七日不食，遇害。且死，謂寺僧曰：「取一粟河水飲我，是水從衡來，猶吾君水也。」進忠前鋒將宣威伯楊（某）入城中求騰蛟，凡七往返，戰死，諸將爲之奪氣，由是併棄全州。贈騰蛟中湘王，謚忠烈。

時，忠貞營援南昌者竟不進，南掠永興、郴州，民人奔訴曹志建。志建遣兵圍堵胤錫於龍虎關，面讓曰：「督師如我中湘王何？帥統馭百萬，絶不殘害百姓，今盡瘁封疆，香名萬載，汝則臭名萬載也。」胤錫夜半逃出關，入廣西。自騰蛟没之明月，李成棟、金聲桓俱敗死。又十有八月，孔有德入桂林，瞿式耜死之。又三年，李定國克桂林，至湖南，嘗欷歔謂軍吏：「使中湘王在，瞿留守何遽至此。」令長、衡、郴、永間置祠歲時祀焉。

雜録

備録

徐鼒《小腆紀傳》卷二九 何騰蛟，字雲從，貴州黎平衛人。天啓辛酉舉人。崇禎中，授南陽知縣，地當要衝，流寇出没，練兵堵禦，數挫去。從巡撫陳必謙破賊安皋山，斬首四百餘級，土賊發，亦討平之。能聲大著，遷兵部主事，進員外郎，出爲懷來兵備僉事，調口北道。丁内艱，巡撫劉永祚薦其才，將奪情，固辭歸。服闋，起原官，兵備淮、徐，擒斬土寇，境内肅然。

癸未冬，晉右僉都御史，巡撫湖北。時湖北盡陷，止武昌一郡爲寧南侯左良玉屯軍所。騰蛟之任，與良玉交驩，一軍帖服。

甲申，五月，弘光帝立，詔至，良玉部下有異議，騰蛟乃以劍自隨曰：「社稷安危，繫此一舉，倘不奉詔，當以身殉之。」會江督袁繼咸亦以書勸，正紀盧鼎言於良玉，力請開讀如禮。「正紀」者，良玉所置官名也。

八月，朝議將遷騰蛟他省，而命總督丁魁楚兼撫湖北。兵部員外郎李向中，楚人也，疏言：「騰蛟一腔忠義，千里干城。小民依之，若嬰兒之求慈母；將士信之，若手足之應腹心。乞命照舊和衷撫楚。」乃命騰蛟仍舊職，加兵部右侍郎，兼撫湖南，尋命總督湖廣、四川、雲南、貴州、廣西軍務。

乙酉，三月，南都有北來太子事，朝議沸然，抗疏言：「太子到南，何人奏聞？何人物色至京？馬士英何以獨知其僞？既是王昺之姪孫，何人舉發？內官公侯，多北來之人，何無一人確認而泛云自供？高夢箕前後二疏，何以不發鈔傳？明旨愈宣，則臣下愈惑。此事關天下萬世是非，不可不慎。」

無何，良玉舉兵，稱奉太子密詔清君側，將邀之偕行，騰蛟堅不可。良玉謀奪其印，殺城中人以劫之。士民爭匿其署，遂身坐門屏間，聽民入。左兵輒破垣縱火，騰蛟急解印付家人，令速出城，毋爲所得，拔劍將自刎，左兵擁之去。良玉邀與同舟，不從，因置以別舟，以副將四人監之。舟次漢陽門，乘間躍入江，四人亦自沈。騰蛟漂泊十數里，至竹簰門，漁船救之登岸，則漢壽亭侯廟也。家人懷印者亦在，相視大驚。覓漁船，忽不見。遠近共詫爲神助，益歸心焉。

騰蛟乃由寧州轉瀏陽，抵長沙，集舊將屬吏痛哭盟誓，分士馬、舟車、糧餉，各分任之。權令堵胤錫爲湖北巡撫，傅上瑞爲湖南巡撫，章曠爲總督監軍，周大啓提督學政，嚴起恒故衡水道，即督二郡軍食，吴晉錫以長沙推官攝郴桂道事，就遣曠往諸路調兵。副將黄朝宣自燕子窩、張先璧自漵浦、劉承胤自武岡先後俱至，兵勢稍振。而是時，良玉抵九江已死，南都亦亡，閩中隆武帝立。上居南陽時，稔知騰蛟才且賢，委任益至。

旋闖賊李自成死於九宫山，其將劉體仁、郝摇旗等有衆四五萬，以無主，將歸騰蛟，驟入湘陰，距長沙僅百里。城中初不知其來降也，懼甚，朝宣即率兵還禦。上瑞請避之，騰蛟曰：「死於左，死於賊，一也。何避爲！」長沙知府周二南以千人往偵之，賊疑來襲，射殺之，從行者盡死，民益洶洶。騰蛟與曠謀，以部將萬大鵬等二人持書往撫，賊見止二騎，迎入演武場，飲以酒，二人不交一言。相與痛飲畢，賊問來意，二人曰：「督師以湘陰褊小，不足容大軍，請即移駐長沙。」因出書示云：「公等歸朝，永保富貴。」摇旗等喜，即隨二人至。騰蛟開誠撫慰，宴飲盡驩，以牛酒犒其從者，命先璧以卒三萬出郊馳射，旌旗蔽天，摇旗等大喜，悉招餘黨來歸，驟增兵至十數萬，聲威大振。

未幾，自成後妻高氏與其弟一功，從子李錦擁衆數十萬，逼常德乞撫，騰蛟馳檄令巡撫堵胤錫往撫之，安置荆州。盧錦等跋扈難制，受降日，過其營，請見高氏，執禮甚恭。高悦，戒錦毋負何、堵二公，因是卒無異志。錦後賜名赤心，一功賜名必正，號其軍爲忠貞營。自成亂天下者二十年，陷帝都，覆廟社，其衆數十萬，一旦盡歸騰蛟，無不詫爲異事。而騰蛟上疏，但云：「元凶已除，宜告謝郊廟。」卒不言己功。上大喜，立拜東閣大學士，兼兵部尚書，封定興伯，仍督楚師，而徵疑自成死未確。騰蛟言：「自成實死，身首已糜爛。」固辭封爵，不允，且命規取兩江。於是部置降卒，參以舊軍，題授朝宣、先璧爲總兵官，與承胤、赤心、郝永忠、袁宗第、王進才及董英、馬進忠、馬士秀、曹志建、王允成、盧鼎並開鎮湖南、湖北間，所謂十三鎮者是也。永忠即摇旗，英、志建故中軍，餘皆良玉舊將也。

騰蛟鋭意東下，丙戌正月，拜表出師，赴湘陰，期大會。諸鎮觀望不進，獨赤心自湖北至，遇大兵，三戰三北而還，諸鎮兵遂罷，騰蛟威望亦頓損。諸鎮漸驕横，朝宣貪殘尤甚，劫人而剥其皮，永忠效之，騰蛟不能制。上數議出關，爲鄭氏所阻，騰蛟屢疏請幸贛州，協力取江西，令永忠以精騎五千迎扈，永忠逗留不即前。

駕陷汀州，尋贛州亦失，騰蛟聞之慟哭，厲兵保境如常。既聞永曆帝立，乃稍安。尋進武英殿大學士，加太子太保。騰蛟之建十三鎮也，以爲衛長沙計。及丁亥春，大兵下楚，則諸鎮復起而爲盜，長沙不能守。騰蛟單騎走，更爲先璧等所挾，展轉衡、永間，尋與侍郎嚴起恒遇，走白牙市。

五月，上遣中使來，密告劉承胤罪狀，召詣行在。六月朔，詣武岡謁上，上及太后皆召見，慰勞再三。

初，騰蛟薦承胤由小校至大將，稱門生，已漸倨肆。在長沙時，徵其兵，怒不應，馳入黎平執騰蛟子，索餉數萬，更命章曠招之，始以衆至。騰蛟爲請封定蠻伯，且與爲姻，承胤益驕。既爵安國公，勳上柱國，賜尚方劍，翻嫌騰蛟出己上，欲奪其權。自請爲户部尚書，專辦餉務，上弗許，因密召騰蛟爲計，然固無如承胤何也。

騰蛟無兵，命以雲南援將趙印選、胡一青兵隸之。及辭朝，賜銀幣，遣廷臣郊餞，承胤伏甲將襲之，印選、一青力戰，殲其衆，還駐白牙。

八月，武岡破，承胤降，上走靖州，尋走柳州，常德、寶慶、永州相繼盡失，騰

蛟退入桂林，南安侯郝永忠、宜章伯盧鼎亦先後至。騰蛟與留守瞿式耜等議分地給諸將，俾各自爲守，與桂林守將焦璉、滇營趙印選分路防全州。

十一月朔，王師自湖南逼全州，騰蛟督諸軍分戰，斬級無算，獲名馬、駱駝而還。諸將連營並進，閣道亘三百里，王師始退駐湖南。

十二月，上還桂林，晉騰蛟爵爲侯，太師，上柱國，兼兵部尚書，督師駐全州。而永忠兵與璉軍主客不和，璉走平樂，永忠壁興安。

明年二月，永忠敗績於靈川，遂大掠桂林，上倉卒出奔，召騰蛟入援。王師乘之，克嚴關，軍士死者萬餘人。

三月，王師進攻桂林，騰蛟督諸將分三門出：胡一青以滇師出文昌門，周金湯、熊兆佐以楚兵出榕樹門，焦璉出北門，大敗王師，追奔二十里，幾獲我帥。王師北渡甘棠去，騰蛟乃列營榕江。未幾，金聲桓、李成棟叛大清，以江西、廣東地內附，王師亦棄湖南，騰蛟遂克復全州，合諸將攻永州。圍城百日，大小三十六戰。九月壬午，克之。未幾，監軍御史余鯤起、職方主事李甲春取寶慶，諸將亦取衡州，馬進忠取常德，所失地多復。

方議進兵長沙，而督師堵胤錫與進忠有隙，招忠貞營李赤心軍自夔州至，令進忠以常德讓之。進忠大怒，焚常德，走武岡，進才亦棄寶慶走，他城守將亦潰去。赤心所至皆空城，亦棄之，東趨長沙。

時騰蛟駐衡州，聞之大駭，檄進忠由益陽至會垣，期與諸將爲大會。親詣忠貞營邀之入衡，而部下將士畏怯，不護行，僅攜吏卒三十人往。至則赤心已東，即尾之，至湘潭。湘潭空城也，赤心不宿而去。騰蛟乃入居之，撫膺痛哭曰：「督師五年，所就若此，天邪，人邪？」緋衣冠帶坐堂上，降將徐勇引軍入。勇故部將，率衆羅拜勸降，大叱之，遂擁以出。至長沙，絶粒七日，不死，乃見殺。

事聞，上哀悼甚，至賜祭九壇，贈中湘王，謚忠烈。其子文瑞，以蔭官僉都御史。相傳騰蛟所居有神魚井，井故無魚，騰蛟生，魚忽滿井，五色粲然；既死，并復空。黎平人猶能言其處也。我朝賜專謚曰忠誠。

備論

張岱《石匱書後集》卷四七　石匱書曰：自古中興之佐，身肩恢復之任者，當祿山之亂，則汾陽王郭子儀、臨淮王李光弼；當朱泚之亂，則西平王李晟。然皆帝在靈武、帝在梁州，去行在甚遠，然後得以進止自如，迄有成效。及至後世，未能恢復舊土，先爲册立新君。南渡立康王，遂有秦檜；留都立福王，遂有馬士英；福建立唐王，遂有劉承胤。汴書生曰：「自古未有權臣在內，而大將能立功於外者！」此是千古通病，何怪乎何騰蛟之迄無成功也。試觀何騰蛟之出師檄，何異岳武穆之建炎奏疏；而堵胤錫之單騎撫賊，亦何異郭汾陽之免胄見回紇。有臣如此，而不克竟其用；奸臣之爲害也，可勝道哉！

查繼佐《罪惟録》列傳卷九下　論曰：中湘當西南半壁人欲失其心之時，統緒再延，烽火肆逼，聲息遐遠，頑傲紛紜，乃欲呼寐立敝，人省大義，豈不難之又難！移蹕、出師諸疏，誠無愧漢武侯二表，即機用亦何必不若也。余嘗論武侯只是能讀書，中湘內難正志之言，亦可謂深於《易》矣。成敗利鈍，雖皆不可問，而疑叛起肘腋，骨肉試鋒刃，乘輿未有即安，閫門無從設險，又武侯之所未經者，艱難同而勢異也。舉動光明，如天高日出，萬目皆見，而變起不測，元老不終，徐勇以荆、聶之才，試之故人，立摧天柱，嗚呼命矣！

邵廷采《西南紀事》卷三　論曰：明末督師死事，繫國存亡，北有孫傳庭，南有何騰蛟，功雖不就，義烈著矣。議者謂傳庭能斬賀人龍，立威信，騰蛟仁柔，短於控馭。余意不然。崇禎朝聲教雖微，號爲一統，奉辭杖鉞，三軍之士，承令股栗，而騰蛟當江南離涣之後，人懷二心，輒爲去就，威克厥愛，有時不濟。此亦各遭其世，非獨騰蛟之不幸也。金堡稱騰蛟布衣麻冠，軍行攜二竹笥，晚而患目，疏草公移，俱出口屬，家眷百口，寄鄧爲友隆所獻(?)，夫人嘗遣其子文瑞至粵。王留之，奪情拜都御史，與瞿式耜孫昌文同官於粵。

《明史》卷二八〇　贊曰：何騰蛟、瞿式耜崎嶇危難之中，介然以艱貞自守。雖其設施經畫，未能一覯厥效，要亦時勢使然。其於鞠躬盡瘁之操，無少虧損，固未可以是爲訾議也。夫節義必窮而後見，如二人之竭力致死，靡有二心，所謂百折不回者矣。明代二百七十餘年養士之報，其在斯乎！其在斯乎！

温睿臨《南疆繹史摭遺》卷六　「摭遺」曰：忠烈之功偉矣，惜乎十三鎮之不力也！然若忠貞營將士固孽也，而翻不得唾之矣。當李錦就撫時，自成妻高氏語之曰：「汝其爲無賴賊何，抑願爲大將也？」錦請其説。曰：「爲賊則無論已，爲將則身既許國，須愛民；聽主將節制，有死無二。是我願也！」錦曰：

「諾。」乃如命。此忠烈之所以加禮於高，而錦卒始終無異志耳。噫！吾獨怪闖賊先後兩妻各能以大義自蓋：邢則成與平之事忠靖，高則成赤心之事忠烈。異矣哉，賊妻也！忠烈所居有神魚井，井故無魚，忠烈生，魚忽滿井，五色粲然，既死，井復空，黎平人猶能言其處。十三鎮爲傅上瑞勸忠烈以設，上瑞得實授偏沅巡撫事，而反覆成性，棄忠烈如遺也。沅州急，上瑞竟出降；踰年，與劉承胤並伏誅。

汪有典《史外》卷七 汪有典曰：嗚呼！賢人君子之生死，固與尋常殊。然必謂有神物以司之，無亦涉於怪。乃傳紀所載，如公類者，頗不乏，儒者或不諱與。夫生既不偶，則出必有爲。胡乃顛躓流離於傾覆危難之中，能不克展，志不克遂，而身不克保，不祥孰甚焉，謂之怪也亦宜。然撑拄乾坤，立人紀，正惟公是賴，怪也不可謂不祥也。而漁舟之救世傳爲關壯繆神祐，意者公之授命，尚非其時歟，何晷刻之延也。

陳田《明詩紀事》辛籤卷九 張應詔《圖園集》：文信國公宋末竭力盡忠，輔二王。何文烈公明末竭力盡忠，輔三王。險阻艱難，其時同，其勢同，其志同。元執信國公於五坡嶺，張宏範曰：「國亡，丞相忠孝盡矣。能改心以事宋者事今，將不失爲宰相矣。」信國公泫然出涕曰：「國亡不能救，爲人臣者，死有餘罪，況敢逃其死而二其心乎？」國朝執公於湘潭，遺之書，其略曰：「今天厭於明，神器有主，尚思收既覆之水，然久死之灰，棄身不顧，而單騎被執，心與文文山一轍，而境遇之艱難，倍蓰過之。忠貞亮節，誰不憐惋。先生之道盡矣。若肯承合天意，知命來歸，當不讓洪承疇之一席也。」公報書曰：「某少壯從王，運逢屯蹇。甲申三月，自分一死，所以苟延至今者，思蹈汾陽後塵也。不意志切才疏，致滋狼狽，負恩辱國，臣罪當誅，尚可苟延人世乎？邱墓妻子不敢顧。頭可斷，心可剖，先王先公實式憑之。」不爲利動，不可威刦，百鍊之剛，又自相同。信國公《過金陵詩》曰：「從今離去江南路，化作鴞鵑帶血歸。」公《自悼詩》曰：「盡瘁未能時已逝，年年鵑血染宗周。」其慷慨悲歌也，無乎不同。

藝文

嚴遂成《明史雜詠》卷三《何都御史騰蛟》 旌旗千里蔽熊湘，半壁西南一面當。銅馬降來洪重叛，龍衣認得智高亡。空城不守檣烏散，枯骨無歸墓草。荒囬首漢陽門外事，漁舟渺渺水聲長。左車紀開公于漢庶舟救之起，怒不見，乃陽門外，躍人水，有漢前特軍関壯繆廟也。

李定國部

綜述

王夫之《永曆實録》卷一四　李定國，字寧宇，陝西榆林人。本農家子，十歲爲張獻忠所掠，喜其貌度不恒，養以爲己子。獻忠養子四：孫可望爲長，定國次之，劉文秀、艾雲枝次之。可望狡譎鷙忍，常爲獻忠掌老營，號「一堵牆」。獻忠之降也，左良玉固欲殺之，可望爲通賂於熊文燦，餽文燦碧玉長尺餘者二，徑寸珠二。可望陳説詭媚，得文燦歡心，保獻忠逸去；繇是，尤爲獻忠所信倚，威亞於獻忠，定國等皆爲之下。

定國長八尺，眉目修闊，軀幹洪偉，舉動有儀度，於羣盜中獨以寬慈著。喜接文士，通兵法緯象，讀《通鑑綱目》，略通大義。不樂爲盜，以幼鞠於獻忠，莫能自拔。所部將二萬人，隨獻忠馳突豫、楚。崇禎十七年破四川，獻忠惑其客汪公子言，日務屠毒，猜忍暴噬，可望、定國皆重足立。

永曆元年，獻忠僭大號，建僞都於成都，分遣可望、定國、文秀、雲枝攻貴州，遂窺雲南，獻忠猜殺益劇，可望等不敢北歸，掠東川、烏蒙間。會黔國公沐天波，以年少輕倨，侵虐土漢，巡撫吴文瀛婞阿不能裁正。土司沙定洲舉兵反，攻雲南府，天波棄城走，定洲據雲南。時上方播越，威令不能及，天波勢蹙，瀾滄道副使楊畏知迎天波居騰越，檄土漢郡縣討定洲。兵未集，可望探知滇亂狀，乃倍道趨攻雲南，定洲迎戰，大敗走，被擒見殺。可望既定滇，馳報獻忠，獻忠益媢之。可望乃與定國、文秀、雲枝相結約，屯滇自保。獻忠孤立成都，清兵乘虚來攻，獻忠兵潰自刎死。

沐天波聞沙定洲敗死，意稍安，可望因遣使誘天波令附己，與合兵定諸土司，而還天波邸第莊田。天波既童騃爲所惑，畏知亦力弱不能抗，遂與偕詣可望。可望羈縻之，使居民舍，月給粟以贍之，門置兵錮其往還，而脅畏知爲己用。已乃自稱平東王，而定國爲安西將軍，文秀爲撫南將軍，雲枝爲定北將軍，猶仍獻忠所僞署號。詹事雷躍龍出降，以爲僞相，紳士皆僞署司道府州縣吏，以甲子紀年。既滅沙氏，益攻諸儸儸部，收其軍，有衆二十餘萬，厚斂民田租以贍之。定國所部漢、儸兵亦逾五萬。獻忠之死也，可望欲臣屬諸部，而與定國輩素相頡頏，不能諷令尊己。定國倦於爲盜，思自洗濯歸正。可望知其情，念所以籠制之，乃與定國等謀歸附朝廷，定國欣躍從其議。可望之欲歸附也，意假王命自尊，雄長三部。定國揣知其姦，亦姑因之以自違。

永曆三年夏，可望修書稱平東王孫可望、安西將軍李定國、撫南將軍劉文秀、定北將軍艾雲枝獻書大明皇帝闕下，求封王爵；獻金百兩，馬十匹，請出兵擊清。詞多桀驁，名而不臣。遣楊畏知與前行人龔彝齎詣肇慶。畏知、彝入見，上稍獎慰之，下廷臣議。大學士嚴起恒，給事中丁時魁、金堡交以爲不可聽，乃封可望景國公，定國以下皆侯爵，遣給事中趙昱，司禮太監楊起春，齎敕印冠帶袍笏往。可望念不得王，無以懾服三部，遂止昱、起春於驛舍，不與相見，而令部將來相恫喝，探昱、起春意。昱、起春相抱而泣，可望知狀，乃遣令歸，要易王爵。昱、起春狼狽而返。昱留南寧不入朝，起春歸奏可望言「不得王封，當出廣南，趨行在，劫車駕」。嚴起恒曰：「可望若欲犯順者，何所忌憚而不前，彼方畏清，資我爲外禦，以徐養其羽翼，豈敢效李自成速斃乎？朝廷但當講自强之術，姑置可望，遲之且摇尾復來矣。」可望果不敢動，但寄怨於楊畏知而殺之。

陳邦傅患高、李，媢李元胤，而怨金堡與朱天麟，謀挾可望併忠貞營及元胤軍，劫天子以殺堡。乃誘堵胤錫，龍旗往調可望，而令胡執恭偕往，陰納降款。會胤錫卒，執恭遂報邦傅，使詐作敕册，鑄藩王寶，製龍袍、翼善冠、琢龍玉帶，封可望爲秦王，總録天下文武將吏、兵馬錢糧，專征四方，行大元帥事，公侯閣部以下皆稱臣，啓旨行事不必關奏朝廷。時艾雲枝已死，封定國爲安西王，劉文秀爲撫南王，各授册寶。可望大喜受命，而朝廷初未知也。可望遣使詣闕謝，執恭爲他詞緩之，密報邦傅，遣執恭子欽華齎金航粟，賂王化澄、夏國祥、程源、萬翺，請封可望如親王，以實其詐。朱天麟屬吴貞毓爲之主，言可望必欲得秦王，則旦夕可復南都，不然即引兵出南、太犯車駕矣。化澄、翺力爲之請，嚴起恒固執不可，夏國祥居中兩解之。奏上，以硃敕付内閣，封可望荆郡王，定國、文秀各國公。化澄、翺但以謝欽華之賂，亦不知其必得秦王之何意也。唯貞毓知之，密約給事中朱士鯤等具稱臣啓，因欽華赴可望所，納款訢起恒亢執狀。荆郡封使至廣南，與可望使遇，執恭姦盡露。可望怒，殺執恭，而據僞敕寶，稱秦王專征如故。馳金龍牌，抄敕册文遍調土漢，官軍皆爲之下，衆益强盛。遂出黔、蜀，收楊展、王

祥、馬進忠、王進才、張先璧、張登貴、莫宗文之軍爲己屬，祥、展不屈，皆遇害。自是天子自扈從外，無一卒一民爲朝廷有矣。

永曆五年，上在南寧，可望使其將吴都督率兵二千人至行在，擊殺大學士嚴起恒及給事中吴霖等三十人，脅上求加敕實封秦王，令百官皆稱臣。上不得已，皆從之。未幾，清兵攻南、太急，上走泗城州，適可望邏騎至，偵知上所在，遂擁上入其營，馳報可望。可望令居上於與隆衛，月進膳金二十兩，米十石，宫眷内臣皆啜薄粥，内臣負薪汲水，宫婢自炊之。可望自構宫殿於雲南，黄屋雙闕，出入皆建葆羽、日月旗、孔雀扇、曲柄幢蓋，乘金龍步輦，名其親軍曰扈衛。鑄印仍獻忠式，作七疊篆，帝制自大。歲遣軍戍興隆，譏禁從官出入。定國大惡之，其幕客金維新、忠諒有志略，從容稱大義，説定國盡忠本朝，特以方見挾持，故猶佯奉可望。

永曆六年春，可望乃分遣劉文秀自成都攻川北，白文選、張先璧副之；定國自貴州出黎、靖，馬進忠、馮雙鯉副之。定國以進忠爲朝廷宿將，加意結納，合軍十萬，戰象五十。四月，馳攻黎平，克之。五月，至靖州，清將張國柱合許、魏二將之兵迎戰，急擊大破之，斬馘五千餘級，國柱棄馬走，兩日夕馳下武岡。清續順公棄寶慶走，定國收寶慶，遂自東安南攻孔有德於桂林。有德遣其將孫龍、李蝦頭拒守嚴關，定國大敗之，斬孫龍，蝦頭中箭死。有德大驚，自將迎戰於大榕江，復大破之，棄甲斷骼，遍於谿谷。有德走，閉城守，遂圍之，肉薄登城，王允成開門納兵入，有德自焚死。執陳邦傅數其矯詔、懷姦、叛主、迎降之罪，并其子磔殺之。七月，收平樂、梧州，馬雄、線國安走廣東，遂復柳州、南寧。時劉文秀出川北，亦復潼川，進攻保寧，吴三桂馳救之，迎戰大敗，退師川南。

定國既平西粵，整飭軍政，於民一無所犯。招兵部尚書劉遠生、中書舍人管嗣裘、兵部主事朱昌時於山中，與議興復，共奬王室。嘗置酒七星巖，酒酣，謂遠生曰：「君讀史，以曹操、司馬懿爲何如人，姦耶？愚耶？」遠生蜘蹰未對，定國曰：「操、懿有戡亂之才，蹀血百戰，摧大敵，扶弱主，以垂令名於後世如探囊取物，而顧以此博萬世笑罵，猶持黄金换死鐵。農夫樵豎之所不爲，而操、懿爲之，非至愚而何？」八月，舉兵出楚，復永州，遂下衡州。出馬寶軍於連陽，收曹志建故部於賀縣，遣馬進忠、馮雙鯉北取長沙，召張光翠出寧鄉，進復常德。十月，進忠略地岳州，所至披靡，別遣軍攻永新、安福，下之，遂圍吉安。兵出凡七月，復郡十六，州二，辟地將三千里，軍聲大振。

定國至衡州，下令所司糞除端皇帝潛邸宫殿爲望幸地。今上以十月十九日誕辰，定國率紳吏、將佐、耆民詣邸宫班朝拜賀。屆冬至，復趨宫行禮，郡吏設可望位於學宫，將導羣官往拜，定國大言曰：「文武官非秦王選授者，既拜聖上，不當復拜秦王。」時可望遣其腹心楊中書者來覘定國，即盡以馳報可望。可望怒且懼，遂自貴陽帥兵出，將至湖南，欲奪定國兵柄。凡可望發兵勝敗進止，一切皆不遣上知聞。定國收復粵、楚，乃草奏遣赴與隆報捷，并令馬進忠、馬寶及故從官寓行營者通奏起居。楊中書者歸，遇可望於沅州，盡以告。會清敬謹王率三貝勒、八固山大舉兵向湖南，時定國屯衡州，馬進忠、馮雙鯉屯長沙。前軍下岳州，定國知清至，與進忠、雙鯉謀，令棄長沙，誘敵渡湘江，進忠、雙鯉退伏白杲市，須敵過衡山，乃繞出敵後反躡之；定國夾蒸水拒之，須躡兵至夾擊，當盡殲之。議定，進忠、雙鯉退。可望至武岡，知狀，不欲定國之成功，而思陷之敗死，密令雙鯉徑退寶慶。雙鯉至湘潭之花石，得可望令，即走湘鄉向寶慶；馬進忠不知所爲，隨之而西。秘不遣一人報定國以誤之。

十一月己丑，有彗星出天街間。清兵薄衡州，定國夾蒸水而軍，接戰，自日晡達庚寅旦，數十合，斬首敵千餘級，定國軍亦頗有殺傷。敬謹王者素以驍悍聞，冠七寶金兜牟，揭金頂交龍纛，率鐵騎二十餘，登蒸水旁小山覘定國軍。山下僧進茗飲，方啜，伏兵從山後竹篠中出，揮刃擊之，自頂達項分爲二，從騎皆殲。清兵不知敬謹王死，猶殊死鬭。馬寶騎出掠陣，流矢中頰傷，寶軍遂卻。定國方待進忠、雙鯉不至，頗疑怵。俄而偵騎返自白杲市，言二將已走湘鄉，定國大驚，遂收兵走邵陽，敵亦不敢追，湖南復陷。

定國既屯寶慶，偵知清兵放牧湘東岸，將間道往奪其馬。將發，可望馳召定國返武岡會議，三晝夜書七至。定國不得已西行，將見可望。至紫陽渡，劉文秀之子密遣人走報定國，言可望俟其至即收殺之。定國大驚，遽引兵東走，縛筏爲橋，渡湘水，渡已，橋絶。可望追兵趨永州，遂自永明走平樂，下梧州，進圍肇慶，計欲取東粵，與鄭鴻逵、朱成功合迎駕，自閩、浙圖南京。肇慶城小而堅，清將許□□死守不下，圍三月不克，師漸老，援兵大至，定國乃退，自平樂屯永安州。

定國之自紫陽東走也，可望良久乃知之，遣騎追之不及，清兵亦方自衡州西南進，可望遂舉兵下寶慶拒之。可望恥定國有殺兩王之功而己不逮，抑見定國之殺兩王而謂敵易與也，遂欲獨戰以求多。清兵自祁陽捨寶慶，將斜趨武岡，出可望後。可望乃自寶慶旋師迎戰，遇於岔路口。可望驕媚，自倚必勝，令白文

選、馮雙鯉、馬進忠各將其軍，因山爲壘，戒不得動，動者斬；而自率其所謂扈衛軍者，仿戚繼光法，用藤牌間長矛前搏戰。戰浹時，雁行不進，敵鐵騎四合，橫蹂可望軍，陣亂，可望遽單騎走，遂大敗，積屍塞野。雙鯉、文選、進忠堅壁候令，令不至，不敢發，可望走浹日，三將乃引退。是役也，精鋭挫衂殆盡，退守武岡。可望歸貴陽，不敢議北出矣。清兵遂陷武、靖、辰、沅、黎平，大掠千里，民死者將百萬人。可望以是愧憾，益忌定國，然知其不定國若也，稍思羈縻之，復遣使持劉文秀書勸定國，令修好如初，定國亦姑應之。

永曆八年，定國復攻桂林，穴隧道，瘞火藥碎其城。驍將王國仁入隧視，火遽發，死隧中。定國驚惋大慟，兵遂亂，引歸南寧。遂從土司假道，密遣使具方物，詣興隆候上起居。上遣兵部侍郎蕭尹齎血字詔詣定國，述可望僭逼狀。定國奉詔，伏地慟哭不能起，遣使貢上服御物，并奏：「臣誓死先爲陛下除逆臣，後議恢復。」已而，可望徹知其狀，遣人至興隆，以不遜語脅上，取從官蕭尹、雷德復等殺之。可望據貴陽，前軍守鎮遠，扼險自固。清調其貝勒等北歸，以洪承疇經略湖南。承疇議守永、寶，以困可望。可望因復下靖、武，相持於紫陽，貴州粗安。可望遂治宫殿於貴陽，開科取士，塗飾以欺黔人。

永曆九年，定國遂舉兵自泗城州入滇，襲雲南府據之。治城郭，繕甲兵，迎上於興隆，奉居可望所築宫，具鹵簿，立朝儀，建置侍從文武官吏，軍行進止，一以詔敕從事。馳敕召可望入朝，可望大驚，自率其軍與馮雙鯉、白文選、馬維興攻雲南；而別遣驍將張勝率騎二千，繇間道直抵昆明城下，李定國起兵禦之於高山寺。勝先至，縱火大噪，定國自軍中率鐵騎潛還，擊勝，大破之，擒勝獻於上，詔磔之於市。定國持勝首示可望，可望恇懼，定國大呼告諸軍曰：「天子在是，可望欲行弑逆，汝等何所利，而爲逆賊受惡名反天道耶？」文選等皆趦趄不進，可望軍遂潰，反走歸貴陽。上欲息兵，合謀下黔、楚，以命定國。定國聽命，詔劉文秀和解之。文秀刺血書告可望，可望復書狂嫚，文秀泣曰：「自作不靖，以召外寇之侮，吾死無日矣。」遂仰藥死。可望頻歲侵雲南不已。

永曆十一年，定國乃奉詔數可望罪，舉兵出畢節，討可望，可望帥雙鯉、文選、維興拒戰。定國奉詔諭三將，令歸順，各封郡王，文選、維興皆舉軍降。可望與雙鯉軍皆驚潰，定國兵躡之。兵士家口皆居雲南，定國入滇，悉予存恤，至是皆反走，赴定國。雙鯉不得已，亦降。可望入貴陽，不敢留，攜妻子、寶玉及親信二百餘人北走，十一月，至武岡，遂降於清。定國定貴州，歸雲南，安插諸軍。蕭尹之至南寧也，上封定國晉王，定國辭不受命。及是，白文選等皆爵郡王，上乃固命定國，定國始受晉王之命。間道遣使齎黄綾小詔及定國書下海，約鄭鴻逵以明年夏會南都；馳檄荆西，約王光興、李來亨等會荆州。號召四出，期大舉出楚。而諸將吏兵見可望北降，知虚實險易盡輸於敵，皆揺揺無固志。可望之降也，因洪承疇請兵取雲貴，盡圖山川迂曲及諸將情形、兵食多寡獻之，清封可望爲義王，如其策，大發滿漢兵二十餘萬：一繇川南東川入，直衝大理；一繇建昌入，攻騰越；一繇廣西慶遠入，撓平越；一繇泗城州襲廣南。而洪承疇率大軍從黎、靖先入，誘定國出黔應敵，乃使奇兵繞出反攻之。

永曆十三年，承疇兵薄貴陽，定國保畢節，扼關索嶺，沿箐澗設伏，連戰二十餘日，殺清兵萬計。而泗城兵已達臨安，川南兵侵騰越、大理，定國三面受敵。可望又遣人齎手書招諸將帥，言已受王封，視親王，恩寵無比，諸將降者皆得予厚爵，非他降將比，唯定國一人不赦。劉文秀之子及馬維興、馬寶等皆爲所訹，先後舉兵降。定國軍大潰，乃退師，奉上奔永昌。追兵益至，定國奉上奔緬甸。上至緬甸，定國自出收兵，緬甸人叛，逼上送詣吳三桂所。三桂犯順，上崩於雲南府。是日，烈風黑霧大集，飄屋瓦翔空如鳥，清漢兵十餘萬皆震悼悲號，三桂殺數百人乃定。定國聞變，還兵至緬甸，已無及，因縞素發哀。定國披髮徒跣，號踴搶地，吐血數升，遂殺妻子，焚輜重，舉兵攻緬甸，屠之，率其軍居徼外兩年，憤恚嘔血卒。

查繼佐《罪惟録》列傳卷九下　李定國，僞西張獻忠義子也。長身，有文儒氣象，謙恭下士，兵律精。甲申，獻忠陷蜀僭號，迄丙戌，拒北師于西充縣，大敗鳳凰山，陣死。獻忠義兒十，其一爲平東將軍孫可望，最梟。定國次之，爲安西將軍。而撫南將軍劉文秀、定北將軍艾能奇又次之，合效獻忠不解。可望勢張，常走使三將軍。時令其都督白文選、馮雙鯉等南陷重慶，遂由遵義陷貴州。會雲南土司沙定洲與其妻萬氏猝叛，據省城，走黔國公天波于雄洱，天波與海道楊畏知合力拒守。可望詭稱援師，釋貴州，兼程進，解定洲之圍。定洲遁，守佴草竜。可望據有雲南，令定國分攻緬甸及小西天等國，凱歸。可望乃自稱平東王，鑄興朝通寶，建宫殿，設府部各衙門。原御史任僎擁戴力，立授禮兵二部尚書。三將軍以素儕伍，亦率自王，不相下。可望嘗以事縛定國，撻之演武陽。定國更心恨，以所部出擣叛賊沙定洲，平之，勢稍振。楊畏知初攻可望敗，見擄，説可望翼贊明室，可以讐衆。

時越闔連覆，桂藩永明王建號肇慶矣。可望遣畏知等入覲，稍露内款之意。會武康伯胡執恭以桂命屯泗城洲西防黔，内震，輒便宜招撫，竟矯作册命，封可望爲秦王，册中有云：「秦王總統天下兵馬錢糧，節制諸文武，以監國親王體統行事。朕尊禮如古仲父。」仍鑄秦王印以給之，乃密疏以請。可望迎受，亦頗知非真，故令禮部謄黄，始用永曆年號，自稱監國秦王臣表謝，修貢，復布告雲、貴、楚、粤諸勳貴。畏知意善用可望，毋内自樹敵，度情勢不能不如前封。廷臣袁彭年、金堡等執不可。督師堵胤錫更苦口，遂改封可望爲平遼王，賜名朝宗，定國、文秀等皆公爵。可望恥再命降封，不受，并挾定國等不得受公爵。廷論逮執恭，坐以擅制之罪，執恭沮泗城不至。時定北能奇死，可望併有其軍，益張。庚寅冬，可望北陷遵義，復據貴州。督師何騰蛟、瞿式耜、堵胤錫諸兵屢蹶，主奔南寧。可望遣其部賀九義、張明志赴南寧護駕，必脅秦封。閣臣嚴起恒、督臣楊鼎和、科臣劉堯珍、吴森、張載志等抗疏不許。九義使盗殺鼎和，私擊起恒水死，并殺堯珍等。主不得已，乃真封可望爲秦王。畏知廷論九義擅賊殺大臣，方辨事東閣，可望襲執至黔中殺之。

壬辰，定國以其所部五萬人出靖州。可望恐定國挾主而東，使馮雙鯉、馬進忠名曰共事，實相制。定國涕泣感之，咸願執鞭從。可望使定國遷主安龍府，錢糧兵馬，咸簿主之。定國至湖南，連破靖、沅、武岡諸州，戰北師黄沙，盡掩其衆。可望心忌之，疏請封定國西寧王、文秀南安王自功。定國以可望請，謝不受。可望陰令雙鯉猝擊定國，早爲定國所覺。可望乃善護定國家口于雲南修好。秋，定國乘勝指粤西，北師定南王孔有德迎戰嚴關，節洞李鯤死。有德退保會城，城破，王閉寶玉妻妾焚之，因自剄。遂下廣西，獲金印一、金册十，擄有德子庭訓。時北帥平西王三桂已盡收川南郡縣。南安王文秀同白文選攻保寧不利，單騎還，可望請奪文秀王爵示罰。九月，定國取衡州。時號令所及，方數千里，不復奉可望約束。可望出沅，取辰州，檄定國北追，不聽。復令劉文秀攻常德，不利。文秀歸守雲南。冬，北師敬謹王攻衡州，定國敗，王追之，中流矢死，兵五千潰。定南既無嗣，王姑護軍，師大至，定國單，棄衡州保永，復退保武岡。癸巳，定國走援廣西。可望戰北師花街子，敗，不進。定國勢亦沮，桂林守者空城走去，北將線國安坐有之。可望召定國不至，退守貴州。

時主行在安龍，大困，宗室被殘幾盡。主與閣臣吴貞毓等，暨内監張福禄、全爲國密議，馳封定國爲晉王，俾疾以師逆駕。文安侯馬吉翔故與可望暱，出之南寧祭陵，吉翔微知迎駕事，走報可望。可望忌，令鄭國佯縛吉翔就安龍訊，勇索建議首事，主諱之，曰：「内諸臣必不敢，或外僞爲之。」國擅械繫貞毓，以兵入宫，執二監酷拷。貞毓聲數可望不臣，身秉衡走約定國討逆是實，他何與？于是羅織十八人姓名勒決。科臣張鐫、内監福禄、爲國坐凌遲，詞臣蔣乾昌等，臺臣李頎等，部臣徐極等，皆棄市，貞毓以大臣賜自裁，咸慷慨賦詩盡。定國以桂林不守，覬立功自贖，疾擣東粤，直薄清遠，移屯七星巖，頗懷内顧，糧盡而歸。力援平樂，復攻桂林，不利，退保南隘。乙未，定國克潯州，馮雙鯉以可望指，且陰圖定國，定國曰：「我爾總以效死明，果不失初意，從我入粤東，功不朽。必欲相逼，定國願自沉以明志。」衆感激，雙鯉遂以三千人爲先鋒，東破高、雷、廉三府，敗北將郭虎，盡殲其衆，虎單身走廣州，復領兵守高明。定國分兵三道：一天威營，攻肇慶不下，一義胡營，破高明，執虎，親解縛，與之盟，虎諾，復叛去。三月，身率大師破楊春。六月，圍順德，守嚴，不得入。常一試其所有地，題用「一匡天下」，自負以爲仲父復出。善用象戰，象十三，俱命名，封以大將軍，所向必碎。王興者，壁文村，以其衆降定國，乃分困順德水門。而定國自營三門。北平南、靖南二王援師至，不見定國一兵，驚曰：「四面下子矣，且退。」有副將語王：「此退必盡于江，不如死仗。」果死仗得脱。自是數月不接一矢。城中飢，垂破者數。十二月，滿兵來援，故匿上騎，令步卒突象。象進，而騎間出定國陣後，定國敗，棄象走還陣。是日，兵初出，象受酒犒，不謝而哭，顧已知不利。北師盡驅諸象入城，一象悲鳴，不肯就食，數日死。兩王乃以書招定國，答書凛凛忠義動人聽，有云：「大夫同心相與共獵中原可也。」

還南寧，遵密勅奔護安龍。馬叩府不進，箠之，必不進，三易馬，率如是。定國異之，有金中書者告曰：「此真主國門也，人臣不得騎入。」定國憬，遂入行宫。主與后及太子等尚以爲可望所遣，令勳衛馬見明下階迎之。定國俯伏謝曰：「臣非從秦王來。」主喜，賜繡墩坐定國，語次欷歔。定國密誓必誅可望以效命，背出所鐫「盡忠報國」四字示廷臣，咸嘖嘖忠臣。可望疾令白文選伺安龍，迫駕移黔。合宫慟哭不行，文選亦爲泣下，遂善報可望，定國無他志。已定國扶主西奔入滇，文選又奉可望檄促邀駕曲靖，不得，身與俱西。時劉文秀暨都督王尚禮、王自奇、賀九義等咸爲可望守雲南，文秀私出見定國，微語吾輩以秦王爲董卓，但恐誅卓之後又有曹瞞。定國指天爲誓。乃合計，倡言迎駕本秦王意，宜一力爲之。桂王入雲南，定國躬爲御輿主，即可望所營宫室居之，盡收其護衛。于

是封定國爲晉王，文秀爲蜀王，艾能奇子承業爲鎮國將軍，管延安王事，文選爲鞏國公，尚禮爲保國公，九義爲保康侯。文安侯吉翔入閣辦事，錢糧歸所司，兵馬事悉付定國主之。更定各隘居守。可望以妻子在雲南，隱忍未發。主遣文選往黔招之，不至。隨令東昌侯張虎送可望妻子赴黔。可望無内顧，遂大言定國、文秀謀反，追文選鞏國公敕印，決意攻滇。列侯馬寶、馬惟興等爲文選曲解，受封雲南非其意，不如重用之，必感恩勿二。可望信之，擅封文選爲征逆招討郡王，總統兵馬，名清君側，令雙鯉守黔，而親押陣，次交水。文選不戰，走歸定國。定國請進封文選鞏昌王，遣内閣馬吉翔視師。

丁酉九月，定國、文秀師至三岔，距交水二十里，可望以總統中變，擬還黔，馬惟興語可望：「公自將當定國，而惟興與寶及漢川侯張勝由尋甸間道襲雲南，可得志。」已大戰交水，惟興内應，可望兵潰，遁還黔。時秦王所部率梟健，定國涕泣語之：「明造顛越，實自吾家，至此猶不悔，天必盡殄之矣。」則可望所遣馬寶亦降，衆盡貼。獨張勝孤軍突雲南不備，保國尚禮思開門入之，爲黔國沐天波所覺，不得發。定國以勝兵還救，擒勝，□□□□□尚禮飲鴆死。主封馮雙鯉慶陽王，馬進忠漢陽王，馬惟興、馬寶、賀九義俱進封公爵。德安侯狄三品、岐山侯王會、荆江伯張光翠，以黨附可望，降罰有差。戊戌，劉文秀病卒，夔國公自奇以永昌伯關有才叛，定國率兵誅自奇于永昌。可望微通北師，以兵三千擣武岡，爲部將劉甲反攻，殲殆盡。

戊戌四月，可望遂同陳總兵滿兵五萬，身爲導，入貴州，定國棄城走。可望遂因陳總兵北降，得封義王。十月，北師從貴陽睨滇。妖人賈自明者，有幻術，定國恃以無恐，與雙鯉等扼守盤江沙，而白文選守七星關，咸敗績。十二月，奉主走永昌。己亥正月之二日，北師入雲南。二月，主走騰越，定國先護宫眷出三宣入緬，還督兵扼磨盤山力戰，頗有摧陷。然人心已散，竟不能支，逃入孟艮茶山各土司中，奉表請蹕者數。閣部吉翔重遷留緬。辛丑，桂主及難。白文選遁木邦久，北歸。定國卒于徼外。明年，定國子嗣興、文秀子震咸北歸。

邵廷采《西南紀事》卷一〇　李定國，字壹純，陝西延安人。初從張獻忠爲盜，冒張氏。獻忠養子四，孫可望年長，知書數，位第一。定國以能次之，劉文秀、艾奇能又次之。所至破陣屠城，而定國驍勇超逸，更稱萬人敵。獻忠僭號成都，定國爲僞安西將軍，既聽汪兆齡謀，盡殺蜀人，令定國等四將軍分道刈殺，以所殺多報，功最。大清兵斬獻忠西充，定國等帥潰衆南陷重慶，殺如故。明年正月，入遵義，始不殺。略貴州，趨雲南，乃去僞號，稱明將軍。

始，獻忠死，其黨有悔禍之意。艾奇能首數汪兆齡罪，殺之重慶。定國每静念：有明天下，自秦州煽亂，怙惡不撫，決裂至是。吾輩膽義素不後人，何惜此筋力，不以恢廓疆宇，歸復明朝。劉文秀亦以爲然。及入楚雄，得楊畏知。畏知爲陳説忠義，指明邪正。時奇能已死，定國、文秀深悦服，獨可望陰賊，外唯唯，内倣獻忠所爲。亡何，可望稱國主，設六卿，用干支紀年。定國心非之，或齟齬。可望縛定國，棒之八十，抱其頸泣曰：「吾以大義辱弟，幸同心力，無慮疑。」定國頓首謝，請擒沙定洲報德，由是憾可望。其年十月，及文秀進討佴革竜，斬定洲。己丑四月，桂王封可望爲遼王，賜定國名如靖。可望拒命，定國因辭賜名。可望殺畏知，遂遷桂王於安龍。定國滋恨，然未敢入朝。

壬辰四月，大清定南王孔有德逼貴州，可望承制命定國、文秀經略楚、蜀，以馮雙禮副定國，步騎八萬，出武岡、辰、沅，破大軍，有德退守桂林。定國乃分道自將出新寧，使雙禮出祁陽，合趨全州，復遣西勝營張勝、鐵騎右營郭有名率精兵由西延大埠疾走嚴關，扼桂林要道。令曰：敵至傳火，毋下關，須大軍會戰。雙禮帥前軍都督高承恩、鐵騎前營王會、武安營陳國能、天威營高文貴、坐營靳經武合兵四萬先進，至譯湖，猝遇大兵萬餘，逆戰，斬驍將李四，乘勝遂薄全州。定國帥右軍都督王之邦、金吾營劉之講、左協營吳之聖、武英營廖魚、驃騎北營卜寧，合兵六萬，繼進。聞譯湖捷，傳令全州傅城者毋急攻，懼其奔逸，并力於桂林。全州已下，定國至，令急過無入。雙禮出城合進。有德遣數萬衆奔救全州，張勝已營嚴關，距大軍十里，日且暮，大軍引去，旦復至，勝傳檄大軍蓐食而前，戰於關下，象僨歸，定國斬御象者。諸軍奮進，象突陣，大軍退，天大雷雨，橫月被野，追及大榕江，又告捷。有德急入桂林，大軍三日而至，守陣者皆潰，援梯畢登。是爲七月四日。定國下令屯城上，有德奔入府，悵然無語。久之，曰：「已矣！」其妻曰：「無慮吾不死。」屬女僕以一子出曰：「苟得脱，度爲沙彌。」遂與其妾共縊。有德舉火自刎，投火中。獲其子廷訓及陳邦傅、陳師禹。

先是，有德使提督線國安略南寧，右翼總兵全節防柳州，左翼總兵馬雄守梧州，重鎮皆出桂林，守兵援全州，三戰皆盡。定國行疾，是以速克。胡一清、趙應選、馬寶、曹志建等，自南寧敗後，尚留粵西，屯聚山谷。聞定國至，相率來歸。民間亦多嘯聚以應。於是，定國進復柳州，斬守道金漢蕙，東下平樂，將攻梧州。雄告急廣東，國安節及文武道府州縣印官四十六人皆逃於梧。尚可喜遣副將强

世爵，以舟師大礮奔救，定國猝至，大軍退，遂克梧州。雄等東走封川，尋走廣州。可喜遣副將蓋一鵬赴肇慶，迎護其衆，令世爵扼封川江，便宜戰守。是時，劉文秀入蜀無功，而定國克復廣西，乘勝東下，嶺南震動，而定國顧北取永州，強世爵因及馬雄三鎮，復取梧州；線國安、全節帥所部西行。是月，大清兵下瓊州，杜永和、張月衆猶數萬，以全軍降。大清兩王得專意廣西。九月，孫可望使白文選攻拔辰州，定國進至衡州，長沙、岳州從風潰。馬寶、曹志建亦復連州，獲守將茅生蕙，送定國，斬軍前。十一月三日，大清敬謹親王兵號十萬，至衡州。定國遇河上，甫接少卻，親王恃勇，舍大軍而追，定國設奇擣中堅，過險伏發，交鎗起害，親王軍遂潰。定國全師歸武岡。可望忌定國，召赴沅州議事，將殺之。定國覺，引還廣西。可望敗於寶慶，湖南復陷。

癸巳三月，定國帥馬寶等自梧州破開建、德慶，抵肇慶，連營據北山。別將下四會，廣寧，前距三水。於是，岑溪宋國相出掠羅定、東安、西寧，海盜戰艦二百，由新會、順德諸港入九江口，清遠山寇並發，聲言導定國渡河，走從化，襲廣州。水陸大震。潮州郝尚久隙於郭虎、班志富，尚可喜以劉伯祿代之，調尚久水師。尚久怒，不受代，舉兵稱新泰侯，馳檄南、韶、漳、惠。大清遣哈哈木會耿繼茂攻之。是月二十六日，定國圍肇慶，泄其濠，三面急攻，用布囊盛土爲牆，置木柵挨牌，藏鳥鎗以拒。內兵陰穿地道，城中大懼。許爾顯塹濠城中以待，縋城奪梯設死守月餘，不克。大清兩王謀李定國或從木縣頭度河，得合尚久，會城危，且無北歸路矣。乃令繼茂發鐵騎守三水，東南鑿側門出奪地道，兵多死，不能出者，焚死地道中。定國退軍五里，大清兵潛出西、南二門，奪龍頂岡營，用鐮鈎長鎗獲兵數百人，狗於城下。於是，定國解圍還，而郝尚久將攻惠州，爲黃應杰所扼，不出，碣石蘇利以舟師助繼茂，吳六奇堅守程鄉，饒平待大清兵。秋八月，潮州破尚久父子死。定國東行失利，由可望貳心無後援而頓兵堅城也。

桂王自至安龍，受制可望，大學士吳貞毓、太監張福祿等言定國忠勇，雖出盜賊，實與可望異趨，爲國之心，如青天白日。因手敕密使，封定國爲晉王，使引兵入衛。詞旨哀愴。定國叩頭出血曰：「臣定國一日未死，寧令陛下久蒙幽辱，幸稍忍待之。臣兄事可望有年，寧負友，必不負君。」至書貞毓曰：「粵中未定，進退維艱，幾事須密，責在老先生。」事泄，貞毓等竟遇害。可望以是滋恨定國。甲午春，遣馮雙禮、賀九儀以騎兵七千步萬餘，從古泥懷遠追定國於柳州。定國奔賓南，東略雷、廉，雙禮等遂擊桂林。尚可喜慮可望與定國實合，謀陰兵犄角，以圖兩粵，懼甚，疏請敕湖南經略洪承疇，分發滿軍，由衡、桂入樂昌，下廣州；漢軍由永州入桂林，與粵西兵合趨南寧，斷定國歸路。粵東兵從高州進，夾攻之。大清不聽益兵，而遣秘書學士郎廷佐移繼茂鎮福建，可喜愈懼，疏留繼茂其鎮。大清兩王以定國在廣，疲於奔命。五月，定國發廣州，故將張月以高州歸，大清嶺西道周公軾、學道錢朝鼎等皆死。秋，海北道陳武度海，攻拔臨高、昌化，黎岐蠢動，水陸響應，儋、崖路斷，瓊州守將高進庫告急於廣州。定國進復陽春、陽江，恩平，前鋒抵肇慶，欲大舉發。郴、桂兵出韶州，江、楚界上兵入海嶺，約閩海國姓攻惠、潮。可喜畏定國，不敢戰。又慮兵分則弱，謂繼茂且以旁縣餌之。於是，大清督李率泰檄總兵郭虎、副將杜豹守高明。可喜遣甲喇章京田雲龍守新會。三日，滇兵圍新會，可喜令右翼總兵吳進功助雲龍守。定民以舟師扼江門，築礮臺於陸，遏援兵。兩王親赴江門争，水陸並進，滇兵少卻，阿達哈番劉秉功等得入新會。二十日，定國復至高明，掘地道急攻，城壞二十餘丈，將陷。可喜來救，望見滇軍盛，遽退。定國自帥步騎萬餘追之，選精鋭五百人，急躡。可喜遇伏，不利，失總兵武君禧，遊擊王天才等十六人。可喜退，晦，克高明，擒郭虎，斬杜豹，遂合圍新會。分兵出三州、金利、富灣、羅屈諸口，距廣州百里，軍聲大振。新會饟盡，食木根皮及犬馬，浮萍，百道並攻，吳進功等守益堅。朱成功遣黃梧道海應定國。

十二月，大清靖南將軍朱馬喇纛章京東邦帥滿漢軍會尚可喜、耿繼茂於三水，同趨岡城。十日，至三州，南軍接戰不利，失副將梁大勳。十四日，至新會，定國嚴陣城北，驅戰象，列礮兩山峽口，以勍兵屯峽左山，將乘高馳下。可喜遣尚之智、盛登征先擊左山兵，左山兵潰。峽口兵望陣動，連得成、田雲龍、栗養志統步兵合戰，象驚礮，還走，滇兵亂。八固山、蒙古固山、烏金超哈藩下騎兵兩翼縱擊，滇兵大崩，戈甲棄載道死無算，亡十三象。北軍追奔三五里。定國有馬三千，將戰，遣廝養先牽去，從者二百騎，步兵四萬，得脱者半。定國盡撤肇慶、高明，高州馬步兵，戰象皆入鬱林州，選廝養得萬餘人。自新興南走高州，東邦追之不及。總兵孫際昌判奔土司何美璜寨，定國使都督吳三省、總兵楊成、王三才，以步騎千餘，象一隻追取之，與東邦等遇於興業，復敗，獲象以去。東邦留尚之智駐興業，自與敖拜來塔等追及定國後軍。後軍敗，老營妻子衝散，蒙古滿洲兵追定國，及於橫州。南軍亡象二、馬二百八十，定國燒絶浮橋，由賓州夜走南寧。大清軍以朱養恩鎮南寧久，地連交阯，內接溪峒，不可卒拔，乃還際昌，及中

書楊琳諸將，白長、王之臣等三十人皆降。由是，廣東高、雷、廉三府，肇慶羅定屬三州一十八縣，廣西橫、鬱林二州，北流、興業、容、岑溪四縣復歸大清。瓊州羣盜皆降。定國力屈，不能復出。西南之業衰矣。

乙未正月，定國將朝桂王。可望懼，使白文選以兵逼王，移駕貴州，宮中皆哭。文選感動，以定國本無他意，還報定國。至，遂奉王西行。文選棄可望來歸。至雲南，劉文秀及王尚禮、王自奇等曰：「同輔朱氏，背之者死。」詔以雲南爲滇都，命定國爲輔民大將軍，總滇、黔、楚蜀兵，知行在大政，定國與沐天波、劉文秀同心明室，人心稍定。丙申秋，可望犯闕，上下震恐。時定國新敗，文秀所將留滇兵不滿萬，行朝百事草創，諸鎮自楚、粵至者，皆聚於黔。定國、文秀以衆寡不敵，疑懼，詔遣文選，宣諭可望。可望拘文選，奪其兵。馬進忠、馬惟興、馬寶以同姓相密，雅善文選，因說可望，使文選將兵西進，至交水，距三岔二十里，輕騎奔定國軍，具言人心內向，可一戰定也。可望奪氣。時進忠以病留安順，馮雙禮在貴州，可望乃遣寶與張勝襲滇都，自以重兵壓交水，日夜索戰，令定國不得還救。惟興遣親信夜告定國，令速戰。是日，引兵薄惟興軍，惟興內應，其衆大崩，可望奔湖南，降大清。定國還至渾水塘，寶來歸，斬張勝，雙禮擧貴州降。定國以黔、蜀、辰、沅並可望故鎮，悉調赴雲南，核功罪。

定國伉直，小心臣節，進奉極豐，不以威凌士類，然計擘什畫，不及可望。記室金惟新，滇人也，官少宰，信任，而馬吉翔工彌縫，復入閣，舊人失職，多怨望。於是，王自奇等俱叛，誅戮頻行，內外惕息。丁酉春，大清兵三道南進，會文秀卒，定國東西獨禦，遂不支。冬十月，貴州破，命定國假黃鉞，文選爲副，出師恢復貴州。定國及雙禮統大軍，扼盤江河，據雞公背。文選及將軍竇民望等，別將四萬人，守七星關，進屯生界，距遵義百里，牽制吳三桂兵。三桂自平越兼程還遵義。十一月，三桂帥總兵沈應時、馬寧等，復發遵義，文選自生界退保七星關。十二月二月，三桂自水西，以烈趨天生橋，入烏撒，越險扼七星關大道。文選懼，棄關走可渡橋，尋焚橋，走霑益。泗城州土官岑繼祿導北軍入安龍，定國由盤江還，戰累敗，遂回滇都，奉桂王奔永昌。文選留守玉龍關。

戊戌正月三日，大清兵入滇都。四日，王至永昌，詔勤王。定國還黃鉞，待罪請削秩，不許。閏月，大清吳三桂、趙布太陷大理，至玉龍關，文選帥張光翠、陳勝等與戰，而敗，由沙木和走石甸鎮康，定國退至潞江，慮行在體重難行，遣護衛將軍靳統武、黔國公沐天波奉蹕先出騰越，而身留磨盤山當敵。磨盤陡立，阻潞江，內箐深屈曲，僅容單馬，定國築柵數道，左右設伏，大營屯山後四十里橄欖坡，炊食饟伏，令毋見烟火。大清兵行緩持重，伏兵五日夜，山深食寒，銳氣半銷。二十一日，吳三桂、趙布太渡潞江，前驅遇伏，大戰竟日，中書盧桂生自伏中逃歸，告爲先備，分精甲禦伏，而正兵由大路平行，南軍擾亂，泰安伯竇民望、都督王璽皆戰死，定國憤，發麾後軍齊進，殊死戰。大清死傷甚衆，卻三十里，而定國度前軍既潰，奸人有輸敵情，恐孤軍不支，遂整旅出騰越，追扈行在。

行在已出銅壁關，入緬。緬人請敕銅壁關，毋納漢兵，遣兵守關，斬統武奔告定國。定國慮緬情叵測，遽入恐激變，乃使高允臣馳報，爲緬所殺。始末戰時，諸營妻子輜重散逸，軍士四出求妻子，未得猝集。定國令定朔右將軍吳三省斷後收兵，自率大軍取道孟定。白文選自本邦來會，定國以文選不與磨盤之戰，見而尤之。文選不悅，及議所向。定國曰：「我若入緬，緬苦供餽，必見拒，擊之禍結，盍擇險要邊土休士馬，相犄角，緬外憚吾二人，君在內可無憂。且得陰連諸土司，覘雲南動静。」文選曰：「並在外則內危，我入衛上，王任外事。」竟異議別移錫薄，所至縱兵大掠。定國乃從孟定過耿馬，至孟緬，屯數月，潰兵相續來歸，軍聲稍振。咸陽侯祁三昇、孟津伯魏勇自雲南得出，從駐耿馬。三省來護大營妻子，將赴定國，遇懷仁侯吳子聖、將軍楊武，脅之同降吳三桂。三省佯諾，出不意，走潞江，遂棄大營妻子，以兵奔定國，移營孟連，三昇不欲從，矯定國令，轉龍川虎喇，誘魏勇連兵，道遇三省，並誘之行。定國召文選故鎮張國用、趙得勝等，皆以所部來歸，軍勢益振。

元江土官那嵩與降將朱養恩、許名臣、高應鳳等謀建義，事泄，三桂帥兵圍元江，嵩告急。定國方赴援，會孟良酋長患定國在孟，連勢肘腋，乃糾合衆夷爲梗，定國還戰，平孟艮。元江已陷，嵩焚死。定國度諸土司疑懼不敢前，且休甲孟艮。令夷目耕田輸糧，如縣例。廣國公賀九儀，自南寧間道來奔，三桂令其妻血書招之。九儀受書，不告。定國見勢敗，下多出降，益相疑，杖殺金惟新等，復飲九儀，杖殺之。九儀裨將何起龍率部衆至蔓谷河，入滇降。定國使總兵唐堯宗駐磨乃，招納降，時堯宗違令殺商客，取貨轉售孟艮，獲倍價，有志士投孟艮者，誘收麾下，皆引去，無入孟艮，故滇中事機絕不聞。而孟艮去緬都阿瓦懸遠，亦不知緬瓦事，定國惟日夕練兵，覬恢復而已。

庚子九月，文選抵雍會江，使使諭緬，皆不返；乃謀攻阿瓦。阿瓦二城，大江出其中，緬王都新城，在江左，舊城名赭碎，安置行在，在江右。聞文選兵不

哉，請行在旨，諭文選毋進。且云：「老皇帝避難我國，極盡主賓禮，乃反蹂我地，謂我國無人耶！」文選怒，渡江向新城，敗緬兵，緬紿許移新城，用大礮擊文選營。文選不支，還走孟艮。定國驚曰：「不用吾言，果致緬怨，今在内者危，若之何？」文選慚。九月八日，定國與文選合兵入緬，發孟艮。定國由西道，文選由東道，張國用、趙得勝仍以所部兵從文選，期會洞鄔。初，魏勇、吴三省連兵轉虎渊，始覺三昇意，然三昇猶未有降志。聞定國處賀九義，而勇又病死，遂收勇兵，約三省同出降。三省復陽許。十月，以三桂令移駐騰越。三省出三昇不意，返兵由孟定趨孟艮，詣定國，追次磨，乃定國去孟艮已一月。唐堯宗不奉定國調，逡巡謀降大清。三省覺而收殺之，流孟、定、耿馬間，爲游徼；而定國等士馬入緬者，糧乏道死亡。定國先至，見江干多船，議分兵渡江，迎桂王於赭硜，身攻圍新城。靳統武謀曰：「兵分力單，不如全力搗緬都。緬都破，上自出。」乃俱望新城進，敗緬入瑞羊岳。緬都三面阻江，一通陸，文選還後，並鑿之引水爲湖，繞三堤，置水城其上。定國從南噶喇江爲浮橋以濟，馳諭緬王，送行在講好。緬復云：「汝老皇帝避難吾國，受吾供億，前番一野王子來，反將仇報，汝主在我家尚然，今送出更何如？欲攻城，亦唯汝。汝等水土不宜，堅守二三年無所畏。」定國度緬人不聽，乃進屯洞怕，距城八十里。文選距百十里，屯象腿。緬人於木城之外，更立木城，以兵守之。明日，復前，又立木城，逼定國營，乃大出兵搏戰，前隊皆象。定國不利，趣文選兵中間横擊，皆殊死戰，緬人大敗。時五月炎暑，我兵渴甚，不能窮追。緬復入守木城。定國獲緬目，善待之，諭送車駕，終不聽。復謀渡江，向赭硜前洞鄔，船皆藏匿，使人赴上流馬得狼井角造船，緬人焚船。定國又進擊敗之。四面絶其糧道。凡三月，緬人煮鎧以食，要我軍他徙，乃出車駕。定國不得已，唯唯。軍吏自相攻殺，多出降，使人守江橋，亦焚橋走。定國計竭。

七月十六日，緬人殺我從官四十二人，沐天波死之。定國以十六舟渡江擊緬，不勝，覆其五舟。八月十八日，及文選還洞鄔。凡行營例，定國、文選各前行。三日，時文選軍在後，張國用、趙得勝等竊語，此地烟瘴，已傷多人，今再深入，氣候更熱，非盡死不止，寧出雲南，無作緬鬼。部兵聞語，皆喜。夜束載定，二將披甲入臥帳，請文選行。文選驚起，皆曰：「大事知不成，更深入瘴地，空死無名。殿下必隨晉王，是續賀九儀也。」文選曰：「爾等今欲何往？」國用曰：「以此人馬，出雲南，何向不重？」曰：「若皇上何？」國用曰：「心力已盡，可見天意。」遂發礮挾文選上馬。文選不能禁，夜退走七十里。比明，定國覺，曰鞏殿下欲何往耶？命子嗣興尾文選，與同行止，定國亦緩隨之。行五日，至黑門限，國用、得勝斷後。議曰：「晉世子急躡不去我，我軍行疲爲累，不若就此山勢與決戰，令彼還，方可前進。」遂阻山齊發矢石。嗣興怒，麾兵奔而登，定國已至，亟呼嗣興罷戰。乃大慟曰：「白文選强欲攻緬，激壞大事，致皇上不還，我竭心力，勉迎皇上，彼忍舍去，冀彼初念可回，故令爾隨行，今與我戰，是其志決矣。當年同起兄弟，今惟伊在，何必與彼相攻？」邀情文選兵四十餘人，悉令放還，仍帥所部，獨進洞鄔。

文選行三日，遇吴三省自孟定來，營馬盡死，軍皆步，將入緬。文選見之，流涕曰：「我負皇上與晉殿下矣。將軍能帥兵至此，使我有太山之助乎？」三省度文選衆皆有背意，乃揚言雲南降者皆怨，恨不得所，人心思明，故我輩咸願步來到此。文選部兵見三省，並有踴躍狀，聞此言，各鼓舞。國用、得勝亦遂轉慮，不復言。適雲南會徽人汪公福攜海上鄭成功約師表來，文選遂屯錫薄，復遣蘇總兵出木邦，會定國進兵，留待月餘，報書未至。三桂統大兵急追，文選度不敵，間道西走孟養，三省在焉。三桂抵木邦，獲降人，得文選情，知定國先入洞鄔，文選不降，必疾走阿瓦，機不可失，乃速進兵，抵錫薄。文選果行，遂分遣八都督馬寧、馬寶、馬惟興、祁三昇、高啓隆、沈應時、李貴等尾文選，令無戰，附書招之。三桂自望阿瓦進發，傳檄緬王，使送行在出城。時，緬爲晉藩所敝，適大清兵至，遂將桂王及宫眷送三桂軍前，復城守。大清兵既得桂王，亦不攻緬，即班師還雲南。文選過孟養，見馬寧等追之不置，就山立營，欲與戰。部下皆挺刃思奮。文選竟怯，不敢發詞。追將有所善馬寶，乃陰與寶語。寶持三桂書，單騎入其軍，文選遂降。十二月十八日，由孟密入雲南。明年五月，朝燕京，封承恩公。

定國在洞鄔，方議再舉，已知三桂入緬，行在蒙塵，憤懣欲絶，曰：「勢既不敵，追無能爲。」乃由孟良傍雲南邊，伺王動静。四月，至孟蠟，遣官入車里，送禮借兵復雲南，救駕。車里、暹羅俱使人請入計用兵事宜，尊禮甚殷。會定國人馬病死日甚，乃齋戒作表告天，敍平生洎反正輔明，皆本至誠，何皇穹不祐，至有今日。若明祚未終，乞順定國所爲，軍馬無災，俾同心力，出滇救主，果曆數既終，乞賜定國一人早死，無害此軍民。五月十五日，焚表。六月十一日，定國生辰，病作，旋聞行在及太子遇害，仰天大慟，遂篤，託其子靳統武及馬思良。二十七日夜，定國卒。未幾，統武亦卒，思良舉軍降。嗣興徘徊無所依，久之，亦自慢怯

出降，與劉文秀子震、艾奇能子承業，俱入都，受世職。

徐鼒《小腆紀傳》卷三七　李定國，字鴻遠，延安人，與孫可望、艾能奇、劉文秀同爲獻賊義子，賜張姓。獻賊性喜殺，亂蜀時立賞格：凡部卒日得男壯手二百雙者，授把總，女倍之，童稺不計，官以次進階。寅出酉還以爲常，可望輩遂皆至將軍。

歲丙戌，我大清兵戮獻賊於西充之鳳凰坡，定國時僞稱撫南將軍，與可望、能奇、文秀及僞都督白文選、馮雙禮等招集殘寇，由重慶南竄。

明年，丁亥春，破遵義，入貴州。可望赴雲南救沙定洲之亂，令定國分兵襲臨安。臨安爲沙部李阿楚駐守，拒戰甚力。定國穴地置礮，崩其城，阿楚赴火死，城中士民悉被屠。遂圍晉寧及昆陽、呈貢、歸化，晉寧知州冷陽春、呈貢知縣夏祖訓等俱死之。江川知縣周柔强率兵拒於撫仙湖，戰敗，一軍盡殲。迤東諸郡屠戮之慘，不亞於蜀也。

時永曆帝立肇慶，詔令不及至滇，可望乃妄自尊，還至黔中，自稱平東王，定國等亦皆自名爲王，置四王府，盡撤昆陽、呈貢二城磚石爲之。可望謀竊大號，然定國、能奇輩猶儕視之，定國尤倔强，遇事相抗。可望思所以示威，與文秀密爲計，於己丑春以演武當場縛定國，聲其罪，杖之百，已復相抱哭，令取沙定洲自贖。定國心憾之，念兄事久，未可造次發難，輒領所部馳至普洱討定洲，圍以木城，絶其水道，閱五旬，諸蠻懼降者相續，乃禽定洲及其屬數百人以出，回至省，剝其皮號令通衢。黔國公沐天波來，具禮謝雪不共讎，凡滇人之攖沙毒者，咸稱快焉。定國既并蠻部，聲勢益强，可望遂無以爲制，獨霸之念，於是乎沮。會聞粤東有君，乃具表奉朔，求封爵，孫、李之隙自此始。永曆帝初封定國爲侯，尋進公。

壬辰春，上居安龍。我大清遣定南王孔有德統師南伐，有德分重兵駐柳州爲聲援，已以七百騎趨河池州入黔。可望請以定國出楚，征虜將軍馮雙禮副之，率步騎八萬，出楚，連復沅、靖，殺我總兵楊國勳，進攻湖南，我續順公沈永忠棄寶慶，退保湘潭。定國時駐兵武岡，偵知桂林空虚，乃分遣西勝營張勝、鐵騎右營郭有名率精兵，由西延大埠頭便道趨嚴關，而令雙禮率前軍都督高存恩、鐵騎前營王會、武安營陳國能、天威營高文貴、坐營靳統武合兵先進，敗王師於驛湖，斬驍將李四，進薄全州。定國自率右軍都督王之邦、金吾營劉之講、左協營吴子聖、武英營廖魚、驃騎左營卜寧合兵繼進。途接驛湖之報，慮全州之衆奔逸，并力於桂林也，傳令全州傳城者無急攻。令未至而全州已下，乃令已軍過全州者急過毋入，雙禮諸軍亦出城合進。

時張勝、郭有名已至嚴關，與定國軍相距十里。約曰：「敵至則舉礮傳警。」薄暮聞礮，諸軍欲赴之，定國曰：「無庸！」俟之寂然，蓋有德遣救全州之兵，見明兵已營關上，旋退去也。明日，王師至關下，勝傳礮，定國令諸軍蓐食傳餐，甫交鋒，象僨歸，定國斬馭象者，諸軍奮勇前進，象亦突陣，王師大奔，死亡不可勝計。天大雷雨，横屍遍野，追及於大榕江。有德急入桂林，定國晝夜環攻。七月癸酉，克之。有德自殺，叛將陳邦傅及其子曾禹、祖秘希、孔承先、孫龍、孫延世、曾盛、董英、袁道光等被執，並伏誅。庚辰，取永州，殺我守將紀國相、鄧胤吕、姚杰等數十人，進復梧州。

十一月，辛巳，克衡州。我大清命敬謹親王尼堪督師進討，遇於衡州城下，大戰竟日，定國不能支，敗走。尼堪乘勝逐北，遇伏歿於陳，定國收兵屯武岡。

方捷書發自桂林也，其人窮日夜易馬而奔，既至貴陽，直入殿墀，下馬臥地不能起，灌以湯藥，乃甦，探懷中出捷書。於是大宴三日，可望題請封定國爲西寧郡王兼行軍都招討，馮雙禮爲興國侯，遣檢討方于宣、中書楊惺光齎敕犒軍。行有日矣，而諸軍之入楚也，獨可望之護軍稱駕前軍者不發。駕前軍者，固選鋒，聞桂林之捷，生妒心，曰：「北兵本易殺，我輩獨不得一當。」又定國多取金帛，上所鹵獲，惟孔有德金印金册、人蓡數捆，官庫財物估價僅盈萬，馮雙禮以是不服，密啓可望，言：「定國專，後恐難制。」諸往來使命者，又多增飾喜怒，謂：「定國聞郡王封，滋不悦，曰：『封賞出自天子，奈何以王封王？』」於是可望益忌之。

而是時，定國軍威壯盛，不復可制，可望忿甚。已聞衡州之敗，遣使召赴沅州議事，説者曰：「此僞遊雲夢計耳。」龔彝亦致書定國曰：「來必不免。」定國因止不行，率所部走廣西，涕泣謂其下曰：「不幸少陷軍中，備嘗險阻，思立尺寸功，匡扶王室，垂名不朽，今甫得斬名王，奏大捷，而猜忌四起。且我與撫南弟同起雲南，一旦絓誤，輒遭廢棄，忌我當必尤甚。我妻子俱在雲南，豈得已而奔哉！」諸營聞之，有引軍從者。

明年，可望自將精騎追之，猝與大兵遇於寶慶，大敗，大兵亦引還，定國遂據守粤西。

時上在安龍，日就窮促，而可望逆謀益亟。上乃密與大學士吳貞毓、中官張福祿、全爲國等謀遣給事中林青陽齎敕赴定國營，進封晉王，令統兵入扈。定國

奉詔感泣，許以身報。上復鑄「屏翰親臣」金印賜之。已而馬吉翔洩其謀，自貞毓而下十八人俱被害。可望憾定國益深，定國亦恐其來襲，出掠廉、雷以避之，破高州，進攻新會，爲大兵所敗。可望聞定國敗，駐柳州，命馮雙禮襲之，定國燒糧走。雙禮謂其怯也，追之，遇伏被擒，定國禮而釋之，由是雙禮傾心於定國焉。

明年，定國退駐南寧，衰弱不振，可望遣總兵張明志、關有才襲之。定國計無所出，中書金維新、曹廷生曰：「明志等兵雖多，皆帥主舊部下，安敢相敵！今以奇兵襲之，彼不虞我之至也，且驚而潰。我乘勝至安龍迎皇上入雲南，美名厚實兼收之矣。」定國然之，率靳統武、高文貴等集兵萬人，拔寨從小路行五日，出明志營後，猝衝之，明志軍大亂，降其衆三千人，進趨安龍。可望偵知，趣令白文選劫上赴黔，文選竟與定國連和，奉上由安南衛西趨雲南。滇中守將劉文秀亦怨可望，共迎上入城，居可望第。定國亟令收吉翔，吉翔復媚事之，以免，詳《吉翔傳》。論功，封文秀爲蜀王，文選鞏昌王。文選還黔，可望怒其二於定國也，奪其衆而羈之，然以家口在滇，未敢反。

丁酉夏，上命張虎歸其妻子，秋七月，遂舉兵反。九月，定國、文秀禦之交水，白文選暨馬進忠、維興等悉叛可望來歸，賊狼狽入黔，挈妻子奔長沙，投我經略洪承疇軍前以降，詳《可望傳》。雙禮、進忠俱晉爵爲王，其餘諸將進秩有差。

戊戌二月，王師自蜀、楚、粵三路會兵入黔，定國分遣其將劉正國、楊武等扼守三陂、紅關諸險要，馬進忠駐貴州。四月，王自奇、關有才反，定國自將討平之。我楚師入鎮遠，貴州告急，不及救，自奇等誅，而貴州遂不守矣。蜀師至三陂，正國遁，遵義亦失。五月，蜀師破楊武兵於開州之倒流水。秋七月朔，上拜定國爲招討大元帥，賜黄鉞。粵師抵獨山州。十月，三路兵俱集，戒期入滇，定國與文選、雙禮等亦分三路禦之，連戰皆敗，大營、妻子俱散失，諸將北走不相顧，馬寶等降。報至，上奔永昌。

己亥，正月三日，大兵入雲南，上下詔罪己，定國還鉞待罪，請削秩，不許。二月望日，大兵抵大理之玉龍關，文選戰敗，定國令總兵靳統武以兵四千扈上奔騰越，己乃伏兵磨盤山，即高黎貢山也。大理寺卿盧桂生叛降於我，洩其謀，復大敗。報聞。上與馬吉翔、李國泰等連夜走緬甸。定國收餘衆追扈，則上西行去騰越已百里。念君臣俱死無益，聞文選屯兵木邦，就之謀曰：「主上入緬，敕漢兵無入關，我若深入，恐生不測禍。萬一北兵有警，此地無險要可禦，莫若妥擇邊境，屯集作後圖。」而文選以上左右無重兵，請身入捍衛，意不合。定國遂自引所部從孟艮抵猛緬駐劄，前此潰衆陸續至，勢稍振。未幾，移營孟連，賀九儀邀文選部將張國用、趙得勝等歸之。孟艮有女酋長懼爲所并，糾衆抗拒，定國滅之，據其城。以敕印招土司，謀恢復，沅江土司那嵩受總督印，密爲傳布，各土司亦有聽命者。會吳三桂破沅江，那嵩自焚死，事不果。九儀妻子在滇，爲三桂所得，令作書招之，九儀將出降，定國杖殺之。國用、得勝皆怏怏有二志。總兵唐宗堯，姦弁也，守磨艿，凡告奮勇投孟艮者已悉收隸麾下，商賈往來者財貨悉被劫，由是南北道梗，滇中阿瓦消息絶不通。已文選別由木邦舉兵薄阿瓦，再舉皆不克，乃還兵至孟艮會定國，合兵進逼錫箔江，即坰坦也。

辛丑，夏四月，定國遣使入城求上，不許。相持久，乃退屯三十里。緬人於郊外立木城，逼寨拒戰，定國、文選大破之，決計渡河，駕浮橋濟師，爲緬所斷。復遣都督丁仲柳等於上流造船，工將竣，緬出奇兵焚擊，仲柳棄船走，復不果。

初，定國屢購夷民具奏密請上速計出坎，且言：「臣等兵不敢深入者，激則恐生内變也。必善諭緬人送之出境，方爲上策，諸臣在内，何泄泄不以爲意也！」上以璽書獎慰之。先後凡三十餘疏，半爲緬人所獲，不得達。尋與文選議分兵進，次桐塢，以十六舟攻之，緬人鑿沈其五，遂引還。而國用、得勝以九儀之死銜定國，挾文選北走，將出降。抵耿馬，遇定國部將吳三省。三省於安龍之敗，尋獲定國家口，來詣孟艮，至則定國已移營。及至磨艿，知宗堯姦，殺之，兵弱不敢深入，流連孟定、耿馬間。文選見三省，不言而涕，三省察有變，説以情，質以義，諸將心動，復合軍屯於錫箔。吳三桂偵知之，亟令馬寶率兵追文選，且招之，文選倉猝遂降。

是冬，十二月朔，緬人執上及兩宮獻於三桂。

明年，壬寅，四月戊午，上殂於雲南，明亡。自戊戌二月以後事，互詳《本紀》及《紀年》。

上之舟行入緬也，從官雲散，馬九功入古剌江，國泰入暹羅。二國與緬爲世讎。暹羅以女爲定國妃，令國泰間道通殷勤，謀連兵攻緬；九功亦爲古剌招潰兵三千人，致書定國，相犄角。方剋期進兵，而滇訃聞。定國躃踴號哭，自擲於地，不食三日，表於上帝以祈死，於六月十一日生辰病作，謂其子嗣興、部將靳統武曰：「任死荒徼，無降也！」越數日，定國卒。未幾，統武亦卒，嗣興竟以所部降，古剌、暹羅之師失望而返。後有自緬至者，曰：定國所葬地，至今春草不生，蠻人過之，輒跪拜而去云。

雜録

備論

查繼佐《罪惟録》列傳卷九下　論曰：李晉國歸命後，戰功較周寧武、尤榆林等勝勢十倍，復嚴關，殄定南，恢粵西，摧敬謹，一再難東粵無與衡。護安龍，定内難，□□窮地促，挾空名而偷息天外，較中湘又十倍難矣。□□定國與鞏昌王文選以所部屯孟艮，疏請主宰其營者數十上，至令部將祁通武以兵逆駕。而主惑閣部馬吉翔之言，不果發。至辛亥，□康王以番衆窺邊，豈猶其遺旅乎？抑北平西吴詭此以自重乎？

查繼佐《東山國語・粵徼語》　論曰：李晉王未歸命時，已注心皇家，思返天物。及歸命後，武功赫濯，勝勢十倍，復嚴關，殄定南，恢粵西，摧敬謹，一再難東粵無與衡。護安龍，定内難，足以經略中原，而大功未集，以可望内殘外款，大敵左支右折，天也！至勢窮力促，挾空名而偷息天外，百世之後，猶想見其爲人，豈以成敗論哉！方其部屯孟艮，令部將祁通武以兵迎駕，而且沮於馬吉翔。永曆正朔終於辛丑，越十年辛亥，有康王以番衆臨邊，豈孟艮猶有遺旅乎？抑平西詭此以自重乎？

邵廷采《西南紀事》卷一〇　論曰：余聞有某妃者，亡其姓氏，當出邊時，兵譟，諸營婦女竄奔，妃失行在所之，入白文選營。文選使内官及營中寡婦侍起居，自鐵門限，與定國辭決，每使人勸妃盡節。辭曰：有君在上，妾不敢死，非貪生也。及文選降，桂王入滇，遂自縊，文選遣官葬之。嗚呼！文選之爲妃謀，則得矣。鄧凱《也是録》載入緬後，婦女死義，有姓氏者九人，王妃二人，餘姓氏未詳者不下百人，爲之撫卷弔。若定國之志久而不渝，豈問所從來哉！

西亭凌雪《南天痕》卷二三　昔管仲遇盜，取二人薦上以爲公臣；其後晉之戴淵，卒爲忠義。至於草昧之際，自盜賊而爲名臣者不可勝數。由此觀之，草澤何嘗無奇材哉？明之末也，以科目箝制天下士，士之俊雄桀驁不能自取富貴者，皆起爲盜魁，既已毒痡天下、濁亂神州矣；逮其歸附，又不能善撫而用之。夫可望始之請王封，其志何嘗不願爲國用；而庸臣必阻格之以激其怒而肆其噬，諸諂諛趨利者反導之以僭逆。考其人，皆出自科甲自附於儒雅者也。天厭其惡，定國起而反之，尊主禮士，足以有爲矣；而朝無直臣，奸諛復出而用事，迄於不振。然其流離蠻貊之中，不忘故主，致於籲天自述其志，亦足悲矣！以視夫標榜聲華、賣國以偷生者，論世之士將何所取之哉？然則盜賊猶賢於科甲之標榜者也。

温睿臨《南疆繹史摭遺》卷一〇　「摭遺」曰：昔蕁鄉董氏言：「定國拔身群盜之中，秉忠反正，盡瘁事國，乃至崎嶇而死，呼天以明其心，亦古之烈丈夫哉！方其破兩粵、下衡陽，義聲先路，所在引領；使可望等同心齊力，雖汾陽、臨淮之勛可希也。乃形勢偪而猜忌成，嫌疑積而戕賊併，分疆疾視，共穴鬬狠，坐使菁英凋喪，不可收拾！夫天縱窮兇，禍及家國，雖揮魯陽之戈，莫填精衛之海。斯時北望燕雲，而天兵直下，薄海歸心。嗟乎！李晉王之所懷，又何可告哉！至白文選間關異域，感泣風雨；其扼於部將不能引決則有之，後之言者，倘見原焉！」

案《明史・桂王傳》於王殁後，大書「李定國卒」。是定國之卒，若有關於明之末數也。《摭遺》補傳，大旨與蕁鄉所論若符契，倘亦不背於史氏「騰褒裁貶」之餘意邪！丙申之春，定國奉王居滇，恨馬吉翔之朋奸亂政也，亟遣靳統武捕之，並繫其家人，將殺之。吉翔乃鼓其術，日媚統武及定國之客；客與靳俱墮術中，爲之延譽於定國前，且微白其寃。定國惘之，召之入，吉翔即匍匐言：「惟王再造功，千古無兩。幸望見顔色，死且不朽。他是他非，不敢辯也！」言既涕出，叩頭不止。定國喜，乃釋之。後益諂其客，令慫恿定國薦己入閣，龐天壽亦再用。吉翔與客竟蟠結中外，盡握大權如故。客也者，金維新也；時夤緣，官至吏部侍郎。密敕之獄，吉翔危及中宫矣，讀《吳文忠傳》下，直令人髮指，不減於曹瞞之逼伏后，事雖未行，罪實通天。奈何李晉王初欲殺之，終則恕之，暱之，亦何能免於後世之譏邪！至於王之剛斷不行，復起吉翔、天壽，則又烏足與議也□□！

孫賊之僞稱國主也，方于宣謟事尤甚，爲之撰《國史》，奉獻賊爲太祖，比莊烈於桀紂，作《太祖本紀》；已言帝星明於井度，三箋勸進。後孫賊爲定國所敗，即拔營挈妻子以所部奔降本朝；于宣恐禍及，即投書定國自辨。時錢邦芑爲巡

撫，抗節效死，人心傾向。于宣又上書願糾義旅，擒可望自效。邦芑覽之大笑，答以一絶云：「修史當年筆削餘，帝星井度竟成虚；秦宫火後收圖籍，猶見君家《勸進書》！」

徐鼒《小腆紀年附考》卷二〇 徐鼒曰：尊鄉董氏言，定國拔身羣盜之中，秉忠反正，盡瘁事國，乃至崎嶇而死，呼天以明其心，亦古之烈丈夫哉！

屈大均題李獻武王祠云：「從來賜姓者，只有晉王賢。」執鞭欣慕之情，溢於言詞之表。全祖望謂《明史·桂王傳》於王死後，大書李定國卒，其子嗣典降而後終卷，然則定國之關於明者大矣，定國亦可以瞑目夫！

引用書目

書名	作者	時代	版本
明實録		明	影印台灣中研院歷史語言研究所校勘本，一九八二年版
明功臣襲封底簿	明吏部	明	明代傳記叢刊名人類第五五册，臺北明文書局一九九一年版影印本
朱楓林集	朱升	明	四庫全書存目叢書集部第二四册，齊魯書社一九九七年版
宋濂全集	宋濂	明	黄靈庚點校，浙江古籍出版社一九九九年版
誠意伯集	劉基	明	景印文淵閣四庫全書第一二二五册，台北商務印書館一九八六年版
王忠文公集	王禕	明	景印文淵閣四庫全書第一二二六册，台北商務印書館一九八六年版
國初事蹟	劉辰	明	《國朝典故》本，許大齡等點校，北京大學出版社一九九三年版
遜志齋集	方孝孺	明	景印文淵閣四庫全書第一二三五册，台北商務印書館一九八六年版
東里全集	楊士奇	明	景印文淵閣四庫全書第一二三八—一二三九册，台北商務印書館一九八六年版
三朝聖諭録	楊士奇	明	《國朝典故》本，許大齡等點校，北京大學出版社一九九三年版
金文靖集	金幼孜	明	景印文淵閣四庫全書第一二四〇册，台北商務印書館一九八六年版
天潢玉牒	解縉	明	《國朝典故》本，許大齡等點校，北京大學出版社一九九三年版
文毅集	解縉	明	景印文淵閣四庫全書第一二三六册，台北商務印書館一九八六年版
楊文敏集	楊榮	明	景印文淵閣四庫全書第一二四〇册，台北商務印書館一九八六

年版

國初禮賢録 佚名 明 《國朝典故》本，許大齡等點校，北京大學出版社一九九三年版

奉天靖難記 佚名 明 《國朝典故》本，許大齡等點校，北京大學出版社一九九三年版

革除編年 佚名 明 四庫全書存目叢書史部第四六册，齊魯書社一九九七年版影印本

遜國神會録 黄士良 明 明代傳記叢刊名人類第二七册，臺北明文書局一九九一年版影印本

古廉集 李時勉 明 景印文淵閣四庫全書第一二四二册，台北商務印書館一九八六年版

尋樂習先生文集 習經 明 四庫全書存目叢書補編第九七册，齊魯書社二〇〇一年版

天順日録 李賢 明 《國朝典故》本，許大齡等點校，北京大學出版社一九九三年版

可齋雜記 彭時 明 續修四庫全書子部一一六六册，上海古籍出版社一九九五年版

王端毅公文集 王恕 明 四庫全書存目叢書集部第三六册，齊魯書社一九九七年版

雙槐歲鈔 黄瑜 明 四庫全書存目叢書子部第二三九册，齊魯書社一九九七年版

水東日記 葉盛 明 魏中平點校，元明史料筆記叢刊，中華書局一九八〇年版

重編瓊台會稿 丘濬 明 景印文淵閣四庫全書第一二四八册，台北商務印書館一九八六年版

清溪暇筆 姚福 明 《國朝典故》本，許大齡等點校，北京大學出版社一九九三年版

白沙集 陳獻章 明 景印文淵閣四庫全書第一二四六册，台北商務印書館一九八六年版

東林列傳 陳鼎 明 明代傳記叢刊學林類第五—六册，臺北明文書局一九九一年版影印本

彭惠安集 彭韶 明 景印文淵閣四庫全書第一二四六册，台北商務印書館一九八六年版

吴中人物志 張昶 明 四庫全書存目叢書史部第九七册，齊魯書社一九九七年版

謇齋瑣綴録	尹直	明	《國朝典故》本，許大齡等點校，北京大學出版社一九九三年版
寓圃雜記	王錡	明	張德信點校，元明史料筆記叢刊，中華書局一九八四年版
匏翁家藏集	吴寬	明	景印文淵閣四庫全書第一二五五册，台北商務印書館一九八六年版
菽園雜記	陸容	明	佚之點校，元明史料筆記叢刊，中華書局一九八五年版
劉忠宣公遺集	劉大夏	明	四庫未收書輯刊第六輯第二九册，北京出版社一九九八年版
聖朝名世考	劉孟雷	明	明代傳記叢刊名人類第四一册，臺北明文書局一九九一年版影印本
皇明名臣琬琰録	徐紘	明	明代傳記叢刊名人類第四六—四七册，臺北明文書局一九九一年版影印本
明文衡	程敏政	明	景印文淵閣四庫全書第一三七三—一三七四册，台北商務印書館一九八六年版
篁墩集	程敏政	明	景印文淵閣四庫全書第一二五二—一二五三册，台北商務印書館一九八六年版
建文朝野彙編	屠叔方	明	四庫全書存目叢書史部第五一册，齊魯書社一九九七年版影印本
懷麓堂集	李東陽	明	景印文淵閣四庫全書第一二五〇册，台北商務印書館一九八六年版
損齋備忘録	梅純	明	四庫全書存目叢書子部第一〇一册，齊魯書社一九九七年版
王文恪公筆記	王鏊	明	《國朝典故》本，許大齡等點校，北京大學出版社一九九三年版
震澤集	王鏊	明	景印文淵閣四庫全書第一二五六册，台北商務印書館一九八六年版
新刊皇明名臣言行録	楊廉	明	明代傳記叢刊名人類第四五册，臺北明文書局一九九一年版影印本
兒素文集	林俊	明	景印文淵閣四庫全書第一二五七册，台北商務印書館一九八六

年版

吴中往哲記　楊循吉　明　四庫全書存目叢書史部第八九册，齊魯書社一九九七年版

半江趙先生文集　趙寛　明　四庫全書存目叢書集部第四二册，齊魯書社一九九七年版

南園漫録　張志淳　明　景印文淵閣四庫全書第八六七册，台北商務印書館一九八六年版

雙溪雜記　王瓊　明　四庫全書存目叢書子部第二三九册，齊魯書社一九九七年版

近峰聞略　皇甫録　明　四庫全書存目叢書子部第二四〇册，齊魯書社一九九七年版

野記　祝允明　明　《國朝典故》本，許大齡等點校，北京大學出版社一九九三年版

容春堂集　邵寶　明　景印文淵閣四庫全書第一二五八册，台北商務印書館一九八六年版

湘皋集　蔣冕　明　四庫全書存目叢書集部第四四册，齊魯書社一九九七年版

整庵先生存稿　羅欽順　明　景印文淵閣四庫全書第一二六一册，台北商務印書館一九八六年版

湛甘泉先生文集　湛若水　明　四庫全書存目叢書集部第五六—五七册，齊魯書社一九九七年版

畜德録　陳沂　明　明代傳記叢刊綜録類第一一五册，臺北明文書局一九九一年版影印本

歐陽南野先生文集　歐陽德　明　四庫全書存目叢書集部第八〇—八一册，齊魯書社一九九七年版

狀元圖考　顧鼎臣、顧祖訓　明　明代傳記叢刊學林類第二〇册，臺北明文書局一九九一年版影印本

王廷相集　王廷相　明　王孝魚點校，中華書局二〇〇九年版

文正謝公年譜　倪宗正　明　北京圖書館藏珍本年譜叢刊第四一册，北京圖書館出版社一九九七年版

竹澗集　潘希曾　明　景印文淵閣四庫全書第一二六六册，台北商務印書館一九八六

			年版
陽峰家藏集	張璧	明	四庫全書存目叢書集部第六六册，齊魯書社一九九七年版
殿閣詞林記	廖道南	明	明代傳記叢刊學林類第一八册，臺北明文書局一九九一年版影印本
張文定公環碧堂集	張邦奇	明	續修四庫全書集部一三三六—一三三七册，上海古籍出版社一九九五年版
章介庵文集	章袞	明	四庫全書存目叢書集部第八一册，齊魯書社一九九七年版
革除遺事	黄佐	明	《國朝典故》本，許大齡等點校，北京大學出版社一九九三年版
庚巳編	陸粲	明	譚棣華等點校，元明史料筆記叢刊，中華書局一九八七年版
群玉樓稿	李默	明	四庫全書存目叢書集部第七七册，齊魯書社一九九七年版
困亨別稿	李默	明	四庫全書存目叢書集部第七七册，齊魯書社一九九七年版
涇林詩文集	周復俊	明	四庫全書存目叢書集部第九八册，齊魯書社一九九七年版
皇明資治通紀	陳建	明	四庫禁毀書叢刊第一二册，北京出版社一九九八年版
國琛集	唐樞	明	明代傳記叢刊綜録類第一一五册，臺北明文書局一九九一年版影印本
吾學編	鄭曉	明	續修四庫全書史部四二四—四二五册，上海古籍出版社一九九五年版
明紀	陳鶴	明	四庫未收書輯刊第六輯第六—七册，北京出版社一九九八年版
方山先生文録	薛應旂	明	四庫全書存目叢書集部第一〇二册，齊魯書社一九九七年版
屠漸山蘭暉堂集	屠應埈	明	四庫全書存目叢書集部第一三二册，齊魯書社一九九七年版
皇明獻實	袁袠	明	明代傳記叢刊名人類第三〇册，臺北明文書局一九九一年版影印本
胥台先生文集	袁袠	明	四庫全書存目叢書集部第八六册，齊魯書社一九九七年版
國朝列卿記	雷禮	明	明代傳記叢刊名人類第三二—四〇册，臺北明文書局一九九一年版影印本

四友齋叢説　明　何良俊　元明史料筆記叢刊，中華書局一九五九年版
昭代典則　明　黄光昇　上海古籍出版社二〇〇八年版影印本
戒庵老人漫筆　明　李詡　魏連科點校，元明史料筆記叢刊，中華書局一九八二年版
續吴先賢讃　明　劉鳳　明代傳記叢刊綜録類第一四八册，臺北明文書局一九九一年版影印本
松窗夢語　明　張瀚　盛冬鈴點校，元明史料筆記叢刊，中華書局一九八五年版
皇明名臣墓銘　明　朱大韶　明代傳記叢刊名人類第五八—五九册，臺北明文書局一九九一年版影印本
國雅品　明　顧起綸　明代傳記叢刊學林類第一六册，臺北明文書局一九九一年版影印本
皇明中州人物志　明　朱睦㮮　明代傳記叢刊綜録類第一四四册，臺北明文書局一九九一年版影印本
今獻備遺　明　項篤壽　明代傳記叢刊名人類第三一册，臺北明文書局一九九一年版影印本
徐氏海隅集　明　徐學謨　四庫全書存目叢書集部第一二四—一二五册，齊魯書社一九九七年版
賢博編　明　葉權　淩毅點校，元明史料筆記叢刊，中華書局一九八七年版
耿天臺先生文集　明　耿定向　四庫全書存目叢書集部第一三一册，齊魯書社一九九七年版
先進遺風　明　耿定向　明代傳記叢刊學林類第二一册，臺北明文書局一九九一年版影印本
皇明泳化類編列傳　明　鄧球　明代傳記叢刊綜録類第七九—八一册，臺北明文書局一九九一年版影印本
弇州山人續稿碑傳　明　王世貞　明代傳記叢刊綜録類第一五一—一五四册，臺北明文書局一九九一年版影印本
讀書後　明　王世貞　景印文淵閣四庫全書第一二六一册，台北商務印書館一九八六

年版

嘉靖以來内閣首輔傳	王世貞	明	明代傳記叢刊名人類第四二册，臺北明文書局一九九一年版影印本
名卿績紀	王世貞	明	明代傳記叢刊名人類第四二册，臺北明文書局一九九一年版影印本
明詩評	王世貞	明	明代傳記叢刊學林類第八册，臺北明文書局一九九一年版影印本
續藏書	李贄	明	中華書局一九七四年版
皇明書列傳	鄧元錫	明	明代傳記叢刊綜録類第七三册，臺北明文書局一九九一年版影印本
空同集	李夢陽	明	景印文淵閣四庫全書第一二六二册，台北商務印書館一九八六年版
劉忠宣公年譜	劉世節	明	北京圖書館藏珍本年譜叢刊第四一册，北京圖書館出版社一九九七年版
兒聞雜記	李樂	明	瓜蒂庵藏明清掌故叢刊，上海古籍出版社一九八六年版
王文肅公文集	王錫爵	明	四庫全書存目叢書集部第一三五—一三六册，齊魯書社一九九七年版
皇明輔世編	唐鶴徵	明	明代傳記叢刊名人類第二八—二九册，臺北明文書局一九九一年版影印本
馮元成選集	馮時可	明	四庫禁毀書叢刊補編第六一—六四册，北京出版社二〇〇五年版
雲間志略	何三畏	明	明代傳記叢刊綜録類第一四五—一四七册，臺北明文書局一九九一年版影印本
皇明人物考	焦竑	明	明代傳記叢刊綜録類第一一五册，臺北明文書局一九九一年版影印本
國朝獻徵録	焦竑	明	明代傳記叢刊綜録類第一〇九—一一四册，臺北明文書局一九

九一年版影印本
玉堂叢語　明　焦竑　顧思點校，元明史料筆記叢刊，中華書局一九八一年版
皇明功臣封爵考　明　鄭汝璧　四庫全書存目叢書史部第二五八冊，齊魯書社一九九七年版
大泌山房集　明　李維楨　四庫全書存目叢書集部第一五〇—一五一冊，齊魯書社一九九七年版
太師楊文貞公年譜　明　楊思堯　北京圖書館藏珍本年譜叢刊第三七冊，北京圖書館出版社一九九七年版
皇明詞林人物考　明　王兆雲　明代傳記叢刊學林類第一六—一七冊，臺北明文書局一九九一年版影印本
湯顯祖詩文集　明　湯顯祖　徐朔方箋校，上海古籍出版社一九八二年版
少室山房類稿　明　胡應麟　景印文淵閣四庫全書第一二九〇冊，台北商務印書館一九八六年版
皇明史竊列傳　明　尹守衡　明代傳記叢刊綜録類第八二—八四冊，臺北明文書局一九九一年版影印本
建文書法擬　明　朱鷺　四庫全書存目叢書史部第五三冊，齊魯書社一九九七年版
西園聞見録　明　張萱　明代傳記叢刊綜録類第一一六—一二五冊，臺北明文書局一九九一年版影印本
吳郡人物志　明　張大復　明代傳記叢刊綜録類第一四九冊，臺北明文書局一九九一年版影印本
西樓全集　明　鄧原嶽　四庫全書存目叢書史部第一七三—一七四冊，齊魯書社一九九七年版
名山藏列傳　明　何喬遠　明代傳記叢刊綜録類第七四—七八冊，臺北明文書局一九九一年版影印本
皇明大政記　明　朱國楨　四庫全書存目叢書史部第一六冊，齊魯書社一九九七年版
皇明開國功臣傳　明　朱國楨　明代傳記叢刊名人類第二五—二六冊，臺北明文書局一九九一

			年版影印本
皇明名臣言行録新編	汪國楠	明	明代傳記叢刊名人類第四六—四七册，臺北明文書局一九九一年版影印本
皇明世説新語	李紹文	明	明代傳記叢刊學林類第二二册，臺北明文書局一九九一年版影印本
紫原文集	羅大紘	明	四庫禁毀書叢刊第一三九—一四〇册，北京出版社一九九八年版
徐光啓集	徐光啓	明	王重民輯校，中華書局一九六三年版
嬾真草堂文集	顧起元	明	叢書集成續編集部第一一八册，上海書店一九九四年版
客座贅語	顧起元	明	譚棣華等點校，元明史料筆記叢刊，中華書局一九八七年版
皇明寶善類編	蘇茂相	明	明代傳記叢刊學林類第二一册，臺北明文書局一九九一年版影印本
五雜組	謝肇淛	明	中國文學參考資料叢書，中華書局一九五九年版
皇明三元考	張弘道、張凝道	明	明代傳記叢刊學林類第一九册，臺北明文書局一九九一年版影印本
國朝名臣言行録	劉廷元	明	明代傳記叢刊名人類第四九册，臺北明文書局一九九一年版影印本
皇明策衡	茅維	明	四庫禁毀書叢刊第一五一—一五二册，北京出版社一九九八年版。
寧澹齋全集	楊守勤	明	四庫禁毀書叢刊第六五册，北京出版社一九九八年版
月鹿堂文集	張師繹	明	四庫未收書輯刊第六輯三〇册，北京出版社一九九八年版
雪堂集	沈守正	明	四庫禁毀書叢刊第七〇册，北京出版社一九九八年版
姑蘇名賢小記	文震孟	明	明代傳記叢刊綜録類第一四八册，臺北明文書局一九九一年版影印本
萬曆野獲編	沈德符	明	中華書局一九五九年版點校本

萬曆起居注　明　北京大學出版社一九九八年版點校本
劉宗周全集　明　劉宗周　吴光點校，浙江古籍出版社二〇〇七年版
續畫史會要　明　朱謀垔　明代傳記叢刊藝林類第七二册，臺北明文書局一九九一年版影印本
崇禎閣部行略　明　陳盟　明代傳記叢刊名人類第四二册，臺北明文書局一九九一年版影印本
明分省人物考　明　過庭訓　明代傳記叢刊綜録類第一二九—一四〇册，臺北明文書局一九九一年版影印本
皇明世法録列傳　明　陳仁錫　明代傳記叢刊綜録類第七九册，臺北明文書局一九九一年版影印本
文定公事略　明　徐驥　《中華歷史人物別傳集》第二三册，線裝書局二〇〇三年版
列朝詩集小傳　明　錢謙益　明代傳記叢刊學林類第九册，臺北明文書局一九九一年版影印本
牧齋初學集　明　錢謙益　續修四庫全書集部一三八九—一三九〇册，上海古籍出版社一九九五年版
畿輔人物考　明　孫奇逢　明代傳記叢刊綜録類第一四三—一四四册，臺北明文書局一九九一年版影印本
中州人物考　明　孫奇逢　明代傳記叢刊綜録類第一四二册，臺北明文書局一九九一年版影印本
蕭齋日記　明　蕭士瑋　四庫禁毁書叢刊第一〇八册，北京出版社一九九八年版
明史抄略　明　莊廷鑨　明代傳記叢刊綜録類第一〇七册，臺北明文書局一九九一年版影印本
珊瑚網　明　汪砢玉　叢書集成續編子部第八五册，上海書店出版社一九九四年版
玉劍尊聞　明　梁維樞　瓜蒂庵藏明清掌故叢刊，上海古籍出版社一九八六年版
瞿忠宣公集　明　瞿式耜　續修四庫全書集部一三七五册，上海古籍出版社一九九五年版

畿輔人物志	孫承澤	明	明代傳記叢刊綜録類第一四三册，臺北明文書局一九九一年版影印本
倪文正公遺稿	倪元璐	明	四庫禁毁書叢刊第五〇册，北京出版社一九九八年版
建文年譜	趙士喆	明	北京圖書館藏珍本年譜叢刊第三八册，北京圖書館出版社一九九七年版
熹朝忠節死臣傳	吴應箕	明	明代傳記叢刊綜録類第六八册，臺北明文書局一九九一年版影印本
國榷	談遷	明	張宗祥點校，中華書局一九五八年版
棗林雜俎	談遷	明	羅仲輝等點校，元明史料筆記叢刊，中華書局二〇〇六年版
幸存録	夏允彝、夏完淳	明	續修四庫全書史部四四〇册，上海古籍出版社一九九五年版
石匱書後集列傳	張岱	明	明代傳記叢刊綜録類第一〇四册，臺北明文書局一九九一年版影印本
明越人三不朽圖讚	張岱	明	明代傳記叢刊綜録類第一四九册，臺北明文書局一九九一年版影印本
方正學先生年譜	盧演	明	北京圖書館藏珍本年譜叢刊第三七册，北京圖書館出版社一九九七年版
無聲詩史	姜紹書	明	明代傳記叢刊藝林類第七二册，臺北明文書局一九九一年版影印本
明大司馬盧公奏議	盧象昇	明	四庫未收書輯刊第二輯二五册，北京出版社一九九八年版
忠肅集	盧象昇	明	景印文淵閣四庫全書第一二九六册，台北商務印書館一九八六年版
明書列傳	傅維麟	明	明代傳記叢刊綜録類第八七—八八册，臺北明文書局一九九一年版影印本
史忠正公集	史可法	明	續修四庫全書集部一三八七册，上海古籍出版社一九九五年版
□宗□皇帝實録		明	影印台灣中研院歷史語言研究所校勘本，一九八二年版

東山國語　清　查繼佐　明代傳記叢刊綜録類第一〇七册，臺北明文書局一九九一年版影印本

國壽録　清　查繼佐　明代傳記叢刊綜録類第一〇七册，臺北明文書局一九九一年版影印本

罪惟録　清　查繼佐　浙江古籍出版社一九八六年點校本

袁督師計斬毛文龍始末　清　李清　《中華歷史人物別傳集》第二四册，線裝書局二〇〇三年版

三垣筆記　清　李清　元明史料筆記叢刊，中華書局一九八二年版

山陽録　清　陳貞慧　明代傳記叢刊綜録類第一二七册，臺北明文書局一九九一年版影印本

烈皇小識　清　文秉　續修四庫全書史部第四三九册，上海古籍出版社一九九五年版

先撥志始　清　文秉　中國歷史研究資料叢書，上海書店一九八二年版

明名臣言行録　清　徐開任　明代傳記叢刊名人類第五〇—五四册，臺北明文書局一九九一年版影印本

弘光實録抄　清　黄宗羲　台灣文獻叢刊第二六六種，台灣銀行經濟研究室一九七二年版影印本

永曆紀年　清　黄宗羲　台灣文獻叢刊第二五種，台灣銀行經濟研究室一九七二年版影印本

魯紀年　清　黄宗羲　台灣文獻叢刊第二五種，台灣銀行經濟研究室一九七二年版影印本

隆武紀年　清　黄宗羲　台灣文獻叢刊第二五種，台灣銀行經濟研究室一九七二年版影印本

明儒學案　清　黄宗羲　明代傳記叢刊學林類第一—二册，臺北明文書局一九九一年版影印本

啟禎野乘　清　鄒漪　明代傳記叢刊綜録類第一二七册，臺北明文書局一九九一年版影印本

啟禎兩朝遺詩小傳	陳濟生	清	明代傳記叢刊學林類第一二册，臺北明文書局一九九一年版影印本
西堂詩集	尤侗	清	續修四庫全書集部一四〇七册，上海古籍出版社一九九五年版
孤兒籲天録	楊山松	清	《中華歷史人物別傳集》第二四册，線裝書局二〇〇三年版
三朝野記	李遜之	清	續修四庫全書史部四三八册，上海古籍出版社一九九五年版
明史紀事本末	谷應泰	清	上海古籍出版社一九七七年版
明季北略	計六奇	清	魏得良等點校，中華書局一九六四年版點校本
延綏鎮志	譚吉璁	清	四庫全書存目叢書史部第二二七册，齊魯書社一九九七年版
南明野史	三餘氏	清	台灣文獻叢刊第八五種，台灣銀行經濟研究室一九七二年版影印本
明亡述略	鎖青山人	清	台灣文獻叢刊第二四四種，；台灣銀行經濟研究室一九七二年版影印本
南天痕	淩雪	清	明代傳記叢刊綜録類第一〇七册，臺北明文書局一九九一年版影印本
西河文集	毛奇齡	清	景印文淵閣四庫全書集部一三二〇—一三二一册，台北商務印書館一九八六年版
擬明史稿列傳	湯斌	清	明代傳記叢刊綜録類第一五八—一五九册，臺北明文書局一九九一年版影印本
續表忠記	趙吉士	清	明代傳記叢刊名人類第六四—六五册，臺北明文書局一九九一年版影印本
靜志居詩話	朱彝尊	清	明代傳記叢刊學林類第八—一〇册，臺北明文書局一九九一年版影印本
曝書亭集碑傳	朱彝尊	清	明代傳記叢刊綜録類第一六〇册，臺北明文書局一九九一年版影印本
徐本明史列傳	徐乾學	清	明代傳記叢刊綜録類第八九—九四册，臺北明文書局一九九一

年版影印本
居易録　清　王士禛　景印文淵閣四庫全書子部八六九册，台北商務印書館一九八六年版
崇禎長編　清　萬言　影印台灣中研院歷史語言研究所校勘本，一九八二年版
南吳舊話録　清　李延昰　瓜蒂庵藏明清掌故叢刊，上海古籍出版社一九八五年版
明賢蒙正録　清　彭定求　明代傳記叢刊學林類第二一册，臺北明文書局一九九一年版影印本
明史稿列傳　清　王鴻緒　明代傳記叢刊綜録類第九五—九七册，臺北明文書局一九九一年版影印本
居業堂文集　清　王源　續修四庫全書集部一四一八册，上海古籍出版社一九九五年版
東南紀事　清　邵廷采　台灣文獻叢刊第二六七種，台灣銀行經濟研究室一九七二年版影印本
西南紀事　清　邵廷采　台灣文獻叢刊第九六種，台灣銀行經濟研究室一九七二年版影印本
思複堂文集碑傳　清　邵廷采　明代傳記叢刊綜録類第一五八册，臺北明文書局一九九一年版影印本
明儒言行録　清　沈佳　明代傳記叢刊學林類第三—四册，臺北明文書局一九九一年版影印本
南疆繹史勘本列傳　清　温睿臨　明代傳記叢刊綜録類第一〇四册，臺北明文書局一九九一年版影印本
二申野録　清　孫之騄　四庫全書存目叢書史部第五六册，齊魯書社一九九七年版
姑蘇名賢後記　清　褚亨奭　明代傳記叢刊綜録類第一四八册，臺北明文書局一九九一年版影印本
明畫録　清　徐沁　明代傳記叢刊名人類第七二册，臺北明文書局一九九一年版影印本
望溪先生文集　清　方苞　續修四庫全書史部一四二〇—一四二一册，上海古籍出版社一

九九五年版

明史	張廷玉等	清	中華書局一九七四年點校本
心孺詩選	傅仲辰	清	四庫未收書輯刊第八輯二八册，北京出版社一九九八年版
司業文集	陳祖範	清	四庫全書存目叢書集部第二七四册，齊魯書社一九九七年版
史外	汪有典	清	明代傳記叢刊綜録類第一二五—一二六册，臺北明文書局一九九一年版影印本
雙池文鈔	汪紱	清	續修四庫全書集部一四二五册，上海古籍出版社一九九五年版
明史雜詠	嚴遂成	清	四庫全書存目叢書集部第二七四册，齊魯書社一九九七年版
半舫齋古文	夏之蓉	清	四庫未收書輯刊第九輯二六册，北京出版社一九九八年版
鮚埼亭集碑傳	全祖望	清	明代傳記叢刊綜録類第一六〇册，臺北明文書局一九九一年版影印本
李文正公年譜	朱景英	清	北京圖書館藏珍本年譜叢刊第四一册，北京圖書館出版社一九九七年版
茶山文鈔	錢維城	清	四庫未收書輯刊第一〇輯一四册，北京出版社一九九八年版
四库全書總目提要	紀昀等	清	中華書局一九六五年版
宋文憲公年譜	朱興悌、戴殿江等	清	北京圖書館藏珍本年譜叢刊第三七册，北京圖書館出版社一九九七年版
鶴泉文鈔續	戚學標	清	續修四庫全書集部一四六二册，上海古籍出版社一九九五年版
明李文正公年譜	法式善、唐仲冕	清	北京圖書館藏珍本年譜叢刊第四一册，北京圖書館出版社一九九七年版
疇人傳	阮元	清	叢書集成初編本，商務印書館一九五五年版
石渠隨筆	阮元	清	錢偉強等校注，浙江人民美術出版社二〇一一年版
明督師盧忠肅公毁玉雙印記	錢綺	清	《中華歷史人物别傳集》第二七册，線裝書局二〇〇三年版
明通鑒	夏燮	清	沈仲九點校，中華書局一九五九年版

小腆紀年附考　清　徐鼒　王崇武點校，中國史學基本典籍叢刊，中華書局一九五七年版
思益堂集　清　周壽昌　續修四庫全書集部一五四〇册，上海古籍出版社一九九五年版
于公祠墓録　清　丁丙　叢書集成續編史部第五九册，上海書店出版社一九九四年版
明鼎甲徵信録　清　閻湘蕙　明代傳記叢刊學林類第二〇册，臺北明文書局一九九一年版影印本
明詩紀事　清　陳田　明代傳記叢刊學林類第一二—一五册，臺北明文書局一九九一年版影印本
明季東莞五忠傳　清　陳伯陶　明代傳記叢刊名人類第六八册，臺北明文書局一九九一年版影印本
晚晴簃詩集　清　徐世昌　續修四庫全書集部一六二九—一六三三册，上海古籍出版社一九九五年版
徐文定公年譜　清　徐允希　北京圖書館藏珍本年譜叢刊第五五册，北京圖書館出版社一九九七年版